# 中国大百科全书

## （第二版简明版）

## 2

中国大百科全书出版社

**翅** wing 动物的飞行器官。包括鸟类的翅和有翅昆虫的翅。鸟类的翅又称翼，由脊椎动物的前肢特化而成，主要是手部骨骼的愈合和消失，简化和减少了关节数目，使翅成为一个坚实的整体来扇击空气。翅上部的骨骼是肱骨，长而粗壮，有气囊通入骨腔，可减轻重量；翅中部由尺骨和桡骨支持，尺骨较粗大，其外缘有一系列骨质结节，为飞羽着生处；翅尖部由手骨构成，腕掌骨及第3指骨构成手的主体。其上着生大型飞羽。

鸟类的前肢除手骨简化和愈合之外，在主要关节处的皮肤形成翼膜，使翅膀仅能沿着一个平面屈伸，在扇翅时更加有力。翅的后缘着生着强大的飞羽，其中着生在尺骨上的称为次级飞羽，通常为10～20枚；着生在手部的飞羽称为初级飞羽，一般为9～11枚。飞羽的形态和数目在同一种类中是稳定的，可作为分类的重要依据。鸟类手骨的游离指骨上着生有3～4枚坚韧的短羽，称小翼羽；小翼羽位于翼角前弯处，它与飞羽间构成可以调节的“翼缝”，可减少湍流的发生。

鸟翼的背、腹面均覆有覆羽，即大、中、小覆羽，依此成覆瓦状排列将飞羽基部掩盖，使翅膀表面呈前厚后薄、被凸腹凹的流线型。这种翼面当通过迎面气流时，能产生最大的升力阻力比，有利于飞翔。鸟类的翼型与飞行方式有关：短而圆的翼有较高的机动性，适应于迅速起飞和在密林中穿梭飞行；长而狭的翼适于翱翔；长而宽的翼适于机动性滑翔，可利用局部地区的上升气流盘旋翱翔。

**《敕勒歌》** *The Song of Chile* 中国古代敕勒族民歌。最早见录于宋代郭茂倩编《乐府诗集·杂歌谣辞》。本为鲜卑语，北齐(550～577)时译为汉语。敕勒，秦汉时称丁零，魏晋南北朝时南方人称之为高车。主要居住在大漠南北，即今蒙古草原。敕勒族语言与匈奴略同。估计此歌约产生于429～472年，即北魏朝中期。辞中唱道：“敕勒川，阴山下。天似穹庐，笼盖四野。天苍苍，野茫茫，风吹草低见牛羊。”这首歌唱草原、歌唱家乡的牧歌，意象新鲜，格调苍劲，顿挫而又畅达。佚名的汉译者用汉诗的杂言句式，传达出原作的情韵，使此歌千古传唱。近代王国维在《人间词话》中曾以《敕勒歌》为范例，提出诗之境界说，并认为应以情感表现自然“不隔”为最高格。

**冲锋队** Sturmabteilung; SA 德国纳粹党的法西斯武装恐怖组织。因队员穿褐色制服，又称褐衫队。1921年8月由A.希特勒创建，慕尼黑陆军第7军区参谋E.罗姆上尉任参谋长。冲锋队最初主要从事破坏革命运动、冲击其他党派群众集会及进行街头斗殴等活动，后参加1923年的啤酒店暴动。1924年12月希特勒出狱后，委托罗姆重建冲锋队，但两人在冲锋队的性质及与纳粹党的关系上发生争吵，1925年罗姆与希特勒闹翻，后参加玻利维亚军队。1930年底罗姆重被委任为冲锋队头目，H.希姆莱的党卫军隶属于冲锋队。希特勒执政后，H.戈林宣布冲锋队为辅助警察，冲锋队员人数不断膨胀，1934年已达250余万人。由于冲锋队与德国国防军矛盾的加剧，1934年2月底，柏林、汉堡、埃森、弗赖堡等地的冲锋队员发生骚动。6月，希特勒在戈林和希姆莱协助下，将罗姆开除出德国军官联合会。6月30日夜，戈林的特别警察和希姆莱的党卫军对冲锋队大肆镇压，枪决了罗姆和150多名冲锋队头目，后冲锋队为党卫军所取代。

**冲锋枪** submachine gun 双手握持发射手枪弹的全自动枪。与手枪相比，它枪身较长，弹匣容弹量多，火力猛；但比步枪短小轻便。适于在丛林、山地和城区近战，以密集火力射击200米内有生目标。冲锋枪出现于第一次世界大战期间，在第二次世界大战中得到广泛应用。战后，各国军队装备的冲锋枪逐渐被突击步枪取代，但在特种部队和警察中冲锋枪依然是主要武器。

冲锋枪通常由枪管、机匣、枪机、击发及发射机构、弹匣、小握把、枪托、瞄准具等部件组成。结构较简单。口径多为9毫米（见图）和7.62毫米，也有的为11.43毫米。多采用折叠枪托，打开枪托全长550～750毫米，折叠枪托全长450～650毫米。全枪质量一般在3千克左右。弹匣容量一般为30～40发，射击方式以连发为主。除普通冲锋枪外，还有轻型冲锋枪（全枪质量在2千克以内）、微型冲锋枪以及供侦察兵和特工人员使用的微声冲锋枪。

以色列乌齐9毫米冲锋枪系列

**冲击** shock 因力、位置、速度和加速度等参量的急剧变化而激起的系统的瞬态运动。特点是激励参量的幅值变化快，持续时间比系统的固有周期短，频率范围宽。冲击在系统中会产生幅值很大的加速度和应力，并以波的形式在物体中传播。按所涉及参量的时域波形特征可分为脉冲型、阶跃型和复杂型三种。脉冲型冲击的特点表现在激励参数的瞬时值在极短时间内由平衡位置升至最大，然后又急剧下降至平衡位置（图a）。这种过程多发生于货物运输、装卸中的碰撞、跌落过程以及落锤的撞击。阶跃型冲击是指参数幅值由平衡位置急剧改变到新的位置所形成的冲击（图b）。如多级火箭分级时产生的加速度阶跃。复杂型冲击又称瞬态振动，为往复振荡型的波形，难于用数学式表达（图c）。飞机、舰船内的仪表设备所受到的气动力或波浪的间接性冲击即属此类。冲击会造成结构破坏，损伤人体健康，干扰设备的正常运行，因此在工程设计中多采用隔离或吸收冲击的措施。由于冲击可在极短时间内传递能量并产生巨大冲击力，因而也有可利用的方面，如气动打夯机、高速锻锤等。

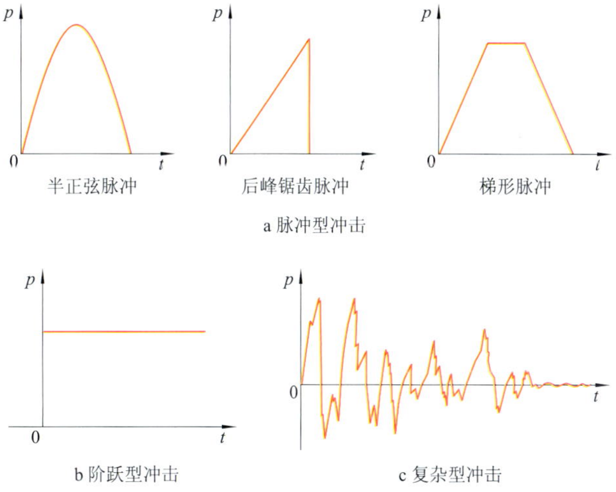

冲击的类型

**冲击波** shock wave 扰动在非线性介质中传播。若它的马赫数和雷诺数足够大，频散足够小，介质中的扰动可能形成间断面，该面的两侧有关物理量产生跃变，间断面的运动形成冲击波。有很多扰动可形成冲击波，如爆炸波、弹道波、雷击声以及飞机轰鸣等。马赫数大于1时扰动只限于锥体内，其表面可当作间断面。如果介质存在耗散（如黏滞、热传导等），间断出现在一个薄层内，称为间断层。

**冲积平原** alluvial plain 河流挟带的泥沙进入低地堆积而成的平原。是河流受构造运动（上升转为下降）、地形（从山地到低平谷地）和人为因素（筑堤、修水库）等影响，水流流速减缓，导致泥沙大量堆积而成。其形成条件是：①在地质构造上须是相对

亚马孙平原

下沉或相对稳定的地区，在相对下沉区形成巨厚冲积平原，在相对稳定区形成厚度不大的冲积平原。②在地形上须有相当宽的谷地或平地。③须有足够的泥沙来源。冲积平原是一片比较广大而平坦的陆地，特征是地势低平，起伏和缓，海拔大部分在200米以下，相对高度一般不超过50米，有的仅10～20米；坡度一般在5°以下，有的不到1°或0.5°。

根据形成部位分为：①山前平原。位于山前地带，为洪积-冲积型平原。河流出山口入平原，河流比降急剧减小，发生大量堆积，形成冲积扇或洪积扇，几条河流的冲积扇或洪积扇联结即成洪积-冲积平原。②中部平原。沉积物主要是冲积物，坡度较缓，河流分汊，水流流速小，沉积的物质较细，常见古河道、牛轭湖、决口扇和洼地等地貌。③滨海平原。为冲积-海积型平原，其沉积物很细，湖沼面积大。因有周期性的海潮入侵，形成海积层和冲积层的相互交错现象，还常见海岸沙堤或贝壳堤、潟湖等地貌。根据形状分为：①冲积扇平原。大量泥沙堆积在山地河流出山口处所成扇形的平原。②泛滥平原。沿河搬运的泥沙沉积在河漫滩上呈带状分布的平原，为大型的河漫滩。③三角洲平原。河口区的泥沙所成的三角洲，进一步发展而成的平原。

**冲积扇** alluvial fan 以山麓谷口为顶点，向开阔低地展布的河流堆积扇状地貌。冲积平原的一部分，规模大小不等，从数百平方米至数百平方千米。广义的冲积扇包括在干旱区或半干旱区河流出山口处的扇形堆积体，即洪积扇；狭义的冲积扇仅指湿润区河流出山口处的扇状堆积体，不包括洪积扇。冲积扇从扇顶到扇缘，地面逐渐降低，坡度逐渐变小，堆积物由粗到细，分选性逐渐变好。一般说，冲积扇的大小与河流长度大体呈正比。

黄河、永定河等冲积扇表面形态扁平，坡度较小，形成广阔的冲积扇平原。

**冲浪运动** surfing 水上运动之一。运动员站立在冲浪板上，或利用腹板、跪板、充气的橡皮垫、划艇、皮艇等，驾驭海浪。无论采用哪种器材，运动员都要有很高的技巧和平衡能力，同时要善于在风浪中长距离游泳。这种运动1778年即见于夏威夷群岛，1908年后传到欧美一些国家。1960年后传到亚洲。冲浪运动以浪为动力，要在有风浪的海滨进行，海浪高度在1米左右，最低不小于30厘米。夏威夷群岛因常年有适于冲浪运动的海浪而一直是世界冲浪运动中心。现用的冲浪板长1.5～2.7米、宽约60厘米、厚7～10厘米，板轻而平，前后两端稍窄小，后下方有一尾鳍，起稳定作用。冲浪运动时，运动员先俯卧或跪在冲浪板上，用手划到有适宜海浪的地方作起点。国际上每两年举行一次世界性冲浪比赛，1962年在澳大利亚举行了第1届世

界冲浪运动锦标赛。冲浪比赛主要根据运动员在规定时间内完成的冲浪数量和质量进行评分。

**冲量** impulse 力的时间累积效应的量度。是矢量。恒力$\boldsymbol{F}$的冲量$\boldsymbol{I}$就是$\boldsymbol{F}$和作用时间$t$的乘积。变力$\boldsymbol{F}$的冲量$\boldsymbol{I}$需用矢量积分运算。据动量定理冲量等于物体动量的变化。冲量通常用来求短暂过程（如撞击）中物体间的作用力，即由物体的动量增量和作用的时间而估算其作用力。此力又称冲力。冲量的单位和动量相同，在国际单位制中为千克·米/秒。

**冲脉** chong channel; chong vessel 中医学中奇经八脉之一。冲脉能调节十二经气血，故称为“十二经脉之海”。与生殖机能关系密切，冲、任脉盛，月经才能正常排泄，故又称血海。

冲脉起于胞中，下出会阴，并在此分

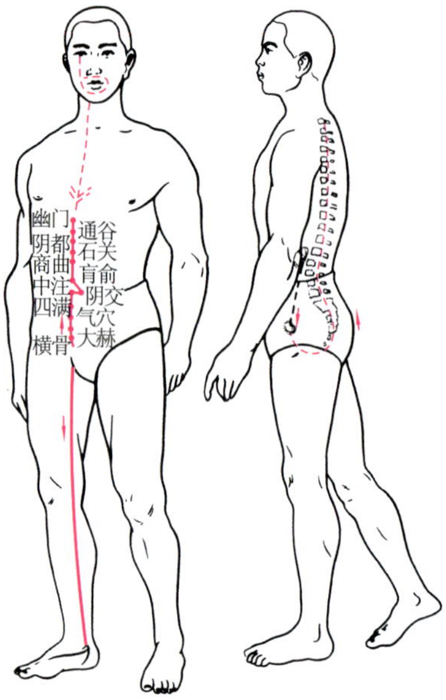


冲脉循行线路图

为三支：一支沿腹腔前壁，挟脐上行，与足少阴经相并，散布于胸中，再向上行，经咽喉，环绕口唇；一支沿腹腔后壁，上行于脊柱内；一支出会阴，分别沿股内侧下行到足大趾间（见图）。

本经脉交会穴有：会阴（任脉）、气冲（足阳明经）、横骨、大赫、气穴、四满、中注（足少阴经）、阴交（任脉）、肓俞、商曲、石关、阴都、通谷、幽门，共14穴。

**冲突法** conflict of laws 英美国家对国际私法的称谓。在调整具有涉外因素的民商事法律关系时，由于所涉及国家的法律对同一法律关系的规定不一，不同的规定导致发生冲突，冲突法因而得名。但在大陆法系国家，学者都采用国际私法这一名称。严格说来，国际私法和冲突法是有区别的，因为除冲突法外，国际私法还包括其他一些问题。依英美学者的主张，还应有管辖权问题及外国判决和仲裁裁决的承认与执行问题。依法国学者的主张，除冲突法外，还应有国籍、外国人的法律地位和管辖权问题。还有学者主张，除冲突法外，还应有外国人的民事法律地位、国际民商事统一规范、国际民事诉讼程序与仲裁程序等问题。但多数国际私法学者仍一致认为，冲突法是国际私法的主要部分或基本部分。

**冲突规范** conflict rule 国际私法所特有的一种规范。冲突法就是由冲突规范构成的，是冲突规范的结合体。

结构 冲突规范由三个部分构成：①范围或称连结对象，是冲突规范所要解决的法律问题。②连结点，或称连结因素，是指引应适用的法律的一种媒介或根据。③按照连结点的指引所要适用的法律，即准据法。如《中华人民共和国民法通则》第144条规定：“不动产的所有权，适用不动

产所在地法律。”在这一冲突规范内，“不动产的所有权”就是“范围”，是冲突规范所要解决的问题。“不动产所在地”就是“连结点”或“连结因素”，是指引所要适用的法律的媒介或根据。最后，“不动产所在地法律”就是按照连结点的指引所要适用的准据法。

**类型** 冲突规范可分为四种基本类型：

单边冲突规范 这种冲突规范规定只适用内国法，或者只适用外国法。例如中国1983年《中华人民共和国中外合资经营企业法实施条例》第15条规定：“合营企业合同的订立、效力、解释、执行及其争议的解决，均应适用中国的法律。”这就是一条单边冲突规范。

双边冲突规范 这种冲突规范并不规定适用内国法或适用外国法，而是结合实际情况，可以适用内国法，也可以适用外国法。例如1978年《奥地利联邦国际私法》第12条规定：“人的权利能力和行为能力，依其属人法。”意即当事人是哪国人就适用哪国法。

重叠适用的冲突规范 这种冲突规范规定有两个或两个以上的连结点，并且同时适用于某一涉外民商事法律关系。例如1902年海牙《关于离婚与别居的法律冲突和管辖权冲突公约》第2条规定：“离婚之请求，非依夫妇之本国法及法院地法均有离婚之原因者，不得为之。”这表明离婚问题必须同时适用夫妇之本国法和法院地法，只有两者均认为有离婚原因时，才准许当事人离婚。

选择适用的冲突规范 这种冲突规范规定有两个或两个以上的连结点，但可选择其中之一来调整有关的涉外民商事法律关系。其中又可以分为两种：①无条件地选择适用的冲突规范。在这种规范中，人们可以任意选择若干连结点中的一个来调整某一涉外民商事法律关系。②有条件地选择适用的冲突规范。在这种冲突规范中，人们只能依顺序或有条件地选择若干连结点中的一个来调整某一涉外民商事法律关系。例如1995年《意大利国际私法制度改革法》第26条规定：“婚约及违反婚约的后果适用订婚双方共同本国法；或者在没有共同本国法时，适用意大利法律。”这表明婚约当事人如有共同本国法，就适用该共同本国法；只有在没有共同本国法时，才可适用意大利法律。这里就有了条件的限制。

如果国家认为对某种涉外民商事法律关系特别需要依自己的实体法处理，就可采用单边冲突规范来适用自己的法律。如果国家认为对某种涉外民商事法律关系可以从宽处理，就可采用双边冲突规范或选择适用的冲突规范。如果国家要对某种涉外民商事法律关系从严掌握，则可以采用重叠适用的冲突规范，而且常要求重叠适用法院地法。所以具体采用哪一种冲突规范，还取决于一国在各种涉外民商事法律关系中所采取或追求的政策。

**冲突理论** conflict theory 20世纪50年代中、后期形成的西方社会学流派。以率先反对当时占主导地位的结构功能主义著称。强调社会生活中的冲突性并以此解释社会变迁。主要代表人物有美国的L.A.科瑟尔、R.柯林斯，德国的R.达伦多夫，英国的J.赖克斯等。

科瑟尔在《社会冲突的功能》(1956)中最早使用了“冲突理论”这一术语。他反对T.帕森斯认为冲突只具有破坏作用的片面观点，认为冲突具有正功能和负功能。在一定条件下，冲突具有保证社会连续性、减少对立两极产生的可能性、防止社会系统的僵化、增强社会组织的适应性和促进社会的整合等正功能。

达伦多夫认为，社会现实有两张面孔，一张是稳定、和谐与共识，另一张是变迁、冲突和强制。社会学不仅需要一种和谐的社会模型，同样需要一种冲突的社会模型。

赖克斯在《社会学理论中的关键问题》中描述了“统治阶段的情境”。认为，一旦统治和被统治阶级之间的权力对比发生变化，社会就会由“统治阶段的情境”向“革命情境”运动，最终导致统治阶级的倒台。冲突的双方即使认识到激烈的冲突比适度的让步将付出更高的代价，从而彼此妥协，但这种“休战情境”也是极不稳定的。冲突双方继续寻找能够满足自己单方面利益的手段，一旦找到了这种手段，权力的平衡立即被打破，冲突随即重新取代暂时的和平。

柯林斯认为，社会冲突是社会生活的中心过程，仅仅提出一种补充性“冲突理论”不足以说明这一过程，必须建立一门以冲突为主题的社会学；社会结构是行动者的互动模式，是在行动者不断地创造和再创造中产生并得以持续的，对宏观社会结构的理解不能脱离建构这些结构的行动者。强调必须建立假说-演绎的命题系统，并从经验上加以验证，才能使冲突社会学真正成为一门说明性科学。

冲突理论产生后，在西方社会学界引起了巨大反响，很快渗透到社会学各分支学科的经验研究中去，在当代社会学发展中有重大的影响。

**充分就业** full employment 在一定的货币工资水平下，所有愿意工作的劳动力都实现了就业这样一种理想的经济状态。它是宏观经济政策的基本目标之一。此概念最早由法国经济学家J.-B.萨伊提出。他认为，在市场经济中，由于价格和工资可以灵活变动，因而通过经济体系的自发调整总是能够实现充分就业。但20世纪30年代的西方经济危机使人们对这一“理论”产生了怀疑；在此背景下，J.M.凯恩斯对充分就业的实现提出了新的理念。凯恩斯认为，由于有效需求不足，经济中经常会存在非自愿失业，因此需要国家对经济进行干预以实现充分就业。但充分就业并不意味着完全消除失业。在现实中，由于经济结构变动、劳动力工作转换等原因会出现短期、临时性的失业，此外还存在劳动力的自愿失业等。这些情况都与充分就业不相矛盾。实现充分就业时存在的失业率通常被经济学家称为自然失业率。

**充气管** gas filled tube 管内充有气体或蒸气的电子管。又称离子管。在充气管内，电子在电极间运动时与气体原子和分子碰撞，产生电离现象，运动较慢的正离子抵消电子的负空间电荷作用，使充气管具有电流大、内阻低的特点。利用各种放电形式的不同特性，可制造出一系列不同性能的充气管，有冷阴极放电管、计数管、稳压管、十进位管、汞弧管、气体放电显示管、热阴极充气二极管及闸流管等。充气管广泛应用于雷达、通信、自动控制、辐射测量、显示、工业交通等领域。部分充气管如汞弧管、十进位管等，已被半导体器件所取代。有些充气管如氢闸流管、触发管、等离子体显示器等，仍然得到广泛应用和发展。

**充血** congestion 血管过度扩张使所含血量增多的状态。动脉充血时血运加速，常为生理性，如热水浴使皮肤充血，运动使骨骼肌充血。病理性动脉充血最常见于炎症，这种充血有助炎症消散和组织愈合。医生也常人为诱发充血状态以达到治疗目的，如利用局部热疗来镇痛、消散炎症、改善血运、愈伤等。静脉充血则大多为病理性，常意味着静脉回流受阻，血流淤滞。静脉腔内血栓形成和腔外肿瘤压迫常造成局部静脉充血。肝硬化时增生的结缔组织压迫门静脉，可致充血性脾肿大和腹水以及脐周和食管下端的侧支循环。如果静脉充血长期持续，这些组织可因慢性缺氧而发生程度不等的变性。

**虫积证** syndrome of ascariasis 因肠道寄生虫引起的，以饮食异常，脐腹疼痛，面黄肌瘦，面有虫斑为主要表现的中医学常见病证。常见于小儿疳积、虚劳、厥证等病证。

虫积多因饮食不洁，吃入带有虫卵或虫体的食物而引起。临床常见蛔虫证，蛲虫证和绦虫证。①蛔虫证。主要表现为面色黄暗，或兼有白斑，形体消瘦，脐腹疼痛、时发时止，早晨或空腹痛甚，得食痛减，嗜食异物，夜间磨牙，睡卧不安，烦躁啼哭，大便秘结或稀薄，或便下蛔虫。重者口流清涎，四肢厥冷，面色苍白。日久可见肚腹胀大，腹部硬实、青筋暴露。治宜安蛔驱虫、健脾和胃，方用使君子散、乌梅丸等。②蛲虫病。主要表现为夜间肛门奇痒难忍，女性会阴亦痒，睡眠不安，尿频或遗尿，肛门湿疹。日久可见食欲减退，面黄肌瘦。治宜杀虫止痒，方用追虫丸等。外用百部、大蒜灌洗。③绦虫证。主要表现为面色萎黄，脘腹胀痛或隐痛，大便不调，便中有扁节状虫体，肛门作痒，食欲不振或亢进，形体消瘦，四肢乏力。日久会出现烦躁不安，头晕惊厥。治宜驱虫，方用槟榔汤、下虫丸等。

**虫蜡** insect wax 昆虫产生的蜡。有重要经济价值的主要有两种：①中国虫蜡，又称虫白蜡、白蜡或川蜡。主要产于中国四川；是寄生在女贞或白蜡树上的白蜡虫所分泌的物质；为白色或淡黄色固体，熔点80～85℃；其主要成分为二十六碳酸二十六碳醇酯$CH_3(CH_2)_{24}COO(CH_2)_{25}CH_3$。②印度虫蜡。是寄生于印度虫胶树上的昆虫所分泌的一种胶状物，此胶状物脱蜡时，虫蜡作为虫胶的副产物得到；粗品的熔点72～80℃，商品的熔点约80～85℃。虫蜡用于制造蜡烛和电器绝缘材料等。

**重氮化反应** diazo-reaction; diazotization 一级胺与亚硝酸在低温下作用生成重氮盐的反应。例如：

$$C_6H_5NH_2 \xrightarrow[0\sim5℃]{NaNO_2,HCl} C_6H_5N^+\equiv NCl^-$$

脂肪族、芳香族和杂环的一级胺都可进行重氮化反应。通常，重氮化试剂是由亚硝酸钠与盐酸作用现场产生的。除盐酸外，也可使用硫酸、过氯酸和氟硼酸等无机酸。脂肪族重氮盐很不稳定，能迅速自发分解；芳香族重氮盐较为稳定。重氮化反应的机理是首先由一级胺与重氮化试剂结合，然后通过一系列质子转移，最后生成重氮盐。重氮化试剂的形式与所用的无机酸有关。当用较弱的酸时，亚硝酸在溶液中与三氧化二氮达成平衡，有效的重氮化试剂是三氧化二氮。当用较强的酸时，重氮化试剂是质子化的亚硝酸和亚硝酰正离子。因此重氮化反应中，控制适当的pH值很重要。芳香族一级胺碱性较弱，需要用较强的亚硝化试剂，所以通常在较强的酸性下进行反应。芳香族重氮盐中的重氮基很容易失去，引入卤素、羟基、腈基、硫氰基、硝基、硫醇、硫醚等，并可发生偶联、烷基化、芳基化、酰基化、烯基化、氯磺化、还原反应，生成多种类型的产物，在有机合成上极为重要。

**重氮化合物** diazo-compound 烷基与重氮基$=N_2$相连接而生成的化合物，通式$R_2CN_2$，R为氢或烷基。重氮化合物可以与多种烯烃的衍生物发生加成反应，生成的环系是五元环。一些路易斯酸如$BF_3$、$AlCl_3$等也可促使重氮化合物分解产生正碳离子。利用这一性质，可与许多带有酸性氢的化合物，如醇、酚、胺、羧酸、酰胺等，进行烷基化反应。重氮化合物也有一定的亲核性，可与醛、酮、酰卤反应。重氮化合物在光照加热或在路易斯酸、金属试剂催化的条件下可产生卡宾，极易进行后续的反应。重氮化合物由N－亚硝基－N－烷基－酰胺类化合物与碱作用制取；由一级胺与亚硝酸反应，也可制得重氮化合物。主要用作有机合成试剂和中间体，有些可用于癌症研究，如重氮尿嘧啶；有些在微电子工业中做光致抗蚀剂，如1－氧－2－重氮萘磺酸酯等。重氮化合物大多有毒，有些对皮肤、黏膜等有刺激性，如重氮甲烷、重氮乙酸乙酯。重氮化合物与碱金属接触或高温时可发生爆炸。

**重铬酸钠** sodium dichromate 化学式$Na_2Cr_2O_7$。俗称红矾钠。有二水物和无水物两种。$Na_2Cr_2O_7·2H_2O$为橙红色晶体；密度2.52克/厘米$^3$（12℃）；易溶于水，20℃时在水中的溶解度为180克/100克水，水溶液呈酸性，吸湿性大，易潮解。有腐蚀性和毒性。加热到84.6℃，二水物转化为无水物，356.7℃熔融，400℃分解。

重铬酸根与铬酸根在水溶液中存在以下平衡：

$$\underset{\text{橙红色}}{Cr_2O_7^{2-}} + H_2O \rightleftharpoons \underset{\text{黄色}}{2CrO_4^{2-}} + 2H^+$$

当溶液pH值增加时，溶液颜色从橙红变黄。重铬酸钠是强氧化剂，可氧化硫化氢、亚硫酸、碘化氢；在酸性溶液中，能氧化$Fe^{2+}$离子；与浓盐酸反应，能使$Cl^-$氧化成氯气。重铬酸钠可由铬酸钠经酸化或电解制得。可以用于制取铬酐、重铬酸钾、铬黄、木质素磺酸盐，也用于鞣革、医药、电镀、金属表面钝化和有机物的氧化反应。

**重婚** bigamy 有配偶又与他人结婚的行为。实行一夫一妻制是近、现代各国立法的通例，各国大多规定重婚为无效婚姻或得撤销婚姻；一方重婚是他方诉请离婚的理由。各国几乎都有禁止重婚的法律规定。只有少数伊斯兰教国家实行多妻制，并在法律上规定了合法妻子的人数。

中国历代封建法律名义上也规定一夫一妻制，但不禁止纳妾，甚至为具有一定身份的人规定纳妾人数。中华民国时期1930年的民法亲属编虽禁止重婚，但国民党政府司法院1931年院字第647号解释却声称：“取妾并非婚姻，自无所谓重婚。”

中华人民共和国的婚姻立法一贯保护一夫一妻的婚姻制度，禁止重婚。《中华人民共和国婚姻法》(2001) 规定重婚属于无效婚姻。但民事上的重婚问题可能不是出于故意。如已被宣告死亡的失踪人的配偶另行结婚后，即使失踪人生还，也不构成重婚罪。对出于故意的重婚，不论本人有配偶而重婚，或本人原无配偶、明知他人有配偶而与之结婚，都须按照《中华人民共和国刑法》的规定以重婚罪论处。

**重建时期** Reconstruction 美国内战结束后对南部社会政治经济和社会生活的改造与重新建设时期的通称。其历史任务是用政治和立法手段巩固和扩大内战成果，在南部各叛乱州重新建立忠于联邦的州政权，恢复南部各州同联邦的正常关系，重建并巩固联邦的统一。A.林肯在1863年12月8日《大赦与重建宣言》中提出宽大和解的重建纲领。

1865年，A.约翰逊就任总统。同年5月29日发表《大赦宣言》，宣布除南部同盟高级军政官员、应纳税财产价值在2万美元以上的叛乱者以及擅离合众国职守参加或支持叛乱者等少数人之外，其他一切直接或间接参加叛乱的人只要肯于进行效忠联邦的宣誓，便可获得赦免并同时恢复其选举权和除奴隶以外的一切财产所有权。宣言还规定，凡不在赦免之列的人均可向总统提出特别申请，总统有权实行特赦。

约翰逊重建纲领的实施造成了南部政治的反动。1865和1866年，黑人纷纷举行群众大会，抗议和谴责各州政府歧视和迫害黑人的反动措施。要求废除黑人法典，取缔“三K党”等反动恐怖组织。1865年宪法第13条修正案获最后批准，1866年国会通过第一个民权法，1868年联邦宪法第14条修正案生效。

1867年3月2日，国会通过共和党激进派的重建法案。当月正式推行激进派共和党人的重建纲领，南部进入民主重建阶段。10个叛乱州被划分为5个军区，由联邦实行军管。各州在1867～1870年之间，先后在确认黑人选举权的基础上重新召开制宪代表大会，制定新宪法并选举州议会，建立了以激进派共和党人为核心的黑白人种混合民主政府。各州相继宣布废除奴隶制度，承认联邦的统一，并陆续批准联邦宪法第14条和第15条修正案，恢复了在联邦中的平等地位。各州先后进行了一系列民主改革。

1877年2月，共和党与民主党就1876年总统选举问题达成《蒂尔顿－海斯协定》：民主党承认共和党人R.B.海斯当选为总统，海斯就任总统后立即撤走联邦驻南卡罗来纳和路易斯安那的军队，把州政权让给民主党。民主重建遂以南北双方的妥协宣告结束。重建没有没收奴隶主阶级的大地产，没有给广大黑人和贫穷白人分配土地。黑人很快又沦为佃农或雇农。种植园主采取合法与非法手段限制佃农的自由流动与自由雇佣劳动制的发展。结果在内战后的一个长时期里，南部农业中的资本主义生产关系发展十分缓慢。

**重结晶** recrystallization 将晶体先行溶解或熔化，而后又重新从溶液或熔体中结晶出来的过程。又称再结晶。主要用于提纯固体物质，例如利用两种物质在一种溶剂中的溶解度随温度变化的差别，使溶解度随温度变化比较大的那种物质结晶出来，而随温度变化比较小的物质则留在溶液中。如经一次重结晶，晶体的纯度没有达到要求，可再次进行重结晶。区域熔炼也是利用重结晶原理提纯物质的。

**重排反应** rearrangement reaction 分子中共价键结合顺序发生改变的反应。这种改变可导致碳骨架或官能团位置发生变化，有时因为伴有进一步变化而得到分子组成与反应物并不相同的重排产物。按反应机理可分两类。

基团迁移重排反应 反应物分子中的一个基团在分子范围内从某位置迁移到另一位置的反应。常见的迁移基团是烃基。迁移基团的原来位置称为迁移起点，迁移后的位置称为迁移终点，当两者为相邻原子时是1,2-迁移作用。这类反应又可按价键断裂方式分为异裂和均裂，前者重要得多，其中尤以缺电子重排最为重要。

缺电子重排反应 反应物分子先在迁移终点形成一个缺电子活性中心，从而促使迁移基团带着键裂的电子对发生迁移，并通过进一步变化生成稳定产物。以频哪酮重排反应为例，反应物分子中的一个羟基与酸作用形成鎓盐后失水变为缺电子活性中心碳正离子，促使邻位带羟基碳原子上的一个烃基带着电子对发生1,2-迁移，同时羟基氧原子上未共用电子对转移到碳氧之间构成双键，最后失去质子而得产物：

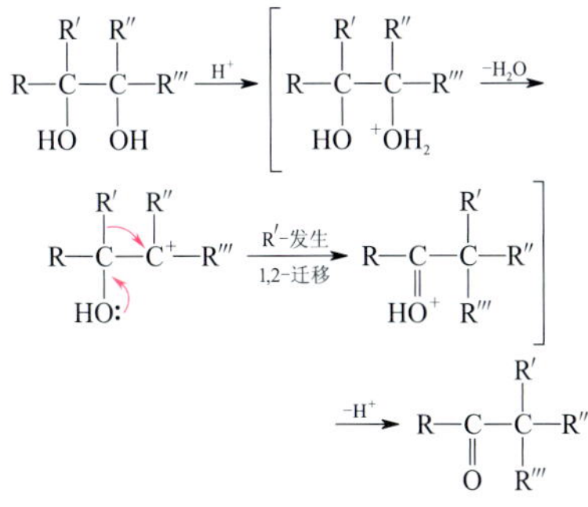

富电子重排反应 在迁移终点形成一个富电子活性中心后，促使迁移基团不带键裂电子对而转移，例如法沃斯基重排，α-卤代酮在强碱作用下重排，生成碳骨架不同的羧酸酯，反应通过富电子活性中心碳负离子进行：

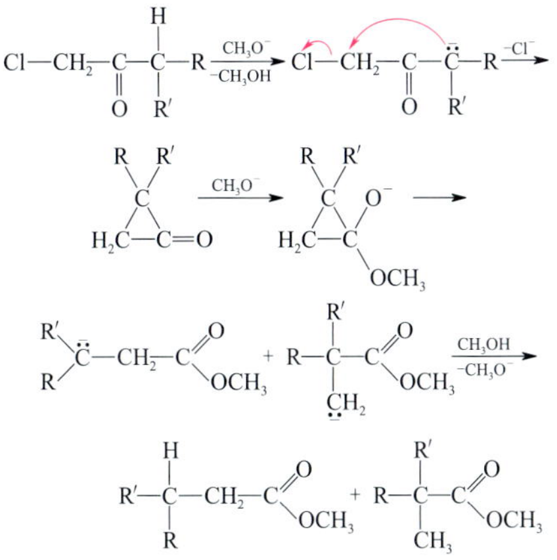

周环反应 反应物因分子内共价键协同变化形成一个环状结构过渡态而发生重排的反应，有电环化反应和σ迁移反应。例如环丁烯经加热发生逆向电环化而得1,3-丁二烯、1,3-己二烯经加热发生氢原子1,5-迁移而得2,4-己二烯。这类重排在合成中应用最多的是属于3,3-迁移的科普重排和克莱森重排。

科普重排反应 1,5-二烯受热重排为另一个1,5-二烯的反应。例如内消旋-3,4-二甲基-1,5-己二烯经加热几乎定量地转变为(*Z*,*E*)-2,6-辛二烯：

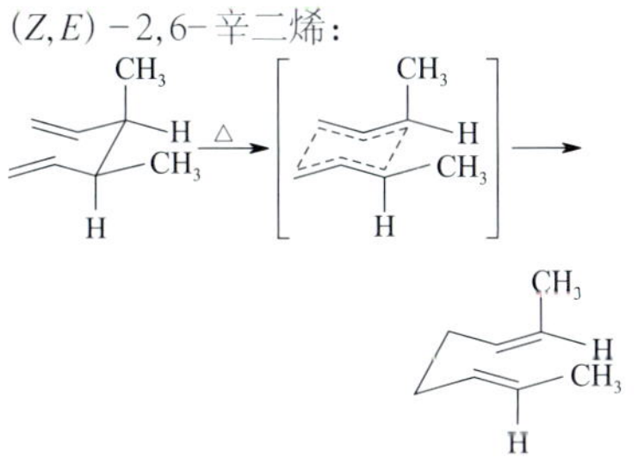

克莱森重排反应 参与反应的体系中有一个氧原子代替了碳原子。例如，苯基烯丙醚经克莱森重排生成的环己二烯酮，随即异构化为邻烯丙基苯酚。

**重庆大学** Chongqing University 中国以工科为主的多科性高等学校。属教育部。校址在重庆。1929年创办。初设预科。1932年开办本科，设文、理两学院，至1949年已成为设文、理、工、商、法、医6个学院20个系的综合大学。1952年经过院系调整成为多科性工业大学。2000年与重庆建筑大学、重庆建筑高等专科学校合并重组。设有20多个学院以及研究生院、继续教育学院、网络教育学院和城市科技学院。有培养学士、硕士和博士的教学体系。有一级国家重点学科、国家及教育部重点实验室等。

**重庆市** Chongqing City 中国中央直辖市。简称渝。位于中国西南部，长江上游三峡库区及四川盆地东南部。东接湖北省、湖南省，南邻贵州省，西靠四川省，北界四川省和陕西省。辖19个市辖区、17个县、4个自治县（见表）。面积8.2万平方千米。人口2 885万（2010）。有汉、回、彝、蒙古、满、壮、侗、布依、藏等50个民族。

建制沿革 重庆市是一个历史悠久的文化名城。公元前11世纪，巴人以江州（今重庆）为首府，建立巴国。秦灭巴国后，置巴郡。南朝梁大宝元年（550）改巴郡置楚州。隋开皇三年（583）改置渝州，为重庆简称“渝”的由来。北宋崇宁元年（1102）改为恭州。南宋绍熙元年（1190）置重庆府，重庆市因此得名。元置重庆路。清光绪十六年（1890）重庆被辟为通商口岸。1913年置川东道。1929年设重庆市。1937年抗日战争全面爆发后，南京国民政府西迁重庆，重庆为临时“陪都”。1939年正式将重庆市升格为特别市，由行政院直辖。1949年重庆市人民政府正式成立，成为西南军政委员会驻地，中央直辖市。1950年，中央人民政府决定四川省建制后，重庆改属川东（省级）行署区。1953年改为中央直辖市。1954年并入四川省成为省辖市。1997年3月设立重庆中央直辖市。

重庆市行政区划表（2010）

| | | | |
|---|---|---|---|
| 渝中区 | 云阳县 | 南川区 | 铜梁县 |
| 巫山县 | 沙坪坝区 | 大足县 | 潼南县 |
| 大渡口区 | 忠　县 | 璧山县 | 垫江县 |
| 北碚区 | 九龙坡区 | 荣昌县 | 丰都县 |
| 江北区 | 渝北区 | 城口县 | 武隆县 |
| 万盛区 | 南岸区 | 开　县 | 巫溪县 |
| 涪陵区 | 巴南区 | 梁平县 | 奉节县 |
| 双桥区 | 合川区 | 石柱土家族自治县 | |
| 黔江区 | 万州区 | 彭水苗族土家族自治县 | |
| 江津区 | 永川区 | 酉阳土家族苗族自治县 | |
| 长寿区 | 綦江县 | 秀山土家族苗族自治县 | |

自然条件 市境地形起伏不平，大地构造复杂，市域地跨秦岭地槽（南缘）和扬子准地台（西部）两大地质单元。江河纵横，河网密布，长江干流自西南向东北斜贯，有嘉陵江、乌江、涪江、綦江、大宁河等189条流域面积超过1 000平方千米的河流汇入，构成近似向“心”状的复合水系。

重庆市属亚热带季风气候，气候温和，雨量丰富，四季分明，立体气候明显，具有冬暖、春早、夏热、秋长的特点。年平均气温14.8～18.8℃。年降水量为814.8～1 500毫米，70%～90%集中于4～9月。

动植物资源丰富。盛产粮食、油料、蔬菜、烟叶、柑橘、蚕桑、油桐、乌桕、生漆、苎麻及黄连、党参、天麻、青蒿、杜仲、黄柏、厚朴等中药材。拥有桫椤、水杉、珙桐、崖柏、银杉、连香树、荷叶铁线蕨等珍稀植物资源。动物资源约有600多种，属于国家重点保护的珍稀动物有近百种，其中有金丝猴、长尾叶猴、蜂猴、华南虎、梅花鹿等国家一级保护动物。除野生动物外，还有饲养动物70多种，以荣昌猪、石柱长毛兔等著名。

矿产资源丰富。具有探明储量大、分布相对集中、品位较高、利于开发利用等特点。在能源矿产中，以煤炭和天然气尤为重要。在金属矿产中，锰矿基础储量居全国第四位；铝土矿基础储量居全国第五位；锶矿（天青石）储量丰富，是重庆最具特色的优势矿种；汞矿有中国罕见的特大型矿床。非金属矿产中，有全国较大的岩盐矿区。

经济概况　西南地区最大的综合性工业基地，长江上游最大的区域性经济中心、商贸中心和水陆空立体交通枢纽。

重庆市是中国西南地区工业发展较早的城市。明代中叶，纺织、缫丝、酿酒等手工业作坊开始兴起，至清代已具有一定规模。1876年重庆辟为商埠，技术传入，近代工业、交通、商业、金融等逐渐发展起来。抗日战争时期，长江中下游各地工厂内迁重庆后，由原料集散地发展成为中国西南工业重镇。同时工业结构发生变化，重工业开始兴起。20世纪50年代以来，特别是改革开放和1997年改为直辖市以来，重庆工业发展进入了一个快速发展时期，形成了以汽车和摩托车为主体的机械工业、以天然气化工和医药化工为重点的化学工业、以优质钢材和铝材为代表的冶金工业等三大支柱产业，培育壮大了以机电设备、电子通信、建筑建材、玻璃陶瓷、日用化工等几大优势产业。

重庆市农村面积大，农业人口多，农业和农村经济在全市经济所占比重大，约有65%的县（区、市）以农村经济为主，具有大农业、大农村的特点。种植业以发展水稻、玉米、小麦、甘薯、马铃薯、豆类和油菜、花生、芝麻、烟叶、蔬菜、水果、蚕桑、茶叶等为主，产油桐、生漆、乌桕和苎麻、中药材等土特产品。畜牧业以养殖猪、牛、羊、兔和家禽等为主。通过结构调整，农业产业化经营有了较大发展。

重庆市交通建设发展很快，已初步形成了一个集铁路、公路、水运和航空为一

图2　重庆解放碑

体的立体综合交通网络。铁路方面，由成渝铁路连接宝成、成昆铁路，渝黔铁路接贵昆、湘黔、黔桂铁路，襄渝铁路通汉丹、焦枝铁路。公路方面，主要有上海—成都的国家主干公路和319、210、212、318、326等5条国道干线公路。水运方面，有长江、嘉陵江、乌江等主要航道。重庆是长江上游及西南地区江海联运、水陆换装的最大主枢纽港口，成渝、渝黔和襄渝等铁路干线建有铁路专用线与港口相连。航空运输方面，位于市区东北的江北国际机场连接国内近50个大中城市，并开通了重庆至名古屋、曼谷、慕尼黑、西雅图、吉隆坡、加德满都、首尔以及中国香港、澳门特别行政区的定期或不定期航线。

文教科技　重庆市文化源远流长，融巴渝文化、三峡文化、抗战文化为一体，古文化遗迹丰富多彩，民族民间艺术独具特色，文化教育事业较发达，形成了学科专业结构较齐全的高等教育体系。重庆图书馆始建于1947年，以民国时期出版物、古籍善本书、联合国资料为馆藏图书的三大特色，是国内抗日战争时期出版物的主要收藏馆。市中区有建于1953年，可容纳10万人的大田湾体育场。

图1　重庆的渝中半岛远眺

名胜古迹　重庆是国家历史文化名城，名胜古迹众多，主要有长江三峡、“乌江画廊”、缙云山、四面山、金佛山等国家级重点风景名胜区。位于重庆以西约160千米的大足石刻是中国石刻艺术的精华，被列入《世界遗产名录》。其他还有丰都名山、武隆仙女山和芙蓉洞、大宁河小三峡、巫山神女峰、奉节天坑地缝、巫溪灵巫洞、涪陵白鹤梁石鱼题刻、奉节白帝城、云阳张飞庙、忠县石宝寨、万州太白岩、梁平双桂堂、南温泉、北温泉，纪念地有中美合作所旧址、歌乐山烈士陵园及红岩村、解放碑等。

**重庆谈判**　**Chongqing Talks**　中国抗日战争胜利后，重庆国民党政府与中国共产党代表团就国家统一、和平建国等问题举行的政治谈判。日本投降后，在国内外和平民主力量和舆论的推动下，以蒋介石为首的国民党当局为了争取政治上的主动、缓和国内广大民众的和平要求及争取部署兵力的时间，于1945年8月14、20、23日三次电邀中共领导人毛泽东赴重庆谈判，共商国事。为了争取和平民主，中共中央决定派毛泽东等赴渝谈判。8月25日，中共中央发表《对目前时局的宣言》。次日又发出同国民党谈判的通知，向党内和国内人民说明了中共采取的立场和方针。8月28日，毛泽东、周恩来、王若飞在美国驻华大使P.J.赫尔利和国民党政府代表张治中的陪同下飞抵重庆。次日谈判开始。在长达43天的谈判中，中共代表与张群、王世杰、

重庆谈判期间，毛泽东与蒋介石、赫尔利合影

邵力子、张治中等国民党政府代表先后就和平建国的基本方针、政治民主化、人民自由、党派合法、地方自治、军队国家化、解放区地方政权等12个方面的问题进行了反复磋商。毛泽东与蒋介石接触共达9次。10月10日，国民党政府与中国共产党双方签署了《政府与中共代表会谈纪要》(即《双十协定》)。11日，毛泽东由张治中、王若飞陪同返回延安。周恩来、王若飞（到延安后即返渝）留在重庆继续谈判召开政治协商会议等问题。通过重庆谈判，中国共产党用事实向全国人民表明了自己的和平诚意，赢得了国内外人民的同情与支持，取得政治斗争的主动地位。

**重舌目**　**Diploglossata**　昆虫纲一目。小型寄生性有翅昆虫。又称鼠螋。现只有鼠螋科1科，约10种。非洲产。体小，扁平。口器咀嚼式。触角丝状多节，但不长。翅

退化，无眼。有两根尾须，细而长，不分节。寄生于鼠的体外，吃鼠的皮肤末屑。

**重阳宫** Chongyang Taoist Temple 中国道教宫观，全真道祖庭。又称重阳万寿宫、祖庵。在陕西户县。相传全真道祖师王重阳曾隐修于此。金世宗大定七年（1167），王重阳自焚其居，东行至山东宁海，得邱、刘、谭、马诸弟子，创全真道教。王重阳卒后，弟子护送其遗骨葬于旧居。马丹阳袭掌全真教，于其地建立道观，手书"祖庭"二字为额。嗣后，王重阳弟子王处一上奏，请于其址建灵虚观，邱处机又请改名重阳宫。元世祖时乃更名重阳万寿宫。重阳宫在元代的北方道教中影响很大，居全真道三大祖庭之首，全真道徒往往云集于此，最盛时近万人，殿阁房舍凡5 000余间。其后衰落，但仍有部分殿堂遗存至今。又有道教石碑遗世，称祖庵碑林。

**重阳节** Double Nine Festival 中国传统节日。又称重九节、茱萸节、登高节。时在农历九月初九。九为阳数，九九相重，即为重阳。汉魏时已形成，节俗主要有登高野宴。登高是中心内容，其原始意义在于逃避灾祸。此日还要饮菊花酒、佩茱萸、食重阳糕。此日所酿的菊花酒在古代被视为延年益寿的长命酒，以茱萸插头是为辟恶气。重阳在现代成为祝寿节、老人节。除汉族外，布依、白、侗、畲、壮等少数民族也过此节。

**重阳木** *Bischofia javanica*; java bishopwood 大戟科重阳木属的一种。又称秋枫、茄冬。分布于中国秦岭、淮河以南至福建、广东北部。落叶乔木，高达40米；树皮灰褐色，

小枝无毛。三出复叶，互生，边缘具细密锯齿，纸质。花小，单性异株，无花瓣；总状花序腋生；雌花序较长，达27厘米；萼片5；雄花具5雄蕊，有退化子房；雌花心皮3～4，子房上位，3～4室。浆果球形，径约1.3厘米，淡褐色。生长在海拔1 000米以下山地林中。平原、村旁常见栽培，为习见行道树。心材鲜红，边材淡红，材质略重而坚韧，结构细而匀，有光泽，宜作建筑、造船、车辆、家具用材；果可酿酒；种子含油30%，可供食用，也可制润滑油和皂。

**重正化** renormalization 克服量子场论中出现的发散困难，从而使微扰论计算合理化的一种理论方法。进行量子场论的微扰论计算时，如果涉及高次近似，有圈图出现，就会得到其值为无穷大的发散积分，使得理论计算无从与实验相对比，称发散困难。重正化的目的则是用一定的步骤把微扰论积分中出现的发散（无穷大）分离出来，并吸收到相互作用耦合常数以及粒子的质量中去，通过重新定义相互作用耦合常数和粒子的质量，来获得不发散的$S$矩阵元，使计算结果可与实验相对比。所以微扰论计算的中心问题之一就是如何进行重正化。

量子电动力学的成功是与它的重正化的成功分不开的。

量子规范理论（包括电弱统一理论、量子色动力学和大统一理论）的情况虽然比量子电动力学复杂，但它们的重正化问题都已解决。重正化是一个涉及面较广的研究课题。粒子物理、统计物理等都可遇到重正化问题。现代的重正化理论并不只是被动地应付发散困难，它还能通过重正化群方法主动地给出物理上的新的预言。

**重奏** ensemble 每个声部均由一人演奏的多声部器乐曲及其演奏形式。根据乐曲的声部及演奏者的人数，可分为二重奏、三重奏，以至七重奏、八重奏等。由于演奏的乐器不同，因而又有弦乐四重奏、钢琴三重奏、单簧管五重奏等形式。最常见的重奏形式是弦乐器重奏，如由两把小提琴、一把中提琴和一把大提琴组成，称为弦乐四重奏。在弦乐重奏中加入其他乐器，如由一架钢琴和两件弦乐器组成的重奏，称为钢琴三重奏。又如由一支单簧管和四件弦乐器组成的重奏，则称单簧管五重奏。器乐重奏曲多采用多乐章套曲形式。

**崇高** sublime 审美范畴的一种。又称壮美。就审美对象而言，崇高具有强大的威力，表现在人格与道德行为中、自然界事物的状貌样态中、艺术作品的形态与格调中；就审美经验而言，它使主体受到震撼，带有庄严感或敬畏感，甚至伴有某种程度的恐惧或痛苦。同其他审美范畴相比较，崇高与悲剧性相近，都伴有巨大的情感跌宕。实践主体能动性方面的崇高，表现为人格与道德行为中的强大威力。实践对象化领域中的崇高，表现为自然界事物状貌样态中的强大威力。I.康德曾把它们区分为数学的（数量的、体积的、空间的、静态的）与力学的（力量的、能量的、动力的、动态的）两类，实际上两者常交融并存。艺术作品可以把这两方面的表现融为一体，以人格心灵的崇高为内容，以物体景象的崇高为形式，使震撼人心的威力更为凝炼集中。在欧洲，最早提到崇高的是公元1世纪古罗马一篇佚名的论文《论崇高》，作者认为崇高是"伟大心灵的回声"，并以海洋、尼罗河、多瑙河、莱茵河为例进行说明。在西方美学史上第一个把崇高与美严格区别开来的，是英国的E.博克，英国的另一些美学家不承认恐惧和痛苦在崇高体验中的作用，认为崇高感是伟大引起的。在中国的传统美学中，崇高或壮美常用"大"来表述。它侧重在主体方面、社会价值方面，而不是对象方面、自然状貌方面。孟子把他所强调的人格美称为"浩然之气"。在对个体人格的评价中，他提出善、信、美、大、圣、神六个等级，提到"充实之谓美，充实而有光辉之谓大"。他所说的"大"，比一般的美在程度上更鲜明强烈、在范围上更广阔宏伟，是一种辉煌壮观的美。这样的崇高概念与西方传统美学中的概念相比，侧重点不同。但如果把这种品格同有关的遭遇联系起来考察，所涉及的对象世界中同样包含引起忧患困苦的因素，与西方美学所讨论的崇高特征仍是相近的。

**崇明岛** Chongming Island 中国第三大岛、最大的沙岛。上海市崇明县所在地。位于上海市北部，长江入海口。面积1 041平方千米。7世纪唐初始有东沙洲、西沙洲出露水面。16世纪明嘉靖年间，基本具现今规模。由于长江主流南北摆动，"游移"不定，至18世纪中叶后，主流于崇明岛南面出海，南岸备受冲坍；北岸和东、西两端则淤涨迅速，面积日扩。20世纪50年代初期，面积仅600余平方千米，经对新涨滩涂不断围垦，遂达现今规模。农业以种植棉花、水稻、小麦为主，岛外沿江沿海一带渔场环绕，岛内河沟纵横，鱼塘密布，是中国重点渔业县和上海海淡水产生产基地。长江口是中国著名天然渔场，盛产凤尾鱼、刀鱼、鲥鱼、虾等，蟹苗、鳗鱼都是崇明名贵特产。东部滩涂为数十万只越冬候鸟的栖居地，1998年建立东滩鸟类自然保护区。

**崇明县** Chongming County 中国上海市辖县。位于市境北部、长江口，包括崇明岛、长兴岛、横沙岛及附近诸沙洲。面积1 185平方千米。人口70万（2010）。五代吴在西沙（后坍）置崇明镇，取"渐积高广"之意。元至元十四年（1277）置崇明州。明洪武二年（1369）降州为县。1952年属江苏省南通专区，1958年划归上海市。通用设备、交通设备、金属制品和纺织是工业主导行业，县城所在地辟有市级工业园区。农业主产稻谷、麦类、油菜子、棉花，并建有市级绿色食品开发园区。海洋水产以带鱼、鲳扁鱼、凤尾鱼、刀鱼、鲥鱼、银鱼为主；淡水养殖以青鱼、鲫鱼为主。岛内有国家级森林公园，另有寿安寺、金鳌山、学宫、

明代抗倭英烈唐一岑墓、烈士纪念馆等古迹和纪念地。

**崇文院** Chongwen Imperial Library 中国宋代贮藏图书的官署。唐太宗贞观中设崇文馆，为太子学馆，置学士等官，掌管东宫经籍图书，以教授诸生。北宋建立后，沿袭唐代旧制，以汴京（今河南开封）之昭文馆、史馆、集贤院等总为崇文院。共藏正副本图书8万多卷。仁宗景祐年间（1034～1038），王尧臣、张观、欧阳修、宋庠、宋祁诸人奉诏整理图籍，编撰《崇文总目》，著录四部图书凡30 669卷。其中每类图书皆有叙录，每种书皆有解题，是中国较早的解题书目。

**崇祯帝** Emperor Chongzhen (1611－02－06～1644－04－25) 中国明朝末代皇帝。明光宗第五子。1628～1644年在位，年号崇祯。见明思宗朱由检。

**崇州市** Chongzhou City 中国四川省辖县级市。位于省境中部，成都平原腹心地带。面积1 090平方千米。人口66万（2010），以汉族为主。古为蜀国地。汉高祖元年（前206）置江源县，后改置汉原郡、江源郡。唐武后垂拱二年（686）分益州析置蜀州。元初称崇庆府，元至元二十年（1283）降府为州。1913年废州为崇庆县。1994年撤县设崇州市。由成都市代管。属中亚热带湿润季风气候，温和湿润，降水充沛，日照充足，四季分明。矿产有煤、铁、铜、金、铅、锌、石膏、石灰岩等。农业主产水稻、小麦、油菜子、烟叶及生猪等。西部山区有松、杉、桦、樟、楠等林木。产茶叶、棕片和川芎、黄柏、杜仲等中药材。工业有煤炭、机械、电力、冶金、化工、建材、食品和竹编工艺等，有竹编之乡美称。名胜古迹有鸡冠山森林公园、鞍子河自然保护区、九龙沟、白塔湖、文庙大成殿、罨画池公园、陆游祠、光严寺、大明寺、洄澜塔等。在2008年5月12日汶川地震中受灾严重。

**崇左市** Chongzuo City 中国广西壮族自治区地级市。位于自治区西南部，西南邻接越南。面积17 440平方千米。人口199万（2010）。主要有壮、汉、瑶、苗、水等民族。辖江州区及扶绥、大新、天等、宁明、龙州5县，代管凭祥市。汉为林尘县，宋皇祐五年（1053）置崇善县。1952年撤崇善县、左县置崇左县。2002年设立地级崇左市。矿产有铁、钨、金、锌、磷、水晶、稀土、石灰岩、大理石、花岗岩等。农作物有水稻、玉米、甘蔗、木薯、花生、西番莲、水果等。工业有制糖、水泥、电力、农机、采矿等。名胜古迹有左江斜塔、石景林、南津古渡、黄巢城、响水瀑布、花山岩画、会仙岩、万福寺、文羊岩等。

左江斜塔

**冲压** sheet metal forming; stamping 利用模具在压力机上对金属板材、带材、管材和型材等施加外力，使之产生塑性变形或分离，获得所需形状和尺寸的工件的成形加工方法。可以将金属板材制成各种板片状零件和壳体、容器类工件，或将管材制成各种管状工件。全世界所生产的钢材大约60%～70%是板材，其中大部分经冲压制成成品。适用于大批量生产。

冲压主要按工艺分类，可分为分离工序和成形工序两类。在实际生产中，常常是多种工序综合应用于一个工件。

分离工序 又称冲裁。目的是将冲压件沿一定轮廓线从板料上分离，同时保证分离断面的质量要求。冲裁包括冲孔、落料、切口、切边和剖切等工序。采用精密冲裁可得到全部光洁、垂直和精度高的断面。精密冲裁常用的方法小间隙冲裁、负间隙冲裁和齿圈压板冲裁。

成形工序 目的是使板料在不被破坏的条件下发生塑性变形，制成所需形状和尺寸的工件。成形工序包括弯曲、卷耳、扭曲、拉深、翻边（内孔和外缘翻边）、卷边、胀形、缩口、扩口、起伏、压印、整形、校平和旋压等。

①弯曲。将金属板材、管材和型材弯成具有一定角度、曲率和形状的塑性成形方法。弯曲工艺分为压弯、滚弯和拉弯。

②拉深。又称拉延。将金属板状毛坯制成筒形、盒形或其他断面形状的壳体零件的工序。

③旋压。将平板或经预成形的毛坯固定到安装在旋压机主轴上的芯模上，并与主轴上的芯模一起旋转，旋轮或擀棒在对毛坯施压的同时作轴向送进，使毛坯逐步产生塑性变形，经过一次或多次加工得到各种空心回转体薄壁工件。

**抽水蓄能电站** pumped storage power station 利用电网中负荷低谷时的电力，由下水库抽水到上水库蓄能，待电网高峰负荷时，放水回到下水库发电的水力发电站。又称蓄能式水电站。抽水蓄能电站可在电力系统低负荷时利用其他电站生产的多余电能抽水至高处，等到系统出现负荷高峰时利用高处储存的水发电，这样就起到填谷削峰的作用。抽水蓄能电站一般由上水库、输水系统、安装有抽水蓄能机组的厂房和下水库等建筑物组成（见图）。

沿革 早期的抽水蓄能电站是扩建常规水电站，使既有发电机组（水轮机和发电机）又有抽水机组（水泵和电动机），称为四机式机组。为混合式抽水蓄能电站，其后则向纯抽水蓄能电站发展。西欧几座较早的大型抽水蓄能电站均采用水轮机与水泵分开，仅发电机与电动机合并的三机式机组。例如卢森堡境内的菲安登抽水蓄能电站的第一期工程，它是西欧联合电网中的一座重要调峰电站，装9台10万千瓦机组，为三机式非可逆卧式机组。自从美国田纳西河流域的海沃西水电站1956年扩建时，采用一台6万千瓦水轮机与水泵合一的大型可逆式机组取得成功后，这种二机式可逆机组得到迅速推广。它不仅是发电机与电动机合一，而且水轮机与水泵也合一，因此机组大量简化，厂房空间也大为缩小。

1960年全世界抽水蓄能电站容量仅350万千瓦（以西欧占多数），1970年增至1 600万千瓦（美国、日本大量发展）。到1980年急增至4 600万千瓦。此外，美国已在研究利用废弃矿井作为地下水库的抽水蓄能电站。

工程特点 ①机组。抽水蓄能电站的发展与可逆式蓄能机组向高水头、大容量发展密切相关。②土建。抽水蓄能电站所用的水量在上库与下库之间循环使用，水量损失很小，故选择站址时可以离开大江大河，使尽量靠近电网中心。从土建观点须挑选落差（$H$）大，而且水平距离（$L$）短的上、下水库库址和相应坝址。“距高比”

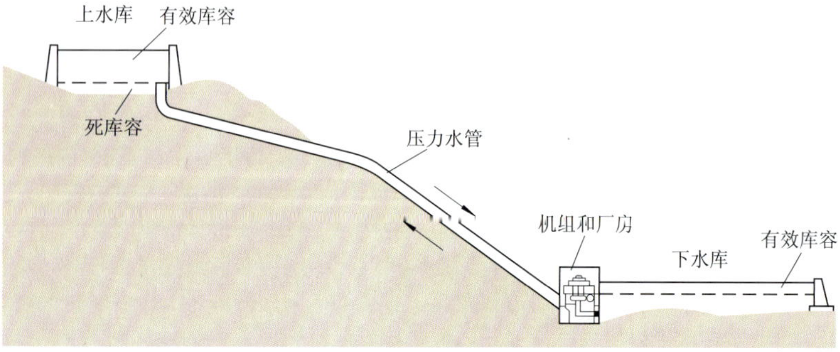

纯抽水蓄能电站示意图

$L/H$是评定工程优劣的一个指标，以其值小为好。上、下水库如能利用天然湖泊或已建水库，则可节省大量工程量。高水头大容量抽水蓄能电站多选用地下或半地下厂房，其承受高压的压力水管和深埋地下的厂房，往往是土建中的重点。③规划和运行。抽水蓄能电站的装机容量应与其库容相匹配。一般情况控制于上水库的调蓄库容，其调蓄水量一般不低于装机满发4～6小时所需水量。同时还须考虑备用库容。大型抽水蓄能电站要承担电网中多种备用容量的需要，须能频繁起停，故在大容量多机组的抽水蓄能电站中，应对其发电电动机组的启动设备提出更为严格的要求。

发展 抽水蓄能电站建设已有上百年的历史，但是具有近代工程意义的设施则是近四五十年才出现的。20世纪70～80年代是发展最快时期。据2001年统计，31个国家有抽水蓄能机组近400台，总装机近1.3亿千瓦。装机容量最多的是日本，共43座，第二是美国，38座。至2003年中国已建成抽水蓄能电站24座，装机共1 595万千瓦。广州抽水蓄能电站装机240万千瓦，是世界上最大的抽水蓄能电站。

**抽屉原理** box principle 组合数学中最基本的命题，它断言：将$n+1$个物品放入$n$个抽屉，必有某个抽屉至少放了两个物品。又称鸽笼原理或狄利克雷原理。在数学论证中，常以下列三种形式出现：①$n+1$个元素分成$n$组，必有一组至少包括两个元素。②$m$个元素分成$n$组（$m>n$为正整数），必有一组包含的元素个数不小于$m/n$。③无限多个元素分成有限组，必有一组包含无限多个元素。这个原理不仅能给出某些中等数学问题（如数学竞赛题）的巧妙解法，而且是数论等数学分支中证明存在性结果的十分有用工具。例如，P.G.L.狄利克雷应用它证明了实数有理逼近定理；在超越数论中，常常应用它构造辅助多项式。1930年F.P.拉姆齐首先研究了抽屉原理的推广，现在已发展成组合数学的一个重要组成部分，称为拉姆齐理论。

**抽象表现主义** abstract-expressionism 20世纪40～50年代的美术思潮。最先出现于美国，影响波及欧美各国。抽象表现主义重视创作行为本身的意义，与超现实主义提倡的自动画法一脉相承，所以又称行动绘画。因为它的发源地和中心在纽约，所以还有纽约画派的名称。它实际上是继承了从V.凡高到超现实主义追求艺术的抽象化、直接性、自动性、表现潜意识的自我等方面的探索成果，适应了第二次世界大战以后美国人的心理状态和审美要求的抽象艺术。自从它出现以后，西方前卫派的艺术中心从巴黎转移到纽约。抽象表现主义并没有统一的风格特点，也没有统一的社团。美国艺术史论家们一般认为，它是没有形象的、反形式的、即兴的、动感的、有生命力的、技巧自由的艺术，是用来刺激观察力而不是满足传统鉴赏趣味的艺术。其画家有M.托比、J.波洛克、W.德·库宁、R.马瑟韦尔、F.克兰、M.罗思科等。

德·库宁作品《访问》(1960～1967，伦敦泰特画廊藏)

**抽象劳动** abstract labour 形成商品价值的抽象的一般人类劳动。是人类劳动力在生理学意义上的耗费，是体现在商品中的劳动的二重性中的社会属性，只与生产的商品形式有关。

抽象劳动是对千差万别的具体有用劳动的共同内容的抽象，是人类劳动力的耗费，它始终寓于各种不同的具体劳动之中。各种使用价值或商品体是自然物质和劳动这两种要素的结合，不同的使用价值所包含的是不同质的劳动。但是，如果把商品体的使用价值撇开，商品体就只剩下一个属性，即劳动产品。同样，如果把生产活动的特定性质撇开，生产活动就只剩下一点：它是人类劳动力的耗费。不同质的生产活动都是人的脑、肌肉、神经、手等的生产耗费，即都是人类劳动；或者说，不同质的生产活动都只是耗费人类劳动力的不同形式。因此，抽象劳动就是人类等同的、一般的、无差别的、社会性的劳动。在生产的商品形式中，形成价值的劳动正是人类的一般劳动力。

**抽象思维** abstract thinking 人们在认识活动中运用概念、判断、推理等思维形式，对客观现实进行间接的、概括的反映的过程。属于理性认识阶段。抽象思维凭借科学的抽象概念对事物的本质和客观世界发展的深远过程进行反映，使人们通过认识活动获得远远超出靠感觉器官直接感知的知识。科学的抽象是在概念中反映自然界或社会物质过程的内在本质的思想，它是在对事物的本质属性进行分析、综合、比较的基础上，抽取出事物的本质属性，撇开其非本质属性，使认识从感性的具体进入抽象的规定，形成概念。空洞的、臆造的、不可捉摸的抽象是不科学的抽象。科学的、合乎逻辑的抽象思维是在社会实践的基础上形成的。

**抽象艺术** abstract art 艺术形象与自然对象较少或完全没有相近之处的艺术。与具象艺术相对应。抽象艺术的代表画家有H.马蒂斯、P.毕加索、W.康定斯基、J.米罗、P.蒙德里安等。见抽象主义。

**抽象与具体** abstract and concrete 一对哲学范畴。原来有分离与聚合的含义，在G.W.F.黑格尔的哲学中，有特殊的含义。通常所说的抽象，指在认识上把事物的规定、属性、关系从原来有机联系的整体中孤立地抽取出来；具体是指尚未经过这种抽象的感性对象。黑格尔承认前面所说的抽象为抽象，但并不承认感性对象为具体。黑格尔认为具体是理性的具体，即具体概念，也就是以概念为本质的一切事物的多方面的规定、属性、关系的有机整体性，以及它们在认识中的反映。在哲学史上，黑格尔第一次按照上述含义使用这对范畴，明确地把孤立、割裂、片面这类思想方法称为抽象思维，把不同规定性的统一、对立面的统一、普遍和特殊的统一作为具体性的根本特征。他主张世界上客观存在着的真实事物、概念、真理都是具体的，具体性是概念、真理最基本的特性。哲学的目标就是要把握具体真理、具体概念。在黑格尔看来，认识发展的过程就是由抽象发展为具体的过程。认识开始只能得到一些抽象的规定性，它们是孤立的、片面的。随着认识的前进，愈是在后的概念所包含的规定性愈多，因而内容愈丰富、愈具体、愈真实。黑格尔的《逻辑学》就是对概念这种由抽象到具体发展过程的描述，最终的“绝对理念”就是一个最具体的概念。

黑格尔在历史上第一次对客观事物的具体性和概念、真理的具体性作了哲学的概括。他对抽象思维的批判，对于反对形而上学有重要意义。但是他唯心主义地把概念说成是第一性的存在，把事物的具体性说成是概念具体性的表现，他把在人的认识中发生的由抽象上升为具体的过程理解为客观概念自我综合、自我深化、自我发展的过程。辩证唯物主义改造了黑格尔使用的这对哲学范畴，K.马克思第一次在唯物主义基础上对它们作出了科学的表述，认为人对客观事物的认识是在实践的基础上，由感性的具体上升为理性的抽象，进而把各种抽象的规定通过更深刻的思维加工，达到具体的再生产，由理性的抽象上升到理性的具体，从而把握事物的内在联系和本质的过程。

**抽象主义** abstractism 20世纪以来在欧美各国兴起的美术思潮和流派。否定描绘具体物象，主张抽象表现。在西方艺术论著中，抽象主义、抽象艺术、抽象派是同义语。一般泛指的抽象艺术包含两种类型：①从自然现象出发加以简约或抽取其富有表现特征的因素，形成简单的、极其概括的形象。②不以自然物象为基础的几何构成。抽象主义的美学观念最早见于德国哲学家W.沃林格的著作《抽离与情移》。他认为，在艺术创造中，除了情移的冲动以外，还有一种与之相反的冲动，即“抽离的趋势”。既然心灵不能在变化无常的外界现象中求得宁静，只有到艺术的形式里寻找慰藉，便试图将客观物象从其变化无常的偶然性中解放出来，用抽象的形式使其具有永久的价值。最早的抽象主义绘画是由W.康定斯基于1910年前后创作的。他的朋友沃林格积极支持表现主义运动，并为之扩大影响。抽象主义的产生除有逃避现实的因素外，还有受到工业、科学技术推动的原因。现代化的建筑和环境，要求更为概括、精练和简化的艺术形式与之相适应。而机器运转的速度、力量、效率等对视觉来说比较抽象的因素，刺激着艺术家去做抽象美创造的尝试。因而，抽象艺术的产生是对写实艺术的补充。不以描绘具体物象为目标的抽象艺术，通过线条、色彩、块面、形体、构图来传达各种情绪，激发人们的想象，启迪人们的思维。

抽象艺术从原始艺术、中世纪的宗教艺术、非洲和大洋洲艺术、东方的文字和书法中吸收了养料，也从中国的老庄哲学、佛教禅宗中择取了适应20世纪西方哲学和人们心理状态的观念。不少抽象主义作品表现出逃避现实、社会虚无主义的倾向，但也有作品反映了人们对美好未来的憧憬，

康定斯基作《黑色的伴奏》

具有积极、进取和乐观的思想感情。多数抽象主义作品的着眼点在于艺术形式的独特创造。

40年代中期在美国出现的抽象表现主义，是糅合了超现实主义的自动手法的抽象艺术，代表人物为J.波洛克。抽象表现主义之后在美国和欧洲出现的后绘画性抽象，实际上是几何抽象在当代的发展。因为它是较为规则的、有明确造型和清晰边线的抽象画，所以被美国评论家称为硬边抽象。归纳20世纪欧美各种抽象主义艺术，凡是着重感情表现的，称为抒情的抽象或热抽象；凡是着重表现理念的，称为理性的抽象或冷抽象。

抽象主义有独特的价值，也有它的局限性。它只能作为一种表现形式存在，绝不能取代写实主义。

**抽样** sampling 统计中的基本概念，指按一定程序从总体中抽取样本的过程。抽样的目的是根据对样本的观测结果对总体进行推断（见统计推断）。根据应用目标及统计推断类型的不同，在数理统计学中与抽样有关的有抽样调查和抽样检验两个不同的分支，前者统计推断的主要形式是参数估计；而后者是假设检验。

最重要、最科学的抽样是概率抽样，又称随机抽样。概率抽样是相对于非概率抽样，如随意抽样和判断抽样而言的。按概率抽样，总体中的每个个体都有一个非零的被抽中的概率。用概率抽样可通过样本，不仅可获得总体目标量的无偏估计，而且也可获得该估计量的精度（用方差表示）估计。

在抽样调查的理论中，总体常被划分为有限多个部分，每个部分称为一个抽样单元。如果总体中每个抽样单元被抽中为样本的概率均相等，则称为简单随机抽样。有时抽样单元可按大小分级，若先抽大的一级单元，调查每个被抽中的一级单元中的全部二级小单元，这种抽样称为整群抽样；若在每个被抽中的一级单元中再对其中二级单元进行抽样，则称为二阶抽样。类似的可定义多阶抽样。若总体分为若干子总体（层），在每个子总体中进行独立抽样，则称为分层抽样。抽样也可以是不等概率的，最常用的是按单元大小成比例的概率抽样，称为PPS抽样。在实际问题中，抽样通常是由多种抽样方法的有机组合而成的复杂抽样。

**抽样调查** sampling survey 一种以概率论为基础，按随机原则从调查总体中抽取部分单位进行观察，用以估计推算总体某些数量特征的非全面调查。又称抽样推断。随机原则是要求总体每个单位具有相同的（或某种一定的）被抽到的概率，而不是根据调查者的主观判断来确定所要选择的单位。它的应用范围：①对一些不能进行全面调查的总体。②对一些不必要进行全面调查的对象。③对一些难于进行全面调查而又必须推算总体数量的现象。

在抽样调查中，所要研究的全部对象构成总体，又称全及总体。随机抽选出的单位构成样本，又称抽样总体。进行抽样前首先要明确划分总体单位，列出总体单位的清单。每抽一个单位进行观察后又放回总体参加下一次抽选的称为重复抽样，观察后不放回总体的称为不重复抽样。

抽样调查结果既包含由于测量、回答、记录、计算、抄录错误而造成的登记误差，也包含由于用部分单位的观察值估计总体指标而产生的代表性误差。后者又包含由于抽样方法不当而产生的系统偏差和由于抽样的随机性而产生的随机误差，也即通常所说的抽样误差。抽样误差不是指某一次具体结果与总体真实数值的实际离差，而是指样本指标的各种可能数值围绕总体指标真实数值而分布的平均的误差，即这一分布的标准差。其大小取决于所有可能样本指标值的概率分布。

**绸** silk fabric 丝织物中的一大类。采用天然丝或化学纤维长丝与短纤维纱以平纹或平纹作地组织提花织成。质地较细密，但不过于轻薄，属于中厚型丝织物。其中较轻薄的品种可作衬衫和裙料，较厚重的品种可作外套、西服和衣裤，提花品种可作礼服或供室内装饰用。绸出现于西汉。当时写作“紬”，专指利用粗丝、乱丝纺纱织制成的平纹丝织品。两晋南北朝时期绸开始有粗、细之分。明清以来绸成为丝织物的泛称。近代以来，丝织行业习惯把紧密结实的经支持面平纹丝织物称作绸，如塔夫绸。具有上述特点的棉织物也常被称作绸，如府绸。习惯还把绸和缎联起来作为丝织物的总称——绸缎，有时也用丝绸作为丝织物的代称。绸按原料分，除用桑蚕丝的以外，还有用绢纺落绵的绵绸、使用柞蚕丝的鸭江绸、用双宫丝的双宫绸、用化学纤维长丝的涤纤绸等。绸可分为生（白）织和熟（色）织，如生织的疙瘩绸和熟织的领带绸；又可分为不提花的素（织）绸和提花的花（织）绸。

**绸吊** silk rope hanging 高空造型类杂技项目。演员抓住高空悬挂的布条或绸条攀登缠绕，构成一组组凌空造型，以展示超群臂力及多变形体技艺。爬布爬绳原本是传统锻炼臂力的方法，后被运用到杂技、戏曲表演中。如绍剧中的“七十二吊”即是在白布的缠绕下，做出种种悬吊姿态。20世纪60年代杭州杂技团将“七十二吊”中的特技部分加以充实提炼，在技巧方面

绸吊《绸调——蓝色遐想》

又吸纳了杂技“皮条”、体操“吊环”的动作，通过软中求硬的绸带，在飞旋运动中完成所有的技巧表演，形成绸吊这一新的杂技节目。

**绸舞** silk dance　中国汉族民间舞蹈。以舞者舞动色彩各异、长短不同的绸带而得名。汉代画像石、画像砖上已有舞绸者的形象。绸舞所用的绸带分长短两种。短绸一般用于秧歌等民间歌舞。长绸分单手和双手舞绸。长绸宽约0.9～1米，长4～8米。舞者握着系于绸一端的短木棍，配合各种舞步和舞姿，舞出各种绸花。1951年，长春歌舞团创作的《红绸舞》，在第三届世界青年与学生和平友谊联欢节上获得一等奖。戴爱莲创作的《飞天》在第五届世界青年与学生和平友谊联欢节上获铜奖。京剧表演艺术家梅兰芳和戏剧家欧阳予倩徒手舞长绸，还能脱手抛接，技艺高超，堪称绝活。

**《筹办夷务始末》**　中国清政府官修的对外关系档案资料汇编。又称《三朝筹办夷务始末》。计道光朝80卷，文庆等编；咸丰朝80卷，贾桢等编；同治朝100卷，宝鋆等编。所收均为三朝涉外事项的上谕、廷寄、奏折、照会等档案综计。三朝筹办夷务始末内容，凡中外关系史上的重要事件，如两次鸦片战争、中外勾结镇压太平军情况、沙俄强占中国东北土地以及教案问题、租界问题都有记载，为研究中国近代前期帝国主义侵华史和中国对外关系史保存了非常丰富的珍贵资料。该书于1929～1930年间由故宫博物院影印出版，中华书局对道光、咸丰两朝资料加工整理出版，辑为《筹办夷务始末》(道光朝)（1964）、《筹办夷务始末》(咸丰朝)（1979）。此外，台湾也出版了《道光咸丰两朝筹办夷务始末补遗》(道光二十二年至咸丰十一年)。

**筹算** computation with calculating rod　中国古代以筹为工具来记数、列式和进行各种数与式的演算的方法。筹算是中国的独创。在珠算发明之前，算筹是中国常用的有效数学工具。筹，又称为策、筹策、算筹，后来又称之为算子。它最初是小竹棍一类的自然物，以后逐渐发展成为专门的计算工具，质地与制作也愈加精致。据文献记载，算筹除竹筹外，还有木筹、铁筹（图1）、骨筹、玉筹和牙筹（图2），并且有盛装算筹的算袋和算子筒。算筹实物已在陕西、湖南、江苏、河北等省发现多批。其中发现最早的是1971年陕西千阳出土的西汉宣帝时期的骨制算筹。

筹算在中国肇源甚古，春秋战国时期的《老子》中就有“善数者不用筹策”的记述。当时算筹已作为专门的计算工具被普遍采用，并且筹的算法已趋成熟。

算筹记数的规则，最早载于《孙子算经》：“凡算之法，先识其位。一纵十横，百立千僵。千、十相望，万、百相当。”用算筹表示数目有纵、横两种方式：

| | | | | | | | | | |
|---|---|---|---|---|---|---|---|---|---|
| 纵式 | 𝍠 | 𝍡 | 𝍢 | 𝍣 | 𝍤 | 𝍥 | 𝍦 | 𝍧 | 𝍨 |
| 横式 | 𝍩 | 𝍪 | 𝍫 | 𝍬 | 𝍭 | 𝍮 | 𝍯 | 𝍰 | 𝍱 |
| | 1 | 2 | 3 | 4 | 5 | 6 | 7 | 8 | 9 |

表示一个多位数，是把各位数码由高位到低位从左至右横列。各位筹式必须纵横相间：个位、百位、万位等用纵式；十位、千位、十万位等用横式。例如1 985用算筹表示出来是𝍩𝍨𝍰𝍤。数字“零”表示为空位，例如8 021用算筹表示出来是𝍰 𝍪𝍠。

中国古代的筹算不仅是正、负整数与分数的四则运算和开方，而且还包含着各种特定筹式的演算。中国算家不仅利用筹码不同的“位”来表示不同的“值”，发明了十进位值制记数法，而且还利用筹在算板上各种相对位置排列成特定的数学模式，用以描述某种类型的实际应用问题。例如列衰、盈朒、“方程”诸术所列筹式描述了实际中常见的比例问题和线性问题；天元、四元及开方诸式，则刻画了高次方程问题；而大衍求一术则是为“乘率”而设计的特殊筹式。筹式以不同的位置关系表示特定的数量关系。在这些筹式所规定的不同“位”上，可以布列任意的数码（它们随着实际问题的不同而取不同的数值）。因而，中国古代的筹式本身就具有代数符号的性质，可以认为，是一种独特的符号系统。

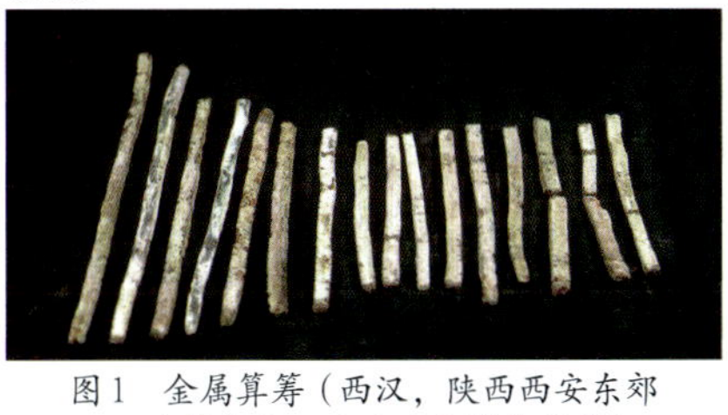

图1　金属算筹（西汉，陕西西安东郊三店村出土，陕西历史博物馆藏）

图2　象牙算筹（西汉，陕西旬阳出土）

中国古代的筹算表现为算法的形式，而具有模式化、程序化的特征。中国的筹算不用运算符号，无须保留运算的中间过程，只要求通过筹式的逐步变换而最终获得问题的解答。因此，中国古算中的“术”，都是用一套一套的“程序语言”所描写的程序化算法，并且中国算家经常将其依据的算理蕴涵于演算的步骤之中，起到“不言而喻，不证自明”的作用。可以说“寓理于算”是古代筹算在表现形式上的又一特点。中国古代数学的发展与算筹的使用有着密不可分的关系。

**丑** ugliness　事物的否定性审美价值。违反社会目的是丑在内容方面的特征，与伦理学领域中的否定性道德价值“恶”相联系；背离客观规律是丑在形式方面的特征，与认识领域中的否定性认识价值“误”相联系。丑所引起的审美经验是一种否定性情感，它使主体产生痛苦、压抑、惊骇、厌恶等心理反应，主体对它持否定性态度。丑作为审美范畴之一，与美相对立。它是美的否定和反衬，又是其他审美范畴如悲、喜、崇高、滑稽等的组成因素。丑的审美价值是一个复杂的问题，在美学史上曾有过长期争议。

在欧洲美学史上，亚里士多德的《诗学》最早探讨了丑的问题。在中世纪，奥古斯丁从神学和形而上学出发否定了丑的真实存在。在16、17世纪的美学理论中，美的形式要求被规定得十分狭窄，认为不合P.高乃依的三一律和A.丢勒的“正确”解剖学比例的形式就是丑。到18世纪，多数人仍然认为美与丑是判然有别的两极。美学作为一门自律的、系统性的学科，是在18世纪开始建立的，什么是专属审美的现象的问题第一次被明确提出来。对这一问题的回答，推动了对丑的探讨。1797年F.von施累格尔提出“丑的理论”，对后世有深远影响。由此引出关于“审美价值之否定”的两种概念：①以W.T.斯泰斯为代表，认为凡是体现在对象中而能为感觉或想象所把握的某种感受主题，都是审美的，把不属于审美领域的超感觉对象称为“不美的”，而不称之为“丑”，并且认为，丑是美的一个品种，对它的感受所引起的痛苦是道德的而不是审美的，这痛苦通常被来自对象整体的审美愉悦所克服。②以B.鲍桑葵为代表，认为凡是能向观察者表现其情感特质的某种感性结构都是审美的，而属于其否定面的就是一些完全缺乏情感色调的东西。持这种观点的人主张通常被认为丑的东西，大多数是由于“观察者的软弱”而引起痛苦的感受，因此它们应更适当地称为“困难的美”。

丑的本质在于，对象以其形式状貌对主体实践效果的否定，唤起主体情感对对象存在的否定。表现在艺术作品中的丑，可以形成审美价值。艺术作品具有多层次的结构，这众多的层次可以区分为间接层和直接层两大类。间接层是艺术品所复现的、本来存在于社会物质生活中的形式。现实丑在间接层中出现，并不会使艺术品成为丑的，反倒往往成为艺术美不可缺少的组成要素。从这个意义上说，现实丑转化成了艺术美的成分。直接层是艺术品借以呈现自己的、由表现手段所建立的形式。丑的形式在直接层中出现，必然成为艺术丑，比如艺术品的创作者审美理想卑下、审美趣味猥琐，或者表现技巧拙劣、表现手段贫乏，都形成艺术丑，从而只具有否定的消极意义。

**丑** clown role in Chinese opera 中国戏曲表演主要行当之一。面部化装是用白粉在鼻梁眼窝间勾画脸谱。与大花脸对比俗称小花脸，与大花脸、二花脸并列俗称三花脸。丑的名目初见于宋元南戏，为插科打诨的角色。到近代戏曲中，丑的表演艺术有了长足的发展，不同的剧种都有各自的风格特色。按扮演人物的身份、性格和技术特点，大致可分为文丑和武丑两大支系。文丑中有扮演帝王将相的袍带丑、扮演儒生及书吏之类的方巾丑、扮演花花公子的褶子丑、扮演下层百姓的茶衣丑和老丑等分类。武丑俗称开口跳。讲究念白的吐字清晰真切，语调清脆流利。动作轻巧敏捷，着重翻跳跌扑的武功，扮演机警幽默、武艺高超的人物，如《三岔口》的刘利华、《挡马》的焦光普等。昆曲特有的行当“付”，又称二面或副，多扮狡诈阴险的奸臣、恶吏、讼棍或无行文人，如《鸣凤记》的赵文华、《一捧雪》的汤勤等，身份比小丑高，品性却比小丑坏。此外，着重做功的老旦有时由丑兼扮，如京剧《清风亭》的贺氏，昆曲《荆钗记》的王十朋母。彩旦亦为丑的本工。

徽剧《借靴》剧照

**臭椿** *Ailanthus altissima*; tree of heaven/ailanthus 苦木科臭椿属的一种。落叶乔木。又称椿树或木砻树，古称樗。主产亚洲东南部。10～15种。中国有六种三变种一变型。南自广东、广西、云南，向北直到辽宁南部，共跨22个省区。

树高可达30米，胸径一米以上。一回奇数羽状复叶，互生。雌雄同株或雌雄异株。圆锥花序顶生，花小，白绿色。翅果，扁平，长椭圆形。喜光。耐干旱，稍耐寒。对土壤要求不严。耐微碱，pH的适宜范围为5.5～8.2。对氯气抗性中等，对氟化氢及二氧化硫抗性强。生长快，根系深，萌芽力强。播种育苗容易，以春季播种为宜。

木材硬度中等，有弹性，可供造纸、建筑、制人造板等用材。叶可饲养樗蚕。种子可榨油。根皮供药用。臭椿是荒山造林、庭园和工矿区绿化树种。

**臭汗症** bromidrosis 出汗带有特殊臭味的病理现象。汗腺分小汗腺和大汗腺，小汗腺的汗液之所以产生臭味，是由于细菌分解了被汗液浸湿的皮肤表面的角质蛋白所致。小汗腺臭汗症中常见的是足部臭汗，男女都可发生，患者常多汗，且卫生习惯差；少数是食入葱、蒜等引起。大汗腺臭汗症的原因是汗液中的有机成分被细菌分解后产生臭味。常见的是腋臭，又称狐臭。主要发生在腋窝、脐窝、外阴及肛周。女性多于男性。患者应注意皮肤清洁卫生，经常清洗，保持皮肤干燥，勤换衣服、袜子，穿透气的鞋。外用杀菌、止汗药物。腋臭可手术治疗。

**臭氧** ozone 化学式$O_3$。氧的同素异形体，由三个氧原子形成的单质。天蓝色刺激性气体，液态呈暗蓝色，固态呈蓝黑色。1840年C.F.舍恩拜因发现当氧气通过放电弧时产生一种特殊臭味的气体，即$O_3$，称为臭氧。臭氧是由大气中的氧经紫外线的光化学作用产生的，靠近地面的大气中臭氧很少，随大气层升高，其中臭氧含量也增大，臭氧主要（约91%）集中在大气臭氧层。高空臭氧层能吸收太阳辐射的大部分紫外线，从而保护了人类和其他生物免受紫外线的伤害。但臭氧也能被某些化学物质，如氮的氧化物和氯的催化而分解，使臭氧层变薄，甚至出现空洞。照射到地表的紫外线增多，对动植物不利。

气态臭氧的密度2.144克/升（20℃，1.01×$10^5$帕），液态密度1.46克/厘米$^3$（−112℃），沸点−111.35℃，熔点−193℃。臭氧极易分解，是比氧更强的氧化剂。能将硫氧化成三氧化硫，将银氧化成氧化银，将碘离子氧化为碘；后一反应进行得很完全，可用来定量测定臭氧。

使氧气或空气通过臭氧发生器在高频放电作用下产生9%～11%（体积）臭氧，最高可达18%，冷却得深蓝色液体，分馏可得纯的臭氧。臭氧有消毒和杀菌的作用；可用作强漂白剂，其作用比过氧化氢、氯、二氧化硫都快。臭氧用于水的消毒，用后变成氧气，不像用氯消毒后有残留的气味。臭氧还用于有机合成。臭氧能刺激黏膜，对人和动物有害，长期生活在含有臭氧的空气中是不安全的。然而极少量臭氧对人体有利。

**臭氧化物** ozonide 含臭氧离子$O_3^-$的化合物。其中$O_3^-$离子呈V形，$O_3^-$离子带有奇数个电子，它具有颜色和顺磁性。碱金属、碱土金属、铵离子的臭氧化物有$LiO_3 \cdot 4NH_3$、$KO_3$、$Ca(O_3)_2$、$NH_4O_3$。其中研究较多的为臭氧化钾$KO_3$，四方晶型橙色晶体。

有机臭氧化物有烯烃（如乙烯）的加成产物：

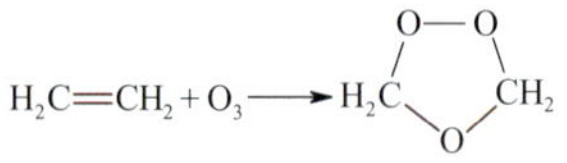

产物易被还原为醛。碱金属氢氧化物和臭氧作用，可得钾、铷、铯的臭氧化物。臭氧化钾缓慢分解释出氧气：

$$2KO_3 \longrightarrow 2KO_2 + O_2$$

其稳定性随钠、钾、铷、铯序递增；遇水释出氧气。钾、钠的臭氧化物可作为高能氧化剂。

**臭氧武器** ozone weapon 采用物理或化学方法改变敌方上空大气中的臭氧浓度，对人和生物造成危害的武器。其设计方案有两种：①在敌方某一区域上空的臭氧层中，投放能吸附臭氧的化学物质或通过高空核爆炸所生成能分解臭氧的化学物质，形成一个没有臭氧的洞口，使太阳的硬紫外线直照地面，危害人或生物的细胞组织，引起皮肤灼伤等病变，损伤敌方有生力量。②增大敌方某一区域上空的臭氧浓度，使其超过人或生物所能承受的最大限度，造成人员中毒，引起胃痉挛、肺水肿等病变，重者导致死亡。该武器尚处于设想和试验阶段。

**出版** publishing 将文字、声音、图像等作品编辑加工后，利用相应的物质载体进行复制，以传播科学文化、信息和进行思想交流的一种社会活动。狭义的出版，仅指图书、报纸、期刊的出版，并不包括印刷、发行。广义的出版包括图书、报纸、期刊和音像、电子等出版物的编辑、复制、发行三个方面。

在英语等欧洲语种中，“出版”（publication; publish）一词来源于古拉丁语publicatus，均与“印刷”有关。中国早期称“出版”为“刊板”、“刊刻”、“刊行”、“付梓”、“梓行”等，也与“印刷”有关。据考证，中国最早使用“出版”一词是在19世纪末。

历史演进　距今大约4 000～5 000年前，中国就有了文字。到商周时期，文字逐渐定型。文字与载体的结合，便是早期书籍的雏形。其中，殷周时期刻在甲骨上的卜辞、殷朝后期到西汉铸在青铜器上的铭文以及刻在石鼓、石片上的文字等记录了古人的各种活动。这些刻有或铸有文字的甲骨、石头或青铜器可视为最早的书籍；这些刻或铸字于骨、石、青铜器的活动，亦可视为最原始的出版行为。

距今3 000多年前，中国人开始用木简和竹简书写文字，并穿串折叠、制装成册；或用丝帛作为文字的载体，写成“缣（双丝撒黄的细绢）书”、“素（生帛的一种）书”，分卷成册。这就是中国古代的正规书籍。直到西汉时期纸张出现后，抄写复制书籍的出版活动才开始盛行。到7世纪初，中国人发明了雕版印刷技术，开始大量印制图书。至11世纪，北宋毕昇发明了活字印刷术，使印刷发生了革命性的变化。15世纪中叶，德国人J.谷登堡发明了用机械方法和铅活字印刷，使图书出版开始朝着工业化的方向发展。

中国记载最早的正式出版活动，是后唐明宗长兴三年（932）的《敕令国子监集博士儒徒》。宋代发明活字印刷术后，出版活动日趋发达，出现了接受委托、专事刻印或发行的书商，以及从事编纂刻印的出版家、藏书家。直到近代，从西方传入铅字排版、机械印刷的技术之后，才正式形成“出版”这一概念。从20世纪中叶起，由于印刷技术的不断更新和新的图文载体的出现，出版概念也在不断扩展。现代出版不仅包括图书报刊的印刷发行，还包括图书报刊微缩品的制作和发行，以及音像、电子、网络出版等。

江西瑞金中华苏维埃共和国中央出版局旧址

外国出版业　5 000多年前古埃及人和苏美尔人创造了象形文字。公元前3 000年左右，古埃及、巴比伦、亚述和赫梯人以及古印度人就分别使用纸草、黏土板、桦树皮和棕榈叶子书写经卷。公元前2世纪，中东地区帕加马人发明了羊皮纸，并在公元1～2世纪广泛应用于手抄基督教文献。在古罗马的西塞罗时代（前106～前43年），完整的图书出版业已建立起来，开始了欧洲古典出版的“抄本”时代。在此后几个世纪中，羊皮纸手抄本成为西方书籍的标准形式，书籍抄写在欧洲成为一种正式职业。1450年左右，谷登堡对活字印刷术作了一系列的改进和发明，开启了西方近代出版“印刷文化”的时代。

16～18世纪，欧洲图书出版业的组织形式逐渐向现代形式发展，形成了以出版商为主，出版商、印刷商、书商三者共同支撑出版业发展的组织形式。

19世纪，造纸、印刷、排字等一系列新发明使图书生产成本进一步降低，图书售价大幅下降，从而为图书的大众化打下了良好的基础。印刷商和造纸商逐渐从出版活动中分离出来，出版商和书商成为出版活动的主体，出现一批到今天还在经营的出版社。

20世纪是现代出版业的繁荣期。第二次世界大战前，在英、法、德、美等西方出版大国，具有现代意义的“公司式”出版企业逐渐代替了传统的“家族式”出版企业，出版企业之间开始出现兼并风潮。受30年代经济大萧条的影响，出版商开始出版印量极大的廉价纸皮书。20世纪后半叶以来，随着电子科技与电子计算机技术的发展，音像出版、电子与多媒体出版、网络出版成为新的出版载体。

中国出版业　1950年9月，第一届全国出版会议提出“为人民大众的利益服务是人民出版事业的基本方针”，中国的出版业开始迅速发展。国家将原有的私营出版机构改造成国营或公私合营的出版机构，积极引导并大力扶持，使其发挥更大的作用；对一些进步出版机构扶持扩大其业务，促进其发展。还在北京、上海及各省、自治区建立一批综合和专业出版社及印刷厂。1956年，在中国共产党“百花齐放、百家争鸣”的方针指导下，出版事业出现空前繁荣景象。

1957年“反右派”斗争的扩大化影响了中国出版业的正常发展。1958年的“大跃进”浪潮和随之而来的“三年自然灾害”，也使中国出版事业受到重挫。直至1963年，出版业才逐渐复苏。1966～1976年，中国“文化大革命”的10年是出版业受创最重的10年。

1976年“文化大革命”结束，出版工作得以恢复和发展，出版业出现了新局面。随着认识的转变，出版管理工作也进行了相应的调整，出版面貌发生了很大变化，图书质量也大为提高，出版了一系列大型重点图书，如《中国大百科全书》、《中国美术全集》等。自然科学、应用技术和少数民族读物、少年儿童读物等，不但品质提升，数量也大幅增长。

1988年，中宣部、新闻出版署颁发了《关于当前出版改革的若干意见》和《关于当前图书发行体制改革的若干意见》。1990年，中华人民共和国建立后第一部新闻出版法《中华人民共和国著作权法》正式颁布实施。从1993年起国务院先后制定颁布了关于出版业、印刷业、音像制品、电子出版物、计算机软件等的管理与保护条例，并批准加入了《伯尔尼公约》、《世界版权公约》等国际公约。中国的出版业走上法制化轨道，并迅速与国际接轨。中国的现代出版业已成为一种知识高度密集的高新技术产业，在新经济发展的格局中占有重要地位。特别是汉字照排、数字印刷和桌面出版系统的广泛应用，使图书业、报刊业、音像电子出版业及其相关的印刷业、复制业、发行业、广告业及出口贸易组成的出版产业成为国民经济的重要组成部分，其产值已突破5 000亿元。现在，整个华文出版界的合作态势已经形成，内地、台湾、香港、澳门与其他国家的华文出版组织都保持着密切联系，世界华文教学和中文图书市场不断扩展，使得中国出版业在世界出版格局中的地位大为提高。

**出版物**　publication　精神文化成果中经过编辑、复制在一定物质载体上，通过发行而得以在社会上传播的作品。

广义的出版物，包括定期出版物和不定期出版物两大类。定期出版物又分为报纸和期刊（也称杂志）两类。报纸按出版时间分为日报和非日报。期刊有周刊、旬刊、半月刊、月刊、双月刊、季刊、年刊等。不定期出版物主要指图书。一般说来，凡有封面并装订成册的都是图书。传统的出版物如报纸、期刊、图书等，都是印刷品，称为印刷型出版物。随着现代科学技术的发展，特别是电子计算机的广泛应用，出现了非印刷型出版物，包括唱片、缩微胶片（卷）、录音带、录像带和软盘、光盘等音像、电子出版物。继而，经过编辑、通过网络传播的精神文化作品也逐渐纳入出版物范畴。狭义的出版物只包括图书和期刊，不包括报纸。按出版者的不同，出版物分为政府出版物、机关团体出版物和一般出版物；按发行方式、发行范围和发行对象分为内部发行读物和公开出版物；按是否出售，分为卖品和非卖品。

**出版自由** freedom of the press 公民通过出版物表达自己的观点和意见的自由。宪法规定的公民权利之一。许多国家的宪法都规定有公民的出版自由，但各国法律通常从内容和形式两方面制约出版自由。在内容上，这种限制分为两类：①为了保障社会全体利益而设的限制，如对煽动颠覆政府、淫秽性言论的限制。②为保障私人利益而设的限制，如对侮辱、诽谤性言论的限制。从形式方面来看，这种限制分为事先审查和事后追惩两种。事先审查又称预防制，指出版物在出版前要受国家机关（主要是军警机关）的干预和检查。预防制又可分为检查制、特许制、保证金制和报告制。检查制最为严厉，报告制最轻。事后追惩是指出版物在出版前不受任何国家机关检查，在出版后若违法则受制裁。第二次世界大战后，多数国家都实行追惩制。

中国大陆实行事先审查制。2001年12月12日国务院第五十次常务会议通过的《中华人民共和国出版管理条例》规定了任何出版物不得含有下列内容：①反对宪法确定的基本原则的。②危害国家统一、主权和领土完整的。③泄露国家秘密、危害国家安全或者损害国家荣誉和利益的。④煽动民族仇恨、民族歧视，破坏民族团结或者侵害民族风俗、习惯的。⑤宣扬邪教、迷信的。⑥扰乱社会秩序，破坏社会稳定的。⑦宣扬淫秽、赌博、暴力或者教唆犯罪的。⑧侮辱或者诽谤他人，侵害他人合法权益的。⑨危害社会公德或者民族优秀文化传统的。⑩有法律、行政法规和国家规定禁止的其他内容的。

**出家** pravrajana 宗教术语。梵文的意译，又译林居者。又称“出尘”“剃发”等。原为印度婆罗门教的一种遁世制度，后为佛教所沿用。佛教认为世俗之人愿追随佛陀，皈依佛教，加入僧团者，须与世俗之家摆脱系缚，方可与僧共住，专心修法。凡出家者改释姓，自称释迦弟子。届时要举行一定的仪式。因各地各派佛教情况不同，对出家时间的长短，出家者能否蓄留须发等要求也不一样。有些宗派如藏传佛教中的噶举派、萨迦派传法者在家、出家的都有，南传佛教地区有男子一生中都须出家一段时间的传统。后道教全真道的道士离家入观，也称出家。

**出口补贴** export subsidies 一国政府为了降低出口商品价格，增强其在世界市场上的竞争力，在出口商品时给予出口商现金补贴或财政上的优惠待遇。又称出口津贴。出口补贴有直接和间接两种方式：①直接补贴。即现金补贴，在出口时直接付给出口厂商。②间接补贴。政府给予出口商一定的政策优惠，如退还或减免出口的国内税收等。

接受出口补贴的产品以低于国内市场的价格出口，形成同一产品的双重价格。《世界贸易组织补贴反补贴措施协议》规定，除在农产品协议中已有规定的以外，在法律或在事实上作为唯一或多种条件之一，以出口实绩为条件而提供的补贴均为“被禁止的补贴”，并在其附件1“出口补贴清单”中列举了11项与出口实绩有关的补贴，均禁止成员国施用。但对发展中国家成员给予特殊的差别待遇。

**出口产业政策** export industrial policy 一国或地区政府制定的调整出口产业结构、出口商品结构和出口市场结构的一系列公共政策。主要内容：①结构政策。制定出口发展的产业序列和产品序列，并相应地实施鼓励性和限制性的贸易政策，使整个出口产业逐步趋向合理化和高级化。②组织政策。组合各类产业内部企业的合理规模，使其发挥规模经济效益，通过各种手段，保持各产业内部企业间能够开展平等的市场竞争，防止垄断市场现象发生。③区域政策。发挥地区产业优势和生产要素的比较优势，逐步实现出口产业在国内不同区域的合理布局和优化配置。④科技政策。增加科技投入，完善技术引进政策，从整体上提高整个出口产业的素质和产品的国际竞争力。

**出口导向工业** export-oriented industry 产品面向国际市场的工业。它的发展，是发展进口替代工业、一国自然禀赋和国际分工深化等因素的必然结果。当进口替代工业的生产能力超过国内市场需求后，便产生了进入国际市场的要求。20世纪60年代以后，一些自然资源贫乏、国内市场有限而劳动力资源又相对比较丰富的发展中国家和地区，如韩国、新加坡和中国台湾、中国香港的工业化发展战略，首先转向出口导向工业，即大力发展劳动密集型轻工业制成品（主要是纺织品、服装、鞋类等）以出口创汇，鼓励引进外资和新技术，进入国际市场竞争。80年代，大多数拉美国家和东南亚国家也加入到发展出口导向工业的行列中来。许多国家都采取了各种鼓励出口的政策措施，推动出口导向工业的发展，加强这些产业制成品的国际竞争力。

**出口加工区** export processing zone 一个国家或地区在国境之内、关境之外的港口、机场或交通便利的地方，划出一定的区域，提供良好的投资环境和各种优惠政策来吸引外资，发展在国际市场上有竞争力的出口加工业的特殊区域。优惠待遇通常主要包括免税进口生产设备和原材料、简化旅客出入境手续和减免地租及所得税等。

20世纪60年代开始在一些国家出现。中华人民共和国国务院2000年批准设立大连、天津、北京天竺、烟台、威海、昆山、苏州工业园区、上海松江、杭州、厦门杏林、广州、武汉、成都、深圳、珲春15个出口加工区。至2010年，国务院共批准设立56个出口加工区。

中国出口加工区的定位为海关监管的特殊封闭区域，必须设立符合海关监管要求的隔离设施和有效的监控系统，海关在加工区内设立专门的监管机构。海关对加工区与境外之间进、出的货物实行备案制管理及直通式或转关运输的监管模式，除实行出口被动配额管理之外，不实行进出口配额、许可证件管理。

**出口税** export duties 以出境货物、物品为课税对象的关税。在19世纪以前，出口税曾是欧洲国家财政收入的重要来源之一。后由于既不利于本国产品的生产，也不利于国际贸易的发展，自19世纪中叶以后，各国相继取消出口税。20世纪30年代，世界范围内发生严重经济危机，一些国家又恢复征收出口税。至20世纪后期仍有一些国家对少数商品征收出口税。征收出口税的原因主要有：①增加本国的财征收入，尤其是发展中国家生产力水平比较低，征收出口税是一项可靠的财征收入。②其他经济方面的原因。如对本国自然资源有限的产品征收出口税，限制其出口，以防止资源枯竭；对本国供应不足的商品，征收出口税以限制其出口；利用出口税调节出口数量，获得较高的出口收益等。③作为对外政治经济斗争的一种手段。中国早在周朝就有关市之征。唐代及以后长达千年的市舶对出口应税货物一般由当地商税机构征收出口税（商税），市舶司查验放行。1951年，中国只对花生、花生油、猪鬃、薄荷脑、薄荷油和桐油6种商品征收出口税。1985年中国对少数在国际市场上容量有限而竞争性强的商品，以及需要限制出口的极少数原料、材料和半制成品恢复征收出口税。

**出口替代战略** export-substitution strategy 发展中国家以工业制成品和半制成品的出口替代传统的初级产品出口，从而带动经济发展和实现工业化的一种观点和政策。是发展外向型经济的一种外贸战略兼工业化战略模式。出口替代概念由美国经济学家G.拉尼斯提出。

发展出口替代工业主要是基于下述考虑：利用本国自然条件好或劳动力便宜等优势，发展劳动密集型的技术先进的产品，通过扩大出口来带动整个经济增长。出口替代的目的在于，促进出口产业结构升级换代和经济多样化，增加外汇收入，并带动国内工业体系的建立和经济的持续增长。为了扶植出口替代工业部门的发展，政府需要制定和实施各种鼓励出口生产的措施。

出口替代战略是在进口替代战略的基础上发展起来的，具有如下优点：①出口替代工业就业弹性较高，劳动力从农业向工业转移的程度高于人口增长率，这将有助于发挥发展中国家人力资源丰富的相对优势。②与初级农矿产品相比，工业制成品的附加值高，需求弹性大，有助于增加外汇收入和改善国际收支。③出口加工工业面向广阔的国际市场，更适宜于规模经营。④出口加工部门的加工层次多，产业间的前向和后向连锁效应强，有利于带动国内其他工业部门的发展，促进产业结构的调整和扩展。

但出口替代战略也存在着某些缺陷，主要是它使一个国家的发展速度取决于国际市场对其出口产品需求增长的速度及出口产品的价格和销售量的波动程度，极易受到发达国家经济政策特别是贸易保护主义措施的影响，不利于经济稳定发展。

**出口退税** export tax rebate 国家运用财政税收手段鼓励本国出口商品生产，增强其竞争力的一种政策措施。是国际上通行的一种国际贸易惯例。

各国政府为了扩大本国出口贸易，通常都以不含国内税的价格向国际市场输出商品。但为防止出口商偷漏税收，一般并不直接免征出口商品的国内各税，而是待商品出口后，再按其向海关申报并实际出口的商品数量，依据有关规定将计算出的应退税额返还给出口商。出口退税后，如发生退关或境外退货的情形，原出口商应向税务部门申报补缴已退还的国内各税。

**出口信贷** export credit 一国银行为鼓励本国商品出口，加强商品的国际竞争力而对本国出口商或外国进口商提供的贷款。是一国出口商利用本国的银行贷款扩大商品出口的一种重要手段。出口信贷是随着国际贸易的发展而产生的信用形式，与一般信用一样，是商品买卖中的延期付款或货币的借贷行为。根据贷款对象的不同，分为：①卖方信贷。出口国银行向出口商即卖方提供的贷款。②买方信贷。出口国银行向进口商即买方或者进口国银行提供的贷款，其条件是贷款必须用于进口债权国的商品。

**出纳** cashier 会计工作岗位之一。对现金和保管登记负有全部或部分责任的人员。又称出纳员。根据内部控制的要求，出纳人员不得兼任稽核、会计档案保管和收入、支出、费用、债权债务账目的登记工作。

**出生率** birth rate 每1 000人口的全年活产婴儿数。又称粗出生率或总出生率。公式为：$B/P\times1\,000‰$。式中$B$为全年活产婴儿数，不论妊娠期长短，婴儿脱离母体时，有呼吸、心跳、脐带搏动、肯定的随意肌收缩等生命现象，即称为活产；$P$为全年总人口活过的人年数，即平均人数，在假设人口均匀变动的前提下，常以年中人口数替代。如若按常住人口计算总人口时，出生人数应按婴母的常住地进行统计。出生率受人口的年龄、性别构成的影响，只能大致反映一地的生育水平。

为细致观察年内出生率变动，可计算月出生率。相邻年份的同月出生率对比，可反映一年内生育水平的变化。

**出生婴儿性别比** birth sex ratio 一定时期内出生婴儿中男婴人数和女婴人数之比。常用男婴或女婴占出生婴儿总数的比例表示，或用出生的男婴数和女婴数之比表示。计算公式分别为：

①男婴（女婴）占出生婴儿的比例＝〔调查年度出生男婴（女婴）数/出生婴儿总数〕×100%

②出生婴儿性别比＝（出生男婴人数/出生女婴人数）×100%

国际上一般以1个调查年度内每新出生100名女婴相对应的男婴数表示出生婴儿性别比。出生婴儿性别比是决定总人口性别比的基础。从全世界来看，在不存在人为因素干扰的情况下，人口出生性别比是比较稳定的，大体在102～107之间。中国的人口出生性别比，1985年之后开始有所上升，2000年第5次人口普查时，已经上升到116左右，即每新出生100个女婴相对应的男婴数上升到116左右。这表示中国的人口出生性别比已经严重失调。

**出血** bleeding; hemorrhage 血液逸出心血管系统的状况。逸出血液存留于组织间或体腔内，称内出血；逸出血液流至体外，称外出血。

类型 ①内出血。如颅内出血可引起严重神经压迫症状，肝、脾破裂造成腹腔内大出血可导致失血性休克，但因出血被禁锢于身体深部，不显于外表。只有表浅组织出血，表现为紫癜、血肿等，可透过皮肤、黏膜观察到。

②外出血。较为常见，除各部位外伤可造成程度不等的外出血外，血液还可由五官、消化道、呼吸道、泌尿生殖道等开口处流出。外出血易被患者发觉，是促使患者求医的常见原因。

处理 ①首要的是止血和纠正出血的原因，当出血量较大时，还需要补血，包括由补充铁剂直到输全血。②绝大部分出血病例是因为局部血管的破损。例如肝硬化长期门静脉高压导致食管静脉曲张，最后破溃出血；消化性溃疡侵蚀局部血管导致出血；空洞型肺结核病变处血管破溃造成大咯血，肺组织的外向牵拉作用又使血管不易闭合止血；泌尿系结石或肿瘤破坏局部血管，可致血尿。③少部分出血是因为止血功能障碍造成，这称为出血性疾病，包括血管壁缺陷如坏血病，血小板减少或功能异常，以及凝血障碍等。它们常引起所谓的“自发出血”，即无明显诱因的出血，如洁齿时引起牙龈出血等。往往病变分布广泛，如出现多处紫癜以及关节腔内出血等。

**初等教育** elementary education 小学教育。又称第一级教育。基础教育的第一阶段，在大多时候也是义务教育的起点，通常指一个国家正规学制的第一阶段。初等教育是使受教育者打下文化知识基础和做好初步生活准备的教育，旨在向学生提供读、写、算方面的基础课程，同时对其他科目也有一些基本的了解，例如历史、地理、自然科学、社会科学和艺术。

各国初等教育的年限多为4～6年，英国等国家还把幼儿教育年限包括在初等教育内。一般开始于5～7岁，结束于12～13岁，为5～7年的全日制学习。此外，初等教育还包括为超过上小学年龄的人，在教育系统内或系统外安排的与小学教育内容相似的扫盲课程，以及专门为智力和身体方面有缺陷的学生实施的相当于小学阶段的教育。

初等教育的历史非常悠久。在中国，可以追溯到3 000多年前的西周时代，各朝代的官办和私立的学塾、书馆、社学和蒙馆，就是当时的初等教育。在欧洲，古希腊的弦琴学校，罗马的初等学校，中世纪的教区学校，直至近代各国的小学、基础学校、国民学校等，都属于实施初等教育的学校。

初等教育是当代中国教育制度中的基本组成部分，也是中国九年制义务教育的开端。现行的小学学制一般有两种：五年制和六年制。五年制的小学与四年制的初中衔接，而六年制的小学与三年制的初中衔接。1986年《中华人民共和国义务教育法》规定：“凡年满六周岁的儿童，不分性别、民族、种族，应当入学接受规定年限的义务教育。条件不具备的地区，可以推迟到七周岁入学。”国家对于小学期间应达到的目标也有明确规定。

**初等数论** elementary number theory 数论中以初等方法研究数论问题的分支。初等方法包括算术的、代数的、组合的、几何的以及最简单的分析方法。狭义地说，初等数论是指这一分支所形成的特有的基本思想、概念、方法和理论，它是数论的基础，主要内容有：整除理论、同余理论、算术函数理论，以及在不定方程、素数分布、连分数和丢番图逼近等方面的初等理论。直至18世纪研究整数的方法都是初等的。随着近代计算机及数学中离散化方法的发展和应用，初等数论愈来愈显出了它的基础重要性，它在计算机科学、信息科学、组合分析、密码学、计算数学等领域内得到了广泛应用。

中国古代的商高（约公元前1100）及古希腊的毕达哥拉斯（约前6世纪）学派就对方程$x^2+y^2=z^2$作了研究。毕达哥拉斯学派已经有了素数、合数的概念，讨论了多角数（见堆垒数论）、完全数及亲和数等，他们对整数的研究是和图形紧密结合的。古希腊亚历山大时期的欧几里得（约前300）在其名著《几何原本》中，将前人和他自己关于整数性质的研究成果作了系统整理，基本上包含了整除理论的内容，成为后来数论这一学科的一个导引。书中包含了：求两个整数的最大公因数的方法，现称为欧几里得算法；算术基本定理；以及素数有无穷多个的证明。埃拉托斯特尼（约前250）提出了寻找素数的有效方法。丢番图（约3世纪）在其名著《算术》中求解了大量具体的不定方程，他的创造性和智巧对以后数论的研究起了重要推动作用。中国数书《孙子算经》（约5世纪）、《张丘建算经》（约5世纪）中的“百鸡问题”、秦九韶的大衍求一术等，都是对初等数论的重要贡献。对数论作出了巨大推动的是P.de费马。他以无与伦比的数学直觉提出了数论中许多极重要的命题。虽然，只有一个命题给出了概括性的证明，一个猜想是错的（见费马数），其他都没有证明，但他的工作决定了高斯之前的数论研究的面貌，除著名的费马大定理之外，其他命题在18世纪就都被严格证明了。随后对数论有贡献的是L.欧拉、J.-L.拉格朗日和A.-M.勒让德。勒让德所写的《数论随笔，1798》把到当时为止的全部成果汇集在一起，基本上包含了初等数论的全部内容（有个别结论的证明不正确）。数论这一名称也由此而来。高斯于1801年发表的名著《算术研究》是数论发展史上的里程碑。书中引进了同余的概念和符号，建立了同余理论，把数论中孤立的结果作了整理，给出了标准记号和严格的证明，形成了完整的体系。从此，初等数论本身的内容就完全定型了。

**初级产品** primary products 未经初加工和深加工的产品。在国际贸易中，进出口商品种类繁多，为了统一划分商品类别，联合国统计委员会于1950年在《国际贸易统计简明商品目录》的基础上，制定了《国际贸易标准分类》(SITC)。将参与国际贸易的商品划分为两大类：一类是初级产品，另一类是工业制成品。

初级产品在国际贸易活动中为数众多，其中最重要的有40种。包括谷物、热带饮料、砂糖、蜂蜜、肉类、油脂、蔬菜、水果、干果、酒类、烟草、胡椒、纤维、橡胶、皮革、林产品、原油和天然气等。

**初级群体** primary group 人际关系亲密的社会群体。又称首属群体。是个人的发育成长过程中最早加入并在其中活动最多的群体形式。包括家庭、邻里、儿童游戏群伙等。初级群体是人类历史发展中最早出现的一种群体类型。

特征主要有：①面对面的互动。这是初级群体产生、形成和发展的重要条件。②有限定的群体规模。初级群体通常是小型群体。人员相对少是彼此能够有足够机会接触和交往的重要保证。③不能完全替代的人与人之间的特殊关系。这是初级群体与次级群体即社会组织的明显区别之一，如有意外的缺员或置换便会引起群体的震荡和不安。④靠习俗伦理维持的群体控制。如果企图诉诸法律的强制手段，就标志着该初级群体的衰落或发生由初级关系向次级关系的转变。

按照群体成员联系的纽带，初级群体可划分为血缘型、地缘型、友谊型和业缘型：①血缘型初级群体是指建立在婚姻、亲子关系基础上的群体，如家庭。②地缘型初级群体是指建立在紧密相连的地域空间基础上的群体，如邻里。③友谊型初级群体是指建立在友好、信任基础上的群体，如儿童的游戏群伙、成年人的朋友群体。④业缘型初级群体是指建立在工作联系基础上的志同道合者，如工作小组。

社会功能有：①物质生产和人口生产功能。②社会化功能。所有类型的初级群体对于人的社会化都有程度不同的影响。③提供个人生活和闲暇活动的场所。④社会稳定和社会整合的作用。不同类型的初级群体具有满足个人和社会不同需要的各种功能。

**初税亩** first land-taxation method 中国春秋时期鲁国按亩征税的制度。为古代征收田赋之始，后成为以收益为基础的田赋税制。鲁宣公十五年（前594）实行。税率为十税一。初税亩制改变了以农民助耕公田为官府财源的旧制，实行按亩收税，并以实物税取代劳役地租。这一重大变革标志着土地私有制的形成，推动了新兴的封建制生产关系的发展。

**初唐四杰** Four Talents in Early Tang Dynasty 中国唐代初期文学家王勃、杨炯、卢照邻、骆宾王的合称。四杰齐名，原主要指骈文和赋，后来主要用以评其诗。四杰的诗文虽未脱齐梁以来绮丽余习，但已初步扭转文学风气。王勃明确反对当时的上官体，“思革其弊”，得到卢照邻等人的支持。四人的诗歌从宫廷走向人生，题材较为广泛，风格也较清俊。卢、骆的七言歌行趋向辞赋化，气势稍壮；王、杨的五言律绝开始规范化，音调铿锵。骈文也在辞采赡富中寓有灵活生动之气。四杰是初唐文坛上新旧过渡时期的代表人物。

**除草剂** herbicide 防除杂草的一类农药。主要用于农田，但也常用于防除牧场、河道、公路、公园、森林防火道等地的杂草或灌木。有的还兼作植物生长调节剂（如2,4-滴，但浓度较低）。

除草剂的应用不仅大大提高了除草的效率，节省了人工，减少了因杂草引起的经济损失，而且减免了作物栽培中的部分机械除草作业，为改进栽培方式，发展免耕、少耕法栽培等创造了条件。

使用的药物有无机类和有机类。无机除草剂如亚砷酸钠、氯酸钠等因选择性差、用量大而逐渐被取代。有机除草剂选择性强、用量少、除草活性大，按化学结构可分为苯氧羧酸类、均三氮苯类、取代脲类、酰胺类、二硝基苯胺类、氨基甲酸酯类、酚类、二苯醚类、苯甲酸类等。应根据作物和田间主要杂草种类选择合适的除草剂，同时注意正确协调作物、杂草、除草剂、环境因子间的相互关系，防止对除草剂药效的不利影响。

**除尘技术** particulate control technology 从排气中去除或捕集颗粒物的技术。用以实现这一过程的设备称为除尘装置或除尘器。实际应用中，在一些情况下将颗粒物从气体中分离出来的目的是对有用物质进行回收，因此又称除尘器为集尘器、集尘装置。

除尘器按除尘过程中分离粒子的主要机制可分为机械式除尘器、湿式除尘器、过滤式除尘器、静电除尘器等，按在除尘过程中是否采用水等润湿剂则可分为干式除尘器和湿式除尘器。

**除虫菊** *Pyrethrum cinerariifolium*; dalmatian pyrethrum 菊科小黄菊属的一种。多年生草本植物。又称白花除虫菊。原产克罗地亚的达尔马提亚。近代在肯尼亚、刚果、日本有大量栽培。中国于1917年引种于江苏、浙江一带，现华东、西南各省都有栽培。花作杀虫剂原料。

株高30～60厘米，全株灰白淡绿色。叶卵状长圆形，二回羽状深裂，羽片线形，具长柄。头状花序顶生。外围为一轮白色舌状花，中部多为黄色管状花。瘦果细小，线形。喜干燥，宜于排水良好的中性或微碱性砂质壤土。用种子繁殖。

花中所含杀虫成分主要为除虫菊酯Ⅰ、Ⅱ和瓜菊酯Ⅰ、Ⅱ。花的粉末和其他制剂能驱杀蚊、虱、臭虫和农业害虫等。除虫菊酯对害虫有麻痹作用和击倒作用，杀虫范围较广，是强力触杀剂。其胃毒作用极微弱，对人畜无毒，对植物无药害，在强光及高温下易分解失效。另外一种红花除虫菊，开舌状花带红色，杀虫效力较差，一般供观赏用。

**除夕** New Year's Eve 中国农历岁末的最后一个晚上。俗称除夜、大年夜等。一般为农历十二月三十或二十九。作为**新年**的前夕，是除旧迎新的重要时间界点。人们的一切活动都围绕这一主题展开。除夕的团年饭，又称年夜饭，是一年中最隆重的一顿饭，家人务必到齐。万一有人因事不能回来，也要在桌边留一空座，摆上筷子，象征他也参加了年夜的会餐。年夜饭十分丰盛，菜肴中必备丸子一类，以象征完完全全、团团圆圆；在南方年夜饭中还必备一条鱼，以示年年有余。不仅家人欢聚共宴，而且要摆上祖先牌位，以示请回祖先团年。团年饭后，长辈要给小儿**压岁钱**。大年夜灯火通宵不熄，全家人围炉夜话，通宵不眠，名为守岁。晋朝已有此俗。守岁有祈求长命之意，大年夜忌讳睡觉，有的地方称为熬年。在新岁降临之际，人们应及时燃鞭接年。现在，在遵循传统过除夕时也有一些变化，如全家去饭店吃年夜饭，晚上围着电视机看春节文艺晚会等。除汉族外，蒙古、壮、布依、朝鲜、满、土家、哈尼、畲、拉祜、达斡尔、鄂温克、鄂伦春、赫哲等许多少数民族也过此节。朝鲜、韩国也有过除夕的节俗，称岁除。

中国年画中描绘的过年放鞭炮情形

**厨师** cook 以烹调为职业，通过制作饭菜为社会提供服务的专业技术人员。早在汉代厨事已有分工，以后分工越来越细。至清末，已分有炉子、砧子、冷菜、笼锅、饭锅、面案等工种。当代，小型餐馆或饮食店的厨师通常无明显分工；大中型餐馆或饭店里的餐饮部厨事分工则比较细，常分冷菜间、热菜间和面点间。热菜间内又分砧子、炉子，面点间内又分大案、小案。有的餐馆炉子还可再分为头炉、二炉、三炉，砧子可再分为头砧、二砧、三砧等。大中型餐馆或饭店里餐饮部的厨房通常由烹饪技术最高的厨师主持，称厨师长，过去称"把作"。

厨师的技术等级职称在中国始于20世纪50年代末60年代初。1988年，商业部修订和正式颁布了厨师等级标准。烹调专业厨师按技术水平从高到低分为特一、二、三级烹调师与一至五级烹调师及一、二级烹调技工，共10个等级。面点专业除不设特三级面点师外，其余等级均同烹调专业。技术等级标准还对从事西餐烹调、西点专业和某种单项技术的厨师作出了相应的规定。外国厨师的等级还可从所戴白色厨师帽看出，帽子越高则等级越高。

**滁州市** Chuzhou City 中国安徽省辖地级市。位于省境东部，东邻江苏省。辖琅琊、南谯2区，凤阳、全椒、来安、定远4县，代管天长、明光2市。面积13 398平方千米。人口394万(2010)。隋开皇年间(581～604)置滁州，1912年改滁县，1982年设滁州市(县级)，1992年改地级市。属北亚热带湿润季风气候。盛产稻、麦、油、棉、烟等农产品和银鱼、螃蟹、甲鱼等名贵淡水产品。主要树种有松、柏、槐、榆、杨等，经济林木有板栗、杜仲等。矿产有石灰岩、石英砂、绢云母、岩盐、石膏、凹凸棒土、麦饭石等。工业以机械、电子、食品、纺织、轻工、建材为主。京沪、淮南、宁西铁路穿境而过，104、205、312、311国道横穿市区，内河航运直通长江、淮河，便利出海。名胜古迹有琅琊山、醉翁亭、韭山洞、神山寺、皇甫山自然保护区，还有明代朱元璋创建的中都城等。

**雏菊** *Bellis perennis*; english daisy 菊科雏菊属的一种。原产欧洲。世界各地广为栽培。多年生或两年生草本植物，簇生，高10厘米。叶多数基生，匙形，边缘有浅波状齿。头状花序单生，直径2～3.5厘米；雌花1层，花冠舌状，白色或浅红色，开展，全缘或有2、3齿；中央花多数，为两性花，全结实，花冠筒状，4、5裂。瘦果扁，无脉或有1脉。冠毛无或连合成环状，与花冠筒部或瘦果合生。花期3～6月，果期5～7月。用种子（实为果实）繁殖。性喜阳光，耐寒，怕酷热，喜肥沃和排水良好的土壤。雏菊常作花坛地植造景，也可盆栽观赏。有重瓣、卷瓣重瓣和矮生种等变种。

**储安平** Chu Anping (1909-07～？) 中国新闻工作者。江苏宜兴人。1932年毕业于上海光华大学。1933年在南京《**中央日报**》

任副刊编辑。1935年以《中央日报》驻欧记者身份去欧洲。1938年回重庆，先后被聘为《中央日报》撰述、编辑，复旦大学教授，中央政治学校研究员。1940年8月以后，任湖南国立师范学校教师、桂林《力报》主笔和湖南辰溪《中国晨报》主笔。日军侵占桂林后，与张稚琴在重庆创办《客观》周刊。1946年赴上海，创办《观察》半月刊，自任社长和主编。中华人民共和国建立后，历任中央人民政府出版总署专员、**新华书店**总店副总经理、出版总署发行局副局长等职。1957年4月任《**光明日报**》总编辑。同年，被划为右派分子。

**储能材料** energy storage material 具有能量储存特性的材料。它不仅能存储能量，并且能使能量转化，以供需用。最常见的储能材料有**储氢材料**、用于一次电池（即**原电池**，放电后不能复原使用）和二次电池（即**蓄电池**，放电后可重新充电复原反复使用）的材料。常见的一次电池有锌-二氧化锰电池、锌-氧化汞电池、锌-氧化银电池和锂电池等。常见的二次电池为铅-酸电池、镍-镉电池、镍-锌电池和镍-氢化合物电池、钠-硫电池、锂离子电池等。

**储氢材料** hydrogen storage material 在一定温度和氢气压力下，能多次吸收、储存和释放氢的材料。主要由金属间化合物制成。元素氢一般储存于金属间化合物的原子间隙位置中（见图）。

储氢材料有3个系列：①镧镍类材料。储氢量为自身重量的1.4%，室温下即可活化、吸氢和放氢，放氢时性能稳定，抗毒性好。②钛铁类材料。储氢量高于1.7%，但活化困难，易受原氢中杂气的影响。③镁

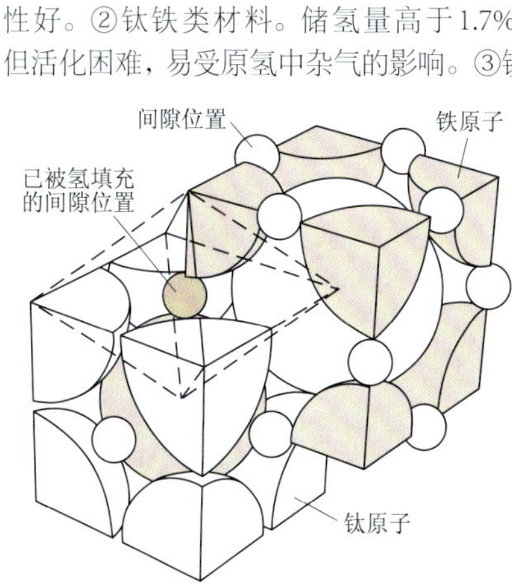


钛铁金属间化合物储氢示意图

镍类材料。储氢量可达6%，但吸、放氢性能差，反应温度高于300℃，因而限制了实用化。

具有实用价值的储氢材料，要求具有较高的吸、放氢能力，使用性能稳定，对空气和杂质不敏感，容易活化和再生，粉化率低等。储氢材料已广泛用于制造可充电电池及燃料电池，这两种电池是最理想的清洁的高密度能源。储氢合金还可用于热泵、储热及回收热等储能设备。

**储蓄** saving 居民个人或集体组织将当前暂时不花费的货币收入存入接受存款机构（商业银行或其他允许接受存款的金融机构）的存款形式。是生产力发展到一定阶段随着剩余产品的出现而产生的。

储蓄的原始意义是物质财富的储备积蓄。现代市场经济中的储蓄，既是居民将当前暂时不花费的货币收入存入金融机构的金融活动形式，也是金融机构吸收民间分散的、数额或大或小的存款的一种间接融资形式。储蓄存款的主体包括个人、集体以及其他社会机构，但主要是广大居民，特别是以劳动收入为主要来源的工薪阶层、个体劳动者和自由职业者。除此之外，社会保障机构的保险基金、经济衰退时资本所有者的投资基金等，在缺乏其他风险小、获利大的投资机会时，也可能以储蓄存款的形式存入银行。在中国现阶段，大多数居民储蓄存款的主要目的是消费基金的积攒和自我保险。

储蓄存款有不同的具体形式，从灵活性和存款期限方面划分：①活期储蓄存款。没有存款期限、可随时存入和支取、按既定利率计息的储蓄形式。②定期储蓄存款。事前约定存款期限、期满按既定利率提取存款本息的储蓄形式。③兼有活期储蓄和定期储蓄两种特点的定活两便储蓄。存期不定、随时提取、利率随存期长短而变动的储蓄形式。当存期达到定期存款的期限后，可以获得高于活期存款的定期利息。

**楚** Chu State 中国先秦诸侯国，战国时期七雄之一。芈姓（芈本作嬭）。又称荆。其先人熊绎于周成王时被封以子男之田，居丹阳（今湖北秭归），从此立为国家。疆域最初主要在今湖北西部山区和江汉平原一带，后逐渐向西溯江而上扩展到今四川东端，向北溯汉水而上扩展到今河南西南的南阳盆地和丹江流域，向南扩展到今湖南北部的洞庭湖平原，向东沿淮水和江水扩展到今河南东南、安徽北部、江西北部和山东南部、江苏、浙江一带。西周时期，楚对西周保持相对独立，往往叛服无定。春秋早期，楚武王多次进攻汉以东的强国随（在今湖北随州）。文王时，楚更为强大。春秋中期，楚成王屡次北上伐郑，楚势益

楚公戈（湖南省博物馆藏）

张。前632年，晋文公败楚于城濮（今山东鄄城西南），楚北上之势暂时受挫。庄王时，楚的势力达到顶峰。前606年，楚伐陆浑戎，观兵周郊，问鼎大小。前597年，楚大败晋师于邲（今河南郑州西北）。前594年，楚围宋5个月，楚并先后灭亡一些小国，称霸诸侯。共王时，楚的势力有所衰落，前575年，晋败楚于鄢陵（今河南鄢陵西北）。春秋晚期，楚长期内乱。平王暴虐，夺太子建妇，杀伍奢及伍奢子伍尚。伍奢子伍子胥出奔吴。楚昭王时，伍子胥劝说吴王阖闾伐楚。前506年，吴趁机攻楚，败楚于柏举（今湖北麻城），五战及郢，攻入楚都。昭王逃入随，使申包胥请救于秦。次年，秦、楚败吴于稷（今河南桐柏），吴引兵去。战国早期，楚惠王再度灭蔡，占领淮水流域；以后，楚悼王任用吴起变法，南收扬越，占领洞庭、苍梧，楚复强大。楚怀王时，楚与齐纵亲。前318年，魏、赵、韩、燕、楚等国合纵攻秦，以楚怀王为纵长，不胜而归。在与秦的战争中，楚国屡战屡败，从此一蹶不振。前278年，秦将白起破楚拔郢，楚迁都于陈（今河南淮阳）。前253年，楚迁都于巨阳（今安徽太和东南）。前241年，楚迁都寿春（今安徽寿县西南）。前223年，秦将王翦、蒙武破楚，虏王负刍，楚国灭亡。

**楚** Chu 中国五代时十国之一。马殷所建。都潭州（今湖南长沙），称长沙府。盛时疆域20余州，约为今湖南全省、广西东北部、贵州东部及广东西北角。历6主，共56年。

**楚世系表**

①武穆王马殷（896～930）
- ②衡阳王马希声（930～932）
- ③文昭王马希范（932～947）
- ④废王马希广（947～951）
- ⑤恭孝王马希萼（951）
- ⑥楚王马希崇（951）

马殷（852～930），字霸图，许州鄢陵（今属河南）人，初从唐蔡州（今河南汝南）秦宗权部将孙儒、刘建锋攻杨行密。后率余众转入江西，于昭宗乾宁元年（894）入湖南，攻陷潭州。三年五月，众推马殷为留后，不久，唐任命为湖南节度使。此后，马殷四出攻占诸州，又征服境内诸溪洞少数族，至唐末已拥有20余州之地。开平元年（907）后梁封马殷为楚王。天成二年（927）后唐亦封他为楚国王。后唐长兴元年（930）马殷卒，子希声（899～932）、希范（899～947）相继嗣立。希范奢侈无度，赋役苛重，政刑紊乱，死后，诸弟间争位内讧不断，西、南十余州相继被南汉乘机夺去。后周广顺元年（南唐保大九年，951），南唐遣边镐率军攻入长沙，尽迁马氏族人入南唐，楚亡。

**楚帛书图像** silk paintings of Chu State 中国战国时期楚国绘画。见帛画。

**楚辞** elegies of Chu State 中国战国时期兴起于楚国的一种诗歌样式。“楚辞”这一名称，按其本义来说，是指楚人或楚地的歌辞的意思，最早见于西汉前期。汉人有时简称它为“辞”，或连称为“辞赋”。又由于楚辞中最有代表性的作品是屈原的《离骚》，所以后人也有以“骚”来指称楚辞的。从汉代开始，“楚辞”又成为屈原等人作品的总集名。

楚辞渊源于中国江淮流域楚地的歌谣。据刘向《说苑》记载，约公元前6世纪有《越人歌》和《楚人歌》。《论语》载孔子曾听到《接舆歌》，《孟子》中也有《孺子歌》，等等。这些歌谣篇幅不长，但在语言形式和造语风韵上，都与北土之歌显著不同，如句式较长，富于抒情，并多带有“兮”字调，而这正与后来出现的屈原楚辞体诗歌相接近，从而可知楚辞体的形成与这类楚地歌诗的密切关系。另外，从楚辞体的艺术特色来看，它与楚地的原始宗教、巫祝文化也有着密切关系。它们被诗人屈原所吸收，构成了楚辞作品的显著艺术特征，即奇特的构思、宏伟的结构、华丽的辞采、新颖的语言形式。楚辞是始创于屈原的一种显著不同于《诗经》的新文体、新艺术。

楚辞的主要作者是屈原。他创作了《离骚》、《九歌》、《九章》、《天问》等不朽作品。据《史记》记载，楚辞作者还有宋玉、唐勒、景差等人。现存的楚辞总集中主要是屈原及宋玉的作品，唐勒和景差的作品大都未能流传下来。

楚辞约于西汉前期已成为屈、宋等人作品的总称。西汉末成帝河平三年（前26）刘向领校中秘书，整理屈、宋诸作品，始编定《楚辞》。至于《楚辞》这一总集的篇目、卷数，王逸《楚辞章句叙》里曾提到：“逮至刘向典校经书，分为十六卷。”刘向编定的《楚辞》16卷久已亡佚。只有王逸的17卷本《楚辞章句》流传至今，可以略见《楚辞》原本的大概。

楚辞在中国诗史上占有重要地位。“诗”、“骚”并称，成为中国古典诗歌的两大源头。

它对其后的赋体、骈文、五七言诗的形成，又都发生了深远的影响。

**楚汉战争** Chu-Han, War of　秦王朝被推翻后，以项羽和刘邦为首的两支反秦武装为争夺统治权力而进行的战争。自汉元年（前206）初至高帝五年（前202）十二月，历时4年余。

秦末农民大起义领袖陈胜牺牲后，刘邦集团和项羽集团成为反秦武装的主力（见陈胜、吴广起义）。秦二世三年（前207），刘邦、项羽先后率兵进入关中，推翻秦王朝。项羽自恃功高，背弃“先入定关中者王之”的约言，自立为西楚霸王，统治梁楚九郡之地，都彭城，分封十八路诸侯，刘邦被封为汉王，统治巴、蜀、汉中，都南郑。刘邦见楚汉实力悬殊，采纳萧何、张良等人的建议，以汉中为基地，养民招贤，安定巴蜀，然后收复三秦。

项羽罢兵回归彭城后，田荣即起兵反楚，自立为齐王，统治三齐之地，又联合赵王和彭越，对西楚构成直接威胁。为制止事态扩大，项羽调遣主力击齐，以稳定局势。刘邦乘项羽无暇西顾，于八月率军出栈道，迅速还定三秦，决策东向，楚汉战争正式爆发。

楚汉战争之始，项羽即在战略态势上作出错误判断，以为刘邦无意东向，认定齐地的田荣为心腹之患。刘邦以此得以乘隙率诸侯兵凡56万人进据楚都彭城。

项羽得知彭城失陷，亲率精兵3万人回师彭城。刘邦为轻易取得的大捷所陶醉，在楚军突然袭击下，56万乌合之众一败涂地，遂退守荥阳，诸侯皆背汉向楚。由于萧何及时调发关中兵力和韩信的增援，汉军才得以重整旗鼓。项羽陷于两线作战的困境，无法越过荥阳、成皋一线西进，楚汉双方进入了相持阶段。汉军重新调整战略部署，一方面坚守荥阳、成皋一线，一方面积极在楚军的后方和侧翼开辟新战场。这一部署打击了项羽在战略上的致命弱点。汉二年八月至次年十月，韩信接连平定魏、代、赵、燕，矛头直指齐地，逐渐形成包围西楚的态势。项羽主力虽然在汉三年夏四月、六月再克荥阳、成皋，但由于刘邦采取“高垒深堑勿与战”的战术，不仅保存了汉军的实力，而且牵制楚军的主力，使项羽所率楚军首尾不能相顾。由于项羽不能用人，在政治上、军事上连连失策，使刘邦得以调兵遣将完成对项羽的战略包围。项羽在正面和侧翼战场上接连遭到重大失败，有生力量丧失殆尽，腹背受敌，进退失据，陷于汉军的战略包围之中。

汉四年八月，项羽向刘邦提出议和，楚汉约定以鸿沟为界中分天下，鸿沟以西为汉，以东为楚。九月，项羽率兵东归，而刘邦则采纳张良、陈平的计策，乘机追击楚军于固陵；并调令韩信、彭越等人率兵围歼项羽，命刘贾渡淮包围寿春，诱使楚大司马周殷叛楚。次年十二月，项羽被围困于垓下，汉军四面唱起楚歌，楚军士无斗志；项羽率少数骑兵突围至乌江，自刎而死。楚汉战争最后以刘邦夺取天下，建立汉王朝而告终（见汉高祖刘邦）。

**楚科奇半岛** Chukchi Peninsula; Chukotskiy Poluostrov　俄罗斯东北部半岛。北濒楚科奇海，南临阿纳德尔湾，东与美国阿拉斯加相对。面积4.9万平方千米。属远东区的楚科奇自治区。海岸线曲折，地势起伏较大。大部属楚科奇山的东部，最高点海拔1 158米。北部沿海有狭长平原。属苔原带。东北端的杰日尼奥夫角（西经169°40′）是亚欧大陆及俄罗斯的最东点。矿产有锡、钨、金等。

**楚科奇海** Chukchi Sea　北冰洋的边缘海。介于俄罗斯东北端弗兰格尔岛同美国阿拉斯加西北岸巴罗角之间。南与白令海相通，西通东西伯利亚海，东连波弗特海。面积59.5万平方千米。平均深度71米，北较南深，最深处1 256米。海岸线曲折，多潟湖和沙嘴。表层海水温度夏季4～12℃，冬季－1.6～1.8℃。海水盐度24～32。西部为半日型潮，东部为非正规半日型潮，潮差0.1～0.2米。全年结冰期长达8个月，通航期约4个月。沿岸居民捕猎北极鳕、海象及海豹等。

**楚克迈耶** Zuckmayer, Carl（1896－12－27～1977－01－18）　德国剧作家。生于纳亨海姆，

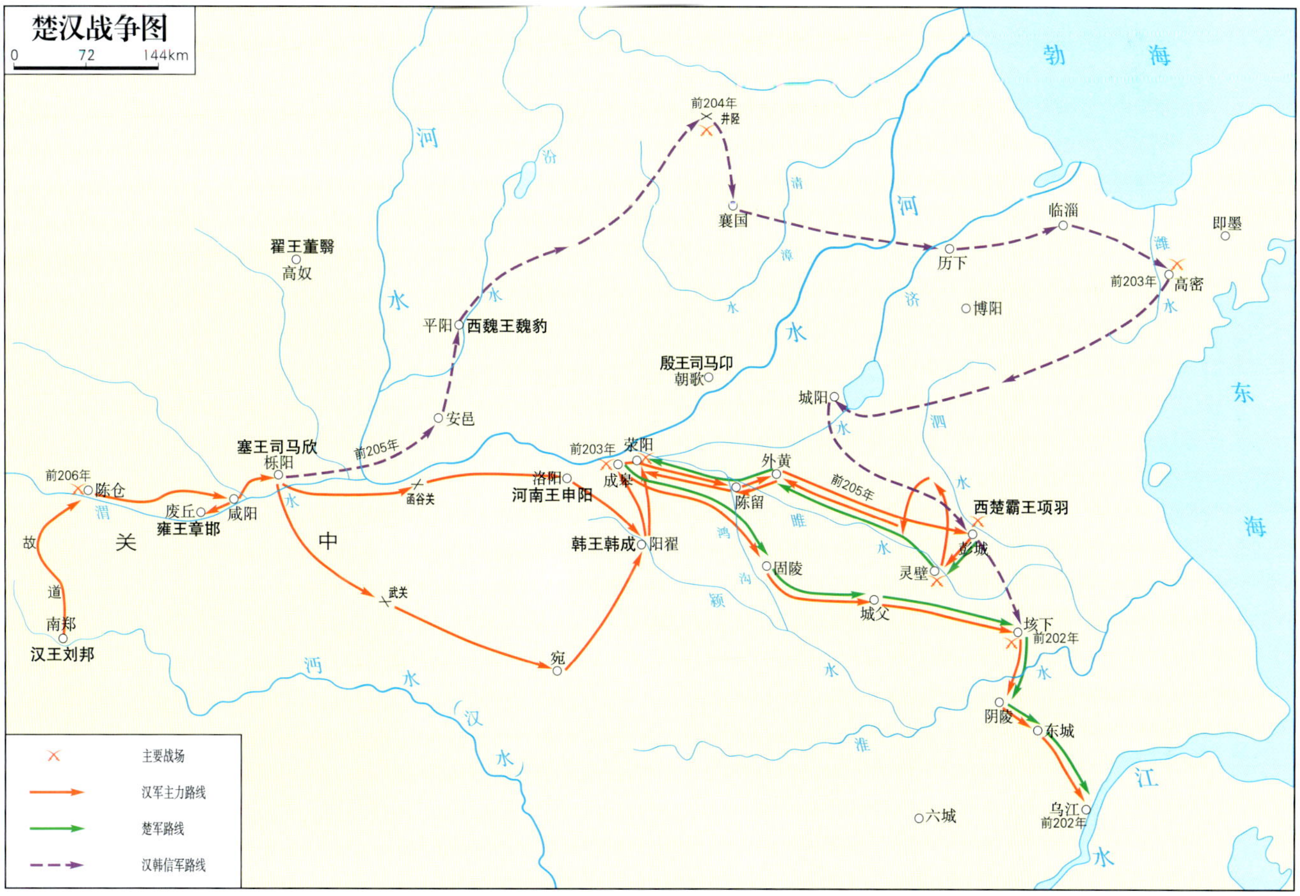

卒于瑞士菲斯普。曾在法兰克福和海德堡的大学求学。做过编剧、戏剧教师、文化官员等。流亡国外，先后取得美国、瑞士国籍。1925年开始专事写作。作品甚丰，尤以剧作著称。喜剧《欢乐的葡萄园》(1925) 表现莱茵河畔农村的日常生活。《科佩尼克上尉》(1931)，通过一个出狱后走投无路的囚犯借一套军装招摇撞骗的故事，讽刺嘲笑了德国军国主义。《魔鬼的将军》(1946) 以反法西斯为主题。其他主要作品还有剧本《绿林义盗汉斯》(1927)、《火炉中的歌声》(1950)，侧重心理描写、表现婚姻和爱情的长篇小说《萨尔瓦莱或波伦的玛格德伦娜》(1936)、《掌握生杀大权的人》(1938)，中、短篇小说集《陶努斯的农夫》(1927)、《灵魂的酵母》(1945)，诗集《树》(1926)，以及回忆录《友谊的号角，我精神的一部分》(1966)。

**楚声** Chu music 泛指中国战国和两汉时期流传于长江中游、汉水和徐、淮一带的民间音乐。又称楚调、楚曲或南音。“楚俗尚巫”，楚声与巫音有关。

刘向《新序》中记载的楚国歌曲，刘邦的《大风歌》等汉宫诸乐，汉魏相和诸曲中的“楚调、侧调”等皆为楚声。现存楚声曲目及歌词，除屈原的《离骚》、《九歌》之外，还有《接舆歌》、《沧浪歌》、《子文歌》、《楚人歌》等。屈原楚辞记载了“少歌”、“倡”、“乱”等楚声歌曲结构。此外，典型的楚声调式结构，还可从曾侯乙编钟的音序排列中追索。

后世琴曲中也有楚声的遗留，如北宋《琴曲谱录》的琴曲《楚歌》(后收入明代朱权《神奇秘谱》）等。

**楚太子狱** 中国明代万历朝为查勘真假楚王而形成的党争案件。隆庆五年 (1571)，封藩于湖北武昌的楚恭王朱英𤏡死，遗腹宫人胡氏，得孪生子华奎、华壁。万历八年 (1580)，华奎嗣王爵，华壁受封为宣化王。三十一年二月，楚宗人华越派人上告华奎为假王，华奎与华壁皆非楚恭王子。阁臣、浙党沈一贯因得楚王重贿，令人压下华越奏疏，而先上华奎劾华越欺罔四罪疏，后迫不得已，又上华越奏疏。明神宗命令礼部议处。东林党人署礼部尚书事郭正域力主查勘虚实，以定罪案，自内阁中逐出沈一贯；阁臣沈一贯则从中作梗，极力偏袒楚王，双方互不相让。最后，明神宗罢此事不问，郭正域因遭沈一贯等弹劾，罢职回籍听勘，未及出都，因妖书案发而系狱，次年五月始释归。华越坐诬告，降为庶人，禁锢凤阳，后亦得释。

**楚图南** Chu Tunan (1899-08-28～1994-04-11) 中国民主同盟领导人，全国人大常委会副委员长。云南文山人。卒于北京。1919年入北京高等师范学校学习。1922年加入中国青年团，1926年加入中国共产党。1930年被捕，1934年出狱后到河南、上海等地任教。抗日战争时期任云南大学教授、系主任，被推选为全国文艺界抗敌协会云南分会会长。1943年加入中国民主政团同盟，1945年任中国民主同盟（简称“民盟”）云南支部主任，上海法学院教授。1948年进入华北解放区，1949年任北京师范大学教授，参加中国人民政治协商会议第一届全体会议筹备工作。中华人民共和国建立后，历任西南军政委员会文教委员会主任，民盟西南总支部主任，中央人民政府扫盲工委会主任，中国人民对外文化协会副会长，国务院对外文化联络委员会副主任，中国对外友好协会会长，民盟第三、四届中央副主席，第五届中央主席。1986年补选为第六届全国人大常委会副委员长。

**楚瓦什人** Chuvash 俄罗斯联邦的民族之一。自称恰瓦什人。约180万人 (2001)。居住在楚瓦什共和国的约有一半，另一半分居在鞑靼斯坦、巴什科尔托斯坦共和国。属蒙古人种与欧罗巴人种的混合类型。使用楚瓦什语，属阿尔泰语系突厥语族。有以斯拉夫字母为基础的拼音文字。原流行传统信仰，18世纪中叶起改信东正教。他们是当地使用芬兰-乌戈尔语的古老居民的后裔。8～10世纪，吸收了来自伏尔加-卡马河流域突厥语部落（保加尔人）的成分。19世纪末20世纪初，在维尔亚尔和阿纳德里两个居民集团的基础上形成现代民族。主要从事农业，种植黑麦、燕麦、大麦、大麻等，兼事畜牧业。制作木器、编织麻袋等手工业也很发达。擅长刺绣和木刻，图案复杂，色彩鲜艳。男女外出必戴头饰，男子喜戴黑毡帽或羔皮帽，妇女扎纱巾和戴披肩。

**楚文化** Chu culture 中国两周时期楚国境内形成的、以江汉地区为核心的地域文化。又称荆楚文化。楚人由江汉地区的土著荆蛮“三苗”与江汉中上游的巴、濮人，江淮平原的“淮夷”等融合而成。西周成王时，楚人首领熊绎被封于“楚蛮”，楚人正式立国。春秋时，楚国曾为五霸之一。战国时，曾为七雄之一。最盛时，统有西至巴蜀，东至吴越，北抵齐魏，南达九嶷的广大地区。秦统一中国后，楚文化逐渐与中原文化统合，演变为保留着某些楚文化特色的荆湘文化。

从文化内涵来看，楚文化与中原文化在根本上是一致的。如河南淅川下寺楚墓随葬青铜列鼎7件，安徽寿县朱家集李三孤堆楚幽王墓随葬青铜列鼎9件，说明楚国大贵族遵从周代的礼制。但楚文化又有鲜明的地方特点：①有着发达的冶铁业、青铜冶铸业、丝织业、漆器业等手工业。从考古发现看，楚国的铁农具、铁兵器出土数量最多，发展水平最高。青铜器地方特点鲜明，如侈耳浅腹平底鼎、风格清秀的瘦高足鼎及球形敦等形制特殊；青铜器的纹饰繁缛细腻，附饰十分发达。湖北江陵马山1号墓出土罗、纱、绢、锦、绣、绦等大量的丝织品，质地精良，色彩绚丽，显示出楚国纺织业高超的工艺水平。②以凤为图腾，具有鲜明的阴柔特征。崇尚纤瘦苗条，有“楚人好细腰”的典故。楚人崇拜的凤后来演化为半人半鸟形象的九凤神，又逐渐演变成“九头鸟”形象，而成为湖北人的代称。③崇尚浪漫多姿、飘逸洒脱。所作文章多放诞抒怀之作，推崇艳丽之美。不尊崇礼仪，狂达逍遥。楚国士人对礼仪和政治的孤愤和怨气，多在隐逸中以狂傲和不羁加以表达，因此楚国隐士大都既隐又狂。④楚文化重视“天道自然无为”。楚地是道家发祥地，庄周、屈原文学发源地，他们都注重探讨世界万物的构成、自然现象运动变化的奥秘、生命的起源、人与自然的关系-等，注重清虚自守、卑弱自持、

长沙陈家大山楚墓出土的
帛画——人物和龙凤

无为和自然。楚文化是中国古代文明的重要组成部分，是汉代文化的重要基础及来源之一，曾对西周春秋战国时期的中国西南、东南地区文化产生过重大影响。

**楚雄市** Chuxiong City 中国云南省楚雄彝族自治州辖市。位于省境中部。面积4 482平方千米。人口59万（2010），有汉、彝、回、苗等民族。晋时爨酋威楚部落居此。唐南诏时为银生节度。宋大理时为威楚府。元置威楚县。明洪武十五年（1382）改为楚雄县。1983年改县为市。地处云南高原中西部，西部山峦重叠，东部多丘陵平坝。大部分地区属北亚热带高原季风气候。境内山场广阔，其中林地、宜林荒山占全市总面积的74%，核桃、板栗、茶叶、油茶等果木和经济林木品种很多。耕地极少，坝区以水稻为主，山区以玉米居多。经济作物以烤烟、油菜等占优势。工业有煤炭、电力、农机、化肥、建材、制药、食品等。建有省级楚雄经济技术开发区和市级楚雄绿色食品加工区、医药工业园、楚雄博物馆等。有成昆、广大铁路和昆畹公路通过。名胜古迹有楚雄文庙、紫溪山、护法明公德运碑摩崖和万家坝古墓群等。

**楚雄彝族自治州** Chuxiong Yi Autonomous Prefecture 中国云南省辖自治州。位于省境中北部，北与四川省相连。辖楚雄市和双柏、牟定、南华、姚安、大姚、永仁、元谋、武定、禄丰9县。面积29 258平方千米。人口268万（2010），有彝、汉、傈僳、苗、回、傣、白、哈尼等25个民族。1958年成立楚雄彝族自治州。地处内陆高原区，地形以山区、半山区为主体。矿产有铜、铁、煤、盐、钛、稀土等。农业主产水稻、小麦、玉米、蚕豆、油菜子、烤烟、蔬菜、水果、茶叶和中药材等。建有优质米基地、烤烟出口基地、油料基地、外销商品蔬菜基地、优质黑山羊和乌骨鸡、肉鸽等畜禽基地，以及泡核桃、香蕉、龙眼葡萄、速生丰产林、印栋等林果基地。工业发展主要以冶金、卷烟、制药、建材、绿色食品等五大支柱产业为重点，建有省级楚雄经济技术开发区、楚雄医药工业园区和绿色食品加工园区。成昆铁路、广大铁路和昆瑞公路、楚大高速公路、南（华）永（仁）二级公路等通过州境。名胜古迹有紫溪山、禄丰恐龙山、武定狮子山、元谋土林等省级风景名胜区，以及禄丰古猿化石遗址、大姚白塔、大姚石羊孔庙和孔子铜像、姚安德丰寺等。

**楚庄王** King Zhuang of Chu State（? ～ 前591） 中国春秋时期楚国国君。楚穆王之子，芈姓，名旅，一作吕、侣。周顷王五年（前614）即王位，诛小人，近贤臣，任用伍举等为政，使国势大振。周定王元年（前606），他率师伐陆浑之戎。路过周都洛邑，于郊外陈兵以示威，并问三代所传九鼎之小大轻重，觊觎周朝王位。后经邲之战，大败晋师，又使郑、宋等国归附，故而称霸。

**褚人获** Chu Renhuo 中国清初文学家。《隋唐演义》作者。

**褚遂良** Chu Suiliang（596～658） 中国唐初大臣，书法家。祖籍河南阳翟（今河南禹县），晋末南迁为杭州钱塘（今浙江杭州西）人。遂良博通文史，精于书法，以善书由魏徵推荐给太宗，受到赏识，后任谏议大夫。他曾劝谏太宗暂停封禅，并对朝政提出过许多积极建议。贞观十七年（643）太子承乾以谋害魏王泰罪被废，遂良与长孙无忌说服太宗立第9子晋王李治为太子（即唐高宗）。次年遂良被任为黄门侍郎，参预朝政。太宗策划东征高句丽时，他持

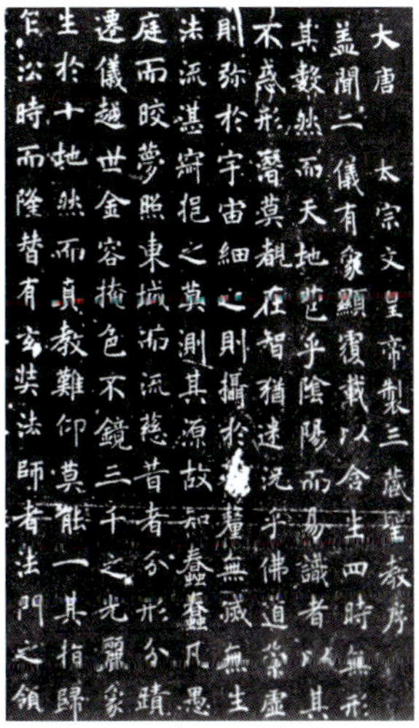

《大唐三藏圣教序》拓片

不同意见，尤其反对太宗亲征。二十二年为中书令，二十三年，太宗临终时他与无忌同被召为顾命大臣。高宗欲废王皇后，立武昭仪（即武则天）为皇后。他竭力反对废立，由此被贬为潭州都督，后又贬爱州（今越南清化）刺史。显庆三年（658）死于任所。褚遂良与欧阳询、虞世南、薛稷为初唐四大书法家。他传世的书法作品，碑刻有《大唐三藏圣教序》、《伊阙佛龛记》、《孟法师碑》、《房玄龄碑》、《雁塔圣教序》等，墨迹相传有《倪宽赞》。

**褚应璜** Chu Yinghuang（1908-02-14～1985-04-21） 中国电工制造专家。浙江嘉兴人。卒于北京。1931年毕业于上海交通大学电机工程系。1942～1944年在美国西屋电气公司实习。1950年参加东北电工制造业基地的建设，担任东北电工局总工程师兼工厂设计处处长。20世纪50年代组织统一了中国电工技术标准；组织了中、小型电机系列，配电变压器系列、低压电器系列的统一设计及研制工作；60年代组织

了电工通用产品的第二代统一设计；在中国推行国际电工标准；指导研制100兆瓦水轮发电机组。1955年当选为中国科学院学部委员（院士）。历任中国电机工程学会副理事长，中国电工技术学会副理事长，第一机械工业部电器工业管理局总工程师、电器科学研究院院长。主要著作有《电器工业十年回顾与展望》、《国际电工委员会概况及其标准在我国推行中存在的问题》等。

**触电** electric shock 电流通过人体导致损伤。多数因人体直接接触带交流电的裸露电线或电源插头、插座所致，少数被高压电或雷电击伤。发生触电的主要原因是缺乏安全用电知识或不遵守安全技术要求，违章作业。

类型 按接触电源时情况不同，分为单相触电、两相触电和跨步电压触电。①单相触电。当人体直接触及带电设备中的一相时，电流通过人体流入大地。对高压带电体，人体虽未直接接触，但由于超过安全距离，高电压对人体放电，造成单相接地引起的触电。②两相触电。不论电网中性点是否接地，人体同时触及两相火线时的触电。③跨步电压触电。当电气设备发生接地故障，接地电流通过接地体向大地流散，在地面形成分步电位，若人在短路点周围行走，其两脚之间（人的跨步一般按0.8米考虑）的电位差称为跨步电压。

危害 触电对人体的伤害程度与电流的种类、大小、途径、接触部位、持续时间，人体健康状态、精神状态等有关。接触200伏以下的低压电易引起心肌纤颤及心搏停止，接触220～1 000伏的电压可致心脏和呼吸中枢同时麻痹，接触1 000伏以上的高压电多出现呼吸停止。触电的身体局部可有深度灼伤，有2处以上的创口，严重者创面深及皮下组织、肌腱、肌肉、神经，甚至骨骼。

急救方法 ①切断电源，或用不导电物体如干燥的木棍、竹棒或干布等挑开搭着伤者的电源线，注意切勿直接接触触电伤员。②伤员脱离电源后，立即检查伤员全身情况。对于神志清醒及呼吸、心跳自主者，就地平卧，暂时不要站立或走动，防止继发休克或心衰；对于呼吸停止、心搏存在者，就地平卧，解松衣扣，通畅气道，立即施行人工呼吸；对于心搏停止、呼吸存在者，立即施行胸外心脏按压；对于呼

吸、心跳均停止者，在人工呼吸的同时施行胸外心脏按压。

**触发器** trigger 在外加信号下能转换工作状态的电路。又称多谐振荡器。通常用触发器的输出端电压表明其工作状态。分为两类：一类为双稳态触发器，它有两个稳定的工作状态，在外加信号的触发下电路可从一种稳定工作状态转换到另一种稳定的工作状态。另一类为单稳态触发器，它有一个稳定的工作状态和一个暂时稳定的工作状态。无外加信号触发时触发器处于稳定的工作状态；受外加信号触发后，触发器从稳定的工作状态转换到暂时稳定的工作状态，经过短暂时间后，自动返回到原来的稳定工作状态。各种触发器均可由分立元件构成，也可由集成电路来实现。随着集成电路技术的发展，集成触发器的品种逐渐增加，性能优良，应用日益广泛。

**触觉** touch sensation 皮肤受机械刺激产生的感觉。按刺激强度触觉可分为接触觉和压觉：轻触皮肤产生接触觉，增大刺激强度产生压觉，二者合称触压觉或触觉。皮肤感觉与肌肉运动觉的联合为触摸觉，为人手所独有。触觉感受器包括毛发、迈斯纳小体、触盘和真皮神经网络；巴西尼小体与压觉有关。

触觉感受性可以用M.von弗赖的毛发触觉计测量，感受性以每平方毫米皮肤受到的力表示。其阈限值可从舌尖的2克/毫米$^2$，到足掌后部的250克/毫米$^2$。头面部和手指的感受性较高，四肢和躯干的感受性较低。触觉在刺激的持续作用下感受性降低，出现适应现象，于是触觉减弱或消失。适应是感受器和中枢神经系统反应能力的减退。

分辨机械刺激作用于皮肤的位置称为触觉定位。常用刺激点与被试判定的刺激点之间的距离来表示定位的准确性。头面部和手指的定位准确性较高，四肢和躯干准确性较低，四肢越远离躯干的部位准确性越高。触觉定位常以身体的某些器官或特定部分如腕部、肘部、拇指等作为参照。人的触觉定位往往需要借助视觉表象来实现。

**触媒** catalyst 能显著提高化学反应速率而自身的化学性质和数量在反应前后均保持不变的物质。催化剂的旧称。

**川贝母** *Fritillaria cirrhosa*; sichuan fritillary 百合科贝母属的一种。又称贝母。多年生草本植物。

**川菜** Chuan cuisine 中国四川菜的简称。

**川楚白莲教起义** Chuan-Chu White Lotus Uprising 中国清代嘉庆初年的农民起义。最早参加者多为白莲教教徒。始爆发于川楚陕边境流民聚集地区，后波及川、楚、陕、豫、甘等省，是清代前期规模最大的一次农民战争。川楚陕三省边境地区是一片原始森林地带，历来为被迫离开土地的流民聚集之所。流民便成了白莲教传播的对象。乾隆后期，各种社会矛盾激化，人们不满和反抗情绪日增，白莲教的宣传也随之增加了反清内容。乾隆六十年（1795），湖北各地白莲教首秘商在辰年辰月辰日（嘉庆元年三月初十，1796）共同起事。白莲教的迅速发展和其反清内容，引起了清政府的严重不安，遂下令大规模搜捕白莲教徒。各地教首遂以“官逼民反”为口号，号召教徒奋起反抗。嘉庆元年正月初七（1796年2月15日），湖北宜都、枝江一带白莲教徒因官府查拿紧急，被迫提前举义。三月初十，襄阳地区的教徒在王聪儿、姚之富等率领下，按原定日期起义。在湖北白莲教起义影响下，四川各地的白莲教徒也纷纷响应。三年三月，襄阳起义军在湖北郧西被清军包围，首领王聪儿、姚之富跳崖牺牲，余部仍继续斗争。四川起义军也受到重大损失。九年九月起义失败。白莲教起义军在历时9年多的战斗中，占据或攻破州县达204个，抗击了清政府从16个省征调来的大批军队，歼灭了大量清军，击毙副将以下将弁400余名，提镇等一、二品大员20余名。这次起义使清政府耗费军费2亿两，相当于4年的财政收入，元气大伤，此后清王朝的统治逐渐走向衰落。

**川端康成** Kawabata Yasunari (1899-06-14～1972-04-16) 日本小说家。生于大阪，卒于逗子。2岁丧父，3岁丧母，7岁祖母亡，15岁时祖父亡，孤儿的遭遇对他日后的文学创作产生了很大影响。1920年入东京大学英文系，次年转入国文系。大学期间参加编辑《新思潮》并发表短篇小说若干篇，其中《招魂祭一景》(1921)获好评。毕业后成为专业作家。同横光利一等共同创办《文艺时代》。1926年发表成名作《伊豆舞女》。《新进作家的新倾向解说》(1925)被公认为是“新感觉派”文学理论的基石或支柱。文中倡导艺术至上主义，主张新的感觉、新的表现和新的文体。之后川端康成参加了“新兴艺术派”和“新心理主义”文学运动。1968年获诺贝尔文学奖。1972年含煤气管自杀。

代表作品主要有《十六岁的日记》(1925)、《伊豆舞女》(1926)、《禽兽》(1933)、《雪国》(1948)、《千鹤》(1952)、《山音》(1959)、《睡美人》(1961)和《古都》(1971)等。《伊豆舞女》充溢着清纯洁净的美感，这在他的其他重要作品中十分罕见，被誉为日本现代抒情文学的杰作。晚期作品《千鹤》、《山音》、《睡美人》等，表现了某种背离现实伦理规范的变异性感觉世界。

川端康成的创作，艺术表现复杂且经历了曲折的发展过程。有的作品采用纯新感觉派的写法，强调主观感觉，追求新颖形式；有的作品主要使用朴素、简洁的白描手法。川端将日本古典文学传统和西方现代派方法有机地结合在一起，获得了巨大的成功。

**川剧** Sichuan opera 中国戏曲剧种。流行于四川以及贵州、云南的部分地区。明代四川已有地方戏班。至清雍正、乾隆年间，外地的昆腔、高腔、梆子腔、皮黄腔在四川流行的过程中，演变成具有地方特色的“川昆”、“高腔”、“胡琴”(即皮黄)、“弹戏”(即梆子腔)，再加上民间的“灯戏”，构成后来川剧的昆、高、胡、弹、灯5种声腔。辛亥革命前后，随着工商业的发展，戏班不断涌入城市，逐步走向5种声腔同台演出，形成为风格统一的川剧。由于早期各种声腔流行地区和艺人师承关系的不同，以“四条河道”形成不同的支派，各有擅长。

川剧的表演艺术有深厚的生活基础，并形成一套完美的表演程式，真实细腻，幽默风趣，生活气息浓郁。有的演员还创造了不少绝技，有托举、开慧眼、变脸、钻火圈、藏刀等，善于利用绝技塑造人物。川剧剧目丰富。传统戏中有代表性的剧目，高腔有所谓“五袍”、“四柱”、“江湖十八本”。弹戏的剧目以《春秋配》、《梅绛亵》、《花田错》、《苦节传》4本为代表。胡琴剧目多演三国、列国故事，以清末作家黄吉安编写的“黄本”最为驰名。昆腔剧目保留不多。灯戏剧目有《请长年》、《拜新年》、《打面缸》、《五子告母》、《裁衣》等。在文人作品中，赵熙的《情探》、冉樵子的《刀笔误》和尹仲锡的《离燕哀》，都是较好的剧目。

**川楝素** toosendanin 四环三萜，分子式为$C_{30}H_{38}O_{11}$。又称苦楝素。白色或微黄色结晶粉末，味苦。从川楝树皮中提得。熔点178～180℃（稀乙醇中结晶）或238～

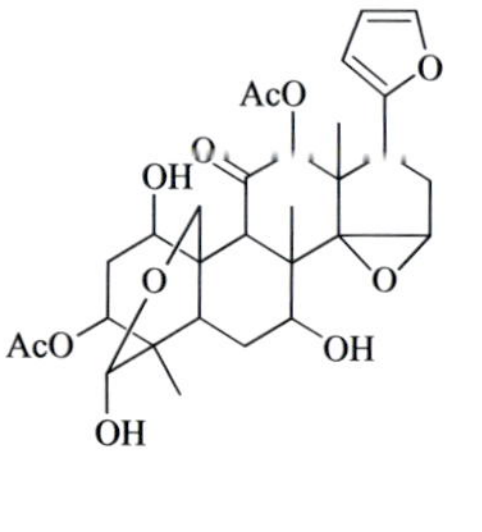

240℃（95%乙醇中结晶）。川楝素有良好的驱蛔虫和昆虫拒食剂作用。

**川崎** Kawasaki 日本重工业城市。位于本州岛东南，东临东京湾，西南临横滨，北以多摩川与东京相隔。属神奈川县。面积142.7平方千米。人口约125.8万（2003）。地势东南低，西北高。气候温暖湿润。江户时代为著名渡口。1623年成为东海道的驿站。1872年及1897年，京滨铁路及特快电气火车通车。1907年开始在多摩川南岸建立制糖（现明治制药）、电机（现东芝）、纺织、玻璃等工厂。1924年设市。1913年起填海造陆，并兴建钢铁、水泥、电机、炼油和火力发电等现代化工业，加之工业专用码头与临海铁路的修建，使川崎发展成为京滨工业地带的重要组成部分。临海地区主要有石油化学、石油精炼、钢铁工业，内陆地区以电子、电器、机械、汽车、食品工业为主。为研究、开发尖端技术的中心和生产型城市。交通发达。有多条铁路和高速公路通过。川崎港为京滨港口群的一部分，码头总长11.7千米。港内有146个泊位，主要是原料和成品的专用码头，最大可泊20万吨级散货船。主要名胜古迹有川崎区的平间寺（又称川崎大师）等。

**川崎氏病** Kawasaki disease 一种原因不明的发热性出疹性疾病。又名皮肤黏膜淋巴结综合征（MCLS）。主要临床表现为：①持续发热4天以上。②四肢末端出现红斑和手足硬性水肿。恢复期甲床与皮肤交界处有膜状脱皮。③两眼球结膜水肿。④躯干部有多形性红斑。⑤口唇潮红、皲裂，有草莓舌。⑥颈淋巴结肿胀等。上述6项中有包括第一项在内的4项即可确诊。70%患者有心脏损害，最严重的并发症为冠状动脉瘤，是导致猝死的原因。在急性期主要应用抗血栓、抗炎症药物治疗。阿司匹林为首选，常用10周，并要根据血沉、血小板及超声心动图来调整疗程。病程一般2～4周，大部分预后良好，病死率为1%～2%。

**川芎** *Ligusticum chuanxiong*; chuanxiong ligusticum 伞形科藁本属的一种。中国始载于《神农本草经》，原名芎䓖，四川产的最为有名，故名川芎。江西、湖北、陕西、甘肃、贵州、云南等地均有栽培。根状茎呈不规则结节状团块，黄褐色，茎直立、丛生，下部的茎节膨大成盘状。二回三出羽状复叶，叶互生。复伞形花序顶生，花白花。双悬果卵形。喜温暖湿润气候，要求阳光充足。适宜砂质壤土。忌连作。栽种后翌年5～6月间挖取根状茎晒干或烘干。

根状茎含挥发油、生物碱（主要有效成分为川芎嗪）、内酯类及阿魏酸等，有镇静、

降压、抑菌、抗平滑肌痉挛及增加冠脉血流量的作用。并有活血行气、祛风止痛功能，主治月经不调、痛经、经闭、偏正头痛、胸胁痛、冠心病心绞痛、风湿痹痛等症。

**川藏公路** Sichuan-Tibet Highway 中国四川成都至西藏拉萨的国家干线公路。途经雅安、康定、东俄洛、甘孜、昌都、邦达、林芝等地，全长2 400余千米。成都至雅安段，长151千米，原称川康公路，建于20世纪30年代，后遭毁坏，1950年修复通车。雅安至拉萨段，长2 255千米，原称康藏公路，1950年动工建设，1954年建成通车。1955年西康省撤销后，川康公路和康藏公路合并称为川藏公路。

川藏公路业拉山路段上的回头弯

川藏公路翻越二郎山、雀儿山等十几座大山，跨过大渡河、金沙江、雅鲁藏布江等多条大河，还要通过冰川、泥石流、滑坡、塌方等地质不良路段。工程艰巨，技术复杂。通过雀儿山垭口的路段，海拔5 047米，行车尤为困难。1957年又在川藏公路东俄洛至邦达之间，修了一条经理塘、巴塘的川藏公路南线。南线海拔较低，里程比北线短242千米。川藏公路经过多年的整治、改建，2002年大部分达到三级路标准，有的路段还改建为一、二级公路。

**川中丘陵** Chuanzhong Hills 中国最典型的方山丘陵区。又称盆中丘陵。西迄四川盆地内的龙泉山，东止华蓥山，北起大巴山麓，南抵长江以南。面积约8.4万平方千米。以丘陵广布、溪沟纵横为其显著地理特征。海拔一般在250～600米，丘谷高差50～100米。南部多浅丘，北部多深丘，为四川省丘陵集中分布区。川中丘陵水土流失严重，是四川水土流失最严重地区。此外，此地区热量有余而降水不足。年平均气温16～18℃，无霜期280～350天。年降水量900～1 000毫米，是四川著名旱区。川中丘陵地区是四川最大的产盐区和天然气产地，亦是四川棉花、甘蔗、黄麻、花生和蚕桑等经济作物的主产区，棉花和甘蔗产量分别占四川省的90%和65%，粮食产量占四川粮食总产的40%。南部长江河谷还生长有龙眼、荔枝等南亚热带水果。

**氚** tritium 元素氢的放射性同位素。又称超重氢。符号$^3_1H$，简写为$^3H$。氚的专用符号为T，氚核的符号为t。

1934年E.卢瑟福等在加速器上用加速的氘核打氘靶，通过核反应发现了人工氚；接着，W.W.洛齐尔等人又证实了重水中天然氚的存在。1939年L.W.阿尔瓦雷茨等人通过实验证明氚具有放射性。

氚是放射低能量纯$\beta^-$射线的核素，$\beta^-$射线的最大能量为0.018 59兆电子伏，平均能量为5.7千电子伏。半衰期为12.33年。氚的许多反应比氢慢得多，二者的反应速率比为1∶64。

自然界的氚，是宇宙射线和上层大气作用，通过核反应生成的，天然氢中氚的丰度约$5\times10^{-19}$%。

利用反应堆的中子，采用氟化锂、碳酸锂或锂镁合金作靶材，能大量生产氚：

$$Li + n \longrightarrow {}^4He + {}^3H$$

然后利用热扩散法，使氚富集至99%以上。

氚主要用于热核武器、用作示踪剂以及科学研究中的标记化合物，还可能成为热核聚变反应的原料。

氚属低毒性核素，对人体的有效半减期为12天，在人体内的最大容许积存量为$7.4\times10^7$贝可。

**穿刺** puncture 将专用针刺入体腔以抽取分泌物或注入气体、造影剂、药物的诊疗技术。常用的穿刺术有：①脑或脊髓腔穿刺术。包括硬脑膜下腔穿刺术、脑室穿刺术、脑血管穿刺术和腰椎穿刺术。②胸部体腔穿刺术。包括胸膜腔穿刺术、心包穿刺术。③腹部体腔和脏器穿刺术。包括腹腔穿刺

术、肝脏穿刺术、肾脏穿刺术、膀胱穿刺术和子宫穿刺术。④骨髓穿刺术。有髂脊穿刺、脊椎棘突穿刺和胸骨穿刺。⑤淋巴结穿刺术。⑥关节腔穿刺术。⑦血管穿刺术。常见的如股动脉穿刺、股静脉穿刺和锁骨下静脉穿刺。目的是抽血化验，输血、输液及置入导管进行血管造影。

**穿孔贝** Terebratulida 腕足动物门具铰纲穿孔贝目动物的统称。因具肉茎孔得名。化石类型极为多样，现生种类较少。贝体大小不一。轮廓多半成椭圆形、圆形，少数近五边形；两瓣双凸或背瓣平、腹瓣凸。铰合线弯短，茎孔常位于喙尖；三角孔为三角双板覆盖。壳表一般光滑，只具同心纹，或在前部出现壳褶；前缘直型或具中槽（可在背瓣或腹瓣）。腹壳内齿板发育或退化；背壳内，在腕棒上有腕环，形态多样。

目下属单位的划分尚无一致的分类方案。影响较大的分为6个超科：①鹗头贝超科。②两板贝超科。③穿孔贝超科。④隐弧贝超科。⑤齐勒贝超科。⑥小穿孔贝超科。最早的化石记录在早泥盆世，二叠纪末全部绝灭。

**穿山甲** *Manis pentadactyla*; Chinese pangolin/common pangolin 鳞甲目穿山甲科穿山甲属的一种。又称中华穿山甲。分布于缅甸北部、中国南部、印度东部、老挝、尼泊尔、泰国北部、越南北部。头身长45～60厘米，尾长25～40厘米。外耳相对发达，

眼相对较大。前爪强大。成体鳞暗褐色到黑褐色，幼体鳞紫褐色，毛和无鳞的皮肤从灰白色到带褐的白色。通常尾端下面具裸垫。幼体出生时头身长约15厘米，尾长约8厘米。1996年被列入《濒危野生动植物物种国际贸易公约》(CITES）附录Ⅱ。

**穿心莲** *Andrographis paniculata*; common andrographis 爵床科穿心莲属的一种。多年生或一年生草本植物。又称一见喜、榄核莲、四方草。原产亚洲热带地区。中国最初引种于广东及福建南部。现长江以南各省及山东、北京、陕西等地均有栽培。

茎直立，节膨大。叶对生，披针形或尖卵形，全缘或波状。顶生或腋生总状花序，小花，白色或淡紫色。蒴果似橄榄核而稍扁。喜温暖湿润，忌旱。一般用育苗移栽，中国长江以南也可露地直播。开花前或现蕾期收获。

全草主要含穿心莲内酯、新穿心莲内酯、脱氧穿心莲内酯等多种内酯化合物。以叶或全草入药，其功能为清热解毒，主治细菌性痢疾、急性胃肠炎、上呼吸道感染、病毒性肺炎等。制剂有穿心莲片、穿心莲内酯片、亚硫酸钠穿心莲内酯注射液等。

**传变** transmission 中医学中病邪或病变的传移、演变。又称传化。最早见于《内经》。人体是一个有机的整体，其表里、上下及脏腑组织之间有经络气血相互沟通，因而一旦有病邪侵入或体内发生病变，即可随经络气血发生传移与演变。传变的方式主要有外感病的六经传变、卫气营血传变、三焦传变和表里九传，以及内伤病的气血传变与脏器传变等，这些传变方式及其过程，又常受体内外各种因素的影响而发生变化。中医学关于疾病传变的理论，是临床辨别证候、分析病变机转与趋向、判断预后的依据，在指导临床早期治疗、遏制病变的进展等方面有重要意义。

**传播学** communication theories 研究人类信息传播行为和现象及其规律的学科。一门多学科交叉融合的综合性学科。

形成过程 传播行为和传播现象是人类所特有的最古老、最普遍、最重要的行为和现象之一。自从人类诞生以来，人类的传播行为和传播现象至少已经历了四个历史阶段，即语言传播阶段、文字传播阶段、印刷传播阶段、模拟式电子传播阶段，并且已经进入第五个阶段，即数字式电子传播阶段。但是，将传播行为和传播现象作为对象进行系统、科学的研究，并形成一门专门的学科，直到20世纪20年代才始于美国。

美国政治学家H.D.拉斯韦尔在1927年出版的《世界大战时期的宣传技术》一书，被认为是分析传播内容的先驱之作。1948年，拉斯韦尔发表论文《社会传播的构造与功能》，提出传播的模式与功能，对传播学的发展具有较大影响。新闻学家W.施拉姆于1948年在伊利诺伊大学成立了美国第一个传播研究所，把新闻学同传播学综合起来。40年代末以来，传播学者们把信息、控制、反馈、系统等概念引入传播研究，提出了描述和解释传播现象和行为的一系列新的理论模式，从而使传播学形成初步体系。

20世纪50年代后，美国成立了全国性的传播学研究协会，创办了数十种专业刊物。60年代，传播研究在欧洲各国和苏联普遍开展起来。中国的传播学研究正式起步于80年代初。开始以翻译、评介西方传播理论为主，逐步向结合中国实际并与国际接轨、建立有中国特色的社会主义传播理论和实践体系转变。

学派 在传播学的发展过程中，传播学者们由于在理论基础、思想观点和研究方法上的区别，逐步形成了“经验学派”和“批判学派”两大派别。

一长列转播车在芝加哥报道1996年美国民主党全国代表大会进程

经验学派又称“行政学派”。主要代表人物是拉斯韦尔、P.F.拉扎斯菲尔德等。在传播学研究上注重定量分析的经验主义、功能主义和实证主义，从而给传播学的微观研究带来科学的、定量的、实验的研究方法。但是这一学派忽视传播行为所处的复杂的社会环境，过分强调传播的直接效果。主要基地在美国。主要国际性组织是国际传播协会。

批判学派形成于20世纪60年代以后，受到马克思主义理论的影响，在研究资本主义社会的大众传播媒介作用中，重点放在对传播的社会、政治、经济环境的宏观研究，强调传播学研究同其他社会科学研究不可分割。主要国际性组织是国际大众传播研究协会，主要基地在欧洲，代表人物有英国莱斯特大学大众传播研究中心教授J.哈洛伦、巴黎大学教授A.马蒂拉等。

理论体系 传播学的一般理论涉及信息理论、符号理论、意义理论、传播过程理论、传播者理论、受众理论、效果理论等。

研究方法 传播学研究中有两种基本方法，即科学主义的方法和人文主义的方法。科学主义的方法在特定环境和条件下，可以定量地描述传播行为，但不能解释隐藏在事实和现象背后的原因，以及传播行为的社会环境。因此，一部分传播学者采用人文主义的方法，试图在更深的层次上揭示传播行为的本质。这一方法的缺点是定量分析不够，主观性、随意性较大。

**传导紊乱** conduction disturbance 心肌细胞的激动在传导途径中某一部位不同程度地受阻的现象。表现为传导速度减慢或不能传越，或者经过异常途径传导。病因有许多种，如传导系统纤维化变性、先天性病变、冠心病、心肌病、药物影响等。心肌内存在特殊的传导系统，兴奋顺序分别为窦房结、结间束、房室结、希氏束、束支及肯氏纤维6个部分，使窦性激动由窦房结传向心房，然后再经房室结、希氏束传到心室。传导阻滞根据受阻的部位分为窦房阻滞、心房内阻滞、房室阻滞和束支／分支阻滞。异常传导途径指除房室结以外尚有一条或数条附加的组织沟通房室之间

的兴奋传导，这种附加的组织称为房室旁路，它可参与房室折返从而导致室上性心动过速。传导紊乱的性质必须根据心电图判断。传导阻滞主要引起心率减慢，心动过缓引起心排血量减少，各脏器供血不足，可出现头晕、气短、乏力、晕厥等症状。部分患者无症状或症状轻微，症状严重者需临时人工心脏起搏或埋藏永久起搏器。

**传递细胞** transfer cell 植物体内特化的薄壁组织细胞。其细胞壁向内突起，壁上有丰富的胞间连丝穿过，细胞内有较多的线粒体。传递细胞一般分布在植物体内物质转移的关键部位（如子叶节、茎节、小叶脉及筛管或导管周围等）。一般认为传递细胞是一些密集输送溶质的细胞，其原生质体具有非常高的表面体积比例，使这些细胞的吸收、分泌以及与外界交换的表面积增大，从而增加了生理活动能力。在高等植物中，可按传递细胞的功能，将其分

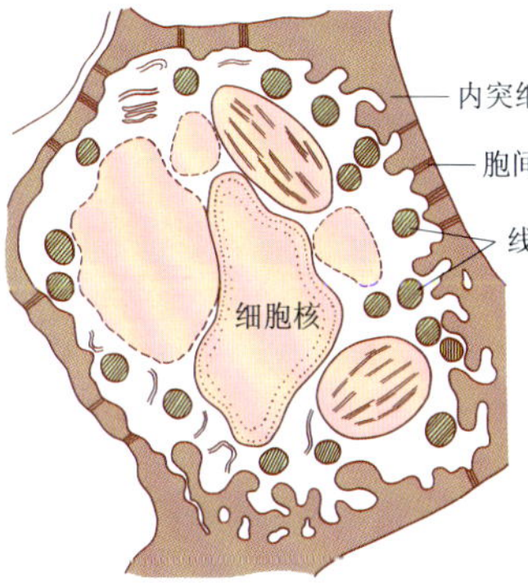


传递细胞示意图

为4种形式：①从外界环境中吸收溶质，例如沉水生植物叶表皮层的传递细胞。②分泌溶质到外界环境，例如各种腺毛、蜜腺及盐腺等。③从周围组织细胞吸收溶质，例如吸器、胚囊中的传递细胞。④分泌溶质到周围组织细胞，例如有些花药中的绒毡层细胞、根瘤的中柱鞘细胞等。

**传动** transmission 将原动机的运动和动力传递给工作机的装置。传动中运动输入轴的角速度与运动输出轴的角速度之比称为传动比，是传动的基本参数。按传动比不同可分为定传动比传动和变传动比传动两类。变传动比传动又分有级变速和无级变速两类。按工作原理，分为机械传动、流体传动和电力传动三大类。

机械传动　利用机械方式传递动力和运动的传动。分为两类：①靠摩擦力传递动力和运动的摩擦传动，包括带传动、绳传动和摩擦轮传动等。②靠主动件与从动件啮合或借助中间件啮合传递动力或运动的啮合传动，包括齿轮传动、链传动、螺旋传动和谐波传动等。

流体传动　用流体作为工质的一种传动。依靠液体的静压力传递能量的称为液压传动。依靠叶轮与液体之间的流体动力作用传递能量的称为液力传动。利用气体的压力传递能量的称为气压传动。

电力传动　利用电动机将电能变为机械能，以驱动机器工作的传动。电力传动的功率范围大，容易实现自动控制和遥控，能远距离传递动力。

**传粉** pollination 成熟花粉从雄蕊花药或小孢子囊中散出后，传送到雌蕊柱头或胚珠上的过程。传粉是高等维管植物的特有现象。

在自然条件下，传粉包括自花传粉和异花传粉两种形式。花粉从一朵花转移到同朵花或同株植物的异朵花上，称为自花传粉。如果一株植物的花粉传送到另一株植物的花的胚珠或柱头上，称为异花传粉。这是自然界更为普遍的现象。

在自然条件下，昆虫（包括蜜蜂、甲虫、蝇类和蛾等）和风是最主要的两种传粉媒介。此外蜂鸟、蝙蝠和蜗牛等也能传粉。由于被子植物的演化和千姿百态的形式，对各种昆虫更富有吸引力；而且花和花粉直接为昆虫提供食物来源。在生物界中，昆虫和被子植物这种相互依存和相互促进的现象，称为共同进化。但是，花吸引昆虫造成了胚珠常有被昆虫侵食的危险，因此就产生了花的适应性，如子房下位等。由于昆虫的有效传粉，也引起两性花的发展。

**传感器** transducer 按一定规律实现信号检测并将被测量（物理的、化学的和生物的）信息变换为另一种物理量（通常是电量）的器件或仪表。在生产过程控制系统中，常称输出标准信号的传感器为变送器，称输出非标准信号的传感器为敏感器。传感器是自动控制系统必不可少的关键部分。早期的机械式仪表是将机械式检测元件和机械式指示记录部分直接结合在一起。20世纪50年代后，检测传感部分大都采用机电结构，对机械式检测元件感受的信息进行二次变换，与显示调节部分相结合，发展成系列化的显示调节仪表。70年代，采用集成电路工艺研制出多类固体敏感元件，它与放大处理电路结合形成新型传感器。80年代后，传感器开始向着集成化、智能化方向发展。

传感器依构成原理可分为结构型传感器、物性型传感器和智能型传感器3种类型，以第一种应用最广。根据现象所属领域不同可分为物理量传感器、化学量传感器和生物量传感器；根据所用敏感元件的材料来分，有半导体传感器、陶瓷传感器、有机高分子传感器、光纤传感器等；根据功能来分，有单功能传感器、多功能传感器、智能传感器、仿生传感器等。比较常用的是按照被检测的参数进行分类。

传感器的基本性能要求是：输出信号与输入信号成比例；迟滞和非线性误差小；内部噪声小，不易受外界干扰影响；反应速度快；动作能量小；对被测状态的影响小；使用寿命长；使用、维修和校准方便。传感器的发展趋势表现在5个方面：①研制新型传感器。②采用新材料、新工艺。③研究传感器组合技术，提高传感器测量精度。④研究敏感元件的小型化、集成化、固体化、多功能化。⑤研究微机械传感器。研究各种以硅为主的微传感器及微型机电系统。

**传奇戏曲** Chuanqi drama 中国明代传奇（戏曲）。即在宋南戏的基础上吸收北杂剧的优点而发展起来并盛行于明代的戏曲形式。

“传奇”一词，含义数变。唐代文言小说称“传奇”。宋元时期，曾用传奇指称诸宫调等说唱艺术以及南戏、杂剧。明代以后，“传奇”则成为以演唱南曲为主的长篇戏曲的专称。

明代传奇包括海盐腔、余姚腔、弋阳腔、昆山腔和由它们流变而成的各声腔剧种。自嘉靖、隆庆年间魏良辅等改革昆山腔、梁辰鱼运用新腔撰写《浣纱记》盛行于时之后，传奇创作步入了一个新的趋于极盛的时期。

明代传奇不限出数，一般都是三五十出的长篇。分出，标出目，相似于早期南戏的“题目开场”。明代传奇剧本开端通常有“家门”(一般作为第一出)，由副末上场，用一二曲述明作剧宗旨和剧情大意。早期南戏无严格的宫调要求，唱曲次序只需用声相邻。明传奇以南曲为主，兼用北曲，曲调也较南戏多有增加，并逐步形成了按宫调联套的南曲体系；乐器伴奏发展到箫管、弦索与鼓板相结合；角色分工更趋专业化，南戏分“生”、“旦”、“外”、“贴（旦）”、“丑”、“净”、“末”，传奇又分出“小生”、“小末”和“小外”、“小旦”等。

它在艺术形式上与宋元南戏大略相同而表现得更加成熟、丰富、细密和规范化。

**传染病** infectious diseases 由各种病原体引起的，能在人与人、动物与动物、人与动物之间相互传播的一类疾病。病原体中大部分是微生物，小部分为寄生虫。寄生虫侵入人体引起的疾病称寄生虫病。有些传染病，传染性极强，若不及时治疗，病死率很高，称为烈性传染病，如天花、鼠疫、霍乱。有些传染病，防疫部门必须及时掌握其发病情况，采取对策，发现后，应按规定及时向当地防疫部门报告，称为法定传染病。中国法定传染病有甲、乙、丙3类，共37种。

传染病的特点是有病原体，有传染性和流行性，感染后常有免疫性。有些传染病还有季节性或地方性。传染病的分类尚

未统一，有人按病原体分类，有人按传播途径分类。传染病的预防应采取以切断主要传播环节为主导的综合措施。传染病的传播和流行必须具备3个环节，即传染源(能排出病原体的人和/或动物)、传播途径(病原体传染他人的途径)及易感者(对该种传染病无免疫力者)。若能完全切断其中的一个环节，即可防止该种传染病的发生和流行(见隔离)。各种传染病的薄弱环节各不相同。在预防中应充分利用。除主导环节外对其他环节也应采取措施，只有这样才能更好地预防各种传染病。

**传染性单核细胞增多症** infectious mononucleosis; IM 爱泼斯坦-巴尔二氏病毒(EBV)引起的传染病。又称腺热。主要表现发热、咽炎、淋巴结肿大。末梢血淋巴细胞增多，并出现异常淋巴细胞；血清嗜异性凝集试验阳性，血清中出现特异性EBV抗体。发病多呈散发性，有时亦可发生局部流行。年幼儿童感染EBV多为隐性感染，而发生在易感的年长儿童和成人时则引起IM。发病年龄多在15～25岁。预后良好，一般能自愈。在发达国家如英国、美国的发病率较高。而在发展中国家发病率较低，因为发展中国家的年幼儿童多已感染EBV，据统计4～6岁儿童中，EBV抗体阳性率可达90%～100%。而发达国家中如英国和美国，同年龄儿童的EBV抗体阳性率仅20%～40%。此病易感的年长儿童和成人较多，一旦发生EBV感染，即易患IM。此外，愈来愈多的研究证明，EBV感染与伯基特氏淋巴瘤和鼻咽癌的发病密切相关。患者、隐性感染者和EBV携带者为本病传染源。患者和隐性感染者中，以隐性感染者较多。EBV携带者有恢复期携带者(患病恢复后仍携带和排出病毒者)和健康携带者(携带和排出EBV而无症状者)。健康人的咽喉部可携带病毒，并不断从唾液排出病毒。传播途径主要是口对口密切接触如接吻等。含有病毒的唾液污染的食品、食具等也可引起间接传播。输血传播不常见，空气飞沫传播有可能但尚不肯定。并发症有肝炎、心肌炎、脑炎、肺炎、肾炎、溶血性贫血及脾破裂等。以支持和对症治疗为主。对高热持续不退、严重黄疸、心肌炎、中枢神经系统合并症和上呼吸道梗阻等，可应用肾上腺皮质激素治疗。对脾破裂患者，应早期诊断，及时手术治疗。

**传染性非典型肺炎** infectious atypical pneumonia 一种由新型冠状病毒引起的传染性肺炎。简称非典。又称严重急性呼吸综合征(severe acute respiratory syndrome)，英文名称的首字母缩写词为SARS。2003年曾在中国一些地区流行。主要临床表现为起病急、发热、干咳、气促、肺实变体征、外周血白细胞不高或降低、胸片有炎症性改变，病变发展迅速，常因呼吸衰竭而死亡。

**病原** 已确定为新型冠状病毒(SARS-Co V)，为RNA病毒。不耐热，56℃ 90分钟、70℃ 30分钟即可灭活；紫外线照射60分钟可灭活；对有机溶剂如乙醚4℃ 24小时、75%乙醇或含氯消毒剂均为5分钟即可灭活。

**临床表现** 潜伏期2～14天。临床表现为起病急，以发热为首发症状，多为高热、畏寒，伴或不伴头疼、关节肌肉酸痛、食欲不振、乏力、胸痛；以后可出现咳嗽、呼吸急促。严重者可有呼吸窘迫、呼吸困难和低氧血症，多见于起病后6～12天，部分患者可有腹泻、恶心、呕吐等消化道症状。肺部体征常较轻，可闻及少许干、湿性啰音或有肺实变体征。

**诊断** 其要点、标准、辅助检查如下。

要点 ①流行病学资料。发病前2周内有密切接触史，或发病前2周内有疫区居住史。②典型临床表现。起病急，以发热为首发症状，畏寒，头痛、肌肉酸痛、乏力、食欲不振。中、后期出现咳嗽，轻、中度患者出现呼吸急促和困难、低氧血症，少数患者发展为急性呼吸窘迫综合征。部分患者可闻及干、湿性啰音和肺实变体征。③实验室检查。外周血白细胞计数多为正常或降低，血淋巴细胞、CD4+和CD8+细胞减低。④肺部影像学检查。肺部有不同程度片状、斑片状浸润阴影或间质性改变；部分病例进展迅速，呈大片状阴影，常为多叶或双侧病变，阴影吸收及消散较慢。若检查结果阴性，1～2天后应复查。⑤抗菌药治疗无效。

疑似诊断标准 符合上述①+②+③项或②+③+④项。

临床诊断标准 符合上述①+②+③+④项或②+③+④+⑤项。

重症病例诊断标准 ①呼吸困难。成人休息状态下呼吸频率≥30次/分，且伴有以下两种情况之一者：ⓐ胸片显示多叶病变或病灶总面积在正位胸片上，占双肺总面积的1/3以上；ⓑ病情进展，24小时内病灶面积增大超过50%，且在正位胸片上占双肺总面积的1/4以上。②出现明显的低氧血症。氧合指数低于300毫米汞柱。③出现休克或多器官功能障碍。

辅助检查 除以上临床诊断方法以外，还可用病原学和血清学检查，有助于确诊。①血清学检查。可应用酶免疫法(EIA)、间接免疫荧光法(IFA)检测新型冠状病毒的IgG和IgM抗体。②病原学检测。用逆转录聚合酶链式反应(RT-PCR)法，采取口咽分泌物、痰、血、大便标本，应用RT-PCR技术检测病毒的RNA。但检测结果的敏感度与特异性均较差。

**治疗原则** 采用一般治疗和对症治疗；心理治疗；糖皮质激素治疗；抗病毒治疗(但疗效不肯定)；继发感染的治疗；无创、有创呼吸机的应用；恢复期患者血清治疗和免疫调节剂等治疗。

**预防原则** ①管理传染源。严格隔离患者和疑似患者。②切断传播途径。保持通风，注意个人卫生，减少集会及去人群拥挤场所。③保护易感人群。应特别注意保护医务人员和患者家庭成员，并进行医学观察。

**传染性红斑** erythema infectiosum 常见于冬春季的一种急性、发疹性呼吸道病毒感染。又称第五病。病原体为细小病毒科的单链DNA病毒。受染者主要为5～15岁儿童，但也可染及成人。传染力不强，病程自限。可散发，也可在学校或家庭中传播。潜伏期通常4～14天，可出现感冒样症状，继而双颊出现红斑，几日后四肢近端也出现红疹并逐渐波及躯干，病变组成网纹状，再数日后逐渐消退，不留痕迹。

**传染性软疣** molluscum contagiosum 由病毒所致一种逐渐增大的血疹样皮肤病变。共用搓澡巾等易造成相互传染。多见于儿童及青年，皮损为散在的、绿豆至豌豆大、表面有蜡样光泽的圆顶丘疹，中心有小脐凹。少数可以是性传播疾病。主要为局部治疗，在消毒后用消毒镊子挑破，夹出其中的乳酪样软疣体，涂以碘酊，注意消毒隔离。

**传热学** heat transfer, study of 研究热量传递的学科。传热现象广泛存在于自然界和工程技术领域。例如提高锅炉效率，减少内燃机气缸内应力，确定换热器面积，防止电子元件过热等，都要应用传热学知识。

**传热方式** 传热的基本方式有热传导、热对流和热辐射三类。

热传导 发生在固体中(不涉及物质的宏观转移)的传热过程。它的强度遵循傅里叶定律：$q=-k\cdot \mathrm{grad}T$。式中热导率$k$是由实验测定的材料属性，grad$T$为温度梯度。

热对流 发生在流体中的热量变换。传热机理实质上也是传导，只是这时伴有流体宏观运动带来的热量转移。经常遇到的流体与其接触固体壁面之间的换热过程是热传导和热对流的综合过程，称为对流换热。换热强度可由牛顿冷却定律计算：$q=h(T_w-T_f)$。式中换热系数$h$是取决于流体物性、运动状态、壁面几何形状和尺寸等因素的综合参数，$T_w$和$T_f$分别为固体表面和流体的温度。

热辐射 物体由热激发向外辐射热量，实际上是波长为0.1～100微米的电磁波辐射。不同于其他传热方式，热辐射可在真空中进行，太阳能就是以热辐射方式送达地球的。热辐射强度遵循斯忒藩－玻耳兹曼定律：$q=\varepsilon\sigma T^4$。式中$\sigma$为黑体辐射常数；$\varepsilon$为黑度，取决于材料物性和表面状况，$T$为绝对温度。任何物体都具有发射和吸收辐射热的能力。发射与吸收热量的综合效果称为辐射换热。

**研究方法** 实际传热过程通常都不是以单一传热方式进行的。对于复杂传热过程，不可能完全真实地描述并作出定量计算。传热研究的方法有多种，其中，相似分析法与测试技术相结合的实验方法的适应性较好；但实验方法耗费大。利用不同现象之间类同的模拟方法亦常采用，然而应用面较窄。建立在微分方程和积分方程基础上的解析法是一种推理严密、结论明确的经典理论方法，又是相似分析和数值计算的基础。近年来随着计算机的应用和计算数学的发展，数值计算方法正在发展成为一条灵活有效、快捷经济的解题新途径。

**传神论** lifelike painting, theory of 中国古代美学命题。已知画史上最早运用“传神”评价美术现象的是东晋画家顾恺之。他说：“四体妍蚩本无关于妙处，传神写照正在阿堵中。”(《世说新语·巧艺》)

传神论受汉魏之际名家论“言意之辨”和魏晋玄学的影响而产生。玄学家王弼以老庄解《易》，发挥庄子“得意忘言”思想，并扩而大之把它作为解经、证玄、调和乃至认识艺术的新方法。顾恺之认为“凡画，人最难”，“四体妍蚩本无关于妙处”，画之妙不在形体而在内在精神气质。但他并不认为形体可有可无，从他的《论画》等著述并结合他的绘画遗迹（摹本）看，他重视形似，力倡“以形写神”之说。

顾恺之的传神论是人物画创作实践的理论总结。五代以后山水、花鸟画大盛，抒情寄意作为突出的美学命题被提出来，由是自宋以后，写意论成为更流行的审美准则；传神论一方面由人物画扩大到山水、花鸟领域，另一方面又有所凝缩——“传神”一词渐渐成为肖像画体裁的专用语。

历来论传神论者，大抵有两种意见：一种坚持贵神贱形求离形得似；另一种坚持形神兼得，由形似求神似。

**传说时期** 中国古代夏以前的历史时期。大约六七千年以前，各地以不同形式走向母系氏族公社的繁荣时期。这时各族有自己的图腾崇拜及初始的宗教和神话。到大约五六千年前，各地先后进入了父系氏族社会，有了内容较丰富的神话传说。从西周到战国，是中国古史神话传说演进变化的时期。汉代则把它历史化、定型化。

**西周文献中的古史神话传说** 今存反映古代各族神话传说的最早文献，是《诗经》和《尚书》中属于西周的一些篇章（包括西周加工的夏商文献遗篇）。这些文献中所见的古史神话传说，只说商和周两族是由上帝生下来的，都住在一位天神禹敷布的土地上。商前有夏，夏、商、周三代前后相承，活动在禹绩之域，夏和周是西土先后相承之族，殷商是东方的部族。

**《天问》所载的古史神话传说** 在《天问》中，仍以夏、商、周为中国古史体系。夏之前是天地开辟及洪水故事等；天地开辟后最早的神是鲧、禹，也有共工、舜等神话人物，并出现了一次尧的名字。叙商代历史从舜开始，以舜为商祖。

**春秋战国前期的古史传说** 商、周、姜、嬴、芈、苗等实有其族者，祖先全出自本族始祖系统。在《山海经》中，不仅包括其他典籍中的大部分古史神话人物，而且新的神也多至不可胜数，西王母也首见于此书。

**战国中后期加工编成的古史传说** 战国诸子为宣扬自己学说，大都据原有的传说人物编成自己学说。①儒、墨推崇尧、舜、禹的二帝三王历史系统，原地位颇低的尧顿成圣王。汤、文王也尊不可言。②出现了两种五帝说。第一种五帝说是黄帝、颛顼、帝喾、尧、舜；第二种五帝说为包牺（伏羲）、神农、黄帝、尧、舜。③道、法、兵家等提出众多古帝名。如《庄子》列举了12人古帝系统：容成、大庭、伯皇、中央、栗陆、骊畜、轩辕、赫胥、尊卢、祝融、伏羲、神农。《六韬》列举柏皇、栗陆、黎连、轩辕、共工、宗卢、祝融、庸成、混沌、昊英、有巢、朱襄、葛天、阴康、无怀，共15氏。④杂家《吕氏春秋》第三种五帝说及其余古帝。《吕氏春秋》提出五帝说为太昊、炎帝、黄帝、少昊、颛顼。《古乐篇》列古帝名次为：朱襄氏、葛天氏、陶唐氏、黄帝、颛顼、帝喾、尧、舜、禹、汤、周文王、周武王、成王。⑤《楚辞》（见楚辞）中的古帝。《楚辞》中有楚始祖高阳，还有高辛、尧、舜、鲧、禹、咎繇（皋陶）及夏、商、周一些历史人物与神话人物。⑥有巢、燧人等氏的提出。战国后期诸子，提出有巢、燧人、伏羲、神农四氏，这四位具有象征性名号的神，代表着中国祖先所经历的人类早期文明发展的蒙昧时代三个阶段和野蛮时代低级阶段。战国末期，出现了一篇《帝系》，把所有主要神话人物和古代祖先神灵，编排成一个统全的有血缘关系的古史世系。把五代各族分别归到颛顼、帝喾两系，使其具有共同血缘，都成为共祖黄帝的直系子孙，于是变为五帝三王的历史系统。它反映统一的华夏族已经完全形成。

**汉代后起的古史神话传说** 《淮南子》与《论衡》、《说文》、《风俗通》等书记有女娲补天、化万物、造人类的故事（故事雏形已见于《山海经》，汉代始定为女娲）；又创造了女娲和伏羲实兄妹为夫妇诞育人类的故事。《汉书》所载《世经》，有中国古史最完备的按五德相生顺序编排的帝王系统：太昊庖牺氏—共工—炎帝神农氏—黄轩辕氏—少昊金天氏—颛顼高阳氏—帝喾高辛氏—帝挚—帝尧陶唐氏—帝舜有虞氏—伯禹夏后氏—商汤—周文王、武王—秦伯—汉高祖皇帝。这一系统使封建帝统一脉相承，自魏、晋至清代一直遵奉不违。其中自伯禹以上皆属传说时期。汉末三国时徐整《三王历纪》提出盘古说，成为所有古史传说前最古的天地开辟的神话。“自从盘古开天地，三皇五帝到如今”遂成了中国古史的定型。

**近世对传说时期的认识** 唐刘知幾的《史通》对许多古事提出质疑。康有为《孔子改制考》第一篇为《上古茫昧无稽考》，以为战国诸子借托古改制，臆造古史。夏曾佑的《中国古代史》对三王、五帝、九皇及盘古、三皇、十纪等说，一律目为抵牾不足信。顾颉刚的《古史辨》提出“层累地造成的古史说”，如西周所知最早的神是禹，以后层累地递增尧、舜、黄帝、神农、伏羲、天皇、地皇、秦皇于前，至三国徐整而有最前的盘古。战国时小国被并吞，逐渐归于统一，于是原来各不相干的各族传说的祖先群神，汇集而成统一的古史体系。接着有人根据民族分布地域不同来区分古史传说的几个大系统。傅斯年《夷夏东西说》分西方之夏、东方之夷，另有南方之苗。徐旭生《中国古史的传说时代》分为华夏集团。郭沫若于1929年撰《中国古代社会研究》一书，反对“据古代神话传说以为正史”，1952年写《奴隶制时代》，认为夏以前原始社会为传说时代。范文澜1941年撰《中国通史简编》，认为传说时期始于黄帝时。翦伯赞1943年成《中国史论集》，以为伏羲、神农以至尧、舜，为中历史上的蒙昧时期以至野蛮中期时代。

**传统戏** traditional Chinese opera 中国1949年以前各个历史时期编演、流传的戏曲剧目。戏曲传统剧目极为丰富，1956年第一次全国戏曲剧目工作会议提出大力发掘传统剧目以后，据统计，一年之内，各地发掘的传统剧目就有5万多个。1961年9月，文化部又发出关于加强戏曲、曲艺传统剧目、曲目挖掘工作的通知。全国不少地区都陆续编辑出版了本省、本地戏曲剧种传统剧目的汇编、丛刊或选集。“文化大革命”中，这一工作完全停止，过去挖掘、记录的传统剧目、剧本也有不少佚失。1978年改革开放以后，传统戏又得到了恢复和发展。

京剧《将相和》和《白蛇传》、越剧《梁山伯与祝英台》、川剧《拉郎配》、晋剧《打金枝》、昆曲《十五贯》、豫剧《穆桂英挂帅》、秦腔《赵氏孤儿》、蒲剧《薛刚反朝》、莆仙戏《春草闯堂》、黄梅戏《天仙配》、粤剧《搜书院》等，均是中华人民共和国建立以来整理改编的传统戏优秀剧目。

**《传习录》** 中国明代哲学家王守仁的语录和论学书信。弟子徐爱自正德七年（1512）开始，陆续录下王守仁论学的谈话，取名《传习录》。后历经王守仁弟子们多次增录删削，编定为《王文成公全书》本《传习录》。

《传习录》的“传习”出自《论语》的“传不习乎”。该书包括了王守仁的主要哲学思想，上册曾经本人审阅，偏重批评朱熹增改的《大学》古本，反复阐述他的格物致知新说和心与理一、知行合一的思想。中册为王守仁的亲笔，是晚年成熟时的著作，提出了著名的拔本塞源论，系统地阐述了他的致良知、知行合一、心物合一、天人合一、与天地万物为一体等思想。下册虽未经本人审阅，但具体解说他晚年各种思想，并记载他提出的“四句教”。

**传销** pyramid selling 通过多层的、独立的传销人员向消费者推销商品的一种销售方式。其中每一个传销员除将商品销售出去以赚取利润外，还可以自己推荐、训练一些新的传销员建立销售网，并通过这些销售网来销售商品以获取差额利润，而每一个新进的传销者亦可循此模式建立自己的销售网。传销员既是商品的推销者，同时也必须是商品的消费者。

多层次传销产生于20世纪40年代的美国。这种销售方式极容易发生变异，成为以发展“下线”获取人头费为目的的“耗子会”。到60年代，美国一些不法商人把传销的结构原理歪曲成敛财工具，利用传销骗钱，受到美国司法机构的调查和起诉，合法的公司也受到牵连。1975年，美国联邦贸易委员会控告安利公司，1979年安利公司胜诉。此案件确立了合法传销的4条标准：①不对传销员收取人头费。②顾客不满意可以退货还款。③报酬与奖金的来源是商品销售业绩。④必须将产品确实销售给顾客。

从1998年开始，传销在中国被列为非法行为。2005年施行的《直销管理条例》规定：直销是指直销企业招募直销员，由直销员在固定营业场所之外直接向最终消费者推销产品的经销方式。直销区别于传销的主要方面：①以销售产品为企业营运的基础。②不收取高额入门费。③需要设立店铺经营。④采取按劳取酬方式。⑤具备退出、退货保障。

**传招** Grand Prayer Ceremony 中国西藏自治区最大的藏传佛教法会。汉语俗称攒招。由格鲁派创始人宗喀巴于明永乐七年（1409）在拉萨发起的一次祈祷大会延续而来。传招有大小之分。传大招藏语称“摩拉木钦波”，意为大祈愿法会，每年藏历正月初四至二十五日举行。规模宏大，各地寺院均有，以拉萨大昭寺规模最大。届时西藏三大寺的僧人都集中在大昭寺，向释迦牟尼佛像诵经祈祷，讲经辩经，举行考格西（藏传佛教格鲁派僧人最高学位）等活动。藏历正月十五日是酥油灯节，传招法会进入高潮。是晚，人们持酥油灯环绕八廓街。十八至二十三日举行赛马、射箭比赛及各种竞技、游艺活动。法会期间，西藏地方政府等阶层派人熬茶，供养与会僧众，并发放布施。二十四日举行驱邪送鬼仪式。二十五日，大昭寺僧人抬出强巴佛像绕八廓街巡行一周，传招大会完满结束。之后，拉萨小昭寺于藏历二月下旬举行纪念五世达赖喇嘛的法会，藏语称“碴却”，汉语称传小招，会期不等，范围仅限于拉萨。

**传真** facsimile transmission 利用电磁波作载体，实现远距离的文字或图形传输与交换的通信方式。1843年，英国A.拜因取得了传真发明的专利，但传真通信的正式使用始于20世纪20年代。基本原理是：通过精细的光点扫描，把要传送的文件（含有文字或图像）中的黑点和白点在二维空间（文件）的分布转变为有信号和无信号的时间序列，传送到收方，收方设备再把有信号和无信号转换为黑点和白点，只要收发两方的扫描准确同步，就可把信号的时间序列转变为与原发文件中完全一致的黑白点二维分布，即恢复了文件中的文字或图像。彩色图像的传真原理也是如此，只不过更复杂一些。现代传真通信不仅具有上述功能，还可对传真信号进行编码压缩，使传真的速度和质量大大提高。

**船舶** ship 水上载运工具。用于执行作战、运输、渔业、工程作业等任务，是人们从事水上活动的重要工具。船舶必须具有良好的航行性能和足够的结构强度、刚度和稳定性，并满足使用要求。

简史 船舶的形成至少起源于石器时代。经过独木舟、筏、木板船、帆船等阶段，至1807年世界上才出现第一艘以机械驱动的蒸汽机船。其船体用钢材代替木材，以蒸汽机为动力。1839年，第一艘装有螺旋桨推进器的蒸汽机船阿基米德号问世。1868年，中国第一艘蒸汽机兵船惠吉号建造成功。1894年，英国的C.A.帕森斯将其发明的反动式汽轮机装在快艇透平尼亚号上。1910年左右，出现了齿轮减速、电力传动减速和液力传动减速装置。1902～1903年，法国建造了一艘柴油机海峡小船。1903年，俄国建造的柴油机船万达尔号下水。20世纪中叶，柴油机船成为主力，并向大型化、专业化、自动化和智能化方向发展。1947年，英国将航空用的燃气轮机改型装在海岸快艇加特利克号上。20世纪60年代，先后出现了利用燃气轮机蒸汽轮机联合动力装置的大、中型水面军舰。1954年，美国建造的核潜艇鹦鹉螺号下水。1959年，苏联建成了核动力破冰船列宁号。同年，美国核动力商船萨瓦纳号下水。20世纪50年代出现的海洋石油平台可视为船舶的一个新的分支。

类型 船舶按用途可分为军用船舶和民用船舶两大类。军用船舶又称舰艇、军舰，俗称兵舰，可分为：①战斗舰艇。包括水面战斗舰艇，有航空母舰、巡洋舰及导弹巡洋舰、驱逐舰、护卫舰、军用快艇（猎潜舰艇、导弹艇、鱼雷艇及炮艇）、水雷战舰艇、登陆作战舰艇；水下战斗舰艇（潜艇）。②辅助舰船。包括供应舰、补给舰、训练舰、电子侦察船、跟踪遥测船、修理船、医院船及舟桥等。民用船舶可分为：①运输船舶。包括客船、杂货船、散货船、液货船（油船、液体化学品船、液化气船）、冷藏船、集装箱船、滚装船、载驳船及其他特种货船等。②工程船舶。有挖泥船、

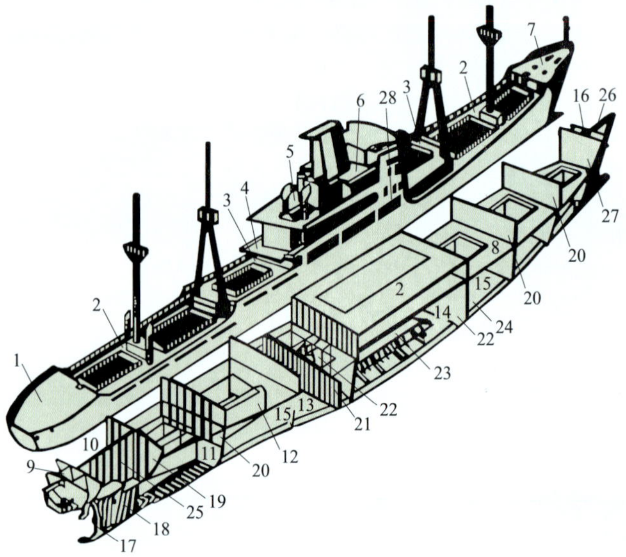

1 尾楼甲板 2 上甲板 3 桥楼甲板 4 游步甲板 5 艇甲板 6 驾驶甲板 7 首楼甲板 8 下甲板 9 舵杆筒 10 船尾水舱 11 船侧水舱 12 轴隧 13 深舱 14 机舱 15 货舱 16 锚链舱 17 尾柱 18 升高肋板 19 尾尖舱舱壁 20 水密舱壁 21 槽形舱壁 22 舱壁龛 23 机座 24 双层底 25 纵中舱壁 26 甲板纵桁 27 首尖舱舱壁 28上层建筑

船体构成示意图

打桩船、起重船、钻探船、浮船坞及其他工程船（航标船、布缆船、测量船等）。③救助船舶。有打捞施救船、救助拖船、救生船等。④工作船舶。有科学调查船、破冰船、港务船舶等。⑤渔业船舶。有渔政船、渔船、渔业辅助船。⑥农用船舶。有排灌船、供电船、多用途水泥农船等。⑦资源开发用船。有油、气田开发用船（地质勘探船、钻井驳船、钻井辅助船、钻井平台、铺管船、浮油回收船等）和海（水）底采矿船、海水提铀船、生物资源开发船（鱼类、贝类养殖、捕捞和采集船）、海洋能源开发船（利用潮汐、海流、波浪及海水温差发电用船）、海水资源利用船（海水冷却、海水淡化用船）、海上空间利用船（海底仓库、海上机场）、海洋调查船等。

按推进动力可分为：①机动船。又可分为蒸汽机船（已淘汰）、汽轮机船、柴油机船、燃气轮机船、联合动力装置船、电力推进船和核动力船等。②非机动船。如帆船、驳船等。另外，按航行状态可分为排水型船舶、滑行艇、水翼艇和气垫船等；按推进器型式可分为螺旋桨、喷水推进船、平旋轮船、明轮船等；按推进器数目可分为单桨船、双桨船和三桨船等；按船体结构材料可分为钢船、木船、铝合金船、钢丝网水泥船、玻璃钢船、橡皮艇、混合结构船等。

构造　船舶由许多部分构成，按作用和用途可分为以下几部分。

①船体。又可分为主体部分和上层建筑部分（见图）。主体部分一般指上甲板以下的部分，由船壳（船底及船侧）和上甲板围成的具有特定形状的空心体，是保证船舶具所需浮力、航海性能和船体强度的关键部分，一般用于布置动力装置、装载货物、储存燃料和淡水，以及布置其他各种舱室。上层建筑位于上甲板以上，由左、右侧壁和前、后端壁及各层甲板围成，主要用于布置各种用途的舱室（如工作舱室、生活舱室、贮藏舱室、仪器设备舱室等）。船体结构大都用钢材，为由板材和型材组合的板架结构，可分为纵骨架式结构和横骨架式结构以及混合骨架式结构。

②船舶动力装置。包括为船舶提供推进动力的主机，为全船提供电力和照明的发电机组，以及其他各种辅机和设备。主机是船舶的心脏。各类现代船舶的主机绝大多数为低速或中速柴油机，由它直接或减速后驱动装在尾部的螺旋桨来推动船舶前进。也有少数船舶采用蒸汽机、汽轮机、燃气轮机乃至核动力装置。船上还装有副锅炉或废气锅炉，为全船提供蒸汽和热源。各种辅机和设备主要有空气压缩机、各种油泵、水泵以及热交换器、管路、油水柜等。

③舾装设备和各种系统。舾装设备包括：ⓐ操纵设备，如舵设备。ⓑ系船设备，如锚泊设备和系泊设备。ⓒ关闭设备，如舱口盖、水密门、舷门、出入口盖。ⓓ信号设备，如信号灯、信号旗。ⓔ救生设备，如救生艇、救生筏、救生圈、救生衣。ⓕ起货设备，如货船上的吊杆装置和甲板起重机，油船上的货油泵，滚装船上的升降机、跳板。ⓖ其他设备，如客船上的防摇设备，拖船上的拖带设备，顶推船上的顶推装置。

船上各种系统包括舱底水排出系统、压载水系统、消防系统、排污系统、生活用水系统，以及通风、取暖和空气调节系统等。

航海设备包括指明船舶航行方向的罗经、探明航道水深的各种测深仪、计量航程的计程仪、测定目标距离和方位的航海雷达，以及各种导航仪器如六分仪、测向仪、双曲线导航系统、卫星导航系统等。此外，还有各种通信和收发报系统。

**船舶代理**　shipping agency　受船舶经营人或所有人委托，办理船舶有关营运业务和进出港口手续的业务工作。

国际船舶代理可以经营下列部分或全部代理业务：①办理船舶进出港口手续，联系引航、靠泊和装卸。②代签提单、运输合同，代办订舱业务。③办理船舶、集装箱以及货物报关手续。④承揽货物，组织货载，办理货物的托运和中转。⑤代收运费，代办结算。⑥办理国际水上旅客运输。⑦办理其他相关业务。

中国最早的国际船舶代理公司中国外轮代理公司成立于1953年1月1日。是第一个代表国家和政府行使经营管理职能的外轮代理机构。现已形成以中国外轮代理公司、中国船务代理有限公司、中海船务代理有限公司三大系统为主的船舶代理企业。

**船舶登记**　ship registry　船舶取得国籍的必要程序。按照国际法准则，船舶必须在某国登记取得该国国籍后方能悬挂登记国（船旗国）国旗在公海上航行。船舶所有人按照国家的有关法规，向指定的船舶登记机构，为符合登记条件的船舶申请发给国籍证书，以取得国籍。而每个国家应对所登记的船舶有效地行使行政技术及社会事项的管理和控制。船舶所有权的登记通常与船舶取得国籍的登记在同一船舶登记机构进行。一国指定的船舶登记机构设有船舶登记簿（册），记载登记船舶的有关事项，在有关权益方提出要求时供其查阅或提供资料。船舶登记分为：①正常登记。除要求申请的船舶保证航行安全外，还必须在船舶所有权和船员配备方面与登记国之间有真正联系。通常规定，申请登记的船舶是登记国国家所有或企业法人所有，或是本国公民个人所有或多人共有；船员全部或半数以上或高级船员必须是登记国公民。②开放登记。除保证安全外，不必具备其他条件，只要每年向登记国缴纳少量费用，就可以取得该国国籍。这样取得国籍的船舶称为方便旗船。中华人民共和国海事局负责中国籍船舶登记。

**船棺葬**　boat-coffin burial　古代以船形棺为葬具的墓葬。分露天葬和土葬两种，考古学上特指后者。船棺土葬分布在中国、波利尼西亚、泰国、菲律宾、越南、马来西亚、印度尼西亚、英国和斯堪的纳维亚半岛等地。其中，中国的船棺葬发现于四川省和重庆市境内，是战国至西汉前期巴蜀民族的葬俗。船棺的制作方法一般是将一段楠木上部削去一小半成船面；底部略加削平成船底；两端则加工成船的首尾状，两侧各凿有一大孔；船身中部一段挖空作船舱，尸体及随葬物品装殓于舱中。葬式多为一坑一棺，也有一坑多棺，常与一般独木棺合葬。墓坑为土坑竖穴，随葬品多铜器和陶器，后期出现少量铁器和漆器。通常认为，这种葬俗的起源与生活习俗及信仰有关。中国露天葬的船棺主要发现于福建武夷山地区，当地的悬棺葬有部分以船形棺为葬具。

大型船棺合葬墓遗址（2000年出土于成都市商业街，下葬年代约为战国早期，坑内埋葬船棺和独木棺17具）

**船级社**　classification society　从事船舶检验的机构。世界上最早的船级社是1760年英国成立的劳氏船级社。其创立目的是为海上保险提供技术服务。后来各航运发达国家也相继成立了船级社，并在世界各主要港口设分支机构。

船级社的主要业务是：①对新造船舶

的材料、机械设备和船体制造等进行技术检验，符合规定要求的发给入级证书；对营运中船舶进行检验，使之保持船级。获得和保持船级是船舶及其所载货物得到水上保险的必要条件。②接受本国政府或他国政府的授权或委托，审查和检验有关国际公约要求的各项船舶安全设施，并颁发相应证书。③配合检验的需要，制订船舶技术规范和各种材料标准。④接受本国政府或他国政府的委托，代表委托者参加海事活动。此外，有的船级社还承担民航飞机、陆上建筑、核电站、热电厂以及海上钻探平台的检验业务。

世界上著名的船级社除英国劳氏船级社外，还有法国巴黎国际船级社（简称法国船级社）、美国船舶局、挪威船级社、德国劳埃德船级社、日本海事协会、意大利船级社、希腊船级社和韩国船级社等。在中国，从事船舶检验工作的机构是中国船级社（原称中华人民共和国船舶检验局）。1968年9月，成立国际船级社协会。

**船旗国** flag state 船舶悬挂其国旗并有权悬挂其国旗的国家。凡国际海上商务中心运输货物、旅客或客货两者兼有的，总登记吨位在500吨以上的自航式海船均应在一国进行船舶登记，并悬挂其国旗在公海上行驶。船舶具有其悬挂的旗帜所属国的国籍。任何船舶不得同时在两个以上国家登记，并不得随意更换其船舶登记国的旗帜。

船旗国应确保与悬挂其国旗的船舶之间的真正关系，对这些船舶行使有效的管辖和控制，应设有适当的国家海事主管机关，并对悬挂其国旗的船舶的所有权、船舶人员配备作出规定。

由于巴拿马等国家以低税收及降低登记费用等手段吸引其他国家船舶在该国注册登记，而一些船舶所有人则为了减少船舶登记费用，免缴所得税、进口税或者其他非经济原因，把船舶转到巴拿马等国家登记，悬挂该国的国旗。因此，造成船舶注册登记吨位与各国实际拥有商船吨位相差很大。

**船蛆** Teredinidae; teredo shipworm 双壳纲海螂目船蛆科动物的统称。其中一些海洋穿孔动物，不仅能穿凿水中的木质建筑、木船、竹筏、竹架等，也能穿凿海滨的红树树干和根部。世界性分布，中国有10余种。贝壳小，略呈球形。左、右两壳相等。前、后端开口。身体极长，呈蠕虫形，仅前端小部分为贝壳包被，而后面大部分是由一个薄石灰质管包被。足小，柱状，前端呈截形。两水管极长，基部愈合，末端分离。其两侧各有一个石灰质的铠。铠的基部为一长柄，末端为铠片。船蛆由幼虫变态后即钻入木材，靠两个水管与木材外面相通。船蛆繁殖力强，生长迅速。世界各地（尤其是温带和热带地区）的木质建筑因船蛆所遭受的损失极大。中国沿海渔民常用废锅铁钉在船底防止船蛆侵入，或者以火烤船底来消灭船蛆。

**《船山遗书》** *Surviving Works of Wang Chuanshan* 中国明末清初思想家王夫之著作总集。明亡后，王夫之隐居今湖南衡阳西北石船山，为总结明亡教训而笃学深思，发愤著述。自号“船山老人”，学者称“船山先生”。王夫之著作书稿流传下来的极少，康乾之际罕有刊刻者。据王夫之的裔孙王之春所撰年谱记，王夫之著书100多种，已著录者，经类24种，史类5种，子类18种，集类41种，共88种。清道光二十二年（1842），其裔孙王世佺刊出《船山遗书》计18种，附王介之撰述1种。同治四年（1865）曾国藩、曾国荃在金陵节署校刊，共收288卷，世称“刊刻本”。1933年上海太平洋书店铅印《船山遗书》，增合经、史、子、集四部，共358卷，另附《王船山丛书校勘记》2卷。1992年书苑出版社出版《船山全书》，将此前未刊出的孤本、新发现的散佚本作了刊录。

**船坞** dock 供修造船用的建筑物。通常分为干船坞和浮船坞。

干船坞是建在水域岸边的长形盒状水工建筑物。习惯上称为船坞。船坞原先主要用于修船。随着船舶大型化，超过10万吨级的船，在船坞内建造较为安全有利，因此船坞也用于造船。干船坞坞底低于水面，三面是坞墙，与岸相连，一面通向水域，由坞室、坞首、坞门、灌排水系统和附属设施组成。坞首是将坞室与水域隔开的挡水建筑物，其上设有坞门。坞室是由坞首和坞墙围成的空间，为修造船的场所。附属设施主要有用于支撑船体的龙骨墩、边墩，以及起重吊车、动力管线等。船舶进入干船坞修理时，先向坞内充水，待坞内外水位齐平时，打开坞门，利用牵引设备将船舶牵入坞内，之后将坞内水抽干，使船舶坐落于龙骨墩上。修完或建完的船舶出坞时，首先向坞内灌水，至内外水位齐平时，打开坞门，牵船出坞。

浮船坞可在水上沉浮和移动。简称浮坞。实际上是一种两侧有墙、前后端开敞的槽形平底船。坞墙和坞底均为箱形结构，沿纵向和横向分隔为若干封闭的水舱，用于灌水和排水，使船坞沉浮。底舱除保证浮性外，还能支承船舶。坞墙是保证船坞具有必要的刚度和浮游稳定性，并提供生产所需的空间。待修船进坞时，先在浮船坞水舱内灌水，使之下沉至坞内水深满足进坞船只吃水要求时，用设在坞墙顶上的绞车牵船进坞，然后抽去水舱内的水使船坞上浮，直至坞底板顶面露出水面，便可作业。船舶出坞时，操作程序相反。

**船闸** lock 用以保证船舶顺利通过航道上集中水位落差区段的厢形水工建筑物。主要由闸首、闸门、闸墙、闸室、引航道、输水系统、导航建筑物和靠船建筑物等组成。船舶过闸时，由闸首、闸门和闸墙围成的闸室起拦水作用，由廊道和阀门构成的输水系统通过灌水和泄水使闸室水位升降，停在闸室内的船舶随闸室水位升降而由下游水面升到上游水面，或由上游水面降至下游水面，从而完成过坝作业。船闸类型很多，如河船闸和海船闸，单级船闸和多级船闸，单线船闸和多线船闸等。船闸因用水力直接提升船舶过坝，故其营运成本较低。船闸适用于各种吨位的船舶和船队，是最常用的通航建筑物。中国是建造船闸最早的国家，秦始皇三十三年（前214）开凿灵渠时设置的陡门即为现代船闸的雏形。长江三峡永久性船闸为双线五级船闸，主体段长1 609米，闸室长280米、宽34米，槛上最小水深5米，是中国最大的船闸，也是世

三峡永久船闸

界上规模最大的内河船闸，2007年5月14日全面竣工。

**喘证** disorder characterized by dyspnea 中医以呼吸急促，甚则张口抬肩、鼻翼扇动、不能平卧为主要临床特征的内科病证。

病因病机 喘证成因虽多，但不外外感与内伤两个方面：外感为六淫乘袭，其中以风寒、风热之邪致喘者较为多见；内伤可由饮食、情志或房劳、久病所致。喘证的病机性质有虚实两方面，喘在肺为实，以外邪、痰浊、肝郁气逆等病因居多；虚喘多责之于肾，因精气不足而致肾不纳气。

辨治 喘证的辨证首应审其虚实，实喘呼吸深长有余，呼出为快，气粗息高，伴有痰鸣咳嗽，脉数有力；虚喘呼吸短促

难续，深吸为快，气怯声低，少有痰鸣咳嗽，脉象微弱或浮大中空、时轻时重、遇劳则甚。肺虚者操劳后则喘，肾虚者静息时亦苦气息喘促、动则更甚。若心气虚衰，可见喘息持续不已。实喘其治在肺，以祛邪为主，邪去喘自平；虚喘其治在肾，以补肾纳气为主。虚实夹杂者，当分清主次、权衡标本、适当兼顾。

常见证型有：①风寒袭肺。证见喘咳气急，胸闷，痰多稀薄色白，兼见恶寒发热，头痛无汗，口不渴，苔薄白而滑，脉浮紧。治宜宣肺散寒，用麻黄汤加减。②表寒里热。证见喘逆上气，胸闷胸痛，息粗，鼻扇，咳痰不爽，痰稠黏，伴有形寒身热，烦闷，有汗或无汗，肢节疼痛，口渴，苔薄白或黄、质红，脉浮滑数。治宜宣肺泄热，用麻杏石甘汤加味。③痰热壅肺。证见喘咳气涌，胸部胀痛，痰多黏稠色黄或夹有血色，伴见胸中烦热，身热，有汗，渴喜冷饮，面红，咽干，尿赤，便秘，苔黄腻，脉滑数。治宜清泄痰热，用桑白皮汤加减。④痰浊阻肺。证见喘而胸满闷窒，咳嗽痰多、黏腻色白、咳吐不利，兼有呕恶，纳呆，口黏不渴，苔厚白腻，脉滑。治宜化痰降气，用二陈汤合三子养亲汤加减。若证见胸闷气憋或胸胁胀痛，咽中如窒，喘息痰少，每遇情志刺激而诱发，苔薄，脉弦，乃属肺气痹阻。治宜开郁降气平喘，用五磨饮子加减。⑤气阴两虚。证见喘促短气，气怯声低，咳声低弱，痰吐稀薄，自汗，畏风，或咳呛痰少质黏，烦热口干，咽喉不利，面部潮红，舌质淡或舌红苔剥，脉软弱或细数。治宜补肺益气养阴，用生脉散合补肺汤加减。⑥肾不纳气。证见喘促日久、动则喘甚、呼多吸少、气不得续，形瘦神疲，跗肿，汗出肢冷，面青唇紫，舌淡白或黑润，脉微细或沉弱。治宜补肾纳气，用金匮肾气丸合参蚧散加减。

喘证多为虚实夹杂或本虚标实之证，需要明辨标本、分清主次。一般实喘较易治疗，虚喘则根治不易。但实喘如高热不退、张口抬肩、喘促不已、不能平卧、心慌、汗多、脉疾数者，亦属病情严重；虚喘如见头汗足冷、喘急鼻扇、摇身撷肚、张口抬肩、面赤躁扰、脉浮大急促无根者，则为下虚上盛、阴阳离决的危候，必须及时进行抢救。

**串联** series 若干个二端元件依次有一端相连且连接点上没有分支的连接方式。这是电路元件常用的一种连接方式。由元件串联而成的总体称为串联组合。其特点是流过各个元件的电流是同一个电流，位于组合端点之间的电压等于各个元件的电压之和，即 $U=\sum_{k=1}^{n}U_k$，式中 $n$ 代表串联的元件数。当串联的电路元件是线性电阻元件时，整个串联组合等效于一个电阻元件，它等于各串联元件的电阻之和。

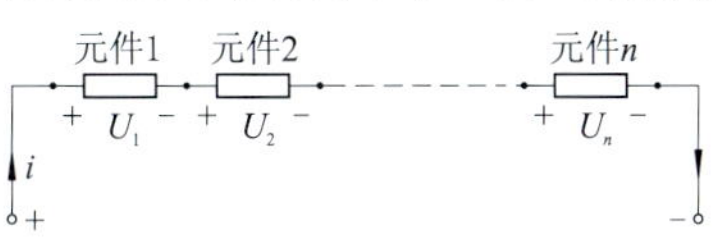

元件的串联组合

正弦稳态下，电压、电流可改用相量表示，所有的无源二端元件皆可用复数阻抗或复数导纳来表征。$n$ 个复数阻抗的串联组合的等效复数阻抗为：

$$Z=\sum_{k=1}^{n}Z_k$$

式中 $Z_k$ 是串联组合中第 $k$ 个复数阻抗。

**串联反应** tandem reaction 两个或两个以上的连续反应。其中后一个反应的发生是由于在前一个反应中，键的生成或断裂产生了新的官能团或活泼中间体的结果。有时又称串级反应或多米诺反应。严格地说，这几个连续反应应该是在相同的反应条件下发生的，不需要另加试剂或催化剂，也不需要改变反应条件。实际设计串联反应时，也并不完全严格如此。串联反应特别符合原子经济性和有利于环境保护，是高效构建复杂结构分子常用的手段。构成串联反应的几步反应可以是相同反应机理的反应，也可以是不相同反应机理的反应，但是大多数串联反应的前两步是相同反应机理的反应，而且第二步及以后各步反应都是分子内反应。串联反应可以按第一步反应的机理分为阳离子机理反应、阴离子机理反应、自由基机理反应、周环机理反应、光引发反应、过渡金属催化反应、卡宾机理反应起始的串联反应。

**创伤** trauma 机械性致伤因子造成的损伤。为动力作用所致的组织破坏及器官功能障碍。创伤与心血管疾病和癌症是目前人类死亡的三大原因。创伤不仅直接造成组织器官结构破坏、失血、功能障碍，也激起程度不等的全身性炎症反应，诱发一系列神经内分泌系统应激效应。严重时可导致多器官功能不全综合征（MODS），这已成为创伤死亡的主要因素。

创伤分类繁多，按伤后皮肤是否完整可分为闭合性与开放性创伤；按受伤部位和组织器官又可区分为颅脑伤、胸部伤、腹部伤、肢体伤等，诊治时又具体区分为软组织损伤、骨折、脱位、内脏破裂等；按致伤原因又可区分为刺伤、切割伤、挫伤、撕裂伤、擦伤、挤压伤等。

创伤的诊治属急救医学，要求诊查简捷、全面，不可延误抢救时机，发现窒息、休克、大出血必须立即抢救。重视症状明显部位的同时应仔细诊查可能隐蔽的损伤。处理复杂伤情时，应优先解决危及生命的损伤。防止抢救时的再次损伤及医源性损害，注意预防休克及感染，将最大限度地修复损伤的组织器官和最大限度地恢复其生理功能贯彻于救治的全过程。

**窗** window 设置在建筑物围护结构（通常是墙）上的用于采光、通风和观望的洞口，并加设有可开启的或固定的窗扇。外墙上的窗一般还有隔声、保温、隔热和装饰等要求，内墙上的窗多为间接采光、观察而设。按制作窗构件的材料区分，有木窗、钢窗、铝合金窗、塑料窗和塑钢窗等。窗的镶嵌材料主要是玻璃，还有窗纱和百叶片等。玻璃窗一般用普通平板玻璃；如需遮挡视线，可用磨砂玻璃、压花玻璃；如需防火，可用夹丝玻璃或钢化玻璃；如需隔热，可用热反射玻璃和低辐射玻璃；如需提高保温、隔声性能，可用双层玻璃、中空玻璃，中空玻璃的层间可充填氩、氮等气体。窗的设计要求主要有：①在天然采光的建筑中，窗应有足够的透光面积。②在自然通风的建筑中，窗应有足够的开启面积，并注意空气对流，提高通风效果。③从建筑的使用功能和技术等方面考虑窗的设置和构造，提高窗的热工性能和隔声性能。④窗是建筑立面的组成部分，窗的形式、比例和排列应作统一的艺术处理，与建筑整体风格协调。

不同装饰风格的窗

**幢** dharani sutra pillar 用石建造，上刻陀罗尼经文的柱形构筑物。幢身一般为八棱形。

按佛教之说，在幢上书写经文，可以使靠近幢身或接触幢上尘土的人减轻罪孽，得到超脱。中国汉魏时期，幢出现在车行仪仗和佛教仪式中，一般是在立竿上悬挂单层或多层伞盖状丝织物，伞盖四周饰有垂幔、飘带；以后，开始在幢幔上书写经文就成为经幢。经幢多以石制。初唐

松江唐陀罗尼经幢

的石幢以镌刻经文为主，形体简朴硕壮。中唐以后，逐渐模仿丝织物幢的形状，建造多段石柱和多层盘盖相间叠加的石幢，并在盘盖四周雕出垂幔、飘带、花绳等图像，如建于唐大中十三年（859）的松江唐经幢是上海地区最古老的雕刻建筑。历五代至北宋，石幢的雕刻内容日益丰富，花纹装饰日趋华丽，但经文所占比例却日渐减少。石幢大多建于佛教寺庙。

**《创世纪》** *Coq-bber-tv* 中国纳西族创世史诗。以诗体东巴经和散体神话讲述的口承方式，在丽江、香格里拉、维西、宁蒗、永宁、盐源、木里等地流传。史诗原有3 000多行，云南省民族民间文学丽江调查队的翻译整理本为2 000余行，1960年由云南人民出版社出版。此外，还有美国学者洛克1935年根据东巴经原本的英译本《纳西族文献中的洪水故事》。20世纪末以来《创世纪》3次被译为日文出版。史诗的基本内容是：远古时候，天地混沌，日月先出。日光变碧石，碧石变白气，白气变妙音，妙音变善神，善神变白露，白露变白蛋，

《创世纪》插图

白蛋变神鸡，神鸡生下9对白蛋，孵出神与人；月光也依次变黑石、黑气、噪音、恶神、黑蛋、黑鸡，黑鸡生下9对黑蛋，孵出各种鬼怪。天神九兄弟开天，地神七姊妹辟地。牛状怪兽的出现使天地震荡。诸神杀之以祭天地日月山川石木，智者建造居那若倮神山，撑起天穹。妙音与白气化生出白露，露变海，海生蛋，蛋里生出人祖恨矢恨忍。经过9代，传到从忍利恩。洪水滔天，唯有利恩幸存。他在黑白交界处与天女衬红褒白相遇而相爱，来到天上。天神子劳阿普忌恨世人，想加害利恩，褒白设法保护了他。天神不甘心，又设下道道难关，利恩在褒白的帮助下化险为夷，逼使天神允婚。两人经历重重险阻，迁回人间，繁衍出藏、白、纳西三兄弟，万世昌盛。

史诗以开天辟地、洪水滔天、天上交锋、迁徙人间为基本叙事程式，通过人的神化和神的人化，将神话与历史融为一体，构筑了史诗叙事的广阔性和丰富性。作品比喻生动形象，描情状物贴切，语言畅达，诗意浓郁，情采纷呈，体现出纳西族叙事艺术的传统风格和民族特征。史诗是纳西人民古代社会生活和历史进程的生动画卷，反映丰富而深刻的社会意识和人文思想，蕴涵着珍贵的文化史价值，在纳西学研究中具有重要的学术价值。

**创新** innovation 现实生活中一切有创造性意义的研究和发明、理论和方法、见解和活动。包括创造、创见、创业、创举等义。奥地利裔美国经济学家J.A.熊彼特在1912年出版的《经济发展理论》一书中提出该词及其含义，并在其1939、1942年出版的《经济周期》和《资本主义、社会主义和民主主义》两书中使其含义系统化。熊彼特的“创新”是一个经济学概念，包括5个方面：①研制或引进新产品；②运用新技术；③开辟新市场；④采用新原料或原材料的新供给；⑤建立新组织形式。20世纪70年代以后，“创新”的含义在熊彼特的基础上又有了很大的延伸和发展。21世纪初，创新已演变为含义宽广的人类学概念，包括思想理论创新、科学创新、技术创新、管理创新、组织创新、经营创新、机制创新、体制创新、知识创新等。

**创业板市场** growth enterprise market 在证券交易所主板市场之外，主要服务于创新型中小企业尤其是高科技公司的证券交易市场。又称二板市场、第二交易系统等。其目的是为那些新兴公司提供融资途径和成长空间，助其发展和扩展业务。创立于1971年。它与主板市场的主要区别是：①一般不对上市企业设立最低赢利的规定，以免高成长的公司因赢利低而不能挂牌；②提高对公众最低持股量的要求，以保证公司有充裕的资金周转；③设定主要股东的最低持股量及出售股份的限制，以使公司管理层在发展业务方面保持对股东的承诺。此外，创业板使用公告板作为交易途径，不论公司在何地注册成立，只要符合要求即可获准上市。

**创业投资基金** venture fund 资金主要投资于那些不具备上市资格的小型企业、高科技企业、新兴企业甚至仅处于构思中的企业的投资基金。又称风险投资基金。它将各类投资者分散的资金聚集起来组成创业投资基金（公司），再将资金投入到极具增长或发展潜力但暂时缺乏发展资金而又不具备上市资格的新建企业或中小企业。创业投资基金通过长期性股权投资的形式，为投资对象提供咨询和帮助，协助被投资企业拓展市场和上市，促进投资企业的发展，最后通过转让股权获取利润并分配给投资者。创业投资基金的组织形式主要有公司制、有限合伙制和信托基金制。由于投资对象具有高风险性质和投资期限较长，所以创业投资基金具有在高风险中追求高收益的特点。

**创造社** Society of Creation 中国五四新文学运动初期成立的文学团体。1921年7月由在日本留学的郭沫若、成仿吾、郁达夫、张资平、田汉、郑伯奇等人组成，1921年

1926年创造社同人摄于广州，左起：王独清、郭沫若、郁达夫、成仿吾

秋在上海出版发行了《创造社丛书》，后出版《创造》季刊、《创造周报》，编辑文学副刊《创造日》。前期的创造社主张尊重天才、为艺术而艺术、注重自我表现，强调文学必须忠实于自己“内心的要求”，这是其文艺思想的核心。他们的文学主张、创作以及所介绍的外国作品形成了浪漫主义和唯美主义的倾向。郭沫若的诗作、郁达夫的小说为其代表。其人道主义精神和个性解放思想，打破了封建文学“文以载道”的旧传统，虽也感染有欧洲“世纪末”文学种种现代流派的影响，但对五四以来新

文学的发展起了巨大的促进作用。

第一次国内革命战争期间，创造社主要成员大部分倾向革命，许多人先后参加了革命的实际工作。他们于1924年创刊《洪水》，1926年创办《创造月刊》，倡导无产阶级革命文学。新成员李初梨、冯乃超等受“左”倾思潮影响，批评了叶圣陶、郁达夫、鲁迅、郭沫若、张资平五位作家，从而引起了创造社、太阳社与鲁迅之间关于“革命文学”的论争。后期创造社受当时国际国内“左”倾思潮影响，理论倡导和文学活动不免带有教条主义、宗派主义和偏激情绪。然而在介绍马克思主义文艺理论和苏联新兴无产阶级文艺方面，以及倡导革命文学和革命文学理论建设方面，作出了较大贡献。1929年2月创造社为国民党当局查封。随后创造社、太阳社的成员与包括鲁迅在内的进步作家合作，成立了中国左翼作家联盟。

**创造性发展** development of creativity 创造性是一种能提出与众不同的见解或制造出新颖产品的能力，这些见解和产品对社会是有价值的。创造性总是在具体的创造活动中表现出来，而每个人从事创造活动的能力有高有低，因此创造性又称创造力。什么是创造性？它与智力是一种什么关系？这是长期以来心理学家极感兴趣的问题。有些心理学家如C.P.吉尔福德把它看成是智力结构的一种成分；而另一些心理学家如R.J.斯滕伯格把两者看成是相互交叉的关系；还有些心理学家如H.迦登纳则把两者明确地区分开来。

关于创造性的理论　长期以来在创造性研究中占统治地位的理论是吉尔福德的智力结构理论。这一理论认为，创造性属于发散思维而不是聚合思维。发散思维的4个特征即思维的流畅性、灵活性、新颖性和精细加工被视为创造性的重要成分。创造性是正常人都具有的一种智力机能，创造性成分是可以用数量表示和加以测量的，因此，创造性的特征及其发展是可以被描述的，创造能力可以因教育干预而获得改善。

斯滕伯格和T.I.鲁巴特提出的创造性投资理论认为创造性是指一个人综合利用各种资源投身于创造性活动的能力。这些资源包括背景知识、智力、认知风格、动机、个性特点和环境的支持6个方面。这一理论认为有3种智慧能力对创造性最重要，即发现问题、评价创见和推销创见的能力。

创造性的发展和培养　学前儿童在游戏中已表现出明显的创造能力，但入学后由于正规教育着重逻辑科学思维的训练，各种考试、测验只允许儿童提供唯一的正确答案，结果在童年中期到青少年前期，儿童的创造性表现明显下降。苏联心理学家L.S.维戈茨基认为创造性是一个发展的过程，他特别指出，游戏能发展儿童的创造想象能力，而这一能力是从事任何艺术和科学创造活动所必需的。

**创造性思维** creativity thinking 综合运用多种思维方式，创立前所未有的理论、知识、技术、方法、实物、模型等的过程和结果的一种思维活动。是一种复杂的动态网络系统。参与创造性思维活动的，有逻辑思维、形象思维，还有直觉、灵感、类比、想象、联想、模糊思维等思维方式。

实现创造性思维需要具备4个条件：①思维主体必须有丰厚的生活积累和知识存储。②发现新的问题，经过艰苦的探索、创新的思维活动，获得创造性思维的结果。③有某种引发条件（包括客体的复杂条件和主体的多种条件以及主客体复杂关系变化所形成的新条件等）出现，激活某些信息参与创造性的思维活动。④思维主体自身把上述主客观条件实时地、优化地匹配起来，接通信息网络通路，产生出创造性思维的结果。

**创制权** right of initiative 由一定数量的公民签署提出宪法修正案，或者提出法律的制定、修改或废除案并经公民投票决定的权利。公民直接参与立法活动的权利，属于直接民主形式。

创制权起源于古希腊的公民直接立法。在古希腊的雅典，公民有权在公民大会上提出法案，以供讨论通过。在近代，创制权的行使开始于瑞士和美国，其后扩及其他国家。创制权是公民政治权利和自由的有机组成部分。

创制权行使的对象亦即创制权的范围因国家而异，大致包括三种情况：①公民只能对宪法的修改行使创制权，如瑞士。②公民只能对普通法律行使创制权，如意大利、日本。③公民既能对宪法修改，又能对普通法律行使创制权，如瑞士各邦和美国各州。

创制权的行使主要有两种方法和程序，即原则创制和草案创制。原则创制又称间接创制，是指创制者只提出制定或修改法律的原则，而将起草权赋予立法机关，如美国的一些州。草案创制又称直接创制，是指创制者直接提出法律草案全文，如意大利。也有的国家两种方式都可采用，如瑞士联邦。

**吹打乐** Chinese traditional wind and percussion ensemble 中国传统器乐乐种。由吹管、打击两类乐器演奏，民间俗称锣鼓或鼓吹，如十番锣鼓、潮州锣鼓、西安鼓乐、山东鼓吹等。吹打乐历史悠久。在一些流传至今的民间吹打乐中，可以看到

吹打乐演奏

在乐曲形式及曲牌名称方面与唐、宋音乐的联系。吹打乐的演奏者多为农民、城市手工业者和僧人、道人。僧、道所演奏的乐曲虽来自民间，但后来的发展自成一派，如吹打曲《普庵咒》、《五声佛》等。吹打乐的主要演奏场合为庆典、节日、婚丧和迎神赛会等。在演奏曲目和演奏风格上，又分为粗吹锣鼓和细吹锣鼓两类。粗吹锣鼓多用唢呐、管、长尖等乐器，声势浩大。代表曲目如十番锣鼓中的《将军令》、晋北鼓乐中的《大得胜》等；细吹锣鼓则常用竹管主吹，有时辅以丝弦。代表曲目如浙东锣鼓中的《万花灯》、十番锣鼓中的《满庭芳》等。吹打乐的演奏有坐乐、行乐两种。坐乐演奏于室内，常演奏需时间较长的全套曲目；行乐演奏于室外，经常在道路行进时边走边演奏。行乐一般只演奏全套曲目的一部分。

**垂体** pituitary; hypophysis 脊椎动物体内最重要的内分泌腺。位于所有脊椎动物大脑的底部，故又称脑垂体、脑下垂体。分泌多种微量蛋白质和肽类激素，总称为垂体激素。人类的脑垂体呈椭圆形，淡红色。由腺垂体和神经垂体两大部分组成。源于胚胎时期的外胚层，由口腔顶部突出的囊（称为颅颊囊）和第三脑室底部一个突起物彼此靠近融合而成。原来的囊发育为脑垂体前叶，属于腺垂体；第三脑室底部突起成为脑垂体后叶，即神经垂体。

垂体发育受阻或受损伤，会形成垂体腺瘤、垂体功能失常等疾病。垂体功能低减，生长素等分泌不足，会导致侏儒症、性器官发育不全和丧失生殖能力；垂体功能亢进，生长素分泌过多，会导致小孩患巨人症，成人患肢端肥大症。

**垂体腺瘤** pituitary adenoma 起源于垂体前叶细胞的腺瘤。垂体肿瘤约占颅内肿瘤的10%。多见于20～50岁之间。

分类　①按肿瘤大小。小于10毫米者为微腺瘤，大于10毫米者为大腺瘤。②按细胞的染色及形态。分为嗜酸性、嗜碱性、嫌色性及混合性腺瘤。③按分泌激素的功能。分为无功能垂体腺瘤、功能性垂体腺瘤。④按肿瘤的行为。分为良性或恶性，以良性者为多见。

病因　①垂体细胞缺陷，生长为分泌

功能自主的腺瘤。②下丘脑激素分泌功能紊乱，可原发于下丘脑病变引起的兴奋性下丘脑激素分泌过多，或抑制性下丘脑激素分泌过少；也可继发于长期靶腺功能减退所致的代偿性下丘脑垂体功能亢进。

**临床表现** 主要有以下三方面。

垂体本身受压症候群 由于腺瘤体积增大，瘤外垂体组织受压，造成垂体促激素减少，相应靶腺功能减退及萎缩。

垂体周围组织受压症候群 此组症候群有以下临床表现：①头痛。②视功能障碍。③下丘脑症候群。肿瘤影响下丘脑结构及功能时可有多食或少食、肥胖或消瘦、睡眠障碍、体温调节障碍、尿崩症、性功能障碍等。④海绵窦综合征。临床表现为复视、斜视、睑下垂、瞳孔散大或光反应迟钝及三叉神经痛。⑤脑脊液鼻漏。少数侵袭性肿瘤破坏鞍底引起。

垂体前叶功能亢进 分泌不同垂体激素者有不同表现：①生长激素分泌瘤。在骨骺闭合前发病者表现为巨人症，在骨骺闭合后发病者表现为肢端肥大症。②催乳素分泌瘤。女性表现为溢乳－闭经－不育三联症，男性表现为性功能减退及不育。③垂体促肾上腺皮质激素分泌瘤。表现为库兴氏综合征，患者作肾上腺切除后垂体促肾上腺皮质激素瘤反馈性增大者为纳尔逊氏综合征。④促甲状腺激素分泌瘤。表现为甲状腺功能亢进。⑤促性腺激素分泌瘤。表现为性功能减退。

**诊断** 综合临床表现、血中垂体及靶腺激素水平的测定、下丘脑－垂体－靶腺轴动态功能试验、影像学及视野检查结果进行诊断及鉴别诊断。

**治疗** 原则 ①抑制和破坏垂体瘤。②抑制活动性垂体瘤合成及分泌过量的垂体激素。③防止垂体瘤患者因以下情况影响工作能力和寿命，如颅内肿瘤扩展、失明、垂体功能衰竭、骨关节炎致残、糖尿病、高血压、心脑动脉硬化等。

方法 ①手术治疗。经蝶或经额途径选择性垂体瘤切除术。②垂体放射治疗。③药物治疗。如溴隐亭等多巴胺激动剂治疗垂体催乳素瘤、生长抑素激动剂治疗肢端肥大症等。

**垂直和短距起落飞机** vertical and short take-off and landing airplane 能垂直或接近垂直起飞和着陆的飞机称为垂直起落飞机。

“鹞”式垂直起落飞机

能在很短距离内起飞和着陆的飞机称为短距起落飞机。垂直起落飞机通常也可短距起落，这时飞机起飞质量可以增加，所以垂直起落飞机常被称为垂直/短距起落（V/STOL）飞机。

垂直起落和短距起落在国际上还没有统一的定义。在美国，飞机原地离地后能在15米（50英尺）距离内飞越15米的障碍高度称为垂直起落；短距起落飞机必须能在150米（500英尺）距离内飞越15米高的障碍。在英国，认为在150～900米（500～3 000英尺）以内飞越15米高的障碍都算作短距起落。在军事上，垂直和短距起落飞机可以减少对机场跑道的依赖，在海面则可以减小航空母舰的规模。垂直起落飞机能依靠自身的动力在空中悬停，因此，能在高层建筑的屋顶上或在一般军舰的甲板上起降，并能完成垂直机动、后退飞行、原地转向等。直升机也能完成这些任务，但垂直起落飞机的平飞速度和航程都比直升机大得多。

垂直起落飞机在超载起飞时可以通过地面滑跑加速，在机翼升力帮助下实现短距起飞。短距起落飞机没有悬停能力，必须滑跑加速才能起飞。垂直/短距起落飞机达到实用程度的只有英国的“鹞”式飞机。

**锤** hammer 中国古代兵器、武术器械之一。古用“椎”。形制很多，有长柄单锤、短柄双锤及练子锤、四棱锤、八棱锤等。常见的锤形似瓜，故又称“立瓜”、“卧瓜”，也有四方八棱等形。古代持锤者称为“金瓜武士”。短柄双锤，奇重，舞练者需大力气。在战斗中用锤硬砸，硬架，很有威力。用法有涮、曳、挂、砸、擂、冲、云、盖等。练子锤，近年来多用绳子缚铁锤，练法与“绳镖”相似，为吸收软鞭的动作演进而成。

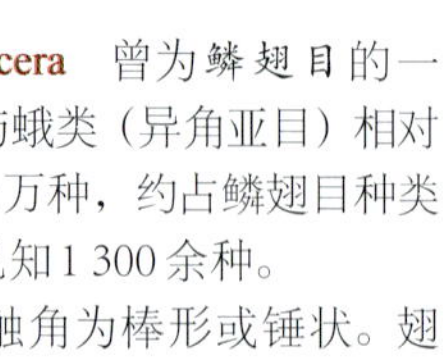

八棱锤

**锤角亚目** Rhopalocera 曾为鳞翅目的一亚目。俗称蝴蝶。与蛾类（异角亚目）相对应。全世界已知约2万种，约占鳞翅目种类总数的10%，中国已知1 300余种。

体通常细瘦。触角为棒形或锤状。翅宽大，翅色绚丽多彩，翅被细薄的鳞片，停歇时翅竖立于背上或不停地扇动；前后翅一般没有特殊的连接构造，飞行时后翅前缘基部扩大的部分（称翅抱）直接贴在前翅下，以保持前后翅动作的一致。完全变态。白天活动，成虫取食花粉、花蜜；幼虫为植食性，危害林木与庄稼。

蝶类翅色绚丽多彩，人们往往将其作为观赏昆虫。蝶类的幼虫称为蠋形幼虫。头部的外形多样，幼虫体表有的光滑，有的有棘刺、软毛、刚毛或肉棘等。大多数幼虫嗜食叶片。最常见的蝶蛹，为裸蛹。

蝴蝶的分类系统仍不一致，目前通常的做法是分为弄蝶总科（弄蝶科）和凤蝶总科（凤蝶科、粉蝶科、蛱蝶科、灰蝶科）。中国的分类学家习惯将蝴蝶称为蝶亚目，并将中国的蝴蝶分为4总科12科。

**《春草闯堂》** *Chuncao Barging into the Court Room* 中国莆仙戏作品。陈仁鉴（执笔）、柯如宽、江幼宋根据《邹雷霆》改编。1960年由福建省仙游县鲤声剧团演出。剧本于1962年发表，1963年出版单行本，并收入《地方戏曲选编》第2集（1980）。

全剧共分8场。描写吏部尚书之子吴独调戏相国小姐李半月，打死民女张玉莲，被义士薛玫庭愤而击毙。尚书夫人迫令知府胡进惩处薛玫庭。李半月贴身丫环春草闯堂辩理，冒认薛玫庭为相国姑爷。后又巧妙更改李相国信件，终使薛、李完婚。莆仙戏《春草闯堂》曾参加庆祝中华人民共和国30周年献礼演出，获创作和演出一等奖。中国京剧院亦有移植于该剧的同名京剧演出。

**春川** Ch' unch' ŏn 韩国东北部内陆新兴工业城市，江原道（南）首府。位于北汉江及其支流昭阳江汇流处的左岸，西距首尔约80千米。面积1 116.43平方千米。人口约25.2万。属温带大陆性季风气候，温差较大，雨量较多，多雾天。年平均气温10.6℃。历史上曾有39.5℃和－31℃的绝对最高和绝对最低温度的纪录。平均年降水量为1 296.4毫米。1949年设市。朝鲜战争期间，遭到严重破坏，战后重建。春川、衣岩、昭阳江3座水电站建成后，纺织、饮料、食品、金属加工、机械等工业发展较快。农业以旱地为主，主要农作物为麦、薯、大豆、棉花和水稻，集约型园艺著名。大力发展淡水渔业。1937年修筑的庆春线铁路，可直达首尔。设有江原大学、春川教育大学、韩林大学等高校。有横花洞、昭阳洞的七层石塔、青平寺的回转门以及青平寺湖畔旅游区和春川猎场等。

**春典** 中国近代江湖社会中的暗语、隐语、行话。又称春点、切口、侃。江湖上的各种行业各有春典。如把看相、算命称为“金”（巾），把游方郎中称为“皮”（疲），把变魔术称为“彩”或“李”，把练杂技、武术称为“挂”等。每一门类中又有许多条目，如把魔术中的古彩戏法称为挂裆李子，西洋戏法称为色堂李子，撂地表演的小戏法称为单包李子。

江湖艺人长期处于社会底层，属于被轻贱、漠视的群体，即所谓下九流。元代始，统治者对其欺压迫害更甚。江湖艺人为了保护自己，形成了半秘密的江湖社会，创造了用行话、隐语，即春典这种特殊语言相互交流的方式。用春典交流既简明又亲切，更重要的是能保护生计中的秘密和窍门。江湖上有“宁给一锭金，不给一句春”的说法。随着社会的变革与发展，一些春典随之消亡，一些春典逐步成为一般人能听懂的日常用语，另一些春典则被专业术语所代替。

**春分点** vernal equinox; spring equinox 太阳沿黄道由南向北通过天赤道的那一点。见分至点。

**春化作用** vernalization 低温对越冬植物成花的诱导和促进作用。冬性草本植物一般于秋季萌发，经过一段营养生长后度过寒冬，于第二年夏初开花结实。如果于春季播种，则只长茎、叶而不开花或开花明显延迟。这是因为冬性植物需要经历一定时期的低温才能形成花芽。冬性的禾谷类作物（如冬小麦、大麦、黑麦等）、二年生作物（如甜菜、萝卜、大白菜等）以及某些多年生草本植物（如牧草）都有春化现象。春化所要求的温度一般为-1～9℃，以1～2℃最为有效。一般来说，延长低温处理的时间可以缩短从播种到开花所需的时间，但延长到一定限度后效果即不明显。春化时除低温外，还要有氧、水分和碳水化合物的供应。

**《春江花月夜》** *A Moonlit Spring Night by the River of Flowers* 中国民族器乐合奏曲。据琵琶曲改编。又指中国女子独舞作品。1957年首演。舞蹈在乐曲表现的幽远意境中展开，表现在一个如诗如画的春天月夜，一位少女漫步在江畔万花丛中，对爱情与美好生活充满企盼。作品先后于1959年和1962年在第七届和第八届世界青年与学生和平友谊联欢会上获金质奖章。1994年被确认为“中华民族20世纪舞蹈经典作品”。

**春节** Spring Festival 中华民族盛大的传统节日。汉、朝鲜、鄂伦春、锡伯、达斡尔、赫哲、侗、壮等许多民族都过此节。又称旧历新年。1912年中华民国政府成立之前，称为新正、元日、元旦、正旦、三元日等。时间是农历的每年正月初一。春节历史悠久，源于上古社会的腊祭。西周时，已有了后代年节的主要内容，如聚饮、拜贺、祝寿等。自汉武帝太初元年（前104）颁行《太初历》始，新年定在夏历正月初一，此后历代相沿，直至1912年将公历1月1日定为元旦，称旧历的正月初一为春节。

传统民俗习惯，春节前后包括了一段年节时间，一般从腊月二十三四祭灶开始，到正月十五结束。有的从腊月初八为始，直到二月二。去旧迎新是传统春节的两大主题。岁前驱邪除秽，岁后迎新纳福。送走旧年的仪式主要有驱傩与祭灶。驱傩是古代腊日的重要内容，时间在腊前一日、腊日或除夕之前，是整个腊月的主题活动。人们成群结队，头戴特定的面具，舞蹈、呼喊，沿村挨户，驱邪逐疫。这一节俗活动在周朝已出现。近现代以后，驱傩的仪式只在少数乡村有保留。一般民间更看重祭灶的仪式，有的地方将祭灶与驱傩结合，称为“跳灶王”。祭灶的时间，北方大部分在腊月二十三，南方在腊月二十四。这天送灶神上天，人们要举行祭灶仪式，一般由男性主持，供品或荤或素。祭灶之后正式进入年节阶段，年前几天几乎天天有活动：扫除屋尘、装饰门庭、张贴春联、清理账目、购置年货、置办新衣、宰猪杀羊、烹调食品、理发、沐浴、祭祖等。这些为除夕与正月初一作准备的活动，俗称忙年。

除夕晚上，全家要在一起吃年夜饭，是一年中最丰盛的一餐。长辈还要给小儿压岁钱。传统的除夕夜，全家人围炉夜话，通宵不眠，称为守岁。正月初一凌晨，人们开门迎接新年，不仅要着新衣新帽，插花戴胜，还要饮春酒，保健身体，以从岁时变化。拜年是岁首的主要活动，人们在度过旧岁迎来新年之际，互相庆贺，以祝新生。年节活动一直延续到正月十五，通过舞龙、玩社火等内容将整个社区联系起来。春节有着很强的伦理意义，至今仍有再造与整合社会人伦关系的作用。春节庙会是明清以来城市生活中出现的新的节俗活动，以北京春节庙会为典型。

北京厂甸民俗春节庙会

**春联** Spring Festival couplets 专门在中国农历春节时张贴在门上的对联。又称春贴、对联、对子等。一般用黑色或黄色、金色墨汁毛笔在红纸上书写。见楹联。

**春柳社** Spring Willow Society 中国新剧研究及演出团体。1906年冬由中国留日学生组建于日本东京，创始人李叔同（息霜）、曾孝谷。先后加入者有欧阳予倩等人。

1907年6月在“丁未演艺大会”上正式公演了大型剧目《黑奴吁天录》，在东京引起轰动，从而揭开了中国话剧史的序幕。

春柳四友欧阳予倩、吴我尊、马绛士、陆镜若（由左至右）在上海合影

1909年初夏公演的4幕剧《热血》在运用话剧形式上，比《黑奴吁天录》更整齐、更纯粹。

辛亥革命爆发后，春柳社成员陆续归国。1912年初，陆镜若在上海邀集欧阳予倩、马绛士、吴我尊为骨干，成立新剧同志会，正式从事职业演剧。主要在上海作长期公演。其演出剧目大部分属于家庭伦理悲剧，保留剧目有《家庭恩怨记》、《不如归》、《热血》、《鸳鸯剑》等；也有一些反映贫富矛盾，透露阶级观念的社会问题剧，如《社会钟》、《猛回头》、《运动力》。春柳社在新剧初创时期对于新兴话剧剧种的形成、发展，起到了奠基作用。

**春秋** Spring and Autumn Period（前770～前476） 中国历史时期。因鲁史《春秋》记录了这一阶段的历史而得名。由于周的东迁，前人也称这时期为东周。周东迁后，实力大为削弱，全国处于分裂割据的状态。当时各国之中最强大者为晋、楚，其次为齐、秦，再次则为郑、宋、鲁、卫、曹、邾等国。春秋末崛起者为吴、越两国。还有戎、狄、蛮、夷交错其间。

经济 ①农业。春秋时各国都普遍实行井田制。井田中的私田由每户农民耕种，收获归己；公田则由大家通力合作，收成归国家或贵族。但随着经济发展，农民种公田的积极性日益衰退，从而影响了国家的收入。于是各国对税收方式也作了相应的改变。齐在桓公时就已实行按地亩征租税，鲁则在宣公十五年（前594）宣布初税亩，长期以来的力役租被履亩而税的实物税所取代。除田税外，农民还要在有战争时向国家交纳军赋。农业工具仍以木、石制品为主，耕作工具多为木制的耒耜。②手工业和商业。手工业、商业都以官营为主。手工业中的冶铁业大约出现于春秋末，很快获得较大发展。在各国大的都邑中，都有专为交易所设的市。当时民间交易是以物易物为主，但布、帛之类已作为一般等价物，起到货币的作用。而金属铸币则于春秋末年才开始使用。③庶人、工商和奴隶。庶人以农穑为职业，劳动所得，其中一部分要上交，成为国家或贵族财政收入的主要来源。除租税外，庶人负责沉重的徭役，但他们也能拥有一点财产。由于民在一国之中具有重要的地位，故各国的贤明君主和政治家都对庶民十分重视，提出了利民之类的政治主张。工、商主要是指为官府服务的手工业者和商人。工商本人有官府之廪给，其家属则仍须耕种官府颁发的土地方能生活。工商身份世袭，不能随意改变职业。春秋晚期，由于经济的发展，工商走向独立经营而致富。奴隶名称不一，一般称为臣妾，也有称为仆、竖或牧、圉者。私家和官府中都有很多奴隶。臣妾或仆、竖一般多从事家内服役，而牧、圉则是专管牧放牛马的奴隶。官府还有一批具有手艺的奴隶。

**政治制度** ①国与野。在王国或侯国之内，分成国、野两个部分。国是都城及其四郊，是君主直接统治的区域；在四郊以外到边境为野，或称野鄙。君主把野的一部分分封给卿大夫，由卿大夫去统治。国中所居者为国人，其中包括士和工、商或其他一些平民。士在国人中属于主体部分，具有重要的政治地位。野中的居民称野人或庶人、野者，属于具有自由民身份的平民阶层。春秋前期，野人的社会地位较低，不服兵役，仅承担交税和服徭役等义务。到春秋晚期，野人也当兵，地位有所改变。②世族与政治。春秋时各国的统治集团由国君的宗亲或少数异姓贵族所组成。实行嫡长子继承制，次子则分封。由于贵族身份世代相传，又称之为世族，并享有封邑和田地。卿大夫在其封邑上建立起一套较为完整的统治机构，这类都邑实际上是侯国的一个缩影。③官制和兵制。王室或侯国中职位最重要者为卿士，是君主之辅佐，当时简称为卿。一般高级官吏皆由大夫充任，而大夫中能秉国政者则号为卿。在卿位者多为公子、公孙。卿除主政外，作战时或充当将帅。各国管具体事务的官职有司徒、司马、司空、司寇等。宰也是常见的官名，或称太宰。属于师傅之官有太师、少师、太傅。楚的官名较特殊，

图1 王子午鼎

最高执政官的卿为令尹，其他管理各种具体事务者也多以尹为名。作战时以车战为主，故各国都有数量甚多的兵车，也有步卒。吴、越两国设有舟师，是一支重要的水上攻战力量。春秋时的刑罚以五刑为主。

**强国争霸** 公元前770年，周平王东迁洛邑。东迁后的周，起初尚占有今陕西东部和豫中一带的地方，后来仅限于洛邑四周。疆域的缩小，使周失去了号令诸侯的能力，各诸侯不再定期向天子述职和纳贡，周王室的收入因此而减少，已和一般小国无别。

齐桓公的霸业 齐在经济、文化上都较

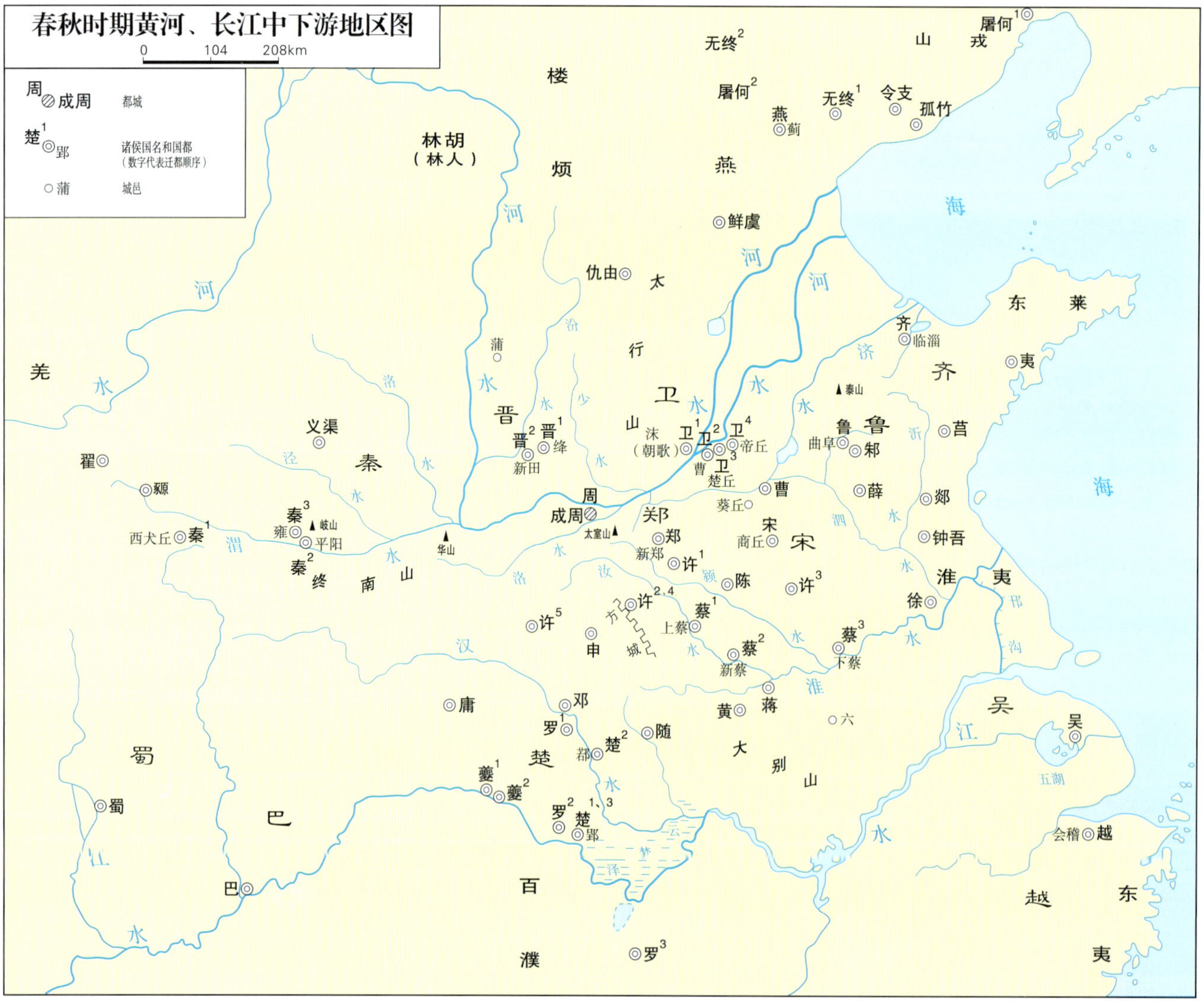

为先进，是春秋时东方的泱泱大国。桓公继位后，任用管仲为辅佐，国力大为充实。于是桓公积极开展对外活动，首先拉拢宋、鲁两国，接着把郑也争取过来。当时北方戎、狄势力强大，华夏小国深受其害。齐出兵救邢（今河北邢台）存卫（今河南淇县），迁邢于夷仪（今山东聊城），迁卫于楚丘（今河南滑县），在中原国家中树立起很高的威信。由于齐桓公的崛起，一向服属于楚的江、黄等小国都转向齐。于是楚连年进攻郑，以此作为报复。公元前656年，齐桓公先讨伐追随于楚的蔡国，进而伐楚。最后两国无法压倒对方，故在召陵（今河南郾城）会盟。公元前651年，齐桓公大会诸侯于葵丘（今河南兰考），周天子也派人前往。通过这次盟会，齐桓公成为霸主，代天子而成为诸侯中的主宰力量。桓公死，诸子争立，

图2　蔡公子加铜戈

内乱不息，齐失去霸主地位。

晋文公的霸业　公元前636年，晋文公继位，任用有才干的赵衰、狐偃等人，注意发展农业、手工业生产。经过文公的治理，晋逐渐强大。同年，周王室发生内乱，周襄王出居郑以避难。公元前635年，文公出兵平乱，护送襄王归国。襄王为了酬谢文公的功劳，把阳樊、温、原和茅之田（今河南济源、武陟一带）赐给晋文公。文公通过兴兵勤王，除得到土地外，还提高了晋在中原诸侯中的威望。自齐霸中衰，楚又乘虚而入。公元前632年，晋楚发生**城濮之战**，楚人战败。晋文公和齐、鲁、宋、卫等七国之君盟于践土（今河南原阳），并得到周王的策命。是年冬，晋文公又会诸侯于温（今河南温县），周王也被召去赴会，晋跃升为中原的霸主。

秦霸西戎　晋文公卒后，秦穆公派兵袭郑，后因郑有备而退回，但在行经（今河南渑池、洛宁一带）地时，遭到晋伏兵的狙击，秦师全军覆灭，三帅被俘。此后，秦不断和晋较量，但很少得利。而晋正好堵住秦东向的通道，故秦很难进入中原，只好向西发展，击败附近的戎人以增强自己的力量。

楚庄王之胜晋　楚穆王时，楚不断对其邻近的小国寻衅。楚庄王初年，楚发生贵族暴乱。庄王平息乱事，并在内政方面作过一些改革，楚国力日益强盛。公元前606年，庄王伐陆浑之戎（今河南伊川一带），观兵于周郊，并派人向周询问周九鼎之轻重，以表示有吞周之意。公元前598年，楚攻破陈的都城；次年，郑降楚。晋派大军救郑，晋楚两军大战于邲（今河南郑州北）。结果晋军被楚打败。邲之战是楚国在中原所取得的第一次大胜。公元前594年，楚又围宋达九月之久，晋因畏楚而不敢出兵援宋。宋、郑等国都屈服于楚，庄王成为中原的霸主。

鞍之战和鄢陵之战　齐顷公时，齐一面和楚连结，一面又不断对鲁、卫两国用兵。公元前589年，鲁、卫两国向晋求救，晋派兵攻齐，两军激战于鞍（今山东济南），齐师战败。齐与晋结盟，并答应归还占领鲁、卫之地。是年冬，楚以救齐为名而大兴师。接着楚在蜀（今山东泰安）举行了盟会，参与者有齐、秦、宋、郑、卫等10国，声势颇盛。楚、晋两强处于相持阶段。公元前580年，晋厉公立。厉公于即位之初就打败了狄人和秦人。被晋人称为四强的齐、秦、狄、楚，这时除楚之外，都为晋所制服。公元前576年，楚对郑、卫发动进攻。次年，晋国以郑服于楚为借口而伐郑，楚恭王率大军救郑，晋、楚两军大战于鄢陵，楚战败而退兵。

晋悼公复霸　悼公时期，晋势复振。公元前571年，晋在虎牢（今河南荥阳）筑城以逼郑。郑背楚而倒向晋。这时晋、楚俱在走向下坡，但相比之下，晋略占优势，故楚不敢与其相抗。

向戌弭兵　公元前546年，宋向戌继华元而提出弭兵之议，晋、楚、齐、秦、宋、卫、郑、鲁等14国在宋都开弭兵之会。会上规定两国的仆从国既要朝晋又要朝楚。同时承认晋、楚为霸主。弭兵之会后的几十年中，由于晋、楚两强力量近于平衡，彼此的军事冲突较以前大为减少。

吴的兴起和吴破楚　从春秋晚期开始，吴渐渐强大起来。晋扶植吴国以制楚，把中原的乘车、射御、战阵都教授给吴人，还“教之叛楚”。公元前515年，吴公子光杀王僚而自立，即吴王阖闾。吴在其治理下而日益强盛。公元前512年，吴灭徐（今安徽泗县北）。公元前506年，吴大举攻楚。吴军溯淮而上，与楚军战于柏举（今湖北麻城），楚军失利。吴军遂攻入楚的郢都（今湖北江陵），昭王奔于随（今湖北随州）。楚申包胥入秦乞师。楚在秦的支援下，把吴军逐出楚境。楚因遭到这次大败而失去霸主地位。

吴伐越和越灭吴　公元前496年，吴伐越，战于李（今浙江嘉兴），吴师败，吴王阖闾负伤而卒。公元前494年，吴王夫差为报父仇而败越于夫椒（今江苏苏州），又乘胜而攻入越都。越王勾践退保于会稽山（今浙江绍兴），并使人向吴求和。公元前486年，吴人进逼中原，鲁、邾等国纷纷臣服。公元前485年，吴派舟师从海上伐齐；次年，又兴兵伐齐，大败齐师于艾陵（今山东莱芜）。公元前482年，吴王夫差与晋、鲁、周等国会于黄池（今河南封丘），吴夺得了霸主的位置。但因连年的兴师动众，吴国力空虚。越王战败以后，卧薪尝胆，国力渐渐恢复起来。吴王为参加黄池之会，竟率精锐而出，使太子和老弱留守。越王勾践乃乘虚而入，大败吴师，并杀死吴太子。夫差闻讯匆匆赶回与越议和。公元前473年，越灭吴，夺得霸主地位。

各国君主权力下替和卿大夫的兼并斗争　春秋时从周王室到各个侯国，君权不强者占大多数，主宰国家命运的卿大夫为了争权夺利，不断地展开激烈的兼并斗争。鲁国从僖公以后到春秋末，政权基本上由桓公之后所把持。宋国的卿大夫也以公族子孙为主，整个春秋时期，宋国的执政不出于戴、桓两族。郑国的执政以穆公后人为主。齐国在春秋早期由国、高二氏掌握大权，以后又有崔、庆二氏，这四家都是齐的公族。属于异姓贵族者有姬姓的鲍氏和妫姓的田氏。后田氏代替姜氏而统治齐国。晋国从献公时起，不许立公子、公孙为贵族，导致异姓或国姓中疏远的卿大夫得势。春秋末年，晋国被赵、韩、魏三家所瓜分。到战国初年，三家得到周天子的认可，晋国乃分成赵、魏、韩三国。

**华夏和戎狄蛮夷的关系**　春秋时期各地区经济文化发展不平衡，各诸侯国经济文化上较先进而自称华夏，他们把较为落后的小国或部称之为戎、狄、蛮、夷。春秋早期，戎狄势力很盛。从春秋中期开始，华夏各国有了较大发展，特别是通过称霸而相互联合，增强了对戎狄的防御能力，不少的戎狄渐被华夏所征服。由于各族长期和华夏聚居在一起，经过不断的相互影响，文化礼俗等方面的差别日趋减少。到春秋末年，原来散居于中原各地的戎、狄、蛮、夷差不多都已和华夏融合在一起了。

**文化教育**　春秋晚期，从社会结构到政治体制等方面都在发生变化，文化教育也不例外。学在官府的情况已不适应新的

图3　孔子像（宋代马远作，故宫博物馆藏）

形势需要。孔子开创的私学使接受教育者从少数贵族扩大到一些出身于低贱的阶层，从此出现了以学习文化典籍为主、以从事政治活动为目标的文士集团，为官僚政治、布衣卿相局面的发展准备了条件。这些私学扩大了教学领域，促进了百家争鸣。春秋末年，孔子创立儒家学派，是中国哲学进入诸子百家之学的开端，以后又出现了墨、道、法、名、阴阳等学派，各学派之间互相斗争，互相吸取，每个学派内部也不断分化发展，促进了中国学术的繁荣。

**《春秋》** *Spring and Autumn Annals* 中国现存的第一部编年体史书。按年记载了春秋时鲁国从隐公元年到哀公十四年或十六年间（前722～前481或前479）的历史大事。该书略有残缺，尚保留1.6万多字。其纪年依据鲁国，记述范围却遍及当时整个中国。内容包括政治、军事、经济、文化、天文气象、物质生产、社会生活等诸方面，是当时有准确时间、地点、人物的原始记录。旧说《春秋》为孔子所作。但近代学者研究证实，它应为鲁国历代史官世袭相承集体编录。孔子虽不曾编写过《春秋》，但讲述研习《春秋》却应肇端于孔子。现存《春秋》分别载于《左传》、《公羊传》、《穀梁传》，三传经文大同小异。《春秋》经文极为简略，但却记载了准确的时间、地点、人物，从而赋予史官的口头讲述以信史价值，这已是史学发展上的巨大进步。然而由于叙事

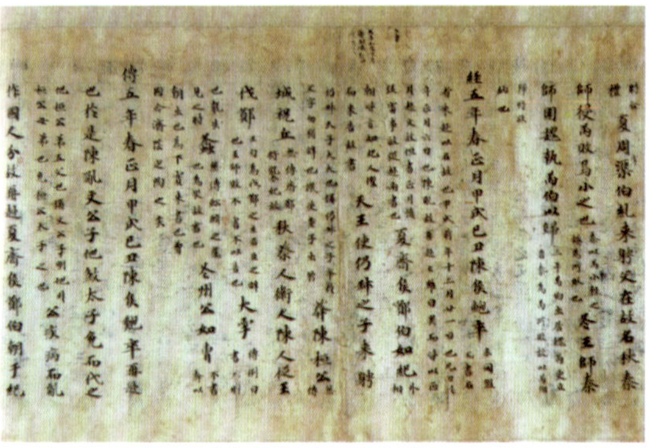

《春秋》（唐代手抄）

过简，亦被后人讥为"断烂朝报"。《左传》以大量翔实丰富的史实，弥补了《春秋》的不足。汉以后，《春秋》被尊为孔子编撰的经典，在政治上、学术上处于至高无上的位置。

**《春秋繁露》** *Luxuriant Gems of the Spring and Autumn Annals* 中国汉代董仲舒的政治哲学著作。共17卷。推崇《春秋公羊传》，发挥"春秋大一统"之旨，阐述了以阴阳、五行为骨架，以天人感应说为核心的哲学－神学理论，宣扬"王道之三纲可求于天"的伦理思想及赤黑白三统循环的历史观，为汉代中央集权的封建统治制度的建立奠定了理论基础。《春秋繁露》现存82篇。主

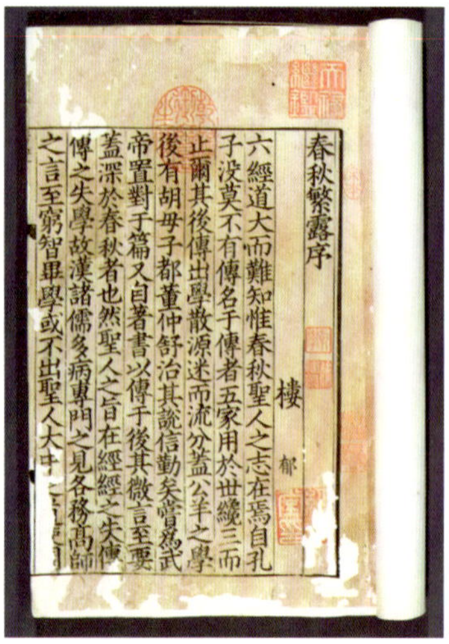

春秋繁露序
樓郁
六經道大而難知惟春秋聖人之志在焉自孔
子沒莫不有傳名于傳者五家用於世纔三而
止爾其後傳出學散源迷而流分蓋公羊之學
後有胡毋子都董仲舒治其說信勤矣嘗爲武
帝置對于篇又自著書以傳于後其微言至要
蓋深於春秋者也然聖人之旨在經經之失傳
傳之失學故漢諸儒多病專門之見各務高師
之言至窮智畢學或不出聖人大中

《春秋繁露》序（宋嘉定四年刻本）

要注本有清凌曙的《春秋繁露注》、苏舆的《春秋繁露义证》等。

**春秋五霸** Five Overlords in Spring and Autumn Period 中国先秦时期五个势力强大的诸侯国。亦作五伯。具体所指主要有以下几种说法：①《左传·成公二年》："五伯之霸也，勤而抚之，以役王命。"杜预注："夏伯昆吾，商伯大彭、豕韦，周伯齐桓、晋文。"主张五霸分指夏、商、周三代的五个诸侯国。此说沿用《白虎通·号》和《风俗通·皇霸》的说法，乃依据《国语·郑语》和《论语·宪问》的材料拼凑而成。但夏、商两代史事渺茫难考，有关昆吾、大彭、豕韦的情况也缺少记载，是否出现了诸侯争霸活动更无以证明。②《孟子·告子下》称："五霸者，三王之罪人也；今之诸侯，五霸之罪人也。"又说："五霸，桓公为盛。"显然是指春秋时代的五个国君而言。故赵岐注："五霸者，大国秉直道以率诸侯，齐桓、晋文、秦穆、宋襄、楚庄是也。"这是一种相当流行的说法，不过其中的秦穆公、宋襄公并未成为中原霸主。③《荀子·王霸》以齐桓公、晋文公、楚庄王、吴王阖闾、越王勾践为"五伯"。从春秋的历史状况看，此说较为恰当。大国争霸是春秋时期特定历史条件下的产物，当时因诸侯割据，未能形成统一的政治核心，所以司马迁说："幽厉之后，周室衰微，诸侯专政，……五霸更盛衰"；孔子也讲到："管仲相桓公，霸诸侯，一匡天下，民到于今受其赐。"诸侯中相继兴起的强国，有的以"尊王"、"攘夷"为口号，如齐桓公、晋文公；有的形式上取得周王室认可，如越王勾践；有的则打算取代周王室，如楚庄王。他们都为争夺仆从国而展开政治和军事的角逐以谋求霸主地位。事实上，春秋数百年间，追求并达到这种地位的君主不止五位，齐桓公等不过是最著名的几个代表。由于论者取舍标准不同，故而出现了分歧的说法。

**春申君** Lord Chunshen（?～前238） 中国先秦战国四公子之一。名黄歇，楚国贵族，号春申君。春申君游学博闻，与信陵君、平原君、孟尝君都以礼贤下士而闻名，门下有宾客3 000余人。

楚顷襄王时，春申君为左徒。顷襄王二十七年（公元前272），春申君出使秦，游说秦昭王放弃伐楚计划，与楚结盟。这一年，春申君与楚太子完入质于秦，留秦约十年。楚顷襄王病危，秦不放楚太子回国，春申君用计使太子乔装出关返楚。顷襄王卒，太子完即位，为考烈王。考烈王元年（前262），任命春申君为令尹，封为春申君，赐予淮北地12县。十五年，徙封于江东，在吴（今江苏苏州）旧址筑城为都邑。

考烈王六年，春申君派兵救援被秦军围困的赵都邯郸。七年，又为楚北伐灭鲁。二十二年，在他的主张下，楚与赵、魏、韩、燕合纵攻秦，楚王为纵长。攻至函谷关，秦军反击，五国联军皆败走。楚王以此归罪并逐渐疏远春申君，春申君就封于吴。公元前238年，楚考烈王卒，楚国贵族内讧，春申君被杀死。

**春温** epidemic fever in spring 中医学中因冬令感受外邪，邪伏化热，至春季伏邪由内而发，或因新感外邪，引动伏邪而发的急性热病。初起即可出现高热心烦，口渴汗出，舌红苔黄，甚则神昏、痉厥，发斑等气分或营血分里热症状，其病势急、病情重、变化多、发展快，属于伏气温病的范畴。凡人体正气虚弱，复感春季温热病邪，即可发为春温。在治疗上以清泄里热为基本大法。

**《春香传》** *Chun Hyang Jeon* 朝鲜古典小说。故事核心长期在民间流传，后经说唱者补充加工具雏形，约在18世纪形成文字。先后出现过全州土版《烈女春香守节歌》、京版《春香传》、汉文版《水山广寒楼记》和抄本《古本春香传》等不同版本。1954年朝鲜作家同盟出版社以《烈女春香守节歌》为底本进行整理、校注，题名《春香传》出版，并改编成唱剧、话剧演出，还两次拍成电影。小说写南原府使李翰林之子李梦龙端阳佳节和艺妓月梅之女春香在广寒楼相遇，一见钟情而私订终身。尊卑贵贱、等级分明的封建社会不会允许贵族公子和艺妓之女成婚。李梦龙在父亲奉调离任时，只好忍痛告别春香，随家进京。新任府使卞学道倚仗权势威逼春香作侍妾，遭拒绝后，施酷刑将春香问成死罪，关进监牢。考中状元的李梦龙以暗行御使身份救出春香，严惩了卞学道。小说歌颂了勇于冲破

封建等级制度的纯洁爱情。春香这一纯洁美丽、刚毅坚贞的形象寄托了人民的理想。《春香传》是朝鲜中古文学的杰出代表，已被译成汉、英、法、俄、德、日等十几种文字，1956年出版了中译本。

**春阳社** Spring Sun Society　中国新剧团体。1907年夏成立于上海。主要领导人王钟声。1907年夏，在开明士绅马相伯、沈仲礼的资助下，王钟声办起了春阳社和国内第一个培养话剧人才的学校——通鉴学校。1907年9月以春阳社的名义在兰心大戏院公演《黑奴吁天录》，采用了分幕制，舞台上使用写实的灯光布景，给观众留下深刻印象。1908年初以通鉴学校名义演出的5幕话剧《迦茵小传》，取消了锣鼓、唱腔，给人耳目一新的感觉，标志着中国早期话剧在形式上已趋向定型。

**《春之祭》** *Le Sacre du Printemps*　俄罗斯芭蕾舞剧。现代芭蕾早期代表作。全剧2幕。1913年5月29日由佳吉列夫俄罗斯芭蕾舞团首演于巴黎的香榭丽舍剧院。编剧I.F.斯特拉文斯基、N.罗伊里奇，作曲斯特拉文斯基，编导V.尼金斯基，节奏顾问兼排练M.兰伯特，主要演员M.皮尔茨。舞剧表现的是俄国原始部落中以少女人祭为手段的生殖崇拜仪式，因而带有浓烈的俄国原始民族强悍、粗犷的风格。作品摒弃古典芭蕾舞剧的叙事传统，也没有人物间的性格矛盾和戏剧冲突，而是通过跳舞展现"天人合一"的原始信仰。舞剧中大量不协和音程和有悖于传统审美取向的动作，曾引起观众的巨大反响。它的问世预示一个多元审美新世纪的开始。自首

《春之祭》剧照

演后，始终吸引着各国芭蕾编导，广为人知的版本就有百余个，具世界影响的有20个左右，成为芭蕾史上生命力最强、版本最多的作品。

**蝽** Pentatomidae; stink bug　半翅目蝽科昆虫的统称。曾称蝽象。此类昆虫有臭腺，能分泌臭液，在空气中成为臭气，故又称放屁虫、臭大姐、臭板虫等。世界性分布，已知4 100种。中国已记录360种。体小型至大型，多为椭圆形，背面一般较平，体色多样（见图）。

触角5节，有时第2、3两节之间不能活动；极少数4节。前胸背板常为六角形。中胸小盾片在多数种类中为三角形，约为前翅长度之半；少数类群中极发达，向后延至身体末端，成宽舌状。前翅基半部坚硬、革质，端半部柔软，膜质；后翅膜质。各足跗节3节。卵呈圆桶形，成片产于植物上。

多数种类植食性，成虫、若虫将针状口器插入嫩枝、幼茎、花果和叶片组织内，吸食汁液，造成植株生长缓滞，枝叶萎缩，甚至花果脱落。小部分种类肉食性，以鳞翅目、鞘翅目的幼虫和同翅目的成虫与若虫为猎捕对象。

中国常见的种类如稻黑蝽、稻褐蝽、稻绿蝽、稻小赤曼蝽，主要危害水稻；荔蝽、硕蝽、麻皮蝽、茶翅蝽，主要危害果树；菜蝽、短角瓜蝽、细角瓜蝽，主要危害瓜、菜；另外，如蠋蝽、疣蝽、厉蝽等，则以猎捕其他软体昆虫为食。

**《纯粹理性批判》** *Critique of Pure Reason*　18世纪德国古典哲学家I.康德的认识论巨著。初版于1781年。1787年出第二版时康德作了重大的修改。"纯粹理性"，是指独立于一切经验的理性；"批判"，是指对这种纯粹思辨的理性进行一种考察，以便弄清人类知识的来源、范围与界限。康德认为，这样既可避免独断论，又可避免怀疑论；对于纯粹理性的这种批判的考察，是进行其他哲学理论活动的先决条件。《纯粹理性批判》书前有两版的序文，全书可以划分为导言、先验原理论及先验方法论三大部分，其中先验原理论是全书的主体。书中认为"先天综合判断如何可能"的问题是哲学认识论的真正问题。此外，书中还分析了理性自身的二律背反，在哲学史上产生了重大影响，推动了近代欧洲辩证思维的发展。康德在该书中对于理性自身矛盾的揭露与分析，是为了说明思辨的形而上学是不可能的，为他的先验的形而上学的可能性作理论准备，这也是《纯粹理性批判》所要达到的根本目的，即限制知识以便为信仰保留地盘。

**纯血马** Thoroughbred　乘用型马品种。世界上速度最快的轻型马。原产英国，由东方的种公马和英格兰当地母马杂交育成。该品种具有竞赛马的典型体型：头轻秀，

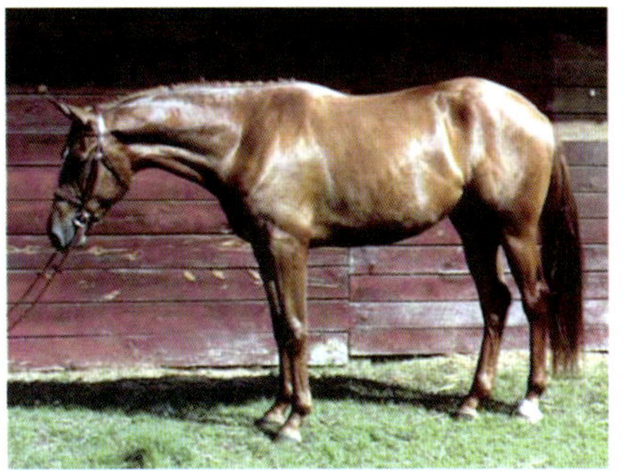

颈长，体质干燥，神经敏锐而富悍威。鬐甲高长，背腰较短，尻长，呈正尻。四肢长而有力，腱的附着点突出。其被毛多为骝、栗或黑色，头和四肢多有白章。母马平均体尺（厘米）：体高157.3，体长156.3，胸围178.4，管围18.9。纯血马运步轻快，步样低而步幅大。对饲养管理要求较高。中国用纯血马及其高代杂种改良蒙古马，其杂交后代的体型结构和骑乘速度都有提高。

**莼菜** *Brasenia schreberi*; water shield　睡莲科莼菜属的单一种。又称水葵。多年水生草本。分布于东亚、大洋洲、北美洲和非洲。中国江苏、浙江、湖南、江西、四川和云南等省均有分布。根状茎横生泥中。叶漂浮水面，椭圆状矩圆形，长达6厘米，边缘全缘，有黏液。花单生；萼片3～4；花瓣3～4，紫红色；子房上位；花期春夏季。坚果革质，不裂。种子1～2，卵形。生长在池塘、湖泊内。莼菜在江苏、浙江一带自古即为著名蔬菜，尤以作汤味佳。

**唇腭裂** cleft lip and palate　在胚胎发育初期，面裂融合障碍所致的先天性发育畸形。唇裂俗称兔唇，腭裂俗称狼咽。男性多于女性。是一种多基因遗传所致的先天性畸形，即除遗传因素外，环境因素也有明显的作用。因此属于多因素遗传疾病。其发病可能与营养、遗传、感染、内分泌、药物、疾病等因素有关。唇腭裂不仅影响美观，还造成吸吮困难、发音不清、易患呼吸道感染等。需整形手术。腭裂还应综合系列治疗，包括正畸矫治、外科手术、鼻科治疗、言语训练及儿童心理治疗等。

**唇口目** Cheilostomata　苔藓动物门裸唇纲的一目。因其自个虫的室口有一唇状口盖掩盖得名。现生苔藓动物中群体类型最多、群体形状变化最大、各虫形态高度分化并且种属最多的一大类群。全世界已记载的属（和亚属）计有900多个。中国发现现生种计有1 000多种。唇口目自个虫与初虫异形，其基本轮廓都呈箱形。自个虫通

常具刺，大多数种类的体壁均钙化，室口通常有特殊的口盖关闭。胚胎通常在特殊的育卵室即卵胞内保育，少数属种则在体腔内保育。

目前普遍接受的分类方案是：唇口目下分原唇口亚目、无卵室亚目、微室亚目、软壁亚目、新唇口亚目和有囊亚目。

**唇形科** Labiatae; mint family 双子叶植物纲菊亚纲的一科。世界性分布，约有220属6 000余种，其中有近1/2种产于地中海及近东中亚。中国有99属800余种，遍布南北各地。通常为多年生至一年生草本。植株含芳香油，具有柄或无柄的腺体，或各种单毛、具节毛或星状毛。茎直立或匍匐状，常四棱形；枝条对生，稀轮生。叶通常为单叶，稀为复叶，大多对生，稀轮生或部分互生。花序聚伞，3至多花，通常在节上形成轮伞花序（或假轮）、单歧聚伞花序或每节双花，并由上述花序组成顶生或腋生的总状、穗状或圆锥状的复合花序，稀为头状或偏向一侧开放（如黄芩属和香薷属的一些种类）；花通常两性，两侧对称，稀近辐射对称；花萼钟状、管状或杯状，稀壶状、球形或两片盾形；花冠管状，多为二唇形，着色；雄蕊通常4，2强，稀2枚，通常前对长，后对较短，着生于花冠管上；子房上位，由2个心皮形成。果为4枚小坚果或核果状。

唇形科植物以富含多种芳香油而著称，其中有不少芳香油成分可供药用，如薄荷、留兰香、百里香、薰衣草、罗勒、迷迭香、香青兰等。作为药用植物的有黄芩、荆芥、藿香、丹参、薄荷、紫苏、香薷、石荠苎、夏枯草、筋骨草、耳挖草、活血丹、牛至、广藿香等。白苏则为有名的油料作物。甘露子和地笋的地下肥大根状茎可供食用。由于花、叶形状特殊、色彩鲜艳，常供观赏的有一串红、五彩苏、美国薄荷等若干种类。

**《淳化阁帖》** 中国北宋官刻丛帖。刻于宋淳化三年（992），全帖共10卷。原版在北宋即已毁佚，现存号称原版拓本的，仅有上海博物馆所藏第四、七、八卷共3册。淳化三年，宋太宗命翰林侍书王著将内府所藏历代名家书迹选编摹刻成丛帖，置于秘阁，当时可称“官法帖”或“阁帖”，又称《淳化秘阁法帖》。原板为枣木板，共收入由汉至唐书法家103人书迹420帖。分为10卷：卷一为历代帝王法帖，卷二至卷四为历代名臣法帖，卷五为诸家古法帖，卷六至卷八为王羲之书，卷九、卷十为王献之书。每卷末刻“淳化三年壬辰岁十一月六日奉圣旨模勒上石”篆书三行。

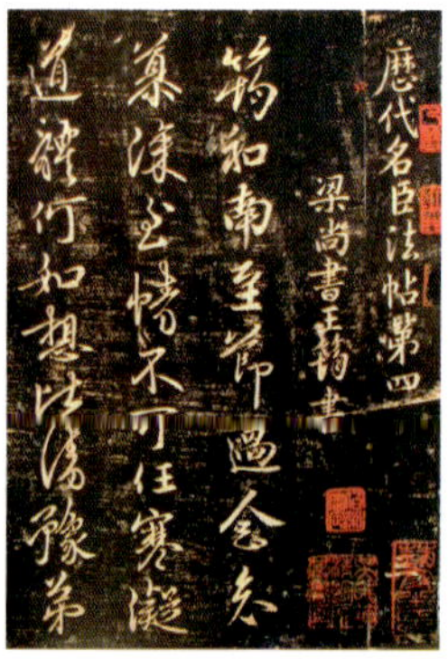
《淳化阁帖》拓片局部

此帖刻成后，曾拓印分赐群臣，世间遂有流传。后版本毁佚，原拓难得，各种翻刻陆续出现。由南宋至明代，此帖翻刻本种类繁多，传承依据难以辨究，摹刻质量亦良莠不齐。《淳化阁帖》为现存最早的丛帖，被称为“法帖之祖”。但因王著的鉴赏水平不高，致使帖中出现了一些次序混乱、真赝杂列及文字错误等缺陷。尽管如此，此帖在保存古代名家书法面目和开创刻帖风气方面，仍具有重要价值。

**醇** alcohol 烃分子中一个或几个氢被羟基取代而生成的一类有机化合物。芳烃的环上的氢被羟基—OH取代而生成的化合物不属醇类而属酚类。自然界有许多种醇，在发酵液中有乙醇及其同系列的其他醇。植物香精油中有多种萜醇和芳香醇，它们以游离状态或以酯、缩醛的形式存在。还有许多醇以酯的形式存在于动植物油、脂、蜡中。

根据所含羟基的多少，可分为一元、二元、三元或多元醇。醇也可按照连接羟基的碳原子上氢的数目分为一级醇（伯醇，R—$CH_2OH$）、二级醇（仲醇，$>$CHOH）和三级醇（叔醇，$-\overset{|}{\underset{|}{C}}-OH$）。一般采用三种命名方法：①普通命名法。即将醇看作是由烃基和羟基两部分组成，羟基部分以醇字表示，烃基部分去掉基字，与醇字合在一起。例如丙醇、丁醇、苯甲醇等。②以醇的来源或特征命名。例如，木醇（即甲醇）由干馏木材得到，香茅醇由还原香茅醛得到，甘醇（即乙二醇）因具有醇和甘油的特征而得名。③系统命名法，又称国际命名法。选择含羟基的最长碳链，按其所含碳原子数称为某醇，并从靠近羟基的一端开始，依次给主链的碳原子编号。写出全名时，将羟基所在碳原子的编号写在某醇的前边，用短横隔开。侧链的位置编号和名称写在醇的前面，并分别用短横隔开。例如：

1-丁醇　　2-甲基-1-丙醇

含有羟基的多官能团化合物命名时，羟基看作取代基，而不以醇命名。例如：

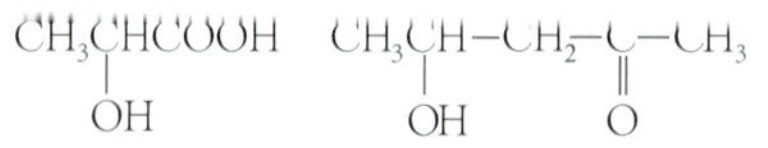
2-羟基丙酸　　4-羟基-2-戊酮

一般醇为无色液体或固体，含碳原子数低于12的一元正碳醇是液体，12或更多的是固体，多元醇（如甘油）是糖浆状物质。一元醇溶于有机溶剂，三个碳以下的醇溶于水。低级醇的熔点和沸点比同碳原子数的烃高得多。醇的化学性质活泼，分子中的碳－氧键和氢－氧键皆为极性键。以羟基为中心可进行氢－氧键断裂（生成醇盐或酯）和碳－氧键断裂（生成卤代烃、烯烃或醚等）两大类反应。另外，与羟基相连的碳原子容易被氧化，生成醛、酮或酸。

醇可通过发酵制备，例如用甘薯、马铃薯或其他含淀粉物质经糖化发酵生产酒；也可用化学合成法制备。工业上常用的有还原法、水合法、氧化合成法、缩合反应、脂肪和油的还原等。低分子醇常用作溶剂、抗冻剂、萃取剂等；高级醇如正十六醇可用作消泡剂、水库的蒸发阻滞剂。醇不仅本身可以直接使用，还可制得不同类型的有机产品，是极重要的化工原料。

**醇酸树脂** alkyl resin 由多元醇、单元酸或多元酸缩合聚合而成的聚酯树脂。常用的多元醇有甘油、季戊四醇、乙二醇等，常用的二元酸有邻或对苯二甲酸等。主要品种有聚对苯二甲酸乙二酯（PET）、聚对苯二甲酸丁二酯（PBT）和聚芳酯等线型热塑性树脂。可制成性能优异、用途广泛的工程塑料，主要用于汽车的壳体、保险杠、方向盘、要求耐冲击的体育器材、浴缸、防弹护甲、船身和优异的建筑材料和机械零部件等。PET可加工成纤维、薄膜和塑料制品，广泛用于制作磁带和磁卡、感光材料、电器绝缘材料及包装材料、饮料瓶和玻璃纤维增强塑料。

**词** ci-poem 中国古代文学体裁。一种合乐的歌词。与汉魏以来古乐府不同，它是隋唐时期音乐革新的产物。隋唐时期，从西域（还有外国）传入的音乐逐渐和汉族的传统音乐融合，产生了燕乐。燕乐与传统的“雅乐”相对而言，称为“俗乐”。它在当时是传播最广、最有群众性和具有强大生命力的抒情音乐。当时的词，就是和这种新兴音乐的乐曲相配的歌词。至宋代，词则成为诗坛的主要形式。

词的名称，是和曲调相对而言的。唐代出现了“曲子词”的名称（孙棨《北里志》和欧阳炯《花间集序》），敦煌写本称“曲子”，如《云谣集杂曲子》。宋代也有“曲子”名称（张舜民《画墁集》），又称今曲子（王灼《碧鸡漫志》）。此外，词又称长短句、诗余。

词依长短又有令、引、近、慢等之分（见中调、长调）。除一部分字数较少的小令如〔十六字令〕、〔如梦令〕等外，都要分段落。一段叫“一片”。一部分词分2段，少数词分3段、4段。2段的词，第一段称为“上片”或“上阕”、“前阕”，第二段称为“下片”、

"过片"或"下阕"、"后阕"。不分片的称单调，分2片的叫双调。

词调或词牌种类繁多，有的词调又因字数或句式等不同而分两个或两个以上的"体"。清代万树《词律》列出660调、1 180余体。康熙时王奕清等所编《词谱》，列出826调、2 306体。后来还陆续有人补辑，总共在1 000调以上，其中常用的大约只有100多个。词调名称的由来，绝大部分已无可考，只有极少数有记载流传。

词的格律，即词律，其基本特征是：①字数一定。每一词调都规定一定字数。②讲究平仄。按照宋人的严格要求，仄声还要分上去入，但有选择余地。入声字有时可当平声和去声用。上声字有时也可当平声字用。③句式参差不齐。最短的有一字句，二字句至七字句都是常见。④押韵的位置各个词调不同。有上下句押，有隔1句押，有隔2句押，有隔3句押，还有句中押等。⑤对仗可灵活掌握。词的对仗，不限定平对仄、仄对平，它服从于词调中平仄的规定。

宋以前词人填词，要求合乎音乐腔调，又要求合乎一定格律，如字数、平仄、句式、韵位等。格律的规定和音乐的腔调是相关联的，它是通过合乎格律来达到合乎音乐的腔调。但格律又有相对的独立性。有许多词人只懂格律不懂音乐，他们只是按照格律填词，这样就走上了和音乐脱离的道路。明代以后，宋词曲谱大抵失传，而按照格律填词却继续不断。词遂成为一种单纯的诗歌形式。

**词典** dictionary 汇集语言里的词语，按某种次序排列，并逐一加以诠释，以供人们查阅的工具书。又作辞典。词典主要以两个字以上的词和词组作为解释对象，以释词为主，兼收单字和复词的概念和意义，包括人物、事物、制度、书名、地名、术语、成语典故等。

公元前3世纪末，中国产生了第一部词典《尔雅》，是世界上最早的词典之一，按词的性质和意义排列。到近、现代，影响较大的有陆尔奎等编纂的《辞源》、陆费逵等编纂的《辞海》。中华人民共和国建立后，《辞海》经过多次全面修订改编，2009年版选收单字17 914个、词目127 200条，共2 317万多字。

西方最早的词典是希腊亚历山大的帕姆菲尔的《词汇》，它与中国的《尔雅》同一时期出现。1721年的《英语通用词源词典》是第一部综合性英语词典。1907～1928年美国编纂的《美国英语词典》收词7.5万条，为世界上最受重视的英语词典。1884～1933年英国编纂的《牛津英语词典》收词41.4万条，是当时世界上收词最多的英语词典。

词典按内容可分为语文性和专科性两大类。语文性词典解释词义、说明词的用法及其发展演变，又可分为描写性和词源性两种。专科性词典汇集某一个或几个相关学科的专门术语。此外，还有解释各知识领域中名词术语的百科性词典，以及在两种或多种不同语言间对译对照的词典等。

中国现代词典的编排体例大体有"部首法"、"音序法"和"四角号码法"。

**词话** 中国盛兴于元、明两代的曲艺形式。表演形式为说唱相间。一般认为源于唐、五代的词文，直接继承宋代的说话技艺。《元史·刑法志》和《通制条格·杂令》中有禁止民间子弟"演唱词话"、"搬唱词话"的禁令。明人钱希言《桐薪》、《狯言》说宋朝有《灯花婆婆》、《紫罗盖头》词话。元代的词话没有完整的作品流传下来，只在元杂剧中可以见到引用词话之处，如《元曲选》中就有92种在全剧之末引用词话，作为诉词、断词，或全剧的总结。另外，在杂剧的曲文中也有直接引用词话唱词的情形。明代词话的题材相当广泛。其中《大唐秦王词话》是一部长篇讲史作品；另据考证，长篇小说《水浒传》、《三国演义》、《封神演义》在明代初叶都有词话本。1967年上海发现的13种明成化刊本说唱词话，篇幅都比较短，题材以传奇、公案、灵怪一类为多。明代中期以后，词话的名称未再出现。一般认为，词话在此后逐渐发展演变为弹词和鼓书两个曲种系统。

**词汇学** lexicology 语义学的一个分支学科。又称词汇语义学。在语文学时期，词汇学是语言学的组成部分，曾经与语音学、语法学并列；在现代语言学里，一般认为音系学、句法学、语义学是语言学的3个组成部分。前期词汇学注重分类——历时的词义变异的分类和共时的功能的分类。现代词汇学着重理论模式的建立，力求把前期词汇学已有的分类放在符号与公式的基础上，提高它的精密性和可验证性，同时也探索前期未曾探索的领域。现代词汇学重点研究以下几个方面的问题：①词的定义。现代词汇学倾向于用分解的办法给词下定义，即"词"是形态的、句法的、语义的具体特征的结合。②词义分析。现代词汇学从概念意义、联想意义和社会意义3个方面分析词义。其中，社会意义是现代词汇学最能体现它的现代性的地方。③不同语言中词汇结构的共性成分。不同语言中存在着共性成分。凡是语言都有语音和语法的体系。语音和语法是封闭系统，有抽象的法则可循，而词汇则是开放的系统，抽象很不容易。现代词汇学重点是研究不同语言中词汇结构的共性成分。

**《词林纪事》** 中国词话集。清代张宗橚辑。张宗橚，字泳川，号思岩，海盐（今属浙江省）人。生卒年不详。康熙、乾隆年间人。此书是编者晚年所辑，三易其稿而后成。全书22卷，辑录唐词1卷、五代词1卷、宋词17卷、金词1卷、元词2卷，共收词人422家、词1 620余首，大体依词人时代先后，排比分卷，条贯清晰。所录词人附有其生平事迹、轶闻佚事以及有关词的本事、评论，间有考证。搜集资料比较丰富，引用书目达395种。书中又多引许昂霄对于词的见解，间附编者按语，亦多精确。所引书皆注明出处，但不尽依原文，多随意增删，致失其本来面目。所征引本事，有的不直录宋人载籍，而转引明、清人词书，故有差误。此书有乾隆刻本、道光刻本；1957年古典文学出版社用涉园张氏刻本校订重印本，1998年上海古籍出版社出版有杨宝霖的《词林纪事补证》。

**《词选》** *Anthology of Ci-Poems* 中国唐、宋代词作集录。清代张惠言编选。此书2卷，附录1卷。编于嘉庆二年（1797），选录唐、五代、宋词44家，116首。柳永、吴文英词均未入选，时人以为选录偏而且严。附录为其门人郑善长所辑，选当时作家12人，词60首。惠言外孙董毅又续选五代、宋词122首为《续词选》。清初，自朱彝尊推崇姜夔、张炎以来，词作偏重格律形式，题材狭窄，内容渐趋空虚。惠言欲挽浙派词风的流弊，论词强调比兴，注意词作内容的现实意义，并要求词的地位应该"与诗赋之流同类而风诵"（《词选》序）。此选本体现了常州词派的主张，所选苏轼、秦观、周邦彦、辛弃疾、张孝祥、王沂孙等人的词，对当时词坛和以后词风转变，影响很大。书中所附解说，有独到之处，然对有些词的评说亦有穿凿附会之嫌。此书有道光间刻本、《宛邻书屋丛书》、《袖珍古书读本》、《四部备要》本。

**《词综》** *Comprehensive Collection of Ci-Poems* 中国历代词作总集。清代朱彝尊、汪森编。汪森（1653～1726），字晋贤，号碧巢。浙江桐乡人。官户部郎中，与朱彝尊友善。此书由朱彝尊编选26卷，汪森增补10卷，选辑唐、五代、宋、金、元词人650多家，词作2 250多首。此书资料丰富，计宋、元人词集170家，传记、小说、地志共300余家，凡稗官野记中有片词足录者，均为采掇（汪森《词综》序）；以时代先后为序，各家下有词人姓氏、籍贯及其著作且考订精审，间附宋、元人评语。书前有汪森所撰序文，朱彝尊所撰《凡例》，为浙西词派奠定了理论基础。有康熙三十年（1691）汪森等增订本、《四部备要》本、1975年中华书局影印本、1978年上海古籍出版社校点本。

**茨瓦纳人** Tswana 南部非洲跨界民族。曾称贝专纳人。约538万人（2002）。主要分布在奥兰治河以北的内陆高原和德拉肯斯山脉的西部，分属博茨瓦纳、南非（为该国第三大族）、津巴布韦和纳米比亚。属尼格罗人种班图类型。使用茨瓦纳语，属尼日尔－科尔多凡语系东南班图语群。有新创的以拉丁字母为基础的拼音文字。部分人通用英语。约在13～16世纪，茨瓦纳人自东非大湖地区南部南迁到此，是南部非洲最早的班图族体之一。共分7个支系，每个支系都有自己的称呼和领地，由世袭酋长统治。土地属各**部落**集体所有。经济以畜牧业和农业为主。家畜和工具是父权家族的私有财产。婚姻多为一夫多妻制。17～19世纪，荷兰、英国殖民者侵入，茨瓦纳人居住地被肢解。根据1881年比勒陀利亚协定，划定了“贝专纳”和德兰士瓦（南非）之间的边界。1885年英国宣布北部为“贝专纳保护国”，南部为“英属贝专纳殖民地”。1966年贝专纳获得独立，改称“博茨瓦纳共和国”。随着国家的独立和经济的发展，

茨瓦纳人在茅屋前

茨瓦纳人传统生活方式发生了变化。大城镇及工业中心人口大量增加，现代交通工具代替了昔日的牛车，西方衣着和生活方式开始盛行，原来的部落界限正在消失。居住在南非的茨瓦纳人在新南非诞生前，长期受种族歧视和种族隔离政策之害。

**茨韦格** Zweig, Arnold（1887－11－10～1968－11－26） 德国小说家。生于西里西亚大格洛高，卒于柏林。1907年起在慕尼黑、柏林等几所大学学习。曾参加第一次世界大战。1933年A.**希特勒**攫取政权后被迫流亡国外。1950～1953年任柏林艺术学院主席。文学上最突出的成就是描写第一次世界大战的现实主义系列长篇小说《白种人大战》（6部，1927～1957）。其中《格里沙中士案件》（1927）通过被德军关押的俄国战俘格里沙越狱逃跑、中途被抓回枪杀的故事，揭露了帝国主义战争的本质和根源。其他主要作品还有小说《克洛卜夫家事》（1911）、《凡兹贝克的斧头》（1943），剧本《匈牙利尚礼血案》（1914）等。作品结构严谨，形式完整，对知识分子的复杂性格和心理做了细致的刻画。

**茨韦格** Zweig, Stefan（1881－11－28～1942－02－23） 奥地利作家。又译茨威格。生于维也纳，卒于巴西佩特罗波利斯。1904年获博士学位。曾参加反战活动，是著名和平主义者。1941年移居巴西，后在住所自杀。创作了小说、传记、随笔、诗歌、戏剧等多种类型文学作品。主要中、短篇小说集有《最初的经历》（1911）、《感情的混乱》（1927）及《马来狂人》（1922）。中篇小说《象棋的故事》（1941）通过一名叫B博士的乘客在一客轮上与国际象棋冠军对弈并将其击败的线索，探讨有文化教养的人如何在愚昧、野蛮的强权面前维护自身自由的问题。影响最广泛的作品是带有传奇色彩、以小说体裁记叙12个著名历史人物和事件的《人生的转折时刻》（1927）。长篇小说《焦躁的心》（1938）写一位军官出于同情与一位瘫痪女子订婚而酿成悲剧的故事。主要传记作品有《鹿特丹人伊拉斯谟》（1935）、未完成的巨作《巴尔扎克》（1946）。其他主要作品有反战诗剧《耶雷米亚斯》（1917），歌剧脚本《沉默的女人》（1935），诗集《银弦》（1901）、《往日的花环》（1906），回忆录《昨日的世界》（1942）等。

**茨维塔耶娃** Tsvetayeva, Marina Ivanovna（1892－10－08～1941－08－31） 苏联诗人。生于莫斯科，卒于鞑靼叶拉布加。1910年，出版诗集《黄昏纪念册》，开始进入莫斯科的文学圈。1925年迁居巴黎。孤独、贫穷和对祖国的怀念，是她创作的主题，集中体现在诗集《俄罗斯之后》（1928）中。20年代创作了《奇遇》（1923）、《费德拉》（1928）等诗剧，出版了《别离》（1922）、《天鹅营》（1924）等诗集。30年代是她散文创作的高峰期，写有《诗人与时代》（1932）、《被迷惑的精神》（1934）等作品。1939年回国。1941年移居鞑靼，后自缢身亡。茨维塔耶娃的诗歌激情丰沛，节奏铿锵，意象奇诡，文字细腻凌厉，不完整的句式，使她的部分作品显得晦涩难懂。

**茨温利** Zwingli, Huldrych（1484－01－01～1531－10－11） 瑞士宗教改革家。生于圣加伦州吐根堡河谷，卒于卡佩尔。在巴塞尔大学就读，1506年获硕士学位，被封立为格拉鲁斯教堂神父。曾提出废除朝圣的主张，并因其主张与讲道才能被誉为“民众神父”。在1522年瑞士宗教改革运动开始后，发表《六十七条论纲》，否认罗马教廷权威，反对出售赎罪券，鼓吹简化礼拜仪式，解散隐修院并没收其财产，清除教堂圣像，取消教士独身制，取消主教制，牧师由信徒选举。在苏黎世市议会和市民的支持下，他领导的改革运动遍及瑞士东北各州。1525年起，瑞士教会内讧，出现激进的再洗礼派，茨温利著书驳斥该派的主张，并赞同镇压再洗礼派。在圣餐问题上主张酒和饼仅仅代表耶稣的血与肉，因而与**马丁·路德**发生分歧。后任随军牧师，在与天主教各州作战时死于战场。著作有《始与终》、《真伪宗教评述》等。

**祠堂** ancestral temple; memorial hall 中国古代供奉祖先神主、举行祭祀活动的场所。又分宗祠、家祠。立庙祭祖在原始社会后期即已存在；至后世，天子诸侯的祖庙称宗庙，士大夫的祖庙称家庙。周代规定天子七庙、诸侯五庙、大夫三庙、士一庙，庶人只能祭于寝（居室）。南宋时的祠堂以家庭名义建立，并与居室相连。元代出现了以家族为单位建立的宗祠。自明初开始，“庶人无庙”的规矩被打破，从此宗祠遍立。明代中期以后，宗祠大兴，一些官僚豪绅、富商巨贾所建宗祠气势宏伟，重庆云阳涂氏宗祠为其中具有代表性的大型宗祠建筑。宗祠祭祖是最重要的宗族活动。祭祀活动名目繁多，仪式隆重，有每年对高、曾、祖、考的四时祭，还有冬至、立春、秋分、忌日等举行的特祭，以及每逢年节时的年节

安徽绩溪的胡氏祠堂

祭。宗祠还是处理宗族事务、执行族规家法的地方，并是教育本族子弟的处所，许多宗族都在祠堂中设有家学（义学）。宗祠有的由族长直接管理，有的设宗祠总理、宗祠知事，经管宗祠的人往往同时经管族产。

**《辞海》** *Sea of Words* 中国一部兼收语词和百科词语的大型综合性辞书。最初由陆费逵动议编纂，舒新城、沈颐、张相等人主编，1936年上海中华书局出版。1958年以后进行修订，1979年10月由上海辞书出版社正式出版《辞海》3卷本。全书选收单字14 872个、词目91 706条，包括成语、典故、人物、著作、古今地名、历史事件以及各学科的名词术语。全书按部首排列，另有笔画查字表和汉语拼音索引，并附有十几种有关历史和自然科学的数据表格。此后又有1989年版。1992年，上海辞书出版社与东华书局合作，在中国台湾出版《辞海》(1989年版)。1999年出版的修订本，较1989年版略增内容，条目也有大量修订。2009年出版了《辞海》第六版。

**《辞源》** *Sources of Words* 中国一部为阅读古籍用的大型古汉语辞书。最初由陆尔奎、方毅等人倡议编写，始于清光绪三十四年(1908)，1915年编成。1931年又出版了《辞源》续编。《辞源》以旧有的字书、韵书、类书为基础，吸收新的国外辞书的优点，以语词为主，兼收百科术语，意在实用，注重探求词义的原委，并详举书证，故名《辞源》。共收1万多字，词目10万余条。1958年开始修订，修订稿第一册于1964年出版。全书从1976年起由广东、广西、河南、湖南4省（区）协作修订，并与商务印书馆共同编辑审定，1979～1983年由商务印书馆出版，共4册。内容包括古书中的语词典故和有关古代文物典章制度等方面的事典词语。本书所收单字按部首排列，单字下均注出汉语拼音和注音字母，并加注《广韵》反切。释义注意语词的来源出处和语词在使用过程中的发展演变。收词一般止于鸦片战争(1840)，增补了一些较常见的词目。至今已修订再版多次。

**慈悲** Maitrī-karuṇā 佛教名词。佛、菩萨博大的无所不被的爱心。它体现为积极地给众生喜乐，而救护在痛苦中的一切有情。慈悲在大乘佛教中是最根本的伦理出发点。慈悲是一切佛道的根本依据和标准。《大日经·住心品》说“菩提心为因，大悲为根本，方便为究竟”。意思是说修教成佛，其所据者，无非是人人本有的本觉真心，即菩提心，此菩提心亦即佛性、佛心。修持佛法（尤其密法），必须以慈悲众生的情怀为根本，无论是佛是菩萨，总以众生轮回生死、受苦无断为念。若离开对一切众生的同情慈护，也就丧失了佛教根本。大乘佛教说无缘大慈，同体大悲。前者意味着为慈爱而慈爱，后者意味着悲愍之心与山河大地世间万物并存。

**慈恩寺** Ci' en Temple 中国佛教寺院。法相宗祖庭。位于陕西西安市区南部。始建于隋开皇九年(589)，初名无漏寺。唐贞观二十二年(648)，皇太子李治为其母文德皇

慈恩寺外景

后追荐冥福而扩建为大慈恩寺。玄奘奉敕由弘福寺移居此寺为上座并主持翻经院，遂译佛经。永徽三年(652)，于寺内建成存放佛经的大雁塔，塔高64米，塔底层四面有石门。

**慈姑** *Sagittaria sagittifolia*; arrowhead 泽泻科慈姑属的一种。宿根性水生草本植物。又称剪刀草、燕尾草等。以球茎作蔬菜食用。原产中国。植株高约1米。叶戟形，为根出叶，具长柄。短缩茎，每株10多枝。顶端着生膨大的球茎，呈球形或卵形。顶芽尖嘴状。成长植株从叶腋抽生花梗1～2枝。总状花序，雌雄异花。瘦果。

栽培的慈姑有中国慈姑、日本慈姑和美国慈姑三个变种。性喜温暖，用顶芽繁殖。球茎自膨大至成熟需25～40天。栽培时切取球茎成熟、肥壮的顶芽，进行扦插育苗。苗三四片叶时定植大田。

慈姑球茎富含碳水化合物（约25.7%）和蛋白质（约5.6%），可煮食或加工制片、制粉等。

**慈善事业** philanthropic works 由民间的社会团体或宗教团体出面组织的专门为社会上脆弱的或不幸的群体及个人提供与社会福利相关的服务。一般由慈善机构等专门的社会团体承办。可作为政府举办的社会保障事业的补充。

慈善事业本建立在民间互助互济的基础上，是出于人类恻隐之心或宗教信仰对贫困者施以的资金、实物或服务的援助。现代慈善事业以社会工作理论为指导，以“助人自助”为宗旨，对有需要的社会弱势群体施以适当的援助。

欧洲中世纪时期慈善事业已经影响广泛。19世纪末，各种致力于慈善事业的基金会以及其他非营利组织纷纷建立。第二次世界大战以后，人们对战争的抵触和对人类的关怀意识增强，涌现出一批致力于慈善救助等公益事业的非营利组织。

基金会是20世纪初发展起来的、以从事公益事业为目的的非营利性募捐组织。国际著名的基金会有：卡内基纽约基金会、洛克菲勒基金会、福特基金会等。20世纪末至21世纪初，在盖茨基金会和慈善家W.巴菲特协力推动下，西方兴起大规模的慈善捐助运动。

慈善事业在中国源远流长。古代遭遇灾荒年的施粥，瘟病发生时的施药，兴办收养孤寡老人和孤儿的“恩济院”，以及乡间的“义仓”等，都是早期的慈善事业。近代，国外宗教慈善机构在中国兴办了一批孤儿院、老人院和医院。中华人民共和国建立后，建立了完全由政府举办的社会福利事业。比较有影响的慈善机构有中华慈善总会、青少年发展基金会、中国宋庆龄基金会、中国红十字会、中国残疾人福利基金会等。

**慈善学校** charity school 英国宗教慈善团体或慈善家捐助建立的私立初等学校。又称蓝外套学校。1680年在伦敦的怀特查珀尔区建立了第一所慈善学校。慈善学校免费招收贫苦儿童入学，并供应书籍，有的还供应膳食、衣服和住宿。学校除了教读、写、算的初步知识外，主要进行宗教教育，培养学生对基督教的虔诚信念，并注意培养学生的习惯和行为。有的学校还进行多种手工艺教育，男孩主要学习园艺、航海术等，女孩则主要学习纺织、缝纫和家务工作等。学校规模大都较小，学生一般不超过20人。大多数学校还规定着有特色的制服。教师都是25岁以下，娴于基督教教义，具有较好的教学才能，并自愿献身宗教慈善事业的英国国教会成员。18世纪上半叶，慈善学校盛行于英国，并流传到美国。18世纪末，很多慈善学校关闭。

**慈溪市** Cixi City 中国浙江省辖县级市。在省境东部，杭州湾南岸。面积1 154平方千米。人口146万(2010)。春秋为越国地。唐开元二十六年(738)置慈溪县。明永乐十六年(1418)更名慈谿县。1956年复名慈溪县。1988年撤县设市。由宁波市代管。农作物以棉花为主，兼种水稻、大麦和小麦、油菜等。创汇农业发展快，绿花菜、荷兰豆、刀豆、榨菜、辣椒等远销国外。土特产品有杨梅、麦门冬、大白蚕豆、龙山黄泥螺、长河金丝草帽和中药材红花、丝瓜络等。工业有纺织、机械、化工、电力、家电、

上林湖越窑遗址

建材、制药、食品加工等。交通便捷，余慈铁路与杭甬铁路在此接轨。329国道横贯全境。名胜古迹有上林湖越窑遗址、浙东名刹五磊寺、客星山严子陵故居等。

**慈禧太后** Cixi Empress Dowager (1835-11-29～1908-11-15) 中国清代咸丰帝奕詝之妃，同治、光绪两朝实际最高统治者。那拉氏，祖居叶赫，故称叶赫那拉。满洲镶蓝旗人。父惠徵，曾任安徽宁池广太道道员。1852年(咸丰二年)，被选入宫，封兰贵人。1854年，晋封懿嫔。1856年，生皇长子载淳，晋封懿妃。次年，封懿贵妃。在宫中的地位仅次于皇后钮祜禄氏。因得咸丰帝宠幸，“时时批览各省章奏”，干预朝廷政事。1860年，英法联军攻陷大沽炮台，占领天津，进逼北京。她随咸丰帝逃往热河（今河北承德）避暑山庄。次年8月，咸丰帝病死，六岁的载淳继位，年号祺祥。怡亲王载垣、郑亲王端华、协办大学士户部尚书肃顺等八人奉遗诏“赞襄政务”。她和钮祜禄氏被尊为皇太后，徽号分别为慈禧、慈安，因分居东、西两宫俗称西太后、东太后。由于不满八位“赞襄政务王大臣”专权，11月，她与恭亲王奕訢等贵族官僚在北京发动宫廷政变，将载垣、端华、肃顺处死，其他五人革职或遣戍，改元同治，实行两宫太后“垂帘听政”，自己掌握实权。史称辛酉政变或祺祥政变、北京政变。

辛酉政变后，慈禧太后任奕訢为议政王、军机大臣，管理总理各国事务衙门；依靠曾国藩、李鸿章等组织的汉族地主武装，先后镇压了太平天国、捻军和贵州、云南、陕西、甘肃等地的苗民、回民起义，使清王朝的统治得到暂时稳定。在统治集团内部，她一方面采用洋务派“自强”和“求富”的方针，开办一些新式工业，训练海军和陆军以加强政权实力；另一方面，又支持顽固派对洋务派进行牵制，以加强深宫集权。1875年（同治十三年）1月，同治帝病死，无子。她立其四岁侄（亦系外甥）载湉为帝，年号光绪，继续与东太后“垂帘听政”。1881年(光绪七年)，东太后突然死去。三年后，中法战争期间，她以奕訢“萎靡因循”为由，免其一切职务，从而独揽朝政。

1886年，慈禧太后以办海军为名修葺被英法联军焚毁的清漪园（后改名为颐和园）。次年，改“垂帘听政”为“训政”。1889年，在名义上归政于光绪帝，自己退居颐和园，实际仍操纵内政和外交大权。一些中央和地方的高官显宦长期唯其命是从，在其周围形成后党集团。1894年，在中日战争中，她支持李鸿章避战静守的方针，幻想列强出面干涉、调停，以致战败，与日本签订了丧权辱国的《马关条约》。1898年，光绪帝实行戊戌变法，以慈禧太后为首的顽固派极力反对，于9月21日发动政变，幽禁光绪帝，废除全部维新措施，捕杀维新派谭嗣同等六人。慈禧太后宣布重新训政，并制造舆论，准备废黜光绪帝，另立新君。由于一些地方督抚和外国使臣的反对，仍保留光绪皇帝称号，立端王载漪子溥儁为大阿哥（皇储）。

当义和团运动兴起时，慈禧太后下令镇压未果，不得不于1900年初，改“剿”为“抚”，利用义和团的反帝爱国热情，对外宣战。8月，八国联军侵入北京，她携光绪帝逃往西安。再次下令镇压义和团，并命庆亲王奕劻、直隶总督兼北洋大臣李鸿章出面求和，1901年9月，与十一国签订了空前屈辱的《辛丑条约》。此后，陆续推行“新政”，1906年又宣布“预备立宪”。1908年11月14日，光绪帝死。她命立醇亲王载沣子——年仅3岁的溥仪为帝，年号宣统。次日，病死，结束了对清朝长达47年的统治。

**慈云桂** Ci Yungui (1917-10-05～1990-07-21) 中国计算机科学家与教育家。生于安徽桐城，卒于北京。1943年7月湖南大学电机系毕业，入清华大学无线电学研究所为研究生。1946年8月后，任清华大学讲师、研究员。中华人民共和国建立后，任副教授、教授、计算机系主任兼计算机研究所所长，国防科技大学副校长兼科学技术委员会主任，国防科工委科学技术委员会常任委员。1980年当选中国科学院学部委员（院士）。主持研制了中国第一台晶体管通用数字计算机、百万次级计算机和第一台“银河”亿次计算机（获国家级重大科技成果特等奖）。培养了数十名博士和硕士研究生。著有《微波技术》、《雷达原理》、《概率论、信息论基础》、《计算机设计》等著作，在国内外刊物上发表了《大型计算机系统总体结构设计》、《巨型计算机算法模拟与系统结构分析》等多篇学术论文。

**磁暴** magnetic storm 整个地球磁层发生的持续十几小时到几十小时的剧烈扰动。可分为三个发展阶段：磁暴开始时在全球各经度上地磁场水平分量增加，在一至数小时内大体保持不变，称为磁暴初相。初相结束后地磁场水平分量突然下降，半小时至数小时内下降到极小值，称为磁暴主相。此后，地磁场水平分量开始回升，称为恢复相。

磁暴是最严重的空间灾害天气。磁暴期间，同步高度附近辐射带高能电子通量突增，可引起卫星内部深层充电，导致卫星失效；地磁场的剧烈扰动可使地面高压输电系统和输油管道受到损坏。磁暴还引发电离层暴，导致通信中断。

**磁层亚暴** magnetospheric substorm 起始于地球夜晚面、持续一至数小时的整个地球磁层的扰动过程。在此过程中，大量的太阳风能量输入磁层，并最终释放到极区电离层、热层和内磁层。

磁层亚暴发生在包括近、中、远磁尾，极区电离层和热层在内的整个地球空间。在极区的主要现象是：极光活动增强（极光亚暴），地磁活动增强（磁亚暴），宇宙噪声吸收增强（极光带吸收），电离层电导率和电流增大，热层大气加热，中性风方向改变。磁尾的变化主要是磁层对流增强，等离子体片先变薄，然后突然膨胀。中磁尾发生磁重联，形成巨大的等离子体团，向远磁尾运动，同时出现向地球方向运动的高速等离子体流。近磁尾磁场先向尾向拉伸，然后迅速向偶极子位形恢复；等离子体加热增温，并向辐射带和环电流区注入；产生沿磁场方向流入和流出电离层的电流；激发频率范围很宽的磁层脉动，对流电场入侵导致等离子体层收缩和变形等。上述各个区域发生的现象彼此相关，构成复杂而又统一的全球演变图像。

磁层亚暴是地球空间最主要的能量传输过程。它发生频繁，平均每天四五次，每次相当于一个中等地震，能量输入率可达$10^{12}$～$10^{13}$瓦。磁层亚暴可造成高纬地区通信中断，导致同步轨道卫星充电，引起中层大气环流变化，并可能影响低层大气。

**磁场** magnetic field 电流、运动电荷、磁体或变化电场周围空间存在的传递磁相互作用的一种特殊形态的物质。基本特性是对置于其中的运动带电粒子施加力的作用。描述磁场的基本物理量是磁感应强度$\boldsymbol{B}$，它是矢量，其大小和方向根据运动电荷所受的洛伦兹力$\boldsymbol{F}=q\boldsymbol{v}\times\boldsymbol{B}$确定。磁场可用磁力线形象地图示。磁力线是由一些无源头的闭合曲线组成的有向曲线族，表明磁场是有旋无散的矢量场。直接或间接的观测表明，地球、天体和星际空间都存在强度极为不同的磁场。人体的一些组织和器官也会由于生命活动而产生强度不同的微弱磁场。磁场的普遍存在，对于科学研究、现代生产技术和人类生活有着重要意义。如以电磁感应为基础的发电、传输电和用电技术中广泛需要磁场，在能量转换过程中起重要作用；控制带电粒子运动的加速器、电子显微镜、微波电子管（如磁控管、行波管、返波管等）中磁场具有重要地位；磁场使处于其中的载流导体受到力的作用是电动机、扬声器、磁电式仪表等换能器和检测仪表的工作原理；非均匀磁场使磁性不同的物体受到大小和方向不同的力作用是磁力分离技术的物理基础，这种技术已广泛用于工业选矿、除杂质和医学上除细菌、病毒以及分离红白细胞等；各种微弱磁场的探测已用于医疗诊断等。

**磁场强度** magnetic intensity 描述磁场的一个辅助量。通常用$\boldsymbol{H}$表示，定义为$\boldsymbol{H}=\boldsymbol{B}/\mu_0-\boldsymbol{M}$，式中$\boldsymbol{B}$为磁感应强度，$\boldsymbol{M}$是介质的磁化强度，$\mu_0=4\pi\times10^{-7}$亨/米是真空磁导率。与磁感应强度$\boldsymbol{B}$不同，磁场强度$\boldsymbol{H}$是有源场，在磁体的磁极处是$\boldsymbol{H}$线的源或汇。以前曾认为磁性起源于磁荷，并得到与静电库仑定律相似的磁库仑定律。与静电情形类似，很自然地用单位指北磁荷所受的磁力描述磁场，这样定义的就是磁场强度$\boldsymbol{H}$，因此$\boldsymbol{H}$是描述磁场的基本量。在认清磁性起源于电流之后，利用运动电荷或电流受磁力的性质来描述磁场，这样引入的磁感应强度$\boldsymbol{B}$成为描述磁场的基本量，而$\boldsymbol{H}$则退居为描述磁场的辅助量。$\boldsymbol{H}$在国际单位制中的单位为安/米，在高斯制中的单位为奥[斯特]，1安/米＝$4\pi\times10^{-3}$奥。

**磁单极子** magnetic monopole 理论上预言的带单极性磁荷粒子。在经典电磁理论中，磁是由电流和变化的电场产生的，磁南极和磁北极总是同时存在的，不存在磁单极子。1931年P.A.M.狄拉克从分析量子系统波函数相位不确定性出发，得出磁单极子存在的条件，可用以说明电荷量子化这个理论上无法说明的事实。20世纪70年代以后建立起来的大统一理论以及早期宇宙的研究都要求存在磁单极子，磁单极子的质量重达$10^{16}$吉电子伏/库$^2$（$GeV/C^2$）。实验上探测磁单极子成为检验粒子物理大统一理论和天体物理宇宙演化理论的重要依据。曾经作过广泛的探查，而且每当粒子加速器开拓新能区或发现新的物质源（例如从月球上取来岩石）都要重新进行磁单极子的搜索。1982年采用超导量子干涉器件磁强计探测到一起磁单极子的事例，但还不足以肯定其存在。

**磁导率** magnetic permeability 表征物质磁性的物理量。定义为物质内部的磁感应强度$\boldsymbol{B}$与磁场强度$\boldsymbol{H}$的比值，常用$\mu$表示，$\boldsymbol{B}=\mu\boldsymbol{H}$，$\mu$单位为亨/米。写成$\mu=\mu_r\mu_0$，式中$\mu_0$称为真空磁导率，国际单位制中规定$\mu_0=4\pi\times10^{-7}$亨/米，$\mu_r$称为相对磁导率，相应有时也称$\mu$为绝对磁导率。对于各向同性线性介质，$\mu_r$是一个无量纲的纯数，它与磁化率的关系是$\mu_r=1+\chi_m$，$\chi_m$为磁化率；对于各向异性介质，磁感应强度$\boldsymbol{B}$与磁场强度$\boldsymbol{H}$方向不同，$\mu_r$是一个张量；对于强磁性的铁磁质或磁场很强的情形，$\boldsymbol{B}$与$\boldsymbol{H}$呈现非线性关系。

**磁电阻材料** magnetoresistance material 具有显著磁电阻效应的磁性材料。强磁性材料在受到外加磁场作用时引起的电阻变化，称为磁电阻效应。不论磁场与电流方向平行还是垂直，都将产生磁电阻效应。前者（平行）称为纵磁场效应，后者（垂直）称为横磁场效应。一般强磁性材料的磁电阻率（磁场引起的电阻变化与未加磁场时电阻之比）在室温下小于8%，在低温下可增加到10%以上。已实用的磁电阻材料主要有镍铁系和镍钴系磁性合金。室温下镍铁系坡莫合金的磁电阻率约1%～3%，若合金中加入铜、铬或锰元素，可使电阻率增加；镍钴系合金的电阻率较高，可达6%。与利用其他磁效应相比，利用磁电阻效应制成的换能器和传感器，其装置简单，对速度和频率不敏感。磁电阻材料已用于制造磁记录磁头、磁泡检测器和磁膜存储器的读出器等。

**磁法勘探** magnetic prospecting 通过观测和分析由地质体磁性差异所引起的磁异常，进而研究地质构造和矿产资源的一种地球物理勘探方法。其中磁异常是指磁性体产生的磁场叠加在地球磁场之上而引起的地磁场畸变。又称磁力勘探。

地质体受现代地磁场的磁化而产生感应磁化强度，用它与现代地磁场强度的比值（即磁化率）表示地质体受磁化的程度。地质体在形成过程中还受到当时地磁场的磁化而获得磁性，这种磁性经漫长地质年代保留至今，称为剩余磁化强度。所以，地质体磁性由感应磁化强度和剩余磁化强度两部分组成。地质体磁性的差异是磁法勘探借以解决地质找矿问题的基础。

岩石磁性主要取决于铁磁性矿物。最常见的铁磁性矿物有磁铁矿、钛磁铁矿、磁黄铁矿和磁赤铁矿。因此，岩石、矿石的磁性强弱，主要决定于铁磁性矿物的成分、含量及分布状况。

磁测工作按照观测磁异常的空间地域不同，分为地面磁测、航空磁测、海洋磁测、井中磁测和卫星磁测。磁异常的观测数据需作适当的处理和改正，主要有正常场改正、日变改正、仪器的温度系数和零点漂移改正。作大面积磁测时，正常场的改正中还应包括纬度改正。经过改正后的异常值，常用等值线平面图和剖面图表示。常用的磁法勘探仪器有磁秤、磁通门磁力仪、质子旋进磁力仪、光泵磁力仪和超导磁力仪等。

**磁感应强度** magnetic induction 描述磁场强弱和方向的物理量。又称磁通密度。是矢量，用符号$\boldsymbol{B}$表示，通过磁场对运动电荷或电流所施的力定义。速度为$\boldsymbol{v}$的点电荷$q$在磁场中受的力$\boldsymbol{F}$可表示为$\boldsymbol{F}=q\boldsymbol{v}\times\boldsymbol{B}$，式中$\boldsymbol{B}$即为磁感应强度。当电荷运动方向与磁场方向相同或相反时，运动电荷不受力；当电荷运动方向与磁场方向垂直时，受的力最大，为$F_m=|q|vB$，比值$F_m/|q|v$是一个与运动电荷无关的量，反映了磁场本身的性质，用以定义磁感应强度的大小；而磁感应强度的方向定义为与电荷不受力时的速度方向平行，指向为由正电荷所受最大力$\boldsymbol{F}_m$的方向转向电荷运动方向时右手螺旋前进的方向。定义了$\boldsymbol{B}$之后的上述公式即为洛伦兹力公式，根据它可确定运动电荷在磁场中所受到的力。电流元$Id\boldsymbol{l}$在磁场中所受的安培力公式为$d\boldsymbol{F}=Id\boldsymbol{l}\times\boldsymbol{B}$，由它也可定义磁感应强度。国际单位制中磁感应强度的单位是特[斯拉]，高斯单位制中磁感应强度的单位是高斯，1特＝$10^4$高斯。

**磁共振** magnetic resonance 固体在恒定磁场和高频交变电磁场的共同作用下，在某一频率附近产生对高频电磁场的共振吸收现象。在恒定外磁场作用下固体发生磁化，固体中的元磁矩均要绕外磁场进动。由于存在阻尼，这种进动很快衰减掉。但若在垂直于外磁场的方向上加一高频电磁场，当其频率与进动频率一致时，就会从交变电磁场中吸收能量以维持其进动，固体对入射的高频电磁场能量在上述频率处产生一个共振吸收峰。若产生磁共振的磁矩是顺磁体中的原子（或离子）磁矩，则称为顺磁共振。若磁矩是原子核的自旋磁矩，则称为核磁共振。若磁矩为铁磁体中的电子自旋磁矩，则称为铁磁共振。核磁矩比电子磁矩约小3个数量级，故核磁共振的频率和灵敏度比顺磁共振低得多；同理，弱磁物质的磁共振灵敏度又比强磁物质低。从量子力学观点看，在外磁场作用下电子和原子核的磁矩是空间量子化的，相应的具有离散能级。当外加高频电磁场的能量子$h\nu$等于能级间距时，电子或原子核就从高频电磁场吸收能量，使之从低能级跃迁到高能级，从而在共振频率处形成吸收峰。

利用顺磁共振可研究分子结构及晶体中缺陷的电子结构等。核磁共振谱不仅与物质的化学元素有关，而且还受原子周围的化学环境的影响，故核磁共振已成为研究固体结构、化学键和相变过程的重要手段。核磁共振成像技术与超声和X射线成像技术一样已普遍应用于医疗检查。铁磁共振是研究铁磁体中的动态过程和测量磁性参量的重要方法。

**磁共振成像** magnetic resonance imaging; MRI 利用人体组织中某种原子核的核磁共振现象，将所得射频信号经过电子计算机处理，重建人体任何平面断面图像的一种摄影技术。是一种非X射线医学成像技术。又称核磁共振成像术。

成像方法 收集磁共振信号，经过电子计算机处理，即可重建出图像。磁共振成像的方法有多种，在分辨率、成像时间、信噪比等方面各有不同。从数据收集方面区分有点、线、平面、容积成像法等，从数据处理方面区分有投影重建法、傅里叶变换法等。

临床运用 MRI可利用被检组织的物理和生物化学特性作组织特性评价，以区别不同组织，通过流动效应显示血液和脑、脊髓液的流动。随着MRI硬、软件的提升，时间和空间分辨率均明显提高，这进一步扩大了MRI的应用范围。新开发的开放型MRI设备（多为低、中场强）可用于MRI引导下的介入和手术治疗，作为非X射线操作有其优势。

颅脑 MRI可清晰分辨脑灰质和白质，对多发性硬化等一类脱髓鞘病的诊断优于CT。对脑外伤、脑出血、脑缺血、脑梗死、各种脑肿瘤和硬膜下血肿等均有良好的显示效果。尤其是脑干及小脑病变的MRI图像由于没有伪影，明显优于CT，对这些部位的病变MRI是首选的检查方法。新开发的扩散、灌注等功能成像序列的应用，可检测超急性期脑梗死和脑出血改变。

脊柱和脊髓 MRI不需要对比剂即能清晰区分脊髓、硬膜囊和硬膜外脂肪。对肿瘤、脊髓空洞症、脱髓鞘病变等均有较高的诊断价值。对外伤，虽然MRI显示骨折或脱位不如X射线平片或CT，但能观察脊髓损伤情况。MRI显示椎间盘也较好，可以分辨纤维环和髓核，特别是矢状面图像可以同时显示多个椎间盘突出。

心胸 无需对比剂，结合心电门控技术即可清晰地显示心脏大血管的形态结构，应用超快速技术，可观察心脏运动功能、血流动态以及心肌灌注等情况。对缺血性心脏病、心肌病、心腔及心旁肿块、心包病患、心脏瓣膜病、先天性心脏病均有良好效果。磁共振血管成像对比增强技术可有效显示颅脑及体部血管及分支，已部分取代普通血管造影和数字减影血管造影。对肺部的检查，MRI不如X射线平片和CT，但对纵隔肿块和血管结构的分辨则优于CT。

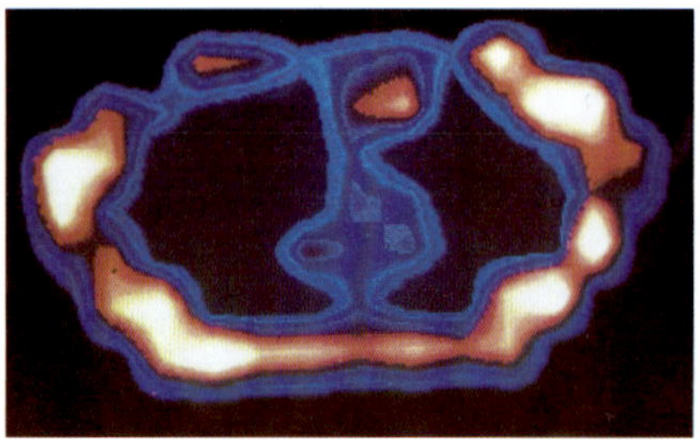

磁共振成像的胸部显影片

肌肉骨关节 可清楚地显示关节软骨、韧带、肌腱和肌肉等，作为无创性成像，基本上可取代关节造影术和关节镜检查，对软组织和肌肉病变包括肿瘤和炎症，尤其是早期骨髓炎等均有良好诊断效果。对显示骨缺血性坏死的早期改变，优于CT和放射性核素检查。

腹部、肾和肾上腺 对肝、胰、脾等的检查效果，整体上与CT相似，由于新的扫描技术和对比剂的应用，诊断范围和效果均有所提高。对肾肿瘤，超声和CT诊断困难时，可应用对比增强MRI；对肾上腺，MRI对比分辨率高，根据信号强度有助于组织特性分析，如鉴别良恶性肿瘤。

盆腔 主要用于女性盆腔、子宫内膜、子宫癌和卵巢瘤的分期、良性子宫病变的诊断；对男性盆腔、前列腺肥大和癌的鉴别与超声和CT相比有一定优势。对膀胱癌和直肠癌的分期，MRI的作用与CT类似。

**磁光效应** magneto-optic effect 光与处于磁化状态的物质发生相互作用而引起的各种光学现象。包括下列几种。

法拉第磁致旋光效应 透明物质在磁场作用下产生旋光性质的效应。1845年由M.法拉第发现。当线偏振光在介质中传播时，若在光的传播方向上加一强磁场，则光的振动方向会发生偏转。费尔德发现振动面旋转的角度$\theta$与光传播距离$l$和磁感应强度$B$的乘积成正比，即：

$$\theta = VlB$$

式中$V$与物质性质和光的频率有关，称费尔德常数；振动面的旋转方向仅取决于磁场方向而与光的传播方向无关。此效应可用于碳氢化合物分析、光调制、激发能级的研究等。

科顿－穆顿效应 1907年由A.科顿和H.穆顿首先在液体中发现。光在透明介质中传播时，若在垂直于光的传播方向上加一外磁场，则介质表现出单轴晶体的性质，光轴沿磁场方向，主折射率之差与磁感应强度的平方成正比，故此效应亦称磁致双折射。W.佛克脱在气体中也发现了同样效应，但比前者弱得多。介质对两种互相垂直的振动有不同吸收率时，就表现出二向色性，称磁二向色性效应。此效应可用于能级结构的研究和单原子层的磁性研究等。

克尔磁光效应 入射的线偏振光在已磁化的物质表面反射时，振动面发生旋转的现象。1876年由J.克尔发现。此效应最重要的应用是观察铁磁体的磁畴。不同磁畴有不同的自发磁化方向，引起反射光振动面的不同角度的旋转，通过偏振片观察反射光时将观察到与各磁畴对应的明暗不同的区域。

**磁化强度** magnetization 描述介质磁化状态的物理量。通常用$\boldsymbol{M}$表示。定义为介质微小体元$\Delta V$内的全部分子磁矩$\boldsymbol{m}_i$的矢量和与$\Delta V$之比：

$$\boldsymbol{M} = \sum_i \boldsymbol{m}_i / \Delta V$$

无外磁场时，或者是介质的分子磁矩$\boldsymbol{m}_i$为零，或者是分子磁矩的无规排列，介质的磁化强度$\boldsymbol{M}$均为零；有外磁场时，介质被磁化，$\boldsymbol{M} \neq 0$。顺磁物质的$\boldsymbol{M}$与外磁场方向相同；抗磁物质的$\boldsymbol{M}$与外磁场方向相反。如果介质是各向异性的，$\boldsymbol{M}$与磁场有一定的夹角。对于铁磁物质，$\boldsymbol{M}$与磁场有复杂的非线性关系。介质磁化后，介质的表面以及非均匀介质的内部会出现磁化电流，磁化电流由磁化强度的分布确定，并决定了有介质存在时的磁场分布。磁化强度在国际单位制中的单位为安/米。

**磁化学** magnetochemistry 研究分子磁性与其化学结构之间关联规律的化学分支学科。物质在磁场中显示出抗磁性、顺磁性或铁磁性，这些不同的宏观磁性质起源于组成物质的分子或原子中电子的轨道矩、电子的自旋矩和核的自旋矩在空间的定向，以及它们之间的相互作用。通过磁学方法和磁测量技术可以研究试样中原子的价态、化学键的性质、分子的结构及空间构型、分子运动的力学性质，以及分子间的相互作用（如吸附现象）、化学平衡、化学动力学等各种化学问题，在无机化学、物理化学、有机化学和生物化学中都有着广泛的应用。研究物质磁性质的主要工具有磁天平（或称磁秤）、电子顺磁共振谱仪、核磁共振谱仪等。其中核磁共振技术发展异常迅速，已成为鉴定有机化合物结构的重要手段。在核磁共振的研究中发展了高分辨多维谱解析和成像技术，使研究领域由液态推向固态，由化学扩展到生物和医学。核磁共振成像技术已成为医学上一种重要的诊断方法。

**磁黄铁矿** pyrrhotite 化学成分为$Fe_{1-x}S$的硫化物矿物。化学式中的$x$值通常为0.1～0.2；如$x$值为0，即与陨硫铁（FeS）相同。有六方和单斜晶系磁黄铁矿两种类型。呈带红色调的暗青铜黄色。金属光泽。莫氏硬度3.5～4.54。密度4.6～4.7克/厘米$^3$。具强磁性。晶体呈板状、柱状或双锥状（见图），通常呈粒状、致密块状集合体。在内生多种金属矿床中分布很广，但主要富集于铜-镍硫化物矿床中，与镍黄铁矿、黄铜矿共生。磁黄铁矿在地表易风化成褐铁矿。中国甘肃金川、吉林盘石等铜-镍硫化物矿床中，均富产磁黄铁矿。世界最著名产地是加拿大安大略的萨德伯里。在黑山的特雷普查、意大利的特伦蒂诺等的热液矿床中，有完好晶体产出。磁黄铁矿的含硫量为39%～

六方柱状磁黄铁矿

40%，是提取硫和制作硫酸的重要矿物原料。含铜、镍高者，可作为铜、镍资源综合利用。

**磁记录材料** magnetic recording material 利用磁特性和磁效应输入（写入）、记录、存储和输出（读出）声音、图像、数字等信息的磁性材料。分为磁记录介质材料和磁头材料。前者主要完成信息的记录和存储功能，后者主要完成信息的写入和读出功能。记录原理是：在记录信息过程中，输入信息先转变为相应的电信号输送到磁头线圈中，使记录磁头中产生与输入电信号相应的变化磁场；此时紧靠近气隙并以恒定速度移动的磁带上的磁记录介质受到变化磁场的作用，从原来的退磁状态转变为磁化状态，即将随时间变化的磁场转变为按空间变化的磁化强度分布；磁带通过磁头后转变到相应的剩磁状态，从而记录下与气隙磁场、磁头电流和输入信号相应的信息。当需要输出信息时，正好与上述记录过程相反。磁记录材料按形态分为颗粒状材料和连续薄膜材料两类，按性质又分为金属材料和非金属材料。广泛使用的磁记录介质是$\gamma$-$Fe_2O_3$系材料，此外还有$CrO_2$系、Fe-Co系和Co-Cr系材料等。磁头材料主要有Mn-Zn系和Ni-Zn系铁氧体、Fe-Al系、Ni-Fe-$N_b$系及Fe-Al-Si系合金材料等。

**磁介质** magnetic medium 在磁场作用下表现出磁性的物质。物质在外磁场作用下表现出磁性的现象称为磁化。所有物质都能磁化，故都是磁介质。按磁化机制的不同，磁介质可分为抗磁体、顺磁体、铁磁体、反铁磁体和亚铁磁体五大类。在无外磁场时抗磁体分子的固有磁矩为零，外加磁场后，由于电磁感应每个分子感应出与外磁场方向相反的磁矩，所产生的附加磁场在介质内部与外磁场方向相反，此性质称为抗磁性。顺磁体分子的固有磁矩不为零，在无外磁场时，由于热运动而使分子磁矩的取向作无规分布，宏观上不显示磁性。在外磁场作用下，分子磁矩趋向于与外磁场方向一致排列，所产生的附加磁场在介质内部与外磁场方向一致，此性质称为顺磁性。介质磁化后的特点是在宏观体积中总磁矩不为零，单位体积中的总磁矩称为磁化强度。

实验表明，磁化强度与磁场强度成正比，比例系数$\chi_m$称为磁化率。抗磁体和顺磁体的磁性很弱，即$\chi_m$很小，属弱磁性物质。$\chi_m$与磁场强度无关。抗磁体的$\chi_m$为负值，不依赖于温度。顺磁体的$\chi_m$为正值，与温度成反比，即$\chi_m=C/T$，$C$称为居里常数，$T$为热力学温度，此关系称为居里定律。

铁磁体在低于一定温度$T_C$（居里温度）时，内部存在许多自发磁化的小区域，称为磁畴。磁畴具有磁有序结构，同一磁畴内分子磁矩同向。无外磁场时不同磁畴的取向作无规分布，宏观上不显示磁性；在外磁场作用下磁畴转向，宏观体积内的总磁矩不为零，内部可产生与外磁场方向一致的、比外磁场要强得多的附加磁场。外磁场撤去后仍保留部分磁化强度。铁磁体还具有磁滞现象（见**铁磁性**）。铁磁体属强磁物质，是应用最广的磁介质。

反铁磁体内由于原子之间的相互作用使之与铁磁体一样具有磁有序结构，相邻自旋磁矩作反平行排列，大小恰好相抵消，因而不具有固有的自发磁化磁矩，此种性质称为反铁磁性。反铁磁体具有较大的顺磁磁化率，在一定温度$T_N$处存在磁化率的峰值，温度大于$T_N$时反铁磁性消失而成为顺磁体，临界温度$T_N$称为奈耳温度。在奈耳温度$T_N$处，反铁磁体的热胀系数和比热等均发生突变。铁、钴、镍、锰等过渡族金属的氧化物均是反铁磁体。

亚铁磁性与反铁磁性具有相同的物理本质，只是亚铁磁体中反平行的自旋磁矩大小不等，因而存在部分抵消不尽的自发磁矩，类似于铁磁体。温度高于$T_C$时，亚铁磁体变为顺磁体。铁氧体大都是亚铁磁体。

**磁矩** magnetic moment 描述载流线圈或微观粒子磁性的物理量。平面载流线圈的磁矩定义为

$$\boldsymbol{m}=iS\boldsymbol{n}$$

式中$i$为电流强度；$S$为线圈面积；$\boldsymbol{n}$为与电流方向成右手螺旋关系的单位矢量。在均匀外磁场中，平面载流线圈不受力而受力矩，该力矩使线圈的磁矩$\boldsymbol{m}$转向外磁场$\boldsymbol{B}$的方向；在均匀径向分布外磁场中，平面载流线圈受力矩偏转。许多电机和电学仪表的工作原理即基于此。在原子中，电子因绕原子核运动而具有轨道磁矩；电子还因自旋具有自旋磁矩；原子核、质子、中子以及其他基本粒子也都具有各自的自旋磁矩。这些对研究原子能级的精细结构，磁场中的塞曼效应以及磁共振等有重要意义，也表明各种基本粒子具有复杂的结构。分子的磁矩就是电子轨道磁矩以及电子和核的自旋磁矩构成的，磁介质的磁化就是外磁场对分子磁矩作用的结果。

**磁力线** magnetic force, line of 用来直观地图示磁场分布的虚设有向曲线族。曲线上每一点的切线方向与该点**磁感应强度**的方向一致，因此磁力线不仅显示空间各点磁感应强度的方向，其疏密程度也显示磁感应强度的大小。磁力线密集的地方磁场较强，稀疏的地方磁场较弱。19世纪30年代M.**法拉第**非常强调磁场的力线描述，他在一张均匀撒了铁粉的纸下面用磁棒轻轻颤动，铁粉就能把磁力线清晰地呈现出来。他认为磁力线是真实存在的。法拉第的力线思想虽然带有机械论的色彩，但他认为力线是物质的，必须通过物质才能传递相互作用的思想极其可贵，对当时的“超距作用”观念是一个重大的突破。但磁力线并不真实存在。磁力线作为形象显示磁场的分布在教学和实用工程中广泛被采用。

**磁疗** magnetotherapy 将磁场作用于人体以治疗疾病的**物理疗法**。早在2 000余年前的古代医学文献中已有用磁止痛、治疗关节肿痛等疾病的记载。

机理 磁场能对人的神经、肌肉、心、肺、脑等组织的生物电流和生物磁场产生影响，干扰病理过程，调节生理平衡，促进正常功能的恢复。磁场可降低神经末梢对外界刺激的感应性，使痛阈升高，故能

镇痛。可使组织内血管扩张，血流加速，血液循环改善，渗出过程受阻，水肿消散吸收，代谢产物和炎症产物加速吸收，吞噬活动和免疫过程增强，故有较好的消炎作用。磁场还有镇静、改善睡眠、缓解肌肉痉挛和降低血压的作用。

方法 ①静磁疗法。用于穴位和病变局部。②旋磁疗法。具有较好的镇痛效果。③电磁疗法。电磁体内有绕以线圈的铁芯，线圈通以交流电或脉动直流电时铁芯的两端感应产生交变磁场或脉动磁场，表面磁场强度可达0.1～0.3特。治疗时将磁头置于病患部位或穴位上。④磁处理水疗法。即大量饮用经磁场处理的水，用以治疗尿路结石。

临床应用 ①外科疾病，如扭挫伤、血肿、关节炎、肋软骨炎、网球肘、颈椎病、肩周炎、肌纤维组织炎、乳腺小叶增生、前列腺炎、尿路结石。②内科疾病，如高血压病、胃炎、肠炎、胃肠功能紊乱、支气管炎、支气管哮喘。③儿科疾病，如单纯性消化不良、遗尿症。④妇科疾病，如痛经、功能性子宫出血。⑤神经科疾病，如神经性头痛、神经衰弱、坐骨神经痛、面肌痉挛。⑥皮肤科疾病，如带状疱疹，表浅血管瘤。⑦五官科疾病，如耳廓浆液性软骨膜炎、神经性耳鸣、过敏性鼻炎、近视、中心性视网膜脉络膜炎、颞颌关节功能紊乱。

副作用 少数年老体弱者磁疗后出现心慌、气短、头晕、头痛、恶心、嗜睡、血压波动等反应，降低剂量或停止磁疗后即可消失。个别患者贴敷磁片部位的皮肤出现过敏反应，应立即停止贴敷。

禁忌证 为严重心、肺、肝、血液疾病，体质极度虚弱，皮肤破溃或出血，皮肤对磁片过敏，孕妇以及副作用显著者。

**磁流体发电机** magnetohydrodynamic generator 以产生电动势的导电流体取代产生电动势的金属导体组成的发电机。

磁流体发电机较之常规的汽轮发电机，具有以下优点：①高温流体较蒸汽有高得多的温度。②由燃料获得的热能在转换为电能时，无须汽轮机和汽轮发电机作中间环节，能量利用率高。当与汽轮发电机联合运行时的综合热效率可达50%～60%。

磁流体发电中，导电等离子流体单位体积的功率输出$W_e$可表示为：

$$W_e=\sigma v^2B^2k(1-k)$$

式中各物理量的意义及典型数值范围为：$\sigma$等离子体的电导率（10～20西/米），$v$等离子体运动速度（600～1 000米/秒），$B$磁场磁通密度（5～6特），$k$电负载系数（0.7～0.8），$W_e$在25～150兆瓦/米³。

磁流体发电要达到工业应用的阶段，还需解决许多技术问题，如更经济适用的工质，可在高温下持续工作的通道和电极，以及性能良好、造价低廉的超导磁体等。

**磁流体力学** magnetohydrodynamics 研究磁场与导电流体相互作用的学科。导电流体指具有导电性能的气体或液体。导电气体中最主要的是**等离子体**，即准电中性的电离气体，被称作物质的第四态。导电液体包括液态金属、电解液、海水和血液等。磁流体力学中电场是重要的，因为它影响流体的电流。导电流体的典型参数见表1和表2。导电流体在电磁场里运动时，流体中就会产生电流。此电流与磁场相互作用，产生洛伦兹力，从而改变流体的运动，同时此电流又导致电磁场的改变。研究此类问题必须既考虑其力学效应，又考虑其电磁效应。磁流体力学包括磁流体静力学和磁流体动力学。磁流体静力学研究导电流体在电磁力作用下的静平衡问题，如太阳黑子理论、受控热核聚变的磁约束机制等。磁流体动力学研究导电流体与电磁场相互作用时的运动规律，如各种磁流体动力学流动和磁流体动力学波等。磁流体力学与**等离子体物理学**有密切联系，也在天体物理研究（如磁场对日冕、黑子、耀斑的影响）、受控热核聚变和工业新技术（如电磁泵、电弧加热器、磁流体发电、电磁输送、电磁推进等）中得到发展和应用。

表1 导电气体的典型参数

| 分类<br>参数 | 自然界等离子体 | | 实验室等离子体 | |
|---|---|---|---|---|
| | 日冕 | 行星际 | 聚变反应堆 | 磁流体发电 |
| 尺度（m） | $10^7$ | $10^9$ | 10 | 1 |
| 电子密度（1/m³） | $10^{13}$ | $10^6$ | $10^{20}$ | $10^{20}$ |
| 电子温度（K） | $10^6$ | $10^4$ | $10^8$ | $3\times10^3$ |
| 电导率（S/m） | $10^6$ | $10^3$ | $10^9$ | 10 |
| 磁感应强度（T） | $10^{-4}$ | $10^{-9}$ | 10 | 6 |

表2 导电液体的典型电导率

| 分类<br>参数 | 液态金属 | | | 盐水 | | 血液 |
|---|---|---|---|---|---|---|
| | 汞（20℃） | 钢（1 500℃） | 钠（400℃） | 25%食盐（20℃） | 海水 | |
| 电导率（S/m） | $10^6$ | $7\times10^5$ | $6\times10^6$ | 21.6 | 4 | 0.8 |

**磁路** magnetic circuit 用强磁材料构成、在其中产生一定强度的磁场回路。它也是一种含有用以导磁的铁芯的电磁器件的模型，在这些器件中利用磁路在其中获得需用的磁场。

磁路一般由通电流以激励磁场的线圈、由软磁材料制成的铁芯，以及适当大小的空气隙构成。在有些场合下，用永磁体作为磁场的激励源，其作用相当于通有电流的励磁线圈。

磁路分析的目的是要确定励磁磁通势与它所产生的磁通的关系，这对了解器件的性能和进行相应的设计，都是必要的。磁路中有关的物理量有磁通（即**磁通量**）、磁通势、磁位差、**磁阻**。

在磁路中如有一磁通经过若干段磁路，则各段磁路的总磁位降等于各段磁路上磁位降之和，每一段磁路的总磁位降等于该段磁路的磁阻与磁通的乘积。从而可得总磁阻等于各段磁路的磁阻之和。这与串联电阻电路的总电阻等于其中各电阻之和相似。

在磁路中如有多个磁路支路并联，则各支路的两端间有同一磁位降。各磁路支路的磁通之和即等于总磁通，从而可得这些并联支路的总磁导等于各支路磁导之和。这与并联电路的总电导等于其中各电导之和相似。

电工中常用铁磁材料制作铁芯。铁磁材料的磁导率与其中的磁通密度或磁场强度有关，而非恒定值，这就使得磁路分析成为非线性问题。

**磁山文化** Cishan Culture 中国**新石器时代**中期文化。以河北武安磁山遗址而命名。主要分布在河北省中南部。年代约为公元前6100～前5700年。居民经济生活以原始粟作农业为主。以石镰、石铲、石刀、石斧与柳叶形石磨盘为生产工具。饲养狗、猪等家畜，兼事渔猎。制陶业较原始，处于手制阶段；椭圆口盂、靴形支座、三足钵与深腹罐等为典型陶器。陶器表面多饰绳纹、篦纹及划纹等。住房简陋，为圆形或椭圆形的半地穴式建筑。还发现许多储

陶盂

藏粟的粮窖。该文化与**裴李岗文化**关系密切，当时可能处于以对偶家庭为基本单位的母系氏族阶段。

**磁铁矿** magnetite 化学成分为$Fe_3O_4$，晶体属于等轴晶系的氧化物矿物。中国古籍中有慈石、磁石、玄石等名称，可作中药。

八面体磁铁矿

含铁量为72.40 %，是重要的炼铁矿物原料之一。成分中常含各种杂质，伴有可综合利用的钛、钒、铬、镍、钴等元素。当矿石中有害元素很少时，可直接用于平炉炼钢。磁铁矿单晶几乎都是八面体（见图）或菱形十二面体，双晶常见；粒状或致密块状集合体。铁黑色。半金属至金属光泽。莫氏硬度5.5～6.5。性脆。密度5.2克/厘米$^3$。无解理，有时具八面体裂开。磁性强，能被磁铁所吸引。某些磁铁矿具有极磁性，即用它能吸引铁类物质，这种天然磁铁矿又称极磁铁矿。磁铁矿是多种成因的矿物，并能聚集成有经济价值的大型铁矿床。主要有岩浆型（如中国四川攀枝花、瑞典基鲁纳、俄罗斯乌拉尔的卡奇卡纳尔、南非布什维尔德铁矿），高温热液型（如中国内蒙古白云鄂博富含稀土铁矿），火山岩型（如智利拉科、哈萨克斯坦阿塔苏地区、伊朗巴夫格区），接触交代型（如中国湖北大冶、俄罗斯乌拉尔、哈萨克斯坦图尔盖地区），沉积变质型（如中国辽宁鞍山和河北迁安、美国苏必利尔湖区、加拿大拉布拉多、俄罗斯库尔斯克、澳大利亚皮尔巴拉、巴西米纳斯吉拉斯州），也常见于砂矿中。在自然界，磁铁矿易氧化转变成**赤铁矿**并保留外形的，称为假像赤铁矿。

**磁通量** magnetic flux 表征磁场分布情况的物理量。又称磁通。通过磁场中某处的面元d$\boldsymbol{S}$的磁通量d$\Phi_B$定义为该处磁感应强度的大小$B$与d$\boldsymbol{S}$在垂直于$\boldsymbol{B}$方向的投影d$S\cos\theta$的乘积，即

$$\mathrm{d}\Phi_B = B\mathrm{d}S\cos\theta$$

式中$\theta$是面元的法线方向$\boldsymbol{n}$与磁感应强度$\boldsymbol{B}$的夹角。磁通量是标量，$\theta<90°$为正值，$\theta>90°$为负值。通过任意闭合曲面的磁通量$\Phi_B$等于通过构成它的那些面元的磁通量的代数和，即

$$\Phi_B = \int\mathrm{d}\Phi_B = \oint B\cos\theta\mathrm{d}S$$

对于闭合曲面，通常取它的外法线矢量（指向外部空间）为正。

磁场的高斯定理指出，通过任意闭合曲面的磁通量为零，即

$$\Phi_B = \oint B\cos\theta\mathrm{d}S = 0$$

它表明磁场是无源的，不存在发出或会聚磁力线的源头或尾闾，亦即不存在孤立的磁单极。以上公式中的$B$既可以是电流产生的磁场，也可以是变化电场产生的磁场，或两者之和。

磁通密度是通过垂直于磁场方向的单位面积的磁通量，它等于该处磁场磁感应强度的大小$B$。磁通密度精确地描述了磁力线的疏密。

通量概念是描述矢量场的性质，通量密度则描述矢量场的强弱。磁通量和磁通密度、电通量和电通密度都是如此。

在国际单位制（SI）中，磁通量的单位是韦伯（Wb）。

**磁县** Cixian County 河北省邯郸市辖县。位于省境最南端，邻接河南省。面积1 035平方千米。人口67万（2008）。古称磁州。三国魏为临水县，南北朝北周分置滏阳县，隋为慈州（唐改为磁州）治，明废县入磁州，1913年改磁县，以磁山得名。主要农作物有小麦、玉米、棉花、水稻、大豆、莲藕等。磁州大米、白莲藕、滏阳河鲤鱼作为朝廷贡品，久负盛名。地下煤炭储量丰富，古老的磁州窑瓷器闻名于世。古迹有北朝墓群、兰陵王碑等。

**磁性材料** magnetic material 具有铁磁性能的材料的统称。包括自旋呈共线型分布的、自旋呈螺旋型或成角型分布的，以及非晶态结构中自旋呈统计分布的铁磁性和亚铁磁性材料等。其基本特征是材料随外磁场而磁化。广义的磁性材料有时也包括应用某种磁效应的弱磁性材料，如顺磁盐、反铁磁材料等。磁性材料可按磁性、效应、结构、形态等分类。

按磁性可分为5类：①硬磁材料。磁滞回线面积大，能对其周围特定空间提供稳定的磁场的材料。又称永磁材料。②软磁材料。磁滞回线面积小，细长形。③矩磁材料。磁滞回线呈矩形，具有能与二进制数码对应的两个稳定的磁化状态的材料，又称磁记录材料。④压磁材料。样品尺寸、体积和力学性能随磁化状态而明显变化的材料。又称**磁致伸缩材料**。⑤旋磁材料。电磁波的偏振面会因材料的磁化状态而产生偏转的材料。多用于微波器件。故又称微波磁性材料。

按学科交叉的磁效应可分为4类：①磁光材料。对光（含红外）频段的旋磁效应和旋电效应高，且光损耗低的材料。多用于磁光存储和光纤通信中的磁光器件。②磁电阻材料。外加磁场能引起材料电阻率明显变化的材料。③磁致冷材料。磁场引起材料熵的变化，而可通过绝热去磁用于降低温度的材料。④生物磁性材料。人工制造的在生物体内不具有排异反应的磁性材料，或生物体内通过生物矿化过程而产生的磁性材料，如可用于磁性药物的磁性微球等。

按材料的形态或维度可分为4类：①三维块状材料。是最常用的形态。②（准）二维磁性薄膜材料。有单层膜、多层膜、超薄膜之分，多用于磁记录的磁传感器。21世纪初发展出的自旋电子学就是基于磁性薄膜材料而来。③（准）一维丝状材料。多用于磁记录和磁传感器，为针状$\gamma$-$Fe_2O_3$、发展中的量子磁存储纳米磁性丝等。④（准）零维超细纳米磁性粒子。处于单磁畴状态的超顺磁性材料。重要的应用有磁性液体和医用磁性微球等。

按结构类型可分为单晶材料、多晶材料、纳米晶材料、非晶态材料等。

磁性材料在生产、生活、国际建设中有着广泛应用。例如，电力技术中的各种电机和功率变压器；电子技术中的各类磁性元件、电感脉冲变压器、微波电子管；通信技术中的磁性天线、传感器、滤波器；国防技术中的磁性水雷、地雷和**隐身材料**；医学中的脑磁、心磁图设备，载磁药物和各类磁疗器；科学研究中的加速器磁体、粒子磁谱仪；地矿技术中的磁法勘探和海洋磁测；信息技术中的各种硬盘、软盘和磁光盘；空间技术中的磁姿态控制和磁测等。

**磁性物理学** magnetic physics 研究物质磁性及其应用的学科。是**固体物理学**的基本内容之一。物质的磁性是指能激发磁场、并在外磁场中受到作用力的性质，是物质的一种固有属性，几乎所有物质或多或少都具有磁性。中国早在公元前4世纪就有关于天然磁铁矿（$Fe_3O_4$）具有磁性的记载，并用来制造指南针。19世纪法国物理学家A.-M.**安培**首先利用分子电流的假设解释了物质磁性的起因。安培认为物质分子中存在分子电流，并把物质的磁性归因于分子电流的磁效应。无磁性的分子具有对称的分子电流分布，不显示磁性。在外磁场作用下分子电流的分布失去对称性，宏观上表现出磁性。安培的分子电流观点最初只是一种假设，但近代原子物理的发展表明，物质的磁性来源于分子内部的电流这一观点是正确的。按近代理论，原子或分子内部的每个电子绕原子核作轨道运动，等效于一个电流环，具有一定的磁矩；电子和原子核的自旋运动也相当于一个电流环，也具有一定的磁矩。这些磁矩能激发磁场，在外磁场中也要受到磁力矩的作用。无外磁场时各磁矩的取向由于热运动而作无规分布，其磁效应互相抵消，宏观上不显示磁性；有外磁场作用时，各磁矩趋向于一致的排列，单位宏观体积中的总磁矩不等于零，宏观上显示磁性，此现象称为物质的磁化。

根据物质磁性的强弱或被磁化的程度

大小可分为弱磁物质和强磁物质两大类。弱磁物质又可分为抗磁体和顺磁体两种。强磁物质主要是由铁族元素及它们的合金组成的铁磁体。1905年法国物理学家P.朗之万建立了抗磁性和顺磁性的经典理论，后来J.H.范扶累克提出了相应的量子力学理论。铁磁性的唯象理论由法国物理学家P.-E.外斯于1907年建立，W.K.海森伯和F.布洛赫等人建立了铁磁性的量子力学的理论。铁磁体由于其很强的磁性和独特的磁化性质而得到广泛应用。铁磁学已成为磁性物理学中的一个重要分支。铁磁学除研究典型的铁磁性外，还要研究反铁磁性和亚铁磁性等性质（见磁介质）。

铁氧体是属半导体性质的非金属磁性材料，其很高的电阻率使涡流损失很小，广泛应用于微波领域，是继金属磁性材料后的新一代磁性材料。

许多磁性材料具有特殊的效应，如磁光效应、磁力效应（包括磁致伸缩、力致伸缩、磁声效应等）、磁热效应和磁共振现象等，这些特殊效应都有重要应用。

磁性物理学不仅要建立物质磁性的普遍理论，而且还要研究各种磁性材料的特性、微观机理、制备和应用等。

**磁悬浮铁路** magnetic levitation railway 靠电磁吸引力或推斥力使列车悬浮于导轨面上运行的铁路。根据电磁铁温度不同，分为常温超导和超低温超导两种。德国采用常温超导技术于1969年研制出世界第一个磁悬浮列车模型，随后建成31.5千米环形试验线，1998年列车试验最高时速达450千米。日本采用超低温超导技术于1972年研制出磁悬浮列车模型，1997年在长18.4千米的山梨试验线上，列车试验最高时速达552千米。磁悬浮列车运行时与轨道无摩擦，加速减速快，安全性高，线路允许坡度大，车辆检修工作量小。但磁悬浮铁路与轮轨铁路不兼容，比轮轨高速铁路造价高、运输能力小。迄今世界上还没有一条较长距离的磁悬浮铁路投入商业运营。中国与德国合作，2001年3月在上海修建从市区龙阳路至浦东机场的磁悬浮铁路。线路全长33千米，设计最高时速为430千米，2003年10月正式运营。

运行中的上海磁悬浮列车

**磁约束聚变** magnetic confinement fusion 利用磁场将高温等离子体限定在一定区域，使其进行的核聚变。为了维持温度高达几千万到上亿度的高温等离子体发生聚变，无法用容器容纳，采用强磁场来约束等离子体，高温高压等离子体的粒子受到洛伦兹力的作用，绕磁力线回旋，从而受到约束，与容器壁脱离。曾经试验过的有磁塞反应器和环形反应器。磁塞反应器又称为磁镜装置，磁场线圈绕在直管上，两端的磁场比中段的磁场更强。由于粒子绕磁力线回旋运动的磁矩不变，运动到强场处，横向速度增大，纵向速度减小，结果沿磁力线的运动被抑制。除了少数速度矢量接近平行磁轴的粒子逃逸之外，多数粒子被反射回去，因而得名“磁镜”。环形反应器有托卡马克装置。它首先在20世纪50年代由苏联设计制造出来。在这种装置中，聚变反应在圆环形的室内进行。圆环上绕有线圈产生沿环的强磁场使等离子体保持在圆环中心层，不和壁接触，利用电磁感应在环内产生大电流对等离子体加热。

**磁致伸缩** magnetostriction 强磁体由于磁化状态变化而引起长度和体积变化的现象。通常形变很小，长度形变只有约$1/10^5$。起因是强磁体内存在磁性原子间的相互作用，引起磁体自发磁化，点阵发生自发畸变，从而导致形成的磁畴发生自发形变。强磁体受到外磁场作用磁化时，由于磁畴结构的变化和相应的磁畴自发形变的变化，出现了整个物体的磁致伸缩。磁致伸缩是强磁体内各种相互作用的结果，并与技术磁化性能有密切的关系，因此对磁致伸缩的研究有助于阐明强磁体的各种相互作用和磁化过程。磁致伸缩的逆效应为应力及应变对磁化的影响，磁致伸缩及其逆效应统称为磁弹（性）效应。磁弹性效应也存在于反铁磁性材料中，它是磁有序（序磁性）物质的一种共性。磁致伸缩应用于磁性和形变之间的转换，如制成超声波换能器、机械滤波器以及微小机械振动的检测等。

**磁致伸缩材料** magnetostrictive material 具有显著磁致伸缩效应的磁性材料。已实用的磁致伸缩材料分为3类：①金属磁致伸缩材料。其饱和磁化强度较高，力学性能好，可承受较高的功率，但电阻率低，不适用于高频段。常用的有铁基合金、镍基合金。②铁氧体磁致伸缩材料。其饱和磁化强度较低，材料的气隙率影响其力学性能，故不能承受较高功率，但电阻率高，可用于高频段。③巨磁致伸缩材料。其磁致伸缩系数（材料在磁场力作用下产生的伸缩量与材料原长度之比）远高于常规材料，耦合系数也高，缺点是所需磁化场强高。磁致伸缩材料可用于制造超声和水声换能器件，如超声探伤器、超声钻头、回声探测器等；用于制造电信器件，如振荡器、滤波器、谐波发生器等；也可用于制造自动控制器件，以及测量和传感器件。

**磁滞损耗** hysteresis loss 铁磁材料在磁化过程中由磁滞现象引起的能量损耗。磁滞指铁磁材料的磁性状态变化时，磁化强度滞后于磁场强度，它的磁通密度$B$与磁场强度$H$之间呈现磁滞回线关系。经一次循环，每单位体积铁芯中的磁滞损耗等于磁滞回线的面积。这部分能量转化为热能，使设备升温，效率降低，这在交流电机一类设备中是不希望的。软磁材料的磁滞回线狭窄，磁滞损耗相对较小，硅钢片因此而广泛应用于电机、变压器、继电器等设备中。

**磁阻** magnetic reluctance 表征磁路中磁位降与其中磁通关系的参数，与电路中的电阻相似。其定义为

$$R_m = \frac{\mu S}{l}$$

式中$l$为磁路的平均长度，$\mu$为导磁材料的磁导率，$S$为导磁体截面。磁阻的倒数为磁导。在国际单位制（SI）中，磁阻的单位是每亨利（$H^{-1}$）。

**雌黄** orpiment 化学成分为$As_2S_3$，晶体属单斜晶系的硫化物矿物。完好晶体呈板状或柱状，集合体常呈叶片状、肾状、球状、粉末状等。柠檬黄或金黄色，条痕鲜黄色。油脂光泽，解理面珍珠光泽。极完全解理，解理片透明并具挠性。莫氏硬度1.5～2。密度3.49克/厘米³。是典型的低温热液矿物，经常与雄黄共生。中国著名产地有湖南慈利、云南南华等。世界主要产地有秘鲁、美国犹他州、格鲁吉亚、德国萨克森、罗

雌黄与方解石共生

马尼亚等。雌黄含砷60.91%，主要用于制取砷和砷化物；也是传统的中药材，具杀菌、解毒功效。

**雌雄同体** hermaphrodite; hermaphroditism 一生中同时拥有雄性和雌性生殖构造的生物个体。

雌雄同体植物 通常称为雌雄同株或两性植物。多数显花植物具有这种现象，如西瓜、苦瓜、白兰瓜、西葫芦、黄瓜、玉米、蓖麻等。雌雄同株的花既有雄性花，又有雌性花，称为完全花、两性花。雄性花与雌性花长在不同株的植物体上，这些植物称为雌雄异株，其花称为单性花。如果两性花与单性花同时生长在一株植物上，称为杂性同株，可分为雌全同株和雄全同株。

雌雄同体动物 又称两性动物。此现象在低等动物中较为普遍，如大多数多孔动物、扁形动物，全部栉水母，部分环节动物，少数刺胞动物、软体动物、尾索动物等。高等的脊椎动物较少，鲟、鲱、鲻等鱼类动物和蟾蜍等两栖爬行动物的精巢中，有时存有卵子，为偶然性雌雄同体。鸟类有时雄性变为雌性，是逆转性雌雄同体。两性动物可分为两类：①动物体内同时拥有雄性和雌性生殖构造。②动物体内不同的生长阶段拥有雄性和雌性生殖构造，即不同生长期出现不同的性别。

假性雌雄同体 生物个体外表上具有雌雄同体性状，实际上不兼有雌雄生殖构造的现象。多发生在高等动物中（包括人类在内）。如剑尾鱼的雌鱼，在发育后期有时会出现典型的雄性交配器，但内部生殖腺仍为卵巢。在人类中称为假两性畸形，即外生殖器兼有男女两性的特征，但在内部构造上只有男性或女性的性腺和性染色体。假性雌雄同体多由于遗传异常或内分泌失调所致。

**次经** Apocrypha 《圣经》中属于“第二次正典”的经卷。又称后典。见《圣经》。

**次生林** secondary forest 受自然或人为因素干扰破坏后自然演替的森林。如原始林在不合理的采伐、樵采、火灾、垦殖和过度放牧后，失去原有森林环境，为各种次生群落所代替。在人工林采伐迹地上栽培树种的萌生林与入侵树种形成的混交林也属次生林范畴。次生林分布范围广，种类繁多，不仅是木材、薪炭材和林副产品的重要基地，而且在涵养水源、保持水土、调节气候和维持生态平衡等方面均起重要作用。

类型 次生林可按经营的需要划分类型：①按发生的时间可分为早期次生林、中期次生林和晚期次生林。②按发生的地区可分为远山次生林和近山次生林。③按森林自然特征分类的方法较多，有按优势树种和树种组成划分的，有以生态因子划分的，有以地形作为主导因子进行划分的，还有以立地条件和优势树种划分的。④按经营措施可分为抚育型、改造型、利用型和封护型等。

经营 次生林的经营措施大致有：①抚育间伐。科学地确定采伐木和采伐强度，为目的树种生长创造有利的环境条件。②林分改造。是在密度小、经济价值低或病虫害严重的林分中进行的一种经营措施。目的在于调整林分组成，增加林分密度，提高林分生产力。③抚育改造。这是抚育间伐与林分改造相结合的一种经营方式。④成熟林采伐。即对成熟林或部分成熟林进行采伐，在采伐过的林地上实现次生林更新。⑤封山育林。以封禁为基本手段，利用林木自然更新能力，把疏林、灌丛或散生树木的林地封禁起来，逐渐培育成林的措施。

**次声波** infrasonic wave 人耳听不见的、频率低于15赫的声波。研究次声波的发生、传播规律、接收和次声波的应用构成了次声学这一声学分支。常见次声波的频率在$10^{-3}$～1赫的范围，在空气中的波长大致从数十米至数千千米。空气对声波的吸收程度与频率有关，频率愈低，吸收愈小。次声波在大气中传播时的衰减很小，往往能传播数万乃至数十万千米而未见有明显的衰减。自然界有许多次声源，例如火山喷发、地震、雷电、风暴、海啸、流星、极光、电离层扰动等，一切大物体的振动都能产生次声波。大气中的声速与大气温度有关。大气温度随高度的分布是不均匀的，大致在高度20千米和80千米附近有两个温度极小值，声速在这两个高度处有极小值。根据声波的折射规律，声波主要集中在温度极小值附近的通道内传播，此通道称为声道，大气层有上、下两个声道。次声波可在环绕地球的两个声道中传播很远的距离。强的次声波对人体有影响，因为人体器官的固有频率在次声频率范围内，次声波频率与人体固有频率一致时会产生共振，人会出现头晕等反常感觉。

大气中存在两个天然声道，次声波在声道中上下来回反射传播，利用这一特点可作为远距离的侦察手段。次声技术适用于核爆炸的侦察，以其实效、可靠、经济为特长。通过对自然界次声源的监测可确定雷暴、地震和台风等灾害源的地点和有关数据。次声传播会受到大气活动的影响，通过对次声传播规律的连续监测，可了解大范围的气象变化。通过对电离层所发次声的监测，可以了解电离层的扰动规律。

**次声武器** infrasonic weapon 利用频率低于15赫的次声波与人体发生共振，使共振器官或部位发生位移和形变而造成损伤的武器。次声波与人体发生共振的频率和强度不同，对人体的各种器官和部位损伤程度也不同。强度相同、频率不同的次声波可对不同器官和部位造成损伤；频率相同的次声波的杀伤程度视波强度而定。次声波对人可产生精神和机械损伤。主要症状有：全身不适、无力、头晕目眩、恶心呕吐、眼球震颤，严重的可发生神志失常、癫狂不止、腹部疼痛、内脏破裂等。次声是不易被人察觉和听不见的声音，在大气中传播衰减很少，与大气沟通的掩体和工事难以防御。

次声波不易集聚成束，在空旷环境中很难产生高强次声。次声的波长很长，要使它定向传播，其聚集系统的尺寸将会很大（直径达几十米或几百米），实际上很难实现。因此，有的国家考虑采用两个频率相近的可听声波，使频率差处在次声频率范围内，以实现次声的定向辐射。另外还有利用爆炸产生高强次声的次声弹的设想。

**伺服系统** servomechanism 使机械机构的输出变量精确地跟踪指令信号的反馈控制系统。又称随动系统。伺服系统的输出变量大都为机械转角，有时为机械位移。特点是在没有机械连接的情形下实现机械信号（转角或位移）的远距同步传动。20世纪40年代初，美国的贝尔实验室首次提出用火炮指挥仪给出的指令信号（方位角、高低角）来直接控制远程高炮的伺服控制方案，并根据伺服系统的消除误差特性设计指挥仪的机电式解算装置，它与麻省理工学院研制的新型雷达配套构成当时自动化程度最高的火控系统，在第二次世界大战中显示了巨大的威力。伺服系统的精度主要决定于所采用的测量元件的精度，常用的测量元件有精密电位器、自整角机、旋转变压器等。按所用驱动元件的类型可分为机电伺服系统、液压伺服系统和气动伺服系统。

**刺蛾** Limacodidae; slug moth 鳞翅目刺蛾科昆虫的统称。世界记载有1 000多种，中国记录约200种。由于这类昆虫幼虫体上有枝刺和毒毛，触及皮肤立即发生红肿，疼痛异常，俗称痒辣子、火辣子或刺毛虫。

成虫中等大小，身体和前翅密生绒毛和厚鳞，大多黄褐色、暗灰色和绿色，间有红色，少数底色洁白，具斑纹。口器退化，下唇须短小，少数较长。雄蛾触角一般为双栉形，翅较短阔。夜间活动，有趋光性。幼虫体扁，蛞蝓型，其上生有枝刺和毒毛，有些种类较光滑，无毛或具瘤。化蛹前常吐丝结硬茧，有些种类茧上具花纹，形似雀蛋。

幼虫大多取食阔叶树叶，少数危害竹竿和水稻，是森林、园林、行道树、果园和多种经济植物（如咖啡、茶和桑树等）的常见害虫，如黄刺蛾、扁刺蛾、褐边绿刺蛾和显脉球须刺蛾等。

**刺槐** *Robinia pseudoacacia*; yellow locust 蝶形花科刺槐属的一种。落叶阔叶乔木。枝条上有托叶刺，故得名。又称洋槐。全属约20种，原产北美洲温带及亚热带。世界各地区都有引种。中国黄河中下游和淮河流域为中心的平原、山地都有栽培。

树最高达30米，胸径可达1米以上。树皮纵裂。小枝光滑，有托叶刺。奇数羽状复叶，互生，小叶窄椭圆形或卵形。蝶形花，总状花序，白色，具清香气。荚果7～9月成熟，扁平。种子扁肾形，黑色或褐色，常带较淡色的斑纹。喜光树种，不耐蔽荫。喜温暖湿润气候。酸性土、中性土、微碱土以及0.3%以下的盐碱土都能正常生长、发育。可用种子育苗繁殖，也可采用截干造林或带干造林。

刺槐木材属硬杂木，材质重而坚硬，很适用于桥梁构件、机械部件、车轮、工具把柄、车轴、运动器材等；木材耐磨性能强，适于作地板、滑雪板、木橇、农具零件、枕木等；耐腐朽力强，适于水工、土工、造船、海带养殖等用材。枝丫、树根易燃，火力旺，发热量大，着火时间长，是上等薪炭材。叶可作饲料和沤制绿肥。花是上等蜜源，畅销于市场上的槐花蜜，具有香味适度、结晶慢的特点。

**刺参** *Apostichopus japonicus*; sea cucumber 棘皮动物门刺参科仿刺参属的一种。又称沙噀。主要分布于西北太平洋，中国盛产于辽宁、河北和山东沿海。体长20～40厘米，圆筒状，背部隆起，有4～6行大小不等的锥形肉刺，腹部平坦，有3纵带的管足。栖息于水深3～20米处的岩礁、乱石或砂泥底。生长适宜温度3～20℃，适盐范围24.2～34.7。生长缓慢，生命周期不少于5年。杂食性，昼夜不停地摄食。具有排脏和再生能力。在高水温处出现夏眠现象。

刺参营养价值高，除为食用佳品外，还有药用价值。刺参提取的海参毒素可抑制多种霉菌生长。刺参黏多糖是一种抗癌药物。还是肾虚、阳痿、癫病、麻疹等病人的滋补品。

**刺鲀** Diodontidae; porcupinefish 鲀形目刺鲀科种类的统称。又称刺龟。中国古书名鱼虎。有2属15种。广布于三大洋的暖水海区。中国产2属6种。体短圆形，头和体的背面颇宽圆。尾部短小，似圆锥状。鳞已变成粗棘，棘下有2～3棘根，棘很长或粗短，仅吻端与尾柄后部无棘。口端位，中小形，上下颌的牙齿各愈合成一个大牙板状，中央无齿缝。眼中大或稍大，侧位而高。鼻孔2个或无。鳃孔短小，侧位。背鳍与臀鳍相对，位于体的后部，均甚短小，无鳍棘。胸鳍侧位，无腹鳍，尾鳍圆形。有鳔。有气囊。

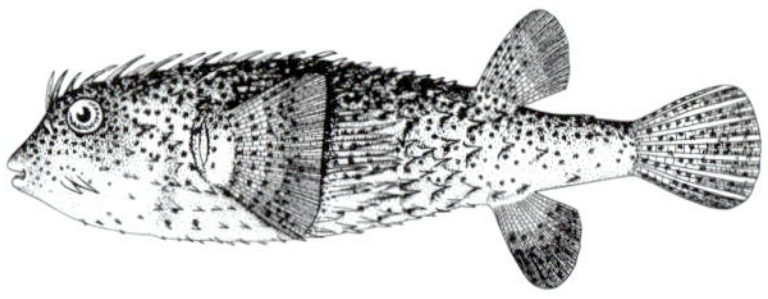

刺鲀外形

刺鲀为热带海藻和珊瑚礁附近生活的底层鱼类。肉食性，以坚硬的珊瑚、贝类、虾、蟹等为食。游泳能力弱，遇敌时吸进空气或水，使腹部膨胀，皮肤上的刺都竖立起来，用以自卫，并得名。刺鲀的肝、生殖腺及内脏有毒，不能食用。

**刺尾鱼** Acanthuridae; surgeon fishes 鲈形目刺尾鱼科动物的统称。有6属72种，分布于太平洋、印度洋、大西洋各热带海区。中国有8属约28种。产于南海。成鱼体长

彩带刺尾鱼

150～300毫米，大者可达660毫米。体卵圆或长圆形，侧扁。皮肤颇坚韧，被以细小粗糙鳞片，与鲨鱼皮相似；各鳍大都无鳞。尾柄两侧各有一个或多个尖棘或带有锐嵴的骨板或瘤突。口小，前位，不能或稍能向前突出。牙多少侧扁，且常有锯齿或波状缘，两颌各有1行，犁骨与腭骨无牙。前鳃盖骨后缘无锯齿。鳃盖膜与鳃峡相连。后颞骨固连于颅骨。腹鳍具1棘。腋部无长形尖腋鳞。

暖水性浅海中底层鱼类。栖息于珊瑚丛和岩礁区海域。在浅的内湾可看到幼鱼，而成鱼则单独或成群游弋。草食性，以沙地或岩石表面的藻类为食。刺尾鱼的背鳍棘、臀鳍棘、腹鳍棘有毒，人被刺后疼痛剧烈，随之扩展至全肢并产生肿胀。剧痛一般在12小时内消退，但余痛可继续数天，少数患者恶心或呕吐。尾柄两侧向前的倒棘刺到人后，人的反应同上。肉可食用。

**刺猬** Erinaceidae; hedgehog 食虫目刺猬科动物的统称。又称刺球。有4属15种。

普通刺猬

广泛分布于亚洲、欧洲、非洲的森林、草原和荒漠地带。中国有3属5种，包括最常见的普通刺猬。体背和体侧满布棘刺，但头、尾和腹面被毛；吻尖而长，耳眼均发育正常；尾短；前后足均具5趾，少数种类前足4趾；齿36～44枚，均具尖锐齿尖，适于食虫；受惊时，全身棘刺竖立，卷成刺球状，头和4足均不可见。栖山地森林、草原、农田、灌丛等，昼伏夜出，取食各种小动物，兼食植物，有时危害瓜果。冬眠。

**刺绣** embroidery 以针为工具，线为材料，在纺织品底料上塑造形象的手工艺品。传统工艺美术品种。也指对这种手工艺品的制作。

中国刺绣已有4 000多年的历史。1974年陕西宝鸡茹家庄西周墓葬发现的辫子股针刺绣印痕，是已发现的最早的刺绣实例，它采用先绣后绘的方法，色泽鲜艳浓丽。1982年湖北江陵马山砖厂一号战国楚墓出土的战国中晚期的绣品，其飞凤纹、龙凤虎纹及花卉纹均有出色表现，针法仍以辫子股为主，但不再加画缋填彩。1972年湖南长沙马王堆一号汉墓出土的绣品，绣工纯熟。在墓中记录殉葬物品的遣策中，已出现“长寿绣”、“信期绣”、“乘云绣”等刺绣专用名称。南北朝出现以供瞻仰为主要功能的刺绣佛像。最晚到宋，演化出观赏性的刺绣分支。唐以来的刺绣名家，均以非实用性刺绣享誉。现代的著名刺绣品种则均以观赏性刺绣为主。

刺绣百子衣（北京明定陵出土）

著名的刺绣产地有汉代的襄邑（今河南睢县）、北宋的汴京（今河南开封）、元代的福州等。明清以来，具有地域特色的刺绣品种日趋成熟，其中江苏苏州的**苏绣**、湖南长沙的**湘绣**、四川成都的**蜀绣**和广东潮州的**粤绣**成就较高，影响较大，近现代被称为“四大名绣”。各地少数民族刺绣也各具特色。绣工以女工为主，但古代也有男子参与，如在元代的福州和清代的潮州。

绣线的组织结构与实施方法，通称为针法，是刺绣艺术的构成要素。南北朝以前，辫子股针一直占主导地位。以后，针法逐渐丰富。唐代实物中已见打子、接针、抢针、盘金诸法。宋代，套针、盘金、滚针、扎针、擞和针、包花等诸多针法已日趋完善。至清末已有40余种传统针法。

**葱** *Allium*; onion 百合科葱属植物的统称。多年生宿根草本植物。以叶鞘和叶片供食用。中国自古栽培。中国的主要栽培种为大葱。叶片管状，中空，绿色，先端尖，叶鞘圆筒形，抱合而成假茎，色白，通称白葱。伞形花序球状，花白色，每花结子6粒。有分葱和楼葱两个变种。还可按假茎的高度分为长白葱（梧桐葱）、中白葱（鸡腿葱）和短白葱（秤砣葱）3个类型。性极耐寒。宜肥沃的砂质壤土。用种子繁殖。

胡葱又称火葱和香葱，是中国南方栽培的两个葱种。植株较矮小，分蘖力强，用分株或鳞茎繁殖。前者春季收获分蘖，以鳞茎休眠越夏；后者周年收获绿叶。

葱含有挥发性硫化物，具特殊辛辣味，是重要的解腥、调味品。葱白甘甜脆嫩。葱叶和葱白含维生素、胡萝卜素和磷较多。中医学上认为葱有杀菌、通乳、利尿、发汗和安眠等药效。

**聪加人** Tsonga 非洲东南部跨界民族。又称巴聪加人。约453万人（2002）。分布在南非（一般称尚加人）、津巴布韦和斯威士兰。属尼格罗人种班图类型。族源与西部绍纳人相近。支系有比拉人、琼加人、龙加人、赫伦圭人、乔皮人、茨瓦人和赫瓜隆古人等。使用聪加语，属尼日尔-科尔多凡语系尼日尔-刚果语族。有文字。多保持万物有灵信仰，约有1/3的人信基督教。主要种植玉米、高粱、薯类和豆类，饲养牛、羊。成年男子多在南非或津巴布韦南部工矿企业谋生。婚姻行一夫多妻制，各妻室独居，普遍存在姐妹共夫现象（见妻姊妹婚）。按父系续谱、继承财产。住宅、服饰、音乐、舞蹈多受欧洲文化影响。

**从犯** accomplice 在共同犯罪中起次要作用或者辅助作用的犯罪分子。包括两种情况：①在共同犯罪中起次要作用的犯罪分子。次要作用是指行为人虽然直接实施了刑法分则所规定的某种犯罪客观方面的行为，但在共同犯罪中较主犯所起的作用小。②在共同犯罪中起辅助作用的犯罪分子。辅助作用是指行为人虽然没有直接实施某种犯罪构成客观方面的行为，但为共同犯罪的实行和完成提供了有利的条件。通常表现为提供犯罪工具、指示犯罪目标以及事前通谋答应事后隐匿罪犯等情况。

要正确区分主犯与从犯，应当考虑以下情况：①行为人在共同犯罪中所处的地位。②行为人在共同犯罪中的实际参与程度。③行为人具体罪行的大小。

从犯的刑事责任，《中华人民共和国刑法》第27条规定："对于从犯，应当从轻、减轻处罚或者免除处罚。"

**从化市** Conghua City 中国广东省辖县级市。位于省境中部。面积1 985平方千米。人口59万（2010）。秦为番禺县城。明弘治二年（1489）置从化县。1994年撤县设市。由广州市代管。农产有蔬菜、花生、木薯、

从化北回归线标志塔

黄麻、荔枝、柑橙、李子等。矿产有钨、锡、铋、钼、铜、萤石、钾长石、大理石、水晶、高岭土等。工业有农机、建材、电子、化工、陶瓷、电力、采矿等。风景名胜有从化温泉、流溪河森林公园、北回归线标志塔等。

**从价税** ad valorem duty 以课税对象的价值量为课税标准计征的关税。税率一般表现为应税税额占货物价格或价值的百分比。计税时以课税对象的价格或价值乘以税率即得出其应纳税额。是关税主要的征收方法。进出口货物的价格或价值由海关依法审定后方可凭以计征关税。从价税有以下特点：①符合税收中性化原则，价高税高，价廉税低，税负比较合理。②税额随货价涨落而相应变化，故货价上涨对关税的财政收入和保护作用没有影响。③有利于各国关税水平的相互比较。④纳税人容易低报货品价格偷逃关税，海关需要订有相应的海关估价制度和稽查制度来确定货品价格或价值。中国海关对绝大多数货品采用从价税的征收方法。

**从量税** specific duty 以课税对象的实物量作为课税标准计征的关税。通常以商业惯例中使用的重量、长度、面积、容积、功率和数量等计量单位作为课税标准，税率表现为每计量单位的应税税额。计税时以每计量单位应税税额乘以实际进出口的数量即为应纳税额。从量税的特点是：①计税方法简单，有利于进出口货物迅速通关。②对质次价廉的进口商品抑制作用较大，保护作用较强，对质优价高的进口商品抑制作用较小，保护作用较弱。③可防止进口时伪瞒报价偷逃关税。④税率不能随物价的涨落经常更改。⑤对一些新产品和古玩、艺术品等难以制定从量税税率。

**从维熙** Cong Weixi（1933-04-07～ ） 中国作家。河北玉田人。1953年毕业于北京师范学校。曾任小学教师，报社记者。1956年开始专业创作。1957年被错划为"右派"，到劳改农场、矿山做工。1978年重返文坛。曾任北京市文联专业作家、作家出版社社长兼总编辑。1950年发表处女作《战场上》。1955年出版第一部散文小说集《七月雨》。1978年恢复创作活动后发表和出版的重要作品有《大墙下的红玉兰》、《远去的白帆》、《北国草》、《风泪眼》、《走向混沌》、《龟碑》等长、中、短篇小说和散文。其作品注重描写当代中国曾经经历过的历史曲折，展示"左"的错误所造成的灾难性后果，

从维熙（右）与作家张志民（左）、雷加（中）在一起

情节起伏动人，多具有浓郁的悲剧色彩。2003年出版了自传体长篇小说《裸雪》。《从维熙文集》8卷（1995）收集了他90年代中期以前的大部分作品。

**从众** conformity 个体在群体情境的影响或压力下，其知觉、判断、态度、动作等与多数人相同的现象。从众总与群体情境联系在一起；当群体情境即多数人的压力不存在或不出现的时候，个体就会坚持自己原来的行为反应而不出现从众行为。

影响从众行为的因素主要有：①群体的规模。但并非群体越大，从众影响力就越强。一般由3～5人组成的群体使个体感受到的心理压力最大，这时作出从众反应的可能性也最大。②群体凝聚力。群体对其成员的吸引力越强，个体的从众倾向就越强烈。③群体成员意见一致性的程度。群体成员之间的意见越一致，该群体成员个体的从众倾向越强。

个体从众的原因有：①信息压力。在情境不确定的时候，往往会否定自己而相信多数人，在群体的信息压力下很容易出现从众行为。②群体规范。在群体规范的压力下，会作出从众的行为反应。

从众本身并无积极与消极之分，其效果主要取决于从众行为的社会意义。例如，许多人参加助残捐献活动，个体在这种情境下的捐助行为就有积极的意义。相反，当群体中多数成员都吸烟的情境下，个体也吸烟，这种从众行为就是消极的了。另外，个体的智力、自尊心、情绪、需要以及社

会赞许动机等个性因素，都与个体从众行为的产生有密切关系。

**丛林清规** monastic regulations 僧伽制度的一种。简称丛规，即寺院的法规。丛林，原称阿兰若，略称兰若，意为森林、树林，转而指寂静处、空闲处、无静声、远离处、空家等，原为众僧和合共住之所，后一般指寺院。清规即维持寺院清净的规约。印度的寺院原有两种：一种叫僧伽蓝摩，略称僧伽蓝或伽蓝，意为众园，指僧园、僧院，或寺院；另一种是僧人于村外空隙地自造的小屋，或不造房屋，仅止息于大树之下，称为阿兰若。佛教传入中国后，东晋道安立下了最早的规范。唐代百丈禅师创立了禅宗寺院的清规，名《百丈清规》。规定僧侣在修道的同时，必须参加农业生产，自食其力，"一日不作，一日不食"，过农禅的生活。《百丈清规》至宋初就已失传。到元顺帝至元四年（1338），德辉禅师参照唐宋诸家清规，依托百丈之名，撰成《敕修百丈清规》，即今传的《百丈清规》八卷，对寺院僧团的上下组织体制、宗教活动、日常生活等有较详细的规定。

**丛书** series 汇辑两种以上乃至数千种图书并冠以总名的一套书的统称。又称丛刻、丛钞、丛刊、丛稿。丛书内所含的单种，中国前人称作子目。子目保持作为图书的相对完整性。

中国南宋嘉泰二年（1202）成书，俞鼎孙、俞经所编《儒学警悟》被认为是中国第一部汇集的丛书；咸淳九年（1273）左圭编刊的《百川学海》被认为是第一部刊刻的丛书。清代乾隆年间编纂的《四库全书》是中国历史上最大的一部丛书。

西方称丛书为双书或连续出版物。现在各国流行的系列书，也是丛书的一种。英国的《莎士比亚剧集》，法国H.de巴尔扎克的《人间喜剧》，均可称为丛书。

**㗰剧** tuong; hat boi 越南民族戏剧剧种之一。据现存儧剧推测，它以中国元杂剧为基础，吸收了一些越南流行的歌曲后形成传统的古代戏，兼用散文与韵文，分折演出，唱词说白全采用越汉音。内容多为忠臣孝子故事。据越南黎朝史学家吴士连所著《大越史记全书》记载，㗰剧在13世纪由中国元朝随军艺人李元吉传入越南，并在宫中教授宫人扮演，名之为儧剧。此后，历朝在宫中建造专供演出儧剧的设施，设立专门的管理机构。第一次世界大战后，改良剧风行越南，儧剧为求生存请来一些中国剧团同台演出以中国小说《三国演义》、《水浒传》等为题材的剧目，两国演员各用自己的母语演唱，配合默契，习惯称之为"中国㗰"。1951年越南政府颁布《有关挖掘民族文化遗产问题草案》，儧剧艺术得到了新的发展。

**腠理** striae and interstitial space 中医学理论泛称人体皮肤、肌肉、脏腑的纹理及皮肤、肌肉间隙交接处的结缔组织。腠，又称肌腠，即肌肉的纹理或肌纤维间的空隙；理，即皮肤纹理或皮肤上的缝隙。腠理是渗泄体液、流通气血的门户，有抗御外邪内侵的功能。

腠理与三焦相通，三焦通行的元气和津液外流入于腠理，以濡养肌肤，并保持人体内外气液的不断交流。

腠理的疏密影响着汗孔的开合和汗液的排泄。在正常情况下，卫气充盈于腠理之中，控制和调节腠理之开合。若腠理紧密则汗孔多闭，故体表无汗；若腠理疏松则汗孔多开，故体表有汗。所以，腠理的疏密直接影响到汗液的多少，调节人体的津液代谢和体温的高低。在病理情况下，若腠理开，则汗出，可致伤津脱液。

腠理是外邪入侵人体的门户。腠理致密可提高人体抗病能力，防止外邪入侵。若腠理疏松或腠理不固，则风寒外邪易于侵袭人体，发作感冒等病证；腠理闭郁，则毛窍闭塞，肺气不宣，卫气不得外达，在表的风寒之邪难出，可引发恶寒发热、无汗等症。

**粗放经营** extensive operation 泛指技术和管理水平不高，生产要素利用效率低，产品粗制滥造，物质和劳动消耗高的生产经营方式。原指农业生产中把一定的生产资料和劳动，分散投在较多的土地上，进行粗耕简作的农业经营方式。这种经营方式的主要生产要素是劳动和土地，增加农作物总产量主要靠扩大耕地面积，是生产力水平低下的产物。后来，这一概念被引申到其他领域。见劳动密集型产业。

**猝死** sudden death 突然发生的意外自然死亡。部分猝死者经及时抢救仍可存活。

猝死发生前可能没有症状，或原有的一些症状稍加重。从发生症状至死亡，世界卫生组织定为1小时以内，即为猝死。绝大部分为心脏疾患引起，称为心性猝死。心性猝死中，冠心病是主要原因，中老年心性猝死的尸检，2/3是冠状动脉疾病及其并发症引起。

心性猝死的因素：性别（男多于女）；年龄（高龄者多）；有无基础心脏病，特别是冠心病及家族史；低密度胆固醇水平升高；高血压和左心室肥厚；吸烟；糖尿病；大量饮酒等。心性猝死有家族易患性。

医院外的抢救十分重要，应设立急救网，组织、训练社会力量如急救队、消防队、教员和部分学生进行初步抢救，使患者有机会被转送至医疗部门继续抢救，争取有更多幸存者。

预防应积极控制易患因素，治疗有关疾病，避免引起室速或室颤的诱因，治疗可能危及生命的心律失常，植入体内自动心脏除颤器。

**酢浆草科** Oxalidaceae; woodsorrel family 双子叶植物纲蔷薇亚纲的一科。有7属1 000种，分布于热带至温带，主要分布于南美热带。中国有3属约13种，南北均有。草本或乔木，3小叶或羽状复叶，无托叶。花两性，5基数，雄蕊常为花瓣数的2倍，有时5枚无花药；子房上位，5室。蒴果或肉质浆果。

此科的阳桃属共2种。阳桃的叶为羽状复叶，花生于树干或老枝上，花蕾暗红色，开花时花瓣粉红色，有5枚雄蕊，无花药。浆果蜡黄色，常具5棱，味酸者称酸稔，味甜者称阳桃，可食用。酢浆草属约850种，中国约有10种，南北均产。一年生或具鳞茎的多年生宿根草本。3小叶，雄蕊10枚，蒴果细长，成熟时其肉质外果皮因失水而强烈收缩将种子弹出。常见种有酢浆草（见图），又称酸味草，通常为匍匐小草，花黄色，多生于路边草地及石阶缝中。红花酢浆草鳞茎似小百合，花紫红色。原产美洲，在中国南方逸为野生，常见于菜地或草地，亦有盆栽作观赏。

酢浆草形态

**醋** vinegar 含醋酸的酸性调味料。又称食醋。古称酢，别称醯，又有苦酒之称。醋有米醋、陈醋、香醋、麸醋、酒醋、白醋、各种果汁醋、蒜汁醋、姜汁醋、保健醋等。因原料及制造方法不同，成品风味迥异。醋是使用较多的酸性调味料。每100毫升醋的醋酸含量，普通醋为3.5克以上，优级醋为5克以上。由于醋能改善和调节人体的新陈代谢，作为饮食调料，需要量不断增长。

原料和制作方法有四类：①中国传统的酿醋原料有糯米、大米（粳米）、高粱、小米、碎米、玉米、甘薯、甘薯干、马铃薯、马铃薯干等。原料先经蒸煮、糊化、液化及糖化，使淀粉转变为糖，再由酵母进行酒精发酵，生成乙醇，然后在醋酸菌作用下进行醋酸发酵，将乙醇氧化生成醋酸。②以含糖质原料酿醋，可使用葡萄、苹果、梨、桃、柿、枣、番茄等酿制各种果汁醋，也可使用蜂蜜及糖蜜为原料。③以乙醇为原料，加醋酸菌只经醋酸发酵一个生化阶段。④以食用冰醋酸加水配制成白醋，再加调味料、香料、色料等，使之成为具有近似酿造醋风味的食醋。

中国著名的食醋有山西老陈醋、镇江香醋、四川保宁（今阆中市）麸醋及渠县三汇特醋、江浙玫瑰米醋、福建红曲老醋、辽宁丹东白醋等。

**蹴鞠** cuju; ancient Chinese football 中国古代足球运动。又称蹋鞠、蹹鞠、蹵球、蹴球。战国时流行于今山东、江苏一带。西汉时期，蹴鞠不仅是宫廷和民间的游戏，

东汉蹴鞠石雕

也是军中一项练兵活动。唐代蹴鞠有较大进步，发明了充气球。宋、明以后，蹴鞠在都市里进一步普及。宋时采用单球门比赛的蹴鞠被称为“筑球”。其球门立于球场中部，球门上方有“风流眼”。双方球员须通过各自球头儿将球“筑”过“风流眼”至对方，并以破门多少而定胜负。宋、明时代爱好蹴鞠的帝王和人臣不乏其人，民间蹴鞠蔚然成风。明太祖朱元璋以军中蹴鞠误事，曾明令禁止此戏，却总是禁而不止。至清代，由于多种原因，蹴鞠一蹶不振，以至15世纪以后到19世纪终为西方足球所取代。

**崔白** Cui Bai 中国北宋画家。字子西。濠梁（今安徽凤阳）人。仁宗时已享盛名。善画花竹翎毛，亦工佛道壁画。英宗治平二年（1065），相国寺壁画坍毁，崔白参与壁画修复与绘制，他在相国寺东廊画炽盛光佛土十一曜坐神等，受到时人称赞。他善画花鸟，通过对季节变化的自然环境中花鸟情态的细致刻画，取得真实生动的效果。他的画构思新巧，画法上工中带写，不尚琐碎，特别是画败荷芦雁等秋冬季节的花鸟尤具特色，并以画鹅及龙著名。宣和内府藏其作品241件，所著录画目中多为败荷竹鸭、秋荷双鹭、蓼汀群凫、密雪鹘兔、雪竹山鸥之类，都是前人很少描绘的题材。现存《双喜图》是其重要传世作品，表现秋风劲吹摇撼树木，双鹊掠飞鸣噪，引起野兔回首观望，风竹败草和雀兔之间的联系情节中极为生动地表现了荒寒气氛。

《双喜图》（台北“故宫博物院”藏）

**崔承喜** Choi Sung-hui (1911-11-24～1969) 朝鲜舞蹈表演家、编导和教育家。生于汉城（今首尔）一个书香门第之家，卒于平壤。37年的舞台生涯中共演出近3 000场。在坚持舞台表演的同时创办舞蹈研究所。研究朝鲜的民族舞，并用现代舞的方法编演了《长鼓舞》、《即兴舞》、《在泉边》、《乘风破浪》、《母亲》等315个结构严谨、舞蹈酣畅的佳作。她善于根据时代特征和观众反应更新作品，追求民族性、群众性和观赏性的统一，传统舞蹈素材与现代舞技法的统一。曾在中国中央戏剧学院主持“舞蹈研究班”的教学，为中国培养了一批舞蹈人才，对中国新古典舞的形成产生重大影响。

崔承喜的舞姿

**崔芬墓壁画** Murals in Cui Fen's Tomb 中国北齐墓室壁画。位于山东省临朐县海浮山南坡山脚处。据墓志，死者为东魏威烈将军行台府长史崔芬，死于北齐天保元年（550），翌年入葬。墓葬以青石建造。由墓道、甬道和墓室组成。壁画主要分布在甬道两侧、墓室内壁及墓顶部分，现存壁画22幅，约20多平方米。按整个壁画的构图布局与题材内容，大致可分为甬道两侧的门吏武士图，墓室四壁上半部近墓顶处的星象图，四壁的四向守护神及日月图，墓主出行图和四壁下半部的人物树石屏风图五部分。其中星象图中的星宿用墨点标示，“四神”布局为南壁画朱雀，北壁绘玄武，东壁画青龙，西壁绘白虎。出行图艺术水平最佳，绘墓主人夫妇出行场面，由三男十三女组成，主从分明，构图繁而不乱，人物顾盼多姿，线条流畅，着色艳丽。整个屏风画共有15幅画面，其中8幅绘树下人物和侍者图像，另7幅内容为舞蹈、马匹、树木和假山奇石等，构图富于变化，人物神态细腻传神。棺木上亦有彩绘人物，已朽烂。壁画中的出行图与屏风人物图在人物造型和组合结构上受南朝文化的影响较为明显，对研究当时南北方文化交流具有重要意义。

**崔浩** Cui Hao (381～450) 中国北魏大臣。字伯渊。清河东武城（今山东武城）人。仕北魏道武、明元、太武帝三朝，官至司徒，参与军国大计，对促进北魏统一北方起了积极作用。崔浩博览经史，善书法，兼通阴阳术数。明元帝时，崔浩从北魏游牧民族初入中原的情况出发，劝阻了迁都邺的计划，又建议明元帝立长子拓跋焘（即魏太武帝）为副主，从此北魏立太子成为制度。太武帝时，崔浩三次力排众议，主张攻灭赫连夏（427），主动大规模出击柔然（429），攻灭北凉沮渠氏（439）。崔浩出身于当时第一流高门清河崔氏，联姻者皆为士族。崔家世奉道教，崔浩也信道甚笃，师事寇谦之，对于太武帝废佛起了促成作用。崔浩想按照汉族世家大族的传统理想，整理和分别规定氏族的高下，引起鲜卑贵族的不满；他主持编纂的国史，又直书了拓跋氏皇室一些避讳不愿人知的早期历史，因而得罪于太武帝，太平真君十一年（450）被杀。崔浩宗族及其姻亲、高门士族范阳卢氏、太原郭氏、河东柳氏也因此株连，并遭族诛。

**崔颢** Cui Hao (?～754) 中国唐代诗人。汴州（今河南开封）人。玄宗开元年间进士。开元后期曾出使河东军幕。天宝时历任太仆寺卿、司勋员外郎等职。年少时，诗风轻浮。从军边塞后，诗风大变，风骨凛然，感情昂扬。如《古游侠呈军中诸将》、《雁门胡人歌》等。他的《长干曲》五绝4首，设为问答，情趣盎然，富有民歌风味。最有名的是七律《黄鹤楼》，传说曾使李白大为佩服。有《崔颢诗集》1卷，存诗40多首。

**崔美善** Choe Mi-seon (1934-07-15～ ) 中国朝鲜族舞蹈表演艺术家。生于朝鲜庆尚南道咸阳郡（今属韩国）。先后担任中央歌舞团、东方歌舞团演员。表演的主要作品有《长鼓舞》、《丰收舞》、《喜悦》、《挚爱》、《白孔雀》、《灯舞》、《打鼓舞》、《盘子舞》等中外舞蹈作品，代表作有《思念》、《三人长鼓舞》、《双扇舞》与《僧舞》等。她表演的《孔雀舞》获世界青年学生和平友谊联欢节金奖。

**崔琦** Tsui, Daniel Chee (1939-02-28～ ) 美籍华裔物理学家。生于中国河南宝丰。后迁居香港。1958年赴美求学，1967年获芝加哥大学博士学位，做了一年的博士后研究，于1968年加入贝尔实验室，在固体电子学研究实验室工作。1982年任普林斯顿大学电气工程系教授。美国国家科学院院士。

1982年崔琦和H.L.施特默在进行凝聚态物理实验时发现了分数量子霍耳效应，以及一种具有分数电荷激发态的量子流体。次年，R.B.劳克林对此作出理论解释。为此，崔琦和施特默、劳克林获1998年诺贝尔物理学奖。2000年当选中国科学院外籍院士。

**崔世安** Cui Shi'an (1957-01～ ) 中华人民共和国澳门特别行政区第三任行政长官。祖籍广东新会。生于澳门。毕业于澳门岭南中学，后赴美国留学，获加利福尼亚大学卫生管理学士、俄克拉荷马大学公共卫生硕士及博士学位。澳门回归祖国前，曾任澳门镜平学校校长、镜平专业进修中心校长，并在澳门多个社会团体任职。

曾任澳门立法会议员，是澳门特别行政区第一届政府推选委员会委员。澳门特别行政区成立后，一直担任特区政府社会文化司司长职务并兼任多项公职，是特区政府第一届行政会委员。在2009年7月26日举行的澳门特别行政区第三任行政长官选举中当选为第三任行政长官人选，并于8月10日获国务院任命，12月20日就职。

**崔世珍** Choi Se-jin (? ～1542) 朝鲜语文学家。朝鲜忠清北道槐山人。1503年登科，历任通训大夫、承文院提调、同知中枢府事，兼任讲隶院教授，讲授汉语、吏文，培养翻译人才。他对音韵学和文字学造诣颇深。著作多为韵书、字书和汉、朝对译的谚解书籍，其中影响最大的是《老乞大谚解》、《朴通事谚解》、《四声通解》和《训蒙字会》。《老乞大谚解》、《朴通事谚解》是当时朝鲜流传很广的汉语教材，崔世珍用新创制的朝鲜文"训民正音"对这两本书进行对译，并用这一套拼音文字代替传统的反切给汉字注音。1517年编纂了《四声通解》，用朝鲜文给汉字注音释义。1527年又编著了汉字分类字汇《训蒙字会》，这是对童蒙进行汉字教育的教科书，用朝鲜文对3 360个常用汉字注音释义。在《训蒙字会》凡例中，根据口语实际，他对15世纪中叶创制的朝鲜文字提出了改进方案，并重排了字母顺序，首次规定了字母的名称。现行的朝鲜文字母名称和排列顺序就是在此基础上补充修订的。

**崔嵬** Cui Wei (1912-10-04～1979-02-07) 中国话剧、电影演员，导演，剧作家。生于山东诸城，卒于北京。原名崔景文，曾用名崔徵晖、崔浚等。1931年考入济南山东省立实验剧院编剧班，次年回青岛组织海鸥剧社。1936年改编并主演了《放下你的鞭子》。七七事变后参加《保卫卢沟桥》的创作。1938年去延安，从事艺术教育行政工作。

1954年主演《宋景诗》。后又出演《老兵新传》、《红旗谱》等影片。1959年导演第一部影片《青春之歌》，获得成功。随后又导演了《小兵张嘎》、《天山的红花》以及戏曲艺术片《杨门女将》、《野猪林》、《穆桂英大战洪州》等。

**崔致远** Choi Chi-won (857～?) 朝鲜半岛新罗时期诗人。字孤云。王京（今庆州）沙梁部人。869年来中国学习，5年后进士及第，877年任宣州溧水县尉。881年任淮南节度使的从事。后唐僖宗授都统巡官承务郎侍御史内供奉职。884年以唐使身份归国，被新罗国王授予侍读兼翰林学士、守兵部侍郎知瑞书监。894年向真圣王献时务策十余条，官至阿餐。后屡遭诬陷，外放为大山、富城郡守。因对现实不满，隐居伽倻山，不知所终。他在中国十余年写有大量诗文，多数失传。只有诗文集《桂苑笔耕》(20卷)收在《四库全书》中。汉诗《秋夜雨中》、《江南女》等颇具盛唐、晚唐纯熟诗风。归国后写有反映乱世黑暗、社会恶浊的诗《寓兴》等。他被朝鲜历代公认为汉文文学奠基人，为中朝两国的文化交流作出了贡献。

**崔子忠** Cui Zizhong (? ～1644) 中国明代画家。初名丹，字开予；更名后，字道母，号北海，又号青蚓（一作青引）。山东莱阳人，居顺天府（今北京）。补顺天府府学生员。明亡后，避居土室不出，饥饿而死。品格高洁，以金钱求画者，皆婉拒。好读书，通五经，能诗，尤善画人物、仕女。其画作多细描设色，衣纹细劲，多用颤笔，面目奇古，自出新意。亦工肖像画，与陈洪绶齐名，称南陈北崔。传世作品不多，有《云中玉女图》、《洗象图》等，格调高古，境界奇异，有超尘脱俗的情趣。其妻及二女皆善画。

《洗象图》（局部，故宫博物院藏）

**催化** catalysis 在催化剂参与下，能显著提高化学反应速率而不影响化学平衡的作用。在催化反应中，催化剂与反应物发生化学作用，改变了反应途径，降低了反应的活化能，这是催化剂得以提高反应速率的原因。例如，化学反应A＋B ⟶ AB，所需活化能为$E$；在有催化剂C参与下，反应按以下两步进行：

$$A + C \longrightarrow AC \qquad E_1$$

$$AC + B \longrightarrow AB + C \qquad E_2$$

这两步的活化能都比$E$值小得多（见图）。根据阿伦尼乌斯方程：$k = Ae^{-E/RT}$。式中$k$为反应速率常数，$A$为指前因子，$R$为摩尔气体常数，$T$为热力学温度。由于$E$值的减小而使反应速率提高。也有某些催化反应，活化能改变不大但指前因子（即阿伦尼乌斯方程中的$A$值）明显增大，导致反应速率加快。

催化作用可分为以下几种类型：①均

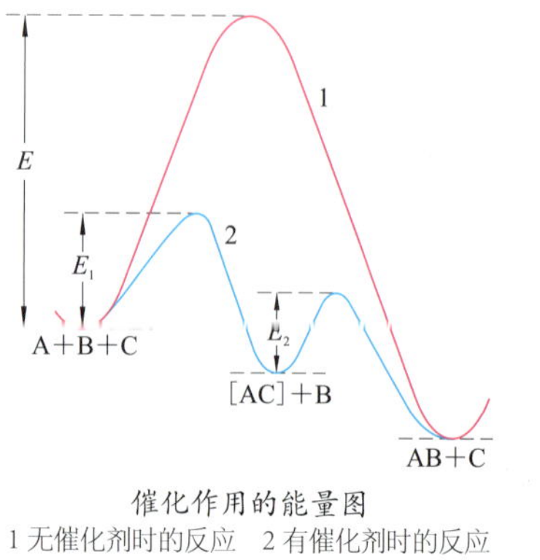


催化作用的能量图

1 无催化剂时的反应 2 有催化剂时的反应

相催化。催化剂与反应物处于同一均匀相中的催化作用，如均相酸碱催化、均相络合催化等。均相催化大多在液相中进行。均相催化剂的活性中心比较均一，选择性较高，副反应较少，但催化剂难以分离、回收和再生。②多相催化。发生在两相界面上的催化作用。通常催化剂为多孔固体，反应物为液体或气体。在多相催化反应中，固体催化剂对反应物分子发生化学吸附作用，使反应物分子得到活化，降低了反应的活化能，从而使反应速率加快。固体催化剂表面是不均匀的，只有部分点对反应物分子发生化学吸附，称为活性中心。工业生产中的催化作用大多属于多相催化，如**齐格勒-纳塔催化剂**。③生物催化。生物体内在酶作用下的催化反应。酶的催化作用具有高选择性、高催化活性、反应条件温和等特点，但受温度、溶液中的pH值、离子强度等因素影响较大。④自动催化。反应物的自我催化作用。在一些反应中，某些反应的产物或中间体具有催化功能，使反应经过一段诱导期后速率大大加快。自催化作用是发生**化学振荡**的必要条件之一。其他类型的催化还有电催化、光助催化、光电催化等。

**催化剂** catalyst 能显著提高化学反应速率而自身的化学性质和数量在反应前后均保持不变的物质。又称触媒。

特性 ①催化剂因参与反应可能导致其某些物理性质在反应前后发生变化。②对正、逆反应有同样的催化作用，因此只能缩短达到**化学平衡**的时间，而不能改变系统的平衡组成。③有特殊的选择性，某一类反应只能用某些催化剂来催化。④催化剂或反应系统中的少量杂质常可强烈地影响催化剂的性能。有些物质本身无催化作用，但加入到催化剂中后能大大提高催化剂的活性，成为助催化剂。另有一些物质，加入少量就可大大降低甚至消除催化剂的催化作用，称为催化剂毒物（或抑制剂）。

种类 ①金属催化剂。主要是指4、5、6周期的某些过渡金属，如铁、金、铂、钯、锝、铱等以及某些过渡金属的合金，可用于脱氢和加氢反应，有些也具有氧化与重整的催化活性。②半导体催化剂。主要是一些非化学计量的各种变价过渡金属的氧化物，如ZnO、NiO、$V_2O_5$、$Fe_2O_3$、$Cr_2O_3$、$MoO_3$等，能加速由电子转移的氧化、加氢、脱氢等反应。③酸、碱催化剂。酸碱催化可分为均相与多相两类。均相催化一般以离子型机理进行，多相酸碱催化剂主要是固体催化剂，氧化铝、硅酸铝、分子筛是固体催化剂中最重要的三种。④配位（络合）催化剂。一般是过渡金属的无机或有机配合物。在反应过程中，催化剂与反应基团构成配位键，形成中间配合物，而使反应分子活化。其中，具有高催化活性的低分子配合物与高分子相结合，制成负载性高分子催化剂，既保留了均相配位催化剂活性、选择性高的优点，又克服了催化剂不易分离、不稳定的缺点。⑤酶催化剂。又称酶催化剂或活细胞催化剂。在生物体内进行的反应绝大多数都是在酶催化作用下进行的。酶催化剂具有高选择性、高催化活性且反应条件温和的优点。

**催眠疗法** hypnotic therapy 通过言语暗示或催眠术使病人处于类似睡眠的状态（催眠状态），然后进行暗示或精神分析来治病的一种**心理治疗**方法。患者所具有的可暗示性，以及患者的合作态度及接受治疗的积极性是催眠治疗成功的必要条件。

催眠的方法可分为直接法（或自然法）和间接法。直接法就是通过简短的言语或轻柔的抚摸，使对方进入类似睡眠的状态。间接法借助于光亮的小物体或单调低沉的声源，让患者凝视、倾听，或以“催眠物”接触头或四肢，而施治者则在一旁反复暗示患者进入催眠状态。催眠的程度一般分为浅催眠、中度催眠和梦行三级。为了治疗的需要，进入浅催眠即可。此时，可根据患者的病症，用正面而又肯定的语言向他明确指出有关症状将消失，或进行精神分析，找出其致病的心理根源。治疗后，可及时唤醒患者或暗示患者逐渐醒来。

催眠治疗的适应证主要是神经症及某些心身疾病，对于有严重机能性色彩的器质性疾病患者，催眠治疗可作为药物治疗的一种辅助方法。

**催熟** ripening 人工加速作物成熟的技术。催熟的作用有：满足商品要求；使产品成熟期比较集中，有利于机械采收；在多熟制地区，催熟可使前作及早腾地，以便后作适时种植；躲避不良气候的影响；减轻由于选用品种或技术措施不当而使作物晚熟造成的损失。催熟的时间有的在收获前，如大田作物以及为了满足机械采收需要的催熟；有的则在采收后，如多数水果及番茄的催熟。催熟手段中使用的药剂，要以保障食物安全为前提。

**脆硫锑铅矿** jamesonite 矿物的化学成分为$Pb_4FeSb_6S_{14}$，晶体属单斜晶系的一种硫盐矿物。晶体呈柱状、针状、毛发状；集合体通常呈羽毛状，或放射状、柱状、粒状，曾有“羽毛矿”之称。铅灰色，有时表面带锖色。金属光泽。解理中等或完全。莫氏硬度2～3.5。密度5.5～6.0克/厘米$^3$。主要产于中低温铜铅锌多金属热液矿床中，与黄铁矿、磁黄铁矿、方铅矿、铁闪锌矿及黝铜矿、硫锑铅矿等硫盐矿物共生。铅和锑的含量分别达到40.16%和35.39%。大量聚集可作为提炼铅和锑的矿物原料。中国广西大厂脆硫锑铅矿产量之多，为世界所罕见。以脆硫锑铅矿为主要矿物产出的矿床还见于墨西哥的伊达尔戈、英国的康沃尔等。

**萃取** extraction 利用不同物质在与它不互溶或部分互溶的溶剂中**溶解度**的不同以分离混合物中的组分的方法。用溶剂分离液体混合物中组分的，称为溶剂萃取或液液萃取；用溶剂分离固体混合物中组分的为固液萃取，又称**浸取**。在化工领域习惯上萃取仅指液液萃取，是传质分离过程的**单元操作**。

原理 萃取分离液相混合物时，加入萃取剂（分离剂），形成另一液相，利用萃取剂对原料液中各组分溶解度的差别，使它们在两液相中的浓度有不同的分配。被分离组分选择性地溶解在萃取后的溶剂相，称为萃取相；余下的原料液称为萃余相。分离出萃取相，得到萃取剂产品。萃取剂回收（一般用**精馏**法）后循环复用。

萃取剂 对萃取剂的基本要求是：①选择性大，可使产品的纯度提高。②对溶质的溶解度要大，即萃取剂用量就少。③与料液的互溶度要小，即分离效果好。④黏度要小，界面张力适度，对料液有较大的密度差，以方便操作。⑤化学性质稳定，无毒性，挥发度低，不易燃烧。⑥价廉易得，或易于回收。

工业方法 ①多级错流萃取。料液和各级萃余相都与新的萃取剂接触，可达较高萃取率（图1）。缺点是萃取相的浓度低，萃取剂用量大。②多级逆流萃取。各级按顺序排列构成级联，料液和萃取剂分别从级联两端加入，在级间作逆向流动。最后得出的萃取相和萃余相分别从级联的两端取出（图2）。前两种方法的设备多为混合澄清槽。③连续逆流萃取。该法和②法的原理类似，但各级全部连通变为一个设备，故两相是逆流连续接触。设备一般为立式的塔（萃取塔）。有塔中放置填料的填料塔，也有放置多块塔板的板式塔。密度大的液体称为重相，从塔顶加入，从塔底取出；密度小的称为轻相，从塔底输入，从塔顶取出。其中一种液体充满整个塔体，称为连续相；另一种液体以液滴形式存在，称为分散相。分散相在离塔前再凝聚分层后

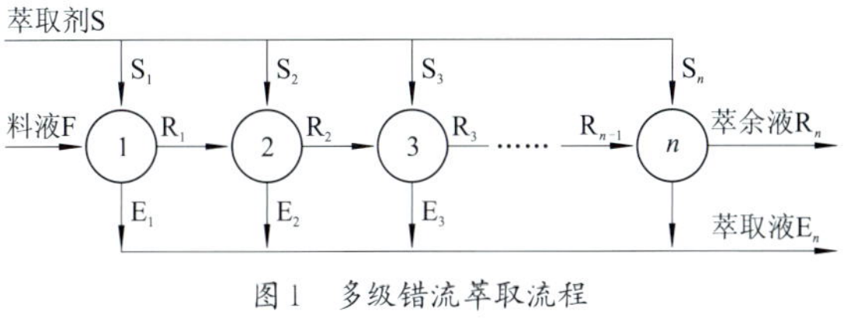

图1 多级错流萃取流程

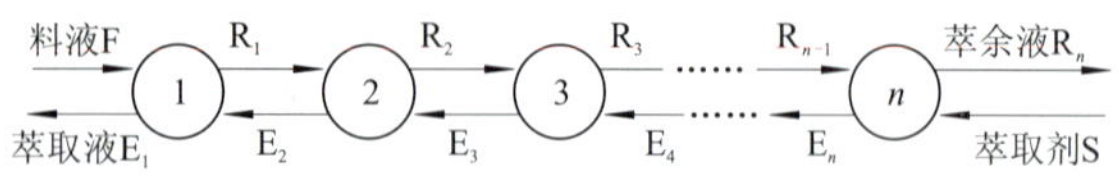


图2 多级逆流萃取流程

导出。萃取已广泛用于石油馏分的分离和精制，铀、钍、钚的提取和纯化，有色金属、稀有金属、贵金属的提取和分离，抗菌素、有机酸、生物碱的提取，以及废水处理等。

**萃取色谱法** extraction chromatography 用有机萃取剂作固定相的液－液分配色谱法。具有配位或螯合能力的液体有机萃取剂被涂渍或键合到惰性载体上作固定相，而流动相为水溶液，在分离过程中，被测无机溶质（金属离子）因与固定相中配位或螯合基团作用，形成配合物或螯合物而由水相（流动相）转移到萃取剂相（固定相）。最早的报道（1953）是将双硫腙的四氯化碳溶液涂渍在颗粒状醋酸纤维载体上作固定相，以水溶液为流动相，分离和浓缩了天然水中痕量的铅、镉、锌、锰、铜和钴等金属元素。这一方法曾被称为无机反相分配色谱法，为了更好地反映它与溶剂萃取之间的密切关系，后来改称萃取色谱法。萃取色谱法的保留及分离机理涉及被分离溶质从流动相转移到固定相的方式，以及有机相（配位体或螯合物）在惰性载体（基质）上的存在状态等，尚无定论。

萃取色谱法可高效和高选择性地分离分析无机物。其特点有：①可选择的固定相种类多。理论上讲，溶剂萃取中使用的萃取剂都可以用作萃取色谱的固定相，包括各种膦类、胺类、醚类、酮类和螯合剂类等。②与溶剂萃取相比，分离效率高出很多。萃取色谱相当于级数很高的多级溶剂萃取。高的分离效率使性质很相似的金属元素也能得到有效分离。③萃取色谱法中的萃取剂被固定在惰性载体上，用量很少，不会产生乳化现象，而且色谱柱可以反复使用。④已有的溶剂萃取参数（如分配比）可以用作选择萃取色谱固定相的依据，可较快地确定样品分离的合适条件（固定相和流动相）。⑤由于萃取色谱固定相吸附金属离子的容量远不如离子交换树脂和有机吸附剂，不能大规模分离和制备无机物或稀有金属。

**淬火** quenching 将金属工件加热到相变临界温度以上并保持一段时间，随即浸入淬冷介质中快速冷却的金属热处理工艺。常用的淬冷介质有盐水、水、矿物油、空气等。淬火工艺主要用于钢件，可以提高工件的硬度及耐磨性，因而广泛用于各种工、模、量具及要求表面耐磨的零件（如齿轮、轧辊、渗碳零件等）。通过淬火与不同温度的回火配合，可以大幅度提高金属的强度、韧性及疲劳强度。淬火还可使一些特殊性能的钢获得一定的物理化学性能，如淬火使永磁钢增强其铁磁性、不锈钢提高其耐蚀性等。根据冷却方法，淬火工艺分为单液淬火、双介质淬火、马氏体分级淬火和贝氏体等温淬火4类。

**翠菊** *Callistephus chinensis*; China aster 菊科翠菊属的一种。又称蓝菊、五月菊、江西腊。原产中国，分布于东北、华北、山东、云南、四川等地。亚洲东部也有分布。1731年传入欧洲。一年生或二年生草本，高过1米，茎直立，有白色糙毛。中部茎叶卵形、匙形或近圆形，长6厘米，宽4厘米，边缘有粗锯齿，叶柄长4厘米。头状花序较大，常单生枝端，直径达7厘米；舌状花雌性，有紫、蓝、红或白等色；中央花两性，花冠管状，5齿裂。瘦果倒卵形，冠毛2层。花期7～9月。喜光，不耐酷暑，要求肥沃及排水良好的土壤。翠菊为著名花卉，已培育出许多品种，宜植花坛或盆栽。

**翠鸟** *Alcedo*; kingfishers 佛法僧目翠鸟科翠鸟属鸟类的统称。世界有15种。中国有斑头大翠鸟、蓝耳翠鸟和普通翠鸟3种。普通翠鸟常见，分布也广。自额至枕呈蓝黑色，密杂以翠蓝横斑，背部呈辉翠蓝色，腹部呈栗棕色，头顶有浅色横斑，嘴和脚呈赤红色。从远处看很像啄木鸟。

笑翠鸟　　铁嘴翠鸟

喜栖息在有灌丛或疏林的清澈而缓流的河溪、湖泊以及灌溉渠等水域。性孤独，平时常独栖在靠近水边的低枝或岩石上，伺机捕食鱼虾等，因而又称鱼狗。以小鱼为主，兼吃甲壳类和多种水生昆虫及其幼虫，也啄食小型蛙类和少量水生植物。繁殖期为每年4～7月。用粗壮的大嘴在土崖壁上穿穴为巢，洞穴水平，深约50～60厘米，末端膨大成球形巢室，以吐出的鱼骨为铺垫。每窝产卵6～7枚。卵呈纯白色，有辉亮且稍具斑点；孵化期约21天，雌雄共同孵卵，由雌鸟喂雏。

**村规民约** villagers agreement 村民群众根据有关法律、法规、国家政策，结合本村实际制定的涉及村风民俗、社会公共道德、公共秩序、治安管理等方面的综合性规定。村民进行自我管理、自我教育、自我约束的行为规范。见乡规民约。

**村上春树** Murakami Haruki（1949-01-12～ ） 日本小说家。生于京都。毕业于早稻田大学戏剧系。代表作是《挪威的森林》（1987），成名作是《听那风之歌》（1979），后又发表了两部轰动之作《1973年弹子游戏》（1980）和《寻羊冒险》（1982）。这些作品始终围绕着一个关键意符“羊”，表现作者青年时代的“革命思想”或“自我否定”。村上春树的创作有“国际化”和“反民族化”的特征。“国际化”主要指作品的国别特征或文化背景模糊；“反民族化”指对于本国传统文学的漠视。其他作品如《奇鸟行状录》三部曲（1992～1995）、《约定的场所》（1998）、《海边的卡夫卡》（2002），同样获得极大关注。他的许多重要作品已有中译本。

**村镇规划** planning of village and town 乡镇行政辖区范围内的居民点规划。一般包括乡镇行政辖区范围内村镇的布局规划，以及乡镇政府驻地、其他集镇、行政村和自然村的规划。又称村庄与集镇规划或乡镇规划。

乡镇行政辖区范围内村镇的布局规划，是根据县市域城镇布局规划，对规划范围内居民点分布、基础设施和公共建筑配置进行综合部署。村镇居民点通常分为基层村、中心村、一般镇、中心镇四个层次配置公共建筑和基础设施。村镇建设用地分为居住建筑、公共建筑、生产建筑、仓储、对外交通、道路广场、公用工程设施、绿化、水域及其他类别。

乡镇政府驻地的规划一般包括乡镇域村镇布局规划、规划区范围总体规划和详细规划。其他居民点的规划一般在乡镇域村镇布局规划指导下编制规划区范围内的修建性详细规划，即建设规划。建设规划主要是安排农民的居住建筑，以及必要的公共建筑、公用道路和工程设施。

村镇规划一开始主要是对农村房屋建设进行布局，目的是节约耕地。后来逐步发展成为一定区域范围的居民点布局，以及关注快速城镇化过程中传统农村地区生活和生产环境的综合改善，重点研究小城镇的建设与发展以及城市扩展地区农村的变迁问题。

**皴法** cun painting technique 中国画技法术语，一般指山水画中描绘山石纹理的笔法及其样式。画史研究表明，皴法产生于唐末五代。五代以后，皴法运用逐渐普遍，尤其北宋时期，山水画表现以“度物象而取其真”为旨归，真实描绘山石状貌的追求，使各种皴法大量出现。自南宋开始，皴法逐渐规范，形成一定法式。明、清以后，皴法又得到了进一步归纳和拓展，完备的皴法体系已经建立。

从笔法类型上区分，最典型的皴法主要有披麻皴、斧劈皴、雨点皴，其他各种皴法均由此三种皴法变化而来。披麻皴又

乱柴皴

称麻皮皴，是以线为主的皴法类型，适于描绘江南和缓山坡。根据线条长短，披麻皴又分长披麻和短披麻。与披麻皴同样运用线条的皴法主要有解索皴、牛毛皴、乱柴皴（见图）、乱麻皴、骷髅皴、荷叶皴等。斧劈皴分大斧劈、小斧劈两种，运用侧锋阔笔，劲爽明快，适于描绘峻峭、棱角分明的坚硬山石。运用侧笔为主的皴法还有马牙皴、刮铁皴、墙头皴、拖泥带水皴及折带皴等。雨点皴又称芝麻皴，系以点为主的皴法类型，适于表现山石的浑融气象，始创于北宋。与雨点皴同属点法类型的皴法主要有宋代米氏所创的米点皴，以及钉头皴、豆瓣皴等。

皴法实际上是对自然界山石表现形态的模拟，由于自然界变化丰富、画家笔墨个性化等因素，实际上皴法形态千差万别。随着绘画的发展，皴法还在不断演化。尤其当皴法已成为符号化的笔墨语汇之后，其形态已可以完全脱离自然状貌的约束，而成为完全属于笔墨意义上的创造。20世纪后半叶以来，皴法开始由山水画领域逐步拓展向人物画、**花鸟画**，而成为中国画领域新的笔法概念。

**存储器组织** memory organization 由多种类型存储器组成的层次式的存储体制。在计算机系统中，从靠近**中央处理器**的内层到外层依次有寄存器堆、先行缓冲站、高速缓冲存储器、**主存储器**、联机存储器和脱机存储器。从外层到内层，速度越来越高；从内层到外层，存储容量越来越大，单位容量的价格越来越便宜。

现代计算机系统一般以存储器为中心。在程序执行过程中，控制器要从存储器中读取指令。在指令执行过程中，运算器需要的操作数来自存储器，运算结果在程序执行完成之前必须全部写入存储器，各种输入输出设备也直接与存储器交换数据。采用软件与硬件相结合的方法把多个速度、容量和价格各不相同的物理存储器组织在一起，可以获得一个速度快、容量大、价格便宜，而且能够采用随机访问方式工作的存储器。

**存在** being 哲学的基本范畴之一。对存在问题的研究贯穿在哲学特别是在西方哲学的整个发展过程中。**亚里士多德**认为哲学研究的对象是“作为存在的存在”，提出了本体的学说。F.**恩格斯**把整个西方哲学史的基本问题归结为存在与思维的关系问题。发展至今，存在大体有三种意义：①与思维相对，是物质的同义词。②与“无”相对，是有，是对无的否定，是对世界上所有事物包括一切物质现象和精神现象的一般概括。③与“存在者”相对，存在是存在者整体的根据。

哲学史上，“存在”概念为各派哲学家们广泛使用。宗教神学认为上帝是唯一真实的存在；主观唯心主义者G.**贝克莱**认为存在就是被感知；在G.W.F.**黑格尔**那里，存在不过是绝对理念的一个最简单的规定；现代西方哲学的**存在主义**所说的“存在”，大多是指个人的主观性存在。马克思主义哲学认为哲学最根本的问题不在于是否承认物质和精神都存在，而在于解决物质和精神何者是第一性的问题，坚持世界的统一性在于它的物质性。

**《存在与时间》** *Being and Time* 德国哲学家M.**海德格尔**最主要的代表著作。1927年发表在E.**胡塞尔**主办的《哲学与现象学研究年鉴》第8卷上，并同时出版单行本。它以“时间”为线索解决“在的意义”问题，从新的思路论述了人生、世界、认识、情感、死亡、时间、历史等重大课题，是**存在主义**的奠基之作。

全书包括两部分内容：导论和第一部分的两篇。在“导论”中，海德格尔从批判传统本体论出发，提出了重提“存在”问题的必要性。目的就是要重新探讨“在的意义”，建立一种全新的本体论——基本本体论。基本本体论首先区分“在”和“在者”，确立“在”对“在者”的优先地位，然后又在众多的“在者”中找出一个与众不同的“在者”——人，海德格尔称之为“此在”。对“此在”的解释和分析就构成了一切本体论所从出的基本本体论。书的第一部分第一篇“准备性的亲在基础分析”，共包括六章。海德格尔集中阐述了，如果从存在和**现象学**的角度去理解，世界就是人所烦起来的场所。“此在”是在世之在，人生活在具体的世界中，与具体环境发生关系，其所烦是事实的；人与共同世界发生关系，其所烦又是人格的。“此在”总是处在三种状态之中：事实性的被抛状态，生存性的筹划状态和沦入现存世界的沉沦状态。第二篇“此在与时间性”，也包括六章。主要阐明：仅仅把“此在”规定为烦，还没有充分显示出“此在”的全部本质。要掌握亲在的可能的整体存在，还必须通过畏，使人遭遇到虚无，从而意识到自己的有限性和死亡的必然性，使人具有不断领先于自身的筹划性。“先行到死”、“向死而生”又都与时间有关，为此，海德格尔又对“此在”的时间性进行了分析。

此书是一部未完成的著作，海德格尔原计划写两部，每部各三篇，结果只完成了第一部的前两篇。它是20世纪重要的哲学著作，对20世纪诸多学科都产生了强烈影响。

**《存在与虚无》** *Being and Nothingness* 法国**存在主义**哲学家J.-P.**萨特**的主要著作。全书共分四部分，外加导言和一个简短的结论。1943年出版。在导言“对存在的探索”中，萨特首先用**现象学**的方法对“存在”作了“本体论的证明”。萨特引出“自在的存在”和“自为的存在”两个不同的领域，并讨论了“自在的存在”问题。第一部分“虚无的问题”，包括两章。第一章讨论否定的起源。萨特指出，作为“自为的存在”的意识就是虚无。意识的虚无性表明意识有一种不断形成否定、选择自己的可能性，因而人是自由的，人的自由先于人的本质。第二章讨论了作为自由体验的苦恼和作为对自由逃避的“自欺”。第二部分“自为的存在”，包括三章。分别讨论了“自为的存在”的直接结构，时间性和超越性。第三部分“为他”，集中讨论他人的存在问题。指出自我与他人的关系不是“共在”，而是冲突。第四部分“拥有、作为和存在”，包括两章。萨特通过讨论这三个概念之间的关系，说明自由和责任以及人生的各种态度。最后，萨特对以上讨论做了简短“结论”：“自在”与“自为”并非绝对对峙，而是原始综合，这种联系的基础则是“自为”。

**存在主义** existentialism 现代西方哲学主要流派之一。形成于20世纪20年代的德国，创始人为M.**海德格尔**和K.**雅斯贝尔斯**，第二次世界大战期间传到法国并成为影响最大的哲学流派之一。主要代表人物有J.-P.**萨特**、M.**梅洛-庞蒂**、G.马塞尔、A.**加缪**、S.de波伏瓦等。欧洲其他国家也有流传。50年代以后，在美国逐渐风行。80年代中期，在中国高等院校部分年轻学生中也曾有一定影响。存在主义的根本观点是，把孤立的个人的非理性意识活动当作最真实的存在，并作为其全部哲学的出发点。它自称是一种以人为中心，尊重人的个性和自由的哲学。存在主义超出了单纯的哲学范围，波及西方社会精神生活的各个方面，在文学艺术方面的影响尤为突出。从60年代后期起，它在西方的影响开始衰落。

**寸口诊法** pulse taking over radial artery on the wrist 切压腕后桡动脉浅表部位以体察脉象变化的中医**脉诊**方法。

**痤疮** acne 为发于颜面部、上胸、后背的皮下毛囊皮脂腺慢性炎症病变。俗称青春痘。与毛囊内微生物感染、毛囊口角化、内分泌因素、饮食刺激、遗传、气候、不适当的化妆品、精神因素及消化功能紊乱等有关。好发生在青春期，女性患者常在月经前加重。一般青春期过后逐渐减轻或消退，但也有在中年发生的。此病损害多种多样，可有黑头粉刺、白头粉刺、丘疹、脓疱、结节、囊肿及瘢痕等。同一患者可有几种损害。此病有自限性，尽管不影响健康，但若不及时治疗，严重时可造成局部瘢痕，影响美容及心理。患者应少食高脂肪、高糖的食品，多吃蔬菜和水果；避免用手挤捏，常用温水清洗面部，作适当的面部护理。治疗原则为减少皮脂分泌，抗角化、消炎，防止瘢痕形成。

**错狳畸形** malocclusion 儿童在生长发育过程中，因先天遗传因素或后天环境因素所致牙齿、颌骨的畸形。民间俗称大包牙、地包天、牙齿里出外进等。该病不同程度地影响正常咀嚼、吞咽及发音功能，而且容貌不端还会带来心理障碍，因此应自儿童时期就防治。

病因 大体分为遗传因素和环境因素两大类：

遗传因素 种族进化：因脑量逐渐增大使颅骨逐渐扩大，而同时咀嚼器官功能减弱，咀嚼器官退化，这使颌骨逐渐缩小。在咀嚼器官退化过程中，肌肉居先，颌骨次之，而牙齿再次之，因而颌骨容纳不下所有牙齿，导致牙量、骨量不调，出现牙齿拥挤。

环境因素 ①先天因素。胎儿在生长发育中母体营养不良，妊娠期患病，胎儿在子宫内承受异常压力，均可导致错狳。②后天因素。出生后营养不良，佝偻病，偏咀嚼习惯，乳牙早失等均可造成颌骨发育畸形，牙弓发育畸形，牙列不齐等。

临床表现 表现为多种多样。

个别牙齿的错位 如牙齿的唇向、颊向、舌向、腭向、近中远中等错位，牙齿高位、低位、转位、易位、斜轴等向错位。

牙弓形态和牙齿排列异常 如牙弓狭窄，腭盖高拱，牙列拥挤，牙列稀疏等。

牙弓、颌骨、颅面关系不调 如前牙反、下颌前突、上颌前突、上下牙弓前突、双突颌畸形等。

治疗 主要使用各类矫治器。矫治器是一种带入口腔内的装置，又称正畸矫治器。

**错金** gold-inlaid 中国古代在金属器物表面镶嵌黄金丝或片的表面装饰方法。又称金错。其工艺是把黄金锤锻成金丝、金片，镶嵌在金属器物表面，构成各种花纹、图像、文字。类似工艺还有错银、错铜。这

战国错金豆

种工艺兴起于春秋时期。山西浑源出土有春秋时期的红铜镶嵌狩猎纹豆。战国时期错金工艺水平更高。河北满城汉墓出土有错金博山炉、错金书刀和错金银镶嵌铜豹等。《汉书·食货志》记载：“错刀以黄金错其文。”

错金的工艺过程如下：①制槽。②镶嵌。③磨错。错金银多用于铜器表面装饰，也用于铁器装饰。

**错觉** illusion 在特定条件下对客观事物必然产生的带有某种固定倾向的歪曲知觉。错觉是在特定条件下必然产生的，通过主观努力无法消除。而且，错觉的个体差异只表现在错觉量上。错觉与幻觉不同，幻觉是在没有外界刺激物作用的条件下产生的虚无的知觉。

错觉的种类很多。图形视错觉可以分为：①线条长短错觉。$a$和$b$两条直线的长度相等，如果$a$与$b$垂直并在$b$的中点处相交，则看起来$a$总比$b$长些（图1a，横竖错

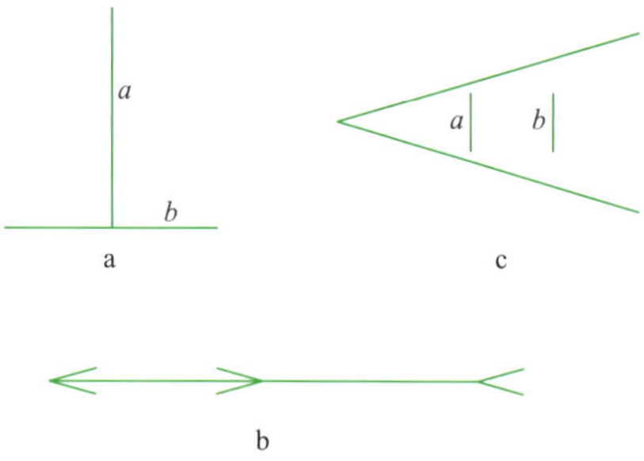

图1 长短错觉

觉）；如果在等长线段的两端加上不同方向的箭头，则箭尾的线段看起来总比箭头的长些（图1b，缪勒－莱耳错觉）；如果等长的两条线段并列在一个锐角里，靠近角顶的$a$看起来总比离角顶远的$b$长些（图1c）。②面积大小错觉。两个面积相等的圆，在

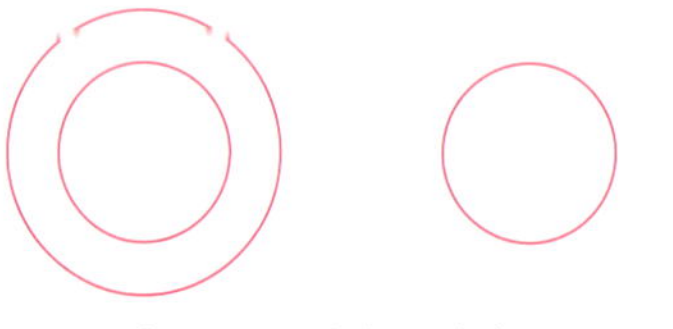
图2 面积的大小错觉

其中一个圆的外周加上一个稍大些的同心圆，这个内圆看起来变大了（图2）。③形状错觉。正方形放在一组线条背景上看起来就不像正方形了（图3a）；一组平行线因

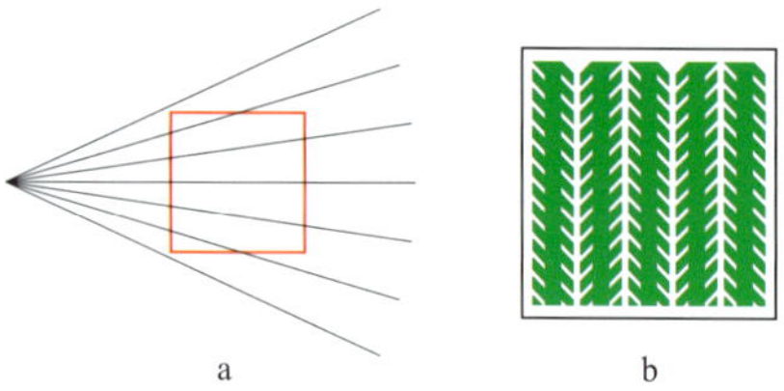

图3 形状错觉

加了一组组不同方向的线条，看起来不平行了（图3b）。④方向错觉。方框中有一向右倾斜的棒，当框向右倾斜后，看起来棒似乎向相反方向转动了，即比原来向右偏的度数小了（图4a）；当一条直线的中部被遮盖时，看起来不再是一条直线了（图4b）。

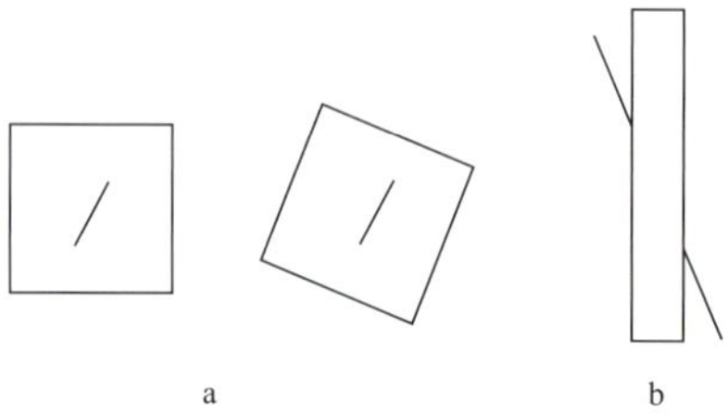

图4 方向错觉

其他感觉道也会产生错觉，如用假声器使左边来的声波先进入右耳而形成的方向听错觉；在交叉的食指和中指中间夹一个小球，会觉得有两个小球分别在食指和中指外侧的触错觉等。

各感觉之间相互作用也会产生错觉，如在礼堂听报告时，眼睛看着报告人觉得声音是从前方传来的，当把视线移开后就感到声音实际上是从旁边的扩音器中传来的。

关于错觉的解释很多，如苏联心理学家A.L.雅尔布斯用实验来说明距离错觉，即日常习惯是以物体的中心为参照点来估计物体距离的，因此，要判断图5中鸟的距离，就感到中间鸟离左边鸟近些、离右边鸟远些；即使要求判断小鸟嘴尖的距离，也仍然不能摆脱习惯的影响。

图5 小鸟的距离实验示意图

一般来说，错觉是由刺激的物理性质、机体的生物学规律和主体的心理因素等多种原因引起的。错觉的产生也都与知觉时同时并存的别的事物的干扰有密切的联系。没有一种学说能解释所有的错觉，只能对具体错觉作具体分析。

错觉现象可用于军事伪装和反伪装，也可用于日常生活中，如建筑、绘画、电影等。还可以利用错觉进行其他心理现象的研究，如知觉机制的研究、个性心理特征某些方面的测定等。

# D

**达达尼尔海峡** Dardanelles Strait 亚洲西部海峡。又称恰纳卡莱海峡。位于土耳其境内，介于亚洲小亚细亚半岛和欧洲巴尔干半岛之间。长65千米，北口宽3.2千米，南口宽3.6千米，内宽1.3～18.5千米，深53～106米。欧洲一侧高耸，利于设卡防守；亚洲一侧低平，适合舰船出入停靠。两端海水密度有差异，表层海水自马尔马拉海入爱琴海，其下逆流则把盐度高的海水从爱琴海流入马尔马拉海。沿岸主要港口，亚洲一侧为恰纳卡莱，欧洲一侧为盖利博卢。

**达达主义** Dadaism 第一次世界大战期间出现的文艺流派。倡导者为法国诗人T.查拉。查拉在1918年3月23日发表的《达达主义宣言》中，定义为："这是忍耐不住的痛苦的嗥叫，这是各种束缚、矛盾、荒诞的东西和不合逻辑的事物的交织：这就是生命。"表明达达主义的出现是当时人们面临一系列社会问题所受到的精神压抑的反映。达达主义产生于1915～1916年，当时许多国家有反战情绪的青年移居瑞士苏黎世，其中一些文艺青年经常在伏尔泰酒馆聚会，他们有浓厚的虚无主义思想，提倡否定一切，否定理性和传统文明，提倡无目的、无理想的生活和文艺。1917年春达达主义在苏黎世举办展览，参加的有欧洲各国前卫派美术家，其中以J.阿尔普最为著名。巴黎达达主义的代表人物是F.皮卡维亚和M.恩斯特。在柏林，K.施维特斯是达达主义的领袖。M.杜桑在美国推进了包括达达主义在内的前卫艺术。达达主义的目的不在于创造，而在于破坏和挑战，所以美术家们广泛地运用拼贴和现成物，抛弃传统的造型语言和法则。1922年，达达主义内部分裂，原来参加达达主义的一些文艺家以A.布雷东为首组织超现实主义。战后，欧洲一些文艺家重新探讨达达主义的价值，把达达主义原来作为破坏和挑战的手段，看做审美对象，利用大众文化传播媒介、工业废品和现成物组成美术品，掀起新达达主义思潮。

杜桑作品《自行车轮》

**达迪耶** Dadié, Bernard (1916～ ) 科特迪瓦诗人、小说家、剧作家、社会活动家。生于阿西尼。曾参加和领导反殖民主义的斗争，祖国独立后，历任教育、新闻、文艺部门负责人，文化部长。他的主要作品有：政治诗集《昂然挺立的非洲》(1950)和诗集《时日的交替》(1956)、《五洲的人们》(1967)；民间故事《非洲的传说》(1953)、《黑色缠腰布》(1955)、《库图·阿斯·萨马拉故事集》(1982)；自传体小说《克兰比埃》(1956)和小说《一个黑人在巴黎》(1959)、《不死城》(1968)；历史剧《阿斯米安·达伊莱》、闹剧《托戈-格尼尼老爷》(1970)、讽刺剧《风中的声音》(1970)。其中《托戈-格尼尼老爷》嘲讽一个黑人暴发户同白人掮客狼狈为奸，落得身败名裂的下场，在非洲巡回演出时深受欢迎。1973年发表历史剧《风暴岛》，写海地奴隶出身的黑人起义领袖的事迹。

**达尔** Dahl, Robert Alan (1915-12-17～ ) 美国政治学家。生于艾奥瓦州。1940年获耶鲁大学哲学博士学位，1946年起在耶鲁大学任教。曾任美国政治学会会长，美国国家科学院、美国人文与科学院等学术团体的院士。主要代表作有《现代政治分析》(1963)、《西方民主中的政治反对派》(1966)、《多头政体：参与和反对》(1971)、《多元主义民主的困境》(1982)等。达尔倡导行为主义政治学和多元主义民主理论。他主张运用精确的概念和各种经验数据对政治进行科学研究，并把政策、规范、原因和意义（或称语义）作为政治分析的基本框架。他用各种群体（利益集团）之间的竞争性均衡来解释西方民主政治运行的实际情况，并把现代的代议制民主称为"多重少数人的统治"，或"多元民主"、"多头政体"、"多头统治"等。他对多元民主的优点和缺陷进行了分析，主张用经济民主等办法来改善西方民主制度。

**达尔贝达** Dar el Baida 摩洛哥最大港口城市和工商业中心。又称卡萨布兰卡，阿拉伯语意为"白房子"，因当地建筑多为白色而得名。位于大西洋岸，东北距首都拉巴特约100千米。人口293.37万(2004)。平均海拔50米，城市滨海，树木常青，气候宜人。1月平均气温12℃，8月平均气温23℃，平均年降水量400毫米。北大西洋通往非洲中南部海上航线的中间站；腹地为富庶农业区，并有极丰富的磷灰石等矿产资源。12世纪，柏柏尔人始建安法城。15世纪中期葡萄牙人入侵时遭破坏；1575年又被葡萄牙人占领后重建新镇，定名卡萨布兰卡。1755年发生大地震后葡萄牙人撤离。后改称现名。1770年由阿拉伯人重建，有欧洲人到此经商、定居。18世纪末，西班牙人获得在此地贸易特权，又改称卡萨布兰卡，1907年被法国殖民者占领。摩洛哥独立后，恢复了达尔贝达的名称，但习惯上仍称卡萨布兰卡。随着人工港的兴建，港口贸易扩大，城市迅速发展，有摩洛哥"经济首都"之称。拥有全国4/5的现代工业，食品工业居全国领先地位，次为纺织、针织、服装等业。商业、金融业发达，以一年一度的国际博览会闻名；银行营业额占全国1/2以上；港口在城市经济中占有重要地位。是全国第一大港和非洲最大的人工港之一，有泊位45个，输出货物主要有磷酸盐、石油、煤炭，余为柑橘、瓜果、鱼罐头、铅锌矿石和杂货、集装箱等。输入以小麦、食品、钢材、机器、化工产品、木材等为主。重要渔港，沿海主要捕捞沙丁鱼和金枪鱼。全国陆上交通枢纽，有高速公路和铁路通拉巴特；与马拉喀什、非斯、梅克内斯等城市以及磷灰石矿区也有公路、铁路联系。市西南和东面各设一国际机场。全国第二大旅游城市。沿海绵延几十千米的细沙海滩，是最好的天然游泳场。沿海有建于1993年的哈桑二世清真寺，由前国王哈桑二世创意和设计，是阿拉伯世界仅次于麦加禁寺和麦地那先知寺的第三大寺。阿拉伯古城街道狭窄、曲折，保

达尔贝达城市鸟瞰

存原有城墙。城外是法国人修建的新城，有宽广的林荫大道和高层建筑，街道从穆罕默德五世广场向外辐射，与环行路相交。联合国广场一带是市区的商业和行政中心，有银行、旅馆和大型现代商店。临海西部为新的住宅区，多高级别墅和花园。工业区主要在东部，沿达尔贝达—拉巴特公路延伸。市内设有各级阿拉伯语和法语学校等文教机构。1961年摩洛哥国王穆罕默德五世在此主持会议，建立卡萨布兰卡非洲国家集团。

**《达尔杜弗》** *Le Tartuffe ou l' imposteur* 法国剧作家莫里哀的5幕诗体喜剧。见《伪君子》。

**达尔富尔高原** Darfur Plateau 苏丹西部高原，尼罗河与乍得湖流域分水岭。历史上的比拉德苏丹地区。东接科尔多凡高原，西迄瓦代，南至加扎勒河，北达利比亚沙漠。大致包括南、北达尔富尔两省，面积44万平方千米。地表起伏平缓，海拔大部分在600～1 000米，有许多干河床与孤山散布其间，最高峰迈拉山是熄火山，海拔3 088米。气候干旱，年降水量500～600毫米，中部的迈拉高地降水相对较多。地表水、地下水均缺乏。居民主要为阿拉伯人，南部有富尔人。牧场广阔，畜牧业为重要经济活动，放牧骆驼、绵羊和山羊。还种植谷物和水果，盛产阿拉伯树胶。传统手工艺有皮革、木材和地毯制作。

**达尔汗** Darhan 蒙古第二大城市，直辖市。地处蒙古北部鄂尔浑河支流哈拉河谷地。处于北京—乌兰巴托—莫斯科的国际铁路线上，南距首都乌兰巴托230千米。面积200平方千米，人口9万余人。1961年建市。是蒙古最大的新兴工业中心，以能源、钢铁、建筑材料、畜产品加工和食品工业等为主体。主要的工业企业有钢铁厂、水泥厂、白砖厂等。其中，钢铁厂是1994年在日本的援助下建成的，年产钢10万吨；水泥厂年产水泥20万吨，除供应本国需要外，有少量出口。附近的沙尔河煤矿是一个机械化的露天煤矿，有长65千米的宽轨铁路与市区相通。市郊有机场。市内设有工业学校等。1997年5月被世界卫生组织（WHO）列为健康城市。

**达尔文** Darwin, Charles Robert (1809-02-12～1882-04-19) 英国生物学家，进化论的主要奠基人。生于英国什鲁斯伯里，卒于肯特郡。1831年毕业于剑桥大学，同年参加英国海军环绕世界的考察航行，后于1836年返抵英国。

回国后，达尔文陆续发表了有关生物学及地质学的考察报告，其中包括《贝格尔舰所经各国的地质及博物调查日记》、《贝格尔舰航行动物志》，以及3册有关珊瑚礁、火山岛的地质报告。他在地质学论著中，提出环礁是因海底下沉、珊瑚向上堆生而成的著名论断。经过多年的探索，他逐渐形成了一个系统的进化思想：生物界本来就存在着个体差异，在生存竞争的压力下，适者生存，不适者被淘汰；物种所保留的有利性状在世代传递过程中逐渐积累，经过性状分异和中间类型消失便形成新种。1859年《物种起源》出版，书中详细介绍了他20年来收集到的丰富证据，充分论证了生物的进化，并明确提出自然选择学说来说明进化机理。进化论的出现使生物界的种种现象都得到一个统一的解释：生物的一致性可以用共同祖先来说明；物种的多样性则完全是进化适应的结果。进化论的出现，在哲学和社会科学领域中也产生极大影响，它猛烈冲击了当时支配思想领域的神学观念。

此后，达尔文的著作大都是对进化学说的进一步阐释和发展。例如，《动物和植物在家养下的变异》和《人类的由来及性选择》。此外，还有一系列著作探讨了植物界中的许多适应现象，如《兰花诱虫授粉的种种策略》、《攀缘植物的运动及习性》和《食虫植物》等。他还研究了植物的向光和向地运动，根据实验断定在植物体中存在着某种能传递信息的物质；预见了后来发现的生长素。

**达尔文学说** Darwinian theory 以自然选择为主要内容的生物进化理论。见进化。

**达·芬奇** Leonardo da Vinci (1452～1519-05-02) 意大利文艺复兴时期画家、科学家。全名莱奥纳多·达·芬奇。生于佛罗伦萨郊区的芬奇镇，卒于法国昂布瓦斯附近。15岁时到佛罗伦萨，学艺于A.del韦罗基奥的作坊。1472年入画家行会，兼作韦罗基奥的助手，创作《受胎告知》等画。1482～1499年间主要为米兰公爵服务，创作了《岩间圣母》、《最后的晚餐》等名作。1500年游览曼图亚、威尼斯等地，以后直至1506年，主要在故乡活动，创作《圣母子与圣安娜》、《蒙娜丽莎》，并在市政厅作壁画。1516年离意大利赴法国，住在昂布瓦斯城堡，直至逝世。晚年潜心科学研究，留下大量笔记手稿及草图。

早期创作 在韦罗基奥作坊学习时，便已超过老师。现存达·芬奇的最早作品《受胎告知》(1472～1473)，背景山水已注意到空气氛围的表现。较后的《吉内夫拉·德本奇像》(1475～1478)，背景林木的描绘也极为出色。标志达·芬奇艺术风格成熟的作品是1481年开始创作的《博士来拜》(又译《三王来拜》)，它以强烈对比的构图和形象显示了艺术上的创新。

盛期创作 至米兰后即着手创作的绘画是《岩间圣母》(图1)。这幅画虽属传统题材，人物和背景的描绘却堪称前所未见。岩窟的幽暗色调和人物形象的微妙刻画，都成功地运用了达·芬奇偏爱的烟雾状笔法，山岩花草的极其认真的描绘还反映了达·芬奇对地质、植物等科学知识的掌握。圣母和天使的面部表情优雅含蓄，圣母左手前伸的透视缩形表现尤为杰出。《最后的晚餐》是达·芬奇在第一米兰时期最后的作品(1495～1497)，也是他毕生创作中最负盛名之作。该画以匠心独到、构图卓越、细部写实与典型塑造结合无间，为他人所难及。

在第二佛罗伦萨时期，达·芬奇的作品达到了创作的最高水平。从1503年开始，达·芬奇进行了《蒙娜丽莎》和《圣母子与圣安娜》两幅名画的创作，且对它们倍加珍爱，始终随身携带。《蒙娜丽莎》为肖像画。画中人物坐姿优雅、笑容微妙，背景山水幽深苍茫，为达·芬奇烟雾状笔法的极致。对于面容中眼角唇边等表露感情的关键部位，他特别着重掌握精确与含蓄的辩证关系，从而使蒙娜丽莎的微笑含意无穷。《圣母子与圣安娜》(图2) 以完善的三角形构图和背景山水的描绘显示了达·芬奇精益求精的创作意图。此画到1510年才基本完工，因此也是达·芬奇最后一件杰作。

素描习作与理论著述 达·芬奇素描的特点是观察入微，线条刚柔相济，尤善用浓密程度不同的斜线表现明暗的微妙变化。他对建筑、雕塑和绘画的创作都以大

图1 《岩间圣母》(卢浮宫博物馆藏)

图2 《圣母子与圣安娜》(卢浮宫博物馆藏)

量素描为构思和研究的基础。他的科学研究著述也大多配以素描图，有些研究（例如生理解剖等）甚至主要通过素描。达·芬奇的艺术理论既散见于他留传下来的大量笔记（总数5 000余件），也集中于他未完成的《画论》一书。《画论》17世纪时刊印成书，对西方画论和艺术教育均有重大影响。

**达·芬奇科技博物馆** Leonardo da Vinci Museum of Science and Technology 意大利科技博物馆。位于米兰市。即莱奥纳多·达·芬奇科技博物馆。

**达海** Dahai (1594～1632) 中国满族语文学家。先世居觉尔察，隶属满洲正蓝旗。早年即通满、汉两种语文。太宗（皇太极）时主持译述汉籍、记注国政的文馆，天聪四年(1630)授游击，五年赐号巴克什，六年(1632)奉太宗之命改进满族早期的文字老满文。译有《黄石公素书》、《六韬三略》、《纲鉴会纂》等书。他在改进满文方面的主要贡献是：①在字母上用加圈加点等方法，区分了原来未区分的语音，使字母在表音上比原先精确。②制定了10个“外字”用以拼写本民族语中没有的借词语音。③创造了“切音法”。这种方法除用于拼写一些借词外也用于拼写满语词。经过上述改进，满文有了比较完善的字母体系和拼写法。

**达荷美王国** Dahomey, Kingdom of 17世纪在今非洲贝宁中部兴起的一个国家。又称阿波美王国。1625年阿波美国王达科通过征服毗邻部落而扩展了领土。达科的继任者乌埃格巴扎(1645～1685年在位)时期，王国使用达荷美这一名称，定都阿波美。

18世纪达荷美王国通过掳掠和贩卖奴隶强盛起来，并扩张领土。阿加扎国王（1708～1732年在位）在1724年征服阿拉达王国，1727年征服维达王国，使达荷美王国的领土增加4倍，扩展到海岸地带。1738年达荷美被奥约王国征服，向其纳贡称臣，直至1818年。

盖佐国王在位时期（1818～1858）达荷美王国臻于鼎盛。盖佐结束了内部纷争，摆脱了对奥约的隶属关系，从而使达荷美成为西非最重要的王国之一。

1894年达荷美王国人民抗击法国侵略军（画盘）

1851年后法国殖民者入侵。1900年达荷美王国灭亡。

**达·伽马** Gama, Vasco da (约1460～1524-12-24) 葡萄牙航海家。又译伽马。生于锡尼什城贵族家庭，卒于印度科钦。年轻时曾在宫廷任职，1497年7月8日受葡萄牙国王马努埃拉的派遣，率领帆船4艘、船员约150人从里斯本出发，寻找通往印度的航线。7月26日船队抵达佛得角群岛。8月3日，达·伽马改变了过去沿非洲西海岸航行的办法，从佛得角群岛附近的海面取向东南，于11月7日到达圣赫勒拿湾（位今南非），11月22日绕过好望角，进入莫塞尔湾，从而开辟了至今仍在使用的从欧洲西部到非洲南端的海上航线。12月8日船队继续沿非洲东海岸北上，12月25日到达纳塔尔，又先后抵达克里马内（今莫桑比克港）和蒙巴萨，1498年4月14日到达肯尼亚的马林迪。阿拉伯航海家伊本·马吉德开始为船队引航，于4月24日带领船队驶向印度，于5月20日到达印度喀拉拉邦的港口城市卡利卡特。这样，欧洲人首次找到了从欧洲到印度的航线。8月29日船队离开印度返航，1499年9月9日回到里斯本。这次航行历时26个月。为巩固葡萄牙在印度的势力，1502年2月被授予海军上将的达·伽马率领战船20艘（一说10艘）再次从里斯本出航，到印度后建立了以果阿为中心的葡萄牙殖民统治。1503年10月回到葡萄牙。1524年他被葡萄牙国王约翰三世封为印度总督，同年9月第3次到达印度，年底病死。达·伽马开辟了从欧洲西部出发向南绕过非洲南端的好望角，穿越印度洋通往印度的航线。在1869年苏伊士运河通航前，欧洲对印度洋沿岸各国和中国的贸易，主要通过这条航路。它亦为葡萄牙取得了海上霸权。

**达喀尔** Dakar 塞内加尔首都，国内最大港口城市。位于非洲大陆最西部的佛得角半岛顶端，三面濒临大西洋。人口253.5万(2009)。地处热带，干热的热带草原气候

达喀尔鸟瞰

受到海洋调节，年平均气温25℃，平均年降水量580毫米。原为莱布人小渔村。1617年成为法国东印度公司的锚地和奴隶贸易中心。1857年被法国殖民者占领，城市建设由此开始。1904年成为“法属西非”首府。1923年达喀尔—尼日尔铁路建成通车。第二次世界大战后尤其国家独立后，城市加速发展，人口激增，成为全国经济中心、最大的工业基地。几乎集中全国所有工业部门和60%以上的工业企业，有全国最大的发电厂、花生榨油厂等。西非商业和金融中心之一，西非货币联盟和西非中央银行总部所在地。西非第二大港，天然深水港，可接纳10万吨级以下船只。港口与内陆有铁路、公路相连，是全国和马里等西非内陆国家进出口重要通道，也是大西洋航线上的重要补给和维修站。承担全国进出口贸易的90%。出口以花生及其制品、磷酸盐、渔产品、皮棉等为大宗，进口以燃料、食品、机械设备、日用品为主。桑戈尔机场为西非最重要的国际机场之一。全国文化中心，也是法语非洲最大文化中心之一。创建于1957年的达喀尔大学，是非洲历史最悠久的高等学府之一。非洲艺术博物馆和人种学及考古博物馆颇负盛名。还有大型体育场、国家剧院和清真寺等。城市具欧洲风格，现代气息浓郁，有“非洲小巴黎”之称。

**达卡** Dhākā 孟加拉国首都。与河港纳拉扬甘杰以及古尔善、米尔布尔、栋吉等卫

达卡三轮车——孟加拉街头一景

星城市共同组成全国最大的都市区和最大的工商业中心。位于恒河三角洲布里甘加河北岸的冲积阶地上，海拔6～7.5米。人口约1 200万（2005）。历史可上溯至10世纪或更早，但直到17世纪初成为莫卧儿帝国孟加拉省的首府，才逐渐发展起来。18世纪遭英国占领。1947年印巴分治后为巴基斯坦东孟加拉省首府，1972年成为新独立的孟加拉国首都。雨季时，易遭印度洋热带风暴及洪水的袭击。郊区为肥沃的三角洲平原，产黄麻、稻米、甘蔗、油菜子等。黄麻、棉纺、麻纺工业发达，另有皮革、制糖、造纸、玻璃、化工、金属加工等工业部门。全国最大的交通枢纽，铁路、公路、内河、航空等运输一应俱全，国际机场在市北。有达卡大学、工程技术大学、农业大学、贾汉吉尔大学以及孟加拉国科学院、孟加拉研究院、儿童研究院、艺术研究院、国家原子能委员会、水稻研究所等文教和科研机构。宗教色彩浓厚，清真寺数以千计，号称“清真寺城”。有拉尔巴格古城堡、布拉卡拉宫等名胜古迹。

**达拉第** Daladier, Édouard（1884－06－18～1970－10－10） 法国政治家，政府总理（1933，1934，1938～1940），法国激进社会党领袖之一。生于沃克吕兹省卡尔庞特腊市，卒于巴黎。1919年选入议会。曾任激进社会党主席。1924年起，在法国历届政府中多次担任公共教育、公共工程、殖民、陆军、国防和

外交等部部长之职。1933年1～10月、1934年1～2月、1938年4月至1940年3月3次组阁。1935年领导激进社会党、社会党和共产党组成法国人民阵线。任总理期间，推行绥靖政策。1939年9月3日对德宣战，对法国在第二次世界大战中的失败负有重要责任。1943～1945年被囚禁于奥地利。第二次世界大战后返法，1946～1958年当选国民议会议员。晚年退出政界。

**达拉斯** Dallas 美国主要大城市之一。位于得克萨斯州中北部，跨特里尼蒂河两岸，西与沃思堡城区邻接。市区面积887平方千米，人口127.99万（2008）；达拉斯－沃思堡大都市区包括周围8个县，人口630万（2008），约占全州人口的25.9%。1841年始建毛皮贸易站。1856年设市。1872年后铁路陆续通达，发展成为周围棉区的棉花集散地。1907年组成达拉斯棉花交易所。美国南部重要石油工业中心，输油管通连油田，炼油、石油化工、石油机械等工业发达，是许多石油公司总部所在地。纺织、服装、食品、农业机械等传统工业仍占一定地位。20世纪90年代以来，以计算机、微电子和生物医药制品为代表的高科技产业发展较快。城郊草原地带兴起新的电子基地——“硅草原”。美国西南部的金融、保险和商业中心，第11联邦储备银行总部设于此，有各类商业银行100余家，保险公司200余家。达拉斯市场中心是世界上规模最大的商品批发市场之一。铁路和公路交通枢纽。市北的达拉斯－沃思堡国际机场年客运量位居全国前茅。市中心区现代化高楼林立，其中凯悦饭店及其顶部高塔为最显著的市标。肯尼迪纪念广场在1963年11月总统遇刺身亡的地点附近。主要高等院校有南方卫理公会大学（1911）、达拉斯大学（1956）、达拉斯浸礼会大学（1965）、得克萨斯大学达拉斯分校（1969）等。多博物馆、美术馆、图书馆、体育馆等文化设施和交响乐团、歌剧院等文艺团体。城市公园多达400余处。马萨利斯公园是最著名的公园，内有达拉斯动物园；规模巨大的得克萨斯博览会公园每年10月举行州博览会和牛仔竞技表演。

**达赖喇嘛** Dalai Lama; tā la' i bla ma 中国藏传佛教格鲁派两大活佛转世系统之一的称号。“达赖”，蒙古语意为“大海”；“喇嘛”，藏语意为“上师”、“上人”。“达赖喇嘛”意为“德智广深如海无所不纳之上师”。明万历六年（1578），蒙古土默特部首领俺答汗邀请索朗嘉措前去传法，特赠他“圣识一切瓦齐尔达喇达赖喇嘛”的称号，是为有此称号之始。后格鲁派徒众以索朗嘉措为三世达赖，并追认根敦珠巴为一世，根敦嘉措为二世，仿效噶举派的活佛转世制度，建立了达赖喇嘛活佛转世制度。代代相传，皆以嘉措（大海）为名。今已传至十四世。教徒尊其为观音菩萨化身。五世达赖阿旺罗桑嘉措广结善缘，于清顺治九年（1652）亲赴北京觐见，被顺治帝册封为“西天大善自在佛所领天下释教普通瓦赤喇怛喇达赖喇嘛”。其后，历代达赖喇嘛更迭例由中央政府册封，遂成定制。五世、七世、八世、十三世达赖喇嘛掌权较久，于佛学文史方面造诣颇深，著作甚丰，六世尤擅诗歌为世称道，九世至十二世均过早去世，事迹不显。达赖喇嘛·丹增嘉措为十四世，1959年出走国外。

**达赖喇嘛·丹增嘉措** tā la' i bla ma sku phrehg bcu bzhi pa bstan' dzin rgya mtsho（1935～ ） 中国藏传佛教格鲁派第十四世达赖喇嘛。幼名拉木登珠。藏族。青海湟中人。1938年，他被选为转世灵童。1939年正式迎往拉萨布达拉宫供养并接受经院教育。1940年2月5日，中华民国中央政府批准继任为第十四世达赖喇嘛，同年2月22日在布达拉宫举行坐床仪式。1951年春，达赖喇嘛·丹增嘉措亲政视事，派地方政府噶伦阿沛·阿旺晋美为首席全权代表，率代表团赴北京与中华人民共和国中央人民政府谈判和平解放西藏事宜，同年5月23日正式达成《中央人民政府和西藏地方政府关于和平解放西藏办法的协议》简称《十七条协议》。10月24日，致电中央人民政府毛泽东主席，表示完全拥护《十七条协议》。1953年被推举为中国佛教协会名誉会长；1954年当选为第一届全国人民代表大会常务委员会副委员长。1956年西藏自治区筹备委员会成立，任主任委员。同年11月，赴印度参加释迦牟尼涅槃2 500周年纪念活动，次年返西藏。在1958年的传招大会上，达赖喇嘛·丹增嘉措通过辩经考试，获得拉然巴格西学位。1959年西藏上层反动分子发动武装叛乱时出走国外，寄居印度，并长期从事分裂中国的活动。

**达赖喇嘛·格桑嘉措** tā la' i bla ma sku phreng bdun pa skal bzang rgya mtsho（1708～1757） 中国藏传佛教格鲁派第七世达赖喇嘛。藏族。生于四川省理塘地区。达赖喇嘛·仓央嘉措（达赖六世）被废黜并去世后，西藏佛教各派一致认为应该寻找他的转世灵童作为继承人，他们根据第六世达赖喇嘛所写的诗句寻找转世灵童，于是找到格桑嘉措。清康熙五十五年（1716）被迎至青海塔

第七世达赖喇嘛金印
（西藏博物馆藏）

尔寺供养。康熙五十九年清朝在驱逐准噶尔部侵藏势力后，正式册封他为第六世达赖喇嘛（但是西藏人民和宗教界人士一致认为格桑嘉措是达赖喇嘛·仓央嘉措的转世，即第七世达赖喇嘛，清朝虽未公开改正，但在1783年册封第八世达赖喇嘛时，默认了这一事实），以取代被废黜的仓央嘉措，并护送至拉萨布达拉宫举行坐床典礼，拜班禅五世为师受沙弥戒。雍正五年（1727），格桑嘉措20岁，又从班禅五世受比丘戒。

格桑嘉措被册封后，他的家族就随他进入西藏，被政府封为公爵，逐渐成为西藏第一大贵族。乾隆十五年（1750）珠尔默特那木扎勒发动叛乱，驻藏大臣两人被害，达赖七世立即采取紧急措施，上奏中央政府，通告全藏缉拿、囚禁罪犯，不得隐藏凶手，追回被劫几万帑银，保护在藏满、汉官员及商贾，妥善处理善后事宜，平息了叛乱。乾隆十六年清朝决定废除在西藏封王的制度，正式设立噶厦，设置一僧三俗四噶伦，共同处理日常事务。同时，正式授权达赖七世掌政。遇有重大事件，噶伦等须事先请示达赖喇嘛和驻藏大臣。由此格鲁派在西藏政教合一的局面开始形成。

达赖七世亲政后，仍然把主要精力放在宗教事务方面，弘扬佛法。西藏地方的行政事务，主要由清朝驻藏大臣掌管。乾隆二十二年圆寂于布达拉宫。

**达赖喇嘛·根敦珠巴** tā la' i bla ma sku phreng dang po dge' dun grub pa（1391～1474） 中国藏传佛教格鲁派第一世达赖喇嘛。藏族。生于后藏萨迦寺附近的霞堆牧场。因家境贫寒，少年时帮助父母牧羊维持生活。15岁时在纳塘寺出家为僧。以珠巴喜饶为师受沙弥戒，起法名为根敦珠巴。20岁时又以珠巴喜饶为师受比丘戒。25岁时前往山南学法，在扎西多喀首次拜见宗喀巴大师，并听宗喀巴说法。后随宗喀巴到甘丹寺，拜宗喀巴为师。并去桑浦寺以喜饶僧格为师学习因明。宗喀巴大师圆寂后，明宣德元年（1426）他随喜饶僧格返回后藏，在绛钦、纳塘、达那日苦等寺讲经说法，参加巡回辩经，以精通教法著称。正统五年（1440）随喜饶僧格再去前藏学法3年。十二年在当地首领索南桑波支持下在桑珠孜（今日喀则）西面建扎什伦布寺，并造一尊释迦牟尼巨像纪念喜饶僧格。十四年寺院建成后，他任住持，讲经说法25年，门下弟子众多，住寺僧人达600人，成为格鲁派在后藏最大的寺院。景泰元年（1450）甘丹寺僧众请他去担任甘丹赤巴，他举荐克珠杰之弟巴索·却吉坚赞担任。他一生注重讲经说法、培养弟子，著述有《正法毗奈耶经广因缘集》、《毗奈耶根本大疏》、《释量论注疏》、《量理庄严论》、《入中论注释》等。明成化十年（1474），在扎什伦布寺圆寂。后被追认为达赖喇嘛一世。

**达赖喇嘛·罗桑嘉措** tā la' i bla ma sku phreng lnga pa blo bzang rgya mtsho（1617～1682） 中国藏传佛教格鲁派第五世达赖喇嘛。藏族。西藏穷结（今琼结）人。初名贡噶明久多杰旺格杰波。日喀则宗本都杜饶登之子。明天启二年（1622）6岁时由甘丹、色拉、哲蚌三大寺僧众迎至拉萨哲蚌寺，认定为四世达赖喇嘛·云丹嘉措之转世灵童。五年，从班禅四世罗桑确吉坚赞出家，受沙弥戒，僧名阿旺罗桑嘉措。崇祯九年（1636），与青海蒙古和硕特部顾实汗共商消灭格鲁派之敌对势力。十年，从班禅四世受比丘戒，就任哲蚌、色拉两寺座主。为对抗噶玛派对格鲁派的压迫，于十四年与班禅四世遣人赴青海密招顾实汗率兵入藏。次年，顾实汗击败噶玛派登松旺波及白利土司，征服前后藏，擒杀藏巴汗，以所得赋税献五世达赖。同年，与班禅四世遣伊拉古克三等至清都盛京（今沈阳）与清朝通好。清顺治元年（1644），清帝遣使存问，并迎请其入北京。次年建布达拉宫，并为每年一次的“传大召”规定会期和规模。九年，应召赴京，受顺治帝殊礼款待，是第一位赴京的达赖喇嘛。翌年返藏，行至内蒙古代噶（今凉城），被顺治帝封为“西天大善自在佛所领天下释教普通瓦赤喇怛喇达赖喇嘛”，赐金册金印，自此“达赖喇嘛”在西藏的宗教地位得到中央政府的承认而确立。返藏后，巩固封建农奴制度，扩大格鲁派寺院集团实力，数次巡游卫藏各地，委任宗本，制定法规和服饰等级，新建大寺13所，规定诸寺庙住寺僧数、田产、农奴等，制定严格的组织机构、僧官任免、学经程度等制度。康熙帝即位后，每年派人携皇帝亲笔信和贵重礼品到西藏看望他和班禅，并规定从打箭炉（今康定）税收项下每年拨银5 000两作为僧众赡养。康熙十八年（1679），阿旺罗桑嘉措委任桑结嘉措为第巴，主持西藏政务，自己专心潜修，从事著述。著有各种作品21函，以《五世达赖自传——云裳》、《三世达赖喇嘛传》、《四世达赖喇嘛传》、《大昭寺志》及《西藏王臣记》等为最著名，传播甚广。康熙二十一年，于布达拉宫涅槃。

**达赖喇嘛·索朗嘉措** tā la' i bla ma sku phreng gsum pa bsod nams rgya mtsho（1543～1588） 中国藏传佛教格鲁派第三世达赖喇嘛。《明史》为锁南坚错。藏族。西藏堆龙（今堆龙德庆）人。出身于贵族之家。明嘉靖二十五年（1546）由哲蚌寺上层僧人

迎至寺内，作为前任座主根敦嘉措的转世，这是格鲁派实行活佛转世制度的正式开端。二十八年受沙弥戒，三十一年任哲蚌寺座主，三十七年兼任色拉寺座主。四十三年受比丘戒。万历五年（1577）十一月，应蒙古土默特部领袖俺答汗之请赴青海。次年五月，在青海湖东的仰华寺与俺答汗会见。劝止蒙古族的人殉及杀生等陋俗，宣传格鲁派教义，使蒙古族放弃萨满教，改信佛教，故俺答汗赠他以“圣识一切瓦齐尔达喇达赖喇嘛”之号，被尊为西藏佛教界在显宗和密宗方面取得最高成就的上师，是为达赖喇嘛活佛转世系统获得名号之始。他追认根敦嘉措为达赖二世，宗喀巴的弟子根敦珠巴为达赖一世，自己即为达赖三世。同年，随俺答汗赴内蒙古，路经宗喀（今青海湟中）时，在宗喀巴降生地修建塔尔寺；又应明甘肃巡抚侯东莱之约，至甘州（今甘肃张掖），向明朝进贡马匹等物，并致书张居正，表示效忠于朝廷，请求准许定期朝贡。至土默特后，修建蒙古族地区的第一座格鲁派寺院大乘法轮洲寺。八年返藏途经理塘（今属四川）时，主持修建理塘寺后回拉萨。此后，声望日隆。十五年至土默特部参加俺答汗葬礼，被明神宗朱翊钧封为“朵只儿唱”（藏语执金刚之意），并应邀进京。次年，在前往北京途中，圆寂于内蒙古的卡欧吐密。

**达赖喇嘛·土丹嘉措** tā la' i bla ma sku phreng bcu gsum pa thub bstan rgya mtsho（1876～1933） 中国藏传佛教格鲁派十三世达赖喇嘛。藏族。光绪二十一年（1895）八月亲政，以谋害罪处死原摄政第穆呼土克图，遂总理西藏政教大权。

光绪十二年（1886），英军由锡金侵入西藏。十四年，英国又武装进攻隆吐山，中英签订《藏印条约》，中国割让哲孟雄给英国，允许英人在藏开埠贸易。二十四年，英印

总督寇松两次致函达赖，试图抛开清政府，与西藏单独谈判立约。遭达赖坚决拒绝后，寇松乃以武力相威胁。二十五年，达赖通过外蒙古哲布尊丹巴转奏清廷，请求与清政府直接对话，并请援助军火以御外侮，遭到清政府“逐条驳斥”。二十六年，达赖两次秘遣亲俄分子德尔智赴俄寻求支持。二十九年底，荣赫鹏率3 000英军再度侵藏，由亚东、帕里入江孜。三十年八月攻占拉萨。达赖带少数扈从逃亡，暂驻外蒙古库伦（今乌兰巴托），再遣德尔智赴俄。三十二年四月起程返藏，因英方阻挠，被迫暂栖塔尔寺。此时班禅、达赖先后提出入京陛见。三十四年，达赖奉旨入京，觐见光绪帝和慈禧太后，商讨藏事，并由清廷颁给金册。达赖又于雍和宫会见英公使朱尔典，表示友好互利。宣统元年（1909）九月取道藏北那曲返回拉萨。时值驻藏大臣联豫推行各项改革，引起动乱，清廷根据联豫请求，派川军入藏弹压。达赖致电各国驻京公使，要求迫使清廷撤军，同时下令征调民兵阻截川军。次年三月初，川军进抵拉萨，与藏军发生冲突，达赖仓皇逃往印度。清廷宣布革去达赖喇嘛名号。三年，清朝灭亡。达赖受英国指使，派达桑占东潜赴西藏组织暴动。驻藏川军以“响应革命”为名哗变，大肆抢劫拉萨市民财物，引起西藏人民的反对，被缴械送回内地。驻藏大臣因清帝退位而自动离职，西藏地方政权统治出现暂时真空状态。1912年6月，达赖回藏。1913年10月派代表参加西姆拉会议，主张西藏“独立”，参加会议的北洋政府代表对这一无理要求予以拒绝。从1913年始，达赖在西藏推行一系列“新政”，包括创办新军，设立警察，建立邮政，开办电厂，促进医疗、教育等。1917年和1930年，达赖在英国胁迫下两次发动对西康的进攻。1919年10月，北京政府派朱绣入藏，与达赖多次会谈，达赖表示愿服从中央政府。1921年初，发生了拉萨三大寺喇嘛反对英人柏尔扩编藏军、加征赋税的暴动。1924年，以达桑占东为首的亲英少壮派军人谋反败露，被达赖革职查办。达赖乃下令封闭英人在江孜新办的贵族子弟学校，拒绝英国派遣代表来拉萨的请求。1929年，南京国民政府派刘曼卿进藏申明政府各项主张，达赖表示拥护国民政府，愿意恢复旧制，派人参加了第二年举行的蒙藏会议，并于1931年在南京设立西藏办事处。1933年病逝于拉萨。

**达赖喇嘛·云丹嘉措** tā la' i bla ma sku phreng bzhi pa yon bstan rgya mtsho（1589～1616） 中国藏传佛教格鲁派第四世达赖喇嘛。蒙古族。生于蒙古土默特部。先由土默特部王公贵族及三世达赖喇嘛的管家班觉嘉措等认为是三世达赖喇嘛索朗嘉措的

转世灵童。明万历二十年（1592）西藏方面派出甘丹、哲蚌、色拉三大寺僧众代表前去蒙古核查，经格鲁派上层讨论，承认他为第四世达赖喇嘛。他被迎请途经呼和浩特时，由于父母不愿儿子远离，所以他在呼和浩特滞留达10年之久。三十年（1602）他在西藏代表团及蒙古骑兵护送下入藏，次年到达拉萨，在热振寺举行坐床典礼，然后到哲蚌寺居住学经。三十三年（1605）以班禅四世为师受沙弥戒，并和班禅四世一起步行去曲科杰寺朝礼。他多次到前后藏各地云游，对当时处境困难的格鲁派起了重要的稳定作用。四十二年（1614）以班禅四世为师受比丘戒，这是达赖喇嘛和班禅活佛系统之间互相传戒的开始。他出任哲蚌寺第十三任住持，兼任色拉寺第十五任住持。四十四年（1616）明朝派人入藏，封他为“普持金刚佛”，并赐给官服、印章等，还邀请他进京朝见。他未及成行即于当年十二月在哲蚌寺圆寂。

**达朗贝尔** D' Alembert, Jean le Rond（1717-11-17～1783-10-29） 法国数学家。又译达朗伯，生于巴黎，卒于巴黎。他是圣让勒隆教堂附近的一个弃婴，被一位玻璃匠收养，后来这个教堂的名字就成为他的教名。由于有生父的暗中资助，他自幼受到良好的教育，早年曾攻读过神学、法学和医学，但后来发现只有数学才确实使他发生兴趣，于是决心献身数学事业。

达朗贝尔在数学、力学和天文学等许多领域都作出了贡献。1741年成为法国科学院院士。1754年当选法兰西学院院士，1772年起任学院的终身秘书，是当时法国科学界最有影响的人物之一。1746年，与著名哲学家D.狄德罗一起编撰法国《百科全书》（1751～1772年出版），任副主编，负责撰写数学与自然科学条目。他还是哲学家，是18世纪法国启蒙运动的一位杰出代表。

达朗贝尔的《动力学》（1743）是力学方面的一部奠基性著作，书中包括后来以他的姓氏命名的达朗贝尔原理。根据这个原理，他建立起把动力学问题化为静力学问题来处理的一般方法。他运用这个方法研究了天体力学中的三体问题，并把它推广到流体动力学中。

达朗贝尔在弦第一振动理论研究方面的卓越工作，使他和丹尼尔第一·伯努利一起被认为是偏微分方程论的创始人。他1747年向柏林科学院提交的论文《弦振动研究》中，给出了弦振动方程$\frac{\partial^2 u}{\partial t^2}=a^2\frac{\partial^2 u}{\partial x^2}$的解：$u=\varphi(x+at)+\psi(x-at)$，$\varphi$、$\psi$为任意函数，以后被称为达朗贝尔解。

在为微积分奠定理论基础的漫长过程中，达朗贝尔也作出了重要贡献。提出用极限概念代替牛顿的“最初和最终比”，称一个量为另一个量的极限，就是后者趋向前者，比任何给定的量都更接近于前者，但不等同于前者。他认为求方程的导数只是要求出方程中所包含的两个变量的差分之比的极限，他还给出了判别正项级数收敛性的达朗贝尔法。

达朗贝尔在1752年关于流体力学的论文中导出了复变函数：

$$f(z)=P(x,y)+\mathrm{i}Q(x,y)$$

解析的条件：

$$\frac{\partial P}{\partial x}=\frac{\partial Q}{\partial y},\ \frac{\partial P}{\partial y}=-\frac{\partial Q}{\partial x}$$

因而被认为是复变函数论的先驱者之一。早在1746年就试图证明代数基本定理，所以这个定理也曾被称为达朗贝尔定理。

达朗贝尔1760年以后的主要工作包括在他的8卷本的《数学手册》中。

**达朗贝尔原理** D' Alembert's principle 求解约束系统动力学问题的一个普遍原理。由法国数学家J.le R.达朗贝尔于1743年提出。

对于质点系内任一个质量为$m$的非自由质点，若其所受的主动力$\boldsymbol{F}$和约束力$\boldsymbol{N}$满足$\boldsymbol{F}+\boldsymbol{N}-m\boldsymbol{a}=0$，式中$\boldsymbol{a}$为该质点的加速度。从形式上看，上式与从牛顿运动方程$\boldsymbol{F}+\boldsymbol{N}=m\boldsymbol{a}$中把$m\boldsymbol{a}$移项所得结果相同。若把$-m\boldsymbol{a}$称作惯性力。该原理还可表述为：在质点受力运动的任何时刻，作用于质点的主动力、约束力和惯性力互相平衡。达朗贝尔原理表明，引入惯性力后动力学问题可化为静力学平衡关系求解，此即是在工程技术中有广泛应用的动静法。此外，该原理还是分析动力学的基础。

**达累斯萨拉姆** Dar es Salaam 坦桑尼亚首都和最大港口城市。濒印度洋，位于海岸线中段，近桑给巴尔海峡。城市坐落在海拔8～15米的海滨阶地上，西北部为起伏

达累斯萨拉姆城市一角

的丘陵，东部和东北部为海滨沙滩。人口约300万(2009)。属温暖湿润的热带气候，年平均气温25.8℃，平均年降水量1 080毫米。1885年后，先后成为德国和英国的殖民首府。随着中央铁路的建成和工商业的发展，城市人口不断增加，成为全国工商业中心。1961年国家独立后定为首都，城市发展加快，不断向外扩展。1972年决定迁都多多马后，部分政府机关迁出。市区街道繁华，多高楼大厦、大型商场和超级市场。现已成为全国经济和文化中心。工业产值占全国一半以上，以轻纺工业为主，有纺织、印染及酿酒、油漆、肥皂、印刷、水泥、卷烟、食品和饮料、机械、制鞋、制药、铝制品、腰果加工等。位于基甘博尼半岛上的蒂珀炼油厂是国内重要企业之一。陆上交通发达，有中央铁路、坦赞铁路和多条公路干线通向全国各地。全国最大海港，港区屏蔽良好，内宽口窄，为天然良港。年吞吐量约350万吨，承担全国2/3以上的货物进出口，以及卢旺达、布隆迪、刚果(金)、赞比亚等国部分转口货运。出口棉花、咖啡、剑麻、茶叶、皮张、钻石和其他农、矿产品等，进口石油、水泥、机器和日用品等。市郊有国际航空站。文教事业发达，有达累斯萨拉姆大学、达累斯萨拉姆技术学院、商业教育学院等高等学校以及斯瓦希里语研究所、国家档案馆、国家博物馆。东非著名旅游中心城市。

**达里奥** Darío, Rubén (1867-01-18～1916-02-06) 尼加拉瓜诗人。原名费利克斯·鲁文·加西亚·萨米恩托。生于梅塔帕(今达里奥市)，卒于莱昂。从小表现出诗歌天赋，11岁发表诗作。曾在国立图书馆供职。

达里奥的大部分作品体现了现代主义的特征：追求纯粹的美，逃避残酷的现实；使用典雅的语言，创造优美的形象；憧憬虚幻的境界，抒发忧伤的情感；热衷于世界主义和异国情趣。诗集《蓝》(1888)是拉丁美洲现代主义文学成熟的标志。达里奥认为蓝色是“理想、苍茫、无限”

的象征。《世俗的圣歌》(1896)是达里奥创新和改革的成果，作者对西班牙语诗歌各种形式的节奏和韵律进行广泛探索，是拉美现代主义的巅峰之作。《生命与希望之歌》(1905)流露出作者对社会的关心、对命运的困惑、对西班牙的怀念和对美国的仇视。从《生命与希望之歌》开始，泛西班牙主义和美洲主义的主题在他的作品中反复出现，这是新世界主义的先声，是现代主义后期诗歌的标志。其他主要作品还有《牛蒡》(1887)、《智力光荣颂》(1887)、《诗韵》(1888)、《献给米特雷的歌》(1906)、《流浪之歌》(1907)、《阿根廷颂》(1910)、《秋天的诗及其他》(1910)等。

**达利** Dalí, Salvador (1904-05-11～1989-01-23) 西班牙画家。生于菲格拉斯，卒于菲格拉斯。早年学画于马德里的皇家艺术学院。广泛涉猎多种艺术风格，从**印象主义**到**立体主义**，还迷恋过G.de基里科和C.卡拉的形而上绘画，而对于**抽象主义**绘画则采取抵制态度。1928年，两次访问巴黎，与P.**毕加索**和J.**米罗**会晤，多少受到米罗画风的影响；同时，他的**超现实主义**风格逐渐形成。不同于其他画家的是，他把超现实主义的受激情刺激产生灵感的创作，转变为流动性的过程，并把这过程称为“偏执狂的批判方式”，即将自己内心世界的荒诞、怪异加入和替代外在的客观世界。声称艺术的源泉是幻觉，创作时陷入疯狂状态。还认为精神病患者在某种状态中的言行，是感情与愿望最坦白、最真诚的流露，

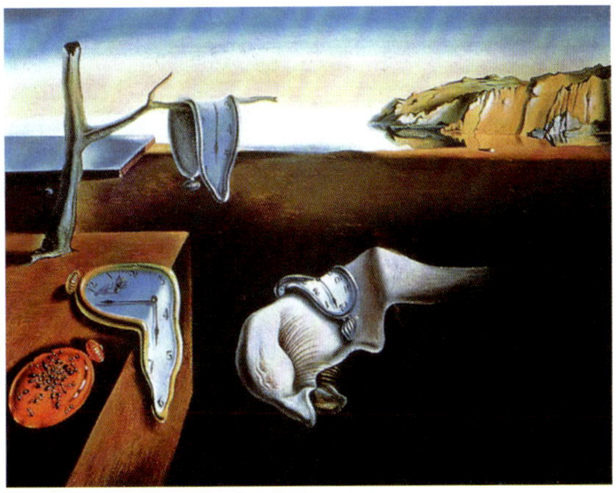
《记忆的永恒》

最适宜于艺术表现。在绘画中，用分解、综合、重叠、交错的方式来反映潜意识的过程。20世纪30年代的油画《记忆的永恒》(1931)、《性欲的幽灵》(1934)等，代表了他的创作趋向。从50年代开始，创作转向宗教题材，受到梵蒂冈教皇的特别器重与赏识。还从事电影创作和文学写作，也是舞台和广告设计家。故乡菲格拉斯有达利美术馆。

**达林** Dalin, Olof von (1708-08-29～1763-08-12) 瑞典作家。生于哈兰，卒于斯德哥尔摩。曾在隆德大学学习。19岁到斯德哥尔摩。曾任高级图书管理员和王储(古斯塔夫三世)的教师。1732～1734年出版《瑞典百眼神》周刊，介绍欧洲流行的各种新思潮。寓言《马的故事》(1740)通过骏马格鲁勒与主人的故事，反映人民生活，叙述瑞典历史。另有讽刺小品《阿尔诺格里姆·帕尔塞尔克斯先生对一件出土文物的卓越见解》、英雄史诗《瑞典的自由》(1742)、悲剧《布伦希尔达》(1738)、史学著作《斯维亚王国史》(3卷，1747～1760)等。

**达令河** Darling River 澳大利亚最长河流。见**墨累-达令河**。

**达鲁花赤** daruqači 蒙古和中国元朝的官名，为所在地方、军队和官衙的最大监治长官。蒙古贵族征服许多其他民族和国家，无力单独进行统治，便委付当地统治阶级人物治理，派出达鲁花赤监临，位于当地官员之上，掌握最后裁定的权力，以保障蒙古大汗和贵族的统治。早在成吉思汗时期，蒙古就设有这一官职。入元以后，路、府、州、县和录事司等各级地方政府，都设置达鲁花赤，虽然品秩与路总管、府州县令尹相同，但实权大于这些官员。蒙古军和蒙古探马赤军一般不设达鲁花赤。其他各族军队除特殊情况外，都在元帅府、万户府、千户所设达鲁花赤以监军务，品秩与元帅、万户、千户相同。此外，与重要财政收入有关的官衙，皆设此职。元代达鲁花赤品秩最高曾达正二品(大都、上都达鲁花赤，后降为正三品)，品秩最低的是路府治所的录事司达鲁花赤，正八品。在重要地方和军队还设有副达鲁花赤。至元二年(1265)，元廷正式规定，各路达鲁花赤由蒙古人充任，总管由汉人、同知由回回人充当。之后，汉人作达鲁花赤的，便解除官职。在缺少蒙古人时，允许由“有根脚”(门第高贵)的色目人充任。此职的设置有明显的民族歧视和压迫的性质。

**达伦多夫** Dahrendorf, Ralf (1929-05-01～2009-06-17) 英籍德国社会学家，冲突理论的主要代表人物之一。生于德国汉堡，卒于科隆。1947年入汉堡大学学习哲学和古典语文学。1952年到英国伦敦政治经济学院学习社会学，获博士学位。1959～1969年先后在萨尔大学、汉堡大学、蒂宾根大学、康斯坦茨大学执教。1974年移居英国。1974～1984年任伦敦政治经济学院院长。曾任英国上议院议员。著有《马克思的观点》、《工业社会中的阶级和阶级冲突》、《走出乌托邦》、《社会人》、《德国的社会和民主》、《社会理论文集》、《新自由》、《生活机会》、《现代社会冲突》等。

达伦多夫针对第二次世界大战后在西方社会学中一度占主要地位的结构功能主义片面强调共识、秩序和均衡的倾向，指出要更多地关注社会生活现实中的变迁、冲突和强制方面。同时又认为，冲突理论并不排斥均衡理论，二者都是说明社会问题的有用工具。提出权威的不平等分布是社会冲突的根源；制度化的权威和权力结构必然导致系统的社会冲突；和谐与秩序只是局部的和暂时的，强制和冲突则是普遍的和持久的；社会是冲突与和谐的循环过程，权力和抵制的辩证法则是历史的推动力。达伦多夫对德国社会、现代化和发展中国家前途等问题的研究也引起了社会学界的重视。

**达罗毗荼人** Dravidians 南亚使用达罗毗荼语言各民族的统称。约2.556亿人（2001）。属不同人种类型。泰卢固人、泰米尔人、马拉雅拉姆人以及坎纳达人等属达罗毗荼人种类型。多信印度教的湿婆教派。一般认为他们是从地中海沿岸或小亚细亚进入印度，使用达罗毗荼语言的布拉灰人是其滞留部分。闻名于世的摩亨佐达罗和哈拉巴文化（现在巴基斯坦境内），即达罗毗荼人所创造。但也有人认为，他们是印度的土著民族，发源于今泰米尔纳德地区。雅利安人进入印度，迫使他们南迁或逃往其他地区。这些民族的经济文化均较发达。

另有一些较为原始的民族虽在不同程度上受上述民族的影响，而且使用达罗毗荼语言，但主要属尼格罗－澳大利亚人种中的维达类型（如托达人、科塔人、奥朗人、坎德人及贡德人等）和尼格利陀类型（如马勒尔人、潘尼安人、卡达尔人等）。他们的经济、文化均很落后，靠采集和射猎为生，保留万物有灵信仰。民族学家有时称他们为前达罗毗荼人，认为他们是达罗毗荼种人来到前就生活在印度的土著居民。

**达罗毗荼语系** Dravidian family 主要分布在印度南部和中部，其次在斯里兰卡北部和巴基斯坦等地。又译德拉维达语系。

这一语系中，最重要的是泰米尔语、马拉雅拉姆语、坎纳达语和泰卢固语。这4种语言分别为印度泰米尔纳德邦、喀拉拉邦、卡纳塔克邦和安得拉邦的官方语言。它们有自己的文字和文化传统，其中泰米尔语的文化传统最悠久。达罗毗荼语系通常分为南部、中部、中南和北部4个语族。

达罗毗荼语言的元音有长短之分。鼻化音不是固有的特点，是后来发展起来的。元音和谐比较弱，也无规律可循。辅音按发音部位排列，由内及外，与印度－雅利安诸语言相同。总体属于黏着型。名词性的词类分两种：名词和形容词，除了一小部分真正的形容词外，还包括分词、名词间接格、代名形容词，都没有形态变化。名词分为两类：①人类名词（有理性的），人（神等）的名字；②非人类名词（无理性的）。其余的名词在人类名词中。人类名词常有特殊的词缀，与动词相适应。名词的变化有两个基本格：直接格（主格）和间接格，一般具有所有格的含义，加上人称词缀形成的派生名词（所谓人称名词或者代名词化的名词），是达罗毗荼语的特征。代名词第三人称和指示代名词有阳性、阴性、中性之分，没有关系代名词。动词有三个基本形式：①现在不定时；②过去时；③将来时。构成方法是词根加特殊词缀。基本语序是主－宾－动型。谓语总是放在最后面。定语放在被定者前面。

**达米阿尼** Damiani, Damiano (1922-07-23～ ) 意大利电影导演。生于帕西亚诺。曾就读于米兰美术学院。20世纪50年代开始担任编剧和助理导演。为C.利萨尼的《苦难情侣》(1954) 的编剧之一。导演处女作《口红》(1960) 风格酷似C.柴伐蒂尼。60年代拍摄了《阿尔图洛岛》(1962)、《谁知道》(1967)、《黑手党》(1968) 等片。70年代执导了一系列反映黑手党和恐怖主义问题的政治电影，如《一个警察局长的自白》(1971，获莫斯科国际电影节大奖)、《调查已经结束——忘记它吧》(1972)、《为什么杀害法官》(1975)、《我害怕》(1977)、《跪着的人》(1979) 等，以尖锐的社会批判意识和引人入胜的政治侦探片样式令人注目。政治电影运动衰落后，他开始拍摄商业性侦探片，如《调查》(1987)、《黑太阳》(1990)、《死亡天使》(1992) 等。2002年执导喜剧片《黑天使》。

**达木丁苏伦** Damdinsuren, Tsendiin (1908～1986) 蒙古诗人、小说家、学者。生于车臣汗部马塔德汗乌拉旗（今东方省马塔德县）。1924年参加蒙古人民革命军。1926年当选为革命青年团中央委员。1928年发表《四篇小故事》，从此开始文学创作活动。1929年蒙古作家小组成立，他是最积极的成员之一。同年12月发表代表作《被抛弃的姑娘》，描写放牧人道林格尔一家在革命前的悲惨遭遇和革命后的新生活。1934年发表著名长诗《我的白发母亲》，写作者远离祖国后母子互相思念的感情。他把对母亲的爱升华到对祖国和人民的爱。学术著作有《蒙古文学概况》(3卷，1957、1968、1977）等。他在30年代为新蒙文制定了字母表、正字法和词法草案。中国翻译出版了他的主要作品《达木丁苏伦诗文集》。

**达浦生** Da Pusheng (1874～1965) 中国伊斯兰教学者。名凤轩。回族。江苏六合人。出身经学世家。1894年（光绪二十年）在北京牛街礼拜寺从王宽习经5年。1907年应王宽之邀，协助创办回文师范学堂和京师公立清真第一、第二小学等。1912年起任甘肃回民劝学所所长兼省视学6年。1921年赴印度和东南亚考察伊斯兰教育。1928年归国，任上海福佑路清真寺教长，并与哈德成等创办上海伊斯兰师范学校并任校长。曾联合上海穆斯林组成中国回教公会。1938年只身赴南亚、埃及宣传抗日，在埃及《金字塔报》发表《告世界穆斯林书》，呼吁全世界穆斯林支持中国抗日战争。1939年回国后将上海伊斯兰师范学校迁到甘肃平凉，改名为陇东师范学校，任校长。中华人民共和国建立后，任中国伊斯兰教协会副主任、中国伊斯兰教经学院院长。是第一、二、三届全国人大代表，第二届全国政协委员、常委。

**达尚峰** Ras Dashen 埃塞俄比亚最高峰，非洲第四高峰。位于埃塞俄比亚北部，瑟门山脉主峰，海拔4 620米。为一座死火山，多火山口，山体由火山熔岩、凝灰岩等组成。山坡上部为高山草地，下部多森林。山势崎岖，为登山爱好者所向往。每年9～12月为登山最佳季节。

**达式常** Da Shichang (1940-09-26～ ) 中国影视演员。江苏南京人，生于上海。回族。1959年毕业于上海电影专科学校表演系，后任上海电影制片厂演员。处女作

是1965年拍摄的《年青的一代》。1977年以后，先后在十多部影片中饰演主要角色。在《燕归来》中，同时饰演两个不同个性的医生形象取得成功，获1981年第4届《大众电影》百花奖最佳男演员奖。在《谭嗣同》中饰演的谭嗣同和在《人到中年》中饰演的傅家杰也

受到好评。达式常的表演从容、传神、细腻，善于挖掘人物情感世界。出演的其他作品还有《难忘的战斗》(1976)、《东港谍影》(1978)、《地狱·天堂》(1989)、《画魂》(1994)、《阿郎在北京》(1998)等。1983年因主演电视剧《走进暴风雨》获《大众电影》金鹰奖最佳男主角奖，1986年因为日本电视连续剧《蔷薇海峡》配音获第四届《大众电影》金鹰奖最佳男演员配音奖。1987年获中国电影表演艺术学会奖。

**达斯古普塔** Dasgupta, Surendranath (1885～1952) 印度现代哲学家，梵文学者。早年受教于克里希纳加尔社团学校和学院，后到英国剑桥大学学习西方哲学。曾任吉大港学院教授，加尔各答省立学院哲学系主任，加尔各答国立梵文学院院长，加尔各答大学哲学教授和英国爱丁堡大学梵文教授。曾到美国、法国、德国、意大利、波兰等国访问并讲学，多次作为印度代表参加国际哲学大会。达斯古普塔以他所著《印度哲学史》(5卷本)一书著称于世。此书依据梵文、巴利文和印度地方方言的原始资料，系统地论述了印度哲学从吠陀、奥义书时代，直到16世纪产生和发展的各种对立学派的理论思想。对研究印度哲学有重要参考价值。他的哲学思想集中表现在他所著的《印度的唯心主义》一书中。

**达斯汀·霍夫曼** Dustin Hoffman (1937－08－08～ ) 美国电影演员。生于洛杉矶。19岁离开大学加入剧团。1965年获得最佳戏剧演员奥比奖。1967年好莱坞导演M.尼科尔斯请其在《毕业生》一片中担任主角，获得很大成功。此后，创造了不同类型的人物，如《午夜牛郎》(1969)中的流浪汉，《小大人》(1970)中被印第安人抚育成人的白人，《蝴蝶》(1973)中的囚犯，《伦尼》(1974)中的喜剧演员，《总统班底》(1976)中的记者。1979年因在《克莱默夫妇》中的出色表演获得奥斯卡金像奖最佳男演员奖。1985年因《推销员之死》获艾美奖。1988年因《雨人》再获奥斯卡金像奖最佳男演员奖。20世纪90年代以来，在《强者为王》(1991)、《睡眠者》(1996)、《圣女贞德》(1999)、《拜见岳父大人》(2004)、《魔法玩具城》(2007)等影片中扮演角色。

**达瓦孜** Dawaz 流行于新疆维吾尔自治区的平衡类高空杂技项目。高空走索品种。在数十米高空的绳索或钢丝上，表演者手持平衡杆，在绳索上表演前后走动、盘腿坐索、蒙目行走、踩碟子行走、飞身跳跃等技艺。在维吾尔族民间乐曲的伴奏下，演员在绳索上踏着节拍跳舞歌唱，将高难技巧与幽默的表演融为一体。此技已有400多年的历史。阿迪力·吾守尔是表演达瓦孜世家的第六代传人，他创造了在高空钢丝上表演劈叉、骑独轮车、垂腰采莲头、钢丝上倒立等新颖别致的技巧，从1997年开始，多次刷新了高空走钢丝的吉尼斯纪录。

**达文南特** Davenant, William (1606－03－03～1668－04－07) 英国剧作家、剧院经理。生于牛津，卒于伦敦。就读于牛津大学。他的悲喜剧《爱情与荣誉》(1634)是复辟时期"英雄戏剧"的先声之作，假面剧《爱情圣殿》(1635)和英国第一部歌剧《围攻罗得岛》(1656)则预示了英国戏剧新时期的来临。达文南特首先将活动景片、舞台机械、芭蕾舞和女演员搬上英国戏剧舞台，从而促进了迥然不同于伊丽莎白时代的舞台风格的发展。复辟王朝莅政时，达文南特从查理二世处取得了伦敦演剧专利，在自己领导的"公爵剧院"中培养了一批后来声名显赫的青年演员。

**达沃** Davao 菲律宾南部棉兰老岛最大港口，全国蕉麻加工中心。位于棉兰老岛的东南部达沃湾西北岸，达沃河河口。人口约114.71万。地势平坦。年平均气温26.9℃，平均年降水量2 290毫米，60%集中于5～10月。原为小镇。1936年建为直辖市。随着达沃地区蕉麻种植业的发展，蕉麻加工业扩大，城区不断向北扩展到山麓地区。居民多从事蕉麻加工，为全国蕉麻生产和加工中心，蕉麻及其制品的输出居全国首位。西部的北哥达巴托省山区盛产木材，为木材加工和集散中心。棉兰老岛的公路交通枢纽，又是天然良港。港口在市区东南，可停泊远洋巨轮。市郊有菲律宾最大的香蕉园，有风光旖旎的海滩和阿基那多珍珠养殖场，为游览胜地。

**达斡尔语** Daur language 属阿尔泰语系蒙古语族。主要分布于中国内蒙古自治区呼伦贝尔市和黑龙江省齐齐哈尔附近沿嫩江及其支流一带，新疆维吾尔自治区塔城附近也有一些分布。分布特哈、齐齐哈尔、海拉尔、塔城4种土语。语音方面，有6个短元音及与之相配的6个长元音，有8个复元音。元音和谐不严整。辅音有23个。语法方面，复数第一人称代词有排除式和包括式的区别，并保存着两套完整的变格形式。词汇方面，历史上吸收过一些满语词和鄂温克语词，近现代吸收了大量汉语借词。词汇中反映渔业、狩猎、畜牧和农业的词语很丰富。

**达斡尔族** Daur 中国少数民族。主要分布在内蒙古自治区和黑龙江省的部分地区，少数分布在新疆维吾尔自治区的塔城市、霍城县。人口132 394(2000)。使用达斡尔语。无文字。主要使用汉文，少数人兼通蒙古文和哈萨克文。其先民分布于外兴安岭以南至黑龙江以北的河谷地带。17世纪中叶以后逐步迁到嫩江流域、呼伦贝尔、爱辉及新疆等地。曲棍球是传统运动项目，享有"曲棍球之乡"的美誉。男子夏穿白布单褂，冬穿棉衣和皮袍。妇女穿蓝色长袍。主食为加牛奶的小米饭和荞麦面饼等，肉食以羊肉为主，喜吃手扒肉和炖菜。住房为高大的介字形朝南草房，内壁和天棚多有装饰，房外围柳编花篱笆。婚姻行一夫一妻制。人死后行土葬。最大的节日是春节。信仰萨满教，少数人信喇嘛教。1958年8月在内蒙古自治区建立了莫力达瓦达斡尔族自治旗，先后在内蒙古、新疆、黑龙江建立了10个民族乡（镇）。

达斡尔族老人

**达乌德** Daoud, Mohammad (1909－07－18～1978－04－28) 阿富汗王国首相(1953～1963)，阿富汗共和国首任总统(1973～1978)。生于喀布尔，卒于喀布尔。1922年就学巴黎，回国后进入喀布尔军校，毕业后进入军界。1953年9月达乌德始任首相。他在外交方面执行独立、中立和不结盟政策。1955年达乌德政府同中国正式建立外交关系，并参加万隆会议。在内政方面，他实行了限制私人大资本和发展国家资本主义的政策，实施国民经济发展计划。1963年3月，辞去首相职务。1973年7月17日，达乌德在旗帜派（主要是一些受过苏联训练的青年军官）帮助下，推翻200多年来的封建君主专制政体，建立阿富汗历史上第一个共和政体，自任国家主席和总理。1977年2月通过共和国宪法，正式就任总统。1978年4月27日，人民派和旗帜派的军官联合发动军事政变，次日，总统府被攻占，达乌德以身殉职。

**达西** Darcy, Henri-Philibert-Gaspard (1803－06－10～1858－01－03) 法国工程师。生于第戎，卒于巴黎。1823年毕业于工业专科学校，在第戎市工程局任技术员。1828年被任命为工程师。1830年开始负责第戎市引水工程的规划设计。1838年担任科多尔

地区主任工程师，领导并参与巴黎至里昂铁路工程的规划设计和建设，1848年3月离职。当年6月被任命为巴黎市工程局局长。1850年任技术监察。1855年因健康原因辞职。他一生曾负责过运河、铁路、公路、桥梁、隧洞等各种土木工程的设计与建设工作，着重研究冲积层中地下水的运动机理。1856年通过沙土渗透试验首先提出：通过试样的流量与试样横断面积及试样两端测压管水头差成正比，与试样的高度成反比。国际上将此项渗透规律定名为达西定律。

**达西定律** Darcy's law 描述饱和土中水的渗流速度与水力坡降之间的线性关系的规律，又称线性渗流定律。1856年法国工程师H.-P.-G.达西通过实验（见图）得出。渗流量$Q$与上下游水头差（$\Delta H$）和垂直于水流方向的截面积$A$成正比，而与渗流长度$L$成反比，即：

$$Q=\frac{kA\Delta H}{L}$$

若用单位时间内流过单位面积的水量$v$表示流速，则达西定律又可表示为：

$$v=\frac{Q}{A}=ki$$

式中：$i=\frac{\Delta H}{L}$为水力坡降，反映的是单位渗透路径长度上的水头损失；$k$为渗透系数，单位与速度相同，其大小与土壤和岩石的结构、流体的性质和温度等因素有关。

达西定律成立的条件是：土体骨架不变形，流态为不可压缩牛顿流体的层流渗流。在黏性土内，由于土粒周围结合水薄膜的影响显著，会使$v-i$关系偏离线性关系。在粗颗粒土中，由于渗流惯性力的影响，也会使$v-i$关系偏离线性变化。对于过渡区到紊流的渗流阻力规律，可用福希海默尔公式进行描述。

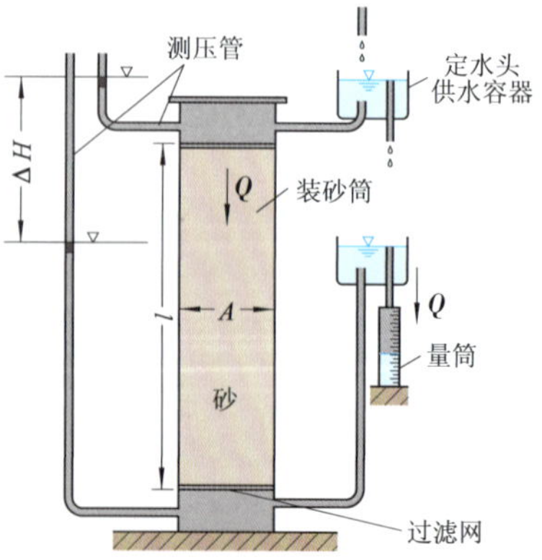

达西定律实验装置

**达信** Taksin (1734-04-17～1782-04-06) 18世纪泰国的华裔民族英雄。又称郑信、披耶达。由于他从缅甸人手中光复泰国，被后人称为泰国历史上第四位大帝。生于大成（阿育他亚），卒于吞武里。达信父名郑镛，中国广东澄海人，青年时到泰国定居，娶泰女洛央为妻，其子被当朝大臣昭披耶却克里收为义子，取泰名信。幼年入寺院受教育，21岁剃度为僧，还俗后由义父扶持入宫廷服务，后获封爵为披耶，晋升达城军政长官，故泰国史书称之为达信或披耶达。1767年缅甸军队入侵，达信领兵冲出重围，挥军东行，据守未被缅军侵占的暹罗湾东岸尖竹汶、罗勇等地，造船扩军，以图再起。1767年10月，达信乘缅军回师北撤之机，率领船队破缅军营寨并收复京城。达信后在吞武里建立新都，开创吞武里王朝（1767～1782），达信被拥立为王，同年12月28日加冕，故华人称之为郑皇。他在位15年，统一了四分五裂的泰国，恢复了阿瑜陀耶时代的疆域，并在1774～1775年间再次指挥军民击退了缅军大规模的入侵。在位后期，继续四出用兵，忽视恢复经济，又沉迷于佛教，被王朝中的上层人物指责理政失当。1782年被迫逊位，后被处死。

**达雅克人** Dayaks 东南亚加里曼丹岛的古老居民。约330万人（2001）。分属印度尼西亚、马来西亚和文莱三国。属蒙古人种马来类型，为原始马来人的后裔。使用达雅克语，属南岛语系印度尼西亚语族。无文字。大多保持万物有灵和多神信仰，有巫师；部分信仰伊斯兰教或基督教。原分布地区较广，后受马来人移民的排挤，逐渐退缩到内陆山地，只有一部分居留沿海地区。一般区分为两大部分：陆地达雅克人和海洋达雅克人。包括雅朱人、克莱曼丹人、卡扬人、克尼亚人、巴豪人、美拉瑙人、伊班人和穆鲁特人等支系。经济和文化受马来人和其他外来移民影响，部分与之发生混合。原以采集、渔猎为生，现多改营农业和畜牧业，种植旱稻和橡胶。手工业亦有发展。海洋达雅克人擅长造船和航海。保留母系氏族制残余，盛行入赘婚，财产按双系继承。农村多住长屋。一村通常只有一两座长屋。各村都建有首领住所、客人住所、男子会所和青年公房。近年来，开始出现小家庭单独建屋居住的倾向。

**达扬** Dayan, Moshe (1915-05-20～1981-10-16) 以色列将军、政治家。生于巴勒斯坦代加尼亚，卒于以色列特拉维夫。1929年参加巴勒斯坦犹太人地下武装“哈加纳”，任战术教官。1937年加入英国人建立的“特别夜战队”，参与镇压阿拉伯人的反英斗争。1939年“哈加纳”被宣布为非法组织后被捕。1941年获释后在英军服役。在叙利亚、黎巴嫩边境与法国维希政府军的作战中失去左眼，有“独眼将军”之称。同时参加犹太建国会特工组，组建情报搜集网，为英国搜集情报。1948年以色列复国后，曾参加历次中东战争，历任耶路撒冷地区司令、南方军区司令、北方军区司令、总参谋长、国防部长、外交部长等职，参与策划或指挥一系列重大作战行动和外交谈判。1979年因与总理M.贝京意见相左而辞职。他重视军队建设，强调机动作战，主张地面部队在空军协同下实施快速突击。著有《西奈战役日记》、《我的生活经历》等。

**达州市** Dazhou City 中国四川省辖地级市。位于省境东北部。北邻陕西省，东邻重庆市。辖通川区和达县、宣汉、开江、大竹、渠县5县，代管万源市。面积16 591平方千米。人口547万（2010），以汉族为主。历史上，名称多变更。宋时曾改为达州。1950年置达县专区，1968年改达县地区，1993年更名达川地区。1999年撤销达川地区和县级达川市，设立地级达州市。矿产有煤炭、铁、锰、铝、岩盐、石膏、钾盐、石灰岩、硫铁矿、天然气等。岩盐分布于川东盐盆沉积中心，储量大、品位高、易开采，为全国罕见的富矿。工业以能源、冶金、化工、食品、纺织、建材、医药及农副产品加工为主。农业主产粮食、油料、苎麻、茶叶、蔬菜，以及生猪、牛、家禽及中药材等。旅游景点有龙爪塔、戛云亭、真佛山古庙建筑群、铁山森林公园、雷音铺天星溶洞等。

**怛罗斯城** Talas 中国唐时西域交通道路上要地。又作怛逻斯（《新唐书·西域传》、《经行记》）、呾罗私（《大唐西域记》）、塔刺思（《西游录》）、塔刺寺（《秋涧集》引刘郁《西使记》）、塔拉什（《清一统志》）等。在今哈萨克斯坦塔拉兹城。《新唐书·地理志》引贾耽《入四夷道里记》：“又七十里至俱兰城，又十里至税建城，又五十里至怛罗斯城。”杜环《经行记》：“其川西南头，有城名怛逻斯。石国大镇，即天宝十年高仙芝军败之地。”《资治通鉴》载：天宝十载（751）高仙芝与大食战于此，“仙芝大败，士卒死亡略尽，所余才数千人”。

自后唐势力退至葱岭以东，为唐西域边疆史上重要事件。有云唐军有两万余人被俘，其中有造纸技术人员，其后中国造纸技术传至西方。

**鞑靼** Tatar 中国古代北方游牧民族名称。自唐迄元先后有达怛、达靼、塔坦、鞑靼、达打、达达等译名，其指称范围随时代不同而有异。

唐代指蒙古高原东边的塔塔尔部。最早见于唐代突厥文碑铭和某些汉文记载。突厥的覆亡和回鹘的西迁等，一再给鞑靼人提供了向西推进的机会。9世纪前后，阴山南北沿边塞直到河西、青海都出现了鞑靼人。与宋、辽均有交往，并被称为阻卜。金代，鞑靼主要游牧于呼伦、贝尔两池以西。鞑靼又与其西北的蒙古部为仇。1202年，成吉思汗彻底征服了塔塔尔部。宋元时，鞑靼成为对蒙古各部的泛称。有时蒙古人也自称达达。有的记载称蒙古人为黑鞑或蒙鞑，称汪古人为白鞑，或依其开化程度区别为熟鞑靼与生鞑靼。13世纪蒙古人西迁，鞑靼之称逐渐传遍西方。俄国亦将境内操突厥语诸族称为鞑靼人。明代，对元顺帝退出大都至林丹汗时期的漠南、漠北蒙古人也称为鞑靼。

**鞑靼海峡** Tatar Strait 在俄罗斯的萨哈林岛（库页岛）和亚洲大陆之间。连接鄂霍次克海和日本海。长663千米。南部宽324千米，北部宽40千米，最窄处涅韦利斯基海峡仅7.3千米。航道最浅处8米，最深处230米。海峡北部称阿穆尔（黑龙江）溺谷。冬季结冰。从鄂霍次克海和日本海到黑龙江河口及大陆与萨哈林岛间航线经此海峡。产鲱、鲽、那瓦格鱼等。重要港口有苏维埃港、瓦尼诺、亚历山德罗夫斯克、涅韦利斯克及霍尔姆斯克等。

**鞑靼人** Tatars 东欧伏尔加河中游地区的居民。主要分布在俄罗斯联邦鞑靼斯坦共和国，部分散居在克里米亚、西伯利亚等地，少数分布在蒙古国。属蒙古人种和欧罗巴人种的混合类型。使用鞑靼语，属阿尔泰语系突厥语族。1927年前有阿拉伯字母的文字，后一度改用拉丁字母，1939年又改用斯拉夫字母。信伊斯兰教，属逊尼派，少数信东正教。鞑靼人主要从事农业，阿斯特拉罕鞑靼人则从事畜牧业和渔业，部分人从事制作靴子等皮革品、首饰以及纺织等手工业。近年石油开采、合成橡胶、机器制造等工业得到发展，农业以生产谷物（小麦、豌豆、燕麦）为主。乌拉尔地区鞑靼人的传统住宅是用圆木柱架成的壁桁式木屋，墙上绘有各种色彩艳丽的壁画。阿斯特拉罕鞑靼人较多地保持着草原畜牧业的传统特点，夏季住帐篷。男女喜爱穿肥大衬衫和灯笼裤，外罩无袖长袍。男子戴绣花小圆帽，妇女戴丝绒小帽和各色头巾。建筑艺术和装潢艺术保持着许多民族特色。

**鞑靼语** Tatar language 属阿尔泰语系突厥语族西匈语支。见塔塔尔语。

**打出手** 中国戏曲武打中的特技。俗称“过家伙”，简称“出手”。以打出手的主角为中心，称“上把”；几个抛扔武器者为“下把”，相互配合，作抛、掷、踢、接武器的特技表演，如拍枪、挑枪、踢枪、虎跳踢枪、前桥踢枪、后桥踢枪、乌龙绞柱踢枪以及连续起跳踢枪等，用2～8杆枪不等。根据剧情需要和技术水平，可由3人、5人、7人、9人表演，并有专用的“出手锣鼓”伴奏，常用于以武旦为主角的神怪斗法剧目，如京剧《青石山》、《百草山》、《泗州城》等。有时也用以表现女将力拒众敌、英勇善战或乱军中抢夺兵器的情节。现代戏曲舞台上又有新的发展和创造，与情节、人物的结合更加紧密，技巧也向高、难度发展，如京剧演员关肃霜在演出《破洪州》时，创造了用靠旗杆挑枪和扔枪的技巧，已为其他演员吸收或采用。同时，伴奏中又增加了管弦乐器，丰富了艺术感染力。

**打虎亭汉墓** Han Dynasty Tombs at Dahuting 中国东汉晚期的大型画像石、壁画墓。在河南新密打虎亭村西。1960～1961年发掘。共两座，东西并列，坟丘相连。墓室都采用砖石混合结构，由多墓室组成，墓门前有斜坡墓道，整体模拟墓主生前府第。两墓均有画像石和壁画。西侧1号墓以画像石为主，全长25.16米。据《水经注》记载，墓主可能是弘农太守张伯雅。东侧2号墓以壁画为主，全长19.14米，墓主似为张伯雅亲属。两墓早年被盗，出土遗物

墓室内景及墓门上的石刻

不多。画像石和壁画内容大体相似，突出表现墓主生前的豪华生活，有车骑出行、迎宾送客、庖厨宴饮、舞乐百戏、成群牛羊、储粮收租等。石刻画像形象生动，线条流畅，刀法娴熟，刻工细腻；壁画场面壮阔，构图严谨，色彩鲜艳，达到东汉晚期石刻、绘画艺术的一流水平。1号墓还有豆腐作坊石刻，尤为珍贵。

**《打金枝》** *Beating the Princess* 中国晋剧作品。寒声、张万一、张焕、王易风根据晋剧旧本整理。1952年，由山西省晋剧团和太原市晋剧团联合演出。剧写唐汾阳王郭子仪八旬寿辰，七子八婿前来拜寿。六子郭暧之妻昇平公主恃贵不至，郭暧回府怒打公主。郭子仪绑子上殿请罪，唐代宗不加责罚，反而晋升郭暧官阶，并与皇后劝解小夫妻和好。郭暧与昇平公主不和事，唐赵璘《因话录》与《资治通鉴》有简略记载，并见于小说《隋唐演义》第九十九回。徽剧、汉剧、川剧、湘剧、婺剧、滇剧、粤剧、同州梆子、秦腔、豫剧、河北梆子、越剧、评剧，以及晋剧等剧种都把“打金枝”故事搬上舞台。晋剧全本名《满床笏》。整理本吸收兄弟剧种长处，加强了民间色彩和喜剧效果。此剧1955年摄制成舞台艺术纪录片。

**打印机** printer 将计算机的运算结果或中间结果以人所能识别的数字、字母、符号和图形等，依照规定的格式印在纸上的设备。打印机正向轻、薄、短、小、低功耗、高速度和智能化方向发展。按打印元件对纸是否有击打动作，分击打式打印机和非击打式打印机。按打印字符结构，分全形字打印机和点阵字符打印机。按一行字在纸上形成的方式，分串式打印机和行式打印机。按所采用的技术，分柱形、球形、喷墨式、热敏式、激光式、静电式、磁式、发光二极管式等打印机。

**打油诗** doggerel 一种富于趣味性的俚俗诗体，相传由中国唐代作者张打油而得名。清代翟灏在其《通俗编·文学·打油诗》中曾引张打油《雪诗》云：“江上一笼统，井上黑窟窿。黄狗身上白，白狗身上肿。”后世则称这类出语俚俗、诙谐幽默、小巧有趣的诗为“打油诗”。另外，有时作者作诗自嘲，或出于自谦，也称自己的诗为“打油诗”。

**《打渔杀家》** *Revolt of the Fishing Folks* 中国京剧作品。又名《庆顶珠》、《讨渔税》。作者不详。渔民萧恩本是梁山好汉，年老力衰，与女儿桂英相依为命。土豪丁员外擅征渔税，萧恩无力缴纳，打了奉命前来逼索的教师爷后，赶赴县衙告状。县令吕

京剧《打渔杀家》剧照（杨宝森饰萧恩，赵栖云饰萧桂英）

子秋责打他四十大板，令其向丁府赔罪。萧恩气愤难忍，与女儿连夜过江，杀死丁员外一家，自刎而死。一般演出到此为止。剧本情节与《水浒后传》第9～10回有些相近。《打渔杀家》源自梆子剧。在梆子剧种的演出中，萧恩由净角应工，不勾脸，表演粗犷，突出人物草莽英雄的气质。京剧改由老生饰演，增添了苍凉、深沉的韵味。此剧生旦并重，谭鑫培与王瑶卿在表演上有不少创造，为后世宗法。周信芳与梅兰芳的合演亦称佳作。欧阳予倩、谭富英等曾分别改编为《渔夫恨》。

**大安的列斯群岛** Greater Antilles 西印度群岛中部岛群。位于加勒比海北部。包括古巴岛、伊斯帕尼奥拉岛（又称海地岛）、牙买加岛和波多黎各岛4岛，以及开曼群岛等。面积约21万平方千米，约占西印度群岛总面积的88.5%。古巴岛为最大岛屿，面积约10.5万平方千米。古巴岛以平原为主，其他各岛均多崎岖山地。多米尼加境内的杜阿尔特峰海拔3 175米，为群岛最高峰。属热带海洋性气候，但受高山、海流和信风的影响，各地情况有所不同。夏秋季节多飓风。动植物种类繁多。蕴藏丰富的铝土、镍、铜、铁等矿藏。经济以农业为主。种植甘蔗、可可、咖啡、烟草等经济作物。蔗糖产量在世界上占有重要地位。

**大安市** Da'an City 中国吉林省辖县级市。位于省境西北部，嫩江江畔，邻接黑龙江省。面积4 879平方千米。人口42万（2008），有汉、蒙古、回、满、朝鲜等8个民族。1946年大赉、安广两县合并为赉广县。1958年改大安县。1988年撤县设市。由白城市代管。矿产有石油、天然气、矿泉水等。农业主产玉米、大豆、甜菜、葵花子等。工业有石油、汽车配件、橡胶化工、机械、建材，以及食品、服装鞋帽、纺织、造纸、印刷等。名胜古迹有月亮泡、双岗抱马古墓。

**大澳大利亚湾** Great Australian Bight 澳大利亚沿海最宽阔的海湾。位于澳大利亚大陆南岸的印度洋。根据国际水文局认定，其范围西起西澳大利亚州的韦斯特角，东至塔斯马尼亚州的西南角。但通常认为的范围是：西起西澳大利亚州的帕斯利角，东至南澳大利亚州艾尔半岛的卡罗特角。东西长约1 200千米，南北宽约400千米。平均水深950米，最大水深5 600米。海岸线平直，沿岸有连绵不断的直立石灰岩悬崖，只有东岸斯特里基湾区能安全停泊船舶。处于冬季西风带的控制之下，素以风大浪高闻名。湾内有勒谢什群岛、纽兹群岛、调查者号群岛和惠德比群岛。沿岸有塞杜纳、尤克拉等小城镇。

**大巴山** Daba Mountain 中国嘉陵江与汉江的分水岭，四川盆地与汉中盆地的地理界线。狭义大巴山指渝、陕、鄂3省市接壤地带的米仓山和大巴山，东西绵延500多千米，故称千里巴山。简称巴山。广义的大巴山为川、渝、甘、陕、鄂5省市边境山地的总称，包括米仓山西延的摩天岭，大巴山东伸的神农架山在内。大巴山介于北部的秦岭地槽和南部的四川台向斜之间，由于南北两大构造线的控制，山体呈一系列规则的背斜和向斜组成的平行褶皱带，但东、西部略偏北，中部稍偏南，故又称大巴山弧形褶皱带。

大巴山多古老的特有植物，如连香树、水青树、珙桐、香果树、银杏、领春木等，为中国亚热带、温带多种古老植物发源地之一及中国蜡梅的原产地。大巴山南坡的南江县焦家河是中国常绿阔叶林中水青冈原始林保存最好的地区。珍稀动物有金丝猴、云豹、苏门羚、猕猴等。湖北的神农架和陕西的南郑、镇巴三地已建立了自然保护区。南江县境内辟有森林公园。大巴山是四川盆地北部的天然屏障，阻滞或削弱了冬半年北方冷空气的南侵，对四川冬暖春早气候的形成影响很大。大巴山南面的四川盆地为中亚热带，而北面的汉中盆地则属于北亚热带。

**大白菜** *Brassica campestris pekinensis*; Chinese cabbage 十字花科芸薹属种类中能形成叶球的亚种。一二年生草本植物。又称结球白菜、黄芽菜。为中国北方地区普遍栽培的蔬菜。见白菜。

**《大白鲨》** *Jaws* 美国故事片。1975年环球影片公司摄制。编剧P.本奇利、K.戈特利波，导演S.斯皮尔伯格，摄影比尔·巴特勒，主演R.沙伊德、R.德莱福斯、R.肖。傍晚的海滩，一个男孩与一个女孩追逐嬉戏。女孩跳入海水，男孩醉倒在沙滩。突然女孩大声呼救，随即消失。天明，警长在海边看到一具女性骨骸，宣布关闭海滩，但市长和镇上的头面人物怕影响旅游生意，否定了此决定。鲨鱼继续吃人。市长在电视上发表否认有大白鲨的讲话。警长强迫市长雇用退役军人昆特出海捕鲨。经过较量，昆特被吃掉，警长炸死鲨鱼。《大白鲨》公映后，不仅成为美国20世纪70年代中期票房最高的影片，而且引起强烈的反响。年仅27岁的斯皮尔伯格以非凡的想象力和创新意识，几乎将整个美国的观众从电视机前吸引到电影院，为美国电影的复苏带来信心和希望。获1975年第48届奥斯卡金像奖最佳剪辑、最佳音响、最佳配乐奖。

**大阪** Ōsaka 日本经济中心，大阪府首府。位于本州岛西南部大阪湾东北岸，向西经明石海峡与濑户内海相通，向南经纪淡海峡和纪伊水道连通太平洋。面积221.59平方千米。人口约249万（2003）。地势东高西低，市区大部分位于大和川和淀川冲积的三角洲上，属大阪平原的一部分。气候温暖，1月4.5℃，8月28℃。平均年降水量1 390毫米，集中于6～8月。

古称浪速，又称难波，明治初年定名大阪。江户时代成为直辖地，为附近稻米和棉纺织品的集散中心。1868年辟为港口，并置大阪府，定大阪为府都。1874年及翌年开通大阪至神户、大阪至京都铁路以后，城市发展迅速。1889年设市。早期发展纤维、纺织、杂货等轻纺工业。20世纪20年代起在大阪港周围兴建临海型重化工业，货物贸易量和工业产值均居全国首位，成为日本最大的工商业城市。历史上，商业资本雄厚，直到第二次世界大战前始终是日本最大的经济中心。1955年起经济地位逊于东京，位居日本第2位。

大阪是近畿地方的经济中心，阪神工业地带的核心，是重化工业和轻工业发达的综合性工业城市。以金属加工企业为最多，次为出版印刷和一般机械加工业。按产值计算，化学工业和出版印刷业合占全市工业产值的2/5，其次为金属制品加工业、电气机械制造业和一般机械制造业。自20世纪末起，工厂转移海外日渐增多。

大阪为西日本交通中心，有新干线和高速公路通过，并有多条铁路和公路线呈辐射状通往各地。兴建于西南海面上的关西国际机场1994年投入使用后，已成为仅次于东京成田机场的日本第二大国际机场。大阪港为日本大型港口，其贸易额和集装箱货物吞吐量均居日本第5位。出口货物以一般机械、电气机械、化学制品和运输机械等为主；进口以原料、食品等初级产品为主，近年随着同亚洲国家水平分工的深化，各种机械及其部件和纺织品进口显著增加。

文化教育发达，有大阪大学等公立、

大阪市区鸟瞰

私立大学数十所。名胜古迹以大阪城、四天王寺、住吉大社等最为有名。市中心的斋桥筋、戒桥筋等地为繁华商业区。

自20世纪80年代以来，同东京经济实力的差距始终在扩大。以大企业总部为代表的经济中枢管理机构逐渐离开大阪，纷纷向东京转移。

大阪正在加快城市建设，大阪港湾沿岸地带正在兴起集流通、会展、体育、娱乐、休闲、旅游于一体的新的城市功能区，2001年开业的主题公园——USJ (Universal Studio of Japan) 为大阪发展旅游产业的象征。1995年1月17日发生阪神地震，市区曾遭受严重破坏。

**大棒政策** Big Stick Policy 美国第26任总统T.罗斯福提出的实行武力威胁和战争讹诈的外交政策。他曾在一次演说中援引了一句非洲谚语：“手持大棒口如蜜，走遍天涯不着急”，以此来说明他任内 (1901～1909) 的外交政策，后发展成所谓“大棒加胡萝卜政策”。20世纪初，美国凭借其大为增强的军事经济力量，积极推行向外扩张计划。罗斯福提出对门罗主义的“推理”，强调美国对西半球的统治，排斥欧洲的干涉。从而，加强了对拉丁美洲，特别是加勒比海地区的侵略。在大棒政策的指导下，美国凭借武力，多次公开干涉拉丁美洲国家的内政。1903年，罗斯福参与策划并出动海军支持巴拿马政变。1904年，美国出动军舰，迫使多米尼加共和国将一切关税交给美国管理。“大棒政策”是美国扩张主义在新时代的发展，其实质是将“美洲是美洲人的美洲”变为“美洲是美国人的美洲”。

**大葆台汉墓** Han Dynasty Tombs at Dabaotai 中国西汉晚期的两座大型木椁墓。位于北京市丰台区黄土岗乡。1974～1975年发掘。两墓东西并列，一般认为东侧1号墓墓主可能是卒于元帝初元四年（前45）的广阳顷王刘建，西侧2号墓墓主为其妻，但学术界仍有不同意见。两墓早年被盗。1号墓保存较好，是最早发现的结构清晰的黄肠题凑墓。此墓坟丘高8米，南北90米、东西50.7米；墓圹底部长23.2米，宽18米。墓道在南。墓圹内用木材构筑甬道、外回廊、中回廊、黄肠题凑、内回廊、前室和棺房等。内回廊和中回廊之间的黄肠题凑椁墙用1.4万余根柏木条横向垒筑而成。墓道内有彩绘朱轮马车3辆和马13匹。外回廊内置豹、马、雁等禽兽和陶器、铁器、漆器等。内回廊主要放陶器，前室放漆床、六博和陶器等。棺房内有五层木棺，出土大量玉器及玉衣

大葆台汉墓黄肠题凑墓室

残片。墓中共出土文物400余件、五铢钱百余枚。2号墓形制与1号墓相似，但破坏严重，只出土少量文物。

**大堡礁** Great Barrier Reef 澳大利亚东北海岸外3 000多个珊瑚岛礁的总称。位于从托雷斯海峡南部到弗雷泽岛北端的珊瑚海上，南北断续绵延达2 000余千米，宽16～161千米。分布面积共达34.5万平方千米，涨潮时礁石全部没入水中，低潮时部分露出海面，是世界上最大的珊瑚礁群。

大堡礁地层厚度可达400米。是在距今60万年前开始发育至今的。是世界上最具吸引力的旅游胜地之一。

**大爆炸宇宙学** big-bang cosmology 现代宇宙学中最有影响的一种学说。与其他宇宙模型相比，它能说明较多的观测事实。它的主要观点是认为宇宙曾有一段从热到冷的演化史。在这个时期里，宇宙体系不断地膨胀，使物质密度从密到稀地演化。如同一次规模巨大的爆发。

根据大爆炸宇宙学的观点，大爆炸的整个过程是：在宇宙的早期，温度极高，在100亿度以上。物质密度也相当大，整个宇宙体系达到平衡。宇宙间只有中子、质子、电子、光子和中微子等一些基本粒子形态的物质。但是因为整个体系在不断膨胀，结果温度很快下降。当温度降到10亿度左右时，中子开始失去自由存在的条件，它要么发生衰变，要么与质子结合成重氢、氦等元素；化学元素就是从这一时期开始形成的。温度进一步下降到100万度后，早期形成化学元素的过程结束。宇宙间的物质主要是质子、电子、光子和一些比较轻的原子核。当温度降到几千度时，辐射减退，宇宙间主要是气态物质，气体逐渐凝聚成气云，再进一步形成各种各样的恒星体系，成为今天看到的宇宙。

大爆炸模型能说明以下观测事实：①大爆炸理论主张所有恒星都是在温度下降后产生的，因而任何天体的年龄都应比自温度下降至今天这一段时间为短，即应小于150亿年。各种天体年龄的测量证明了这一点。②观测到河外天体有系统性的谱线红移，而且红移与距离大体成正比。如果用多普勒效应来解释，那么红移就是宇宙膨胀的反映。③在各种不同天体上，氦丰度相当大，而且大都是30%。用恒星核反应机制不足以说明为什么有如此多的氦。而根据大爆炸理论，早期温度很高，产生氦的效率也很高，则可以说明这一事实。④根据宇宙膨胀速度以及氦丰度等，可以具体计算宇宙每一历史时期的温度。大爆炸理论的创始人之一G.伽莫夫曾预言，今天的宇宙已经很冷，只有绝对温度几度。1965年，果然在微波波段上探测到具有热辐射谱的微波背景辐射，温度约为3K。这一结果无论在定性上或者定量上都同大爆炸理论的预言相符。但是，在星系的起源和各向同性分布等方面，大爆炸宇宙学还存在一些未解决的困难问题。

**大比武(1964)** Extensive Competition of Military Skills (1964) 中国人民解放军于1964年开展的群众性练兵比武活动。目的是端正训练指导思想，推动全军正规化训练，提高部队战斗力。

1964年1月，中央军委秘书长、总参谋长罗瑞卿在南京举行的全军学习推广步兵某部副连长郭兴福创造的把练思想、练作风和练战术、练技术有机结合起来的练兵方法现场会上，提出了举行全军比武的建议。中央军委批准了这一建议。同年4月，成立全军比武筹备委员会，下达《中国人民解放军1964年比武大会若干问题规定》，明确了比武的目的、规模、内容、项目、评选原则和奖励办法。各部队自下而上地

罗瑞卿等观看部队的训练演示

层层比武，选拔参加全军比武的集体和个人代表。6～8月，全军大比武分18个区域进行（海军部队在12月）。参加比武和演示的部队、民兵共13 700余人，参观比武的干部87 000余人。比武多数为班以下课目，按昼间课目和夜间课目进行，内容以技术为主、战术为辅。获个人奖的有2 257人，获集体奖的有1 212个单位。

6月15日、16日，毛泽东、刘少奇、董必武、朱德、周恩来、邓小平、贺龙、陈毅、叶剑英、罗瑞卿等，在北京观看了北京、南京部队和民兵代表队的表演，对部队的训练成果、比武方式作了充分肯定和赞扬。

通过比武和交流经验，部队训练成绩大幅度上升，许多训练课目达到或超过规定的优秀标准。大比武推动了全军“比、学、赶、帮、超”的群众性练兵活动，造就了具有良好军政素质的大批人才，成为国家和军队建设的骨干。大比武有力地促进了军事训练工作的深入发展，带动了群众自觉地爱军习武、研究技术战术难点，对提高部队战斗力起到了极大的推动作用。

**大便失禁** incontinence of feces 因肛门部位或其相关神经损伤而不能自主控制粪便和气体排出的病理现象。又称排便失禁或肛门失禁。对干便和稀便都不能控制者，称为大便完全失禁；能够控制干便，不能控制稀便和气体者，称为大便不完全失禁。

排便是复杂而又协调的反射性动作，是在内脏植物神经和大脑中枢神经双重支配下完成的反射活动。直肠下端的切除、神经反射的障碍和肛门括约肌张力的丧失，都可以发生大便失禁。老年人可由于肛门括约肌萎缩而引起肛门失禁。突然受到惊吓时亦可发生暂时性大便失禁。

对神经功能障碍引起的肌肉萎缩、松弛和肌张力下降者，可作提肛运动功能锻炼。对肌肉功能障碍或损伤者，可通过手术修复，加强肌肉张力，必要时做腹部人工肛门。

**大别山** Dabie Mountain 中国长江与淮河水系的分水岭。位于豫、鄂、皖三省边境。西接桐柏山，东延为霍山（又称皖山）和张八岭，西段作西北—东南走向，东段作东北—西南走向。海拔500～800米，山地主要部分海拔1 500米左右，主峰天堂寨海拔1 729米。中山面积约占全部山区15%，其余多为低山丘陵。山间谷地宽广开阔，并有河漫滩和阶地平原，是主要农耕地区。大别山地势较高，南北两侧水系均很发育，分别注入长江和淮河。

大别山垂直自然带大致以海拔900米为界，900米以下气候属北亚热带季风型，温暖潮湿，降水丰富。植物生长茂密，种类复杂，有南方植物种类，如马尾松、杉木、油桐、乌桕、油茶、茶、毛竹等，亦有北方植物如油松、槲栎、毛白杨等。海拔900米以上直至山顶，气候较凉湿，多云雾，相对湿度大。植被以落叶阔叶树种为主，针叶树种为次。位于大别山北麓的河南省罗山县董寨建有董寨鸟类自然保护区，以保护中国一级保护动物——白冠长尾雉为主。

**大病统筹** comprehensive arrangement for serious disease 中国劳动保险医疗改革推出的一种制度模式。大病医疗费社会统筹的简称。参加大病统筹的企业和职工及退休人员个人，分别按职工平均工资的一定比例按月缴纳大病医疗统筹费，形成大病医疗统筹基金。职工及退休人员患病，凭《医疗保险卡》到定点医院就诊，符合大病统筹范围的医疗费，由大病医疗费统筹基金分档、分比例支付。

政府劳动行政部门直接负责大病统筹工作的规划、制定政策、组织实施、管理和监督检查。社会保险基金管理委员会负责大病医疗费统筹基金的指导、监督和审定。大病医疗费统筹基金账户设在国有商业银行，企业缴纳的大病医疗统筹费在福利费和管理费两项下列支。

**《大般涅槃经》** *Mahāparinirvāna-Sūtra* 佛教经典。原本流行于2～3世纪时的迦湿弥罗（克什米尔）。现存最早译本是北凉昙无谶所译《大本涅槃经》或《大涅槃经》。40卷13品。此经异译本有东晋法显与佛陀跋陀罗合译《大般泥洹经》6卷。南朝宋时慧严、慧观与谢灵运依据昙无谶本，对照法显译本，润文改卷，成就“南本涅槃”。相对而言，昙无谶本也就成为“北本涅槃”。藏译的《大般涅槃经》是从汉文本转译的。此经昙无谶译本主要说佛身常住不灭，涅槃常乐我净；宣称“一切众生悉有佛性”，一阐提和声闻、辟支佛均得成佛等大乘思想。为大乘佛教前期作品，约于2～3世纪时成书。此经在中国晋宋时代，在佛学界影响很大，为涅槃学派的本据经典。梁武帝萧衍曾亲讲《大般泥洹经》，又撰《涅槃讲疏》、《涅槃义疏》。慧观据《涅槃经》立顿渐二教和五时判教说。所谓五时即三乘别教、三乘通教、抑扬教、同归教、常住教。认为《涅槃经》所说是最高教义。智顗也以此经中的判释大义，提出五时和天台四教说。所谓五时即华严时、阿含时、方等时、般若时及法华涅槃时；所谓四教即藏教、通教、别教、圆教。《涅槃经》之说为第五时教和圆教。此经注疏本颇多，现存重要者有印度世亲著《涅槃论》1卷；梁宝亮撰《大般涅槃经集解》71卷；隋慧远撰《涅槃经义记》10卷等。

**大不里士** Tabriz 伊朗古都，东阿塞拜疆省首府。人口139.81万（2006）。位于高原湖泊乌鲁米耶湖东侧，海拔1 367米。多温

大不里士地毯

泉，地震频繁，曾屡遭震灾。年平均气温最高17.9℃，最低6℃。平均年降水量285.6毫米。3世纪形成聚落，4世纪时形成城市。地处小亚细亚与伊朗高原，两河流域与高加索地区之间的中枢位置，素为各方往来通衢，历来具有政治、经济和军事价值，先后成为蒙古四大汗国之一的伊利汗国（1256～1353）和萨非王朝（1502～1736）早期的都城。18世纪曾遭沙俄远征军多次占领。伊朗工业和农牧业产品的重要贸易中心。工业发达，拥有多种轻重工业企业，传统产业中以地毯业最为著名，为伊朗最重要的织毯中心之一，产品“大不里士地毯”长期远销世界各地。制革手工业亦著名。其他工业有棉毛纺织、机械、炼油、卷烟、面粉等。铁路、公路东南至首都，西北入南高加索三国，西出土耳其。有国际机场。有大不里士大学（1946）等。因战乱和地震频繁，中世纪古迹湮没不少，仅“阿尔塔”城堡和蓝色清真寺足以使观者仰止；城东萨维兰山是琐罗亚斯德教（拜火教）圣地。

**大不列颠岛** Great Britain Island 欧洲第一大岛。在大西洋中，隔北海与欧洲大陆相对。英国本土重要部分，包括英格兰、威尔士、苏格兰三部分，有“英伦三岛”之称。

南北长900千米，东西最宽为520千米，面积23万平方千米。人口6 000.31万（2009）。气候冬温夏凉，多雨日。地势自西北向东南倾斜，西、北多山地和丘陵，其间散布着风光秀美的湖泊；东南为起伏和缓的低地，煤铁资源丰富。是18世纪工业革命的策源地。主要河流有泰晤士河、塞文河和特伦特河。

**大蚕蛾** Saturniidae; giant silkworm moth/emperor moth 鳞翅目大蚕蛾科昆虫的统称。又称野蚕蛾、天蚕蛾。约有1 300种，主要产于热带地区。中国已记载58种。体大型。触角双栉状。翅宽大，翅展一般在100～140毫米，但最小的只有65毫米左右，最大的可达210毫米以上，颜色鲜艳，具眼斑或月牙形纹，顶角大多向外突出；后翅肩角发达，某些种的后翅上有燕尾。幼虫粗壮，大多生有许多毛瘤。其中若干种也能产丝，如日本和中国的柞蚕都产著名的柞蚕丝，行销全世界。

**大查科平原** Gran Chaco 南美洲中、南部的冲积平原。西起安第斯山脉东坡，东至巴拉圭-巴拉那河，北接玻利维亚的高平原，南以阿根廷境内的萨拉多河为界。面积约73万平方千米，其中阿根廷占一半以上，巴拉圭占1/3，其余部分在玻利维亚境内。地势由西向东缓斜，至巴拉圭河两岸更见低下，排水不良，沼泽广布。

**大肠杆菌** *Escherichia coli* 埃希氏菌属的一种。呈棒状，菌体大小（0.4～0.7）微米×（1.0～3.0）微米。大多有周身鞭毛，能运动。某些菌株有菌毛。无芽孢，兼性厌氧，在普通培养基上生长良好，菌落直径2～3毫米。

根据血清学特性及毒性不同可将致病性大肠杆菌分成5类。①肠产毒素型大肠杆菌（ETEC）。小儿腹泻的主要病原菌之一，也是旅游者腹泻的病原菌，能引起严重的霍乱样腹泻。②肠致病型大肠杆菌（EPEC）。能引起婴幼儿腹泻，传染性强，死亡率极高。③肠侵袭型大肠杆菌（EIEC）。引起年龄较大的儿童和成人的痢疾样腹泻，不产生肠毒素，但具有侵犯上皮细胞的能力。④肠出血性大肠杆菌（EHEC）。引起人和牲畜严重腹泻、急性肾损伤。⑤肠黏附性大肠杆菌（EAEC）。只在人体发现，附在黏膜上引起水样痢疾，产生溶血素和肠毒素，不发烧。对畜禽有致病性的大肠杆菌可分为肠毒素型、神经毒素型和组织侵袭型3类。

大肠杆菌于自然界的生存力较强，在土壤和水中可存活数月，冷藏条件下生存更久。对青霉素中度敏感，对磺胺、链霉素、氯霉素、金霉素等均敏感，但耐药株普遍，其中很多是通过质粒转移所致。

在分子遗传学的基因工程中，常将杂交基因移植至大肠杆菌，使其复制并表达出某一特定性状。

**大厂回族自治县** Dachang Hui Autonomous County 中国河北省廊坊市辖自治县。位于省境中部，邻接北京市。面积176平方千米。人口12万（2008）。其中回族人口2.4万，占总人口的21.9%。1955年析三河、香河、通县置大厂回族自治县。属暖温带大陆性气候。是河北省小麦、玉米的主要产区，全国秸秆养牛基地，也是京津地区最大的牛羊集散地。工业有机械、家具、工艺品、纺织、服装、建材、铸造、食品及肉类加工等。文物古迹有大坨头遗址、霍各庄墓群等。

**《大臣夫人》** *The Minister's Wife* 塞尔维亚剧作家B.努希奇的喜剧剧本。作者通过女主人公日夫卡的形象，揭露了小市民的愚昧可笑、庸俗无聊。日夫卡是塞尔维亚政府一官僚波波维奇的妻子，她一直为丈夫没能当上大官牢骚满腹。当丈夫被任命为大臣后，为了四处炫耀自己，印制了大量名片，并学会抽烟、打桥牌，还有了情人。这一切导致丈夫辞职，自己也成了个短命的“大臣夫人”。全剧情节生动，语言幽默，节奏明快，日夫卡成为塞尔维亚文学中著名的人物形象。

**大城** Phra Nakhon Si Ayutthaya 泰国南部古都，大城府首府。位于巴塞河和华富里河的汇合处，距曼谷80多千米，面积17平方千米，人口9.06万（2005）。地处湄南河冲积平原，平均海拔2米左右。四周河流环抱，形似小岛。平均年降水量约1 500毫米，集中在5～10月。1350～1766年曾为泰国阿瑜陀耶王朝都城。1767年被缅军占领，城内建筑大部被毁。1782年拉玛一世迁都曼谷，拉玛四世和五世在大城建立行宫。城市周边为主要农业区。稻米、柚木集散中心。工业以碾米和酿酒为主。有公路、铁路和水路与曼谷相连。城内多河道，河上船只出售手工艺品和农产品，商业繁盛。泰国著名的游览地，市内多神殿和寺庙，三宝公佛寺的三宝公佛像，高19米。还有大城府农业学院和国立博物馆等。

大城寺庙遗址

**大乘佛教** Mahayana 佛教派别。公元1世纪左右形成于印度，而后传播至中亚、中国、日本、朝鲜、越南、印尼以至斯里兰卡。它是北传佛教的主流。大乘思想根源于某些早期部派，但有许多理论创造，如不仅讲人无我，而且讲法无我；强调菩萨理想胜过阿罗汉，宣称人皆具菩提心可以成佛。大乘伦理中倡导慈悲一切众生，力主以功德回向他人等等。

特征 大乘包含理论和实践两个部分。作为预备功夫的理论，思索了存在的基本结构和原理；其对最高体验的追求和修持实践可回溯至印度的瑜伽传统。这种禅定止观的修持目的在于排除分别心，达到无所见，体会不可言说的绝对境界。被称作般若智慧的理性活动是受到鼓励的，但它最终仍然是为了导向对空性的认知。大乘理论中的涅槃不仅仅是寂灭不生或超越轮回流转，而且是佛的境界，故又可以称法身、佛性、真如等，即我们所谓的绝对者或本然之体。涅槃是无所不知的存在，按佛教的说法，它不是某种世间的知识，而是明净的心识之体，它反映世间一切生灭而本无的诸相却不为其所染。这种状态也就是密教中修持者在本心中去寻求的空。通过观想，修习者可以有无量诸佛现前，因为空是一切缘生相有者之母，秘密咒术和陀罗尼一类的经典被合法地吸收到大乘中来。

基本教义 佛陀在大乘佛教中已经神化并形成泛指的多数，例如佛的品格同样可见于大日如来、阿閦佛、宝生佛、阿弥陀佛等等。有的佛被认为是某种新教义和仪式的揭示者。阿弥陀佛是净土信仰的中心，融合了印度和伊朗的宗教观念；焰光佛是乔答摩之前二十四佛之首，反映了伊朗和中亚古国的神王观念。大乘发展伴随着《譬喻经》和《出曜经》等的流行，该类经典认为佛陀教说不是唯一的一种而应有不同层次，因为信众的根器与宿业本来就不一样。乔答摩也不再是历史上的释迦族圣人，而是出世间的佛。菩萨是大乘佛教的理想，其基本前提是发菩提心，立誓愿要为众生利益不入涅槃，履行艰苦的十波罗蜜修行而历经十地。前六地仍属初发意的预备阶段，七地以上虽有缺陷，但已具佛性而不退转，第十地则达到来生成佛的候补阶次了。佛的三身学说是大乘学说的主要论题。三身为变化身、受用身、自性身。变化身指佛陀为度脱众生，随应显化之身；受用身指佛陀修行所得能享法乐并给十地菩萨示现功德之身；自性身即是作本体之法身。法身已见于较早的《法华经》。许多大乘经典都说佛有无量之多，但一致承认其本质为同一的法身。佛同无为法是同一的，从而与菩提与涅槃也就没有差别。大乘佛教最初的经典被认为是释迦牟尼佛或别的佛为天人讲述的。有资格听闻这些经典的是声闻及菩萨二众。经典本身的神秘性，同时也是晚出性质被说成是保留在雪山或龙宫，而等到机缘成熟时才向人们显示，为此，它的权威性是不容置疑的。

宗派与主张　大乘佛教派别包括中观派、瑜伽行派等，以及别的一些或以经典为宗依，或以修持主张为差别形成的宗派，如法相宗、华严宗、净土宗、三论宗、禅宗等，它们代表了大乘思想从印度向中国和日本传播的千余年间的演化结果。中观派的思想依据在般若经类中，其有代表性的思想家为龙树及提婆等。依据他们的论著，以后形成了中国的三论宗。龙树的《中论》，从缘起而显示相待性、相对性，从不生不灭之八不而肯定空性与中道；从世俗与胜义二谛来看待缘起、空、假，从而得出中道正观。中观思想对于天台宗、华严宗、禅宗都有所影响。在印度，中观思想刺激了瑜伽行派的产生。无著、世亲等将《楞伽经》等的思想系统化。其学说可概括为三界唯心，万法唯识。它描述世界的虚幻性、本体真实性及三性三无性的理论；认为解脱过程无非转染成净，转识成智。主张通

阿弥陀佛净土（西藏布达拉宫壁画）

过修习瑜伽功夫而培养正智。瑜伽行派的特征是瑜伽观想和琐细的心理分析。在中国及日本这一学说通常被称为唯识宗或法相宗。真谛（6世纪）译出《摄大乘论》为瑜伽行哲学流通之始，玄奘师徒是中国以及日本法相宗的创立人。玄奘的学术渊源可回溯至那烂陀寺的护法一系。华严宗的思想根源在印度，但宗派成立在中国。该宗成立的依据是《华严经》，该经主旨是说大日如来为世间万法本源，一微尘一刹那均同全体和永恒是同一的圆融的。由此引出华严宗的宇宙论及世界观——法界缘起，以及一整套关于顿悟的信解行证理论。华严宗在中国的思想前导是依于《十地经论》的地论学派（6世纪）。天台宗也是佛教在中国和日本发展的产物，但其思想可以追溯到印度经典《法华经》。该经由鸠摩罗什译出并由慧文、慧思加以发挥，但该宗真正的创立者是在天台山传教的智𫖮。《法华经》的要义可归结为开仍实，会三归一。但在天台宗体系中，佛陀教说被归纳为五时八教。天台宗的中心教义是一念三千，三谛圆融；禅定修持则主张一心三观。净土宗经典主要是《无量寿经》，该经出现于2世纪时北印度，宣扬了对无量光佛的信仰及其果报。3世纪时这一信仰传至中国并逐步成为重要的派别。在日本，起初净土信仰与天台宗合流，至13世纪才分立为一大派别。净土宗认为解脱之道不在读经和习禅，而主要应取念佛法门。印度的净土信仰取何种仪轨并不清楚，但大约不外称名念佛或观想念佛。大乘佛教宗派中最重要的还有在中国和日本发展了千余年的禅宗。禅宗的经典依据在《楞伽经》和《六祖坛经》。前一部经说众生皆具佛性，亦即空性。悟入此理即是菩提。佛性或空性不可言说，只有个人的直接体证才可以把握它。《坛经》是禅宗六祖慧能的著作。禅宗以后发展为五家七宗。其中的临济与曹洞禅法传到了日本。在日本另有一个依《法华经》而持净土信仰的日莲宗。它创立于13世纪并一直流传至今。

**《大乘起信论》** *Mahāyāna-Sraddhotpāda-śāstra*　佛教论书。传为古印度马鸣著，南朝梁真谛译，一卷；唐实叉难陀重译，二卷。以真谛译本较流行。论中把大乘如来藏思想和唯识说结合为一，阐明一心（如来藏心）、二门（心真如门和心生灭门）、三大（体大、相大、用大）的佛教理论和四信（相信根本真如和佛、法、僧三宝）、五行（布施、忍辱、持戒、精进、止观）的修持方法，中心思想为论证如来藏与世界万物的关系，劝人信奉大乘佛教。由于此书结构严整，文义通顺，解行兼重，古今学人盛行传诵，视为大乘佛教入门之书。中国、朝鲜、日本注疏甚多，传习甚广。

**大岛渚**　Ôshima Nagisa (1932-03-31～　)　日本电影导演。生于京都。日本电影“新浪潮派”的代表人物。1950年考入京都大学法学部。1956年开始撰写电影剧本，

1959年成为正式导演。摄制的第一部影片《爱与希望的街》引人注目。1960年接连导演了《青春残酷物语》和《太阳的坟地》，执拗地表现了对于性和暴力的看法。同年开始拍摄的《日本的夜与雾》上映4天即遭禁映。自编自导的影片《感官王国》1976年在戛纳电影节放映后，获最佳导演奖，但由于性和暴力的原因，在日本国内被禁止上映。1978年导演了《爱的亡灵》，描写变态性心理和现代青年强烈的自我意识。20世纪80年代以来，导演的作品有《战场圣诞快乐》(1983)、《马克斯，我的爱》(1986)、《御法度》(1999) 等。主要著作有《我的日本精神改造计划》、《战后的映像论之体验》，评论集《战后电影·破坏与创造》、《魔鬼与残酷的联想》，剧本集《日本的夜与雾》、《绞刑》等。

**大迪克桑斯坝**　Grande Dixence Dam　世界上最高的混凝土重力坝。瑞士最大的水坝，位于罗讷河支流迪克桑斯河上。坝高285米，坝顶长695米。水库汇集了罗讷河左岸10余条支流的来水，总库容4亿立方米，总装机容量为130万千瓦。1953年开工，1962年建成。由于上游来水量小而库容大，大坝未设溢洪道，仅设泄水量为10米$^3$/秒的底孔一个。坝体混凝土采用严格的温度控制，用柱状浇筑法施工。

**大地测量学**　geodesy　研究和测定地球形体、地球重力场和地面点几何位置及其随时间变化的学科。测绘学分支学科。测定地球的形体（形状和大小），指测定代表地球形体的地球椭球的形状（扁率）和大小（轴长）。测定地面点的几何位置，指测定以地球椭球面为参考的地面点的位置。测定地球重力场，指测定地面点或地外空间点重力场的场量，包括重力值、大地水准高、垂线偏差和重力梯度等。以上大地测量活动按一定时间间隔重复进行，就是测定各自随时间的变化。大地测量工作为大规模测制地形图提供地面的平面控制网和高程控制网，为用重力勘探地下矿藏提供重力控制点，为发射人造地球卫星、导弹和各种航天器提供地面站的精确坐标和地球重力场数据。

研究内容 经典大地测量学采用几何法和物理法。20世纪50年代末人造地球卫星的出现，又产生了卫星法。几何法采用天文大地测量方法测定地球椭球的形状和大小，并以它的表面为参考面推算地面点的几何位置。物理法用重力测量数据结合天文和水准测量数据求解确定地球形状，包括地球椭球形状、大地水准面起伏或地球真正形状。卫星法是从整个地球表面及其外部空间的跟踪站，观测运动卫星瞬间位置的方向、距离或距离差，用于解算地球的几何参数、重力场参数及待定点相对于地球质心的几何位置。现代大地测量学综合利用几何法、物理法和卫星法，以求得大地测量学各种问题的最佳解决。同时，还发展了海洋大地测量，形成动力大地测量。

简史 萌芽阶段 17世纪以前，大地测量学处于萌芽状态。公元前3世纪，埃拉托色尼首先应用几何学计算地球的半径长度。公元724年，中国唐代的南宫说等人在张遂（一行）的指导下，首次在今河南省境内实测一条长约300千米的子午弧。其他国家也进行过类似的工作。但当时测量工具简陋，技术粗糙，所得结果精度不高，只是测量地球大小的尝试。

大地测量学形成 1687年I.牛顿发表万有引力定律之后，1690年荷兰C.惠更斯在其著作《论重力起因》中，得出地球的外形为两极略扁的扁球体论断。1743年法国A.-C.克莱罗发表《地球形状理论》，进一步给出由重力数据和地球自转角速度确定地球扁率的克莱罗定理。此外，17世纪初，荷兰的W.斯涅耳首创三角测量。随后望远镜、测微器、水准器等发明，测量仪器精度大幅度提高，为大地测量学的发展奠定了技术基础。17世纪末大地测量学形成，至卫星大地测量的出现，这一阶段的大地测量学通常称为经典大地测量学。主要标志是以地面测角、测距、水准测量和重力测量为技术手段解决陆地区域性大地测量问题。弧度测量、三角测量、几何高程测量以及椭球面大地测量理论的发展，形成几何大地测量学；建立了重力场的位理论并发展了地面重力测量，形成物理大地测量学。

弧度测量 1683～1718年，法国卡西尼父子（G.D.Cassini和J.Cassini）在通过巴黎的子午圈上用三角测量法测量弧幅达8° 20′的弧长，推算出地球椭球的长半轴和负的扁率，即地球形状是两极伸长的椭球，与惠更斯根据力学定律作出的推断正好相反。为此法国科学院于1735年派遣两个测量队分别赴高纬度地区拉普兰（位于瑞典和芬兰的边界上）和近赤道地区秘鲁进行子午弧度测量，全部工作于1744年结束。两处的测量结果证实地球形状是两极略扁的椭球。至此，关于地球形状的物理学论断得到了弧度测量结果的有力支持。J.B.J.德朗布尔于1792～1798年间进行法国子午弧的测量。由这个新子午弧和秘鲁子午弧的数据，推算了子午圈一象限的弧长，取其千万分之一作为长度单位，命名为一米。是为米制的起源。从18世纪起，一些欧洲国家也都先后开展了弧度测量工作，并把布设方式由沿子午线方向发展为纵横交叉的三角锁或三角网，改称为天文大地测量。中国清代康熙年间（1708～1718）为编制《皇舆全览图》，曾实施大规模的天文大地测量。康熙皇帝还决定以每度子午弧长为200里来确定里的长度。

几何大地测量 19世纪起，许多国家都开展全国天文大地测量工作，主要是为测制全国地形图提供大量地面点的精确几何位置。此外，①为了检校天文大地测量的大量观测数据，求出最可靠的结果和评定观测精度，法国A.-M.勒让德于1806年首次发表最小二乘法的理论。事实上，德国C.F.高斯在1794年已经应用这一理论推算小行星的轨道，此后又用最小二乘法处理天文大地测量成果，形成测量平差法，至今仍广泛应用于大地测量。②椭球面上三角形的解算和大地坐标的推算，高斯于1828年在其著作《曲面通论》中提出椭球面三角形的解法。高斯于1822年发表椭球面投影到平面上的正形投影法，这是大地坐标换算成平面坐标的最佳方法，至今仍在广泛应用。③利用天文学大地测量成果推算地球椭球长半轴和扁率，德国F.R.赫尔墨特解算出与区域大地水准面最佳拟合的椭球参数及其在地球体中定位的方法。以后这一方法被称为面积法。

物理大地测量 自1743年克莱罗发表了《地球形状理论》之后，物理大地测量的最重要发展是1849年英国的G.G.斯托克斯提出的斯托克斯理论。根据这一理论，可以利用地面重力测量结果研究大地水准面形状，推动了大地水准面形状的研究工作。苏联的M.S.莫洛坚斯基于1945年提出莫洛坚斯基理论，它避开了理论上无法严格求定的大地水准面，直接求定地面点的大地高程。伴随着莫洛坚斯基理论产生的天文重力水准测量方法和正常高系统已被许多国家采用。这是在卫星重力测量技术出现以前，由地面重力测量研究地球形状和确定地球重力场的理论和方法，称为经典物理大地测量。

现代大地测量 经典大地测量由于其技术手段（测角和测边）和方法的局限性，测量精度已近极限，测量范围也难于达到占地球面积70%的海洋和陆地自然条件恶劣的地区。1957年第一颗人造地球卫星发射成功后，利用人造卫星进行大地测量成为主要技术手段，从此发展到现代大地测量。其标志是产生卫星大地测量，突破了米级测量精度，从区域性相对大地测量发展到全球的大地测量，从测量静态地球发展到可测量地球的动力学效应。20世纪70年代美国首先建立卫星多普勒导航定位系统，能够以±1米或更高的精度测定任一地面点在全球大地坐标系中的地心坐标；90年代美国又发展了新一代导航定位系统，即全球定位系统（GPS），以其价廉、方便、全天候的优势迅速在全球普及，成为大地测量定位的常规技术。俄罗斯发展了全球导航卫星系统，欧洲正在启动伽利略全球卫星导航定位系统，中国也已建立了“北斗”卫星导航系统。卫星大地测量不仅广泛用于高精度测定地面点的位置，还用于确定全球重力场，并形成新的大地测量分支卫星重力学。

卫星重力测量 卫星激光测距（SLR）对卫星的跟踪测量可以精确测定卫星轨道的摄动，当分离出占摄动主要部分的地球引力摄动，由此推算地球引力位球谐展开的低阶位系数。20世纪70年代开始卫星雷达测高，后又研制和发展了多代卫星测高系统，用于精确测定平均海面的大地高，确定海洋大地水准面，并反求海洋重力异常，精度优于分米级。

动力大地测量 SLR和甚长基线干涉测量（VLBI），可以厘米级或更优的精度监测板块的运动速率、极移和地球自转速率的变化。GPS更能以毫米级精度测定板块内地块的相对运动及地壳形变，还广泛用于监测断层和地震活动、极地冰原和陆地冰川的运动和变化以及冰后回弹现象。

海洋大地测量 卫星测高已成为确定高分辨率全球海洋大地水准面的最廉价有效的手段，GPS也成为海洋导航定位的主要工具，定位精度比传统的天文导航和无线电导航精度提高1～2个数量级，多波束声呐测深相对精度已达到或接近1/1 000。海底大地控制网和海底地形测量的规模和精度在不断提高。

**大地热流** terrestrial heat flow 地球内部热能传输至地表的一种现象。地热在地表直接的显示。能给出发生于地球内部深处各种过程间能量平衡的信息。1939年A.E.本菲尔德在南非测得首批大地热流数据。1952年在太平洋首次海洋热流测试成功。迄今全球已有大地热流数据近3万个。

大地热流量（$q$）是地热场重要的表征，它等于地温梯度（$dT/dZ$）与岩石热导率（$k$）的乘积，单位（HFU）为微卡/（厘米·秒），也可用毫瓦/米$^2$表示。地温梯度在陆地上只能通过钻井地温测量来进行，同时还需在相应井段获取足够量的岩石样品在实验室内进行岩石热导率测定，经过计算及必要的各项校正（如地形、地下水活动等），才能得到高质量的大地热流值。海洋热流测量可用不同型号的海洋热流探针进行。由于深海底层水的温度不随季节变化，因此海洋热流探针无须穿透太深（一般数米即可）。

研究发现，全球平均热流值和热散失量，南半球普遍高于北半球，而0°半球（“海”半球）的平均热流值虽也高于180°半球（“陆”半球），但热散失量几近相等。这是因为，大陆与海洋在全球非对称分布是导致地球内部热散失量具有半球非对称性的根源，热散失量的非对称分布是地质历史时期中的长期现象。

**大地水准面** geoid 假想的静止海水面及其向大陆内部延伸所形成的曲面。通常用无潮汐平均海水面近似代替，即与平均海

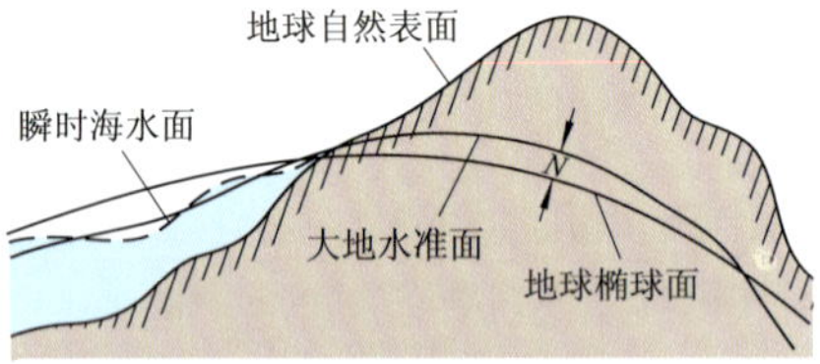


大地水准面示意图

水面最接近的重力等位面。重力等位面指重力位处处相等的曲面，又称水准面。它是**高程测量**中正高系统的起算面，同平均地球椭球面或参考椭球面之间的距离统称为大地水准面高。绝对大地水准面高可以利用全球重力异常，按斯托克斯积分公式进行数值积分算得；也可以利用已知的地球重力场模型，按计算点坐标进行求和算得；还可以利用**卫星测高**方法确定。相对大地水准面高可以由大地原点开始，按天文水准或天文重力水准的方法计算出各点之间相对大地水准面高之差，然后逐段递推出来；也可以采用**全球定位系统**水准方法直接测定。

**大地湾遗址** Dadiwan 中国**新石器时代**遗址。位于甘肃秦安邵店村。1978～1984年发掘。包括3个阶段的遗存，年代约从公元前5800～前2800年。最早的是大地湾文化（或称老官台文化）遗存。出现中国北方地区已知最早的**彩陶**。在陶钵内壁发现10多种红彩符号。出土迄今所知中国最早的黍和油菜子的遗存，对了解这两种农作物的起源有重要意义。其次是仰韶文化遗存。彩陶发达。出现超大型建筑。居于遗址中部的901号房址为平地起建的前堂后室、有左右厢房的复合体建筑，共占地420平方米。其规模之巨大、结构之复杂，为中国史前考古中所仅见。它已具有原始殿堂性质，当属社会治理机构处所和首领寓所。另外，在411号房址的白灰地面上还发现用炭黑描绘的地画，可能是丧舞形象，是已知中国史前唯一的室内人物地画，或有原始宗教巫术含义。最晚的类似常山下层的遗存在遗址中较少，年代约与中原地区早期龙山文化相当。通过遗址的发掘，确立了新的**考古学文化**——大地湾文化，揭示了中国古代文明起源进程中若干重要的现象。1988年国务院公布大地湾遗址为全国重点文物保护单位。

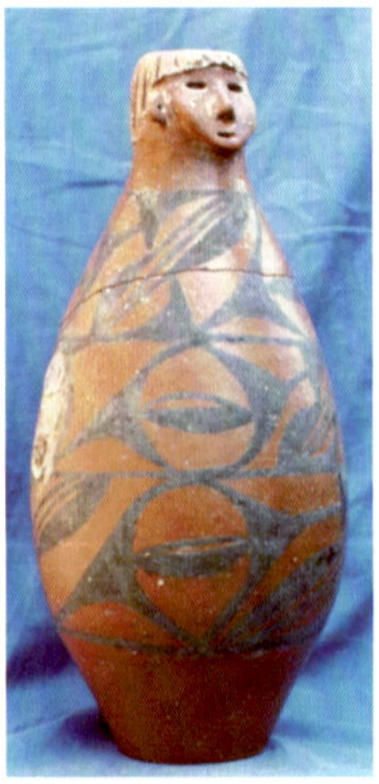

人头形口彩陶瓶

**大地艺术** Earth art 20世纪60年代末出现于欧美的美术思潮，由最少派艺术的简单、无细节形式发展而来。大地艺术家普遍厌烦现代都市生活和高度标准化的工业文明，主张返回自然，对自己曾经热恋过的最少派艺术表示强烈的不满，认为它是现代文明堕落的标志，只有像埃及的金字塔、史前的巨石建筑、美洲的古墓、禅宗石寺塔才是人类文明的精华，才具有人与自然亲密无间的联系。一批艺术家以大地作为

史密森作《螺旋形防波堤》

艺术创作的对象，或在广袤的沙漠上挖坑造型，或移山湮海、垒筑堤岸，或泼溅颜料遍染荒山。由于大地艺术常以挖掘填湮工程形式出现，故又有土方工程、地景艺术之称。早期的作品多在现场施工、现场完成，艺术家创造作品无意给人欣赏。1968年起，德万画廊将搜集来的大地艺术照片和埋在地下的盆子、铁箱等部分实物举办了大地艺术展览。次年，科内尔大学也举办了同样的展览后，大地艺术常以照片、录像的形式出现。后期的大地艺术家很少作大规模的挖掘工程，更多地借助摄影来完成。重要的大地艺术家有C.安德烈、R.史密森、德玛丽亚、M.海泽、C.奥尔登伯格、R.塞拉等。

**大地坐标系** geodetic coordinate system 以参考椭球中心为原点，起始子午面和赤道面为基准面的地球坐标系。特点是地面点的大地坐标值不随地球运动而改变。用来统一地面点位置的坐标系统。分为参心坐标系和地心坐标系。

参心坐标系 以参考椭球中心为原点的大地坐标系统。参考椭球的短轴与地球的地轴平行，起始大地子午面与天文子午面平行。由于采用的参考椭球参数不同，或在地球上椭球的定位、定向不同，全世界存在很多不同的参心坐标系。①参心空间大地直角坐标系。以参考椭球中心为原点的笛卡儿坐标系。②高斯－克吕格尔平面直角坐标系。根据高斯－克吕格尔投影所建立的平面坐标系，简称高斯平面坐标系。由德国C.F.高斯于1822年提出，1912年德国J.H.L.克吕格尔扩充完善。是大地测量、城市测量、普通测量、各种工程测量和地图制图中广泛采用的一种平面坐标系。中国的1954年北京坐标系和1980年国家大地坐标系就是中国采用的参心坐标系。

地面点在大地坐标系中的大地坐标用大地经度、大地纬度和大地高表示（见图）。大地经度即起始大地子午面与椭球面上一点的大地子午面间的夹角，用$L$表示。由起始大地子午面起向东和向西度量，值为0°～180°，向东度量为东经，向西为西经。大地纬度指椭球赤道面与椭球面上一点的法线间的夹角，用$B$表示。由赤道面向北和向南两极度量，值为0°～90°，向北度量为北纬，向南为南纬。大地高就是一点沿椭球法线到椭球面的距离，用$H$表示。

地心坐标系 以地球质心为原点的大地坐标系。分为：①地心大地坐标系，以地球质心为中心的与全球大地水准面最为密合的地球椭球为基准的大地坐标系，其短轴通常指向规定的协议地极（CTP），地面点的坐标为大地经度、大地纬度和大地高，它们与参心坐标系的大地坐标定义类似，不同之处在于所采用的椭球及其中心不同。②地心空间大地直角坐标系，以地球质心为原点，国际上惯用$Z$轴指向协议地

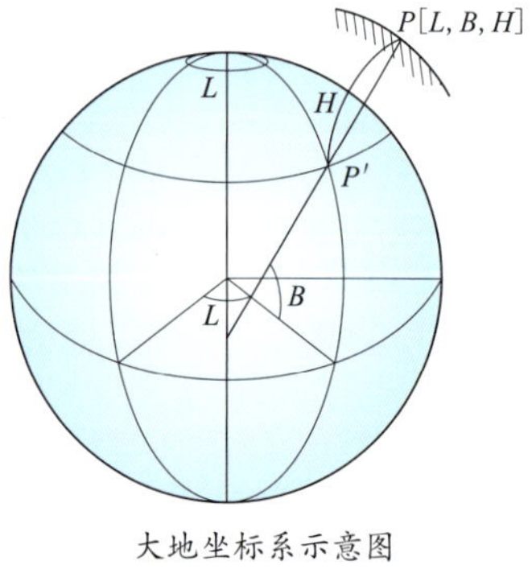


大地坐标系示意图

极，$X$轴和$Z$轴垂直，位于格林尼治平均天文台子午面上，$Y$轴和$Z$、$X$轴构成右手坐标系。地球质心的位置并非固定，受到地球潮汐、板块运动和地壳形变等各种地球动力学因素的影响，所以精确建立和维持地心坐标系是大地测量的基本任务之一。

**大调曲子** 中国曲艺曲种。广泛流行于河南省全境。约在清代初期形成。早期称“鼓子曲”，因在20世纪20年代，洛阳和南阳的部分鼓子曲艺人以踩高跷分角扮唱的形式，将之演变成名为“小调曲子”的小戏。

大调曲子自娱表演

为与之区别，豫西南始有人将原来的“鼓子曲”改称为“大调曲子”并延续下来。大调曲子采用河南方音表演。除少数节目外，大多以曲牌连缀或联套演唱，常用的曲牌有200余支。20世纪中期以来，更多地使用板式化的曲牌。旧时的演唱者主要是文人和富家子弟，他们组织书社，自娱自乐，习称“曲友”。城镇多在茶馆聚会演唱，农村常在场边、地头演唱，常常吸引一些带着针线活来听曲子的妇女，故被称为“活笸箩曲子”。多人聚唱时分持筝、琵琶、八角鼓等轮流递唱。其间还有称为“板头曲”的器乐合奏曲，多在正式节目开始之前作为静场或者闹场之用。走上舞台的大调曲子表演以一人手持八角鼓或手板击节演唱，另有人用三弦伴奏。后来出现了二人分持三弦与月琴或琵琶对唱的形式。中华人民共和国建立之后，大调曲子得到较大发展，培养了一些青年演员，编演了一批新节目。

**“大东亚共荣圈”** Greater East Asia Co-Prosperity Sphere; Dai-tō-a kyōeiken 第二次世界大战期间，日本军国主义政府妄图在亚洲、澳洲和西南太平洋地区建立殖民大帝国的侵略计划。

早在1936年，日本军国主义政府就决定了作为长期国策基本方针的《国策基准》，把确保日本在东亚大陆的统治地位，同时向南方海洋发展，作为“帝国应该确立的根本国策”。这是“大东亚共荣圈”的最初设想。1938年11月3日，近卫文麿政府发表关于“建设东亚新秩序”的声明。这一声明的实质是表明日本要独霸中国东北及更广大地区。

日本对东南亚的战略位置及丰富的大米、橡胶、锡、石油等战略资源垂涎已久，早就渴望夺取南洋作为支持其侵略战争、独霸亚太地区的基地。1940年8月，近卫内阁正式宣布了《基本国策纲要》，进一步提出要建立“以皇国为核心，以日、满、华的强固结合为基础的大东亚新秩序，确立包括整个大东亚的经济协同圈”。同年，外务大臣松冈洋右在上台后的演说中首次正式提出要建立“大东亚共荣圈”，在政治上以“共存共荣”为幌子，建立一个以日本为主宰的，“以日、满、华的牢固结合为基础的”，囊括印度以东、澳大利亚和新西兰以北的所有地区和国家的殖民大帝国；在经济上由日本垄断“共荣圈”内的丰富资源和广阔市场；在军事上通过占领南洋地区，利用其资源和战略基地，与英、美进行争夺亚太地区霸权的持久战，建立日本的势力范围。

日本“南进”战略和建立大东亚共荣圈的方针加剧了它与英、美的矛盾，因此日本加紧与德、意法西斯勾结，1940年9月27日，日、德、意签订了三国同盟条约。40年代，日军很快地侵占了印度支那、马来亚、泰国、缅甸、菲律宾和印度尼西亚等广大东南亚地区。共侵占土地面积达380万平方千米，占领区人口1.5亿。日本侵略者以为大东亚共荣圈计划可以得逞。但是，中国人民和世界人民反法西斯战争的最后胜利，使日本“大东亚共荣圈”的梦想彻底破灭。

**大豆** *Glycine max*; soybean 豆科大豆属的栽培种。一年生草本植物。重要的油料、食用和饲料作物。中国古名菽。常称黄豆、黑豆、黑皮青豆、青仁乌豆。小粒类型在中国南方称泥豆、马料豆，在东北称秣食豆等。

生物学特性 大豆自地表至20厘米左右深处的根部生有根瘤，在根瘤发育良好情况下，根瘤菌可供应大豆需氮量的1/3～1/2。主茎一般高60～100厘米，节数为15～24。豆荚着生在节上，结荚习性可分为：①无限结荚习性；②有限结荚习性；③亚有限结荚习性（图1）。

图1 大豆的结荚习性

大豆需要充足的阳光。养分要求氮、磷、钾较多，其次为钙、镁、硫，此外还需硼、钼、铜、锌、锰等微量元素。自分枝期起，对氮的吸收与积累随植株的增长而逐步增加，以鼓粒期为最大；对磷的吸收高峰在分枝期与结荚期之间，幼苗到开花（图2）期吸磷量虽不大，但对全期生育的影响很大；生育前期吸钾较多，结荚后期达到高峰，鼓粒期吸钾速度明显下降。种子吸水量达到50%时才能萌芽，播种时土壤水分必须充分，田间持水量以75%～90%时最适于萌芽出苗；自幼苗至分枝期土壤持水量75%～80%时便能正常生长；开花结荚期和鼓粒期生长迅速，需要大量水分；接近成熟时，已不再需要大量水分。萌芽所需的最低温度为6～7℃，12℃以上时萌芽正常，25～30℃时萌发快且健壮；生育期的适宜温度为26℃左右，低温会延迟开花成熟，在10℃以上的年积温低于1 900℃的地区，极早熟品种也难以正常成熟。

栽培管理 中国大豆生产主要集中在松花江流域，辽河平原的中、北部和三江平原地区，京广铁路以东的黄淮平原地区以及长江中下游地区。全国分为三个栽培区：①北部春作大豆区。包括东北、内蒙古、陕西、山西北部、河北长城以北和新疆农区，春播秋收，一年一熟。②黄淮海流域夏作大豆区。包括淮河、秦岭以北和一熟大豆区以南及以东的大豆产区，一般在6月冬小麦收后播种，10月上旬收获，一年二熟；偏北地区大豆收后多行冬闲，次年种春季作物，接着种冬小麦，二年三熟。③南方多作大豆区。包括淮河、秦岭以南的广大

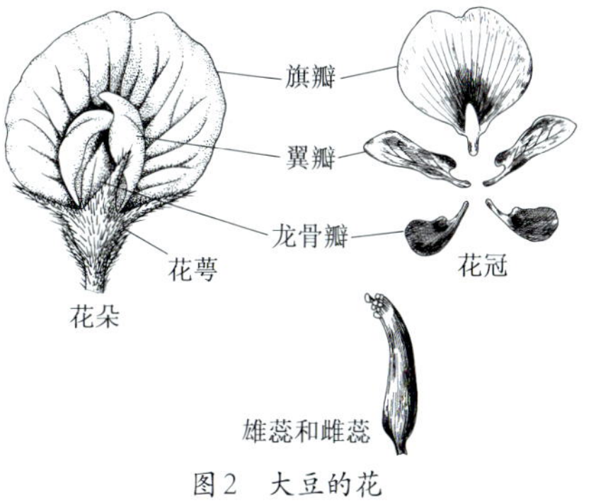


图2 大豆的花

农区，各地情况不一，春、夏或秋大豆均有，分别与小麦、水稻、油菜、玉米或甘蔗等轮作、套种、间作或混作。

大豆喜排水良好、富含有机质、pH为6.2～6.8的土壤。宜适期早播，条播为主。需肥较多，需氮量比同产量水平的禾谷类多4～5倍。结荚期注意适时灌溉和排涝。

大豆病虫害有20多种，一般用综合措施防治。

用途　大豆种子富含蛋白质和油分。豆油含较多的豆油酸，是优质食用油，经氢化可制人造奶油，并是制造油漆、肥皂、油墨、甘油、化妆品等的原料。中国北方有以大豆粉与杂粮粉混合做主食的。以大豆为原料的酱油、豆腐、豆浆、腐乳、腐竹、豆芽等豆制品花色繁多，富含植物蛋白质，是中国、日本、朝鲜和韩国等国的传统副食。用低温脱脂大豆粕经弱碱液处理并用硫酸或盐酸液中和沉淀制成的分离大豆蛋白，可制大豆饮料和香肠等食品的填充料。脱脂大豆粕或分离大豆蛋白经挤压加温后，还可制成有肉味并有咀嚼感的组织大豆蛋白（蛋白肉），可代替动物肉类制作各种菜肴。豆饼和豆粕还是畜牧业和渔业的重要饲料。粗制大豆油沉淀物中的卵磷脂，被广泛用于食品和医药。

**大都** Khanbaliq; Great Capital　中国元代都城。突厥语称汗八里，意即汗城。故址即今北京市旧城内城及其以北地区。1215年成吉思汗攻占金中都（今北京城西南隅），仍称燕京，作为蒙古贵族统治汉地的重要据点。窝阔台开始在此派驻断事官，建立行政机构，统辖汉地诸路。时称燕京行台或行尚书省。

1260年（中统元年）忽必烈即帝位于

**元大都城**

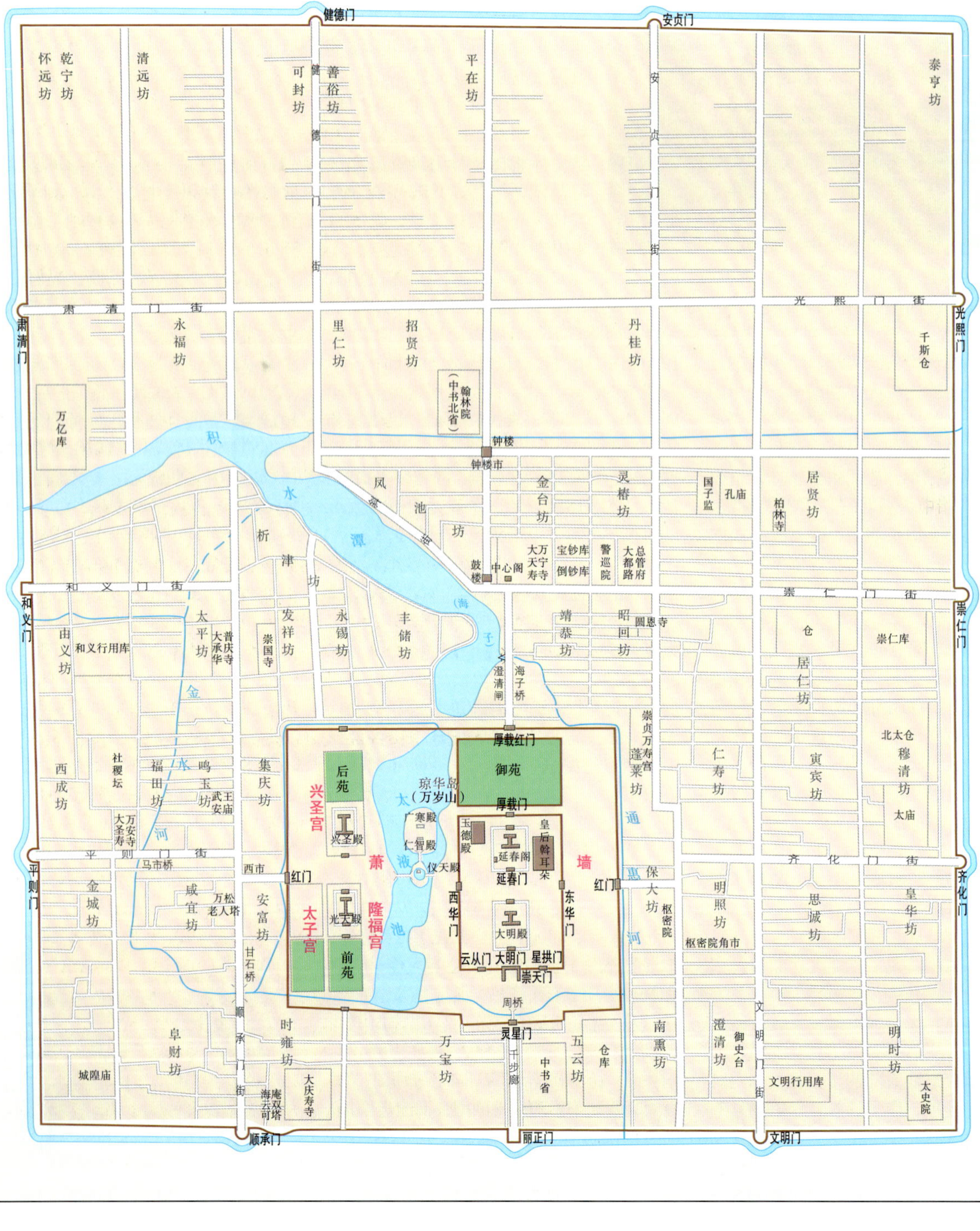

开平（今内蒙古正蓝旗东闪电河北岸），设中央行政机构中书省，而在燕京设行中书省，分遣宰执人员。中统四年（1263）定开平为**上都**。至元元年（1264）改燕京为中都。至元四年（1267）开始在旧城东北营建中都城。1260年忽必烈初至燕京，“驻跸燕京近郊”，该地即为金中都城东北郊外的一座离宫大宁宫。大宁宫所在原为高梁河下游一片天然湖泊，靠湖泊东岸附近由人工堆土成岛，名琼华岛（即今北海公园内白塔山）。中统三年（1262）、至元元年（1264）忽必烈两次下令修缮琼华岛。新城就在以大宁宫为中心的一片湖泊所在地建设起来。

新城的设计主要由**刘秉忠**主持，负责工程的先后有张柔、段天祐和回回人也黑迭儿等。至元四年正月开始兴工，始建宗庙宫室。五年十月宫城成。九年二月改中都为大都，建中书省署于大都，正式定为都城。至二十二年（1285）才全部建成，历时达18年之久。

大都城周围约28 600米，呈坐北朝南矩形。城墙夯筑，外覆苇草，以防雨蚀。南墙在今北京城东西长安街的南侧，北墙在今德胜门和安定门以北5里处，至今尚有残迹可寻。东西城墙分别与今东直门和西直门所在城墙重合。元大都外城（大城）北面只两门，东为安贞门，西为健德门。其余三面各3门：东墙北为光熙门，中为崇仁门（相当今东直门），南为齐化门（相当今朝阳门）；西墙北为肃清门，中为和义门（相当今西直门），南为平则门（相当今阜成门）；南墙中为丽正门，东为文明门，西为顺承门。

大都城平面布局是根据《周礼·考工记》所载“左祖右社，面朝后市”原则设计的。皇城是大都城的核心部分，位于全城南部中央略偏西，跨太液池（今北、中海）两岸，周围约20里。皇城的城墙，当时称萧墙，又称红门阑马墙。南墙在今东、西华门大街南侧，正中灵星门在今故宫午门附近；北墙在今地安门一线南侧，东墙在今南、北河沿的西侧；西墙即今皇城根。皇城为后来之称。皇城内围绕太液池、琼华岛为中心建有3组宫殿：东岸为皇帝办事的宫城，周围9里30步，称为“大内”，即今紫禁城的前身。宫城南门崇天门，约在今故宫太和殿位置，北门厚载门在今景山的北部。宫城内南为大明殿，是皇帝的正朝；北为延春阁，皇帝常在此接见大臣和修佛事。宫城之西，隔太液池，南为隆福宫，为太后所居，北为兴圣宫，为太子所居；至元十四年（1277）建太庙于皇城之东、齐化门之北；至元三十年（1293）建社稷坛于和义门内稍南。太液池上有木桥与吊桥与湖心的瀛洲（今团城）相通。瀛洲之北有白玉石桥与万岁山（琼华岛）相接。为皇城内

北京元大都和义门瓮城城门遗址

主要苑囿区。

围绕皇城外面的为大城，也就是外郭城。大城的布局是在实测基础上经过周密的规划，首先在海子（今什刹海）东岸确立全城的几何中心——中心阁，其位置相当今北京城内鼓楼。阁西15步立有“中心之台”的石碑。中心台至丽正门（大城的南正门）距离为全城四至的基准，这条直线也是贯穿全城南北的中轴线，全长6里。今在景山北已发现元大都的中轴大道，宽达28米。宫城中主要建筑大明殿、延春阁都布局在这条中轴线上，而次要建筑则分布在中轴线两旁，左右对称，从而表示了帝王统治中心至高无上的威严。

城区同样按《周礼·考工记》所说“国中九经九纬，经涂九轨”的原则，分成东西或南北向的街道坊衢。忽必烈规定旧城居民迁入新城的，以赀高和居职者为先，每8亩地为一份。贵族功臣均受封地而建第宅。全城共有南北十道和东西十道各9条。其中丽正门内的干道，越过宫城中央，向北直抵“中心台”，正是沿着全城中轴线开辟出来的。从“中心台”向西，沿积水潭东北岸，又开辟了全城唯一一条斜街，从而为棋盘格式的干道布局增添了一些变化。沿着纵横的干道，划分为50坊，坊各有门，门上署有坊名，乃是行政管理上的地段名称。全城规划整齐，井然有序。城中市场集中在三处：一处在海子（积水潭）北岸的斜街，正当“中心台”以西地区，称向西斜街市，属日中坊。积水潭为新开京杭大运河的终点，商品荟萃，是全城商业最繁荣处。一处在今西四附近，名羊角市，是羊、马、牛、骆驼、驴、骡等集中交易处。另一处在今东四西南，称旧枢密院角市，在明照坊内。这三处均在北城，都是街道冲要之地。

元大都城从金中都城的移位很重要一点就是要解决都城的用水问题。原中都所在莲花池有限的水源已远不能满足需要，故改选址于高梁河下游的湖泊周围地建城，才能供应都城宫廷和园林以及市民生活的用水。同时为了解决漕运问题，于中统三年（1262）由**郭守敬**主持，引城北郊白浮泉水西流，汇西山诸泉水，东南流通过瓮山泊（又称七里泊，即今昆明湖的前身）和高梁河，下接闸河即**通惠河**，使江南漕船可直达城内海子，形成湖面“舳舻蔽水”的盛景。

元大都城建成使今北京城成为全国政治中心，至今已延续了700余年。城市的平面设计的中轴线和左右对称，体现了皇权至高无上的指导思想，对明清两代**北京城**的规划设计具有重大影响。在中国古都史上具有重要地位。

**大都会艺术博物馆** Metropolitan Museum of Art 美国最大的艺术博物馆。馆址在纽约中央公园第五大道与82街之间。1870年建立于纽约第五大道681号。1880年迁至现址。

随着藏品的不断增加，博物馆经历了多次扩建，整幢大楼凝聚着各个时期不同的建筑风格，占地总面积近19万平方米。馆内藏有埃及、巴比伦、亚述、远东和近东、希腊和罗马、欧洲、非洲、美洲前哥伦布时期和新几内亚等地艺术珍品330余万件。包括古今各个历史时期的建筑、雕塑、绘画、素描、版画、照片、玻璃器皿、陶瓷器、纺织品、金属制品、家具、古代房屋、武器、盔甲和乐器。有19个专业部门负责各类藏品的征集、保管和展览。物馆的展览大厅共有3层，分服装、希腊罗马艺术、原始艺术、武器盔甲、欧洲雕塑及装饰艺术、美国艺术、R.莱曼收藏品、古代近东艺术、中世纪艺术、远东艺术、伊斯兰艺术、19世纪欧洲绘画和雕塑、版画、素描和照片、20世纪艺术、欧洲绘画、乐器和临时展览18个陈列室。

博物馆的T.J.沃森图书馆于1964年建立。藏书18.5万余册，是世界上收藏艺术、考古书籍最完善的图书馆之一。照片、幻灯图书馆藏黑白照片25万张、彩色照片6 000张、幻灯片29万张，介绍世界艺术发展史。博物馆还定期出版《大都会艺术博物馆馆刊》等。

大都会艺术博物馆分馆——隐修院于1938年创建，位于纽约市的福特·特赖恩公园，展出中世纪的艺术和建筑，包括雕塑、壁画、彩色玻璃、泥金写本、双角兽图案

大都会艺术博物馆陈列厅

挂毯、圣物箱、圣餐杯、象牙制品、金属器等。

**大都市带** megalopolis 大都市和许多城市彼此连接而形成的多核城市体系。又译大城市集群区、巨大城市带、特大城市区。表现为占地面积大、人口稠密、经济发达、交通方便、彼此联系密切的城市群，是现代城市形态的一种新类型。由法国地理学家J.戈特芒于1957年提出。并认为大都市带区内最低人口规模为2 500万。如美国东北部波士顿-华盛顿地区、五大湖沿岸区，日本东京-大阪地区，英格兰地区，西北欧地区（指从荷兰阿姆斯特丹到德国鲁尔区和法国北部工业区）。中国以上海为中心的长江三角洲城镇群集聚地区也正在向大都市带方向发展。大都市带在人口、面积、政治、经济、社会地位、城市化发达程度等方面，均比城市群更大、更高、更强，是城市化进程中高于城市群的一个新阶段。

**《大独裁者》** *The Great Dictator* 美国故事片。1940年查尔斯·卓别林影片公司摄制。编导C.卓别林，摄影托赛罗、K.斯屈鲁斯，主演卓别林、P.高黛。第一次世界大战期间，被迫参战的犹太理发师夏尔洛意外地救起受伤的飞行员休尔兹，却在一同乘飞机逃跑时被敌军击落。理发师永远失去了记忆。战争结束后，一个叫兴格尔的大独裁者统治国家，下令迫害犹太人。丧

《大独裁者》剧照

失记忆的理发师联合洗衣妇哈娜与党卫军抗争。危难之时，得到党卫军司令官休尔兹的帮助。战火一触即发之际，休尔兹和理发师穿上党卫军的衣服逃出集中营。追捕他们的党卫军在国境线附近将打野鸭的兴格尔当作理发师抓了起来。而逃到国境线上的理发师却被高级将领们簇拥着参加隆重仪式。卓别林在影片中扮演了理发师夏尔洛和大独裁者兴格尔。《大独裁者》是卓别林的第一部有声片，与之前以正面揭露资本主义罪恶为主题的《摩登时代》和之后的公开谴责战争贩子的《凡尔杜先生》构成卓别林电影创作史上最光辉的篇章。

**大渡河** Dadu River 中国长江上游水系岷江的最大支流。又称铜河、沫水。著名峡谷河流。发源于四川、青海交界的果洛山，自北向南纵贯于四川省境内阿坝藏族羌族自治州、甘孜藏族自治州、雅安市、凉山彝族自治州、乐山市。全长1 062千米，流域面积9.07万平方千米。上源为杜柯河、阿柯河、梭磨河，汇合于可尔因后称大金川，在丹巴纳入小金川后始称大渡河。近河口处有大支流青衣江汇入，于乐山城南注入岷江。以泸定、铜街子为界，可将大渡河划分为上、中、下游段。大渡河的峡谷河段占全河70%以上，水流湍急。全河落差3 600米，水力资源3 132万千瓦（包括支流青衣江为3 556万千瓦），在四川省仅次于雅砻江。建有龚嘴水电站。大渡河流域是四川重要林区和石棉、云母的最大产地，森林蓄积量约占四川的19%。大渡河也是四川木材水运的主要河道。

**大渡河十七勇士** Seventeen Warriors Crossing Dadu River 中国工农红军长征途中率先强渡大渡河的17名突击队员的总称。1935年5月，中央红军长征到达大渡河。为挫败国民党军围歼中央红军于四川省大渡河以南地区的企图，中华苏维埃共和国中央革命军事委员会决定强渡大渡河。大渡河河宽、水急、浪高、漩涡多，对岸有四川军阀部队防守。中国工农红军第1军团第1师第1团受领任务后，于24日晚夺取了安顺场渡口，并缴获了一只渡船。由第1营第2连17位优秀干部战士组成突击队，他们是连长熊尚林，第2排排长罗会明，第3班班长刘长发，副班长张表克，第4班班长郭世苍、副班长张成球，战士张桂成、萧汉尧、王华亭、廖洪山、赖秋发、曾先吉、萧桂兰、朱祥云、谢良明、丁流民、陈万清，配有船工帅士高、王有能、简成荣、郑本源。17位勇士乘仅有的一只小船，冒着敌人的枪林弹雨飞舟强渡，登岸后奋勇战斗，抢占沿河工事，控制渡口，为后续部队渡河打开了一条胜利的通道。

**大分水岭** Great Dividing Range 澳大利亚大陆东部山脉、高原和台地的总称。北起约克角半岛，向南经昆士兰州、新南威尔士州，直至维多利亚州西部，与三州海岸线大致平行。全长3 000多千米，宽约160～320千米。山地南高北低，东坡陡峭，西坡缓和。昆士兰州境内段平均海拔600～900米，北部有阿瑟顿熔岩高地，中部为宽阔的切割高地，往南有一系列海拔1 500米以上的花岗岩山脊。昆士兰州和新南威尔士州交界处为达令草原高地。新南威尔士州境内北部是新英格兰高地，地面有玄武岩覆盖，海拔超过1 500米；中部称中央高地，以利物浦山脉和蓝山山脉为主体，海拔约1 000米；南部称澳大利亚山脉，由一系列倾斜地块组成，主峰科西阿斯科山为澳大利亚大陆最高峰，山顶有积雪。在维多利亚州境内，山地转为东西走向，地势向西逐渐降低，终止于格兰扁岭。澳大利亚主要河流均发源于大分水岭。西坡有墨累-达令河、弗林德斯河、拉克伦河、吉尔伯特河等，分别注入卡奔塔利亚湾和印度洋。西坡处于背风位置，气候干旱，河流水量较少。东坡有伯德金河、菲茨罗伊河、斯诺伊河等短小的海岸水系，注入太平洋的珊瑚海和塔斯曼海。东坡面迎海风，气候湿润，河流水量丰富。著名的跨流域调水工程——斯诺伊雪山工程修建于澳大利亚山脉地区，通过水库和水道网，把水从东坡引向西坡，补给墨累-达令河水系。主要经济活动是种植蔬菜、水果，饲养牛、羊，以及伐木，煤矿比较丰富。设有国家公园和滑雪场，旅游业颇盛。2003年中部的大蓝山地自然保护区作为自然遗产列入《世界遗产名录》。

**大丰市** Dafeng City 中国江苏省辖县级市。位于省境东部，黄海之滨。面积2 374平方千米。人口71万（2010），有汉、回、蒙古等民族。1940年，新四军在此建立大丰垦区，属东台县民主政府。1942年析东台县置台北县，1951年改名大丰县。1996年改县级市。由盐城市代管。滩涂资源丰富，

施耐庵故居

近海特产鳗鱼苗、对虾、文蛤等。主要农作物有小麦、水稻、玉米、棉花、油菜、黄麻、薄荷，为全国重点产棉县。工业有纺织、机械、电子、化肥、食品、皮革、服装等。旅游景点有施耐庵故居、小海温泉、麋鹿自然保护区等。

**大风** gale 近地面层风力达蒲福风级8级（平均风速17.2～20.7米/秒）或以上的风。中国气象观测业务规定，瞬时风速达到或超过17米/秒（或目测估计风力达到或超过8级）的风为大风。有大风出现的一天称为大风日。在中国天气预报业务中则规定，蒲福风级6级（平均风速为10.8～13.8米/秒）或以上的风为大风。

大风会毁坏地面设施和建筑物，海上大风则影响航海、海上施工和捕捞等作业，是一种灾害性天气。产生大风的天气系统很多，如冷锋、雷暴、飑线和气旋等。热带风暴的大风出现在涡旋的强气压梯度区

内，呈逆时针旋转；冷锋大风位于锋面过境之后；雷暴和飑线的大风则发生在它们过境时雷雨拖带的下沉气流至近地面的流出气流中。地形的狭管效应可以使风速增大，使某些地区成为大风多发区。

**大高加索山脉** Great Caucasus 亚、欧两洲的分界线之一。位于黑海与里海之间。自西北向东南延伸于俄罗斯与格鲁吉亚、阿塞拜疆边界上。全长1 100千米，主体部分最宽约180千米，面积14.5万平方千米。由一系列近于平行的山脉组成。按地势可分为轴部地带、北坡和南坡。轴部地带大部为海拔3 000～4 000米的高山，其中海拔4 800米以上山峰15座。最高峰厄尔布鲁士山海拔5 642米。终年积雪，有冰川约2 000条（总面积1 428平方千米）。北坡地区又名北高加索或前高加索，大体以库班河与捷列克河为界，为海拔400～1 500米的低山、丘陵与中山；南坡以库拉河及科尔希达低地为界，大多为海拔1 000米以上的中山。垂直地带分异明显。西部黑海沿岸地属亚热带湿润气候，可生长茶叶、柠檬、无花果、油桐、棕榈等亚热带作物，有石油、天然气、煤、铁、锰、铜、铅、锌、明矾石、汞等矿藏。黑海沿岸的苏呼米、索契以及大高加索山山前的温泉出露带是著名的旅游区。

终年积雪的大高加索山脉

**大哥伦比亚** Gran Colombia 1819～1830年间由今哥伦比亚、巴拿马、委内瑞拉和厄瓜多尔联合组成的国家。正式名称“哥伦比亚共和国”。1819年8月，S.**玻利瓦尔**率领的爱国军在波亚卡战役中击败西班牙殖民军，攻克波哥大。至此，新格拉纳达和委内瑞拉的大部分地区已获解放。同年12月，玻利瓦尔建议委内瑞拉同新格拉纳达联合组成一个统一国家。1821年5月，哥伦比亚共和国国民代表会议在临时首都库库塔召开。8月30日会议通过并颁布了国家第一部宪法。会议宣布玻利瓦尔为共和国总统，桑坦德尔为副总统，定都波哥大。11月28日，巴拿马地区并入共和国。1822年5月，厄瓜多尔宣布加入哥伦比亚共和国。1823年，玻利瓦尔率哥伦比亚军队进入秘鲁同殖民军作战。1826年，解放秘鲁全境。玻利瓦尔率军在秘鲁作战期间，桑坦德尔代行总统职务，主张建立联邦制的政权，并联合地方势力反对玻利瓦尔的中央集权制主张。两派在国民代表会议上和政府内部的斗争日益尖锐。委内瑞拉和厄瓜多尔的分离活动加剧。1828年8月27日，玻利瓦尔宣布自己为“独裁者”。不久，桑坦德尔被控涉嫌谋害玻利瓦尔，被撤销职务，流放国外。1829年11月，委内瑞拉声明退出哥伦比亚共和国。1830年5月31日，基多地区宣布退出哥伦比亚共和国，成立厄瓜多尔共和国，哥伦比亚共和国解体。1831年，哥伦比亚及巴拿马地区宣布单独立国，定名为新格拉纳达共和国。

**《大公报》** *L'Impartial* 中国近现代有广泛影响的民营报纸。1902年6月17日在天津创刊。创办人、总理英敛之，主笔方守六。初办时，政治上主张君主立宪，变法维新，对外倾向亲法。以敢于议论朝政、反对**袁世凯**而赢得读者。1916年9月，报馆售予王郅隆。王自任总董事，聘胡政之为经理兼总编辑。言论亲皖系军阀和日本，读者寥寥，于1925年11月27日停刊。1926年，吴鼎昌、胡政之、**张季鸾**三人合作，以“新记公司”名义接办大公报，吴鼎昌任社长，胡政之任经理兼副总编辑，张季鸾任总编辑兼副经理，于1926年9月1日恢复出版。社训为“不党、不卖、不私、不盲”。提倡民主政治，主张保护与发展民族工商业。

1936年后，日军南侵，大公报社逐步南移，先后出版上海版、香港版、重庆版，天津版等。1942年9月6日，时任董监事联合办事处主任的胡政之将社训“四不”改为“两不”，即“不私、不盲”。1949年1月15日天津解放，2月27日天津版《大公报》改组为《进步日报》。5月25日上海解放，总编辑王芸生等从解放区赶赴上海；6月17日发表《大公报新生宣言》，宣布报纸归人民所有。1953年1月1日上海馆北迁，与天津《进步日报》合并，在天津出版全国性的《大公报》。1956年10月1日由天津迁至北京出版。1966年9月10日停刊。《大公报》在中国内地，从1902年创刊到1966年停刊，总计出版64年2个月。《大公报》在香港继续出版，成为香港爱国阵线的主要喉舌，费彝民曾长期担任社长。

**大沽口炮台** Dagukou Fortification 中国近代北方海防要隘军事设施。位于天津市渤海新区东海河入海口处。**第二次鸦片战争**期间这里曾进行“大沽口保卫战”。1900年，天津义和团团民和守台爱国将士在此抗击过**八国联军**的入侵。大沽口炮台是近代中国人民英勇抗击外国侵略者的历史见证。1988年国务院公布为全国重点文物保护单位。

“威”字号炮台主炮

大沽口自古为水道入京咽喉，历史上被称为“津门之屏”。明代为抗倭，曾筑垒设防。清咸丰八年（1858）增设海口六营，于大沽口修筑大炮台5座，以“威、振、海、门、高”5字命名。炮台有圆形和方形两种，高10～15米，周围坚筑堤墙，沿墙修盖土窖，密布炮门枪眼，堤外开挖壕沟，设木栅。后经增建，至光绪十年（1884），共有南岸炮台4座，周围小炮台40座，北岸炮台2座、平炮台6座。光绪二十七年《辛丑条约》签订后，大沽口炮台被拆毁。今“海”字、“威”字炮台尚完整。1997年在“威”字炮台基础上建立大沽口炮台遗址博物馆。

**大古力水电站** Grand Coulee Hydropower Station 哥伦比亚河干流上兼有灌溉等效益的美国最大水电站。世界大型混凝土建筑物之一。装机容量648万千瓦。1933年兴建，1941年第一台机组投入运行。为纪念已故总统罗斯福，将建成的水库命名为罗斯福湖。总库容118亿立方米，有效库容64.5亿立方米。混凝土重力坝的最大坝高168米，坝顶全长1 272米，其中河中溢流段长502.9米，最大下泄流量28 300米$^3$/秒。在溢流坝两侧非溢流坝后分设左右两座厂房，原各装9台10.8万千瓦机组，1964～1980年间对机组进行改造，单机容量扩大为12.5万千瓦，18台共为225万千瓦。另在左厂房内装有3台各为1万千瓦的厂用电机组。20世纪60年代增建第三电厂，建于右翼坝坝后，内安装60万千瓦及70万千瓦机组各3台，合计390万千瓦。厂房内装有起吊容量为2 000吨的世界最大桥式起重机。第三电厂于1967年开工，1978年建成。另在坝头上游左岸库边设有抽水灌溉及抽水蓄能发电机组厂房，由6台总容量30万千瓦的水泵及6台总容量31.4万千瓦的抽水蓄能机组（发电时容量为30万千瓦）组成。由罗斯福湖水泵提水85.3米至班克斯湖，灌溉电站以南地区40.5万公顷土地。抽水用于

大古力水电站全景

灌溉后的多余水量可由抽水蓄能机组发电后返回罗斯福湖。3座常规电厂多年平均发电量为216亿千瓦·时。

**大骨节病** osteoarthrosis deformans endemica 一种慢性地方性、多发性、退行性骨关节病。表现为四肢关节对称性增粗、变形、屈伸困难和疼痛。一般认为是环境因素引起。幼年发病者身材矮小。发病较晚者，临床症状出现于成年期，以软骨变性坏死为基本病理变化。俗称柳拐子病，又称卡申－别克二氏病。在中国分布于从东北到西藏的一个狭长地带。

临床表现 早期不明显。病情发展到影响患儿活动时，X射线所见已很严重。主要症状为疼痛，常为多关节、多发、对称或非对称性，多发生于手和踝关节。多伴手指末节弯曲、手指歪斜（见图）。有的患儿只有手部的表现，手指末节弯曲，关节肿大。有的髋关节和踝关节体征明显，而手部却无明显异常。还有的患者髋关节屈曲挛缩，肱骨变短，关节增大，身体矮小，步态如鸭步。重症患儿有平足，足舟骨结节隆凸，足跟外翻，跟骨结节变短，行走时钩不住鞋，重症者劳动能力降低或丧失。

诊断 只有对出生于本病流行区或迁入病区居住6个月以上，又有上述临床表现的患者，才能作出大骨节病的诊断。在非病区，不能单纯根据临床表现或X射线所见来诊断大骨节病。

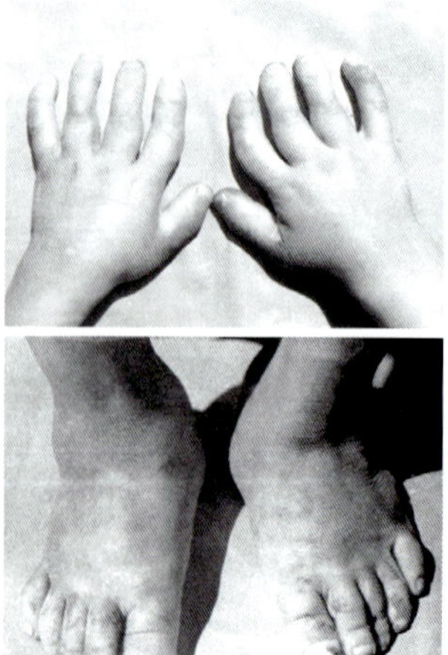

大骨节病的手脚

早期临床诊断 指征如下：①症状。包括乏力、晨起握拳僵硬、关节活动不灵。②体征。包括手指末节弯曲，弓状指，指节增粗，踝、膝关节疼痛。

晚期临床诊断 指征为：关节有摩擦音，肌肉萎缩，关节增大，短指，腕、踝、膝、髋关节运动障碍，肘关节屈曲挛缩，骨关节畸形等。

X射线诊断 大骨节病主要依靠X射线检查确诊。随发病年龄不同，婴幼儿、儿童和成人大骨节病的X射线表现也有差异。X射线检出率最高者为指（趾）骨，次为踝、腕、膝、肘、髋、肩、脊椎、骨盆等。

全身各关节都有不同程度的退行性病变及继发增生性改变。这种改变多发、对称而不均衡，特别是跟骨缩短是大骨节病区别于其他原因引起的关节退行性病变的重要依据。

实验室检查 血清碱性磷酸酶、乳酸脱氢酶、磷酸肌酸激酶等活性增高，尿酸含量增高，肌酐减少。血硒、尿硒、发硒明显减少。谷胱甘肽过氧化物酶活性明显降低。

防治 由于病因未明，防治方法亦不统一。主要防治方法有：①改水。包括打深井，引泉入村，改良水质等。②换粮。黑龙江各大重病区，多年用换粮防治大骨节病，取得显著效果。③“改水、吃杂粮、讲卫生、补营养、吃海带骨头汤”的综合防治法。④补硒。包括口服亚硒酸钠片，食盐加硒，粮食作物喷硒及食用富硒食物。

**大鼓凉伞** big drum and parasol dance 中国汉族民间舞蹈。又称花鼓阵。主要流传于福建漳州和龙海一带。当地传说，明嘉靖年间闽、浙沿海地区百姓以凉伞、蒲扇为抗击倭寇的将士遮阳驱热、奉茶献果，进行慰劳。由此产生了大鼓凉伞。舞蹈表演时男舞者装扮成古代武士，胸前绑负一面长约40厘米、直径约35厘米的大鼓，双手握鼓槌左、右击打。女舞者装扮成戏曲小旦，双手握一长柄凉伞，伞上绣有龙凤花卉，伞边垂穗，随风飘摆。通常一鼓配一伞，也有两鼓配一伞的，个别地区也有鼓、伞分开单独表演的。集体表演有2鼓、4鼓、8鼓、16鼓等各种形式，以4鼓最为常见。动作有斗鼓、翻鼓、擂鼓、绕鼓、踏鼓等。队形有观山式、莲花转、龙吐须等。舞蹈节奏以3/4拍为多，舞蹈程式以双人交错对舞为主。舞至高潮时鼓点加快并带有较高的技巧性动作。

**大管** bassoon 双簧气鸣乐器。双簧管家族声音最低的成员，管身为木制圆形管，管体较长，分嘴管、次中音管、U形腔管、低音管和喇叭口5个部分。管体总长254～260厘米，管身弯曲。双簧哨片安装在连接管体的金属弯管上。大管音域宽广，从降$B_1$～$d^2$。大管在乐队中既可以提供和声的低音，又能演奏曲调，其音色鼻音浓厚，连奏和断奏都很灵活，快速的断音特别诙谐，常表现幽默的效果。大管是由17世纪早期的克塔管改良而成，主要是通过增加附加的键。另外还有比普通的大管低1个八度的低音大管，管长近5米，弯曲成4节或5节，喇叭口朝下。管体下端装有撑柱，落地放置。其音色浓郁而富魅力，但不适于演奏过快的断奏。

**大规模杀伤性武器** weapons of mass destruction 杀伤范围和破坏规模巨大的武器。又称大规模毁灭性武器、非常规武器。通常包括核武器、化学武器和生物武器。联合国常规军备委员会确定，大规模杀伤性武器包括“原子爆炸武器、放射性物质武器、致命的化学和生物武器以及今后发展的其他毁灭性效果具有与上述原子弹或其他武器相似性的任何武器”。大规模杀伤性武器使用后可造成敌方巨大的人员和财产损失，并产生强烈的心理影响。

联合国大会已通过了《禁止生物武器公约》、《禁止化学武器公约》、《不扩散核武器条约》。这些条约虽然对使用生物武器、化学武器和发展核武器有一定的约束，但并没有限制生物武器、化学武器的研究，也不禁止使用和继续发展核武器。因此，大规模杀伤性武器的威胁依然存在。

**大国沙文主义** great-power chauvinism 资产阶级反动的民族主义在国际关系方面的突出表现。一般是指大国和强国把本国的利益看得高于一切，无视别国的利益和意愿，在处理同小国和弱国的关系时表现出盛气凌人的民族优越感，将自己的意志强加于人，为所欲为，甚至粗暴干涉别国内政，侵犯别国的主权和独立。又称大国主义。N.沙文原是法国拿破仑一世手下的一名士兵。他狂热地拥护拿破仑一世，宣扬扩张主义，鼓吹本民族利益至上，煽动民族仇恨，主张用暴力征服和奴役其他民族，建立大法兰西帝国。此后，这种主张和行为遂被称为沙文主义。

**大国一致原则** great countries' accord, principle of 由美国总统F.D.罗斯福在1945年2月召开的雅尔塔会议前夕提出，经雅尔塔会议讨论同意后，于同年4月25日的联合国制宪会议通过并写入《联合国宪章》。又称“雅尔塔公式”或否决权规则。大国一致原则规定，每个联合国安理会理事国享有一个投票权，联合国安理会在通过除程序性之外的实质性决议时，应以9张可决票包括全体常任理事国的同意票通过；常任理事国不能用否决权阻止安理会审议通过以和平方法解决其所卷入的任何争端。大国一致原则引起国际社会的广泛争议。否定者认为，大国一致是使“强权政治合法化”，是大国的特权。赞成者认为，大国一致原则的确立是吸取了国际联盟的教训和第二次世界大战时盟国团结合作的经验，是大国为保护自身利益而一致要求的，它可以防止大国关系由对抗导致破裂而直接威胁和平。中国的联合国安理会常任理事国席位恢复后，也享有这种权利。

**大汉山国家公园** Gunong Tahan National Park 马来西亚最大自然保护区。原名“乔治五世国家公园”。建于1938年。范围包括大汉山所在的彭亨、吉兰丹、丁加奴三州边境广大地区，面积4 343平方千米。园内多石灰岩、石英岩、页岩等形成的高山峻岭，其中大汉峰海拔2 185米，为半岛马来西亚最高峰。三州大河的源头支流多从大汉峰附近分流而下，溪流众多，有峡谷、岩洞和瀑布。保存有大片原始热带雨林，大树高60米，竹子长10米。林中气温约27℃，湿度80%，每公顷产氧气28吨，被誉为“净化暖房”。拥有多种动植物，包括800多种热带兰、250种鸟和300种鱼，昆虫多达万种以上。公园内久负盛名的动物有马来貘、象、马来虎、野水牛、吠鹿、麝鼠、豹猫、长臂猿、猴、犀牛、岩羊、水獭、大蜥蜴、树蛇、犀鸟、大鸢、林雉、歌鸲、翡翠等。园内有原住民族先努伊人，以吹筒射猎出名。瓜拉大汉有登山小径直达峰顶，也有小艇溯淡美岭河及其支流而上。园中设有多处隐蔽所，用以观察早晚来饮水的动物生态或先努伊人行踪；有树冠吊桥，可鸟瞰雨林上层结构与面貌。

**大汉族主义** Han chauvinism 中国历史上汉族统治阶级压迫和歧视少数民族的政策和社会观念。20世纪上半叶国民党政府推行的民族政策，是大汉族主义的典型。主要表现为：否认中国有多民族存在，把汉族以外的少数民族称为“宗族”，政治上限制甚至剥夺少数民族的权利，经济上进行残酷剥削，文化上实行愚民政策，蔑视少数民族的风俗习惯，强制改变民族服饰，禁止使用少数民族语言文字，对少数民族的反抗斗争实行武装镇压，蓄意制造民族纠纷，挑起民族冲突，破坏民族团结。

中华人民共和国建立后，废除了民族压迫和剥削制度，确立了平等、团结、互助的社会主义民族关系。大汉族主义意识形态已不复存在，但它的思想影响仍然残存于部分人中。主要表现在：对少数民族不信任甚至歧视和侮辱，不尊重他们的平等权利和自治权利，不尊重他们的语言文字和风俗习惯；忽视民族差别、民族特点和民族问题存在的长期性；看不到少数民族的长处和在社会主义现代化建设中的重要地位和作用；不注意积极帮助少数民族发展经济和文化建设；漠视少数民族人民的困难和疾苦；不注意积极培养和选拔少数民族干部等。这种思想残余对中国共产党民族政策的全面贯彻和民族团结十分有害，需要克服、消除。

**大濠岛** Dahao Island 中国珠江口外群岛中的较大岛屿，香港最大岛。位于香港西部。又称大屿山。面积141.6平方千米。主要由火成岩和花岗岩组成。呈东北—西南走向，地势中间高，四周低，最高海拔700米左右。海岸线曲折。属亚热带季风气候，受温湿的热带海洋性气团影响，全年气温偏高，年平均气温22.8℃。平均年降水量2 224毫米。以渔业和农业为主。特产黑糯米及黑糯米酒。

**大号** tuba 唇振动气鸣乐器。广泛用于交响乐队、军乐队。种类繁多，英、法、德各国称呼各异。通指下列4种低音铜管乐器：①尤风宁号，亦称$^{\flat}$B中音大号；②上低音号，形制、调号、音域与尤风宁号相同，主要差别是管径较粗，音质更为宽宏柔和；

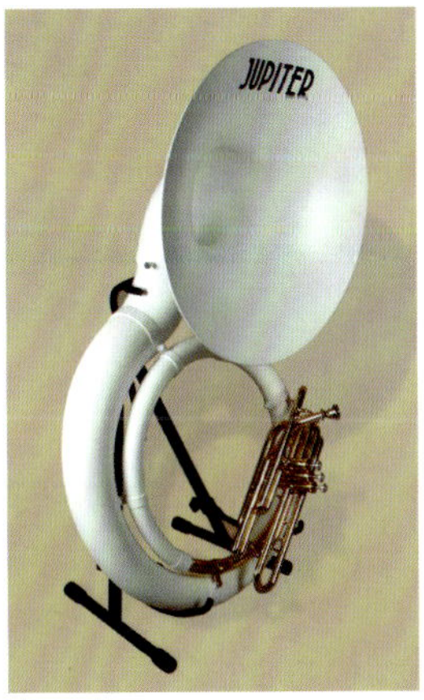


③邦巴东号，又称$^{\flat}$E调低音大号，比尤风宁号低五度；④倍低音大号，又称$^{\flat}$B调低音大号，比尤风宁号低八度。4种号在管弦乐队中习称大号，在军乐队中习称低音萨克斯号。大号记谱用低音谱表，记实音，音域皆为3个八度，尤风宁号为$^{\flat}B_1$～$^{\flat}b^1$，邦巴东号为$^{\flat}E_1$～$^{\flat}e^1$，倍低音大号为$^{\flat}B_1$～$^{\flat}e$。

大号管体为圆锥形，号嘴为深杯形，吹奏灵便。声音丰满充实，音质介于圆号和长号之间。除3个基本阀键之外，有的附加降低四度的第四阀键以扩展低音；有的还附加第五个“校正阀键”，可低3/4音，甚至可附加到第六个阀键，兼有扩充低音及校正之用。大号由于管长径粗，耗气量大，吹奏快速乐句非其所能，仅在中音区才宜于吹奏歌唱性曲调，一般用作支撑全乐队坚实丰满和声的基础低音。

大号从古老的奥非克莱德号演变而来。奥非克莱德号的前身，是16世纪末意大利所创制的蛇形大号。近代定型的第一个大号，约在19世纪30年代出现于德国。后传入法国，1845年经A.萨克斯之手加以改革，才广泛用于乐队。近代尚有大号重奏团体出现。

**大和国** Yamato state 4～7世纪日本奴隶制国家。又称倭国、大倭国。晚于邪马台国，大化改新后天皇执政，大和时期结束。在考古学上称为古坟时代。

大和国家形成初期，以近畿大和地方为中心。倭王名为大王。以倭王为首，畿内豪族葛城臣、平群臣、苏我臣、大伴连、物部连等联合组成统治机构，臣、连等豪族分掌国家的祭祀、军事、外交、财政等，在朝廷内有较大的权力。国家的经济基础是大王的直辖领地（屯仓和田庄）和部民制。由大陆进入日本的移民，按其所掌握的专门技术被分配在各种部中，移民的首领往往是该部的领导者。从6世纪开始，倭王与豪族为扩大屯仓、田庄以及占有部民，相互间矛盾加剧。葛城臣、平群臣、大伴连、物部连在斗争中逐一失势，至6世纪末只剩下苏我氏与倭王争权。推古元年（592）圣德太子摄政，大力提倡佛教，制定冠位12阶，公布17条宪法，巩固了倭王政权。645年，中大兄皇子等灭苏我氏，另立天皇，迁都难波宫，开始一系列改革，并制定飞鸟净御原令等法律，部民制解体，律令国家出现。

4世纪中叶以后，大和国家对朝鲜半岛南部进行政治和军事扩张，并多次向中国东晋和南朝的宋国派出使节，接受其封号，以增强对外影响。

**大和绘** Yamato-e 日本10世纪前后产生的民族绘画。10世纪前后开始萌芽，11世纪大体完成，19世纪还在流行。在大和绘形成前，日本流行的是从中国输入的唐朝绘画及日本画家的临摹品。大和绘的产生与唐代文化影响的衰落和日本文化的复兴有关。当时的画家开始以贵族的日常生活

《信贵山缘起绘卷》(局部，奈良朝护孙子寺藏)

为题材，表现其思想感情及日本的自然风光和名胜古迹，适应日本人的审美要求，在技法和样式上不断追求日本风味。大和绘为追求及时行乐的唯美主义情趣，避免零乱的线条和过于严峻的笔法，采用浓艳的色彩，具有华丽的特征。最标准的大和绘是11世纪前后完成的《源氏物语绘卷》和《信贵山缘起绘卷》，它们也代表了大和绘的两类画风。前者以浓丽的色彩和“引目钩鼻”的程式化人物造型，显示着强烈的装饰趣味和幻想的气氛；后者则是以活泼流动的线条洋溢着生动诙谐的色彩。

**大河村遗址** Dahecun 中国新石器时代以仰韶文化遗存为主的遗址。位于河南郑州北郊大河村。1972～1987年发掘。遗址中还包含河南龙山文化及二里头文化、商文化的遗存。仰韶文化遗存的年代约为公元前4850～前3000年，分为初、早、中、晚四期。初期遗存晚于裴李岗文化而早于仰韶文化后岗类型，后三期分属仰韶文化的后岗类型、庙底沟类型和秦王寨类型（或大河村类型）。秦王寨类型是遗址最主要的遗存。出土房址44座，多为长方形或方形的木骨泥墙或红烧土块垒墙的地面建筑。有单间的，也有大型多间房屋。这种多间房适应了大家庭中的小家庭生活需要。墓葬有土坑竖穴墓和儿童瓮棺葬。陶器有鼎、盆、钵、壶、豆等，流行红、黑色彩陶花

连间式地面房址

纹并出现白衣彩陶。陶器显示出向河南龙山文化过渡的趋势，还反映出同东面大汶口文化、南面屈家岭文化的联系。现遗址上建有大河村遗址博物馆。

**大黑河** Dahei River 中国黄河上游支流。因大量行洪漫地而形成的特殊的季节性河流。古称敕勒川、黑水。源于内蒙古自治区中部蛮汗山东北坡骆驼脖子和双鹦鹉一带。由东向西流至托克托县城北部汇入黄河。全长仅236千米，包括干流和大青山诸支流等在内的流域面积为17 673平方千米。实测最大洪峰流量2 190米$^3$/秒，最小年接近干枯；年平均径流量1.96亿立方米，大青山各支流年平均径流量共为2.33亿立方米，总计4.29亿立方米。地表径流多将山区的腐殖层冲刷而下，致使河水浑浊而色黑，故称大黑河。流域自古水草丰美，土质肥沃，背依大青山可抵挡寒流，是内蒙古自治区的主要农耕地带和城镇密集地区。呼和浩特市就坐落在大黑河的二级阶地和山麓洪积扇的复合地带。

**大红鹳** *Phoenicopterus ruber*; greater flamingo 鹳形目红鹳科红鹳属的一种。又称火烈鸟、焰鹳。分布于地中海沿岸，东达

印度西北部，南抵非洲，也见于西印度群岛。体型大小似鹳；嘴短而厚，上嘴中部突向下曲，下嘴较大成槽状；颈长而曲；脚极长而裸出，向前的3趾间有蹼，后趾短小不着地；翅大小适中；尾短；体羽呈白色兼有玫瑰色，飞羽呈黑色，覆羽呈深红色。栖息于温热带盐湖水滨，涉行浅滩，以小虾、贝类、昆虫、藻类等为食。觅食时头往下浸，嘴倒转，将食物吮入口中，把多余的水和不能吃的渣滓排出，然后徐徐吞下。喜群栖，常万余只结群。红鹳以泥筑成高墩作巢，巢基在水里，高约0.5米。孵卵时亲鸟伏在巢上，长颈后弯藏在背部羽毛中。每窝产卵1～2枚。卵壳厚，呈蓝绿色。孵化期约1个月。雏鸟初靠亲鸟饲育，逐渐自行生活。

**大洪山** Dahong Mountain 中国湖北省名山。位于湖北省北部，汉江和涢水之间，呈西北—东南走向，蜿蜒于随州市、钟祥市、京山县交界处，长约120千米。主峰海拔1 055米，在随州西南部。水系呈放射状。汉江支流涢水、大富水、溾水、天门河等均发源于此。森林覆盖率约60%，湖北省主要林区，原生林属北亚热带常绿阔叶、落叶阔叶混交林，次生林多为马尾松和松栎混交林。特产有油桐、乌桕、橡子、白果、香菇、木耳等，盛产天麻、贝母、苍术、桔梗等药材。矿产有磷、铁、钒、铜等。大洪山是西汉末年绿林起义的基地，抗日战争和解放战争时期的重要革命根据地。有宝珠峰、娥皇洞、白龙池、珍珠泉、灵峰寺遗址等名胜古迹。

**大鸿胪** Chamberlain for Dependencies 中国古代朝廷掌管礼宾事务之官。秦及汉初本名典客，后改名大行令。武帝太初元年（前104）改名大鸿胪。新莽改为典乐，东汉复称大鸿胪。秦汉时凡诸侯王、列侯和各少数族的君长，以及外国君主或使臣，都被视为皇帝的宾客，所以与此有关的事务多由大鸿胪掌管，如诸侯王、列侯受封或其子息嗣位以及夺爵、削地。诸侯王进京朝见皇帝，大鸿胪典掌礼仪；诸侯王死亡，大鸿胪遣使吊唁，并草制诔策和谥号；臣属于汉的少数族君长，在接受汉的封号或朝见皇帝时，以及外国使臣来贡献等，也都由大鸿胪承办礼仪事务。大鸿胪秩为中二千石，有丞。魏晋至明、清大鸿胪职掌屡有变化。魏晋及北魏大鸿胪在掌一般殿廷礼仪的同时，仅负责夺爵削地事务，其余权力分归尚书省各部。梁、陈称鸿胪卿，只掌赞导一般殿廷礼仪。唐、宋鸿胪卿恢复礼宾事务，兼主皇室、大臣之凶仪。金、元不设此官。明、清两代基本恢复梁、陈之制，鸿胪卿专掌一般殿廷礼仪。

**大狐猴** Indriidae; indris lemurs 灵长目原猴亚目大狐猴科动物的统称。又称原狐猴。现存原猴类中体型最大的类群。该科共3属4种，皆为马达加斯加岛特有种。体长30～71.2厘米，体重1～7千克；尾长32.5～64厘米；胸部有1对乳头；体被毛浓密，毛细光滑，色泽变化很大，脸很短，吻部短而宽；腿比臂长得多；手狭长相当于手宽的6倍，拇指短小，可略与其他指相对；脚和趾很长，像巨大的爪。大多栖息于热带茂密丛林中或干旱地区；食叶、花、树皮和果实。结小群，每群最多9只。妊娠期4～5个月，6～7月产仔，每胎产1仔。幼仔45天后可独立生活。雄性2.5岁性成熟。

**大花草** *Rafflesia arnoldii*; monster flower 大花草科大花草属的一种。产于印度尼西亚苏门答腊。肉质寄生草本，主轴极短，重达9千克。花巨型，直径50～90厘米，艳色，有腐败气味，吸引嗜腐肉的昆虫传粉，花被内面有小疣突。雌雄异株。雌花子房

大花草开放的花

下位，有不规则的腔隙，胚珠多数，着生于侧膜胎座上，珠被单层，雄花花药多室，顶孔开裂。生于潮湿高温的热带雨林中，花被认为是世界上最大的花。

**大化改新** Taika Era Reforms 日本的社会政治变革运动。发生于645年，因此年为大化元年，故名。593年，圣德太子摄政后实

行的推古朝改革，初步确立中央集权制和皇权中心思想，削弱了氏姓贵族奴隶主的保守势力。但改革没有触动部民制，更未摧毁氏姓贵族势力。圣德太子死后，外戚苏我氏专权，苏我虾夷、苏我入鹿父子排斥改革势力，杀死圣德太子之子山背大兄王，另立天皇。640年，圣德太子派到中国留学30多年的高向玄理、留学僧南渊请安归国（此前僧旻已于632年归国），他们带回隋唐的封建统治制度和思想文化，并传授给皇室贵族，为日本的封建化提供了思想基础。

645年6月，中大兄皇子、中臣镰足等人在皇极天皇接见高句丽、百济、新罗使节时，于朝中杀死苏我入鹿，其父虾夷翌日自杀。这一事件史称乙巳之变。政变后，皇极天皇退位，革新派拥立孝德天皇，以中大兄为皇太子，建元大化，迁都难波（今大阪）。新政府以唐代律令制度为蓝本，参酌日本旧习，规定了中央集权的封建国家体制。646年元月以诏书形式公布改新的主要内容：①废止私有土地、部民，行公地公民制；②确定中央、地方的行政区划和组织；③官吏由国家任免，废除世袭制；④编制户籍、计账（规定赋役的登记），行班田收授之法，⑤废旧贡纳制，实行租庸调的新税法及向皇室献纳仕丁（夫役）、采女（宫女）的制度。

668年，中大兄即位为天智天皇，编纂了日本第一部成文法《近江令》。新政府从653年起，16年中6次派遣唐使（其中一次途中遇难），学习盛唐文化和封建生产方式，促进了社会的进步。天智天皇死后发生壬申之乱（672），天智之弟大海人皇子杀天智子大友皇子，自立为天武天皇，同年迁都飞鸟净御原宫（在今奈良县）。天武天皇发展封建集权制，扫除旧势力，严选官吏，制定八色姓（八等氏族长的世袭尊称），固定贵族身份。689年，编订《飞鸟净御原律令》，以防止旧氏姓贵族的复辟。

50余年后，藤原不比等于大宝元年（701）编成日本封建国家最完备的法典《大宝律令》，最后完成大化改新的以唐为楷模的天皇制国家的理想。大化改新加强了中央集权，促进了国家的统一，是日本进入封建社会的起点。

**大环内酯类抗生素** macrolide antibiotics 化学结构中以大环内酯环为核心的一族抗

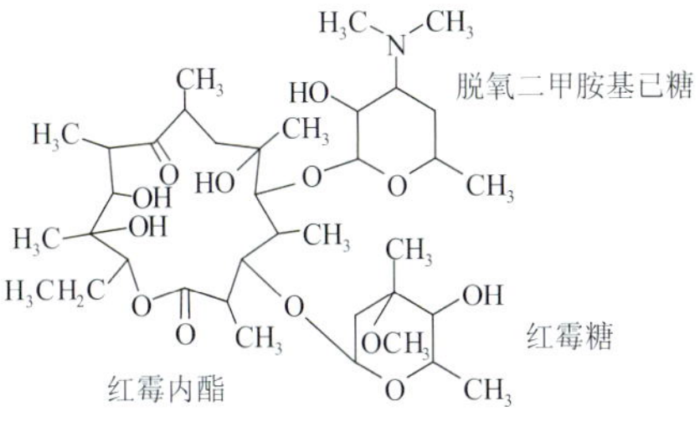


生素。按其化学结构可分为三种：14元环的有红霉素、克拉霉素、罗红霉素、地红霉素等；15元环的有阿奇霉素；16元环的有麦迪霉素、螺旋霉素、乙酰螺旋霉素、交沙霉素、柱晶白霉素、乙酰麦迪霉素。主要抗革兰氏阳性菌及某些革兰氏阴性球菌和厌氧球菌，对支原体、衣原体、军团菌所致的感染均有良好的疗效。大环内酯类抗生素通过抑制细菌蛋白质合成而发挥抗菌作用。此类抗生素主要适用于革兰氏阳性球菌所致的扁桃体炎、猩红热、丹毒、大叶肺炎等，也用于军团病、气性坏疽、炭疽、破伤风、放线菌病、梅毒、鹦鹉热、回归热、利斯特氏菌病。服红霉素制剂常可引起恶心、呕吐、腹痛、腹泻等胃肠道症状。应用红霉素酯化物可出现肝损害。静脉滴注红霉素可发生静脉炎。应用红霉素时，偶有（0.5%）药物热、皮疹等过敏反应。

**大黄** *Rheum*; medicinal rhubarb 蓼科大黄属植物的统称。多年生草本植物。分布中国西南山区，现多为栽培种。根状茎及根供药用。栽培种主要为掌叶大黄，次为唐古特大黄和药用大黄。为中国主要出口药材之一。掌叶大黄茎中空，高2米左右。根状

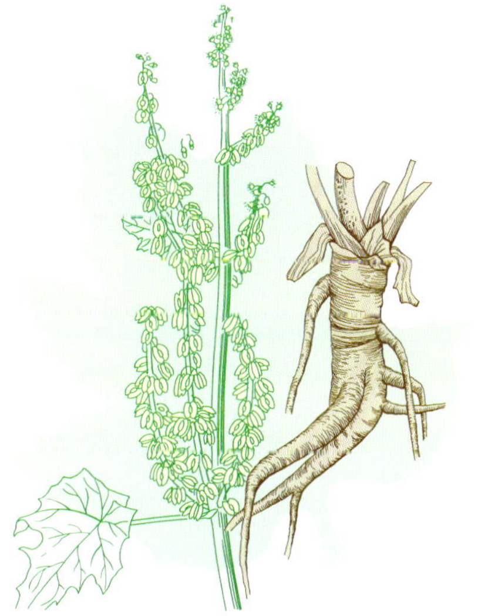

掌叶大黄

茎及根部肥厚，黄褐色。基生叶广卵形，掌状浅裂；茎生叶互生，较小。圆锥花序，顶生，夏季开花，花淡黄色。瘦果有三翅。多生于排水良好的山地。

大黄根状茎含大黄酸、大黄素、大黄酚、芦荟大黄素、大黄素甲醚等游离蒽醌衍生物，均无致泻作用。另含以上物质的葡萄糖苷及番泻叶苷A、B、C等结合状蒽醌衍生物，均有致泻作用。此外，尚含鞣质等。大黄根状茎及根有清热泻下、破积去瘀、抗菌消炎等作用。生用为峻下药，炮制后使用为缓下药。炒炭后又可用于止血。小剂量服用时有健胃、收敛作用。

**大黄素** emodin 羟基蒽醌（见蒽醌）的衍生物，分子式$C_{15}H_{10}O_5$。广泛存在于植物

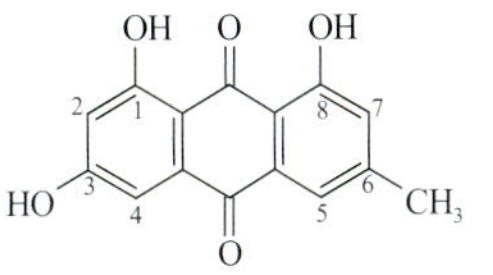

性泻药如大黄的根茎、鼠李的树皮和根皮、决明的种子中。橙色针状结晶；熔点256～257℃；不溶于水，能溶于乙醇，略溶于乙醚、氯仿、苯，溶于苛性碱水溶液、碳酸钠溶液或氨溶液中显樱红色。大黄素虽有泻下活性，但由于在体内易被氧化破坏，实际上泻下作用很弱，如与糖结合成苷类，则可发挥泻下作用。大黄素除游离存在外，也以还原状态（如蒽酚、蒽酮的衍生物），或与糖结合成苷类存在。如大黄素蒽酚或大黄素蒽酮（熔点250～258℃）为大黄素的还原产物，不稳定，易被氧化再转变成蒽醌。大黄素-1-O-β-D-葡萄糖苷的熔点为189～190℃，大黄素-8-O-β-D-葡萄糖苷的熔点为239～241℃，二者均是大黄素与葡萄糖结合的苷，同时存在于大黄中，前者亦是虎杖中有抑菌作用的活性成分之一。

**大黄鱼** *Larimichthys crocea*; large yellow croaker 鲈形目石首鱼科黄鱼属的一种。俗称大黄花鱼。分布于南海雷州半岛以东至

黄海南部西侧（朝鲜半岛西岸附近偶有出现）。体长35～50厘米。体延长，侧扁。尾柄细长，尾柄长为尾柄高的3倍余。头大，具发达黏液腔。颏部有不明显小孔。背鳍连续。背鳍和臀鳍的鳍条基部2/3以上被小圆鳞。臀鳍第二鳍棘等于或稍大于眼径。鳔大，鳔侧具31～33对侧肢，具背、腹分枝。背面和上侧面黄褐色，腹面金黄色。各鳍黄色或灰黄色。唇橘红色。

为暖温性结群近海洄游鱼类，生活于水深60米以内的中下层。喜浊流水域，黎明、黄昏或大潮时多上浮，白昼和小潮时下沉。主食小型鱼类、虾类、虾蛄和蟹。能发声。

产卵期可分春、秋两季，南黄海、东海以春季为主，南海以秋季为主。是中国的重要经济鱼类。

**大戟科** Euphorbiaceae; spurge family 双子叶植物纲蔷薇亚纲的一科。约300属5 000多种，遍布全世界，主要产于热带和亚热带地区。中国约72属450多种，遍布中国各省区，主要产于西南至台湾。草本、灌木或乔木，体内常有乳白色液汁。叶通常互生，单叶，稀复叶，有托叶。花单性，雌雄同株或异株，聚生成各种花序，通常为聚伞花序或特殊的杯状聚伞花序（大戟花

序）；有些属的种类有花萼而无花瓣，也有的花萼和花瓣均无；萼片离生或合生，覆瓦状或镊合状排列；有花盘或退化为腺体；雄花雄蕊与花被片同数，或2倍，或极多或很少或1（在大戟属整朵花仅含1裸露雄蕊）；花丝离生或联合成柱状，退化子房有或无；雌花退化雄蕊有或无；子房上位，通常3室，稀1至多室。果多数为蒴果，成熟时分裂成3瓣，有时不开裂而成浆果状或核果状。大戟属是该科最大的一属。约2 000种。中国约产100种，广布于全国各地。

大戟科以盛产橡胶、油料、药材、鞣料、淀粉、木材等重要经济植物著称。橡胶树是主要产橡胶植物；油桐产最好的干性油；乌桕产蜡和油；蓖麻是重要的药用植物；巴豆为泻药，又可作杀虫剂，也产单宁；木薯是热带重要的食用植物之一，有肥厚的块状根，极富淀粉，是工业用粉主要原料之一；余甘子的果可食，维生素C含量高。变叶木属、叶下珠属、麻风树属及大戟属等广泛栽培作观赏植物。大戟科多数种类有毒，南非产的好望角毒漆是已知有毒植物中最毒的一种。

**大计** great reckoning　中国明清时期官吏政绩考察制度。自汉唐乃至宋元，亦用称对官吏的考察，但非制度化用语。至明朝始成为定制。明朝考察内外官员，分为京察、外察。京察指对在京任职官员的考察，外察指对在外任职官员的考察，其制均始于洪武中（1368～1398）。京察每六年一次。京察于巳、亥年举行，四品以上京职官员具疏自陈，由皇帝亲定任免；五品以下京官，由吏部会同都察院考察，吏部尚书、都察院都御史会同吏部考功司郎中主持考察之事，并密托吏科都给事中、河南道掌道御史咨访，将考察结果具册奏请。外察每三年一次。洪武二十九年（1396）定以辰、戌、丑、未年为外官入京朝觐之年，察典随之，故又作朝觐考察。后沿为定制。届时由吏部会同都察院掌其事。又有当政为及时处分官员，于考期之外另行考察，称“闰察”。清承明制，其标准定为才、守、政、年四格，以分优劣。

**大江健三郎** Oe Kenzaburo（1935-01-31～　）日本小说家。生于爱媛县。1959年毕业于东京大学文学系。1958年发表的《饲育》使大江成为战后文学的新一代主流作家。早期作品具有写实性、思辨性及丰富的想象力。中期的代表作是《人羊》（1958）、《个人的体验》（1964）和《万延元年的足球赛》（1967）等。《个人的体验》以作者的亲身经历为背景，以主人公下决心抚养畸形儿为终局，从而把个人的不幸升华为人类的不幸。《万延元年的足球赛》采用寓言式的抽象小说文体，写两兄弟回四国山村寻根，却发现这个山村仍陷于百年前（即万延元年）农民起义的影响中。此后寓言性渐渐成为他作品中的主要特征。1994年获诺贝尔文学奖。

**大角** Arcturus　牧夫座α。全天第四亮星，北半天球第一明星，目视星等为－0.05v，天上最亮的红巨星。到太阳的距离36.7光年，表面温度$T_c$=4 290K，直径是太阳的24.5倍。角直径为0.020 1角秒，是照相和用光电方法测视向速度的标准星。由光谱观测了解到大角在向外抛失物质，质量损失率变化很大。在大角光谱的紫外线区、可见光区、红外线区发现了发射线。大角色球温度达15 000～20 000K，色球活动比太阳的强得多，说明大角也是某一种光谱变星。

**大津巴布韦遗址** Great Zimbabwe　非洲东南部土著文化遗址，被誉为黑非洲文明的象征。位于今津巴布韦赞贝兹河和林波波河之间的花岗岩台地上。1871年发现。“津巴布韦”意为石头房子。为将该遗址与津巴布韦国名相区别，特称之为“大津巴布韦”。

遗址年代分四期：第一期约当100～300年，已进入铁器时代；第二期约当350～1050年，遗物以长角兽俑为代表；第三期约当1050～1450年，开始修建大津巴布韦代表性的石墙建筑，居民为现代梭纳人的直系祖先；第四期约当1450～1800年，大津巴布韦的大多数石墙建筑都在这一时期修建，新迁入的罗兹韦人与原来的居民杂居于此。这一时期的遗物有皂石雕成的石鸟、石碗、石祖等，也有金、铜、铁等金属制品或饰物，以及从中国输入的陶瓷，从印度、印度尼西亚和欧洲输入的玻璃器和铜铁制品等。大津巴布韦遗址的建筑分布在阿考波利斯山上和山下的河谷中。用约30厘米长、10厘米厚的花岗岩石块垒成，石块之间未用任何黏合物，却坚固异常。最著名的建筑“埃里皮希尔”（意为“大城

塔式建筑

圈”），略呈圆形，中间有圆锥形的塔式建筑（见图）。据研究，大津巴布韦在13世纪时成为统治中心，并控制了附近的黄金贸易，人口可能多至3 000人。1986年，大津巴布韦遗址中的属于10世纪以后的部分作为文化遗产被列入《世界遗产名录》。

**大久保利通** Ōkubo Toshimichi（1830-09-26～1878-05-14）　日本明治维新时期政治家。生于萨摩藩（今鹿儿岛县）鹿儿岛下级武士家庭。自幼受正规武士教育。1846年起仕藩政府，任下级官吏。1853年得到开明藩主岛津齐彬重用，成为改革派中坚人物。1866年成为倒幕派领导人，致力于“萨（萨摩藩）长（长州藩）倒幕联盟”的活动。

1868年1月3日，与西乡隆盛、木户孝允、岩仓具视等人发动“王政复古”政变，推翻了德川幕府的统治。明治新政府成立后，历任参与、总裁局顾问、参议、大藏卿等职，成为政府主要领导人，1871年12月任岩仓使节团副使赴欧美考察，1873年回国。同年10月在政府内部进行的“征韩论”政争中，击败西乡隆盛、板垣退助等人，从此直接掌握政府权力中枢。11月任参议兼内务卿。1878年被士族岛田一郎等人刺死。

**《大决战》** *The Decisive Engagement*　中国故事片。八一电影制片厂1991年摄制。总导演李俊；编剧史超、王军、李平分；第一部《辽沈战役》，首席导演杨光远；第二部《淮海战役》，首席导演蔡继渭；第三部《平津战役》，首席导演韦廉；主演古月、赵恒多、马绍信、傅学诚、卢奇、刘锡田、许还山、李定保。影片以史诗般宏伟的气魄艺术地再现了中国解放战争中两大军事集团3次决定性的战役。影片有三大：一是事件大。二是场面大。三是气度大。影片获1992年第12届中国电影金鸡奖最佳故事片等6项奖和第15届《大众电影》百花奖最佳故事片奖，广播电影电视部优秀影片奖。

**大开曼岛** Grand Cayman　加勒比海开曼群岛中最大的岛。位于牙买加西北约290千米。长35千米，宽6～13千米，面积220平方千米。人口4.5万（2003）。地势低平，海拔不足15米。经济以捕龟业和旅游业为主。10千米长的西湾海滩为著名旅游胜地。农业主产椰子和柑橘。有砖瓦、食品和龟、水产品加工等工业。有国际机场。主要景观有伊丽莎白二世植物园、乔治敦开曼群

岛国家博物馆等。

**《大雷雨》** *The Thunderstorm* 俄国剧作家A.N.奥斯特洛夫斯基的5幕悲剧。写于1859年俄国反农奴制斗争处于高潮时期。作者通过一个家庭生活的悲剧，揭露了封建农奴制度和宗法家长制的黑暗。女主人公卡杰林娜天真善良，自从嫁给卡巴诺夫之后，因为婆婆整天对她进行辱骂，孤苦无援的卡杰林娜便常常独自跑到伏尔加河畔痛哭。在河边，她遇到了青年鲍里斯，两人从互相安慰发展到相亲相爱。由于畏惧上帝的惩罚，卡杰林娜主动向婆婆与丈夫坦白，换来的是一顿毒打。当鲍里斯也拒绝帮助她时，卡杰林娜剩下的只有投河一条出路。最后，当一位老人抱着她的尸体，对卡巴诺夫之流发出愤怒谴责时，全剧的主题得到了高度升华。

**大礼议** Great Ritual Controversy 中国明世宗朱厚熜以地方藩王入主皇位后，统治阶级内部在皇统问题上的政治论争。斗争的焦点是如何确定世宗生父朱祐杬的尊号。实质是世宗通过议礼之争，打击杨廷和等先朝阁臣和言官，确立和巩固自身的统治，推行新政。这一事件从嘉靖即位之初的正德十六年（1521）四月开始，至嘉靖十七年（1538）以世宗一方胜利结束，前后延续近20年。其中包含了孝宗、武宗系统的顾命大臣与依附于世宗的中下级官吏之间的斗争，同时又有首辅与皇帝争权的内容。随着议礼的进行，统治集团的组成相应发生变化，反对抬高朱祐杬地位的阁臣元老权力日益丧失。张璁、桂萼、方献夫、霍韬等一批新科进士和地方官吏入主政务，对嘉靖朝政治、经济的变革，以及明代后期历史的发展产生深远的影响。

**大理白族自治州** Dali Bai Autonomous Prefecture 中国云南省辖自治州。位于省境西部，滇中高原与横断山脉接合部。辖大理市和祥云、宾川、弥渡、永平、云龙、洱源、剑川、鹤庆8县，以及漾濞彝族自治县、南涧彝族自治县、巍山彝族回族自治县。面积29 459平方千米。人口346万（2010），其中白族人口约占1/3，还有汉、彝、回、傈僳、纳西等民族。自治州首府驻大理市。战国时楚将庄跻入滇，建立滇国，大理属滇国地。西汉属益州郡，东汉属永昌郡。此后曾一度为南诏大理政权中心。1956年设立大理白族自治州。地形复杂，中部的点苍山将全州分成东西两大地貌单元：西部山脉纵横，山高谷深；东部地势开阔，山坝相间。金沙江、澜沧江、元江等河流穿境而过，多系上游地段，落差大，水能资源蕴藏量1 000多万千瓦，开发潜力很大。洱海为省内第二大湖，还有剑湖等，兼备航运、水利、养殖、旅游之利。矿产主要有金、银、铜、铁、铂、钯、煤、大理石、石膏等，其中弥渡县金宝山铂、钯矿为全国的第二大铂、钯矿基地。大理石久负盛名。农业盛产粮食、烤烟、油料、茶叶、甘蔗、核桃、水果等。全自治州已初步形成了卷烟、食品、纺织、建材、冶金、化工、机械、医药、煤炭、木材加工、电力、饲料、皮革等门类相对较为齐全的工业体系。公路纵横交错。大理机场辟有通往昆明、景洪、天津等城市航线。名胜古迹有苍山、洱海、大理古城、大理三塔、石宝山、巍宝山、鸡足山、漕涧温泉、天池、虎头山、石门关、金光寺、博南古道、霁虹桥、水目山等。有国家历史文化名城大理。

**大理古城** Dali Ancient City 位于中国云南省中部偏西大理白族自治州中部大理市。古城建于明洪武十五年（1382），近方形。有三条溪水流经古城，注入洱海。古城原有四隅角楼和四座城门已不复存在，现存南北城楼是在原址上重建的。1982年被批准为国家第一批历史文化名城。

大理是白族的主要聚居地，以古城和喜洲为代表的白族民居具有自己的建筑风格。它吸收了中原汉式民居以院为中心的组合方式，结合本地气候、生活方式和审美情趣，创造了“三坊一照壁”、“四合五天井”、“六合同春”、“走马转角楼”等平面形式。建筑正向坐西朝东，背靠苍山，面向洱海。古城内清一色的青瓦坡顶屋面，弹石与引马石相结合的路面街巷，古意盎然。

大理的苍山和洱海

大理古城及其周围地区有60处国家、省、州级重点文物保护单位，其中最具代表性的为太和城遗址及南诏德化碑、大理三塔。太和城是南诏的第一个都城，尚存400余米北城墙残垣，其遗址为国家级文物保护单位。其内的南诏德化碑，记载了南诏时期政治、军事、农业等状况。弘圣寺塔位于古城西南400米处，俗称大理一塔，与三塔遥相对峙。建于南诏晚期或大理国初期，方形密檐空心砖塔。塔中曾发现珍贵的铜佛像和梵汉文塔砖。

**大理国** Dali State 中国宋代以白族为主体的少数民族在今云南一带建立的民族政权。后晋天福二年（937），通海节度段思平自立为王，国号为大理，亦即段氏大理。段思平传12世至段廉义时，权臣杨义贞于宋神宗元丰三年（1080）杀廉义自立。4个月之后，善阐（昆明）侯高智廉命其子高踌泰起兵诛杀杨义贞，立段廉义之侄段寿辉为王。寿辉传位给正明。宋哲宗绍圣元年（1094），踌泰废正明，自立为王，改国号为大中国。踌泰去世后，其子遵遗嘱还王位与正明之弟正淳，段氏复立，史家称之为后理国。后理国时期，高氏世为相国，称中国公，掌实权。

大理政区与南诏相当，东至普安路之横山（今贵州普安），西至缅甸之江头城（今缅甸杰沙），南至临安路之鹿沧江（今越南莱州北部的黑河），北至罗罗斯之大渡河。政治制度与南诏基本相同。大理社会经济较南诏时有较大发展。农业生产已和四川资中、荣县相差无几。畜牧业颇为发达，每年有数千匹马贩到广西。手工业很兴盛，冶铁业水平甚高，对外贸易发达，交通四通八达。内地先进的科学文化传入云南，对各族人民起了促进作用。大理与缅甸、越南、马来亚、印度、波斯等国家都有贸易往来。大理王族大力推行汉族文化，在汉文化的影响下，产生了僰（白）文。白文是用汉字写白语，读白音的。今昆明古幢公园内的石幢，是大理时石雕的仅存硕果。此外，壁画和木刻艺术也有极高的艺术价值。佛教在南诏时传入云南，至大理时盛行。儒家的教条与佛教的道义几乎融而为一。儒生无不崇奉佛法，佛家的师僧也都诵读儒书，有所谓“释儒”（又称“儒释”），而且任用师僧为官。师僧也通过科举考试取得政治地位。大理300余年间，云南各族人民与内地的经济文化联系继续进行。宋政权曾多次册封大理统治者为王。蒙古宪宗三年（1253），忽必烈征云南灭大理。大理国主段氏降，被任命为世袭总管。原大理官员多受封为云南各地土司。

**大理三塔** Dali Three Pagodas 中国佛塔。在中国云南省大理市苍山之麓、洱海之滨，又称崇圣寺三塔。三塔的主塔称为崇圣寺千寻塔，是崇圣寺现存三塔中最高的一座，原位于寺的前部，现寺已不存。1961年定为全国重点文物保护单位，为唐代密檐塔中的佳作。

清代王崧《南诏野史·丰祐传》载，千寻塔建于唐开成元年（836）。1979年维修时，在塔顶刹基内发现了大批佛像、写经、法器、

大理三塔（中为崇圣寺千寻塔）

乐器、小塔、金银器皿等文物，还有相当于公元1000年、1142年、1154年的银牌，证明大理国时期曾对此塔进行大规模修缮。

千寻塔平面呈正方形。在第一层高大的塔身以上，设置密檐16层，自塔下台座至刹顶总高66.15米。塔身为空筒式。其结构形制与西安小雁塔极为相似。塔的外形优美，是中国古塔中罕见的例子。

千寻塔之西的两座小塔，南北对峙，相距97.5米；与千寻塔相距70米，三塔鼎足而立。两小塔均为八角形，是10层密檐式砖塔，高为39.42米，建造时代略晚，当为大理时期。

**大理市** Dali City 中国云南省大理白族自治州辖市。位于苍山之麓，洱海之滨。面积1 468平方千米。人口65万（2010），有汉、白、回、彝和藏等民族。汉代为叶榆县地，唐南诏政权时为南诏都城，名羊苴咩。宋时仍为国都地。元以后属太和县。1950年析大理、风仪两县部分地区置下关市。1983年大理县和下关市合并为大理市。年平均气温15.3℃。平均年降水量1 038.3毫米。矿产有大理石、铂、铅、煤等。工业有纺织、化工、造纸、制药、建材、机械、木材加工、石板材、工艺品等。建有大理省级经济开发区。外销产品有大理石制品、沱茶、砖茶、手工艺品等。农业以粮食为主，“大理雪梨”全省著名。是滇西交通中心，滇缅、滇藏两条国道交会于此，广大铁路、楚大高速公路、大理机场、大理—丽江公路等均已开通运营。名胜古迹有太和城遗址、南诏德化碑、崇圣寺三塔、元世祖平云南碑、蝴蝶泉、点苍山、洱海等。大理是国家历史文化名城。

**大理寺** Court of Judicial Review 中国古代掌管审谳平反刑狱的官署。始设于北齐，隋、唐以后皆沿其制。朱元璋于吴元年（1367）置大理司卿，秩为正三品。次年朱元璋称帝后沿袭。其后设罢不时，名称和编制等也不断变更，永乐中始告定型。大理寺设卿一人，左、右少卿各一人，下设左右寺丞、左右寺正等。大理寺的主要职责是专门审核天下刑名，凡罪有出入者，依律照驳；事有冤枉者，推情详明，务必刑归有罪，不陷无辜。它与刑部、都察院合称三法司，刑部受天下刑名，都察院纠察，大理寺驳正。凡未经大理寺评允，诸司均不得具狱发遣。大理寺审理案件，初期置有刑具和牢狱。弘治以后，只阅案卷，囚徒俱不到寺。重大案件，由三法司会审，初审以刑部、都察院为主，复审以大理寺为主。明代中叶以后，刑名之柄为宦官所夺，甚至大理寺大审时太监居公案之中，列卿受其指使，大理寺形同虚设。清沿明制，设大理寺，职掌与明同。

**大理岩** marble 主要由方解石、白云石等碳酸盐类矿物组成的变质岩。因中国云南大理盛产这种岩石而得名，一般常称大理石。由石灰岩、白云质灰岩、白云岩等碳酸盐岩石经区域变质作用和接触变质作用形成。方解石和白云石的含量一般大于50%，有的可达99%。除少数纯大理岩外，在一般大理岩中往往含有少量的其他变质矿物。大理岩一般具有典型的粒状变晶结构，粒度一般为中、细粒，有时为粗粒，岩石中的方解石和白云石颗粒之间成紧密镶嵌结构。在某些区域变质作用形成的大理岩中，由于方解石的光轴成定向排列，使大理岩具有较强的透光性。大理岩的构造多为块状构造，也有条带、条纹、斑块或斑点等构造。除纯白色外，有的还具有各种美丽的颜色和花纹，常见的颜色有浅灰、浅红、浅黄、绿色、褐色、黑色等。

分布很广。在世界各地前寒武纪的地盾和地块，中生代、古生代以后的变质地区内均有出露。往往和其他的变质岩共生，呈厚度不等的夹层产出，厚度可达数百米。含有大理岩地层的同位素年龄距今最大可达37.6亿年。中国大理岩的产地遍布全国，其中以云南省大理点苍山为最著名。北京房山大理岩有白色和灰色两种。白色大理岩为细粒结构，质地均匀致密，称为汉白玉；浅灰色大理岩为中细粒结构，并具有各种浅灰色的细条纹状花纹，称为艾叶青。

主要用作雕刻和建筑材料。雕刻用的主要是纯白色、细均粒、透光性强的大理岩。不含黄铁矿、磁铁矿等导电杂质的大理岩可作隔电板，含钙高的大理岩还可作为石灰和水泥原料等。

**“大力神”号运载火箭** Titan launch vehicle 美国大型运载火箭系列。由马丁·玛丽埃特公司研制生产，共有“大力神”2号、3号、4号、4D号和商业“大力神”3号5个分系列21个型号。从“大力神”3C号起，捆绑了2个大型固体助推器，使运载能力有很大提高。“大力神”3号火箭各型的低轨道运载能力分别是：3A为3.6吨，3B为4.5吨，3C、3D和3E均为15吨。最大的“大力神”4D号，长62米，最大直径5米，发射地球同步转移轨道卫星的运载能力达5.67吨。1985年开始研制的“大力神”4号改进型近地轨道的运载能力达21.8吨。“大力神”系列运载火箭1965年开始使用，主要用来发射美国的各种军用卫星，还发射了“太阳神”号、“海盗”号、“旅行者”号等行星和行星际探测器。2005年10月，“大力神”4号完成最后一次发射，之后全部退役。

由“大力神”号运载火箭送往太空的“旅行者”号探测器

**大历十才子** Ten Talents in Dali Period 中国唐代宗大历年间十位诗人所代表的一个诗歌流派。他们的共同特点是偏重诗歌形式技巧。据姚合《极玄集》和《新唐书》载：十才子为李端、卢纶、吉中孚、韩翃、钱起、司空曙、苗发、崔洞（一作峒）、耿湋、夏侯审。宋以后有异说，但多不可信。

大历十才子大多是失意的中下层士大夫，也多半是权门清客，因而多投献应制之作。歌颂升平、吟咏山水、称道隐逸是其诗歌的基本主题。但他们在仕途失意和战乱宦旅生活中，也间有反映现实和体验真实的作品。他们都擅长五言近体，善写自然景物及乡情旅思等，语词优美，音律协和，但题材风格比较单调。

**大丽花** *Dahlia*; aftec dahlia 菊科大丽花属植物的统称。多年生球根花卉植物。又称大理菊、西番莲、洋芍药等。全属约27种。属名*Dahlia*为纪念瑞典植物分类学家达尔教授而命名。

肉质块根肥大。茎高50～250厘米。叶对生，一至三回羽状深裂。头状花序由中间管状花和外围舌状花组成，管状花两性，多为黄色；舌状花单性，紫红、淡红、白色或彩色。瘦果褐色，多长椭圆形。

园艺栽培上常用栽培品种的花型主要有单瓣型、环领型（领饰型）、复瓣型、圆球型、绣球型（蜂窝型）、装饰型、睡莲型（半重瓣型、牡丹型）、仙人掌型（蟹爪型）、菊花型（折瓣仙人掌型）、毛毡型（毛章型、

裂瓣仙人掌型)、半仙人掌型(星星型)和白头翁型。

性喜冷凉和通风良好，在气候凉爽、昼夜温差大的地区生长开花尤佳。喜光，但阳光过强不利于开花，过弱则花色浅而不艳，花朵也小。既不耐寒又畏酷暑，以10～30℃为适温。不耐旱、涝，在年降水量500～800毫米的地区栽培较好。要求疏松、排水良好的肥沃砂质壤土。分株为最常用的繁殖方法，也可扦插、播种繁殖。露地栽培一般于晚霜后进行。盆栽宜选用矮生优良品种的扦插苗。可用于布置花坛、花境或盆栽，也可制作切花。

**大荔人** *Human remains* from Dali　早期智人化石。发现于中国陕西大荔县解放村附近。1978年、1980年两次发掘。时代为中

大荔人头骨化石

更新世晚期，距今30万～20万年。人类化石只有一个不足30岁的男性头骨，基本保存完好，但没有下颌骨伴存。脑量估计为1 120毫升。体质特征介于直立人和早期智人之间。大荔人头骨面部的一些特点与现代蒙古人种比较接近，如面部扁平，鼻梁不高，鼻根处凹陷不深，额骨正中有一条矢状隆起，顶骨和枕骨之间夹着一块小的三角形的“印加骨”。同出的石制品500多件，多是石片和石核，石器约占30%。石器以刮削器为主，次为尖状器。伴生的动物化石有古菱齿象、肿骨大角鹿、鸵鸟等。植物孢粉不多，没有发现阔叶树种，表明当时的气候温和，可能有些干燥。

**大连港** Dalian, Port of　中国东北地区最大的商港。地处辽东半岛南端、渤海海峡北侧。港区分布在黄海大连湾和大窑湾内。港区浪小水深，不淤不冻，是天然深水良港。其经济腹地辽宁、吉林、黑龙江和内蒙古东部是中国重工业和石油、粮食生产基地。

1898年沙俄强租旅大，1899年始建大连商港。1905年日本占领大连，1945年由苏军接管。中华人民共和国建立后于1951年正式收回。经半个多世纪的建设，已有大连湾内的大港、寺儿沟、黑嘴子、香炉礁、甘井子、和尚岛以及鲇鱼湾、大窑湾等港区。2008年全港有生产泊位198个，其中万吨级以上泊位76个，另有万吨级浮筒3个。拥有铁路专用线210千米以及库场、圆筒仓等设施。2008年港口吞吐量24 588万吨，集装箱吞吐量452.55万标准箱。

**大连理工大学** Dalian University of Technology　中国工科高等学校。属教育部。校址在辽宁大连。前身为1949年建立的大连大学工学院。1950年大连大学建制撤销，工学院独立建校，称大连工学院。1988年改现名。设有几十个学院和系部。有培养学士、硕士和博士的教学体系；有国家重点学科和国家重点实验室以及国家级技术中心等。图书馆藏书238.9万余册。

**大连市** Dalian City　中国辽宁省辖地级市。位于省境东南部，辽东半岛南端，西濒临渤海，东南面向黄海，与山东半岛隔海相对。辖西岗、中山、沙河口、甘井子、旅顺口、金州6区和长海县，代管瓦房店市、普兰店市、庄河市。面积13 238平方千米。人口669万(2010)，有汉、满、回、壮、蒙古、朝鲜等30个民族。大连得名于大连湾。清光绪二十四年(1898)为帝俄强租，日俄战争后被日本侵占。1945年抗日战争胜利后设大连市。1950年与旅顺合并为旅大市，1981年又改称大连市。地貌形态以丘陵为主，还有部分山地和零星平原及低地。山地属千山山脉的南延部分，呈东北—西南走向，构成半岛的脊梁。海岸线1 906千米，有海湾30多处，是一个港湾城市。

旅顺口

属具有海洋性特点的暖温带大陆性季风气候。冬无严寒，夏无酷暑，四季分明。年平均气温9.5℃。年降水量550～950毫米。矿产资源有金刚石、石英砂岩、花岗岩以及石灰岩等。农业主产玉米、水稻和蔬菜等。工业基础雄厚，以机械、石油、纺织、化工、食品、冶金、电子等为主，船舶、机械、化工均为全国生产基地之一。海陆交通四通八达。大连港已与世界140多个国家和地区建立了贸易关系和航运，是欧亚陆桥运输的理想中转港。有周水子国际机场。名胜古迹有大连自然博物馆、旅顺口、金石滩、冰浴沟，还有棒槌岛、蛇岛、老铁山、老虎滩、星海公园、夏泉河子浴场和中苏友谊纪念塔等。

**大凌河** Daling River　中国辽宁省西部最大河流。北源凌源市打鹿沟，南源建昌县黑山(古白狼山)，到大城子附近汇合，东北流经努鲁儿虎山和松岭间纵谷，接纳老虎山河、牤牛河、西河等支流，到义县转向循医巫闾山西侧南流，在凌海市南部注入辽东湾。全长397千米，流域面积2.35万平方千米。多年平均径流量约16.7亿立方米，流经碎屑岩、火山岩和黄土地区，含沙量57千克/米$^3$，水土流失严重。

**大羚羊** *Oryx*　偶蹄目牛科大羚羊属动物的统称。因体型大得名。分布于非洲撒哈拉沙漠的南缘、西南非、东非及阿拉伯半岛。通常生活于干旱草原或沙漠地带，有的生活于石山旁或灌丛中。体长1.6～2.3米，肩

高0.9～1.4米，成体重可达210千克；肩比臀高，四肢细而长；尾圆而细，下半段具长毛，下垂达膝部以下；从头到肩部具鬃毛，雄性喉部有簇毛；体毛色变异很大，由乳白色至灰色、褐色，并具有黑或褐色斑纹，在面部特别醒目，其形式因种或亚种而异，仿佛各具不同图案的“脸谱”；雌雄均具角，角圆形，具环棱，末端尖，或直立呈刺刀状，或后弯呈马刀状，长0.6～1.2米，雌性角较细长。常结成几只至十几只的小群，偶尔也有数十只的大群，随着撒哈拉大沙漠中食物的季节性变化而进行长距离

的迁移。性机警，行动敏捷，视觉敏锐。食物以草和灌木为主，饮用溪水或泉水。当水缺乏的时候，则取食瓜类或多汁的球茎来补充水分。发情期雄性间有激烈的争斗。孕期约9个月，每胎一仔。寿命约20年。

**大流士一世** Darius I（前550～前486） 古代波斯帝国的第三代君主（前522～前486）。出身于阿契美尼德王族的旁支，其父希斯塔斯帕是帕提亚的总督。大流士随

大流士一世狩猎图

冈比西斯二世出征埃及，被任命为万人不死军的总指挥。公元前522年3月，琐罗亚斯德教僧侣高马达自称冈比西斯二世之弟巴尔迪亚（实则其人已被冈比西斯二世秘密处死）夺取政权，利用平民力量打击氏族贵族。冈比西斯二世在返波斯途中身死。大流士赶回波斯，联合6家贵族杀死高马达，取得王位。此后，大流士一世次第平定巴比伦、苏西安那（即埃兰）、波斯本土和帝国东境等地的反抗。公元前520年，在克尔曼沙以东的贝希斯顿村的悬崖峭壁上，用波斯、埃兰、巴比伦三种文字刻石记载他的十九战、俘九王的功绩。

公元前513年，大流士一世渡赫勒斯滂海峡（今达达尼尔海峡），征服色雷斯和格泰人，然后渡过多瑙河深入斯基泰境，终因粮运不济，被迫放弃征服希腊的计划。公元前492年，派马多尼乌斯率海军出征希腊，中途在阿托斯海角遇大风暴，舰队遭受极大损失。公元前490年，又派达提斯出征希腊，在马拉松战役中为雅典人击败。大流士死于公元前486年，把第三次远征希腊的计划留给他的继承者薛西斯一世。

**大龙邮票** Large Dragon Stamps 1878年7月（清光绪四年六月）中国清代海关试办邮政时期发行的中国第一套邮票。发行时及使用期间没有正式名称。后因邮票图案为龙，图幅较1885年底发行的第二套邮票大些，故习称为海关大龙或大龙邮票。中国

中国第一套邮票——大龙邮票

邮电部于1988年正式将其定名为中国大龙邮票。

大龙邮票全套3枚，主图基本相同，面值分别为1分银（绿色）、3分银（红色）、5分银（黄色）。图幅22.5毫米×25.5毫米，有背胶。齿孔为12.5°。凸版印制。分3期印刷发行：第1期于1878年发行，全张枚数为25（5×5），3分银有少量为20（5×4）。因纸质较薄，称为薄纸大龙。第2期始于1882年发行，全张枚数1分银和5分银均为25（5×5），3分银为15（5×3）。因邮票图幅间距较宽，称为阔边大龙。第3期始于1883年发行，全张枚数为20（4×5）。因纸质稍厚，称为厚纸大龙。由于印刷先后的齿孔有光洁和毛糙之分，又分别称为大龙厚纸光齿、大龙厚纸毛齿。印量为100余万枚。

**大娄山** Dalou Mountain 中国赤水河与乌江水系的分水岭，贵州高原与四川盆地的界山。又称娄山。主体位于贵州省北部，北端延伸至重庆市南缘。呈东北—西南走向，长约300千米，海拔1 500～2 000米，相对高度500米以上。山势北陡南缓，最高峰金佛山风吹岭海拔2 251米，位于重庆市境内。金顶山为贵州省境著名山峰，高1 608米。大娄山主要由古生代和中生代碳酸盐岩层组成，喀斯特地貌发育，溶洞、暗河普遍，地表以喀斯特山地、溶丘洼地、溶丘谷地景观最为典型。属中亚热带润湿季风气候，作物可一年二熟，是稻、麦、油菜产区。乌桕、茶、杜仲、楠竹、油桐、木耳等林特产丰富。渝、黔边境有水杉、银杉等活化石。河谷低热，产柑橘等亚热带水果。大娄山也是贵州的天然屏障，其中娄山关隘口是出渝入黔的交通要道和军事要隘。

**大陆** continent 高出海水面大片的连续陆地。地质学认为，大陆架（大陆向海延伸为浅海底下的缓坡）和大陆坡（大陆架缓坡以下的陡急斜坡，由此过渡到真正的海洋地壳）均为大陆地壳（简称陆壳），即都包括在大陆之内。地球上有6块大陆：①欧亚大陆，包括亚洲和欧洲；②非洲大陆；③北美洲大陆；④南美洲大陆；⑤南极大陆；⑥澳大利亚大陆。以上6个大陆的总面积约1.5亿平方千米。如果加上大陆架和大陆坡，约为1.734亿平方千米，占整个地球表面的34%左右。大陆在地球上的分布是不均匀的，地球的陆地面积有2/3以上在赤道以北。据地质学家研究，大陆始终是在变化的，地球上主要的大陆在距今40亿～20亿年前开始形成，现在的陆地经过至少7次大的构造运动才形成。大陆有时还作为相对于岛屿而言的大块陆地的称呼，如欧洲大陆、中国大陆、印度大陆等，其含义与地理学上的大陆不同。

**大陆冰盖** continental ice sheet 分布于两极地区不受地形约束的、长期覆盖陆地的冰川。又称极地冰盖，简称冰盖。两极地区除少数山峰外，几乎全部地面为厚达数百米至数千米连续的冰雪覆盖的盾形冰盖。冰盖冰几乎不受下伏地形影响，自中心向四周外流，边缘有一些大冰舌伸向海中，有的长达几百千米。漂浮在海上的冰体称为冰架（陆缘冰）或冰棚。伸入海中的小冰舌称为溢出冰川。冰架和溢出冰川的前端，常由于消融而崩解，大大小小的冰块脱离母体，落入海中，在海面上四处漂浮，就是冰山。地球上现存的大陆冰盖有南极冰盖和格陵兰冰盖，它们占地球上冰川总面积的96%、总体积的99%，其中南极冰盖最大。南极冰盖面积1400万平方千米，占地球冰川总面积的86%；总冰储量30 109 800立方千米，占全球总冰量的90%，占全球淡水资源的85%。冰盖的平均厚度2 450米。格陵兰冰盖面积1 802 400平方千米，平均厚度1 515米，占世界冰量的7%～9%，是北半球最大冰体。

**大陆法系** continental law system 包括欧洲大陆大部分国家从19世纪初以罗马法为基础建立起来的法律制度，以及其他国家或地区仿效这种制度建立的法律制度。是西方国家中与英美法系并列的渊源久远和影响较大的法系。在西方法学著作中多称民法法系，又称罗马-日耳曼法系或成文法系。中国法学著作中惯称大陆法系。

大陆法系的特点是：①明确立法与司法的分工，强调成文法典的权威性。虽然也允许法官有自由裁量的余地，并承认判例和习惯在解释法律方面的作用，但一般不承认法官的造法职能，强调立法是议会的权限，法官只能适用法律，决案必须援引制定法，不能以判例作为依据。②比较强调国家的干预和法制的统一，尤其在程序法上如此。例如，许多法律行为需要国家的鉴证、登记，检察机关垄断公诉权，庭审采取审问制，以及法院的体系统一等。③重视法律的理论概括，强调法典总则部分的作用，这是罗马法的一种传统。英美法系至今没有如大陆法系那样严密的理论概括，法令也只着重分则。④注重法典的体系排列，讲求规定的逻辑性、概念的明确性和语言的精练。

随着欧洲一些殖民国家的向外扩张，大陆法系也扩及拉丁美洲、非洲、亚洲等地。由于源流不同，大陆法系大体又可分为法、德两个支系，法国、比利时、意大利、西班牙和拉丁美洲各国属于前者，德国、奥地利、瑞士和日本等国则属于后者。在同一法系各国中，有的国家又具有较大的特点，如日本、北欧斯堪的纳维亚各国以及荷兰（罗马-荷兰法）等国。

**大陆封锁** Continental System 法国皇帝拿破仑一世于1806～1814年间为反对英国而采取的一项重要经济政治措施。1805年，拿破仑直接登陆英国的计划失败以后，决定用经济封锁摧垮英国。1806年11月21日，颁布《柏林敕令》，宣布对不列颠诸岛实行封锁。规定所有隶属于法国的各国，不仅不准与英国发生贸易关系，而且要断绝一切来往；对法国统治下的欧洲的英国侨民，一律宣布为战俘，其财产一律没收；所有英国的货物和商船不准进入任何口岸，任何船只如违反上述规定，一律全部没收。大陆封锁使许多国家特别是与英国有着传统贸易关系的国家的经济状况大大恶化，进出口停滞，引起它们的不满；同时，英国采取反封锁措施，并进行大规模的走私活动。实行大陆封锁没有达到从经济上窒息英国的目的。随着拿破仑帝国的崩溃，大陆封锁政策也随之破产。

**大陆会议** Continental Congress 英属北美13个殖民地的代表会议，独立战争期间的革命领导机构。在英属北美殖民地与英国宗主国之间的矛盾不断尖锐化的过程中，1774年春英国议会通过《强制法令》，激起殖民地人民的强烈不满。7月间，马萨诸塞通讯委员会倡议召开13个殖民地代表会议，得到各殖民地的响应。9月5日至10月22日，会议在费城举行，史称第一届大陆会议。除佐治亚外，12个殖民地的56名代表出席会议。G.华盛顿作为弗吉尼亚议会的代表参加了会议。会议通过了与英国断绝贸易关系的决议案，制定了《权利宣言》，但未提出独立要求。第一届大陆会议之后，英王变本加厉地对殖民地采取镇压措施，引起1775年4月19日马萨诸塞民兵和英军在列克星敦和康科德发生的武装冲突。在人民反英武装斗争的推动下，1775年5月10日，第二届大陆会议在费城召开。与会代表66人，新代表中有B.富兰克林和T.杰斐逊。波士顿富商J.汉考克被选为会议主席。会议于1775年6月15日通过组织大陆军和任命华盛顿为总司令的决议。12月，在大陆海军“阿尔弗雷德”号舰艇上第一次升起一面用13条横道标志13个殖民地联合的旗帜——这是美国国旗的雏形。1776年7月4日，通过杰斐逊起草的《独立宣言》。宣言宣布北美殖民地脱离英国，成为自由独立之邦。1777年11月15日，第二届大陆会议通过《邦联条例》。1781年3月1日，条例获各州批准，开始生效。

**大陆架** continental shelf 环绕大陆的浅海地带。简称陆架，又称大陆浅滩、陆棚。其范围自海岸线（多指低潮线）开始以极缓的坡度延至海底坡度显著增加的陆架坡折处（见图）。陆架坡折的水深变化为20～

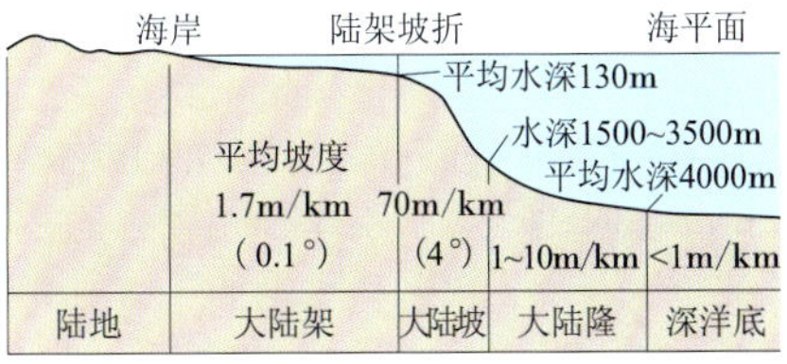


大陆架、大陆坡和大陆隆剖面示意

550米，平均约130米。有人将200米等深线当作陆架的下限。陆架平均坡度0° 07′，平均宽度75千米，总面积2 710万平方千米，占全球面积的5.3%，约占海洋总面积的7.5%。

分布 几乎所有大陆岸外均有陆架发育，但各地陆架的宽度相差悬殊。濒临海沟的大陆架（属活动大陆边缘）较窄，如太平洋西缘。沿年轻的大陆边缘（如红海两缘）、与转换断层有关的剪切型大陆架边缘（如几内亚湾北缘），陆架也较窄。构造上稳定的大西洋型大陆边缘，陆架一般较宽，如南、北美洲东缘。北冰洋周缘陆架极宽，欧亚大陆北缘陆架最宽达1 500千米。岛弧后边缘海的大陆架大多较宽，南海南部巽他陆架（面积1 850平方千米）是世界上最宽的陆架。

形成 地形和地质构造特征表明，大陆架是大陆的自然延伸。除沉溺河谷、阶地和残留沉积外，许多陆架还采集到潮间带和淡水的泥炭、牡蛎、文蛤、陆上哺乳动物的牙齿和骨骼，足见陆架在不久前尚属海岸平原，15 000年以来的冰后期海面上升才沉溺于水下，形成今日所见的浅海陆架环境。

资源 大陆架拥有富饶的资源，其中首推石油和天然气。海底石油储藏量约占全球石油总储量的25%，一些国家获自陆架油气的收益已超过该区的渔业。陆架区的生物资源也极丰富，其渔获量占世界海洋总渔获量的90%以上。陆架上尚有锡、钛铁矿、金、锆石等海滨砂矿，以及煤、磷灰石、建筑用砂砾等可供开采利用。

海洋法中的大陆架 由于陆架上有富饶的资源，对陆架的划分和主权就成为国际上十分重视和有争议的问题。继1958年联合国第一届海洋法会议通过《大陆架公约》之后，1982年4月30日联合国第三届第十次海洋法会议通过了《联合国海洋法公约》。该公约中关于大陆架的含义比它的地理概念还要宽。公约规定沿海国的大陆架包括陆地领土的全部自然延伸，其范围扩展到大陆边缘的海底区域。大陆架上的自然资源主权，归属沿海国家所有。但在各相邻和相对沿海国家之间，尚存在着如何具体划界的复杂问题。

**大陆浪人** Continent rōnin; China rōnin 19世纪末、20世纪前半期，在中国为侵华战争服务的日本没落士族。他们或直接由外务省、军部派遣，或接受财阀、政客资助，到中国进行侦察调查，搜集各种情报。

**大陆隆** continental rise 位于大陆坡与深海平原之间的、向海缓斜的巨大楔状沉积体。简称陆隆。又称大陆裙。常由许多海底扇复合、改造而成。大陆隆上部坡度稍陡，下部较缓，约为1/50～1/700，平均坡度为0.5°～1°。水深为1 500～5 000米。大陆隆主要展布在被动大陆边缘，如大西洋、印度洋、北冰洋和南极洲的大部分周缘地带；沿西太平洋边缘海盆陆侧也有分布。大陆隆通常位于大洋型或过渡型地壳之上，但组成物质主要源自大陆架。沉积物厚2 000米以上，多为黏土至细砂，以中粉砂最为典型。沉积物沿坡而下的搬运，由重力驱动，以浊流搬运为主，还有滑塌、砂流及碎屑流等。大陆隆沉积为陆源沉积和远洋沉积的混合，故称半远洋沉积。大陆隆一般沉积速率可达每千年4～10厘米。由于陆隆沉积物厚度极大，常富含有机质，陆隆沉积体系中的海底扇沉积及与之相连接的海底峡谷沉积可作为烃类化合物迁移通道和储层，因此大陆隆具有良好的油气远景。

**大陆漂移说** continental drift, theory of 解释地壳运动和海陆分布、演变的学说。大陆彼此之间和大陆相对于大洋盆地间的大规模水平运动称为大陆漂移。1912年由德国A.L.魏格纳提出，并在1915年发表的《海陆的起源》一书中作了论证。

大陆漂移说认为，地球上所有大陆在中生代以前曾经是统一的巨大陆块，称为泛大陆或联合古陆。中生代开始，泛大陆分裂并漂移，逐渐达到现位置。泛大陆的存在及大陆破裂、漂移的证据主要有：①大西洋两岸的海岸线相互对应，特别是巴西东端的直角突出部分与非洲西岸呈直角凹进的几内亚湾非常吻合。②美洲和欧洲、非洲在地层、岩石、构造上的相似和呼应。③大西洋两岸古生物群具有亲缘关系。④石炭纪－二叠纪时在南美洲、非洲中部和南部、印度、澳大利亚等大陆上发生过广泛的冰川作用。⑤现代精确的大地测量数据证实，大陆仍在持续缓慢地水平运动。⑥古地磁测量资料表明，许多大陆现在所处位置并不代表其初始位置，而是经过了或长或短的运移。

**大陆坡** continental slope 大陆架向海一侧，从陆架外缘较陆地下降到深海底的斜坡。简称陆坡。展布于所有大陆周缘，为全球性地形单元。大陆坡上界水深多为100～200米；下界往往是渐变1 500～3 500米水深，但在邻近海沟地带，陆坡下延至更深处。大陆坡宽度约为20～100千米以上，总面积计2 870万平方千米，占全球面积的5.6%。大陆坡坡度多为3°～6°，1 800米深度以上的平均坡度为4° 17′。大陆坡底质以泥为主，还有少量砂砾和生物碎屑。大陆坡基底为变薄的大陆型地壳。陆坡上还有褶皱、断裂构造，一些陆上构造线可延伸至陆坡。由于河流径流和海洋上升流作用，陆坡沉积物中可含有丰富的有机质，陆坡上有巨厚沉积层的地方具有良好的油气远景。陆坡区尚有锰结核、磷灰石、海绿石等矿产。在陆坡一些上升流区可形成渔场。

**大陆桥运输** land-bridge transport 以横贯大陆的铁路或公路运输系统作为中间桥梁，将大陆两端的海洋运输连接起来的一种连贯运输方式。国际货物多式联运的一种。

在21世纪初，世界上计有4条大陆桥路线：美国大陆桥路线、加拿大大陆桥路线、西伯利亚大陆桥路线和亚欧大陆桥路线。

大陆桥的主要特点是：①东西相连。跨越巨大地域和空间，在海洋运输的全过程中，加入一段横贯大陆的铁路运输，可降低运输成本。②运输方式多样化。以陆－陆为主，陆－海为辅，如铁路－铁路、铁路－公路、铁路－海运等方式。③全部4条大陆桥路线均以欧洲为目的地。④以集装箱运输为主，具有集装箱运输的主要优点。就大陆桥运输而言，其优点表现为，可加快货物的装卸，减少货损比例，节省包装材料，降低营运成本，简化货运手续，便利货物运输等。

**大陆性气候** continental climate 处于中纬度大陆腹地的气候。内陆沙漠是典型的大陆性气候地区。草原和沙漠是典型的大陆性气候自然景观。大陆性气候最显著的特征，是气温年较差和日较差很大。在气温的年变化中，最暖月和最冷月分别出现在7月和1月（南半球分别在1月和7月）。春季升温快，秋季降温也快，一般春温高于秋温。在日变化中，最高温度出现的时间早，通常在13～14时，最低气温一般出现在拂晓前后。大陆性气候的另一重要特征是降水量少，且降水季节和地区分布不均匀。大陆性气候影响下的地区，一般为干旱和半干旱地区，年降水量一般不到400毫米，甚至在50毫米以下。

**大陆政策** Kontinental Politik 19世纪70～80年代德意志帝国宰相O.von俾斯麦推行的外交政策。该政策确定统一后德国的主要活动舞台不是海外而是欧洲大陆，其重点是削弱和孤立法国，阻止其他大国结盟。普法战争后期，俄国几度扬言干涉，并与英国协商共同行动，构成对德国的最大威胁。在这一背景下，俾斯麦力图拉拢俄国，阻止法俄接近，以孤立法国；联合奥匈帝国，抑制俄国在欧洲的扩张；拉拢英国；加剧英俄对抗。从而构成极其错综复杂的外交网。80年代末随着德国帝国主义的兴起，德俄矛盾、德英矛盾加深，大陆政策破产，俾斯麦被迫辞职。1890年后，大陆政策让位于威廉二世的世界政策。

**大麻** *Cannabis sativa*; hemp 桑科大麻属的一种。一年生草本植物。又称线麻、白麻。古称汉麻、火麻等。一种古老的韧皮纤维作物。主要分布在欧亚两洲。中国主产区在东北三省及晋、冀、鲁、皖等省。

大麻属只有一种。中国依生育期的长短分为早熟和晚熟两个类型。茎挺直，茎高2～4米。叶多为掌状复叶，花单性，雌雄异株，形态各异。坚果，卵形，有棱。种子表面有纹。幼苗期，雄株叶色浅绿，顶梢略尖；雌株叶片肥大，叶色深绿，顶部大而平。成株后（见图），雄株节间较长，节数少，茎秆细，分枝少，出麻率高，品质较好；雌株节间短，节多，茎秆粗，分枝多，出麻率低，品质较差。大麻雌、雄性易受环境影响而发生逆转，出现雄株见雌花或雌株见雄花现象。20世纪苏联育成的雌雄同株大麻，便于同时收获。

纤维用大麻一般当雄株大多数开花完毕、茎基稍显黄色、雌株开始结实时，一次全部收获。收后去枝叶，分级扎捆沤麻。沤麻大都用水浸法：用20～25℃温水，浸5～7天；也有用雨露法的，即摊放麻地，日晒夜露，靠霉菌发酵脱胶。摊晒晾干后，用手工或机械剥麻。日本则用热水浸渍法脱胶，品质较优。

纤维白或黄色，有光泽，质地强韧，柔软性不及亚麻、苎麻。在东欧各国主要用作纺织原料，中国则多用于制作绳索、麻线、高级香烟纸和钞票纸。种子入药，称火麻仁，有滋润、止痛功效。种子约含油30%，蛋白质23%～25%，油可供食用、工业用，油粕可作饲料。

印度大麻是大麻的一个变种，其雌株花枝的顶端、叶、种子及茎中含大麻脂，经切碎、干燥制成卷烟吸用或咀嚼、鼻吸、吞服，可影响中枢神经系统，引起轻微的

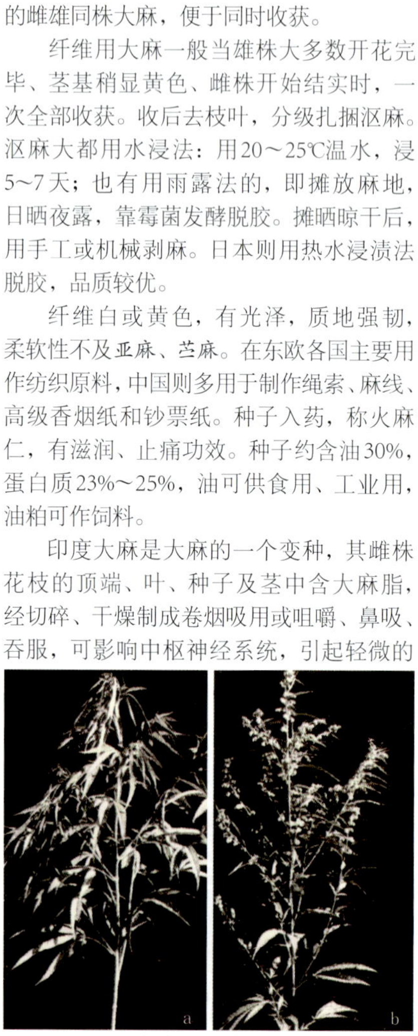


大麻植株（a为雌株，b为雄株）

欣快感，可催眠。经常使用可成瘾。国际性组织肯定此药品的危险性，并将其置于法律控制之下。

**大麻哈鱼** *Oncorhynchus keta*; salmon 鲑形目鲑科大麻哈鱼属的一种。又称大马哈鱼。名贵鱼类。主要分布于北太平洋的美国和加拿大沿海，白令海、鄂霍次克海和日本海，以及中国东北境内的黑龙江、乌苏里江、松花江下游、绥芬河、图们江等。

体长，侧扁。头稍平扁。吻端突出，下斜，生殖时期雄鱼吻部微弯。口大。上下颌各有一列锐牙。鳃盖条13～15。鳞小，侧线鳞132～148。体背青褐色，洄游入江后，渐深暗。生殖期雄鱼体侧有10～12条深浅不一的橘红色横带。

为冷水性溯河生殖洄游鱼类，根据溯河时间可分为夏型和秋型两个生物群，上溯至中国境内的只是秋鲑，且多在下游产卵，到达上游者仅为少数。受精卵孵化后，仔鱼潜伏在石砾间黑暗处，长至50毫米开始降河下海，达到成熟时再归入淡水河川，仍回原繁殖场地产卵。通常4龄性成熟，成鱼进入生殖期便不摄食。选择水质澄清、水流较急、水温5～7℃、底质为石砾的地方产卵。卵产在直径约1米、深30厘米的坑内。产卵后亲体瘦弱，7～14天后死亡。终生只繁殖1次。性凶猛，为肉食性鱼类，幼鱼吃底栖生物和水生昆虫，降海后主要食玉筋鱼、鲱等小型鱼类。

大麻哈鱼鲜鱼含脂量约为10.7%，肉色粉红、细嫩鲜美。可鲜销、冰鲜、盐渍、腌干或熏制。卵可制成名贵食品鱼子酱。鱼皮相当坚韧，适于制革，用以制作乌拉靴、皮夹和各种小型日用品。中国已将大麻哈鱼列为水产资源繁殖保护对象之一，每年10月1～20日为禁渔期。

**大马士革** Damascus; Dimashq 叙利亚首都，大马士革省首府，世界历史最悠久的古城之一。人口370万（2006）。位于拜拉达河两岸、外黎巴嫩山东麓，海拔708米。初建于公元前14世纪。7～8世纪为阿拉伯帝国倭马亚王朝（661～750）首都。13～14世纪，毁于蒙古人入侵。1516年起，并入奥斯曼帝国。1920年成为叙利亚（法国委任统治地）的首府。1946年叙利亚独立后定为首都。因受纵贯的黎巴嫩山脉之阻，水汽难入，形成准荒漠气候。干燥、炎热，平均年降水量不足200毫米，全国经济中心，工业以轻工业为主，有纺织、成衣、制鞋、家具、食品、印刷、水泥等，银嵌、

大马士革鸟瞰

丝绣、珠宝、铜器、皮革制品、玻璃制品等多种手工业兴盛，传统特产如大马士革钢（铸剑用）、大马士革锦缎等尤为驰名。城郊有绿洲农业。全国铁路、公路枢纽，和除以色列外所有邻国都有铁路相通。南郊有国际机场。拜拉达河横穿市区。旧城区在南岸，其中的古城连同城内所有建筑，1979年作为文化与自然遗产被列入《世界遗产名录》。新城街道宽阔，设有人民议会、政府、高等学校、国家博物馆等。

**大马士革博物馆** Damascus Museum 叙利亚最大的历史博物馆。位于大马士革拜拉达河畔。创建于1919年。1936年迁入现址。主要收藏希腊、东罗马及伊斯兰文物。展出公元前2000多年前定居叙利亚的也门人、迦南人、腓尼基人和公元前2000～前600年间先后征服过叙利亚的亚述人、波斯人、希腊人和罗马人的各种文物。陈列中最突出的是仿建公元前200多年前的原在叙利亚东北部幼发拉底河附近的一座庙宇和公元前100多年前原在巴尔米拉古城的一座陵墓。还陈列有公元前14世纪的雕像“扛壶的黑人”、公元前13世纪的乌加里特王妃牙雕头像，以及罗马时期的雕刻、彩色壁画、金饰和牙雕，拜占廷时期的金币和壁毯等。也有织有钱纹、山岳纹、骑马纹的中国汉代织锦。

**大马士革清真寺** Great Mosque of Damascus 伊斯兰教清真寺。位于叙利亚大马士革旧城中央。又称倭马亚清真寺。原址为

位于旧城中央的大马士革清真寺

由罗马神殿改建的圣约翰教堂。欧麦尔一世时改作清真寺，后遭毁坏。705年倭马亚王朝哈里发瓦利德（705～715年在位）重建，历时15年。全寺为长方形露天庭院，由3座封闭式圆顶建筑及三面拱顶长廊环抱而成。礼拜大殿位于院南，长136米，宽37米。其东侧圆顶建筑建于776年，藏有12世纪波斯人装置的一尊古钟；西侧一座建于787年，藏有《古兰经》古抄本。寺北有3座宣礼尖塔。1069～1893年，该寺曾3次被焚，现存建筑经过多次修葺和重建。寺旁有抗击十字军的著名将领萨拉丁的陵墓。该寺被公认为“伊斯兰教第四大圣寺”。

**大麦** *Hordeum vulgare*; barley 禾本科大麦属的一种。古称“牟”。一年生、越年生或多年生草本。大麦属有30多个种，中国已发现11个种，其中仅普通栽培大麦有栽培价值，为重要的饲料和酿造原料。

分布和类型 从南纬50°（新西兰）到北纬70°（挪威）的广大地区均有分布。中国西藏高原海拔4 750米的地方仍有大麦种植。欧洲栽培面积最大，其次为亚洲。根据小穗发育情况和结实性，栽培大麦可分为3个亚种：多棱大麦、中间型大麦和二棱大麦（见图）。根据棱型和带稃或裸粒的特征，分为皮大麦、裸大麦两类，多棱皮大麦、多棱裸大麦、二棱皮大麦和二棱裸大麦4个变种。农业生产上所称的大麦，一般系指皮大麦；裸大麦在不同地区有青稞、元麦、米大麦等俗称。

生物学特性 大麦生育期比小麦短。春大麦生育期为65～140天，冬大麦160～250天。属长日照作物。原产于高纬度地区的品种，对日照反应敏感；原产低纬度的则反应迟钝。种子发芽的最低温度为0～3℃，最适为18～25℃。分蘖的适宜温度为13～15℃，最低为3℃。越冬期间平均气温5～10℃时，有利于幼苗越冬和形成大穗。生长期间平均以16℃为宜，成熟期应不低于17～18℃，高于25℃则易引起早衰。主茎叶片数7～17片。主茎叶片与分蘖发生具有同伸关系。分蘖发生越早，叶片数越多，具独立根系，成穗率高，穗大粒多；分蘖晚的成穗率低。

大麦是典型的自花授粉作物。受粉后7～10天，子粒长足时便开始灌浆，以抽穗后20～30天间灌浆最快，到40天左右即已成熟。高原地区气温较低，灌浆期相应延长，故粒重较大。耐盐碱力较强，适宜的pH为6～8。

栽培管理 土壤条件要求耕层疏松深厚，喜排水良好的砂质壤土，忌潮湿与高温。北方地区需保墒防旱；南方地区宜筑深沟高畦，以利排水。撒播或窄行条播均可，也可采用宽幅条播或密点播。大麦分蘖发生和幼穗发育均早而快，因此要及时供给养分。苗期应根据苗情追施肥料，促进小穗发育，提高分蘖成穗率，减轻根叶早衰以及小穗退化。苗期需水较少，以保持田间持水量60%～70%为宜；但拔节、孕穗期间需水多，田间持水量可达70%～80%；抽穗后需水量渐减，灌浆成熟期喜少雨晴朗天气，田间持水量以70%左右为好。

大麦穗轴脆硬，易折断落粒，故须适期收割。食用、饲用大麦宜在蜡熟（又称黄熟）后期收割。啤酒大麦在完熟初期收获后及时脱粒、晒干，可使子粒色泽正常，发芽率高。留种田则应于完熟期收获。

用途 主要用作饲料，饲用价值相当于玉米。猪的肥育后期掺喂大麦，可提高瘦肉率。以幼嫩植株作饲草或制成干草作饲料，适口性好，且易消化。少数国家用作粮食。中国藏族人民的主食“糌粑”即用炒熟的青稞磨粉制成。欧美各国常制成大麦片或大麦粉供食用。大麦可制作麦芽，富含淀粉、糖类、多种氨基酸和淀粉酶，主要用以酿制啤酒，也可制麦芽糖和糊精。

a 六棱 b 四棱 c 二棱

不同类型的大麦穗形

酒糟、饴糖渣等大麦加工副产物富含蛋白质和维生素，是较好的饲料。此外，大麦还可用于制作麦曲、饴糖、酱油、味精以及饼干、麦乳精等。麦芽入药可治消化不良、伤食、积食、胃满腹胀等。焦大麦芽入药，可清暑祛湿、解渴生津。大麦茶是防暑降温的清凉饮料。茎叶可编织草帽和各种工艺品，并可用作绿肥。

**大明宫** Daming Palace 中国唐长安城三座宫城之一。位于今陕西西安城北龙首原上。曾名永安宫、蓬莱宫，以大明宫一名使用的时间为最长，又称东内。规模大于太极宫和兴庆宫。创建于太宗贞观八年（634），高宗时又进行大规模营建。自龙朔三年（663）起成为皇帝主要居住和听政之所。唐末毁于战火。1957年起进行勘察和发掘。1961年国务院公布为全国重点文物

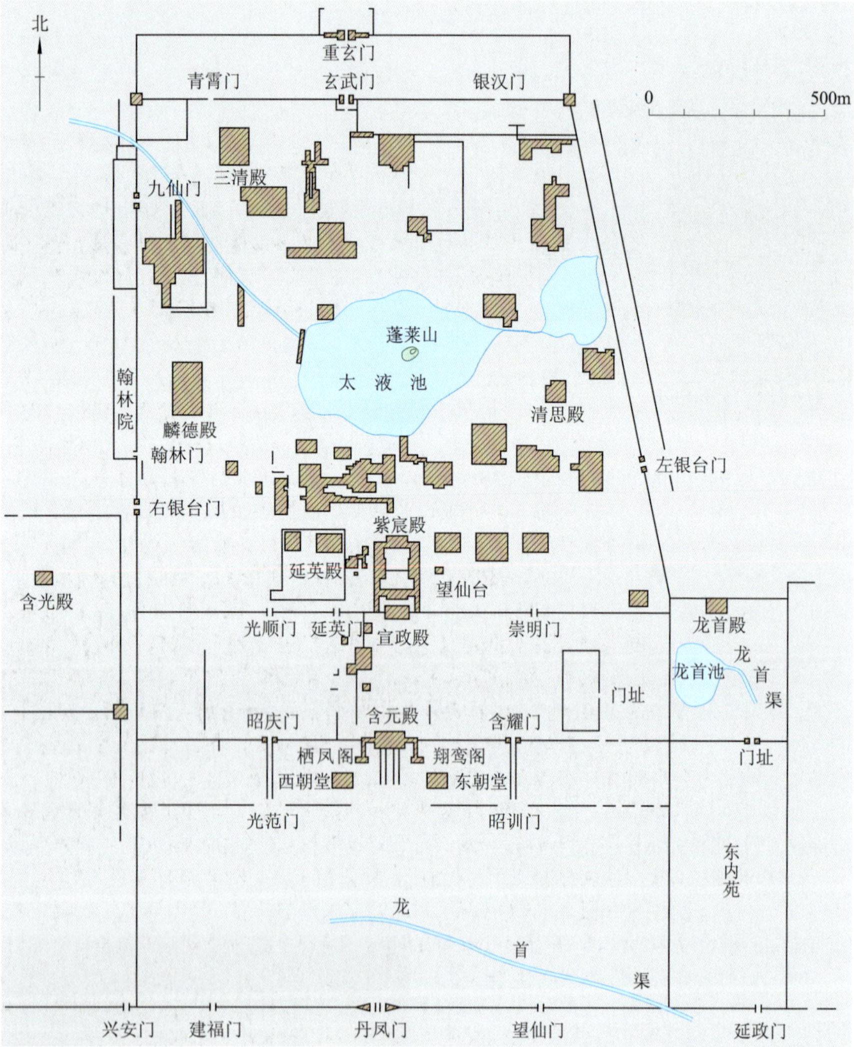


大明宫平面图

保护单位。

大明宫的平面，南部呈长方形，北部呈梯形。南宫墙借用长安城郭城北墙的一部分，长1 674米，西宫墙长2 256米，总面积约3.2平方千米。宫墙除城门附近和拐角处于表层砌砖外，余皆为版筑夯土墙。北、东、西宫墙外侧有夹城，宫南部有两道东西向的宫墙。宫城四面设门，南墙正门丹凤门与北墙正门玄武门之间的连线为宫城中轴线。宫南部为政务区，有含元殿、宣政殿和紫宸殿沿中轴线自南向北排列。三大殿以北是以太液池为中心的宫廷园林居住区。含元殿为大明宫主殿，皇帝举行外朝大典之所。高宗龙朔二年始建，翌年建成，为中国古代最著名的宫殿建筑之一。由殿堂、两阁、飞廊、大台、殿前广场和龙尾道等组成。殿堂为主建筑，位于三层大台上，高出殿前广场10余米。主殿台基东西长76.8米、南北宽43米；殿堂面阔11间，四周有围廊。殿堂东南、西南有翔鸾、栖凤两阁，有飞廊与殿堂相连。殿堂前面有自殿前广场逐层登台的龙尾道。整个建筑群主次分明，气势威严壮观。大明宫主殿含元殿之南600米处有丹凤门，是大明宫的正南门，也是皇帝在东内举行登基、改元、宣布大赦等外朝大典的场所。

麟德殿位于太液池之西，是皇帝举行宴会和接见外国使节的便殿。台基南北长130米、东西宽80余米，上有前、中、后毗连的三殿。整个建筑面积达12 300多平方米，规模十分宏伟。李唐王朝信奉道教，尊老子为始祖，大明宫中有三清殿、大角观、玄元皇帝庙等，均为道教建筑遗址。

太液池又名蓬莱池，位于宫城北部中央，分西池和东池两部分。西池为主池，面积较大，平面椭圆形，东西最长484米、南北最宽310米，池中央有蓬莱岛。东池面积较小。据考古发掘可知，池岸经过夯筑，池岸底部有保护堤岸的木桩。太液池周围有水渠、廊子、道路、叠石等。

大明宫遗址内出土有砖瓦、鸱尾、石螭首、琉璃瓦等建筑构件，及“官”字款白瓷、鎏金铜饰等珍贵文物。

**大明湖** Daming Lake 中国小清河上源。位于山东济南市区北部。大明湖最早见诸文字在1400多年前北魏**郦道元**所著《水经注》中。隋唐时称历水陂、莲子湖，宋时称西湖，金代称大明湖。周长约4千米，平均水深2米，湖面0.52平方千米。湖水由珍珠、濯缨、芙蓉等泉泉水补给。湖水清澈，湖周围有遐园、北极阁、南丰祠、铁公祠、小沧浪、辛稼轩纪念祠等名胜古迹，湖中有历下亭，为济南市风景名胜区。

**《大明律》** *Statutes of Great Ming Dynasty* 中国明朝的主要刑法典。正式颁行于明太祖洪武三十年（1397），共30卷，460条。

明律无论形式或内容都较前代法律多有创新和发展。《大明律》以六部分类，使古来律式为之一变，适应君主专制主义的强化和商品经济发展的需要，其惩治经济、行政、军事方面犯罪和诉讼制度方面的立法，较前代更为发达；在定罪量刑上，体现了“世轻世重”、“轻其轻罪”、“重其重罪”的原则；逐步形成和实行律例合编、律例并用，使统治集团得以在保障律典长期稳定不变的前提下，更能灵活地适时立法，发挥其在治国实践中的效用。正由于如此，明律的内容大多为清律所沿袭，并对日本、朝鲜、越南等国家的法律制度产生了重大影响。

**大明山** Daming Mountain 中国广西山地之一。位于自治区中部偏西，红水河与右江之间。西北—东南走向，长约60千米，宽约25千米，与东面的**大瑶山**等合成广西弧形山脉。北回归线通过大明山区。山体海拔1 000米左右，主峰龙头山海拔1 760米，是桂中地区最高峰。山体断层发育，内部多断层所成的陡崖、深谷，山势峭拔险峻。有5个古夷平面保存完整，地势起伏较小。壮丽磅礴的山巅云海，引人入胜的“大明仙境”，精彩出奇的龙泉飞瀑，盛夏无暑的宜人气候，种类繁多的珍稀动植物，使大明山成为游览胜地。大明山又为广西多雨中心之一，平均年降水量约2 000毫米。山中多云雾，特产明山茶。

**大摩拉维亚国** Great Maravian State 9～10世纪西斯拉夫人建立的早期封建国家。又称大摩拉维亚波希米亚公国。由莫吉米尔一世（约818～846年在位）创建。罗斯蒂斯拉夫公爵在位时（846～870），领有摩拉维亚、波希米亚、西里西亚、斯洛伐克西部和波兰南部等地。首都是摩拉维亚南部的韦莱赫拉德。9世纪60年代末70年代初，一度被日耳曼封建主占领。斯瓦托普卢克公爵在位时（870～894）为大摩拉维亚国鼎盛时期，疆域扩展到班诺尼亚（多瑙河中上游流域）。莫吉米尔二世（894～906年在位）即位后，封建割据日甚，内讧加剧，国势渐衰。895年，波希米亚的捷克部族脱离大摩拉维亚国。906年大摩拉维亚国为匈牙利游牧民族所灭。

**大脑** cerebrum 脊椎动物中枢神经系统的最高级部分。又称端脑。由左、右两半球组成。人类的大脑占脑的绝大部分，是控制运动、产生感觉及实现高级脑功能的高级神经中枢。人类的大脑半球由于高度发展，它覆盖在间脑、中脑和小脑的上面。左、右大脑半球由大脑纵裂将其不完全分离开，大脑纵裂的底部有胼胝体将两半球连接在一起。每侧大脑半球的表面有凸起的回和凹进的沟，这些沟和回增加了大脑半球的表面积。借助这些沟回可将大脑分为额叶、顶叶、枕叶、颞叶和岛叶5叶。大脑内部结构的表层是大脑皮质；深方为髓质；深部髓质中包有若干灰质团块，称基底核；大脑半球内的室腔为侧脑室，内有脑脊液。脊椎动物的端脑在胚胎时是神经管头端薄壁的膨起部分，以后发展成大脑左、右两半球，主要包括大脑皮层和基底核两部分。大脑皮层是被覆在端脑表面的灰质，主要由神经元的胞体构成。皮层的深部由神经纤维形成的髓质（属白质）构成。髓质中又有灰质团块即基底核，纹状体是其中的主要部分。大脑皮质具有控制运动和分析感觉信号的功能。根据细胞构筑的不同，可把大脑皮质分为若干区，如视区、听区、体感区、运动区、语言区和联络区等。其中语言区是人类大脑皮质特有的区域。

**《大闹天宫》** *Uproar in Heaven* 中国彩色动画片。上海美术电影制片厂1961年（上集）、1964年（下集）摄制。由李克弱、万籁鸣根据古典小说《西游记》改编。导演万籁鸣，美术设计张光宇。影片的人物动作吸取了中国戏曲的表演程式，对话也采用京剧的道白，以民族器乐伴奏，以锣鼓打击乐渲染气氛，使影片具有鲜明的民族特色。1962年获捷克斯洛伐克第13届卡罗维发利国际电影节短片特别奖，1963年获中国第2届《大众电影》百花奖最佳美术片奖。该片下集于“文化大革命”后开始与上集一起公映。1978年获英国伦敦国际电影节最佳影片奖，1980年获第2次全国少

《大闹天宫》剧照

年儿童文艺创作评奖委员会一等奖，1982年获厄瓜多尔第5届国际儿童电影节三等奖，1983年获葡萄牙第12届格拉达福兹国际电影节评委奖。

**大鲵** *Andrias davidianus*; Chinese giant salamander 隐鳃鲵科大鲵属的一种。俗称娃娃鱼。分布于中国河南、山西、陕西、甘肃、青海、四川、云南、贵州、湖北、湖南、安徽、江苏、浙江、江西、福建、广东、广西等省区。日本分布有日本大鲵一种。全长一般1米左右，大者可达2米以上，体重可达数十千克。头体扁平，头长略大于头宽；外鼻孔小，近吻端；眼很小，无眼睑。口裂大，上唇唇褶在口后部可见。犁骨齿列与上颌齿平行排列。舌大且与口腔底部粘连。躯干粗扁，皮肤较光滑，头部背腹面疣粒成对，在眼周围、口角后方、咽喉部、颈侧排列整齐。体侧有厚肤褶及疣粒，其他部位皮肤光滑。无颈褶，肋沟不显。四肢粗短，后缘有肤褶。尾背鳍褶高而厚实。尾末端钝圆或钝尖。体色变异大，多为棕褐色或浅黑褐色等，多有黑褐色斑，少数无斑，体腹面灰棕色。

多生活在海拔1 000米以下的溪河中，最高可达海拔4 200米。常栖于平缓溪河的石灰岩洞穴内或深潭中。以水栖为主，多单独栖息。白天很少活动，偶尔上岸晒太阳，夜间活动频繁。以蟹、鱼、蛙、水蛇、虾、水生昆虫等为食。繁殖季节在7～9月，一般产卵300～600粒，多者可达1 500粒，卵排列成念珠状，可长达36米左右，卵乳白色。胚胎孵化期33～40天，幼鲵在自然环境中多栖于浅水处的石块下。饲养条件下寿命可达55年。大鲵是珍贵的观赏动物，是研究动物系统发育的好材料，被列为国家二级保护动物。

**大年夜** New Year's Eve 中国农历岁末的最后一个晚上。见除夕。

**大奴湖** Great Slave Lake 加拿大第二大湖。位于国土西北地区南部，近艾伯塔省边界。面积28 568平方千米。湖面海拔156米。原系构造洼地，经第四纪冰川挖蚀而成。湖形不规则，岸线曲折，多湖湾。湖水深而清澈，最大深度614米。有多条河流注入，其中从东南部注入的奴河最重要。湖水从西端流出，称马更些河。湖中多岛屿。气候严寒，湖面结冰期较长。渔业较盛，产白鱼、湖鳟等。南岸附近蕴藏铅、锌、金等矿，派恩波因特是采矿中心。东北岸的耶洛奈夫为西北地区首府和金矿开采中心。

**大鹏湾** Dapeng Bay 中国广东省东南部海湾。位于深圳市东南，香港九龙半岛以东。面积为400多平方千米。三面为山环抱，湾口敞开，有沱泞列岛、果州群岛为天然屏障，湾内有南澳、沙头角等港口，是优良避风港湾，广东省旅游胜地。

**大平原** Great Plains 北美洲中西部地形区。北及北冰洋沿岸的马更些河三角洲，南抵美、墨边境的格兰德河，西达落基山脉，东与劳伦琴低高原、内陆低原毗邻。大平原南北纵贯美国10个州和加拿大草原三省及西北地区，总面积约320万平方千米。地质构造上属中部地台一部分，在前寒武纪结晶岩基底上覆盖深厚后期沉积层。地势由西向东低斜，除局部地段为穹地、火成侵入体或劣地间断外，地面起伏缓和。大平原北部地势相对较低，冰川地貌广布；南部地势较高，称高平原，以风成地貌为主。在美国境内，大平原海拔高度从落基山东麓的1 500～1 800米向东递减至460米；在加拿大境内，自西向东分别为艾伯塔平原（950～1 300米）、萨斯喀彻温平原（600～750米）和马尼托巴低地（300米）。河流多源出落基山区，自西向东流。大平原大部分属温带和亚热带半干旱气候，年降水量250～750毫米，自东向西递减，自然景观以草原为主。蕴藏石油、天然气、煤、钾盐、硫磺等矿。美、加两国的主要农牧业区，盛产小麦、高粱、亚麻、甜菜等，养牛、养猪业发达。

**大平正芳** Ōhira Masayoshi (1910-03-12～1980-06-12) 日本内阁总理大臣（1978～1980）。生于香川县，卒于东京。东京商科大学（今一桥大学）毕业。曾参加基督教青年会和救世军的活动。1960年任内阁官房长官，1962年在池田内阁中任外务大臣。在田中内阁时期，他为日本与中华人民共和国的关系正常化铺平了道路。1978年在自民党支持下当选为首相。任职期间，他克服了日本的第二次能源危机，在外交方面为加深与各国友好亲善关系和维护世界和平作出了贡献。

**大气** atmosphere 包围地球的空气总体。地球上一切生命赖以生存的重要物质。不仅随地球一起转动，而且相对于地球表面有复杂多变的运动。大气总质量约为5.32×$10^{18}$千克，约占地球总质量的百万分之一，其中99.9%集中在距地表48千米以下。大气的密度和气压均随高度按指数律递减。接近地表的干燥空气，在标准状态（气压为1 013.25百帕，温度为273K）下每立方分米重1.293克。海平面平均气压约1 013

百帕。

成分　大气是以氧、氮为主的混合气体，其中还有呈悬浮状态的气溶胶质粒，包括液态（霾滴、云雾滴）、固态（烟炱、尘、花粉、孢子、真菌、细菌等）质粒。高度在86千米以下的大气层，大气的化学组分比例不变，称均质层。高度约110千米以上的大气层，称为非均质层，这层大气的组分经重力分离后，轻的在上，重的在下。离地表86～110千米为均质层到非均质层的过渡层。均质层内的空气不考虑水汽和气溶胶质粒时，称为干洁空气，其平均摩尔质量为28.96千克/千摩。干洁空气中主要常定成分氮、氧、氩占大气总体积的99.96%，其余气体如氖、氦、氪、氢、甲烷等均属微量。均质层内可变气体成分主要有：①水汽。含量随时空变化很大，沙漠或极地上空水汽极少，热带洋面上的水汽可达5%（体积比）以上。水汽可发生相态变化，因而是天气变化的主要角色。②二氧化碳。在大气中的含量为0.03%（体积比），随着工业发展、人口增长和森林覆盖面积的减少，有增加趋势。二氧化碳具有强烈的红外辐射吸收和发射作用，是主要温室气体。③臭氧。主要分布于距地表10～50千米高度，尤其集中在20～25千米高度（见大气臭氧层）。臭氧强烈吸收太阳紫外辐射并有局地增温作用，也使地面生物免受过量太阳紫外辐射的伤害。

分层　根据大气温度随高度的分布特征，大气圈由地面向上可分成对流层、平流层、中间层、热层、外逸层。根据大气的电离特性，大气圈可分成中性层（或非电离层）、电离层和磁层（见地球磁层）。

**大气臭氧层**　atmospheric ozonosphere　大气中臭氧集中的层次。一般指高度在10～50千米的大气层，也有指高度在20～30千米臭氧浓度最大的气层。臭氧是大气中的微量成分，即使在臭氧浓度最大的层次，所含臭氧对空气的体积比也不过为百万分之几。将它折算到标准状态（气压1 013.25百帕，温度273K），臭氧的总累积厚度为0.15～0.45厘米，平均约0.30厘米。臭氧能吸收大部分太阳紫外辐射，使地球上的人类和其他生物不至于被强烈的太阳紫外辐射所伤害；吸收太阳紫外辐射而引起的加热作用，还影响着大气的温度结构和环流。

人类活动所产生的微量气体，如氮氧化物和氯氟碳化物（CFCs）等，有破坏大气臭氧的作用。20世纪80年代中以后发现的南极臭氧洞，反映出人类活动无意识影响自然的严重后果。国际社会正在寻找适当的方法以保护大气臭氧层。

**大气电场**　atmospheric electric field　存在于大气中而与带电物质产生电力相互作用的物理场。地面带着负电，而大气中含有净的正电荷，所以大气中时刻存在电场，其方向指向地面，强度随时间、地点、天气状况和离地面的高度而变。按天气状况可分为晴天电场和扰动天气电场。

晴天电场　是作为参考的正常状态的大气电场，电场方向铅直朝下。晴天电场随纬度而增大，称为纬度效应。就全球平均而言，电场强度在陆地上为120伏/米，在海洋上为130伏/米。在工业区，由于空气中存在高浓度的气溶胶，电场强度会增至每米数百伏。晴天电场具有日和年两种周期性的变化。在海洋和两极地区，电场日变化和地方时无关，在世界时（格林尼治平太阳时）19时左右出现极大值，04时左右出现极小值，呈现一峰一谷的简单波状，振幅约达平均值的20%。但对大多数陆地测站而言，电场日变化和地方时有密切关系，通常存在两个起伏，地方时04～06时和12～16时出现极小值，07～10时和19～21时出现极大值，振幅约达平均值的50%。电场的年变化，在海洋上不明显；而在南、北半球陆地，冬季出现极大值，夏季出现极小值。

在地表和电离层两个良导电面之间形成的晴天电场，其值以地表为最大，随高度按指数律迅速减小，在10千米高处约降至地表值的3%。大气相对于地球的电位，一直到20千米左右都随高度增加，达到$3\times10^5$伏，再往上大气电场很小。

扰动天气电场　扰动天气电场同气象要素的变化有关。当存在激烈的天气现象（如雷暴、雪暴、尘暴）时，大气电场的数值和方向均有明显的不规则变化。高云对电场的影响不大，低云则有明显的影响，雷雨云下面的大气电场，甚至可达$-10^4$伏/米。在层状云和积状云中，电场的大小和方向变化很大，通常出现场强约为每米数百伏，雷雨云中还要大2～3个量级。

**大气化学**　atmospheric chemistry　研究大气组成和大气化学过程的学科。大气科学的一个分支。研究的对象包括大气的化学组成、大气微量气体、气溶胶、大气放射性物质和降水化学等。研究的空间范围涉及对流层和平流层，即约50千米高度以下的整个大气层。

大气化学的研究内容主要有：①大气的化学组成及地球大气的形成和演变。主要包括对流层和平流层大气中的主要成分和微量成分的组成、含量、起源和演化等问题。②平流层化学。主要研究集中在平流层臭氧含量的全球观测，平流层光化学理论，人类活动产生的氯氟碳化物、甲烷及非甲烷烃的光化学反应理论以及有关反应速率常数的测定，太阳活动与平流层臭氧光化学平衡的关系，以及臭氧全球输送动力模式等。③气溶胶化学。主要研究集中在气溶胶的化学组成、气溶胶的形成和转化机制、非均相化学反应过程、气溶胶的辐射特性及其在地球气候系统中的作用、气溶胶在云雾降水过程中的作用及其对酸雨形成的影响等。④降水化学。主要包括降水的化学组成，云水、雨水采样方法及分析技术，酸雨形成机制，酸雨对生态系统的影响等。大气化学的研究方法是数值模拟、理论研究、实验室实验和现场观测相结合的方法。

**大气环流**　general circulation of atmosphere　大范围的大气运动状态。就地理范围而言，有某大地区（如欧亚地区）、某半球（如北半球）或全球范围的大气环流；就铅直层次来说，有对流层、平流层、中间层或整个大气圈的大气环流；就时间尺度而言，有一至几天、一月、一季、半年、一年的直至多年平均的大气环流。大气环流既是地-气系统进行热量、水分、角动量等的交换和能量转换的重要机制，又是这些物理量输送、平衡和转换的重要结果。

水平环流　在大气水平面上，由平均纬向风速和平均经向风速构成的大气环流。大体上看，是沿纬圈方向绕地极的运行状态。通常冬半球强，夏半球弱。

纬向环流　在南北-铅直剖面上，由平均纬向风速构成的大气环流。在对流层的低纬度地区，常盛行东风，称为东风带或信风带（在北半球为东北信风，在南半球为东南信风），其范围随高度减小；在中高纬度地区则盛行西风，称为西风带，其所跨的纬度较东风带为宽。西风带的强度随高度逐渐增大，最大西风通常出现在纬度30°～45°上空气压为200百帕附近的层次，称为西风急流。在平流层，冬半球多为西风，夏半球多为东风。

经圈环流　在南北-铅直剖面上，由平均经向风速和平均铅直速度构成的大气环流。通常，在对流层的每个半球上都存在三个经圈环流，称为三圈环流。其中，低纬度地区和高纬度地区都为正环流或直接环流，又称哈得来环流；中纬度地区为反环流或间接环流，又称费雷尔环流。低纬正环流和中纬反环流相接的下沉气流区与副热带高压带的平均纬度相吻合，而中纬反环流和高纬正环流相接的上升气流区与极锋的平均纬度一致。

**大气活动中心**　atmospheric center of action　月平均海平面气压分布图上巨大的高、低压系统。由于这些系统在月平均图上出现，表明它们是经常影响某些地区大气环流的系统，故称为大气活动中心。四季均存在的称为永久性大气活动中心，仅在一定季节出现的称为半永久性大气活动中心。常见的大气活动中心在南半球有南太平洋高压、南大西洋高压、南印度洋高压，它们均是永久性大气活动中心。澳大利亚附近因受大陆影响，冬季为高压，夏季为低压，是半永久性大气活动中心。北半球半永久性大气活动中心有北太平洋高压（又称夏威夷高压）、北大西洋高压（又称亚速尔高压）、西伯利亚高压、赤道低压、亚洲低压（又称印度低压）、阿留申低压和冰岛低压。

**大气科学** atmospheric sciences 研究大气的各种现象及其演变规律，以及如何利用这些规律为人类服务的学科。地球科学的分支学科。研究对象主要是覆盖整个地球的大气圈，以及大气圈与水圈、岩石圈和生物圈的相互关系。此外，还研究太阳系其他行星的大气圈。

发展概略 早在渔猎时代和农业时代，人们就逐渐积累起有关天气、气候变化的知识。中国在公元前2世纪见于《淮南子·天文训》和《逸周书·时训解》的二十四节气和七十二候，就是从生产和生活实践中总结出来的。17世纪以前，人们对大气以及大气中各种现象的认识是直觉的、经验性的。17～18世纪，大气科学研究开始由单纯定性的描述进入可以定量分析的阶段。1820年，H.W.布兰德斯绘制历史上第一张天气图，开创近代天气分析和天气预报的方法。1835年科里奥利力的概念和1857年C.H.D.白贝罗提出的风和气压的关系，成为地球大气动力学和天气分析的基石。1920年前后，气象学家J.皮耶克尼斯、H.索尔贝格和T.H.P.伯杰龙等提出的锋面、气旋和气团学说，为天气分析和预报1～2天以后的天气变化奠定了理论基础。20世纪30年代无线电探空仪开始普遍使用，真正三度空间的大气科学研究从此开始。1939年气象学家C.-G.A.罗斯比提出长波动力学，并由此引出位势涡度理论，使有理论依据的天气预报期限延伸到3～4天，且为数值天气预报和大气环流的数值模拟开辟了道路。1946年I.朗缪尔、V.J.谢弗和B.冯内古特的“播云”试验，探明在过冷云中播撒固体二氧化碳或碘化银，可以促进降水，从此进入人工影响天气的试验阶段。50年代以后，各种新技术特别是电子计算机和气象卫星的采用，使大气科学有了突飞猛进的发展，主要表现在以下两个方面：①采用气象卫星、气象火箭和激光、微波、红外等遥感探测手段以及各种化学痕量分析手段等新技术，使大气科学研究进入宏观愈宏、微观愈微的新阶段。②电子计算机的使用，使大气科学研究进入定量和试验研究的新阶段。

研究特点 ①大气科学研究不能仅限于大气圈。大气圈中发生的各种变化，都受地球表层水圈、冰雪圈、岩石圈和生物圈的影响。研究大气运动的能源，大气中的物质循环、能量转换和变化过程，大气环流及天气、气候的分布和变化，都必须考虑大气圈同水圈、冰雪圈、岩石圈、生物圈之间的相互影响和相互作用。②大自然是大气科学研究的实验基地。研究大气主要是以大自然为实验室，组织从局地到全球的气象观测网，采用多种探测手段，获取长期连续的观测资料，进行分析和综合研究。③国际合作是推动大气科学发展的必要途径。全球大气在不停地运动着，而且是一个整体。为掌握全球大气的各种信息，必须在站网布局、观测项目、资料处理、信息传输等方面作出全球的统一规划和协调。分布在全球各地的气象站，要在相同的时间、用接近相同的仪器和观测方法进行同步观测；气象卫星、气象雷达等探测手段观测的大量资料，需要在极短时间内进行处理，传递到世界气象中心和各国的气象中心。资料的范围大、数量多、传递要求快。这一切只有通过国际间的密切合作才能实现。

学科分支 大气科学的分支学科主要有：①大气探测。研究探测地球大气中各种现象的方法和手段的学科。②气候学。研究气候的特征、形成和演变以及气候同人类活动相互关系的学科。③天气学。研究大气中各种天气现象发生发展的规律以及如何应用这些规律来制作天气预报的学科。④动力气象学。应用物理学和流体力学定律及数学方法，研究大气运动的动力和热力过程及其相互关系的学科。⑤大气物理学。研究大气的物理现象、物理过程及其演变规律的学科。⑥大气化学。研究大气组成和大气化学过程的学科。⑦人工影响天气。研究通过影响云和降水的微物理过程使某些大气现象、大气过程发生改变的技术和方法。⑧应用气象学。将气象学的原理、方法和成果应用于农业、生态、水文、航海、航空、环境、军事、医疗等方面，同各个专业学科相结合而形成的边缘性学科。

**大气能见度** atmospheric visibility 视力正常的人能从背景（天空或地面）中识别出具有一定大小的目标物的最大距离。又称气象视程。以千米或米为单位。按观测者与目标物所在高度和相对位置，可分为水平能见度、斜视能见度和铅直能见度。气象观测中的能见度一般指水平能见度，即水平方向上的有效能见度。有效能见度是指四周视野中一半以上范围都能看到的最大水平距离。航空部门也常用斜视能见度和垂直能见度。能见度的好坏取决于观测者与目标物之间的大气透明度（它随大气及其所含杂质对光的散射和吸收的强弱而变化）、目标物和它所投影的背景面上的视亮度对比以及观测者的视觉感应能力。能见度目标物要分布在各个方向、不同距离上。白天应尽可能选以天空等为背景的大小适度的目标物，把勉强可见的目标物的距离（可利用地图等测定）作为能见度。夜间则观测一定强度的灯光的能见距离，折算出相当于白天的能见度。能见度在交通运输、航空、航海、军事活动、大气污染和大气物理研究中应用广泛。

**大气圈** atmosphere 在地球引力作用下聚集在地球表面周围的气体圈层。又称大气层。位于水圈和岩石圈之上，是地球的一部分。自地球表面向上，大气圈可延伸到几千千米的高空。大气圈没有确切的上界，在2 000～16 000千米高空仍有稀薄的气体和基本粒子。其密度要比地球的固体部分小得多。大气圈的总质量约为$5.32 \times 10^{18}$千克，约占地球总质量的百万分之一。已经存在约46亿年。大气圈有一定的净化能力，少量的污染物会在大气中被逐渐清除，但是如果污染程度超过大气的净化能力，最终将改变大气的原有性质，直接威胁人类。大气圈、水圈、岩石圈和生物圈互相交错，它们相互影响、相互作用，组成一个巨大的复杂的自然综合体。见大气。

**大气散射** atmospheric scattering 电磁波同大气分子或气溶胶等发生相互作用，使全部或部分入射能量偏离传播方向，以一定规律在各方向重新分布的现象。其实质是大气分子或气溶胶等粒子在入射电磁波的作用下产生电偶极子或多极子振荡，并以此为中心向四周辐射出与入射波频率相同的子波，即散射波。散射波能量的分布同入射波的波长、强度以及粒子的大小、形状和折射率有关。

光和粒子的相互作用，按粒子同入射波波长的相对大小不同，可以采用不同的处理方法：当粒子尺度比入射波波长小得多时，可采用比较简单的瑞利散射公式；当粒子尺度与入射波波长可相比拟时，要采用较复杂的米散射公式；当粒子尺度比入射波波长大得多时，则用几何光学处理（见光散射）。由于瑞利散射的强度与波长四次方成反比，所以太阳光谱中紫光的散射比红光强得多，这就造成大气的散射光谱（散射光能量按波长的分布）对于入射的太阳光谱而言，向短波方向移动。因太阳光谱在短波段中以蓝光能量最大，所以在晴空大气浑浊度小时，在大气分子的强烈散射作用下，天空即呈现蔚蓝色。但当大气浑浊时，由于大气气溶胶的米散射作用，散射光强与波长没有显著的关系，从而使天空呈现灰白色。另外，在气溶胶粒子强烈的前向散射作用下，使得太阳周围的天空特别明亮，这就是日周光。由于大气密度随高度增加急剧降低，大气分子的散射效应相应为之减弱，天空的颜色也随高度由蔚蓝色变为青色（约8千米）、暗青色（约11千米）、暗紫色（约13千米）、黑紫色（约21千米），再往上，空气非常稀薄，大气分子的散射效应极其微弱，天空便为黑暗所湮没。

**大气湍流** atmospheric turbulence 空气质点作无规则运动的一种状态。一方面，认为湍流是一种随机运动；另一方面，由于湍流是在确定的非线性系统中产生的，它有很多运动的规律。因此，研究湍流要将不规则的随机性和规则的确定性联系起来。而促使将随机性和确定性联系在一起的就是混沌。从整体上来说，大气运动是湍流运动。当然，大气湍流的发生还应具备一定的热力学和动力学条件。

与分子运动类似，大气湍流运动造成动量的输送就形成湍流黏性，造成热量的输送就形成湍流热传导，造成质量的输送就形成湍流扩散。湍流黏性在大气边界层中极为重要，湍流热传导和湍流扩散在整个大气对流层均很重要。在大气边界层中发生的湍流通常称为边界层湍流，在大气对流层上部的急流区内发生的湍流通常称为晴空湍流，在大气对流云云体内发生的湍流通常称为对流云湍流。

**大气污染** air pollution 大气环境质量恶化，导致对人体健康、生态系统或材料产生不良影响和负面效应的现象。进入大气中的污染物会发生传输、转化、积累、沉降等物理的、化学的和生物的复杂过程，引起一系列局地的、区域的，甚至全球的环境影响与变化。大气污染的形成，除污染物的排放以及随后在大气中的化学转化因素外，与大气物理因素如辐射、气象（如风速、风向、大气稳定度）等密切相关。

大气污染按大气污染物的化学特征分为：①二氧化硫和酸沉降。主要由煤炭燃烧排出的二氧化硫、颗粒物等污染物以及随后发生化学反应而生成的如硫酸和硫酸盐等物，在城市逆温和湿度大的条件下，造成严重的健康危害，如伦敦烟雾事件。这些物质可能通过在云中形成凝结核和云下冲刷的方式（湿沉降）进入降水，或通过与地球表面直接接触的方式（干沉降）造成酸沉降。②城市和区域光化学烟雾。氮氧化物、一氧化碳和碳氢化物等在日光下发生光化学反应，产生臭氧、过氧乙酰硝酸酯（PAN）及一些过氧化物和细颗粒等，在大气中形成淡蓝色的氧化性极强的污染气团。③颗粒物污染。颗粒物不仅影响大气能见度，而且通过影响辐射阻挡太阳光进入地表。颗粒物进入人体会对健康造成很大的影响。④复合污染。多种来源的污染物在大气中相互作用，造成复杂的大气污染现象。燃煤、石油燃烧或化工以及风沙扬尘等释放或转运的污染物如二氧化硫、颗粒物以及化学反应生成的臭氧等，同时以很高的浓度在大气中存在，它们的形成和转化相互交错，引起的环境效应相互协同或拮抗，构成独特的复合污染。⑤特殊大气污染。由某种特殊原因或特殊的污染物所引起的大气污染。如印度博帕尔农药厂泄漏异氰酸甲酯等。

**大气污染防治** air pollution control 以大气质量标准和大气污染物排放标准为依据，采取工程措施，对各种大气污染源和污染物实施防治以改善大气质量。

减少或防止污染物的产生 主要措施：①改变能源结构，采用清洁能源（如天然气、沼气等）和可再生能源（如太阳能、风能和生物质能）；②对燃料进行前处理（如燃料脱硫、洗煤、煤的气化和液化），以减少燃烧时大气污染物的生成；③改进燃烧技术和装置、运转条件，以提高燃烧效率和降低大气污染物的排放；④实施清洁生产，节约原材料与能源，尽可能不用有毒原材料，并在全部排出物和废物离开生产过程以前就减少它们的数量和毒性；⑤节约能源和开发资源综合利用；⑥加强企业管理，减少无组织排放和事故排放；⑦改善土地利用方式，减少地面扬尘。

控制污染物的排放 设计安装必要的净化装置，使污染物的排放浓度和排放总量达到国家或地方标准。主要方法有：①利用各种除尘器去除烟尘和各种工业粉尘；②采用物理、化学、物理化学、生物等各种方法回收利用废气中的有用物质，或使有害气体无害化。

利用环境的自净能力 在排出的污染物总量恒定的情况下，环境空气中污染物浓度在时间和空间上的分布与气象条件有关。认识和掌握气象变化规律，充分利用大气的稀释与自净能力，可以降低大气中污染物的浓度或持续时间，避免或减少大气污染危害。

其他措施 在城市和工业区有计划、有选择地扩大绿地面积，对大气污染综合防治具有长效能和多功能的作用。培育抗污染、适应气候变化后生态特点的新植物品种，也是防治大气污染的措施之一。

**大气物理学** atmospheric physics 研究大气中各种物理现象和过程及其演变规律的学科。大气科学的一个分支。

发展 20世纪20年代，人们开始关注较小尺度大气动力学和热力学过程，其中包括大气底层的边界层结构的研究，因而形成大气湍流和大气边界层的研究方向。40年代大气中污染物的扩散受到关注，开始形成污染气象学的研究方向。由于工农业对人工降水的需求，并对云的微观和宏观有了较深入的了解，因而逐渐形成对云雾物理学的系统研究。有关大气中的光学、声学和电学现象的研究，早在气象学、物理学和无线电学中进行了一些研究，40年代开始的气象雷达观测、60年代气象卫星的发射，对大气光、声、电学，雷达气象学和卫星气象学的形成和发展起了极大的推动作用。

分支学科 大气物理学主要包括大气边界层物理学、云和降水物理学、雷达气象学、无线电气象学、大气声学、大气光学、大气辐射学、大气电学、平流层和中间层大气物理学。这些分支各有自己的特点：大气声学、大气光学、大气电学和无线电气象学，研究大气中声、光、电的现象和声波、电磁波在大气中传播的特性；雷达气象学研究用气象雷达探测大气的原理和方法，及其在天气分析预报、云和降水物理中的应用；大气辐射学研究辐射在地球大气系统内的传输转换过程和辐射平衡；云和降水物理学研究云和降水的形成、发展和消散的过程；大气边界层物理学研究受地面影响较大的大气低层的温度、湿度、风等要素的水平和铅直分布，大气湍流和扩散，水汽和热量传输等；平流层和中间层大气物理学研究对流层顶（高度在10千米左右）到80～90千米高度大气层中发生的物理过程。

**大气消光** atmospheric extinction 光波在大气中传播时，因受气溶胶和气体分子的散射和吸收而减弱的现象。又称大气衰减。大气消光等于大气吸收与大气散射之和。光波在传播过程中，其强度按指数律衰减。在只有散射而无吸收的特殊条件下，分子的消光效应按瑞利散射的规律，与波长的四次方成反比。气溶胶的消光效应比较复杂，一般而言，它随波长的变化不如瑞利散射那样强烈。主要由于水汽和臭氧含量的差异，整层大气的透过率随地区、季节而变化。

**大气遥感** remote sensing of atmosphere 探测器不与某处被测大气直接接触，在一定距离之外测定其物理状态、化学成分及其时空分布的方法和技术。测雨雷达、风廓线仪和气象卫星均是利用大气遥感技术探测大气状态的典型设备。

电磁波（包括紫外线、可见光、红外线、微波）、声波和某些力学波在大气中传播时，要与大气发生相互作用，从而产生折射、散射、吸收和频散等现象。以应用最广泛的电磁波为例，不同波长的电磁辐射与不同成分和不同状态的大气的作用是不相同的。因此，在透射、散射、反射或折射的电磁辐射的频谱、相位、振幅和偏振度等物理量中就包含了大气成分含量和大气状态的信息。研究接收这些特征物理量的方法和技术，制造遥感探测器，并从这些特征物理量中反推出大气的成分和状态是大气遥感研究的基本任务。如果遥感探测器仅接收经过大气反射、散射的太阳辐射和地球大气发射的红外辐射，称为被动遥感，又称无源遥感。如果遥感探测器接收的是人工发射的电磁辐射经探测目标反射、散射或折射的辐射，则称为主动遥感，又称有源遥感。

**大气噪声** atmospheric noise 自然界中广泛存在的振幅起伏、频率杂乱、时间断续，在统计上又没有规律的随机的电磁波动。一般称为电噪声。经常出现在包围地球的大气中。雷暴活动产生的电磁辐射（即天电干扰）是大气噪声的主要形式。

大气噪声主要对低频以下各波段的无线电系统产生干扰。但雷电，特别是在热带地区，也会对中短波产生严重影响。大气噪声电平一般随频率增加而降低。但白天电离层中传播的无线电波随频率增加而吸收减小，因此短波波段出现的大气噪声电平随频率增高而加大。夜间因电离层的吸收一般较小，大气噪声电平几乎与频率无关，对于30兆赫以上无线电波，大气噪声的影响逐渐减弱。

除雷电干扰之外，广义上电离层厚度在白天和夜晚的起伏变化，宇宙3K温度的微波背景辐射，以及天体辐射的电磁波也会成为通信系统的干扰。

**大气折射** atmospheric refraction 由于大气密度不均匀，致使电磁波在大气中传播时路径发生屈折的现象。大气折射率和空气密度成正比，一般随高度增加而变小。

大气折射可分为两类：①天文折射。来自地球大气以外某目标的光线在大气中的屈折现象。在上稀下密的地球大气层中，天体发出的光因大气折射率的变化而逐渐弯曲，致使观测到的天体位置比实际高。由于地球大气层的天文折射而使天体位置偏向天顶方向的现象，又称蒙气差，最大可达半度左右。②地球折射。来自大气中

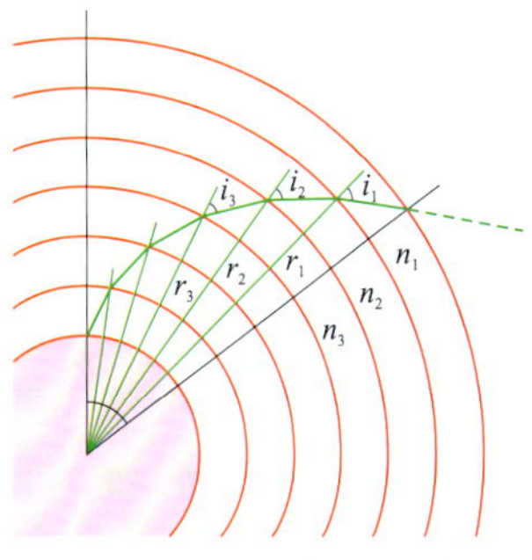


大气折射产生蒙气差示意

某目标的光线的屈折现象。大气密度随高度的变化比水平不均匀性显著得多。一般可将密度不同的大气层视为与地球同心的均匀的球面分层介质，即沿着地球表面按不同高度分层，在每一薄层中的大气是均匀的，光线从一薄层进入另一薄层时，因折射率不同，光路发生屈折。

大气折射使观测目标产生误差，所以在天体测量和大地测量中都要进行大气折射订正；在光学测速、测距的精度要求很高的情况下，大气折射订正也不可少。

**大千世界** great chiliocosm 佛教名词。又称三千大千世界。按照古代印度的宇宙观，整个世界是一个极大、内含无限多个世界的不间断体系。一个世界的中心是须弥山，同一日月所照的四天下则为小世界的范围。一千个这样的小世界集合起来成为一个中世界，一千个中世界则集合成为一个大世界。一千个大世界也就是大千世界了。佛教形成以后，从印度传统中接受了这一宇宙观。重重组合的大千世界同我们现在理解的大宇宙的结构有某种类似性。

**大秦** Daqin 中国东汉三国时期中国人对罗马帝国的指称。因国在地中海之西，又称海西国。据《后汉书》，东汉和帝永元九年（公元97），西域都护班超遣甘英西使大秦。甘英到达地中海东岸的条支，信安息西界船人之言，以为"海水广大"，航路难行，故未继续西进。安帝永宁元年（120）掸国王遣使来献幻人（魔术师），自言海西人。桓帝延熹九年（166）大秦王安敦遣使自日南徼外来贡献象牙、犀角、玳瑁。安敦即罗马皇帝马可·奥勒利乌斯。

按照中国史籍的记载，当时自中国往赴大秦，陆道大致自安息和椟，经阿蛮，抵斯宾，然后渡底格里斯河（经于罗）或幼发拉底河而上，至安谷城（叙利亚的Antiochia），复北行至驴分，西向跨越达达尼尔海峡，经巴尔干等（所谓"海北"）地区，到达意大利半岛。海道分为南北：北道至安谷城后，截地中海而西，直达罗马；南道从于罗渡幼发拉底河，至汜复，或从思陶经旦兰至汜复，复自汜复经贤督、积石抵泽散（又作乌迟散丹，即埃及亚历山大），然后西北向乘船过地中海，亦至罗马。南道以汜复为枢纽。

**《大秦景教流行中国碑》** *Monument of the Nestorianism Spread in China* 中国唐代碑刻。概述景教（基督教聂斯脱利派）于唐贞观九年（635）从波斯传入中国后的活动和教义。立于唐建中二年（781）。明天启三年（1623，一说为1620～1625年间）出土后移至西安府城西的金胜寺，1907年移入西安

碑林。是研究唐代景教的珍贵资料。碑全高约2.80米、宽约0.85米、厚约0.16米。碑额上部刻十字架立在莲座上。碑背面无字。正面下部及左、右两侧用古叙利亚文和汉文合刻70名景教僧的名字和职衔，共1780字。碑文分序、颂两部分。碑文为大秦寺僧景净撰，朝仪郎前行台州司士参军吕秀俨书。

**大秦铁路** Datong-Qinhuangdao Railway 中国山西省大同至河北省秦皇岛的第一条复线电气化重载铁路。途经山西省阳高，河北省阳原、涿鹿、怀来（沙城），北京市延庆、怀柔、平谷，天津市蓟县，河北省玉田、丰润、迁安、抚宁，全长653千米。西接同蒲铁路，东连京山、沈山铁路，中间与京通、京承、津蓟线相交，对开发山西煤炭基地，解决内蒙古、宁夏地区原煤外运，增加华北、东北、华东等地的煤炭供应具有重要作用。第一期工程韩家岭至大石庄，1985年开工，1988年12月开通，正线长410.8千米。第二期工程大石庄至秦皇岛煤港，1989年开工，1991年11月14日竣工，正线长242.2千米。1985年10月在大同东站建成与大秦铁路配套的重载组合列车场。2008年实现运量达3.5亿吨。

**大青沟自然保护区** Daqinggou Nature Reserve 中国森林生态类型和珍贵的阔叶树种自然保护区。1980年建立，1988年列为国家级自然保护区。面积8 133公顷。位于内蒙古自治区通辽市科尔沁左翼后旗西南部，属于科尔沁沙地的中间地带。保护区地质构造体系属西辽河沉降带。在长期复杂的地质运动下，形成了两大沟壑：大青沟长约20千米，深60～100米，沟宽平均350米；小青沟长约10千米，深50～70米，沟宽平均350～400米。沟的四周处于起伏不平的沙质草原地带。由于二者深嵌于沙地中，谷深面窄，周围虽沙丘滚滚，风沙弥漫，日较差、年较差都较大，但沟内冬

暖夏凉，气温变化缓和，适宜植物生长，生长着具有原始状态的珍贵阔叶混交林。植被资源丰富，有黄菠萝、椴树、胡桃树等各种乔木树种和其他植物共94科290属450多种。适应由沟底至沟上气温条件的变化，沟底水曲柳群落、沟坡蒙古栎群落和沟沿大果榆群落等三层植物群落排列有序。从沟外到沟内分别有沙质草原、疏林地、珍贵阔叶混交林等不同景观。

**大青山** Daqing Mountain 中国阴山山脉主体。西起内蒙古自治区包头市昆都仑河，东至呼和浩特市大黑河上游谷地。东西长240多千米，南北宽20～60千米，海拔1 800～2 000米，主峰大青山海拔2 338米。大青山北坡平缓，低山丘陵和盆地交错分布，逐渐与内蒙古高原连在一起；南坡陡峭。山脉的屏障作用甚为明显。北麓山间盆地和滩川地的水土条件较好，耕地扩展很快，上限已达海拔1 850米。山前丘陵和洪积扇地带为半农半牧区。

呼和浩特市附近的大青山山脉

**大清河** Daqing River 中国海河五大支流之一，海河水系西支。上游出自太行山东麓，至天津市第六堡汇子牙河入海河。全长483千米，流域面积3.92万平方千米。上游支流繁多，下游则多洼淀。一般将南拒马河、北拒马河及其支流称为北支；把注入白洋淀的瀑河、漕河、唐河、潴龙河等称为南支。南支出淀后在新镇与北支汇合后始称大清河。上游太行山迎风坡漫水河、富岗、阜平一带为多雨中心，平均年降水量多在750毫米以上。多年平均年径流量44.2亿立方米，最大年径流量比最小年径流量大10～16倍。汛期水量可占年径流量70%左右，暴雨径流常形成较大洪水，虽有白洋淀、东淀调蓄，但仍常威胁天津市和京沪铁路安全。

**《大清律例》** *Statutes and Regulations of Qing Dynasty* 中国清朝具有代表性的法典。清世祖1644年入关以后，原有的满洲旧律已不适应统治全国的需要，遂于顺治五年(1648)修成《大清律集解附例》，颁行全国。这是清朝第一部成文法典。除个别条款有所增删改并外，无异于《大明律》。雍正五年(1727)颁行《大清律集解》。乾隆五年编成《大清律例》。

《大清律例》的篇目与《大明律》相同，仍为名例律、吏律、户律、礼律、兵律、刑律、工律7篇，30门；律文436条，律后分别附以奏准的条例1 049条。《大清律例》以《大明律》为蓝本，也受唐律的影响。

《大清律例》作为中国历史上最后一部封建法典，具有以下特点：①律例所载，严密周详。②加重对反叛大逆罪的处刑。凡谋反、谋大逆，共谋者不分首从，皆凌迟处死，并株连祖孙、父子、兄弟及同居之人。③“例”的作用凌驾于律之上。清朝从颁行《大清律例》起，律文便被确认为子孙世守的成法，不再修改，只是因时制宜，随时纂例，来补充和修改律文的不足。由于例的形式灵活，便于及时将统治阶级的意志提升为法律，受到了统治者的重视。④多少改善了雇工人的法律地位。反映了封建社会后期人身依附关系的相对松弛。

**大庆—大连输油管道** Daqing-Dalian Oil Pipeline 中国输油量最大、输油距离最长的输油管道。又称东北输油管道。起自黑龙江省大庆市林源，终于辽宁省大连市。1970年8月3日开始建设，至1975年12月先后建成大庆至铁岭、抚顺至鞍山、铁岭至秦皇岛、大庆至铁岭复线、铁岭至大连和丹东至朝鲜6条输油管线，1986年8月又建成鞍山至大连输油管道。管道全长2 440千米。干线管径720毫米。整个管网共有输油热泵站22座、加热站3座、增压站8座，铁岭输油站是东北输油管网枢纽站。最大输油能力为年输4 700万吨。

**大庆市** Daqing City 中国黑龙江省辖地级市。位于省境西南部，松嫩平原中部。辖萨尔图、龙凤、让胡路、红岗、大同5区和林甸县、肇源县、肇州县及杜尔伯特蒙古族自治县。面积22 161平方千米。人口290万(2010)，有汉、蒙古、满、朝鲜、回等35个民族。大庆原为草原荒甸。1959年发现油田，因适逢建国十周年大庆，故命名为大庆油田。因在安达县内，1960年设安达市，后改为安达特区。1979年改为大庆市。地下蕴藏着十分丰富的石油和天然气资源。此外，还有地热、石英砂、膨润土等。大庆油田是世界上著名的大油田之一，中国最大的石油生产基地和重要的石油化工生产基地。电力、建材、机械工业具一定规模。名胜古迹有莲花湖、连环湖水禽狩猎场、林甸温泉、双榆寺、衍福寺，以及铁人王进喜同志纪念馆、世界石油文化公园、石油技术博物馆等。

大庆夜景

**大庆油田** Daqing Oil Field 中国最大油田和世界特大油田之一。位于中国黑龙江省大庆市。大庆油区的主力油田。通常讲大庆油田泛指由大庆石油管理局和大庆油田有限责任公司经营管理的，以主要分布在黑龙江省境内的油气田总称，实为大庆油区。1959年发现，1960年开始投入开发。至2007年末，大庆油区共发现和探明油田40个、气田12个，累计探明石油储量60.95亿吨，占全国已探明石油总储量的22.1%。自1976年产油量达到5 030万吨之后，至2002年持续稳定年产5 000万吨以上达27年，创造了世界同类油田开发最先进水平。2007年产油4 162.21万吨，历年累计采油19.51亿吨，占1949年以来全国累计产油量的40.47%。

大庆油田位于松辽盆地中央拗陷区中部，为长垣(长轴背斜)构造。大庆长垣呈北北东方向延伸，南北长约145千米，东西宽6～30千米，北窄南宽。自北而南由7个背斜构造组成。总闭合面积约2 500平方千米，闭合高度392米。7个构造均聚集油气，形成7个背斜油田。至2007年末，大庆长垣7个油田累计探明含油面积1 436.6平方千米，探明石油储量45.60亿吨，占整个大庆油区(40个油田)探明石油储量的74.81%；当年产油3 648.37万吨，占大庆油区总产量的87.65%；累计产油18.83亿吨，占大庆油区累计产油量的96.52%。

油田烃源岩属淡水－微咸水湖盆沉积，为陆相生油。油田储集层主要为白垩系上统，多为河流、三角洲砂岩体沉积储层。埋藏深度800～1 400米。储油层自上而下分萨尔图、葡萄花、高台子等油层。在泉头组以下深部地层见到油气层。储集层岩性以细砂岩为主，一般为长石砂岩。油层北部厚，向南逐渐减薄。储集层物性，孔隙度在24%～26%，渗透率亦是北高南低。

**大邱** Taegu 韩国第三大城市，庆尚北道首府。位于东南部洛东江中游支流琴湖江沿岸山间盆地。曾称达城。面积885.71平方千米。人口249万（2008）。地势低平，琴湖江流经市区北部，向西注入洛东江；源自八岛岭的新川由南向北纵贯市区，汇入琴湖江。冬季干寒，夏季湿暖。历史悠久，1466年设镇。1910年升为大邱府。1949年10月改称今名。1981年7月升为直辖市。1995年3月改称大邱广域市。古时大邱与平壤、江景并称为朝鲜三大市场，商业发达。20世纪60年代工业兴起，尤以棉纺、毛纺、丝绸、化纤和服装工业最为发达，占工业产值和出口值的80%，为韩国南部著名轻纺工业城。其他还有橡胶、陶瓷、农产品加工、农机和运输机械等工业。郊区盛产稻米、蔬菜、棉花、蚕丝等。韩国重要的铜矿产地。交通枢纽，与首尔、釜山、光州、晋州、浦项之间有定期航班。市内地铁长达57.3千米，铁路、高速公路通首尔和釜山。设有国立庆北大学（1946年创建）和永南大学等高校。大邱西面的海因寺是802年开始修建的佛教寺庙建筑群，藏有三藏经等宗教珍品，有达城、八公山自然公园及桐华寺等旅游地。

**《大日经》** *Mahāvairocana-sūtra* 佛教密宗经典。全称《大毗卢遮那成佛神变加持经》。唐善无畏与弟子一行等译。据传，此经为大日如来在金刚法界宫为金刚萨捶秘密主等所说。此经分教相（理论）与事相（实践修持）两部分。全经7卷，首卷入真言门住心品讲密教的基本教义；2～6卷则为种种仪轨行法；第7卷为供养念诵之法。原本10万颂。龙猛从金刚萨埵受学并撮其义成略本3 000余颂。真言宗凡作法均依诸多曼荼罗（坛场）。此经则特重大悲胎藏生曼荼罗，以其为正式灌顶坛场，认为密教胎藏界大法即从此出。此经有一行的《大日经疏》20卷。亦有藏译本，略同于汉译本，丹珠尔中有佛密《毗卢遮那现等觉大怛荼罗注释》。

**大森房吉** Ōmori Fusakichi（1868-10-30～1923-11-08） 日本地震学家。生于福井，卒于东京。1890年毕业于东京帝国大学理学部物理学科。1897～1923年任地震学教授和震灾预防调查会的总干事。研究了1891年日本浓尾大地震及其余震，发现大地震的余震频数随时间作双曲线式的

衰减，由此求出大森余震公式。设计了各种型式的地震仪，其中大森式水平摆地震仪最有名。发现近地震记录中S波（横波）以前的振动持续时间与震源距呈线性关系，这个关系后来成为测定震中位置的最早的根据。其研究涉及地震时的地面振动、地震破坏、地震区划、地震发生的周期性以及火山等，并参与编辑日本历史地震目录和地震史料。论文极多。

**大栅栏** Dashalan 中国北京文化商业街。位于市中心天安门广场西南侧。东至前门大街，西至南新华街，南至珠市口西大街，北到前门西大街。地域近似正方形，面积1.26平方千米。清朝时商业繁华，东西两端设安全栅栏，故名大栅栏。有400多年历

大栅栏街景

史，是北京市重要的传统商业街。街内有同仁堂、瑞蚨祥、内联陞、张一元、步瀛斋、张小泉刀剪店等老字号店铺。

**大赦** amnesty 国家元首或国家最高权力机关以命令的方式，对某一时期的某一类或几类罪犯，宣告一律予以赦免的制度。大赦的效力是：凡在大赦令范围内的犯罪，未提起诉讼的，不再提起；已提起诉讼而未审判的，不再审判；已经定罪判刑的，归为无效；刑罚正在执行的，不再执行；已经执行完毕的，视为无前科。大赦不仅免除刑的执行，而且使罪刑归于消灭。因此，大赦是一种普遍的赦免。大赦与特赦不同。中国1954年宪法曾规定全国人民代表大会有决定大赦的权力，但从未行使过。1975、1978、1982年宪法都没有规定大赦制度。

**大赦国际** Amnesty International 非政府性的国际组织。又称国际特赦组织。成立于1961年5月28日，总部设在英国伦敦，在世界各地拥有约2 500个分支机构、50多万会员。其主要机构有国际理事会、国际

美国国际特赦组织领导人指责布什政府在关塔那摩军事基地长期关押战俘（2005-06）

执委会和秘书处。工作人员大多在外交、世界经济、国际法等领域服务。大赦国际以联合国《世界人权宪章》为基础，主张在世界范围内努力实现下列目标：①动员世界舆论，释放"未使用也未宣扬使用暴力"的政治犯。②反对继续扣押在合理时间内未受审理的政治犯，并在经济等方面给这些犯人的家属以救济，反对与保证公正审判原则不符的审判程序。③对所有囚犯实行人道待遇，反对死刑等。主要活动是由其会员每月为3名在押政治犯进行信件救援活动。它曾获得联合国人权奖和诺贝尔和平奖，并已经取得与联合国、联合国教科文组织、欧洲委员会进行协商的地位。

**大生资本集团** Dasheng Group 张謇在江苏南通创建的以大生纺织公司为核心企业的中国民族资本集团。1895年，张謇开始集股筹建大生纱厂。1899、1907年建成大生一、二两厂。其间，还相继创办资生铁厂、广生油厂、复新面粉厂、翰墨林印书局、大达外江轮步公司、通海垦牧公司、同仁泰盐业公司等21个企业。1912年民国成立后，又创办淮海实业银行、通燧火柴厂等，并在苏北沿海兴办23个盐垦、垦殖公司，该垦区后来成为中国重要的棉产区。

张謇还在南通创办了一整套教育事业，包括中国最早的师范学校之一——通州师范学校，第一所中国人自己办的博物馆——南通博物苑，以及纺织、农业、医学专科学校，中学、小学，直至女红传习所、伶工学社、盲哑学校等；还举办了各种文化设施和社会公益机构。

张謇称其办厂目的，一是振兴实业，抵御外国经济侵略；二是以纱厂赢利，兴办教育事业。

第一次世界大战及战后数年是大生资本集团的全盛时期，但自1922年起，大生各厂开始连年亏蚀，大生资本集团迅速走向衰落和破产。至1925年，仅一厂负债便高达资本总额的258.89%。同年7月，大生各厂被中国银行、交通银行等银行、钱庄组成的债权人团接办。抗日战争时期，所属各厂均遭到严重破坏。1948年尚存大生一厂、副厂、三厂和电厂、油厂、面粉厂、

酒厂、火柴厂、印书局、轮船公司等企业。中华人民共和国建立后，经公私合营改造成为社会主义企业。

**《大师与玛格丽特》** *The Master and Margarita* 苏联哲理性讽刺长篇小说。M.A.布尔加科夫著。写于1929～1940年（未完），1966～1967年才得以发表。小说由现实生活与神话故事两条线索展开，以主人公魔王沃兰德的活动把两个故事衔接起来。现实情节关涉魔王及其侍从大闹莫斯科以及大师和玛格丽特的恋情，读来鬼影憧憧；神话故事讲述罗马总督彼拉多在处死耶稣前后的所思、所为，显得平实厚重。这是一部多主题的讽喻作品，它描绘了苏联20世纪20～30年代的社会画面，揭露了社会生活中的种种阴暗面。作品发表后引起广泛争论。

**大诗** mahākāvya 印度古代梵语叙事诗。源于印度两大史诗《摩诃婆罗多》和《罗摩衍那》，题材也大多取自两大史诗和古代神话传说。内容一般都是关于爱情、战斗和风景的描绘，文体注重藻饰，讲究修辞技巧。印度传统将迦梨陀娑的《罗怙世系》和《鸠摩罗出世》、婆罗维的《野人和阿周那》、摩伽的《童护伏诛记》和室利诃奢的《尼奢陀王传》称为5部主要的大诗。梵语叙事诗中，还有一种“历史大诗”，即历史叙事诗，代表作是毗尔诃纳的《遮娄其王传》和迦尔诃纳的《王河》。还有一种特殊的“经论大诗”，代表作是跋底的《跋底的诗》。

**大石桥市** Dashiqiao City 中国辽宁省辖县级市。位于省境中南部，辽东半岛中西部，辽河下游左岸。面积1 379平方千米。人口72万（2008），有汉、回、朝鲜、满等15个民族。战国至清，皆设州县领属管辖，南北分属盖县、海城两县。1946年建营口县。1992年撤县设大石桥市。由营口市代管。属暖温带大陆性季风气候。矿产资源有菱镁矿、滑石、膨润土、硅石、白云岩、硫铁矿、石灰岩、金、银、铜、铁、铂、钴等。其中菱镁矿储量30.06亿吨，是世界四大镁矿之一，被誉为“中国镁都”。膨润土储量居全国第2位。农业主产水稻、高粱、玉米、大豆、谷子、棉花、花生和柞蚕等。工业有冶金、机械、建材、化工、纺织、食品、服装等。名胜古迹有金牛山猿人化石遗址、官屯乡石棚、砬山峰火台、蟠龙山公园等。

**大食** Tāzīk; Tāzī 中国唐、宋时期对阿拉伯人、阿拉伯帝国的专称和对伊朗语地区穆斯林的泛称。早自7世纪中叶起，唐代文献已将阿拉伯人称为多食、多氏、大寔；10世纪中叶以后的宋代文献多作大食。

阿拉伯哈里发帝国的向东扩张，使伊朗、中亚地区讲伊朗语的人逐渐改奉伊斯兰教。讲伊朗语的穆斯林也被视为阿拉伯人，并被某些相邻的民族称为大食人，因而大食的涵义随之扩大。

阿拉伯人的大食帝国与中国的唐王朝大致建立于同时，两国人民都创建了光辉灿烂的文明，从7世纪后半期起，交往日益频繁。在唐代西域，唐、吐蕃、突骑施与大食之间，屡次发生错综复杂的冲突。751年，唐朝将领高仙芝对中亚的石国（今乌兹别克斯坦塔什干一带）用兵。石国乞援于大食，大食派吉雅德·本·萨利赫东来。高仙芝败于萨利赫。这次战役，大食兵掳走大量中国俘虏，其中有织匠、金银匠、

图1 大食人陶俑（陕西西安出土）

画匠等，中国多种工艺技术因而西传，对于中外文化交流发生深远影响的中国造纸技术通过这些被俘工匠而广泛传播于西方。俘虏中的杜环旅居西域12年，归国后写出《经行记》一书。唐末到宋初，商旅行人大量聚居于广州、泉州、洪州（今江西南昌市）、扬州等地，多者达数万人，均以大食之名见称于汉籍。大食商人都是伊斯兰教徒，随着他们的经商活动，伊斯兰教也从大食传到了唐朝。泉州有北宋时代建立的中国最早的伊斯兰清真寺，城外有宋元以来大食人的墓石群。南宋周去非撰《岭外代答》，收录有关波斯、阿拉伯等地记载多条，进一步增进了中国对大食情况的了解。理宗时赵汝适撰《诸蕃志》，增补了周去非书之不足。

和中国不断了解大食的情况一样，大食也对中国情况有着日益具体的了解。851年，阿拉伯商人苏莱曼写下了东来中国的行记，此书被纳入阿卜·札伊德撰写的《中国印度行记》之中。苏莱曼和札伊德对中国典章制度、工艺制品有生动描述。此外，许多阿拉伯地理学家留下了大食方面关于中国的珍贵记载。

图2 阿拉伯金币（陕西西安出土）

1259年奉蒙古国蒙哥之命而西使的常德的行记，亦即元世祖中统四年（1263）经刘郁记录而成的《西使记》提及“天房”，这是汉籍直接记载麦加城之始。此后汉籍更多使用“天方”一词指阿拉伯本部。随着人们认识到阿拉伯人、波斯人、穆斯林三者的区别，大食的涵义开始受到限制，逐渐专指伊朗东北部的穆斯林居民，这大概就是帕米尔高原塔吉克族的族名来源。

**大手印** mahamudra 佛教术语。属藏传佛教中噶举派教法。显密系统中都有此教法。就显教论，其不离大乘中观派的禅法。在强调心专注一境的情况下，以空性为观想对象，最后达到心与境都毕竟空寂，得解脱味，称“空智解脱合一”。就密教论，此法属于无上瑜伽密内容。它先以导引、吐纳之术入手，观想本心体相，引风息“入、住、融”于中脉，在脐端激发拙火，令其炽燃。圆熟以后，从四种喜乐而向上，直至成就大乐。至此，空与境交融而无任何分别，运“乐”、“空”二智得即身成佛。

**大黍** *Panicum maximum*; guinea grass 禾本科黍属的一种。多年生草本植物。又称坚尼草、几内亚草。一种热带优良牧草，原产非洲。

茎直立丛生，株高约1米。茎与叶鞘均有蜡粉。圆锥花序直立散开，长25～40厘米。小穗成熟后即散落。喜湿热气候。耐干旱，耐酸瘦土壤，也耐阴，但不耐寒。生长快，产量高。栽培方法因利用方式而异。经常刈割用的宜分株种植；作放牧地的则宜用种子播种。鲜草干物质约含粗蛋白质8.8%、粗脂肪1.5%、粗纤维32.8%、无氮浸出物44.0%、粗灰分12.9%。适口性好，可刈割作青饲料和制干草，或供放牧。

**大树移植** large-bole transplanting 异地栽植规格较大树木的活动。对迅速发挥园林树木的绿化功能有重要作用。主要用于：城市开发建设中的建房、修路、修桥时须移走的较大树木；一些百年以上的古树名木移植到有利于保护的适宜场所；重要建筑物、广场等为美化环境而栽植别处移来的较大树木，也包括城市绿化中局部地区快速绿化而采取的大树移植。

除栽植的时期和方法与一般树木栽植类似外，由于大树的树龄与树体较大，移植须采取断根缩坨、起树包装（见图）、栽植、冻土球移植等特殊措施。

橘包式包扎

大树移植后立即用支柱固定树体，并及时灌水，第一次灌水尤须充分渗透。为减少新植大树的水分蒸发，要经常对树冠喷水，还可采取临时遮阴等措施。此外，施用萘乙酸、ABT生根粉等生长素可促使受伤根系迅速长出新根；在树干上喷涂蒸腾抑制剂，可减少树体蒸发，有利于提高移植成活率。

**大数律** large number, laws of 讨论随机变量序列的算术平均向一常数收敛的定律。按依概率收敛和以概率1收敛（见**概率极限定理**），又分别称为弱大数律和强大数律。大数律在数理统计中十分有用。

雅各布第一·伯努利在《推测术》(1713)中首先论证了$n$次独立重复试验中事件$A$出现的频率$v_n/n$依概率收敛到事件$A$的概率$p$，式中$v_n$是$A$出现的次数，若以$\xi_i$记第$i$次试验$A$出现的次数（0或1），则$v_n=\sum_{k=1}^{n}\xi_k$。A.J.辛欣（1928）将上述定律推广到一般的独立同分布随机变量情形，证明了前$n$项的算术平均依概率收敛到它们共同的**数学期望**。É.**波莱尔**和A.N.**科尔莫戈罗夫**先后将这两个定律推广到以概率1收敛的情形。后来人们又考虑了不必同分布的情形，以及各种相依序列的这类结果。人们还考虑了更为一般的形式$\frac{1}{b_n}=\sum_{k=1}^{n}\xi_k-a_n$收敛于零的各种定理，并研究了各类大数律的收敛速度，其中最著名的是如下形式的重对数律：在一定条件下，以概率1成立$\overline{\lim_{n\to\infty}}\sum_{k=1}^{n}(\xi_k-\mathrm{E}\xi_k)/\left(B_n\sqrt{2\ln\ln B_n}\right)=1$，$B_n^2=\sum_{k=1}^{n}\mathrm{var}\xi_k$。

**大台宫戏** rod puppet play 中国清朝宫廷演出的杖头木偶戏（又称托偶）的别称。据《燕京岁时记》载："京师戏剧之外，又有托偶……托偶即傀儡子，又名大台宫戏。"一般唱皮黄，有时也演武戏和大戏等。《道咸以来朝野杂记》载，大台宫戏的表演舞台小于戏台，下半截用隔扇围着，可以把里面遮盖住，内外隔绝。而傀儡人大约高三尺，装束与戏曲里的角色一样，下面用人举着舞动，动作也跟伶人一样，但唱歌的人则另外配备，坐在台内，看不到外面，又称"关防者"。大台宫戏较有名气的戏班有金麟班和四义班，艺人有德子、王三等，20世纪30年代末逐渐消亡。

**《大唐创业起居注》** 记录隋末李渊自起兵反隋直到攻克长安、废除隋帝、正式称唐帝为止共357日史事的史书。3卷。唐温大雅撰。温大雅为李渊大将军府记室参军，随军撰成该书。该书所记史事与《**新唐书**》、《**旧唐书**》、《**资治通鉴**》略有出入。《起居注》历记李渊雄才大略，两《唐书·本纪》则描述为庸懦无能。《起居注》记录了李渊长子李建成的多次战功，两《唐书·本纪》或归之于李世民，或缺而不记；《资治通鉴》虽间或记录，也不记李建成名字。这是由于李建成在"玄武门之变"被杀，李世民即位，史臣在编撰实录和国史时，有意篡改了史实真相。该书为清代以前唯一传世的起居注。在流传至今的几种版本中，以清代缪荃孙的藕香零拾本为最善。1983年上海古籍出版社出版了经讨校点的《大唐创业起居注》。

**《大唐三藏取经诗话》** *The Poetic Tale of Tripitaka's Seeking for Scriptures in Tang Dynasty* 中国诗话体话本。一名《大唐三藏法师取经记》。作者不详。演述唐僧玄奘取经故事，即后世《**西游记**》的雏形。书中穿插诗赞，作为话本中人物的代言，所以称为"诗话"。全书分3卷17段。中心人物是猴行者，自称是花果山紫云洞八万四千铜头铁额猕猴王，帮助唐三藏法师去西天取经，途经36国，有树人国、鬼子国、女人国、沉香国等，历遇险难多次。情节比较简单。取经僧徒共有7人，还没有出现猪八戒、沙僧的形象；唐太宗入冥、江流儿认母、魏徵梦斩泾河龙等故事也还没有吸收进去，可见是早期的话本。研究古代汉语的学者从语言现象认为可能是北宋的作品，甚至还可以上推到晚唐五代。此书的形式与敦煌变文比较接近，大多数分段标题下都有一个"处"字，像是与变相图相配合的痕迹。后来相继出现的《西游记平话》(《永乐大典》引有残文）和章回小说《西游记》，即是在此书的基础上演变发展而成的。《大唐三藏取经诗话》卷末记明"中瓦子张家印"，似为南宋临安刻本。原书在日本，已有残缺。通行本有文学古籍刊行社影印本、古典文学出版社排印本。

**《大唐西域记》** *Record of Xuanzang's Travels to the West in Tang Dynasty* 中国佛教典籍。略称《西域记》，别称《玄奘行传》。大致属地理志书类。唐**玄奘**述，辩机编撰。12卷。成书于唐贞观二十年（646）。记叙玄奘西行求法所历西域110国及所闻的28国的气候地理、风土人情、历史政治、神话传说、佛教遗迹等。地域包括从伊朗和地中海东岸至中国新疆，从中亚直抵南亚的斯里兰卡，甚至含东南亚广大地区。该书是研究古代中亚史、南亚史、佛教史不可或缺的重要资料，极受国际印度学、佛教学学者推崇。有法文、英文及日文等多种译本。注疏研究成果有清丁谦《大唐西域记考证》、章巽之点校本、向达辑《西域记古本三种》及季羡林等校注本。

**大提琴** violoncello 擦奏弦鸣乐器。提琴家族中的低音乐器。室内乐重奏中的重要乐器和富有特性的独奏乐器，是管弦乐队的主要成员。4弦定音为C、G、d、a，比中提琴低八度。音域C～$g^2$（泛音可到$e^4$）。音色丰厚优美，兼有人声男高音及男低音特色。琴身下端有一支柱，演奏时直立地上，夹琴于两膝之间，左手按弦，右手持弓。

大提琴演奏

16世纪初，大提琴出现在意大利，它直接由**维奥尔**演变而成。1710年提琴制作家A.**斯特拉迪瓦里**所制的琴，琴身为75～76厘米（全琴长为120厘米），为后世大提琴的标准。当时的音乐演出已由宫廷走向音乐厅，乐队扩大，乐器音量也相应要求宏大，因此制琴家们对大提琴的传统形式进行了改革，使其得到更敏感与更清晰的声音。17世纪末至18世纪初，出现过5弦大提琴，有增加高音$e^1$弦的，也有增加低音$F_1$弦的。

**大田** Taejŏn 韩国国土中部最大城市，忠清南道首府。位于国土中心偏西，锦江支流大田川沿岸。广域市面积539.84平方千米（市区面积177.14平方千米）。人口约140万。地处芦岭山脉西北侧的山间盆地。原为一小村庄。1905～1914年京金铁路开通后兴起。1932年10月忠清南道首府迁此。1949年8月改为大田市。1989年1月大德郡划入后升为直辖市，1995年3月改称大田广域市。朝鲜战争期间曾为大韩民国临时首都，城市70%被毁，后重建。商业与城郊农业发达，工业以纺织（棉、丝、化学纤维）、机械制造、化工、皮革等为主。交通枢纽。设有国立忠南大学、韩国科学技术院、韩南大学、大田大学等高等院校。1993年8～11月韩国举办了大田世界（科技）博览会，原会址现已建成规模巨大的世博会科学公园。

**大同火山群** Datong Volcanos 中国第四纪火山群。已知有30余座，分布在山西省大同市、大同县和阳高县境内，集中于东、南、西、北4个区域。东区在瓜园、神泉寺一带，有肖家窑头、鹅毛疙瘩等6座。南区在桑干河与六棱山之间，包括大峪口、西窑等5座。西区是大同火山群中最为集中和较复杂的一区，包括黑山、狼窝山、马蹄山、阁老山等15座。黑山规模最大，呈扁平穹隆状；狼窝山范围最广，火山口直径500米。北区以大同市北的孤山为代表，包括西南的6座小火山。孤山形似面包，海拔1 182米，兀立于御河谷地中。大同火山群处于侵蚀初期。其形成以北区最早，东区、南区次之，西区最迟。

**大同盆地** Datong Basin 中国山西省最大盆地。位于省境北部，呈北东—南西向展布，长约200千米，面积5 100平方千米。海拔大都1 000～1 100米。盆地处于东南季风的尾闾，平均年降水量约400毫米，年平均气温7℃左右，属温带半干旱地区干草原栗钙土地带，生长最盛的是长芒草。大同市为著名“煤海”，京包和同蒲铁路的枢纽，建材工业也居全省首位。朔州为新兴工矿区。

**大同市** Datong City 中国山西省辖地级市。位于山西省北部，邻接内蒙古和河北省，古来即为战略要地。辖城区、矿区、南郊区、新荣区4区和阳高、天镇、广灵、灵丘、浑源、左云、大同7县。面积14 176平方千米。人口332万（2010）。大同古称“平城”，北魏曾定都于此，明设大同府，1949年改置大同市。气候冬寒夏凉，年平均气温6.4℃，1月－11.8℃，7月21.9℃。温差较大，冬春多风沙。平均年降水量410毫米，无霜期129天。矿藏资源丰富，大同煤田面积广，储量丰，可采煤层总厚度达40米以上。此外有石灰岩、瓷土、耐火黏土、磷状石墨和铝土等。年产原煤8 000万吨左右，占全省的1/4。京包、大准、大秦、同蒲等电气化铁路在此交会。大同现已开通至北京、西安、上海、广州等多条航线。大同是北魏京师，辽金陪都，明清重镇，境内古建筑、古遗址达200余处，是驰名中外的旅游胜地。名胜古迹有云冈石窟、“上下华严寺”、善化寺、九龙壁、观音堂、兴国寺以及北岳恒山、悬空寺等。大同是国家历史文化名城。

**大同思想** great harmony, doctrine of 中国从古代至20世纪初一直流传的一种空想社会理想。“大同”世界的基本特点是大道畅行，“天下为公”，“选贤与能，讲信修睦”。人们不只是亲爱其父母，爱抚其子女，而且要“使老有所终，壮有所用，幼有所长，矜寡孤独废疾者皆有所养”，阴谋欺诈不兴，盗窃祸乱不起。这是一幅理想化的传说中的尧舜时代的原始社会景象，也是古代儒家憧憬的最高理想社会。康有为的《大同书》把人类历史分为“据乱”、“升平”、“太平”三阶段。他认为，中国从古以来都是动荡不安的“据乱世”，要通过维新变法把它推进到像当代西方国家那样富强的“升平世”，将来要在全世界实现“太平世”。他把“据乱”、“升平”划归“小康”范畴，而把“太平”划归“大同”。他设想的“大同”社会里，没有国家、种族、阶级、等级，没有私有财产，一切归社会公用，人人过着自由、平等、幸福的生活。

**大同与小康** great harmony and well-off society 中国古代儒家所宣传的两种社会理想。大同语出于《礼记·礼运》：“大道之行也，天下为公，选贤与能，讲信修睦。故人不独亲其亲，不独子其子。……是为大同。”大同社会具体指夏以前的实行所谓禅让的三皇五帝时代，一般认为它反映了理想化的原始社会的某些特征。小康亦出于《礼记·礼运》：“今大道既隐，天下为家，各亲其亲，各子其子，货利为己。……是为小康。”小康社会指禹、汤、文、武、成王、周公之治。儒家认为小康社会虽政教修明，但毕竟需要礼来维系，故不及大同社会。儒家的大同思想对后世产生了重要影响，近代康有为、孙中山等人将其与资产阶级革命的目标结合，作为社会理想，借以鼓吹革命。儒家小康思想亦对宋明时一些思想家产生了一定影响。

**大统一理论** grand unified theory 统一描述弱相互作用、电磁相互作用和强相互作用的规范理论。温伯格-萨拉姆的电弱统一理论取得成功，鼓舞物理学家探索将强作用、电磁作用和弱作用统一起来的新尝试。已经提出多种理论方案，其中以 *SU*(5) 模型最具有代表性，其基础是强作用的量子色动力学和电弱统一模型。按照这一模型，当粒子能量超过$10^{15}$吉电子伏特（GeV）时，强作用、电磁作用和弱作用是统一的，有统一的耦合常数，夸克和轻子处于同等地位，传递相互作用的规范粒子共有24种。随着能量降低，对称性分阶段自发破缺。在第一阶段24种胶子中的12种获得质量，称为超重胶子，质量比质子重$10^{14}$倍。剩下的12种胶子第二阶段自发破缺，其中三种成为获得质量的$W^{\pm}$和$Z^0$粒子，其余9种为光子和8种色胶子。大统一理论能够说明电弱统一理论不能说明的问题。存在超重胶子是大统一理论的一个重要特征。它会引起夸克和轻子之间的转化，导致重子数和轻子数不守恒，一个重要后果是质子可发生衰变，$p \to \pi^0 + e^+$，衰变寿命为$10^{31}$年。实验测量的结果，质子寿命大于$10^{32}$年。大统一理论还有许多问题有待于探索和研究。

**大头和尚** big-head monk dance 中国汉族民间舞蹈。又称大头舞、跳罗汉、罗汉舞。流行于全国各地。有些地方，根据舞蹈内容，称《大头和尚戏柳翠》、《月明和尚逗柳翠》等，多在节日里或喜庆活动时表演。此舞原出自民间故事《月明和尚度柳翠》。此舞历史颇为悠久，后晋《旧唐书》中已有记录。表演形式各地大同小异，一般由两人扮演。一人饰和尚（男），头戴纸质的大头面具，手持蒲扇或拂尘；另一人饰柳翠（女），手执巾帕，相互追逐戏舞。表演时有扭、摆、追、拉等即兴动作，十分夸张诙谐。此外，也有多人表演的形式。1949年后一些专业歌舞团体把大头和尚改

舞蹈《大头和尚戏柳翠》

编为具有新思想内容的独舞或群舞搬上舞台，著名的节目如《大头娃娃舞》、《鞭炮舞》、《丰收舞》等。

**大隈重信** Ōkuma Shigenobu（1838-03-11～1922-01-10） 日本资产阶级政治家。生于佐贺藩下级武士家庭，卒于东京。曾参与藩政改革和尊王攘夷运动。明治维新后，历任新政府参与、外国事务局判事、参议兼大藏大辅等职。1871年，明治政府大改组后成为中枢核心人物之一。1873～1880年担任大藏卿，致力于造币、铁路和电信设施事业。他是1874年日本武装入侵中国领土台湾主谋者之一。

1881年10月，在激烈政争中被免职，史称“明治十四年政变”。1882年他创设东京专门学校（早稻田大学前身）。同年组织立宪改进党，任总理。1888年出任黑田清隆内阁（1888～1889）外务大臣时，遭玄洋社成员袭击，失去右脚。1894年中日甲午战争爆发，鼓吹把侵占的中国土地作为日本领土。1898年6月，与**板垣退助**联合组织日本最早的政党内阁，即宪政党内阁，史称“隈板内阁”，任内阁总理大臣。4个多月后，因党内矛盾内阁瓦解。1914年4月第二次组阁。1915年1月18日向中国袁世凯政府提出旨在吞并中国的“二十一条”。1916年10月被迫辞职。

**大卫** David, Jacques-Louis（1748-08-30～1825-12-29） 法国画家，**新古典主义美术**的代表。生于巴黎，卒于比利时布鲁塞尔。1766年，他经F.**布歇**推荐成为皇家美术学院教授J.-M.维恩的学生。大卫的早期作品带有布歇及洛可可艺术风格的影响，如《米涅瓦与马尔斯的争斗》（1771）。1775～1780年在罗马居留期间，他沉浸在古典美的追求中。大卫回国后因在1781年沙龙上展出《求乞的贝利萨里》而崭露头角，被接纳为皇家学院院士。这幅取材于罗马历史故事的油画客观上影射到法国专制君主的昏庸和残暴。根据P.高乃依的悲剧创作的历史画《荷拉斯兄弟之誓》是这一时期的代表作品。它以坚实的素描、强烈的色彩和雕塑般的造型突出刻画了荷拉斯父子出征前的英雄气概，而将笼罩在忧虑和悲哀气氛中的女眷用作烘托和陪衬。大卫于大革命爆发前夕完成的同类历史画《布鲁特斯》（1789）使他的创作和人民革命热潮进一步紧密联结在一起。1790年大卫宣誓加入雅各宾派，成为代表第三等级利益的积极社会活动家。1792年当选国民公会委员，随即领导了艺术委员会和公民教育委员会的工作。

大卫在革命高潮中创作了直接表现当代历史事件和人物的作品。《马拉之死》（1793）以极为简洁、朴素的古典手法成功地将肖像的描绘、历史的精确性和崇高的悲剧性结合在一起，有力地表现了这位人民之友的英雄主义特征，因而成为纪念碑式的现实主义历史画名作。大卫在大革命前后画的许多当代人的肖像，如《佩科尔夫人像》（1784）、《赛里兹夫人及其小女儿》（1794）以及《卖菜女工》（1795）等，既有对古典形式研究的严谨结构，又不乏生动的性格特征。其中尤以后者表现得极为出色，可说是大革命中巴黎平民妇女的典型写照。《雷卡米埃夫人》（1800）则是同样富有活力的一幅描绘上层社会妇女的古典主义杰作。

1794年7月大资产阶级发动政变，大卫被捕入狱，他改变了政治主张和艺术见解。大卫在拿破仑执政和称帝时期创作了一系列为他歌功颂德的作品。这些作品中著名的有《波拿巴在圣·贝尔拿特险坡上》、《加冕》等。《加冕》一画忠实地记录了1804年12月2日拿破仑在巴黎圣母院举行加冕仪式的情景，场面壮观，气势宏大，堪称帝政时期新古典主义绘画的代表。1814年，拿破仑帝国崩溃，波旁王朝复辟，大卫被迫迁居布鲁塞尔。J.-A.-D.安格尔等许多著名画家都是他的学生。

《加冕》（1805～1807，卢浮宫博物馆藏）

**大卫·李嘉图** David Ricardo（1772-04-18/19～1823-09-11） 英国**古典政治经济学**的代表。生于伦敦犹太人家庭，卒于格洛斯特郡盖特库姆帕克。父亲为证券交易所经纪人。12岁到荷兰商业学校学习，14岁随父从事证券交易。1793年独立开展证券交易活动，25岁时拥有200万英镑财产，随后钻研数学、物理学。1799年读**亚当·斯密**《国富论》后开始研究经济问题，参加了当时关于黄金价格和谷物法的讨论，1817年发表《**政治经济学及赋税原理**》，1819年选为下议院议员。

李嘉图以J.边沁的**功利主义**为出发点，建立起了以劳动价值论为基础，以分配论为中心的理论体系。他继承了斯密理论中的科学因素，坚持商品价值由生产中所耗费的劳动决定的原理，并批评了斯密价值论中的错误。他提出决定价值的劳动是社会必要劳动，决定商品价值的不仅有活劳动，还有投在生产资料中的劳动。他认为全部价值由劳动产生，并在3个阶级间分配：工资由工人的必要生活资料的价值决定，利润是工资以上的余额，地租是工资和利润以上的余额。由此说明了工资和利润、利润和地租的对立，从而实际上揭示了无产阶级和资产阶级、资产阶级和地主阶级之间的对立。他还论述了货币流通量的规律，以及在斯密绝对成本学说的基础上，创立了比较成本学说以解释国际贸易分工基础的理论。

**大卫之盾** Shield of David **犹太教**标志。又称大卫星。由两个等边三角形交叉重叠组成的六芒星形。在犹太教会堂和犹太人墓碑上都可以看到。相传是古代希伯来国创建者大卫王所使用的盾牌。3世纪出现在巴勒斯坦迦百农的犹太教会堂中。中世纪时，被各地的犹太教社团广泛采用。在13世纪的喀巴拉神秘主义仪式中，它象征上帝的护佑。17世纪被布拉格的犹太教社团正式采用，逐渐成为犹太教社团的正式徽号和犹太教的通用标志。据传，大卫星的一个三角形象征上帝、世界和人，另一个三角形象征创世、天启和救赎。在犹太教崇拜仪式中，大卫之盾象征上帝的保佑。1897年第一次犹太复国主义者代表大会将大卫星用在会旗上。1948年以色列国建立时采用此旗作为国旗。

**大蚊** Tipulidae; crane fly **双翅目**大蚊科昆虫的统称。已知种类超过14 000种。中国迄今已知800种。

成虫中至大型。触角节数因种类而有很大变化，呈丝状；有的雄性触角作锯状或梳状。头额部不同程度地前突，少数种类的呈长喙状，不能刺叮吸血。无单眼。中胸背板除极少数种类外都有一“V”形缝。足细长，易掉落。该科含有不少翅退化的种类，如日本雪大蚊体粗壮，后足腿节膨大，见于冬季，跳跃于雪上。

成虫白昼多见于阴湿场所。卵单产。幼虫半头式，头部深埋在前胸内，后部不完整。幼虫陆生、半水生或水生。植食或肉食。

有些种类是作物害虫，如稻大蚊的幼虫夜晚食害秧苗根部，有“切蛆”之称；强大蚊为害稻麦；腰切大蚊是小麦的重要地下害虫。

**大汶口文化** Dawenkou Culture 中国新石器时代文化。以山东泰安大汶口遗址命名。主要分布在山东省及江苏省淮北地区。年代为公元前4200～前2600年。经济生活以种植粟为主。居民饲养猪、狗、鸡、牛等家畜，也从事渔猎和采集。生产工具有石制的斧、铲、刀、镞，骨角制的锄、鱼镖、鱼钩和镞等。制陶业较发达，小型陶器开始用轮制法生产。主要有鼎、豆、觚形杯、背壶、高柄杯和鬶等。石器、玉器、骨角牙器和进行镶嵌的手工业也很兴盛，出土的玉钺、花瓣纹象牙筒、透雕象牙梳等，制作精致，工艺水平很高。

大汶口文化聚落变化明显。有的聚落有护卫性围沟。早期聚落内是方形圆角半地穴式建筑，晚期聚落则是成组连间横排排房。在一些晚期聚落还发现城址，如山东滕州西康留城址、五莲丹土城址、安徽固镇垓下城址等，表明这些聚落已非普通聚落，而城市的出现又是文明时代开始的标志之一。

大汶口文化的墓葬早期无葬具，中、晚期出现木椁；早期有反映氏族成员间牢固血缘关系的同性合葬墓，中、晚期有属于父权制确立后葬俗的夫妻合葬墓。在大汶口墓地发掘的133座墓葬，时代相当于大汶口文化的中、晚期。这里的大、中、小墓差别极大。大墓不但规模大，且常有木棺椁葬具，随葬品丰富精美，如有洁净的白陶、乌黑而略带光泽的黑陶和色彩丰富的彩陶，还有玉器、石器、象牙器、骨器等。小墓墓坑窄小，有的仅随葬1件陶鼎甚至没有随葬品。大小墓的鲜明对比，表明私有制产生，已出现贫富分化。在江苏新沂花厅墓地还发现人殉。在莒县陵阳河、大朱村、杭头和诸城前寨等遗址，还发现刻在陶尊上的陶文。当时居民中盛行枕骨人工变形和青春期拔除一对侧上门齿，有的长期口含小石球或陶球，造成颌骨内缩变形。还流行在死者腰部放穿孔龟甲，死者手握獐牙或獐牙钩形器。这些习俗为中国其他史前文化所罕见。

陶鬶（山东曲阜西夏侯遗址出土）

大汶口文化渊源于北辛文化，后继为山东龙山文化。该文化居民的种族，一般认为是中国古代的东夷族。它的发现，证明了中国史前文化的多源性，为了解中国文明起源提供了重要资料。

**大西洋** Atlantic Ocean 位于北美洲、南美洲与欧洲、非洲之间。北以冰岛－法罗海槛和威维尔－汤姆森海岭与北冰洋为界。南临南极洲并与太平洋、印度洋南部水域相通，西南以通过南美洲最南端合恩角至南极半岛间连线同太平洋分界，东南以通过非洲南端厄加勒斯角与南极洲相连的经线同印度洋分界。西部通过巴拿马运河与太平洋相通。东部经直布罗陀海峡通地中海，再过苏伊士运河到印度洋。

大西洋的轮廓大体呈S形。南北长约1.6万千米；东西宽度最窄处（赤道海区）2 400多千米，最宽处近6 000千米。面积（包括附属海和南大洋部分水域）为9 165.5万平方千米，占世界大洋总面积的25.4%，为世界第二大洋。大西洋平均深度3 597米，最大深度9 218米。海水总容积达3.29亿立方千米，占世界大洋水体总体积的24.7%。大西洋东、西两侧岸线大体平行，而北半部海岸曲折，并有众多岛屿、半岛穿插分割形成一系列内海、海湾和边缘海，其中重要的有地中海、黑海、波罗的海、北海、比斯开湾、几内亚湾、加勒比海、墨西哥湾等；而南半部则海岸平直，岛屿、内海、海湾较少。大西洋中岛屿总面积107万平方千米。大体分为两类：一类是大陆岛，如大不列颠岛、爱尔兰岛、纽芬兰岛、大安的列斯群岛、小安的列斯群岛、加那利群岛和马尔维纳斯群岛等；另一类是火山岛，在大西洋中呈串珠状分布，如亚速尔群岛等。大西洋两侧的地势都倾向于海洋，因而两侧大陆上许多大河如圣劳伦斯河、密西西比河、奥里诺科河、亚马孙河、巴拉那河、刚果河、尼日尔河、卢瓦尔河、莱茵河、易北河以及注入地中海的尼罗河等都流入大西洋或大西洋属海，流域面积达4742.3万平方千米，远远超过太平洋或印度洋的流域面积。

洋底地形 根据海底扩张和板块构造学说，大西洋由2亿年前的一个泛大陆解体、张裂、扩展而成，只是南大西洋张裂的时间较晚，大约始于1.2亿年前，直到6500万年前的第三纪初期，南大西洋仍属浅海或边缘海，进入第三纪后南大西洋才大规模扩张成现在的形状。大西洋洋底地形一般分为四个基本构造单元。

大陆边缘带 包括大陆架、大陆坡和大陆隆起，其面积约占洋底面积的1/3。其中大陆架面积921万平方千米，占洋底面积的1/10。大陆架的宽度从几十千米到上千千米不等，以大西洋东北部的波罗的海和北海，以及西北欧大不列颠岛周围和挪威海沿岸海域最宽广，最宽处达1 000千米以上。南美沿岸大陆架最宽处也近于1 000千米，北美纽芬兰、佛罗里达附近大陆架也较宽广。比斯开湾以南非洲沿岸大陆架很窄，不超过100千米，有的地段只有20～30千米。北美大陆东岸、南美大陆北岸加勒比海沿岸大陆架都较狭窄。大陆架外缘是大陆坡，面积约768万平方千米。其中沿欧非大陆架的大陆坡比较陡，坡度大约为5°～10°，宽度一般只有20～30千米；在美洲的大陆坡比较和缓，坡度多在3°以内，宽度超过50～80千米；而墨西哥湾海盆西缘和阿根廷东侧的大陆坡形态呈阶梯状，大致从100～200米逐级降至深5 000米以上。大西洋大陆坡的平均坡度为3° 5′。大陆坡与洋盆之间有些地方有大陆隆起分布，其坡度远比大陆坡为小，如格陵兰－冰岛隆起、布莱克隆起和马尔维纳斯隆起等。大陆坡上还分布有上百条海底峡谷，以北美东侧的大陆坡上最多。

过渡带 包括岛弧、边缘海盆、海底高地及深海沟，面积很小。大西洋中的岛弧带和深海沟有两条：一条是由大、小安的列斯群岛组成的双列岛弧带和其北侧的波多黎各海沟（长1 550千米，平均宽度120千米，最深处9 218米），另一条是南美南端与南极半岛之间由南佐治亚岛、南桑威奇群岛和南奥克尼群岛组成的向东延伸的岛弧带及岛弧东缘的南桑威奇海沟（长约1 450千米，平均宽70千米，最大深度8 264米）。

大洋中脊 又称大西洋海岭。北起冰岛，纵贯大西洋，南至布韦岛，然后转向东北与印度洋中脊相连。全长约1.7万千米，宽度1 500～2 000千米，约占大洋宽度的1/3。面积达2 228万平方千米，占大西洋底面积的1/4。大洋中脊形似S，系由一系列狭窄和被断裂分割的平行岭脊组成，脊顶距海面2 500～3 000米，峰脊突出海面者成为岛屿，如冰岛、亚速尔群岛、圣佩德罗－圣保罗礁、阿森松岛、圣赫勒拿岛、特里斯坦－达库尼亚群岛、布韦岛等。中脊的轴部有一条纵向的中央断裂谷地，谷地一般深3 000～4 000米，宽度10多米。从中轴向两侧还有逐级降低的纵向岭脊，岭脊之间有12～40千米的裂谷。沿中脊特别是沿脊轴的中央裂谷绵延分布着一条活跃的地震带，表明大西洋中脊是地质构造不稳定地带。大洋中脊还被无数横向断裂带切断并错开，横向断裂带走向与中脊近于垂直，在地形上表现为深切的线状槽沟，其中位于赤道附近的罗曼什断裂带（最深处罗曼什海沟达7 856米，位于南纬0° 16′，西经18° 35′）把大西洋中脊截成南、北两段并错开1 000余千米。北段称北大西洋中脊，纵贯大西洋北部，长约1.05万千米，最宽处1 500千米，脊顶距海面约2 000～2 500米；南段称南大

西洋中脊，纵贯大西洋南部，长约4 500千米，脊顶距洋面2 000～3 000米。

海盆 大西洋底部比较平坦的海盆，由于中脊中隔分为东、西两列海盆。东侧自北而南有西欧罗巴海盆、伊比利亚海盆、加那利海盆、佛得角海盆、几内亚海盆、安哥拉海盆、开普海盆，西侧有北亚美利加海盆、巴西海盆和阿根廷海盆。另外，在南极洲附近还有一个宽阔的大西洋－印度洋海盆。这些海盆平均深度4 000～6 300米，面积约占大西洋底面积的1/3。大西洋洋底的深海沉积物以抱球虫软泥和翼状虫软泥为主，其次有硅藻软泥和放射虫软泥以及红黏土。

气候 大西洋南北伸延、赤道横贯中部，气候南北对称和气候带齐全是明显特征。受洋流、大气环流、海陆轮廓等因素影响，各海区间气候又有差别。大西洋赤道带是低气压带，又是南北信风的辐合带，风力微弱、风向不定，称无风带。同时上升气流强盛，多对流性云系降水，年降水量多达2 000毫米，为大西洋中的多雨带。副热带是高压带，气流以下沉辐散为主，云雨稀少，天气晴朗，蒸发旺盛。一般降水量500～1 000毫米，高压中心（大洋东部亚速尔群岛附近）海域年降水量只有100～250毫米，成为大西洋中的干燥带。从副热带高压带下沉流向赤道低压带的气流称信风，北半球为东北信风，南半球为东南信风。位于副热带高压与副极地低压之间的中高纬度海区，盛行西风。西风还经常同来自极地的冷空气相汇，形成锋面和气旋，产生多变天气和较多降水，尤其冬季常带来暴风雪。北半球60°以北的高纬海区（主要是东部）受暖流和气旋影响，年降水量可达1 000毫米左右；而南半球60°以南海域，因空气干冷和没有暖流调剂，降水量很少，一般在100～250毫米间。

大西洋上的气温分布既沿纬度方向延伸，又从赤道地区向高纬递减。赤道地区气温最高，年均温25～26℃，气温年变幅很小（一般不超过3℃）。南北纬20°附近，最热月气温达25℃左右，最冷月为20℃左右。南北纬40°附近，北大西洋因受暖流影响，气温高于南大西洋，最热月为20℃，南大西洋只有15℃，最冷月分别为13℃和10℃。南北纬60°附近，北大西洋的暖流增温效应更为明显，最热月气温达10℃，南大西洋则为0℃，最冷月分别为0℃和－10℃。因而北大西洋上的气温暖于南大西洋。同时大西洋东西沿岸受寒、暖流的不同影响，造成南北纬30°间的大洋西部气温高于东部约5℃左右。北纬30°以北的大洋东部气温高于西部约5～10℃，而南纬30°以南，因陆地变窄、海域宽阔以及西风漂流影响，大西洋东部和西部气温之差不太明显。

洋流 在大气环流直接作用下，在南、北副热带海区各形成一个巨大的反气旋型环流系统，北大西洋为顺时针环流，南大西洋为逆时针环流。在两大环流系统之间的海区有一支赤道逆流，其流向与南、北信风相反，从西向东流。在北大西洋的中纬度海区和南大西洋的高纬度海区，又各形成一个完整的副极地气旋型环流。

大西洋赤道流是由南、北信风直接作用形成，并在赤道两侧自东向西流动。南赤道流自非洲沿岸以日平均20～55千米速度向西流，流至南美巴西桑罗克角分为两支：北支为圭亚那暖流，南支为巴西暖流。南支厚度约100～200米，沿南美东岸南流，流至拉普拉塔河附近与福克兰寒流相汇进入西风漂流，再向东流在42°～48°间直抵非洲西南海域，主流继续随西风漂流东流。另一支流沿非洲西岸北流，形成本格拉寒流，寒流流幅宽广、厚度较薄、流速较缓，向北直抵赤道附近，并与南赤道流相汇，构成一个南大西洋反时针的洋流系统。北赤道流始于佛得角群岛，以日平均35～40千米速度横渡大西洋，流至小安的列斯群岛附近分为两支：一支沿群岛北侧流向西北，称安的列斯暖流；另一支穿过群岛进入加勒比海，与主亚那暖流相汇，称加勒比暖流。加勒比暖流从尤卡坦海峡进入墨西哥湾，然后从佛罗里达海峡流出，称佛罗里达暖流，流至北纬35°附近与安的列斯暖流汇合，称墨西哥暖流，沿北美东岸北流，至北纬40°附近又同北来的拉布拉多寒流相汇，并进入西风带东流，称北大西洋暖流。暖流呈扇形散开，流到大西洋东岸，主流转向西欧以至西北欧沿岸，并继而向东北伸展至北冰洋。另一支洋流转而向南流，沿非洲西北海岸南下形成加那利寒流，流至佛得角群岛附近又分两支：一支与北赤道流相汇，构成北大西洋顺时针洋流系统；另一支继续南下并逐渐变暖，进入几内亚湾形成几内亚暖流。几内亚暖流与进入几内亚湾的赤道逆流汇合增强了几内亚暖流的强度，使几内亚湾内常年存在着一个热低压，有助于热带季风的形成和维持。

墨西哥暖流（见*湾流*）是世界大洋中最强大的一支暖流。一般把自佛罗里达海峡至美国东南部的哈特勒斯角段称为佛罗里达暖流，哈特勒斯角至西经45°一段称墨西哥湾暖流，自西经45°以东称北大西洋暖流。以上三部分合起来统称湾流系统。湾流系统中自佛罗里达海峡流出的暖流，宽度60～80千米，深度800米，暖流中央部分表层水温达30.5℃，10米深处水温为27.5℃，每昼夜流速为130～150千米，每小时平均流出暖水量约900亿吨以上。暖流从海峡流出后，又与安的列斯暖流汇合，同时东北信风还不断把马尾藻海域的暖水吹来补充，以致热水量不断增多，使得暖流在沿北美大陆北流尤其是跨越大西洋抵达西欧、北欧沿海流动中对流经海区产生巨大增温作用。来自北冰洋沿拉布拉多半岛南下的洋流称拉布拉多寒流，它在纽芬兰岛东南北纬40°附近与墨西哥暖流相汇，造成这一海域经常大雾弥漫及温水性鱼群和冷水性鱼群相汇聚，形成世界有名的纽芬兰渔场。拉布拉多寒流还经常从北冰洋或格陵兰带来巨大冰山或浮冰。南大西洋海冰形成于南极大陆近岸海区，并可扩展到南纬55°以南的广大海域，甚至可漂浮到南纬40°～35°附近。

**水温和盐度** 大西洋表层海水温度的分布和变化同气温的分布、变化相联系。赤道地区水温最高，年均温为25～27℃，并从赤道向高纬逐渐降低。水温的年变幅以赤道海区最小，一般为1～3℃，北纬30°～50°和南纬30°～40°增大到5～8℃，而高纬度海区年变幅又有些变小，近北极海区约4℃，南极海区约1℃。受大陆气候或寒、暖流锋面等季节性变动影响明显的局部海区，表层水温的年变幅可达10℃以上。

大西洋表层海水平均盐度为35.9。在副热带海域因蒸发强盛、降水量少，盐度高达37.3。尤其亚速尔群岛西南的信风带内，平均盐度达到37.9。南纬10°～20°的巴西近岸海区年均值也达37.6。赤道海区因年降水量多于年蒸发量，盐度降至35.0左右。大洋的表层洋流对盐度分布也有影响，如湾流和北大西洋暖流把盐度较高的海水输向高纬度的大洋东侧，而盐度较低的北冰洋海水（低于34.0）输向大洋西侧，因而高纬度大西洋东侧表层海水盐度大于西侧。南纬45°以南的西风漂流区，表层海水等盐度线几乎与纬圈平行。

**潮汐** 大西洋的潮汐多属半日潮。西欧沿岸为正规的半日潮，美洲中部东侧的加勒比海沿岸大部分为不正规半日潮，有的地方为不正规日潮；墨西哥湾沿岸，除东部为不正规半日潮外，其余均为正规日潮或不正规日潮。开阔大洋中的潮差一般不到1米；但在近岸海区，特别是在狭窄的海湾或喇叭形河口区域，潮差就大得多。南美巴塔哥尼亚的格兰德湾平均潮差为9.74米；欧洲布列塔尼半岛的圣马洛湾为10.58米；英国南岸的布里斯托尔湾达11.47米；北美大陆和新斯科舍半岛之间的芬迪湾潮差最大，湾内的最大潮差可达21米。河口潮汐也比较显著。英国泰晤士河口的潮差约6.3米；南美亚马孙河口涨潮时潮水上溯而形成的涌潮，其壮观景象与中国*钱塘江涌潮*类似。

**海洋资源** *矿产* 大西洋中的矿产资源主要有石油、天然气、煤、铁、重砂矿和锰结核等。大西洋两岸边缘的海盆构成两个油气带，即东大西洋带和西大西洋带。西大西洋油气带主要包括：①委内瑞拉北部的马拉开波湖海底油田和委内瑞拉与特立尼达岛之间的帕里亚湾油田。②墨西哥湾海底油田。主要分布在西南部的坎佩切湾以及美国得克萨斯州和路易斯安那州沿海。东大西洋油气带包括：①北海大陆架油田。②几内亚湾一带以尼日利亚为主的海洋油区。此外在大西洋西岸的加拿大、巴西、阿根廷的近海大陆架也相继发现油气资源。

海底煤炭主要分布在英国东北部苏格兰的近海和加拿大新斯科舍半岛外侧的大陆架。此外在西班牙、土耳其、保加利亚、意大利等国沿海海底也发现有煤的储藏。在北美加拿大的纽芬兰岛东侧有世界最大海底铁矿。波罗的海、芬兰湾也有海底铁矿。大西洋还有重砂矿，美国、巴西、阿根廷、挪威、丹麦、西班牙、葡萄牙、塞内加尔等海岸外都有发现。大西洋深4 000～5 000米海底广泛分布着锰结核，总储量约1万亿吨，主要分布在北美海盆和阿根廷海盆底部。

*生物* 大西洋生物资源丰富，最主要的是鱼类。大西洋的渔获量曾居世界大洋的首位，20世纪60年代以后低于太平洋，退居第二位，但单位面积渔获量仍居世界首位。捕获量最多的是东北诸海域，即北海、挪威海、冰岛周围，年渔获量约占大西洋总渔获量的45%；其次是大西洋西北海域，渔获量占总渔获量的20%。其中纽芬兰、美国、加拿大东侧大陆架海域，是世界大洋中单产最高的渔场。另外，加勒比海、比斯开湾、安哥拉、纳米比亚沿海也是重要的捕渔区。大西洋靠近南极洲的海域是磷虾和鲸的重要捕获区。大西洋海域捕获的主要鱼类有鲱鱼、北鳕鱼、毛鳞鱼、长尾鳕鱼、比目鱼、金枪鱼、鲑鱼、马古鲽鱼、海鲈鱼等。这些鱼主要分布在大陆架和岛屿附近陆架区。开阔水域特别是热带海域尚有帆鱼和飞鱼。西欧和北美沿岸区盛产牡蛎、贻贝、海扇、螯虾和蟹类。

**交通运输** 大西洋西通巴拿马运河连太平洋，东穿直布罗陀海峡经地中海、苏伊士运河通向印度洋，北连北冰洋，南接南极海域，是世界航运体系中的重要环节和枢纽。全年海轮均可通航，海运量占世界海运量的一半以上，并拥有世界海港总数的3/4。主要航线有欧洲与北美洲的北大西洋航线，欧、亚、大洋洲之间的远东航线，欧洲与墨西哥湾和加勒比海之间的中大西洋航线，欧洲与南美洲大西洋沿岸之间的南大西洋航线，从西欧沿非洲大西洋岸到开普敦的航线。

**大西洋城** Atlantic City 美国新泽西州东南部海滨旅游胜地和疗养城市。濒大西洋沿岸，位于长约16千米、宽约1.2千米、地面低平和多沙滩的阿布西肯岛洲之上。这里有阿布西肯灯塔古迹保留地、独立战争时期的战场史密斯村和一个天然动物园。1929年建成可容纳4.1万人的会议大厦，该城迅速成为美国有名的集会地点。从这个时期起，每年一度的美国小姐选美活动都在此举行，好莱坞的影星也纷纷来此。随着旅游业的兴起，沿海建立了世界闻名的海滨木板大道，有5个大型码头向外延伸到大西洋海面。中央码头的末端有一座称为

大西洋城内一赌场夜景

"针"的瞭望塔，建于1967年，游人乘电梯升入顶端可俯瞰全城和海景。1978年，国际休假旅馆赌业公司购买该城最大的金色大厦旅馆，改造成国际休假赌业旅馆。随着赌业的发展，该城成为美国第二大赌城。其他赌业公司和为赌业服务的剧场、影院、音乐厅、舞厅等也相继开业。这里有自设的电视台和广播台，可随时播放赌场新闻，传授赌技。

**《大西洋宪章》** *Atlantic Charter* 第二次世界大战期间，美英两国政府首脑会晤后宣布对德作战目的和反对领土扩张的纲领性文献。1941年8月9～12日，美国总统F.D.罗斯福和英国首相W.丘吉尔在大西洋美国军舰"奥古斯塔"号上举行会晤。8月14日发表了《罗斯福丘吉尔联合宣言》，史称《大西洋宪章》。宣言共8条，主要内容是：两国不追求领土或其他方面的扩张；反对未经有关民族自由意志所同意的领土变更；尊重各民族自由选择其政府形式的权利，恢复被剥夺权利的国家之主权和自治权；努力促使一切国家取得世界贸易和原料的平等待遇；促成一切国家在经济方面最全面的合作；在彻底摧毁纳粹暴政后确立和平，以使各国人民都能在其疆土之内安居乐业，使全体人类自由生活，无所恐惧，不虞匮乏；一切人类可以横渡公海大洋，不受阻碍；放弃使用武力，在永久的普遍安全制度建立之前解除侵略国的武装，以减轻爱好和平人民对于军备的沉重负担等。宪章对鼓舞世界人民的反法西斯斗争、促进反法西斯联盟的正式形成起了积极的历史作用，并成为以后《联合国宪章》的基础。中国共产党在1941年8月19日发表的《中共中央关于最近国际事件的声明》中指出，联合宣言表示了英、美打倒法西斯主义的决心，有利于苏联，有利于英、美，有利于中国，有利于世界，全中国人民都欢迎宣言。同时又指出宣言未提日本之名，表示了愿与日本妥协的一面。

**大西洋之战** Atlantic, Battle of the 第二次世界大战期间，英国、美国同德国在大西洋进行的保护与破坏海上交通线的持久作战。

大西洋海上交通线是英国输入战略物资、工业原料和粮食的"生命线"。为迫使英国屈服，德国从大战伊始即以海军和空军破坏其海上交通线。双方由此展开一场以潜艇战与反潜战为主要作战样式的海上争夺战。整个作战分为三个阶段。

第一阶段（1939-09～1941-12） 初期，德国以水面舰只作为主要破交兵力，但在英国建立护航制度后，1940年8月，德国实行无限制潜艇战，并从1941年6月起开始以潜艇作为主要破交兵力，形成潜艇战第一个高潮。这一阶段，英国和中立国损

英国轰炸机与舰艇在寻歼德国潜艇

失舰船760余万吨。

第二阶段（1942-01～1943-05） 美国参战后，德国将无限制潜艇战作战范围扩大到西大西洋，并采取夜间近距离水面攻击的"狼群"战术，取得显著战果。为对付德国的潜艇战，英、美组建以护航航空母舰为核心的特遣舰队，并从1942年7月开始装备厘米波和分米波搜索雷达、磁探仪、新式声呐、深水炸弹等武器装备，并由消极防御转为积极进攻，迫使德国于1943年5月将剩余潜艇撤离大西洋，使大西洋之战出现转折。这一阶段，同盟国和中立国损失商船和作战舰艇约1 000万吨，德国损失潜艇155艘。

第三阶段（1943-06～1945-05） 德国为扭转不利态势，再次出动潜艇群进入大西洋。英、美则抽调更多的兵力投入反潜战，基本掌握了大西洋上的制海权、制空权，使德国潜艇难以有所作为。盟军对德国工业尤其是潜艇制造业基地的轰炸，使德国损失的潜艇难以得到补充。这一阶段，同盟国和中立国损失各种舰船约300万吨，德国损失潜艇600多艘。大西洋之战最终以德国的失败告终。

大西洋之战持续4年8个月，英、美共投入作战舰艇3 000艘、飞机8 000架；德国共投入水面作战舰艇37艘、潜艇1 160艘。同盟国和中立国共损失舰船2 100万吨，其中被潜艇击沉的占68.1%；德国损失潜艇780艘。此战表明，海上战争的胜负是交战双方军事、经济、政治和外交等综合国力反复较量的结果，海上破交和保交战在现代战争中具有重要战略地位。

**大希腊** Great Greece; Magna Graecia 公元前8～前6世纪古代希腊人在意大利半岛南部建立的夹杂在土著居民点之中的一系列城邦的总称。大希腊是希腊人移民活动的产物。前8世纪上半叶，赫尔基人首先向意大利南部移民，建立了库迈和列基昂等城邦。继而阿哈伊亚人建立了锡巴里斯和克罗同，斯巴达人建立了塔连同，福凯人建立了埃列亚。最初建立的一些城邦，后来有的又建立了自己的子邦。大希腊的诸城邦除与周围意大利各族经常发生战争外，彼此之间也常有战争。前510年，克罗同在打败锡巴里斯后，将该城夷为平地。锡巴里斯的流亡者于前453年重建该城，旋又被克罗同摧毁。前4和前3世纪，大希腊的诸城邦先后遭到叙拉古僭主狄奥尼西奥斯和阿加索克利斯的袭扰，一度处于狄奥尼西奥斯统治之下。前272年塔连同城落入罗马之手，至此大希腊的所有城邦陆续为罗马人占领。

大希腊曾有发达的农业、手工业和商业，是著名哲学家毕达哥拉斯、巴门尼德、芝诺等人活动的主要场所，在文学、艺术、建筑等方面对罗马文化发展有重大影响。

**大溪文化** Daxi culture 中国新石器时代晚期文化。以重庆巫山大溪遗址而命名。主要分布在峡江至江汉平原和洞庭湖平原一带。年代约为公元前4500或前4600～前3300年。经济生活以稻作农业为主，渔猎经济为辅，在几乎所有的遗址里都发现稻谷或稻草的遗存。湖南澧县城头山遗址还发现公元前4000余年、世界上已知最早的水稻田、蓄水坑和排水沟遗迹。家畜和家禽有猪、狗、牛、羊、鸡等。陶器中篦点戳印纹白陶和仅厚1～2毫米的薄胎彩陶具有代表性，反映了较高的制陶工艺水平。

大溪文化白陶（汤家岗遗址出土）

玉制品则有璜、玦、镯、坠等。房屋一般为方形、长方形地面建筑。墙壁一般是在夹柱之间编扎竹片或树枝，里外抹泥；居住面下铺有较厚的红烧土垫层以利于防潮。为适应多雨气候，有的房子出檐或专设檐廊，有的房屋四周有用红烧土渣铺成的散水。湖南澧县城头山古城建于大溪文化早期，是研究城市起源的重要资料。大溪遗址的墓葬绝大多数是单人葬，个别为成年女性和儿童的合葬墓。有的墓用鱼和龟随葬，规则地把整条鱼放在死者身上、置于口边或垫在臂下，这种罕见的现象当与人们的经济活动和原始信仰有关。

**大夏** Tokhāra; Tochari 中亚古国名。居民可能是塞种之一支，即希腊文献所见Tochari。公元前140年左右，包括Tochari在内的塞种诸部自锡尔河南下，灭了希腊-巴克特里亚王国。中国史籍将主要由塞种诸部控制的巴克特里亚地区称为大夏。"大夏"应为Tochari的汉译。据《史记》记载，大夏国都是蓝市城（今阿富汗巴尔赫附近），居民人数达100多万，以务农为生，善于经商，兵力薄弱。约前139～前129年，伊犁河、楚河流域的大月氏人西迁，大夏遂臣服于

大月氏。汉张骞于前128年左右抵此时，月氏“臣畜大夏”。后大月氏越过妫水（今天阿姆河）南下，占领蓝市城。大夏退至妫水上游之南，分为休密、双靡、贵霜、肸顿、高附（或都密）五个翕侯，保持着某种程度的自治权。1世纪时，贵霜翕侯攻灭其他四翕侯，建立贵霜王国。但中国仍称之为大月氏。

**《大宪章》** *Magna Carta* 1215年6月15日（一说19日）英王约翰被迫签署的宪法性的文件。又称《自由大宪章》。其宗旨为保障封建贵族的政治独立与经济权益，不利于加强王权。

《大宪章》全文共63条。有许多内容是保障封建贵族的权益。《大宪章》对骑士及自由农民的利益也有一些保障。对于广大的农奴，《大宪章》几乎没有给予任何好处，只是第20条附带说明处农奴以罚金时不得没收其农具。《大宪章》的一些条文，肯定亨利二世司法改革所取得的进步。因为《大宪章》有着限制王权的作用，后来封建贵族在和国王的斗争中曾一再强迫国王重新颁布《大宪章》。英国资产阶级革命时，资产阶级赋予《大宪章》以新的意义，用以反对封建专制王权。今天它仍是英国宪法的重要组成部分。美国的联邦宪法和各州宪法也都包含有《大宪章》的思想。

**大小和卓之乱** Dahezhuo and Xiaohezhuo, Rebellions of 中国清代乾隆时期，新疆回部伊斯兰教封建主霍集占兄弟发动的叛乱。霍集占的先祖玛赫杜米·阿札木，早年自中亚来南疆传播伊斯兰教，自称和卓（意为穆罕默德之后裔）。其后代形成白山和黑山两派，长期进行争权斗争。后白山派和卓阿哈玛特被禁锢于伊犁，生二子，长曰波罗尼都，次曰霍集占，即大小和卓。乾隆二十年清军平定准噶尔达瓦齐割据势力进驻伊犁时，大小和卓乃得释。清政府遣波罗尼都返归叶尔羌（今莎车）招服部众，留霍集占于伊犁管理伊斯兰教教务。

霍集占曾参与阿睦尔撒纳的叛乱。阿睦尔撒纳失败后，霍集占自伊犁逃回叶尔羌，与其兄波罗尼都谋划叛乱，妄图建立割据的伊斯兰汗国。乾隆二十二年（1757），霍集占兄弟杀清政府派往南疆的使臣阿敏道，霍集占自称巴图尔汗，发动武装叛乱。清政府命雅尔哈善为靖逆将军统兵征讨。霍集占率援军入库车城固守。雅尔哈善指挥不力，虽攻克库车城，却使霍集占逃脱。雅尔哈善因贻误军机被革职，清政府另派刚平定准部的将军兆惠率军南下进剿。此时，原受霍集占兄弟煽惑的库车以西的回部诸城，多在其城主率领下向清军投诚。阿克苏、乌什都拒绝霍集占入城，霍集占只得逃归叶尔羌。波罗尼都则返回喀什噶尔（今喀什），各据一城，互为掎角，以作最后的抵抗。二十三年，兆惠率军进攻叶尔羌。霍集占于叶尔羌城外坚壁清野，据壕筑垒，企图与清军长期对抗。二十四年夏，清军分两路出击，兆惠统军自乌什进攻喀什噶尔，富德领兵由和阗直取叶尔羌。霍集占兄弟在清军大举进剿下，弃城逃走，至巴达克山，被当地部落首领擒杀，尸首送交清军。

**大小金川之战** Dajinchuan and Xiaojinchuan, Battles of 中国清乾隆十二年至四十一年（1747～1776），清军对四川西北部大、小金川土司进行的两次重要作战。

乾隆十二年，大金川（今四川金川县）土司莎罗奔发兵攻打邻近土司，并击败前来干预的清军。清廷命川陕总督张广泗统兵再度进击，未能取胜。后改派岳钟琪前往，劝降莎罗奔，清廷赦免其罪，仍命其为土司。第一次金川之战结束。

三十六年（1771），大、小金川土司串通，再度攻打邻近土司。清军先降小金川（今小金县）土司。大金川土司索诺木凭借碉卡顽抗，小金川复失。三十八年，清廷命阿桂为定西将军，调集兵力再攻，经过苦战，再次降服小金川。之后，阿桂分兵三路，移攻大金川。清军采用炮轰及断水战术使索诺木势蹙计穷，率众出降。

清廷历时数十年，耗银数千万两，终于彻底平定大小金川。战后，清廷废除两金川土司制，设流官治理，并置重兵镇守，加强对该地区的管辖。

**大兴安岭** Da Hinggan Mountain Range 中国东北地区重要山脉。又称西兴安岭。黑龙江南源额尔古纳河和主要支流嫩江发源地。北起黑龙江畔，呈北东及北北东走向，南止于西拉木伦河上游谷地。全长约1 200千米，宽200～300千米，面积8.44万平方千米。大部分海拔1 100～1 400米。山地呈不对称状，西北高东南低，西缓东陡，西侧缓缓过渡到蒙古高原，东侧逐级陡降到东北平原，山幅北宽南窄。与小兴安岭一般以嫩江河谷为界，但也有以北安—爱辉一线分界的。最高峰黄岗梁（2 029米）。

大兴安岭保护完好的原始森林

大兴安岭以伊勒呼里山和洮儿河为界分为3段：①北段为中等切割，具有多年冻层的台原，山脊浑缓，平均海拔不到900米，山顶部遗留有准平原面遗迹。②中段平均宽200～300千米，海拔1 200～1 500米，主要分水岭破碎而不连贯。③南段分为罕山与黄岗梁两支，宽度更窄，平均海拔1 500米以上，最高峰分布于此段，山脉顶部多为平坦熔岩台地。

南北气候差异明显。由北而南年平均气温为-5.7～4℃，1月平均气温约-32～-14℃，7月气温多在15～20℃。年降水量北部为400～500毫米，南部及部分西坡小于400毫米。东侧比西侧降水多，气温高，气候垂直变化也较明显。源自大兴安岭的河流或注入黑龙江、松花江、辽河等，或流失在平原湿地中。江河封冻期4～6个月。沼泽发育。

大兴安岭林业资源丰富，是中国重要林业基地之一。北段是中国唯一的寒温带针叶林区，兴安落叶松为建群种，常与兴安白桦、山杨、黑桦、丛桦混生。植被垂直分布：高峰顶为亚高山矮曲林带和山地寒温针叶疏林带，往下为山地寒温针叶林带。中段高处与北部植被相似，但桦、杨比重较大，樟子松甚少。自山顶向下，东斜面为森林草原，山前基本属草原类型。西坡由森林草原过渡到典型草原。南段东坡森林草原分布于海拔1 500～1 800米，森林呈块状分布。树种有兴安落叶松、兴安白桦、山杨、蒙古柳、油松等。草原较茂盛。

动物资源较丰富，有栖息于北极圈及西伯利亚寒带类型的狼獾、驼鹿等。在阴湿谷地中多鹿科动物，针叶林中有种类繁多的啮齿动物，阔叶林或灌丛中雉科鸟类较多。建有呼中国家级自然保护区。

**大兴安岭地区** Da Hinggan Ling Region 中国黑龙江省人民政府设立行政公署所管理的地区。位于省境北部，黑龙江上游南岸。西邻内蒙古自治区，东部和北部与俄罗斯隔江相望。辖呼玛县、塔河县、漠河县。面积46 755平方千米。人口51万（2010），有汉、满、鄂伦春、蒙古、达斡尔、鄂温克等民族。地区行政公署驻加格达奇。清康熙二十二年（1683）属黑龙江将军辖地，光绪初年属兴安城总管和瑷珲副都统辖地。清末和民国初年属黑河道和呼伦道。1964年置大兴安岭特区（地级）。1970年改特区为地区。该地区位于寒温带，夏季短，冬季严寒，是中国最寒冷地区，局部地区有冻土层。年平均气温-0.8～-4.5℃，极端最低气温-52.3℃。大兴安岭林区是全国主要林业基地。野生动植物丰富，有黄芪、贝母、沙参、猴头蘑、木耳和鹿、熊、驼鹿、獐等。农作物有小麦、燕麦、马铃薯等。工业有化工、建材、皮革、造纸、木材加工、采金、采煤、电力等。古迹有十八站旧石器文化遗址等。

**大兴区** Daxing District 中国北京市辖区。位于市境南部。是京、津两大都市的交通要冲，南方各省入京通衢，素有“京南门户”之称。面积1 040平方千米。人口137万(2010)。自秦汉至隋唐为蓟县地。辽初改蓟县为蓟北县，后改析津县。金改津县为大兴县，取“疆域广阔、兴旺发达”之义。1958年由河北省划归北京市。2001年撤县设区。经济以农业为主，西瓜上市量居全市首位。主要粮食作物有小麦、玉米、水稻，经济作物有棉花、花生等。“北京填鸭”远销国外。名胜古迹有晾鹰台、团河行宫旧址和半壁店森林公园等。

**大猩猩** *Gorilla*; gorilla 灵长目猿猴亚目人科大猩猩属动物的统称。属于猿类。包括2种，即西非大猩猩和东非大猩猩；二者各有2个亚种。分布于赤道非洲。灵长类中

大猩猩母子

体型最大的种，站立时高1.3～1.8米。雄性比雌性体大；雄性体重140～275千克，雌性70～120千克。前肢比后肢长，两臂左右平伸可达2～2.75米。无尾，吻短，眼小，鼻孔大。犬齿特别发达，齿式与人类相同。体毛粗硬、灰黑色，毛基黑褐色。成年雄性腰背部为银白色，臀部灰色。老年雄性的背部变为银灰色，胸部无毛。

栖息于热带林区，结群，每群3～21只，甚至多至40只。食量很大，每天觅食6～8小时，主要吃植物嫩芽、茎、叶、花、根、果，以及少量动物性食物。妊娠期237～285天，每胎产1仔，寿命约40～50年。

**大雄** Mahāvira (前599～前527) 印度耆那教的实际创始人、第二十四代祖师，是与佛陀同时代的“六师”之一。佛教称他为尼乾陀·若提子，原名筏驮摩那(Vardhamāna，意译增胜)。在他成道后被尊称为“大雄”(意为“伟大的英雄”)。生于吠舍离一个王族的家庭，属刹帝利种姓。30岁离开富贵之家出外求道，游行乞食。42岁时终于在吠耶婆达东北的娑罗树下觉悟成道。后组织教团，收徒传教，建立教规，达30年之久。根据耆那教传说，在大雄之前有祖师二十三代，而大雄之师为波尔湿伐，他建立四大誓戒——不杀、不诳、不盗、不有私财，大雄加第五戒不淫，因此大雄为耆那教的奠基者。

**大熊湖** Great Bear Lake 加拿大第一大湖。位于国土西北地区，北极圈在其北部通过。面积31 328平方千米。湖面海拔156米。18世纪末西北公司商人到此，曾在湖岸地区建立皮毛贸易站。1825年英国探险家J.富兰克林来此探险。因湖区栖息众多北极熊而得名。原系构造洼地，经第四纪冰川挖蚀而成。深受切割，湖岸陡立。湖形奇特，有5条湖湾向东、南、西伸出。湖水清澈，平均水深137米，最大水深413米。湖中多小岛。10月至翌年6月为结冰期，浮冰延续至7月末。8～9月可通航。长120千米的大熊河从湖西端流出，注入马更些河。产白鱼、湖鳟。20世纪初湖东岸地区发现沥青铀矿，1930年开始开采。埃科贝(镭锭港)为采矿中心，也是湖区最大居民点。

**大熊猫** *Ailuropoda melanoleuca*; giant panda 食肉目大熊猫科的单属单种。有专家列为熊科熊猫亚科的单属单种。体形较大，外形似熊，头较圆像猫，因而得名。因其毛色黑白相间，主要栖息于竹林中，俗称花熊和竹熊。中国特产。

大熊猫体长1.2～1.5米，体重50～80千克，但在人工饲养条件下，最大个体体长可达1.8米，体重近200千克；体毛以白色为主，但四肢与肩胛部有连片的黑色毛区，眼区有形似眼镜的黑斑，耳、鼻端和尾端也皆为黑色。

大熊猫是一个孑遗物种。曾有活化石之称。熊猫科现生种局限于东洋界的北部，最早的化石发现于全北界的上上新统。在更新世中期最繁盛，其化石遍及中国秦岭和长江以南诸省，在陕西北部、山西、北京等地也有零星发现。

现代大熊猫的典型栖息环境特点是山高、谷深、树高、竹密。茂密的竹林既是它们的食料基地，又是其藏身和繁育后代的场所。大熊猫在形态构造上，以及生态和生理上都有不少与这种独特生存环境相关的适应特点。大熊猫虽属食肉兽，却喜素食，偶尔亦吃动物，但主要食物为少数几种细小的箭竹类的笋和较青嫩的茎、叶。大熊猫既怕酷热、又畏严寒，冬季不蛰眠，一年四季活动，有随气温变化进行垂直迁

移习性。大熊猫性温驯，不怕人，行动缓慢，能泅水，善爬树，有剥树皮行为。

野生大熊猫多在春末夏初发情交配，晚秋产仔，每胎产1～2仔。初生幼仔很小，仅100克左右，不睁眼，体裸露无毛，死亡率高达30%～50%。幼兽生长发育较慢，半年后始能独立取食。6～8岁性成熟，由于发情期持续时间短，多数只有10天左右，常因雌雄发情不同步而不能配育。自然寿命约25～30年。

现代大熊猫是残存分布的濒危物种，被中国列为国家一级重点保护动物，其数量稀少，估计总数仅有几千只。

从1965年以来，先后在四川省平武、南坪、青川、北川、汶川、宝兴、马边、美姑，甘肃省文县和武都，陕西省佛坪等县建立了十几个大熊猫为主的自然保护区，还在卧龙和白水江两个自然保护区中建立了大熊猫保护和研究基地。在人工饲养条件下繁殖大熊猫相继成功。20世纪70年代以来又取得人工授精繁殖和低温贮存大熊猫精液的成功经验。

**大熊座** Ursa Major 北斗七星所在的星座。天球中第三大星座(第一、第二大星座分别为长蛇座与室女座)。座内目视星等亮于6等的星有151颗，其中亮于4等的星有24颗。大熊座诸星分布成一只大熊的形象。对北半球中纬度的观测者来说，大熊座终年可见，但要观测全座则要在春季。北斗七星就属于这个星座。北斗七星连起来形如一把长柄大勺，构成勺的是α、β、γ、δ(中名天枢、天璇、天玑、天权)四颗星，相当于大熊的腹部；构成勺柄的是ε、ζ、η(中名玉衡、开阳、摇光)

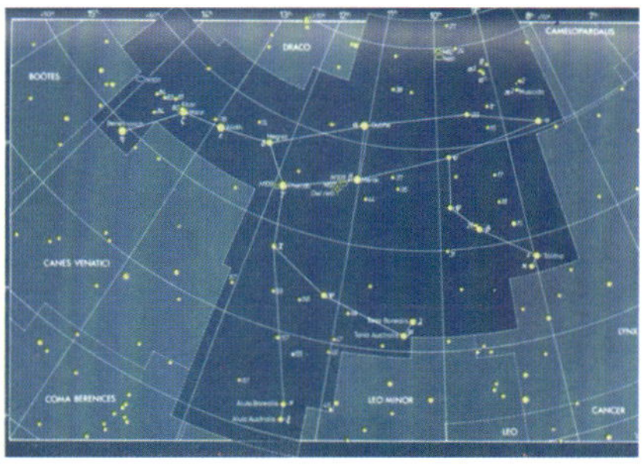

三颗星，相当于熊尾。α、β叫做指极星，因为把它们的连线延长约5倍，就可找到北极星。ζ为双星。大勺子一年四季都在天上，不同季节勺把的指向不同，恰好一季指一个方向，古人说："斗柄东指，天下皆春；斗柄南指，天下皆夏；斗柄西指，天下皆秋；斗柄北指，天下皆冬。"

**大选** general election 在多党制条件下，决定由某个政党或政党联盟执政的公民直接或间接的选举。不同国家的大选具体含义不同，在英国、加拿大、澳大利亚等国，大选指下院议院的选举，或称立法选举。在美国，指每4年举行一次的总统选举与同时举行的国会选举的合称。在法国，仅总统选举称为大选，议会选举称为立法选举。大选的选举一般具有如下特点：①应由公民普选，直接或间接投票选出所选职位——议员或总统。②所选对象，应是有权组织政府的个人或政党，通过选举导致产生新政府，或产生具有行政控制权的最高国家

南非首次多种族大选（1994-04）

公职人员。③一般应是多党或多位候选人的竞选。④经历一个较长时间的竞选阶段。不具有这些特点，但也产生新政府或具有行政控制权的最高国家公职人员的选举，一般称为换届选举而不称为大选。

**《大学》** *The Great Learning* 中国古代儒家经典《礼记》中的一篇。朱熹将它和《论语》、《孟子》、《中庸》合编为四书，在中国古代社会影响极大。《大学》着重论述了个人道德修养与社会治乱的关系，以"明明德"、"亲民"、"止于至善"三纲领为修养目标。又提出实现三纲领的八个步骤，即"格物"、"致知"、"诚意"、"正心"、"修身"、"齐家"、"治国"、"平天下"。其中每一个都以前一个为先决条件，而"修身"是其中最根本的、具有决定意义的一步，前四个是"修身"的方法途径，后三个是"修身"的必然结果。从天子到庶人"皆以修身为本"，每个社会成员特别是统治者道德修养的好坏决定着社会的治乱。

**大雪山** Daxue Mountain 中国大渡河与雅砻江的分水岭。位于甘孜藏族自治州内，介于大渡河和雅砻江之间，呈南北走向，由北向南有党岭山、折多山、贡嘎山、紫眉山等，其余脉牦牛山向南伸入凉山彝族自治州，南北延伸400多千米，是横断山脉的主要山脉之一。山体主要由砂板岩、花岗岩组成，多海拔5 000米以上高峰。其中，主峰贡嘎山海拔7 556米。海拔5 000米以上高山有现代冰川分布，多古冰斗、U形谷、角峰、冰碛垅、冰碛湖等古冰川地貌。大雪山东陡西缓，西高东低。西坡多宽缓的高原面及断陷山间盆地，气候高寒，以牧业为主；东坡为深切割的高山峡谷，气候垂直分布明显，为农、林、牧交错区。大雪山是四川重要林区，有冷杉、鳞皮冷杉、黄果冷杉、长苞冷杉、川西云杉、丽江云杉及云南松、高山松、落叶松等针叶树种。矿产种类繁多，有铁、铜、金、铅、锌、锡、钨、镍、铍、锂、铌、云母、石棉等。大雪山西部为藏族分布区，东部属汉、藏杂居区。川藏公路通过的折多山垭口，海拔4 290米。

**大雪山** Taisetsuzan 日本北海道中央火山群的总称。位于北海道岛中部，由大小20座海拔2 000米的绵延山峰组成，最高峰旭岳高达2 290米。属千岛火山带的西缘，为复合火山群。地形上是石狩山地的一部分，山势高耸、连绵，素有"北海道屋脊"之称。山上生长有300多种高山植物，山下为一片原始森林。山峰间多峡谷，发源于大雪山雪峰的石狩川和十胜川等河流，流贯于高山峡谷之间。位于山东北麓、石狩川上游的层云峡，两侧耸立有绵长达24千米、高150多米的大绝壁，其上有数十条瀑布飞流直下。西部石狩川支流忠别川上游的天人峡有羽衣瀑布和敷岛瀑布。此外，还有风景别致的仙翠峡等。由大雪山火山群和附近的十胜火山群、石狩火山群共同组成的大雪山国家公园（1934），面积2 319平方千米，是日本占地面积最广的山岳公园，每年吸引大量国内外游客。

**大血藤** *Sargentodoxa cuneata*; sargentgloryvine 大血藤科的单属种。又称红藤、大活血。分布于秦岭至淮河以南的亚热带地区。老挝、越南也有分布。落叶木质藤本。叶互生，3出复叶，无托叶。总状花序下垂；花单生，雌雄异株；萼片和花瓣均6片，2轮排列，黄绿色；雄花有雄蕊6，与花瓣对生；雌花有退化雄蕊6；心皮多数，离生，螺旋排列，果为聚合小浆果，肉质，

蓝黑色，有白粉，多个着生于一球形的花托上。根和藤入药，有强筋骨、活血的功效，用以治阑尾炎、跌打等症。茎可制人造棉或造纸。

**大亚湾** Daya Gulf 中国南海北部半封闭海湾。位于广东省惠州市与深圳市之间，西邻大鹏湾，内有大鹏澳、哑铃湾、范和港3个小湾。总面积约650平方千米。水产资源丰富，盛产石斑鱼、鲍鱼、龙虾、青蟹、珍珠等。西南岸建有核电站。

**大亚湾核电站** Daya Gulf Nuclear Power Plant 中国20世纪90年代兴建的核电站。位于广东省大亚湾畔的大坑村。1984年4月动工。电站范围198万平方米，厂区占地63.5万平方米，反应堆采用法国制造的2台900兆瓦压水堆，90厘米厚的预应力钢筋混凝土密闭安全壳可承受5个大气压。电站装有2套各900兆瓦的汽轮发电机组，年发电量可达100亿千瓦·时。电站投产后，70%的电力供应香港，30%供应广东。1号机组于1993年8月21日并网发电，1994年5月投入商业运行。截至2011年2月底，累计实现上网电量2 334.11亿千瓦·时。

**大盐湖** Great Salt Lake 北美洲最大的咸水湖。位于美国犹他州西北部，东面是落基山脉支脉沃萨奇岭，西面是大盐湖沙漠。为更新世冰期时大盆地内淡水湖邦纳维尔

大盐湖鸟瞰

湖的残迹湖。冰期后，气候变干，蒸发加强，邦纳维尔湖水位降低，与斯内克河、哥伦比亚河等外流河隔绝，形成内陆湖。西北—东南向延伸，长120千米，宽48～80千米，面积4 756平方千米。湖面海拔1 280米。一般水深4～7米，最深11米。盐度高达150～270。东南和南部接纳贝尔河、乔丹河和韦伯河，湖水无出口，故湖面南高北低，盐度则北高南低。盐类储量丰富，达60亿吨，以氯化钠为主，还有镁、钾、锂、硼等。19世纪起开采食盐和钾碱。1971年开始大规模从湖水提炼其他矿物。湖中生物贫乏，仅有盐水虾、水藻等。湖中岛屿散布，最大的安蒂洛普岛已辟为州立公园和北美野牛保护区。犹他州最大城市和首府盐湖城位于湖东南。

**大衍求一术** dayan qiuyishu 中国南宋数学家秦九韶在其《数书九章》一书中提出的解一次同余方程组的方法。又称孙子剩余定理（简称孙子定理）、中国剩余定理等。初等数论中最重要的基本定理之一。中国南北朝的《孙子算经》（约5世纪左右）中有“物不知数”问题：“今有物不知其数，三三数之剩二，五五数之剩三，七七数之剩二，问物几何？”用现代数学语言，这类问题可一般表述为：设$a_i$（$i=1,\cdots,n$）为给定的正整数，$r_i$（$i=1,\cdots,n$）为给定的整数，试求整数$x$，使得$x-r_i$被$a_i$整除。此问题相当于求解一次同余方程组$x\equiv r_i(\bmod a_i)$，$i=1,\cdots,n$。秦九韶提出如下的解法：如果正整数$a_i$两两互素，那么，只要求出一组数$k_i$满足$k_iM/a_i\equiv 1(\bmod a_i)$，$i=1,\cdots,n$，式中$M=a_1a_2\cdots a_n$，即有$x\equiv\sum_{i=1}^{n}r_ik_iM/a_i(\bmod M)$。而问题的解为$x=\sum_{i=1}^{n}r_ik_iM/a_i-cM$，式中$c$为适当选取的整数。秦九韶称$k_i$为“乘率”，用辗转相除法求出，并称他的方法为“大衍求一术”。由此解决了“物不知数”问题（解答之一为23），及其他一些与历法等有关的实际问题。西方直到18～19世纪才由L.欧拉（1743）和C.F.高斯（1801）重新独立地发现上述方法。

**大雁塔** Big Wild Goose Pagoda 位于中国陕西省西安市南郊慈恩寺内，又称慈恩寺塔。始建于唐永徽年间（650～655），改建于武周长安年间（701～704），是著名的唐代楼阁型砖塔。1961年定为全国重点文物保护单位。慈恩寺在隋代名无漏寺，唐高

宗李治为纪念母后于647年重建，改今名。唐末寺毁于战乱，以后屡毁屡修，规模愈来愈小。现存慈恩寺以唐代西院的塔为中轴线，塔前建殿堂和东西庑，合成四合院，前部配建钟鼓楼，非唐代原貌。

652年高僧玄奘提议在寺端门之南建石塔，以储藏从印度取回的经像、舍利。因石塔工大难成，改在西院建砖塔。武周长安年间，塔毁后重建。现存塔为方形，七级，总高64米。塔底层西面石门楣上有唐代线刻佛殿图，底层南门两侧镶有两块唐碑，刊有唐太宗撰《大唐三藏圣教序》和唐高宗撰《大唐三藏圣教寺记》，为唐书法家褚遂良所书，极为珍贵。

**大洋岛** oceanic island 地质结构上与大陆没有联系，从深海洋盆中升起的岛屿。它们远离大陆，而且在地质时期也从未成为大陆的组成部分。年龄不超过中生代。包括火山岛和珊瑚岛。火山岛主要由海底火山熔岩构筑而成，也就是耸立于深海底之上的大型火山的顶部。火山岛大小不一，但一般面积不大。可由单个火山构成，也可由多个火山连接而成为规模较大的岛屿。在热带海域，珊瑚礁生长于火山岛周缘，随着火山岛下沉，珊瑚礁不断上长，可演化成为珊瑚岛。大洋岛在太平洋中分布最广。与大洋岛相对应，那些在地质结构上与大陆相似或有联系的岛屿，称大陆岛。

**大洋多金属结核** oceanic polymetallic nodule 自生于深海底的多金属矿床。又称深海锰结核或锰矿球、锰矿瘤、锰团块。以锰和铁的氧化物和氢氧化物为主要组分，含多种金属元素如铜、镍、钴等，大都以结核状存在。因其储量巨大，并在继续增长，已成为一种巨大的潜在金属资源。

世界各大洋底多金属结核的总储量有人估计为30 000亿吨。仅太平洋底锰结核的储量就达17 000亿吨，其中含锰4 000亿吨、镍164亿吨、铜88亿吨、钴58亿吨。亦有人估计太平洋多金属结核量约为1 000亿～2 000亿吨。南太平洋、大西洋和印度洋多金属结核的经济评价较差。

第二次世界大战以后，发现多金属结核在深海底有着广泛的分布，通过海底照相和电视等手段又揭示了它们在深海底的赋存状态，指出它们可以成为铜、镍、钴等金属的新来源，从而引起人们的极大重视。20世纪70年代，进行了开采试验。中国从80年代开始对太平洋北部进行多金属结核调查，取得了令人瞩目的成果。

**大洋环流** ocean circulation 在海面风力和热盐等作用下，海水从某海域流向另一

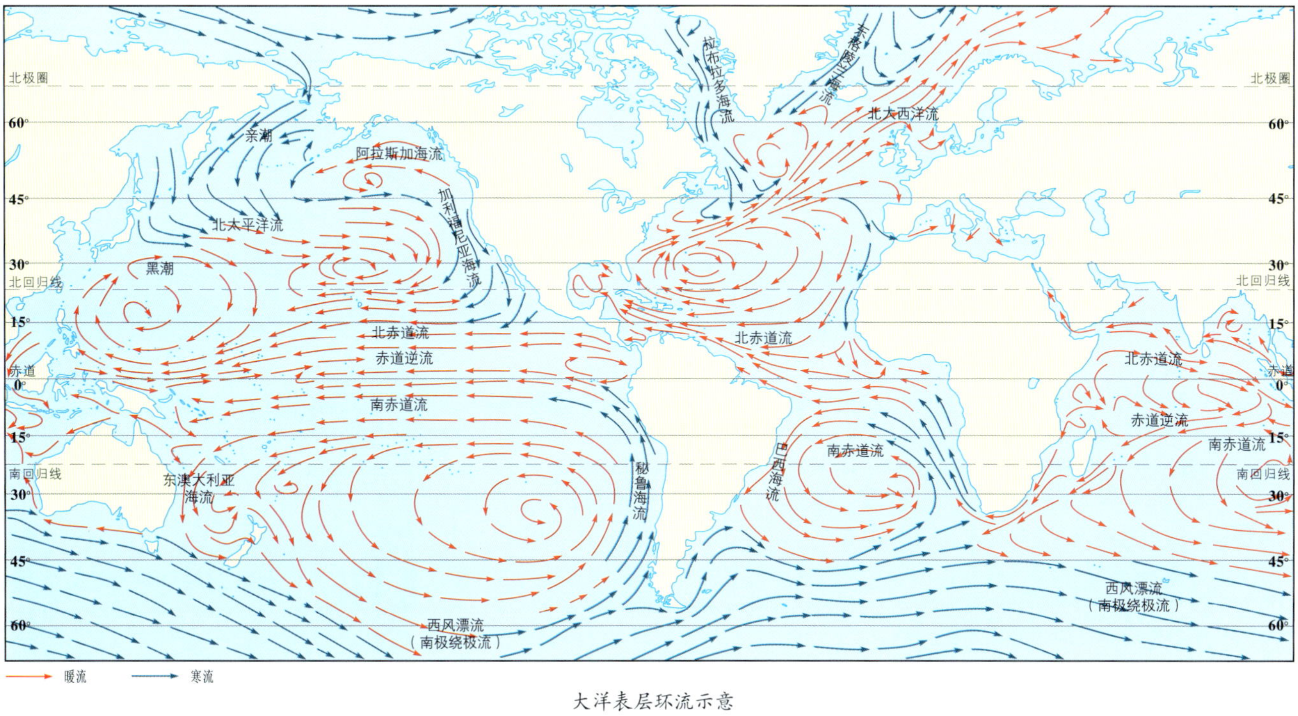


大洋表层环流示意

海域，最终又流回原海域的首尾相接的独立环流体系或流旋。大洋表面的环流与风力分布密切相关。除水平环流外，还有铅直环流，即升降流。

在赤道南北的低纬度海域，因东南信风和东北信风的作用，形成自东向西的南赤道流和北赤道流，它们受大洋西海岸所阻而使西边的水位升高（每100千米可升高4厘米），主支流分别向南和向北流去，各自有一小股支流分别向北和向南流动，于赤道附近汇合，使水位抬升，因而形成自西向东的赤道逆流。在北半球中纬度海区里，向北的主支流被海上盛行的西风驱赶而转为向东流动，形成北大西洋流和北太平洋流，都受海洋东岸的阻挡而分成向南和向北的两个支流。在南半球中纬度海区，向南的主支流受盛行西风驱赶，变成自西向东流动，因无海岸阻挡而形成绕地球流动的南极环极流。在南半球的高纬度海区，还有极地东风流，它遇陆地后又折向北。所有这些海流，在大洋表层形成一个个环流体系。除大洋表层环流外，还有大洋深层环流。

**大洋盆地**　ocean basin　大洋底的地形单元。位于**大洋中脊**与大陆边缘之间，一侧与中脊平缓的坡麓相接，另一侧与**大陆隆**或**海沟**相邻，占海洋总面积的45%。大洋盆地被海岭等正向地形分割，构成若干外形略呈等轴状、水深4 000～5 000米的海底洼地，称海盆。宽度较大、两坡较缓的长条状海底洼地，称海槽。海盆底部发育深海平原、深海丘陵等地形。长条状的海底高地称海岭或海脊，宽缓的海底高地称海隆，顶面平坦、四周边坡较陡的海底高地称海台。

**大洋声道**　ocean sound channel　声波在大洋水下某个相当厚的水层中传播时，能量损失很小，传播距离可超过通常的百倍的水层。大洋声道现象是第二次世界大战期间美国的W.M.**尤因**和J.L.沃泽尔及苏联的L.D.罗森贝格等人，先后在大西洋和太平洋用炸药爆炸作为水下声源进行水声实验时发现的。

形成　由于大洋中各层海水的温度、盐度和流体静压力不同，声波在各水层中的传播速度也不同。声速随深度的变化曲线$c(z)$在水下$z_m$处有一极小值$c_m$（见图），通常将声速极小值所在的水层称为声道轴。a、b为不同类型水下声道的声速垂直剖面。若声源位于声道轴附近，则所辐射的大部分声波的能量集中在从海面至与海面声速同值的平面间的厚水层中，此水层称为水下声道。按折射定律，声道轴附近的声源辐射的声线，必然向声道轴弯曲。这样大多数声线不经过海底和海面的反射而在水

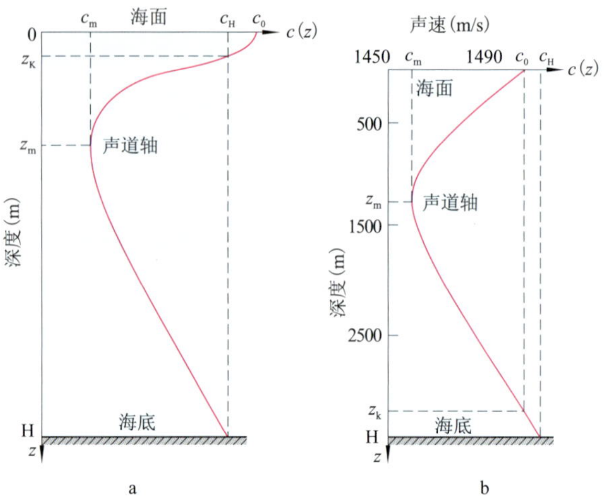


$z_K$水下声速为$c_H$的深度　$z_k$水下声速为$c_0$的深度　H水深

大洋中典型的声速剖面

层中反转传播，使多数能量保留在声道轴上下相当厚的水层中。低频声波比高频声波在水中被吸收的更少，可以在声道中传播得最远。

分布　在中大西洋水下声道轴的深度约为800～1 300米，太平洋约在200～1 000米，地中海在150～200米，但热带某些海域的声道轴却可深达1 800米，而温带海域的声道轴则随纬度的增加而上升，可升到200～500米深处。在地球两极地区的海域，声道轴位于海面附近。有些海区的声道轴处于深度为60～100米处，称为表面声道。

**大洋中尺度涡**　ocean mesoscale eddy　叠加在海洋平均流场上的、尺度从几十千米至几百千米的水平涡旋。按起源和生存方式可分为三种：①流环。起源于大洋西边界的西向强化流。在湾流和黑潮中常出现海流弯曲现象，当弯曲程度很大时，便出现冷涡和暖涡，它们脱离母流，形成直径100～300千米的流环。其表层旋转的线速率可高达90～150厘米/秒，此速率随深度而降低。流环的持续时间可达2～3年。②流环式中尺度涡。生存于北大西洋的冷水区中，强度约为流环的一半，宽度则比流环大一倍。属于冷涡。③中大洋中尺度涡。在地球上的海洋中几乎无处不有。具有5～50厘米/秒的旋转速率，向下可延伸到整个水柱。存在的周期从几周至几个月。

**大洋中脊**　mid-oceanic ridge　伴有地震和火山活动的巨大海底山系。又称中央海岭、大洋洋脊。它纵贯太平洋、印度洋、大西洋和北冰洋，彼此相连，总长约8万千米，宽数百至数千千米，面积约占世界大洋总面积的33%，可与全球大陆面积相比，为地球上最长最大的山系。

在板块构造模式中，大洋中脊顶部标出了海底扩张轴线，属分离型板块边界。它既是巨大的海底地貌单元，也是最重要的海底构造单元之一。大洋中脊高于两侧洋底，其相对高度为2 000～3 000米左右。脊顶上覆盖的沉积物极薄或缺失，地形崎岖不平，常有次一级岭脊与谷地相间排列，并与中脊走向平行延伸。翼部多由海山群和**深海丘陵**组成。自脊顶向两缘地带，随着沉积层逐渐增厚，地形起伏也逐渐平缓，向下过渡为**深海平原**。纵向延伸的中央裂谷和横向断裂带（又称转换断层）是大洋中脊最突出的特征。

大洋中脊轴部地震和火山活动频繁，故又称活动海岭。海底扩张说和板块构造说认为：中脊轴部是海底扩张的中心，热地幔物质沿脊轴不断上涌形成新洋壳，火山和地震活动频繁。中脊的隆起地形实际上是脊下物质热膨胀的结果。在地幔对流驱动下，新生洋壳自脊轴向两侧扩张推移、冷却。在扩张和冷却的过程中，软流圈顶部物质逐渐冷凝、转化为岩石圈，致使岩石圈随远离脊顶而增厚并下沉，于是形成轴部高两翼低的巨大海底山系。

**大洋洲**　Oceania　由澳大利亚大陆与介于澳大利亚大陆、南极洲、南北美洲和亚洲之间广阔的太平洋上的众多岛屿构成的地理区域。面积897万平方千米，占世界陆地面积的6%，系七大洲中最小的一个。其中，澳大利亚大陆西、南濒印度洋，东、北面对西南太平洋。包括附属的塔斯马尼亚岛及附近其他岛屿在内，面积769.2万平方千米，占全洲的85.8%。位于其西海岸外、东经113°处的德克哈托格岛，为大洋洲最西

图1　澳大利亚南部山脊空中俯视

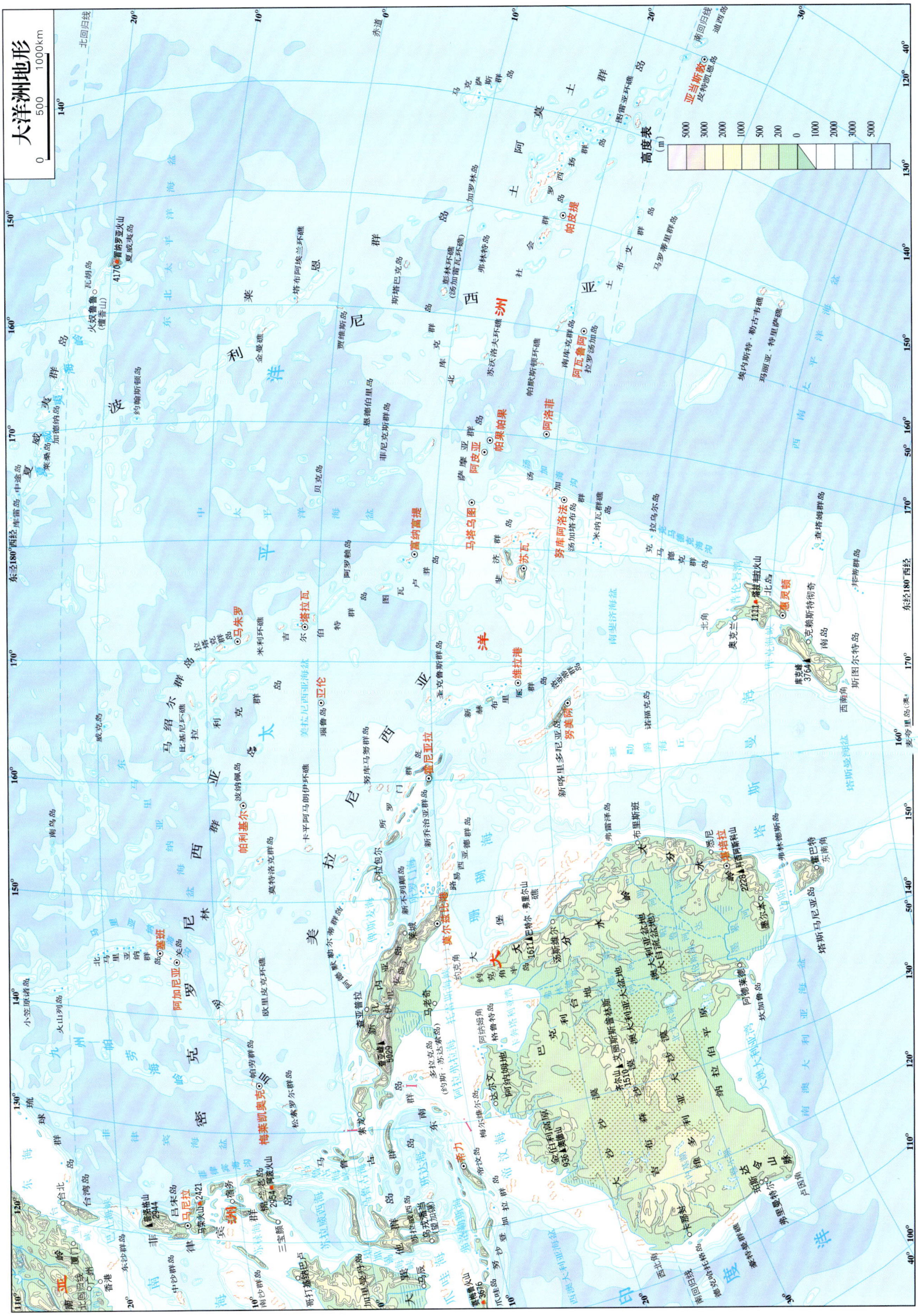
大洋洲地形
0 500 1000km
高度表
(m)
5000
3000
2000
1000
500
200
0
1000
2000
3000
5000
太平洋
北太平洋
南太平洋
印度洋
大洋洲
美拉尼西亚
密克罗尼西亚
波利尼西亚
澳大利亚
新西兰
夏威夷群岛
马里亚纳群岛
加罗林群岛
马绍尔群岛
吉尔伯特群岛
所罗门群岛
新喀里多尼亚
新赫布里底群岛
斐济群岛
萨摩亚群岛
库克群岛
社会群岛
土阿莫土群岛
马克萨斯群岛
土布艾群岛
俾斯麦群岛
新不列颠岛
北岛
南岛
塔斯马尼亚岛
新几内亚岛
菲律宾群岛
台湾岛
莫尔兹比港
霍尼亚拉
维拉港
努美阿
苏瓦
努库阿洛法
阿皮亚
帕果帕果
阿瓦鲁阿
阿洛菲
帕皮提
亚当斯敦
惠灵顿
堪培拉
马朱罗
塔拉瓦
富纳富提
马塔乌图
帕利基尔
梅莱凯奥克
阿加尼亚
塞班
马尼拉
帝力
大分水岭
大沙沙漠
维多利亚大沙漠
吉布森沙漠
大自流盆地
纳拉伯平原
珊瑚海
塔斯曼海
阿拉弗拉海
帝汶海
菲律宾海
科修斯科山 2228
库克峰 3764
查亚峰 5029
北回归线
南回归线
赤道
东经180°西经

点。地处澳大利亚大陆与南极大陆之间、南纬54°处的麦夸里岛，为大洋洲最南点。与澳大利亚大陆东南部隔塔斯曼海相望的新西兰北岛、南岛及附属岛屿，面积约为27.05万平方千米。人们一般根据社会经济发展方面的相似性，将其与澳大利亚大陆归入同一个地理单元。岛群部分包括25 000余个岛屿，习惯上被称做太平洋岛屿。散布在太平洋中部和西部，东西长1.29万千米、南北宽7 500千米的水域中。面积133万平方千米，占全洲的14.8%。以澳大利亚大陆东、北两侧分布最为集中。大部分岛屿由西北向东南呈弧状排列。最东至西经124° 48′的迪西岛，最北至北纬28° 2′的库雷岛。大致可以分为3层岛弧。内层岛弧，即靠近澳大利亚大陆的美拉尼西亚岛群。外层岛弧，即位于大洋洲东部，隔着宽阔的太平洋与美洲大陆遥遥相对的波利尼西亚岛群。中层岛弧，即介于内外两层岛弧中间的密克罗尼西亚岛群。大洋洲是有人类定居的六大洲中人口最少的，且人口密度低，城市化水平高。70%以上居民是欧洲移民后裔，当地土著居民约占人口的20%。居民多信奉基督教，亚洲移民及其后裔分别信奉印度教、伊斯兰教、佛教等。大部分国家和地区以英语为官方语言，并通用当地语言。

**地理** 大洋洲大部分地区地势低缓。除少数山地海拔超过2 000米外，一般都在海拔600米以下。

**地形** 自西向东、自南向北可分为5个地形区。

①大陆西部高原区，由占据澳大利亚大陆西部2/3地区的侵蚀高原与位于其沿海的狭长平原所组成。平均海拔450～500米，地势平坦。东侧蚀余山脉、麦克唐奈山脉和马斯格雷夫岭均为东西走向，平均海拔约1 000米，最高点齐尔山海拔1 510米。两山脉之间的洼地中有著名的阿马迪厄斯大盐湖。

②大陆中部平原区，介于大陆西部高原和东部山地之间。平均海拔不到200米。自北到南被两条低矮的分水岭隔为3部分，即北部卡奔塔利亚平原、中部澳大利亚大盆地、南部墨累-达令河平原。

③大陆东部山地区，一般海拔800～1 000米，东坡陡峻，西坡平缓。北段主要为低山丘陵。中段高地多在海拔1 000～1 500米。南段地势最高，海拔2 228米的科西阿斯科山为大陆最高点。

④大陆型岛屿区，包括美拉尼西亚岛群的新几内亚岛、新不列颠群岛、所罗门群岛、新喀里多尼亚群岛以及新西兰的北岛和南岛。大洋洲面积较大的岛屿多分布在这里。其中面积78.5万平方千米的新几内亚岛为世界第二大岛。以丘陵、山地为主，山势高峻，普遍在海拔2 000米以上。其中新几内亚岛的查亚峰海拔5 029米，为大洋洲最高点。平原狭小，主要分布于沿海地区。

⑤海洋型岛屿区，包括美拉尼西亚岛群东部的新赫布里底群岛和斐济群岛，以及波利尼西亚岛群和密克罗尼西亚岛群的全部岛屿。主要为火山岛和珊瑚岛。远离大陆，面积较小。火山岛海岸处多为陡峻的悬崖。珊瑚礁岛地势一般比较低平，多呈不连续的环状分布。世界上面积最大的一些环礁潟湖大多分布在这里。

**矿藏** 以澳大利亚大陆最为丰富。铁、镍、铀的储量均居世界前列。煤炭储量居南半球各国之首，铅锌银共生矿和金矿世界闻名。此外，还有世界上规模最大的铝土矿，石油、天然气资源亦非常丰富。在美拉尼西亚岛群的部分大陆岛上，也分布有一些规模较大的金属矿床，如铜矿、镍矿和铬矿。三大岛群其余大部分岛屿上的矿藏较少，仅个别较大的火山岛上有少许金矿，珊瑚岛上的主要矿藏为鸟粪堆积形成的磷酸盐。

**气候** 大洋洲绝大部分地区位于热带和亚热带。澳大利亚大陆位于中低纬度，南回归线从中部横贯而过。深受副热带高压带和东南信风影响，炎热干燥。降水从北、东、南沿海向大陆中部及西部递减，气候带呈半环状分布。沙漠半沙漠地区占60%。西部高原大部分地区属热带沙漠气候，平均年降水量不足250毫米。北部沿海地区属热带草原气候，年降水量可达450～1 000毫米。东南部新英格兰山地以南至塔斯马尼亚岛属温带阔叶林气候，年降水量500～1 200毫米。墨累河下游及大陆西南角属地中海型气候，年降水量500～1 000毫米。三大岛群大多介于南北回归线之间，气候暖湿，多属热带海洋性气候和热带雨林气候。年平均气温一般在26～28℃。终年多雨，平均年降水量在1 000毫米以上。夏威夷群岛的考爱岛东北是世界上降水最多的地区之一，平均年降水量11 684毫米。

图2 澳大利亚特有动物——袋鼠

图3 巴布亚新几内亚土著居民在庆典活动上

**水系** 大洋洲河流稀少且短小，水量不丰、季节变化较大。河水补给主要是雨水，几乎终年不冻。墨累-达令河是全洲唯一发育成熟的水系。塞皮克河和弗莱河分别长1 127千米和约1 200千米，是新几内亚岛两条最长的河流。新西兰北岛的怀卡托河，长425千米，为新西兰最长河流。三大岛群其他岛屿上的河流，均由岛屿中部高地向四周辐散入海。

大洋洲湖泊数量较少。面积较大的湖泊多为季节湖，主要分布在澳大利亚大陆中部和西部。南澳大利亚州的北艾尔湖是世界上湖盆面积最大的季节湖之一。湖底在海平面以下16米，为大洋洲最低点。三大岛群湖泊较少，但有由珊瑚礁环绕而形成的潟湖。

澳大利亚大陆中部地区有比较丰富的地下潜水分布区，总面积达260万平方千米，占整个大陆面积的1/3。其中澳大利亚大盆地面积175万平方千米，约占全国面积的1/5，年可供水量1.99亿立方米，为世界上最大的自流盆地。

**植被和动物界** 澳大利亚大陆和新几内亚岛、新西兰等地与其他大陆长期隔绝，形成许多特有种植物。其中澳大利亚共有植物12 049种，约3/4为特有种。新几内亚岛的9 000余个植物物种中，约有95%为特有种。新西兰的1 843种植物中，特有种占78%。三大岛群中的大部分岛屿则植物种类很少。

大洋洲的陆生动物具有独特性和古老性。如澳大利亚肺鱼、针鼹、鸭嘴兽和中生代的斑点楔齿蜥等活化石，翅膀完全退化了的新西兰几维鸟等。特别是有袋目的所有种类都分布在这里。

**历史** 在欧洲殖民者到来之前，大洋洲的土著居民主要生活在发展水平不同的部落社会群体之中，形成了具有澳大利亚大陆和太平洋岛屿特色的文化。16世纪20年代麦哲伦等葡萄牙和西班牙航海者先后经过南太平洋航行到此，激起了西方国家对“南方大陆”澳大利亚和“大洋中的陆地”太平洋岛屿的兴趣。到1788年，大洋洲的绝大部分已经成为英国、西班牙、葡萄牙、荷兰等国的殖民地。19世纪中叶后，

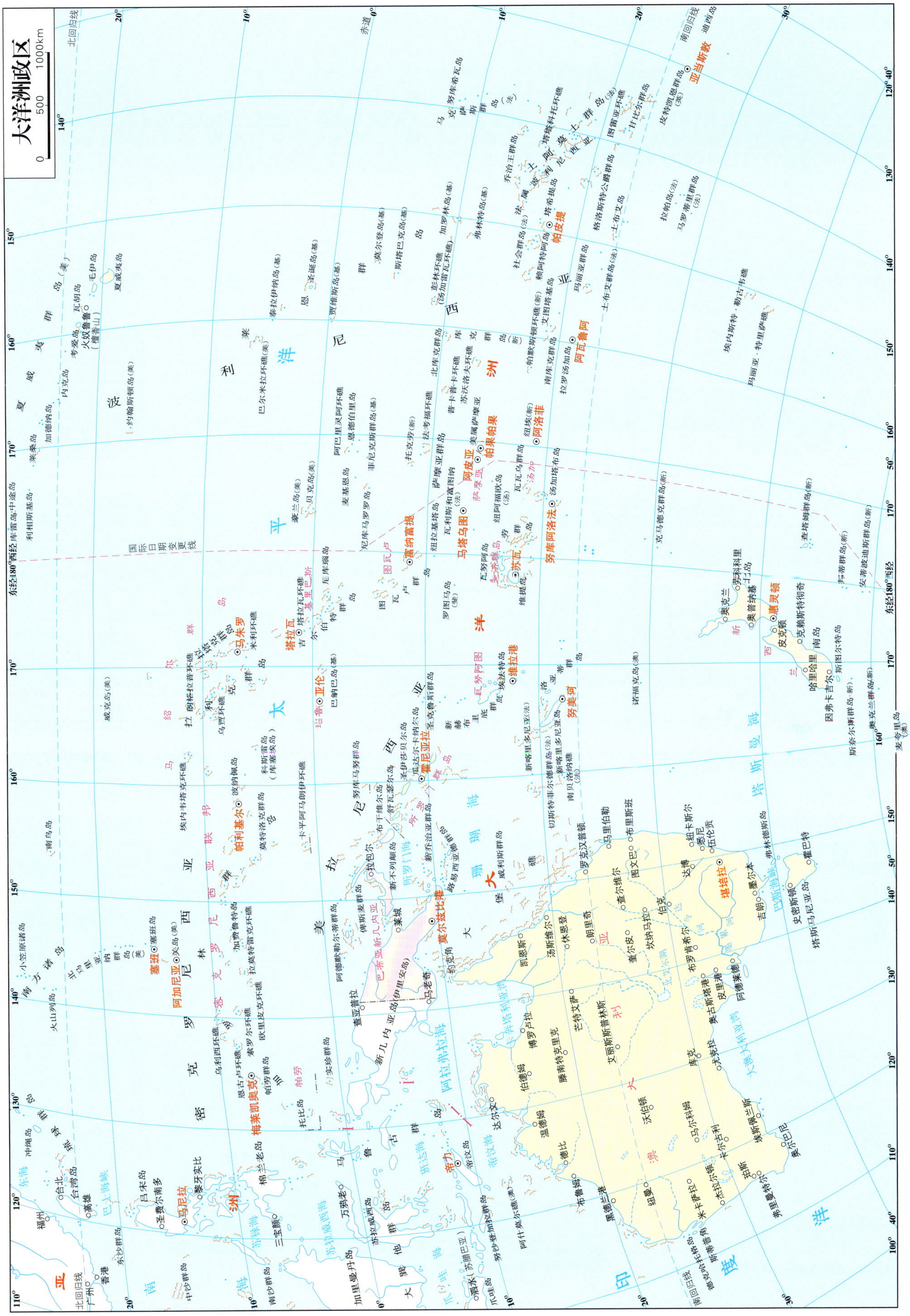
大洋洲政区
0 500 1000km
太平洋
印度洋
澳大利亚
巴布亚新几内亚
所罗门群岛
瓦努阿图
新西兰
斐济
汤加
萨摩亚
美属萨摩亚
基里巴斯
图瓦卢
瑙鲁
马绍尔群岛
密克罗尼西亚联邦
帕劳
法属波利尼西亚
新喀里多尼亚(法)
堪培拉
惠灵顿
莫尔兹比港
霍尼亚拉
维拉港
苏瓦
努库阿洛法
阿皮亚
帕果帕果
塔拉瓦
富纳富提
亚伦
马朱罗
帕利基尔
梅莱凯奥克
帕皮提
努美阿
阿瓦鲁阿
阿洛菲
亚当斯敦
珊瑚海
塔斯曼海
阿拉弗拉海
帝汶海
北回归线
南回归线
赤道
国际日期变更线
东经180°西经

又遭到英国、法国、德国、荷兰、美国、日本等帝国主义几次重新瓜分。在殖民统治时期，随着欧洲移民的大量到来，一些地区土著居民遭到屠杀，塔斯马尼亚人等一些部族甚至被灭绝。在澳大利亚大陆和新西兰南、北岛，欧洲移民及其后裔建立了与旧大陆地区相类似的政治和经济制度，并使之成为英国的羊毛、粮食和铁矿石的供应地。一些地理位置重要的太平洋岛屿，则成为帝国主义列强争霸世界的重要基地。第二次世界大战之后，美国、英国和法国又分别把核试验场放在了太平洋中部人烟稀少的珊瑚岛上。20世纪30年代和40年代后期，澳大利亚和新西兰脱离英国独立。进入60年代，西萨摩亚、瑙鲁、汤加、斐济、巴布亚新几内亚、所罗门群岛、图瓦卢、基里巴斯、瓦努阿图等一些澳大利亚、新西兰、英国等国的殖民地和托管地先后独立。80年代，美国的托管地密克罗尼西亚群岛、马绍尔群岛和帕劳也分别成为独立国家。而新几内亚岛的西部和夏威夷群岛，则已经分别成为印度尼西亚领土和美国领土的一部分。

政区和对外关系　大洋洲共有14个国家和10个未独立的领地（不含由美国和其他国家管辖、无常住居民的岛屿）。战略地位十分重要。美国在夏威夷群岛、关岛等地设有海、空军基地。澳大利亚和新西兰为经济合作和发展组织（OECD）和英联邦成员，与英、美、日等发达国家之间有着非常密切的关系，并在大洋洲的区域事务中起重要作用。澳大利亚在国防、外交上一直与美国十分接近。新西兰外交的自主性较强，强烈反对区域以外的国家在太平洋岛屿试验核武器。太平洋各岛国与原先的宗主国仍然保持着特殊的关系，并从它们那里得到大量的财政援助。太平洋理事会等区域性组织在促进当地社会经济发展方面取得了很大成效。近年来，大洋洲国家和地区与包括中国在内的亚洲地区的联系越来越广泛。

经济　大洋洲各国经济发展水平相差悬殊。澳大利亚、新西兰两国属于发达国家，居民收入水平很高，产业结构中第二产业和第三产业占绝对优势，政府有较为充足的财政收入。其他国家和地区均属于发展中国家和地区。人口较多的巴布亚新几内亚属于最低收入国家，经济发展刚刚起步。斐济群岛的土地资源和矿产资源相对丰富，具有一定的经济实力。大多数面积较小的国家由于土地资源和矿产资源贫乏，经济发展缺乏物质基础，国家的生存和持续发展主要依赖于外部援助。

大洋洲的现代化农业、采矿业与可再生能源的开发和制造业主要集中于澳大利亚和新西兰两国。澳大利亚东南部、东部和西南部是农业活动十分密集的地区，也是南半球工业最为发达的地区。采矿业遍布于澳大利亚许多地区。新西兰的农业和工业也比较发达，水力资源和地热资源等可再生能源已经得到较好开发。大洋洲其他岛国的农业发展水平很低，粮食一般不能自给。大部分国家没有采矿业，工业以农产品加工和手工艺品生产为主，多集中在首都附近。各国之间的货物运输主要依靠水运，悉尼、墨尔本、奥克兰、苏瓦和火奴鲁鲁是大洋洲最主要的国际空港。

澳大利亚和新西兰已经进入后工业化时期，第三产业增加值占国内生产总值（GDP）的比重已经超过了50%，农业增加值所占的比重很小。在其他一些岛国，农业（包括渔业和林业）在国民经济中仍然占据着十分重要的地位，工业所占的比重普遍较低。自20世纪60年代以来，大洋洲地区的旅游业发展十分迅速，已经成为一些岛国的重要经济部门。

**大瑶山**　Dayao Mountain　中国桂江和柳江的分水岭。位于广西壮族自治区中部偏东的金秀瑶族自治县，延伸到象州、蒙山、平南等县境内。北起荔浦修仁－三江断裂带，南至桂平市石龙附近，长约130千米，宽50～60千米。东北—西南走向，西与大明山合成广西弧形山脉。大瑶山海拔1 200米左右，主峰圣堂山海拔1 979米，是广西中东部最高峰，山顶周围有数千公顷全国少有的红岩杜鹃林。大瑶山东南坡是广西多雨中心之一，平均年降水量多在2 000毫米以上。天然植被属亚热带常绿阔叶林，植物2 300多种，居广西群山之首。富森林、药材和矿藏。灵香草是广西特产。陆栖脊椎动物有370多种，有世界独有种鳄蜥。大瑶山又为候鸟冬季栖息地，被称为“雪鸟”的数十种鸟类常以万计在此越冬。

**大冶市**　Daye City　中国湖北省辖县级市。位于省境东南部，长江中游南岸。面积1 566平方千米。人口84万（2010），有汉、回、苗、满、侗、土家等民族。北宋乾德五年（967）置大冶县，取“大兴炉冶”之意。1960年撤县并入黄石市，1962年复设大冶县。1994年撤县设市。由黄石市代管。矿产资源丰富，金、铜、锶、钴、钼、钨、硅化石、透辉石、泥灰岩、花岗岩、富碱玻璃原料等储量居全省之首。工业以采矿、冶金、电力、机械、煤炭、轻纺、造纸、印刷、建材等为主。农产以水稻、油菜子、芝麻、棉花、苎麻、蔬菜、柑橘和生猪、牛、鸡、鸭及水产养殖等为主。名胜古迹有铜绿山古矿冶遗址、鄂王城遗址、青龙山公园等。

青龙山公园

**大衣**　overcoat　衣长过臀的外穿防寒服装。广义上也包括风衣、雨衣。

约1730年，欧洲上层社会出现男式大衣。19世纪20年代，大衣成为日常生活服装。女式大衣约于19世纪末出现，是在女式羊毛长外衣的基础上发展而成。西式大衣约在19世纪中期与西装同时传入中国。此后中国出现一种套穿于长袍之外、长及脚背的长大衣，称中式大衣。因其衣料一般采用马裤呢，又称马裤呢大衣。这类大衣在20世纪30年代前后曾流行一时。

现代男式大衣大多为直形的宽腰式。款式主要在领、袖、门襟、袋等部位变化。女式大衣一般随流行趋势而不断变换式样，无固定格局。

大衣一般可按长度、面料、用途等分类。①按衣身长度分，有长、中、短三种。长度至膝盖以下，约占人体总高度5/8+7厘米为长大衣；长度至膝盖或膝盖略上，约占人体总高度1/2+10厘米为中大衣；长度至臀围或臀围略下，约占人体总高度1/2为短大衣。②按材料分，有用厚型呢料裁制的呢大衣；用动物毛皮裁制的裘皮大衣；用棉布作面、里料，中间絮棉的棉大衣；用皮革裁制的皮革大衣；用贡呢、马裤呢、巧克丁、华达呢等面料裁制的春秋大衣（又称夹大衣）；在两层衣料中间絮以羽绒的羽绒大衣等。③按用途分，有礼仪活动穿着的礼服大衣；以御风寒的连帽风雪大衣；两面均可穿用，兼具御寒、防雨作用的两用大衣。

**大衣呢**　woollen overcoating　一种厚重的粗梳毛织物。因主要用作冬季大衣而得名。大多采用250～62.5特（4～16公支）粗梳毛纱作经、纬织制而成。织物重量不低于390克/米$^2$，厚重的在600克/米$^2$以上。

按织物结构和外观分为：①平厚大衣呢。缩绒或缩绒起毛织物。呢面平整匀净、不露底，手感丰厚不板硬，保暖性好，耐起球。有匹染和散毛染色两种。散毛染色以黑色或其他深色为主，掺入少量白毛或其他色毛，俗称夹色或混色大衣呢。宜制作男女长、短大衣。②立绒大衣呢。采用弹性较好的羊毛织制成呢坯，经反复倒顺起毛整理获得绒面。绒毛细密蓬松，毛茸矗立，绒面持久，不易起球，穿着柔软舒适，耐磨性能好。③顺毛大衣呢。绒毛顺向一方倒伏，故名。呢面绒毛均匀、平齐、顺滑，不脱毛，膘光足。使用的原料除羊毛外，常用特种动物毛如**山羊绒**、兔毛、驼绒、牦牛绒等，进行混纺或纯纺，成品以原料为名。④拷花大衣呢。粗纺大衣呢中的高档品种。呢面具有呈现斜纹、人字纹、水浪纹等的拷花沟纹，故名。绒毛纹路清晰饱满。⑤花式大衣呢。多为轻缩绒和松结构组织的粗纺毛织物。常利用色纱排列、组织变化或花式纱线等组成人字、点、条、格等粗犷的几何花纹。成品手感蓬松，花纹有凹凸感，色泽鲜明，适于制作春秋大衣。

**大邑地主庄园** 中华人民共和国建立前四川大地主刘文彩的宅园。位于四川省大邑县城东南，安仁镇场口。修建于1928～1942年，占地4.7公顷，房屋350余间。分成新、老公馆西部分。庄园四周的风火墙高达6.67米。当年刘文彩每占一户农民的房产土地，就修一层墙，开一道门，整个庄园重墙夹巷，建筑豪华，有各种各样的造型，处处亭台楼阁，雕梁画栋。庄园内部还分成大厅、客厅、接待室、账房、雇工院、收租院、粮仓和佛堂、望月楼、花园、果园等部分。存有大量实物，是研究中国封建庄园经济的典型场所。

**大余县** Dayu County 中国江西省赣州市辖县。古称南安。位于省境西南部，邻接**广东省**。面积1 368平方千米，人口30万(2008)。秦时曾在此设关，隋开皇十年(590)于南康县置大庾镇，因大庾岭而得名。唐神龙元年（705）析南康县置大庾县，1957年改为大余县。境内矿产资源丰富，有钨、铜、锡、铅、钼、锌、钽、铌、混合稀土、石煤、石灰岩、白云石、瓷土等，是全国最大的钨生产加工基地，有“世界钨都”之称。农业以粮食、花卉、白鸭、猪、果业、地鸽、林业为主，尤以金边瑞香为主的花卉产业发展迅速，是享誉江南的“中国瑞香之乡”。森林覆盖率为74.4%。名胜古迹有千古梅关、百世驿道、丫山灵岩寺、正东山正觉寺、三江口原始森林、丫山龙潭瀑布群，以及梅岭上的望梅阁、憩云亭、古驿站、庾将军祠等。

**《大禹治水图》玉山** Jade Carving of *Dayu's Flood Control* 中国清代玉陈设品。又名《大禹开山图》。高2.24米，最宽处0.96米，重约5 300千克，是现存最大的中国古代玉雕。

《大禹治水图》玉山（局部）

故宫博物院藏。《大禹治水图》玉山以新疆叶尔羌西南密勒塔山产的青玉制成，用峻峭山岩上众多人物的艰苦劳作，表现大禹率领人民开山治水的宏大场面。乾隆五十二年（1787）完工。次年，刻千余字御制诗等。配以高0.6米的嵌金银丝铜座，陈放在紫禁城的宁寿宫乐寿堂内。其设计者和制作者，现仅知将图稿绘于坯料的是贾铨，琢刻铭文款识的是朱永泰。

**大庾岭** Dayu Mountain 中国**南岭**山脉中五岭之一。**赣江**与北江分水岭。又称梅岭。南方地区重要气候分界线。山岭绵延于赣粤两省边境，多由花岗岩及变质岩组成，海拔约1 000米，东北—西南走向，山势陡峻。大量花岗岩侵入体中，富钨、钼、锡、铋等矿，尤以钨矿闻名中外。气候湿润，山区植物繁茂，沟谷地带具有中亚热带雨林特征，主要为常绿阔叶树，上层以壳斗科和山茶科为主，优势树种为华南栲、南岭栲、小叶槠、青冈栎、苦槠等。沟谷地带因湿度较大，附生植物发达，又多藤本植物，树枝、树干附生的苔藓植物亦丰。大庾岭古道崎岖险峻，唐曾辟新道，设驿站。宋嘉祐年间重修，并置梅关。近代自小梅关修通赣粤公路后，旧道遂废。梅岭山口海拔430米，梅关附近每逢寒冬腊月，遍地盛开梅花，但由于岭南、岭北气候差异显著，故有“梅岭多梅，南枝花落，北枝始花，一样春风，两般景色”的记载。

**大宛** Fergana; Farghana 中亚古国名。位于帕米尔西麓，今费尔干纳盆地，一度为东西方陆路交通枢纽。南北朝史称破洛那等，唐史则称之为宁远或拔汗那。居民以**塞种**为主，首都贵山城（一说即Khojend）。希腊-巴克特里亚王国最盛时曾占领该处，在各地筑有希腊式堡垒。

汉武帝时，**张骞**西使大月氏，首先到达大宛。时大宛有大小属邑70余城，人口数十万，农业和畜牧业兴盛，产稻、麦、苜蓿、葡萄等，葡萄多用于酿酒，以汗血马著称。后张骞使乌孙时，又曾遣副使大宛。

武帝闻大宛有称为“贰师马”的良马，遣使者持千金和金马去交换。大宛不肯给马，且杀死汉使。武帝乃于太初元年（前104）拜李广利为贰师将军远征大宛。太初四年，大宛贵族杀其王毋寡求和，李广利许和，得良马数十匹，中马以下3 000余匹。立亲汉贵族昧蔡为大宛王，得汗血马而归。不久，大宛贵族杀昧蔡，立毋寡弟蝉封为王，遣子入质于汉。此后，大宛服属于汉。

东汉时，大宛一度臣服于**莎车**；西晋太康六年（285），武帝使杨颢拜其王蓝庾为大宛王。蓝庾卒，其子摩之立，遣使贡汗血马。

**大院君** Taewŏn-gun (1821～1898) 李氏朝鲜第26代王高宗生父。生于朝鲜。本名李昰应。大院君本为李朝旁系王族即位后对其父的封号。李朝第25代国王哲宗无嗣，1863年12月死后，王族李熙继位，是为高宗，封其生父兴宣君李昰应为大院君。是年高宗年仅12岁，不能亲政，由李昰应摄政。李昰应是朝鲜历史上唯一掌握政权的大院君，曾3次执政。在第一次执政的10年里，正值欧美列强开始侵略朝鲜，为巩固中央集权，他曾采取一系列积极措施，如推翻外戚专政，废除儒教书院，加强国防力量等。在外交政策上，对资本主义各国持强硬态度，推行锁国攘夷政策，提出斥洋斥倭口号。在当时特定的历史条件下，对反对外国侵略，有一定的积极作用，但闭关自守的锁国政策，也阻碍了社会的发展。1873年11月，高宗亲政，政权为闵妃一派把持。1882年7月，汉城爆发士兵起义，大院君趁机掌握政权，但很快被推翻（见**壬午兵变**）。清军应闵妃之请，将大院君拘捕，软禁于中国保定，1885年归国。同年10月，日本策划乙未事变，杀害闵妃，推出大院君重掌政权，但次年即被推翻。

**“大跃进”** Great Leap Forward 1958年中国在经济建设中发动的以高指标为主要标志的运动。第一个五年计划后期，在经济建设上急于求成的思想开始出现。1958年1月，毛泽东在中共中央南宁会议上批评“反冒进”，说1956年中央领导人纠正经济工作中的急躁冒进偏向是右倾，使6亿人民泄了气。1958年2月2日《人民日报》社论指出：“我们国家现在正面临着一个全国大跃进的新形势。”同年3月3日《中共中央关于开展反浪费反保守的指示》正式提出“社会主义生产大跃进和文化大跃进运动已经出现”。要求修改2月间全国人民代表大会通过的国民经济计划，农业总产值的增长速度由6.1%提高到16.2%，工业总产值的增长速度由10%提高到33%。至此，经济建设离开了实事求是、稳步前进的轨道，一场全国性的大跃进运动被轻率地发动起来了。大跃进运动的主要标志是在经济建设各个领域提出不切实际的高指标。1958年8月，中共中央政治局扩大会议估计当年粮食产量将从1957年的1 850亿千克增加到3 000亿～3 500亿千克。基于这种过高的估计，会议要求各省、自治区党委把工作重心从农业转到工业方面，并正式决定和公开宣布1958年的钢产量要从1957年535万吨增加到1 070万吨，全国随即出现全民大炼钢铁运动，实现钢产量1 070万吨成为压倒一切的中心任务。农村不顾秋收大忙，抽调5 000万劳动力炼钢；城市的机关、团体、学校以至街道居民都支起炉灶大炼钢铁，高指标、瞎指挥和浮夸风盛行。1958年11月至1959年7月，毛泽东和中共中央觉察到大跃进运动中出现“左”倾错误，在着手纠正“共产风”的同时，强调要反对浮夸、冒进，对1959年的国民经济计划指标作了较大的缩减。但在1959年8月中国共产党八届八中全会决定开展反右倾斗争后，一度有所收缩的高指标、瞎指挥、浮夸风又泛滥开来。1960年冬，中共中央发出《关于农村人民公社当前政策问题的紧急指示信》，开始纠正农村工作中的“左”倾错误，大跃进运动才停止。大跃进运动违背客观规律，严重破坏社会生产力，打乱正常生产秩序，造成国民经济各部门之间、积累和消费之间比例严重失调。经济工作中急躁冒进的“左”倾错误，使国民经济遭受严重挫折，人民生活受到很大的影响。从1961年起，国家不得不用5年时间进行经济调整。

**大运河** Grand Canal 中国京杭运河的俗名。

**大藏经** Tripitaka 一切佛教经典著述的总集。又称为“一切经”。主要有汉文大藏经、藏文大藏经和巴利文大藏经。

汉文大藏经 大藏经的出现取决于内容标准和分类体例两者。前者决定哪些著作应该入藏，后者决定入藏著作如何归类。汉文大藏经在形成之前先有一个“经录”——佛经目录。经录确定了大藏经的编排次序。到唐代，中国已有的最重要经录有：南朝梁僧祐的《出三藏记集》、隋费长房的《历代三宝记》和唐智昇的《开元释教录》，尤其后者，是以后汉文大藏经开版雕刻的依据。北宋开宝四年（971），宋太祖敕令高品、张从信在益州（今四川成都）开版雕刻大藏经。这是汉文大藏经木刻版的开始，以后历朝，雕版大藏代有所出。到20世纪中叶，汉文大藏经已有20余种，最重要者有：《开宝藏》，宋太祖敕令在益州开雕，以《开元释教录》入藏经目为底本，共480函，按千字文编次自“天”字至“英”字，5 048卷。开宝藏对于宋代北方诸国以至东邻高丽佛教都有深远影响。《契丹藏》，开雕于辽兴宗时（1031～1054），所收经目大致依从《开宝藏》，今已佚亡。《崇宁藏》，福州东禅院本大藏经。始刻于北宋元丰三年（1080），至崇宁三年（1104）完工。首次采用折装式，以后《普宁藏》、《洪武南藏》、《永乐南藏》均同此装帧。《赵城藏》，1933年于山西赵城县霍山广胜寺发现。为卷轴式装帧，刻于金皇统九年（1149）至大定十三年（1173）。它与《高丽藏》都是《开宝藏》的复刻本。《碛砂藏》，平江府碛砂延圣院大藏经。南宋宝庆至绍定年间（1225～1233）开雕，至元至治二年（1322）完工。《普宁藏》，杭州路余杭县白云宗南山大普宁寺大藏经。始刻于元世祖至元十四年（1277），至元二十七年完成。大致以《圆觉藏》为复刻原本。《洪武南藏》，明代有三个官刻大藏，此为初版。明洪武五年（1372）敕令刻于金陵，至洪武三十一年完成。其他两种为《永乐南藏》及《永乐北藏》。《龙藏》，清代官版藏经，又称《清藏》。雍正十三年（1735）开雕，乾隆三年（1738）竣工。藏分正续，正藏同《永乐北藏》，续藏则有所增减。《频伽藏》，为民国时私版铅印本，以日本《弘教藏》为底本排印。

图1 《中华大藏经》

汉文大藏经还有很多国外本，除《高丽藏》外，还有日本的弘安本、天海本、黄檗山本、弘教书院本、藏经书院藏本及续藏等。日本搜罗最齐的《大藏经》为大正十三年（1924）至昭和九年（1934）间完成的《大正新修大藏经》，发起人为佛教学者高楠顺次郎与渡边海旭。

20世纪90年代中华书局新校刊影印出版的《中华大藏经》（汉文部分），以《赵城藏》为底本，与多种大藏经对校，共106册，1 939种。另中国台湾有《大藏经补遗》30卷，补续历代藏经中未收佛教著述。

藏文大藏经 藏传佛教中所有经律论典籍的总集，含译著与撰述，具丛书性质。7世纪佛教传入西藏。松赞干布时，图弥三菩札入印学习，归来后仿梵文造藏文，佛经翻译即开始。8世纪时，桑耶寺为重要译场。其时译师们已作经录《丹迦目录》，所译的经典原本梵汉皆有。藏经分《甘珠尔》与《丹珠尔》两部。《甘珠尔》主要收入经、律和密咒，称正藏，其中含律、般若、华严、宝积、诸经和秘密六部，有时涅槃部单列；《丹珠尔》则收入赞颂和经律及咒的释论，称续藏。大致说来，其中含有赞颂、秘密、般若、中观、经疏、唯识、俱舍、律、佛传等的释论之书，另外还有书法、声明、因明、医明、工巧明和杂类。晚些时候还增列了一个叫“松绷”的杂藏部分。

藏文大藏经刻本出现略晚，始于13世纪后，有奈塘古版、永乐版、塔尔寺版、昌都版、理塘版、北京版、卓尼版、德格版、拉萨版、巴那克版等。北京版清康熙二十二年（1683）开刻，先刻《甘珠尔》。雍正二年（1724）续刻《丹珠尔》，其总目为藏蒙满汉四种文字对照。其《丹珠尔》部收入宗喀巴及章嘉二世的全部著作，此为北京版所特有。刻版已毁，今有印本行世。德格版为清雍正八年（1730）至乾隆二年（1737）在德格县雕造，版藏德格寺。拉萨版为第十三世达赖喇嘛1933年起在拉萨雕造，仅完成《甘珠尔》。

图2 《大藏经》（藏文）

藏文大藏经在国外还有不丹的和蒙古国的两个刻版。藏文大藏经中最为完备的是德格版。2008年中国藏学出版社出版《中华大藏经》（藏文部分）对勘本，共232卷，4 570部，比历史上其它版本更完整。

巴利文大藏经为南传佛教上座部奉行的三藏典籍。流传于斯里兰卡、缅甸、泰国、柬埔寨、老挝和中国云南省傣族地区。

另外，还有根据藏文大藏经译出的蒙古文大藏经，根据汉文大藏经译出的满文大藏经和西夏文大藏经。

**大寨** Dazhai Village 中国山西省昔阳县一村寨。属大寨乡。地形破碎，有“七沟八梁一面坡”之说。20世纪60年代前后，因艰苦奋斗，治山治水而闻名。毛泽东1964年曾发出“农业学大寨”的号召。现已建成公园山村，成为一个成熟的农业旅游区。

**大昭寺** Zuglakang (Jokhang) Monastery 中国藏传佛教寺院。位于西藏拉萨八角街。始建于7世纪中叶，相传是在松赞干布支持

大昭寺大经堂

下，由文成公主择址，尼泊尔尺尊公主修建。初名惹刹，后改称祖拉康、觉康，清代命名为大昭寺。17世纪曾进行大规模修葺与扩建，后经历代扩建而形成今天的规模。1961年国务院公布为全国重点文物保护单位。

寺为木石混合结构，坐东朝西，建筑面积25 100平方米。整体为传统的藏式平顶建筑，融进汉、尼泊尔、印度的风格特点。建筑基本沿中轴线分布。主殿高4层，中间有天井。一二层为早期建筑，采用唐式的梁架、斗栱和藻井，内廊檐部有成排具尼泊尔、印度特色的伏兽和狮身人面木雕。释迦牟尼佛殿位于主殿正中，上下贯通两层楼。三四层建筑为后世增建。金顶均为汉式单檐歇山顶，屋面覆以鎏金铜皮。正脊中部与两端竖立3个类似塔刹形状的金幢，区别于汉式吻兽。两侧配殿供有吐蕃赞普松赞干布和文成公主、尼泊尔尺尊公主等人塑像。各殿堂内满布藏式壁画，其中有《文成公主进藏图》、《大昭寺修建图》等。寺内存唐卡（卷轴画）数百，还有唐代乐器等文物。寺前有823年所立唐蕃会盟碑及相传为文成公主所栽唐柳。每年藏历正月的传招法会以及为确定藏传佛教大活佛转世灵童的金瓶掣签仪式均在大昭寺举行。

**大仲马** Dumas, Alexandre, père (1802-07-24～1870-12-05) 法国作家。生于维莱科特雷，卒于皮伊。父亲是军队将领，后因对拿破仑远征埃及的侵略行径不满，遭到拿破仑的排挤和冷遇。大仲马继承了父亲的共和主义传统，青少年时代就痛恨波旁复辟政权，1830年7月曾参加推翻复辟王朝的战斗；曾是拿破仑三世政府的反对派，长期流亡在布鲁塞尔；晚年去意大利协助民族英雄加里波第的战斗。

大仲马只上过几年小学，靠自学成才。文学生涯始于戏剧创作，在家乡时曾与好友自编自演话剧。1823年到巴黎后，在奥尔良公爵府供职，业余写作。他在莎士比亚戏剧的影响下，写出浪漫主义历史剧《亨利三世及其宫廷》，于1829年2月11日在法兰西喜剧院上演，获得成功。从此，大仲马加入了以V.雨果为首的浪漫派行列。1830年3月成功地上演历史剧《克里斯蒂娜》，1831年5月又以《安东尼》一剧震动巴黎。

19世纪30年代中期，大仲马开始创作历史小说。出色的是1844年问世的《三个火枪手》。小说发表后，大仲马即成为法国最受民众喜欢的通俗小说家。《基督山伯爵》(1844～1845)则使他获得了更高的声誉。此后10余年间，大仲马以极高的速度写作，据统计有200余部小说。著名的有《三个火枪手》续篇《二十年后》(1845)和《布拉日罗纳子爵》(1848～1850)、《玛尔戈王后》(1845)、《约瑟夫·巴尔萨莫》(1846)及其续篇《王后的项链》(1849)、《昂日·皮图》(1851)、《沙尔尼伯爵夫人》(1852)等。

大仲马的贡献是在浪漫奇遇和真实背景相结合的境界中，以别具一格的方式描写了几百年的法国社会风貌。

**大众部** Mahāsaṅghika 佛教部派之一。又名摩诃僧祇部。在佛灭后100年中间，二次结集时，佛教僧伽分裂成大众部与上座部。大众部同后来的大乘佛教思想有必然的发展联系。它曾流行于南印度，在中印度与北印度也曾活跃过。“一说”(类似绝对化或一律化)是大众部的思想方法特点，它充分肯定佛陀教法的绝对真理的地位，佛以一刹那智慧知一切法，故名一说；或者说一切法皆无实性，仅是一个假名，又名一说。大众部主张“诸佛世尊皆是出世；一切如来无有漏法”，只承认现在法的实有性质；大众部主张“心性本净”，这直接地影响到后来大乘佛教中的如来藏或佛性论。

**大众传播** mass communication 专业性的组织机构通过特定的物质载体，向为数众多、范围广泛的人们传递信息的过程。“大众传播”的本意是大规模、大批量、大范围的信息传播。

1946年，美国政治学家H.D.拉斯韦尔首次使用了“大众传播学”的提法，并第一次完整地提出了大众传播过程中的五要素。1948年，拉斯韦尔在《社会传播的构造与功能》一文中明确提出了与大众传播过程五要素相应的控制、内容、渠道、受传者和效果五项研究。这实际上标志着传播学和大众传播学的初步形成。

大众传播的特征主要有：①必须由具有一定规模的专业机构如报社、电台、电视台等和具有一定技能的专业工作者如记者、编辑等来从事信息传播工作。②要通过能够传递特定信息符号的物质载体作为媒介来进行间接传播。如报纸、书籍、杂志、收音机、电视机等。③传递的信息是公开的，且越公开越好。④传播对象为数众多、分布范围广泛且一般互不联系。⑤传播渠道基本上是单向的、不对称的，主要是由媒介向受众的大规模、大批量的传播。⑥在大众传播过程中，大众传媒得到的信息反馈是迟缓、零散、有限的。

大众传播过程中的中介，在专业上被称作媒介，又称媒体、传媒。包括报纸、广播、电视、杂志、图书、电影六大媒介。其中对当代人类社会影响最大的是报纸、广播、电视三大新闻媒介。国际互联网出现以后，有人又将其称为“第四媒体”。

**大众汽车公司** Volkswagen Group 德国汽车制造跨国公司。总部设在沃尔夫斯堡市。2007年拥有雇员329 305人。在全世界有13家生产性子公司，海外有7个销售公司，23个其他公司。

公司创建于1937年9月16日，创始人是汽车设计师F.波尔舍。年产量为100万辆。第一批“甲壳虫”型车仅仅生产了630辆就因第二次世界大战爆发而停产。从40年代末开始，经过一段时间的重建，汽车生产逐步恢复。“甲壳虫”车以低廉的价格，很快风靡欧洲。到1981年“甲壳虫”在德国本土停产时，已经累计生产2 000万辆。

大众汽车公司总部办公楼

随着“甲壳虫”的畅销，大众汽车公司成长为一个强大的世界汽车生产集团，它在西班牙、墨西哥、巴西等许多国家都建立起汽车生产厂和销售公司。20世纪80年代推出畅销世界的高尔夫汽车，从而成为欧洲最大的汽车商。1984年10月10日，大众公司与中国汽车工业公司、上海拖拉机汽车公司、中国银行上海信托咨询公司签订协议，共同投资兴建上海大众汽车公司。

大众汽车公司以生产大众型小轿车和轻型货车著称于世。拥有甲壳虫、高尔夫、奥迪、帕萨特、波罗等品牌。2006年全球销售573万辆，销售额为1 048亿欧元，两项指标创该公司有史以来最高纪录。

**《大众摄影》** *Popular Photography* 中国当代摄影杂志。中国摄影家协会主办的专业性摄影类期刊。创刊于1958年，1960年停办，1979年复刊，2003年成立具有独立

法人资格的《大众摄影》杂志社。《大众摄影》杂志自创刊以来，坚持立足国内，面向世界，贯彻服务于摄影大众的办刊宗旨，以追随时代的意识，生动活跃的形式，深入浅出的表达，传播影像理念，普及摄影知识，成为广大摄影爱好者的良师、专业摄影者的益友。在办刊同时还举办各种摄影比赛，开办摄影画廊和相机博物馆，组织影友联谊会，摄影创作团，出版相关摄影图片和光盘。

**大洲岛海洋生态自然保护区** Dazhou Island Marine Nature Reserve 中国海洋生态自然保护区。1983年建立，1987年列为国家级自然保护区。位于海南省万宁市大洲岛。面积7 000公顷。主要保护对象是金丝燕及其栖息繁殖的海洋生态系统。大洲岛是中国主要的金丝燕群居地之一，岛上花岗岩耸峙，悬崖绝壁险峻，天然裂缝、孔隙、洞穴遍布。山下海区有机物饵料丰富，水产资源种类繁多，山上植被茂盛，野生动物众多。金丝燕是白燕鸟的一种，是热带海洋鸟类，分布在东南亚和太平洋的岛屿上，小巧玲珑，具有很强的飞行能力。金丝燕每年3月在岛上筑巢，此巢即著名的“大洲燕窝”。金丝燕窝具有很高的食用价值，历代皇帝都把它列为贡品，素有“东方珍品”和“稀世名药”之盛誉。

**大足石刻** Dazu Stone Sculptures 中国唐宋时期的**石窟**和摩崖造像。分布在重庆市大足县城西南、西北和东北的山区。以佛教造像为主，也有儒教、道教的造像。现存造像5万余躯，分布于40多处，总称大足石刻。其中以北山、宝顶山两处的造像最为集中，它们规模宏伟，艺术精湛，内容丰富，创于晚唐而盛于两宋，是大足石刻的代表。大足石刻是中国晚期石窟造像代表作之一，是佛教艺术中国化、世俗化、生活化的典范。1961年，国务院公布北山摩崖造像和宝顶山摩崖造像为全国重点文物保护单位。1999年，大足石刻作为文化遗产被列入《世界遗产名录》。

北山造像在县城北约2千米处的北山上，以佛湾为中心，均为佛教造像。规模最大的佛湾造像有264个窟龛，最早于唐景福元年（892）开凿，经五代至南宋绍兴年间达到鼎盛。晚唐和五代造像题材主要有降三世明王，千手千眼观音，如意王、欢喜王菩萨等密宗内容，及阿弥陀佛、救苦观音菩萨、地藏菩萨三尊像等。晚唐人物造型端庄丰满，五代则纤丽优美。佛湾宋代造像是北山造像精华所在。题材多样，出现经变雕刻。其中，孔雀明王窟满壁凿千佛，窟中央有一面四臂、骑孔雀的主像，巧妙地将塔柱式石窟结构与密宗题材相结合。转轮经藏窟中央雕八角盘龙转轮藏，正壁为菩提树下释迦、净宝瓶观音和多罗菩萨，左、右壁各有三尊菩萨。菩萨均高约2米，具有女性的妩媚多姿，为宋代雕刻精品。北山宋代造像富于现实感，人物个性鲜明，体态匀称健美，衣饰华丽典雅；佛像眉间出毫光，菩萨像有的戴凤冠。另外，佛湾对面山峰上有多宝塔，建于南宋绍兴年间。

宝顶山摩崖造像位于县城东北约15千米处的宝顶山，于南宋淳熙六年（1179）创凿，主要集中在大、小佛湾二区。造像题

父母恩重经变龛局部（宝顶山第15龛）

材以密宗为主，有华严三圣、六道轮回图、孔雀明王经变、千手千眼观音、地狱变、父母恩重经变（见图）、十大明王等，糅杂了密宗、禅宗和儒家孝道等各种思想，是研究中国雕刻史和宗教思想史的重要资料。造像生动真实，内容接近现实生活，具有鲜明的地方特色。尤其是大型连续性的雕刻和规模庞大的群像，场面恢弘，为中国石窟中所仅见。

大足石窟还包括南山造像和石篆山、石门山造像。前者位于县城南2千米处的玉皇观，为道教石窟，共6个窟龛，造像年代为南宋绍兴年间。后者分别位于县城西南27千米和东12千米处，为儒、释、道三教石窟。1996年，国务院分别将石门山摩崖造像和南山－石篆山摩崖造像及多宝塔，作为与已有全国重点文物保护单位合并项目，归入宝顶山摩崖造像和北山摩崖造像，同时加以保护。

**大足县** Dazu County 中国重庆市辖县。位于市境西部，地处成渝经济走廊腹地。面积1 390平方千米，人口67万（2010）。唐乾元元年（758）分合州巴川县（今铜梁县境）置大足县。以“大丰大足”而得名。矿产资源以天青石、磷锶矿储量丰富，被誉为“亚洲锶都”。农业以发展粮食、油菜子、蔬菜、蚕桑、水果、优质竹笋、瘦肉型猪等为重点。工业以小五金、汽车摩托车配件、冶金铸造、锶盐化工、建材、农副产品加工等为支柱产业。碳酸锶产量占全国的60%和世界的30%以上。名胜古迹有唐宋摩崖石刻造像，宝顶山、北山、多宝塔、南山、石门山、石篆山石刻等，统称**大足石刻**，1999年被列入《世界遗产名录》。还有西山禅乐竹海、海棠香园和龙水湖等特色旅游景区。

**呆小症** cretinism 因甲状腺激素缺乏所致的一种内分泌病变。又称呆小病、克汀病。是**甲状腺功能减退**的一种类型。

**傣历** Dai calendar 中国**傣族**的传统历法。傣语称“祖腊萨哈”，意即“小历”。是一种阴阳合历。其起源可上溯至周秦之际，现行傣历则始于明代以前。它的年长度为365.258 75日，月长度为29.530 583日。每年分冷、热、雨3季，平年皆12月，月序由6月始，顺序至5月止。单月为大月30天，双月为小月29天，隔4～5年有一次8月大月。每月又分“月出”与“月下”两个半月，望日（十五日）之后称“月下一日”，顺序数至晦日，并使用七曜（日、月及火、水、木、金、土五星）纪日的周日法。19年置7个闰月，皆置闰于9月。泼水节是送旧迎新的节日，末一日为新年，固定在傣历6月6日至7月6日之间推移。傣历月份一般比汉族夏历早3个月，置闰之年比夏历早一年。傣

历又吸收夏历干支纪时的方法，将十天干和十二地支相互搭配，得60个数首尾循环，用以纪年和纪日，用十二地支纪月，并使用十二属相纪年岁。

**傣文** Dai writing 中国云南省傣族使用的拼音文字。因使用地区和文字形式的不同分为4种。在西双版纳等地通行的称傣仂文，又称西双版纳傣文；在德宏等地通行的称傣哪文，又称德宏傣文；在瑞丽、澜沧、耿马等县部分地区使用的称傣绷文；在金平县使用的称金平傣文，又称傣端文。四种傣文都从婆罗米字母演化而来，与老挝文、泰文、缅甸文、柬埔寨文同属一个体系。字序皆自左而右，行序自上而下，但形体结构互有不同。傣仂文和傣绷文为圆形字母，傣哪文为方形字母，金平傣文方圆兼备，并有一些尖角形字母。傣仂文和金平傣文的辅音字母较多，都分高低音两组，各拼3个声调；傣哪文和傣绷文辅音字母较简单。中华人民共和国建立后，对傣仂文和傣哪文分别进行改进。改进后的傣仂文有42个辅音字母，分高低两组，表示21个辅音音位，有90个表示元音及复合韵母的字母或字母的组合形式，另设计了两个声调符号。傣哪文改进后仍保留19个辅音字母，有84个表示元音及复合韵母的字母或字母的组合形式，并增加了5个声调符号。1986年5月，西双版纳傣族自治州第六届人民代表大会第五次会议上作出关于使用老傣文的决议，此后，西双版纳新老两种傣文同时使用。

傣文贝叶经《毗奈耶》(佛律)

**傣语** Dai language 中国傣族使用的语言。属汉藏语系壮侗语族壮傣语支。中国傣族人主要分布在云南省西双版纳傣族自治州、德宏傣族景颇族自治州以及耿马和孟连等自治县。使用人口较多、分布较集中的方言有两个：德宏方言和西双版纳方言。傣语声母较少，韵母较多。西双版纳方言（以允景洪话为代表）有21个声母、90个韵母。德宏方言（以芒市话为代表）有16个声母、84个韵母。两个方言都有9个基本元音和9个韵尾。语序和虚词是表达语法意义的主要手段。句子的基本语序是主语在谓语前，宾语在动词谓语后，定语位于中心语后。词汇大多数是单音节词和双音节的合成词。四音格结构很丰富。有相当多的汉语借词。傣族有四种不同形式的拼音文字，中华人民共和国建立后，对其中的两种进行了改革。

**傣族** Dai 中国少数民族。主要聚居在云南省南部和西部地区。人口约116万(2000)。使用傣语，属汉藏语系壮侗语族壮傣语支。

傣族女子

有自己的文字傣文。汉文史籍自汉晋时期就有关于傣族先民的记载，称“滇越”、“掸”和“僚”。12世纪西双版纳傣族首领叭真统一各部，建立勐泐政权。以种植水稻为主。有自己的历法，有历史文献及内容丰富的诗歌、传说、故事、寓言等文学作品。能歌善舞。孔雀舞伴以象脚鼓和铓锣，具有独特的民族风格。雕刻和绘画精美典雅。建筑艺术以寺塔和飞架于江河上的竹桥最为有名。男子多着无领对襟或大襟小袖短衫，下着肥筒长裤。西双版纳的妇女上穿白色、绯红色或浅绿色紧身内衣，外穿圆领窄袖短衫，下着黑色或花色裹身长筒裙，束银腰带。德宏一带的妇女上穿浅绯色短衫，下着长裤，系绣花围腰。饮食以大米为主，喜食酸辣。村寨多建于平坝近水的地方，住房为干栏式竹楼，德宏多住土墙茅顶的平房四合院。泼水节为傣历新年，约在农历清明后10日，届时举行泼水、赛龙舟、放烟花等活动。普遍信仰小乘佛教，同时保留着原始多神崇拜的残余。1953年建立了西双版纳傣族自治区（1955年改称自治州）和德宏傣族景颇族自治区（1956年改称自治州）。先后与其他民族建立了7个自治县。

傣族泼水节的象脚鼓乐队

**傣族舞蹈** Dai dance 中国傣族传统民间舞蹈。主要流布于云南省傣族聚居区。舞蹈优美恬静，感情内在含蓄，手的动作丰富，舞姿富于雕塑性，四肢及躯干多见特有的“三道弯”造型。舞蹈动作与节奏的特点是：重拍向下的均匀颤动，具有南亚舞蹈的特征。傣族舞蹈种类、形式多样，主要分为自娱性、表演性两大类，其中最有代表性的有戛光、象脚鼓舞和孔雀舞。

戛光 民间自娱性舞蹈。流布于云南德宏、西双版纳及思茅、临沧等地。舞时，两名妇女挑着大铓锣，率众人逆时针方向围圆而舞。敲象脚鼓、铓、镲的乐手于圈中站立，为众人伴奏。有的地区除乐手外，圈中还有唱歌者。舞者身体屈膝半蹲，均匀地颤动，手臂保持“三道弯”的后轮翻腕或内屈，或由后往前掏转，手脚同时顺边动作，上身随手臂左右转动。当唱歌人唱到最后一句，众人随之唱和，同时跳跃转身。舞蹈开始节奏较缓，以后逐渐加快，达到高潮时，众人不时发出欢呼声。“戛光”动作优美、灵活、舞姿富于造型。

象脚鼓舞 民间娱乐性舞蹈。因舞者身挎象脚鼓而得名。傣族舞中使用的象脚鼓按大小分为三种，流布于傣族的不同聚居地。鼓的大小不同，舞蹈动作也不同。见象脚鼓舞。

孔雀舞 民间表演性舞蹈。傣族人民视孔雀为吉祥的象征。他们以跳孔雀舞来表达自己的愿望和理想。

以民间传统舞蹈为素材创作出的舞蹈、舞剧作品有《赶摆》、《孔雀舞》、《追鱼》、《水》、《金色的孔雀》、《雀之灵》、《召树屯与喃木诺娜》、《孔雀恋歌》等。

**代** Dai Regime 中国十六国时期鲜卑拓跋部所建国家。东汉末鲜卑拓跋部从漠北南迁，定居盛乐（今内蒙古和林格尔北）。不在十六国数中。盛时南抵雁门，北至大漠，有今内蒙古和山西、河北北部。拓跋是一个游牧部落，自酋长拓跋力微时代起，游牧于云中一带（今内蒙古托克托东北），魏晋时处于由部落联盟到建立国家的转变阶段。295年，力微少子禄官统部仿照匈奴旧制，将拓跋分为东、西、中三部。禄官自为大酋，居上谷（今河北怀来东南）之北，濡源（今河北滦河之源）之西，为东部；猗卢居定襄之盛乐一带，为西部；猗㐌居代郡参合陂（在今山西阳高境）北，为中部。禄官、猗㐌相继死，307

年，猗卢总统三部，拥有骑卒40万。西晋愍帝建兴三年（315）封拓跋猗卢为代王，都平城（今山西大同市东北）。此后，拓跋部势力日趋强大，号称骑士百万。338年，拓跋什翼犍即代王位，设置百官，分掌众职，制定法律，建立年号，并开始从事定居的农业生产。376年，前秦苻坚进攻代国，拓跋什翼犍被击败，部落离散，拓跋什翼犍为其子拓跋寔君所杀。代国灭于前秦。共传6主，凡61年。淝水之战后，前秦瓦解，386年拓跋珪重建代国，同年改国号为魏。建元登国，史称北魏。

**代办** chargé d' affaires 为第三级使馆馆长。又称常任代办。与大使和公使两级使馆馆长不同，代办不是由国家元首向接受国元首派遣的外交代表，而是由外交部部长向接受国外交部长派遣的外交代表，其享受的外交礼遇低于大使和公使，但所享有的外交特权和豁免与大使、公使相同。在现代外交实践中，除非两国关系存在某种特殊或者不够完全正常化的情况，否则彼此通常很少互换代办级的外交代表。代办与“临时代办”不同。代办的“代”字并不意味着大使或公使的代理者，原词也无此含义。而临时代办的“代”字才真正有代理的含义。

**代际关系** relation between generation 两代人或数代人之间的人际关系。通常一代指20年，代际关系的两代泛指老年人与年青人，如家庭中的父母辈或祖父母辈与子女、孙子女辈。代际差异决定了代际关系的主要特点。代际关系既可能是整合的、融洽的，也可能是分离的、隔阂的。一代人与另一代人的社会化过程、社会经历不同，各自组群中心观（又称群体中心观）存在差异，对同一现象或一系列社会现象会有不同的看法。两代人之间这种认识上、价值观念上的差异，统称世代隔阂或代沟。代际关系既可发生于家庭中，也可以在社会范围内。

在封闭的社会或社会发展处于稳定或停滞时期，两代人所处的社会环境无明显变异，年青一代的社会化处于老一辈严格教养、熏陶之下，严格遵循传统的社会规范，世代之间在观念上、行为上较为一致，世代隔阂不明显。在开放的社会或社会急速变迁时期，代沟则非常明显。不同民族的文化传统、伦理道德和风俗习惯对代际关系也会产生不同的影响。中国的传统是主张家庭养老，相邻的两代人是“反馈”模式。西方国家大多没有家庭养老的传统和习惯，两代人是“接力”模式。

**代京** Daijing 中国北魏前期都城。原为秦汉所置平城县，秦汉时属雁门郡。东汉末废。故址在今山西大同市东北。北魏建国以前，鲜卑拓跋部在穆帝猗卢六年（313）以盛乐（今内蒙古和林格尔北）为北都，修筑秦汉故平城为南都。拓跋猗卢登平城西山观察地势，在其南百里㶟水（今山西省境内桑干河）之阳黄瓜堆筑新平城（晋人称小平城，在今山西应县西），派长子六修镇守，以统领南边各部落。

北魏建国后，魏道武帝拓跋珪于天兴元年（398）元月徙山东六州吏民、杂夷十余万口以实平城；同年七月，将都城从北都盛乐迁至平城。在平城开始营宫殿，建宗庙，立社稷，起鹿苑，并引武川水注入苑中，疏为三沟，分流宫城内外，又穿鸿雁池。又在平城周围营造了不少宫殿。当时平城也是司州、代郡的治所，称为代京。北魏朝廷为了充实京城，先后从各地迁移大量农业和手工业劳动者至京畿地区，或给耕牛，计口授田，从事农业劳动，或从事各种手工业生产，逐步形成北魏前期历时百年和繁盛都城。然恒、代毕竟无漕运之路，一旦有灾，饥荒即至。魏孝文帝元宏统治时，粮食、物资供应日趋紧张。柔然又不断向南活动，构成对代京的严重威胁。太和十八年（494）从平城迁都于洛阳，改代京平城为恒州和代郡的治所。孝明帝孝昌二年（526）平城为六镇起义军所攻破，州、郡、县同时废罢。

**代理** agency 在货物买卖中委托人授权代理人代表他同客户招揽生意、订立合同或办理与交易有关的其他事宜，并向代理人支付佣金的活动。代理与包销不同的是：委托人与代理人之间不是买卖关系，而是委托代理关系；代理人须在委托人授权的范围内进行活动；代理人只负责居间介绍，招揽订单，不承担履行合同的法律责任；代理人一般是以委托人的名义与第三者订立合同；代理人不垫付资金，不承担经营风险；代理人按交易量和事先议定的比率收取佣金。

根据委托人授权范围的大小，代理方式可分为独家代理、一般代理和总代理。

**代理权** power of attorney 代理人具有的使其代理行为对被代理人发生法律效果的一种法律上的能力或地位，是决定代理行为法律后果归属的关键。代理权产生的原因有：①授权行为。指被代理人本人向代理人授予代理权的单方法律行为。授权方式既可以是口头的，也可以是书面的，法律规定须采书面的，从其规定。授权的书面形式，称为授权委托书或代理证书。授权委托书应当载明代理人姓名、代理的事项和权限、有效期限和授权日期，并由被代理人签名或盖章。法律规定授权委托书需要公证的，须经公证机关公证或有关机关（如外交部及其驻外使领馆）证明。②法定事实。例如父母子女间业已存在的监护关系，使父母当然直接依法取得对于其子女的法定代理权。③指定行为。指有关机关（如未成年人父母所在单位、居民委员会等）指定代理人，从而使其取得代理权的行为。指定代理是《中华人民共和国民法通则》规定的中国特有的一种代理类型，其适用范围非常有限，一般认为它是法定代理的变形。代理人必须在代理权限内实施法律行为，并由被代理人承担代理行为的法律后果。超越或变更代理权限所为的行为，非经被代理人追认，对被代理人不发生法律效力，由此造成的经济损失，由代理人承担。

**代森锌** zineb 有机硫杀菌剂品种。1943年由美国开发，当时为取代铜汞制剂起了重要作用。纯品是灰白色或略带黄色的粉末，有硫化物的臭味。难溶于水，也不溶于大多数有机溶剂。在光、热和潮湿情况下易分解产生二硫化碳而逐渐失效。应在干燥、阴凉处贮存。是广谱保护性杀菌剂。主要以喷雾方式防治多种作物的叶部病害，如麦类锈病、赤霉病、稻瘟病、果树和蔬菜霜霉病、炭疽病、缩叶病、细菌性穿孔病等。可用以代替波尔多液。一般亩用有效成分150～200克，急性毒性很低，除对锌敏感的作物，如烟草和葫芦科植物外，一般无药害。

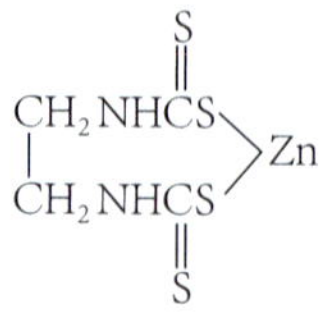

**代数方程** algebraic equation 形式为

$$f_i(x_1,x_2,\cdots,x_n)=0 \quad i=1,2,\cdots,k \qquad (1)$$

的方程组，其中$f_i(x_1,x_2,\cdots,x_n)$为域$F$上的$n$元多项式。$F$中一组元$(c_1,c_2,\cdots,c_n)$若满足$f_i(c_1,c_2,\cdots,c_n)=0$，就称为(1)的一个解。解代数方程组(1)就是要求出它的全部解的集合。当每个$f_i(x_1,x_2,\cdots,x_n)$中的单项式都是一次或零次时，方程组(1)称为线性方程组。它是线性代数的重要研究内容。线性方程组的求解的研究以向量空间和矩阵的理论为工具，已经彻底解决了以下问题：①线性方程组(1)有解的充分必要条件；②求解的一般方法如消元法等；③全部解集合的代数结构。

高次代数方程组(1)的研究分为三个方面。

①单个一元高次方程的求解。这是20世纪以前代数学研究的中心问题。二次方程$ax^2+bx+c=0$的求根公式为：

$$x=\frac{-b\pm\sqrt{b^2-4ac}}{2a}\ (a\neq 0) \qquad (2)$$

求解三次方程$a_3x^3+a_2x^2+a_1x+a_0=0$，先利用变换$x=y-\frac{a_2}{3a_3}$，将它化为：

$$y^3+py+q=0 \qquad (3)$$

再作变换 $y=z-\frac{p}{3z}$，将(3)化为$z^3$的二次方程$\left(z^3\right)^2+q\left(z^3\right)-\frac{p^3}{27}$。应用公式(2)求出$z^3$，即可得出方程(3)的三个根为：

$$y_1=\sqrt[3]{-\frac{q}{2}+\sqrt{\frac{q^2}{4}+\frac{p^3}{27}}}+\sqrt[3]{-\frac{q}{2}-\sqrt{\frac{q^2}{4}+\frac{p^3}{27}}}$$

$$y_2=\sqrt[3]{-\frac{q}{2}+\sqrt{\frac{q^2}{4}+\frac{p^3}{27}}}\,\omega+\sqrt[3]{-\frac{q}{2}-\sqrt{\frac{q^2}{4}+\frac{p^3}{27}}}\,\omega^2$$

$$y_3=\sqrt[3]{-\frac{q}{2}+\sqrt{\frac{q^2}{4}+\frac{p^3}{27}}}\,\omega^2+\sqrt[3]{-\frac{q}{2}-\sqrt{\frac{q^2}{4}+\frac{p^3}{27}}}\,\omega$$

式中$\omega=\frac{-1+\sqrt{3}i}{2}$。因此原三次方程的根为$-\frac{a_2}{3a_3}+y_1,-\frac{a_2}{3a_3}+y_2,-\frac{a_2}{3a_3}+y_3$。

二次及三次方程的解都可由它的系数经过有限次加减乘除以及开整数次方这些运算表示出来，这叫作方程有根式解。可以算出四次方程也有根式解。研究五次及五次以上方程有无根式解的问题在数学上发展成为伽罗瓦理论，其结果表明有些五次及五次以上方程没有根式解。

②一般的多元高次方程组(1)的求解。仍是建立消元法的问题。以结式为工具，理论上可以对方程组(1)进行消元，在$f_i(x_1,x_2,\cdots,x_n)$是二元($n$=2)的情形时还是有效的工具。当方程个数和未知数数目增多时，则不是一个有效的算法，且不易由计算机进行计算。中国数学家**吴文俊**为了研究几何定理的机器证明，创立了数学机械化方法。多元多项式组的消元法是其中的重要内容。他提出的方法被国际上称为吴方法，又称吴消元法。吴消元法为代数方程组的求解给出了完整的理论和有效的算法，且有广泛的应用。已经有计算机软件实现了吴消元法。

③代数方程组(1)的解集合的结构与性质的研究。(1)的解集合也称为(1)的零点集。它的研究在数学上发展成为代数几何学。

**代数基本定理** fundamental theorem of algebra 关于多项式根的定理。即一个次数不小于1的复系数多项式$f(x)$在复数域内有一根。由此推出，一个$n$(≥1)次复系数多项式$F[x]$在复数域内恰有$n$个根(重根按重数计算)。这条定理形式上是代数的，但是它的证明却离不开复数域的解析性质。C.F.高斯于1799年首先给出这个定理的一个证明。

20世纪以前，代数研究的对象，如**矩阵**、**二次型**和各种超复数系都是建立在实数域或复数域之上的，当时代数基本定理起着核心的作用。20世纪以来，随着代数学的进一步发展，抽象代数结构，如群、环、模、域相继出现，于是代数基本定理逐渐失去了它的原有的地位。

**代数数** algebraic number 满足形如$a_nx^n+a_{n-1}x^{n-1}+\cdots+a_1x+a_0=0$ ($n\geqslant1$，$a_n\neq0$)的某整系数代数方程的**实数**或**复数**。例如$\sqrt{2}$是一个实代数数，它满足方程$x^2-2=0$。每个**有理数**$m/n$($m$、$n$为整数，$n\neq0$)都是代数数，因为它满足方程$nx-m=0$。可见代数数集包含了有理数集。然而，代数数集并不包含全部实数。代数数集是一个可数集，即所有代数数能与全体**自然数**建立一一对应，而实数集是不可数的无穷集，因此，一定存在不是代数数的实数。现已证明π和e这些无理数不是代数数。不是代数数的数称为**超越数**。由此可见，就实数集而言，实数既可按有理数和无理数分为两类，又可按实代数数和实超越数分为两类。实代数数集是有理数集的自然扩充。

**代数拓扑学** algebraic topology **拓扑学**中主要依赖代数工具来解决问题的分支。同调与同伦的理论是代数拓扑学的两大支柱。

在同调理论研究领域里，自H.**庞加莱**首先建立可剖分空间的同调之后，人们试图对于不一定可剖分为复形的一般拓扑空间建立同调理论。后来出现了好几种关于一般空间的同调论。为了达到统一与简化的目的，S.艾伦伯格与N.E.斯廷罗德在20世纪40年代中期倡导用公理法来引进同调群。有了这种观点，不仅使人们对古典的同调论看得更清楚，同时也为广义同调论的兴起创造了条件。

广义同调论满足除维数公理之外的所有艾伦伯格－斯廷罗德同调论公理。具有各自几何背景的各种广义同调论的出现大大开拓了代数拓扑学的领域，提高了用代数方法解决几何问题的能力。广义同调的表示定理表明可以在同伦概念的基础上来建立同调论。重要的广义同调论现有K上同调、协边上同调、MU上同调、BP上同调等。

不论同伦或同调，从几何向代数的过渡总是由函子来实现的。范畴与函子的理论，首先由代数拓扑学的需要而产生，现在已在许多数学分支有广泛的应用。无论同伦或同调，都是对每个拓扑空间$X$对应了一个群$F(X)$，对每一个连续映射$f:X\rightarrow Y$对应了一个同态$F(f):F(X)\rightarrow F(Y)$，且满足：①当$X=Y$，$f$为恒等自映射时，$F(f)$为恒等自同构。②若$g:Y\rightarrow Z$，则$F(gf)=F(g)F(f)$。作为用这种函子性质解决拓扑问题的一个例子，考虑$f:X\rightarrow Y$为同胚的情形，这时$F(f^{-1})$与$F(f)$互为逆同态，从而$F(f):F(X)\rightarrow F(Y)$为同构。证明两个空间$X$与$Y$不同胚的一个常用的办法就是找出一个适当的函子$F$，使得$F(X)$不同构于$F(Y)$。拓扑不变量往往也就是这种函子。

同调与同伦是实质上不同的概念，这从简单的例子就可以看出来。在图中设$F$是将环面挖一个圆洞所得的曲面。则边界圆周$C$在曲面$F$上是同调于0的一维闭链。但$C$看作$F$上的环道则不同伦于0。人们很早

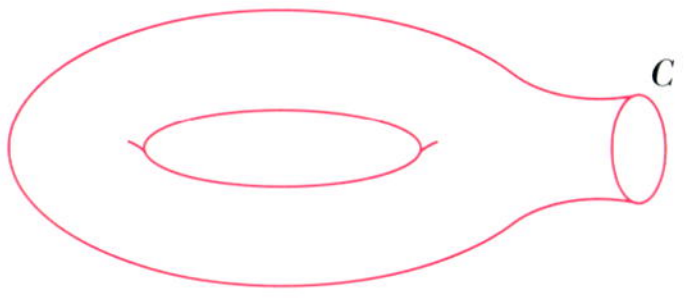


具有一个圆洞的环面

就知道，不一定可交换的基本群交换化之后就同构于一维同调群。对于同调与同伦之间关系进行深入探讨的结果促使同调代数学迅速地向前发展起来。这一整套强有力的工具不仅对代数拓扑学本身产生巨大影响，也深深地渗入到其他数学分支，如**代数学**、**代数几何学**、**泛函分析**、**微分方程**、**复分析**等。

与同调对偶的上同调在许多场合用起来比同调更为得力，这是H.惠特尼在20世纪30年代的发现。S.莱夫谢茨对流形上的同调交截理论所作的深入研究启发人们想到上同调乘积的存在。N.E.斯廷罗德在继H.霍普夫之后研究有限复形$K$到球面$S^n$的连续映射同伦分类问题时发现了一类上同调运算。上同调群配以上同调运算使得对应于几何对象的代数对象有更为丰富的结构，从而解决问题的能力也更强。

代数拓扑学者从来注重计算具体空间的同调群、上同调群、上同调运算等。李群以及与之有关的空间是首先被考虑的对象。这种计算在很大程度上依赖于纤维丛或纤维空间的底空间，纤维与全空间的同调关系。1946年，J.勒雷用谱序列对纤维空间的同调计算得到深刻的结果。

紧接着有J.-P.塞尔应用纤维空间的同调谱序列在同伦论上的突破，得到当时几乎难以想象的结果：$\pi_q(S^n)$除开$q=n$以及$q=2n-1$，$n$为偶数的情形，都是有限群。塞尔的另一个重要贡献是将代数里一个行之有效的原理移植到拓扑学中来，即通过对一个问题的各个$p$局部化($p$为素数)问题的解决来求得原问题的整体解决。经过D.P.沙利文的进一步系统的研究，这种局部化以及完备化的思想在代数拓扑里已经成为一个带根本性的原理。

拓扑空间如果具有连续的乘法以及关于这个乘法的单位元素就称为$H$空间。李群是$H$空间的特例。对于$H$空间的同调与同伦性质的研究取得了许多有意义的结果，丰富了代数拓扑的内容。

欧氏空间$\mathbf{R}^n$，当$n$=2,4,8时可以定义乘法·，满足关系$\|x\cdot y\|=\|x\|\|y\|$，这里$\|\ \|$表示$\mathbf{R}^n$的范数；$\|x\|=\sqrt{x_1^2+x_2^2+\cdots+x_n^2}$，$x=(x_1,x_2,\cdots,x_n)$，将$\mathbf{R}^n$($n$=2,4,8)的点分别看

作复数、四元数、凯莱数就得到这种乘法。是否还有其他的$n$值使$\mathbf{R}^n$能成为这种赋范代数，若$\mathbf{R}^n$具有赋范代数结构，则球面$S^{n-1}$为$H$空间。这后一结论又等价于存在霍普夫不变量等于1的球面映射$S^{2n-1}\to S^n$。这个问题在同伦论发展的初期就被提出，但当时是个很难下手的问题。与这个问题邻近的还有球面$S^n$上至多能有多少个线性独立的切向量场的问题。1960年前后，J.F.亚当斯彻底解决了这两个问题。于是知道除开$n=2,4,8$这几种已知情形，不可能在$\mathbf{R}^n$上引进保持范数的乘法。一个古老的代数难题用拓扑的方法得到了解答。亚当斯还充分利用了同调代数（包括谱序列）、上同调运算理论、广义同调论等方面当时所能提供的工具，使它们充分发挥了威力。这些成就足以说明代数拓扑那时正处于发展的高潮。

20世纪70年代以后，虽然不像前些年那样接连出现令人惊叹的结果，代数拓扑学仍然取得了多方面的进展。例如，在广义同调论、变换群作用下的共变同调与同伦论、无穷环道空间、有理同伦论、同伦群指数估计、来自微分拓扑学的代数拓扑问题等方面都获得了丰硕的成果。一方面在其他数学分支，其他科学与技术领域里代数拓扑的应用日见广泛与深入，另一方面，其本身有许多重要问题尚未解决，或尚未彻底解决，代数拓扑学另一个发展高潮时期的到来是可以期待的。

**代数学** algebra 数学中研究各种代数结构（有代数运算的集合）的（运算）性质的分支学科。代数学是在求解具体问题中诞生的。这些问题，诸如对任意多项式求根、对任意线性方程组求解等，具有以下共同特征：①这些问题不是单一问题，而是一类性质相同的问题。②对于同类问题中的任一个问题，都能用通用的解法来求解。③求解时要求出全部可能的解。这些特征决定了求解代数问题时仅能借助于数或代数式的运算性质，如等量加（乘）等量仍相等、移项法则等，因此运算性质在求解代数问题时至关重要。初等代数教科书都体现出代数学是研究代数结构的运算性质，并用以解决各种问题。例如在代数课程中，首先要学整数的加减法，依次是乘除法，再后是分数的加减乘除、指数式及根式的运算以及各种代数式的运算，并靠这些运算解决一些实际问题。高等代数，要研究一般多项式求根和一般线性方程组求解的理论。除了数字运算外，运算对象也在不断扩充，加入了几何向量、多项式、$n$元向量、矩阵及一般线性空间中的向量和线性变换等。高等代数就是介绍这些对象的运算性质并用以解决各种问题的。

早期发展 在发展历史上，代数学的研究对象、中心问题和研究方法是经历了重大变化的。“代数学”是西文“algebra”之译名，而“algebra”一词是9世纪阿拉伯人花拉子米的重要著作《阿尔热巴拉和阿尔穆卡巴拉》(al-jabr w' almuqabala)的书名演变而来。中国、古代巴比伦、埃及、希腊、印度、阿拉伯等文明古国对初等代数都有重要贡献，如掌握自然数和有理数的运算，把一些问题归结为一次、二次方程的求解等。

文字的表示法和各种代数符号的引入，可代替烦琐的语言描述。这项工作主要归功于16世纪与17世纪的法国数学家F.韦达和R.笛卡尔。此后，代数学成为各种数字（用文字来代表）以至多项式计算的理论基础。16世纪还发现了三次、四次多项式方程的解的一般公式。L.欧拉于1770年所著的《代数学引论》体现了当时代数学的状况，大致相当于今天的“初等代数”。

到18世纪以至19世纪初，由于实际问题的需要（如C.F.高斯为解决谷神星的轨道而计算一个八次多项式的根），高次多项式方程的解法（研究根的计算与分布）逐渐成为当时代数学的中心问题。找到三次、四次多项式方程求解的一般公式后，人们试图对更高次多项式方程寻找类似的解法，但均徒劳无功。由此，人们的兴趣转向为：找出一个“无公式”的证明，来断定任意复系数多项式至少有一个复根。18世纪末，高斯粗略地给出了证明（1920年才有严格的证明），其结果被称为代数基本定理。

抽象代数建立 由于以下三方面的发展，代数学的中心问题由高次多项式的求根问题转向研究各种代数结构，代数学的发展进入抽象代数学的阶段。

①在求出三次、四次多项式方程根的一般公式后，一个自然的问题是对于任意$n$次多项式方程

$$a_nx^n+a_{n-1}x^{n-1}+\cdots+a_0=0$$

要找出由系数经加减乘除及开方所构成的公式来表示它的根（代数学上称为“用根式求解”）。这成为代数学上约3个世纪的首要问题。1824～1826年间，N.H.阿贝尔证明了高于四次的多项式方程一般不能用根式求解。1832年E.伽罗瓦对这个问题给出更确切的解答。他引入了置换群、子群、正规子群、数域的扩域及群的同构等概念。1870年C.若尔当写出了置换群的专著，他还首先引入了无限群的概念。后来M.S.李、F.克莱因和H.庞加莱在微分方程、几何学和自守函数的研究中，都借助于无限变换群。1854年，A.凯莱提出了有限抽象群的概念，直到19世纪80年代才创立了一般的（有限及无限）抽象群。从有限置换群的产生到抽象群定义的形成，这一发展过程是最终引向建立抽象代数学的第一个根源。

②在数论方面，18、19世纪之交，高斯研究过整系数二次型$ax^2+2bxy+cy^2$在一定的合成运算下成为一个交换群。从高斯研究整系数或有理系数的复数$a+bi$开始，德国数学家在代数数论的研究中引入了域、理想、模等概念，它们在数论发展中起着重要作用。

③线性代数和一些特殊的代数结构方面的研究，对建立抽象代数学起到了推动作用。19世纪中叶对复数的研究，启发了各种抽象的代数结构的引入，如G.布尔的逻辑代数或布尔代数的建立，W.R.哈密顿的四元数代数的提出，H.G.格拉斯曼的外代数以及A.凯莱的矩阵代数和八元数代数的建立。

上述发展中的共同特点是：很多具体的代数结构开始时均各自孤立地发展，并应用到数学、力学、物理各方面。进而数学家认识到（大致在19世纪后期），对许多有联系的代数结构，抽出其共同特点进行综合研究，可提高效率。如置换群，高斯研究过的二次型的群，数域、多项式环或矩阵代数中的加法群以及变换群等，就可在下述形式下进行探讨。它们都是由一些元素或对象组成的集合，对该集合中任两个元素可由运算法则决定出集合中第三个元素。该运算法则满足结合律，且有单位元，有逆运算。这就是抽象群的概念。用这种观点去处理其他代数结构就产生出其他抽象的代数结构。这种观点虽然在D.希尔伯特等的数学公理化以前就已经形成，但数学公理化还是大大促进了人们对代数抽象方法的认同。在对前面三个发展方面的综合研究中，20世纪初德国的希尔伯特、E.施泰尼茨、E.阿廷、E.诺特及他们的同事、学生们的贡献巨大。代数学及代数运算的一般理论的近代观点得到确立，而B.L.范·德·瓦尔登的《近世代数学》(1930)综合了当时抽象代数学各方面的成果，对于抽象代数的传播与发展起了巨大推动作用。

因此，抽象代数学是以研究数字、文字和一般元素的代数运算的规律，以及由这些运算服从的公理而定义的各种代数结构的性质为中心的代数学，其研究的两个特点是：①常常把与某问题有关的对象（元素）组织成（定义成）一个可运算的代数结构，然后研究它的性质再用以解决具体问题。②在同构下考察运算性质，即真正注重的不是承载代数运算的集合，而是代数运算本身（的性质）。实际上，抽象代数中仅研究少数类型的代数结构，它们是在代数学发展中自然出现的最基本的几种。

群是最重要且最基本的代数结构。它有一个代数运算。群的推广有半群、拟群和幺拟群。

环和域是具有两个代数运算的重要的

代数结构。两个运算通常称为加法和乘法。整数环、多项式环和矩阵代数是环的重要例子。有理数域、实数域、复数域、有理分式域、有限域是域的重要例子。见环论。

格是具有两个代数运算的另一个重要的代数结构。格的典型例子是一个给定集合中的子集合的系统，以子集合的交和并作为其运算。另一个例子是正整数的集合，运算是取最小公倍数和取最大公约数。

域上线性空间也是代数结构。它有加法运算，而域中每个给定的数与空间中所有向量的数量乘法作成一个一元运算，因而有很多一元运算。

模是把线性空间的基域换成环得到的更广泛的概念。线性空间、模及其中的线性变换以及与它们有关的问题构成了代数学中线性代数部分。

环$A$若又是某交换环$K$上的模，则称$A$为$K$上代数（结合代数）。过去把这种代数称为超复数系。

**学科发展及对其他学科的影响** 抽象代数的方法和结果应用到与它相关的数学领域中，便形成了新的数学领域，如代数数论、代数几何学、拓扑代数、李群和李代数，以及代数拓扑学、泛函分析等。因此，抽象代数对全部现代数学的发展有显著的相互影响，并对其他科学领域诸如理论物理、结晶学等也有重要影响。

20世纪中后期，模论得到进一步发展。代数学的一些新领域相继建立起来，如泛代数、同调代数学、范畴理论等。它们都是代数学中起统一作用的概念，重点不是研究单个代数结构中的运算性质，而是各自从某方面同时研究许多代数结构甚至许多其他数学结构。代数学（包括泛代数和范畴理论这样的新领域）的一些成果和方法直接应用到电子技术、信息技术和电子计算机技术中，产生了诸如代数编码学、代数密码学、语言代数学和代数语义学、代数自动机理论、系统学的代数理论等新的应用代数学领域。代数学又是离散数学的重要组成部分，并对组合数学的发展起着重要作用，产生了代数组合学分支学科。新应用也促进代数学中的一些代数结构，如半群、布尔代数、有限域等的发展。

**中国的贡献** 中国古代，在初等代数方面有光辉的成就。《九章算术》和刘徽的《九章算术注》是中国古代数学的代表作。前者成书不迟于公元1世纪，书中的解方程组的方法及正负数加减法，当时在世界上遥遥领先。后者成书于3世纪，它引进了十进小数的方法，解决了求无理根的问题。到宋、元时期，中国古代数学发展达到顶峰，代表性成果有秦九韶的高次方程的数值解，它根据应用问题的条件立方程，并引进天元（未知数）的概念，称为天元术和四元术；与之相应出现的多项式的表达、运算法则及消元方法接近于近世代数；此外，还有增乘开方法和二项式展开系数表等。

中国古代代数学方面的工作与实际应用问题密切联系，着重数值计算。而西方则着重研究方程及根的性质，二者风格不同。中国古代虽已用天、地、人、物表示未知数，但没有发展成为文字的代数学。明代以后数学发展逐渐衰落。

中国近代首先在抽象代数方面工作的是曾炯之。但代数学真正在中国发展始自华罗庚。1938年，他领导的抽象代数讨论班在有限群方面取得成果。20世纪40～50年代，他在体论、典型群、矩阵几何方面进行系统而深入地研究，并有重要贡献。他的学生和追随者也得出许多有意义的结果。他们的方法在国际上被称为中国学者的矩阵方法。另外，华罗庚在多元复变函数方面的重要贡献与群表示论有密切关系。中国数学家周炜良在代数几何方面有重要贡献。中国代数学家还在群及表示论、半群、李群和李代数、环论和代数理论、代数数论及代数组合论方面取得很多有意义的重要结果。

**代位继承** subrogate succession 被继承人的直系血亲卑亲属（子女、孙子女、外孙子女等）先于被继承人死亡或宣告死亡时，死亡的继承人由其直系卑亲属代替他继承遗产。代位继承中，死亡的继承人是被代位人，代替他行使继承权以取得遗产的人是代位继承人。代位继承的条件有三：①被代位人先于被继承人死亡或者宣告死亡。②只有生前享有继承权的继承人，其直系卑亲属才有代位继承权。如果死亡的继承人生前已经明确表示放弃继承或者被依法剥夺继承权时，其直系卑亲属则没有代位继承权。③代位继承人一般只能是被继承人的直系卑亲属，可以是婚生子女，也可以是非婚生子女、养子女以及有扶养关系的继子女。由于代位继承只是代替已经死去的继承人继承，所以不论代位继承的人数多少，他们代位继承的遗产只能是其直系血亲尊亲属（父母、祖父母、外祖父母等）应继承的份额，并对此进行再分配，而不能同其他法定继承人一样按人分配。代位继承只适用于法定继承。

**代议制** representative government system 通过定期选举产生的民意代表来形成国家权威和政治意志，并且执掌和行使国家权力的制度。

代议制在不同国家的地位、功能和形式也有所不同。在议会内阁制国家，通常公民定期选举民意代表组成议会机关，由议会产生内阁等行政执行机关、司法机关和其他机关，这些机关对民意代表组成的议会机关负责。而在总统内阁制国家，公民既选举民意代表组成议会机关，也选举总统等国家行政领导组成国家行政机关。因此，议会机关的民意代表和行政机关的行政领导都对选民负责，并且彼此形成制约关系。

中华人民共和国的人民代表大会制度也属于代议制度，但是本质上不同于西方资本主义国家的代议制，在制度设置上也具有新型的特点，体现了社会主义国家人民意志和人民权利至上的地位。这一制度既符合当代民主政治的一般规律，更体现中国社会主义国家权力的民主本质。

**岱海** Daihai Lake 中国内陆构造湖。位于内蒙古自治区凉城县中部，坐落于蛮汉山与马头山之间的断陷盆地内。湖面海拔987.8米，肾形湖面长19.7千米，平均宽7.2千米，面积140平方千米，平均水深7.1米。湖水主要来自周围21条河沟的径流补给。因含沙量大，在入湖处多形成小三角洲。湖水封闭不能外流，蒸发强盛，故含盐量较高，矿化度约2.6克/升。湖内盛产鲫、鲤、鲢等鱼类。

**岱庙** Daimiao Temple 中国五岳之一东岳泰山的神庙建筑。位于山东泰安城区西北角，泰山南麓。“岱”为泰山别称，故名；又称泰庙、东岳庙。是历代帝王封禅泰山、祀神之处。史载秦代已设固定祀所，汉代建宫殿，唐宋扩建，元明清均曾重修。现存建筑多为明代遗构，总体布局保持宋时规模。1988年国务院公布为全国重点文物保护单位。

岱庙南北长405.7米，东西宽236.2米，占地9.65万平方米，约为泰安旧城总面积的1/4。布局分左中右三路。中路是岱庙主轴，分五进院，主要建筑依次有正阳门、配天门、仁安门、天贶殿、后寝宫、厚载门等。正阳门为岱庙正门。仁安门建于元至元四年（1267），是岱庙现存最早的建筑。天贶殿是岱庙主体建筑，始建于北宋，明清重修，面阔九间，进深四间，五脊重檐

岱庙全景

庑殿黄琉璃瓦顶。殿高22.3米，长48.7米，宽19.79米，与北京故宫的太和殿、山东曲阜孔庙的大成殿合称中国古代三大殿。殿内供奉东岳大帝泰山神塑像，北、东、西三壁所绘《泰山神启跸回銮图》，绘山水车马和697个不同人物，气势浩大，布局严整，刻画逼真，为岱庙文物中艺术珍品。庙内重要文物还有秦李斯篆书“秦二世诏”泰山刻石残片、汉《张迁碑》、唐神宝寺碑和明代铜亭、铁塔等。

**岱人** Tay 亚洲中南半岛越南社会主义共和国的少数民族之一。又译岱依人，又称土人。约150万人(2001)。主要分布在越南北部，尤以谅山、高平两地为多。属蒙古人种南亚类型。使用岱语，属汉藏语系壮侗语族，与泰人、侬人、寮人的语言基本相通。信多神，迷信“鸡鬼”。越南学者认为，岱人与泰人、侬人同源。约自公元前4世纪从中国长江流域分两路南迁，经广东、广西迁入越南北部东北地区的一支，于11世纪在与京人混合的基础上形成岱人。越南现将岱、侬两族合称岱侬族。历史上曾在汉字基础上创制“岱喃字”，1961年创制拉丁字母文字。岱人社会与京人相近。经济以农业为主，种植水稻、玉米和薯类，盛产水果；兼营畜牧业，饲养黄牛、水牛、猪和鸡。手工业发达，尤以织锦著名。

**玳瑁** *Eretmochelys imbricata*; hawksbill 龟鳖目海龟科的一种。又称十三鳞。古作瑇瑁、文甲。分布于大西洋、太平洋和印度洋。中国北起山东、南迄广西沿海均有分布。头部有前额鳞2对；吻侧扁，上腭钩曲如鹰嘴。背甲呈心形，盾片如覆瓦状排列，老年个体趋于镶嵌排列。椎盾5片；肋盾每侧4片；

缘盾每侧11片，在体后部呈锯齿状；臀盾2片，中间有1缝隙，不相切。四肢桨状，前肢较长大，各具2爪；后肢较短小，各具1爪。尾短小，通常不露出甲外。背甲红棕色，有淡黄色云状斑，具光泽；腹甲黄色。海洋中生活，以鱼、软体动物和海藻为食。每年7～9月在热带、亚热带海域的沙滩上掘坑产卵。卵白色，圆形，革质软壳，孵化期约3个月。

**带电作业** live working 在高压电工设备上不停电进行检修、测试的作业方法。作业对象包括发电厂和变电所电气设备、架空输电线路、配电线路和配电设备。作业内容分为带电测试、带电检查和带电维修等几方面。主要项目有：更换线路杆塔，更换导线、母线和架空地线，清扫和更换绝缘子，水冲洗绝缘子，压接修补导线和架空地线，检测绝缘不良绝缘子，测试更换隔离开关和避雷器，测试变压器温升及介质损耗值，检修断路器，滤油及加油，清刷导线及避雷线并涂防腐油脂等。

带电作业分为：①地电位作业。作业人员处于接地的杆塔或构架上，通过绝缘工具进行作业，不直接接触高压带电部分，又称为间接作业法。②等电位作业。人体直接接触高压带电部分。作业人员应穿全套屏蔽服。③中间电位作业。作业人员处于带电体和接地体的中间电位，可直接接触与自身电位相同的设备，或通过绝缘工具间接接触高于自身电位的设备。

**带蛾** Eupterotidae; long-haired caterpillar/giant lappet moth 鳞翅目带蛾科昆虫的统称。世界已知300多种，多分布于东洋区、大洋洲和非洲，极少的种类分布于旧北区。中国约有50种。中至大型，体细长。

丝光带蛾

缺单眼，喙退化，触角双栉状。翅宽大，具带状斑。夜间活动，有趋光性。幼虫密被次生刚毛，常在体背面集拢成束状长毛，但缺明显的毛瘤。体毛色泽变化较多，有毒毛。多生活于森林中，取食林木和灌丛的叶片。中国常见的有抚带蛾和中华金带蛾等。

**带钩** belt hook 古代用于扣接束腰的革带或在身上佩挂物件的钩。质料多为铜、铁，也有金、银、玉、石质的。迄今考古发现的带钩大体可分两个系统：①中国带钩。至晚在春秋中期已出现，流行于春秋时期至南北朝，此后则被视作祥瑞之物或古玩，其实用功能被更为简便牢固的带扣（铰具）所替代。带钩的器形以钩钮连体为特征，作微屈的长条形或琵琶形，一端曲首，钩身背面有圆钮。钩首大多为各种动物形。钩身饰云纹、涡纹等，采用错金银，贴金，或镶嵌绿松石、琉璃、玉片等装饰手法。②斯基泰–西伯利亚式带钩。流行于黑海北岸到西伯利亚。钩体饰动物纹，钩背有钮柱而无钮，钩首弯向钩背，与钮柱同在一侧。

从功能看，带钩又可分为束带钩和佩系钩。前者形体较大；后者长多为三五厘

战国魏鎏金嵌玉镶玻璃银带钩（1951年河南省辉县固围村1号墓出土。长18.4厘米，宽4.9厘米）

米，用于佩剑，钩挂杂物和珍贵的玉石饰品。男性一般用束带钩和佩系钩，女性多用佩系钩。

**《带经堂诗话》** 中国清代诗话著作。30卷，卷首序例1卷。王士禛撰，张宗柟辑。张宗柟(1704～1765)，字汝栋，号含广，浙江海盐人。王士禛是清代著名诗人，在康熙朝主盟诗坛数十年，他所倡导的神韵说影响诗风近百年。王士禛原有《渔洋诗话》3卷，是应友人所请杂论诗歌的著作。另有《渔洋诗话》1卷本，是他人摘取其五言诗、七言诗凡例而成。乾隆时张宗柟汇集王士禛著作18种内的论诗之语，编成此书。全书以类为经，以年为纬，计分8门64类，全面地反映了王士禛的论诗主张和理论成就。但张氏唯全是求，宁滥勿缺，重文并录，亦有真伪混淆，以误传误者。此书初刻于乾隆二十七年(1762)，同治十二年(1873)广州藏修堂重刊。后有上海扫叶山房石印本。现有人民文学出版社1963年新校本，收入郭绍虞主编《中国古典文学理论批评专著选辑》中。

**带脉** belt channel; belt vessel 中医学中奇经八脉之一。带脉能约束纵行之脉，足之三阴、三阳以及阴阳二跻脉皆受带脉之约束，以加强经脉之间的联系。带脉还有固护胎儿和主司妇女带下的作用。

带脉循行起于季胁，斜向下行到带脉穴，绕身一周。并于带脉穴处再向前下方沿髋骨上缘斜行到少腹。

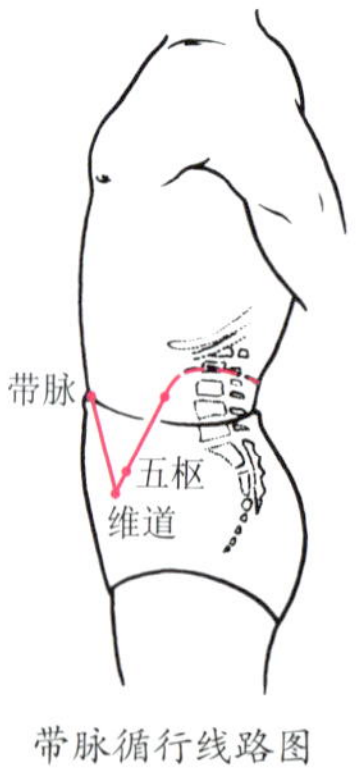


带脉循行线路图

本经脉交会穴为带脉、五枢、维道（足少阳经），共3穴，左右合6穴。

**带下** leukorrhea; morbid vaginal discharge 以带下量多，或色、质、气味发生异常为主要表现的中医学妇科常见病证。又称带下病。临床以白带、黄带、赤白带为多见，

常伴有全身或局部症状。带下多由饮食不节，劳倦过度，或忧思气结，损伤脾气，或房事不节，年老久病，损伤肾气，脾肾不能运化水湿，带脉失约，以及恣食厚味酿生湿热，或情志不畅，肝郁脾虚，湿热下注，或感受湿毒、寒湿等引起。常见证型有：①脾虚湿盛型带下。证见带下量多，色白或淡黄，质稠，绵绵不断，面色不华，食少神疲，四肢不温，腹胀，便溏，舌淡苔白腻，脉缓弱。治宜健脾益气除湿，方用完带汤等。②肾虚寒湿型带下。证见带下量多，色白清冷，质稀薄，腰脊酸冷，尿频清长或夜尿多，便清溏，舌苔薄白，脉沉迟。治宜温肾固涩，方用内补丸、桂附止带汤等。③湿热湿毒型带下。证见带下量多，色黄质黏稠，甚至黄绿如脓，味臭，或挟血，阴部肿痛瘙痒，口苦，小便黄赤，舌红，苔黄腻，脉弦数。治宜清热利湿解毒，方用止带方、龙胆泻肝汤等。

**带鱼** *Trichiurus haumela*; hairtail 鲈形目带鱼科带鱼属的一种。又称刀鱼、白带鱼、牙带鱼。广布于印度洋和西太平洋的温暖海区。中国各海区都有。体长呈带形，尾部末端为细鞭状。头长为体高的两倍。眼间隔平坦。口大，下颌长于上颌。牙发达且锐利，上颌前端的钩状犬牙在闭口时可嵌入下颌窝内；下颌前端具犬牙两对，闭口时外露；上下颌两侧各具侧扁尖锐牙一列。侧线完全，在胸鳍处呈弧状弯向腹面。背鳍甚长，臀鳍仅棘尖稍露出于皮肤。

栖息于近海泥质海底。在水深60～100米越冬。产卵时洄游至浅海区或近岸处。除水平移动外，还有显著的昼夜垂直移动习性。为凶猛肉食鱼类，除产卵和越冬期摄食量较低外，其他时间几乎都进行强烈的摄食。生长迅速。重要的海产经济鱼类。

**带状疱疹** herpes zoster 由病毒感染所致在身体单侧呈带状分布的一种成簇的丘疹与疱疹病变。因疱疹宛如蛇行，又称蛇串疮；又因红斑、水疱排列成串珠样，多发生在腰部，称为缠腰火丹或缠腰龙。好发于中老年人。严重时可出血、坏死。呈现自觉程度不等的疼痛。疼痛可出现在皮疹之前或之后。发生在面部三叉神经的带状疱疹引起偏侧头痛与局部皮疹，可引发眼炎与角膜炎。老年体弱者或免疫功能低下者症状较重，皮疹较多较广，且常发生出血、坏死，疼痛显著。本病有自限性，病程一般为3周左右，愈后一般不复发。有的患者皮疹消退后神经痛仍可持续数周，称为疱疹后遗神经痛，常影响工作与睡眠。治疗原则为抗病毒、消炎、止痛、预防并发症。

**贷款** loan 商业银行或其他金融机构出借货币资金，并凭以按期收取利息收入和收回本金的信用活动。按照不同口径，贷款有多种分类：①按照贷款对象不同，分为法人客户贷款和个人客户贷款；②按照期限不同，分为短期贷款、中期贷款和长期贷款；③按照抵押、质押方式不同，分为信用贷款、保证贷款、抵押贷款和质押贷款；④按照贷款用途不同，分为营运资金贷款、项目贷款、房地产贷款、个人经营贷款、个人消费贷款、个人住房按揭贷款等；⑤按照收益不同，分为下浮利率贷款、基准利率贷款和上浮利率贷款；⑥按照贷款质量不同，分为正常类贷款和不良类贷款；⑦按照贷款的组织形式不同，分为银团贷款、双边贷款等。

**袋狼** *Thylcacinus cynocephalus*; Tasmanian wolf/Tasmanian tiger/thylacine 有袋目袋鼬科的一种。因仅分布于澳大利亚的塔斯马尼亚岛，又称塔斯马尼亚狼、塔斯马尼亚虎。现代最大的食肉有袋动物。头身长约120厘米，尾长50厘米，肩高60厘米。毛粗短而密，灰褐色或黄棕色。有14～18条暗褐色条纹横过背、臀和尾基部。尾被毛短，呈半僵硬状，尾与后腿连为一体。上下颌开口很宽。后足四趾，前足五趾，距掌心约1厘米，第五趾仅留下一爪状痕迹。20世纪初灭绝。

**袋鼠** Macropodidae 袋鼠目袋鼠科动物的统称。原为有袋目的一科。共11属54种。广泛分布于澳大利亚、塔斯马尼亚、新几内亚及其邻近岛屿。身体的大小差异很大，

体长23.5～160厘米；头小，尾长而被毛，基部变粗；后肢比前肢显著强大，前肢具5趾，后肢缺第1趾，第2、3趾小，并由皮层连接在一起，第4趾最长，第5趾次之。雌兽都有很发达的袋囊，内有4个乳头，但通常只有两个乳头有机能。此科动物除1个树栖的属——树袋鼠外，都适应跳跃生活，草食性。由于具有类似反刍的消化方式，能占据对其他大型哺乳动物不利的区域。在繁殖上也有特别的适应：雌兽在袋囊中有了幼仔以后，仍可交配受孕，但受精卵发育到100个细胞阶段就停止发育；如果袋囊中的幼仔死亡，胚胎则继续发育；几周后第2个幼仔又可降生。

**逮捕** arrest 警察机关、检察院和法院在一定期限内依法剥夺犯罪嫌疑人、被告人的人身自由并进行审查的强制措施（见刑事强制措施）。逮捕应具备三个条件：①有证据证明有犯罪事实。②可能判处徒刑以上刑罚。③采取取保候审、监视居住等方法尚不足以防止发生社会危险性因而有逮捕必要的。对符合逮捕条件应当逮捕的犯罪嫌疑人、被告人，如果患有严重疾病或者正在怀孕、哺乳自己婴儿的，可以采取取保候审或监视居住。

逮捕权由公安机关、检察机关和审判机关分别行使。其中，人民检察院和人民法院有权独立决定逮捕；人民检察院具有批准逮捕权。对于县级以上各级人民代表大会代表，非经本级人民代表大会主席团或本级人民代表大会常务委员会许可，不得逮捕。逮捕由公安机关执行。

公安机关执行逮捕时，必须出示逮捕证。逮捕后，除有碍侦查或者无法通知的情形外，应当把逮捕的原因和羁押的处所在24小时内通知被逮捕人的家属或者所在单位。人民法院、人民检察院对各自决定逮捕的人，公安机关对于经人民检察院批准逮捕的人，必须在逮捕后24小时以内进行讯问。经讯问，发现不应当逮捕的应当立即释放。对于乡、民族乡、镇人民代表大会代表，逮捕后，执行机关应当立即报告其人民代表大会。

**戴爱莲** Dai Ailian（1916-05-10～2006-02-09） 中国舞蹈艺术家、教育家、编导。祖籍广东新会，生于特立尼达，卒于北京。早年在国外学习舞蹈。1937年抗日战争全面爆发后，以舞蹈积极宣传抗战。1940年回国。在创作《游击队的故事》、《东江》、《卖》、《空袭》等抗战舞蹈的同时，从事舞蹈教学和民族民间舞蹈的采风。创编了《瑶人之鼓》、《老背少》、《甘孜古舞》、《倮倮情歌》、《苗家月》、《青春舞曲》等舞蹈，创办了育才学校舞蹈组。于1946年在重庆举办边疆音乐舞蹈大会，使中国民族民间舞蹈登上舞台，并掀起了民间舞蹈的普及运动。

1949年后，她先后出任华北大学三部舞蹈队队长，中央戏剧学院舞蹈团团长，中央歌舞团团长，北京舞蹈学校校长，中央芭蕾舞团团长、顾问等职；并兼任中华全国舞蹈工作者协会主席，中国文学艺术界联合会委员，中国舞蹈家协会副主席、名誉主席，联合国教科文组织国际舞蹈理事会副主席等职。舞蹈创作的代表作品有《和平鸽》、《荷花舞》、《飞天》等。曾获国

内外多种奖项。

**戴安邦** Dai Anbang (1901-04-30～1999-04-17) 中国无机化学家。生于江苏丹徒，卒于南京。1924年毕业于南京金陵大学化学系。1929年获哥伦比亚大学硕士学位，

1931年获博士学位后回国。历任金陵大学化学系副教授、教授。1947年再度赴美作访问学者。1948年回国后历任南京大学化学系教授，配位化学研究所所长、名誉所长。中国化学会的发起人之一。1980年当选中国科学院学部委员（院士）。中国最早进行配位化学研究的学者之一。“化学模拟生物固氮”方面的研究获1978年全国科学大会奖，“硅酸聚合作用理论的研究”获1982年国家自然科学奖二等奖，“顺铂的作用机理及构效关系的研究”获1987年国家自然科学三奖等奖。1958年主编中国第一部高等学校统编化学教材《无机化学教程》，1980年主持编写《配位化学》。发表论文240余篇。

**戴安澜** Dai Anlan (1904-11-21～1942-05-26) 中国抗日将领。原名衍功，号海鸥。安徽无为人。卒于缅甸北部南坎西南。1926年毕业于黄埔军校。曾参加长城抗战，在古北口奋勇抗击日军。1937年七七事变后，

任第13军第73旅旅长，先后率部在河北漕河、漳河等地阻击日军。1938年徐州会战中，参加台儿庄会战，指挥所部顽强抗击日军。战后任第13军第89师副师长。武汉保卫战中，率部在江西瑞昌、湖北阳新间阻击日军进攻。1939年任第5军第200师师长，率部参加桂南会战，担任正面主攻，身负重伤仍坚持指挥战斗，在友军配合下收复昆仑关口。1942年2月参加中国远征军，出师缅甸支援盟军作战，在坚守东吁战斗中，鏖战十二昼夜，完成防御任务后奉命撤离，5月18日在北撤途中遭日军伏击，身负重伤，在缅北南坎西南的茅邦村殉国（见中国远征军滇缅路作战）。10月16日被国民政府追晋为陆军中将。29日美国政府授予懋绩勋章。中华人民共和国建立后，被追认为革命烈士。

**戴秉国** Dai Bingguo (1941-03～ ) 中华人民共和国国务院国务委员、国务院党组成员，中央外事工作领导小组办公室主任，中央国家安全工作领导小组办公室主任。

土家族。贵州印江人。1973年加入中国共产党。大学学历。1959～1964年在四川大学外语系俄语专业学习。1964～1965年在北京外交学院学习。1965～1966年在湖南省浏阳县参加“四清”。1966～1969年任外交部苏欧司科员。1969～1973年任驻苏联使馆随员。1973～1974年在外交部“五七”干校劳动。1974～1985年任外交部苏欧司科员、副处长、处长（其间：1980～1982年任外交部中苏谈判办公室副组长；1983～1985年为中央整党指导委员会派驻安徽联络组成员）。1985～1986年任外交部苏欧司副司长。1986～1989年任外交部苏欧司司长。1989～1991年任驻匈牙利大使。1991～1993年任外交部部长助理、党委委员。1993～1995年任外交部副部长、党委委员。1995～1997年任中央对外联络部副部长（其间：1996年3～5月在中央党校省部级干部进修班学习）。1997～2003年任中央对外联络部部长（其间：2002年3～5月在中央党校省部级干部进修班学习）。2003～2007年任外交部党委书记。2003～2008年任外交部副部长。2007～2008年任外交部党委委员。2005～2008年任中央外事工作领导小组办公室主任，中央国家安全工作领导小组办公室主任。2008年任国务委员、国务院党组成员。是中共第十五届至十七届中央委员。

**戴粹伦** Dai Cuilun (1912-08-18～1981-09-29) 中国小提琴家、音乐教育家。生于上海。卒于美国加利福尼亚州。自幼学习小提琴，1927年考入上海国立音乐院，1934年毕业。1936年入维也纳音乐学院。1937年回国，在南京、汉口等地举办个人独奏会，并入上海工部局管弦乐队。抗日战争全面爆发后，先后在“励志社”音乐组和重庆中央训练团音乐干部训练班任教。1940年任重庆国立音乐院弦乐组主任。1942年任国立音乐院分院院长。1945年任国立上海音乐专科学校校长，兼上海市政府交响乐团指挥。1949年迁居台湾，先后任台湾省立师范学院音乐系主任，“国防部”音乐协进会示范合唱团指挥。1957年任台湾“中华民国音乐学会”理事长，1959年兼任台湾省交响乐团团长兼指挥等职。主要著述有《中国音乐史论集》（上、下册，与李九仙等合作）。1973年移居美国。

**戴德金** Dedekind, Julius Wilhelm Richard (1831-10-06～1916-02-12) 德国数学家。生于不伦瑞克，卒于不伦瑞克。1850年入格丁根大学，成为C.F.高斯的学生，

1852年完成关于欧拉积分的博士论文，受到高斯赏识。1854年起在格丁根大学任讲师。在格丁根他与任教的P.G.L.狄利克雷和B.黎曼结为好友。后来狄利克雷和黎曼的全集都是由戴德金编辑的。1858年他应聘到瑞士苏黎世综合工科学校任教。1862年回到不伦瑞克综合工科学校教书。他的主要贡献有以下两个方面：在实数和连续性理论方面，他提出戴德金分割，给出了无理数及连续性的纯算术的定义。1872年，他的《连续性与无理数》出版，使他与G.康托尔、K.外尔斯特拉斯等一起成为现代实数理论的奠基人。在代数数论方面，他建立了现代代数数和代数数域的理论，将E.E.库默尔的理想数加以推广，引出了现代的理想概念，并得到了代数整数环上理想的唯一分解定理。今天把满足理想唯一分解条件的整环称为戴德金整环。他在数论上的贡献对19世纪数学产生了深刻影响。

**戴尔** Dale, Sir Henry Hallett (1875-06-09～1968-07-23) 英国生理学家。生于伦敦，卒于剑桥。分别于1903年和1907年获外科学士和医学学士学位。1914～1928年任医学研究会生化和药物学部主任。自1928年起至1942年，任英国国家医学研究所所长。

他发现了神经系统中化学传递物质，特别是神经末端可释放乙酰胆碱，并在1914年从制备的生物材料中分离出乙酰胆碱。戴尔和O.勒维于1926年证明，在用甲、乙两个蛙心做灌流试验中由刺激副交感、神经末端而产生的物质就是乙酰胆碱。由于这一发现及其他系列的研究成就使戴尔获得了许多荣誉和奖赏。他曾任英国皇家学会主席、英国皇家医学会主席等，他和勒维共同获得1936年诺贝尔生理学或医学奖。

**戴芳澜** Dai Fanglan (1893－05－04～1973－01－03) 中国真菌学家、植物病理学家。生于湖北江陵，卒于北京。1913年结业于北京清华学校留美预备班。1914～1919年先后在美国威斯康星大学、康奈尔大学和哥伦比亚大学本科及研究生院攻读真菌学和植物病理学。历任东南大学、金陵大学、清华大学、北京农业大学教授，中国科学院植物研究所研究员、室主任，应用真菌学研究所研究员、所长，微生物研究所研究员、所长，中国植物病理学会理事长，中国植物保护学会名誉理事长，《植物病理学报》主编。1955年获德意志民主共和国农业科学院通讯会员（院士）称号。1955年当选中国科学院学部委员（院士）。

戴芳澜一生从事真菌学和植物病理学的研究和教学工作。在真菌分类学、真菌形态学、真菌遗传学以及植物病理学等各个方面都做了大量的研究工作，发表了论文及著作50多篇。在白粉菌、地舌菌、锈菌、鸟巢菌、尾孢菌等的分类，以及竹鞘寄生菌的形态和脉孢菌的细胞遗传学等方面，亦作出了重要的贡献。重要著作有《竹鞘寄生菌之研究》、《脉孢菌的性连锁》、《云南地舌菌科的研究》、《中国白粉菌科的研究》以及《中国真菌总汇》等。

**戴复古** Dai Fugu (1167～?) 中国南宋诗人。字式之，号石屏。黄岩（今属浙江台州）人。终身布衣，浪游江湖近50年，除四川外，足迹几乎遍及南中国各地。晚年隐居南塘石屏山下，携从孙探梅观鹤，诗酒自乐。为人耿直，身处江湖，不为滥俗应酬之作。论诗极力推崇杜甫，主张“论诗先论格”（《题郑宁夫玉轩诗卷》），“须教自我胸中出，切忌随人脚后行”（《论诗十绝》）。常常以诗抒写忧国伤时的情怀。成就高过永嘉四灵（见四灵体）和江湖派诸人。亦能词。其词“音韵天成，时出新意，无一语蹈袭”（《四库全书总目》卷一九九）。著《石屏诗集》10卷，有《四部丛刊》影印本、《四库全书》本、《台州丛书》本。词附集后，又有《宋六十名家词》本《石屏词》、双照楼《景刊宋金元明本词四十种》本《石屏长短句》。1992年浙江古籍出版社出版有《戴复古诗集》。

**戴高乐** Gaulle, Charles(-André-Marie-Joseph) de (1890－11－22～1970－11－09) 法国政治家，法兰西第五共和国总统（1959～1969）。生于里尔一个教师家庭，卒于科龙贝双教堂村。参加过第一次世界大战，1916年在凡尔登战役中受伤被俘。1924年毕业于法国军事学院。1932～1937年在最高国防委员会秘书处工作。其间发表军事著作，反对消极防御战略，大力倡导坦克战，但这些主张未被当局采纳。第二次世界大战爆发时，任坦克旅旅长。1940年5月升为第4装甲师师长，在前线积极阻击德军。6月5日，擢升国防部副部长，从此由军界进入政界。6月18日在伦敦英国广播电台发表著名的“六一八号召”，呼吁法国人民在他领导下继续抗战。在伦敦他领导“自由法兰西”（1942年改称“战斗法兰西”）运动，并逐渐建立起法国部队，引起国际社会的重视。团结国内外抵抗力量与盟国一起作战，为争取反法西斯战争的胜利作出贡献。1944年6月出任临时政府主席。1946年1月主动辞职。1947年组织法兰西人民联盟，自任主席。1953年宣布退出政治活动，隐居乡间，从事著述。

1958年12月21日当选总统。次年1月8日就职。提出新宪法草案。1965年戴高乐再度当选总统。任职期间结束了阿尔及利亚战争，接着完成整个法兰西帝国的非殖民化。对外奉行独立自主的外交政策，反对大国控制。1966年法国因反对超国家的军事一体化，退出北大西洋公约组织，但仍保留为大西洋联盟的成员。1964年1月27日法国正式承认中华人民共和国，两国建立外交关系。戴高乐政府大力发展本国尖端技术和新兴工业，实现工农业现代化。1968年5月巴黎大学生上街游行，得到各界支持，酿成“五月风暴”，戴高乐一度出走。1969年4月由于在两项关于社会改革提案的公民投票中受挫，他宣布辞职。后专心撰写回忆录。

**戴高乐国际机场** Charles de Gaulle International Airport 法国最大的航空枢纽。以法国总统C.戴高乐的姓氏命名。位于巴黎东北面25千米处的鲁瓦西，占地32平方千米。1974年开始启用。公共汽车、地下铁道、穿梭汽车等公共交通工具来往于城市和机场。机场有3座综合候机楼。一号楼是圆形设计；二号楼为积木化设计，内有5个候机厅，设计能力为年旅客流量3 000万人次；三号楼称作T9，主要用于包机航班。机场有2条主跑道和3条次跑道。

**戴季陶** Dai Jitao (1891－01－06～1949－02－11) 中国南京国民政府考试院院长。原名良弼、传贤，字季陶，笔名天仇。浙江吴兴（今湖州）人，生于四川广汉，卒于广州。1905年赴日留学。1909年毕业回国后，因撰文抨击清廷腐败统治被通缉。1911年在南洋槟榔屿流亡期间加入同盟会。武昌起义后回到上海创办《民权报》。1913年追随孙中山从事反袁二次革命，失败后逃往日本，加入中华革命党。1917年任广州孙中山大元帅府秘书长。五四时期在上海主编《星期评论》。1920年夏一度参加过上海共产主义小组的筹建工作。1924年被国民党一大选为中央执行委员会常务委员，任中央宣传部长、黄埔军校政治部长等职。孙中山逝世后，支持成立右派组织孙文主义学会，撰写小册子歪曲孙中山的革命学说。1927年2月奉蒋介石之命前往日本活动，为蒋发动四一二政变寻找靠山。1928年后，长期任南京国民政府考试院院长，多次主持制定和修订考试法规，为蒋介石的独裁统治装潢门面。1948年6月任国史馆馆长。后在广州服安眠药自杀。

**戴进** Dai Jin (1388～1462) 中国明代画家。浙派开创者。字文进，号静庵、静菴，又号玉泉山人。钱塘（今浙江杭州）人。16岁前曾当金银首饰工匠，后改学画，永乐末年画已名重海内。宣德年间（1426～1435）被皇帝征召至京，任宫廷画家。后离京返乡，浪迹江湖，以卖画为生，穷困以终。戴进精研画艺，造诣很深。擅长山水、人物、花鸟各科，风格多样。山水画存世名作《春山积翠图》为他的本色画，边角式的取景，雄阔的皴斫，溟蒙的烟云，都取自马远，而方硬挺劲的用线、酣畅淋漓的笔势，已显示出他个人的特色。《风雨归舟图》用顿跌的线条、迅疾的笔法，着意表现狂风暴雨的动荡气势，这种纵放的笔墨和强烈的动势，形成浙派画风的重要特征之一。而《三顾茅庐图》则笔墨爽健酣畅，意境清幽淡远，又形成了浙派的另一特征。戴进的人物画兼长工笔、写意。工笔人物画善用铁线描和兰叶描，如早期的《达摩至慧能六代像》、晚年的《南屏雅集图》等。还有粗细相兼的画法，形成独具特色的钉头鼠尾描，如《罗汉像》。他的减笔写意人物画，以秃毫粗笔率意为之，更显简括，如《归田祝寿图》、《金台送别图》等。其花鸟画，在技法上也较全面，工笔设色的如《葵石蛱蝶图》，水墨写意的如《三鹭图》，近似没骨法的如《耄耋图》。

**戴克里先改革** Diocletianus, Reforms of 罗马帝国皇帝戴克里先（284～305年在位）为加强专制统治而实行的改革。戴克里先出生于萨罗纳叶，是被释奴隶的儿子，崛起于行伍，284年被军队拥立为皇帝。执政期间采取了一系列强化军事官僚机构、加强国家对社会经济生活干预的措施。

戴克里先扩大皇权，采用多米那斯（意为主人）称号，仿效东方专制君主的宫廷礼仪。史家通常定为后期罗马帝国之始。即位伊始，把帝国分为四部分，实行四帝共治制。改革后原有的辖区较大的行省被划小。各行省中，军权和行政权分开。戴克里先还统一税制；确定了新的铸币含金、银标准；颁布物价敕令；对基督教采取弹压政策。戴克里先的改革使面临严重危机的帝国获得暂时的稳定。

**戴逵** Dai Kui（约326～约396） 中国东晋雕塑家、画家、哲学家。字安道，谯郡铚县（今安徽濉溪西南）人，后徙居会稽剡县（今浙江嵊州）。博学而有才艺，好鼓琴，工书画，终生不仕。他发展了儒家形神一元论的传统，是范缜无神论思想的先驱者之一。曾有《戴逵集》9卷行世，今已散佚。绘画擅长表现人物、故实、佛像及山水。曾画《嵇阮十九首诗图》、《吴中溪山邑居图》等。

尤以擅长佛教雕塑著称。他曾将佛像放在寺庙里供人参观，潜藏于帷帐中听取观众的褒贬议论，详加研讨。相传他首先将夹纻技术应用于制作佛像而名噪一时。

其长子戴勃，善琴、画，有文风。次子戴颙，字仲若，雕塑家，也擅长音乐。父子在冶铸铜像、雕造木像和佛像装饰上均有新的创造。戴逵父子的众多造像保存至隋唐，受到人们的珍视。

**戴笠** Dai Li（1896～1946-03-17） 中国国民政府军事委员会调查统计局（简称**军统**）局长。原名春风，字雨农。浙江江山人。1915年弃学入浙军第1师当兵。1922年任江山县保安乡学务委员，旋任自卫团团长。1926年10月赴广州，入**黄埔军校**第六期骑兵科。1927年参加龙潭战役，后在**胡宗南**部下任副官。1928年以后，任**蒋介石**的侍从副官，从事特务工作。1931年，兼任胡宗南第1师驻南京办事处处长。1932年3月，复兴社在南京正式成立，任中央干事会候补干事。4月，复兴社特务处成立，兼任处长。1935年5月，任国民政府军事委员会调查统计局第二处处长。1938年3月升任军统局副局长，主持实际工作。1937年淞沪抗战爆发后，联络**杜月笙**成立苏浙行动委员会，以委员兼书记长身份主持实际工作，并成立一万多人的别动队。1939年2月，任中央警官学校校务委员会主任委员，9月任三民主义青年团中央干事会干事。1940年兼军事委员会运输统计局监察处处长。1942年8月，任财政部缉私署署长。次年3月，任财政部战时货运管理局局长，7月兼任中美特种技术合作所主任。1945年3月，被授予陆军少将军衔，同年任军事委员会调查统计局局长。发展军统特务十万多人，用残忍手段杀害爱国人士，破坏革命。1946年3月17日，由青岛往南京途中飞机失事，摔死在南京东郊岱山。国民党政府追赠他为陆军中将。

**戴名世** Dai Mingshi（1653～1713） 中国清代散文家。字田有，一字褐夫，号药身，又号忧庵、意园。安徽桐城人。世居桐城南山，后人称为南山先生。康熙四十八年（1709）进士，授翰林院编修。两年后，因行世已久的《南山集》中有南明三王年号而遭劾下狱，后被处死。此案牵连数百人，为清初著名文字狱。戴名世论文，主张作文当以“精、神、气”为主，语言文字为次。他又以为文章之所以能够“传神”，其要在于有“义理”，而“语气”则是从属之物。故其为文，善叙事，有逸气，在**桐城派**中自成风格。代表作有《左忠毅公传》、《杨维岳传》、《孑遗录》、《游天台山记》、《雁荡记》、《龙鼻泉记》、《日本风土记》等。撰《南山集》16卷，初刻于康熙辛巳（1701），十年后遭禁毁，已不可见。后族人戴钧衡重行收集扩编，于道光辛丑（1841）刊行。

**戴姆勒** Daimler, Gottlieb（1834-03-17～1900-03-06） 德国机械工程师。**汽油机**的发明人之一。生于符腾堡州的绍恩多夫，卒于斯图加特附近坎施塔特。1853～1856年在埃森一家机床制造厂工作。1857～1859年入斯图加特工业学校，1861～1863年到英国实习进修，回国后先后在盖斯林根、罗伊特林根和卡尔斯鲁厄的机械制造厂工作。1872年受N.A.**奥托**邀请，进入兰根汽车公司的德国煤气发动机工厂，协助改进四冲程发动机。1882年同W.迈巴赫一起脱离公司，自己建厂研制空气冷却的汽油发动机，并于1883年制造成功立式汽油机。1884年获得小型高速发动机专利，1885年获密闭式曲轴箱和立式单缸汽油机专利及表面汽化器专利，1889年获V型气缸发动机专利。1885年他和迈巴赫将汽油发动机装在自行车上并获得专利权，制成第一辆**摩托车**，成为摩托车的创始者。1886年他制成第一辆四轮汽车和第一艘摩托船。1890年在斯图加特郊外的坎斯塔特建立戴姆勒汽车公司，1926年与本茨（奔驰）汽车公司合并，称戴姆勒-奔驰汽车公司（见**戴姆勒-克莱斯勒公司**）。因对汽车工业的发展作出贡献，在坎斯塔特建有戴姆勒的纪念碑。

**戴姆勒–克莱斯勒公司** Daimler Chrysler AG 德国工业垄断组织，世界著名汽车跨国公司。由德国最大的工业集团戴姆勒-奔驰公司和美国第三大汽车公司克莱斯勒公司于1998年5月合并而成。合并后，1998年的销售额为1 330亿美元，居世界第三位；汽车年产量408万辆，居世界第五位。

戴姆勒-奔驰公司最初是由世界上最老的两家汽车生产厂家——戴姆勒公司和奔驰公司于1926年6月合并而成。两家公司的创始人G.戴姆勒和C.本茨先后于1883年和1886年各自造出汽油机汽车。1886年1月29日，本茨取得世界上第一个汽车生产专利。合并后的戴姆勒-奔驰公司主要生产奔驰等品牌汽车。克莱斯勒汽车公司原是美国仅次于**通用汽车公司**和**福特汽车公司**的第三大汽车公司。1925年，由W.克莱斯勒在濒临破产的麦克斯韦尔汽车公司基础上重新组建而成，主要生产包括克莱斯勒、吉普、道奇等品牌汽车。

2000年3月，德国戴姆勒-克莱斯勒公司购买日本三菱汽车工业公司34%股份，成为其最大股东。

2007年5月14日，戴姆勒-克莱斯勒公司宣布，向美国私募基金瑟伯勒斯资本管理公司出售克莱斯勒公司80.1%的股份，戴姆勒-克莱斯勒公司持有剩余的19.9%股权。10月4日，该公司正式更名为戴姆勒股份公司。

**戴叔伦** Dai Shulun（732～789） 中国唐代诗人。字幼公，一说次公。润州金坛（今属江苏）人。大历年间，在刘晏盐铁转运使府中任职。建中至贞元间，历任东阳县令、抚州刺史。为官清明仁恕。诗多反映农村生活，触及时弊。多为七言歌行，“即事名篇”。如《女耕田行》、《屯田词》、《边城曲》

等。五律《除夜宿石头驿》等，情景交融，历来为人传诵。《全唐诗》录诗2卷，但其中杂入他人之作。《全唐文》存文2篇。

**戴松恩** Dai Song' en (1907-01-06～1987-07-31) 中国农学家。生于江苏常熟，卒于北京。1931年毕业于金陵大学农学院农艺系。1933年赴美国留学，1936年获康奈尔大学博士学位。1937年回国后，任中央农业实验所技正、系主任和该所北平农事试验场场长等职。1949年后，历任华北农业科学研究所副所长，中国农业科学院副秘书长和研究生院副院长，中国作物学会副理事长兼秘书长，《中国大百科全书·农业》农艺学科主编。1955年当选为中国科学院学部委员（院士）。

从20世纪30年代起即从事作物遗传育种研究，参与选育“金大2905”、“金大26”等小麦优良品种；研究明确中、俄、美6个小麦品种杂交后代10多个性状的遗传规律及其连锁遗传关系；对中国开展小麦非整倍体的研究工作提出了有价值的见解。撰有《中俄美小麦品种杂交的遗传研究》(1936)、《美国杂交玉米在我国的利用问题》(1940)、《中国油菜自交影响研究》(1948)等90余篇论文。

**戴望舒** Dai Wangshu (1905-03-05～1950-02-08) 中国现代诗人、文学翻译家。原名戴梦欧，笔名戴望舒、艾昂甫、江思、蠖庐等。浙江杭县人（今杭州）。曾在上海大学、上海震旦大学学习。1926年加入共产主义青年团。1927年曾被上海法租界当局拘捕。曾译介苏联的作品和论著。为中国左翼作家联盟成员。1932～1935年在法国游学。抗日战争全面爆发后，任中华全国文艺界抗敌协会香港分会理事，并主编进步刊物。曾以抗日罪名被捕。1948年又因参加民主运动受国民党政府通缉。中华人民共和国建立后，在新闻总署国际新闻局工作。

1926年春，戴望舒与施蛰存合编《璎珞》，并开始发表诗作。1927年发表成名作《雨巷》。作品以流畅的节奏，浮动而朦胧的色彩，表现了大革命失败后青年知识分子压抑、迷惘的复杂情感。由此获得“雨巷诗人”的称号。1932年《现代》月刊创刊，他在上面发表了很多著、译作。成为以《现代》月刊为中心而形成的中国现代派诗歌的代表诗人。先后出版诗集《我的记忆》(1929，包括《旧锦囊》、《雨巷》、《我的记忆》3集)、《望舒草》(1933，附《诗论零札》)、《望舒诗稿》(1937)、《灾难的岁月》(1948)，共存诗90余首。戴望舒早期的创作深受晚唐诗歌和法国浪漫派影响，后转向借鉴法国象征派诗歌艺术，并使中国早已出现的象征派诗歌由神秘难懂走向为人所理解和欣赏。前期诗歌多带有象征主义式的迷蒙和幻灭，充满了徘徊和忧郁的情绪。后期的《灾难的岁月》则较为明朗，其中的《狱中题壁》和《我用残损的手掌》，表现了民族和个人的坚贞气节，对祖国充满了深情。他在散文、论文、外国文学译介方面也多有成就。

**戴维** Davy, Sir Humphry (1778-12-27～1829-05-29) 英国化学家。生于英格兰康沃尔郡彭赞斯，卒于瑞士日内瓦。1795～1798年给一位药剂师当学徒，其间读了A.-L.拉瓦锡的《化学概要》，对化学产生兴趣。1798～1801年，在布里斯托尔任气体研究所的实验室管理员。1801年在英国皇家学院讲授化学，1802年任化学教授。1803年当选为英国皇家学会会员，1820年任主席。1811年获都柏林三一学院博士学位。1813年当选为法国科学院通讯院士。1800年从理论上解释了电解过程。1807年用电解法离析出金属钾和钠，1808年又分离出金属钙、锶、钡和镁。1810年他做了盐酸的定量分析研究后，提出所有酸含有氢而不是氧。1809～1815年证实氯是一种化学元素。还证实金刚石和木炭的化学成分相同。1817年发现铂能促使醇蒸气在空气中氧化的催化作用。戴维1805年获科普利奖章。1807年因在皇家学会演讲“论电的化学作用”，获拿破仑的3 000法郎奖金。这是奖给当年最重要的电学研究项目的奖金。1816年获伦福德奖章。1827年获皇家奖章。著有《化学哲学原理》和《农业化学原理》等。

**戴维森** Davisson, Clinton Joseph (1881-10-22～1958-02-01) 美国实验物理学家。生于伊利诺伊州的布鲁明顿，卒于弗吉尼亚州的夏洛茨维尔。1911年获普林斯顿大学哲学博士学位。1917年在西部电气公司的工程部（后称贝尔电话实验室）从事热离子学、电子显微镜和晶体物理学等的研究。1947年任弗吉尼亚大学的客座物理学教授。1921年戴维森曾以电子束轰击镍靶的实验，发现了某些电子的弹性碰撞现象。1927年戴维森和L.H.革末合作研究，发现电子束被金属晶体反射时，显示出与X射线及其他电磁辐射相似的衍射图样，从而证实了电子具有波粒二象性，加深了对亚原子粒子波粒二象性的理解。戴维森的实验方法后来发展成为低能电子衍射技术（LEED），在表面物理学中发挥了重要作用。因此，他和G.P.汤姆孙获1937年诺贝尔物理学奖。

**戴维斯** Davies, Robertson (1913-08-28～1995-12-02) 加拿大英语剧作家、小说家。生于泰晤士维尔，卒于奥兰治维尔。毕业于英国牛津大学巴利奥尔学院。曾做过剧团演员、报刊编辑和发行人及大学教师。创作有剧本《厄洛斯在进早餐》(1949)、《我的仇敌——命运》(1949)、《在我内心深处》(1950)等。50年代以后创作了3个长篇小说三部曲：萨尔特顿三部曲包括《受暴风雨摆弄的》(1951)、《恶意的影响》(1954)和《弱点的混合体》(1958)；德特福德三部曲包括《第五件事务》(1970)、《人头狮身蛇尾兽》(1972)和《奇异的世界》(1975)；康沃尔三部曲包括《叛逆天使》(1981)、《骨头里长了什么》(1985)和《俄尔甫斯的里拉琴》(1988)。这些作品真实、细致、生动地描述了加拿大人平静却又丰富多彩的生活，为他赢得了国际声誉。

**戴维斯** Davis, William Morris (1850-02-12～1934-02-05) 美国地理学家、地质学家和气象学家，美国地理学奠基人。曾译台维斯。生于费城，卒于帕萨迪纳。1870年毕业于哈佛大学。1876～1912年任哈佛大学讲师、教授；1912年退休后任该院名誉教授。曾去法国、英国考察和讲学，旅行世界各大洲。组织过1912年美国地理学会（AGS）横贯北美大陆考察。是美国地理学家协会（AAG）的发起人之一，曾任美国地理学家协会主席（3次）和美国地质学会（AGI）会长。提出侵蚀轮回学说，用发生学观点解释地貌的发生和发展。所著《气象学基础》长期作为大学教材。曾研究美国西部和东部地区的地貌发育，探讨珊瑚礁成因等问题。主要著作还有《自然地理学》、《地理学论文集》、《珊瑚礁问题》等。

**戴维斯杯网球赛** Davis Cup Tennis 国际网球联合会主办的世界男子网球团体赛。世界网坛层次最高、影响最大的团体赛，一年举办一次。美国运动员D.F.戴维斯倡议举办，并捐赠银质奖杯授予冠军队，故名。1900年，第1届戴维斯杯网球赛在美国波士顿举行。戴维斯杯赛创立100周年的1999年，全世界已有129个国家或地区参与了这项代表网球团体最高水平的赛事。由于参赛国家或地区与日俱增，戴维斯杯网球赛规则进行了多次修改。1923年起分为美洲区和欧洲区，1952年又增加了东方区。1966年欧洲参赛队剧增，该杯赛从3个区分成4个区，即美洲区、东方区、欧洲A区、欧洲B区。1981年开始采取分为两级的升降级比赛办法。比赛采用4单1双，5场3胜制。戴维斯杯团体排名是根据所有参赛国家或地区近4年所取得的比赛成绩确定。每一轮比赛之后排名都会调整一次，而4年前的任何比赛结果都将视为无效。

**戴文赛** Dai Wensai (1911-12-19～1979-04-30) 中国天文学家。福建漳州人。卒于南京。1937年留学英国剑桥大学，1940年以《特殊恒星光谱的分光光度研究》一组论文获博士学位，1941年回国。曾任中央研究院天文研究所研究员，燕京大学、北京大学、南京大学教授，南京大学天文系主任。当选为中国天文学会第一、二、三届理事会副理事长。在恒星和星系方面发表过《星系的质量和角动量的分析》等多篇论文，编著有《恒星天文学》(1965)。20世纪60年代初，提出了“宇观”概念。后期，则侧重于天体演化学的研究，著有《天体的演化》(1977)。晚年对太阳系起源问题作了较全面、系统的研究，提出了一种新星云说。他的《太阳系演化学》(1979)一书是有关这一问题的总结性著作。他还主编《天文学教程》(1961)、《天体物理学方法》(1962)和《英汉天文学词汇》(1974)等书。

**戴逸** Dai Yi (1926-09-10～ ) 中国历史学家。原名戴秉衡。江苏常熟人。1946年上海交通大学肄业，转入国立北京大学史学系。1948年因参加学生运动被国民党政府通缉而前往解放区，入河北正定华北大学学习和工作。1949年后，先后任教于中国人民大学中国革命问题教研室、中国历史教研室。1978年任教授、清史研究所所长。1995年任北京市文史研究馆馆长。2002年任国家清史编纂委员会主任、中国人民大学清史研究所名誉所长。

早年从事中共党史教学，自1952年起，始进行中国近代史的教学与研究。执教同时，潜心研究太平天国、洋务运动、戊戌变法等问题，均有创造性研究成果问世。1958年，撰写出版《中国近代史稿》(第一卷)，受到史学界和读者好评。1973年，又转而研究清前期历史。主编《简明清史》第一、二册，1980年、1984年相继出版，1986年被国家教委评为全国优秀教材，并于1987年荣获吴玉章学术基金会历史学优秀著作奖。此外，还主编有多卷本的《清代人物传稿》(下卷)，《中国历史大辞典·清史》(上)。已出版的著作还有《一六八九年中俄尼布楚条约》、《履霜集》、《繁露集》、《语冰集》、《涓水集》、《乾隆帝及其时代》、《清通鉴》、《十八世纪的中国与世界》、《中国抗战史演义》等。

曾担任中国人民大学学术委员会副主任、国务院学位评审组召集人，第四、五届中国史学会会长等职。1986年评为全国教育系统劳动模范，1994年获香港柏宁顿金球奖，2000年《清通鉴》获第12届中国图书奖。

**戴震** Dai Zhen (1723～1777) 中国清代考据学家，思想家。字东原。安徽休宁隆阜(今属黄山市)人。进士，曾任纂修、翰林院庶吉士之职。他主张治经应从训诂考据入手，说经之王者，道也；所以明道者，其词也；所以成词者，未有能外小学文字者也。在哲学上，他认为物质的气是宇宙本原，阴阳、五行、道都是物质性的气。认为理是事物的条理，是事物的规律，不能脱离具体事物而存在，理就在事物之中，“理化气中”，宇宙是气化流行的总过程。在认识论方面，他认为人的认识能力是“天地之化”，通过耳目鼻口之官接触外物，心就能发现外物的规则，致知格物就是对事物进行考察研究。他还提出“光照说”，认为心之认识如同火光照物，光小照得近，光大照得远。在伦理思想方面，认为人“有欲、有情、有知”，这是人的本性，否定情欲，也就否定了“人之为人”。他主张要区别欲与私的界限，认为私是“欲之失”，不能“因私而咎欲”。要“理存乎欲”，使人的自然情欲得到合理的满足，而不能只“存理灭欲”。他还提出“以情洁情”的主张，反对道学家的伪善，“以理杀人”。一生著作包括算学、天文、地理、声韵、训诂、考据、哲学等多方面内容。著作后人编为《戴东原集》、《戴氏遗书》等。

**丹顶鹤** *Grus japonensis*; red-crowned crane 鹤形目鹤科鹤属的一种。俗称仙鹤。繁殖期分布于俄罗斯远东地区，中国黑龙江齐齐哈尔、三江平原的红河、七星河流域、吉林西部向海和莫莫格区域、辽宁盘锦双台子河下游以及内蒙古达来诺尔等地，越冬于朝鲜半岛、日本和中国江苏沿海滩涂、长江中下游地区，偶见于江西和台湾。

为大型涉禽，全长1 200～1 600毫米。颈、腿和嘴均较长。全身几乎呈纯白色，头顶裸皮且呈朱红色，次级飞羽和三级飞羽呈黑色。三级飞羽长且弯曲呈弓状，覆盖于尾上。

栖息于开阔平原、沼泽、湖泊、草地、海边滩涂、芦苇等地，偶见于耕地。主要以鱼、虾、水生昆虫、软体动物、蝌蚪、沙蚕、钉螺以及水生植物的茎、叶和果实为食。营巢于开阔的芦苇沼泽地或水边草地中，巢多置于有一定水深的芦苇丛中或较高的水草丛中。繁殖期为每年4～6月，1雌1雄制。每窝产卵2枚，由雌雄鸟轮流孵化，孵化期为30～33天。雏鸟出壳后即能蹒跚行走，几天后可随亲鸟离巢游泳于浅水中。两龄性成熟，寿命可达50～60年。为珍稀动物，已被中国列为国家一级保护动物。

**丹东** Danton, Georges-Jacques (1759-10-26～1794-04-05) 法国政治家，法国大革命领袖。山岳派领导人之一。生于奥布河畔阿尔西镇一个检察官家庭，卒于巴黎。法国大革命开始后参加雅各宾俱乐部。1792年8月10日巴黎人民起义后，在吉伦特派掌权的临时政府任司法部部长。在国民公会中，他与J.-P.马拉、M.-F.-M.-I.de罗伯斯比尔同为山岳派著名

领袖。他赞成审判和处死国王，倡议建立革命法庭和救国委员会，以镇压内外敌人。

雅各宾专政建立后，丹东反对恐怖活动，被排挤出救国委员会，回归故里。不久复出。他力图与英国谈判，争取和平。主张实行宽大与法治，提出成立宽赦委员会。丹东一派被称为“宽容派”。1794年4月5日以“阴谋恢复君主制颠覆共和国”罪被送上断头台。

**丹东市** Dandong City 中国辽宁省辖地级市。位于省境东南部，东隔鸭绿江与朝鲜相望，在中国黄海经济圈和环渤海经济圈中居于重要位置。辖振兴、元宝、振安3区和宽甸满族自治县，代管凤城市、东港市。面积15 030平方千米。人口244万（2010），有汉、满、回、蒙古、朝鲜等22个民族。战国时期丹东在燕国“障塞之内”。秦汉属辽东郡，设置都尉，驻军固防。唐属安东都护府。清光绪二年（1876）置安东县。1937年设安东市，1965年改称丹东市。属暖温带大陆性季风气候，受海洋影响较大。矿产资源丰富，已发现矿产56种，以金、铅锌矿、硼、菱镁矿、铁矿、大理石、玉石等最为著名。其中硼矿储量占全国固体硼储量94%，岫玉占全国玉石总储量60%。农业主产水稻、玉米、大豆、蔬菜、柞蚕和烟草等。板栗、山楂、草莓是干鲜果中的特产。石柱参为国参之冠，在国内外享有盛名。森林覆盖率53.9%，林木蓄积量3 500万立方米，居全省首位。盛产鱼、贝类，滩涂贝类资源为全省之首。工业已形成电子、机械、纺织、化工等支柱产业。沈丹铁路干线贯穿全境，北京—平壤、莫斯科—平壤国际联运客车经丹东出入国境。民用航空辟有沈阳—丹东—大连—北京和丹东—广州等航线。海运通往大连、烟台、上海、广州等国内港口。丹东港是中国北方的天然不冻深水良港，万吨级航舶可直接驶入码头。名胜古迹有鸭绿江风景区、甲午海战战场、大孤山风景区、凤凰山、九连城、锦江山公园、五龙背温泉、鸭绿江大桥等。

丹东鸭绿江大桥

**丹毒** erysipelas 由β型溶血性链球菌所致的皮肤及皮下组织内淋巴管及其周围软组织的急性炎症。其特点是皮肤出现境界清楚的水肿性红斑、伴发冷发热。好发于面部、小腿。耳、鼻、咽病灶引起面部损害，足癣、下肢溃疡及外伤均可引起下肢丹毒。常有复发，称复发性丹毒。早期用足量抗生素治疗，青霉素疗效较好。注意治疗病灶。

**丹佛** Denver 美国科罗拉多州首府。位于该州中北部，落基山弗兰特岭东侧，大平原西缘。因海拔恰好为1 609米，合1英里，故有“英里城”之称。气候温和干燥。市区面积397平方千米，人口59.87万（2008）；包括附近各县的丹佛-博尔德大都市区，人口279.98万（2008）。1858年因发现金矿始建。1861年设市。1867年成为州府。传统的食品、皮革、矿山机械、橡胶、金属加工等工业部门仍占一定地位。美国西部最大的屠宰和肉类加工基地，一年一度的西部牲畜展览在此举行，有规模巨大的牲畜交易市场。1975年后成为新兴的能源城市，开发西部山区石油、天然气、煤、油页岩、铀和太阳能的中心，建有核电厂。80年代以来，电子、宇航、电信、科学仪器等高科技产业发展较快。美国地质调查局、土地管理局、开垦局等数十家联邦机构驻此，有“西部华盛顿”之称。联邦所属的丹佛造币厂居全国三大造币厂之首。美国军事重镇之一，设有核武器厂、落基山军火库、劳利空军基地、陆军菲茨西蒙斯医疗中心等。5条铁路货运线、1条铁路客运线和3条州际公路线交会于此。1994年市内轻轨运输系统落成启用。1995年新的丹佛国际机场投入营运，为全国占地面积最大的机场（137平方千米），年客运量居全国前列。设有丹佛大学（1864）、雷吉斯学院（1877）等23所高等学院，以及科罗拉多州历史博物馆、丹佛艺术博物馆、丹佛自然与科学博物馆、红岩室外圆形剧场等文化设施。城市公园多达200余处，如著名的华盛顿公园、丹佛山区公园、奇斯曼公园、康弗伦斯公园等。

**丹吉尔** Tangier 摩洛哥古城，丹吉尔省首府。位于国境北端从大西洋进入直布罗陀海峡的入口处，濒丹吉尔湾，北距欧洲大陆仅15千米。扼地中海—大西洋国际航线要冲，战略地位重要。人口66.97万（2004）。公元前6世纪腓尼基人始建，称丁吉斯。14世纪时，中国元代航海家汪大渊曾远航到此。1471～1662年被西班牙和葡萄牙占领。后又转让给英国。1684年归还摩洛哥。1912年摩洛哥大部分地区分别沦为法国和西班牙保护国时，丹吉尔被定为特别区。1923年正式划为国际共管城市。1956年国家独立后收回。1960年完全恢复主权。丹吉尔湾形势险要，具备建立良港的有利条件，港外有长1 200米的防波堤，港区水深5.8～9米。以进口货运和客运为主。1962年定为自由港并为王室避暑地。1965年辟自由贸易区，促进了商业和金融业的发展。工业有纺织、制革、面粉、金属加工、水产加工、饮料等。手工业产品有铜器、陶器、地毯、皮革制品等。市区分布于海滨山坡上，为旅游休养胜地。旧城为典型的阿拉伯式城市，以大索科广场为中心，街巷弯曲，商市繁盛，多清真寺。新城多现代化建筑，马路宽广。市内有卡斯巴城堡遗址、苏丹故宫等名胜。设有美国大学和北非大学。腹地广阔，交通便利。有铁路、公路与首都拉巴特及其他城市联系。国际机场在市西南。

**丹剂** pellet; powder form of prescriptions 一般用水银、硝石、白矾、硫磺、雄黄等多种矿物药经加热升华或熔合方法制成的不同结晶形状的中成药。多作外用，可研粉涂撒疮面，亦可制成药条、药线和外用膏剂，主要用于外科的疮疡、痈疽、瘿瘤等，如红升丹、白降丹、三仙丹、九一丹等。也有将内服疗效突出的散剂、丸剂、锭剂等称为丹剂，取“灵丹妙药”之意。内服丹剂无固定剂型，如属散剂的有紫雪，属蜜丸剂的有大活络丹，属水丸剂的有梅花点舌丹，属糊丸剂的有人丹、小金丹，属蜡丸剂的有黍米寸金丹等。

**丹江** Danjiang River 中国汉江最长支流。源于陕西商洛市凤凰山，向东南流经荆紫关入河南境，于湖北丹江口市入汉江。长390多千米。主要支流有淇河和淅川等。沿岸峡谷与平地相间，从丹江口而上依次为江口峡谷、李官桥盆地、关防滩峡谷、荆紫关盆地等。20世纪50年代前因失于治理，夏季水灾频繁。为根治水患，1973年在丹江河口建成丹江口水库。丹江口水库是大型水利枢纽之一，已发挥防洪、灌溉、航运、发电等综合效益，也是中线南水北调的起点。

**丹江口市** Danjiangkou City 中国湖北省辖县级市。位于省境西北部，汉江中上游。面积3 121平方千米。人口44万(2010)。战国时期属韩及楚，称均陵。汉高祖五年(前202)置武当县。隋开皇五年(585)置均州。1912年改均州为均县。1983年撤县，设立县级丹江口市。由**十堰市**代管。矿产资源有钒、铁、大理石、白云岩、石英砂等。农业以发展粮食、油料、烟叶、蔬菜和林果、蚕桑、茶叶、龙须草及生猪、肉羊、水产养殖等为主。工业主要有电力、冶金、机械、化工、建材、医药、纺织、造纸等。**丹江口水利枢纽**兴建后发展为新兴水电工业城市。名胜有世界文化遗产、国家重点风景名胜区武当山等。

**丹江口水利枢纽** Danjiangkou Water Control Project 中国**汉江**上最大的水利工程。位于湖北省丹江口市汉江与其支流丹江交汇处下游800米的汉江干流上，控制流域面积95 200平方千米，是**南水北调工程**(中线)的重要水源工程。1958年工程开工。由于大坝混凝土施工出现严重质量问题，1962年主体工程暂停施工，1964年底复工续建。1968年第一台机组发电，1973年底初期工程全部建成。初期工程坝顶高程162米，正常蓄水位157米，总库容为174.5亿立方米，装机容量90万千瓦。

丹江口水利枢纽拦河大坝长2 494米。河床部分为混凝土宽缝重力坝，两岸为土石坝，连接段为混凝土实体重力坝。混凝土坝段总长1 141米(泄水建筑物长384米)，最大坝高97米。河床左部坝段布置坝后式水电站厂房，增容后电站总容量为96.5万千瓦。

在完成初期工程的同时，还建成了向河南省引水的陶岔引水闸和向湖北省引水的清泉沟渠首工程。2005年后期大坝加高工程开工，设计坝顶高程176.6米，蓄水位提高至170米，总库容290.5亿立方米。作为南水北调中线工程的水源工程，多年平均调水量可达140亿立方米。

**丹麦** Denmark; Danmark 欧洲北部国家。全称丹麦王国。位于北海和波罗的海之间。领土由日德兰半岛的中北部以及半岛东侧的483个岛屿组成。南与德国接壤，北、东两面与挪威、瑞典相望。面积43 096平方千米(不包括**格陵兰**与**法罗群岛**两个自治属地)。岛屿部分约占40%。海岸线全长7 314千米(包括岛屿在内)。人口551万(2010)。丹麦人约占95%，外国移民约占5%，主要有德意志人、瑞典人等。官方语言为丹麦语，属日耳曼语族。英语为通用语。86.6%的居民信奉基督教路德宗。首都**哥本哈根**。

**地理** 丹麦地处波罗的海出口，是沿岸各国进出大西洋的门户，又是联系中欧和斯堪的纳维亚半岛的桥梁，被称为日德兰桥。中欧和北欧的铁路和公路网通过丹麦的桥梁和轮渡得以相互连接。全境地势低平，平均海拔30米左右，最高点海拔仅173米。海岸线比较曲折。陆地距海最大距离不超过52千米，并有优良的天然港口，为航运和渔业的发展提供了有利条件。矿藏贫乏。冬温夏凉的温带海洋性气候，平均气温1月－2.4℃，8月14.6℃。

**历史** 公元9世纪形成统一的王国。8～12世纪从事海外扩张，曾征服现英国、挪威及法国莱茵河畔等地区，成为欧洲强大的帝国。在1397年成立的卡尔马联盟中居统治地位，丹麦女王玛格丽特一世为盟主。其领土范围包括现丹麦、挪威、瑞典、冰岛、格陵兰、法罗群岛以及芬兰的一部分。15世纪末开始衰落。1523年瑞典脱离联盟独立。1814年同瑞典战争失败后将挪威割予瑞典。1849年建立君主立宪政体。两次世界大战中均宣布中立。1940年4月至1945年5月被纳粹德国占领。1944年冰岛脱离丹麦独立。1949年加入北约，1973年加入欧共体。

**政治** 实行君主立宪制。议会为一院制，共179个议席。议员经普选产生，任期4年。丹麦女王为武装力量最高统帅，国防司令部为最高军事指挥机构。国防司令为武装部队最高指挥官。实行义务兵与志愿兵相结合的兵役制。

丹麦主要政党有：①保守人民党，简称保守党，1916年成立。②自由党，1870年成立。③激进自由党，简称激进党，1905年成立。④社会民主党，1871年成立。

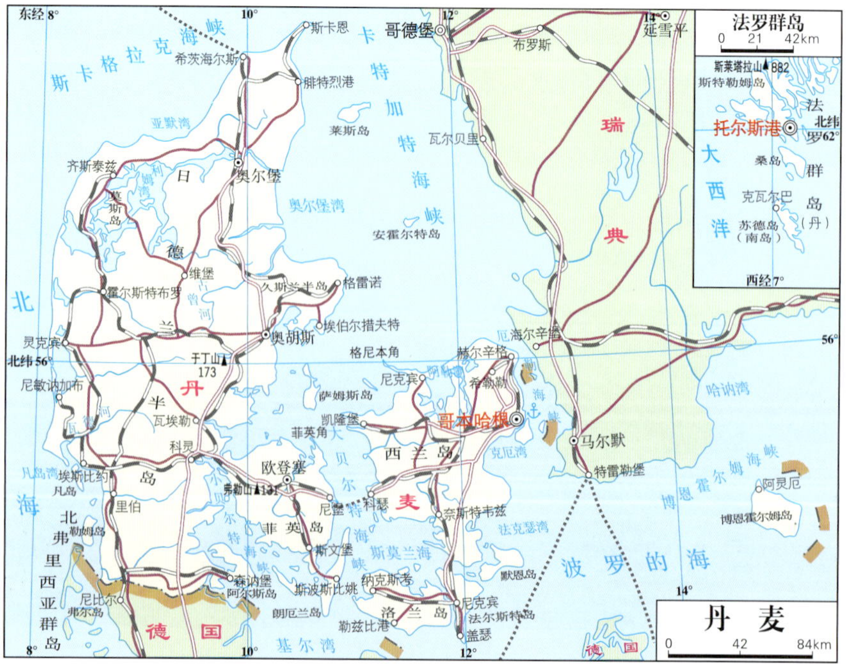

⑤社会主义人民党，1959年从丹麦共产党中分裂出来。

**经济** 丹麦是发达的西方工业国家，2009年国内生产总值达3 083亿美元，人均国内生产总值达5.6万美元，居世界前列。

农牧业高度发达，曾是欧洲重要的粮食生产和出口国。在外贸中仍占较大比重。2008年农牧业总产值占当年国内生产总值的4.2%。农牧结合，以牧业为主，畜牧业占农业总产值的66%。畜产品有肉类、奶类和家禽等。主要农作物有大麦、小麦和燕麦等。渔业发达，为欧盟最大渔业国，捕鱼量约占欧盟捕鱼总量的36%。主要有鳕鱼、比目鱼、鲭鱼、鳗鱼和虾等，大部用于生产鱼油和鱼肉。农畜产品除满足国内市场外，约65%供出口，占出口总额的9.8%，猪肉、奶酪和黄油出口量居世界前列。

工业在国民经济中占主导地位，第二次世界大战后，工业迅速发展，许多工业领域有先进的生产技术和经验。2008年工业产值约占国内生产总值的40.4%。主要工业部门有食品加工、机械制造、石油开采、造船、水泥、电子、化工、冶金、医药、纺织、家具、造纸和印刷设备等，产品60%以上供出口，约占出口总额的75%。船用主机、水泥设备、助听器、酶制剂和人造胰岛素等产品享誉世界。企业以中小型为主。

服务业也发达，2009年服务业产值约占当年国内生产总值的58.2%。旅游业是服务行业中的第一大产业。

交通运输业发达。航运业居欧洲各国前列，航运收入为重要外汇来源。全国有港口118个，腓特烈港、奥胡斯港货运量居前列。2009年铁路总长2 667千米，公路长约7.32万千米。2008年20吨以上船只1 742艘，共有23个机场，哥本哈根卡斯楚普机场是丹麦最大的航空港，也是欧洲北部重要航空枢纽。

外贸是丹麦经济命脉。主要原料靠进口，产品销售依赖国际市场。主要进口产品为运输设备、电信产品、纸张、原油、煤炭、钢铁、机械和饲料等。主要出口产品为乳制品、肉、鱼、家具、医药、电子产品、仪表、船舶、纺织品和服装等。主要贸易伙伴是德国、瑞典、英国、挪威和荷兰。

图1 哥本哈根的城市标志——美人鱼铜像

**文化** 文化底蕴深厚，培育了以童话闻名于世的著名作家H.C.安徒生、原子物理学家N.玻尔等世界文化名人和科学家；至今已有13位丹麦人获诺贝尔奖。教育事业发达。实行九年制免费义务教育。2008年全国共有学校2 857所，其中综合性大学8所，最著名的高等学府有哥本哈根大学、奥胡斯大学、丹麦理工大学和皇家兽医和农业大学等。主要报纸有《政治报》、《贝林时报》、《日德兰邮报》等。丹麦通讯社创办于1866年，为丹麦唯一的全国性通讯社，由各大报纸联合经办。丹麦广播公司创建于1925年，拥有全国最大的广播电台和电视台。

为世界上实行社会福利制度历史最长、范围最广的国家之一，医疗发达。

图2 乐高积木城

主要旅游点有哥本哈根、安徒生故乡——欧登塞、乐高积木城（欧洲最大的儿童公园）及日德兰半岛和最北角的斯卡恩等。

**对外关系** 重视欧盟建设，坚持依托北约，加强欧洲安全合作，积极拓展以北欧合作为基础的环波罗的海合作，重视联合国的地位和作用，积极参与联合国维和行动。同154个国家建立了外交关系。1950年5月11日与中国建交。

**丹麦人** Danes 北欧民族之一。约580万人（2001）。有514万人分布在丹麦王国，占丹麦人口95%；其余60余万人分布在瑞典、挪威、德国、美国和加拿大。属欧罗巴人种北欧类型。使用丹麦语，属印欧语系日耳曼语族，与瑞典语和挪威语十分相近。文字用拉丁字母拼写。多信基督教路德宗。在丹麦境内，早自1万年前便有原始人类居住。公元前后分布着金布里人、朱特人、盎格鲁人、撒克逊人、格鲁尔人等日耳曼部落。5～6世纪，这些部落中的许多人迁出境外，留下的与来自斯堪的纳维亚半岛南部的另一支日耳曼部落丹人发生混合，并以“丹人”的族名称其地为“丹麦”，意为“丹人的国土”。后逐渐吸收部分弗里西亚人和斯拉夫人，于10～11世纪形成统一的丹麦民族。丹麦人的经济文化比较发达。造船业、航海业、手工业和商业自古就很发达。

节日中载歌载舞的丹麦人

长期以来，多数居民以农业、畜牧业和渔业为生。第二次世界大战以后，食品加工、造船、炼油、化学、电子等工业得到发展，农村已普遍实行电气化。文学艺术水平较高，曾产生童话家H.C.安徒生和剧作家L.霍尔堡等文学巨匠和N.玻尔等优秀科学家。在日常生活中仍保留许多传统特点。农村盛行父系大家族制。

**丹麦语** Danish language 丹麦的官方语言。属印欧语系日耳曼语族北支（又称斯堪的纳维亚语支）。使用人口除丹麦的500多万外，德国北部毗邻诸州以及其他国家还有50余万。丹麦语与挪威语、瑞典语十分接近。

丹麦语的历史可分为4个时期：①早期中古丹麦语（1100～1350），丹麦语与瑞典语分离，成为独立的语言，拉丁语与希腊语的宗教语词被大量吸收，语音有较大变化。②后期中古丹麦语（1350～1500），从德语吸收了大量名词和动词，并吸收了前缀和后缀。③早期近代丹麦语（1500～1700），1550年丹麦文《圣经》译本问世，标准语初步形成。④晚期近代丹麦语（1700以后），从意大利语、荷兰语、德语、英语吸收了大量有关文化和科技的词语。第一部丹麦语拼写法于1889年制定。丹麦语语音中有一个特别的喉塞音，它有区别词义的作用。词重音通常落在第一个音节上。近代丹麦语的语法形式已经简化，只有两个格（主格和属格），两个性（通性和中性）。动词有时态变化。名词词首字母的大写已经废除。数词21～99用20进位制。丹麦语采用拉丁字母，但多3个元音字母；与挪威语一样，许多字母不发音。语序通常为主－动－宾型。

**丹纳** Dana, James Dwight（1813-02-12～1895-04-14） 美国地质学家。又译达纳。生于纽约州尤蒂卡，卒于康涅狄格州纽黑文。1833年毕业于耶鲁大学。1857年任耶鲁大学教授，1854年任美国科学促进会主席，1890年任北美地质学会主席。1837年发表《矿物学系统》，创立了晶面符号表示法和32种对称型晶组的名称，并对矿物进行了化学分类，对系统矿物学的发展产生了重大影响。1838年起4年间，任美国南太平洋海洋探险队的地质学家，著有4卷报告，阐述了珊

瑚虫、甲壳虫和地质学问题。认为珊瑚礁是沉陷生成的，推断热带太平洋地壳有巨大下沉运动。1873年发表论文《地球冷缩的某些结果，兼论山脉起源及地球内部的性质》，用冷缩说解释山脉的成因。根据罗杰斯兄弟对阿巴拉契亚山脉成因的探讨和J.霍尔的“大向斜轴”的观点，创立了地槽学说，指出地槽是地壳上强烈凹陷的部分，发育在大陆边缘，是由于洋壳和陆壳收缩速度不同而产生的张力差异造成的。主要著作还有《地质学手册》、《珊瑚和珊瑚岛》、《矿物学和岩石学手册》和《火山特征》等。

**丹尼斯－肖恩舞蹈学校** Denishawn School of Dancing and Related Arts 美国舞蹈学校。由舞蹈家R.圣丹尼斯和她的丈夫、舞蹈家T.肖恩于1915年在洛杉矶创建。学校在纽约和美国其他许多地方建有分校。是美国第一所严肃正规的舞蹈学校。有完备的教学大纲，开设原始舞、东方舞、德国现代舞、西班牙舞、芭蕾基础等各种课程。学校拥有一个舞蹈团为学生提供实践的机会。培养了M.格莱姆、D.韩芙丽、C.韦德曼等美国主要现代舞演员和编导，是美国现代舞的摇篮。1931年因圣丹尼斯与肖恩分居，学校解散。

**丹参** *Salvia miltiorrhiza*; danshen 唇形科鼠尾草属的一种。多年生草本植物。又称赤参、红根。产于中国河北、山西、陕西、山东、河南等地。根肥大，紫红色，故名。茎呈方形，有腺毛。羽状复叶，对生，侧生小叶。花唇形，轮状聚伞花序成顶生或腋生假总状花序，被腺毛及长柔毛。坚果小，椭圆形。根可入药，含丹参酮Ⅰ（0.18%～0.41%）、丹参酮Ⅱ－A（0.30%～0.73%）、丹参酮Ⅱ－B、次甲丹参醌（0.15%～0.39%）、隐丹参酮、丹参酸甲酯以及二氢丹参酮等成分，为通经剂，有祛瘀、清痈、活血、调经等功效，为妇科的重要药。近年来发现丹参对治疗冠心病有良好效果。对神经衰弱失眠、关节痛、贫血、乳腺炎有很好疗效，外用可洗漆疮。

**丹霞地貌** danxia landform 巨厚红色砂、砾岩层中沿垂直节理发育的各种丹崖奇峰的总称。主要发育于侏罗纪至第三纪的水平或缓倾的红色地层中，以中国广东北部的丹霞山为典型，故名。丹霞地貌发育始于第三纪的喜马拉雅运动，它使部分红层变形，并将盆地抬升。红色地层沿着垂直节理受到水流、重力、风力作用等侵蚀，形成深沟、残峰、石墙、石柱、崩积锥以及石芽、溶洞、漏斗、石钟乳等地貌形态。主要山体呈方山状、堡垒状、宝塔状、单斜状峰群等。丹霞地貌区奇峰林立、景色瑰丽，旅游资源丰富，如丹霞山、金鸡岭、武夷山等。是研究、恢复红色盆地的古地理环境的最佳地区。

**丹霞山** Danxia Mountain 中国广东省四大名山之一。与罗浮山、西樵山、鼎湖山齐名。位于仁化县南8千米，主峰宝珠峰，海拔408.7米。丹霞山“色渥如丹，灿若明霞”，风景优美，到处可见赤紫色的悬崖峭

壁、岩洞、峰林、石柱等自然奇观，并有多处游览胜景。山下浈水依山而过，水清见底，河中多五彩斑斓的锦石。近山顶的缓坡保存有大面积较原始的次生林。主峰四周有玉女拦江、蜡烛峰、望夫石、阳元石等奇观。丹霞山是丹霞地貌的代表，2004年被联合国教科文组织评为世界地质公园，已辟为旅游风景区。

**丹下健三** Tange Kenzō（1913－09－04～2005－03－22） 日本建筑师。生于大阪，卒于东京。1938年从东京帝国大学建筑系毕业后，在建筑师前川国男设计事务所工作，接受了勒·柯布西耶的影响。1942～1945年在东京帝国大学研究院专攻城市规划。1949年获广岛和平中心设计竞赛一等奖。第二次世界大战后至20世纪50年代，丹下从事许多城市复兴的规划工作。1961年设立“丹下健三城市建筑设计研究所”。他将新技术与建筑形式有机地结合，在继承民族传统的基础上，开拓了日本现代建筑的新境界，从而奠定了丹下健三成为日本现代建筑运动领导人的地位。曾任美国麻省理工学院和哈佛大学的特邀教授，是美国、德国、墨西哥、菲律宾等国建筑学会的名誉会员。曾获日本建筑学会年奖和英国皇家建筑师协会、美国建筑师协会、丹麦建筑师协会等颁发的金奖、荣誉奖，1987年获普里茨克建筑奖。

建筑作品有香川县厅舍、东京代代木体育中心、山梨县文化会馆、静冈新闻静冈广播东京支社、东京草月会馆新馆、赤坂王子饭店、东京都厅舍等。在意大利、沙特阿拉伯、克罗地亚都有作品。20世纪

山梨县文化会馆

90年代以来，也在中国设计并参加建筑设计竞赛，如上海银行（2002年设计）等。

**《丹心谱》** *Song of Loyalty* 中国话剧作品。作者苏叔阳。北京人民艺术剧院首演。导演梅阡、林兆华。剧中故事发生于“文化大革命”后期。描写老中医方凌轩在新华医院研制治疗冠心病的“03”新药中与“四人帮”进行斗争的故事。《丹心谱》把歌颂领袖人物与揭批“四人帮”紧密结合在一起，其中周总理深夜与方凌轩通电话一场戏，充满激情地展现出“人民总理人民爱，人民总理爱人民”的意蕴。北京电影制片厂将其拍摄成故事影片搬上银幕。

**丹阳市** Danyang City 中国江苏省辖县级市。位于省境南部，东北濒长江。面积1 023平方千米。人口96万（2010）。周显王三十五年（公元前334）置云阳邑，秦始皇二十六年（前221）改云阳县，唐天宝元年

丹阳万寿塔

（742）为丹阳县。1987年撤县建市。由镇江市代管。主要农作物为稻、麦、棉、油菜等，是全国商品粮生产基地。工业有纺织、丝绸、机械、化工、酿造等。名胜古迹有“江苏第一钟”唐中和钟、万寿塔、季子墓碑、玉乳泉井、南朝陵墓石刻等。

**丹泽尔·华盛顿** Denzel Washington（1954－12－28～ ） 美国电影演员。生于纽约。大学期间主修生物学，后来发现自己对表演艺术更感兴趣，业余便到纽约黑人剧院演出W.莎士比亚的剧作。1981年转向电影演员这一职业时，已是颇有知名度的舞台剧

演员。出演的第一部影片是《血与肉》。之后，又在《一个士兵的故事》、《上流社会》中饰演角色。他擅长饰演历史上性格坚毅、顽强、果断的军人形象。1990年因在《光荣》中的出色表演，获**奥斯卡金像奖**最佳男配角奖。2002年因在《训练日》中的出色表演，再获奥斯卡金像奖最佳男主角奖。他拍摄的主要影片还有《为自由呐喊》(1987)、《为了女王，为了国家》(1989)、《马克西姆X》(1992)、《纽约大爆炸》(1998)、《人骨拼图》(1999)、《美国黑帮》(2007)等。

**担保** secure 除债务人以外的人对出票、**背书**、**承兑**等票据行为所发生的债务予以保证的附属票据行为。经过担保后的**票据**的可靠性和流通性更强。票据担保人为票据债务的履行而提供担保时，应在票据上写明保证的意愿并签章，并注明被担保人的姓名。未载明被担保人姓名时，未经承兑的票据以出票人为被保证人，已承兑的票据以承兑人为被保证人。票据担保人的责任具有：一是从属性，担保人的债务从属于被担保人的债务；二是独立性，当被担保人不能履行义务时，担保人仍应负履行义务的责任，即使被担保人的债务无效，担保人仍要承担票据上的责任。票据担保人在偿付票据后，即可行使持票人的权利。

**担保物权** real rights granted by way of security 以确保债务的清偿为目的，而于债务人或第三人的特定物或权利上所设定的一种定限物权。可作为担保物权标的的财产，不仅包括动产、不动产等有形财产，也包括可让与的债权及某些不动产利用权等无形财产。

担保物权的种类 包括：①**抵押权**。指债权人对于债务人或第三人提供的、作为债务履行担保的财产，当债务人不履行债务时，可就其卖得价金优先受偿的权利。②**质权**。指债权人于债务人不清偿其债务时，得就债务人或第三人移转给其占有而供担保的动产或权利所卖得的价金优先受偿的权利。③留置权。指债权人因债权债务关系已占有债务人的动产，并已届期满而债务尚未得到清偿前，得留置该动产作为担保债权受偿之法定担保物权。④优先权。指特定债权人基于法律的直接规定而享有的，就债务人的总财产或特定动产、不动产的价值优先受偿的权利。

担保物权的效力 ①优先清偿效力。担保物权有优先支配**标的物**交换价值的权利。以抵押权为其典型。这一效力的发挥使得担保物权成为理想的债权担保制度。②留置效力。以留置权为其代表。③融资功能。担保物权除有确保债权清偿的功能外，作为社会融资的基本手段，尚有间接促进经济繁荣的功能。

**单摆** simple pendulum 质点振动系统的一种，是最简单的**摆**。其摆动周期只与摆长和当地重力加速度有关，而与质点质量、振幅无关。

**单板滑雪** snowboard 滑雪大项中的分项。又称板滑雪。产生背景与冲浪运动有关，故又称冬季的冲浪运动。单板滑雪选手用一个滑雪板而不是一双滑雪板，利用身体和双脚来控制方向。20世纪80年代，单板滑雪开始风靡美国，1982年美国举行了全国锦标赛。之后传到欧洲等地，并迅速得到广泛开展。1983年举行了首届世界锦标赛，1990年国际滑板滑雪联合会(ISF)成立。1994年国际滑雪联合会(FIS)将单板滑雪定为冬奥会正式项目，1998年第18届冬奥会首次举行了单板滑雪比赛，设有男、女大回转和U形场地赛。“U形场地”因场地为U形滑道而得名；又因运动员比赛时需在滑道上做抓板、倒立、旋转等各种技巧动作，被称为“滑道技巧”。随后各届冬奥会都设有这一项目比赛。但各届均有变化，如2002年第19届冬奥会，平行大回转取代个人回转项目。2006年第20届冬奥会增设单板追逐赛。2010年第21届冬奥会单板滑雪项目设男、女平等大回转、U形场地赛、单板追逐赛6个项目。各项比赛的名次评定大致如下：平行大回转，以滑行速度定优劣；U形场地赛，根据两轮决赛中的最好成绩排定最后的名次；单板追逐赛，以最后到达终点的时间判定。

**单本位制** monometallic standard 以一种金属作为本位货币的货币制度。**复本位制**的对称。历史上曾实行过的单本位制有银本位制和金本位制两种类型。

单本位制的核心内容是只有一种金属(金或银)作为货币材料，由国家法定其(金币或银币)名称及所含金属重量，具有无限法偿效力，可以自由铸造和流通。而流通中的辅币则限制铸造，并实行有限法偿，以保证本位货币的主导地位。与复本位制相比，单本位制具有相对稳定性，其主要表现是国内流通的通货价值对金属不发生贬值，外汇行市也相对稳定。

银本位制是以一定重量和成色的白银作为法定的价格标准和最后支付手段的一种货币制度。又称银单本位制。银本位可分为银币本位和银两本位。前者是将银铸成特定形状的本位币，实行银币流通的货币制度；后者则是以银的重量单位——“两”作为价格标准，实行银块流通的货币制度。

金本位制是以一定重量和成色的黄金作为法定的价格标准或货币单位并使流通中的货币得以其面额与所代表的黄金保持等值的一种货币制度。主要形式有：①金币本位制。是由法律确定金铸币为本位币的货币制度，属金本位制度的典型形式。②金块本位制。是银行券只能兑换金块的金本位制。又称生金本位制。③金汇兑本位制。是银行券只能兑换**外汇**的金本位制。又称虚金本位制。

**单边主义** unilateralism 广义的单边主义指一国在处理国际事务时仅从自身利益出发单独行事，不考虑国际社会的共同利益，不与他国合作的外交理念、政策和行为方式。狭义的单边主义特指当代美国凭借其经济、科技和军事实力谋求自身私利甚至世界霸权，在国际事务中我行我素、独断专行的外交学说和行为方式。

单边主义在外交领域奉行单独行动甚至独断专行。在西方，《美国传统英语词典》认为，单边主义是“国家依个人主义方式开展外交活动的一种倾向，具体特征表现为最低限度地与其他国家进行磋商和吸收其他国家参与，即使这些国家是其盟国”。美国普林斯顿大学在线英文词典认为，“国家应以个人主义方式展开外交活动，而无须向其他国家征求意见或吸收其他国家参与”。美国在当代国际事务中为不受其他国家、国际组织或一些条约和联盟的制约，在《京都议定书》、《全面禁止核试验条约》(CTBT)、《反导条约》、《限制小型武器以及禁止生物武器条约》等问题上或是“不

墨西哥民众抗议美国拒不签署《京都议定书》(2005-02)

支持”、“单方退出”，或是“阉割实质内容”等，而不顾国际社会的共同利益，不同其他国家进行磋商与合作。这是美国追求世界霸权的一种表现。

**单纯疱疹** herpes simplex 由病毒感染所致口、眼睑、鼻周和外生殖器及臀部的一种皮肤病变。分原发性和复发性两型。原发型为初次感染后出现皮疹，症状较重，病

程较长，约2周。主要表现为婴幼儿的疱疹性龈口炎。复发型症状轻，病程短，一般7～10天可自愈。由单纯疱疹病毒Ⅰ型引起的

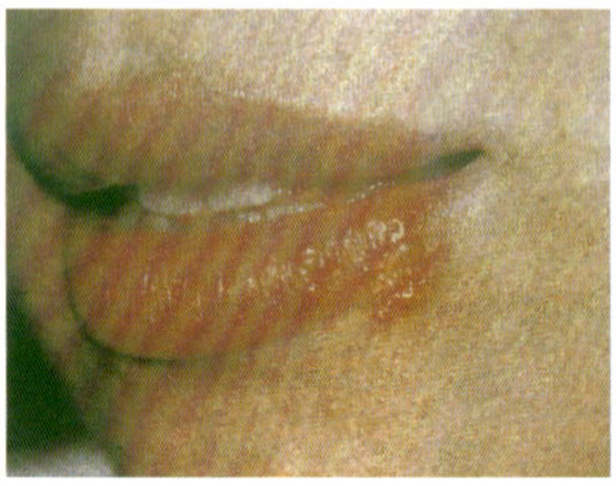

发于唇部的单纯疱疹

皮损好发于口唇、眼睑、鼻周；由Ⅱ型引起的皮损常见于外生殖器、阴茎、阴唇和臀部。为红斑基础上簇集分布的粟粒至绿豆大水疱，破溃后很快结痂，愈后可遗留暂时性色素沉着，皮疹易在同一部位反复发作。在免疫功能低下时，患者可发生疱疹性脑炎、播散性单纯疱疹等严重感染，还可引起角膜溃疡，愈后形成瘢痕，影响视力。治疗原则为缩短病程、防止继发感染和并发症、减少复发。局部治疗以收敛、干燥、外用抗病毒药物为主；若继发感染，可外用抗生素软膏。对严重感染者，可系统应用抗病毒药物，如阿昔洛韦、万乃洛韦或法昔洛韦等，同时可注射丙种球蛋白、干扰素或转移因子等提高人体的免疫力。

**《单刀会》** *Bringing a Single Broadsword to the Armed Banquet* 中国元代杂剧作品。关汉卿撰。全名《关大王独赴单刀会》。剧情为：三国时，吴大夫鲁肃拟邀请蜀将关羽过江赴宴，乘机索取荆州。以此问计于乔国老。乔国老盛赞关羽英勇善战，劝其罢手。鲁肃请隐士司马徽陪宴，司马徽畅谈关羽和蜀国诸将的神威，同样不肯出席。鲁肃命人赴荆州下帖。关平知鲁肃有诈，极力劝父亲拒宴。关羽胸有成竹，毅然携周仓单刀赴会。席间，鲁肃索要荆州。关羽以理相争，喝退伏兵，挟持鲁肃，安然返航。全剧4折，正末第一、二折分饰乔国老、司马徽，第三、四折饰关羽。此剧本事略见《三国志·吴书·鲁肃传》。全剧结构单纯，手法简练，以雄浑的曲调，昂扬的气势，塑造关羽叱咤风云的英雄形象。第四折之双调〔新水令〕脱胎于苏轼〔念奴娇〕《赤壁怀古》，悲歌苍凉，历来称为绝唱。有元刊本，收入《元刊杂剧三十种》。另有明赵琦美脉望馆抄校本。后世昆曲等剧种演出《训子》、《刀会》，即是取自关作的三、四两折。

**单独海损** particular average 船舶、货物和船上其他财产在海上运输中因自然灾害、意外事故或其他特殊情况而直接造成的损失。如堆在甲板上的货物被海浪卷入海中；由于驾驶人员的疏忽使船舶搁浅，船底受损等。单独海损的损失由受害方自行承担。见共同海损。

**单杠** horizontal bar 男子竞技体操项目之一。单杠是由一根横置在支架上的铁杠构成，高度可任意调节。比赛器械用钢索固定，有具体规格要求。单杠动作是从原始的悬垂、攀登、摆荡等生活技能发展而来。在中国古代称“檀杠”，到清朝已有倒立、大回环。在欧洲，近代单杠源于杂技，1812年德国体操家F.L.杨支起第一副直径8厘米的木制单杠。1896年起列为奥林匹克运动会比赛项目。初期，单杠由静止姿势、用力动作和摆动动作组成。20世纪后全为摆动动作，大回环始终是成套动作的主角。60年代振浪技术和盖帽大回环的产生，使

单杠落地动作分解图

单杠技术有了飞跃，进入了“飞行”时代，是竞技体操中最惊险的一个运动项目。中国运动员童非、李宁、李春阳、邹凯都曾获得单杠世界冠军。

**单簧管** clarinet 单簧气鸣乐器。广泛使用于管弦乐队、军乐队、爵士乐队的一种单簧木管乐器。又称黑管。管体由木料、硬橡胶或金属（偶尔）制成，有一个鸟嘴形的吹口和圆形的空心，管身是可装拆的喇叭口。经过修整的芦制哨片由一个箍卡固定在管嘴上。演奏者通过哨片和吹口的空间吹气时，薄薄的哨片尖产生振动，使乐器管内的空气柱开始振动。在管身有许多洞孔，用杠杆键子开关。键子有各种排列，最通行的是伯姆体系。单簧管属移调乐器，记谱比实际音高一

个全音。一般有降B调和A调两类。常使用的单簧管是降B的变体。单簧管音域为三个半八度，为e～b。低音区浓厚柔和，中音区音质较差，高音区圆润而明亮。单簧管出现较晚，18世纪初由德国J.V.登纳根据古老的法国芦管“沙吕莫”加以改制而成。单簧管家族的其他乐器有：最高音单簧管，比降B调分别高五度、四度、三度，以降E调为常见；中音单簧管，有降E和F调；低音单簧管，比降B调单簧管低八度，用低音谱表记谱；倍低音单簧管，比低音单簧管低八度。

**单克隆抗体** monoclonal antibody 单一克隆产生的并针对单一抗原决定簇的均一性抗体。见于免疫增生性疾病，也可通过杂交瘤技术人工产生。1975年分子生物学家G.克勒和C.米尔斯坦在细胞杂交技术的基础上，创建杂交瘤技术。他们把可在体外培养和大量增殖的小鼠骨髓瘤细胞与经抗原免疫后的纯系小鼠脾细胞融合，成为杂交细胞系，既具有瘤细胞易于在体外无限增殖的特性，又具有抗体形成细胞的合成和分泌特异性抗体的特点。将这种杂交瘤作单个细胞培养，可形成单细胞系，即单克隆。利用培养或小鼠腹腔接种的方法，便能得到大量的、高滴度的、非常均一的抗体。单克隆抗体可直接用于人类疾病的诊断、预防、治疗以及免疫机制的研究，为人类恶性肿瘤的免疫诊断与免疫治疗开辟了广阔前景。

**单孔目** Monotremata 哺乳纲原兽亚纲一目。此纲中最原始的卵生类群。共2科3属3种，包括针鼹科和鸭嘴兽科。仅分布于大洋洲。因泌尿、生殖和消化管道末端都通入泄殖腔，共同开口于外得名。卵生，卵壳为革质，幼子吻端有一卵齿用以顶破卵壳等；还具有许多适应水生或食蚁的特化性状，如成体均无有机能的牙齿，喙上覆有富于感觉的皮肤，头骨光滑，骨缝消失，踝部有毒距等。单孔目已经具有明确的哺乳动物特征，如体表被毛，雌兽有乳腺，以乳汁哺育幼子，心脏分两心房和两心室，单个左动脉弓，能保持体温在32℃左右，脑较大，并有较发达的皮质部，下颌为单块齿骨构成，中耳具3块听骨等。但是，它们还保留许多爬行动物的特征，如肩带具乌喙骨、上乌喙骨和间锁骨，组成腰带的坐骨、肠骨和耻骨不愈合并有上耻骨，采取爬行动物的站立姿态，肋骨和椎骨的结构是爬行动物式的。

**单宁酸** tannic acid 存在于多种树木（如橡树和漆树）的树皮和果实中，也是这些树木受昆虫侵袭而生成的虫瘿中的主要成分，含量50%～70%。又称鞣酸、鞣质。黄色或棕黄色无定形松散粉末，在空气中颜

色逐渐变深；有强吸湿性；易溶于水、乙醇、丙酮；水溶液味涩；在210～215℃分解。单宁酸不是单一的化合物，化学组成比较复杂，大致分：①缩合单宁酸，是黄烷醇衍生物；②可水解单宁酸，分子中具有酯键，是葡萄糖的没食子酸酯。单宁酸的化学组分随原料来源而异，由中国五倍子得到的单宁酸含葡萄糖约12%；由土耳其五倍子得到的含葡萄糖约16.5%。单宁酸是止血剂。在医药上曾用于治疗咽喉炎、扁桃腺炎、痔疮和皮肤疱症等，内用可止腹泻、肠出血等。单宁酸能与金属、生物碱和糖苷等生成沉淀，对这些物质具有解毒作用。单宁酸可用于鞣革、墨水制造、纸张和丝绸上胶、锅炉除垢等，还可作媒染剂、啤酒和葡萄酒的澄明剂、橡胶的凝结剂等。单宁酸本身毒性很低。

**单亲家庭** single parent family 核心家庭中配偶一方因离婚、死亡、出走、分居等原因使家庭成员不全的家庭。又称残缺、残破家庭、破裂家庭。现代社会，离婚率较高是造成单亲家庭数量增加的主要原因。

单亲家庭给社会和家庭生活都造成了影响，破坏了以家庭为基本生活单位的社会秩序，使正常的家庭生活不能维持，给家庭成员的心理带来了打击和挫伤。由于单亲家庭不能实行双系抚育，不利于子女的培养和教育。大量研究表明，在一定条件下，单亲家庭和青少年犯罪相关。

**单人飞行器** one-man flight vehicle 供个人使用的轻便飞行装置。通常指超小型的单人直升机或供单人飞行的喷气装置，其中单人飞行的喷气装置“飞行背囊”由微型喷气发动机和操纵系统组成。发动机产生的推力足以使单人升空；操纵系统用以保持平衡和改变飞行状态。整个装置由单人携带（多装在背部），可以完成上升、下降、悬停和平飞等动作。由于质量和体积的限制，“飞行背囊”所带的燃料仅能供发动机工作数十秒钟，飞行距离和留空时间都很短。

**单糖** monosaccharide 含多羟基的醛或酮。糖类（碳水化合物）的一种，是组成寡糖（低聚糖）和多糖的基本单元。单糖又分为两类，分子中有醛基的称为醛糖，有酮基的称为酮糖；根据碳原子数则分为丙糖（三碳糖）、丁糖（四碳糖）、戊糖（五碳糖）、己糖（六碳糖）等，最高级的单糖含有10个碳原子。自然界中已发现的单糖约数百种，常见的重要单糖约20种，以葡萄糖、果糖、半乳糖、木糖和阿拉伯糖的量最丰富。D-核糖和2-脱氧-D-核糖有特殊的意义，它们是核糖核酸RNA和脱氧核糖核酸DNA中糖的组分。单糖含有多个手性碳原子，都是光学活性化合物（见对映体）。使平面偏振光向左旋转的称左旋糖，以（-）号表示，向右旋转的称右旋糖，以（+）号表示。最简单的单糖是丙糖，即甘油醛和二羟基丙酮，其结构式为：

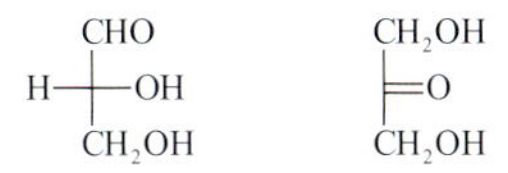

D-（+）-甘油醛　二羟基丙酮

构型　甘油醛含有一个手性碳原子C*，因此，有一对对映体，有旋光性。惯例规定右旋的甘油醛为D型，即其投影式中OH写在C*右边，左旋的甘油醛则为L型，其投影式中OH写在C*左边。单糖的空间构型由糖分子中离羰基端最远处的手性中心上OH在空间的位置与甘油醛相比较而确定。如果己糖中$C_5$上的羟基、戊糖$C_4$上的羟基与D-甘油醛相同，则为D型糖；与L-甘油醛相同，则为L型糖。其他单糖的构型依此类推。所以，D、L型是以甘油醛为标准的相对构型，其中D型如下所示：

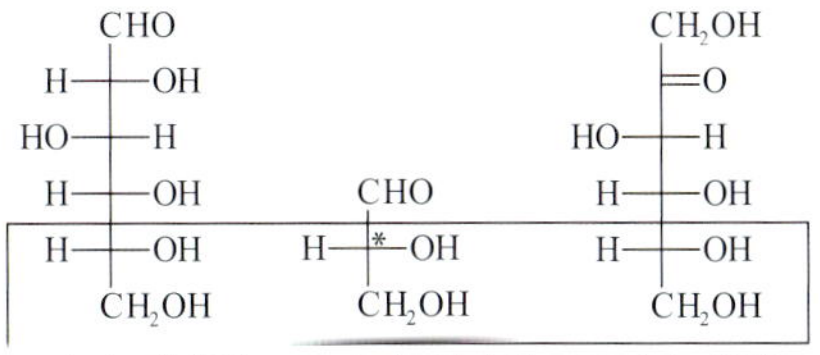

D-（+）-葡萄糖　D-（+）-甘油醛　D-（-）-果糖

糖分子中既有羰基又有羟基，它们彼此相互作用，形成半缩醛或半缩酮。通常情况下，己糖分子中的醛基与$C_5$上的羟基作用，形成六元环的半缩醛（吡喃糖），但也可与$C_4$上的羟基作用，形成五元环的半缩醛（呋喃糖）：

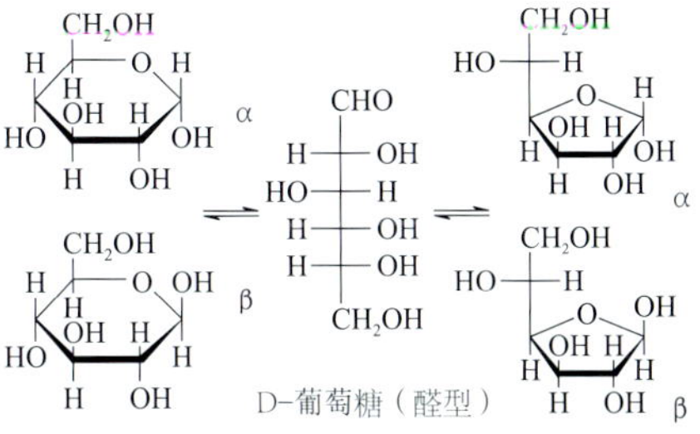

D-葡萄吡喃糖　D-葡萄糖（醛型）　D-葡萄呋喃糖

$C_1$位羰基就成为手性碳原子，并形成一对非对映体，称为端基差向异构体。按惯例，对D-型糖如果半缩醛碳原子上的羟基在上述环状示式下方的称为α型糖，在上方的则称为β型糖；对L-型糖则反之。

性质　单糖一般无色，易溶于水，有甜味和还原性。单糖具有醇羟基和羰基的性质，能发生成酯、成醚、成缩醛等反应和羰基的加成反应，以及在分子内羰基和羟基相互影响而产生的一些特殊反应。

戊糖或己糖与强酸共热，脱水生成相应的糠醛或羟甲基糠醛。它们均能以醛基与某些酚类作用，生成有色的缩合物。与α-萘酚反应生成紫色缩合物，利用这一反应来鉴定糖的存在，称莫利西试验。间苯二酚和盐酸遇酮糖呈红色，遇醛糖呈很浅颜色，称西利万诺夫试验，利用这一特性可以鉴别酮糖和醛糖。

在弱碱作用下，葡萄糖、果糖和甘露糖三者可以通过烯醇式而相互转化；在酶的作用下，生物体内也能进行类似的转化。单糖在强碱溶液中很不稳定，易分解成各种不同的物质。

单糖是α-羟基醛或酮，具有还原能力，很容易被某些氧化剂氧化成酸。常用的氧化剂是土伦试剂和费林试剂，前者是银盐的氨溶液，后者是酒石酸钾钠NaOOCCH(OH)CH(OH)COOK的铜络离子的碱性溶液。这些试剂与单糖作用被还原后，即分别生成金属银和氧化亚铜。测定氧化亚铜的生成量即可确定溶液中糖的含量。单糖分子中的羟基也能被氧化。在不同的氧化条件下，单糖可以被氧化成不同的产物。例如，D-葡萄糖可被硝酸氧化成葡萄糖二酸。酮糖在强氧化剂作用下，将在羰基处断裂，生成两个酸。单糖中的羰基在催化氢化反应中或在钠汞齐和硼氢化钠等还原剂作用下可还原，醛糖变成糖醇。

糖与碘甲烷或其他甲基化试剂反应，形成甲醚（—OH转化为—$OCH_3$）。单糖的半缩醛羟基容易与醇或酚的羟基反应，失水后形成缩醛式衍生物，通称糖苷，非糖部分称配糖体，如果配糖体也是单糖，则缩合生成双糖。单糖的醛或酮基可与多种醛酮试剂反应，与羟胺、氨基脲、苯肼缩合成结晶状衍生物，其中最重要的是苯肼衍生物。一分子糖可与三分子苯肼反应，生成黄色难溶于水的结晶糖脎，并各有一定的熔点和晶形，是鉴别糖的重要反应。

**单体** monomer 可与同种或他种分子聚合的小分子的统称。单体的分子量一般只有几十，最多几百，而聚合物的分子量可达几千、几万、几十万或更大。一个单体分子能与两个或两个以上的分子或分子中的官能团聚合，以共价键形式相连。所能连接分子或分子中官能团的数目，称为官能度。单体的官能度要等于2或大于2。官能度等于2的单体生成线型高分子，官能度平均大于2时生成体型高分子。

单体可按聚合的方式分为三类：①可进行加成聚合的称为加成聚合单体，如含双键的化合物乙烯、苯乙烯等；②可进行开环聚合称为开环聚合单体，如环状化合物环氧乙烷、己内酰胺等；③可进行缩合聚合的称为缩合聚合单体，这类单体通过官能团间的缩合而结合成高分子，同时放出小分子副产物，如乙二醇与对苯二甲酸两种单体缩合聚合成聚对苯二甲酸乙二酯，并放出小分子副产物水。

**单位犯罪** crimes committed by a unit 相对于自然人而言的犯罪主体的犯罪。包括法人犯罪。1979年《中华人民共和国刑法》中没有单位犯罪的规定，1997年修订后的《中华人民共和国刑法》规定："公司、企业、事业单位、机关、团体实施的危害社会的行为，法律规定为单位犯罪的，应当负刑事责任。"

单位犯罪的特征　在中国，单位犯罪的特征主要有：①犯罪主体既包括具有法人资格的单位，也包括不具有法人资格的单位。②必须是单位意志支配下由单位内部成员实施的犯罪，单位集体研究决定或由其负责人员决定是单位整体犯罪意志的体现形式。③必须由刑法明确规定，包括《刑法》分则及其颁行后国家立法机关又根据实际需要制定的单行刑法和附属刑法规范。从《刑法》分则的规定来看，单位犯罪广泛存在于危害公共安全罪，破坏社会主义市场经济秩序罪，侵犯公民人身权利、民主权利罪，妨害社会管理秩序罪，危害国防利益罪和贪污贿赂罪等章中，具体罪种约有120种。这些单位犯罪多数是故意犯罪，但也有少数属于过失犯罪。

单位犯罪的处罚　世界各国刑事立法和刑法理论上主要有两种原则：①双罚制，即单位犯罪的，对单位和单位直接责任人员均予以刑罚处罚。②单罚制，即单位犯罪的，只对单位予以刑罚处罚而对直接责任人员不予处罚，或只对直接责任人员予以刑罚处罚而不处罚单位。又称为代罚制。

中国《刑法》对单位犯罪一般采取双罚制的原则，但当《刑法》另有规定时，则实行单罚制，这属于例外情况。例如强迫职工劳动罪，只处罚用人单位的直接责任人员；提供虚假财会报告罪和妨害清算罪，也只处罚单位的直接责任人员。

**单位制**　unit system　以单位组织为基础的社会体制和制度结构。是中国城市社会中基本的社会调控单位和资源分配单位，也是社会调控体系中以实现社会整合和扩充社会资源总量为目的的制度化组织形式，以及国家与个人之间的联络点。基本内容是：个人归属于单位，单位成为国家对社会进行直接行政管理的组织手段和基本环节。在单位体制下，所有基层单位都表现为国家行政组织的延伸，社会的整合依靠自上而下的行政权力，单位成为行政机构的内部组织形式。国家的意志按照行政隶属关系下达到各个单位，再通过单位贯彻于全社会。单位体制决定了单位的内在性质，如功能合一性、非契约性、资源不可流动性，以及家族化的行为特征等。1949年后，配合国家集中分配社会资源和高度一体化的政治体制及行政体制的需求，在资源分配、社会调控和组织管理三个方面，建立了单位体制。单位制是国家实现统治的一种组织化形式和整个社会统治结构的一个组成部分。

单位制也是一种社会分层制度，是决定社会成员社会地位高低的制度性工具。在中国城市社会中，单位体制是最重要的社会分层制度，单位地位的获得是获取重要地位的机制之一。

**单弦**　中国曲艺曲种。主要流行于以北京为中心的华北地区和东北等部分地区。约在清乾隆、嘉庆年间形成。见单弦牌子曲。

**单弦牌子曲**　中国曲艺曲种。简称"单弦"。主要流行于以北京为中心的华北地区和东北等部分地区。约在清乾隆、嘉庆年间形成。因演唱者手持八角鼓击节伴奏，又称"八角鼓"、"单弦八角鼓"或"牌子曲"。原为旗籍票友自娱表演的一种演唱形式。1880年前后由旗籍子弟随缘乐（本名司瑞轩）自编曲词在茶馆里演唱，对内容、唱腔等多有改革，发展成为独立的曲种。表演形式固定为一人手持八角鼓敲击节拍站唱，另一人操三弦伴奏，俗称"双头人"。单弦牌子曲采用北京语音表演，所用唱腔为曲牌联套体。清嘉庆九年（1804）华广生编订的俗曲集《白雪遗音》卷三中的《酒鬼》篇，是现存最早的单弦牌子曲曲词。随缘乐之后，20世纪又有德寿山、全月如、荣剑尘、常澍田、谢芮芝等各自成派。单弦牌子曲的节目长中短篇都有，早期以反映清代北京社会生活风貌的为多。中华人民共和国建立后，节目以短段为主，并出现了"单弦对唱"、"牌子曲群唱"和"单弦联唱"等演出形式。流行的地区也由华北、东北扩展到华东、西南等地的一些城市。

**单性生殖**　parthenogenesis　卵子不经精子的刺激而发育成子代的特殊的生殖方式。又称孤雌生殖或处女生殖。从发育角度看，卵子不需受精而发育成新个体（或停顿在胚胎发育的早期）又可称为单性发育。常见于低等动物，尤其是昆虫。

天然单性生殖　动物的单性生殖可分为两大类：单倍单性生殖和二倍单性生殖。单倍单性生殖常产生雄性单倍体世代，由经减数分裂的未受精卵单性发育出雄性个体，如蜜蜂。

二倍单性生殖只产生二倍体雌性个体，它们和母体在遗传性状上完全相同。有两类：专性单性生殖和周性单性生殖。专性单性生殖动物，单性生殖是其唯一的生殖方式，子代全属雌性，即使有雄性个体偶然出现，它的存在与否也不是物种存在的必要条件。在周性单性生殖动物中，二倍单性生殖世代与两性生殖世代交替出现，如蚜虫。有些双翅目昆虫，如瘿蝇的雌性幼虫即能产生成熟卵子，这种卵子可不经受精发育为雌性幼虫，这种幼虫又能以同法继续增殖后代。这种单性生殖方式称幼体单性生殖。

人工单性发育　动物人工单性发育的方法对分析卵子和精子在个体发育中的作用、掌握动物卵子发育机制、逐步揭开单性发育和两性发育的规律、以达到按人们的需要予以控制等方面，都具有重要的意义。1961年中国胚胎学家朱洗和王幽兰证实单性发育的蟾蜍仍具有传宗接代的能力。人工单性发育的子代中，凡是能发育为成体的动物，一般都是二倍体。

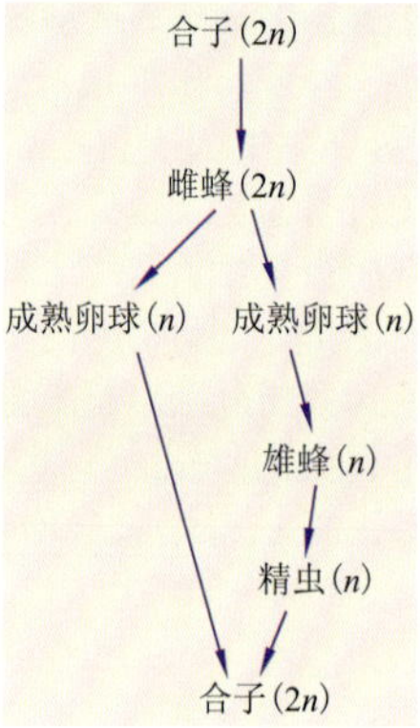

蜜蜂的生殖

生物学意义　通常单性生殖世系对环境的适应能力和生活力都较差。在自然界中，两性生殖居支配地位，而单性生殖则有很大的局限性。然而，单性生殖在生态适应上也有其有利的一面。雄裔单性生殖可以迅速提供大量的雄性个体。雌裔单性生殖繁殖速度快，可一代接着一代地产生大量雌性个体，扩大种群数量。此外，单性生殖还有利于保存对物种有利的基因组合，在有利的环境条件基本维持不变的时期内，适应能力强的优良品系便能通过单性生殖快速繁殖，广为传播。

人工单性生殖的成功说明自然界动物生殖方式的可塑性。同时，还说明卵具有发育为新个体的全部潜能，实验方法可以代替精子发动卵的发育。由于人工单性生殖有利于保存某些优良品系的基因组合，已有人试探应用这种方法繁殖经济鱼类的优良品系。

**单一经济**　single product economy　主要依靠生产和输出一种或几种矿产原料或农产品来维持国民经济的经济结构。其形成与当地的自然条件、物产资源有关，但主要是社会历史原因造成，它是帝国主义和殖民主义长期侵略、压迫和掠夺殖民地、附属国的结果。

随着资本主义的发展，一些先发展起来的资本主义工业国，为了掠夺矿产原料和农产品，高价推销工业品，采取各种手段在殖民地、附属国和其他落后国家侵占矿山和土地，迫使这些国家片面地生产某些矿产品和农副产品。畸形的单一经济结构，给落后的发展中国家的国民经济造成了巨大损害。这些初级产品的出口成为单一经济国家维持国计民生的主要手段，工业品则依靠进口，有的国家甚至口粮也要靠进口。这种状况使发达国家掌握了发展中国家的经济命脉。单一经济结构使广大发展中国家很难全面、迅速地发展民族经济，使它们和发达资本主义国家之间的差距越来越大。单一经济是发展中国家经济落后、发展缓慢的根源之一。

第二次世界大战后，旧殖民体系瓦解，大多数发展中国家走上了独立自主发展民族经济的道路。但是，其经济的发展仍受单一经济格局的严重阻碍。为了巩固政治上的独立、在经济上摆脱发达资本主义国家的控制和掠夺，许多发展中国家根据本国条件在可能的范围内使经济多样化，逐步改变畸形的单一经济结构。

**单一制** unitary system 国家结构的一种类型。由若干分层级的行政区域或自治区域构成单一的国际法主体。与复合制相对。在单一制国家，中央政权享有最高权力，地方政权在中央政权统一领导下，在宪法和法律规定的权限范围内行使其职权。在法理上，单一制国家的一切权力属于中央，地方的权力具有中央授权性。按照地方职权的大小，单一制国家又可分为中央集权型单一制国家和地方分权型单一制国家。在中央集权型单一制国家，地方政权在中央政权的统一领导下行使职权，由中央委派官员或由地方选出的官员代表中央管理地方行政事务，地方居民没有自治权，或地方虽设有自治机关，但它受中央政权的严格控制。在地方分权型单一制国家，地方居民依法自主组织地方公共机关，并在中央监督下依法自主处理本地区事务，中央不得干涉地方具体事务。英国是典型的地方分权型单一制国家。

**单元操作** unit operation 化学工业和其他工业过程中进行的物料粉碎、输送、加热、冷却、混合和分离等一系列使物料发生预期的物理变化的基本操作的总称。对这些操作的研究是化学工程的重要部分。19世纪末英国学者G.E.戴维斯提出了这种观点，但当时未引起足够重视。1915年美国学者A.D.利特尔首先提出这个概念，把构成各个化工生产过程中的物理过程归纳为几种基本操作，定名为单元操作。对单元操作的研究，着重研究实现各单元操作的过程与设备。

单元操作已有20多种，按基本原理可划分为：①流体动力过程，以动量传递为理论基础，有流体输送、沉降、过滤、混合等单元操作。②传热过程，以热量传递为理论基础，有换热、蒸发等。③传质分离过程，以质量传递为主要理论基础，有蒸馏、吸收、萃取、吸附、离子交换、膜分离等。④热质结合过程，由热量传递和质量传递共同起主导作用，有增湿、干燥、结晶等。⑤热力过程，以热力学为主要理论基础，有制冷、热泵循环等。⑥粉体工程，与固体颗粒加工、运动有关的操作，有粉碎、流态化、颗粒分级、气力输送等。

对单元操作的研究和发展主要包括：①基础理论的深化，从宏观的、经验或半经验的规律发展到微观、亚微观的机理和规律，建立更精确的物理和数学模型。②应用开发的研究，对不同工艺要求选用最适宜的单元操作以及最优化的操作条件。③开发新的单元操作，如渗透汽化、区域熔融、电磁分离、泡沫分离、超重力分离、超临界流体萃取等。④不断改进和发展单元操作设备。研究和发展的目的都是为了进一步推进生产并减少污染和减碳，创造一个良好的、能持续发展的社会环境。

单元操作普遍用于化工、冶金、能源、食品、轻工、核能和环保等部门，对这些部门生产的大型化、现代化都起着重要的作用。

**《单子论》** *Monadologie* 德国近代哲学家G.W.莱布尼茨的著作。《单子论》原文为法文，本无标题。1720年克勒曾发表了本篇的德译文，1721年迪唐又据德译文转译为拉丁文，1840年J.E.爱尔特曼在莱布尼茨手稿中发现原文，收入所编《莱布尼茨哲学全集》中，并加上了标题。本文是莱布尼茨把自己在许多哲学著作中所阐述的主要观点高度浓缩的作品。篇幅虽短而内容丰富。全文共90节，大体可分为两部分：1～48节主要论述一切实体的本性，包括实体应是构成复合物的最后单位，本身没有部分，是单纯的东西，即精神性的单子；实体本身应具有内在的能动原则；等等。49～90节主要论述实体间的关系，包括前定和谐及这个世界是“一切可能的世界中最好的世界”的学说等。莱布尼茨的单子论是一个客观唯心主义的体系，有向宗教神学妥协的倾向，但也包含一些合理的辩证法因素，如万物自己运动的思想等。

**单子叶植物纲** Monocotyledoneae; monocotyledon 被子植物门的一纲。种子的胚具1枚子叶。绝大多数为草本，极少数为木本。主根较早即停止生长，另发出多数纤细的不定根，形成须根（见根）。维管束通常无形成层。叶一般为单叶、全缘，稀有掌状或羽状分裂叶以至掌状或羽状复叶；叶片与叶柄未分化或已明显分化，并常有叶柄的一部抱茎成叶鞘，叶脉常为平行脉。花多3数，稀有4或2数，除姜目某些种的雄蕊外，无5数；在原始类群中，多见离生心皮以及单沟的花粉。一般认为单子叶植物是由已绝灭的原始双子叶植物中如毛茛类或睡莲类的祖先演化而来。1964年H.梅尔希奥将单子叶植物纲分为沼生目等14目，A.L.塔赫塔江和A.克朗奎斯特改此纲为百合纲。1981年，克朗奎斯特还将此纲分为泽泻亚纲等5个亚纲。

**儋州市** Danzhou City 中国海南省辖县级市，开放港口城市。位于海南岛西北部，濒临北部湾。面积3 265平方千米。人口93万（2010）。有汉、黎、苗等民族。汉元封元年（前110）置儋耳郡，唐高祖武德五年（622）置儋州，1912年改为儋县，1993年撤县设市。属南亚热带气候，年平均气温23.3℃，平均年降水量1 803.3毫米。矿产有褐煤、油页岩、金、银、锡、铁等。沿海盛产鱼盐。粮食、油料、糖蔗、橡胶、水产品等产量均居海南省首位。工业以制糖、橡胶、食品、采矿和建材为主。特产有红鱼、马鲛鱼、鱿鱼、对虾等。天然良港洋浦于1992年设对外经济开发区。225国道、西环高速公路和粤海铁路过境。名胜古迹有东坡书院、松涛水库、兰洋温泉等。

**胆道系统疾病** biliary tract, diseases of 肝内外输送胆汁的通道发生的病变。肝外胆道系统包括储存胆汁的胆囊。胆道系统疾病种类很多，也较常见。胆道是将肝细胞分泌的胆汁输送到肠道的唯一通路，胆道某一部位一旦发生疾病，即可导致胆汁引流不畅，对人体危害很大。一些胆道系统疾病如胆囊炎、胆石症、化脓性胆管炎、肿瘤等，治疗较困难，有的可危及生命。

**胆矾** chalcanthite 化学组成$Cu[SO_4]\cdot 5H_2O$，晶体属三斜晶系的含水硫酸盐矿物。中国古籍中又称为石胆、蓝矾、云胆矾。晶体呈板状或短柱状；集合体常呈粒状、致密

块状，也呈纤维状、钟乳状或皮壳状。蓝色或天蓝色。玻璃光泽。莫氏硬度2.5。密度2.1～2.3克/厘米$^3$。解理不完全。性脆。味苦而涩。极易溶于水。是典型的次生矿物，属含铜硫化物氧化分解的产物。常见于干燥地区含铜硫化物矿床氧化带。大量聚集可用作颜料及印染、电池、木材防腐等方面的化工原料。还可作杀虫剂或掺入牲畜饲料作药剂。智利的丘基卡马特、克特纳和科珀基雷为世界著名产地。

**胆固醇** cholesterol 重要的动物甾醇，分子式$C_{27}H_{46}O$。见胆甾醇。

**胆经郁热证** syndrome of stagnated heat of gallbladder channel 因胆气郁而化热或热邪壅于胆腑所引起的中医学证候。常见于胆胀、胁痛、黄疸等疾病。胆具有贮藏和排泄胆汁的功能，若胆失疏泄、气郁化火或热邪壅于胆腑，均可形成胆经郁热证。临床表现以口苦咽干，胁肋胀痛，两颞侧头胀痛，目眩耳鸣，舌质红、苔黄，脉弦数有力等为主；兼见惊悸不安，心烦不寐，恶心呕吐，大便秘结，黄疸等。胆经郁热证的治疗以清热利胆为法，常用大柴胡汤、蒿芩清胆汤等方。

**胆囊** gallbladder 贮存和浓缩胆汁，并将胆汁排入十二指肠的器官。为一肌性膜性囊，大多数脊椎动物有胆囊。各种动物的肝分泌胆汁速率不同，其胆囊浓缩胆汁能力也不同。

人的胆囊位于肝下部的胆囊窝内，梨形，分胆囊底、体、颈3部，胆囊颈和胆囊管内黏膜皱襞呈螺旋状突入腔内，形成螺旋瓣，在胆囊颈处有一袋状膨大，称为哈特曼囊。人的胆管也分3部，即肝胆管、胆囊管、总胆管。三者排列成“丫”形。肝胆管通肝；胆囊管通胆囊；总胆管止于十二指肠壁，开口处有奥狄氏括约肌，它调节流入十二指肠的胆汁量。胆囊壁分为黏膜层、肌层和外膜3层。

胆囊的功能为：①贮存胆汁。胆囊不仅能贮存相当于它容积的量，由于它能浓缩胆汁，故能贮存更多的肝胆汁。肝胆汁进入胆囊的贮存活动主要在夜间。②浓缩胆汁。胆囊壁能主动吸收$Na^+$、$Cl^-$和$HCO_3^-$，水随之被动吸收。由于水被大量吸收，故遗留下来的胆盐、胆固醇、磷脂和胆色素等即被浓缩成胆囊胆汁。此外，胆囊还有分泌功能，可分泌黏蛋白等。③调节胆道系统内的压力。胆囊收缩或舒张可调节胆道系统内的压力。当奥迪氏括约肌紧张性升高时，胆囊舒张，肝胆汁转流入胆囊，但不会引起胆道内压明显上升；当胆囊收缩时，胆道内压逐渐升高，一旦胆道内压超过奥迪氏括约肌内压，胆汁就进入十二指肠，胆道内压也就回降。所以，胆道内压的高低不仅与胆囊舒缩有关，还与奥迪氏括约肌紧张性高低有关。

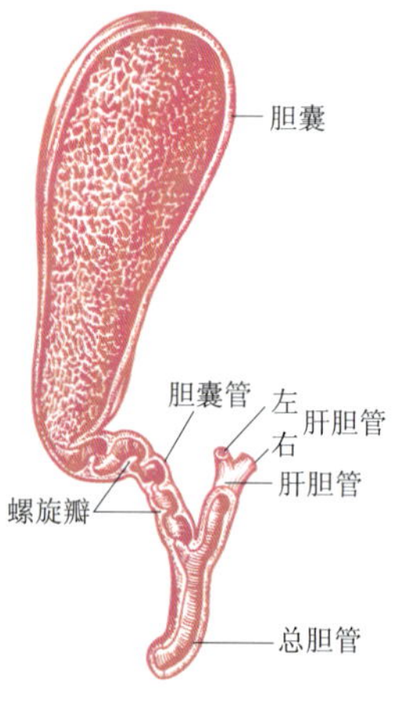

人胆囊的结构

胆囊活动受激素和神经的调节。①激素调节。脂肪性食物进入小肠，可刺激肠黏膜内的内分泌细胞释放胆囊收缩素，它能促使胆囊收缩和奥迪氏括约肌紧张性降低，从而引起胆汁排放；注射血管活性肠肽能强烈地抑制基础情况下胆囊的紧张性，也抑制胆囊收缩素对胆囊的作用；孕酮可减弱胆囊平滑肌的紧张性，并使胆囊对水的吸收减少，而致胆囊容积增大。胰多肽使胆囊舒张，它的作用恰与胆囊收缩素相反；生长抑素也使胆囊舒张，这与它抑制胆囊收缩素释放有关。②神经调节。电刺激狗的颈部迷走神经可使胆囊胆汁排放，这是胆囊收缩所引起的。切断狗颈两侧迷走神经后，胆囊容积约增大一倍、胆管松弛、胆囊收缩素刺激胆囊收缩的效应加强，后一效应可能是取消了血管活性肠肽能纤维对胆囊抑制作用所致。一般来说，刺激交感神经引起胆囊舒张。

**胆囊炎** cholecystitis 人体胆囊部位的炎性病变。为常见病。在腹部外科中，其发病率仅次于阑尾炎。多见于35～45岁的中年人，女性发病较男性为多，尤多见于肥胖且多次妊娠的妇女。病因主要有3方面：①结石继发的反复感染，约占80%左右。②致病微生物入侵。③化学刺激、胆道畸形、创伤等。临床主要表现为食油腻食物后右上腹剧烈绞痛，阵发性加重同时向右肩背放散，可伴恶心、呕吐。重者则出现高热寒战，少数可出现黄疸，亦可发生坏疽穿孔。检查时右上腹压痛明显，墨菲氏征阳性，有时可摸到肿大的胆囊。B型超声检查简便准确，有效可靠的治疗仍以手术切除胆囊为佳。对于慢性胆囊炎患者，因多次反复发病，胆囊功能明显低下，且易造成感染，并损害肝脏功能，导致胰腺炎的因素增多，故应积极手术治疗。对全身性疾病如心肝肾功能不良而不能耐受手术者可采用中西医结合等保守治疗的方法。

**胆石症** cholelithiasis 胆道系统（包括肝内或肝外胆管、胆囊和总胆管）任何部位发生结石的疾病。

**成因** 胆汁成分改变 胆盐、磷脂和胆固醇是胆汁的三种主要成分。胆固醇不溶于水，但其所以在胆汁中不发生沉淀和析出，有赖于胆盐和磷脂的存在。胆固醇和微胶粒之间必须维持一定的比例关系，才能使胆固醇分子完全被结合。

胆汁代谢异常 高胆固醇血症使肝胆汁中胆固醇的含量增高，有利于胆固醇结石的形成。

胆道感染 若胆汁淤滞，则已存在的或自血循环以及肠道来的细菌易导致感染。感染和炎症造成的脱落上皮、黏液团块、坏死组织碎屑、蛔虫钻入胆道后带入的虫卵以及死亡腐烂后残留的角皮残体等，都可成为结石的核心，使胆汁中各种成分围绕核心逐层沉积而形成结石。

**分类** 根据胆石成分含量可分为：①胆固醇结石。结石中胆固醇含量占各种成分的70%以上。结石为浅灰黄色，质地坚硬，单发结石呈卵圆形，多发结石可呈多面形或圆柱形。②胆色素结石。胆色素占胆石中各种成分的40%以上。呈棕黄、棕红或棕黑色；质地或松软或较硬。形状不一，或呈泥沙样团块，或呈松弛的同心圆分层。③混合性结石。由胆色素、胆固醇和钙盐等混合而成，因所含的各种成分多少不一，结石可表现为各种形状和颜色，切面由胆固醇、胆色素和钙盐间隔沉积，呈环状分层，各层色泽互不相同，质地坚硬与否也因各种成分含量的多少而不同。

根据结石所在部位可分为：①胆囊结石症。结石在胆囊内形成并停留（见图）。

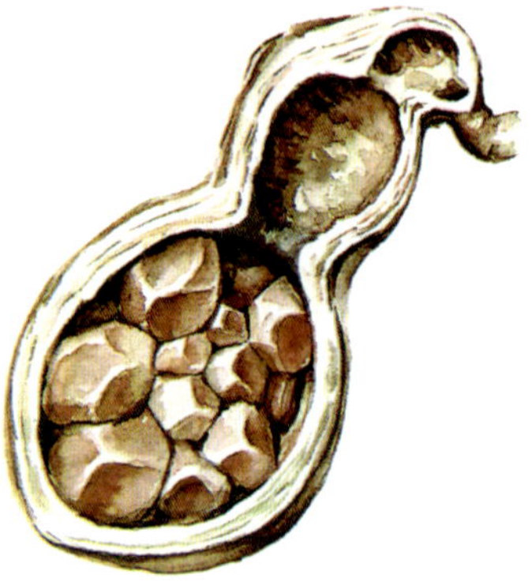
胆囊结石伴慢性胆囊炎

以胆固醇结石和胆红素结石为多见，混合性结石较少。常有慢性胆囊炎的症状，如结石嵌顿于胆囊颈部，也可急性发作。②胆总管结石症。胆囊结石可排至胆总管内，即继发性胆总管结石症。结石也可以在胆总管内形成，称为原发性胆总管结石症。典型发作症状是夏柯氏三联征，即腹痛、高热和黄疸。③肝内胆管结石症。一般均原发于肝内胆管，也可先患胆总管结石，因胆道梗阻继发肝内胆道感染，导致肝内胆管结石形成，其中以胆色素结石及混合性结石多见。由于结石难以完全清除或清除后又复发，在三种胆石症中预后最差。

**治疗** 无明显症状者，可观察，进低脂饮食，戒烈酒，偶有轻微症状者可服用消炎、利胆、解痉等中西药物。症状重或发作频繁者，则宜外科手术治疗。多数胆石症可通过内镜进行微创外科治疗。

总胆管结石应采用手术治疗，切开总胆管，取出结石，手术宜在急性发作间歇期间进行。若急性发作有夏柯氏三联征时，常已发展为急性梗阻性化脓性胆总管炎，做初步准备后及早手术作胆总管切开及减压引流。

肝内胆管结石治疗比较困难。结石少、无明显症状者，不一定要手术治疗。反复发作或症状严重者，应争取在无急性发作时择期手术。手术原则是去除病灶取净结石，解决狭窄，通畅引流。

**胆酸类** bile acids 5β－胆烷酸的羟基衍生物。存在于动物胆汁中，少数以游离状态存在，大多数与甘氨酸或牛磺酸结合为酰胺。生物体内

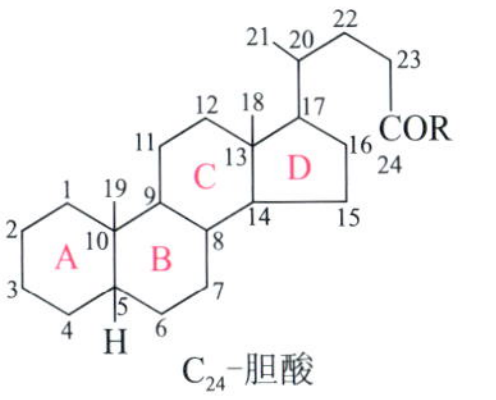


$C_{24}$－胆酸

的胆酸是从胆甾醇转化生成的。天然胆酸含1～3个羟基，位置除$C_3$外，还可在$C_6$、$C_7$、$C_{11}$、$C_{12}$及$C_{23}$上。$C_3$－羟基是α构型，其他为α或β构型。A/B环是顺式并联，B/C、C/D是反式。在高等动物的胆汁中发现的多是$C_{24}$－胆酸，仅有少数$C_{27\sim28}$－胆酸。一些重要的$C_{24}$－胆酸见表。胆酸盐是油脂乳化剂，在肠中帮助油脂的水解和吸收。某些胆酸还有镇痉、健胃、降低血液中胆甾醇含量等作用。

一些重要的$C_{24}$－胆酸

| 性状<br>名称 | OH | R | 熔点（℃） | 比旋光度 $[\alpha]_D$（乙醇） | 存在 |
|---|---|---|---|---|---|
| 胆烷酸 | | OH | 163～164 | +21.7（氯仿） | |
| 胆酸 | 3α, 7α, 12α | OH | 198 | +37 | 人、牛 |
| 石胆酸 | 3α | OH | 186 | +32.14 | 人、牛 |
| 去氧胆酸 | 3α, 12α | OH | 176～178 | +55 | 人、牛 |
| 鹅去氧胆酸 | 3α, 7α | OH | 119 | +11.5 | 猪、牛、鹅 |
| 熊去氧胆酸 | 3α, 7β | OH | 203 | +57 | 熊、牛 |
| 猪去氧胆酸 | 3α, 6α | OH | 196～197 | +8 | 猪 |
| 甘氨胆酸 | 3α, 7α, 12α | $NHCH_2COOH$ | 132～134 | +32.3 | 牛、猪 |
| 牛胆酸 | 3α, 7α, 12α | $NHCH_2CH_2SO_3H$ | 125（分解） | +38.8 | 熊、牛 |

**胆铜法** copper cementation process 中国古代的湿法冶铜方法。把铁放在胆水（硫酸铜水溶液）中，铜离子即被铁所取代而使铜沉淀。有关论述最早见于西汉刘安主撰的《淮南万毕术》中，记载有“白青得铁即化为铜”。白青是水胆矾。据北宋沈括的《梦溪笔谈》引《丹房镜源》(成书约758～762)记载：“信州铅山县有苦泉，流以为涧，挹其水熬之，则成胆矾，烹胆矾则为铜。熬胆矾铁釜，久之亦化为铜。”表明唐代已有胆铜法生产铜。胆铜法有两种工艺：胆水浸铜和胆水煎铜。南宋洪咨夔在《大冶赋》(写于1209～1213）中记述了这两种方法。宋代以后胆铜法生产仍有继续，直到现代江西德兴仍存。欧洲于1752年才在西班牙里奥廷托矿用胆水法炼铜。

**胆甾醇** cholesterol 重要的动物甾醇。又称胆固醇。分子式$C_{27}H_{46}O$。以游离或酯的状态存在于动物的脑、脊髓、胆汁、油脂和蛋黄中，为胆石

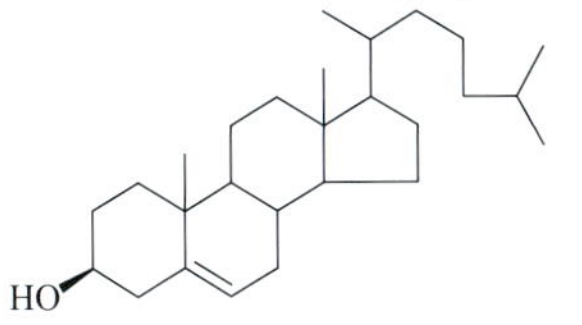


的主要成分。白色结晶；熔点148.5℃，比旋光度$[\alpha]_D$－39.5（氯仿）；不溶于水，易溶于有机溶剂。通常与胆烷醇、麦角甾醇和胆甾－7－烯－3β－醇共存。胆甾醇是乙酸经生物合成产生的，在体内可降解，转化为胆酸类和甾族激素。胆甾醇具有重要的生理功能，能阻止膜磷脂在相变温度下变成结晶状态，保证了膜的正常功能。但体内胆甾醇代谢发生障碍时血液中胆甾醇含量过度增加，可导致动脉硬化和胆结石等症。胆甾醇的胶态溶液在20℃时受分子态氧的作用，可以自氧化，生成互为差向异构体的α－羟基胆甾醇和α－酮基胆甾醇。将3－胆甾基氯化镁氧化后水解，产生胆甾醇与其3α－差向异构体的混合物，前者可与毛地黄苷元生成沉淀而与后者分离。人体皮肤中存在着7－去氢胆甾醇，紫外线照射后可转化为维生素$D_3$。

**旦** female roles in traditional Chinese opera 中国戏曲表演主要行当之一。旦的名目初见于宋代歌舞。周密《武林旧事》记民间舞队有《粗妲》和《细妲》等目，妲即旦的古体。宋杂剧、金院本的女角色称装旦或引戏。宋元南戏和北杂剧形成后，沿用旦的名目，是女角色的统称。其后，各声腔剧种逐渐繁衍出众多分支。按扮演人物的年龄、身份、性格及其表演特点，大致可分为正旦、花旦、闺门旦、武旦、老旦和彩旦等类型。①正旦，主要扮演举止端庄的中年或青年女性，多为正剧或悲剧人物。造型基调娴静庄重，多用韵白，唱、念、做诸功兼重，而在唱功上作重点发挥。因

京剧《贵妃醉酒》中杨贵妃（正旦，罗慧兰饰）

常穿青素褶子，故又称青衣（见图）。②花旦，与正旦相对，扮演性格活泼明快或泼辣放荡的青年女性，并常带喜剧色彩。造型基调要求妩媚妍丽、娇憨活泼，多念散白，重做功、神采，不重唱功但要求唱腔秀丽灵巧。③闺门旦，扮演青春少女。京剧闺门旦早期以扮演小家碧玉为主，如《拾玉镯》的孙玉姣、《棒打薄情郎》的金玉奴；后吸收昆曲的经验而有大家闺秀的类型，如《凤还巢》的程雪娥。④武旦，扮演擅长武艺的女性形象，又分刀马旦和武旦。刀马旦重身段工架，常扮的人物有《扈家庄》的扈三娘、《穆柯寨》的穆桂英等。武旦重跌扑翻打，以身手的矫健骁勇胜，常扮的人物有《十字坡》的孙二娘等。⑤老旦，扮演老年妇女。多重唱功。⑥彩旦，一作丑旦、丑婆子，实为女丑，故常由丑行兼扮。在不同剧种中，旦行的分类与名称也不尽相同。

**但丁** Dante, Alighieri (1265－05－1321－09－14) 意大利诗人，中古至文艺复兴的过渡时期最有代表性的作家。全名但丁·阿利吉耶里。生于佛罗伦萨，卒于拉韦纳。

生平 少年时生活清苦，把全部精力倾注于学习，勤奋自修，多才多艺、学识渊博，在中古文化的各个领域都有精深的造诣，并广泛涉猎中古神学。但丁曾担任佛罗伦萨市最高行政会议行政官。他坚决维护

共和政权，反对教皇干涉内政。1302年，但丁出使罗马，代表教皇和贵族利益的黑党夺取政权，以贪污公款、反对教皇和查理、扰乱共和国和平的罪名革除但丁公职，处以巨额罚款，他拒不认罪，被判处终身流放。

但丁度过了近20年的流放生活，他周游各地，广泛接触到意大利动乱的现实和平民阶层困苦的生活，加深了对意大利面临的社会政治问题的认识。他断然拒绝佛罗伦萨统治者提出的要他宣誓忏悔，以取得赦免，重返家园的要求。因此，1315年，他又被缺席判处死刑。但丁晚年受斯卡拉大公和波伦塔伯爵的邀请，先后在维罗纳、拉韦纳客居。

著作 处女作是抒情诗集《新生》，献给他少年时代爱慕的女子贝雅特里齐。诗人抒发对贝雅特里齐的纯真的爱，寄托了在她去世后的哀思。诗歌带有中古的宗教神秘色彩，但它表达了摆脱禁欲主义、渴求生活的情怀。诗歌清新自然，语言纯朴优美，开文艺复兴抒情诗的先河。

流放初期，但丁写了3部著作。《飨宴》

(1304～1307) 是意大利第一部用俗语写成的学术性论著。作者借注释自己的诗歌，传播古今科学文化知识，提供精神食粮。《论俗语》(1304～1305) 是最早一部关于语言学、诗律的著作。但丁对意大利语的历史发展作了精辟的论述，以严密的论证批评中世纪推崇拉丁文的偏见，提出把俗语作为意大利文学、科学语言的见解。但丁还主张诗歌应当歌颂人的安全、爱情和美德。《论俗语》为意大利民族语言和文学语言的发展奠定了理论基础。在政治学著作《帝制论》(1310～1313) 中，他运用经院哲学的推理方法，指出人类社会的目的是使人能够充分发挥潜在的全部才能，享受尘世生活的幸福与和平。此书的重要意义在于，但丁第一次从理论上阐述了政治和宗教平等、政教分离、反对教皇干涉政治的观点。书中还透露出对王权和开明君主的幻想。

《神曲》(1307～1321) 的写作始于放逐初年，完成于逝世前不久。长诗分地狱、炼狱、天堂3部，每部33歌，加上序曲，共100歌，计14 232行。

但丁描写的地狱、炼狱和天堂不像中古文学作品中那样模糊不清，虚无缥缈，而是结构严谨，层次清晰，具有立体感。

但丁之墓

在描绘不同的境界时，诗人采用不同的色彩。地狱是惩戒罪孽的境界，色调幽凄、阴森；炼狱是悔过和希望的境界，色调恬淡、宁静；天堂是至善至美的境界，色调灿烂、光明；在多层次、多色彩的描绘中，诗人深邃、抽象的哲学、神学观点得到了形象的表述。

《神曲》原名《喜剧》，后人为了表示对诗人的崇敬，给这部作品冠以“神”字，即《神圣的喜剧》，中译本通称《神曲》。《神曲》已译成许多种文字，成为世界人民共同的精神财富。

**担子菌** basidiomycota 真菌中产生担子和担孢子的种类。共33目130科1 353属，约30 000种。担子菌绝大多数种类有发达的菌丝体，有些种类具桶孔隔膜，少数种类以酵母状态生活或生活史中有酵母状阶段。腐生种类通常在林内潮湿腐木、土壤有机质层、落叶层或动物粪便中生长。菌丝体在整个生活史中有3个发育阶段，即初生菌丝体、次生菌丝体和三生菌丝体。构成担子果的菌丝类型是担子菌分类鉴定的重要依据。担子果是高等担子菌承载担子和担孢子的结构，形态多样，大小差异悬殊，大的直径可达1米以上，重达几千克；质地有薄膜质、壳质、胶质、脆骨质、纸质、肉质、海绵质、木栓质、木质等。也有不产生担子果的担子菌。

担子菌中既有严重危害粮食作物和林木的病原菌，如锈菌、黑粉菌、蜜环菌等；也有很多是食用菌，如双孢蘑菇、香菇、糙皮侧耳（平菇）、金针菇、草菇等；有些种类是中医传统药材，如灵芝、猴头菌、茯苓、云芝等；极少种类是人类病原菌，如新型小丝黑粉菌。

**淡红银矿** proustite 化学成分为$Ag_3AsS_3$，晶体属三方晶系的硫盐矿物。又称硫砷银矿。晶体呈两端不对称的短柱状，集合体常呈粒状或致密块状。新鲜断面呈深红色或朱红色，晶体表面易氧化，被暗黑色薄膜所覆盖。粉末呈鲜红色。金刚光泽。解理完全。莫氏硬度2～2.5。密度5.57～5.64克/厘米$^3$。淡红银矿是低温热液作用的产物。在铅锌、银矿床中，与辉银矿、自然银、浓红银矿等银矿物共（伴）生。是重要的银矿石矿物，其单晶体还是激光材料。中国辽宁、青海、江西、广东等省的铅锌、银矿床中均有淡红银矿产出。美观的大晶体发现于智利的查纳西孜，其他著名产地有玻利维亚波托西、加拿大安大略省、美国科博尔特、墨西哥瓜纳华托、澳大利亚新南威尔士州等。

**淡水河** Danshui River 中国台湾省唯一曾可通航河道。长158.7千米，流域面积2 725.8平方千米。上源大汉溪（即大料崁溪）

淡水河畔缤纷亮丽的烟火

源出大霸尖山，东北流经台北盆地，会新店溪、基隆河等支流后，转西北入海。流域年降水量，上游可达3 000～4 000毫米，河口地区近2 000毫米，降水季节变化较小。石门站流域面积754平方千米，多年平均年径流量13.7亿立方米。自1963年上游石门大坝建成，石门水库已成为台湾北部最大的水资源综合利用枢纽，扩大桃园台地农业灌溉效益尤为显著。石门水库及其近邻地区已成为台湾北部重要游览区；北部横贯公路沿水库上游，经角板山（现改名复兴）、巴稜一线，入宜兰平原。

**弹道导弹** ballistic missile 在火箭发动机推力作用下按预定程序飞行，关机后按自由抛物体轨迹飞行的导弹。其飞行弹道一般分为主动段和被动段。主动段又称动力飞行段或助推段，是导弹在火箭发动机推力和制导系统作用下，从发射点起飞到火箭发动机关机时的飞行路径；被动段包括自由飞行段和再入段，是导弹按照在主动段终点获得的给定速度和弹道倾角作惯性飞行，到弹头起爆的路径。

弹道导弹按作战使用分为战略弹道导弹和战术弹道导弹，按弹头性质分为弹道式核导弹和弹道式常规导弹，按射程分为近程、中程、远程和洲际弹道导弹，按使用推进剂分为液体推进剂和固体推进剂弹道导弹，按结构分为单级和多级弹道导弹。弹道导弹主要由弹体、推进系统、制导系统和弹头四部分组成。其主要特点是：①沿着一条预定的弹道飞行，攻击地面固定目标。②采取垂直发射方式，使导弹平稳起飞上升，以缩短在大气层中飞行的距离，并以最少的能量损失克服作用于导弹上的空气阻力和地心引力。③火箭发动机自带氧化剂和燃烧剂，可不依赖大气层中的氧气助燃，导弹能在空气稀薄的大气层或外大气层内飞行。④火箭发动机推力大，能串联和并联，可将较重的弹头投到较远的距离。⑤导弹飞行姿态的修正用改变推力方向的方法来实现，安全可靠。⑥弹体各级之间、弹头与弹体之间的连接通常采取分离式结构，火箭发动机完成推进任务后被抛掉，最后只有弹头飞向目标。⑦弹头再入大气层时产生强烈的气动加热，必须采取防热措施。⑧多数导弹无弹翼，或者只有很小的尾翼，起飞质量和弹体体积大，结构复杂。⑨可携带集束式、分导式或机动式多弹头打击多个目标。⑩为准确地攻击目标，有的弹道导弹弹头还带有末制导装置，可控制弹头机动飞行。

**弹药** ammunition 一般指有壳体，装有火药、炸药或其他装填物，能对目标起毁

中国大、中口径炮弹

伤作用或完成其他任务的军械装备。包括枪弹、炮弹、手榴弹、枪榴弹、榴弹发射器弹、航空炸弹、火箭弹、导弹、鱼雷、深水炸弹、水雷、地雷、爆破器等。

组成 弹药一般由战斗部、控制部和投射部等部分组成。①战斗部。指弹药完成对目标毁伤或使目标失能的核心部分。通常由壳体（弹体）、装填物和引信构成。根据对目标的作用，战斗部可分为杀伤、爆破、杀爆、杀爆燃、穿甲、破甲、碎甲、子母战斗部等类型。此外，还有燃烧、发烟、照明等特种战斗部。②控制部。指保证弹药射击精度或准确命中目标的部分。普通弹药的控制部通常以旋转或尾翼方式来保证飞行稳定；制导弹药的控制部是在保证飞行稳定的同时，可根据目标信息调整弹药的运动轨迹，用以导引或控制其进入目标区或自动跟踪运动目标，直至最终击中目标。③投射部。指用于提供投射动力的装置。它可使战斗部以一定的速度射向目标。

分类 弹药有多种分类方法，按其投射原理方式分为：①射击式弹药。指各种身管武器以火药燃气压力从膛管内发射的弹药。包括枪弹、炮弹、枪榴弹、榴弹发射器弹等。②自推式弹药。指靠自身发动机推进，以一定初始射角从发射装置射出后，不断加速至一定速度后进入惯性运动阶段的弹药。主要用于各类火箭弹、导弹、鱼雷等。③投掷式弹药。包括各类航空炸弹、深水炸弹、手榴弹等。④布设式弹药。指用空投、炮射、火箭撒布或人工布设（埋设）等方式布设，受到目标激励后可毁伤目标的弹药。主要有地雷、水雷及干扰弹、侦察弹、监视弹等。

**蛋白尿** proteinuria 尿中蛋白质排泄量超过正常的现象。正常人每天尿蛋白排泄量少于150毫克，常规定性检查呈阴性。定性检查结果阳性即称蛋白尿。

蛋白尿一般可分为功能性和病理性两种。功能性蛋白尿常见于高热、剧烈运动、寒冷刺激时，为一过性蛋白尿，诱因消除后尿蛋白即消失。病理性蛋白尿可分为肾小球性蛋白尿及肾小管性蛋白尿，由不同肾脏病引起。①肾小球性蛋白尿。肾小球滤过膜损伤，血浆蛋白漏出超过肾小管重吸收能力，常见于各种肾小球疾病。②肾小管性蛋白尿。血浆中的一些小分子蛋白质（$\beta_2$微球蛋白、$\alpha_1$-微球蛋白、视黄醇结合蛋白、溶菌酶等，见肾功能检查）能正常地从肾小球滤过，而后绝大部分被近端肾小管重吸收。当近端肾小管上皮细胞受损导致重吸收功能障碍时，这些小分子蛋白质排出增多即形成肾小管性蛋白尿，排出量一般不高，尿蛋白量常低于1克/天，主要见于肾小管及肾间质疾病。

近代，糖尿病及高血压等疾病发病率显著增高，它们都可能继发肾损害。欲早期发现这些疾病的肾损害，仅做尿常规化验并不够，而必须定期做更敏感的尿白蛋白排泄率检查。

**蛋白石** opal 化学成分为$SiO_2 \cdot nH_2O$的非晶质或超显微隐晶质矿物。水含量变化很大，通常为3%～9%，最高达20%以上，属吸附水性质；但也有少量以$OH^-$形式存在。按结构状态分为C型蛋白石、CT型蛋白石和A型蛋白石3种。通常呈肉冻状块体或葡萄状、钟乳状皮壳产出。玻璃光泽，但多少带树脂光泽，有的还呈柔和的淡蓝色调的所谓蛋白光。贝壳状断口。莫氏硬度5～6，密度1.99～2.25克/厘米$^3$。硬度、密度及折射率均随水含量的减少而增高。颜色多样，并因而构成不同的变种。普通蛋白石无色或白色，含杂质时可呈浅的灰、黄、蓝、棕、红等色。其中呈乳白色的称为乳蛋白石；蜜黄色而具树脂光泽的称为脂光蛋白石；具深灰或蓝至黑色体色的黑蛋白石罕见，是珍贵的宝石。作为宝石（中文宝石名欧泊）的其他主要变种有：火蛋白石，具强烈的橙、红等反射色；贵蛋白石（见图）呈红、橙、绿、蓝等晶亮闪烁的变彩，已可由人工方法合成。此外，木蛋白石是被蛋白石所石化的树木化石，即具有木质纤维假像的蛋白石。蛋白石形成于地表或近地表富水的地质条件下，存在于各类岩石空洞和裂隙中，尤以火山岩中和热泉活动地区常见。在第三纪及近代的海洋沉积物中也常见。暴露于干热的大气中时，可逐渐脱水而失去光泽，并最终变为石髓。宝石级蛋白石的重要产地有澳大利亚的昆士兰和新南威尔士、墨西哥、洪都拉斯、匈牙利、日本、新西兰、美国的内华达和爱达荷等。

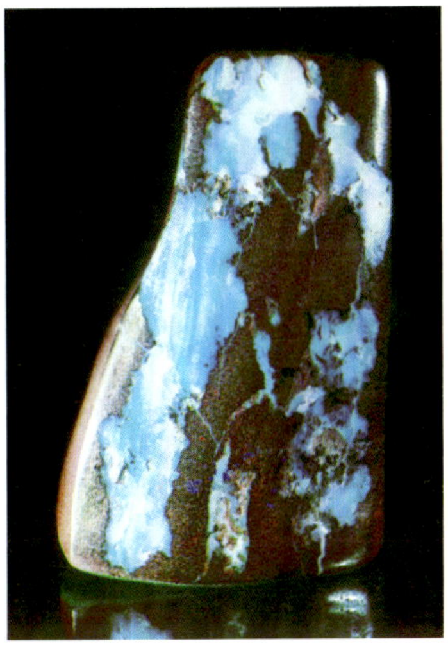

贵蛋白石

**蛋白质** protein 生物体内普遍存在的一类主要由氨基酸组成的生物大分子。它与核酸同为生物体最基本的物质，担负着生命活动过程的各种极其重要的功能。

蛋白质的基本结构单元是氨基酸，蛋白质中常见氨基酸共有20种。氨基酸以肽键相互连接，形成肽链。有些蛋白质含一条肽链，也有不少蛋白质由几条肽链通过二硫键连接而成。有的蛋白质除肽链外，还有其他的组成成分和基团。

分类和分离纯化 蛋白质可根据分子形态、溶解性质、化学组成和生物功能来进行分类。利用蛋白质的溶解度、分子形状和分子大小、电离性质以及生物学亲和性等，可以将蛋白质分离纯化。

结构 一级结构 组成蛋白质分子的多肽链中氨基酸残基的排列顺序。一级结构是蛋白质化学结构中最重要的内容，但完整的蛋白质化学结构一般还包括：①多肽链的数目；②链间和链内的二硫键数目和位置。③与蛋白质分子共价结合的其他成分。

二级结构 指肽链主链原子的局部空间排布。有下列3种类型：①螺旋。最常见的是α-螺旋，除极个别例外，全部是右手螺旋。②β-折叠层。分平行式和反平行式两种。③β-转角或称β-回折。在不同种类的蛋白质中，二级结构的分布和作用都很不一样。在纤维状蛋白质中，二级结构是分子的基本结构，并决定分子的一些基本特性。在球状蛋白质中，二级结构是分子三维折叠的基本要素，对分子的骨架形成具有重要作用。在蛋白质结构中，还经常可以发现几个二级结构单元连接成有特殊几何排列的局部空间结构，这样的局部空间结构称为超二级结构，又称模体。

三级结构 蛋白质分子内的肽链在二级结构的基础上（包括无规卷曲）在三维空间进一步折叠、盘曲，形成包括蛋白质分子主链和侧链全部在内的专一性三维排布。所有具有重要生物功能的蛋白质都有严格的、特定的三级结构。

四级结构 指蛋白质亚基的立体排布，亚基间的相互作用与接触部位的布局，但不包括亚基内部的空间结构。

结构和功能的关系 变性和复性 蛋白质分子在受到外界一些物理和化学因素影响后，分子的肽链虽不裂解，但其天然的立体结构被改变和破坏，从而导致蛋白质生物活性的丧失和其他的物理、化学性质的变化，这一现象称为蛋白质变性。引起蛋白质变性的主要因素有：温度、酸碱度、有机溶剂、脲和盐酸胍、去垢剂和芳香环化合物。在变性因素去除以后，变性的蛋白质分子又可重新回复到变性前的天然构象，这一现象称为蛋白质复性。只有少数蛋白质在严重变性以后，能够完全复性。

蛋白质的激活 活性蛋白质分子在生物体内刚合成时，常常不具有这一蛋白质的特定生物功能。要使蛋白质呈现其生物活性，肽链必须按特定的方式断裂。蛋白质的激活是生物的一种调控方式，在各种重要的生命活动中广泛存在。

亚基的调节 很多蛋白质由亚基组成，这类蛋白质在完成其生物功能时，在效率和反应速度的调节方面，很大程度上依赖于亚基之间的相互关系。如血红蛋白分子对氧的结合是4个亚基协同作用的结果。当第一个α-亚基和氧结合时，其立体结构发生改变，通过亚基之间的相互作用，引起其余亚基的立体结构的变化，从而提高其余亚基对氧的亲和力，这种现象也称别构效应。

**功能** 催化功能 有催化功能的蛋白质称**酶**，生物体新陈代谢的全部化学反应都是由酶催化来完成的，器官的分化、肿瘤细胞的转化等也和酶的活动有关。

运动功能 从最低等的细菌鞭毛运动到高等动物的肌肉收缩都是通过蛋白质实现的。肌肉的松弛与收缩主要是由以肌球蛋白为主要成分的粗丝以及以肌动蛋白为主要成分的细丝相互滑动来完成的。

运输功能 在生命活动过程中，许多小分子及离子的运输是由各种专一的蛋白质来完成的。例如在血液中，血浆白蛋白运送小分子，红细胞中的**血红蛋白**运送氧气和二氧化碳等。

机械支持和保护功能 高等动物的具有机械支持功能的组织，如骨、结缔组织，以及具有覆盖保护功能的毛发、皮肤、指甲等组织，主要是由胶原、角蛋白、弹性蛋白等组成。

免疫和防御功能 生物体为了维持自身的生存，拥有多种类型的防御手段，其中很多是靠蛋白质来执行的。例如**抗体**即是一类高度专一的蛋白质，它能识别和结合侵入生物体的外来物质，如异体蛋白质、病毒和细菌等，消除其有害作用。

调节功能 在维持生物体正常的生命活动中，代谢机能的调节、生长发育和分化的控制、生殖机能的调节以及物种的延续等各种过程中，多肽和蛋白质激素起着极为重要的作用。此外，还有接受和传递调节信息的蛋白质，如各种激素的受体蛋白等。

蛋白质作为生命活动中起重要作用的生物大分子，与一切揭开生命奥秘的重大研究课题都有密切的关系。在临床检验方面，测定有关酶的活力和某些蛋白质的变化可以作为一些疾病临床诊断的指标。例如乳酸脱氢酶同工酶的鉴定可以用作心肌梗塞的指标，甲胎蛋白的升高可以作为早期肝癌病变的指标等。蛋白质在工业、农业、畜牧业、水产养殖业等方面的重要性，也是显而易见的。

随着**人类基因组计划**的基本完成，生命科学研究已经进入以“蛋白质组”研究为主要内容的后基因组时代。同一种基因可能有不同的产物及其加工、修饰结果，因而蛋白质组要比基因组庞大得多。蛋白质组学是在整体水平上研究细胞内蛋白质组成及其活动规律的新学科。

**蛋白质工程** protein engineering 一种以**基因工程**为基础，通过改造编码蛋白质的基因结构，取得比天然蛋白质更适合人类需要的蛋白质的生物技术。又称第二代的基因工程。

蛋白质工程分为合理设计的蛋白质工程和非合理设计的蛋白质工程。前者是根据蛋白质的精细结构和生物活力的作用机制之间的关系，按照人类自身的需要，定向设计改造天然的蛋白质，最后创造出新的自然界本不存在的具有优良特性的蛋白质分子（例如经改造天然胰岛素而获得的速效型胰岛素）；后者又称进化蛋白质工程，是按照蛋白质自然进化的方式，通过各种突变技术在体外改造编码蛋白质的基因，然后采用基因工程的手段表达出突变的蛋白质，再按照需要选择出具有优良特性的蛋白质（例如使酶改变其稳定性、底物专一性或催化活性）。

在开展非合理设计的蛋白质工程的过程中，可以取得大量有关蛋白质的结构与功能关系的知识，这些知识的积累将为合理设计的蛋白质工程打下扎实的基础，合理设计的蛋白质工程最终将成为人类改造蛋白质的主要武器。

**蛋彩画** tempera 用蛋黄或蛋清调和颜料绘成的画。多画在敷有石膏表面的画板上。早在三千多年前就在埃及墓室壁画中运用。嗣后由罗马传到欧洲，盛行于14～16世纪，成为文艺复兴时代西方画家重要的绘画技巧。蛋彩运用在**壁画**上称为湿壁画。湿壁画有不易剥落、不易皲裂，色彩鲜明而保持长久的优点，更有肌理的细腻，色彩层次丰富透明的特点，适于光泽焕发，色调辉煌的描绘。蛋彩的调配和绘制程序是一门复杂的技巧，配方很多，如蛋剂、亚麻仁油、清水、薄荷油、达玛树脂、凡立水、酒精、醋汁等，以不同的配方搅拌均匀制成。不同配方，使用方法和表现效果亦各有特色。文艺复兴时代意大利画家**乔托**、S.**博蒂切利**、**达·芬奇**、**米开朗琪罗**及**提香**都曾运用过这种画法并获得了辉煌成就。16世纪后，随着油画材料和技法的完善，蛋彩画逐渐被油画所取代，以致被人们淡忘，近乎失传。20世纪，一些欧美画家体悟到蛋彩画的特有魅力，于是又一度振兴。代表人物有美国画家A.**怀斯**等。

《摩西的考验》局部（博蒂切利，1482年，梵蒂冈美术馆藏）

**蛋糕** cake 以面粉和高比例的蛋和糖为基本原料制成的含水量较高、质地松软的**糕点**。根据其使用的原料、调混方法和面糊性质分为三大类。①面糊类。配方中油脂用量高达面粉的60%以上，用以润滑面糊，使产生松软的组织，并帮助面糊在搅混过程中融合大量空气产生蓬松作用。一般奶油蛋糕、布丁蛋糕属于此类。②乳沫类。配方特点是不含任何固体油脂，利用蛋液中蛋白质的发泡作用，在面糊搅打和焙烤过程中使蛋糕蓬松。海绵蛋糕属此类。③戚风类。将蛋白和蛋黄分开，先用蛋白与部分糖搅打成泡沫体，蛋黄与其他原料搅匀后，搅入泡沫体烘烤而成。特点是口感特别松软，适合做裱花蛋糕的底坯。

蛋糕制作的关键工序是面糊搅打和焙烤。①面糊搅打。产品种类不同，其投料次序、搅打速度和时间都不同。总的要求是各个配料成分分散均匀，力求向面糊中搅入较多量的空气，并尽量限制面筋的溶胀，以保证产品组织疏松、质地柔软。②焙烤。须在焙烤过程中获得应有的体积和色泽。一般糖、油比重大的，温度要低些，焙烤时间要长些。

**氮** nitrogen 化学元素，元素符号N，原子序数7，原子量14.006 7，属周期系ⅤA族。1772年D.卢瑟福首先发现氮气。氮的拉丁名nitrogenium来自英语的nitrogen，意指“硝之源”。

自然界中绝大部分氮以单质分子$N_2$的形式存在于大气中，约占空气体积的78.1%。氮是植物和动物有机生命的重要组成部分。按质量计，蛋白质中氮约占15%左右。氮最重要的矿物是硝酸盐，如智利硝石（$NaNO_3$）、印度钾硝石（$KNO_3$）等。氮有两种天然存在的稳定同位素$^{14}N$和$^{15}N$，丰度比为273∶1。

在常温、常压下为无色、无臭、无味气体，熔点－210.00℃，沸点－195.79℃，密度1.145克/升；微溶于水。人吸入的氮气微溶于血液中，随压力增加，溶解量增大，当潜水员、潜箱工作人员回到地面，空气压力降低过快时，便有氮气泡从血流中逸出，会引起潜水病。氮的氧化态－3、－2、－1、+1、+2、+3、+4和+5。氮分子是双原子分子，两个氮原子之间以三个共价键结合成N≡N，总键能为941.7千焦/摩，要使这样的分子分解，必须供给大量的能量。因此氮气特别稳定，既不易分解，又表现惰性，在常温下不与氧、氢、硫、卤素等作用。在高温下与氧化合，氮与氢必须在高压高温条件下，并有催化剂存在下，才能反应生成**氨**。在高温下，氮与金属发生反应，生成氮化物，例如与镁作用，生成氮化镁$Mg_3N_2$。氮在水中的溶解度很小，也不与酸、碱作用。氮的氧化物一共有5种：①一氧化二氮。又称氧化亚氮，分子式$N_2O$，1800年英国H.戴维将它用作麻醉剂，被称为笑气。是无色气体，易溶于水，可以助燃。②一氧化氮。分子式NO，无色气体，在电火花中可由空气中的氧气和氮气直接化合而成，在水中的溶解度很小，不与水发生反应。③三氧化二氮。分子式$N_2O_3$，液体和晶体都是蓝色的，气态时大部分离解为NO和$NO_2$。与水反应生成亚硝酸，故它是亚硝酐。④二氧化氮。分子式$NO_2$，红棕色气体，冷至－9.3℃以下，成为无色晶体，即$N_2O_4$。二氧化氮易溶于水，是氧化剂。⑤五氧化二氮。分子式$N_2O_5$，无色晶体，不稳定，与水发生反应生成**硝酸**，故它是硝酸酐。

氮气可由液态空气分馏制得，氮的沸点比氧低13℃，先从液态空气中蒸出，可以在$1.5\times10^7$帕下装入钢瓶中贮存。在自然界中，氮不断地进行循环，以维持生态平衡。动植物在腐烂时，体内大部分氮的化合物转变为氨，氨被土壤吸收转变为硝酸，成为肥料，又会进一步进入植物和动物体内。某些豆科植物的根部有许多固氮菌，能将空气中的氮分子转变为氮的化合物而被吸收，大气中的氮和氧在放电作用下，也会生成一氧化氮，后进一步转化为硝酸而被土壤吸收，使氮循环不已。工业上氮主要用于合成氨，液氮用作制冷剂，氮在冶金和焊接中可作为保护气体。

**氮肥** nitrogen fertilizer 具有氮（N）标明量的单元肥料。施于土壤或植物可提高植物的氮营养水平。

氮肥按氮的化学形态主要可分三大类：①铵态氮肥。即氮以$NH_4^+$形态存在的肥料，主要品种有氨水、液氨、碳酸氢铵、硫铵、氯化铵等。②硝态氮肥。即氮以$NO_3^-$形态存在的肥料。主要品种有智利硝石（硝酸钠）、硝酸钙；同时含有$NH_4^+$和$NO_3^-$的氮肥有硝酸铵、硫硝酸铵、硝酸铵钙等。③酰胺态氮肥。即氮以酰胺基形态存在的肥料。主要品种有**尿素**等。中国常用的氮肥有：尿素、氨水、碳酸氢铵、硝酸铵、硫铵、氯化铵、石灰氮和含氮复合肥料。

氮肥施入土壤后，其中的氮素被当季植物吸收，一部分通过微生物的同化和黏粒矿物的固定等作用而残留在土壤中；还有一部分则通过各种途径，如氨的挥发、反硝化作用、淋洗作用和径流等离开土壤－植物系统而损失掉。土壤氮素含量、形态及其转化和供氮能力与氮肥肥效关系极大。土壤中氮分为无机态和有机态2类。无机态氮中，黏土矿物固定态的铵约占土壤全氮量的2%～3%，能被植物直接吸收利用，称有效态氮。有机态氮约占土壤表土全氮量的90%或更高，经微生物分解转化为铵态氮和硝态氮后，易为作物吸收。

**《当代英雄》** *A Hero of Our Time* 俄国长篇小说。作者M.Yu.**莱蒙托夫**，作于1838～1840年。小说由两个中篇（《贝拉》、《梅丽郡主》）和三个短篇（《马克西姆·马克西梅奇》、《塔曼》、《宿命论者》）组成。这五个故事通过主人公毕巧林贯穿起来，从不同侧面塑造出毕巧林这一独特的艺术形象——当代英雄。他是一个心灵残疾者，被上流社会的享乐腐蚀了心灵，不会真心地关爱别人。他知道自己是别人不幸的祸根，而且自己的不幸也不亚于别人。他就是这样一个"多余的人"，但与他的先驱奥涅金相比，又有不甘沉沦和自责求索的一面。20世纪50年代苏联曾将其改编为电影公映，中译名为《梅丽小姐》。

**当归** *Angelica sinensis*; Chinese angelica 伞形科当归属的一种。多年生草本植物。根是中国传统医学中的妇科药材。中国主产于甘肃、云南、四川、湖北、陕西等地。商品名称有秦归、云归、川归等。株高40～100厘米。主根粗短肥大，呈不整齐圆柱形，表皮黄色，切面为粉白色。茎直立，有明显的纵直槽纹。叶片卵形。复伞形花序顶生，花冠5片，呈白色。双悬果椭圆形，分果有果棱5条，侧棱发展成宽而薄的翅。

为长日照植物，喜凉爽湿润气候，苗期需荫蔽，成株则需阳光。适于高寒多雨山区、土层深厚而肥沃、排水良好的砂质壤土栽培。忌连作。用种子育苗移栽或直播。花薹须及早摘除。当归根的功能为养

血、活血、调经、润肠，用以主治月经不调、经闭、痛经、崩漏、风湿痹痛、痈疽疮疡、肠燥便秘等症。有刺激子宫收缩、降低血压、抑菌平喘等作用。

**当惹雍错** Tangra Yumco 中国构造湖。又称唐古拉湖、唐古拉攸木错。位于冈底斯山中段北麓，西藏自治区申扎县境内。发育在近南北向断裂湖盆内，呈北东方向延伸，长71.7千米，平均宽11.6千米，湖面海拔4 535米，面积835平方千米。是西藏自治区第四大咸水湖。历史上，当惹雍错北与当穷错、南与许如错相连，长达190千米。由于气候变干，湖水退缩，当穷错、许如错与当惹雍错分离。当惹雍错湖水主要靠冰雪融水补给。湖水pH9.12，矿化度9.862克/升，属硫酸盐型咸水湖。湖滨为藏北主要牧区。

**当事人** litigant 与案件事实和诉讼结果有切身利害关系的人。在中国刑事诉讼中，当事人包括被害人、自诉人（见**自诉**）、犯罪嫌疑人、被告人、**附带民事诉讼**的原告人和被告人。**公诉**案件中的检察人员代表国家**起诉**，不是当事人。在民事诉讼和行政诉讼中，包括原告、被告，上诉人和被上诉人，申请执行人和被申请执行人。当事人依法享有平等的诉讼权利和承担相应的诉讼义务。

当事人的诉讼权利有：使用本民族语言文字进行诉讼，申请回避，了解诉讼内容，要求调查证据、进行鉴定、传唤新证人，申请发问，进行辩论，提起上诉或申诉，等等。诉讼义务有：不得隐匿、伪造或毁灭证据，按指定的期日到案，遵守法庭纪律，听从审判人员指挥，执行人民法院已生效的判决和裁定等。

**当阳市** Dangyang City 中国湖北省辖县级市。位于省境中部。面积2 159平方千米。

关陵庙

人口47万(2010)。汉景帝中元年间(前149～前144)置当阳县。因地处荆山山脉以南，取"山南为阳"而得名。后历经更迭变化，至1948年设荆当县。1949年又分为荆门、当阳两县。1988年撤县,改当阳市。1995年改为省直辖，由宜昌市代管。矿产资源丰富，主要有石膏、石英砂、石灰岩、煤炭等。工业以采掘、电力、化工、建材、纺织、造纸、食品、卷烟等为主。农产品以粮食、油料、蔬菜和生猪、家禽、水产等为重点。特产清坪猪、双莲鸡、仙人掌茶、沮漳鱼等。名胜古迹有玉泉寺、关陵庙、长坂坡、麦城、当阳桥、锦屏山等和吴道子精制石刻观音像及珍珠泉、玉泉山等风景区。

**党锢** Party Sanction 中国东汉桓、灵二帝统治时期官僚士大夫因反对宦官专权而遭禁锢的政治事件。所谓"锢"就是终身不得做官。党锢的政争自延熹九年(166)，一直延续到中平元年(184)。

东汉自和帝以后，外戚、宦官交替专权。官僚士大夫倾向于外戚一边，他们在清议中抨击时政,反对宦官专权。延熹九年,司隶校尉李膺捕杀交通宦官、教子杀人的方士张成。宦官唆使张成弟子牢脩诬告李膺等人蓄养太学游士、交结诸郡生徒，共为部党,诽谤朝廷。桓帝于是通令郡国逮捕"党人"。李膺和太仆杜密、御史中丞陈翔及陈湥、范滂等200余人均被收执，太尉陈蕃也以用人不当被罢免。次年，桓帝又下诏将"党人"赦归田里，禁锢终身，不得做官。这一事件发生后，引起了士大夫阶层的公愤，与把持朝政的宦官集团之间的斗争更趋激烈。永康元年(167)灵帝幼年继统，窦太后临朝，外戚窦武为大将军，执掌朝政。他与太傅陈蕃起用党人，打算消灭宦官势力。后因事机泄漏而失败，陈蕃被杀，窦武自杀，李膺及为陈蕃、窦武所荐举者及门生、故吏等皆免官禁锢。建宁二年(169)，宦官侯览又使人诬陷张俭与同乡24人"共为部党,图危社稷"。同年十月,曹节也乘机奏捕拷杀虞放、李膺、杜密等百余人，妻子皆徙边。此外，借机报私冤和地方官滥捕牵连，以至死、徙、废、禁者又有六七百人。熹平元年(172)宦官又指使司隶校尉段颎逐捕党人和太学诸生千余人。熹平五年，进一步下诏州郡，凡党人的门生、故吏、父子兄弟和五服以内的亲属，都免官禁锢，并连及五族。这次党锢前后延续了十几年。中平元年黄巾起义爆发后，灵帝下诏赦免党人，党锢至此才告结束。

**《党和国家领导制度的改革》** *Reform of the Party and National Leading System* 邓小平1980年8月18日在中共中央政治局扩大会议上的讲话。收入《邓小平文选》第2卷。讲话中指出：改革党和国家领导制度及其他制度，是为了充分发挥社会主义制度的优越性，加速现代化事业的发展。当前和今后一个时期，主要应当努力实现以下三个方面的要求：经济上，迅速发展社会生产力，逐步改善人民的物质文化生活；政治上，充分发扬人民民主，健全社会主义法制；组织上，大量培养、发现、提拔、使用坚持四项基本原则的、比较年轻的、有专业知识的社会主义现代化建设人才。党和国家的各项制度好不好，完善不完善，必须用是否有利于实现这三条来检验。讲话指出：从党和国家的领导制度、干部制度方面来说，主要弊端就是官僚主义、权力过分集中、家长制、干部领导职务终身制现象和形形色色的特权现象。我们过去发生的各种错误，固然与某些领导人的思想、作风有关，但是组织制度、工作制度方面的问题更重要，关系到党和国家是否改变颜色。只有对这些弊端进行有计划、有步骤而又坚决彻底的改革，人民才会信任我们的领导，才会信任党和社会主义，我们的事业才有无限的希望。这篇讲话的重要意义远不限于党和国家领导制度的改革，是一篇指导党和国家进行各项改革工作的纲领性文件。

**党怀英** Dang Huaiying (1134～1211) 中国金代文学家。字世杰，号竹溪。同州冯翊(今陕西大荔)人。父纯睦为泰安军录事参军，因家居奉符(今山东泰安)。怀英为宋初名将党进的十一代孙。少年时与辛弃疾同门读书，师亳社刘绲老。长大后，以文章知名。性乐山水，以诗酒自娱。金世宗大定十年(1170)进士，任莒州军事判官，入为国史院编修官，应奉翰林文字，官至翰林学士承旨。据其《奉使行高邮道中》等诗，知其曾经出使南宋。党怀英是金章宗明昌年间的文坛盟主。作品不尚虚饰，因事遣词，对金代文学的发展有一定影响。他具有敏锐的观察能力和娴熟的表达技巧，如写淮南景色"潮吞淮泽小，云抱楚天低"(《奉使行高邮道中二首》其一)，写舟行所见"岸引枯蒲去，天将远树来"(同前其二)，极力锻炼而不见斧凿之痕。其文平实畅达，不为尖新奇险之语。其书法被称为独步金代，颂扬金太祖武功的《大金得胜陀颂碑》，即由其篆额。著有《竹溪集》，今佚。其诗见《中州集》卷三，词见《中州乐府》。

**党参** *Codonopsis pilosula*; asiabell 桔梗科党参属的一种。多年生缠绕性草本植物。根供药用。中国东北、华北、西北各地都有分布。朝鲜、韩国、俄罗斯也有。

肉根肥大，长圆柱形。叶对生或互生，被毛。夏秋开花，花冠钟状，淡黄色，有紫色斑点。蒴果圆锥形。种子细小。喜温和凉爽气候。适于含腐殖质较多、土层深厚的砂质壤土栽培。用种子繁殖。注意防治根腐病和锈病。

根含皂苷、糖类及微量生物碱。有增加红血球及血色素的作用。为滋补强壮药，有补中益气、养血生津功能。主治气血不足、劳倦乏力、食少便溏、血虚萎黄、便血、崩漏等症。分布于四川、湖北等地的川党参也以根入药。

**《党同伐异》** *Intolerance* 美国故事片。1916年沃克影片公司出品。编导D.W.格里菲斯，主演L.吉许、M.玛什。本片平行展示了4个不同地域、不同历史时期的故事：巴比伦为波斯剪灭，基督受难，法国圣巴托罗米大屠杀，美国的一场流血罢工和命案错判并最终得到改正。格里菲斯试图通过这4个故事从不同的侧面阐释"人类从不容异已到宽容的进化"这一主题。本片艺术上的重要成就在于对运用平行蒙太奇叙事进行了探索。影片追求史诗片效果，场面宏伟，投资创当时影史之最。但观众对它的主题和表现手法难于理解，因而票房收入极低。本片对电影艺术的发展影响深远，S.M.爱森斯坦据此建立了蒙太奇理论。其正反面的经验对好莱坞制片制度的形成也影响巨大。

《党同伐异》剧照

**党卫军** Schutzstaffel; SS 德国纳粹党的法西斯特务组织和军事组织。因队员穿黑色制服，又称黑衫队。简称SS。1925年4月成立。1946年被纽伦堡国际军事法庭宣判为犯罪组织。

党卫军成立初期仅为A.希特勒的卫队和对付政敌的工具，隶属于E.罗姆领导的冲锋队，规模很小。1929年1月起由H.希姆莱领导，党卫军有很大发展。1931年6月建立情报机关党卫军安全处。次年1月设党卫军种族局。1933年初，其成员已发展至5万余人。1934年6月，罗姆被处死以后，党卫军取代冲锋队在纳粹恐怖组织中起主导作用，由希特勒直接掌管。

党卫军的嫡系部队是以预备队和百人留守队为核心扩建的武装党卫队，人数最多时达50余万人，此外有看守集中营的特殊部队骷髅队，包括盖世太保在内的整个警察部门也由党卫军领导。党卫军名义上受内政部长领导，实际直接归希特勒指挥。党卫军的各级组织布满全国，指挥各地的警察和情报机构。党卫军直接参加法西斯侵略战争，以残酷的手段迫害和屠杀犹太人、共产党人、民主进步人士、被占区居民及战俘。达豪和布痕瓦尔德等集中营的惨绝人寰的屠杀暴行，都是由党卫军的骷髅队进行的。

**党项** Tangut 6～14世纪活跃于中国西北地区的羌族的一支。又称党项羌。居住于今四川西北至青海河曲一带山谷间。以姓氏为部落，大姓有细封氏、费听氏、往利氏、颇超氏、野辞氏、房当氏、米擒氏、拓跋氏，其中拓跋氏最强。党项拓跋氏，或谓即鲜卑拓跋氏。629～631年（唐贞观三年至五年）其大酋细封步赖、拓跋赤辞等先后率部归唐，唐于其地析置羁縻州数十，赐赤辞姓李。后因吐蕃逼迫，唐徙拓跋等部于庆州（今甘肃庆阳），置静边等州以处之。留于原地者为吐蕃统治，吐蕃称之为“弭药”。安史之乱后，内迁党项又徙于灵（今宁夏吴忠北）、庆、银（今陕西米脂西北）、夏（今陕西靖边红墩界乡夏城子）等州。765年后，因盐（今陕西定边）、庆等州党项与吐蕃邻近，往往联合入侵内地，唐再徙之于银州之北、夏州之东。以后，居夏州者称平夏部，居庆州者称东山部，在夏州以南山地者称南山部。东山部、平夏部有移至石州（今山西离石）者，依水草而居。唐末，平夏部首领拓跋思恭助唐镇压黄巢起义，被授为定难军节度使，赐姓李。五代时，拓跋思恭势力增强。以夏州为中心的党项势力控制了当时的中西交通线，从中继贸易中获利甚丰。1038年（宋宝元元年），思恭后代元昊正式即西夏皇帝位（西夏景宗李元昊）。元时蒙古人称党项及其所建西夏为唐兀或唐兀惕。

党项人石雕像

**氹仔岛** Dangzai Island 中国澳门特别行政区的属岛。位于澳门半岛以南，路环岛以北，西部隔海与珠海市的小横琴岛相望。面积4.1平方千米。原为大、小氹仔两小岛，因沙泥淤积和人工填海合并为一，东西长约3.5千米，南北宽约1.5千米。氹仔岛与澳门半岛有长约2 500米的澳氹大桥相连。岛内有澳门大学、凯悦酒家、新世纪酒店、濠苑城、住宅博物馆龙环葡韵、国际机场等高级建筑群。名胜古迹有菩提禅院、跑马场等。

氹仔岛风光

**当铺** pawn shop 专门经营以收取动产抵押品而放款的非银行金融机构。见典当。

**砀山县** Dangshan County 中国安徽省宿州市辖县。位于安徽省最北端，苏、鲁、豫、皖四省交界处。面积1 193平方千米。人口97万（2008）。战国属楚，置砀邑。秦设砀郡及砀县。汉属梁，改砀县为砀山县。属于暖温带半湿润季风气候。主要种植小麦、玉米、大豆、棉花等。是著名水果产地和重点产棉县。因盛产闻名中外的砀山酥梨被誉为“中国梨都”。果树面积约占全县总耕地面积的77.6%。工业以木材加工为主，生产各种规格的芯板、胶合板、贴面板、装饰板、细木工板，远销江苏、河北、上海、浙江等地，并出口东南亚地区及欧美一些国家。砀山是汉高祖刘邦斩蛇举义之地，近代画坛宗师齐白石祖籍。

**《荡寇志》** *Extermination of Bandits* 中国近代小说。又名《结水浒传》。70回，末附“结子”1回。作者俞万春（1794～1849），字仲华。浙江山阴（今绍兴）人。

俞万春从道光六年至二十七年写成《荡寇志》。咸丰元年（1851）经其子俞龙光修润，咸丰三年刊行。

俞万春非常不满《水浒传》梁山泊受招安等内容，认为对于宋江等人，“只有被张叔夜擒拿正法一句话”。因此接其70回以后，续作此70回，写水浒108名英雄非死即诛，“无一能逃斧钺”的结局，以使人们“知忠义之不可伪托，而盗贼之终不可为”。小说写告休提辖陈希真之女陈丽卿，被高俅养子高衙内看中，欲仗势强娶。陈丽卿痛打高衙内，父女被逼逃到山东，暂托猿臂寨“权作绿林”，却勾结官军，专与水浒寨对垒，以求“得胜梁山，作赎罪之计”，显示其“真忠真义”。最后在经略使大将军燕国公张叔夜率领下，攻破三关，杀上忠义堂，“平灭梁山”。父女俱得封赏，大宋朝从此“永享太平”。全书主旨“尊王灭寇”，维护王朝统治，鼓吹镇压和屠杀。所以，把梁山泊好汉写成“极凶极恶的强盗”，并为108将全部安排了悲惨结局。全书行文布局、造语设景颇具匠心，文字精练流畅。

《荡寇志》有多种重刻本。1981年人民文学出版社出版新校点本，附录各家序跋等资料。

**档案** archives 社会组织或个人在社会实践活动中直接形成，保存备查的各种形式和载体的历史记录。档案是有史以来最早产生的文献之一，也是现代社会信息的重要门类。

起源 档案一词始于清代，康熙十九年（1680）《起居注》中已有记载，大约成书于康熙四十六年的杨宾著《柳边纪略》中对档案有所解释。按汉字本义，档为横木框格，是指存放东西的阁架；案即小桌一类的东西，引申为处理某一事件的案卷。档案即存入档架的案卷，沿用至今仍有其形象的和内在的意义，并赋予了新的科学涵义。

从已知的历史事实和研究成果来看，档案并非自有人类伊始就同时产生的，它是人类社会发展到一定阶段的文明产物。世界各地发现的、比较系统的以文字记录人们实践活动最早的档案，多属于国家出现之后的历史遗物，如中国的甲骨档案，两河流域的泥板档案，埃及的纸草档案等。文字发明之前非文字的原始记事形式（如结绳、刻契等）是否已具有档案性质，尚待进一步考察和研究。

特性 档案与一般的历史遗物或历史

文献有所区别。①它是由现实使用过的文件转化而来的原始的历史记录，而以其记录性和原始性集中于一体的特点区别于一般的历史遗物。②它是各种机关、组织和个人在其特定的社会活动中积累而成的文件组合体，档案文件之间存在必然的历史联系。③由于档案是历史原始记录物，并且多属原始的孤本，所以更具可靠性，显得特别珍贵，这就对保护和利用档案提出了特殊的要求。④档案的种类和形式丰富多彩，其范围相当广泛。一些历史悠久、性质或载体比较特殊的档案，往往与文物、图书资料等有一定的转化关系或部分重合关系，因此在博物馆、图书馆、纪念馆等单位均有所收藏。

档案的价值　档案对于人们和社会都有凭证价值和信息价值。因为它客观地记录了形成档案的当事人的思想和行为，以及既往的各种情况，成为人们查考、争辩和处理事务的真凭实据。同时，它又记载了历史活动的事实和过程，以及经济、政治和科学文化活动等方面的成果和经验教训，它作为信息的一种原始贮存形式，能给人提供大量的知识。

**档案馆**　archives　集中保存、管理档案并为社会提供利用的文化事业机构。世界上最早出现的这种机构是1790年9月成立的法国国家档案馆。现代档案馆已成为社会信息的重要部门之一。档案馆的主要任务是：①收集和接收本馆保存范围内对国家和社会有保存价值的档案。②对所保存的档案按照规定整理和保管。③采取各种形式开发档案资源，为社会利用档案资源提供服务。由于各国的政治制度和文化传统各异，档案馆的设置亦不尽相同。多数国家在中央设立综合性国家档案馆和外交、国防等部门档案馆。还有各种私有企业档案馆、家族档案馆、教会档案馆等。某些国家还设置半公有性档案馆，即由私人和国家联合管理，或由国家资助的档案馆。中华人民共和国建立后，开始大规模建设具有现代意义的档案馆。至2007年底，一个包括国家综合档案馆和专门档案馆、部门档案馆、企事业单位档案馆在内共3 816

大连档案馆

个档案馆的档案馆网络已经形成。其主要类型有：①国家综合档案馆，如中央档案馆、中国第一历史档案馆、中国第二历史档案馆。②专门档案馆，如中国人民解放军档案馆等。③部门档案馆，如外交部档案馆、中国电影资料馆等。④企业、事业档案馆。按照国家规定收藏和管理本企业事业单位档案的档案馆，由工厂、矿山、公司、大学、研究院等工商企业和文化科技事业单位设置。国家档案馆保管的档案，一般应当自形成之日起满30年向社会开放。

**档案学**　archives science　探索档案及档案工作和档案事业等档案现象的本质和规律，研究档案信息资源的管理、开发的理论、原则与方法的学科。档案学的研究目的是提高档案事业管理和档案管理的科学水平，更有效地开发利用档案信息资源。

简史　19世纪初叶，档案学一词首先在德国出现，1804年J.A.奥格写的《一种档案学理论思想》和1834年创办的《档案学、古文书学、历史》杂志，都使用这个概念。1885年法国学者C.-V.朗格卢瓦在巴黎出版的《国际档案馆、图书馆和博物馆》杂志第1期发表了《关于档案馆的科学》一文，首次提出档案学是一门科学的见解。

19世纪，欧洲许多档案学者对档案馆性质、地位、作用以及档案的整理、鉴定、编目、利用、公布等作了广泛的探讨，涉及档案工作各个环节的基本内容。档案的整理理论是欧洲档案学形成时期所探讨的核心问题，档案学家先后提出了事由原则，尊重全宗原则和来源原则，并对这些原则的优缺点从理论上和实践上进行了论证。1898年出版的荷兰档案学家S.缪勒、J.A.斐斯和R.福罗英合著的《档案整理与编目手册》，总结了欧洲档案工作经验，继承和发展了前人研究成果，系统地阐述了档案整理与编目的理论、原则与方法，其中最精彩的部分是对全宗理论的深刻论述，提出档案全宗的有机联系和不可分散的原则。进入20世纪，档案学著作随着档案工作实践的发展而增多，代表作有英国H.詹金森著的《档案管理手册》，意大利E.卡萨诺瓦著的《档案学》，德国A.布伦内克著的《档案学》，法国档案局和法国档案工作者协会编写的《档案学手册》。美国T.R.谢伦伯格著的《现代档案——原则与技术》和《档案的管理》，加拿大H.A.泰勒著的《档案材料的整理与编目》等。

1911年辛亥革命结束了中国封建帝制，一向秘藏于清宫的明清档案不再为皇家所专有。20年代初，大内档案流散到社会，引起学术界的关注，并开展了收集整理明清档案的活动。30年代，史学界人士沈兼士、徐中舒、吴晗、郑天挺、方甦生等，撰写了不少论文，对明清档案的史料价值和档案整理与编目进行了有意义的探讨。40年代中国开始兴办档案专业教育，在武昌文华图书馆学专科学校设立档案管理科，在重庆创办私立崇实档案学校，开设档案管理课程，研究档案学，并介绍欧洲一些国家的档案学思想和管理经验。

中华人民共和国建立后，建立了具有国家规模的档案事业。1956年《国务院关于加强国家档案工作的决定》提出应加强对档案学及其他辅助科目研究。50年代至60年代中期，创建了文书学、档案管理学、科学技术档案管理学、档案保护技术学、中国档案事业史、外国档案事业史、档案文献编纂学等诸学科。80年代以后，又增加档案学概论、电子文件管理等学科，建立了档案学基础理论与应用理论技术并重的档案学学科体系。

研究内容　档案学以档案和档案工作为研究对象。其基本任务是：在研究档案和档案工作发展规律的基础上，提出档案工作的科学理论、原则与方法，指导档案工作实践，提高档案管理的科学水平，以便充分实现档案的价值，为各项社会实践服务。档案学的研究内容有：①档案学基础理论研究。②档案专业史研究。③档案事业管理研究。④档案资源管理与开发的研究。⑤档案工作应用技术研究。⑥信息技术在档案管理中的应用研究。

与其他学科的关系　档案学与文书学是关系最为密切的姊妹学科。从两门学科的研究对象来看，文书是档案的前身，档案是文书的转化，文书工作是档案工作的前提和基础。档案学与历史学密不可分。档案是历史文化财富，如何收藏、整理、编辑和利用档案史料，是档案学者和历史学者共同关心的问题。档案学与图书馆学、信息学等是各自独立而又密切联系的相关学科。它们由于研究对象各有自己的特殊性，因此在管理制度、原则和方法上各有特点。

社会的发展和科学技术的进步，使档案学不断得以丰富。特别是电子文件的大量出现，档案管理从手工向自动化、网络化的转变，为当代档案学研究提出了许多前所未有的新课题、新要求，也形成了许多新思想、新理论，使档案学进入了一个新的发展时期。

**档房**　archives in Qing Dynasty　中国清代中央、地方衙署及八旗营房中办理文书和管理档案机构的统称。有档案房、满档房、汉档房、黄档房、档子房等不同称谓。分别设领办、总办、堂主事、主事、助教、笔帖式、堂书以及经承等官吏专管或兼理。档房的档案主要是本衙署定期缮修和汇抄的档册、收发文登记簿、公文底簿及有关文书等。部分档房兼做文书处理和人事工作。清末官制改革后，除八旗档子房仍旧保留外，其他衙署的档房多被机要科、案牍科、编辑科、文牍课、承宣厅等机构代替。

**刀币** sword-shaped coin 中国春秋战国时期的铜质刀形货币。铸行于燕、齐、赵等国。源于青铜工具刀、削。种类很多，根据刀上所铸文字及刀的形制可分为明刀（又可分为燕明刀和齐明刀）、齐法化刀、尖首刀、截首刀、钝首刀。刀币文字尤其是明刀背文种类繁多，是研究先秦历史地理和古文字的珍贵资料。

齐法化刀（战国刀币，山东临淄齐城出土。面文“齐法化”）

**刀豆** *Canavalia gladiata*; swordbean 豆科刀豆属的一种。原产美洲以外的热带地区。中国长江以南有栽培。一年生草质藤本，无毛。3出复叶，互生，顶生小叶宽卵形，侧生小叶偏斜，长8～15厘米。花数朵成总状花序腋生；花两性，两侧对称；萼二唇形，上唇大，2裂，下唇3裂；花冠蝶形，淡红紫色，长3～3.5厘米；雄蕊10，结合成9个花丝合生，1个花丝离生的二体雄蕊；心皮1，子房上位，1室，子房有长硬毛；花期5～6月。荚果扁平，带形，长20～30厘米，宽约5厘米；种子肾形，红色或褐色，长约3.5厘米；果期8～9月。嫩荚可供食用；根、果实、种子可入药，有行气活血、补肾、散淤的功效。

**刀耕火种** slash-and-burn cultivation 原始农业耕作方法，即砍倒树木，焚烧后空出地面以播种农作物。又称刀耕火耨、火耨刀耕。始于新石器时代，西亚、北非、中国、印度及中美洲等地的原始农业都经历了刀耕火种阶段，是农业民族初期开辟耕地和进行耕作的方式，对农业发展起过积极作用。中华人民共和国建立前及以后相当长一段时间里，独龙、拉祜、布朗、基诺、佤、傈僳、怒、景颇、黎、苗、瑶、彝等民族的部分地区仍采用这种耕作方式。现在一些农业生产不发达的国家和地区，也还保留着这种原始耕作。采用刀耕火种，不犁不挖，即行点种，以草木灰作肥。最早使用石质或木质工具，取撂荒耕作法；铁器出现后改用铁刀、铁斧砍树。随着聚落人口的增加和生产经验的积累，改用轮作技术和休耕制。因耕作技术原始落后，生产中普遍存在协作组织。协作在同一氏族、同一家族内部或家族的各家庭之间进行，也存在于同一村社的各家庭之间。随着生产工具的进步和天然林地的减少，刀耕火种农业逐步过渡到锄耕和犁耕农业。

**刀具** cutting tool 机械制造中用于切削加工的工具。刀具一词一般指金属切削刀具。切削木材用的刀具称为木工刀具。刀具通常由装夹部分和工作部分组成。刀具切削部分的几何参数对切削效率和加工质量有很大影响。

硬质合金刮削滚刀

分类 按工件加工表面的形式可分为5类：①外表面的加工刀具。包括车刀、刨刀、铣刀、外表面拉刀和锉刀等。②孔加工刀具。包括钻头、扩孔钻、镗刀、铰刀和内表面拉刀等。③螺纹加工工具。包括丝锥、板牙、自动开合螺纹切头、螺纹车刀和螺纹铣刀等。④齿轮加工刀具。包括滚刀、插齿刀、剃齿刀、锥齿轮加工刀具等。⑤切断刀具。包括镶齿圆锯片、带锯、弓锯、切断车刀和锯片铣刀等。此外，还有组合刀具。按切削运动方式和相应的刀刃形状，又可分为通用刀具、成形刀具和展成刀具等。图为用硬质合金刀片做成的刀具。

材料 刀具材料必须具有高的高温硬度和耐磨性，必要的横向断裂强度、冲击韧度和化学惰性，良好的工艺性（切削加工、锻造和热处理等），并且不易变形。各种刀具材料在不同温度下的硬度和横向断裂强度见表。

**刀美兰** Dao Meilan（1942-10～ ） 中国傣族舞蹈表演艺术家。生于云南西双版纳。多年从事舞蹈表演，代表作有舞剧《召树屯与喃木诺娜》，舞蹈《赶摆》、《小卜少》、《共饮一江水》以及《东方红》中的傣族舞等。独舞《金色的孔雀》和《水》获1980年全国舞蹈比赛优秀表演奖。曾任中国舞蹈家协会副主席、中国少数民族舞蹈学会副主席、云南省文联副主席、云南省舞蹈家协会主席。

**氘** deuterium 元素氢的一种稳定同位素，俗称重氢，符号$^2_1H$，简写为$^2H$。氘的专用符号为D，氘核的符号为d。

1931年H.C.尤里等将4升液氢在三相点温度（14K）缓慢蒸发到只剩1毫升残液，然后用光栅光谱分析，发现质量数为2的氢同位素的谱线，从而发现了重氢。

氕和氘的质量比为1∶2，是所有稳定同位素中质量相差最大的一对同位素，因此表现在物理性质上的差异也最大。

天然氢中氘的丰度为0.014 8%，主要以HD分子存在。氘可以生成各种含氘化合物，最重要的氘化合物是重水。

液氢精馏是分离氘的有效方法之一。但在低温蒸馏时首先浓集的是HD，必须经催化剂转化为$D_2$、HD、$H_2$的平衡混合物后，才能继续精馏浓集得到$D_2$。

氘主要以重水的形式被使用。在涉及氢的化学反应和生物化学反应研究中，氘广泛用作示踪原子。氘核常用作离子源，用加速器加速轰击其他原子核，可进行核反应的研究。氘还是重要的核燃料。

**导弹** guided missile 依靠自身动力装置推进，由制导系统控制其飞行并导向目标，以携带的战斗部摧毁目标的武器。属于精确制导武器。具有射程远、速度快、精度高、

不同温度下刀具材料的硬度和横向断裂强度

| 刀具材料 | | | 碳素工具钢 | 合金工具钢 | 高速钢 | 硬质合金 | 陶瓷 | 聚晶立方氮化硼 | 聚晶金刚石 | 天然金刚石 |
|---|---|---|---|---|---|---|---|---|---|---|
| 硬度 | 室温 | HRC | 63～65 | 63～66 | 63～70 | | | | | |
| | | HRA | | | 83～87 | 89～94 | 92～94 | | | |
| | | HV | | | | 1 500～2 000 | 1 800～2 000 | 4 000～7 000 | 约8 000 | 10 000 |
| | 540℃ HRA | | | | 70～80 | 82～87 | 90 | | | |
| | 760℃ HRA | | | | | 77～85 | 87 | | | |
| 横向断裂强度（MPa） | | | 约2 200 | 约2 400 | 2 500～4 000 | 900～2 450 | 450～800 | | | 210～490 |

中国HQ-61舰空导弹

威力大等特点。

分类　按作战任务和射程，可分为战略导弹和战术导弹。**战略导弹**的作战区域大，用于打击战略目标，射程通常在数千千米以上。根据射程远近，又可分为中程导弹（1 000～3 000千米）、中远程导弹(1 000～8 000千米)、远程导弹(3 000～8 000千米)和洲际导弹（8 000千米以上）。**战术导弹**有效射程从几十米至数百千米，在战役、战斗范围内使用。按导弹飞行轨迹（即弹道），可分为**弹道导弹**和**巡航导弹**。按发射点和目标位置，可分为地地导弹、空地导弹、舰地导弹、潜地导弹、地空导弹、空空导弹、空潜导弹、舰空导弹、潜空导弹、岸舰导弹、空舰导弹、舰舰导弹、潜舰导弹、舰潜导弹、潜潜导弹等。按攻击目标的类型，可分为反坦克导弹、反飞机导弹、反舰导弹、反潜导弹、反卫星导弹、反辐射导弹、反弹道导弹导弹等。此外还可按运载工具的不同分为便携式导弹、车载导弹和星载导弹。

组成　导弹通常由战斗部、推进系统、制导系统和弹体四部分组成。

战斗部　导弹直接毁伤目标的装置，导弹的有效载荷。战斗部多数位于导弹的头部，又称弹头，主要由壳体、战斗装药、引爆装置和保险装置组成，有的还装有突防装置、子弹头及其释放系统、末段修正控制系统等。

推进系统　为导弹飞行提供动力的装置，用以保证导弹获得需要的飞行速度和射程。一般由发动机和推进剂供应系统组成。发动机有火箭发动机和空气喷气发动机两种基本类型，另外还有组合发动机。火箭发动机自身携带有燃烧剂和氧化剂，工作时不依靠空气，可在大气层内和大气层外空间工作，按其推进剂物理状态的不同分为液体火箭发动机、固体火箭发动机和固液混合火箭发动机。空气喷气发动机只携带燃烧剂，利用空气中的氧气做氧化剂，只能在稠密的大气层内工作，分为涡轮喷气发动机和冲压喷气发动机。

制导系统　按预定的导引规律导引并控制导弹飞向目标的装置。由测量装置、计算装置和执行装置三部分组成。制导系统的作用是适时测量导弹相对于目标的位置和速度，控制导弹的飞行弹道和姿态，保证导弹准确命中目标。按制导原理一般分为自主制导系统、遥控制导系统、寻的制导系统和复合制导系统。①自主制导。不需要目标或制导站提供信息，仅由弹上安装的制导设备产生制导指令，使导弹沿预定的飞行弹道飞向目标。自主制导又分惯性制导、天文制导、多普勒雷达制导、景象匹配（包括地形匹配和地图匹配）制导等。②遥控制导。由设在弹外的制导站测定导弹相对于目标的位置，形成制导指令并发送给导弹，由弹上执行装置控制导弹飞向目标。遥控制导分为波束制导和指令制导。③寻的制导。依靠弹上的导引装置，直接感受目标辐射或反射的能量，测定导弹和目标的相对位置并自动形成制导指令，控制导弹自动飞向目标。寻的制导按信息源的位置可分为主动寻的制导、半主动寻的制导和被动寻的制导。④复合制导。指利用两种以上制导方式相组合使用的制导，优点是综合利用不同制导方式的特点，以增大制导距离，提高制导精度及抗干扰能力。

弹体　用以构成导弹外形，连接和安装导弹上各分系统且能承受多种载荷的整体结构。一般由弹身、翼面及操纵机构组成，具有良好的气动外形，承受导弹发射和飞行中的各种载荷。为了提高导弹的运载能力，弹体结构质量应尽量减轻，一般要采用高比强度的材料和先进的结构形式。导弹外形是影响导弹性能的主要因素之一，良好的气动外形对于巡航导弹以及在大气层内飞行速度快、机动能力强的战术导弹更为重要。

导弹通常与地面发射设备、搜索跟踪制导设备及其他配套的各种保障设备等组成导弹武器系统，共同完成作战任务。

**导电高分子**　conductive polymer　具有导电功能（包括半导电性、金属导电性和**超导电性**)、电导率在$10^3$西/厘米以上的高分子。又称导电聚合物。导电高分子具有密度小、易加工、耐腐蚀、可大面积成膜以及电导率可在十多个数量级的范围内进行调节等特点。高分子导电材料通常分为复合型和结构型两大类：①复合型高分子导电材料。由通用的高分子材料与各种导电性物质通过填充复合、表面复合或层积复合等方式而制得。主要品种有导电塑料、导电橡胶、导电纤维织物、导电涂料、导电胶黏剂以及透明导电薄膜等。②结构型高分子导电材料。高分子结构本身或经过掺杂之后具有导电功能的高分子材料，未掺杂的共轭体系（如聚乙炔）的导电性由π键的电子迁移引起，掺杂后则形成离子而导电。根据电导率的大小又可分为高分子半导体、高分子金属和高分子超导体。电子导电高分子材料的结构特点是具有线型或面型大共轭体系，在热或光的作用下π电子活化而导电，电导率一般在半导体的范围。采用掺杂技术可使这类材料的导电性能大大提高。如在聚乙炔中掺杂少量碘，电导率可提高12个数量级，成为高分子金属。经掺杂后的聚氮化硫，在超低温下可转变成高分子超导体。还开发出了聚吡咯、聚苯硫醚、聚酞菁类化合物、聚苯胺、聚噻吩等能导电的高分子材料。导电高分子不仅可作为多种金属材料和无机导电材料的代用品，且已成为许多先进工业部门和尖端技术领域不可缺少的一类材料。

**导航卫星**　navigation satellite　为地面、海洋、空中和空间用户导航定位的**人造地球卫星**。属于卫星导航系统的空间部分，装有专用无线电导航设备。由适当数量的导航卫星构成的导航卫星网（又称导航星座)，能实现区域或全球**无线电导航**、定位和测地。导航卫星在空间作有规律的运动，用户接收卫星发来的无线电导航信号，通过时间测距或多普勒测速分别获得用户相对于卫星的距离或距离变化率等导航参数，并根据卫星发送的时间、轨道参数求出定位瞬间卫星的实时位置坐标，从而定出用户的地理位置坐标和速度矢量分量。自1960年4月美国发射世界第一颗导航卫星“子午仪”1B号后，美国、俄罗斯先后建成了**“子午仪”号导航卫星系列**、**全球定位系统**和**全球导航卫星系统**。中国也建成了**“北斗”卫星导航系统**，提供区域导航定位。

导航卫星按导航方法分为多普勒测速和时间测距导航卫星。前者提供用户终端测量导航信号的多普勒频移，用来求出距离变化率进行导航定位；后者提供用户终端测量导航信号传播时间，用来求出距离进行导航定位。根据用户是否需要向卫星发射信号分为主动式和被动式导航卫星；按照轨道高度可分为低轨道、中高轨道和地球静止轨道导航卫星；依用途不同又可分为军用和民用导航卫星等。

**导师制**　tutorial system　高等学校实行的一种由教师对学生的学习、品德和生活等进行个别指导的教学制度。最早在英国**牛津大学**和**剑桥大学**实行，后也为其他大学所采用。新生入学后自己选择或者由学校为他们指定导师。一个导师负责学生数量不等。导师的职责在各学校不尽相同。有的主要负责帮助学生选择专业和制订学习计划，指导课外阅读，实施道德教育，解决学生的生活问题；有的主要负责教学，每周给学生上几次专业的导师指导课。20世纪上半叶，美国部分高等学校为改进选修制而采用导师制。首先在**普林斯顿大学**、**哈佛大学**等校实行。各国研究生的教学亦多采用此种制度。

**导数** derivative 函数的因变量与自变量的变化比率，微积分的基本概念之一。

设$y=f(x)$在一点$a$的附近有定义。考虑自变量$x$的一个改变量$\Delta x=x-a$和与其相应的因变量$y$的改变量$\Delta y=f(a+\Delta x)-f(a)$。若当$\Delta x$趋于零时，因变量的改变量与自变量的改变量之比$\Delta y/\Delta x$的极限

$$\lim_{\Delta x\to 0}\frac{\Delta y}{\Delta x}=\lim_{\Delta x\to 0}\frac{f(a+\Delta x)-f(a)}{\Delta x}$$

存在，则称之为$y=f(x)$在点$a$处的导数或微商，记作$f'(a)$或$\left.\frac{\mathrm{d}f}{\mathrm{d}x}\right|_a$。

函数的导数有明显的物理意义与几何意义：当$s=s(t)$是路程函数时，也即$t$代表时间，而$s(t)$代表运动物体从开始到时刻$t$时所走过的路程，那么函数的导数$s'(t)$则是运动物体在时刻$t$时的瞬时速度。当$y=f(x)$是一条曲线的方程式时，那么函数在一点$a$的导数$f'(a)$则是该曲线在$(a,f(a))$处的切线的斜率（见图）。

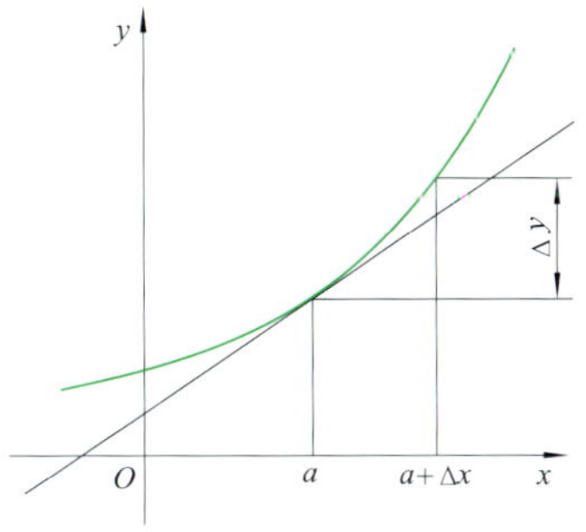


函数在$a$点的导数

一个函数$y=f(x)$的导数$f'(x)$所形成的函数称为$f$的导函数。常见函数的导函数有简单的计算公式。比如：$(\sin x)'=\cos x$，$(\cos x)'=-\sin x$，$(a^x)'=a^x\ln a$。导数可以用来研究函数的性质。如果一个函数的导数总是正的，那么它的函数值随自变量增大而增大；如果导数总是负的，那么其函数值随自变量增大而减小。一个处处有导数的函数在一点达到极大或极小时，则函数在该点的导数为零。

**导体** conductor 易于传导电流的物质。导体中存在大量可以自由移动的带电粒子（电子或离子），统称载流子，在外电场作用下，载流子定向运动，形成电流。

金属是导体，称为第一类导体，金属原子最外层的价电子很容易挣脱原子核的束缚，成为自由电子，留下的正离子（原子实）形成规则的点阵。金属中自由电子的浓度很大，约为$10^{22}$厘米$^{-3}$，在常温下，金属的电阻率约为$10^{-7}$欧·米。铜、铝、铁及某些合金是常用的导电材料。

电解质的水溶液及熔融电解质也是导体，称为第二类导体。电解液导电是因为酸、碱、盐在水中电离，产生正、负离子。电解液的电阻率比金属大得多，这是因为电解液中离子浓度比金属中自由电子浓度小，还因为离子与周围物质的作用力较大。电解液在通电过程中伴随着化学变化，常用于电化学工业（如电解提纯，电镀等）。熔融电解质也靠正负离子导电，其中熔盐用于电解制取化学性质活泼的金属。

电离的气体也能导电，载流是电子和正负离子。通常，气体是良好的绝缘体，但通过加热，X射线、γ射线、紫外线的照射，或强电场的击穿作用可使气体分子离解，成为导体。电离气体的导电性和外加电压有很大的关系，且常伴有发声、发光等物理过程。电离气体常应用于电光源。

**导演** director 实现戏剧（戏曲、歌剧、舞剧等各种舞台艺术）演出艺术和电影、电视剧制作艺术的创作者。戏剧导演的主要任务有：选择剧目，分析剧本，制订导演构思及导演计划，分配角色，确定舞台美术及音乐音响设计方案，排演场排练，舞台合成、彩排，正式演出，总结及征求观众意见，加工修改等。电影和电视剧的导演（统称为影视剧导演）的主要任务有：选择文学剧本，在制片主任的配合下安排影片和电视剧制作的筹备工作，组织主要创作人员，分析剧本，选择演员，选择外景，进行案头分析，写出分镜头剧本，按照制片部门安排的摄制计划领导现场拍摄和后期制作等。

**导游** cicerone 运用专业知识和技能为旅游者组织安排旅行和游览事项，提供向导、讲解和旅途服务的活动和从事这种活动的人员。在中国，导游的主要职责是：按照旅行社的接待计划，安排和组织旅游者参观游览；负责为旅游者导游、讲解，向他们传播中国文化；配合和督促有关部门安排旅游者的交通、食宿，保护旅游者的人身和财物安全；反映旅游者的意见和要求，协助和安排会见、座谈等活动；解答旅游者的问询，协助处理旅途中遇到的问题。中国导游分为外语导游，包括使用英、日、法、德、俄、西班牙、阿拉伯等语种的导游；汉语普通话导游；少数民族语导游，如使用蒙古语、维吾尔语、藏语等民族语言的导游。从服务范围分类，又可分为全程导游，如海外旅游者从入境到出境、国内旅游者从组团到离团，一直陪同旅游者（团）并提供导游服务；地方陪同导游，如省、自治区、直辖市的导游人员，在当地协助全程陪同安排和组织游览事项等；定点陪同导游，只在参观点、游览点内为旅游者（团）提供向导和讲解的服务。按隶属关系分类，导游还可分为专职导游和业余导游。

**岛弧** island arc 活动大陆边缘呈花边状延展的弧形列岛。主要分布在西太平洋的边缘，是分隔大洋盆地和边缘盆地的重要构造地貌单元，也是全球最壮观、最活跃的构造活动带。岛弧向大洋方向外凸的一侧是与之平行的**深海沟**，凹入一侧为弧后盆地（边缘盆地）。岛弧要有三项基本条件：①有现代火山活动。②伴有深度大于6 000米的深海沟。③有深于70千米的地震震源。因此岛弧不限于海洋中的弧形列岛，也应包括如中美、南美西海岸的弧形山脉（山弧）。全球岛弧（包括山弧）总长度达40 000千米。除小安的列斯岛弧和斯科舍岛弧位于大西

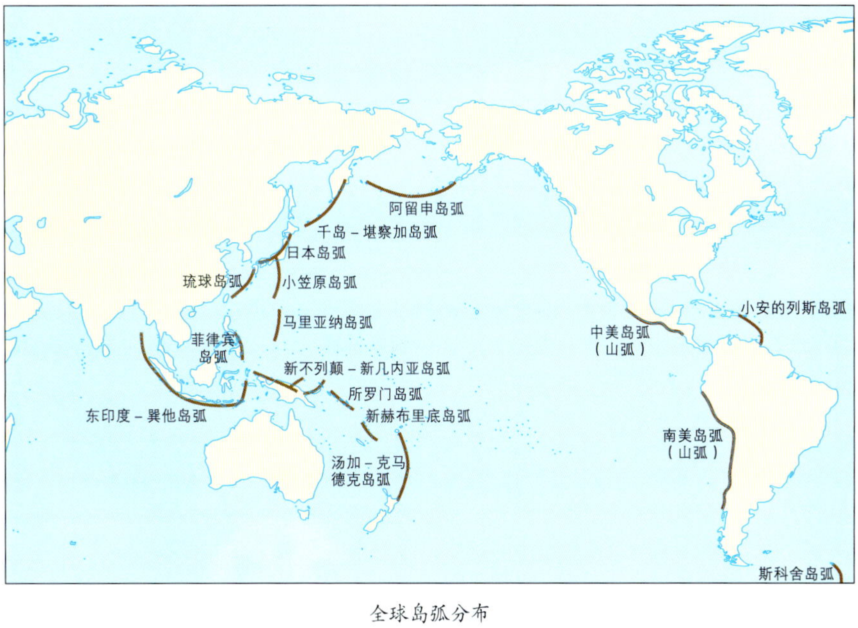


全球岛弧分布

洋、巽他岛弧位于印度洋外，其余都在太平洋周缘（见图）。

岛弧是剧烈的火山活动区。地球上有800多个活火山，在新近纪至第四纪期间已有成千上万座火山曾经一度活动过。其中2/3与岛弧相伴。全球的深源地震几乎都发生于岛弧（山弧）地带，环太平洋地震带所释放的地震能量占全球总量的3/4以上。

板块构造理论对岛弧的成因作了比较全面的解释：大洋岩石圈随着地幔对流从大洋中脊生长扩张，而在相应的活动大陆边缘俯冲潜没，岛弧就是大洋板块潜没过程中的产物。

岛弧是地球上一个重要矿产资源区，内弧为主要的成矿带，该带有强烈的岩浆活动，有斑岩铜矿、斑岩钼矿、黑矿型硫化物矿床等。外弧主要矿产为与蛇绿岩套有关的黄铁矿型铜矿以及铬镍矿床等。弧后盆地区多层控铜、铅、锌等矿床。

**岛崎藤村** Shimazaki Tōson（1872-02-17～1943-08-22） 日本诗人、小说家。原名春树。生于长野，卒于神奈川。1887年进明治学院，并与北村透谷等人共同创办《文学界》，投身于浪漫主义文学运动。1896年前往仙台任教，出版诗集《嫩菜集》，获得新体诗人的名声。之后相继发表《一叶舟》、《夏草》等诗集，以洗练的雅语和流畅的诗体歌咏青春的悲欢。1906年出版第一部长篇小说《破戒》。回忆《文学界》时代的《春》（1908）和描写世家没落史的《家》（1910～1911），开辟了自传体长篇小说的新领域。《新生》（1918）向世人忏悔同侄女有悖人伦的关系，是典型的私小说。藤村最后一部杰作是历史小说《黎明之前》（1929～1935），以主人公青山半藏为中心，表现明治维新前后人们的苦恼，饱含着作者的理想、憧憬、痛恨和怀疑。《破戒》等已有中译本。

**岛屿** island 比大陆面积小，完全为水体包围的陆地。可出现在海洋、湖泊（大型水库）和江河里。成群的岛屿称为群岛。

岛屿可分为大陆岛和大洋岛。大陆岛是大陆的一部分，是大陆架上被水包围而未被淹没的部分，大陆岛的基础仍与大陆体连接，如台湾岛、海南岛、不列颠岛、爱尔兰岛、马达加斯加岛等。大洋岛是指从海洋盆地升高到海面以上的岛，根据成因不同又分为海底火山喷发形成的火山岛（如夏威夷岛、澎湖列岛等）和由珊瑚骨骼聚集成珊瑚礁而出露水面的珊瑚岛。世界上最壮观的珊瑚礁群岛是澳大利亚东北浅海中的大堡礁，全长2 000余千米。中国南海的东沙、西沙、中沙群岛多是珊瑚礁或珊瑚岛。全球岛屿的总面积约1 000万平方千米，约占陆地总面积的7%。主要分布：①北太平洋的阿留申群岛到南太平洋的奥克兰群岛弧形地带，包括世界第二大岛新几内亚岛、第三大岛婆罗洲。②北美洲北部北冰洋周围，包括世界最大的格陵兰岛。③加勒比海地区，岛屿数量众多，主要由大安的列斯群岛、小安的列斯群岛和巴哈马群岛组成。此外，大西洋北部的不列颠群岛以及地中海的基克拉泽斯群岛、巴利阿里群岛、伊奥尼亚群岛、斯波拉泽斯群岛也是岛屿集中所在地。中国有岛屿6 500多个，岛屿总面积8万余平方千米，其中大陆岛占90%。

**《捣练图》** *Court Ladies Preparing Newly Woven Silk* 中国唐代绘画作品，张萱代表作之一。

**倒伏** lodging 直立生长的作物成片发生歪斜，甚至全株匍倒在地的现象。一般分根倒伏与茎倒伏两种。根倒伏表现为茎不弯曲而整株倾倒，有时完全倒在地面。常是由于根系弱小、分布浅或根受伤，当灌水或降雨过多时，土壤软烂，固着根的能力降低，如遇大风即整株倒下。茎倒伏即作物茎秆呈不同程度的倾斜或弯曲，有时下折。常由于茎的节间（尤其是下部节间）延伸过长、机械组织发育不良，或是由于茎秆细弱、节根少，遇到大风或其他机械作用，茎的中、下部承受不住穗部（或植株上部）的重量而引起。茎秆受病、虫为害的植株，也容易发生弯折。

倒伏会打乱叶的分布，部分或相当多的叶片因相互压盖，得不到足够的光照而影响光合作用的进行，有时叶片还会变黄腐烂，影响收获物的产量和质量。发生根倒伏时，因部分根被拉断、植株枯死而影响更大。

预防倒伏的措施有：选用茎秆强壮的耐水、肥品种和节间较短的矮秆品种，确定适当的种植密度，实行科学的肥、水管理，培育壮苗和及时防治病虫害等。

**到岸价格** cost, insurance and freight; CIF 在国际贸易中以商品装上运载工具并支付启运港至目的港的保险费、运费为条件的价格。又称成本加保险费和运费价格。由于到岸价格中的成本是指离岸价格，因而到岸价格实际上又等于离岸价格再加上保险费和运费。

采用到岸价格的卖方责任是：①负责租船或订舱，在规定的装运港和期限内，将货物装船，负担货物装上船以前的一切费用并承担风险。②支付从装运港到目的港的运费。③办理保险并支付保险费。④负责办理出口手续，提供出口国政府或有关方面签发的证件及有关装运单据。买方责任是：①负担货物装上船以后的一切费用和承担风险。②接受卖方提供的有关单据并按规定支付货款。③办理在目的港的进口和接货手续。

在采用海运运输方式进行国际贸易时，到岸价格的运用比较广泛，而且世界各国一般都按到岸价格计算进口额，并以到岸价格作为征收进口关税的基价标准。

**倒挂金钟** *Fuchsia hybrida*; common fuchsia 柳叶菜科倒挂金钟属的一种。半灌木或小灌木。又称灯笼花、吊钟海棠。原产秘鲁、智利、阿根廷、玻利维亚、墨西哥等国家。系经长期杂交选育而成的杂种群，主要亲本是短筒倒挂金钟和长筒倒挂金钟。株高30～200厘米，枝细长。叶对生或轮生，卵形至卵状披针形，叶缘具疏齿。花生于枝上部叶腋，具长梗而下垂，花色有白、粉红、橘黄、玫瑰紫及茄紫等。果为浆果。喜凉爽而湿润环境，不耐炎热高温。冬季要求温暖湿润、阳光充足、空气流通，夏季要求干燥、凉爽及半阴环境。忌酷暑闷热及雨淋日晒。宜富含腐殖质、排水良好的肥沃砂质壤土。主要用扦插繁殖，除休眠期外均可进行。花色艳丽，花形奇特，花期较长，常作盆花或室内悬吊观赏。也可作切花。夏季高海拔凉爽地区可露地栽培布置花坛。

**倒虹吸管** inverted siphon 从地下或敷设在地面穿过河渠、溪谷、洼地或道路的输水压力管道。多采用钢筋混凝土管或预应力钢筋混凝土管，也采用混凝土管或钢管。低水头时可用浆砌石管。公元前180年在古希腊帕加马（今土耳其）建一座下凹深度超过200米、管径为30厘米的倒虹吸管。据《后汉书》记载，中国在186年已建造使用倒虹吸管。

倒虹吸管分为3个部分。①进口段。包括渐变段、铺盖和护底等防渗防冲设施、拦污栅、闸门、进水口等。当含沙量大时还设沉沙池。②管身。断面多为圆形，也用矩形或直墙圆拱形。可埋于地下，也可

陕西宝鸡峡引渭倒虹吸管

敷设于地面。当管道跨越深谷和山洪沟时，可在深槽部分建桥，在其上铺设管道过河。管道在桥头两端山坡转弯处设镇墩加强稳定，并于其上开设放水冲沙孔。两岸管道仍沿地面敷设。这类倒虹吸管又称桥式倒虹吸管。③出口段。设消力池，并与下游平顺连接。倒虹吸管较渡槽造价低，施工简单；但水头损失较大，清淤较困难。

**倒立** handstand 平衡类杂技技巧，杂技形体基本功之一。又称“鼎”、“顶”、“拿大顶”、“竖蜻蜓”。倒立最原始的动作是双手和头着地，整个人体呈三足鼎状。汉墓出土的百戏画像石中“鼎”的形象已频频出现在各种表演场合。“顶”是杂技演员每天必须练习的“腰、腿、筋斗、顶”四项基本功中最重要的一项。20世纪50年代以来，倒立技艺发展很快，产生了一大批不同特色的杂技节目。诸如在层层叠摞的椅子上表演倒立的《椅子顶》；一边倒立，一边摆弄木砖加大顶技难度的《木砖顶》；只用头部支撑倒立的《小顶技巧》；对手演练各种倒立技巧的《对手顶》；在悠荡的秋千上做各种倒立技巧的《秋千倒立》；用一根拐杖为支撑点，以各种单臂倒立为特色的《单拐倒立》等。

**盗版** piracy 未经著作权人许可，擅自复制、传播其受著作权法保护作品的行为。盗版多以牟利为目的，是一种严重侵犯著作权的行为。盗版者要承担民事法律责任。情节严重构成犯罪的，还要承担刑事法律责任。未经著作权人同意而偷印或偷录的出版物，也称盗版。

**盗汗** night sweat 夜间入睡时汗出，醒来即止的中医学症状。又称寝汗。多与心血不足与阴虚内热有关。思虑过度、劳伤心血，则心气浮越而心液不藏；久痨不愈、亡血失精，阴虚火盛而汗液失敛。主要证型有：①心血不足型盗汗。证见心悸盗汗，气短神疲，面色无华，舌淡脉弱。治宜补血养心敛汗，方用归脾汤加味。②阴虚内热型盗汗。证见潮热盗汗，两颧发红、五心烦热，舌红少苔，脉细数。治宜滋阴降火敛汗，方用当归六黄汤加味。

**道** dao; circuit 中国历史上的地方行政或监察区划。始设于西汉，是设置于少数民族地区的与县平行的地方行政区划。东魏、北齐置临时统辖数州的行台，是为隋唐以后道制的前身。唐至民国北洋政府，历代均设道。

唐太宗贞观元年（627），一方面下令并省州县，一方面又依据山川形势划分全国为10道，设巡察使行使对州县的监察权。玄宗开元二十一年（733）又分10道为15道，置15道采访处置使，检察非法，如汉刺史之制。道已渐向州的上一级行政机构转化。不久，边境诸道的采访使又多为节度使兼任，加上兼任支度、营田使，使军、民、财政三权集于一身，卒致酿成安史之乱和藩镇割据之祸。乾元元年（758）废除15道采访使。同年稍后，设置观察处置使。从此或以节度使兼观察使，或以观察使兼防御、团练等使。节度使或观察使的辖区称为一镇，也称为一道。采访使虽已废除，但10道、15道作为地理区划名仍沿用不废。

宋太宗淳化四年（993），沿唐制分全国为10道。至道三年（997），改为15路。辽置五京，各为一道。元代的道是在中书省、行中书省和路府之间设置的地方区划，或为监察区划，或为中书省、行省的派出机构，以弥补省区过大、政令行使不便。

明代由布政使、按察使的同僚分司管理部分专务或一至数府州的民政、监察和军事事务，此即被称为道。其名称不一。道制到清代逐渐完备，较明代简易划一。乾隆时期，全国共置守、巡道79道。此外还有掌管专门事务的督粮道、粮驿道、粮储道、驿盐道、运河道、河库道、盐法道，共计92道。自此历嘉、道、咸、同四朝，守、巡道的设置基本未变。此外守、巡道兼管兵备、粮、盐、茶、屯田、水利、关务等事务，不仅可以管辖府、州、县文职官员，同时可以节制所辖地区的武职。从其职权看，道已成为省与府之间的一级行政组织。

除守、巡道外，清沿明制，设置了若干负责地方专门事务的道，主要有：①提学道（督学道），管理一省学政。②驿传道，管理各省驿站事务。③河道，管理治河事宜。④兵备、屯田、水利等道，清代不专设。⑤粮储道（督粮道），专管各省粮务。⑥盐法道，掌管督察盐的生产和行销事务。⑦海关道，同治九年（1870）设天津海关道，驻天津府，专管对外交涉事宜。

北洋政府时期，道是省与县之间一级地方行政组织。基本沿用前清旧制。治所在省会的称首道。全国各道分为六类三等。全国共计93道。各道行政首长初名观察使，1914年5月23日改称道尹。其职权主要为颁行单行规程、监督所辖官吏、节制调遣地方武装、奉行上级委办事务、出巡等。道署初名观察使公署，1914年5月23日改称道尹公署，分置内务、财政、教育、实业四科。

**道** tao 中国古代哲学的重要范畴。用以说明世界的本原、本体、规律或原理。道的原始含义指道路，后引申为规范、规律。老子最先把道看作宇宙的本原和规律。他认为道是天地万物化生的根源并蕴涵于天地万物之中，成为万物共同的本质。战国时期，齐国稷下道家用“精气”来说明道，把虚而无形的道看作是流布于天地之间、富有生机活力的精气。庄子认为道是世界的终极根源，是无所不覆、无所不载、自生自化、永恒存在的宇宙本体，否认有超越于道的任何主宰。韩非认为道是万物的普遍规律，万物的特殊本质是德，万物的特殊规律是理。《易传》认为道就是对立面相互转化的普遍规律，“一阴一阳之谓道”。道又是无形，“形而上者谓之道，形而下者谓之器”，道是普遍的存在。到宋代，张载以道为气化的过程，程颐、朱熹则以道为理。在中国哲学史上，道这一范畴首先由道家提出，后被各家学说所接受，虽各有不同理解，但已成为宇宙本原、普遍规律的范畴。

**道安** Dao' an（约312～385） 中国东晋僧人。俗姓卫，常山扶柳（今河北冀州西北）人。出身大儒世家。12岁出家，20岁时受具足戒。约于东晋成帝咸和十年(335)在后赵的邺都（今河北临漳）遇名僧佛图澄，深得赏识。佛图澄死后，辗转至飞龙山（今山西浑源西南）、太行恒山建立寺塔，弘扬佛法，后又回邺都。东晋哀帝兴宁三年（365），道安到河南。后又率弟子慧远等人到了襄阳。道安在襄阳的15年，是其一生中最有建树的时期。他集中讲习般若学；考较译本，注释经文；创制了《众经目录》。东晋孝武帝太元四年(379)，道安被请到长安。在以后的7年里，道安领导数千人的大道场，组织并亲自参加译经，兼讲经说法。道安的著作大部分已佚。其学说主要有两方面：禅学和般若学。所修习的禅学是小乘禅法；道安的般若学则代表六家七宗中的本无宗。弟子中著名的有慧远、慧永等。

**道场** bodhimanda 佛教、道教名词。原指佛成道之所。音译为菩提曼拏罗。如《大唐西域记》卷八称释迦牟尼成道之处为道场。一般所谓道场是指供佛祭祀或修习佛道的处所，故可作为寺院的别名。中国隋炀帝即曾诏令天下寺院改称道场；设于宫廷中的佛事场所，称内道场；中国佛教四大名山，相传分别为文殊菩萨、普贤菩萨、地藏菩萨、观音菩萨的道场。也泛指佛教、道教中规模较大的诵经礼拜仪式。如水陆道场、慈悲道场、天师道场等。

**道成肉身** incarnation 基督教基本教义和信条之一。认为作为三位一体真神之第二位的圣子基督，在创世之前作为上帝的“道”或“言”（即逻各斯）与上帝圣父同在；万物皆凭借“道”而造。由于世人犯罪不能自救，上帝乃差遣圣子来到世间，通过童贞女马利亚而取肉身成人，故名。道成肉身可指圣子神性在马利亚腹中与人性之结合，亦可指神人两性合于耶稣一身的永久性，即神人二性常存于耶稣基督的位格中。基督之成人身被认为是历史事实，但因耶稣与圣父同体，故不是受造物，而是造物主。

**道德** morality 以善恶评价的方式调整人与人、个人与社会之间相互关系的标准、原则和规范的总和，也指那些与此相应的行为、活动。为**伦理学**的研究对象。在中国古代，道德含义较广，但主要是指行为规范、品行修养、善恶评价等。在西方，道德一词源于拉丁文moralis，原意为风俗、习惯、品性、性格等。

道德的内容包括主观与客观两个方面：道德的主观方面包括道德活动主体的道德意识、道德判断、道德信念、道德情感、道德意志、道德修养、道德品质等，其内容构成了道德的原则和规范等；道德的客观方面是指特定的社会关系对社会成员的客观要求，包括道德关系、道德理想、道德标准、道德原则和规范等。它贯彻于社会生活的各个领域，表现为职业道德、婚姻家庭道德等。道德是社会意识形态之一，它受社会经济关系，特别是**生产关系**的制约。在阶级社会，道德主要表现为阶级的道德，但在特定的历史条件下，道德也有其共同性或相似性，因而不同历史时期或同一时期的不同阶级之间的道德存在着相互借鉴的问题。一定的道德原则或规范一旦产生之后，对其所依存的社会经济关系将产生重要的影响。它通过调节人们之间和个人与社会之间的相互关系，在一定的范围内影响着社会生活的秩序。其作用的方式在于通过社会舆论、传统习惯及个人的内心信念对人们的道德行为进行价值判断。

**道德风险** moral hazard **委托代理**关系中代理方在**合同**或契约签订后利用自己的信息优势或隐蔽行动为使自身利益最大化而损害居于信息劣势的委托方的利益以至社会福利的行为。又称败德行为。道德风险与**逆向选择**相对应，同为微观信息经济学或理论信息经济学的两个基本范畴。在市场交易中出现逆向选择和道德风险，都与交易双方存在信息不对称有关。但逆向选择产生于签约前，代理方向委托方隐瞒真情，而道德风险产生于签约后，代理方做出不利于委托方的事情。委托方在信息不对称的情况下为保护自身利益需设计激励机制或约束制度，诱导代理方说真话、干实事。

**《道德经》** *Classic of the Way and Virtue; Tao Te Ching* 中国古代重要哲学著作，即*《老子》*。

**道尔顿** Dalton, John (1766-09-06～1844-07-27) 英国化学家、物理学家。生于坎伯兰的伊格尔斯菲尔德，卒于曼彻斯特。幼年家贫，没有正式上过学。1776年接受数学启蒙。1781年在肯德尔的学校任教时，结识盲人哲学家J.高夫，在他的帮助下自学拉丁文、希腊文、法文、数学和自然哲学。1793～1799年任曼彻斯特新学院数学和自然哲学教授。1794年为曼彻斯特文学和哲学学会会员，1817～1818年任会长。1835～1836年任英国学术协会化学分会副会长。1816年当选法国科学院通讯院士。1822年当选英国皇家学会会员。道尔顿最初研究气象学，自1787年起，连续57年作气象观测日记。1801年提出气体分压定律，即道尔顿分压定律。1803年提出最早的原子量表，还提出了倍比定律等。在I.牛顿的影响下，1803年他提出**原子论**，后被称为道尔顿原子论。道尔顿原子论为近代化学和原子物理学奠定了基础，是科学史上一项划时代的成就。1826年获得英国皇家学会的第一枚金质奖章。主要著作为《化学哲学的新体系》，并在曼彻斯特文学和哲学学会宣读过116篇论文。

**道尔顿分压定律** Dalton's partial pressure law 混合气体压强的实验定律。容器中混合气体的压强$p$等于组成混合气体各组元气体在同温同体积下单独存在时，压强$p_i(i=1,2,\cdots,s)$之和。这里$s$是组元的总数。由**J.道尔顿**于19世纪初发现。各组元气体在同温同体积下单独存在时的压强，称为该组元气体的分压，故道尔顿分压定律也可表述为：混合气体的压强$p$等于组成混合气体各组元气体分压$p_i(i=1,2,\cdots,s)$之和，即$p=p_1+p_2+\cdots+p_i+\cdots+p_s$。道尔顿分压定律只适用于理想气体，对于非理想气体只在高温低密度区近似成立。由道尔顿分压定律和理想气体的状态方程可知，对于总质量为$M$，而温度和体积分别为$T$和$V$的低密度混合气体，**理想气体状态方程**$pV=(M/\mu)RT$仍然成立。只是式中的$\mu$是混合气体的平均摩尔质量。

**道尔顿制** Dalton plan 美国进步主义教育运动中出现的一种个别教学制度。又称道尔顿实验室计划。由美国教育家H.H.帕克赫斯特于1920年在马萨诸塞州道尔顿中学创行，故名。其主要措施是：①改教室为各科作业室或实验室，按学科性质陈列参考用书和实验仪器，供学生学习之用。②废除课堂讲授，把各科学习内容分月安排，各科教师与学生按月订立学习公约。教师根据学生的程度，指定学生做某一个月的作业，并把它公布在作业室内。各作业室配有该科教师1人作为顾问，学生学习的进程分别由教师和学生记入学习进度表内，进度快的可提早更换公约，毕业年限亦因之缩短。③学生根据自己的能力，自由地掌握学习速度与时间，并可同教师和同学研究讨论。道尔顿制在弥补班级教学制度的不足、发展学生个性、培养学生独立工作的能力等方面有一定的积极作用。但过分强调个性差异，容易造成教学上的放任自流。20世纪20年代曾在一些国家试行，1922年传入中国后在上海、北京、南京等地的部分中小学进行过实验。30年代后采用者日渐减少。

**道观** taoist temple 中国道教供奉神像、举行祈祷仪式，以及道士生活、修道的处所。又称宫观。道观在历史上有治、庐、靖、馆、宫、观、庙等名称，唐宋以后，规模较大者称宫，一般者称观，祭祀天神或俗神者称庙。

沿革 中国道观的发展可分为三个阶段。

东汉中期至南北朝时期（2世纪初至6世纪末） 东汉顺帝时，张陵创**五斗米道**，信徒多栖居深山茅舍，也有较简单的宗教仪式场所。魏晋南北朝时，道观有两种形式。一是以宅为观。北魏**寇谦之**改革天师道，规定信徒可在家设坛礼拜，府宅演变而成道观。二是以高台殿堂为主体的“治”，魏晋时期天师治的规制，其主体崇虚堂从偶数开间、屋上起台，名崇玄台，可知其脱胎于汉代台榭式礼制祠庙。而建于北魏始光二年（425）由寇谦之设计的平城天师大道坛庙下有三层方坛，上建圆形庙屋。

唐宋时期（7世纪初至12世纪中） 唐朝尊崇道教。皇帝贵戚多以府第为观，如高宗以旧宅为昊天观，其子李弘宅为东明观，李贤宅为宏道观，其女太平公主宅为太平观，睿宗女金仙、玉真二公主也改宅为观等。府第道观多以楼阁为门，突出在坊墙以外，十分夺目。玄宗开元二十九年（741），下诏两京及诸州各置玄元皇帝庙；天宝二年（743）诏长安老子庙称太清宫，洛阳庙称太微宫，诸郡庙称紫极宫。两京老子庙格局模拟皇宫，壮丽豪华。北宋道教在真宗、徽宗时期最盛，各地广建道观。真宗时造太清、上清、玉清诸宫，徽宗在其出生地福宁殿东造玉清神霄宫，铸神霄九鼎，又在皇宫旁建上清宝箓宫。唐宋朝廷重视道观等级，重要工程都要“内出”图样，以保证礼制规格。此时期还确立了洞天福地岳渎名山的地位。

明清时期（14世纪中至20世纪初） 此时期民间俗神杂祀有较大发展，皇家宫观只在明代永乐、嘉靖时有较多营造。永乐帝以帝业兴于北方，故奉北方之神玄武为护佑之神。宋朝为避其祖赵玄朗名讳，改玄武为真武。永乐十年（1412），在传说玄武修炼之地武当山大造宫观，历时7年；又于十三年在京城造灵明显佑宫，在皇宫花园正中建钦安殿专祀真武大帝；全国各地真武庙更不计其数。嘉靖帝痴迷道教，在皇城内建造大光明殿、大高玄殿等大型道观，设立道经厂，又重定礼制，修葺各大岳渎庙。清代朝廷只在雍正时期有较多营建，民间祠庙则有很大发展，最多的是城隍、土地、财神、灶王、火神、关帝、文昌、药王、龙王、马神、天后（妈祖）等。

唐宋至明清，道观的格局和建筑形式与当时的佛寺无大区别，但大型道观也有一些特殊的建筑，如祈禳作法的坛，登高望气的楼、台，供静修或炼丹的房、洞等。道教崇尚自然，故道观或建有园林，或融进周围自然景观。

**重要遗存** 现存最早的道教建筑是山西芮城五龙庙（广仁王庙）大殿（图1），建于唐会昌三年（843）。宋金遗存有两类：①建筑实物。以山西太原晋祠规模最大，山西晋城府城村玉皇庙，历宋、金、元陆续建成，也有一定规模。单座殿堂有山西陵川、高平、晋城的二仙观（庙）大殿，福建莆田玄妙观三清殿，但体量都不大。宋代规模最大者是苏州玄妙观三清殿。②现状建筑为后代重建，但原址可考，且有当时图像显示其原貌。其最详者系山西万荣庙前村后土庙所存汾阴后土祠碑图。此图刻于金天会十五年（1137），描绘的是宋真宗景德三年（1006）重修后之形象。宋代封后土神为"后土皇地祇"，汾阴后土祠是最高等级的祠庙。金承安五年（1200）所立的重修中岳庙图碑中，中岳庙与后土庙形制基本一致，都是按照"内出"的图样修建。元代重要遗存首推永乐宫，现存四座殿堂均为元代官式建筑，其中壁画尤为珍贵。元代岳渎庙中以河北曲阳北岳庙规模最大，规格与皇宫相近。北京朝阳门外东岳庙为元代正一派教主张留孙发愿兴建，虽经后代重建，但总体格局及部分结构仍存元制。元代俗神庙中，山西洪洞广胜下寺旁之水神庙价值较高，殿内绘有祭神杂剧演出壁画，反映了当时民间道观祭祀活动的场景。

图1　五龙庙大殿

图2　白云观山门

明清道观存量最多。皇家道观中，以北京皇城内大高玄殿最为尊贵。此庙始建于明嘉靖二十一年（1542），规模巨大，格局严谨。清初在皇城内兴建宣仁、凝和、昭显庙，分祀风、云、雷神。原在金中都城内之长春宫（今北京城西）为全真派之主观，其教主邱处机葬于观东，元末观毁，葬地发展成白云观，是北方道观之首（图2）。江西鹰潭的龙虎山正一观则为南方道观之首。明清岳渎洞天福地更多改扩建，现存建筑除五岳外，以江苏茅山、四川青城山、陕西终南山、山东崂山、广东罗浮山、湖北武当山等最为著名。清代俗神祭祀以关帝庙最盛，其中最大者为关羽故里山西运城解州关帝庙。此外，北宋时福建莆田湄洲女林默被后世沿海船民尊为妈祖，受册封为天后，从南海至辽东，沿海城镇渔村多建有妈祖庙——天后宫。

**道光帝** Emperor Daoguang（1782-09-16～1850-02-25） 中国清代入关后第六位皇帝。见清宣宗旻宁。

**道家** Taoist School 中国古代哲学主要流派之一。其理论基础与核心范畴为"道"，故称之为道家。创始人为老子，主要代表人物有老子、列子、杨朱、宋钘、尹文、庄子等，主要著作有《老子》、《庄子》、《列子》、《文子》、《鹖冠子》、《淮南子》，以及《管子》中的《心术》上、《心术》下、《白心》、《内业》四篇等。

将"道家"作为一家学派而论，始于汉代司马谈《论六家要旨》。道家之学，在先秦已有甚为广泛的影响。《庄子·天下》为中国最早的学术史著作，其所论述者有八家。除阴阳、儒、墨、名家，其余四家，即宋钘、尹文之学，彭蒙、田骈、慎到之学，关尹、老聃之学，庄周之学，均为道家。司马谈评论道家时说："道家使人精神专一，动合无形，赡足万物。"

在道家看来，道是天地万物的本原、本根，是先于万物而存在的东西，自然界的一切都是由道化生而成的。道虽然造就了天地万物，但并不是为了达到什么目的，而完全是自然而然，完全是自然无为的，所以道的本性就是自然无为。自然无为是支配宇宙万物的根本规律，也是人类应当信守的基本行为准则。从无为的原则出发，道家反对人之有为，因为有为破坏了人的原始的自然淳朴，造成了人格的分裂，带来了虚伪、狡诈、贪欲、罪恶等种种社会丑恶现象。所以，道家在政治上倡导无为而治。认为："我无为而民自化，我好静而民自正，我无事而民自富，我无欲而民自朴。"

道家倡导自然，在其看来，人的自然状态不仅是一种自在的状态，也是一种自由的状态，是人生的理想状态。从自然无为的原则出发，道家教人对世间之一切功名利禄均持一种超然的态度。"不知说（悦）生，不知恶死。"（《庄子·大宗师》）道家所倡导的人生就是一种自然而淳朴、自在而自由的人生；道家所追求的就是超越于世俗物欲观念的精神自由。

自老子开创道家学派以来，经其弟子庚桑楚、关尹、列御寇、杨朱等人的继承、发扬，道家学派在燕齐、荆楚、吴越、巴蜀等地区广泛传播和演化。南方道家有关尹、列子学派和早期黄老学派，北方道家有杨朱学派、稷下黄老之学，而对老子思想作出全面发挥且影响深远的则是庄子。

中国哲学的很多重要范畴均出自道家，如道、德、有、无、理、气、太极、无极等。在中国历史上，道家哲学有时被一些非官方儒学的重要人物改造与继承，如汉代的扬雄、桓谭、王充等；有时为官方儒学所吸收，如宋明理学；曾经一度成为官方哲学或一个时代的主导思潮，如汉初的黄老之学和魏晋玄学。此外，道家哲学还深深地影响到中国的道教与佛教两大宗教思想的发展。道教用老庄哲学来论证道教的神仙学；汉代与魏晋时期的佛教则往往援用道家思想来解释印度的佛经，两晋时期的佛教般若学更是佛玄结合的产物。在几千年的历史文化中，道家思想与儒家思想一样，渗透到中国传统文化的方方面面，对中华民族的民族性格和民族心理产生了深刻的影响。

**道教** Taoism 中国传统宗教。因以道作为其最高信仰而得名。它是在中国古代道家思想理论的基础上，吸收神仙家的修炼方术、民间鬼神崇拜观念和巫术活动而形成的一种有组织的宗教。作为一种有组织的体制化的宗教，道教不仅有其观念形态的经典教义、修持方术和活动仪式，而且还有其宗教团体、科戒制度和宗教活动场所（道观）。这种成熟的、完整意义上的道教，经历了长期的形成和发展过程。

**历史与教派** 道教从东汉中叶开始形成。东汉后期至魏晋南北朝是道教正式形成和确立的时期。最初形成的教团组织主要有：沛人张陵创立的五斗米道，流传于西南巴蜀地区；巨鹿人张角创立的太平道，遍布中原青、徐、幽、冀、荆、扬、兖、豫八州。太平道与五斗米道皆以符水咒语为人治病，以善道教化民众。从其教义和方术来看，属于民间原始宗教团体。这两个道团在汉末魏晋时期常组织发动下层民众起义造反，严重威胁统治阶级利益，因而受到官方的镇压和限制。魏晋以后，道教开始向体制化的官方正统宗教发展。晋代道教学者葛洪在《抱朴子》一书中，对战国秦汉以来社会上流行的神仙信仰和各种方术加以系统的总结，从理论上阐述了修道成仙的可能性，提出以服食金丹大药为主，兼行其他方术的修仙途径。他还猛烈抨击早期民间道教的活动，提出以道为内、以儒为外，使神仙方术与儒家纲常名教相结合的教义，为道教的进一步发展奠定了理论基础。此后，从东晋后期至南北朝时代，中国南北方都出现了由门阀士族道教徒发起的道教改革活动，代表人物有寇谦之、陆修静、陶弘景等人。道教的经典、教义、教规和教派组织得到改造和充实发展，以重视经典科仪和神仙方术为主要宗旨的上清派、灵宝派、新天师道、楼观派等新兴道派相继出现，成为道教发展的主流。新兴道派得到官方统治者的承认，为后来儒释道三教鼎立并盛的格局奠定了基础。

隋唐北宋时期，官方道教兴盛发达。唐朝王室自称为太上老君后裔，自开国后即尊崇道教，规定道教为三教之首。唐玄宗尤其崇信道教，加封老子尊号为大圣祖玄元皇帝，以《道德经》为科举考试科目。道士女冠隶属宗正寺管理，有名的道士受到朝廷礼遇厚赏。又下令两京及全国各地大建宫观，供奉老君，并屡次托称老君降临，传授祥瑞之物。北宋真宗、徽宗尊奉道教神赵玄朗为王室始祖，屡次加封玉皇大帝尊号，建立宫观供奉。由于唐宋统治者的尊崇扶持，道教在当时极为兴盛。唐代和北宋还由官方主持多次编修《道藏》，研究道经和教义、科仪的学者纷纷涌现，对道教学术文化的发展有较大的贡献。

晚唐北宋以后，道教教义开始出现一些新变化。主要表现在兼融儒释道三教思想，以修持内丹术为主的钟吕金丹派开始在道教中兴起。五代宋初华山道士陈抟、北宋道士张伯端，吸取儒家《易》学和佛教禅宗理论，使之与道家思想和早期道教炼丹、养生方术结合，论述了内丹修炼的理论和方法。到了南宋金元对峙时期，道教内部发生重大变革，新兴道派纷纷涌现。在北方有全真道、真大道、太一道，南方有金丹派南宗、清微派、神霄派、净明道等新道派；早期的天师道、上清派、灵宝派等旧道派在教义和道法上也有新的变化。这些道派在教义上的共同特点是倡导三教合一，鼓吹儒释道教同源一致。三教所共同探讨的心性问题成为这一时期道教哲学的中心课题。儒家理学的天道观和伦理道德、佛教禅宗的明心见性修持方法，都被道教吸收融合。全真道和金丹派南宗都是专主内丹修炼、倡导性命双修的教团，并在修炼次第上形成了先性后命与先命后性两派。南方其他符箓道派也受内丹术影响，融合内丹与符箓道法，倡导“内丹外用”、“内道外法”，以内丹修炼作为施行符箓咒术之本。道教符箓道法也更加完备成熟。元朝统一之后，南北各道派重新组合，形成以内丹为主的全真道和符箓为主的正一道两大派系，流传至今。

道教在明清时期趋于衰落，社会地位逐渐下降。道教教义、教制总的说来虽无大发展，但道教思想却进一步通俗化，流传于广大社会。被道士们加以通俗解释的内丹术传向社会各界，在儒士中影响尤深。一批道教劝善书如《太上感应篇》、《阴骘文》等，经官僚文士的倡导，作为一种宣传封建伦理的通俗读物广泛流传于民间。各种大大小小的道教神庙受到官绅士民的普遍崇拜，扶乩降仙、斋醮超度之风在社会上盛行。道教的神仙信仰、金丹修炼说，渗透于这一时代的大量文学作品中。这一时期纷纷出现的大批下层民间秘密宗教结社，亦多吸收道教思想。其中有些教门，如罗教、黄天道、红阳教等，其教义、方术和组织制度都深受道教影响。至清末民国时期，道教虽已非常衰微，但作为一种传统宗教信仰，对中国的思想文化和社会风俗仍有着一定程度的影响。

道众诵经

信仰与方术　道教以信奉“道”而得名，其教义思想和神仙方术皆发源于此。道原本是先秦道家学派的哲学观念。老子和庄子都以道作为天地万物产生的神秘本原，也是超越现实世界一切事物的宇宙最高法则。东汉时开始形成的道教继承了道家的思想，并且更加突出了“道”的神秘性和超越性，把它神化为具有无限威力的宗教崇拜偶像。道教认为：“大道”不仅在先天浑沌之时化生了天地万物，而且还在后世不断变化其身形名号，降临人世，辅佐帝王，救助危难，传经布道，教化民众。太上老君（即老子本人）便是大道降世传教时的化身。最早的道团五斗米道便奉大道为最高神，以太上老君为教祖。东晋南北朝以后，道教崇拜的神有所变化，形成了以三清尊神为首的多神崇拜体系。“三清”即玉清元始天尊、上清灵宝天尊、太清道德天尊，是化生宇宙、总统天地、传经说教的最高神灵。三清之下有四御、五方帝君、三十二天帝、日月星辰之神、五岳四海河渎之神，以及阴曹地府之神等，也都是道教尊奉的尊神。这些大神又各自统辖众多天曹官吏、神兵神将和供其役使的青童御女、御夫仪仗等。这个等级有序的庞大神灵系统，实即封建社会以皇帝为首的官僚等级制度在上天的投影。

神仙是道教信奉的另一类神灵。与上述天地自然之神不同，神仙主要指经过修炼而得道的神人、真人。他们居于天宫琼楼、仙山洞府或海岛神州，有各种神奇本领，能隐身遁形，造物变化，来去自由。道书仙传中记载的神仙极多，有传说的古代仙真，有历代帝王将相、杰出的文化人物，也有道教史上的道师术士，如张天师、吕洞宾、张三丰等。道教供奉一些民间崇拜的俗神，如门神、灶神、财神、三官、土地、城隍、妈祖、东岳大帝等。神仙和俗神崇拜使道教对下层民众更有吸引力，成为他们日常生产娱乐活动和生活风俗的有机组成部分。

道教相信人类通过修炼养生能够战胜疾病死亡，得道成仙，因此而创造出一整套复杂的宗教修持理论和方术。这些方术概括起来主要有以下几大类：第一类是源于古代神仙家的服食术，包括服用采集的天然动植物药和人工炼制的金丹大药（外丹）。目的在于借助药物力量强固自身，延年祛病，长生不死。第二类是源于古代养生家的炼养方术，包括思神守一、吐纳胎息、房中固精、屈伸导引、辟谷食气及咽液、叩齿、按摩、梳洗等各种卫生保健方法。目的在于通过自身精神、形体的锻炼调养，达到强身健体、安定精神、延年益寿。这两种外服丹药、内炼形神的方术融合发展，又形成了道教后期的内丹术。第三类方术是源于古代巫师术士的法术，如画符念咒、斋醮祈祷、跪拜首过等。目的在于召神驱鬼，辟除妖邪侵害，祛病消灾。这类方术较多迷信成分，但在医巫不分的古代，也被认为有治病卫生的功效。此外还有许多道教杂术，如卜筮相面、算命求签、观星望气、堪舆风角之术，以及变化分形、造雾吐火、呼风唤雨、隐遁、雷法等。这类魔术表演虽然也为江湖道士所常用，但与长生成仙已无关系。

道教徒修炼和举行宗教仪式的场所，最早称作庐或静室，南北朝时称作道馆，隋唐以后称作道观或庵堂。历代宫观形式和规模不尽相同，但大多为宫殿式，一般有三清、玉皇、吕祖、灵官等殿堂。唐宋以后，道教宫观遍布各地城乡山林。道教日常宗教活动有诵经礼忏功课、节日的祭神祝祷，以及为信徒作道场祈福消灾、超度亡灵等。道教内部拜师、授经、传度法箓、日常生活起居、出外云游、修炼打坐等，皆有复杂的科仪戒律。

**道教美术** Taoistic art　将道教活动及其思想造型化的建筑、**雕塑**、**绘画**、**书法**和工艺美术。产生和发展于中国。道教源于中国原始社会的巫术，战国至秦、汉时代的神仙方术和**黄老之学**，形成于东汉**张陵**时，以后与儒学、佛教长期斗争和融会而发展，在中国思想史和宗教史上有着重要的地位。道教美术主要是将道、气、虚、实、天、地、阴、阳等道教观念引入和渗透于世俗美术中，成为中国古代美术中面貌独特的一个门类。

建筑　道教建筑的起源，可以追溯到秦、汉时期的都城宫殿和请神致仙的楼馆建筑。帝王宫殿的设计端门四达，概取象于天帝居住的紫宫，称为紫阙、金阙或紫金城、紫禁城，大殿称为太极殿。在北京紫禁城联结正阳门和地安门的南北主轴上，由南开始，依次排列着以道教教理的基本概念命名的建筑：天安门、太和殿、中和殿、保和殿、乾清宫、坤宁宫、神武门等。道教奉老子为教祖。据文献记载，正式为祭祀老子建立祠庙起于东汉桓帝延熹年间（158～166），供道士出家修行的宫馆楼观出现于两晋南北朝时期。专祀五岳、四渎、五镇等岳渎的岳庙建筑，大体模仿宫殿建筑或将其简略化。现存道教建筑主要遗构有山东泰安的岱庙（天贶殿）、河北曲阳的北岳庙（德宁殿）、北京的白云观（1456）等。

雕塑　道教雕塑主要是三尊、五祖、七真等天尊、帝君、真人及仙人、女仙的雕像。天尊、真人图像出现在东晋南北朝之际，受佛教造像仪轨的启发，道教法像最初模拟佛教造像，出现了刻有天尊像的造像碑、佛道图像共存的佛道造像碑和道教石窟造像。唐代帝王自称为老子后裔，钦定道、儒、释三教的先后次序，屡尊老子名号，朝廷设崇玄学统领道教宫观，令两京及各州郡建立玄元皇帝庙，铸铜天尊像送置开元观，于是名师相匠竞相铸刻道教法像。华清宫白玉老君像是唐代道教造像的实例。雕塑家参与创作道教雕塑推进了唐代道教雕塑艺术的民族化进程。

图1　白玉老君像（陕西历史博物馆藏）

图2　《朝元图》（局部，永乐宫三清殿壁画）

宋承唐代崇道之风，推保生天尊大帝赵玄朗为赵姓皇帝的族祖，广修宫观，修完道教三清四御神祇谱系，塑族圣像，到北宋宣和年间已经形成上起天清、帝君，下至城隍土地的360多个名目的神灵系统，这个系统为金元以降道教造像所继承。现存代表性作品有山西芮城永乐宫的救苦天尊像、北京白云观的长春真人像等。

绘画　道教绘画的早期作品，是在东汉魏晋时代的神兽镜上出现天皇太帝（元始天尊的前身）、西王母、东王公等仙人玉女；另外在山东、河南的**画像石**和**画像砖**上也出现黄帝、老子、骑兽仙人、日月星辰、龙虎、凤凰、龟蛇等朴素的图像。东晋画家**顾恺之**创作了天师张陵向弟子王辰、赵昇传道的《云台山图》。张彦远的《**历代名画记**》记录了盛唐道观壁画的状况。据其卷三称，活跃于长安的巨匠**吴道子**在太清宫画绢本《玄元皇帝（太上老君）像》，在龙兴观画《明真经变图》，还在洛阳老君庙画《五圣图》。北宋真宗大中祥符元年至七年（1008～1014），为了祀天书，在玉清昭应宫，诏以武宗元为首的许多画家进行壁画创作。传武宗元作的《朝元仙仗图》是吴道子风格的白描画卷，表现神仙谒见元始天尊或玄元皇帝的仪仗式。永乐宫是在吕洞宾（纯阳帝君）的故宅遗址上建造的元代全真教道观，主体建筑三清殿有壁画《诸天神众图》，在纯阳殿有表现吕洞宾传教活动的《神游显化图》，七真殿有表现全真教开山祖王重阳生涯的壁画。还有七真之一邱处机的版本画传《玄风庆会图》（1274）。岱庙天贶殿中有大型壁画《泰山神启跸回銮图》。

书法　道教书法有：①“云篆”等为了禁咒护符的特殊文字的书法，如《道藏》洞真部所收的《云篆度人妙经》、同玄部所收的《割落七元符》等。②书写道教经典、自身强调宗教意义的作品，如东晋**王羲之**的小楷《黄庭经》、五代**杨凝式**的草书《神仙起居法》。道教书法艺术影响到元明以后，可以发现各种发展和变化。

工艺美术　在中国建筑装饰、工艺品上经常使用龙、虎、狮、鹤、凤凰、神牛、灵芝等与道教信仰密切联系的题材。道教工艺品中，特别是铜镜和剑的制造，北魏以来被视为道教天师必修技术。另外，宝冠、玉座、钟、磬、幡等用于宗教礼仪，象征神仙山水的假山被视为文人的玩物。

**道路工程** road engineering; highway engineering　从事道路的规划、勘测、设计、施工、养护和管理的应用科学和技术。是**土木工程**的一个分支。道路通常是为陆地交通运输服务，通行各种机动车、非机动车和行人的建筑结构的统称。按照道路所处地区和特点，可以分为公路、城市道路、厂矿道路、农村道路和林区道路等。

**道路等级**　按路网中地位、作用及其在国民经济、国防中的作用，公路在中国被划分为不同的四个行政等级：国道，具有重要的政治、经济或国防意义的全国性公路。省道，省内具有较大的政治、经济意义的区域性公路。县道，地区性公路。乡道，乡村道路。按照技术标准的不同，公路可以划分为五个技术等级，即高速公路、一级公路、二级公路、三级公路和四级公路。此外，还有一些不符合技术标准

海拔3 100米的新疆天山公路

的道路，称为等外公路。不同等级的公路用不同的技术指标体现。

城市道路指城市市区内部的道路。按其在城市路网中的作用可以分为四个等级，即：快速路、主干路、次干路和支路。

学科内容 研究内容主要有：

道路网规划和路线勘测设计 道路网规划应考虑各种交通运输综合功能的协调发展，路网布局的完善。路线勘测设计则应根据国家制定的分级管理和技术指标，选定技术经济最优化的路线，对平、纵、横和排水系统进行综合设计，力争平面短捷舒顺、纵坡平缓均匀、横断面稳定经济，以求保证设计车速、缩短行车时间、提高汽车周转率。对路基、路面、桥梁、隧道、排水等构造物进行精心设计，在保证质量的条件下降低施工、养护、运营和交通管理等费用。

路基工程 路基既是路线的主体，又是路面的基础并与路面共同承受车辆荷载。路基按其断面的填挖情况分为路堤式、路堑式、半填半挖式三类。路肩是路面两侧路基边缘以内地带，用以支护路面、供临时停靠车辆或行人步行之用。路基土石方工程按开挖的难易分为土方工程（松土、普通土、硬土三级）与石方工程（软石、次坚石、坚石三级）。

路基工程在道路建设中，工程量大、占地广，常为控制施工质量和进度的关键。故要求：①节约用地。②严格控制施工质量。③搞好排水和防护加固工程。④填方工程应慎选土质并分层夯实。⑤冰冻地区设置防冻层或设置隔水层和隔温层。⑥悬岩峭壁处，需修建悬出路台或半山桥，陡峻山坡则需修筑挡墙、石砌护坡或护脚等。⑦通过特殊或不良地质、水文的地区或路段时，采取防治措施。

路面工程 为适应行车作用和自然因素的影响，在路基上行车道范围内，用各种筑路材料修筑多层次的坚固、稳定、平整和一定粗糙度的结构物。其构造一般由面层、基层（承重层）、垫层组成。表面应做成路拱以利排水。路面按其使用特性分为四级：①高级路面。②次高级路面。③中级路面。④低级路面。按其在荷载作用下的力学特性，路面可分为刚性路面（如水泥混凝土路面）和柔性路面（如沥青路面、碎石路面、级配路面）。

道路排水工程 水的作用是造成路基、路面和沿线构筑物的病害和冲毁的主因。排水工程要与水利灌溉相配合，地面排水和地下排水兼顾，路基路面排水与桥涵工程相结合。地面排水设施一般有：边沟、截水沟、排水沟、跌水、急流槽、倒虹吸管和渡槽等。地下水排除一般以导流为主，不宜堵塞，主要设施有暗沟、渗井、渗沟。

桥涵工程 道路跨越河流沟谷时，需建涵洞、桥梁或渡口等构筑物；与铁路或其他道路交叉，也常建桥跨越。过水构筑物有漫水桥、过水路面、渗水路堤等。当交通量不大而又受到经费等条件限制时，可暂缓建桥，先修渡口工程，待交通量增长条件具备时，再改渡建桥。

桥涵要根据当地的地形、地质、水文等条件，行车及外力等荷载，建桥涵目的要求等，因地制宜，就地取材，合理选用桥涵形式，做到坚固、适用、安全、经济、美观。见桥梁工程。

隧道工程 在地面以下开挖供汽车通行的构筑物称公路隧道。按所经地区情况分为：①避免地面干扰建在城市地下的城市隧道。②有利于航运和国防在河流或海峡底下的水底隧道。③降低越岭高程，或避绕山嘴、取消急弯陡坡、改善线形以缩短行程节约行车时间和油耗的，或避让表面不稳定山坡和水文地质不良地段，改由稳定岩石较深部位通过的山岭隧道。修建隧道要根据工程造价、施工条件及竣工后运营和养护条件，与其他路线方案进行详细的技术经济比较，决定取舍。

隧道内部必须设置通风和照明设备。隧道周边一般均需修筑衬砌加以支撑，在坚石又不易风化的整体岩层也可不做衬砌。为防止表面岩石风化，可喷水泥砂浆。近年来，采用喷锚支护，施工简便造价低，正日益推广。

交通设施 ①交通标志。分为主标志和辅助标志两大类。主标志按功能分为以下四种：ⓐ警告标志；ⓑ禁令标志；ⓒ指示标志；ⓓ指路标志。②交通标线。其作用是管制和引导交通，包括路面标线、突起路标和立面标记等。城市道路还包括人行天桥和人行地道，公共电车、汽车停靠站。

附属设施工程 ①安全防护设施。如保证夜间车辆和行人交通安全的照明设施，防护用的护栏、护墙、护柱，沙漠地区的防沙栅栏，多雪地区的防雪走廊。②改善环境设施。重点是绿化，其他如减小噪声干扰的隔音墙等。③养护管理设施。如养路道班房、巡逻管理站等。④路边服务设施。如休息区、停车场、电话亭及旅游服务设施等。

养护工程 维护道路完好状况，预防和及时修复各种缺陷损坏，提供并保证安全、快速、经济、舒适的行车条件，有计划地改善道路技术状况，以适应交通发展需要。

各国多采用有训练和装备的养路道班和工程队组织，完成养护工程任务。养护工程按其工作性质和任务分为：①一般性养护。对道路及其一切设施进行预防事故和维修较小损坏部分。②预防性养护。是指道路尚未恶化前进行的养护，一般定期进行。③大中修工程。对道路及其设备进行较大的修复，或在原有技术等级内的添建和局部改建。

**道路交叉口** road intersection 道路与道路相交的地方。又称道口。交叉口机动车辆、非机动车辆、行人众多，且相互干扰，不但降低车速，阻滞交通，且容易发生交通事故。因此，如何正确设计交叉口，合理组织交通，对提高交叉口的车速和通行能力，减少延误和交通事故，避免交通阻塞，保障交叉口行车通畅，都具有重要意义。

交叉口交通组织设计 基本任务是保证相交道路上的车流和行人的交通安全，并提高交叉口的通行能力。设计方法是：正确组织不同去向的车流，设置必需的车道数，合理布置交通岛、交通信号灯及地面各种交通标志等，使车辆在交叉口能按渠化道路的原则组织起来，有序通过交叉口。交叉口交通组织方法有以下几种：①设置专用车道。②左转弯车辆的交通组织，如设置专用左转车道，变左转为右转（使用环形交通或绕街坊变左转为右转）。③渠化交通组织。

为使车辆减少在各交叉口的停车，已把一批交通信号灯连接起来，形成交通信号控制系统。分为“线控制”和“面控制”。“线控制”是把一条道路上的相邻交叉口交通信号联动控制；“面控制”是将整个区域内各交叉口交通信号区域实行控制。这两种方法都可以分为定时式和自适应式。

交叉口类型 进出交叉口的车辆之间，其交错方式不同，产生的交错点性质也不一样。同一行驶方向的车辆分开驶向不同方向的地点称为分叉点（或称分流点）；来自不同行驶方向的车辆以较小的角度向同一方向汇合的地点，称为汇合点（或称合流点）；来自不同行驶方向的车辆以较大的

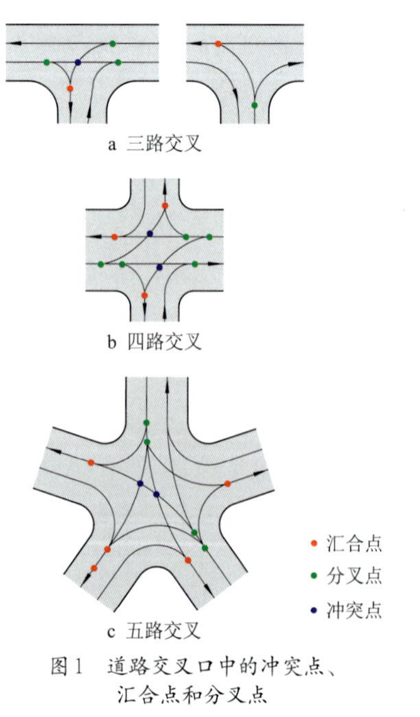


图1 道路交叉口中的冲突点、汇合点和分叉点

角度（或接近90°）相互交叉的地点称为冲突点（或称交叉点），如图1。其中以冲突点对交通的影响最大，其次是汇合点，再其次是分叉点。减少或消除冲突点的方法一般有三种：①在交叉口安装自动交通信号灯，或由交通警察指挥，使同一时间只允许某一方向的车流通过。②渠化交通，即人车分离，各种车辆各行其道，互不干扰，有序行驶。③立体交叉。将相互冲突的车流分别设在不同平面的车行道上，互不干扰。前两种属于平面交叉，第三种称为立体交叉。

平面交叉通常有三岔（T形、Y形）、四岔（十字形、X形斜交）及多岔交叉。交叉口形式的选择和改建，应尽量简单，相交道路的条数宜少；尽量使相邻交叉口之间的道路直通；交叉口应避免锐角相交。环形交叉是平面交叉的一种形式，是在交叉口中间设置一个面积较大的中心岛。车辆进入交叉口后沿中心岛周围逆时针方向交织运行，无须民警指挥，交通组织简单，便于管理。五岔及三岔以上的交叉口采用信号灯管制较困难，环形交叉则可以适应（图2）。

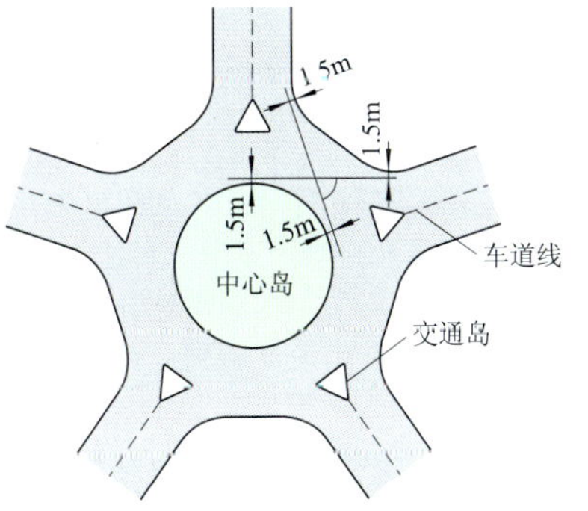

图2　环形交叉

立体交叉简称立交。立交由桥跨构筑物和匝道组成，道路从桥上通过并跨越相交道路（或铁路）称为跨线桥或高架桥；从相交道路下面开挖或顶进穿越时，称为下穿式地道。两相交道路无匝道连接的，称为分离式立体交叉（图3）；上下两相交道路通过匝道连接的，称为互通式立交（图4）。立交应按照道路网规划统一设置。设计中要考虑相交道路的等级、交通量、交通特点、地形、地物、环境条件等。高速公路与其他多种道路交叉，必须采用立交；城市主干路与主干路相交，当路口设计小时交通量超过4 000～6 000辆（折合为轿车），相交道路为四车道以上，且采用改善措施和调整交通组织均难收效时，可设置立交。立交可结合其他适当工程进行，如有些跨河桥桥头引道较高，可增建边孔，与滨河路结合，建成立交。上跨或下穿铁路的干路也可与平行铁路的道路立交。

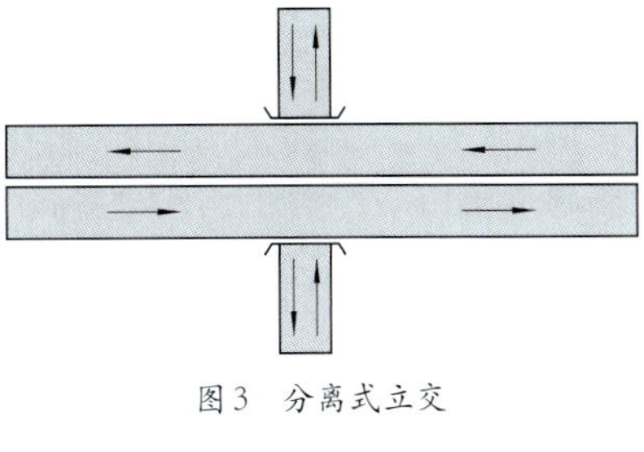
图3　分离式立交

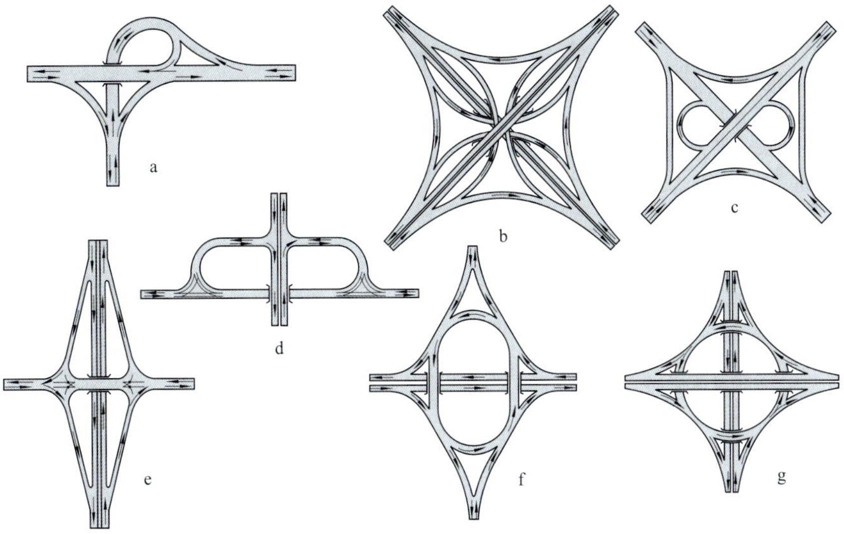

图4　互通式立交

**道情戏**　daoqing opera　中国戏曲剧种。道情，源出于唐代道教在道观内所唱的“经韵”，文体为诗赞体。后吸收词调、曲牌，演变为在民间布道时演唱的“新经韵”。也称道歌。据南宋周密《武林旧事》记载，淳熙十一年（1184）宫中唱的道情，与鼓子词相类似。后来，道情中诗赞体的一支主要流布于南方，仍多为说唱道情；曲牌体的一支主要流布于北方，并在陕西、山西、甘肃、河南、山东等地发展为戏曲道情。它以〔耍孩儿〕、〔皂罗袍〕、〔清江引〕等为主要唱腔，吸收和采用秦腔或梆子戏的一些锣鼓、唱腔、表演、剧目，以及民歌、小戏，逐步形成为各地的道情戏。其形成的时间，大约在梆子腔兴起之后的清代末叶。道情戏的音乐，原系曲牌联套体，后来陕、甘等地发展为板式变化体结构，并保留了某些曲牌的固有特点。伴奏乐器除沿用渔鼓、简板外，增添了丝弦乐器和打击乐器，丰富了表现力。演唱时，大多仍保持尾句人声帮腔的特点。道情戏的剧目有4类：①升仙道化戏，取材于道教的“十渡船”故事，人称“十渡戏”。②修贤劝善戏，故事来源于民间流传的“二十四孝”。③民间生活小戏。④历史故事和传奇公案戏，或称袍带戏，多从梆子戏剧目移植而来。

**道·琼斯指数**　Dow-Jones indexes　世界上历史最悠久、影响最大的股价指数。道·琼斯公司是美国的金融新闻出版商，道·琼斯指数是该公司创始人C.H.道于1884年7月3日首次公开发表在《华尔街日报》上的。当时组成道·琼斯股价平均数的股票只有11种，1897年扩大到32种，1928年增为50种，1938年组成股价指数的股票分3大类共65种，并延续至今。道·琼斯指数，共分四组：①由30种有代表性的大工业公司股票组成的工业股价指数。②由20种运输业大公司股票组成的运输业股价指数。③由15种公用事业大公司的股票组成的公用事业股价指数。④综合股价指数，是用上述三组中的65种股票综合起来算出的股价指数。上述四组股价指数，用得最多的是第一种工业股票价格指数。道·琼斯股价指数以1928年10月1日为基期，30种工业股票价格平均数为100；同时将计算方法改为：新的股票价格总数除旧的股票价格平均数，然后用这个单位数除新的股价总数，最后即为股票价格平均数。尽管道·琼斯指数包括的股票样本不多，但由于它历史较长，连续不断，因而仍被认为反映美国股市行情的最有权威性股价指数，受到全世界的重视。

**道生**　Daosheng（?～434）　中国东晋僧人。亦名竺道生，俗姓魏。巨鹿（今河北平乡）人，居彭城（今江苏徐州）。自幼从竺法汰受业，20岁受具足戒，后入庐山幽栖7年。元兴三年（404）与慧睿、慧严等同往长安从鸠摩罗什受学，辅佐鸠摩罗什译《大品般若经》、《小品般若经》。义熙五年（409）南返；十四年法显与佛陀跋陀罗译出《大般涅槃经》初分，中说“一阐提人无佛性”，道生剖析经理，说“一阐提人皆得成佛”，此说引起群情大哗，后于昙无谶译大本《涅槃经》中证实。立有“善不受报”、“顿悟成佛”义。所著《二谛论》等均不传，今存有《法华疏》二卷、《维摩经注》、《涅槃经注》。

**道士**　Taoist priest　信奉中国道教教义并修习道术的教徒。另有道人、道冠、羽士、羽客、羽衣等别称，女道士则别称女冠、道姑。道士中通经典、精戒律的称“法师”、“律师”。精炼养，德行高的称“炼师”。熟习威仪的称威仪师，道行渊博的尊称“先生”、“真人”。道士还按所修经典程度有不同级别称谓。天师道尊称张陵及其嗣位子孙为天师。宋以后，道士有出家、在家之分。全真道道士住道观丛林，不结婚，称出家道士。正一道可以婚娶，称在家道士。道士一般是师徒相传。道教认为：若不受师，道则不降；而传道度人，须择出身名门、孝亲忠君、资性淳良之人。

**《道枢》** *Axial Principles of Taoist Way* 中国道教丛书。宋曾慥编。书名有道术之精要之意。成书于南宋绍兴年间（1131～1162）。原书20卷、122篇，今《道藏》本为42卷、108篇。

此书辑录了上起汉魏，下至北宋中有关道教哲学和《阴符经》、《黄庭经》、《太极经》、《参同契》、《入药镜》、《灵宝经》等道书数十种。辑录道法以唐宋内丹术为主，兼及服气、辟谷、胎息、存想、守一、坐忘、导引、按摩、叩齿、咽液、拜祝、去三尸、招魂魄等，各家各派、大小道术、莫不俱载。每篇题下，均用四言四句提示该篇要点及传授原委。正文中夹杂曾慥的评议或注解，旁征博引、言简意赅、见地不凡。为研究南宋之前道教内丹修炼、日常养生方术的重要著作。

**道统说** confucian orthodoxy 中国儒家关于先王之道传承系统的理论。韩愈为扬儒抑佛，仿照佛教的法统论，提出儒家的道统谱系，“尧以是传之舜，舜以是传之禹，禹以是传之汤，汤以是传之文武周公，文武周公传之孔子，孔子传之孟轲。轲之死，不及其传焉”（《原道》）。韩愈以孟子继承者自居，“使其道由愈而粗传，虽灭死，万万无恨”（《与孟尚书书》）。宋代大儒朱熹明确了道统概念，“盖自上古圣神继天立极，而道统之传有自来矣”（《四书集注·中庸章句序》）。宋儒否定韩愈在道统中的地位，“由孟子而后，周、程、张子继其绝，至熹而始著”（《宋史·朱熹传》）。“道统”观念虽由唐代韩愈提出，但却是孔子以来的一贯思想。儒家学者在思考儒学与佛、道两家关系时，认为“道统”起着明确自我归属的作用。它是儒学发展的内动力，又限制儒学的发展。儒家道统从哲学上可归结为三方面：认同意识、正统意识、弘道意识。

**道威斯计划** Dawes Plan 第一次世界大战结束后协约国于1924年制订的德国赔款支付计划。根据英国提议，协约国赔款委员会于1923年11月增设两个专家委员会，一个研究平衡德国预算和稳定德国金融之方法，一个调查德国资本外流情况并设计引回的方法。两个专家委员会以美国银行家C.G.道威斯为主席。12月由法、比、意、英、美5国代表组成的国际专家委员会赴德调查。1924年4月9日，道威斯拟订一项解决赔款问题的计划，史称道威斯计划。此计划经同年7月16日至8月16日伦敦会议讨论并通过，同年9月1日生效。此计划主要内容是：由协约国监督改组德意志银行，实行货币改革，并由协约国贷款8亿金马克以稳定其币制；在赔款总数尚未最后确定的情况下，规定德国赔款年度限额；德国的金融外汇、铁路运营以及税捐征收事务受国际监管。道威斯计划的执行，对20年代后半期德国经济的恢复和发展起了重要作用。1929年德国声称财政濒于破产，无力执行此计划。1930年为杨格计划所取代。

**道宣** Daoxuan（596～667） 中国唐代僧人，佛教史学家。律宗（南山宗）创始人。俗姓钱，润州丹徒（今属江苏）人，一说长城（今浙江长兴）人。15岁入长安日严寺依智頵律师受业，16岁落发。20岁从智首律师受具足戒，并随其学律10年，听讲《四分律》40遍。唐武德七年（624）往终南山居仿掌谷习定。贞观六年（632）到郧访法砺律师咨问律学，十六年入终南山丰德寺，后长居于此，并与居此的孙思邈结林下之交。曾为长安西明寺上座，参加玄奘译场，负责润文。律学著作有《四分律删繁补阙行事钞》、《四分律拾毗尼义钞》、《四分律删补随机羯磨》、《四分律比丘含注戒本疏》、《四分比丘尼钞》等；其他著作有《续高僧传》、《释迦氏谱》、《集古今佛道论衡》、《大唐内典录》、《广弘明集》等。弟子很多，有大慈文纲及新罗智仁等。

**道学** confucian school of idealist philosophy 中国北宋和南宋时期以继承和发挥孔孟“道统”为己任，倡导“性命义理”学说的儒学。又称“理学”。“道学”一词，作为学术思想之称谓，始于北宋。自明清以后，道学逐渐被“理学”称谓所取代。

**道元** Dōgen（1200-01-19～1253-09-22） 日本佛教曹洞宗创始人。俗姓源，号希玄，京都人。14岁出家，于延历寺戒坛院受菩萨戒，遍学天台教义，后改信禅宗，1223年到中国，受曹洞宗禅法，回国后于1243年在越前（今福井县）开创永平寺，是为日本曹洞宗中心道场。其坐禅要诀为“抛却烧香、礼拜、念佛、修忏、看经，只管打坐”，后人称其禅风为默照禅。卒后被谥为佛性传东国师、承阳大师等。著有《普劝坐禅仪》、《学道用心集》等。

**《道藏》** *Taoist Canon* 汇集收藏所有中国道教经典及有关书籍的大型丛书。道教初期除《道德经》、《太平经》之外，其他经典很少。魏晋南北朝时期，随着道教的发展，一些道士开始搜集整理道书，同时各派道士撰写的经典也日渐增多起来。南朝宋时道士陆修静广集道书，编写《三洞经书目录》，著录各类道经、符图及医药方技著作，共有1 228卷。

到了唐代初年，道书开始汇集成“藏”。唐玄宗令史崇玄等人编成《一切道经音义》。开元年间，政府又下令搜访天下道经，纂修成《三洞琼纲》一书，后世又称《开元道藏》，共收入道书3 744卷，体例采用三洞三十六部分法。

北宋真宗大中祥符五年（1012）时，道士张君房又奉命主持编修了《大宋天宫宝藏》，凡4 359卷。宋徽宗时又将《天宫宝藏》扩编为5 481卷，并首次在福州闽县刻板印刷，称作《万寿道藏》。金代在章宗时曾编刻《大金玄都宝藏》，凡6 455卷。元朝初年，全真派道士宋德方主持编辑刊印的《大元玄都宝藏》，已增至7 800多卷。但是上述唐宋金元时期编修的道藏，均已亡佚。

今所见道藏，是由明朝第43代天师张宇初及其弟张宇清奉诏主持编修，刊成于明正统十年（1445），称为《正统道藏》。万历三十五年（1607），明神宗又命第50代天师张国祥编成《续道藏》。这部明代正、续道藏共收入各类道书1 476种，5 485卷，装为512函，仍以《千字文》编号。

《正统道藏》内容庞杂，卷帙浩繁。其中有大批道教经典、论集、科戒、符图、法术、斋仪、赞颂、宫观山志、神仙谱录和道教人物传记等，是研究道教教义及其历史的百科全书。

此外，《道藏》中还收入诸子百家著作，有关中国古代科学技术的著作，有关中国古代医药养生、内外丹法的著作，有关天文历法方面的著作等。

《道藏》中各种典籍的排序，都按三洞四辅十二类的分类方法编排。即将道书分为三洞和四辅七大部类，其中三洞各部又细分为12小类，共36小类。三洞即洞真部、洞玄部、洞神部。

四辅即太玄部、太平部、太清部、正一部。

十二类为本文类、神符类、玉诀类、灵图类、谱录类、戒律类、威仪类、方法类、众术类、记传类、赞颂类、章表类。这一分类体例是在南北朝时期道士编撰道书目录的过程中逐步形成的，自唐以后历代编修《道藏》，均沿袭此分类编排体例。

《道藏》部帙庞大，给道门子弟及一般阅读者、研习者带来一定的困难，北宋张君房在编成《大宋天宫宝藏》的同时，撮其精要，撰成《云笈七签》一书，世人称为“小道藏”。清康熙年间（1662～1722）彭定求编《道藏辑要》，嘉庆年间（1796～1820）蒋元庭又增辑之。光绪三十二年（1906）贺龙骧、彭瀚然重刻《道藏辑要全书》，除收录《正统道藏》中重要经典外，增补藏外民间传本数十种，是研究明清道教史的宝贵资料。

民国年间丁福保又编纂了《道藏精华录》，收书100种，并于每种目录之下，均撰作内容提要。此外，商务印书馆又据明《道藏》影印出版《道藏举要》，收书170余种。

20世纪30年代，燕京大学出版了《道藏子目索引》，是第一部为《道藏》所编写的工具书。1991年，中国社会科学院世界宗教研究所道教研究室集体编纂了《道藏提要》，此书仿照《四库全书提要》的体例，简要介绍所收各书的内容。1992年巴蜀书社又出版了大型道教典籍丛书《藏外道书》，所收道书均为明《正统道藏》、《续道藏》未收书。

2004年，中国道教协会、中国社会科学院道家道教研究中心、华夏出版社共同筹划，组织全国百名专家学者编修整理出版了道教文献总集《中华道藏》。以明《正统道藏》、《万历续道藏》为底本，保持三洞四辅的基本框架。对三洞四辅以外的经书又根据不同的内容进行了相应的归类。全藏分为49册，每册约100万字。既有分册目录，又有总目录，并附目录索引、引用书目录索引、人名经名索引等，既符合现代规范，又有古书风骨，还能适应信息化发展的要求。

**稻** *Oryza*; rice　禾本科稻属植物的统称。草本植物。又称水稻，古称稌、秜等。野生稻大多为多年生，是栽培稻育种的重要种质资源，药用野生稻有药用价值。栽培稻则系一年生，是世界重要粮食作物之一。

**分布**　稻的生产遍及除南极地区以外的各大洲，从北纬50°～51°（中国黑龙江的黑河流域）到南纬34°～35°（南美洲大西洋沿岸），从平原到海拔2 700米的高原地带都有栽培。东南亚因有季风影响，多数国家雨量充沛，气温较高，植稻历史悠久，是水稻生产最集中的地区，播种面积约占全世界水稻播种面积的90%以上。中国稻区遍及全国，以秦岭淮河一线以南为主。广东、广西和福建主要是双季连作稻；长江流域各地也有部分双季连作稻；长江、黄河之间是发展中的稻麦两熟区；黄河以北，东北至黑龙江，西北至新疆，不少是新稻区和盐碱地稻区。

**类型和生物学特性**　栽培稻可按形态特性、生育期长短、生态适应性和子粒的生化成分等区分为不同类型，其中籼稻和粳稻是栽培稻种的两大类型或亚种。两者的主要区别是：籼稻株形松散，分蘖强，叶色较淡，易落粒，成熟较快，通常无芒，米粒细长，颖毛短而散生，煮饭黏性较弱而胀性较好，适应于高温、多湿的亚热带和热带气候。粳稻株形紧凑，分蘖弱，叶色较深，不易落粒，成熟较慢，有些品种有芒，米粒短厚，颖毛长而密或无颖毛，

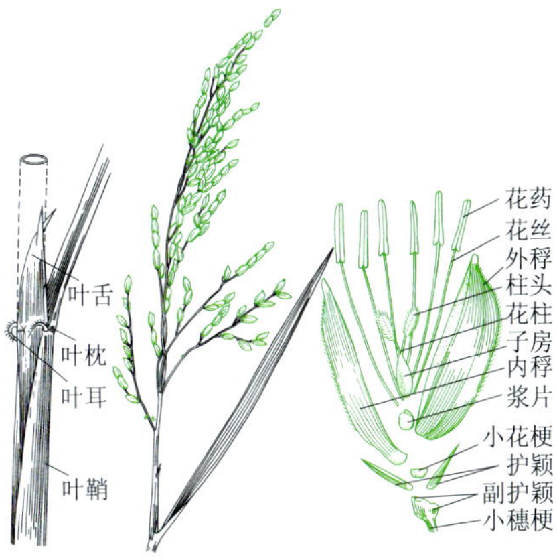

稻株形态

煮米黏性较强而胀性较差，适应温带气候，且较耐寒。

**糯稻和非糯稻**　主要是米粒所含淀粉特性的差异。糯稻米粒含支链淀粉98%以上，不含或很少含直链淀粉，因而黏性强，胚乳干燥后呈乳白色，不透明，煮饭的胀性差。非糯稻谷粒除含支链淀粉外，还含有20%～30%的直链淀粉，因而黏性小，煮饭的胀性大。糯米淀粉吸收碘的能力低，遇碘溶液呈棕褐色；非糯稻米吸碘力强，则现蓝紫色。非糯稻和糯稻都有籼型和粳型。非糯稻与籼型糯稻杂交结实正常，与粳型糯稻杂交仅部分结实。

**水稻和陆稻**　野生稻自生于沼泽地区。一般认为由野生稻驯化演变最初形成的栽培稻种是水稻；陆稻是栽培稻适应旱地生态条件而形成的变异型，在有水层的土壤也能生长。二者的区别主要在于陆稻有较强的耐旱性，根系较发达，表皮较厚；气孔较少，裂生通气组织仅有残存。水稻特别是浮稻和深水稻则根部与茎叶间有裂生通气组织贯通，故耐涝性强。浮稻和深水稻分布于江河下游低洼地带和湖泊沿岸的洼堤、塘田、湖田。浮稻浮生水中，地上茎节能发根、分蘖，并随水位上涨而伸长，茎长可达5米以上；深水稻茎高170～270厘米，生存的水深可达140厘米左右。水稻和陆稻都有籼型和粳型。

**晚稻和早、中稻**　按生育期长短，籼、粳稻都可分为早、中、晚熟。晚稻对短日照敏感，只有在严格的短日照条件下才能显示其感温性而正常抽穗成熟。早稻对日照长短无严格要求，而感温性显著。

**栽培**　中国以水稻生产为主，多为移栽。直播和再生稻很少。移栽的主要技术环节是育秧、栽插、施肥和灌溉。

水稻喜高温、短日照、多湿。对土壤要求不高，但以层次分明、保肥、保水、通气性能好的水稻土为宜。土壤酸碱度要求接近中性。水稻的全部生育过程分为幼苗期、分蘖期、长穗期和结实期4个阶段。

**用途**　稻作的主要产品是大米。稻谷要经过砻谷、碾米和副产品处理等加工过程，才得到食用的精米。米可煮饭、酿酒和制糕点等。米糠可作家畜精饲料、榨油及工业原料；还可制饴糖，酿酒。稻壳干馏可生产活性炭、甲醇、醋酸、丙酮等多种化工产品。稻草可作饲料、覆盖物和用于编织草绳、草袋等，还是造纸、人造纤维和纤维板等的原料。

**稻螟虫**　rice stem borer　昆虫纲鳞翅目的一类水稻害虫。俗名水稻钻心虫。中国的常见种类有：螟蛾科的三化螟、褐边螟、二化螟、台湾稻螟和夜蛾科的大螟。其中三化螟（图1）、二化螟（图2）和大螟（图3）长期是水稻的主要害虫。三化螟主要分布在北纬37°～38°以南各稻区；二化螟在中国各稻区均有分布；大螟主要分布于黄河以南；台湾稻螟则分布于广东、广西、福建、台湾等地；褐边螟以广东、广西、湖南、湖北、江西、贵州和福建局部地区为主要分布范围。此外，除褐边螟分布于印度、

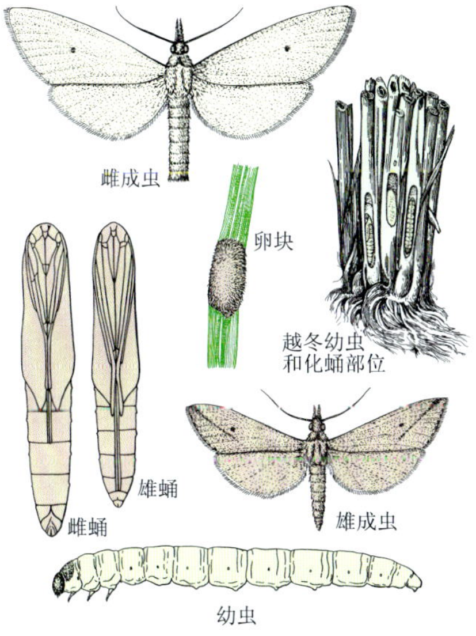

图1　三化螟

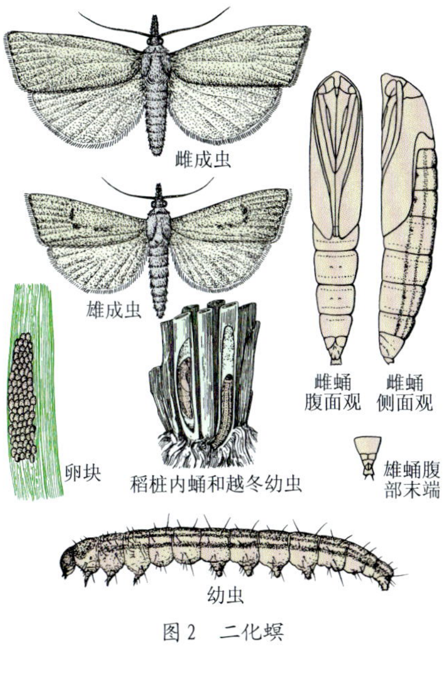

图2　二化螟

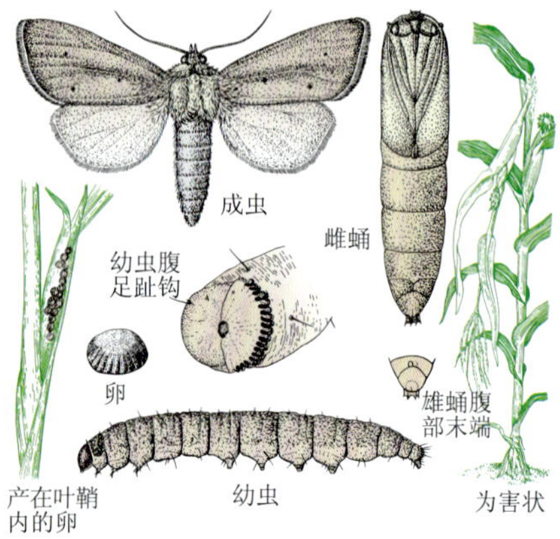


图3 大螟

斯里兰卡外，其他4种稻螟在南亚次大陆和东南亚均有分布。三化螟还见于日本，二化螟和大螟见于日本、朝鲜、韩国。三化螟为单食性，只取食水稻。褐边螟、二化螟和台湾稻螟除取食水稻外，还取食茭白、甘蔗以及高粱、玉米、粟和小麦。大螟除取食以上作物外，还取食芭蕉、椰子等。

影响三化螟发生的主要因素有：①气候条件。发生期迟早和世代数受当地气温的影响。越冬代蛾量受越冬幼虫滞育率、化蛹期低温和降雨量的影响。幼虫滞育率高的年份，越冬幼虫耐低温能力较强；反之，越冬死亡率较高。越冬幼虫化蛹前期雨量大，易引起幼虫窒息死亡。②耕作栽培措施。水稻种植制度是影响三化螟发生期、发生世代数和发生量、为害程度的重要因素。一般是品种混杂的稻田发生世代多、为害重。③天敌。寄生性天敌主要有稻螟赤眼蜂、黑卵蜂和线虫以及病原细菌、僵菌等，捕食性天敌有多种蜘蛛、步行虫、隐翅虫、青蛙和鸟类。

农业防治是主要的防治措施。一般在秋播时有计划地将绿肥留种田、迟熟冬作田，安排在旱地或螟害较轻的晚稻田上。冬耕冬沤，提早春耕灌水，使稻螟在预蛹期被淹死，从而压低有效虫源基数；选用螟害较轻的田块作绿肥田，以减少越冬虫源；合理布局，避免单、双季稻混栽和多品种插花种植；选种抗螟水稻品种和采取适宜的栽培技术，如调节水稻插植期、合理施肥灌水，使水稻危险生育期与螟虫盛孵期错开，稻株生长整齐；及时夏收翻耕灭茬，以破坏虫蛹；避免偏施氮肥，增进水稻抗（耐）性等也可减轻为害。其他防治措施包括在盛孵期施用杀螟松、杀虫双、巴丹，对二化螟和大螟施用**敌百虫**等农药以及保护和利用天敌等。

**得克萨斯州** Texas State 美国中央西南区一州。西南以格兰德河（北布拉沃河）与墨西哥为界，东南临墨西哥湾，西北接新墨西哥州，北、东北与俄克拉何马州、阿肯色州、路易斯安那州相邻。面积695 622平方千米，为美国第二大州，本土最大州；其中陆地面积678 358平方千米。人口2 432.7万（2008），仅次于加利福尼亚州；其中白人占71%，黑人占11.5%，混血种人占14.2%，西班牙裔占32%。**休斯敦**是全州最大、全国第四大城市，其次是**达拉斯**、**圣安东尼奥**等。州府奥斯汀。

地形以平原为主，地势自西北向东南倾斜。西北部属大平原，海拔750～1 200米，也称高平原；中北部属内陆低原，海拔150～800米，本州称欧塞奇平原；东南部为墨西哥湾沿岸平原，地势低平，海拔0～300米，是全州人口、城市和经济的集中地带。落基山余脉伸入西部，州界附近的瓜达卢普峰海拔2 667米，是全州的最高点。河流多顺地势自西北向东南流注墨西哥湾，主要有格兰德河、科罗拉多河、布拉索斯河、特里尼蒂河等。地处亚热带，气候南北差异较大。夏季除西南山地外，普遍高温，7月平均气温28～30℃；冬季温和，自北向南1月平均气温1～16℃。年降水量西北部不足250毫米，中部640毫米，东南沿海1 400毫米，分属亚热带干旱、半干旱和湿润气候。沿海地区夏秋之交易遭飓风侵袭，内地4～5月常受龙卷风之扰。自然植被以草原为主，森林覆盖率仅10%。

16世纪初西班牙探险家航海至此。17世纪法国人一度与西班牙争夺该地。1821年墨西哥独立，得克萨斯成为其属地。1836年成立得克萨斯共和国。1845年加入联邦，成为美国第28州。1861年南北战争时退出联邦，1870年重新加入。

美国经济最发达的州之一。农牧业产值居各州前列。灌溉农业发达，多大型农场，机械化水平很高。农作物品种多样，棉花产量居全国首位，主要分布在西部灌区；高粱、稻米、小麦、花生、柑橘类水果等产量也居前列。牧场广阔，农业收入2/3以上来自畜牧业，为全国牛、羊饲养头数最多和牛羊肉、羊毛产量最多的州，安哥拉羊毛（马海毛）著称世界，肉鸡、火鸡、禽蛋、乳品等产量也很高。墨西哥湾近海渔业盛产虾类、牡蛎等。矿业产值居各州之冠，以开采石油、天然气为主，提供全州矿业产值90%以上。硫磺、镁、氦、盐等矿产也很丰富。工业部门多样。拥有庞大的炼油、石油化工和化学工业体系，其主要产品产量领先全国；电子、航空航天工业也在全国占突出地位；还有工业机械、金属制品、电气设备、运输设备、食品加工等部门。以“世界石油之都”休斯敦为中心的墨西哥湾沿岸，包括科珀斯克里斯蒂、拉瓦卡港、博蒙特等，构成本州第一条制造业带；以“硅原”达拉斯为中心，包括沃思堡、圣安东尼奥等，为第二条南北向制造业带。交通运输发达，铁路、公路长度均居全国首位。机场26个。达拉斯－沃思堡国际机场、休斯敦国际机场属全国最繁忙航空港之列。墨西哥湾沿岸有13个深水良港，其中休斯敦为全国第二大港，科珀斯克里斯蒂、得克萨斯城等港也名列前茅。

科技和文化教育发达。设于休斯敦的约翰逊航天中心和得克萨斯医疗中心闻名于世。有得克萨斯大学、赖斯大学、贝勒大学等高等院校。州内有大本德国家公园、瓜达卢普山国家公园、约翰逊国家历史公园等名胜，州立公园多达110处。

**得墨忒尔** Demeter 希腊神话中掌管谷物的女神。克罗诺斯和瑞亚的女儿。她开始掌管土地的丰产，随后成了农事及社会习惯和家庭生活的庇护者，因此又被尊为立法女神。氏族贵族统治时期，得墨忒尔的影响不大，公元前6～前5世纪，她在奥林波斯众神当中占有重要的位置。她教会古代农神特里普托勒摩斯耕种，让他在人间传播。由于水在希腊农业中的重要作用，有神话称得墨忒尔为海神波塞冬的妻子。**荷马**和**赫西奥德**说她与伊阿西翁结合，生了财神普路托斯。希腊各地曾有很多纪念她和女儿地狱女神佩尔塞福涅的节日，埃琉西斯是崇拜她的中心。在罗马，对得墨忒尔和对意大利女神克雷斯的崇祭融为一体，在农民中尤为盛行，每年4月有纪念克雷斯的节日。

**锝** technetium 第一个人工**放射性元素**，元素符号Tc，原子序数43，属周期系ⅦB族。半衰期最长的同位素是$^{98}Tc$。由希腊文technetes（人造的）得名。

1937年C.佩里埃等用氘核轰击钼，制得锝。随后，从铀的**核裂变**产物中分离和利用钼、钌、铌的**核反应**制得锝的许多同位素，已发现质量数为90～110全部同位素。通过核反应堆裂变产物的分离可得到以吨计的锝。

锝为银灰色金属，熔点2 172℃，沸点4 877℃，密度11.487克/厘米³。锝能以－1～+7的氧化态存在，其中+4、+7氧化态较稳定。化学性质与锰、铼相似，而更近于**铼**。

锝的重要化合物有：氧化物$Tc_2O_7$和$TcO_2$等，卤化物$TcF_6$、$TcCl_6$、$TcOCl_3$和$TcOBr_3$等，硫化物$Tc_2S_7$和$TcS_2$等。

含锝的钢具有抗腐蚀性，锝及其合金具有优良的超导性。$^{99}Tc^m$是医学临床诊断中应用最广的医用放射性同位素。

**德** 本义指接近于事物的本来面目，与“得”相通。如《管子·心术上》说：“故德者得也。得也者，其谓所得以然也。”在《老子》中，德被看作是**道**的呈现，这种呈现本身被认为是道的隐没，“上德不德，是以有德。下德不失德，是以无德……故失道而后德，失德而后仁……”（《老子》三十八章）。德更多地是指人们所共同遵循的普遍行为准则，具有伦理含义，如《论语·颜渊》记载："子张问崇德辨惑。子曰：'主忠信，徙义，崇德也。'" 在先秦文献中，"道"和"德"就开始连用，合成一词，意指人的品德。《管子·君臣下》说："道德定于上，则百姓化于下矣。"

**德昂语** Deang language 属南亚语系孟-高棉语族佤德昂（原称佤-崩龙）语支。原称崩龙语。在中国主要分布于云南省德宏傣族景颇族自治州以及临沧、保山、思茅等地区。缅甸境内也有使用者。德昂语分纳昂、布雷、若买3个方言。以纳昂方言硝厂沟话为例，有辅音31个；鼻音有清化和不清化两套；塞音、塞擦音分清浊；复辅音比较丰富。有长短元音15个，有二合、三合复元音；元音后面可以带辅音尾。以词的元音屈折变化区分人称代词的双数与复数。修饰语一般在被修饰语之后。句子成分的基本次序是主语-谓语-宾语。

**德昂族** Deang 中国少数民族。原名崩龙族，1985年改为德昂族。主要分布在云南省西南部。人口17 935（2000）。使用德昂语，属南亚语系孟-高棉语族佤德昂语支，分布雷、若买、纳昂3种方言，无文字。其先民为汉晋时的濮人，隋唐时的"茫蛮"、"朴子蛮"、"望苴子蛮"等。主要从事农业，种植水稻、玉米、荞麦、薯类、橡胶、紫胶、

德昂族男子

桐果、棉花，擅长种茶。成年、老年妇女多穿黑色对襟短上衣，下着不同颜色横条纹的筒裙，腰间系有刻花纹的黑漆竹藤篾圈和鲜艳绒球的腰箍。男子着黑布圆领大襟衣，缠黑或白色包头。以大米为主食，也有以玉米和荞麦为主食的。喜食酸性腌制食品，嗜饮浓茶。住房有竹制干栏和土屋两种。婚姻行一夫一妻制，青年男女有恋爱自由。行土葬和火葬。主要节日有泼水节、采花节、关门节、做摆等。笃信小乘佛教和原始宗教。1988年在云南潞西市（今芒市）建立了两个民族乡。

**德奥同盟** Austro-German Alliance 1879年德国和奥匈帝国在维也纳结成的秘密军事同盟。普法战争以后，德国宰相O.von俾斯麦为孤立和打击法国，力图联合奥匈帝国，拉拢沙皇俄国，阻止法俄接近。1878年柏林会议上，俾斯麦偏袒奥匈和英国，使沙俄失去了战胜土耳其所获得的权益。会后，德国借口检疫，禁止俄国牲畜入口，又提高了粮食进口税，使俄国遭受严重的经济损失。德俄关系急剧恶化。俾斯麦觉察到法俄接近的迹象，为应付东西两线可能的进攻，遂选择奥为伙伴。1879年10月7日，双方签署《德奥同盟条约》。条约主要内容是：①缔约国一方遭到俄国的进攻，他方应以全部兵力援助，并不得单独媾和。②一方遭到第三国（指法国）进攻，他方应采取善意的中立；如进攻的国家得到俄国支持，缔约双方应共同作战。③条约的有效期暂定为5年。④缔约国双方对条约应保守秘密。事实上，条约一直存在到第一次世界大战结束两帝国灭亡为止。德奥同盟条约成为德国外交政策的基石，也成了当时欧洲国际关系的轴心。

**德巴里** De Bary, Heinrich Anton（1831-01-21～1888-01-19） 德国植物学家。生于德国法兰克福，卒于法国斯特拉斯堡。1853年获医学博士学位后，在法兰克福当外科医生。1855～1866年在弗赖堡任植物学教授，1867～1872年任德国哈雷大学植物学教授，1872～1888年任法国斯特拉斯堡大学校长。

他是现代真菌学和植物病理学的奠基人，最早研究了寄生、共生和腐生现象，以及植物的流行性病害，尤其是马铃薯晚疫病和小麦锈病。著有《显花植物和蕨类植物的营养器官的比较解剖》、《真菌、类真菌和细菌的比较形态学和生物学》、《黑粉菌的研究》等。

**德拜** Debye, Peter Joseph William（1884-03-24～1966-11-02） 美籍荷兰裔物理学家、化学家。生于荷兰马斯特里赫特，卒于美国纽约。1910年获慕尼黑大学博士学位后，在苏黎世、乌得勒支、格丁根和莱比锡等大学任教。1935年去柏林主持改建威廉皇家物理研究所。1940年德军入侵他的祖国之前两个月去美国任康奈尔大学化学系主任直到1950年退休。1946年入美国籍。德拜早期从事固体物理的研究工作。1912年改进了A.爱因斯坦的固体比热容公式，提出了分子的偶极矩公式。1916年和P.谢勒创立了X射线粉末法（德拜-谢勒法），采用粉末状晶体代替较难制备的大块晶体，适用于多晶样品的结构测定。1923年和E.休克尔得出了强电解质溶液的当量电导表达式（德拜-休克尔公式）。他因对偶极矩、X射线和气体中光散射的研究，于1936年获诺贝尔化学奖。

**德拜长度** Debye length 在等离子体中，由于异性相吸，一个带电粒子总是被一些带异号电荷的粒子包围，这样，带电粒子的静电场基本上只能在一定距离起作用，在此距离外因周围异号电荷的屏蔽，电场迅速消失，这个距离称为德拜长度$\lambda_D$。$\lambda_D$是静电作用的屏蔽半径，是统计意义上的概念，仅在以$\lambda_D$为半径的德拜球内有大量带电粒子即$n\lambda_D^3 \gg 1$（$n$是粒子数密度）时才有意义；$\lambda_D$又是局域电荷分离的空间尺度，如果$\lambda_D$远小于等离子体的尺度$L$，则等离子体宏观上就是电中性的，实际上$L \gg \lambda_D$的电离气体才能称为等离子体。

**德班** Durban 南非第三大城市和最大海港。濒印度洋的纳塔尔湾。包括郊区在内人口346.8万（2007），其中黑人占50%，印度人占30%。城市沿狭窄的滨海低地伸展，南有布拉夫丘陵，北延伸至德班高原。气候暖湿，平均年降水量1 044毫米，集中于夏季（11月至翌年3月）。1824年英国殖民者始建，原名纳塔尔港，1835年改今名。19世纪末以后，随内陆工矿业的兴起和铁路建成通车，城市和港口建设迅速发展。1935年设市。港区水深10～12米，码头长近万米，现为南部非洲最大的集装箱港口，年处理130万标准箱。主要出口矿产品、煤、糖和谷物等。主要进口工业设备和原材料等。石油精炼后由管道输往约翰内斯堡。

德班海滨沙滩（远处为德班港）

有多条铁路通连内陆和沿海城市。有国际航空站。城市基础设施完善，多次举办大型国际会议。20余个国家在此设有总领事馆、领事馆或名誉领事。主要的制造业部门有船舶修造、汽车装配、炼油、化工、制糖、食品等。建有德班-韦斯特维尔大学、纳塔尔大学和博物馆等。海滨沙滩风景优美，并靠近夸祖鲁-纳塔尔自然保护区，是旅游业中心之一。

**德彪西** Debussy, (Achille-)Claude (1862-08-22～1918-03-25) 法国作曲家，印象主义音乐的创始人。生于巴黎附近的圣日耳昂莱，卒于巴黎。自幼学习钢琴，1872年入巴黎国立高等音乐学院，1880年转入E.吉罗的作曲班。1884年以清唱剧《浪子》获罗马大奖。在校学习期间，曾两次利用暑假到俄国，接触了俄罗斯音乐，深受M.穆索尔斯基作品影响。在巴黎听到爪哇加美兰音乐，对其鲜明的色彩深感兴趣。又由于同象征派诗人和印象派画家的交往等，逐渐形成了自己的艺术思想，并产生了一系列印象主义风格的作品，如1890年写成的钢琴曲《贝加莫组曲》，其中的《月光》一曲被认为是印象主义音乐的开端。此后20年中，相继创作了歌剧《佩里亚斯与梅丽桑德》，管弦乐曲《牧神午后》、《夜曲》、《大海》、《意象集》，钢琴曲《组曲：为钢琴而作》、《版画集》、《儿童角落》等标志着德彪西印象主义音乐风格特点的杰作。其作品的主要特点是：音乐较少热情，注重描绘性，借助标题和丰富的音响色彩变化引起人们的遐想；器乐旋律多以细碎的片断作自由的不对称的发展，声乐旋律则兼具朗诵性和抒情性；和声的功能性减弱，色彩性加强，并常采用高位叠置的和弦与平行和弦；扩大了音阶、调式、调性的范围，常使用中古调式、五声音阶及全音阶；以不规则的节奏细分造成朦胧气氛或富有生气的律动感；配器精致细腻。德彪西的晚期，因健康和战争的原因，创作量减少，其中重要作品有神秘剧《圣塞巴斯蒂安的殉难》，3部芭蕾音乐《卡玛》、《游戏》、《玩具箱》，歌曲《马拉梅的三首诗》、《十二首钢琴练习曲》等。这些作品显示出两种倾向：一种是对传统的进一步突破，音乐语言更加复杂化，出现了多调式的因素；另一种则是传统创作法的复归。这两种倾向对20世纪音乐的发展产生了重要的影响。

**德波林** Deborin, Abram Moiseyevich (1881-06-16～1963-03-08) 苏联哲学家。苏联科学院院士，苏联科学院主席团成员。生于俄罗斯帝国立陶宛乌皮那，卒于莫斯科。原姓越飞。十月革命前参加过革命运动，曾是社会民主党党员和孟什维克。十月革命后成为布尔什维克哲学思想家。曾先后在斯维尔德洛大学和红色教授学院工作，担任过马克思恩格斯学院哲学研究所所长，《马克思主义旗帜下》杂志的主编。他在苏联领导和编辑出版了俄文版《黑格尔全集》15卷。他赞同作为普遍联系和现实世界相互作用的科学的辩证法，认为它不仅适用于社会历史领域，也适用于具体科学知识的任何领域。他认为科学研究的一般方法是包括自然科学在内的学者必须遵循的意识形态。20世纪30年代作为"孟什维克思想家"受到批判。主要著作有：《辩证唯物主义》(1909)、《辩证法与自然科学》(1930)、《辩证唯物主义与哲学导论》(1931)、《新时代的社会政治学说》(3卷本，1958～1967)、《哲学与政治》等。

**《德伯家的苔丝》** *Tess of the d' Urbervilles* 英国小说家T.哈代所著长篇小说。1891年发表。德贝菲尔让女儿苔丝到德伯府上去认个本家，被居心不良的恶少亚雷骗到树林里奸污。怀孕的苔丝回到家中，遭到众人的白眼，孩子不久死去。她与牧师的儿子安玑·克莱真心相恋，却在新婚之夜被知道了实情的克莱遗弃。当上牧师的亚雷又纠缠苔丝。当克莱归来时，苔丝出于激愤将亚雷杀死，然后坦然面对绞刑。哈代把一个所谓失去贞节的女孩作为小说的主角，并在副标题中称她为"一个纯洁的女人"，从而公开向维多利亚时代的英国道德观发出挑战。

《德伯家的苔丝》插图

**德伯林** Döblin, Alfred (1878-08-10～1957-06-26) 德国小说家。生于斯德丁，卒于埃门丁根。曾行医，参与、创办编辑文学刊物，任科学院副院长等。1933年遭纳粹通缉，作品被查禁，流亡国外。毕生反对战争和不合理的社会制度，反对法西斯主义。其文学理论著述《叙事作品的建构》具有广泛影响。早期作品有表现主义特征，后来逐渐向客观、精确地描写现实过渡，晚年的作品有宗教倾向。《王伦三跳》(1915)以18世纪的中国为背景，影射德国的现实。小说《柏林，亚历山大广场》(1929)，描写一个运输工人出狱后欲改恶从善终不可得的故事。其他作品还有传记体社会批判小说《不予赦免》(1935)，批判殖民主义的《亚马孙河》三部曲(1935～1948)，反映德国十一月革命的4卷本长篇小说《1918年11月》(1937～1950)和批判法西斯的《哈姆雷特或漫漫长夜有尽头》(1956)等。

**德布鲁** Debreu, Gerard (1921-07-04～2004-12-31) 美籍法裔经济学家，现代数理经济学的奠基人，微观经济学中拓扑学方法和集合论方法的奠基人之一。生于法国加莱市，卒于巴黎。1946、1956年先后获巴黎大学数学学士和博士学位。1946～1948年，担任巴黎国家科学研究中心副研究员。1950～1955年，任美国芝加哥大学考尔斯经济学研究委员会副研究员。1955年随考尔斯委员会迁到耶鲁大学，任考尔斯基金会副教授至1961年。1962年，任加利福尼亚大学伯克利分校经济学教授。1975年起兼任数学教授。1977年当选美国国家科学院院士。1983年获得诺贝尔经济学奖。

德布鲁的研究领域包括帕雷托最优理论、效用理论，特别是经济均衡理论中一般均衡的存在性。他概括了帕雷托最优理论，创立了相关商品的经济与社会均衡的存在定理。他在1959年发表的对一般均衡公理化叙述的专著《价值理论，对经济均衡的公理分析》，被认为是现代数理经济学的划时代著作。该书进一步使一般均衡理论体系成为公理化体系。从此，数学公理化方法成为经济学研究的基本方法。著有《竞争经济中均衡的存在性》(合著)、《价值理论，对经济均衡的公理分析》、《有限均衡的经济》、《过度需求函数》、《数理经济学：德布鲁的20篇论文》、《数学模式中的经济理论》、《经济理论的数学化》和《一般均衡理论》(3卷本)等。

**德布罗意** de Broglie, Louis Victor (1892-08-15～1987-03-19) 法国物理学家，量子力学创始人之一。生于下塞纳的迪耶普，卒

于巴黎。1924年获巴黎大学博士学位。1928年起任庞加莱学院理论物理学教授直至1962年退休。1933年当选为法国科学院院士。1924年发表电子波动论文，当时光的**波粒二象性**刚被证实，他把这种二象性推广到物质粒子，解决了原子内的电子运动问题，为此获1929年诺贝尔物理学奖。后来E.薛定谔将德布罗意的物理概念用数学形式表示，而导出量子力学中最基本的薛定谔方程，建立波动力学。1927年C.J.戴维森和L.H.革末由实验证实电子射至晶体时有衍射现象，显示其波的性质，并且测出波长与德布罗意的理论推断结果一致。他对现代物理学作了许多哲学的论断，他认为作为原子物理学基础的统计理论，在实验技术所不能揭示的变量后面，隐藏着完全确定并可以弄清楚的实在。

**德川家康** Tokugawa Ieyasu（1543－01－31～1616－06－01） 日本江户幕府创建者。生于冈崎城，卒于骏府（静冈）。三河国冈崎城主松平广忠长子，幼名竹千代。1566年改称德川家康。1582年本能寺之变后，拥信长子信雄，与**丰臣秀吉**战于小牧山，相持近一年后讲和。1590年助秀吉灭北条氏，领有关东八州，按秀吉意移住江户城。1598年7月秀吉病笃，命家康等五大老与三中老、五奉行共辅嗣子秀赖。同年8月丰臣秀吉死后，其部下分裂为东、西两军。1600年9月，为争夺政权，家康率东军与以石田三成为首的西军会战于关原，属丰臣派的西军败。1603年2月任征夷大将军，立幕府于江户。两年后让位于子秀忠，但仍掌实权。1614年开始讨伐丰臣氏残余势力，经大阪冬（1614）夏（1615）两役，灭丰臣氏。1616年3月出任太政大臣。

**德尔斐法** Delphi technique 将专家主观判断与量化统计分析相结合的一种预测、**决策**方法。德尔斐是古希腊地名，当地有座阿波罗神殿，为预卜未来的神谕之地。因太阳神阿波罗对未来有很高的预见能力，故用“德尔斐”来命名这种方法。最早用于预测，后来推广应用到决策工作中。美国兰德公司于20世纪50年代初预测苏联第一颗人造卫星上天时间时首创。主要特点是有反馈的函询调查。它不是把专家召集在一起开会讨论，而是就一定的问题发函给一些专家征求意见，在不泄露决策人倾向的条件下，将收到的专家答复意见加以综合整理，再将结果匿名寄回专家，继续征询他们的意见。经过几轮反复，直到意见趋于集中为止。这种函询调查法的优点是，由于专家之间不知道彼此姓名，因而个人权威、资历、口才等就不会对答案产生影响，有利于真实坦率地表明自己的意见。加之采取多轮反馈的方法，意见越来越集中，结论的可靠性也越来越大。但这种方法相对复杂、耗时，主要适用于缺乏资料时的预测或长期预测（如新产品开发的决策、行业发展趋势预测等）。

**德尔格尔登** Tarkaratna, Rāmanārāyan（1822～1886） 印度孟加拉语戏剧家。生于布德万，卒于布德万。曾在当地梵语学院学习，毕业后留校任教。第一部剧本《贵族的荣誉高于一切》（1854）以谐剧形式讽刺封建社会的丑恶现象，反对封建贵族制度，受到广泛欢迎。他改编梵语的剧本有《结髻记》（1858）、《沙恭达罗》（1860）等，取材于《往世书》的剧本有《刚沙之死》（1875）、《法的胜利》（1875），在民间故事基础上改编的剧本有《梦财》（1875）。他还化名写了三四部笑剧，嘲讽和揭露了一夫多妻制和童婚等封建陋习。德尔格尔登首先用孟加拉语创作，对孟加拉语戏剧的发展起了很大的推动作用，被认为是新兴孟加拉语戏剧的先驱者。

**德尔萨特** Delsarte, François（1811－12－19～1871－07－19） 法国教育家、舞蹈理论家。生于索莱姆，卒于巴黎。他通过细致观察人体各种动作表现与内心活动的相互关系，

总结出一套表情与姿态的逻辑体系。他将这套身体控制理论和训练方法应用于舞蹈领域，提出只有将身体的各个部位，尤其是躯干部分充分调动起来，才有利于表演的观点。他的理论对19世纪后期和20世纪初欧美现代派舞蹈的先驱们产生了广泛深刻的影响，甚至成为一些编导创作的出发点。R.von**拉班**、R.**圣丹尼斯**和T.**肖恩**、M.格莱姆均受到启发而完善了各自的训练方法。整个体系的理论化工作是由他的学生A.吉罗德通过《模仿、表情与手势——F.德尔萨特体系的实践法则》（1895，巴黎版）一书完成的。美国舞蹈演员S.麦凯应用这套理论编排出一套被称为“和谐体操”的形体训练动作。

**德尔图良** Tertullianus, Quintus Septimius Florens（约160～230） 罗马基督教拉丁教会最早的教父，拉丁神学的创立者。生于北非迦太基城一个异教罗马人家庭。约195

年入基督教。后一直从事护教方面的写作，是第一个用拉丁语写作的基督教教父，有拉丁教父之称。他对希腊哲学持强烈批判态度，斥之为异端，推崇信仰，贬低理性。他本来支持正统教会，约在207年，因对正统教会彻底失望，转而支持孟他努派。著作有《护教篇》、《论异端无权成立》、《论灵魂》、《论洗礼》、《论基督之肉体复活》等。

**德·菲利波** De Filippo, Eduardo（1900－05－24～1984－10－31） 意大利喜剧家。那不勒斯人。卒于罗马。先后与姐弟组织了德·菲利波剧团、埃都阿多剧团。他继承和发扬意大利民族和民间戏剧传统，用那不勒斯方言写了许多喜剧，反映那不勒斯的人情世态，刻画普通人的悲凉境遇和上层人士的丑恶面貌，如《魔法师西克－西克》（1930）、《库皮埃洛家的圣诞节》（1931）、《人与绅士》（1933）、《新衣》（1937）。他在自编、自导、自演的许多喜剧中，展现城市平民的喜怒哀乐，针砭不公正的社会现象和腐朽的道德观念，如《那不勒斯，百万富翁之城》（1945）、《幽灵》（1946）、《市政当局》（1961）、《纪念碑》（1970）。这些喜剧把幽默、讽刺和谴责熔于一炉，体现了他的“抒情自然主义”喜剧的风格。喜剧《考试没有结束》（1973）对个性和社会之间畸形的关系作了尖锐而令人心酸的讽刺。

**德凡特** Defant, Albert（1884－07－12～1974－12－24） 奥地利海洋学家、气象学家。生于奥匈帝国特林特（今意大利特伦托），卒于奥地利因斯布鲁克。早年在维也纳中央气象台从事气象研究工作，1909年任因斯布鲁克大学副教授，1928年任柏林大学教授兼附属海洋研究所所长、海洋博物馆馆长。继A.梅尔茨之后，指挥德国“流星”号调查船完成南大西洋的考察工作（1925～1927），与G.A.O.伍斯特等整理发表“流星”号考察报告16卷（1932～1944），为大西洋的海洋与气象研究奠定了基础。第二次世界大战后，曾在美国斯克里普斯海洋研究

所工作。回国后，再任因斯布鲁克大学教授兼附属气象和地球物理研究所所长。在海洋研究上的贡献：①与伍斯特、G.迪特里希等完成了大西洋环流调查，证实了梅尔茨的推论。②考虑地球自转偏向力的影响，完整地提出了两层间的自由内波和强制内波理论，发展了大西洋潮汐研究。③认为海洋与大气一样具有平流层和对流层，并与伍斯特共同提出海洋分层结构论。④在赤道逆流、世界大洋环流理论上也有贡献。主要著作有《海洋力学》、《海洋学》、《物理海洋学》(2卷)。

**德福雷斯特** De Forest, Lee (1873-08-26～1961-06-30) 美国发明家。生于艾奥瓦州康斯尔布拉夫斯，卒于好莱坞。1896年毕业于耶鲁大学设菲尔德理学院。1899年在耶鲁大学获物理学博士学位。后在费德勒尔电话公司任职。1912年参与创立无线电工程学院。德福雷斯特一生共获500多项专利。这些专利涉及电子学的广阔领域，如外科手术用射频电刀、高频反馈电路、无线电报、无线电发信系统、无线电接收系统、扬声器、光电池、无线电扫描电视系统、彩色电视和有声电影等。1906年，德福雷斯特制成第一个真空三极管（奥迪恩管），1907年取得三极电子管的发明专利。早期的奥迪恩管真空度很低，工作不稳定，在振荡、放大、检波等方面的实际应用进展缓慢。1912年，他用多个三极管连续放大微弱的高频电信号，是长途通信的重大发展。在电子学的发展史上，奥迪恩管的发明具有划时代的意义。

**德干高原** Deccan Plateau 印度南部高原。大致北起恒河平原南缘，南至半岛南端。略呈三角形，为一久经侵蚀的古陆块。地表总体上从西南向东北缓倾。东、西高止山脉会于高原南端，分别向东北和西北延伸，构成高原的东西两缘。北以萨特普拉山脉和焦达讷格布尔高原为限。西高止山脉延伸达1 500千米，平均海拔1 000～1 500米。西坡陡峭，逼近阿拉伯海，沿岸有狭长的海岸平原，为石质海岸，平直少曲折，称马拉巴尔海岸。耸立于喀拉拉邦中部东侧的阿奈穆迪峰，海拔2 695米，是西高止山脉的最高峰，也是德干高原的最高点。东坡缓倾，与高原渐次衔连。东高止山脉是南北延伸的断续低丘，海拔仅500～600米。沿孟加拉湾的海岸平原宽度约100千米，多沙质海岸，较平直且多沼泽，称科罗曼德尔海岸。由于长期侵蚀，高原面多呈现为桌状山或平顶山形态，高度300～800米。高原东北部和南部地势平缓，古老地层出露较多，富煤、铁、锰、铬、云母、金、铝土等矿。

**德格印经院** Dege Sutra-Printing House 藏传佛教印经中心之一。位于中国四川甘孜藏族自治州德格县城东欧普龙山沟口。清雍正七年（1729），被尊为法王的第12代德格土司却杰·登巴泽仁在其家庙贡钦寺内另建佛殿，刻版印经。其子杰色·索朗贡布又继其事，对刻经院加以扩建，经过16年才建成德格的贡钦寺印经院。该寺属萨迦派系统，但其刻印的经典并不限于萨迦派要典。除各派共有的藏文大藏经“甘珠尔”和“丹珠尔”外，还有《修法大全》、《续部全集》，其他诸如萨迦派的《道果释义》、宁玛派的《续藏》、噶当派的《父法子法》、觉囊派的《百行论》及本教的《黑白花龙经》等。印经院收藏有一些高僧个人的文集并汇集了藏传文化中的所有重要文字成果，涉及佛学、史传、方志、地理、医学、历算、语言、诗词各方面的内容。例如著名的藏医经典著作《四部医典》，多罗那他的《印度佛教史》等。印经院积累了大约21万块经版以及一些佛教木刻画版。印经院最重要的文化积累是完成于18世纪前期的《德格版藏文大藏经》，它是在第12代德格土司延请八邦寺著名学者司徒·却吉迥乃主持下，搜集了当时所有的藏文经典，精心校勘以后才开刻的。其中“甘珠尔”有经版33 748块；“丹珠尔”有经版64 512块。

德格印经院一角

**德国** Germany; Deutschland 中欧国家。全称德意志联邦共和国。东邻波兰和捷克，南接奥地利与瑞士，西连荷兰、比利时、卢森堡和法国，北毗丹麦，西北濒北海，东北濒波罗的海与瑞典隔海相望。面积357 114平方千米。人口8 200.2万（2008）。约1/10为非德裔人口。人口中绝大多数是德意志民族，讲德语，少数民族有索布人、丹麦人、佛里西亚人、辛提人和洛马人。31.1%信奉基督教新教，31.4%信奉罗马天主教，2%信奉伊斯兰教。首都柏林。

**地理** 地质与地形可分为南德山地、中德高地和北德平原3部分，地势南高北低，是一个“从山崖到海洋”的国家。①南德山地在多瑙河以南，最高峰是位于德奥边境的楚格峰，海拔2 963米。②中德高地为丘陵和中等山地，间有河谷和盆地交织分布，介于多瑙河和易北河、中部运河之间，占全国面积50%。③北德平原在易北河及中部运河以北，占全国面积40%，一般海拔50～200米。平原上有众多冰碛丘和冰蚀地貌，地面崎岖不平，湖泊沼泽众多，土壤肥力不高。沿海多岛屿，黑尔戈兰岛的红色砂岩崖壁屹立海上，是重要旅游点。

德国处于西风带内，以温带海洋性气候为主，东部向温带大陆性气候过渡。全年温和湿润。

河流众多，水量丰富，水位年变化小，运河密集，利于航运。莱茵河（境内长865千米），是德国经济意义最大的河流。还有多瑙河（境内长647千米）、易北河（境内长793千米）、威悉河（全长440千米）、奥得河、埃姆斯河等。主要通航运河有：北海-波罗的海运河（长98.7千米）、多特蒙德-埃姆斯运河（长269千米）、中部运河（长321.3千米，形成横贯德国东西的大运河）、美因河-多瑙河运河（长172千米）和南北运河（长112.5千米）。重要内河港杜伊斯堡年吞吐量1亿吨以上，是世界最大的内河航运港。湖泊众多，主

要集中在阿尔卑斯山麓及北德平原东北部。最大的是博登湖，境内面积305平方千米，此外还有米里茨湖（110.3平方千米）、什未林湖（60.6平方千米）、基姆湖（82平方千米）和施塔恩贝格湖（57平方千米）等。

土壤和植被具有过渡性。南德山地生长以松、杉为主的针叶林和高山草甸。中德高地生长以松、杉和山毛榉组成的混交林。北德平原自然植被很少。沿海沿河大部辟为农田和牧场。

矿产资源除煤、钾盐、天然气外相当贫乏。硬煤主要分布在鲁尔区和萨尔州，地质储量达2 300亿吨，鲁尔硬煤占全国储量90%，萨尔硬煤占全国储量10%。褐煤经济可采储量800亿吨，居世界前列。钾盐储量约130亿吨，居世界前列，分布在易北河和威悉河之间。

**历史** 公元前日耳曼人在境内定居，之后不断与邻近民族融合形成德意志民族。5世纪法兰克王国建立，843年王国一分为三，其中东法兰克王国奠定了近代德国的雏形。911年建立的东法兰克王国开始走向德意志帝国，史称德意志第一帝国。13世纪起帝国称“神圣罗马帝国”，15世纪时称为“德意志民族的神圣罗马帝国”。1438年后帝国皇权实际上已成为奥地利哈布斯堡王朝的世袭权力。14～17世纪封建割据及农奴制度仍阻挠着德国资本主义的发展。18世纪普鲁士和奥地利兴起。1806年德意志民族神圣罗马帝国正式瓦解，原来的各诸侯国组成松散的德意志邦联。普鲁士王国1850年废除农奴制，1871年成立了中央集权的德意志帝国，史称第二帝国。统一后的德国迅速成为后起的工业强国，20世纪初成为仅次于美国的世界第二经济大国。1914年挑起第一次世界大战，1918年战败，1919年建立魏玛共和国。在经济严重恶化的情势下，1933年1月希特勒上台建立法西斯独裁统治，史称第三帝国。1938年吞并奥地利和捷克斯洛伐克，1939年发动第二次世界大战。1945年5月8日战败投降，战后英、美、法、苏四国分区占领德国。1949年5月及10月在美英法占领区和苏占领区分别成立德意志联邦共和国和德意志民主共和国（通常被简称为西德和东德）。1990年8月31日两个德国签署统一条约，1990年10月3日，德国正式实现统一。

**政治** 联邦制国家，设总统、联邦议院、联邦参议院、联邦政府、联邦宪法法院。奉行联邦宪法（基本法）。联邦总统是国家元首，行使代表国家的职责，但无行政实权，由联邦议员和联邦大会选举产生，任期5年，可连任1次。联邦议院的主要任务是立法、监督法律的执行，选举联邦总理和监督政府工作等。议员任期4年，由公民普选产生。联邦参议院是16个联邦州的代表机构，由各州政府按州内居民人数分别指派3～6名州政府成员组成。联邦政府由总理及若干名部长组成，任期4年。联邦宪法法院是最高司法机构，负责解释宪法和监督宪法的执行，16名法官由联邦议院和联邦参议院各选一半，任期12年。德国实行多党制，主要有社会民主党、基督教民主联盟、基督教社会联盟、自由民主党、左翼党－民社党、联盟90/绿党六大政党，各按其在联邦议会及州议会选举中所获议员席位数量而决定其执政、联合执政或反对党地位。实行义务兵役制。

**经济** 德国是高度发达的工业国家，经济实力居欧洲首位，世界第四。2009年国内生产总值24 091亿欧元，人均国内生产总值29 376欧元，居世界前列。第二次世界大战前德国是仅次于美国的世界第二经济大国，战争中经济遭受严重破坏。战后分为两个德国，经济发展均较迅速，1990年德国统一后因东部改造耗资甚多，国内高税收、高福利政策导致资金外流严重，以及结构性危机，使20世纪90年代经济年增长大多在2%以下。

德国奉行市场经济体制，市场经济体制保证了德国的稳定，但高福利导致劳动成本升高和经济增长乏力，德国经济结构与体制已不能适应经济全球化和信息时代挑战，正在酝酿经济社会改革。

汽车、机械、电子电器和化工是德国

图1 黑森林区山地风光

工业的4大支柱，2009年工业产值占GDP的23.8%，1/3产品供出口，产品质量和技术水平著称于世。汽车工业产品70%出口，**戴姆勒－克莱斯勒公司**为世界第三大汽车公司，大众公司和宝马公司也在世界汽车10强之列。德国机械产品占世界总产量20%，专利申请量居世界第一。德国化工销售额为仅次于美、日的世界第三化工大国，巴斯夫、拜耳、赫施位列世界十大化工企业之内。德国是居于美、日后的世界第三电器产品出口国，**西门子股份公司**是仅次于美国通用电气公司的世界第二大电器公司。其他工业可分为新老工业部门：老工业部门有采煤、煤电、煤化工、钢铁、造船、重型机器制造、纺织等，仍具有世界竞争优势，但其领先程度正在减弱。钢铁生产设备和技术先进，品种齐全，质量优良，钢材出口量占其产量60%和世界钢材贸易量15%；造船业主要分布在北部沿海，年生产船舶近1亿载重吨，其中70%出口。新工业部门有信息、炼油、航空航天、精密机械、光学仪器等，高科技产品生产与出口尚不及美国和日本。信息产业在欧洲居首位，电信网及移动通信网、宽带有线接口均居世界前列，但互联网上网率、电子商务应用程度和信息业在国内生产总值中所占比重均落后于美国和日本。德国能源政策是保障供给、经济节约和保护环境，人均能耗仅相当于美国的一半。建筑业在德国统一后号称“统一经济效应”的“领头产业”。

农业发达，机械化程度很高。德国在20世纪上半叶还是农产品进口国，第二次世界大战后致力于农业现代化并得到欧洲共同体农业政策的有力支持，成为仅次于美、法、荷兰的世界第四大农产品和食品出口国。2008年农业用地1 693万公顷，约占全国土地总面积的一半，其中耕地1 193万公顷。农业生产以中小企业为主。2009年农产品自给率达75%。啤酒花产量居世界第二。绿化造林及维护森林质量世界领先。农业就业人口占国内总就业人数的2.12%。

服务业十分发达，其从业人数在2008年占总就业人口的72.5%，产值占GDP的61.9%。

交通运输业发达，有完整高效的线路网及综合管理系统。公路、铁路、水路和航空运输全面发展，但以公路为主，其密度为世界之冠。2008年公路总长23.12万千米，其中高速公路1.24万千米，高速公路长度仅次于美国、中国和加拿大而居世界第四。海运现代化水平世界领先，汉堡港是德国最大港口和世界大港之一。集装箱运量在欧洲居第二位，仅次于鹿特丹。另外有第二大港不来梅罗斯托克港、吕贝克港、基尔威廉港。德国的内河航运在世界居突出地位，2008年内河货运量2.46亿吨。莱茵河及其支流和运河占全国内河航运量的2/3，杜伊斯堡港是世界第一内河港。空运发达。全国有17个大型飞机场，法兰克福（美因河畔）国际机场为德国最大、欧洲第二大航空港。汉莎航空公司是德国最大也是世界服务最佳的航空公司之一。输油和天然气管道总长约3 500千米，2008年输运原油9 107万吨。

德国商业体系完善。商业是仅次于工业的第二大产业。商业企业以中小企业为主，90%的商业企业雇员不超过10人。

世界第二大贸易国。同世界上230多个国家和地区保持有贸易关系，全国近1/3的就业人员为出口行业工作。进出口经常出现顺差。2009年德国出口额8 032亿欧元，进口额6 671亿欧元。出口额约占当年国内生产总值的33.3%。主要出口商品为汽车、机械产品、运输设备、电子电器、化工产品和钢铁；主要进口商品为机械、电子电器、运输设备、汽车、石油、服装。

对外投资集中在工业国。2008年对外直接投资1 068.13亿欧元。2008年德国在海外投资主要集中在欧洲工业国家，占对外投资总额的77.2%。2004年，外国对德直接投资256.31亿欧元。投资主要来自意大利、卢森堡、荷兰、匈牙利、瑞士。21世纪初进入德国外资激增，已使德国丧失世界最大资本输出国地位。

图2 柏林中央火车站鸟瞰

德国货币原为马克，2002年起马克停止流通，欧元成为德国的唯一正式货币。2009年德国公共财政（包括联邦、州、乡镇三级政府财政、欧盟分摊份额及社会保险）总收入10 211亿欧元，总支出11 267亿欧元。

德国生产力布局较为均衡。新科技革命和40年的两德分立使全国明显分为南部、北部、东部三大经济区，各经济区又可分为经济水平及特征不同的集聚区。南部地区包括黑森、萨尔、莱茵兰－普法尔茨、巴登－符腾堡、拜恩（巴伐利亚）5个州，面积占全国42%，人口占40%。过去是德国的经济落后区，20世纪70年代以来，新兴工业发展很快，成为德国人均收入最高、失业率最低的新的经济重心区。

北部地区包括北莱茵－威斯特法伦、石勒苏益格－荷尔斯泰因、下萨克森、汉堡和不来梅5州，面积占全国27.5%，人口占全国37.3%。北部地区是德国近代工业发祥地和传统的经济发达地区。

东部地区指民主德国，包括梅克伦堡－前波美拉尼亚、勃兰登堡、萨克森－安哈尔特、萨克森、图林根、柏林6州，面积占全国的30.5%，人口约占全国的1/4。工业在经济中居主导地位，劳动生产率及人均收入与其他地区相比仍有不小的差距。

**文化** 德国大、中、小学和职业教育发达。实行12年制义务教育，公立学校学费全免，教科书等学习用品部分减免。著名大学有海德堡大学、莱比锡大学、罗斯托克大学、法兰克福大学等。还有神学、哲学、医学等单科性高校、师范院校等。职业教育实行双元制，即职业学校理论学习和企业中的实践相结合。成人教育和业余教育普及。

博物馆、美术馆3 000多座，著名的有柏林历史博物馆、美因河畔法兰克福的施塔德尔美术馆、慕尼黑的德意志博物馆等。音乐在德国相当普及，其水平居世界前列。全国有120多个受国家资助的歌剧院和140多个职业乐队。德国的博览会与展览会事业历史悠久，每年要举办400多个国际展会，世界210个重要的专业博览会约有2/3在德国举办。

发行量最大的日报是《图片报》，其他全国性大报有《西德意志汇报》、《法兰克福汇报》、《时代》周报、《世界报》和《南德意志报》等。杂志中销量最大的是《明镜》、《明星》和《焦点》等周刊。最大的通讯社是德意志新闻社，属于世界大通讯社之一，其次为德意志电讯社。此外还有一些专业性通讯社，最大出版社是贝塔斯曼出版集团，还有鲍尔出版社和学术、艺术、技术等专业出版社。全国主要广播电台和电视台为德国广播电台和德国之声电台、德国电视一台和电视二台，均为联邦政府和各州政府共同组建。此外，还有私营广播电台和电视台。

体育在德国得到广泛普及，全国有8.6万个体育协会，足球运动水平居世界前列，有多名创造世界纪录的体育明星。90%公民参加医疗保险，免费享受医疗服务。

主要城市有**柏林**、**汉堡**、**科隆**、**法兰**

克福、埃森、斯图加特、不来梅、莱比锡、德累斯顿、汉诺威等。

对外关系　德国是欧洲联盟和北大西洋公约组织的创始国和核心成员之一，以此为依托提高自身地位，开展全方位外交，增强对国际事务的影响力。德国视欧盟为其政治、经济利益根本所在，积极在其中发挥核心作用，以欧盟为基础发展同欧洲国家的关系，并凭借其实力和影响谋求逐步确立在欧洲的主导地位。在推动欧盟深化和扩大、保持同美国紧密联盟的基础上，积极开展全方位外交，大力拓展与中东欧国家特别是与俄罗斯的关系。加强与亚洲、非洲和拉丁美洲等发展中国家的关系，谋取经济实利，扩大政治影响。重视同联合国的关系，积极参与世界事务，主张优先考虑通过联合国以合作方式解决地区冲突问题，并积极派兵参加联合国维和行动。同时要求联合国改革和扩大安理会，谋求成为常任理事国。到2009年底已与世界上192个国家建有外交关系。

民主德国和联邦德国先后于1949年10月27日和1972年10月11日同中国建交。德国统一后，高度重视中国在世界上日益重要的大国地位，积极同中国发展友好合作关系。

## 德国的重新统一　Wiedervereinigung Deutschlands

1990年东、西两个德国复归统一。1945年纳粹德国战败后，被同盟国分成4个占领区（见苏美英法分区占领德国）。1949年德意志联邦共和国（联邦德国）和德意志民主共和国（民主德国）成立。1989年民主德国陷入政治危机。次年两德重新统一。

## 德国共产党　Kommunistische Partei Deutschlands

德国政党。1918年12月30日成立。创始人K.李卜克内西和R.卢森堡。1919年加入共产国际。1920年12月初同德独立社会民主党左翼联合为德国统一共产党。1925年中央委员会选举E.台尔曼为主席。1933年A.希特勒上台，德共被破坏，台尔曼被捕，于1944年被杀害。1945年6月发表告德国人民书，提出在四大国占领区建立民主政权是当时的中心任务。1946年4月21日苏占区的德国共产党组织和德国社会民主党组织联合成立德国统一社会党。1948年4月27日美、英、法占领区的德共组织在赫尔内举行代表会议，选举M.雷曼为主席。1949年1月决定正式成立单独组织，名称仍为德国共产党。1956年8月17日被取缔。1968年恢复，易名为德国的共产党。1989年10月以前，它的政治观点和国内外政策主张同德国统一社会党基本一致。1973～1990年党主席是H.米斯其后为H.施特尔。1998年12月3日德国共产党在汉堡重建。

德国警察查封德共总部（1933）

## 德国古典哲学　classical German philosophy

18世纪下半叶到19世纪上半叶的德国哲学。主要人物有I.康德、J.G.费希特、F.W.J.von谢林、G.W.F.黑格尔和L.费尔巴哈。

产生过程和基本特点　德国古典哲学是在18世纪末至19世纪上半叶德国资本主义发展的独特条件下产生的。德国古典哲学，特别是它的辩证法，反映了英国产业革命和法国大革命所引起的急剧的社会变化，但也表现了德国资产阶级的软弱性，它的理论往往具有抽象的、思辨的形式。

德国古典哲学广泛吸收了以前哲学家们的思想成果，对它有直接影响的主要是：以R.笛卡尔和B.斯宾诺莎为代表的理性主义学派、17～18世纪英法经验主义学派和启蒙运动学派、德国莱布尼茨－沃尔夫学派和以G.E.莱辛为首的启蒙运动学派。德国古典哲学家们在总结前人哲学学说的基础上，提出并探讨了一些新的重大哲学问题，把哲学思维提高到一个新的水平。但是，德国古典哲学并不是一个统一的学派。在哲学基本问题上，康德是二元论者，费希特是主观唯心主义者（另有一种意见认为费希特后来已倾向于客观唯心主义），谢林和黑格尔是客观唯心主义者，费尔巴哈则是坚定的唯物主义者。然而德国古典哲学又有其内在的首尾一贯的发展规律，康德开始了德国哲学的革命，经过费希特和谢林的努力，最后由黑格尔集德国唯心主义之大成，完成了包罗万象的哲学体系。到了费尔巴哈，德国哲学开始向另一个方向发展。费尔巴哈对以黑格尔为代表的德国唯心主义哲学进行了批判和清算，重新确立了唯物主义的权威，但同时也充分暴露出费尔巴哈唯物主义的根本缺陷，表明它在原有的基础上已不可能继续前进了。这样，德国古典哲学就完成了它的历史使命而宣告终结。

主要成果　在马克思主义产生前，辩证法在德国古典哲学中得到了最详尽而全面的探究，虽然这种辩证法是建立在唯心主义基础上的。

德国古典哲学的最大成就，是从世界观的高度用辩证法代替了形而上学。德国古典唯心主义哲学家反对把世界看作固定不变、没有矛盾的东西，而把它理解为具有矛盾发展的不断变化的运动过程，这就从根本上推翻了长期以来统治人们头脑的形而上学世界观。

历史影响　费尔巴哈对黑格尔的批判宣告了德国古典哲学的终结，作为德国古典哲学的直接继承者，马克思主义这一无产阶级的思想体系登上了世界历史舞台。马克思和恩格斯充分肯定了德国古典哲学的积极成果，批判了黑格尔的唯心主义，把辩证法从他神秘的哲学体系的束缚下解救出来，同时又批判了费尔巴哈的人本主义，吸取了他的唯物主义哲学的基本内核。他们把辩证法与唯物主义有机地结合起来，创立了辩证唯物主义和历史唯物主义，开辟了哲学史上的新纪元。德国古典哲学的巨大历史意义在于它为马克思主义的产生提供了理论前提，成为马克思主义的理论来源之一。德国古典哲学对现代西方哲学思想的发展有很大影响。产生于19世纪60～70年代的新康德主义，出现于19世纪末的新黑格尔主义，都是直接从德国古典哲学出发，继承和进一步发挥了康德和黑格尔哲学。一些现代西方哲学流派，则把黑格尔哲学同存在主义结合起来，作出新的诠释。

## 德国历史学派　German historical school

19世纪40年代至20世纪初期在德国出现的经济学流派。它强调经济发展的历史性和国民经济的有机体现，对抗英国古典政治经济学。

旧历史学派及其代表人物　德国历史学派的先驱为G.F.李斯特。此后W.G.F.罗雪尔将以F.K.von萨维尼为代表的法学研究中的历史方法，应用到经济学方面，奠定了这一学派的基础。继之有B.希尔德布兰德和K.G.A.克尼斯，形成了历史学派，又称旧历史学派。

图1　G.F.李斯特

李斯特在《政治经济学的国民体系》（1841）一书中指责英国古典经济学不强调经济生活中国民有机体的重要，是“世界主义”和“个人主义”的经济学。他的国民经济

图2 K.G.A.克尼斯

学则强调经济生活中的国民性和历史发展阶段的特征。他反对古典学派的抽象、演绎的自然主义的方法，而主张运用从历史实际情况出发的具体的实证的历史主义的方法。在经济理论方面，李斯特提出发展国民生产力的理论，批判**亚当·斯密**的单纯“交换价值”的理论。在经济政策上则主张采取国民主义和保护主义的贸易政策。李斯特的这种历史主义的经济发展阶段论，形成了德国历史学派的传统和基本特征。

罗雪尔1843年出版的《历史方法的国民经济学讲义大纲》被称为“历史学派的宣言”。他提出国民经济学是研究国民经济发展的科学，不是单纯的“货殖术”。他认为人类的经济动机，既有利己心，也有公德心。他尊重国民经济的自然法则。

希尔德布兰德1848年出版了《现在和将来的国民经济学》(第1卷)，该书序言说要将经济学改造成为各国国民经济发展的科学，使经济学对国民经济生活的认识，采用历史语言学的方法。他还提出经济发展阶段的过程是实物经济、货币经济和信用经济。他企图借“信用”来消除资本主义的统治和贫困，他把信用经济阶段理想化，看成为道德的平等的世界。

克尼斯的主要著作有《历史方法观的政治经济学》(1853)。他批判斯密的理论忽视了各国国民经济发展的差异，称自己的经济学是“相对性原理”，也就是研究国民经济生活发展，是经济学的特殊课题。他反对用单一的公式来规定经济生活发展的因果关系，认为各国国民经济不存在共同的发展规律，而各自有它的特殊的具体的发展进程。经济学要从历史的生活中探求其理论基础。他特别强调历史的统计的考察，主张归纳法才是经济学的方法。

新历史学派及其代表人物　德国新历史学派是19世纪70年代以后在德国出现的经济学流派，它继承并发展了旧历史学派传统，针对新的社会政治经济形势需要，对抗马克思主义，宣扬社会改良主义。该学派以G.von施穆勒为首，主要代表人物有L.布伦塔诺和A.H.G.瓦格纳等人。

图3 L.布伦塔诺

瓦格纳的主张主要体现在他的“财政学”体系中。瓦格纳将国民经济划分为营利性经济组织、慈善性经济组织和强制的共同经济组织。其中，强制的共同经济组织位于个别经济组织之上，它必须保障历史所赋予国家的历史任务得以完成。他强调国家救助是社会改良的主要支柱。

布伦塔诺被称为新历史学派左派或自由派。其根本立场是主张工人阶级的团结自由。他承认劳动力在现代生产中是商品，工会的首要任务在于使工人从不幸的境遇中解放出来，保障最低生活费用的工资水平。但他不反对资本主义，认为资本主义制度使社会获得了进步，市民获得了从封建制度下解放出来的人身自由。

施穆勒是新历史学派的典型代表，他要求中间阶层，即处于大资本与工人阶级之间的中小企业、中小商人、自耕农保持独立自主的稳定地位。他所主张的社会改良，主体力量是有机体的国家、道德的国家、“社会的君主制”的普鲁士国王、有能力的公正的官吏。

韦伯1904年发表了《社会科学和社会政策认识的“客观性”》，批判施穆勒将伦理道德和经济借科学的名义混合在一起，用道德和法律来挽救经济生活中由于利己心所带来的弊端，这是在科学中渗进了“价值判断”，最终促成了历史学派的解体。他主张在社会科学中应该将经验的认识与价值判断加以区分，作为经验科学的社会科学，任务在于寻求客观真理。至于希图发现理想和规范，为实践寻求对策，这属于主观的“价值判断”，这里有无数的不同的价值观在斗争，只能让人们自由选择和评价处于“诸神斗争”中的各种价值。这即是韦伯所提出的“价值的自由性”。施穆勒在1911年进行了反驳。但桑巴特、布伦塔诺等都支持韦伯的主张。第一次世界大战后，德国出现了空前的通货膨胀，历史学派缺乏理论，束手无策，许多经济学家纷纷脱离历史学派，历史学派终于解体。

**德国社会民主党**　Sozialdemokratische Partei Deutschlands　德国政党。前身是德国社会主义工人党。1890年10月在哈勒代表大会上决定将社会主义工人党改为社会民主党。

第一次世界大战爆发后，该党支持德国政府的战争政策。**A.希特勒**上台执政后，于1933年6月取缔德国社会民主党。

恩格斯(左4)和德国社会民主党领袖在第二国际苏黎世大会期间合影

第二次世界大战后，在民主德国，社会民主党于1946年4月与共产党联合，组成德国统一社会党。在联邦德国，于1946年5月重建德国社会民主党，K.舒马赫当选党的主席。1966年该党参加大联合政府，**W.勃兰特**出任联邦德国副总理、外交部部长。1969～1982年该党与自由民主党联合组阁，勃兰特和**H.施密特**先后出任总理。1982～1998年该党处于在野地位。1998年该党在联邦议院选举中获胜后，与绿党联合组阁，**G.施罗德**出任总理。2002年施罗德连选连任。该党执政后，对内强调“社会公正”；对外推动欧洲联合，促进欧洲联盟的深化和扩大。该党努力加强中德两国的“全面友好合作关系”。施罗德先后6次访问中国。党报《前进报》，党刊《新社会》。党员55万余人(2007)。

**德国十一月革命**　November Revolution in Germany　1918～1919年以工人阶级为主体，广大革命群众参加的德国资产阶级民主革命。1918年11月3日，基尔港的水兵反对同英国舰队作战，举行起义，揭开十一月革命的序幕。9日，柏林数十万工人和士兵举行武装起义，推翻**霍亨索伦家族**的统治，末代皇帝**威廉二世**逃往荷兰。

12月16日，在柏林召开全德苏维埃代表大会。大会通过翌年1月召开国民会议的决议，宣布在此以前由F.艾伯特政府行使国家的全部立法和行政权力。1919年1月5日，为抗议艾伯特政府免除左翼独立社会民主党人担任的柏林警察总监职务，首都工人举行盛大示威。翌日，示威发展为总罢工和武装起义，参加群众达50万。11日，政府军队在右翼社会民主党人G.诺斯克率领下开进柏林，对工人进行血腥屠杀。15日，德共领袖K.李卜克内西和R.卢森堡惨遭杀害。2月，政府在魏玛召开国民会议，艾伯特当选德意志共和国第一任总统(见**魏玛共和国**)。

1919年4月13日，巴伐利亚首府慕尼黑的工人群众在共产党领导下，举行起义夺取政权，宣布成立巴伐利亚苏维埃共和国，遭到资产阶级反动武装的残酷镇压。5

月2日，军队占领慕尼黑。德国十一月革命结束。

**德国吞并奥地利** Annexation of Austria by Germany 1938年3月12日希特勒德国武装占领奥地利。奥地利共和国地处欧洲心脏地带，战略地位重要，是A.希特勒猎取的第一个对象。早在1933年德国间谍就在奥地利活动。1934年7月策动维也纳法西斯分子叛乱，刺杀奥首相E.陶尔斐斯。此后，纳粹德国颠覆奥政府的活动从未停止。对德国的行为，意大利先是持反对态度，后又改变立场。英国、美国和法国政府均持漠视态度。由此，德国更加有恃无恐，加紧了吞并奥地利的步伐。1938年2月12日，希特勒迫使奥总理K.舒施尼格答应德国以下要求：特赦以政治犯名义囚禁的全部纳粹党员；任命奥地利纳粹分子A.赛斯-英夸特为内务部长兼保安部长，掌握警察权。3月12日，德国军队长驱直入，兵不血刃地占领了奥地利。苏联强烈谴责纳粹德国的侵略，并建议召开国际会议讨论集体对付希特勒的侵略。西方国家对苏联的建议置之不理。

1943年10月苏、美、英3国外长在莫斯科会议宣布德国吞并奥地利无效，决定恢复奥的独立。第二次世界大战结束后，苏、美、英、法4国分区占领奥地利。1955年5月，4国同奥签订《奥地利国家条约》，奥地利重新赢得主权国地位。

**德国文学** German literature 用德语写作的作品的总称。日耳曼人有文字记载的文学可以追溯到8世纪的古高地德语文学。9世纪的《希尔德布兰特之歌》是今存古高地德语的唯一诗篇，被看作是德国文学的开端。

11世纪中叶以后，出现了骑士文学和民间史诗。前者的主要形式是宫廷史诗，作品有沃尔夫拉姆·封·埃申巴赫的《帕尔齐法尔》(1200～1210)和戈特夫里德·封·斯特拉斯堡的《特利斯当和伊瑟》(1200)等。骑士文学的另一重要形式是宫廷抒情诗，代表人物为瓦尔特·封·德尔·福格威德。民间史诗最有名的是《尼伯龙根之歌》(约1198～1204)和《谷德伦》(1210～1220)。H.von胡滕用拉丁文写的《蒙昧者书简》(1515～1517)是德国文艺复兴运动的重要文献。16世纪宗教改革家马丁·路德用通俗德语翻译的《圣经》(1522～1534)对文学产生很大影响，它为现代德语奠定了基础。H.萨克斯的诗体故事，属市民文学，《约翰·浮士德博士的一生》、《梯尔·欧伦施皮格尔》则是当时民间故事的代表。17世纪德国盛行巴罗克文学，突出代表是A.格吕菲乌斯的诗歌和H.J.C.von格里美豪森的流浪汉小说《痴儿历险记》(1669)，后者开了德国发展小说的先河。

18世纪中期德国产生了启蒙运动。启蒙运动最杰出的诗人是F.G.克洛卜施托克。C.M.维兰德的《阿迦通的故事》(1766～1767)是继《痴儿历险记》之后的第一部发展小说。启蒙运动最主要的代表G.E.莱辛在戏剧理论、戏剧创作和美学方面都有突出的建树，他是德国民族文学的奠基人，使德国文学跻身于世界文学之林。18世纪70年代，一批市民阶级的青年作家掀起了狂飙突进运动，J.G.von赫尔德是它的理论家，青年J.W.von歌德的剧作《铁手骑士葛兹·封·贝利欣根》(1773)和小说《少年维特之烦恼》(1774)以及青年J.C.F.von席勒的剧本《强盗》(1781)和《阴谋与爱情》(1784)是狂飙突进运动最为丰硕的成果。1794～1805年，歌德与席勒在魏玛合作10年，文学史上称之为古典文学时期。作家追求人道主义理想，歌德的长篇小说《威廉·迈斯特的学习时代》(1795～1796)和诗剧《浮士德》(1772～1831)，席勒的《华伦斯坦》(1799)和《威廉·退尔》(1804)等是德国古典文学的代表。同时还出现了浪漫主义文学，其理论家是施莱格尔兄弟。浪漫派的一个重要贡献是对民间文学的发掘和整理，有C.布伦塔诺和L.A.von阿尔尼姆加工整理的民歌集《男童的神奇号角》(1806～1815)和格林兄弟的童话。E.T.A.霍夫曼的小说和H.von克莱斯特的剧作对后来的德语文学有很大影响。

19世纪30年代在法国七月革命影响下，德国民主力量日益强大。出现了一批被称为"青年德意志"的进步作家团体，但在创作方面无多大成就。始终坚持革命立场，真正代表了时代精神的作家是G.毕希纳和H.海涅，后者还完成了从浪漫主义到革命民主主义文学的过渡，成了继歌德以后德国最杰出的抒情诗人和政治诗人。19世纪中叶以后现实主义文学得到进一步发展。由于对1848年革命失败的失望，出现回避重大现实问题，热衷于描绘田园风光，并赋予平淡的日常生活以诗意的文学倾向。以F.黑贝尔的悲观宿命的戏剧和T.施托姆的感伤小说为代表。1871年德国统一前后，现实主义文学得到很大发展，代表作品是T.冯塔纳的小说《艾菲·卜利斯特》(1895)。19世纪80年代中期自然主义在德国兴起，它以"科学的"客观态度描写社会现实和生活的丑恶和肮脏面。代表作有G.豪普特曼的《日出之前》(1889)等。

19世纪末20世纪初，在F.尼采哲学和S.弗洛伊德精神分析学的影响下出现了各种思潮和流派，如印象主义、象征主义、新浪漫主义、新古典主义、唯美主义及唯一产生于德国本土的现代文艺流派表现主义等。20世纪上半期德国现实主义文学迎来了繁荣时期。曼氏兄弟、H.黑塞、L.福伊希特万格、A.茨韦格、E.M.雷马克等一大批作家崛起。托马斯·曼的《布登勃洛克一家》(1901)，亨利希·曼的《臣仆》(1914)等小说反映了德国自由资本向垄断资本过渡的历史进程，是德国现实主义文学的高峰，在世界文学史上占有重要地位。20世纪的现实主义作家在传统创作方法的基础上又吸取了现代主义文学的许多表现手法，将现实主义提高到一个新水平。他们同F.卡夫卡、R.M.里尔克、A.德伯林等现代主义文学作家一起使德语文学呈现出一派繁荣的局面。

1933～1945年希特勒法西斯专政时期，大批进步作家流亡国外，使反法西斯文学，或称流亡文学获得发展。黑塞、B.布莱希特、A.西格斯、福伊希特万格、E.M.雷马克等作家流亡期间都写出了很多重要作品。这个时期以F.沃尔夫的戏剧、魏纳特的政治讽刺诗、J.R.贝希尔的诗歌、西格斯的小说等为代表的德国无产阶级文学也得到壮大和发展。

第二次世界大战后，德国分为东、西两部分，1949年又分别成立了民主德国和联邦德国。东、西德的文学走上了完全不同的发展道路。在民主德国，文学以讴歌社会主义建设中的英雄人物为主。德国分裂给人们带来的痛苦和不幸也在文学中得到了反映，C.沃尔夫的小说《分裂的天空》(1963)同时受到两个德国的好评。60年代以后文学的题材和创作手法发生了深刻变化，不少作家以日常生活和普通人为题材以表现一代新人的思想风貌，如E.施特里马特的小说《奥勒·毕恩科普》(1963)和H.康德的《大礼堂》等。人际关系、伦理道德、个人与集体的关系等也成为作家关注的主题，较有影响的作品是沃尔夫的《回忆克里斯塔·T》(1968)、普兰茨道夫的《少年维特的新烦恼》(1973)等。

联邦德国文学最初仍写战争带来的创作和破坏，如W.博尔谢特的剧本《在大门外》(1947)和G.艾希的诗《盘点》(1945)等。1947年成立的四七社对于复兴德国文

古代史诗《尼伯龙根之歌》插图

学作出了很大贡献。50年代联邦德国文学的中心主题是揭露法西斯的罪行，描写战争给人民造成的痛苦与灾难以及反映“小人物”在战后的艰难处境。长篇小说成就最大。G.格拉斯的《铁皮鼓》(1959)具有世界影响。60年代文学的题材向社会生活的各个方面延伸，着重反映“福利社会”中潜伏的深刻危机。戏剧相当繁荣，有以R.霍赫胡特为代表的“文献剧”和以M.施佩尔为代表的“大众剧”。70年代开始出现了“新主体文学”，作家把个人的主观感受作为把握现实世界的媒介，代表作有B.施特劳斯的《重逢三部曲》(1977)等。诗歌内容由政治题材转向日常生活，被称为“日常诗歌”。1990年10月，分裂的德国重新统一。21世纪以来，一批新的作家正在崛起。有些一向肩负社会责任的老作家们，从人类良知出发，重新审视人类面临的诸如战争、移民、环境等根本问题，呈现出跨文化、跨国界的趋势。

**德国新自由主义** German neo-liberalism 当代新自由主义的一个重要分支。又称弗赖堡学派、社会市场学派。

**德赫胡达** Dehkhodā, ‘Alī Akbar (1879～1956-03-09) 伊朗作家。生于德黑兰。曾入神学院和德黑兰政治学院就读。1903年去奥地利。1905年回国参加立宪运动，1907年任《天使号角》主笔兼《闲言碎语》专栏作家，撰写了许多短小精悍、尖锐泼辣的政论、杂文、书信、随笔和小品等，针砭时弊，讥讽朝政。以独具特色的杂文和讽刺作品，为现代散文的确立和发展作出了贡献。1908年《天使号角》被查封，德赫胡达逃亡欧洲。回国后被选为议员，历任德黑兰大学教授、伊朗科学院院士。后期专心从事教育和科研工作。他编纂的《谚语和格言》(1943)和多卷本《辞海》，被认为是伊朗最有权威的工具书。

**德黑兰** Teheran; Tehrān 伊朗首都，德黑兰省首府。处于伊朗高原北缘，厄尔布尔士山脉南麓，海拔1 133米。人口1 100万(2006)。具亚热带大陆性气候，最热8月，月平均气温29.5℃，极端最高气温42.8℃；最冷1月，平均气温0.9℃。平均年降水量207毫米，集中于冬季。城市用水主要靠地下水供给。12世纪时仅为一小居民点。13世纪初逐渐兴起。后成为卡扎尔王朝(1794～1925)的首都。重要的农产品集散市场，全国最大的工业中心。产值占全国的2/3，有纺织、制糖、榨油、皮革、大型水泥厂、钢铁、精密仪器以及军火工业等部门。还有大炼油厂和电站。地毯、丝织、刺绣等传统手工业仍负盛名。全国交通枢纽，有公路和铁路连接国内主要城镇并通邻国。航空运输繁忙，市西有梅赫拉巴德机场，市南有穆尔盖堡机场，市东有新建的规模更大的道尚塔佩机场，以多条定期航线通连国内外。全国最大的文化教育中心，有德黑兰大学(1934)、科技大学(1928)、伊朗工程技术大学(1980)、综合艺术大学(1980)等高等院校和伊朗科学院等研究机构。多清真寺和具有传统特色的市场，还有19世纪兴建的王宫。

德黑兰景观

**德黑兰会议** Teheran Conference 第二次世界大战期间，1943年11月28日至12月1日，苏、美、英三国政府首脑在伊朗首都德黑兰举行的国际会议，也是三巨头的第一次会晤。参加者有苏联人民委员会主席J.斯大林、美国总统F.D.罗斯福和英国首相W.丘吉尔以及三国外交部长和参谋长。1943年，世界反法西斯战争发生战略转折，同盟国开始反攻；法西斯轴心国转为防御和退却，但仍在负隅顽抗。会议着重研究在西欧早日开辟第二战场问题。会议最后决定苏、美、英三国从东、西、南三面向德国发起进攻。为此，美、英军队定于1944年5月在西欧开辟第二战场，而苏军定在差不多同一时间发动攻势，以便阻止德军从东线调到西线。三国首脑就战后德国问题交换了意见，决定设立欧洲咨询委员会研究欧洲问题，同意战败后的德国由盟军分区占领。会议秘密签订了《苏美英三国德黑兰总协定》。会后发表了《关于伊朗的宣言》和《德黑兰宣言》。该宣言宣布，三国决心在战争方面以及在战后的和平方面进行合作，声明三国已就从东面、西面和南面进行军事行动的规模和时间达成完全的协议。德黑兰会议是第二次世界大战史上的一次极其重要的国际会议，在反法西斯战争中产生了巨大作用和影响。

**德宏傣族景颇族自治州** Dehong Dai- Jingpo Autonomous Prefecture 中国云南省辖自治州。位于云南省西部，西北和南面与缅甸毗邻。辖潞西市、瑞丽市、陇川县、盈江县、梁河县。面积11 526平方千米。人口121万(2010)，有傣、景颇、汉、阿昌、德昂、傈僳等20多个民族，少数民族约占总人口的52%。自治州人民政府驻芒市。汉属永昌郡。唐南诏属永昌节度和丽水节度。宋大理属永昌府和腾冲府。1917年属腾越道。1953年置德宏傣族景颇族自治区，1956年改自治区为自治州。

瑞丽的独树成林景象

州境多高山深谷。泸水－腾冲－畹町断裂带经州境东部，常发生大地震。州境大部分地区属南亚热带季风气候。水热条件好，大部分地区农作物可一年三熟或二熟。粮食作物以水稻为主，多优良品种，以粒大质佳闻名全国。甘蔗种植面积大，甘蔗和蔗糖产量居云南省第2位。还产花生、油菜子、冬大豆、蔬菜、茶叶、橡胶、咖啡、剑麻、香料、杧果、柠檬、柑橘、荔枝、澳洲坚果、魔芋、油茶、砂仁、萝芙木等。畜牧养殖以猪、牛、家禽等为主。森林覆盖率50%，林木种类繁多，有秃杉、柚木、楠木等珍贵树种。矿产资源丰富，有锡、铅、锌、铜、钨、镍、铁、煤、石油、稀土、云母、水晶、宝石、石灰岩等。有建材、电冶、医药和茶油、魔芋、剑麻及其他绿色产品加工等工业。有瑞丽、畹町2个国家一类口岸和陇川章凤、盈江2个国家二类口岸，以及姐告边境贸易区。交通运输以芒市为中心，以环州公路和腹心公路为主线，形成辐射全州各县市和边境口岸。芒市机场辟有通昆明航线。名胜有瑞丽江－大盈江风景名胜区、铜壁关自然保护区、榕树王、三仙洞、虎跳石等。

**德化瓷** Dehua porcelain 中国福建省德化县生产的瓷器。北宋时期，德化就用龙窑大量烧制青瓷、青白瓷和白瓷，并出口外销。南宋时白瓷已达较高水平。明代德化出现半倒焰式阶段窑。建白瓷成功投产，成为中国白瓷中一种独具特色的产品。何朝宗等著名瓷雕艺人利用建白瓷乳白如脂、温润似玉的材质特点，精工雕塑观音、如来、达摩、罗汉等艺术品，开创德化瓷雕独特的艺术风格。明正德以后，釉下青花逐渐进入德化瓷的装饰领域。清康熙以后，青花瓷和青白瓷产量大增并大量外销。

建白瓷、高白瓷、艺术瓷雕是德化瓷的三大独特产品。白瓷器物以炉、杯、尊、鼎为多，釉面呈现一种特有的乳白色油脂光泽，在光照射透视下，胎釉隐呈乳白、牙黄或粉红，因此有“猪油白”、“象牙白”、“鹅绒白”、“中国白”诸称。

**德化县** Dehua County 中国福建省泉州市辖县。面积2 210平方千米。人口28万(2010)，有汉、畲、回、壮、苗、满、高山、土家等民族。唐置德化县。珍稀树种有鹅掌楸、福建柏、油杉、黄檀、三尖杉、南方红豆杉、黄山松、戴云栎、阔瓣白兰花、木荚红豆树、建宁椴等。具有热带、亚热带、温带多种果树。属国家一级保护动物有苏门羚、云豹等。农作物有花生、烟叶、茶叶、马铃薯等。矿藏有瓷土、铁、煤、石灰岩、叶蜡石、钾长石、锰、石英、铅、锌、铝、铜、钨等。工业有陶瓷、造纸、采矿、森工、酿酒等。德化是中国瓷都之一。名胜古迹有古窑址、九仙山、戴云山、石牛山、岱仙双瀑、戴云寺、马四高石塔等。

**德惠市** Dehui City 中国吉林省辖县级市。位于省境中北部，松花江畔。面积3 096平方千米。人口83万(2008)，有汉、朝鲜、回、满、蒙古等14个民族。周秦时为肃慎之地，两汉到南北朝为扶余之地。清宣统二年(1910)设德惠县。1994年撤县设市。由长春市代管。黏土矿丰富，矿质良好。盛产玉米、大豆、水稻、高粱和薯类，有“北国粮仓”之称，是国家重点商品粮基地和玉米出口基地之一。工业有食品、机械、建材、化工、医药等产业。名胜古迹有半拉山风景区、德惠公园、黄鱼圈天然娱乐岛，以及宝山寺、贡江碑、梨树园子古城址等。

**德加** Degas, (Hilaire-Germain)Edgar (1834-07-19～1917-09-26) 法国画家，印象主义展览的参加者。生于巴黎，卒于巴黎。1855年进入美术学校，在J.-A.-D.安格尔的弟子L.拉莫特的指导下学画。1856～1867年，他在罗马和那不勒斯研究意大利文艺复兴美术，醉心于画历史题材和肖像，早期对严格的造型孜孜以求。他善于用线条勾画出物象的形，在线的运动和形的塑造中表现出一种高雅的趣味。

《蓝色的舞女》

德加从1865年以后转向现代题材和肖像画创作。最初他描绘赛马的场面，继而以极大的兴致描绘歌剧院和芭蕾舞的排练场。他的画色调温暖、轻快、鲜明。在描绘歌手、芭蕾舞演员、洗衣妇的画面上，德加不但表现出善于捕捉生活中的美的能力，同时也表现出他对社会下层人物的同情。在造型观念上，他始终强调素描的重要性，并认为素描比色彩的表现性能更丰富。其代表作有《浴后》、《少女头像》、《巴黎歌剧院的乐队》、《芭蕾舞的排练场》、《蓝色的舞女》、《熨衣妇》等。他通过他的英国学生W.R.西克尔特对英国的绘画发展产生一定的影响。德加还是一个出色的雕塑家。他的雕塑作品结构严谨，善于表现人物的运动。

**德·科斯特** De Coster, Charles (1827-08-27～1879-05-07) 比利时法语作家。生于慕尼黑，卒于埃尔塞讷。1855年毕业于布鲁塞尔大学。他热心研究佛拉芒民间故事，有《佛拉芒传说集》(1858)、《布拉班特故事集》(1861)。历史小说《欧伦施皮格尔的传说》(1867)，全名为《欧伦施皮格尔和拉姆·戈查克在佛兰德和其他地方的光荣、快活、英勇的奇遇和传说》，以16世纪的尼德兰革命为背景，尼德兰反抗运动的一些重大历史事件在这部作品中几乎都有所反映，是1830年比利时宣布独立后第一部现实主义巨著。

**德克勒克** De Klerk, Frederick Willem (1936-03-18～ ) 南非共和国总统(1989～1994)、国民党主席。诺贝尔和平奖获得者。生于南非约翰内斯堡一个阿非利坎人官僚世家。毕业于南非波切姆斯特鲁姆大学，

获文科学士和法学士学位。当过律师。1964年加入兄弟会，1972年当选为议员。历任南非白人政府内政部长等职。1989年任国民党主席，9月当选总统。他改变种族政策，1990年让国民党向所有种族开放，在南非问题政治解决进程中发挥了积极作用。1993年与N.曼德拉一起获诺贝尔和平奖。1994年在不分种族大选中当选第二副总统。1997年辞去国民党领袖职务，1999年退出政坛。

**德克罗利** Decroly, Ovide (1871-07-23～1932-09-10) 比利时医生、心理学家、教育家。又译德可乐利。生于龙瑟。在根特大学获得医学博士学位后，相继留学柏林和巴黎。回国后任综合医院助理医生。1901年创办特殊儿童学校，研究低能儿童的心理与教育问题。1907年在布鲁塞尔近郊为正常儿童创立一所名为“生活学校”的新型小学，并组织“新学校联盟”。1912年比利时政府聘他为特殊教育教授。1913年在布尔斯泰波学校任教授。第一次世界大战期间任孤儿院院长。1920年任布鲁塞尔大学儿童心理学部主任。1921年任该大学医学院教育卫生学系主任。1923年任布鲁塞尔市立师范学校教授。1928年任布鲁塞尔大学教授，直至逝世。

德克罗利创办“生活学校”的指导思想是，以儿童的兴趣为中心，“让儿童在生活中预备生活”。他在进行课程和教法改革时建立了一种实验教学制度(又称德克罗利教学法)。为试行这种制度，德克罗利认为：①学校应是实验室、活动室、工作室，而不只是听课室。②课程应适应人的4种基本需要(饮食、衣住、防卫和活动、工作与娱乐)。教材应根据上述需要，从社会生活知识和自然界(动、植、矿、天时、气象等)的知识中选择并加以组织。③教学应以游戏和手工作业为主要手段，并以兴趣为中心，进行单元教学。④教学过程或方法应为观察、联想和发表。⑤教师应爱护儿童、爱好科学和钻研儿童心理学，并在教学中培养儿童互助合作、自觉遵守纪律和为集体服务等高尚品质。著有《论个性心理学与实验心理学》、《情绪的发展》等。

**德奎利亚尔** Pérez de Cuéllar, Javier (1920-01-19～ ) 联合国第五任秘书长(1982～1991)。生于秘鲁利马。1940年进入秘鲁外交部工作。1944年起先后任秘鲁驻法国、英国、玻利维亚和巴西大使馆秘书及驻巴

西大使馆参赞、公使衔参赞。1961年返回利马，先后担任法律司司长、行政司司长、政治事务司司长和外交部秘书长等职。曾任秘鲁驻瑞士、苏联、波兰和委内瑞拉大使。1971年被任命为秘鲁常驻联合国代表。1973、1974年代表秘鲁出席安全理事会。1974年7月塞浦路斯事件发生时担任安理会主席。1975年9月18日被任命为秘书长驻塞浦路斯特别代表。1981年4月起，兼任秘书长处理阿富汗局势的个人代表。1982年1月1日就任联合国秘书长。1986年10月10日连选连任。著有《外交法手册》。在其职业生涯中曾获25个国家授勋。

**德拉肯斯山脉** Drakensberg 非洲南部主要山脉，为南非高原边缘大断崖的组成部分。又称喀什兰巴山。从南非东部南回归线附近起，贯穿斯威士兰西部和莱索托东部，伸延到东开普省东南部，略呈弧形，绵延约1 200千米。为注入印度洋诸河与奥兰治河水系的分水岭。大部海拔3 000米以上。北段由强烈风化的古老花岗岩和深受侵蚀的卡鲁系砂岩、页岩组成；南段地表有坚硬玄武岩层覆盖，山势高峻，其中莱索托境内的塔巴纳恩特莱尼亚纳山，海拔3 482米，是南部非洲最高峰。东坡陡峻，受众多河流切割，地形崎岖破碎。面迎印度洋湿润气流，地形雨丰富，年降水量1 000～2 000毫米。海拔1 200米以下多垦为农田，1 200～1 800米亚热带山地常绿林生长茂密，1 800米以上是高山草地。西坡平缓，微向内陆高原倾斜，因处背风位置，气候偏旱，平均年降水量在750毫米以下。多草原和灌丛。山脉两侧农业特点迥异，东南侧沿海低地和丘陵是甘蔗、菠萝重要产区，西侧内陆高原是谷类生产和养畜区。山地有多处休养所和野营地，也是冬季主要登山运动场地。

**德莱塞** Dreiser, Theodore (1871-08-27～1945-12-28) 美国作家。生于特雷霍特，卒于好莱坞。少年时代当过店员、报童，18岁时靠中学老师资助，上过一年大学。此后当过推销员、送货员及大小报刊的记者、编辑，并开始小说创作。

1900年第一部长篇小说《嘉莉妹妹》问世。作品通过农村少女嘉莉到芝加哥谋生而成为名演员的故事，揭露了资本主义社会繁荣表面底下的失业、贫困和饥饿，对美国贫富对立的社会作了深刻的描写。小说在美国受查禁。此后10年被迫停笔。1911年发表的长篇小说《珍妮姑娘》是《嘉莉妹妹》的姐妹篇，是又一部对贫富对立的社会的控诉书。

此后，德莱塞以芝加哥的大资本家耶克斯为原型，花了30多年时间，写成了由《金融家》(1912)、《巨人》(1914)、《斯多葛》(1947) 三部长篇小说组成的《欲望三部曲》。作品通过资本家柯柏乌一生事业的兴衰，反映了垄断资产阶级在美国的发展，对垄断资本家丑恶的灵魂与豺狼本性作了真实而深刻的揭露。

长篇小说《美国的悲剧》(1925) 记述一个出身于牧师家庭的青年克莱德一心向上爬，为了能与大资本家的女儿成婚，不惜设计害死自己已有身孕的情人，最终阴谋败露，断送了自己。这部作品代表了德莱塞小说创作的最高成就，为他赢得了世界声誉。

其他主要作品还有长篇小说《“天才”》(1915)，短篇小说集《锁链》(1927)、《妇女群像》(1929)，政论集《悲剧的美国》(1931)、《美国是值得拯救的》(1941)，自传性作品《黎明》(1931) 等。

**德兰** Derain, André (1880-06-10～1954-09-08) 法国画家、雕塑家。生于沙图，卒于加尔什。1898年入卡里埃学院学画。1905年成为野兽主义画家。1908年初转而对P.毕加索和G.布拉克的理论感兴趣。1912年抛弃立体主义，迷恋于意大利和德国早期文艺复兴的艺术。他最早的雕塑作品完成于1907年。他还是出色的舞台美术家和服装设计师。德兰的油画肖像和风景是由强烈明亮的对比色块组成的，他把一管管的油彩比喻为一支支炸药。虽然在立体主义阶段，他运用色彩较为克制，但从未像毕加索、布拉克那样忽视色彩的意义。哥特式时期的作品多为肖像画，具有坚实和单纯的特点。

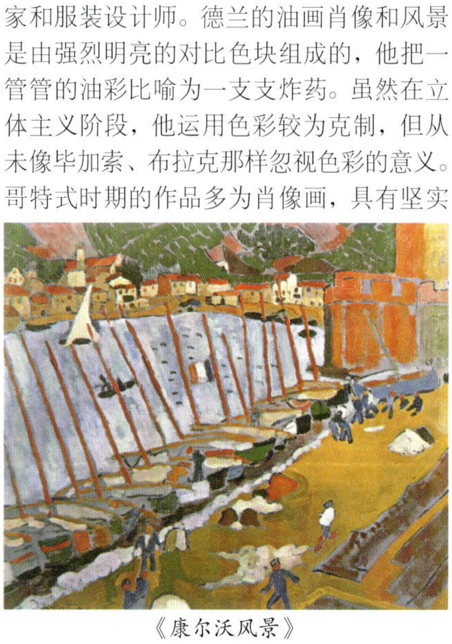

《康尔沃风景》

**德雷福斯案件** Dreyfus Affair 19世纪90年代法国军事当局对军官A.德雷福斯的诬告案。德雷福斯出生于阿尔萨斯犹太商人家庭，在总参谋部任上尉军官。1894年9月，德雷福斯被诬陷向德国出卖军事机密，被以间谍罪加以逮捕。1894年12月22日军事法庭判处他终身监禁。后有证据表明德雷福斯是无辜的。但是军事当局坚持原有立场，从而激起了社会公愤。法国社会分裂为德雷福斯派和反德雷福斯派两个阵营。民族主义右翼分子妄图借此推翻共和政府。在群众强大压力下，1899年8～9月，经军事法庭重审，德雷福斯仍被判有罪，但改判10年徒刑。9月19日，总统决定赦免德雷福斯，以息民愤。直到1906年7月最高法院才撤销原判，为其昭雪。德雷福斯恢复名誉，被晋升为少校。

**德累斯顿** Dresden 德国萨克森州首府，科学文化名城。位于距捷克边境约30千米的易北河两岸。面积220平方千米。人口51.71万 (2009)。1月平均气温0℃，7月19℃，年降水量680毫米。初为斯拉夫人的渔村，德累斯顿在斯拉夫语中意为“森林居民”。1206年建城堡。1403年建市。1485～1918年为萨克森王国首都。因地处商路要冲及开采银矿，15世纪起即有繁荣的工商业。古迹众多，建筑精美，有“易北河畔的佛罗伦萨”、“百塔之都”等美名。19世纪60年代现代工业迅速发展，进入德国工业心脏地区（莱比锡、德累斯顿、开姆尼茨三角地带）。第二次世界大战中遭到严重破坏，战后重建。工业主要有机械制造、精密仪器、服装、陶瓷等，且正成为微电子中心。全国核物理研究中心。市内有多所高等学校和多座博物馆，德累斯顿交响乐团久负盛名。在靠近捷克的易北河畔有砂岩峡谷，被称为“萨克森的瑞士”，是著

茨温格宫

名的游览区。城市旧区在易北河南岸，新城区在北岸。主要名胜有茨温格宫、德累斯顿国家艺术收藏馆、王宫城堡、圣母教堂、森珀歌剧院和日本宫等。

**德累斯顿国家艺术收藏馆** Dresden State Art Collections 德国艺术博物馆。位于德累斯顿市茨温格宫内。以画廊最为著名，是欧洲最古老的画廊之一。其最早的作品为萨克逊的选帝侯奥古斯特在1560年所建的古董陈列室之收藏。以后奥古斯特二世和奥古斯特三世父子，又从意大利、荷兰、佛兰德斯、法国等地购进大量名作。画廊于1722年建成。新画廊是G.森佩尔于1855年设计建成的。该画廊收藏作品千余幅，拉斐尔的《西斯廷圣母》、乔尔乔涅的《沉睡的维纳斯》等是其重要收藏。现有展馆十余个，除绘画外，还有陶瓷馆、动物学博物馆等。

**德累斯顿银行财团** Dresdner Bank Group 以德累斯顿银行为中心组成的德国第二大财团。形成于19世纪末，早期与克虏伯、弗利克及五金股份公司和德国通用电气公司等垄断组织结合形成财团。第二次世界大战中遭受重创，战后经过恢复和整顿，重新组成德累斯顿财团。财团投资涉及金融、钢铁、电气、电子、冶金、重型机械、军火、电信设备以及交通运输等行业。控股或曾经控股的企业有德累斯顿银行、德国通用电器——德律风根集团、克虏伯集团、金属股份公司等。

创建于1872年的德累斯顿银行是财团的核心企业，也是世界闻名的全能银行，在主要从事存款和贷款的同时，德累斯顿银行已发展成为一家在证券、投资银行、货币市场、外汇买卖、衍生金融工具产品和贵重金属交易方面有一定知名度的金融控股集团公司。1995年又巨资收购了英国老牌商人银行克莱沃·本森银行，进一步拓展其在全球资本市场上为公司和私人机构提供投资银行服务的功能，成为德国第三大银行。2001年，德国保险巨头安联保险集团收购德累斯顿银行。

**德里** Delhi 印度国家首都区（原德里中央直辖区）首府。位于印度西北部，恒河最大支流亚穆纳河中游西岸，海拔234米。与首都新德里实际共同构成一个紧密相连的城市整体。人口（包括新德里）1 385.1万(2009)。因地居恒河与印度河间的往来要冲，自古即为重镇。1206年德里苏丹国和1526年莫卧儿帝国先后建都于此。1638年，沙·贾汗（1628～1658年在位）加以改建，构筑城垣，称沙贾汗纳巴德（意为“沙贾汗城”）。城门有数座保存至今。德里老城区就以此为基础发展起来。1857年莫卧儿帝

德里旧城鸟瞰

国灭亡后，英国殖民者将其在印度的统治中心迁至加尔各答。1912年又重新成为英属印度的首府，1931年迁都新德里。老城街道纵横交错，多弯曲狭窄；经过持续改建，很多新的大道陆续出现，唯与新德里仍然对比明显。经济以服务业居首要地位，工业和农业次之。现代工业主要集中于市区西部，以电子、机床、精密仪器、针织、制革、家用电器、棉毛纺织、化学、印刷、木材、食品加工等为主，尤以电子产品占全国重要地位；素以制造传统的精美手工艺品如珠宝、银器、铜器、釉陶器、象牙雕刻等著称。印度北部的零售与批发商业中心，布匹、服装、干鲜果、香料、草药、毛皮、针织品、皮革、羊毛等杂货贸易占重要地位，还是汽车部件、机械、钢铁等贸易的地区性市场。金融中心，设有印度储备银行等多家银行以及保险业和证券交易所。铁路穿过市区，环线绕行德里和新德里四周，又以多条干线通向全国各地；公路有更大的环线，并且以大批线路辐射各方。空运发达，在市西南郊有英迪拉·甘地国际机场（旧名巴勒姆机场）。教科文机构繁多，有德里大学、尼赫鲁大学等高等学府以及农业研究所、物理研究所、国立现代美术馆等。富名胜古迹，主要有莫卧儿王朝的皇宫红堡、胡马雍陵、建于公元前200多年的阿育王石柱、印度最高古塔库特塔、贾玛大清真寺、锡克教庙、耆那教庙、甘地纪念馆、起义者纪念馆等。郊区有德里苏丹国萨依德王朝（1414～1451）和洛提王朝（1451～1526）的陵墓。

**德里达** Derrida, Jacques (1930-07-15～2004-10-09) 法国哲学家。结构主义的代表人物。生于阿尔及利亚，卒于巴黎。19岁时回法国就学，并一度在美国哈佛大学深造，后长期任教于巴黎高等师范学校，60年代成为《泰凯尔》杂志的核心人物。德里达研究的中心问题是文字与语言结构的关系问题。他认为，言语是造成文字不利地位的首要原因，哲学言语的结果与基本前提都是由逻辑性决定的。他强调符号的物质性，认为语言只是通过踪迹维持的。在他看来，差别的作用产生了历史中和社会中的一切结构的系统，差别同时是结构和历史的基础。这种观点对结构主义本身起着破坏作用。著有《文字语言学》、《文字与区分》、《声音与现象》、《人的目的》等。

**德里施** Driesch, Hans Adolf Eduard (1867-10-28～1941-04-16) 德国生物学家、哲学家。生于巴特克罗伊茨纳赫，卒于莱比锡。1889年在耶拿大学获博士学位。1909年起转攻哲学。自1912年起，先后在海德堡大学、科隆大学和莱比锡大学任哲学副教授、教授。1922～1923年他访问过中国，曾在北京和南京讲学。

1891年德里施将二细胞时期海胆卵的裂球分离开来，结果与W.鲁的蛙卵实验相反；每个分离的裂球都能各自发育成一个完整的幼虫。据此，他认为在二细胞时期，细胞（裂球）的发育命运还未“决定”，每个细胞都能形成在正常发育即裂球不分开时所不能形成的那些部分。即在二细胞时期，裂球的预定潜能大于其预定意义。由于卵的一部分（如二细胞时期的一个裂球）能调整成为一个完整的个体，所以他称之为调和等能系。他的海胆裂球分离实验进一步证实了发育是渐成的，而不是预成的，这就为实验胚胎学的发展开拓了新的道路。

他为寻求对上述实验结果的解释，转而钻研哲学，结果使他从一个机械论者转变成生机论的最大支持者。他转而用非物质的生命力——“隐得莱希”(Entelechy，此词借自亚里士多德)，作为动物发育的动因。他的实验和哲学观点，总结于他的《有机体的科学和哲学》一书中。此外，他还出版了多种关于有机体形态和整体性，以及身心问题等方面的哲学著作。

**德里苏丹国** Delhi Sultanates 13～16世纪突厥－阿富汗军事贵族统治北印度的伊斯兰教区域性封建国家的统称。以其建都德里得名。

1206年，阿富汗廓尔王朝统治德里的总督库特布－乌德－丁·艾巴克自立为统治

印度的苏丹，定都德里，标志着德里苏丹国统治印度的开始。其后的320年间经历了彼此没有家族关系、甚至没有种族关系的5个王朝、32个苏丹的统治。5个王朝是：奴隶王朝（1206～1290）、卡尔吉王朝（1290～1320）、图格鲁克王朝（1320～1414）、赛义德王朝（1414～1451）、洛迪王朝（1451～1526）。

卡尔吉王朝的苏丹阿拉-乌德-丁·卡尔吉是德里苏丹国统治印度时期最强大的穆斯林君主。他建立47万人的精锐骑兵部队。对拉杰普特诸邦发动猛烈攻势，并打开了向德干扩张的道路。图格鲁克王朝的苏丹穆罕默德·伊本·图格鲁克四次派大军远征南印度，领土扩大到科佛里河以南，行省增加到23个，使德里苏丹国家一度达到极盛时代。此后，德里苏丹国家逐渐走向衰落。1398年，帖木儿入侵印度并占领德里，给本已分裂的德里苏丹国家以致命打击。各省总督纷纷独立，赛义德王朝和洛迪王朝沦为仅统治德里及拉合尔地区的小邦。在1526年第一次帕尼巴特战争中，阿富汗人失败，德里苏丹国为莫卧儿王朝所灭亡。

**德利维斯** Delibes, Miguel（1920-10-17～2010-03-12） 西班牙小说家。生于巴利亚多利德，卒于巴利亚多利德。1944年在巴利亚多利德商业学院任教，同时开始文学创作。1948年出版第一部长篇小说《柏树的影子伸长了》。

作品富于感情，充满痛苦，然而读后并不使人苦恼。后期创作中力图在形式和风格上有所创新。其他重要作品有《仍然是白天》(1949)、《一个猎人的日记》(1955)、《淹死者的寓言》(1970)、《卡约先生的有争议的选票》(1978)。游记有《一个小说作家发现美洲》(1956)、《美国与我》(1966)。散文集有《在南风中午睡》(1957)、《天真的圣人》(1981)等。

**德令哈市** Delingha City 中国青海省海西蒙古族藏族自治州辖市。自治州人民政府驻地。位于州境北部，柴达木盆地东北边缘，北与甘肃省接壤。面积27 613平方千米。人口8万（2010），以汉族为多，有蒙古、藏、回等少数民族。"德令哈"，蒙古语意为广阔的原野。古为羌地。明为罕东卫辖地，后为蒙古诸部辖地，清属青海蒙古北左旗、蒙古北右旗辖地，中华民国时属都兰县。1955年从都兰县析置德令哈工委，1958年撤销工委设德令哈县，1962年撤县后并入乌兰县，1988年从乌兰县析置德令哈市。境内以平原、丘陵、高山为主。湖泊主要有克鲁克湖、托素湖、尕海湖。矿产有黏土、石灰岩、金、铜、煤等。野生动物有麝、马熊、马鹿、羚羊、天鹅、黑颈鹤、雪鸡等。药用植物有枸杞、锁阳、黄芪、雪莲等。工业以生产纯碱、水泥及发电为主。农业以小麦、青稞、油菜为主。牧业以牧养绵羊、山羊、牦牛、骆驼为主。

**德吕克** Delluc, Louis（1890-10-14～1924-03-22） 法国电影编剧、导演和评论家，法国电影俱乐部的创始人，欧洲先锋派电影代表人物之一。生于卡杜安，卒于巴黎。他在影片《西班牙的节日》(1920)、《狂热》(1921)、《流浪女》(1922)中运用时空统一、渲染气氛、心理描写和倒叙的手法实践自己的电影主张。

他把A.冈斯、G.杜拉克、J.爱浦斯坦等人聚集在身边，形成了有名的"法国印象学派"（又称"首批先锋派"）。他主张电影大众化、民族化，强调真实性。他创立的电影俱乐部为艺术与探索影片的发行开辟了道路。著有《电影与公司》(1919)、《照相术》(1920)、《电影王国》(1921)等书，并先后担任过《电影》、《巴黎——南方》等杂志的领导与评论工作。

**德罗斯特-许尔斯霍夫** Droste-Hülshoff, Annette von（1797-01-01～1848-05-24） 德国诗人。生于明斯特，卒于梅尔斯堡宫。第一部重要作品是骑士史诗《华尔特》。她擅长创作抒情诗，其中尤以歌咏自然、富有感情的风景诗为最佳，如《荒野画卷》、《在草地里》、《月亮升起》等。她的许多出色的作品于死后才发表，包括中篇小说《犹太人山毛榉》(1842)和《宗教的一年》(1852)、《最后的恩赐》(1860）等。

**德洛内** Delaunay, Robert（1885-04-12～1941-10-25） 法国画家。生于巴黎，卒于蒙彼利埃。1904年成为专业画家，对新印象主义和E.谢弗勒的光学理论曾有系统的研究，并尝试用新的光学和色彩学的观念作画。1909年的油画连作《圣塞夫林》是新探索的开端。1910年画的《埃菲尔塔》，显示了他对立体主义和抽象主义的迷恋。德洛内参加过青骑士社展览，对德国表现主义画家产生过影响。他自己的创作也日趋抽象化，这种倾向反映在1912年的油画《圆盘》中。20世纪20年代以后的创作有油画《埃菲尔塔》(第二组)、《奔跳者》(1926）等。

《埃菲尔塔》(1910)

他还从事浮雕和壁画创作。德洛内把色彩作为绘画表现的主要目标，探讨色彩的抽象性，并且使光线也随着色彩形成独特的表现语言。他关于色彩的对比可以产生律动感和彩色的物体形象引起交织韵律的观念，对西方现代绘画的发展有深远影响。

**德洛特宁霍姆剧院** Drottningholm Court Theatre 瑞典剧场。位于斯德哥尔摩西面的罗佛岛上。原是瑞典德洛特宁霍姆皇家夏宫的一部分，始建于1754年。1766年瑞典宫廷建筑师艾德尔克兰兹吸收了瑞典民族的建筑样式，设计重建。舞台台口宽9米，高8米，深19米，台板前低后高，倾斜度4%，观众席能容300～350人。剧场重建后，成为瑞典国王古斯塔夫三世进行戏剧民族化改革的舞台。1792年3月16日他在这里参加演出时遇刺身亡，不久剧场被封闭。1922年春，被瑞典皇家图书馆助理员贝杰尔重新发现，经整理于1922年8月19日按照原样重新开放。

**德梅尔特** Dehmelt, Hans Georg（1922-09-09～ ） 德裔美国实验物理学家。生于德国格尔利茨。1950年获格丁根大学哲学博士学位。1952年移居美国，在杜克大学工作。

1956年入华盛顿大学，先后任助理教授、副教授和教授。1978年当选美国国家科学院院士。1950年独立于R.V.庞德完成了晶体中核四极矩共振实验。1958年开始研究离子阱，开辟了用离子阱光谱学研究电子的实验方法。1973年，首次成功地观察到阱中单一电子。1975年，提出了冷却电子的方法，大大地增加了对电子研究的准确性。他的小组测到的电子g因子的准确度比别的方法精确得多。由于发展了离子阱技术，德梅尔特和W.保尔同获1989年诺贝尔物理学奖。

**德谟克利特** Democritus（约公元前460～前370） 古希腊哲学家，原子唯物论的创立者之一。他认为，万物的本原是原子和虚空。原子是不可再分的物质微粒，虚空是原子运动的场所。人们的认识是从事物中流射出来的原子形成的“影像”作用于人们的感官与心灵而产生的。在伦理观上，他强调幸福论，主张道德的标准就是快乐和幸福。著有《宇宙系统》、《论自然》、《论人性》等，但仅有残篇传世。

**德·摩根** De Morgan, Augustus（1806-06-27～1871-03-18） 英国数学家、逻辑学家。生于印度的马都拉，卒于伦敦。1823年入剑桥大学三一学院学习，1827年毕业。后在伦敦大学学院任数学教授（1828～1831；1836～1866）。1865年参加筹备伦敦数学会，并于1866年任会长。

他认为，代数学实际上是一系列“运算”，这种“运算”能在任何符号（不一定是数字）的集合上，根据一定的公设来进行。这一新的数学思想使代数得以脱离算术的束缚。

德·摩根在分析学方面给出了形如$\sum \frac{1}{\varphi(n)}$的级数的收敛性判别准则，即设：

$$e=\lim_{n\to\infty}\frac{n\varphi'(n)}{\varphi(n)}$$

则当$e>1$时，级数收敛，当$e\leqslant 1$时，级数发散。

在逻辑学方面，德·摩根首创了关系逻辑的研究。他提出了论域概念，并用代数方法来研究逻辑演算，建立了著名的德摩根律，即$\overline{A\cap B}=\bar{A}\cup\bar{B}$，$\overline{A\cup B}=\bar{A}\cap\bar{B}$。他还分析了关系的种类和性质，研究了关系命题和关系推理，得到了一些逻辑规律和定理，从而突破了古典的主谓词逻辑的局限性，这对其后数理逻辑的发展有一定的影响。德·摩根还撰写了不少算术、代数、三角等方面的教材，他在分析学和逻辑学方面的主要著作有《微积分学》（1842）、《形式逻辑》（1847）等。

**德尼罗** De Niro, Robert（1943-08-07～ ） 美国电影演员。1960年进入S.艾德勒表演艺术学校接受K.S.斯坦尼斯拉夫斯基表演体系专业训练。最初从事舞台表演，1964年从影。1973年在《穷街陋巷》中的表演受到评论界注意。在《教父》（续集）中扮演青年时代的教父，获奥斯卡金像奖最佳男配角奖。《出租汽车司机》（1976）获纽约影评协会最佳男演员奖。在《纽约，纽约》（1977）、《猎鹿人》（1978）、《喜剧之王》（1982）中有上佳表现。因《愤怒的公牛》（1980）获奥斯卡金像奖最佳男演员奖。1990年因《好家伙》获奥斯卡金像奖最佳男配角奖。20世纪90年代以来的主要作品有《唤醒》（1990）、《睡眠者》（1996）、《心理分析》（1999）、《拜见岳父大人》（2000）、《星尘》（2007）等。

**德诺芙** Deneuve, Catherine（1943-10-22～ ） 法国电影演员。生于巴黎。13岁在《女中学生》中演出，开始了电影演员生涯。1964年，因主演《瑟堡的雨伞》获戛纳电影节大奖，从此确立了明星的地位。她能扮演地位、身份、经历极不相同的各类女性，更善于塑造心理十分复杂的人物。其中最为成功的作品有《厌恶》（1965）、《白日美人》（1967）、《特里丝塔娜》（1970）等。1981年，因在《最后一班地铁》中的出色表演获法国凯撒奖最佳女演员奖。此后出演的重要影片还有《国家利益》（1984）、《犯罪的地点》（1986）、《旺多姆广场》（1998）、《时光流转》（2004）、《灵石会议》（2006）等。

**德帕迪约** Depardieu, Gerard（1948-12-27～ ） 法国电影演员。生于沙托鲁。1965年从影。1974年因在《华尔兹舞女》中成功地塑造了一个令人同情的小流氓而跃入明星行列。1984年因在《马丁·凯尔的归来》（1982）里富于诗意和激情的表演被纽约影评协会评为最佳男演员。1985年因在《警察》中的表演获得威尼斯电影节最佳男演员奖。在凯撒奖评选中他多次获得最佳男演员提名，并因主演《最后一班地铁》（1980）和《西哈诺·德·贝热拉克》（又译《大鼻子情圣》，1990）获奖。1990年的《绿卡》获好莱坞外国新闻记者协会金球奖最佳男演员奖。他塑造的人物性格突出、简洁、具有力度。饰演的其他影片有《我的美国叔叔》（1979）、《阳光下的撒旦》（1987）、《罗丹的情人》（1988）、《阿斯特力克斯和奥布力克斯对抗凯撒》（1999）、《圣安东尼奥》（2004）、《玫瑰人生》（2007）等数十部。

**德钦哥都迈** Thakhin Ko Taw Hmain（1875-02-19～1964-07-23） 缅甸诗人。原名吴龙。下缅甸卑谬人。自幼就读寺中，19岁丧父辍学。当过排字工、校对，后任《太阳报》编辑、巴罕国民学院教授。1934年任我缅人协会名誉主席，易名德钦哥都迈，投身民主独立运动。1948年缅甸独立后任缅甸作家协会名誉主席。精通缅甸历史、文化与文学。写过80余部取材于佛本生故事的剧本。独创诗文间杂的长篇文体——“注”，著有赞颂缅甸光辉历史和灿烂文化的《洋大人注》（1914），谴责英殖民主义者破坏缅甸独立运动的《猴子注》（1922）等。还著有描写缅甸京都曼德勒风土人情的长篇小说《嘱咐》3卷（1916、1919、1921）和四折长诗《烈士陵园》等。他的作品口语化较强，善用典故，比喻生动，感染力强。

**德清** Deqing（1546～1623） 中国明末四大高僧之一。字澄印，别号憨山。俗姓蔡，安徽全椒人。19岁出家，同年冬，从无极（明信）听受《华严玄谈》并受具足戒。后在南京报恩寺、镇江金山寺任教职。明万历元年（1573），北游参学至五台山，见北台憨山风景奇秀，遂取作别号。后广泛游历北京、嵩山、洛阳等地，并再上五台山修禅。万历十一年，赴东海牢山（今山东青岛崂山）结庐隐居。万历二十八年，应邀去曹溪（广东曲江），重兴久已衰落的南华寺。万历四十一年，奉敕往衡阳灵湖万灵寺注经讲法。后历游江西、安徽、浙江等名刹，随缘施教。他精通内学外典，不立门户，主张各宗并进，禅净双修，融合儒、释、道三家，认为“不知《春秋》，不能涉世；不精老庄，不能忘世；不参禅，不能出世”。著有《观楞伽经记》、《华严经纲要》、《大乘起信论疏略》等经论注疏共121卷，外典注释及诗文等19卷。门人辑为《憨山老人梦游集》40卷（今本为55卷）。

**德日进** Teilhard de Chardin, Pierre (1881-05-01～1955-04-10) 法国哲学家，神学家，古生物学家。原名P.T.de夏尔丹，德日进系其中文名字。1899年加入耶稣会并在耶稣会学院就读，31岁时受神职，当过战地救护员、大学教授，并长时间在中国进行古人类学、地质学考察。一生大部分时间都在国外从事教学和科研。对进化问题有着特殊的兴趣，认为世界是进化的，从物质到生命，再到人类和精神，最后将走向上帝之中的统一，即奥米伽点，而基督处于进化过程的核心，基督通过在人当中实现其奥米伽点，向人类确保了它的实在性，而且在超越自我之爱的基督教社团中，这个点正在得到实现。其观点遭到教会当局谴责。著有《人的现象》、《神的氛围》等。

**德萨林** Dessalines, Jean-Jacques (约1758～1806-10-17) 海地革命的重要将领，独立后称帝（1804～1806）。生于海地格兰德·里维埃的一个黑人奴隶家庭，卒于雅克梅勒。1790年加入起义军，投身于反对法国殖民统治和西班牙、英国武装干涉的斗争，成为F.D.杜桑-卢维图尔的得力将领。1802年2月，在海地西部抗击法国远征军。同年6月，法军诱捕杜桑-卢维图尔。德萨林领导海地人民重新掀起反法武装斗争。1803年11月战胜法军。1804年1月1日，在戈纳伊夫宣布海地独立，任终身总督。1804年9月称帝，加冕为雅克斯一世。因行暴政招致内部叛乱，1806年在太子港附近遇刺身亡。

**德·桑蒂斯** De Santis, Giuseppe (1917-02-11～1997-05-16) 意大利电影导演。生于丰迪。毕业于罗马大学。1940年进罗马电影实验中心学习演员和导演专业。1942年兼任《电影》杂志的评论员。同年担任影片《沉沦》的助理导演，并与导演L.维斯康蒂合写该片剧本。1947年首次独立执导了《悲惨的追逐》(在威尼斯电影节获奖)。这部影片使他跻身于意大利一流导演之列，成为意大利新现实主义电影创始人之一。1949年执导了描述农业临时工艰苦劳动的《艰辛的米》，1950年拍摄了描写农村残酷阶级斗争的《橄榄树下无和平》。1952年执导《罗马11时》，深刻揭示了失业者的悲惨遭遇，广泛展现了罗马各阶层生活状况的悬殊。此后，他在意大利执导的影片主要有《安娜·柴契奥找不到丈夫》(1953)、《恋爱日》(1954)、《人和狼》(1957) 和《前程似锦的宝贵专家》(1972) 等。1960年，他在法国拍摄了心理描写片《单身男子的住宅》。1962年在苏联执导了《他们走向东方》。

**德·桑克蒂斯** De Sanctis, Francesco (1817-03-28～1883-12-29) 意大利文学批评家。生于那不勒斯王国莫拉伊尔皮纳，卒于那不勒斯。多次当选为议员，担任意大利王国教育部长。1871年起应聘为那不勒斯大学教授。主要成就表现在文学论著等方面。文艺批评论著中以《意大利文学史》(1870～1871) 最为著名。其他著作有《批评文集》(1866，汇集了在都灵、苏黎世时期的研究成果)、《论彼特拉克》(1869)、《批评文集新编》(1872)。B.克罗齐将他于1872～1876年在那不勒斯大学授课的讲义进行整理，结集为《十九世纪意大利文学》，于1897年出版。德·桑克蒂斯认为文学史实质上是文明史；反对文艺理论领域的学院主义和形式主义；强调生活与文化、人与诗人、文艺作品的内容与形式之间存在着内在的统一的关系；认为诗人应当善于刻画人的个性和情感。他对意大利文学史上的各个重要文学现象、作家及其重要作品，都作了缜密的研究和精辟的分析。

**德田球一** Tokuda Kyūichi (1894-09-12～1953-10-14) 日本共产党创建人和领导人之一。生于日本冲绳县，卒于中国北京。1919年赴东京半工半读，就学于日本大学法科。1920年开业为律师。同年加入日本社会主义同盟。1922年初，作为日本代表之一出席在莫斯科召开的远东民族大会，回国后作为主要发起人之一组织召开日本共产党第一次代表大会。1922年7月15日日本共产党成立，他当选为中央委员。1923年6月日本共产党遭第一次大逮捕。1924年日本共产党解散。同年出狱后，同左右倾机会主义进行了坚决斗争。1926年7月再次入狱。同年12月日本共产党召开第三次代表大会，重建党组织。他虽在狱中，仍被选为中央委员。1928年再次被捕。1945年10月10日获释出狱，立即投身于重建日共的活动。同年12月，在日共第四次代表大会上当选为中央委员、政治局委员、中央委员会书记长。在他领导下，日本共产党开始复兴。1946、1947年和1949年三次当选为众议院议员。1950年6月，德田被迫转入地下，继续领导党的工作。1951年10月主持制定了日共新的纲领——《日本共产党的当前要求》(《五一年纲领》)。后因身患重病和被日美当局搜捕，赴中国就医。

**德沃金** Dworkin, Ronald Myles (1931-12-11～ ) 美国法学家。生于马萨诸塞州伍斯特。先后在耶鲁大学、牛津大学、纽约大学、康奈尔大学和哈佛大学任法理学教授。主要著作有《认真对待权利》、《原则问题》、《法律帝国》和《自由的法律：美国宪法的道德读物》等。他并未直接论述自然法，但倾向于以L.L.富勒为首的新自然法学，因而他的学说可列为价值论法学。他的学说可分为两个时期：

前期，他以《认真对待权利》一书为代表，以“权利论”为核心，认为法不仅包括原则，而且包括非法律规则的准则（特别是原则和政策），它们也是法的重要组成部分。法院在那些首创性的判决中经常要采用一般原则，而并不是规则。

他又批判了功利主义法学，认为它仅强调一般福利、一种集体目的，即政策。但事实上，就立法而论，往往要兼顾政策和原则，在司法上应以原则为依据。政策是综合性的，指保护社会的集体目的；原则是分配性的，指个人（或个人组成的集团）的权利。审理案件时遵循判例，所遵循的也正是同样情况同样处理的公平原则。

后期，他的学说以《法律帝国》一书为主要代表，以“建设解释”和“完整性”两个基本观点作为基础。他认为，法律是一个解释的概念，一般法律理论就是对本国司法实践的一般解释，因而有三种法律观，即三种对法律解释的方法：一是惯例主义，二是实用主义，三是他所主张的“完整性”的观点。

他在上述两本书中所表达的基本思想是相同的，即反对法律实证主义、功利主义和现实主义法学，强调个人的政治、道德权利或原则。

**德沃夏克** Dvorák, Antonín (Leopold) (1841-09-08～1904-05-01) 捷克作曲家。生于波希米亚奈拉霍捷夫斯（今属捷克），卒于布拉格。自幼学习小提琴。1853年到家乡附近的小镇兹洛尼采随管风琴家及乐

队指挥A.列曼学习中提琴、钢琴、管风琴以及基本音乐理论和即兴作曲。1857年入布拉格管风琴学校学习，从此走上音乐的道路。两年后以优异成绩毕业，在布拉格K.科姆扎克领导的小乐队演奏中提琴。以后，他与乐队一起转入B.斯美塔纳任指挥的布拉格临时剧院（布拉格国家剧院的前身）乐队，并开始创作。青年时期写了很多作品，但现在能找到的他最早的作品是1861年写的《a小调弦乐五重奏》。他在19世纪60年代中写的主要作品有：根据G.普夫莱格尔-莫拉夫斯基的诗而写的4首歌曲《松柏集》(1865)、《c小调第一交响曲》(又名《兹洛尼采的钟声》，1865）和《降B大调第二交响曲》。1872年，德沃夏克写了赞美诗《白山的子孙》，获得巨大成功。此后创作的《降E大调交响曲》和《摩拉维亚二重唱》先后获奥地利国家奖，为他驰誉全球奠定了基础。之后的系列作品中最著名的有《g小调钢琴协奏曲》。

1876～1877年他的三个孩子先后夭折，使他的作品开始出现悲伤和忧郁的情调。如《g小调钢琴三重奏》、《E大调弦乐四重奏》；尤其是根据中世纪的拉丁文歌词为重唱、合唱及管弦乐而作的清唱剧《圣母悼歌》，是捷克音乐史上的第一部清唱剧。1884～1896年，德沃夏克共9次访问英国，亲自指挥演出自己的作品，都取得了很大成功。1891年，英国剑桥大学授予他荣誉音乐博士学位。这时期，他主要作品有歌剧《雅各宾党人》、第六至八交响曲、表现爱国思想的《胡斯教派序曲》、被称为“自然、生命和爱情三部曲”的三联序曲、《斯拉夫舞曲第二集》、《杜姆卡钢琴三重奏》，7首吉普赛歌曲（其中《母亲教我的歌》最著名）。1890年底，布拉格音乐学院聘请他担任作曲、配器和曲式教授。1892～1895年，赴美国担任纽约国家音乐学院院长。1892年10月至1893年春，德沃夏克写了他全部创作中影响最大的作品e小调《第九交响曲》(即《自新大陆》，一译《新世界》)。这部作品抒发了他对美国这个新大陆的印象和感受，并倾注着对祖国和家乡的思念。对祖国的强烈怀念还表现在他的极其著名的《b小调大提琴协奏曲》中。回到祖国后，德沃夏克致力于用交响乐来表现植根于民间创作的诗篇。1896年写了4首交响诗：《水妖》、《午时女巫》、《金纺车》、《野鸽》。1899年德沃夏克完成了歌剧《魔鬼与卡嘉》。1901年，创作了他最优秀的歌剧《水仙女》。同年6月，他被任命为布拉格音乐学院院长。

**德·西卡** De Sica, Vittorio (1902-07-07～1974-11-13) 意大利电影演员、导演。生于意大利索拉，卒于法国塞纳河畔讷伊。20世纪20年代开始在舞台和银幕上扮演轻松喜剧中的角色。30年代，在将近40部影片中扮演角色。1940年拍摄《紫玫瑰》，自任主角。1941年导演《品行端正的马德兰》。作为意大利新现实主义电影的重要奠基人之一，他拍摄了《孩子们在注视着我们》、《擦鞋童》、《偷自行车的人》、《米兰的奇迹》、《温别尔托·D》、《屋顶》等新现实主义电影。他的影片具有独特的艺术风格：将崇高的人道主义精神与尖锐的社会批判、怪诞的讽刺色彩与轻松优美的喜剧性、深刻的心理描写与丰富的日常生活细节结合在一起。60年代开始拍摄娱乐片，作品有《乔恰拉》(1960)、《昨天，今天，明天》(1963)、《意大利式的结婚》(1964)、《向日葵》(1969)等。70年代的作品有《芬齐-孔蒂尼家的花园》(1970)、《短暂的假日》(1973)、《航行》(1974)。

**德新社** Deutsche Presse Agentur; DPA 德国最大通讯社德意志新闻社的简称。

**德兴市** Dexing City 中国江西省辖县级市。位于省境东北部，乐安江上游。面积2 082平方千米。人口29万(2010)。有汉、回、畲等民族。东汉建安十五年(210)析馀干县置乐安县，南朝陈改银城县，隋开皇十年(590)并入鄱阳县。唐上元二年(675)置邓公场。五代南唐昇元二年(938)改邓公场置德兴县，取“山川之宝，唯德乃兴”之意。1990年撤县改市。由上饶市代管。矿产资源丰富，有铜、铅、锌、金、银等33种，是全国有色金属工业基地。已探明铜储量910万吨，银5 409吨，境内的德兴铜矿是世界五大斑岩铜矿之一，属亚洲第一大矿山。农作物主要有水稻、甘薯、玉米、大豆、麦类和甘蔗等。森林资源丰富，是江西省重点林区，有珍稀的华东黄杉、华东铁杉、白头杉、闽楠和方竹等。工业有水泥、制药、机械、印刷、化工、酿酒、食品、冶金等行业，采铜业尤其发达。名胜古迹有狐狸山上州文化遗址、清陶窑旧址、唐代采银窿洞、古银井、胆泉、秀水塔、儒林桥、三清山等。

**德阳市** Deyang City 中国四川省辖地级市。位于省境中部，成都平原北部边缘，沱江主源绵远河上游。辖旌阳区、中江县、罗江县，代管广汉市、什邡市、绵竹市。面积5 818平方千米。人口326万(2010)。西汉高祖六年(前201)置绵竹县，德阳属之。西晋太康元年(280)置德阳县，东晋改为长阳县。唐高祖武德三年(620)复置德阳县。元世祖八年(1271)置德阳州。1949年属川西行署绵阳专区，1983年设立德阳市。属亚热带湿润季风气候，温和湿润，降水充沛，四季分明。矿产有煤、磷、铁、天然气、铝土矿、石灰岩、大理石等。以磷矿石蕴藏量大，为全国重要磷矿基地之一。工业以重型机械和动力设备制造为主，还有化工、建材、医药、纺织、食品、饮料、烟草、酿造等。为四川省粮、油、烟、猪、棉的重要产区和生产基地，素有“川西粮仓”之称。名胜古迹有上庸长阙、庞统祠墓、奎星阁、德阳石刻艺术墙和东湖公园等。2008年5月12日汶川大地震中，受损严重。

奎星阁

**德意志大话剧院** Grosses Schauspielhaus 1919年由原舒曼马戏场改建的一座大型话剧场。位于柏林。由名导演M.莱因哈特主持，建筑师为H.波依尔齐格。这座剧场的特点是在台口前面加建一伸出式舞台，舞台面可以分块升降，下降极限可与观众席地面持平而成为观众席的一部分。伸出台的后面台口宽度达30米。表演区中心装有转台（直径18米)，转台后面设半圆形穹庐式硬天幕，距台口21米，台板到栅栏天顶高度为24.5米。剧场能容纳3 500人。1922年曾一度倒闭，后又改演杂技。它对后来的剧场建筑影响颇大，成为现代机械化舞台和伸出台的先导。

**德意志帝国** German Empire 以普鲁士王国为中心，通过王朝战争建立的君主立宪制的德意志联邦国家。1871年1月18日成立，包括22个德意志邦、3个自由市（汉堡、不来梅、吕贝克）及帝国行省阿尔萨斯-洛林。

进入19世纪后，德意志各地的资本主义逐步发展。1815年起，德意志人民要求实现国家统一的斗争不断高涨。1864年击败丹麦，1866年普鲁士击败奥地利（见普奥战争），成立北德意志联邦。1870～1871年在普法战争中击败法国，兼并南德诸邦。1871年1月18日，普鲁士国王威廉一世在法国的凡尔赛宫加冕为德意志帝国皇帝，O.von俾斯麦任宰相，普鲁士通过王朝战争最终实现德意志的统一。

德意志帝国是容克-资产阶级专政的国家。德意志的统一道路决定了国家的君主主义、容克主义和军国主义的特征。1871年4月16日通过的帝国宪法，宣告德意志帝国是君主立宪制的联邦国家。帝国中起决定作用的是皇帝和宰相，容克在各级政府和军队中享有特权。

德意志帝国的成立，扫除了资本主义经济发展的主要障碍。19世纪70年代，帝国颁布了一系列有利于资本主义经济发展的法案。通过普法战争，从法国掠得50亿金法郎的战争赔款、阿尔萨斯-洛林的铁矿和钾矿，以及接受和应用其他国家的先进的科学技术和生产经验，使帝国的经济得到迅速发展。80年代初以及1890～1893年的经济危机，加速了工业和银行业的集中，90年代完成工业革命。不久，重工业生产超过英国，占欧洲第一位。

德意志帝国前期，内外政策的实际制订者是俾斯麦。其对内政策的出发点是维护普鲁士和容克的特权，照顾大资产阶级的利益。90年代后期，资产阶级同容克之间进一步融合，对外积极扩军备战，赤裸裸地宣扬侵略、扩张、强权和殖民主义，推行世界政策，要求重新瓜分世界。20世纪初，国内矛盾加剧，与英、俄、法等老牌帝国主义之间的矛盾也日趋激化，终于导致第一次世界大战爆发。德国在战争中失败，1918年的德国十一月革命推翻霍亨索伦家族的统治，德意志帝国终结。

**德意志关税同盟** Deutscher Zollverein 以普鲁士为首的关税联盟。1834年1月1日成立。它的成立是德意志统一的重要前提。1818年5月16日的《普鲁士关税法》是形成德意志关税同盟的基础。该法的实施使一些德意志邦形成统一的普鲁士关税区。德意志关税同盟各成员之间消除关税壁垒，制定统一关税，扩大经济和贸易区域，加速了德意志各邦统一市场的形成。1835～1851年，加入德意志关税同盟的邦有：巴登、拿骚、美因河畔法兰克福、瓦尔德克、不伦瑞克、卢森堡、汉诺威。奥地利为了争夺德意志的政治领导权，曾力图解散这一同盟，但未能成功。1866年北德意志联邦成立后，德意志关税同盟又与未加入该同盟的德意志西南部诸邦签订关税条约，从而促进了德意志各邦政治上的统一。1871年德意志帝国建立，德意志关税同盟解体。

**德意志联邦共和国** Federal Republic of Germang 简称联邦德国。位于欧洲中部，北濒北海和波罗的海并与丹麦相连，西与荷兰、比利时、卢森堡、法国接壤，统一前东面是德意志民主共和国和捷克斯洛伐克，南面是奥地利和瑞士。统一前面积248 207平方千米（不包括西柏林），人口5 981.5万（1988年底，不包括西柏林）。首都波恩。统一后的联邦德国东面与波兰和捷克共和

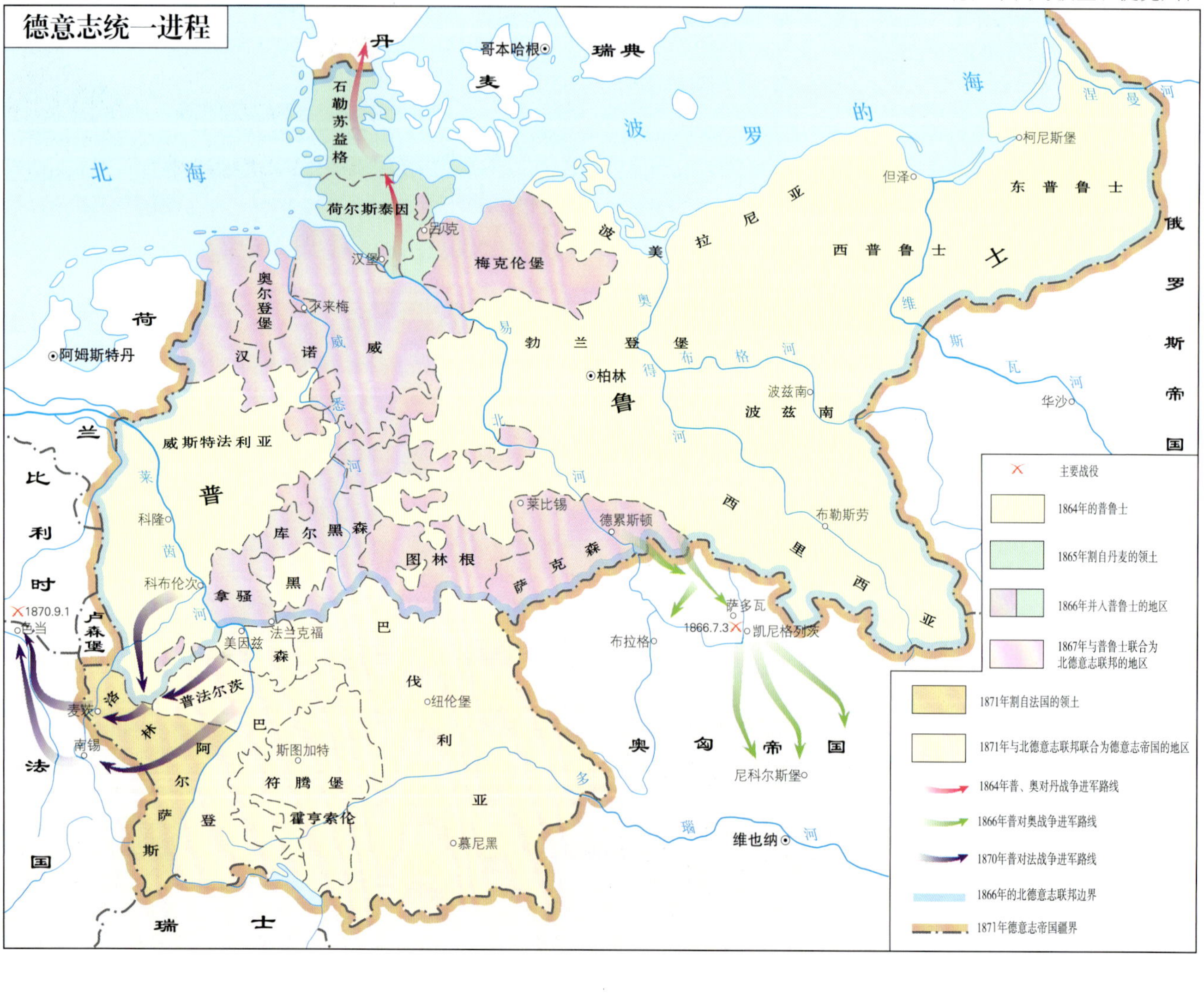

德意志统一进程

国毗邻，面积356 643平方千米，人口5 981.5万（1988年底，不包括西柏林），全国划分为16个州，州下设行政区，区下设县及县级市，县下设乡镇。首都柏林。

1945年德国法西斯战败后，根据《雅尔塔协定》和《波茨坦协定》，德国除割让给苏联和波兰11.4万平方千米土地外，其余部分及首都柏林由苏、美、英、法4国分区占领（见苏美英法分区占领德国），并由4国组成盟国管制委员会，行使最高行政权力。1947年1月1日，美占区和英占区组成联合经济区。同年4月法占区也加入该联合经济区。联合经济区实际上已经含有作为国家的因素。1948年9月由州议会代表组成协商会议。1949年5月8日，协商会议通过《基本法》。5月23日，公布《基本法》，正式成立德意志联邦共和国。9月20日，由K.阿登纳组成第1届联邦政府。同年10月，东部成立德意志民主共和国（简称民主德国）。基本法规定，联邦德国是联邦制国家，外交、国防、货币、海关、铁路、航空、邮电属联邦管辖，其余由联邦和州共管或由各州自治。国家政体为议会共和制。议会由联邦议院和联邦参议院组成。最高司法机构是联邦宪法法院。联邦总理为政府首脑，总统为国家元首。联邦总统由联邦大会选举产生，任期5年，可连任1次。

战后联邦德国实行社会市场经济制度，经济发展较快。1946年的工业生产仅为战前1936年的27%，1950年已恢复并超过战前水平。1950～1980年的30年中，国民收入每年递增5.1%，速度超过美、英、意、法，仅次于日本。1960～1990年国民生产总值由3 027亿马克增加到24 260亿马克，增长7倍多。2001年国内生产总值为20 630亿欧元，人均25 024欧元。德国经济实力在欧洲居首位，是世界第3经济强国和第2贸易大国。

联邦德国在对外事务中，强调与西方结盟，加强与美国和西欧的合作。在保持必要防务的同时，建立东西方之间的信任。1954年10月，联邦德国同美、英、法等西方国家签署《巴黎协定》。次年5月该协定生效，结束被占领状态，联邦德国成为主权国家，并加入北大西洋公约组织。1956年1月，建立联邦国防军。3月通过防务法，规定实行普遍义务兵役制。1958年1月加入欧洲经济共同体。1955年与苏联建交。此后陆续同东欧国家建交。1972年10月11日与中国建交。1972年12月同民主德国签订《关系基础条约》，1974年6月双方互设常驻代表处。1973年9月加入联合国。

德意志民主共和国成立30周年阅兵式（1979-10-07）

联邦德国与民主德国于1990年5月签署《关于建立货币、经济和社会联盟条约》，8月签署《关于实现德国统一的条约》。同年10月3日民主德国加入联邦德国，德国实现统一。

**德意志民主共和国** Deutsche Demokratische Republik; DDR 简称民主德国。位于中欧，东部和南部分别与波兰和捷克斯洛伐克相邻，西部和西南部与德意志联邦共和国接壤，北濒波罗的海。面积108 333平方千米，人口1 661万（1989）。首都柏林。

1945年纳粹德国战败后，根据《雅尔塔协定》和《波茨坦协定》，德国除割让给苏联和波兰11.4万平方千米土地外，其余部分及首都柏林由苏、美、英、法分区占领（见苏美英法分区占领德国）。从1945年秋开始，苏联占领区没收战争罪犯和重要纳粹分子的财产，实行土地改革、司法改革、教育改革和社会生活民主化。1949年10月10日苏联占领当局将行政职权移交给临时政府。

1949～1961年，民主德国实现了农业合作化和其他社会民主改造，建立了社会主义基础。1963年7月实施“国民经济计划和管理的新经济体制”，1967年改为“社会主义经济体制”。1971年6月，统一社会党在“八大”上提出“在社会主义生产高速发展、提高效率、科技进步和提高劳动生产率的基础上，进一步提高人民的物质与文化生活水平”，实行经济政策和社会政策相统一的方针，致力于建设“发达社会主义社会”。70年代末，对管理体制进行改革，提出了以广泛采用科技革命成果、实行内涵扩大再生产为主要内容的80年代经济战略。1983年，民主德国的社会总产值和国民收入分别比1950年增长6.4倍和6.2倍，是经济互助委员会中经济发展水平和生活水平最高的国家。

联邦德国第一届联邦议会会场（1949-09-07）

民主德国于1950年9月加入经互会，1955年5月参加华沙条约组织。宪法规定，民主德国是“社会主义大家庭不可分割的组成部分”，致力于“维护和发展与社会主义大家庭各国的友谊、全面合作和互助”，奉行“社会制度不同的国家和平共处的原则”。1972年12月21日同德意志联邦共和国签订《关系基础条约》。1973年9月加入联合国。1949年10月民主德国和中国建交。至1990年9月，已同132个国家建立了外交关系。

民主德国与联邦德国于1990年5月签署《关于建立货币、经济和社会联盟条约》，8月签署《关于实现德国统一的条约》。同年10月3日加入联邦德国，德国实现统一。

**德意志农民战争** German Peasants' War 1524～1525年德意志农民的大规模反封建起义。参加者除农民和城市贫民外，还有市民和矿工。领导人有T.闵采尔等。这次起义是宗教改革的顶点，在德意志历史上有深远的意义。

15世纪末16世纪初，德意志的经济进一步发展，资本主义因素逐渐成长，但发展极不平衡。教会诸侯和世俗诸侯竭力维护封建特权，宗教迫害和横征暴敛日益严重，农民所受的剥削和压迫有增无已，本已从农奴制下获得自由的农民重新处于农奴的地位。农民的反封建斗争先以秘密会社鞋会和穷康拉德的形式进行，当马丁·路德点燃宗教改革之火后，爆发了大规模的农民战争。

1524年5月，施瓦本南部的黑森林地区首先爆发起义，后迅速扩展，1525年初

扩展到施瓦本、弗兰肯、阿尔萨斯、图林根、萨克森、萨尔茨堡和蒂罗尔等地。参加战争的农民达10万以上。

农民战争大体经历了上升（1524～1525）和下降（1525～1526）两个时期。上升时期，农民战争形成施瓦本、弗兰肯和图林根3个中心。3月17日米尔豪森的平民集团和市民推翻城市贵族议会，选出实际上由T.闵采尔领导的永久议会，以求建立没有剥削、没有阶级的社会。1525年4～5月，德意志西部许多城市也相继发生骚动。

起义农民在战争中提出许多纲领性的条款。施瓦本北部农军在1525年3月初制定的《十二条款》中申明了要求自由的愿望。1524年末闵采尔门徒制定的《书简》是北德意志农民运动中的激进派的纲领。它的核心是反对压迫人民的封建统治和实行暴力革命，指出宫廷、寺院和教堂是封建主的权力基础，主张处死压迫者和叛徒，焚毁城堡，没收寺院和教堂。

1524年5月至1525年7月，农民战争进入高潮。但是，在联合起来的诸侯军队镇压下，图林根和萨克森、阿尔萨斯、弗兰肯、施瓦本的农军被各个击破。闵采尔被俘牺牲，其他起义领导人和无数农民惨遭杀害。1525年8月，农民战争进入下降时期。

在下降时期，农民战争在蒂罗尔茨堡地区继续进行。起义由M.盖斯迈尔领导，1526年5～6月萨尔茨堡农民军接连打败前来镇压的巴伐利亚军、奥地利军、施瓦本联军和萨尔茨堡大主教的雇佣军。最后由于被优势敌军包围，不得不于7月退到威尼斯，农民战争最后失败。

**德意志人** Germans 中欧民族之一。主要分布在德意志联邦共和国，部分分布在美国、俄罗斯、加拿大和巴西等国。属欧罗巴人种北欧类型，部分属阿尔卑斯类型。使用德语，属印欧语系日耳曼语族，分高地德语和低地德语，南北方言差别较大。文字用拉丁字母拼写，并有一套独特的花体字母（哥特体）。书面语言以高地德语为标准。多信基督教新教，部分信天主教。

德意志人系古代日耳曼人的直系后裔，在不同历史时期混入了不同的异族成分。德意志民族成分中主要包括以下日耳曼部落：在德国中部和南部有苏维汇人、赫蒙杜里人、查蒂人和阿勒曼尼人，在北部有盎格鲁人、撒克逊人、朱特人、条顿人、金布里人和弗里西亚人，在西部有法兰克人。早在公元初期，这些日耳曼部落便与当地原居民发生混合：在西部和西南部混入的是凯尔特人，在南部混入的是雷托人。

德国巴伐利亚的盛装青年

在10～13世纪，随着德国封建主的向东扩张，不断征服并同化一部分讲斯拉夫语和立陶宛语的部落（波拉布人和普鲁士人等）；在12～13世纪，北方受到丹麦的控制，又有一部分诺曼人进入而被同化吸收。对德意志民族的形成和发展影响最大的是法兰克人。他们最先接受罗马文化，于5世纪末建立法兰克王国，先后征服巴伐利亚和图林根等日耳曼地区，使原先处于分散状态下的各个日耳曼部落第一次被置于统一的王权之下。843年王国分裂后，居住在莱茵河右岸受罗马化影响较少的日耳曼部落被划归东法兰克王国。919年建立起第一个德意志王朝。此后几百年间，德国长期处于封建割据状态，国内小邦多达300个。1866年，普鲁士战胜奥地利，在德意志各邦中跃居霸主地位；1871年取得普法战争胜利后，统一各邦，建立中央集权制的德意志帝国。此后不久，德意志帝国便走上军国主义道路。1914年和1939年挑起了两次世界大战。第二次世界大战战败后发生分裂，1949年分别成立德意志联邦共和国和德意志民主共和国。1990年10月3日，两德统一为德意志联邦共和国。

自古多从事农业和畜牧业，手工业和商业亦较发达。进入19世纪以后，现代工业发展迅速。曾在不同时期涌现出许多伟大人物，如16世纪的宗教改革家马丁·路德、革命家T.闵采尔和人文主义者U.von胡滕，18世纪的哲学家I.康德、剧作家G.E.莱辛、诗人J.W.von歌德和剧作家J.C.F.von席勒，19世纪的哲学家G.W.F.黑格尔和L.费尔巴哈、诗人H.海涅和工人运动活动家W.魏特林，特别是出现了伟大的思想家和无产阶级革命领袖K.马克思和F.恩格斯。

**德意志新闻社** Deutsche Presse Agentur; DPA 德国最大的通讯社。国际性通讯社之一。简称德新社。1949年德意志联邦共和国建立后由原来美、英、法3个占领区的通讯社合并而成，同年9月1日起正式发稿。它是一家股份有限公司，其股权分属于报纸、广播、电视等200多家新闻媒体，其中绝大部分为报社掌握。总社设在汉堡。全社有700多名业务人员。在国内，波恩设联邦分社，其他各州均设分社；国外在80多个国家和地区派有驻外记者或聘用特约记者。至21世纪初在80多个国家拥有1 500家订户，其中包括75个国家的通讯社。图片中心设在法兰克福，有一个数百万张照片的资料库为用户服务。

**《德意志意识形态》** *Die Deutsche Ideologie* K.马克思和F.恩格斯批判L.费尔巴哈和青年黑格尔派，系统阐发他们的新世界观的著作。全名为《德意志意识形态。对费尔巴哈、布·鲍威尔和施蒂纳所代表的现代德

《德意志意识形态》手稿

国哲学以及各式各样先知所代表的德国社会主义的批判》。马克思和恩格斯合作的未完成著作。1847年8月、9月《威斯特伐里亚汽船》杂志发表第2卷第4章。1932年苏共中央马克思列宁主义研究院发表德文全文。

全书包括2卷，第1卷主要内容是阐述**历史唯物主义**的基本原理和批判L.费尔巴哈、B.鲍威尔和M.施蒂纳的哲学观点。第1章“费尔巴哈”详尽阐述了唯物史观，是全书最重要的部分。第2卷的主要内容是对各种“真正的社会主义”哲学观点的批判。该卷的第2、3章手稿已遗失。

该书是马克思主义诞生时期的最有价值的科学巨著之一，它进一步发展了《**神圣家族**》和《关于费尔巴哈的提纲》中的思想，第一次系统地阐述了唯物史观的基本原理，完成了自《神圣家族》开始的对青年黑格尔派和费尔巴哈人本主义的批判，同时也标志马克思和恩格斯完成了对自己此前的哲学信仰的清算，马克思主义哲学已经成熟。

**德意志银行财团** Deutsche Bank Group 以德意志银行为核心的德国最大的**财团**。总部设在法兰克福。形成于19世纪末，早期业务主要集中在鲁尔、柏林和法兰克福等地的钢铁工业和电气工业及金融集中地区。第二次世界大战结束后，财团迅速恢复和发展，投资遍及金融、电气、冶金、机械、化工、烟草和纺织等产业，旗下控股或曾经控股的著名企业有德国最大的商业银行德意志银行、西门子集团、曼内斯曼集团、博世集团、赫施集团、古特豪夫集团和戴姆勒-奔驰汽车公司等。

位于德国法兰克福的德意志银行总部办公楼

财团的核心企业是创立于1870年的德意志银行。两德统一后，德意志银行集团的经营规模进一步扩张。1998年兼并了美国第八大银行——信孚银行，拓展其证券托管和衍生交易业务，从而不仅在欧洲，而且在美国这个全球最大的资本市场中的地位也得到了巩固和提高。德意志银行集团与信孚银行合并后，其总资产达8 340亿美元。

**德语** German language 德国、奥地利和列支敦士登的官方语言，也是瑞士和卢森堡的官方语言之一。属印欧语系**日耳曼语族**西支。除分布于上述国家外，还在法国的阿尔萨斯、洛林地区使用，俄罗斯和罗马尼亚等国的德国移民社团中，美国的宾夕法尼亚州等地也有少数人使用德语。使用人口总计超过1亿。

德语分为高地德语和低地德语。高地德语是共同语，它采用了低地德语的某些发音规则。通用的书面语以高地德语为基础。各方言间的差别很大。12～16世纪，由于德国经济、政治和文化的发展，以及宗教改革家**马丁·路德**的《圣经》德语译本和他的其他著作的传播，书面共同语开始形成。

现代德语标准音到19世纪末才形成，有5个单元音：a、e、i、o、u，3个变元音：ä、ö、ü，这8个元音都有长音和短音；有3个复合元音：ei(ai)、au、eu(äu)。元音的长短区别是德语语音的重要特征。长元音和短元音具有区别词义的功能。长元音的拼写标志可以是元音字母重叠，也可以在元音字母后加字母h作为长音符号，也可以在元音后加单个辅音字母。短元音的标志是在元音后面有重叠的辅音字母或两个以上的辅音。有7对清浊相对的辅音。颤音既可发舌尖音［r］，也可发小舌音［R］。德语的词按语法功能分为10类：冠词、名词、代词、形容词、数词、动词、连词、介词、副词、感叹词。前6类有词形变化，称为可变词类；后4类无词形变化，称为不变词类。名词分阳性、阴性和中性、4个格（主格、宾格、与格、所有格）和单、复数。动词的变化包括人称、数、时（现在时、过去时、将来时、现在完成时、过去完成时、将来完成时）、语态（主动语态、被动语态）和语式（直陈式、命令式、虚拟式）。德语句子结构的特点是：动词谓语为句子的核心，它要求各格的宾语或介词宾语和各种补语。在普通陈述句中，主语或其他句子成分居句首时，谓语动词总是居第二位。如果谓语由两部分构成，即由可变部分（时间助动词或情态助动词）和不变部分（动词的不定式或第二分词）构成，则可变部分居第二位（在有些句子中居第一位），而不变部分居句尾，这是德语特有的谓语“框架结构”。句法的另一个特点是，从句中的动词谓语位于句末，其句子成分的排列次序是：连词或关系代词-主语和其他句子成分-动词谓语。

马丁·路德译的《圣经·新约》

德语采用拉丁字母，有26个，其中元音a、o、u有变音形式ä、ö、ü。另外，字母β作为短元音之后的ss的代用形式；β本是由手写花体小写字母s与z组成，不算作新字母；瑞士德语已废除了β，一律用ss。x和y只用来拼写外来词。20世纪30年代以前，德语一直用花体字母，以后使用普通的拉丁字母。

**德育** moral education 教育者按照一定社会或阶级的要求，有目的、有计划、有组织地对受教育者进行系统的影响，把一定的社会思想和道德原则转化为个体的思想意识和道德品质的教育。德育是教育的重要组成部分，它随社会的发展而发展，在阶级社会中有鲜明的阶级性。在中国古代教育中，德育居于首位，所谓“夏曰校，殷曰序，周曰庠，学则三代共之，皆所以明人伦也”(《孟子·滕文公上》)。在西方，古希腊也很重视德育。**苏格拉底**认为美德是可以通过教育培养的。**亚里士多德**认为，培养美德必须实践，并通过理性的教育，形成道德习惯。18世纪法国启蒙思想家J.-J.**卢梭**的德育思想具有强烈的反宗教倾向。19世纪德国教育家J.F.**赫尔巴特**认为，知识和行为之间、道德和理智之间不应分裂开来。20世纪初，美国实用主义教育家J.**杜威**主张通过学校的“典型的社会生活”培养“有利于社会秩序”的道德习惯。中国现行的德育包括对学生进行政治、思想、道德和心理品质教育。具体言之，政治教育指有关政治的思想意识层面的教育，包括政治理论教育和时事教育。道德教育指以合乎道德的方式促进学生道德发展的活动。思想教育在于陶冶学生的精神和情操，引导其树立正确的价值观、人生观和世界观。心理品质教育关注学生心理健康以及意志的锻炼。德育是一种涵盖整个社会意识的大德育，又称广义德育。

学校德育从内容的类型上可以分为：公德、私德和职业道德。中国比较重视私德教育。2001年9月中共中央印发了《公民道德建设实施纲要》，自此，全社会对于公德的关注也日渐增强。

**德政暴动** Struggle for Benevolent Rule 日本室町幕府（见幕府政治）时期农民以争取“德政”（废除债权债务关系）为主要目标的斗争。15世纪后，经营高利贷业的土仓（当铺）、酒屋（酒坊）和某些寺院兼营的金融机关，实行高利贷款，使债务人倾家荡产。1428年，近江农民要求幕府发令取消债务。同年，山城暴动暴发，声势浩大，屡败幕府军，攻入京都，占领寺院，袭击土仓和酒屋，夺回抵押品，并烧掉典当契据。至1485年，农民暴动屡起，大多是“德政暴动”。暴动主要集中在京都、奈良地区。暴动者或迫使幕府和守护大名发布废除债权债务关系的“德政令”，或自行解除债权债务关系（私德政）。德政暴动沉重地打击了幕府和高利贷者，农民的生活处境得到一定改善。此后土仓、酒屋的资本逐渐转向手工业、商业和海外贸易，促进了日本经济的发展。

**德治** rule of virtue 中国古代思想家提出的有关治理国家的一种主张。德治思想主要有以下内容：①统治者应该有良好的道德品质，并以其自身的美德影响民众，从而获得社会民众的支持。②在道德与法治的关系上，认为德治能够达到法治所达不到的境界。但德治并不是绝对地排斥法律，而是要以德教为主，法术刑名为辅。③强调对于民众的道德教化，反对专任法术刑名。政治的目的在于道德的良善，只有通过道德教化，在民众中间创造一个人心向善的环境才能达到。德治思想的理论前提是对人的道德品质的乐观估价，虽然有些时候也强调制度规范的作用，但在根本上承认人的道德品质，特别是统治者的道德品质是可靠的，把统治者的道德自觉当作实现优良社会生活的门径。德治思想的基本导向是人治。

**德州市** Dezhou City 中国山东省辖地级市。位于省境西北部，黄河下游北岸，北依河北省。辖德城区及宁津、齐河、陵县、临邑、平原、武城、夏津、庆云8县，代管禹城市、乐陵市。面积10 356平方千米。人口557万（2010），有汉、回、满、蒙古、布依、苗、侗、维吾尔、彝、朝鲜、瑶、纳西、水等民族。商属兖州之域。春秋分属齐、晋，秦属济北郡。北魏析置安德郡。隋开皇九年（589）置德州。1950年置德州专区，1967年改德州地区，1994年撤德州地区设地级德州市。属暖温带半湿润季风气候，年平均气温12.9℃，平均年降水量590毫米。矿产有石油、天然气、煤等。农业主产小麦、玉米、大豆、高粱、谷子、甘薯、棉花等，是国家商品粮、棉基地。特产乐陵金丝小枣、五香脱骨扒鸡远销20多个国家和地区。工业有纺织、机械、电子、化工、建材、食品等。京沪、石德、邯济、津浦铁路，以及京福（京沪）高速等和19条国道、省道过境；京杭运河由此穿过。名胜古迹有苏禄王墓、禹王亭、颜真卿书“东方先生画赞碑”、黄河故道森林公园、丁东水库等。

**灯彩** lighting effect in Chinese opera 泛指戏曲演出中区别于一般传统砌末的早期灯光、布景。又称灯彩砌末或彩砌、彩头。注重灯彩的戏曲演出，称为“灯彩戏”或“彩戏”、“灯戏”。常以这类戏为号召的戏班，称为“彩头班”。至20世纪20年代前后，渐为写实布景、机关布景所代替。灯彩是中国明代末年地主家班的产物。最早见诸记载的灯彩戏是刘晖吉女戏《唐明皇游月宫》（张岱《陶庵梦忆》）。用灯彩砌末最多的是清代宫廷的各种承应大戏，而且有些砌末“机关”化了，即配有制动器械，可以升降开合。民间商业剧场盛行灯彩戏是在清末。较早的有梅巧玲的四喜班，排演了《目连救母》、《甲子图》、《贵寿图》、《盘丝洞》、《乘龙会》等一批灯彩戏。其后杨隆寿创立小荣椿、天仙两科班时，以重金聘请张七，为之“制砌末千余件”（《燕都名伶传》）。灯彩戏大都情节离奇，有神怪出没，用彩绘的景片和灯具作种种点缀、渲染，借以吸引观众。

**灯蛾** Arctiidae; tiger moth 鳞翅目灯蛾科昆虫的统称。约有11 000种，多分布于热带和亚热带地区。中国已记载500多种。

一般小至中型，少数大型。体色较鲜艳，通常具红色或黄色斑纹，有些种类为白底黑纹，形如虎斑。成虫休息时将翅折叠成屋脊状。多在夜间活动，趋光性较强。如遇干扰，能分泌黄色腐蚀性刺鼻的臭油汁，有些种类甚至能发出爆裂声以驱避敌害。幼虫具长而密的毛簇，体色常为黑色或褐色。腹足5对，除苔蛾幼虫多以地衣苔藓为食外，绝大多数幼虫为多食性。

人纹污灯蛾

比较重要的灯蛾有危害玉米、谷子、高粱、棉花等的红缘灯蛾、尘污灯蛾；危害桑、茶、柑橘等的人纹污灯蛾（见图）、黑条灰灯蛾、八点灰灯蛾；危害森林的花布灯蛾、褐点粉灯蛾；危害绿肥作物的纹散灯蛾等。美国白蛾是重要的国际植物检疫对象。

**灯笼草** *Palhinhaea cernua*; cernuous club-moss 蕨类植物门石松科灯笼草属一种。分布于中国福建、浙江、广东、台湾、广西、贵州、云南、四川、江西等地，亚洲热带一些地区也有分布。主茎直立，基部有次生的匍匐茎，高30～50厘米，有时可更高而成近攀缘状。叶小，条状，钻形，长2～3毫米，仅有一条叶脉，在主茎上稀疏地呈螺旋排列。侧枝多次二叉状，直立或下垂，叶密生。多枚孢子叶在枝端聚集形成孢子叶球，长圆形或圆柱形，常下垂，每片孢子叶的近轴面基部生一个孢子囊。孢子同型。生于湿润的酸性土壤中。全草可入药，有祛风湿、舒筋活血和镇咳及利尿功效。

**灯笼鱼目** Myctophiformes; lanternfishes 硬骨鱼纲一目。约15科70余属400多种。因许多种类体上具各种形状的发光器，在夜间或幽暗的深水中发出各种不同颜色的光泽，鲜艳夺目，形似灯笼而得名。口裂宽，具齿。腰骨不与肩带相连。骨无硬骨细胞。背鳍和臀鳍不具鳍棘；腹鳍腹位；一般具脂鳍。多数种类体上被鳞。海产，除狗母鱼科的一些种类栖息于沿海一带外，绝大多数生活在中深层海区里。多营集群生活。是典型的以小型浮游动物为食的温和鱼类。有昼夜垂直洄游习性，夜间常接近于洋面的表层。一般为小型鱼类，但有些个体较大的种类，如蛇鲻属鱼类，为经济鱼类。灯笼鱼目起源于白垩纪，一般认为是由鲱形目和鲑形目的一些种类演变而来。

**灯谜** riddles written on lanterns 中国民间传统游艺。古时指节庆（多为元宵节）时粘贴于花灯之下供人猜射的谜语，现在大多指谜底多着眼于文字意义如一个字、一句诗、一种名称的谜语。流行于汉民族的广大地区。又称文虎、灯虎、春灯、春灯谜、商灯、弹壁灯等。“灯谜”一词始见于宋。宋代灯谜已遍及各地，内容丰富多样。明清两代，各地灯谜活动更加频繁，规模不断扩大，不仅在元宵节，中秋、七夕也常有灯谜活动。灯谜一般由谜面、谜目和谜底组成。如：劝君更尽一杯酒（打汉代人名一）：灌夫。“劝君更尽一杯酒”为谜面，“打汉代人名一”为谜目，“灌夫”为谜底。

近人把灯谜作为专指“文义谜”的名词，与民间谜语相区别。民间谜语多为事物谜，采用俗语、民谣、民歌、童谣等形式，语言浅显易懂，谜底一般都是自然、人体、器物、工具及少量常用字。灯谜则多为文人雅士所编制，语言典丽深奥，文学色彩浓厚，谜底大都是诗词曲赋、文章典故等。也有将两者已经混而为一的提法。灯谜作为一种娱乐方式，可以陶冶性灵、开拓心胸、习熟书卷、锻炼辞章。1949年以后，随着人民群众文化水平的提高，群众性的猜谜活动蓬勃开展，灯谜的内容和形式也有很大创新。

**灯塔** lighthouse 设置于重要航道附近的塔形发光固定航标。用以指引船舶航行或标示航行险区。灯塔起源于古埃及的信号

渤海湾大沽灯塔

烽火。最著名的古代灯塔为亚历山大港外的法罗斯灯塔，约建于公元前280年，高达110余米（一说130余米），日夜燃烧木材，以火焰和烟柱作为助航的标志。中国早期的灯塔见于记载的有明永乐十年（1412）在上海宝山县临海的人工大土山上建立的烽堠，高30余丈。

灯塔的灯质由白、红、绿三色光弧，按定光、闪光、联闪光、明暗光、互闪光等，以特定的时间间隔发射的不同特征，标示不同的灯塔。相邻灯塔的灯质均不相同。大型灯塔还设有雾警设备和无线电指向标。

**灯塔市** Dengta City 中国辽宁省辖县级市。位于省境中部，太子河北岸。面积1 331平方千米。人口50万（2008），有汉、满、朝鲜、蒙古、回等16个民族。秦属辽东郡襄平县，辽属东京道辽阳府辽阳县，元属辽阳行中书省辽阳路辽阳县，清为辽阳州，民国为辽阳县。1980年改名灯塔县。1996年改设灯塔市。由辽阳市代管。属温带大陆性季风气候。矿产主要有煤、铁、石油、天然气、石膏、石灰岩、软质黏土等。农产有水稻、高粱、玉米、大豆等，为国家商品粮基地和辽宁省淡水鱼基地、林果基地、肉菜基地。工业以机械、化工、轻纺、煤炭、建材、服装、建筑、食品为重点。名胜古迹有燕州城遗址、明建万宝桥、清立诰命达都碑、端筒荆山碑、皇姑坟、接官亭等。

**灯芯草** *Juncus effusus*; common rush 灯芯草科灯芯草属的一种。多年生沼生草本植物。见席草。

**灯芯绒** corduroy 布面呈现纵向直绒条的棉织物。因绒条像一条条灯芯草而得名。1750年首创于法国里昂。质地厚实，绒毛圆润丰满，保暖性好，适宜作秋冬季外衣、鞋帽、窗帘、沙发面料等。由两组纬纱和一组经纱交织而成。其中一组纬纱与经纱交织构成底布，称地纬；另一组纬纱与经纱交织成具有一定浮长线的起绒组织，称绒纬。成布后用机械将绒纬割断，再经一定整理加工形成毛绒。灯芯绒按绒条粗细分为特细条、细条、中条、粗条和粗细混合条等，按组织分为提花和普通，按织造分为匹染和色织，按染整加工分为印花和杂色，按原料分为棉、棉/人造棉、涤/棉等。

**登封观星台** Dengfeng Star Observatory 中国现存规模最大的古代天文观测建筑。位于河南省登封县城东南告成镇。观星台为元代初年所建的天文台。当时由元代天文学家郭守敬主持，在全国建立27个观测站，此台为观测中心。明嘉靖二十一年（1542）曾经重修。观星台为一砖石结构建筑，由台身和石圭两部分构成。台平面呈方形，下大上小，高9.46米。台北有两个对称的踏道口，可登台眺望。石圭从凹槽下方自南向北由36方青石相接而成。其方位与观测子午方向相符。主面刻有双股水道，水道南北端分别为注水池和泄水池，刻有尺度，用以测量水准。

**登封市** Dengfeng City 中国河南省辖县级市。位于省境中部，颍河上游。面积1 220平方千米。人口67万（2010），有汉、回等民族。秦置阳城县，隋大业元年（605）改崇阳县，唐武则天万岁登封元年（696）来嵩山祭天地以取她登岳封禅之义，改嵩阳县为登封县。1994年改县设市。由郑州市代管。属暖温带大陆性季风气候。矿产有煤、铁、铝矾土、耐火黏土、石棉、重晶石、大理石等。农作物主要有小麦、玉米、棉花、烟叶等。药材有紫参、柴胡、桔梗和金银花等。工业有煤炭、纺织、化工、食品、机械、汽车配件等。名胜有中岳风景名胜区和嵩山国家森林公园。嵩山风景秀丽、庙塔林立，驰名中外的少林寺就坐落在西部少室山北麓，内有壁画、少林拳谱和著名书法家手书等珍贵文物。中岳庙是中国现存最早的道教庙宇之一。西侧嵩阳书院，是中国古代四大书院之一。

**登革热** dengue fever; DF 登革病毒引起、经伊蚊传播的急性传染病。以发热、骨和关节剧烈疼痛为特征。传播迅速，发病率高，病死率低。登革病毒为单链RNA病毒，属黄病毒科，共有4个型，即Ⅰ、Ⅱ、Ⅲ、Ⅳ型。除可引起典型登革热外，尚可引起登革出血热和登革休克综合征，后两者病死率较高，常由Ⅱ型引起。登革热的治疗无特效药物，仅用对症和支持疗法。出血严重时应输新鲜血或血小板及防治弥漫性血管内凝血。出现休克时应给予抗休克治疗。中国广东和海南1978年后曾多次流行登革热。

**登陆作战** amphibious landing operation 对据守海岸、海岛之敌实施的渡海进攻作战。又称两栖作战。联合进攻作战的基本样式之一。现代条件下，通常是诸军种共同参加的联合作战行动。目的是夺取敌占岛屿、海岸重要目标，或在敌岸建立进攻出发地域，为尔后作战创造有利条件。按作战规模分为战略、战役和战术登陆作战；按登陆地域地形分为开阔海岸与岛礁区登陆作战；按航渡距离分为近距离与远距离登陆作战等。具有强渡海区、背水攻坚、易遭敌海空袭击、指挥协同复杂、保障繁重等基本特点。基本要求是：行动突然，组织周密，快速上陆，有

效保障。作战过程包括：①夺取制信息权、制空权和制海权，为登陆部队的集结上船、海上航渡和突击上陆创造有利条件。②按计划迅速组织登陆部队、各种物资有序地装载上船和安全航渡。③组织海上登陆兵力和垂直上陆兵力实施快速立体上陆，并迅速建立滩头阵地和夺占登陆场，为尔后陆上行动创造条件。

**登陆作战舰艇** amphibious warfare ships 专用于登陆作战的舰艇的统称。又称两栖作战舰艇。主要用于输送登陆兵员、登陆船艇和工具及其他武器装备与物资，也可利用舰上武器为登陆作战提供火力支援。包括登陆艇、坦克登陆舰、两栖货船、船坞登陆舰、两栖船坞运输舰、两栖攻击舰、通用两栖攻击舰、两栖火力支援舰和两栖指挥舰等。

登陆艇 登陆作战舰艇中最基本、数量较多的舰种。用于直接登陆作战，能载登陆兵几十名至百余名、作战物资数吨或坦克1～5辆。

坦克登陆舰 简称登陆舰。它也是登陆作战舰艇中最基本、数量较多的舰种。用于运载装甲车辆和登陆兵由岸到岸直接抢滩登陆作战。能运载坦克数辆至20辆或登陆兵员数百名。20世纪70年代出现的气垫艇具有独特的两栖性，可以直接高速登岸上陆。

两栖货船 用于运载登陆部队所需的作战物资，并由携带的登陆艇实施由舰到岸登陆。有的尾部甲板设有直升机平台。

船坞登陆舰 舰上设有船坞，能载运登陆艇和两栖登陆工具。现代船坞登陆舰一般可装载大型登陆艇数艘，或中型登陆艇10～20艘，或两栖战车40～50辆，并可运载较多的登陆兵。

两栖船坞运输舰 用于运载登陆兵、登陆艇和两栖装甲车辆等，可载数架直升机，实施由舰到岸登陆任务。具有坦克登陆舰、船坞登陆舰、两栖货船的综合功能。

两栖攻击舰 用于搭载直升机，输送登陆兵和武器装备，实施垂直登陆。又称直升机登陆运输舰或直升机母舰。有的舰上还装有舰空导弹和舰炮等武器。

通用两栖攻击舰 可按建制单位搭载登陆兵员、武器装备及登陆工具，实施垂直登陆或平面登陆，避免单一装载时某一艘舰艇受损就危及整个登陆部队战斗力的情况。

两栖火力支援舰 用于在登陆作战中实施火力准备和对岸上火力支援。装备有多门不同口径舰炮和火箭等武器。至1970年此类舰均已退役。

两栖指挥舰 专用于登陆作战中对整个登陆编队实施统一指挥。美国专门设计建造的两栖指挥舰首制舰“兰岭”号于1970年建成服役，满载排水量18 372吨，航速23节，续航力1.3万海里。舰上装有舰空导弹、舰炮、密集阵近程防御武器系统，并配有直升机1架。舰上设有两栖作战指挥室、火力支援协调中心、水面和反潜协调中心、战术航空兵指挥中心、战斗情报中心、联合通信中心等，装备有齐全的通信、雷达等电子设备，可保证对整个登陆编队的全面统一指挥。

中国“072”型大型登陆舰

**登山** mountaineering 从低海拔地形向高海拔山峰进行攀登的一项体育活动。登山运动可分为登山探险、竞技攀登和健身性登山。登山探险一般是指人们在一定器械和装备的辅助下，以克服各种恶劣的自然条件，登上高峰绝顶为目标而进行的登山运动。运动员面对的是高山缺氧、强风低温、陡峭地形以及随之而来的各种困难和危险。登山作为一项体育运动项目，是在人类生产活动的基础上逐渐形成的，其发祥地一般认为是在18世纪后半叶阿尔卑斯山区。1786年，M.G.帕卡尔和J.巴尔玛结伴首次登上了阿尔卑斯山脉最高峰勃朗峰。后来，人们把登山运动也称为“阿尔卑斯运动”。首先向世界最高峰珠穆朗玛峰挑战的是英国登山队，他们于1953年5月29日走尼泊尔王国一侧登顶成功。20世纪50年代，相继有法国、英国、奥地利等国的登山队或运动员登上了世界14座8 000米以上高峰中的12座山峰。中国的高山资源丰富，在世界14座8 000米以上的顶级高峰中，中国享有主权和与邻国共享主权的就有9座。中国登山运动员成功登上了数座7 500米以上的高峰，其中特别引人注目的是于1960年和1975年两次从中国一侧登上了世界最高峰珠穆朗玛峰，开创了人类从北侧成功登顶的纪录。珠穆朗马峰的最新高程数据为8 844.43米。自1979年以来，中国已成为当今人类登山探险活动最活跃的地区之一。几十年来，中国登山运动员又独自或与外国运动员联合登上了数座海拔7 000米以上的未登峰，并且又数次成功地重登了珠穆朗玛峰。在此基础上，中国登山运动员已实现了登上世界七大洲最高峰的夙愿。

1975年5月27日中国登山队登上珠穆朗玛峰峰顶

**登霄节** Mi ‘rāj 伊斯兰教先知穆罕默德夜行升霄纪念日。穆罕默德的传道触犯了麦加多神崇拜的贵族、富商的宗教特权和经济利益，遭到了多神教徒的反对和迫害。在处境十分艰难的情况下，即发生了先知的夜行和登霄。穆罕默德于621年（一说620）伊斯兰教历7月27日之夜，由大天使吉卜利勒陪同，乘仙马腾空，由麦加飞至耶路撒冷，在阿克萨寺的一块岩石上登霄，遨游七重天，见过古代众先知和天园，领受每日五番天命拜，黎明重返麦加。次日吉卜利勒即向穆罕默德传谕了每日礼五番拜的时间和仪式。由此，伊斯兰教将耶路撒冷视为圣地，以教历7月27日夜为登霄夜。举行诵经、礼拜等活动，以示纪念。

**登月舱** lunar landing module 登月载人航天器的组成部分。用于将航天员从绕月轨道送到月球表面执行任务，任务完成后再将航天员从月球表面送回到绕月轨道，准备返回地面。美国“阿波罗”号飞船的登月舱由下降级和上升级组成，地面起飞时质量14.7吨，宽4.3米，最大高度7米。下降级由着陆发动机、4条着陆腿和4个仪器舱组成。着陆腿末端有底盘，上面装有触地传感器。上升级为登月舱主体，航天员完成月面活动后，驾驶上升级返回绕月轨道，

登月舱上升级飞离月球

进入指挥舱准备返回地面。上升级由航天员座舱、返回发动机、推进剂贮箱、仪器舱和控制系统组成。航天员座舱可容纳2名航天员，有导航、控制、通信、生命保障和电源等设备。座舱有舱门，门口平台外接登月梯。返回发动机可重复起动35次。姿态控制系统包括16台小推力发动机。仪器舱装有2组互为备份的银锌蓄电池，仪器有距离速度指示器、水平速度指示器和飞行计时器。

**蹬技** pedalling acrobatics 踢弄类杂技项目。演员仰卧在小桌子或支架上，双足踢弄或承接各种物品，以表现人体的灵巧与智慧。蹬技源自残疾人的生活技能，早在唐代就有街头艺人表演以足使用梳子梳头、使用筷子吃饭、穿针引线做针线活，乃至绣花的记载。到了北宋时期，蹬技已经发展成杂技的一大门类，蹬技艺人则被称为“踢弄家”。在“踢弄家”的脚下，花瓶、盘子、大缸、大钟、笔墨等形状不同、轻重不等的物品被耍弄出各种花样。

现代蹬技可以分为4类：①轻蹬技。专门展示双足的灵巧，踢弄的物品通常是花伞、积木、扇子、毯子、锣鼓等。②重蹬技。如以民用水缸为道具的《蹬大缸》。③承重型蹬技。如《蹬板凳》、《蹬椅子顶》、《蹬散梯》。《蹬散梯》是由两位底座演员接力蹬起两层高梯，尖子演员则在双重高梯的顶端表演种种造型。④蹬人，业内称为“小哨子”。上海杂技团的《跳板蹬人》、武汉杂技团的《蹦床蹬人》是蹬人节目的最新发展。

**等产量曲线** isoquant curve 经济学中长期生产理论的一种分析工具，用于描述能够生产相同产量的所有**生产要素**的组合，体现了生产过程中不同生产要素之间的替代关系。

假设某产品的**生产函数** $Q=f(L,K)$，这里 $Q$、$L$ 和 $K$ 分别为产量、劳动投入量和资本投入量。如果给定一个产量水平 $Q_1$，即有 $Q=f(L,K)=Q_1$，则通常情况下可以有无数个资本和劳动的投入组合使得产量恰好为 $Q_1$，把所有的这些要素投入组合在 $L$-$K$ 平面上表示出来，便可以得到一条连续的曲线，即为与产量 $Q_1$ 相对应的一条等产量曲线。给定一个产量水平，就可以得到一条等产量曲线，这些对应于不同产量水平的等产量曲线在同一个坐标平面中表示出来，就可以得到一组互不相交的等产量曲线，如图所示。

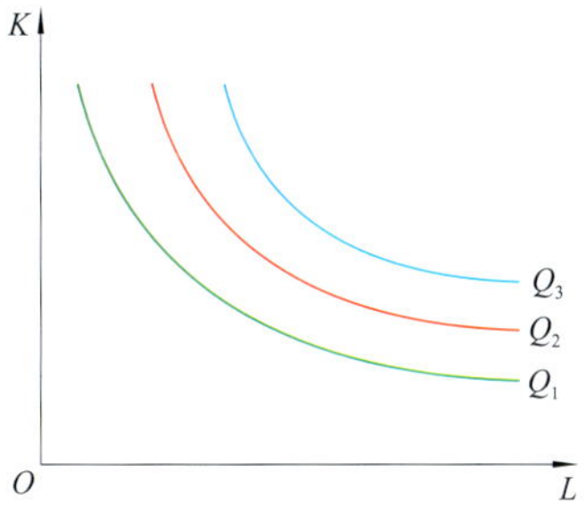


不同产量水平下的等产量曲线

等产量曲线的主要意义是体现了两种生产要素之间的替代关系，这一替代关系可以通过它的斜率表现出来。给定一条等产量曲线上的一个点，则等产量曲线在这一点的斜率的绝对值便代表了在该点所表示的要素组合的两要素之间的替代率，即边际技术替代率。边际技术替代率简记为MRTS，它指在维持产量水平不变的条件下，增加一单位的某种生产要素投入量时所减少的另外一种生产要素的投入数量。假定以劳动替代资本，则边际技术替代率的公式为：

$$\mathrm{MRTS}_{LK}=-\frac{\Delta K}{\Delta L}$$

或者：

$$\mathrm{MRTS}_{LK}=-\frac{\mathrm{d}K}{\mathrm{d}L}$$

此外，边际技术替代率还可以表示为两种生产要素的边际产量之比，即可以有：

$$\mathrm{MRTS}_{LK}=\frac{\mathrm{MP}_L}{\mathrm{MP}_K}$$

式中 $\mathrm{MP}_L$、$\mathrm{MP}_K$ 分别为劳动和资本的边际产量（见**边际生产力**）。

经济学家提出了边际技术替代率递减规律。该规律指出，在维持产量水平不变的条件下，随着一种生产要素投入量的连续增加，它所能替代的另一种生产要素的数量是递减的。

**等成本线** isocost line 在生产成本和生产要素价格给定的条件下，厂商能够购买到的两种**生产要素**的所有组合。经济学中长期生产理论的一种分析工具。

具体而言，如果只考虑劳动和资本两种生产要素，假设劳动的价格 $w$、资本的价格 $r$ 和生产成本 $C$ 给定，则成本方程为 $C=wL+rK$，或整理为 $K=-\frac{w}{r}L+\frac{C}{r}$，式中 $w$、$r$ 和 $C$ 为常数，变量 $L$ 和 $K$ 分别为劳动购买量和资本购买量。这个方程在 $L$-$K$ 平面上可以决定一条直线。在这条直线上，每一个点所代表的资本和劳动的购买组合所带来的成本都是相等的，因此被称为等成本线。

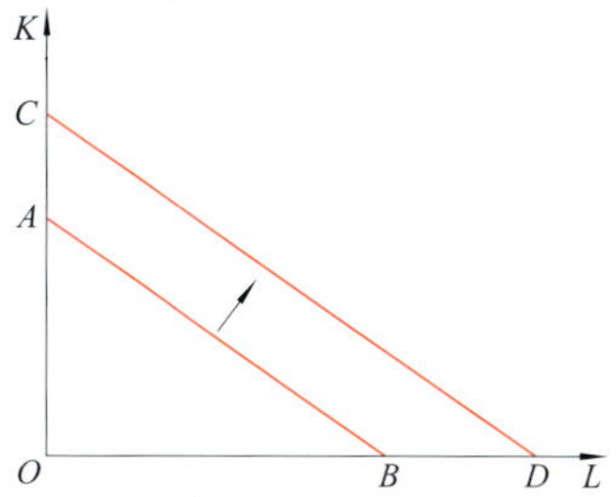


等成本线示意图

等成本线的斜率反映了两种生产要素市场价格的比值即生产要素的相对价格。

当成本和生产要素的价格发生变化时，会影响等成本线的位置。例如，随着成本增加，等成本线会向右上方移动，由于要素的相对价格不变，因此，这些等成本线是相互平行的（如图所示）。当要素的价格发生变化时，则会影响等成本线的斜率。

**等翅目** Isoptera 昆虫纲的一目。多分布热带和亚热带，全世界已知约2 600种。中小型**有翅昆虫**。统称**白蚁**或螱。触角念珠状。翅膜质狭长，两对翅相似。腹部柔软，尾须1对。在昆虫中，属于比较原始的类型。进化系统上与蜚蠊近缘，生活习性与蚂蚁相似。白蚁与蚂蚁虽一般同称为蚁，但在分类地位上，白蚁属于较低级的半变态昆虫，蚂蚁则属于较高级的全变态昆虫。形态特征与蚂蚁有明显不同。白蚁触角念珠状，腹基粗壮，前后翅等长；蚂蚁触角膝状，腹基瘦细，前翅大于后翅。

白蚁为营巢生活的群栖社会性昆虫，有蚁后、工蚁、兵蚁等型，可对建筑物和堤防等造成破坏。

**《等待戈多》** *Waiting for Godot* 爱尔兰剧作家**S. 贝克特**的代表作。1952年完成。1953年在巴黎上演。两幕剧，描写弗拉季米尔和爱斯特拉冈两个不明身份的人在一条乡村小路上等待一个名叫戈多的人。没有戏剧动作、矛盾冲突、高潮与突转，也没有人物性格塑造与贯串情节。弗拉季米尔和爱斯特拉冈以种种无聊的动作与一大堆废话来打发时间，中间除了波卓与幸运儿路过之外，没有任何事件发生，戈多更是不见踪影。结构呈环形，两幕十分相似，仅路上的那棵树在第二幕长出了两片叶子，波卓变成瞎子、幸运儿变成了哑巴。有关该剧的意义，学者们众说纷纭，但一致认

《等待戈多》剧照

为它是一部最有代表意义的“荒诞派”剧作，反映了现代人对人类生存状态的悲观认识。它是世界戏剧史上的一部里程碑之作。

**等级君主制** hierarchical monarchy 封建君主借助等级代表会议加强王权，以维持统治的君主制政体形式。见*君主制*。

**等离子电视机** plasma display panel television 采用等离子显示板代替显像管显示图像的电视机。数字平板电视机之一。

等离子显示板（PDP）是利用气体放电而发光的平板显示：在两片超薄玻璃板之间注入混合惰性气体，前后玻璃板分别置一对透明电极，施加高电压使气体放电并发出紫外线，紫外线激发不同颜色荧光粉而发出色光。

等离子电视机主要由电源供电电路、信号处理电路和PDP模块三大部分构成。

**等离子体** plasma 由大量自由电子、离子和中性粒子组成的、整体上近似电中性的物质状态。它有较大电导率，其运动主要受电磁力支配。

当气体的温度足够高时，气体的分子或原子电离成正离子和自由电子，电离气体就是典型的等离子体。实际上，只有0.1%气体被电离的电离气体已经具有明显的等离子体性质，如果有1%气体被电离，则已是电导率很大的等离子体。用于热核反应的高温等离子体则几乎是完全电离的。电弧、日光灯、霓虹灯中发光的电离气体、实验室中的高温电离气体等都是人造的等离子体。围绕地球的电离层，太阳及其他恒星、太阳风、许多星际物质，也都是等离子体。在宇宙中，等离子体是物质存在的主要形式，占宇宙物质总量的绝大部分。

等离子体宏观上的电中性，是指它所含有的正电荷和负电荷几乎处处相等。在等离子体中，带电粒子之间的相互作用主要是长程的库仑力，每个粒子都同时和周围很多粒子发生作用，而与一般气体分子间的短程相互作用力大不相同，因此等离子体在运动过程中一般都表现出明显的集体行为。例如，当电子和正离子宏观分离时，其间的相互作用形成静电回复力，导致电子和正离子的集体振荡，称为等离子体振荡。这种振荡在等离子体内各处互不相关地发生着，其振荡频率称为等离子体频率，又称朗缪尔频率。由于等离子体由带电粒子组成，在有外磁场存在的情况下，等离子体的运动将受到磁场的强烈影响和支配。另外，在高温等离子体中，原子核和电子的热运动剧烈，彼此猛烈碰撞，可能实现热核聚变反应。以上这些都表明等离子体的性质与气体颇为不同，它是区别于气态、液态、固态的物质存在的又一种聚集状态，故又称为物质第四态。但由于等离子体在宏观上呈电中性，同时又是气体，所以一般气体定律及许多关系仍适用于等离子体。

除了电离气体外，电解质溶液中包含可以自由运动的正、负离子，能导电，也是等离子体。在金属中构成晶格的正离子虽然不动，但自由电子可在金属中自由运动，整体电中性；在半导体中，电子和空穴都在运动，整体上也是电中性的。金属和半导体是典型的固态等离子体。

等离子体与科学技术有密切关系，并具有广泛的技术应用，如空间技术、受控热核聚变、磁流体发电、等离子体推进器、*同位素分离*、*无线电通信*、等离子体显示、等离子体化工、气体激光及各种气体放电、等离子体焊接和切削、微电子工业、物质表面改性等。这些应用技术的发展会进一步丰富等离子体的研究内容。同样，对等离子体的深入研究能够提高这些应用技术的水平并开拓新的应用领域。

**等离子体辐射** plasma radiation 自然界和实验室的*等离子体*中包含电子、离子和中性原子，粒子间的相互作用以及带电粒子与电磁场的相互作用使等离子体辐射大量电磁波，包括微波、光波和X射线等。

主要辐射机制有以下4种：①激发辐射。对于等离子体中的原子或部分电离的离子，当其中的外层电子被激发到较高能级后返回较低能级时所发出的辐射。各种原子或离子有其独特的线状谱系，谱线会因多普勒效应、斯塔克效应增宽，谱线的波长、强度、轮廓、偏振都可表征等离子体的性质。②复合辐射。等离子体中的自由电子与离子碰撞复合时会释放光子，称为复合辐射。复合辐射是跃变式的连续谱，在低温时比较重要。在高温等离子体的连续辐射中复合辐射所占成分很小。③韧致辐射。等离子体中的带电粒子在库仑碰撞过程中因电子速度改变发出的辐射。韧致辐射是连续谱，一般在紫外线到X射线范围。在聚变反应堆中，高温等离子体的韧致辐射是能量损失的重要因素，聚变反应提供的能量必须超过这一损耗才能正常运行。④回旋辐射。磁约束等离子体中带电粒子在洛伦兹力作用下的回旋运动产生的辐射，主要是电子的回旋辐射。回旋辐射是线辐射，包括回旋基频及其谐波，功率较弱，接近各向同性。相对论性电子的回旋辐射称为同步辐射，功率大，方向性弱，集中在一个小区域内，是连续谱。同步辐射在天体物理中很重要。

**等离子体化学** plasma chemistry 研究等离子体的获得、特性及其在化学中应用的科学。根据气体变成等离子体的电离度的大小，等离子体分成高温等离子体（电离度大于0.1%）和低温等离子体（电离度小于0.1%）。在太阳内部，等离子体温度极高，是高温等离子体，所发生的反应是核聚变。等离子体化学主要研究低温等离子体条件下发生的化学反应。产生等离子体的方法有：①热电离。任何物质加热到足够高的温度都会成为等离子体。②辐射电离。用高能辐射如紫外线、X射线、γ射线等辐照稀薄气体，使其电离。③放电电离。气体在外加电场（直流电场和射频电场）作用下放电。等离子体化学反应主要用第三种方法获得等离子体。例如在空气中的电火花可产生臭氧；氢气和氮气在碳电弧放电时可生成氢氰酸HCN，等离子体条件下发生化学反应的大致过程是：通过低气压下的辉光放电或高频放电，产生低温等离子体，自由电子从电场中获得足够的能量之后，跟气体中的原子或分子碰撞，使其激发或电离，由此产生的激发态分子、离子、自由基都具有较高的化学活性，可发生在一般条件下无法进行的化学反应。例如，使有机分子断裂或聚合，可以制备各种特殊性能的聚合物薄膜，有的薄膜具有优良的介电性质，可作为微电子器件中的绝缘材料。由等离子体聚合制备的非晶态硅在可见光范围内吸收系数比晶态硅大30倍，它的光电转换效率高，可用作太阳能电池的材料。低温等离子体还能够与金属发生反应，在其表面上可形成一层特殊的物质，如在铁表面进行氮化，可提高表面的耐磨、耐蚀、耐热性能和疲劳强度。用同样的办法进行表面氧化处理，可制备几十纳米的$SiO_2$、$Al_2O_3$、$Ta_2O_5$等薄膜。

**等离子体物理学** plasma physics 研究等离子体的形成、性质和运动规律的物理学分支学科。等离子体是宇宙中物质存在的主要形式，太阳及其他恒星、脉冲星、许多星际物质、地球电离层、极光、电离气体等都是等离子体。

从1928年I.朗缪尔首先引入等离子体的名词以来，伴随着气体放电、天体物理和空间物理、受控热核聚变以及低温等离子体技术应用（如磁流体发电、等离子体冶炼、等离子体化工、气体放电型的电子器件以及火箭推进剂等）的研究，作为它们的实验和理论基础的等离子体物理学迅速发展，逐渐成为一个独立的学科。

对于天体、空间和地球上的各种天然等离子体，主要通过包括高空飞行器和人造卫星在内的各种观测手段，接收它们发射的各种辐射和粒子进行研究。根据大量观测结果，结合天体物理、空间物理和等离子体物理的理论研究，进行分析综合，逐步深入地了解天然等离子体的现象、性质、结构、运动以及演化规律。在受控热核聚变中，研究的目的是利用处于等离子体状态的轻核，实现聚变反应，以获取大量的能量。

等离子体物理学已形成了以下一些彼此相关又有相对独立研究方向的分支领域。

受控热核聚变等离子体物理学　研究实现热核聚变反应的实验装置以及未来的核聚变反应堆中的等离子体（又称高温等离子体）所涉及的各种物理问题。研究课题主要集中在如何将燃料等离子体加热到几亿度的反应温度，以及如何将密度足够高的高温等离子体约束足够长的时间，使其进行充分的核反应等方面。受控热核聚变研究开始于20世纪中叶。20世纪后期直到21世纪初主要研究利用磁场来约束等离子体（磁约束）的托卡马克和利用等离子体粒子惯性来约束其自身的激光核聚变（惯性约束聚变）。

空间等离子体物理学和等离子体天体物理学　宇宙物质绝大部分处于等离子态。宇宙间存在各种不稳定过程（如太阳耀斑和各种类型的太阳射电爆发，即使太阳在“宁静”期间，也存在巨大的不稳定性），因而在等离子体中经常不断地激起各种波动，形成复杂的湍动状态。超新星、类星体、星系核、星系核风以及脉冲星周围的等离子体，也都同热动平衡的状态相差很远。

等离子体天体物理学着重研究天体等离子体中各种不稳定的物理过程。天体等离子体中两体碰撞不是粒子间相互作用的主要形式，更重要的是带电粒子（电子和离子）间的集体相互作用，它能激发各种振荡和波动。各种形式的等离子体波，可看作是准粒子，称为等离子体激元。天体等离子体主要由彼此相互作用着的三种成分组成，即电子、离子和等离子体激元（对某些天体，还应加上一种成分，即中性粒子）。

等离子体天体物理学要研究两个问题：一是各种天体的等离子体湍动状态形成的可能性；二是假定天体等离子体处在湍动状态，从天文观测中将会得出些什么推论。

低温等离子体物理　低温等离子体指在实验室和工业设备中，通过气体放电或高温燃烧产生的温度低于几十万度的部分电离气体。可分为热等离子体（近局域热力学平衡等离子体）、冷等离子体（非平衡等离子体）和燃烧等离子体三大类。热等离子体和冷等离子体在工业中已被广泛应用，故统称为工业等离子体。低温等离子体中粒子的组分，除电子和离子（密度在$10^6$～$10^{13}$厘米$^{-3}$之间）外，还有大量的中性粒子（原子、分子、自由基）。粒子的组分及其间的相互作用（包括各种多体碰撞与光子参与的过程）均随产生等离子体的方法及条件而改变。低温等离子体涉及大规模集成电路的制造、材料表面的处理、改性和薄膜沉积，包括超细粉和超纯材料制备在内的化工生产、气体放电光源（高、低气压照明灯）、气体激光器、等离子体显示器、磁流体发电等许多应用方面。

**等容过程**　isochoric process　系统体积始终保持恒定不变的热力学过程。又称等体过程。在$p$-$V$图上准静态的等容过程为一条与纵轴相平行的直线。若过程中系统只涉及体积改变做功，则等容过程中做功为零。根据热力学第一定律，系统吸收的热量$Q_V$将全部转化为其内能的增量。由此可见，等容过程中系统吸（放）热，内能增加（减少），温度升高（降低）。理想气体在准静态的等容过程中的压强与热力学温度成正比。

**等时线年龄**　isochron age　利用等时线的斜率计算出的年龄，是地质年代学和宇宙年代学的各种定年方法中普遍采用的一种确定真实年龄的手段。见铷-锶法定年。

**等速螺线**　spiral of Archimedes　平面上的动点沿一条射线作匀速运动，而该射线又以定常角速度绕其起始点$O$转动所描出的轨迹。又称阿基米德螺线。把射线的起始点$O$作为极点，射线的初始位置作为极轴，则等速螺线的极坐标方程是$\rho=a\theta$，式中$a$是常数，$\rho$为极半径，$\theta$为极角（见极坐标系）。

在机械传动中，利用凸轮可以把旋转运动变成直线运动，当凸轮绕定轴旋转时，推动从动杆作上下往复直线运动。如果需要从动杆作等速直线运动，那么凸轮的轮廓线就需要采用等速螺线。

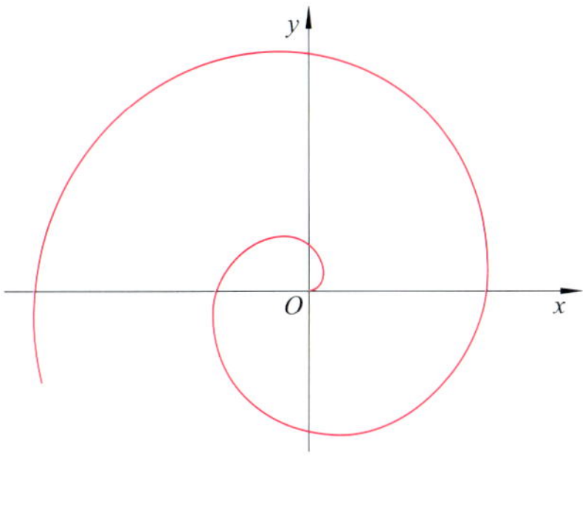


**等温过程**　isothermal process　系统温度始终保持恒定不变的热力学过程。在等温过程中系统与外界仍可能有热量和功的交换。理想气体的等温过程线在$p$-$V$图上为双曲线的一支。理想气体经历等温的准静态过程时，其压强与体积成反比，内能不变。等温膨胀时从外界吸收的热量全部用来对外做功；等温压缩反之。

**等效用曲线**　equal utility curve　表示能够给消费者带来同等满足程度的各种商品不同组合的曲线。又称无差异曲线。

**等效原理**　principle of equivalence　建立在引力质量与惯性质量相等实验事实之上的基本原理。广义相对论的基础之一。引力质量与惯性质量严格相等的直接推论是任何物体的引力加速度是相等的，它表明引力场区别于如电场、磁场等其他类型的力场，引力场与惯性力场等效。A.爱因斯坦用升降机的假想实验来说明。在这个密闭的升降机内的观察者所做的物理实验都无法断定他所在的参考系究竟是有重力作用的惯性系，还是并无重力而只是相对于某个惯性系以加速度$g$上升的非惯性系，在这两种情形，他测得物体释放后自由下落的加速度都是$g$，这表明物体在重力场中的运动等效于物体在非惯性系中的运动，或者说引力场与惯性力场等效。由于引力与重力不同，空间各点的引力作用不等，引力场与惯性力场只是在局部的小区域内等效。爱因斯坦在等效原理和广义相对性原理的基础上建立了广义相对论。

**等压过程**　isobaric process　热力学系统的压强始终保持不变，即$p$等于恒量的过程。理想气体的准静态等压过程时，其体积与绝对温度成反比，内能变化。在等压过程中系统与外界可能有热量和功的交换。等压过程在相变、工程热力学和热化学中均有重要应用。热机中的加热或放热过程，大气压下的许多化学过程，以及物质三态之间的转变等都是近似的等压过程。

**等足目**　Isopoda　软甲纲囊虾总目的一个较大的目。共分9个亚目：颚虱亚目、背尾水虱亚目、盲虱亚目、扇肢亚目、鼠妇亚目、盖肢亚目、扁水虱亚目、栉水虱亚目、寄生亚目。约有1万多种。体形变化较大，多数身体背腹平扁，头部短小，盾形，与胸部第1节或前2节愈合。腹部较胸部短，分节可能清楚或存不同程度愈合，最末腹节与尾节愈合。胸部附肢均无外肢，第1对为颚足，其他7对为步足。腹肢为双枝型。

雄雌性个体形状不同，雄性很小，附于雌性体上，左右不对称。体色多为土褐色，各种灰色或黄色。

大多数为海产，不少种陆栖。生活方式多样，水生种类多数为底栖，有些种类能游泳。多为杂食性及腐食性，也有肉食性的。海岸水虱喜食紫菜，为养殖敌害。穴居类，可在木材中穿孔，对海港木质建筑及木桩等造成大面积危害。寄生种类寄生于鱼类的身体表面、口腔、腹腔中，影响鱼类的发育及生长。鳃虱，寄生于虾、蟹类的鳃腔中，影响寄主的性成熟。

**邓艾** Deng Ai（约197～264） 中国三国时期魏国将领。字士载。义阳棘阳（今河南南阳南）人。初为司马懿掾属，后迁任尚书郎，建议屯田两淮，广开漕渠，为魏伐吴作物质准备。后历任太守、安西将军、镇西将军、征西将军等，并多次被封侯。景元四年（263），与钟会、诸葛绪分三路伐蜀，钟会率主力10万被姜维阻，邓艾即以奇兵从阴平险道潜入，越过700里无人区，直取成都，灭蜀。后被钟会诬谋反，遭杀害。

**邓恩铭** Deng Enming（1901－01－05～1931－04－05） 中国共产党创始人之一。原名恩明，字仲尧，又名黄伯云。贵州荔波人，水族。1919年参加五四运动。1920年与王尽美等组织励新学会，并参加筹建济南共产主义小组。1921年7月出席中共一大。会后回到济南，成立了中共山东区支部，成为山东党组织最早的组织者和领导者之一。同年发起组建马克思学说研究会，传播马克思主义。1922年初赴莫斯科参加远东各国共产党及民族革命团体第一次大会。党的一大后到1925年，曾领导济南、青岛、淄博、张店工人运动和胶济铁路工人大罢工，并领导山东全省的农民运动和统一战线工作。1925年11月被捕，经党组织营救保外就医，带病坚持工作。1927年4月出席中共五大，与陈独秀右倾错误进行了斗争。会后应邀到毛泽东主持的中央农民运动讲习所讲课。大革命失败后担任山东省、青岛市党的领导工作。1929年1月再次被捕。1931年4月5日牺牲于济南。

**邓发** Deng Fa（1906～1946－04－08） 中国共产党工人运动领导人之一。广东云浮人。1922年参加香港海员大罢工，1925年参加中国共产党，同年参加省港大罢工。1927年参加广州起义，后任广州市委书记和广东省委组织部长。1930年在中共六届三中全会上当选为中央委员，后在六届五中、六中全会上当选为中央政治局候补委员。1931年在中央工农民主政府任政治保卫局局长。1937年任八路军驻新疆办事处主任。1940年后，历任中共中央党校校长、中共中央工委书记等职。1945年赴巴黎参加世界职工大会。1946年参加国共谈判，4月8日由重庆返回延安途中，因飞机失事在山西兴县黑茶山遇难。

**邓广铭** Deng Guangming（1907－03－16～1998－01－10） 中国历史学家。字恭三。生于山东临邑，卒于北京。1932年考入国立北京大学史学系。1936年留校任北京大学文科研究所和史学系的助理员及助教。1943～1946年，任复旦大学史地系副教授、教授。1946年后到北京大学史学系任副教授、教授。1954年起，长期担任北大历史系中国古代史教研室主任；1978～1981年，任历史系主任；1982～1991年，任中国中古史研究中心主任。在校外，从1978年起，先后担任北京市政协委员、全国政协委员及全国政协文史资料委员会副主任；1980年当选为中国史学会主席团成员，同年被推选为中国宋史研究会会长；又担任全国高等院校古籍整理研究工作委员会副主任等职。1981年受聘为《中国大百科全书·中国历史》编辑委员会副主任。

邓广铭在政治史、经济史、军事史、学术文化史、历史人物和典章制度等方面，发表了一系列论著，推动了宋辽金史研究不断向纵深发展。他在历史典籍的整理和研究方面，也作出了重要贡献。邓广铭治史非常注重实证精神，具有广阔的视野和全新的视角。20世纪50年代，他首倡“四把钥匙”之说，将目录学、职官制度、历史地理、年代学视为治史的入门要津。他的许多著作都曾反复修订，曾三写《岳飞传》，四写《王安石》，《稼轩词编年笺注》在其逝世前都在不断增补修订，被称为“传世之作”（茅盾语）。

**邓稼先** Deng Jiaxian（1924－06－25～1986－07－29） 中国核物理学家、核武器科学和技术专家。生于安徽怀宁，卒于北京。1945年毕业于西南联合大学物理系。1950年8月获美国普渡大学物理系博士学位，旋即回国。历任中国科学院近代物理研究所（今原子能研究所）助理研究员、副研究员，兼任中国科学院数理化学部副学术秘书，第二机械工业部（简称二机部）九院（中国核武器研究院）理论部主任，国防科委九院901所副所长、副院长，二机部九院院长，核工业部科学技术委员会副主任，国防科工委科学技术委员会副主任。1980年当选为中国科学院学部委员（院士）。主要从事核物理、理论物理、中子物理、等离子体物理、统计物理和流体力学等方面的研究。组织领导开展爆轰物理、流体力学、状态方程、中子输运等基础理论研究，对原子弹的物理过程进行大量模拟计算和分析，迈开了中国独立研究设计核武器的第一步；领导完成中国第一颗原子弹的理论方案，参与指导核试验前的爆轰模拟试验。组织探索氢弹设计原理、选定技术途径，组织领导并亲自参与1967年中国第一颗氢弹的研制和试验工作。他是中国核武器理论研究工作的奠基者和开拓者之一。曾获1982年中国自然科学奖一等奖，1986年两项中国科技进步奖特等奖，1987年和1989年中国科技进步奖特等奖。1999年被追授“两弹一星功勋奖章”。

**邓肯** Duncan, Isadora（1877－05－26～1927－09－14） 美国现代舞蹈家和编导，现代舞先驱，美国现代舞史上“自由舞”时期的重要代表人物。生于美国旧金山，卒于法国尼斯。她在舞蹈史中第一个抛弃古典芭蕾的足尖鞋和紧身衣，随心所欲地自由起舞，将舞蹈还原到纯真境界，引起了一场意义深远的舞蹈革命。她的表演在欧洲受到广泛的欢迎。1921年应邀到苏联办学。在欧洲旅行中，因车祸逝世。她为后人留下《酒神巴克科斯》、《舒伯特的华尔兹》、《马赛曲》、《革命者》、《母亲》等杰作，以及《我的生平》（汉译《邓肯自传》）这部传奇式的自传。

**邓力群** Deng Liqun（1915－11－27～ ） 中国共产党中央书记处书记。湖南桂东人。

1935年入北京大学经济系学习，参加一二·九爱国学生运动。1936年加入共青团，同年加入中国共产党。任北平学联执委、中华民族解放先锋队总队部代理组织部长。1937年到延安，任马列学院教务处处长、中共中央政治研究室组长。1945年到东北，历任中共榆树县委书记、吉北地委宣传部长、中共中央东北局巡视员、东北财经委办公室副主任、中共辽东省委政策研究室主任。1949年随刘少奇秘密访问苏联。同年任中共中央联络员去新疆策划和平解放。中华人民共和国建立后，历任中共中央新疆分局秘书长、宣传部部长。1952年后历任中共中央第一办公室、书记处办公室组长，《红旗》杂志社副总编辑。“文化大革命”中受迫害。1975年为国务院政治研究室负责人之一。1977年后任国务院财贸小组副组长、中国社会科学院副院长、中共中央办公厅副主任。1980年后任中共中央书记处研究室主任、中央宣传部部长、中央书记处书记。1990年后任中共中央党史领导小组副组长、中华人民共和国史学会会长。是中共第十二届中央委员、中顾委委员。主要论著收入《邓力群文集》(3卷)。

**邓南遮** D' Annunzio, Gabriele (1863-03-12～1938-03-01) 意大利作家。生于佩斯卡拉，卒于加尔多内-里维耶拉。自幼爱好文学，在中学读书时发表了第一部抒情诗集。1882年发表诗集《新歌》，歌颂生活的欢乐和自然的美，引起文坛注目。《玫瑰小说》三部曲包括《欢乐》(1889)、《无辜者》(1891)、《死的胜利》(1894)，美化极端的个人主义者，具有浓厚的颓废情调。长篇小说《岩间圣母》(1895)和《火》(1900)塑造了完美的“超人”形象。剧作有《琪珙康陶》(1899)、《里米尼的弗兰契斯卡》(1901)和《约里奥的女儿》(1901)。通过浓郁的唯美主义描写，宣扬艺术同道德、环境的冲突，有悲剧色彩。剧本《战舰》(1908)颂扬意大利人在历史上的英武战功，充满军国主义精神。

**邓尼茨** Dönitz, Karl (1891-09-16～1980-12-24) 德国海军元帅，潜艇部队奠基人。生于柏林，卒于汉堡。1910年加入德国海军。参加过第一次世界大战。1918年任潜艇艇长，1920年起任鱼雷艇艇长、巡洋舰舰长等职。1935年任德国第一支潜艇支队支队长。

第二次世界大战爆发后任海军潜艇部队司令，晋升海军少将。1940、1942年先后晋升为海军中将和上将。1943年1月任海军总司令，晋升为海军元帅。大西洋之战中，积极推行无限制潜艇战，创立了一套以潜艇战为核心的战略战术，主张采取多艇群的“狼群战术”实施近距离夜间水面攻击，破坏同盟国的海上交通线。1945年4月20日被任命为德国北方部队与民防司令。5月1日根据A.希特勒遗嘱，任国家元首兼武装部队最高统帅。5月23日被捕。1946年被纽伦堡国际军事法庭判处10年徒刑。著有《第二次世界大战中的德国潜艇》、《第二次世界大战中的德国海军战略》等。

**邓朴方** Deng Pufang (1944-04～ ) 中国人民政治协商会议全国委员会副主席、党组成员，中国残疾人联合会主席团主席，北京奥运会组委会执行主席，中国残疾人福利基金会会长。四川广安人。邓小平的长子。1965年加入中国共产党。大学学历。1962～1968年在北京大学技术物理系原子核物理专业学习，1968年5月受迫害致残。1968～1975年在“文化大革命”中受迫害。1975～1984年任总参管理局服务处干部。1984～1985年任中国残疾人福利基金会副理事长。1984～1988年任中国残疾人福利基金会党组书记。1985～2006年任中国残疾人福利基金会理事长。1988～1991年任中国残疾人联合会执行理事会理事长。1988～2003年任中国残疾人联合会党组书记。1988～2008年任中国残疾人联合会主席团主席。2004～2008年任北京奥运会组委会执行主席。2006～2008年任中国残疾人福利基金会会长。2008年任全国政协十一届副主席、党组成员。中共十五届、十六届中央候补委员；全国政协九届、十届常务委员，全国政协十一届副主席。

**邓散木** Deng Sanmu (1898-10-15～1963) 中国现代书法家、篆刻家。学名邓士杰，号为铁、钝铁、粪翁、散木等。生于上海，卒于北京。少年时自学书法，后得李肃之指点。1917年入上海会审公廨，32岁时从赵古泥学篆刻。其篆刻着眼于整体气势和意境，一生留下50余本印谱，5 000多方印拓。在雄浑朴厚、气势磅礴的总风格下，每方印又各有不同的面貌。刻闲章更注意刀法、章法和印文内容的协调，刻边款能灵活运用篆、隶、草、楷、行诸种书体。他不仅精研各种书体，而且能把各派诸家的不同面貌加以吸收而形成自己独特的风格。他追求书法的天真、自然，反对矫揉造作。晚年所作篆、隶，寓有甲骨文、竹木简的意趣。邓散木著作甚丰，曾注《荀子》、《书谱》，著有《欧阳结体三十六法》、《中国书法演变简史》、《怎样临帖》、《草书写法》、《篆刻学》等。

**邓石如** Deng Shiru (1743～1805) 中国清代书法家、篆刻家。名琰，号顽伯、古浣子等。因避仁宗讳，以字行。怀宁（今属安徽）人。出身寒门。为清代碑学书家巨擘，擅长四体书。他以隶法作篆，突破了千年来玉箸篆的樊篱，开创了皖派中的邓派。他的篆书纵横捭阖，字体微方，接近秦汉瓦当和汉碑额。所作的隶书结体紧密，貌丰骨劲，大气磅礴。楷书笔法斩钉截铁，结字紧密，得踔厉风发之势。行草书主要吸收晋、唐草法，笔法迟涩而飘逸。大字草书气象开阔，意境苍茫。总观其四体书法，以篆书成就最大，楷、行、草次之。邓石如又是篆刻家，他以小篆入印，强调笔意，风格雄浑古朴、刚健婀娜，书法篆刻相辅相成。

**邓世昌** Deng Shichang (1849～1894-09-17) 中国晚清北洋海军爱国将领。字正卿。广东番禺人。清同治六年(1867)考入福建船政学堂学习舰船驾驶。历任“海东云”、“振威”和“飞霆”等舰船管带。1879年调北洋水师任职。1881年1月赴英国接收订购的军舰，驾驶“扬威”巡洋舰经地中海、印度洋回国，旋任该舰管带。1887年，以参将管带职衔再次赴英国驾驶“致远”巡洋舰回国。1888年北洋海军成军，任中军中营副将、“致远”舰管带。以治军严格、忠勇刚正闻名。1894年9月17日黄海海战中，指挥“致远”舰勇敢战斗，在战舰受重创侧倾的情况下，全速撞向日舰“吉野”，决心与敌同归于尽。不幸被击中沉没，同全舰200余名官兵一起壮烈殉国。

**邓叔群** Deng Shuqun (1902-12-12～1970-05-01) 中国真菌学家、植物病理学家、森林学家。生于福州，卒于北京。获美国康奈尔大学植物病理学博士和森林学硕士学位。曾任岭南大学、金陵大学、中央大学教授，中央研究院研究员、院士，沈阳农学院和东北农学院副院长，中国科学院微生物研究所研究员、副所长等职。1955年当选为中国科学院学部委员（院士）。

精通**真菌**各大类群，1939年就著有《中国高等真菌》（英文）。经他鉴定的真菌标本以万计（含3 400余种，分隶于600余属），发现新种120个，新属4个，被列入英国真菌研究所编写的《真菌学字典》，为国际公认的有突出贡献的真菌学家。对蘑菇识别、食用菌的营养价值、毒菇类型、中毒症状、解毒方法都作过系统阐述。在水稻黑穗病、棉粮等经济作物病害防治研究方面也取得卓越成就。在中国首次提出森林生态平衡理论，用生态学观点研究中国林业、造林与管理等问题，是中国森林病理学创始人。在水土保持和森林保护方面的论著有《中国森林地理概要》、《西藏东部高原的森林地理》（英文）、《甘肃林区及其生态》（英文）以及《甘肃林业的基础》等。他也是中国生态林业学说的倡导者和林牧结合基地的建立者。

**邓斯·司各特** Duns Scotus, John（约1270～1308-11-08） 苏格兰经院哲学家、神学家。中世纪后期**唯名论**代表之一。早年曾就读、任教于牛津大学。他认为哲学和神学各有其研究对象。哲学的范围是理性，应当独立于神学。主张个人是行动的主体，对上帝的认识只有借助于个人的沉思，人应根据自己的意志去追求幸福。他坚持唯名论的概念论观点，认为**共相**不能离开个别事物而独立存在。他曾提出物质可以具有思维能力的猜测，说灵魂中可能有物质。他的学说被称为司各特主义，曾与托马斯主义长期对抗。著有《巴黎论著》、《牛津论著》等。

**邓铁涛** Deng Tietao（1916-10～ ） 中国中医内科专家。生于广东开平。广州中医药大学终身教授、国家中医药管理局中医药工作专家咨询委员会委员。幼承家学，后攻读于广东中医药专门学校。1949年以后曾任广东省中医学校教务主任、广东中医学院（今广州中医药大学）副院长、教授。从医60多年，擅治内科杂病，两次被政府授予“广东名老中医”称号，1990年被国家遴选为首批全国继承老中医药专家学术经验的导师。主编及编写论著20部，发表论文百余篇。专著有《中医学说探讨与临证》、《耕耘集》、《邓铁涛医话集》、《邓铁涛医集》、《邓铁涛医学文集》。主编《中医药新编》、《中医大辞典》、《实用中医内科学》、《中医诊断学》、《实用中医诊断学》等。1986年开始主持“七五”攻关项目“重症肌无力的临床或实验研究”课题，1990年通过国家技术鉴定，成果获1991年度国家中医药管理局科技进步一等奖和1992年度国家科委科技进步二等奖。研制了新药“五灵止痛散”、“强肌健力胶囊”等。

**邓拓** Deng Tuo（1912-02-26～1966-05-17） 中国新闻记者、政论家。原名子健、云特，笔名左海、马南邨等。福建闽侯人。卒于北京。1930年参加左翼社会科学家联盟。1934年到河南大学学习。1937年抗日战争全面爆发后先后任《**晋察冀日报**》社长、**新华通讯社**晋察冀总分社社长等职。1949年中华人民共和国建立后，历任《**人民日报**》总编辑、社长，中共北京市委文教书记兼《前线》杂志主编。中华全国新闻工作者协会主席。“文化大革命”前夕被迫害致死。著有《中国救荒史》（1937）、《燕山夜话》（1979）、《邓拓诗词选》（1979）等。

**邓文原** Deng Wenyuan（1258～1328） 中国元代书法家。字善之，一字匪石，曾自题居室为素履，人称素履先生。绵州（今四川绵阳）人。官至翰林侍讲学士。卒赠江浙行省参知事，谥文肃。善书法，与**赵孟頫**齐名。论者说他的书法有晋人意，而微近于粗。流传作品有《临急就章》、《与本斋札》、《杖锡见过帖》等。《临急就章》书于大德三年（1299），纸本，章草书，运笔娴雅峻利，神采飞动，是一卷流传有绪的名迹。

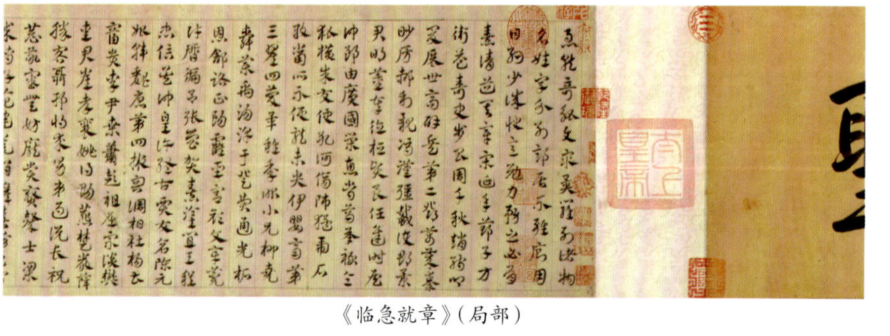

《临急就章》（局部）

**邓县画像砖墓** Dengxian Brick-relief Tomb 中国南北朝时期的画像砖墓。位于河南邓州（原邓县）学庄村。1958年清理。因墓砖墨书文字中有“家在吴郡”等语，推断为南朝墓。此墓为前有甬道的单室券顶砖墓，全长9.8米。用有莲花等纹饰的砖砌成。墓门上部和两侧绘兽面、飞天、门吏等壁画，色彩鲜艳，用笔秀劲流畅，反映出南朝壁画艺术的水平。墓室和甬道两壁砌有砖柱，每一砖柱都嵌砌模印加彩的**画像砖**。内容包括“四神”、狮子、麒麟，榜题为“南山四皓”、“浮丘公”等的高士、神仙、孝子故事，以及拄刀侍吏。有些画像砖表现的武士前导、前列鼓吹的牛车出行行列与墓内出土的50多个仪仗陶俑相配合，表明墓主生前是拥有部曲武装的人物。墓中的飞天、化生图像和莲花、忍冬图案，反映出当时佛教的影响。

妇人出游画像砖

**邓小平** Deng Xiaoping（1904-08-22～1997-02-19） 马克思主义者，中国无产阶级革命家、政治家、军事家、外交家，中国共产党、中国人民解放军、中华人民共和国的卓越领导人，中国社会主义改革开放和现代化建设的总设计师，**邓小平理论**的创立者。

生于四川省广安县（今广安市）协兴乡牌坊村。原名邓先圣，学名邓希贤。5岁进私塾发蒙，后转入新式小学。高小毕业后，考入广安县中学。1919年秋考入重庆勤工俭学留法预备学校。受**五四运动**的影响，有了朴素的“工业救国”思想。1920年夏，赴法国勤工俭学。

到法国后，因生活所迫，只在中学学习过几个月，就先后到几个工厂做工。和一批进步的中国留学生，在俄国十月革命的影响下，先后接受马克思主义而走上革命道路。1922年参加旅欧中国少年共产党（后改为中国社会主义青年团旅欧支部），1924年转为中国共产党党员，从此走上职业革命家的道路。先后担任青年团旅欧总支部的领导成员和中共党组织里昂区的特派员，还做过青年团机关刊物《赤光》杂志的编辑。

1926年初离法赴苏，先后在莫斯科东方大学、中山大学学习。1927年春回国。受党组织的派遣，到西安冯玉祥国民军联军担任中山军事学校政治处处长兼政治教官，并任该校中共组织的书记。蒋介石在上海发动**四一二政变**后，于六七月间转赴汉口，在中共中央机关工作。中国共产党被迫转入地下后，改名为邓小平。8月7日参加中共中央紧急会议（即**八七会议**）。年底，随中共中央机关秘密迁往上海。1928～1929年，任中央秘书长。1929年夏，作为中共中央代表前往广西领导起义，化名邓斌，任中共广西前敌委员会书记。同**张云逸**等于12月发动百色起义，创建红军第七军和右江根据地；次年2月，发动龙州起义，建立红军第八军和左江根据地。任红7军、红8军政治委员和前敌委员会书记。和张云逸等领导红军发展到七千人，红色区域扩展到二十多个县，一百多万人口。后由于党内“左”倾冒险主义错误的影响，部队作战连连受挫，不得不转战七千里，到江西中央革命根据地同中央红军会合。这期间，他对党内“左”倾错误提出过批评意见。受前委的委派，1931年2月离开部队到上海向中央汇报工作，写了《七军工作报告》。

1931年夏，到达江西中央革命根据地，先后担任中共瑞金县委书记、会昌中心县委书记、江西省委宣传部长。1933年1月，在临时中央在江西开展的对邓、毛、谢、古的斗争中，被撤销省委宣传部长的职务，受到党内最后严重警告的处分。这是在党的政治生活中受到的第一次错误处分。后在军委总政治部主任王稼祥等人的支持下，被调到总政治部担任秘书长。不久，负责主编红军总政治部出版的《红星》报。

1934年10月，随中央红军长征，年底任中共中央秘书长。1935年1月，参加遵义会议。红一、四方面军会合后，先后担任红1军团政治部宣传部长、红1军团政治部副主任、主任。

1937年，日本帝国主义发动全面的侵华战争。同年8月，任**八路军**政治部副主任，奔赴华北抗日前线。1938年1月，任八路军第129师政治委员。和师长**刘伯承**率部深入日本侵略军占领区的后方，以太行山为中心，依托山区，并向平原发展，建立抗日根据地。先后创建晋冀豫、冀南和冀鲁豫抗日根据地。1940年3月，刘邓指挥部队，在晋察冀军区部的配合下，全歼进攻太行地区的国民党顽固派军队一万余人。从1940年8月起，刘邓率领所部38个团参加**百团大战**。1942年9月兼任中共中央太行分局书记。**彭德怀**、刘伯承回延安参加整风后，于1943年10月代理中共中央北方局书记，并主持八路军总部的工作。1945年6月，在中共第七次全国代表大会上当选为中央委员。同年8月任晋冀鲁豫中央局书记和军区政治委员。

图1　在法国勤工俭学时的邓小平

1945年9月，刘邓指挥著名的**上党战役**。接着，移师东进，阻击沿平汉铁路北犯的国民党军队，取得了邯郸战役的胜利。1946年6月，蒋介石发动全面内战。刘邓率晋冀鲁豫野战军主力在陇海铁路南北开展运动战，连续进行陇海、定陶、巨野等较大规模的战役，大量歼灭国民党军队的有生力量。1947年5月，任中共中央中原局书记。6月，根据中共中央和毛泽东的决定，和刘伯承率晋冀鲁豫野战军主力12万人，强渡黄河天险，打开南下的通路。接着，千里跃进到大别山地区，揭开中国人民解放战争战略进攻的序幕。1948年5月，任辖区扩大了的中共中央中原局第一书记和中原军区、中原野战军的政治委员。

在开辟中原新解放区的过程中，根据中共中央的方针，从中原解放区的实际情况出发，对整党、土改和工商业政策等问题，提出许多重要意见，受到中共中央和**毛泽东**的肯定。从1948年春起，中原野战军与华东野战军协同作战，相继发起洛阳、宛西、宛东、豫东、襄樊等战役，粉碎了中原地区国民党军队的防御体系。1948年11月，淮海战役开始。中共中央和中央军委决定，由刘伯承、陈毅、邓小平、**粟裕**、**谭震林**组成总前委，邓小平任书记，统一指挥中原野战军（后改称第二野战军）和华东野战军（后改称第三野战军）。总前委执行集中优势兵力、各个歼灭敌人的方针，指挥取得**淮海战役**的完全胜利。1949年3月，出席中共七届二中全会，受命兼任华东局第一书记。4月21日，遵照毛泽东主席、**朱德**总司令发布的向全国进军的命令，率第二、第三野战军发起京沪杭战役，突破国民党军队的长江防线，横渡长江，解放南京、上海及苏、皖、浙、赣等省广大地区。（图2）

1949年9月，在中国人民政治协商会议第一届全体会议上当选为中央人民政府委员。10月1日，参加中华人民共和国开国大典。10月，任中国人民革命军事委员会委员。随后和刘伯承率部进军大西南，迅速消灭盘踞在云、贵、川三省的90多万国民党反动武装，把国民党反动统治势力最后逐出中国大陆。在西南期间，任中共中央西南局第一书记、西南军政委员会副主席、西南军区政治委员。和刘伯承、**贺龙**在指挥部队清剿土匪顽敌的同时，注意团结一切可以团结的人，调动各方面的积极因素；谨慎稳妥地消除历史遗留的民族隔阂，促成各民族的团结；顺利完成土地改革和其他社会改革，加强各级政权建设；迅速恢复工农业生产，兴修成渝铁路等等。参加领导进军西藏和西藏和平解放的工作，实现祖国大陆的完全解放。

1952年7月调中央工作，任政务院副总理，后又兼财政经济委员会副主任、政务院交通办公室主任和财政部部长。1954年任中共中央秘书长、组织部部长，国务院副总理，国防委员会副主席。在反对**高岗**、饶漱石阴谋分裂党、篡夺党和国家最高权力的斗争中，作出了重要贡献。1955年4月，在中共七届五中全会上，被增选为中央政治局委员。1956年9月，在中国共产党第八次全国代表大会上作关于修改党的章程的报告，提出和深刻论述执政党加强自身建设的任务。在中共八届一中全会

图2　1949年4月21日，刘伯承、邓小平亲临前沿，部署渡江作战

上，当选为中央政治局常委、中央委员会总书记，成为以毛泽东为核心的中国共产党第一代中央领导集体的重要成员。1959年又担任中共中央军委常委。

三年国民经济困难时期，他到农村调查研究，在公共食堂、供给制等问题上提出了纠正错误的意见。主持制定了《国营工业企业工作条例》(草案)、《教育部直属高等学校暂行工作条例》(草案)等文件。1962年1月11日至2月7日，在中共中央召开的七千人大会上讲话强调，要坚持民主集中制，健全党的民主生活，恢复和发扬党的优良传统。同年5月，提出要做好对受到错误处理的干部的甄别平反工作。1962年，针对许多农村的干部和群众要求实行包产到户的情况提出：哪种生产关系的形式在哪个地方能够比较容易比较快地恢复和发展农业生产，就采取哪种形式；群众愿意采取哪种形式，就应该采取哪种形式。

在担任中共中央总书记期间，他同各国共产党的领导人广泛接触。曾多次率代表团去莫斯科同苏联共产党进行谈判，坚决维护中国共产党的独立自主的原则立场。

1966年，毛泽东领导和发动“文化大革命”。在这场长达十年的动乱中他两次受到错误的批判和斗争，并被撤销一切职务。1969年10月，被疏散到江西省新建县。每天到县拖拉机修造厂劳动半天，做钳工活。林彪反革命政变阴谋被粉碎后，于1973年恢复国务院副总理职务。1974年代表中国政府在联合国第六届特别会议上系统地阐述毛泽东关于三个世界划分的理论。还主持起草了周恩来在四届人大一次会议上的《政府工作报告》。1975年1月担任中共中央副主席、国务院副总理、中央军委副主席、中国人民解放军总参谋长。周恩来病重以后，在毛泽东的支持下，他主持党、国家和军队的日常工作。在这期间，同“四人帮”进行了针锋相对的斗争，对“文化大革命”以来所造成的严重混乱局面进行大刀阔斧的整顿。起初，毛泽东对他的工作是支持的，但是不能容忍他系统地纠正“文化大革命”的错误，又发动了所谓“批邓、反击右倾翻案风”运动。1976年，再一次被错误地撤销党内外一切职务。

图4　1984年10月1日，在庆祝中华人民共和国成立35周年典礼上，邓小平检阅三军部队

粉碎“四人帮”后，在叶剑英、陈云等的积极推动下，中共十届三中全会决定恢复他的中共中央副主席、国务院副总理、中央军委副主席、中国人民解放军总参谋长等职务。在1977年8月召开的中国共产党第十一次全国代表大会上，当选为中共中央副主席。1978年3月，当选为第五届全国政协主席。复出工作后，首先推动思想路线的拨乱反正，领导和支持开展真理标准问题的讨论。反对和批评“两个凡是”的错误方针，提出必须完整地、准确地理解毛泽东思想。主动要求抓科技和教育，认为实现现代化关键是科学技术现代化。果断决策恢复高考制度。1978年10月，访问日本，出席中日和平友好条约互换批准书仪式。11月，访问泰国、马来西亚和新加坡三国。1979年1月，中美关系实现正常化后，访问美国，推动了中美关系的进一步发展。

1978年12月，在中共十一届三中全会前夕召开的中央工作会议上，作《解放思想，实事求是，团结一致向前看》的讲话。这个讲话实际上成为十一届三中全会的主题报告。三中全会重新确立解放思想、实事求是的思想路线，果断地停止使用“以阶级斗争为纲”的错误口号，把党和国家工作的重点转移到社会主义现代化建设上来，并作出实行改革开放的战略决策。经过这次全会，形成了以他为核心的中共第二代中央领导集体。

图3　1984年12月19日，邓小平会见前来参加《中英关于香港问题的联合声明》签字仪式的撒切尔夫人

十一届三中全会以后，他不断总结改革开放和社会主义现代化的实践经验，第一次比较系统地初步回答了在中国这样的经济文化比较落后的国家，如何建设、巩固和发展社会主义的一系列基本问题。

十一届三中全会召开后不久，他即着力解决组织路线的问题。提出思想路线、政治路线的实现要靠组织路线来保证。要采取一系列措施，解决干部队伍的革命化、年轻化、知识化、专业化的问题，改变领导职务终身制，实行新老干部的合作和交替。1979年3月，在中共中央召开的理论工作务虚会上作《坚持四项基本原则》的讲话，旗帜鲜明地提出必须坚持社会主义道路，坚持人民民主专政，坚持中国共产党的领导，坚持马克思列宁主义、毛泽东思想。同年11月提出社会主义也可以搞市场经济的思想，指出计划和市场都是手段，不是社会主义与资本主义的本质区别。同年12月提出在本世纪末国民生产总值翻两番，实现小康社会的目标。以后提出了中国从20世纪80年代初到21世纪中叶分三步走基本实现现代化的发展战略目标。1980年，在中共中央政治局扩大会议上作《党和国家领导制度的改革》的重要讲话，提出现行领导制度存在着各种弊端，必须进行改革。十一届三中全会召开后不久，即开始主持起草《关于建国以来党的若干历史问题的决议》。1981年6月中共十一届六中全会通过这个《决议》，彻底否定了“文化大革命”，维护了毛泽东的历史地位和毛泽东思想的指导地位。在这次会上，被选为中央军委主席。1980年4月他提出，社会主义阶段最根本的任务就是发展生产力。社会主义要消灭贫穷，贫穷不是社会主义，发展太慢也不是社会主义。1980年1月提出80年代的三件大事的核心是现代化建设。1988年9月提出“科学技术是第一生产力”的观点，认为实现现代化，关键是科学技术现代化，要尊重知识，尊重人才。并强调科学人才的培养，基础在教育，抓科技必须抓教育。为实现祖国统一，1982年1月创造性地提出“一个国家，两种制度”的构想。

1982年9月，在中国共产党第十二次全国代表大会致开幕词提出：“把马克思主义的普遍真理同我国的具体实际结合起来，走自己的道路，建设有中国特色的社会主义。”在十二届一中全会上当选为为中央政治局常委，任中央军委主席。在中央顾问委员会第一次全体会议上，当选为主任。1983年6月，当选为中华人民共和国中央军事委员会主席。他坚持把对外开放作为中国的一项基本国策，主张全面开放，向所有国家开放。从70年代末开始，先后作出设立经济特区，开放14个沿海港口城市，开辟沿海对外经济开放地带和开发开放上海浦东等一系列重大决策。他支持和推动以家庭联产承包责任制为主的农村改革，肯定乡镇企业异军突起，积极推进以城市为中心的全面改革。指出改革是中国发展生产力的必由之路，“改革是中国的第二次革命”。强调改革必须始终坚持社会主义公有制经济为主体和共同富裕两条根本原则。对中共十二届三中全会作出的《中共中央关于经济体制改革的决定》给予了高度评价。多次强调：要在建设高度物质文明的同时，建设高度的社会主义精神文明。两个文明都搞好，才是有中国特色的社会主义。1984年11月，他指出军队要服从和服务于国家经济建设的大局，自觉地在这个大局下行动，积极支持和参与国家经济建设。他还提出，要把军队建设成为强大的现代化正规化的革命军队，军队建设要以现代化建设为中心，走有中国特色的精兵之路。1984年作出裁军100万的战略决策。

1986年，提出政治体制改革的目标是：保持党和国家的活力，主要是指领导层干部的年轻化；克服官僚主义，提高工作效率；调动基层和人民群众的积极性。强调在社会主义现代化建设中，必须大力发展社会主义民主，健全社会主义法制，努力建设社会主义民主政治。1987年8月，他指出中国处于社会主义初级阶段，一切要从这个实际出发来制订规划。中共第十三次全国代表大会系统阐述了社会主义初级阶段理论，并确立了党在社会主义初级阶段“一个中心，两个基本点”的基本路线。1985年3月他提出和平和发展是当代世界的两大问题。强调要坚持独立自主的和平外交政策，反对霸权主义，维护世界和平。主张以和平共处五项原则作为建立国际政治新秩序和国际经济新秩序的准则。指出中国永远属于第三世界，永远不称霸。他坚决支持党和政府采取果断措施，平息了1989年春夏之交发生的政治风波。指出要维护国家的独立、尊严、安全和稳定。特别强调，改革和建设需要有一个稳定的政治环境，稳定压倒一切。提出要冷静观察，稳住阵脚，沉着应付，要把国家的主权和安全始终放在第一位。他坚决主张废除干部领导职务终身制，并身体力行地作出表率。中共十三大召开后，不再参加中央委员会和中央顾问委员会。1989年11月，在中共十三届五中全会上，辞去中央军委主席的职务。

从领导岗位退下来以后，他仍然关心党和国家的事业。1992年视察中国南方的武昌、深圳、珠海、上海等地，发表重要谈话，总结中共十一届三中全会以来实行改革开放的基本实践和基本经验，从理论上深刻回答了长期困扰和束缚人们思想的许多重大认识问题，提出了对整个社会主义现代化建设具有现实和长远指导意义的重要思想。

1997年2月19日在北京逝世。

1997年召开的中共第十五次全国代表大会，将邓小平建设有中国特色社会主义理论概括为**邓小平理论**，指出这一理论是当代中国的马克思主义，是马克思主义在中国发展的新阶段，并在党章中明确规定，中国共产党以马克思列宁主义、毛泽东思想、邓小平理论作为自己的行动指南。

主要著作收入《邓小平文选》(3卷)。

**邓小平理论** Deng Xiaoping Theory　中国特色社会主义理论体系的重要组成部分。是马克思列宁主义与当代中国实践和时代特征相结合的产物，是**毛泽东思想**的继承和发展，是当代中国的马克思主义，是马克思主义在中国发展的新阶段。创立者是**邓小平**。

邓小平理论，是在中共十一届三中全会前后逐步形成和发展起来的。1978年，邓小平在中央工作会议上作的《解放思想，实事求是，团结一致向前看》的讲话，为十一届三中全会确定具有划时代意义的新认识和新决策奠定了重要基础，成为冲破“两个凡是”的禁锢，开辟新时期新道路、开创建设有中国特色社会主义新理论的宣言书。1982年，邓小平在中共十二大开幕词中，明确提出“把马克思主义的普遍真理同我国的具体实际结合起来，走自己的道路，建设有中国特色的社会主义”。1987年，中共十三大根据邓小平的思想，系统论述社会主义初级阶段的理论，完整地提出了党在社会主义初级阶段的“一个中心，两个基本点”的基本路线，“构成了建设有中国特色的社会主义理论的轮廓”。1992年，邓小平发表南方谈话，坚持十一届三中全会以来的理论和路线，深刻回答了束缚人们思想的许多重大认识问题，成为把改革开放和现代化建设推进到新阶段的又一个解放思想、实事求是的宣言书。同年召开的中共十四大对邓小平建设有中国特色社会主义理论作出了科学的概括和评价，确立了这一理论在全党的指导地位，提出用这一理论武装全党的战略任务。1997年，中共十五大把邓小平建设有中国特色社会主义理论称为邓小平理论。十五大党章规定：中国共产党以马克思列宁主义、毛泽东思想、邓小平理论作为自己的行动指南。中共十七大把邓小平理论、**“三个代表”重要思想**以及**科学发展观**等重大战略思想称为中国特色社会主义理论体系。

邓小平视察深圳(1984-01-24)

邓小平理论第一次比较系统地初步回答了中国社会主义的发展道路、发展阶段、根本任务、发展动力、外部条件、政治保证、战略步骤、党的领导和依靠力量以及祖国统一等一系列基本问题。主要内容包括：①关于建设社会主义的思想路线的理论。阐明一定要把马克思主义的普遍真理同中国革命和建设的具体实际结合起来，解放思想、实事求是，坚持一切从本国的实际出发，敢于和善于走自己的道路。强调坚持马克思主义，坚持走社会主义道路，但是，马克思主义必须是同中国实际相结合的马克思主义，社会主义必须是切合中国实际的有中国特色的社会主义。②关于社会主义的本质和发展道路的理论。深刻揭示“社会主义的本质，是解放生产力，发展生产力，消灭剥削，消除两极分化，最终达到共同富裕”。强调坚持“一个中心、两个基本点”的基本路线。经济建设是各项工作的中心，坚持四项基本原则和坚持改革开放这两个基本点都必须服从和服务于经济建设这个中心，统一于实现现代化和建设有中国特色社会主义的实践。③关于社会主义发展阶段的理论。指出我国社会主义社会仍然处在初级阶段即不发达阶段。强调这是一个至少上百年的很长的历史阶段，制定一切方针政策都必须以这个基本国情为依据，不能脱离实际，超越阶段。④关于社会主义根本任务的理论。强调现阶段中国社会的主要矛盾是人民日益增长的物质文化需要同落后的社会生产之间的矛盾，必须把发展生产力摆在首要位置，以经济建设为中心，推动社会全面进步。贫穷不是社会主义，社会主义要消灭贫穷。集中力量发展社会生产力，是解决当代中国一切问题的关键。发展是硬道理。抓住时机，发展自己，关键是发展经济。中国要发展，离不开科学，科学技术是第一生产力。⑤关于社会主义建设发展战略的理论。提出从20世纪80年代初起，分三步走，到21世纪中叶，达到中等发达国家水平，基本实现现代化，是中国在社会主义初级阶段经济发展的战略目标和战略步骤。在现代化建设的过程中要抓住机遇，加快发展，争取出现若干个发展速度快、效益又比较好的阶段，每隔几年上一个台阶。强调农业、能源和交通、教育和科学对现代化发展的极端重要性。农业是国民经济的基础，加快能源和交通建设是增强经济发展后劲的重要条件，教育和科学是国民经济发展的关键。提出打破平均主义“大锅饭”，允许和鼓励一部分地区、一部分人先富起来逐步达到共同富裕。⑥关于社会主义发展动力的理论。提出改革是中国的第二次革命，是社会主义制度的自我完善和发展，是社会主义社会发展的直接动力。判断改革和各方面工作的是非得失，应该主要看是否有利于发展社会主义社会的生产力，是否有利于增强社会主义国家的综合国力，是否有利于提高人民的生活水平。⑦关于社会主义国家实行对外开放的理论。指出中国的发展离不开世界。社会主义要赢得与资本主义相比较的优势，必须大胆吸收和借鉴人类社会包括当今资本主义国家创造的一切文明成果。对外开放政策不会导致资本主义。强调独立自主，自力更生，无论过去、现在和将来，都是我们的立足点。要把国家的主权和安全放在第一位，决不可放弃维护国家和人民利益，决不可放任各种腐朽的有害于人民的东西泛滥。⑧关于社会主义经济体制改革的理论。指出计划和市场都是经济手段。计划多一点还是市场多一点，不是社会主义与资本主义的本质区别。社会主义也可以搞市场经济。⑨关于社会主义政治体制改革和民主法制建设的理论。指出必须推进党和国家领导制度的改革，废除干部领导职务终身制。政治体制改革要实现干部队伍的革命化、年轻化、知识化、专业化，保持党和国家的活力；克服官僚主义，提高工作效率；调动工人、农民、知识分子的积极性；阐明没有民主就没有社会主义，就没有社会主义的现代化。强调人民代表大会制度最符合中国实际。中国共产党领导的多党合作和政治协商制度，是我国政治制度的一大特点和优点。必须使民主制度化、法律化。努力建设社会主义民主政治。⑩关于社会主义精神文明建设的理论。提出精神文明建设的根本任务和目标是适应改革开放和社会主义现代化建设的需要，培养有理想有道德有文化有纪律的社会主义新人，提高整个中华民族的思想道德素质和科学文化素质。强调物质文明和精神文明两手抓，两手都要硬，只有两个文明都搞好，才是有中国特色的社会主义。⑪关于社会主义建设政治保证的理论。指出坚持社会主义道路，坚持人民民主专政，坚持共产党的领导，坚持马克思列宁主义、毛泽东思想是立国之本，是改革开放和现代化建设事业健康发展的根本前提和根本保证。⑫关于社会主义国家外交战略的理论。提出和平和发展是当代世界的两大问题。主张在和平共处五项原则的基础上，建立和平、稳定、公正、合理的国际新秩序，发展同所有国家友好合作关系。中国始终不渝地奉行独立自主的和平外交政策，坚决反对霸权主义，维护世界和平。中国在国际事务中要有所作为。中国永远不称霸。遵循独立自主、完全平等、互相尊重、互不干涉内部事务的四项原则，处理同各国共产党和其他政党的关系。⑬关于祖国统一的理论。提出用“一个国家，两种制度”实现祖国和平统一的方针。⑭关于社会主义事业依靠力量的理论。指出党的各项重大任务，都是依靠广大人民的艰苦努力完成的。人民是决定国家前途和命运的根本力量，是党的力量源泉和胜利之本。必须依靠工人、农民、知识分子，必须依靠各民族人民的团结，依靠最广泛的爱国统一战线，建设有中国特色的社会主义。⑮关于社会主义国家军队和国防建设的理论。指出我们军队的性质，是党的军队，人民的军队，社会主义国家的军队。要建设强大的现代化正规化革命化军队。⑯关于社会主义事业领导核心的理论。强调建设有中国特色社会主义，关键在党。要聚精会神地抓党的建设，反对腐败。把党建设成为有战斗力的马克思主义政党，成为领导全国人民进行社会主义物质文明和精神文明建设的坚强核心。

**邓小平“六条设想”** Deng Xiaoping's Six Principles 邓小平有关中国大陆和台湾地区两岸和平统一构想谈话的简称。1983年6月26日，邓小平会见美国西东大学教授杨力宇，进一步阐述了实现台湾和祖国大陆和平统一的具体构想，后简称为“邓六条”。主要内容有：①台湾问题的核心是祖国统一。和平统一已成为国共两党的共同语言。我们希望国共两党共同完成民族统一，大家都对中华民族作出贡献。②坚持一个中国，制度可以不同，但在国际上代表中国的，只能是中华人民共和国。③不赞成台湾“完全自治”的提法，“完全自治”就是“两个中国”。自治应有一定的限度，条件是不能损害统一的国家利益。④统一后，台湾作为特别行政区，可以实行与大陆不同的制度，可以有其他省、市、自治区所没有而为自己所独有的某些权力。拥有立法权和司法权，终审权不须到北京。台湾还可以有自己的军队，只是不能构成对大陆的威胁。大陆不派人去台，不仅军队不去，行政人员也不去。台湾的党政军等系统，都由台湾自己来管。中央政府还要给台湾留出名额。⑤和平统一不是大陆把台湾吃掉，也不是台湾把大陆吃掉，所谓“三民主义统一中国”是不现实的。⑥实现统一的适当方式是举行国共两党平等会谈，实行国共第三次合作，不提中央与地方谈判。双方达成协议后可以正式宣布，但不允许外国势力插手，那只能意味着中国还未独立，后患无穷。

1983年6月26日邓小平会见美国西东大学教授杨力宇

邓小平“六条设想”使一国两制的构想更加完备、充实，更加系统化、具体化。

**邓小平南方谈话** Deng Xiaoping's “Talk in the South” 1992年1月18日 至2月21日，邓小平在武昌、深圳、珠海、上海等地视察过程中发表的一系列谈话。见《在武昌、深圳、珠海、上海等地的谈话要点》。收入《邓小平文选》第3卷。

1992年初，我国改革开放和现代化建设处于一个历史发展的关键时刻。1月18日至2月21日，邓小平先后在中国南方的武昌、深圳、珠海和上海等地视察，并就一系列重大问题发表的重要谈话，通常人们把这些谈话称为“南方谈话”。邓小平的“南方谈话”，对十一届三中全会以来逐步形成的建设有中国特色社会主义理论的核心内容，作了系统的概括；又在当时形势下，有针对性地重申和发挥了他许多一贯的思想，提出了一系列重要的新思想，丰富和发展了建设有中国特色社会主义理论。谈话的主要内容是：坚持党的十一届三中全会以来的路线，关键是坚持“一个中心、两个基本点”。不坚持社会主义，不改革开放，不发展经济，不改善人民生活，只能是死路一条。基本路线要管一百年，动摇不得。革命是解放生产力，改革也是解放生产力，社会主义本质是解放生产力，发展生产力，消灭剥削，消除两极分化，最终达到共同富裕；党的“一个中心、两个基本点”的基本路线要长期坚持下去，不能动摇；改革开放胆子要大一些，建设的步伐要更快一点；判断姓“社”还是姓“资”的标准，应该主要看是否有利于发展社会主义的生产力，是否有利于增强社会主义国家的综合国力，是否有利于提高人民的生活水平；计划和市场都是经济手段，不是社会主义与资本主义的本质区别，在社会主义建设中要警惕右，但主要是防止“左”的影响，右和“左”都可以葬送社会主义；抓住有利时机，加速发展，力争中国经济建设隔几年上一个新台阶；坚持两手抓，一手抓改革开放，一手抓坚持四项基本原则；一手抓物质文明建设，一手抓精神文明建设，两手都要硬；注意培养接班人，保证中国长治久安，关键是中国共产党内部要搞好；正确认识社会主义发展进程中出现的暂时曲折，正确把握社会主义发展总趋势。

**《邓小平文选》** *Selected Works of Deng Xiaoping* 邓小平的主要著作集，共3卷。中共中央文献编辑委员会编辑，人民出版社出版。收入邓小平自20世纪30年代末至90年代初主要著作共222篇，约85万字。

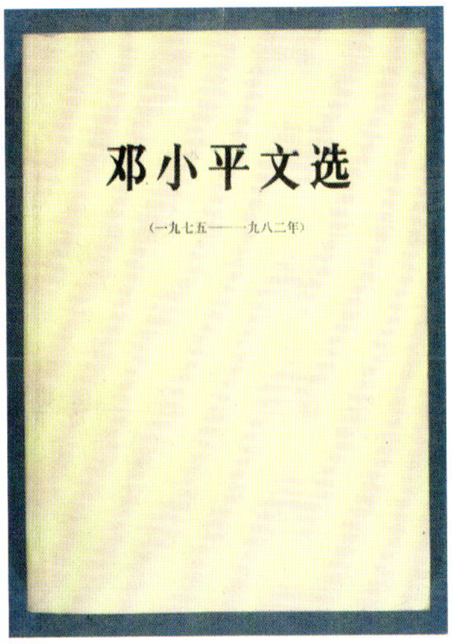


《邓小平文选》封面

民族出版社和外文出版社分别出版了多种少数民族文本和外文本。文选所收著作均经作者审定。1983年出版《邓小平文选（一九七五——一九八二年）》卷，1989年出版《邓小平文选（一九三八——一九六五年）》卷。1993年将邓小平1982年9月至1992年2月间的主要著作编辑为《邓小平文选》第三卷，出版后经作者同意，对前两卷文选作了增订，于1994年出版第2版，并按时间次序改称为第一卷、第二卷。

第一卷编入邓小平1938年1月至1965年12月的主要著作43篇。第二卷编入邓小平1975～1982年间的主要著作60篇。收入的1975年的9篇著作反映了邓小平同“四人帮”进行针锋相对的斗争，领导全面整顿所作的巨大努力。1977年以后的51篇著作，反映了邓小平在20世纪70年代末80年代初提出关于什么是社会主义以及怎样建设社会主义；关于社会主义首先要发展生产力；关于中国本世纪的目标是实现小康；关于社会主义也可以搞市场经济；关于利用外资是一个很大的政策，要充分利用和善于利用；关于要以世界先进的科学技术成果作为我们发展的起点；关于科研工作要走在前面；关于民主和法制两手都不能削弱；关于各民主党派和工商联是为社会主义服务的政治力量；关于中国永远不称霸，等等。第三卷编入邓小平1982年9月至1992年2月时间内的主要著作119篇。作者亲自指导这一卷的编辑工作，逐篇审定了全部文稿.在这一卷的著作中，邓小平提出了一系列新的思想,新的观点,新的论断。例如：关于社会主义的本质和根本任务；关于社会主义初级阶段；关于“三个有利于”的判断标准；关于分三步走的经济发展战略；关于抓住时机，加快发展，争取国民经济隔几年上一个新台阶；关于科学技术是第一生产力；关于改革是中国的第二次革命；关于中国的发展离不开世界，反对自我封闭和孤立；关于社会主义和市场经济不存在根本矛盾；关于政治体制改革必须与经济体制改革相适应；关于两手抓，两手都要硬；关于“一国两制”；关于坚持社会主义，制止动乱，防止和平演变，关于要警惕右，主要是防止“左”；关于坚持党的“一个中心，两个基本点”的基本路线一百年不动摇；关于和平与发展是当代世界两大主题；关于以和平共处五项原则为准则，建立国际新秩序；关于对国际局势要冷静观察、稳住阵脚、沉着应付；关于中国的问题关键是把共产党内部搞好；关于加强廉政建设，反对腐败，等等。三卷文选反映了邓小平把马克思主义的基本原理同中国革命和建设的具体实践相结合，同时代特征相结合，形成的基本理论观点和政策策略思想，是对马克思列宁主义、毛泽东思想的继承和发展，特别是第二卷和第三卷主要是改革开放和社会主义现代化建设新时期的著作，在内容上前后衔接，相互贯通，形成了科学体系，是中国特色社会主义理论体系这一当代中国马克思主义的奠基之作。

**邓亚萍** Deng Yaping（1973－02－05～ ） 中国女子乒乓球运动员。河南郑州人。5岁起即接受乒乓球训练。1988年入选中国乒乓球队。右手横拍快攻结合弧圈打法。她曾参加5届世界乒乓球锦标赛：1989年第40届与乔红合作获女子双打冠军；1991年第41届获女子单打冠军、女子团体亚军，与乔红合作获女子双打亚军；1993年第42届

获女子团体冠军，与乔红合作获女子双打亚军；1995年第43届获女子单打和女子团体冠军，与乔红、孔令辉合作分别获女子双打冠军和混合双打亚军；1997年第44届获女子单打和女子团体冠军，与杨影、孔令辉合作分别获女子双打冠军和混合双打亚军。参加第25、26届奥林匹克运动会的成绩是两次获得女子单打冠军，两次与乔红合作获得女子双打冠军。在参加世界杯乒乓球赛中，获女子单打冠军，与乔红合作获女子双打冠军，并获3届团体赛女子团体冠军。在参加第11、12届亚洲运动会乒乓球比赛中，两次获女子团体冠军，1次获女子单打冠军，1次获女子单打亚军，与乔红合作获两次女了双打亚军，分别与韦晴光和孔令辉合作获混合双打冠军。1993年当选为全国政协第八届委员。1997年和2000年两次入选国际奥林匹克委员会运动员委员会委员。2003年5月国际乒乓球联合会授予其荣誉证书，并入选国际乒联名人堂。

**邓演达** Deng Yanda（1895－03－01～1931－11－29） 中华民国时期民主革命家。字择生。广东惠阳人。保定军校第六期毕业。1920年应邀赴福建漳州统率粤军宪兵队，从此成为孙中山革命事业的积极追随者。

1924年任黄埔军校教练部副主任兼学生总队长，后因受蒋介石心腹排挤，被迫辞职。1926年当选为国民党第二届候补中央委员，先后任黄埔军校教育长、国民革命军总司令部政治部主任。1927年3月，当选为国民党第二届中央执行委员、中央政治委员会委员、中央军事委员会主席团成员。蒋介石四一二政变后，主张东征讨蒋。流亡欧洲后不久，前往苏联，与宋庆龄等在莫斯科发表宣言，谴责蒋、汪，主张实行孙中山的革命三民主义。1930年春，在上海正式成立中国国民党临时行动委员会，当选为总干事，公开号召推翻南京国民政府，建立农工平

民政权。1931年8月17日被蒋介石逮捕，后在南京被秘密杀害。遗作编为《邓演达文集》。

**邓颖超** Deng Yingchao（1904－02－04～1992－07－11） 中国无产阶级革命家、政治家，社会活动家，党和国家领导人，中国妇女运动的先驱，全国人大常委会副委员长，全国政协主席。河南光山人。生于广西南宁，卒于北京。1910年随母亲迁居天津，后入直隶第一女子师范学校学习。1919年参加五四运动，组织天津女界爱国同志会，与周恩来组织进步团体觉悟社。1924年参加并组织天津社会主义青年团，任特支宣传委员。1925年转入中国共产党。任中共天津地委妇女部长。发起并组织天津女界国民会议促成会、天津妇女联合会、天津各界救国联合会。同年到广州，任中共广东区委委员兼妇女部长。年底与周恩来结婚。1926年出席了中国国民党第二次全国代表大会，当选为中国国民党候补中央执行委员。1927年到上海，任中共中央妇女工作委员会书记。1928年赴苏联莫斯科，列席中共六大。回上海后任中共中央直属支部书记，从事党的秘密工作。1932年到江西中央苏区，历任中共中央局秘书长、中央政治局秘书、中华苏维埃共和国中央执行委员、中央机关总支书记。1934年参加长征。1935年到陕北后，历任中共中央机要科长、中央白区工作部秘书、中华苏维埃政府西北办事处秘书。抗日战争爆发后到武汉，任八路军武汉办事处妇女组织委员、中共中央长江局妇女工作委员会委员。1938年当选为国际反侵略运动大会中国分会常务理事、中国战时儿童保育会常务理事、国民参政会中共方面参政员。1939年任中共中央南方局委员兼妇女工作委员会书记。1943年回延安，在中共七大上当选为中央候补委员。任中共中央妇女工作委员会副书记兼解放区妇女联合会筹备委员会副主任。当选为国际民主妇女联合会理事。1946年以中共代表团代表身份到重庆参加政治协商会议，先后在重庆、南京、上海参加中共代表团工作。年底回延安。解放战争时期，历任中共中央后方工作委员会委员、中共中央妇女工作委员会代理书记。1949年当选为第一届中华全国民主妇女联合会副主席兼中共党组书记。中华人民共和国建立后，历任中华全国妇联第二、三届副主席兼党组书记，第四届中华全国妇联名誉主席，中国人民保卫儿童全国委员会副主席。1976年12月补选为第四届全国人大常委会副委员长。1978年当选为第五届全国人大常委会副委员长、中共中央纪律检查委员会第二书记。1983年当选为全国政协第六届主席。中共八届至十届中央委员，十一届、十二届中央政治局委员；一届至三届全国人大常委，全国政协一届常委。主要论著收入《邓颖超文集》。

**邓友梅** Deng Youmei（1931－03－01～ ） 中国作家。原籍山东平原，生于天津。1942年参加八路军，在渤海军区任交通员。1944年因精兵简政复员，在天津被骗到日本当劳工。1945年回国，重新参加八路军。1946年调新四军当文工团员。1950年调北京市文学艺术界联合会任编辑。1955年在北京建筑公司任党支部书记。1957年被错划为"右派"。1980年"右派"问题得到改正，重返文坛。历任中国作家协会理事、书记处书记、副主席、名誉副主席等。他的主要作品结集有：《邓友梅小说选》、《邓友梅中篇小说选》、《京城内外》、《烟壶》、《邓友梅自选集》（五卷本）等。短篇小说《我们的军长》、《话说陶然亭》，中篇小说《追赶队伍的女兵们》、《那五》、《烟壶》等曾获全国优秀短篇小说奖和全国优秀中篇小说奖。其小说取材广泛，最具特色的是写北京市井风俗的京味儿小说。作者用地道的京白语言于故事的讲述中写民俗风情、文物工艺、故事轶闻和市井细民，将历史和现实、风俗和时代、人生和哲理交汇在一起，给人以历史的感悟和现实的启示。

**邓禹** Deng Yu（公元2～58） 中国东汉开国功臣。字仲华。南阳新野（今河南新野南）人。新莽末年，追随刘秀于鄗。颇受刘秀赏识，经常参与谋议。赤眉军西进关中时，刘秀企图乘乱并吞关中，拜禹为前将军，分精兵两万人命其西征。邓禹击败更始的大将樊参、王匡等，平定河东。刘秀称帝后，拜邓禹为大司徒。次年更封为梁侯，率部入关，部众一度号称百万。建武二年（26）赤眉军退出长安，邓禹率部进驻昆明池。赤眉军回师反攻，邓禹与战不利，败走。次年，又与车骑将军邓弘出击赤眉，结果大败，独与24骑退据宜阳。以此引咎辞职。不久，复拜右将军。光武帝平定天下后，定封邓禹为高密侯。汉明帝即位，拜为太傅。明帝图画28功臣于云台时，邓禹位列第一。

**邓兆祥** Deng Zhaoxiang（1903－04－01～1998－08－06） 中国人民政治协商会议全国委员会副主席。广东高要（今肇庆）人。卒于北京。1914年考入黄埔海军学校。1919年后转入吴淞海军学校、烟台海军学校、南京海军鱼雷枪炮学校学习。历任见习员、候补员、枪炮副、枪炮正、航海正和副舰长等职。1930年赴英国格林尼治皇家海军学院、英国海军鱼雷学校学习。1934年回国后，先后任国民政府海军副舰长、水鱼雷营营长、海军第二舰队司令部参谋、贵州桐梓海军学校训育主任等。1945年任"长治"舰舰长。1946年率第二批海军人员赴英国。1948年任"重庆"号巡洋舰舰长。1949年2月，率全舰官兵在上海吴淞口举行"重庆"舰起义，受到毛泽东、朱德的电报嘉勉。参加了中国人民政治协商会议第一届全体会议。中华人民共和国建立后，历任解放军安东海军学校校长、青岛海军快艇学校校长、第一海军学校副校长、青岛基地副司令员、北海舰队副司令员。1955年被授予海军少将军衔，是第一、二、三届国防委员会委员。1981年任解放军海军副司令员。全国政协六至八届副主席，第五届全国人大常委。

**邓之诚** Deng Zhicheng（1887－11－29～1960－01－06） 中国历史学家。字文如，号明斋，又号五石斋。江苏江宁（今南京市）人。卒于北京。1917年秋，应北京大学之聘，在国史编纂处任民国史纂辑。1921～1930年间，先后任北京大学、北平师范大学、北平女子文理学院、辅仁大学诸校史学教授。从1930年秋起，专任燕京大学历史系教授。1952年后任北京大学历史系教授。著《中国通史讲义》上、中两卷，后更名为《中华二千年史》。50年代初，续成下卷。全书逾200万字，始于秦之统一，终于辛亥革命清亡。早年博览群书，成《骨董琐记》正续编，后又有《三记》，合为《骨董琐记全编》正式出版，对文史工作者提供了不少有用的资料和线索。以读书所得，成《桑园读书记》，评论清代学术，每有独到之见。晚年撰成《清诗纪事初编》8卷，系根据一生中节衣缩食所访得的700余种

顺、康时人诗文集，共收作者600人，录诗2 000余首，本**黄宗羲**以诗证史之说，不限名家，贵在诗能记史外之事。全书600篇小传，于清初人物与文献的考订帮助极大。

**邓植仪** Deng Zhiyi（1888－05－02～1957）中国土壤学家和教育家，中国土壤科学奠基人之一。生于广东东莞，卒于广州。1914年获美国威斯康星大学农科硕士学位。

回国后历任北京中央农事试验场技师，广东公立农业专门学校校长，广东大学农科学院、中山大学农学院教授、院长，中山大学教务长。1949年后，曾任农业部顾问，华北农业科学研究所、中国农业科学院和华南农业科学研究所研究员。毕生从事高等农业教育和土壤科学研究工作。1934年完成广东省重要土壤系统性质及其分布的概略调查，编撰了《广东土壤提要初集》；同年对长江、黄河流域各省土壤和农业状况进行实地考察，撰写了《发展我国西北农业之管见》。论著还有《论沙与泥之性状及土壤分类法》（1925）、《广东土壤之概况与农林利用之区分》（1931）、《改进我国农业教育刍议》（1938）等。

**邓中夏** Deng Zhongxia（1894－09－07～1933－09－21） 中国无产阶级革命家，中国共产党早期工人运动领导人之一。原名隆渤，号仲澥，湖南宜章人。1917年入北京大学。

**五四运动**时是北京学联的领导人之一。1920年在北京加入共产主义小组，成为中共第一批党员。1922年任中国劳动组合书记部主任，先后领导了长辛店铁路、开滦煤矿、京汉铁路工人等多次大罢工。1925年又领导了上海日本纱厂工人罢工和**省港大罢工**。在中共第二至第六次全国代表大会上均被选为中央委员，在**八七会议**上被选为中央临时政治局候补委员。先后任中共江苏省委书记和广东省委书记。1928年赴莫斯科出席赤色职工国际第四次代表大会，并任中华全国总工会驻赤色职工国际代表。1930年后任中国工农红军第2军团政委。1933年5月在上海被捕，英勇不屈，9月在南京雨花台就义。遗著有《中国职工运动简史》及《邓中夏文集》等。

**邓州市** Dengzhou City 中国河南省县级市。位于省境西南部，南与湖北省交界。面积2 294平方千米。人口167万（2008）。有汉、回、蒙古、满等12个民族。春秋时为邓国地，隋置邓州，1913年改置邓县。1988年撤县建市。由南阳市代管。属亚热带季风气候。矿产有水泥灰岩、溶剂灰岩、重晶石、墨玉、大理石和石油等。农作物有小麦、玉米、大豆、甘薯、棉花、芝麻、烟叶、油菜、花生、水稻等。畜牧业以南阳黄牛著称，是国家黄牛繁育、肉牛商品基地。名贵中药材有全虫、元胡、麦冬、半夏等。烟叶、蜂蜜、安哥拉兔毛和山羊板皮等出口国外。工业有机械、化工、电器、酿造、轻纺、建材、卷烟、造纸、毛皮等。名胜古迹有花洲书院、七彩画像砖墓、福胜寺塔、霍去病纪念冢、太子岗新石器时代遗址等。

**邓子恢** Deng Zihui（1896－08－17～1972－12－10） 马克思主义者，中国无产阶级革命家，农民运动和农村问题专家，全国政协副主席，国务院副总理。学名绍箕，曾用名邓建中。福建龙岩人。卒于北京。

1914年加入中华革命党。1917年东渡日本留学，1918年回国。1923年创办进步刊物《岩声》，积极宣传马克思主义。1926年加入中国共产党，参与领导了赣南暴动。1928年任中共上杭县委宣传部部长。1929年参与发动龙岩、永定起义。历任中共闽西特委书记，闽西苏维埃政府主席，红12军、21军政委，中央工农民主政府财政人民委员，闽西南军政委员会财政部长兼民运部长，闽西南军政委员会副主席。1934年红军长征后，参与领导了闽西三年游击战争。抗日战争时期，任新四军政治部副主任兼民运部长、江北指挥部政治部主任。皖南事变后，任新四军政治部主任、4师政委，中共中央华中局委员、淮北区党委书记。解放战争时期，任中共中央华中分局书记，华中军区政委，中原临时人民政府主席，中共中央中原局第三书记兼中原军区副政委、华中局第三书记兼第四野战军、华中军区第二政委。中华人民共和国建立后，历任中共中央中南局第二书记、中南军区第二政委、中南军政委员会副主席兼财经委员会主任，国家计委副主任，中共中央农村工作部长。1954年任国务院副总理，主管农村工作。1955年因关于农业合作化的速度问题受到批判。1962年因探索“包产到户”再次受到错误批判。1965年被免去国务院副总理职务。1981年得到彻底平反，恢复名誉。全国政协第四届副主席，中共七届至九届中央委员。

**僜语** Deng languages 中国僜人使用语言的总称。属汉藏语系藏缅语族**景颇语支**，国外有人认为属喜马拉雅语支，也有人认为语支未定。分布于中国西藏自治区昌都地区察隅县，印度北阿萨姆地区也有少量使用者。僜人根据自称的不同，分别使用“达让”和“格曼”两种语言。

察隅县巴安通乡夏尼村的达让语有49个声母、44个韵母，有4个声调。动词有体、式、态、方向等语法范畴，用屈折形态和语尾助词等方式表达。基本语序为主语－宾语－谓语。

察隅县下察隅区萨穹村的格曼语有53个声母、91个韵母，有4个声调。动词有人称、数、时态、体、态、式、方向等语法范畴，用屈折形态、加附加成分等方式表达。助词有结构、定指、语气3类。句子的基本语序为主语－宾语－谓语。

**氐** Di 中国西北古代民族。处陕甘川交界地区。早见于殷商，《**诗经**》中氐羌并提。经营农业，兼事畜牧。多知汉语，采用汉姓，服饰杂汉、羌。汉代氐人各部自有豪帅，不相统一。两晋间，建仇池、前秦、后凉等政权。南北朝时已与汉人融为一体，部分融入当地其他民族。

**低常儿童** subnormal child 智能发展水平明显低于同龄常态儿童，缺乏处理与其年龄相应的日常生活事务能力或缺乏学习能力的儿童。又称弱智儿童。低常是由各种原因引起的脑发育障碍，其中包括遗传生物因素引起的器质性障碍，以及环境引起的弱智。前者可以分为染色体异常（如先天愚）和代谢性缺陷（如苯丙酮尿症）两大类；后者如妇女怀孕期服用不当药物，分娩过程中婴儿缺氧，婴儿或童年期的脑创伤、严重营养不良等。确定一个儿童是不是低常主要依据两条标准，一是智商（IQ）在70以下；二是适应行为，即与同龄儿童相比，该儿童的社会适应能力如何，生活能否自理，能否从事简单的劳动，在学校里能否跟班学习等，后一条标准更为重要。对低常儿童的教育干预目标不是将其矫治成为正常人，而是发挥其所具有的潜能。因此，对程度不同的低常儿童应提出不同的要求：对轻度低常者（智商为50～55至70）以参加一般社会生活为目标，这类约占全部弱智人群的85%，亦称可教育儿童；对于中度低常者（智商为35～40至50～55，约占弱智人群的10%)，他们参加一般社会生活有困难，应以在保护环境下参加各种力所能及的生产性活动为目标，又称可训练儿童；对于重度低常者（智商为20～25至35～40，占弱智人群的3%～4%)，终生需要监护，以训练其生活自理能力为目标。

**低等植物** lower plant 植物体没有根、茎、叶分化，生殖器官绝大多数为单细胞结构，受精后形成的合子不发育成胚的植物类群。包括绿藻、褐藻、红藻和轮藻各门真核多细胞藻类。低等植物的植物体结构简单，没有组织分化或仅有很简单的分化，受精过程都离不开水，仅产生各种孢子进行繁殖，绝大多数生活在水中。

**低聚糖** oligosaccharide 由2～10个单糖分子通过糖苷键构成的聚合物。又称寡糖。根据糖苷的不同而有不同的名称，如低聚异麦芽糖、低聚果糖、低聚乳糖、低聚甘露糖、乳果糖、棉子糖等。甜度通常只有蔗糖的30%～60%，是国际上颇为流行的一类有保健功能的糖类。

低聚糖生产方法有：①从天然原料中抽提，如棉子糖、水苏糖、大豆低聚糖。②利用转移酶、水解酶的糖基转移反应来生成，如低聚异麦芽糖。③酶水解法，如低聚果糖。④酸碱转移法。⑤化学合成法。工业生产上主要用酶转移和酶水解法。

低聚糖的主要生理作用特点有：①抑制肠道腐败菌生长，促进双歧杆菌增长，增进肠道蠕动，解除便秘；②使血清中低密度脂蛋白降低而高密度脂蛋白升高，有利于防止心脑血管病；③热值低，不会引起血糖升高和蛀牙；④改善食物中钙的吸收，提高人体免疫力。各种低聚糖被肠道消化液分解和被肠道细菌利用的程度不一，故各种低聚糖所起的双歧因子效果也不同，有效的日摄取量也各异。日摄取量以低聚木糖最少，为0.7克，其他低聚糖3～5克，低聚异麦芽糖8～15克。

低聚糖广泛应用于饮料、酸奶、冷饮、乳品、糕点、面包、果冻果浆、糖浆以及动物饲料中。

**低熔点合金** fusible alloy 熔点低于锡熔点（231.9℃）的合金。又称易熔合金。由熔点较低的金属如铅、锡、镉、铋、铟、镓、汞等组成。低熔点合金的熔点、硬度和强度都很低，主要用作电气和蒸汽设备的限温保险材料，如熔断丝、易熔塞或片、防火报警系统的热敏元件、自动喷水龙头、防火调节阀等，还大量用作中低温软钎料。铋铅锡镉合金凝固时没有明显的体积变化，制件尺寸不受温度和压力变化的影响，适于作成型模具、精密铸型。杂质元素对低熔点合金的熔点影响极大，制备合金时，要注意原材料的纯度和杂质含量。镉、铅、汞的粉尘和蒸气对人体有害，熔炼时要采取除尘、通风和其他环保措施。

**低温技术** cryogenics 物理实验中低温条件的获得和运用的技术。低温通常泛指室温（300 K）以下到绝对零度附近的温度范围，确切的温区和所关注的物理问题有关，没有严格的界定。液化天然气的储存和运输，液化空气分离氮、氧，液化氢、氧做火箭燃料和超导磁悬浮列车等低温技术的应用通常归类于低温工程学。

物理实验中低温条件的获得主要借助于液化气体和制冷机。液化气体中应用最广泛的是液体氮和液体氦（$^4$He)。液体氮易于得到，且有较高的冷却能力，沸点约为77 K，减低其饱和蒸气压，温度可降低到约63 K。液体氦（$^4$He）的沸点为4.2 K，减低其饱和蒸气压，温度可降低到约1 K，液体氦的汽化潜热很小（为液体氮的1/62)，使用时要特别注意降低向氦液池的漏热。无论用液体氮或液体氦，通过适当的设计和控制，都可使样品温度的变化涵盖从液体温度到室温的范围。得到1 K以下温度的主要方法有：①减低液体$^3$He的饱和蒸气压，可得到约0.3 K的温度；②稀释制冷机可使温度进一步降低到约2 mK，并可长时间维持在mK温区，是获得mK温度的主要方法；③波麦兰丘克致冷（Pomeranchuk cooling)，沿熔解曲线绝热压缩$^3$He的固液混合物，可得到近1 mK的温度；④顺磁盐绝热去磁可得到约2 mK的温度，但冷却能力较低；⑤核绝热去磁，利用铜原子核磁矩可使核系统温度降低到数十nK，电子和晶格温度可到数μK。制冷机是得到和维持低温的另一重要方法，由于能更充分地利用回流气体的冷却能力，效率较高。医用核磁共振成像系统的超导磁体浸在液体氦中，并用微型制冷机将蒸发的氦气液化，补充到液池中，这种闭循环系统极大地降低了对液体氦的需求，为实际应用带来很大的方便。

随着温度的降低，材料的物性会发生变化。低温实验技术一方面要充分利用这些变化带来的好处，如金属电阻的降低，可用以制作金属电阻温度计，利用超导转变前后材料热导率的明显差别制作超导热开关等；另一方面要避免负面的影响，如橡胶在低温下变脆，不能用做密封圈，常用仍保持柔软的铟丝来代替。

在低温实验中，外部室温环境和低温样品室间的温差，不可避免地会导致热量的传递。热量的流动除造成低温液体的损耗和样品的升温外，还会造成样品温度的不均匀，温度计和待测温度间存在温差等，特别是在1 K以下的温度，固体材料的热容极小，要将漏热限制在微瓦到纳瓦的水平。传热方面的考虑是低温技术的重要组成部分。

**低温物理学** low temperature physics 在低温条件下研究物质的物理性质的学科。所谓低温通常是指低于液氮温度（77K)，而更多更重要的低温现象则发生在液氦温度（4.2K）以下。使空气、氢气和氦气液化的技术，以及各种超低温技术的发展（见低温技术)，使人们获得了极低温和超低温的实验条件。在低温下物质的热学、电学和磁学性质均会发生巨大改变。例如固体比热容在某些温度下会突变；在足够低的温度下，原则上所有顺磁物质均可表现出铁磁性或反铁磁性（见磁介质)；金属的导电性明显提高，而半导体的导电性则大大降低。这些现象均与低温下的量子力学效应有关。

1908年H.开默林·昂内斯首次实现了氦气的液化。液态氦当温度低于λ点后从He Ⅰ相转变为He Ⅱ相，He Ⅱ相具有超流动性，黏滞系数变为零，可无阻地通过毛细管，同时其热导率大大增加，约为λ点以上温度时的3×10$^6$倍。1911年开默林·昂内斯首次发现一些金属在极低温度下呈现零电阻现象，称为超导电性。1933年W.迈斯纳发现超导体具有完全抗磁性，其体内磁场恒为零。此外，在超导临界温度处超导体的比热容发生突变，超导态不存在温差电现象，等等。超流动性和超导体的这些奇异现象均与低温下的宏观量子现象密切相关，并均来源于低温下发生的某种有序化转变。对超流动性和超导电性的研究大大深化了人们对物质世界所循规律的认识，故一直是低温物理学的研究重点。对液态$^3$He和$^4$He的性质的研究导致了新的致冷手段（稀释制冷机）的出现。对超导体各种性质及其应用的研究形成了超导物理学这一分支学科。以约瑟夫森效应为基础的超导器件的研究和应用形成了超导电子学这一新学科。1986年以后对高临界温度超导材料的研究和探索为超导应用展现了广阔前景。

**低血糖症** hypoglycemia 多种原因引起的血糖浓度低于正常范围所致的一组临床综合症状。

**分类** 根据症状发生的时间，临床上通常将低血糖症分为空腹低血糖和餐后低血糖。

空腹低血糖症 发生在早餐前或进食推迟及舍去之后，临床表现以神经精神症状为主，持续时间长，多需进食才能缓解。多因器质性或预后严重的疾病引起。

餐后低血糖症 在进食后2～4小时，病情一般较轻，症状持续时间短暂，多自行缓解。常见于胃大部切除及胃肠吻合术后，当进糖类流质时因其直接刺激胃肠激素分泌以及糖分吸收后的高血糖刺激胰岛素分泌（非自主分泌）所致，亦可见于进果糖、半乳糖、亮氨酸后，或见于糖尿病早期。

酒精性低血糖症　主要因抑制肝糖原异生所致，可见于空腹或餐后3～4小时。

药物性低血糖症　发病与服药有关。

**临床表现**　可表现为意识蒙眬，定向力和识别能力丧失，嗜睡、多汗、震颤、头痛、头晕、倦怠、视力模糊、健忘、言语困难等。有时有精神失常，表现为恐惧、幻觉、狂躁、行为幼稚等。当皮质下中枢受到低血糖影响时表现神志不清、躁动不安、心动过速，瞳孔散大伴有阵挛性和舞蹈样动作，甚至强直性惊厥。当延髓受累时，则呈现严重昏迷或去大脑性强直、各种反射消失、瞳孔缩小、肌张力低下、呼吸减弱、血压下降，若历时过久则不易逆转。外周神经很少受低血糖的影响，因其能量来源不全靠葡萄糖的有氧代谢。若血糖一过性迅速下降或为急性低血糖症，则表现为肾上腺素能神经活力过度兴奋，如震颤、多汗、心悸、面色苍白、心动过速、血压偏高等儿茶酚胺分泌过多的症群，多见于餐后低血糖症或功能性低血糖症。

**诊断和鉴别诊断**　临床上常借助于一些试验检查，以明确诊断：①血糖(G)和免疫反应性胰岛素(IRI)浓度测定。②禁食试验。若临床上无发作，空腹血糖又不低者，可在严密监护下采用此试验。③兴奋试验和抑制试验。

**治疗**　疑为低血糖症应立即治疗，若患者清醒，有吞咽运动，口服糖水可迅速改善症状。对伴有昏迷或抽搐的危重患者，立即静脉注射50%葡萄糖溶液40～60毫升，90%的患者可恢复。低血糖患者无反应或反应不良则提示预后不良，将留有不同程度的脑损害，此时应持续静脉滴注5%～10%葡萄糖溶液。在紧急严重的低血糖状态下而未能及时静脉注射葡萄糖液时，可先肌注胰升糖素1～2毫克，然后静脉注射25%～50%葡萄糖液，清醒后必须饮用糖水，预防下一次低血糖反应发生。垂体肾上腺皮质功能减退者可静脉滴注氢化可的松，以抑制胰岛素分泌或对抗胰岛素作用。对肝病所致的自发性低血糖，须积极治疗原发病。胰岛B细胞瘤或胰外肿瘤所致的低血糖需及早手术治疗。难以定位、手术不成功或癌肿转移不宜手术者，可口服抑制胰岛素释放的药物如氯苯甲噻二嗪，同时加用双氢氯噻嗪以消除潴钠作用，也可与其他抑制胰岛素分泌的药物如苯妥英钠、心得安、氯丙嗪等合用。能选择性地破坏胰岛B细胞的链脲霉素主要用于胰岛细胞腺癌合并转移的患者。胰岛素自身免疫综合征是自限性疾病，严重低血糖者可用肾上腺皮质激素治疗。

## 低音提琴 double bass

擦奏弦鸣乐器。提琴家族中体积最大、发音最低的乐器。是乐队音响的支柱，也是基本节奏的基础。现代交响乐队中至少要有数把低音提琴，爵士乐队和伴舞乐队中通常也不可或缺。形似**大提琴**，琴身一般为112厘米，全琴180～220厘米，下端有一支柱，演奏时直立地上。有4根弦，按四度定音为$E_1$、$A_1$、D、G（记谱高八度），偶有用5弦的，即再增加一$C_1$弦，仅见于乐队中使用；也有以机械控制，使第4根弦变长，从而低音可达到$C_1$。琴弓有两种类型：一种称法国弓，亦称“博泰西尼弓”，是放大了的小提琴弓，执弓如小提琴，掌心向下，在英国、法国、意大利较为流行；另一种称德国弓，亦称“西曼德尔弓”，弓形略有不同，执弓如握手锯，掌心向左前方，它在苏联、奥地利和德国比较流行。

## 堤 levee; dike

沿河、渠、湖、海岸边或行洪区、分洪区（蓄洪区）、围垦区边缘修筑的挡水建筑物。在河流水系较多地区，把沿干流修的堤称为干堤，沿支流修的堤称为支堤，形成围垸的堤称垸堤、圩堤或围堤，沿海岸修建的堤称海堤或海塘。

**沿革**　堤是世界上历史最悠久、应用最广泛的防洪工程措施。埃及人在公元前3400年修建了尼罗河左堤。中国先秦已有关于堤防的记载。到秦汉时期，黄河下游的堤防已逐渐完备，到明、清两代堤防迅速增多，堤工技术也有较大的发展。近代土坝技术发展很快，使筑堤技术在设计理论和施工技术上都有很大的发展。到2009年，中国建设了各类堤防29.14万千米。其中累计达标堤防11.67万千米。

**结构**　世界各国堤防以土堤最多，就地取材修筑，结构简单，多为梯形断面。为加固土堤，常在堤的临河或背河一侧修筑戗台，以节约土方。为加强土堤的抗冲性能，也常在土堤临水坡砌石或用其他材料护坡。石堤以块石砌筑，堤的断面较土堤为小。在大城市及重要工厂周围修堤，为减少占地有时采用浆砌块石堤或钢筋混凝土堤，称为防洪墙，堤身断面小、占地少，但造价高。强潮区的海堤，地基处理是筑堤成败的关键，护坡常采用抗冲能力强的圬工结构。

**规划设计**　根据防洪的要求，堤可以单独使用，又可以配合其他工程或组成防洪工程系统，联合运用。堤防工程为防洪系统中的一个重要组成部分，不论新建或改建、加固原有堤防系统，都需要进行规划、设计。

堤线选择　江河堤防选线时：①应对堤线附近地区经济社会状况、土壤和地质条件、水文及泥沙特性、河床演变规律等进行调查研究。根据河流的水文、泥沙特性，大致确定洪水的过水断面，标定中水、小水河槽的位置，使洪水的行洪水域与中水、小水河槽的线路相协调；洪水的主流线与中常水深泓线尽可能一致。②堤线走势应尽可能平顺，避免急弯和局部突出，以适应洪水河势流向。③尽可能避开村庄，少占耕地。④尽量选在地势较高、土质较好之处，以减少筑堤的工程量。⑤堤线离中常水域的距离，应考虑营造防浪林和修堤取土的要求。

堤距和堤高的确定　首先要根据防洪、防潮的要求和经济能力，确定防洪标准；根据水文分析与计算，确定设计洪水；根据河道水力、泥沙特性，推算沿程设计水位；根据风浪要素、沉陷和工程等级，确定堤顶超高；然后建立设计流量下堤距与堤高的关系；再根据社会经济能力和技术水平，经过多方案的技术经济比较，选定最佳的堤距与堤高。必要时还可以用河工模型试验，对上述结果加以验证。

堤身横断面设计　根据挡水水头大小、堤基地质情况、堤身材料，来确定堤身横断面的结构。堤防横断面尺寸，还受

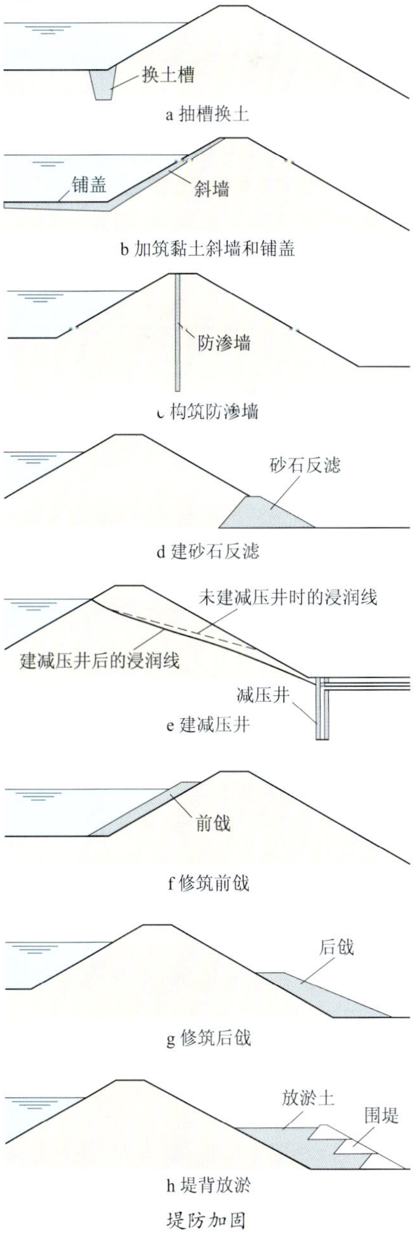


堤防加固

以下因素影响：堤顶宽度往往需要满足料物堆存、防汛抢险、交通运输的要求；堤的边坡在理论分析的基础上，需综合考虑雨水的坡蚀作用、植物生长、机械维修等因素，参照已有稳定坡度的河堤来选定。

**堤的加高加固** 由于河床淤积抬高，堤防相对降低，堤身受各种外部因素和内部隐患影响，危及安全，因此需要对堤防加高加固，以维持和巩固其效能。堤的加高应根据新的设计指标，拟采用的材料和结构，连同原有堤防进行分析计算，以确定新的堤身横断面。堤的加固，通常采用加大横断面尺寸或改变堤身结构的办法（见图）。主要的措施有：抽槽换土（图a）、加筑黏土斜墙和铺盖（图b）、构筑防渗墙（图c）、建砂石反滤（图d）、建减压井（图e）、修筑前后戗（图f、g）、堤背放淤固堤等（图h），选用何种措施要因地制宜。此外，锥探压力灌浆有消除隐患、强化堤防的作用。用戗台加固堤防仍是世界上许多国家采用的办法，但有些国家已把戗台改为缓坡，使堤坡不带有明显的棱角，施工方便；断面形状与浸润线较接近；便于用机械维修并易于种植草皮。

**滴虫病** trichomoniasis 毛滴虫引起的寄生虫病。寄生于人体的毛滴虫有3种，即阴道毛滴虫、人毛滴虫及口腔毛滴虫。阴道毛滴虫在女性可引起滴虫性阴道炎（症状有阴道口灼痒、泡沫性白带）和尿道炎，对男性也可引起尿道炎。常通过性交等直接接触传播，也可通过公用浴池、浴巾等间接传播。人毛滴虫可致滴虫性肠炎，症状为慢性腹泻、腹痛、食欲减退等。诊断主要依据在阴道分泌物或粪便中找到毛滴虫。灭滴灵治疗有效。

**滴定分析** titration analysis 将已知浓度的试剂溶液（称标准溶液）用滴定管滴加到待测物质的试液中，根据完成反应所消耗的标准溶液的体积确定试液中待测物质含量的定量分析方法。又称容量分析。能用于滴定分析的化学反应必须符合一定条件，反应应该进行得比较完全，反应的速率还必须足够快，最重要的是反应物间有确定的化学计量关系并要有适当的方法确定滴定终点。法国C.J.若弗鲁瓦于1729年最先利用滴定分析法测定了乙酸的浓度。到了19世纪，由于各类指示剂的成功合成，滴定分析得到广泛的发展和应用。该类分析方法简便、快速、准确，特别适合常量组分（含量大于1%）的测定和大批样品的例行分析。它可以用目视，即利用肉眼观察指示剂在化学计量点附近的颜色变化，或利用仪器测量滴定过程中体系物理性质的变化来确定终点。基于滴定分析所用化学反应及其介质的不同，滴定分析分为酸碱滴定、沉淀滴定、氧化还原滴定、配位滴定、非水滴定等。

用于滴定分析的、由玻璃（石英、塑料等）制的量器称为容量仪器，主要包括滴定管（用于测量滴定时所加滴定剂的体积）、容量瓶（用于准确固定溶液的体积）、移液管（又称吸量管，用于准确移取一定体积的溶液）。容量仪器的刻度是否准确，会直接影响滴定分析的准确度。不同级别的仪器允许有不同的误差。在准确度要求较高的分析中，应当事先对容量仪器进行校正。同时，由于容量瓶经常与移液管配合使用，为此常需要作它们的体积比校正。

**狄** 中国古代北方民族。又称翟。一说狄即殷代鬼方及周代猃狁。因其主要分布在成周雒邑以北，又称北狄。春秋时分为长狄、赤狄、白狄三个支派。赤狄实力最强，公元前7世纪60年代曾东下太行，乃有齐桓公率诸华夏国抵御狄人，“存邢救卫”。白狄的一支鲜虞氏于春秋、战国间曾两建中山国。战国后期，完全融合于华夏族。秦汉以后，狄或北狄成为中原人对北方各族的泛称。

**狄奥尼索斯** Dionysos 希腊神话中的酒神。酿酒和种植葡萄等的庇护者。为宙斯和塞墨勒所生。狄奥尼索斯由精灵西勒诺

狄奥尼索斯与阿里阿德涅的婚礼（陶瓶绘画）

斯教养，返回希腊途中，遭遇海盗。结果他使船桅上长满常春藤，风帆上挂满葡萄。海盗惊恐跳海，变成海豚。很多证据表明，对他的崇拜并非起源于希腊。他最流行的别号“巴克科斯”据说来自吕底亚语。在荷马时代，狄奥尼索斯只是平民所崇奉的神，并不在希腊的主神之列。对他的崇拜在希腊传播时还曾遇到顽强的抵抗。为建立对自己的崇拜，他遍游希腊、叙利亚、直抵印度。他教人们造酒，使酒、牛奶、蜂蜜从地下涌出。对他的崇拜与古代的化装仪式有密切的联系，纪念他的庆典具有秘密仪式的特点，往往会变成由暴饮导致的狂欢，使参加者忘却平常的禁忌。一般认为，古希腊的悲剧和喜剧即起源于庆祭他的仪式。在现代语言中，狄奥尼索斯－巴克科斯常用来比喻酒或与酒相关的欢乐。

**狄奥尼西奥斯** Dionysios（前60～前7?） 希腊历史学家、修辞学家、文艺评论家。生于小亚细亚哈利卡尔那索斯。公元前30年以后一直在罗马讲授文法和修辞，与罗马上层社会有广泛的交往。他的《古代罗马史》共20卷，保存下来的只有前10卷、第11卷的一部分和其余各卷的片段。他站在贵族元老的立场，记述从远古到第一次布匿战争的罗马历史，把罗马和希腊的历史强加比附，对史料缺乏批判的态度。在文法修辞和文艺理论方面，他反对希腊化时期流行的堆砌造作的亚细亚文风，崇尚古阿提卡文学和语言的典雅、朴素，是阿提卡主义的代表人物。主要著作还有《论模仿》、《论词的搭配》、《论狄摩西尼的文体》和《论修昔底德的特点》等。

**狄布** Dīb, Mohammed（1920～2003） 阿尔及利亚作家。生于特莱姆森，卒于法国拉塞勒－圣克卢。曾做过小学教师、会计、织地毯工人、铁路工人和新闻记者。长篇小说《阿尔及利亚》三部曲包括《大房子》（1952）、《火灾》（1954）和《织布机》（1957），描写城市贫民、山村雇农、产业工人的贫苦生活，以及他们反对殖民主义者的英勇斗争，基本上概括了1939～1942年阿尔及利亚的历史。以后陆续发表了短篇小说集《在咖啡店里》、小说《非洲的夏天》、诗集《守护的影子》，以及运用西方现代派的某些手法进行创作的小说《记得大海的人》（1962）、《在荒凉的岸边奔走》（1964）等。70年代创作了新三部曲描写阿尔及利亚独立后发生的变化，分别是《野蛮人中的神》（1971）、《打猎的能手》（1973）和《阿贝尔》（1977）。

**狄慈根** Dietzgen, Joseph（1828－12－09～1888－04－15） 德国工人哲学家。生于布兰肯堡的一个制革匠家庭，卒于美国芝加哥。读完中学二年级便辍学在家劳动和自学。

1848年革命期间，他热情地宣传革命。先后侨居美国、俄国。1869年初回到德国，积极参加社会民主党的革命活动，并坚持钻研哲学。1884年，移居美国，曾任《社会主义者》、芝加哥《工人报》编辑。狄慈根是在L.费尔巴哈的影响下转到了唯物主义和无神论的立场的，后来又在K.马克思、F.恩格斯的帮助下成长为辩证唯物主义哲学家。他是把马克思主义哲学称为辩证唯物主义的第一人。他独立地提出了辩证唯物主义的若干问题，反对了当时流行的

新康德主义和庸俗唯物主义，捍卫和传播了马克思主义哲学，受到马克思、恩格斯和列宁的高度赞扬。主要著作有《人脑活动的本质》、《一个社会主义者在认识论领域中的漫游》、《哲学的成就》等。

**狄德罗** Diderot, Denis (1713-10-05～1784-07-31) 18世纪法国唯物主义哲学家，美学家，文学家，百科全书派代表人物，第一部法国《百科全书》主编。

生平和著述 狄德罗生于郎格里。1732年获得巴黎大学文科硕士学位。他精通意、英等几国文字，以译述A.A.C.沙夫茨伯里的《德性研究》而著称。狄德罗在主编《百科全书》的25年中，深受F.培根、T.霍布斯和J.洛克等人思想的影响，尤其是培根关于编辑百科全书的思想，促使他坚定地献身于《百科全书》的事业。狄德罗除主编《百科全书》外，还撰写了大量著作，在他的《哲学思想录》、《对自然的解释》、《怀疑者漫步》、《论盲人书简》、《生理学的基础》、《拉摩的侄儿》、《关于物质和运动的哲学原理》、《达朗贝尔和狄德罗的谈话》、《宿命论者让·雅克和他的主人》、《驳斥爱尔维修〈论人〉的著作》等著作中，表述了他的唯物主义哲学思想；在他的《美之根源及性质的哲学的研究》、《论戏剧艺术》、《谈演员》、《绘画论》、《天才》等著作中，表述了他的“美在关系”的美学思想。

哲学思想 狄德罗的哲学思想既反映形而上学的思维方式，又夹杂着一些辩证法的因素。1749年发表的《论盲人书简》充分表述了无神论思想。这种思想没有停留在以触觉为衡量事物存在与否的准则上，深入到了理论思维的领域。狄德罗把世界设想为一个大系统，认为其中存在的只有时间、空间与物质；物质本身具有活力，能够自行运动，不需要它以外的神秘力量参与；运动是物质的一种属性，物质与运动不可分割的联系造成绚丽多彩的大千世界，这个世界是统一的，统一于物质；由于物质不断运动，永远处于变化的过程中，所以新鲜的事物层出不穷；所有的事物都相互联系，联系与统一具有内在的逻辑上的蕴涵关系。在狄德罗的自然观中，含有转化的观念。他肯定自然事物可以相互转化，转化还涉及事物质的变化。但狄德罗的自然观仍然存在形而上学倾向。他把一切变化都归结为“纯粹数量增长”，认为由元素组合的事物，通过嬗变而彼此交替，只能形成循环的局面。

在认识论方面，狄德罗强调感觉论，认为出现在理智之中的，必然首先导源于感性知觉，他从认识的起源上反驳先验论以及纯属思辨性质的形而上学。主张感性与理性两条轨道相辅相成，共同推进人类认识。

狄德罗站在法国第三等级的立场上，坚持国家起源于契约，君主的权力来自人民协议的观点。他指出，能够实现人民自由平等的是政体，任何政体都是要改变的，它的生命同动物的生命一样，必然趋于死亡。封建专制政体终会消逝，由适合人性的政体取而代之。

美学思想 狄德罗提出了“美在关系”说。认为“美”是一个存在物的名词，它标记着存在物一种共有的性质，这个共有的性质就是“关系”。这就是“美在关系”的含义。“美在关系”就意味着美在事物的客观性质，事物的性质是美的根源。狄德罗还认为“关系是悟性的一种作用”。根据这一点，他把“关系”基本上分为实在的关系、察知的关系和虚构的关系。与这3类相应，美也分为3种：“实在的美”，又称为“在我身外的美”；“见出的美”，又称为“与我有关的美”；虚构的美，实际是艺术家创造的艺术作品的美。

按照“美在关系”的观点，狄德罗解释了现实美和艺术美。他把艺术美看作“模仿的美”。他主张艺术效法自然，反对仿古，反对墨守成规。认为大自然高于艺术，自然美高于艺术美。但是，狄德罗并不甘愿作自然的追随者，所以他又认为艺术真实既不应违背自然真实，又不等于自然真实，艺术真实必须符合艺术家的理想，符合他所虚构的关系。而在艺术美的现实和理想两个方面，他又更重视理想。

狄德罗认为，审美鉴赏不单是审美感受力，也是审美创造力，美感是和一个人的想象、敏感和知识成正比例增长的。从审美创造来说，审美鉴赏是指“趣味”和“天才”。趣味不同于天才，它创造作品是依据法则的知识，只能产生一些“惯性的美”。依“美在关系”的观点，狄德罗还考察和研究了审美判断的标准以及审美判断产生分歧的原因。他的美学思想，上承亚里士多德，下启N.G.车尔尼雪夫斯基，在西方美学史上有重要的地位。但在他的美学思想中，也存在一些矛盾和混乱。他把美看作是在心灵中由“悟性”唤醒“关系观念”的东西的标记。有把美和美感混为一谈，甚至以美感作为美的基础的看法。没有划清美与美感的界限。

艺术成就 1759～1781年他为巴黎每两年举行一次的“沙龙”(绘画雕塑展览)写过10多篇评论文章，攻击以布歇为代表的浮华纤巧投合贵族趣味的“洛可可”作风，提倡现实主义画风。他尝试建立一种新的戏剧体裁，冲破古典主义理论在悲剧、喜剧之间划下的界线，用散文表现普通人的日常生活。他称这种新的戏剧为“严肃剧”即后世的“正剧”。他写的两部“严肃剧”《私生子》、《一家之主》在艺术上并无可取之处，但是他为这两部剧本写的序言具有理论价值。《谈演员的矛盾》(原题为《关于演员的与众不同之见》)。是对表演技巧的探讨。

狄德罗的文学创作有小说《修女》、《拉摩的侄儿》等。此外，还发表过一部长篇小说《泄露隐情的首饰》和一些短篇故事，如《他与我》、《蒲保纳的两个朋友》、《这不是小说》等。

**狄尔** Tyl, Josef Kajetán (1808-02-04～1856-07-11) 捷克剧作家、作家、新闻记者。生于库特纳霍拉，卒于比尔森。曾在布拉格查理大学学习。曾随流动剧团活动、服兵役，主办文学杂志等。曾参加1848年捷克资产阶级民主革命，站在为民族自由及人民权利而斗争的前列，遭当局迫害。他主办文学杂志《花朵》，创作过短篇小说《库特纳山法令》和长篇小说《最后一个捷克人》、《穷人们》等。但最大成就表现在戏剧方面。一生写了20多个剧本，其中最受欢迎的是滑稽剧《费德罗娃契卡》(1834)，剧中“我的故乡在哪里”这首歌词后来成了捷克国歌歌词的一部分。其他主要剧作还有《布拉格的浪荡子》(1846)、《破产者》(1848)，历史剧《库特纳山的矿工》(1847)、《扬·胡斯》(1848)，爱国神话剧《斯特拉科尼采的风笛手》(1847)等。他的戏剧作品被誉为捷克民族复兴文化发展的里程碑。

**狄尔斯** Diels, Otto Paul Hermann (1876-01-23～1954-03-07) 德国有机化学家。生于汉堡，卒于基尔。1895年入柏林大学攻读化学，1899年在E.费歇尔指导下获博士学位。1906年任柏林大学化学教授。1916年起，任基尔克里斯琴·奥尔布雷克特大学教授，1926年任校长。1906年通过氧化作用将胆固醇转变成“狄尔斯酸”。

1927年他用硒在300℃使胆甾醇脱氢，得到“狄尔斯烃”（$C_{18}H_{16}$）。1928年他和助手K.阿尔德发明双烯合成，其原理为：如果具有两个共轭双键的分子（双烯）和具有一个双键的分子（亲双烯试剂）在结构上满足一定的要求时，两者即很容易发生反应而结合成一个含有6元环的产物。这个反应被称为狄尔斯-阿尔德反应。与阿尔德因共同发展了双烯合成法而共获1950年诺贝尔化学奖。著有《有机化学导论》。

**狄尔泰** Dilthey, Wilhelm (1833-11-19～1911-10-01) 德国哲学家。生命哲学的奠基人。生于比布里希，卒于奥匈帝国博岑附近。曾先后在巴塞尔大学、基尔大学、布雷斯劳大学和柏林大学任哲学教授。狄尔泰的哲学思想是新康德主义的发展。他严格区分了自然科学与精神科学，并以生命或生活作为哲学的出发点，认为哲学不仅仅是对个人生命的说明，它更强调人类的生命，指出人类生命的特点必定表现在时代精神上，但他却把生命解释为某种神秘的心理体验。著作有《精神科学序论》(1883)、《哲学的本质》(1907) 等。

**狄更斯** Dickens, Charles (1812-02-07～1870-06-09) 英国小说家。生于朴次茅斯波特西，卒于查塔姆附近。少年时因家庭生活窘迫，只能断断续续入校求学。16岁在律师事务所当缮写员。1837年后在报社当采访记者。发表连载小说《匹克威克外传》，以流浪汉小说的形式，漫画式地反映英国现实生活，初获成功。后专门从事长篇连载小说的创作。

一生共创作长篇小说13部半，中篇小说20余部，短篇小说数百篇以及特写、游记、演说词、散文、杂诗等。早期小说，气势宏伟，通俗流畅，幽默泼辣而又充满感伤情调。如《奥列佛·特维斯特》(1838)、《尼古拉斯·尼克尔贝》(1839)、《老古玩店》(1841)、《马丁·朱述尔维特》(1844)、《圣诞欢歌》(1843) 等。

从《董贝父子》(1848) 以后，狄更斯的创作更为成熟。《董贝父子》通过董贝冷酷、骄傲、睥睨一切的态度体现了资产阶级金钱万能的法则。《大卫·科波菲尔》(1850) 是半自传体小说，通过一个孤儿的遭遇，描绘了一幅广阔而五光十色的社会画面。《荒凉山庄》(1853) 以错综复杂的情节揭露英国法律制度和司法机构的黑暗；《艰难时世》(1854) 直接描写罢工斗争，是对英国宪章运动的策应；《小杜丽》(1857) 详尽描绘了负债人的监狱生活，同时也更为深入地揭露了英国官僚制度和机构的冗繁、腐朽。《双城记》(1859) 以法国大革命为背景，旨在说明不合理的制度和统治必然导致人们奋起反抗。笔墨精雅深奥、结构简练完美。在《远大前程》(1861) 中，作者早年的乐观态度明显减少，探讨人生道路方面更有现实性和警世性。《我们共同的朋友》(1865) 是又一部广泛深入社会的批判小说，其中所包含的人性探索和生活哲理也更见深刻。

狄更斯小说创作篇幅宏大，内容包罗万象，风格雅俗共赏，影响遍及欧美以及世界各国。

**狄骥** Duguit, Léon (1859-02-04～1928-12-18) 法国法学家，社会连带主义法学派首创人。生于利布尔讷，卒于波尔多。1886年起一直任法国波尔多大学法学教授。

狄骥学说的主要思想渊源来自A.孔德的实证主义哲学和法国社会学家É.涂尔干在《社会劳动分工论》中所阐述的社会连带主义理论。主要著作有：《法和国家》(1901)、《公法研究》(1901～1902)、《社会权利、个人权利和国家》(1908)、《宪法论》(1911)、《从拿破仑法典以来私法的变迁》(1912) 和《公法的变迁》(1913) 等。

狄骥认为，社会连带关系不是道德义务，而是一个永恒不变的事实，即人们必须生活在社会中，必须具有社会连带关系。这种关系包括：①同求的连带关系，即人们有共同需要，只能通过共同生活以满足这种需要。②分工的连带关系，即人们有不同的能力和需要，必须通过相互交换服务以满足这些需要。他认为，社会连带关系是一切社会规范的基础。社会规范分三种，即经济规范、道德规范和法律规范。其中法律规范是最高的，违反这种规范就要遭到群众自发要求的、有组织的强力制裁。这种规范的整体就是客观法。国家制定和执行的法是实在法。客观法高于实在法，实在法以客观法为生效条件，并以实现客观法为目的。法律规则又有规范性法律规则和建设性或技术性法律规则之分。前者是围绕社会连带关系命令或禁止人们的行为的规则；后者是为实现前一类规则而制定的规则。实在法与建设性、技术性规则的存在，都意味着国家的存在，而客观法却不是国家的产物，高于并先于国家。只要有人类社会，就有客观法即社会连带关系。客观法对强者与弱者、统治者与被统治者一律适用。国家本身受客观法限制，以实现客观法为唯一目的。

狄骥反对法国《人权宣言》中关于国家主权和个人权利的原则，要求以他的国家公务观念代替传统的主权观念；认为国际法的主体不是国家而是个人，国际法同样是以不同集团成员之间的连带关系为基础的。

**狄拉克** Dirac, Paul Adrien Maurice (1902-08-08～1984-10-20) 英国理论物理学家。生于英国布里斯托尔，卒于美国佛罗里达。1918年入布里斯托尔大学学工程，后进入剑桥大学攻读物理，1926年获剑桥大学哲学博士学位。1930年为英国皇家学会会员。1932年任卢卡斯讲座数学教授。1933年以对量子力学的贡献与E.薛定谔共获诺贝尔物理学奖。

1926年狄拉克还是学生的时候，便创造了量子力学的一种形式，他的量子力学概括性强而逻辑简单。1926年，与E.费米发现了用反对称波函数表示全同粒子系统的量子统计法（后称费米-狄拉克统计）。1927年，首先提出二次量子化理论，为建立量子场论找到了一个出发点。1928年，将相对论引进量子力学，提出电子的相对论性运动方程（狄拉克方程），解释了电子的自旋为$\hbar/2$，论证了电子磁矩的存在。并预言正电子的存在，1932年被C.D.安德森在宇宙线中发现。1933年，根据电子的电荷量子化，提出“可能存在磁单极子”的假设，但至今未在实验上得到最后证实。

**狄利克雷** Dirichlet, Peter Gustav Lejeune (1805-02-13～1859-05-05) 德国数学家。生于迪伦，卒于格丁根。中学时曾受教于物理学家G.S.欧姆；1822～1826年在巴黎求学，深受J.傅里叶的影响。回国后先后在布雷斯劳大学、柏林军事学院和柏林大学任教27年，对德国数学发展产生巨大影响。1839年任柏林大学教授，1855年接任C.F.高斯在格丁根大学的教授职位。

在分析学方面，他是最早倡导严格化

方法的数学家之一。1829年，得到给定函数 $f(x)$ 的傅里叶级数收敛的第一个充分条件。1837年，放弃当时普遍接受的关于函数是用数学符号和运算组成的表达式的观念，提出 $y=f(x)$ 是 $x$ 与 $y$ 之间的一种对应的现代观点。同年，证明改变绝对收敛级数中项的次序，不影响级数的和；并举例说明条件收敛级数不具备这种性质。

在数论方面，他是高斯思想的传播者和拓广者。高斯划时代的著作《算术研究》艰深难懂，狄利克雷撰写了《数论讲义》(1863)，对之作了明晰的解释并有创见，使高斯的思想得以广泛传播。1837年，他在证明每一个算术序列 $\{a+nb\}$（式中 $a$ 和 $b$ 互素）包含无穷多个素数时使用了级数 $\sum_{n=1}^{\infty} a_n n^{-z}$，式中 $a_n$、$z$ 是复数，即现称的狄利克雷级数。这是解析数论的第一篇重要论文。1838～1839年，得到确定二次型类数的公式。1846年，使用抽屉原理（如在 $n$ 个抽屉里分放数目大于 $n$ 的物件，则至少有一个抽屉里的物件数大于1），阐明代数数域中单位数的阿贝尔群的结构。

在数学物理方面，他对椭球体产生的引力、球在不可压缩流体中的运动、由太阳系稳定性导出的一般稳定性等课题都有重要论著。1850年发表了有关位势理论的文章，论及著名的第一边界值问题，现称狄利克雷问题。

狄利克雷的主要论文由L.克罗内克和I.L.富克斯收在《狄利克雷论文集》(1889～1897) 中。

**狄摩西尼** Demosthenes（前384～前322） 古代雅典演说家。生于雅典，卒于阿尔戈利斯卡劳里亚。曾在伊赛奥斯门下学习修辞术。后来以为诉讼双方写发言稿为终生事业。曾领导雅典人民反对马其顿的侵略。前322年，马其顿军队击溃希腊联军，雅典投降。狄摩西尼在被捕时服毒自尽。以他的名义传下61篇演说词，但一般认为只有34篇是他的作品。其中前341年发表的《第三篇反腓力辞》，揭露马其顿王的侵略意图，是一篇最强劲的演说，反响强烈。前330年的《金冠辞》中，狄摩西尼攻击对手埃斯基涅斯，为自己辩护，也是他最有名的演说。狄摩西尼的演说词很有说服力，他语言简练且具文采，演说风格因势而多变。他的散文风格庄严，简洁流畅，生动自然，感情强烈，激动人心，成为古希腊散文典范。

**狄青** Di Qing（1008～1057） 中国宋代将领。字汉臣。汾州西河（今山西汾阳）人。行伍出身，19岁从军，任皇帝侍卫。后应诏戍边，任延州指使。他在同西夏作战中，骁勇善战，多次负伤，屡建战功，深为戍边名臣范仲淹、韩琦器重，累升至彰化军节度使，枢密副使。皇祐四年（1052），广源州（约今越南高平地区）部族首领侬智高称帝，建大南国，攻占广南（今广西、广东）九州。狄青奉命率兵3万进击，大败侬军，收复邕州（今广西南宁），歼敌万余人。侬智高逃大理（今属云南）。五年，升枢密使。狄青一生征战，严于治军，喜读兵书。嘉祐元年（1056）去职，次年三月卒。

**狄仁杰** Di Renjie（630～700） 中国唐朝武则天时名相。字怀英。并州太原（今山西太原西南）人。父、祖均为高官。明经出身，高宗时任大理丞、度支郎中。武后当政初年，先任尚书右丞，后为豫州刺史。垂拱四年(688) 在处理因越王李贞起兵而被牵连的人时，他密表申理，使六七百人得免一死。天授二年（691），曾短期担任宰相。次年为酷吏来俊臣所陷贬彭泽令。万岁通天元年(696)，契丹陷冀州（今河北冀州），仁杰被起用备御契丹。神功元年（697），复召入为同凤阁鸾台平章事。圣历元年（698），后突厥（见突厥）攻掠河北，仁杰复出统兵迎击。不久，为河北道安抚大使。他建议赦免胁从，河北很快安定。武则天信重狄仁杰，群臣莫及，常称之国老，所言多从。则天欲以其侄武承嗣继承皇位，仁杰力劝复立庐陵王（即中宗）。有文集十卷，已佚。

**狄塞尔** Diesel, Rudolf（1858-03-18～1913-09-29） 德国工程师。柴油机的发明人。生于巴黎，父母是德国人。童年时期在巴黎受教育，后获得奖学金进入慕尼黑技术大学学习，毕业后于1879年在瑞士的苏尔泽兄弟公司工作，两年后回巴黎，成为一家国际冷冻公司的工程师和推销员。在工作中狄塞尔萌发了设计新型发动机的念头。1885年开始研究动力机器，1892年获得专利，同年制造了第一种试验机，即原始的柴油机。后来，这种压燃式发动机循环便被称为狄塞尔循环。1893年第一次试验时，压力达到了80个大气压，为当时人类第一次记录下来的最高压力，但是立刻发生了爆炸。狄塞尔改进机器并在1894年继续试验，1896年柴油机试验成功。1897年狄塞尔得到弗里德里希·克虏伯公司的支持，完善了他的发明，制成了“狄塞尔”内燃机。1898年狄塞尔的柴油机获得了商业上的成功。第一次世界大战时，他的柴油机成为各国潜艇的主要动力。20世纪20年代研制出适用的燃油喷射系统后，柴油机开始广泛应用于卡车、拖拉机、公共汽车、航船和机床。1913年他在去英国途中乘船横渡英吉利海峡时失踪，人们猜测他死于海中。

**迪拜** Dubai 阿拉伯联合酋长国最大城市，迪拜酋长国首府。临波斯湾岸。人口约142万(2006)，其中移居人口超过70%。古代阿拉伯商人的海运和商业中心。英国殖民统治时期是英国派驻各酋长国驻扎官的共同驻在地，被欧洲人称为“海湾威尼斯”。

迪拜清真寺和现代建筑

阿联酋建立后，发展迅速，现已全部现代化。阿联酋的多数银行和保险公司都在此设办事机构。工业有大型炼铝厂和天然气分馏厂等。1972年新建深水港拉希德港，1979年又建成超级油轮干船坞。高速公路东北通沙迦和哈伊马角城，西南达阿布扎比城。沿海建有300多个人工岛，形成一幅“世界版图”；还有排列有序的建筑像一棵枝叶茂盛的棕榈树漂浮在海面上的迪拜棕榈岛。拥有世界上第一家七星级酒店、全球最大的购物中心和世界最大的室内滑雪场。2010年1月4日建成世界第一高楼（828米）——哈里发塔（又称比斯迪拜塔）。有建于20世纪60年代、为纪念阿联酋第一口油井出油的石油纪念碑，风格独特的钟楼和喷水池等。

**迪多家族** Didot family 法国18～19世纪印刷出版世家。创始人弗朗索瓦·迪多于1713年在巴黎创办印刷所和书店。其长子昂布鲁瓦兹发明精制犊皮纸制造术，创制出新型的优美字体。次子皮埃尔改进了铅字铸造术，在埃松建立造纸厂。第三代是迪多家族事业的顶峰时期。昂布鲁瓦兹的长子皮埃尔印刷出版的精美图书被誉为“卢浮宫版”；次子菲尔曼设计出的字体被称为“迪多体”（是法国现代印刷铅字的基础），并发明铅版浇铸法。皮埃尔的长子亨利发明快速铸字法；次子莱热根据N.-L.罗贝尔的发明，制出造纸机。迪多家族第四代和第五代继续从事造纸、印刷和出版业。

**迪戈加西亚岛** Diego Garcia Island 印度洋中部查戈斯群岛的主岛。地理坐标南纬6°34′和东经72°24′。1532年，葡萄牙航海家迪戈·加西亚到此，故名。全岛为一北端开口的南北向马蹄形珊瑚环礁，长28千米，宽6.4～8千米，面积28平方千米。环礁陆面总长65千米，宽均0.5千米。表层砂质，地势低平，海拔最高不足2米，高潮时低洼部浸没水中。内侧的潟湖，南北长24千米，宽6.4千米，水深10～20米。盛行东南信风，年平均气温24～29℃，最高32℃。平均年降水量2 500毫米。地处亚洲、非洲、大洋洲间广大海域来往的中途位置，扼印度洋航路要冲，多条重要海上航线交会点。1810年英国占领，划入英属毛里求斯。第二次世界大战时，为英国空军基地和海军停泊港。1966年，英美就共同使用此岛达成协议，美国遂将其变为在印度洋的重要海、空军基地。1968年毛里求斯独立，改归英属塞舌尔群岛。1976年塞舌尔独立，改划为“英属印度洋领地”的一部分。港口和机场经大规模扩建，已可停泊航空母舰、大型核潜艇和其他各种作战舰艇；机场可供远程重型轰炸机起降。美国在海湾战争和伊拉克战争中，均曾用其于远程轰炸的军事行动基地。

**迪肯** Deacon, Sir George Edward Raven (1906-03-21～1984-11-16) 英国海洋学家、地理学家。生于英格兰的莱斯特。早年在伦敦皇家学院攻读化学。1927～1939年参加“发现”号南大洋调查，出版《发现号调查报告》。该报告迄今仍是研究南大洋水文学的经典著作。1939年以后参加皇家海军科研工作，主要从事和领导波浪和水声的研究，他与同事第一次分析了海浪谱，证实了波谱概念的价值。1944年当选为英国皇家学会会员。1949～1971年任英国国立海洋研究所首任所长，使该所成为世界上著名的海洋研究所之一。发表约200篇论文，内容主要涉及南大洋的环流。主编或撰写有《南极冰及水团学术讨论会论文集》、《南极海洋学》等。曾任国际海洋物理科学协会（IAPSO）主席，以及其他一些海洋学国际组织、委员会等的主席或成员。曾获极地奖（1942）、A.阿加西奖（1962）、皇家学会奖（1969）、苏格兰地理学奖（1971）等。

**迪伦** Dylan, Bob (1941-05-24～ ) 美国音乐家，民谣歌手。生于明尼苏达州德卢斯。其歌曲在20世纪60年代反战抗议和民权运动中被广泛传唱。他的早期音乐受民歌手W.格思里的影响；1961年开始在纽约的咖啡馆里演唱格思里所写大萧条时期的歌谣与自己创作的歌曲。1962年、1963年、1964年录制的唱片使他闻名于世。其两首歌曲：《在风中吹拂》和《时代在改变》成了民权运动的赞歌。他的许多歌曲立足民间传统，以简朴的旋律为基础，采用比喻性歌词，运用的诗歌艺术手法和表现出的想象力是以前的美国民间音乐中很少见的。1965年开始接受电子扩大乐器和摇滚音乐节奏，作品与他过去采用传统乐器的社会抗议歌曲有较大差异。专辑《重访61号公路》(1965) 和《金发碧眼》(1966) 奠定了他作为摇滚乐带头人的地位。1966年遇车祸后，一段时间深居简出，然后又经历一次音乐上的转变，发表了几张唱片（以1969年的《纳什维尔地平线》最为著名）。70和80年代继续演出，并录制有影响的唱片，例如《轨道血迹》(1975)、《欲望》(1975) 和《异教徒》(1983)。90年代以后，出版唱片的速度减缓，并举办了一些有纪念意义的演唱会。长达50年的音乐生涯中共出版了34张录音室专辑。

**迪伦马特** Dürrenmatt, Friedrich (1921-01-05～1990-12-14) 瑞士戏剧家、小说家。生于伯尔尼，卒于诺因堡。曾在苏黎世、伯尔尼等地学习。大学毕业后，在苏黎世《世界周报》任美术和戏剧编辑。1946年迁居巴塞尔，同年完成第一部剧作《立此存照》，从此专事写作。1949年《罗慕洛大帝》首演成功，开始崭露头角。1956年《老妇还乡》上演后，开始获得国际声誉。1962年《物理学家》进一步奠定了他在当代世界文学中的地位。此后，他将早期的某些作品（包括广播剧）按悲喜剧的原则加以修改或重写。

迪伦马特还写有《戏剧问题》、《论席勒》、《喜剧解》、《与比奈特的谈话》等阐述他独到见解的多种评论著作。1980年出版了29卷作品集。

《罗慕洛大帝》中的西罗马帝国末代皇帝罗慕洛·奥古斯都不理朝政，面临日耳曼人大军压境却无动于衷。《密西西比先生的婚姻》(1952) 中女主人公安娜塔茜娅是一个“既美丽又有罪”的女人。三个不同信仰的男人都想得到她、挽救她，但都一一宣告失败。《天使来到巴比伦》中的现实图景与童话的想象交织，是一出浪漫主义佳作。1956年创作的《老妇还乡》堪称其悲喜剧的代表作。《物理学家》(1962) 表现了科学与人类命运的关系问题，是一部哲理剧。

迪伦马特除了以喜剧形式反映悲剧性社会问题之外，还喜欢用“犯罪小说”的形式反映现实社会问题。《法官和他的刽子手》(1952) 揭示了资产阶级法律的破产。中篇小说《抛锚》(1956) 通过一次游戏探索了犯罪和道德问题。《诺言》(1958) 的副标题为“以犯罪小说形式写的安魂曲”。它通过主人公破案不成而身败名裂的结局，反映了主持正义者反被看成怪异的令人震惊的社会现象。

不可知论和历史循环论构成迪伦马特艺术观的哲学基础。他认为艺术包括戏剧不能反映世界，只能“表演世界”或“呈示一个世界的图像”。他否认戏剧的教育作用，但仍然重视前人的理论，如“三一律”。迪伦马特追求“多彩的戏剧”。他认为悲剧已经失去了赖以存在的基础，“只有喜剧才适合于我们”。这种“喜剧”情节是滑稽的，人物则是悲剧性的，是一种类似“黑色幽默”的悲喜剧，而怪诞便是其重要特征。

迪伦马特的作品都有比较明确的主题、完整的故事情节、紧张的戏剧冲突、严谨的戏剧结构和生动幽默的语言。迪伦马特的主要戏剧作品虽然常常采用时代的或世界性的题材和主题，但艺术上却有民间性和通俗性。

**迪南** Dunant, Jean-Henri (1828-05-08～1910-10-30) 瑞士人道主义者，红十字会创始人。生于日内瓦一个殷实的中产阶级家庭，卒于海登。1855年与友人创立世界基督教青年会。1863年，他与另外四位日内瓦居民创建伤兵救护国际委员会，后改名红十字国际委员会。

1863年10月，14个国家派代表在日内瓦开会，决定建立救护会。1864年8月，16个国家的政府参加日内瓦会议，通过国际委员会拟定的改善战时伤员境遇的日内瓦公约。1867年离开日内瓦，徒步漂泊到阿尔萨斯、德国、意大利，致力于改善战俘待遇、废止奴隶制度、建立国际仲裁、重建犹太人家园的活动。1901年与法国的F.帕西同获首届诺贝尔和平奖。

**迪庆藏族自治州** Dêqên Tibetan Autonomous Prefecture 中国云南省辖自治州。位于省境西北部，与四川省、西藏自治区交界。辖香格里拉县、德钦县、维西傈僳族自治县。面积23 870平方千米。人口40万(2010)，有藏、傈僳、汉、纳西、白、彝、普米等25个民族。自治州人民政府驻香格里拉县。1957年成立迪庆藏族自治州。地处横断山脉南段北端，怒山、云岭、中甸大雪山和澜沧江、金沙江“三山两江”平行并列纵贯南北。属温带和寒温带季风气候。矿产以铜、钨、铍、铅、锌、铝、锑、铁和石棉等的储量较大。农业主产水稻、小麦、玉米、青稞、油菜、核桃、生漆和油桐，以及大麻、贝母、杜仲、麝香、熊胆等中药材。畜牧业较发达，拥有草山草场约60.87万公顷，以放牧牦牛、犏牛、藏绵羊等为主。森林覆盖率65.5%，主要生长冷杉、云杉、云南杉、高山松、落叶松和华山松等，是长江、澜沧江上游原始林区之一。工业有采矿、电力、森工、机修、皮革、陶器、食品、建材等。名胜古迹有玉龙雪山风景名胜区、三江并流风景名胜区、白水台、碧塔海、吉沙林区、梅里雪山、松赞林寺、玉泉公园等。

**迪斯科** disco 群众自娱性舞蹈，美籍黑人创造的爵士舞。这种舞从20世纪70年代兴起后迅速流传，直至风靡全世界。

迪斯科舞姿

迪斯科音乐，强调以夸张的强弱力度的交替反复诱发内在的节奏冲动来支配舞步，比传统的华尔兹、探戈等更为自由，突出个性。男女两人一起跳舞时，更多的时间身体不接触，动作不必一致，而是问答式的情绪联系与默契。舞蹈动作可随着音乐节奏即兴发挥。根据技术要求的不同，可分为娱乐性的舞厅迪斯科、健身的迪斯科体操和表演性的迪斯科。舞厅迪斯科自娱性强，形式多样，随意即兴。这种舞可单人自跳，双人跳，多人集体跳，但仍以男女双人跳比较普遍。

**迪斯尼** Disney, Walt (1901-12-05～1966-12-15) 美国电影导演、制片人，动画片艺术的先驱。生于芝加哥，卒于洛杉矶。29项奥斯卡金像奖得主。早年就读于堪萨

斯城美术学院，20世纪20年代初开始制作动画短片，1928年起拍摄有声动画片。最受欢迎的动画片是《米老鼠和唐老鸭》，获1932年奥斯卡金像奖特别奖。1938年制成有史以来第一部大型动画故事片《白雪公主和七个小矮人》，获8项奥斯卡金像奖。其他作品有《木偶奇遇记》(1940)、《幻想曲》(1940)、《飞象邓博》(1941)、《小鹿班比》(1942)、《灰姑娘》(1950)、《爱丽丝漫游仙境》(1951)、《睡美人》(1959)等。他兴办的大型游乐场迪斯尼乐园和迪斯尼世界以技术设施再现出动画片中的境界，并用动画片中的人物表演。

**迪斯尼乐园** Disneyland 将现代科技和人类想象力结合而设计建造的综合性大型游乐园。第一座建在美国加利福尼亚州洛杉矶郊区，于1955年7月建成。其设计和创建者W.迪斯尼系美国电影制片人、动画电影的先驱，他创造的动物角色米老鼠和唐老鸭闻名世界。他创办有迪斯尼公司。第二座更大的游乐综合体——迪斯尼世界，于1971年在美国佛罗里达州奥兰多建成。在日本东京和法国巴黎也都建有迪斯尼乐

巴黎迪斯尼乐园

园，中国香港的迪斯尼乐园于2005年建成。洛杉矶迪斯尼乐园建有游乐点57个，适合成人和儿童游乐。在众多的游乐点中，有的表现18世纪美国中小型古老城市风光，西部开垦时期的市镇，枪手、强盗酗酒斗殴的酒店，牛仔及农妇耕作的牧区小屋等；有的表现漫游芦苇夹岸的河汊、藤萝交织的热带原始森林，并且可乘坐原始木筏、古典式画舫或蒸汽游览船；有的是按卡通片故事兴建的卡通动画片馆，有米老鼠、唐老鸭、白雪公主、飞象邓博、小鹿班比等接待客人的热烈场面；有的建成海底世界，乘坐潜水艇游玩海底，观赏地震陷落的海波古城、沉船中整箱的珠宝，或者乘坐平底船进入玻璃房和“海底基地”，透过玻璃观赏鱼类嬉戏；有的可乘坐太空船遨游太空，犹如置身河汉；还有仿照中国天坛兴建的中国馆，其中祈年殿立体电影厅放映《中国奇观》。奥兰多迪斯尼世界是美国也是世界上最大的综合性游乐园，占地1 000公顷，建有5个游览区，45个专题游览项目。在1982年扩建的“未来实验中心”中，把高科技成就与游乐相结合，建成宇航天文、地球、能源、交通运输、农业土地、幻想6个游乐点，可展现人类进步和自然发展的过程，可看到人类到达月球后散步的情景，可乘坐“火箭”作飞向火星的模拟飞行，可了解人类通讯发展史，可观赏机器人模拟美国总统的讲话和动作等。在“世界橱窗”中，有中国、加拿大等10个国家各具民族特色的展厅。

**迪亚斯** Diaz, José Ramos (1896-05-03～1942-03-21) 西班牙工人运动活动家，西班牙共产党总书记(1932～1942)。青年时参加全国劳工联合会，积极投身于工人运动。1926年加入西班牙共产党。1935年共产国际第七次代表大会上，当选为共产国际执委会委员。1936年7月18日，F.佛朗哥发动法西斯武装叛乱。以总书记迪亚斯

为首的西班牙共产党与西班牙人民一起奋起抵抗。内战期间，为人民阵线的主要领导人。1939年佛朗哥执政后宣布西班牙共产党非法，迪亚斯被迫流亡国外，继续领导西班牙共产党进行反对佛朗哥法西斯独裁的斗争。

**迪亚斯** Díaz, Porfirio (1830-09-15～1915-07-02) 墨西哥独裁者，总统（1877～1880，1884～1911）。生于瓦哈卡城，卒于巴黎。早年赞助B.P.胡亚雷斯改革，在革新战争和抗法战争中成为一名有战功的将军。1867、1871年两度参加竞选均告失败。1876年1月推翻莱尔多政府自任临时总统。次年5月被议会正式选为总统，建立代表大庄园主、天主教会和外国资本家利益的独裁政权。从此至1911年，除1880～1884年由其心腹M.冈萨雷斯任总统外，7次任总统，统治墨西哥近36年。统治期间镇压工农运动，恢复教会特权，剥夺印第安公社土地，出卖国家主权，让外资控制了墨西哥大量矿产资源，工人处境悲惨。统治后期，国内矛盾日益尖锐，爆发F.马德罗领导的资产阶级革命。1911年5月24日，首都群众举行反政府示威，迪亚斯被迫辞职，逃亡法国。

**迪亚斯·米龙** Díaz Mirón, Salvador (1853-12-14～1928-06-12) 墨西哥诗人。生于韦拉克鲁什，卒于墨西哥城。年轻时生活放荡不羁，曾因与人决斗而杀人，被判监禁四年。1913年因参加反对军政府的活动，被迫流亡国外。在西班牙和古巴当过教师和记者。晚年任墨西哥文学院院长和报社社长。从1874年开始在报刊上发表诗歌作品，1886年发表的《诗集》预示着拉丁美洲诗坛**现代主义**的产生。《碎石》(1901) 是一部极具现代色彩的诗集，诗人关注的是内心深处的感情。后期创作他更加注重诗歌的技巧和创新，在辞藻和韵律的运用上独树一帜。

**的的喀喀湖** Titicaca, Lago 南美洲第二大淡水湖，也是世界上最高能够通行大船的湖泊。位于南美洲安第斯山中段玻利维亚高原的北部，秘鲁和玻利维亚两国边境。面积约8 330平方千米，海拔约3 810米。平均水深100多米，最大水深304米，水体容积8 270亿立方米。该湖系构造遗迹湖，形成于东科迪勒拉山麓一构造盆地内。湖水主要依靠高山融雪补给，水温较低（12～16℃），湖水的蒸发量很大，水位高低有季节变化。湖中多半岛和湖湾港汊，共有51个岛屿。湖区为蒂亚瓦纳科文化和印加文化的发祥地。面积最大的的的喀喀岛还保留着印加时代的神庙遗址。湖中有用芦苇和蒲草编扎的名曰托托拉的小船，用以捕捞水产。湖中盛产鳟鱼和巨蛙。为玻利维亚和秘鲁两国的水上运输通道、游览胜地。

**的黎波里** Tripoli; Tarabulus 利比亚首都和最大城市，主要海港，的黎波里州首府。阿拉伯语称西的黎波里，以别于黎巴嫩的**的黎波里**。位于利比亚西北部地中海沿岸石岬上，以富庶的沿海平原为腹地，是通往内地古沙漠商道的起点。地理位置优越。人口约168万（2008）。

地中海型气候。年平均最高气温24.4℃，极端最高气温48.3℃，平均年降水量384毫米。自古就是重要贸易中心和战略要地。公元前7世纪，腓尼基人在这一地带创建三座市镇，统称“的黎波里斯”，意为“三市”。后其中两市在365年毁于大地震，居中的奥耶市独存，发展为今日的的黎波里。公元前146～公元450年，被罗马人占领。450年起遭汪达尔人侵夺。533～643年由拜占廷统治。7世纪阿拉伯人来此定居，带来阿拉伯文化并发展了与威尼斯的贸易关系。1510年，被西班牙人征服。1551年为奥斯曼帝国占领。1911～1943年沦为意大利殖民地。1943年由英国进驻。1951年利比亚正式独立，定为首都，成为全国政治、文化、经济、交通和旅游中心。工业占全国总产值的一半以上。建有冶金、化工、纺织、水泥、鱼罐头、地毯、制革、制鞋、卷烟、肥皂、食品、服装等企业。沿海绿洲产橄榄、蔬菜、柑橘、烟草和谷物。全国最大商港。有码头泊位17个，浮筒泊位1个，岸线总长2 062米，浮筒泊位水深16米。港口年吞吐量在500万吨以上。海岸公路通班加西和埃及开罗，为地中海地区繁忙的货物转运中心。附近有现代化国际机场。有1973年创办的法提大学。

市区由旧城和新城组成。北边是港口区，整个海湾都筑有防波堤。旧城多清真寺，最大的是1883年建立的盖尔吉清真寺；最著名的是始建于1763年的卡拉曼利清真寺，寺内有一个八面形尖塔；最古老的则是建于10世纪的查梅勒清真寺，重建于17世纪。新城位于西市区，系意大利统治时期和独立后修建，是城市主体部分。正中有从前的罗马天主教堂，1970年被改建为清真寺，改名为贾迈勒·阿卜杜勒·纳赛尔清真寺（见图）。城中还有摩尔式风格的白色王宫和罗马时代的墙垣。是夏季游览、疗养胜地。

贾迈勒·阿卜杜勒·纳赛尔清真寺

**的黎波里** Tripoli; Tarabulus 黎巴嫩的第二大城市，地中海岸港口，北部省首府。人口约21.55万（2004）。位于一名为“港角”的岬角上，南距首都贝鲁特70千米。由港口和城区两部分组成。始建于公元前7世纪，初受新亚述帝国统治，随后连续遭塞琉古、罗马、拜占廷、十字军以及埃及的统治。1516年被奥斯曼帝国兼并。第一次世界大战结束后，成为黎巴嫩的一部分。1909年通往叙利亚霍姆斯的铁路筑成后发展迅速。商业、工业与旅游中心。工业有炼油、肥皂、制革、轧棉、纺织、针织、烟草与水果加工等。并为海绵采集业中心。主要出口货物有丝织品、肥皂、柑橘、皮张、烟草与羊毛等。既承担邻国叙利亚的部分进出口业务，又是伊拉克基尔库克油田输油管的一个终端。附近有大片橘子园、柠檬园和石榴园。铁路北通叙利亚，南达

的黎波里泰纳尔清真寺

贝鲁特，公路东入贝卡谷地。多各个历史时期的名胜古迹。

**荻村伊智朗** Ogimura Ichiro (1932～1994-12) 日本乒乓球运动员。1954年作为日本队主力队员参加在英国举行的第21届世界乒乓球锦标赛，为日本队赢得第一个男子团体冠军作出贡献。到1967年，他先后9次参加世界乒乓球锦标赛，曾获第21、23届男子单打冠军，第25届男子双打冠军，第24、25、26届混合双打冠军，并且是第21、22、23、24、25届男子团体冠军的日本队主力队员。著有《现代乒坛名将战术》。先后任日本乒乓球协会理事长、国际乒乓球联合会第一副主席、主席等职。1992年获国际奥林匹克委员会奥林匹克银质奖章。

**敌百虫** trichlorphon 有机磷杀虫剂。学名O,O-二甲基-(2,2,2-三氯-1-羟基乙基)磷酸酯。

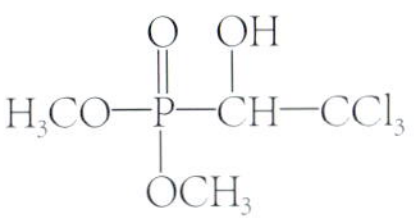

纯品为白色结晶粉末，25℃时在水中溶解度为15.4克/毫升，在弱酸性介质中较稳定。pH大于5.5时逐渐转化成敌敌畏，并随着碱性的增强、温度的升高而转化速度加快。敌敌畏更易水解，在中性介质中半衰期仅半小时，水解产物无药效。敌百虫是胃毒剂，触杀作用较弱，无熏蒸和内吸作用。对鳞翅目、双翅目、鞘翅目害虫有良好的防治效果，在农业上主要用于防治多种作物上的多种咀嚼口器害虫。在高等动物体内，敌百虫原体及其水解产物迅速地自尿中排出。因此也可用于防治家畜体内外寄生虫。

**敌蛾** Epiplemidae; pearly-ash colored moth 鳞翅目敌蛾科昆虫的统称。约有600种，世界性分布，在大洋洲巴布亚新几内亚及其邻近岛屿最为丰富。中国有30多种。体中小型，形似蝶类，停歇时模拟蜘蛛。形似灰蝶的种类，大多在后翅上有两小尾带；形似斑蝶的种类，大多后翅大于前翅。翅上斑纹有个体变异。白天静止时把前翅卷起，把后翅放在体侧，行为如蜘蛛，故又称蛛蛾。幼虫身上刚毛稀疏，8对腹足俱全。中国常见的有斑蝶敌蛾。

**涤纶** dacron 聚酯纤维的中国商品名。以聚酯为原料，通过纺丝制成的合成纤维。工业上大量生产的是用聚对苯二甲酸乙二酯(PET)制成的聚酯纤维，中国称涤纶。1941年，英国人在实验室用对苯二甲酸和乙二醇为单体研制聚酯纤维获得成功。1953年美国首先工业化生产。随后，涤纶在世界各国得到迅速发展，成为合成纤维的第一大品种。

涤纶强度高，耐折皱，弹性和尺寸稳定性好，有良好的电绝缘性能，耐日晒，耐摩擦，不霉不蛀。主要缺点是染色性能较差。涤纶具有优良的加工性能和使用性能。可用于纯纺织造，也可与棉、毛、丝、麻等天然纤维或其他化学纤维混纺交织，制成花色繁多、坚牢挺括、免烫和洗可穿性能良好的仿毛、仿棉、仿丝和仿麻织物。涤纶织物适用于衬衫、外衣、童装、室内装饰织物，短纤维也可用作絮棉。工业上高强度涤纶可用于轮胎帘子线、运输带、消防水管、绳缆、电气绝缘材料、耐酸过滤布、造纸毛毯、土工布、医疗保健用布和建筑用篷帆布等。

**涤棉织物** cotton-polyester fabric 用涤纶短纤维和棉纤维混纺纱线织制成的各种织物。俗称棉的确良。具有外观挺括、尺寸稳定、耐穿、耐用、易洗快干等优点，但吸湿性和透气性较纯棉织物稍差。宜制作各种服装。品种有府绸、平布、细纺、卡其、纱罗和色织产品等。涤/棉混纺的常用比例为65/35，也有80/20、50/50、35/65等。常用的13.1特(45英支)涤/棉混纺纱一般采用1.65分特(1.5旦)、38毫米涤纶切段纤维做成条子，与精梳棉条混并纺制。现代在涤棉织物中用0.88分特(0.8旦)涤纶短纤维代替1.65分特(1.5旦)普通涤纶纤维，使织物的透湿性、透气性和柔软性均得到改善。

**笛** flute 吹孔气鸣乐器。多竹制，又称竹笛或笛子；因横吹，又名横笛。广泛用

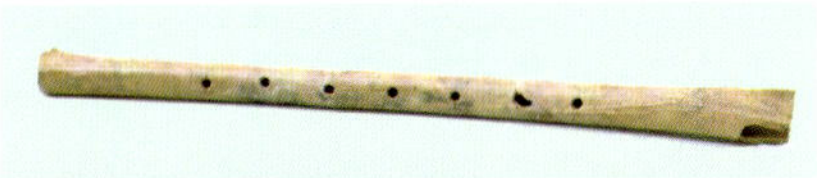

图1 新石器时期的骨笛（河南舞阳出土）

于中国戏曲、曲艺的伴奏和器乐独奏、合奏。中国浙江余姚河姆渡出土的骨哨距今有7 000年历史。其中长10厘米、管径略粗的一根，横开6孔，与今笛相似。湖南长沙马王堆汉墓出土了两支2 000多年前的竹笛。汉武帝时称笛为横吹，在鼓吹乐中使用普遍。魏晋时，笛在中国北方广泛流传。唐代出现加膜笛，表现力得到扩展，吹笛名手辈出。宋、元时期，笛成为词、曲、戏曲、曲艺伴奏中的重要乐器。元代的龙笛，已与今6孔竹笛完全一致。

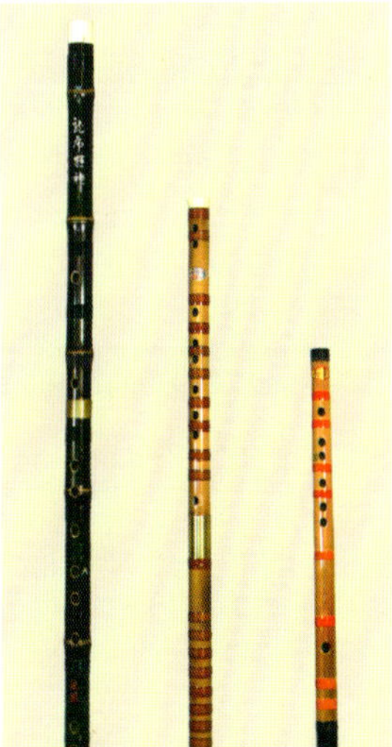

图2 不同形制的笛

笛的品种繁多，使用最普遍的是曲笛和梆笛。曲笛以伴奏昆曲得名。因盛产于苏州，又称苏笛。管身粗长，音色柔和，广泛流行于南方各地，是江南丝竹、苏南吹打、潮州笛套锣鼓和昆曲等戏曲音乐中的重要乐器。音域为$a^1$～$d^4$。梆笛以伴奏梆子类戏曲得名，管身细短，音色明亮，主要流行在北方，在吹歌会、评剧和梆子类戏曲中使用。音域为$d^2$～$g^4$。此外还有12调套笛、按半音排列的10孔、11孔笛、便于转调的加键笛、音域可调整的口笛、一支笛上两个吹孔的双音笛、多支不同音区的笛子扎在一起的排笛等。

**笛福** Defoe, Daniel (1660～1731-04-24) 英国小说家。生于伦敦，卒于伦敦。只受过中等教育。早年曾经商，办工厂，后办报刊出版政治读物并参与党派政治斗争，

长年奔走于英格兰和苏格兰各地了解舆论情况，因文字两次获罪，年近花甲其小说创作才进入盛期，《鲁滨逊飘流记》是其代表作，也是英国近代小说的开山之作。这部以同名主人公航海冒险、开发荒岛为主要内容的长篇小说，反映了英国殖民时期的生活、道德和理想，发表后立即成为家喻户晓的流行读物。他还为这部小说写过两部续集，以及长篇小说《辛格尔顿船长》(1720)、《摩尔·弗兰德斯》(1722)等。除小说外，他还写有国内外旅行游记、人物传记及其他纪实性作品《聋哑仆人坎贝尔传》(1720)、《彼得大帝纪》(1723)、《新环球游记》(1724)等，以及有关经商的著作。

**笛卡尔** Descartes, René (1596-03-31～1650-02-11) 法国哲学家，科学家。西方近代哲学的奠基人之一，解析几何的创始人。

**生平和著作** 笛卡尔生于都仑省拉爱城一个贵族家庭，卒于斯德哥尔摩。1604年入拉·弗雷士的耶稣会公学，接受传统教育，除神学和经院哲学外，还学数学和自然科学。1612年毕业。由于他对法学、医学、力学、数学、光学、气象学、天文学以至音乐都有研究的兴趣，接触到各方面的学者。1618年他参加军队，退伍后定居巴黎，专门从事科学研究，企图建立起新的科学体系。他曾想把自己的研究成果写成《世界》一书，效法N.哥白尼、伽利

略式的做法，但当时教会反动势力很大，使他打消了写作这部著作的计划。这时他对思想方法进行了研究，1628年写成《指导心智的规则》，但生前并未发表。1629年他迁居资产阶级已经取得政权的荷兰，在那里隐居20年。

1637年，笛卡尔用法文写成3篇论文《折光学》、《气象学》和《几何学》，并为此写了一篇序言《科学中正确运用理性和追求真理的方法论》，哲学史上简称为《方法论》。其中《几何学》确定了笛卡尔在数学史上的地位。1641年他又用拉丁文发表了《**形而上学的沉思**》，比较详细地论证了他已经提出的论点，并且附有事前向当时著名哲学家们征求来的诘难，以及他自己对这些诘难的驳辩。1644年，笛卡尔发表了他的系统著作《**哲学原理**》，这部书不仅包括他已经发表的思想，而且论述了他的物理学理论，还包括过去未发表的《世界》一书的内容。1649年，他最后发表了心理学著作《论心灵的感情》。

基本学说　17世纪前期在笛卡尔生活的法国，为神学服务的经院哲学敌视科学思想，用火刑和监狱对付先进的思想家和科学家。批判经院哲学，建立为科学撑腰的新哲学，是先进思想家的共同任务。笛卡尔和F.**培根**一样，打出了新哲学的大旗。他们指出经院哲学是一派空谈，只能引导人们陷入根本性错误，不会带来真实可靠的知识，必须用新的正确方法，建立起新的哲学原理。从他们起，哲学研究开始重视科学认识的方法论和认识论。

经院哲学以圣经的论断、神学的教条为前提、用**亚里士多德**的三段论法进行推论，得出符合教会利益的结论。这种方法的基础是盲目信仰和抽象论断。笛卡尔指出，我们不能盲从。我们已有的观念和论断有很多是极其可疑的，我们处在真假难分的状态中是不可能确定真理的。为了追求真理，必须对一切都尽可能地怀疑，甚至像“上帝存在”这样的教条，怀疑它也不会产生思想矛盾。只有这样才能破旧立新，这就是笛卡尔式怀疑。这种怀疑不同于否定一切知识的不可知论，而是以怀疑为手段，达到去伪存真的目的，所以被称为“方法论的怀疑”。他把怀疑看成积极的理性活动，要拿理性当作公正的检查员。他相信理性的权威，要把一切放到理性的尺度上校正。他认为理性是世间分配得最均匀的东西，权威不再在上帝那里、教会那里，而是到了每个人的心里。这是对经院哲学的严重打击。

笛卡尔认为，凡是在理性看来清楚明白的就是真的。复杂的事情看不明白，应当把它尽可能分成简单的部分，直到理性可以看清其真伪的程度。这就是笛卡尔的真理标准。这是在认识论上应用理性主义，即**唯理论**。笛卡尔是17世纪唯理论的创始人，他并不完全排斥经验在认识中的作用，但认为单纯经验可能错误，不能作为真理标准。在他看来，数学是理性能够清楚明白地理解的，所以数学的方法可以用来作为求得真理的方法，应当以这种方法找出一些最根本的真理来作为哲学的基础。笛卡尔从哥白尼、伽利略的新科学中借来的带有机械论性质的方法，曾经对哲学的发展产生积极作用，但也不可避免地带来形而上学思想方法的弊病。

笛卡尔把他的体系分为3个部分：①“形而上学”，即认识论和本体论；②“物理学”，即自然哲学；③各门具体科学，主要是医学、力学和伦理学。他把“形而上学”比作一棵树的根，把“物理学”比作树干，把各门科学比作树枝，以此表明哲学的重要地位，但也指出果实是树枝上结出的，以表明科学的重要意义。笛卡尔的“形而上学”中有新的思想，也有不少经院哲学的残余。他的“物理学”摆脱了经院哲学，是典型的机械唯物主义，是对哲学的新贡献。笛卡尔本人是杰出的自然科学家，他把变数引进数学，将几何学和代数学结合起来，创立了**解析几何学**。他认为数学是其他一切科学的理想和模型，提出了以数学为基础的、以演绎法为核心的方法论，对后世的哲学、数学和自然科学的发展起了巨大作用。他在物理学上提出了动量守恒的观念；他以物质的涡旋运动说明太阳系的生成，成为I.**康德**宇宙起源说的渊源。这些科学成就都超越了机械论的局限。

影响　笛卡尔的学说有广泛的影响。他的“我思故我在”，强调认识中的主观能动性，直接启发了康德，成为从康德到G.W.F.**黑格尔**的**德国古典哲学**的主题，推动了辩证法的发展。正如他的解析几何引出微积分一样。经过他改造的“上帝”观念，也鼓励了B.**斯宾诺莎**对它作进一步的改造，把“上帝”等同于自然，用唯物主义克服二元论。在笛卡尔以后，为了克服他所造成的困难，人们作出了种种努力。在“笛卡尔学派”中，N.马勒伯朗士站在唯心主义一边，强调上帝的作用，认为人们的认识完全依赖于上帝。G.W.莱布尼茨也用上帝的“前定和谐”来说明身和心的无联系的一致。另一些人则站在笛卡尔“物理学”的机械唯物主义一边，克服他的“形而上学”中的唯心主义，把唯物主义的第二种形态发展到高峰。这就是18世纪法国唯物主义。

**笛旺诗歌流派**　Madrasah ad-Dīwān　20世纪初在埃及形成的一个诗歌流派。发起者和代表人物是阿卜杜·拉赫曼·舒克里、马兹尼和**阿卡德**。1909年，舒克里发表诗集《曙光》之后，阿卡德出版诗集《晨苏》(1916)、《午间的炙热》(1917)，马兹尼也出版了《马兹尼诗集》(两卷)。1921年，阿卡德和马兹尼合著《笛旺》(意即诗集)一书，全面阐述这个派别的文学主张，故被称为“笛旺派”或“诗集派”。流派的诗人均较年轻，受到英国浪漫主义诗歌影响，不满复兴派诗人的古典式创作，主张诗歌表现人们内心情感，探索大自然的本质。他们的创作中带有悲观色彩，反映了苦难的社会生活和埃及人民的压抑情绪。在诗歌形式上，他们采用现代通俗语言，韵律自由多变。后由于舒克里和马兹尼两人因观点分歧退出诗坛，“笛旺派”遂名存实亡。

**邸报**　中国古代报纸的一种。通常指历代朝廷发行的官报。邸起源于汉代，是地方各郡在京师设置的专门机构，主要用于“通奏报，待朝宿”。宋代以后，邸报一词经常出现于公私文献，并成为朝野人士获知朝政信息的重要媒介。邸报一般没有报头，宋代以后，每份装订成一小册，每册三五页至十数页不等，外观类似线装书。早期的邸报为手抄。宋以后，部分邸报开始使用**雕版印刷**，明崇祯十一年(1638)以后，才广泛使用活版印刷。邸报内容主要是皇帝诏旨、起居言行、朝廷法令、官吏任免、臣僚章奏和军事战报等。邸报有时也用以

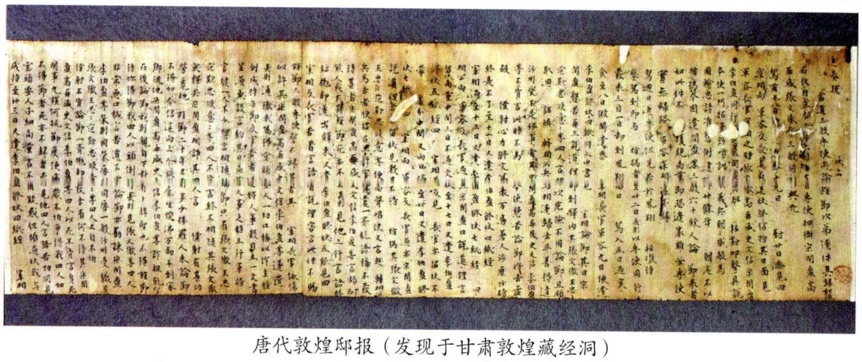

唐代敦煌邸报（发现于甘肃敦煌藏经洞）

称呼宋代以后出现的民间小报和民间报房的报纸。

**抵触规则** rule of conflict 由国内法或条约规定的、在处理涉外民商事案件而与有关国家的民商法规定有所不同从而发生抵触时，哪一类问题应当适用哪一种法律的规则。即国际私法规则，为冲突规范的又一译名，又称适用规则。有的法学家认为不同国家民商法规定不同（例如婚龄规定的不同），只是法律抵触，并不存在尖锐矛盾，译为抵触规则比冲突规范贴切。有的法学家认为上下层次的法律（如宪法与民法）间亦有发生抵触的情况。冲突规范则专指不同国家对同一事物法律规定之不同，且在中国今日为约定俗成的通用语。

**抵抗运动** resistance movement 第二次世界大战期间，欧洲各国人民反对德国、意大利占领和奴役的反法西斯斗争的统称。1939年第二次世界大战全面爆发后，德国迅速占领欧洲许多国家，建立了所谓“欧洲新秩序”，对占领国实行法西斯野蛮统治，因而激起各国人民的愤怒和反抗，民族抵抗运动成为不可阻挡的历史潮流。流亡国外的各国政府也同国内建立联系。1940年6月18日，法国的C.戴高乐将军在伦敦发表《告法国人民书》，呼吁人民在他的领导下继续抗战，宣告“自由法国”运动的诞生。7月10日，法国共产党中央委员会发表宣言，号召人民团结在工人阶级周围，为法国的自由独立和复兴而战。苏联和美国参战以后，中、美、英、苏等26个国家结成了强大的反法西斯同盟，欧洲各国抵抗运动进入广泛发展的新阶段。1941年6～7月，南斯拉夫人民在J.B.铁托领导下发动武装起义。在希腊，1941年9月成立了共产党领导下的民族解放阵线，1942年4月建立了希腊人民解放军。在阿尔巴尼亚，1941年各地共产主义小组统一成立共产党，游击活动进一步发展。1943年7月，在阿尔巴尼亚共产党领导下，赶走了意大利占领者。在波兰，1942年1月5日波兰工人党成立后，在它的领导下建立了“人民近卫军”。在比利时，1941年11月共产党领导建立了独立阵线，积极开展同占领者的斗争。1943年4月，荷兰各地也爆发了示威和罢工。在丹麦，1943年8月建立了“自由委员会”，领导抵抗德国和丹麦纳粹分子的斗争。挪威共产党也在北部建立了几支游击队，1942年游击运动席卷国内大部分地区。1942年12月，德国共产党中央委员会通过了《告德国人民书》。1943年7月在苏联的德国战俘中成立了“自由德国”全国委员会，该组织在抵抗运动中起过重要作用。1943年3月，意大利北部爆发了群众性大罢工。1944年是欧洲决战的一年。7、8月间，苏联红军展开

法国抵抗运动宣传画

大反攻，进入波兰、罗马尼亚作战。6月，美、英盟军在法国北部诺曼底登陆。在反法西斯战争接近胜利的时刻，欧洲抵抗运动蓬勃发展，有力地配合苏联红军和美、英盟军对德作战。1944年8月，法国的游击战争发展为全民武装起义，席卷大半个法国。随后，法国武装部队和游击队配合盟军，进军德国，直到对德战争的胜利。1945年4月，北部意大利人民发动总起义，解放了北部地区。1944年10月初，希腊民族人民解放军解放了雅典。阿尔巴尼亚和南斯拉夫人民经过艰苦斗争，赢得了祖国的解放。1944年1月，波兰各抵抗运动的武装力量统一建立了“人民军”。1945年1月17日华沙解放。1944年8月23日，罗马尼亚人民发动起义，推翻了I.安东内斯库的专制统治。9月9日，保加利亚人民推翻了法西斯君主制统治。12月，匈牙利抵抗力量建立了临时民族政府。1945年2月解放了布达佩斯。同年5月，捷克斯洛伐克首都布拉格人民起义，但遭德军镇压，后在苏军的迅速驰援下，解放了布拉格。

欧洲抵抗运动是国际反法西斯斗争的重要组成部分，从根本上动摇了希特勒德国的“欧洲新秩序”，加速了反法西斯战争的胜利，有力地支援了苏联红军和英美盟军的军事行动，为解放欧洲作出了重要贡献。

**抵押** pledging 债的担保方式。债务人或第三人提供一定的财产作担保，当债务人不能履行还债义务时，债权人有权依照法律的规定变卖抵押物优先受偿。抵押物一般是易于保存和变卖的有形财产，如有价证券、房地产、商品提单、票据等；也有以无形财产作为抵押物的，如采矿权、典权等。银行一般只接受容易在市场上流通和变卖的财产、权力作为抵押物，以保证其债权及时得到实现。不动产作为抵押物时一般不转移占有，抵押人仍享有占有、使用、收益的权利，当遇到第三人对抵押物进行追索时，抵押人应将情况及时通知抵押权人。抵押人对抵押物进行处置时，必须征得抵押权人的同意；抵押人变卖抵押物时，抵押权人有优先的购买权。当抵押物由抵押权人占有时，抵押权人只有保管的义务而没有使用的权利，但有权请求抵押人偿还为保管所支出的费用。

**抵押贷款** mortgage loan 银行贷款种类中担保贷款的方式之一。指按一定的抵押方式以借款人或第三人的财产为抵押品作发放的贷款。抵押品可以是不动产、机器设备、土地等资产，其价值一般要求大于贷款金额；作为抵押品的资产必须是能够在市场上出售的。商业银行要对抵押资产进行严格审查。当债务人不履行债务时，债权人有权依照法规规定以抵押资产折价或者拍卖、变卖该抵押资产的价款优先受偿。处理抵押资产收入若超过贷款本息和，则将超过部分返还给借款人；反之，银行可通过法律程序追索不足的款项。

**抵押权** mortgage 债权人对于债务人或第三人提供的、作为债务履行担保的财产，当债务人不履行债务时，可就其卖得价金优先受偿的权利。担保物权的一种。提供担保财产的债务人或第三人，称为抵押人；享有抵押权的债权人为抵押权人；抵押人提供的担保财产称为抵押物。抵押人和抵押权人应以书面形式订立抵押合同。抵押权人的权利为变价处分权和优先受偿权，当债权清偿届满，债务人不清偿时，抵押权人对抵押物有权拍卖、变卖，并优先受偿。抵押人的权利为：①对抵押物的用益权。在设定抵押权的场合，抵押人对抵押财产仍有使用和收益的权利。②对抵押物的处分权。在设定抵押权的场合，抵押人仍可为他人在抵押物上设定用益物权，或设定顺序居次的抵押权、质权（限于动产或权利），或在通知抵押权人的情况下，出让抵押物。抵押人对抵押财产价值大于担保债权的余额部分可以再次抵押，但不得超出其余额部分。

抵押权的标的即抵押财产，包括不动产、动产和权利，以不动产为主。《中华人民共和国担保法》第34条规定，下列财产可以作为抵押物：①抵押人所有的房屋和其他地上定着物。②抵押人所有的机器、交通运输工具和其他财产。③抵押人依法有权处分的国有土地的使用权、房屋和其他地上定着物。④抵押人依法有权处分的国有机器、交通运输工具和其他财产。⑤抵押人依法承包并经发包方同意抵押的荒山、荒沟、荒丘、荒滩等荒地的土地使用权。⑥依法可以抵押的其他财产。第37条规定，下

列财产不得抵押：①土地所有权。②耕地、宅基地、自留地、自留山等集体所有的土地使用权，但法律有特别规定的除外。③学校、幼儿园、医院等以公益为目的的事业单位和社会团体的教育设施、医疗卫生设施和其他社会公益设施。④所有权、使用权不明或有争议的财产。⑤依法被查封、扣押、监管的财产。⑥依法不能抵押的其他财产。

**抵制美货运动** Boycotting American Goods, Movement of 1905年（清光绪三十一年），中国以禁绝美货为主要内容的爱国运动。美国从19世纪70年代开始不断发生排斥、迫害乃至杀害华工的暴行。清政府不但不能保护侨工的正当权益，反而在1894年同美国签订条约，实际上承认了美国政府对华工的迫害。1904年底条约期满，在舆论的压力下，清政府向美国政府提出改约要求。但美国政府悍然拒绝，蛮横无理地要求续约，抵制美货运动由此激发起来。1905年5月，上海绅商聚于商务总会，要求清政府拒约，并向全国各埠呼吁采取一致行动。广州、天津、北京、南京、杭州和福建等地闻风兴起，声势浩大。上海、广州成为运动的中心，上海先后建立了24个团体，参与的行业达76个。反美爱国的宣传造成了强烈的社会舆论。家家户户的门前，几乎都贴上了不买美货的纸揭。海外侨胞也采取汇款、声援、抵制美货等方式，积极配合国内的运动。在帝国主义的压力下，清政府开始对爱国运动加以镇压。8月下旬，连续向各省督抚下令，以严阻抵货运动的继续发展。与此同时，美国政府为保住在华利益，最终放弃了续约要求。10月以后，斗争逐渐平息。

**底比斯** Thebes 古代埃及政治、经济、宗教中心。中王国和新王国时代埃及首都。原名瓦塞，希腊人称为底比斯。因其主神是阿蒙，故又名诺威（意为阿蒙的城市）。位于今开罗以南约700千米的卢克索村。建于古王国末期，在中王国和新王国时期最为繁荣，后发展成为全国的阿蒙神崇拜的中心。

底比斯城规模宏大，有百门的底比斯之称。尼罗河东岸是城市主要部分，有凯尔奈克和卢克索两处巨大庙宇的建筑区，其中凯尔奈克的阿蒙神庙及多柱厅建筑雄伟，浮雕和壁画极为精致，是世界建筑史上的杰作。西岸主要是国王的墓地及其祭庙，包括王陵之谷和王妃之谷等，被称为死人之城。公元前7世纪，底比斯被亚述人破坏，以后又有恢复，但公元前88年被托勒密九世彻底毁灭，化为废墟。

**《底层》** *The Lower Depths* 苏联作家M.高尔基的剧作。写于1902年。剧情发生在一家旅馆的地下室里，那里又黑又脏，挤满了一大群贫穷潦倒无家可归的人。在沙皇的专制统治下，这些人生活悲惨：快要咽气的锁匠妻子安娜一辈子辛勤操劳，却穿得破破烂烂，记不得什么时候吃饱过；小偷不仅受人蔑视，就连自己也看不起自己，等待他的命运只有入狱；妓女的唯一精神寄托是无聊的恋爱小说；唱戏人则因幻想破灭上吊自尽；教士也永远只能用一些他自己都不相信的谎言来安慰大家。作者通过描写这个悲惨无望的世界，无情地揭露了封建专制的黑暗。

**底格里斯河** Tigris River 西南亚大河。发源于土耳其东部托罗斯山区的哈扎尔湖，向东南流。在吉兹雷以南长约32千米，为土耳其和叙利亚的界河。然后进入伊拉克境内。沿途接纳大扎卜河、小扎卜河、迪亚拉河等支流，在古尔奈附近与幼发拉底河汇合，以下更名阿拉伯河，注入波斯湾。自源头至古尔奈，长1 950千米，流域面积37.5万平方千米，均较幼发拉底河短、小，但平均流量为1 850立方米每秒，却大大超过幼发拉底河而为西南亚水量最大的河流。巴格达以下可通汽船。河流靠山地雨雪补给。自古以灌溉著名。下游两岸湖泊成群，沼泽成片。与幼发拉底河中下游一带，共同构成人类社会文明发祥地之一，沿岸古城遗址和名胜古迹众多，有尼尼微、阿卡德、乌玛、阿苏尔、塞琉西亚、亚述、卡拉等。为世界著名游览区。

流经巴格达市的底格里斯河

**底特律** Detroit 美国密歇根州最大城市，世界著名的汽车城。位于该州东南部，圣克莱尔湖与伊利湖间的底特律河西岸，东与加拿大的汽车城温莎隔河相望。市区面积359.5平方千米，人口91.21万（2008），其中黑人占80%以上；包括附近6个县的底特律－安阿伯－弗林特大都市区，人口535.42万（2008）。

1701年法国人在此建堡，并发展为毛皮贸易站。1763年被英国占领。1796年归属美国。1805年毁于大火，后重建。1815年设市。1837～1847年曾为密歇根州首府。1852～1854年通纽约和芝加哥的铁路先后建成，城市迅速发展，工业兴起。20世纪初，H.福特在此开创汽车制造业。

底特律采用自动控制的汽车生产线

汽车制造业为城市工业的核心部门，与其相关的钢材、仪表、塑料、玻璃以及轮胎、发动机等零部件生产也相当发达，专业化、集约化程度很高。市内有福特、通用、戴姆勒－克莱斯勒等美国最大汽车制造公司的总部及其所属企业。其他重要工业部门有钢铁、飞机和坦克制造、化工、电讯仪表、金属加工、木材加工等。同时致力于无污染产业的发展，如医学研究、药品、机器人、计算机软硬件等，现已占城市经济总产值的1/3以上。

美国大湖区重要港口。大湖－圣劳伦斯深水航道通航后，成为远洋船只的主要起讫点。是美、加贸易的重要口岸之一。有4条铁路和多条公路通往各地。与温莎间有跨越底特律河的“大使桥”以及河底公路隧道相连。西南郊设国际机场，客运量居美国前列；另有2个国内机场。

市内主要文化设施有底特律美术馆、公共图书馆、历史博物馆等。著名的亨利·福特博物馆设在市郊卫星城迪尔伯恩，附近的格林菲尔德村展示早期的美国建筑和工艺品。设有州立韦恩大学、底特律大学等高等院校。底特律交响乐团名闻全国。底特律河中央的贝尔岛是全市最大的公园，附设水族馆、游乐场、儿童动物园等。市内各种教堂多达1 000余处，有“教堂城”之称。

**地波传播** ground wave propagation 地面上主要受地形和地面电磁特性影响的无线电波的传播。当发射点和接收点都在地面上，且天线高度比工作波长短得多时，无线电波在两点间有一种沿着地面传播的模式。在这种情况下，大地和空气的交界面成为引导和约束电磁波传播的一种结构。发射地表面波常采用直立式天线，也可采用环天线和其他天线。在地面附近区域，表面波场的振幅随着离地高度的增加而急剧减小。在地面以下有一个紧贴界面随深度而减小的电磁场。波长越长，则透入的深度也越深。因此，采用地波传播方式同水下的潜艇通信时，必须使用极低频率（甚至低到几十赫）。按照地波传播的规律，在远距离通信时，波长越长越有利。后发现，利用电离层可以用较短的波长以较多的信息容量和较小的功率来实现远距离通信，单纯用地表面波进行通信的范围受到了限制。但由于地表面波信号比较稳定，在长波和中波的广播、导航，以及短波及超短波的近距离通信中仍广泛使用。

**地槽** geosyncline 地壳上的强烈构造活动带。在地槽地台学说中是与稳定的克拉通或地台相对立而存在的两种基本构造单元。又称地向斜。由美国地质学家J.霍尔与J.D.丹纳于1859和1873年先后提出。

地槽具有以下特征：①呈长条状分布于大陆边缘或两大陆之间，宽可达上百千米，延伸可达上千千米。②具有特征性的沉积建造并组成地槽型建造序列，如硬砂岩建造、复理石建造、硅质－火山岩建造、磨拉石建造等，沉积厚度巨大。③广泛发育强烈的岩浆活动，有细碧－角斑质火山喷发，中、酸性岩浆浅成活动和玄武岩喷发等。④构造变形强烈，普遍发育褶皱和逆冲－推覆构造等。⑤区域变质作用发育。⑥具有成矿专属性，如与中、酸性侵入活动有关的铜、铁、钨、锡矿，与基性超基性岩有关的铬、镍矿等。⑦地球物理场特点是具有呈现条带状分布的重、磁异常以及高热流值的地热分布。

按德国W.H.施蒂勒的分类，地槽有位于克拉通或地台边缘的正地槽和位于克拉通或地台内部的准地槽两类，其中正地槽又有近克拉通侧、很少火山活动的冒地槽和远离克拉通、火山活动强烈的优地槽之分。准地槽相对于正地槽，其活动性较弱。J.奥布万1965年指出，优地槽与冒地槽往往成对出现，构成地槽偶，地槽演化后期的造山活动都从靠大洋一侧的优地槽开始，逐渐向冒地槽推进的，是为地槽的极性。

地槽从其开始发育到最后封闭大致经历了以下演化阶段：广泛接受沉积的地槽拗陷阶段，强烈构造变形形成褶皱带并逐渐抬升的造山阶段，褶皱带全面隆起、地槽封闭的后造山阶段。这三个阶段构成了地槽发展全过程的构造旋回，至此地槽转化为稳定的地台。从板块构造学观点看，地槽总体上与大陆边缘的大陆坡相当，但并不相同。地槽的演化反映了洋壳、陆壳之间复杂的相互作用。

**地层学** stratigraphy 研究地壳表层成层岩石的学科。地层是以某种岩石特征和属性区别于相邻岩层的一个层状岩石体。地层学主要是建立地层系统和进行地层的划分与对比。它是地质学的基础学科，也是地史学研究的主要内容。

研究简史 为建立地层之间的时间关系，17世纪形成了地层的基本概念。地层层序律表明地层沉积的原始位置近于水平，老者在下，新者在上。化石顺序律认为不同的地层含有不同的化石，可利用不同化石特征鉴别地层。19世纪主要利用化石建立了统一的地层系统，即年代地层学。19世纪末，建立了岩性或岩石地层学。20世纪30年代以来，详细的地层和生物群的对比研究建立了生物地层学。50年代以后，由于研究范围的扩大和研究手段的发展，出现了磁性地层学、地震地层学、事件地层学、层序地层学、生态地层学、化学地层学等新的分支学科。

分支学科 主要包括：①年代地层学。以地层的相对时间关系及年龄为主要研究内容，以等时面为准划分对比地层。与地质年表取得一致是建立年代地层系统的基本要求。②岩石地层学。以地层的岩性特征及其地层关系为准划分地层。是建立区域地层层序的主要方法。③生物地层学。以地层所含生物化石为主要研究内容，以生物群的交替变化为准划分地层。由于生物演化具有全球的同时性和一致性，所以生物地层研究是确立地质年表的重要手段。④磁性地层学。利用地层中岩石的磁性作为岩层划分和对比的依据；利用天然剩磁确定地层形成时古磁极的位置和正反方向等，作为全球性地层对比和古大陆位置再造的依据。⑤地震地层学。使用地震波反射提供的界面划分对比地层，用于地下和海底地层界面的确定。⑥层序地层学。利用由侵蚀面分开的、由沉积体系构成的地层层序划分和对比地层。侵蚀面接近于等时面，层序接近于旋回层。层序地层学是地震地层学的深化和发展。⑦化学地层学。依据化学元素和稳定同位素在地层中的赋存、迁移、富集及其时间演化和空间分布特征，进行区域地层划分与对比；也可利用不同时代化学元素含量的变化，推断地球化学环境演变的规律。⑧同位素地层学。利用放射性同位素测定岩石生成年龄，为年代地层系统提供年龄标定数据。⑨生态地层学。以古生物群落生态研究为基础，从群落及生态系的角度研究分析地层，解释环境，以提高地层划分的分辨率和对比精度。⑩定量地层学。利用数学方法和计算机技术对地层的各种信息数据进行处理（使用较多的是用化石群的统计分析），以优化地层的划分和对比，提高地层学的研究精度。⑪事件地层学。将地球演化过程中突发的灾变事件形成的影响用于地层界线的划分和地层的对比。灾变事件主要指全球性事件，如全球性地磁场的变化，全球性海平面的变化，水圈、大气圈物化条件的阶段变化，以及由此引起的沉积作用和生物界的明显改变。此外，还有地外事件，如陨星撞击等形成的灾变。事件地层学以全球同时性为特征，以多学科综合研究为手段，提高了地层界线和地层对比研究的准确性，也促进了地层学研究的全面发展。

**地磁场** geomagnetic field 从地心至磁层边界的空间范围内的磁场。地磁学的主要研究对象。人类对于地磁场存在的早期认识，来源于天然磁石和磁针的指极性。磁针的指极性是由于地球的北磁极（磁性为S极）吸引着磁针的N极，地球的南磁极（磁性为N极）吸引着磁针的S极。这个解释最初是英国W.吉伯于1600年提出的。吉伯关于地磁场来源于地球本体的假定是正确的。这已为1839年德国数学家C.F.高斯首次运用球谐函数分析所证实。

性质 地磁场是一个矢量场。描述空间某一点地磁场的强度和方向，需要3个独立的地磁要素。常用的地磁要素有7个，即地磁场总强度$F$，水平强度$H$，垂直强度$Z$，$X$和$Y$分别为$H$的北向和东向分量，$D$和$I$分别为磁偏角和磁倾角。其中以磁偏角的观测历史为最早。地磁台一般只记录$H$、$D$、$Z$或$X$、$Y$、$Z$。

近地空间的地磁场，像一个均匀磁化球体或磁棒的磁场（见图），其强度在地面两极附近还不到1高斯，所以地磁场是非常弱的磁场。地磁场强度的单位过去通常采用伽马（γ），即$10^{-5}$高斯（Gs）。1960年决定采用特[斯拉]（T）作为国际测磁单位，1高斯=$10^{-4}$特（T），1伽马=$10^{-9}$特=1纳特（nT）。地磁场虽然很弱，但却延伸到很大的空间，保护着地球上的生物和人类，使之免受宇宙辐射的侵害。

地磁场包括基本磁场和变化磁场两部分，它们在成因上完全不同。基本磁场是地磁场的主要部分，起源于地球内部，变化非常缓慢。变化磁场包括地磁场的各种短期变化，主要起源于地球外部，并且很微弱。

地球基本磁场 可分为偶极子磁场、非偶极子磁场和地磁异常几个组成部分。偶极子磁场是地磁场的基本成分，其强度约占地磁场总强度的90%，产生于地球液态外核内的电磁流体力学过程，即自激发电机效应。非偶极子磁场主要分布在亚洲

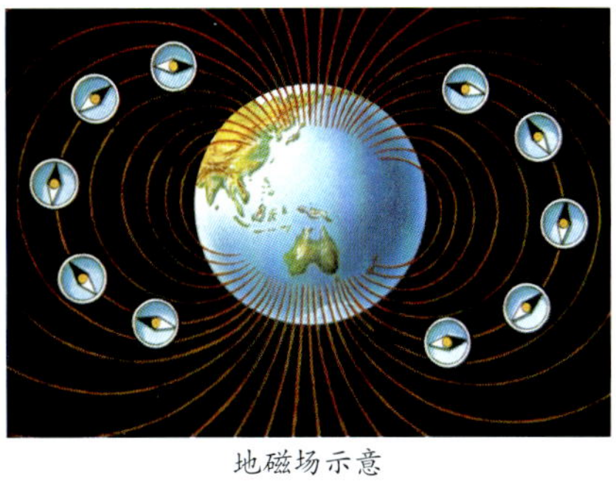

地磁场示意

东部、非洲西部、南大西洋和南印度洋等几个地域，平均强度约占地磁场的10%。地磁异常又分为区域异常和局部异常，与岩石和矿体的分布有关。

地球变化磁场　可分为平静变化和干扰变化两大类型。平静变化包括以一个太阳日为周期的太阳静日变化和以一个太阴日为周期的太阴日变化，其场源分布在电离层中。干扰变化包括磁暴、地磁亚暴、太阳扰日变化和地磁脉动等，场源是太阳粒子辐射同地磁场相互作用在磁层和电离层中产生的各种短暂的电流体系。磁暴是全球同时发生的强烈磁扰，持续时间约为1～3天，幅度可达$10^2$纳特。其他几种干扰变化主要分布在地球的极光区内。除外源场外，变化磁场还有内源场。内源场是由外源场在地球内部感应出来的电流所产生的。将高斯球谐分析用于变化磁场，可将这种内、外场区分开。据此研究地球内部电导率的分布，已成为地磁学的一个重要领域，称为地球电磁感应场。

地球变化磁场既与磁层、电离层的电磁过程相联系，又与地壳、上地幔的电性结构有关，所以在空间物理学和固体地球物理学的研究中都具有重要意义。

**地磁极**　geomagnetic pole　地磁场在地球表面的两个极点。关于地磁极的概念有理论的和实测的两种不同的思路和结果。理论的地磁极是从地球基本磁场中的偶极子磁场出发的。C.F.高斯用球谐函数分析法，把地球看作一个均匀磁化的球体，求得偶极子磁场的磁轴与地球表面的两个交点为北纬79°、西经70°和南纬79°、东经110°，磁轴与地球自转轴的交角为11°。实测的地磁极是从全球地磁图（等偏角地磁图和等倾角地磁图）上找出的磁倾角为90°的两个小区域，位置约在北纬75.5°、西经101.0°和南纬66.5°、东经140.3°。这两个地点不在地球同一直径的两端，大约偏离2 500千米。由于它们是由磁倾角的实际观测决定的，故又称为地磁倾极。理论的地磁极则称为偶极子磁极。由于非偶极子磁场的存在，偶极子磁极与地磁倾极并不互相重合。

**地磁极性倒转**　geomagnetic polarity reversal　地球磁极在地质时期中的交替现象。即地磁场的方向（两磁极的极性）在地球过去的历史中曾多次发生反转。地球的北磁极现在是南极，但在78万年以前却是北极。

地磁极性倒转的现象是从岩石剩余磁性的测量和古地磁场的研究中发现的。P.达维德（1904）和B.布容（1906）最先从熔岩中发现了磁化方向与现代地磁场方向相反的岩石。后在世界各地都找到反向磁化的岩石样本。研究结果表明，不同地质年代的岩石，有的是正向磁化的（即同现代地磁场方向相同），也有的是反向磁化的，而且正向的和反向的几乎各占一半。还发现这种磁化方向的颠倒在地质年代的时间上具有很好的全球一致性。这种现象的唯一合理解释是地磁场曾多次发生过极性倒转。20世纪60年代以来，由于深海钻探和海洋磁测的发展，发现大洋中脊两侧对称地排列着正、反极性相间的磁异常条带，证明海底地壳从中脊向两侧扩张，同时也进一步证明地磁极性倒转确曾发生过多次。地磁场倒转的学说为人们普遍接受。

**地磁学**　geomagnetism　研究地磁场的时间变化、空间分布、起源及其应用的学科。固体地球物理学的分支。地磁场所占据的空间从地核至磁层边界。磁层离地心最近的距离（向阳面）也有8～13个地球半径。地磁场的主要部分来自地球内部，称为地球基本磁场，基本磁场随时间有缓慢的长期变化；地磁场还具有短周期变化，来源于高空电离层和磁层的电流体系。利用空间地磁场的变化规律可以得到有关电离层和磁层的物理状态和动力过程的某些信息。变化磁场还与太阳活动有密切关系。由地面磁场的测定还可以研究地球内部的电磁性质和地核中的磁流体动力学过程；而利用地表磁异常勘查地下有用矿床，则是地球物理勘探的一个重要方法（见磁法勘探）。

利用岩石磁性来研究古地磁场，在20世纪50年代已发展成为地磁学的一个重要分支——古地磁学。20世纪60～70年代以来测得的各个大陆的古地磁极移，是板块大地构造学说的重要支柱。地磁学的另一个重要内容是地磁测量。随着观测仪器的改进和测量技术的发展，已经能在陆地和海上进行地磁测量，还开展了航空和卫星测量。

地磁场的起源问题至今仍未获得圆满解决。有关地磁场长期变化的规律仍有许多争议。此外，全球测点的分布也还不够均匀，要确定较为理想的全球地磁场模型仍然是困难的。

**地地导弹**　ground-to-ground missile　从陆地发射攻击地面目标的导弹。它与配置在地面的指挥控制设备、检测设备、瞄准设备、发射装置和其他保障设备等一起构成地地导弹武器系统，是地面部队实施远程火力突击的主要兵器。按作战使命分为地地战略导弹和地地战术导弹，按飞行弹道分为地地弹道导弹和地地巡航导弹，按射程分为洲际、远程、中程和近程地地导弹，按结构特点分为单级和多级地地导弹。

地地导弹主要由制导系统、推进系统、弹头和弹体四部分组成。其制导系统多为惯性制导或惯性－星光制导、惯性－地形匹配制导、惯性－区域相关制导。弹道导弹的推进系统多采用液体火箭发动机或固体火箭发动机；巡航导弹的推进系统多以喷气发动机为主推装置，以火箭发动机为助推器。地地战略导弹通常携带单个或多个核弹头，射程远，威力大，用于打击敌方政治或经济中心、军事和工业基地、交通枢纽、核武器库等战略目标。地地战略核导弹是国家核战略的重要组成部分，是衡量一个国家军事实力的重要标志，其使用权通常由国家最高当局掌握。地地战术导弹尺寸小，质量轻，射程近，机动性好，一般装备陆军部队。可携带常规弹头、核弹头或化学、生物弹头，用于打击敌方战役战术纵深内的指挥机关、通信枢纽、导弹和炮兵阵地、机场、港口、雷达站、集群坦克等重要战术目标。地地导弹可采用地下发射井固定方式部署，也可采用公路、铁路等机动方式部署。通常以垂直或倾斜两种姿态进行自力发射（热发射）或外力发射（冷发射）。

**地电场**　geoelectric field　地球内部天然存在的变化电场和稳定电场。各种天然的全球性或区域性变化的电场称为大地电场，而天然的局部性稳定电场称为自然电场。

大地电场　主要是大气层中的各种电流体系在地球内部所产生的感应电场。大地电场的变化可分为地电场平静变化和干扰变化两大类。①地电场平静变化。是连续出现的，具有确定的周期性。平静变化有多种周期性，其中有变化周期为11年的，与太阳黑子出现的周期相同；有年变化周期，与太阳公转周期相同，并与季节变化有关，夏季场强幅度大，冬季场强幅度小；有月变化周期，与月球绕地球的周期相同；有静日地电日变化，与地球自转周期相同。以上最重要的是静日地电日变化。②地电场干扰变化。是偶然发生的，具有高频地电变化，周期为$10^{-4}$～1秒；有地电脉动，周期为0.2～1 000秒；有地电湾扰，无周期，持续时间为1～3小时；有扰日地电日变化，周期为1天；有地电暴，变化持续的时间为1～3天。另外，大地电场不仅幅度随时间变化，方向也是不断改变的，称地电场的极化。

自然电场　是在地壳中由物理化学作用产生的。常见的主要有三种。①氧化还原电场。埋藏于地下的硫化金属矿体和石墨等电子导体，由于受到地下水的氧化还原作用（通常电子导体上部处于氧化环境，下部处于还原环境）而形成的电场。②过滤电场。地下水经过多孔岩石向下渗透时，由于岩石颗粒对溶液中的正、负离子有选择性的吸附作用（通常在水流上游有过多负离子，下游有过多正离子）而形成的电场。又称渗流电场。③扩散电场。当岩石的固体矿物颗粒与其周围孔隙水溶液接触时，在固、液两相接触面上便会形成双电层（固定层和扩散层），如果溶液中的正离子扩散速度大于负离子，则离子浓度大的岩石带负电，而离子浓度小的带正电，于是形成扩散电场。

**地盾** shield 克拉通中前寒武纪结晶基底大面积出露地表的构造单位。如加拿大地盾、北欧波罗的地盾等。地盾具平坦但凸出的地表形态，其外缘多为有平缓盖层的地台围绕。地盾广泛出露的太古宙和元古宙基底是研究地球早期物质组成、物理环境和构造演化的理想场所。地盾中的一些重要矿产和岩石，如条带状磁铁石英岩（相当于中国的鞍山式铁矿），南非的含金、铀砾岩和更长环斑花岗岩等都是地球演化早期阶段的独特产物。结晶基底的大范围暴露还意味着用相对小的深度可以探测到地壳的更深部位，如康拉德界面、莫霍不连续面等，从而成为大陆科学钻的优选地。

**地方民族主义** local national chauvinism 在多民族国家的少数民族中，在对待统一的国家和民族大家庭内其他民族的关系上所表现出来的一种褊狭、保守的思想倾向。又称狭隘民族主义，常与大民族主义对称。这种倾向在对待本地方内比本民族小的其他少数民族的关系上则往往表现为大民族主义。

在统一的社会主义多民族国家中，地方民族主义已丧失其阶级基础，但是它的思想残余或影响将长期存在。其主要表现是：忽视各民族团结在祖国大家庭中的重要性，力图在本民族的狭隘范围内闭关自守，各自为政；不适当地强调本民族的局部利益，忽视国家的整体利益；过分夸大本民族的特点，或以此为借口，对适用于本民族地区的中央的统一方针政策，不去积极贯彻执行；固步自封，忽视大民族和其他兄弟民族帮助的意义，对有利于各民族互相亲近的东西，不是采取欢迎态度，而是强调人们的民族划分，力图使民族差别巩固下来。

**地方时** local time 相对于观测者的子午圈所度量的时间。各种时间计量系统都宜用天球上的一个参考点相对于某一子午圈的时角度量。地球上位于不同经度的观测者，其子午圈各不相同，同一瞬间同一参考点对于它们的时角亦不相同，称为地方时。

**地方税** local tax 由地方政府征收、管理和支配的税收。是中央税的对称。根据税收的征收管理权及收入支配权进行的分类。

世界各国对于地方税管理权限的划分大体有三种类型：①立法权与管理权完全属于地方，地方政府可以决定课征地方税收。②立法权属于中央，地方政府有较大的机动权限。③立法权和基本管理权均属于中央，地方政府只负责征收管理。

在主要市场经济国家，地方税在全国税收收入总额中的比重都不高。1984年以前，中国明确划归地方管理和支配的地方税份额比较小，而且税源分散，收入零星。1994年，中国实行分税制，确定地方税由地方税务局征收。当期划分的地方税包括：个人所得税、土地增值税、房产税、城镇土地使用税、契税、车船使用税、农业税、屠宰税等十多个税种。

**地方性梅毒** bejel; endemic syphilis 由Ⅱ型苍白密螺旋体感染引起的疾病。又称非性病性梅毒。此种螺旋体的形态和血清学反应与梅毒的病原体相似，但其致病力较弱。通过接触污染的用具或皮肤接触传播。仅见于阿拉伯半岛、西南亚、澳大利亚、撒哈拉沙漠一些地区。该病与雅司相似，亦可分为三期，潜伏期约三周。①早期。舌、腭弓、唇、颊黏膜出现黏膜白斑，实质上是一些无痛性浅溃疡。在外阴、肛周及其他潮湿部位有扁平湿疣样损害。骨损害亦可发生，通常累及下肢的长骨。咽喉炎可致声音嘶哑。②中期。发生在早期损害后，经数月或数年的隐性期，除血清反应阳性外，无其他临床表现。然后出现丘疹鳞屑性发疹，可累及全身及手掌、足底，不痒。③晚期。鼻咽部、皮肤和骨的树胶样肿是常见的症状，并可发展为残毁性溃疡。但不累及心血管及神经系统。早期损害中可找到螺旋体。晚期，梅毒血清反应阳性。该病可用青霉素治疗。

**地方志** topography; local chronicles 综合记录某一地区自然和社会情况的文献。简称方志。方志一名最早见于《周礼·地官》："诵训，掌道方志，以诏观事"。现存中国最早的官修地方志是东汉《南阳风俗传》。地方志发展历经地记、图经和方志三个阶段。宋代乐史纂《太平寰宇记》，确立了后世方志的体例。中国古代地方志数量众多，据《中国地方志联合目录》统计，现存宋代至中华民国时期的地方志有8 500多种，11万多卷，其中清代方志有6 000多种，约占80%。古代方志纂修的目的是资治、存史和教化。20世纪80年代，中国各地大规模地修纂新地方志，至2008年8月中国大陆31个省、市、自治区，300多个地级单位，2 000多个县级单位完成第一轮修志工作，第二轮修志工作全面展开。

古代地方志按记载的地域范围可分为总志、省志、府志、州志、厅志、县志、乡镇志、山志、湖志、河志等。按记载的内容范围可分为通志、专志、杂志等。地方志的内容极为广泛，例如通志一般包括行政建置、沿革、疆域、山川、津梁、关隘、名胜、资源、物产、气候、天文、灾异、人物、艺文、文化、教育、民族、风俗等，可反映不同历史时期的社会生活状况和经济文化、科学技术等内容。

方志的特征有：①地方性，它多按行政区划范围记载，具有明显的地方色彩。②连续性，一部地方志修成后，往往不断续修，使之前后相继，便于考察该地区政治、经济、文化等方面的演变情况。③内容广泛，上至天文，下至地理，以及社会人物等无所不包。④资料性，它以史实为主，述而不作，资料丰富。⑤可靠性，资料多来源于地方档案和实地调查、采访、测绘等，较为可靠。

**地方自治** local autonomy 在一定的领土单位之内，全体居民组成法人团体（地方自治团体），在宪法和法律规定的范围内，并在国家监督或授权之下，按照自己的意志组织地方自治机关，利用本地区的财力，处理本区域内公共事务的一种地方政治制度。在英美法系国家，地方自治机关行使由法律确认的自治权时，形式上独立于中央政府之外。自治机关的官员直接或间接地由当地居民选举产生，他们只具有地方官员的身份，中央政府不得撤换他们。中央政府对地方自治机关的监督以立法监督为主，一般避免对其发布强制性的指示。如果地方自治机关逾越法定权限，中央政府可诉请司法机关加以制止。在大陆法系国家，地方自治权具有委托性质，中央政府对于自治事务有最终决定权。地方官员不论为中央直接任命或为地方居民选出，都同时兼具中央官员和地方自治机关官员的双重身份，中央政府有权随时撤换他们。中央政府对地方自治机关的监督以行政监督为主，中央政府可随时向地方机关发出强制性指示，地方机关必须执行；否则，中央政府可采取强制性措施。

**地核** earth core 地球内部构造的中心层圈，即古登堡界面（2 891千米）以下到地球中心部分。地核质量占地球总质量的31.5%，占地球体积的16.2%。地核平均密度为10.7克/厘米$^3$。莱曼间断面（5 149千米）将地核分为外核和内核两部分。

①外核（2 891～5 149千米）。地震纵波波速在此层内急剧下降，而横波在该层内消失，即不能传播地震横波。推断为液态。组成外核的主要物质是铁（Fe）和镍（Ni），另外还有一些（10%～20%）轻元素，最有可能的是硫（S）和硅（Si），可能还有氧（O）。

②内核（5 149～6 371千米）。在莱曼间断面以下到地心的部分。既能传播地震纵波，又能传播地震横波。推断为固态，主要成分是Fe-Ni合金。目前认为在地深4 980～5 149千米存在一个过渡层（F层），即由液态核向刚性内核的连续过渡。20世

纪90年代，美籍华人科学家宋晓东等发现，地球内核比地球本身自转速度每年快约1.1°。

**地黄** *Rehmannia glutinosa*; rehmannia 玄参科地黄属的一种。块根和根状茎供药用。多为野生。中国河南、江苏、安徽、浙江、山东、河北、辽宁、山西、陕西、湖南、湖北、四川等省有分布。朝鲜半岛、日本也有分布。

中国栽培的地黄有怀庆地黄（见图）和笕桥地黄等变种和变型。株高10～40厘米，全株被灰白色柔毛及腺毛。块根和根状茎肉质肥厚，橘黄色。叶基生，莲座状，叶片倒卵形或长椭圆形，有皱纹。总状花序顶生，花冠筒状，外面紫红色，内面黄色，有紫斑。蒴果卵圆形，种子细小。地黄喜温和、阳光充足而稍干燥的气候，怕高温、水涝，以肥沃的中性砂质壤土为宜。主要用块根繁殖。

根和根状茎含β-谷甾醇与甘露醇以及地黄素、生物碱、脂肪酸、水苏糖、葡萄糖和氨基酸、磷酸等成分。有强心、升压、降低血糖及利尿作用。鲜地黄（鲜生地）有清热凉血、润燥生津的功效，主治温病伤阴、大热烦渴、吐血、便秘等症。干地黄（生地）有滋阴、凉血功效，主治阴虚发热、吐血、崩漏等症。干地黄加酒拌蒸后称熟地黄或熟地，有滋阴、补血功效，主治肾虚阴亏、腰酸腿软、遗精、崩漏等症。

**地基** foundation soil 支承由基础传递上部结构荷载的土体或岩体。为了保证其上建筑物或构筑物的安全和正常使用，要求地基在荷载作用下不致产生强度破坏，组成地基的土层因某些原因产生的变形不能过大。因此，在进行地基设计时，通常要考虑下列三个方面：①强度条件。基础底面的单位面积压力应小于地基的容许承载力。②变形条件。地基的沉降量应小于容许变形值。③稳定条件。地基应无滑动的危险。常见的地基滑动有三种情况：一是位于斜坡上的建筑物，二是在现有建筑物旁开挖过深的基坑，三是建筑物主要荷载为水平荷载。设计时应进行稳定性分析。

由于建筑物的大小不同，对地基的强弱程度的要求也不同，所以建筑物的地基设计，必须从实际情况出发考虑上述三个方面的要求。在上述要求得不到满足时，就要对基础设计方案作相应的修改或者进行地基处理。湿陷性黄土、冻土、膨胀土等都具有独特的建筑性质，如作为地基，除考虑上述一般要求外，还应着重考虑这些地基的特点才能作出合理可靠的地基设计方案。

**地籍测量** cadastral survey 确定地产权属边界，为土地管理服务所进行的测绘工作。又称土地测量或不动产测量。不动产权属边界是根据国家有关法律通过地籍测量确定的，具有法律效力，故地籍测量是一种具有官方性质的证书测量。

沿革 1805年英格兰和爱尔兰颁布土地登记法令，开始地籍测量工作。1858年南澳大利亚创立了具有官方法律效力的产权登记系统。最完善的地籍系统是欧洲系统，它将不动产分为两部分进行描述：一是以地块为基本单元以地籍图和地籍册描述，另一是以地产为单位用产权登记册描述。中国大规模的地籍测量可以追溯到14世纪明朝洪武四年（1371）的履亩丈量，洪武二十年编成鱼鳞图、鱼鳞册，是最早最完整的地籍图、册。清朝的地籍测量被称为土地清丈。民国时期设有负责地籍测量和管理的专门机构，并颁布土地法和土地测量实施规则等法规。1986年颁布《中华人民共和国土地管理法》，在中国全面开展地籍测量和土地管理工作。在国际上，国际测量师联合会（FIG）的第七委员会是地籍测量的专业组织，并于1978年在荷兰成立国际地籍和土地管理的常设机构。

内容 地籍测量的主要对象是地产的权属边界。地产以地块或宗地表示，要在统一的国家坐标系下进行地籍控制测量，标定边界和埋设界址点，对图幅、地块、界址点编号，用航空摄影测量、地面人工白纸模拟法或电子全站仪数字化成图法进行地籍碎部测量和绘制地籍图。碎部测量包括各种地籍要素，除界址点外，还要测量地类界和房屋。在地籍测量的同时，要作土地权属调查和房产调查。面积量算、土地利用分类、土地估价和地产价格评定也是与地籍测量等有关重要内容。地籍修测和更新是经常的工作。地籍测量的成果用地籍图和地籍册表示，与地形图不同，地籍图上要反映各种地籍要素，既是主管部门在办理土地登记和发放土地证书的依据，也是制订建设计划、土地资源利用、国土整治和区域规划的基础资料。地籍图、册已从模拟形式向电子化数字形式发展。

**地空导弹** ground to air missile 从地面发射攻击空中目标的导弹。又称防空导弹。以它为核心，与地面的目标搜索指示系统、制导系统、发射系统和技术保障等设备构成地空导弹武器系统。

分类 按作战使命分为国土防空、区域防空、要地防空和野战防空地空导弹。按地面机动能力分为机动式、固定式、半固定式地空导弹，机动式又包括自行式、牵引式和便携式三种。按射程分为远程、中程、近程和短程地空导弹。按射高分为高空、中空和低空地空导弹。此外，按同一时间攻击目标数，又分为单目标通道和多目标通道地空导弹。

中国“红旗”2号地空导弹

组成 地空导弹由弹体、制导系统、战斗部、推进装置和电源、气源设备组成。包括壳体和空气动力面两部分。导弹的气动布局通常分为正常式、鸭式和全动弹翼式3种。地空导弹战斗部用于直接杀伤目标，通常由壳体、装药、引信和传爆装置组成。战斗部以其壳体在爆炸时形成的破片和冲击波杀伤目标，其破片形状多为预制的连杆形、球形或立方形，也有以金属射流毁伤目标的聚能式。地空导弹弹上制导系统是整个地空导弹武器系统制导系统的一部分或全部。导弹飞行过程中，制导系统不断测定导弹与目标的相互位置和导弹瞬时姿态，并发出导向目标的指令，由弹上的执行机构控制导弹飞向目标。地空导弹多采用固体火箭发动机，也有的采用液体发动机、冲压喷气发动机和固-冲组合发动机。除主航发动机外，多数还装有起飞助推发动机。

**地拉那** Tirana 阿尔巴尼亚首都，全国最大城市和经济、文化、交通中心。位于中西部的伊什米河畔，西距亚得里亚海岸40千米。人口61.84万（2008）。地处山间盆地，海拔100米左右，仅西北敞开与沿海低地相通。冬季温湿，夏季干热，15世纪形成居民点。1614年建市。1920年成为首都。第二次世界大战期间被意、德法西斯占领。1944年获解放。此后经济和人口迅速增长，

图1 地拉那的钟楼和清真寺

图2　斯坎德培广场

成为全国最大的工业中心，主要有机械、电力、纺织、化学、木材加工、食品和印刷等工业部门。市郊有水电站和煤矿。全国交通枢纽。有公路通国外主要城市，铁路通外港都拉斯和爱尔巴桑、斯库台等城镇，市郊有国际机场。有高等院校和科研机构、图书馆、文化宫、电视台、博物馆等。斯坎德培广场位于市中心，附近有政府机构和古老的清真寺、钟楼和独孔桥等。东郊有民族公园。

**地老虎**　cutworm　鳞翅目夜蛾科一类昆虫。又称切根虫、夜盗虫，俗称地蚕。多食性作物害虫。全世界已知约有2 200种，中国有切根夜蛾亚科292种，为害农业生产的有10余种。其中小地老虎、黄地老虎、大地老虎、白边地老虎和警纹地老虎等为害尤重。

特征和分布　①小地老虎（见图）。成虫体长16～23毫米，翅展42～54毫米。前翅黑褐色，有肾状纹、环状纹和棒状纹各一。世界性分布。在中国遍及各地，但以南方旱作及丘陵旱地发生较重。②黄地老虎。成虫体长14～19毫米，翅展32～43毫米。前翅黄褐色，肾状纹的外方无黑色楔状纹。中国主要分布在新疆及甘肃乌鞘岭以西地

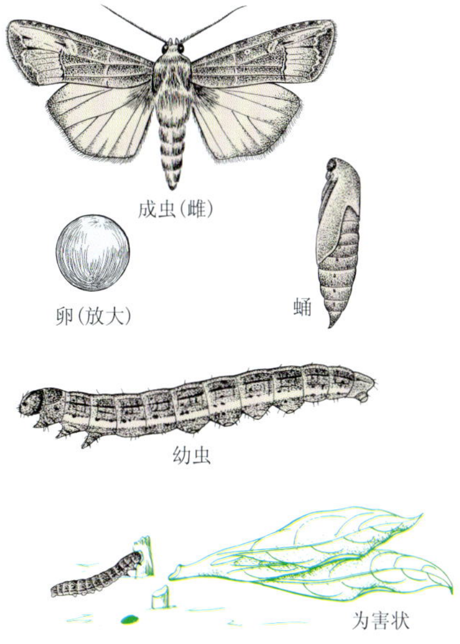


小地老虎

区及黄河、淮河、海河地区。③大地老虎。成虫体长20～23毫米，翅展52～62毫米。前翅黑褐色，肾状纹外有一不规则的黑斑。分布也较普遍，并常与小地老虎混合发生。以长江流域地区为害较重。中国各地均一年发生一代。④白边地老虎。成虫体长17～21毫米，翅展37～45毫米。前翅的颜色和斑纹变化大，由灰褐至红褐色。主要分布于内蒙古、河北和黑龙江的部分地区，一年发生一代。⑤警纹地老虎。成虫体长16～20毫米，翅展33～37毫米，前翅灰白至灰褐色，环状纹与肾状纹配置似惊叹号。主要分布于中国新疆、内蒙古、西藏一带，并常与黄地老虎混合发生。在新疆每年发生2代。

习性　成虫的趋光性和趋化性因虫种而不同。小地老虎、黄地老虎、白边地老虎对黑光灯均有趋光性；对糖酒醋液的趋化性以小地老虎最强，黄地老虎则喜在大葱花蕊上取食作为补充营养。三龄前的幼虫多在土表或植株上活动，昼夜取食，食量较小；三龄后分散入土，白天潜伏土中，夜间活动为害。有自残现象。关于小地老虎的迁飞性，已引起普遍重视。

防治措施　①春播作物在播种前精细整地，清除杂草，种植诱杀作物；播种时用药剂拌种；出苗后用毒土或颗粒剂撒施，或用鲜草毒饵防治高龄幼虫，或直接喷布药液。②移栽作物在移栽前即行喷药或将田间残留杂草及菜叶集成堆拌药诱杀，移栽时在苗株周围撒施药环或药液灌根。③保护和利用天敌，如姬蜂、寄生蝇、绒茧蜂等。

**地垒**　horst　两侧被断层围限，中间上升的断层组合构造。其边界断层一般是高角度正断层。与其相对应的另一种构造是地堑。

**地理标志**　geograhpical mark　具有重要天文、地理意义的地理坐标线（点）上所建立的标志塔或标志碑。如本初子午线、赤道、南北回归线、南北极圈、国际日期变更线、南极点、北极点等地的标志。

赤道标志　地球赤道经过11个国家和地区。在南美洲厄瓜多尔首都基多，1740年建立世界上第一座赤道纪念碑。

回归线标志　北回归线经过15个国家和地区，在中国经过台湾、广东、广西、云南。1909年在台湾嘉义县水上乡下寮村之南（北纬23° 27′ 04″.51、东经120° 24′ 46″.05）建立第一座北回归线标志石碑。广东从化（北纬23° 26′ 28″.44、东经113° 28′ 54″.35）的从化北回归线标志塔为世界最高的地理标志塔，塔高23.5米，加塔台共高30.35米（见图）。南回归线经过10个国家和地区，仅巴西圣保罗建有一座南回归线标志塔。

中国广东从化北回归线标志塔

极圈标志　北极圈经过7个国家和地区。芬兰罗瓦涅米市的旅游站广场上和瑞典穆尔耶克市北路边分别竖有北极圈标志木牌。

本初子午线标志　1884年国际子午线会议决定，以英国格林尼治天文台（旧址）埃里中星仪所在的子午线作为时间和经度计量的标准参考子午线，称为本初子午线，并建立本初子午线标志。

极点标志　20世纪50年代，美国在南极点建立南极标志。

**地理大发现**　great geographical discovery　西方对15～17世纪欧洲一些国家的航海家和探险家另辟直达东方的新航路，探察当时欧洲人不曾到过的海域和陆地的一系列航海活动的通称。

14～15世纪，资本主义已经在西欧一些国家萌芽，东西方的联系也大为加强。15世纪末，西欧各国开始了资本原始积累的过程。黄金梦成为驱使那些商人、航海家和探险家远航东方的根本动力。

15世纪中叶以后，地中海东部的商路，以及经埃及出红海通往印度洋的航路，分别被土耳其人和阿拉伯人所控制。于是西欧各国的商人、航海家和探险家都急于探寻一条不经地中海东部地区而直达东方的航线。

在西欧，最早致力于开辟新航路的是葡萄牙人。1497～1499年，达·伽马沿着迪亚士航行的路线到达好望角，第一次抵达印度。1500年葡萄牙航海家P.Á.卡布拉尔被风暴吹送至南美巴西，后东航到达印度。

西班牙统治集团在15世纪末期全国统一后，积极支持海外探航。1492年，C.哥伦布得到西班牙国王伊莎贝拉一世的批准和资助，横渡大西洋第一次到达美洲。但他至死都认为他所发现的地区是亚洲的边缘。直到1499～1504年间，意大利航海家A.韦斯普奇经过3次或4次去南美实地考

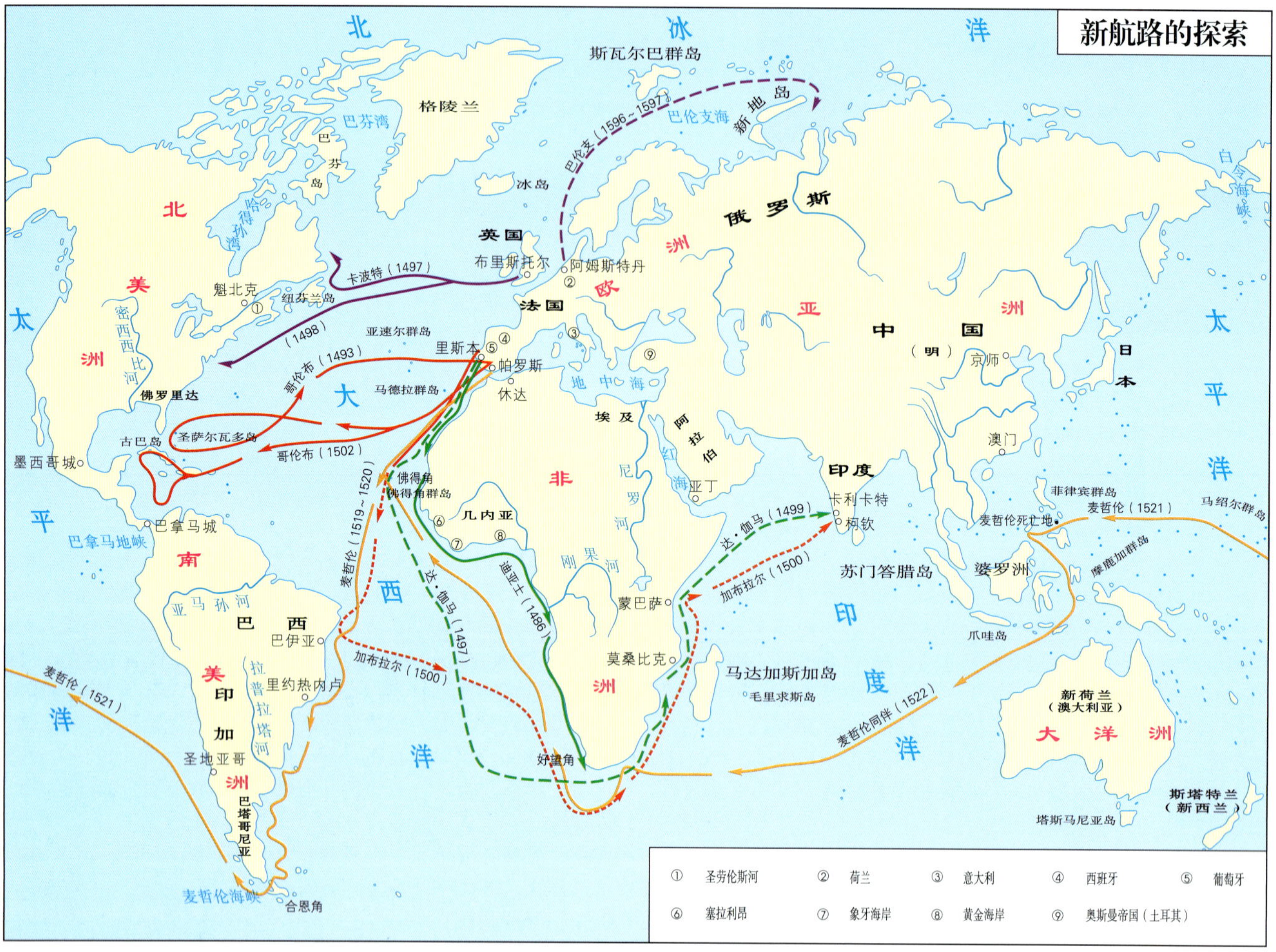

新航路的探索

察，才证实哥伦布的发现不是亚洲，而是新大陆。后来便以他的名字命名这块大陆为亚美利加洲。

1519年，葡萄牙航海家F.de**麦哲伦**率领船队从西班牙塞维利亚港起航，横渡大西洋，后进入太平洋。1521年麦哲伦被菲律宾土人杀害，只剩下一艘船和18名船员，由J.S.de埃尔卡诺率领，经过好望角，于1522年返回西班牙。在人类历史上第一次实现了环球航行。麦哲伦及其船队完成环球航行以后，直到17世纪中叶，西、葡、英、法、荷及后来的沙俄等国，在太平洋、大西洋、印度洋和北冰洋各区域都继续有所探航。

地理大发现改变了世界各大陆和各大洋的分割孤立状态，加强了世界范围的联系，为世界市场的开始形成准备了条件。地理大发现也是充满血腥事件的近代殖民地掠夺和殖民地瓜分的开始。

地理大发现使世界各地的联系日益密切，使科学和技术取得了长足的进步。随着西欧工商业的空前发展，又促进了日益腐朽的封建社会内部革命因素的增长。因此地理大发现敲响了欧洲封建制度的丧钟。

**地理定位站** geographical field station 在户外建立的用于地理研究的工作基地。主要服务于地理定位研究，兼具人才培养、科学普及、成果推广等功能，是集科研、教育、科普与技术推广于一体的综合中心。始建于欧美国家，如1843年建立的英国罗萨姆斯特试验站，1907年建立的美国哈佛大学森林试验站，至今都在运行。中国地理定位站始于20世纪50年代末，多为中国科学院所建。如中国科学院禹城综合试验站（山东）、中国科学院沙坡头沙漠治理试验站（宁夏）、中国科学院天山冰川站（新疆）等。

**地理环境** geographical environment 人类周围的自然界。地理环境一般可理解为人类周围的自然界，或者与人类社会生产有关的那部分自然界；也可特指地球表面特定的厚度层。

地理环境是自然地理环境和人文地理环境两个部分的统一体。自然地理环境是由岩石、土壤、水、大气、生物等成分（或称要素）有机结合而成的自然综合体。从地球的圈层角度而言，它包括了**岩石层**（圈）、**水圈**和**生物圈**。人文地理环境是人类的社会、文化和生产活动的地域组合，包括人口、民族、聚落、政治、社团、经济、交通、军事、社会行为等，它们在地球表面构成的圈层，称人文圈，或社会圈、智慧圈、技术圈等。地理环境的空间范围，一般认为上限至大气圈的对流层顶，下限至有生物和液态水存在的地方，即岩石圈上部。

地理环境具有如下特性：①进化性。地理环境各成分是不断向前发展和演化的。如岩石圈的组成开始只有火成岩，后来出现沉积岩和变质岩。人是自然发展的产物，从地理环境中获得生活所需的一切。人类社会也是在地理环境中发展的。人类对自然环境影响的力量、广度、深度和复杂程度是逐步增加的，人文地理环境的本身的作用和性质也在不断发生变化。②整体性。地理环境是一个由各组成成分有机结合的整体，各成分互相作用、互相制约、互相渗透。某一成分的变化会引起其他成分和整个地理环境性质的变化。③分异性。地域分异是地理环境各组成成分和整个景观（包括人文景观）空间变化的反映（见**地域分异规律**）。

**地理考察** geographical expedition 以地理环境为对象的实地调查和观测。地理学的重要研究方法之一。目的是了解考察地区的自然条件和人文特点，以及地理环境与人类经济活动的关系。早期地理考察主要是考察者凭借感官、经验和知识，利用简单的仪器，做直接观察。对于难以直接观察的现象，则采用间接推测的方式或采其标本或样品进行室内研究。随着科学技术的发展，现已广泛采用航空航天遥感、卫星定位技术、仪器遥测、电视显示、红外摄影以及电子计算机技术等，不仅扩大考察范围，提高考察精度，加快考察进程，同时实现对地理现象的动态观测。

**地理壳** geographical crust 地球岩石层(圈)、大气圈、水圈、生物圈相互作用、相互渗透形成的统一整体。又称景观壳。一般认为其范围上至大气对流层顶（约8～18千米），下到沉积岩所及深度（0～10千米）。由地质地貌（岩石圈）、气象气候（大气圈）、水文（水圈）等无机成分和土壤、植物、动物（生物圈）等有机成分构成。地理壳具有下列特点：①太阳辐射能被大量吸收和转化，并在地理壳的发展演化中起着重要作用。②物质的三相（气体、液体、固体)同时存在。③存在着自身发展的形成物，包括生物、风化壳、土壤、地貌、沉积岩、黏土矿物等。④岩石圈、大气圈、水圈、生物圈在此处相互作用，相互渗透，进行着复杂的物质和能量的交换与循环，其变化速度和强度较地球其他地方都快和强。⑤具有复杂的内部分化，内部各处差别变化大，除水平差别外还有垂直方向的差别。⑥是生命活动的场所，也是人类社会生存、发展的环境，从这个意义上又可称为地理环境。

**地理人种** geographical race 在相当于洲的范围内，由于地理隔离所形成的在体质、血型系统、免疫系统和遗传基因上都具有一定共性的人群。又称洲区人种。为人种分类体系中最高级别，下含第二级地域人种和第三级小人种，构成人种分类的三级系统。1929年由德国B.伦什提出，1961年由美国S.M.卡恩给予科学定义，并使用推广，建立人种分类体系。

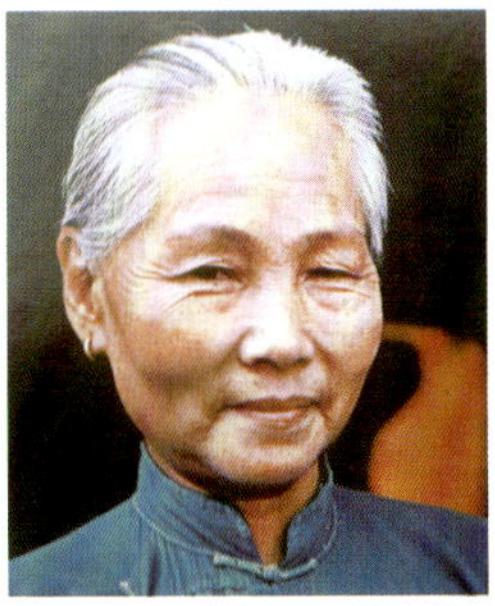
图2 亚洲地理人种女性

图5 美洲印第安地理人种男性

图8 美拉尼西亚地理人种女性

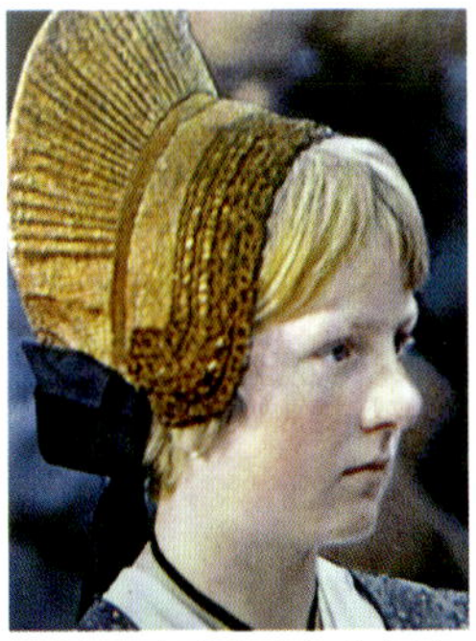
图3 欧洲地理人种女性

图6 印度地理人种男性

图9 密克罗尼西亚地理人种男性

图4 非洲地理人种男性

图7 澳大利亚地理人种男性

图10 波利尼西亚地理人种女性

地理人种是人群对相当于洲区范围自然环境的长期而连续地适应所产生的结果。但没有一个地理人种是真正孤立的，同时同一地理人种内的不同人群仍有各种差异（构成地域人种、小人种），不过他们的共性要大于差异性。地理人种分布范围相当于洲，但与各洲界线又不完全重合。例如，欧洲地理人种的最东端不是欧、亚两洲的交接处，而在西亚；非洲撒哈拉沙漠以北的人群不属于非洲地理人种，而属于欧洲地理人种。1961年，卡恩将全世界人类划分为九大地理人种（图1）。

①亚洲地理人种，又称蒙古地理人种（图2）。主要指居住在亚洲大

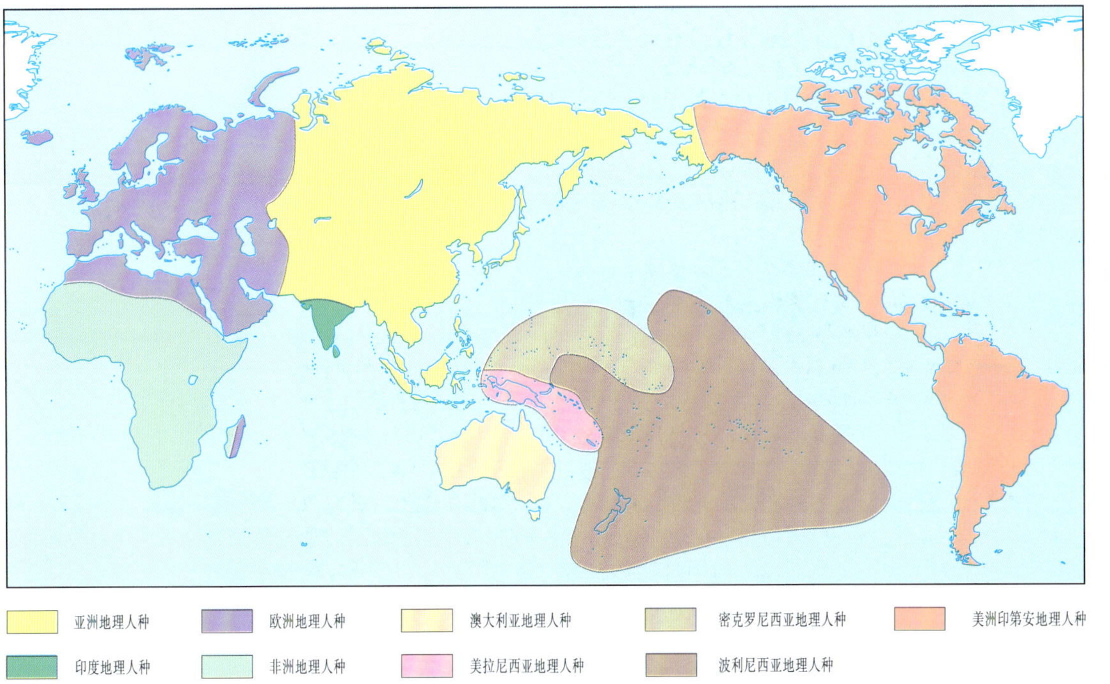

图1 世界九大地理人种分布

陆（除西亚）及其附近岛屿，以及北美洲北极地区的人群，包括北方蒙古地域人种、西藏地域人种、华北地域人种、东南亚地域人种和因纽特地域人种（原称爱斯基摩地域人种）等。

②欧洲地理人种，又称高加索地理人种（图3）。主要指居住在欧洲、北非和西亚地区的人群，包括东北欧地域人种、西北欧地域人种、阿尔卑斯地域人种和地中海地域人种等。1500年以后，欧洲地理人种经历了一场异常迅速的扩张活动，大量移居南、北美洲和澳大利亚、新西兰等地。

③非洲地理人种，又称尼格罗地理人种（图4）。主要指居住在非洲撒哈拉地区以南的人群，包括森林尼格罗地域人种、俾格米地域人种、班图地域人种、布须曼和霍屯督地域人种（即开普地域人种），以及东非地域人种、苏丹地域人种、南非有色地域人种等。自1500年以后，随着欧洲地理人种大量迁入美洲，非洲地理人种亦大批移入北美洲、加勒比群岛等地区。

④美洲印第安地理人种（图5）。原居住南、北美洲和加勒比群岛的人群，包括北美印第安地域人种、中美印第安地域人种、南美印第安地域人种、福吉安地域人种（即火地岛地域人种）等。1500年以后，欧洲地理人种的迁入，使美洲印第安人数大减，且大都被迫离开原居住地。现在的北美洲居民不少是非洲人和欧洲人的混血后裔，南美洲居民大量是印第安人与欧洲人的混血后裔，加勒比地区居民不少是印第安人和非洲人的混血后裔。

⑤印度地理人种（图6）。居住在印度次大陆的人群，包括印度地域人种、达罗毗荼地域人种等。

⑥澳大利亚地理人种（图7）。原居住于澳大利亚和塔斯马尼亚的人群，包括已于1876年灭绝的塔斯马尼亚地域人种，以及默里澳大利亚地域人种和卡奔塔澳大利亚地域人种。由于18世纪以来欧洲人的大量迁入，现在欧洲人及其与当地人的混血后裔已占澳大利亚居民的绝大多数。

⑦美拉尼西亚地理人种，又称美拉尼西亚-巴布亚地理人种（图8）。居住在新几内亚、斐济群岛和西太平洋其他岛屿的人群。

⑧密克罗尼西亚地理人种（图9）。居住在密克罗尼西亚群岛以及西南太平洋一些岛屿的人群。

⑨波利尼西亚地理人种（图10）。居住于东太平洋广大地区，自夏威夷、波利尼西亚群岛到新西兰一带的人群。

有的学者主张把美拉尼西亚地理人种划入澳大利亚地理人种，成为澳大利亚地理人种中的一个地域人种。有的学者则提出，密克罗尼西亚地理人种和波利尼西亚地理人种应合为太平洋地理人种。还有的学者认为，美拉尼西亚地理人种、密克罗尼西亚地理人种和波利尼西亚地理人种可合为大洋洲地理人种。所以到目前为止，有多个世界地理人种划分的不同方案。

**地理数据库** geographical database 有组织地存储在计算机内，可以被各种用户共享的地理数据的集合。广义的地理数据库还包括地理数学模型库和知识库（智能数据库）等。又称空间数据库，是地理信息系统的核心部分之一。主要包含属性数据与空间数据两种类型：属性数据表示地理实体的属性及其特征；空间数据具有确定的地理空间坐标，表示地理实体的分布状况。根据数据内容，分为基础地理数据库和专题地理数据库：基础地理数据库指通用性最强，共享需求最大的多种地理数据的集合，由地貌、水系、植被等自然地理信息和居民地、交通、境界、特殊地物、地名等社会地理信息构成，这些数据几乎为所有与地理信息有关的行业采用；专题地理数据库针对特定需求服务，如人口地理数据库。按数据来源，分为遥感信息地理数据库，地图信息地理数据库和非空间形式的社会经济信息数据库。

**地理数学模型** geographical mathematical model 描述地理系统各要素或过程之间关系的数学表达式或程序代码。地理模型的一个大类，能模拟真实的地理现象和过程，具有缜密性、定量性和可推广性。当一个地理数学模型具有解析解时，可以直接揭示出地理要素或过程之间的本质及其联系；模型即使没有解析解，也可有助于认识地理现象的大致规律和发展趋势。它以实地观测和调查为基础，是地理观测与调查到建立地理学理论之间的纽带，成为寻找地理学规律和构建地理学理论的得力工具。它的出现和应用，使地理学从定性或半定性描述走向定量表达，提高了地理学研究的科学水平；也提供了一种通用的表述语言和平台，便于研究成果的比较和交流。

**地理系统** geographical system 地球表层范围内所有地理要素构成的时间-空间动态整体。它具有开放性、层次性、动态性、整体性、自组织性等特征。系统内的各地理要素之间有物质流、能量流、信息流，与环境之间也有交流。按照属性分为自然子系统、经济子系统、社会子系统；各子系统还可再分为一系列亚子系统。也可按空间尺度将一个地理系统分为一系列较小地域单元的子系统，各子系统之间存在多级、多种的相互作用和反馈过程。

**地理信息系统** geographical information system; GIS 在电子计算机系统支撑下，对地球表层中具有空间位置的地物信息进行采集、存储、管理、查询、计算分析与可视表现的复杂系统。一种重要的地理信息处理与分析工具，在技术上实现了地球表层各种物体与现象的数字化描述与表达。其主要功能有：①地理数据采集。系统可以将多种来源（野外调查、遥感、测绘、地图）得到的地理信息输入到计算机，存储在地理数据库中。②数据管理。提供地理数据的编辑修改和检索查询，通过地理数据库管理系统完成。③空间分析与属性分析。可以从地理数据中提取新的空间信息，或发现地理对象的成因、分布特点和规律。④地理信息可视化。利用计算机图形图像技术和方法，将地理数据或计算结果以图表、图形或图像形式显示出来，便于观察与分析。

地理信息系统在资源调查与保护、环境保护、农业、林业、土地管理、交通运输、测绘、灾害评估与预测、投资评价、城市规划建设、政府管理和军事等众多领域有着广泛应用。按应用领域分为各种专题地理信息系统，如环境信息系统、土地信息系统、能源信息系统、水资源信息系统、旅游信息系统、城市地理信息系统、电力信息系统等。

**地理学** geography 研究地球表层自然现象、人文现象和它们之间相互关系及其空间分异的学科体系。

**发展简史** 地理学有悠久的历史，可以分为古代、近代和现代三大阶段。

古代地理学（上古时期至18世纪末） 中国“地理”一词出现在《周易·系辞》：“仰以观于天文，俯以察于地理”，迄今有二三千年的历史。古希腊埃拉托色尼使用Γεωγραφσα，是geography的来源，也有两千多年的历史。古代地理学的特点是以地理知识的描述性记载为主，学科内外分化不明显，具有显著的地域差异。

①上古时期（公元前10世纪前后至公元3世纪）。地理思想和著作主要出现在古埃及、美索不达米亚、中国、印度、古希腊和稍后的罗马帝国等古代文明中心。它们各具特点，其中以中国和古希腊、罗马最为重要。

中国西周至春秋时期的《诗经》中已有丰富的地形、气候、水文、动植物、地理知识的记载。老子提出“人法地，地法天，天法道，道法自然”，重视自然规律并具有地理唯物论见解。战国时期的《尚书·禹贡》和《管子·地员》是中国最早的综合地理作品。前者按地理特征将古代中国版图分为九州，并概要记载各地自然条件、经济活动和物产交通。后者探索了中国土地的分类和山地植物的垂直带谱，是世界上最早对土地进行系统分类的作品。

古希腊、罗马地理学继承了古埃及地

理学运用数学探讨地理现象的传统，成为西方地理学发展的源流。公元前5世纪的希罗多德最早探索了历史上的人地关系、讨论了区域的界线。柏拉图认为圆的地球位于宇宙中心，这是球形说最早的概念。亚里士多德证实大地球形说等。古希腊的埃拉托色尼被西方地理学界尊为“地理学之父”，是古代数理地理的创始人。他最先合成geographica（意为地理学或大地的记述）术语；用两地竿影换算出弧度，计量了地球的周边是252 000希腊里（约折合为39 690千米），已近于近代的实测值；发展亚里士多德的居住适应地带学说，将世界分为欧洲、亚洲和利比亚（以后的非洲）三个地区，以及一个热带、两个温带和两个寒带等五个地带；首次根据经纬网绘制世界地图。古罗马的斯特拉波写成17卷《地理学》，较详细地记载了当时以地中海为中心的罗马帝国地理情况，是西方区域地理的先声。托勒玫的名著《地理学指南》(8卷)，内容包括地图投影、各地的经纬度表和绘有经纬度的世界地图。这部著作对近代地图学的发展起了重要作用。他的地心说统治人类的思想达1 500年之久。

②中古时期（4～14世纪）。此时期中国、阿拉伯的地理知识和地理思想有长足的进步；欧洲的地理知识和地理思想则出现了停滞和倒退。

中国这个时期在方志、沿革地理、域外地理、自然地理和地图等方面都有很大的成就。如法显的《法显传》、玄奘的《大唐西域记》，至今仍是研究中亚、印度历史地理的重要文献；郦道元的《水经注》至今仍为考证中国水资源和水环境演变的要著；沈括的《梦溪笔谈》一书提出了河流的侵蚀、搬运和堆积作用，并用以解释华北平原形成的原因，较西方类似的见地早4个世纪。

921年，阿拉伯的巴尔基编成了第一本《世界气候图集》；稍后，马克迪西提出将世界分成14个气候区的方案；11世纪早期，阿维森纳观察中亚山区，提出褶曲抬升山岳的运动和侵蚀切割地形的均变过程。

③近古时期（15～18世纪）。这个时期的重大地理事件是中国的郑和“七下西洋”和西方的地理大发现。郑和下西洋的时间早于C.哥伦布开始的地理大发现半个多世纪，船队的规模、航海的技术也远胜于哥伦布，但其社会意义和对地理学的影响则远不及地理大发现。地理大发现给地理学带来的影响是巨大的。在地理大发现期间，成功地在远程航行中运用了罗盘，并精密地测定了经度，技术的改进和数据的积累导致了地图学的革新。G.墨卡托于1569年绘成了一幅适用于航海的等距圆柱投影世界全图，成为第一个将整个地球表面描绘在平面上的人，尔后又编绘《墨卡托地图集》。在中国，意大利传教士利玛窦编绘的世界地图，改变了中国学者沿用的“天圆地方”、“华夏居于寰宇之中”的旧观念。通过15世纪末到18世纪的地理探险和发现，出现了一些学术价值较高的地理著作。德国S.明斯特尔的《宇宙志》于1544年出版，被认为是地理大发现的早期代表作。德国B.瓦伦纽斯的《普通地理学》首次将地理学领域区分为专论和通论两大部分。中国明末徐霞客进行实地考察和理论探索，写作世界名著《徐霞客游记》；清初刘献廷提出地理学要阐明“天地之故”，即探讨地理现象形成的原因等。15世纪20年代到17世纪20年代，西欧出现文艺复兴运动，科学得到蓬勃发展，给予地理学发展重大影响。17世纪法国哲学家C.-L.de S.孟德斯鸠提出的气候决定论，18世纪德国哲学家I.康德的二元论成为近代地理学的方法论基础。

近代地理学（19世纪至20世纪50年代）　德国A.von洪堡和C.李特尔是世界近代地理学的奠基人。洪堡是自然地理学和植物地理学的创始人。他将毕生贡献于考察自然界，足迹遍欧洲和南北美洲。他的报告《新大陆热带地区旅行记》(30卷)，是新大陆自然、经济和政治的第一部百科全书和拉美北部的第一部区域地理著作。代表作《宇宙》，解决了近代地理学的三大问题：地球是统一整体，人类是自然的一部分；地理学主要探讨地表各区域相互关联现象的差异性；研究特定自然要素，应注意其与周围环境的关系。李特尔是近代地理学中人地关系的最早阐发者和人文地理学的创始人。他对区域的开创性见解，集中于19卷的《地学通论》中。

德国F.von李希霍芬在19世纪末将地球表面分为4个圈（岩石圈、大气圈、水圈和生物圈），认为地理学是研究地球表面及其有成因联系的事物和现象的科学。

近代地理学是继地质学、人类学之后，作为一门基础自然科学开始发展的。在其发展过程中取得了许多成果，并形成了三种传统和三个学派：生态传统与环境学派，代表人物是德国F.拉采尔，美国E.C.森普尔、E.亨廷顿、H.H.巴罗斯等；描述传统与区域学派，现象的分布进行记载和描述，是地理学最古老的传统。代表人物德国李希霍芬、A.赫特纳，美国R.哈特向，苏联N.N.巴兰斯基和N.N.科洛索夫斯基等；综合传统与景观学派，代表人物德国O.施吕特尔、S.帕萨尔格，英国C.O.索尔，苏联V.A.阿努钦等。

中国近代地理学的出现较西方各国要晚约一个世纪，也有不少成果。如竺可桢《东南季风与中国之雨量》(1934)，丁文江、翁文灏和曾世英于1934年编绘出《中华民国新地图》。

现代地理学（20世纪60年代以来）　地理学先后出现了60年代的数量运动、70年代的行为研究、80年代的综合趋势等。

80年代以来，萌发出一系列的新分支：理论地理学，元地理学，应用地理学，新方法、新技术学科（包括地理数量方法、地理信息系统、室内模拟实验和地理定位研究等）。全球环境变化和可持续发展研究亦是从这一时期开始，并逐渐成为各国地理界瞩目的研究热点。地球系统科学是地理综合研究的持续和发展，是跨越学科的研究及新兴的科学前沿领域，亦是人类为解决所面临的全球性环境问题，与其他科学技术相结合，并向深度和广度发展的结果。

**研究对象**　地理学的研究对象是作为人类家园的地球表层。地理学者曾用地理壳、景观壳、地理环境等术语称呼地球表层。地球表层是一个复杂大系统，太阳能、地球内能和人类活动是该系统运动和发展的三种基本动力，系统中叠加了三个烙印：地壳构造和地貌是第一烙印，决定海陆分布的基本格局；气候是第二烙印，不同气候带的水热条件不同，决定不同的水文、土壤、植被和动物分布格局；人类活动则是第三烙印，表现为不同技术水平的农业和工业、不同发展水平的社会和文化等。这三个烙印的相互作用和制约，决定了地理学把岩石圈、大气圈、水圈、生物圈、人类圈五个圈层作为一个整体进行研究。

地球表层的区域分异是地理学的研究核心。造成地球表层不均一和区域分异的主要原因：一是太阳能在地球表层分布的不均匀性；二是控制海陆分布及其起伏、构造活动和岩浆活动过程的地球内能分布的不均匀性。太阳能分布的不均匀性影响气温、气压、风向、湿度、降水等要素的区域差异，造成植被、土壤和农业的分布差异，表现出显明的区域分异规律。这种太阳能及受其影响的其他自然现象沿纬度有规律分布的现象称为纬度地带性。地球内能引起的区域分异，最明显地表现在地球表层的海陆差异：它是自然环境的基本分异，地球表层有4个大洋和6块大陆，海洋面积远大于大陆，约为2.4∶1；大陆相对集中于北半球，海洋主要集中在南半球。对于生物和人类来说，这是两种截然不同的环境，生物特别是高等植物、高等动物以及人类主要集中在陆地。陆地和海洋底部各有起伏，陆地的海拔高度和海洋的深度也不相同。海陆的分异在地质、地貌、气候、水文、生物上都有表现。在陆地上，由陆地边缘向内陆中心，气候由湿润、半湿润、半干旱到干旱，植被由森林、森林草原、草原到荒漠，土壤也有相应的变化，这种由沿海向内地呈现规律性变化的现象称为干湿度地带性（经度地带性）。这一规律性在中纬度地区表现得最为明显。山地的存在，使自然环境各成分和自然综合体出现随高度而变化的垂直性差异。在小范围内则有地方性的地貌和气候引起水文、生物和土壤的差异。上述各种不同等级的区域分异，都是在地带性因素与非地带性因素相互作用下形成的。人类是在一定的自然地理环境中生存和发展的，因此人类的体质和社会、政治、经济、文化等活动都存在着明显的区域差异。

地理学还关注地球表层的变化和人类活动对其施加的影响。

**研究特点** 地理学横跨自然科学和社会科学，为的是全面、综合地认识地球表层的普遍和特殊现象。这样的研究不仅受益于借用其他学科用以单独处理某个问题的分析思想，而且受益于对不同学科研究同一现象的各种方法。地理学不仅研究环境动态与自然系统、人类活动与自然环境、人类社会动态与经济社会和政治系统的关系，而且通过环境-社会动态把这些关系联系起来。

地理学最重视的是从全球到地方的空间尺度。为研究各种尺度的空间和地方，地理学家用许多方法进行空间表述。空间表述方式与一整套空间概念（包括区位、区域、尺度、变化）紧密联系，并借用许多其他学科的一些概念和方法（包括计算机科学、统计学、数学、测量学、工程制图学、认知科学、形式逻辑学、认知心理学、符号学、语言学等）。

地理学的研究特点还体现在多样性的方法上。主要有野外观测（包括定位观测）、遥感解译、采样与实验等观测技术，空间统计、地理数据的电子计算机处理、各种地理现象的实验室模拟（包括物理模型模拟和电子计算机模拟）、地图、地理信息系统、地理可视化等分析与展示技术等。

**学科体系** 地理学由很多分支学科组成，对这些学科可以按不同的标准加以分门别类。按研究对象划分如下。

自然地理学 研究自然地理环境的特征、结构及其地域分异规律的形成和演化，是地理学两个基本学科之一。所属分支按研究特点分为两组：一组是综合性的，包括综合自然地理学、古地理学等；一组是部门性的，包括地貌学、气候学、水文地理学、土壤地理学、生物地理学（下分植物地理学和动物地理学），还包括同其他自然学科结合而成的一些边缘学科，如化学地理学、医学地理学，以及以特殊自然要素为对象的学科，如冰川学、冻土学、沙漠学等。

人文地理学 研究地球表面人类各种社会经济活动的空间结构和变化，以及与地理环境的关系，是地理学两个基本学科之一。按研究对象可以分为社会文化地理学、经济地理学、政治地理学、城市地理学等。社会文化地理学即狭义的人文地理学，包括人种地理学、人口地理学、聚落地理学、社会地理学、文化地理学等。经济地理学包括农业地理学、工业地理学、商业地理学、交通运输地理学，以及旅游地理学等。政治地理学包括狭义的政治地理学和军事地理学。城市地理学曾是聚落地理学的一部分，隶属社会文化地理学，经过近几十年的发展，其研究对象和内容远远超出了聚落和社会文化的范围，已成为人文地理学的一个独立分支。

历史地理学 研究人类历史时期的自然地理和人文地理环境及其变化规律，是地理学的一个年轻分支学科。

区域地理学 研究地球表面某一区域地理环境的形成、结构、特征和演化过程，以及区域分异规律，是地理学的重要组成部分。下分为区域自然地理学和区域人文地理学。

地图学 研究编制和应用地图的理论、方法和技术，是一门以地图的形式来综合表达某一地区的自然地理和人文地理知识的学科，也是地理学中的技术性学科。

地名学 研究地名的起源、演变、分布和标准化，以及地名与地理环境的关系。在中国历史上，地名研究一直是地理学研究的一个方面，近代地名学也是地理学的辅助学科。

方志学 研究方志的产生和发展、类别和功能，以及编纂理论。方志是综合记述一个地区情况的著作，内容包括自然、经济、历史、文化、人物风俗、灾害、文艺等，大多以行政区域为单位，但也有以山、水等为单位的。不少学者认为方志学的发展已超越地理学和历史学范围，成为一门独立学科。

其他分支 20世纪60、70年代以来，在地理学中还形成了一些横向的理论性、应用性和方法性分支学科，如理论地理学、应用地理学、计量地理学等。

**发展趋势** 随着科学技术的进步、各国家和地区经济开发和建设以及环境管理和保护的需要，地理学将成为一门既有坚实的基本理论、应用理论的基础性学科，又是一门与生产实践进一步紧密联系的应用性学科。学科的内容和结构也将发生变化，21世纪的地理学将是一门在理论化和数量化基础上，进一步综合化、生态化、社会化的理论与应用并举的两栖科学。

**地理坐标** **geographical coordinate** 用经度、纬度表示地面点位置的球面坐标（如图）。地理坐标系以地轴为极轴（NCS），所有通过地球南北极的平面，均称为子午面。子午面与地球椭球面的交线，称为子午线或经线（如NMM′S），经线是椭圆。所有垂直于地轴的平面与地球椭球面的交线，称为纬线（如EG′M′Q），纬线是半径不同的圆，其中半径最大的纬线称为赤道。

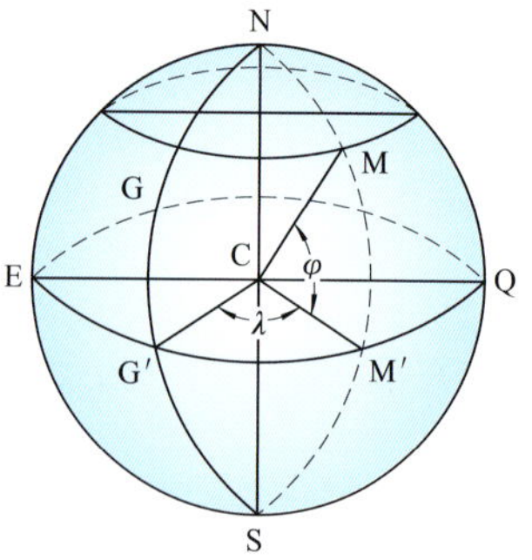

地理坐标示意图

纬度从赤道起算，赤道上纬度为0°，向北至北极为+90°，称为北纬；向南至南极为-90°，称为南纬。1884年国际子午线会议决定，通过英国伦敦格林尼治天文台原址（1953年天文台已迁至新址）的子午线为本初子午线（或称首子午线），作为计算经度的起点，本初子午线的经度为0°，向东从0°到+180°，称东经；向西从0°到-180°，称西经。地面上点的经纬度须用测量方法求出，用天文测量方法测定的称为天文经纬度，用大地测量方法在参考椭球面上推算的称为大地经纬度。同一点的天文经纬度与大地经纬度有微小差异。地图上所用的经纬度是大地经纬度。

**地裂缝** **ground cleave** 地壳运动或地震活动以及人为造成的地面失稳和开裂现象。大多发生在地壳活动带（活动断层带），分岩裂缝和构造裂缝，它们可以穿过岩性和时代不同的岩层和土层；伴随地震活动常形成不同规模的地裂缝（见图）。人为造成的，如过量抽取深层地下水，某些采空区也可造成裂缝。地裂缝属于地质灾害范畴，对地面建筑物的安全有重要影响。

每一条地裂缝往往都是一条破裂带，其发育范围可以从数十厘米至数米。深度则受构造运动控制。有时有若干条裂缝平

地震造成的地裂缝（云南沧源小麻勐村）

行分布。当地表有第四系覆盖时，其下部岩层存在隐伏断裂再活动时，也会反映到地表，并且对地面建筑物造成破坏。

**地幔** mantle 地球内部莫霍界面以下至古登堡界面之上的构造层。介于地壳与地核之间，厚度为2 883千米，平均密度为4.5克/厘米$^3$，地幔质量为$4.0\times10^{24}$千克，占地球总质量的66.9%。

在地幔中有两个不连续界面，深度分别为413千米和983千米，据此地幔可以划分为3层，即B层（上地幔）、C层（过渡带）和D层（下地幔），各层还可细分。上地幔物质组成为橄榄石带，主要由橄榄石、辉石和石榴子石组成。存在于60～120千米深度的低波速层由石榴石橄榄岩经0.2%～2%的部分熔融形成。在过渡带上界（深度为350～450千米处），镁橄榄石转变为β尖晶石，其密度增加8%。在深度为650～1 000千米的压力条件下，尖晶石分解为具钙钛矿结构的晶相和方镁石，密度增加11%。因此认为，地幔B、C、D层化学成分并无明显变化，由于地球深处温压条件不同，矿物发生同质异象变化。

地幔大致在径向分层的结构下存在明显的横向成分不均一性。地幔不均一性的产生可能有三种途径，即地幔部分熔融及岩浆的析出、地幔交代作用和地壳与岩石圈物质通过俯冲作用重新进入深部再循环。根据取自幔源玄武岩的Sr、Nd、Pb同位素和微量元素研究，可以区分出亏损地幔、Ⅰ型富集地幔、Ⅱ型富集地幔和高U/Pb比值地幔四种地幔端员组成。

**地幔对流说** mantle convection hypothesis 一种说明地球内部物质运动和解释地壳或岩石圈运动机制的假说。该学说认为，在地幔中存在物质的对流环流。在地幔的加热中心，物质变轻，缓慢上升形成上升流，到软流圈顶转为反向的平流，平流一定距离后与另一相向平流相遇而成为下降流，继而又在深处相背平流到上升流的底部，补充上升流，从而形成一个环形对流体。对流体的上部平流驮着的岩石圈板块作大规模的缓慢的水平运动。在上升流处形成洋中脊，下降流处造成板块间的俯冲和大陆碰撞。

1928年英国地质学家A.霍姆斯认为，上升流处地壳裂开，形成新的大洋底，对流的下降流处地壳挤压形成山脉。1939年D.T.格里格斯提出，由于岩石热传导不良，放射热的聚集导致对流。60年代后期板块构造说建立以后，地幔对流运动被普遍认为是板块运动的驱动力。

**地幔柱** mantle plume 发源于软流圈之下的地幔深部并涌升至岩石圈底部的圆柱形上升流。地幔柱在地表或洋底出露时就表现为热点。热点上的地热流值大大高于周围广大地区，甚至会形成孤立的火山。

地幔柱概念是由W.J.摩根于1972年提出。地幔柱理论所根据的事实是，洋底有一系列海山或平顶海山，呈链状的死火山脉，它一端连接着现代活火山，且沿此链越远离活火山其年龄越老。这被认为是岩石圈板块运动时，固定不动的地幔柱在板块表面留下的热点迁移的轨迹。

地幔柱估计至少来自700千米或更深处，直径大致在100～250千米，上升速率约每年几厘米，由此导致地幔顶部成直径达上百千米的穹状隆起，高出四周约1～2千米。地幔柱活动区以高热流、低地震波速、大地水准面正异常和活跃的火山活动为特征。由柱头熔融生成的大体积镁铁质火山岩及其底侵层状岩体在非常短的时间内大规模产出。地震层析图像表明地幔柱源于核－幔界面上面的D层，柱头直径500～3 000千米，柱尾100～200千米，在抵达岩石圈底部后就侧向扩散。全球包括海台在内的大火成岩省被认为是地幔柱和岩石圈相互作用的产物。K.康迪（2001）认为大陆壳的幕式生长、超大陆旋回以及生物大规模灭绝事件等也可能都与地史期间的地幔柱活动有关。

**地貌学** geomorphology 研究地球表面形态的特征、成因、内部结构分布及其演变规律的学科。又称地形学。是自然地理学的分支学科，又是地质学的一部分。19世纪末至20世纪中叶成为一门独立学科的时期，主要代表人物是美国W.M.戴维斯和德国W.彭克。

地貌学的研究内容包括地球表面的形态特征及其形成的动力，地球表面形态的发生、发展的规律和分布，以及组成堆积地貌的沉积物研究等。主要的子学科有构造地貌学、动力地貌学、气候地貌学和应用地貌学等。构造地貌学研究构造运动、地质构造与地貌形态之间的关系。气候地貌学研究受气候控制的地表形态特征及其发生、发展的规律。动力地貌学研究各种外动力在地貌形成中的作用及其形成的地貌形态特征。应用地貌学研究如何应用地貌学原理和方法解决生产实践中的问题。

地貌学的研究方法和手段在保持传统的定性描述之外，近年来越来越多地运用定量方法研究地貌过程，说明地貌与其形成因素之间的关系；对某些外力地貌过程模拟研究，如河床演变、风沙运动、河口变迁开始用水槽、风洞等作模拟实验；对某些地貌过程采用遥测遥感技术，包括地面定位遥测，运用航空、卫星遥感影像等对地貌过程的动态监测；对许多地貌事件的形成时代运用放射性同位素、热释光、古地磁等方法测定，以从时间上、影响因素上更准确地重构地貌的发展历史，并进而预测其宏观的发展趋势；地貌图向定量化、规范化和图例标准化方向发展。

**地冕** geocorona 地球高层大气中以发生辐射的氢原子和氦原子为主要成分的部分。从地球之外观测，向阳面地球外层空间仿佛戴着一顶主要由氢原子莱曼α射线构成的光罩，故此得名。

地冕的发射属于气辉现象。地冕中的粒子，通过共振散射和荧光散射过程，将吸收的太阳远紫外波段中氢和氦的辐射再释放出来，形成自己的发射。地冕发射不仅发生在太阳辐射直接照射到的区域，而且通过光子的多次散射，传输到地球的阴影区。氢原子共振线莱曼α射线是地冕发射中最强的谱线，它的发射强度随发射区的高度和太阳天顶角而变化。1972年，美国登月宇宙飞船“阿波罗”16号的宇航员，在月球上拍摄到的地球的远紫外辐射照片，显示了地冕莱曼α辐射强度的全球分布。这项观测还发现，在远离地心15个地球半径的地方，仍能从行星际辐射背影中区别出地冕的辐射。

**地面沉降** land subsidence 大面积的地面下沉现象。造成地面沉降的自然因素是地壳的构造运动和地表土壤的自然压实。人为的地面沉降广泛见于一些大量开采地下水的大城市（如上海）和石油或天然气开采区。最强烈的地面沉降量可达9米（美国威尔明顿油田）。地面沉降对地表或地下建筑物会造成危害。在沿海地区还能引起海水入侵、港湾设施失效等后果。人为的地面沉降的机制是过量地开采地下液体或气体资源，使贮存这些液体和气体的沉积层的孔隙压力发生趋势性的降低，有效应力增大，从而导致地层的压密。可采用人工回灌的方法，使地下水位回升，地面部分回弹，以控制地面沉降。

**地名** geographical name 某一特定空间位置上自然或人文地理实体的专有名称。随着科学技术的发展，人类活动领域的扩大，地名命名的对象已不限于传统的地球表面，而扩大到海底和其他星球。

地名作为语词，既有语音又有意义，用文字书写又有字形。地名的意义有指代意义和组成地名的各个构词成分的意义（即书面语中的字面意义）。如“长江”的指代意义是位于中国中部横贯东西的一条特定的大河，字面意义是长长的河。指代意义又分为指位义和指类义，因为地名所指代的地理实体，不但所在的位置总是专一的，且必属于一定的类型。所以音（语音）、形（字形）、义（字面意义）、位（地理实体所在的位置）、类（地理实体的类型）是地名的五个基本要素。

地名构词一般分专名和通名。通名是表示地名所指地理实体类型的词，专名是表示同类地理实体中某一个体的词。如太平洋、永定河、海南岛、长寿县等地名中的洋、河、岛、县是地名通名，太平、永定、海南、长寿是地名专名。

地名有社会性、时代性、民族性和地域性等特性。①社会性。地名是社会的产物，它的命名、演变始终都受到社会发展水平的制约。没有航海知识的积累和15～17世纪的地理大发现，就不会有像太平洋、印度洋等海域的名称。地名由少数人称说到为广大社会成员所公认，要经过一定的传播和筛选过程。②时代性。地名的命名通常反映命名时代的特征。③民族性。不同民族分布区域内的地名，一般总是由生息在当地的居民以其语言命名。地名的命名依据还能反映一个民族的心理状态、风俗习惯和其他文化特征。④地域性。地名是地方的指称，它的命名常反映当地当时的某些自然或人文地理特征。

地名有很多种分类。①按地理属性划分，有自然地理实体名称和人文地理实体名称。前者又可分为水名、山名等，后者又可分为聚落名、政区名、建筑物名等。②按政区划分，有国名、省名、县名等。③按语别划分，有汉语地名、英语地名、阿拉伯语地名等。④按社会交际功能划分，有今称、旧称、别称、自称、他称、全称、简称、雅称、俗称等。⑤按照通行的时间划分，有今地名和历史地名，历史地名即古地名。⑥按构词的关系划分，有原生地名和派生地名。⑦按照命名的缘由划分，有描述地名（反映当地某一自然或人文特征的地名，如形态、色泽、音响、方位、物产等），记事地名（反映发生过的事件或以故国、部族、人物名字命名的地名），意愿地名（反映人们的意志、愿望、忌讳、宗教信仰的地名）以及讹传地名等。

**地名标准化** standardization of geographical names 按照一定要求统一地名的书写形式。中国地名国家标准化的原则包括：①地名的文字书写（汉字书写、汉语拼音字母拼写、少数民族文字书写）要符合正字、正音的规定。②地名不应有损害中国领土主权和民族尊严、带有民族歧视、妨碍民族团结、侮辱劳动人民以及其他违背国家方针政策的含义。③地名的命名、更名要根据国家有关规定，并履行法定手续。④地名罗马字母拼写以汉语拼音方案作为统一规范。⑤少数民族语地名的译写要符合国家制定的规范要求。地名国际标准化是指在国家标准化的基础上通过国际协议，使地球上及其他星球上的地理实体名称的书写形式一致。包括：①在各国国内地名标准化的基础上，实现每个地名都有一种罗马字母拼写形式，称为*地名单一罗马化*。其中对使用罗马字母文字的国家来说，地名的国家标准就是国际标准。对非罗马字母文字的国家来说，要由本国提出地名的罗马字母拼写方案，由联合国地名标准化会议确定后方可作为国际标准。②国际公共领域和星球上命名的地名，也要通过协商，确定罗马字母书写的标准。

**地名单一罗马化** single romanization of geographical names 国际交往场合各国使用单一的罗马字母来拼写地名。这是地名国际标准化的最终方向。联合国地名标准化会议要求：罗马字母文字国家的地名，以本国的拼写形式为准；非罗马字母文字国家，要提供一种具有官方地位的本国地名罗马字母拼写方案；各国主权范围以外的地名，由联合国地名标准化会议讨论确定。中国长期通用汉字，1958年起有了国家法定的罗马字母的汉语拼音方案。1977年第三届联合国地名标准化会议上通过了依据汉语拼音方案拼写的中国地名，作为罗马字母拼写法国际标准的提案。1978年9月中国政府规定，用汉语拼音方案作为中国地名罗马字母拼写法的统一规范。由于罗马字母及其组合在不同语言中的读音或多或少地有差异，地名的国际标准化只能是书写形式的标准化，读音上的出入往往是不可避免的。所以，地名单一罗马化只要求拼写形式相同，不要求读音一致。在单一罗马化中，中国地名依据汉语拼音方案拼写时，需要分词连写。中国地名委员会和有关部门在1984年12月制订的《中国地名汉语拼音字母拼写规则·汉语地名部分》规定：除自然村镇名称外，地名中的专名和通名要分写。如黑龙江作为河名拼写为Heilong Jiang，作为省名拼写为Heilongjiang Sheng；周口店拼写为Zhoukoudian，不拼写为Zhou Kou Dian。用汉语拼音方案作为中国地名罗马字母拼写法的统一规范中还规定：蒙古语、维吾尔语、藏语等少数民族语地名，按音译转写法拼写，不用汉字注音法拼写。

**地名学** toponomastics 研究地名的由来、语词构成、含义、演变、分布规律、读写标准化和功能，以及地名与自然和社会环境之间关系的学科。英语中又称toponymy或toponomy。

地名研究源远流长。中国古籍中不仅记载了大量地名，而且对许多地名的读音、含义、位置、沿革以及命名规律都有阐述。如东汉初班固撰写的《汉书·地理志》载有各类地名4 000多处，并对部分地名的命名原由和名称演变作了说明。北魏郦道元的《水经注》记载地名2万处左右，有语源解释的达2 300多处。地名学作为一门学科是19世纪后期首先在西方发展起来的，并出版地名学著作，建立地名研究和地名标准化机构。研究内容有三个基本方面：①语言方面，从词汇学、词源学、语法学、语音学、语义学、文字学的角度对地名进行语词分析，研究地名的语源、语音、含义、字形及其演变。②地理方面，地名不仅代表命名对象的空间位置，指明它的类型，而且还常常反映当地的自然地理或人文地理特征。③历史方面，地名是时代的产物，又具有相对稳定性，因而能保留较多的历史信息。通过研究地名可以说明许多历史问题，对研究历史时期的政治、经济、军事、文化等都有帮助。

地名学的分科有研究地名基本原理的普通地名学，研究一定区域内地名的系统及其与自然、人文地理环境关系的区域地名学，研究个体地名的地名考证学，研究地名的语音、书写和译写标准化以及地名储存、检索、管理的实用地名学。

**地膜覆盖栽培** plastic mulch culture 将专用塑料薄膜（俗称地膜）贴盖于栽培地表面，促进作物生长发育的栽培方式。用于蔬菜、瓜类、玉米等粮食作物、棉花等经济作物的栽培和水稻育秧、果林育苗等。

地膜覆盖栽培对农作物耕作层的生态环境能起到综合改善的作用，其效应主要表现在：①提高地温。②保墒。③改善土壤理化性状。④改善株行间光照条件。

地膜覆盖栽培主要有高畦（或高垄）和平畦覆盖两种方式。生产实践表明，地膜覆盖栽培技术一般可增产30%～50%，有的可增产一倍以上。而且，农产品的质量也有所提高。用于果林育苗和水稻育秧，可提前出圃（苗）。用于杂交制种栽培，可以调节花期，解决花期不遇问题。

**地钱** *Marchantia polymorpha*; common marchantia 苔藓植物门地钱科地钱属的代表种。广布于全世界。配子体为扁平叶状体，带状，多回二歧分枝，淡绿色或深绿色，宽约1厘米，长可达10厘米，边缘略具波曲，多交织成片生长。背面可见六角形气室界限，气孔口为烟突式，内着生多数直立有分枝的营养丝。雌雄异株。无性繁殖，借着生叶状体前端胞芽杯中的多细胞圆盘状胞芽大量繁殖。习生于阴湿土坡草丛下或溪边碎石上，有时也生长于水稻田埂和乡间房屋附近。药用可清热解毒。

**地堑** graben 两侧被高角度正断层围限，中间下降的槽形断块构造。多指大、中型的地质构造，大者延长可达数百千米。地堑在地貌上常成长条形的断陷盆地，其边界可以是平直的，但更常见的是折线状边界，一般由多条高角度正断层联合而成。仅在一侧为断层所限的断陷，称为半地堑或箕状构造。与地堑相对应的另一种构造是中间断块上升的，称为地垒。地堑与地垒相间排列，则形成盆岭构造。

地堑大多发育在地壳受拉伸的地区。在水平拉张力作用下，地壳在垂向上减薄，在上部形成两组剖面上共轭的高角度正断层，其间的地块下降，就形成地堑。在两个倾向相背的断层中间则形成地垒。由于地堑在地面常呈断陷盆地，故常与沉积矿产尤其是煤和油气藏等密切相关。现代著名的地堑有欧洲的莱茵地堑、中国的汾渭地堑等。

**地壳** earth crust 固体地球的最外层圈，介于底界莫霍界面与地表之间。地壳总质量为$2.6\times10^{22}$千克，约占全地球质量的0.473%，全球总体积的1%。可分为大陆地壳和大洋地壳两部分。大陆地壳的平均厚度为37千米，海洋地壳平均厚度7千米。地壳是地球承载生命和人类生存的主要物质基地。

大陆地壳 简称陆壳，是自地球形成46亿年以来全球持续地质作用的产物，也是太阳系八大行星中只在地球上存在的地圈。陆壳主要表现为地球物质的高度分异，形成以花岗岩和沉积岩为代表的岩石，因此陆壳的年龄较古老，多在10亿年以上，已发现地壳中最古老的岩石年龄为38亿年。大陆地壳的总面积为$1.48\times10^{8}$平方千米，约占地球表面的41%；厚度大且不均匀，为15～80千米，一般为25～45千米，平均37～40千米。厚度变化与区域地质构造活动强度有关，一般在年轻的造山带地区地壳厚度较大。陆壳内富集了地球中较轻的元素如氧、氢、硅、铝、钠、钾等，因此大陆地壳的密度较小，为2.7～2.84克/厘米$^3$，相当于地球整体密度（5.52克/厘米$^3$）的1/2。

早期研究把大陆地壳划分为三层，即沉积盖层、花岗岩层和玄武岩层，后两层之间的界面称康拉德界面。进一步的研究发现，大陆地壳的内部在横向和纵向上物理性质和化学成分都具有非均质性，总体上横向分带、纵向成层，即在不同深度上存在多层显著的速度梯度层、低速层等地震波速间断面。

多数学者支持对大陆地壳三分法分层，即划分为上地壳（0～10千米）、中地壳（10～25千米）、下地壳（25～40千米）。J.A.派西威尔等（1992）提出了大陆地壳剖面的一般模式。代表性的大陆地壳剖面可以在碰撞造山带或克拉通内部地区观察到，其主要特点是剖面中含有大规模中酸性侵入岩基，其底部则为厚层玄武岩或为相应富镁铁质成分的中-深变质岩系；典型的陆壳剖面中还包含厚层安山质喷发岩系及侵入相闪长岩体。处于次大陆或岛弧带的大陆地壳发育不完整，主要特征是总厚度小和缺失花岗岩基，以存在厚层安山岩和闪长岩侵入体为标志。

大洋地壳 又称洋壳。20世纪50年代在大西洋洋底发现大洋中脊，后来又观察到靠近洋中脊的岩石都是年轻的海底玄武岩，愈远离洋中脊的岩石年龄愈老，但整个大洋底玄武岩年龄都不老于中生代（2亿年）。根据板块构造理论，大洋地壳是产于地幔的岩浆在洋中脊裂谷处涌出、冷却，并不断向两侧扩展形成的。洋壳岩石成分比较简单，主要是玄武岩和上覆的薄层沉积物，总厚度一般小于10千米；其内部物性结构上仍存在速度间断面，通常划分为沉积层、火山岩层（又称基底层）、玄武岩层三个结构层。

地壳运动造成的陡峭岩层

**地壳均衡** isostasy 描述地壳状态和运动的一种理论。它阐明地壳的各个地块趋向于静力平衡的原理，即在大地水准面以下某一深度处具有相等的压力，大地水准面之上山脉（或之下的海洋）的质量过剩（或不足）由大地水准面之下的质量不足（或过剩）来补偿。

1889年，美国地质学家C.E.达顿第一次提出"地壳均衡"这个词，并作了详细的讨论。20世纪初形成三种地壳均衡学说。①普拉特-海福德地壳均衡模型。认为大地水准面以下某一深度处存在一个等压面，又称均衡补偿面。从大地水准面到该面的距离称为补偿深度，此深度几乎处处相等。②艾里-海伊斯卡宁地壳均衡模型。把地壳视为较轻的均质岩石柱体（名为硅铝层），它漂浮在较重的均质岩浆（名为硅镁层）上，处于平衡状态。③韦宁·迈内兹地壳均衡模型。假设地壳本身是具有一定强度的弹性板，高低不等的地形质量是加在此弹性板上的负荷，它将弹性板压弯而不破裂，使其陷入岩浆内，一直达到流体静平衡为止。20世纪60年代以来，C.D.伍拉德、L.M.多尔曼以及R.I.班克斯等人从不同角度对地壳均衡学说作了补充、修正和发展。

尽管地壳的强度、弹性和岩浆活动等阻止地壳趋于均衡，但就全球大范围而言，地壳仍趋于静力平衡状态。据统计，全球近90%的地区基本上处于这一状态。

**地壳运动** crustal movement 在地球的内力和外力作用下地壳经常所处的运动状态。地球表面上存在着各种地壳运动造成的踪迹，如断层、褶皱、高山、盆地、火山、岛弧、洋脊和海沟等；同时，地壳仍在不断的运动中，如大陆漂移、地面上升和沉降以及地震等都是这种运动的反映。在构造地质学中，常把地壳运动作为构造运动的同义词，指主要由地球内力作用引起地壳变形的运动，这种变形也称构造变动。

地壳运动按运动的速度可分为两类：①长期而缓慢的地壳运动。如大陆和海洋的形成，古大陆的分裂和漂移，形成山脉和盆地的造山运动，以及地球自转速率和地球扁率的长期变化等。它们经历的时间以百万年计。另外，如冰期消失时地面冰块融化引起的地面升降，也属以万年计的缓慢运动。②较快速的地壳运动。这种运动以年或小时为计算单位，如地球的张德勒摆动，能引起地壳的微小变形；日、月引潮力不但造成海水涨落，也使固体地球部分形成固体潮；较大的地震可引起地球自由振荡，它既有径向的振荡，也有切向的扭转振荡。

对缓慢的地壳运动，可根据地质学（地层学、古生物学、构造地质学等）、地貌学和古地磁学的考察，参考古天文学、古气候学的资料，进行综合分析判断。对于现代地壳运动，过去一般采用重复大地测量的方法。近代利用空间测量技术（激光测月、人造卫星激光测距和甚长基线干涉测量等）监测不同板块上相距上千千米的两点间的相对位移（精度可达2～3厘米），用以测定板块之间的运动。此外，还可以利用海岸线的变迁、验潮站关于海水涨落的记录等，推断现代地面的升降运动。

**地球** Earth 太阳系八大行星之一，按离太阳由近及远的次序为第三颗。是人类所在的行星。它有一个天然卫星——月球，二者组成一个天体系统——地月系统。地球大约有46亿年的历史。不管是地球的整体，还是它的大气、海洋、地壳或内部，从形成以来就始终处于不断变化和运动之中。在一系列的演化阶段，它保持着一种动力学平衡状态。

自转和公转 地球自西向东自转，同时围绕太阳公转。地球自转周期约为23时56分4秒平太阳时（1恒星日）。地球公转的轨道是椭圆的，公转轨道的长半径为

149 597 870千米（1天文单位），轨道偏心率为0.016 7，公转周期为1恒星年（365.25个平太阳日），公转平均速度为每秒29.79千米，黄道与赤道交角（黄赤交角）为23°27′。地球自转和公转运动的结合产生地球上的昼夜交替、四季变化和五带（热带、南北温带和南北寒带）的区分。

**形状和大小** 希腊哲人亚里士多德（前384～前322）首次科学地论证地球应是圆球形状。现在在国际天文学联合会公布的天文常数系统中，地球赤道半径为6 378千米，扁率为1/298。地球不是正球体而是三轴椭球体，赤道半径比极半径约长21千米（图1）。地球内部物质分布的不均匀性，致使地球表面形状也不均匀。地球质量（包括大气圈等）为$5.976\times10^{24}$千克，地球体积为$1.083\times10^{21}$立方米，地球的平均密度为5.52克/厘米$^3$。地球尺度及其他参量见表。

地球的尺度和其他参量

| | |
|---|---|
| 赤道半径（m） | $6.378\ 139\times10^{6}$ |
| 极半径（m） | $6.356\ 755\times10^{6}$ |
| 体积（m$^3$） | $1.083\times10^{21}$ |
| 扁率 | $3.352\ 82\times10^{-3}$ |
| 总面积（m$^2$） | $5.100\times10^{14}$ |
| 陆地面积 | $1.48\times10^{14}$ |
| 海洋面积 | $3.62\times10^{14}$ |
| 平均密度（g/cm$^3$） | 5.52 |
| 质量（kg） | $5.976\times10^{24}$ |
| 大气质量 | $5.1\times10^{18}$ |
| 海洋质量 | $1.4\times10^{21}$ |
| 地壳质量 | $2.6\times10^{22}$ |
| 地幔质量 | $4.0\times10^{24}$ |
| 外核质量 | $1.85\times10^{24}$ |
| 内核质量 | $9.7\times10^{22}$ |
| 转动惯量（kg·m$^2$） | |
| 绕$c$轴 | $8.037\ 8\times10^{37}$ |
| 绕$a$轴 | $8.011\ 5\times10^{37}$ |
| 自转角速度（rad/s） | $7.292\ 115\times10^{-5}$ |
| 赤道重力加速度（m/s$^2$） | 9.780 318 |
| 极重力加速度（m/s$^2$） | 9.832 177 |
| 转动惯量系数 | 0.330 76 |

**海陆分布与演变** 地球表面的形态是复杂的，有绵亘的高山、广袤的海盆以及各种尺度的构造。大陆上的最高处是珠穆朗玛峰，海拔达8 844.43米，最低点为死海，湖面比海平面低416米；海底最深处马里亚纳海沟，深度达到11 034米。地球的总表面积为$5.100\times10^{8}$平方千米，其中大陆面积约为$1.48\times10^{8}$平方千米，约占地表总面积的29%。地球是太阳系中唯一在表面和深部存在液态水的星体。海洋面积约为$3.62\times10^{8}$平方千米，约占71%。海面之下，大陆有一个陡峭的边缘。以平均海平面为标准，地球表面上的高度统计有两组数值分布最为广泛：一组在海拔0～1 000米，

图1 "阿波罗"17号在宇宙空间拍摄的地球照片（据美国国家航空航天局）

占地球总面积的21%以上；另一组则在海平面以下4 000～5 000米，占22%以上。地球表面水的总量约为$1.4\times10^{9}$立方千米，其中淡水为$3.5\times10^{7}$立方千米，只占总水量的2.5%。

洋底岩石年龄小于2亿年，比陆地年轻得多，陆地上到处可以找到沉积岩，说明在地质时期这些地方可能是海洋。1912年A.L.魏格纳提出大陆漂移说，认为海洋和大陆的相对位置在地质时期是变化的。20世纪60年代初H.H.赫斯和R.S.迪茨提出海底扩张说，认为全球洋盆演化是洋底扩张的结果。此后板块构造说进一步解释了地球岩石层板块的运动。板块分裂造成大洋的形成，整个洋底在2亿年左右更新一次；板块挤压运动形成巨大的山系，如阿尔卑斯山、喜马拉雅山等。

**结构和组成** 地球是有生命的行星，它由不同物质和不同物质状态组成的圈层构成，即由固体地球、表面水圈、大气圈和生物圈所组成。

**地球内部结构及物质组成** 地球内部结构有很大的横向非均匀性，但总体上是径向分层的。主要分成三个圈层（图2）：①地壳。固体地球的最上层部分，其底部界面是莫霍面。②地幔。地壳下由莫霍面到古登堡面之间的部分。③地核。地心到古登堡界面之间的部分。

地核有约90%是由铁镍合金组成，但还含有约10%～20%的较轻物质，可能是硫或氧（但也有人认为地核含有21%的硅，11%的硫，7%的氧）。上地幔的主要矿物是橄榄石、辉石和石榴子石。在410千米的深处，橄榄石相变为尖晶石的结构，而辉石则相变为石榴子石。在520千米的深度，β尖晶石变为γ尖晶石，辉石分解为尖晶石和超石英。在660千米深度下，这些矿物都分解为钙钛矿和氧化物结构。在下地幔，矿物组成没有明显的变化，但在地幔最下的200千米中，物质密度有显著增加。这个区域是否有铁元素的富集还是一个有争议的问题。地壳中的岩石矿物是由地幔物质分异而成的。

**水圈** 地球表层水体的总称。地表的自由水有97.3%形成海洋，另有2.1%以冰的状态固结在两极。其余部分则以河流、湖泊及地下水的形式存在。水圈与地壳的上部有较大程度的重叠。地下水可以环流到地壳内数千米的深度，受热并与岩石发生反应再回到地面。

**大气圈** 地球外部的气体包裹层。由地面至约15千米高度的大气层为对流层，其上至50千米高度的大气层为平流层。由平流层顶面向上至80～85千米为中间层。更向上到500千米左右高度为热层。500千米高度以上为外逸层。根据大气电离特性，大气圈可分成中性层、电离层和磁层。见大气。

**生物圈** 地球上有生命存在的特殊圈层。包括大气圈的下部、岩石圈的上部和整个水圈。生物圈的成分、结构、动力学和空间分布的最重要特征是由活的有机体的活动决定的。

**地球重力场** 地球重力作用的空间。作用在地球表面上的重力是地球质量产生的引力和地球自转产生的惯性离心力共同作用的结果。离心力对重力的影响随纬度的不同而呈有规则的变化，在赤道上最强。同时，由于地球不同部位的密度分布不均，也会引起重力的变化和异常。

**地球磁场和磁层** 地球具有磁性，它周围的磁场犹如一个位于地心的磁棒（磁偶极子）所产生的磁场。这个从地心至磁层边界的空间范围内的磁场称为地磁场。地磁场的形态很复杂，它有显著的时间变化。变化可以分为长期的和短期的。长期变化来源于地球内部的物质运动，短期变化来

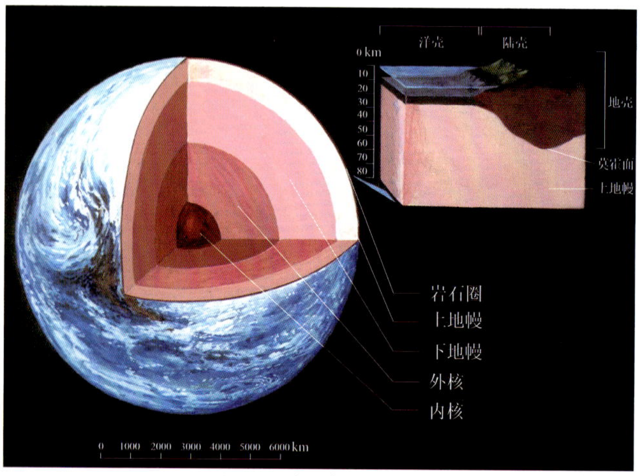


图2 地球内部圈层结构

源于电离层的潮汐运动和太阳活动的变化。地球磁场在向太阳的一面受太阳风的作用而压缩，在背太阳的一面则被拉伸，从而使地球磁场在地球周围被局限在一个狭长的称为磁层的区域内（见地球磁层）。磁场的强度和方向不仅因地而异，也因时间而有变化。在地质历史时期磁极曾多次倒转（见地磁极性倒转）。地球磁场的存在使地球免受太阳风的直接影响，磁层的存在对大气的成分和地面气候起重大作用，并因此影响到地球上生命的发展。

**地球内部温度和能源** 地面从太阳接收的辐射能量每年约有$10^{25}$焦[耳]，但绝大部分又向空间辐射回去，只有极小一部分影响地下很浅的地方。浅层的地下温度梯度约为深度每增加30米，温度升高1℃，但各地的差别很大。由地面流出的总热量为$4.20\times10^{13}$焦/秒。

地球内部的一部分能源来自岩石所含的铀、钍、钾等元素的放射性同位素。估计地球现在由长寿命的放射性元素所释放的热量约为$3.14\times10^{13}$焦/秒，少于地面热流的损失。放射性生热少于地球的热损失可能有使地球逐渐变冷的趋势。

另一种能源是地球形成时的引力势能。假定地球是由太阳系中的弥漫物质积聚而成的，这部分能量估计有$2.5\times10^{32}$焦，但在积聚过程中有一大部分能量消失在地球以外的空间，有约$1\times10^{32}$焦的一小部分能量，由于地球的绝热压缩而积蓄为地球物质的弹性能。假设地球形成时最初是相当均匀的，以后才演变成为现在的层状结构，这样就会释放出一部分引力势能，估计约为$2\times10^{30}$焦，这将导致地球的加温。地球是越转越慢的，地球自形成以来，旋转能的消失估计大约有$1.5\times10^{31}$焦，还有火山喷发和地震释放的能量，但其数量级都要小得多。

地面附近的温度梯度不能外推到几十千米深度以下。地球内部自有热源，所以地下越深则越热。地下深处的传热机制是极其复杂的。在岩石层，传热的主要机制是热传导；而在地幔及外核，主要的传热机制是热对流，当然这其中还包含其他的传热机制。地球内部某些特定深度的温度是可以估计的：在100千米的深度，温度接近该处岩石的熔点，约为1 100～1 200℃；在410千米和660千米的深度，岩石发生相变，温度各约在1 400℃和1 700℃；在核幔边界，温度在铁的熔点之上，但在地幔物质的熔点之下，约为3 400℃；在外核与内核边界，温度约为4 600℃；地球中心的温度约为4 800℃。

**地球年龄** 目前测得太阳系元素的合成年龄为62亿～77亿年，太阳星云凝聚成各行星包括地球的年龄为45.4亿～46亿年。应用同位素地球化学测年方法还给出了地球演化历史中各地质时期的精确的时间坐标（见地质年表）。

**地球表层** earth surface; epigeosphere 地球系统中近地面的大气圈、水圈、岩石层（圈）、生物圈、人类圈之间相互交叠、相互作用构成的环境－生物－人类综合体（如图）。它是地球上各种物质、能量、信息转化和循环最为活跃的圈层，是生物生长和繁衍最为集中的场所，也是人类赖以生存和发展的最重要资源和活动空间，是人类活动及其影响最为集中的地方。1910年俄国地理学家P.I.勃罗马诺夫提出地球表层概念。此后地理学界将地球表层称为地理壳、景观壳、生物圈、地壳外层、地理环境、全球生态系统等。

地球表层总面积约$5.1\times10^{8}$平方千米，其中陆地面积约$1.48\times10^{8}$平方千米，约占地球表层总面积的29%；海洋面积约$3.62\times10^{8}$平方千米，约占地球表层总面积的71%。对地球表层的厚度有两种理解：广义的地球表层厚度上限为对流层顶部，下限为岩石层上部沉积岩层，厚度30～35千米；狭义的地球表层厚度指大气圈、岩石圈、水圈等的交接面，上限离地面不超过100米，相当于对流层近地面摩擦层下部（又称地面边界层），下限为太阳能所能达到的深度（在陆地不超过地下30米，在海洋则不超过水下200米），厚度一般不超过200～300米。

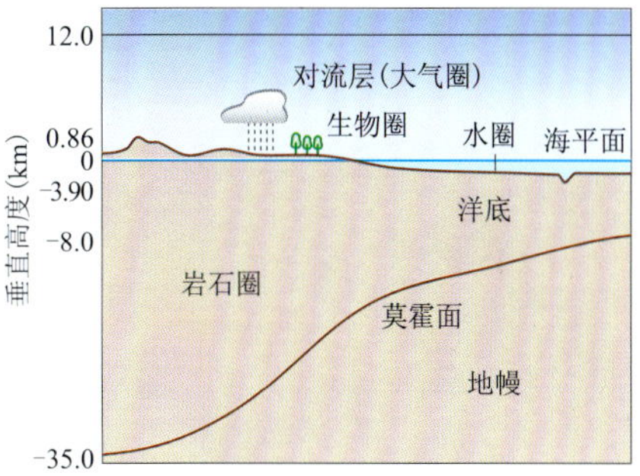

地球表层示意图

地球表层由自然地理系统、自然生态系统和人类生态系统（包括社会经济系统）构成，在空间结构上存在着复杂的内部分异，并存在着气体、液体、固体三相物质和三相圈层界面以及由此产生的形成物，如地貌形态、风化壳、土壤、生物、沉积岩和黏土矿物。

地球表层的物质运动主要靠太阳辐射能和地球内部热能驱动。到达地球的太阳辐射集中分布于地球表层，地球表层对太阳能的捕获、转移和储存主要通过生命活动来完成，其捕获、转移和储存的能量总和与地球内部释放的能量总和大致在同一数量级。地球内部释放的能量主要以热能和机械能的形式骤然释放出来（如火山、地热、地震、构造等活动），在驱动和维持地球表层的物质循环中并不经常起重要作用。地球表层经历了从混沌到有序的长期演化，生命活动贯穿其演化历史，地球表层演化史实质上是生物圈与其他圈层相互作用、协同进化的历史。生命活动通过一系列能量转换的形式和物理－化学－生物过程来完成地球表层物质循环，其中人类通过社会生产和生活的各个方面对地球表层施加影响。如果没有生命捕获、转移和储存太阳辐射能，则到达地球表层的太阳辐射能大部分会被反射和散失，地球表层的物质运动会大大减缓。岩石圈中储存的化学能几乎全部是过去生命捕获的太阳辐射能，以有机碳和还原性金属化合物的形式保存下来，形成巨大的能量库，保证地球的能量周转。

**地球参考系** terrestrial reference system 研究地球上的各种运动学和动力学现象，以及把地球作为一个整体考虑，研究地球在空间的定向运行（岁差和章动及自转）和轨道运动所建立的参考系。包括两个方面的内容：一是从理论上确定地球参考系的定义和模式；二是建立符合这一定义的地球参考架。

国际上采用的协议地球参考系（CTRS）的定义如下：①原点。定义在整个地球（包括海洋和大气）的质量中心。②尺度。定义为广义相对论意义下一局部地球框架的尺度。③定向。由某一历元的地球定向参数定义。④定向随时间的演变。遵循相对于地壳无整体旋转的约束条件。

地球参考架由一组具体的固连于地球参考框架点组成，通过一定的数据处理方法，采用一组有关的模型和常数求得参考点的坐标值和速度场，来实现和维持所定义的地球参考系。国际上通用地球参考架为ITRF，是国际地球自转和参考系服务采用各资料分析中心提供的由激光测卫、甚长基线干涉测量和全球定位系统等空间新技术观测得到的台站坐标和速度综合而来的，共包括300多个台站坐标和速度，精度分别为几个毫米/年和毫米/年。

**地球磁层** magnetosphere of the earth 位于地球空间最外层的由稀薄等离子体构成的太空区域。太阳风经过行星附近时，把行星磁场屏蔽在外并把地球磁场包围起来，形成一个很长的、形如彗星般的腔体，称作地球空间。地球空间的最外层中等离子体的动力学特征由磁场控制，故称为磁层。地球空间之外正对着太阳风方向有一个驻激波，称为舷激波；舷激波下游被压缩和加热的太阳风区域称磁鞘。

地球磁层的存在是1959年被确认的。向阳面磁层顶的外形像一个略微压扁的半球；在日地连线方向上它离地心的平均距离为11个$R_E$（地球半径），太阳风动力压

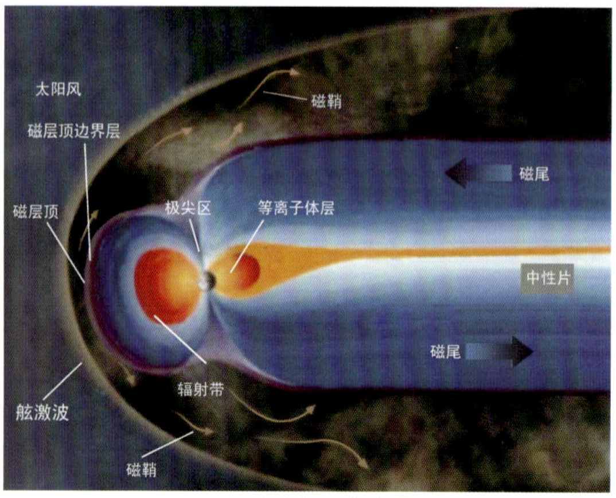


磁层的基本结构

强增强时可减小到地球同步高度（地心距6.6$R_E$）以下；在背阳面磁层可伸延到数百至上千个$R_E$之外。由于等离子体的起源、特征和磁场位型不同，地球磁层可划分为以下几个区域：

①等离子体层。指在中、低纬处于磁层底部并与电离层相连接的区域，是内磁层的一个重要区域。等离子体层有一个陡峭的外边界，称为等离子体层顶，形状大体上与当地磁力线吻合，其地心距离为5～6$R_E$。

②地球辐射带与环电流区。*地球辐射带*是高能带电粒子的捕获区；环电流区是由能量为10～$10^2$千电子伏的强能离子和电子，在赤道面附近漂移而形成的。两者的主要高度范围均与等离子体层重叠，属于内磁层。

③磁尾。地球磁层向背阳方向延伸的部分称为地磁尾。磁尾外形像一个圆柱，半径约为20～25$R_E$。磁尾中心区域等离子体数密度较高的区域称为等离子体片。在磁静时其赤道两侧的半厚度约为4 $R_E$，靠近地球一端的内边界距地心约10 $R_E$；磁扰时半厚度可减小到1 $R_E$以下，内边界可侵入同步高度以内。等离子体片中心流有很强的跨越磁尾的电流，电流区很薄，磁场极弱，称中性片。等离子体片两侧到磁尾外边界之间，称为尾瓣，其中等离子体密度稀、温度低。尾瓣和等离子体片之间的交界区称等离子体片边界层。

④磁层顶和磁层顶边界层。磁层与磁鞘之间的边界称磁层顶。它是一个电流片，在向阳面厚度为400～1 000千米，两侧磁场和等离子体特性发生跃变。磁层顶磁层一侧有一个磁鞘和磁层等离子体相混合的过渡区，在中低纬称为低纬边界层，在夜面高纬区称为等离子体幔。等离子体幔和低纬边界层的磁场会聚到极区，形成磁力线呈漏斗状的区域，称极尖区。极尖区是磁层的“窗口”，磁鞘中的带电粒子可直接通过极尖区进入磁层。

**地球村** global village 对在电信、交通高度发达的现代世界时空相对变小的一种形象描述。1968年加拿大传播学者H.M.麦克卢汉在他的《地球村里的战争》一书中首先使用了地球村这个概念。他认为由于电视等电子媒介的诞生，世界各地的人们之间的时空距离骤然缩短，整个人类社会仿佛变成一个村落。地球村的出现打破了传统的时空观念，使人们与外界乃至整个世界的联系更为紧密，人类变得相互间更加了解了。地球村现象的产生改变人们的新闻观念和宣传观念，迫使新闻传播媒介更多地关注受传者的兴趣和需要，更加注重时效性和内容上的客观性、真实性。地球村促进了世界经济一体化进程。

**地球辐射带** earth's radiation belt *地球磁层*中高能带电粒子长时间被*地磁场*捕获的区域。1958年由美国J.A.*范艾伦*根据“探险者”1号卫星的观测结果发现。又称范艾伦辐射带。

地球辐射带的主要成分为1～100兆电子伏的质子和100千电子伏至20兆电子伏的电子，此外还有少量的重离子。高能质子主要分布在离地心1.1～3.3个地球半径的空间范围内，中心位置距离地心约为2个地球半径，称为内辐射带，其中多数质子能量大于10兆电子伏，最大通量可达到$10^9$/（米$^2$·秒）。内辐射带高能质子和电子起源于宇宙线反照中子的衰变。内辐射带比较稳定，但其结构和辐射强度随太阳11年活动周期而变化，在磁暴期间有时也会发生改变。能量大于10兆电子伏的高能电子主要分布在地心赤道距离3～7个地球半径的范围内，称为外辐射带，其中心位于地心赤道距离4个地球半径处，那里能量高于1兆电子伏的电子通量最高，可达到$10^{11}$/（米$^2$·秒）。外辐射带的电子和离子主要起源于*磁暴*和*磁层亚暴*对电子的增能和注入。外辐射带结构和辐射强度随磁层活动而不断改变。20世纪90年代发现，在太阳耀斑和磁暴发生后，在内外辐射带之间可出现“第二质子带”和能量高达几兆电子伏至100兆电子伏的相对性电子带。此外在内辐射带内还有一个由重核离子（主要是氧，也有氮、氦和极少数的碳）构成的重离子捕获带。这些重离子每个原子核的能量低于50兆电子伏，来源于星际“反常宇宙线”。

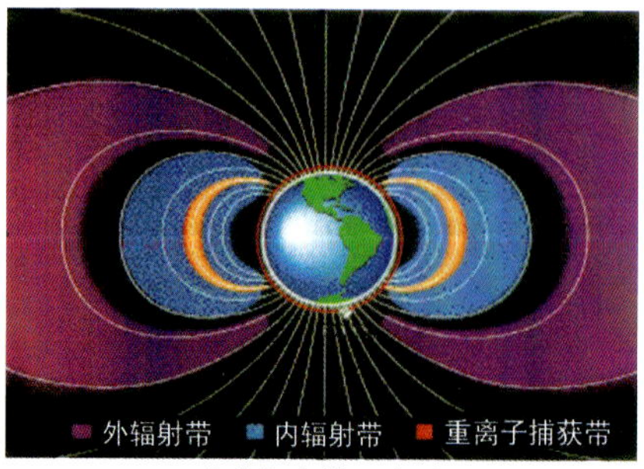


地球辐射带示意图

高能粒子同航天器作用会产生电离、原子位移、化学反应、核反应和轫致辐射，损坏航天器上的太阳电池、集成电路和传感器，并对航天员造成辐射损伤。高能粒子（尤其是重离子）通过二进制触发器时很容易使电路翻转，导致逻辑系统紊乱，引起卫星故障。磁暴期间同步高度附近辐射带高能电子通量突增，可引起卫星内部深层充电，导致卫星失效。

**地球公转** Earth, revolution of 地球运动的一种形态，地球绕太阳在一个椭圆轨道上的转动。方向从北半球看来为逆时针向。轨道半长径即日地平均距离约1.496×$10^8$千米。观测表明，地球于1月3日前后经过近日点，这时的日地距离约为1.471×$10^8$千米，公转速度达到最大值，约30.3千米/秒；大约在7月4日经过远日点，与太阳的距离增大到1.521×$10^8$千米，公转速度减低到最小值，为29.3千米/秒。地球自转轴与地球公转轨道平面相交成66.5°的角度，由于这一倾角，随着地球在公转轨道上的位置变化而形成四季更迭。严格来说，由于存在月球，地球的公转运动应是其质心绕地月系质心的转动叠加在地月系质心绕太阳的转动之上。又由于太阳系行星对地球的摄动，地球轨道的拱线（即轨道长轴）在空间作逆时针向缓慢旋转，约在20 940年中旋转360°；而且轨道平面也有缓慢旋转，使黄赤交角每年减小约0.47″，造成行星岁差。

**地球化学** geochemistry 研究地球及有关天体的化学组成、化学作用和化学演化的科学。自20世纪70年代以来，地球化学与地质学、地球物理学并称固体地球科学三大支柱。

简史 地球化学的发展约有三个时期。①萌芽期。1838年，德国化学家C.F.舍恩拜因首先提出“地球化学”一词。19世纪中叶以后，分析化学方法日益进步、化学元素周期律的发现以及原子结构理论的重大突破，为地球化学的形成奠定了基础。②形成期。1908年美国F.W.克拉克发表《地球化学资料》一书，广泛地汇集和计算了地壳及其各部分的化学组成，明确提出地球化学应研究地球的化学作用和化学演化，为地球化学的发展指出了方向。③发展期。60年代以后，地球化学除继续把矿产资源作为重要研究对象以外，还开辟了环境保护、地震预报、海洋开发、生命起源、地球深部和地外空间等领域的研究。

研究内容 包括：①研究地球和地质体中元素及其同位素的组成，定量测定元素及其同位素在地球各部分（水圈、气圈、生物圈、岩石圈和地幔等）中的分布。②研究地球表面和内部及某些天体中进行的化学作用，揭示元素及其同位素的迁移、富集和分散规律。③研究地球乃至天体的化学演化，即研究地球各层圈中化学元素的平衡、旋回，在时间和空间上的变化规律。基于研究对象和手段不同，地球化学形成了许多分支学科，包括元素地球化学、同位素地球化学、有机地球化学、天体化学、环境地球化学、矿床地球化学、区域地球化学和勘查地球化学等。

**研究方法** 综合了地质学、化学和物理学等的方法和技术，形成一套完整和系统的地球化学研究方法。包括野外地质观察、采样，天然样品的元素、同位素组成分析和存在状态研究，元素迁移、富集地球化学过程的实验模拟等。

## 地球化学勘查 geochemical exploration

通过系统地测量天然物质的地球化学性质，发现各种类型的地球化学异常的一种调查方法。天然物质可以是岩石、土壤、水、水系沉积物、植物或气体等。所测量的地球化学性质主要是元素的含量。地球化学勘查的目的是通过地球化学异常的线索来找寻矿床。近年来地球化学勘查的应用范围逐步扩大，它不仅可用于找矿，还可为解决环境污染、农业、畜牧业、地方病以及各种地质问题提供有价值的资料。

**地球化学异常** 成矿物质在矿床形成或解体过程中留下的，在各种天然物质的元素分布的正常模式或背景模式的基础上能够辨认出来的一切印迹，都可称为地球化学异常。在找矿中有意义的是正异常，即在背景模式上显现出来的元素高含量地带。负异常，即与背景相比元素的低含量带，在找矿与其他方面的实用意义也已开始受到重视与研究。

地球化学异常按规模分为三种。①地球化学省。规模最大、含量水平最低的异常。其范围可达数万平方千米或更大。②区域性异常。是矿田或大型矿床周围广大范围内的矿化引起的，面积达数十至数百平方千米。③局部异常。范围较小，含量水平最高。许多局部异常在空间和成因上与矿床密切相关。是地球化学探矿中研究和应用最多的一类异常。

根据异常所赋存的介质特点，地球化学异常分为两类。①原生异常。与矿体同时形成的，赋存于基岩中的异常。②次生异常。矿体及原生异常在风化带中解体后，异常物质分散到各种地表物质中形成的地球化学异常。

**地球化学勘查方法** 地球化学勘查方法主要根据采样对象来划分，如岩石地球化学测量、土壤地球化学测量、水地球化学测量、水系沉积物地球化学测量、气体地球化学测量和生物地球化学勘查等。以上是在大陆上进行的。20世纪70年代开始发展了航空地球化学勘查和海洋地球化学勘查。

**地球化学勘查程序** 现行程序的基本思路是用高效率的地球化学勘查方法在广大面积内进行广泛的侦察，舍弃大片没有希望的地区，缩小找矿靶区，然后用效率较低、但能较精确的圈定矿化范围的方法在缩小的靶区内工作。中国采用的程序包括：①区域性扫描及普查。从中找出有远景的异常。②异常检查。从中精选出最有远景的少数异常。③异常详查。要求精确地圈出矿化范围。④钻探验证。根据钻孔中原生异常资料追踪盲矿。

**地球化学样品分析** 要求快速的、适于大规模操作且非常灵敏的分析方法，以便处理数以千、万计的样品，并检出百万分之几甚至10亿分之几的痕量元素。

**地球化学异常的解释与评价** 是经常性具全局意义的工作。如在地球化学详查阶段需要判断异常与异常源空间位置上的关系，推测矿化剥蚀深度或埋藏深度，评价矿化的经济价值等。

地球化学勘查原是一种找矿技术方法。但随着它的发展，已建立起自己的理论与方法学体系。这就使它发展成为地质科学的新分支，称为勘查地球化学。勘查地球化学利用地球化学勘查取得的大量资料，系统研究岩石圈、水圈、生物圈、大气圈、土壤圈和技术圈（人类活动造成的特殊圈）中元素的地理分布，并探讨它们在宏观与微观尺度内的分配与迁移机制。

## 地球化学填图 geochemical mapping

使用标准化方法，系统测量地壳表层多种化学特征，并绘制地理空间分布图的区域地球化学勘查方法。其目的是了解地壳表层岩石中多种元素的含量。采集的样品主要是水系沉积物，水系沉积物样可以近似地反映大面积内岩石中的平均组分。地球化学填图是多元素多目标的基础性工作，除矿产勘查外，还为基础地质、农业和环境研究提供有价值的资料。地球化学填图按国际分幅以标准化方式进行，往往各国分别开展。但目前方法标准化还不够统一，不同时期和国家的分析数据尚缺乏对比性。

1973年英国伦敦帝国学院应用地球化学组出版的《北爱尔兰地球化学实验图集》为世界首例。其后许多国家和地区实施了共40余项区域性地球化学填图计划。1987年第12届国际地球化学勘查学术讨论会上，提出了国际地球化学填图计划。在1988～1992年国际地质对比计划（IGCP）中通过这项建议，开展了IGCP259项目，并提出全球地球化学填图方法标准化方案，统一分析71种元素，分析检出限应低于地壳丰度值，并采用中国的GSD和加拿大的STSD标样监测分析质量，其后IGCP360项目提出采用极低密度采样覆盖全球大陆的目标。

区域及全球地球化学填图标准化方法包括：①采样介质，总结了不同景观条件的适宜采样物质（见表）。②采样网度，统一全球采样格子（GRN）部署，格子大小为1 600千米×1 600千米，面积25 600千米$^2$，GRN格子从赤道本初子午线开始向上下左右扩展，全球大陆总计部署5 000余个采样格子。③分析元素和制图，制作71种元素全球大陆地球化学图。

IGCP259项目按景观条件选择的采样介质

| 采样景观区 | 采样介质 |
|---|---|
| 温带、亚热带山区和丘陵区 | 水系沉积物 |
| 北美冰碛物覆盖区 | 湖积物或底积物 |
| 欧洲及亚洲冰碛物覆盖区 | 底积物或湖积物 |
| 荒漠山区 | 干河床内的粗粒及细粒物质 |
| 荒漠平原区 | 粗粒及细粒物质 |

## 地球化学循环 geochemical cycle

元素和化学物质在地球各圈层（大气圈、水圈、岩石圈、生物圈）及多种地球化学储积库之间，沿着一定的途径迁移活动和最后一部分物质回到初始状态的地球化学过程。又称地球化学旋回、物质全球循环、元素循环。

**地球物质循环** 即在地质作用中物质的循环，包括大循环和小循环。以硼循环为例（见图）。在大循环中，物质的迁移从深部岩浆结晶作用开始，经过地壳抬升和岩浆岩在地球表面的剥蚀、风化，及其产物的搬运和沉积形成沉积岩，再经盆地的构造沉降和成岩、固结作用，以及不断升级的变质作用，最后经过深熔及部分熔融，重新生成岩浆，也称内生循环（见图的圆

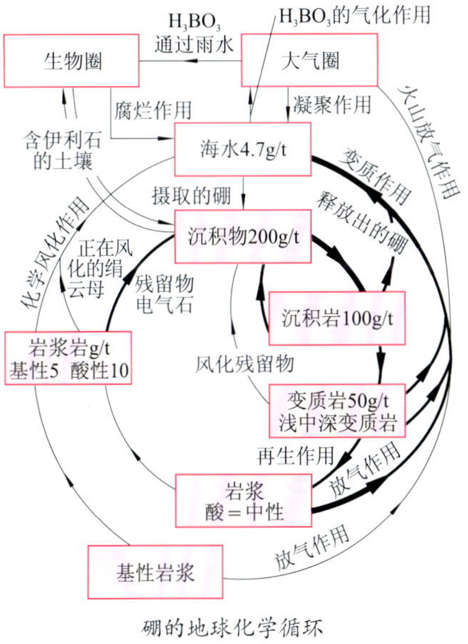

硼的地球化学循环

形内环)。小循环的迁移路径见图上部：沉积岩中的硼不经过变质深熔等内生作用直接遭受风化、搬运及水、气、生物圈迁移后重回到沉积物状态，又称外生循环。

地球化学循环寓于地质作用过程之中，通过对循环的研究可以了解地质构造条件对物质运动和元素迁移的制约关系，同时应用化学元素及其同位素的分布和组合的变化来揭示地质作用的性质，以认识地质构造活动机制。

板块构造与循环　板块构造理论深化了地质和地球化学循环的概念，完整地阐明了大规模地球物质循环演化的动力学机制，同时描绘了元素地球化学循环与地质环境的关系。在板块构造运动的框架下，可将地球化学大循环过程划分为三个阶段：①地幔物质的上升。在大洋中脊发生火山喷流，结晶形成年轻的玄武岩新地壳。在冷的海水与热的玄武岩之间的相互作用中，发生复杂的物质交换过程，形成赤铁矿、磁铁矿、碳酸盐类，以及钠长石、黏土等矿物。冷海水对流向下进到玄武质新地壳中被加热，使玄武岩中的铜、锰、铁、铬、镍、锌、银、金等金属活化上升，在海底沉积形成金属硫化物矿石。②深海沟消减带的地壳物质下沉。海底沉积物和被固定在蚀变洋壳中的化学物质及大气和水圈的组分沿着海沟消减带被带回到地幔中，构成地球物质深循环。当下沉的地壳变得足够热时，脱水作用可能引起消减带物质和上部地幔熔化产生安山岩浆。上升的岩浆，把热量带到上部地壳，导致大陆地壳局部熔融及花岗岩类岩浆的形成。花岗质岩浆上升，并推动水流体对流作用，伴随铜、锡、钨、钼和金等金属矿床的形成。③侵蚀作用。大陆的造山作用形成的海拔较高地区遭受侵蚀，物质呈碎屑、质点和溶液被带入海洋，形成新的沉积层。

循环的复杂性　1982年B.梅森指出，实际观察中地球物质的循环常是不完整或是不连续的，它可能在某一个阶段无限期停留，或超越或倒转。地球化学循环不是封闭的，它不断地接受来自深部的“原始”岩浆及其与岩浆一起带来的热能，还有来自宇宙空间的物质和能量。自地球形成以来，经历了多次地球物质的全球规模旋回式的构造运动；其结果循环的产物向异化方向发展：作用的性质和方式是循环的，但各时期形成的产物是单向演化的。

**《地球理论随笔》** *Essay on the Theory of the Earth*　法国比较解剖学家、古脊椎动物学家、生物地层学奠基人G.居维叶论述灾变论的主要著作。法文原版书名为*Discours sur les revolutions de la surface du globe*（《论地球表面的突变》），是据1812年发表的《四足动物骨化石研究》一书绪论扩写而成，1825年单独成册。1827年由英国地质学家R.詹姆森译成英文，并作了大量的矿物学注释和有关居维叶在地质学上的发现的说明。中译本定名《地球理论随笔》，于1987年由地质出版社出版。

该书共35节，大体上可分为两部分。前一部分22节，论述地球表面过去多次发生的突然变动的证据。包括地层的褶曲和不整合现象，新老地层中所含不同种类的动物化石，海水的侵入与退却，寒冷地区被冰包裹的保存完好的巨大四足动物尸体等。认为现今地球表面的形态和生物形态以及分布情况，是五六千年以前的一次突变的结果。同时也论述了现在对地球表面起作用的因素。如雨水和融化的雪水、流水的搬运和沉积，大海的冲蚀以及火山作用对地貌的改变等。认为现在的地质作用，均不能产生地质史上那些地质作用的结果。后一部分13节，讨论地层中的化石与包含这些化石的地层之间的关系。说明地层时代越早，保存的化石就越原始，建立了生物进化与地层层序思想。

居维叶这部著作的发表引起了科学史上均变论与灾变论的长期论战，一直影响到近代，灾变论理论获得越来越多的学者的认同。

**地球同步轨道**　geosynchronous orbit　运行周期等于地球自转周期（23小时56分4秒）的顺行人造地球卫星轨道。不考虑轨道摄动时，在地球同步轨道上运行的卫星每天相同时刻经过地球上相同地点的上空。对地面观测者而言，每天相同时刻卫星出现在相同的方向上。倾角为0°的圆形地球同步轨道，称为地球静止卫星轨道。

**地球物理勘探**　geophysical prospecting　应用物理学原理，采集地球物理场数据，研究地质构造、地层展布，以勘查地下矿产的一种方法和理论。简称物探。在工程建设和环境保护等方面也有广泛的运用。

原理　地下赋存的岩（矿）体在地表或地表附近会有相应的物理现象反映出来。地球物理勘探是利用仪器测量、采集各种物理现象给出的数据，应用有效的处理方法从中提取所需要的信息，并根据岩（矿）体或构造和围岩的物性差异，结合地质条件进行分析，作出地质解释，推断探测对象在地下赋存的位置、大小范围和产状，以及反映相应物性特征的物理量等，作出解释推断的图件。

地球物理场　可分为天然存在的地球物理场和人工激发的地球物理场。地球的重力场、地磁场、地电场、地温场、核辐射场是天然存在的地球物理场。由人工爆炸产生弹性波在地下传播的弹性波场、向地下供电在地下产生的局部电场、向地下发射电磁波激发出的电磁场等，属于人工激发的地球物理场。

分类　地球物理勘探常利用的岩石物理性质有密度、磁导率、电导率、弹性、热导率、放射性，与此相应的勘探方法有重力勘探、磁法勘探、电法勘探、地震勘探、地热勘探、放射性勘探。从测量所在的空间位置和区域的不同又可划分为地面物探、航空物探、海洋物探、钻孔物探等。根据研究对象的不同还可划分为金属物探、石油物探、煤田物探、水文地质物探、工程地质物探、深部物探和环境物探等。

**地球物理学**　geophysics　应用物理学的原理和方法，研究各种地球物理场和地球的物理性质、结构、形态及其中发生的各种物理过程的学科。地球科学的重要分支，地质学与物理学之间的边缘学科。地球物理学在狭义上只研究地球的固体部分，又称固体地球物理学；广义的地球物理学还包括对水圈、大气圈及宇宙近地空间物理现象的研究。“地球物理学”一词，自20世纪初才正式为人采用。但它的内容也包括不少从很久以前就延续下来的科学课题，如地磁学、地震学。大约到20世纪50年代，这门学科得到飞跃发展，又进一步分为大气物理学、海洋物理学、空间物理学和固体地球物理学。

地球物理学主要研究固体地球的广泛物理现象，其中包括大陆和大洋的岩石层结构、地壳特征、地磁场、重力场以及温度分布等，同时也研究地球外部如大气层、电离层和磁层，甚至延伸到其他行星及其卫星的各种物理现象。它应用专门的仪器，在陆地、海上（以船舰、潜艇为载体）、空中（以飞机、人造卫星为载体）进行重力、磁力、放射性、电法等测量，以及观测地震或人工震源产生的弹性波在地球内部的反射或折射，以研究地球内部构造与成分。

地球物理学的发展加深了人们对地球的认识，也为矿产资源勘探与开发、环境监测与保护以及灾害预测与防治服务，近年更在国防建设中发挥作用（如核爆炸的监测等）。

**地球仪**　globe　表示地球和地球表面地理状况的仪器。为一个表面绘有世界地图并安装在轴上能够转动的球体。古希腊人较早认识到地球是个球体，率先使用地球仪表示地球表面。现存最早的地球仪是M.贝海姆于1492年在德国纽伦堡制作的，球面绘有赤道、经线、纬线和各种地理要素，并用颜色区分各国家和地区。为便于说明地球的自转和公转、四季形成和昼夜长短等自然现象，地球仪通常安装在与垂线呈23.5°夹角的斜轴上，以模拟地球绕太阳旋转形成平面的倾度。

**地球重力场** earth gravity field 地球重力作用的空间。通常指地球表面附近的地球引力场。在地球重力场中，每一点所受的重力的大小和方向只同该点的位置有关。与其他力场（如磁场、电场）一样，地球重力场也有重力、重力线、重力位和等位面等要素。研究地球重力场，就是研究这些要素的物理特征和数学表达式，并以重力位理论为基础，将地球重力场分解成正常重力场和异常重力场两部分进行研究。研究地球重力场，在大地测量学中可用以推求平均地球椭球的形状，建立国家大地网、国家水准网和国家重力基本网；在空间科学中用以确定空间飞行器受地球引力场作用的轨道改正；在固体地球物理学中用以研究地球内部结构及资源分布，进行重力勘探；在海洋学和地球动力学中用于研究和解释海平面变化、海洋环流及其他动力学现象等。通常把这些研究地球重力场的内容称为重力学。

**地球资源卫星** earth resources satellite 探测地球陆地自然资源和环境的人造地球卫星。简称资源卫星。卫星一般运行于太阳同步轨道，利用所载的遥感设备获取地物目标辐射和反射的多种谱段的电磁波信息。信息转换成电信号后，通过数据传输系统发送到地面站接收。地面站在接收范围以外时有两种办法：一是电信号存入星上数据存储器，在卫星飞经地面站时发送；二是由数据传输系统将无线电信息发送给中继卫星，再由中继卫星将信息送回地面站。遥感数据处理中心根据事先掌握的不同地物目标的波谱特性，对地面接收站收到的数据进行处理和判读。美国1972年7月发射"陆地卫星"1号，1975年发射"陆地卫星"2号和3号。1980年前共接收到"陆地卫星"1、2、3号发送的图片44万幅，资源卫星遥感数据的实用价值得到了充分验证。20世纪80年代美国又发射"陆地卫星"4号、5号，1999年发射"陆地卫星"7号。法国于1986年2月至1998年3月共发射"斯波特"1～4号4颗地球资源卫星。到20世纪末已获得300多万幅图像。1991年7月欧洲空间局发射的地球资源卫星1号（ERS-1），1992年2月日本发射的日本地球资源卫星1号（JERS-1），均采用合成孔径雷达和光学遥感器相结合的方式，具有全天候、全天时，高精度的特点。俄罗斯（包括苏联）的地球资源卫星混编在"宇宙"号卫星系列中。印度于1980年开始发射遥感卫星，1995年发射第二代遥感卫星。其地球资源遥感卫星数据已在国际市场上出售。加拿大于1995年发射的雷达卫星，属地球资源卫星之列。中国于1999年和2000年分别发射"资源"1号卫星和"资源"2号卫星，2007年9月发射"资源"1号2B卫星，均为使用光学型遥感器的太阳同步轨道卫星。

**地球自转** earth rotation 地球绕自转轴自西向东的转动。地球的一种重要运动形式。自转的平均角速度为$7.292\times10^{-5}$弧度/秒，在地球赤道上的自转线速度为465米/秒。按照运动形态分类，可以从以下三个方面对地球自转的变化进行研究。

自转速度的变化 20世纪初以来，天文学的一项重要发现是，确认地球自转速度是不均匀的。人们发现地球自转速度有三种变化。①长期减慢。这种变化使日的长度在一个世纪内大约增长1～2毫秒，使以地球自转周期为基准所计量的时间2 000年来累计慢了2个多小时。引起地球自转长期减慢的原因主要是潮汐摩擦作用。②周期性变化。地球自转速度季节性的周期变化是20世纪50年代根据对天文测时的分析发现的。除春天变慢和秋天变快的周年变化外，还有半年周期的变化。周年变化的振幅为20～25毫秒，主要由风的季节性变化引起；半年变化的振幅为9毫秒左右，主要由太阳潮汐引起。60年代末求得地球自转速度的一些微小的短周期变化，其周期主要是 个月和半个月，振幅的量级只有1毫秒左右，主要由月球潮汐引起。③不规则变化。地球自转还存在着时快时慢的不规则变化。大致可分为三种类型：在几十年或更长的一段时间内，约有不到$\pm5\times10^{-10}$/年的相对变化；在几年到十年时间，约有不到$\pm8\times10^{-9}$/年的相对变化；在几个星期到几个月期间，约有不到$\pm5\times10^{-8}$/年的相对变化。前两种类型的变化相对来说比较平稳，而最后一种变化是相当激烈的。产生这些不规则变化的机制，目前还没有定论。

地球自转轴对于地球本体的运动 地球自转轴相对于地球本体的位置是变化的，这种运动称为地极移动，简称极移。1765年L.欧拉证明，如果没有外力的作用，刚体地球的自转轴将在地球本体内围绕形状轴作自由摆动，周期为305个恒星日。1888年人们从纬度变化的观测中证实了极移的存在。1891年，美国的S.C.张德勒指出，极移包括两种主要周期成分：一种是周期约14个月的自由摆动，又称为张德勒摆动；另一种是周期为12个月的受迫摆动。

实际观测到的张德勒摆动就是欧拉所预言的自由摆动。张德勒摆动的周期比欧拉所预言的周期约长40%，其原因在于地球并不是一个绝对刚体，这是地球弹性的一种反映。张德勒摆动的振幅约在0.06″～0.25″间缓慢变化，周期变化范围约为410～440天。极移的另一个主要成分周年受迫摆动的周期为12个月，振幅约为0.09″。相对来说这种运动比较稳定。

将极移中的周期成分除去以后，可以得到长期极移。长期极移的平均速度约为0.003秒/年，方向在西经70°左右。

地球自转轴在空间的运动 地球的极半径约比赤道半径短1/300，地球自转的赤道面、地球绕太阳公转的黄道面和月球绕地球公转的白道面，这三者并不在一个平面上。由于这些因素，在月球、太阳和行星的引力作用下，使地球自转轴在空间产生复杂的运动。这种运动通常称为岁差和章动。岁差运动表现为地球自转轴围绕黄道轴旋转，在空间描绘出一个圆锥面，绕行一周约需26 000年。章动就是叠加在岁差运动上的许多振幅不超过10″的复杂的周期运动，其中主项是周期为18.6年的椭圆运动，椭圆长半径约为9″，此外尚有许多振幅在1″以下的各种短周期项。

**地热** geoheat 地球内部的热。存在于地球内部岩石和地下热流体（液态、气态）中的天然热量。人类利用地热而获取的能源称地热能。它与太阳能、风能、生物质能等统称新能源和可再生能源。又因为它洁净、很少污染环境，又称绿色能源。

热源 地热能是驱动地球内部一切热过程的动力源。地球内部的热源可以来自重力分异、地球转动、化学反应和放射性元素蜕变热等。在地球的热量平衡中，放射性元素的蜕变热是地球内动力的主要能源，而其他所起的作用很微小。此外，在火山活动地带，地温较高，其热源主要来自与火山活动有关的岩浆。对形成地热有重大作用的热源必须满足三个条件：它们应当有足够的丰度；放射性产热率应该足够大；半衰期和地球年龄相当，并在地球的整个历史中始终有效。因此，在整个地球历史中能为地球提供大量的热量并为科学家所确知的只有少数长寿命的放射性核素，即铀、钍、钾三种，它们在地球各圈层的平均含量和生成热差异悬殊（表1）。不同地层深度各类岩石中放射性元素的生热量差别很大：酸性岩浆岩生热量占生热总量的70%，基性岩占20%，超基性岩占10%。不同深度的热源估量：0～100千米占50%，100～200千米占25%，200～300千米占15%，300～400千米占8%，7 400千米占2%。

表1 地球内各圈层的放射性生成热 （$\times10^{18}$J/a）

| 圈层 | $^{235}$U | $^{238}$U | $^{232}$Th | $^{40}$K | 共计 | 比率(%) |
|---|---|---|---|---|---|---|
| 地壳 | 22.59 | 535.55 | 544.76 | 158.99 | 1 261.89 | 76.3 |
| 地幔 | 5.86 | 144.35 | 168.61 | 46.02 | 364.84 | 21.7 |
| 地核 | 0.84 | 16.74 | 14.64 | / | 32.22 | 2.0 |
| 共计 | 29.29 | 696.64 | 728.01 | 205.01 | 1 658.95 | 100 |
| 比率(%) | 1.8 | 42.0 | 43.9 | 12.3 | 100 | / |

地热资源 指在当前技术经济和地质环境条件下，能够科学、合理地从地壳岩石中和地热流体中开发出来的热能量及其伴生的有用组分。按其在地下的赋存状态，可以分为水热型、干热岩型和地压型地热资源，其中水热型又可进一步划分为蒸汽型和热水型地热资源。

各种类型地热资源，均要通过相应程序的地质勘查研究工作，查明地热资源数量、质量和开采技术条件以及开发后的地质环境变化情况。从技术经济角度，地热资源勘查的深度已可达到地表以下5 000米，其中2 000米以浅的为经济型地热资源，2 000米至5 000米为亚经济型地热资源。中国《地热资源地质勘查规范》(2010)按照地热资源的温度划分为高温、中温和低温三级（表2）。

表2 地热资源温度分级及利用

| 温度分级 | | 温度界限（℃） | 主要用途 |
|---|---|---|---|
| 高温 | | ≥150 | 发电、烘干 |
| 中温 | | <150～90 | 工业利用、烘干、发电、制冷 |
| 低温 | 热水 | <90～60 | 采暖、工艺流程 |
| 低温 | 温热水 | <60～40 | 医疗、洗浴、温室 |
| 低温 | 温水 | <40～25 | 农业灌溉、养殖、土壤加温 |

地热利用 可分为直接利用和间接利用两类。地热直接利用的最主要方式有地热采暖、地热温室种植和地热水产养殖。地热间接利用主要是地热发电。

**地热电站** geothermal power station 利用地下热水、高温岩体或蒸汽作一次能源的发电站。据估计，离地表5 000米深度内所有异常热资源储量约为$1.45\times10^{26}$焦，相当于$5\times10^{7}$亿吨标准煤的热值。1904年，意大利首次进行地热发电试验。中国地热电站中以西藏羊八井地热电站规模最大，1993年装机容量2.518万千瓦，为拉萨供电量的41.1%（冬季60%）。地热电站按发电方式分为蒸汽型和热水型两种。前者直接利用地热井喷出的具一定压力的过热蒸汽送入汽轮机驱动发电机发电；后者则利用地热井涌出的具有一定压力和温度的汽水混合物或热水，通过闪蒸系统或双回路系统发电。

**地史学** historical geology 研究地球（主要是岩石圈）的发展历史及其规律的学科。又称历史地质学。地质学的分支学科。地史学研究与地球形成、生命起源、大陆漂移、古地理与古气候变化等重大自然科学基础理论问题探索有关，并为区域地质调查、矿产资源寻找、环境保护和自然灾害防治等提供理论依据。

研究简史 20世纪50年代以前，地史学主要是建立地层系统，确立地质时代，研究范围主要局限于大陆地区，关于海陆分布及其变化的认识也基本上局限于固定论的观点。60年代以来，古地磁的研究和板块构造说的提出，使地史学的研究扩展到海洋和地壳深部，研究方法也有较大改进。80年代中期以来，随着地球系统科学观点的提出和普及，地球演化历史中不同圈层之间的相互影响和耦合关系研究，是21世纪地史学发展方向。

研究内容 主要研究沉积发育史、生物演化史和构造运动史。主要从以下几方面去研究：①地层及地质年代。主要研究地壳表层岩石的形成年代、各地质时期生物群的特征以及地层划分与对比。研究地史时期的地层顺序及其年龄值，制定完善的地质年表。②古地理。主要研究地史时期地层形成时的地理环境及其分布特征，重塑古地理，如海陆分布、气候条件、生物地理区及古生态等。③历史大地构造。主要研究地壳的构造发展史以及与构造演化有关的岩浆活动和变质作用。确定地层的沉积类型及其接触关系，推断其形成的大地构造条件，划分不同的构造区（地台区和地槽区）。

**地台** platform 地壳上相对比较稳定的地区。又称陆台。1885年E.修斯提出。在传统的构造命名体系中，地台是与地盾并列的稳定地壳构造单元，以发育未变质的沉积盖层与地盾相区别。地台具有双层结构：下部为遭受复杂构造变动，包括变质、变形和岩浆作用的结晶（一般为前寒武纪）或褶皱（显生宙）基底。上部为构造性质稳定的沉积盖层。两者以明显的区域角度不整合接触。按照经典的地槽学说，地台是由地槽褶皱回返转化而成，因此这个不整合面的时代标志着地台生成的时代。

地台的形态大多呈等轴状，面积往往达百万平方千米级，地貌反差小。沉积盖层多为高成熟度、分选良好的浅海或陆相地层。地层厚度不大，但分布广泛，对比性好，可沿走向长距离追索。岩浆活动以大面积的溢流玄武岩为主。盖层未经受区域变质作用，构造变动相对较弱。盛产石油、煤和金刚石等重要矿产。

地台可以在地球历史的不同阶段生成，一般把基底属于前寒武纪的地台称为老地台，基底在显生宙期间才出现的称为新地台，并按照其生成时代分别称为后加里东、后海西等新地台。由于年轻地台形成历史短，盖层相对不发育，有些甚至还未出现盖层，中国文献上一般把地台一词限于古老地台，而称新地台为褶皱带。地台内部按沉积盖层的发育程度和变形状况还可进一步划分成不同的次级单元，如台背斜（盖层厚度小，地台上的相对隆起部位）、台向斜（盖层厚度大，地台上的相对拗陷区）和台褶带（出现线形褶皱和断裂变形的地台构造活动带）等。在板块构造理论获得广泛接受以后，上述地台分类和内部构造划分在文献中已很少应用。

**地毯** carpet 用棉、毛、丝、麻、椰棕或化学纤维等原材料加工而成的地面覆盖物。包括手工地毯、机制地毯和手工毡毯等。广义上还包括挂毯、坐垫、帐幕、鞍褥、铺垫、门帘、台毯等。

沿革 新石器时代，人们用兽毛捻纺成线，编制成粗厚的毛织品用于铺地。新疆罗布泊和民丰东汉墓中出土的地毯残片为典型的手工栽绒地毯。汉以后，丝绸之路的贸易和文化交流，促进中原地区地毯的工艺水平迅速提高。元代，由于蒙古族人民以游牧生活为主，所以地毯生产较发达。明清时期，除新疆、西藏生产地毯外，甘肃、宁夏、内蒙古等地区的地毯生产也发展起来。20世纪以来，北京、天津地区出现一些专门生产出口地毯的工厂。70年代后，上海、江苏、山东等东部沿海地区地毯生产有所发展。80年代以来，中国的丝线栽绒地毯在国际上崭露头角。

新疆地毯（18世纪初）

种类 按制造工艺分，有手工地毯和机制地毯两大类。其中手工地毯包括手工栽绒地毯、手工平纹地毯、手工簇绒地毯、手工毡毯等，机制地毯包括机织提花地毯、机制簇绒地毯、针织栽绒地毯、机械拴扣地毯、无纺织地毯等。按所用原料分，有羊毛地毯、丝毯、黄麻地毯、化学纤维地毯等。按用途分，有地毯、炕毯、壁毯、祈祷毯等。按生产方式分，有民间作坊地毯和工厂生产地毯。按价格档次分，有保值精品地毯、高档地毯、中档地毯和低档地毯。

**地趟拳** ditangquan; ground boxing 中国武术拳种之一。又称地功拳，因套路多由跌扑滚翻动作组成，故名。地趟拳起源说法不一，一说是以醉拳为基础发展而成，只有摔跌而无醉形；另一说是各种拳术都部分掺用摔跌动作，只是地趟拳以摔跌动作为主，古称“九滚十八跌”，俗称“就地十八滚”等。其初盛行于山东，后传至全国。地趟拳的特点主要是以跌扑滚翻动作来诱敌入彀，败中取胜。例如，摔跌动作有翻身楔（单手直臂支撑全身倒立，用身体砸向对方）、鲤鱼打挺（两脚蹬地跳在空中，或仰身平衡，两腿交叉蹬直，挺身，以便用两脚蹬倒对方或用两大腿里侧冲倒对方）、地趟绞剪（分为三种，上风剪用腿击打对方头部、胸部；中风剪击打躯干、腰部；下风剪扫打腿部）、抢背（上体前倒回手搂抱对方腿部，再借滚翻惯力用腿击打对方）、前滚翻（倒地翻身楔打）、后滚翻（两手扶地用脚后蹬对方），等等。中华人民共和国建立后，地趟拳列为武术比赛项目。

**地图** map 运用数学法则和地图语言（地图符号系统），经过地图概括，表示地球上各种自然和社会经济现象的平面图形。地图反映各种自然和社会经济现象的空间分布、形态结构、相互联系和动态变化。地图由数学基础、制图对象和图面整饰三个部分组成。数学基础包括大地控制点、经纬线网和比例尺。制图对象在普通地图上包括水系、地貌、居民地、交通线、土质、植被、境界线以及其他地物；在专题地图上包括地理底图内容和突出表示的主题要素。图面整饰的内容包括图廓、图名、图号、图例和图面上的文字说明以及附加图表等。

地图按内容分为普通地图和专题地图。普通地图又分为地形图和地理图；专题地图又分为自然地图、社会经济地图（人文地图）和环境地图。按用途分为交通图、航海图、航空图、宇航图、教学图、旅游地图、传媒地图、军事地图等，统称为专用地图。按比例尺的大小分为大比例尺地图、中比例尺地图、小比例尺地图。按制图区域分为世界地图、分洲地图、全国地图、分省

晕渲法表示地貌

地图等。按使用方法分为桌面用图、挂图。按色数分为单色地图、多色地图。按维数分为平面地图、立体地图。立体地图目前有塑料压模立体地图、光栅立体地图和沙盘等。另外，按地图显示方法和介质特点还有一类特种地图，如数字地图、屏幕地图、多媒体电子地图、互联网地图、触觉地图、发光地图、丝绸地图、工艺品地图、地球仪等。

**地图投影** map projection 按一定的数学法则，把地球椭球表面的经纬线网转化为平面上相应的经纬线网的理论和方法。这种转化的实质，是将地球椭球表面上的点表示在平面上。一般数学解析式为：$X=f_1(\varphi,\lambda)$，$Y=f_2(\varphi,\lambda)$。$\varphi$、$\lambda$是地球椭球表面点的地理坐标，$X$、$Y$是平面上相应点的直角坐标，函数$f_1$、$f_2$在一定域内必须是单值、有限而连续的。

地图是一个平面，而地球椭球面是不可展开的曲面。把不可展开的曲面上的经纬线网描绘成平面上的图形，必然会发生各种变形。地图投影的变形包括长度、面积、角度（形状）等几个方面，可用变形椭圆形象描述。

地图投影按投影的变形性质或正常位置下投影的经纬线形状进行分类。按变形性质分类，有等角投影（正形投影）、等距离投影、等面积投影和任意投影。按正常位置下经纬线形状分类，有圆锥投影、圆柱投影、方位投影。有些投影不设某种几何辅助面，而设一些其他假定条件。如伪圆锥投影、伪圆柱投影、伪方位投影、多圆锥投影。常用投影有用于中国全图的斜轴等面积方位投影，用于中国大陆部分的双标准纬线等角圆锥投影，用于航海图的墨卡托投影（实质上是等角圆柱投影），用于中纬度地球的兰伯特等角圆锥投影和亚尔勒斯等面积圆锥投影，用于广大地区小比例尺地图的彭纳伪圆锥投影，用于地形图的高斯－克吕格尔投影等。

地图主题内容对投影变形也有一定要求。例如，经济图有时要同地区面积联系，宜用等面积投影；如要在图上量算角度距离，则宜用等角投影；要求某种变形不特别显著，则可用任意投影中的等距离投影。地形图用于军事和经济建设，要求精度高，故采用按经线分带的高斯－克吕格尔投影。在实际应用时还要考虑地图的比例尺和使用方式，地图的出版方式，以及对地图投影的其他特殊要求等。

**地图学** cartography 研究有关地图的理论体系和技术系统及其应用的学科。是建立在正确的地理认识基础上的图形显示的技术科学。

地图的起源可追溯到4 500年前。现存最为古老的地图是公元前25～前23世纪巴比伦人绘制在陶片上的地图。中国《管子·地图》篇，是最早论述地图的专篇。公元前4世纪，亚里士多德论证了地球是球形。以后有人开始测量地球的周长，并出现了圆柱地图投影。公元2世纪，托勒玫编著的《地理学指南》，附有27幅世界地图，在西方影响达1 000年之久。3世纪，中国裴秀提出“制图六体”，是中国古代关于地图编制原理的最精辟论述，形成东方独特的地图技术途径，在中国影响1 000多年。托勒玫与裴秀两位古代地图学家按照数学法则建立的描述地理位置的经纬线和方里网，至今仍然是地图数学基础。1569年，G.墨卡托设计正轴等角圆柱投影，第一次把东、西半球已知范围展现在一幅地图上。这种投影的地图能为航海者进行直线导航，为航海图所普遍采用，被命名为墨卡托投影。墨卡托的工作被誉为16世纪欧洲地图学的里程碑。1791年，英国成立陆军测量局。嗣后，西欧各国相继建立研究编制地图的国家机构，形成大规模的专业队伍和规范化的技术体系，并陆续完成了本土大比例尺地形图的测绘。欧洲的地图测绘技术，传播到了中国后，清朝测绘了《皇舆全览图》和《大清一统舆图》，这些奠定了中国近代地图的科学基础。1909年，国际地理大会对地图分幅、地形表示、城镇分级、地名拼音等作出了统一规定。以后，又对分层设色、公制单位等标准作了修订，并拟定了独特的地图投影和全球的统一分幅编号。这些措施对地图的国际化和标准化产生了深远影响。地图已进入工业化大生产和社会商品化的阶段。航空摄影、卫星遥感及计算机制图的问世，使地图学发生了历史性变革。1932年第一次运用航空摄影制图，使人类可以脱离地面利用高空平台来测绘地图，从根本上改变了近300年来形成的地形图测绘生产过程，航空摄影测量几乎完全取代了经典的平板测绘。1972年，世界上第一颗地球资源勘测卫星发射成功，人类得以从外层空间来观测整个地球，陆地卫星、气象卫星和海洋卫星作为新型的地图信息源，具有快速、准同步和大面积覆盖的显著特点，使地图学呈现一系列新的发展，实现了准同步的动态制图，全球与星球制图成为现实。20世纪70年代以计算机的引进为标志，地图学进入信息时代，地图开始出现数字信息的新形式，计算机辅助制图实现了地图编辑的自动化。地图数据库、地理信息系统、地图专家系统，为地图学的区域性与综合性研究提供了现代化的技术保证。

地图学的研究对象是地球表层各种自然与社会现象的结构与特性的空间信息。随着人类认识范围的扩大，地图学的研究对象正向外层空间和地壳深部延伸。地图

学的研究内容是：探讨以地图作为空间信息的载体与传输工具，依据数学法则，按照比例建立空间模型，运用符号系统和最佳感受效果表达人类对地理环境的科学认识；综合分析自然与社会现象的空间分布、内在联系及其时间变化；研究地图编制与应用原理、方法与工艺、技术。在地图学的发展历史中，逐步形成地图学史、地图投影学、地图美学、地图制图学、普通地图学和专题地图学等若干分支学科和领域。20世纪50年代以后，出现系列地图、遥感地图、机助制图和地理信息系统等新的方法和形式。信息论、传输论、模式论、感受论等的引进，推动了地图学的理论研究。现代地图学逐渐从地理学和测量学中脱颖而出，其研究手段兼收并容空间科学和信息科学的最新成就，研究内容跨越着自然科学和社会科学的范畴。它越来越明显地显示出横断科学的性质。

**地外文明** extraterrestrial civilization 地球以外的天体上可能存在的智慧生物及其文明。根据确信生命的起源和演化是宇宙中的一个普遍规律的理念，一些天文学家认为生命的出现和存在，生物的栖息和繁衍也都是普遍规律。只要具备适合的条件和环境就会有生命诞生，只要有可以存活生物的天体，就可能出现智慧生物和文明社会。从20世纪下半叶起，陆续实施了一些地外文明的探索，如60年代的“奥兹马”计划、70年代的“独眼神”计划、80年代的地外文明搜寻（SETI）计划、90年代的微波观测计划、META计划和Serendip计划，采用的方法主要是用射电望远镜指向特选的恒星，搜索它们的行星上的智慧社会发射的呼唤。2003年开始的新一轮火星探测和2005年实现的土星卫星——土卫六的着陆实验都是地外生命搜索项目。迄今尚未获得任何非自然信息。

**《地王颂》** *Prithviraj Raso* 印度13世纪印地语长篇叙事诗。现在流行的有10多种版本。最短的版本有2 000多行，不分章节；最长的版本则有3万多行，分为69章，是16世纪记录下来的。诗歌经民间艺人传唱时不断地予以丰富补充，原始部分已不可辨。诗的内容比较庞杂，情节松散，穿插了许多神话传说故事。核心部分写一个有名的封建主地王的世系源流、出生和成长，记述他即位、举行王祭、结婚、率兵抵抗外族入侵直至被俘牺牲。据说最初的作者是一个名叫金德·伯勒达伊的诗人，他也被认为是长诗的中心人物地王的大臣。

**地峡** isthmus 两个海洋之间连接两块大陆的狭窄陆地。例如，连接北美洲和南美洲的巴拿马地峡、连接亚洲和非洲的苏伊士地峡、连接伯罗奔尼撒半岛和希腊半岛的科林斯地峡等。地峡在植物地理和动物地理上很重要，为其所连接的两大陆之间陆上动植物的迁移提供了通道。

**地下采矿方法** underground mining method 地下金属矿从采矿场所矿块内采出矿石所进行的采准、切割和回采工作的总称。采准（采矿准备）工作需掘进一系列巷道，为切割和回采工作创造条件；切割工作为回采工作形成自由面和落矿空间；回采工作自回采工作面采出矿石，包括落矿、出矿和地压管理三种作业。

分类 常用的有以下几种。

①自然支护采矿法。回采过程形成的采空区，靠矿柱和围岩本身的稳固性维护，有的用支架或采下矿石做辅助或临时支护。又称空场采矿法。适用于矿石和围岩都稳固的矿体。效率高、成本低、易实现机械化，但需留大量矿柱，矿石回采率低。

②人工支护采矿法。用充填材料或其他支架维护采空区。适用于围岩不稳固、矿石贵重和地表需要保护的矿体。主要用采出的废石经破碎后作充填材料维护采空区，以避免地表陷落。该法矿石回采率高、贫化率低、作业安全，但工艺复杂、成本高、效率低。充填法有：干式充填法，充填材料用机械、人工或风力输入采空区，效率低、成本高；水力充填法，充填材料通过管道借水力输入采空区；胶结充填法，充填材料中加入水泥等胶凝材料用管道借水力输入采空区，凝固后增加强度。此外，用废石破碎作业充填，以往在地表进行，20世纪末已出现在井下就地破碎充填，使岩巷掘进的废石不出井。

③崩落采矿法。随回采工作面推进，有计划地崩落围岩填充采空区。适用于围岩容易崩落并允许地表塌陷的地区。

条件 选用采矿方法应考虑矿床地质条件、矿山技术条件和经济因素，以满足安全、经济、高效和优质的要求。矿床地质条件包括矿体的形状、倾角、厚度、有用成分的分布，围岩和矿石的物理、力学和化学性质等；矿山技术条件包括材料、设备和劳力供应、加工部门对矿石的要求、地表环境的要求和技术管理水平等；经济因素包括矿石价值、成本、赢利、资源综合利用和国民经济的要求等。根据上述条件选出几种方案，经技术经济综合比较，确定最优方案，通过工业试验后正式使用。

**地下工程** underground works 陆上或水下在岩体或土层中修建的通道和各种类型的地下建筑。土木工程的一个分支。地下工程包括：交通运输的铁路、道路、运河隧道，以及地下铁道等；工业和民用的市政、防空、采矿、储存、生产和商业等用途的地下工程；军用的各种国防坑道；水力发电工程的地下厂房及其他各种水工隧洞等。

特点 ①线路在穿越天然高程或平面障碍时修建地下通道，是克服障碍的有效方法。②能够分担地面交通和人口的负荷，

图1 深圳地铁候车大厅

节约城市用地。③承受地上爆炸荷载和地震荷载的能力比地面结构强，许多国防、民防工程以及抗震和各类防护工程都可采用。④地下建筑内部的气温和湿度都比较稳定，它具有节能特点，可作为各类地下贮库和冷藏库。⑤造价昂贵，只有在论证充分的战术、技术和经济效益的条件下才宜兴建。⑥施工期限长，施工作业面较窄，可能容纳的劳力和机械都受限制；但由于工业化施工和机械性能的提高，这种情况正在得到改善。⑦穿越的地质条件常复杂多变，遇到的意外情况比较多，工程的定位、设计和施工方法都必须随时作相应的调整，因此要求有关规划、勘测、设计、施工、监理监测和使用管理部门密切配合。

沿革 世界上第一座交通隧道是公元前2180～前2160年在巴比伦城中的幼发拉底河下修筑的人行通道。公元前206年建成的秦始皇陵，是中国历史上最大的地下陵墓，被称为世界人类历史上的伟大奇迹之一。中国西北黄土高原地区约200多个县（市），其中约3 000万～4 000万人口住在冬暖夏凉的黄土窑洞中。

古代的许多地道、陵墓大多是用明挖法修筑的，用矿山法开挖的隧道不多。中国汉代在今陕西褒城修隧道时，曾用火煅石法（用柴烧炙岩石，然后泼以水或醋，使之粉碎）开通了长14米的石门隧洞。19世纪20年代，蒸汽机的出现以及铁路和炼钢工业的发展，促进了隧道及地下工程的发展。1826～1830年在英国利物浦，于硬岩中修建了两座最早的铁路隧道。1843年在英国泰晤士河修建了第一条水底道路隧道。1860年始修建伦敦地下铁道。这个时期在欧洲大陆还修建了几座较长的铁路公路隧道，如辛普朗隧道、圣哥达公路隧道等；随着施工技术的发展，还修建了不少穿越江

河的水底甚至海底隧道。但一直到20世纪50年代，人们才逐步总结出各种类型隧道及地下工程的规划、设计和施工的基本原理，以及全断面连续钻进的施工机械，在土木工程中已形成了一个独立的工程领域。

**种类** 根据建造环境和建造方式与用途的不同可分为：

地下铁道 由于城市的不断扩大和发展，市内地面运输已经不能满足交通要求，修建地下铁道成为最有效的手段之一。

地下铁道和其他城市运输类型相比较，其运送能力最大；由于没有平面交叉和采取自动闭塞信号和自动控制系统的现代信号，可以保证通行安全；地铁各列车间的间歇时间可以很短，给旅客以很大方便；噪声小，保护环境条件好。地下铁道还必须和地面其他运输类型及相应设施彼此配合，才能发挥更好的作用。但地铁造价和固定运营费用比重较大，只有客流密度很大时才是经济合理的。世界上有100多个城市已建成地下铁道，在某些国家的大城市和地铁相配合还修建了具有相当规模的地下街和地下商场等。

铁路和公路隧道 铁路和公路常需要跨越江河港口以及海湾海峡，需要修建水下的铁路或公路隧道。从1887年，在中国台北—基隆窄轨铁路线上的石丘建成第一条长261.4米的铁路隧道，到1949年共建成331条隧道，总长度约100.1千米。到2007年，中国已建成并正式交付运营隧道5 941座，总长度375万延长米。中国铁路隧道占世界1/5，居世界第一位。2007年建成的**太行山隧道**长达27.8千米。2007年1月20日通车的**终南山公路隧道**全长18.02千米。至2007年，中国公路隧道达4 673处，总长度255.55万延长米。

图2 九龙—香港岛海底隧道道口

其他地下工程 水电站都修引水和泄水隧洞，有的还修有地下厂房和其他洞室。核电站有全部修建在地下的，也有为掩埋核废料的地下深层洞库。军工工程和人民防空工事，有不少修于地下。有些地下工程可利用天然洞穴，在加固修缮后使用。

**施工方法** 主要有以下几种。

明挖法 敞口开挖基坑，再在基坑中修建地下结构，最后用土石重新覆盖填实。

盾构法 用盾构开挖隧道的一种施工法。适用于软土软岩地层，以及透水性围岩。盾构隧道必有衬砌，衬砌是盾构的一部分，衬砌类型有预制混凝土管片、刚性砌块和就地浇筑的钢纤维混凝土等。

地下连续墙法 在地下铁道或其他地下结构的两个边墙位置处沿线路方向挖槽，灌注特制的泥浆，以稳定槽壁，然后安放钢筋笼，灌筑混凝土边墙。在两侧边墙的保护下，可以挖开街道先修建结构顶盖，然后进行填实，恢复交通，再进行下部地层的开挖。此法优点是地面交通的干扰时间短，范围小，对路边建筑物的影响也较小。意大利米兰地铁就是用此法修筑的典型例子。

矿山法 铁路、公路隧道和其他山岭隧道或地下建筑一般均可采用矿山法施工。此法又可分为：①钻眼爆破法。位于各类岩石地层内的隧道，均可采用钻眼、装药、爆破的方法开挖。在硬岩中开挖隧道可采用凿岩台车钻眼，进行全断面开挖。②新奥法。20世纪30年代发展起来的新方法。其特点是以隧道围岩作为支护主要手段。施工过程中尽量减少围岩的松动破坏，并在开挖后及时支护，以确保离临空面一定深度处的围岩内形成承载圈。③掘进机开挖法。掘进机是利用安装在主轴承上的大刀盘上的刀具直接切削岩层。近年来隧道开挖后的支护有了很大的发展。喷锚支护为各种复杂地质条件下使用矿山法修建各种隧道提供了有效的支护。

此外，修筑水底隧道时，可使用沉管法；在穿越铁路、道路、河流或建筑物时，可使用顶管法；修建地下池槽、地下厂房、仓库和各种地下井时，还可使用沉井法。在市区繁华地段修建地铁车路等地下工程，可结合地质条件、所处环境，选择浅埋暗挖法、盖挖法、递作法等。

**地下河** subterranean river 沿可溶岩地下通道流动的集中地下径流，其流动具有地表河流的主要特性。又称暗河或阴河。在石灰岩分布地区最为常见。地表河流沿石灰岩溶蚀通道潜入地下的河段，称为伏流。地下河水流主要受降水下渗及地表溪流经落水洞补给。地下河的分布受岩性、地质构造和排水基准面的控制。在地层褶皱的轴部、裂隙和断裂发育部位、可溶岩与非可溶岩的接触处以及排水基准面附近，地下河易于发育。在均质石灰岩褶皱平缓地区，地下河多呈树枝状或网状；在岩性及地质构造复杂地区，地下河多呈单枝或形成支流集中在一侧的不对称羽状形态。大的地下河及其支流可组成地下河系。一般地下河的水位和流量都不稳定，旱季与雨季流量可相差数十至百余倍。流量较大的，具有自由水面的地下河可有湍急的水流、跌水、暗瀑布和地下湖泊等。

地下河出口（贵州安顺龙宫）

地下河水可用于工农业供水。在适当的地方修筑地下水坝，可建立地下蓄水库或抬高水位把地下河水引出地面加以利用；落差大的地段可建立地下水电站。地下河发育的地区往往成为引人入胜的旅游景观。

**地下经济** underground economy 不向政府申报登记、处于政府管理监督之外、逃避国家征税的、产值未纳入官方国民经济统计的经济活动。又称隐形经济、非正规经济、第二经济。

地下经济是一种国际现象，包括的范围很广，有在职人员的第二职业、个体商贩、家庭作坊、家政服务、私人借贷等，也有地下雇工、黑市交易、地下钱庄等；也包括走私贩毒、色情赌博、制黄卖黄、制假卖假、制卖假钞、贪污行贿、抢劫盗窃、逃避纳税等严重犯罪活动。地下经济中有一部分起到拾遗补阙满足群众需要、解决就业谋生的作用，因而有一定的积极性。但是，整个地下经济大量从事非法经营，严重影响社会安定，破坏经济秩序，侵蚀国家财产，助长犯罪活动，危害群众利益。

**地下热水** geothermal water 因岩浆活动或正常地温梯度加热而具有显著高于当地年平均气温，或高于观测深度的围岩温度的**地下水**。出露地表的可成为**温泉**。各国对地下热水的温度标准没有统一，一般取高于当地年平均气温，如俄罗斯、英国和德国以20℃为界，中国为25℃（见**地热**）。

地下热水的分类按用途不同如医疗、发电而异。按形成的地质作用和赋存特征可分为：①与火山和岩浆活动有关的地下热水，通常是高温热水或蒸汽，酸度较大；②褶皱山地断裂带深循环型地下热水，多为低矿化碱性中、低温热水；③沉降盆地型地下热水。地下热水常含有浓度较高的某些特殊化学元素，如硅、氟、铁、硼、锂、碘、砷、铀和镭等；还富含二氧化碳、氮、硫化氢、甲烷与放射性氡等气体。

地下热水在工业上可用于纺织、印染、造纸、酿造、制革、蒸馏、干燥、制盐、制冷等。从热水中可提取碘、溴、钾、硼、锶等，还可生产重水。农业上用于育秧、良种培育、土壤加温、孵化、养鱼及水生生物培植。地下热水中一些特殊成分对人体有医疗作用。地下热水和蒸汽还可用于发电。

**地下输电** underground power transmission 将导线敷设在地下以传输电能的技术。在城市居民区或需跨越河流、海峡等架设架空输电线路有困难的地区，多采用地下线路输电。

实用的地下输电线路是电力电缆，包括利用$SF_6$（六氟化硫）气体绝缘的管道充气电缆。地下输电线路的敷设方式有直埋式、隧道式和暗沟式等。路径选择需考虑路上设施和交通状况，已有的地下埋设物，以及地质、水位等条件，使线路总长度尽可能短。电缆的输送容量主要由容许电流决定。容许电流又受电缆绝缘体容许温度的限制。为提高容许电流，电力电缆多采用油、水或空气进行强制冷却。

地下电缆线路的主要优点是不占用线路走廊，不受大气环境等自然条件的影响，运行比较安全。缺点是电缆线路投资费用高，在运行中会受到大地电流的电磁感应，电缆会受到化学腐蚀，并且不易判断故障位置等。

**地下水** groundwater 赋存于地面以下岩石和土壤空隙中的水。岩土空隙包括松散岩石颗粒或颗粒集合体之间的孔隙，坚硬岩石中的裂隙以及可溶岩的溶蚀孔洞等。狭义的地下水是指饱水带（岩土空隙中完全充水）内在重力作用下运动的重力水。广义的地下水，则包括包气带及饱水带岩土空隙中各种赋存状态的水。地下水作为地球水圈的一个组成部分，参与水循环。大气降水一部分汇集于地表低处成为地表水，一部分渗入地下成为地下水。地下水一部分直接蒸发返回大气，其余部分形成地下径流。地下水与地表水彼此相关，在一定条件下可以相互转化。

类型　按存在形式可分气态水、吸着水、薄膜水、毛细管水、重力水和固态水等。按含水岩层埋藏条件可分为包气带水、潜水及承压水（见图）。按含水介质（空隙）类型，可分为孔隙水、裂隙水及岩溶水（喀斯特水）。将以上两者组合，可分出九类地下水。在自然界由于岩层的岩性不均一，因而还存在有孔隙-裂隙水、裂隙-岩溶水等类型。按水质和水温特点，地下水又可分为矿水（如矿泉水）、高矿化水、地下热水等。

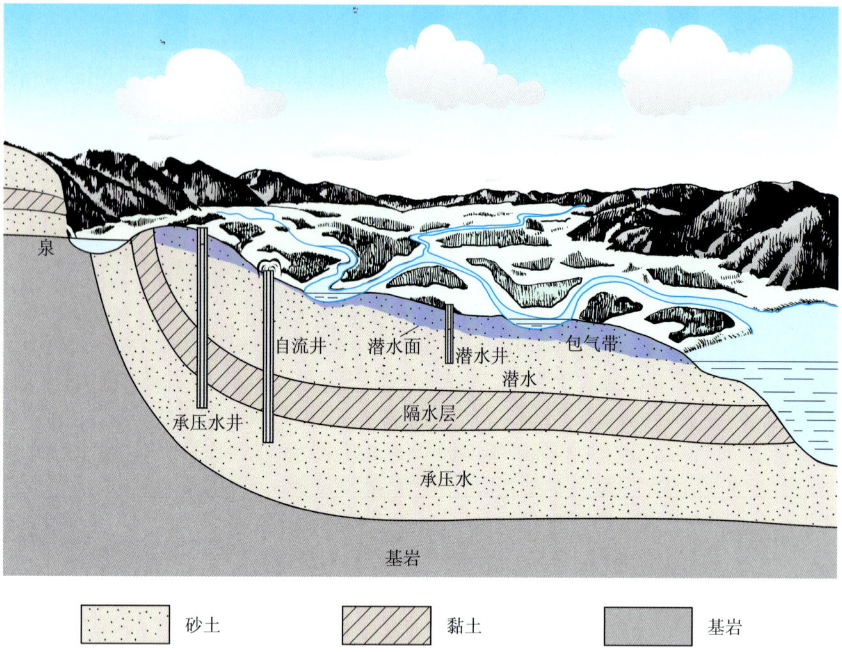


地下水示意

地面以下潜水面以上的水属包气带水，以结合水、毛细水及重力水形式存在。其中赋存于土壤层中的水是土壤水。季节性滞留于局部隔水层之上的重力水称上层滞水。潜水是饱水带中第一个具有自由水面的含水层中的水。承压水是充满于两个隔水层之间的含水层中的水。通常孔隙水分布于松散岩土孔隙中，裂隙水赋存于坚硬岩石裂隙中，岩溶水存在于溶穴中。

运动　按流线形态，地下水的运动一般分为层流和紊流。当水在岩土空隙中渗流时，水的质点有秩序地、互不混杂地流动，称为层流运动。绝大多数天然地下水的运动都属层流运动。水的质点无秩序地、互相混杂的流动，称为紊流运动。在宽大的空隙中，如果水的流速较高，则易呈紊流运动。按运动要素（水位、流速等）是否随时间变化，地下水运动分为稳定流和非稳定流。当运动要素不随时间变化时称为稳定流，否则为非稳定流。天然地下水流多数为非稳定流。

水质　大部分地下水都是透明、无色、无臭、无味的淡水。在地下水中已发现60多种元素，它们以离子、分子和胶体的形式出现。最主要的化学组分是钙、镁、钠离子及重碳酸根、硫酸根、氯根，其次是钾、铁、锶、硼、硝酸根、碳酸根、二氧化硅等，其他为微量或痕量组分。这些组分主要来源于地下水流动过程中对岩土所含盐类的溶解，另外也来自降水及地表水。地下水中所含各种离子、分子和化合物的总量称总溶解固体（总矿化度），通常以水在105～110℃温度下烘干后留下的干涸残渣量来表示。当总矿化度小于1克/升时称淡水，1～3克/升称微咸水，3～10克/升称咸水，10～50克/升为盐水，大于50克/升为卤水。含盐量很高的地下水主要有两类：一类为埋藏于地层中的古代海水或古盐湖水；一类为经受强烈蒸发，盐分相对浓集的地下水。水的氢离子浓度用pH值表示，中性水的pH为7，碱性水的pH大于7，酸性水的pH小于7。地下水硬度指水中钙、镁、铁、锰、锶、铝等溶解盐类（天然水中以钙盐和镁盐为主）的含量。含量高则硬度大，反之硬度小。硬度分总硬度、暂时硬度和永久硬度。水中所含钙、镁等离子的总量称为总硬度；把水加热煮沸后，钙、镁等的碳酸氢盐分解为碳酸盐而沉淀，这部分钙、镁等盐类的含量称为暂时硬度；总硬度与暂时硬度之差称永久硬度。

补给、排泄与动态　地下水补给的主要来源是降水入渗和地表水，其他还有灌溉水补给、人工补给和侧向补给。在昼夜温差大的沙漠地区，包气带中的凝结水对于地下水补给有一定意义。地下水的排泄通过泉或直接排入地表水体。干旱地区的潜水埋藏浅时，则以蒸发排泄为主。其他还有越流排泄，人工排泄如抽水、矿坑排水等。地下水的补给与排泄随时间而变化。雨季降水集中，补给增强，引起地下水位上升；旱季地下水缺乏补给，不断排泄，地下水位下降。这种地下水位以及水量、水质、水温等随时间的变化称为地下水动态。人工引起的补给与排泄也会影响或改变地下水的天然动态。

**地下水超采** over-tapping of groundwater 地下水开采量长期超过地下水的补给导致的地下水位进入非稳定性恶性下降。地下水超采不仅导致高层建筑倾斜和铁路路基下沉，而且加重城市防洪、防潮、排涝的负担。在沿海地区超采地下水会破坏地下淡水与海水的压力平衡，使海水内侵，造成机井报废、人畜饮水困难、土壤盐碱化和地下水水质恶化；在岩溶区过量开采地下水会造成地表塌陷，引起房屋开裂倒塌、地下管道弯裂、交通与电力供应中断等。

由于过量开采地下水，中国形成的地下水漏斗已有100多个，面积达15万平方千米。全国有46个城市因不合理开采地下水而发生地面沉降，其中沉降中心累计最大沉降量超过2米的有上海、天津、太原。华北地区和长江三角洲地区是过量开采地下水最严重的地区。

**地下水库** underground reservoir 地下蓄水构造和一定的水利设施所组成的水资源地下调蓄控制系统。其水利设施包括上部地下水增渗设施、下部防渗设施和水位控制设施。上部地下水增渗设施，包括地面增渗沟、增渗井和河道增渗低坝等；下部防渗设施，包括拦截各类地下水排泄通道的截渗墙（坝）、灌浆帷幕等，其作用是防止地下含水层中的水渗漏；水位控制设施，包括控制闸门、抽水井等。地下水库利用增渗设施把丰水季节/年份的水尽可能多地灌入地下含水层，以备枯水季节/年份利用。相对于地上水库，地下水库更为安全（不存在垮坝等危险因素），容易管理，不易污染，很多含水层本身就有净化作用；从经济效益角度而言，地下水库投资少，不占用土地，没有淹没损失；从生态效益看，地下水库对生态系统几乎没有负面影响。广义的地下水库指地下含水层。

**地下水位** groundwater level 地下水面相对于基准面的高程。又称地下水位标高，通常以绝对标高计算。当揭露含水层时，最初发现的地下水高程称为初见水位。经过一定时间后水位变化甚微的某一高程称为稳定水位。潜水的初见水位与稳定水位一致，承压水的稳定水位高于初见水位。抽水前或水位恢复后井孔中的地下水位称为静水位；在井孔抽水时，用人工控制井孔内地下水的变动水位称为动水位。

地下水位的变化与生态环境有密切关系。当地下水位在天然或人为因素影响下，下降到植物根系所能吸收的深度以下时，不但会造成农业减产，而且会发生沙化及草原退化等生态环境问题。在干旱半干旱地区，地下水位上升到临界深度以上时，由于强烈的蒸发作用，会造成水质盐化、土壤盐渍化，破坏农业生态平衡。

**地下铁道** underground railway; subway; metro 大城市中主要在地下修建隧道，铺设轨道，以电动列车运送乘客的公共交通体系。简称地铁。世界上第一条地铁于1863年诞生在英国首都伦敦。19世纪末，相继有芝加哥、布达佩斯、格拉斯哥、维也纳和巴黎5座城市修建地铁。20世纪上半叶，柏林、纽约、东京、莫斯科等12座城市也先后修建地铁。21世纪初全世界大约有90个地铁系统运营，线路总长度超过5 000千米；正在修建地铁的城市有90多个，线路总长度超过1 300千米。中国于1965年开始修建北京地下铁道。2007年已建成地铁并投入运营的城市有北京、天津、上海、广州、南京、深圳、香港、台北等，线路总长度约714.6千米。

地铁主要是由线路、列车、车站等组成的交通体系，此外还有供电、通信、信号、通风、照明、排水等系统。地铁线路由路基与轨道构成。轨道与铁路轨道基本相同。一般采用较重型的钢轨，多为混凝土道床或碎石道床，轨道一般为1 435毫米标准轨距。线路分为地下、地面和高架线路三种。地铁列车均采用由电力动车组成的动车组。地铁车站是列车到发和乘客集散的场所，按站台形式分为三类：①岛式站台车站。站台位于两条线路之间，可以调节上下行不均衡的客流，充分利用站台面积，便于管理，应用比较广泛。②侧式站台车站。站台位于两条线路外侧，须分别设置两个站台。③混合式站台车站。一个车站内既有岛式站台，又有侧式站台，它们之间用天桥或地道相连。仅为多线车站所采用。地铁由设置在沿线的牵引变电站向列车馈送直流电，电压有600伏、750伏、825伏、1 000伏 和1 500伏 等。前四种一般通过第三轨供电，1 500伏的通过架空线供电。地铁照明等由降压变电站提供三相和单相交流电。地铁通信采用自动交换电话、调度电话、站间行车电话、无线通信、广播向导系统、电视监视系统、车辆段通信系统、公安电话、事故救援电话等完善的专用通信网。地铁行车信号采用轨道电路自动闭塞信号和电气集中设备。前者是以一段地铁线路的钢轨为导体构成电路，当这段线路被列车占用时，轨道电路就使信号机自动关闭而不使其他列车进入这段线路；后者是通过信号楼内的控制台控制全车站的信号机和道岔。地铁通风采用机械通风。有的国家还在地铁站和列车上安设空调装置。地铁车辆最高运行速度80～100千米/时，线路单向小时最大运输能力为3万～6万人。地铁运营的基本要求是快速、准确、安全、舒适、有秩序地运送乘客。地铁已成为城市轨道交通的主要形式之一。

**地效飞行器** ground-effect vehicle 利用地面效应提供支承力而飞行的动载工具。地效飞行器装有固定机翼，能贴近地面（或水面）飞行。机翼下表面离地面很近，形

俄罗斯“小鹰”地效飞行器

成气流的堵塞，使机翼升力增加，称为地面效应。1935年芬兰人制成第一架地效飞行器。多数地效飞行器是按水面上空飞行条件设计的，具有浮筒或船身。机翼展弦比很小，机翼两端的下方各有一个端板或浮筒，用以减小翼面下方高压空气的外流，水平尾翼的位置比较高，机翼前缘和后缘有时还装有襟翼。联邦德国1977年研制一种用于巡逻和救护的X-114地效飞行器，质量1 500千克，有效载重500千克，可乘坐6人，最大速度200千米/时，最大航程2 150千米。地效飞行器的载重量较小，但速度比水面船只快。地效飞行器还处于原理性试验阶段，尚未投入实用。

**地心说** geocentric system 古代描述宇宙结构和运动的一种学说。认为地球位于宇宙的中心不动，所有的天体都绕其运转。

世界各古代民族从朴素直观的观念出发，最初都主张地心说，如中国古代的浑天说。最典型的地心说是古希腊哲学家提出的。公元前4世纪，柏拉图在他的《蒂迈欧篇》里提出，天体代表着永恒的、神圣的、不变的存在，它们必然是沿着最完美的圆形轨道绕地球做匀速运动，行星运动也是匀速圆周运动的组合。从这一观念出发，他建立了以地球为中心的同心球式的宇宙模型。其后，克尼多斯的欧多克斯、卡利普斯和亚里士多德又发展了他的学说。为了使地心说也能解释行星亮度的变化，公元前3世纪的阿波隆尼又提出了本轮均轮的概念，认为所有的天体都沿着本轮作匀速圆周运动，本轮的中心又沿着均轮作匀速圆周运动，地球则处在均轮的中心。本轮均轮系统到公元2世纪的托勒玫时发展到完备的程度。他在其巨著《天文学大成》中，用本轮、均轮、偏心轮、等大轮等一系列圆周运动，对每个天体找出一种组合，用以预告它的位置。这个预告与实际相差在很长时间内未超过2°，这是本轮均轮系统之所以能沿用1 400年多的认识论原因。

**地形测量** topographic survey 对地球表面的地物、地貌在水平面上的投影位置和高程进行测定，并按一定比例缩小，用符号和注记绘制成图的工作。大面积地形图的测绘基本上采用航空摄影测量的方法，但对面积较小的或者专用于某项工程建设的

地形图，过去一般采用平板仪或平板仪加经纬仪的白纸成图方法，包括图根控制和碎部测量两部分；现在广泛应用计算机辅助的数字测图方法。

图根控制测量　直接为测图建立平面控制点和高程控制点所进行的测量。作业时，先根据测区情况和测图要求，选定图根控制点的位置并用标桩标定，然后进行观测。

碎部测量　测绘地物和地貌的作业。地物特征点和地貌特征点统称为碎部点。根据控制点测定地物特征点和地貌特征点，即测定地物的轮廓点或中心位置、地貌的坡度变换点或方向变换点的平面位置和高程。

数字测图　利用电子速测仪或智能型（全站仪）等测量仪器在野外进行数字化地形数据采集，在成图软件的支持下通过计算机加工处理，获得数字地形图或通过数控绘图仪输出的图纸地形图的方法。数字测图具有自动化程度高、精度高、不受图幅限制、便于使用管理等特点，已基本取代传统的地形测图方法。数字地形信息是建立地理信息系统的基础信息。

**地形图**　topographic map　着重表示地形的普通地图。目前多数国家采用高斯-克吕格尔投影。大面积的测图工作，一般是采用航空摄影测量的方法成图。在工程建设中所使用的部分大比例尺地形图仍是在实地用平板仪测图或全站仪数字测图方法。对施测困难的地区，则可用地面立体摄影测量的方法成图。小比例尺地形图大多利用大比例尺地形图、卫星遥感影像和有关资料，按照要求加以综合取舍编绘而成。地形图的内容主要包括：数学要素，如比例尺、坐标格网和控制点等；自然地理要素，如水系、地貌、土质和植被等；社会经济要素，如居民地、交通网和政治行政区划等。还有图名、图号和图例等。中国国家基本比例尺地形图包括1:5 000、1:10 000、1:25 000、1:50 000、1:100 000、1:250 000（原为1:200 000）、1:500 000和1:1 000 000 八种比例尺系列。

**《地学通论》**　*Die Erdkunde*　近代地理学标志性著作之一。C.李特尔著。

**地衣**　lichen　由真菌与藻类组成的共生联合体。地衣体中的真菌多为子囊菌或担子菌，藻类主要有绿藻和蓝藻，蓝藻因其原核又称为蓝细菌。地衣中的菌与藻或蓝细菌结合得十分紧密以至形成貌似单一的有机体。以系统学概念论，地衣是一类与藻共生的专化性真菌，即地衣化真菌，隶属真菌系统。

世界上已知地衣13 500～17 000种，中国已知约2 000种。其中98%的种类是子囊菌，只有0.4%的种类属于担子菌，以及1.6%的种类属于半知菌。参与地衣共生的藻类和蓝细菌共计约40属200种。最常见的共生藻是绿藻中的共球藻属和橘色藻属以及蓝藻中的念珠藻属之种类。它们占地衣共生藻的90%左右。地衣生长缓慢，生命力强，代谢产物特异，对大气污染物敏感。

地衣体中的真菌若不与藻共生，则不能单独在自然界生存繁衍。地衣的菌藻共生是生物协同进化的典型。研究推论，陆地子囊菌和藻类可能起源于地衣中的子囊菌和藻，中国学者则提出了“共生登陆”假说，认为共生是异养生物成功的进化策略。

**地应力**　crustal stress　存在于地壳中的应力。由于岩石形变而引起的介质内部单位面积上的作用力。一般包括两部分：①由覆盖岩石的重量引起的应力。它是由引力和地球自转惯性离心力引起的。②由邻近地块或底部传递过来的构造应力。构造应力是指与标准状态差异的部分，它除包括由邻近地块或底部传来的现代构造应力外，还包括过去构造运动残留下来而尚未完全松弛掉的残留应力，以及附近人为工程（如隧洞、开采面）引起的应力变化。

求取地应力的主要方法有：①现场应力测定。在地壳浅部可以直接测定岩体上的应力，在深钻井中可用水压致裂方法推算裂缝的主应力大小。②震源机制解求应力方向。根据不同地震台站接收到的P波初动，可以定出震源处的两个节面和主应力的方向。在一个地区多次地震机制解的统计平均方向接近于构造主应力的方向。③地应力场的反演。根据从地质学、大地测量学、地震学得到的地壳运动特征和本地区的岩性，并假设一组作用在此地区的外力，就可以进行应力场和形变场的计算。将计算结果与实测数据比较，可以反演出一个区域的或全球的应力场。

**地榆**　*Sanguisorba officinalis*; garden burnet　蔷薇科地榆属的一种。又称黄瓜香。其叶伏地生，形如榆叶，故名。分布于中国华北、华中、华南、西南。多年生草本，根粗壮。奇数羽状复叶，互生，小叶2～5对，矩圆

状卵形至长椭圆形，边有圆钝的锯齿；具小托叶；托叶抱茎近镰刀状，有齿。花小，密集成圆柱状穗状花序；两性花，辐射对称；萼片4，花瓣状，紫红色；无花瓣；雄蕊4；心皮1，藏于萼筒内；花期6～7月。瘦果褐色，有细毛和纵棱，包于宿萼内；种子卵形；果期8～9月。生长在山坡草地。全株含单宁，可提制栲胶；根含淀粉，可酿酒；种子油可制肥皂和工业用；根可入药，因含地榆皂甙，有凉血、止血、收敛、止泻功效；还可作农药。

**地狱**　hell　宗教中所描述的犯罪者死后灵魂受处罚的地方，与天堂形成鲜明对比。犹太教曾用“阴间”（shê' ōl）来指死者灵魂所至的安息处所，后发展出地狱观念，即为惩罚有罪灵魂之处。基督教将此观念发展为犯大罪者和不悔改者死后灵魂受永罚的地方。佛教中则以梵文Naraka意译为地狱，亦译“不乐”、“可厌”、“苦具”、“苦器”等，指“苦的世界”；佛教中有八大地狱之说，另有十八地狱等不同名目。

**地域分异规律**　territorial differentiation, rule of　自然地理环境各组成成分及其构成的自然综合体在地表沿一定方向分异或分布的规律性现象。古希腊的埃拉托色尼根据当时对地球表面温度的纬度差异的认识，将地球划分为五个气候带，是最早对气候分异规律的认识。中国2 000多年以前的《尚书·禹贡》据名山大川的自然分界，将当时的国土划分为九州，这是中国最早对地貌分异规律的认识。19世纪德国A.von洪堡研究了气候与植被的相互关系，提出植被地域分异规律。19世纪末，俄国V.V.多库恰耶夫创立自然地带学说。

但对地域分异规律的认识截至21世纪初还没有取得完全的一致性意见，都承认的几种分异规律如下：①因太阳辐射能按纬度分布不均引起的纬度地带性。②大地构造和大地形引起的地域分异。③海陆相互作用引起的从海岸向大陆中心发生变化的干湿度地带性。④随山地高度而产生的垂直带性。⑤由地方地形、地面组成物质以及地下水埋深不同引起的地方性分异。地域分异规律按规模和作用范围不同，可分为4个等级：①全球性规模的分异规律，如全球性的热量带，一般划分为寒带、亚寒带、温带、亚热带、热带。②大陆和大洋规模的分异规律，如横贯整个大陆的纬度自然地带和海洋上的自然带。③区域性规模的分异规律，如在温带从沿海向内陆因干湿度变化而产生的森林带、草原带和荒漠带。山地所表现的自然景观及其组成要素随海拔高度递变的垂直带性，也是区域性的分异规律。④地方性分异，有两类：ⓐ地方地形、地面组成物质和地下水埋藏深度的不同所引起的

系列性地域分异；ⓑ地形的不同所引起的坡向上的地域分异。研究地域分异规律是认识自然地理环境特征的重要途径，也是进行自然区划的基础，对于合理利用自然资源、因地制宜进行生产布局、保护生态环境和维持区域可持续发展有指导意义。

**地域人种** local race 由于地理隔离或社会禁令、禁忌的限制，在一定地域中长期内婚的人群。人种分类体系中第二个级别。1929年由德国B.伦什提出，1961年美国S.M.卡恩给予科学定义，得到国际人类学界和地理学界的公认。

地域人种是一个自然人群，大体相当于一个自身婚育的族群或遗传隔离的人群。是人种的一个基本的进化单位，为*地理人种*下的次一级单位，包括若干小人种。小人种又称微人种、少数人种，指小区域内因人口稠密、习俗不同所形成的单独遗传人群，如斯堪的纳维亚的拉普人。随着经济全球化，小人种正在消亡中。同一地理人种内不同的地域人种之间，在体质（包括肤色、眼色、发色和发型、身长、面型、头型、鼻型等）和血型、免疫系统、遗传基因上存在一定的差距。例如，居住在中国华北、东北、华南和西藏等地的居民都隶属于亚洲地理人种，但东北和华北的居民属于*华北地域人种*，华南的居民属于*东南亚地域人种*，西藏的居民属于*西藏地域人种*。卡恩将全世界人类划分为32个地域人种。也有专家将其划分为30、38个地域人种。

**地缘政治学** geopolitics 将国家作为一个地理空间现象和国际政治单元加以分析的学说。它通过揭示国际政治权力与地理环境的关系，分析和预测有关国家的政治、战略行为以及国际战略格局的地理空间结构。20世纪初，瑞典的R.谢伦首次提出了"地缘政治学"一词。在此前后，出现了以英国人H.J.麦金德为代表的陆权派、以美国人A.T.马汉为代表的海权派、以德国人K.E.豪斯霍弗尔为代表的生存空间派和以美国人N.J.斯皮克曼为代表的边缘地带派。陆权派认为陆地比海洋优越，强调控制欧亚大陆心脏地带的重要性。海权派认为海洋比陆地优越，认为谁控制海洋谁就能主导世界。生存空间派主张拓展和夺取生存空间。边缘地带派认为，通过控制欧亚大陆的边缘地带就能控制欧亚大陆并进而支配世界的命运。冷战后，美国仍然以美洲为后院、以大西洋和太平洋为通道、以欧亚大陆为主要舞台，企图通过强化对欧亚大陆事务的主导来称霸全世界。21世纪，交通工具、通信技术和远程精确打击武器的发展，已使人类在克服地理障碍方面取得了巨大进步，地缘因素对各国战略行为和国际战略格局的影响有所弱化。

**地藏** Ksitigarbha 佛教菩萨名。中国佛教四大菩萨之一。音译为"乞叉底蘖婆"。《地藏十轮经》谓其"安忍不动犹如大地，静虑深密犹如地藏"，故名。被佛陀封为"幽明教主"，负责救助地狱中的所有恶鬼。曾在佛前立誓愿："为是罪苦六道众生广设方便，尽令解脱，而我自身方成佛道。"此即通常所说的"地狱不空，誓不成佛"，故又称"

地藏菩萨像

大愿地藏"。其坐骑是一头类似狮子的怪兽，名为"谛听"，又称"善听"，据说它神通广大，能够照鉴善恶、察听贤愚。相传九华山是地藏菩萨在中国显化说法的道场。

**地震** earthquake 地球内部介质（岩石）在构造力的长期作用下发生快速断裂、位错运动，产生*地震波*，从而引起一定范围内地面振动的现象。最为严重的自然灾害之一。介质破坏开始的地方称为*震源*。震源在地球表面的垂直投影称为*震中*。当地震很大时，地球介质破坏区的尺度可达几十千米甚至几百千米，称震源区。破坏性地震的地面振动最剧烈处称极震区，极震区往往是震中所在地区。大多数地震在地面引起的震动只有用灵敏的仪器才能察觉。

**地震现象和灾害** 包括地震直接引起的原生现象和由地震触发的次生现象。

地面振动（地震动） 大地震时，地面产生强烈振动。振动幅度有时可达数米，能在几分钟甚至几秒钟内使地貌改观，使城市建筑变成废墟，造成严重灾害。强烈的地震动会在地势陡峭的山区、坡地触发大规模的山崩、*滑坡*和*泥石流*等现象，摧毁整片村庄。在堆积土、充填土等松软土质地区，地震动能造成大量*地裂缝*。在地下水饱和地区，能使水和砂土渗混而发生*砂土液化现象*，造成地基失效，坚固建筑物整体倾倒。水灾和火灾是地震动引起的最严重的次生灾害。强烈的地震动会造成水坝和河堤溃决，酿成水灾。煤气泄漏和供电线路及设备的破坏常引起火灾。*海底地震*产生的地震动能在海岭斜坡上触发类似滑坡的现象，称为海底浊流，能冲毁海底通信电缆等。

地形变 在内陆发生浅源大地震时，地壳发生强烈变形。地面出现大规模地震断层，有时长达几十千米至几百千米；沿*断层*发生数米的水平错动，地基发生大范围隆起、下沉和水平位移等。在地震断层附近震害最为严重。大地震时地基的升降和位移，在沿海地区表现最为明显。海底发生大地震时，大范围的海底突然隆起和下沉，能扰动海水而触发*海啸*。外海的海啸浪高仅数米，波长达几十至几百千米，当传至岸边的V字形或U字形小海湾时，海浪可急剧增高至20多米，可把沿岸建筑洗劫一空。地壳形变也会在一定范围内引起地下水位的升降变化、导致地下深、浅含水层的连通，使井水水质变化、流量增大和水温增高等。

其他现象 地震时地震动的部分能量传入空气中变为声波，产生地声。夜间发生大地震时常可看到地光。在大震前后电磁场会发生变化，伴随地震会产生重力场减少或增大（见*地震前兆*）。特大地震还会激起整个地球的缓慢振动，称为地球自由振荡，上述现象通常不引起灾害。

**地震分类** 根据不同的标准可将天然地震划分成不同的类别。

按成因划分 ①构造地震。由于构造力的作用导致地下岩层断裂和错动造成的地震。占全球发生的天然地震的90%左右。②火山地震。火山喷发前地下*岩浆*冲动，或在火山口内的气体爆炸所造成的地震。一般强度不大。火山活动也可以触发火山地区的构造地震。③*诱发地震*。由于人类活动造成地壳局部失稳，从而导致的地震。主要有水库蓄水、油井贮水和地下核爆炸所诱发的地震。

按震源深度划分 分为浅源地震、中源地震、深源地震。通常震源深度不超过70千米为浅源地震，不小于70千米且不超过300千米为中源地震，超过300千米为深源地震。但各国地震资料有关震源深度的规定并未统一。

按震源机制划分 分为走滑型地震、逆冲型地震、正断型地震、其他类型的地震。

按地震强度（震级）划分 各国对地震强度的划分极不一致，国际上没有统一标准。中国的划法大致如下：小地震（$M<3$），有感地震（$3\leqslant M\leqslant4.5$），中强地震（$4.5<M<6$），强烈地震（$6\leqslant M<7$），大地震（$7\leqslant M<8$），巨大地震（$M\geqslant8$）。

按观测点与震中之间距离（震中距$\Delta$）划分 分为地方震（$\Delta\leqslant150$千米）、近震（150千米$<\Delta\leqslant$1 000千米）、远震（$9°<\Delta\leqslant103°$）、极远震（$110°<\Delta\leqslant180°$）。

**地震序列** 地震在有限的空间和时间范围内有成丛发生的倾向。这种成丛发生的地震称地震序列。分为主震型和震群型。

主震型　通常包括主震和大量的余震。有些地震序列还包括一系列前震。若地震序列中，特别大的地震只有一次，则称为主震；发生在主震之前的中、小地震称前震；发生在主震之后的大量较小地震称余震。前震的震源分布范围一般只占未来震源区的很小部分。在时间上，有的在主震发生前几分钟才发生，有的可连续活动几个月直到主震发生。一般观测到前震的地震序列不多。余震的震源都分布在主震震源附近的一个区域内，这个区域称余震区。通常主震震级越大，余震区的面积也越大。余震的数目和强度也与主震的震级密切相关。余震的频数随主震后的时间逐渐衰减。

震群型　在一个地震序列中包含着若干个震级相差不多的地震，而无一特大震级的地震，称为震群。

**地震波**　seismic wave　由地震震源向四处传播的振动。地震波是一种机械运动的传布，产生于地球介质的弹性。地球介质包括表层的岩石和地球深部物质，都不是完全弹性体，但因地球内部有很高的压力，地震波的传播速度很大，波动给介质带来的应力和应变是瞬时的，能量的消耗很小，因此可近似地把地震波看作弹性波。

从震源发出的波动有两种成分：一种代表介质体积的涨缩，称为涨缩波，其质点振动方向与传播方向一致，所以又称纵波；另一种成分代表介质的变形，称为畸变波，其质点振动方向与传播方向垂直，所以又称横波。纵波的传播速度较快，在远离震源的地方这两种波动就分开，纵波先到，横波次之。因此纵波又称P波，横波又称S波。在没有边界的均匀无限介质中，只能有P波和S波存在，它们可以在三维空间中向任何方向传播，统称为体波。但地球是有限的，内部又存在界面。在界面附近，体波衍生出另一种形式的波，沿着界面传播，离开界面即很快衰减，这种波称为面波。面波有许多类型，它们的传播速度比体波慢，因此常比体波晚到，但振幅往往很大，振动周期较长。如果地震的震源较深、震级较小，则面波就不太发育。

波速随频率或波长而变化，这种现象称为“频散”。在完全弹性的平行层介质中，由于各种类型的波的叠加，在地表观察到的面波频散是几何原因造成的。在地球内部，由于介质的不均匀性和非完全弹性，会导致体波的频散，这是物理原因造成的。由于频散，波形在传播过程中会发生变化。如在震源处发出的一个脉冲，在远处就可以散成一个波列。

将地球介质看成是完全弹性体只是一种近似。精密的地震观测表明，地震波的能量消耗有时是不能忽略的。振幅随时间$t$的衰减可用$A=A_0e^{-\gamma t}$表示，$\gamma$称为衰减系数。波传播$x$距离后，因介质对能量的吸收而导致振幅的减小，可用$A=A_0e^{-\alpha x}$表示，$\alpha$称为吸收系数。表示能量消耗的另一个重要参数$Q$称为品质因子，其定义是：

$$\frac{1}{Q}=\frac{1}{2\pi}\cdot\frac{\Delta E}{E}$$

$E$是一定体积的介质在一周期时间内所存储的最大应变能，$\Delta E$是同时期所消耗的能量。因为$Q$值对频率的依赖关系比$r$或$\alpha$弱得多，所以被普遍采用。由于波的散射也会引起地震波的能量消耗。

地震波在通过不同介质的界面时也能发生折射和反射现象，只是它的折射和反射比光波的折射和反射更加复杂。如在P波入射的情况下，不但有折射P波和反射P波，同时还会出现折射的S波成分和反射的S波成分。

**地震层析成像**　seismic tomography　利用地震波在地表或地下传播时其走时及其幅值变化等地震资料，反演地球内部三维结构状态，并给出图形图像的方法技术。其原理与医学CT类同，又称地震CT。主要包括地震观测与数据采集、层析成像的正演和反演方法、数字图形图像处理技术三方面的内容。地震层析成像可以得到横向上从全球尺度到小尺度等各种尺度的图像，以及垂向上从核幔边界、地幔到地壳的三维构造，甚至可以给出百米量级的结构细节。从20世纪60年代开始运用，现已可以获得速度、物性、地震波衰减等多种图像，为研究地球科学前沿的一些理论问题提供直接的地震学证据，同时为资源勘查、地下工程建设以及地质灾害预测提供服务。

**地震带**　seismic zone　地震集中分布的带状地域。主要受地球内部构造所控制。全球尺度的地震带有环太平洋地震带、地中海－喜马拉雅地震带、洋脊地震带。全球最大的环太平洋地震带和横贯欧亚的地中海－喜马拉雅地震带，是全球六大板块间的会聚带，洋脊地震带与扩张的洋脊和转换断层有关。在前两个主要的地震带内发生约占全球85%的浅源地震和全部的中源和深源地震。洋脊地震带只发生浅源地震，地震频度和强度较弱。在大陆内部，如欧亚和北美大陆，也存在发生大地震的地震带，它们与大陆内部的大断裂或裂谷有关，以浅源地震活动为主。地震带内的地震活动在时间分布上是不均匀的，显著活动和相对平静交替发生，一个时期后又重复出现。各地震带的重复期从几十年到几百年甚或千年以上不等。地震带内显示的各种不同的地震活动性与该带地壳介质性质、构造形式和构造运动强弱有关。在各地震带内可以划分出不同的区段，作为独立的地震活动性和地震区域划分的统计研究单元。

**地震海啸**　earthquake tsunami　由于大地震发生，导致海底激烈的地壳变化，造成大片水域突然上升或下降所引起的大海浪。见海啸。

**地震活动性**　seismicity　一定区域和时期内一组地震活动的时间、空间和强度分布的特征。也可以把震源参数的变化（如地震矩、应力降、破裂性质和震源机制解等的变化）作为地震活动性的一项研究内容。

地震活动时间分布　或称地震时间序列。成组地震可能呈现为周期或准周期或泊松或群集分布等的时间过程。

地震活动空间分布　成组地震活动在空间上可能表现为均匀或密集成带（地震带）或密集成环状（地震空区）等分布。还可能有地震带交叉、网络状、地震带存在空段等复杂分布图像。

地震活动强度分布　1954年，B.古登堡和C.F.里克特首先提出使用震级－频度关系的经验公式来描述世界各地区地震强度（震级）的分布，这个公式的常用形式为：

$$\lg N(M)=a-bM$$

式中$N(M)$是以震级$M$为中心的小区间（$M\pm\Delta M$）在一定时期内发生地震的次数；$a$和$b$是常数，$a$表征在统计时间、区域内的地震活动水平，$b$值表示该地大小地震数的比例关系，大地震数目相对多时，$b$值则小。

一个地区地震活动性的强弱也可以用单位时间内单位面积所放出的地震波能量来衡量。1958年，苏联的Yu.V.里兹尼钦科提出用地震活动度（单位面积内发生相当于地震能级$10^3$焦耳的地震数）来表示一定地区内不同地点地震活动性的相对强度。

**地震勘探**　seismic prospecting　根据地下介质弹性和密度的差异，通过观测，采集地壳深、中、浅部地层对人工地震波的响应信息，推断地下岩层的形态和性质的地球物理勘探方法。

在地表或海水中激发地震波，此波动向地下传播时，遇有介质性质不同的岩层分界面，将发生反射和折射，并返回地表。在地表、海水或井中用专门的仪器接收这种地震波，接收到的地震波信号与震源特性、接收位置、地震波经过的地下岩层性质和结构有关。通过对记录信号的处理和解释，可以推断地下岩层的形态和性质。根据工程任务要求，地震勘探的深度可以从数十米到数十千米甚至上百千米。地震勘探在分层的详细程度及勘查精度上，都优于其他地球物理勘探方法。所以，地震勘探广泛应用于工程地质、煤田地质、石油与天然气地质、海洋地质、区域地质和地壳研究。

地震勘探中使用的人工震源主要有炸

药震源和非炸药震源两种。在海洋中广泛使用非炸药震源，包括空气枪、蒸汽枪、电火花等震源。

**地震烈度** seismic intensity 地震发生时，在波及范围内一定地点地面振动的激烈程度。地面振动的强弱直接影响到人们感觉的强弱、器物反应的程度、房屋的损坏或破坏程度、地面景观的变化情况等。因此烈度的鉴定主要依靠对上述几个方面的宏观考察和定性描述。同一次地震，在不同地点有不同的烈度值，它受当地各种自然和人为条件的影响。对震级相同的地震来说，震源越浅、震中距越短，则烈度一般就越高。同样，当地的地质构造是否稳定、土壤结构是否坚实，对于当地的烈度高或低有着直接的关系。

为在实际工作中评定烈度的高低，有必

**中国地震烈度表（2008）**

| 地震烈度 | 人的感觉 | 房屋震害 | | | 其他震害现象 | 水平向地震动参数 | |
|---|---|---|---|---|---|---|---|
| | | 类型 | 震害程度 | 平均震害指数 | | 峰值加速度（m/s²） | 峰值速度（m/s） |
| Ⅰ | 无感 | | | | | | |
| Ⅱ | 室内个别静止中的人有感觉 | | | | | | |
| Ⅲ | 室内少数静止中的人有感觉 | | 门、窗轻微作响 | | 悬挂物微动 | | |
| Ⅳ | 室内多数人、室外少数人有感觉，少数人梦中惊醒 | | 门、窗作响 | | 悬挂物明显摆动，器皿作响 | | |
| Ⅴ | 室内绝大多数、室外多数人有感觉，多数人梦中惊醒 | | 门窗、屋顶、屋架颤动作响，灰土掉落，个别房屋墙体抹灰出现细微裂缝，个别屋顶烟囱掉砖 | | 悬挂物大幅度晃动，不稳定器物摇动或翻倒 | 0.31<br>(0.22～0.44) | 0.03<br>(0.02～0.04) |
| Ⅵ | 多数人站立不稳，少数人惊逃户外 | A | 少数中等破坏，多数轻微破坏和/或基本完好 | 0.00～0.11 | 家具和物品移动；河岸和松软土出现裂缝，饱和砂层出现喷砂冒水；个别独立砖烟囱轻度裂缝 | 0.63<br>(0.45～0.89) | 0.06<br>(0.05～0.09) |
| | | B | 个别中等破坏，少数轻微破坏，多数基本完好 | | | | |
| | | C | 个别轻微破坏，大多数基本完好 | 0.00～0.08 | | | |
| Ⅶ | 大多数人惊逃户外，骑自行车的人有感觉，行驶中的汽车驾乘人员有感觉 | A | 少数毁坏和/或严重破坏，多数中等和/或轻微破坏 | 0.09～0.31 | 物体从架子上掉落；河岸出现塌方，饱和砂层常见喷水冒砂，松软土地上地裂缝较多；大多数独立砖烟囱中等破坏 | 1.25<br>(0.90～1.77) | 0.13<br>(0.10～0.18) |
| | | B | 少数中等破坏，多数轻微破坏和/或基本完好 | | | | |
| | | C | 少数中等和/或轻微破坏，多数基本完好 | 0.07～0.22 | | | |
| Ⅷ | 多数人摇晃颠簸，行走困难 | A | 少数毁坏，多数严重和/或中等破坏 | 0.29～0.51 | 干硬土上出现裂缝，饱和砂层绝大多数喷砂冒水；大多数独立砖烟囱严重破坏 | 2.50<br>(1.78～3.53) | 0.25<br>(0.19～0.35) |
| | | B | 个别毁坏，少数严重破坏，多数中等和/或轻微破坏 | | | | |
| | | C | 少数严重和/或中等破坏，多数轻微破坏 | 0.20～0.40 | | | |
| Ⅸ | 行动的人摔倒 | A | 多数严重破坏或/和毁坏 | 0.49～0.71 | 干硬土上多处出现裂缝，可见基岩裂缝、错动，滑坡、塌方常见；独立砖烟囱多数倒塌 | 5.00<br>(3.54～7.07) | 0.50<br>(0.36～0.71) |
| | | B | 少数毁坏，多数严重和/或中等破坏 | | | | |
| | | C | 少数毁坏和/或严重破坏，多数中等和/或轻微破坏 | 0.38～0.60 | | | |
| Ⅹ | 骑自行车的人会摔倒，处不稳状态的人会摔离原地，有抛起感 | A | 绝大多数毁坏 | 0.69～0.91 | 山崩和地震断裂出现，基岩上拱桥破坏；大多数独立砖烟囱从根部破坏或倒毁 | 10.00<br>(7.08～14.14) | 1.00<br>(0.72～1.41) |
| | | B | 大多数毁坏 | | | | |
| | | C | 多数毁坏和/或严重破坏 | 0.58～0.80 | | | |
| Ⅺ | | A | 绝大多数毁坏 | 0.89～1.00 | 地震断裂延续很大，大量山崩滑坡 | | |
| | | B | | | | | |
| | | C | | 0.78～1.00 | | | |
| Ⅻ | | A | 几乎全部毁坏 | 1.00 | 地面剧烈变化，山河改观 | | |
| | | B | | | | | |
| | | C | | | | | |

注：表中的数量词“个别”为10%以下，“少数”为10%～45%，“多数”为40%～70%，“大多数”为60%～90%，“绝大多数”为80%以上。房屋类型A类为木构架和土、石、砖墙建造的旧式房屋，B类为未经抗震设防的单层或多层砖砌体房屋，C类为按照Ⅶ度抗震设防的单层或多层砖砌体房屋。

要制定一个统一的评定标准。这个规定的标准称为地震烈度表。在世界各国使用的有几种不同的烈度表。西方国家比较通行的是改进的麦加利烈度表，简称M.M.烈度表，从Ⅰ度到Ⅻ度共分12个烈度等级。欧洲1992年编订了《欧洲地震烈度表》。日本将无感定为0度，有感则分为Ⅰ度至Ⅶ度，共8个等级。苏联和中国均按12个烈度等级划分烈度表。中国2008年修订了地震烈度表（见表）。

早期的地震烈度表完全以地震造成的宏观后果为依据来划分烈度等级。但宏观烈度表用的是定性的判据，不能排除观察者的主观因素。为此要求按物理标准来评定烈度。首先研究的物理量是地震时的地面加速度峰值。因为一般认为地震引起的破坏是地震惯性力造成的，而惯性力又决定于地面加速度。这样就给烈度的每一等级附加上地面峰值加速度。结果表明，烈度每增加一度，加速度大约增加一倍。后来加入地震烈度表的物理量还有地面峰值速度。

**地震前兆** earthquake precursors 在地震发生之前一段时间内出现，并能预示地震将要发生的自然现象和仪器反应。前者可由人直接观察得到，称为宏观前兆；后者只能用仪器检测，称为微观前兆。地震前兆在理论上是存在的，但在实际工作中尚未找到普遍适用的、可靠的前兆手段。已经发现的、认为可能是地震前兆的现象是从过去的地震发生之前的异常现象中分析、筛选、总结出来的。它们可以试用，但不是每次都有效。已观测到的震前异常现象有地壳形变异常、地震活动性异常，以及地震波、地磁、地电、地下水（或所含气体）异常，地声、地光、动物行为异常等。

**地震学** seismology 研究固体地球的震动和有关现象的学科。固体地球物理学的重要分支。不仅研究天然地震，也研究某些人为或自然因素所造成的（如地下爆炸、岩浆活动及岩洞塌陷等）地的震动。地震学的研究起源于人类抵御地震灾害的需要。早期的工作着重于地震破坏的描述和地震的地理分布。20世纪初由于地震波的记录和分析，使地震学从宏观描述向数理科学的方向发展。现代地震学不仅服务于地震灾害的防御，而且在经济建设和国防建设中也是一门极重要的应用学科。

现代地震学的研究课题大致可分为：地震成因和震源物理，地震前兆和预测，地球内部结构，勘探地下矿藏，监测地下核爆炸，地球自由振荡，工程地震等。

**地震预测** earthquake prediction 根据对地震孕育、发生过程规律的科学认识，预测未来发生地震的时间、地点和强度。地震预报则是在具备一定可靠程度的前提下将地震预测的意见由政府向公众发布。科学的地震预测是实现地震预报的基础。

地震预测是第二次世界大战结束以后开展的探索性研究项目。地震预测的科学前提是认识地震孕育和发生的物理过程，包括地球介质物理、力学性质的异常变化。但是人类对地震成因和地震发生的规律还知之甚少，主要是因为地震是地球岩石层大规模变动的深部过程，其控制和影响因素过于复杂。

通常，地震预测可分为长期（几十年）预测、中期（几年至几月）预测和短期（几月至几星期）预测三种类型。长期预测是确定一条活动断层某一段上地震的复发时间，其基础和方法是对断层段的地震地质、长期地震活动和大地形变等的观测和研究。中期和短期预测的基础和方法，是对各种地震前兆现象的判别和物理解释。上述预测方法是对过去已发生的地震震例进行分析、归纳得出的经验和统计方法，存在一定的不确定性，还远没有进入物理预测和实用的阶段。

**地质公园** geopark 具有特殊地质科学意义、以稀有的具美学观赏价值的地质遗迹为主体，并融合其他自然景观和人文景观的自然区域。地质遗迹是地球在46亿年的演化过程中遗留下来的记录和不可再生的自然遗产。

世界上第一个正式国家公园是美国1872年建立的黄石国家公园，它其实是一座典型的地质公园，但没有冠以“地质公园”的名称。“geopark”是20世纪末联合国教科文组织提议建立世界地质公园时才出现的英文单词。1999年4月，联合国教科文组织提出建立地质公园计划，即从各国（地区）推荐的地质遗产地中遴选出具有代表性、特殊性的地区纳入地质公园，目标是在全球建立500个世界地质公园，其中每年拟建20个。2002年5月，联合国教科文组织公布《世界地质公园网络工作指南》，正式启动世界地质公园的申报工作。截至2010年，全世界已经建立64个世界地质公园。

世界地质公园是一个以地质遗产为主要内容的国际性的自然公园体系。其地质遗迹和地质景观在科学上具有国际对比意义，在世界范围内是唯一的或极特殊的。它具有极高的美学价值，或者还具有极高的历史文化价值，并且保持了很好的自然状态，地质遗迹形成过程和表观现象保存系统、完整，内容丰富多样。

中国是联合国教科文组织提出的“世界地质公园计划”的试点国之一。至2010年，中国有22处被联合国教科文组织分五批批准为世界地质公园。它们依次是：黄山、庐山、云台山、石林、丹霞山、张家界、五大连池、嵩山，雁荡山、泰宁、克什克腾、兴文，泰山、王屋山－黛眉山、雷琼、房山、镜泊湖、伏牛山，龙虎山、自贡，阿拉善沙漠、秦岭终南山。

**地质构造** geological structure 组成地壳的岩石或地质体的形态、产状及其相互结合的方式，或内部组分的排布特征等显示的形象的总称。简称构造。岩石成岩过程中产生的构造，称原生构造。沉积岩的原生构造有层理、层面构造（波痕、泥裂、雨痕、印模和虫迹等），以及同沉积褶皱和同沉积断层等；岩浆岩的原生构造有流动构造和原生节理等。岩石形成以后在地壳内应力作用下发生变形而形成的构造，称为次生构造，如褶皱、断层、韧性剪切带、节理、劈理和线理等。

构造尺度 按规模划分的地质构造的级别。一般分为巨型、大型、中型、小型、微型和超微型六个等级。巨型构造涉及全球或广大区域范围，如板块间的碰撞带、洋中脊、大陆上的造山带等；大型构造的研究对象为大区域构造，如前陆褶皱冲断带、大型平移断裂带、大型断陷盆地和推覆构造等，一般展布于比例尺为1:20万或1:50万的区域地质图上；中型构造涉及一个较小地段的具体的单个褶皱和断层及其相互关系等，在1:5万或更大比例尺的地质图上可见其全貌；小型构造是在野外露头和标本上能直接用肉眼观测到的各种构造，如小褶皱、小断层、节理、劈理和各种线理等（见图）；微型和超微型构造是分别需借助光学显微镜和电子显微镜才能观察到的岩石和矿物内部的显微构造和超微构造，如糜棱岩中石英被拉长而成的丝带构造、矿物的变形纹、晶内扭折和晶内位错等。任何一次构造运动在一定空间范围内产生的地质构造，都是由不同尺度、不同类型的构造要素组成的，它们是多级组合、相互依存并具有密切成因联系的有机整体。

构造层次 构造发育过程中，由于地壳的物理、化学条件变化所导致的构造分带。这种变化最直观地体现在地壳的圈层构造上。从地表向深部温度和压力不断增高，岩石变形习性从脆性向韧性变化，因而产生的构造及其变形机制具有明显差异。如地壳中由上向下可划分出四个构造层次：表构造层次，主要发生脆性变形，主导变形机制是脆性剪切作用，是断层发育区；

陕西旬阳泥盆系大理岩中的窗棱构造

上构造层次，主要发生弹塑性变形，主导变形机制是褶皱作用，是等厚褶皱发育区；中构造层次，主要发生塑性变形，主导变形机制是剪切作用和压扁作用，以板劈理的出现为其顶界，是相似褶皱、顶厚褶皱和韧性剪切带的发育区；深构造层次，主导变形机制是黏性流变和深熔作用，顶界以片理的出现为标志，代表性构造是流褶皱和韧性剪切带，深部发生混合岩化。

构造序列　根据一个地区中各种构造的发育时间和相对先后关系排列而成的构造演化顺序。一个地区的构造序列中可包含几个前后相继的构造旋回，每个旋回又可划分为几个构造世代。同一地质体的构造演化中，不同世代的构造可以发生不同尺度构造的相互叠加和干扰，但其中有一世代的构造对这个地区的构造格局起着主导和定型的作用，并控制着后继构造的变形行为，称为主期构造。

**地质力学**　geomechanics　运用力学原理研究地壳构造和地壳运动规律及其起因的学科。既研究地壳运动产生的各种形变现象的规律，也研究由地壳运动产生的物质的变化规律，以及两者的相互联系。反映地壳运动的一切现象都是它考察研究的对象，包括构造体系的规律、海洋运动的遗迹、岩浆活动的现象、变质岩带的发生和矿产的形成等。

简史　地质力学在中国是由李四光创立的。1926年，李四光发表《地球表面形象变迁之主因》，提出大陆车阀说。1929年发表《东亚一些典型构造型式及其对大陆运动问题的意义》一文，概括了不同类型构造的特殊本质，建立了构造体系的概念，为地质力学奠定了基础。40年代初，李四光正式提出“地质力学”这个名词。1962年李四光发表《地质力学概论》一书，扼要阐述了有关地质构造的若干传统概念、地质力学的方法、地质力学中存在的问题和地壳运动起源问题。把构造体系明确地归结为三大类型，即纬向构造体系、经向构造体系和各种型式的扭动构造体系。60年代以后，地质力学的理论和方法在中国的地质工作和研究中得到较广泛的推广和应用。

研究内容　可概括为四个方面：①构造体系的研究。包括构造体系类型的划分，构造形迹的力学性质的鉴定及其空间排列规律，岩石力学性质及构造应力场的分析，构造运动时期和构造体系形成时期的鉴定，现代地壳运动和活动的地应力的观测，岩石内流体运动和构造型式对油、气的动态与油气集中的控制作用，各级构造体系对矿产分布规律的控制作用，构造应力场与地球化学场及地球物理场的联系。②全球大地构造体系的特点和分布规律，以及与各种构造体系同时发生的沉积建造、岩浆岩建造、变质岩建造和矿产资源的成生联系。③古生代以来全球大陆运动和海洋运动问题。④地壳运动问题。包括区域性升降运动与水平运动的联系，地球角速度的变化和潮汐作用对于大陆运动和海洋运动的影响，太阳辐射的变化和地壳运动与地球运动对古气候变化的作用等。

**地质年表**　geological time scale　表示地史时期相对时代和同位素年代值的表格。又称地质年代表或地质时代表。地质年表以地层学和地质年代学的研究为基础，以古生物、同位素年代测定数据和古地磁极性正反方向变化为主要手段。

**中国区域年代地层（地质年代）表及生物演化简表**

| 宇（宙） | 界（代） | 系（纪） | 距今年龄值百万年（Ma） | 生物演化 |
|---|---|---|---|---|
| 显生宇（宙）PH | 新生界（代）Cz | 第四系（纪）Q | 2.6 | 人类进化发展 |
| | | 新近系（纪）N | 23.3 | 哺乳动物和被子植物繁盛 |
| | | 古近系（纪）E | 65 | |
| | 中生界（代）Mz | 白垩系（纪）K | 137 | 爬行类恐龙时代<br>裸子植物繁盛 |
| | | 侏罗系（纪）J | 205 | |
| | | 三叠系（纪）T | 250 | |
| | 古生界（代）Pz | 二叠系（纪）P | 295 | 两栖类时代<br>蕨类植物繁盛 |
| | | 石炭系（纪）C | 354 | |
| | | 泥盆系（纪）D | 410 | 鱼类时代 |
| | | 志留系（纪）S | 438 | 裸蕨植物出现 |
| | | 奥陶系（纪）O | 490 | 海生无脊椎动物繁盛 |
| | | 寒武系（纪）Є | 543 | |
| 元古宇（宙）PT | 新元古界（代）$Pt_3$ | 震旦系（纪）Z | 680 | 真核细胞生物，最晚期出现软躯体的后生动物 |
| | | 南华系（纪）Nh | 800 | |
| | | 青白口系（纪）Qb | 1 000 | |
| | 中元古界（代）$Pt_2$ | 蓟县系（纪）Jx | 1 400 | |
| | | 长城系（纪）Ch | 1 800 | |
| | 古元古界（代）$Pt_1$ | 滹沱系（纪）Ht | 2 300 | 原核细胞生物 |
| | | | 2 500 | |
| 太古宇（宙）AR | 新太古界（代）$Ar_3$ | | 2 800 | |
| | 中太古界（代）$Ar_2$ | | 3 200 | |
| | 古太古界（代）$Ar_1$ | | 3 600 | |
| | 始太古界（代）$Ar_0$ | | | |

地质年表是关于地球重大事件的“历书”。它把地球形成（约45亿年前）以来至今为止的全部时间，划定为定了名的抽象时间单位（即地质年代单位）：宙、代、纪、世、期，与其相应的年代地层单位：宇、界、系、统、阶。

第一个定量的地质年表是1913年A.霍姆斯提出的，后经过不断的修改完善。2008年国际地层委员会推荐了最新的国际地层表。中国全国地层委员会根据中国实际情况2001年提出的《中国区域年代地层（地质年代）表》是中国地层和年龄值的指导文献（见表）。

**地质年代学**　geochronology　研究地球历史演化时间序列和测定地质体年龄的学科。地史学研究的重要手段。与地层学、古生物学、构造地质学、矿物学、地球化学等密切相关。对地质年代的研究可制定更准确的地质年表。地质年代学研究包括相对地质年代和同位素地质年代两大部分。

相对地质年代的研究对象，包括地层、岩石、古生物和古地磁。依据地层层序律，先形成的岩层位于下面，后形成的岩层位于上面，这可判定岩层形成的早晚；一些具有特殊性岩石或矿产的岩层，可作为确定相对地质年代的标志，如条带状磁铁石英岩只形成于太古宙至元古宙；生物地层法是利用化石来鉴定地层时代，生物界的演化由简单到复杂，由低级到高级，具有不可逆性和阶段性，在同一时期，生物界大体具有全球一致性，因此化石是确定相对地质年代的重要手段；古地磁法是利用地磁极性正常和倒转的交替，编制地磁极性年代表，可确定相对地质年代。

同位素地质年代，又称绝对地质年代。当岩浆冷凝，矿物、岩石结晶或重结晶时，放射性元素以某些形式进入矿物或岩石，在封闭体系中，放射性母体或子体同位素持续衰变和积累。只要准确地测定矿物和岩石中放射性母体和子体的含量，即可根据放射性衰变定律进行精确的地质计时（见同位素年代学）。

**地质图**　geological map　把地质信息按统一图例标绘在地形底图上的图件。以表示一定空间范围内地壳浅部基岩的组分、时代、构造和分布规律。地质图及其说明书是区域地质调查的最终成果，反映了所在地区的地质组成、矿产资源和化石能源分布、可能发生的地质灾害和重要的地质遗存，是国家考虑生产力配置、资源开发、

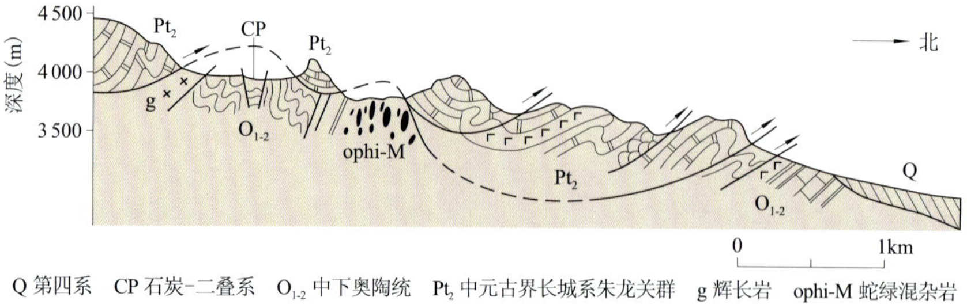


Q 第四系 CP 石炭–二叠系 $O_{1-2}$ 中下奥陶统 $Pt_2$ 中元古界长城系朱龙关群 g 辉长岩 ophi-M 蛇绿混杂岩

地质构造剖面图

环境保护和科学研究的基础资料。

地质图的基本内容是表示所在地区地表出露的各种地质体的成分、时代和产状。为了表达它们的顺序、构造形态和接触关系以及向深部的可能延伸，大、中比例尺的地质图一般附有综合地层柱状剖面和地质构造剖面（见图）。因特定目的而编制的地质图往往强调和突出某一方面的内容而形成种类繁多的专业地质图，如矿产分布图、成矿规律图、工程地质图、地震地质图、环境地质图、旅游地质图等。一些地质图上还叠加了地球物理和地球化学资料。

地质图所表示内容的繁简程度取决于它的比例尺。比例尺越小，内容越概括，同样图幅包括的面积越大；比例尺越大，内容越详细，但图幅范围变小。中国将比例尺≤1:50万的称为小比例尺地质图，1:25万至1:10万的为中比例尺地质图，≥1:5万的为大比例尺地质图。小比例尺主要显示大区域到全国、大洲甚至全球的总体地质框架。按国际分幅对陆域普遍覆盖的大、中比例尺地质图是国土资源调查的基本图件。它的覆盖程度往往反映了一个国家的发展水平。

**地质温度计** geothermometer 用于确定地质过程发生的温度界限或温度范围的地质产物。常用的有：①同位素地质温度计。根据共生矿物之间的同位素分馏可确定矿物中建立同位素平衡的温度。②矿物包裹体地质温度计。根据原生的矿物流体包裹体中不同物态的均一温度可测定矿物形成温度；气–液包裹体受热爆破产生响声，爆破峰值温度经过压力校正之后可认为是矿物形成温度的上限。③矿物（矿物对）温度计。根据矿物的结构特征和相变、矿物共生组合、固溶体矿物以及矿物对的化学组成和微量元素的分配等可确定其形成温度。此外，矿物中的放射性裂变径迹、硬煤（镜质组）的反射率、沉积岩中的某些生物标志化合物等也可用于地质计温。地质温度计的建立以高温高压实验或理论计算结果为基础，其应用是有条件的。

**地质学** geology 研究地球的物质组成、结构构造、外部特征、各圈层间的相互作用和地球演变历史的学科。在现阶段，由于观察、研究条件的限制，主要以岩石层（圈）为研究对象，也涉及水圈、大气圈、生物圈和岩石圈下更深的部位，以及陨石等地外天体物质。

发展简史 地质学来源于人类生活和生产实践。早在新石器时代，人类就具有某些地质知识，诸如居住地的选择，石头、矿物的识别与运用。在古希腊罗马时代，科学家、自然哲学家对物质的组成、宇宙成因、地球起源有着各种解释和推论。对地质思想发展影响较深的是毕达哥拉斯和亚里士多德的宇宙论，以及斯特拉波的《地理学》，代表了这个时期的地学思想水平。中世纪，由于采矿业的发展、矿产资源利用的扩大，在找矿和冶炼的活动中，更丰富了地质知识。如比鲁尼的《识别贵重矿物的资料汇编》(1048)、阿维森纳的《矿物形成与分类》等。文艺复兴至18世纪，地质思想有了颇大的发展，地质矿产知识不断积累。意大利达·芬奇的《地球与海洋》中记述了海陆变迁、山脉形成，特别是对于生物化石及其成因作了科学的解释。德国G.阿格里科拉的《论金属》(1556)，总结了当时欧洲矿业开发以及矿产地质的丰富资料。N.哥白尼《天体运行论》(1543) 发表以后，使自然科学从神学中解放出来，包括地球在内的日心体系的建立，揭开了近代地质学诞生的序幕。

18世纪下半叶，以德国A.G.维尔纳为首的弗赖堡水成学派和以英国J.赫顿为代表的爱丁堡火成学派，进行了长期论战，推动了矿物学、岩石学的发展，丰富了近代地质学理论内容。19世纪初，英国W.史密斯根据岩层所含生物化石，提出了确定岩层相对年代的思想和方法。法国地质学家A.布龙尼亚尔以及G.居维叶建立了古生物学的方法，提出用生物地层学建立地质年代表。1812年居维叶提出灾变说。19世纪30年代，英国C.莱伊尔的《地质学原理》提出了渐进论，否定了灾变论，为近代地质学建立了比较历史的地质方法，创立了地质现实主义的“将今论古”原则，进而完善了地质学的理论体系，标志着科学地质学的建立。19世纪中叶以后，大地构造理论开始建立。1859年美国J.霍尔提出了地槽概念，1885年E.修斯提出了地台概念。这个时期，在探索地壳结构和褶皱山脉形成理论中涌现出许多假说，如地球收缩说、膨胀说，20世纪的脉动说、放射性热融化假说、地幔对流说、重力分异说等。

20世纪初，德国A.L.魏格纳提出大陆漂移说，向占统治地位的地球固定论提出了严峻的挑战。50～60年代以来，由于实施了国际地球物理年、国际深海钻探计划，取得了地球物理学和海洋地质学方面的新资料。60年代中，实施了国际上地幔计划，发现了地磁极性倒转，论证了地幔对流理论和大陆漂移说，提出了海底扩张说、大洋中脊以及转换断层理论，从而建立起地质学的全球观念——板块构造说，使地质学理论进入一个崭新阶段。70年代，由于实施了国际地球动力学计划，从地幔岩石学和地幔地球化学的研究中，不仅进一步为板块构造理论提供了有说服力的论据，同时也丰富了地球起源认识论上的内容；进一步论证了地球物质的非均一性，地球物质运动从平衡到非平衡，从封闭到开放，彼此互为因果。80年代以来实施了国际岩石圈计划，国际地质对比计划，深海钻探计划、大洋钻探计划、大陆钻探计划，从已获得的地球动力学、运动学和深部地质信息等成就中，又进一步论证和完善了板块构造地质学的理论，推动了地球科学的新思维、新概念、新地球观的涌现。

分支学科 根据研究对象和特点，地质学分为许多彼此联系、互为因果的独立分支学科：研究地壳物质成分与组成的有矿物学和岩石学；研究地质作用的有动力地质学，其中包括火山、地震、构造地质学等；再造和追溯地质作用历史和年代顺序的地史学，包括地层学、古生物学、古地理学、古地磁学、地质年代学等；属于应用地质学的有矿床地质学（金属、非金属矿床与可燃性矿床等）、工程地质学、水文地质学、环境地质学（包括灾害地质学）等；研究地质普遍规律的有理论地质学；研究地质学理论及方法的发展和演化客观规律的尚有地质学史；研究地球科学自然观、科学方法论以及认识论的地质哲学。随着近代科学技术的发展和经济社会的需求，地质学涌现出许多新分支，如同位素地质学、海洋地质学、天体地质学、核子地质学、地震地质学、幔岩学、地幔矿物学、板块构造学、深部地质学以及农业地质学、城市地质学、医学地质学等。人类认识地球历史过程的深化，不断扩大和丰富着地质学的研究范畴和内容。具有现代科学意义的地质学，是19世纪30～40年代才形成的。到20世纪，以地球为对象，从不同角度和范围进行研究的学科，除地质学外，地理学、海洋科学、大气科学、水文学、固体地球物理学、地球化学等都发展起来，形成了比较完整的地球科学体系。地质学是地球科学系统中的一门综合性和应用性很强的自然科学，是其中起骨干作用的基础学科。

地质学的发展与自然科学各学科密切相关：在地壳物质组成、结构构造变化及其研究方法上与物理学和化学有关；在研究地球起源，地球在宇宙空间的位置和运动规律与天文学有关；在关于地表形状的成因、构造、变迁的研究上与自然地理学有关；对地球生命起源和发展的研究与生物学和古生物学有关；在认识作为行星地球的结构和物理性质上与地球物理学和天文学有关。

**《地质学原理》** *Principles of Geology* 19世纪地质学进化论学派的经典性论著，英国地质学家C.莱伊尔所著。又名《可以作为地质学例证的地球及其生物的近代变化》。第一版共三卷，于1830～1833年相继出版。到1872年的40余年该书共出11版。

《地质学原理》全面系统地概括了前人的地质理论和观点；精辟地论述了地质思想发展史；论述了地质学进化论的理论基础；提出地质作用的“古今一致性”，“时间上的缓慢性”和“渐进性”等；建立了“将今论古”的现实主义方法，对地质学的诞生和发展起了深远的开创性的影响。正是由于这一部划时代著作的出版，使莱伊尔成为科学地质学的奠基人。

1834年《地质学原理》第二版分为四卷：第一卷论述地质发展史和地质现象古今变化原理；第二卷论述无机界的各种地质变化；第三卷论述有机界的自然选择和地理分布；第四卷论述地质学基本原理。从1838年开始，莱伊尔把第四卷即地质学的基本内容抽出来并加以扩充，以《地质学纲要》的书名出版单行本；1851年又经过重编，定名为《普通地质学教科书》，1865年又改为《地质学纲要》。

《地质学原理》被译成多种文字出版。《地质学纲要》在1872年由中国数学家华蘅芳和美国医生玛高温合译成中文，清同治十二年（1873）出版，书名为《地学浅释》。这是中国最早的地质文献，比较系统地介绍了地质学理论和思想，为培养中国早期地质学家起了重要作用。1959～1960年科学出版社根据《地质学原理》第11版译成中文，分两册出版，共49章。

《地质学原理》前几版的某些章节存在片面性论点，如生物种的不变性等；过分强调地质作用渐进过程，而完全否认灾变现象，使渐进论陷入等速论、均变论的泥潭；否认冰期理论及冰川搬运作用等，受到许多地质学家的批评。20世纪60～70年代古地磁学、古海洋学，特别是浊流理论的诞生，使科学家发现了原始海洋沉积条件与当今海洋沉积截然不同的结论，“将今论古”的现实主义原则受到了质疑和挑战。

**地质作用** geological process 作用于地球的自然力，是使地球的物质组成、内部构造和地表形态发生不断变化的作用。引起地质作用的自然力称地质营力。地质作用可以是物理作用，或是化学作用，也可以是生物作用。它们既发生于地表，也发生于地球内部。有的强烈急促，如地震；有的微弱缓慢，如风化作用。正在地球上进行的地质作用绝大多数在地球的历史时期也曾以类似的方式发生过。地球的现状是地质作用长期改造的结果。

地质营力按它们的主要能量来源分内营力和外营力两大类（见图）。内营力又称内

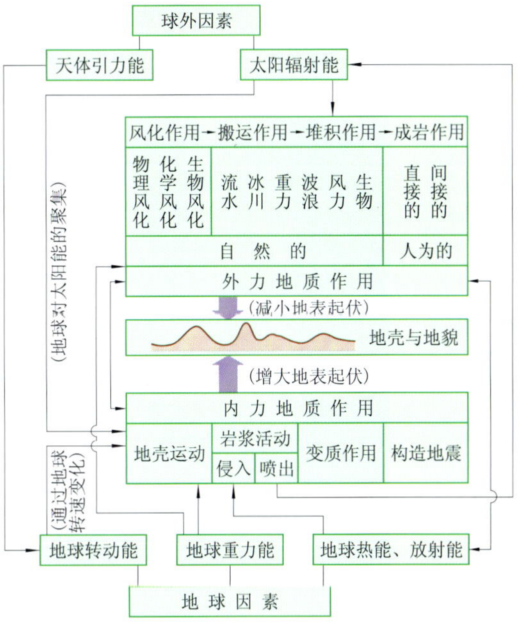

各种地质营力及与其能量来源之间的关系图式

（动）力地质作用或内力作用。外营力又称外（动）力地质作用或外力作用。内营力的能量直接来自地球内部的热能、放射能、化学能、重力能的一部分（如岩浆重力分异）、地球转动能等。内营力的表现形式有地壳运动、岩浆活动、变质作用和构造地震等。外营力的能量主要来自太阳辐射热能、潮汐能、生物能和重力能的另一部分（如地心引力引起地表流体和固体物质的各种形式的运动）。外营力包括风化、风、流水、冰川、波浪、潮汐、重力、生物及人类作用、外层空间的宇宙辐射线、陨石冲击等类型。重力既可以是内外地质营力的能量来源，也可以表现为一种特殊的外营力即重力地质作用（如崩塌、滑坡、斜坡岩土体的蠕移作用等）。在生物发展到晚近地质时期，演化出了具有高度智能和能动作用的人类，于是出现了新的外营力，即人的地质作用（特别是人类活动对地表和地球化学过程的影响）。

内营力、外营力在不同地区和不同地段的相对重要性是可以互相转变的，但就地壳和地貌发展的全过程来讲，它们具有同等重要的地位。内营力造成地表基本起伏（如大陆与洋盆、高山与盆地），外营力则剥蚀掉高处的物质，将其搬运到盆地沉积起来，起着夷平地表起伏的作用。从各个地质时代的巨厚沉积地层来看，外力作用可与内力作用等量齐观。内、外营力在地壳和地貌发展中是相反相成的。一般来说，内力作用控制着外力作用的过程和发展。内、外营力之间既相互排斥又相互依存，这一统一矛盾运动不断推动着地质作用的进行，也推动着地质运动和发展。

**地中海** Mediterranean Sea 大西洋属海，世界第二大陆间海。介于欧、亚、非三洲之间，西出直布罗陀海峡通大西洋，东南经苏伊士运河出红海入印度洋，东北经达达尼尔海峡、马尔马拉海、博斯普鲁斯海峡与黑海相通。东西长约4 000千米，南北最宽处1 800千米，面积251万平方千米。海岸线长约22 530千米。

地中海被半岛、岛屿和海岭分隔，形成许多大小不等的海和海盆。一般以亚平宁半岛、西西里岛至突尼斯的海岭（深366米）一线为界，分地中海为东、西两大部分。西地中海有三个被海岭和岛屿隔开的海盆，自西向东分别为阿尔沃兰海盆、阿尔及利亚海盆和第勒尼安海盆。东地中海有伊奥尼亚海盆和黎凡特海盆。地中海平均水深约1 500米，最深点在希腊南面的伊奥尼亚海盆，为5 121米。海底扩张和板块构造学说认为，地中海是地质时代环绕东半球的特提斯海（又称古地中海）的残存水域。是中生代到新生代渐新世间，欧亚板块与非洲板块相向运动、碰撞的产物。

典型的地中海型气候。夏季受副热带高压控制，炎热干燥；冬季处于气旋活动频繁的西风带中，温和湿润。冬暖夏热，蒸发旺盛，海面年蒸发量1 250毫米。周围海岸多山和荒漠，注入大河较少。蒸发量远大于降水量和径流量之和，导致海水含盐度增大，水位下降，引起大西洋和黑海表层水流入，地中海深层水流出，水面保持相对稳定，其海水补给来源5%得自四周河水流入，21%为降水，其余71%和3%分别来自地中海与大西洋和黑海之间的水体交换。地中海表层海水含盐度介于36.5～39.5，东地中海含盐度高于西地中海。潮汐为正规或不正规半日潮。因地中海的封闭性，大部分地区潮差不大，且自西向东减小。潮差一般均在0.7米以下；最大潮差1.7米出现在突尼斯东岸。海水中磷酸盐、硝酸盐含量不足，限制了海洋生物生长。鱼类共有400多种，但数量不大，没有大量鱼群集中的渔场。

地中海周围共有22个国家和地区，人口逾4亿，是沟通大西洋和印度洋的航运要道，欧美国家取得西亚、北非石油的必经通道，战略地位重要。沿岸主要港口有直布罗陀、巴塞罗那、马赛、热那亚和那波利等。

**地中海实蝇** *Ceratitis capitata*; Mediterranean fruit fly 昆虫纲实蝇科的一种。果树

及蔬菜害虫。原产于非洲热带地区，现已分布到世界许多地区。中国将其列为重要的检疫对象。

成虫体长4～5毫米，翅长4.5毫米。体和翅上有特殊颜色，头顶黄色略具光泽。在较寒冷的地区，以蛹或成虫越冬。成虫寿命：夏季一般1个月，长者可达2个月；冬季平均2～3个月。成虫有趋光性，常在树冠处活动。幼虫在果实内发育成熟，脱果外出，钻入土中化蛹。

地中海实蝇在热带、亚热带、温带地区能危害多种柑橘类和落叶果树的果实，以及许多其他栽培或野生植物的果实，还可危害番茄、茄子、辣椒等蔬菜。幼虫除食害果肉外，还会引起细菌和真菌病害的发生，使果实腐烂脱落。寄主植物有200多种。随寄主植物、土壤、包装物等远距离传播。防治措施：严格检疫，对已受害果实进行低温或熏蒸处理、γ射线照射，保护利用天敌等。

**地中海型气候** Mediterranean climate 夏季炎热干燥，冬季温和多雨的气候。大致分布于南纬和北纬30°～40°的大陆西岸，即欧亚非三洲之间的地中海地区、北美洲的加利福尼亚沿岸、南美洲的智利中部、非洲南部的开普敦地区及澳大利亚南缘和西南沿岸。这种气候以地中海沿岸最为典型，故名。地中海型气候地区，夏季干燥炎热，夏半年降水只占全年降水的20%～40%，而夏季不足10%。冬季降水丰富，温和湿润。冬季降水最多月份的降水量至少3倍于夏季降水最少月份。冬季气温5～10℃，夏季21～27℃。地中海型气候使得这些地区的河流冬涨夏枯，植被具有旱生结构，油橄榄即为其典型植物。

**地转风** geostrophic wind 在大气运动的水平方向上，压力梯度力和科里奥利力相平衡下的大气风场。在离地面1～1.5千米以上的自由大气中，大尺度运动的铅直速度的数值（约为$10^{-2}$米/秒）比水平速度的数值（即风的大小，约为10米/秒）小得多，而且水平运动的惯性力和黏性力的数值也远小于水平压力梯度力和科里奥利力的数值，因此自由大气的大尺度运动具有准水平运动（以风场为主）和准地转运动（以地转风为主）的性质。等压线是地转风的流线，即地转风的方向平行于等压线。在北半球，若背风而立，高气压在右侧，低气压在左侧；在南半球则相反。地转风的大小与水平压力梯度力的大小成正比，与科里奥利参数的大小成反比。

**地转流** geostrophic current 在忽略湍流摩擦力作用的较深的理想海洋中，由海水密度分布不均匀所产生的水平压强梯度力与水平地转偏向力平衡时的海流。虽然它和埃克曼漂流都是理想化的海流，但都能近似地反映海水的一些运动规律。如较厚的大洋下层水中的海流，近似于地转流；在较薄的大洋上层水中，同时存在着地转流和埃克曼漂流。这两种流动同为大洋的基本流动。

要直接测量海洋的水平压强梯度力是很难的，但是可以引进地势的概念，间接加以计算。设想在较深海洋中的某水层，其等压面和地势面重合，则在这个面上的地转流的速度为零，称这个面为无运动面。等压面上相邻两点间的地势差，称为动力高度差。

实际上，要测定大范围海域中各点的流速是困难的，但要测定此海域中各点的海水比容是办得到的，而且由这些比容按动力计算法求得的地转流，又与较深海洋的下层海水的流动近似，故可以用这种海流的动力计算代替较深层海流的测定。

**地租** land rent 土地所有者凭借土地所有权从土地使用者那里取得的一种收入。地租的占有是土地所有权借以实现的经济形式。土地是基本的生产资料，但在不同的社会制度下，由于土地所有制的性质不同，地租的性质、内容和形式不同，体现的经济关系也不同。封建地租是封建地主凭借土地所有权占有农民的全部**剩余劳动**或剩余产品，甚至一部分**必要劳动**和必要产品的经济形式，体现着封建地主阶级剥削农民阶级的关系。封建地租采取了依次占主要地位的三种基本形式：①劳役地租。即农民被迫在规定的时间内，用自己的生产工具在地主直接经营的土地上进行无偿劳动，它是直接剥削农民剩余劳动的一种形式。②实物地租。即以实物形式占有农民的剩余劳动，它是直接剥削农民剩余产品的一种形式。③货币地租。即以货币形式占有农民的剩余劳动，它是剥削农民的剩余产品转化的价值的一种形式。封建地租的这3种形式都是以超经济强制为手段的。

在资本主义制度下，农业中存在着大土地所有者、农业资本家和农业工人3个阶级。资本主义地租是农业资本家使用土地所有者的土地而交纳的、由农业工人创造的、超过平均利润以上的那部分**剩余价值**，体现着大土地所有者、农业资本家分割剩余价值、共同剥削农业雇佣工人的关系。

资本主义地租主要有两种基本形式：①级差地租。即租用不同等级土地的农业资本家向土地所有者交纳的在数量上存在差别的地租。土地的优劣程度不同是级差地租产生的条件，而对土地的资本主义经营垄断则是级差地租产生的原因。由于土地的资本主义经营垄断，使农产品的社会生产价格由劣等地的个别生产价格决定，从而经营优等地和中等地的农业资本家可以获得一个高于平均利润的超额利润，转化为级差地租。级差地租分级差地租Ⅰ和级差地租Ⅱ。级差地租Ⅰ是由土地肥沃程度不同和距离市场远近不同所引起的；级差地租Ⅱ是由资本连续投在同一块土地上所形成的劳动生产率的差别引起。②绝对地租。即不管土地好坏都必须缴纳的地租。绝对地租的形成是土地私有权垄断的结果，绝对地租产生的条件是农业资本有机构成低于工业资本有机构成。这就使农产品的生产价格低于其价值。由于土地私有权的垄断，农产品的价值超过生产价格的差额部分不参加利润的平均化过程，从而使这部分超额利润成为绝对地租，落到土地所有者手中。资本主义地租还包括矿山地租和建筑地地租等。

**帝国大厦** Empire State Building 位于纽约市曼哈顿中心区的一幢102层钢框架建筑。摩天楼的代表作之一，20世纪30～70年代间世界上最高的建筑。又称帝国州大厦，帝国州是美国纽约州的别称，大厦因而得名。建于1929～1931年，位于纽约市曼哈顿中心第5大道和第34街的转角处。大厦的建筑师为R.H.施里夫、W.F.拉姆和A.L.哈蒙，工程师是H.G.巴尔科姆。

大厦由地面至第102层观光平台的高度为381米，1950年在顶部加建电视塔后为449米。大厦只有下面的85层供租赁用，标准层层高约3.5米。上面的17层实际上是以电梯为主的塔楼，当初设计时曾设想作系泊飞艇之用。建筑占地长130米，宽60米。帝国大厦比例匀称，它的外形轮廓一度成为摩天楼的象征和纽约市的标志。

远望帝国大厦

**《帝国主义是资本主义的最高阶段》** *Imperialism is the Highest Stage of Capitalism* V.I.列宁论述帝国主义的主要著作。通常简称为《帝国主义论》。1916年列宁侨居瑞士时写成，1917年在彼得格勒正式出版（见图）。

此书包括序言、法文版和德文版序言，正文共10章。第1～6章，列宁对帝国主义作了经济上的分析，指出帝国主义的主要特征是：①生产和资本的集中发展到这样高的程度，以致造成了在经济生活中起决定作

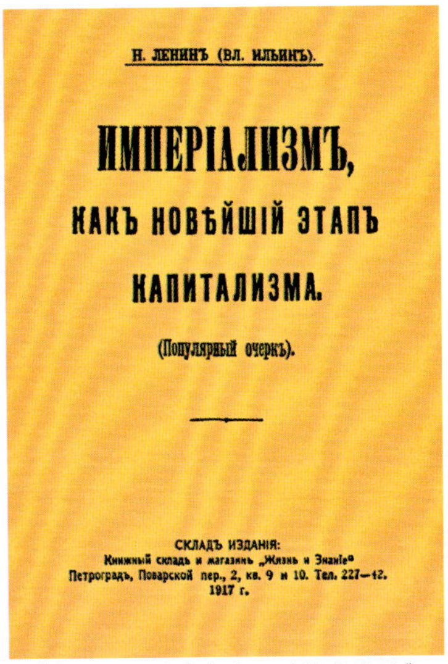

《帝国主义是资本主义的最高阶段》第1版封面

用的垄断组织；②银行资本和工业资本融合为**金融资本**，形成了金融寡头；③与商品输出不同的**资本输出**有了特别重要的意义；④瓜分世界的资本家国际垄断同盟已经形成；⑤资本主义列强已经把世界上的领土分割完毕。第7～10章，论述了帝国主义的历史地位，指出垄断资本主义是从资本主义结构向更高级的社会经济结构的过渡。

列宁在对帝国主义基本经济特征所作分析的基础上，给帝国主义下了定义："帝国主义是发展到垄断组织和金融资本的统治已经确立、资本输出具有突出意义，国际托拉斯开始瓜分世界，一些最大的资本主义国家已经把世界全部领土瓜分完毕这一阶段的资本主义。"在序言的最后宣布："帝国主义是无产阶级社会革命的前夜。"

**《帝京景物略》** *View of the Capital of the Empire* 中国记述北京风土景物的著作。明末刘侗、于奕正著。全书8卷。重在记述明末北京山川、人物、园林、风俗。以城市地理空间为基本记述单位，依次记述四城内外与西山的名胜景观和风土人情，兼及畿辅。依景说事，因物传文，内容翔实，文笔晓畅。书中对城市生活的记述具有极高的民俗学价值。如卷二"春场"一节，完整记载了明后期北京的岁时节日生活，有很高的民俗资料价值。明崇祯八年(1635)刊印。北京古籍出版社1963年重新出版。

**帝力** Dili 东帝汶首都。位于帝汶岛北岸，滨翁拜海峡。人口17.57万(2005)。古称美罗港。古时即与中国商人进行贸易。1520年起，葡萄牙人来此搜罗檀香，建立殖民统治。1613年荷兰势力入侵，葡萄牙势力向岛的东部退缩。1769年"葡属帝汶"首府由**欧库西**迁此，进行港口与城市建设，帝力从此成为东帝汶的首府、主要深水港、经济与文化中心。人口大部分是土著居民和阿通人，还有少数葡萄牙人、欧亚混血人、阿拉伯人和华人。出产利用本岛土特产进行加工制造的咖啡、香料、椰干、肥皂、陶器、草藤编织品、木雕、皮毛等。有机场，公路联系境内各城镇。城市依山面海、景色宜人，有天主教会创办的广播电台、教会学校和医院，一座百年以上历史的关帝庙为华人集资修建。

**帝汶岛** Timor Island 东南亚努沙登加拉群岛中最大的岛屿。位于群岛最东端，南隔帝汶海与澳大利亚相望。面积30 724平方千米。岛上高山连绵，最高点塔塔迈劳山海拔2 960米，东部地震频繁，狭窄的海滨平原有泥火山和地裂缝，多温泉。沿海有红树林沼泽，部分海岸陡峭，岸外有珊瑚礁。气候炎热，年降水量1 500～2 000毫米，干雨季分明。地当亚洲与澳大利亚生物种分布的过渡带，植被有桉树、木麻黄、红木、青龙木、檀木、柚木和竹；典型的野生动物为有袋类、鳄、大鹦鹉等。矿藏有砂金、铜、锰、铁、石膏、盐和石油。种植玉米、番薯、椰子、咖啡、橡胶、烟草、甘蔗、豆类、茶树等，咖啡为主要出口农产品，余皆自给。以饲养牛、马出名。沿海有捕捞业。工业薄弱，生产铁器工具，加工烟叶、咖啡与食品等。著名的手工艺品有造型精美的篮子及铸铜饰品。进口棉织品、车辆及其他工业品。印度尼西亚和新几内亚岛的人种与文化在此交会，民族和语言复杂，内地山区有巴布亚人、美拉尼西亚人；沿海主要为印尼人、马来人、华人等。有数十种方言，德顿语为通用语。行政上全岛分作东、西两部分：西部属印度尼西亚，为东努沙登加拉省的一部分，面积15 850平方千米，简称西帝汶；东部为东帝汶民主共和国，面积14 874平方千米，辖境包括西帝汶的欧库西飞地。东西两部分各有主要城镇**帝力**与古邦。

**递归函数** recursive function 数论函数的一种，其定义域与值域都是自然数集。最简单基本的递归函数有三个：零函数$O(x)=0$(其值恒为0)；射影函数$U_i^n(x_1,x_2,\cdots,x_n)=x_i$ $(1\leqslant i\leqslant n)$；后继函数$S(x)=x+1$。它们合称初始函数。要想由旧函数作出新函数，必须使用各种算子。

代入（又名复合或叠置）是造新函数的算子之一。其一般形式是：由一个$m$元函数$f$与$m$个$n$元函数$g_1,g_2,\cdots,g_m$造成新函数$f(g_1(x_1,x_2,\cdots,x_n),g_2(x_1,x_2,\cdots,x_n),\cdots,g_m(x_1,x_2,\cdots,x_n))$，也可记为$f(g_1,g_2,\cdots,g_m)(x_1,x_2,\cdots,x_n)$。另一个造新函数的算子是原始递归式。具有$n$个参数的原始递归式如下：

$$f(u_1,\cdots,u_n,0)=A(u_1,\cdots,u_n)$$
$$f(u_1,\cdots,u_n,S(x))=B(u_1,\cdots,u_n,x,f(u_1,\cdots,u_n,x))$$

只有一个参数的原始递归式为：

$$f(u,0)=A(u)$$
$$f(u,S(x))=B(u,x,f(u,x))$$

其特点是：不能由$A$、$B$两函数而直接计算新函数的一般值$f(u,x)$，而只能依次计算$f(u,0),f(u,1),f(u,2),\cdots$。只要依次计算，必能把任何一个$f(u,x)$值算出来。这就是说，只要$A$、$B$为全函数且可计算，则新函数$f$也是全函数且可计算。

由初始函数出发，经过有限次的代入与原始递归式而作出的函数称为原始递归函数。通常使用的数论函数全是原始递归函数。

原始递归式的推广，可得到下列有序递归式或半递归式：

$$f(u,0)=A(u)$$
$$f(u,S(x))=B(u,x,f(u,g(u,S(x))))$$

它与原始递归式的不同点，在于它不是把$f(u,S(x))$的计算化归于$f(u,x)$的计算，而是先化归于$f(u,g(u,S(x)))$的计算，然后化归于$f(u,g(u,g(u,S(x))))$的计算，再化归于$f(u,g(u,g(u,g(u,S(x)))))$的计算等。由半递归式所定义的函数未必是全函数，也可能是半函数。从初始函数出发经过有限次的叠置与半递归式构成的函数，称为递归半函数或递归部分函数，也称为半递归函数或部分递归函数。这里所提到的"半"、"部分"不是限制"递归"而是限制"函数"的。如果作出的函数是全函数，便称为递归全函数或一般递归函数。递归半函数的特点是，它可能没有定义从而没有值，但只要有值必然可以计算。一般递归函数的特点是，它必处处有定义而且处处可以计算。

另一个重要的造新函数的算子是造逆函数的算子，如由加法造减法，由乘法造除法等。解一般方程$f(u,t,x)=0$而得$x=g(u,t)$可以看作求逆函数的推广。解方程可以看作使用求根算子。$f(u,t,x)=0$的最小$x$根（如果有根的话），记为$\mu x(f(u,t,x)=0)$。当方程没有根时，则认为$\mu x(f(u,t,x)=0)$没有定义。

此外，人们早已证明：一般递归函数与用图灵机定义的图灵可计算函数以及$\lambda$-演算中的$\lambda$-可定义函数等都是相同的。

**递归论** recursion theory *数理逻辑*的一个分支，研究问题类是否存在解的**算法**，如果不存在，那么不可解的程度如何。又称递归函数论或可计算性理论。

在古代中国、希腊就有了算法概念，并且给出了算法的例子。后来古阿拉伯、古印度的人们也着手寻求算法。中世纪阿拉伯数学家**花拉子米**在算法的研究上有突出贡献，因此现在英文的算法一词algorithm就是由他的名字得来的。

但是有些问题经过了长时期的研究，还是找不到解决它们的算法。因此人们怀疑是否不存在解决这些问题的算法。为了证明解决这些问题的算法不存在，要求把算法概念精确化，使其能被作为数学对象来处理。直到20世纪30年代，这个问题才得到解决。这时出现了几个等价的精确的数学定义，其中最重要的有递归函数、图灵机、λ-演算、正规算法等。

K.哥德尔受到了J.埃尔布朗的启发，在一次介绍他的不完全性定理时提出了精确定义算法的方法。S.C.克林进一步把它具体化，建立了等式演算，从而定义了递归函数。在欧洲，A.M.图灵也引进著名的图灵机来描绘算法。继而证明图灵可计算函数和递归函数的等价性。在知道图灵机以前，A.丘奇就建立了λ-演算的理论，随后又建立了丘奇论题，断言一切算法可计算函数都是递归函数，即二者是等价的。克林曾怀疑存在非递归的算法可计算函数，在多次试图建立反例遭到失败后，他才接受丘奇论题。由于图灵机的定义很符合人们对算法的直观经验，因此哥德尔在见到图灵机的定义后也接受了丘奇论题。

递归函数产生后，递归论开始发展。因此递归论的产生是几千年数学发展的结果。随着计算机的发展，人们要在符号串上直接定义算法。20世纪60年代初，出现了几个等价的定义，其中中国数学家胡世华最早发表了递归算法。

递归论中另一个重要概念是算法可产生集的精确描述——递归可枚举集。可以证明一切递归集，即算法可判定集，都是递归可枚举集。但是存在不是递归集的递归可枚举集。由于许多数学问题都可以化为某个递归可枚举集是否递归集的问题。因此非递归的递归可枚举集的研究帮助人们证明了希尔伯特第10问题、半群上字的问题、谓词演算任意命题闭合式公式是否定理的判定问题等都是不存在算法解的，从而解决了一批长期未能解决的问题。

随着计算机的发展，以A.尼罗德为首的递归论学家开拓了递归数学的研究领域。他们把古典数学的基本概念算法化，然后考虑哪些数学定理可以成立，哪些无法成立。递归论在计算机科学里主要应用于计算复杂性理论。起初是把图灵机作为研究计算复杂性的模型，考虑计算的时间、空间复杂性。继而基于递归论，再加上适当的公理建立了抽象计算复杂性理论。近年来递归论的方法大量用于P与NP问题的研究中。在图灵机基础上发展起来的自动机理论，推动了形式语言的研究，在计算机自动编译系统、机器翻译、人工智能等领域起到重要作用。此外，λ-演算也在计算机科学中起着越来越重要的作用。

**递延资产** deferred asset 待摊费用或预付费用。已付款或领用，但可使若干会计期受益，应由多个受益期摊销的支出，当期仍属资产。主要包括：①预付费用。如预付租金、捐税、保险费等，一般都作为流动资产，分期摊销。②发生额较大，不宜一次列支的费用，如新产品研究设计和开发费用、开办费等，一般都在适当期限内摊销。这类支出，中国习称待摊费用。

**第巴桑结嘉措** sde pa sangs rgyas rgya mtsho (1653～1705) 中国清朝康熙时西藏最高行政官员。“第巴”系藏语sde-pa的音译，为清初西藏地方政府总持政务最高官员之名称，俗称藏王，又译作“第斯”。桑结嘉措出身于大贵族仲麦巴家，为第二任第巴仲麦巴陈列嘉措（1660～1668年在位）之侄。八岁时被送进布达拉宫读书，由达赖五世罗桑嘉措亲自培养，学习佛典，旁及梵文、诗学、文学、史学、医方、历算诸科，遍览群书，勤于著述，年轻时已成为知名学者。康熙十八年（1679），就任为第五任第巴。从此，五世达赖退居静室，不预政事。二十一年，五世达赖卒。桑结嘉措匿丧不报，以五世达赖名义号令西藏凡15年。又以达赖名义邀封于清廷。三十三年，受封“掌瓦赤喇怛喇达赖喇嘛教弘宣佛法王”，又称“土伯特国王”，以此与和硕特部拉藏汗抗衡。四十四年，为拉藏汗所杀。

桑结嘉措是西藏著名学者，主要著作有《布达拉宫志》、《六世达赖传》、《五世达赖诗笺》、《黄琉璃史》、《医方明仙人喜宴》、《四部医典释义蓝琉璃》、《浦派历书白琉璃》、《白琉璃释难》等。

**第比利斯** T' bilisi 格鲁吉亚首都。1936年前称梯弗里斯。位于库拉河谷盆地。面积348.6平方千米。人口113.66万（2009）。公元4世纪建城堡。地处北高加索、亚美尼亚、土耳其以及里海和黑海间的交通要冲，城市发展迅速。12世纪为格鲁吉亚首都。1801年并入俄国。1921年2月建立苏维埃

第比利斯城鸟瞰

政权，成为格鲁吉亚苏维埃社会主义共和国首都。属亚热带地中海型气候。工业产值占全国的1/3以上，以机械工业为主，生产电力机车、飞机、机床、农机、电机、精密仪表、酿酒设备等。纺织、制烟、制革等轻工业，油脂、乳品和肉类加工等食品工业亦较发达。外高加索重要的交通枢纽。铁路通巴统、巴库、埃里温等地。有数条公路交会于此。航空、管道运输也较发达。市内有地铁、架空索道和缆车。设有格鲁吉亚科学院、第比利斯大学等11所高等院校。老城位于市区的东南部，保存有许多中世纪建筑，如纳里卡尔城堡遗址，建于1278～1293年的梅捷希教堂等。市区内建有水库，名为第比利斯海。

**第二半国际** Second-and-a-Half International 1921年在维也纳成立的中派社会党国际联合组织，其名称为社会党国际工人联合会。因其标榜既有别于第二国际、也不同于第三国际的立场，因而称为第二半国际或维也纳国际。第一次世界大战结束后，重新恢复的第二国际——伯尔尼国际坚持同资产阶级合作的立场，引起许多中派社会党的不满。1921年2月22～27日，13个国家的中派社会党在维也纳举行国际社会党代表会议，成立社会党国际工人联合会。奥地利的F.阿德勒为总书记。第二半国际自称是“力求通过革命的阶级斗争，夺取政治和经济权力来实现社会主义的各社会党的联合组织”。它标榜在右边同所谓第二国际所体现的改良主义，在左边同所谓第三国际所体现的布尔什维主义，都保持同样距离。但随着20世纪20年代初欧洲革命形势趋向低潮，第二半国际的领袖们不再坚持“中派”立场。1923年5月21～25日，两个国际在汉堡召开合并大会，建立社会主义工人国际，阿德勒当选为书记。

**第二产业** secondary industry 将第一产业的产品进行加工制造的部门。又称第二次产业、第二部门、二级产业。在具体内容上，不同国家有不同的规定。中国国家统计局于1985年规定，第二产业指工业，包括采掘业，制造业，电力、煤气及水的生产和供应业，建筑业。随着工业化的进程，第二产业的演变规律是：工业化初期，工业劳动力和产值在国民经济中所占比重呈上升趋势；工业化中期，两项比重基本保持不变；工业化后期，两项比重则呈下降趋势。

**第二次国内革命战争** Second Revolutionary Civil War 1927～1937年中国共产党领导中国工农红军和中国人民反对以帝国主义为靠山、以地主阶级和买办资产阶级联盟为基础的国民党蒋介石集团反动统治的革命战争。见土地革命战争。

**第二次世界大战** World War Ⅱ 以日本、德国、意大利法西斯轴心国为一方，以中国、苏联、美国、英国等同盟国和全世界反法西斯力量为另一方的第二次世界规模的战争。法西斯的侵略和暴行激起全世界人民的反抗，中国、美国、英国、苏联等几十个国家结成了强大的同盟，动员一切人力物力资源，彻底打败侵略者，赢得了反法西斯战争的伟大胜利。

战争的起因 第一次世界大战后，战胜国建立了凡尔赛体系，确定了国际政治格局。但这又孕育着新的国际冲突。意大利由于英、法拉拢其参战的诺言没有兑现，极为不满。B.墨索里尼的法西斯党趁机上台执政，建立独裁统治，妄图恢复古罗马的霸业。德国是封建势力和军国主义传统很深的欧洲强国，《凡尔赛和约》使其蒙受奇耻大辱，潜在的民族复仇主义思想非常强烈。A.希特勒的纳粹党千方百计煽动民族情绪，在大选中获胜，于1933年1月上台，建立了法西斯政权，撕毁《凡尔赛和约》，要求重新瓜分世界。日本在中日甲午战争、日俄战争和第一次世界大战中掠夺了大量赔款和属地，侵略贪欲无限膨胀。1931年侵占中国东北三省，接着又蚕食华北。1936年日本终于建立了军部法西斯独裁统治，加紧了对外侵略扩张。

中国全面抗日战争开始 1937年7月7日，日本制造了卢沟桥事变，随即攻占北平和天津，8月13日又进犯上海，发动全面的侵华战争。在中国共产党的积极倡导下，国共两党终于达成协议，建立抗日民族统一战线，动员全国人民奋起抗战。9月下旬，八路军第115师迎战进犯山西的日军，在平型关毙敌1 000余人，缴获大量武器弹药。这是全国抗战以来中国军队取得的第一次大胜利，粉碎了日军不可战胜的神话。在上海，淞沪战役打响之后，日军先后派兵28万余人、两个舰队和多架飞机猛攻上海。中国政府迅速调遣70多万兵力，在军舰和飞机配合下，抗击侵略军。鏖战3个多月，中国军队毙伤日寇9万余人，使日本蒙受日俄战争以后未有过的巨大损失，粉碎了其3个月灭亡中国的迷梦。11月5日，日本第10集团军在杭州湾金山卫登陆。中国第三战区下令放弃上海，12日上海沦陷。11月底日军逼近南京，中国守军虽拼命抵抗，终因部队伤亡过重，12月12日下午奉命突围。12月13日南京陷落。日军在上海遭到顽强抵抗和空前损失之后，便有计划有组织地在南京制造恐怖，进行惨绝人寰、震惊中外的大屠杀。1938年4月初，中国第五战区司令李宗仁指挥部队在台儿庄同日军激战，毙伤日军11 984人，取得台儿庄大捷。这是抗战初期中国正面战场取得的一次重大胜利。5月上旬，日军开始夹击徐州。5月19日徐州陷落。接着日军便向武汉进攻。中国将士为祖国存亡而战，舍生忘死，前仆后继，伤亡37万余人，毙伤日寇12万人，消耗日军大量人力、物力。此后，日军不得不停止战略进攻，转入保守占领区。中日战争进入战略相持阶段。

英、法、美的绥靖政策 日军开始侵华时，德、意法西斯也在非洲和欧洲侵略扩张。1935年10月，意大利出动38万兵力向埃塞俄比亚进攻，企图速战速胜，但遭埃塞俄比亚军民顽强抵抗。在意军侵埃之前，英、法早就采取了默许的态度。英、法、美的绥靖政策助长了法西斯的侵略气焰。1936年7月，在德国和意大利法西斯的策动下，西班牙反动军官发动叛乱，妄图推翻共和国。1939年4月初，叛军占领西班牙全境，其首领F.佛朗哥建立了法西斯独裁政权。1938年3月，德军入侵奥地利。希特勒得寸进尺，于1939年3月15日出兵占领了捷克斯洛伐克全境。英国和法国无动于衷。4月，意大利占领阿尔巴尼亚。

德意日的战略进攻 1939年春，欧洲战云密布。希特勒统治欧洲的图谋已定，早在4月就制定了旨在灭亡波兰的“白色方案”。9月1日凌晨，德国集中54个师，对波兰实施向心突击。波兰军队仓皇应战，部队联络很快中断，全国陷入一片混乱。9月17日，南北两路德军在华沙以东会师。华沙军民拼死奋战，被迫于9月28日放下武器。9月3日，英法两国对德宣战。同日，印度、澳大利亚和新西兰也对德宣战。10日，加拿大对德宣战。此时，中国人民的抗日战争已进行了2年多。这样，战争便波及五大洲，除苏联和美国外，主要大国都已参战，第二次世界大战全面爆发。希特勒占领波兰后，准备对西欧诸国发动进攻。1940年4月9日，希特勒为抢占战略要地，突然袭击丹麦和挪威。丹麦当日宣布投降。挪威军队在国王哈康七世的领导下进行坚决抵抗。6月初，挪威国王流亡伦敦，但人民的抵抗运动并未停止。5月10日，希特勒调集141个师对荷兰、比利时、卢森堡和法国发动大规模进攻。盟军不堪一击。5月14日荷兰军队放下武器，威廉明娜女王流亡英国。法军奋力抵抗，但难御强敌。6月10日，意大利对法宣战，使法国腹背受敌。6月18日，法国总理P.雷诺辞职。6月22日，法国代表向德国代表签署了投降书。6月24日，法意停战协定在罗马签字。法国败降之后，德国空军曾对英国进行多次空袭，英国也轰炸德国。在大西洋上，英、德海军频频交战，德国潜艇屡屡击沉英国商船，严重威胁其海上运输。德国的胜利也鼓舞了意大利。它于1940年7、8月间进占英国在非洲的殖民地肯尼亚、苏丹和索马里兰。在非洲北部，墨索里尼于1940年9月从利比亚对埃及发动进攻，一度打入埃及境内。1940年10月，意大利军队侵犯希腊。1941年4月6日，德、意军队同时向希腊和南斯拉夫大举进攻，当月占领两国。

希特勒进攻苏联 对于希特勒来说，苏联是他称霸世界的最大障碍，1940年9月，德、意、日在柏林签订三国同盟条约，矛头直指苏联。1941年6月22日凌晨4时，德国和它的仆从国芬、罗、匈出动190个师，在北起波罗的海、南至黑海的2 500多千米的战线上，分三路向苏联进攻。苏军仓皇应战，通信联络失灵，损失很大。德军顺利推进，苏军且战且退。9月8日，北线敌人封锁了列宁格勒，苏联军民死守该市900天，始终未让敌人夺城，直到解放。南线德军于9月19日占领基辅，俘虏红军66.5万人。9月30日向莫斯科发动进攻。德军在西南部占领卡卢加，西北部占领加里宁，从而三面包围了莫斯科。10月19日，莫斯科宣布戒严。斯大林号召人民不惜一切代价，配合红军，誓死保卫首都。前线苏军视死如归，把德军拖得精疲力竭，粉碎了希特勒妄想在10月中旬占领莫斯科的美梦。从11月15日起，德军又调集74个师，从南、北、西三面向莫斯科发动第二次进攻，取得不小进展，莫斯科危急。但在斯大林和西方方面军司令员G.K.朱可夫大将等指挥下，红军将士以血肉之躯堵住了敌人进攻的道路。12月6日，朱可夫的西方方面军调集102万人、1 200架飞机，从莫斯科西部发动强大攻势。到1942年1月初，苏军重创德军38个师，击溃其进攻莫斯科的突击集团，迫使德军后退100～250千米，使希特勒遭受战争爆发以来第一次惨败。德军“闪电战”破产，不可战胜的神话破灭。

日本发动太平洋战争 希特勒在欧洲的胜利使日本法西斯跃跃欲试。在中国正面战场进入相持阶段之后，中日双方常有小规模的战役。八路军总部经过长期酝酿，决定对河北、山西的日军发动进攻。在彭德怀等的指挥下，发起“百团大战”，从1940年8月20日到1941年1月24日，共毙伤、俘虏日伪军2.9万余人，缴获大量武器。百团大战使日本军部深感中国人民抗战意志坚决，难以迅速解决中国问题，只有通过南进获得新的战略资源，才能摆脱侵华战争的僵局。1941年11月26日，以6艘航空母舰为主的日本特遣舰队离开基地，载着423架飞机向位于夏威夷群岛中心瓦胡岛上的美国海空军基地珍珠港驶去。12月7日晨6时15分，日本舰队到达预定停泊海域，即珍珠港以北230海里处。舰队司令南云忠一先后命令两批飞机共354架对珍珠港进行袭击。太平洋战争爆发。12月8日，美国总统罗斯福向国会发表战争咨文，宣布与日本处于战争状态。同日，英国对日宣战。9日，中国对日宣战。接着对日本宣战的有“自由法国”、澳大利亚、新西兰、加拿大等20多个国家。同年12月8日，日军同时对泰国、

图1　美国海军陆战队在硫黄岛升起国旗（1945-02-23）

马来亚、菲律宾、关岛、威克岛、吉尔伯特及中国香港发动进攻。1942年1月开始进攻荷属东印度、缅甸。至5月上旬，先后占领了上述各地。

大战的相持和转折　德、意、日法西斯的侵略，威胁世界各国的独立和主权。1942年1月1日，美、英、苏、中等26个国家的《联合国家宣言》正式签字，标志世界反法西斯同盟正式形成。1942年3月，美国宣布D.麦克阿瑟将军任西南太平洋地区盟军总司令。4月，美太平洋舰队司令C.W.尼米兹被任命为太平洋地区总司令，其任务是掩护并守住美国西海岸到澳大利亚的海上交通线，制止日本进一步侵略。日本在取得初期的胜利之后，讨论扩大战果，认为澳大利亚可能被盟国用作反攻基地。结果日本决定破坏大洋洲同美、英的联系，断绝其海上交通。这就导致日美两国珊瑚海之战和在太平洋上的一系列战事。其中有珊瑚海海战、中途岛海战和瓜达尔卡纳尔岛战役等。战事使日本损失惨重。资源贫乏的日本已感到消耗太大、力不从心，被迫从瓜岛撤退。美国经济转入战时轨道以后蓬勃发展，军事实力不断加强，力量对比越来越有利于同盟国。

斯大林格勒战役和库尔斯克战役　在苏德战场上，形势也发生了有利于苏联军队的变化。希特勒在莫斯科战役中失败后，于1942年4月5日签发作战指令，命令德军把一切可用的兵力集中到南线，在顿河西岸消灭苏军，然后在斯大林格勒地区同从塔甘罗格东进的部队会师，夺取高加索油田。7月17日德军进抵顿河河曲，揭开了斯大林格勒会战的序幕。从这时起到11月18日，苏联军队进行了顽强的防御战。苏军3个方面军根据副统帅朱可夫和总参谋长A.M.华西列夫斯基制定的计划，于11月19日和20日发起了声势浩大的反攻，首先歼灭了罗马尼亚第3集团军。至23日，苏军顺利完成对敌包围，把33万德军团团围住。在整个12月里，苏军经过艰苦战斗，歼灭罗马尼亚第4集团军和意大利第8集团军，重创德国第4坦克集团军等部队，粉碎了希特勒的解围计划。1943年1月10日，苏军开始用5 000门大炮轰击敌人，坦克部队也全面出击。1月31日，德国陆军元帅F.鲍留斯等被俘并签署了投降书。2月2日战斗结束，苏军消灭包围圈内的德军33万人。德军在斯大林格勒惨败后，希特勒并不甘心，力图报复。1943年春，苏军战线在库尔斯克地段向西突出100多千米。德军统帅部认为这是包围和歼灭苏联军队的好地方。于是德军集中90万人和大量飞机以及新式武器“虎”式、“豹”式坦克，斐迪南自行火炮，于7月5日从南北两翼对苏军发起强大攻势。苏军这时在兵力和兵器方面已占绝对优势，经过充分准备，同德军展开了大规模的坦克战，并扩大战果，向西部和南部进击。到8月底，苏军收复了奥廖尔和哈尔科夫等大城市。库尔斯克战役中德军损失50万人。此后德军完全丧失了战略主动权，再也无力发动大规模进攻。

意大利投降　1943年7月10日，16万美、英军队在西西里登陆。至8月16日占领全岛，毙伤、俘虏德、意军队16.5万人。在此形势下，意大利国王与军政要人密谋，拘禁了墨索里尼，任命P.巴多利奥组织新内阁。9月3日，盟军向意大利南部进攻，打击德军。当日意大利代表向D.D.艾森豪威尔将军签署投降书。10月13日，巴多利奥政府对德宣战。同日，英、美、苏宣布承认意大利为共同作战一方。德意日法西斯轴心开始瓦解。德国快速作出反应，占领了意大利中部和北部。盟军用了一年多时间，与德军鏖战，迫使德军于1945年5月向盟军投降。

同盟国大反攻　从1944年1月中旬开始，苏军对德军及其仆从国军队连续实施10次进攻战役，史称“十次突击”。苏联10个方面军在几十万游击队员的配合下，向西挺进。到年底，解放了苏联的全部领土，歼灭德军200余万人，并进入波、罗、保、匈以及南斯拉夫作战。南斯拉夫人民进行了4年的战争，消灭敌军45万，自己也牺牲了170万人。阿尔巴尼亚人民抗击了大量德、意军队，解放了自己的国土。苏军进入东欧各国作战并逼近德国领土，为美、英在诺曼底的登陆创造了有利条件。1944年6月6日，艾森豪威尔将军指挥美、英、加军队开始在法国西北部诺曼底登陆，从西线打击德军。6日凌晨，美、英飞机把3个伞兵师空投到诺曼底海岸后边的重要地区。黎明时分，飞机和战舰先后对德军海岸防御工事进行猛烈轰炸。6时30分，美、英、加5个师的部队开始在5个滩头实施登陆，在欧洲开辟了第二战场。6日夜晚，盟军已有10个师的部队登岸，建立了牢固的登陆场。到7月5日，盟军已有100万人登陆。7月底，盟军大举进攻。8月15日，戴高乐重建的法军和美军又在法国南部登陆。这时，法国各地几十万游击队员到处出击，协助盟军解放自己的祖国。8月19日，巴黎人民举行起义，解放了首都。25日，法国第二装甲师进入首都。师长J.-P.勒克莱尔接受了德军的投降。此时艾森豪威尔指挥几路大军向德国边界挺进。9月3日盟军解放布鲁塞尔，9月10日解放卢森堡城，10月21日占领德国城市亚琛。1944年12月16日，希特勒拼凑20多个师，从阿登向美军最薄弱的防线发起进攻，妄图击溃北面盟国4个集团军，与美、英媾和，然后集中力量对付苏联。结果，德军伤亡10万人，希特勒的企图落空。1945年1月12日和14日，苏军提前从波兰维斯瓦河以及华沙南面发动进攻。1月17日解放华沙。1月底渡过奥得河，并在西岸占据桥头堡。与此同时，苏军还实施了东普鲁士战役。这时苏军离柏林只有60千米。

德国投降　1945年4月16日晨，朱可夫指挥的白俄罗斯第一方面军万炮齐轰，发起柏林战役。20日，苏军开始炮击柏林市区。25日，苏联白俄罗斯第一方面军和乌克兰第一方面军的部队在波茨坦会师。与此同时，苏军和美军也在柏林以西的易北河畔托尔高会师，从而把德军截成南北两半。4月

图2　德国无条件投降书签字仪式（柏林，1945-05-08）

图3　在美国战列舰“密苏里”号上举行的日本无条件投降签字仪式（1945-09-02）

底，市内战斗达到激烈的顶点。30日21时50分，苏军战士在德国国会人厦主楼的圆顶上升起胜利的旗帜。5月2日晨6时，柏林守备司令向苏军投降。当日下午3时，柏林德军全部放下武器。4月30日下午，希特勒和新婚妻子爱娃·布劳恩双双自杀。从4月12日到5月初，从北到南，盟军解放了不来梅、莱比锡、斯图加特、慕尼黑等地。东线德军像潮水一般涌往西线，向英、美军队投降。结果包括在战场上的俘虏，投降的德军官兵总计810.9万人。1945年5月8日，德国无条件投降仪式在柏林正式举行。8日24时，苏联代表朱可夫元帅和英、美、法代表接受了德国代表凯特尔元帅签署的投降书。欧洲战事到此结束。

日本投降和战争结束　在西南太平洋上，日军从瓜达尔卡纳尔岛撤退之后，盟军便开始局部反攻。1943年3月，西南太平洋总司令麦克阿瑟奉命占领新几内亚和所罗门群岛。盟军不断进击。在R.布莱迈将军的指挥下，澳大利亚两个集团军陆续参战，与美军并肩战斗，在西南太平洋和印度尼西亚等地打击日本侵略者，战功卓著。1943年5～8月，美国海军夺回阿留申群岛。11月，攻下吉尔伯特群岛。1944年2月底占领马绍尔群岛，接着又攻下加罗林群岛。6～8月，美国占领马里亚纳群岛中的塞班岛、提尼安岛和关岛，突破了日本在太平洋上的“防波堤”。日本朝野大为震惊。6月20～21日，美国海军同日本海军进行了马里亚纳海战，大败日本海军。马里亚纳群岛的失守和马里亚纳海战的惨败，使日本东条英机内阁倒台，日本本土受到威胁。1944年10月20日，美军在菲律宾的莱特岛登陆，麦克阿瑟将军重返菲律宾。1945年3月美军解放了马尼拉。日军顽强抵抗，许多部队逃入山中，直到9月才投降。菲律宾人民抗日军经历3年多艰苦抗战，沉重打击日军，这时又协助美军消灭日寇。1945年5月，日军分别退往泰国、越南和马来亚；9月就地向盟军投降。在太平洋上，美军乘胜前进。1945年3月，经过苦战，美军占领硫黄岛。7月初，美军占领冲绳。1945年7月17日到8月2日，苏、美、英三国首脑举行波茨坦会议。7月26日，三国首脑通过《波茨坦公告》。

1945年8月6日上午8时15分，当日凌晨从提尼安岛起飞的美国B-29远程轰炸机向日本广岛投下名为“小男孩”的原子弹，炸死78 150人，炸伤和失踪51 408人。两天后，即8日下午5时，苏联外长宣布苏联从8月9日起同日本处于战争状态。8月9日，中共中央主席毛泽东发表题为《对日寇的最后一战》的声明，向全中国人民下达了最后打败日本侵略者的动员令。这时，中共领导的19个抗日根据地的部队一齐出击，向日伪军展开大反攻。缅甸、越南、马来亚人民举行起义，打击日军。印尼人民宣布印度尼西亚独立，成立共和国。越南民主共和国也于9月2日成立。8月9日零时，苏联远东军总司令华西列夫斯基元帅指挥174万大军，分4路从中苏边界、中蒙边界和中朝边界向中国东北和朝鲜北部的日本关东军发起全线进攻，包抄、分割和围歼日军。这时八路军的几支部队也迅速出关，与东北抗日联军一起，配合苏军打击日寇。到8月30日，日本关东军全部被解除武装。在整个远东战役中，苏联军队共击毙日军83 737人，俘敌59.4万人。8月9日上午11时30分，美国又在日本长崎投下第二颗原子弹，炸死95 845人，炸伤43 020人。1945年8月15日，日本向全世界广播了接受《波茨坦公告》、停止战争、实行投降的天皇终战诏书录音。分散在亚洲诸国和太平洋的日军纷纷放下武器，向同盟国投降。日本向所有同盟国正式签署投降书的仪式于1945年9月2日在停泊于东京湾的美国战列舰“密苏里”号上举行。日本外相和陆军总参谋长代表日本天皇和政府以及日本大本营在投降书上签字，然后是接受投降的同盟国代表签字，顺序依次为：同盟国代表、远东盟军最高统帅麦克阿瑟，美、中、英、苏、澳、加、法、荷、新西兰的代表。第二次世界大战以反法西斯的同盟国的伟大胜利而宣告结束。

**第二次鸦片战争**　Second Opium War　1856～1860年（咸丰六年至十年）英、法在俄、美支持下联合发动的侵华战争。因其实质是鸦片战争的继续和扩大而得名，又称英法联军之役。

列强挑起战争　鸦片战争后，西方资本主义列强相继侵入中国。但是，它们不满足已经取得的特权和利益，蓄意加紧侵犯中国主权，进行经济掠夺。1856年10月，英国利用亚罗号事件制造战争借口，声称中国船亚罗号是英国船，并捏造中国兵勇曾侮辱悬挂在船上的英国国旗，要求清政府送还在该船逮捕的几名海盗和涉嫌水手，赔礼道歉。10月23日，英舰突然闯入虎门海口，进攻珠江沿岸炮台，悍然挑起侵略战争。不久后，英国政府委任前加拿大总督J.B.额尔金为全权代表，负责对华战争。此前，法国正以马神甫事件（又称西林教案）向中国交涉。所谓马神甫事件，是指法国天主教神甫马赖违法进入中国内地活动，胡作非为，于1856年2月在广西西林县被处死一案。1857年，法国政府将它作为侵略中国的借口，任命J.B.L.葛罗为全权代表，率军来华协同英军行动。美、俄两国也表示支持英、法。

《天津条约》的签订　1857年12月29日，英法联军5 600余人（其中法军1 000人）攻陷广州，广东巡抚柏贵、广州将军穆克德讷投降，并在以H.S.巴夏礼为首的联军委员会的监督下继续担任原职，供敌驱使。两广总督叶名琛被侵略军俘虏，后解往印度加尔各答。侵略军占领广州期间，当地人民进行了不屈不挠的斗争。1858年4月，英、法、俄、美四国公使率舰陆续来到大沽口外，分别照会清政府，要求进行谈判。俄、美亦表示愿意充当“调停人”。但实际并无诚意。5月20日，英法军舰炮轰并攻陷了大沽炮台。26日，侵入天津城郊，并扬言要进攻北京。清政府慌忙另派大学士桂良、吏部尚书花沙纳为钦差大臣，赶往天津议和。桂良等在英法侵略者的威逼恫吓下，于6月26、27日分别与英、法订立中英、中法《天津条约》。在此之前，俄、美公使利用“调停人”身份，分别于6月13、18日与清政府签订中俄《天津条约》12款、中美《天津条约》30款，攫取了除赔款外与英、法所得几乎一样的侵略特权。

《天津条约》签订后，英法联军撤离天津，沿海路陆续南下。咸丰帝此时对条约内容又感忧恐，令桂良等在上海与英、法代表谈判通商章程时，交涉修改《天津条约》，取消公使驻京、内地游历、内江通商等条款，并设法避免英、法到北京换约。11月，桂良等与英、法、美代表分别签订了《通商章程善后条约》，规定：鸦片贸易合法化；海关对进出口货物照时价值百抽五征税；洋货运销内地，只纳2.5%子口税，免征一切内地税；聘用英国人帮办海关税务。但是，英法方面不容变易《天津条约》的各项条款，并坚持要在北京换约。

《北京条约》的签订　英、法政府远不满足从《天津条约》攫取的种种特权，

英法联军焚烧后的圆明园欧式宫殿残迹——谐奇趣正厅第二层平台之一部

蓄意利用换约之机再次挑起战争。1859年6月25日，英法联军突然向大沽炮台进攻，在僧格林沁的指挥下，守军英勇抵抗。激战结果，英法联军惨遭失败，损失舰艇多艘，死伤400多人，英舰队司令J.何伯也受重伤。此役结束后，1860年2月，英、法两国政府分别再度任命额尔金和葛罗为全权代表，率领英军1.5万余人，法军约7 000人，扩大侵华战争。而清政府则在大沽战役获胜后，幻想就此与英、法两国罢兵言和，导致英法联军连续攻占大沽、天津，并兵临北京城下。9月22日，咸丰帝带领后妃和一批官员仓皇逃往热河（今河北承德），令其弟恭亲王奕䜣留守北京，负责和议。10月13日，英法联军攻入安定门，控制北京城。侵略军一路烧杀抢掠，在清廷长期经营的圆明园大肆抢掠珍贵文物和金银珠宝，并将园内建筑付之一炬。10月24、25日，奕䜣分别与额尔金、葛罗交换了《天津条约》批准书，并订立中英、中法《北京条约》。俄国自以“调停”有功，逼迫奕䜣于11月14日订立中俄《北京条约》，割占乌苏里江以东约40万平方千米的中国领土，并为进一步掠夺中国西部领土制造条约根据。1864年，俄国据此强迫清政府签订《中俄勘分西北界约记》，又割占巴勒喀什池以东以南44万多平方千米的中国领土。

经过第二次鸦片战争，外国资本主义的侵略势力由东南沿海进入中国内地，并日益扩展，外国公使驻京加强了对清政府的影响和控制，中国社会进一步半殖民地化。

**第二国际** Second International 1889～1914年各国社会主义政党的国际联合组织。其名称起自20世纪初，是相对于第一国际（国际工人协会）而言。

1876年第一国际解散后，随着科学社会主义在欧美的广泛传播，到80年代末欧美已有16个国家先后建立社会主义政党。各国工人和社会主义者要求加强国际联系。F.恩格斯为了击败可能派夺取新国际组织领导权的企图，做了大量工作，促使德、法等国社会主义政党的代表于1889年7月14日巴黎人民攻克巴士底狱100周年纪念日，在巴黎召开国际工人和社会主义者代表大会。有22个国家的393名代表参加。巴黎大会主要讨论国际劳工立法和工人阶级的政治、经济斗争任务，通过了关于每年庆祝五一劳动节等决议。这次大会标志着第二国际的建立。

第二国际是在资本主义相对稳定发展时期进行活动的。第二国际不是各国党的上级组织，各国党是独立自主的。它没有发表过成立宣言或纲领性文献，而是通过历次代表大会的决议给各国党指出行动方向。在很长时间内没有常设领导机构和共同规章，没有机关报。直到1900年巴黎大会上才决定成立常务委员会，名为社会党国际局，由每个国家的党选派代表一名（后增为两名）组成。

第二国际存在的25年间，共召开9次代表大会。其活动大体上以1900年为界，分为前期和后期。前期先后召开4次代表大会，通过关于工资工时和劳动保护、关于政治斗争和经济斗争、关于废除常备军和实行全民武装、关于反对战争和军国主义、关于反对殖民主义和实行民族自决、关于工会、土地和妇女等问题的决议。第二国际后期召开过5次代表大会。通过关于夺取政权、党的统一、党与工会的关系、党与合作社的关系、反对殖民政策、反对军国主义、反对帝国主义战争等决议。尤其是巴塞尔大会的反战宣言，对于欧美工人阶级的斗争起了很大的动员作用。

第二国际使社会主义运动由西欧、北美扩展到东欧、拉美和东亚。在第二国际中最强有力、最有影响的是德国社会民主党。第一次世界大战爆发后，党的议会党团在议会中投票赞成战争拨款，支持政府“保卫祖国”，促使各交战国无产阶级互相残杀，从而背叛了无产阶级国际主义原则。在德国社会民主党带头之下，第二国际大多数政党纷纷表态支持本国帝国主义政府，这标志着第二国际瓦解。战争期间第二国际在组织上停止活动。战后，1919年恢复活动的第二国际已经完全蜕变为主张改良主义并与革命的第三国际相对抗的组织。

**第二经济** second economy 不向政府申报登记、处于政府管理监督之外、逃避国家征税、产值未纳入官方国民经济统计的经济活动。又称地下经济、非正规经济、隐形经济。

**第二军医大学** Second Military Medical University 中国为军队培养卫生专业技术干部和卫生事业管理人才的高等医科学校。全称中国人民解放军第二军医大学。属中国人民解放军总后勤部。校址在上海。1949年建校，初名华东军区人民医学院。1950年改上海军医大学。1951年定现名。设有训练部、政治部、校务部、科研部、研究生院等部院机关，下辖基础部、海军医学系、药学院、卫生勤务学系、护理学院、中医系、长海医院、长征医院、南京军医学院等。有培养学士、硕士和博士的教学体系；有国家重点学科和全军重点实验室等。

**《第二十二条军规》** *Catch-22* 美国作家J.海勒所著戏谑讽刺小说。发表于1961年。作者将幻想与现实、荒诞与正经、讽刺与闹剧巧妙地糅合在一起，创造了一种讽喻小说的新形式。故事叙述第二次世界大战期间，美军驻地中海某空军基地的一批飞行员，特别是主人公尤瑟林的荒诞无稽又令人发噱的经历。“第二十二条军规”规定：精神失常者向上司请假即可免除飞行任务。飞行员奥尔装疯以逃避飞行，他去向上司请假，但既然能请假，则证明他精神正常，因而必须起飞作战；奥尔上天就精神失常，下地则精神正常，而精神正常者就必须上天；他起飞就精神失常，因而可以不起飞，但他如果不想飞，那就意味着头脑是清醒正常的，因此就必须起飞。小说出版后大受欢迎，不少作家也争相仿效，甚至形成了所谓的黑色幽默文学流派。小说的题目也融入当代美国人的日常语汇，用以描述人们常常遭遇到的不能自拔的两难处境。

**第二投标法** second price sealed bidding 在拍卖和招标中不以最高价或最低价而以次高价或次低价成交的一种能诱使投标者尽量按真实情况报价的新方法。传统的第一投标法规定，在商品拍卖和工程招标的交易活动中，以喊价或报价的最高价（适用于英国式升价的拍卖和招标）或最低价（适用于荷兰式降价的拍卖和招标）成交，由此出价者赢得标的物。与此不同，第二投标法规定，以最高出价或最低出价的得标者可按第二高（适用于英国式升价的拍卖和招标）或第二低（适用于荷兰式降价的拍卖和招标）的竞价者的出价为交易价格成交。以上两种方法都是密封竞价的。后一种方法相对于前一种方法的优点在于对投标者老老实实地开价和报价有激励作用，能促使投标人按照他们对标的物的私人实际评价出价。第二投标法最早是由1996年度诺贝尔经济学奖获得者之一、美国经济学家W.维克里在1961年发表的论文《反投机、拍卖和竞争性密封投标》中提出来的，故有“维克里拍卖和招标法”之称。

**第二野战军** Second Field Army 解放战争时期和中华人民共和国建立初期，中国人民解放军主力部队之一。由中原野战军改编而成、独立遂行重大战略战役任务的野战集团。

第二野战军的前身是晋冀鲁豫野战军、中原野战军。1949年2月，中原野战军改称第二野战军，刘伯承任司令员，邓小平任政治委员，张际春任副政治委员兼政治部主任，李达任参谋长，下辖第3、第4、第5兵团。第3兵团辖第10、第11、第12军；第4兵团辖第13、第14、第15军；第5兵团辖第16、第17、第18军，另辖特种兵纵队。全军共28万余人。4月20日，第二、第三野战军联合发起渡江战役。第二野战军先后解放了皖南、浙西、闽北、赣东北广大地区。5月，第4兵团归第四野战军指挥，参加进军中南作战。11月至1950年2月，第二野战军在第一、第四野战军各一部配合下，解放了贵州、四川、云南、西康诸省，共歼灭国民党军93万余人。1950年4月，根据中央军委的决定，第二野战军和兵团番号撤销，所属部队归西南军区建制。

刘伯承、邓小平在野战军的一次干部会议上

解放战争时期，第二野战军转战华北、中原、华东、西南广大地区，共歼灭国民党军221万余人，为中国人民解放事业作出了重大贡献。

**第二职业** second job 就业者在本职工作之外从事经常性的有经济收入的劳动活动。在中国，指全民所有制、集体所有制企业或国家事业单位工作的职工，在完成本职工作之外，在不违背党和政府的政策法令的情况下从事一些不剥削他人而对社会有益的社会劳动或劳务，从中取得一定报酬；也包括一些仍享受原单位的生活补贴需要找工作岗位的下岗职工。

第二职业的性质不同于发挥潜力性的兼职。前者只是本职工作的补充，后者则是与第一职业并列的谋生手段。

**第谷** Tycho, Brahe (1546-12-14～1601-10-24) 丹麦天文学家。生于丹麦克努兹斯图普（今属瑞典）的一个贵族家庭，卒于捷克布拉格附近的贝纳特基。自幼喜欢观察星辰。先后在哥本哈根大学、莱比锡大学等大学求学。1572年11月11日,他发现在仙后座里出现了一颗新星。经过长期观测,他认为这是一颗十分遥远的星(现已测知是银河系的一颗超新星)。1576年在丹麦王腓特烈二世的资助下,他在汶岛建立一所宏大的天文台,他称之为天文堡。在那儿他坚持了20多年的天文观测。1599年任鲁道夫二世的御前天文学家。第二年，他邀请J.开普勒来当助手。并将自己生平积累的观测资料赠给开普勒。

在汶岛建立天文台时，第谷设计和监制了方位仪、六分仪、三角仪、象限仪、纪限仪、赤道浑仪、大浑仪等大型、精密的天文仪器。赤道式装置在欧洲的流行是与他的工作分不开的。1595～1599年，他发现月球运动中的二均差和周年差。他所编制的一份相当精密的星表（原收入777颗星，后又补充223颗未经最后核对的星）于1602年问世。第谷还研究过大气折射，重新测定岁差常数，得数为每年51″，还发现黄赤交角的变化。

**第聂伯河** Dnipro 乌克兰最大河流。源于俄罗斯西北部瓦尔代丘陵南麓，曲折南流经白俄罗斯东部和乌克兰中部，注入黑海第聂伯湾。长2 200千米，流域面积50.4万平方千米。基辅以上为上游，基辅至扎波罗热为中游，扎波罗热至河口为下游。主要径流形成于上游，以融雪水补给为主。春汛常占全年流量的60%～80%。冬季封冻。河口处年均流量1 670米$^3$/秒，年径流量54立方千米。建有基辅、克列缅丘格、第聂伯罗捷尔任斯克、第聂伯罗和卡霍夫卡等多座大型水电站。干流及其支流为白俄罗斯和乌克兰主要水运线。主要支流有索日河、普里皮亚季河及杰斯纳河等。有运河连接涅曼河、布格河及联邦德国维纳河，通波罗的海。

**第戎** Dijon 法国东部城市，勃艮第大区首府和科多尔省首府。西北距巴黎270千米。在乌什河和叙宗河汇流处，临勃艮第运河。四周河谷平原广种葡萄。人口15.08万（2005）。原为罗马帝国属地。5世纪受勃艮第人统治。1015年被选为勃艮第公爵领地首府，促进了文化艺术的繁荣。1477年被法王路易十一吞并。18世纪成为法国学术中心之一。法国启蒙思想家、哲学家J.-J.卢梭应第戎科学院征文，1750年发表了著名论文《论科学和艺术》。19世纪中期修通铁路后，城市获得新的发展。地区交通中心，重要河港，高速公路、铁路枢纽。工商业和旅游业发达。工业有机械、铸造、电器、食品等部门。特色食品有芥末、姜饼、酒类等。市内多宫殿、城堡、教堂等古建筑。始建于12世纪、重建于17～18世纪的公爵宫，现辟为市政厅和美术馆。还有哥特式建筑圣贝尼大教堂、圣母院和文艺复兴式建筑圣米歇尔教堂等。每年8月举办第戎国际民俗节。文化教育发达，有始建于1722年的第戎大学（勃艮第大学）等高等学校和博物馆。

第戎古城（前为圣母院）

**第三产业** tertiary industry 在再生产过程中为第一产业和第二产业的发展提供基本服务的部门，包括第一、第二产业以外的各种类型的服务性行业及其他非生产性部门。又称第三次产业、第三部门、三级产业。随着新行业的不断出现，第三产业所包含的范围也在不断扩大。中国国家统计局规定，第三产业可分为流通部门和服务部门两大部分。具体又可分为4个层次：①流通部门，包括交通运输业、邮电通信业、批发和零售贸易、餐饮业、物资供销和仓储业。②为生产和生活服务的部门，包括金融、保险业，地质勘查业，水利管理业，房地产业，社会服务业，农、林、牧、渔服务业，交通运输辅助业，综合技术服务业等。③为提高科学文化水平和居民素质服务的部门，包括教育、文化艺术及广播电影电视业，卫生、体育和社会福利业，科学研究等事业。④为社会公共需要服务的部门，包括国家机关、党政机关、社会团体以及军队和警察等。20世纪80年代以后，第三产业在西方国家经济中的地位越来越重要，就业人数和产值比重越来越高，引起产业结构发生深刻变化。

**第三次国内革命战争** Third Revolutionary Civil War 抗日战争胜利后，1946～1950年，中国共产党领导中国人民为建立人民民主政权而进行的革命战争。是中国新民主主义革命取得最后胜利的一次战争。见解放战争。

**第三帝国** Third Reich A.希特勒统治下的德意志帝国的非正式名称。第三帝国一词源于意大利神学家、佛罗伦萨教派创始人菲奥雷的约阿基姆对经文的解释，指圣父、圣子、圣灵统治的第三个时期。1933年9月1日，希特勒在纽伦堡召开的纳粹党代会上用这一名称比喻纳粹统治下的德国。希特勒认为他继承了德国历史上腓特烈一世（红胡子）建立的第一帝国、O.von俾斯麦创建的第二帝国的传统，而这两个帝国给德意志民族带来了骄傲和光荣，他把自己建立的帝国看成是第一帝国和第二帝国的延续，所以称第三帝国。

在大资本家、容克地主的支持下，1933年1月30日，希特勒被P.von兴登堡任命为总理。希特勒执政后，组成纳粹党和德意志民族人民党的联合政府。纳粹党通过非法手段获得国会中的多数后，希特勒政府立即于3月23日操纵国会通过授权法，取得立法权、批准同外国缔约等独裁大权，奠定法西斯独裁统治的基础。共产党、社会民主党、民族人民党等先后被勒令解散。7月14日通过禁止组织新政党的法律，纳粹党被宣布为德国的唯一政党，从而建立起一党独裁统治。12月1日通过党国统一法，确立纳粹党及其所属的冲锋队组织在各级国家机构中的统治地位。1934年8月1日通过德国元首法，在兴登堡死后希特勒自任国家元首，集元首和总理大权于一身。1935年9月15日通过纽伦堡法，疯狂迫害德国犹太人。1934年1月20日颁布的全国劳工管理法规定，禁止罢工，甚至连工人出卖劳动力的自由也被剥夺。政府通过建造机场、兵营、高速公路等公共工程，以手工劳动代替机器操作以及实行公役义务制、义务兵役制等措施，到战争爆发前夕安排600万人就业。

希特勒政府当政伊始，就改组德国的经济结构，特别是军火工业。1933年10月，德国退出国际裁军会议和国际联盟。1935年3月宣布废除《凡尔赛和约》关于解除德国武装的条款，通过国防法和兵役法，并规定实施义务兵役制，建立50万人的陆军常备军，加速建立海、空军。1936年9月，H.戈林成为扩军备战的总监督人，同年10月制订的四年计划将国民经济引向军事轨道。1939年，军费支出占国家预算的60%。纳粹德国拥有作战飞机达8 295架，各类战舰170艘，士兵140万人。德国变成欧洲主要战争策源地。

纳粹政权一贯推行法西斯主义的民族侵略政策。宣称德意志民族是主宰民族，力图破坏《凡尔赛和约》后的欧洲秩序，建立超过1914年疆界的大德意志国家，称霸欧洲，因此对外扩张侵略成为其全部政策的基础。1935年萨尔区重归德国后，开始向外扩张。1936年3月悍然进军非武装区莱茵兰，4月伙同意大利武装干涉西班牙内战，10～11月建立德意日轴心（见三国同盟）。希特勒利用西方国家祸水东引的绥靖政策，于1938年3月兼并奥地利，9月与美、法签订《慕尼黑协定》，10月吞并捷克的苏台德地区。1939年3月占领捷克斯洛伐克（见慕尼黑会议）。

德国法西斯在1939年8月23日同苏联签订互不侵犯条约后，同年9月1日突然进攻波兰，迫使英、法宣战，挑起全面欧战，第二次世界大战从此爆发。德国法西斯先后占领欧洲、非洲14国后，于1941年6月22日发动侵苏战争。1943年2月，德军在斯大林格勒会战中失败，苏军开始反攻。次年英美联军在诺曼底登陆，年末进逼莱茵河，苏军则解放巴尔干半岛。1945年苏军攻入德国境内，盟军渡过莱茵河。4月30日，希特勒自杀。5月8日，德军最高统帅部签署无条件投降书，第三帝国覆灭。

**第三国际** Third International 各国共产党的国际联合组织。又称共产国际，存在于1919～1943年。它把马克思列宁主义作为理论基础，为自己规定的任务是团结工人阶级和劳动群众，推翻资本主义和帝国主义统治，确立世界范围的无产阶级专政，建立世界苏维埃社会主义共和国联盟，彻底消灭阶级，实现社会主义和共产主义。

成立过程 第一次世界大战爆发后，第二国际陷于分裂。1918年11月，由布尔什维克发起在彼得格勒召开欧美各国左派社会党人代表会议，作出筹建第三国际的决议。1919年3月2～6日，在莫斯科召开国际共产主义者代表会议，即第三国际第一次代表大会，有来自21个国家的35个政党和团体的52名代表参加。会议通过V.I.列宁起草的《共产国际宣言》、《共产国际行动纲领》等文件。第三国际宣告成立，总部设在莫斯科。大会选出由K.G.拉科夫斯基、列宁、G.Ye.季诺维也夫、L.D.托洛茨基和F.普拉廷组成5人执行局，季诺维也夫任主席。

第三国际是统一的世界共产党，各国共产党都作为它的支部，直接受它领导。它是高度集中的领导中心，统一领导各国革命运动，各国党必须执行它的决定。它有权决定各国党的路线、策略和各国党的领导人，可以否定或修改各国党的决定，开除和解散任何一个支部，向各国党派出常驻代表。其活动主要分为3个时期。

前期的主要活动 从1919年3月至1924年1月列宁逝世，是第三国际活动前期，也是在列宁领导下成就显著的时期。1920年7月19日至8月7日，举行第二次代表大会。大会通过《加入共产国际的21个条件》，堵塞了当时各国工人政党中的右翼和中派参加共产国际的道路。大会对巩固共产国际和指导各国共产党的发展成长起了重要作用。但对世界革命形势的估计过于乐观，不切实际地提出建立世界苏维埃共和国的目标。1921年6月22日至7月12日，举行第三次代表大会。大会认为，在国际阶级力量对比暂时处于均势的情况下，共产党应从直接进攻转而采取迂回的策略，向各国共产党提出争取工人阶级大多数的任务和“到群众中去”的口号。1922年11月5日至12月5日，举行第四次代表大会。大会着重讨论工人统一战线的方针，批评“左”、右两种倾向，通过关于策略问题的提纲，肯定了“到群众中去”的口号。大会讨论了法西斯主义问题，但对法西斯威胁的严重性估计不足。

列宁在第三国际第三次代表大会上讲话（1921-06）

中期的主要活动 从1924年6月第五次代表大会到1934年为第三国际活动中期，也是领导人多次变动，工作中失误较多时期。1924年6月17日至7月8日，举行第五次代表大会。大会指出，资本主义已进入局部的、相对的、暂时的稳定时期，各国共产党面临新的任务。在这次大会上第一次使用了“马克思列宁主义”的提法。布尔什维克化的口号对各国党学习联共（布）的经验起了一定作用，但滋长了把一国党的经验绝对化的倾向，甚至把联共（布）党内斗争国际化，要求各国党照搬，产生了不良后果。1928年7月17日至9月1日，举行第六次代表大会，大会着重讨论国际形势、战争危险以及殖民地半殖民地国家的革命运动等问题，批准《共产国际纲领》和《共产国际章程》。

后期活动 1935年第七次代表大会到

1943年解散是第三国际活动后期，也是在G.M.季米特洛夫领导下纠正某些失误、较有成就而又有若干严重错误的时期。1935年7月25日至8月20日，举行第七次代表大会。大会的中心任务是制定第三国际和各国党在反法西斯斗争中的策略方针。第三国际总书记季米特洛夫作了有关反法西斯统一战线的报告，深刻揭露了法西斯主义的反动本质，指出共产党应当吸取的教训和面临的任务。指出反对法西斯主义和战争的关键是建立在工人阶级统一战线基础上的广泛的人民阵线，而共产党在统一战线中必须保持无产阶级政党的特色。七大是第三国际最后一次代表大会，对于世界人民反法西斯斗争的发展具有重要意义。

第三国际的解散和它的历史功绩 随着国际反法西斯统一战线的形成，各国内部情况和国际形势变得更加复杂，原有的组织形式越来越不适应形势的发展。由一个国际中心来领导和解决每个国家共产党遇到的问题不仅不可能，而且往往有害。各国党已经成长壮大，完全能够根据本国实际情况决定自己的行动路线。为了有效地组织国际反法西斯斗争，第三国际执委会主席团于1943年5月15日拟定关于解散第三国际的提议书，提交各国支部讨论。在得到各国共产党的同意后，1943年6月10日，第三国际正式宣告解散。

第三国际对许多国家建立共产党，对传播马克思列宁主义，对各国无产阶级和被压迫人民的解放事业，对世界人民反对法西斯主义的斗争，起了重大的历史作用。但是，第三国际过分强调集中统一领导，忽视各国革命斗争的民族特点，将一国经验和国际领导机构的决议教条化，是它比较突出的缺点和错误。尽管如此，还是对国际共产主义运动的发展壮大起了推动作用。

**第三纪** Tertiary Period 地球历史发展的晚近阶段，原为新生代第一个纪。介于白垩纪与第四纪之间，始于距今6 500万年前，结束于260万年（一说为180万年）前，持续约6 240万年。此时期形成的地层称为第三系。18世纪中叶意大利学者G.阿尔杜伊诺在研究南阿尔卑斯至意大利平原的地层时，将山脉核心部分不含化石的岩系（花岗岩、片麻岩）称为原始系，即第一系；而其边缘层状的岩层（相当于海相泥盆系至白垩系）称为第二系；山麓一带的陆相岩层称为第三系；冲积平原称为第四系。第一系、第二系的含义与实际情况出入很大，早已废弃不用；第三系、第四系基本符合实际，一直沿用至今。

由于第三纪前期与后期生物界、古动物地理和地壳运动等方面均有明显的差异，M.赫奈斯于1853年正式提出新近纪（以往译为晚第三纪）一名；C.F.瑙曼于1866年提出古近纪（以往译为老第三纪或早第三纪）一名；早第三纪和晚第三纪曾被广泛使用，但古近纪和新近纪译名在音义上更为合适。国际上曾广为采用的方案是第三纪分为古近纪和新近纪二个亚纪。古近纪包括古新世、始新世和渐新世，新近纪包括中新世和上新世。海相第三纪地层以它所特有的大型有孔虫——货币虫为特征，故第三纪又称为货币虫纪（系）。近年来古近纪和新近纪在使用上从分类命名的亚纪升格为纪，因此有不少学者建议没有必要再保留第三纪一名；但在实际使用中第三纪、古近纪和新近纪仍处于并存状态。

第三纪陆生脊椎动物最突出的标志是恐龙已绝灭，古鸟类迅速分化，哺乳动物有胎盘类大量出现，呈现了欣欣向荣的局面。海生无脊椎动物中有孔虫（如货币虫等）数量多、分布广；双壳类、腹足类等软体动物占了一定的统治地位；箭石和菊石均已绝灭；脊椎动物的海龟、鲸类有了一定的发展，而鲨鱼主宰了各个海域。无胎盘的有袋类等哺乳动物在与其他大陆隔绝的大洋洲得到充分的发展和进化。一般说来，陆上哺乳动物在第三纪早期主要是土生土长的古有蹄类、古肉食类高度发展和分化的时期；第三纪中晚期是奇蹄类、新肉食类迅速演化的时期，偶蹄类、象类也有了充分的发展和扩散。同时，植物界中蕨类植物、裸子植物所占比例迅速下降，而被子植物极度繁盛。显然第三纪生物界与中生代白垩纪相比有了很明显的差异。

第三纪地表构造、古地理面貌与现代逐渐接近，尤其是第三纪末期，海陆分布和山系的位置基本上与现代相近。

世界上有不少重要油气田产自第三系，第三纪是全球性的主要成煤（尤其是褐煤）时期，它在环太平洋带又是一个重要内生成矿时期，有铜、金、铅等矿产。此外，第三系尚产有膏盐类。在中国主要有石油、天然气、煤、膏盐类、硅藻土、凹凸棒石、蓝宝石、镁铝榴石、橄榄石、琥珀以及金、铜、铅等。

**第三世界** Third World 第二次世界大战后，摆脱了殖民主义枷锁、取得民族独立的数十个亚洲、非洲、拉丁美洲国家。“第三世界”的概念最初是由法国学者A.索维在《三个世界，一个星球》的文章中，针对当时有人称帝国主义阵营为第一世界、社会主义阵营为第二世界而忽略了新兴独立国家所提出的，以后逐步为国际社会所接受。第三世界国家的共同特点是：历史上长期受帝国主义和殖民主义的侵略、压迫和剥削，生产力低下，经济落后且经济发展速度缓慢；大多数国家经过曲折的斗争，虽已宣布独立，但仍面临着争取政治独立和发展民族经济的任务。这些国家地域广阔，拥有丰富的自然资源和人力资源，占联合国成员国总数的80%以上，都具有发展潜力，是第二次世界大战后反对殖民主义、帝国主义、霸权主义，建立新的国际政治经济秩序的重要力量。

1974年，毛泽东根据国际形势的变化，提出了划分“三个世界”的战略思想，其划分的标准是经济发达程度和在国际事务中的影响及作用：美国和苏联两个超级大国为第一世界；美国和苏联的盟国为第二世界；亚洲、非洲、拉丁美洲及其他地区的发展中国家为第三世界。

**第三世界科学院** Third World Academy of Sciences; TWAS 非政府、非政治和非营利的国际科学组织。1983年11月10日在意大利里雅斯特成立。2004年12月16日，更名为发展中国家科学院。

**第三野战军** Third Field Army 解放战争时期和中华人民共和国建立初期，中国人民解放军的主力部队之一。是由华东野战军改编而成的、独立遂行重大战略战役任务的野战集团。

第三野战军的前身是山东野战军、华中野战军及这两者合并组成的华东野战军。1949年春，华东野战军改称第三野战军，陈毅任司令员兼政治委员，粟裕任副司令员兼第二副政治委员，谭震林任第一副政治委员，张震任参谋长，唐亮任政治部主任。下辖第7、第8、第9、第10兵团。第7兵团辖第21、第22、第23、第35军；第8兵团辖第24、第25、第26、第34军；第9兵团辖第20、第27、第30、第33军；第10兵团辖第28、第29、第31军，另辖特种兵纵队。全军共58万余人。4月20日至6月2日，会同第二野战军举行渡江战役，歼国民党军43万余人，解放了苏南、皖南和浙江大陆。7～10月，第10兵团解放福建大陆和部分沿海岛屿。至年底，第三野战军发展到82万余人。1950年4月，根据中央军委决定，第三野战军和兵团番号撤销，所属部队并入华东军区。

第三野战军领导人合影

解放战争时期，第三野战军共歼灭国民党军245万余人，胜利地完成了解放华东大陆的任务，为全国解放战争的胜利作出了重大贡献。

**第十八集团军** Eighteenth Army 抗日战争时期，中国共产党领导的坚持华北抗战的人民军队。见八路军。

**《第十二夜》** *Twelfth Night* 英国剧作家W.莎士比亚的剧作。写于1600年。剧本以薇奥拉和兄长西巴斯辛因海难失散后，经过波折和困难再次相聚并各自获得爱情的经历为题材，宣扬真挚的友谊与爱情以及为幸福奋斗的勇气。剧本以孪生误认、傻骑士求婚、多重恶作剧等次要情节，制造适合节日的热闹欢乐气氛。同时借大管家马伏里奥的思想行为，嘲讽了清教徒的虚伪骄矜。

**第斯多惠** Diesterweg, Friedrich Adolph Wilhelm (1790-10-29～1866-07-07) 德国教育家。1808年文科中学毕业后，先后进黑博恩大学、蒂宾根大学学习数学、哲学和历史学。1811年大学毕业，不久获博士学位。1820～1847年，先后担任梅尔斯师范学校和柏林师范学校校长，任职期间积极推进学校教育和教学工作的改革，使这两所学校成为当时德国的模范学校。1848年担任全德教师联合会主席。因其终生从事师范教育，致力于发展国民教育，被誉为“德国教师的教师”。

第斯多惠倡导“全人教育”的思想，他认为，人的特质即人的自动，一切人的自由的、独创的东西，都是从这个自动性出发。教育的任务主要是发展自动。教育要遵循人的自然发展过程，必须注意全部现代文化，特别是学习祖国的文化。在教学方法上，他重视发展学生的智力和才能，主张采用启发式教学法，诱导并激发学生的智力，使他们能够探求、考虑、判断与发现，反对死记呆读、压制智力发展的做法。提出优秀教师对学生不是“奉献真理”，而是“教人发现真理”。著有《德国教师教育指南》、《教育的理想与可能性》。

**第四产业** fourth industry 从三个产业中分化出来的知识密集型产业。又称知识产业。主要包括设计和生产电子计算机软件的部门，电脑服务部门，信息咨询服务部门，应用微型电脑、光学纤维、激光、遗传工程等新技术的部门，以及高度电子化和自动化的产业部门等。第四产业并非是按第一、第二、第三产业的顺序进行的排列，而主要是指第二产业中提供知识服务的需要高度脑力劳动的部门。

**第四堵墙** fourth wall 戏剧术语。在镜框式舞台上，人们想象的位于舞台台口的一道实际并不存在的“墙”。它由对舞台“三向度”空间实体联想而产生，并就与布景的“三面墙”相联系而言。

第四堵墙的概念是适应戏剧表现普通人的生活、真实地表现生活环境的要求产生的。它萌生于文艺复兴时期，孕育于启蒙运动时期，成形和完善于19世纪下半叶批判现实主义和自然主义的演出中。最早从理论上涉及“第四堵墙”实际概念的是18世纪法国的D.狄德罗，最早用“第四堵墙”这个术语表述这个概念的是法国戏剧家G.柔琏。K.C.斯坦尼斯拉夫斯基在他的表演、导演理论中使用的“第四堵墙”，所反映的是要在舞台上创造现实生活幻觉的戏剧观念。

**第四国际** Fourth International 1938年9月由托洛茨基分子组成的国际性联合组织。又称世界社会主义革命党，自称“第四国际”。L.D.托洛茨基于1929年被苏联政府驱逐出境，同年创办《反对派公报》。1938年9月世界社会主义革命党在巴黎举行成立大会，当时有成员几百人。托洛茨基为大会起草了题为《资本主义的垂死呻吟和第四国际的任务》(《过渡纲领》)的文件，宣称人类出现的危机是“革命领导的危机”，第四国际的建立就是为了解决这个危机，主张实行“不断革命”和“世界革命”，建立“世界社会主义联邦”。第四国际成立后，在20世纪30年代后半期和第二次世界大战后的冷战时期其力量有较大发展，主要分布于西欧、北美和拉丁美洲。1953年以后此组织多次发生分裂，虽然几经努力以求统一，但都没有成功。各派的活动方式一般都是参加所在国工会和社会民主主义性质的政党，提出极左口号，采取极左行动。

**第四纪** Quaternary Period 地球发展历史的最新阶段，时间范围从距今约260万年直到现在。这一时期全球气候发生了频繁的周期性变化，古人类出现并进化为真正的人。第四纪形成的地层称第四系。“第四纪”一词由J.德努瓦耶于1829年提出，以后又进一步划分为更新世和全新世。

第四纪沉积物分布极广，与人类生活关系密切。成因类型主要有河湖相沉积、风成沉积、洞穴沉积、冰川沉积、残积、坡积、洪积、生物沉积、火山沉积和海相沉积等。新近纪以来的构造运动称新构造运动，第四纪的构造运动属于此范畴。地震和火山是新构造运动的表现形式之一。第四纪时期，地球气候出现过多次冷暖变化。古地磁也有多次变化。深海沉积物、黄土－古土壤序列和极地冰岩心由于它们记录了第四纪以来丰富的古气候变化信息，成为研究第四纪全球变化的三大支柱。第四纪时期，海平面经历过多次明显的升降运动。

动植物均有明显的进化；另一方面，哺乳动物的体质发生变化，以适应新的环境，如猛犸象、披毛犀等，身上生长长毛以适应低温环境。第四纪又是人类进化和发展时期，经历猿人、智人等各个重要阶段。

第四纪沉积物中富集了各种砂矿、盐湖化学沉积、泥炭和少量褐煤。世界上一些重要稀有金属多来自滨海和河流沉积中的第四纪砂矿，如砂金矿、钴镍铬砂矿、锡钨砂矿、金刚石砂矿等。中国盐湖中锂和硼的蕴藏量居世界首位。

**第四军医大学** Fourth Military Medical University 中国医科高等学校。全称中国人民解放军第四军医大学。属中国人民解放军总后勤部。校址在西安。1952年由原第四军医大学和原第五军医大学合并而成。原第四军医大学的前身是创建于1941年的晋西北军区卫生学校；原第五军医大学的前身是创建于1935年的中央大学医学院。学校以研究生和本科生培养为主。设有七年制临床医学、口腔医学；五年制临床医学、口腔医学、空军临床医学、生物医学工程、预防医学（营养与食品卫生)、临床医学(康复医学与疗养学)等。有培养学士、硕士和博士的教学体系；有国家重点学科和全军医学重点实验室等。

**《第四十一个》** *The Forty-first* 苏联故事片。1956年莫斯科电影制片厂出品。编剧G.柯杜诺夫，导演G.N.丘赫莱伊，主演I.伊兹维卡娅、O.斯特里仁诺夫。苏联内战时期，红军在里海边抓获一白匪中尉。政委派女战士玛留特卡带队乘船押送俘虏回司令部。船遇风浪，只有玛留特卡和中尉两人被抛到一个孤岛。玛留特卡照料病中的俘虏，逐渐被中尉的“蓝眼睛”俘虏，两人相爱了。海上来了一条白匪的帆船，中尉跑向水中。玛留特卡一再令其站住未果，终于开枪。“蓝眼睛”倒入水中，成了女神枪手消灭的第四十一个敌人。影片打破“无冲突论”桎梏，问世后曾在苏联引起激烈争论。影片细腻地展现了女主人公复杂的内心世界，富有说服力地表现了人性与阶级性在她身上的尖锐冲突。影片呼吁人性，

《第四十一个》剧照

探索新的电影语言，被认为是苏联电影新浪潮的代表作。

**第四野战军** Fourth Field Army 解放战争时期和中华人民共和国建立初期，中国人民解放军主力部队之一。是由东北野战军改编而成的、独立遂行重大战略战役任务的野战集团。

第四野战军的前身有东北人民自治军、东北民主联军、东北野战军。1949年3月，东北野战军改称第四野战军，林彪任司令员，罗荣桓任政治委员，刘亚楼（后萧克）任参谋长，谭政任政治部主任。下辖第12、第13兵团和13个军，4月组建第14、第15兵团。第12兵团辖第40、第45、第46军；第13兵团辖第38、第47、第49军；第14兵团辖第39、第41、第42军；第15兵团辖第43、第44、第48军及两广纵队。原炮兵司令部改称特种兵司令部，辖2个炮兵师，1个战车师，1个高炮指挥所和1个工兵指挥所。总兵力88万人。

东北野战军入关前，林彪（前右一）、罗荣桓（前右二）等人合影

1949年5月，野战军领率机关与中原军区机关合并，组成第四野战军兼华中军区，林彪任司令员，罗荣桓、邓子恢分任第一、第二政治委员，萧克、赵尔陆分任第一、第二参谋长，谭政任政治部主任。7月上旬至12月中旬，在第二野战军第4兵团等部配合下，先后进行了宜沙、湘赣、赣西南、衡宝、广东、广西等战役，歼国民党军近40万人；一部配合第二野战军向西南进军。在此期间，起义的国民党军第19、第1兵团分别改编为中国人民解放军第51军和第21兵团（辖第52、第53军）。1950年1月，第四野战军兼华中军区改称第四野战军兼中南军区。3～8月，实施渡海作战，解放海南岛及万山群岛。1955年，中南军区兼第四野战军番号撤销，分别组建广州军区和武汉军区。

解放战争时期，第四野战军由11万余人发展到153万余人，先后转战东北、华北、中南战场，歼灭国民党军180余万人，消灭土匪135万余人，为夺取解放战争的胜利作出了重大贡献。

**第一产业** primary industry 对自然存在的劳动对象进行收集和初步加工的部门，通常指生产工业原料或生产不需深加工即可消费的产品部门。又称第一次产业、第一部门、初级产业。最早流行于20世纪20年代的澳大利亚、新西兰，后经英国经济学家A.G.B.费希尔和C.G.克拉克详细阐述，使三次产业分类法成为现代经济学为研究产业结构对经济发展的影响而广泛采用的基本分类方法之一。一般而言，第一产业是指广义的农业，具体内涵因国家不同而有所差异。中国国家统计局于1985年规定：第一产业为农业，其中包括种植业、林业、畜牧业、渔业等。

**第一次国内革命战争** First Revolutionary Civil War 1924～1927年中国人民进行的反对帝国主义、反对封建主义的国内革命战争。1923年，中国共产党第三次全国代表大会决定与中国国民党建立革命统一战线。1924年，在共产党帮助下，国民党第一次全国代表大会确定联俄、联共、扶助农工三大政策，国民党进行改组，实现了第一次国共合作，并创办了黄埔军校，建立了革命军队。1925年，中国共产党领导了五卅运动和省港大罢工。在工农群众支援下，国民革命军肃清了广东境内的军阀势力。1926年2月，中共中央提出出兵北伐、推翻北洋军阀统治的主张。6月，国民党中央执行委员会临时全体会议通过迅速出师北伐案。7月，国民革命军从广东出师北伐。在北伐战争中，中国共产党发动广大工农群众积极支援和配合。1927年春，收回汉口、九江的英租界。上海工人举行第三次武装起义，占领了上海。湖南等地的农民运动也迅猛开展。革命势力很快发展到长江、黄河流域。这时，帝国主义为维护其侵华利益，增兵上海，炮击南京，并加紧拉拢蒋介石集团；以蒋介石为首的国民党右派企图独占北伐战争的胜利果实，勾结帝国主义，积极准备叛变革命。当时，中国共产党还比较幼稚，又处在陈独秀右倾投降主义的领导下，对国民党右派的反革命行动妥协退让，对工农群众运动压制阻挠，在革命的紧要关头交出了工农武装。1927年4月12日和7月15日，蒋介石、汪精卫先后在上海、武汉发动反革命政变，第一次国内革命战争遭到失败。

**第一次世界大战** World War Ⅰ 1914～1918年同盟国集团和协约国集团之间为重新瓜分殖民地和势力范围、争夺世界霸权而进行的第一次世界规模的战争。这场帝国主义战争历时4年3个月，战火燃遍欧洲大陆，延及非洲和亚洲，大西洋的北海海域、地中海和太平洋的南部海域都曾发生激烈的海战。先后卷入这场战争的有33个国家，人口在15亿以上。

大战根源和起因 第一次世界大战是资本主义从自由竞争阶段发展到垄断时期，各国金融寡头为获取更大利润、掠夺别国财富而进行的实力较量。它是由于帝国主义阶段资本主义发展不平衡性加剧，后起的帝国主义国家为谋求重新瓜分世界、争夺世界霸权而进行的决战。

经济和政治根源 19世纪末20世纪初，世界资本主义大国的经济得到迅速发展，各主要资本主义大国的生产和资本的集中已达到很高程度。各国金融寡头凭借雄厚的资本力量，已实际上成为这些国家的统治者。各国政府积极推行对外扩张和侵略政策，导致帝国主义国家之间的矛盾尖锐起来。各资本主义强国在世界各地以武力争夺殖民地。世界领土被瓜分殆尽。但帝国主义列强占有的殖民地很不均衡。老牌殖民帝国英、俄、法占去世界绝大部分殖民地，德国、美国、日本三个后起的帝国主义国家在19世纪80年代以前还没有殖民地。德、美、日不满意这种状况，要求以武力重新瓜分殖民地，1898～1905年间连续发生美西战争、英布战争和日俄战争。资本主义周期性的经济危机和国内阶级矛盾尖锐化，使帝国主义各国统治不稳。为了转嫁危机，各帝国主义国家加紧扩军备战，企图以发动对外侵略战争解决国内危机。

两大军事集团形成 19世纪70年代以后，德国与法、英，俄国与奥匈矛盾加剧。1873年，德、奥、俄三国建立三皇同盟。俄土战争后，德国宰相O.von俾斯麦于1878年主持召开柏林会议，使俄国在巴尔干的既得利益受到损害，引起俄国对德国的怨恨，三皇同盟破裂。1879年，德国与奥匈正式订立军事盟约。1882年5月20日，德、奥、意三国在维也纳签订同盟条约。三国同盟建立后，俄、德两国在贸易上的竞争加剧，俄、奥两国在巴尔干的矛盾日益尖锐。1891～1894年法、俄订立军事协定，法俄同盟建立。1902年英国同日本签订盟约，企图利用日本对付法、俄两国，以保护自己的远东利益。1904年英、法签订协定，承认各自的势力范围，英法协约关系建立。1907年《英俄协定》签订（见三国协约）。从此，以德、奥匈为主的同盟国和以英、法、俄为主的协约国两大军事集团正式形成。

军备竞赛 两大军事集团形成后，各国加紧扩军备战。1893～1913年，德国陆军和海军舰艇数量增加1倍多。奥匈帝国追随德国也加紧扩充军备，并制订对俄国和塞尔维亚作战的军事计划。英国为了保持其海上霸主地位加速建设海军。1906年，英国第一艘1.8万吨级巨型装甲舰“无畏”号下水。英国也扩充陆军，建立一支10万人的远征军部队，准备开赴欧洲作战。1913年法国常备军扩充到80万人。1913年，沙皇俄国现役军人达130万人，同时加速修建通往德国的战略铁路并加强海军建设。两大军事集团的扩军备战使得战争危险日益增加。

萨拉热窝事件与大战爆发　1914年6月28日，奥匈帝国皇储弗兰茨·斐迪南大公为对塞尔维亚炫耀武力，到波斯尼亚检阅军队，在萨拉热窝被塞尔维亚的“青年波斯尼亚”成员G.普林西普刺杀。这一事件成为大战的导火线。7月28日，奥匈帝国对塞尔维亚宣战。俄国根据密约支持塞尔维亚，于7月30日宣布军事总动员。8月1日，德国向俄国宣战。同时，德国向法国发出最后通牒，法国拒绝接受这一最后通牒。8月3日，德国对法国宣战。3日夜间，德军侵入比利时。英国曾对比利时中立承担保证义务，于4日对德宣战。5日，奥匈对俄国宣战。随后，英、法先后对奥匈宣战。塞尔维亚和黑山（门的内哥罗）对德、对奥匈宣战。

**战争进程**　大战爆发后，奥匈军队向塞尔维亚进攻，德军迅速绕道比利时向法国进攻。主要战场在欧洲，欧洲有西线战场、东线战场以及巴尔干战场、意大利战场。欧洲西线的法国战场是决定全局的主战场。英、德、俄、法、日还进行了多次海战，海上以北海为主战场。空军在大战中第一次用于实战。整个战争大体分3个阶段：

第一阶段（1914）　①西线战场。战争爆发后，德军总参谋长H.J.L.von毛奇（或称小毛奇）于8月4日命令德军进攻比利时列日要塞，从北部突入法国，企图从背后打击法军主力，以达到用速决战击败法国的战略目标。在激烈的边境之战中，德国与英法双方投入350万大军搏斗。英法军一度被迫南撤，德军侵入法国。9月5～9日，在马恩河战役中，法军反击，迫使德军撤退到马恩河以北至凡尔登一线。德军包抄法军的计划失败，德国速决战略破产，总参谋长毛奇被德皇威廉二世撤职，改由E.von法尔肯海恩担任。马恩河战役后，11月中旬，双方进入相持状态，开始进行阵地战。

②巴尔干战场和东线战场。7月28日奥匈帝国军队炮轰塞尔维亚首都贝尔格莱德，炸死5 000多名和平居民。塞尔维亚奋起抵抗，迫使奥匈军队全线退却，俘敌5万余众。奥匈军于9月再次对塞军发动进攻。塞军一度退入中部高原地带。12月中旬，塞军得到协约国提供的武器、弹药和粮食，迅速收复贝尔格莱德并将奥匈军赶出国境。在东线，从波罗的海沿岸到罗马尼亚边境形成另一个主要战场。德国在东线仅有一个第8集团军放在东普鲁士，加上柯尼斯堡要塞警备部队，共30万兵力。俄军最高统帅部（尼古拉·尼古拉耶维奇大公为最高统帅）决定以其西北方面军进攻东普鲁士德军。1914年8月17日，俄军以优势兵力进攻德军。德军任命P.von兴登堡为第8集团军司令，加强东线兵力，于8月26日对俄军两翼展开攻击。经20多天的激战，俄军惨败，损失兵力25万人。退守涅曼河和鲍勃尔河一带。在波兰与奥匈帝国接壤的加里西亚地区，俄军西南方面军同奥匈军发生激战，双方兵力超过100个师。经过卢布林－赫尔姆战役、加利奇－莱姆堡战役和哥罗多克战役，奥匈军损失40万兵力，退守喀尔巴阡山脉一线。德军为了支援奥匈军，于9月下旬及11月对俄军发动进攻，双方均未突破对方防线。

③日本、土耳其参战和英、法、德在非洲的争夺。1914年8月6日，中国北洋军阀政府宣告中立，并准备收回德国在山东胶州湾和青岛的租借地。日本帝国主义8月23日参加协约国方面对德宣战，趁火打劫，进攻中国青岛，夺取德国在华权益。青岛遂沦于日本之手。与此同时，日本海军先后占领南太平洋德属马绍尔、加罗林和马里亚纳诸群岛。1914年11月2日，土耳其在德国拉拢下，宣布同英、法、俄断交，12日宣布“圣战”。俄、土军队立即展开作战，土军第9集团军被围歼，损失7万多人。

第二阶段（1915～1916）　①东线战场。1915年2月，德奥军队从波罗的海到喀尔巴阡山对俄军展开全面进攻。交战8个多月，俄军丢失大片土地，退到从里加湾到德涅斯特河一条直线的战线上。俄军伤亡、被俘达170多万人。这是俄国在第一次世界大战中最惨重的一次败仗。

②西线战场。1915年德军在西线处于战略防御状态，部署着200万军队。法英联军共有300万人，以法军为主。1915年春，法英联军先后在香槟、阿杜瓦等地区对德军发动进攻，联军伤亡巨大，收效甚微。4月下旬，德军反击法英联军，发动第二次伊普尔战役。德军不择手段，在伊普尔以北英法军结合部放置6 000个毒气罐，借助西北风向英军阵地施放大量氯气，英军1.5万人中毒，其中约5 000人死亡。伊普尔战役后，双方都使用化学武器。因军队配备了防毒面具，杀伤力不大。9～11月，法英联军在法国将领F.福煦统一指挥下连续发动进攻，但仅向前推进2～4千米，损失巨大，被迫停止攻击，双方凭阵地对峙，再次处于僵持状态。

③意大利、保加利亚参战。1915年5月23日，意大利正式向奥匈帝国宣战，开辟了意奥战线。为了配合俄军在东线作战，1915年6月，意军集结39个师的兵力向伊松佐河沿岸和特兰提诺一带奥匈军发动进攻。意军多次进攻未获重大战果。到1915年底，意奥战线转入阵地对峙。1915年9月，保加利亚以取得马其顿和塞尔维亚的一部分领土为条件，分别与德、奥、土签订了军事条约，形成德、奥、土、保四国军事同盟。10月14日，保加利亚正式宣战，立即大举进攻塞尔维亚。塞尔维亚仅以20万装备不良的军队抵抗德、奥、保三国60多万大军的夹击。10月下旬塞军被击溃，塞尔维亚全境被保军和德奥军占领。

④凡尔登战役。1916年，德国决定把进攻重点再次转向西线，力图打败法国。德军统帅部选择法国的凡尔登要塞作为进攻目标。凡尔登是协约国军防线的突出部，对德军深入法国、比利时有很大威胁，它又是通往巴黎的坚固据点和法军阵线的枢纽。1916年2月21日，德军集中前线所有大炮对凡尔登附近狭窄的三角地带连续轰击十多个小时，将这一小块地区的森林、山头、战壕夷为平地，随后以6个师兵力向前推进。法军总司令J.-J.-C.霞飞增派援军，任命H.P.贝当为凡尔登地区司令，组织法军拼死抵抗。双方出动飞机进行空战和轰炸对方的机场与补给线。德军首次使用光气窒息弹，杀伤大量法军并造成恐慌，但未能取胜。法英联军于6月底至11月中在索姆河一带对德军阵地发动强大攻势，英军首次使用新发明的36辆坦克，德军顽强抵抗，守住了防线。10～12月，法军在凡尔登调集部队，开始反攻，夺回大部分失地。德军战略进攻终于失败。德皇威廉二世撤销法尔肯海恩的总参谋长职务，改任P.von兴登堡为总参谋长，E.鲁登道夫为其副手。

⑤罗马尼亚、希腊参战。1916年8月27日，罗马尼亚经过长时间观望后向奥匈宣战。罗军统帅部以收复被匈牙利占据的特兰西瓦尼亚为主要目标，发动进攻。在德奥土保联军两线夹击下，罗军溃败，伤亡25万人。罗马尼亚大部分领土包括首都布加勒斯特为同盟国占领。1917年6月底，希腊向同盟国宣战。

⑥海上战役和空军的出战。1914年8月28日，英国舰队进入北海同德国舰队进行海战。德国3艘巡洋舰被击沉，几艘驱逐舰受重创。1916年5月31日，英国舰艇150多艘在日德兰海面同德国公海舰队主力激战，英国损失大小舰只14艘，德国被击沉11艘。针对英国海军的封锁，1915和1917年德国两度展开“无限制潜艇战”。它的潜艇在北海和大西洋到处攻击协约国以及中立国的舰船，击沉英、美等国许多商船，给协约国造成一定威胁，但未能扭转海上被动局面。大战中，空军发展迅速并用于实战。1916年7～11月的索姆河战役中，英、德双方不断出动飞机空战，争夺制空权。

第三阶段（1917）　①战场形势。经过两年半战争，德国人力、物力消耗严重。军事实力大大削弱，协约国方面却增强了实力。1917年初，协约国西线总兵力近400

万人。德国在西线仅有250万兵力。德军为避免决战，撤退到兴登堡防线设防。1917年法军英军分别发动进攻，但未能扩大战果。西线战局仍持续僵持状态。

1917年8月意军在伊松佐河向奥匈军发动几次进攻，均无进展。10月，德奥军在卡波雷托突破意军防线。意军全线溃退，被俘33.5万人，伤亡13万人。

②俄国退出战争。在东线战场，1917年3月12日（俄历2月27日），俄国发生二月革命，沙皇政权被推翻。资产阶级临时政府决定继续进行战争，7月初在西南战线对德、奥发动进攻。德奥联军反击，俄军全线溃退。9月，德军在里加湾对俄军西北防线发动强大攻势，占领里加。1917年11月7日（俄历10月25日）俄国无产阶级举行武装起义，取得十月革命胜利。苏俄政府决定退出帝国主义战争，并于1918年3月同德国及其同盟国——奥匈帝国、土耳其、保加利亚签订《布列斯特-立陶夫斯克和约》，俄国完全退出战争。

③美国参战。1914年大战爆发后，美国宣布中立，向交战双方出售军火物资，大发横财。1917年3月，美国政府借口德国宣布恢复“无限制潜艇战”和德国密电墨西哥企图结成德墨联盟反美，在国内掀起反德浪潮。同年4月6日美国对德宣战。1917年随美国之后对德宣战的有巴西、古巴、巴拿马、危地马拉、尼加拉瓜等国家。

④中国参战。1917年2月，美国与德国断交后，建议中国采取一致行动。英法两国也鼓励中国参战。日本取得欧洲几个大国对其承袭德国原在华权益的承诺后，也支持中国参战。1917年8月14日，中国北洋军阀政府正式对德、奥宣战，将数十万中国青壮年运送到欧洲战场充当劳工。

**大战结束** 1918年苏维埃俄国退出战争后，德国将兵力集中于西线。1918年3～7月，德军发动5次大规模进攻，均未取得重要进展。此时几十万美军抵达欧洲参战，德军已无力再组织进攻。从7月下旬至8月底，协约国联军对德军连续发动进攻，德军退守兴登堡防线，处于被动局面。

1918年9月26日协约国联军对德军发动总攻。德军无力抵抗，兴登堡防线全面崩溃。9月29日，德皇威廉二世召开御前会议，德军统帅兴登堡和总参谋长鲁登道夫承认已无力继续战争。德皇改组内阁，任命巴登亲王马克西米利安为总理，向协约国提出停战谈判要求。与此同时，从9月底至11月初，保加利亚、土耳其和奥匈帝国在协约国军队的攻击下先后投降。奥匈帝国境内被压迫民族要求摆脱哈布斯堡王朝的统治，实现民族独立。1918年10月11日，波兰国会宣布波兰属地脱离奥匈帝国，10月28日，捷克和斯洛伐克合并成立独立的共和国。11月2日匈牙利宣布成立民主共和国。10月28日，维也纳爆发工人总罢工和士兵游行示威，迫使奥皇退位。11月12日成立奥地利共和国。德国已处于完全孤立境地。11月初，**德国十一月革命**爆发，9月德皇威廉二世退位，社会民主党组成临时政府，宣布成立共和国。

11月11日清晨，德国政府代表M.埃尔茨贝格尔同协约国联军总司令福煦在法国东北部贡比涅森林的雷道车站签署停战协定，德国投降。根据协定，德国必须在15天内从法国、比利时、卢森堡、阿尔萨斯洛林及莱茵河左岸地区全部撤出其军队。同时须从土耳其、罗马尼亚、奥匈帝国及非洲撤出军队。还必须交出5 000门大炮、25 000挺机枪、3 000门迫击炮、1 700架飞机、5 000台火车机车、15万节车皮和5 000辆卡车。《**贡比涅森林停战协定**》的签订宣告了德、奥、土、保同盟国集团彻底战败，第一次世界大战结束。

**对战败国的和约** 由于战后帝国主义大国实力对比的变化和各自的争霸计划，它们之间的矛盾错综复杂，这些矛盾在解决战后问题上突出地反映出来。1919年1月18日，**巴黎和会**在法国巴黎凡尔赛宫镜厅开幕。6月28日，英、法、美、日、意等战胜国与战败国德国签订《协约和参战各国对德和约》，即《**凡尔赛和约**》。这是一个赤裸裸地奴役掠夺战败国家的条约，也是宰割和牺牲弱小民族利益的条约。它虽暂时调整了帝国主义战胜国之间的关系，但不能消除它们之间的矛盾，反因分赃不均开始了新的争夺。此和约签订后，战胜国同德国原盟国相继缔结和约。它们是：1919年9月10日战胜国对奥地利的《圣日尔曼条约》、1919年11月27日对保加利亚的《讷依条约》、1920年6月4日对匈牙利的《特里亚农条约》、1920条8月10日对土耳其的《色佛尔条约》。以《凡尔赛和约》为主的一系列条约构成战后欧洲国际关系的新体系，即**凡尔赛体系**，在战后长期影响着欧洲国际关系的发展。

**战争的结局** 战后，帝国主义各国的力量对比发生变化。德国战败，割地赔款；奥匈帝国彻底瓦解；俄国无产阶级革命胜利，建立了苏维埃政权；英、法虽获胜利，但在战争中被削弱；美国从战争中获取暴利，成为世界经济强国。战争没有消除帝国主义各国之间的矛盾。在欧洲，德、法矛盾尖锐。在远东，日、美矛盾加剧。这些为**第二次世界大战**的引发播下火种。大战使各国人民遭受空前灾难，交战双方动员兵力共7 340余万人，直接参战部队2 900多万人，死于战场的约1 000多万人，受伤的约2 000万人，受战祸波及的人口在15亿以上，约占当时世界总人口的75%，战争造成的经济损失达2 700亿美元。

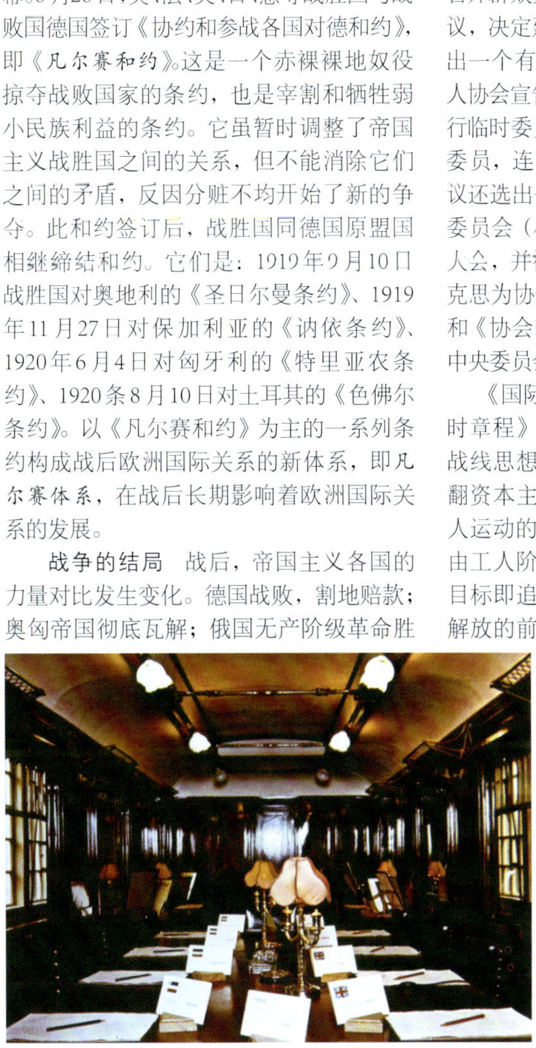

福煦将军的车厢——《贡比涅森林停战协定》签字处

**第一国际** First International 1864年建立的国际工人联合组织。即国际工人协会。**第二国际**成立后，始称第一国际。**K.马克思**是创始人之一和实际上的领袖。它是在19世纪50年代末、60年代初欧洲工人运动和民主运动重新高涨的形势下产生的。

波兰1863年反对沙俄的起义推动了第一国际的成立。1863年7月22日，工人联合会伦敦理事会召开群众大会，抗议沙皇俄国镇压波兰起义，声援波兰人民的正义斗争。1864年9月28日，英国工联在伦敦圣马丁堂召开群众大会。大会根据英法工人代表的提议，决定建立一个国际性的工人协会，并选出一个有21个成员的临时委员会，国际工人协会宣告成立。1864年10月5日，国际举行临时委员会第一次会议，选举代表各国的委员，连同原已选出的委员，共50人；会议还选出一个由9人组成的起草章程的专门委员会（小委员会）。马克思出席国际成立大会，并被选入临时委员会和小委员会。马克思为协会起草《国际工人协会成立宣言》和《协会临时章程》，并于1864年11月1日中央委员会会议上获得通过。

《国际工人协会成立宣言》和《协会临时章程》体现马克思主义的工人阶级统一战线思想，阐明无产阶级运动的目的是推翻资本主义，建立工人阶级政权；宣布工人运动的基本原则是工人阶级的解放应该由工人阶级自己去争取。规定在追求共同目标即追求工人阶级的保护、发展和彻底解放的前提和条件下，允许一切工人团体参加。协会的组织原则是民主集中制。

马克思在国际内的正式职务是总委员会委员。实际上他领导着协会总委员会的全部工作，是国际的真正领袖、每届总委员会的“灵魂”。总委员会所发表的一切文件几乎都出于马克思的手笔。恩格斯在1870年10月4日被选为总委员会委员。

协会的目的是联合全世界的无产阶级为反对压迫者而斗争。协会成立后，总委员会把对敌斗争放在首要地位。协会支持各国工人的罢工斗争，声援各被压迫民族的解放运动，保卫巴黎公社和救援巴黎公社成员等等，突出地表明国际的无产阶级性质和国际主义本质。在对外部敌人进行斗争的同时和前提下，协会总委员会在内部对各种非无产阶级社会主义流派进行斗争，主要是反对蒲鲁东主义和巴枯宁主义。

第一国际是无产阶级解放斗争史上的重要里程碑。马克思和恩格斯通过国际把科学社会主义思想传播到各国工人中去，促进了科学社会主义同各国工人运动相结合的历史进程，使各国工人逐渐摆脱各种错误思想的影响，为马克思主义在国际工人运动中取得主导地位作好了准备。第一国际是马克思和恩格斯为在各国建立无产阶级政党而斗争的重要阶段。在巴黎公社后形成的新的历史条件下，工人运动面临的直接任务是在各个民族国家的基础上建立群众性的社会主义工人政党。马克思和恩格斯考虑到，在新的历史形势下，国际的组织形式已经过时，它的继续存在会成为工人运动的一种桎梏，必须让国际这种组织形式退到后台去，而过渡到新的组织形式。国际于1876年在美国费城召开的代表会议上正式宣布解散。

**第一劝银财团** Dai Ichi Kangyo Bank Business Group 影响日本经济最重要的财团之一。是以第一劝业银行为中心组织起来的资本集团。其雏形是原第一银行集团。第一银行是1873年根据《国立银行条例》由三井、小野合资组成的，负责发行纸币和经营政府财务开支。1896年改称第一银行股份公司，成为普通商业银行。1943年与三井银行合并，改称帝国银行。第二次世界大战后，随着财阀的解散而脱离三井，恢复原名。50年代后第一银行集结古河财团、川崎系企业神户制钢、清水建设等系统的企业，组成第一原子能产业集团。1971年，第一银行与成立于1897年的日本劝业银行对等合并而成立第一劝业银行。第一劝银财团只有中枢银行和中枢商社，没有像其他财团那样可以成为支柱的重工业核心公司。2000年9月29日，第一劝业银行与日本兴业银行、富士银行通过换股形式合并，并于2003年1月成立了金融控股公司——日本瑞穗金融集团。合并后公司总资产超过当时总资产规模世界第一的德意志银行。2002年，瑞穗金融集团将旗下的第一劝业银行、富士银行、日本兴业银行重组为经营个人业务的瑞穗银行和经营大企业业务的瑞穗实业银行。至2008年6月，瑞穗实业银行在日本银行业排名第二位。

**第一野战军** First Field Army 解放战争时期和中华人民共和国建立初期，中国人民解放军主力部队之一。它是由西北野战军改编而成的、独立遂行战略战役任务的野战集团。

第一野战军前身是晋绥野战军（成立于1945年9月）、西北野战部队、西北野战军。1949年2月，西北野战军改称第一野战军，彭德怀任司令员兼政治委员，张宗逊、赵寿山任副司令员，阎揆要任参谋长，甘泗淇任政治部主任，下辖6个军。4月，第18兵团（辖第60、第61、第62军）、第19兵团（辖第63、第64、第65军）和第19军调归第一野战军建制。6月，以第1、第2、第7军组成第1兵团，第3、第4、第6军组成第2兵团。总兵力达34.4万余人。7月，第一野战军在取得春季攻势和陕中战役的胜利并解放西安后，开始向西北进军，至9月，相继进行了扶郿、兰州、宁夏、河西战役，解放了陕西、甘肃、青海、宁夏4省。9月下旬，国民党新疆军政当局起义（后起义部队改编为第22兵团，下辖第9军及骑兵第7、第8师，新疆民族军改编为第5军）。10月，第1兵团部率2个军进军新疆。之后，第一野战军即转入清剿残匪，屯垦戍边。11月，第18兵团进军四川，归西南军区建制。1950年4月，根据中央军委决定，第一野战军和兵团番号撤销，所属部队归西北军区建制。

第一野战军某部通过兰州黄河铁桥

解放战争时期，第一野战军经艰苦转战，共歼灭国民党军51万余人，解放了西北5省，为中国人民解放事业作出了重大贡献。

**第29届奥林匹克运动会** The 29th Summer Olympic Games 由国际奥林匹克委员会主办，由中国北京承办的一次世界性综合运动会。于2008年8月8～24日在中国首都北京举行，又称北京奥运会。北京奥运会以“绿色奥运、人文奥运、科技奥运”为理念，提出了“同一个世界，同一个梦想”的口号，以集中体现奥林匹克精神实质和普遍价值观——团结、友谊、进步、和谐、参与和梦想，表达了全世界在奥林匹克精神的感召下，追求人类美好未来的共同愿望。会徽名为“中国印·舞动的北京”，将中国印和汉字“京”与奥运五环结合在一起演变而成。吉祥物为“福娃”，由贝贝、晶晶、欢欢、迎迎、妮妮五个自然与动物的形象组成，是“北京欢迎你”的谐音。祥云火炬创意灵感来自“渊源共生，和谐共融”的“祥云”图案，是具有代表性的中国文化符号。金镶玉奖牌形象地诠释了中华民族“以玉比德”的价值观，正面为国际奥委会统一规定的图案——带翅膀的希腊胜利女神像和希腊潘纳辛纳科竞技场，背面镶嵌着取自中国古代龙纹玉璧造型的玉璧，背面正中的金属图形上镌刻着北京奥运会会徽。主题歌是《我和你》。北京奥运会的标志性场馆建筑物是位于北京奥林匹克公园内的国家体育场（俗称鸟巢）和国家游泳中心（俗称水立方）。北京奥运会共有204个国家和地区的1万名运动员参加，举行了28个大项、38个分项的比赛，共产生302枚金牌，303枚银牌，353枚铜牌。共打破38项世界

第29届奥运会开幕式

纪录和85项奥运会纪录。获得奖牌前五名的国家为中国、美国、俄罗斯、英国和德国。值得称道的是美国运动员M.菲尔普斯获得8枚游泳金牌并打破7项世界纪录，牙买加运动员U.博尔特获得男子100米、200米跑两项冠军，并双破世界纪录。多个国家和地区实现了奥运会金牌和奖牌零的突破。北京奥运会成为有史以来参赛国家和地区最多、破纪录最多、转播规模最大的一届奥运会。中国派出了1 099人（其中运动员639人）组成的体育代表团，取得了51枚金牌、21枚银牌、28枚铜牌的优异成绩，位居金牌榜第一位，创造了参加奥运会以来的最好成绩。

**蒂宾根** Tübingen 德国巴登－符腾堡州中部城市，著名大学城。位于内卡尔河畔，斯图加特以南约40千米。人口8.37万（2006），其中2.5万人为蒂宾根大学学生。1078年首见记载。1231年设市，一度为符腾堡邦国的都城。1514年因发起签订蒂宾根条约（欧洲大陆第一个基本人权条约）而闻名于世。1659年成立德国最著名的文学出版社哥达出版社（今改名克雷特－哥达）。蒂宾根大学建于1477年，是德国最著名的综合大学之一，毕业生中有天文学家开普勒、诗人荷尔德林、哲学家黑格尔和谢林等，1863年建立德国第一个自然科学系，1970年改革系科专业，校园现遍布于市区各处。除大学外，还有不少科研机构。此外，出版业也很发达。主要名胜有荷尔德林塔、史蒂夫教堂、福音修道院、高蒂宾根城堡、市政厅、旧大学原址等。市南的霍亨索伦城堡是普鲁士王室霍亨索伦家族发祥地。

**蒂博** Thibaud, Jacques（1880-09-27～1953-09-01） 法国小提琴家。生于波尔多，卒于旅行演出途中。幼年从父学琴，1893年入巴黎国立高等音乐学院。1896年毕业并获一等奖。随后到欧美各国旅行演出，声誉与日俱增。1930～1935年，他与钢琴家A.科尔托、大提琴家P.卡萨尔斯组成的三重奏团是世界上优秀的室内乐演奏小组之一。蒂博一生勤奋，到晚年仍在演出和教学。他的演奏精致典雅，风格清新，音色温暖，富有诗意。1943年，他与钢琴家M.隆在巴黎创办玛格丽特·隆－雅克·蒂博国际钢琴、小提琴比赛，每两年举行一次。他曾多次周游世界，1936年曾到中国上海演出。1953年在赴远东演出途中，因飞机失事遇难。

**蒂博尼哥罗起义** Diponegoro's Revolt 1825～1830年印尼人民在日惹王国王子蒂博尼哥罗领导下的一次反对荷兰殖民统治的民族起义。

1825年7月20日蒂博尼哥罗在斯拉朗举起义旗，各地6万多农民、手工业者争相参加。起义军以斯拉朗为中心，采用游击战术，不断粉碎荷军的围剿，同时还乘胜进攻日惹。1825年10月，蒂博尼哥罗建立了伊斯兰封建王国，自称爪哇苏丹。1826年10月，起义军领导集团出现矛盾，部分封建主反对依靠人民开展游击战，主张阵地战。10月15日，起义军在卡窝克地区战败。起义转入相持阶段。在相持阶段，荷兰殖民者在军事上实行堡垒战术，使起义军处于被分割和包围状态。1827年8月，荷兰殖民者收买起义军首席顾问奇阿依·摩佐，削弱了起义军力量。1827年11月末，起义军发动南望战役，消灭大量荷军。1828年3月，荷军残酷镇压南望地区的起义军。起义进入低潮。1830年3月28日，荷兰假意谈判，诱捕蒂博尼哥罗。5月3日，蒂博尼哥罗被流放到万鸦老，起义失败。

这次起义使荷兰殖民军伤亡1.5万人，耗费约2 000万荷盾，加深了荷兰殖民统治的危机。

**蒂尔索·德·莫利纳** Tirso de Molina（1584-03-09?～1648-03-12） 西班牙剧作家、诗人、散文家。原名加夫列尔·特列斯。生于马德里，卒于索里亚。1606年开始写作剧本。创作喜剧400多部，只流传下来86部。其中《塞维利亚的嘲弄者》（1630）是一部风俗喜剧。剧中堂胡安（即唐璜）形象是欧洲文学中的典型人物之一。他还把圣经中的许多故事改写成宗教剧。如《因不信上帝而下地狱的人》（1635）、《塔玛尔的报复》和《最好的拾穗妇》等。历史剧有《万事亨通》、《西印度的亚马孙》和《忠实战胜了嫉妒》三部曲。作品结构巧妙，善于体察和描述人物的内心世界，剧情曲折动人。

**蒂格赖人** Tigrai 非洲东北部跨界民族。又称南蒂格雷人。有533万人（2002）。主要分布在厄立特里亚中南部和埃塞俄比亚北部地区。属黑白混血的埃塞俄比亚人种。系非洲之角闪米特人的一支，包括阿克勒－古扎伊人、哈马辛人和塞赖人等支系。使用蒂格赖语（又称蒂格里尼亚语），属阿非罗－亚细亚语系闪米特语族南支。社会文化与安哈拉人相近，多数人兼用安哈拉语。在历史上同是阿克苏姆王国（1～9世纪）的主要居民，均使用盖埃斯语，同被称为阿比西尼亚人。4世纪接受基督教，属科普特教派。婚姻行一夫一妻制，按父系续谱、居住和继承财产。男女均行割礼。主要从事农业，种植大麦、小麦、高粱和豆类；兼事畜牧业，饲养长角牛、羊、驴、骆驼。手工业和商业比较发达。

**蒂格雷人** Tigre 非洲之角跨界民族。又译提格雷人。约115万人（2002）。绝大多数分布在厄立特里亚北部和东北部以及达拉克群岛，少数人散居在埃塞俄比亚的北部地区。属埃塞俄比亚人种，系东北非闪米特人的一支，包括哈巴布人、马里亚人和门萨人等支系。使用蒂格雷语（见提格雷语），属阿非罗－亚细亚语系闪米特语族南支。无文字。不少人兼用阿姆哈拉语或蒂格赖语。多信伊斯兰教，属逊尼派；部分信基督教，属科普特教派。社会文化与蒂格赖人和安哈拉人相近。先民为阿拉伯半岛闪米特人的南支萨巴人。在历史上同是阿克苏姆王国（1～9世纪）的居民，共同使用盖埃斯语，同被称为阿比西尼亚人。允许一夫多妻，存在姐妹共夫（见妻姊妹婚）或兄弟共妻（见夫兄弟婚）现象。男女均行割礼。按父系续谱、居住和继承财产。主要从事畜牧业，饲养骆驼、牛、羊和驴、骡，多过半游牧生活，部分兼事少量农耕；居马萨瓦地区的以渔业和捕捞珍珠贝为生。

蒂格雷人和蒂格赖人也统称为蒂格雷人。阿克苏姆王国衰落后，分化为南北两支，北支仍称蒂格雷人，南支改称蒂格赖人。

**蒂卡尔古城** Tikal 中美洲玛雅文明古典期代表性古城。遗址位于危地马拉北部。城区面积达50平方千米，居民达4万人。祭祀和行政管理中心位于城中央。发现了金字塔式台神庙、宫殿、官署、广场、卫城和巨型石碑等。宫庙建筑成院落单元布局是蒂卡尔礼仪中心的显著特点。建筑多坐落在大型平台上，往往由两座金字塔、一座长条形建筑和一座石碑院落形成一个独立单元。著名的4号金字塔台神庙高75米，是玛雅地区最高的建筑物。近年来依据碑铭确认了从4

蒂卡尔遗址1号神庙

世纪晚期至8世纪晚期11位统治者的王朝序列。1979年，遗址所在的蒂卡尔国家公园作为文化与自然双重遗产被列入《世界遗产名录》。

**蒂克** Tieck, Johann Ludwig (1773-05-31～1853-04-28) 德国作家。生于柏林，卒于柏林。1792年起先后在哈勒、格丁根和埃朗根学习神学、语言和文学。曾任戏剧顾问、宫廷顾问等。他才华横溢、著述甚丰，浪漫派的许多理论通过他的创作而得以实践。主要创作了长篇小说《威廉·洛弗尔先生的故事》(1795～1796)、浪漫主义小说《弗兰茨·斯坦恩巴尔德的漫游》(1798)、长篇历史小说《维多利亚·阿科隆波纳》(1840)，喜剧《屋大维皇帝》(1804)、悲剧《神圣的格诺菲娃的生与死》(1800)和童话剧《福尔吐纳特》(1815～1816)等。童话《金发的艾克贝尔特》开启了浪漫派文学中艺术童话的传统。童话剧《穿靴的雄猫》开了浪漫派"文学喜剧"的先河。

**蒂拉登特斯** Tiradentes (1748-03-16～1792-04-21) 巴西民族独立运动先驱。本名J.J.da席尔瓦·沙维尔。生于米纳斯吉拉斯地区的圣若泽镇（今蒂拉登特斯市）。善治牙疾，人称"蒂拉登特斯"(葡萄牙文意为拔牙师)。1776年参加里卡城的骑兵团。1780年在缉私中立功升少尉。他受欧洲启蒙哲学家和美国独立战争影响，逐渐萌发反对葡萄牙殖民统治的思想。1789年，联络一批青年知识分子，成立秘密革命组织，并同其他城市和地区联系，决定举行武装起义。同年3月15日，混入密谋组织的白人军官叛变，组织遂遭破坏，蒂拉登特斯也于5月10日被捕，1792年被处死。蒂拉登特斯领导的"米纳斯密谋"揭开了巴西独立运动的序幕，后人称他为"巴西独立之父"。巴西共和国成立后，国会大厦更名为"蒂拉登特斯宫"。

**蒂拉克** Tilak, Bal Gangadhar (1856-07-23～1920-08-01) 印度资产阶级民族革命运动奠基人之一，**印度国民大会党**极端派（又称民主派）领袖，哲学家。被尊称为"洛克马尼亚"(人民敬爱的人)。生于拉特纳吉里的一个婆罗门家庭，卒于孟买。青少年时代，深受**印度教**熏陶和历史传统教育。1873～1879年，在浦那的德干学院学习，并获法学学士学位，后在浦那的新英语学校任教。

1893年，他发起印度教的"象头神节"祭祀活动。1895年组织纪念"西瓦吉节"活动；借用吠陀经典中的"斯瓦拉吉"一词来表达印度独立的要求，利用纪念马拉提民族英雄**西瓦吉**115周年忌辰来激励人民的斗争精神。1897年因号召孟买灾民抗捐抗税曾一度被英国殖民政府逮捕入狱。

20世纪初，印度民族解放运动处于由改良主义向民族革命发展的转折时期。蒂拉克把他的民族主义思想系统化为"斯瓦拉吉"(自治)、"斯瓦德希"(自产)、抵制英货和民族教育四点纲领。斯瓦拉吉是他的民族主义的核心。斯瓦德希、抵制英货和民族教育则是实现斯瓦拉吉的必不可少的手段。斯瓦德希和抵制英货不仅是发展民族工业的经济纲领，也是反对英国殖民政府的政治武器。这种思想、理论上的新高度，是他为印度民族运动作出的重要贡献，使印度民族解放运动进入一个新阶段。他对1905年中国人民抵制美国货的成功深表敬佩，并用这个榜样来鼓励自己的同胞。1908年7月13日，蒂拉克再次被捕，判刑6年，囚禁在缅甸曼德勒监狱。1914年7月出狱。

1916年，组织"印度自治同盟"，开展地方自治运动，同时积极促成国大党内部以及国大党与全印穆斯林联盟的团结。1918～1919年，在英国为印度自治做了大量宣传工作。

**蒂利希** Tillich, Paul Johannes (1886-08-20～1965-10-22) 美籍德裔基督教新教神学家。生于德国施塔策德尔（今波兰的塔罗西德尔），卒于美国芝加哥。先后在柏林大学、蒂宾根大学、哈雷大学和布雷斯劳大学学习，1910年获哲学博士学位。第一次世界大战期间任德国随军牧师。1919～1933年间先后在柏林、马尔堡、德累斯顿和法兰克福等大学任教，讲授神学和哲学。1933年因批评纳粹运动被迫移居美国。1940年加入美国国籍。1933～1955年执教于纽约协和神学院并兼任哥伦比亚大学教授。1955～1962年在哈佛大学任教授。1962～1965年在芝加哥大学任教授。其神学观点介于**自由主义神学**与**新正统神学**之间，主张从哲学及各种人文科学角度研究神学问题。其观点颇具实存主义色彩，但又努力以哲学本体论的方法寻求上帝的实在性。认为一切学问都能引导人去认识上帝。宣称人类生活有三种状态：他律、自律和神律。人类通过这三个历史阶段而归向"自有、至尊的上帝"。采用辩证的方法重新解释基督教义，主张神学和哲学应从与科学、艺术、精神病学及其他学科的对话中寻求发展，并将宗教定义为人的"终极关切"。著有《系统神学》、《科学的体系》、《文化神学》、《新教的时代》、《存在的勇气》等。

**《蒂鲁古拉尔》** *Thirukkural* 印度泰米尔语格言诗集。约成型于6世纪。据传作者是蒂鲁瓦尔卢瓦尔，生平无法考证。泰米尔语"蒂鲁"意为"神圣"，"古拉尔"意为"短小"，"蒂鲁古拉尔"有"诗经"含义。诗集格律严整，每一首诗均为两行，第一行由四个音步组成，第二行则为三个音步，用词讲究精致。尽管有音律上的严格限制，诗集的内容却丰富多彩。全诗共分133节，每节10首诗，共计1 330首诗。内容上分为三大篇章。第一篇章为"美德"篇，包括38节诗。开头几首带有"序诗"的性质，赞美神、雨季、苦行和正直等。接下来的诗篇主要从家居生活和苦行（游历）生活两个方面教导人如何培养美德：不杀生、心灵纯洁、尊重妇女、不说淫言秽语、人与人之间要相亲相爱等。第二篇章为"政治"篇，主要谈治国方略，倡导"仁慈"、"非暴力"的宗教治国思想。第三篇章为"情爱"篇，这种情爱既是肉体的、又是精神的。由女人、男人讲述爱情故事及爱情感受，生动活泼。全诗语言质朴、韵律优美、寓意深刻，像对一个朋友娓娓道来，没有说教或预言的口吻，显得机智、幽默。

**蒂施拜因** Tischbein, Johann Heinrich Wilhelm (1751-02-15～1829-06-26) 德国画家。生于德国一绘画世家，卒于奥伊廷。早年随家人学画。后到荷兰学习肖像画。以后又潜心研究**A.丢勒**等人的作品，在历史画创作上颇有所得。曾多次游学欧洲各地，在意大利达16年之久。由于他的艺术修养和考古学方面的知识，在当时享有较高的声誉。1787年结识著名文学家J.W.von**歌德**，两人交谊甚笃，作有《歌德在坎帕尼亚》(1786～1788)。1789～1799年任那不勒斯美术学院院长。1791年起，专心研究汉密尔顿爵士所藏的希腊瓶画，并负责翻制成版画集出版，对**新古典主义美术**的发展起

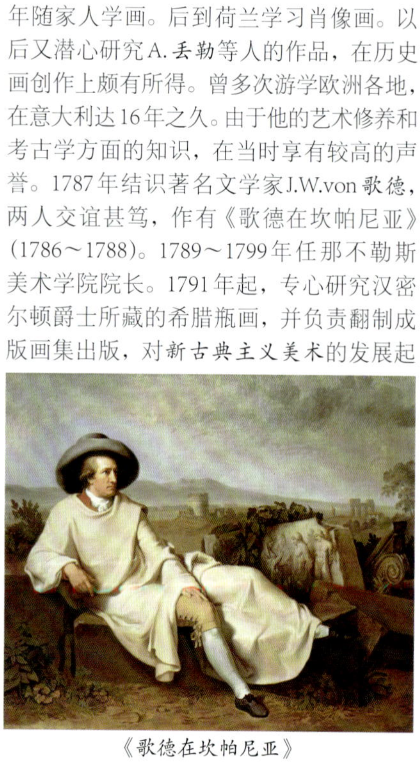

《歌德在坎帕尼亚》

到一定作用。1799年回到德国后，主要以新古典主义手法作画。作品强调素描和构图的严整性，表现出对清新、纯朴的审美理想的追求，部分作品含有伤感情调。

**蒂亚瓦纳科文化** Tiahuanaco Culture 南美洲安第斯山区古代印第安文化。因蒂亚瓦纳科遗址而得名。年代为5～10世纪。主要分布在玻利维亚、秘鲁北部和沿海地区、厄瓜多尔、智利北部、阿根廷西北部。蒂亚瓦纳科遗址位于玻利维亚首都拉巴斯以西60千米处，海拔4 000米。主要建筑有太阳门、金字塔式台庙、卡拉萨萨亚平台。其中，太阳门由整块岩石雕成，高3米，宽3.7米，门楣上有精美的浅浮雕，居中为太阳神，头戴美洲狮头饰，两手各执一杖。

太阳门

太阳神两侧各雕有24个带翅膀的小人像。太阳神和小人像的眼睛下均有泪珠，这是蒂亚瓦纳科文化的艺术特征之一。陶器以敞口直筒杯最为常见。陶器的彩绘图案非常发达，多见几何纹和抽象的人形、动物形。一些遗址的发掘中还常见有金、银、铜制品，说明金属加工业已比较发达。

**棣莫弗** De Moivre, Abraham (1667-05-26～1754-11-27) 英籍法裔数学家。生于法国维特里-勒弗朗索瓦，卒于伦敦。原为法国加尔文派教徒，在新旧教斗争中被投入监狱，获释后于1685年（一说1688年）移居伦敦，在那里以担任家庭教师和保险事业顾问等职终其一生。他和I.牛顿及天文学家E.哈雷友善，

谙熟牛顿的流数术，1697年被选入英国皇家学会。1718年出版《机遇论》，这是早期概率论的重要著作，其中第一次定义独立事件的乘法定理，并提出二项分布以及正态分布的表达式。在《分析杂录》(1730)中给出$n!$的近似公式，实早于J.斯特林，现误称为“斯特林公式”。1733年棣莫弗用$n!$的近似公式导出正态分布的频率曲线，作为二项分布的近似，此即中心极限定理的原始形式。他给出的棣莫弗公式(1722)为：

$$(\cos\varphi+\mathrm{i}\sin\varphi)^n=\cos n\varphi+\mathrm{i}\sin n\varphi$$

是最早得出此结论的学者之一。英国数学家R.科茨此前也曾得到过这一关系。

**碲** tellurium 化学元素，化学符号Te，原子序数52，原子量127.60，属周期系ⅥA族。1782年F.J.米勒·冯·赖兴施泰因在含金的矿石中发现、提取出碲。元素英文名来源于拉丁文tellus，原意是“地球”。碲为稀散元素，有碲金矿($AuTe_2$)、辉碲铋矿($Bi_2TeS_2$)和碲铜矿等，但无工业开采价值。碲主要和黄铁矿、黄铜矿、闪锌矿等共生，含量仅0.001%～0.1%。

碲有两种同素异形体，即黑色粉末状的无定形碲和银白色、金属光泽的晶态碲；熔点449.51℃，沸点988℃，密度6.24克/厘米$^3$；半导体，禁带宽0.34电子伏。碲的氧化数-2、+2、+4、+6。在氧和空气中稳定，但加热时燃烧，生成白色粉末状二氧化碲$TeO_2$。$TeO_2$不溶于水，易溶于碱和盐酸。碲和卤素反应生成$TeF_6$、$TeCl_4$和$TeBr_2$。常温下碲和氢、氮、碳不起反应。碲能溶于硫酸、硝酸。在加热时碲和许多金属直接反应，生成碲化物。稀酸作用于金属碲化物时，生成无色、有恶臭和毒性的碲化氢$H_2Te$气体。

工业上是从电解铜的阳极泥中提取碲。含碲约3%的阳极泥干燥后在250℃下进行硫酸化焙烧，然后在700℃使二氧化硒挥发，碲留在焙烧渣中。用水浸出硫酸铜，再用氢氧化钠溶液浸出，得到亚碲酸钠溶液。浸出液用硫酸中和，生成粗氧化碲沉淀，然后进行水溶液电解，可得含碲为98%～99%的碲。碲加到钢中，可增加钢的延性。铸铁中含痕量碲会使铸件表面坚硬、耐磨。碲加到铅中可提高铅的硬度。碲还可用于铅酸电池的极板，以及用作蓝、棕、红色玻璃的着色剂。

**滇** Dian tribe 中国秦汉时期西南夷中的一个较大部族，主要居住在今云南滇池地区。汉武帝通西南夷，在此设置益州郡，同时“赐滇王印，复长其民”。

**滇池** Dianchi Lake 构造断陷湖。又称滇南泽，俗称昆阳海或昆明湖。中国西南地区第一大湖，有“高原明珠”之誉。在云南昆明西南。湖面海拔1 886.3米，南北长40.5千米，东西宽7.2千米，面积298平方千米。平均湖深4.1米，最深处5.87米。估计滇池形成初期湖面约1 000平方千米，第四纪后受新构造运动影响，地面抬升，海口河不断深切开阔，元明两代对海口河不断疏浚，水位渐降，加之入湖河流带入泥沙淤积，湖面不断缩小。1938年以来，湖面每年几乎缩小1平方千米。汇入滇池的河流主要有盘龙江、东白沙河、西白沙河、宝象河、马料河、梁王河、柴河等，构成滇池水系，流域面积约2 755.05平方千米。海口河是滇池的唯一出口河（流出海口后

滇池风光

称螳螂川，下游称普渡河），流经西山区及安宁市、富民县、禄劝彝族苗族自治县等地，在禄劝彝族苗族自治县与东川区交界处注入金沙江。滇池为天然蓄水池，储水量约12亿立方米。有供水、防洪、航运、养鱼之利，对调节昆明的气候亦有良好作用。湖滨有大观楼、西山等胜景，为全国重点风景名胜区。

**滇剧** Dianju opera;Yunnan opera 中国戏曲剧种。流行于云南，包括丝弦、襄阳、胡琴三种声腔和部分杂调。系明末至清乾隆年间由外地传入，逐渐吸收当地民间艺术，形成具有地方特色的剧种。丝弦腔源于秦腔，以枣木梆击节，具有秦腔高亢、激越、强烈的特点，与云南民歌结合后，又发展了委婉、细腻、欢快的曲调，称为“滇梆子”。襄阳腔来自湖北汉剧襄河派，但与汉剧西皮已不尽相同。胡琴腔即二黄，来自徽调，曲调庄重、委婉。杂调有以唢呐伴奏的“七句半”，以南胡伴奏的“筒筒腔”，以锣鼓打击乐器伴奏的“课课子”等，多用于生活小戏。伴奏乐器丝弦腔以锯琴（近似秦腔的二股弦）为主，襄阳腔、胡琴腔以胡琴为主。

滇剧传统剧目有秦腔路子、川路子、京路子和滇路子之分。秦腔路子与丝弦腔一起传入。川路子来自川剧。京路子来自皮黄戏（徽剧、汉剧、京剧）。滇路子分两种：一种是本省作者或艺人编写的当地历史故事戏，以及辛亥革命后编的时装戏；另一种是移植外地剧种的剧目，发展后自成一格。

**滇缅公路** Yunnan-Burma Highway 中国云南昆明至缅甸腊戌的国际公路。全长约1 160千米，其中中国境内959.4千米，经

禄丰、楚雄、祥云、大理、保山、潞西至畹町镇；缅甸境内近200千米，由中缅边境起，经木姐至腊戌。昆明至大理下关段长411.6千米，1935年12月建成通车。下关至畹町镇段长547.8千米，1937年12月开工，1938年8月31日全线贯通，此后，一面通车，一面进行未完工程。1939年1～5月，分段竣工。滇缅公路中国段地处西南高原，海拔1 400～3 000米。翻越天子庙坡，以及雪山、怒山和高黎贡山三大横断山脉，跨越澜沧江、怒江等大河，工程十分艰巨。中华人民共和国建立后，滇缅公路中国段于1966年改称为昆畹公路，经不断整治和改建，已成为西南边疆重要国道干线。2004年全线实现桥梁永久化，大多数路段达到了二级路标准，里程也缩短为900千米。在抗日战争中滇缅公路是一条重要的国际公路运输通道。

**滇人青铜雕塑** Dian Bronze Sculptures 中国云南省滇池一带古代滇人墓葬中出土的青铜雕塑品。滇国是战国后期至东汉早期建立的少数民族王国，司马迁《史记》中有记载。古滇国独特的文化遗存在20世纪50年代开始发现。1955～1960年云南省博物馆先后4次在晋宁县晋城乡西南的石寨山进行考古发掘，清理墓葬近50座，出土品中数量最多的是青铜器，随后，滇人的墓葬在昆明、楚雄等地陆续又发现多处，出土青铜器总数逾万件。

滇人的青铜器造型活泼，富于装饰，具有浓郁的古代滇池地区民族文化的特点。各种生产工具、生活用器上多雕饰人物、动物和各种纹饰，铜扣饰、兵器、贮贝器盖上并有情节性的组雕，反映了滇民族的生产、生活情况，诸如祈年、播种、孕育、报祭、上仓、剽牛、纺织、战争、俘获、纳贡、乐舞等。

贮贝器是滇池一带古代青铜文化中特有的器物，形如铜鼓而略小，因发现时器中满盛贝壳，故名。在晋宁石寨山和江川李家山共发现30多具，多为战国、西汉时器物。其形式可分两类，一为桶形贮贝器，一为铜鼓形贮贝器，器盖上铸造各种生动的图像。

纳贡贮贝器盖上的组雕，表现7组不同服饰的人物。每一组最前面的人都着盛装，带剑或披毡，当是各部族的酋长，后面的随从，或牵牛马，或做贡物之状。人物形象围绕着圆形的贮贝器组成一圈，间以牛马等穿插，使组雕有起伏，有节奏，生动地记述了各部族向滇王进贡的场面。

战争和祭祀是当时社会生活中两件大事。出土于晋宁石寨山的战争贮贝器，器盖中央铸一骑马将军，全身鎏金，身披甲胄；周围的士兵，手执各式兵器与敌人搏斗，有的张弩欲射，有的持盾防御，有的挥矛前进，显得虎虎有生气。杀人祭铜柱贮贝器为鼓形四耳器，盖上的组雕描写丰收后的祭祀活动。

江川李家山出土的牛虎铜祭案是一件在重大庆典祭礼时盛放祭品使用的青铜器。作品塑造瘤牛宽厚的脊背作为椭圆形的案面，直立的四肢自然形成铜案的四足，臀部爬伏着一只老虎，虎口咬住牛尾，构成铜案的另一端，与高昂的牛头遥相呼应，牛肚子下面又钻出一头小牛犊。造型奇特，构思新颖，富于象征意义。滇人的铜扣饰精美，雕饰题材有狩猎、祭祀、乐舞、献俘、楼屋等。滇王墓出土的鎏金舞蹈铜扣饰，雕刻两个佩剑舞蹈者，一人踩蛇头、一人踏蛇尾，边舞边歌，动态夸张。动物扣饰常以野兽相搏为图样，出土的二虎噬猪、狼豹争鹿、二犬猎鹿等镂花铜扣饰，生动地再现了动物搏斗撕咬的瞬间，手法夸张，充分展示出滇人在青铜艺术上的巧思。

**滇山茶** *Camellia reticulata*; reticulate camellia 山茶科山茶属的一种。又称云南山茶花。分布于中国云南西部高地和滇中高原，为云南特产，也是良好蜜源植物。常绿乔木，高8～15米。单叶，互生，革质，长圆状卵形至卵状披针形，边缘有尖锐锯齿。花两性，辐射对称，常1～3朵着生于新梢顶部叶腋，花大，直径5～18厘米；萼片5～7；花瓣5～7，红色；雄蕊多数，花丝基部合生成筒；心皮3，合生，子房上位，3室。蒴果扁球形，外壳厚木质，3瓣裂，每室有种子1～3粒。

多生长在海拔1 900～2 600米的沟谷两侧或阴地。为著名观赏植物，仅见开花不结果，产果树花小，单瓣，冬季盛开。种子可榨油，供食用。为渐危树种，已被列为中国珍稀濒危保护植物。

**滇系军阀** Yunnan Warlords 中华民国时期军阀中以唐继尧为首的西南军阀派系。因唐继尧为云南（简称滇）人而得名。其主要活动区域在滇黔川三省。1913年，唐继尧由贵州调任云南都督，成为滇军首领。护国战争后期，唐不顾蔡锷反对，继续派兵入川，一度控制了四川。1917年接过孙中山“护法”口号，将滇军改称“靖国军”，并于次年2月再次控制四川。5月，唐继尧宣布就任川、滇、黔、鄂、豫“五省靖国联军总司令”，滇军声势达到顶峰。1920年5月，滇军在滇川军阀大战中以失败告终，结束了称霸四川的历史。1921年2月，唐继尧被顾品珍等部滇军逐出云南，流落香港。但次年3月，便依靠收买的旧部及土匪武装重新回到昆明，再次控制了云南军政大权。此后，唐继尧内以“民治党”为御用工具，标榜“民治”，外则继续推行军事扩张政策，派兵占领贵州，借口讨伐曹锟贿选，自称滇、黔等“七省建国联军总司令”，妄图恢复昔日“霸业”。1925年2月，又乘孙中山北上之机，企图夺取两广地盘，但未得逞。1927年，滇军将领龙云等发动“二六”政变，迫使唐继尧交出政权，解散“民治党”，滇系军阀统治至此结束。

**颠倒温度表** reversing thermometer 专用于测量海洋（或其他水深较大水体）表层以下各水层水温的特殊玻璃水银温度表。由主温表和辅温表组装在厚壁玻璃套管内而成。可同时测量水温和水深，测温准确度高达±0.02℃。但只适用于定点不连续的测量，测量时常与颠倒采水器配合使用。

受压型的颠倒温度表的套管一端封闭，防压型的两端完全封闭。主温表为双端式水银温度表，由贮蓄泡、接受泡、毛细管和盲枝等部分组成。贮蓄泡和玻璃套管之间充以水银，为避免深水水压影响主温表中水银柱的升降，特留有一定的空间。感温时贮蓄泡向下，盲枝的交叉点（断点）以上的水银柱高度取决于现场温度。将温度表颠倒时，水银柱便在断点处断开，从而保留了现场的温度读数。将温度表提出水面后，即可读出所测量的水层的温度。辅温表为普通的水银温度表，可用其测量环境的温度，计算出主温表读数的误差而加以订正。闭端颠倒温度表的水银柱高度不受水压（或水深）的影响，故可利用闭端的和开端的颠倒温度表的差值算出仪器沉放的深度。

**颠茄碱** atropine 莨菪烷型生物碱阿托品的别称。

**癫痫** epilepsy 多种因素所致一组脑功能障碍综合征。俗称羊痫风、羊颠疯、羊角风。因大脑神经元过度放电，产生多种一过性、发作性症状，常见惊厥发作和意识障碍，亦可表现为感觉异常、知觉障碍、精神症状、记忆力或其他高级神经功能症状及内脏或植物神经症状。基本特征是发作性（症状突然开始，突然终止）、重复性（发作后经过一定的时间间隔重复出现）。发病时脑电图可表现阵发性异常波型。

病因 过去曾将癫痫分为原发性及症状性（或继发性）两类。症状性癫痫可找到明确的病因。如大脑肿瘤中40%以癫痫为首发症状，成人癫痫的80%由颅内肿瘤引起；颅脑外伤也是癫痫常见的原因，约4%颅脑外伤发生后一周内出现癫痫。约2%的脑血管意外患者有癫痫发作。其他神经系统疾病、营养代谢性疾病，心脏、呼吸系统疾病，结缔组织病，中毒等也可为癫痫的病因。遗传因素也不容忽视。患者的亲属中癫痫患病率比一般人群高4～7.2倍。症状性癫痫患者的亲属的癫痫患病率也为一般人群患病率的两倍。

症状 癫痫发作时患者可有暂短的意

识不清，一般持续几分钟，可伴有全身或身体某一部分肌肉抽搐，可有跌倒、尿失禁。有些患者亦可表现为发作性肢体刺痛麻木或幻觉，如嗅到难闻的气味，或看到闪光的亮点，视物变大变小，亦可有暂短的精神异常。严重患者有频繁的抽搐、昏迷，可导致死亡。

诊断　依靠对病情及各项检查的全面分析。患者就诊时大多数没有发作，且对发作中的情况不能回忆，只能依靠旁观者提供。基本特征即发作性和重复性。应与所有发作性的病理情况，如癔病、一过性脑供血不全、晕厥、偏头痛、低血糖症、亚当斯－斯托克斯二氏综合征等相鉴别。

治疗　确诊为癫痫的患者除了接受与病因相关的治疗（如脑肿瘤的切除、杀灭囊虫的药物等）外，应在医生指导下长期规律地服用抗癫痫药物，突然停药可导致连续发作。避免从事发作时有可能自伤或伤人的工作，如高空深水作业、驾驶交通工具、操纵机器等。癫痫病人应生活规律，有良好的生活习惯，禁酒，避免过度劳累、暴饮暴食、情绪波动。提倡优生优育，禁止双方均是癫痫患者的男女通婚。

**癫痫性精神障碍**　epileptic mental disorders　起源于癫痫或作为癫痫临床病变一部分的一种精神异常现象。包括癫痫先兆、癫痫发作时精神障碍、癫痫发作后精神障碍、癫痫后遗精神障碍以及与癫痫有关的其他精神障碍。

癫痫先兆　癫痫发作开始时出现短暂的感觉、思维或情绪异常，局灶性癫痫常能提示脑内癫痫的起源部位。每个患者每次发作的先兆常常相同，持续时间为几秒钟或不到一分钟。

癫痫发作时的精神障碍　除全身性癫痫发作时常有意识障碍之外，还有多种形式的精神障碍可取代抽搐而成为癫痫发作的主要表现形式：①精神运动性发作。指伴有癫痫放电的发作性异常体验或运动行为障碍，有以下三种常见的表现形式。一为癫痫自动症。这类发作有时仅数秒钟，多不超过5分钟。表现为突然表情茫然，或喃喃自语，或做一些无目的的简单动作，也可从事一系列复杂活动，事后患者对刚才的表现完全遗忘。多由颞叶内侧损害引起。二为癫痫神游症。表现为无目的地离家出走、漫游，可持续数小时、数天或更久。意识恢复后对发作经过完全遗忘。这类发作常源于颞叶内下部病灶。三为癫痫蒙眬状态。意识障碍有深有浅，一般持续数小时，也可长达数周或更长。轻者表现为注意力涣散，领悟困难，反应迟钝；重者对环境不能感知，对外界刺激缺乏反应。这类发作也大多起源于颞叶内侧。②癫痫性情绪改变。是癫痫患者中最常见的精神症状，表现为情绪抑郁或情绪激动，甚至狂怒，出现攻击行为。但这类情绪改变的发生和消失都很迅速，且无明显意识障碍。

癫痫发作后精神障碍　紧接抽搐之后的精神症状。可表现为发作后自动症、蒙眬状态、癫痫性狂暴或幻觉妄想状态。患者意识模糊，动作笨拙而不协调，情绪兴奋、激越、具有冲动性，可有明显妄想和危险的攻击行为。

癫痫后遗精神障碍　常由严重而广泛的脑损害引起，与频繁的大发作或癫痫持续状态导致长时间脑缺氧有关。其中，癫痫性痴呆表现为记忆、注意、理解、判断能力的进行性减退。而癫痫性人格改变一般表现为自我中心，易激惹、感情用事、易冲动、暴怒、思维黏滞，或与人纠缠不休。

癫痫性精神障碍的治疗应以控制癫痫抽搐发作为主，精神病症状明显并有攻击行为时可酌用抗精神病药。

**癫证**　depressive psychosis　中医以精神错乱，静而少动，哭笑无常，语无伦次，或默默无语，或痛苦呻吟为特征的病证。癫证发病往往有精神刺激之诱因，多因气郁痰凝、阻闭心窍，使神明逆乱所致。

癫证属阴，为慢性疾病，多寒证和虚证。辨治时以辨气郁、痰阻、血瘀三者的轻重及正气的盛衰为主。癫证常见证型有：①肝郁气滞。病之未久，情绪苦闷，神志呆滞，喜静喜睡，不饮不食，舌苔薄白，脉弦细。治当疏肝运脾，常用逍遥散合白金丸。②气郁痰结，心神扰乱。精神抑郁，寡言呆滞，或多疑妄见，语无伦次，或喃喃自语，喜怒无常，甚则忿不欲生，舌苔白腻，脉弦滑。治当解郁涤痰、开窍宁心，常用涤痰汤。若兼烦躁不宁，失眠易惊，舌尖红，苔腻微黄，属气郁生热，痰火内扰。治当清火化痰、开窍宁心，常用温胆汤。③气虚痰结。情感淡漠，不动不语，甚则呆若木鸡，目瞪如愚，傻笑自语，妄闻妄见，自责自罪，面色萎黄，舌质淡、舌体胖、苔薄白，脉滑或脉弱。治当益气健脾、涤痰宣窍，常用四君子汤合涤痰汤。④气血两虚。癫证久延不愈，精神疲惫，面色苍白，肌肉瘦削，神思恍惚，心悸易惊，善悲欲哭，思维贫乏，言语无序，呆滞嗜睡，舌质淡、苔薄白，脉细弱无力。治当益气健脾、养血安神，常用养心汤为主方。

**典当**　pawn　专门经营以收取动产抵押品而放款的非银行金融机构。典、当、质、押信用行为的简称。又称当铺。通称典当行。是世界上最为古老的金融行业，也是现代银行业的雏形和源头。具体做法是个人或团体通过与典当行签订协议，以自己的财产作质押，从典当行取得一定数量的货币资金，在约定期限内归还此资金并付以一定金额的利息以赎回被质押财产。在约定期限到期后仍不能赎回财产，则成为旧称的“死当”（现今改称“绝当”），典当行可以拍卖的方式处理典当物（质押物）。典当行实质上是一种以借贷为内容的质押借贷关系。

**《典论·论文》**　*Classical Treatise on Literary Writing*　中国三国时期文学专论。作者曹丕，即魏文帝。《典论》是他在建安后期为魏太子时所撰的一部政治、社会、道德、文化论集。全书由多篇专文组成，《论文》是其中的一篇。《典论·论文》是中国文学批评史上第一篇专论。文章包括四部分内容。第一，它批评了“文人相轻”的陋习，指出那是“不自见之患”，提出应当“审己以度人”，才能避免此累。第二，评论了“今之文人”亦即建安七子在文学上的才力及不足，分析了不同文体的不同写作要求，认为唯有“通才”才能兼备各体。第三，提出“文以气为主”的命题，认为“气之清浊有体，不可力强而致”，“虽在父兄，不能以移子弟”。这里的“气”，实际上指的是作家的气质和个性。第四，论述了文学事业的社会功能，将它提到“经国之大业，不朽之盛事”的高度。《典论·论文》的出现，与建安时期文学的繁荣有密切关系。当时文人不仅致力于创作，互相切磋之风也颇盛。曹植《与杨德祖书》，陈琳《答东阿王笺》，曹丕、曹植各自的《与吴质书》等，都讨论过文学的社会功能问题、作者的个人“好尚”问题，也曾议论过“今世作者”的创作特色，以及相互取长补短等问题。《典论·论文》实际上是对这些讨论的一个总结。

**典妻**　wife lending　由买卖婚姻派生出来的临时性婚姻形式，即租妻。这是财产租典制在婚姻关系上的套用。典妻之风流行于中国宋元，明清沿袭成俗。到20世纪30～40年代，这种婚俗在江南部分农村地区仍存在。典妻在东北地区则有另一种形式，即招无力婚娶男性入家，规定同居期限，以役代典，俗称“拉帮套”。中华人民共和国建立以后，典妻制已消失。

**典权**　pawning right　支付典价、占有他人不动产而为使用收益的限制物权。支付典价而占有他人不动产者，为典权人；取得典价而以自己的不动产供典权人用益者为出典人。此项不动产称为典物。典权人交付于出典人的价金称为典价。典权与典当不同。典权的标的物以不动产为限，而典当的标的物以动产为限。典权人的权利有：①典物占有权。②典物用益权，即使用典物并获取孳息的权利。③留买权。出典人在回赎时，如将所赎典物出卖于第三人，在同等条件下，出典人应有留买权。④转典、出租权。典权人有权将典物转典或者出租。出典人的权利有：①所有权。出典人仍然保有典物的所有权。②典价权。出典人对于典权人有典价请求权，受领典价后，即取得典价的所有权。③担保物权设定权。出典人有权在典物上为他人设定抵押权。④回赎权。在典权期限内，出典人有典物回赎权。双方同意，也可找补典价与买价之间的差额，典权人就取得所有权；也有的到期不赎即视为绝卖。

**典型调查** typical investigation 从研究总体中有意识地挑选出少数具有代表性的对象进行调查，以达到了解总体的特征和本质的方法。适用于调查总体同质性比较大的情形。要求研究者有较丰富的经验，在划分类别及选择典型上有较大的把握。实施典型调查的主要步骤是：①根据研究目的，通过多种途径了解研究对象的总体情况。②从总体中初选出备选单位，加以比较，慎重选出有较大代表性的典型。③进点调查，具体搜集资料。④分析研究资料，得出结论。毛泽东的《寻邬调查》(1930)、《兴国调查》(1930)，张闻天的《米脂县杨家沟调查》(1947)都是典型调查的范例。

**点彩派** pointillism 继印象主义之后在法国出现的美术流派。见新印象主义。

**点苍山** Diancang Mountain 中国西南地区名山。又称苍山。位于云南省大理白族自治州中部，北始邓川，南止下关，东濒洱海，西临漾濞江河谷盆地。南北长50余千米，东西宽10余千米。山峰海拔3 000～4 000米，古冰川地貌形态典型完整。有十九峰、十八溪。最高峰马龙峰海拔4 122米。点苍山山色青翠，高峭山峰冬半年积雪不化，倒影映入洱海中，形成"银苍素洱"胜景。点苍山山麓、洱海之滨，多风景名胜区，著名的有天生桥、下关温泉、崇圣寺三塔、蛇骨塔及蝴蝶泉等，为大理自然风景区的重要组成部分。

**点阵** lattice 表达晶体结构周期性的一种几何形式。晶体是由规则排列的微粒（原子或离子）组成的，微粒的排列方式决定晶体的几何结构。在讨论晶体的几何结构时，组成晶体的微粒是什么并不重要，主要是微粒的排列规律，用一系列几何点在空间的规则排列来表征微粒排列的周期性，这种由无数个几何点按照一定的重复规律排列得到的几何图形称为点阵，即点阵是由晶体结构抽象出来的按同样周期性规则排列的几何点构成的图形。构成点阵的几何点称为点阵点。点阵具备下列4种性质：①按连接点阵中任何两点的矢量进行平移都能使点阵复原。②点阵点的数目为无限多。③每个点阵点都必须处于相同的环境。④点阵在平移方向的周期相同。

**碘** iodine 化学元素，元素符号I，原子序数53，原子量126.904 47，属周期系ⅦA（或17）族，卤素。法国化学家B.库图瓦在1811年发现碘。因为它的蒸气颜色为紫红色，所以根据希腊文iodes（紫色）命名为iodine。碘在地壳中的含量为$3\times10^{-5}\%$。主要以碘化物形式存在于海水、海藻、油井盐水和人体的甲状腺中。碘-127是存在于自然界中的唯一的稳定同位素。重要的人工放射性同位素有碘-131（半衰期8天）、碘-133（22小时）。

常温常压下，单质碘为紫黑色有金属光泽的固体；熔点113.60℃，沸点184.25℃，密度4.940克/厘米$^3$。加热时可直接升华成紫色气体。有刺激性气味。利用碘易升华的特性，可以提纯碘。碘在水中的溶解度比溴和氯低，在100克水中的溶解度为0.029克（20℃），但易溶于碘化钾水溶液及四氯化碳、二硫化碳和苯等有机溶剂。碘的氧化数-1、+1、+3、+5、+7。碘的活泼性明显地比氯和溴差，虽然碘也能与许多元素发生反应，但作用不像氯和溴那样剧烈，其中只有碘和磷的反应很激烈。除贵金属外，固态碘可与其他所有金属化合成碘化物。可与电负性比它小的非金属化合成共价型的碘化物。与其他卤素作用，生成卤素互化物，如IBr、ICl、$ICl_3$、$IF_3$、$IF_5$、$IF_7$等。碘的典型有机反应有：芳香族化合物的亲电子取代反应，形成芳基碘化物；碘在不饱和烃的多重键上的加成反应。极微量的碘与淀粉相遇，立即形成深蓝色的配合物，是定性检验碘的灵敏方法。

可从海藻、油井盐水和硝石生产的母液中提取碘，将含有碘化物的水溶液，用硫酸酸化后用氯气或亚硝酸钠氧化得到碘。

碘对动植物的生命是极其重要的。在高级哺乳动物中，碘以碘化氨基酸的形式集中在甲状腺内，缺乏碘会引起甲状腺肿大。约2/3的碘及化合物用来制备防腐剂、消毒剂和药物。碘酸钠作为食品添加剂补充碘摄入量不足。放射性同位素碘-131用于放射性治疗和放射性示踪技术。碘还可用于制造染料和摄影胶片。碘有毒，碘的蒸气刺激呼吸道黏膜，引起皮炎。黏附在皮肤上的碘可用硫代硫酸钠或碳酸钠溶液洗去。

碘的升华

**碘缺乏病** iodine deficiency disorders;IDD 机体碘摄入不足所致的一组微营养素营养不良性疾病。包括地方性甲状腺肿、地方性克汀病、亚临床型克汀病以及由缺碘引起的流产、早产、死胎、先天畸形、单纯聋哑等。碘对智力发育不可或缺。人体所需的碘都来自食物。世界上大部分地区的土壤和水都缺碘，从这些地区的水和粮、菜、肉、蛋中都不能获得足够的碘。全世界有10亿人生活在缺碘地区。最经济、简便、有效的补碘方法就是坚持食用碘盐。"碘缺乏病"这一概念于1983年由B.赫策尔提出。中国卫生部规定，从1994年开始每年5月5日（2002年以后改为5月15日）为"全国防治碘缺乏日"。

**电报** telegraph 一种通信方式。在发送端把文字、表格、图像等书面信息变成电信号，通过电路传送到接收端，接收端再复制成书面信息。电报一词来自希腊文tele（远）和graphein（写）的组合。

1837年美国人S.F.B.莫尔斯制成电磁式电报机。1844年第一条较长距离的电报线路在华盛顿至巴尔的摩之间建成，全长64千米。中国第一条开放公众电报业务的长途线路于1881年4月在天津和上海同时开工架设，全长1 537千米。1881年12月24日竣工，28日开放收发电报业务。

电报的主要业务种类有公众电报、用户电报和传真电报。公众电报和用户电报用编码方法传送，又称为编码电报。编码电报把需要传送的各种字母、数字和符号（统称字符）编成电码，发报局用规定的电码发送出电报信号，收报局则将所收到的信号解码成为字符。常用的电报电码有莫尔斯电码和五单位电码。传真电报用于传送原样的文字图像。

**电冰箱** refrigerator 带有制冷装置，用来冷冻、冷藏食品或其他物品的家用电器。容积通常为20～500升。

电冰箱由三部分组成：①箱体。由外壳、内胆、隔热材料和箱门构成。其功能是围护隔热，使箱内、外空气隔绝，以保持箱内的低温。②制冷系统。是一个封闭的循环系统。运转时不断吸收箱内被冷却物品的热量，并将其传递给箱外的空气或水，以实现制冷。③控制系统。用于控制箱内温度，保证安全运转及自动除霜等。

电冰箱可按箱门多少分为单门、双门和多门（设有冷冻、冷藏、蔬菜、冰温等专用储藏室）；按箱内空气循环方式，分为直接冷却式和间接冷却式；按制冷原理，分为压缩式、吸收式和热电式；按储藏要求，分为冷藏箱、冷藏冷冻箱和冷冻箱等。

**电波钟表** radio-controlled watch and clock 在石英电子钟表基础上增加接收长波标准时间信号、信号处理系统和自动校正机构的计时仪器。其工作原理是，地面发射台将标准原子钟时间信号以长波发送到以发射台为中心的2 000千米范围内，在此区域里，每只电波钟表都可接收到精确的时间信号，时间信号经信号处理器与钟表指示的时间比对，若有误差，即自动校正，使所有接收标准时间信号的电波钟表走时一致（见图），且走时精度很高。

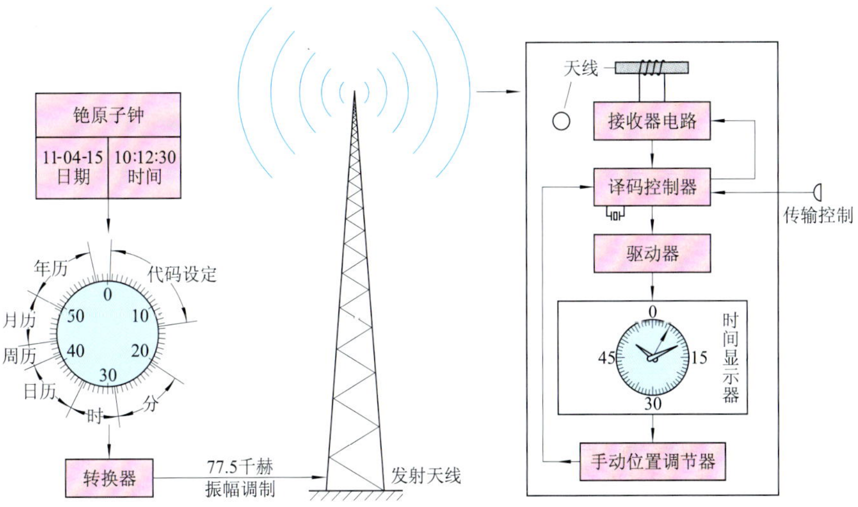

电波钟表示意

**电场** electric field 电荷或变化磁场周围空间里存在的一种特殊形态的物质。电场的基本特征是能使其中的电荷受到作用力，电场是电作用的媒递物。电场具有能量、动量，但不具有静质量。场和实物粒子可以相互转化。电场是在一定空间区域内连续分布的矢量场，描述电场的物理量是电场强度矢量，可以用电力线形象地图示。静止电荷产生的电场称为静电场或库仑场。静电场的高斯定理表明它是有源的，电荷是场源；静电场的环路定理表明它是非旋的，可以引入电势描述它。随时间变化的磁场产生的电场称为有旋电场，它的高斯定理和法拉第电磁感应定律表明它是无源有旋的。普遍情形的电场是静电场和有旋电场之和。电场和磁场是紧密联系的，变化的电场产生磁场，变化的磁场产生电场，没有绝对不变的电场和磁场，因此电场和磁场是电磁场统一体中相互依存、相互制约的两个方面。它们遵从麦克斯韦方程组，随着时间的推移以电磁波的形式在空间传播。在狭义相对论中，电磁场的统一性表现得特别明显。

**电场强度** electric field intensity 描述电场分布的物理量。简称场强。电场的基本性质是能使其中的电荷受到作用力。把一个试探电荷放在电场中的某一点，试探电荷的电量和体积应充分小，以便忽略它对原来的电荷分布和电场的影响，并可用它来确定空间各点的性质。实验发现，静止试探电荷所受的电场力$\boldsymbol{f}$与其电量$q_0$的比值$\boldsymbol{f}/q_0$是一个与试探电荷无关的量，它反映了电场本身的性质。因此，定义电场中某一点的电场强度为放于该点的静止试探电荷所受的电场力$\boldsymbol{f}$与其电量$q_0$的比值，即：

$$\boldsymbol{E}=\boldsymbol{f}/q_0$$

电场强度是矢量，方向为正试探电荷的受力方向，大小等于单位试探电荷所受的力。电场强度在国际单位制里的单位是V/m（伏/米），1V/m＝1N/C（牛/库）。电场中各点的场强的大小和方向往往各不相同，因而构成矢量场。整个电场强度的空间分布描述了电场分布。

**电池** battery; cell 将化学能、光能、热能、核能等直接转化为电能的装置。有化学电池、太阳电池、温差电池、核电池等，后三种属物理电池。通常所说的电池指化学电池。

结构 电池由电极、电解质、隔离层和容器四个基本部分组成。电极由参加电化学反应的活性物质和导电材料等组成，是电池的核心部分。电极分为正极（用"+"表示）和负极（用"－"表示）。电解质是酸、碱、盐的水溶液或有机电解质溶液，在电池内部正、负极间担负着传递带电离子的作用，有些电池中电解质还参与电化学反应。隔离层位于电池正、负两极之间，起隔离作用，防止内部发生短路而消耗储存的电能。容器即电池的外壳，起保护和容纳电池组分的作用。有些电池的外壳又是电池的电极。

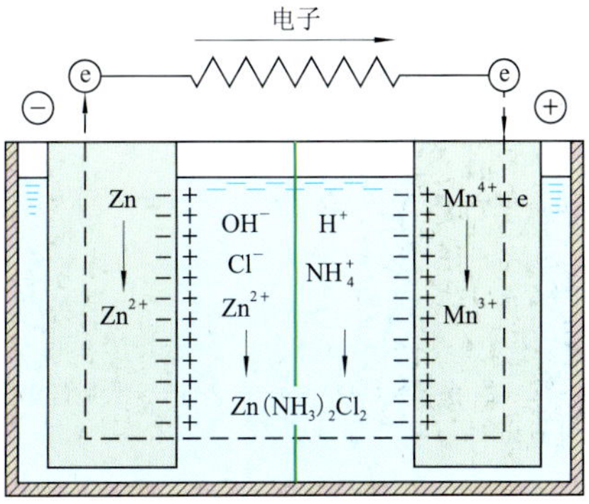

锌锰电池工作原理示意

原理 电池放电时，电子由负极经过外电路流入正极，在电池内部的电解质溶液中，正、负离子分别向两极作定向移动，形成电流（见图）。两个电极上同时发生化学反应，负电极发生氧化反应，正电极发生还原反应。蓄电池充电时，电极上发生放电反应的逆反应，活性物质获得再生，将电能以化学能的形式重新储存起来。

分类 电池按其使用性质的不同，可分为原电池、蓄电池、储备电池和燃料电池等几大类。原电池又称一次电池，一旦它的活性物质耗尽，不能通过充电的方式使其恢复使用。电解液不流动的原电池称为干电池。原电池是最常见的民用电池，如锌－锰电池、碱性锌锰电池、锌－银电池、锂电池等。蓄电池又称二次电池，这类电池可通过充电多次重复使用，如铅酸电池、镉镍电池、金属氢化物镍电池、锂离子电池等。储备电池是为了使电池有较长的储存期，储存时将电池的其他部分与电解质分别储存，使用时再注入电解质溶液进行活化，通常应用于军事等特殊场合。燃料电池利用氢或含氢载体和氧之间的反应产生电能，没有直接燃烧的过程，活性物质从电池外部补充。

**电池电动势** electromotive force of cell 单位正电荷在电池内部由负极迁移到正极时非静电力所做的功。是电池中电流为零时两电极的电势差。对于指定的电池，电动势决定于参与电池反应的物质所处的状态。如果各物质的状态已知，可由能斯特公式计算可逆电池电动势。其值也可用电位差计进行测量。

以电动势数据为基础处理实际问题的方法称电动势法，是科学研究和工业生产中广泛应用的测量方法。可用电动势法测量化学反应的吉布斯自由能变、焓变、熵变、平衡常数等重要热力学性质；测量溶液中许多离子的活度，这是电化学分析中电位法和电位滴定的基础；测量电解质平均活度系数。

**电吹风** hair dryer 用于头发吹干和整型的整容电器。又称干发器、吹风机。按电动机类型，可分为单相交流感应式、交直流两用串激式和永磁直流式三种；按送风方式，可分为轴流式和离心式两种。

电吹风主要由外壳、电动机、风叶和电热元件组成（见图）。外壳一般用金属薄

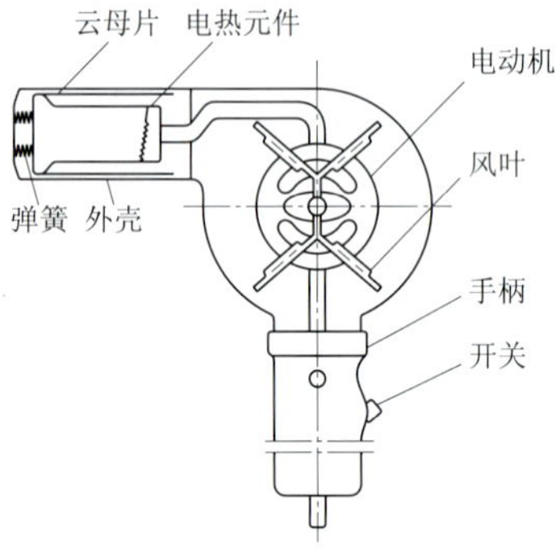

电吹风结构

板冲制后表面镀铬或用工程塑料压制而成。永磁式电动机和串激式电动机转速高，多用于轴流式电吹风；感应式电动机转速低，多用于离心式电吹风。风叶用金属薄板或塑料制成。电热元件一般用镍铬丝缠绕在瓷质或云母支架上构成，大多数电热元件上装有过热保护装置，并可调节加热温度。较新型的电吹风采用PTC元件作电热元件，其本身即有过热保护功能。电动机和风叶直接相连，通电后电动机带动风叶转动，从进风口吸入的空气经过电热元件，由开关控制，变成从出风口送出的热风或冷风。

**电磁泵** electromagnetic pump 使处在磁场中的通电流体在电磁力作用下向一定方向流动的泵。电磁泵的优点是没有转动部件，密封性好，结构简单，运行可靠，适宜输送汞、铅等有毒金属及化学性质活泼的液态金属。主要用于核动力装置中输送作为载热体的液态金属（钠或钾），也用于铸造生产中输送熔融的有色金属。电磁泵有两种基本类型：电导式和感应式。电导

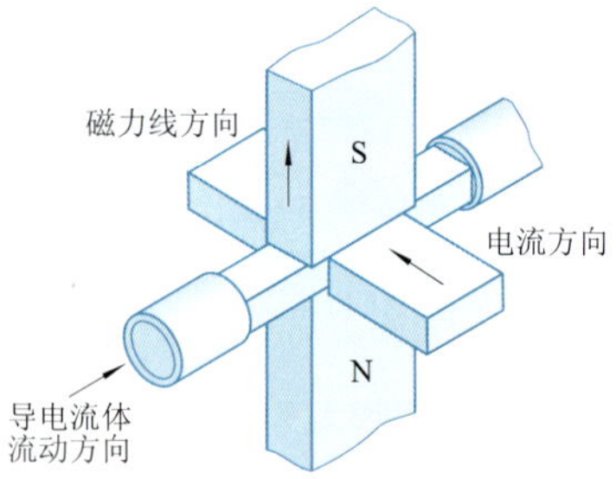

电磁泵工作原理图

式电磁泵用直流电或交流电。在非磁性难熔金属制管周围置以磁铁，其磁力线与管垂直（见图）。通入与管和磁力线均垂直的电流，据左手定则，产生机械力驱动导电流体。感应式电磁泵使用多相交流电。最新的感应式电磁泵为直线感应泵。

**电磁波** electromagnetic wave 变化电磁场在空间的传播。又称无线电波。与弹性波不同，电磁波的传播不依赖任何弹性媒质，它靠的是电磁场的内在联系和相互依存，即变化的磁场激发有旋电场、变化的电场（位移电流）激发磁场，因此，电磁波在真空中也能传播。电磁波的传播速度等于光速，光就是一种电磁波。无线电波、红外线、可见光、紫外线、X射线、γ射线等构成了不同频率和波长的电磁波谱。电磁波的传播伴随着能量和动量的传播，这不仅是电磁波的重要性质，也为电磁场的物质性提供了证据。电磁波是横波，其电矢量、磁矢量和传播方向构成右手螺旋。作为一种波动，电磁波有自身的反射、折射、散射以及干涉、衍射、偏振等现象。电磁波及其一系列性质是麦克斯韦电磁场理论的预言，已为包括赫兹实验在内的大量实验所证实。

**电磁波传播** electromagnetic wave propagation 研究电磁波在各种介质中传播所产生的现象、遵从的规律以及广泛应用等问题。包括无线电波传播、光波传播，还包括X射线、γ射线的辐射。研究这些电磁波与介质的相互作用引起的变化，探索传播介质的性质和研究电磁波传播的规律，可应用于通信、广播、定向、定位、导航、遥测、遥控、制导等广阔领域。

**电磁测量** electromagnetic measurement 研究电学量、磁学量以及可转化为电磁量的各种非电量的测量原理、方法和所用仪器、仪表的技术科学。测量是用实验方法将未知量（被测量）与已知的标准量相比较，以达到定量认识的过程。自然现象的规律，只有在可能作定量描述时才能对它有深刻认识，而且要在不断为实验和实践所证实后才能被广泛承认。自然界众多的现象和规律中，电磁现象和其他物理现象之间存在广泛的联系，如电或磁的力学效应、热效应、光效应、化学效应等。这些联系为电学量和磁学量本身的测量，也为各种非电量的测量提供了多种多样的手段。由于电信号比其他种类的信号更便于转换、放大、处理和传送，因此电磁测量在技术科学领域中具有十分重要的地位。

起源 电磁现象是自然界中最普遍的物理现象之一。最早的磁测量仪器是中国的司南，这是一台磁性罗盘。1745年G.V.里赫曼为研究大气电现象而发明了静电计。这是第一台具有定量性质的电测量仪器。1820年，H.C.奥斯特发现电流的磁效应；1821年，A.-M.安培阐明两个带电流导体间能产生吸引或排斥力的效应；1831年，M.法拉第发现电磁感应现象。这些发现促使电与磁的测量和有关仪表的发展，出现了各系机械式指示仪表和记录仪表。这些仪表利用磁与电相互作用产生机械力矩，并以指针或光点进行指示。同时，在特殊设计的线路（如电桥、电位差计等）中将待测的未知量与标准量进行比较的比较测量仪器（简称较量仪器）也逐步得到了发展。

测量对象 以电学量和磁学量为主。电学量包括电量（如电压$U$、电流$I$、电功率$P$、无功功率$Q$等）和电参数（如电阻$R$、电容$C$、自感$L$、互感$M$等）。其中$U$和$R$是基本量，其他的电学量可通过它们间接导出。磁学量包括磁通、磁通密度（磁感应强度）$\boldsymbol{B}$、磁场强度$\boldsymbol{H}$、磁导率、铁损等。其中$\boldsymbol{B}$和$\boldsymbol{H}$为基本量。20世纪50年代以后出现的数字测量技术，除了$U$和$R$，时间、频率（或脉冲数）也是测量中的基本量。

测量方法 按获得被测量数值的方式，电磁测量可分为直读法和比较测量法两大类。直读法是用电测量仪表直接读取被测量的数值。如用电压表测量电压、电能表测量电能等。比较测量法简称较量法。测量时把被测量和作为标准的已知量一起放在比较仪中比较以求得被测量。较量法又分为零值法、替代法和差值法。零值法指被测量和已知量比较时，检测器指零，如用电桥测量电阻。替代法是用已知量替代被测量，求出两者的差值。差值法是用比较仪器的读数反映被测量的变化，不平衡电桥法是常见的例子。差值法常用于传感器和非电量测量。

发展 20世纪下半叶，电磁测量技术的发展进入了一个新阶段。主要表现在：①利用量子力学的新成就建成了约瑟夫森量子电压基准和量子化霍耳电阻基准，准确度提高了二到三个数量级。②借助电子技术和数字技术研制成了各种数字测量仪表，测量准确度大大提高。由于集成电路技术的发展，已经可把整个测量系统集成在一块芯片上，这样的微型化测量系统可广泛应用在诸多方面。把电磁量转化为频率进行测量的方法发展得也很快。如利用核磁共振现象实现磁感应强度测量。

**电磁场** electromagnetic field 有内在联系、相互依存的电场和磁场的统一体和总称。随时间变化的电场产生磁场，随时间变化的磁场产生电场，两者互为因果，形成电磁场。电磁场可由变速运动的带电粒子引起，也可由强弱变化的电流引起，不论原因如何，电磁场总是以光速向四周传播，形成电磁波。电磁场是电磁作用的媒递物，具有能量和动量，是物质存在的一种形式。电磁场的性质、特征及其运动变化规律由麦克斯韦方程组确定。

**电磁单位制** electromagnetic unit system 物理量单位制中电磁量单位的集合。在历史上起过重要作用的电磁单位制，主要有绝对静电制、绝对电磁制、高斯制、实用单位制、国际单位制等几种。

每一种物理量单位制，都要选取若干个彼此独立的物理量，把这些量的单位作

为基本单位。然后，利用物理学方程从基本单位导出其他各种物理量的单位称为导出单位。力学量的基本单位，一般选取长度、时间和质量（或力）三种物理量的单位，并由此可导出所有的其他力学量单位。但电磁现象在原理上不能归结为力学现象，在单位制中还必须增加一个电磁量基本单位。从这样四个基本单位就可导出所有的电磁量单位。①绝对静电制。简称CGSE制。所选的长度单位为厘米，质量单位为克，时间单位为秒。此单位制中未明确规定电磁量基本单位，但把真空中的电学库仑定律的比例系数取为1。实际上等效于把真空介电常数$\varepsilon_0$取作电磁量基本单位，并把其值定为1。其缺点是此单位制中的不少单位的量值太小或太大。②绝对电磁制。简称CGSM制。其中的力学量单位与CGSE制相同，但规定真空中的磁学库仑定律的比例系数为1，等效于把真空磁导率$\mu_0$取作电磁量基本单位，并把其值规定为1。但此单位制中也有不少单位的量值过大或过小。③高斯制。其中的静电量单位均与CGSE制相同，磁学量单位与CGSM制相同。此单位制的静电学和静磁学的公式均较简单，大部分导出单位的量值也较适中，但是在联系静电量和磁学量的公式中会出现以光速$c$为因子的比例常数，使公式复杂化。④实用单位制。简称为MKSA制。所选的长度单位为米，质量单位为千克，时间单位为秒，并明确规定了电磁量的基本单位为电流单位安培（A）。这种单位制中绝大部分单位大小适中，便于实用。但真空的磁导率及介电常数均为不等于1的常数，因而一些公式显得稍微复杂。⑤国际单位制。国际单位制中的电学量基本单位——安培（电流单位）的定义如下：安培（A）是电流的单位。在真空中，截面积可忽略的两根相距1米的无限长平行圆直导线内通以等量恒定电流时，如导线间相互作用力在每米长度上为$2\times10^{-7}$牛顿，则每根导线中的电流定义为1安培。这样的定义与规定真空磁导率$\mu_0=4\pi\times10^{-7}$亨/米等效。国际单位制现已被广泛接受。中华人民共和国计量法中亦已明确规定了在中国采用国际单位制。1985年颁布的中华人民共和国法定计量单位即以国际单位制为基础制定。

**电磁辐射** electromagnetic radiation 发射电磁波的过程，也指电磁波的本身。电磁波的波长范围很广，从波长为数千米的无线电波到波长只有$10^{-4}$纳米的γ射线，不同波段的电磁波以不同方法产生。开放性的振荡电路能把电磁振动传输出去从而产生电磁波，例如无线电台天线发射的无线电波。微波电子管（速调管、磁控管和行波管等）产生波长为厘米或毫米量级的微波。按经典电磁理论，任何作加速运动的带电粒子均能辐射电磁波。同步回旋加速器中高速运动的电子可发射从微波到X射线的电磁波，这种同步辐射源已成为科学研究中的重要辐射源。以高速电子轰击金属靶时能发射连续谱X射线，称为韧致辐射。以上各种电磁波的产生机理均可用经典电磁理论描述。炽热物体的热辐射可产生主要为红外线的连续谱电磁波。分子振动和转动能级间的跃迁产生红外带状光谱。利用气体放电发生原子电子态间的跃迁，可产生可见光和紫外线。以高速电子电离原子的内层电子，所引起的内层电子的跃迁可产生X射线的标识谱。利用原子核的放射性或核反应可获得γ射线，这是由于原子核内部能级间的跃迁而产生。这一类的电磁辐射需用量子理论才能解释。

对各种电磁辐射的研究主要涉及总辐射功率、辐射强度的空间分布、偏振性质、波长测量和频谱分析等。各种辐射的应用极为广泛，遍及自然科学各个领域。

**电磁感应** electromagnetic induction 电磁学的基本现象。表现为穿过任意闭合回路的磁通量发生变化时回路中产生感应电动势。回路为导体回路时产生感应电流。1820年H.C.奥斯特观察到通电导线扰动磁针的现象，发现了电流的磁效应，启发物理学家们探讨磁是否也能产生电。M.法拉第在1831年发现了磁产生电的感应现象。他又做了一系列的实验，探明产生感应电流的条件和决定感应电动势的因素。感应电动势分为动生电动势和感生电动势。动生电动势是磁场不变，导体在磁场中运动，导体中的自由电荷受到洛伦兹力这一非静电力的作用引起的；而感生电动势是导体不动，磁场随时间变化在其周围激发涡旋的感应电场这一非静电力的作用引起的。感应电场是J.C.麦克斯韦分析电磁感应现象时首先提出来的，是他后来提出普遍的电磁场理论的基础之一。电磁感应现象是电磁学中最重大的发现，揭示了电与磁相互联系和转化的重要方面。

**电磁能** electromagnetic energy 电能与磁能的总和。亦即电场能量和磁场能量的总和，可表示为：

$$W=\frac{1}{2}\int \boldsymbol{D}\cdot\boldsymbol{E}\mathrm{d}V+\frac{1}{2}\int \boldsymbol{B}\cdot\boldsymbol{H}\mathrm{d}V$$

式中$\boldsymbol{D}$、$\boldsymbol{E}$、$\boldsymbol{B}$和$\boldsymbol{H}$分别为电位移、电场强度、磁感应强度和磁场强度，积分遍及场存在的空间。式中的$\frac{1}{2}\boldsymbol{D}\cdot\boldsymbol{E}$为电场能量密度，$\frac{1}{2}\boldsymbol{B}\cdot\boldsymbol{H}$为磁场能量密度。当空间的电磁场发生变化时，某一区域内的电磁场能量亦随之变化，一部分转化为该区域内其他形式的能量，另一部分则以能流的形式传递到该区域外。电磁能是电磁场物质性的体现。

**电磁炮** electromagnetic gun 利用电磁作用力驱动弹丸达到高速的装置。主要由能源、加速器、开关3部分组成。按照电磁力产生的方式不同，可分为电磁轨道炮、电磁线圈炮和电磁重接炮等。由于没有炮体与炮管内壁的摩擦力，电磁轨道炮的炮弹可获得极高的速度，可以用作天基拦截器，还可作为天基部件的自卫武器。电磁轨道炮和电磁线圈炮用于战术武器有着巨大的潜力，如可用于反坦克、反装甲车辆、反飞机，也可用来发射战术导弹和无人侦察机。20世纪70年代开始研制电磁炮。各国正在研制弹速达到2.5千米/秒而弹丸质量超过3千克的电磁武器炮，其关键是研制提供高能脉冲的电源。

**电磁势** electromagnetic potentials 描述电磁场的物理量。包括矢势和标势两部分。矢势$\boldsymbol{A}$和标势$\varphi$与磁感应强度$\boldsymbol{B}$和电场强度$\boldsymbol{E}$之间的关系为：

$$\boldsymbol{B}=\nabla\times\boldsymbol{A},\ \boldsymbol{E}=-\nabla\varphi-\frac{\partial\boldsymbol{A}}{\partial t}$$

将上二式代入麦克斯韦方程组可得出电磁势所满足的一组微分方程，未知量个数和方程个数都会减少，而且电磁势与电荷密度$\rho$及电流密度$\boldsymbol{j}$的依赖关系比较简单直接，具有对称性，易于求解。从电磁势和电磁场的关系可看出，作下列变换$\boldsymbol{A}\to\boldsymbol{A}'=\boldsymbol{A}+\nabla\psi$，$\varphi\to\varphi'=\varphi-\partial\psi/\partial t$时，$\boldsymbol{E}$和$\boldsymbol{B}$保持不变，式中$\Psi$为任意标量函数，这表明用矢势和标势描述电磁场是不唯一的，$(\boldsymbol{A},\varphi)$和$(\boldsymbol{A}',\varphi')$可描述同一电磁场。上列变换称为规范变换。由于电磁势的这种任意性，为了使基本方程和计算简单，在不同的问题中可采用不同的规范条件来选定$\boldsymbol{A}$和$\varphi$，常用的规范条件有库仑规范和洛伦兹规范。量子力学中电磁势与粒子波函数的相位密切有关。带电粒子在磁场被屏蔽数值为零而矢势不为零的空间中运动时，也会受到矢势$\boldsymbol{A}$的作用而改变相位，引起可观察的物理效应，即阿哈罗诺夫-玻姆效应。

**电磁铁** electromagnet 将电能转换为机械能以实现吸合做功的电器。通常由软磁材料制成的铁芯、衔铁和励磁绕组构成。当励磁绕组通电时，产生磁场，铁芯磁化，并产生电磁吸力吸引衔铁，使之运动做功。主要用于操动、牵引机械装置。工业上常用的电磁铁有制动电磁铁、牵引电磁铁、起重电磁铁和阀用电磁铁等。此外，属于电磁铁类的还有用以传递或隔断两轴间机械联系的电磁联轴器；用在机床工作台上吸牢磁性材料工件的电磁吸盘；供高能物理、核聚变研究、磁流体发电和高速悬浮列车等使用的、能产生高达数十特（斯拉）磁通密度而几乎不消耗绕组功率的超导电磁铁等。

**电磁污染** electromagnetic pollution 当电磁辐射强度超过人体所能承受的限度时，即产生电磁污染。主要来源于两大类：一类是天然电磁辐射，如雷电、火山喷发、地震和太阳黑子活动引起的磁暴等；另一类是人工电磁辐射，主要是微波设备产生的辐射，特别是飞速发展的通信设备。

电磁辐射的危害主要包括：①高强度的电磁辐射使人体组织温度升高，导致身体发生机能性障碍和功能紊乱，严重时造成植物神经功能紊乱；损伤眼睛；对生殖系统也有较严重的影响。②干扰和破坏生产、生活，对电器设备、飞机、建筑物等可能造成直接破坏。③引燃引爆，特别是高场强作用下可引起火花而导致可燃性油类、气体和武器弹药的燃烧与爆炸事故。

1984年国际非电离辐射委员会与世界卫生组织的环境卫生部联合推荐了电磁防护标准，规定在最敏感段公众暴露的环境标准为200微瓦/厘米$^2$。中国在《电磁辐射防护规定》中给出最敏感段公众暴露的环境标准为40微瓦/厘米$^2$。

为将电磁辐射的强度减小到容许的程度，常用的方法是采用电磁屏蔽。一是将污染源屏蔽起来，即主动场屏蔽；二是将指定的空间范围、设备或人员屏蔽起来，使其不受电磁辐射的干扰，即被动场屏蔽。此外，还要注意个人防护，在进入电磁污染区时应穿金属衣、戴头盔和眼罩。

**电磁相互作用** electromagnetic interaction 自然界的四种基本相互作用之一。它是带电粒子与电磁场的相互作用以及带电粒子之间通过电磁场传递的相互作用，强度上仅次于强相互作用而居于四种相互作用的第二位。电磁相互作用和引力相互作用是长程力，可在宏观尺度的距离中起作用而表现为宏观现象。宏观的电磁相互作用理论总结在麦克斯韦方程组中，早在19世纪已为人们所掌握。微观的电磁作用理论是量子电动力学，它是麦克斯韦电磁理论与量子力学原理的结合。量子电动力学中，电磁场是量子化的光子场。光子的质量为零，自旋为$\hbar$($\hbar=h/2\pi$, $h$是普朗克常数)，能量为$h\nu$, $\nu$是频率。带电粒子可发射和吸收光子，它们之间的电磁作用通过光子场传递。正反带电粒子对可以湮没而转化为光子，它们也可在电磁场中产生。

**电磁学** electromagnetism 经典物理学的一个分支学科。主要研究电荷、电流产生电、磁场的规律，电场、磁场对电荷、电流作用的规律，电场、磁场的相互联系和运动变化的规律，电路的导电规律，以及电磁场对物质的各种效应等。

历史和发展 早在中国古代，就已有“慈石（磁石）召铁”、“瑇瑁（玳瑁）吸褚（细小物体）”等记载，并发明了司南勺（指南针）。在西方，也有磁石指南北，琥珀、煤玉等摩擦后能吸引轻小物体等发现。18世纪，电现象的研究有了迅速发展：区别了导体和绝缘体；认识到电有两种，同种相斥、异种相吸、结合中和；莱顿瓶、起电机、伏打电池的发明，解决了电的贮存和产生，为电的研究提供了重要条件；B.富兰克林的风筝实验，证明雷闪是放电，所发明的避雷针成为电研究的第一个实际应用；更重要的是，C.-A.de库仑通过精巧的扭秤实验得出电力与距离平方成反比，库仑定律的建立标志着电学步入了科学的行列。

1820年，H.C.奥斯特发现的电流磁效应，揭示了电现象和磁现象之间的联系，宣告了电磁学的诞生。紧接着，J.-B.毕奥、F.萨伐尔、P.-S.拉普拉斯确立了电流磁效应的定量规律。A.-M.安培则根据当时的一系列实验，提出磁现象的本质是电流，物质的磁性来源于分子电流的看法，把涉及电流与磁体的各种相互作用归结为电流的相互作用，并通过精心设计的示零实验，得出了电流元之间相互作用力的规律——安培定律。1826年，欧姆定律的建立为电路的研究奠定了基础，也是对材料电磁性质研究的开端。

1831年，M.法拉第发现了电磁感应现象。电磁感应不仅从另一个侧面揭示了电磁现象之间的联系，而且标志着对电磁现象的实验研究已经从静态向变化运动的动态发展。法拉第还发现了电解定律，磁光效应，用实验证明了各种电的同一性以及电荷守恒定律，统一解释了物质的顺磁性和抗磁性，研究了极化现象和静电感应现象等等。更值得强调的是，法拉第认为电力和磁力是通过电力线和磁力线传递的。法拉第广泛的实验研究和在当时独树一帜的彻底的近距作用观点为电磁场理论的建立奠定了基础。J.C.麦克斯韦继承了法拉第的近距作用观点，把客观存在的、作为电磁作用媒递物的电磁场取作研究对象，开辟了物理学研究的新天地。麦克斯韦提出有旋电场和位移电流概念来描述电、磁场的内在联系和相互依存，并利用矢量分析的数学手段，终于在1865年建立了电磁场理论的完备方程组——麦克斯韦方程组。

电磁波预言的实验证实，宣告了电磁场理论的胜利，证明了电磁场的客观存在，提出了光的电磁理论。1896年H.A.洛伦兹提出电子论，把麦克斯韦方程组用到微观领域，并把物理的电磁性质归结为原子中电子的效应，统一地解释了电、磁、光现象。1905年A.爱因斯坦建立的狭义相对论，否定了以太参考系，使得麦克斯韦方程组和洛伦兹力公式在所有惯性参考系中都成立。

20世纪物理学的发展，在带电粒子与电磁场的相互作用上，使经典电磁理论遇到了困难。经典理论的局限性在于对带电粒子的描述忽略了其波动性；而对电磁波的描述又忽略了其粒子性。于是在波粒二象性的基础上发展了量子电动力学。

基本内容 静电学研究静止带电体产生电场、电场对电荷作用的规律，静电场的性质，以及电场和物质的相互作用等问题。电场使导体感应，使电介质极化，感应和极化是物质对电场的响应，感应电荷和极化电荷产生的附加电场改变了原有的电场分布，两者相互联系相互制约。

静磁学研究恒定电流产生的磁场、磁场对电流作用的规律，静磁场的性质，以及磁场和物质的相互作用等问题。运动电荷所受的洛伦兹力决定了带电粒子在电磁场中的运动。磁场对电流的安培力就是洛伦兹力的宏观表现，磁场使磁介质磁化，磁化电流产生的附加磁场改变了原有的磁场分布，两者相互联系，相互制约。磁介质有顺磁质、抗磁质和铁磁质的区分，铁磁质因磁性很强而有重要的应用，铁磁质有独特的磁化规律。

电磁场是电磁学的重要内容，它涉及电场和磁场的相互联系和运动变化规律。变化的磁场产生有旋电场，这是与电荷产生的静电场性质截然不同的另一种电场。变化的电场产生磁场，麦克斯韦用位移电流描述变化的电场。有旋电场和位移电流概念深刻地揭示了电场、磁场的内在联系和相互依存。总的电场是电荷产生的电场与有旋电场之和，总的磁场是电流和位移电流产生的磁场之和，电磁场是不可分割的统一体。电磁场的运动变化遵循麦克斯韦方程组，以电磁波的形式传播，光就是一种电磁波。电磁场具有能量和动量，电磁波的传播伴随着能量和动量的传播，可以和实物交换能量和动量，这些不仅是电磁场的重要性质，也为它的物质性提供了证据。

电路包括直流电路和交流电路，分别研究恒定条件和周期性变化（非迅变）条件下的电路定律和性质。欧姆定律和基尔霍夫定律是研究直流和交流电路的基础，有广泛的应用。

电磁效应是电磁学与物理学其他部门以及其他学科联系的纽带，有助于了解物质的结构以及物质中发生的各种基本过程。电磁测量包括所有电磁量的测量以及非电磁量的电磁测量。

**电磁灶** induction cooker 利用电磁感应加热原理烹饪食物的厨房电器。按感应加热电流的频率分为低频和高频两类。前者采用50赫或60赫的工频；后者频率在15千赫以上，通常在40千赫左右。

电磁灶由灶台台板、壳体、感应加热线圈、整流装置、高频电力转换装置（低频灶不用）和控制系统组成。台板是一块高强度、耐冲击的微晶陶瓷薄板。壳体以薄钢板制成，外部喷漆。所用的烹饪锅多以铁磁性材料制作。

电磁灶工作时，工频电流经整流装置转变为直流电，再通过高频电磁转换装置转变为15千赫以上的高频电流。当高频电流流过感应加热线圈时，产生高频交变磁场，使铁磁性烹饪锅里产生涡流。涡流克服锅体内阻流动时，将电能转换为热能，供烹饪用。

**电导** conductance 电阻的倒数。单位为西门子。

**电动机** electric motor 将电能转变为机械能的电机。通常电动机的做功部分作旋转运动，这种电动机称为旋转电动机；也有作直线运动的，称为直线电动机。电动机能提供的功率范围从毫瓦级到万千瓦级。电动机具有自起动、加速、制动、反转、掣住等能力，能满足各种运行要求，工作效率较高，没有烟尘、气味，不污染环境，噪声较小。在工农业生产、交通运输、国防、商业及家用电器、医疗电器设备等各方面广泛应用。

应用最广的是交流异步电动机（又称感应电动机）。它使用方便、运行可靠、价格低廉、结构牢固，但功率因数较低，调速也较困难。大容量低转速的动力机常用同步电动机。同步电动机功率因数高，其转速与负载大小无关，只决定于电网频率，比较稳定。在要求宽范围调速的场合多用直流电动机，但它有换向器，结构复杂，价格昂贵，维护困难，不适于恶劣环境。20世纪70年代以后，交流电动机的调速技术渐趋成熟，设备价格日益降低，已开始得到应用。

电动机在规定工作制式（连续式、短时运行制、断续周期运行制）下所能承担而不至引起电机过热的最大输出机械功率称为额定功率，使用时需注意铭牌上的规定。电动机运行时需注意使其负载的特性与电机的特性相匹配，避免出现飞车或停转。一般电动机调速时其输出功率会随转速而变化。从能量消耗的角度看，调速大致可分两种：①保持输入功率不变。通过改变调速装置的能量消耗，调节输出功率以调节电动机的转速。②控制电动机输入功率以调节电动机的转速。

**电动力学** electrodynamics 电磁现象的经典的动力学理论。又称经典电动力学。研究电磁场的基本属性、运动规律以及电磁场和物质的相互作用。

麦克斯韦方程组和洛伦兹力公式在电动力学中占有重要地位。把麦克斯韦方程组、洛伦兹力公式和带电体或载流导线的运动方程联立起来，就可以完全确定带电体或载流导线的运动、变化。因此，麦克斯韦方程组和洛伦兹力公式构成了描述电磁场和电磁作用普遍规律的完整体系。

电磁场和介质的相互作用是宏观电磁问题的另一个重要方面。在电磁场的作用下，静止的物质中一般会出现极化、磁化和传导三种过程，相应产生极化电流、磁化电流和传导电流，并导致自由电荷和极化电荷的积累。确定极化、磁化、传导与电磁场（以及其他因素）之间关系的方程称为本构方程。在介质运动的情况下，不仅其中会出现新类型的电荷、电流，其电磁性质也会不同。介质的力学运动将和其中的电荷电流以及电磁场的运动变化互相影响，有时可以形成十分复杂的状态。这种情形在等离子体中常常见到。

电动力学中涉及的问题相当广泛。如求解静电场和静磁场的分布，介质在静电场或静磁场中所受的力，电磁波的辐射和传播，带电粒子在电磁场中的运动，电磁波和介质的相互作用，甚至介质的运动等。另外，狭义相对论的提出与电动力学的研究有密切的关系，其内容还包括电磁场在不同参考系中的变换关系，因此也常常放在电动力学中讨论。

**电动势** electromotive force 表征电源性能的特征量。它是用电源非静电力做功的能力来反映电源性能的。电源电动势$E$的定义是将单位正电荷从电源负极通过电源内部移动到正极时，非静电力$\boldsymbol{K}$所做的功，用数学式表示为：

$$E=\int_{-}^{+}\boldsymbol{K}\cdot\mathrm{d}\boldsymbol{l}$$

电动势是标量，其国际单位制单位为伏特。电源电动势是电源本身的性质，与外电路的性质以及电路是否接通都没有关系。电磁感应现象中，非静电力可能出现在整个线圈回路中，闭合回路的感应电动势则为将单位正电荷绕闭合回路一周非静电力所做的功，表示为：

$$E=\oint\boldsymbol{K}\cdot\mathrm{d}\boldsymbol{l}$$

**电镀** electroplating 利用电解反应在金属、合金或非金属制品的表面上沉积一层结合牢固且性能优良的金属或合金镀层的表面处理技术。电镀赋予制品表面特殊的性能，如保护装饰功能和导电性、磁性、可焊性，提高硬度、耐磨性和耐蚀性，还可修复磨损和加工失误的工件。电镀时电流接通，欲镀金属阳极发生溶解生成金属离子（或发生氧化反应），被镀工件阴极则发生欲镀金属离子的放电和原子的沉积过程，进行电结晶，产生镀层。镀覆方法主要有挂镀、滚镀、流镀、连续镀、刷镀和脉冲电镀等。脉冲电镀适于重要用途和贵重制品。按镀层种类分，主要有单金属电镀、合金电镀和复合电镀。

**电法勘探** electrical prospecting 根据探测目标物（地质体或其他物体）之间存在的电磁性质差异，通过观测天然存在或人工形成的电磁场分布，探查地质构造，寻找有用矿产和地下水，解决工程、环境、灾害等问题的地球物理勘探方法。

电法勘探利用的主要物性有导电性、介电性、导磁性、激发极化性和自然极化性等。当地下岩层、矿体等物体的电性分布沿水平或垂直方向发生变化时，则在地面、空中或海洋观测到的电磁场空间分布也将发生相应变化，出现异常。通过对异常进行解释，可推断地下的地质构造和矿体等物体的位置、埋深、形状、大小等赋存状态。电法勘探的方法在人工场源方面有电阻率法、激发极化法、充电法、电磁感应法和探地雷达法等，在天然场源方面有自然电场法和大地电磁法等。当观测空间不同时，又有地面电法、航空电法和海洋电法之分。根据所采用的测量技术和工作程式的不同，电法仪器可分为直流电法仪、频率域电法仪、时间域电法仪三类。

**电饭锅** electric rice cooker 电热烹饪器具主要品种之一。又称电饭煲。具有自动煮饭、保持恒温、清洁卫生和使用方便等优点。主要由外壳、内锅、锅盖、加热元件和限温控制器等构成。按加热方式可分为直接加热式和间接加热式两种。直接加热式电饭锅的内锅底与电热板直接接触，电热板的热量直接传给内锅；间接加热式电饭锅的内锅底不直接与电热板接触，而是由电热板加热外锅，使其中的水沸腾变成蒸汽，再均匀地加热内锅。按加热元件多少可分为单电热板式和多电热板式。

**电风扇** electric fan 由电动机带动风叶旋转来加速空气流动，产生低压气流，实现通风降温的一类空气调节电器。又称电扇。按结构形式分为台扇、台地扇、落地扇、壁扇、顶扇、吊扇、转页扇、冷风扇、冷热风扇等，按空气流向分为轴流式和离心式。电扇的规格按扇翼直径划分。轴流式电风扇运行时空气平行于旋转轴方向进入，并由平行于轴的方向输出；离心式电风扇运行时空气平行于转动轴的方向进入，由垂直于轴的方向输出。电风扇的基本结构由电动机（扇头）、护罩（壳）、风叶、摇头机构、基座（随固定方式变化）、调速（控制）机构等几个部分组成。

**电负性** electronegativity 分子中原子吸引成键电子的能力。电负性是判断元素金属性的参数，金属元素电负性较小，非金属元素

主族元素的电负性值（鲍林标度）

| | | | | | | | |
|---|---|---|---|---|---|---|---|
| H 2.20 | | | | | | | He — |
| Li 0.98 | Be 1.57 | B 2.04 | C 2.25 | N 3.04 | O 3.44 | F 3.98 | Ne — |
| Na 0.93 | Mg 1.31 | Al 1.61 | Si 1.90 | P 2.19 | S 2.58 | Cl 3.16 | Ar — |
| K 0.82 | Ca 1.00 | Ga 1.81 | Ge 2.01 | As 2.18 | Se 2.55 | Br 2.96 | Kr 3.00 |
| Rb 0.82 | Sr 0.95 | In 1.78 | Sn 1.96 | Sb 2.05 | Te 2.10 | I 2.66 | Xe 2.60 |

较大。**元素周期表**中同一周期元素由左向右电负性依次增大，同一族元素自上而下电负性依次减小（见表）。电负性差别大的元素生成的化合物以**离子键**为主，电负性相近的元素互相以**共价键**相结合，电负性相等或相近的金属元素以**金属键**结合。稀有气体具有极强的保持自己电子的能力，吸引其他元素电子能力为零，它们的电负性在同一周期中也很高。但Xe的电负性低于O和F，所以可生成氧化物和氟化物。L.鲍林于1932年首先提出电负性的概念，并计算了10个元素的电负性半定量值；1939年又计算出33个元素的电负性值。在鲍林之后，又有许多学者依据更多的结构参数和数据（静电力、偶极矩、电离能、电子亲和能、分子光谱等），提出了多种估算元素电负性的方法。

**电感** inductance　电流随时间变化时在电路内部或邻近电路中产生感应电动势的基本电路参量。是交流电路中的一种线性元件，与**电容**、**电阻**共同决定电路的瞬变过程、稳定状态、功率因数以及电振荡性质等。当一个线圈中的电流变化时，所激发的磁场通过线圈自身的磁通量也在变化，由此在线圈自身产生的感应电动势称作自感电动势。根据**法拉第电磁感应定律**，自感电动势$E_L$与电流变化率成正比，即：

$$E_L = L\frac{\mathrm{d}i}{\mathrm{d}t}$$

式中比例系数$L$反映自感的强弱，称为自感系数，简称自感。两个靠得较近的线圈，当一个线圈中的电流变化时所激发的变化磁场，会在另一个线圈中产生感应电动势；同样，后一线圈中的电流变化时所激发的变化磁场，也会在前一线圈中产生感应电动势，这种相互感应产生的电动势称作互感电动势。根据法拉第电磁感应定律，互感电动势$E_1$、$E_2$分别与电流变化率$\mathrm{d}i_2/\mathrm{d}t$、$\mathrm{d}i_1/\mathrm{d}t$成正比，即：

$$E_1 = M_{21}\frac{\mathrm{d}i_2}{\mathrm{d}t},\ E_2 = M_{12}\frac{\mathrm{d}i_1}{\mathrm{d}t}$$

$M_{12}$、$M_{21}$反映互感的强弱，称为互感系数，简称互感。实践和理论都证明$M_{12}=M_{21}$。自感和互感的单位都是亨，1亨＝1伏·秒/安，它们的大小取决于线圈的大小、形状、匝数、介质的情况以及两个互感线圈的相对位置。自感与互感在电工和电子技术中应用广泛。自感与电容、电阻组合可构成谐振电路或**滤波器**，可用于稳定电路的电流和储能；利用互感制成的各种**变压器**可使能量或信号由一个线圈方便地传递到另一个线圈。电感有时也非常有害，大自感线圈电路切断时产生强烈的电弧会烧坏电闸开关；互感可引起电路中非正常的耦合，导致工作异常。

**电工** electric engineering　研究电磁领域的客观规律及其应用技术，以及电力生产和电工制造的工业体系。电工程的简称。

**发展简史**　19世纪初，伏打电堆即原电池的出现，首次提供了能产生持续电流的电源；随后，电流的电磁现象、电流的力效应，**电磁感应**现象，电、磁与其他能量转换规律以及辐射等现象的发现，极大地促进了**电磁学**的发展。从1835年发明电报开始，到20世纪初又陆续发明了白炽灯、电话、直流与交流发电机、电动机、变压器、高压交流输电、供电、配电线路、电子管等，使工业、企业获得了新的动力和通信手段。

现在电工制造业出现了能制造和设计大容量火力与水力发电机、变压器、电动机和相关控制电器、高压输电设备的大型工厂和能提供各种样式工业和民用电器的生产企业。

**内容**　电工程包括以下主要内容。

电力系统　由发电、输电、变电、配电和用电等环节组成的电能生产与消费系统。它的功能是将自然界的一次能源通过动力发电设备转化成电能，再经输电、变电和配电，提供给企业和家庭用户。

发电环节是由水轮机或汽轮机（核能也是经热交换器产生蒸汽）驱动的大容量三相同步发电机组成。经变压器升压后，通过架空输电线或电缆输送到负荷中心的变电所。交流输电电压高达500～765千伏。直流输电必须先在整流站利用大功率晶闸管将交流电转换为500千伏的直流电压后，才送到负荷中心的逆变站，再经电力电子器件还原为交流电备用。高压输电的优点是可延长输电距离、增大送电容量、减少线损、节省材料等。

变电环节是将所接受的高电压进行高、中、低等级的变换，供电和配电环节则是以各种方式按用户的要求提供电能。

电机　应用电磁感应定律制成的机械能与电能之间相互转换的机械，主要分为旋转电机和**变压器**两大类。旋转电机包括产生容量高、低电压的发电机和提供转矩的电动机，如各种感应电动机、同步电动机、变频电机和直流电动机等。变压器是静止传送电能的机械装置，广泛用于电压、电流、阻抗的变换和电路的电隔离等。

电器　见**电器**。

高电压技术　用于输电和高电压设备。还深入到如照明、电视机、**复印机**、对人体内结石的破碎、**静电防护**等方面。其他领域的需求也推动了高电压技术，如粒子加速器、激光技术、气体放电、各种航天器的雷电防护、生产加工、环境保护等。

电力电子技术　包括利用功率二极管、晶闸管等大功率半导体器件对电能进行变换、控制、优化处理、提高电气设备的自动化运行水平，也用于对电机性能的改进、改造和提供新型电器等。

电工材料　主要包括导电材料、绝缘材料、半导体材料和磁性材料等。导电材料是具有高导电率的金属与合金。绝缘材料电阻率在约$10^{10}$欧·米以上，电阻率愈高，材料的绝缘性能愈好。半导体材料电阻率介于上述两种材料之间。磁性材料主要为铁磁性材料和铁氧体等。

电工测量　早期的主要测量对象是各种电学量和磁学量，称作**电磁测量**。所用的仪器仪表包括指针式电表和电桥、电位差计等。20世纪中期制出多种数字式仪表和智能化仪表。到20世纪末期，出现了虚拟式仪表，功能可由用户自行定义，更换灵活、一表多用。

电工理论　包括直流与交流电路理论、磁路理论、电磁场的工程应用等。

**电功率** electric power　单位时间内电路中电场推动电流所做的功。设直流电路两端的电压为$U$，流过该段电路的恒定电流为$I$，则单位时间内电场力推动电流所做的功为$P=UI$，其国际单位制中的单位为瓦特（W）。电流在某段电路中做了功，意味着这段电路中有电能转化为其他形式的能量。如果是**电动机**，则电能转化为机械能，如果是正在充电的蓄电池或正在工作的电解槽，则有电能转化为化学能，如果是电阻，则电能转化为损耗的热。交流电的电功率为瞬时电压和瞬时电流的乘积。它随时间周期性变化，交流电瞬时电功率在一个周期内的平均值称为交流电功率，表示为$\overline{P}=UI\cos\varphi$，式中$U$为交变电压的有效值，$I$为交变电流的有效值，$\varphi$为电压与电流的相位差，$\cos\varphi$称为功率因数。

**电光材料** electro-optic material　具有电光效应的光学功能材料。在电场作用下，材料对光波的透射、反射、散射或吸收性能发生相应改变的性质称为电光效应。利用电光材料可以制作电光调制器、电光开关、电光偏转器、电光显示器、光学双稳器件等，应用于激光光电子技术、光通信技术和光信息处理技术。电光材料按材料结构可分为电光晶体、电光液晶、电光量子阱结构材料、电光透明陶瓷和电光液体等。实用的电光晶体有铌酸锂、钽酸锂、磷酸二氘钾和砷化镓等，它们光学均匀性好，抗光损伤能力强，常应用于激光技术；薄膜电光晶体驱动电压低，可制成集成电光器件，广泛应用于光通信技术。电光液晶中最常用的是氰基联苯类室温液晶，其制作成本低，驱动电压仅几伏，广泛应用于光显示器和光阀。电光量子阱结构材料如砷化钾（或镓铝砷）等是一类新型电光材料，在近红外波波段有灵敏和快速的自电光效应，可制作光学双稳器件。

**电光源** electric light source 将电能转换为光能的器件或装置。通常分为热辐射光源和气体放电光源两大类。前者是利用电加热物体至白炽而发光，后者是利用气体放电过程中原子受到激发而发光。常用的热辐射光源有白炽灯、卤钨灯，气体放电光源有荧光灯、高压汞灯、钠灯、金属卤化物灯等。

电光源的主要性能参数：①光通量。光源在单位时间内向周围空间辐射并引起视觉的能量。②发光强度（光强）。光源在某一特定方向上单位立体角内辐射的光通量。③照度。受照体单位面积上接收的光通量。④亮度。光源在给定方向上单位投影面积上的发光强度。⑤色温。光源发光的颜色与黑体加热到某一温度所发出的光的颜色相同时，这一温度为光源的颜色温度。白炽灯的色温为2 400～2 900K。⑥显色性。光源显现被照物体颜色的性能。同一颜色的物体在具有不同光谱功率分布的光源照射下会显出不同的颜色。⑦显色指数。物体的颜色在待测光源的照射下与在另一相近色温的黑体或日光参照光源照射下相符合的程度。颜色失真少则显色指数高，光源的显色性好。⑧发光效率。简称光效，指电光源每消耗功率1瓦所发出的光通量。⑨光源寿命。分为全寿命、有效寿命和平均寿命。全寿命指光源不能再起点和发光时所点燃的时间，有效寿命指光源的发光效率下降到初始值的70%～80%时共计点燃的时间，平均寿命指每批抽样试验产品有效寿命的平均值。⑩起动与再起动。电光源的起动随不同光源有不同的要求。通常与电源电压、起动时的温度以及配套电器等有关。

**电荷** electric charge 物质的固有属性之一。电分正、负，同号排斥，异号吸引，正负结合，彼此中和。电可以转移，此增彼减，而总量不变。

构成物质的基本单元是原子，原子由电子和原子核构成，核又由质子和中子构成，电子带负电，质子带正电，是正、负电荷的基本单元，中子不带电。所谓物体不带电就是电子数与质子数相等，物体带电则是这种平衡的破坏。不管发生什么变化，电子、质子的总数不变，只是组合方式或所在位置有所变化，因而电荷必定守恒。

为了说明电荷的特征，不妨与质量进行类比。电荷有正、负之分，于是电力有排斥力和吸引力的区别，质量只有一种，其间总是相互吸引，正是这种区别，使电力可以屏蔽，引力则无从屏蔽。A.爱因斯坦描述了质量有随运动变化的相对论效应；而电子、质子以及一切带电体的电量都不因运动变化。电荷具有量子性，任何电荷都是电子电荷$e$的整数倍，$e$的精确值（2006年推荐值）为：

$$e=1.602\,176\,487\ (40)\ \times10^{-19}\text{库}$$

质子与电子电量（绝对值）之差小于$10^{-20}e$，通常认为两者的绝对值完全相等。这个数量称为基本电荷，是**物理学**中的一个基本常量。1911年R.A.**密立根**做油滴实验第一次对这个基本常量作了直接测量。迄今为止的实验都没有观察到任何裸粒子带有$e$的分数值电荷。

**电荷耦合器件** charge coupled device; CCD 由时钟脉冲电压来产生和控制半导体势阱的变化，实现存储和传递电荷信息的固态电子器件。是用电荷量来表示不同状态的动态移位寄存器。由美国贝尔实验室的W.S.博伊尔和G.E.史密斯于1969年发明，它由一组规则排列的金属–氧化物–半导体（MOS）电容器阵列和输入、输出电路组成。传统的固态电子器件，信息的存在和表示方式是用电流或电压。而在CCD中则是用电荷，因此CCD对信息的表达具有更高的灵敏度。固体成像、信息处理和大容量存储器是CCD的三大主要用途。各种线阵、面阵传感器已成功地用于天文、遥感、传真、摄像等领域。CCD信号处理兼有数字和模拟两种信号处理技术，在中等精度的雷达和通信系统中得到广泛应用。CCD还可用作大容量串行存储器，其存取时间、系统容量和制造成本都介于半导体存储器和磁盘、磁鼓存储器之间。

**电荷守恒定律** conservation of charge, law of 关于孤立系统的总电荷量在任何过程中都保持不变的定律。**电磁学**的基本定律之一，也是自然界最普遍的规律之一，**物理学**所有分支都适用。对一孤立系统，如经过某一过程内部产生（或消失）了某种符号的电荷，则必定有等量异号的电荷相伴产生（或消失）；或者一个系统经过某一过程内部增加（或减少）了某种符号的电荷，则必定有等量的同号电荷流入（或流出）该系统。电荷既不能被创造，也不能被消灭，它们只能从一个物体转移到另一个物体，或者从物体的一部分转移到另一部分。20世纪粒子物理发现了正反粒子对的产生和湮没。如一个高能γ光子同**原子核**相互作用，可产生一个带负电的电子和一个带正电的反电子；相反，一个电子和一个反电子可湮没为两个高能γ光子。这些过程中系统的电荷代数总和保持不变，电荷守恒定律仍然成立。按照近代物理的观点，守恒定律与物理规律的一定的对称性联系在一起，电荷守恒定律则与被称为物理规律的规范变换对称性相联系。

**电化教育** electrified education 利用幻灯、投影器、电影、无线电广播、电视、录音、录像、程序教学机和电子计算机等教学设备及相应的教材进行的教育活动。它的主要特点是：①具有多种学科的综合性，且是一门正在发展中的边缘学科。②具有广泛的适用性，它利用声音和图像，创造有利于学习的环境，丰富形声化的教学内容，可以灵活运用于广泛的教育领域和教学的各个环节。

**电化学** electrochemistry 研究电与化学反应相互关系的**物理化学**分支学科。在一般情况下，电与化学反应的相互联系是通过电池（发生电化学反应的装置）来实现的。电池中发生的电化学反应有两种：①利用电来推动本来不能自发进行的化学反应发生，称为**电解**。电解过程中电能转变成化学能，用于电解的电池称为电解电池（电解池）。②电解过程的逆过程，即利用自发的化学反应来产生电，将化学能转换成电能，用于放电的装置称为原电池或化学电池。原电池和电解池都由两个电极和电极之间的电解质构成，所以电化学的研究内容包括电解质学和电极学两个方面。电解质学包括**电解质**的导电性质和规律、离子的传输性质、电解质溶液性质（如离子互吸、离子缔合、离子溶剂化等）、离子化学平衡等；电极学研究**电极**与电解质溶液界面上的电化学行为，包括电极反应的平衡性质和通电后的极化性质。电极过程动力学是电化学动力学的主要内容。

电化学工业是国民经济重要组成部分。许多有色、稀有金属的冶炼及精炼、基本化工产品和有机化合物的生产都采用电解的方法。机械、电子、材料等工业中利用**电镀**、电铸、**电化学加工**、电抛光、电着色、电泳涂漆等方法获得特殊性能表面，以满足科研及工业的需求。化学电源、金属防腐、**电化学分析法**等都与电化学密切相关。

**电化学分析法** electrochemical analytical method 基于**电化学**原理和物质的电化学性质而建立起来的分析方法的统称。简称电分析。19世纪由德国化学家C.温克勒首先引入分析领域，1922年捷克化学家J.海洛夫斯基首先提出极谱法。所有能在界面上发生氧化还原、吸附脱附，能进行或导致离子转移、传输的无机和有机物质都可作为研究对象，且能进行现场、实时、活体和在线分析。它方法灵敏、可靠、响应时间短、仪器简单、价廉简便、体积小、可微型化，并能与许多的光谱方法和其他方法联用。

近代，电化学分析法已从一门实验技术发展成为一门具有较强独立性的学科——电分析化学。除各种经典极谱法和伏安法、卷积伏安法（新极谱法）、溶出伏安法、吸附伏安法、脉冲伏安法（或脉冲极谱法）、库仑分析、电位分析、线扫和交流示波极谱法等之外，化学修饰电极、超微电极、纳米电极、自组膜、离子选择性电极、电化学生物传感器、有机相生物传感器、电化学免疫分析、光谱电化学、色谱电化学、毛细管电泳电化学、液/液界面电化学、波谱电化学、扫描电化学显微镜、电化学扫描隧道显微镜、电化学原子力显微镜、电化学石英晶体微天平、芯片毛细管电泳电化学检测、微全分析系统电化学检测和多功能的恒电位极谱仪等现代电分析化学方法的发展，日益引人注目，尤其应用于生命科学领域中有关问题的研究，如生物、医学、药物、人口与健康等，为解决生命现象中的某些基本过程和分子识别作用显示出潜在的应用价值。

**电化学加工** electrochemical machining 利用金属在电解液中产生电化学阳极溶解的原理对工件进行成形加工的特种加工。又称电解加工。

加工原理：工件为阳极，按所需形状制成的工具为阴极。电解液从两极间隙（0.1～0.8毫米）中高速（5～60米/秒）流过。当工具阴极向工件进给并保持一定间隙时即产生电化学反应，工件表面金属材料按照对应于工具阴极型面的形状不断被溶解到电解液中，被加工出与阴极型面相对应的形状（见图）。直流电源应具有稳定而可调的电压（6～24伏）和高的电流容量（有的高达$4\times10^4$安）。电化学加工主要用于成批生产难加工材料和复杂型面、型腔、异形孔和薄壁零件的加工。还可用于去毛刺、刻印和电解扩孔。

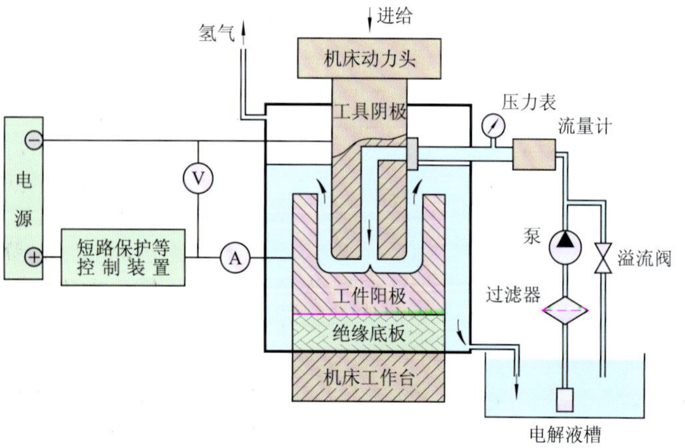

电解加工原理图

**电话机** telephone 用来同时传送和接收人类话音的机器。1876年3月，A.G.贝尔因发明用电线传输话音的装置而获得美国专利。电话机由电源、挂钩开关、拨号盘、振铃器、送话器、受话器和防侧音电路组成。电源供给电流使送话器送话。挂钩开关把电话机与地方回路供给的直流电接通。当电话机“挂机”时，即与地方回路断线。“摘机”（将话筒提离托架）时，与地方回路接通，电流流过回路。拨号盘用以输入用户所要呼叫的受话人的电话号码。振铃器发出可听闻的音调或铃声，以提醒用户有电话打进。送话器是装在电话机话筒中的一个小型传声器。受话器位于电话机话筒的受话口内。它把振荡电流转化成再现人类语言的声波。防侧音电路由变压器、电阻器和电容器构成的组件，主要功能是降低侧音，即防止说话人自己的声音分散开来从送话器串到受话器中去。电话至今仍广泛地应用于有线通信。随着电子技术的进步，电话的种类和功能也随之增加。如利用子机和母机不用电话线的无绳电话，传送范围较大的汽车电话、移动电话，以及将电话、传真机、图像终端装置、计算机连在一起的BISDN（宽带综合服务数字网）通信网。

**电机** electric machine 实现机械能与电能之间的转换以及变换电能的机械。包括旋转电机和变压器两大类。下文主要介绍旋转电机，有关变压器方面的内容见变压器。

基本原理 旋转电机实现机械能与电能之间的转换，基本工作原理依据的是物理学中的电动机定则（左手定则）和发电机定则（右手定则）。电机工作时此两定则同时起作用。如在某个导体中输入电流$i$，则在磁场的作用下产生电动机作用，出现机械力$F$，使导体运动。导体与磁场有了相对运动以后，就会切割磁场，根据发电机定则在导体中产生电动势$e$。这个电动势$e$的方向和输入电流$i$的方向相反（图a），所以通常称此电动势为反电动势。

为了克服这个反电动势，使电流$i$能够流入导体，外界的电源必须输入电功率$P$，$P=ei$，即$Blvi$。$l$为处于磁场内的导线长度，与此同时，由于导体的运动，它能输出机械功率$P$，$P=Fv=Bilv$。其值正好等于从电源输入的电功率。反之，若输入一个机械力$F$，加在导体上使它以速度$v$运动（图b），导体切割磁场，产生感应电动势

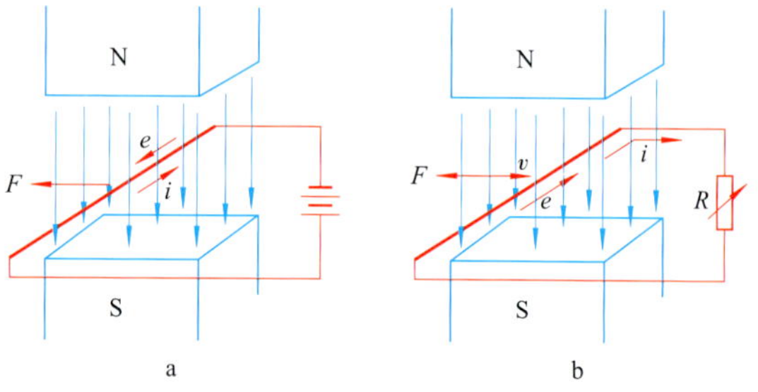

机电能量变换

$e$，如导体经外电路接通，通过负载产生电流$i$，则导体中发出的电功率为$P=ei=Blvi$。而推动导体运动需输入的机械功率为$P=Fv=Bilv$。其值也正好等于输出的电功率。这就是在电动机和发电机中实现机电能量变换的实质。

典型结构 电机中有作相对运动的两个部件，在空间静止不动的部件称定子；运动的部件通常作旋转运动，称转子。定、转子之间有一定的间隙，称气隙。气隙的大小对电机的性能有很大的影响。

电机中有由导电线绕成的许多线圈，它们按一定的规律连接成不同的绕组。通直流电流在电机中产生磁场的称为励磁绕组；通交流电，实现机电能量变换的称为电枢绕组。电枢绕组中电流产生的磁场，称为电枢反应磁场，它相对该绕组作旋转运动。直流电机的励磁绕组在定子上，电枢绕组在转子上。同步电机有一个励磁绕组和一个电枢绕组。异步电机定、转子上都各有一个电枢绕组，其励磁作用由电枢磁场担任。为了在电机中获得较强的磁场，电机中磁路的各部分均由导磁性能好的铁磁材料组成。

负载特性 发电机的负载特性指转速及励磁不变情况下，其端电压随负载而变化的特性，称为发电机的外特性；对电动机则指励磁电流及电源电压不变的情况下，其转速随负载而变的特性，称为电动机的机械特性。

电机的定额 电机的额定值（铭牌数据），规定了电机正常运行的条件。包括电机的额定电压、电流、功率、频率、转速、工作制、绝缘等级（允许温升）等。

**电极** electrode 电池的组成部分。又称半电池。由一连串相互接触的物质组成，其一端是电子导体（金属、石墨或半导体），

另一端是离子导体（电解质）。在研究原电池或电解池时，有两种命名电极的习惯：①根据**电极电势**高低命名电极，电势较高的为正极，电势较低的为负极；②根据电极上的反应来命名，发生氧化反应的为阳极，发生还原反应的为阴极。实际应用时，被研究的电极称为工作电极（电化学分析中也称为**指示电极**），它的电势可利用与**参比电极**组成的两电极测量电池来测量。

可逆电极　在电极界面上存在单一的电化学反应且能够很快地建立电化学平衡的电极。其电势能较长时间维持稳定并能够精确测量。可分为三类：①参与电极反应的物质存在于两个相中的金属电极和气体电极，如$Cu^{2+}|Cu$电极和$H^+|H_2|Pt$电极。②参与电极反应的物质存在于三个相中的难溶盐电极，如甘汞电极$Cl^-|Hg_2Cl_2|Hg$。③参与电极反应的物质均在溶液相中的氧化还原电极，如$Fe^{3+},Fe^{2+}|Pt$电极。

膜电极　利用对某种离子有高选择性的膜（天然膜或人造膜）为壳层制作的电极。膜电极只对某种离子有响应，可用来测量溶液中特定离子的**活度**。离子分析中所用的各种**离子选择性电极**即属于这类电极，它是电化学传感器的主要部件。

化学修饰电极　19世纪70年代以后发展起来的一类新型电极。利用吸附、涂敷、聚合、化学反应等方法把某些活性基团或催化物质附着在电极的金属、石墨或半导体表面上，使之具有较强的特征功能。

## 电极电势　electrode potential

电池中单个**电极**的电势。又称半电池电势，简称电极势，曾称电极电位。因电极上所起的电化学反应都是**氧化还原反应**，电极电势又称氧化还原电势。它是电极体系中电子导体（如金属）相对于离子导体（如电解质溶液）的电势差。当电池处于电化学平衡（即电池中没有电流流过）时，电池两个电极的电极电势差即为**电池电动势**。

从应用的角度，常使用电极电势的相对值。即将1大气压（$1\times10^5$帕）氢气所饱和的铂片与浓度为1摩/升的氢离子溶液之间的电势差规定为0伏（该电极称标准氢电极），规定任意温度下标准氢电极的电极电势为零。当一个电极与标准氢电极组成电池时，该电池的电动势即该电极的电极电势，若该电极在电池中的电势高于标准氢电极，则电极电势为正值，反之则为负值。若电极体系中所有的物质都处于各自的标准状态（1大气压下和溶液浓度为1摩/升时），则该电极电势称为标准电极电势。标准电极电势被广泛用来判断氧化还原反应发生的可能性和反应进行的程度。电极电势越高（越正），则电极反应中氧化态物质的氧化能力越强，电极电势越低（越负），则电极反应中还原态物质的还原能力越强。

## 电加工机床　electrical machining machine

通过电火花和电解现象进行加工的机床。有电火花加工机床和电解加工机床。

电火花加工机床　利用浸在工作液中的两极间脉冲放电产生的电蚀作用蚀除导电材料的特种加工机床。通常分为电火花成形机床、电火花线切割机床和电火花磨削机床，以及各种专用的电火花加工机床。

电火花成形机床

主要用于单件小批时加工各种高硬度的材料（如硬质合金和淬火钢等）和复杂形状的模具、零件，以及切割、开槽等。还可用于表面强化和打印记等作业。

电解加工机床　利用金属在电解液中产生电化学阳极溶解的原理（工件为阳极，所需形状的工具为阴极）对工件进行成形加工的特种加工机床。用于加工难加工材料和复杂型面、型腔、异形孔和薄壁零件。还用于套料、去毛刺、刻印和电解扩孔。

## 电解　electrolysis

将直流电通过电解槽中的**电解质**溶液或熔体，在**电极**界面上引起电化学反应的过程。电解反应为原电池反应的逆反应，电解过程中电能转变为化学能。例如，氯碱工业中，电流通过电解槽中的食盐水，在外电场作用下，电解液中的正、负离子分别向阴、阳极迁移，在阴极上发生还原反应：

$$2H_2O+2e^- \longrightarrow H_2+2OH^-$$

在阳极上发生氧化反应：

$$2Cl^- -2e^- \longrightarrow Cl_2$$

总反应为：

$$2NaCl+2H_2O \longrightarrow 2NaOH+Cl_2$$

电解是一种强有力的氧化还原手段。许多在一般情况下很难发生的**氧化还原反应**，常常可以通过电解来实现。例如，只有用电解的方法，才能将熔融的氟化物在阳极上氧化成单质氟，将熔融的锂盐在阴极上还原成金属锂。电解工业在金属冶炼、无机盐生产、有机化学工业、电镀和电抛光等领域得到广泛应用。如许多有色金属（如钠、钾、镁、铝等）和稀有金属（如锆、铪等）的冶炼及金属（如铜、锌、铅等）的精炼，一些基本化工产品（如氢、氧、烧碱、氯酸钾、过氧化氢、乙二腈等）的制备。

## 电解分析　electrolytic analysis

建立在**电解**基础上，通过称量沉积于电极表面沉积物（金属或氧化物）的重量以测定溶液中被测离子含量的**电化学分析法**。又称电重量分析法。根据实施电解方法的不同又分为：①控制电势电解法。在电解过程中将阴极电势控制在一预定值，使得只有一种离子在此电势下还原析出。优点是选择性高，缺点是分析时间较长。②恒电流电解分析法。通过调节外加电压使电解电流在电解过程中保持恒定。优点是测定速度快，缺点是选择性差，只能使析出电势在氢以上的金属与氢以下的金属定量分离，适用于溶液中只有一种较氢更易还原析出的金属离子的测定。恒电流电解法的准确度在很大程度上决定于淀积物的性质，为了得到良好的淀积物，必须使用不太大的电流，充分搅拌溶液和使用具有络合能力的电解液。③内电解分析法。不外加电压而仅借助于两个电极本身组成的原电池的电动势来进行电解，通过置换反应使被测金属离子在阴极上定量析出。又称为自发电解法。

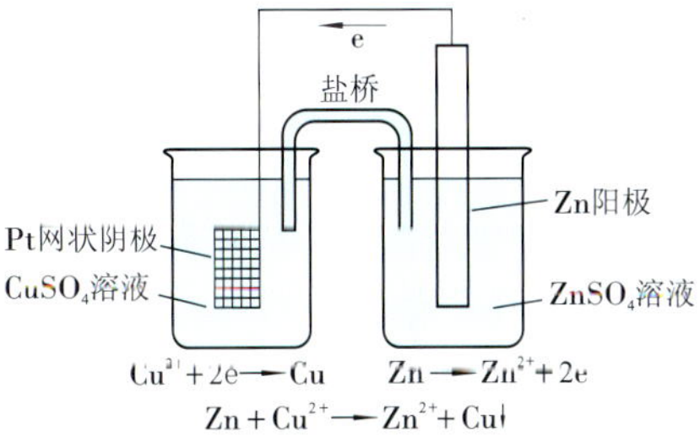


内电解分析法示意图

优点是可以通过选择适当的阳极材料而使之具有选择性。缺点是分析时间较长。内电解分析法中电解池的内阻是决定电解沉积速率的重要因素。因此，常采用大表面积的电极、高浓度电解质溶液以及加强搅拌等措施来降低内阻。附图是内电解分析法举例，此装置可用作铜的定量分析。

## 电解质　electrolyte

在水溶液中或熔融态下能导电的物质。电解质都是以**离子键**或极**性共价键**结合的物质，根据其水溶液导电能力的强弱分为强电解质和弱电解质。酸、碱、盐等无机化合物都是电解质，其中强酸、强碱和典型的盐是强电解质，弱酸、弱碱和某些盐（如氯化汞）是弱电解质。有机化合物中的**羧酸**、**酚**和**胺**等都是弱电解质。

## 电解质紊乱　electrolyte disturbance

体液中电解质的容量、浓度和成分失调的现象。

钠代谢紊乱　正常血清钠浓度为142～145毫摩/升。血清钠高于150毫摩/升为高钠血症，可致细胞外液量过多，引起水肿，血压上升，心功能不全，临床亦见于高渗性脱水。血清钠低于135毫摩/升为低钠血症，可见于低渗性脱水与水过多或水中毒。

水过多　水在体内储留过多。若过多的水进入细胞内，导致细胞内水过多，则称水中毒，属于稀释性低钠血症，常因输入过多的5%葡萄糖溶液引起。

钾代谢紊乱　钾在细胞外液中含量虽不多，但有极重要的生理功能。血清钾正常值为3.5～5.5毫摩/升，超出此范围即为失调。血清钾低于3.5毫摩/升时称为低钾血症，可因长期禁食、胃肠道瘘、频繁呕吐、利尿药应用等造成。血清钾超过5.5毫摩/升时即为高钾血症，一般发生于急性肾功能衰竭、重症溶血和组织破坏时。

钙代谢紊乱　机体内钙的绝大部分（99%）储存于骨骼中，细胞外液钙仅是总钙量的0.1%。血清钙浓度为2.25～2.75毫摩/升，其中约45%为离子化钙，这部分钙量虽小，却起着维持神经肌肉稳定性的作用。低钙血症见于消化道瘘、肾衰、急性重症胰腺炎和甲状腺切除术后、甲状旁腺功能不全的患者。高钙血症主要见于甲状旁腺功能亢进，其次是骨转移癌，另外维生素D服用过多及肾功能衰竭也可引起高钙血症。钙代谢紊乱还会影响骨的代谢和发育，引发佝偻病和骨软化症等。

镁代谢紊乱　血清镁浓度正常值为0.75～1.25毫摩/升，低于0.75毫摩/升者为镁缺乏。镁缺乏多发生于消化道瘘、胰腺炎和肾脏疾病患者，常与缺钙、缺钾同时存在，不易区别。若手足搐搦患者注入钙剂不见好转者，应想到缺镁；低钾患者补钾后情况仍无改善，也应疑及有缺镁。

磷代谢紊乱　磷主要存在于骨组织，血清磷浓度是整体磷的近似指标，受血清钙浓度和pH的影响，参考值为0.96～1.62毫摩/升。低磷血症见于甲状旁腺功能亢进及摄入不足时，当血清磷降至0.32毫摩/升以下，即会出现神经肌肉症状：疲劳、困倦、乏力、惊厥甚至死亡。

**电介质**　dielectric　主要以极化方式而不是以传导方式传递电的作用和影响的物质。绝缘体和导体是这两种方式的极端情形。在这两种极端情形之间属于半导体。见电介质物理。

**电介质物理**　dielectric physics　研究电介质宏观介电性质及其微观机制以及电介质的各种特殊效应的物理学分支学科。基本内容包括极化机制、标志介电性质的电容率与介质的微观结构以及与温度和外场频率间的关系、电介质的导热性和导电性、介质损耗、介质击穿机制等。此外，还有许多电介质具有的各种特殊效应。

电介质性质　电介质包括气态、液态和固态等范围广泛的物质。固态电介质包括晶态电介质和非晶态电介质两大类，后者包括玻璃、树脂和高分子聚合物等，是良好的绝缘材料。凡在外电场作用下产生宏观上不等于零的电偶极矩，因而形成宏观束缚电荷的现象称为电极化，能产生电极化现象的物质统称为电介质。电介质的电阻率一般都很高，被称为绝缘体。有些电介质的电阻率并不很高，不能称为绝缘体，但由于能发生极化过程，也归入电介质。通常情形下电介质中的正、负电荷互相抵消，宏观上不表现出电性，但在外电场作用下可产生3种类型的变化：①原子核外的电子云分布产生畸变，从而产生不等于零的电偶极矩，称为畸变极化。②原来正、负电中心重合的分子，在外电场作用下正、负电中心彼此分离，称为位移极化。③具有固有电偶极矩的分子原来的取向是混乱的，宏观上电偶极矩总和等于零，在外电场作用下，各个电偶极子趋向于一致的排列，从而宏观电偶极矩不等于零，称为转向极化。电介质极化时，电极化强度矢量$\boldsymbol{P}$与总电场强度$\boldsymbol{E}$的关系为$\boldsymbol{P}=\varepsilon_0\chi_e\boldsymbol{E}$，$\varepsilon_0$为真空电容率，$\chi_e$为电极化率，$\varepsilon_r=1+\chi_e$称为相对电容率。电极化率或电容率与外电场的频率有关。对静电场或极低频电场，上述3种极化类型都参与极化过程，一定电介质的电容率为常量。电场频率增加时，转向极化逐渐跟不上外电场的变化，电容率变为复数，虚部的出现标志着电场能量的损耗，称为介电损耗。频率进一步增加时，转向极化失去作用，电容率减小。在红外波段，电介质正、负电中心的固有振动频率往往与外场频率一致，从而产生共振，表现为电介质对红外线的强烈吸收。在吸收区，电容率的实部和虚部均随频率发生大起大落的变化。在可见光波段，位移极化也失去作用，只有畸变极化起作用。光频区域的电容率实部进一步减小，它对应电介质的折射率，虚部决定了对光波的吸收。在强电场（如激光）作用下，极化强度$\boldsymbol{P}$与电场强度$\boldsymbol{E}$不再有线性关系，这使电介质表现出种种非线性效应（见非线性光学）。各向异性晶体的电容率不能简单地用一个数来表示，需用张量表示。

电介质特殊效应　对电介质特殊效应的理论和应用构成了电介质物理学另一方面的研究内容。这些特殊效应包括：

①压电效应。一些晶体因受外力而产生形变时，会发生极化现象，在相对两面上形成异号束缚电荷，称为压电效应。压电晶体种类很多，常见的有石英、酒石酸钾钠（罗谢耳盐）、磷酸二氢钾（KDP）、磷酸二氢铵（ADP）、钛酸钡，以及砷化镓、硫化锌等半导体和压电陶瓷等。压电晶体的机械振动可转化为电振动，常用来制造晶体振荡器，其突出优点是振荡频率的高度稳定性，无线电技术中可用来稳定高频振荡的频率，这种振荡器已广泛用于石英钟。压电晶体还普遍用于话筒、电唱头等电声器件中。利用压电现象可测量各种情形下的压力、振动和加速度等。

②电致伸缩。是压电效应的逆效应。一些晶体在电场作用下会发生伸长或缩短形变，称电致伸缩。利用电致伸缩效应可将电振动转变为机械振动，常用于产生超声波的换能器，以及耳机和高音喇叭等。

③驻极体。除去外电场或外加机械作用后，仍能长时间保持极化状态的电介质。驻极体同时具有压电效应和热电效应。技术上多采用极性高分子聚合物作为驻极体材料。驻极体能产生30千伏/厘米的强电场。它能存储电荷的性能被用于静电摄影术和吸附气体中微小颗粒的气体过滤器。

④热电效应。具有自发极化造成的宏观电偶极矩，并具有较大热胀系数的晶体称为热电晶体。处于自发极化状态的热电晶体，在电偶极矩正、负两端表面上本来存在着由极化形成的束缚电荷，但由于吸附了空气中的异号离子而不表现出带电性质。当温度改变时，热电晶体的体积发生显著变化，从而导致极化强度的明显改变，破坏了表面的电中性，表面所吸附的多余电荷将被释放出来，此现象称为热电效应。经人工极化的铁电体和驻极体都具有热电效应。热电效应已用于红外线探测和热成像技术。

⑤电热效应。热电效应的逆效应，具有电热效应的电介质（多为驻极体）称为电热体。在绝热条件下借助于外电场改变电热体的永久极化强度时，它的温度会发生变化，此称为电热效应。绝热去极化可降低温度，与绝热去磁法一样可用来获得超低温。常用的电热材料有钛酸锶陶瓷和聚偏氟乙烯（PVF）等驻极体。

⑥电光效应。某些各向同性的透明电介质在电场作用下变成光学各向异性的效应。

⑦铁电性。在一些电介质晶体中存在许多自发极化的小区域，每个自发极化的小区域称为铁电畴，其线度为微米数量级。同一铁电畴内各个电偶极矩取向相同，不同铁电畴的自发极化方向一般不同，因而宏观上总的电偶极矩为零。在外电场作用下各铁电畴的极化方向趋于一致，极化强度$\boldsymbol{P}$与电场强度$\boldsymbol{E}$有非线性关系。在峰值固定的交变电场反复作用下，$\boldsymbol{P}$与$\boldsymbol{E}$的关系曲线类似于磁滞回线（见铁磁性），称为电滞回线。以上性质称为铁电性，具有铁电性的电介质称铁电体。当温度升高到某一临界值$T_C$时，铁电畴瓦解，铁电性消失，铁电体转变为普通顺电性电介质，$T_C$称为铁电居里温度。铁电体具有很高的电容率。铁电体必定同时具有压电性和热电性。

⑧铁弹性。一些晶体在其内部能形成

自发应变的小区域，称为铁弹畴，同一铁弹畴内的自发应变方向（畴态）相同，任两个铁弹畴的畴态相同或呈镜面对称。外加应力可使铁弹畴从一个畴态过渡到另一畴态。外应力改变时，应变滞后于应力变化，且应力与应变是非线性关系。在周期性外应力作用下，应变与应力的关系曲线类似于磁滞回线，称为力滞回线。以上性质称为铁弹性，具有铁弹性的电介质称为铁弹体。铁弹体的电容率、折射率、电导率、热胀系数、导热系数、弹性模量和电致伸缩率等因方向而异，且这种方向性会随应力而变，利用这些特点在制造力敏器件上有着广泛的应用前景。

**电抗器** reactor 依靠线圈的感抗阻碍电流变化的电器。按用途分为7种：①限流电抗器。串联于电力电路中，以限制短路电流的数值。②并联电抗器。一般接在超高压输电线的末端和地之间，起无功补偿作用。③通信电抗器。又称阻波器。串联在兼作通信线路用的输电线路中，用以阻挡载波信号，使之进入接收设备。④消弧电抗器。又称消弧线圈。接于三相变压器的中性点与地之间，用以在三相电网的一相接地时供给电感性电流，以补偿流过接地点的电容性电流，使电弧不易起燃，消除由于电弧多次重燃引起的过电压。⑤滤波电抗器。用于整流电路中减少整流电路中直流电流上纹波的幅值；也可与电容器构成对某种频率能发生共振的电路，以消除电力电路某次谐波的电压或电流。⑥电炉电抗器。与电炉变压器串联，限制其短路电流。⑦起动电抗器。与电动机串联，限制其起动电流。

**电烤箱** electric oven 专用于烘烤食品的电热炊具。可以烤制主食和各种肉类、鱼类、禽类等菜肴。主要由箱体、电热元件、调温器、定时器和转换开关等组成，靠电热元件发热烘烤食物。在烘烤食物时同时存在着对流和辐射两种热量传递方式。多采用双辐射加热机构，远红外辐射元件（管或片）比电热管和碳化硅使用更为广泛。为取得最佳辐射传热效果，多于内腔箱的顶部和底部分别装有两组不同功率的电热元件，称为面火（上火）和底火（下火）。电烤箱乳白石英远红外辐射元件发出的远红外波长为3～10微米，很容易被食物中的有机物和高分子物质吸收，使食物温度升高，而且由于远红外线的穿透能力强，可以使食物内部升温加快，烘烤效率提高约30%。电烤箱的温度调控采用热双金属片调温器。

**电缆** electric cable 由一根或多根相互绝缘的导电线芯，各置于密封护套中构成的导线组（其外常加保护覆盖层）。用于传输、分配电能或传送电信号。电缆主要由导电线芯、绝缘层、密封护套、保护覆盖层四部分组成。按用途分为电力电缆、通信电缆和控制电缆等。与架空线相比，电缆的优点是线间绝缘距离小，占地空间小，地下敷设，不受周围环境污染影响，送电可靠性高，对人身安全和周围环境干扰小。但造价高，施工、检修均较麻烦，制造也较复杂。因此，多应用于人口密集和电网稠密区及交通拥挤繁忙处。在过江、过河、海底敷设可避免使用大跨度架空线。

**电离层** ionosphere 地球*高层大气*被电离的一个区域。高度范围约在60～1 000千米。大气若按电离性质划分，则以60千米为界：60千米以下的大气基本没有电离，称为非电离层或中性层；60～1 000千米的大气由于太阳紫外线、X射线和高能粒子等的作用，处于部分电离或完全电离的状态，这一区域形成大量正、负离子和自由电子，称为电离层。1 000千米以上大气处于完全电离状态，其中的电子、离子、质子运动仅受地心引力和地磁场的控制，而很少受中性分子运动的干扰，因此称为磁层（见*地球磁层*）。

表征电离层特性的主要参量是电子密度，即单位体积内的自由电子数。根据电子密度的垂直分布特征，电离层可以分成D层、E层和F层，这些层的高度、厚度和电子密度随昼夜、季节、太阳活动而变化。D层高度在60～90千米，大气较稠密，电子与中性粒子的碰撞频率较高，形成负离子，离子密度大于电子密度，电子密度小于$10^3$/厘米$^3$。夜间电子大量消失，D层基本不复存在。无线电波在此层中衰减严重。E层高度范围在90～140千米，电子密度为$10^3$～$10^5$/厘米$^3$。日落后电子密度下降很大，典型值为$5\times10^3$/厘米$^3$。E层的形成同多种波长的辐射有关，垂直结构比较复杂。F层在E层之上，是电离层的主要区域。白天F层分为$F_1$层和$F_2$层，$F_2$层处于$F_1$层之上，夜间$F_1$层消失。$F_1$层高度一般在140～200千米，与$F_2$层经常没有明显分界。$F_2$层有明显的电子密度峰值，峰值高度约在300千米，峰值密度可达$10^6$/厘米$^3$，在峰值高度以上，电子密度随高度增加而缓慢减少。

电离层能显著地影响无线电波的传播，中波（3～300千赫）和短波（3～300兆赫）无线电波传播是借助于电波在地面和电离层之间的多次反射而实现远距离传播的。

**电离层暴** ionospheric storm *磁暴*期间电离层发生的强烈扰动。*电离层骚扰*的一种。伴随着磁暴的发生，高纬电离层受到强烈扰动，接着中、低纬电离层也发生变化，F层电子密度一般先增加（正相），数小时后开始减小（负相），持续2～3天，然后逐渐恢复（恢复相）。电离层暴在中、高纬有最大的效应。电离层暴是磁层－电离层－热层耦合过程的产物。其出现次数和强度有11年的周期性变化（与太阳黑子数的变化密切相关）、显著的年变化（春、秋分电离层暴出现次数较多）和27天的重现性。在电离层暴期间，F层最大电子密度或者说临界频率降低，短波高频段会穿透而不再反射回来。同时，F层扰动强烈，不遵循正常形态规律，使信道条件和适用频率的选择都遇到困难。这时短波无线电通信会受到破坏。

**电离层骚扰** ionospheric disturbance 太阳扰动以及其他原因导致*电离层*对正常状态的显著偏离。主要有：①*电离层暴*。在太阳表面局部地区发生扰动（如出现耀斑）期间喷发的大量带电粒子流同地球*高层大气*发生相互作用，使$F_2$层状态出现异常变化。②突发电离层骚扰（SID）。太阳耀斑爆发后不久地球向阳面电离层短波无线电信号衰落的现象。由于对短波的效应突出，也称短波衰落（SWF）。1935年J.H.德林杰首先把它同太阳活动联系起来加以初步解释，所以又称德林杰效应。③极盖吸收（PCA）。在强烈的太阳耀斑爆发时，由太阳喷射出来的高能质子流沿着地磁力线沉降在极盖区上层大气中，使极盖地区（磁纬64°以上）D层的电离度急剧增大，因而通过极盖地区电离层的无线电波被强烈吸收。常使无线电通信中断。④极光带吸收（AA）。来自太阳局部扰动区的电子和质子沉降到极区上空，使极光带或者较其略宽的环带（宽约6°～15°）内低电离层的电离增加，以至通过它的电磁波被强烈吸收，甚至完全接收不到信号。⑤人为骚扰。人为原因引起的电离层扰动。如核爆炸发出的电磁辐射和粒子辐射，在大气层的不同高度上产生电离，形成的电离区域会影响无线电波传播。用大功率发射机对电离层加热也能引起电离层局部骚扰。

**电离室** ionization chamber 一种利用带电粒子对气体电离作用的探测器。电离室是最早的核辐射探测器。1911～1914年间曾使用电离室发现宇宙线。其主要结构是在密封充有气体的室内置有阳极和阴极，阳极和阴极间加一定的电压。当带电粒子进入电离室，引起气体电离，产生电子和正离子，在电场作用下分别向阳极和阴极漂移，极间形成电流，与阴极相连的电阻上出现一个电压脉冲。这个电压脉冲的幅度代表进入粒子的电离量大小，由此可对粒子计数，还可从脉冲的幅度了解粒子的性质和能量。

**电力负荷** power system load *电力系统*中所有用电设备所耗用的功率。简称负荷。

在电力系统中，发电机的发电与负荷用电是一个统一的整体。由于负荷取用的功率不断变动，因此电力系统必须随时调整发电机发出的功率使之相平衡。

照明负荷　将电能转换成光供照明使用的负荷。主要有白炽灯、荧光灯、各种气体放电灯及其他光源。光源本身主要取用的是有功功率，光源的辅助设备取用一部分无功功率。因此，照明负荷有较高的功率因数。

电热负荷　将电能转换成热能的负荷。电加热方法广泛用于冶炼、熔化、热处理、食品加工、纤维制品及油漆干燥等工业领域，也广泛用于民用炊事、取暖、空调等方面。电加热方法主要有电阻加热、电弧加热、感应加热、介质加热、红外线加热及其他特殊加热方法。除电阻加热、红外线加热主要取用有功功率外，电弧加热、感应加热等都要取用无功功率。

电解负荷　用电解化学反应方法进行工业生产所需的负荷。

整流负荷　经可控整流器（包括汞弧整流器、大功率晶闸管等）整流以供电力传动等方面应用的大功率负荷。整流负荷的功率因数较低而且是变动的，需由系统提供大量的无功功率，必须就地进行补偿，以避免在配电线路中大量传送无功功率。

**电力系统**　power system　由发电、输电、变电、配电和用电等环节组成的电能生产与消费系统。它的功能是将自然界的一次能源通过发电动力装置转化成电能，再经输电、变电和配电将电能供应到各用户（见图）。

由于电能还无法大量储存，电能生产必须时刻保持与消费平衡。因此，电能的集中开发与分散使用，以及电能的连续供应与负荷的随机变化，就成为制约电力系统结构和运行的根本特点。

系统的构成与发展　最早的电力系统是简单的住户式供电系统，由小容量直流发电机单独向灯塔、轮船、车间等照明供电。白炽灯的发明，出现了中心电站式供电系统。变压器研制成功后，交流输电得以实现，交流电力系统迅速发展，发电机最大单机容量已达到130万千瓦。许多电力系统采用了500～765千伏超高压输电，1 150千伏和1 500千伏特高压输电已进入试验或试运行阶段。直流输电技术获得发展，实现了高压和超高压直流输电，达±500千伏，配合交流输电组成交直流混合系统，改进了电力传输和系统互联的功能。

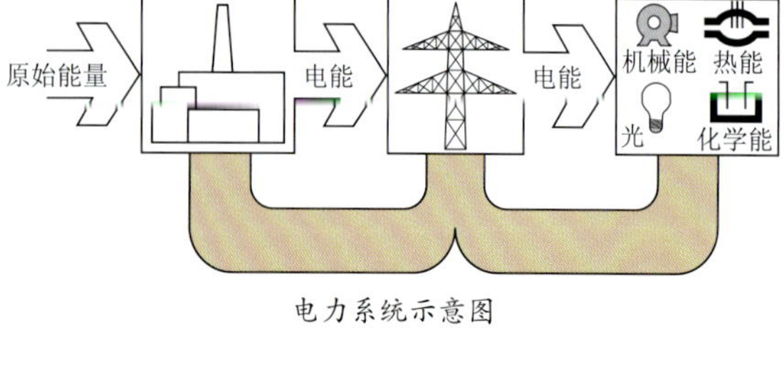

电力系统示意图

电力系统的主体结构有电源（水电站、**火电厂**、**核电站**等发电厂）、**变电所**、输电与配电线路以及负荷中心。各电源点通过输电线路与变电所构成电力网络互相连接。根据电力系统中装机容量与用电负荷的大小，以及电源点与负荷中心的相对位置，采用不同电压等级进行输电。

系统规划　电能是二次能源。制定电力系统规划首先必须依据国民经济发展的趋势（或计划），做好电力负荷预测及一次能源开发布局，再综合考虑可靠性与经济性的要求，作出电源发展规划、电力网络规划和配电规划。

负荷预测　要求预先估算各年需要的总电能和最大负荷，并预测各负荷点的地理位置。

能源布局　用于发电的一次能源主要有河流的水力、化石燃料（煤、石油、天然气）和核燃料等。

电源规划　根据各种发电方式的特性和资源条件，决定增加何种形式的电站（水电、火电、核电等），以及发电机组的容量与台数。承担基荷为主的电站，宜选用适合长期运行的高效率机组，如核电机组和大容量、高参数火电机组等，以降低燃料费用。承担峰荷为主的电站，宜选用启动时间短、能适应负荷变化而投资较低的机组，如燃气轮机组等。至于水电机组，在丰水期应尽量满发，承担系统基荷；在枯水期因水量有限而带峰荷。

电网规划　在已确定的电源点和负荷点的前提下，合理选择输电电压等级，确定网络结构及输电线路的输送容量。

配电规划　确定配电变电站的容量和位置、配电网络结构、配电线路导线截面选择、电压水平与无功补偿措施，以及可靠性校验等。

信息与控制　为实现正常运作和事故情况下的各种调整与控制，电力系统设有信息与控制系统，即调度自动化系统。

**电力线**　line of electric force　图示电场分布的虚设的有向曲线族。又称电场线。曲线上每一点的切线方向与该点电场方向一致。电力线形象直观，不仅可以图示静电场，也可图示非稳恒时的电场以及辐射场，在物理教学和工程中广泛采用。根据电场的性质可确定电力线的若干性质：①在静电场中，电力线不闭合，起于正电荷，止于负电荷。②若孤立带电体系的正、负电荷一样多，则正电荷发出的电力线全部汇集于负电荷。③在没有电荷的空间里，电力线不相交也不中断。④电力线与等势面正交。⑤在导体附近，电力线与导体表面垂直，电力线不能起止于同一导体上。在变化磁场产生的有旋电场中，电力线环形闭合，围绕着变化磁场。电力线描绘了电场的走向和空间分布，其疏密反映了各处电场的强弱。电力线还有助于了解电场的性质（如是否有源，是否有旋）。与电力线根数对应的严格的物理量是电通量。

**电量**　electric quantity　电荷的多少，有时亦直接称之为**电荷**。在国际单位制（SI）中电量的计量单位为库仑。

**电疗**　electrotherapy　利用电能作用于人体以防治疾病的**物理疗法**。电磁疗法的一种。主要有直流电疗法、直流电药物离子导入疗法、低频脉冲电疗法、中频脉冲电疗法、高频电疗法、静电疗法。

直流电疗法　直流电通过时正、负极下组织内发生的理化变化，有调整神经的兴奋性，改善局部水肿或脱水现象，促进血液循环和代谢功能的作用。并可通过分节反射，改善内脏的活动功能。临床上常用直流电来镇痛、止痒、软化瘢痕、消肿、促进组织再生，改善中枢和周围神经功能等。直流电还能将药物离子导入人体，达到治疗目的，称为直流电离子导入疗法。导入的药物因病而异，急性化脓性炎症可用抗生素类，过敏性疾病用脱敏药物，风湿性病则用水杨酸类药物。

低频脉冲电疗法　采用频率在1千赫以下的低频脉冲电流。这种电流在人体内可引起离子和荷电微粒的迅速移动，因而对感觉神经和运动神经有明显的刺激作用。临床常用于治疗周围神经疾病、各种肌肉萎缩、肢体血液及淋巴回流障碍、中枢神经功能失调以及疼痛症候群等。

中频电疗法　采用频率为1～100千赫的中频正弦电流。临床上常用频率为2～5千赫，常用方法有等幅中频正弦电疗法、调幅中频正弦电疗法和干扰电疗法3种。治疗作用有：镇痛；刺激肌肉收缩；促进血液循环；促进淋巴和静脉回流；软化瘢痕和松解粘连。常用于治疗软组织损伤、神经炎、痛经、肢体循环障碍，周围神经损伤引起的肌肉麻痹，胃肠及膀胱平滑肌无力等。禁忌证为患急性化脓性炎症者、孕妇、血栓性静脉炎患者、安装起搏器者。

高频电疗法　采用频率为100千赫以上的高频正弦电流，人体组织在高频电场作用下，组织内电解质离子随着高频电场极性交变几乎在原位振动，振动时克服阻力而生热。组织受热后可以促进局部血液循环，改善组织营养代谢，刺激组织再生，消退炎症，还可降低周围神经兴奋而止痛，并可通过神经反射作用，调节中枢神经功能和免疫系统功能。高频电疗常用的方法有短波疗法、超短波疗法和微波疗法。多用于急、慢性化脓性和非化脓性炎症、软组织损伤、神经痛、神经损伤、风湿和类风湿性关节炎、关节周围炎、急性肾功能衰竭等。禁忌证主要有活动性肺结核、出血、心力衰竭、恶病质等。

静电疗法　静电电场方向恒定，体内离子或极性分子定向移动，因而引起体内一系列变化。全身应用对人体的反应表现为：中枢神经兴奋性降低，植物神经系统功能改善，故临床常用于神经症、早期高血压、更年期综合征、植物神经功能紊乱。局部应用时，可改善组织的血液循环和营养状态，抑制感觉神经，常用于慢性溃疡、皮肤瘙痒等。

**电流**　electric current　电荷的定向流动。电流可以是由正电荷、负电荷或者正、负电荷同时作有规则的移动而形成。就电荷移动所产生的电磁效应而言，负电荷的移动等效于等量的正电荷沿相反方向的移动。传统规定正电荷流动的方向为电流的方向。

单位时间内通过导体（或电流流经的区域内）任一截面的电荷量，代表通过该截面的电流强度，又称电流。

电流场和电流密度　当电流在某一区域内流动时，不同地点的电流大小和电流方向各不相同，形成一定的电流分布，叫作电流场。电流场用电流密度描述。电流场中某点的电流密度$\boldsymbol{J}$，其方向即正电荷流动的方向，其量值等于通过垂直于电荷流动方向的面积元$\mathrm{d}S$的电流$\mathrm{d}I$同面积元$\mathrm{d}S$之比。电流场可以用电流线来描绘，电流线上每一点的切线方向和该点的电流密度方向相同，而电流场中任一点的电流线数密度则与该点的电流密度的大小成正比。

在电流场中，通过任意曲面$S$的电流$I$可用下式表示：

$$I=\int \boldsymbol{J}\cdot \mathrm{d}\boldsymbol{S}=\int J\cos\theta \mathrm{d}S$$

式中$\theta$是电流密度$\boldsymbol{J}$与面积元$\mathrm{d}\boldsymbol{S}$的正法线之间的夹角。

不随时间变化的电流场叫作稳恒电流场，在稳恒电流场中，电荷分布不随时间变化，因而电荷所产生的电场是稳恒电场。

传导电流　在电场力作用下，物体内可以自由移动的电荷（称作自由电荷）相对于物体作有规则的移动所形成的电流。金属、石墨、电解液、导电气体等导体中的电流，玻璃、橡胶、油类等绝缘体中的漏电电流，导电能力介于导体和绝缘体之间的半导体中的电流等，都是传导电流。在超导体中，电流一经激发就可以持续地流动而不再需要外电场维持。

在不同类型的导体中，电荷的携带者（载流子）各不相同。在金属中，载流子是带负电的自由电子，自由电子流动的方向与电流的方向相反。在电解液中，载流子是溶解在其中的酸、碱、盐等溶质分子离解成的正、负离子。在导电的气体中，载流子是气体中的正、负离子和电子。在半导体中，载流子是带负电的电子以及带正电的空穴。当电流是由带正电的载流子和带负电的载流子沿相反的方向流动而形成时，电流是这两者的贡献之和。

一切电流都产生磁场。如在电磁铁中，载电流的导线产生磁场。载电流的导线及运动的电荷在磁场中受到磁力的作用。在电动机中，载电流的线圈受到磁力的作用而转动，在磁场中，运动的带电粒子受磁力作用而偏转。电流在导体内流动时，产生热。在电池或电解槽中，电流是和化学变化相伴随的。可以利用电流的磁效应、热效应、化学效应等来检验电流的存在和量度电流。

位移电流　J.C.麦克斯韦提出的一种假设电流。见位移电流。

**电流表**　ammeter　用于测量直流电流、交流电流的机械式指示电表。有直流电流表、交流电流表和钳形电流表。

直流电流表主要采用磁电系电表的测量机构。可直接测量微安或毫安数量级的电流。为测更大的电流，电流表应有并联电阻器（又称分流器）。

交流电流表主要采用电磁系电表、电动系电表和整流式电表的测量机构。电磁系测量机构的最低量程约为几十毫安，为扩大量程，要按比例减少线圈匝数，并加粗导线。电动系测量机构最低量程约为几十毫安。为扩大量程，要减少静圈匝数，并加粗导线，或将两个静圈由串联改为并联，电流表的量程将增大一倍。用整流式电表必须利用整流器将交流变为直流，仅当交流为正弦波形时，电流表读数才正确。电力系统中使用的大量程交流电流表多是用5A或1A的电磁系电流表，配以适当的电流互感器。

钳形电流表由测量钳和电流表组成。用以在不切断电路的情况下测量导线中流过的电流。测量钳是铁芯可张开和闭合的电流互感器，结合整流式电流表组成。

**电路**　electric circuit　由电路元件按一定方式连接成的整体。又称电网络，但通常指较复杂的电路。简单电路有串联电路、并联电路等，复杂的如电力网络。电路有多种分类。按所加电源的形式分，有单相电路、三相交流电路和多相电路等。按用途分，有测量电路、控制电路、滤波电路、整流电路、逆变电路等。半导体技术的广泛应用，电力电子电路成为电路的一个大类。电子电路又可分为模拟电子电路和数字电子电路。前者以电流、电压作为研究对象，后者以电平的高低作为研究对象。模拟电子电路还可分为时不变电路和时变电路、线性电路和非线性电路、集总参数电路和分布参数电路、动态电路、正弦交流电路。由时不变电路元件和独立电源组成的电路为时不变电路，时不变元件指特性或参数不随时间而变。反之，含时变元件的电路为时变电路。由线性元件和独立电源组成的电路为线性电路。线性元件指其输入与输出之间在量值上保持线性关系。不具备线性关系的元件称为非线性元件，非线性电路中至少有一个非线性元件。信号波长远大于电路元件尺寸，元件称作集总参数元件，由集总参数元件（如电阻器、电感器等）组成的电路称集总参数电路。元件尺寸与所传输信号的波长可比拟，其特性参数需用无限多个连续分布的参数来表征称为分布参数元件，若电路的参数是分布参数或者电路含分布参数元件，称作分布参数电路。含有动态元件（如电感器、电容器）的电路称为动态电路。

**电鳗目**　Gymnotiformes; electric eels　硬骨鱼纲一目。有6科23属约55种。因有韦伯氏器曾被作为鲤形目的1亚目。南美洲危地马拉特有的淡水鱼类。体鳗状，且有发电器官而得名。有胸鳍，无背鳍、腹鳍、腰带骨、下鳃盖骨及腭骨；尾鳍很小或无；臀鳍很长且常约始于胸鳍下方；上颌骨退化；下咽骨正常且有普通小齿。能用产生的电使蛙、鱼等其他动物麻痹后而被捕食，还能使水分解产生的氧使血液富氧以适应水中氧的不足。

**电脑艺术**　computer art　借助于电脑或者强调电脑功能的艺术。艺术家自20世纪50年代开始尝试用电脑创作艺术作品。第一个电脑社团1969年在英国成立。那时的电脑艺术通常用于绘图，如随意组合的几何图形。70年代，“光笔”（“铁笔”）的发明使艺术家有可能与屏幕上的图像产生互动。较早运用这种技术的艺术家有R.汉密尔顿和D.霍克尼。电脑不仅能够使艺术家运用相对直接的“绘画”技巧，而且还能让他们以一定的程序创作出更为复杂的画面。H.科恩创造了一套产生抽象画的程序，并在电脑制作的草图基础上手工放大图像并上色。电脑技术被广泛地运用在艺术中，曾在机动雕塑中起主导作用，后来与数码摄影等新媒体艺术结合，发展为多媒体艺术。

**电能表**　kilowatt hour meter　测量电能的机械式指示电表。俗称电度表。因一度电代表的电能为1千瓦·时，故又称千瓦时表。电能$W$是有功功率$P$随时间的积累，即$W=\int_T P\mathrm{d}t$，（$T$是积累时间）。因此，在电能表中采用积算机构代替电表指针。通常，测量直流电能的电能表多采用电动系电表的测量机构，测量交流电能的电能表则采用感应系电表的测量机构。电能表用于对生产、科研及家庭等消耗电能的测量，作为控制电能消耗、实行经济核算和征收电费的依据。

**电偶极子** electric dipole 相距不太远的一对等量异号电荷$q$和$-q$。不对称分布的分子可形成正负电中心的分离，可看成电偶极子；在外电场作用下，原子外围的电子云的中心可偏离原子核中心，对称分布的分子的正负电荷也可分离，形成感生电偶极子。电偶极子的特性用电偶极矩$\boldsymbol{p}=q\boldsymbol{l}$描述，式中$\boldsymbol{l}$为由$-q$指向$q$的径矢。电偶极矩的国际单位制单位为C·m（库·米）。电偶极子产生的场强与电偶极矩成正比，与距离的3次方成反比。均匀的外电场中电偶极子受力为零，但受到一个电偶极矩转向外电场方向的力矩，可表示为电偶极矩与外电场的矢量积，即$\boldsymbol{M}=\boldsymbol{p}\times\boldsymbol{E}$。电偶极矩与外电场方向垂直时所受的力矩最大。非均匀外电场中，电偶极子除受到一个转向外电场方向的力矩外还受到一个力，当电偶极矩与外电场平行时，电偶极子受力的方向指向场强较强的区域。电偶极子是电介质理论、电化学理论以及原子和原子核物理的重要模型，对于说明物质的电磁性质有重要意义。

**电气化铁路** electric railway 以电力机车作为列车牵引动力的铁路。电力机车不带发动机，而是从沿线接触网上连接电源，通过牵引电机将电能转变为机械能使机车运行。接触网供电的电流分直流和交流两种。中国采用国际通用的交流单相25千伏牵引供电系统。

1879年5月世界上第一条电气化铁路在德国柏林建成。电力机车比内燃和蒸汽机车有明显的优越性，主要是牵引功率大，加速快，节省能源，运营成本低，污染小，特别适合大坡度、大运量线路和高原、缺水地区。2000年全球电气化铁路26.78万千米，占铁路总营业里程的29.4%。德、法、英、日等国家电气化铁路比重在40%以上，承担客货周转量占80%以上。中国于1961年8月建成第一条电气化铁路——宝成铁路宝鸡至凤州段。2007年国家铁路电气化营业里程25 456.5千米，占总营业里程的32.7%，电力牵引完成的总重吨公里比重为48.9%。

**电气石** tourmaline 化学通式为$NaR_3Al_6[Si_6O_{18}][BO_3]_3(OH,F)_4$，晶体属三方晶系、

电气石单晶体

含硼的铝硅酸盐矿物族的统称。成分式中R代表金属阳离子，当R为$Mg^{2+}$、$Fe^{2+}$、$Li^{+}$、$Mn^{2+}$时，分别称镁电气石、黑电气石、锂电气石、钠锰电气石。晶体呈柱状，两端晶形不同，柱面上常出现纵纹，横断面呈弧线三角形。集合体呈针状、柱状、棒状、放射状或致密块状。颜色随阳离子不同而异；富铁的呈黑色，富锂、锰、铯的呈玫瑰色或深蓝色，富镁的呈褐、黄色，富铬的呈深绿色。常在垂直$c$轴的断面上构成环状色带或沿$c$轴分段形成不同颜色的色柱。玻璃光泽。莫氏硬度7～7.5。密度3.03～3.25克/厘米³，并随成分中铁、锰含量的增加而增大。富含挥发组分硼及水，成因多与气成作用有关。一般产于花岗伟晶岩中。产于变质岩中的电气石，由交代作用形成，生成镁电气石与黑电气石系列的矿物。透明无瑕的电气石可作宝石，称碧玺。电气石有压电性，可用于测压仪表的元件。著名产地有巴西的米纳斯吉拉斯州、美国的加利福尼亚、法国巴黎曼因地区的芒特米卡、俄罗斯的乌拉尔。中国新疆、内蒙古、辽宁、河南等省区都有产出。

**电气体发电** electro-gas-dynamic power generation 利用气流的动能，将其中的带电粒子从低电位区推向高电位区以直接转换为电能的发电方式。电气体发电装置主要由产生带电粒子的针状电极、绝缘气体通道和收集极3部分组成。在针极附近局部电场增强，电子进入电极，正离子被气流带动进入绝缘通道，再由收集极收集，供负载使用。它没有旋转部件，结构简单，不用冷却水，能量转换效率在50%以上。但它发电的电压较高，电流较小，仅用于小功率发电，如用作航天飞行器电火箭发动机的电源，以及静电喷漆、静电除尘等。电气体发电的逆过程是使带电气体在电场中加速后喷射出去，可用于制作飞行器的电气体动力推进器。

**电器** electric apparatus 对电路进行接通、分断，或对电路参数进行变换，以实现控制、调节、转换及保护等作用的电元件、器件和设备。交流电压不大于1 000伏或直流电压不大于1 500伏的电器属于低压电器。3 000伏及以上的电器属高压电器。按电器的功能可分为：①用于接通和分断电路的电器，主要有断路器、隔离开关、负荷开关、接触器、刀开关、熔断器、按钮等。②用于转换电路的电器，如隔离器、转换开关、主令电器等。③用于电机起动和控制用电器，如电磁起动器、变阻器、星形-三角起动器、自耦减压起动器、频敏起动器等。④用于限制电路中的电流或电压的电器，如电阻器、电抗器、避雷器等。⑤用于变换电路中的电流或电压以供测量和继电保护用的电器，如电流互感器、电压互感器等。⑥用于转换电路中各种信息的电器，如控制继电器、热继电器、磁放大器等。⑦用于操纵、牵引机械装置的电器，如电磁铁等。⑧其他电器，如剩余电流动作保护器、调整器、信号灯等。

**电桥** bridge 采用桥式电路的电测量仪器。最简单的电桥包括由四条支路（又称桥臂）形成的闭封回路（即桥体）和辅助设备（主要有电源和检测仪表）。各支路由电参数元件组成，它们的四个连接点A、B、C、D称作顶点。电源接在两个相对顶点间，检测仪表接在另两个相对顶点间（见图）。复杂的电桥还包括更多数量的桥臂。电桥有两种工作方式。①平衡方式。检测仪表支路两端的电位差为零，且该支路中的电流为零，因而检测仪表又称指零仪表。如以被测元件为一个桥臂，而其他各臂由标准元件组成，当电路平衡时，可读出或计算出被测参数的量值。这种方式多用于对测量准确度要求较高的情况。②不平衡方式。检测仪表支路两端的电位差不为零，该支路中有电流通过。检测仪表的指示数是被测参数变化的函数。这种方式多用于非电量的电测量和生产过程的检测中。电桥主要用于测量电路元件（如直流电阻、交流电感、电容、电阻等）的量值、变化量，也用于测量转换为电参数的非电量。

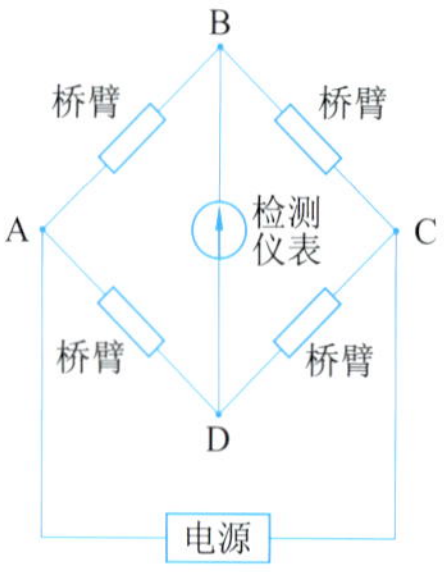


电桥的基本形式

**电热炮** electrothermal gun 利用电能加热炮膛内工质产生推力发射弹丸的身管射击武器。新概念武器的一种。可利用传统火炮的炮架和炮身进行改装。发射的弹丸初速大，射程远。适用于反洲际弹道导弹、反卫星、反装甲目标或作为远程压制武器。由炮身、炮架、电源、脉冲形成网络、高压开关、工作介质和等离子体发生器等部

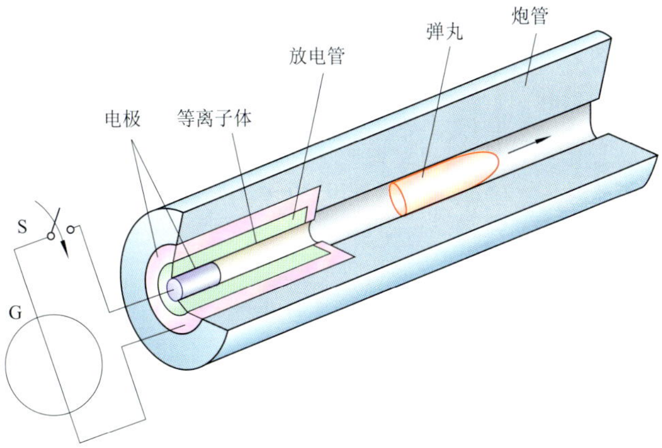


直热式电热炮工作原理与结构示意图

分构成。按推动弹丸能量的来源分为直热式电热炮和间热式电热炮，按所用工质可分为单级工质电热炮和双级工质电热炮，按放电加热的机构分为药室放电式电热炮和管放电式电热炮。

直热式电热炮，又称纯电热炮，全部利用电能加热工质、发射炮弹的电热炮。其工作过程是电源发出的高压电流经脉冲形成网络调制后，变成符合要求的电流脉冲，输入等离子喷管并同工质发生作用，产生高温、高压的等离子体，利用等离子体膨胀做功，直接推动弹丸发射（见图）。间热式电热炮，又称电热化学炮或燃烧增强等离子炮。其所用的工质可以是固体、液体或气体的含能工质，推动弹丸的能量部分来自电热能，部分来自工质的化学能。先由电源放电产生高温、高压的等离子体，再用等离子体去加热化学工质，使工质气化、离解和燃烧，产生高温、高压燃气，推动弹丸发射。单级工质电热炮，所用工质只用来产生等离子体，工质常为轻质介质，如聚乙烯或金属丝等。双级工质电热炮，所用工质由两部分组成，第一级工质用于产生等离子体，第二级工质用于同第一级工质产生的等离子体发生化学作用，产生推动弹丸的能量。药室放电式电热炮，药室内装推进剂和电极，电极放电或加热推进剂在药室内进行。管放电式电热炮按其放电管直径或体积的差别，又有粗管和细管之分。粗管电热炮的放电管直径较大，放电产生的等离子体密度较小，推进弹丸的压力须经再压缩产生；细管电热炮的放电管直径较小，放电产生的等离子体密度较高，可直接用来发射弹丸。

**电热水器** electric water heater　利用电热元件加热水的洗浴电器。按工作方式可分为两类：流水式电热水器，没有容器，流动的水直接通过电热元件在流动过程中被加热；储水式电热水器，有储水容器，电热元件将储水箱中的水加热到适当温度后即可使用，未被取用的水则自动保温。储水式电热水器主要由储水箱、电热元件、温控元件等组成。储水箱常用铜、钢板表面涂搪，不锈钢板等制成，外边用保温材料包裹。电热元件多采用弯制成各种形状的电热管。温控元件常采用双金属片或感温包型温控元件。为防止温控元件失效导致水箱内压力急剧增高酿成事故，冷水管上边要安装膜片压力安全阀。为防止储水箱结垢，还要安装防水垢镁杆。

**电容** capacitance　表征两个导体容纳电荷能力的参数。两个导体分别带有等量异号的电荷$+Q$、$-Q$，若带$+Q$的至带$-Q$的导体之间的电位差为$U$，则此二导体间的电容$C$定义为$Q$与$U$之比，即：

$$C=\frac{Q}{U}$$

在国际单位制中，电容的单位为法(F)。为实现电容作用的器件称为电容器。常见的电容器的$C$值多为微法(μF)、皮法(pF)的数量级。两导体间的电容的值决定于导体的尺寸、形状、相对位置和其间**电介质**的介电常数。如两个面积为$A$的平行平面导体电极，极间距离为$d$，电极间的介质的介电常数为$\varepsilon$，假设极间电场均匀，则其电容为：

$$C=\varepsilon\frac{A}{d}\ (\mathrm{F})$$

电容$C$可视为一种基本电路元件。当电容上电压变化时，其电荷随之变化，电容$C$就要被充电或放电，这就形成电容中的电流。沿着与$U$同参考方向的电流等于：

$$i=\frac{\mathrm{d}Q}{\mathrm{d}t}=C\frac{\mathrm{d}U}{\mathrm{d}t}$$

**电容器**电极间的电场中储存有电场能量。带电荷$Q$，极间电压为$U$的电容$C$所储存的能量是：

$$W_e=\frac{1}{2}CU^2=\frac{Q^2}{2C}$$

**电容率** permittivity　表征**电介质极化性质**的宏观物理量。又称**介电常数**。

**电容器** capacitor　电路中用以储存电能的基本元件。由电介质相隔的两组金属电极片组成。按极板形状，有平行板电容器、球形电容器、柱形电容器等；按容量是否可变，有固定电容器、微调电容器、半可变电容器、可变电容器等；按极板间的电介质种类，有空气电容器、云母电容器、纸质电容器、陶瓷电容器等。电容器的电容取决于两导体的形状、大小、相对位置以及其中填充的绝缘材料的电容率。表征电容器性能的还有耐压（或工作电压）、损耗和频率响应，它们分别取决于填充电介质的击穿场强、损耗和对频率的响应。为了使电容和耐压适合需要，可以采用串、并联来调整。在电力系统中电容器是提高功率因数的重要器件，在电子电路中是获得振荡、滤波、相移、旁路、耦合及波形变换的重要元件。

**电弱统一理论** unified electro-weak theory　**电磁相互作用**和**弱相互作用**的统一理论。描述电磁作用的量子理论是**量子电动力学**，它是一种规范理论，可通过**重正化**方法消除发散困难，以极高的精度与实验结果相符合，是物理学中最成功的理论。光子作为规范场的量子，静质量为零，自旋为1。20世纪50年代末在弱作用宇称不守恒基础上发展了弱作用的中间玻色子理论，认为弱作用通过交换中间玻色子$W^{\pm}$而传递，其自旋为1，带正电或负电，由于弱作用是短程力，因此质量很大。这一理论的缺点是不可重正化来消除其中的发散困难，其根源来自弱作用交换的粒子具有很大的质量。量子电动力学可重正化是一个突出的优点，促使人们想到是否可用规范场来描述弱作用。然而中间玻色子具有相当大的质量与规范场量子的静质量为零是一个矛盾。60年代提出对称性自发破缺概念，对称性的自发破缺使得规范场的量子获得了质量。1968年S.**温伯格**、**萨拉姆**在S.L.**格拉肖**电弱统一模型的基础上建立了电弱统一的完善理论，理论中认为电磁作用和弱作用是统一的相互作用。其中须引入4种规范场，有4种规范粒子，一种是光子，静质量为零，传递电磁作用；另外三种粒子$W^{\pm}$、$Z^0$质量都不等于零，分别带正电、负电和中性不带电，它们传递弱作用。电弱统一理论预言的中间玻色子$W^{\pm}$、$Z^0$的质量于1983年的实验得到证实。关于中性弱流的预言也被多次实验所证实。

**电势** electric potential　描述静电场的一种标量场。静电场的基本性质是它对放于其中的电荷有作用力，因此在静电场中移动电荷，静电场力要做功。但静电场中沿任意路径移动电荷一周回到原来的位置，电场力所做的功恒为零，即静电场力做功与路径无关，或静电场强的环路积分恒为零。用公式表示为

$$\oint \boldsymbol{E}\cdot\mathrm{d}\boldsymbol{l}=0$$

这一性质称为静电场的环路定理。根据静电场的这一性质可引入电势来描述电场。电场中某一点的电势定义为把单位正电荷

从该点移动到电势为零的点，电场力所做的功。通常选择无限远点的电势为零，因此某点的电势就等于把单位正电荷从该点移动到无限远电场力所做的功，表示为

$$\varphi=\int_{(P)}^{\infty}\boldsymbol{E}\cdot\mathrm{d}\boldsymbol{l}$$

在国际单位制（SI）中，电势的单位为V（伏），1V＝1J/C（1焦/库）。静电场中电势相等的点构成一些曲面，这些曲面称为等势面。电力线总是与等势面正交，并指向电势降低的方向，因此静电场中等势面的分布就绘出了电场分布。电势虽然是引入描述电场的一个辅助量，但它是标量，运算比矢量运算简单，许多具体问题中往往先计算电势，再通过电势与场强的关系求出场强。电势是描述普遍电场的电磁势的特例。

**电势分析** potentiometric analysis 利用**电极电势**测定物质活度（浓度）的**电化学分析法**。又称电位分析。待测试液中浸入参比电极（电极电势稳定不变，不受试液成分的影响）和指示电极（电极电势与待测成分的活度有定量函数关系）组成电池。通过测量电池的电动势可以测出指示电极的电极电势。包括直接电势法和电势滴定法。直接电势法由指示电极的电极电势与待测物质的活度的函数关系计算待测物质的含量。如用玻璃电极测定溶液中的氢离子活度，用氟离子选择性电极测定溶液中的氟离子活度。电势滴定法则是由指示电极的电极电势的突跃来指示滴定终点，再按标准溶液的浓度和消耗的体积来计算待测物质含量的容量分析方法。两种方法的区别在于：直接电势法只测定溶液中已经存在的自由离子，不破坏溶液中的平衡关系；电势滴定法测定的是被测离子的总浓度。

**电视** television 运用电子技术传送图像、声音的现代化**大众传播**媒介。它通过光电变换系统把图像、声音和色彩转换为信号，用电缆和天线发送出去，由接收端将电信号还原为图像、色彩和声音重现在荧屏上。

历史发展 电视是电子时代的产物。

图1 1958年9月2日北京电视台（今中央电视台）首次播出的画面

图2 1958年北京电视台在演播室制作电视直播节目

1877年法国塞列克应用硒光电效应电视扫描原理，构想出最原始的电视发射系统，并创造了电视这个概念。1884年德国科学家P.G.尼普科夫发明机械性无线电图像传播扫描圆盘，称作“尼普科夫圆盘”，解决了电视图像的关键问题——扫描技术。1923年美国科学家V.K.兹沃雷金首次发明光电摄像管，为电视图像的转播提供了可能。继而，美国科学家发明摄像机。1929年电视接收机研制成功，电子电视应运而生。1936年8月，英国广播公司在亚历山大宫建成电视台，11月2日正式播出电视节目。这是世界电视事业的开端。1946年国际广播协会成立，黑白电视在各国广为发展。1950年美国哥伦比亚广播公司开始试播彩色电视，并于1953年制订了彩色电视技术标准（NTSC制式），1954年正式开播彩色电视节目。1962年7月11日美国最早用来传播电视节目的通信卫星“地球1号”发射成功，使电视接收打破国界和地区的局限，电视成为世界性的传播工具。到70年代末，加拿大、德国、苏联、日本等国先后发射了通信卫星。进入20世纪80年代后，电视摄录制作设备向小型化、一体化和数字化发展，并具有高灵敏度、高保真度和高解像力等多功能。在电视接收设备方面，朝着高清晰度图文电视、大屏幕、小体积、多功能方向发展。到21世纪初，全世界160多个国家和地区有了电视广播，世界电视业特别是发达国家的电视业，显示出一些新的发展趋势。例如通过跨媒体甚至跨行业的兼并、重组活动，形成了一些规模巨大的综合性传媒公司；加速实现从模拟技术到数字技术的进程；专业化频道越来越多；分工越来越细等。

特点与优势 电视开拓了人类感知的广度和深度，是人类媒体发展的一个质的飞跃。它具有影像、声音、色彩兼备，图文并茂，远距离传送，不受民族、文化、审美情趣及年龄限制等优点，面向社会，深入家庭。它使真人、真事、真情、真景的表现达到良好状态，使观众具有现场感和参与感。它通过电子编辑手段对各门类艺术进行再加工、再创造，具有灵活性和综合性，是新闻、艺术、技术有机的融合。

中国电视的发展 中华人民共和国的电视事业创建于1958年。第一家电视台——北京电视台，即**中国中央电视台**前身，于当年9月正式播出，1973年5月1日开始播出彩色电视节目。到20世纪70年代末，各省、自治区、直辖市均建立了电视台，并陆续播出彩色电视节目。台湾省于1962年建立电视台，1971年9月开始播出彩色电视新闻。80年代以后，中国电视事业有了显著发展。1982年，国家批准采用PAL制式为中国彩色电视制式。到80年代，电视成为人们获取信息的重要渠道，成为人们喜闻乐见的传播媒体；从90年代起，电视成为同中国大国地位相称的具有世界先进水平的大众传播媒体。21世纪的中国，电视已成为最现代化、最有影响、最受群众欢迎的媒体。对外电视的中文频道和英语频道不仅实现全球覆盖、基本实现全球落地播出，而且开始进入外国主流社会。到2009年年底，电视综合人口覆盖率达97.23%。

电视正越来越广泛地被用于政治、经济、教育、医学、科研、军事乃至日常生活服务等领域。

**电视电影** television movie 电视台根据电视影片剧本拍摄，供电视台专用的影片。电视电影这一名称源于**好莱坞**。20世纪50年代初，美国的电视剧在数量、质量上都不能满足电影观众的要求，为此好莱坞各电影公司专门为电视台制作了这类影片。电视电影实际上介于电影和电视剧之间，是电视剧生产不够发达情况下的产物。电视电影与电影比，投资相对较少，在艺术追求上近似电影，而在题材选择、情节设计以及场景、镜头等方面，又更多地考虑了家庭观赏和小屏幕的特点。苏联的第一部电视电影于1951年问世。美国近几十年来，一直保持着年产电视电影150部左右的水平。英国的电视电影出现于80年代。中国的第一部电视电影于1996年拍摄并由中央电视台播出，而真正有规律地拍摄电视电影是在1999年。到2009年年底，中国已拍摄电视电影千余部，年产量约100多部。

**电视机** television set 电视广播系统的终端设备。全称电视接收机。电视机将天线接收到的高频电视信号还原为视频图像信号和低频伴音信号，分别加给显示器件和扬声器，重现图像和重放声音。由接收天线、高频调谐系统、图像中频公共通道、扫描系统、伴音通道、电源电路和彩色解

码系统（黑白电视机没有）等部分组成。按显示图像的颜色分为黑白电视机和彩色电视机，按电路器件分为电子管电视机、晶体管电视机和集成电路电视机，按信号处理方式分为模拟电视机和数字电视机，按显示器件分为显像管电视机和固体显示电视机等。

**电视售货** TV shopping 利用有线电视、电报、电话等传媒进行的货物销售方式。商家通过有线电视网将**商品**的外观、性能、品质、价格等信息传递给消费者，消费者可通过电话、电报将所需商品信息传递给商家的客户服务部。一般本地消费者享受送货上门服务，货到付款。外地消费者通过邮购方式来获得所需商品。

**电梯** elevator 沿垂直或倾斜度小于15°的固定导轨在楼层间运行的固定升降设备。广泛用于宾馆、饭店、办公楼、医院、公寓、车站、仓库和现代化工厂等场所运送人员或货物。

电梯有电动和液压两种类型。①电动电梯的典型结构包括轿厢、厅门、导轨、

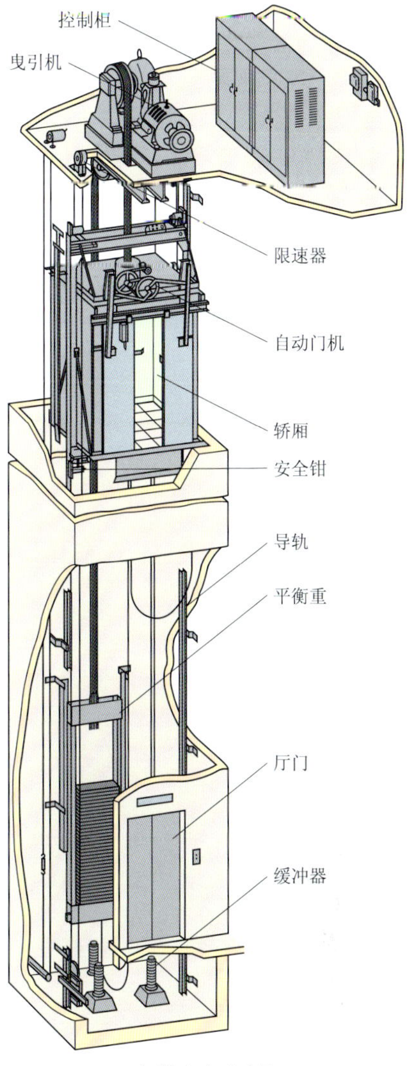


电梯的典型结构

曳引机（绞车）、安全装置和信号操纵系统等（见图）。这些部分分别安装在建筑物的井道和机房中。通常采用钢丝绳摩擦传动，钢丝绳绕过曳引轮，两端分别连接轿厢和平衡重，电动机驱动曳引轮使轿厢升降。②液压电梯靠液压缸中活塞的伸缩带动轿厢运动，有活塞顶升轿厢的直接顶升式和通过钢丝绳、滑轮带动轿厢的间接顶升式两种。

电梯的控制形式有按钮操纵、信号控制、集选控制和梯群自动群控等方式。集选控制的电梯在轿厢内的操纵盘上装有选层指令按钮，各层站都装有上、下方向的呼梯按钮，电梯能同时记忆轿厢内各选层指令和层站呼梯信号，轿厢按照这些指令和信号自动关门启动运行，顺向依次停站。

电梯的安全非常重要。通常规定悬吊轿厢的钢丝绳不少于3根，其安全系数不小于12。电梯必须设置限速器、安全钳、缓冲器和极限开关等安全装置。层门和轿厢门必须设置机电连锁安全保护装置（即门锁）。电梯还应有端站超行程保护装置和强迫减速装置等，并符合防火要求。

**电线** electric wire 用于承载电流的导电金属线材。有实心、绞合或箔片编织等各种形式。按绝缘状况分为裸电线和绝缘电线两大类。

裸电线是不包任何绝缘或保护层的电线。除作为传输电能和信息的导线外，还可用于制造电机、电器的构件和连接线。一般用铜、铝、铜合金、铝合金以及铜包钢、铝包钢等复合金属材料制作。按结构形状分为四种。①圆单线。横断面为圆形的单根裸电线。②绞线。由多根裸电线按一定规则以螺旋形绞合而成。包括用于配电线路的铜绞线、铝绞线。③软接线。多根小断面导线按一定规则螺旋形绞合或编织而成。④型线。横截面为梯形、矩形等。

绝缘电线是包覆绝缘层的电线。分为电磁线和通用绝缘电线。绝缘电线通常指后者，包括各种连接线、安装线。通用绝缘电线分为三种。①橡皮或塑料绝缘电线。用于交流500伏以下和直流1 000伏以下的各种电工设备和动力、照明线路。②橡皮塑料绝缘软线。用于交直流移动式电器、电工仪表、电信设备及自动化装置，也用于日用电器和照明灯线路。③塑料绝缘屏蔽线。用于要求防止相互干扰的线路中。

此外，还有各种适用于特种要求的绝缘电线，如汽车用低压电线、汽车用高压点火线、电机电器引接线、航空导线、补偿导线等。

**电信产业** telecommunication industry 以电信设备制造和电信增值服务为主要内容的现代信息通信产业。在传统的邮政、电报、电话等行业基础上发展起来但又有新变化的通信业。它已不再单纯从事信息传递的业务，在信息传递中同时含有信息增值的内容，并正在向综合信息服务转型。电信产业与计算机产业一样，是**信息产业**的主要组成部分。随着电信网络与计算机网络的融合，这两大产业的关系日趋密切，并出现一体化趋势。在中国电信业务主要指电信运营与服务部分。1999年中国电信业进行了重大的改革和重组，电信市场形成了以中国电信、中国移动、中国网通、中国联通、中国卫星以及中国铁通为主要经营主体的新竞争格局。中国加入**世界贸易组织**（WTO）后，外资可按规定的比例自由进入中国电信市场，这就需要完善电信管制政策，把管制目标从简单地破除垄断转向维护电信市场的公平竞争，加快电信产业发展。

**电学** electricity 物理学的分支学科。又称**电磁学**。

**电压** voltage 静电场或电路两点之间的电势差。见**电势**。

**电压表** voltmeter 用于测量直流电压、交流电压的机械式指示电表。分为直流电压表和交流电压表。

直流电压表主要采用磁电系电表和静电系电表的测量机构。磁电系电压表由小量程的磁电系电流表与串联电阻器（又称分压器）组成，最低量程为十几毫伏。为扩大量程可增大分压器的电阻值。静电系电压表的最低量程为几十伏，为扩大量程可改变电表内部结构和极间距离。交流电压表主要采用整流式电表、电磁系电表、电动系电表和静电系电表的测量机构。除静电系电压表外，其他系电压表都是用小量程电流表与分压器串联而成。也可用几个电阻组成的分压器与测量机构串联而形成多量程电压表。这些系的交流电压表最低量程在几伏到几十伏之间，最高量程约为1～2千伏。静电系电压表的最低量程约为30伏，最高量程可达很高。电力系统中用的高压电压表是由电压额定量程为100伏的电磁系电压表，结合适当电压变比的电压互感器组成。由于受测量机构线圈电感的限制，电磁系、电动系电压表的使用频率范围较窄，上限频率低于1～2千赫，静电系的使用频率范围较宽。整流式电压表的上限使用频率约几千赫，但仅当交流电压为正弦波形时，电表读数才是正确的。

**电鳐目** Torpediniformes; electric rays 软骨鱼纲一目。共有3科10属约38种。广布于热带和温带各海区。头侧与胸鳍间具一很发达的卵圆形发电器官，由鳃节肌细胞

分化集迭而成。产于西大西洋的2种电鳐发电器官占体重的1/6。发电的电位低的为8～17伏，高的达220伏，足够麻痹一个成人。眼小，少数深海种类眼退化。鼻孔近口但与口完全分开，前鼻瓣后缘连合为一很宽的口盖。口小或中大。鳃孔小。眶前软骨扩大，分成多枝，向前伸达吻端。吻软骨2或1个，前部分枝。背鳍及尾鳍端部具角质鳍条；胸鳍与腹鳍的端部无角质鳍条。体柔软，一般光滑。最大个体长可达1～2米，重90千克；单鳍电鳐属体长小于0.3米。卵胎生。行动缓慢，底栖，常将身体埋在泥沙中，大多生活在潮间带。深海电鳐属栖息较深海中。

**电冶金** electrometallurgy 利用电能从矿石或其他物料中提取、回收和精炼金属的冶金过程。用于大规模冶金工业生产的先决条件，是廉价电能的大量供应。由于电冶金耗电量大，故只有在电能丰富的条件下，才能充分发挥优势。根据电能转化形式的不同而分为以下两类。

电化冶金 使直流电能通过电解池转化为化学能，把金属离子还原成金属的冶金过程，分为水溶液电解和熔盐电解。但二者按目的又都可分为电解提取和电解精炼。电解提取可以产出金属；电解精炼以粗金属为原料，通过电解产出纯金属。大部分稀土金属及其中间合金都是电化冶金生产的，金和银几乎全都要经过电化冶金才能得纯金属。电化冶金操作温度低，电解提取不需经过粗金属生产的中间阶段，可得到纯度较高的金属，所用溶剂还可以再生。电解精炼能一次除去粗金属中的绝大部分杂质，主金属的回收率高，而除去的杂质可作为副产品回收。

电热冶金 利用电能转变为热能而获得冶金所要求的高温，进行金属提取和处理的冶金过程。电热冶金的主体设备是电炉，按电热转换的方式分为电弧炉、感应炉、电阻炉、电子束炉、等离子体炉等。电热冶金具有可获得高温（一般在2 273K以上，等离子体冶金可达5 273～20 273K），加热快，热效率高，可在各种气氛、各种压力或真空中作业，金属烧损较少，以及易于实现机械化、自动化操作等优点，广泛用于各种冶金过程。

**电影** film 根据“视觉暂留”原理，运用摄影及录音手段，把外界事物的影像和声音摄录在胶片或者数字存储器上，通过放映以及还音，在银幕以及屏幕上还原活动影像和声音，以表现一定内容、具有一定时长（一般不超过120分钟）的艺术样式。电影是科学技术经过长时间的发展达到一定阶段的产物，也将随着科学技术的发展，改变其先前的定义。因此，电影定义表现出阶段性的特征。

电影的诞生 放映技术和摄影技术的不断进步是电影得以面世的重要前提。1824年，英国的P.M.罗格特在伦敦公布了他的“视觉暂留”理论，指出人眼在观看运动中的形象时，每个形象都在消失后仍在视网膜上滞留近1秒的时间。1834年，英国人霍尔纳制成了“活动视盘”。1853年，奥地利的冯·乌却梯奥斯在上述发明的基础上，运用幻灯，放映了原始的动画片。1888年，法国的居勒·马莱伊向法国科学院提交了用世界第一部电影摄影机拍摄的照片。同年，美国人G.伊士曼发明胶卷。1894年，伊士曼与T.A.爱迪生合作制成“活动电影视镜”，虽然已经具备了电影拍摄、洗印、放映三个基本元素，但是它把15.24米的凿孔胶片放置在一个箱子里，每次只允许一人观看。1895年，法国的L.卢米埃尔和A.卢米埃尔兄弟制造出能将影像放映在白色银幕上的“电影放映机”。当年的12月28日，他们在巴黎嘉布遣大道14号大咖啡馆内，正式放映了《墙》、《工厂的大门》、《水浇园丁》等几部世界上最早的影片。这一天被公认为是电影的“生日”。

电影的发展 包括4个方面。

蒙太奇的产生与发展 第一位真正的电影艺术家是法国的G.梅里爱。梅里爱对电影的贡献主要在幻景片和经过排演的舞台纪录片。在幻景片中，他运用停机再拍的方法形成了一种场面转换的蒙太奇，为蒙太奇的分切开辟了道路；在经过排演的舞台纪录片中，他将绝大部分戏剧上的方法如剧本、演员、服装、化装、布景、机关装置，以及景或幕的划分等应用到电影中，从而产生了画面内部的蒙太奇，显示了创作者在摄影机之外产生的作用。其代表作有《灰姑娘》、《圣女贞德》、《鲁滨逊漂流记》、《月球旅行记》等。

梅里爱事业的全盛期是1902～1908年，而此时英国电影无论在工业还是在艺术方面，都处于先锋地位。1900年前后，布赖顿学派在英国形成。其代表人物杰姆斯·威廉逊在拍摄《莱亨赛船》、《中国教会被袭记》等影片的“追逐场面”中，将连续拍下的镜头剪辑在一起来表现事件的逻辑发展，这是“戏剧蒙太奇”的雏形。

图1 中国早期的电影放映场所

而另一个代表人物G.A.斯密士拍摄《祖母的放大镜》、《玛丽·珍妮的灾祸》时，在中景和全景中穿插特写镜头，即根据剧情发展的需要改变视点，依据故事的发展组接不同的景别，标志着电影中真正的蒙太奇的诞生。

美国电影导演D.W.格里菲斯的两部巨片《一个国家的诞生》(1915) 和《党同伐异》(1916)，迈出了使电影最终成为艺术的决定性一步。格里菲斯在自己的作品中，全面、系统地掌握了电影技术的多种表现手段，尤其是蒙太奇技术，使电影的构成单位由场景变为镜头。从《一个国家的诞生》开始，电影放映地点从镍币影院搬到剧场，从而使电影由杂耍进入了艺术殿堂。在蒙太奇的发展中，苏联导演L.V.库里肖夫、D.韦尔托夫、V.I.普多夫金和S.M.爱森斯坦等人也起过特殊的作用。他们总结了前人和自己的创作实践，不仅丰富和发展了蒙太奇技巧，还创立了完整的蒙太奇理论，并将这一理论上升到哲学与美学的高度。

声音进入电影 1927年，美国歌舞片《爵士歌王》中插入了几段道白和歌唱。1929年的《纽约之光》被认为是第一部“百分之百的有声”影片。早在1899年，电影在爱迪生的实验室里就已经能发出一些声音。之后，人们在放映现场用三种方法给电影配音：音乐伴奏、音响效果和真人配音。20世纪伊始，欧美的音乐出版商专门给电影院编印“情绪音乐曲选”，供影院乐师或乐队根据影片的情节编排曲目。初期的音画同步影片使用美国贝尔电话公司发明的“维他风”系统，但不久即被德国托比斯公司的光学录音还音系统淘汰，有声电影从此正式诞生。有声电影使电影由单纯的视觉艺术发展成视听结合的银幕艺术，实现了电影史上的一次革命。

彩色影片的出现 彩色影片的问世，是电影史上第二次技术与艺术革命。在默片时期，有的故事片通过手工给某些特殊场景涂上单色以加强情绪效果，也有逐格涂染多种颜色的尝试。格里菲斯的《走向东方》使用了染色胶片，爱森斯坦的《战舰波将金号》将起义战舰上升起的旗子染成红色，中国默片《火烧红莲寺》则把角色的服装涂上红色。1935年，彩色胶片发明，美国导演R.马莫里安摄制了世界上第一部彩色故事片《浮华世界》。20世纪60年代，彩色片的使用得以普及，中国则又迟了近20年。但直至今天，仍有导演根据影片内容的需要采用黑白片或黑白片段，如S.斯皮尔伯格的《辛德勒的名单》、张艺谋的《我的父亲母亲》和《英雄》等。

数字技术的应用 在电影艺术的范畴内，数字技术指计算机数字技术与电影技术结合后产生的新的电影制作技术。它通过计算机图形图像成像与处理过程去重现

图2 《鸦片战争》的拍摄场景

物质世界和描摹人的心灵世界，创造一些常规摄制手段与传统技术无法实现的、如同实拍一样逼真的电影画面。数字技术的出现，打破了传统的电影制作方式。因此，数字化技术在电影中的应用是继“声音进入电影”和“彩色影片的出现”之后又一次重要的电影技术革命。

数字技术进入电影是在20世纪60年代。《2001：太空漫游》(1968) 是电影最早运用计算机生成图像的范例之一。70年代的《未来世界》和《外星人》也尝试了该项技术。1982年，《星际旅行Ⅱ》的发行标志着数字技术正式出场。之后，《真空管》、《最后的星战者》(1984) 和《深渊》(1989) 相继应用并升级了数字技术。进入90年代，数字技术在电影中迅速发展。它既可以用于电影后期制作，对电影图像进行各种控制，也可以用于前期制作，对未来影片进行“形象化的预审视”。《泰坦尼克号》(1997)、《真实的谎言》(1994)、《阿甘正传》(1994) 等都在数字化技术运用上有杰出表现。《玩具总动员》(1995) 则标志着计算机技术进入一个全新阶段。2009年卡梅隆执导的3D电影《阿凡达》则使数字技术在电影中的应用达到了更高境界。

电影的样式、流派与风格　电影诞生百年以来，形成了多种样式、流派与风格。通常电影可按内容分为四大类：故事片、纪录片、科教片、美术片。每门类又可作具体划分。如故事片，按题材、风格、样式分，可以有历史片、现实片、喜剧片、惊险片、传记片、儿童片、歌舞片、武术片、戏曲片等；美术片可分为动画片、剪纸片、折纸片、木偶片等；纪录片可分为新闻纪录片、时事报道片、历史纪录片、舞台纪录片、艺术性纪录片等；科教片可分为科普片、科技推广片、科学研究片等。按胶片宽窄度与银幕宽高度及其他技术形式分类，有35毫米普通银幕电影、16毫米电影、8毫米电影、超8毫米电影、8.75毫米电影、宽银幕电影、遮幅电影、环幕电影、立体电影、球幕电影等。按电影的风格、流派分类，有商业电影、艺术电影、传统电影、现代电影、戏剧电影、诗电影、散文电影、小说电影以及类型电影、先锋派电影、抽象电影、纯电影、超现实主义电影、印象派电影、表现主义电影、实验电影、“新浪潮”电影、政治电影等。上述分类法有的并没有统一的标准，往往是因人因时因地而异，只是从某个方面说明这类电影的特点。

**电影表演**　film acting　演员根据文字作者提供的剧本或导演的命意，以自身为创作工具，在摄影机前用形体、表情、语言、声音等手段，在导演的指导下，进行艺术创作，创造人物形象的过程。见影视表演。

**电影放映**　film exhibition　把电影存储介质上记录的形象和声音通过技术手段予以还原的技术过程。1895年，法国科学家卢米埃尔兄弟发明了活动电影机，从此电影摄影机和电影放映机就诞生了。1896年，电影放映机传入中国，法国人在上海放映了一部短片。1897年，西班牙人在上海乍浦路口盖了一个有250个座位的简陋电影院。1949年以前，中国放映机大都依赖进口。1949年以后，先是在南京建立电影机械厂，开始制造国产16毫米及35毫米移动式有声电影放映机。后又在哈尔滨建立电影机械厂，制造35毫米固定式有声电影放映机。20世纪80年代，开始生产70毫米和特殊形式电影所需的放映机。

放映原理　活动电影机在摄影中把被摄物的动作连贯地拍摄下来，再在放映机中连贯地把画面放映出来。由于被摄物在不断地改变空间位置，加上人的格式塔心理作用，从银幕上就看到了活动的电影。普通电影的摄影频率和放映频率一致，为24格/秒。

放映过程　传统放映过程如图所示，把35毫米影片1从活动片夹2中拉出（片头倒着朝下，声带靠放映员一侧）装在供片齿轮3上。它把影片送入片门7中，画面在片窗4内，由放映光源照明。35毫米固定放映机的照明光源一般由冷反光镜6、氙灯5或弧光灯组成，保证片窗上有一个明亮而均匀的光束照明。被照明的画面由放大镜8放大并聚焦，在银幕9上形成一个清晰明亮的图像。倒置的影片画面，通过放映透镜在银幕上成为正立的画面。

片门下面装有间歇齿轮11，它间歇地一幅幅拉动片门中的影片，由于拉片的速度比输片齿轮（匀速）快，因此在片门的上方和间歇齿轮的下方，都留有影片缓冲弯，防止影片拉断并减少画面在片门中的振动。遮光器10装在片窗的后面，与间歇齿轮同步工作。下缓冲弯的影片，经过齿轮12的匀速运动，减轻影片振动的程度。接着影片进入音鼓13和压片滑轮14并把影片紧贴于音鼓上。音鼓比影片稍窄，以便声带的调幅光能投射到光电管或光电池中去。音鼓轴上装有质量很大、转动均匀的飞轮，可以减少声音抖动。照明声带的光学激励系统16由激励（白炽）灯泡、机械隙缝和激励镜头组成，在音鼓的声带位置上形成一条很细的水平光刃。当声带移过激励光刃时，为声迹所调幅的光束投射到光电管

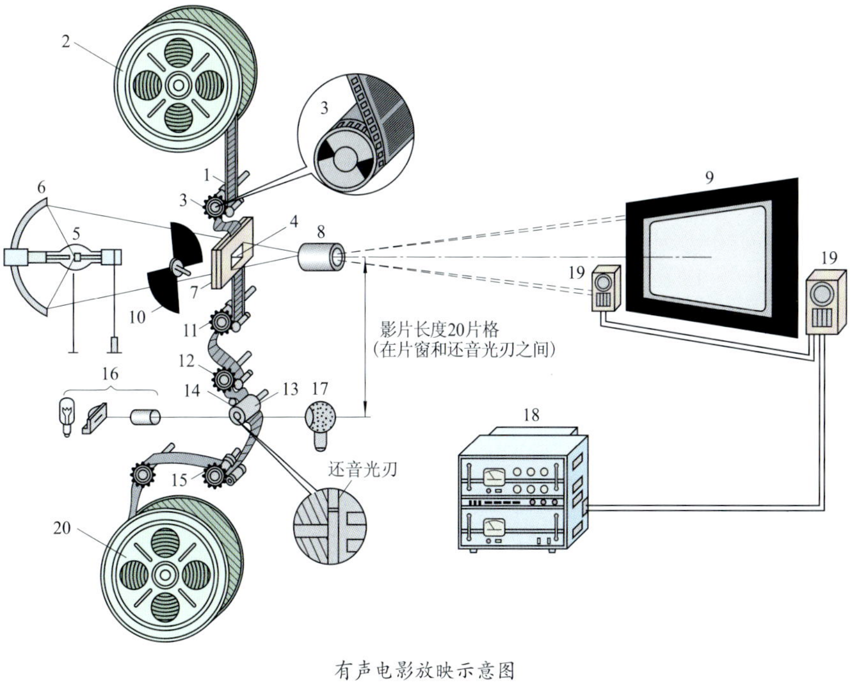


有声电影放映示意图

17上，它把光通量的变化转换为电流的变化，再经过电影扩音机18放大，输出的讯号电流被送到银幕两侧或银幕后面的扬声器19中，发出声音。这个由光能变为电能，再由电能变为声能的过程，称为光学还音。影片经过齿轮15后，再经过收片齿轮20送入收片盒内的活动片夹中。光学还音部分装在放映机的下方，音鼓的光刃位置与片窗之间的距离，35毫米放映机一般为20幅(格)，16毫米放映机为26幅（格)。影片上声迹超前于画面的距离按此格数印制。

如果放映频率高于摄影频率（例如有声电影放映机放映无声电影影片时)，银幕上的动作会快于实际的动作。反之则慢于实际的动作。

电影院的设备与放映　电影院一般有观众厅、放映机房、休息厅等。放映机房内，一般装有35毫米固定式放映座机两台，影片换本时轮流开停。另有电影扩音机和监听设备以及放映光源用的整流器。为了保护和检修影片，机房内有影片湿润箱、倒片机和接片机等设备。还应有幻灯机、电唱机或收音机及传声器等设备。观众厅装有银幕和扬声器等。银幕尺寸与放映镜头的焦距和观众厅的长度有关。座位的第一排至少离开银幕有银幕宽度的1.5倍距离。银幕的宽度一般取放映距离的1/5至1/6。前排边座（例如左侧）观众的视线与银幕边缘（例如右侧）水平面之间的视角不能小于45°。同样，前排观众的视线与银幕上面边缘垂直面之间的视线也不能小于45°。

一般电影院只需改变银幕尺寸、变换放映镜头和片窗尺寸，就可放映普通35毫米电影、变形镜头的宽银幕电影和遮幅式宽银幕电影。35毫米电影是最普通和经常放映的电影。它的银幕尺寸和选用镜头是由放映距离（镜头至银幕间的距离）决定的。设片窗宽度为$b$（毫米)，银幕的宽度为$W$（米)，放映镜头的焦距为$f$(毫米)，放映距离为$D$(米)，放映镜头的焦距$f=(D/W)\times b$。35毫米影片画面高宽之比为1∶1.38，银幕高$h=W/1.38$米。变形镜头宽银幕电影是在35毫米摄影镜头前面，加装一个“压缩”变形镜头，将水平方向的物体形象压缩一倍，变成狭长的形象。放映时，在放映机的镜头前面，加装一个“扩展”变形镜头，使放映出来的形象，在水平方向扩展一倍，恢复原来的形象。以银幕来说，等于加宽一倍，就变成了宽银幕电影。宽银幕电影的片窗尺寸为21.3毫米×18.16毫米，银幕画面高宽比为1∶2.35。宽银幕尺寸与35毫米电影银幕计算方法一样，只是需要乘一个变形系数$K=2$。普通35毫米电影放映镜头的焦距，乘上银幕片窗高度$hK$和35毫米片窗$h$的比值，即得宽银幕放映镜头的焦距$fK$。遮幅电影是把35毫米画面的上方和下方遮去一部分，使画面的高宽比例从1∶1.38改为1∶1.66或1∶1.85。

使用70毫米宽胶片，片窗尺寸为22毫米×48.59毫米，高宽比为1∶2.21。影片每边有3条磁性声带，其中1到5路接至幕后五组扬声器作还音用，第6路至观众厅扬声器作环境音响效果用。

立体电影利用双眼视差，投映两个影像，通常戴偏光眼镜看，具有三维感觉。彩色影像用偏振光眼镜、黑白影像用红绿眼镜将两眼分开（见立体电影)。放映时须采用金属粉末涂敷银幕。穹幕电影的银幕为半球形式，用鱼眼镜头单机放映，影像投射在半球的大部分或者一部分上面，大都采用多声道立体声还音。巨幕电影的银幕面积非常大，有的可达20米×30米。观众视野完全在银幕之中，配合多声道立体声还音，临场感很强。

**电影镜头**　shot　电影摄影机在一次开机到停机之间所摄的、连续的留有影像画面的胶片片段。电影的基本单位。镜头组接是电影的特殊构成方法。一个镜头往往包含一个或数个不同的画面，每一个画面又是由许多相同或不同的画格组成。镜头的画幅为横式长方形，宽、长比例，普通银幕影片为1∶1.375，宽银幕影片为1∶2.35，70毫米影片为1∶2.2；个别镜头采用遮挡等特殊方法拍摄，可以获得圆、三角、竖式以及多画面等特殊画幅。画幅是镜头画面构图的前提，电影的一切内容都在它里面展现出来。镜头就景别而言，可分为远景、全景、中景、近景、特写等；就角度而言，可分为平、仰、俯及正、侧、反几种；就镜头的运动而言，可分为推、拉、摇、移、伸、缩、升、降等。

**电影拷贝**　film copy　电影术语。拷贝是英语copy的音译，意为“复制”。用在电影方面，指由底片复印出供放映用的正片。电影根据不同的胶片印制的正片，有不同型号的拷贝，如16毫米影片拷贝、35毫米影片拷贝等。洗印电影拷贝是一项十分细致的工作。洗印彩色拷贝要经过显影、水洗、漂白等多项工序。拷贝是电影制作的最后成品。影片长的几小时，短的如一些实验影片，不到10分钟。因为装拷贝的片盒长度有限制，所以拷贝要分成若干本。一个片盒为一本，只能装300米左右的正片。一部普通影片为10本左右，上下集影片为18～20本。

**电影摄影**　cinematography　电影摄影师运用摄影机和光学镜头，经过曝光将客观对象及其活动连续记录在电影胶片上的过程。摄影的物质基础是现代先进的机械、光学仪器和化工材料。电影摄影的原理，简单地说就是以每秒24格的频率拍摄一格格静止的含有潜影的画面，经过洗印加工产生负像，然后印成正像，放映时以同样的频率投影在银幕上，使观众看到与现实生活相同的活动影像。电影摄影既有记录现实的功能，常用于传播信息，传授科学、技术、文化知识，储存各种珍贵的资料与文献，又有造型艺术表现功能，可以描摹环境、创造人物、渲染气氛、交代情节、营造意境、揭示寓意。

电影摄影通常按具体技术、技法分成普通摄影、动画摄影、特技摄影（如逐格拍摄、停机再拍、快/慢速摄影、倒拍、合成拍摄等)、特殊摄影（如红外线摄影、显微摄影、水下摄影、航空摄影、超高速摄影等)、立体摄影、环形摄影等。

电影摄影的历史发展　最初在银幕上出现的影像，作为新发明的一项娱乐活动，都用固定镜头拍摄，只能表现一个空间。1896年，L.卢米埃尔的摄影师A.普洛米奥把摄影机放在船上，“使不动的东西发生运动”，开创了运动摄影。同年，英国摄影师W.K.L.狄克逊在固定机位上旋转摄影机机身，产生摇拍效果。担任过卢米埃尔摄影师的J.E.威廉逊，1899年在拍摄报道片《亨莱的赛船》时，从七八个不同角度连续拍摄船只出发、竞赛中的船队、胜利到达终点等镜头，并在移动的船上拍摄观看的人群，形成简单的蒙太奇效果。英国的G.A.斯密士1901年拍摄《小医生》时，运用了大特写。英国高蒙影片公司的A.柯林斯拍摄《汽车中的结婚》一片时，应用摇摄、移动、反拍等手段，交替表现汽车相互追赶的景象。20世纪90年代，数字技术应用到电影摄影上，大大增强了电影摄影的表现力，颠覆了以胶片为核心载体的传统电影观念，为电影的发展开拓了更大的表现空间，使电影历史进入到数字时代。

在摄影艺术的历史发展过程中，出现了绘画派和纪实派两个摄影派别。绘画派由以梅里爱为代表的讲究画面造型美的倾向发展而来，经过格里菲斯、S.M.爱森斯坦的实践和总结，成为20世纪60年代前统治世界影坛的派别。绘画派追求电影的绘画性和假定性，把电影画面当作“活动的绘画”。注重借鉴绘画构图的原则，讲究画面的整体布局，构图严谨、完整。

纪实派的源头是卢米埃尔的早期电影，苏联的电影眼睛派对其加以发展；到意大利新现实主义，纪实派始蔚为大观。20世纪60～70年代，这个流派在国际上占据重要位置。纪实派强调遵循逼真性的电影美学原则，高扬画面的真实感、自然感和生活化。也注意画面的结构，但不局限于传统的构图原则，而是以现实生活和人的心理感受为依据，打破画面的和谐、对称，颠倒宾主关系，运用不规则、开放性的布局来确立画面造型形式。运动镜头是这个派别的一个特色。

艺术表现手段　电影摄影有技术和艺术两种表现手段。前者包括摄影机、光学镜头和感光材料等；后者包括构图、光学、运动、色彩、光线等。摄影师只有在学会运用各项技术手段之后，才能进一步掌握艺术表现手段进行创作。构图指为表现某一特定的内容和取得某种视觉美感效果，将镜头前的被表现对象以及摄影的各种造型因素有机地组织、分布在画面中，以形成一定的画面形式。摄影师运用光学镜头焦距的长短、调子的软硬、光圈的大小、焦点的远近，以及具有特殊效果的附加装置（滤光镜、镜头纱等），可使影像获得景物透视、影像虚实和影调气氛等不同的艺术效果。运动指摄影师采用某种摄影频率和使摄影机以某种方式运动来拍摄画面。色彩指摄影师对画面的色相、色饱和、色对比、色反差、色温、色调等的把握。光线指摄影师在采光和布光中，运用自然光和人工光处理画面中光线的明暗、反差、基调、层次、色彩的还原以及灯光、烛光、火光、月光等特定的光学效果，表现被摄物体的立体形态、轮廓形式、表面质感，从而深刻刻画人物性格，创造环境气氛，渲染特定的情绪。

**电影眼睛派** Ktsnokts 苏联纪录电影导演D.韦尔托夫于20世纪20年代初提出并在创作中付诸实践的理论。这一理论否定故事影片，推崇新闻片，认为电影的作用在于如实地纪录现实。此派研究了用电影摄影机观察生活的多种方式方法，认为电影眼睛比人的眼睛更为完善。在新闻纪录电影中，他们采用了多角度拍摄、快摄、慢摄、移动摄影等方法。此派倡导的重要手法之一是所谓出其不意地“捕捉生活”，或者称抓拍，即把摄影机隐蔽起来进行拍摄。这种方法在他们制作的杂志片《电影真理报》中曾大量采用。电影眼睛派的纪录现实不局限于简单地纪录生活，他们总是通过对镜头的选择、剪接、配加字幕等方式赋予生活素材以特定的含义。电影眼睛派的理论与实践对世界各国电影工作者有重大影响。它促使人们注意**蒙太奇**的重要性，给予纪录电影以极大的推动。

**电影艺术与科学学院** Academy of Motion Picture Arts and Sciences 美国电影学术团体。1927年由美国电影界知名人士L.B.梅耶等36人联合发起成立。宗旨是研究、提高电影艺术和技术质量，加强电影界内部各个专业之间的团结和协作，促进电影事业的发展。学院从成立起主要以颁发一年一度的学院奖（后又称**奥斯卡金像奖**）来检阅和促进影片的质量。后来由于影片和演员的票房价值在得奖后大为增加，各制片公司在投票前竞相宣传以影响会员的投票，故学院奖的商业气息日益严重。尽管如此，学院奖仍不失为提高美国影片质量的一种手段。学院设在洛杉矶的贝弗利希尔斯，它除办公室、电影厅和大小放映室外，还有收藏十分丰富的影片和有关影片的图片文字资料的图书馆。学院的管理、运作及有关政策的制定都由主管委员会负责。学院有会员4 000名左右，都是学院主管委员会聘请的电影界各专业的知名人士。学院的运营收入主要来自会员交纳的会费，电影商发布影片租用学院剧场所付的租金，出售出版物和学院奖发布会有关的电视转播权所得。

**电泳** electrophoresis 带电粒子在介质中因受外电场作用而发生迁移运动的物理化学现象和利用这种电迁移原理进行物质分离分析的方法。一定条件下，带电粒子在单位电场强度作用下，单位时间内移动的距离（迁移率），是仅由该带电粒子自身性质决定的特征性常数。不同带电粒子因所带电荷不同，或虽所带电荷相同但荷质比不同，在同一电场中电泳，经一定时间后，由于移动距离不同而相互分离。分开的距离与外加电场的电压与电泳时间成正比。电泳现象是由F.von罗伊斯于1808年首先发现的，他观测到含水黏土能在电场中移动。现代意义的电泳方法则起始于A.蒂塞利乌斯公布于1937年的移界电泳技术。

电泳按原理分为移界电泳、等速电泳、区带电泳和等电聚焦电泳；按分离介质的聚集状态分为自由溶液电泳、凝胶电泳、纸电泳等；还可以按照分离通道的形状、位置、介质流动性质等分类。电泳技术种类很多，仪器结构不尽相同，但都必须包含正、负电极槽，分离室，直流（或脉冲）电源，系统控制。电泳特别适用于生物大分子的分离分析。它已经成为蛋白质、核酸等研究不可或缺的基础方法。电泳在蛋白质研究中的应用包括蛋白质种类、等电点、纯度或含量的鉴定，分子量测定，分离与制备等。双向电泳已成为当前蛋白质组学研究的主力高通量分离技术。电泳在基因相关研究中的应用包括DNA测序，基因突变、基因多态性等研究，双链DNA分离，DNA和RNA的制备等。

**电源** electric source 把其他形式的能量转换为电能的装置。交、直流发电机，化学电池（干电池、蓄电池），温差电堆，太阳能电池，核电站等都是常用的电源，它们把机械能、化学能、热能、太阳能、核能等转化为电能。产生交变电压的是交流电源，产生恒定电压的是直流电源。

在电路中，如果只有静电场，则正电荷从高电势处移向低电势处后不能返回，在电阻上消耗的焦耳热也得不到补充，便难以为继。为了在电路中维持恒定电流，除了静电场外，还必须有另一种施予电荷的作用力——非静电力，它能使正电荷逆着电场力的方向运动，从低电势处返回高电势处，非静电力的功则弥补了电路上的能量损耗，这样，恒定电流才能沿着闭合的电路持续流动。直流电源就是能够提供非静电力的装置。直流电源提供的电能是从其他形式的能量通过非静电力对正电荷做功的方式转化来的。不同的直流电源，形成非静电力的过程不同，能量转换的形式也不同。例如，在化学电池中，非静电力的形成是由于离子的化学作用。

标志直流电源性能的重要参量是电源的电动势、内阻、容量等。**电动势**$E$描绘电源非静电力做功的本领。内阻是指它本身的电阻。化学电池的容量是指它所能输出的总电荷量，以安培·小时为单位。电池的容量与电极物质的数量有关，即与电池的体积有关。

**电晕放电** corona discharge 一种不完全的**火花放电**现象或局部高电场区域的预击穿现象（击穿前的**气体放电**现象）。当电极上有毛刺或在其周围存在较细的导线而另一电极距离很远时，它们周围的电场强度能达到很高的值。如果电场强度等于或高于它们周围气体的电离电位，则气体便电离（击穿）发生电晕放电，有时称尖端放电。尖端或细导线周围形成发光的电离气体薄层称为电晕层。电晕层以外的气体并未电离，仍是中性气体。如果导体上的电压增加，则电晕层会逐步扩展到附近的气体，过渡到火花放电。如果细导线产生的电场是正极性的，则气体产生的电晕是连续脉冲式的，频率为1千赫左右，可听到间断的响声。这种电晕称为闪光电晕，呈蓝白色，且均匀地分布在细导线的表面，可用来做声频干扰源和材料表面改性。如果细导线产生的电场是负极性的，则气体中产生电晕电流。电晕电流从产生电晕处沿着导线脉冲式地（也即成团地）流动，导线上好像有一串间隔均匀的光珠在流动。脉冲频率随着电流而增加，电晕呈淡红色。

工频交流电晕在正、负半周内其放电过程与直流正、负电晕基本相同。工频电晕电流与电压同相，反映出电晕功率损耗。工程应用中还常以外施电压与电晕电荷量的关系表示电晕特性，称为电晕的伏库特性。实际上，导线表面状况如损伤、雨滴、附着物等，都易于发生电晕放电。

电晕放电在工程技术领域中有多种影响。电力系统中的高压及超高压输电线路导线上发生电晕，会引起电晕功率损失、无线电干扰、电视干扰以及噪声干扰。进行线路设计时，应选择足够的导线截面积，或采用分裂导线降低导线表面电场的方式，以避免发生电晕。对于高电压电气设备，发生电晕放电会逐渐破坏设备绝缘性能。电晕放电的空间电荷在一定条件下又有提高间隙击穿强度的作用。当线路出现雷电或操作过电压时，因电晕损失而能削弱过电压幅值。利用电晕放电可以进行静电除尘、污水处理、空气净化等。地面上的树木等尖端物体在大地电场作用下的电晕放电是参与大气电平衡的重要环节。海洋表面溅射水滴上出现的电晕放电可促进海洋中有机物的生成。

**电熨斗** electric iron 利用电热熨烫衣物的清洁电器。早期的熨具是由铸铁制成的，呈斗形，斗内烧木炭，故称熨斗。按结构和功能分为四类：①普通型电熨斗。结构简单，主要由底板、电热元件、压板、罩壳、手柄等部分组成，不能调节温度。②调温型电熨斗。在普通型电熨斗上增加温度控制装置。③蒸汽型电熨斗。在调温型电熨斗的基础上增加蒸汽发生装置和蒸汽控制器，不用人工喷水。④蒸汽喷雾型电熨斗。在蒸汽型电熨斗的基础上加装喷雾系统。家用电熨斗的功率一般为100～1 200瓦。

**电灶** electric range 一种利用电热元件加热食物的厨房电器。按安装方式可分为自由放置式和嵌入式（嵌装在厨房柜台内），按灶台加热器类型可分为全电型和电－气两用型（除电加热器外，还带1～2个煤气加热器）。电灶由三部分组成：①壳体。包括箱体、控制屏和箱门三部分，均用薄钢板制作。表面凡受高温的地方均应涂搪。②电热元件。分灶台加热元件和灶膛加热元件两类。灶台加热元件安装在灶台台面上，可加热各类锅具。灶膛加热元件安装在灶膛内部供烤制食物用。③控温定时系统。控温与定时主要用于灶膛。

**电子** electron 已知物质中最轻的稳定粒子。它是普通物质的组成部分，并能自由存在于空间。1897年J.J.汤姆孙研究阴极射线时发现电子，是第一个被确认的基本粒子。电子属于轻子，参与弱相互作用和电磁相互作用。电子带一个单元负电荷，为$-1.602\ 176\ 487\ (40)\times10^{-19}$库仑。质量为$9.109\ 382\ 15\ (45)\times10^{-31}$千克，约为质子质量的1/1 836。电子具有自旋，自旋量子数$S=1/2$，电子是费米子，遵从泡利不相容原理和费米－狄拉克统计，由于自旋，电子有磁矩，为1玻尔磁子。

所有的原子都是由一个带正电的原子核和若干个带负电的电子组成的，原子中的电子数与原子序数相同，决定了元素的化学性质。电子对于分子的形成和结构以及固体的性质也具有重要意义。电子涉及许多物理过程，金属中的导电是电子的定向流动，气体放电中电子起重要作用，放射性的β射线是电子流，光电效应是光照射金属表面发射出电子，金属加热表面可发射出热电子，等等。人们利用这些效应或过程制造出各种电子器件或仪器，广泛应用于科学研究、生产和日常生活之中。

电子的质量很小，其质量随速度变化的相对论效应表现得比较显著。在经典物理学中，电子被看作物质粒子，其经典半径为$2.8\times10^{-15}$米，实际上电子半径要小得多，可视为点粒子。在量子物理学中，电子和其他微观粒子一样，既具有粒子性，又具有波动性。按照电子波动性发展起来的电子衍射和电子显微技术成为研究物质结构的重要手段。

**电子出版** electronic publication 大众文化传播的一种。利用计算机技术将图、文、声、像、影以及动画等内容信息经过编辑加工后，通过编程或多媒体制作工具，按特定的数据结构和相应的控制信息组织起来，以数字代码的形式存储在磁、光、电等载体上，通过计算机或者具有类似功能设备的内嵌解码器交互式回放，以记载、传播、积累和普及科学文化知识，进行思想和信息交流。起源于20世纪80年代中期。广义的电子出版包括桌面出版（又称出版电子）、电子出版和网络出版，泛指利用数字技术完成多种媒体形态出版物的编辑、制作、出版和传播过程；狭义的电子出版则专指利用计算机技术完成电子出版物的编辑制作工作。

**电子出版物** electronic publication 以数字代码方式，将有知识性、思想性内容的信息编辑加工后存储在固定物理形态的磁、光、电等介质上，通过电子阅读、显示、播放设备读取使用的大众传播媒体。包括只读光盘（CD-ROM、DVD-ROM等）、一次写入光盘（CD-R、DVD-R等）、可擦写光盘（CD-RW、DVD-RW等）、软磁盘、硬磁盘、集成电路卡等媒体形态。电子出版物与传统纸张出版物相比具有信息量大、可靠性高、承载信息丰富、交互性较强等特点。电子出版物作品按内容可分为文化艺术、科学技术、教育、游戏和工具书等五大类；按制作技术和媒体形态又可分为多媒体作品、流媒体作品、数据库作品、网络作品、手机短信作品等。

**电子地图** electronic map 应用电子计算机和数据库技术建立的视屏地图。始于20世纪80年代中期，包括软盘、磁带、光盘、U盘、网络等上的地图视觉产品。优点有：①有利于同时调动读者的多种感官，最大限度地发挥地图的阅读功效。②提供开窗放大、地图漫游、地图检索、地图量算等多种手段，实现大范围（包括全球范围）地图与影像的无缝拼接，没有地图分幅的限制，可以任意放大漫游浏览。③具有闪烁、动画、三维显示、空中飞行、虚拟现实等表现手段，突出所表现的某个要素和现象，显示各现象和要素的多维形态和时空动态变化。④可多种方式地进行各类信息查询检索。⑤资料更新速度较快，便于更新再版，制作成本较低，复制生产简便，而且存储量大，携带使用轻便。

**电子对抗飞机** electronic warfare aircraft 专门用于对敌方雷达、无线电通信设备、电子制导系统实施电子侦察、电子干扰和攻击的飞机。包括电子侦察飞机、电子干扰飞机和反雷达飞机。通常由歼击机、强击机、轰炸机或运输机等改装而成。

电子侦察飞机主要是通过对电磁信号的截获、识别、定位、分析和记录，获取情报。机上装有先进的电子侦察设备。具有侦察距离远、机动性强等优点。电子干扰飞机主要用以对敌方防空体系内的对空情报雷达、地空导弹制导雷达、炮瞄雷达和无线电通信设备等实施电子干扰，掩护航空兵突防。这种功能俗称软杀伤。机上装有大功率杂波干扰机、无源干扰投放设备和侦察引导接收系统，同时配备自卫用的电子对抗系统，包括雷达告警设备、有源干扰设备以及箔条、红外诱饵投放设备等。反雷达飞机是专门用来攻击敌方地面

美国F-4G反雷达飞机

防空系统中的制导雷达、炮瞄雷达、对空情报雷达及其他大型地面电子设备。这种功能俗称硬摧毁。美国把这种飞机称为“野鼬鼠”飞机。机上装有告警引导接收系统、反辐射导弹和其他精确制导武器。

**电子对抗装备** electronic warfare equipment 专门用于对电子信息设备或系统进行侦察、干扰和摧毁的武器装备的统称。

分类 电子对抗装备按用途分为三类：①电子对抗侦察设备。用于搜索、截获、分析和识别敌方电磁辐射信号或声波信号，获取敌方电子信息设备的技术参数、类别、用途等情报。可分为无线电通信对抗侦察设备、无线电测向设备、雷达对抗侦察（定位）设备、雷达告警设备、红外/紫外告警设备（导弹逼近告警设备）、激光侦察（告警）设备和侦察声呐设备。②电子干扰设备（器材）。用于对电子信息设备进行干扰、压制和欺骗，以削弱、破坏其

图1 德国V/VHF通信干扰车

工作效能。包括有源电子干扰设备和无源电子干扰器材两类。有源电子干扰设备用于产生并发射（辐射）一定形式的电磁波或声波信号，以削弱或破坏电子信息设备的正常工作。主要有无线电通信干扰设备、雷达干扰设备、无线电引信干扰设备、红外干扰机、激光干扰设备、水声干扰设备以及有源雷达诱饵、红外诱饵、水声诱饵等；无源电子干扰器材是指用于反射或吸收电磁波、声波的制式器材及其投放（发射）装置。主要有箔条及其投放（发射）装置、角反射器、介质透镜反射器、等离子体发生器、烟幕发生器、气幕弹和电波、声波吸收体等。③电子摧毁武器。专门用于摧毁电子信息设备或系统的武器装备。主要有反辐射武器及射频武器。反辐射武器包括反辐射导弹和反辐射无人机，它们利用敌方雷达等电子信息设备的电磁辐射信号进行自导引，直至摧毁敌方辐射源；射频武器是利用高功率的电磁能，干扰或毁坏敌方电子信息设备的电子元器件等。主要有电磁脉冲炸弹和中、高功率微波武器。

图2 法国军舰在发射干扰弹

此外，电子对抗装备还可按对抗对象分为通信对抗、雷达对抗、光电对抗和水声对抗装备，按装载平台分为地面式（固定、车载、便携）、机载式、舰载式、（导）弹载式和（卫）星载式对抗装备，按使用方式分为固定式、移动式（拖曳式）和投掷式（一次性使用）对抗装备。

**电子伏** electron-volt 微观粒子能量单位。原子物理学和原子核物理学中的非国际单位制单位。符号为eV。定义为1个电子（携带单位电子电荷的带电粒子）在真空中电势增加1伏时所增加的能量。1电子伏＝$1.602\ 177\ 33\times10^{-19}$焦。中国选定为可与国际单位制单位并用的法定计量单位，曾译为电子伏特。当电子伏在1912年开始使用时，曾称为等效伏特。

**电子干扰飞机** electronic countermeasure airplane 携带电子干扰设备对雷达和通信系统进行干扰的军用飞机。它的任务是使敌方空防体系失效，掩护己方飞机顺利攻击。大多数电子干扰飞机都用轰炸机和强击机改装而成。有远距干扰和近距干扰，前者在敌方防空武器有效射程以外的空域从飞机上对敌方雷达和通信系统进行干扰，由于干扰距离远、范围广，要求干扰设备有较大的发射功率；后者是干扰飞机与攻击机群编队直接飞临目标上空，干扰敌方地区警戒雷达和炮瞄雷达，以掩护己方攻击机群，由于离干扰对象近，效果比较好，但要求干扰机与攻击机的性能相近。20世纪70年代以后研制的电子干扰飞机的机载干扰设备主要由计算机控制的大功率全波段杂波干扰系统组成，可进行全向、半全向和定向干扰。在战斗中当警戒设备感应到雷达信号后，经计算机处理，及时施行相应干扰。此外，飞机还可以施放金属丝、箔片等干扰物，用以自卫。

**电子管** electron tube 具有抽成真空或充有特定气体的密封管壳和若干电极的电子器件（见*真空电子器件*和*充气管*）。

1883年，T.A.*爱迪生*发现电灯丝发射的电子将灯泡的一部分熏黑了，被称为“爱迪生效应”，1904年英国人J.A.弗莱明受到“爱迪生效应”的启发，发明了二极管。1907年，美国的L.德福雷斯特发明了三极管。三极管有三个电极，阳极、阴极和设置在两者之间的控制栅极，控制栅极可控制阴极发射的电子流。1915年，英国的H.J.朗德在三极管的控制栅极与阳极之间又加了一个电极，称为帘栅极，解决了三极管中流向阳极的电子流有一部分会流到控制栅极上去的问题，发明了四极管。1927年，德国的约布斯特在阳极与帘栅极之间又加了一个称为抑制栅的电极，发明了五极管。1934年美国的汤普森发明了适用于超短波的橡实管。管壳不用玻璃而采用金属的电子管发明于1937年。

**电子计算机** electronic computer 由电子器件和其他有关器件及设备组成的自动计算装置或自动解题装置。

根据数的表示方式和计算原理的不同，电子计算机大体上可分为电子数字计算机和电子模拟计算机两大类，分别简称为*数字计算机*和*模拟计算机*。前者是对用离散符号表示的数进行操作，后者则是对连续变化的物理量进行加工。此外还有混合计算机与数字微分计算机。混合计算机把数字计算机的高精度与模拟计算机的实时性结合在一起，专门用于解决复杂动态系统实时仿真或模拟信号处理问题，尤其是对频率响应要求特别高的实时处理。数字微分计算机是一种特殊的专用计算机，用于直接求解常微分方程。主要用作一些实时控制系统中的运算环节，如火炮控制、导航等。它和模拟计算机的主要区别是：采用数字电路而不是运算放大器来构成积分器等运算部件；与数字计算机的根本区别在于它以一定重复频率的电脉冲为基准，进行单位增量积累求积分值。

因为电子数字计算机获得了最为广泛的应用，所以人们已经把*计算机*视为电子数字计算机的同义语。随着计算机显示出具有智能化信息处理的独特效能，也把现代微型计算机通俗地称为电脑。

面向21世纪的信息社会，计算机将进一步与通信网络密切结合，从单一的文本处理，发展为综合文本、图形、图像、视像、动画、声音的多媒体信息处理（见*多媒体技术*），使计算机能够更加高质量地和方便地满足人们对信息处理的需求；由独享资源的单机工作方式，发展为客户-服务器共享资源、分布处理的工作方式；用成十上百乃至成千上万个微处理器或微型计算机组成大规模并行处理系统，充分开发并行性以最大限度地提高信息处理的性能；研究开发各种非传统计算机，作为传统计算机的协处理机或者新的计算模式以提高计算机系统的能力。

**电子开关** electronic switch 执行通导和截止，或控制动作启动和停止的电路。半导体器件可以控制导通状态和截止状态，因此电子开关大多使用二极管和晶体管，开关动作的过程是输入脉冲的响应。二极管作为电子开关是利用其正向通导和反向截止的特性。晶体管的输出特性是当输入端电压增加时，基极有电流流过，集电极与发射极之间呈通导状态，集电极输出接近0。当输入电压为0时，基极没有电流，集电极也没有电流，集电极输出近似为电源电压，与断开开关的状态相同。场效应晶体管（FET）同样能构成开关电路。由三个以上的PN结组成的晶闸管，具有“通”、“断”两种稳定状态的半导体开关器件，也是常用的功率电子开关。

利用电与光、磁、超声、温度、压力等效应可构成非触点式的电子开关电路，如光电开关、感应式（高频振荡、电桥平衡、静电电容等）开关、超声开关、温度开关和压力开关等。

**电子商务** electronic commerce 利用现代信息技术、通信网络和计算机进行商务活动的过程和技术。以数字技术替代传统交易过程中纸介质信息的储存、传递、统计、发布等环节，实现商品交易和管理的全过程数字化，达到高效率、低成本、实时化、网络化、直接化等目的。电子商务的应用范围很广泛，按交易对象进行分类包括：①企业之间的电子商务（BTOB）。②企业和消费者之间的电子商务（BTOC）。③企业和政府之间的电子商务（BTOG）。④消费者与政府之间的电子商务（CTOG）。⑤企业内部的电子商务。

电子商务是一种多技术的综合体，包括获取资料〔如共享数据库、电子公告牌（BBS）〕、处理资料（如认证、加密）、交换数据〔如电子数据交换（EDI）、电子邮件〕和自动捕获数据（如条形码）等。电子商务的交易内容主要有：①电子购物与贸易。可以减少商品流通的中间层次。②网上信息商品服务。如计算机软件、娱乐节目的联机订购，网上信息咨询服务等。③电子银行与金融服务。

**电子束管** electron beam tube 利用聚焦电子束实现光、电信号的存储、转换和显示的真空电子器件。按输入输出信号可分为：将电信号转换为光学图像的示波管、显像管、定位管等；将光学图像转换为电信号的摄像管等；将电信号转换为电信号的存储管等。电子束管的主要组成部分是玻壳、电子枪、偏转系统、荧光屏或靶。在示波管中，电子枪产生聚焦的电子束，经加有电信号的偏转电极最后打到荧光屏上产生光显示的信号波形。摄像管、存储管是靠电子束打在靶上完成信号的转换的。电子束管广泛应用于测量仪表、雷达、电视摄像与显像、电视传真、计算机终端显示、医学等领域。

**电子束加工** electron beam fabrication 利用高压静电场和电磁场将电子枪产生的电子束加速与会聚，借助高能电子的热效应及电离效应对工件进行的各种特殊加工。一种非接触式的束流加工技术。由于它具有高能量密度、高热效率、精密易控及多功能等特点，广泛应用于工业生产、科学研究的各领域。电子束加工一般可分为：①电子束精微加工。可完成在衬底材料上微米、亚微米甚至纳米尺度的精密打孔、切缝和刻槽等工艺。②电子束焊接。利用高能量密度电子束轰击焊件表面，将电子的动能大部分转变为热能，使焊件接头处的金属熔融，达到焊接目的。③电子束蒸发镀膜。利用高能量密度的电子束作为热源，在真空中对涂覆材料进行受控加热，使其蒸发沉积到基体材料上，从而获得耐蚀、耐磨、耐热以及特殊光电性能的各种表面涂层。④电子束熔炼。利用高能量密度的电子束轰击金属，产生高温使其熔化，主要用于材料提纯、真空浇铸以及贵金属的回收重熔等。⑤电子束热处理。采用高速扫描方式使高能电子束能量均匀地分布在金属表面，控制电子束的功率和功率密度使金属材料达到不同的热处理效果。⑥电子束曝光。利用电子束使电致抗蚀剂曝光，产生所需图形，它是推动微电子技术和微细加工技术进一步发展的关键技术之一。

**电子文件** electronic records 以代码形式记录于磁带、磁盘、光盘等载体，以计算机系统存取并可在通信网络上传输的文件。根据信息存在形式，可以分为文本文件、数据文件、图形文件、图像文件、影像文件、声音文件和程序文件等。同以往各种形态的文件、档案相比，主要有如下特点：①信息的非人工直读性。与传统的石刻、羊皮纸、甲骨、竹简、纸张等形式的原始记录不同，第一次使用了人工不可识读的数字代码来记录信息，只有通过特定设备和程序解码才能阅读。②系统依赖性。电子文件的形成、运转，以至于归档后的全部管理活动都要借助于计算机系统才能实现，不兼容的计算机和应用软件生成的文件在交换使用时会遇到很大困难。③信息和特定载体的可分离性。传统文件的信息和生成时所依附的载体不能分离，电子文件的信息却可以从一种载体转移到另一种载体上。这些特点对文件和档案的管理理论和方法产生了很大的冲击。电子文件管理的难点在于，如何保证电子文件的完整、真实和长期使用。针对这些问题，国内外档案界开展了多方面的研究，并已取得很大进展。一般来说，电子文件管理中应该遵循前端控制、全程管理等原则。

**电子显微镜** electron microscope 用电子束和电子透镜代替光束和光学透镜，将物质的细微结构以很高的放大倍数成像的仪器。简称电镜。电镜的最大放大倍率约为100万倍，而光学显微镜的最大放大倍率约为2 000倍。通过电镜便可用肉眼直接观察到某些金属的原子和晶体排列。

组成 由镜筒、真空系统和电源柜三部分组成。电镜的镜筒主要由电子枪、电子透镜、样品架、荧光屏和照相或电视摄像机构等部件由上而下装配成一个柱体。

分类 电镜按结构和用途可分为透射式、扫描式、反射式和发射式等。

①透射式电镜。电子束穿透样品后再用电子透镜成像放大。光路与光学显微镜相仿，图1为两者的比较图。在这种透镜中，图像细节的对比度由样品中的原子对电子束的散射形成。放大倍数可达100万倍，用于放大图像和进行元素和晶体结构分析。

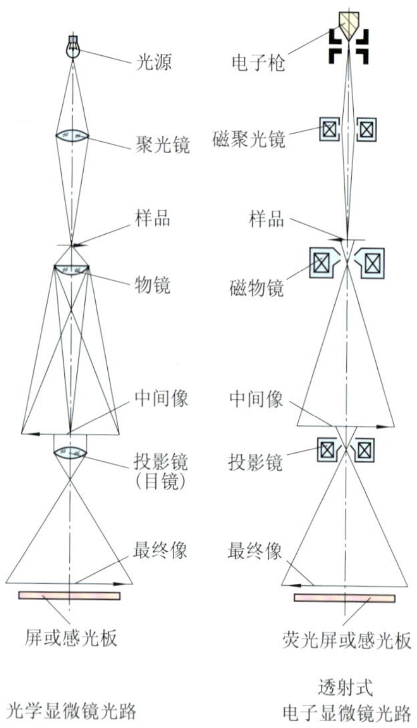


图1 光学显微镜光路与透射式电子显微镜光路的比较图

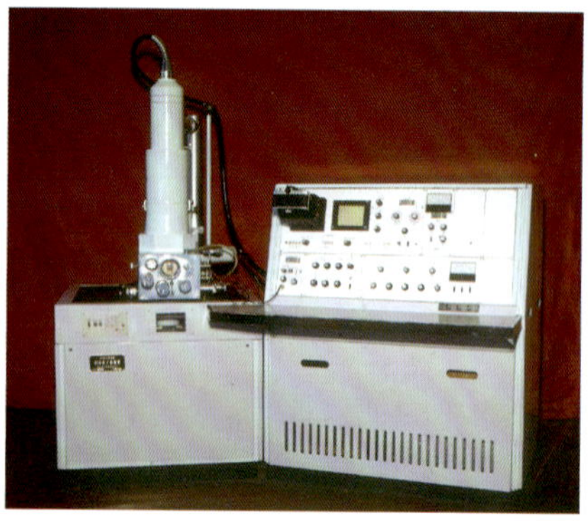

图2 扫描式电子显微镜

②扫描式电镜（图2）。电子束不穿过样品，在样品表面扫描激发出次级电子。接收这些次级电子，通过放大后调制显像管的电子束强度，从而改变显像管荧光屏上的亮度。显像管的偏转范围与样品表面上的电子束保持同步扫描，在显像管的荧光屏上显示样品表面的形貌图像。扫描式电镜的分辨能力达30～60埃。能够利用吸收电子和X射线等信息分析物质成分。

**电子效应** electronic effect 在大多数反应中，由于取代基（与氢原子相比）倾向于给电子或是吸电子，增加或降低了分子某些部分的电子密度，使反应分子在某个阶段带有正电荷（或部分正电荷）或负电荷（或部分负电荷）的效应。电子效应可以通过多种方式传递，如诱导效应、共轭效应、场效应等。电子效应被普遍用于解释分子的物理性质及其反应性能。

**电子学** electronics 以电子运动和电磁波及其相互作用的研究和应用为核心的一门

科学。电子在真空、气体、液体、固体和等离子体中运动时产生的物理现象，电磁波在真空、气体、液体、固体和等离子体中传播时发生的许多物理效应，以及电子和电磁波相互作用的物理规律，合起来构成电子学基础研究的主要内容。

简史 1883年T.A.爱迪生在研究怎样延长碳丝白炽灯的寿命时，意外地发现在灯丝与加有正电压的电极间有电流流过，电极电压为负时则无电流，此即爱迪生效应。这一发现导致了后来电子管的发明。1887年德国H.R.赫兹的实验证实了电磁波的存在，导致了后来无线电报的发明，标志着人类利用电磁波时代的开始。电子学发展历史中取得许多有重大意义的成就，如广播、电视、通信、雷达、计算机等，都与这些发明分不开。1948年贝尔实验室发明晶体三极管，1958年世界第一块集成电路在美国问世，把电子学的发展推向微电子学时期，这是电子学发展历史中的一次重大飞跃。

现代电子学 按性质可划分为4类：①系统技术。如通信、广播、电视、雷达、无线电导航、电子对抗、计算机和大型电子系统等。②基础理论和基础技术。如电子线路与网络分析、无线电波传播、测量技术、显示技术、信号处理、信息论、自动控制论、可靠性理论等。③元件器件与材料工艺。如固态电子器件与集成电路、真空电子器件、电子元器件，电子材料及有关的工艺生产技术等。④交叉学科和专业。如量子电子学、核电子学、超导电子学、生物与医学电子学、空间电子学、射电天文学与雷达天文学等。电子学的成就推动着以信息技术为主流的新技术革命，其主角是微电子技术。电子学的应用已广泛渗透于工业、农业、教育、军事、科学技术、家庭文化生活等各个领域。3A革命（工厂自动化、办公自动化和家庭自动化）和3C革命（通信、计算机和控制）以及信息社会等，都是建立在电子学基础上的。电子技术水平已成为衡量一个国家综合国力的重要标志。

未来新技术 21世纪的新技术主要反映在6个方面：①纳米电子学、纳米光电子学和纳米磁学等研究。如纳米结构的微处理器将使计算机的效率提高$10^6$倍，更高频率的宽带网、海量存储器以及新型传感器的开发、小于100纳米的商用芯片、用于电子元件的纳米结构材料、可再生能源的光电技术等方面，也有可观的预测前途。②将磁性引入到半导体中，可研制光隔离器、磁传感器及非挥发性内存等新的半导体器件。利用电子自旋的量子力学特性，可促进新的固体量子信息处理器件的发展，如太赫光开关、调制器、加密/解码器以及基于量子比特的计算机等。③研究神经计算机，模拟人脑进行信息处理，使神经元网络的结构用硬件来实现，能促使许多领域，特别是控制领域产生飞跃。④实现计算机的模糊控制。⑤人工智能研究。包括人工视觉，如文字识别、模式识别、图像处理、自动翻译、物体识别，以及相当于人耳功能的语言识别、语音合成等的研究。⑥混沌规律性的研究。

**电子音乐** electronic music 以电声源为基础，采用各种音响源，运用电声学原理和电机械器械制作、合成的音乐。1890年，美国人卡希尔和加拿大人达德尔就进行过音响的录制、剪裁及合成的实验。20世纪初，法国的P.舍费尔在巴黎的工作室中，对事先录好的各种自然音响加以电声化的技术处理，其中包括改变速度、音高，加入各种非乐音音响，增加混响和回声效果，滤掉泛音等，从而使散乱的乐音、非乐音变成了有组织、有情节、有戏剧效果的音乐。不久，德国人由W.迈耶-埃普勒领导，完全从科学实验的角度来研究、创作电子音乐，而且只使用实验室里制造的音响（起初是振荡器产生的没有泛音的单正弦音），而不使用自然音响。很快世界各地的电子音乐研究机构应运而生。

20世纪50年代初，电子音乐受单功能电子器械的制约，只能采取分步合成的办法。50年代中期，R.A.穆格发明的电子合成器使电子音乐制作过程大大简化。制作者可随心所欲地获取所需音响。后电子计算机与音响合成器相结合使音响源更为广泛，模拟各种风格的音乐及细微的音响都已成为现实。以美国作曲家M.巴比特为代表的哥伦比亚-普林斯顿电子音乐学派，把音乐创作的要素音高、音值、力度、节奏、音色等编成计算机程序，由计算机把程序转变为电信号，并录在磁带上。60年代，随着数字模拟变换器的应用，除模拟各类乐器的音响外，还能将演奏者的演奏风格和艺术处理表现出来。70年代，更多的复合功能电子实验室的创立和电子计算机与电子合成器的多功能配套，使电子音乐的领域更为宽阔。在特定的程序下，计算机-音响合成系统能够记忆储存作曲家的构思，并创作成乐曲演奏出来。

电子音乐的出现是对传统音乐模式的挑战，它给音乐领域带来了一系列的变革。在电子音乐创作中卓有成就的作曲家有：E.瓦雷兹、O.鲁宁、V.乌萨切夫斯基、J.凯奇、M.巴比特、P.布莱兹、K.施托克豪森、Y.泽纳基斯、一柳慧、黛敏郎、诸井诚、K.潘德雷茨基、马修斯等。

**电子银行** electronic banking 利用电子计算机和数据通信技术，把资金从一个账户转到另一个账户，代替现金和支票支付的自动信息处理系统。又称电子资金汇兑系统、电子支付系统。

**电子邮件** electronic mail; e-mail 发送者和接收者之间利用通信网络进行文本、图形、图像或言语等信息的非交互式通信。电子邮件发送前，每个用户必须有一个电子邮箱来存放邮件。每个邮箱有一个唯一的邮件地址，它分为两部分：第一部分标识用户的邮箱；第二部分标识邮箱所在的计算机。广泛使用的格式是mailbox@computer。这里mailbox是指明用户邮箱的字符串，computer是指明邮箱所在的计算机的字符串。

**电子游戏机** electronic game 运用计算机技术显示图像和音响效果，供人游戏的电子玩具。一般由信号发生器、逻辑储存器和显示部分组成。游戏者通过控制机上的各种按钮或其他信号发生器操纵声像活动，不仅能训练人的逻辑思维能力和动作的敏捷，还可使人获得紧张的竞争乐趣和生动的视听享受。电子游戏机由机械游戏机演变而来。20世纪70年代初，日本首先把集成电路应用于游戏机。以后又出现运用大型计算机控制的智力测验电子游戏机，以及具有教育功能的电子游戏机。电子游戏机根据显示方式分为电视游戏机、袖珍电子游戏机、大型电子游戏机三种。

**电子元器件** electronic component 电子电路中具有某种独立功能的单元。1906年三极电子管诞生，其特征是工作电压高、功耗大、体积大。1948年半导体晶体管出现，其特征是体积明显缩小（称超小型元件）、工作电压低、功耗小，并提出了可靠性要求。1958年研制成半导体单片集成电路，其特征是微小型化（包括平面化、集成化和膜层化）。电子元器件是构成电子设备的基本单元，通常分为有源元器件和无源元器件两大类。前者包括真空电子器件、固态电子器件和集成电路等；后者包括电阻器、电容器、电感器、敏感元件、插接元件等。电子元器件按基本特性可分为8类：①电阻性元器件，如电阻器、电位器等。②电容性元器件，如固定电容器、可变电容器等。③电磁性元器件，如电感器、变压器、磁记录器件、微特电机等。④导电和触点导电元器件，如电缆、继电器、插接元件等。⑤敏感元器件，如热敏、光敏、力敏、磁敏、湿敏和气敏等元器件和传感器。⑥压电元器件，如石英晶体、陶瓷滤波器等。⑦有一定电路性能的复合元器件，如电阻网络、阻容网络、微模组件等。⑧能量转换元器件，如化学电池、太阳电池等。按使用频率可分为一般元器件（如电阻器、电容器、电感器等）、微波元器件（如各种波导、微带等）和光频段元器件（如光纤光缆、纤维光学元器件等）。按电子元器件在电路中的作用可分为调谐元器件、功率调配元器件、换能元器件、控制元器件、连接元器件等。

电子元器件在电路中的作用是对电路中电压和电流进行控制、变换和传输，有时还借以产生电压和电流。电子元器件的发展趋势是微型片状化、集成化和多功能化，进一步提高可靠性和机械化、自动化生产能力。

**电子乐器** electronic musical instrument 用电子手段产生或改变声音（在音量、音质等方面）的乐器。电子乐器按工作原理分为3类：①模拟式电子乐器。乐音信号的产生、处理及控制部分均以模拟形式存在。②混合式电子乐器。乐音信号的产生、处理以模拟形式存在，但乐音各特性的模仿工作均由微处理器通过指令进行控制。③数字式电子乐器。乐音信号的产生、处理均以数字形式存在，仅在进入放声系统前，由数／模转换器变换为模拟信号。电子乐器的发展可分为两个阶段，第一阶段是以在常规乐器上增加电子附加装置为特点的；第二阶段在很大程度上受到晶体管的发明的启发。

大多数电子乐器实际上是由电子装置产生声音的乐器，是键盘乐器，最有名的是电子风琴（也称电风琴或哈蒙德风琴，俗称电子琴）。另一些通过电子的方法发音的键盘乐器是马尔特诺琴和弦控式电子琴，此外还有台尔门琴、电子琴、电子合成器等。早期的电子乐器之一是20世纪20年代由L.西尔敏发明的西尔敏琴，与马特诺琴一样，只能演奏旋律。许多用通常手段（如弦或空气柱振动）发音的乐器也被安装上电子装置。最常见的情况是首先将音由一个电磁拾音器（话筒）转换成电振动，然后用扩音器放大或进行一些改变。这类设备不仅可以使音量小的乐器声音加大，而且可以大大地改变音质。例如泛音可以被改变或消除从而使音色变化。这类电子乐器中人们最熟悉的是电吉他。其他电子乐器还有电小提琴、电大提琴、电长笛、电萨克斯管等。另一些是纯电子乐器，其基本原理是将电子音源产生的波形经频谱合成及滤波电路形成多种不同音色，再经过音型电路（包络产生器）形成各种演奏效果，送至放大器输出。更复杂一些的装置是用计算机控制的。第二次世界大战后，电子音乐创作的扩展以及与科学技术的联系远远超出了“乐器”一词本身的含义。此时的电子乐器由于使用了晶体管和借鉴电子计算机的某些原理，使其在自动伴奏等辅助功能上有了不少创新。运用更广泛、多样的设备来制造和改变声音材料的工作室的建立，导致小型合成器的相继问世。60年代以后，家用电子乐器也都具有了自动打击乐节奏、自动和声、分解和弦伴奏等功能。70年代末，大规模集成电路的出现，使电子乐器更加小型化和多功能化。

**电子战** electronic warfare 为削弱、破坏敌方电子设备或系统的使用效能，保护己方电子设备或系统正常发挥效能而采取的各种措施和行动的统称。俄罗斯军队称之为电子斗争，中国人民解放军称之为电子对抗。是现代战争的重要作战手段，是信息战的重要支柱，对现代战争的胜负具有重要影响。

电子战主要包括电子侦察、电子进攻和电子防御三部分：①电子侦察。指通过搜索、截获敌电子设备或系统辐射的电磁信号，经过分析识别并从中获取敌电子目标活动情况的综合行动，为实施电子进攻和电子防御及为部队的作战行动提供情报支援。②电子进攻。指为破坏或阻止敌方有效使用其电子设备或系统而采取的行动，任务通常由电子对抗部队承担。光电对抗、水声对抗以及新概念武器对抗的出现，进一步丰富了电子进攻的手段。③电子防御。指在电子对抗斗争中，为保护己方电子设备或系统正常发挥效能而采取的措施与行动，主要包括反电子侦察、反电子干扰和防反辐射摧毁等，由雷达、无线电通信专业部队、分队和使用各种电子设备的战斗部队、分队按统一计划分别组织实施。

**电子侦察船** electronic reconnaissance ship 专用于电子技术侦察的勤务舰船。

主要任务 接收并记录对方雷达、无线电通信、武器控制系统等电子设备所发出的电磁信号，查明这些设备的技术参数和战术性能，为实施电子对抗和研制电子设备提供依据；查明雷达站、声呐站、无线电台的位置配系和指挥关系；进行电磁波信号的侦收、侦听及密码破译，以获取军事情报；监视、跟踪海上、空中、岸上目标等。

苏联“滨海”级电子侦察船

装备特点 满载排水量500～5 000吨，多采用柴油机为动力装置，航速为20节以下，有较大的自持力和续航力，有较好的隐蔽性和适航性，能较长时间在海洋上对舰船、飞机和港岸目标实施侦察。主要装备有各种频段的无线电侦察接收机和测向仪、雷达侦察接收机、终端处理设备、显示记录设备、各种天线、各种光学侦察设备，以及侦察声呐、水文测量设备和电子对抗设备等。多单独活动，自卫能力弱，战时易遭受袭击，平时也极易引起侦察对象的注意。为了隐蔽侦察行动企图，一般都伪装成渔船、海洋调查船。为防止意外，有的重要设备还装有自毁装置。

**电子政府** electronic government 运用信息技术建构一个基于计算机网络环境的电子化的虚拟机关，将大量繁杂的行政管理事项和日常事务通过设定好的程序在网上实施，是行政信息快捷的传输途径和发布平台。未来政府管理和服务的一种基本方式。它的实现形式是基于互联网的办公自动化系统，实质是把工业化模型的大政府——集中管理、分层结构——通过互联网转变为新型的管理体系，以适应虚拟的、全球性的、以知识为基础的数字经济，同时也适应社会运行的转变。电子政府以政府的形象出现，代表着某个现实政府运行，是现实政府的一个组成部分，具有行政性。电子政府并不仅指政府业务处理电子化运作，它还包括现时政府与之相关的所有管理过程。需要政府加大力度进行管理流程的再造、组织的优化重组、职能的重新确定和行政体制的变革等。

**电子政务** electronic government 政府机构利用网络通信与计算机技术，将管理和服务职能在计算机网络上实现的过程与技术。电子政务可以打破时间、空间以及条块分割的制约，加强对政府业务的有效监管，提高政府的运作效率，为社会公众提供高效、优质、廉洁的一体化管理和服务。

电子政务的特征主要有：①在政府业务流程优化的基础上包含通信网路、计算机硬件和软件、政府工作人员、社会公众和企业的人机结合的系统工程。②健全的安全体系。③以互联网为基础的运行环境。④建设和应用效果依赖于政府各部门业务信息化的程度。⑤满足新经济条件下公众和企业对政府的要求，由多层次、多部门的管理型政府向智能化、高效、公开、透明、低成本运行的管理服务型政府转变。⑥以政府机构（包括政府工作人员）、企业和社会公众为主体展开政府业务活动。⑦政府管理创新和实践的过程。

**电子支付系统** electronic payment system 利用电子计算机和数据通信技术，把资金从一个账户转到另一个账户，代替现金和支票支付的自动信息处理系统。又称电子资金汇兑系统、电子银行。

**电子资金汇兑系统** electronic funds transfer systems; EFTS 利用电子计算机和数据通信技术，把资金从一个账户转到另一个账户，代替现金和支票支付的自动信息处理系统。又称电子支付系统、电子银行。在这种系统中，银行的大型计算机系统称作主机处理中心（HPC），管理与它连接的系统终端，如银行的自动出纳机（ATM）和超级市场的电子销售点（POS）等。电子资金汇兑系统最常用的服务方式有4种：①各银行之间通过计算机网进行资金转移。②银行与其他机关或厂商之间通过计算机网进行资金转移。③联机银行服务系统，用户持信用卡在自动出纳机上存取现金。④在超级市场设电子销售点，用户持信用卡付款，通过计算机网自动转移到商店的账户上。电子资金汇兑系统还可以用于银行与银行之间大笔资金转移和传递国际金融业务信息。

**电子组态** electron configuration 原子中以主量子数$n$和轨道量子数$l$表征的电子的组成状态。又称电子构型。见原子结构。

**电阻** resistance 根据欧姆定律，导体两端的电压$U$和通过导体的电流$I$成正比，比值$R$称为电阻。即$U/I$，在国际单位制中，其单位为欧[姆]（Ω）。电阻的倒数$1/R=G$，称作电导，单位为西[门子]（S）。电阻或电导的量值反映了导体的导电性能。见电阻率。

**电阻率** resistivity 表征物质导电性的物理量。对于由一定材料制成的横截面均匀的物体，其电阻$R$与长度$l$成正比，与横截面$S$成反比，可写成：

$$R=\rho l/S$$

式中比例系数$\rho$称为电阻率，在国际单位制中的单位为欧·米，其倒数$1/\rho=\sigma$称为电导率，单位为西门子/米。各种材料的电阻率都随温度变化，纯金属的电阻率随温度的变化比较规则。在常温下，当温度变化范围不大时，电阻率与温度近似呈线性关系，随温度下降而降低，表示为：

$$\rho=\rho_0(1+\alpha t)$$

式中$\rho$为$t$℃时的电阻率，$\rho_0$为0℃时的电阻率，$\alpha$称为电阻温度系数，单位是℃$^{-1}$。不同材料的$\alpha$不同。多数纯金属的$\alpha\approx0.004$℃$^{-1}$。绝缘体和半导体的电阻率随温度升高而急剧降低，变化也不是线性的。金属、合金及其化合物的温度降到绝对零度附近某一特定温度$T_c$时，电阻率突然下降到无法测量，这就是超导电性现象。材料的电阻率还受压力或光等因素的影响而发生变化。

**电阻器** resistor 电路中用于限制电流、消耗能量和产生热量的电器元件。电阻器在电路中常被用作：①起动电阻。限制电动机的起动电流。起动过程结束，起动电阻即被短接。②制动电阻。限制制动电流和吸收电动机脱开电网后残留的能量，以达到制动的目的。③调节电阻。用于电动机的速度及电压调节。④经济电阻。串接于电磁开关励磁线圈电路中，以降低线圈功率损耗。⑤放电电阻。并联于励磁线圈，在分断线圈电源时，励磁线圈储存的电磁能量可以电流形式通过放电电阻并转变为热能，从而避免产生有害的过电压。⑥能耗电阻。当电力网络短路时，立即将能耗电阻与发电机并联，可提高电力系统的稳定性。

电阻材料分金属、液体及非金属固体材料3种。常用的金属电阻材料有铜镍合金、铜锰合金、镍铬合金、镍铬铁合金、铁铬铝合金和灰铸铁等。液体电阻一般以苏打溶液或盐水作为导电媒质。非金属固体电阻多用碳作为导电媒质。

**佃农** 租入大部或全部土地从事耕种的农民。佃农中又分为佃贫农、佃中农、佃富农。自己没有土地靠租种他人土地而受剥削的是佃贫农。他们既无充足的农具，又缺资金、耕畜、肥料、种子等，收成交租。佃中农有较充裕的农具、资金，主要靠租种土地进行农业生产。佃富农有优裕的工具、耕畜、资金等生产资料，租入土地后，自己劳动，同时雇工耕种，除交地租外，其剥削收入占生活来源的一部或大部。中华人民共和国建立前，佃农的大多数是佃贫农。

**店肆** 中国古代各类商店建筑的泛称。又称店铺、铺席、店、铺、肆等。有临街商店和院落型商店两类建筑形式。临街商店是将院落临街的一面向外敞开做铺面房；院落型商店则是临街建门，穿过庭院后始进商店。临街商店以面宽三间居多，店后布置庭院和房屋，作库房、居室或作坊。店面常加饰木雕、砖雕、彩画等，挂有牌匾、幌子以招徕顾客。院落型商店多为大型商店，杭州胡庆余堂国药号是现存的典型实例。

胡庆余堂营业大厅

**淀粉** starch 由许多葡萄糖分子缩合而成的多糖，分子式$(C_6H_{10}O_5)_n$。广泛存在于各种植物中，尤以种子和块根中含量丰富。淀粉以球状颗粒储藏在植物中，是植物储存营养物质的一种形式。天然淀粉由直链淀粉和支链淀粉组成，通常直链淀粉占20%～30%。玉米淀粉、马铃薯淀粉分别含有27%和20%的直链淀粉，糯米几乎全部是支链淀粉，有些豆类的淀粉则全是直链淀粉。直链淀粉又称可溶性淀粉，溶于热水呈胶体溶液，容易被人消化，是没有分支的长链多糖，具有线形结构。直链淀粉的分子由3 800个以上的葡萄吡喃糖单元组成，由α-D-葡萄糖以1→4键连接而成。直链淀粉与碘发生作用，生成深蓝色物质。支链淀粉不溶于热水，除有α,1→4糖苷连接外，在分支点上的葡萄糖残基还有α,6←1糖苷连接，分子量相当于145万葡萄吡喃糖单元，与碘反应呈紫至红色。淀粉可供食用。在哺乳动物的消化道中，淀粉经淀粉酶、麦芽糖酶等作用，水解为葡萄糖，被吸收利用。工业上从玉米、马铃薯、甘薯大量提取淀粉，供发酵、食品、制药等工业应用。

**淀山湖** Dianshan Lake 中国上海市郊最大淡水湖。湖呈葫芦形，南北长15千米，东西平均宽8千米，面积62平方千米，3/4在青浦区境。本为古太湖的一部分，原称薛淀湖。因湖东南有淀山，相传宋时山在湖中，故名。湖周沿岸有进出口75处，西纳太湖来水，主要进水口为位于湖西的急水港。湖东拦路港则为主要出水口，连通黄浦江。水深约2米，最深处3米。西南较浅，北部近江苏省昆山市部分较深。盛产鲤、鲫、鲈、鳗、红鳍鲌、鳜、银鱼等淡水鱼类。湖边多小湾，有曲水园、青龙镇、上海最古老拱形石桥普济桥及崧泽古文化遗址等园林、古迹，风景秀丽。

**殿堂** palatial hall 中国古代建筑群中的主体建筑，包括殿和堂两类建筑形式。堂、殿之称均出现于周代。“堂”字出现较早，泛指天子、诸侯、大夫、士的居处建筑。“殿”字用于建筑物，表示其形体高大，地位显著。殿、堂二字，最初可以通用，后来有了等级差别。西汉初期，除宫室外，丞相府因要举行皇帝亲临的大朝会，正堂也可称殿；西汉中叶以后，殿的名称逐渐为宫室专用；东汉以后，殿成为皇帝起居、朝会、宴乐、祭祀之用的建筑物的通称。此后，佛寺道观中供奉神佛的建筑物也称殿，“堂”的含义及其形制亦有变化。自汉代以后，堂一般是指衙署和第宅中的主要建筑，但宫殿、寺观中的次要建筑也可称堂，如南北朝宫殿中的“东西堂”、佛寺中的讲堂、斋堂等。

殿和堂都可分为台阶、屋身、屋顶三个基本部分。殿和堂在形式、构造上都有区别。殿和堂在台阶做法上的区别出现较早：堂只有阶；殿不仅有阶，还有陛，即除了本身的台基之外，下面还有一个高大的台子作为底座，由长长的陛级联系上下。殿和堂在屋顶形式上也有区别，至迟到唐代，已规定只有殿才可以用庑殿屋顶，用鸱尾；堂只能用歇山顶或悬山顶。殿一般位于宫室、庙宇、皇家园林等建筑群的中心或主要轴线上，殿的空间和构件的尺度往往较大，装修做法比较讲究。堂一般作为府邸、衙署、宅院、园林中的主体建筑，体量比较适中，结构做法和装饰材料等比较简洁，往往表现出更多的地方特征。

**刁光覃** Diao Guangtan(1915-09-02～1992-05-12) 中国话剧演员。原名国栋。生于河北束鹿，卒于北京。抗日战争爆发后，参加演出过大量宣传抗日的戏剧。1949年后，

在中央戏剧学院话剧团、北京人民艺术剧院任演员。1978～1984年任北京人民艺术剧院副院长及导演。数十年来，先后塑造了江泰（《北京人》）、勾践（《胆剑篇》）、关汉卿（《关汉卿》）、李国瑞（《李国瑞》）等40余个不同类型的形象。他在《蔡文姬》中扮演的曹操吸收了戏曲表演艺术的精华，为话剧表演艺术的民族化作出了贡献。20世纪70年代后导演了《日出》、《小井胡同》、《狗儿爷涅槃》等剧目，展示了他深厚的艺术功力。

**刁羊** scrambling for a sheep 中国西北部牧区哈萨克等少数民族喜爱的一项传统体育活动。源自古代牧民为保护牲畜的马上狩猎活动。比赛有单骑个人对抗、双骑及多骑集体对抗。双方骑手通过奔跑、躲闪、掩护、接应等进攻技术和拦截、抢夺等防守技术，将放在预定目标上的一只山羊夺到后放到指定终点者为胜。1986年第三届全国少数民族传统体育运动会上被列为比赛项目。刁羊运动是牧区开展全民健身和精神文明建设的理想项目。

刁羊活动场面

**貂** *Martes*; marten 食肉目鼬科貂属动物的统称。世界上共8种，其中北美洲2种，欧亚大陆6种。全部分布于北半球。中国产

紫貂

紫貂、石貂和黄喉貂3种。体形细长，四肢短。体长40～56厘米，尾长15～17厘米，体重0.5～0.75千克；尾短而蓬松；全身毛皮褐黑色，唯独喉部具橙黄色斑。栖居于北方针叶林、针阔混交林和阔叶林中。喜上树攀爬，在地面跳跃亦极灵巧。肉食性，嗜咬杀。主要以鼠类为食，亦捕食兔、小鸟、蛙、鱼等，甚至上树捕捉松鼠、咬食鸟卵。秋天也吃坚果和浆果。体型较大的貂类（如黄喉貂）还能捕食幼鹿、麂等有蹄动物。筑巢在石堆内、树洞中或树根下。白天卧伏巢内休息，主要活动时间在拂晓，并延续至清晨。单独活动。繁殖期间雌雄成对。秋季交配，春天产仔，每胎2～3仔。貂类是农林地区鼠类的天敌，又是名贵的毛皮兽。中国已控制对紫貂、石貂和黄喉貂的猎取，其中紫貂被列入国家一级保护动物，石貂被列为国家二级保护动物。

**貂蝉** Diaochan 中国古典小说《三国演义》中人物。据描述，貂蝉自幼入东汉司徒王允府，充歌女。歌舞吹弹，无所不通，且美貌绝色。王允待如亲女。时董卓专权，肆逞暴虐，王允苦思除董卓之计。貂蝉为报答王允抚养之恩及为国除害，遂与王允定连环计。王允依计先把貂蝉许与董卓义子吕布为妻，又把她献给董卓，离间董卓、吕布的关系。后借吕布之手谋杀董卓。董死，貂蝉成吕布之妻。貂蝉的传说不仅见于小说，而且成为戏曲表现的重要题材。在许多剧种中都有《连环计》的剧目。除此以外，反映貂蝉故事的剧目还有《斩貂蝉》(又名《月下斩貂蝉》)、《吕奉先》、《白门楼》等。

**雕** *Aquila*; eagles 隼形目鹰科雕属动物的统称。世界有11种。多数分布于欧亚大陆和非洲，少数见于大洋洲和北美洲。中国有4种：金雕、白肩雕、草原雕和乌雕。大型猛禽，全长可达700毫米。多数头部无冠羽；爪弯曲度大，后爪通常较内爪稍长。

栖息于高山旷野、山麓丘陵、河流、沼泽湿地或森林附近草原地区。繁殖期在高山悬崖峭壁的凹处、或高大乔木树冠的顶端、或人迹罕至的地面草丛上用枯树枝营巢，巢内铺兽毛、残羽、枯叶、细枝等。每年修葺，形成巨大的皿状。每窝产卵1～3枚；孵化期42～50天；幼雏留巢55～80天，有的长达3个月以上。

雕类多数捕食野鼠、野兔、野山羊等，对维持生态平衡起一定作用。

**雕版印刷** block printing 将文字、图像反向雕刻于木板，再于印版上刷墨、铺纸、施压，使印版上的图文转印于纸张的工艺技术。又称版刻、梓行、雕印等。中国古代四大发明之一的印刷术即为雕版印刷术。其工艺过程是：将书稿编订后，由善书者依版式写于纸上，经校对后反贴于木板，

唐咸通九年（868）雕版印制的《金刚经》（局部）

再由刻工逐字雕刻，即成印版。印刷时将印版和纸张分别固定于刷印台，用棕刷沾墨均匀施于版面。铺纸后于纸面给予适当的均匀压力，印版上的图文即转印到纸张上，从而完成一次印刷。

雕版印刷术的发明不晚于7世纪初的隋代。现存最早的印刷品为西安唐墓出土的印刷品《陀罗尼经》。敦煌藏经洞所出的《金刚经》为唐咸通九年（868）刻印。整个印品刻版娴熟，印刷墨色厚重，证明当时雕版印刷技艺已达很高水平（见图）。两宋时，雕版印刷达到鼎盛，从中央到地方各级府衙，大多从事过印书，民间印书作坊遍及南北各地。明清时期雕版印刷的普及程度及印刷数量均超过前代。

19世纪雕版印刷逐渐被新技术代替，

但单色印刷和多色套印等传统技艺流传下来，并有发展。雕版印刷术发明后不久，就开始向东方邻国传播。13世纪起，沿着丝绸之路，经波斯、埃及向西方传播。

**雕塑** sculpture 以雕、刻、塑以及堆、焊、敲击、编织等手段制作三维空间形象的美术形式。传统材料有石、木、金属、石膏、树脂及黏土等。圆雕、浮雕和透雕（镂空雕）是基本形式。在同一环境下，通过圆雕或浮雕一个或两个以上形象共同表达一个主题的，称组雕。传统观念认为，雕塑是静态的、可视的、可触的三维物体，以主体的造型形象和空间形式反映现实。随着科学技术的发展和观念的变化，现代艺术中出现了反传统的四维雕塑、五维雕塑、声光艺术、动态雕塑、软雕塑以及与装置结合等多种样式。

沿革 雕塑的产生和发展与人类的生产活动紧密相连，同时又受到时代、宗教、哲学等社会意识形态的影响。当人类还生活在蒙昧时期，就通过敲打石头，并把它磨制成工具，进而运用审美意识，把可利用的物体雕磨成装饰品，以至成为单纯的雕塑作品。原始雕塑是人类对自然力和动物的崇拜，以及描绘人类自身的过程中逐渐认识世界的反映。随着社会的发展和政治、宗教、建筑、陵墓等多种社会需求的增加，雕塑逐步朝大型多样发展。如古埃及狮身人面像（图1），古希腊、罗马雕塑，中国秦汉雕塑，西方中世纪和文艺复兴时期雕塑，东方佛教造像，都在一定意义上成为人类形象的历史。伴随着人类社会的发展，雕塑艺术越来越证明它是时代、思想、感情、审美观念的结晶，是社会发展形象化的历史记载。

分类 雕塑按照材质，可分为泥塑、木雕、石雕、铜雕、瓷塑、陶雕等，在雕塑上施以粉彩称彩雕或彩塑。按照作品题材内容的性质，分为纪念碑或纪念性雕塑等。按照环境、用途、放置位置，又分为城市雕塑、园林雕塑、室内雕塑、室外雕塑、案头雕塑、架上雕塑以及奖杯、奖牌等。人像雕塑按部位分割有头像、胸像、半身像和全身像之分。象牙雕、黄杨木雕、东阳木雕、青田石刻、漆雕、树根雕、竹根雕、微雕、贝雕、面人和泥人等也是雕塑，但通常归在民间美术、工艺美术或特种工艺门类。

图1 古埃及狮身人面像

圆雕和浮雕是雕塑的主要艺术形式。圆雕是与被表现对象相似，占有空间的实体构成的雕塑个体或群体。它是在各个可视点都能感到其存在的可视实体。圆雕一般不带背景，主要通过自身形象和与之相协调的环境，构成统一的艺术效果，通过集中、简练、概括的语言表达主题思想。一般放置在可供四面观赏的环境中，也有出于宗教等原因和环境本身的限制，只允许或要求有一个或几个观赏面的，如石窟和庙宇中的佛像壁龛等建筑雕刻中的圆雕。浮雕是只有一个面向（观赏面）的雕塑形式。通常指有底板为依托，占有一定空间并被压缩的实体所构成的雕塑个体或群体。压缩的原则是将型体用透视的规律，按比例近高（厚）远低（薄），在限定的空间（厚度、深度）内，表现出更大的型体。浮雕按压缩的程度，可分为高、低、薄三种。

青铜雕塑又称青铜像、铜像。具有耐蚀性和铸造性能，可以作出精确清晰的细节和完美的表现塑造手法。在表面经过不同的化学处理，可以得到色泽不同、丰富多样的质感。青铜雕塑具有纪念碑性的特征，既适合耸立在广场、街头，也适作肖像雕塑。青铜是古老的雕塑造型材料。

金属雕塑造型工艺的鼓皮法即钣金工、冷作活，民间称“收抛活”，古称“抬钣”，是用手工艺技术锤打易延金属薄板，使之成形拼焊而成。

制作石雕常用的石材有花岗岩、大理石、青石、砂石等。石材坚硬耐风化，是大型纪念性雕塑的主要材料。大型石雕有号称“山雕刻”的美国拉什莫尔山国家纪念碑和中国的乐山大佛以及云冈（图2）、龙门等石窟造像，都是利用山形山势就地雕刻，与山体结合为一体。

木料雕塑因材料容易干缩、湿涨、翘裂、变形、霉烂、虫蛀，不宜做永久性大型室外雕塑，一般多为小型架上室内雕塑。木雕构图一般以圆木的周边为限，利用树木弯曲的自然形态相形度势，因材施艺少加斧凿，不失天然趣味。特定尺寸的木雕也可将木块拼粘使用。木材质软便于雕刻，施以不同的刀法可取得艺术上的独特风格。

制作方法 制作石雕或铜像通常需作1:1等大泥塑，并把它翻制成石膏像作为过渡。石雕可用点型仪在石膏像上测出各部位的空间位置，在石块上逐一找出，由点及线又由线及面逐步把型体准确地雕琢出来。如果用石膏像做母型，做成浇铸用的内外型范（铸型和芯型），配上浇铸

图2 云冈石窟19窟附2窟的倚坐佛像

系统，就能浇铸出铜像。做圆雕泥塑造型时，为了便于从各个角度观察和检查型体关系和效果，通常在可以转动的雕塑台架上塑造。浮雕只用木制固定底板托架即可塑造。4～5米以上的大型塑像，通常是在先做的小型定稿上找出定稿型体的各部位空间位置（坐标），然后按比例放大，特大型作品还可分段放大。

工具 雕塑的基本工具是雕塑刀、石雕凿、石雕锤、木雕刀、弓把、比例弓把、点型仪等。

**吊车** crane 起升并搬移重物的机械设备。又称起重机。

**吊环** rings 男子竞技体操项目之一。吊环由两个带环的皮带通过钢索悬挂在固定的支架上。比赛时，要求运动员手握两环完成各种摆动动作、用力动作和静止姿势。近代吊环运动源于法国。1896年吊环列为奥林匹克运动会比赛项目。20世纪50年代以前主要为十字支撑、水平悬垂等静止动作及其变换。60年代日本和苏联运动员创造了直臂摆动和振浪技术。70年代初，日本加藤泽男完成了大回环，使摆动动作几乎成了吊环动作的主流。80年代力量型动作重登舞台，从此开始了以动到静、动静结合，静止、用力和摆动结合的新阶段，下环运用各种空翻2周并转体的动作、增加了下法的难度。这个时期，意大利选手Y.凯基曾连获6次吊环世界冠军。中国运动员也有建树，黄玉斌、李宁、董震、陈一冰等多人在世界大赛中多次夺冠。

**吊脚楼** 干栏式建筑的一种。建在坡度较大或临水、临沟处，房舍的一部分悬空扩展，下面随地势安置高低不一的支柱，形似悬吊的木制腿脚。又称吊楼或半边楼。主要流行于中国贵州、广西、湖南一带的壮、苗、

贵州郎德苗寨吊脚楼

布依、侗、土家和水族聚居地，亦见于重庆坡地和江南临水地区，以苗族吊脚楼最为典型。多为木结构，房屋高大，屋顶喜用歇山顶，或悬山加围檐二叠式。底层半地下半开敞，设牲畜圈栏，存放农具。二层是半地面半楼面的居住层：地面部分以堂屋为轴心，左右分设厨房和火塘，火塘是家庭生活的中心。扩展的楼居部分紧接堂屋处有退堂（退离大门的空间之意），为起居间，两侧设卧室，内通厨房和火塘，外通走廊。通常两面或三面挑出一走廊，廊上加檐，廊中设栏凳，俗称“美人靠”，侧面连接山面处亦有出入口。顶层为阁楼，宽绰敞亮，用于贮粮。吊脚楼适应狭窄的山地和沿河地形，巧妙利用有限宅基，扩大居住空间，内部结构灵活细致，现代一些少数民族地区仍在沿用。

**吊兰** *Chlorophytum comosum*; tufted bracketplant 百合科吊兰属的一种。宿根草本植物。又称钓兰、挂兰。原产南非，中国各地有栽培。根状茎，茎短。叶条形至条状披针形，基部抱茎，较坚硬。花莛从叶腋抽出，弯垂，花后变成匍匐枝。总状花序单一或分枝，花白色。常见的栽培变种有：

金心吊兰、银边吊兰、金边吊兰等。吊兰喜温暖、半阴和空气湿润。适宜疏松、肥沃的砂壤土。夏季忌强光直射。通常分株繁殖。吊兰是最常见的室内盆栽观叶植物，宜置于架上或吊盆观赏。

**吊唁** condoling 祭奠死者并慰问其家属的活动。又名吊丧、吊孝。一般在灵堂内进行。作为丧葬礼仪的重要组成部分沿袭至今，广泛流行于世界各地，但各国各地习俗多有不同。在中国周代已盛行。根据吊唁者与死者关系的上下、亲疏、远近有别，吊唁活动的形式也不尽相同。传统的吊唁包括吊唁者向丧家赠送钱物，或祭品、香烛纸码，称“奠仪”，以示慰问，并向死者上香、跪拜、哀哭。丧家跪谢，并设宴招待吊唁者。现代中国城市里的吊唁活动中较少哀哭，并以鞠躬代替跪拜，多向丧家送挽联、挽幛、花圈等。马来西亚的马来人带着糕粿、糯米饭和咖喱前去吊唁，丧家设宴招待。日本人吊唁时给丧家赠送香典钱，若死者是户主，香典钱可以高达吊唁者工资的45%。葬礼之后，丧家回赠谢礼钱，相当于所收礼物的一半或1/3。

**钓鱼** angling 一种久远的捕鱼方法，现已发展成体育运动。远古先民在渔猎中，以藤为线，兽骨为钩进行垂钓，这是人类最早的钓鱼活动。当代垂钓分生产、娱乐两大类。娱乐钓分竞技与休闲两类。钓鱼的主要工具有竿、线、漂、坠、钩以及其他附属工具。依用途分手竿、海竿和木用鱼竿。手竿大多为竹制，轻巧、细直、弹性适中。海竿不长，但竿上有轮子，可绕数十米乃至更长的鱼线，适合在宽阔的水面使用。鱼线为尼龙制，粗细规格不同，拉力强弱不等，最佳者为低延伸、高强力。漂子又称“浮子”，漂子以下的线称“水线”，可测量水的深浅。根据漂子的动静，可知鱼儿是否上钩。鱼饵的品种很多，一般有植物类的草菜、瓜果，肉食类的昆虫等。20世纪50年代，钓鱼被列为国际体育比赛项目，由1952年成立的世界钓鱼运动联合会组织管理。它制订竞赛项目与规则，定期举行世界钓鱼技术锦标赛。1983年中国钓鱼协会成立，代表中国参加国际钓鱼组织及活动。

**钓鱼城之战** Diaoyucheng, Battle of 宋蒙战争的一次战役。又称合州之战。宋理宗嘉熙四年（1240）开始，政府即在合州（今四川合川）东10里钓鱼山上筑寨，以抗击蒙古军。淳祐三年（1243）又修筑钓鱼城，迁合州治所于此，驻以重兵，以控扼嘉陵江要冲。此后，钓鱼城逐渐发展成为十数万人的军事重镇。宝祐六年（1258），蒙哥汗率主力入四川，攻占许多地方，钓鱼城却巍然屹立，成为阻击蒙古军的坚强堡垒。开庆元年（1259）二月，蒙哥进驻石子山，亲自督阵攻城。从二月到五月，先后猛攻一字城和镇西、东新、奇胜、护国等城门以及外城，均被击退。六月，宋援军被蒙古军击退后，蒙古军加紧攻城，仍不能破，其先锋大将汪德臣被击伤死去。接着，蒙哥亦被击伤，死于军中，蒙古军被迫撤围。蒙古军主将忽必烈为争夺汗位，匆忙北撤。钓鱼城抗蒙的胜利，扭转了局势。此后，钓鱼城守将几番易人，直到祥兴二年（1279）正月，王立降元，坚守30余年的钓鱼城才告失陷。

**钓鱼岛** Diaoyu Island 中国台湾省辖岛。位于台湾岛东北约180千米的东海中，面积约5平方千米。分布于东海大陆架上，其东有深逾2 000米的海沟与琉球群岛相隔，均属火山岩体丘陵，由海底火山活动形成。明代以来，钓鱼岛向属中国海防管区。明清两代，凡自闽境出使至冲绳岛琉球王国的那霸港，均经钓鱼岛。岛上向无定居人户，唯福建、台湾等省渔民常到此处海域捕鱼、采药，或作短时寄泊。岛上多山茶、棕榈、仙人掌、海芙蓉等自然植物，还有很多珍贵药材。附近海底蕴藏着丰富的石油资源。

**钓鱼岛列岛** Diaoyudao Islands 中国台湾省辖列岛。位于台湾岛东北约180千米海域，包括**钓鱼岛**、黄尾屿、冲北岩、冲南岩、北小礁（岛）、南小礁（岛）、赤尾屿等。面积6.38平方千米。以钓鱼岛最大，约5平方千米。诸岛皆分布于东海大陆架上。

**调** key 按某种音程关系的规格选择若干音律的乐音组成，并在音乐创作和表演中使用的音列。就音列内部各音之间的音程关系而言，用音阶来区分各种不同的规格，例如五声音阶、七声音阶等。但同一种音程关系规格的音列仍可置于不同的高度，因而，就音列各音的具体绝对音高而言，须用调域来区分各种不同的律位总体。由于自然七声音阶与五声音阶在十二律上所处的音高位置变化既多，规律性又简单明了，所以调域概念的内涵通常也就指这两种形态的音阶在十二律上的具体音位、律位。

若就音列中选用哪个音为主音（稳定调性的支柱音）而言，涉及调性与调式两个概念。调性有两种不同的含义：①主音的高度，可用音名或律名表示。②调式的类型，如大调式、小调式、各种教会调式、各民族、地区的特殊的民间调式等。调式是指乐音组织的结构形式。以调式的中心音－主音作为起点和终点，其他各音按音高的顺序依次排列成音阶的形式，称为调式音阶。

调域概念在中国古代曾用宫、均、调三个词来指称。当宫一词用来称呼调域时，即指整个五声音阶所用五个音律的总体。明代以后，由于宫字常指宫调式而言，调域的概念改用“调”来指称。

**调兵山市** Diaobingshan City 中国辽宁省辖县级市。位于省境北部，辽河中游西岸。面积263平方千米。人口24万(2008)，有汉、蒙古、回、满、朝鲜等24个民族。1946年置铁法县，1981年置铁法市，1984年改为铁岭市铁法区。1986年恢复铁法市建制。2002年铁法市更名为调兵山市。由铁岭市代管。属温带半湿润大陆性季风气候。矿产有煤、玄武岩、花岗岩和硅灰石等。农业土产水稻、玉米、高粱、大豆、蔬菜等。

**调查设计** research design 在经验研究中，研究的问题与假设确定后，应根据问题与假设进行调查设计。调查设计中应确定调查的时点、调查对象和调查方法，以及对资料分析方法的初步设想。首先应当明确调查对象和调查单位。调查对象即根据研究目的所选择的需要调查的某个社会现象的总体，如全国的城市或乡村、某一类型的企业、具有某种特征的个人等。这一总体是由一些具有共同性质的调查单位组成的，在不同目的的调查中，作为社会现象个体的调查单位是不同的，它可能是个人、家庭或组织等。调查设计中还应确定调查使用的方法，如抽样调查、访谈调查或参与观察等。

根据调查对象的单位是单数还是复数，调查进行的时间是一个时点还是不同时点，可以将社会调查的设计分为四种不同的类型：①横剖调查。即对单一调查对象进行一次性调查，分析因作为调查单位的个人、家庭、群体等的不同属性所造成的行动或态度的差异。②追踪调查。即对同一调查单位进行不同时点的反复调查。③重复调查。即间隔一段时间对特定的调查总体使用同样调查项目进行多次调查。④比较调查。即在同一时点对不同的总体实施同样的调查。

**掉期** swap 在外汇市场上买进或卖出即期外汇，同时又卖出或买进同种货币的远期外汇的做法。又称“掉汇”、“换汇”、“掉换”、“兑换”。常用于更改原已确定的收付款日期及调剂不同到期日头寸的余缺，目的在于套取利益或锁定价格波动风险。

**牒** official document 中国古代官府往来文书的文种名称之一。指用竹或木制成的短简。春秋时期已把用牒写成的文书称为牒，直到汉代，社会上仍有这个习惯。南北朝时期，各不相统属的官府往来行文多使用牒。唐代把官府往来文书统称为文牒。唐、宋时期，牒已经成为国家规定的文种名称。宋代规定，虽有统属关系，但上行不用状，下行不用符、帖的官府，往来行文也都用牒。元代牒的使用范围大体与宋代相同，但规定得更加具体。明代沿袭元制。清代缩小了牒的使用范围，名称也加以简化。清对牒文使用范围的简化，在文书制度方面是一个进步。

**叠层石** stromatolites 由生物作用（主要是蓝绿藻和细菌）和沉积作用的相互影响而形成的一种生物沉积结构。通常由一系列的碳酸盐纹层堆积成各种不同的形态，而纹层的形成与藻类生长周期有关。最老的叠层石发现在西澳大利亚皮尔巴拉地区距今35.2亿年的岩石中。叠层石在晚元古代最为繁盛，中奥陶世后开始衰落，但至今在一些海湾和湖河中仍有少量现代叠层石存在。叠层石生长环境极为多样，从海滨潮间带至潮下带，从海洋至淡水湖泊均有分布。世界上一些地质学家和古生物学家已广泛运用叠层石组合特征划分晚前寒武纪地层，划分精度达2亿年左右。一些由叠层石组成的石灰岩具鲜艳的色彩和美丽的花纹，可作高级建筑材料用。

**叠韵** assonance 汉语音韵学术语。指两个汉字的韵母相同。如“苗条”[miaut‘iau]，两个字的韵母相同，都是[iau]，是叠韵。韵母相同，指主元音和韵尾相同，不论有无韵头和有什么样的韵头。如“蓝天”[lan t ‘ian]这两个字的韵头不同，分别是[l]、[i]，但仍属叠韵。叠韵与双声一样，有严格的时代和地域性，在古代是叠韵的，今天可能不是；在方言中是叠韵的，在普通话中也可能不是叠韵。

**叠铸** 一种将多件经铸模成型的铸范（即铸型）叠合装配成为整体铸范，从一个总浇口和铸件内浇口浇注铁水，一次可得到多个铸件的古老铸造工艺。中国于战国时期便已出现叠铸，如用叠铸铸造刀币。秦汉时代得到进一步发展，工艺趋于成熟，广泛用于钱币、车马器的铸造。东汉时期已有较高的技术水平，所用工艺参数与现存传统叠铸工艺相当接近（见图）。河南温县发掘的一处东汉烘范窑曾出土有500多套叠铸范，有16种铸件、36种规格，其总浇口直径为8～10毫米，内浇口仅2毫米左右，最多一次可铸84件。同类铸范在西安等地也有发现，有的叠铸范一次可铸上百枚钱币。叠铸工艺在现代仍用于生产活塞环、缝纫机零件及齿轮等大批量小型铸件。

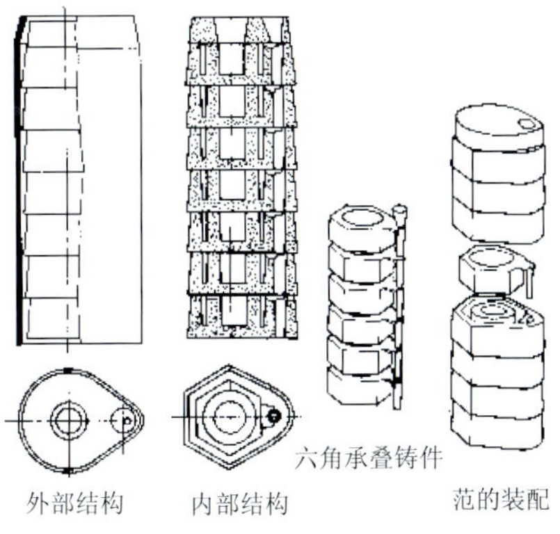


东汉叠铸工艺（六角承范）

**蝶泳** butterfly 竞技游泳比赛项目之一。因人手臂动作的外观类似蝴蝶飞舞而得名；又因人的躯干和下肢动作模仿海豚游泳，故被称为海豚泳。蝶泳最初是从蛙泳演变而来。1952年第15届奥林匹克运动会后，游泳竞赛规则正式将蝶泳和蛙泳项目分开比赛，蝶泳才作为一种正式的比赛项目产生。蝶泳的身体姿势：游蝶泳时身体姿势不固定，呈波浪线。腿部动作：腿部打水应从躯干部开始发力，带动大腿、小腿和脚做鞭状打水动作。膝关节最大的弯曲角度大约为110°～130°。手臂动作：双手在头前斜插入水。入水后两臂前伸，向外后下方拨水。两手分开达到最大宽度后，手臂转为向内、向上和向后划水。两手在胸下或腹下距离接近时，手臂划水的方向再一次改变，转为内外、向上和向后划水，直至出水，水下的划水路线好像是一对英文字母“S”。完整配合方式一般采用腿打水2次，手划水1次，抬头吸气1次；也有的采用腿打水4次，手划水2次，抬头吸气1次。它要求有较强的上肢力量和良好的躯干柔韧性。

**螲蟷** Ctenizidae; trapdoor spider 蜘蛛目螲蟷科动物的统称。全球约500余种。体长1～3厘米。螯肢发达，前端有几排刺组成的螯耙，用于挖土掘穴。螯牙能上下活动。触肢长，步足状。多数种类仅有4个纺器。穴居地下，洞内衬以丝膜。绝大多数穴口有可以开启的活盖。盖下有丝，蜘蛛可以拉紧盖使洞口紧闭。盖上有残屑伪装，或长有青苔而与地表一色。如有小虫经过洞口，蜘蛛即启盖冲出捕捉，带入洞内取食。除捕食外，雌蛛很少离洞。

**蝶形目** Pleuronectiformes; flatfishes 硬骨鱼纲一目。因游动似蝶飞得名。有3亚目9科约118属538种。中国产3亚目8科50属134种。均为底层海鱼类，其分布与海流、水深和水温等环境因素有密切关系。

蝶形目包括鲽亚目、鲽亚目和鳎亚目。其中鲽亚目鲽科鱼类属近海底栖鱼类，许多种类还是经济价值较高的食用鱼。中国约有25种，南海、东海、黄海、渤海均产，常见种类有高眼鲽、黄盖鲽、石鲽和尖吻拟鲽。20世纪60年代后，由于捕捞过度，资源数量明显减少。20世纪80年代，开始对黄盖鲽的人工增殖试验，获得成功。

常称的鲽鱼广义上指鲽形目鲽亚目中两眼位于头一侧的鱼类，又称比目鱼，包括此亚目中的鲽科、冠鲽科和棘鲆科的短

赫氏泥鲽

鲽亚科鱼类，约50属100多种，中国约20属30种；狭义上指鲽亚目中的鲽科鱼类，约43属110种，中国约14属20多种。

**丁苯橡胶** styrene-butadiene rubber; SBR 丁二烯和苯乙烯共聚合制得的合成橡胶。综合性能优良，是合成橡胶的第一大品种。按聚合方法分为乳液丁苯和溶液丁苯橡胶，填充改性后又分为充油、充炭黑、充树脂丁苯橡胶等。丁苯橡胶中苯乙烯含量增加，密度与硬度增大，介电性改善，但耐油性、弹性、塑性和耐寒性降低。通用胶中苯乙烯含量20%～30%（重量）。丁苯橡胶耐磨性、耐老化性、耐水性和气密性优于天然橡胶，黏合性、弹性和形变发热量低于天然橡胶。

主要用乳液聚合制备。冷法（5℃聚合）聚合用氧化还原引发体系（如异丙苯过氧化氢-$FeSO_4$）引发聚合，所得产品的分子量比热法（50℃聚合）大，性能更好。溶液丁苯橡胶是以烷基锂作引发剂，在烃类溶液中聚合而得，性能优于乳液法所得的橡胶。

丁苯橡胶主要用作轮胎，以及输送带、胶管、防腐衬里、胶鞋、雨衣等。充油可降低成本，改善加工性能；充炭黑便于加工和补强；充树脂则可赋予特殊的性能。

**丁伯根** Tinbergen, Jan（1903-04-12～1994-06-09） 荷兰经济学家，经济计量学创始人之一。生于海牙，卒于海牙。1929年获莱顿大学物理学博士学位。1929～1936年及1938～1945年作为荷兰中央统计局统计学家，从事经济周期研究。1936～1938年作为经济学家供职于日内瓦国际联盟。1945～1955年任荷兰政府中央计划局局长。1973～1975年任莱顿大学发展计划教授。其间，1930年与R.弗里希等经济学家共同创办经济计量学学会。1969年和R.弗里希共同获得首次颁发的诺贝尔经济学奖。

丁伯根对经济学的贡献是多方面的，主要包括：①半投入-产出分析研究，他将可贸易品和非贸易品的区分运用于项目评价目的。这一思想后来得到A.H.汉森以及其他人的发展。②在赫克歇尔-奥林模型扩展的基础上，建立了最优国际劳动分工理论。③提出并与N.卡尔多和哈特一起推进和发展了一个商品储备货币方案。④建立了一个涉及约50个方程的经济计量系统，并借助统计分析测定反应系数和“前导及滞后”。著有《经济周期理论的统计检验》、《国际经济合作》、《经济政策中的集中和分散》、《国际经济一体化》、《经济政策：原理和设计》、《经济增长的数学模型》、《发展规划》、《收入分配：分析与政策》、《生产、收入与福利》、《世界安全与平等》等。丁伯根在经济计量学方面的先驱著作对以后方法论的发展有很大的作用。

**丁醇** butanol 同系列中能产生两个以上同分异构体的最低级的醇，分子式$C_4H_9OH$。各个异构体的结构式如下：

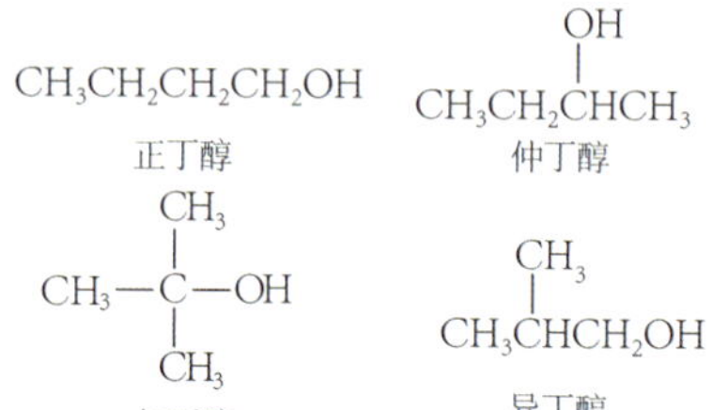


正丁醇 仲丁醇 叔丁醇 异丁醇

正丁醇为黏度稍大的无色液体；熔点-89.5℃，沸点117.2℃，相对密度0.809 8（20/4℃）；溶于乙醇、乙醚等有机溶剂，微溶于水（8∶100）；可与水形成共沸物，其沸点92℃，含水量37%。仲丁醇为无色液体；沸点99.5℃，相对密度0.806 3（20/4℃）；溶于乙醇、乙醚等有机溶剂，微溶于水（12.5∶100）。异丁醇为无色液体；沸点108℃，相对密度0.801 8（20/4℃）；溶于乙醇、乙醚，微溶于水（11.1∶100）。叔丁醇为无色液体；熔点25.5℃，沸点82.3℃，相对密度0.787（20/4℃）；溶于水、乙醇和乙醚。丁醇的化学性质与乙醇相似。叔丁醇钾是碱性最强的物质，吸水性很强，一般须在干燥箱内保存和使用。丁醇的各同分异构体均可用化学方法合成。此外，含淀粉或糖的物质可经发酵生成正丁醇和异丁醇。各丁醇异构体多可用作香料、溶剂等。仲丁醇主要用于制备丁酮。叔丁醇在有机合成中广泛用作试剂。各丁醇异构体的毒性比乙醇高，对黏膜、皮肤有刺激性，正丁醇会引起接触性皮炎，大量吸入会发生头痛、头晕甚至昏迷。

**丁聪** Ding Cong（1916-12-06～2009-05-26） 中国漫画家、舞台美术家。笔名小丁。生于上海，卒于北京。20世纪30年代初开始发表漫画。曾任《良友》等画报美术编辑，设计《北京人》等剧的舞台布景，任教于四川省立艺术专科学校，与庞薰琹等人组织现代美术会，与吴作人等组织上海美术作家协会。1949年筹备出版《人民画报》，任副总编辑。为中国美术馆研究馆员。1957年被错划为右派，1979年改正以后，陆续创作大量漫画和插图，主要有为《骆驼祥子》、《四世同堂》等小说所作插图及封面。出版有《小朱从军记》、《阿Q正传插画》、《丁聪画集》及多种《丁聪漫画选》。

《“良民”塑像》

丁聪的漫画尖锐泼辣，有强烈的战斗性，主要有《“良民”塑像》、《公仆》、《现象图》和《现实图》等。其漫画有鲜明的个人风格，人物造型既夸张又讲究解剖和结构处理；所用线条流畅而富有装饰味，人物刻画细致严谨；设色深沉浓重，富于变化，有适应特定漫画人物需要的感情色彩。

**丁村遗址** Dingcun 中国旧石器时代遗址。位于山西襄汾丁村。1953年发现。1954年首次发掘，后又经多次调查发掘，共发现包括旧石器时代早、中、晚期的26个地点。据测定，旧石器时代中期的一个地点约距今12万年，晚期的一个地点为距今4万或2.6万年左右。

50年代发现旧石器时代中期遗存，包括石器、动物化石，以及3枚形态介于北京猿人和现代人之间的小孩牙齿，属于早

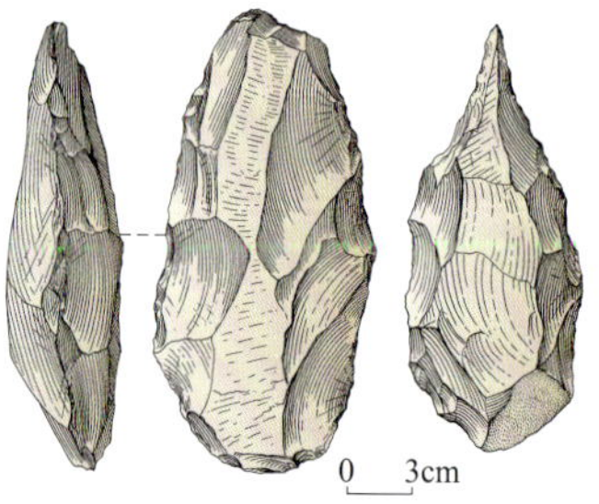


三棱大尖状器

期智人化石，被命名为丁村人，所代表的文化称丁村文化。石器中最具特色的是三棱大尖状器，又称丁村尖状器，用厚大的三棱形石片制成。狩猎用的石球数量很多。此外还有小尖状器、刮削器、砍砸器、手斧状石器等。70年代又发现一块小孩顶骨残片以及分属于旧石器时代早期和晚期的文化遗存。前者石器的类型和制法大体与中期相近，为丁村文化的先驱，被称为丁村文化早段。后者既有沿袭丁村文化传统的粗大石器，又有典型细石器，被称为丁村文化晚段。新增加的石器类型有锯齿刃器、凹缺刃器、修背石刀、锥钻和细石器等。新的发现揭示出石片的打制技术以锤击法为主，纠正了认为丁村石片多以碰砧法产生的历史误解。从出土的动物化石可知，丁村人生活的旧石器时代中期，气候比较温暖湿润，生存着古象、野驴、普氏野马、河套大角鹿、原始牛等哺乳动物。丁村遗址的文化内涵丰富，在中国乃至世界的旧石器时代考古中占有重要地位。1961年国务院公布为全国重点文物保护单位。

**丁道护** Ding Daohu 中国隋代书法家。官至襄州祭酒从事，善正书。曾书《启法寺碑》、《兴国寺碑》。《启法寺碑》于仁寿二年（602）立于湖北襄阳启法寺中。隋碑署名者还很少见。此碑署周彪撰文、丁道护书，笔法清迴，古朴劲健。原石宋代已佚，仅有一拓本传世，为临川李宗潮所藏四宝之一，后流入日本。

**丁二酸** succinic acid 丁烷衍生的二元羧酸，分子式$HOOCCH_2CH_2COOH$。又称琥珀酸。除存在于琥珀外，还广泛存在于多种植物及人和动物的组织中，例如未成熟的葡萄、甜菜和大黄，人的血液和肌肉，牛的脑、脾、甲状腺等。无色晶体；熔点188℃，235℃时分解，相对密度1.572（25/4℃）；在减压下蒸馏可升华；能溶于水，微溶于乙醇、乙醚和丙酮。工业上丁二酸常由丁烯二酸催化还原制得，也可由丁二腈水解制备。丁二酸主要用于制备五元杂环化合物，例如丁二酸受热失水生成丁二酸酐，丁二酸酐是制造药物、染料和醇酸树脂的原料。由丁二酸酐可制备N-溴代丁二酰亚胺，它是有机合成的溴化试剂和温和的氧化剂。丁二酸在医药上有抗痉挛、祛痰和利尿作用。

**丁二烯** butadiene 最简单的共轭二烯（见烯烃），分子式$CH_2=CH-CH=CH_2$，即1,3-丁二烯。在常压下为无色气体；熔点−108.9℃，沸点−4.4℃，相对密度0.621 1（20/4℃）。在水中的溶解度很小，易溶于乙醇、乙醚等有机溶剂中。丁二烯

容易与卤素和卤化氢等试剂起加成反应，它与溴反应生成的主要产物为1,4-二溴-2-丁烯，即试剂加在共轭体系（C=C—C=C）的两端，同时在2、3碳原子间生成新的双键，这种反应称为1,4-加成，是共轭体系的特性。丁二烯容易与顺丁烯二酐等不饱和化合物进行环加成反应，生成含六元环的化合物。在催化剂作用下丁二烯容易聚合或与苯乙烯等共聚合，生成聚丁二烯或丁苯橡胶；丁二烯（B）与苯乙烯（S）和丙烯腈（A）共聚，生成重要的塑料——ABS树脂。丁二烯的工业生产方法有：丁烷或丁烯（1-丁烯和2-丁烯）的催化去氢；丁烯的氧化去氢；从乙烯生产中的副产物碳四馏分中提取。丁二烯极易着火，与空气混合能形成爆炸性气体。与氧接触能生成过氧化合物。储运时必须与空气隔绝，并加入阻聚剂。对皮肤、眼睛及呼吸道有刺激作用。

**丁刚** Dingane（约1795～1840） 19世纪中期领导南非祖鲁人抗击荷裔布尔殖民者的领袖。生于夸祖鲁-纳塔尔，卒于斯威士兰的莱邦博山。恰卡的同父异母兄弟，在谋害恰卡之后，夺得王位。在位期间（1828～1840）采取休养生息政策，使民力得到一定的恢复；保持祖鲁的军事力量，巩固了王国的统一。1838年，消灭了侵占纳塔尔西部土地的布尔殖民者，收复大片土地，使布尔人受到严重的打击，损失1/10的兵力。同年11月，A.普雷托利厄斯率布尔民团主力继续侵入纳塔尔。12月16日晨，丁刚亲自指挥祖鲁军冒着凶猛炮火和弹雨多次冲锋。祖鲁军伤亡惨重，死伤3 000人，鲜血把恩康姆河水染成通红，因此改名血河。战后，丁刚部队退往北方，部落贵族乘机勾结布尔人发动叛乱。1839年3月，丁刚被迫签订了割让大片土地的“和平”协定。1840年1月丁刚之弟姆潘达投降布尔人，反戈打败丁刚。丁刚退往斯威士兰，后被当地头人杀害。

**丁拱辰** Ding Gongchen（1800～约1875） 中国清代机械制造家。又名君轸，字星南。福建晋江人。是赛典赤·赡思丁的后裔。曾自制日晷和象限金周仪等天文仪器。1831年随商船出洋，接触西方科学技术，学习天文、数理，研究船、炮等。1841年编著成《演炮图说》一书，受到闽浙总督邓廷桢的重视，命其到军队传授技术。铸炮试验成功后，清政府下令推广《演炮图说》所述方法。1851年又命其赴广西铸炮。

丁拱辰对火器的制造和使用以及火药的配制等均有研究，此外，对火轮车和火轮船进行了开创性的研究工作。1831～1841年，先后制成火轮船雏形，设计了中国第一辆铜火车和蒸汽机车模型。

1843年将《演炮图说》修订为《演炮图说辑要》出版，成为一部介绍西方火炮制造技术的专著。其中的《西洋火轮车火轮船图说》是中国学者自著的第一部有关蒸汽机和火车轮船的著作，附有火车和轮船图。主要著作还有《演炮图说后编》（1851）、《西洋军火图编》（1863）以及火炮专著《增补则克录》。

**丁关根** Ding Guangen（1929-09～ ） 中国共产党中央政治局委员，中央书记处书记，中央宣传部部长。大学学历，工程师。江苏无锡人。1956年加入中国共产党。1946年

入上海交通大学运输管理系学习。1951年后历任交通部海运局实习生，铁道部运输局及计量局计量员、工程师，铁道部部长办公室秘书。1969年下放铁道部“五七”干校劳动。1972年在北方交通大学留学生办公室工作。1975年后历任铁道部外事局工程师、副处长，计划局局长助理，教育局局长。1983年任六届全国人大常委会副秘书长。1985年任铁道部部长、党组书记，增选为中国共产党第十二届中央委员。1987年当选为中国共产党第十三届中央政治局候补委员。1988年辞去铁道部部长职务，任国家计委副主任、国务院台湾事务办公室主任。1989年增补为中国共产党中央书记处书记。1990年兼任中国共产党中央统战部部长。1992年当选为中国共产党第十四届中央政治局委员，任中央书记处书记、中央宣传部部长、中央精神文明建设指导委员会主任。1997年当选为中国共产党第十五届中央政治局委员，继续担任中央书记处书记。2002年12月后不再担任中央领导职务。

**丁光训** Ding Guangxun（1915-09～ ） 中国人民政治协商会议全国委员会副主席，中国基督教协会名誉会长，神学家。上海市人。先后就读于上海圣约翰大学、美国哥伦比亚大学师范学院、纽约协和神学院，获文学硕士、神学博士学位。曾任上海基督教青年会学生部干事、世界基督教学生同盟干

事。中华人民共和国建立后，历任金陵协和神学院院长、南京大学副校长兼宗教研究所所长，中国基督教三自爱国运动委员会第三、四届主席、名誉主席，中国基督教协会第一、二届会长、名誉会长。他坚持主张中国基督教必须走“三自”（自治、自养、自传）爱国的道路，号召建设独立自主、具有中国特色的合一中国教会。他多次率中国基督教代表团访问世界许多国家和教会。2006年8月，在第八届世界宗教和平会议上当选名誉主席。是全国政协七届、八届、九届、十届副主席，三届、四届、五届全国人大代表，六届、七届全国人大常委会委员、全国人大外事委员会委员。

**丁果仙** Ding Guoxian (1909～1972-02-16) 中国晋剧演员。晋剧史上第一位女须生，艺名果子红。生于河北束鹿，卒于山西太原。幼家贫，被太原丁氏收为养女。11岁搭班登台，曾在锦艺园等戏班与前辈艺人“说书红”（高文翰）、“盖天红”（王步云）、“毛毛旦”（王云山）等同台演出。十七八岁即誉满三晋。1936年赴京演出时，向京剧名家马连良等请教，借鉴京剧行腔归韵的长处，革新了晋剧须生的唱腔和唱法，创立了独具风格的丁派。丁果仙发声坚实洪亮，气息饱满耐久，唱腔深厚舒展，表演朴实大方，尤其擅长运用介板、流水、滚白等散板唱腔，以塑造品行耿直的苍头院公和居官清廉的七品县令一类人物最为成功。代表剧目有《双罗衫》（饰姚达）、《日月图》（饰白茂林）、《走雪山》（饰曹福）、《八件衣》（饰杨知县）、《蝴蝶盃》（饰田云山）、《捉放曹》（饰陈宫）、《串龙珠》（饰徐达）、《空城计》（饰诸葛亮）、《芦花》（饰闵德仁）等。1955年，与牛桂英、郭凤英、王正魁、梁小云合演的《打金枝》被摄制成影片。

丁果仙在晋剧《卖画劈门》中饰白茂林

**丁敬** Ding Jing (1695～1765) 中国清代篆刻家。字敬身，号砚林等。钱塘（今浙江杭州）人。为西泠八家之一。终生未仕。爱好金石碑版，精于鉴别，并富收藏。能诗，擅长书法和绘画。著有《砚林诗集》、《龙泓山人集》，篆刻作品收入《西泠四家印谱》。他是浙派篆刻的开创者。其篆刻风格清刚朴茂，特别讲究刀法，常用切刀、碎刀，字画锋棱具见，古拗峭折。善于章法布局，分朱布白，常常匠心独运。在字形上有的方折，或变圆为方、方圆结合；有的常带隶意。其印章总的风格是平正、朴茂、古拙、浑厚。印章的边款多为楷书，单刀直切石面，刀锋起止古趣盎然。

印章

**丁卡人** Dinka 非洲东北部苏丹民主共和国的主要民族之一。自称坚格人。约有378万人（2002），占全国人口11.6%，为该国第二大族。主要居住在南部白尼罗河流域。早在10世纪前，就已在这一地区生息繁衍。属尼格罗人种苏丹类型。为尼罗特人的中支。使用丁卡语，属尼罗－撒哈拉语系沙里－尼罗语族东苏丹语支。多信万物有灵，部分人信奉基督教。主要从事畜牧业，饲养牛、羊，逐水草而居；部分人从事农业，种植玉米、高粱、烟草和蔬菜等；沿河滩居住的，则以捕鱼为生。还有少数人在种植园或工厂、矿山劳动。仍保存部落组织。部落内部按父系分成若干群体，每个群体组织严密。平时分散在各自居住地内，一旦遭到外来袭击，很快组织起来进行抵抗。男子进入成年，要举行严格仪式。

丁卡人父子

**丁克家庭** DINK family 没有子女只有夫妻二人组成的家庭。组成“丁克”的四个英文字母DINK是由“double（两份）”、“income（收入）”、“no（没有）”、“kids（子女）”四个单词的首字母组成。在丁克家庭中，夫妻二人都有工作和收入，夫妻地位比较平等。丁克家庭在青年人中有增加的趋势，原因主要有职业女性不愿为生育而妨碍自己的工作、夫妻双方追求高品质的或另类生活、部分晚婚女性担心高龄生育的危险、城市生活压力过大而被迫成为丁克一族等。

**丁玲** Ding Ling (1904-10-12～1986-03-04) 中国作家。原名蒋伟，字冰之，别名蒋玮、丁冰之。丁玲是常用的笔名。此外，还有彬芷、晓菡等笔名。湖南临澧人。幼年丧父。从小深受母亲反抗封建礼教、主张妇女独立自强思想的熏陶。小学时开始阅读中国古典小说和林纾译述的外国小说及《小说月报》等。五四运动爆发时，在桃源第二女子师范读书，积极参加当地的进步活动，后转入长沙周南女子中学，接触到新文学读物，因抗议校方解雇进步教师，转入岳云中学。1922年初到上海，入平民女子学校。同年秋，到南京自修文学，结识了刚从苏联回国的瞿秋白，由瞿介绍入上海大学中文系。1924年春到北京大学等校旁听文学课。1925年与胡也频结婚。在这期间，在与瞿秋白、向警予等人的交往中，接触到社会革命的理论，阅读了大量文学名著，同时也丰富了生活阅历。1927年12月，发表第一篇小说《梦珂》。翌年2月，又发表《莎菲女士的日记》。此后连续发表《暑假中》等十几篇小说。从1927年至1929年间的作品，收入《在黑暗中》、《自杀日记》等集中。这些作品描写冲出封建家庭的知识女性要求个性解放、追求恋爱自由和新的生活，但因找不到出路而苦闷、空虚、伤感甚至绝望的情形。莎菲是其中的突出代表。由于富有时代色彩，又写得大胆细腻、形象生动，获得读者的强烈共鸣。从此成为引人注目的女作家。

1930年丁玲加入中国左翼作家联盟。1932年3月她加入中国共产党。先后担任过左联组织部长、党团书记，并主编左联机关刊物《北斗》。在这前后，创作发生明显变化：题材扩大了，感伤情调得到克服，较真实地反映了当时的斗争生活。《韦护》、《水》、《一九三〇年春上海》（一）（二）、《母亲》以及收入短篇小说集《水》、《夜会》、《意外集》中的20多篇作品都是这时所作。

1933年5月被国民党当局秘密逮捕，在南京囚禁3年多。1936年9月，出狱后到陕北。当选中国文艺协会主任，并任中央警卫团政治部副主任。1937年8月率西北战地服务团赴山西抗日前线慰问。以后历任陕甘宁边区文艺界抗敌协会执委、延安分会常务理事、《解放日报》文艺副刊主编、《长城》文学杂志主编等职。此期作品有短篇小说《一颗未出膛的枪弹》、《我在霞村的时候》、《夜》、《在医院中》，散文《彭德怀速写》、《记左权同志话山城堡之役》，杂文《三八节有感》等。这一时期的小说无论思想水平还是艺术水平都有明显进步。但有些作品曾引起争论，并使她受到批判。参加延安文艺座谈会以后，写下《田保霖》等10余篇报告文学。1946年起，多次参加土地改革，积累新的创作素材。1948年写成《太阳照在桑干河上》，这是最早反映土改斗争的长篇小说，是丁玲创作的里程碑。1951年获得斯大林文学奖金二等奖。

中华人民共和国建立后，先后担任中国文学艺术界联合会常委、中国作家协会党组书记及常务副主席、《文艺报》主编、文学讲习所所长、中共中央宣传部文艺处处长、《人民文学》主编等职务。1955年被错定为“丁（玲）、陈（企霞）反党集团”主要成员，1957年被错划为“丁（玲）、冯（雪峰）右派反党集团”主要成员，1958年遭受再批判，送往北大荒劳动改造。“文化大革命”期间又被监禁5年多。中国共产党十一届三中全会后，冤案得到平反，当选为全国文联委员、作协副主席。丁玲恢复文学活动以后，虽年事已高，仍坚持写作，写长篇小说《在严寒的日子里》，惜未全部完成。还写了大量散文、回忆录、序跋、评论、杂文，其中《杜晚香》、《牛棚小品》、《我所认识的瞿秋白》等都得到好评。

丁玲是中国现代文学史上创作活动时间长、影响大的女作家之一，创作了近300万字作品。有《丁玲文集》(12卷)。

**丁尼生** Tennyson, Alfred (1809-08-06～1892-10-06) 英国诗人。生于林肯，卒于奥尔兹沃思。曾肄业于剑桥大学。1884年接受男爵封号。他的诗题材广泛，形式完美，辞藻绮丽，音调铿锵。早期诗作清新、生动，富于想象，如《食荷花人》、《美女梦》、《夏洛特小姐》。《尤利西斯》描述年老的尤利西斯追求新境界的永不止息的精神，格调庄重。组诗《悼念》(131首，1850) 把对早逝挚友的友情扩大为对人类的博爱，给作者带来极大的声誉。

其他主要作品还有组诗《国王叙事诗》(1859～1885)、独白戏剧诗《莫德》(1855)、自由体叙事长诗《伊诺克·阿登》(1864)及《过沙洲》(1889)。

《夏洛特小姐》插图

**丁汝昌** Ding Ruchang (1836～1895) 中国清末海军爱国高级将领。字禹廷，安徽庐江人。卒于威海。早年参加太平军，后叛投湘军，不久改隶淮军，参与镇压太平军和捻军，官至记名提督。光绪五年（1879)，被李鸿章选调北洋海防差用。次年，率水师官兵200余人赴英国，接带清政府向英订购的“超勇”、“扬威”巡洋舰回国。十四年，任北洋水师提督，对组建北洋海军有所建树。十七年，率舰队访问日本，目睹日本海军的发展。回国后，陈请政府增购新式军舰，以备战事，未获准。二十年六月丰岛海战后，带领北洋海军诸将察看被日舰击伤的“济远”舰，并改装了其他各舰的防护设施；八月十八日，在黄海海战中，因指挥失误，致北洋海军受重创，被革职留任。在威海卫之战中，率北洋海军困守威海港和刘公岛，被日军海陆围攻，坚持抵抗，严拒日本联合舰队司令长官伊东祐亨的劝降和美国人马格禄（即J.麦克卢尔）等的投降要挟，决心战至船没人尽而后已。二十一年（1895）正月十七日夜，丁汝昌见援兵已绝，突围无望，无力阻止某些部下投降，遂服毒自尽。

**丁若镛** Jeong Yak-Yong (1762～1836) 朝鲜王朝时期学者、诗人、哲学家。字美镛，号茶山，堂号与犹堂。生于京畿道广州郡。青年时期受到早期实学思想影响。26～30岁期间信奉天主教，后与之决裂。28岁文科及第，历任司谏院正言、京畿暗行御使、谷山府使、刑曹参议等职。曾组织“竹栏诗社”，后辞官归田。1801年在“辛酉邪狱”风波中，被指控为天主教徒，被流放18年。获释后回故乡，专心从事研究和著述，直至去世。丁若镛是朝鲜实学派思想的集大成者，主张结合实际研究学问，以达到“利用厚生”的目的。“新我旧邦”是他毕生的指导思想。在诗歌创作上，他强调文学应起“美刺劝惩”作用。他的2 263篇诗作中，《奉旨廉察到积城村舍作》、《饥民诗》是具有代表性的作品。前者描写农家的穷苦和豪吏的作恶，后者再现农民颠沛流离的悲惨景象。他发展了朝鲜古典诗歌的现实主义传统，增强了诗歌的表现力。他的散文也生动、犀利，很有感染力和说服力。著有《与犹堂全书》503卷。主要哲学著作有《孟子要义》、《周易四笺》等。

**丁善德** Ding Shande (1911-11-12～1995-12-08) 中国作曲家、钢琴家。生于江苏昆山，卒于上海。1928年入上海国立音乐专科学校学习琵琶，1929年改为主修钢琴和作曲理论。1934年首演贺绿汀获奖作品《牧童短笛》。曾在上海、北平、天津等地举行独奏音乐会。1935年毕业后任教于天津河北女子师范学院，1937年冬与陈又新创办上海音乐馆（后改名为私立上海音乐专科学校），1946年任南京国立音乐院教授。1947年赴法国入巴黎国立高等音乐学院学习作曲。1949年毕业回国，任上海音乐学院教授，兼作曲系主任。1956年任上海音乐学院副院长，并先后担任中国音乐家协会第三、四届副主席。应邀担任1956年舒曼国际钢琴比赛、1960年肖邦国际钢琴比赛和1964年伊丽莎白女王国际钢琴比赛评委。作品有钢琴曲儿童组曲《快乐的节日》、《新疆舞曲第一号》、《托卡塔——喜报》等，声乐作品有艺术歌曲和大合唱《黄浦江颂》等，管弦乐作品有《长征交响曲》等。出版有《丁善德钢琴曲集》、《丁善德艺术歌曲集》。

**丁声树** Ding Shengshu (1909-03-09～1989-03-01) 中国语言学家。号梧梓。河南省邓县（今邓州）人。1932年毕业于北京大学中国文学系，同年进中央研究院历史语言研究所。1944～1948年在美国考察。1949年后任中国科学院语言研究所研究员、中国科学院哲学社会科学部委员会委员、语言研究所学术委员会委员、推广普通话工作委员会委员、《中国语文》杂志主编等职。20世纪30～40年代，丁声树致力于古代汉语的研究，先后发表过《释否定词“弗”、“不”》、《诗经“式”字说》、

《论诗经中“何”、“曷”、“胡”》等论文。丁声树曾参加湖北、湖南、云南、四川等省的方言调查，并参加撰写《湖北方言调查报告》。50年代与李荣一起领导方言调查专业人才的培训工作，主持调查昌黎方言和编写《昌黎方言志》，并与李荣合编《汉语方言调查简表》等。《古今字音对照手册》和《汉语音韵讲义》两书是丁声树对汉语音韵学的重要贡献。此外，他还与吕叔湘、李荣等合著《现代汉语语法讲话》。60年代，丁声树主编了《现代汉语词典》。

**丁石孙** Ding Shisun（1927-09-05～ ） 中国数学家，全国人大常委会副委员长，中国民主同盟中央委员会名誉主席。江苏镇江人。大学学历。1958年被日本创价大学授予名誉博士学位。1988年获美国内布拉斯加大学名誉科学博士学位。1944年入上海大同大学学习。1948年入清华大学数学系学习。1952年加入中国民主同盟。1950年后历任清华大学数学系助教，北京大学数学力学系助教、讲师、教授和数学系副主任、主任。1984～1989年任北京大学校长。历任中国数学会副理事长，北京市数学会理事长，国务院学位委员会学科评议组成员，中国教育国际交流协会副会长，国家自然科学基金委员会数学评审组副组长，全国高等教育自学考试指导委员会数学专业主委，中国民主同盟第五届中央常委、第六届中央副主席，1996年起当选为中国民主同盟七届、八届、九届中央主席。1998年起当选为九届、十届全国人大常委会副委员长，全国政协七届委员、八届常务委员，全国政协教育文化委员会常务副主任，欧美同学会理事会会长。长期从事数学教学和行政管理工作。在代数、数论、应用代数、代数理论的研究方面取得了多项成果。编著有《高等代数简明教程》、《解析几何》、《线性移位寄存器序列》、《代数学引论》等。

**丁是娥** Ding Shi'e（1923-11-12～1988-06-28） 中国沪剧演员。工花旦、正旦，兼演老旦。原名潘咏华。浙江吴兴人。出身于缫丝工人家庭，卒于上海。9岁时从师丁婉娥学戏。18岁满师后，相继在鸣英、施春轩、文滨、上艺等沪剧团演出。中华人民共和国建立后，致力于沪剧改革，在排演现代戏方面，成绩尤为卓著。1952年在《罗汉钱》中扮演小飞娥，参加第一届全国戏曲观摩演出大会，获表演一等奖。她成功地塑造了许多性格、身份、年龄、经历各不相同的人物形象，如《芦荡火种》里的阿庆嫂，《鸡毛飞上天》里的教师林佩芬，《雷雨》里的繁漪，《蝴蝶夫人》中的日本艺伎蝴蝶，《寄生草》中的“软体动物”唐文锦等。她的唱腔绮丽多变，擅长运用多变化的〔反阴阳〕来抒发角色的内心感情。她与乐师朱介生共同创造了〔十字板〕等新腔。

丁是娥在沪剧《芦荡火种》中饰阿庆嫂

**丁舜年** Ding Shunnian（1910-12-04～2004-09-20） 中国电工专家。浙江长兴人。生于江苏泰兴，卒于北京。1932年毕业于上海交通大学电机工程系，获工学学士学位。1947年赴美国西屋电气公司实习。1949年任上海电机厂副厂长兼总工程师。主持设计、制造了无轨电车用直流电动机，15 000千伏安、11/3.3千伏三相电力变压器，600马力二极3 000伏异步电动机，5 000千伏安有载调压变压器等。1954～1964年先后任一机部设计总局副总工程师、工艺与生产组织科学院副院长兼总工程师、电器科学研究院院长。主持研制并生产了多种微特电机，如自整角电机、旋转变压器、测速发电机、伺服电动机等；研制成中国第一套高精度磁放大器和晶闸管等。1964年起任一机部电工总局总工程师，组织研制成10万千瓦、20万千瓦汽轮发电机以及配套的汽轮机和锅炉，参加研制60万千瓦汽轮发电机组。先后参加组建上海电机工程学会、北京电机工程学会，任中国电机工程学会副秘书长、副理事长，70年代末，与褚应璜等人发起创建中国电工技术学会，任副理事长。1981～1987年，任国际大电网会议中国委员会副主席，1990年被选为电气和电子工程师学会（IEEE）特级会员。1980年当选为中国科学院学部委员（院士）。主要著作有：《交流发电机与电动机》、《保护继电器》、《感应电动机论文集》，主编了《大型电机发热与冷却》一书。

**丁酸** butyric acid 分子中含有四个碳原子的饱和羧酸，分子式$CH_3(CH_2)_2COOH$。有两种同分异构体，即直链的丁酸和支链的异丁酸：

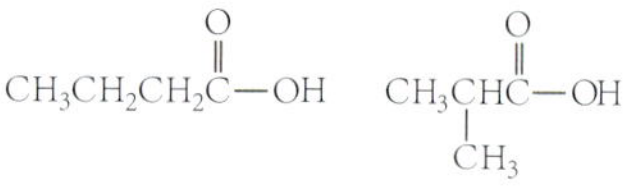

丁酸 异丁酸

常以酯的形式或游离状态存在于自然界中。例如，丁酸的甘油酯存在于奶油中，所以丁酸又称酪酸；丁酸丁酯存在于桉树中；己酯存在于白芷中；辛酯存在于防风草中；游离的丁酸存在于动物的汗液和粪便中。无色液体，具有刺激性臭味；熔点-4.5℃，沸点165.5℃，相对密度0.957 7（20/4℃）；易溶于水、乙醇、乙醚和其他常用的有机溶剂。与水形成二元共沸物，含水量81.4%，沸点99.4℃。淀粉和糖在丁酸菌发酵下可产生丁酸。工业上常利用丁醇或丁醛的催化氧化制备丁酸。丁酸主要用于制造丁酸纤维素、清漆和模塑粉；也可制造乙酸丁酸纤维素。丁酸与多种树脂混溶，可用于配漆、抽丝、与棉混纺。丁酸与低级醇形成酯，广泛用于香料工业，例如丁酸甲酯似苹果香，乙酯似菠萝香，异戊酯似梨香。

**丁酮** butanone 分子式$CH_3CH_2COCH_3$。又称甲乙酮。无色液体；熔点-86.3℃，沸点79.6℃，相对密度0.805 4（20/4℃）；溶于约4倍的水中，能溶于乙醇、乙醚等有机溶剂。与水能形成恒沸物（含丁酮88.7%），沸点73.4℃。蒸汽与空气能形成爆炸性混合物，爆炸极限2.0%～12.0%（体积）。化学性质与丙酮相似。丁酮是干馏木材的蒸出液（木醇油）的重要组分，工业上可用二级丁醇脱氢或用丁烯加水氧化法生产。丁酮是油漆的重要溶剂，硝酸纤维素、合成树脂都易溶于其中。

**丁托列托** Tintoretto（约1518～1594-05-31） 意大利画家，威尼斯画派代表人物之一。原名雅各布·罗布斯蒂，丁托列托是其绰号，意为“小染匠”（因其父为染工）。曾短期受业于提香门下。1539年后成为独立画师，但现存作品自1545年始。1548年完成《圣马可解救奴隶的奇迹》，开始知名。他常为各教堂及宗教团体作画，其古典神话题材的作品在一生创作中占重要地位。他曾以兼收并蓄提香的色彩和米开朗琪罗的线描为自己努力的方向。《圣马可解救奴隶的奇迹》就是这方面的杰作。代表作《圣母参拜神庙》是为威尼斯的德洛尔托圣母教堂所作。此画构图新奇，打破了盛期文艺复兴美术着重平衡稳定的惯例。丁托列托这类宗教画的创作在他为圣罗科学会的宗教社团制作的一系列绘画中达到了高峰。《基督受刑》是其中最宏伟的杰作。

他晚年的作品另辟蹊径，出奇制胜，如代表作《最后晚餐》(1594)。他生平曾创作了多幅同名作品，早年之作还比较稳定，

《圣马可解救奴隶的奇迹》（1548，威尼斯科学院画廊藏）

晚年的一幅就完全打破了以基督和众门徒平列并坐的传统形式，采取从侧面透视餐桌的情景：基督被置于远景上，天使在云烟缭绕中飞舞翱翔，全画充满幻景般的奇异色彩。他的这种创作倾向和当时流行的**样式主义**有些相似，对17世纪的巴罗克美术影响甚大。

**丁烷** butane 气体烷烃，分子式$C_4H_{10}$。存在于石油和天然气中。有两种异构体，即直链的正丁烷$CH_3CH_2CH_2CH_3$和支链的异丁烷$(CH_3)_2CHCH_3$。它们都为无色气体。正丁烷熔点-138.4℃，沸点 0.5℃，相对密度0.578 8（20/4℃）；异丁烷熔点-159.4℃，沸点-11.633℃，密度0.549克/升（20℃）。它们在工业上可用分馏法分离。丁烷在催化剂存在下去氢，生成丁烯（1-丁烯和2-丁烯）或丁二烯，在硫酸或无水氢氟酸存在下异构化为异丁烷。异丁烷催化去氢，生成异丁烯$(CH_3)_2C=CH_2$；异丁烷可作为烃化剂与烯烃反应，生成抗爆性能好的支链烷烃。炼油工业中用裂解法生产汽油时生成大量丁烷。丁烷与丙烷和少量乙烷一起液化后可作为燃料，即液化石油气，也用作溶剂和化工原料。

**丁韪良** Martin, William Alexander Parsons (1827-04-10～1916) 美国基督教长老会来华传教士。字冠西。1850年到中国，在宁波传教10年。1863年定居北京后，在同文馆教英语。1878年与**林乐知**创办上海圣教书会。1898年任京师大学堂总教习。曾参与《中美天津条约》的起草。卒于北京。著有《花甲记忆》、《天道溯源》等。

**丁谓** Ding Wei (966～1037) 中国北宋文学家。字谓之，后更字公言，苏州长洲（今江苏苏州）人。宋太宗淳化三年（992）登进士第，授大理评事、通判饶州。官至三司使、参知政事、同平章事。丁谓诗文俱佳，他曾参与西昆酬唱，但其文学主张和诗文风格更接近宋初古文家**王禹偁**。欧阳修《归田录》卷上云：“丁晋公之南迁也，行过潭州，自作《斋僧疏》云：‘补仲山之衮，虽曲尽于寸心；和傅说之羹，实难调于众口。’其少以文称，晚年诗笔尤精，在海南篇咏尤多。”**司马光**《续诗话》云：“丁相谓善为诗，在珠崖犹有诗近百篇，号《知命集》，其警句有‘草解忘忧忧底事，花能含笑笑何人’。”忘忧草，含笑花，顺手拈来，而属对精切，表意充分，可见丁谓虽至晚年仍才气不衰。丁谓一生著述甚富，多达数百卷，今所存者唯《谈录》1卷、《天香传》1卷及《**全宋诗**》、《**全宋文**》所辑得的诗文3卷。

**丁文江** Ding Wenjiang (1887-04-13～1936-01-05) 中国地质学家，中国地质科学事业奠基人之一。字在君，生于江苏泰兴，卒于湖南长沙。1911年获英国格拉斯哥大学地质学、动物学双学士学位。

1913年回国。曾任工商部矿政司地质科科长、农商部地质调查所所长、北京大学地质系教授、中央研究院总干事等职。是中国地质学会创立会员，并两度担任会长。1911年他从云南起，步行贵州、湖南、江苏等省，进行了地质、地理考察。1928年再度入滇、黔两省调查。1929年领导地质调查所西南考察队对西南诸省作了区域地质调查。1913年他与**章鸿钊**、**翁文灏**一起创办并主持工商部地质研究所。在《芜湖以下扬子江流域地质》一文中建立了“五通山石英岩”等地层单位。在1931年的《丰宁系的分层》论文中建立了革老河组（统）、汤耙沟组（统）、旧司组（统）、上司组（统），至今仍在沿用。1932年发表《丁氏石燕及谢氏石燕宽高率差之统计研究》，利用新的定量统计方法鉴别物种。1933年发表与A.W.**葛利普**合著的论文《中国二叠纪及其对于二叠纪分类的影响》和《中国之石炭纪及其与密西西比纪及宾夕法尼亚纪的关系》。1929年在《中国造山运动》一文中，将中国造山运动分为加里东期、海西期和燕山期。还发表了《云南东川府铜矿》、《京北昌平县西湖村锰矿》等文章。1934年与翁文灏、曾世英合编并出版《**中华民国新地图**》。中央地质调查所和中研院曾分别设立丁文江纪念基金和丁文江奖金。

**丁西林** Ding Xilin (1893-09-29～1974-04-04) 中国物理学家、剧作家。原名丁燮林。生于江苏泰兴，卒于北京。1914～1919年在英国留学。历任北京大学物理学系主任兼理预科主任，

中央研究院物理研究所所长，三次代理中央研究院总干事。中华人民共和国建立后，历任文化部副部长、中国对外文化联络委员会副主任和中国人民对外友好协会副主任等职务。曾兼任北京图书馆馆长和中央自然博物馆筹备委员会主任。曾被选为中华全国科学普及协会副主席，中华人民共和国科学技术协会（后改名为中国科学技术协会）副主席。

丁西林早年以热电子发射的实验直接验证了麦克斯韦速度分布律。他对重力和地磁作过多方面测试和研究，建立了中国自己建造的第一座地磁台。主持制造600套高中物理实验仪器和3 000套初中物理实验仪器，编写实验讲义，分发给全国各初高级中学。

丁西林是五四以后致力于喜剧创作的有影响的剧作家之 。发表作品有《一只马蜂》、《压迫》、《三块钱国币》等。他还对中国文字改革，特别是对汉字检字法进行过长期的研究，曾提出汉字编号法。

**丁烯二酸** butene dicarboxylic acid 分子式HOOCCH=CHCOOH，最简单的不饱和二元**羧酸**。有顺、反两种几何异构体：

顺丁烯二酸　　反丁烯二酸

①顺丁烯二酸又称马来酸。在自然界中不存在。为无色单斜棱晶；熔点139～140℃，密度1.590克/厘米$^3$（20℃）；易溶于水、醇、丙酮，不溶于四氯化碳和苯中。顺丁烯二酸不如反丁烯二酸稳定，加热至160℃即失水，生成**顺丁烯二酸酐**。顺丁烯二酸与醇、胺反应，可生成一元和二元的酯或酰胺。在多种催化剂存在下，顺丁烯二酸可脱羧生成丙烯酸。经催化氢化或化学还原，可生成**丁二酸**；经高锰酸钾氧化则生成内消旋**酒石酸**。工业生产是在五氧化二钒催化下，于450～500℃用空气氧化苯，先生成顺丁烯二酸酐，经水解即得。因

此工业上常用顺丁烯二酸酐代替顺丁烯二酸。主要用途是制造不饱和聚酯树脂。②反丁烯二酸又称延胡索酸或富马酸。最早是从延胡索中发现的，在多种蘑菇和新鲜牛肉中也有发现。为无色结晶；相对密度1.635(20/4℃)，熔点300～302℃（封管），在165℃（17毫米汞柱）升华；易溶于乙醇，不溶于冷水。反丁烯二酸的化学性质与顺丁烯二酸相似。经高锰酸钾氧化生成外消旋酒石酸。加热至250～300℃转变成顺丁烯二酸酐。反丁烯二酸可由顺丁烯二酸催化异构化制得。碳水化合物如蔗糖、葡萄糖、麦芽糖经黑根菌发酵也可制得反丁烯二酸。反丁烯二酸可用于制造不饱和聚酯树脂，也可做食品的酸性调味剂。

**丁香花** *Syringa*; lilac 木犀科丁香属植物的统称。落叶灌木或小乔木。因花筒细长如钉、且香故名。又称丁香、洋丁香。庭园花木。全属约30种。中国产23种，以秦岭及西南地区所产种类较多，野生种多分布在山地，栽培地区则主要在北方各省。植株高

紫丁香

2～8米，叶对生。花两性，呈顶生或侧生的圆锥花序；花色紫、红、粉红或白（见图）；花冠细漏斗状，具深浅不同的4裂片。蒴果长椭圆形，室间开裂。喜充足阳光，也耐半阴。适应性较强，耐寒、耐旱、耐瘠薄。以排水良好、疏松的中性土壤为宜，忌酸性土。忌渍涝、湿热。以播种、扦插繁殖为主，也可用嫁接、压条和分株繁殖。丁香花为冷凉地区普遍栽培的花木。个别种类可作花篱。可盆栽或做盆景，也可做切花。

**丁绪贤** Ding Xuxian (1885-10-11～1978-06-20) 中国化学史学家。字庶为。安徽阜阳人。卒于浙江杭州。1904年入南京江南高等学校学习。1914年获伦敦大学化学系荣誉学士学位。

1916年回国，曾任北京高等师范学校、北京大学、中央大学、东吴大学、广西大学、浙江大学等校化学教授。历任北京大学系主任、安徽大学和东吴大学理学院院长。中国讲授和研究化学史的先驱之一。所著《化学史通考》(1936)是中国第一部化学史专著。还是中国半微量定性分析化学最早的倡导者和推广者。

**丁颖** Ding Ying (1888-11-25～1964-10-14) 中国农业科学家、教育家。生于广东茂名，卒于北京。1924年日本东京帝国大学农学部毕业。后任中山大学农学院教授。

1949年后，历任华南农学院院长、中国农业科学院首任院长等职。曾被选为中国第一届科协副主席和民主德国农业科学院、全苏列宁农业科学院通讯院士，捷克斯洛伐克农业科学院荣誉院士。1955年当选中国科学院学部委员（院士）。毕生从事农业教育和水稻研究工作。尤其对稻种的起源演变、稻种分类、稻作区域划分、农家品种系统选育以及栽培技术等进行了较系统的研究。早在20世纪30年代初，他就进行了野生稻与农家水稻品种杂交育种研究，育成的中山1号在生产上应用达半个世纪。先后选育出水稻优良品种60多个，创立了水稻品种多型性理论，为品种选育、良种繁育和品种提纯复壮工作奠定了理论基础。主编有《中国水稻栽培学》，发表论文140余篇。

**丁云鹏** Ding Yunpeng (1547～?) 中国明代画家。字南羽，号圣华居士。安徽休宁人。工诗，善画。其画以人物、释道最负盛名，

《三教图》（故宫博物院藏）

早年人物画工整秀雅，晚期趋于沉着古朴，前后变化可从存世的《冯媛挡熊图》及《三教图》中窥知一斑。山水画早期隽秀，晚期古拙，以平整为法。亦能作兰草，有《楚泽流芳图》存世。丁云鹏生活于雕版、制墨业发达的徽州，还为书刊画了不少插画，对于新安木刻画的发展起到一定作用。

**丁肇中** Ting, Samuel Chao Chung (1936-01-27～ ) 美籍华裔物理学家。祖籍中国山东日照。生于美国密歇根州安亚柏市。1962年获密歇根大学物理学博士学位。

1964～1967年在哥伦比亚大学任教。1967年起任麻省理工学院物理系教授。1974年在美国布鲁克黑文实验室进行实验的过程中发现了一种他称之为J粒子的新的亚原子粒子，同时美国人B.里克特（又译里希特）也发现了这种粒子，并取名为ψ粒子，后称J/ψ粒子。J/ψ粒子具有奇特的性质，其寿命值比预料值大5 000倍，不能用当时已知的3种夸克来解释，而需要引进第四种夸克来解释。为此与里克特共获1976年诺贝尔物理学奖。1979年，发现了三喷注现象，为胶子的存在和量子色动力学提供了实验依据。他还进行了高能下量子电动力学的实验检验及电磁作用和弱作用干涉效应的实验证明，后一工作为电弱统一理论提供了实验证据。1981年起，丁肇中组织和领导包括中国在内的约13个国家近400名物理学家参加的国际合作组，在欧洲核子研究中心高能正负电子对撞机LEP上进行高能物理实验，在寻找新粒子以及探索物理新现象等方面进行研究。他还受聘为中国科学技术大学名誉教授，中国科学院高能物理研究所学术委员会委员。

**钉螺** *Oncomelania* 腹足纲盖螺科钉螺属动物的统称。分为小钉螺、湖北钉螺2种。个体一般在6～10毫米。外形多呈长圆锥形，各层缓慢增长，壳顶尖，螺旋部高。壳面光滑或有纵肋。壳口外唇部背侧多有一唇嵴。齿舌中央齿两侧各有2～3个基底齿。厣为角质，黄褐色。钉螺栖息于江河、湖泊、沟渠、池塘、稻田或沿岸草丛中，为两栖生活。幼螺喜栖于水内，成螺喜栖于潮湿地带的草丛中。冬季水上螺多，春夏两季水

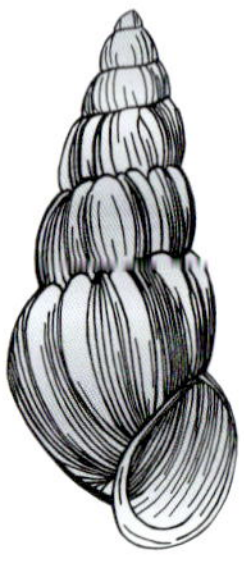

湖北钉螺

下螺多。一年四季皆可进行交配，卵产于潮湿的泥土中，在适温条件下，幼螺20余日孵出，两个多月发育成熟。钉螺是日本血吸虫的唯一的中间宿主，也是怡乐村肺吸虫和福建肺吸虫的中间宿主。

**顶端优势** apical dominance 植物顶端芽生长对侧芽萌发和侧枝生长的抑制作用（见图）。包括对侧枝或叶子生长角度的影响。植物地下部根系也存在主根抑制侧根生长的现象。

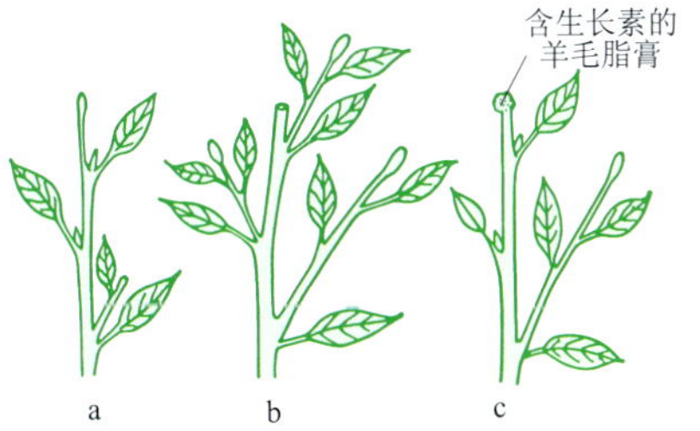


顶端优势示意图

a 顶芽的存在，使下面的两个侧芽处于休眠状态，最下面的芽已开始生长
b 顶芽切除后，三个侧芽均已长出
c 顶芽切除后，涂以含有生长素的羊毛脂膏，侧芽和a一样，处于休眠状态

顶端优势表现形式和程度因植物而异。强弱随植物年龄而变化，也受营养和环境条件制约。随着外界条件的变化，顶端优势的强弱可制约植物按水分和养料供应情况调节分枝数，是植物本身的一种反馈调节。农业生产中常利用顶端优势原理控制植物生长，如**棉花**整枝和果树修剪，都是解除顶端优势、合理调配养料的措施。

**顶技** nose balancing 平衡类杂技项目。以头、额、鼻、口承顶大至桌、几、椅、凳，小至杯、碗、灯、瓶等器具进行表演。上海杂技团张国梁创作的《顶玻璃塔》形式别致。他把三个鸡蛋逐一摞叠在竖于鼻梁顶端的一根筷子上经久不倒，然后逐个敲开鸡蛋显示为真蛋，接着用一只斟上葡萄酒的高脚杯做"底"，放在鼻梁顶端，再用玻璃板做托盘，分3层将9只盛满酒的小高脚杯与13只造型别致的彩灯，逐层叠放在"底"杯上，形成一座玲珑剔透、灿烂夺目的杯塔。与此同时，表演者还可在乐队的伴奏下吹奏长笛。他表演的"顶玻璃塔上下双梯"的结尾别出心裁：在轻快地上下双梯后，突然双手一松，抓住两根细钢绳，把梯子向左右各甩出45度。突如其来的变化有惊无险，体现了"海派顶技"的风格。其子张金龙继承发展了他的精彩技艺，将顶玻璃塔上梯和晃板结合起来，把上下双梯搬到晃板上来表演，使之静中有动，动中有静，将顶技节目提高到了一个新水平。

**顶夸克** top quark 夸克的一种。1995年实验上发现了顶夸克（t）。理论上在**弱相互作用**框架内t夸克与b夸克组成弱二重态。t夸克的电荷为$2e/3$，主要衰变模式是$t \to W^+ + b$。理论预言，它的衰变宽度（取t夸克的质量$m_t = 175$吉电子伏）为$\Gamma \approx 1.43$吉电子伏，即t夸克的寿命很短，只有约$\tau \approx 4.60 \times 10^{-25}$秒。这说明t夸克在形成束缚态（如$t\bar{t}$和$t\bar{q}$）之前已经通过上述衰变道衰变了，实验证实了这个预测。在高能$p\bar{p}$对撞过程中产生了t夸克，再从它的衰变产物中测得了t夸克的存在。已经测得t夸克的质量$m_t = 174.3 \pm 5.1$吉电子伏。

**顶碗** pagoda of bowls 平衡类杂技项目。表演者把十几只大碗叠摞在头顶，表演倒立、下腰、踢腿、朝天蹬等优美的人体造型，以体现高超的平衡技艺和柔韧潜能。其起源与古人头顶盛放食物的餐具祭祀天地祖宗有关。商代的玉器中已有顶碗的形象，

顶碗（武汉杂技团）

河南出土的汉墓葬画像石中亦对顶碗有生动描绘。20世纪50年代以来，顶碗得到了快速发展。1957年，**夏菊花**表演的《顶碗》在世界青年联欢节上获得金奖之后，各杂技团陆续创作了风格各异的顶碗节目。如武汉杂技团的《单人软腰顶碗》，广州杂技团的《三人高梯顶碗》，福建杂技团的《女子对手顶碗》，上海杂技团的《板凳面双飞燕顶碗》，战士杂技团的《双顶碗》、《脚顶碗》，**中国杂技团**的《顶宝塔碗》、《飞跃顶碗》，沈阳杂技团的《转台顶碗》，南京杂技团的《双童戏碗》等。这些节目在技巧上突破了静态平衡的模式，发展了脚蹬手托、带碗造型、带碗腾空翻等高难技艺。

**鼎** ding 中国古代炊食器、礼器。质地以陶、铜为主，偶有铁、漆、白陶鼎等。基本形制为大口、圆腹、圜底、三足。陶鼎多无耳，铜鼎有双耳。铜鼎并有方形、平底、四足的形制。陶鼎自新石器时代早期即广为使用。青铜鼎始见于二里头文化晚期，年代约当夏末或商初，盛行于商周，沿用至汉代，主要用途是在贵族祭祀、宴飨等礼仪活动中盛肉类。是青铜**礼器**中流行时间最长、数量最多、地位最重要的器类。文献和考古资料表明，周代有所谓用鼎制度，不同等级身份的贵族使用的随葬鼎数各有等差，并与簋数相配，构成礼器制度

河南安阳殷墟妇好墓出土的铜扁足方鼎

的核心。此外，鼎在先秦社会还被视为王权的象征。作为生活日用器的陶鼎在青铜鼎流行后显著减少，西周后基本不见，但商代、战国、汉代有作为随葬**明器**的仿铜陶鼎。东汉晚期后鼎器消失。宋以后有仿古赏玩的青铜鼎和瓷鼎，铜鼎也或用作宗庙、祠堂祭祀礼器。

**鼎湖山** Dinghu Mountain 中国岭南风景区。广东省四大名山之一。位于广东省**肇庆市**东北。包括鼎湖、三宝、凤来、鸡笼、伏虎、青狮等山峰，山势雄伟，高耸入云。主峰鸡笼山海拔988米。山上有庆云寺、飞天潭、眠绿亭、云溪等游览胜地。庆云寺始建于明崇祯六年（1633），为岭南四大名刹之一。鼎湖山重峦叠嶂，峡谷幽深，历史上是著名的佛教圣地和游览胜地。地处南亚热带，气候温和，雨量充沛，为天然植物宝库，保存有较完整的亚热带季风常绿阔叶林，是中国季风亚热带典型的季雨林植被类型，建有中国第一个自然保护区——鼎湖山自然保护区。保护区于1956年设立，面积1 133余公顷。区内有包括格木等珍稀品种在内的植物2 500多种，还有

肇庆鼎湖山水帘洞

170余种鸟类，40多种兽类和30多种爬行动物。鼎湖山终年云雾缭绕，古木葱茏，飞湍瀑流，潭清见底。鼎湖山主要景点有庆云寺、白云寺（又称龙兴寺）、葫芦潭、浅水潭、水帘洞、老龙潭、飞水潭等。

**订购** order 商业部门或物资部门通过产销合同，预先向生产企业订货的一种购买方式。其特点是：买卖双方洽商签订一份协议书，该协议书是贸易合同的简化形式，具有法律约束力，买卖双方地位是平等的。合同一旦订立，双方都必须严格履行合同规定的义务，任何一方不得擅自变更或解除合同。

**定比定律** definite proportion, law of 每种化合物都有确定的元素组成和固定的元素质量比，不因来源或制备方法的不同而改变。又称定组成定律。1799年J.-L.普鲁斯特确立。例如，二氧化碳分子中碳和氧的质量比总是3∶8，组成总是含碳27%、含氧73%。因为二氧化碳分子由1个碳原子和2个氧原子组成，碳和氧的原子量都是定值，所以二氧化碳中碳、氧质量比总是确定的。

但严格说来，只有气态分子型化合物中的元素组成才具有上述确定的简单整数比的关系。而对于凝聚态（固态或液态）化合物，情况有所不同。例如，1厘米$^3$氯化钠NaCl晶体，其中原子个数多到$10^{22}$，如果其中$Na^+$和$Cl^-$离子比极微小地偏离1∶1，并不会影响到NaCl晶体的结构和电中性。事实上，在无机化合物晶体和金属间化合物中，元素组成偏离整比的非整比化合物是普遍存在的。

**定海区** Dinghai District 中国浙江省舟山市辖区。是舟山群岛水陆交通枢纽。位于浙江省东北部、上海市东南、杭州湾外缘的东海的舟山群岛西侧，由舟山岛西北大部及金塘、册子、长白、长峙、盘峙、大猫等127个大小岛屿组成。是中国南北海运和远东国际航线之要冲，长江流域对外开放的海上门户和通道。面积569平方千米，人口46万（2010）。新石器时代即有人类在此繁衍生息，有代表“海岛河姆渡文化”的马岙镇原始村落遗址。春秋时属越，称甬东。唐开元年间曾设翁山县。北宋熙宁六年（1073）设昌国县。清康熙二十七年（1688）设定海县。1987年设舟山市，定海县改称舟山市定海区。农作物以水稻、甘薯为主。属典型的亚热带季风性海洋气候。海洋资源丰富，素有“东海鱼仓”之美誉。主要有带鱼、鳓鱼、马鲛鱼、海鳗、鲐鱼、马面鱼、石斑鱼、梭子蟹和虾类等。海产养殖业发达，主要有文蛤、蛏子、贻贝、青蟹、泥螺、大黄鱼等。海洋矿产有滨海砂矿、海底石油和天然气、多金属结核和多金属软泥，已开发平湖油气田。工业主要有水产品加工、修造船舶等。有客货班轮通上海、杭州、宁波等地。名胜古迹有祖印寺、同归城、三忠祠等。定海城内有明清建筑为主的传统民居和深宅大院组成的街区。作为海防前哨和军事要地，历史上曾发生数十次战争，有明代抗倭战争、南明抗清海禁事件、清代鸦片战争等。

**定基价格指数** index of fixed base price 在一个价格指数数列中，每个指数都以同一时期为基期计算的价格指数。中国通常以某一年为基期来计算。其特点是无论计算期如何变动，其基期固定不变。编制定基价格指数的目的在于观察物价变动长期趋势及其规律。

$$定基价格指数=\frac{\sum P_nQ_n}{\sum P_0Q_n}$$

式中，$P_0$、$P_n$为基期和某个计算期的商品价格，$Q_n$为某个计算期的商品成交数量。

**定金** bargain money 订立合同的一方，为了证明合同的成立和保证合同的履行，在依合同应该给付的款项内，预先给付对方一定数额的金钱或其他财物。定金合同为践成合同，于交付时生效。《中华人民共和国民法通则》第89条和《中华人民共和国担保法》第89～91条，对定金作了明确规定。当事人可以约定一方向对方给付定金作为债权的担保。债务人履行债务后，定金应当抵作价款或收回。给付定金的一方不履行约定的债务的，无权要求返还定金；收受定金的一方不履行约定的债务的，应当双倍返还定金。定金应当以书面形式约定。当事人在定金合同中应当约定交付定金的期限。定金合同从实际交付之日起生效。定金的数额由当事人约定，但不得超过主合同标的额的20%。

**《定军山》** *The Battle of Dingjunshan* 中国无声戏曲片。1905年北京丰泰照相馆摄制。摄影刘仲伦，主演谭鑫培。《定军山》是中国摄制的第一部影片，也是第一部戏曲片。原剧表现三国割据时代，魏将张郃奉命攻打蜀国，蜀国老将黄忠向丞相诸葛亮请命抗敌。诸葛亮感其年迈而婉言拒绝。黄忠遂当场舞刀、断弓，终于讨得令箭，亲率蜀兵杀退张郃大军，并乘胜夺取魏兵屯粮要塞天荡山。黄忠锐气不减，巧施良计，智斩魏国大将夏侯渊，并攻占魏国重镇定军山。1903年，丰泰照相馆曾协助法国摄影师在北京拍摄风光片。不久后，该馆创办人任景丰从东交民巷罗孚洋行购买了一架法国制造的木壳手摇摄影机和14卷胶片，开始拍片。为充分利用阳光，丰泰照相馆在院内修建了露天棚，搭置了舞台布景，用三天时间拍出了这部影片。该片记录了同名京剧中的几个片段。由于不能录音，影片只拍摄了其中“请缨”、“舞刀”和“交锋”等几个武打和舞蹈动作较多或富于表情的场面。

**定亲** engagement arranged by parents 婚姻礼仪。男女双方确定婚姻关系的仪式。又称订婚、放定、聘定。流行于汉族和少数民族的广大地区。定亲时，男家给女家送聘礼，两家交换婚书，相当于六礼中的纳采和纳征。战国前后，男方以雁为礼，元明清以后多用饰物、衣物、食物为礼。送聘礼多由媒人出面，有时男方家长也亲自参加。民间不习惯写婚书的地区都以聘礼为证。定亲通常分两次完成，即放小定和放大定。放小定是由男家送几件金银首饰给女方，假如后来女家翻悔，需将金银首饰还给男家。放大定是真正的定亲，又称过大礼。对定亲，社会各方面都极为重视，定亲后一般不许翻悔，在古代甚至得到法律的保护。近代民间婚嫁时也有互换礼物的定亲仪式。中华人民共和国建立后，订婚不受婚姻法保护。

**定西市** Dingxi City 中国甘肃省辖地级市。位于省境中东部。辖安定区和通渭、临洮、漳县、岷县、渭源、陇西6县。面积19 609平方千米。人口270万（2010）。北宋大中祥符元年（1008）筑汝遮堡，元丰四年（1081）改称定西城。金皇统初升为定西县，又置安西县。贞祐四年（1216）置定西州。元至正十二年（1352）改定西州为安定州。明洪武十一年（1378）降州为县。1914年改安定县为定西县，属定西地区。2003年撤销定西地区和定西县，设立地级定西市。矿藏有铁、铅、锌、金、红黏土、石灰岩等。工业以电子、建材、地毯、造纸、农机为主。农业主产小麦、豌豆、胡麻、马铃薯。名胜古迹有仰韶、马家窑、齐家及周代文化遗址，秦长城遗址、明远楼等，还有通渭温泉、首阳山等。

**定向聚合** stereospecific polymerization 能制备立构规整性聚合物的聚合。立构规整性聚合物又称立构规整性高分子、定向聚合物。立构规整性聚合物则是结晶聚合物，具有高熔点、高密度、耐化学药品、高机械强度和低溶解性。自然界存在着许多立构规整性聚合物，如天然橡胶、纤维素、蛋白质和淀粉等。

聚合物的立构规整性 由相同构型单元组成的聚合物称全同立构聚合物或等规聚合物，构型交替的聚合物称间同立构聚合物或间规立构聚合物。高分子的立构规整性是一个平均数值。可用高分辨核磁共振谱和红外光谱测定，也可以用化学和物理方法（如测定结晶度、相对密度、熔融温度和溶解度等）来间接测定。聚合物的立构规整度常用来表示催化剂在聚合反应中的定向能力。

立构规整性聚合物的制备　可在适当的条件下用自由基、离子型和配位离子聚合反应制得，而配位离子聚合反应是最好的制备方法。在齐格勒－纳塔催化剂的配位负离子聚合中，由于单体先在催化剂的空位上配位，然后以一定速率和构型进入增长链中，所以它具有形成立构规整性聚合物的特征。双烯烃聚合的定向机理为：单体插入增长链之前和催化剂配位时的构象是决定聚合物立构规整性的主要因素。如果单体以两个双键双配位（顺式配位），就产生顺式－1,4聚合物；而以一个双键单配位（反式配位），则产生反式－1,4聚合物。

20世纪末，用配位正离子聚合的茂金属催化剂来进行内烯的聚合，如用桥联型茂金属催化剂rac－Et(ind$H_4$)$ZrCl_2$－MAO制备全同立构聚丙烯。

**定向能武器**　directed energy weapon　以较小散射角发射的高能射束毁伤目标的武器。又称射束武器或能束武器。正在研究的定向能武器主要有激光武器、高功率微波武器和粒子束武器。通常由定向能束源、发射传输系统、目标捕获跟踪识别系统和杀伤评估系统等部分组成。

应用　定向能武器既可用于进攻作战，也可用于防御作战。常见的作战目标为飞机、导弹、卫星、电子装备等。定向能武器对目标的破坏，可以分为硬破坏和软破坏两类。硬破坏是使导弹和卫星壳体等目标的结构损坏。软破坏是使目标的电子设备与传感器失效，或天基光学镜镜面损伤等。准连续的脉冲激光的主要杀伤机制是加热烧蚀，使壳体熔化或气化，或点燃助推燃料。一般说来，在壳体完全烧穿之前，可能先行发生机械破坏。高能粒子束可以穿透目标，把能量沉积到其内部深处，使电子控制装置失效。定向能武器还可向目标传递动量，使目标产生机械剪切或屈服弯曲；动量传递还可用来识别诱饵和再入弹头。

特点　与传统武器相比，定向能武器具有一些显著的特点：①射击速度快。激光束和微波束以光速攻击目标，高能粒子束攻击目标的速度也接近光速，目标很难逃避。②由于不存在后坐力，武器系统能够灵活改变射向，快速攻击多个目标。③基本不受重力和空气动力影响，突破了传统武器所受的限制。④具有选择杀伤与破坏效果的能力，提供了多种目标毁伤方式。⑤通常以化学能或电能为能源，可以连续多次作战，避免或减少了再次装填弹药的问题。⑥单发射击的成本比较低。

部署方式　定向能武器有地基和天基两种部署方式。天基部署是指把定向能武器设置于轨道高度为千米级的卫星或作战平台上。地基定向能武器要通过大气传输能量。

用于防空、导弹防御以及空间控制的激光武器陆续具备实战能力。高功率微波武器仍处于系统开发和试验阶段，但在一些关键技术上已有进展。粒子束武器技术则发展缓慢。由于定向能武器具有的独特性能，一旦在技术上有重大突破，必将在未来信息化战场上发挥重要作用。

**定性分析**　qualitative analysis　识别和鉴定物质中组分的分析方法。组分常指原子、无机或有机官能团、分子的种类等，有时也涉及鉴定含一种或多种物质的一个物相。通常定性分析应在进行定量分析之前进行。依据鉴定原理可分类为化学分析和仪器分析；根据对象可分为无机定性分析和有机定性分析；根据鉴定的程序可分为系统分析和分部分析；根据取样量的不同，可分为常量分析、半微量分析、微量分析和超微量分析，微量分析包括点滴试验和显微分析等。定性分析可依据物质的物理特性，发生化学反应前、后理化性质的变化，乃至某些生物学特性来进行。无机定性分析可使用的化学分析法有硫化物、氢氧化物、碳酸盐等系统分析法和特效试剂法。而近代多采用原子发射光谱法、电感耦合等离子体－原子发射光谱法、电感耦合等离子体－质谱等仪器分析方法。有机定性分析多采用红外光谱、核磁共振等仪器分析方法。但化学分析法设备简单，方法成熟，是一种常用的定性分析方法。

**定窑**　Ding Kiln　中国古代瓷窑。窑址在今河北曲阳，因古属定州，故名。其瓷史可上溯到晚唐，经五代，北宋极盛，入元渐趋衰落。晚唐五代白釉器受邢窑影响，

唐代白釉双系罐（首都博物馆藏）

多素面。宋代定窑以乳白釉著称，也兼烧黑釉、绿釉等，绛色釉数量虽少，但久负盛名。白瓷胎质细腻，釉色润泽，造型规整，常带装饰。早期多用刻划花，图案简洁，隽秀典雅。北宋中期为始，流行满密而清晰的印花，描金银则是高贵而少见的装饰。因器物体薄，为避免烧制变形，多采覆烧。覆烧还能节省窑炉空间，降低烧造成本，故为许多窑场仿效。覆烧的缺欠是器物口沿因无釉而毛涩，遂以金属片包镶口沿，这种做法早见于汉代漆器。定窑影响很大，北宋时，已经在河北、山西形成窑系，后世的景德镇窑等也常以它为楷模，高丽青瓷也往往“窃仿定器制度”。

**定义**　definition　既是揭示概念所反映的事物的特有属性（固有属性或本质属性）的方法（下定义），又是揭示概念所反映的事物的特有属性的命题。旧译界说。一般地说，定义是给事物下定义，不是给词项或概念下定义。

任一定义均表现为简短而明确的语句。在定义中，指称被定义事物的词项是被定义项，指称用来定义被定义事物的事物词项是定义项。被定义项总比定义项简短；而定义项的含义总比被定义项的含义明显。定义可以有以下公式：被定义项=定义项（被定义项的属加种差）。种差是包含于属的一个种不同于其他种的属性。属加上种差构成被定义事物的特有属性。上述公式中的等号表示“凡被定义项是定义项，并且凡定义项是被定义项”。在现代汉语中，定义的语言表达形式常有：“被定义项是定义项”；“被定义项就是定义项”；“定义项称作被定义项”等。定义项在语言形式方面常常是“种差的属”。定义项表达的是两个全称命题的合取，也常表达了两个假言命题的合取。

传统逻辑认为一个良好的定义必须遵循以下四条规则：①被定义项和定义项的外延是全同关系；②定义项中不能有含混或比喻的语词；③定义不能直接或间接包含被定义项；④除非必要，定义项不应包含负词项。这些规则并不能保证定义能反映事物的本质。

**定音鼓**　timpani　击奏膜鸣乐器。管弦乐队中使用的重要的打击乐器，乐队鼓中唯一可按确定音高调谐的乐器。从1700年以后，每个标准的管弦乐队至少要有两架定音鼓，通常3～5只，由一人击奏。鼓的腔体像一个底部呈半球形的大锅，由黄铜或紫铜制作，口上蒙以皮膜，周边用螺丝调节松紧，既可用手调也可用踏板调节。定音鼓可有五度的音域（如C调中可从C到G）。现代5个大小不同的定音鼓可调至$C_1$～a。鼓槌的软硬和敲击鼓面部位的不同，都能影响音质的变化。定音鼓起源于阿拉伯的纳加拉鼓，约于13世纪

后期传入欧洲，15世纪用于军乐队。由于它丰富和广泛的表现力，在西方音乐中使用得非常普遍。17世纪进行了一些改进，开始在管弦乐队中使用，一般用一对，相距五度，一个演奏作品的主音，另一个奏属音，这种作法一直延续到贝多芬时代（18世纪末至19世纪20年代）。1850年间作曲家经常改变鼓的调音，用来替代整个乐章或一首作品单一的调音。这导致踏板定音鼓的发明以及只需摇动一个手柄即可调节所有螺丝的机械定音鼓的出现。

**定州市** Dingzhou City 中国河北省辖县级市。位于省境中西部。面积1 274平方千米。人口117万（2010）。汉置卢奴县，为中山国治。北魏置定州，为“安定天下”之意。后历代皆设州置府。明为定州，1913年改名定县。1986年撤县设市，由保定市代管。属暖温带半湿润大陆性季风气候。是河北重要物资集散地。农业盛产小麦、棉花、花生。工业有机械、医药、纺织、建材、食品、化工等。名胜古迹有开元寺塔、白果树、东坡双槐等。

**丢番图** Diophantus（活动于250年前后） 希腊代数学家。对他的生平事迹人们知道得很少。丢番图有几种著作，最重要的是《算术》，还有一部《多角数》，另一些已遗失。《算术》原有13卷，长期以来，大家都以为只有J.雷格蒙塔努斯1464年在威尼斯发现的前6卷希腊文手抄本保存下来，20世纪70年代又在马什哈德（伊朗东北部）发现4卷阿拉伯文译本。

《算术》是讲数的理论的，但大部分内容可以划入代数的范围。其特点是完全脱离了几何的形式，与欧几里得时代的经典大异其趣。另一个特点是引入许多缩写符号，如未知量、未知量的各次幂等都用特殊符号来表示。在代数发展史上是一巨大进步。许多问题导致一、二次方程或三次方程，还有大量**不定方程**。解答并不要求是整数，但只限于正有理数。虽然丢番图已知符号的运算法则：减号乘减号得加号（即负乘负得正）等，解方程却排除负根。解不定方程时运用了许多巧妙手法，千年以后，无出其右者。不过各个题都用特殊方法去解，很少给出一般法则，这是丢番图最大的缺点。关于数论的论题，直到17世纪才受到重视和推广，从而建立起近代的数论。为了纪念丢番图的功劳，现在对于具有整系数的不定方程，如果只考虑其整数解，这类方程就称为丢番图方程。而丢番图逼近、丢番图分析是指只考虑变数取整数值的某些问题或方法。

**丢勒** Dürer, Albrecht（1471-05-21～1528-04-06） 德国文艺复兴时期画家、版画家。

《四使徒》（1526）

生于纽伦堡，卒于纽伦堡。1486年从画家、版画家沃尔格穆特学画。1490～1494年到尼德兰、瑞士等地旅行。1494年秋至1495年春第一次到意大利游学，深受意大利**文艺复兴美术**激励。1495年回德国后建立自己的画室，创作木刻组画《启示录》（1496～1498）和油画《德累斯顿祭坛画》（约1498）等，闻名于画坛。1505～1507年第二次到意大利旅行，以居留威尼斯为主，结识**威尼斯画派**奠基人G.贝利尼等大师，充分学习和吸收了意大利文艺复兴美术的技法与理论。回国后完成版画《基督受难》（1507～1513）和铜版画《骑士、死神与魔鬼》（1513～1514）、《圣杰罗姆》（1514）等名作。1520～1521年他又游学尼德兰各地。晚年完成油画杰作《四使徒》（1526），同时出版理论著作《筑城术原理》（1527）、《论人体比例》（1528）等。丢勒一生创作甚为丰富，版画、油画均达到当时最高水平。

丢勒的版画刀法严谨，线条精细完密，木刻组画《启示录》插图以近乎狂想的形象和极其奔放的线条抒发了时代的心声，刻画了善恶的搏斗和对黑暗势力的惩罚，把皇帝、教皇、贵族、主教以至骑士、贵妇等置于刀斧之下，充分表现了群众的愤懑与爱憎。他的铜版画杰作《骑士、死神与魔鬼》刻画宗教改革和农民战争爆发前夕，处于没落的骑士阶级彷徨苦闷的悲剧形象，景物的描绘和气氛的烘托都极为成功。《圣杰罗姆》表现一位书斋中的圣徒，真诚而虔敬地致力于教义研究。《忧郁》则是借古典学术中有关人性的设想，刻画了一位陷入沉思的知识分子的形象。

丢勒的油画作品以精于写实和气魄宏伟见称。杰作是晚年画的《四使徒》，以双屏形式表现约翰、彼得、保罗、马可四位圣徒。画家把德国艺术的写实精神与意大利艺术的油画技法结合起来，塑造了淳朴正直并具有普通群众气质的使徒形象。在丢勒的绘画中，自画像和肖像画也非常重要，肖像画除精于写实外，还以情绪饱满、真挚著称，代表作有《青年女子像》（1506）、《霍尔茨舒尔像》（1526）等。

**东巴教** Dongba religion 中国纳西族信奉的一种原始宗教。其形成发展过程受到本教和藏传佛教的影响，东巴教以丁巴什罗（亦称东巴什罗、东巴萨勒）为祖师。据称其携带99部经书和360名门徒来到今云南香格里拉县三坝白地村“灵洞”传教，白地村成为东巴教圣地。东巴教巫师称东巴，原为父子传承，后出现师徒传授。东巴依资历和熟习经文的程度分为不同等级。东巴教的经典为东巴经，系东巴用图画和象形文字写成，内容多属宗教神话、历史故事及占卜方法等，据初步整理计有经文1134种，分为30类。东巴教的主要祭典有祭天，祭龙王、山神，驱鬼，求寿、祭仪等；丧葬仪式也是东巴教的一项重要仪式。在云南宁蒗彝族自治县永宁地区还流行一种达巴教（又称打巴教），也奉丁巴什罗为始祖，但无成文经典，祭典亦同东巴教有所不同。

**东巴文** Dongba script 中国纳西族历史上在宗教经书中使用的一种图画象形文字。以从事纳西族传统宗教活动者的名字“东巴”而得名。关于文字创制的年代，现存石刻纳西族《木氏历代宗谱》中有十六世祖牟保阿琮（约12世纪下半叶至13世纪上半叶）“且制本方文字”的记载。有的学者认为，纳西族可能在11世纪时已使用东巴文。外国有的学者认为，东巴文产生的时代更早。

关于东巴文字形结构，大体有三种意见：①把字形变化分为自身变化和附加变化两类。②把字的结构分为依赖象形、显著特征、变易本形、标识事态、附益他文、比类合意、一字数义、一义数字、形声相益、依声托事10类。其中一字数义、一义数字和依声托事不属字形结构范围。③把东巴文分为代表不同发展阶段的图画文字和象形文字两种。前者的特征是尚未形成固定的行款；经文中有只表意不表音的字；利用几个形象合成字组，其内部各成分之间有互相依赖的关系；不是把所读经文中使

用东巴文书写的经书

用的语词全部写出，而只写出一部分。由图画文字到一个字表示一个音节的象形文字，是一个重大的发展。

**东北大鼓** 中国曲艺曲种。主要流行于辽宁、吉林、黑龙江三省。约形成于清代中叶。最初的表演形式是演唱者一人操小三弦自行伴奏说唱，并在腿上绑缚"节子板"击节，也称"弦子书"。后发展成一人自击书鼓和简板演唱，另有人操大三弦等专司伴奏。表演采用东北方音。早期主要在乡村流行，民间俗称"屯大鼓"。演唱的曲调是当地人熟悉的土腔土调，唱词不甚讲究，艺人往往是照本宣科地演出，俗称"把垛说书"。演出的节目以中篇为主。19世纪末，东北大鼓进入城市，主要演唱短段节目，因一度盛行于沈阳（清末为奉天府），故有"奉天大鼓"之称。民国十八年奉天省改称辽宁省后，也曾一度称作"辽宁大鼓"。20世纪初期，大批女艺人进入东北大鼓表演的行列，自击书鼓简板演唱；男艺人主要退而伴奏。

20世纪中期，东北大鼓形成了风格不同的艺术流派。"奉调"以沈阳为活动中心，唱腔徐缓，长于抒情，多演出《露泪缘》、《忆真妃》等移植于子弟书的短段节目，代表性艺人为霍树棠等。"东城调"以吉林为活动中心，以演唱《三国演义》和《红楼梦》题材的节目为主，代表性艺人为任占奎等。"江北派"以哈尔滨松花江以北地区为活动中心，代表性艺人为刘桐玺。"南城调"以辽宁营口为活动中心，代表性艺人为徐香九等。江北派和南城调的共同特点是多说唱《呼家将》和《薛家将》等长篇大书。"西城调"以锦州为活动中心，擅长表演《罗成叫关》等悲壮故事，代表性艺人有陈清远等。

**东北大黑鳃金龟** *Holotrichia diomphalia* 鞘翅目昆虫的一种。又称朝鲜黑金龟子。分布于中国东北和华北各省区，以及朝鲜半岛和俄罗斯远东地区。

中型甲虫，成虫体长16～21毫米。体较短阔而扁圆，后方微扩展。体色多呈深栗褐或赤褐。体表油亮，触角色泽明显较淡。唇基密布刻点。触角10节。前胸背板散布脐形刻点。小盾片后端圆钝。鞘翅表面微皱。雄体臀板甚短阔，雌体臀板较狭长。雄体第5腹板中段后部有深显谷形凹坑。雌体第5腹板仅见后缘微现横形缢痕，末腹板饱满，略隆起。成虫、幼虫（蛴螬）皆杂食。通常2年一代。东北大黑鳃金龟是东北地区主要地下害虫之一，幼虫食根危害粮食作物和经济作物（如甜菜）。

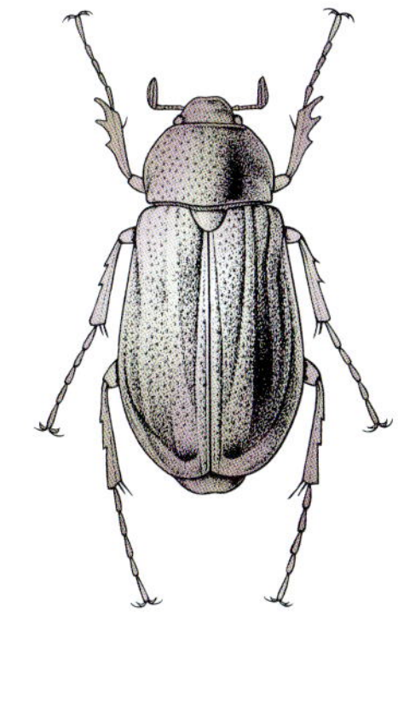

**东北大学** Northeastern University 中国以工科为主的多科性高等学校。属教育部。1923年建校，校址在沈阳。1928年，张学良兼任校长。1931年九一八事变后，先后迁北平（今北京）、西安，参与组建西北工学院。1946年迁回沈阳，改建沈阳工学院。1950年改名东北工学院。1993年复名东北大学。设有基础、文法、外国语、艺术、工商管理、理学、资源与土木工程、材料与冶金、机械工程与自动化、信息科学与工程、软件、网络教育、成人教育、研究生等学院和秦皇岛分校。有培养学士、硕士和博士的教学体系；有国家重点学科、国家工程技术研究中心和国家重点实验室。图书馆藏书240余万册。校园面积203万平方米。出版物有《东北大学学报》。

**东北虎** *Panthera tigris altaica*; Siberian tiger 食肉目猫科豹属虎的亚种之一。又称西伯利亚虎、乌苏里虎、满洲虎。原分布

于中国小兴安岭、乌苏里江流域及长白山区等地。体态特征及生活习性与华南虎同。在虎的诸亚种中体型最大，平均体长约2.8米，尾长0.9～1米，平均体重达350千克左右。身上条纹常为赤褐色，较窄且稀疏，被毛丰满，毛色较浅。冬毛淡黄，背毛长45～55毫米，腹毛长55～65毫米；夏毛较深，较短。老年雄虎头大，面上毛浓密，十分威武。活动领域大，达3 000～4 200平方千米，猎食区域500～900平方千米。以野猪、鹿类、熊、野兔、狼等为食。晨昏或夜间活动。一般12月下旬至翌年2月为发情期。幼兽随母生活2年。寿命约20年。由于栖息地生态环境较好，与其他亚种相比，性情最温顺，胆量最小，动作敏捷性和灵活性均较差。现存数量极少，行踪罕见。国际上列为濒危动物，在中国属一级保护动物。

**东北抗日联军** Northeast Anti-Japanese United Army; NAJUA 中国共产党创建和领导的活动于辽宁、吉林、黑龙江三省的人民抗日武装。简称抗联。1935年驻华日军发动华北事变。8月1日，中共中央发表《八一宣言》，呼吁全国停止内战，成立国防政府，组织抗日联军，一致抗日。当时中共满洲省委在东北各地已相继建立了东北人民革命军第1、第2、第3、第6军，东北抗日同盟军第4军，东北反日联合军第5军等6个军。1936年2月20日，东北人民革命军第1军军长兼政委、中共党员杨靖宇等人联名发表《东北抗日联军统一军队建制宣言》，宣布将东北人民革命军、东北反日联合军、东北抗日同盟军以及各反日游击队一律改称东北抗日联军，实行统一建制。新组建的抗日联军共有11个军，分编为三路军。次年，抗联队伍发展到3万余人，先后开辟了东南满、吉东和北满三大游击区。抗日战争全面爆发后，日本为巩固其侵华战争的后方基地，调集8个师团和数万伪军、警察部队，采用"部落集团"与"三光政策"（烧光、杀光、抢光），对抗日联军发动了疯狂的进攻。抗联在极其艰难的条件下，顽强战斗，战绩卓著，但自身损失也甚为惨重。因此，1940年11月至1941年12月，在苏联远东军的援助下，第1、第2路军和第3路军大部相继转移至苏联境内，进行整训；第3路军两支小部队继续在黑嫩平原开展游击战争。1942年8月1日，进入苏联境内的抗联部队也陆续派出小部队返回东北进行游击活动。1945年8月8日苏联对日宣战后，抗日联军配合苏军大举反攻，迅速占领了长春、哈尔滨、沈阳、吉林、佳木斯等70余座大中城市和县镇，并在苏军配合下，摧毁敌伪势力，积极维护社会秩序。1945年东北抗日联军与挺进东北的八路军、新四军合并为东北人民自治军。1946年改称东北民主联军。

**东北平原** Northeast China Plain 中国最大、地势最高的平原。又称松辽平原。位于中国东北部。南北长1 000多千米，东西宽300～400千米，总面积约35万平方千米。平原东西两侧分别为长白山和大兴安岭，北部为小兴安岭山地，南端濒辽东湾。东北平原由辽河、松嫩、三江3块平原组成，其中松嫩平原面积最大，是东北平原的主体。

以开原—辉南线（相当于北纬43°）为界，北部属吉黑褶皱系松辽拗陷，南部属中朝准地台下辽河断陷。东北平原四周为山麓洪积冲积平原和台地，海拔200米左右。北部台地形状保存较明显，南部强烈侵蚀呈浅丘外貌。平原西南部风沙地貌发育，平原被大面积沙丘覆盖。东北平原处于温带和暖温带范围，属大陆性季风气候。夏季短促而温暖多雨，冬季漫长而寒冷少雪，冬夏之间季风交替。年平均气温2～8℃。年降水量350～700毫米，由东南向西北递减。辽河与松花江水系分别流经平原南北，两大水系之间为松辽分水岭。松辽分水岭以北为松花江和嫩江及其支流冲积而成的松嫩平原，以南为辽河水系冲积而成的辽河

平原。在小兴安岭以东、长白山地以北是**黑龙江**、松花江、**乌苏里江**汇合地区的三江平原。

东北平原沼泽和湿地广泛分布，土地肥沃，资源丰富，是中国重要的粮食、大豆、畜牧业生产基地，也是钢铁、机械、能源、化工基地。

**东北师范大学** Northeast Normal University 中国师范类高等学校。属教育部。校址在长春。前身是中国共产党于1946年在东北解放区创办的东北大学，1950年改现名。设有教育科学、政法、经济、文学、外国语、音乐、美术、计算机等约20个学院。有培养学士、硕士和博士的教学体系；有国家级专业实验室和国家高等学校重点学科等。图书馆藏书300余万册。校园面积150.7万平方米。出版物有《东北师大学报》等。

**东北易帜** Zhang Xueliangs' Allegiance to the Kuomintang 1928年12月29日，**张学良**在中国东北将原北京政府的红黄蓝白黑五色旗改为**南京国民政府**的青天白日旗，宣布拥护国民政府的政治转向事件。

1928年4月，**蒋介石**复职，进行第二次北伐。6月，北伐军进入北京。**张作霖**离京返奉，被日本关东军在皇姑屯炸死（见**皇姑屯事件**）。但东三省仍然是**奉系军阀**的地盘，照旧悬挂北洋政府时代的五色国旗，国民党统一全中国的任务尚未全部完成。奉军第四方面军军团长张学良，在张作霖死后迅速回到沈阳，就任奉天军务督办。7月1日，通电宣布与南京停止军事行动，决不妨碍统一。日本帝国主义制造皇姑屯事件，企图建立"满蒙新国"的阴谋未能得逞，转而迫使张学良就范，要求张学良实行"东北自治"。张学良以东三省的民意为重，坚决顶住了日本的压力。国民政府在占领京、津后，也决定和平解决东北问题。7月3日，蒋介石抵北平，接见奉方代表，要求东北易帜，服从三民主义。同时派代表到东北同张学良谈判易帜之事。在东北易帜的背后，反映了日美两国在华争夺势力范围的斗争。美国支持蒋介石统一东北。在美、英的压力下，日本处于孤立的地位。12月29日张学良宣布东北易帜。31日，国民政府任命张学良为东北边防军司令长官。至此，全国实现了形式上的统一局面。

**东部裕固语** Eastern Yugur language 中国裕固族使用的语言之一。属阿尔泰语系**蒙古语族**。主要分布于甘肃省肃南裕固族自治县东南部地区。无方言差别。东部裕固语与**土族语**、**东乡语**、**保安语**的共同性较多，同时又兼有不少与现代**蒙古语**相同或相近的特点。语音有15个单元音、15个复元音；有32个辅音；还有几组复辅音，一般只出现在词首。元音和谐有唇状和谐及部位和谐两种。重音通常落在词的最后一个音节上。名词、人称代词有数、格、领属等语法范畴。动词主要有祈使式、陈述式、形动词和副动词等形式。陈述式有过去时和现在将来时。有**汉语**、突厥语和**藏语**等借词。

**东厂** Eastern Depot 中国明代宦官掌领的侦缉机构。始设于永乐中。永乐十八年（1420）迁都北京时，于北京东安门外之北建立东厂官署，故多记其始设于此时。见**厂卫**。

**东城区** Dongcheng District 中国北京市辖区。位于城区东部。北京市人民政府驻地。清末新政时设区。1952年设东单区、东四区，1958年两区合并称东城区。2010年撤销东城区、崇文区，设立新的东城区。新东城区面积41.84平方千米，常住人口92万。经济以商业、服务业为主，有王府井、前门大街、崇文门外大街、天桥南大街等商业区，还有王府饭店、贵宾楼饭店、北京饭店、国际饭店等，以及中国国家博物馆、中国美术馆、北京自然博物馆等。全国铁路交通枢纽——北京站坐落在东城区。名胜古迹和纪念地有天安门、故宫、天坛公园、北京大学红楼、雍和宫、国子监、孔庙、古观象台、正阳门、人民英雄纪念碑等。还有北京体育馆、北京国际网球中心、天坛体育场等。

**东大寺** Tōdai-ji 日本名寺。日本华严宗总本山。别称大华严寺、金光明四天王护国寺、总国分寺。位于奈良。世称为四圣（本愿圣武天皇、开基良辨、劝进行基、导师菩提仙那）建立。圣武天皇于天平十年（738）颁发东大寺营造诏敕，建立以金铜卢舍那佛（奈良大佛）为中心的大伽蓝。寺中心之大佛殿系世界最大木造建筑。本尊卢舍那佛台座之莲瓣，制于该寺创立之时。寺南大门为镰仓时期之大建筑。大佛殿东面山麓之三月堂（法华堂），其年代早于东大寺，称为金钟寺、羂索院。大佛殿西侧戒坛院

东大寺大佛殿

为奈良佛教有名的三戒坛之一。四天王像（塑造）为天平雕刻之代表作。西北隅之转害门为天平的八脚门。北侧的正仓院亦属早期建筑。

**东帝汶** East Timor; Timor Timur 东南亚最年轻的国家。位于东南亚努沙登加拉群

岛的最东端，包括帝汶岛东部和西部北海岸的欧库西地区，以及附近的阿陶罗等岛。面积14 874平方千米。人口108万（2008）。有十多个民族，人口的78%为土著（巴布亚人与马来人或波利尼西亚人的混血），20%为印尼人，2%为华人。通用英语、葡萄牙语、印尼语和德顿语，德顿语、葡萄牙语为官方语言。大多数居民信奉天主教，余为基督新教、伊斯兰教、印度教、佛教。首都**帝力**。

**自然地理** 面积的3/4为山地和丘陵，沿海平原狭窄。热带季风气候，年平均气温26℃，年降雨量1 500～2 000毫米，4～11月为旱季，12月至次年3月为雨季。植被繁茂，沿海低地为热带草原，丘陵地有檀香木、柚木，内地山区为热带雨林，有珍贵的红木等。野生动物有斑袋貂、香猫等，城乡各地多毒蝎。矿藏有金、铜、锰、铬等，石油和天然气储量颇丰，内地布拉戈山谷，有轻质馏分的油苗自岩缝中流出，居民汲取用以照明，帝汶海油藏丰富。

**历史** 14世纪中叶，帝汶岛以其盛产香料和檀香木与中国、印度和阿拉伯商人贸易，当时中国史书称此地为"迟闷"、"地汶"等，皆"帝汶"的译音，意为"东方"。16、17世纪，葡萄牙和荷兰殖民者先后入侵。1859年，荷葡签订条约，规定帝汶岛东半

稻田里耕作的东帝汶农民

部及西半部的欧库西地区归葡萄牙，称东帝汶，其余地区并入荷属东印度（今印度尼西亚），称西帝汶。1942年日本占领帝汶岛。第二次世界大战结束后，葡萄牙重返东帝汶，1951年将东帝汶列为“海外省”。1975年11月28日，东帝汶独立；次日，帝汶民主联盟等政党宣布东帝汶与印度尼西亚合并。12月7日，印尼出兵东帝汶，1976年7月宣布东帝汶为印尼第27省。1999年8月30日东帝汶举行公民投票，78.5%选民要求独立，印尼同意。2002年5月20日，东帝汶民主共和国正式成立。中国是第一个承认东帝汶的国家，中国大使馆于独立之日即行开馆。

经济　传统经济以农牧业为主。土地面积的80%为林地，10%为可耕地（其中3%为咖啡、果园、橡胶林等），3%为牧场。粮食作物有稻米、玉米、薯类等，粮食不能自给。经济作物有咖啡、橡胶、可可、椰子等。咖啡品质优良，是主要出口产品。咖啡、椰干和紫檀木有“帝汶三宝”之称。养畜业有牛、羊、马，帝汶种小马在努沙登加拉群岛颇有名，出产皮革和羊毛。工业基础薄弱，仅帝力及附近有一些小型的咖啡、食品加工、卷烟及肥皂等工厂，制陶、水器、牙雕、纺织及编织的手工艺精美。近年来在沿海开采石油和天然气，油气收入已在国内生产总值中占有重要地位。生产资料和生活资料大部分靠进口。对外贸易存在大量逆差。独立伊始，经济对外援的依赖程度高。

交通不发达。公路总长3 800千米，只在旱季才能通车。帝力是唯一的深水港，在帝力以东160千米的全国第二大镇包考有一国际机场。

文化　基础教育薄弱，文盲率达50%左右。东帝汶国立大学2000年11月重新开办，在校生500人。报纸有《帝汶邮报》和《东帝汶之声》。有东帝汶国家电台和东帝汶民族解放军电台（希望之声）以及东帝汶电视台，均用德顿语和葡萄牙语播出。

对外关系　东帝汶政府奉行务实平衡、睦邻友好的外交政策，重视发展与印尼、葡萄牙、澳大利亚、美国以及亚洲国家的关系，积极建立与美、中等大国的合作，广泛寻求国际援助，以促进经济重建。已与100多个国家建交。2002年9月27日，成为联合国第191个会员国。

**东阿县**　Dong' e County　中国山东省聊城市辖县。位于省境西部，黄河北岸。面积799平方千米。人口35万（2010），民族以汉、回为主。战国为齐东阿邑地。秦置东阿县。东汉置谷城县，后曹操之子曹植曾为东阿王。1943年东阿办事处与平阴县合为平阿县，1945年复置东阿县，1958年撤销，1961年复置至今。农作物有小麦、玉米、高粱、谷子、甘薯等。工业以机械、化工、建材、纺织、皮革、食品、酿造等为主。盛产阿胶，有2 000多年生产历史，有“阿胶之乡”之称。水运以黄河为主。名胜古迹有曹植墓、青冢子、香山遗址、汉东阿故城遗址等。

**东方歌舞团**　Oriental Song and Dance Company　中国音乐舞蹈表演团体。于1962年1月13日于北京成立。拥有张均、阿依吐拉、崔美善、莫德格玛等优秀舞蹈表演艺术家。歌舞团以表演中国和亚洲、非洲、拉丁美洲的民间歌舞为主，通过歌舞艺术进行国际文化交流，增进中国与各国人民之间的友谊。建团以来，创作、改编、学演了200余部外国舞蹈节目，1 000余首外国音乐作品。其中著名的外国歌舞有：斯里兰卡的《罐舞》、孟加拉的《脚铃舞》、印度的《拍球舞》、日本的《八木小调》、马里的《贡巴》、阿根廷的《高原上的节日》以及《缅甸古典双人舞》和《非洲鼓舞》等；中国的优秀舞蹈节目有《长鼓舞》、《摘葡萄》、《盅碗舞》等。2005年7月27日东方歌舞团与中国歌舞团合并，成立了新的国家歌舞团——中国东方歌舞团。2009年转企改制，加入中国东方演艺集团。

中国东方歌舞团演出的舞蹈《踏梅》

**《东方公约》**　*Eastern Pact*　1934年苏、法两国为防止法西斯侵略联合拟订的，准备邀请德国、捷克斯洛伐克、波兰、芬兰、拉脱维亚、爱沙尼亚、立陶宛等国参加的集体互助公约（草案）。又称《东方洛迦诺公约》。1933年12月28日，苏联政府建议缔结一个建立在集体安全原则基础上共同防止德国侵略的区域性协定，即东方区域性公约。法国认为保卫法国和防止法西斯危险，应依靠同波兰、捷克斯洛伐克等国家的同盟体系。在此背景下，苏、法共同主张签订一项集体反击侵略者的条约，作为对1925年《洛迦诺公约》的补充。1934年6月底拟订出《东方公约》的苏法联合草案，提出签订两项相互连成一个体系的互助协定，即苏、德、波、捷、芬以及波罗的海三国参加的互助公约和苏、法互助公约。规定缔约国任何一国受到进攻时，其他缔约国应自动向遭受进攻的一方提供军事援助。公约遭到德国反对，波兰拒绝参加，英美则持抵制立场。同年10月9日，法国外交部长J.-L.巴尔都在马赛迎接南斯拉夫国王亚历山大时，两人同时遇刺，《东方公约》夭折。

**“东方”号飞船**　Vostok spacecraft　苏联第一个载人飞船系列。从1961年4月到1963年6月共发射6艘。“东方”1号飞船是世界上第一个载人进入外层空间的航天器。飞船由球形密封座舱和圆柱形仪器舱组成，起飞质量约4.73吨。球形座舱是返回舱，直径2.3米，能乘坐1名航天员，舱壁上有3个舷窗，舱外表面覆盖防热材料。座舱内有可供飞行10昼夜的生命保障系统、弹射座椅和无线电、光学、导航等仪器设备。飞船在返回前抛掉末级运载火箭和仪器舱，座舱单独再入大气层。当座舱下降到离地面约7千米高度时，航天员弹出飞船座舱，用降落伞单独着陆。“东方”号飞船既可自动控制，也可由航天员手控。

1961年4月12日，苏联航天员Yu.A.加加林乘坐“东方”1号飞船，绕地球飞行108分钟后返回地面，开创了世界载人航天的新时代。1963年6月16日，世界第一个

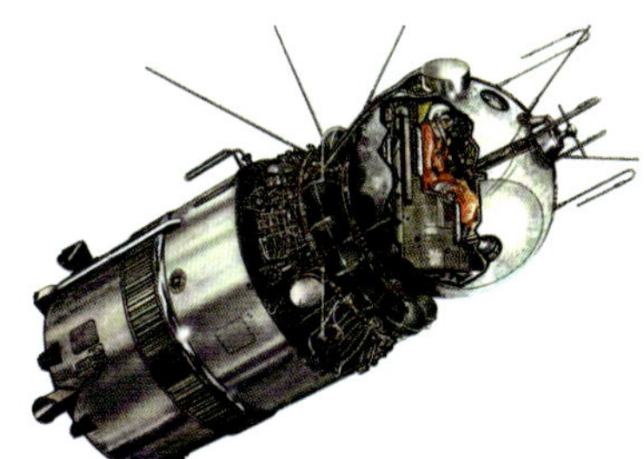

女航天员V.V.尼古拉耶娃－捷列什科娃乘坐“东方”6号进入太空，绕地球飞行70小时42分。“东方”号飞船系列在空间进行了科学、医学和生物学研究以及技术试验后，都安全返回地面。

**“东方”号运载火箭**　Vostok launch vehicle　苏联运载火箭系列。发射过第一个月球探测器和第一艘载人飞船。由“卫星”号运载火箭加一个第三级组成。火箭的全部研制工作由S.P.科罗廖夫总设计师领导。

“东方”号运载火箭有月球探测和载人飞行两种形态。火箭的性能参数分别是：长33.5米和38.36米，起飞质量279吨和287吨。最大速度为11 200米/秒和8 000米/秒时，有效载荷质量为278千克和4 725千克。第一、二级就是“卫星”号运载火箭的第一、二级，但性能略有提高。第三级是新研制的，又称E级，长约3.1米。“东方”号运载火箭于1959年发射了“月球”1～3号探测器（见“月球”号探测器），1960～1963年间发射了5艘不载人的卫星式飞船和6艘“东方”

“东方”号运载火箭发射“东方”号飞船

号飞船。1963年以后还用来发射“飞行”号卫星和“电子”号卫星、“流星”号卫星以及列入“宇宙”号系列的军用电子侦察卫星等。

**《东方红》** *The East is Red* 中国大型音乐舞蹈史诗。为庆祝中华人民共和国建立15周年，在国务院总理周恩来的倡议和指导下，集中全国艺术家集体智慧创作而成。1964年10月2日，由3 000多名职业与非职业文艺工作者首演于北京人民大会堂。1965年由北京电影制片厂与中央新闻纪录电影制片厂联合摄制成彩色宽银幕艺术片。

《东方红》由序曲“葵花向太阳”和“东方的曙光”、“星火燎原”、“万水千山”、“抗日烽火”、“埋葬蒋家王朝”、“中国人民站起来了”6场组成，概括地表现了中国革命历史，歌颂了中国人民在中国共产党的领导下，团结一心，英勇斗争的精神。《东方红》继承与发扬了中国歌舞艺术的传统，以18段朗诵诗、39首歌曲、35段舞蹈与表演唱、37个变换的场景，集中表现了中国音乐舞蹈艺术的成就。

**“东方红”1号卫星** Dongfanghong-1 satellite 中国第一颗人造地球卫星。1970年4月24日用“长征”1号运载火箭在酒泉卫星发射中心发射。任务是进行卫星技术试验，探测电离层和大气密度。卫星质量173千克。

初始轨道参数是：近地点高度439千米，远地点高度2 384千米，倾角68.5°，运行周期114分钟。卫星外形为直径约1米的近似球体的多面体，用银锌电池作电源，采用自旋姿态稳定方式，转速120转/分。顶部装有超短波鞭状天线，腰部装有短波交叉振子天线和微波雷达天线。装载的仪器和设备主要有：功率2.5瓦的20.009兆赫频率发射机、功率100毫瓦的200兆赫频率发射机、遥测装置、乐音发生器、雷达应答机、雷达信标机、科学实验仪器和工程参数测量传感器等。卫星以20.009兆赫频率发射《东方红》乐曲、工程遥测参数和科学探测数据。同年5月14日停止发送信号。

**东方湖** Vostok, Lake 南极洲最大的冰下湖泊。位于南极冰盖约4 000米厚的冰层下面，其南端的冰面上建有俄罗斯南极内陆高原站——东方站，东方湖即取名于该站。长240千米，宽50千米，面积约10 000平方千米，平均深度为125～130米，最大深度510米，蓄水量约1 800立方千米，湖床低于海平面700米。据推测为淡水湖，含盐量，为0.00～0.05，由冰盖底部融化形成，而不是冰盖形成时封闭的残余海水。研究推测该湖可能有生存于高压、寒冷、黑暗、极端低水平的营养物环境，与世隔绝数十万年以上的生命。其环境还可能类似于太阳系其他被冰覆盖的世界，如木星的卫星木卫二。国际社会正在研制先进的钻探技术，以求能够无污染和自动采集东方湖湖水和沉积物样品。

**东方快车** Orient Express 横穿欧洲大陆的豪华列车。1883年4月开始运营，从法国巴黎起程，途经法国、德国、奥地利、匈牙利、罗马尼亚、保加利亚，终点为土耳其的伊斯坦布尔，全程2 740多千米。后因第一次世界大战爆发停运。战后1919年恢复运营，行车路线有改变，起运站为法国加来，途经巴黎、瑞士洛桑、阿尔卑斯山辛普朗隧道、意大利米兰和威尼斯、南斯拉夫萨格勒布和贝尔格莱德、保加利亚索非亚，抵达土耳其伊斯坦布尔，或经南斯拉夫到达希腊雅典。后因第二次世界大战爆发停运。战后1947年再次恢复营运。1982年改造后的东方快车，可从法国巴黎或英国伦敦开往意大利威尼斯。1988年东方快车由欧洲出发，经西伯利亚，由海参崴进入中国，成为国际专列。东方快车装修豪华，设施齐全，服务周到，在国际上极负盛名。

**东方明珠电视塔** Oriental Pearl TV Tower 上海广播电视塔。位于浦东陆家嘴，与上海外滩建筑群隔黄浦江相望。塔高468米，采用多筒式带斜撑的巨型空间框架作为主体结构，打破了世界混凝土电视高塔单筒体构造的惯例。这种结构有利于抗风抗震。该塔1991年7月开工，1994年10月建成。

东方明珠电视塔夜景

塔身由三个球体和带落地斜撑的三个垂直筒组成。15个大小不等、错落有致的球体建筑和地面设施，营造出“大珠小珠落玉盘”的意境，成为独特的标志性建筑。顶球太空舱中心标高342米，内有观光层、会议厅等；上球体中心标高272.5米，内设广播电视发射机房、观光娱乐设施等，其中263米高的观光层是鸟瞰上海风景的最佳点；下球体直径50米，中心标高93米，共有4层，一层为观光廊，其余各层安装了先进的娱乐设施。塔座直径158.4米，为半地下建筑形式，有3 000平方米的大厅和2万平方米的商场。

**东方三圣** Three Saints of the East 佛教名词。又称“药师三尊”。药师为梵文意译，又作药师如来、药师佛、大医王佛、医王善逝、十二愿王等，是东方净琉璃世界的教主。此佛于过去世行菩萨道时，曾发十二大愿，愿为众生解除一切痛苦，使具足诸根，导入解脱，故依此愿而成佛，住净琉璃世界，其国土庄严如极乐国。一般流传之药师佛像为螺发形，左手持药壶，右手结施无畏印（或与愿印），日光、月光二菩萨胁侍左右，即居中者为药师如来，左胁侍是日光遍照菩萨，右胁侍是月光遍照菩萨，并称药师三尊或东方三圣。亦有以观音、势至二菩萨为其胁侍者。

**东方市** Dongfang City 中国海南省直辖县级市。位于海南岛西部，西临北部湾。面积2 256平方千米。人口41万(2010)，有汉、黎、苗等民族。隋大业三年(607)置感恩县，属珠崖郡。1949年置昌感县，1958年昌感、东方、白沙三县合并为东方县。1987年改置东方黎族自治县，1997年改设东方市。属南亚热带季风气候。矿藏有金、银、铜、锡、锌、铅等。农业主产水稻、甘薯、椰子、甘蔗、花生、瓜子和豆类等。特产有木棉、烧乳猪、鹿茸等。工业有制盐、机械、造船、采矿、森工、水泥、农产品加工等。八所港是对外开放的深水良港，万吨级巨轮可靠泊，是海南岛三大港口之一。名胜古迹有马伏坡井、鱼鳞洲、红兴温泉、猕猴洞、雅隆洞、八所海滨公园等。

**东方朔** Dongfang Shuo（前154～前93） 中国西汉辞赋家。字曼倩。平原厌次（今山东惠民）人。汉武帝时为太中大夫。为人诙谐滑稽，言辞敏捷，故武帝始终将他视为俳优。虽屡次直言切谏，议论政治得失，但均得不到重视。辞赋有《答客难》、《非有先生论》、《七谏》等。其中《答客难》以主客问答和自我解嘲的形式，含蓄地抒发了自己有志不得施展的郁愤情绪，巧妙地为自己鸣不平。另有《神异经》、《十洲记》等著作，系后人托名之作。东方朔原有集2卷，久佚。明人张溥编有《东方大中集》，收入《汉魏六朝百三家集》中。

**东方舞** oriental dance 广义指位于东方的所有亚洲、非洲诸国的舞蹈；狭义指产生于埃及、土耳其等中东国家，风靡世界各地的肚皮舞。

肚皮舞以高度灵活且富于弹性的腹部肌肉为核心部位和炫耀中心，表演时，舞者训练有素的腹肌张弛有致、控制自如。整个舞蹈分为引子、正舞和结尾三段，表演者随着音乐即兴起舞。有的舞段，舞者还手持金属夹片，边舞边敲出悦耳的铿锵声。肚皮舞的伴奏一般以阿拉伯盆鼓为主，加上唢呐、笛子、竖琴等乐器。其服装，不论是穿长袍或着短裙，均于臀部系一条彩带，以突出胯部动作。

**东方学** orientalism 研究亚洲和北非各国语言文字、社会、历史、文学、艺术、经济、宗教以及其他物质、精神文化诸学科的总称。为一个学科群。从学科和研究领域而言，有东方历史、东方语言、东方文学、东方艺术、东方宗教、东方哲学、东方经济、东方社会等；从国别或区域而言，有中国学（汉学）、朝鲜学、日本学、印度学、阿拉伯学、中东学、波斯学、亚述学、埃及学等；从专题而言，有西夏学、敦煌学、藏学、赫梯学、丝绸之路研究等。产生于16～17世纪欧洲资本主义对外扩张时期，巴黎大学、牛津大学等开展对东方的研究，并开设有关课程。18、19世纪随着波斯、亚述、巴比伦楔形文字的破译，埃及象形文字的发现等，出现埃及学、亚述学、波斯学和印度学等专门学科，巴黎亚洲学会、伦敦皇家亚洲学会、美国东方协会、德意志东方学会等相继成立。1873年在巴黎召开第一届国际东方学会议，标志着东方学的确立。20世纪尤其是下半叶，东方学研究呈现三个特色：①东方学者加入，以不同于西方东方学界的民族视野研究东方学。②国际性合作研究极大地拓宽了东方学研究领域。③敦煌学、西夏学、藏学形成，汉学、日本学、中东学、丝绸之路研究等成为显学。

中国的东方学研究源远流长。东晋法显出使印度、南亚诸国，著《法显传》；唐玄奘西行中亚、南亚各国，著《大唐西域记》。唐杜环旅行北非、近东，著《经行记》；元汪大渊航海至西亚、北非，著《岛夷志略》。郑和七下“西洋”，随员写有《瀛涯胜览》、《西洋番国志》、《星槎胜览》。20世纪下半叶，中国相继成立中国社会科学院西亚非洲研究所、日本研究所、亚洲太平洋研究所，北京大学东方文化研究所、朝鲜研究中心、日本研究中心、伊朗研究中心等，以及全国性学术团体中国亚非学会。

**东非** East African 非洲东部地区。一般指厄立特里亚、埃塞俄比亚、吉布提、索马里、肯尼亚、乌干达、坦桑尼亚、卢旺达、布隆迪、莫桑比克及印度洋西部的塞舌尔、马达加斯加12国。面积522万平方千米。人口约23 666万(2002)。

**东非大裂谷** East African Rift Valley 世界陆地上最长的裂谷带。南起赞比西河河口一带，向北经希雷河河谷至马拉维湖北部，然后分成东、西两支。西支经鲁夸湖、坦噶尼喀湖、基伍湖、爱德华湖，至艾伯特湖，呈弧形延伸；东支向北进入坦桑尼亚境内，经维多利亚湖东面一系列小湖和洼地，至肯尼亚的图尔卡纳湖，后转向西北再折向东北纵贯埃塞俄比亚中部，抵红海沿岸。尔后经红海、亚喀巴湾，直至西亚的死海－约旦河谷地，总长6 400多千米。其中4 000多千米在非洲大陆境内。

东非大裂谷下陷开始于渐新世，主要断裂运动发生在中新世，大幅度错动时期从上新世一直延续到第四纪。北段形成红海，使阿拉伯半岛与非洲大陆分离。

裂谷带平均宽约48～65千米，北宽南窄，最宽处达200千米以上。两侧陡崖壁立，谷深达数百米至2 000米。谷底地势起伏较大，分布有一系列洼地、盆地和湖泊。在裂谷带的形成和发展过程中，强烈的火山活动使东非成为非洲大陆地势最高的地区。早期火山活动中形成从马拉维到红海沿岸广大的熔岩高原和台地，其中埃塞俄比亚高原平均海拔2 500米以上。后期火山活动多为管状喷发型，堆积成高大的锥形火山群，其中包括非洲最高峰乞力马扎罗山的基博峰（5 895米），次高峰肯尼亚山的基里尼亚加峰（5 199米）等。有些火山仍有活动，如尼拉贡戈山、尼亚姆拉吉拉山等，标志东非大裂谷仍处于扩张演变之中。

大裂谷地区集中了非洲大陆湖泊的大部分，多具有狭长深邃、湖岸陡峭的特点，是典型的断层湖。

**东非高原** East African Plateau 非洲埃塞俄比亚高原以南，刚果盆地以东，赞比西河以北的高原地区。跨坦桑尼亚、乌干达、肯尼亚三国。面积约100万平方千米，平均海拔1 200米左右，其中乞力马扎罗山的基博峰海拔5 895米，肯尼亚山的基里尼亚加峰海拔5 199米，分别为非洲第一、第二高峰。高原呈南北稍长的椭圆形。东非大裂谷东支纵贯高原中部，裂谷带地势高峻，形成中央高地，是印度洋水系和西部高原水系的分水岭，火山活动频繁。裂谷带多断层湖，呈串珠状分布，主要有图尔卡纳湖、坦噶尼喀湖、基伍湖、马拉维湖等。大裂谷东、西支之间的非洲第一大湖维多利亚湖则属凹陷湖。高原西部起伏平缓，散布有岛山形丘陵。高原东部是南北狭长的海岸平原，岸线平直。温度适中，年平均气温一般在14～20℃之间。气候区域差异较大。南部属于热带稀树草原气候。肯尼亚北部和东部与坦桑尼亚中部，属热带荒漠、半荒漠气候。肯尼亚西南部具有高地亚热带气候特征。维多利亚湖以西以北地区，具高原赤道气候特征，雨量较多。印度洋沿岸属热带海岸气候。植被类型多样，以热带稀树草原为主。野生动物资源丰富，非洲著名的大型野生动物园大多分布在这里。猿猴类动物有大猩猩和黑猩猩；有蹄类主要有羚羊、斑马、犀牛、河马、长颈鹿、野猪、水牛，食肉目有狮子、豹、灵猫等。鸟类丰富，有鹦鹉、孔雀、犀鸟、巨嘴鸟、太阳鸟、巨翅夜鹰、红嘴狄奥鸟、鸵鸟、蛇鹫、珠鸡等，以及大量啮齿类和昆虫类动物。

**东非人** *Zinjanthropus* 早期人类化石。南方古猿包氏种化石曾经用过的属的名称。根据L.S.B.利基于1959年在坦桑尼亚奥杜瓦伊（又译奥杜韦）峡谷发现的一个头骨建立的名称。现称南方古猿包氏种。距今175万年。特点是非常粗硕，眉脊、矢状脊都发达。气窦很发达。枕大孔几乎位于水平面。蝶鞍和鞍背似人。小脑窝相对较大。面部很高，相当扁平，鼻孔在面部中央的陷窝内。颧弓极为粗硕，蝶骨翼外板、颞脊和颞窝均发达。腭很深。前部各齿的齿槽构成一中等的曲线。下颌支高且垂直。前臼齿和臼齿极大。所有上臼齿均有齿带的残余。

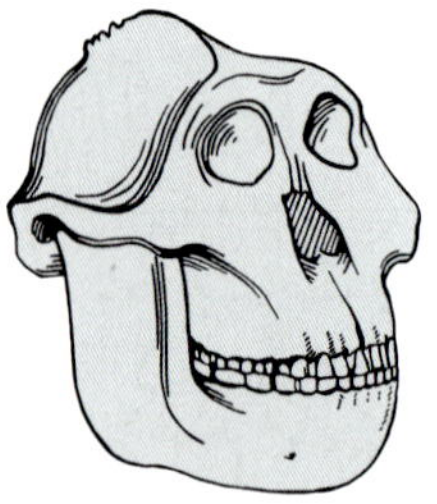
东非人（今名南方古猿包氏种）头骨化石

**东风汽车公司** Dongfeng Motor Corporation 中国汽车行业的骨干企业之一。前身是始建于1969年的第二汽车制造厂。2003年公司总部由位于鄂西北的十堰市迁至武汉市。1969年，第二汽车制造厂在武当山北麓长32千米、宽8.5千米的20多条山沟里开工建设。1975年7月1日，第一辆“东风”牌汽车诞生。进入21世纪初，东风汽车公司积极参与国际竞争，推进与跨国公司的战略合作，先后扩大和提升与法国标致-雪铁龙集团的合作，与日产进行全面合资重组，与本田拓展合作领域，整合重组了悦达起亚等；并按照现代企业制度和国际惯例，构建起了较为规范的母子公司体制框架，成为投资与经营管控型的国际化汽车集团。经过30多年的建设，已陆续建成十堰（主要以中、重型商用车、零部件、汽车装备事业为主）、襄阳（以轻型商用车、乘用车为主）、武汉（以乘用车为主）、广州（以乘用车为主）等主要生产基地，并构建完整的研发体系，主营业务包括全系列商用车、乘用车、汽车零部件和汽车装备。整车业务产品结构基本形成商用车、乘用车各占一半的格局。

**东港市** Donggang City 中国辽宁省辖县级市。位于省境东南部，南临黄海，东隔鸭绿江与朝鲜相望。面积2 496平方千米。人口63万（2008），有汉、满、回、朝鲜等16个民族。战国为燕辽东郡地，唐属安东都护府，明置宣城卫，清光绪二年（1876）设安东县，1965年更名东沟县。1993年撤销东沟县，设立东港市。由丹东市代管。矿产资源丰富，主要有金、铅、锌、铜、高岭土、黄铁矿、大理石、滑石、石灰岩、辉绿石、石墨、水晶、云母等。丹东绿大理石蜚声中外。农业主产水稻、大豆等，是省内主要水稻产区。渔业发达，水产品产量高，淡水鱼产量居辽宁省之首。对虾养殖为全国之冠。工业以机械、食品、纺织、建材、化工、饲料、缝纫、电子、塑料、造纸等为主。鹤大公路横贯东西，并与石龙等4条干线相连，结成公路运输网。名胜古迹有大孤山古建筑群、大鹿岛、铁甲水库、前阳人古洞穴遗址、后洼子原始村落遗址等。

**东哥特王国** Ostrogothic Kingdom 5世纪末至6世纪中叶东哥特人在西罗马帝国本土意大利半岛建立的日耳曼国家。东哥特人原住在黑海草原西部地区，4世纪后半期形成部落联盟。453年匈奴王阿提拉死后，东哥特人乘机摆脱匈奴人的统治。493年狄奥多里克建立了东哥特王国，以拉文纳为首都。其领土包括意大利半岛、西西里岛、达尔马提亚和布罗温斯。535年，拜占廷皇帝查士丁尼一世乘机对东哥特王国发动战争，战败东哥特国王维蒂吉斯（536～540年在位）。东哥特新国王托提拉（541～552年在位）多次在对拜占廷的战争中取得胜利，一度收复大半失地。553年在塔金那一役托提拉战败身亡。554年东哥特王国被拜占廷所灭（见哥特战争）。

**《东观汉记》** *History of Eastern Han Dynasty Compiled at Dongguan Palace* 记载中国东汉光武帝至灵帝一段历史的纪传体史书。因官府于东观设馆修史而得名。经过几代人的修撰才最后成书。汉明帝刘庄命班固、陈宗、尹敏、孟异等共撰《世祖本纪》。班固等人又撰功臣、平林、新市、公孙述事迹，作列传、载记28篇奏上。这是该书的草创时期，著书处所在兰台和仁寿闼。安帝时，刘珍、李尤、刘騊駼等奉命续撰纪、表、名臣、节士、儒林、外戚等传，起自光武帝建武年间，终于安帝永初时期，书始名《汉记》，写作地点从此徙至南宫东观。此后伏无忌、黄景等又承命撰诸王、王子、功臣、恩泽侯表和南单于、西羌传以及地理志。桓帝时，又命边韶、崔寔、朱穆、曹寿撰孝穆、孝崇二皇传和顺烈皇后传，外戚传中增入安思等皇后，儒林传增入崔篆诸人。崔寔又与延笃作百官表和顺帝功臣孙程、郭镇及郑众、蔡伦等传。至此，共撰成114篇，始具规模。灵帝时，马日磾、蔡邕、杨彪、卢植、韩说等又补作纪、志、传数十篇，下限延伸到灵帝。

范晔《后汉书》问世前，该书影响较大，与《史记》、《汉书》并称“三史”，人多诵习。范书流行后，才逐渐被人忽视。据《隋书·经籍志》著录，全书143卷。《旧唐书·经籍志》著录为127卷，可见唐代官方收藏本已减少16卷。《宋史·艺文志》著录为8卷，已散佚殆尽。

清姚之骃曾辑集佚文8卷，所据之书限于《续汉书》10志刘昭注、《后汉书》李贤注、《北堂书钞》、《艺文类聚》、《初学记》5书，遗漏很多。乾隆时修《四库全书》，馆臣以姚辑本为基础，参以《永乐大典》诸韵所载，又旁考其他各书，补其阙失，所增达6/10，厘定为24卷，其中包括帝纪3卷、年表1卷、志1卷、列传17卷、载记1卷、佚文1卷，刊入《武英殿聚珍丛书》。该辑本比姚辑本完备，但仍有一些脱漏，如《稽瑞》、《开元占经》、《事类赋》、《记纂渊海》等书所引的某些条目没有采入。由于辑者使用的《北堂书钞》是陈禹谟的窜改本，所以被陈禹谟删去的《东观汉记》条目，该辑本也没有收录。

**东莞市** Dongguan City 中国广东省辖地级市。位于省境中南部，珠江三角洲东部。

东莞市新城市中心广场

面积2 465平方千米。人口822万（2010）。著名侨乡。有海外侨胞20多万，港澳同胞70多万。东晋咸和六年（331）析置宝安县。唐至德二载（757）更名东莞县，因境内盛产莞草，位置又在广州之东而得名。1985年改县为市。属南亚热带海洋性气候。农业主产水稻、甘蔗、香蕉、荔枝、菠萝、黄麻、花生、麻虾、乌头鱼等。工业以加工制造业为主导，以计算机信息产品为主的高新技术产业为支柱，已形成门类比较齐全的工业体系。传统产品烟花、爆竹、油鸭、排粉、草席等远销东南亚和西欧。市西南太平镇为对外贸易口岸。桥头镇是向香港供水的东（江）深（圳）供水工程源头。虎门港为对外籍船舶开放的国家一类口岸。名胜古迹有可园、燕岭摩崖石刻、金鳌洲塔、鸦片战争博物馆、林则徐销烟池和虎门炮台旧址等。

**东海** East China Sea 中国三大边缘海之一。位于中国大陆和台湾岛、日本琉球群岛和九州岛之间。北起长江口北岸启东角到韩国济州岛一线，与黄海毗邻，东北面以济州岛、五岛列岛、长崎半岛一线为界，并经对马海峡与日本海相连，东面和东南面以日本九州岛、琉球群岛与太平洋隔开，南以福建、广东省交界的东山岛南端至台湾猫鼻头连线与南海为界，濒临中国的沪、浙、闽、台四省市。整个海区介于北纬23°00′～33°10′，东经117°11′～131°00′之间。东海呈东北—西南向，南北长1 300千米，东西宽740千米，面积约77万平方千米。

东海经历了由陆地到海洋的反复变化过程，直到2 000～3 000年前才相对稳定。东海海底地形开阔，面积宽广，平均水深370米。西部为宽广的大陆架，其面积约占整个海区的2/3，是中国大陆向海洋自然延伸的部分。大陆架外侧有水深大于2 000米的冲绳海槽，最深达2 719米。该海槽从台湾东北起，自西南向东北延伸至九州的西面，深度由西南向东北逐渐变浅。

渤海、黄海、东海流系大体上构成一个气旋式环流，而东海环流是其中最重要的部分。主要海流近似地呈指向东北方的带状分布。东部有黑潮主干、对马暖流、黄海暖流，以及位于黑潮主干和琉球群岛之间、流向西南的黑潮逆流；西部有台湾暖流、东海沿岸流等。在对马暖流－黄海暖流西侧形成一气旋式小环流。流经台湾东岸和东海的黑潮，是整个环流的主体。

东海夏季水温27～28℃，冬季水温9～12℃。表层海水盐度除长江口地区稍低于30.0外，大部分海区盐度较高，约33.0～34.5。潮波系统主要由太平洋上引起的协振动组成。东海主要分潮是$M_2$半日潮波，它以台湾北端为中心作逆时针旋转。东海潮差东侧小，西侧大。浙闽沿岸大部分海区潮差可达4～5米，其中杭州湾最大潮差可达9米。

东海沿岸港湾、岛屿众多，尤其是浙、闽两省近岸地带，许多地方呈现岛链式海岸。*舟山群岛*是东海最大的群岛。海湾有杭州湾、台州湾、温州湾、湄州湾、厦门湾等。地处中国南北海运的中枢和长江的出海口，并且是亚洲东部各国航运要冲，通过许多海峡与邻近海域或与太平洋沟通。东北有朝鲜海与日本海相接，东有琉球群岛诸水道与太平洋沟通，西南有台湾海峡与南海相通，日本九州岛南部和大隅海峡是东海出太平洋的重要水道。中国东海沿岸著名的港口有上海港、宁波港、厦门港、基隆港、高雄港等。东海盛产大黄鱼、带鱼、墨鱼等，舟山群岛是中国最大的渔场。海底石油和天然气资源也很丰富。

**东海村临界反应事故** Tokai Critical Reaction Accident 1999年9月30日上午10点35分，日本茨城县东海村的JCO株式会社（住友金属矿山株式会社的子会社）的核燃料加工厂内，工作人员将浓缩度为18.8%的铀溶液倒入沉淀槽时，发生了临界反应事故。共有69人受到不同程度的照射，2人死亡。依照国际核事件分级制（INES），东海村事故为4级，即主要是发生在设施内的事故，无显著的设施外风险。

**东海大桥** Donghai Bridge 中国第一座长距离外海跨海公路大桥。起始于上海南汇区芦潮港，北与沪芦高速公路相连，南跨杭州湾北部海域，直达浙江嵊泗县小洋山岛，通往上海洋山集装箱深水港区。为上海国际航运中心洋山深水港区一期工程的重要配套工程，并兼顾社会交通运输功能。全长32.5千米，按双向6车道加紧急停车带的高速公路标准设计，分上下行双幅桥面、桥面总宽31.5米，设计车速每小时80千米。大桥自2002年4月开工，于2005年12月与洋山深水港一期码头同期投入运行。

**《东海黄公》** *Huang Gong of East Sea* 中国西汉角抵戏中的一个节目。取材于民间故事。据《西京杂记》记载：东海人黄公年轻时练过法术，能够抵御和制伏蛇、虎。他经常佩带赤金刀，用红绸束发，作起法来能兴云雾，及至老年，气衰力疲，法术失灵。秦朝末年，东海出现白虎，黄公仍想拿赤金刀去镇服它，反被白虎咬死了。关中一带的民众根据这个故事编成节目。后来汉朝皇帝把它采入宫廷。《东海黄公》突破了古代倡优即兴随意的逗乐与讽刺，把戏曲表演的几种因素初步融合起来，为戏曲的形成奠定了初步基础。

取材于民间故事《东海黄公》的汉画像石

**东海县** Donghai County 中国江苏省连云港市辖县。位于省境北部，西以马陵山与山东省分界。面积2 251平方千米。人口95万（2010）。有汉、回、蒙古、满、朝鲜等民族。秦设朐县，汉属东海郡，南朝泰始七年（471）于云台山一带建东海县，因东临大海得名。矿产有水晶、蛇纹石、白云石、石英石、重晶石、云母等。农作物有小麦、水稻、花生、玉米、甘薯、黄豆等，为全国商品粮基地县之一，是省内花生重点产区。盛产苹果、葡萄、草莓。工业以纺织、冶金、农机、建材为主。水晶、石英等加工业发达，水晶制品达6 000多种，有全国唯一的水晶市场。有大贤庄旧石器时代遗址及磨山、安峰山革命烈士纪念塔。

**东汉** Eastern Han Dynasty 中国汉光武帝刘秀建立的以洛阳（今河南洛阳）为统治中心的统一王朝（公元25～220），史称后汉。见汉朝。

**东湖** Donghu Lake 中国湖北省湖泊，风景区。位于武汉市武昌区东部。全湖可划分为郭郑湖、汤菱湖、小潭湖、团湖、筲箕湖、后湖、庙湖和喻家湖，并通过沙湖港、青山港与沙湖、扬春湖等相连，构成一个小型的湖泊水系，流域面积87平方千米，湖水面积约32平方千米，平均水深2.5米。湖面碧波万顷，游船往来，渔舟荡漾，水中水鸟出没。在整个湖群中，大湖之外连小湖，小湖左右又连湖，湖水相连，起伏隐现。湖的南岸山峦吐秀，校舍林立，洪山、珞珈山一带为武汉市高等学校云集的地区。湖东岸丛林飞翠，环境幽静，建有疗养院和休养所。湖的北岸荻芦含碧，渔舍井然。湖西岸景点最为集中，建有水云乡、听涛轩、行吟阁、屈原纪念馆、濒湖画廊、长天楼、鲁迅广场，以及梨园、橘园、竹园、莲池等。湖中有湖光阁，湖西有九女墩等。

**东华大学** Donghua University 中国以纺织服装专业为特色的工科高等学校。属教育部。校址在上海。1951年建校，初名华东纺织工学院。1985年更名中国纺织大学。1999年改现名。设有纺织、服装·艺术设计、计算机科学与技术、化学与化工等十几个专业学院。与世界60多所高等院校及知名企业建立了合作关系。有培养学士、硕士和博士的教学体系；有国家级重点学科和上海市重点学科等。图书馆藏书126万册，校园面积（含延安路校区和松江校区）133万余平方米。出版物有《东华大学学报》等。

**东江** Dongjiang River 中国珠江支流。见珠江。

**东晋** Eastern Jin Dynasty 中国西晋之后的朝代（317～420）。317年，司马睿（即晋元帝）在建康（今江苏南京）建立。见晋朝。

**东京** Tokyo; Tōkyō 日本首都，全国政治、经济、文化和交通中心，世界特大城市之一。位于本州岛关东平原南端，东南濒临东京湾。面积621平方千米，占东京都的28.4%。人口约1 303万（2010），人口密度20 444人/千米²。为东京都的核心区域，辖23个特别区（统称区部，相当于市区，政令指定都市，即“东京市”）。

地势西高东低。西部为关东山地，西北部云取山海拔2 018米；中部为丘陵，海拔约200米；东部为台地和冲积低地，海拔分别为150～200米和20米以下。温带海洋性季风气候，受季风影响，夏季盛行东南季风，高温潮湿；冬季盛行西北季风，寒冷干燥。1月4.7℃，8月26.7℃。平均年降水量1 460毫米，降水季节变率较大，每年9月中旬至10月上旬常受台风和热带风暴侵袭。

旧称江户，历史上曾为“武藏国”一部分。1457年在隅田川筑江户城（现在的皇宫）。1603年日本建立了中央集权的德川幕府，江户城迅速成为全国政治中心。1868年的明治维新结束了幕府统治，翌年首都迁至江户，改名为东京。1871年设东京府，1889年设东京市，辖15区，形成府、市双重体制。1923年关东大地震遭受严重破坏，后恢复和重建，扩大市区。1943年废除府、市建制，改称东京都。**第二次世界大战**期间，部分市区遭受空袭，战后重建，1947年调整行政区划，设23个特别区。20世纪70年代以来，区部人口减少，但郊区仍继续增加。从1869年建都以来，东京一直是日本政治、经济和文化中心。

图1 东京市区鸟瞰

东京是日本最大的经济中心。全国1/4的公司（总公司）、60%的资本在1 000亿日元以上的大公司以及1/3的银行均集中于此。商品批发额、银行储蓄存款余额、信息处理服务业产值等遥居全国之首。是全国最大的商品集散地，批发销售额约占全国的38.7%。产业构成中以商业和服务业为主的第三产业占绝对优势，第三产业从业人员占全部就业人员超过76.4%，而第一、第二产业分别约为0.5%和23.1%。工业部门以出版印刷、电机、运输机械、食品、通用机械和精密机械为主，其中出版印刷业和电机业两大部门即占东京工业总产值的53%。特别是出版印刷业历史悠久，是全国最集中之地，产值占全国42%。1950年代中期以来，以东京（都心）为中心沿东京湾向南、向东延伸，在填海成陆土地上新建了一些企业，分别形成了京滨、京叶工业地带。濒临东京湾的沿海以钢铁、化工等基础材料型重化学工业为主。东京城南、城北以高附加值的机械工业为中心，集聚着大批中小型企业。近年来由于经济服务化、工厂外迁等原因，东京制造业的工厂数、从业人员数、产值和附加值等均呈下降趋势。

全国最大的交通枢纽，日本铁路、公路、航空和海上交通的中心，并且有飞机和轮船通往世界各地。自1872年建成日本第一条铁路京滨线以来，现有20多条铁路线呈辐射状通往各地。其中高速铁路有三条：东海道新干线（东京—博多）、东北新干线（东京—大宫—盛冈—札幌）、上越新干线（东京—大宫—新潟）。有国家公路通往横滨、大阪、新潟、青森和仙台；23区内有市中心环形高速公路，连接9条线路，呈放射形向四面八方伸展，通向全国各地。1927年建成第一条地下铁道（上野—浅草），目前已有13条线路（分营团地铁9条、都营地铁4条两大系统），总长292千米，客运量平均每天达500万人次。有新东京国际机场（成田）和东京国际机场（羽田）两大机场，连通世界主要城市。

全国最大港口。东京湾深入内陆，是天然良港。港内有青海、大井、品川等15个集装箱码头，水深10～15米。集装箱码头同腹地众多的仓库和物流中心相结合，形成高度发达的国际物流前沿基地。同世界70多个国家和地区有贸易往来，是著名的国际贸易口岸。随着日本经济社会结构的变化，东京港逐渐转为城市型港口。

全国文化教育中心。有各类大专院校189所，大学生人数约占全国1/4。著名的大学有东京大学、早稻田大学、庆应义塾大学等。有国立国会图书馆、东京国立博物馆、科学博物馆，以及交通、船舶等专业博物馆等。出版社数量占全国80%，书籍的发行量占全国90%。日本广播协会（NHK）和《朝日新闻》、《每日新闻》、《读卖新闻》三大报纸的总部均设在东京。名胜古迹众多，有皇宫、明治神宫、赤坂离宫等。秩父多摩（1950）、明治森高尾

图2 东京银座夜景

(1967)、富士箱根伊豆(1936)及小笠原(1972)等四大公园等分别设于郊外山地、丘陵和附近海上岛屿等地。

**东京大学** University of Tokyo 日本的国立综合性高等学校。本部设于东京都文京区本乡。1877年成立时设文、理、法、医4个学部。1886年，改名为帝国大学。由研究生院和分科大学组成。研究生院以研究高深的学问为主，分科大学则以专业教育为主。1897年又改名东京帝国大学。

东京大学校园建筑

第二次世界大战后，东京帝国大学实施了全面改革，大学重新被命名为东京大学。教育目的也由为极端国家主义服务转变为“作为学术中心，向社会传播科学文化，使大学成为维护学术自由、思想自由和追求真理的媒介”。20世纪90年代以来，东京大学进行了多方面的改革，以适应社会对国立大学的要求。

东京大学本科设教养学部、文学部、教育学部、法学部、经济学部、理学部、工学部、农学部、药学部和医学部等学部。此外还设有人文社会系、教育学、法学政治学、经济学、综合文化、数理科学、理学系、工学系、医学系、新领域科学和信息理工学系研究科等培养研究生的研究科。还设有信息学府和信息学环、十余个附属研究所等。

**东京地下铁道** Tokyo Subway 日本的第一条地下铁道建成于1927年。1939年建成银座线143千米的运营线路。东京的地铁有两种：由帝都高速交通财团经营的，简称营团地下铁。由东京都交通局经营的，简称都营地下铁。2004年共有9条“营团地下铁”，4条都营地下铁，总长292.2千米。东京地铁占全城总客流量的87%。大都是浅埋的线路，郊区线路一般都建成地面线或高架线。票运制有区间制票价，有按千米距离计算的票价。

**东京国际电影节** Tokyo International Film Festival 亚洲最大的国际电影节。虽历史很短，但已成为世界瞩目的重要国际电影节。1985年9月25日到10月4日举办第一届，规定两年举行一次。1992年改为每年举办一次。设有电影比赛（评奖）、年轻导演比赛、国际女性电影周及一般放映活动。比赛项目设置了大奖、评委会特别奖、最佳导演奖、最佳男女演员奖、最佳艺术贡献奖和最佳编剧奖，各类奖均是荣誉奖而不设奖金。

**《东京梦华录》** 追述中国北宋都城东京开封府城市风貌的著作。南宋孟元老撰。元老原名孟钺，号幽兰居士，曾任开封府仪曹。生于北宋末年，崇宁二年（1103）随其父到东京，建炎元年（1127）北宋覆亡后南逃，在东京共生活了23年。晚年追忆昔日旧京的繁盛，写成《东京梦华录》十卷，分别记载东京的城池、河道、宫阙、衙署、寺观、桥巷、瓦市、勾栏，朝廷典礼、岁时节令、风土习俗，以及商业、文化、交通的发达情况和东京的风貌。

作者还用大量的笔墨，记录了当时东京民间和宫廷的“百艺”，受到研究中国戏曲、小说和杂技史的学者的重视。该书所创立的体裁，为以后《都城纪胜》、《梦粱录》、《武林旧事》、《如梦录》、《续东京梦华录》等书所沿用。1956年上海古典文学出版社出版有《东京梦华录》的标点本，2006年中华书局出版伊永文笺注本。

**东京审判** Tokyo Trial 在日本东京举行的对第二次世界大战日本首要战犯的审判（见战争犯罪）。即远东国际军事法庭审判。日本投降后，1946年1月19日，远东盟军最高统帅部根据1945年12月16～26日的莫斯科会议规定，发表特别通告，设置远东国际军事法庭，同时颁布了内容与《欧洲国际军事法庭宪章》基本相同的《远东国际军事法庭宪章》。远东国际军事法庭由11名法官组成，包括中、英、美、苏、法、澳、荷、加、新（西兰）、印（度）、菲各1名。法庭自1946年5月3日至1948年11月12日进行审理。28名被告被控犯有危害和平罪、战争罪和违反人道罪等罪行。被告28人，除松冈洋右等3人已死亡或丧失行为能力外，实际审判了25人。法庭最后判处东条英机、广田弘毅等7人绞刑，荒木贞夫等16人无期徒刑，东乡茂德等2人有期徒刑。

在东京远东国际军事法庭被告席上的日本甲级战犯（后两排）

**东来顺** Donglaishun Restaurant 中国北京专营涮羊肉的清真饭庄。始建于1903年。初期是东安市场内的一个小饭摊，经营熟杂面和荞面扒糕，后增添了玉米面饼子和米粥。1914年更名为东来顺羊肉馆，增添了爆、烤、涮羊肉等品种。饭庄特色鲜明，货真价实，信誉极高。据20世纪30年代的账面记载，涮羊肉旺季，东来顺销出的羊肉片均在5万千克以上。1942年竞争对手正阳楼倒闭，东来顺在北京独占鳌头。1955年实现公私合营。1988年以东来顺品牌为核心的北京东安饮食公司成立。1996年东来顺连锁总部成立，中华老字号东来顺走上了特许加盟的连锁发展道路。2003年9月19日成立了北京东来顺集团有限责任公司，主要经营涮、烤、爆、炒四大系列，200多个清真品种菜肴体系。

**东莨菪碱** scopolamine 莨菪烷型生物碱，分子式$C_{17}H_{21}NO_4$。存在于茄科植物中。最初从东莨菪中分离得到。黏稠糖浆状液体，味苦而辛辣；比旋光度$[\alpha]_D^{20}$－18（乙醇）或－28（水）。水合东莨菪碱针状结晶，熔点59℃。易溶于乙醇、乙醚、氯仿、丙酮和热水，微溶于苯和石油醚，可溶于冷水。东莨菪碱与多种无机酸或有机酸生成结晶盐。在稀碱中易消旋化生成D,L-东莨菪碱，失去光学活性。与氯化汞反应生成白色沉淀。东莨菪碱可从洋金花中提取。洋金花为中药麻醉剂，源于2世纪名医华佗的麻沸散，其有效成分就是东莨菪碱。东莨菪碱可阻断副交感神经，也可用作中枢神经系统抑制剂，作用较强、较短暂。它的氢溴酸盐临床用于麻醉、镇痛、止咳、平喘，对晕动症有效，也可用于控制帕金森氏综合征的僵硬和震颤。

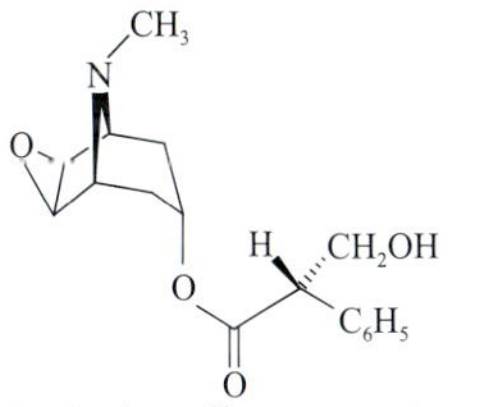


**东丽区** Dongli District 中国天津市辖区。位于市境东部，海河北岸。面积460平方千米。人口57万（2010），有汉、回、满等民族。1953年置津东郊区，1955年改东郊区，1958年撤销，1962年复置，1992年改名东丽区。农作物以水稻为主，产淡水鱼、虾、蟹，是天津市副食品生产基地之一。有军粮城、程林庄、大毕庄3个工业区。有化工、机电、建材、食品等工业。军粮城、张贵庄为商业区。名胜古迹有白沙岭、张贵庄战国墓、军粮城唐墓等。

**东林党** Tung-lin Party 中国明代晚期以江南士大夫为主的政治集团。万历三十二年（1604），被革职还乡的顾宪成在常州知府欧阳东凤、无锡知县林宰的资助下，修复宋代杨时讲学的东林书院，与高攀龙、钱一本、薛敷教等人讲学其中。讲学之余，议论时政、臧否人物。这种政治性讲学活动形成了广泛的社会影响，在朝在野的各种政治代表人物、三吴士绅一时都聚集在以东林书院为中心的东林派周围。时人称之为东林党。

东林书院

明神宗统治后期，宦官擅权，政治腐败。东林党人提出反对矿监税使掠夺、减轻赋役负担、发展东南地区经济等主张，同时要求开放言路、抑制宦官和贵族特权、实行改良。这些针砭时政的意见得到社会的广泛支持，同时也遭到宦官及其依附势力的激烈反对。天启时，宦官魏忠贤专政，形成明代势力最大的阉党集团，对东林党人实行血腥镇压。天启四年（1624），东林党人杨涟因劾魏忠贤24大罪被捕，与左光斗、黄尊素、周顺昌等人同被杀害。魏忠贤又使人编《三朝要典》，借红丸、梃击、移宫三案为题，毁东林书院，打击东林党。一批东林著名人士如魏大中、顾大章、高攀龙等先后被迫害致死。魏忠贤还指使党羽编制《东林点将录》，将主要的东林党人分别加以《水浒》108将绰号，企图将其一网打尽。天启七年，明思宗朱由检即位，魏忠贤自缢死，对东林党人的迫害才告停止。但东林与阉党的斗争一直延续到南明时期。

**东南大学** Southeast University 中国以工科为主的多科性高等学校。属教育部。位于南京。1921年建校，以南京高等师范学校和江苏省立第一工业专科学校为基础组建而成。后曾更名为国立第四中山大学、江苏大学、国立中央大学、南京大学。1952年以南京大学工学院为基础建立南京工学院。1988年复名为东南大学。2000年，南京铁道医学院、南京交通高等专科学校、南京地质学校并入。设有建筑学院、机械工程学院、能源与环境学院、信息科学与工程学院、土木工程学院、人文学院、经济管理学院等30多个院系。有培养学士、硕士和博士的教学体系；有国家重点学科、国家重点实验室和国家工程研究中心。图书馆藏有各类图书资料306万多册。校园面积155万平方米。出版物有《东南大学学报》。

**东南互保** South-East Mutual Protection 中国清末义和团运动中，英美等国驻上海领事与清朝东南督抚谋求"互谅"以阻止义和团南下、维持东南现状的活动。1900年义和团运动期间，英国驻沪代理总领事P.L.华伦策动芦汉铁路大臣盛宣怀从中牵线，联络两江总督刘坤一、湖广总督张之洞等于6月26日由上海道余联沅出面，与驻上海各国领事制订《东南保护约款》和《保护上海城厢内外章程》，规定上海租界归各国共同保护，长江及苏杭内地归各督抚保护，以"保全中外商民人命产业为主"。各国借口"保护"，纷纷把军舰驶向长江各口岸，并增兵上海，以阻止义和团运动向南方发展。山东、广东、广西、浙江、福建等省的督抚也先后参加了这一"互保"。后因形势变化未签订正式约款。见义和团运动。

**东南亚** Southeast Asia 亚洲东南部地区，位于亚洲与澳大利亚两大陆、太平洋与印度洋之间。包括中南半岛与马来群岛的缅甸、泰国、老挝、柬埔寨、越南、马来西亚、新加坡、印度尼西亚、文莱、菲律宾及东帝汶11个国家，陆地面积449.2万平方千米，海域面积750多万平方千米。人口约5.75亿，为亚洲人口的14%。热带气候，高温多雨。森林覆盖率50%以上，是世界热带重要农林产品的宝库，天然橡胶、椰油、榨油、香料、热带硬木等产量与出口量长期占世界绝大比重。锡、钨、金、镍、铜、铁、锌、铝土、钾盐、煤、石油、天然气及水力蕴藏丰富。

**东南亚地域人种** Southeast Asian local race 亚洲地理人种的一个亚群。美国学者S. M.卡恩所分32个地域人种中的一个，相当于一个遗传隔离种群。分布于中国长江以南和东南亚的越南、老挝、柬埔寨、泰国、缅甸、印度尼西亚、马来西亚、菲律宾、文莱一带。典型体质特征：身材较为矮小；肤色浅褐至暗褐色；直发，黑色；脸宽、鼻宽；一般不具有内眦褶；牙齿较大。无Rh阴性血型或极少，CDe血型极为普遍。易患各种营养缺乏症，例如蛋白质缺乏症，维生素$B_1$、C乃至A缺乏症。此种缺乏症也有利于摄取少量热量即能生存，以适应高热环境。

东南亚地域人种男性

**东南亚国家联盟** Association of Southeast Asian Nations; ASAN 东南亚国家的区域性国际组织。简称东盟（ASAN）。其前身是1961年马来西亚、菲律宾、泰国组成的东南亚联盟。1967年8月8日，印度尼西亚、马来西亚、菲律宾、新加坡、泰国5国外长在曼谷发表《东南亚国家联盟成立宣言》(即《曼谷宣言》)，正式宣告东盟成立。1984年1月文莱加入。1995年7月越南加入。1997年老挝、缅甸加入。1999年柬埔寨加入。至2009年底，有成员国10个。巴布亚新几内亚为观察员国。组织机构主要有部长会议、常务委员会和秘书处。总部在雅加达。其宗旨是：本着平等和协作精神，通过努力，加速经济增长和社会进步，促进区域和平与稳定，加强各方面合作，扩大贸易，与其他国际组织保持合作。初期活动限于经济、文化方面，1971年后加强了政治团结、经济合作和安全合作。对亚太地区的政治、经济稳定有重要作用，同中国保持着良好关系。

**东南沿海丘陵** Coastal Hills in Southeast China 中国东南部具有亚热带山地丘陵景观和滨海景观特色的自然地理单元。包括福建省全部和浙江省、广东省的部分地区。东南濒东海和南海。地势西北高东南低，丘陵山地约占全区总面积的85%。较大平原有潮汕平原、漳州平原、泉州平原等。山脉受构造控制，多呈北北东向平行排列。山岭海拔多为1 000～1 500米，以崇安西北黄岗山最高（2 160.8米）。分布在山地中的小型山间盆地为河流所串联，峡谷与盆谷相间排列，盆谷地段的沿河两岸发育有冲积平原和数级阶地。海岸线漫长曲折，岬湾相间，多岛屿，多天然良港。沿海岛屿原均与大陆相连，经断裂下降而与大陆分离。较大岛屿有定海岛、海坛岛、东山岛和东海岛、南澳岛等。台湾海峡是中国著名的海峡。

属亚热带湿润季风气候，具海洋性气候特征。年平均气温15～24℃，作物可一年二熟至三熟，大部分地区可种植双季稻。年降水量1 200～2 000毫米，降水分布自东南向西北递增。寒潮和台风暴雨为主要灾害性天气。河流源短流急，径流丰富，多独流入海，构成多元水系。

植被可分中亚热带常绿阔叶林和南亚热带季雨林。林相结构复杂，植物种类多，有分层现象。沿海地区有红树林分布。区内保存有较多古老植物。动物种类繁多，珍稀动物有猕猴、黑长臂猿、毛冠鹿、麝、梅花鹿、海南坡鹿、华南虎、长尾雉、红嘴相思鸟、鸳鸯、角雉等。

东南沿海丘陵具有综合发展农、林、牧业的良好自然条件。经济开发虽较晚，但发展较快。沿海开放城市有福州、厦门。

**东欧** East Europe 波罗的海与乌拉尔山脉之间的欧洲东部地区。包括爱沙尼亚、拉脱维亚、立陶宛、白俄罗斯、乌克兰、摩尔多瓦和俄罗斯的欧洲部分，共7个国家。面积521.58万平方千米，占欧洲总面积的51.3%；人口17 426.5万（2002），占欧洲总人口的25.4%。

**东欧平原** East European Plain 世界诸大平原之一。又称俄罗斯平原。位于欧洲东部，北起北冰洋，南抵黑海、里海之滨，东起乌拉尔山脉，西达波罗的海。面积约400万平方千米。绝大部分在俄罗斯境内，还包括芬兰、爱沙尼亚、拉脱维亚、立陶宛、白俄罗斯、乌克兰、摩尔多瓦等国。地质上多次遭冰川侵袭，冰川堆积地貌广布。平原南部以流水地貌为主，地势平坦，黄土沉积深厚，冲沟—干谷发育。丘陵性高地与低地交错分布、波状起伏的广阔平原。平均海拔170米。丘陵性高地一般海拔300米左右，其间则为广阔的洼地、盆地、河流冲积平原、沼泽和湖泊。东南部里海沿岸低地最低在海平面以下28米。流经平原的河流众多，有乌拉尔河、伏尔加河、第聂伯河、顿河、伯朝拉河、北德维纳河等。以温带大陆性气候为主，气温和降水依纬度而异，自然景观地带性分布明显。森林草原带和草原带土壤肥沃。

**东萨摩亚** Eastern Samoa 南太平洋岛群。因其位于萨摩亚群岛东部，故名。见美属萨摩亚。

**东沙岛** Dongsha Island 见东沙群岛。

**东沙群岛** Dongsha Archipelago 中国南海诸岛四大群岛中位置最北和面积最小的群岛。位于汕头市以南约260千米，珠江口东南方约150千米。由东沙岛、东沙礁和南卫滩、北卫滩等组成。东沙岛的礁盘呈新月形，潮汕渔民称月牙岛，面积1.8平方千米，海拔6米，由珊瑚为主生物碎屑堆积而成。东沙礁为环礁，两侧有两缺口，形成南北水道，南水道深广，北水道浅窄。地处南海北部大陆坡上段，发育在300米深台阶面上，水下暗礁星罗棋布，水情险恶，不利航行。东沙岛上植物繁茂，多椰子树。地处东亚至印度洋和亚洲、非洲、大洋洲国际航线要冲，广州、香港至马尼拉或台湾高雄的航线由附近海域通过，具有重大航运意义。海产丰富，是南海重要渔场，盛产海龟、墨鱼、海参、鲨鱼和贝类。特产海人草，为驱蛔虫特效药。东沙岛上栖息大量海鸥，含磷很高的鸟粪堆积数米之厚，为肥料和制药原料。

**东山岛** Dongshan Island 中国福建省第二大岛。位于省境东南部海上，诏安湾东侧，属东山县。形状似蝶，故又称蝶岛，以八尺门海堤与大陆相连。地势由西北向东南倾斜，地形以丘陵、台地为主，海岸曲折，多港湾。东山港水深港阔，避风条件好，是福建省优良港口之一。西埔湾是理想的鱼虾养殖场。渔业发达，盛产鳀、鲳鱼、马鲛鱼、鱿鱼、

福建东山岛海边

对虾，以及紫菜、海带、牡蛎、泥蚶等贝藻类。盛产硅砂，品质优良，为工业理想用砂。

**东山魁夷** Higashiyama Kaii（1908-07-08～1999-05-06） 日本画家。原名新吉。生于横滨。1931年毕业于东京美术学校日本画科后，师事结城素明，画号魁夷。1933年修完同校研究科，8月赴欧洲考察。翌年作为日德第一批交换留学生，在柏林大学哲学系攻读美术史。1939年第一回日本画院展以《冬日三乐章》获一等奖。1948年第四回日本画院展展出《乡愁》，从此其作品为日本画院展免审。1950年第六回日本画院展展出《道》（见图），开始注重日本情调之美，风格转变。以后他历任日

《道》（1950）

展审查员，成为战后日本画代表画家之一。20世纪60年代去北欧写生旅游，所作甚富。1976年起多次访问中国，在大江南北及新疆等地旅行写生。东山魁夷的风景画的特色，是以西方写实的眼光捕捉日本情调之美，在保持平面性的同时增强空间感，在装饰性中抒情寓意。他的画色彩沉着，重视内在的高雅甚于外表的辉煌，尤以纯静蕴藉著称。代表作还有《京洛四季组画》（1968）、《唐招提寺壁画》（1975～1981）。散文著作有《东山魁夷文集》（11卷）。

**东山县** Dongshan County 中国福建省漳州市辖县。位于省境东南端，东海与南海交汇处，东濒台湾海峡。面积247平方千米，其中东山岛188平方千米。人口21万（2010）。1916年置东山县。属南亚热带海洋性季风气候。农作物有水稻、甘蔗、花生、茶叶、烟叶等。水果主要有荔枝、香蕉、柑橘、龙眼、金枣、观梨等。盛产木耳。矿产资源有硅砂、辉绿岩、高岭土、花岗岩、砖土等。工业有农机、造船、化肥、陶瓷、卷烟、制糖、罐头、水产品加工、竹木加工、石器加工等。东山港口岸为一类口岸。名胜古迹有风动石、石僧拜塔、虎崆滴玉、九仙石室、东壁文星、蓬莱仙迹等。

**东台市** Dongtai City 中国江苏省辖县级市。位于省境东部偏北，黄海之滨。面积2 194平方千米。人口99万（2010），有汉、回、满等民族。汉为海陵县地，唐属吴陵县，南唐置泰州，清乾隆三十三年（1768）析泰州置东台县，1987年撤县置东台市。由盐城市代管。农作物以稻、麦、棉花、大豆等为主，为全国著名植棉县和桑蚕饲养基

地。沿海滩涂盛长芦苇、蒲草，是丹顶鹤等珍禽冬栖地，已辟为自然保护区。滩涂养殖文蛤、对虾、紫菜等。工业有纺织、机械、电子、化工、建材、食品等。名胜古迹有唐海春轩塔、泰山寺、憩园、范仲淹读书亭遗址。

**东条英机** Tōjō Hideki（1884-12-30～1948-12-23） 日本内阁总理大臣（1941～1944），陆军大将，法西斯首要战犯。生于东京。陆军中将东条英教之子。1905年在陆军士官学校毕业，1915年于陆军大学毕业。关东军宪兵队司令官。1937年任关东军参谋长。1940～1941年任陆军大臣，积极扩大侵华战争，极力主张对美英开战。1941年10月，继近卫文麿任内阁总理大臣，兼任陆军大臣、内务大臣和军需大臣，晋升大将。同年12月发动太平洋战争，把侵略战争扩大到太平洋和东南亚地区。后曾兼任外务大臣、文部大臣、商工大臣和参谋总长，实行法西斯军人独裁。1944年7月在日本败局已定和国内矛盾激化的形势下，被迫辞职。日本投降后，1945年9月作为战犯被捕，企图自杀未遂。1948年11月被远东国际军事法庭列为甲级战犯，判处绞刑。

**东魏** Eastern Wei Dynasty 中国北朝之一，从北魏分裂出来的割据政权。都邺（古有南、北二城。北城故址在今河北临漳县西南，南城故址在今河南安阳县境）。据有今河南汝南、江苏徐州以北，河南洛阳以东的原北魏统治的东部地区。历一帝，17年（534～550）。

北魏末各族人民大起义，统治阶级内部争权夺利。太昌元年（532），原尔朱荣部将高欢在河北大族（高乾、封隆等）的支持下，消灭潼关以东的尔朱氏势力，杀节闵帝，立元修为帝，即孝武帝。北魏政权落入高欢手中。

永熙三年（534），孝武帝不愿做高欢控制的傀儡皇帝，逃往长安，投靠宇文泰。高欢随即立元善见为帝（孝静帝），从洛阳迁都于邺，史称东魏。次年，宇文泰在长安立元宝炬为西魏文帝，北魏正式分裂为东、西魏。高欢建立以原六镇流民为主的强大武装，自己住在晋阳（今山西太原西南），使之成为东魏政治中心。

高欢所控制的东魏政权，实质上是北魏将领和河北大族相结合的产物。他为了获得鲜卑贵族的支持，竭力推行鲜卑化的政策；为了得到汉族豪强地主的拥护，听任他们贪污聚敛，为非作歹，吏治日趋腐化。

与西魏相较，东魏地域广、人口多，经济发达。高欢屡次发兵进攻西魏，企图吞并对方。天平四年（537），东魏军西征，在潼关左边的小关遭西魏军袭击大败，大都督窦泰自杀，高欢被迫撤军。此后，在沙苑之战（537）、河桥之战（538）、邙山之战（543）中双方互有胜负。武定四年（546），高欢亲率大军十余万人围攻西魏据守的玉壁（今山西稷山西南），苦战50余天，他病倒军中被迫退兵，次年年初，死在晋阳。其子高澄、高洋相继掌握东魏政权。武定八年（550），高洋废孝静帝，代东魏自立，建立北齐。

**东西伯利亚海** East Siberian Sea; Vostochno-Sibirskoye More 北冰洋边缘海。在俄罗斯东北岸、新西伯利亚群岛同弗兰格尔岛之间。向西接拉普捷夫海；向东同楚科奇海相通。面积91.3万平方千米。平均深45米，最深处915米。主要海湾有：恰翁湾、科雷马湾、奥穆利亚赫湾。较大的岛屿有：新西伯利亚群岛、熊岛群岛及艾翁岛。有因迪吉尔卡河、阿拉泽亚河及科雷马河注入。年内大部时间覆盖浮冰，夏季只有在沿岸地带才解冻。结冰期长达8个多月，7月中旬至9月借助破冰船可通航。半日型潮（潮差0.1米）。渔业捕捞穆松白鲑、宽突鳕及红点鲑等。主要港口有彼韦克。

**东西方关系** East-West relationship 广义指第二次世界大战后以苏联为首的社会主义国家和以美国为首的发达资本主义国家之间的关系；狭义指以苏联为首的华沙条约组织和以美国为领导的北大西洋公约组织两大对立的政治军事集团之间的关系。在第二次世界大战后到20世纪80年代的“冷战”时期，东西方关系的基调是全面对抗，即政治上两种社会制度、经济上两种运行体制、军事上两大集团和意识形态上的两种主义势不两立。这个时期东西方关系的核心是苏联同美国的关系。它们之间的对峙、斗争构成世界矛盾的焦点，影响到整个世界的形势和格局。在苏联解体、东欧剧变和“冷战”结束后，东西方关系的内涵发生了根本性变化。

**东西教会大分裂** Schism of 1054 基督教东派教会与罗马天主教会在1054年的正式分裂。由于事件具体起因多与当时的君士坦丁堡宗主教色路拉里乌相关，故又称色路拉里乌分裂。罗马帝国在公元4世纪末分裂之后，东西两部分在社会、政治、语言、文化传统等方面的差异，促成了基督教使用拉丁语的西部派别和使用希腊语的东部派别之间的分化。西部的罗马教会自认为是耶稣门徒彼得的继承者，坚持认为其在各宗主教区中拥有首席地位；东部的君士坦丁堡教会则在东罗马皇帝支持下与罗马教廷争夺势力范围；再加上教义方面的分歧，终于在1054年双方相互开除教籍，正式分裂为天主教和东正教。

**东西文化论战** Chinese and Western Cultures, Disputes on 中国五四运动前后发生的关于东方文化与西方文化特点、性质及相互关系问题的思想学术论争。近代西方文明的输入，引起中国社会，尤其是思想学术界的强烈震荡。如何看待西方文化，如何看待本国文化，成为当时人们普遍关注的问题。论战大致分为三个阶段：第一阶段1915～1919年，争论主要集中于比较东西文化的优劣，从而引申出东西文明的异同。代表人物有辜鸿铭、陈独秀、李大钊等。第二阶段1919～1921年，争论的焦点是东西文化能否调和。代表人物有陈独秀、李大钊、蔡元培、张东荪、陈嘉异、章士钊、蒋梦麟、常乃悳等。第三阶段1921～1927年，梁启超《欧游心影录》、梁漱溟《东西文化及其哲学》的发表，使东西文化之争进入一个新高潮，开始关注东西文化如何结合的实践问题。代表人物有梁启超、梁漱溟、冯友兰、张东荪、胡适、瞿秋白、郭沫若、孤桐等人。这场论争推动了新文化运动的发展，为科学与民主观念深入人心作出了贡献。

**《东西洋考每月统记传》** *Eastern Western Monthly Magazine* 普鲁士基督教传教士郭士立在中国创办的第一个中文近代报刊。1833年8月1日在广州创刊，每月一期，雕版印刷，线装。宗旨是为在华外国人的利益和西方列强的侵华政策辩护，宣扬西方文化优越，传播西方友谊以清除中国公众敌视外国人的心理。虽然每期都有一定数量的新闻报道，但主要内容是介绍西方的科学文化知识和历史地理知识以及西方的宗教与伦理道德等。1843年5月出10期后休刊，次年2月复刊，至7月出6期后再度休刊，后至1837年2月在新加坡复刊，称新《东西洋考每月统记传》，迄今所见到的最后一期于1838年4月出版。

**东乡语** Dongxiang language 属阿尔泰语系蒙古语族。主要分布于中国甘肃省东乡族自治县、积石山保安族东乡族撒拉族自治县和临夏县等地。语言内部比较一致，大体可分为锁南、汪家集、四甲集3个土语。东乡语有7个元音，复元音较多。在以n结尾的音节里，主要元音一律鼻化。元音和谐现象已消失。有28个辅音。名词、代词、数词和在句子里名物化的形容词以及形动词都有格的范畴。动词有态、式、时、体、副动词、形动词等范畴。语序是主语－宾语－谓语；定语在中心语之前。动词以外的实词（包括形动词）充当谓语时，必须带助动词。派生法曾是构词的重要手段。来自**汉语**的借词数量较多，还吸收一些来自**阿拉伯语**和**波斯语**反映宗教生活等方面的词语。

**东乡族** Dongxiang 中国少数民族。主要聚居在甘肃、宁夏及新疆部分地区。人口513 805（2000）。使用东乡语，属阿尔泰语系蒙古语族。大部分人会说汉语。无本民族文字，通用汉文。东乡族是14世纪后半叶由聚居在东乡的许多不同民族成分融合而成。主要有信仰伊斯兰教的色目人和蒙古人。以农业为主，畜牧业有所发展。喜唱“花儿”民歌。体育、竞技活动主要有赛马、摔跤、打土块等。民间口头文学有各种故事和叙事诗。衣食住及风俗习惯受伊斯兰教的影响很大。女子好穿宽大上衣，外加坎肩，长裤拖到脚面，戴“盖头”，有绿、黑、白三种颜色；男子多戴平顶无檐帽，有黑、白两色，穿白衬衣，套黑坎肩，穿青蓝色裤。以小麦、青稞、玉米等为主食，副食主要为土豆，肉食主要是牛羊肉。住房为土木结构平房。婚姻行一夫一妻制，同一宗族或家支称“阿哈教”的男女不能婚配。丧葬行土葬。节日有尔德节、古尔邦节和圣纪节。信仰伊斯兰教，教派、门宦较多。1950年9月25日在甘肃成立了东乡自治区（1955年改称自治县）。1981年9月30日又在甘肃成立了**积石山保安族东乡族撒拉族自治县**。还建立了一些东乡族民族乡。

东乡族男子

**东乡族自治县** Dongxiang Autonomous County 中国甘肃省临夏回族自治州辖自治县。位于省境中部。面积1 467平方千米，人口28万（2010）。1950年建东乡自治区，1953年更名东乡族自治区，1955年改东乡族自治县。境内有石英岩等矿产资源。工业主要有电力、农机、地毯、食品加工、面粉加工、建筑等。粮食作物主产小麦、薯类、玉米、豆类等，经济作物主要有油菜、胡麻、向日葵等。盛产早酥梨。

**东兴市** Dongxing City 中国广西壮族自治区辖县级市。位于自治区境南部，中国大陆海岸线最西南端，濒临北部湾，西南与越南相邻。面积549平方千米。人口12万（2008），有京、汉、壮等民族。原为防城县属镇，1958年属东兴各族自治县，1978年东兴各族自治县与防城县合并为防城各族自治县，1993年改设**防城港市**。1996年析置东兴市。由防城港市代管。矿产有锰、钨、锡、软玉等。农作物有稻谷、柑橙、龙眼、荔枝、菠萝、玉桂、八角等。自治区最大的天然香料产地，其中大红八角和桂皮闻名。水产养殖业发达，盛产对虾、螃蟹、文蛤、大蚝、泥蚶等。石雕制品历史悠久，盛销海内外。工业有电力、建材、制药、制盐、食品等。名胜有京族三岛、北仑河自然保护区等。

**东匈语支** Eastern Huns branch **阿尔泰语系**突厥语族的语支之一。按俄罗斯语言学家N.A.巴斯卡科夫的分类法，突厥语族语言分属于东匈和西匈两个语支。凡历史上属于东匈部落联盟、东突厥汗国、回鹘汗国和黠戛斯部落联盟的突厥语族诸语言，均划入东匈语支，它包括古代的鄂尔浑－叶尼塞碑铭语言、回鹘语和现代的**图佤语**、卡拉嘎斯（托伐）语、雅库特语、哈卡斯语、卡玛沁语、厥里克语、绍尔语、西部裕固语、柯尔克孜语和阿尔泰语。在东匈语支内，又分回鹘语组和柯尔克孜－克普恰克语组。东匈语支主要的语言特征：语音方面，多数语言都有第二性（即派生的）长元音；多数语言有某些辅音交替现象，并以此与西匈语支语言相区别。语法方面，复合句结构不发达，连词较少；名词和动词的结合形式比较多。词汇方面，有关畜牧业的词很丰富，并有大量的**蒙古语**借词。

**东吁王朝** Toungoo Dynasty 缅甸历史上最强盛的封建王朝。中国史籍称其为洞吾、东胡、底兀剌。德彬瑞体（旧译莽瑞体）于1531年在东吁创建，故名。掸族统治阿瓦后，缅族不堪忍受其压迫，纷纷移居东吁。四十年战争时，东吁远离战区，未遭战争破坏，人口不断增多。1535年德彬瑞体开始进攻白古王朝。1539年攻灭白古王朝，德彬瑞体推行了团结孟族的政策，使孟族将士为其所用，并雇佣有近代武器和战舰的葡萄牙兵。1541年又攻占对外贸易要港马都八。德彬瑞体去世时，缅甸中部和南部基本统一。

1551年，孛印囊（旧译莽应龙）继位。他灭阿瓦王朝，征服各掸邦，完成了缅甸的第二次统一，为发展政治、经济、文化采取了一系列措施，政绩卓著。孛印囊死后，农民起义此起彼伏，各地封建主重新割据。阿拉干王朝封建主乘机率葡萄牙雇佣兵，并同东吁封建主联合，于1599年攻占白古，俘获缅王南达勃因（旧译莽应里）。东吁王朝危在旦夕，孛印囊幼子良渊王（1600～1605年在位）挽救了这一颓势，占领以阿瓦为中心的“粮仓”地区，保住了上缅甸半壁河山。继其王位的阿那毕隆（1605～1628年在位）又光复了下缅甸的所有失地，特别是于1613年收复了被葡人占领的沙廉，把葡萄牙侵略者驱逐出缅甸，从而再次完成了缅甸的统一。毕隆执政时（1629～1648），国富民强。他摈弃了劳民伤财的对外扩张战争，致力于国内经济的恢复和发展，分配土地给无地农民。平达力时（1648～1661）国力日衰。1740年缅甸孟族起义，动摇了东吁王朝的统治。1752年孟族军队占领首都阿瓦，结束东吁王朝统治。

东吁同中国明朝关系密切。1635年迁都阿瓦后，又称阿瓦。明朝于1424年（永乐二十二年）在底兀剌（即东吁）设宣慰使司。1425年（洪熙元年）和1430年（宣德五年）东吁曾两次遣使来中国访问。1582（万历十年）～1583年南达勃因曾进犯云南，被击退。1659年（清顺治十六年），南明永历帝逃亡到缅甸，缅甸无力抵御**吴三桂**的进攻，只得引渡永历帝以换取清军的撤兵。

**东学西渐** transmission of Chinese science and technology in Europe 16世纪中后期至19世纪末中国传统科学文化在欧洲的传播。明末清初，耶稣会士**利玛窦**、**汤若望**、**南怀仁**等来华，不仅促进了欧洲宗教、科学、艺术在中国的传播，也使中国传统文化和科学西传欧洲。1687年，洪若、白晋、张诚等5人到达宁波，除传教外，还进行考察研究。法国耶稣会士撰写、出版的《耶稣会士书信集》（1702～1776）、《中华帝国通志》（1735）和《中国论丛》（1776～1791，1814），成为18世纪启蒙运动思想家、科学家讨论中国科学文化的取材来源。

中医西传 对中医的系统介绍，大约从17世纪中叶开始。起初，西传的是脉学（图1）和针刺术；到18世纪，还部分翻译宋慈的法医学著作《洗冤录》、李时珍的《本草纲目》及脉学的相关论著。1688年俄罗斯专门派医师到北京学人痘法；1717年传入英国，进而传至法国和欧洲各国；1721年传入美国。

天文知识西渐 法国耶稣会士宋君荣对中国天文学史进行了系统研究，并把大量手稿寄回法国，引起欧洲天文学家和学

图1 传教士克勒耶所著《中医示例》(1682)中的中医把脉图

者的广泛重视。19世纪，法国天文学家P.-S.拉普拉斯、J.B.J.德朗布尔以及E.-C.毕奥等人，都曾对中国天文学史进行研究，认为长达2 000年对黄赤交角变化、彗星回归周期、流星观测等的记录，都有实际的应用价值。

丝绸、瓷器等制作技术西传　来华耶稣会士殷弘绪等在江西景德镇传教时，对瓷器原料和制造工艺作了详细调查，他们绘制大量的图谱，寄回法国（图2）。这些图录许多保存至今，是研究18世纪中国工艺和技术发展的重要资料。

冶金术西移　大约在16世纪末，中国白铜已输入欧洲。欧洲最早明确提到镍白铜的是来华耶稣会士，他们在云南见到镍白铜，并加以介绍。从18世纪开始镍白铜大量出口欧洲，19世纪上半叶镍白铜在欧洲大量生产。17、18世纪，中国和欧洲贸易频繁，许多金属输入欧洲，欧洲人加以

图2 法国传教士带到法国的制瓷工艺图（巴黎国立图书馆藏）

仿制。

动植物及其知识西迁　1701年前后，英国皇家学会会员和医生J.坎宁安在浙江舟山进行植物调查，并寄回77种舟山一带的植物（包括茶花）。18世纪中叶，法国耶稣会士、植物学家汤执中、韩国英等人在中国采集了大量植物种子，寄往欧洲（特别是法国）进行引种。如法国植物学家B.de朱西厄1747年将汤执中寄赠的北京槐种子引种在国王花园，至今生长茂盛。中国植物不仅在法、俄、英等国引种，也传到瑞典、德国、荷兰等国。值得一提的是西洋参的发现，1709年法国耶稣会士杜德美为大地测量到东北长白山，对人参作了深入考察，并推断在北美魁北克一带地理纬度和气候相近，应该也产人参，法国耶稣会士J.-F.拉菲托，到魁北克努力寻找，终于发现了西洋参。进化论创始人C.R.达尔文在《物种起源》等著作中，引用中国《齐民要术》、《本草纲目》等古籍的动植物资料近百处，如家鸡的品种、金鱼的培育等资料。

**东亚**　East Asia　亚洲东部地区，东临太平洋。国家有中国、朝鲜、韩国、日本和蒙古。地表面积约1 176.6万平方千米，人口约15.31亿（2008）。由于与太平洋地区联系密切，因此世界银行将“东亚和太平洋地区”作为一个统计地区类型，在范围上包括了东北亚、中国、东南亚以及大洋洲国家与地区。

**东亚峰会**　East Asia Summit　每年一次由泛东亚地区16个国家领导人参加的会议。简称EAS。其概念最早是由马来西亚前总理马哈蒂尔·宾·穆罕默德于2000年提出的。在东南亚联盟的推动下，第一届东亚峰会于2005年12月14日在马来西亚吉隆坡举行。东亚峰会是年度领导人会议机制，由当年的东盟轮值主席国主办和主持，已举行4届。峰会尚未建立正式的各领域和各层级支撑机制，主要通过外长工作午餐会或非正式磋商以及高官特别磋商，就峰会后续行动及其未来发展方向交换意见。峰会确定能源、金融、教育、禽流感和减灾为五大重点合作领域，并初步形成经贸、能源、环境部长的定期会晤机制。截至2010年，东亚峰会有16个参与国，即东盟10国（文莱、柬埔寨、印尼、老挝、马来西亚、缅甸、菲律宾、新加坡、泰国、越南）、中国、日本、韩国、印度、澳大利亚、新西兰。中华人民共和国国务院总理温家宝出席了历届东亚峰会，与各方就增进睦邻友好、深化区域合作深入交换了意见。

**东亚金融危机**　East Asia monetary crisis　发生于1997～1998年东亚地区的金融危机。见亚洲金融危机。

**东阳卢宅**　Lu Clan's Residences at Dongyang　中国古代民居建筑。位于浙江东阳卢宅村。卢氏自宋代从北方迁来，世代在此聚族而居，形成一处较完整的明、清住宅建筑群及典型的封建家族聚居点。1988年国务院公布为全国重点文物保护单位。建筑群三面环水，南对笔架山，一条卵石小街贯穿东西。全宅布局以肃雍堂建筑群为主轴线，左右有平行的世德堂、大夫第、世进七第、五台堂、柱史第、五云堂、冰玉堂等建筑群。又有卢氏祠堂、善庆堂、嘉会堂等建筑。自仪门开始共有9组院落，总长216米，每组为家族中一“房”的住所。肃雍堂轴线上的建筑有照壁、曲尺形甬道（甬道上三座石坊今已无存）、捷报门、国光门、肃雍堂、门楼、世雍堂等。其中肃雍堂是卢氏家族公共厅堂，面阔三间，带左右挟屋，斗、栱、梁、枋、檩等都刻有花纹或绘有图案，极尽东阳木雕和彩绘的技能。

肃雍堂

**东阳市**　Dongyang City　中国浙江省辖县级市。位于省境中部，金衢盆地东缘。面积1 739平方千米。人口80万（2010）。东汉兴平二年（195）置吴宁县。唐垂拱二年（686）改东阳县。1988年撤县设市。由金华市代管。矿产有萤石、珍珠岩、金、银等。农作物有水稻、小麦、油菜、玉米、大豆，并产茶叶、席草、金针菜、蘑菇和中药材。是金华火腿的重要产地。工业有轻纺、化工、五金机械、电子电器、食品、建材等行业。木雕、竹编历史悠久，技艺精湛。名胜古迹有宋建吴宁台，明清东阳卢宅、石洞书院、八华山、歌山、葛府古窑址，以及马上桥－经堂花厅等文物保护单位。

**东洋车**　rickshaw　人力挽拉的城镇载人交通工具。见黄包车。

**东营市** Dongying City 中国山东省辖地级市。位于省境北部，黄河入海口三角洲地区，东、北濒临渤海。辖东营、河口2区和广饶、利津、垦利3县。面积7 923平方千米。人口204万（2010），有汉、回、满、蒙古、土家、壮、苗、白等民族。20世纪60年代初还为盐碱荒滩，为适应石油工业发展而建成的新兴城市。“东营”原是广饶辛店乡一个村的名字，1965年设立县级机构，1967年并入垦利县，1982年设县级东营市，1983年升地级市。地处华北拗陷区之济阳拗陷东端，断裂构造发育。海岸线全长350.34千米，滩涂面积10.19万公顷。海域为半封闭型，大部分岸段的潮汐属于不规则半日潮。属暖温带季风气候。年平均气温12℃。平均年降水量573毫米。矿产有石油、天然气、卤水、煤、地热、黏土等，胜利油田所在地。盐碱地众多，农业不发达。主要水产有草鱼、刀鲚、鲫鱼、鲤鱼、鲈鱼、刀鱼等。工业增长迅速，石油工业是其经济支柱，已形成了石油化工、石油机械、盐及盐化工、纺织、建筑、食品等为主体的产业体系。东（营）张（店）铁路、广（饶）河（口）公路和孤（岛）王（大王）公路过境，建有东营机场、东营海港。名胜古迹有“长河落日”奇观、孙武故里、天鹅湖、柏寝台遗址等。

**东寨港自然保护区** Dongzhai Port Nature Reserve 中国国家级红树林保护区。1980年建立。1983年列为国家级自然保护区。位于海南岛东北岸，海南省海口市琼山区的东寨港，面积约2 660公顷。属于海洋海

海南东寨港国家级自然保护区内的红树林

岸保护类型，主要保护对象是红树林生态系统。东寨港红树植物种类有12科19种，约占东南亚（包括马来西亚）种的总数80%以上，比太平洋群岛多37%，比非洲马达加斯加多50%以上。其中主要以红树科为代表，如红海榄、海莲、木榄、尖瓣海莲、秋茄、柱果木榄和角果木等，树高一般4～5米，高者可达9～10米。林下水域有多种鱼、虾、蟹和贝类，以青蟹最有名。

**东正教** Eastern Orthodoxy 基督教三大派系之一。又称正教。此名称来自希腊文Orthodoxia，原意为正确的主张或正统；因其曾流行于罗马帝国东部希腊语地区，仪式中使用希腊语，又称希腊正教。教徒约2亿余人。

图1 希腊正教会司祭

罗马帝国东部与西部分裂（395）之后，东部希腊语地区与西部拉丁语地区的基督教会之间，由于政治、经济、文化的差异日益加深，再加上教义理论和教会首席地位上的分歧，导致了1054年东西教会大分裂。东部教会自称正统，以君士坦丁堡牧首为代表，同西部教会分庭抗礼，东正教会由此形成。

自9世纪起，东部教会开始向保加利亚和基辅罗斯等国传教并赢得这些斯拉夫民族的皈依，势力从地中海东部拜占廷帝国辖地扩展到东欧。但是，随着拜占廷帝国的衰落和收缩，受帝国控制的东正教会的地位却逐渐下降。在哈里发帝国扩张期间，东正教四大主教区中，亚历山大里亚主教区和安提阿主教区被穆斯林占领；在十字军东侵期间，耶路撒冷主教区也归属“拉丁王国”统治。1453年，奥斯曼土耳其人攻占君士坦丁堡，拜占廷帝国灭亡。奥斯曼帝国以伊斯兰教为国教，君士坦丁堡牧首实际上处于被征服地位，仅仅在名义上具有普世牧首的地位。另一方面，俄罗斯正教会势力日增，于1589年建立牧首制，取得自主地位。其他国家和地区的正教会亦陆续建立自主教会或自治教会，形成了东正教世界各自主教会或自治教会互不隶属的局面。

到1992年乌克兰正教会重新确立自主地位和牧首制为止，东正教共有16个自主教会，即君士坦丁堡正教会、亚历山大里亚正教会、安提阿正教会、耶路撒冷正教会、俄罗斯正教会、格鲁吉亚正教会、塞浦路斯正教会、塞尔维亚正教会、保加利亚正教会、罗马尼亚正教会、波兰正教会、希腊正教会、捷克斯洛伐克正教会、阿尔巴尼亚正教会、美国正教会；三个自治教会，即日本正教会、西奈正教会、芬兰正教会。

在信仰方面，东正教所依据的除《圣经》之外，还有“圣传”，包括公教会的前七次公会议通过的信条和决议以及教父著作等，尤其是经尼西亚会议（325）通过和君士坦丁堡公会议（381）修订过的信经。除了信奉三位一体，道成肉身，耶稣之显现、复活与升天等信条，还认为善功并不具有得救的效用，注重通过与基督神秘结合而得救，也很重视对圣母马利亚的崇拜。

在礼仪方面，东正教的仪式常为慕道者安排经文和诗篇诵读，而弥撒或圣体则专为信徒举行，仪式古老隆重，着重其祭献概念。在圣事方面，亦施行七项圣事，即洗礼、坚振（敷油礼）、告解、圣体血、神品、婚配、终傅。洗礼采用浸水三次的方式，由主教主持或在其指导下由司祭进行，并继之以圣油礼。圣体血使用发酵面饼，平信徒可与神职人员同领饼酒。东正教的另一特点是圣像艺术。东正教认为圣像是表达教会思想和基督奥秘的重要形式。

在组织制度方面，东正教不承认只有耶稣的使徒建立的教区才能成为牧首区，而认为牧首区可以根据国家或城市的重要性而设立，故许多东正教自主教会均有牧首。牧首区或大主教区下辖若干主教区。教士分为黑衣教士和白衣教士两类，前者须独身，后者可结婚。

东正教采用儒略历，所以其宗教节日的日期不同于公教和新教，例如圣诞节（耶稣圣诞瞻礼）即为1月6～7日。众多节日中被视为最重要的复活节（耶稣复活瞻礼）亦比采用格里历的天主教习惯日期晚约13天。在希腊正教系统的大部分教会于1924年改用格里历即公历之后，俄罗斯正教系统的一些教会仍采用儒略历。

东正教先从拜占廷帝国向巴尔干半岛北部，再向东欧和俄罗斯传播，对斯拉夫各族的语言文化均发生了深刻的影响。在近现代时期亦渗入东亚、西欧、北美等地。

17世纪中叶，俄罗斯正教传入中国。18世纪初，俄国开始派遣俄罗斯传教士团驻扎北京。1860年以后，传教士团扩大了传教活动，建立了许多教堂。1917年十月革命后，大量俄国移民进入中国，教徒人数大幅度增加，在哈尔滨、上海、天津和新疆设立了四个主教区。日本入侵中国后，教徒人数急剧下降。中华人民共和国建立后，随着俄国侨民离开，正教人数更少。在20世纪末期，

图2 东正教“三位一体”圣画像

东正教在中国的活动开始恢复。

20世纪中期以来，东正教各教会逐步参加**普世教会运动**，加入了世界教会联合会（又译“世界基督教协进会”），在一些问题上与之采取联合行动，并与天主教和新教各派进行了对话。

**东周** Eastern Zhou Dynasty 中国朝代名。始于公元前770年周平王东迁洛邑，终于前256年周赧王卒。因都城洛邑在西周都城镐京以东，故名。也有把前256年至前221年秦统一这段时期划归东周的。东周分为**春秋**（前770～前476）和**战国**（前475～前221）两个时期。

**《东周列国志》** *Chronicles of the States in the Eastern Zhou Dynasty* 中国明、清时期小说。作者为明代嘉靖、隆庆年间的余邵鱼，明末**冯梦龙**加以改编；清代乾隆年间蔡元放又作了一番改编。小说从西周末年写到秦始皇统一中国，描写了春秋战国时代列国故事，内容宏富、复杂，书中的人物、情节均从《史记》、《左传》、《国语》、《战国策》等书中汲取而来。这样就把分散的人物传记、历史故事按史实发生的先后串联起来，构成一部结构完整的历史演义。小说描写了周幽王凶残无道，周平王东迁，诸侯国争霸，士大夫势力日益壮大，最终形成七雄对峙局面；批判了昏庸愚昧的昏君暴君，揭示了战争给人民带来的深重灾难；歌颂了赏罚分明的王侯和有胆识的将相勇夫。小说的布局谋篇主次分明，错落有致。每一故事既可独立成篇，又可贯穿一体。人物形象栩栩如生，故事描写引人入胜。但此书中也宣扬了愚忠愚孝等封建伦理观念，有其局限性。

**冬布拉** dombira 拨奏弦鸣乐器。流行于中国新疆阿勒泰、伊犁、巴里坤及其他哈萨克族地区。木质梨形音箱，面板上有若干出音孔。琴杆上缠羊肠弦品位8～11个。张羊肠弦两根，四度或五度关系定弦。演奏多用坐姿，怀中斜抱琴体，左手按弦，右手指拨弹。常奏和音。音量较小。多用于自弹自唱和独奏。20世纪50年代末，音乐工作者在传统冬布拉的基础上，试制了最高音、高音、中音、次中音、低音等多种冬布拉。

**冬宫** Winter Palace 俄罗斯罗曼罗夫王朝皇宫。位于圣彼得堡涅瓦河畔。由意大利建筑师B.拉斯特雷利设计，1754～1762年建成。1837年大火烧毁了许多屋内的装饰，一年多后又修复。1922年起成为**艾尔米塔什国家博物馆**的主体。

冬宫外观

冬宫是一幢三层楼的巴罗克式建筑（见图）。平面呈长方形，长约280米、宽约140米、高22米，总建筑面积4.6万平方米，占地9万平方米。皇宫一面朝向涅瓦河，另一面朝向冬宫广场，四角建有凸出部，有华丽的内院。建筑物外立面分为上下两部分，壁柱上部两层采用混合式柱式，每层都有圆拱顶窗，立面顶端有200多座雕像和花瓶等装饰。宫殿有上千间房间，内部以金、铜、水晶、大理石、孔雀石、玛瑙和各种艺术珍品装饰，色彩缤纷，豪华而又典雅。宫内大厅各具特色，其中乔治大厅、亚历山大大厅、孔雀石大厅、小餐厅尤为著名。在乔治大厅的墙上有一幅镶有45 000颗各色宝石的俄国地图。艾尔米塔什国家博物馆藏品极为丰富，约有270万件，其中包括P.K.**科兹洛夫**从中国内蒙古黑城遗址发掘出的珍贵文物。

冬宫是18世纪中叶俄国巴罗克式宫廷建筑的杰出典范，是俄罗斯同类型建筑群和景观的杰出范例，对俄罗斯的建筑艺术、城镇建设和景观设计的发展产生过重大影响。从彼得大帝时期起的许多重大历史事件都与冬宫有直接联系，它是18世纪以来俄国历史的缩影。1990年，圣彼得堡历史中心及其古建筑群作为文化遗产被列入《世界遗产名录》，冬宫是其中重要的组成部分。

**冬瓜** *Benincasa hispida*; wax gourd **葫芦科**冬瓜属的一种。一年生攀缘草本植物。原产中国南部以及东南亚、印度等地。

主根和侧根发达。茎蔓生，茎蔓各节可发生侧蔓、花芽和卷须。叶宽大，掌状浅裂。茎、叶上密生细毛。雌雄异花同株，少有两性花。花黄色。瓠果，幼嫩时被有茸毛，成熟时减少，有的还被白色蜡粉。按果实形状可分为扁圆形、短圆筒形和长圆筒形三类；按果实表皮颜色和蜡粉的有无，分为青皮和白皮（粉皮）两类；按果实大小分为小果型和大果型。

冬瓜耐热，20～30℃为生长发育适温，35℃仍生长良好。一般在春暖后播种育苗，华南地区也可在秋季栽培。有爬地、搭棚和支架三种栽培方式。需多施基肥，增施磷肥。结果的前、中期更需要充分施肥。

果实含水分95%～97%，可溶性糖3%～5%，每100克鲜重的维生素C含量12～18毫克。味清淡，是盛夏季节深受欢迎的蔬菜。可加工成冬瓜干、脱水冬瓜、糖冬瓜等。中医学以冬瓜子（种子）和瓜皮（外果皮）入药，有清热解暑、利尿等功效。

**冬寒菜** *Malva verticillata*; cluster mallow **锦葵科**锦葵属的一种。一二年生草本植物。又称冬葵、葵菜。原产中国，南方地区多有栽培。日本、朝鲜半岛、印度、埃及也有分布。根系发达，株高80～150厘米，分枝性强。叶圆形，叶柄长，互生。叶腋生出总状花序，花小，淡红色或紫白色。蒴果，扁圆形。种子小，肾形，扁平。喜冷凉湿润，不耐霜冻，不抗炎热。喜排水良好、疏松肥沃土壤。忌连作。冬寒菜按茎的不同颜色可分为紫梗和白梗两类，如上饶红葵、福州白梗等。行种子繁殖，适春、秋季露地栽培。冬寒菜富含胡萝卜素，维生素C和钙等。具有清热、滑肠等保健功效。嫩梢、嫩叶作蔬菜，可凉拌、炒食、做汤、煮粥。

**冬季奥林匹克运动会** Olympic Winter Games **奥林匹克运动会**的重要组成部分。简称冬奥会。1924年开始举办，与夏季奥运会一样，每4年举行1次，并在同一年内但不在同一城市举行。1986年**国际奥林匹克委员会**第91届全会决定，1992年后，冬、夏季奥运会不再同年进行，但仍为每4年1次，与夏季奥运会每隔两年相间举行。冬季奥运会会期原为12天，1988年第15届起改为16天。冬季奥运会的届数按实际举行次数计算，到2010年已分别在法国、瑞士、美国、意大利等21个国家举行了21届。冬季奥运会的比赛项目有：冰球、滑冰（速度滑冰、短跑道速度滑冰、花样滑冰）、滑雪（**高山滑雪**、**越野滑雪**、**跳台滑雪**、北欧两项、自由式滑雪、滑板滑雪)、冬季两项(滑雪＋射击)、有舵雪橇、无舵雪橇和冰壶(冰上溜石)共7个大项。自1980年始，中国奥林匹克委员会派队参加了历届冬季奥运会。短跑道速度滑冰女运动员杨扬在2002年第19届冬季奥运会上为中国获得首枚金牌，实现了中国冬奥会金牌零的突破。

**冬季两项** biathlon 以越野滑雪和射击相结合的雪上运动项目。曾称现代冬季两项。要求运动员在专门的线路上滑行一定距离的同时，在指定区域进行射击。该项运动源于斯堪的纳维亚半岛，是由古代的滑雪狩猎演变而来。1767年挪威边防军首次举行滑雪射击比赛，这是世界冬季两项的最早记录。1861年挪威成立世界最早的滑雪射击俱乐部。1958年，第1届世界冬季两项锦标赛在奥地利举行。1960年第8届冬季奥林匹克运动会上，冬季两项成为正式比赛项目。中国于1981年正式成为国际现代五项和冬季两项联盟的成员。冬季两项已设项目有男子20公里个人赛和10公里短距离赛等；女子有15公里个人赛和7.5公里短距离赛等。

**冬季运动** winter sports 在天然或人工冰雪场地借助各种装具进行的各项冬季体育运动的总称。通常分为冰上运动和雪上运动两个部分。冰上运动有速度滑冰、花样滑冰、冰球运动。速度滑冰又分为标准场地速度滑冰、短跑道速度滑冰两种。花样滑冰分单人、双人花样滑冰和冰上舞蹈三种。雪上运动有越野滑雪、高山滑雪、跳台滑雪、现代冬季两项、北欧两项滑雪、多项滑雪、军事滑雪、冰橇运动、花样滑雪等。由于冰雪运动项目的国际比赛日益增多，在1920年第7届奥运会后，国际奥林匹克委员会决定冬季运动项目单独举行冬季奥林匹克运动会，从此冰上、雪上运动统称为冬季运动。

**冬眠** hibernation 一些恒温动物(哺乳类与鸟类)在寒冷冬季时其体温可降低到接近环境温度(几乎到0℃)，全身呈麻痹状态，在环境温度升高到一定程度，或其他因素刺激下，其体温可迅速恢复到正常水平的行为。哺乳动物中的单孔目、有袋目、食虫目、翼手目、啮齿目及灵长目中的个别种类，鸟类中的褐雨燕及蜂鸟等都有冬眠行为，称之为冬眠型动物。这类动物体型较小而代谢率较高，比大型的恒温动物要消耗更多的能量才能维持恒定体温。熊及臭鼬等动物在冬季呈麻痹状态，但体温不降低或降低少许，且易觉醒，被称为半冬眠动物。变温动物到冬季亦呈麻痹状态，但它们的体温是随环境温度被动地变化，在温度降低到可耐受温度以下时，不会被激醒，而是被冻死。这种行为与恒温动物的冬眠完全不同，称为蛰眠。

冬眠型动物的年度周期可分为非冬眠季节(生殖季节)与冬眠季节。在这两个季节里，动物的生理状态迥然不同，但又互相依存。非冬眠季节后期的肥育为冬眠储存能量，在冬眠季节后期，性腺开始发育，动物出眠后便可立即进行生殖活动。冬眠型动物在非冬眠季节中，其体温是恒定的，而在冬眠季节体温是可变的，故特称为异温动物。此外，冬眠型动物对低温的耐受能力大。冬眠型动物可耐受接近0℃的低体温，甚至超冷状态。这是异温动物区别于恒温动物或变温动物的重要特征。

冬眠过程可分为三个阶段：①入眠。动物体温开始稳定地降低到接近环境温度的过程，大约需要一到数日。入眠的外界刺激因素主要是温度。②深眠。此阶段长短不定，一般可达数月之久。这时的生理状态发生极大变化，如呼吸明显减少等。③出眠。动物一般是根据温度的变化出眠，每种动物都有自己的出眠温度，当温度达到动物出眠温度时该种动物就会自发激醒。除温度外，造成动物激醒的其他因素还有电、机械、化学刺激等。

在冬眠过程中，动物是处于活动(常温)与麻痹(低温)交替的冬眠阵状态。有些种类动物在此期间进行排泄或进食。大多数种类动物不进食，但进行某些生理平衡的调整。

**冬青科** Aquifoliaceae; holly family 双子叶植物纲蔷薇亚纲的一科。有4属400多种，主要分布于亚洲、美洲的热带、亚热带及温带地区。中国有1属200多种，主要产于华东、华南及西南等地区。乔木或灌木。单叶互生，稀对生。聚伞花序、伞形花序簇生叶腋，稀单生。花小，辐射对称，单性，稀两性或杂性，4～6数；花萼分裂，宿存；花瓣分离或基部连合；雄蕊与花瓣互生，花丝粗短(雌花中形成假雄蕊，有时花瓣形)；子房上位，2至多室。核果有分核2至多颗，稀为1核。冬青科植物红果绿叶，有的叶缘有刺，供观赏，如枸骨。冬青的根、叶能消炎解毒，用于治疗上呼吸道感染及烧伤；秤星树的根可消肿散瘀、清热解毒，用于治咽喉炎、气管炎、百日咳、肠炎、痢疾及跌打损伤等；毛冬青的根有清热解毒、活血通脉之效，用于治疗冠状动脉粥样硬化性心脏病、脑血栓、血栓性脉管炎、中心性视网膜炎等。少数种含树脂。

**冬泳** winter swimming 作为冬天锻炼手段在室外进行的游泳。为冷水锻炼的最高阶段，被誉为“天下第一锻炼”。一种能够增进健康、锻炼意志和考验毅力的运动。世界上进行冬泳的人很多。美国人布雷克拉曾两次在严冬横渡英吉利海峡。冬泳运动在中国开展得十分广泛。参加冬泳锻炼一定要从秋天开始，过渡到冬天，以使身体有一个适应过程。初练冬泳时，每次时间要短，刚下水时感到发冷，随后皮肤发红，觉得温暖、舒适，这时应即出水，不能等到身体寒战、手脚发麻时上岸。上岸后应用干毛巾擦干身体，直到身体发红为止，此时如较快感到暖和、轻松，说明锻炼适度。如长时间暖和不过来，是过量的表现。

哈尔滨冬泳爱好者

按照科学的方法循序渐进地参加冬泳锻炼，能够提高心血管系统和呼吸系统的功能和御寒及抗疾病的能力。冬泳还是一条很理想的减肥途径，能直接、大量地耗能，可以显著地降低体内的赘积脂肪，改善体形。

**冬至点** winter solstice 太阳沿黄道从天赤道通过秋分点到达黄道上最南的那一点。见分至点。

**冬至节** Winter Solstice Festival 中国传统节日。又称冬节、长至、亚岁等。时在冬至日(公历12月22日左右)。古时节俗有拜天颁历、祭祖贺冬、守冬献履(即妇女给家里的长辈奉献新做的鞋袜，为老人延寿)、观兆测年等。其中有些习俗波及东亚其他国家。此外，民间的数九游戏也是从冬至开始数起。现代各地仍过此节，北方多吃饺子，南方有些地区要吃狗肉，福建、两广地区食冬至团。

**氡** radon 天然放射性元素，元素符号Rn，原子序数86，属周期系0族，为稀有气体。半衰期最长的同位素是$^{222}$Rn。氡有时又称为射气。

1899年R.B.欧文斯和E.卢瑟福在研究钍的放射性时发现氡，当时称为钍射气，即$^{220}$Rn。1900年F.E.多恩在镭制品中发现了镭射气，即$^{222}$Rn。1902年F.O.吉塞尔在锕化合物中发现锕射气，即$^{219}$Rn。

已发现质量数为199～226的全部氡同位素，$^{219}$Rn、$^{220}$Rn、$^{222}$Rn天然存在，其余都是通过人工**核反应**合成的。土壤、地表水和大气中都含有氡。大气中氡的浓度受到气象与地质等因素的影响，变化较大。根据世界各地的调查，一般室外空气中$^{222}$Rn的平均放射性浓度约为$(0.4\sim2)\times10^{-2}$贝可／升。由于氡的密度较大，空气中氡的相对含量随海拔高度的增加而迅速减少。氡在地壳中的含量极微。

在通常条件下，氡是无色无味的气体，在标准状况下，氡的密度为9.074克／升。氡较易压缩成无色的发磷光的液体，沸点－61.7℃，密度4.4克／厘米$^3$；固体氡有天蓝色的钻石光泽，熔点－71℃。氧化态+4、+2，化学性质极不活泼，氡分子由单原子组成。与其他惰性气体相比，氡显著地溶于水，在0℃和101.3千帕下，1体积水可溶解0.507体积的氡。氡更易溶于煤油、甲苯、二硫化碳等有机溶剂。氡能和水、酚等形成络合物。氡很容易吸附于橡胶、活性炭、硅胶和其他吸附剂上，加热到350℃时，氡又能从活性炭上全部解吸下来。可以利用这一特性将氡与其他气体分离。

将铍粉和氡密封于管中，氡衰变时放出的α粒子与铍进行(α,n)核反应，产生中子，可用作实验室的中子源。氡还可用作气体示踪剂，用于研究管道泄漏和气体运动等。$^{222}$Rn属中毒性核素，通过呼吸系统进入人体后，能引起肺癌，也能严重地损伤肾脏。放射性工作场所空气中氡的最大容许放射性浓度为1.1贝可／升。

**董必武** Dong Biwu (1886-03-05～1975-04-02) 马克思主义者，中国共产党创建人之一，无产阶级革命家和法学家，党和国家的领导人之一。原名贤琮，又名用威，字洁畲，号壁伍。

生于湖北黄安(今红安)，卒于北京。1903年考中秀才。1911年投身**辛亥革命**，任武昌军政府理财部秘书官，并加入同盟会。1914年赴日本入私立东京日本大学法律科学习，加入**中华革命党**。1915年6月回国，因策动讨袁两次被捕入狱。1920年参与创建武汉地区共产主义组织。1921年出席中共一大。

第一次国共合作时期，他任中共湖北省委委员，国民党第二届候补中央执行委员、湖北省党部常委，湖北省政府常委兼农工厅长，并创办了《楚光日报》、《汉口民国日报》。1928年赴莫斯科，入列宁学院学习。1932年回国，在中央革命根据地任苏维埃政府最高法院院长等职。1934年参加长征。到达陕北后任中共中央党校校长，代理中华苏维埃中央政府西北办事处主席。抗日战争期间，历任中共中央长江局、南方局委员、常委，并参与领导南方党的工作。他以中国共产党代表团成员、国民参政会参政员的身份，在武汉、重庆进行抗日民族统一战线工作。

1945年作为解放区人民的代表参加中国代表团赴美国参加联合国制宪会议。回国后，作为中共代表团成员参加了在重庆举行的政治协商会议。解放战争期间任中共中央工作委员会常委、华北财经委员会主任、华北人民政府主席等职。

中华人民共和国建立后，历任中央人民政府委员，政务院副总理兼政法委员会主任，最高人民法院院长，中国人民政治协商会议第二届全国委员会副主席，中共中央监察委员会书记，中华人民共和国副主席、代主席，全国人民代表大会常务委员会副委员长等职。是中共六届六中全会中央委员，第七、八、九届中央政治局委员，十届中央政治局常委。对人民民主政权和社会主义法制建设作出了重要贡献。主要著作收入《董必武选集》、《董必武政治法律文集》。诗词收入《董必武诗词选》。

**董存瑞** Dong Cunrui (1929-10～1948-05-25) 中国人民解放军战斗英雄。班长。河北怀来人。1945年7月参加**八路军**。1947年3月加入中国共产党。曾先后荣立3次大

功、4次小功，荣获3枚“勇敢奖章”、1枚“毛泽东奖章”。1948年5月25日在隆化战斗中，炸掉一座桥型暗堡时，毅然托起炸药包抵住桥身炸毁暗堡，壮烈牺牲，以自己的生命为部队开辟了前进的道路。同年6月8日，第四野战军第11纵队追授他“战斗英雄”、“模范共产党员”称号，命名他生前所在班为“董存瑞班”。1950年9月，被追认为“全国战斗英雄”。

**董福祥** Dong Fuxiang (1839～1908) 中国清末将领。字星五。回族。甘肃固原(今属宁夏)人。卒于甘肃金积堡(今属宁夏)。同治元年(1862)陕甘回民起义时，率众据甘肃安化(今甘肃庆阳)抗清，活动于陇东、陕北，声势颇大。后在陕北被**左宗棠**部刘松山击败，投降清军，所部改编为董字三营，先后从刘松山、刘锦棠镇压陕西、甘肃、西宁(今属青海)等处回民起义，升为提督。光绪元年(1875)，又随刘锦棠进兵新疆。以收复乌鲁木齐等地及平定南疆阿古柏骚乱有功，得左宗棠赏识。十六年，擢喀什噶尔提督。二十一年，率部至甘肃镇压回民起义。后调甘肃提督。二十三年，奉调防卫京师，所部编为**荣禄**所辖武卫后军。二十六年，**义和团运动**迅速发展，董福祥部士兵纷纷加入义和团，杀死日本驻华使馆书记官杉山彬，并参与围攻东交民巷使馆。**八国联军**侵占北京时，董福祥率军护卫**慈禧太后**和光绪帝西逃。义和团运动失败，旋被解职，禁锢家中。

**董辅礽** Dong Fureng (1927-07-26～2004-07-30) 中国经济学家。浙江镇海人。生于宁波，卒于美国北卡罗来纳州杜兰市。1950年于武汉大学毕业后留校任教。1953

年赴苏联莫斯科国立经济学院学习，1957年获副博士学位。回国后在武汉大学任讲师。1959年担任中国科学院经济研究所国民经济平衡研究组副组长。1977年后历任中国社会科学院经济研究所副所长、所长、研究员。1988年当选为七届全国人大常务委员。1978年实行改革开放政策后，他较早提出把生产资料所有制的本质与形式区别开来，并相应地提出了“政社分开”、“政企分开”的政策性建议；主张建立单一的市场调节经济体制等。主要著作有《苏联国民收入动态分析》、《社会主义再生产和国民收入问题》、《论孙冶方的社会主义经济理论》、《董辅礽选集》、《中国企业改革的理论与实践》、《经济发展战略研究》。主编有《“四人帮”对马克思主义经济学的篡改》、《社会主义经济制度及其优越性》。

**董狐** Dong Hu 中国春秋时晋国太史。又名史狐。周匡王六年(前607)，晋灵公无道，在朝会上用弹弓弹射诸大夫，以观大夫躲避弹丸取乐。赵盾入谏，灵公不但不听，还欲加害赵盾。赵盾逃亡至于郊，族人赵穿率众攻杀灵公。太史董狐记录这一事变，并当朝出示于众，说：“赵盾弑其君。”赵盾否认其事，太史说：“子为正卿，而亡不出境，反不诛国乱，非子而谁？”赵盾既不能规劝灵公，又不能制止事变，没有尽到正卿的职责，所以无法拒绝史官直书，只好默认“弑君”罪名。这件事后来受到孔子的称赞：“董狐，古之良史也，书法不隐。”董氏是辛有的后裔。史官伯黡掌管晋国典

籍，改姓籍氏。以后辛有的儿子董理典籍，晋国于是有董氏，这说明晋国的史官是世袭制。

**董建华** Dong Jianhua (1937-05-29～ ) 中华人民共和国香港特别行政区第一任行政长官（1996～2005），中国人民政治协商会议全国委员会副主席。籍贯浙江定海（今舟山）。生于上海。

1947年随父亲世界知名船王董浩云由上海移居香港。1960年毕业于英国利物浦大学机械工程专业，获理学学士学位。到美国通用汽车公司工作，三年后返港。1965年再次到美国，协助父亲开拓亚洲至欧美的航线。1969年自美国回香港，参加其父船业公司的管理，先后担任香港董氏集团主席兼行政总裁，东方海外（国际）有限公司主席，金山轮船国际有限公司主席，香港总商会执行委员和香港港口发展局委员等众多社会公职。1985年任中华人民共和国香港特别行政区基本法咨询委员会委员。1992年3月被国务院港澳事务办公室、新华社香港分社聘为首批港事顾问。同年10月获委任为香港行政局议员。1993年3月当选为全国政协第八届委员。1995年12月被任命为香港特别行政区筹备委员会副主任委员。1996年12月经选举后被国务院任命为香港特别行政区第一任行政长官。1997年7月1日就职。2002年2月当选连任香港特别行政区行政长官，同年7月1日就职。2005年2月增补为全国政协第十届委员。2005年3月辞去行政长官职务，增选为全国政协十届副主席。2008年3月当选全国政协十一届副主席。2006年10月，香港科技大学宣布授予他荣誉博士学位。同月，香港特别行政区授予他香港大紫荆勋章。2007年12月，获香港中文大学荣誉法学博士学位。

**《董解元西厢记》** *Tale of the Western Chamber Written by Dong Jieyuan* 中国金代诸宫调作品。即董解元《西厢记诸宫调》。简称《董西厢》。作者姓董，"解元"是金、元社会对读书人的敬称。元代钟嗣成在《录鬼簿》中称他为金章宗时人。其生平事迹已不可详考。《董西厢》是今存宋金诸宫调最完整的作品。它是在唐代传奇元稹《莺莺传》等基础上写成的，把一篇不满3 000字的传奇改编为5万多字的讲唱文学作品。它突出了反封建主题，人物性格也有很大变化。全书结构宏伟，除说词之外，它共用了包括14种宫调的193套组曲。有说有唱，曲多白少，语言优美。《董西厢》的出现，直接影响了王实甫《西厢记》杂剧的产生。这两部作品文学样式不同，语言风格各异，各有所长，是中国古典文学中表现同一题材的双璧。《董西厢》刻本甚多，人民文学出版社出版有凌景埏校注本。

**董每戡** Dong Meikan (1907～1980-02-13) 中国戏曲史家、戏曲理论家。原名董国清，曾以每戡、戈力士、丐丐为笔名。浙江温州人。1926年毕业于上海大学中文系，1927年春在上海开始戏剧创作活动。1928年入东京日本大学研究院攻读戏剧。1929年底回国，在沪加入"左联"和"剧联"，译介了一批外国电影戏剧的理论著作。抗日战争期间，任长沙"一致剧社"社长兼编导。抗战胜利后先后在南京金陵女子文理学院、上海剧专、大夏大学等校任教。1953年到广州中山大学任教。董每戡在民族戏剧史和戏剧理论方面的代表作是《说剧》和《五大名剧论》。《说剧》初版于1950年，增补本1983年由人民文学出版社出版，由《说"傀儡"》、《说"角抵""奇戏"》、《说"武戏"》、《说"影戏"》、《说女演员》等30个专题组成，是一部中国戏剧史论文集。《五大名剧论》1984年由人民文学出版社出版。该书将案头与场上结合起来，对古典名剧《西厢记》、《琵琶记》、《牡丹亭》、《桃花扇》、《长生殿》分别有详尽论述，颇有新意。

**董其昌** Dong Qichang (1555～1636) 中国明代画家、书法家。字玄宰，号思白、香光居士。南直隶华亭（今上海松江）人。万历十七年（1589）进士，选庶吉士，历仕万历、泰昌、天启、崇祯四朝，官至南京礼部尚书，加太子太保致仕。卒后赠太子太傅，福王时谥文敏。绘画专擅山水，师

图1 《赠稼轩山水》（故宫博物院藏）

法董源、巨然、黄公望、倪瓒等。讲究笔情墨韵，画格清润明秀。书法初学颜真卿，后转师晋、唐、宋诸名家，工楷、行、草书，自然秀雅。家富收藏，精书画鉴赏。书画理论对后世极有影响，有《容台集》、《容台别集》、《画禅室随笔》等。

董其昌的绘画多从古人画迹着手，通过悉心模仿和兼收并蓄地加以融会贯通，探求古人的笔墨情趣。他擅长运墨，墨色鲜丽，层次分明，于意趣简淡中见天真秀润。这一运墨特点，也体现在他的设色山水画中，其青绿设色鲜丽而不妖妍，浅绛设色简淡而又沉着。他还讲究笔法，往往皴、擦、点、染互施，追求运笔的丰富变化，强调不为物象所束缚。由于他过分强调临仿古人和追求笔墨趣味，不甚重视师法自然，所以山水构图多雷同，一般为远山、中水、近坡树，简称三段法，程式化意味较浓。董其昌传世的绘画作品相当丰富，其代表作有水墨山水《赠稼轩山水》（图1）、《岚容川色图》（均藏故宫博物院）等。

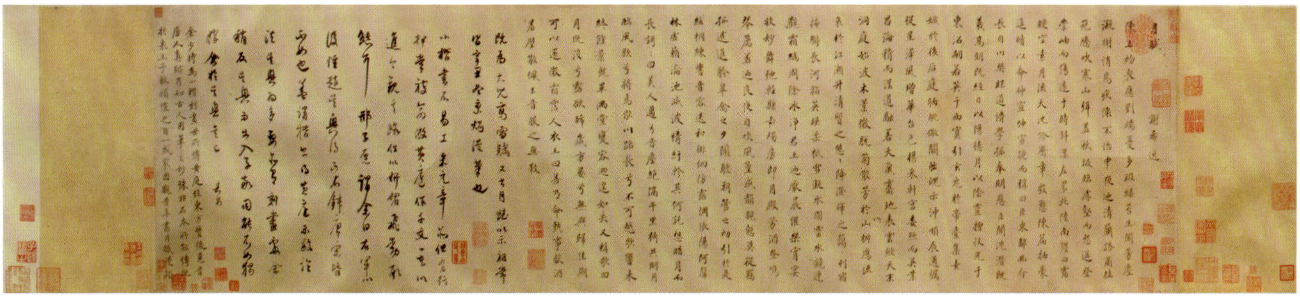

图2 《月赋》（故宫博物院藏）

其传世书法作品以行书最多，次草书，再次楷书，小楷书最为少见。代表作品有小楷书《月赋》(图2)、楷书《三世诰命》、行书《临柳公权兰亭诗》、草书《临张旭古诗帖》等。他重视师古，强调要多参阅古代法书真迹。其仿古作品着重表达意趣，而不在模拟前人的形迹。因此，颜真卿、徐浩的厚重朴茂，柳公权的瘦劲挺拔，李邕、杨凝式的攲侧险劲，苏轼、米芾的俊逸奇姿，这些不同的艺术特点都曾融合在他不同的师古作品中。

董其昌主张学习书法、绘画要以古人为师，进一步以造化为师，主张艺术家要读万卷书、行万里路，要有丰富的见闻和渊博的文艺修养。最集中体现董其昌艺术思想的是南北宗论。他借用唐代佛教禅宗分为南、北二宗来解释自唐至明数百年的绘画发展，按创作方法和画家的身份，将山水画也分为南北二宗，将水墨渲染画法的文人画家比作南宗，将以青绿勾填画法的职业画家视为北宗，而自诩为南宗正派。这种崇南贬北的观点带有宗派门户偏见，对明末清初以来绘画产生极大影响。但是他对唐以后山水画风格演变和笔墨技法的分析，对一些画家艺术优劣的品评也有一些精辟见解。

**董其武** Dong Qiwu (1899-11-27～1989-03-03) 中国爱国主义者，全国政协副主席，中国致公党中央委员会主席。山西河津人。卒于北京。1980年加入中国共产党。

1919年考入太原学兵团。1924年参加国民革命军第2军，历任排、连、营长等职。1927年任第4军侦察队队长、先遣纵队支队长、副团长、团长。抗日战争时期，参加长城抗战、绥远抗战、平型关战斗、忻口会战和太原保卫战等。升任第35军师长、第4军军长、第35军军长，晋陕绥边区副总司令兼第十二战区政治部主任。解放战争时期，任国民党军张垣警备司令、绥远省政府主席兼保安司令、西北军政长官公署副长官。1949年9月率部通电起义。中华人民共和国建立后，历任绥远军政委员会副主席、绥远省人民政府主席、绥远省军区副司令员，中国人民志愿军第23兵团司令员，华北行政委员会委员，中国人民解放军第69军军长。是全国政协三届、四届常委，全国政协五届、六届副主席，四届、五届全国人大常委。1955年被授予上将军衔。

**董事** director 股份公司董事会的组成人员。是具有行为能力的自然人，由股东大会选任。他既可以是股东，也可以不是股东。公司董事的人数至少为3名。在公司章程中一般都规定董事人数的上限和奇偶数。

董事的义务包括：①按照国家法规和公司章程办事，执行股东大会和董事会的决议。②维护公司的利益，不得泄露公司机密和做有损于公司利益的事情。③不得以自己或第三方的名义从事与本公司相同的经营业务。④监督其他董事特别是执行董事的行为。

责任包括：①对违反国家法规和公司章程的行为，需负法律和经济责任。②对实施违法分红方案，需要负责赔偿违法分红额。③由于故意或责任过失造成公司、股东和债权人损失时，应以失职责任赔偿。④由于直接或间接交易而违背公司利益时，需予以赔偿。⑤因故意或责任过失而对第三者造成损失时，应以不法责任赔偿。

**董事会** board of directors 股份公司常设的，对外代表公司、对内代表股东或组成公司的各单位，由若干名董事组成的集体决策的权力机构，向股东大会负责。董事由股东会选举产生。

董事会的职权包括：召集股东大会，并负责执行股东大会的决议；制订公司的经营目标、重大方针和管理原则；经理人员的任免，董事长、常务董事的选任；新股票的发行，公司债券的募集；协调公司与股东、管理部门与股东关系；提出赢利分配方案供股东大会审议等。董事会选任一人为董事长，全权代表公司。

董事会的义务是制作和保存董事会的议事记录，备置公司章程和各种簿册，及时向股东大会报告资本的盈亏情况和在公司资不抵债时向有关机关申请破产等。董事会的成员可以按章程规定随时任免，但董事会本身不能撤销，也不能停止活动。

董事会是公司的最重要的决策和管理机构，公司的事务和业务均在董事会的领导下，由董事会选出的董事长、常务董事具体执行。

**董希文** Dong Xiwen (1914-06-27～1973-01-08) 中国油画家。生于浙江绍兴，卒于北京。1933年起先后就读于苏州美术专科学校、杭州艺术专科学校、上海美术专科学校、国立艺术专科学校。1939年到越南河内美术专科学校继续学习，不到半年弃学回国，深入到贵州苗族地区，搜集素材，写生创作。1943年去敦煌石窟临摹古代壁画。1946年到国立北平艺术专科学校任教。其间所作《哈萨克牧羊女》等，融入敦煌壁画手法。中华人民共和国建立后，创作了《开国大典》、《春到西藏》、《红军过草地》、《百万雄师过大江》等作品。《开国大典》被称为探求油画民族风格的经典之作，惜因政治原因，多次被迫修改，并非原貌。

《春到西藏》(1952)

董希文曾任全国政协委员、中国美术家协会创作委员会委员、中央美术学院教授。出版有《长征路线写生集》、《董希文画辑》、《董希文作品选集》等。

**董瑶阶** Dong Yaojie (1894～1952) 中国汉剧演员。工贴旦。艺名牡丹花。湖北沔阳人。表演风格工细明朗，刚健多姿，独踞汉剧贴旦首席近40年。青年时代喜演“娃娃旦”，以《闹金阶》的曹金莲，《打渔杀家》的萧桂英，《小姑贤》的小姑等戏，为汉剧创造了一路脚色。晚年与李春森合演《活捉三郎》，时谓一绝。演做工繁重的《打花鼓》一类戏，载歌载舞，姿态流丽。他演《调叔》中的潘巧云，无思春之类表演，而于慵懒中见其精神状态之低下。演《挑帘裁衣》中的潘金莲，透过其贪小利偷布头时的神情，即触及了角色的灵魂。他善于从生活中悉心观察各种女性的神态动作，自谓“街头巷尾的妇女，汲水浣衣的村姑，都是我的师父”。他的表演艺术造诣很深，影响很大，为汉剧花旦所师法。

**董义芳** Dong Yifang (1902～1965) 中国高甲戏演员。工文武老生。福建泉州人。14岁入高甲戏班学艺，15岁随班到菲律宾、新加坡、马来亚、印度尼西亚和泰国等地演出。因嗓音洪亮，华侨称之为“铜钟声”。抗日战争初期回国，致力于高甲戏表演艺术的继承和改革。他吸收了京剧艺术的长处，并把它融合于高甲戏的风格中，使表演洗练、矫健，又保留了浓厚的地方特色。唱腔上充分发挥南音拉腔婉转悠扬的特点，动听感人，为很多演员所师法。倡议并实践用泉州语音为高甲戏念白的标准音，以后推广开去，逐渐趋向统一。董义芳擅演《碰碑》的杨继业，《取长沙》的黄忠，《王允献貂蝉》的王允，《斩黄袍》的高怀德，《草诏》的伍建章等。

**董寅初** Dong Yinchu (1915-09-20～2009-06-23) 中国人民政治协商会议全国委员会副主席，中国致公党中央委员会主席。生于安徽合肥，卒于上海。1938年毕业于上海交通大学，先后在上海和香港、荷属东印度（今印度尼西亚）任报社编辑，创办《朝报》。1942年被日军逮捕，1945年获得自由。任雅加达中华侨团总会总干事。1947年回国，任印度尼西亚建源公司上海分公司总经理、上海酒精厂厂长。中华人民共和国建立后，历任上海市公私合营外贸总公司副总经理，上海市贸易促进会副主任，上海华建公司董事长兼总经理。1976年后任上海市侨联主席，全国侨联顾问，上海市政协副主席，全国政协华侨委员会主任，全国政协八届副主席。1980年加入中国致公党，历任八届中央副主席、代主席、主席，九届、十届中央主席，十一届中央名誉主席。

**董源** Dong Yuan (?～962) 中国五代南唐画家。一作董元，字叔达。钟陵（今江西南昌附近）人。主要活动在南唐中主（934～960）时期。他不仅以画山水见长，而且能

《龙宿郊民图》（台北“故宫博物院”藏）

画牛、虎、龙及人物。其成就最高的是水墨山水。他用披麻皴和点苔法来表现江南一带的自然景色，其特点是用笔甚草草，近视几不类物象，远观则景物粲然，在技巧上富有创造性。他的名作《夏景山口待渡图》和《潇湘图》，将夏天江南的丘陵，江湖间草木畅茂、云气滃郁的景色表现得淋漓尽致。其传世作品还有《龙宿郊民图》等。董源所创造的水墨山水画新格法，被元四家和明代的吴门派奉为典范。

**董说** Dong Yue (1620～1686) 中国明末小说家。字若雨，号西庵。乌程（今浙江湖州）人。明亡后改姓林，名蹇，字远游，号南村，又名林胡子，并自称槁木林。中年出家苏州灵岩寺为僧，法名南潜，字月涵。一生著作很多，据《南浔志》载共有100多种，但传世较少。今存有《补樵书》、《七国考》和《西游补》等。《西游补》16回，约作于崇祯十三年（1640）前后，是一部具有现实主义精神的神话小说。叙述孙悟空“三调芭蕉扇”之后，化斋时为鲭鱼精所迷，渐入梦境，所见所闻，变化莫测，后被虚空尊者唤醒，始离梦境。作者托笔幻想，抨击明末的腐败政治和浮薄士风，刻画种种世相，对于权奸谴责尤烈。《西游补》有明崇祯间刊本、空青室刊大字本和1955年文学古籍刊印社影印本。

**董志塬** Dongzhi Tableland 中国黄土高原的“塬”之一。位于甘肃省西峰市。黄土沟壑间主要为较平坦的黄土塬、平顶的黄土梁、峁地貌组合。这里的黄土堆积厚达200米，是黄土高原黄土堆积最厚的地方。塬面平坦，地面坡度一般为1°～3°，四周受沟谷侵蚀，形成陡峻的边坡。塬面是重要的农产区，盛产玉米、谷子、糜子等。民间历来有“八百里秦川，不如半个董志塬边”的说法。由于董志塬两边马莲河西岸和蒲河东岸的蚕食，塬面面积不断缩小。据史料记载，唐代时董志塬南北长42千米，东西宽32千米，面积估计为1 300多平方千米。现在南北长大致如故，东西宽仅18千米，最窄处只有0.5千米，面积407平方千米。耕地由300多万亩减至100多万亩。近年在董志塬发现油气资源。

**董仲舒** Dong Zhongshu (前179～前104) 中国西汉思想家和政治家。信都广川（今河北景县西南）人。景帝时任博士，讲授《公羊春秋》。汉武帝元光元年（前134），董仲舒在《举贤良对策》中，系统提出加强中央集权制的主张，并建议“罢黜百家，独尊儒术”，为汉武帝所采纳。曾任江都王和胶西王相，后辞职回家，专门著书。但仍受到武帝尊重，朝廷每有大议，即派人到他家中征询意见。董仲舒著作很多，现在尚存的有《春秋繁露》及严可均《全汉文》辑录的文章两卷。

董仲舒以《公羊春秋》为依据，吸收法家、道家、阴阳家思想，建立了一个新的思想体系，成为汉代的主导意识形态。

在董仲舒思想体系中，“天”是最高的哲学概念，主要指神灵之天，是有意志、有情感，能主宰人世命运的人格神。董仲舒把道德属性赋予苍苍之天，使其神秘化、伦理化，并以“天人同类”、“人副天数”、“灾异谴告”说为内容，建立起一个天人感应的宗教神学体系。在此基础上，董仲舒提出了他的“性仁情贪”的人性理论，强调人道教化的必要。他提出“三纲五常”说，把君为臣纲、父为子纲、夫为妻纲和仁、义、礼、智、信作为社会生活的基本道德准则。他还提出“正其谊（义）不谋其利，明其道不计其功”的价值原则，强调道义的崇高性和神圣性。他建议兴办太学，通过教育培养贤才；提倡“春秋决狱”，以《春秋》经义为标准，断定是否犯罪。董仲舒还提出“奉天法古”，“天不变道亦不变”历史观，用三统三正学说论证历史发展的规律，认为历史是按照赤、黑、白三统不断循环的。每一新王受命，必须根据赤、黑、白三统，改正朔，易服色，称为新王必改制，但是“大纲人伦，道理、政治、教化、习俗、文义尽如故”，宗法社会的根本原则，是不能改变的。“王者有改制之名，无易道之实”。

董仲舒把儒学神学化，为当时宗法制度提供了主要的理论根据，因而被尊为群儒之首，成为汉代和整个中国宗法社会的重要理论家。

**董卓** Dong Zhuo (?～192) 中国东汉末年权臣。字仲颖。陇西临洮（今甘肃岷县）人。性粗猛而有谋断，从驻守边塞的地方官吏升迁为羽林郎，累迁西域戊己校尉、并州刺史、河东太守。中平元年（184）黄巾起义爆发后，奉命镇压响应起义的北地先零羌、湟中义从胡和金城人边章、韩遂，屡屡败北。灵帝病危时，他拥兵自重。灵帝死后，大将军何进和司隶校尉袁绍合谋诛诸宦官，不顾朝臣反对，私召董卓入京。董卓引兵驰抵京城，势力大盛，废黜少帝，立陈留王为献帝，卓迁太尉领前将军事，进位相国。董卓放纵士兵在洛阳城中大肆剽虏财物，淫掠妇女，称之为“搜牢”。又虐刑滥罚，以致人心恐慌，内外官僚朝不保夕；与此同时，他又为党人恢复名誉，起用士大夫，企图笼络人心。初平元年（190）冀州刺史孙馥与袁绍、孙坚等人兴兵声讨董卓。黄巾余部也陆续起兵关东。董卓挟持献帝西都长安，并焚烧洛阳宫庙、官府和居家，强迫居民数百万口随迁，致使洛阳周围200里内荒芜凋敝。初平三年四月，董卓入朝时为吕布所杀。消息传开后，百姓歌舞于道，置酒肉互相庆贺。董卓被陈尸街衢，其家族被夷灭。

**董作宾** Dong Zuobin (1895-03-20～1963-11-23) 中国甲骨学家、古史学家。字彦堂，号平庐。河南南阳人。卒于台湾。1923～1924年在北京大学研究所国学门当研究生。1928年任中央研究院历史语言研究所编辑员，后改任研究员，曾多次参加该所的殷墟发掘工作。1949年随所迁往台湾。此后曾任历史语言研究所所长、香港大学东方文化研究院研究员和台湾大学教授。主要

著作有《甲骨文断代研究例》(1933，收入《庆祝蔡元培先生六十五岁论文集》上册)、《殷历谱》(1945)、《西周年历谱》(1952，台北“中央研究院”历史语言研究所集刊23本下册)、《甲骨学五十年》(1955，后由严一萍改编为《甲骨学六十年》)、《中国年历总谱》(1959)等。台北艺文印书馆搜集董氏著作，编成《董作宾先生全集》，于1978年出版。

董作宾是中华人民共和国建立前历史语言研究所发掘殷墟所得的大量甲骨文的主要整理者。他第一个发现殷墟甲骨卜辞中记“贞人”之名的现象(董氏把为商王等卜问的人称作贞人)，并根据卜辞中所记的商王对先人的称呼、贞人之名以及卜辞字形、书体等方面的特点，进行综合研究，以划分卜辞的时代，建立了甲骨文断代研究的学说。殷墟甲骨文存在的时间前后200余年，董作宾划分为5个时期，后来又提出了分派的说法，作为分期学说的补充。董氏的断代学说，对甲骨文研究水平的提高起了很大的促进作用。但是他的那些具体结论并非完全正确，后来的研究者已经提出了不同的意见。董氏还从“新派”的祭祀卜辞里整理出了商王按照严格规定的日程逐个祭祀先王先妣的“五种祀典”(后来的研究者或称为“周祭”)。这也是对甲骨学的一个比较重要的贡献。

**动车组** multiple unit train; motor coach train 由两节或两节以上动车组成或由动车和附挂车组成的不需摘挂作业即可在铁路线上往返运行的列车。动车是载运旅客和行李包裹物品，且自身装有推进机的铁路运输车辆。动车组是地铁、城际间和市郊铁路小编组、大密度的高效运输工具，以灵活、方便、快捷、安全、可靠、舒适为特点。按动力装置可分为柴油动车组、燃气轮动车组和电力动车组三类。动车组在20世纪30年代取得迅速的发展。日本东海道新干线上行驶的电力动车组1979年时速达到319千米。法国“TGV”型电力动车组于1981年2月创时速380千米。中国动车组也得到快速发展，2008年6月共有110列国产时速200千米及以上动车组投入运营，覆盖东、中部的大部分和西部的部分主要城市。国产时速500千米动车组在京津城际创下了394千米的中国旅客列车最高时速纪录，2008年8月1日投入运营。中国自行设计制造的“和谐号”动车组，2011年1月创下487.3千米的世界铁路最高试验时速。

中国铁路动车组“和谐号”

**动画** cartoon 以连续的画面展示故事情节的一种绘画样式。又称卡通，为英语cartoon的音译。原指动画电影(动画片、卡通片)，也可将单幅或组合的画面印成画册发行。其特点是具有较强的情节性，造型多采用夸张变形、拟人化、拟动物化的手法，寓教育意义于趣味之中。其制作方法，早期主要为手绘，辅之以贴网纸等特殊技法，随着科技进步，多用电脑制作。中国第一部动画电影为1926年上海万籁鸣与其弟万古蟾、万超尘、万涤寰共同完成的《大闹画室》，1941年又完成第一部动画长片《铁扇公主》，又于1961年、1964年分别完成《大闹天宫》上、下集。中外各国动画艺术创作了很多深受广大观众喜爱的动画形象，如美国的米老鼠、唐老鸭，日本的阿童木、一休、机器猫，中国的孙悟空、葫芦娃、喜羊羊等。

动画片《大闹天宫》(1961)

**动画片** animated cartoon 美术电影中最基本的样式，是以图画表现人物形象、戏剧情节、作者构思的影片。见美术片。

**动机** motivation 行为发动的起因，也即个体用某种形式活动的主观原因。它可以是有意识的，也可能是无意识的。动机又分为内在动机和外在动机。最基本的内在动机是本能。另一种内在动机是从生理需要出发的，现代心理学称之为驱力。此外还有习得的动机。外在动机是以外界刺激为诱因的。能激发行动的奖赏或抑制冲动的惩罚，都是外界刺激。这些来自外界刺激的动机都属于外在动机。外在动机更多的是来自社会的刺激，诸如名誉、地位、团结、友谊等。这些对人来说往往是更为重要的。内外动机既可以互相促进，在一定条件下又可以相克。

**动机与效果** motive and effect 伦理学中关于道德评价的一对重要概念，也是人的道德行为过程的两个方面。动机是道德行为的直接动因，反映行为过程的主观方面。包含着对道德理想、道德原则和规范以及人生目的的认识，是道德行为的基本动因或出发点。在伦理学意义上，动机不同于愿望和目的。目的是行为所要达到的结果，它表现为动机、意图的愿望，并贯穿于行为的全过程，即使在动机改变的情况下，目的仍然起作用。效果反映行为过程的客观方面，它是由动机引发的行为实践及其客观结果。效果不仅指预期目的的实现，也包括行为活动和影响。效果既是判断动机好坏的标志，又是产生新动机的前提。中外伦理思想史关于道德评价的标准，曾有过动机论和效果论的长期争论。有些思想家提出要兼顾动机和效果两个方面，例如中国的墨子最早提出过“合其志功而观焉”的思想。在近代西方，G.W.F.黑格尔从唯心主义方面辩证地解释了动机和效果的关系问题，认为评价人们行为的道德价值必须坚持内外统一、主客观统一的原则。马克思主义伦理学在唯物主义的基础上提出了动机与效果辩证统一的科学理论。

**动静脉瘘** arteriovenous fistula 动脉与静脉之间发生异常短路通道所致的瘘管。即动脉血未经所应灌注组织的毛细血管网即直接流入与其相伴行的静脉。未灌注的组织发生缺血，静脉因压力及流量增加而发生相应的变化，并出现回心血量增加引起的一系列循环动力学改变。先天性动静脉瘘属胚胎发育障碍。有些本应萎缩吸收的血管网若停留在胚胎阶段，就成为额外的动静脉间的直接联系。因此先天性瘘孔是多发的，比较小，诊查时不易发现。后天性动静脉瘘多由贯通伤引起。瘘孔多较大，多发生在主干血管，局部及全身病理变化较显著，应当手术修复或切除。

**动觉** kinesthesis sense 对自己身体的运动和位置状态的感觉。其感受器是分布在肌肉、肌腱、韧带和关节中的肌梭、腱梭和关节小体等。当关节伸屈或肌肉弛缩时就会刺激这些感受器，产生神经冲动，其中枢在大脑皮层的中央前回。动觉在人的认识和活动中具有重要作用。动觉和肤觉结合产生触摸觉，在排除视觉的条件下，通过手的触摸运动可以正确地知觉物体的大小、形状和弹性。在视觉器官的工作中，由于有眼肌的动觉参与，才能有关于物体的大小、远近的视知觉。在言语活动中，声带、舌与唇的精确协调运动，是语音知觉的重要条件。在随意运动中，由于肌肉运动的速度和强度等信号不断传入大脑，形成反馈信息，才能实现大脑对肌肉运动的神经调节，使随意运动成为可能。动觉在各种感觉的相互协调中起着重要作用，如果没有动觉和其他感觉的结合，人的知觉能力就不能得到正常的发展。

**动力机械** power machinery 将自然界中的能量转换为机械能而做功的机械装置。

早在1世纪，亚历山大（埃及）的希罗已论述用水力、风力和热空气推动的机械。18世纪末蒸汽机问世，进一步开拓了热能和化学能的利用，导致工业革命的发生。19世纪末内燃机的发明和应用，促进了交通运输业和机械制造业的快速发展。19世纪末至20世纪初，随着汽轮机、燃气轮机、喷气式发动机及火箭发动机的发明，交通运输的速度大大提高，航天事业也得到了开拓，并进一步带动和促进其他科学和工业部门的发展。

动力机械按其将自然界中不同能量转变为机械能的形式可分为：①风力机械。有风帆、风车（风力机）、风磨等。20世纪出现直接应用风力的发电装置。据估计，地球上风能蕴藏量约达10吉瓦，而已经利用的不及白分之一，故风能大有开发的前景。②水力机械。有水车、水磨、水轮机等。20世纪以来，利用水轮机发电的水电站日益增多。③热力发动机。热力发动机包括蒸汽机、汽轮机、内燃机（汽油机、柴油机、煤气机等）、热气机、燃气轮机及喷气式发动机等。内燃机的应用最为广泛。船舶、机车、汽车、拖拉机、物料搬运机械、土方机械、坦克、排灌机械、摩托车、电影放映机、航空模型、小型发电装置等无不以内燃机为动力。

**动力气象学** dynamic meteorology 应用物理学的基本定律，从理论上研究大气运动演变规律的学科。大气科学的一个分支。动力气象学研究的是发生在旋转的地球上，密度随高度增加而递减的空气（称为旋转层结流体）运动的特殊规律。从这个意义上说，它又是流体力学的一个分支。

动力气象学通常包含大气热力学和大气动力学两大部分。前者重点研究大气运动的热力过程，后者重点研究大气运动的动力过程。由于热力过程和动力过程的相互依存和相互作用，所以大气运动的演变是一个复杂的非线性系统。

经典的动力气象学研究的主要对象以及所取得的重要成果，着重在中、高纬度的大气大尺度（水平范围在1 000千米以上）运动方面。而近代的动力气象学在低纬度的大气大尺度运动、大气中小尺度（水平范围在几十千米到几百千米）运动、平流层大气运动和数值天气预报、非线性大气运动等方面都取得了重大的成果。随着全球变化研究的深入，动力气象学的研究对象已不局限于大气本身，而需要把发生在海洋和陆地中的过程统一起来考虑。

**动力学** dynamics 研究物体机械运动与受力之间的关系的学科。力学的分支。通常包括质点动力学、质点系动力学、刚体动力学及动力学专门问题几个部分。

I.牛顿是动力学的奠基者，由他的第二定律可导出动力学的三大定理（动量定理、动量矩定理与动能定理）。牛顿的动力学后被发展为分析力学，其核心概念由力转移到能量。在经典力学范围内，以力为核心概念与以能量为核心概念是等价的；但在物理的其他领域，力与加速度的概念可能显得没有意义，而能量的概念却无处不在。

**动力学普遍方程** general equation of dynamics 作用在受理想约束质点系上的所有主动力和惯性力，在任一瞬时任一虚位移上的元功之和等于零的方程。又称达朗贝尔-拉格朗日原理。它是动力学普遍原理之一，是研究质点系动力学的基础。可写为：$\sum_{i=1}^{N}(\boldsymbol{F}_i-m_i\boldsymbol{a}_i)\cdot\delta\boldsymbol{r}_i=0$。式中$\boldsymbol{F}_i$为作用在第$i$个质点上的主动力；$m_i\boldsymbol{a}_i$为作用在第$i$个质点上的达朗贝尔惯性力；$\delta\boldsymbol{r}_i$为第$i$个质点的虚位移。动力学普遍方程提供了具有任意多个自由度质点系的全部运动方程。如用广义坐标表示一个完整系统的虚位移，则由动力学普遍方程可得出著名的拉格朗日方程。考虑到非完整约束（见约束）对虚位移的限制，还可导出非完整系统的运动微分方程。

**动量** momentum 物体平动的量度。在经典力学中，动量是物体质量$m$和速度$\boldsymbol{v}$的乘积，为一矢量，和速度同向。动量是从动力学角度度量物体运动的一个物理量，而速度只从运动学角度描述了物体的运动。动量一词最早出现在伽利略的著作中，R.笛卡尔继承了他的说法，把$m\boldsymbol{v}$称作“运动之量”，并提出了宇宙间运动之量的总和不变的原理。但他把运动量看作标量。1666年，惠更斯等人定义动量为矢量，并成功分析了在物体的弹性碰撞中运动的转移和守恒问题。质点系的动量可借助质点系的质心$C$的速度$\boldsymbol{v}_C$计算：$\boldsymbol{p}=m\boldsymbol{v}_C$。质量为$m$的歼击机以$\boldsymbol{v}$作等速直线飞行时，若绕质心作翻滚特技时，虽然飞机上各点的速度都发生变化，但飞机的动量不变。一个质量为$m$的均质圆盘绕其中心作转动，不管角速度如何，圆盘的动量为零。速度接近光速的粒子，根据狭义相对论，其动量为$m_0v/\sqrt{1-v^2/c^2}$，$m_0$为静止质量，$c$为光速。可见当物体速度趋近光速时，动量将趋向无穷大。据量子力学理论，以光速运动而静质量为零的光子也有动量，它以$h/\lambda$或$E/c$表示，式中$h$是普朗克常数，$\lambda$为光的波长，$E$为光子能量。此结论已在亚原子粒子运动的转移和守恒中得到证实。在国际单位制中动量的单位为千克·米/秒。

**动量定理** momentum, theorem of 动力学普遍定理之一。内容为物体动量的变化等于物体所受外力的冲量。即$\Delta\boldsymbol{p}=\boldsymbol{F}\Delta t$。式中$\boldsymbol{p}$为物体的动量，$\boldsymbol{F}$为物体所受外力，$t$为外力作用时间。反映了力的时间积累效应。质点系的内力可使质点系内各质点的动量发生变化，但不能改变质点系的总动量。

动量定理可用来求解动力学两大基本问题，即已知运动求力和已知力求运动。动量定理可由牛顿第二定律推出，因此其普遍性和适用范围也与该定律相同。

**动量守恒定律** conservation of momentum, law of 在惯性系统中，任何物质系统在不受外力作用或所受外力之和为零时，它的总动量保持不变。动量守恒定律的成立，不随系统内部发生的变化（碰撞、分裂、爆炸、化学反应等）而变。系统动量守恒时其质心保持原速度方向作等速直线运动。当外力在空间不为零时，该定律仍可适用于外力（或其分力）为零的某一个方向上。对外力远小于系统内力的系统（如锤击、打桩），可近似视为外力之和为零的系统。动量守恒定律是对同一个惯性坐标系而言的，换以不同的惯性坐标系，总动量的数值和方向相应需要改变。这个定律对于接近于光速$c$的相对论力学也成立。在微观领域中粒子和粒子之间的散射也适合动量守恒定律。动量守恒定律是由空间不变性决定的。所以该定律是物理学中的一个基本定律。在四维时空中，可以把物质（包括场）的动量守恒定律和能量守恒定律统一起来。

**动脉瘤** aneurysm 动脉管壁局限性、永久性的异常扩张所致的瘤性病变。多属真性动脉瘤，即其动脉管壁的构造与正常动脉壁相同。主要病因为动脉硬化，动脉壁中层弹力膜断裂、薄弱、动脉周径逐渐扩大；其次为感染或其他炎症引起的退行性变性；少数为先天性动脉中膜缺陷。损伤性动脉瘤是假性动脉瘤，又称搏动性血肿。动脉瘤可发生在躯干、肢体、内脏等全身各处，主要危险为破裂后继发的出血及血栓脱落后的栓塞。手术治疗可获较好疗效。

**动脉栓塞** arterial embolism 由血栓、粥样硬化斑块、空气、脱落的肿瘤组织、脂肪等形成的栓子引起急性动脉闭塞所致局部及全身病理改变。其中以血栓及粥样硬化斑块二者所致最多见。

临床所见的动脉栓塞几乎都发生在动脉分叉处，尤以下肢多见（主动脉分叉、髂总动脉分叉、腘动脉分叉等）。栓子嵌塞于动脉腔内，血流立即完全或部分中断，引起受阻血管远侧及其侧支动脉的强烈痉挛。痉挛愈严重，引起的缺血和相应的临床症状（如疼痛、麻木、寒冷、苍白等）愈严重，肢体坏疽的危险也愈大。

继发性血栓不仅在动脉，在静脉内也可发生。伴行的深静脉血栓形成是肢体预后不良的征兆。继发性血栓的形成及其繁衍，严重影响肢体的命运。

动脉栓塞发生后，只要没有手术禁忌，宜尽快在发病后6～8小时内施行栓子摘除手术。手术愈早，效果愈好。根据栓塞部位、发病时间及全身状况，可以选择应用经皮注导管栓子吸除、手术栓子摘除或血管内腔镜栓子摘除术治疗。

**动脉硬化** arteriosclerosis 动脉血管内膜或中膜组织变性、增生，继以动脉血管壁增厚、僵硬为共同特征的病变。一般分为：①动脉粥样硬化。②细动脉硬化。③动脉中层硬化。三者的病因、发病、病理过程及对机体的危害均有很大不同。动脉粥样硬化最常见。

细动脉硬化 细小动脉的弥漫性增生病变，其发生与高血压和糖尿病有关。开始为细小动脉痉挛，其后小动脉内膜下弹力纤维增厚，随病程进展，中层、外膜也增厚，血管变硬，管腔狭窄。全身细小动脉硬化使许多脏器血液供应相应减少，脏器缺血后会发生一系列结构和功能损害。细动脉硬化对心、肾、脑的影响最为显著。

动脉中层硬化 病变主要累及中、小型动脉。病理改变为动脉中层肌纤维断裂、变性、坏死，弹力组织日渐消失而代之以钙化，致使血管变硬，屈曲延长。单纯动脉中层硬化不引起管腔明显狭窄或破裂，因此不引起症状。临床上此病无重要意义。

**动脉粥样硬化** atherosclerosis 动脉内膜的脂质纤维斑块发生坏死，形成粥样物质的一种最常见、最重要的动脉硬化病变。血管内皮损伤是始动因素，随后内膜有脂质沉积，并伴平滑肌细胞和结缔组织增生，在内膜上形成纤维斑，使血管壁增厚、变硬、管腔狭窄，斑块内沉积大量脂质的结缔组织发生坏死。病变主要累及大、中型动脉，即主动脉及其主要分支（脑、肾、四肢动脉及冠状动脉等）。主要患病因素为高脂血症、糖尿病、高血压、肥胖和缺乏运动、吸烟、精神紧张等。病变常始于儿童时期，进展缓慢。早期防治，病变尚可逆转。多数人至中老年期时病变已进展至粥样斑块期导致动脉管腔明显狭窄，甚至堵塞，引起脏器缺血时始产生症状。此病严重影响中老年人的生活和工作，是老年人死亡的主要原因之一。

**动能** kinetic energy 物体由于机械运动而具有的能量。是物体机械运动的一种度量。质量为$m$的物体以速率$v$运动时，它的动能$T=\frac{1}{2}mv^2$，质点系的动能为系中各质点动能的总和，$T=\sum\frac{1}{2}m_iv_i^2$。动能是标量且总为正数，单位与功相同，为牛·米或焦。

在力学发展史上，1686年G.W.莱布尼茨提出以$mv^2$度量物体做功的能力，并称为“活力”，后来科里奥利将它改为$(1/2)mv^2$。最后J.L.R达朗贝尔根据对狭义相对论的动能表达式的分析，指出$\frac{1}{2}m_0v^2$是更普遍的动能表达式，式中$m_0$为物体的静止质量。

**动能定理** kinetic energy, theorem of 动力学普遍定理之一。可表述为：质点系的动能的变化等于质点系所受作用力做功之和。反映了$\boldsymbol{F}$的空间积累效应。数学表达式：$T_2-T_1=W^{(e)}+W^{(i)}$。式中$W^{(e)}$、$W^{(i)}$分别表示运动过程中外力和内力的总功；$T_2$、$T_1$分别为质点系受力前后的动能。质点系的内力虽成对出现，但两个力作用在不同的质点，作用点的位移不同，因而一对内力做功总和一般不为零。对内力做功之和为零的理想约束，如绝对光滑接触、绝对粗糙接触、不可伸长的轻质绳、不可伸长的轻质杆和刚体的约束等，质点系动能定理为：$T_2-T_1=W$。$W$为运动过程中主动力的总功。当摩擦力做功时，约束不是理想约束，但仍可应用该式计算。当作用在质点系上的内力和外力都是保守力（见势能）时，由动能定理可推出质点系的机械能守恒定律。当有非保守力（如摩擦力和阻力）作用时，机械能的全部或部分将转化为其他形式的能。动能定理也被视为在宇宙中普遍成立的能量守恒定律在机械运动中的表述。

**动能武器** kinetic energy weapon 利用物体高速飞行时具有的巨大动能，直接碰撞摧毁目标的武器。新概念武器的一种。主要用于拦截导弹和攻击军用卫星。它与一般常规武器的主要区别是具有极高的制导精度和攻击速度。

动能武器主要由两大部分组成：一部分是与目标直接碰撞并摧毁目标的动能杀伤弹头，通常称为“动能拦截器”（KKV）；另一部分是用于运载动能拦截器并使之达到所需速度的推进系统。动能拦截器是一种能够精确自主寻的的飞行器，主要由导引头、信号与数据处理机、惯性测量装置和轨道与姿态控制系统组成。依据推进系统的不同，动能武器可以分为不同的类型。如利用电磁能发射和加速动能拦截器的动能武器称为电磁炮，利用助推火箭发射和加速动能拦截器的动能武器称为动能拦截弹。其中，动能拦截弹是一种技术较为成熟并得到重点发展的动能武器。依据部署地点的不同，动能拦截弹可分为天基、地基和海基等类型。

**动态规划** dynamic programming; DP 研究多段（多步）决策过程最优化问题的一种数学方法。最优控制和运筹学的重要数学工具。为了寻找系统最优决策，可将系统运行过程划分为若干相继的阶段（或若干步），并在每个阶段（或每一步）都作出决策。这种决策过程就称为多段（多步）决策过程。多段决策过程包括阶段、状态、决策、策略和目标函数五个要素，每一阶段的输出状态就是下一阶段的输入状态。某一阶段所作出的最优决策，对于下一阶段未必是最有利的。多段决策过程的最优化问题必须从系统整体出发，要求各阶段选定的决策序列所构成的策略最终能使目标函数达到极值。

动态规划的理论基础是最优化原理和嵌入原理。最优化原理体现了动态规划方法的基本思想，不论初始状态和初始决策如何，以初始决策所形成的阶段和状态作为初始条件来考虑时，余下的决策对余下的问题而言也必构成最优策略。嵌入原理是把所研究的过程嵌入一个过程族。一个具有已知初始状态和固定步数的过程总可以看作是初始状态和步数均不确定的一族过程中的一个特殊情况。通过研究过程族的最优策略族的共同性质得出一般通解，这个通解自然也适用于原来的特殊问题。动态规划的基本方法就是根据嵌入原理把一个多步决策问题化为一系列较简单的一步决策问题，可降低数学处理上的难度。

应用最优化原理和嵌入原理可推导出动态规划的基本方程，称为贝尔曼方程。动态规划方法在工程技术、企业管理、工农业生产以及军事部门都有广泛的应用。比如在企业管理方面，动态规划方法可以用来解决最优路径问题、资源分配问题、生产调度、库存、装载、排序、设备更新、最优工艺等问题。所以是一种重要的决策方法。

**动吻动物门** Kinorhyncha 动物界一门。体长不到1毫米的海产小型底栖无脊椎动物。又称刺皮动物门。有圆动吻虫目和平动吻虫目2目6科100余种。完全分布于海洋中，也见于大洋深处。

身体蠕虫形，体长不到1毫米。体表多刺，无纤毛，被有角质层，腹面平，背面拱，两侧对称，分头、颈和胴3个区。成体由13个体节构成。第1节是头，第2节为颈，胴部分11节。肛门位于最后一个体节。在体壁和肠道之间为假体腔，其内充满体液，并含变形细胞。雌雄异体。通常生活于表层几厘米内的泥质沉积物中，少数生活在海藻上，以硅藻和有机碎屑为食。

**动物** animal 生物分类学中动物界物种的统称。此界成员均属真核生物，包括一般能自由运动、以（复杂有机物质合成的）碳水化合物和蛋白质为食的所有生物。动物界作为动物分类中最高级的阶元，已发现的共35门70余纲约350目，包括原生动物、多孔动物、刺胞动物、扁形动物、线形动物、苔藓动物、环节动物、软体动物、节肢动物、棘皮动物、脊索动物等，已知有150多万种，分布于地球上所有海洋、陆地，包括山地、草原、沙漠、森林、农田、水域以及两极在内的各种生境，成为自然环境不可分割的组成部分。由于对生活环境的适应性变异，依门类不同，动物在形态、结构和功能上差异悬殊。

动物与植物及其他各界生物不同，一般不能将无机物合成为有机物，只能以植物、微生物或动物等作为营养来源，是异养的，因而发展了独特的形态结构（神经、肌肉系统等）、生理功能（兴奋、抑制、自稳态等）、行为（取食、求偶），以进行消化、吸收、呼吸、循环、排泄、感觉、移动和繁殖等一系列生命活动。

动物与植物的关系密切，两者在很多方面是相似的，如有相似的化学组成，均能直接摄取水和无机盐，有共同的起源和祖先等。低等的动植物均兼具对方的特性。它们的差别是适应性的，只有在多细胞的高等动物和高等植物间才有明显差别；另外，动物无细胞壁或细胞壁由含氮物质组成，而植物的细胞壁由纤维素组成。

人类也是动物界的成员，属于脊索动物门哺乳纲灵长目人科。人与动物关系密切。许多动物（如家畜、家禽、鱼类等家养动物）是人类的食物来源和工业、医药业的原料，给人类的生存和发展带来了巨大利益；也有许多动物破坏人类的生产活动（如害虫、害兽）或给人类带来严重的疾病；一些动物（如猫、狗）是人类的伴侣。人类要善待自然，包括善待动物。

**动物崇拜** animal worship 自然崇拜的一种变体形式。最早发生在狩猎时期的原始社会，是人类出现最早也最为普遍的崇拜形式之一，至今仍在某些狩猎民族中存在。其产生的原因在于早期人类认为动物是某种特定神灵的化身或代表，从而产生敬畏的情感。如欧洲和中国新石器时代的许多部族曾经以肥胖多脂的猪作为地母神的象征来加以膜拜。动物优于人类的身体素质和感官能力使人们更加确信它们具有某些神奇的精神力量，并且希望通过各种动物祭祀仪式获得这种能量。动物崇拜的最重要形式是把某种动物神化，然后加以崇拜。在一些狩猎民族对动物表示敬意的仪式中，人认为自己和动物是同类，既为杀死动物而感到恐惧和内疚，又不得不以动物为食，所以在杀死动物之后举行祭祀仪式，以示谢罪，平衡人对动物的矛盾情感。有些民族把某种动物神化为自己的祖先，形成图腾崇拜，这也是动物崇拜的一种表现形式。典型的动物崇拜如印度教徒的“圣牛”崇拜，在日常生活中要避免伤害动物，有关于动物的特殊禁忌。还有一些动物崇拜只表现在特定的仪式或节日，如浙江云和一带汉族认为，牛王帮助牧童看管了耕牛，故每年农历冬至日要举行祭牛活动，以示谢意。

**动物地理学** zoogeography 研究动物在地球表面的分布及其生态地理规律的学科。是地理学与动物学之间的边缘学科。英国进化论者A.R.华莱士系统地探讨了动物在地球上的分布，对P.L.斯克莱特所划分的世界陆栖动物的分布区（界）进行了补充修正，成为现代陆栖动物区划的基础；1860年提出华莱士线和1876年发表《动物的地理分布》，成为动物地理学的奠基人。

中国自20世纪50年代以后，对全国动物地理区划和陆栖脊椎动物、昆虫等动物地理区划进行了研究，代表性著作有《中国鸟类分布名录》、《中国动物地理区划与中国昆虫地理区划》、《中国自然地理·动物地理》等。研究内容包括：①各自然带及景观中的动物群组成与结构特征。②动物分布图的编制。③动物分布区、类型的划分。④依据系统的动物分布资料，分析动物分布与自然环境演变（历史、现代）的关系。⑤探索各动物区系的特征及形成。⑥以历史或生态的观点进行动物地理区的划分。一般分为历史动物地理学和动物生态地理学。前者研究不同动物分布区的形成及其变迁，探讨各地动物在系统演化上的关系及其相似性，进行动物地理区的划分。后者着重研究动物生长发育与分布的生态因素，探讨动物与环境的相互关系及其空间分布规律，进行动物生态地理群的区域划分。在生产实践中，动物地理的研究与野生动物资源的保护与利用密切相关。

**动物福利** animal welfare 动物与其所处的环境协调一致，精神和生理完全健康的状态；或指满足动物的身体及心理与环境维持协调状态所必须的外部条件。协调指不存在阻碍动物维持正常生活、健康及舒适的不良刺激、超常刺激或任何负荷条件或人为地剥夺动物的需要。可以通过测量动物的行为和生理变量来推测和衡量动物福利的状况。生理指标是最简单、最基础的首要指标；有些物种的典型行为（如成功的生殖行为）也是衡量动物福利的一个有效的指标。除生理健康外，其他重要的指标还有：动物可以根据自己的需要，有效地应付环境和自己生理条件的日常变化；动物可以积极地参加有益的种内特异活动；没有可导致自我伤害或其他恶性后果的适应不良的、病态的行为出现；脾气秉性平衡（攻击性和被动性的适当平衡），没有暗示着痛苦的慢性征兆。动物福利研究不仅是学术的，也包含社会道德的内容。

**动物疾病** animal disease 动物机体受到内在或外界致病因素的作用而发生的一系列损伤与抗损伤的复杂过程。机体表现为局部、器官、系统或全身的形态变化和（或）功能障碍。使机体内外环境之间的动态平衡状态发生紊乱，从而出现一系列的症状与体征并造成生活能力下降及经济价值降低。在这一过程中，若损伤大于机体的防御能力，则疾病恶化，甚至导致死亡；反之则疾病痊愈，机体康复，间或遗留某些不良后果。

分类　根据疾病性质主要可分下列三大类：①传染病。病原包括病毒、细菌、立克次氏体、衣原体、霉形体和真菌等微生物。②寄生虫病。寄生虫主要包括原虫、蠕虫和节肢动物三类。前二者多为内寄生虫，后者绝大多数为外寄生虫。③普通病。主要包括内科、外科和产科疾病三类。

根据同时发病动物多少可分为群发病和散发病两类。一般传染病、寄生虫病、中毒和营养缺乏病多为群发。在群发疾病中，又可根据其流行方式分为地方性、流行性和大流行性疾病。普通病虽多为散发，但某些中毒疾病和营养缺乏，特别是微量元素缺乏疾病，多与某一地区饲料和土壤的特性有关，亦常呈地方性流行。此外，动物疾病还可分为本土疾病和外来疾病。

危害　据历史记载，动物疾病中以烈性传染病所引起的经济损失最为严重。如18世纪欧洲各国牛瘟流行，仅法国1713～1766年就病死1 100万头牛；中国在20世纪30～40年代，每年死于牛瘟的牛达100万～200万头。寄生虫病和普通病由于多呈隐袭性或慢性，其后果是造成发育迟缓、生产能力降低、产品质量低劣、使役能力减弱，以及间断而持续的死亡，导致的损失也是严重的。

除经济损失之外，家畜传染病和寄生虫病中能传染给人的达170种以上，严重危害人类健康，并使公共卫生受到严重威胁。

演变　随着许多烈性传染病渐被消灭或控制，一部分兽医工作者将注意力转向为害严重的寄生虫病，制成了许多广谱高效的驱虫药；同时对一些常见多发的普通病的病因、病理进行了较深入的研究，对其诊断和防治方法作了改进，减少了损失。但是，兽医对疫病的人工干预、病原－宿主－环境生态关系的改变、畜牧业经营的日益集约化以及环境污染的不断加重，又使动物疾病随之发生了某些新的变化，主要表现在：①一些急性传染病性质的变化。无论在欧洲、日本或中国，猪瘟都有逐渐转为慢性和非典型性的倾向；欧洲的猪丹毒病程也明显趋于慢性，从而造成诊断和防治上的困难。②医院内感染的产生。这与抗菌药物特别是抗生素在动物疾病防治中的滥用以及被广泛用作促进生长的饲料添加剂等有关。因长期应用抗生素，在家畜寄生虫方面也有类似的抗药现象，迫使药物学家必须不断寻找和合成更有效的驱虫新药。③多因素传染病抬头。在一些"古典"的单病因特殊传染病逐渐被消灭或控制之后，一些致病力微弱、分布广泛、原来只作为条件病原而与牲畜维持共生的微生物，如某些大肠杆菌、变形杆菌、绿脓杆菌、布鲁氏菌、产气荚膜梭菌、霉形体、肠病毒、呼肠孤病毒、腺病毒、疱疹病毒和轮状病毒等，就在机体被内在或外界不利因素削弱时乘虚而入，表现高速的繁殖力和急剧散布的倾向，从而引起各种多因素传染病。④营养代谢和中毒疾病的广泛发生。随着畜牧业经营的集约化、工厂化以及对高额产量的追求，畜体负累日重，经常处于应激状态，在饲养管理和营养条件不能与此相适应时，便极易引起营养代谢疾病。另外，由于日益加重的各种毒物污染，也使各种家畜和水族首受其害。⑤生态失调疾病增多。动物在天然情况下有时也有生态失调现象，但工厂化饲养却使生态失调几乎成为一种经常状况，从而使各种生态失调疾病增多，表现为畜禽疲惫、刻板症、互相啄咬、同类残食等，终致繁殖率下降，产量减少，寿龄缩短，经济效益低落。

*动物疾病研究与人类健康* 动物疾病的研究虽然主要为了减少疾病对家畜的危害，但它同时也对医学的进展起过巨大作用。如近代医学上最早证实的细菌性疾病是动物*炭疽*（1878），最早证实的人和动物的病毒性疾病是牛的*口蹄疫*（1897），首先发现的昆虫传播的疾病是牛的得克萨斯热（1893）。特别是1796年发现牛痘苗可以预防天花，从而使人类通过种痘，于20世纪70年代在全世界范围内基本消灭了这种可怕的传染病。此外，动物疾病的研究还从动物疾病作为人类疾病的预警系统、人类疾病动物模型的塑造、比较医学和生物医学的兴起等方面促进了医学的发展。

**动物检疫** animal quarantine 按照国家法规对各种动物及其产品的疫病检查、定性和处理。通过动物检疫，对可疑或已证实的疫病对象实行强制隔离，或作出适当处理，目的是防止动物传染病的传播，保障畜牧业的安全和人体健康。

动物检疫可分为进出境检疫和国内检疫两大类。进出境检疫指进口或出口的家畜及其产品以及观赏动物和野生动物等在到达国境界域时所受到的检疫。一般的检疫对象为国内尚未发生、而国外已经流行的疾病，为害较大而又难以防治的烈性传染病和重要的人畜共患病等。国内检疫指在国内各省、市、县或乡镇地区实行的检疫。其中动物检疫包括产地检疫、运输检疫和屠宰检疫。产地检疫是指对县境内流动的动物，在离开饲养生产地之前的检疫。运输检疫是指对运输出县境的动物实施的检疫。屠宰检疫包括屠宰场（点）宰前与宰后的检疫等。国内检疫对象按国家统一规定，由法定的检疫（验）机构和人员，采用法定的检验方法，依照规定的检验项目、检疫对象、检验标准以及管理形式和程序进行。

此外，尚有国际邮包检疫和过境检疫等。检疫手段有：①隔离观察。根据临床症状给予判断；②实验室诊断。按照中国的有关规定，凡从国外输入的动物及其产品，在到达国境口岸后由国家检疫机构按规定要求检疫。输出动物及其产品由外贸部门负责管理，对合格者签发"检疫证明书"，准予输出。

**动物交往** animal communication 动物之间传递信息、交流感情和互相影响的联系过程。见*动物通信*。

**动物胶** animal glue and gelatin 以动物的皮、骨为原料，将其中所含的胶原经部分水解、萃取和干燥制成的*蛋白质*固形物。色淡黄到棕色。溶于水，微溶于酒精，不溶于有机溶剂。其水溶液具有表面活性，黏度较高；冷却后冻结成有弹性的凝胶，受热后又为溶液。后者是动物胶的特性，可以定量地以凝胶强度来表示，称为冻力。这是决定动物胶商品价值的物理性能。

动物胶可用作黏结剂、乳化剂、乳化稳定剂、絮凝剂等，在食品、照相材料、制药、化妆品、造纸、纺织、印刷等生产领域有重要的用途。已有30多个行业、1 000多种产品使用动物胶。尽管新材料不断出现，但在有些领域，动物胶仍不能被取代。

动物胶按原料可分为骨胶和皮胶两大类。按产品的精制程度分，简单加工的粗制品为骨胶和皮胶，精细加工的精制品为明胶。习惯上把骨胶、皮胶和明胶统称为三胶。

**动物区系** animal fauna 广义的动物区系泛指不同动物种的总和。按动物分类系统，分为兽类区系、鸟类区系等。按自然或行政单元，分为世界动物区系、亚洲动物区系、中国动物区系等。按照动物生境，分为大陆动物区系、海洋动物区系、岛屿动物区系、森林动物区系、草原动物区系、山地动物区系等。按不同时期，分为第三纪动物区系、更新世动物区系或历史时期动物区系等。狭义的动物区系指在一定的历史条件下形成适应于某自然环境的动物群，由分布范围基本一致的许多动物种组成。如亚洲草原动物区系，由第四纪冰期消失后形成的适应于干旱－半干旱草原环境的动物组成。

**动物通信** animal communication 动物间的信息交流。常表现为一个动物借助自身行为、释放气味或身体标志作用于其他动物（同种或异种）的感觉器官从而改变后者的行为。通信是具有适应意义的行为，长期的自然选择巩固了这些通信模式。

动物间的通信过程是某一个体向其他个体发出信号以传递情报（信息）。出现最早的可能是化学通信方式，而出现最晚的则可能是高等灵长目的面部表情和人类的语言。许多低等动物主要采用化学和触觉信号。鱼类以视觉更为重要。鸟类更多地用听觉和视觉信号。哺乳类几乎应用所有的感觉通道。通信有明显的遗传基础。许多通信行为是本能行为，但通信行为中常有学习的成分。特别要提出的是通信信号的特异化，即在进化过程中，每个物种的通信信号逐渐变得只有本物种的个体可以接受、理解或做出相应的应答。研究动物通信对生产实践有重要意义，如用声音捕鱼，播放雄体鸣声提高雌体的产卵率和受精率，引诱害虫害兽，野生动物管理，甚至启发人们设计通信系统等。

信息以信号为载体发送出去，为各种外感受器所接受。所用信号有以下形式：①声音。许多昆虫用身体各部摩擦发声，呼吸空气的脊椎动物发声器官在喉部，最成功的属鸟、鲸和人，人类借语言传递的信息量极大。以声音为媒介的通信方式有以下特点：声音包括频率、音质、清晰程度、响度、时间模式等，信息容量很大；产生和消失快，维持的时间短；接受者不一定要面向信号源，脊椎动物头部两侧有耳，还可定位声源。②视觉形象。包括身体上的标志（结构、颜色等）、姿势、动作等。许多蜥蜴在求偶时会显露色彩鲜艳的腹部以吸引雌体。视觉信号较易定位，但只能直线传播，易为环境中的物体所遮挡，且受光线影响。③化学物质。动物产生一些化学物质，分泌到体外，用以传递信息，称为信息素或外激素。信息素用于性引诱、指明食源和休息场所，或用作报警信号、进攻信号、集合信号、驱散信号等。④触觉信号。触觉信号都在近距离传递，易于定位。多为身体直接接触，交配行为的完成有赖于触觉通信。触觉信号的强度和性质可以迅速改变，出现及消失快，有一定的信息量，便于传递定量信息。

动物通信具有多种功能，主要包括种的辨认、性的引诱和辨认、求偶和交配、对子嗣的抚育和社群合作等。

**动物行为** animal behaviour 完整动物机体的任何可观察到的活动。动物为了生存必须不断地进行获取食物、防止脱水（饮水）、回避天敌、保持身体的清洁和生殖后代等活动。通常根据引起行为的直接原因、行为的进行过程或其功能将行为进行分类。动物体的行为既由遗传所决定，又受经验所左右。假如环境条件变化不大，并且适宜于动物的原有行为，那么若行为成为天赋行为，便对生存有利；反之，若环境剧烈改变，则动物常不能以正确的行为进行反应，这不利于生存。所以，经验在逐渐改变着动物行为类型。在进化过程中，越来越多的行为逐渐由天赋行为演变为利用经验而改变的行为，这个趋势在哺乳动物中表现得特别明显，尤其在人类中。定型动作模式（FAP）是行为的组成部分之一，包括筑巢活动、攻击或逃跑、热调节活动等。某些物种常具有独特的定型动作模式。另外，动物只能对环境中少数刺激起反应，这是行为的基本特征，每个物种在某一时刻仅对那些与自己有关系的刺激起反应。引起行为变化的内部变化称为动机。在这一类行为中，似乎内部有一个动机，动物为了正确地适应环境刺激而采取行为。能诱导动物某特定行为的刺激称为关键刺激。往往事物具多个特征，其中仅仅某个特征方是关键刺激，不同种的动物对不同的刺激反应各异。如将颜色、花纹、形状、大小和组织不同的鸟卵模型放入鸟巢，发现即使模型的质地与真鸟卵不同，雌鸟仍会孵窝，但若是颜色、形状和大小有变化时，亲鸟即拒绝孵卵。

动物运动的形式一方面由中枢神经系统决定，一方面受先前肌肉收缩引起的反馈机制影响，于是动物的行为随着刺激反应系统的不断进行形成一系列的行为锁链，一个接一个地发生。动物的行为与结构一样，以同样的方式进化。人们在育种时会选择性地培育有一定行为的后代，如斗鸡、暹罗斗鱼。多数家养动物也较其野生祖先温顺，能耐拥挤。许多高等脊椎动物通过学习而产生一些适应性行为，如条件反射、习惯化、尝试与错误、潜伏学习及顿悟学习、印随（铭刻）等。

**动物学** zoology 揭示动物生存和发展规律的生物学分支学科。研究动物的分类、形态结构与功能、生活与繁殖、行为、发育与遗传、地理分布、系统演化等有关的生命活动的特征和规律。

按研究类群，动物学可分为无脊椎动物学、原生动物学、寄生虫学、软体动物学、昆虫学、甲壳动物学、鱼类学、鸟类学、哺乳动物学等。传统的主要分支为：动物形态学（包括古生物学）、动物生理学、动物分类学、动物生态学、动物行为学、动物地理学。

动物学与其他生物科学、医学、兽医学、农业、畜牧业以及人类生产和环境保护都有着密切联系。它以整个生物学的普遍规律为基础，不仅研究以动物为内容的科学理论和生产活动的各个方面，还以此来阐明广泛的生物学活动，因而它已成为开拓人类未来的重要手段。

**动物园** zoo 饲养野生动物供公众参观，普及科学知识，从事科学研究，并迁地保护、繁殖濒危动物的场所。而今又发展成为野生动物园和城市动物园两种类型。

19世纪，动物学的研究和动物知识的普及迅速发展，动物园开始出现。除由国家科学研究机构拨款兴建外，有的国家由皇家或社会财团捐款资助建造。1826年，伦敦动物学会在摄政公园内建立了世界上第一座现代意义的动物园。1844年，柏林建立了供公众参观的动物园。1906年，中国清廷在北京西直门外农事试验场（原三贝子花园）内划地1.5公顷建造中国第一座动物园，内有兽亭、虎舍、鸟室、水禽舍、象房等建筑。1908年开园时有鸟兽80种，700余只；还有鸟兽标本陈列馆。20世纪以来，各国动物园的建设规模、动物品种数量、设备和饲养条件等方面都有很大的改进和提高。在布置形式方面趋向于自然化，与动物的生态环境相结合，从把动物豢养在笼槛中发展到模仿动物的生活环境，用山石、植物、水体构建成山地、河湖、草原等景观；在热带动物、两栖、爬虫类的展室内布置热带植物，使观众能感受到动物与环境的密切关系。非洲的一些野生动物园把野生动物放养在划定的自然环境中，人们乘坐有保护设施的车辆进去观赏。

动物园的布局有按动物分类系统布局、按地理分布布局和按动物生态习性布局三种方式；也可以三种方式互相结合。一般多按动物的生态习性，分为水族、两栖爬行类、鸟类、食草动物、食肉动物、猿猴类等部分。极少数的动物园还有昆虫馆。

北京动物园正门

世界各国主要城市都建有动物园，饲养的兽类、鸟类、两栖类、爬行类动物有的多达近千种（不包括鱼类和昆虫）。除综合性的动物园外，也有按动物特征的专类动物园，如海洋生物动物园、鱼类水族动物园、沙漠动物园等。有的动物园设有野生动物科学研究中心，建立某种濒危动物的繁殖中心，进行建立种群的工作。

中国的大中城市如北京、上海、广州、天津、西安、成都、武汉、杭州等都建有相当规模的动物园。全国共有动物园30余处，如加上公园中具有一定规模的动物展区，已达170余处。

**《动物园故事》** *The Zoo Story* 美国荒诞派剧作家E.阿尔比的代表作。写于1959年。1959年12月28日在柏林首演成功，翌年在纽约上演。剧本将现实世界比作一座动物园，人与人之间像有栅栏隔开一样。剧中人杰里深感孤寂，来到中央公园想与坐在长凳上读书的彼得攀谈。杰里滔滔不绝地叙说自己的经历，又要将彼得从长凳上挤走，试图让他发火；最后拔出匕首向彼得挑战，结果却故意将匕首塞给对方，自己向刀锋扑去，以死来达到与彼得沟通的目的，让世界承认了自己的存在。在艺术上，剧本的人物重象征性，情节趋于淡化，呈现荒诞色彩，并包含大量看似违反逻辑的理论和叙述。

**动物智力** animal intelligence 动物个体的学习能力或适应环境的能力。一般根据个体的学习成绩和解决困难问题的能力来评价其智力的高低。

实验用的方法很多，如用经典条件作用的方法考察动物能否通过经验对一个原来不作反应的刺激发生反应；用迂回途径实验和交叉线问题来测验动物的洞察能力；用反转学习实验来考察动物的灵活性；用掌握某种规律的学习来观察动物能否从经验中形成某种“概念”，从而找到解决某一问题的正确方法等。运用上述方法虽然可得到一些结果，反映了等级高的动物比等级低的动物更能完成较难的学习任务。但是，每一种动物都有其特殊的生存条件和相应的适应能力。它们在运动能力、感知特征以及生活习性等方面均有差异。因此，凭一种实验来比较各级动物之间的智力水平，必然有局限性。此外，上述实验都假定在各种动物中存在着可供比较的一般的智力因素，但却忽略了各种动物在其适应特殊的生存条件中演化出来的特殊能力。

**动作发展** motor development 由神经中枢、神经、肌肉协调控制的身体动作的发展。儿童心理学研究的重要课题。从心理的角度看，动作是活动的组成部分，动作的发展是儿童活动发展的直接前提。

儿童动作发展遵循三条原则：①头－脚（从上到下的）原则。儿童最早发展的动作是头部动作，其次是躯干部动作，最后是脚的动作。②近－远（由中心到边缘的）原则。接近身体中心（躯干）部分的肌肉和动作总是先发展，中心的肢端部分的动作最后发展。③整体－部分－整体原则。初生婴儿的动作是混乱笼统的、未分化的大肌肉群动作。随着神经系统和肌肉的成熟以及婴儿自身的反复练习，动作不断细化。婴儿渐渐学会控制身体局部的小肌肉群动作。当身体某部位受到刺激时，能控制仅由有关部位作出反应，而抑制其余部分的动作。在婴儿获得对各部分的小肌肉群动作控制后，又学会把这些小动作“归并”到一起，整合成为更加复杂的整体动作。动作发展就是从大肌肉群动作到小肌肉群动作，从未经分化的混沌的整体动作到分化了的整体动作的不断分化、不断整合的过程。

**冻疮** pernio 因寒冷所致的皮肤暴露部位出现局限性紫红斑和肿胀的病变。常见于冬季。多数患者的末梢循环差或平时手足出汗多，营养不良，鞋袜过紧也可致病。少数人可有慢性疾病如胶原病、冷球蛋白血症等。损害为局限性、红色或暗红色、轻微肿胀的红斑或结节，严重时中央出现水疱或坏死，触摸皮损发冷。患者自觉有灼热，遇热后发痒，有时伴有疼痛及知觉不灵敏。增加锻炼，在寒冷的环境下注意保暖，改善血循环，均有助于预防冻疮的发生。冻疮局部可外用樟脑膏、硼酸膏等，有破溃或感染者用抗感染药。反复发作者可口服扩血管药物。

**冻结** freezing 由法律裁定的、被执行人不得动用其在银行的存款和企业股票等其他财产的措施。一般是在被执行人拒不执行法院裁定、不承担某种应负责任或义务，而被执行人又有银行存款或企业股票等财产的情况下，法院有权裁定冻结这些财产，并向有关银行、企业和金融机构发出协助执行通知书，被执行人不得提取、转移被冻结的财产。冻结一般都是临时措施，当被执行人履行了相应的义务或责任时，就可解冻。在国际上，也可以发生冻结一国在另一国财产的情况，例如某国侵略了其他国家，国际社会一致决定冻结该国在世界其他国家的财产。

**冻伤** frostbite 寒冷、低温引起的局部组织损伤及炎症。好发于身体的末梢部位，如足、手、耳及面部等。这些部位暴露于体外，表面积较大，皮下组织少，热量易散发。环境低温是冻伤发生的主要因素，风与潮湿也是促进冻伤发生的强力因素。凡能减缓局部血液循环，增加散热的人体因素，均可使冻伤易感性增加。冻伤可分为4度：Ⅰ°冻伤伤及表皮层。局部红肿，有热、痒、刺痛感。数日后表皮干脱痊愈，不留痕迹。Ⅱ°冻伤达真皮层。局部红肿明显，有水疱形成。若无感染局部可结痂，2～3周后脱痂愈合，少有瘢痕。Ⅲ°冻伤深达皮下组织，伤部由苍白变为黑褐色，知觉消失。周围可出现炎症地带，此处红肿疼痛。若无感染则伤处坏死干结成痂，脱痂后形成肉芽创面而呈瘢痕愈合；Ⅳ°冻伤深达肌肉及骨组织，局部表现与Ⅲ°冻伤相似，容易并发感染而形成坏疽。预防措施为衣着鞋袜防寒、防潮，尽量减少外露体表，在低温环境中避免静止不动，进入低温环境前摄入高热量饮食等。冻伤的急救处理是采用温水（40～42℃）快速复温法，使冻伤区软化，使皮肤与甲床转为红润即可。Ⅰ°、Ⅱ°局部冻伤，可将水疱液吸出后，局部消毒，用无菌纱布包扎。Ⅲ°以上冻伤应加用抗生素预防感染；使用改善血液循环的药物，如小分子右旋糖酐，或使用活血化淤的中药，如复方丹参液等。

**冻土** frozen ground 在0℃或0℃以下冻结，并含有冰的岩土（土壤、土、岩石）。在北美将低于0℃的土，不论是否含冰，均称为冻土。按冻结状态的持续时间分为：冬季冻结历时半个月以上，夏季全部融化的岩土称为季节冻土；连续保持冻结时间2年以上的岩土为多年冻土；持续冻结时间处于上述两者之间的为隔年冻土。持续冻结数小时至半个月的为短时冻土。

冻土是一种复杂的多相多成分体系组成物，有气态的水汽、各种气体、固态的矿物颗粒和冰以及液态的未冻水。冻土分布和厚度主要受纬度海拔高度的影响。全球多年冻土占陆地面积的25%，主要分布在极地、亚极地和高海拔的高山和高原上。中国多年冻土占国土总面积的22.4%，分布在大、小兴安岭和松嫩平原北部及西部高山和青藏高原上，以及季节冻土区内的一些高山上部，如长白山、五台山、贺兰山、大黄山、马衔山等。青藏高原的多年冻土是世界中低纬度地带海拔最高，面积最大的多年冻土区。

**冻土学** geocryology 研究冻土形成、发育、性质、分布规律及土在冻结和融化过程中的各种作用和现象的学科。研究对象是冻土，包括季节冻土、隔年冻土和多年冻土。也研究正冻土、正融土、曾冻结已融土以及人工冻土。

研究内容包括：①冻土带和冻土层形成、分布和发展的规律。②冻土和正在冻、融土的成分、组织结构，及其物理力学、物理化学作用和性质。③冻土和正在冻、融土的地球物理、地质、地貌过程和现象。④在人类活动影响下，冻土和正在冻、融土的水热交换过程、力学过程及其预报和控制方法。冻土学一般划分为普通冻土学和工程冻土学。前者包括研究内容的第1～3方面，后者研究第4方面的内容。1927年，M.I.苏姆金《苏联境内永久冻结土壤》一书问世，标志冻土学成为一门独立学科。中国对冻土开展系统的研究是在20世纪50年代以后，约半个世纪中在区域和历史冻土学、工程冻土学、冻土物理力学、冻土物理化学方面取得了不少成果，形成较为完整的研究体系。

**冻雨** freezing rain 过冷雨滴降落到温度低于0℃的物体或地面上立即冻结的降雨现象。温度低于0℃的雨滴在温度略低于0℃的空气中能保持过冷状态，其外形与一般雨滴相同。当它降落在温度低于0℃的物体上时，会立即冻结成外表光滑而透明的冰层，称为雨凇，俗称冰挂或冰凌。

晶莹剔透的雨凇

冻雨所形成的雨凇，在电线、树枝、铁轨和公路上表现为透明而光滑的冰壳。严重时，能压断电线或树枝，造成供电、电信和交通中断，树木毁坏等灾害。过冷水滴与飞行中的飞机相遇而产生的飞机表面积冰，会威胁飞行的安全。

冻雨多发生在初冬和晚冬时节。此时地面不太寒冷，温度在0～－3℃附近，大气低层有逆温层，在其上高于0℃的大气中形成的雨滴，降落到逆温层以下时变为过冷水滴，碰到物体和地面成为冻雨。

**冻原** tundra 生长在永久冻土上的植被。又称苔原。分布在极地附近或高山上。主要植物是苔藓、地衣，另有少量木草、莎草和小灌木。按照成因，分为极地苔原和高山苔原。极地苔原呈环球带状分布在欧亚大陆和北美大陆北冰洋的沿岸地带及其附近的岛屿上。苔原地带全年气候寒冷多变，冬季在－32℃，夏季为5℃，年降水量250毫米以下。土壤下是永久冻土，排水不良致使普遍有沼泽化现象。苔原生物种类稀少，植物以苔藓类植物为主，还有地衣和多年生禾草、莎草类和低矮的小灌木。动物以水禽为主，有各种鸟类、蚊子、北极旅鼠、驯鹿、北极熊和雪兔等，鸟类和大型的北美驯鹿有迁徙的习性，往返于苔原和泰加林之间。高山苔原分布在山地森林界限以上，是由于海拔高度增加，温度降低形成的，是高山带自然景观类型之一。植被由矮小伏地匍匐生长的小灌木和多年生草本植物以及多种苔藓、地衣等冷湿型植被组成。在外貌、结构、组成和生态等特征方面与北极地区的植被和自然景观类型极为相似。它们也有许多相同起源的植物。高山区气候冬季漫长而严寒，夏季短促而凉冷，没有真正的夏天；常年多大风和多雾，存在着多年冻土。在这样的气候、植被条件下，形成了具有表层泥炭化，有机腐殖质含量高，土体潜育化，分层不明显等特征的高山苔原土壤。

**侗水语支** Dong-Shui branch 属汉藏语系**壮侗语族**。分布于中国贵州省、广西壮族自治区和湖南省，包括**侗语**、**水语**、**仫佬语**、**毛南语**、**拉珈语**、佯僙话、莫话等。把以上语言归为侗台语族的一个语支，主要依据词汇比较的结果。语支内诸语言的同源词明显多于本语族的**壮傣语支**、**黎语支**和仡央语支诸语言的同源词，有一批本语支共有的与其他语支语言不同的词汇。本语支各语言的语序基本相同，如主语在谓语前，宾语在动词谓语后，名词的修饰语在被修饰的名词后等。数词、量词和名词的次序除毛南语“一”在最后外，均按数词－量词－名词的顺序，这是侗水语支诸语言区别于壮傣语支诸语言的一个明显特点。

**侗语** Dong language 中国侗族使用的语言。属汉藏语系**壮侗语族**侗水语支。分南、北两个方言，以贵州锦屏县南部侗、苗、汉族杂居地区为分界线。南、北方言主要以语音差异为依据，各分3个土语。侗语语音特点是无浊塞音声母，塞音声母都分不送气和送气两套，并有少数腭化和唇化声母；韵母趋于简化。语法上没有词形变化，词序和虚词是表达语法意义的主要手段。语序是主语在谓语前，宾语和补语在谓语动词后。名词的修饰语除数量词组在前外，一般在后。南、北方言常用词的差异很小，北部方言的**汉语**借词比较多。侗族历史上曾盛行用汉字记录侗语，1958年设计了拉丁字母形式的侗文方案。

**侗族** Dong 中国少数民族。主要分布在贵州、湖南、广西、湖北等省、自治区。

侗族女子

人口2 960 293人（2000）。使用**侗语**。原无文字，1958年创制了拉丁字母形式的侗文方案。侗族源于古百越族系，由秦汉时期西瓯中的一支发展而来。历史上有“峒蛮”、“峒民”、“峒人”、“侗家”等称谓。以农业为主，林业是传统产业。侗歌分为歌舞、歌谣两类。“琵琶歌”为侗族所特有。侗寨鼓楼和风雨桥是具有独特风格的建筑。大都穿自纺、自织、自染的侗布。山区男子穿右衽无领短衣、管裤，包大头巾；女子上衣大襟无领、无扣，襟边、袖口、裤脚镶花边，束腰带，裹腿，包头帕。主食大米，好饮米酒，嗜酸辣味。油茶是特有的家常小吃。婚姻行一夫一妻制。历史上流行姑舅表婚（见**交错从表婚**），女子婚后有“坐家”的习俗。人死后行土葬。民族节日有侗年、“三月三”、“四月八”、吃新节等。信仰多神。1956年在贵州成立了黔东南苗族侗族自治州，并先后在湖南、广西、贵州建立了6个自治县。

**洞口县** Dongkou County 中国湖南省邵阳市辖县。位于省境西南部，资水上游。面积2 184平方千米。人口82万（2008），有汉、瑶、苗等民族。历代多属邵阳县、武冈县（今武冈市）地。1952年析武冈县置洞口县。矿藏有煤、铁、锰、铅、锌、钨、磷、金、硅等。农作物有水稻、小麦、玉米、甘薯、棉花、油菜、辣椒、茶叶、柑橘等。盛产“雪峰蜜橘”，味甜无核，色鲜皮薄，享誉国内外。林产有杉、松、楠竹、油茶、油桐等。工业有煤炭、化工、机械、建材、木材加工、造纸、工艺美术等。墨晶石雕、黄杨木雕、竹艺器皿、蜜橘罐头久负盛名，远销国内外。名胜古迹有回龙洲、文昌塔、李家铺红军烈士墓、江口革命烈士塔等。

湖南洞庭湖畔岳阳楼远眺

**洞里萨湖** Boeng Tônlé Sab 东南亚第一大淡水湖。又称金边湖。位于柬埔寨西部，南有洞里萨河连接湄公河，也是调节湄公河水量的天然水库。每年雨季（5～10月），湄公河水暴涨，洪水经洞里萨河倒灌入洞里萨湖。湖面迅速扩大，从2 500平方千米扩大到1万平方千米，淹没了大片农田和森林，为鱼类提供丰富的饵料和繁殖之地。被誉为“柬埔寨鱼仓”。干季（11月至次年4月）湄公河水位下降，湖水明显减少，湖面缩小，水深不足1米，湖周围出现茂密的落叶林和沼泽林。湖周边地区土地肥沃，种植水稻。近30年来，由于当地农民大量开荒种地、伐木烧炭、烧林捕猎龟蛇等动物，导致茂密的水淹林遭受大量破坏，面积剧减。政府有关部门正采取措施，保护水淹林。湖泊可通航，连接湖周边各省会城市。

洞里萨湖水上人家

**洞庭湖** Dongting Lake 中国第二大淡水湖。属构造湖。长江中游重要吞吐湖泊。湖区位于荆江南岸，跨湘、鄂两省。湖面海拔33米，最深23.5米，湖区面积1.878万平方千米，天然湖面2 740平方千米，另有内湖1 200平方千米。

地质与地貌 洞庭湖是**燕山运动**断陷形成，第四纪以来，均处于振荡式的负向运动中，形成外围高、中部低平的碟形盆地。盆缘有桃花山、太阳山、太浮山等。湖底地面自西北向东南微倾，分为西、南、东洞庭湖。

气候与水文　湖区年平均气温16.4～17℃。年降水量1 100～1 400毫米，由外围山丘向内部平原减少。4～6月降雨占年总降水量的50%以上，多为大雨和暴雨；若遇各水洪峰齐集，易成洪、涝、渍灾。

洞庭湖北有分泄长江水流的松滋、太平、藕池、调弦（1958年堵口）“四口”；东、南、西三面有**湘江**、**资水**、**沅江**、**澧水**等直接灌注入湖，形成不对称的向心水系，水量充沛，年径流变幅大，年内径流分配不均，汛期长而洪涝频繁。20世纪70年代以来，“三口”口门淤高，入湖水量减少。西洞庭湖蓄洪能力基本消失，南洞庭湖南移，东洞庭湖东蚀，调蓄功能趋向衰减。

发育过程　先秦-汉晋时期，因河流入湖**三角洲**不断向湖中伸展，湖面分割缩小，湖区边缘出现洲滩与分隔的湖群。4～19世纪，洞庭湖继续缓慢沉降，洞庭湖水系受长江分流南下影响，洞庭湖一直向东扩展。清道光年间（1825）洞庭湖到达全盛时期，洪水湖面6 000余平方千米。百余年来，长江数次大水往南溃决，形成“四口”分流局面，江水挟带大量泥沙入湖，加上不合理的围垦，湖泊迅速淤塞萎缩。昔日号称“八百里洞庭”的中国第一大湖，已被分割成许多大小湖泊，其中较大的有东洞庭湖、西洞庭湖、南洞庭湖和大通湖。

经济概况　洞庭湖区是中国重要的商品粮基地之一，重点淡水渔区之一。湖泊以定居性鱼类为主，有咸淡水洄游性鱼类和江湖半洄游鱼类114种。主要经济鱼类有草、鲢、鳙、鳊、鲂、鳜等12种。芦苇遍布湖洲，面积6万公顷，90%用于造纸。

洞庭湖区有通航河道147条，通航里程3 276千米；常年通航河道75条，其中主要航道16条计996千米。湖区周围有**岳阳市**、**益阳市**、**常德市**等工业城市。

洞庭湖区的名胜古迹较多，有岳阳楼、君山、桃花源、屈子祠等，为全国重点风景名胜区。

**洞穴遗址**　cave site　古代人类利用山岩自然洞穴，在其中生活，或一度埋葬死者，从而留有原生文化堆积的一种遗址类型。古文化遗物和化石由洞外被水冲入洞内形成再生堆积的那种洞穴遗存，不属于洞穴遗址。洞穴遗址的年代主要为旧石器时代和新石器时代，个别的可到较晚时期。它们反映出人类生产力低下、依赖洞穴作为栖息地、就近利用所处地理环境进行狩猎和采集活动的历史。中国旧石器时代的洞穴遗址，著名的如北京人洞穴，其文化堆积总厚达40米，约从70万年前延续到23万年前。中国新石器时代的洞穴遗址，以华南石灰岩溶洞发育区的最为突出，数量较多，具有代表性的有广东英德青塘洞穴遗址、广西桂林甑皮岩遗址等。

**洞螈**　*Proteus anguinus*; olm　洞螈科洞螈属的唯一种。分布于欧洲东南部。全长小于30厘米。头部窄长，眼全部隐于皮下，无眼睑。有发达的外鳃3对和鳃孔2对，外鳃鲜红；无鼻唇沟。头骨多为软骨质，上颌仅有前颌骨，无泪骨，下颌隅骨与前关节骨愈合，前颌骨、犁骨和下颌骨均具齿。躯干部具肋沟，有肺，除第一椎骨外，所有的脊神经从椎间穿出，椎体双凹型。无“Y”形前趾软骨；四肢不甚发达，短而细，指3个，趾2个。一般身体无色素，为白色，偶尔呈粉红、浅灰或浅黄色。终生底栖于地下水形成的暗洞或阴河内，常有规律地将鼻孔伸出水面呼吸空气，偶尔上陆地活动或觅食。在阳光下皮肤可以变成黑色，一旦回到阴暗处，肤色恢复为白色。成体雌性有储精囊，雄性有肛腺，卵在体内受精；卵单生，分散黏附在石下，卵呈浅黄色；一季可产卵12～70粒。亲螈有护卵习性，胚胎经3个月左右脱膜孵出，幼体阶段能看到眼，背面有鳍褶。发育生长为成体时其外形无大的变化，外鳃和鳃孔尚存，属永久性童体型。偶有卵胎生情况，在高温时仅1～2粒卵在母体内发育成幼螈，其他卵停止发育并作为幼体发育期的营养物质。

**斗栱**　bracket system　中国传统木构架体系建筑中独有的构件。又作枓栱或斗拱。用于柱顶、额枋和屋檐或构架间，宋《**营造法式**》中称为铺作，清工部《工程做法则例》中称斗科，通称为斗栱。斗是斗形木垫块，栱是弓形的短木。栱架在斗上，向外挑出，栱端之上再安斗，这样逐层纵横交错叠加，形成上大下小的托架（见图）。斗栱最初孤立地置于柱上或挑梁外端，分别起传递梁的荷载于柱身和支承屋檐重量以增加出檐深度的作用。唐宋时，它同梁、枋结合为一体，除上述功能外，还成为保持木构架整体性的结构层的一部分。明清以后，斗栱的结构作用蜕化，成了在柱网和屋顶构架间主要起装饰作用的构件。

斗栱在中国木构架建筑的发展过程中起过重要作用，它的演变可以看作中国传统木构架建筑形制演变的重要标志，也是鉴别中国古代木构架建筑年代的一个重要依据。

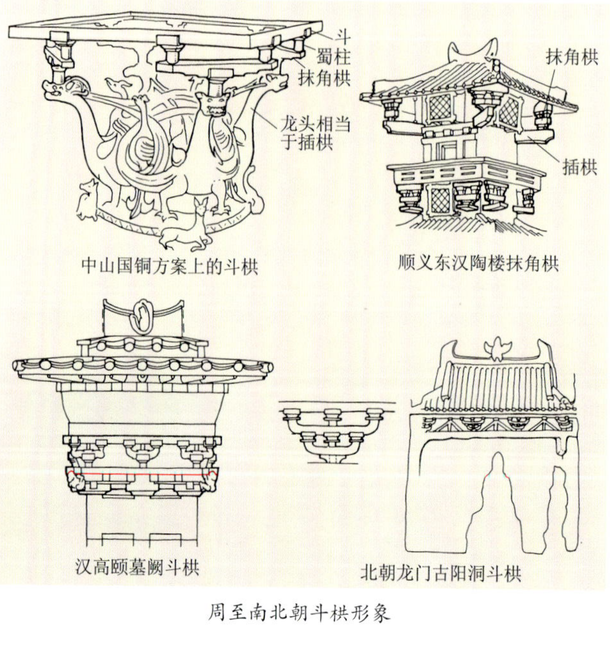

周至南北朝斗栱形象

**斗建**　以北斗星的星柄指向确定四季和十二月。即《史记·历书》集解所说的“随斗杓所指建十二月”。公元前4000～前1000年间，北斗七星比现在更接近北天极，处于恒显圈内。在中国古代，发现不同季节的黄昏时，北斗斗柄的指向是不同的。因此，把斗柄的指向作为定季节的标准。春秋战国时期，天文学有了进一步的发展，为使斗柄指示的方向与月份更密切配合，人们将地面分成十二个方位，分别以十二地支表示：正北为子，东北为丑、寅，正东为卯等。夏正十一月黄昏时斗柄指北方子，十二月、正月指东北方丑、寅，二月指东方卯……十月指西北方亥，下一个十一月又回到北方子。这就是古代天文历法中经常提到的“十一月建子、十二月建丑、正月建寅”等十二月建。

**抖振**　buffeting　**边界层**分离或**湍流**激起结构或部分结构的不规则振动。激振力几乎不受振动本身的影响。主要实例为飞机尾翼的抖振。当飞机作跨声速飞行时，机翼表面有局部超声速区，该区以激波结束。激波与翼面上的边界层有强烈的相互作用，当激波强度足够大时，导致边界层分离。分离气流很不稳定，当其流向下游冲击尾翼时，就使尾翼发生抖振。

**斗彩**　contending colours; doucai　中国传统彩绘瓷。又称豆彩、逗彩，因图案以釉下青花和釉上彩色拼斗完成而得名。做法是在坯体上以钴料绘制出部分花纹或花纹轮廓，上釉后，烧成瓷器，又以多种彩色在釉上画完图案，再经700℃～800℃烘烧。明清斗彩为景德镇产品，初创于明宣德（1426～1435），以明成化（1465～1487）御窑厂器物最负盛名。成化斗彩常为杯、碗、碟、盘、罐，形体一般不大，造型轻盈秀丽。胎体细白，釉质莹润。色彩较淡雅，釉上的彩色全部出现在釉下的蓝色轮廓之内。装饰主题以折枝和缠枝

清代斗彩缠枝莲纹瓶
（西藏博物馆藏）

花卉居多，也有婴戏、高士、落花流水、子母鸡、花鸟、瑞果、应龙等。入清，官窑、民窑大量烧制斗彩。民窑器多书宣德、成化年款，官窑则多书康熙、雍正年款。清代斗彩以雍正年间（1723～1735）的官窑产品最精。

**斗牛** bullfight 人和牛相斗的娱乐活动。流行于欧美地区，起源于西班牙，其产生或同祭祀仪式有关。纪元前，西班牙人已开始用长矛挑逗公牛取乐。在葡萄牙和法国南部，这一活动也深受民众喜爱。后来，斗牛传入拉丁美洲国家。西班牙的斗牛在每年3～10月进行。通常每场出场三位斗牛士，先后斗六头牛，每位斗两头牛。每位斗牛士由两位长矛手和两位花标手陪伴表演。入场仪式后公牛进场，斗牛士舞动红披风挑逗公

西班牙斗牛表演

牛。随后长矛手骑马入场，轮番用长矛刺扎牛背。然后花标手徒步上场，迅捷地将花标扎在公牛颈上。再后斗牛士手持长剑和红披风登场，对狂暴的公牛一再挑逗，展示超绝技艺，最后将长剑刺入公牛心脏。表演结束后，对优秀的表演者赠牛耳或牛尾奖赏。日本、韩国、朝鲜和中国也有斗牛习俗，但非人牛搏斗，而是二牛相斗。

**斗鱼** *Macropodus*; paradise fishes 鲈形目斗鱼科斗鱼属鱼类的统称。因喜斗而得名。分布于亚洲东南部。中国有2种。朝鲜亦产。体长椭圆形，侧扁。尾柄不明显。鳃上腔内有瓣状辅助呼吸器官。背鳍基一般短于臀鳍基，二鳍均有较多鳍棘；腹鳍胸位，第一鳍条延长呈丝状；尾鳍上下叶均延长。体侧有10余条蓝绿色横带纹，带纹之间暗红；头侧略红；自吻端经眼至鳃盖有1褐条纹，其上下在眼后又各有1条；鳃盖后角有1暗绿色圆斑，边缘或有黄边；背鳍与臀鳍灰黑而有红边；腹鳍第一鳍条及尾鳍红色。

叉尾斗鱼

雌鱼体色较暗。喜栖居于小溪、河沟、池塘、稻田等缓流或静水中。雄鱼好斗，有护卵和护幼现象。一般作观赏用。

**豆瓣菜** *Nasturtium officinale*; watercress 十字花科豆瓣菜属的一种。一二年生水生草本植物。又称西洋菜、水蔊菜、水田芥。原产地中海东部。中国广东、广西、福建、台湾等地均有栽培，北方较少种植。

须根系，再生力强。株高30～45厘米，茎匍匐生长。奇数羽状复叶，互生。总状花序，花小，白色。荚果。喜冷凉湿润气候。喜光。适于肥沃潮湿的中性土壤种植。优良品种有白色西洋菜、广州豆瓣菜等。可采用种子繁殖，也可行扦插繁殖。豆瓣菜富含维生素C以及钾、钙等营养物质。并具有清燥润肺、止咳化痰、利尿等保健功效。可作沙拉生食、炒食、煲汤或涮食。

**豆科** Leguminosae; pea family 双子叶植物纲蔷薇亚纲的一科。约有650属18 000种，广布于全世界。中国有172属1 500种，各省均有分布。乔木、灌木、亚灌木或草本；茎直立或攀缘。叶柄偶尔变为叶片状，称为叶状柄（如金合欢属的一些种类）；有托叶或无托叶，有时托叶变为棘刺，或当复叶的顶小叶变为卷须时，托叶即呈叶状以代行光合作用（如豌豆）。花两性，极少为单性。辐射对称或两侧对称，常组成各种花序；萼片3～6，但一般为5，离生或连合成管状，有时呈二唇形；花瓣通常5，很少退化为无花瓣或少于5，离生或连合成花冠管，有时5片花瓣形状，大小不同，构成蝶形花冠，并将雌、雄蕊套覆在内；雄蕊通常10，有时为5或多数（含羞草亚科），分离或连合，10枚雄蕊全部合生为管状的为单体雄蕊，10枚中有9枚合生，另1枚分离的为二体雄蕊；雌蕊由单心皮组成，子房1室，上位。果为荚果，有时荚果由多个含单种子的荚节组成，成熟时逐节断离。

荚果是辨认豆科植物最明显的一个特征。典型的荚果通常由2片果瓣组成，1室，种子着生在腹缝线上。豆科的果实虽然均称为荚果，但却多种多样，它们的形状、大小以及荚瓣的质地变化很大。

豆科植物用途之广不亚于禾本科。其种子常富含淀粉、蛋白质和油脂，是人类主要食品之一。农业上的豆类作物有大豆、花生、蚕豆、豌豆、赤豆、绿豆、豇豆、菜豆、扁豆和木豆等；此外豆薯和粉葛的块根含淀粉，供食用和药用。许多种类是优良的绿肥和牧草，如紫云英、南苜蓿、葫芦巴、田菁和鸡眼草等。绿化造林树种有台湾相思、铁刀木和刺槐等。优质材用树种有格木、降香檀、黑黄檀、花榈木、紫檀和质果树等。药材有儿茶、番泻叶、甘草、黄芪、苦参、鸡血藤、降香和补骨脂，民间使用的草药则更多。有些种类的枝、干和树皮含单宁，如金合欢属、合欢属和猴耳环属的一些种类；有些含树胶，如李叶豆、阿拉伯树和苦配巴；有些含染料，如马棘、槐花、木蓝、苏木、染料木等，这些原料可用于医药、印染及鞣革工业。豆科中不少种类适于放养紫胶虫，所生产的紫胶用作电的绝缘体和漆的原料，常用的优良寄主树有铁刀木、南岭黄檀、黄檀、海南檀和木豆。还有些种类如毛鱼藤、厚果鸡血藤和猪腰豆，其根部和种子含鱼藤酮，为杀虫剂的原料。此外，田菁和瓜尔豆的种子胶配制成水基压裂液，可增加含石油地层的渗透性，从而提高油井产油量。属观赏植物的有紫藤、香豌豆、凤凰木和金凤花等。

多数豆科植物的根受根瘤菌的侵染、刺激而形成根瘤，根瘤中共生的根瘤菌能固定大气中的游离氮素，使之转化为植物能吸收的硝酸盐，所以豆科植物对改良土壤、提高地力有良好的作用。

**豆薯** *Pachyrhizus crosus*; wayka yambean 豆科豆薯属的一种。一年生缠绕性草本植物。又称凉薯、沙葛。分布于热带美洲和热带亚洲。中国长江以南普遍栽培，以贵州、四川、湖南、广东、广西等地生产较多。

根系强大，耐旱、耐瘠性强。在主根近茎一端积累养分而形成扁圆形或纺锤形，肉质块根。茎蔓生。三出复叶。总状花序，花为紫色或白色蝶形花。荚果，种子棕褐色。喜温暖，耐热性强。生长期长，早播或育苗早栽可以充分利用温暖季节。8～10月间成熟，可随时采收。

块根肥大、洁白、脆嫩多汁，富含糖分和蛋白质，各种维生素也较丰富。可生食或炒食。老熟块根中淀粉含量较高，可提制淀粉。种子和茎叶中含有鱼藤酮，对人畜有毒，可用以制杀虫药剂。

**豆天蛾** *Clanis bilineata*; bean hawk moth 鳞翅目天蛾科昆虫的一种。分布于亚洲一带，包括中国西北、西南、华北、华东等地区。大型蛾类。翅展100～120毫米。体及翅黄褐色；头和胸部有较细的暗褐色背线。前翅狭长，前缘近中央有较大的半圆形褐绿色斑；后翅暗褐色，基部上方有暗

色斑，后角附近枯黄色。

1年发生1～2代。以老熟幼虫在寄主附近5～10厘米深处作土室过冬。幼虫主要危害大豆以及洋槐、刺槐、藤萝等豆科植物。如7、8月雨水较多，可能发生严重虫害。

**豆象** Bruchuidae; bean weevil 鞘翅目豆象科昆虫的统称。约1 000种，分布于世界各地。中国记载有40多种。体卵圆，中小型，少数种类较大。复眼大，前缘强烈凹入。触角11节，锯齿状，栉齿状。鞘翅毛有白色、棕色，常形成斑纹，末端截形。腹部臀板外露，腹板5节。后腿节常具尖齿。跗节5节，第4节小。幼虫为复变态，第1龄有长足，胸板有齿，经过一次蜕皮后，足部分或全部消失，形成不甚活泼的蠕虫型幼虫。

性活泼，善于飞翔，多以成虫越冬。产卵习性因种而异。多为单宿主，即专寄生于某一种豆科植物。主要为害豆科植物的种子，少数种食害椰子和棕榈的坚果。大多数种类在野外、部分在仓库内生活。在气温较高的地区和仓库内能全年繁殖为害，造成豆类大量损失。常见的有绿豆象和蚕豆象，分别危害绿豆、赤小豆、蚕豆和其他一些豆类。豌豆象是豌豆的重大害虫。有的种类是某些豆类的危险性害虫，如四纹豆象、菜豆象已列入国际检疫对象。

**豆芽菜** bean sprout 用豆类种子培育成的幼芽。以其未展开的子叶和胚轴作蔬菜食用。豆类种子发芽前不含维生素C。发芽过程中，淀粉水解产生的葡萄糖为维生素C的生物合成提供了原料，因而维生素C含量大为增加。绿豆芽100克鲜重含维生素C达20～30毫克，是食物中维生素C的一个重要来源。

**豆雁** *Anser fabalis*; bean goose 雁形目鸭科雁属的一种。俗名大雁。分布于西伯利亚和中国东部。全长710～790毫米。头颈呈棕褐色，前额或具狭窄白斑；上体呈灰褐或棕色；尾呈黑褐色，尾端呈白色；喉和上胸呈棕褐色，胸以下呈污白，两胁有褐色横斑；嘴呈黑色，中间有一条黄或粉色横斑；脚呈橙黄或粉色。

豆雁在中国主要为冬候鸟，见于长江南北的江河、湖泊、水库和农田中。数量

居中国雁类之冠。每年3月中至4月初和9月底至10月初迁徙时路经北京。飞行时以十余只至数十只为一组，排列成整齐的“一”字或“人”字形的队列，交替交换队形，边飞边叫，缓缓前进。性机警，在就食或憩息时，总有一只充当“哨兵”。通常夜间取食，以薯类和谷物为食，也吃青草、菱角、荸荠等。

**豆制品** bean products 通常指大豆制品。以大豆为原料加工制造的一类食品或半成品以及将有效成分提取制成的产品。

大豆是黄豆、青豆、黑豆的统称，主要成分是蛋白质（40%）、脂肪（18%）和碳水化合物，并含有少量无机物、磷酸酯类、维生素、异黄酮、皂苷等有用物质。大豆蛋白质含较多的赖氨酸，这是一般禾谷类食品所缺少的。大豆蛋白中八种人体必需氨基酸的含量与肉类接近。

豆制品种类繁多，可分为：①传统豆制品类。包括豆腐、豆腐干、百页、油豆腐、素食品类、发酵豆制品类（豆腐乳、豆豉、纳豆等）。豆腐是传统豆制品的基础。②新兴豆制品类。包括豆奶及豆奶粉、冲调饮用豆粉、脱脂大豆粉、大豆分离蛋白制品。③营养保健豆制品类。包括大豆低聚糖、大豆磷脂、大豆异黄酮制品、大豆皂苷制品、大豆膳食纤维、大豆肽、水解蛋白制品等。

**痘病毒** poxvirus 可引起人和动物局部或全身化脓性皮肤损害的双链DNA病毒。为病毒粒子最大的一类DNA病毒。病毒粒子呈砖形或椭圆形，长300纳米，直径200纳米，由1个核心、2个侧体和双层脂质包膜组成。正痘病毒的表面膜上有许多小杆或小球状单位，副痘病毒的表面膜上则有规律性缠绕的螺旋丝。核心是核酸和蛋白质组成的核蛋白复合物。基因组为线形双链DNA分子。病毒粒子含有约100种蛋白。

痘病毒可引起人和许多动物全身性或局部性皮肤痘疹，而禽类感染痘病毒后经常呈现结缔组织增生和肿瘤样病变。各类病毒感染的范围不同，大多数病毒均有其专一性感染宿主。在动物的痘病毒感染中，以绵羊和鸡痘最严重，并有较高死亡率。天花病毒是人类烈性传染病天花的病原体。由于使用痘苗病毒疫苗预防，1977年在全世界终止流行，1980年世界卫生组织（WHO）宣布天花已被人类消灭。

**窦朝荣** Dou Chaorong（1891～1960） 中国山东梆子演员。工老生。山东嘉祥人。10岁入巨野县大姚班坐科学戏。初学小生，后改红脸（老生），20岁成名。唱腔浑厚圆润，高亢激昂，悠扬响亮。表演感情充沛，富有气势。擅演《两狼山》、《太白醉酒》、《八宝珠》、《摔琴》等剧。

**《窦娥冤》** *The Injustice to Dou E* 中国元杂剧作品。全名《感天动地窦娥冤》。关汉卿撰。剧情为：窦娥3岁丧母，7岁因抵债到蔡婆家做童养媳。17岁成婚，丈夫当年去世。守寡二年，蔡婆向赛卢医催索债银，被骗至荒郊险被勒死。恰值张驴儿父子路过，将她救活，借此占住蔡家，并强逼蔡家婆媳改嫁他们父子。蔡婆被迫依从，窦娥抵死不从。张驴儿欲毒死蔡婆，不意反而害死了自己的父亲，转而诬告窦娥为凶手。梼杌太守欲向蔡婆用刑，窦娥含屈诬服，被判斩刑。临刑时，发下三桩誓愿：上天若认为窦娥果然蒙冤，头落处，血飞素练；六月天降大雪；楚州大旱三年。竟一一应验。三年后，其父窦天章任肃政廉访使，来楚州审囚刷卷。窦娥鬼魂申诉，冤案平反。此剧为关汉卿代表作之一。正旦饰窦娥。剧中情节与汉刘向《说苑》及《汉书·于定国传》中“东海孝妇”故事有些近似，可能有所借鉴。剧中，窦娥善良坚强的艺

关汉卿《窦娥冤》插图（明代）

术形象，以及她呼天抢地的控诉和不平之鸣更具有震撼人心的力量。明叶宪祖、袁于令改编为传奇《金锁记》。京剧、蒲剧等剧种均有改编演出。

**窦固** Dou Gu（？～公元88） 中国东汉大臣。字孟孙。扶风平陵（今陕西咸阳西北）人。好读书，喜兵法。汉光武帝时袭父爵，封显亲侯。明帝时，迁中郎将、骑都尉监羽林，秩比二千石。后从兄窦穆获罪，受牵连，罢职家居十余年。为恢复与西域各族的联系，明帝决定出兵西击北匈奴。永平十五年（公元72）冬，窦固因熟悉边事，被封为奉车都尉，与骑都尉耿忠等屯兵凉州，整军备战。次年，窦固等分兵四路征伐北匈奴。窦固军出酒泉，至天山（今新疆吐鲁番西），大败北匈奴呼衍王，斩首千余级，追至蒲类海（今新疆巴里坤湖），留军屯伊吾庐城（今新疆哈密）。时诸将唯窦

固有功，受表彰。窦固又派班超出使西域，由是西域诸国皆归附汉朝。永平十七年，窦固率军再出玉门，击败北匈奴在车师一带的势力。后历任大鸿胪、光禄勋、卫尉。久历高位，甚见尊贵，而性谦俭、爱人好施，颇得人心。

**窦建德** Dou Jiande (573～621) 中国隋末河北起义军领袖。贝州漳南(今河北故城东)人。唐武德元年(618)，定都乐寿(今河北献县)，国号大夏，在境内劝课农桑。四年三月，窦建德率兵援救洛阳王世充，在虎牢为唐军所俘。见隋末农民起义。

**窦融** Dou Rong (公元前16～公元62) 中国东汉初大臣。字周公。扶风平陵(今陕西咸阳西北)人。王莽当政时，为强弩将军司马，从击翟义，封建武男。更始政权新立，他见关东形势混乱，又累世仕宦河西，求任张掖属国都尉。更始败亡后，窦融领都尉职如故，据境自保。先事奉隗嚣，后见汉光武帝刘秀甲兵最强、号令严明，有意投靠。光武帝闻河西殷富、兵马精壮，又地接陇蜀，也遣使联络，以孤立隗嚣。建武五年(公元29)窦融归附东汉王朝，任凉州牧。八年，光武帝西征隗嚣，窦融率五郡太守及西羌、小月氏等步骑数万，与大军共同击破隗嚣，封安丰侯。陇蜀平定后，窦融奉召入京，历任冀州牧、大司空、代行卫尉事，兼领将作大匠。窦氏一门贵宠，前后一公、两侯、三公主、四二千石，府邸相望京邑，奴婢以千计，当时贵戚功臣都无法相比。窦融子孙放纵，多行不法。永平二年(公元59)，从兄子窦林因罪处死，汉明帝诏令窦融归第养病。后病死于洛阳。

**窦叔蒙** Dou Shumeng 中国唐代潮汐学家。浙东人，生卒年不详。他的《海涛志》(或称《海峤志》)约成文于大历年间(766～779)，全文保存在清代俞思谦的《海潮辑说》中，是中国现存最早的潮汐专篇。他明确提出"潮汐作涛，必符于月"的同步原理；直接利用中国古代天文历算方法进行潮时的推算，推得的潮汐周期与现在通用的半日潮周期数字相差很小；绘制了涛时推算图，依据旧历日期和推算图，即可查出当天的高潮时辰；论述了正规半日潮区的潮汐日、月、年周期；根据日、月在天球视运动的差异，推算出春季大潮和秋季大潮发生的时间，从而实际上阐述了分点潮。他是使月球影响潮汐的理论具有一定科学内容的先驱。

**窦武** Dou Wu (?～168) 中国东汉大臣。扶风平陵(今陕西咸阳西北)人，字游平。女为桓帝皇后。与太学生联合，共同对付宦官。见党锢。

**窦宪** Dou Xian (?～公元92) 中国东汉外戚权臣。字伯度。扶风平陵(今陕西咸阳西北)人。窦融曾孙，章德皇后兄。章帝建初二年(公元77)以外戚迁升为虎贲中郎将，日益受到宠任。和帝即位，太后临朝，窦宪在内掌握机密，对外宣布诏命；其弟笃、景、瓌并居要职，一门权势煊赫，俱骄纵不法。永元元年(公元89)，窦宪因罪被囚，自求击北匈奴以赎死。适逢南匈奴单于请兵北伐，乃拜窦宪为车骑将军，以执金吾耿秉为副，各领4 000骑，合南匈奴、乌桓、羌胡兵3万余出征。窦宪遣精骑万余大破北匈奴于稽落山(今蒙古额布根山)，北单于逃走。窦宪追击诸部，出塞三千里，登燕然山(今蒙古杭爱山)，刻石纪功，命中护军班固作铭。回师以后，拜宪为大将军，位次太傅，在三公上。二年，窦宪出屯凉州。三年，窦宪又遣左校尉耿夔等出居延塞，大败北匈奴于金微山(今阿尔泰山)。北匈奴从此破散。窦宪既破匈奴，威权震朝廷，党羽布于全国，遂阴图谋反。事泄，和帝逮捕其党羽，并迫令其到封邑后自杀。

**都安瑶族自治县** Du' an Yao Autonomous County 中国广西壮族自治区河池市辖自治县。位于自治区境中部，红水河中游。面积4 092平方千米。人口67万(2008)，有瑶、壮、汉、苗、仫佬、毛南等民族。1915年都阳、安定两土司合并置都安县，1955年成立都安瑶族自治县。县境91%以上为喀斯特地貌，地下河、溶洞、峰丛、洼地遍布。矿产有煤、锑、石棉、辉锑、锰、铁和铝土。农作物有玉米、水稻、甘蔗、甘薯、大豆、花生等。特产有山葡萄酒、砂纸、山羊、旱藕粉丝、竹编藤织、五彩石工艺品等。工业有建材、农机、造纸、针织、煤炭、食品等。名胜古迹有九如汉墓群、匹夫关、绿岑仙谷、翠叠嶂、龙颈银涛、八仙古洞、响泉夜月和古松洲等。

**都柏林** Dublin 爱尔兰首都，最大城市和港口。临爱尔兰海的都柏林湾，跨利费伊河口。面积921平方千米。人口118.7万(2006)。早在8世纪，北海海盗常出没于此。9世纪为古代斯堪的纳维亚人所建，随后丹麦人在此建造城堡，其地名即源于丹麦语。爱尔兰语(凯尔特语)城名巴利阿克利，意即"浅滩旁架着木杆的城堡"。1170～1922年为英属爱尔兰殖民地首府。爱尔兰共和国独立后，定为首都。爱尔兰最大的制造业城市。20世纪80年代以来，计算机软件、电信、生物制药等高科技产业迅速发展，已成为都柏林的支柱产业。其他工业有金属加工、机械制造、化工和电器等。传统的农产品加工尚占一定地位。爱尔兰金融中心，爱尔兰证券交易所的所在地。地处交通枢纽，铁路、公路、运河向西部腹地呈辐射状分布。都柏林港港口吞吐量占全国1/2强。与英国有海上轮渡相通。在市北10千米的科林斯敦建有国际航空港。市中心被利费伊河分成南北两部分，10座大桥把南北市区连在一起，主要古建筑有奥康奈尔大桥、都柏林堡、市政厅福尔宫、伦斯特宫、海关大楼、圣帕特里克教堂等。建有收藏爱尔兰历史文物的国家博物馆和收藏欧洲名画的国家美术馆。市郊西北部的丹辛克天文台是欧洲最古老的天文台之一。市区西北部凤凰公园是欧洲最大的动物园之一。圣斯蒂芬绿地是市区最大的公园，有湖和瀑布。著名戏剧家萧伯纳的故里，有"戏都"之称，每年举行都柏林国际戏剧节。1991年获得"欧洲文化城市"称号。全国文化教育中心，设有都柏林大学(建于1591年，又称三一学院)、爱尔兰教会大学、爱尔兰国立大学都柏林学院和都柏林市立大学，以及爱尔兰皇家科学院等。

利费伊河上的奥康奈尔大桥

**都察院** Censorate; Court of Censors 中国明清主管监察的中央官署。其前身为汉以后的御史台。朱元璋于吴元年(1367)亦置御史台，设左、右御史大夫、御史中丞等官。洪武年间罢御史台。十五年(一说十四年)更置都察院。

都察院的职责是专纠劾百司，辨明冤枉，提督各道及一应不公不法等事，为天子耳目风纪之司。凡大臣奸邪、小人拘党、作威福乱政者劾，百官猥茸贪冒坏官纪者劾；学术不正，上书陈言变乱成宪以希进用者也在纠劾之列，遇朝觐、考察时，与吏部共司官吏黜陟。有大狱重囚会审于外朝，由都察院会同刑部与大理寺共同审理，合称三法司会审。内外百司之奸邪，分属各道御史稽察。在内巡视京营，监临乡会试及武举，巡视光禄，巡视仓场，巡视内库、皇城、五城，轮值登闻鼓；在外巡按诸军，提督学校，巡查盐务、花马、漕运、关隘、屯田等事务。可与省区行政长官分庭抗礼，知府以下均奉其命，往往大事奏裁、小事立断。按临所至，必先审录罪囚，吊刷案卷，有故出入者理辩之，对政事得失，军民利病，皆得直言无避，朝有大政，可以预议。凡御史犯罪，加三等，有赃从重论处。

**都德** Daudet, Alphonse (1840－05－13～1897－12－15) 法国小说家。生于尼姆，卒于巴黎。1866年开始发表散文和故事集《磨坊书简》(1869)，温和地批判了现代文明对淳朴风俗的侵蚀。第一部长篇小说《小东西》(1868)是其代表作，集中体现了作者的艺术风格，即“含泪的微笑”。1870年普法战争爆发，给他提供了新的创作题材。短篇小说集《月曜日故事集》(1873)中的《最后一课》和《柏林之围》等都是脍炙人口的名篇。《最后一课》以普法战争的事件为背景，通过一个小学生在上最后一堂法文课时的所见所闻与内心感受，深刻地表现了法国人民深厚的爱国主义感情。它已被译成世界各国文字，常被选为中小学生语文教材。其他主要作品还有短篇小说集《冬天故事》(1896)，长篇小说《塔拉斯孔城的达达兰》(1872～1890)、《雅克》(1876)、《不朽者》(1888)，回忆录《一个作家的回忆》(1888)等。

**都督** commander-in-chief 中国古代军事长官。汉末三国时形成，其后发展成为地方军事长官，明以后成为中央军事长官。

都督一名在汉末三国时期开始大量出现。汉末董卓之乱后，州郡拥兵割据称雄，朝廷为了笼络他们，有以将军兼督数州或都督某州的称号。献帝建安二年（197）以袁绍为大将军，赐弓矢节钺兼督冀、青、幽、并四州，是最早见于史籍的持节都督。曹操在统一北方的过程中，陆续在重要地区建立军镇，后来逐渐形成都督区。吴、蜀也各在其边境建立都督区。东晋、十六国及南北朝时期，各个政权都在境内建立都督区。晋惠帝以后，都督例兼所驻州的刺史，非重要州才单为刺史。都督兼刺史，即兼治军民，形成为州的上一级机构。但都督区还不是正式的地方行政区划，只是军事指挥区域。都督均有节，表示朝廷赋予都督的权力，使持节为上，持节次之，假节为下。自曹魏开始，已有假黄钺的称号，假黄钺是比持节更高的权力标帜，可以专戮节将（即持节都督），这只是在特殊情况下或权臣当政期间才赋予这种权力，并非经常制度。

南朝后期，州郡分割，都督区也逐渐变小，都督的权威已不如魏晋时。北周改都督区为总管区，总管兼任所驻州刺史，并统辖邻近各州。重要地区则置大总管府，除直辖州郡外，还统辖若干总管。隋代军区亦称总管。唐初承隋制。武德七年(624)，以总管府为都督府，大总管府为大都督府，而行军总管及大总管不变。唐代都督权轻，虽加使持节之号，并不真正赐节。景云二年以贺廷延嗣为凉州都督充河西节度使，节度使实授旌节。从此节度使代替都督，成为地方最高的军事长官。

北宋于行政区都督府设都督，不常置，缺者以知府事为长官，掌本府兵民之政。地位较高者称大都督。南宋以后，都督成为中央执政官所加军事官衔。元天历二年(1329)，立钦察亲军都督府，后改为大都督府，置大都督，统辖钦察诸部侍卫军及地方镇戍军。至正二十一年（1361)，朱元璋改枢密院为大都督府，设大都督，节制中外兵马。洪武十三年（1380)，改大都督府为中、左、右、前、后五军都督府。明中叶后，都督成为虚衔。清初，沿袭明制，以左右都督、都督等为提督和总兵官的加衔。乾隆十八年（1753）废止。辛亥革命后，起义各省多置都督，为地方最高军政长官。袁世凯上台后改称某某将军督理某省军务。1916年袁死后改称督军，1922年又称督理。

**都铎王朝** Tudor, House of 英国从封建社会向资本主义社会过渡时期的一个重要封建专制王朝。兰开斯特家族的远亲里士满伯爵亨利·都铎于1485年8月夺取王位，建立都铎王朝，史称亨利七世（1485～1509年在位)。亨利七世后出过4位国王：其子亨利八世（1509～1547年在位)，亨利八世的3个子女爱德华六世（1547～1553年在位)、玛丽一世（1553～1558年在位)、伊丽莎白一世（1558～1603年在位)。

15世纪中叶，英国农村的资本主义工业和农业得到迅速发展。亨利七世依靠新兴贵族和资产阶级的力量，解散封建家臣，设立星室法庭，惩治不驯服的贵族，从而建立起强大的王权。他又实施保护关税，支持本国工商业和航运业，奖励航海活动，保护对外殖民和海盗活动等有利于新兴贵族和资产阶级的政策。亨利八世自上而下推行宗教改革，使国王成为教会的最高首脑，并使英国国教会脱离罗马教廷。

都铎王朝封建国家机器主要由枢密院(1540年以前称国王议事会)、议会和地方的治安法官三部分组成。

16世纪初，英国出现集中的手工工场。圈地运动和血腥立法（包括1563年的徒工法）使成千上万的农民死于非命，劳动者被迫按压低的工资出卖劳动力。地方资产阶级和新贵族因此积累了巨额财富。16世纪下半叶不仅出现贸易股份公司，而且产生了第一批工业股份公司（如皇家矿业公司等)。

在资本主义迅速发展的都铎王朝时期，英国文化空前繁荣。人文主义思想流行。其代表人物是空想社会主义的奠基人T.莫尔和“英国唯物主义的真正始祖”F.培根。W.莎士比亚不仅尽善尽美地把金钱的本质描写出来，而且也描述了封建专制主义的罪恶。

1603年伊丽莎白女王去世，无嗣，从而开始了斯图亚特王朝在英国的统治。

**都江堰** Dujiang Weir 位于中国四川省都江堰市（原灌县）境内，岷江上的以灌溉为主的大型水利工程。也是世界现存历史最长的无坝引水工程。秦昭王末年（约前256～前251）蜀守李冰主持兴建。都江堰利用岷江流域的自然条件将岷江水引入成都平原，塑造了成都平原的河流水系，改善了水环境。秦汉之际，成都平原由于有稳定充足的水源保障而从此成为重要的农业经济区，并享有“天府之国”的美称。

图1 都江堰宝瓶口

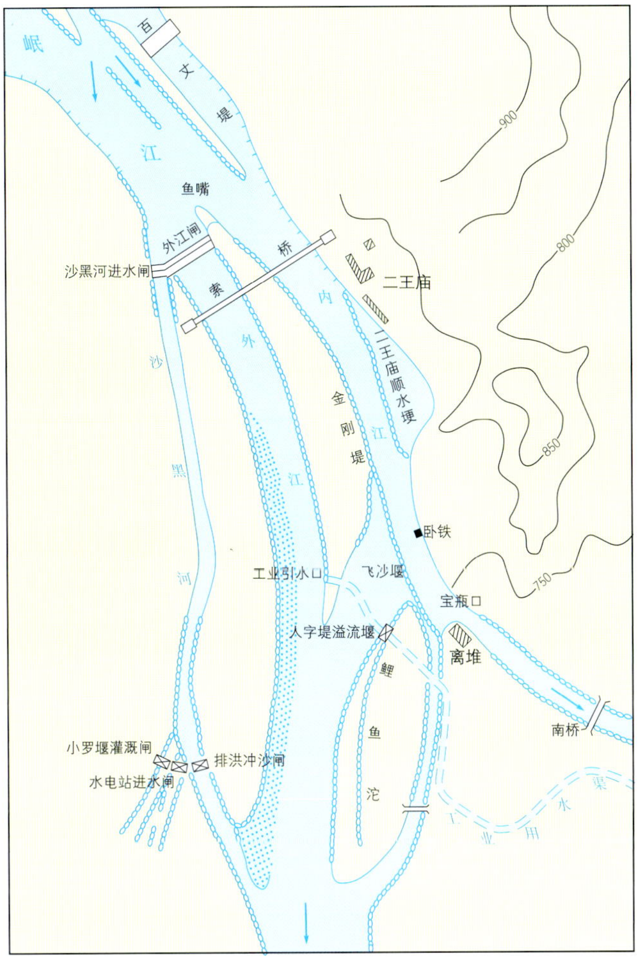


图2 1982年都江堰渠首工程布置图

都江堰始名于宋代，宋以前曾名都安堰、湔堰或楗尾堰。

枢纽布置 早期的都江堰有堤、堰、进水口、水则等工程设施，经后代不断完善，构成由鱼嘴（分水工程）、飞沙堰（溢流排沙工程）和宝瓶口（引水工程）三大主体工程组成的无坝引水枢纽。宝瓶口为其引水工程（图1）。此外，还有内外金刚堤、人字堤及控制水量和泥沙的建筑物等（图2）。

工程结构 古代都江堰以竹笼、木桩和卵石为主要建筑材料。以竹编笼内填卵石，用来建造鱼嘴、飞沙堰、内外金刚堤和人字堤等工程。元代曾以石料修砌鱼嘴，并在其顶端铸铁龟；明代修砌鱼嘴，前置铁牛分水；清代复用砌石鱼嘴。1936年改以竹笼为基础，前端与两侧护以木桩，其上修筑砌石鱼嘴，工程延续时间较长，直至1974年时改建成钢筋混凝土结构。

引水防沙与岁修制度 由于三大主要工程的合理规划布局和精心设计施工，枢纽工程发挥了有效的引水、防沙和排洪等综合作用。在适宜河段的恰当位置修建鱼嘴，能使枯水时内江多引水，洪水时外江多泄洪排沙；在河流弯段末端建飞沙堰，能大量溢洪排沙；宝瓶口在人字堤配合下能控制内江少进洪水，以减免成都平原洪涝灾害。

都江堰历久不废的另一重要原因是重视工程管理，严格执行岁修制度。据历史文物记载，早在1 400多年前，即有“深淘滩，低作堰”的岁修“六字诀”。此后，还有“遇弯截角、逢正抽心”的治河“八字格言”等。历代都设置管理机构和堰官负责工程维护。工程维修分为每年的岁修、五年一次的大修、特大洪水后的特修和洪水期的抢修四类。

工程改建与灌区发展 20世纪70年代以后都江堰灌区有了大规模的发展。调整和改建了内外江几条大干渠的引水口；新建了外江闸、沙黑河闸、工业取水口和50余座重要分水枢纽。在丘陵地区兴建了黑龙滩、三岔、鲁班、继光等10座大中型水库和300余座小型水库，灌区从平原发展到川中丘陵地区。1949年时都江堰灌区的灌溉面积为288万亩，至今达到1 003万亩。

都江堰是世界上唯一有2 000多年历史而至今尚在发挥重要作用的古代水利工程，是全国重点文物保护单位，2000年列入《世界遗产名录》。

**都江堰市** Dujiangyan City 中国四川省辖县级市。位于省境中部，四川盆地西北缘。面积1 208平方千米。人口66万（2010）。民族有汉、回、土等。古为蜀国地。公元前256年左右，秦蜀郡守李冰主持兴建**都江堰**。元至元十三年（1276）置灌州。明洪武九年（1376）改灌州为灌县。1988年撤县设立都江堰市，因有举世闻名的都江堰水利工程而得名。都江堰市由**成都市**代管。属中亚热带湿润季风气候，温暖湿润，降水集中，夏多暴雨，秋多连绵雨，冬干，春旱。年平均气温15.2℃。平均年降水量1 257毫米。矿产有煤、铁、铜、铅、石灰岩、砂金等。农业主产水稻、小麦、玉米、薯类、油菜子、花生、柑橘等。以产青城茶、中华猕猴桃和杜仲、黄柏、厚朴、川芎等著称。工业以煤炭、冶炼、机械、建材、饮料、茶叶和食品等为主。名胜古迹有青城山、都江堰风景名胜区、龙池国家级森林公园、龙溪－虹口自然保护区、二王庙、安澜索桥、伏龙观、灵岩寺、普照寺、般若寺等。是中国历史文化名城。在2008年5月12日汶川地震中受灾严重。

**都拉斯** Durrës 阿尔巴尼亚最大海港，都拉斯区首府。在亚得里亚海都拉斯湾北岸。人口9.95万（2001）。欧洲最古老城市之一。公元前7世纪由希腊人创建，称为埃庇丹努

都拉斯罗马时代古城遗址

斯。古罗马时代为军用大道的终点，称为都拉基乌姆。4世纪为罗马新伊庇鲁斯省首府。数度被地震和战争所毁，后又重建。1914～1919年间列为首都。全国重要铁路枢纽、公路中心。工业有船舶修造、金属加工、制革、橡胶、制烟、食品加工等部门。海洋渔业生产基地。设有海洋鱼类研究所，有古城遗址、罗马角斗场等古迹。有海滨浴场，是疗养和旅游地。

**都兰热水吐蕃墓群** Cemetery of Tubo at Reshui, Dulan 中国吐蕃贵族墓群。分布于青海都兰热水沟察汗乌苏河两岸，现存500余座。1982～1999年多次发掘。墓葬大多依山面河，往往多座甚至数十座聚族而葬。墓上封土有梯形和圆形两种，均为竖穴土坑墓，有的用砾石砌墓室，上盖柏木，再盖砾石层。墓室有单室、双室、多室等，也有带回廊的。随葬丝织品有锦、绫、罗、绢、纱等，绝大多数产自中原，也有外来输入品。木器中有包金彩绘木器件、墨绘胡人木板等。其中狩猎、伎乐的人物形象都是短发，上穿紧身窄袖的服装，下着长裤，脚穿长靴。金银饰件有镀金银质镶嵌绿松石饰牌和珍珠地卷草纹银管等。还出土一批古藏文木简、带道教符箓的织物等。墓葬的年代相当于中晚唐时期。热水吐蕃墓群是青海境内面积最大的吐蕃墓

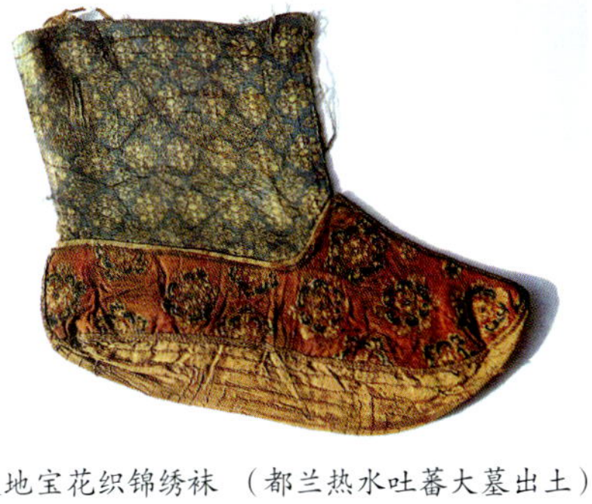

棱地宝花织锦绣袜（都兰热水吐蕃大墓出土）

地，对研究吐蕃、吐谷浑葬俗，吐蕃与中原文化交流及中西文化交流，均有重要价值。1996年国务院公布为全国重点文物保护单位。

**都兰县** Dulan County 中国青海省海西蒙古族藏族自治州辖县。位于省境中部。面积50 000平方千米。人口8万(2010)，以汉族为多，有藏、蒙古、回、土等少数民族。“都兰”，蒙古语意为温暖。原为东蒙古诸部和硕特西右后旗驻牧地。1917年设置都兰理事，辖今州境地区，1930年改为都兰县。地处柴达木盆地东南隅。属高原干旱大陆性气候。矿产有硅灰石、天然碱、白云母、煤等。工业有电力、煤炭、建材、纺织、有色金属、粮油和畜产品加工等。毛纺工业为支柱产业，为传统出口产品。农牧结合，农业以种植小麦、青稞、油菜为主，牧业以牧养绵羊、牦牛、骆驼为多。名胜古迹有塔里他里哈遗址、热水吐蕃墓群、巴哈莫力岩刻、香日德古城等。旅游景区有都兰国际狩猎场、南北霍布逊湖风景区。

**都灵** Turin; Torino 意大利第三大城市，全国最大工业中心之一，皮埃蒙特区首府，都灵省首府。位于西北部波河上游谷地，海拔239米。人口90.90万(2010)。冬温夏热。始建于罗马帝国时期，为军事要地。4世纪起先后受伦巴德王国、法兰克王国与萨伏依家族统治。文艺复兴时期为自治城市国家。1720年为撒丁王国首都。1861～1865年曾是意大利王国首都。19世纪末城市工业发展初具规模，1889年建立了菲亚特汽车公司。第二次世界大战后发展成为全国最大工业中心之一，汽车工业发达，有“汽车城”之称。其他重要工业还有飞机制造、冶金、电子、电器、化工、机械、橡胶、制革、纺织、食品等。意大利西北部交通枢纽，有多条铁路、公路干线通往国内各大城市和法国、瑞士等邻国，建有塞莱国际机场。古老的文化艺术城市，多文艺复兴时期的艺术珍藏和建筑古迹，如马达马广场与马达马宫、城堡、大教堂、卡里尼亚诺宫与皇宫等。市内还有各类博物馆，以及萨巴达画廊、现代美术馆、里齐奥剧院等文化设施。著名高等学府有都灵大学、都灵工艺学院等。罗马大街是全城最繁华的街道。安托内利亚纳石塔是城市的标志。

都灵马达马宫

**都市病** urban pathologies 发生在城市社区中，由城市生活、就业压力和环境恶化等产生的各种心理混乱、社会冲突、生态失调、反社会行为等的总和。又称都市社会问题、城市病。它是都市生活中的阴暗面，对都市社会起着消极与破坏作用。都市社会问题多种多样，不同的社会形态里有着不同的都市病态，不同的地方也存在着不同的都市社会问题，包括犯罪、侵扰、斗殴、吸毒、贩毒、酗酒、自杀、乞讨、流浪、三陪、红灯区、黑社会、难民、民族主义、种族歧视、冷淡疏远、重压焦躁、精神失常、环境恶化、贫富悬殊、失业、贫民窟、棚户区、非法居住区等。都市病的解决要靠社会工程的综合治理，调整都市中的各种社会关系，才能解决都市中的社会矛盾和社会病问题，促进都市社会的正常发展。

乞讨者与陪伴他的狗

**都匀市** Duyun City 中国贵州省黔南布依族苗族自治州辖市，自治州人民政府驻地。位于黔东南苗岭南麓。面积2 278平方千米。人口48万(2008)，有布依、苗、水、汉、壮、彝、侗等31个民族。蜀汉时置并渠县。唐置南平州。宋、元为都云安抚司。明弘治七年(1494)置都匀府。1911年后改府为县。1958年置都匀市。属中亚热带湿润性季风气候。矿产资源有铅锌矿、重晶石、硫铁矿、砷、煤、石英砂、大理石等。工业以轻纺、电子、机械、化工、建材、酿造、食品、制革等为主。名胜古迹有斗篷山剑江风景名胜区、尧林洞天风景区、东山公园、文峰塔等。

文峰塔

**督脉** governor channel; governor vessel 中医学中奇经八脉之一。督脉总督一身之阳经，六条阳经都与督脉交会于大椎，督脉有调节阳经气血的作用，故称为“阳脉之海”。主生殖机能，特别是男性生殖机能。督脉起于胞中，下出会阴，后行于腰背正中，循脊柱上行，经项部至风府穴，进入脑内，再回出上至头项，沿头部正中线，经头顶、额部、鼻部、上唇，到唇系带处(见图)。本经脉腧穴有长强、腰俞、腰阳关、命门、悬枢、脊中、中枢、筋缩、至阳、灵台、神道、身柱、陶道、大椎、哑门、风府、脑户、强间、后顶、百会、前顶、囟会、上星、神庭、素髎、水沟、兑端、龈交，共28穴。

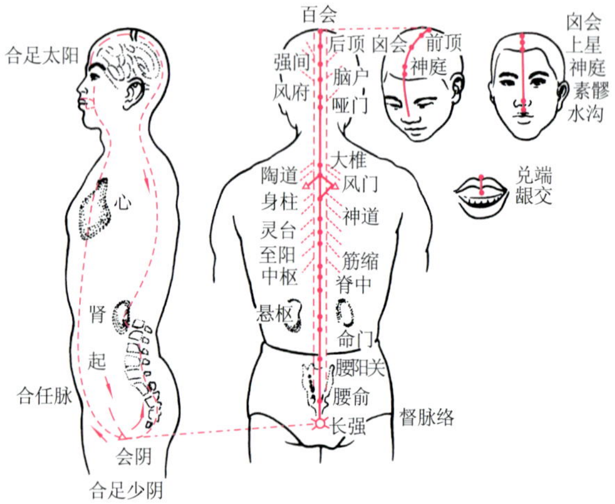


督脉循行线路图

**督政府** Directeurs 1795～1799年在法国大革命中建立的资产阶级共和政权。后在拿破仑·波拿巴发动的雾月十八日政变中被推翻。

**毒草** poisonous weeds 自然生长的含有毒素的草本植物。家畜采食后，可引起生理异常或功能障碍性中毒，轻则影响正常生活，重则导致死亡。中国北方天然草原上散生或成片分布的毒草约有200多种，分属40多科，120多属。常见的有乌头属、翠雀属、毛茛属、金莲花属，以及小花棘豆、狼毒、毒芹、问荆等。所含有毒物质主要为生物碱、配糖体、毒蛋白、挥发油和有机酸等，有的含一种，有的含多种。其毒性大小因生境条件、利用方式、食入数量、采食对象以及该类植物的生育阶段等而有差异。

防除的主要方法是：挖除毒草并同时补播优良**牧草**；进行多次刈割；喷洒**除草剂**；生物防除，如利用**山羊**反复重牧对它无毒害的飞燕草，利用专一嗜性昆虫或细菌、病毒侵染毒草；通过划区轮牧，封滩育草和施肥、灌溉等措施，使草地优良牧草增多、毒草减少。此外，不少毒草还是良好的中草药，防除毒草应与开发利用药物资源相结合。

**毒蛾** Lymantridae; tussock moth **鳞翅目**毒蛾科昆虫的统称。已知约2 700种，大多数分布在旧大陆的热带地区。中国已知约360种，多数种类分布在长江以南，西南和华南地区种类最多，西北地区较少。

成虫中至大型。体粗壮多毛，雌蛾腹端有肛毛簇。口器退化，下唇须小。无单眼。触角双栉齿状，雄蛾的栉齿比雌蛾的长。翅发达，大多数种类翅面被鳞片和细毛，有些种类雌蛾翅退化或仅留残迹或完全无翅。成虫大小、色泽往往因性别有显著差异。活动多在黄昏和夜间，少数在白天。静止时多毛的前足向前伸出。卵多成堆地产在树皮、树枝、树叶背面，林中地被物或雌蛾茧上。卵堆上常覆盖雌蛾的分泌物或雌蛾腹部末端的毛。幼虫体被长短不一的毒毛，因此得名。幼虫第6、7腹节或仅第7腹节有翻缩腺，是毒蛾幼虫的重要鉴别特征。幼龄幼虫有群集和吐丝下垂的习性。蛹为被蛹。

食性很杂，幼虫容易更换寄主植物。多食植物，有时也捕食寄主植物上的蚜虫和介壳虫。还危害多种农林作物。在毒蛾发生地区，人接触毒毛和毒液能引起皮炎、眼炎、上呼吸道炎；在牧区和养蚕区，家畜和家蚕误食带毒蛾幼虫的饲料亦能引起中毒，甚至死亡。重要经济种类有舞毒蛾、模毒蛾、黄斑草毒蛾、茶黄毒蛾、茶白蛾、松茸毒蛾、盗毒蛾、雪毒蛾、杨雪毒蛾等。

**毒麦** *Lolium temulentum*; darnel **禾本科**黑麦草属的一种。一年生草本植物。又称黑麦子。发生在麦田的杂草。原产欧洲，中国东北、西北以及江苏、安徽、湖北、云

毒麦形态

南等地也有发生。黑麦草属约10种。株高50～110厘米，须根较稀；茎直立，丛生；穗状花序长达10～25厘米；颖果矩圆形，灰褐色。种子适宜发芽温度为10～20℃，一般覆土3厘米时出苗即受抑制。种子对人畜有毒。

毒麦为检疫对象。对混杂毒麦的作物种子应集中处理或加工利用；田间发现毒麦植株，应及时拔除烧毁；建立种子田，或用选种机汰除毒麦，效果可达95%左右。

**毒蘑菇** poisonous mushrooms 人畜食后产生中毒反应的菇类等大型真菌。**毒蕈**的俗称。

**毒砂** arsenopyrite 化学成分为FeAsS，晶体属单斜或三斜晶系的硫化物矿物。旧称砷黄铁矿。含砷量达46.01%，是制取砷和砒霜（$As_2O_3$）等砷化物的主要矿物原料。当钴的含量达3%～12%时，称作钴毒砂。毒砂呈锡白色至钢灰色。金属光泽。莫氏硬度5.5～6，密度6.1～6.2克/厘米$^3$。解理不完全。具电热性。用锤击打时，发砷的蒜

柱状毒砂

臭味。晶体常呈柱状，集合体呈粒状、致密块状。产于高温或中温热液矿床中。金矿床中所产的毒砂常含金，钴矿床中产出的毒砂常含钴。毒砂在地表易风化成臭葱石（$FeAsO_4·2H_2O$）。中国毒砂常产于钨锡矿床中，主要分布于湖南、江西、云南等省。德国的弗赖贝格、英国的康沃尔、加拿大的科博尔特等地均有较多毒砂产出。

**毒蛇** venomous snakes 具有毒器的蛇类的统称。约占世界蛇类的1/5。中国已知有毒蛇类63种，约占中国蛇类的1/3。毒器包括毒腺、导管和毒牙。毒腺是分泌毒液的器官，通常位于毒蛇头部两侧的皮下；导管是输出毒液的管道；毒牙则是毒蛇将毒液注入被咬对象体内的工具。毒器是蛇类适应有效捕吃食物演化发展形成的器官，亦作为自卫的武器。根据毒牙着生的位置和结构特点，可分为沟牙和管牙。毒牙中空的管道或表面的纵沟，都是毒液的通道，毒蛇咬物时，毒液便沿管或沟流入被咬对象的体内。

在中国经常造成毒蛇咬伤的约有15种毒蛇，即眼镜蛇亚科的**金环蛇**、**银环蛇**、舟山眼镜蛇、孟加拉眼镜蛇和眼镜王蛇。蝰科的尖吻蝮、短尾蝮、乌苏里蝮、岩栖蝮、山烙铁头蛇、原矛头蝮、菜花原矛头蝮、白唇竹叶青蛇、福建竹叶青蛇和圆斑蝰。

在野外，毒蛇只在受到威胁时出于自卫才发生咬人动作。一般而言，无毒蛇感到地面或草木震动就迅速逃避；毒蛇往往就地盘伏成团，头部警惕地注视着震动传来的方向。如果不注意而过分靠近它或误触及蛇体，就可能被咬伤。由于毒蛇多在夜间活动，在夜晚作业或行路时，应注意照明以免误踩毒蛇而被咬伤。特别是在毒蛇多的地区作业或穿越时，应该穿长裤和较厚实的鞋，即使不慎被咬，毒牙也不致伤及人体。

**毒蜥属** *Heloderma* 蜥蜴亚目毒蜥科唯一的属。有毒蜥和蛛毒蜥2种。因有毒牙、毒腺，并分泌毒液而得名。体粗尾短，形象笨拙，在黄色或橙色的体表上显示出暗色网纹。头部略扁。背面和四肢外侧具大骨板。颈椎8枚。无颞弓。只有少数腭骨齿和翼骨齿。毒蜥的毒液通过毒腺导管注入口腔，再经颌骨前端毒牙的沟注入被它咬住的猎物体内。较大动物的神经、呼吸系统等出现中毒现象。弱小的动物，如青蛙、老鼠等会丧命；人被毒蜥咬伤后会有痛感，极少致命，但如不及时治疗，对健康影响很大。

**毒蕈** poisonous mushrooms 人畜食后产生中毒反应的菇类等大型真菌。又称毒菌、毒蘑菇。多数属于伞菌类，少数为子囊菌、腹菌或多孔菌类。全世界有百余种，中国已知80余种。

毒蕈中毒反应或症状与其种类所含毒素有关。按中毒症状及毒蕈的物种大致分为6种类型：①胃肠炎型。毒蕈包括毒红菇、毒粉褶菌、臭黄菇、毛头乳菇、喇叭菌等80余种。②光过敏性皮炎型。由胶陀螺菌、叶状耳盘菌引起。③神经精神型。毒菌包括豹斑鹅膏菌、毒蝇鹅膏菌、花褶伞、光盖伞、红网牛肝菌等60多种。④呼吸与循环衰竭型。毒蕈主要为亚稀褐黑菇。⑤溶血型。毒蕈有18种，如鹿花菌、赭鹿花菌、褐鹿花菌和部分含毒肽类的鹅膏菌。⑥肝脏损害型。主要毒蕈有毒鹅膏菌、白毒鹅膏菌、褐鳞环柄菇、毒盔孢伞、条纹盔孢伞等20余种。另外还有含奥莱毒素的毒丝膜菌。毒蕈中毒多因误食而引起。

**毒蜘蛛** poisonous spider 对人畜可以造成伤害的蜘蛛。大多数蜘蛛的毒只能麻痹或杀死昆虫，但对人体无害，仅少数种类蜇人后有危害。如球蛛科的寇蛛（俗称“黑寡妇”），毒素为神经毒，可引起腹部和足部剧烈的疼痛、脑脊液压升高、恶心、肌肉抽筋、呼吸停滞。刺客蛛科褐蛛属蜘蛛的毒素是溶血性的，而且从被叮咬的部位造成局部的组织坏死或溃疡，向外扩散，溃疡的愈合缓慢。栉足蛛科狼蛛属的一种蜘蛛的毒素也能使组织坏死。捕鸟蛛科的塔兰图拉蛛个体大，且被称为塔兰图拉毒蛛，其实对人无害。

**独裁** dictatorship 由统治者个人独揽国家最高权力，反对人民参与国家管理的统治方式。在欧洲源于古罗马。在罗马共和国，当国家处于紧急状态时，元老院可任命独裁官，全权处理一切事务，恢复常态后独裁即告结束。至共和国末期出现了终身独裁官。随着罗马共和国向帝国转变，独裁遂成为一种确定的制度。在奴隶制、封建制国家实行的君主专制都属独裁统治性质。在现代，凡是法西斯国家都实行独裁，其组织特征是，国家机关系统中没有议会，或有议会但不能行使其职权；司法机关也没有形式上的独立。其统治特征是，抛弃自由民主，蔑视公民权利；对内镇压，对外扩张侵略。随着人类政治文明的演进，独裁的统治方式已趋衰败。

**独轨铁路** monorail 车辆在一根轨道上行驶的轨道交通系统。又称单轨铁路。有跨座式独轨铁路与悬挂式独轨铁路两种。一般均采用橡胶车轮。1821年英国P.H.珀尔默开发独轨获得发明专利。1888年法国人在爱尔兰铺设的一条长约15千米的跨座式独轨蒸汽铁路是独轨铁路的先驱。1893年德国E.朗发明了悬挂式单轨车辆。1901年，一条13.3千米的悬挂式独轨铁路在德国伍珀塔尔投入运营。独轨铁路一般使用道路上部空间，故土地使用较少，建设工期较短，投资也较少；不足之处是运营费用偏高，且运量难以达到设计水平。中国第一条跨座式独轨铁路于2000年底在重庆开工，从较场口至新山村，2005年底全线贯通。

**独贵龙运动** Duguilong Movement 中国清代末年蒙古族人民自发组织的反封建斗争。独贵龙，蒙古语环形、圆圈之意。参加这一组织者经常坐成圆圈，共同讨论研究各项问题；在斗争中通过决议和上报政府的呈文签名，亦呈圆圈形。这样做既表示人人平等，又不易暴露运动的领导者。1858年（咸丰八年），内蒙古伊克昭盟乌审旗蒙古族贫苦牧民发动了反封建暴政、反苛捐赋役的独贵龙运动，迫使伊克昭盟盟长与乌审旗札萨克王公等当众宣布减轻赋税。至1891年（光绪十七年），该盟多次爆发独贵龙运动，但在盟旗封建主联合发动的武装镇压下失败。1900年义和团运动爆发至辛亥革命期间，伊克昭盟准格尔旗、鄂托克旗、乌审旗、札萨克旗等地的蒙汉人民纷纷组织独贵龙运动。斗争的主要内容为反洋教、反对蒙古贵族放荒招垦以及清政府的移民实边。辛亥革命以后，独贵龙运动此起彼伏，到第一次国内革命战争时期，成为中国蒙古族人民进行民主革命的重要组织形式。

**独脚戏** 中国曲艺曲种。又称“滑稽”。因以上海方音表演，又流行于上海以及江苏和浙江靠近上海的部分地区，也称“上海独脚戏”。兴起于20世纪20年代，创始人为上海“文明戏”艺人王无能，因由一人演出得名。早期以口技摹学和杂学唱一类的节目为多，后发展出以“学”为主的《学电台》、《学话剧》等，以“说”为主表现人物故事的《金蛤蟆》、《七十二家房客》等，以“做”为主的《钉巴》、《关亡》等节目类型。表演形式通常为一至三人通过喜剧性的“说、学、做、唱”来叙述故事，包括一人叙说兼有摹学的“单口”形式，二人表演的“对口”形式和三人以及三人以上表演的“群口”形式，以二人的对口表演较为常见。叙说幽默、摹学夸张和注重制造笑料，是其艺术表现的审美风格。20世纪后期除整理上演传统节目外，又编演了许多新节目。

**独居石** monazite 晶体属单斜晶系的磷酸盐矿物，化学成分为(Ce,La,Th)[$PO_4$]。又

名磷铈镧矿。成分中含$Ce_2O_3$ 34.99%、$La_2O_3$ 34.74%，常有Th、U、Ca、Si等混入。是提取稀土元素的重要矿物原料。晶体呈板状或柱状。棕红色、黄褐色、黄色或黄绿色。油脂光泽。解理完全。莫氏硬度5～5.5。密度4.9～5.5克/厘米$^3$。化学性质稳定。是酸性岩和变质岩的特征副矿物，常见于花岗岩、正长岩、片麻岩和花岗伟晶岩中，亦产于与花岗岩有关的热液矿床中。粗粒独居石晶体见于伟晶岩中。在次生、风化作用条件下，独居石会富集、形成有工业价值的砂矿床。与锆石、磷灰石、磷钇矿、铌铁矿等矿物伴生。中国广西、内蒙古、新疆、江西、广东和陕西等地有丰富的独居石矿产资源。澳大利亚的独居石精矿产量居世界首位，其次是巴西、印度、马来西亚。

**独乐寺** Dule Temple 中国古代佛教寺庙。在天津市蓟县西门内。现存辽代建筑有观音阁和山门。观音阁居全寺中心，是辽尚父秦王韩匡嗣再建的，于辽圣宗统和二年（984）建成，是研究晚唐至辽华北地区多层建筑特点的重要实例。1961年国务院公布为全国重点文物保护单位。

独乐寺观音阁

独乐寺观音阁外观两层，中有腰檐和暗层，实为三层，上覆单檐歇山屋顶。属于殿阁型构架，阁内中央佛坛上有高16米的11面观音立像，为辽塑精品，也是现存最高的古代泥塑立像。阁内一层北、东、西三壁有明代所绘罗汉像，二层平座上方、井内壁有后代补绘的壁画。

山门在阁正南方，建年约与阁同时。

单檐庑殿屋顶。阁和山门的构架是按一定比例设计的，反映出唐、辽建筑设计的规律。

**独立国家联合体** Commonwealth of Independent States; CIS 由原苏联的加盟共和国组建的主权国家联合体。简称独联体。1991年八一九事件后，苏联各加盟共和国纷纷宣布独立。政府在巨大压力下于9月6日承认爱沙尼亚、拉脱维亚和立陶宛3个共和国独立。M.S.戈尔巴乔夫极力想保持联盟存在，与7个共和国领导人磋商出一个主权国家联盟条约。但乌克兰在12月1日举行全民投票，绝大多数赞成独立，使戈尔巴乔夫的计划受到致命打击。12月8日，俄罗斯总统B.N.叶利钦、乌克兰总统L.M.克拉夫丘克和白俄罗斯最高苏维埃主席S.S.舒什科维奇在明斯克郊区别洛韦日签署协定，决定建立独立国家联合体。1991年12月21日，俄罗斯联邦、白俄罗斯、乌克兰、哈萨克斯坦、吉尔吉斯斯坦、塔吉克斯坦、乌兹别克斯坦、土库曼斯坦、阿塞拜疆、亚美尼亚和摩尔多瓦11国领导人在阿拉木图签署了议定书，宣布苏联停止存在，正式成立独立国家联合体。独联体设有国家元首理事会和政府首脑理事会，以协调各国在共同利益范围内的活动。1993年1月，独联体各国领导人签署独联体章程，9月签署经济联盟条约。10月，格鲁吉亚宣布加入独联体。

独联体2000年以来经济持续增长，2007年独联体的经济增长了8.4%。对独联体的外国直接投资也显著增加，2007年流入的外国直接投资约占独联体国内总产值的4.5%。政治上独联体一些国家已经投入西方怀抱，与俄罗斯关系不断恶化，2008年8月，俄罗斯与格鲁吉亚终于刀兵相见。8月14日，格鲁吉亚宣布退出独联体。

**独立派** Independents 英国资产阶级革命中重要的宗教政治集团。约形成于16世纪80～90年代，是清教教徒中激进派别。

**《独立宣言》** *Declaration of Independence* 英属北美殖民地人民宣布独立的纲领性文件。1775年北美殖民地爆发了北美独立战争。1776年7月4日第二届大陆会议通过了《独立宣言》，是日被定为美国国庆日。资产阶级民主派T.杰斐逊是宣言的主要起草人。宣言阐述了殖民地人民争取独立的理论根据，指出一个民族有权解除他们同另一个民族之间的政治关系，并在世界各国之间，依照自然法和上帝意旨选择独立和平等的地位。宣言宣布，一切人生而平等，上帝赋予他们诸如生存、自由和追求幸福等不可让与的权利。宣言指出，任何政府一旦损害这些权利，人们就有权改换它或废除它，建立新政府。宣言向全世界庄严

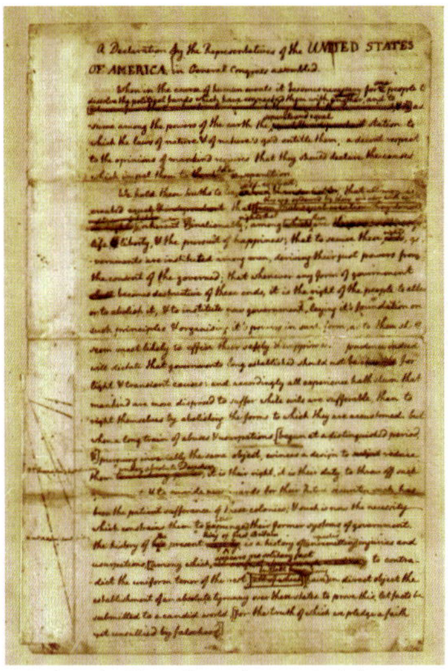
A Declaration by the Representatives of the UNITED STATES OF AMERICA in General Congress assembled.

杰斐逊起草的美国《独立宣言》手稿

宣告北美殖民地脱离英国，自由独立的美利坚合众国正式成立。《独立宣言》的发表对发动群众进行独立战争，对争取各国人民的同情和支援，对利用法国等国与英国的矛盾开展外交斗争并最终组成反英联盟，都起了重大作用。

**独龙语** Derung language 属汉藏语系藏缅语族景颇语支。又称俅语。在中国，主要分布于云南省怒江傈僳族自治州贡山独龙族怒族自治县。分独龙江和怒江两个方言区。在国外称日旺语，分布于缅甸北部。语音有28个单辅音声母。塞音、塞擦音分清浊两套，无清送气音。有14个复辅音，主要由基本辅音和后置辅音结合而成。有132个韵母，其中单元音韵母7个，复元音韵母9个，带辅音韵尾的韵母116个。有3个声调，但区别作用不大。以词序、助词和形态为表达语法意义的主要手段。动词有人称、数、体、态、式、方向等语法范畴，都用形态手段表达。动词人称除与主语一致外，在一定条件下还与宾语及定语一致。语序是主语－宾语－谓语。借词主要来自汉语，也有少量来自藏、傈僳、缅甸等语言。

**独龙族** Derung 中国少数民族。聚居在

独龙族老人

云南省贡山独龙族怒族自治县独龙江流域的河谷地带。人口7 426(2000)。使用独龙语。无文字，现试行一套文字拼音方案。族称始见于《大元一统志》，被称为“撬”。过去以刀耕火种农业为主，采集和渔猎占一定比重。手工业有藤、竹编织和纺织麻布。独龙族能歌善舞。过去男女均散发，少数女子曾有文面习惯。男女衣着极简单，现均已习惯穿衣裤及长裙，妇女在衣裤外斜披麻毯。食物以玉米、马铃薯为主，男女皆爱饮以玉米、小米等酿制的水酒。住房分木楞房和竹篾房两种。家庭已确立一夫一妻制。人死行土葬或水葬。唯一节日是“卡雀哇”，时在农历腊月，无固定日期。过去相信万物有灵，崇拜自然和鬼神。1956年建立了贡山独龙族怒族自治县。

**独山县** Dushan County 中国贵州省黔南布依族苗族自治州辖县。位于省境南部边缘，南邻广西壮族自治区。面积2 442平方千米。人口35万(2008)，有汉、布依、水、

独山县布依族的竹竿舞

苗、壮、侗等24个民族。明置独山州，属都匀府。清袭明制，1913年改州为县，称独山县。属中亚热带湿润性季风型气候，温暖湿润，降水充沛，四季分明。矿产资源有锑、铁、汞、铅锌矿、硫铁矿、煤、重晶石、石灰岩等。农业主产水稻、玉米和油菜子、烤烟、土烟、辣椒、水果和茶叶等。工业有采矿、建材、粮油加工、制伞、民族工艺等小型工业。名胜古迹有独秀峰、神仙洞、奎文阁、紫泉湖等。

**独山玉** Dushan jade 中国古老的玉种。因产于河南南阳独山而得名。是一种蚀变的斜长岩，其组成矿物除以斜长石（见长石）为主外，还可含有黝帘石、云母、透辉石、角闪石、阳起石、黄铁矿等。因矿

独山玉雕件

物组成的不同，颜色多样，主要呈白、绿、黄、紫或杂色。玻璃光泽。不透明至半透明。莫氏硬度6～7。密度2.7～3克/厘米$^3$。属中档玉料，以颜色、质地、块度分级，不同品级价格相差甚大。

**独秀峰** Duxiu Peak 中国广西壮族自治区桂林风光的主体景观之一。位于**桂林市**中心王城内。海拔216米，相对高度66米。因南朝宋颜延之写下“未若独秀者，峨峨

独秀峰“南天一柱”石刻

郛邑间”诗句而得名。又称独峰山、紫金山。独秀峰孤峰耸立，平地崛起，四壁陡峭，挺拔秀丽。是桂林城区风景区的核心，也是桂林市标志。山北麓的月牙泉，是桂林四大名池之一。王城是明代靖江王的王府，为全国重点文物保护单位。山上有历代石刻108件，最著名的是清朝黄国材的“南天一柱”石刻。

**独柱寺** One Pillar Pagoda 越南名胜古迹。位于河内巴亭广场西南。建于1049年的李朝。因该寺建在灵沼池中一根大石柱上而得名。灵沼池为方形，池周砖砌栏杆。寺为木结构，亦方形，每边3米，四面带廊。据传李太宗梦见观音菩萨手托婴儿，立于水池莲花台上，不久得子，乃下令仿出水莲花建寺，故独柱寺似出水莲花。直径1.25米、地上高度4米的石柱象征花梗，石柱四周的4根木支架如同花萼，寺身及四边微翘的屋檐构成花瓣。寺正面檐下悬匾，匾题“莲花台”。该寺几经修缮，规模已小于原建，但其艺术风格未变。

**独奏** solo 器乐演奏形式之一。一般指一件乐器的单独演奏，如**二胡**独奏、**小提琴**独奏、笛子独奏等。独奏多半用其他乐器（以键盘乐器为多）或乐队伴奏，**管风琴**、**钢琴**等键盘乐器或少数乐器（如**竖琴**、**吉他**、**琵琶**、**古琴**等）独奏则不用伴奏。有些常用伴奏的乐器也可不用伴奏，如**J.S.巴赫**的《无伴奏小提琴奏鸣曲》、**N.帕格尼尼**的《24首小提琴随想曲》等。独奏的外文一词含义较广。如在乐队总谱中，除弦乐器各组规定由首席担任独奏片断外，其他乐器在某些段落中为突出声部作用，有时也标明为solo。

**《读卖新闻》** *Yomiuri Shimbun* 日本综合性日文对开报纸之一。1874年11月2日在东京创刊，创始人子安峻。初为市井小报，持“俗谈平话”的编辑方针，以刊载通俗小说为主要特色。1942年与《报知新闻》合并，更名《读卖报知》，继而跃为东京第一大报。1946年5月1日恢复《读卖新闻》刊名。第二次世界大战后扩展到大阪、北海道、北陆、九州、名古屋等地出版。拥有独立的国内外采访通讯网，国外常驻记者40名左右。读者对象中自营业和商业服务者占40%以上。2007年日均发行量已达1 408.1万份，并创办大量地方版。还出版英文《读卖日报》等。

**《读史方舆纪要》** *Essentials of Historical Geography* 中国清初历史地理、军事地理名著。原名《二十一史方舆纪要》。**顾祖禹**撰。全书共130卷。首为历代州域形势9卷，记述历代王朝的盛衰兴亡和地理大势；次为明代两京十三布政使司114卷，分叙其名山、大川、重险，所属府、州、县及境内部分都司卫所的疆域、沿革、古迹、山川、关津、镇堡等，并记载其地发生的历史事件，考订其变迁，剖析其战守利害；再为川渎异同6卷，专叙禹贡山川的经流源委及漕河、海道；末为分野一卷。另附《舆图要览》4卷，内容有两京十三布政使司、九边、黄河、海运、漕运及朝鲜、安南、海夷、沙漠等图。该书成稿在清顺治、康熙年间，但内容以明代末年以前的疆域政区及史事为断限，定稿本刊行前后又有局部修改，故今存稿本、抄本与刊本略有参差。清初刊本亦有改窜。稿本现存上海图书馆，另有抄本、刊本多种，最早的嘉庆十六年（1811）龙万育敷文阁本为通行版本。中华书局2005年出版了点校本。

**《读者》** *Readers* 中国综合类文摘型**期刊**。1981年在兰州创刊。甘肃人民出版社出版。半月刊。原称《读者文摘》，后改为现名。坚持“博采中外，荟萃精华，启迪思想，开阔眼界”的办刊宗旨，以高雅文化、人文关怀为主调，融思想性、知识性、趣味性为一体，赢得海内外广大读者赞誉。设有专栏“文苑”、“人物”、“社会”、“人生”、“生活”、“知识”、“看世界”等。月发行量至2006年4月已达1 003万册，为中国发行量最大的期刊。被世界期刊联盟（FIPP）认定居世界综合期刊第四位，居亚洲、中国期刊第一位。还出版了《读者》乡村版、盲文版和维吾尔文版。于2004年8月推出《读者》原创版。

**读者俱乐部** reader's club 定期向所属会员推荐图书并提供优惠购书条件的出版发行企业。又称图书俱乐部。起源于西方书业。一般做法是：①投入足够的资金，在多种有影响的媒体上连续发布广告，大力发展会员。②从已出版的新书中精心挑选值得推荐的优秀图书，由俱乐部买断版权，或向原出版单位大批量订购，重印俱乐部版（又称会员版）。③每月出版一期会刊。推荐俱乐部版书目，按一定折扣供会员选购。④收书后付款，不满意的可在规定时间内退换。

全球著名的读者俱乐部为德国**贝塔斯曼出版集团**的图书俱乐部（又称书友会），实行跨国经营，已遍布21个国家。美国的读者俱乐部众多，其推荐对读者的阅读选择有重要影响。中国的读者俱乐部与国外有所区别。书店作为发行环节没有出版权，无法出版俱乐部版图书。多数书店采取购书达到一定金额发给会员卡自然入会的方式，会员凭卡购书给予一定折扣的优惠。有些出版社创办的读者俱乐部只供应本版书，其功能类似邮购部。

**《读者文摘》** *Reader's Digest* 美国发行量最大的普及综合性文摘月刊。1922年由**D.华莱士**及其夫人莱拉·艾奇逊在纽约创办。每年从约2 000种畅销书和可读性较强的著作中进行精选和摘录，予以刊登。每期刊

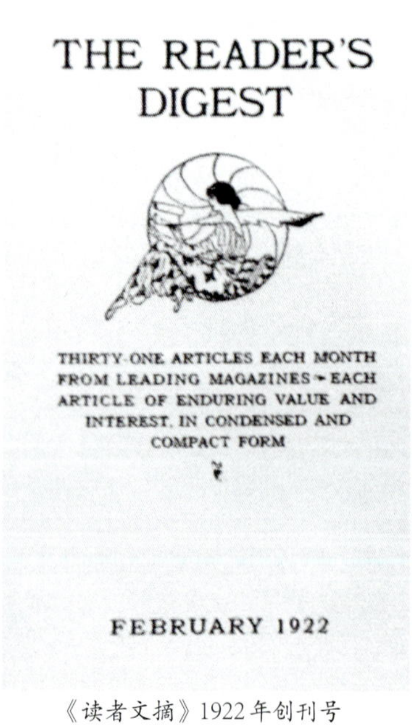


《读者文摘》1922年创刊号

载约30篇自称具有“刺激性、趣味性、信息性、启发性以及能够指导生活”的文章。在国外设有记者站。记者和自由撰稿人的专稿约占刊载作品的一半。文字轻松活泼，知识性、趣味性强。1938年起在国外发行。并以16种文字、59种版本在世界各地以直接邮寄方式发行。21世纪初月发行量达到3 000多万册。

**渎山大玉海** 中国蒙元时期玉器。造成于至元二年十二月己丑（1266年2月1日），元世祖忽必烈令放置在宫苑的万岁山广寒殿（今北京北海公园琼华岛山顶）内。蒙古族统治集团重宴饮，此器为蒙元重要的宫廷贮酒器。明后期广寒殿倒塌，玉海移至紫禁城西华门外真武庙。入清，辗转沦为道人菜瓮。乾隆十年（1745），高宗以白银千两购得，四年后置于团城承光殿前。后又在殿前建小亭配石座，存放至今。今见

渎山大玉海外观

的渎山大玉海呈色青黑，杂以白色斑纹，外壁碾琢波涛中的龙、马、猿、鹿、犀等异兽，形象丰满端庄，膛内镌刻乾隆御制诗。器体呈椭圆形，高0.7米，口径1.35～1.82米，最大周长4.93米，重约3 500千克。造型雄武硕大，是现存最大的古代玉容器。

**笃哇** Duwa（?～1306） 察合台汗国第九代汗。又译都哇、都瓦、都阿、朵瓦、朵哇、秃呵。父八剌（第六代汗），追随海都反对大汗忽必烈，汗国权力逐渐被海都控制。八剌死后，经过旁支两汗的短暂统治，笃哇在海都扶持下即汗位，连年对元境侵掠。忽必烈起用在中原的察合台后王阿只吉和出伯，命他们率军出镇别失八里、阿力麻里、斡端（又译忽炭，今中国新疆和田）等地抗击笃哇。当时，笃哇又与伊利汗国为敌。1295年，伊利汗合赞即位，笃哇同海都军乘虚侵入呼罗珊。1297年，笃哇又侵入印度拉合尔（今属巴基斯坦），封其子忽都鲁火者于印度和呼罗珊之间。1299年、1303年，忽都鲁火者和宗王塔儿海两次渡印度河，长驱直达德里。

1298年冬，笃哇对岭北发动突然袭击，大败元军，俘虏驸马阔里吉思。1301年，笃哇同海都联军越按台山（今阿尔泰山）入侵，为元军所败，笃哇膝上中箭瘫痪，海都负伤致死。笃哇支持海都子察八儿继承汗位，并一起向元成宗铁穆耳求和。1306年，笃哇死，其子宽阇继立。

**杜阿拉** Douala 喀麦隆最大港口城市和经济中心。位于国境西南伍里河河口湾南岸。人口127.43万（2003）。地处河口三角洲，地势低平，多沼泽、湿地和红树林。年平均气温24℃左右，平均年降水量4 000毫米，无明显旱季。最早定居的原住民为杜阿拉人，由此得名。16世纪起欧洲殖民者进入，从事贩运奴隶、掠夺象牙及农林产品。1901～1916年为德属喀麦隆保护地首府。1940～1946年是法属喀麦隆首府。第二次世界大战后发展迅速，成为喀麦隆第一大城市。独立后城市经济发展快，成为全国最大工业中心。20世纪80年代近海发现油气田，天然气储量约1 100亿立方米。陆、海、空重要交通枢纽。公路通全国主要城市，全国两条主要铁路的起点。杜阿拉机场为大型国际航空港。杜阿拉港是全国第一大港，承担全国货物进出口的90%以上，中非共和国、乍得的部分进出口货物也由此中转。市中心在港区西面，是商业和行政区，教堂、博物馆等文化设施集中。南市区主要是本地居民住宅区。工业多集中在东郊巴萨区和武里河北岸的博纳贝里。有杜阿拉大学、雅温得大学经济分校和农工商各类专业学校，还有研究所、博物馆和手工艺中心。

**杜邦财团** Du Pont Financial Group 美国20世纪最重要的财团之一。创始人E.I.杜邦于1802年在特拉华州威尔明顿市创办杜邦公司，依靠化学工业和军火工业起家，后来逐步向多种化学产品发展，经过两次大战和家族几代人的经营，20世纪中期跃升为美国十大财团之一。

杜邦财团的经济实力以工矿业为主。1974年，该财团的工矿企业资产占资产总额的69%。工业资本又主要集中在杜邦公司和通用汽车公司。杜邦公司是美国最大的化学制品和纤维制造公司，所需原料80%是石油。自1973年以来，一再受到石油危机的冲击。20世纪80年代以来，杜邦公司发展成为一家以科研为基础的全球性企业，提供能提高人类在食物与营养、保健、服装、家居及建筑、电子和交通等生活领域的品质的科学解决之道。

2000年，杜邦公司在全世界70个国家开展业务，有135个生产和加工设施，在美国有40多个研发及客户服务实验室，在11个国家有超过35个的实验室。

**杜波依斯** Du Bois, William Edward Burghardt（1868-02-23～1963-08-27） 美国黑人运动领袖、社会活动家、历史学家和作家。生于马萨诸塞，卒于阿克拉。1895年获哈佛大学法学博士和哲学博士学位。毕生在亚特兰大等著名大学任教，并研究美国和非洲的历史和社会。《1638～1870年美国

黑奴贸易的废止》（1896）、《黑人的重建时期1860～1880》（1935）等著作以确凿的材料和精辟的论述，证明黑人曾以他们的才智对美国历史和人类文明作出了贡献。

杜波依斯还创作诗歌、小说和散文。作品有散文集《黑人的灵魂》（1903），长篇小说《寻取银羊毛》（1911）、《黑色的火焰》三部曲（1957～1961）。

从19世纪90年代起，投身美国和非洲黑人的解放运动。他是泛非主义运动的创始人，也是美国有色人种协会的创建者之一，并主编机关刊物《危机》。1933～1945年任《黑人百科全书》总编辑。1961年加入加纳国籍，主持编纂《非洲大百科全书》。

**杜布瓦** Dubois, Eugène（1858-01-28～1940-12-16） 荷兰解剖学家。爪哇猿人化石的发现者。生于比利时林堡省艾斯登，卒于德贝德拉尔。青年时代在荷兰首都阿姆斯特丹学医，后成为解剖学讲师。1890～1892年，在印度尼西亚爪哇的克东布鲁布斯和特里尼尔发现爪哇人化石，包括一件下颌骨碎片、一个头盖骨和一根完整的大腿骨。1894年他将这些化石定名为直立猿人。这是最早发现的猿人（现称为直立人）化石。最初他认为直立猿人是从猿到人的过渡类型，是现代人的祖先；后在外界压力下改变看法，认为是一种已经绝灭的大型长臂猿，并坚持这种观点直到去世。随着和爪哇人同一阶段的北京猿人化石以及许多爪哇人化石新材料的发现，学术界已普遍承认爪哇人是早期人类的真正代表之一。

**杜定友** Du Dingyou（1898-01-07～1967-03-13） 中国图书馆学家。原籍广东南海。生于上海，卒于广州。1918年毕业于上海工业专门学校。同年赴菲律宾大学学习图书馆学。1921年毕业回国。先后在上海复旦大学、上海交通大学、广东中山大学等校任图书馆馆长、主任。

1922年创办广东省图书馆管理员养成所，1925年创办上海国民大学图书馆学系。中华人民共和国建立后，任广东省人民图书馆（广东

省中山图书馆）馆长，广东文史馆馆员。杜定友一生从事图书馆建设和图书馆学教育，对图书馆学进行了多方面的研究。著有《世界图书分类法》、《图书目录学》、《分类原理与分类问题》和《杜定友图书馆学论文选集》等。

**杜尔** Touré, Ahmed Sékou (1922－01－09～1984－03－26) 几内亚政治家，共和国首任总统（1961～1984年在任）。马林克人。生于几内亚法拉纳省，卒于美国俄亥俄州克利夫兰。第二次世界大战后，他积极领导几内亚的工会运动。1947年创建几内亚民主党（1978年改名几内亚国家党），并任主席，1952年以后任总书记。

1958年9月，领导人民反对法国戴高乐宪法，使几内亚成为原非洲法属殖民地第一个独立的国家。独立后任政府首脑。1961年1月至1984年3月，连任共和国总统。杜尔执政期间，将银行和主要公用事业国有化，实行国家垄断贸易制，强调要走几内亚自己的社会主义道路。对外主张不结盟，强调非洲统一，改善同西方国家的关系以争取资金和援助，并加强同阿拉伯产油国的联系。

**杜尔哥** Turgot, Anne-Robert-Jacques (1721－05－10～1781－03－18) 法国古典经济学家，重农学派的重要代表。生于巴黎，卒于巴黎。出身贵族家庭。先后在路易学院、圣叙尔皮斯神学院、索邦神学院学习。1747年获神学学士学位。曾任索邦神学院院士、名誉副院长。1751年放弃神职从政。曾任代理检察长、法院裁判长、利摩日州州长、海军大臣、财政大臣。

杜尔哥与重农学派成员有一定联系，但并未参加其派系活动。他在任职时期推行重农主义政策，因受贵族反对而被取消。他给两个将回国的中国留学生写的询问问题的分析性引言形成《关于财富的形成和分配的考察》一文，把重农主义发展到最高峰。他在F.魁奈所划分的三个阶级（生产阶级、不生产阶级、地主阶级）基础上，又进一步划分出资本家和工人，并初步表述了劳动者和劳动条件分离的历史过程。他把纯产品看作是自然界对劳动者的劳动的赐予，实际上认识到地主阶级占有纯产品是对他人劳动的占有。他还明确提出资本的概念。他基本上抛弃了重农学派的封建主义外观，并提出了一系列政策纲领。马克思称他是“给法国革命引路的激进资产阶级大臣”，“试图采取法国革命的措施”。著有《关于财富的形成和分配的考察》、《集市与市场》、《基金》等。

**杜伏威** Du Fuwei (596～624) 中国隋末江淮起义军领袖。齐州章丘（今山东章丘西北）人。大业七年（611），与辅公祏聚众起义。武德二年（619）降唐，五年自请入朝。六年八月辅公祏在丹阳举兵反唐，翌年二月杜伏威在长安被杀。见隋末农民起义。

**杜甫** Du Fu (712～770) 中国唐代诗人。字子美。祖籍襄阳，生于河南巩县（今巩义市）。因曾居长安城南少陵，在成都被严武荐为节度参谋、检校工部员外郎，后世称之为杜少陵，杜工部。

**生平** 杜甫生在奉儒守官并有文学传统的家庭中，是诗人杜审言之孙。7岁学诗，15岁扬名。20岁以后可分4个时期。

漫游时期 玄宗开元十九年（731）至天宝四载（745），杜甫过着“裘马清狂”的浪漫生活。曾先后漫游吴越和齐赵一带。其间赴洛阳考进士失败。天宝三载，在洛阳与李白结为挚友。次年秋分手，再未相会。杜甫此期诗作现存20余首，多是五律和五古，以《望岳》为代表。

长安时期 天宝五载至十四载，杜甫困守长安，穷困潦倒。他不断投献权贵，以求仕进。六载曾应试制举；十载献大礼赋3篇得玄宗赏识，命宰相试文章；但均无结果。直到十四载十月，安史之乱前一个月，才得到右卫率府胄曹参军之职。仕途的失意沉沦和个人的饥寒交迫使他比较客观地认识到了统治者的腐败和人民的苦难，逐渐成为一个忧国忧民的诗人，创作发生了深刻、巨大的变化。产生了《兵车行》、《丽人行》、《前出塞》、《后出塞》、《自京赴奉先县咏怀五百字》这样的名篇和“朱门酒肉臭，路有冻死骨”这样的警世之句。此期流传下来的诗大约100首，其中大都是五、七言古体诗。

流亡时期 肃宗至德元年（756）至乾元二年（759），安史之乱最盛。杜甫也尽历艰危，但创作成就很大。长安陷落后，他从鄜州北上灵武投奔肃宗，但半路被俘，陷贼中近半年，后冒死从长安逃归凤翔肃宗行在，受左拾遗。不久因房琯案直谏忤旨，几近一死。长安收复后，回京任原职。758年5月，外贬华州司功参军，永别长安。此时期的杜甫，对现实有了更清醒的认识，先后写出了《悲陈陶》、《春望》、《北征》、《羌村》、“三吏”（《新安吏》、《潼关吏》、《石壕吏》）、“三别”（《新婚别》、《垂老别》、《无家别》）等传世名作。759年，关辅大饥，杜甫对政治感到失望，立秋后辞官，经秦州、同谷，于年底到达成都。此期流传下来诗歌200多首，大部分是杜诗中的杰作。

漂泊西南时期 肃宗上元元年（760）至代宗大历五年（770）11年内，杜甫在蜀中8年，荆、湘3年。760年春，他已48岁，在成都浣花溪畔建草堂，并断续住了5年。其间曾因乱流亡梓、阆二州。765年，严武去世，杜甫失去凭依，举家离开成都。因病滞留云安，次年暮春迁往夔州。768年出峡，辗转江陵、公安，于年底达岳阳。他生活的最后2年，居无定所，漂泊于岳阳、长沙、衡阳、耒阳之间，时间多在船上度过。770年冬，杜甫死于长沙到岳阳的船上，年59岁。这11年，他写诗1 000余首（其中夔州作430多首），占全部杜诗的5/7强。多是绝句和律诗，也有长篇排律。名作有《茅屋为秋风所破歌》、《闻官军收河南河北》、《秋兴八首》、《登高》、《又呈吴郎》等。

**诗歌创作** 杜诗现存1400多首。它深刻地反映了唐代安史之乱前后20多年的社会全貌，生动地记载了杜甫一生的生活经历；把社会现实与个人生活紧密结合，达到思想内容与艺术形式的完美统一；被后代称作诗史。但杜甫并非客观地叙事，以诗写历史，而是在深刻、广泛反映现实的同时，通过独特的艺术手段表达自己的主观感情。天宝后期，杜甫写了大量时事政治诗，虽内容各异，但都是个人情感与事实相结合，抒情色彩较浓。战争题材在杜诗中数量很大，对不同性质的战争态度不同。杜甫有不少歌咏自然的诗，歌咏的对象往往是既联系自己，也联系时事，是情、景与时事的交融，而不仅仅是情景交融。最具代表性的是《春望》、《剑门》。杜甫还有些歌咏绘画、音乐、建筑、舞蹈、用具和农业生产的诗，同样贯注了作者的感情，具有时代特色。在《屏迹》、《为农》、《田舍》、《徐步》、《水槛遣心》、《后游》、《春夜喜雨》等诗中，诗人对花草树木、鸟兽鱼虫的动态有细腻的观察、无限的喜爱和深刻的体会。体现了杜甫诗歌和为人的另一侧面。杜甫怀念亲友的诗大都缠绵悱恻，一往情深。如《月夜》怀念妻子，《月夜忆舍弟》怀念弟弟。众多怀友诗中，以怀念李白的最为突出。从与李白分手直到晚年，追念或谈到李白的诗有15首。表现了他对李白的推崇和情谊。杜甫还以诗论诗，在《戏为六绝句》、《偶题》、《解闷十二首》（其四至其八）中，表达了“转益多师”、“别裁伪体”

南宋赵葵《杜甫诗意图》(部分)

扬弃古今而自铸伟辞的艺术主张。在困守长安和漂泊西南时期，为求仕进和维持生计，杜甫也作过一些内容无聊、格调不高的投赠权贵、奉和应酬的诗。其中有不少五言排律。

杜诗体制多样，兼有众长，兼工各体，并能推陈出新，别开生面。其五言古诗熔感事、纪行、抒怀于一炉，博大精深，无施不可，开唐代五古境界。代表作有《自京赴奉先县咏怀五百字》、《北征》、《羌村》、《赠卫八处士》、“三吏”、“三别”。七言古诗长于陈述意见，感情豪放、沉郁，风格奇崛拗峭。如《醉时歌赠郑广文》、《洗兵马》、《茅屋为秋风所破歌》、《岁晏行》等。其五、七言律诗功力极高。五律如《春望》、《天末怀李白》、《后游》、《春夜喜雨》、《水槛遣心》、《旅夜书怀》、《登岳阳楼》，七律如《蜀相》、《野老》、《闻官军收河南河北》、《宿府》、《白帝》、《诸将五首》、《秋兴八首》、《登高》等，唐人律诗很少能超过它们。杜甫还有许多五言排律、几首七言排律，使排律得到很大的发展。其《秋日夔府咏怀寄郑监李宾客一百韵》长达1 000字。但杜甫排律亦多堆砌典故、投献应酬之作。其绝句即景抒情，反映时事，并开绝句中议论之体，别开蹊径，贡献颇大。杜诗内容广阔深刻，感情真挚浓郁；艺术上集古典诗歌之大成，并加以创新和发展；在内容与形式上大大拓展了诗歌领域，给后世以广泛的影响。杜甫也被后人尊为诗圣。杜甫一生潦倒，有诗“百年歌自苦，未见有知音”(杜甫《南征》)。但死后受到樊晃、**韩愈**、**元稹**、**白居易**等人的大力揄扬。杜诗对新乐府运动的文艺思想及**李商隐**的近体讽喻时事诗影响甚深。但杜诗受到广泛重视，是在宋以后。王禹偁、**王安石**、**苏轼**、**黄庭坚**、**陆游**等人对杜甫推崇备至，**文天祥**则更以杜诗为坚守民族气节的精神力量。杜诗的影响，从古到今，早已超出文学的范围。

研究资料　近千年来，治杜之风不绝。宋代有许多杜诗的编年、分类、集注等专书。如北宋王洙、王琪编定，裴煜补遗的《杜工部集》20卷。南宋有郭知达《新刊校订集注杜诗》(又称《九家集注杜诗》)，蔡梦弼《杜工部草堂诗笺》，黄希、黄鹤《黄氏补千家集注杜工部诗史》，而最有价值的是赵次公《新定杜工部古诗近体诗先后并解》，此本仅存明抄残本26卷，全本则有今人林继中《杜诗赵次公先后解辑校》。后世注释杜集的亦在百种以上，较流行的有钱谦益《笺注杜工部集》、仇兆鳌《杜诗详注》、杨伦《杜诗镜铨》、浦起龙《读杜心解》。

**杜甫草堂**　Du Fu Thatched Cottage　中国唐代诗人**杜甫**的纪念祠堂。又名少陵草堂。位于四川成都浣花溪畔。杜甫曾于安史之乱中在此建堂而居，历时近4年，写诗240余首。祠在当年杜甫茅屋“草堂”旧址上修建，故称草堂。1961年国务院公布为全国重点文物保护单位，1985年5月，成立杜甫草堂博物馆。

原草堂在中唐后荒芜破败。昭宗天复二年(902)，诗人韦庄寻得旧址，重造草堂。北宋元丰年间(1078～1085)再次重建，立祠宇刻诗绘像于壁。今存草堂为清康熙时重建，嘉庆十六年(1811)经过大规模修缮。今草堂庭园占地约16.37万平方米。建筑为南北轴线对称布局，大门紧邻浣花溪，轴线上依次有大廨、诗史堂、柴门、工部祠。工部祠内祀杜甫塑像，祠前左右为水竹居和恰受堂轩。诗史堂东西两侧为陈列室，经回廊与大廨相连。建筑均为木构平房，富有川西民居朴素雅淡的风格。园林以楠木、竹、梅为基调，是川西著名古典园林和游览胜地。

“少陵草堂”碑亭

**杜甫仁科**　Dovzhenko, Aleksandr Petrovich (1894-09-11～1956-11-25)　苏联电影导演、作家。生于切尔尼戈夫省索斯尼察村，卒于莫斯科。1921～1923年在苏联驻波兰和德国的领事馆工作并学习绘画。1926年完成电影剧本处女作《改革者瓦西里》，并独立执导了《爱情的结晶》。接着又导演了《外交信差的提包》(1927)、《兹文尼郭拉》(1928)、《兵工厂》(1929)。《兵工厂》标志着他在思想和技巧上已经成熟，显示出富有诗意和浪漫主义色彩的抒情风格。1930年创作的《土地》使他蜚声世界影坛，该片在1958年布鲁塞尔国际电影节上被评为电影问世以来12部最佳影片之一。后来执导的作品有《肖尔斯》(1939)、《解放》(1940)、《祖国》(1946)、《米丘林》(1948)等。曾创作电影剧本数种。

**杜杲**　Du Gao (1173～1248)　中国南宋抗元名臣。字子昕。邵武县(今属福建)人。出身官宦之家，荫补入仕。曾在滁州、盱眙等地抗击金军。端平元年(1234)，金亡，杜杲任安丰军(今安徽寿县)知军，上奏反对出师河洛，“虚内事外”。端平三年至嘉熙元年(1237)，时杜杲再任安丰知军，蒙古宗王口温不花所部攻城，杜杲率军民固守，在余玠等军的支援下，击败蒙古军。迁庐州(今安徽合肥)知州。二年，蒙古军猛攻庐州，杜杲率军民英勇抵抗，以功升兵部侍郎。安丰军和庐州两战为宋元战争初期的著名战役，是城市保卫战的成功范例，蒙古军在此两战中伤亡甚重。淳祐二年(1242)，杜杲任建康(今江苏南京)知府，兼节制和州、无为军、安庆府，于真州击退来犯之蒙古军。

**杜光庭**　Du Guangting (850～933)　中国唐末五代道士。字宾圣，号东瀛子。处州缙云(今属浙江)人(一作长安人)。少年习儒，唐咸通年间(860～873)，应九经不第，入天台山修道。僖宗时屡召至京，封为麟德殿文章应制。中和元年(881)，避战乱，入蜀，留成都，事前蜀王建父子，官谏议大夫、户部侍郎、上柱国、蔡国公，赐号“广成先生”。王衍继位，亲授道箓于苑中，尊其为“传真天师”，兼崇真馆大学士。后辞官不就，隐居青城山白云溪。后蜀孟知祥执政时卒，卒后葬青城山。

杜光庭在道教教义、经典、教史、史实、道教法术等多方面均深有研究，规总道教科范仪轨，对金箓、黄箓、玉箓大斋醮法，以及对设坛立仪等规则，颇有建树。有文才，诗词隽佳，有文集流传于世。今存其著述20余种，散见于《道藏》中，其中尤以《广成集》、《道门科范大全集》、《道德真经广圣义》、《太上洞渊神咒经》、《金箓斋忏方仪》、《洞天福地记》等著称，为唐末五代时期道教学术集大成的学者。

**杜国威** Du Guowei（1946-08-13～ ） 中国香港剧作家、戏剧制作人。生于香港。1971年毕业于香港大学地理系，1982年毕业于中文大学教育学院。1992年赴纽约进修戏剧一年。1993年任香港话剧团编剧。主要作品有《昨天的孩子》(1982)、《聊斋新志》(1989)、《我和春天有个约会》(1992)、《剑雪浮生》(1997)等，大都为粤语剧本。1995年成立春天公司，重新包装推出《我和春天有个约会》，获得巨大成功。他继承了中国的戏剧传统，着重表现人生、人性优美的一面，在通俗化、商业化戏剧中追求一定的文化品位。

**杜国庠** Du Guoxiang（1889-04-30～1961-01-12） 中国现代哲学史家。广东澄海人。卒于广州。早年留学日本，回国后曾执教于北京大学等校。参加发起组织中国社会科学家联盟，曾任左翼刊物《中国文化》主编。1935年被捕，1936年西安事变后出狱。此后主要研究中国思想史。中华人民共和国建立后，任中国科学院哲学社会科学部学部委员和中国科学院广州分院院长。他力图用马克思主义观点总结中国古代思想文化遗产，研究问题重视资料的占有、考证，体现了既重理论指导，又重实证分析的科学精神。主要著作有《杜国庠文集》、《中国思想通史》(与侯外庐等合编)。

**杜黑** Douhet, Giulio（1869-05-30～1930-02-15） 意大利军事理论家，空中战争论的主要创始人。生于卡塞塔，卒于罗马。毕业于都灵军事工程学校和陆军大学。1912年任意大利第一个航空营营长。1915年意大利参加第一次世界大战后，出任米兰步兵师参谋长，建议组建由500架轰炸机组成航空队，轰炸奥军后方。1916年因强烈批评陆军当局的战略指导方针，被军事法庭判处一年监禁。1917年11月意军在卡波雷托战役中失败后得到平反，于1918年被任命为陆军部航空处主任。1921年晋升少将。1922年任航空部部长。1923年辞职，专事著述。著有《制空权》(1921)、《未来战争的可能面貌》(1928)、《扼要的重述》(1929)等。主张建立独立空军，削减陆军和海军；强调夺取制空权对赢得战争具有决定性作用，认为集中使用空中力量实施空中进攻和战略轰炸，即足以瓦解以至摧毁敌国的战争能力。其空军制胜论思想对现代西方军事战略产生重要影响。

**杜近芳** Du Jinfang（1932～ ） 中国京剧演员。工旦。祖籍北京。陈喜光之养女，12岁时入杜菊秋门下，请师开蒙授艺。后组班演出，名“杜近芳”。1948年拜王瑶卿为师。1951年加入中国戏曲研究院京剧实验工作团（国家京剧院的前身）。

杜近芳还是梅兰芳的得意弟子，亦常向姜妙香请教。她嗓音宽厚清醇，高低运用自如，音色甜美圆润，唱念吐字清晰，扮相颇似梅师。除传统剧外，还与叶盛兰、李少春等合作演出了不少新剧目，如《玉簪记》、《木兰从军》、《牛郎织女》、《白蛇传》、《柳荫记》、《桃花扇》、《桃花村》、《野猪林》、《谢瑶环》、《满江红》以及现代戏《白毛女》。与李少春、袁世海合演的《野猪林》及与冯志孝演出的《红色娘子军》均摄成彩色影片。她主演的《断桥》、《廉锦枫·刺蚌》、《谢瑶环·花园》亦先后拍摄成影片。她还为自己主演的《白蛇传》、《柳荫记》、《谢瑶环》、《桃花扇》等剧拍摄了中国京剧音配像资料。

杜近芳在京剧《宇宙锋》中饰赵艳容

**杜鹃** Cuculidae; cuckoos 鹃形目杜鹃科鸟类的统称。有时专指杜鹃属。又称布谷鸟、子规、杜宇。世界性分布，共28属136种。中国有7属17种。分布全国各地，在长江以南最普遍。全长160～700毫米。外形似鸽，但稍细长。嘴强，嘴峰稍向下曲。尾长阔，呈凸尾状。脚短弱，具4趾，第1、4趾向后，趾不相并。雌雄外形大体相似，幼鸟羽色与成鸟不同。

**杜鹃花** *Rhododendron*; azalea 杜鹃花科杜鹃花属植物的统称。常绿或半常绿灌木（稀乔木）。全属900余种，中国有560余种。主要集中于云南、西藏和四川，其中云南有250余种，是世界杜鹃花分布中心，也是栽培杜鹃花的主要发源地。

杜鹃花单叶互生，通常全缘。花顶生或侧生，单朵或多朵组成总状伞形花序或头状花序；花色多样，少数具香气。蒴果。种子细小，多呈锯末状或糠秕状。喜排水良好、pH4.5～6的酸性土壤，并喜光照和凉爽湿润气候，忌烈日暴晒。多数为浅根性，须根纤细，忌浓肥。以扦插繁殖为主；以育种为目的者，则以播种为主，也可行靠接或腹接繁殖。施肥以淡肥勤施为原则，有机肥为主。

园林观赏用杜鹃多配植于庭院、草坪、花坛、花境或风景区，丛栽、孤植或林缘大片种植均宜。夏季炎热地区，宜在稀疏林缘配植。也可盆栽。小叶类可制盆景。

高山灌木种类中有些种的叶能提取芳香油作香精原料，并入药。多数种类的树皮和叶富含鞣质，可作栲胶原料。

**杜拉斯** Duras, Marguerite (1914-04-04～1996-03-03) 法国小说家、剧作家、电影艺术家。生于越南嘉定，卒于巴黎。她在越南和柬埔寨度过清贫的少年时代，18岁赴巴黎求学，获巴黎大学法学学士和政治学学士学位。1935～1941年任法国殖民部秘书，第二次世界大战期间参加抵抗运动。她以小说《厚颜无耻之辈》(1943) 开始文学生涯，以后不断有作品问世。除小说外，她还出版了3部戏剧集。她也是法国电影流派左岸派的成员，发表了《广岛之恋》(1960) 等电影剧本，从1965年起还担任导演。她的创作风格介于现实主义和现代主义之间，内容主要是反映印度支那的社会现实和她个人的回忆，如《情人》(1984)写她少女时代和一个中国情人的初恋等。常采用画面和对话交替的手法，使小说兼有戏剧和电影的特色。尤其在《洛尔·V.斯坦的劫持》(1964) 中，对叙述形式、文体和人物处理进行了大胆的创新，因此一度被人认为是新小说作家。她的作品多达60部左右。

**杜兰** Dullin, Charles (1885-05-08～1949-12-11) 法国导演、演员和戏剧革新家。生于萨瓦，卒于巴黎。当过公证人事务所的送信员、染织厂学徒等。1913年加入J.科波创办的老鸽巢剧院。1922年创建工间剧院，除演出古典剧作外，还演出法国当代剧作家的新作。1940～1947年，担任萨拉·贝恩哈特剧院（后改为巴黎城市剧院）院长，上演了当代剧作家的诸多剧目。杜兰的表演风格洗练，表情极其丰富，被后人誉为20世纪上半叶法国戏剧的化身。杜兰要求的戏剧是朴素纯净的艺术，既是现实主义的，同时又包含有心理、诗意和梦幻的成分。

在《地球是圆的》剧中饰萨沃那罗尔神甫

**杜勒西达斯** Tulasidas (1532～1623) 印度印地语诗人。据传生于北方邦阿拉哈巴德附近农村，卒于贝拿勒斯河畔。自幼父母双亡，行乞为生，后被人收养，随师父在贝拿勒斯（今瓦腊纳西）学习梵文和宗教经典。成年后抛妻出家修行。曾周游过许多地方，从事过宗教改革活动，是虔诚的印度教徒。

一生写了12部诗。长篇叙事诗《罗摩功行录》以《罗摩衍那》和《神灵罗摩衍那》为蓝本加工改写而成，篇幅相当《罗摩衍那》的一半，保留了《罗摩衍那》的中心故事和有关情节，把罗摩等几个人物写得更合乎理想的标准。全部故事通过三个人物口述、三个听众逐一转述的办法进行。全诗都是工整的格律诗，被当作文学的典范、宗教的经典。宗教赞美诗集《谦恭书》收入279首诗，内容是歌颂罗摩，祈求罗摩给以解脱。《歌集》共328首，是罗摩本事的提要。《双行诗集》收入573首诗，大部分是格言诗，反映了社会现象等。叙事诗《黑天歌集》描述黑天的爱情故事。

杜勒西达斯以《罗摩功行录》而享有崇高的声誉，成为印地语文学史上影响最大的诗人，有些地方甚至为他立庙祭祀。

**杜林** Dühring, Karl Eugen (1833-01-12～1921-09-21) 德国哲学家。生于柏林一官吏家庭，卒于柏林。1853～1856年在柏林大学学法律。1861年获哲学博士学位。1867年在报刊上撰文对K.马克思的《资本论》进行抨击。其后，出版《国民经济学和社会主义批判史》(1871)和《哲学教程——严格的科学世界观和人生观》(1875)等著作，宣扬折衷主义的哲学、庸俗的经济学和反动的社会主义理论，同马克思主义相对抗，因而名噪一时。他并没有加入德国社会民主工党（爱森纳赫派）（见德国社会民主党）和合并后的德国社会主义工人党，但由于党在1875年5月哥达合并大会后处于思想混乱状态，加上党内有颇多杜林的信徒，杜林主义在党内泛滥起来。F.恩格斯写了著名的《反杜林论》，对杜林的思想进行详尽、彻底的批判。此后，杜林公开宣扬种族仇恨和反犹主义。俄国十月社会主义革命胜利后，敌视和攻击苏维埃政权。

**杜岭方鼎** Duling Square Ding 中国商代中期最大的青铜礼器。1974年6月发现于河南省郑州市张寨南街杜岭土岗铜器窖藏中，共出二鼎一鬲。鼎的形制、纹饰相同，分别编为1号、2号铜鼎。1号鼎最大，通高100厘米，口径62.5厘米×61厘米，腹壁厚0.4厘米，重约86.4千克。体量巨大，造型浑厚、庄重，为商代中期青铜器的代表性作品。但由于其年代较早，铸造技艺不够完善，在整体比例和细部处理上尚有不足之处。鼎腹成斗形，深46厘米。鼎腹上部约1/3的部位装饰着阳纹的饕餮纹装饰带，每面正中及四个转角处各为一组饕餮纹，全器共8组。腹部左、右和下部边缘装饰一圈整体成U形的乳钉纹。鼎腹每面正中部位，饕餮纹上下均为素面。装饰手法朴素大方。鼎足为上粗下细，略呈锥形的柱足，中空。足的上部有饕餮纹，下部有弦纹三道。在腹底和足表有烟熏的痕迹。与商代后期以司母戊鼎为代表的方鼎造型相比，杜岭方鼎腹部过深，足的比例嫌短，缺乏更为庄严的纪念碑性质。

2号鼎通高87厘米，口径61厘米×61厘米，为正方形，重64.25千克。1982年7月，又在郑州城东南的商代中期窖藏中发现13件青铜器，其中有两件大方鼎，造型和装饰手法与杜岭方鼎相同而形体稍小，这几件方鼎都是商王室用于祭祀活动的礼器。

**杜鲁门主义** Truman Doctrine 美国第33任总统H.S.杜鲁门所提出的关于援助希腊和土耳其的计划中的核心思想，是第二次世界大战后美国谋求世界霸权的扩张计划的总纲。1947年3月12日，杜鲁门在致国会的关于援助希腊和土耳其的咨文中，提出以“遏制共产主义”作为国家政治意识形态和对外政策指导思想。这个咨文被称为“杜鲁门主义”。在咨文中他说明了援助希、土的直接原因是美国要接替英国，填补东地中海的真空。他要求国会立即采取果断行动，向希腊和土耳其提供4亿美元的军事援助。1947年5月22日，杜鲁门正式签署《援助希、土法案》。根据该法案，1947～1950年，美国援助希、土两国

6.59亿美元。由美国出钱出枪，重新武装和改编希腊政府军队。1949年，在美军军官指挥下扑灭了希腊人民革命。杜鲁门主义是第二次世界大战后美国对外政策的重大转折点。当时它与**马歇尔计划**共同构成美国对外政策的基础，标志着资本主义世界霸权从英国转到美国手中，标志着美苏两国由战时的盟国变为战后的敌国，标志着美国政府第一次公开宣布将“**冷战**”作为国策。

**杜洛克猪** Duroc 瘦肉型猪品种。原产美国。由产于新泽西州的泽西红猪和纽约州的杜洛克猪杂交选育而成。原属脂肪型，20世纪50年代后被改造成为瘦肉型。颜面微凹，耳下垂或稍前倾，腿臀丰满。被毛淡金黄至暗棕红色。每胎约产仔10头，母性强。性情温顺，生长快，肉质好。现居美国纯种猪登记总头数中的首位，广泛分布于世界各国，并已成为中国杂交猪组合中的主要父本品种之一，用以生产商品瘦肉猪。

**杜米埃** Daumier, Honoré (1808-02-26～1879-02-11) 法国画家、雕塑家。生于马赛，后随家迁居巴黎，卒于瓦尔蒙杜瓦。他早年曾随学院派画家学素描和石版画技术。以后经常到博物馆研究古代雕刻以及**伦勃朗**、**P.P.鲁本斯**等的油画。他还通过观察巴黎社会各阶层形形色色的人物，牢记其形象特征，练就了一手过硬的速写、默写功夫。他一生经历了19世纪法国历史上的三次重大革命：1830年革命、1848年革命和1871年巴黎公社。留下的艺术遗产，包括约4 000幅石版画，900多幅油画、水彩画和素描，以及60多件小雕塑。

《三等车厢》(1860～1870，纽约大都会美术馆藏)

杜米埃的艺术在1830年革命后进入成熟阶段。当时他在《漫画》杂志工作，自1832年起陆续发表和展出了许多抨击路易·菲力普政府的石版漫画，在其中最有名的石版画《高康大》(1832)中，画家借用F.拉伯雷同名小说中的主人公形象来影射路易·菲力普。

1834年，杜米埃又作了一批杰出的石版漫画。《立法肚子》揭示了七月王朝政客们的丑态；《出版自由》在西方美术史上最早塑造了工人阶级的形象。画中的印刷工人有典型意义，因为在19世纪的法国，正是印刷工人发动了1830年的七月革命。漫画《1834年4月15日的特朗斯诺宁街》揭发了七月王朝士兵们屠杀手无寸铁的工人家庭的血腥暴行。

1835年起，政治漫画被禁止。杜米埃开始创作取材社会风俗的漫画，对七月王朝资产阶级的生活作了无情揭露。

1848年，革命使杜米埃得以重新创作政治漫画。他通过版画，塑造了复辟主义者拉达普阿等政客的形象。19世纪40～60年代，他绘制了许多杰出的油画，其中有歌颂法国人民革命斗争的《起义》、《街垒中的家庭》(40年代末)，有反映人民苦难的《逃亡者》，有反映法国普通人民日常生活的《三等车厢》(见图)，有塑造劳动者形象的《洗衣妇》，有取材于古典文学名著的《堂吉诃德》等。他的油画在艺术处理上单纯、概括、整体，并且注重突出被画对象的本质，有很高的艺术性。

在普法战争的年代，杜米埃创作石版组画《围攻》，表现了普鲁士蹂躏下祖国的苦难。他的后期作品仍然热情歌颂革命运动和揭露反动势力。巴黎公社期间，杜米埃被选入公社的艺术家协会。他终身坚持共和制思想，即使在1863年生活极其贫困的时刻，也拒绝了拿破仑三世为收买他而颁发的荣誉军团勋章。

**杜鸣心** Du Mingxin (1928-08-10～ ) 中国作曲家。生于湖北潜江。1939年入重庆育才学校学习音乐，1947年随学校迁至上海。1954年赴苏联入莫斯科柴科夫斯基音乐学院学习作曲。1958年回国在**中央音乐学院**任教，1983年任教授，1984年任作曲系主任。1985年被选为中国音乐家协会第四届常务理事。作品有舞剧《鱼美人》(与吴祖强合作)、《红色娘子军》(与吴祖强等人合作)音乐，交响诗《飘扬吧，军旗》，交响音画《祖国的南海》，交响幻想曲《洛神》、《小提琴协奏曲》，钢琴协奏曲《春之彩》，交响曲《长城》，歌曲《一个黑人姑娘在歌唱》、《请允许》，电影音乐《李四光》、《伤逝》、《原野》等。

**杜牧** Du Mu (803～852) 中国唐代文学家。字牧之。京兆万年（今陕西西安）人。杜牧的文学创作有多方面的成就，诗、赋、古文都足以名家。他主张凡为文以意为主，以气为辅，以辞采章句为之兵卫，对作品内容与形式的关系有比较正确的理解。并能吸收、融化前人的长处，以形成自己特殊的风貌。在诗歌创作上，杜牧与晚唐另一位杰出的诗人**李商隐**齐名，并称“小李杜”。他的古体诗受**杜甫**、**韩愈**的影响，题材广阔，笔力峭健。他的近体诗则以文辞清丽、情韵跌宕见长。七律《早雁》用比兴托物的手法，对遭受回纥侵扰而流离失所的北方边塞人民表示怀念，婉曲而有余味。《九日齐山登高》以豪放的笔调写自己旷达的胸怀，而又寓有深沉的悲慨。晚唐诗歌的总的趋向是藻绘绮密，杜牧受时代风气影响，也有注重辞采的一面。这种重辞采的共同倾向和他个人“雄姿英发”的特色相结合，风华流美而又神韵疏朗，气势豪宕而又精致婉约。杜牧的文章在晚唐也自成一家，他所写的《燕将录》、《罪言》、《阿房宫赋》等，都是对现实有感而发，具有针砭时事的政治内容。杜文笔锋犀利，明白晓畅，在晚唐四六骈文风行的情况下，继承了中唐古文运动的传统。他还把散文的笔法、句式引进赋里，写出像《阿房宫赋》那样熔叙事、抒情、议论为一炉的新体散赋，突破六朝、唐初以后赋作日益骈偶化、声律化的趋势，对赋体的发展有重要影响。

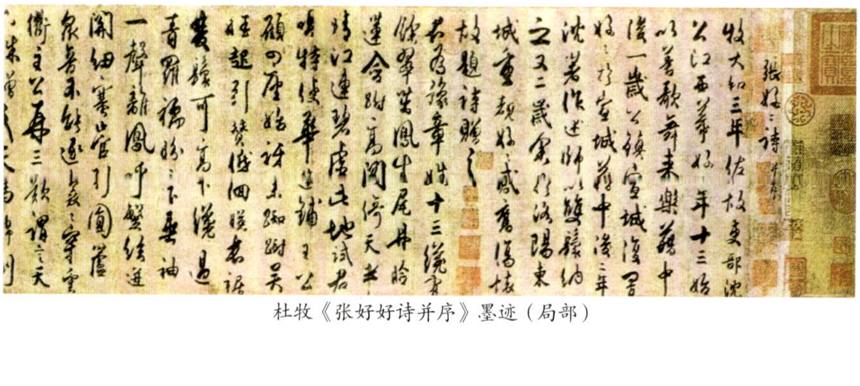
杜牧《张好好诗并序》墨迹（局部）

有《樊川集》传世。

**杜鹏程** Du Pengcheng (1921-03-28～1991-10-27) 中国作家。陕西韩城人。1935年起在乡村学校半工半读，接触新文学作品。1937年参加中华民族解放先锋队，从事抗日救亡活动。1938年6月奔赴延安，先后

杜鹏程（右一）给西北大学的学生介绍创作《保卫延安》的过程和体会

在八路军随营学校、鲁迅师范学校和延安大学学习。1947年任新华社随军记者，随西北野战军转战大西北，写了几十万字以战争生活为题材的消息、通讯、散文、报告、剧本等。1949年底，着手撰写长篇小说《保卫延安》，历时五年，九易其稿，于1954年出版。这是一部表现人民战争的史诗性作品，其中彭德怀形象的塑造，是当代文学表现人民军队高级将领、革命领袖人物所作的第一次大胆成功的尝试。1958年发表中篇小说《在和平的日子里》，其后，又陆续创作了收在散文集《速写集》(1960)和短篇小说集《光辉的里程》(1977)中的一批优秀作品。杜鹏程小说创作的笔调粗犷雄壮、恣肆汪洋、气势热烈。晚年的主要作品有《杜鹏程文集》及文学评论集《我和文学》等。

**杜普雷** Dupré, Jules (1811-04-05～1889-10-06) 法国画家。巴比松画派主要成员。生于南特，卒于利勒亚当。1835年赴伦敦，受J.康斯特布尔的启发，以厚涂法作画。此外，还受荷兰风景画的影响，力求细腻地表现天空的变化。19世纪40～50年代为杜普雷创作的黄金时代。他善于描绘深远的天空和移动的云，并利用光来制造氛围。其风景画充满激情和戏剧性，带有浪漫主义色彩，还以写实手法表现农村风景和村民生活。代表作品有《渡桥》(1838)、《大橡树》(约1855) 等。

**杜青林** Du Qinglin (1946-11～ ) 中国人民政治协商会议全国委员会副主席、党组成员，中国共产党中央委员会统战部部长。吉林磐石人。1966年加入中国共产党。在职研究生学历。1964～1966年在中共吉林省吉林市委党校青干班学习，任柳河县、永吉县、舒兰县社会主义教育工作队队员、副组长。1966～1968年任中共吉林省吉林市委组织部干部。1968～1974年任中共长春第一汽车制造厂标准件分厂党委秘书、党支部书记，标准件分厂挤压车间主任。1974～1978年任长春第一汽车制造厂标准件分厂革委会副主任、副厂长、党委副书记。1978～1979年任共青团吉林省吉林市委书记。1979～1984年任共青团吉林省委副书记、书记（其间：1981～1984年在东北师范大学政治教育专修科函授学习)。1984～1985年任中共吉林省长春市委副书记。1985～1988年任中共吉林省委常委、组织部部长。1988～1992年任中共吉林省委副书记、政法委书记（其间：1990年3～5月在中共中央党校省部级干部进修班学习)。1992～1998年任中共海南省委副书记（1989～1992年在吉林大学法律系法律专业本科函授学习)。1993～2001年任海南省人大常委会主任（其间：1994～1996年作为在职研究生在吉林大学经济管理学院国民经济计划与管理专业学习，获经济学硕士学位；2000年9～11月在中共中央党校省部级干部进修班学习)。1998～2001年任中共海南省委书记。2001～2006年任农业部部长、党组书记。2006～2007年任中共四川省委书记。2007年任四川省人大常委会主任。2007年任中共中央统战部部长。2008年任全国政协十一届副主席、党组成员。是中共十四届中央候补委员，十五届至十七届中央委员；全国政协第六届委员。

**杜如晦** Du Ruhui (585～630) 中国唐初名相。字克明。京兆杜陵（今陕西西安）人。从祖杲为北周、隋显官。唐武德元年(618)，被李世民引为秦王府属官，常从征伐，参与机要、军国之事，剖断如流。又迁陕东道大行台司勋郎中，并以本官入文学馆为十八学士之首。武德四年，李世民建天策府，以如晦为从事郎中。当时世民弟兄间皇位继承的争夺十分激烈，太子建成企图剪除世民羽翼，在唐高祖李渊前谮毁世民的幕僚，因此如晦和房玄龄同被斥逐。九年，潜入秦王府谋划玄武门之变，以功擢拜太子左庶子。李世民即位，如晦迁兵部尚书，进封蔡国公。贞观二年(628)，以本官检校侍中，摄吏部尚书，仍总监东宫兵马事。三年，任尚书右仆射，仍领选事。四年三月卒。

如晦为相时，正值唐朝初建。他与房玄龄共掌朝政，典章制度皆两人所定。时称如晦长于断，玄龄善于谋，两人配合默契，同心辅佐太宗，后世论唐代良相，首推“房杜”。

**杜桑** Duchamp, Marcel (1887-07-28～1968-10-02) 法国美术家，达达主义的主要成员。生于布兰维尔，卒于讷伊。早期学习印象主义的风格，1911年画《下象棋者》，采用立体主义语言；同年画《下楼梯的女人》(见图)。1912年作《下楼梯的裸女：第2号》，属于立体—未来主义风格。杜桑从虚无主义出发，崇尚“反艺术”的观念。1912年，他作油画《新娘》放弃画笔，改用手指涂画，形象越来越抽象。不久，他采用生活中常见的现成物品，如梳子、铲子、线球和自行车轮等加以构思和组合，改变其位置与环境，显示其新的美学价值。他的油画《巧克力研磨机1号》，是对工业社会和机械文明的嘲讽。杜桑最典型的立体主义作品是大玻璃画《新娘的衣服被单身汉们剥得精光》(1915～1923)、《泉》(1917)和《带胡须的蒙娜丽莎》(1920)。他从工人生产的便器中选择一件，标上“泉”的名称送纽约独立艺术家协会展览和用铅笔为《蒙娜丽莎》彩色印刷品涂上胡须，都表示他的愤世嫉俗和向传统艺术挑战的态度。

《下楼梯的女人》(1911)

1915年他在纽约参与前卫杂志《291》的工作。1917年创办《盲人》和《朗朗》杂志。

**杜桑-卢维图尔** Toussaint-Louverture (1743～1803-04-07) 海地革命领袖。生于海地北部海地角附近的黑人奴隶家庭。1791年8月，混血种人与黑奴一道在海地北部举行反对法国殖民统治的武装起义。10月，杜桑-卢维图尔带领1 000余名奴隶加入起义队伍，展开游击活动。1793年5月，他率领600名起义军与西班牙军联合，攻城略地，大败法军。1794年

5月，法国国民公会宣布废除海地奴隶制度，杜桑－卢维图尔遂与法军联合反对西班牙殖民军，并把它逐出海地北部，宣布废除占领区的奴隶制度。1798年初，他率军直逼太子港。8月30日，迫使英国签订停战协定，10月1日英军向起义军投降。

1799～1800年，杜桑－卢维图尔平定海地北部和西部、南部地区种植园主的叛乱。1801年1月，率军直抵圣多明各城，统一整个海地岛。海地岛统一后，杜桑－卢维图尔着手整顿秩序，建立革命政权。1801年7月1日，颁布海地第一部宪法。杜桑－卢维图尔被推举为终身总统。1802年，他领导海地军民抗击拿破仑一世派来的法国远征军，军事失利，被迫议和。6月7日，在海地西部与法军会谈时，遭到背信弃义的法军逮捕，被解往法国。1803年4月7日病死狱中。

**杜尚别** Dushanbe 塔吉克斯坦首都和经济、交通、文化中心。位于塔吉克斯坦西南部吉萨尔谷地。面积125平方千米。人口69.52万（2009）。瓦尔佐布河由北向南，卡菲尔尼甘河由东向西流经该市。7世纪时为一村落，1925年建市。1929～1961年曾称斯大林纳巴德。工业中心，工业产值占全国1/3。以纺织、食品、纺织机械、建材等工业为主。有通达铁尔梅兹的宽轨铁路与通库利亚布的窄轨铁路，并有通连泽拉夫尚谷地、费尔干纳盆地、瓦赫什谷地以及帕米尔的干线公路。杜尚别航空港是塔吉克斯坦的空中门户。有共和国科学院、塔吉克斯坦国立大学和医、工、农学院等高等学校以及历史－地志博物馆、造型艺术博物馆、植物园。市中心萨玛尼广场气势恢弘，9～10世纪塔吉克民族兴盛时期的萨曼王朝国王，手持黄金权杖的塑像巍然矗立在广场中央。名胜古迹有纳合西班底教派著名门徒谢赫·雅库布·查基之墓、卡迪·阿卜杜·拉什德清真寺等。郊外瓦尔佐布山峡谷为旅游佳地。

杜尚别萨玛尼广场的萨曼王朝国王塑像

**杜审言** Du Shenyan（？～708） 中国唐代诗人。字必简。祖籍襄阳，迁居洛州巩县（今河南巩义）。高宗咸亨元年（670）进士及第。官隰城尉，转洛阳丞，又因事贬吉州司户参军。后又入朝，任为著作佐郎，迁膳部员外郎。中宗神龙元年（705），因依附张易之、张昌宗，与宋之问、沈佺期等同时被贬，流配至峰州（今越南境内）。不久召还，任国子监主簿、修文馆直学士。中宗景龙二年（708）卒，年六十余。

杜审言是杜甫的祖父。杜甫对其诗评价很高，称为“吾祖诗冠古”（《赠蜀僧闾丘师兄》）。宋代诗人陈师道曾引黄庭坚话，谓“杜之诗法出审言。”（《后山诗话》）南宋陈振孙说：“审言诗虽不多，句律极严，无一失黏者，（杜）甫之家传有自来矣。”（《直斋书录解题》卷十九诗集类二）杜审言与宋之问、沈佺期有诗唱和，大力创作律诗，是唐代近体诗的创始者。

《全唐诗》编其所存诗为1卷，43首。

**杜丝** Duse, Eleonora（1858-10-03～1924-04-21） 意大利演员。生于奥地利帝国伦巴第（今属意大利），卒于匹兹堡。出身于梨园世家，4岁登台演出。1878年，在《黛莱丝·拉甘》中饰演主角，获得巨大成功。随后，她受聘于都灵市剧院。她深入钻研角色，刻画人物的心理和性格时讲究真实可信。她的戏路广阔，

既擅长演C.哥尔多尼的喜剧，又能主演W.莎士比亚的悲剧。她在戏剧舞台上成功地塑造了朱丽叶、奥菲丽娅、娜拉等女性形象。1909年，杜丝息影舞台。1921年复出，专演H.易卜生和G.邓南遮的剧作。

**杜瓦利埃家族** Duvalier family 1957～1986年在海地实行独裁统治的家族。家族首要代表人物F.杜瓦利埃1907年4月14日生于太子港一个黑人中产阶级家庭。1943年参加美国发起的防治热带雅司病的工作，受到黑人——特别是黑人中产阶级和农民的支持。1957年9月当选为海地总统。

杜瓦利埃上台后，建立恐怖组织“通顿马库特”，逮捕和迫害学生领袖和工会领袖，在政界、军界、商业界、教育界和宗教界打击反对派，由杜瓦利埃家族成员取而代之，以巩固其独裁统治。1971年杜瓦利埃病重，迫使参议院通过决议，由其19岁的独生子J.-C.杜瓦利埃继任终身总统。J.-C.杜瓦利埃继续执行其父的既定政策，利用家族成员控制政权。但为了争取反对派与缓和阶级矛盾，在策略上作了一些改变。他继续大量引进外资，鼓励美国垄断组织到海地投资。海地是拉丁美洲经济上最落后的国家。1986年2月，首都太子港工人举行总罢工，全国陷于瘫痪状态。J.-C.杜瓦利埃携妻子逃亡国外，杜瓦利埃家族独裁统治随即崩溃。

**杜威** Dewey, John（1859-10-20～1952-06-01） 美国哲学家、教育学家、心理学家、政治家，实用主义的主要代表。生于佛蒙特州的伯灵顿，卒于纽约。1879年毕业于佛蒙特州立大学。1884年获霍普金斯大学哲学博士学位。先后任密歇根、明尼苏达、芝加哥、纽约哥伦比亚大学教授。1919～1921年曾应胡适等人的邀请到中

国讲学。他的实用主义理论与C.S.皮尔士和W.詹姆斯等人的观点大体一致，但更接近皮尔士。他试图使实用主义与研究自然的科学以及自然科学方法论相一致，具有更为浓厚的科学和客观的色彩，他由此将其实用主义称为经验自然主义、工具主义。其哲学的另一特点是，不限于一般地谈论实用主义的哲学理论，而是竭力把这种理论推广、运用于政治、教育、宗教、道德以及现实生活的许多领域，从而使其哲学获得了更为广泛的影响。他一生著述甚丰，重要的哲学著作有《哲学的改造》、《经验与自然》等。

**杜威** Dewey, Melvil（1851-12-10～1931-12-26） 美国图书馆事业家、图书馆学教育家。生于纽约州的亚当斯中心。卒于普拉西德湖。1874年毕业于阿默斯特学院，后即在该校图书馆任代理馆长。1876年编辑出版一部可以用来组织分类目录和进行分类排架的十进制分类法，即杜威十进分类法。首次提出十进分类体系，在美国和世界许多国家图书馆得到广泛使用，现已

出到第20版。同年创办美国第一家图书馆刊物《图书馆杂志》，同时参加了美国图书馆协会的创建工作，并曾先后担任该协会秘书、主席等职。1883年任哥伦比亚大学图书馆馆长。1887年在该校创办美国第一个图书馆职业学校“图书馆管理学院”。1889年底～1906年，出任纽约州立图书馆馆长。

**杜威十进分类法** Dewey Decimal Classification　美国图书馆学家M.**杜威**编制的一部综合性等级列举式分类法，是世界上流传最广、影响最大的分类法。1876年首次出版，名为《图书馆图书小册子排架及编目适用的分类法与主题索引》，1885年出版第2版，改名为《十进分类法及相关索引》，1951年更名为《杜威十进分类法》。1993年“电子杜威”（分类法电子版）问世，1996年“视窗杜威”产生，2000年其网络版Web Dewey可供利用。

该分类法将全部知识按学科与研究领域划分为10类：000总类；100哲学、心灵学和神秘主义、心理学；200宗教；300社会科学；400语言；500自然科学与数学；600技术（应用科学）；700艺术、美术与装饰艺术；800文学与修辞学；900地理、历史及辅助学科。每类下根据需要再细分为若干子类，构成一个层次分明的具有等级体系的类目表，类目配备阿拉伯数字并按小数制排序。除主表外，该分类法还有7个颇具特色的辅助表以及相关索引和使用指南，成为具有完整体例的文献分类系统。

该分类法有专门机构负责连续修订出版，在世界各地图书馆广泛使用。其编制理论与方法以及修订技术对中国近现代分类法的编制与修订产生过较大影响。

**杜荀鹤** Du Xunhe（846～904）　中国唐代诗人。字彦之，号九华山人。池州石埭（今安徽石台）人。出身寒微。早年读书于九华山，17岁时已露头角，曾数次上长安应考，不第还山，过着“文章甘世薄，耕种喜山肥”的生活。但由于他晚年投靠朱温，“壮志清名，中道而废”，为时论所惋惜。

杜荀鹤一生以诗为业，其诗《春宫怨》用宫女的不幸身世象征自己的怀才不遇，显示了作者艺术手法的高超。然而杜荀鹤的诗的主要成就，还在于为数不多的一些同情人民苦难的作品。《时世行》2首，一题作《山中寡妇》、《乱后逢村叟》，深刻地描绘了战乱使农村人民遭受沉重苦难的画面。《旅泊遇郡中叛乱示同志》揭露了地方藩镇趁火打劫的罪行。在诗人笔下再现了黄巢起义被镇压后，藩镇混战的年月里人民的痛苦生活。这类诗篇运用律诗和绝句的形式而又不为声律所束缚，语言清新通俗，爽健有力。有影印宋蜀刻本《杜荀鹤文集》3卷行世。

**杜伊斯堡** Duisburg　德国莱茵－鲁尔区西部城市，德国最大的钢城，世界最大的内河港。位于鲁尔河与莱茵河交汇处。面积233平方千米。人口49.19万（2009）。9世纪设居民点。1290年设自由市。1407～1595年为汉萨同盟成员。1905年和1929年两次将邻近城镇并入使市区扩大。第二次世界大战中受严重破坏，战后重建。河运发达，以莱茵河为主干连接北海诸港和西欧各水运网，载重万吨的顶推船队可上溯莱茵河至此，年货运吞吐量超过1亿吨。有稠密铁路和高速公路联系全国各地及西欧诸国，有6座大桥横跨莱茵河，杜伊斯堡－新安坎普大桥为世界最大拱形桁桥之一。工业主要有钢铁、化工、炼油、石油化工、造船等，集中了德国炼钢能力的一半。有综合大学，内河航运学院驰名全国。另有旧城堡、博物馆、克鲁茨海伦教堂等。

杜伊斯堡的钢铁厂

**杜佑** Du You（735～812）　中国唐中叶宰相，史学家。字君卿。京兆万年（今陕西西安附近）人。生于世宦之家。佑以门资入仕，历任水陆转运使、度支郎中兼和籴使等，又以户部侍郎判度支。后出为岭南、淮南节度使。在淮南期间，开雷陂以广灌溉，辟海滨荒地为良田，积米至50万斛。唐德宗贞元十九年（803），杜佑入为同中书门下平章事，历顺宗、宪宗二朝，均以宰相兼度支使、盐铁使。元和七年（812）十一月病卒。

在杜佑生活的年代，唐朝由盛转衰。他对当时的政治、经济、军事状况比较了解，对朝政弊端也有所认识。他以“富国安人之术为己任”，针对时弊，提出节省开支，裁减冗员的主张，又精于吏道，颇受朝野敬重。他曾以36年的功力博览古今典籍和历代名贤论议，考溯各种典章制度的源流，撰成200卷的巨著《**通典**》，为典章制度专史之滥觞。

**杜聿明** Du Yuming（1904－11－28～1981－05－07）　中国国民政府高级将领。字光亭。陕西省米脂县人。卒于北京。1924年入**黄埔军校**，毕业后历任军校教导团副排长、武汉分校学兵团连长、中央陆军军官学校中队长、教导第2师营长、团长、第17军第25师旅长、副师长等职，曾参加**北伐战争**、**长城抗战**。1937年5月，首任装甲兵团团长，8月率部参加淞沪会战。1938年7月任第200师师长。翌年11月任第5军军长，率部参加桂南会战，获昆仑关大捷。1942年3月任中国远征军第一路副司令长官，率部参加滇缅路作战。1943年1月任第5集团军总司令。1945年2月晋升为陆军中将军衔，10月任东北保安司令长官，指挥所部进攻东北解放区。1948年8月任徐州剿共副总司令，10月任东北剿共副总司令兼冀热辽边区司令官，旋回徐州任原职。1949年1月在人民解放军发动的**淮海战役**中被俘，所部被歼。1959年12月获特赦。后任全国政协五届常务委员等职。

**杜预** Du Yu（222～284）　中国西晋军事家、文学家。字元凯。京兆杜陵（今陕西西安）人。娶司马昭之妹，拜尚书郎，袭祖爵丰乐亭侯。晋武帝即位后，历任河南尹、秦州刺史、度支尚书。任度支尚书期间，每每兴利除弊，多有建树，朝野称美，号曰“杜武库”，言其博学多谋。杜预有卓越的军事才能，深为羊祜赏识，举以自代。羊祜死后，杜预为镇南大将军，都督荆州军事。太康元年（280）率兵伐吴获胜，晋爵为当阳县侯。太康五年（284）征为司隶校尉，未到职，病逝。杜预曾撰《善文》50卷，是中国古代较早的一个散文选本。从《隋书·经籍志》著录情况看，似是一个应用文字的选本，已佚。他在学术上颇有造诣，自称有“《左传》癖”。曾作《春秋左氏经传集解》30卷、《春秋释例》15卷、《春秋长历》及《盟会图》，自成一家之学。其中《集解》对后世的《左传》研究颇有影响，至今仍有重要的学术价值。杜预还曾经和贾充一起定律令，又曾作《二元乾度历》，《晋书·食货志》载其《陈农要疏》等多篇，表现了他多方面的才能。《隋书·经籍志》录有《晋征南将军杜预集》18卷，已佚。梁代钟嵘《**诗品**》将其列为下品，说他与王济“诗贵道家之言”，但其诗今无所存。

**杜月笙** Du Yuesheng（1888-08-22～1951-08-16） 中华民国时期帮会头目。原名月生，后改名镛。江苏川沙（今上海浦东新区）人。卒于香港。幼时父母双亡，13岁时到水果店学徒，因嗜赌被开除。后加入青帮及为毒贩提货的“八股党”。继而在法租界捕房当包打听，投靠帮会头目黄金荣，并与黄金荣、张啸林结为把兄弟，开设三鑫公司贩卖毒品。1927年与黄、张组织中华共进会，参与蒋介石发动的四一二政变。南京国民政府成立后，任海陆空军总司令部顾问，军事委员会少将参议，法租界公董局临时华董顾问。在上海开设中汇银行等金融企业。1932年建立帮会组织“恒社”。1934年任上海地方协会会长。抗日战争全面爆发后建立军事委员会江浙行动委员会淞沪别动总队（后称忠义救国军）。不久，上海沦陷，逃往香港，任上海党政统一委员会主任委员。1939年底转赴重庆，建立人民动员委员会及恒社总社，开设中华实业信托公司和走私毒品的港济公司。日本投降后返沪，担任70多个金融工商企业的董事长、理事长。1948年当选“国大”代表。次年4月，见南京国民政府覆亡在即，逃至香港。

**杜仲** *Eucommia ulmoides*; eucommia 杜仲科杜仲属仅有的一种。落叶乔木。又称思仙、思仲、木绵。中国特有。原产黄河以南、南岭以北各省。四川、湖南、江西、湖北普遍栽培。

树高达20米，胸径40厘米以上。树皮粗糙，灰色。单叶，互生，椭圆形。花单性，雌雄异株。翅果狭长椭圆形，扁而薄。种子1～2粒。杜仲喜光，适生性较广。对土壤的要求不严，无论瘦瘠的红壤或石山地均能生长，萌蘖力很强。主要用种子育苗繁殖，栽植造林。

杜仲树皮药用，对治疗高血压等病症有效。叶、皮及果实含有丰富的古塔波胶，是制造海底电缆最佳的绝缘材料。木材木质坚韧，纹理细腻，是制作家具、农具、舟车和建筑的良好材料。

**肚皮舞** belly dance 埃及、土耳其等中东国家的传统民间舞蹈。见东方舞。

**度** crossover point 关于事物保持自己质的规定性的量的限度、幅度、范围的哲学范畴。它是和事物特定的质相统一的数量界限。德国哲学家G.W.F.黑格尔第一次对度作了系统的研究，他把度定义为：“是有质的定量”（《小逻辑》）。辩证唯物主义认为，任何客观事物都同时具有质和量两方面的规定性，度就是质和量的对立统一。任何度的两端即在不同质的事物之间存在着的极限或界限，称作关节点或临界点。在关节点的限度（度量关节）内，尽管事物的量发生变化，但事物特定的质保持不变，超出这个限度，事物特定的质就会改变。

**度牒** certificate of ordination 佛教名词。是政府机构发给公度僧尼以证明其合法身份的凭证。一般由尚书省下的部门祠部颁发，故又称祠部牒。始于中国唐代，据《佛祖历代通载》卷十二记载：“天宝五载丙戌五月，制天下度僧尼并令祠部给牒。”度牒上一般写明所度僧尼的法名、俗名、身份（指明童子或行者及其职衔）、籍贯、年龄、所住或请住持寺院（入何寺院名籍）、所诵经典、师名等，并有祠部的批文，签署日期和官署署名等。得度的僧尼有了度牒，便取得了合法的身份，留居本寺或行游他方都不受为难，可获免赋税和劳役、兵役等。以后历代因袭唐制，作为中国僧官制度的一项重要内容，由僧官机构负责试经度僧，核发度牒。

**度量衡** weights and measures 计量在中国历史上的称谓。中国度量衡最早的文字记载见于《尚书·舜典》：“协时月正日，同律度量衡。”度是关于长短的量——长度，量是关于多少的量——容量，衡是关于轻重的量——重量（质量）。

**渡槽** aqueduct 输送渠道水流跨越山谷、洼地、河渠、道路的架空水槽。常用的渠系交叉建筑物。除用于灌排外，也可用于泄洪、排沙和通航。其建筑材料有木材、浆砌石、混凝土、钢筋混凝土和钢材。公元前700年左右，西亚的新亚述帝国曾建成长约300米、宽13米，有14个墩座的巨型渡槽。据记载中国西汉已有渡槽，距今已逾两千年。

渡槽由4部分组成。①进出口段。分别与上下游渠段顺畅相接，使水流平稳，且防冲、防渗。进口或其前常设闸门。②槽身。起输水作用，横断面多呈矩形、U形、梯形等。③支承结构。将上部荷载传给基础，再传至地基。分为梁式、拱式、桁架拱式和斜拉式。④基础。将渡槽全部荷载传给地基。

浙江天台红旗渡槽

**渡船** ferry-steamer 往返于内河两岸、海峡或岛屿间，专门担负短途渡运任务的船舶。其中，旅客渡船用于运载旅客和随身携带的物品，货物渡船运载货物，列车渡船运载火车列车，汽车渡船运载汽车。客/车渡船是20世纪60年代初发展起来的一种新型渡船，以运载旅客及其携带自备轿车为主。客/车渡船多在4 000总吨以下，可载客700～1 000人，设卧舱和娱乐散座舱，车客比（汽车数与旅客数之比）10%～20%，航速每小时13～25海里。吃水较浅，船宽较大，设有防摇鳍和侧推装置。主机为中速柴油机，机舱各出入口置于舷侧。汽车多由首尾大开门（跳板）经过码头的活动桥上下船。70年代以来，由于旅游业发展迅速，在欧洲、北美国际航线上出现了总吨超过万吨、车客比达33%、航速大于每小时20海里的大型客/车渡船。

**渡江战役** Crossing Yangtze River, Campaign of 解放战争时期，中国人民解放军第二、第三野战军和第四野战军一部，于1949年4月20日至6月2日，在长江中、下游地区对国民党军进行的大规模强渡长江

人民解放军船队冒着敌人的炮火渡江

的进攻战役。1949年4月20日，国民党政府拒绝在国内和平协定上签字。中国人民革命军事委员会主席毛泽东和中国人民解放军总司令朱德发布了《向全国进军的命令》。从20日子夜起，解放军第二、第三野战军和地方武装，以木帆船为主要渡江工具，在西起湖口，东至江阴的战线上，分三路强渡长江，彻底摧毁了国民党军的长江防线。23日解放南京，宣告国民党在大陆统治的结束。接着，各路大军向南挺进。5月3日解放杭州。继而解放南昌并控制了浙赣线。27日解放上海。5月14日，第四野战军第12兵团在武汉以东团风至武穴地区强渡长江，16、17日解放了武汉三镇，并先后解放咸宁、通山、鄂城、大冶等地。6月2日，第

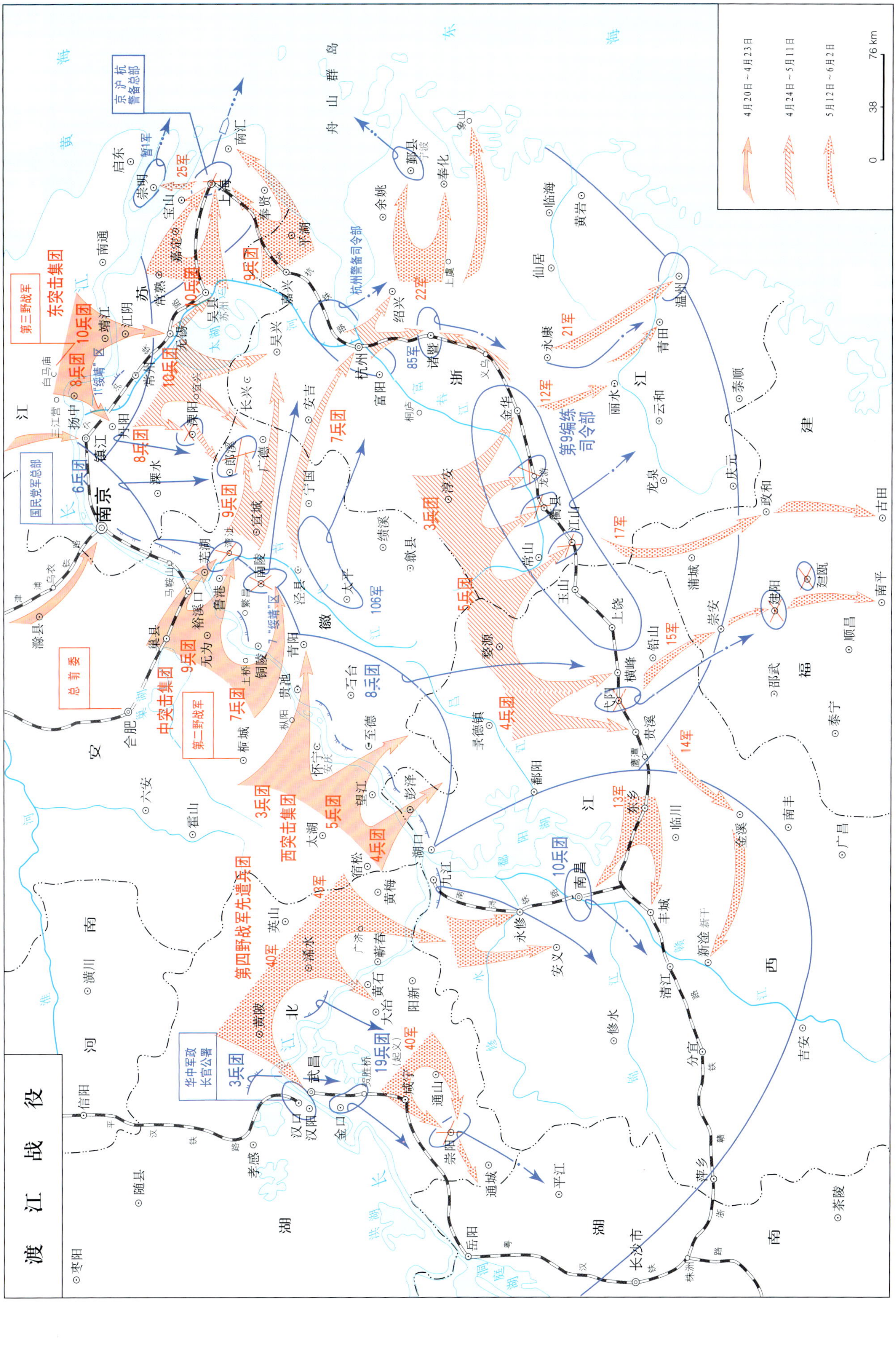
渡江战役
4月20日～4月23日
4月24日～5月11日
5月12日～6月2日
0 38 76 km
京沪杭警备总部
国民党军总部
杭州警备司令部
第9编练司令部
华中军政长官公署
总前委
第三野战军
第二野战军
东突击集团
中突击集团
西突击集团
第四野战军先遣兵团
南京
上海
杭州
南昌
武昌
汉口
汉阳
长沙市
芜湖
镇江
江阴
无锡
苏州
安庆
九江
合肥
太湖
舟山群岛
东海
黄海
长江
鄱阳湖
洞庭湖
安徽
浙江
江西
福建
湖北
湖南
河南
江苏

三野战军一部解放崇明岛。至此渡江战役结束。此役，共歼灭国民党军43万余人，解放了国民党统治中心南京和上海、武汉等城市，以及苏南、皖南、浙江全省和江西、湖北、福建等省的一部，为解放全华东和向中南、西南地区进攻创造了有利条件。

**端方** Duanfang (1861～1911) 中国清末大臣、金石学家。字午桥，号陶斋。满洲正白旗人，托忒克氏。由荫生中举，历任工部主事、陆军部尚书、湖广总督、两江总督等职。曾赴欧美考察政治，兴办新政，并为清政府开办警察、新式陆军等事宜，还以侍郎衔督办川汉、粤汉铁路。宣统三年(1911)为镇压四川保路运动入川，在资州(今资阳)因兵变被杀，清室追赠太子太保，谥忠敏。他一生嗜好金石书画，大力搜集收藏青铜器、石刻、玺印、绢素等文物。曾收得陕西宝鸡斗鸡台出土属历代青铜器中上乘佳品的西周青铜柉禁，以及柉禁上附列的卣、觚、爵、角、尊等12件青铜酒器(该套铜器现藏美国纽约大都会艺术博物馆)，还收得百余方刑徒墓砖。原由陈介祺收藏的青铜重器毛公鼎，后也归端方所有。主要著作有《陶斋吉金录》8卷(宣统元年又作《陶斋吉金续录》2卷附补遗)、《陶斋藏石记》、《陶斋藏砖记》、《陶斋藏印》等。

**端木蕻良** Duanmu Hongliang (1912-09-25～1996-10-05) 中国小说家。原名曹京平，曾用笔名黄叶、罗旋、叶之林、曹坪等。辽宁昌图人。1928～1931年就读于天津南

开中学，曾组织新人社，出版文艺刊物《新人》。1932年考入清华大学历史系，参加北平左翼作家联盟并开始创作长篇小说。1933年发表成名作长篇小说《科尔沁旗草原》。1937年秋流亡武汉。此后曾在山西临汾民族革命大学、重庆复旦大学任教，在香港、上海等地任报刊编辑，从事进步文化活动。在40年代末以前，主要创作有长篇小说《大地的海》(1938)、《新都花絮》(1946)、《大江》，短篇小说集《憎恨》(1937)、《风陵渡》(1939)、《江南风景》(1940)。前期作品多以东北故乡为背景，展现在民族与阶级双重压迫下人民的苦难和抗争，笔调细致，场面宏大，地方色彩鲜明。曾在北京市文联、《北京文艺》任职。出版有散文集《火鸟之羽》、《友情的丝》。长篇小说《曹雪芹》，上卷于1980年出版，下卷未竟而逝。

**端午节** Dragon Boat Festival 中国汉族民间的传统节日。又称端阳节、重午节、重五节、地腊节等，俗称五月节。时在农历五月初五。是日，少女须佩灵符，簪榴花，已嫁女亦各归宁，故又称女儿节。端、初同义，五、午相通，按地支顺序推算，五月为午月，故初五作端午。因午时为阳辰，故又称端阳。端午节始于春秋战国之际。其始源有说源于纪念屈原、龙舟竞渡、吃粽子、祭龙、“恶日”之说、夏至节等，说法不一。民间流传最广的是第一种。从后世端午习俗的内容看，可能起源于“恶日”之所行巫术，后来，附会上纪念屈原的内容。端午时悬挂菖蒲、艾草，插柳，戴朱索、香包，抹雄黄酒，都是为了避邪驱恶。民间还有挂钟馗像的习俗，也可能与端午节祛邪除祟有关。今满、朝鲜、白、苗、哈尼、纳西、瑶、蒙古、布依等少数民族也流行此节，又各有其风俗。如满族的拜天、射柳、击球；朝鲜族的荡秋千、踏跳板；瑶族家家门口挂一葛藤，以驱邪避鬼。

**端砚** Duanxi inkstone 中国四大名砚之一。因产于广东端州(今肇庆)而得名。相传始于唐高祖武德年间。石质坚硬、细润，具有发墨不损毫、呵气可研墨之特色，且雕琢精美，为群砚之首。一些砚石中有优美的石品花纹，其中鱼脑冻、蕉叶白、青花、天青、火捺、翡翠(斑)、金线、银线、冰纹、冰纹冻，以及各种罕见的石眼(鸲鹆眼、鹦哥眼、珊瑚眼、鸡翁眼、猫眼、象牙眼、绿豆眼等)，均具有较高的鉴赏价值和经济价值。端砚石产区以老坑、坑仔岩、麻子坑三大名坑为主，其次还有宋坑、梅花坑、绿端以及斧柯东诸坑。

**短波传播** short wave propagation 波长在200～10米(相应频率为1.5～30兆赫)范围内的无线电波的传播。短波可以沿地面以地波方式传播，也可通过电离层反射以天波方式传播。一次反射(一跳)可传输4 000千米，多次反射可作环球传播。天波传播受电离层特性的影响。短波首次跨越海洋传播是1921年由业余无线电爱好者实现的。由于短波传播距离远，经济方便，在通信和广播领域超过了中波传播的地位。在实现了卫星通信的现代，它仍然广泛用于远距离通信和广播。在工程应用中，人们最关心的短波传播特性是电波射线轨迹、传播模式、可用频率和场强计算等。根据电离层传播理论，不是所有短波都能从电离层反射而折回地面的。较高频率的短波要从较高电子密度分布的电离层才能反射折回地面。

**短号** cornet 唇振动气鸣乐器。形制如小号，管长亦同。只是号管较粗，整根管弯曲成较小号宽、短的形状。管长的2/3为圆锥形，1/3为圆柱形，适与小号相反。号嘴

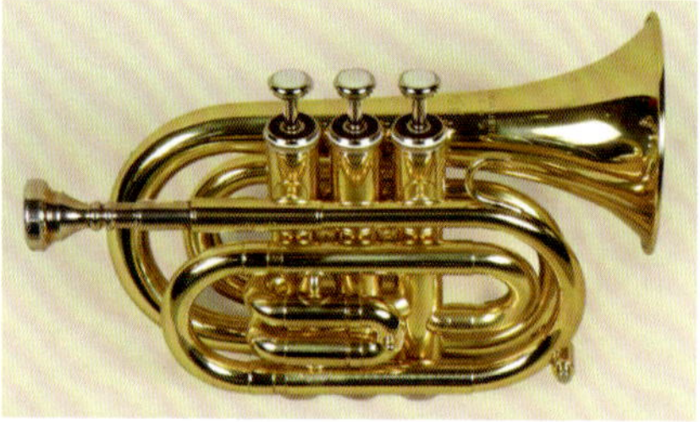

呈深杯形。短号的音色较柔和，介于小号与圆号之间，音域$^{\#}f \sim c^3$，与小号相同，甚至能吹出更高的音。使用梨形弱音器可奏出遥远的回声效果。吹奏上较小号灵敏，像单簧管、长笛等可以演奏的快速华丽乐句，在短号上也能演奏。双吐音与三吐音与小号一样快。

短号的前身为邮号。它和军号一样，无阀键，只能吹出几个有限的泛音，是旧时邮车卫兵作讯号用的乐器，在欧洲常制成圆圈形，负于肩上吹奏。

**短跑** short-distance race 田径运动径赛项目中距离最短、速度最快、人体运动器官和内脏器官在大量缺氧情况下完成的极限强度的运动项目。简称短跑。正式比赛项目有100米、200米和400米3项，少年和室内田径比赛还有60米跑。比赛时采用分道跑。短跑历史悠久，在古希腊奥林匹克运动会上短跑就是五项运动比赛项目之一。1896年第1届奥林匹克运动会上，100米和400米被列为男子比赛项目，1900年第2届奥运会上又增加了200米项目。女子100米、200米、400米则分别于1928、1948、1964年被列为第9、第14、第18届奥运会比赛项目。短跑的技术由起跑、起跑后加速跑、途中跑、终点跑4个紧密相连的部分组成。由于短跑中的100米跑比赛是速度最快和竞争最激烈的比赛，被世人称为“飞人赛”。中国把短跑列为《国家体育锻炼标准》和《全国田径业余锻炼标准》的锻炼和测验项目之一。

**短跑道速度滑冰** short track speed skating 在室内冰场举行以竞速为目的的短跑道滑冰比赛。简称短道速滑。1915年在加拿大举行了第1次国际性短道速滑比赛。1976～1978年国际滑冰联盟分别在美国、法国和英国举办了国际短道速滑锦标赛。1992年在法国第16届冬季奥林匹克运动会上被列为正式比赛项目。个人全能成绩由各项名次得分总合评定。比赛采用预赛、复赛、决赛的方式进行。短道速滑标准跑道呈椭圆形，周长为111.12米。4名选手在起点并肩站成一列，出发后可随时超越对手。推人、

阻挡者将被取消比赛资格。参赛选手必须戴头盔、手套、护肘和护膝。1981年中国引进短道速滑项目。1983年起列为全国比赛和全运会正式比赛项目。1988年在加拿大举行的第15届冬奥会上，短道速滑首次被列为表演项目，李琰获女子1 000米金牌和500米、1 500米铜牌，并两次打破世界纪录。郭洪茹在1989年世界速滑锦标赛上获女子3 000米金牌，这是中国短道速度滑冰的第一个世界冠军。经过20多年的努力，中国短跑道速度滑冰已置身于世界先进行列。2002年在第19届冬奥会上，杨扬获500、1 000米2块金牌，实现中国冰雪界在冬奥会上金牌“零”的突破。2006年在第20届冬奥会上获1金1银3铜。2010年在第21届冬奥会上，中国队包揽了女子短道速滑所有4个项目的金牌。

中国运动员王濛在短道速滑比赛中

**短期经济行为** short-term economic behaviour 人们只顾获得眼前经济利益，不顾生态环境被破坏，对长远经济利益带来影响，损害经济可持续发展的各种发展经济的做法。人类经济是长期持续的经济，这是经济社会发展客观规律的要求。短期经济行为把人们发展经济的眼前利益与长远利益对立起来，使经济社会不能持续发展，违背了人类经济社会发展的目标和特点，必将给经济社会的发展带来不利的影响。

出现短期经济行为的原因是急功近利。在追求某些眼前经济利益的同时，破坏了生态环境这个取得长远经济利益的基础和条件；其根源在于不能正确处理生态与经济的关系，从而造成了生态与经济的不协调。在工业社会，人们在没有生态与经济协调的思想做指导的情况下，短期经济行为遍及人们的经济生产和生活的各个方面。其结果都是破坏了人们自己赖以生存的生态环境，从而给自己进一步发展经济和提高生活水平造成了长远的危害。

克服经济发展中的短期经济行为，需要从生态与经济的结合上，全面改进人们发展经济的指导思想、管理体制和制度措施。建立新的生态与经济协调的发展经济的战略指导思想，引导人们的经济行为走向经济社会可持续发展的正确方向。

**短期信贷** short-term loan 借贷期限在一年以内的信用。又称短期信用。是商业银行最早也是最主要的经营业务。最常见的是银行的短期资产业务和短期负债业务，最典型的是银行活期存款、票据贴现和透支等。

**短期资金市场** money market 融资期限在一年以内的短期信用工具发行与转让的金融交易市场。见货币市场。

**短缺经济** shortage economy 经济发展中资源、产品、服务的供给不能满足有支付能力的需求的一种经济现象。是社会主义经济在计划经济体制下普遍存在的现象。

短缺经济主要表现：①纵向短缺，即在资源、产品和服务通过行政配给方式分配情况下出现的短缺。②横向短缺，即在资源、产品和服务通过买卖方式分配情况下出现的短缺。③内部短缺，即企业缺少完成计划所必需的投入品。④社会生产能力短缺，即社会生产能力的利用接近各种资源形成的“瓶颈”。实际上是前3种短缺在宏观水平上的总体反映。

短缺经济的普遍存在，必然会给企业的经济运行带来困难，使企业经济运行形成如下特点：①“数量冲动”，即强烈追求产品产量的周期性循环。②“投资饥渴”和“扩张冲动”，即尽可能地取得多的投资扩大生产规模的周期循环。③在当前和长远的生产和投资活动中，对价格、利率等信号反应迟钝。④“囤积倾向”，即产品滞存的周期性循环等。

造成短缺经济的根本原因是传统的社会主义经济体制。中国经济体制改革已使原来存在的经济短缺的现象彻底改变。

**段成式** Duan Chengshi（约803～863） 中国唐代文学家。著有志怪小说集《酉阳杂俎》。

**段克己** Duan Keji（1196～1254） 中国金代文学家。字复之，号遯庵，别号菊庄。绛州稷山（今属山西）人。哀宗时与其弟段成己先后中进士，但入仕无门，在山村过着闲居生活。金亡，避乱龙门山中，与友人遨游山水，结社赋诗，自得其乐。段克己为河汾诗派作者，兼擅填词，存世作品中一些诗词，写故国之思，颇有感情。如〔满江红〕《过汴梁故宫城》：“塞马南来，五陵草树无颜色。云气黯，鼓鼙声震，天穿地裂。百二河山俱失险，将军束手，无筹策。渐烟尘，飞度九重城，蒙金阙。”他也关心民间疾苦，曾哀吟“生民冤血流未尽，白骨堆积如山丘”（《癸卯中秋之夕与诸君会饮山中，感时怀旧》）。但多数诗词是写山光水色和隐逸生活。前人称段克己的作品骨力坚劲，意致苍凉。在继承文学传统方面，他受苏、辛的影响比较明显。其弟段成己，字诚之，号菊轩，也有文名，诗词风格与克己相近。金代赵秉文以“二妙”相誉，后人编他们的合集时，称《二妙集》。

**段祺瑞** Duan Qirui（1865－03－06～1936－11－02） 中国皖系军阀首领。原名启瑞，字芝泉。生于安徽合肥，卒于上海。1889年赴德国学习军事。1896年入北洋陆军炮队任下级军官。1903年被袁世凯保荐为练兵处军令司正使，成为袁扩编北洋军的重要帮手。1904年起先后任第三镇翼长，第四、六镇统制。

1910年调任江北提督。武昌起义后任第二军总统，驰赴武汉镇压革命。1912年初，承袁世凯意旨电促清廷退位。3月被袁任为陆军总长。次年调兵镇压孙中山二次革命和白朗起义。1915年因不满袁世凯称帝，称病辞职。袁死后成为皖系军阀首领，任国务总理兼陆军总长，执掌北京政府实权。1917年5月，由于坚持对德宣战，被黎元洪免职。随后，张勋复辟，段趁机组织“讨逆军”，打败张勋，重掌北京政权。9月，派兵南下进攻孙中山广州护法军政府。此后为争夺北京统治权，与直系军阀明争暗斗数年。1920年7月，组成“定国军”，发动“直皖战争”，但以失败告终。1924年11月，被奉系张作霖及国民军首领冯玉祥推为“临时执政”。次年2月，不顾孙中山和全国人民的反对，坚持召集“善后会议”。1926年制造三一八惨案，镇压北京各界民众的反帝请愿。4月，被国民革命军驱逐下台，通电“引退”，蛰居天津租界，脱离政界。1933年移居上海。

**段玉裁** Duan Yucai（1735～1815） 中国清代经学家，文字音韵训诂学家。字若膺，号茂堂。江苏金坛人。段玉裁博览群书，著述宏富，由经学以治小学。在小学范围内，又从音韵以治文字训诂。根基充实，深得体要。所著《六书音均表》以顾炎武《音学五书》和江永（1681～1762）《古韵标准》为基础，分古韵为17部，在古韵学上是一部划时代的著作。《说文解字注》体大思精，成就极大。段玉裁不仅贯串全书，详加注释，把《说文》在考订文字、声音、训诂方面的真实价值阐发无遗，而且创造许多研究词义的方法，为汉语训诂学的发展开拓了新的内容和新的门径。

**断层** fault 沿破裂面两侧岩块发生显著相对位移的断裂构造。规模大小不等，大者沿走向延伸数百千米，常由许多断层组成，称为断裂带；小者可见于手标本（见图）。

几何要素 断层由断层面和断盘构成。断层面是岩块沿之发生相对位移的破裂面。

叠瓦状小断层（标本高25厘米）

断盘指断层面两侧的岩块，位于断层面之上的称为上盘，断层面之下的称为下盘。如断层面直立，则按岩块相对于断层走向的方位来描述。断层两侧错开的距离统称位移。按测量位移的参考物的不同，有真位移和视位移之分。真位移是断层两侧相当点错开的距离，即断层面上错断前的一点，错断后分成的两个对应点之间的距离，称为总滑距；视位移是断层两侧相当层错开的距离，即错动前的某一岩层，错断后分成两对应层之间的距离，统称断距。

分类　通常按断层的位移性质分为：①上盘相对下降的正断层。②上盘相对上升的逆断层。断层面倾角小于30°的逆断层又称冲断层。正断层和逆断层的两盘相对运动方向均大致平行于断层面倾斜方向，故又统称为倾向滑动断层。③两盘沿断层走向作相对水平运动的平移断层。又称走向滑动断层（简称走滑断层）。

研究方法　野外认识断层及其性质的主要标志是：①地层、岩脉、矿脉等地质体在平面或剖面上突然中断或错开。②地层的重复或缺失。这是断层走向与地层走向大致平行的正断层或逆断层常见的一种现象。在断层倾向与地层倾向相反或二者倾向相同但断层倾角小于地层倾角的情况下，地层重复表明为正断层，地层缺失则为逆断层。③擦痕。断层面上两盘岩石相互摩擦留下的痕迹，可用来鉴别两盘运动方向，进而确定断层性质。④牵引构造。断层运动时断层近旁岩层受到拖曳造成的局部弧形弯曲，其凸出的方向大体指示了所在盘的相对运动方向。⑤断层岩。由断层两盘岩石碎块构成的断层角砾岩、断层运动碾磨成的粉末状断层泥等的出现，表明该处存在断层。此外，还可根据地貌特征（如错断山脊、断层陡崖、水系突然改向）来识别断层的存在。

**断代史**　dynastic history　历史撰述的种类之一。原对变通史为朝代史而言，如中国班固《汉书》断代为史，论述西汉一代史事。故本来意义上的“断代史”，实为朝代史或皇朝史。在中国古代，这种朝代史或皇朝史，有纪传体、编年体、纪事本末体多种表现形式。近代以来，史学家重视历史撰述中的时代划分，不仅体现在通史撰述之中，而且往往以所划分的某一时代的历史为撰述对象，这种史书称为断代史，如先秦史、秦汉史、魏晋南北朝史、隋唐五代史、辽宋夏金元史、明清史，或称为古代史、近代史、现代史等。不论是本来意义上的断代史，还是近代意义上的断代史，在撰写的要求和方法上，除断限有明显的不同之处外，没有本质上的区别。通史要求“通古今之变”，断代史的撰写也应以此为思想基础和认识前提。

**断裂力学**　fracture mechanics　研究含裂纹物体的强度和裂纹扩展规律的学科。固体力学的一个分支。又称裂纹力学。20世纪20年代A.A.格里菲斯对玻璃低应力脆断进行了研究。其后，一系列重大的低应力脆断灾难性事故促进这方面的研究，并于50年代开始形成断裂力学。根据所研究的裂纹尖端附近材料塑性区的大小，可分为线弹性断裂力学和弹塑性断裂力学；根据所研究的引起材料断裂的载荷性质，可分为断裂（静）力学和断裂动力学。断裂力学的内容是研究各类材料的断裂韧度；物体在给定外力作用下是否发生断裂，即建立断裂准则；载荷作用过程中裂纹扩展规律；在腐蚀环境和应力同时作用下物体的断裂（即应力腐蚀）问题等。断裂力学已在航空、航天、交通运输、化工、机械、材料、能源等工程领域得到广泛应用。

线弹性断裂力学　应用线弹性理论研究物体裂纹扩展规律和断裂准则。线弹性断裂力学可用来解决脆性材料的平面应变断裂问题，适用于大型构件（如发电机转子、较大的接头、车轴等）和脆性材料的断裂分析。在实践中，裂纹尖端附近总是存在塑性区，若塑性区很小（如远小于裂纹长度），也可采用线弹性断裂力学方法进行分析。

弹塑性断裂力学　应用弹性力学、塑性力学研究物体裂纹扩展规律和断裂准则，适用于裂纹体内裂纹尖端附近有较大范围塑性区的情况。对薄板平面应力断裂问题的研究通常也采用弹塑性断裂力学。弹塑性断裂力学在焊接结构的缺陷评定、核电工程的安全性评定、压力容器和飞行器的断裂控制以及结构物的低周疲劳和蠕变断裂的研究等方面起重要作用。弹塑性断裂力学的理论还不够成熟，正处于发展中。

断裂动力学　采用连续介质力学方法，考虑物体惯性，研究固体在高速加载或裂纹高速扩展下的断裂规律。断裂动力学研究方法分理论分析和动态实验。主要研究问题有：断裂准则，包括裂纹在高速加载下的响应及起始和失稳扩展准则、高速扩展裂纹的分叉判据；裂纹高速扩展时的速度、停止和裂纹尖端附近的应力应变场及扩展中的能量转换；此外还有高应变率条件下的材料特性及其对高速扩展裂纹阻力的影响；以及高速碰撞下的侵彻和穿孔问题。断裂动力学已在冶金学、地震学、合成化学以及水坝工程、飞机和船舶设计、核动力装置和武器装备等方面得到一些实际应用，但理论尚不够成熟。

**断路器**　circuit-breaker　能闭合、承载以及分断正常电路条件下的电流，也能在规定的异常电路条件下（如短路）闭合、承载一定时间和分断电流的机械开关器件。

断路器的功能主要有：①控制功能。根据运行需要，把一部分电力设备和线路投入或退出运行。②保护功能。在电力设备或线路发生故障时，通过电流互感器和继电保护系统发出的分闸信号，使断路器自动分断，将故障部分迅速切除，保证电力系统无故障部分的正常运行。

断路器的主要性能参数有额定电压、额定电流、额定短路分断电流、额定短路接通电流、额定短时耐受电流、额定峰值耐受电流。

**断肢(指)再植**　replantation of severed limb (finger)　将断肢（指）重新接回原处的手术。断肢再植手术方法以吻合动、静脉为主，也包括骨、关节的整复和内固定，以及神经、肌肉、肌腱、皮肤等的修复。

类型　①完全性断肢（指）：所有的组织完全离断，远段肢体与主体无任何组织相连。②不完全性断肢（指）：断面有骨折或脱位，远段肢体与主体仍有部分具活性的组织相连。按损伤的性质可分为两类：①整齐或比较整齐的断肢：几乎在同一平面被切断。再植成功率高，愈后功能恢复也较满意。②不整齐断肢：各种组织断裂平面参差不齐，再植成功率低，愈后功能恢复常不理想。

手术指征　断肢（指）应保持相对完整，血管床无严重破坏。多个手指离断对手的功能影响较大，应尽量争取再植，特别是拇、食指。为了减少离断肢（指）体对氧的需要，宜将其先用消毒敷料包裹，放于密闭塑料袋中，再置于盛放冰块的容器内，迅速转运至医院。勿将离断肢（指）体浸泡于抗生素溶液或消毒液体中，否则将引起组织水肿，严重影响再植生存率。

现场急救　应尽快使伤者连同伤肢离开现场，安全迅速地送往可接收的医疗单位。一般局部加压包扎即可，若不奏效，则可用橡皮止血带。伤肢的创面应用清洁的敷料或棉织品敷盖，防止污染。完全离断的远段肢体先行包扎，若气温超过20℃，则应在肢体敷料外加冰袋降温，以延缓组织代谢速度。对不完全离断的肢体还应给予制动，以减轻伤员的疼痛。

适应证　再植术复杂、精细、需时较长。若伤员既往有重要器质性疾病或有出血病史，年老体弱或年龄幼小，应慎重考虑是否进行再植术。断肢再植的存活取决于离断肢体良好血循环的重建。功能恢复决定于离断肢体的神经、肌肉及肌腱能否修复以及骨与关节修复得是否妥善。肢体离断后缺血时限越长，组织细胞的破坏越严重，环境温度越高，则各种组织对缺血的耐受性越差。

手术步骤　首先在麻醉下采用无创操作技术进行彻底清创，对缺血时间较长或有擦挫痕迹疑有血管床损伤者，应以肝素溶液冲洗，以清除血栓，防止静脉接通后引起肺栓塞等情况。清创应由表及里、由浅而深进行。根据组织面是否出血及组织的色泽决定切除失活组织，宜先显露主要血管、神经。未完全断离没有明显污染骨片仍应保留，不可轻易切除。再植过程按骨、静脉、动脉、肌腱（肌肉）、神经和皮肤顺序进行。

术后处理　术后应定期密切检查和防治并发症。患者血供恢复后肢体的灌注及创面的渗血均可随时导致血容量不足而发生出血性休克。应密切观察血压、脉搏，及时有效地输入全血，使收缩压维持在13.6千帕（100毫米汞柱）以上。升压药物可引起周围血管收缩和痉挛，导致再植肢体组织缺氧加重，并增加急性肾功能衰竭发生的机会，弊多利少，尽可能不用。

断肢再植如一切顺利，术后3周，一般可宣告肢体存活。为使肢体功能恢复，应早期进行功能锻炼，防止关节僵直和肌腱粘连。

**缎**　satin　采用缎纹组织的丝织物。质地较紧密，手感柔软，绸面平滑光亮。较轻薄的可做衬衣、裙子、头巾、戏剧服装，较厚重的可做高档外衣、袄面、台毯、床罩和其他装饰品。起源于中国。汉代文献中已出现缎（当时写作段），但是很多人认为当时仅是作丝织物的泛称。唐代缎成为丝织物一大类。两宋辽金时期缎的品种增加很快。明清时期缎非常流行，其中包括中国著名传统品种，如宋锦缎、浣花缎等。明代以前已应用五枚缎和六枚非正则缎（见图）。清代开始多应用八枚缎。缎织物的原料可用桑蚕丝、人造丝和其他化学纤维长丝。一般多用先练染后织造的方法。某些桑蚕丝与人造丝交织的品种如软缎则采用生织匹染方法生产。为使缎类织物光泽好而质地柔软，在保证织造顺利的前提下，应力求降低经纬丝捻度。但某些特殊品种如绉缎，经丝采用无捻或弱捻而纬丝采用二左二右的强捻线，使织物 面起缎纹效应而另一面呈绉纹效应。

明五谷丰登妆花缎

**椴树**　*Tilia*; linden　双子叶植物纲椴树科椴树属植物的统称。落叶乔木或小乔木。有50多种，主要分布在欧洲、美洲和亚洲的温带地区。中国40余种，南北均产，长江流域以南有糯米椴、南京椴和椴树等20余种。北方有紫椴、蒙椴和糠椴等12种。

树皮纤维发达，植物体表面常有星状绒毛。单叶互生，卵形或宽卵形，叶柄长。通常为聚伞花序，花序柄下部与一带状苞片合生，花小，通常两性。核果或浆果，球形或椭圆形。

椴树稍耐阴或喜光。适生于深厚、肥沃、湿润土壤。深根性。生长速度中等，萌芽力强。椴树可用种子育苗或天然更新或萌芽更新。幼苗生长慢，1或2年生苗可出圃造林。

木材纹理致密，易加工，供家具、建筑、雕刻、胶合板、铅笔杆等用材；因无特殊气味，可制水桶、蒸笼等。树皮纤维可代麻制绳或袋。椴树也是优良的蜜源植物。种子含油量较高，可用于制肥皂及硬化油。叶可作饲料。树形美观，花朵芳香，对有害气体的抗性强，可作园林绿化树种。

**锻造**　forging　对加热的金属坯料在一定温度范围内进行塑性成形的加工方法。又称热锻。锻造的始锻和终锻温度由相图和高温力学性能综合确定，终锻温度不能低于再结晶温度。在300～800℃之间加工称为半热锻或温锻。在室温下的加工一般称为冷锻。

按照锻造过程的特性，热锻分为自由锻、模锻和特种锻造。

自由锻　锻造时金属坯料仅有部分表面与工具或砧块接触，其余部分为自由变形表面。基本工序如图1所示。自由锻可利用简单的工具在水压机或锻锤上进行。大型和特大型锻件是将铸锭在自由锻水压机上锻造制得。12 000吨自由锻水压机可锻造重达400～500吨的钢锭（图2）。

对钢锭锻造的另一个主要目的是通过塑性变形把铸造组织改变为锻造组织，锻合其内部的孔隙，锻碎缺陷以减小其尺寸并使之分散分布。对一些合金工具钢，如莱氏体钢，则须反复锻造以打碎晶粒边界上的网状碳化物，提高其韧性。

模锻　金属坯料经加热后放入专用模具的型槽中，在撞击力或压力的作用下，产生塑性流动，并充满整个型腔，形成品质高、形状复杂的锻件。圆饼类和长轴类锻件在模锻锤、摩擦螺旋或液压螺旋压力机、机械热模锻压力机上锻造。大型、特大型模锻件，如一些航空大型件在300 000千牛模锻水压机上压制。平锻类锻件指在平锻机上锻造的模锻件，包括具有通孔或育孔的锻件，以及管状锻件。

特种锻造　包括成形轧制、辊锻、辗扩、径向锻造等工艺方法，特点是成形工具与坯料之间有相对的旋转运动，对坯料

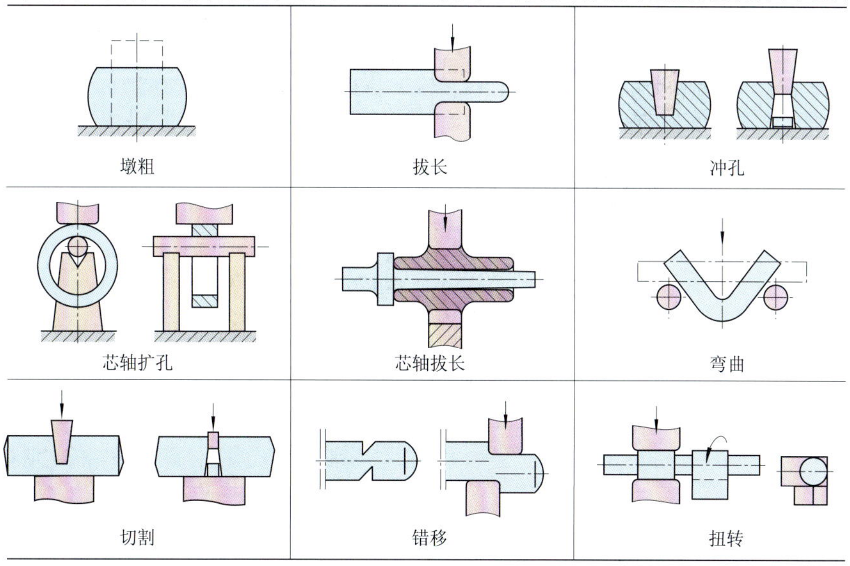


图1　自由锻基本工序示意图

图2 中国设计的1.2万吨自由锻造水压机

进行逐点、渐近的加压和成形，又称为旋转锻造。

**堆肥** compost 作物茎秆、绿肥、杂草等植物与泥土、人畜粪尿、垃圾等混合堆积，经微生物分解而成的一类有机肥料。见有机肥料。

**堆积作用** deposition 被搬运的物质因外营力减弱或失去搬运能力，以及含溶解质的水溶液受蒸发或发生化学反应后出现的积聚过程。其含义比沉积作用广，但两词经常互用。外营力包括水流、冰川、风、波浪、潮汐、海流和生物作用等。按环境不同分为陆地、海岸和海洋堆积3类。

陆地堆积的情况复杂。一般情况下，山麓出山口处因山溪流速骤降，堆积成以粗粒碎屑物为主的冲积扇。宽谷和平原区的河床底部沉积物粒径稍粗，岸边和泛滥平原上则堆积细粒的粉砂、黏土。石灰岩层的喀斯特洞穴内由地下水中的溶解物质积聚成石钟乳、石笋。干燥区的盆地和低处常堆积风成沙丘，而粉砂和黏土被风吹扬至远处堆成黄土。冰川区在冰川的前端和两侧堆积有冰碛物。山区坡地上常见受崩塌、滑坡等作用形成的重力堆积物。湖泊的沉积作用与海岸和海洋的情况类似。海岸堆积受海、陆两方面影响。在河口附近因河流流速降低，泥沙大量堆积，形成三角洲。无河口的海岸由于波浪、潮汐和沿岸流作用，堆积有砂砾质海滩或淤泥质潮滩。海洋堆积包括来自陆地的碎屑物、溶解质、海洋生物遗骸和化学沉积物。其中陆源碎屑在离岸越远处就越细越少。通常潮汐和海流挟带的碎屑物主要堆积在浅海区，但混浊流可把较粗的陆源碎屑带往深海中。浅海区有珊瑚、藻类和介壳碎屑沉积，以及陆地溶解质的化学和絮凝沉积。大洋区有生物遗骸下沉、积聚为大片钙质软泥、硅质软泥，并有铁锰结核的积聚。海底还时有火山灰和熔岩流堆积。

**堆垒数论** additive theory of numbers 数论的一个分支。研究在加法运算下若干个指定类型的整数集合的元素之间的关系，又称加性数论。它主要研究如下类型的所谓加性问题及其变形：设**N**是全体非负整数集合，$P$是**N**的一个子集合，以及$A_1,A_2,\cdots,A_s$是**N**的有限个或可数个子集合。判定$P$中的每一$n$，方程$n=a_1+a_2+\cdots+a_s$，$a_j\in A_j(1\leqslant j\leqslant s)$，是否可解，以及有解时求其解数$r(n)$。例如，多角数问题：设整数$m\geqslant 3$，由递推公式$a_0^{(m)}=0$，$a_{n+1}^{(m)}-a_n^{(m)}=(m-2)n+1$所确定的数$a_n^{(m)}(n=0,1,2,\cdots)$，称为$m$角数。这类数统称为多角数，可表示为$a_n^{(m)}=(m-2)n^2/2-(m-4)n/2$。四角数就是平方数。1636年，P.de费马猜测：每个自然数都是$m$个$m$角数之和。J.-L.拉格朗日（1770）和A.-M.勒让德（1798）分别证明了$m=4$和3时猜测是成立的。1813年，A.-L.柯西证明了这个猜测。

堆垒数论的主要研究方法有圆法、指数和方法、筛法和密率等，它与模形式及素数分布理论有密切关系。堆垒数论中的著名问题有：无限制整数分拆问题：求正整数$n$表为不计次序的正整数之和的表法个数$p(n)$。例如，3=3=2+1=1+1+1，所以$p(3)=3$；平方和问题：设$s$是给定的正整数，求不定方程$x_1^2+x_2^2+\cdots+x_s^2=n$的整数解的个数$r_s(n)$。例如，$r_2(3)=0$，$r_2(5)=8$，$r_2(9)=4$；以及哥德巴赫猜想、华林问题等。

**堆谐** Duixie 藏族民间舞蹈。见藏族舞蹈。

**对苯二酚** hydroquinone 苯分子中两个对位的氢原子被两个羟基取代的二元

酚，分子式$1,4\text{-}C_6H_4(OH)_2$。又称氢醌。无色晶体。熔点173～174℃，沸点285℃（750毫米汞柱），密度1.328克/厘米3（15℃）。溶于乙醇、乙醚和热水。对苯二酚是一种强还原剂，弱的氧化剂可将它氧化成对苯醌，在碱性溶液中反应很快，这是一个可逆反应，在电解池内可以产生一个电极势，并对pH非常敏感。由于这个性质，一度曾用它来测定溶液的pH值。对苯二酚最初从干馏或者用氧化铅氧化1,3,4,5-四羟基环已烷酸（又称奎尼酸）制得。对苯醌经过氢化也能得到对苯二酚。工业上是将苯胺先氧化成对苯醌，然后再还原成对苯二酚。对亚硝基苯酚与羟胺反应，也能生成对苯二酚。对苯二酚可作显影剂和抗氧剂。

**对苯二甲酸** terephthalic acid;TPA 两个羧基分别与苯环中相对的两个碳原子相连

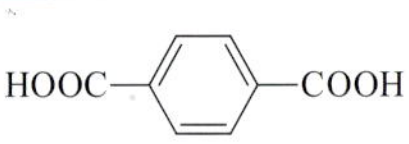


接而成的二元芳香羧酸，分子式$1,4\text{-}C_6H_4(COOH)_2$。无色晶体；300℃以上即升华；在水中溶解度极小，溶于二甲基亚砜、二甲基甲酰胺、六甲基磷酰三胺。由于它溶解度小和熔点高，提纯困难。对苯二甲酸可发生酯化反应；在强烈条件下，也可发生卤化、硝化和磺化反应。在工业上由对二甲苯经硝酸氧化，或在钴盐催化下经空气氧化制得。对苯二甲酸及其二甲酯主要用于与乙二醇缩聚形成聚酯，由它制造的合成纤维商品名为涤纶。聚酯也可制成薄膜或注塑成形，广泛用于电子和汽车制造业。对苯二甲酸还可用于制造除草剂和胶黏剂等。

**对策论** game theory 运筹学的一个重要分支，是研究具有竞争性质现象的数学分支。又称博弈论。对策模型包括以下三个基本要素：对策的参与者称为局中人；可供每个局中人选取的策略全体称为该局中人的策略集；当每个局中人选定各自的策略后，他们就各有得失，这样的得失依赖于所有局中人对策略的选取，称为每个局中人的支付函数。

对策论的许多思想在1902年左右就曾出现过，但对它的系统研究，是在1944年由J.冯·诺伊曼和O.莫根施特恩（又译摩根斯特恩）的名著《博弈论和经济行为》（又译《竞赛论与经济行为》）开始的。

对策论可分为非合作对策与合作对策。在合作对策中，局中人之间可以结成联盟，由此可以协调彼此的策略，并可以对它们获得的支付进行再分配。在非合作对策中，则不允许这样做。非合作对策在对策理论中处于基础和核心的地位，当然也应注意到合作对策必不可少的补充作用。

矩阵对策 又称为两人零和对策：设有两局中人Ⅰ和Ⅱ，局中人Ⅰ有$m$个策略$\{\alpha_1,\alpha_2,\cdots,\alpha_m\}$，局中人Ⅱ有$n$个策略$\{\beta_1,\beta_2,\cdots,\beta_n\}$；当Ⅰ选取策略$\alpha_i$，Ⅱ选取策略$\beta_j$，Ⅰ的所得为$a_{ij}$（Ⅱ的所得为$-a_{ij}$），则此对策可用矩阵：

$$\begin{pmatrix} a_{11} & a_{12} & \cdots & a_{1n} \\ a_{21} & a_{22} & \cdots & a_{2n} \\ \vdots & \vdots & & \vdots \\ a_{m1} & a_{m2} & \cdots & a_{mn} \end{pmatrix}$$

来表示，此对策也就称为矩阵对策。

如果存在$i^*$和$j^*$，使

$$a_{i^*j^*}=\max_{1\leqslant i\leqslant m}a_{ij^*},a_{i^*j^*}=\min_{1\leqslant j\leqslant n}a_{i^*j}$$

则$(\alpha_{i^*},\beta_{j^*})$称为此对策的解，但它不一定存在，于是考虑局中人的混合策略集：

$$X=\left\{x=(x_1,x_2,\cdots,x_m):x_i\geqslant 0,\sum_{i=1}^{m}x_i=1\right\}$$

$$Y=\left\{y=(y_1,y_2,\cdots,y_n):y_j\geqslant 0,\sum_{j=1}^{n}y_j=1\right\}$$

如果Ⅰ选取混合策略$x\in X$，Ⅱ选取混合策略$y\in Y$（理解为Ⅰ以$x_1$的概率选取$\alpha_1,\cdots$,以$x_m$的概率选取$\alpha_m$；Ⅱ以$y_1$的概率选取$\beta_1,\cdots$，以$y_n$的概率选取$\beta_n$），并假定他们的选取是独立的，则Ⅰ的期望支付为：

$$\sum_{i=1}^{m}\sum_{j=1}^{n}a_{ij}x_iy_j$$

冯·诺伊曼证明了，必存在$x^*\in X,y^*\in Y$使

$$\sum_{i=1}^{m}\sum_{j=1}^{n}a_{ij}x_i^*y_j^*=\max_{x\in X}\sum_{i=1}^{m}\sum_{j=1}^{n}a_{ij}x_iy_j^*$$

$$\sum_{i=1}^{m}\sum_{j=1}^{n}a_{ij}x_i^*y_j^*=\min_{y\in Y}\sum_{i=1}^{m}\sum_{j=1}^{n}a_{ij}x_i^*y_j$$

或者等价地，有：

$$\max_{x\in X}\min_{y\in Y}\sum_{i=1}^{m}\sum_{j=1}^{n}a_{ij}x_iy_j=\min_{y\in Y}\max_{x\in X}\sum_{i=1}^{m}\sum_{j=1}^{n}a_{ij}x_iy_j$$

这就是著名的极大极小定理，($x^*$, $y^*$）也称为此矩阵对策的解。

矩阵对策可以通过线性规划的方法求解。

*n*人非合作有限对策　J.F.纳什对冯·诺伊曼结果的推广主要表现在两个方面：一是将局中人推广到一般的$n$人，二是将支付函数的零和推广到非零和。仍以两人对策为例，当Ⅰ选取策略$\alpha_i$，Ⅱ选取策略$\beta_j$时，Ⅰ的所得为$a_{ij}$，Ⅱ的所得为$b_{ij}$，并不要求对任何$i$和$j$都有$a_{ij}+b_{ij}=0$。纳什证明了，必存在$x^*\in X,y^*\in Y$，使

$$\sum_{i=1}^{m}\sum_{j=1}^{n}a_{ij}x_i^*y_j^*=\max_{x\in X}\sum_{i=1}^{m}\sum_{j=1}^{n}a_{ij}x_iy_j^*$$

$$\sum_{i=1}^{m}\sum_{j=1}^{n}b_{ij}x_i^*y_j^*=\max_{y\in Y}\sum_{i=1}^{m}\sum_{j=1}^{n}b_{ij}x_i^*y_j$$

这样的（$x^*$，$y^*$）称为此对策的平衡点（之后也称为纳什平衡点）。此时（$x^*$，$y^*$）也称为帕雷托最优，即无论是局中人Ⅰ还是局中人Ⅱ，都不能够在不损害别人利益的基础上使自己得到更大的利益。

这一模型实际上假定：对每个局中人来说，所有的信息都是公共的、完全的、对称的；每个局中人都是完全理性的，都能够在各自策略集中选择对自己最为有利的策略。对应用来说，以上两个假定太理想了，也太苛刻了。J.C.豪尔绍尼和R.泽尔滕的工作分别在这两个方面提出了新的思想，大大扩展了对策论的应用。正因为如此，他们与纳什一起，共同获得了1994年的诺贝尔经济学奖。

对策论的应用主要在经济学，此外，在军事、外交、政治学、心理学以及生物学等领域都有应用。

**对称性和守恒定律**　symmetry and conservation law　近代物理学中的重要观念。如果运动规律具有一种对称性，必相应地存在一条守恒定律。

对称性是人们观察客观事物形体上的特征而形成的认识，例如正六边形具有六角对称，一个平面圆形具有轴对称，人体具有左右对称，一条连续的花边具有平移对称，其他还有镜像对称，等等。这些对称性被看作自然界的一项美学原则，广泛应用于建筑、造型艺术和工艺美术中。物理学移植对称性概念用于研究物理规律的特征，并给以精确化，把它与变换联系起来。通常把两种情况通过确定的规则对应起来的关系叫做从一种情况到另一种情况的变换，例如旋转某一角度或旋转任意角度，平移一段距离或平移一段时间等都是变换的规则。对称性则定义为某一情形在某个变换下保持不变的性质。对称性意味着某种不可分辨性或不可测量性。例如物理规律具有空间平移变换对称性，表明空间没有绝对的原点，可以任意选择空间的一点作为坐标原点，物理规律保持形式不变，即绝对位置是不可测量的；同样物理规律具有时间平移变换对称性，表明时间也不存在绝对的零点。

物理学关于对称性探索的一个重要进展是建立诺特定理，定理指出，如果运动定律在某一变换下具有不变性，必相应存在一条守恒定律。简言之，物理定律的一种对称性，对应地存在一条守恒定律。例如，运动定律的空间平移对称性导致动量守恒定律，时间平移对称性导致能量守恒定律，空间旋转对称性（空间各向同性）导致角动量守恒定律。上述经典物理范围内的对称性和守恒定律相联系的诺特定理后来经过推广，在量子力学范围内也成立。在量子力学和粒子物理学中，又引入了一些新的内部自由度，认识了一些新的抽象空间的对称性以及与之相应的守恒定律。

对称性和守恒定律取决于相互作用的性质，相互作用类型不同有不同的结果。例如强相互作用和电磁相互作用下，粒子的运动具有空间反演对称性。空间反演是指空间坐标相对于坐标原点的变换，即将坐标$x$、$y$、$z$换成$-x$、$-y$、$-z$的变换。空间反演对称性导致宇称守恒。然而在弱相互作用下，粒子的运动不存在空间反演对称性和宇称守恒。这个曾经使物理学家们确信无疑普遍成立的宇称守恒定律于1956年经**李政道**和**杨振宁**仔细分析当时的实验资料，指出弱作用下宇称守恒定律不成立，不久被**吴健雄**等人以确凿的实验所证实。

表中给出对称性和守恒定律之间的联系以及不同相互作用下的表现。

对物质运动基本规律的探索中，对称性和守恒定律的研究占有重要的地位。从历史发展过程来看，无论是经典物理学还是近代物理学，一些重要的守恒定律常常早于普遍的运动规律而被认识。质量守恒、能量守恒、动量守恒、电荷守恒就是人们最早认识的一批守恒定律。这些守恒定律的确立为后来认识普遍运动规律提供了线索和启示。对称性和守恒定律之间的联系，提供了从分析对称性入手来研究守恒定律。

**对冲**　hedging　利用**期货市场**与现货市场价格走势的趋同性，通过在期货和现货市场上分别持有数量相等、方向相反的头寸，达到规避价格变动风险，实现现货价值保值目的的行为。见**套期保值**。

对称性与守恒量

| | 对称性 | 守恒量 | 强作用 | 电磁作用 | 弱作用 |
|---|---|---|---|---|---|
| 连续变换 | 空间平移 | 动量 | + | + | + |
| | 时间平移 | 能量 | + | + | + |
| | 空间旋转 | 角动量 | + | + | + |
| | 电荷规范 | 电荷 | + | + | + |
| | 重子数规范 | 重子数 | + | + | + |
| | 电子轻子规范 | 电子轻子数 | + | + | + |
| | μ子轻子规范 | μ子轻子数 | + | + | + |
| | τ子轻子规范 | τ子轻子数 | + | + | + |
| | 同位旋转动 | 同位旋 | + | + | − |
| | 绕同位旋第三轴转动 | 同位旋第三分量 | + | − | − |
| | 奇异数规范 | 奇异数 | + | + | − |
| | 粲数规范 | 粲数 | + | + | − |
| | 底数规范 | 底数 | + | + | − |
| 离散变换 | 正反粒子变换（电荷共轭变换） | 电荷共轭宇称 | + | + | − |
| | 空间反演 | 宇称 | + | + | − |
| | 时间反演 | | + | + | − |
| | G变换 | G宇称 | + | − | − |
| | 电荷共轭和空间反演复合变化 | GP宇称 | + | + | − |
| | 全同粒子交换 | | + | + | + |

**对冲基金** hedge fund 利用金融市场上买空、卖空、杠杆效应等多种较为特殊和复杂的投资技术与策略对各种金融产品进行对冲买卖，以回避风险、获取收益，然后在投资人之间分配利润的投资基金。又称避险基金。对冲基金与普通的投资基金的不同在于：①私募合伙制。对冲基金是典型的私人合伙制投资基金，通常包括一般合伙人和有限合伙人，基金经理作为一般合伙人还须将自己的资金投入其管理的基金中。②杠杆投资效应。几乎所有的对冲基金都通过银行信用、利用信贷杠杆几倍甚至几十倍地放大运作资本，这在获取高额收益的同时也蕴涵着巨大的风险。③投资方式复杂多变。对冲基金运用买空、卖空、套利、对冲甚至联合炒作等多种普通投资基金受限制的各种复杂投资技术和策略，对各种原生和衍生金融工具进行投资。④基金经理的激励性报酬。与普通投资基金按资产总额固定比例收取管理费不同，对冲基金经理收费建立在业绩的基础上，报酬源自实现了的利润分红。

**对立统一规律** law of unity of opposites 唯物辩证法的根本规律。又称矛盾规律。它揭示出自然界、人类社会和人类思维等领域的任何事物都包含着内在的矛盾性，事物内部矛盾推动事物发展。

对立统一规律包含以下基本内容：①对立面的同一和斗争。同一和斗争是矛盾双方所固有的两种属性，同一性表现为对立面之间具有相互依存、相互渗透、相互贯通的性质，斗争性表现为对立面之间具有相互排斥，相互否定的性质。②矛盾的同一性和斗争性是相互联结的。同一是对立面双方的同一，它是以对立面之间的差别和对立为前提的。矛盾的斗争性寓于矛盾的同一性之中。斗争是统一体内部的斗争，在对立面的相互斗争中存在着双方的相互依存，相互渗透。斗争的结果导致双方的相互转化，相互过渡。③矛盾的同一性是相对的，矛盾的斗争性是绝对的。矛盾的同一性是指它的条件性，任何矛盾统一体的存在都是有条件的；矛盾的斗争性的绝对性是指它的普遍性，无条件性。矛盾的斗争性不仅存在于每个具体矛盾运动的始终，而且也存在于新旧矛盾交替的过程中。④矛盾双方既统一又斗争推动事物发展。矛盾的同一性是矛盾存在和发展的前提，矛盾双方互相渗透，贯通为矛盾的解决准备了条件；矛盾的斗争性导致矛盾双方力量对比和相互关系不断变化，以致最终造成矛盾统一体的破裂，致使旧事物被新事物所取代。

在哲学发展的初期就已具有关于对立面的统一和斗争的思想。在中国古代，《易经》用阴阳两种力量的相互作用解释事物的发展变化。《老子》提出“反者道之动”这一命题，概括了矛盾的存在及其在事物发展中的作用。后世的哲学家常用分合、两一、参两、相反相成等概念表达事物对立面既统一又斗争的思想。在欧洲，古希腊米利都学派关于“始基”的思想中已包含有对立统一的思想，赫拉克利特提出“相反者相成：对立的统一”，亚里士多德则讨论了一系列范畴的对立统一的关系。在近代，G.W.F.黑格尔第一次以唯心主义的形式系统地阐述了对立统一规律，指出“一切事物本身都自在地是矛盾的”，“矛盾则是一切运动和生命力的根源”。K.马克思、F.恩格斯批判了黑格尔的唯心主义体系，吸取了他的辩证法思想，创立了唯物辩证法，也创立了对立统一规律的科学形态。其后，V.I.列宁第一次提出对立统一规律是唯物辩证法的实质和核心，毛泽东在《矛盾论》中对对立统一规律进行了全面深刻的论述，并提出了一系列在具体工作中分析和解决矛盾的思想方法和工作方法。

对立统一规律是唯物辩证法的实质和核心。具体表现在：①对立统一规律揭示了事物运动、变化、发展的根本原因在于事物内部的矛盾性。②对立统一规律揭示了事物联系和发展的根本内容，事物普遍联系的实质就是事物之间由多方面的对立统一构成的矛盾体系；事物发展的实质就是新事物扬弃旧事物的过程。③对立统一是唯物辩证法全部规律和范畴的实质，所以，对立统一规律提供了理解唯物辩证法其他规律和范畴的钥匙。④唯物辩证法是世界观又是方法论，而对立统一规律提供了这一科学方法论最根本的内容，即矛盾分析的方法。

**对联** antithetical couplet 悬挂或张贴在墙壁或柱子上的联语。楹联的俗称。

**对流层** troposphere 位于大气圈的最低层，直接与地表面相接的大气层。其上界随纬度和季节而变化，低纬度区高度为17～18千米，中纬度区为11～12千米，高纬度区为7～9千米；夏季较高，冬季较低。对流层中对流活动频繁，一般暖季较强烈，这是该层命名的依据。

对流层中的空气温度一般随高度增加而降低，平均每升高1 000米，气温约降低6.5℃。空气的运动和空气相对于地表面的不同热状况，可造成空气中温度随高度分布的不同特征，有时会出现气温不随高度变化，即等温气层，以及气温随高度增加而增高的现象。由于对流层中一般表现为气温随高度递减，故把温度随高度递增称为逆温，相应的气层称为逆温层。对流层集中了约3/4的大气质量和约90%的水汽质量，所以云、雾、雨、雪等天气现象都发生在对流层。受地表面特征和性质差异的影响，对流层大气的物理属性如温度、湿度、风的水平分布等有明显的地域性。自地表面向上到几百米或1～2千米，空气明显受地表面的摩擦作用影响，称为摩擦层或大气边界层。摩擦层以上的大气称为自由大气，其中地表面的摩擦作用可以忽略。对流层与其上的平流层之间有一过渡区域，厚度约几百米至1～2千米，称为对流层顶，除其温度递减率变化突然明显（由递减变为近于等温甚或稍有递增）外，还以某些空气中的可变微量成分的浓度突然变化作为标志。在极地和赤道之间常出现对流层顶不连续，在纬度25°～55°可出现对流层顶断开，并呈现两对流层顶部分重叠，低纬对流层顶高于高纬对流层顶，高度差2～4千米。

**对流传热** convection heat transfer 流体与所接触的固体表面间的热量传递过程。是热传导和热对流综合作用的结果，即热量的传递是靠分子运动产生的导热和流体微团之间形成的对流这两种作用来完成的。传热强度不仅与对流运动形成的方式有关，还与流速和流体的物性参数，以及固体表面的状况、形状、位置和尺寸等因素有关。

传热系数 又称换热系数。对流换热的强度依据牛顿冷却定律，其基本计算公式是：

$$q=h(T_w-T_t)$$

式中$q$为单位面积的固体表面与流体之间在单位时间内交换的热量，称作热流密度；$T_w$、$T_t$分别为固体表面和流体的温度；$h$称为传热系数，表示当流体与固体表面之间的温度差为1K时，在固体表面单位面积上单位时间内所传递的热量。$h$的大小反映对流传热的强弱。在工程传热计算中，主要的任务是计算$h$。

计算传热系数的方法主要有实验求解法、数学分析解法和数值分析解法。

实验求解法是处理工程实际中复杂的对流传热问题的重要手段，也是其他求解方法的检验标准。该法是在相似理论的指导下，对求解的问题进行相似的分析，求出与问题有关的无量纲数（由相应的物理参数组成）。通过实验数据综合整理得出的无量纲数之间的关系式就是实验求解的结果。20世纪初，德国物理学家L.普朗特提出边界层理论。他利用边界层极薄的特性的简化微分方程组，建立了可以数学求解的分析理论，开拓了对流传热向理论分析方向发展的道路，计算机的应用又显著扩大了解题能力。数值分析解法是把微分方程组的积分求解过程组变换成相应的差分方程的代数求解过程进行求解。这一方法的研究获得迅速发展，并正在形成传热学的一个新的分支——数值计算传热学。

对流传热形式 形成对流的原因有两种：流体各部分因温度引起的密度差所形成的运动称为自然对流，由风机、泵等所驱动的流体运动称为受迫对流。相应的传热过程分别称为自然对流传热和受迫对流传热。

**对马海峡** Tsushima-kaikyō 日本群岛西南对马岛与壹岐岛之间的水域。又称对马海峡东水道。位于北太平洋西缘，日本海通往黄海、东海和进出太平洋的要冲。海峡由东北向西南延伸，长222千米，最窄处41.6千米，水深50～100米，最深处可达120米。大陆架十分发育，峡底比较平缓。对马岛与九州岛岸均为沉降式海岸，曲折蜿蜒，礁石、岛屿、港湾众多，有下关、福冈、北九州等天然良港。其中北九州规模最大，是西日本主要国际贸易港。水产丰富，九州岛西北沿海一带是日本主要渔业基地之一。下关与比田胜、博多与严原有定期海运航线。这一水域已辟作壹岐对马国定公园。

**对马海战** Tsushima, Naval Battle of 日俄战争期间，日本和俄国舰队在对马海峡进行的海上决战。日俄战争爆发后，俄太平洋第1分舰队大部舰船被封锁在旅顺港内。为恢复远东海军实力、夺回制海权进而扭转战局，俄军统帅部先后于1904年10月和1905年2月从波罗的海舰队抽调38艘舰艇编成太平洋第2、第3分舰队，远涉重洋驶往中国海。5月27日俄舰队到达对马海峡时，遭到东乡平八郎指挥的**日本联合舰队**（舰艇99艘）的截击。下午，双方主力舰开始炮击。俄旗舰受重创，罗热斯特文斯基负伤。28日上午，日军主力舰在郁陵岛附近再次截击，迫使俄舰队司令投降。此战，俄方因装备陈旧、指挥失误、战术刻板而遭惨败，损失舰艇24艘、官兵1万余人；日方仅损失鱼雷艇3艘，伤亡700人。日俄战争的胜负由此定局。

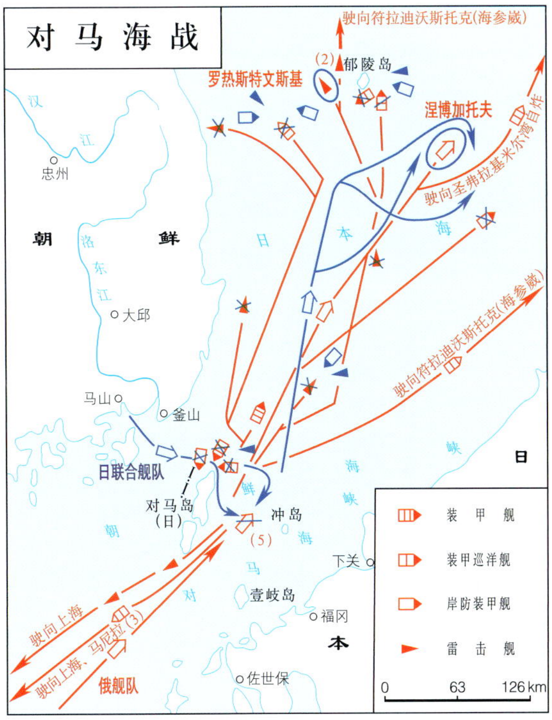


**对偶家庭** pairing family 原始社会母系氏族公社时期的一种家庭形式。由**普那路亚家庭**发展而来。这种家庭系由一对配偶在对偶婚的形式下结合而成，所生子女属于母亲所有。对偶婚的特点是：结合短暂而不牢固，男女双方仍分别属于自己的**氏族**，没有固定的同居生活，也没有独立的家庭经济，婚姻关系很容易由任何一方撕破。对偶家庭是野蛮时代初级阶段和中级阶段占主导地位的婚姻家庭形式。随着社会生产力的逐步提高，它也不断发展。起初，双方都住在自己母亲的氏族中，通常由丈夫到女家拜访妻子，或双方到专为他们建筑的公房中去过夫妻生活，即所谓望门居；随着母系氏族发展到繁荣期，氏族分裂为母系大家庭，丈夫便迁到妻子家中居住；至父系氏族制初期，妻方居住形式则为夫方居住制所代替。

**对日照** counterglow 夜空中与**太阳**相反方向处的一个弥漫椭圆形暗弱的亮区。只有在无月晴夜和无光污染的地方才能见到，其长轴角大小合30～40个月球直径，短轴长20～25个月球直径。形成的原因很可能是行星际物质对太阳光的反射，或是太阳光对地球“气尾”的激发。

**对数** logarithm 关于实数的一种常用运算，它是指数运算的逆运算。

设$a$为一常数，$a>0$，$a\neq 1$。当$x=a^y$时，则称$y$是以$a$为底$x$的对数，记为$\log_a x$。比如，$100=10^2$，那么称2是以10为底100的对数，也即$2=\log_{10}100$。又如，$8=2^3$，那么称3是以2为底8的对数。以e为底的对数，称为自然对数。

对数运算过程中有如下的基本公式$\log_a(xy)=\log_a x+\log_a y$。基于这一性质，人们可以把乘法运算通过对数化作加法运算。过去，人们编制了以10为底的对数表，把这种办法广泛应用于数值计算之中。过去的计算尺也是基于这一原理设计的。随着电脑及各种计算器的广泛使用，人们已经不再利用对数表和计算尺进行计算了。

**对外开放** opening to the world 泛指一个国家或地区在经济、政治、文化等各方面逐渐扩大和加深国际联系的政策、状况及过程。特指1978年中共十一届三中全会以来中国逐渐扩大和加深国际经济联系的政策、状况及过程。

产生及意义 1978年，中共十一届三中全会纠正“左”的思想和“**文化大革命**”的错误，开始进行对外开放，并作为中国社会主义现代化建设的一项基本国策。对外开放是人类社会生产力发展、**国际分工**日益深化的客观趋势，是发展**市场经济**、在更大范围实现资源配置有效化的客观要求，也是传播、继承特别是分享人类科学技术成果的客观需要。对外开放的首要的、基本的内容是逐步扩大和加深国际经济联系，这是发展中国家发挥后发优势，加快工业化和现代化进程的重要途径。

内容 对外开放主要包括：①对外贸易往来。一个国家或地区同世界上其他国家或地区所进行的商品、劳务及生产要素的交换活动，包括进口贸易和出口贸易。②对外资金流动。一个国家或地区在国际经济联系中资金或资本的流入或流出。③对外技术交流。一个国家或地区在国际经济联系中通过对外贸易、经济合作等方式，从国外获得或向国外输出先进技术和装备。④对外人力资源和劳务流动。一个国家或地区在国际经济联系中人力资源的流入或流出、劳务输出或劳务输入等。⑤建立开放区域。一个国家或地区，在其本土内划出一定地域范围，对外经济活动实行特殊和灵活的政策措施，其形式一般有**自由贸易区**、**出口加工区**、综合性开放区等。⑥其他各种形式的国际经济合作。

措施和成就 中国的对外开放主要从以下方面展开并取得巨大成就：

①从沿海地区设立**经济特区**开始，逐步形成地域范围的全方位对外开放格局。1979年7月，中共中央和国务院决定对广东、福建两省的对外经济活动实行特殊政策和优惠措施。1980年5月，在广东省的深圳（图1）、珠海、汕头和福建省的厦门划出一块地方设立经济特区；1984年5月，开放天津、上海（图2）、大连、秦皇岛、烟台、青岛、连云港、南通、宁波、温州、福州、广州、湛江和北海14个沿海港口城市；1985年2月，分两步开放珠江三角洲、长江三角洲、闽南厦漳泉（厦门、漳州、泉州）三角地带和胶东半岛、辽东半岛；1988年在海南岛设立海南经济特区；1990年开发和开放上海的浦东；1991年开放满洲里、丹东、绥芬河、珲春4个北部口岸；1992年，以上海浦东为龙头，开放重庆、岳阳、武汉、九江、芜湖5个沿江城市，同时开放哈尔滨、长春、呼和浩特、石家庄4个边境、沿海地区省会城市及太原、合肥、

南昌、郑州、长沙、成都、贵阳、西安、兰州、西宁、银川等11个内陆省会城市；随后，又陆续开放了一大批符合条件的内陆市县以及边境市县镇。这样，形成了中国的由经济特区、沿海经济开放区、以省会城市为中心的内陆开放区和沿边开放带构成的全方位对外开放格局。

②采取多种措施推进对外贸易的体制改革和发展，对外贸易实现了历史性飞跃，确立了贸易大国的地位。1979年开始，中国对原来高度集中的对外贸易体制进行了有步骤的改革：第一步，主要是改革高度集中的经营体制和单一的指令性计划管理体制，下放外贸经营权，实行指令性计划、指导性计划和市场调节相结合。第二步，主要是在全行业实行承包经营责任制，同时，国家运用价格、汇率、利率、税率等经济手段，建立对外贸易的宏观调控体系。第三步，主要是取消对外贸易的财政补贴，建立外贸企业的自负盈亏机制。第四步，按照建立社会主义市场经济体制和适应国际贸易规范的要求，建立和完善新型外贸体制。同时，实施以质取胜和科技兴贸战略，实施市场多元化战略，推动外贸增长方式的转变和拓展出口增长空间，实现了对外贸易的高速发展。2010年，中国对外贸易总额达2.97万亿美元。

③不断扩大吸收外资的规模，优化吸收外资的结构。1980年批准第一批3家外商投资企业，改革开放以后的吸收外资由此开始。1986年，国务院颁布《关于鼓励外商投资的规定》，对外商投资兴办产品出口企业和先进技术企业给予更为优惠的待遇，改善外商投资企业的生产经营条件。1995年6月，国务院批准发布《指导外商投资方向暂行规定》和《外商投资产业指导目录》，吸收外资有了新的发展。2000年《中共中央关于制定国民经济和社会发展第十个五年计划的建议》提出，要改善投资环境，扩大利用外资，提高利用外资质量，把吸收外资同产业结构调整、国有企业改革和西部大开发紧密结合起来，外商投资的规模和领域进一步扩大。1993～2001年，中国吸收外资已连续9年居发展中国家首位。世界500强中已有400多家来华投资，跨国公司已在中国设立各类研发中心近400家。

④从对外工程承包和劳务合作到实施“走出去”战略，推动了开放型经济的发展。20世纪70年代末，中国的对外工程承包和劳务合作开始起步，境外投资也在不断发展，2000年开始实施的“走出去”战略，已取得初步成效。“走出去”的领域已从贸易、航运和餐饮等逐步拓展到生产加工、资源开发、工程承包、农业合作和研究开发等众多领域。对外投资方式由早期的建点开办“窗口”，发展到投资办厂带动国产设备材料出口、跨国购并、股权置换、境外上市、设立研发中心、创办工业园区等多种形式。对外工程承包从初期的土建分包逐步向总承包、项目管理承包、交钥匙工程、BOT（即建设-经营-转让）等方式发展。派出去的劳务人员也从最初的普通工人、技术工人发展到各类专业技术人员和高科技与经营管理人员。

⑤积极参与各种形式的国际区域经济合作，包括参与亚太经济合作组织的经济技术合作和贸易投资自由化活动，亚欧会议的活动，中国、日本、韩国与东盟国家的10+3经贸合作，中国与东盟建立自由贸易区的合作，上海合作组织之间的经贸合作。

⑥从申请恢复关税及贸易总协定缔约国地位到成功加入世界贸易组织。1986年7月，中国正式提出恢复关贸总协定缔约国地位的申请，由于美国等西方国家的阻挠，到1994年终未达成协议。1995年世贸组织作为关贸总协定的继承和发展成立以后，中国即提出加入世贸组织的申请。经过15年艰难而曲折的历程，中国在2001年12月11日成为世贸组织成员。加入世贸组织，标志着中国对外开放进入了一个新阶段。

图2 上海集装箱口岸

图1 深圳皇岗公路口岸

作用 对外开放促进中国的经济发展，使对外贸易和外资对中国经济增长的贡献率不断提高，促进中国产业结构的合理化和高度化，提高中国制造业的国际地位，推动中国企业的技术进步和经营管理的改善，扩大劳动就业和提高人民生活水平，特别是加快中国经济市场化改革的步伐，对于建立和完善社会主义市场经济体制发挥了积极的作用。对外开放是中国长期不变的基本国策。

**对外劳务合作** foreign cooperation of labor services 一国派出技术人员、工人或其他人员，前往另一国为需要劳务的业主提供各种不同的技术服务、工程建设服务或其他专业服务，并由此创汇的交易活动。根据世界贸易组织《服务贸易总协定》对国际服务贸易概念的界定，对外劳务合作在广义上既包括对外派出各种服务人员提供劳务，也包括境内对外劳务合作活动，如开展“三来一补”(来料加工、来样加工、来件装配和补偿贸易)、国际旅游、医疗保健等服务。

对外劳务合作的主要流向是从经济较落后及劳动力资源较丰富的国家和地区向经济较发达国家、劳动力资源比较短缺的国家和地区移动，而随着经济技术的发展对劳动力及劳务输出的要求日益提高，一些高水平的劳务也开始从发达国家流向部分发展中国家。

**对外贸易** foreign trade 国家与国家之间的商品、劳务、技术等方面的交换和流通。又称进出口贸易。输出商品、劳务、技术的国家（地区）为出口；输入商品、劳务、技术的国家（地区）为进口。对外贸易包括有形贸易和无形贸易。有形贸易就是实物形态商品的进出口。无形贸易指不是因商品的进出口而发生的国际收入和支出，如劳务收支、投资收益和转让等。有形贸易和无形贸易的收支，是国际收支平衡表中经常项目的主要部分，其中商品项目是经常项目的最重要内容。对外贸易历史悠久，起源于奴隶社会，后经社会经济长期发展，各国经济的互相依存日益加深，对外贸易日益增长。

**对外贸易管制** foreign trade, control of 一国政府为维护本国的经济利益，同时也为保证出口商品贸易正常进行，对从事出口贸易的经营者及其商品经营范围实行严格控制的政策措施。

出口管制有两种形式：一种是单方面出口管制，根据本国出口管制法律，由专门机构对出口商品颁发出口许可证；另一种是多边出口管制，即由几个国家协商共同编制出口管制国别及管制货单。实行出口管制的主要手段是出口许可证。

**对虾** *Penaeus*; prawn 十足目对虾科对虾属动物的统称。又称明虾、大虾。全世界共有28种。中国有10种，栖于热带、亚热带浅海。

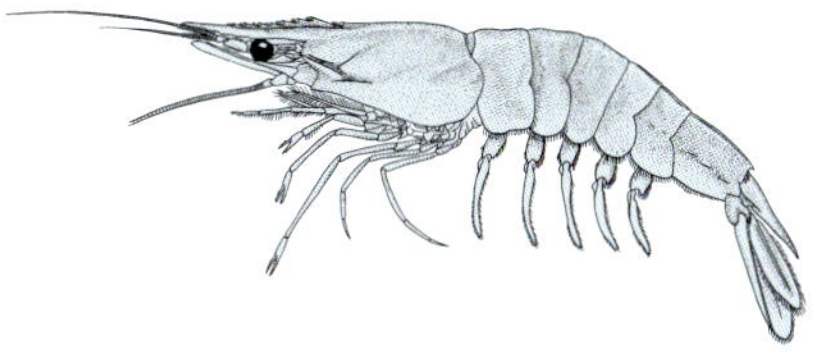

中国对虾

对虾个体大。体侧扁，腹部发达。头胸甲有胃上刺、触角刺和肝刺；有明显的触角脊、额角后脊和侧脊，有些种还有肝脊，额角后脊上有中央沟。额角侧沟向后延至后缘附近，额角长，呈剑形，上缘8～11齿，下缘1～5齿。雄性第3颚足末端2节变形，末端第2节有丛毛。第1～3对步足有螯，第4、5步足爪状。腹部发达，雄性第1对内肢变形为交接器，呈倒钟形。雌性交接器大多数种呈圆盘状，个别呈袋状，有些种雌交接器为开放型，无纳精囊，仅胸部腹甲上有突出板和凹陷。

根据生态习性，可分为定居型对虾和洄游型对虾。主要以底栖无脊椎动物为食有时也捕浮游动物。

对虾是暖水性种，秋末集结洄游前大量成群，形成有利的捕捞条件和渔汛期。对虾在海洋渔业经济中占重要地位。

**对伊拉克制裁问题** the problem of sanctioning Iraq 伊拉克入侵和吞并科威特以后，**联合国**安理会对伊拉克实施了一系列制裁措施。1990年8月伊拉克入侵并吞并科威特后，联合国安理会先后通过12项决议。**海湾战争**后，联合国又通过了一系列协议。此外，联合国还通过了“石油换食品”协议。允许伊拉克在6个月内出口价值16亿美元的石油和石油产品，用以进口食品和药品等必要的人道主义物资。制裁大大削弱了萨达姆政权的实力，同时也对伊拉克经济构成重大打击，伊拉克经济几乎陷入瘫痪状态。伊拉克人民承受了沉重的灾难。2003年3月，美军发动**伊拉克战争**。4月美军攻占巴格达后，美国联合英国和西班牙向联合国提交取消对伊制裁的决议草案。5月22日，联合国安理会表决通过取消对伊制裁的决议。

**对映体** enantiomer 一种化合物的对映分子互不等同重叠、互为实物与镜像关系的立体异构体。对映异构体的简称。如右旋和左旋的**酒石酸**形成一对对映体，由于分子中**手性中心的构型**不同。另一类分子中由于存在手性轴，如阻碍旋转的**联苯**类化合物，即使分子中存在一组相同的基（a ≠ b），只要取代基有足够的体积（如a为$NO_2$、b为COOH），因而阻碍两个苯环自由旋转，就可形成一对可分离的对映体。第三类是分子中存在手性面，如柄型化合物，“柄”链在一定长度内（$n$=8）苯环就不能在“柄”链中旋转，在苯环上只要有一个取代基就足以形成一对对映体。

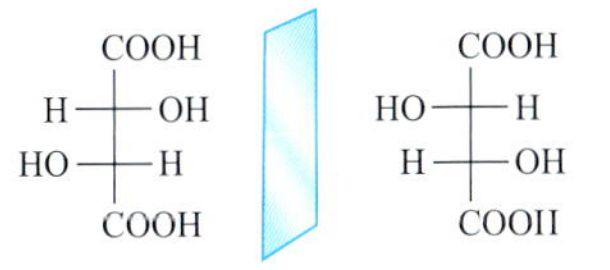

酒石酸

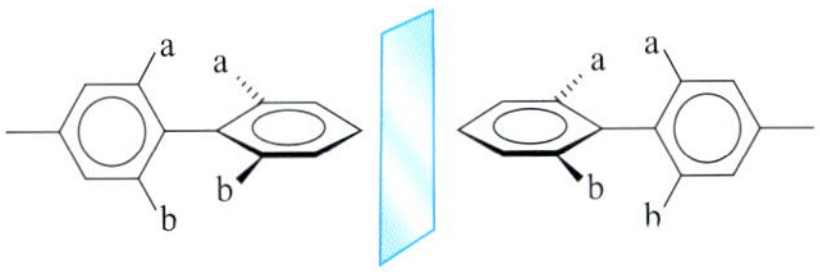

取代联苯类化合物

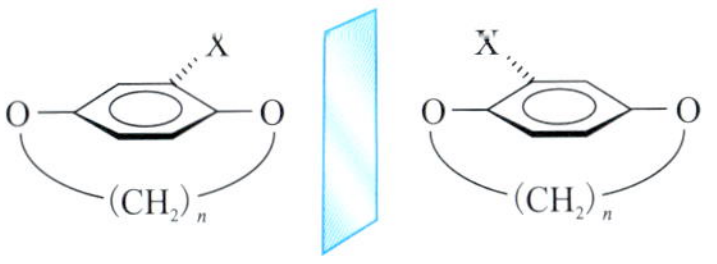

取代柄型化合物

在非手性条件下，一对对映体之间的化学和物理性质相同，而它们比旋光方向相反，数值相同。它们的生物活性（因受体或酶是手性的）往往不同。

**对撞机** collider 利用两束反向运行的粒子束对撞以提高有效相互作用能量的高能物理实验设备。在各种加速器中都是加速带电粒子轰击静止的靶，被轰击的靶上粒子基本上是静止的。对于相碰撞的两个粒子而言，碰撞过程遵从动量守恒，粒子经碰撞后仍保持有一定的动量，从而占用一部分动能，因此只有一部分能量用于两粒子的相互作用上。计算表明用于相互作用的有效能量$W$与入射粒子能量$E$之间的关系为$W \approx \sqrt{2E_0E}$，$E_0$为粒子的静止能量。可见有效能量随粒子加速的能量$E$的增加很缓慢。1956年提出对撞机的设想，令加速到相同能量的同类粒子对撞，碰撞前两粒子的动量相等方向相反，总动量为零，全部加速所得的能量都可用于

位于日内瓦附近的大型强子对撞机（LHC）地面图景（大环周长27千米）

粒子相互作用上，能量的利用效率很高。对撞机分为正负电子对撞机、正反质子对撞机和质子-质子对撞机。带电粒子经加速器预加速，再注入环形真空室（贮存环）中“贮存”起来；在贮存环中积累到较高的密度，并加速到一定的能量，再用于对撞。1983年欧洲核子研究中心在400GeV质子同步加速器改建的正反质子对撞机上发现$W^+$、$Z^0$粒子；2010年在位于日内瓦附近的大型强子对撞机（LHC）上用超导磁铁迫使两质子对撞，产生700GeV的能量，有望解答更多的粒子物理学问题。

对撞机的局限性是不能进行更多种粒子的对撞实验，碰撞率较低，探测受到限制，因而它与超高能加速器是相互补充的。

**吨** ton 质量单位，可与国际单位制并用的中国法定计量单位。等于1 000千克。符号为t。吨也是英美常衡制的质量单位，1美吨（短吨）=2 000磅=907.18千克；1英吨（长吨）=2 240磅=1 016.05千克。其他多数国家习用公吨，1公吨（T）=1 000千克=2 204.6常衡磅。在生活和贸易中，按习惯将质量称为重量时，单位仍用吨。

**敦化市** Dunhua City 中国吉林省延边朝鲜族自治州辖县级市。对外开放城市。位于吉林省东中部。面积11 963平方千米。人口48万（2010），有汉、朝鲜、回、满等12个民族。先秦为肃慎人所居，唐开元元年（713）建渤海国。清光绪八年（1882）设敦化县。1985年撤县设敦化市。矿产有泥炭、硅藻土、石墨、铜、汞、锰等。其中泥炭占全省总储量1/4。农产以大豆、水稻、玉米等为主，为吉林省商品粮基地、烟叶基地和大豆主产区。有林地面积82.57万公顷，森林覆盖率69%，林木蓄积量8 866万立方米，为吉林省重点林区之一。以木制品、医药、特色食品、水电为主要支柱产业。古迹有渤海古墓群、渤海国古都遗址等。

**敦煌歌辞** Dunhuang peotry 中国敦煌写本中配合音乐、可以歌唱的词曲类作品的总称。自敦煌遗书发现以来，学术界曾经使用过“词”、“曲子”、“曲子词（辞）”、“曲”、“杂曲”、“小曲”、“俗曲”、“俗调”、“俚曲”、“佛曲”、“佛赞”等不同的名称来指称其中部分或全部歌辞作品，由于作品内容和形式的多样性，不同概念及所涵盖的作品范围常常含混交错，难以总括其全部。从这些作品的音乐文艺特征出发，任半塘（见任中敏）提出了“敦煌歌辞”的概念，并编撰了敦煌歌辞作品总集——《敦煌歌辞总编》。“敦煌歌辞”是一个宽泛的概念，主要包括曲子词和以民间俗曲为体裁的宗教赞颂歌辞两类作品。

敦煌曲子词作品约200首，以《云谣集杂曲子》最为重要。《云谣集》采用的13种曲调，主要内容为爱情和闺思，语言质朴，用韵、字数、句式自由灵活，反映了曲子词的早期形态。其他曲子词专集写本有30余件，所抄曲子词多不见于传世词籍，为初期词史的研究提供丰富的曲子词作品。

以民间俗曲为体裁的敦煌宗教赞颂歌辞，在写本数量上比曲子词作品多，但内容和形式则相对单一，主要以〔五更转〕、〔十二时〕、〔百岁篇〕、〔十恩德〕、〔皇帝感〕等民间通俗曲调的联章形式，宣传佛教教义和劝学行善等世俗内容。现存作品几乎全是佛教题材，间有少量抒写人生情怀之作。部分敦煌赞颂歌辞源自西域东传佛曲。

敦煌歌辞整理本有王重民《敦煌曲子词集》，任半塘《敦煌曲校录》、《敦煌歌辞总编》，饶宗颐《敦煌曲》，林玫仪《敦煌曲子词斠证初编》。

**敦煌汉简** Dunhuang wooden and bamboo slips of Han Dynasty 中国甘肃敦煌、玉门、酒泉的汉代烽燧遗址中发现的简牍。因首先发现于敦煌而得名。年代约自西汉武帝至东汉桓帝，而以西汉中晚期和东汉早期简居多。自1907年首次发现以来，共发现近10批，总数达2 500余枚。敦煌汉简大部分是汉代敦煌郡玉门都尉、中部都尉、宜禾都尉和酒泉郡西部都尉、北部都尉、东部都尉及其下属各烽燧的文书档案。形制主要有简、牍、觚、楬、封检等。字体以隶书和草书为主。内容多与屯戍有关，包括官私文书及少量书籍、历谱。敦煌汉简是近代最早发现的汉简，其发现为研究汉代敦煌、酒泉两郡的屯戍活动及汉代的历史和中西交通提供了珍贵的新史料，具有重要学术价值。

另外，1990～1992年发掘敦煌汉代悬泉置遗址，获简牍35 000余枚，包括有字简23 000余枚。这批简数量巨大，内容与烽燧遗址发现的简有所不同，学术界称之为“悬泉汉简”。

**《敦煌曲子词集》** *Collections of Dunhuang Folksongs* 在中国敦煌发现的民间词曲总集。王重民校辑。

敦煌曲子词，为唐人写本。自敦煌石室发现后传世，但多有散佚，其中大部分被伯希和、A.斯坦因劫走，分别收藏于巴黎法国国家图书馆和不列颠博物馆。王重民1934年赴法国国家图书馆整理敦煌遗书，将伯希和劫去的敦煌千佛洞卷子编为《伯希和劫经录》，并选出《巴黎敦煌残卷叙录》一、二辑，摄制许多重要敦煌卷子的胶片。他从伯希和劫走的17卷，斯坦因劫走的11卷，以及罗振玉所藏3卷及日本人桥川氏藏影片1卷中，集录曲子词213首。经过校补去掉重复的51首，编成《敦煌曲子词集》。这部词曲总集分上中下3卷。上卷所收曲子词最多，除残者外仍近百篇，系北宋前唐五代之作。多为长短句，调式有〔菩萨蛮〕、〔西江月〕、〔浣溪沙〕等20多种词牌。内容以离情恋语为多，广泛反映当时社会生活。中卷所收《云谣集杂曲子》共30首，多为寄征夫、思远吏之作，反映荡子出走，少年负信，怨妇伤情等生活内容以及征夫旷女的心绪。下卷为乐府，多是五、七言乐府诗，共15首，内容比较广泛，多系抒情之作。《敦煌曲子词集》在词史上有重要价值，对研究唐代社会及民间说唱文学有重要意义，是中国文学的珍贵遗产。任二北所著《敦煌曲初探》、《敦煌曲校录》两书是敦煌曲研究的重要著作。

《敦煌曲子词集》封面

**敦煌石窟** Dunhuang Caves 中国佛教石窟。位于甘肃敦煌。与云冈石窟、龙门石窟并为中国三大石窟。敦煌石窟一名是莫高窟、西千佛洞的总称，有时也包括安西的榆林窟，通常用以指莫高窟。莫高窟位于敦煌市东南25千米处，开凿在鸣沙山东麓的断崖上。前秦建元二年（366）乐僔和尚创凿，持续至元代，前后延续约1 000年，这在中国石窟中绝无仅有。1900年，道士王圆箓发现藏经洞后，包括文书、壁画在内的敦煌文物遭外国探险家劫掠。现有洞窟735个，保存壁画4.5万多平方米，彩塑2 400余尊，唐宋木构窟檐5座。莫高窟是中国石窟艺术发展演变的一个缩影，在石窟艺术中享有崇高的历史地位。1961年国务院公布莫高窟、榆林窟为全国重点文物保护单位。1987年，莫高窟作为文化遗产被列入《世界遗产名录》。

根据洞窟形制，雕塑、壁画题材的内容和风格特点，莫高窟可分为北朝、隋唐、五代至宋、西夏至元四个大的发展时期。

北朝洞窟主要有中心柱窟、方形窟和禅窟。洞窟主像一般是释迦牟尼或弥勒，还有释迦多宝并坐像、菩萨像和禅僧像等。窟顶和四壁满绘壁画。顶和回壁上部多绘天宫伎乐，四壁下部为药叉或装饰花纹，中部壁面除千佛外，主要画佛传、本生和因缘故事，多为横卷连环画形式。例如，莫高窟285窟的《五百盲贼得眼故事画》表现了作战、被俘、审讯、受刑等场面。以白色为底，色调清新，风格明快，是西魏壁画的杰作。

隋唐时期为莫高窟的全盛期，洞窟占总数的60%以上。典型窟形是平面方形的覆斗顶窟。这一时期塑像风格与中原地区更趋一致，塑造形体和刻画人物性格的技艺进一步提高，题材内容增多，出现前代不见的高大塑像。第45窟塑一佛二弟子二菩萨二天王像，整组造像丰满圆润，形象逼真，是莫高窟盛唐时期雕塑的杰出代表。

《五百盲贼得眼故事画》（莫高窟第285窟南壁壁画）

隋唐时期的壁画题材丰富，场面宏伟，色彩瑰丽。人物造型、敷彩晕染和线描技艺达到空前水平。唐代壁画的主要题材是多种经变画。此外，还有与经变画相配合的屏风画、佛教感应故事画、瑞像图、密宗题材画和历史人物画等。唐后期第156窟的《张议潮统军出行图》和《宋国夫人出行图》表现了浩大的出行场面，开创了莫高窟在佛窟内绘制为个人歌功颂德壁画的先例。

五代至宋的窟形主要为中心佛坛窟，在莫高窟下层大窟的窟前曾建有木构殿堂建筑，构成前殿后窟的格局。现存4座宋初木构窟檐保留较多唐代风格，是研究唐宋建筑的重要资料。这一时期的彩塑遭到严重破坏，仅存两窟。造型虽有唐代余风，但技艺不如唐代精湛。

西夏至元时期新开凿的洞窟很少。西夏多是改建旧窟，重绘壁画。元代壁画带有浓郁的藏画风格和阴森、神秘的情调。第61窟甬道两壁有西夏末年、元初重画的《炽盛光佛》和《黄道十二宫星象图》，题材为莫高窟壁画中所仅见。

敦煌西千佛洞位于敦煌市西南30千米处，开凿在党河北岸的峭壁上。现有洞窟22个，凿于北魏至元代，塑像和壁画有的经过后代改塑和重绘。洞窟形制、壁画题材和艺术风格与莫高窟同期洞窟十分相似。

**敦煌市** Dunhuang City 中国甘肃省辖县级市。位于省境西北部，河西走廊西段，西邻新疆维吾尔自治区。面积26 960平方千米，人口19万（2010），有汉、回、蒙古等民族。西汉元鼎六年（前111）析酒泉郡置敦煌郡，北魏置敦煌镇，北周改鸣沙县，唐称沙州，元称沙州路，明设沙州卫，清乾隆二十五年（1760）改设敦煌县。1987年撤县设市。由酒泉市代管。矿藏有盐、芒硝、石棉等。农业主产小麦、玉米。是甘肃省的重点产棉区，有李广杏、大枣、桃子等优质水果。敦煌是古丝绸之路上举世瞩目的旅游胜地，中国历史文化名城。名胜古迹有莫高窟，阳关、玉门关遗迹，汉代长城及烽燧遗址等，自然景观有鸣沙山和月牙泉等。

**敦煌通俗文学** Dunhuang popular literature 中国敦煌遗书中的唐五代宋初通俗文学作品。是中国古代通俗文学的重要组成部分，也是敦煌学的一个重要方面。主要有以下几类：

①敦煌歌辞。敦煌写本中配合音乐、可以歌唱的词曲类作品的总称。包括曲子词、大曲词和民间俗曲、宗教赞颂歌词。除少数为文士所作外，多数是民间作品，反映了民间现实生活和普通民众的思想感情。是宋词发展和繁荣的先声。

②敦煌诗歌。以唐五代诗为主体，既有传统文人的雅正之作，也有民间通俗白话诗。其中有唐前诗文选本《文选》、《玉台新咏》，唐代诗歌选集《珠英集》、《瑶池集》，“唐人选唐诗”残卷，以及《高適诗集》、《岑参诗集》等诗人别集。还有一些唐代诗人的名篇如韦庄《秦妇吟》等。这些虽不属通俗文学范围，但可弥补《全唐诗》之缺失，也可供校勘之用，为研究唐诗增添了重要的资料。

③敦煌变文。变文是仅存于敦煌遗书的唐代独特的通俗文学形式，因其在敦煌讲唱作品中的主体地位，长期以来被用作对敦煌讲唱作品的统称。敦煌写本中明确标有“变”或“变文”的作品共有八篇，即《破魔变》、《降魔变文》、《大目乾连冥间救母变文并图一卷并序》、《八相变》、《频婆娑罗王后彩女功德意供养塔生天因缘变》、《汉将王陵变》、《舜子变》（又题《舜子至孝变文》）、《前汉刘家太子变》（又题《前汉刘家太子传》）。还有一些可以判定属于变文类的阙题作品。

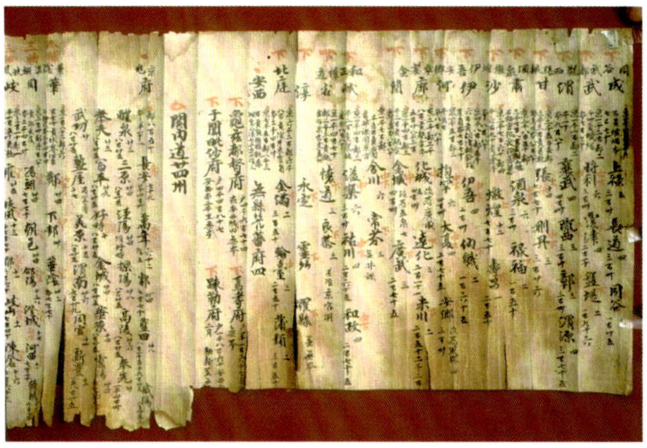

敦煌文书——地志（唐人手抄）

④敦煌话本小说。话本是说话的底本，在敦煌写本之外，唐五代宋初流传的早期话本并无一篇保存至今。敦煌写本《庐山远公话》是现存最早的以“话”为题的话本作品。另外《韩擒虎话本》（拟题）和《叶净能诗》，也是具有明确标识的话本作品。属于话本类的作品还有《秋胡》（拟题）、《唐太宗入冥记》（拟题）等。敦煌话本作为盛极一时的宋元话本的源头，对话本的形成过程、体制及文学价值的研究，有十分重要的意义。

⑤敦煌赋。敦煌赋类作品，除了出自《文选》的张衡《西京赋》、左思《吴都赋》、王粲《登楼赋》、成公绥《啸赋》、江淹《恨赋》等先唐赋作外，大都是唐五代时期的作品。其中有王绩《元正赋》、刘瑕《驾行温汤赋》、刘长卿《酒赋》、白行简《天地阴阳交欢大乐赋》等。文人作品外，最有特色的是通俗故事赋，如《韩朋赋》、《晏子赋》、《燕子赋》等以“赋”为名的作品，这些作品与汉魏六朝以来的文人赋不同，没有骈词俪句的形式，语言通俗畅达、明白如话，故事性强，同小说比较接近。由于是流传民间的作品，故称为“俗赋”。

从20世纪20年代起，中国学者开始搜集和整理敦煌通俗文学作品，罗振玉《敦煌零拾》（1924）、刘复《敦煌掇琐》（1925）、许国霖《敦煌杂录》（1935），分别辑录了曲子、变文、诗词、俚曲、佛曲、词文等多种敦煌写本。1949年以后，敦煌通俗文学的研究进入新的时期，先后出版了周绍良《敦煌变文汇录》、王重民《敦煌曲子词集》、任二北《敦煌曲校录》、王重民等编《敦煌变文集》、任半塘《敦煌歌辞总编》、项楚《王梵志诗校注》等专著，为进一步开展研究工作打下了坚实的基础。

**敦煌学** Dunhuang Studies 研究、发掘、整理和保护中国敦煌地区文物、文献的综合性学科。

研究对象 敦煌位于中国甘肃省西部，历史上是中、西交通要道，为古代丝绸之路的重要枢纽，中西文化汇集之地，印度佛教最早由此传入中国内地。从366年始建莫高窟至1227年西夏灭亡，敦煌一直是佛教徒朝拜的圣地。历代地方长官都在敦煌修建寺庙、珍藏文物。这些是研究中国中古历史文化、中亚文化乃至世界文明的珍贵资料。敦煌地区保存、发现的丰富历史文献和文物，是敦煌学研究的基础和对象。

“敦煌学”一词由史学家陈寅恪在1930年提出。当时的含义主要指整理和研究敦煌发现的文献资料（敦煌遗书）。经过演变发展，敦煌学的研究范围和内容有所拓展。具体包括5个分支领域：①敦煌石窟考古。主要考订各个石窟的建造年代、分期和内容，为石窟艺术和其他分支领域的研究奠定基础。②敦煌艺术。对敦煌彩塑、壁画、书法、音乐、舞蹈和建筑艺术进行考察研究。③敦煌遗书。主要整理研究藏经洞所藏各类写本和刻印本书籍。这是敦煌学研究的最大领域，包括天文、地理、政治、哲学、宗教、文学、艺术、语言、文字等许多方面。④敦煌石窟文物保护。包括敦煌小区域气候观测，流沙治理，窟内、外温、湿度控制，壁画、塑像病害治理，壁画色彩褪变化验与研究等。⑤敦煌学理论。主要包括敦煌学的概念、范围、特点、规律的研究，敦煌学在人类文化和学术史上的价值，研究敦煌学的现实意义，敦煌学发展史等等。

对于敦煌学研究对象的宽度与广度，学术界有不同意见。国际上有广义敦煌学与狭义敦煌学之说，但不论研究范围的宽泛或狭窄，敦煌学是一门以地名学为基础，内容广泛，涉及社会科学和自然科学，多学科交叉的综合学科。

发展史 敦煌学在中国分史前期、创建期、发展期和繁荣期4个阶段。

史前期（18世纪～1909） 敦煌莫高窟的价值早在18世纪就受到汪隆、常均、徐松等清朝地方官吏的肯定。19世纪中后期一些外国探险家和考古学家，如匈牙利洛克齐、俄国尼古拉·普热瓦尔斯基、英国鲍尔等人先后到过敦煌，参观莫高窟。洛克齐在欧洲召开的东方学会议上演讲，介绍莫高窟的艺术。20世纪初道士王圆箓发现藏经洞，敦煌遗书流传于世。甘肃学台叶炽昌认识到遗书的价值，在日记中记述了藏经洞和文献文物散佚情况。西方汉学家A.斯坦因、伯希和等到敦煌石窟考察，掠走一批珍贵文物、史籍，在西方作过一些报道。但都不是对敦煌学的研究。

创建期（1909～1937） 罗振玉是敦煌学的奠基人。他于1909年发表《敦煌石室书目及其发现之原始》和《莫高窟石室秘录》，开始了敦煌学的历史。20世纪30年代后期是敦煌学创建时期。这一时期主要是以序、跋、提要等形式，对敦煌文献文物进行整理与考订，后一段主要到英法两京了解流散国外的敦煌卷子情况，抄录拍照、编目序跋，把被掠走的经卷"接回来"。在这一时期里，倾注了罗振玉、王国维、蒋伯斧、李翊灼、陈垣等老一辈学者和刘复、向达、王重民、姜亮夫又一辈敦煌学家的心血。敦煌文献初步理成系统，对唐代俗文学等某些问题的研究有一定的深度。在此基础上陈寅恪提出了"敦煌学"的概念。

发展期（1938～1978） 抗日战争期间，西北成为国防重地，交通较为便利，大批学者、艺术家前往敦煌考察，对敦煌艺术的研究热极一时。到70年代末，由于战争和政治运动，敦煌学研究虽有起伏，但总趋势是向前发展。这时期各种大型资料集和敦煌画集出版，石窟编号和文献目录编制趋于完备，研究领域较前期有所拓宽，出版了一批有一定深度的研究成果。有张大千临摹《大风堂临摹敦煌壁画》(3集)、《敦煌壁画选》(3辑，敦煌文物研究所编）等是大型敦煌画集，对敦煌艺术的宣传和普及起了很大作用。《敦煌石窟画像题识》、《敦煌遗书总目索引》等是敦煌遗书资料、目录的汇集。在研究方面的重要成果有《敦煌》、《敦煌曲初探》、《敦煌艺术叙录》等。60～70年代，敦煌学研究的中心转移到港台，台湾出版了《敦煌论集》、《敦煌讲经文研究》等著作。香港新亚研究所敦煌学会编刊《敦煌学》。这一时期还成立了专门的管理与学术研究机构敦煌艺术研究所。此外还在国内、国际上多次举行敦煌艺术、文物展览。

繁荣期（1978～　） 70年代以后，敦煌学进入了一个新的研究时期。研究队伍扩大，组建新的研究机构和学术团体。敦煌文物研究所扩建为敦煌研究院（1984）、高等院校设立研究机构的有北京大学的敦煌吐鲁番文献研究室、兰州大学的敦煌学研究室、西北师范大学的敦煌学研究所等。还有季羡林为会长的中国敦煌吐鲁番学会以及甘肃、浙江等省级敦煌学会。自1982年起，基本上每年举行一次全国或国际性的敦煌学学术研讨会。研究内容涉及各个方面，提出了一些新的课题，在许多方面都有新的突破。在进一步完善敦煌文物文献的考订、整理的同时，努力建构起完整的学科体系。在资料的整理和刊布方面，《敦煌社会经济文献真迹释录》(5辑)、《敦煌大藏经》(63册)、《敦煌宝藏》(140册）等都是工程浩大的资料汇编，为深入研究奠定了基础。一批高质量的研究著作出版，对莫高窟艺术、于阗文、回鹘蒙文、社会经济文书、社邑文书、书仪卷子、中古寺户、归义军历史、敦煌曲谱舞谱、讲唱文学、敦煌曲子词、敦煌建筑科技等专题都有总结性或突破性的研究。

**外国敦煌学** 藏经洞发现后的10多年里，英、法、俄、日、德、美的一些汉、藏学家掠夺了一大批文献、文物和在洞窟内、外的大量照片，使国外敦煌学具备了资料基础。敦煌学成为国际显学。国外敦煌学以法国和日本处于领先地位。

法国早期敦煌学家是E.É.沙畹（1865～1918）、伯希和（1878～1945）、马伯乐（1883～1954）。其中伯希和于1908年来到敦煌考察石窟，对各窟一一作了详细笔记，系统抄录了石窟题识和游人题记，并在藏经洞度过了3个星期，对藏经作系统登录，并掠去精品6 600多卷和一批文物（藏于巴黎国立图书馆和吉美博物馆)。1919年伯希和完成他带走的敦煌文献目录，并编著《敦煌经卷图录》和《敦煌石窟图录》。法国敦煌学的代表是戴密微，他的研究侧重敦煌佛学，旁及变文俗讲。1973年法国国立研究中心和高等实验学院第四系联合组成的483研究小组是西方唯一的敦煌学专门机构，其宗旨是编写巴黎国立图书馆所藏伯希和敦煌汉文写本目录；指导和推动敦煌写本的研究。

日本敦煌学研究与中国几乎同时起步。1909年《朝日新闻》登出内藤虎次郎《敦煌石室发见物》一文，被视为日本敦煌学第一篇历史性文献。但第二次世界大战前，日本敦煌学界主要是搜集、整理和刊布敦煌资料。50年代中期进入研究阶段。

其他国家的敦煌学研究也有成绩。英国斯坦因多次到敦煌掠走约9千卷文献（藏于大英博物院图书馆，少部分藏于印度博物馆)。苏联从50年代开始有组织地研究敦煌文献，美国敦煌学的代表是梅维恒，他致力于敦煌变文研究。印度尼赫鲁大学谭中教授长期从事敦煌文化研究，发表了一批研究成果。

**发展趋势** 敦煌学已成为一门国际性的热门学科。其发展有几点很明显：①宏观研究和微观研究并行发展，一方面把敦煌学摆到整个东方文化中来把握，同时对文物、文献本身作细致的考订与研究，互为补充、共同发展。②国际性的合作研究。③研究内容的进一步拓展，把敦煌遗书与石窟艺术的研究与整个丝绸之路联系起来。

**敦煌研究院** Dunhuang Academy 中国研究与保护敦煌石窟的专门机构。20世纪40年代初，国内学者、美术家向达、张大千、王子云等曾呼吁保护和研究敦煌石窟宝藏。1944年成立国立敦煌艺术研究所，常书鸿任所长，研究人员有董希文、李浴、史岩、潘洁兹等十余人，出版了《敦煌石室画像题识》。40年代后期，壁画临本曾在南京、上海等地展出。抗日战争结束后，又有段文杰、史苇湘等青年画家和研究工作者来到敦煌，继续从事保护与临摹工作。1950年敦煌艺术研究所改名敦煌文物研究所，全面开展临摹、保护、研究，临摹作品曾先后在国内外展出。该院修复了许多病害壁画和彩塑，配合保护工程，开展了窟前考古清理发掘。出版有《敦煌壁画》、《敦煌彩塑》等；在国内外举办了多次敦煌艺术展。"文化大革命"时期被迫中止工作，后逐渐恢复。1984年，扩建为敦煌研究院。20世纪80年代以来，研究所编撰出版了《莫高窟内容总录》、《敦煌石窟全集》(专题分类全集，共26卷)、《敦煌遗书总目索引新编》、《丝绸之路古遗址保护》等专著。创办《敦煌研究》学报。举办全国性和国际性敦煌研究学术讨论会和敦煌艺术展览。现已发展成为国内外具有规模和影响的世界文化遗产遗址博物馆、敦煌石窟文物保护研究中心和敦煌学研究基地之一。

**敦煌遗书** ancient literature from Dunhuang 中国甘肃敦煌莫高窟发现的5～11世纪多种文字的写本和印本文献。1900年，道士王圆箓发现于第17窟藏经洞。1907年，英籍匈牙利人A.斯坦因盗走24箱遗书后，在西方引起轰动，引来各国"探险家"的掠夺，敦煌遗书迅速流散到世界各地，分藏于英、法、中、俄、日及其他一些国家的图书馆、博物馆等处。1944年、1965年和1988～1995年，敦煌遗书又续有发现。据初步统计，总数超过4万件，其中汉文写本3万多件。

敦煌遗书多为卷轴式，9世纪以后出现经折装、册子本。以手写本为主；雕版印刷品不多，但都是中国乃至世界现存最早的印刷品。北朝写本书法均带隶意，南朝、隋、唐、五代和宋的写本则为楷书或草书。早期写本皆用毛笔，8世纪末的写本出现用

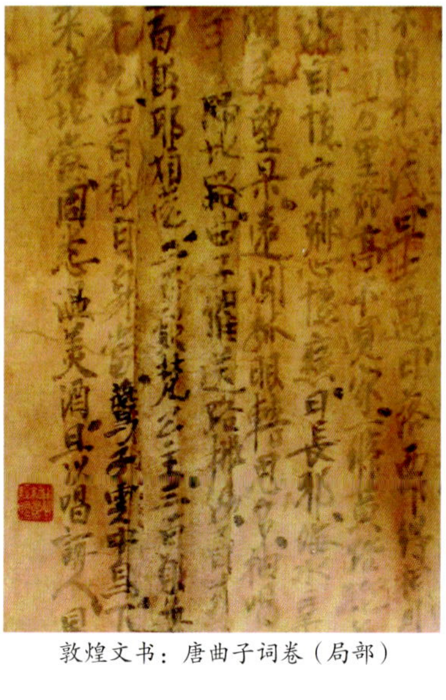

敦煌文书：唐曲子词卷（局部）

木笔和苇笔。遗书中有纪年者近千件，大部分汉文写本写于中唐至宋初。汉文遗书95%以上为佛教经典，其余为经、史、子、集四部文献，以及官私文书，医药、天文文献和诗词、俗讲等。佛教经典中有一些未曾传世的文献。经、史、子、集中，除一部分为罕见的古写本，可用于校勘外，更有不少佚失千年以上的古书。大量的官私档案文书提供了研究中古时期历史、社会生活、风习民俗、寺院经济的第一手资料。其中的《水部式》是迄今所见字数最多的唐式原文。天文历算、医药数术等文献，对科技史研究极有价值。文学作品中，既有中原文人传世佳作的抄作和佚作，还有不曾传世的地方性俗文学作品。除汉文文献外，敦煌遗书中还有藏文、于阗文、突厥文、回鹘文、粟特文、梵文等多种古代文字的文献。敦煌遗书的发现，推进了同中古时期中国和中亚相关的历史学、考古学、语言学、文字学、民族学、宗教学、文学、艺术等多学科的研究，形成了敦煌学的国际性新学科。

**敦刻尔克** Dunkerque 法国北部港口城市。位于加来海峡大区北部省，在比利时边界和加来之间，临加来海峡。人口6.95万(2007)。原为渔村，7世纪后发展为市镇。

敦刻尔克港

1067年首见记载，佛拉芒语意为“沙滩上的教堂”。16～17世纪处于法国、西班牙、英国、荷兰等国冲突的中心。1662年归属法国。1940年5～6月发生**敦刻尔克撤退**。第二次世界大战中城市75%建筑毁于战火，战后重建。工业发达。法国重要钢铁工业中心之一，还有造船、炼油、电器、食品、纺织等部门。法国重要港口。为商港、客运港、渔港和军港。铁路轮渡连接英国多佛尔港，并有铁路、高速公路和运河网与加来、**里尔**以及比利时联结。

**敦刻尔克撤退** Dunkirk，Evacuation from 1940年5月26日至6月4日，英、法军队在德军围攻下从法国**敦刻尔克**港撤往英国的战略退却。5月，德国侵略军向荷兰、比利时、卢森堡和法国发起闪电式进攻，切断法国北部和比利时境内的英、法、比、荷盟军与索姆河以南法军主力的联系。英法军被围困在敦刻尔克附近的狭小地区内，面临被歼灭的危险。26日晚，英国政府下令撤退。英、法、比、荷派出各种舰船共861艘。撤退开始后，德军加强了进攻，并对敦刻尔克和英吉利海峡进行轰炸。英、法军在空军的掩护下，经9昼夜艰苦奋战，33.8万余人撤至英国本土。6月4日德军占领敦刻尔克，4万余名法军被俘。这次成功的撤退保存了英军实力，为尔后对德军进行反攻准备了有利条件。

**钝化** passivation 金属表面由活泼状态变化为不活泼状态（钝态）而使它不易被腐蚀的过程。若由于金属与介质的自发相互作用而引起，称为化学钝化或自钝化；若由于金属通过**阳极氧化**引起，称为阳极钝化。这两类钝化都使金属的**电极电势**升高。另有一类钝化并不引起电势升高（例如在硫酸中金属铅由于表面覆盖盐层使腐蚀速率降低而铅的电势不变），称为机械钝化。大量金属和合金的耐蚀性是靠钝化起作用的。钝化过程中，金属表面形成一层保护性薄膜，称钝化膜。它把金属与溶液隔开，使金属的溶解速率大大降低。钝化膜的成分、结构、机械性质和电性质等决定金属的钝性。大多数的钝化膜是由金属氧化物组成的，有时铬酸盐、磷酸盐、硅酸盐、难溶性硫酸盐和氯化物也可参与构成钝化膜。**缓蚀剂**可以获得不容易被破坏的钝化膜。金属钝性的破坏是它们发生局部腐蚀的最主要原因。介质中的某些侵蚀性阴离子（如氯离子等）常会破坏金属的钝性。

**盾构掘进机** shield machine 一种用于土质和软岩隧道暗挖的全断面隧道掘进机。又称盾构机。利用金属外壳（盾壳）掩护装在其内部的整机及辅助设备进行土质开挖、土渣排运、衬砌拼装等作业，使隧道全断面一次成型。

组成 由三部分组成。①机头。是挖掘土壤的工作间，内部安装挖掘土壤的机械设备和防止土壤坍塌的支撑设备。②环梁。是盾构机的控制间，安装筛选设备、运输设备、挖掘和支撑部分的控制设备，以及土壤的装载设备。③机尾。是进行隧道衬砌的工作间，装有砌块的运输、举重设备，圆形校正设备，机尾把机头部分挖

武汉长江第一隧道施工中使用的盾构掘进机

掘成的土洞用砌块砌成隧洞。

类型 通常可分为以下几种：①按直径$\Phi$（米）大小分为微型（$\Phi$<1）、小型（1≤$\Phi$≤3）、中型（3<$\Phi$≤7）、大型（7<$\Phi$≤10）、特大型（$\Phi$≥10）。②按支撑面稳定性分为开敞式、气压平衡式、土压平衡式、泥水式、泥水加压式。土压平衡式与泥水加压式盾构机都是在盾构中部加一道密封隔板，把盾构开挖面和隧道分开，使隔板后面盾构推进、衬砌拼装都在隧道内常压下工作。

功能和机构 盾构机的种类繁多，但都有共同的基本功能和相应的机构：①切割隧道物质并输送到洞外去的功能和机构。②保护整机的盾壳和随盾壳之后混凝土衬砌功能和机构。③使盾构机沿洞线推进的功能和机构。盾构机的导向常采用激光装置和陀螺仪。

**盾蚧** Diaspididae; armored scale 同翅目盾蚧科昆虫的统称。常被蜡质介壳覆盖，因圆形介壳很似“盾牌”而得名。种类繁多，遍布全世界，已知2400余种。中国已知320余种。

雌成虫常为圆形或长形，个体小；多被盾状介壳覆盖，介壳与虫体分离；腹端具高度硬化的臀板；肢体极退化。雌虫介壳系由管状腺分泌的细长蜡丝彼此黏合而成，而蜡壳又与1龄和2龄幼虫的蜕皮壳相黏合。介壳形状和色彩多样，幼虫蜕皮壳在介壳上的位置也有不同。以上均常作为分类的依据。雄成虫触角丝状，10节。单眼4～6个。大多有翅。交配器狭长。腹部末端常无白色蜡质尾丝。盾蚧寄生于各种乔木、灌木和草本植物，是林业、果树、经济作物和观赏植物的重要害虫类群。

**盾皮鱼类** Placodermi 已绝灭的原始有颌鱼类。作为一支古老的有颌类，在4.3亿年前的志留纪早期就已登上演化的舞台，在泥盆纪的古海洋中曾盛极一时，并且分化出很多支系。其中最为成功的是节甲鱼目和胴甲鱼目〔如沟鳞鱼（*Bothriolepis*），见图〕，在当时的古海洋中占据统治地位。

与无颌类中的甲胄鱼类一样，盾皮鱼类也是戴盔披甲的鱼类。中、小型者居多，头最大的5～6毫米长，最小的只有2～3毫

米长，整条鱼不会超过5厘米长。除少数例外，盾皮鱼类的背腹是扁平的。通常它们的头甲和覆盖身体前部的躯甲以活动的关节相连接。头甲和躯甲是由一些大小不一的膜质骨片按照一定的排列方式组成。身体的后部裸露或者覆盖小而厚的鳞片，尾巴一般情况下是歪型尾。像软骨鱼类一样，它们的眼球长在眼柄上。

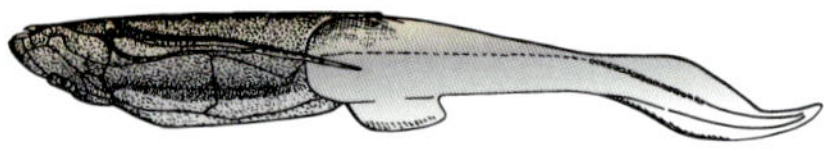

沟鳞鱼复原图

节甲鱼类是朝着快速游泳、进攻型觅食的方向演化，体形也就变得越来越大。其他的盾皮鱼类如胴甲鱼类主要营底栖觅食生活。中国是胴甲鱼类的起源地。

**顿河** Don River 欧洲大河。主要在俄罗斯境内，部分干支流在乌克兰境内。源出中俄罗斯丘陵东麓，曲折东南流，后折向西南，注入亚速海的塔甘罗格湾。长1 870千米，流域面积42.2万平方千米。从源头到索斯纳河口为上游，流经森林草原带较狭窄的不对称河谷后，河床展宽至200～400米。往下至伊洛夫利亚河汇流处为中游，河谷展宽6～7千米，有些地方达30千米，并具有宽广的河漫滩。中游以下，流经草原带，河床大部分为齐姆良水库所占据。大坝以下至河口段为下游河床比降很小，水流缓慢，河谷宽达20～30千米，水深达20米。罗斯托夫以下为顿河三角洲，面积340平方千米。主要支流有霍皮奥尔河、梅德韦季察河、北顿涅茨河等。河水补给主要靠融雪水。以春汛为主，秋冬季为枯期。结冰期4～5个月。沿河有齐姆良水库及水电站、尼古拉耶夫水利枢纽、康斯坦季诺夫及科切托夫水力枢纽。齐姆良大坝建成后水位抬高，并通过伏尔加－顿河运河使干流同伏尔加河相连。主要河港有乔治乌－德治、卡拉奇、伏尔加顿斯克、罗斯托夫和亚速夫等。主产鲈、鳊、鲤、顿河鲱、顿河鳇和闪光鳇等鱼类，尤以下游与河口为多。

顿河风光

**顿悟** sudden enlightenment 佛教术语。佛教内部关于修行方式的主张。顿悟之“顿”有两种意义：一是无需长期修持，一旦把握佛教真理便可即时成佛；一是说必须经历长期的修习磨砺，直到某个时刻触发出顿然之机，一次完整地把握了宇宙实相。顿悟成佛说在印度大乘经典中已时有所见。在中国，南北朝时的道生首先明确表述了这种主张。他的理由是“理不可分”，故只能“以不二之悟，符不分之理”。不二之悟便是顿然领悟。与顿悟说对立的是渐悟说。渐悟，指修行过程必须分为许多阶次，只有长期的甚而累世的努力才能达到证悟成佛。顿悟成佛说在道生当时便多有争论。真正形成剧烈争执并形成宗派对立则是在唐代。禅宗以主张顿悟著称，唐代其他各宗派一般均谈渐修。禅宗内部又有南顿、北渐之说。南宗顿悟说以慧能为代表，北宗神秀则倡渐修。

**多板纲** Polyplacophora 软体动物门中较为原始的一纲。又称有甲纲。分为鳞侧石鳖目、锉石鳖目和毛肤石鳖目3目。世界性分布，全部海产。身体左右对称，一般为椭圆形，背腹扁，背部有外套膜，腹面为肌肉发达的足部。足与外套膜之间为外套腔，外套腔中还有生殖器官和排泄器官的开口。足的前端有口盘。口在口盘上，口腔内有齿舌。肛门在身体后端，与口在同一直线上。

多板纲的贝壳由8块彼此关联，呈覆瓦状排列的壳片组成，这些壳片的大小、形状、花纹和排列方式因种而异，为区分种类的重要特征。通常在贝壳周围有一圈外套膜外露，这一部分称为环带。

大多数生活在正常盐度的海洋中，盐度较低的海区无。以足附着在岩石、珊瑚礁或其他贝壳上。一般草食性，但也有的种类以有孔虫、苔藓虫、蔓足类以及其他小甲壳类为食。雌雄异体。体外受精。卵子在海水中或者在母体的鳃叶中间受精孵化。寿命较长，有的种类可存活8～9年。

**《多宝塔碑》** *Stele of Pagoda Multi-Treasure* 中国唐代记事碑刻。立于唐玄宗天宝十一载（752）四月。原在长安（今西安）千福寺，现存西安碑林博物馆。碑高260.3厘米，宽140厘米。碑额阴文隶书“大唐多宝塔感应碑”，徐浩题；碑阳的碑文全称“大唐西京千福寺多宝佛塔感应碑文”，楷书34行，每行66字，岑勋撰文，颜真卿书丹。碑阴刻“楚金禅师碑”，碑侧有金代人题名题诗。碑文所记为千福寺僧楚金禅师发愿建塔，唐玄宗屡赐钱帛香炉相助及宝塔建成后的法事盛况。此碑为颜真卿44岁所书，属早期风格。书法精谨稳重，结体宽博大度，用笔圆浑沉劲，风格平正肃穆，历来被书家奉为楷书典范。原碑因捶拓过甚，风神已失。现存最早拓本为北宋拓本。

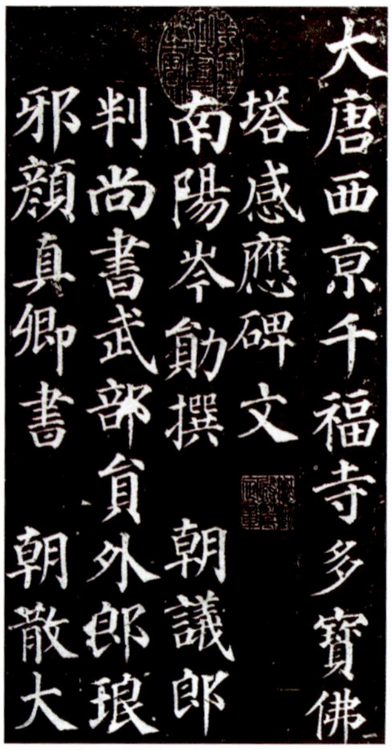


《多宝塔碑》拓片局部

**多边贸易** multilateral trade 3个或3个以上的国家，为使相互间的收支在整体上获得平衡，通过协议在多边结算的基础上所进行的贸易。在多边贸易条件下，一个国家对任何国家的出口都可以用来支付任何国家的进口。贸易收支之间和贸易外收支之间均可互抵，贸易收支和贸易外收支之间也可以互抵，从而形成多边贸易结算体系。在这种情况下，每个国家都可以用对某些国家的出超支付对另一个国家的入超，使各个国家的贸易总额扩大，但进出口仍然平衡。多边贸易的广泛开展，要求货币自由兑换以及放松各种贸易限制。

**多边主义** multilateral doctrine 多个（三个或三个以上）国家依据一定的普遍行为准则，协调相互之间外交关系以及处理国际纠纷和共同面临的国际问题的理念、政策和方式的总和。它以多边外交为基础，协调与合作是其基本特征。与单边主义、孤立主义等相对应。

一般认为，多边主义产生于第一次世界大战结束后的国际联盟和集体安全理论的建立、提出，第二次世界大战后建立的联合国是多边主义的产物和最大的多边主义组织。冷战结束以来，随着经济全球化和信息化的发展，以及国际社会对解决诸如经济发展、环境保护、军备竞赛等问题的需要，多边交往日趋频繁，多边主义更多地作为一种指导性外交理念而兴起和发展。此外，也有一种观点认为，多边主义以多边外交和常设性的多边体制来处理国际政治的历史，起点应是拿破仑战争的结束。1815年维也纳会议形成英国、俄国、奥地利等国家之间协调关系的机制，时称大国协调或欧洲协调。其协调原则是，在多边协商之前欧洲大国不得采取单边行动。

多边主义的普遍行为准则主要体现为国家主权原则，联合国宪章的宗旨、原则，国际法准则等；多边外交形式主要包括国际组织、国际条约、国际会议、多国对话机制、集体安全体系等。多边主义主张国际事务要由世界各国特别是联合国的成员国协商处理，因此成为应对人类共同挑战和解决国际争端的重要手段和途径，并有利于促进国家关系民主化和法制化。对于恐怖主义这一世界性威胁，各国政府应加强多边合作，因而多边主义也是反恐怖主义的重要内容。

**多党制** multi-party system　多党并存且竞相执政的政党制度。在实行多党制的国家，通常由不确定的两个或两个以上的政党结成党派联盟，争取议会多数，组成联合内阁，从而取得执政地位。

多党制起源于法国。1789年法国大革命后，有30多个政治派别在活动，各个政治派别为了争取议会多数上台执政，便结成联盟参加竞选。1875年，法兰西第三共和国宪法通过以后，法国正式确立多党制的政党制度。随着议会制度在欧洲大陆的推行和发展，德国、意大利等国也实行了多党制。多党制兴起于欧洲大陆国家的主要原因是：这些国家的社会结构比较复杂，存在多元的利益、思想、宗教和不同的政治主张，形成了多党纷争的局面；同时，在选举制度上，这些国家普遍采用比例代表制或少数代表制，因而在议会选举中难以形成取得绝对多数议席的大党。党派联盟是多党制下常见的政党参与竞选和执政的形式。

**多动障碍** hyperkinetic disorders　以注意力难于集中、活动过多、冲动任性和学习困难为主要特征的一组儿童行为障碍综合征。又称轻微脑功能障碍或注意缺陷障碍，俗称儿童多动症。

病因　由多方面的因素造成，这些因素可因人而异，也可以一人多因。已发现的有关因素包括：遗传素质、神经递质功能失调、家庭环境不良、教养不当、精神创伤、大脑（特别是额叶）发育暂时延迟等。

临床表现　①注意涣散，极易分心。②活动过多，难于静坐，动个不停。③情绪不稳，冲动任性，缺乏耐性。④大部分儿童学习困难，主要是注意缺陷所致，而非由于智力低下。⑤常伴有品行不良行为，如说谎、逃学、打架等。⑥有轻微和不恒定的神经系统“软性”体征，如共济失调、精细动作较笨拙。部分患儿有非特异性的脑电图异常。

治疗　包括行为疗法、药物疗法、教育等。对患儿除热情关怀、耐心引导外，还可在医生指导下服用某些中枢兴奋药如哌醋甲酯、苯异妥英等，以控制症状，使患儿能专心学习。随着年龄增长，大部分症状会自行消失。

**多多马** Dodoma　坦桑尼亚新首都。位于国境中部高原上，靠近国土几何中心，素有“坦桑尼亚的心脏”之称。东距原首都达累斯萨拉姆约400千米。人口约170万（2002，包括大区）。海拔1 115米。属热带草原气候，干燥而凉爽。平均年降水量584毫米。原为戈戈族人的聚居地。1972年，政府为促进内地经济发展，决定迁都于此。至2008年6月，中央政府部分机构已迁入。但整个迁都计划推迟。新兴的多多马规划、设计新颖，布局合理，建筑风格独特。市中心坐落在一座山坡上，从下到上有7级平台，集中建有政府办公部门、商业中心、影剧院、图书馆等。建筑物一般不超过四层，山坡下建有巨大的独立火炬模型。市区周围建有“城市村庄”，四个村庄组成一组，酷似一朵花上的四个花瓣。全国陆路交通枢纽。是东西向中央铁路和南北向非洲国际公路干线大北公路的交会点。有机场，航线通全国主要城市。正在逐渐成为新的旅游中心城市。

**多铎** Dodo（1614-04-02～1649-04-29）中国清代初期将领。清太祖努尔哈赤第十五子，多尔衮同母弟，八旗满洲正白旗主，时称十王。清太宗皇太极时，屡有战功。崇

德元年（明崇祯九年，1636）四月，封为和硕豫亲王。先后掌管过礼部和兵部。顺治元年（1644），随军入关。十月，南下河南、西进陕西镇压李自成农民军。二年正月，攻入潼关、取西安。二月，移师攻南明，四月陷扬州，五月入南京，俘福王朱由崧，六月占浙江，十月还京师。进封和硕德豫亲王。三年五月，征伐北投喀尔喀蒙古之苏尼特部腾机思、腾机特等，败之。四年七月，册封为辅政叔德豫亲王。六年三月病死。九年三月，因多尔衮案株连，降为多罗郡王。乾隆四十三年（1778）正月，乾隆帝为多尔衮平反的同时，以其战功卓著，追复多铎豫亲王，世袭罔替。

**多恩** Donne, John（1572-01-24至-07-19之间～1631-03-31）　英国诗人。生于伦敦，卒于伦敦。母亲出身天主教名门。4岁丧父。依靠亲戚资助于1584年进入牛津大学，因宗教原因未获学位。1596年、1597年参加远征西班牙加的斯港和亚速尔群岛战役。1598年任女王大臣埃格顿秘书。1615年出任教职。1621年任伦敦圣保罗大教堂教长。

多恩是“玄学派诗歌”的代表人物，他的作品包括爱情诗歌、讽刺诗歌、诗体和散文体书简、宗教诗和布道文等。诗歌节奏有力，语言生动，想象奇特而大胆，这些特点在他的诗集《歌与短歌》中体现得十分明显。

多恩和他开创的玄学诗派在18世纪遭到人们冷落，到了20世纪，现代派诗人W.B.叶芝、T.S.艾略特等都从多恩的诗歌中广泛汲取营养，多恩因而被看成是现代派诗歌的先驱。

**多尔衮** Dorgon（1612-11-17～1650-12-31）　中国清朝入关时的摄政王。清太祖努尔哈赤第十四子，时称九王。天聪二年（1628）以初次从征察哈尔多罗特部有功，赐号墨尔根代青（满语，聪明之意）。此后多次带兵征战，为清太宗皇太极所器重，逐渐跃居于后金军主要统帅之列。崇德元年（1636）封和硕睿亲王。

八年，皇太极病死，多尔衮以镶白、正白两旗势力拥立皇太极年仅6岁的第九子福临为帝，号顺治，由多尔衮与济尔哈朗共同辅政。不久，多尔衮集大权于一身。顺治元年（1644），多尔衮在山海关之战中击败李自成军，迎福临即位北京，正式宣布清对全国实行统治。多尔衮加封为“叔父摄政王”，五年又尊为“皇父摄政王”，以皇帝之尊亲代行皇帝职权，成为清入关初年的实际统治者。多尔衮摄政时期，以

入关前已经建立的政治制度为基础，进一步仿照明制，加强封建专制政权。多尔衮在维护权归满人的同时，对汉族地主阶级、故明官员采取了官仍其职，民复其业，录其贤能，恤其无告的政策。广泛招徕汉族地主，开科取士，网罗人才。同时限制由满族贵族、大臣组成的**议政王大臣会议**的权力，集权于摄政王之手。他还先后派兵西征南下，围歼李自成余部，击败张献忠，打击**南明**政权。多尔衮摄政7年，除西南之云贵等地尚有南明桂王政权及农民军之余部，海上有**郑成功**之抗清活动外，清军已占有全国之大半地区，为清廷建立全国政权打下初步基础。为维护满族贵族利益，多尔衮摄政期间的一部分政策，如**剃发令**、**圈地令**、**逃人法**、易服、授充等项，在一定地区内造成社会的动荡不安。顺治七年冬，多尔衮去世。被追尊为“诚敬义皇帝”。顺治亲政后，被首告“阴谋篡逆”，诏削爵，平毁墓葬，家产籍没。乾隆四十三年（1778），乾隆帝为多尔衮昭雪，恢复其睿亲王封号，世袭罔替，成为清代八家铁帽子王之一。

**多发性骨髓瘤** multiple myeloma 浆细胞异常增生的恶性肿瘤。单克隆恶性浆细胞（即骨髓瘤细胞）的无限制增殖，可产生一种破骨细胞活化因子引起溶骨破坏和骨折；影响骨髓的造血功能，导致贫血和出血；产生大量单克隆免疫球蛋白（Ig），也称M蛋白，而正常Ig明显下降，结果血液黏稠度可增高，并易患感染；Ig轻链自尿中排出（尿本斯－琼斯氏蛋白）及高钙血症等，常导致肾功能损害。本病原因未明，好发于50岁以上的人。自然病程1～2年；但由于化疗等技术的改进，患者的生存期明显延长，少数可达10年以上。本病的特征性检查是：①骨髓中浆细胞增高大于10%，一般大于20%，并可见双核或三核浆细胞。②血清单株Ig异常增高，多发性骨髓瘤常以此分型，以IgG型最常见，IgA型和轻链型次之，IgD型少见，个别为IgE型和不分泌或不产生Ig型。③骨骼X线见骨质破坏、病理性骨折和骨质稀疏等。上面3项中有两项阳性即可诊断。但早期或不典型病例易误诊为肾炎、再生障碍性贫血、肝硬化和骨转移瘤。合理治疗能缓解症状，延长寿命，包括：①支持疗法。预防和治疗并发症十分重要。感染必须及时有效处理。经常维持适当的体力活动，但不宜过分激烈。应维持液体的适当摄入量，使每天尿量多于1 500毫升，防止高钙、高尿酸血症与氮质血症。②化学治疗。为主要疗法，可采用单一烷化剂或联合化疗，③干细胞治疗已卓有成效。

**多发性神经炎** polyneuritis 由感染、中毒、外伤、营养缺乏或代谢障碍等多种原因引起的，同时发生于多数周围神经的病理损害。常表现为肢体对称性的感觉、运动障碍及植物神经功能障碍，四肢远端比近端严重。起病缓慢，神经症状两侧对称，四肢远端症状较近端重，感觉、运动障碍和植物神经症状常同时发生。一般在发病初期先有指（趾）疼痛或麻木，其后出现感觉减退，四肢远端感觉障碍特别明显，呈手套形或袜套形分布，以后感觉障碍向近端扩展。运动障碍则表现为肢的远端对称无力，手拿东西不稳，作精细动作不灵活，行走时足背不能抬起，严重者出现垂腕、垂足。手或下肢出现肌肉萎缩，甚至出现挛缩畸形。肌张力减退，肌腱反射减退或消失。营养障碍表现为肢末端皮肤粗糙、发冷、紫绀、多汗或无汗，或干燥易裂、脱屑，或光滑变薄，也可有色素沉着和指（趾）甲松脆变形。

早期适当治疗多可使神经功能恢复，预后良好。部分病例病程迁延或遗留功能障碍，甚至肢体挛缩畸形。首先应进行病因治疗，积极治疗原发病。各类神经炎均可使用B族维生素、ATP、辅酶A、肌苷、新斯的明、地巴唑等药物。对剧痛者可给予镇痛药和镇静药，多数也可使用血管扩张药或针刺治疗。危重患者应注意预防并发症。注意瘫痪肢体的功能位置和使用支架、夹板等。病情稳定后进行锻炼肢体、按摩、理疗等。

**多方过程** polytropic process 理想气体的状态参量满足$pV^n$=恒量的准静态过程；式中$p$、$V$为气体的压强与体积，$n$是常量，称为多方指数。当$n$分别取0、1、$\gamma$、$\pm\infty$时，相应的过程方程为$p$=恒量、$pV$=恒量、$pV^{\gamma}$=恒量、$V$=恒量，即分别是等压、等温、绝热、等体过程，所以多方过程包括了理想气体的各种等值过程。通常讨论的多方过程是指$n$值在1和$\gamma$之间的过程。其中$\gamma=C_p/C_V$是定压热容与定体热容之比，它介于等温和绝热过程之间。多方过程在热工学中有重要实际意义，在气象学和天体物理学中也有一定实用价值。

**多佛尔海峡** Dover, Strait of 英国、法国之间连接北海和英吉利海峡的海上通道。法语称加来海峡。大致作东北—西南走向，宽30～40千米，中段窄两端宽，最窄处28.8千米。水深35～55米，最深处64米。自古以来，多佛尔海峡是从欧洲大陆进入英伦三岛的便捷海路。近代又成为世界最繁忙的海上航道之一，西北欧十多个国家与世界各地之间的海上航线多从这里通过。海峡两岸工农业发达，交通网稠密。火车和汽车轮渡往来不绝。由于海上多雾，航道狭窄，航运繁忙，船舶碰撞、搁浅和沉没的事故层出不穷。为改善海峡交通拥挤的状况，1994年5月6日，被誉为“世纪工程”的**英吉利海峡隧道**经过6年半施工后，正式竣工通车。

**多哥** Togo 非洲西部国家。南濒几内亚湾，北邻布基纳法索，东、西与贝宁、加纳接界。面积56 785平方千米。人口约660万（2009）。首都**洛美**。主要城市索科德。全国约有41个部族，其中南部的埃维族与米纳族分别占22%与6%，中部的阿克波索族、阿凯布族等共占33%，北部的卡布列族占13%，余为豪萨族等。居民60%信奉拜物教，30%信奉基督教，10%信奉伊斯兰教。埃维语和卡布列语通用范围较广，官方语言为法语。

**地理** 国土狭长，南北长600千米，海岸线长仅53千米。地势中部高南北低。沿海为沙滩、潟湖。南部为宽30～60千米、海拔100米以下黏土台地，土质肥沃。中部多哥－阿塔科拉高地海拔500～700米，地形崎岖，主峰鲍曼峰海拔986米。东部为

海拔300和600米的两级高平原，多穹状岛山。北部芒戈盆地为海拔200米的低平原。西北一角为海拔300米的切割高原。全境处于赤道季风区，盛行西南季风，年平均气温24～27℃，中部山地雨量丰沛，年降水量1 500～1 700毫米，为热带雨林区，其南北年降水量分别为1 000与1 300毫米。沿海因盛行风向与海岸平行，雨量最少。以北纬8°线为界，北部3～10月为雨季，南部3～7月和9～11月为雨季。流经境内河流主要有奥蒂河、莫诺河等。

**历史** 中世纪时期，境内出现若干部落王国。15世纪起葡、英、法殖民者相继侵入沿海。1884年沦为德国殖民地。1920年9月东、西部分别被法、英占领为“委任统治地”，第二次世界大战后改为“托管地”。1957年加纳独立时，西部多哥并入加纳，东部于1956年8月成为法兰西共同体内的自治共和国，1960年4月27日宣告独立，称多哥共和国。1992年9月，全民投票通过第四共和国宪法。2002年12月，议会对限制总统连任等条款进行了修改。宪法规定，多哥实行半总统制。总统为国家元首和军队最高统帅，任期5年，可连选连任。总理出自议会多数派，由总统任命、对议会负责。议会由国民议会和参议院组成，实行两院制。合法政党近70个。主要有多哥人民联盟、变革力量联盟、支持民主与发展联盟、振兴行动委员会等。

**经济** 2009年国内生产总值32亿美元，人均国内生产总值484美元。国家实行自由化经济政策，优先发展农业，积极扶持中小企业。1983年起实行经济结构调整计划。1989年建立洛美保税区。

农产品、磷酸盐和转口贸易是三大经济支柱。棉花、咖啡、可可是主要出口农产品。矿产资源主要为磷酸盐，已探明优质矿储量2.6亿吨，低品位矿约10亿吨；其他矿藏有石灰岩、大理石、铁、锰、铝土、金、金刚石等。为世界四大磷酸盐生产国之一，产品供出口，出口值大于农产品。加工业主要有水泥、啤酒、炼油、纺织、棕榈榨制、制糖、面粉等。

交通运输以公路为主。公路总长12 040千米，有4条公路干线连接邻国。铁路总长575千米，仅洛美—布利塔和洛美—帕利梅共395千米投入营运。主要海港为洛美港，年吞吐能力600万吨。帕利梅港在洛美东32千米。全国有2个国际机场、6个小型机场，埃亚德马·纳辛贝国际机场（原洛美道关国际机场）最大。

实行自由化贸易政策，出口主要为上述农矿产品，进口工业制品、石油产品、车辆、药品、食品等。商业和运输共占国民收入的35%左右，尼日尔、布基纳法索和马里等西非内陆国1/5进口货物由多哥的港口转口。20世纪80年代后旅游业发展迅速。主要名胜和景点有首都洛美市、多哥湖、帕利梅风景区、卡拉市。

**文化** 教育制度分一级（小学）、二级（初中）、三级（高中）和四级（大学）教育。高等学校有洛美大学。官方日报为《多哥新闻报》，多哥通讯社为国家通讯社，洛美广播电台是主要电台，用法、英、德语和民族语言广播。官方电视台为多哥电视台。

**对外关系** 对外奉行中立、不结盟和睦邻友好政策，主张在平等互利、相互尊重主权和领土完整的基础上同所有国家建立友好合作关系。法国是多哥最大援助国和贸易伙伴。已同70多个国家建交，中国与多哥于1972年9月19日建交。

**多管水母属** *Aequorea* 刺胞动物门水螅虫纲软水母亚目多管水母科的一属。全世界约18种，广布于热带、亚热带大陆架海区。是中国最常见的属。具有许多简单辐管，内伞表面无成排胶质乳突。伞径最大者可达17厘米以上。具世代交替，水螅体世代是钟螅型。多管水母在受刺激时，细胞内

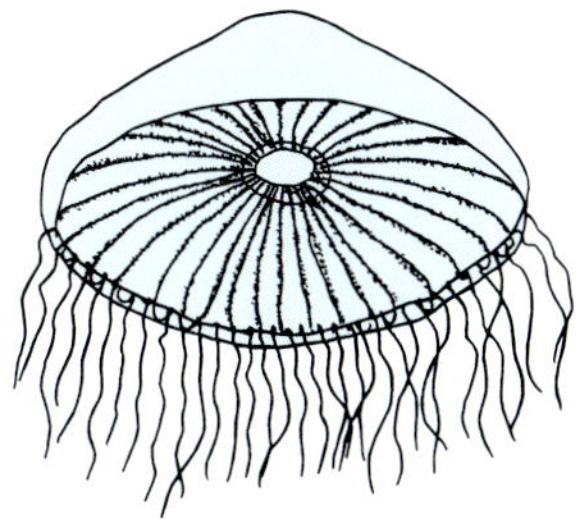
澳洲多管水母

的绿色萤光蛋白与钙离子发生化学变化，散射出一圈美丽的淡蓝色光环。

**多哈** Doha; Ad Dawhah 卡塔尔首都和最大城市，波斯湾港口。位于卡塔尔半岛东岸中部，地势平坦。人口44.6万（2006），约占全国人口（83.8万）的53.22%。长期为波斯湾海盗活动的中心。1916年被英国占领。1971年成为卡塔尔首都。1940年卡塔尔发现石油，1960年后开始大规模开采，多哈得以迅速发展为繁荣的现代化城市，集中了全国大部分天然气液化、石油化工、发电、化肥、食品、水泥、塑料制品、鱼类加工和海水淡化等工业；采珠、渔捞、捕虾等传统产业仍盛。杜汉天然气管道横贯国境至此。1970年建成深水港，水深10米，大型油轮可自由进出。国际机场在城

多哈海滨大道

东南，航班通亚欧各地。沿街遍植阿拉伯胶树和尤加利树；埃米尔王宫、首都大清真寺以及国家博物馆、水族馆等建筑均富有阿拉伯民族风格。

**多菌灵** carbendazim 苯并咪唑类内吸杀菌剂。学名2-苯并咪唑基氨基甲酸甲酯。简称MBC。分子式$C_9H_9N_3O_2$，结构式：

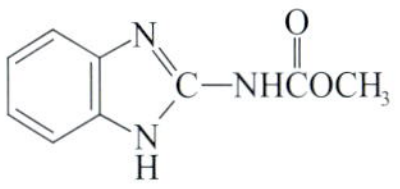

纯品为白色结晶粉末，难溶于水，微溶于丙酮、氯仿，在无机酸溶液中稳定，形成可溶性盐。是广谱性内吸杀菌剂。对植物病害具有防治的作用，对人畜毒性低。多菌灵对子囊菌纲和半知菌纲的许多植物病原菌有效。常用于稻、麦、棉、果树、马铃薯、油菜、花生、甜菜等多种作物的病害防治。根据各种病害的发生和侵入部

位，可采用种子处理、叶面喷雾或土壤处理等法。

**多孔动物门** Porifera 动物界一门。又称海绵动物门。最低等的后生动物之一。分为4纲：钙质海绵纲、寻常海绵纲、六放海绵纲和硬骨海绵纲。约有5 000种，在各海域都有分布，以沿海浅水中最多，有一类群生活在淡水里。多孔动物的外形变化很大，常为块状、树枝状、杯状或漏斗状等。基本构造可以单沟型的毛壶为例。毛壶体形如花瓶，辐射对称，体四周的薄壁围绕着中央的海绵腔（原腔），体壁穿有无数小孔，称入水孔，顶端开口为出水孔。基部的组织将毛壶附着于适合的物体上。

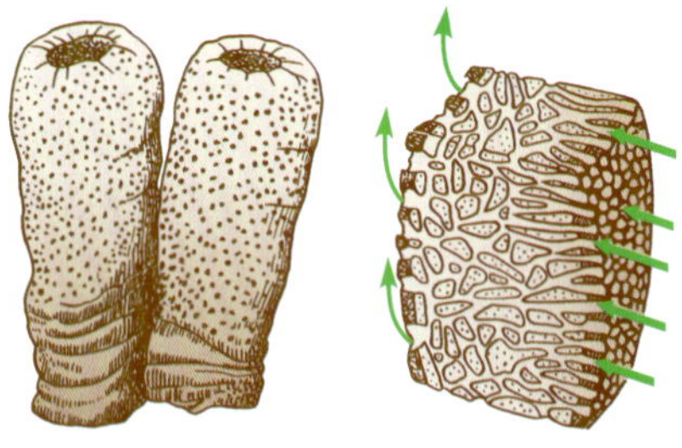

海绵形状和流水孔道

多孔动物的细胞已有初步分化，如扁平细胞、孔细胞、领细胞、变形细胞和生殖细胞等。有一类变形细胞专门分泌制造各种骨针。小骨针常由一个变形细胞分泌形成，大骨针则由几个或许多变形细胞共同分泌形成。根据骨针性质的不同，造骨细胞可分为钙质造骨细胞、硅质造骨细胞和海绵质造骨细胞等。

多孔动物行有性和无性生殖，雌雄同体，雌性和雄性细胞往往不同时成熟。有性生殖为卵，在体内受精并进行卵裂。无性生殖常以出芽和芽球进行。

**多列士** Thorez, Maurice（1900-04-28～1964-07-11） 法国共产党总书记（1930～1964），国际共产主义运动活动家。生于法国加来海峡省诺埃尔一矿工家庭，卒于赴雅尔塔航行途中。当过矿工和船夫。1919年3月加入法国社会党。1920年12月法国共产党成立时加入法共。1928年当选法国国民议会议员，后多次当选。同年在共产国际第6次代表大会上当选为执行委员会委员。1930年7月起担任法共中央总书记，直至1964年。1931年被选为共产国际执行委员会主席团委员。

1933年2月，多列士提出建立社会党人、共产党人、共和派、民主派的广泛统一战线，以反对法西斯威胁。1935年多列士又提出建立人民阵线的主张。1935年7月14日，法共同社会党、激进社会党等69个党派的1万名代表在巴黎举行集会，宣布建立人民阵线。

1939年9月法对德宣战，多列士应征入伍。10月从部队逃亡国外。先到比利时，1940年到苏联，被法国政府缺席判处6年徒刑。1941年开始，常在莫斯科电台向法国作抗战广播演说。1944年11月，得到C.戴高乐特赦，从莫斯科回国。1945～1947年历任国务部长、副总理等职。1946年曾提出法国走向社会主义的道路可能与俄国不同。1947年5月，他被排挤出政府。

**多硫化物** polysulfide 含多硫离子$S_x^{2-}$的化合物。单质硫溶解在$M_2S$或MHS（M代表碱金属）溶液中或硫和固态硫化物共熔反应，均可生成多硫化物。碱金属多硫化物为黄色到棕红色，可溶于水，化学式可表示为$M_2S_x$，$x$为2、3、4、5、6甚至9。碱土金属也能生成多硫化物，常见的组成为$MS_4$。这类多硫化物中硫与金属原子间是离子键，硫原子之间是共价键。多硫离子为链状结构。可溶性硫化物在空气中放置日久，因为部分$S^{2-}$被氧化成S，S又与$S^{2-}$结合成$S_x^{2-}$，$x$值增大，颜色由无色变为黄色乃至红色，$S_x^{2-}$有弱氧化性，可氧化某些硫化物。因$H_2S_x$的酸性随$x$值加大而增强，所以$S_x^{2-}$水解显著弱于$S^{2-}$，但与酸反应析出硫。$Na_2S_x$和$(NH_4)_2S_x$除用作分析试剂外，$Na_2S_x$还可用于制造聚硫橡胶和硫化染料，$(NH_4)_2S_x$还可用作杀虫剂。$CaS_4$是农药石灰硫磺合剂的主要成分。

**多路通信** multiplex communication 用一条公共信道建立两条或多条独立传输信道的通信方式。采用这种公共信道的通信系统称为多路通信系统。多路通信系统中，信道的发、收信端都加上了多路复用终端设备。在发信终端从若干个端口输入互不相关的各路信号，经适当的变换处理后再合并送入信道。在收信终端则将合成信号还原成彼此不相干扰的各路信号，再由不同的端口输出。使各路信号具有不同的频率参量的称为频分多路通信系统，具有不同的时间参量的称为时分多路通信系统，而将各路信号变成由不同的码型结构序列所组成的多路通信系统称为码分多路通信系统。

**多氯联苯** polychlorinated biphenyl; PCB 联苯苯环上的氢原子被氯所取代的化合物的总称。根据取代氯原子的数目和位置不同，多氯联苯共有10组209个同系物。

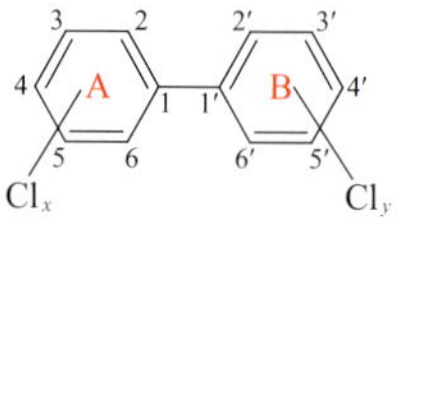


低氯代的多氯联苯为无色油状液体，随着氯原子数目的增加，五、六氯代的多氯联苯呈黏稠状，更高的氯化物则为树脂状。多氯联苯具有良好的化学惰性、抗热性、不可燃性、低蒸气压和绝缘性。基本不溶于水，但溶于多数有机溶剂，有很高的亲脂性。在环境中很难降解，具有很高的持久性，可以通过食物链被生物高度富集。工业上用的多氯联苯是以联苯为原料，在金属催化作用下，高温氯化而生成。因氯含量的不同而生产出规格不同的产品。产品的泄漏和处理不善是造成多氯联苯污染的主要污染源，另一个重要来源为城市固体废弃物焚烧处理时的不完全燃烧。多氯联苯具有和二噁英相似的毒性症状和机理，中毒症状包括体重减轻、胸腺萎缩、免疫系统受损、肝脏损伤、痤疮及皮肤病变。多氯联苯在环境中广泛存在，是一类典型的无处不在的全球污染物，也是最受关注的剧毒污染物之一。多氯联苯曾广泛应用为变压器和电容器内的绝缘介质、热交换剂、润滑剂、增塑剂等。20世纪70年代以来陆续停产。目前国际上基本上停止了多氯联苯的生产和使用。

**多伦多** Toronto 加拿大第一大城，安大略省首府。位于安大略湖西北岸。市区面积629.9平方千米，人口250.33万（2006）；包括北约克、斯卡伯勒等市镇的大都市区面积5 902.7平方千米，人口511.32万（2006）。

中心城市建在湖滨平原上，平均海拔104米。唐河和亨伯河分别流经市区东部和西部，谷宽河窄，向南注入安大略湖。气候冬寒夏暖；平均年降水量810毫米，冬季多雪。

图1 多伦多街景

图2 安大略省议会大厦

1750年法国人在此始建贸易站和要塞，它地处连接休伦湖和安大略湖的陆路捷径上，名称多伦多，在当地休伦族印第安人语中意为“相会之地”。1787年英国购置了这片湖滨土地，于1793年在唐河河口附近建立约克镇，并定为上加拿大首府。1834年设市，恢复旧名多伦多。19世纪50年代铁路通达，加拿大中西部的开发促进了城市经济的发展。1867年成为安大略省首府。第二次世界大战后，制造业迅速发展，铁路、公路等运输条件进一步改善，1959年圣劳伦斯河深水航道开辟后，逐步奠定了作为全国首要工商业、金融和交通运输中心的地位。1971年取代蒙特利尔成为全国最大城市。

工业产值约占全国的1/5，部门多样，主要有汽车制造、机械、电信设备、飞机零部件、金属制品、化工、造纸、印刷、食品等。以计算机软件、信息技术和生物技术为主的高科技产业发展较快。金融、商贸、旅游等各类服务业发达，自20世纪80年代以来已成为城市经济的主体，工业的地位相对下降。市内银行、信托公司、保险公司、证券交易所等金融机构众多，多伦多证券交易所名列全国第一、北美第二。商业繁盛。水陆空交通均发达。天然湖港设施优良，与五大湖沿岸诸港航运畅通，经圣劳伦斯河深水航道通大西洋。有多条铁路和公路往北与横贯大陆的铁路、公路干线相接，向南经温莎通连美国。城西皮尔森国际机场是加拿大最繁忙的航空港。

市中心位于湖滨以北，街道呈格状布局，花园绿地遍布。耸立湖滨高达553.34米的加拿大国家电视塔是城市的象征。其他标志性建筑有由两幢半圆形大楼组成的市政厅、72层高290米的加拿大第一大楼，以及全国最大的皇家约克旅馆、豪华的皇家银行广场等。市内还保留不少19世纪的著名建筑，如约克堡、老市政厅、圣劳伦斯厅、省议会大厦等。多伦多是加拿大华人最多的城市，地处市中心的中国城颇具规模。

加拿大主要文化中心。**多伦多大学**(1827)是全国最大的综合性高等学府，还有约克大学(1959)、赖尔森工业大学(1948)、安大略美术学院(1876)等。有皇家安大略博物馆、安大略科学中心等众多文化设施，以及多伦多交响乐团、加拿大国家芭蕾舞团、加拿大歌剧团等世界级艺术团体。全国最大的索瑟姆和汤姆森两家报业集团总部设于此。多伦多岛西侧的展览公园，自1879年以来，每年8月举行加拿大国家博览会，是世界上规模最大的定期博览会之一。1986年多伦多与中国重庆市结成友好城市。

**多伦多大学** University of Toronto 加拿大安大略省省立高等学校。校址在多伦多市。创建于1827年。经过170多年的发展，已经成为加拿大规模最大的现代化综合性大学。设有文理、应用科学与工程、建筑和环境美化、医学、森林、法律、音乐、教育、图书馆与信息学、行政管理、体育、保健等十多个学部，共400多项教学计划(专业)、近百个学科、数千门课程。毕业生中有多人获诺贝尔奖。

**多伦会盟** Duolun Conference 中国清朝康熙帝为加强北方边防和对喀尔喀蒙古的管理，于康熙三十年(1691)在多伦诺尔(今多伦)与蒙古各部贵族进行的会盟。康熙二十七年，准噶尔部首领噶尔丹进攻喀尔喀蒙古，喀尔喀三部10万众南下投清。康熙帝为安置喀尔喀蒙古，并加强对其管理，遂决定于多伦举行会盟。三十年五月二日，康熙帝于御营殿帐依次召见内蒙古、外蒙古王公贵族，并赐宴。次日，召集土谢图汗察珲多尔济、哲布尊丹巴等35名喀尔喀三部贵族会盟。主要内容为：①规定喀尔喀蒙古须遵行清朝的法令。②令土谢图汗察珲多尔济等具疏请罪，以结束喀尔喀蒙古内部纷争；③废除喀尔喀三部旧有济农、诺颜等名号，留汗号，依次授以汗、亲王、郡王、贝勒、贝子、镇国公、辅国公、台吉等爵位。④依49旗例编旗，分左中右三路，设盟，实行**盟旗制度**。此次会盟改善了喀尔喀蒙古各部与清朝的关系，并使清王朝对漠北地区的管辖得到加强。

**多马克** Domagk, Gerhard Johannes Paul (1895-10-30～1964-04-24) 德国病理学家、细菌学家。生于勃兰登堡瓦古夫(今属波兰)，卒于布格贝格。1921年获基尔大学医学博士学位后，相继在格赖夫斯瓦尔德及明斯特大学讲授病理学。1927年任拜耳公司(染料工业托拉斯)实验病理学及细菌学实验室主任。1932年多马克的同事合成皮革染料百浪多息红，多马克发现该染料能控制链球菌感染。1935年他公开其发现，对药效作了严谨的论证。1936年巴斯德研究所人员证明，百浪多息的抗菌作用来自其分解产物磺酰胺，这导致大量磺胺药的合成。1939年因发现磺胺类药百浪多息的抗菌作用，获得诺贝尔生理学或医学奖，因纳粹阻拦，直到1947年才领到奖章。1946年又与同事发现氨硫脲的抗结核作用；后又曾研究癌瘤的化学治疗，但未获成效。

**多毛** hirsutism 人体上毛发过多的现象。多毛的部位主要在面部、上唇、下颌、乳头旁、脐下、腹中线和四肢，阴毛增多扩展到大腿根部、肛门周围。毛囊数量并不增加，只是部分毛发生长速度加快，颜色加深。产生原因是雄激素水平升高或毛囊部受体对雄激素敏感。多毛受人种的影响，如欧洲人比亚洲人多毛，多毛的女性常有男性化的特征。

毛发过多有碍美观时可采用性激素(如雌激素、肾上腺皮质激素)治疗，以抑制雄激素的作用，抑制毛发的新生。已经出现的过多的毛可以剃除或用脱毛剂除去。

**多梅尼科(皮亚琴察的)** Domenico da Piacenza (1390～1470) 意大利舞蹈表演家、教育家和理论家。又称弗拉拉的多梅尼科。生于意大利皮亚琴察，卒于弗拉拉。据史料记载，多梅尼科曾为弗拉拉的宫廷编排和表演舞蹈。1460年前后用手抄本的形式，将舞步和舞论汇编成书《跳跃和旋转的艺术——舞蹈手册》。这是迄今发现最早的舞蹈专著，藏于巴黎国家图书馆。此书以地面调度图的方式记录了18种混合节奏的民间舞和4种6/8节奏的宫廷低步舞的舞步，分析舞者必备的品质。文中对在舞蹈中使用哑剧手段的描述，成为芭蕾舞剧问世的先兆。

**多媒体技术** multimedia technology 交互式综合处理文本、图形、图像、声音、动画、视频等多种不同类型媒体信息的技术。具有这些特性的计算机是多媒体计算机，具有这些功能的通信系统是多媒体通信系统，能够有效地储存、管理、检索多媒体信息的数据库系统是多媒体数据库系统。多媒体技术有三种重要特性：信息媒体的多样性，多种媒体的集成性(即综合性)，内

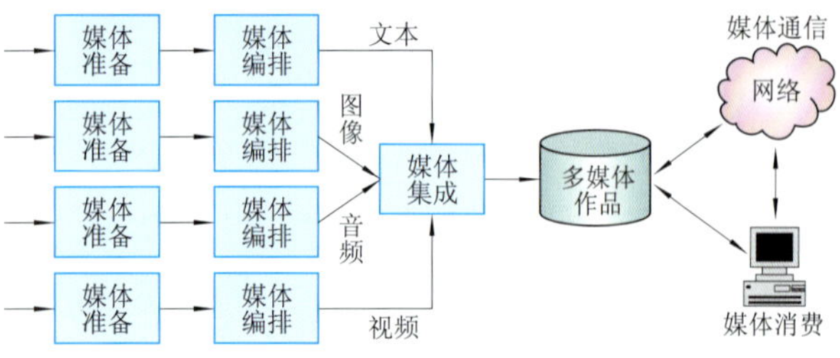

多媒体信息处理过程

容展现过程中的交互性。多媒体技术是围绕着多媒体作品（又称多媒体文档）展开的。数字影片、动画、**计算机辅助教学**课件、远程教学的直播场景等都是多媒体作品。多媒体信息处理的过程称为媒体食物链（见图）。

①媒体准备。由多媒体获取设备及相关软件完成，例如文字输入、图形绘制、图像获取、声音录制、视频拍摄等，并将媒体数字化或人工创建数字媒体。

②媒体编排。对各个单媒体进行编辑和处理，修改组成对象（如字符、语句、视频帧）及其属性（如文字的字体、语句的速度和图像的颜色等）。

③媒体集成。把数字媒体对象相互关联构成一部多媒体作品，用于媒体集成的软件是多媒体著作工具。

④媒体通信。在网络上传递、分发和交换多媒体作品，为最终用户提供远程的多媒体信息服务（例如视频会议、协同工作、**电子邮件**、信息检索等）。

⑤媒体消费。即多媒体作品的应用，有单机应用（本地应用）和网络应用（分布式应用）两种方式。单机应用有计算机辅助教学课件、电子游戏、各种光盘电子出版物等。网络应用是多媒体应用的主流，分为两大类型：第一种是面向人与人通信的方式，如IP电话、实时远程教学、视频会议、网上电子游戏、多媒体电子邮件、计算机支持的协同工作等。第二种是面向人与系统通信的方式，如**万维网**信息检索、网上购物、视频点播等。

**多媒体通信** multimedia communication 多媒体技术与电话、广播、电视、**卫星通信**、**因特网**等传统通信技术相结合产生的一种新兴交叉技术。多媒体通信根据应用分为交互型业务和分配型业务。交互型业务是互相收发信息进行通信的业务，如可视电话、电视会议、电子邮件、视频检索等。分配型业务是从信息中心分配信息的业务，如广播音乐、有线电视以及视频点播等。

**多米尼加** Dominican Republic 拉丁美洲国家。位于加勒比海大安的列斯群岛伊斯帕尼奥拉岛东半部。东隔莫纳海峡与波多黎各相望，西邻海地，南临加勒比海，北濒大西洋。面积48 734平方千米。人口965万（2009）。居民中黑白混血种人和印欧混血种人约占73%，白人约占16%，黑人约占11%。90%以上的居民信奉天主教，少数人信奉基督教和犹太教。官方语言为西班牙语。首都**圣多明各**。

境内多山，呈东南—西北走向，中部、北部和东部3条山脉横贯全境。中部的杜阿尔特峰海拔3 175米，为加勒比地区最高峰。中北部的锡瓦奥谷地土地肥沃，为全国富庶地区。西部是大片沙漠。海岸线长1 350千米。主要河流有北亚克河、南亚克河、尤约河，西南部的恩里基约湖是咸水湖，为第一大湖。地处热带，北部、东部属热带雨林气候，西南部属热带草原气候。平均温度25℃。年降水量1 500～2 500毫米。

矿产资源较丰富，主要有金、银、镍、铁、铝土、铜、煤、琥珀、岩盐、石灰岩、花岗岩、大理石等。褐煤是重要的燃料，石油资源匮乏，能源供应主要靠进口。森林资源较为缺乏。水力资源缺乏，但水产资源丰富，有海龟、小牡蛎等。

早期居民是印第安人。1492年C.哥伦布首航到达伊斯帕尼奥拉岛。1496年西班牙人在岛上建立圣多明各城。1821年推翻西班牙统治，宣告独立，翌年被海地归并。1844年2月脱离海地，建立独立的多米尼加共和国。此后一度又为西班牙重占。19世纪60年代起，美国势力渗入。20世纪早期曾沦为美国保护国并一度为美国军事占领。

圣多明各市内的哥伦布塑像

多米尼加为总统制国家，设总统和副总统。总统由普选产生，任期4年，可连选连任。总统是国家元首、政府首脑、武装部队最高统帅。议会分参、众两院。主要政党有多米尼加基督教社会改革党、多米尼加解放党和多米尼加革命党。

经济以传统农业、农产品加工为主。近年来，经济逐渐多元化，保持较快增长。2009年国内生产总值为467.11亿美元。货币名称比索。农业以种植甘蔗、烟草、咖啡、可可为主。工业以烟草加工、制糖、化肥、水泥、矿业为主。旅游业和“客户工业”是新兴的重要经济部门。旅游业是创汇最多的部门。主要名胜有杜阿尔特峰、恩里基约湖、拉斐尔·莫斯科索国家生态园、国家生态园等。交通运输以公路为主。港口有圣多明各港、拉罗马纳港和普拉塔港。多米尼加航空公司和美洲航空公司经营通往美国、南美、西欧各国的航线。主要进口石油、燃料、食品、机电产品和化工原料；主要出口蔗糖、可可、咖啡、烟草、服装、金、银、锡、镍等。主要贸易对象是美国、欧盟、日本、委内瑞拉、墨西哥等国。出口商品80%输往美国。

对6～15岁儿童实行义务教育。主要大学有圣多明各自治大学。有出版社15家，主要报刊有《利斯汀日报》、《加勒比报》和《国民报》。国家广播电视台为主要电视台。另有安第斯电视台、彩色屏幕电视台等6家电视台。全国有私营商业电台170家。

多米尼加与美国关系密切，对美国经济依赖较深。同拉美和加勒比地区国家保持友好关系，支持拉美一体化运动，注重在加勒比地区发挥更大作用。是里约集团、加勒比国家联盟、美洲国家组织的成员国。

截至2008年，已与124个国家有外交关系。与中国无外交关系。

**多米尼克** Dominica 加勒比海岛国。位于小安的列斯群岛中向风群岛北部。南与马提尼克相望，北隔多米尼克海峡与瓜德罗普为邻。面积751平方千米。人口约7万(2006)。居民主要为黑人和黑白混血种人。多数居民信奉天主教。官方语言为英语，一部分人讲法语。首都罗索。热带海洋性气候，年平均气温25～32℃，平均年降水量2 500毫米以上。

原为印第安人居住地。1493年C.哥伦布到达该岛。17世纪以来被法、英激烈争夺。1763年，根据英法签订的《巴黎条约》，该岛划归英国。此后法国又两次攻占该岛。1805年英向法付出赎金后，正式统治该岛。1882～1956年为英属背风群岛联邦成员。1967年获得内部自治。1978年11月3日获得独立。为英联邦成员国。总统是国家元首，由议会选举产生，任期5年，不得超

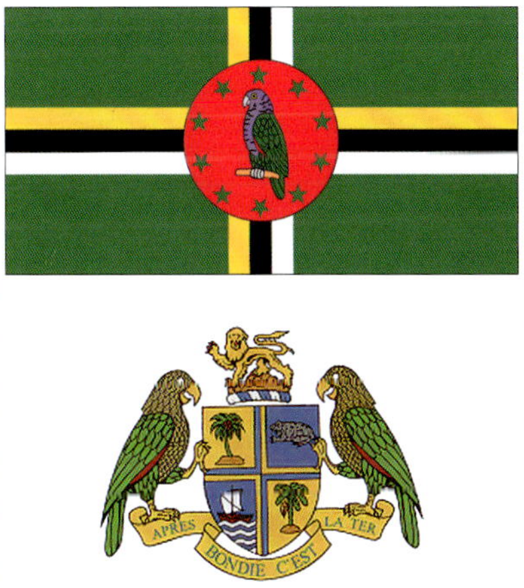


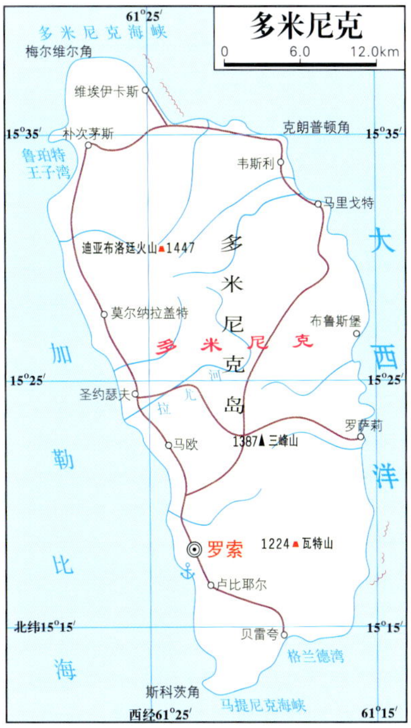

多米尼克浮石

过两任。议会为一院制。主要政党有多米尼克工党、多米尼克自由党和多米尼克统一工人党等。

是加勒比海地区贫穷国家之一。经济以农业为主。2008年国内生产总值3亿美元。货币名称东加勒比元。主要农产品有香蕉、椰子、柑橘、可可等。有家畜饲养和小规模的渔业。工业基础薄弱，仅有小型水果加工、服装、卷烟、酿酒、肥皂、榨油等轻工业。唯一的矿产资源是浮石，已进行商业性开采。政府正积极吸收外资发展旅游业。主要进口食品、日用品等，主要出口香蕉、果汁和其他水果等。主要贸易对象为英国、美国、加拿大、日本和加勒比共同体国家。无铁路，公路总长约1 200千米。罗索是最大港口，梅尔维尔机场为主要机场。

对5～15岁儿童实行免费义务教育。有《新纪事报》、《热带星报》，均为周报。有国营多米尼克广播公司，用英、法语播音。有两家电视台。与英国有着传统的密切关系，与法国、美国的关系也较好。与52个国家建立了外交关系。2004年3月23日同中国建立大使级外交关系。

**多米诺骨牌** dominoes 一种游戏用具。用木、骨或象牙制成，为小长方块，比麻将牌略长。一副牌共28张，每张的正面有一直线或凸纹，将骨牌分成两个方区，每一方区用点数标出号码：6—6（双6），6—5，6—4，6—3，6—2，6—1，6—0，5—5，5—4，5—3，5—2，5—1，5—0，4—4，4—3，4—2，4-1，4—0，3—3，3—2，3—1，3—0，2—2，2—1，2—0，1—1，1—0，0—0。现代多米诺骨牌的玩法种类繁多，但其游戏原理大致相同，即把尾数相同或相对的牌配在一起，基本形式为2人或4人对局，开局时将骨牌翻成面朝下洗牌。摆好后各家抽牌，所抽牌点数最高者为领局。开局后各家轮流抽牌，一般每家为7张牌，余下的牌为剩牌。领局者先出，一般均出最高点牌。有时规定一家在出对牌后，还可以再出一张点数相同的牌。例如领局首先出双6的牌，顺时针轮转下一家则要出一张尾数带6的牌。再下一家出牌必须和上家的牌尾数相配。出牌时，对牌（两方区内点数相同）横着放置，其余牌尾对尾放置。如下一家的牌不能对应上一家出牌的尾数则叫“过”(pass)，一家将手中牌全部打完则呼“多米诺”，胜一盘。

也有人将多米诺骨牌成等距竖立排列，玩推骨牌的游戏，并争创吉尼斯世界纪录。方法是运用数量巨大的彩色多米诺骨牌，经过精心设计，排成各种图形，并使排列达到只要推倒第一张骨牌，其他牌会依次倒下，场面十分壮观。另外还有人用多米诺骨牌直立着单块往上堆垛。从多米诺骨牌游戏又引申出多米诺现象这一概念，以借喻一种连锁反应现象。

**多明戈** Domingo, Placido (1941-01-21～ ) 西班牙男高音歌唱家。生于马德里。1950年随父到墨西哥，初学钢琴、指挥，后转学歌唱，就读于墨西哥城音乐学院。1960年首次登台，扮演《茶花女》中的阿尔弗雷多。1962～1965年受聘于以色列国家歌剧院，共演出12部歌剧。1966年后，曾在纽约、米兰、伦敦、汉堡、巴黎等世界

著名歌剧院献艺，成为各著名剧院争聘的男高音之一。他擅长《乡村骑士》中的图里杜和《丑角》中的卡尼奥等抒情斯宾托角色。嗓音宽厚，他的乐感、智慧、表现力和音乐修养使他的声音不同于一般男高音。

**多明我会** Dominican Order 天主教托钵修会。又译多米尼克会，又称布道兄弟会。其会士戴黑色风帽，故被称为黑衣修士。1215年由西班牙人多明我（又译圣多米尼克）创立于法国图卢兹，1217年获教皇洪诺留三世批准。以布道为宗旨，注重劝化异教徒和驳斥异端，会规与方济各会和奥斯定会相近，也有为修女设立的“第二会”以及为在家教徒设立的“第三会”。主要在中上层人士中传教，曾广为传播圣母马利亚《玫瑰经》；又曾主持异端裁判所，执掌教会法庭和教徒诉讼事宜。该会重视学术和教育活动，曾产生大阿尔伯特、托马斯·阿奎那（又称圣多马）和M.J.爱克哈特等著名哲学家和神学家。17世纪后来华传教。

**多目标规划** multiple objective programming 数学规划的一个分支。研究多于一个目标函数在给定区域上的最优化。又称多目标数学规划。通常记为VMP。在很多实际问题中，例如经济、管理、军事、科学和工程设计等领域，衡量一个方案的好坏往往难以用一个指标来判断，而需要

用多个目标来比较，而这些目标有时不甚协调，甚至是矛盾的。因此有许多学者致力于这方面的研究。1896年法国经济学家V.帕雷托最早研究不可比较目标的优化问题，之后，J.冯·诺伊曼、H.W.库恩、A.W.塔克尔、A.M.日夫里翁等数学家进行了深入的探讨，但是尚未有一个完全令人满意的定义。求解多目标规划的方法大体上有以下几种：一种是化多为少法，即把多目标化为比较容易求解的单目标或双目标，如主要目标法、线性加权法、理想点法等；另一种叫分层序列法，即把目标按其重要性给出一个序列，每次都在前一目标最优解集内求下一个目标最优解，直到求出共同的最优解。对多目标的线性规划除以上方法外还可以适当修正单纯形法来求解；还有一种称为层次分析法，是由美国运筹学家T.L.沙旦于70年代提出的，这是一种定性与定量相结合的多目标决策与分析方法，对于目标结构复杂且缺乏必要的数据的情况更为实用。

**多纳太罗** Donatello（约1386～1466-12-13） 意大利文艺复兴时期雕塑家。生于佛罗伦萨，卒于佛罗伦萨。1404～1407年，他曾协助L.吉贝尔蒂制作洗礼堂的青铜门，后又随F.布鲁内莱斯基至罗马实地观摩、学习古典雕塑。

多纳太罗第一件成熟的作品是《圣马可像》(1411～1413)。继之的杰作《圣乔治像》(1415～1417)中，眼珠晶体非常深刻地传达专注的眼神，这在文艺复兴雕塑中属首创。此外，这座雕像的基座浮雕还首次尝试以透视法刻画背景，比绘画上使用的透视法约早10年。1440年前后制作的《大卫》青铜雕像是文艺复兴时期第一件全身裸体的人像，他充分吸收了古典雕刻风格，表现了对人体结构的透彻掌握。多纳太罗晚年的最重要作品是1447～1453年间完成的《加塔梅拉塔骑马像》。他的雕塑艺术对

《加塔梅拉塔骑马像》

文艺复兴美术的发展影响很大，其后的15世纪佛罗伦萨雕塑家大多师法其风格。

**多瑙河** Danube River 欧洲第二长河。源出德国西南部黑林山东麓，向东流经奥地利、斯洛伐克、匈牙利、克罗地亚、塞尔维亚、保加利亚、罗马尼亚、乌克兰9个国家，在罗马尼亚苏利纳附近注入黑海，是世界上干流流经国家最多的国际河流。全长2 850千米，流域面积81.7万平方千米。

从河源到匈牙利门峡（西喀尔巴阡山脉和奥地利阿尔卑斯山脉之间）为上游，长966千米。上源布雷格河和布里加赫河汇流于多瑙埃兴根，沿施瓦本山、弗兰克山南翼和巴伐利亚高原北缘向东北流，经雷根斯堡后折向东南，进入奥地利，流过波希米亚林山，经维也纳盆地后达匈牙利门峡。上游河床坡度大，流速较快，水位季节变化显著，支流有雷根河、伊萨尔河、因河。

从匈牙利门峡到铁门峡为中游，长约900多千米。河面展宽达1.6千米，河床坡度平缓，流速减慢，水流被分成多条汊道。从科莫尔诺东流经瓦茨折向南流，进入匈牙利平原，河谷宽广，地势低平，河床淤浅。南流入克罗地亚、塞尔维亚，先后接纳德拉瓦河、蒂萨河、萨瓦河三大支流，使干流水量猛增一倍半，达5 835米$^3$/秒。含沙量也大增，春季积雪融化，水位最高，流量最大；冬季水位最低。在贝尔格莱德附近折向东流，至铁门峡河流最狭处，宽仅100米，水流湍急。

铁门峡以下为下游，左岸为罗马尼亚的瓦拉几亚平原，右岸为保加利亚的多瑙河平原；河谷宽浅，比降小，流速缓，河道中有沙岛群。东流至切尔纳沃德转向北流，至加拉茨折向东流，有支流普鲁特河注入。在距黑海80千米的图尔恰附近进入三角洲，干流分3支入海。河口年平均流量6 430米$^3$/秒，年平均注入黑海水量2 030亿立方米。河口形成三角洲，面积4 300平方千米，每年不断向海伸展。为世界最大的芦苇产区。

多瑙河是中欧和东南欧重要国际航道，从乌尔姆以下可通航2 600千米。1992年莱茵河－美因河－多瑙河运河建成，把多瑙河和莱茵河两大水系连接起来，沟通了北海和黑海之间的内河航道。水力资源蕴藏丰富，干流上建有多座水力发电站，著名的有铁门水电站、加布奇科伏水电站等。主要河港有雷根斯堡（德国）、林茨和维也纳、布拉迪斯拉发、布达佩斯（匈牙利）、诺维萨德和贝尔格莱德（塞尔维亚）、鲁塞（保加利亚）、布勒伊拉和加拉茨（罗马尼亚）、伊兹梅尔（乌克兰）。

**多尼采蒂** Donizetti, Gaetano（1797-11-29～1848-04-08） 意大利作曲家。生于贝

加莫，卒于贝加莫。1811年入博洛尼亚音乐学院。1817年与威尼斯一家歌剧团签约。1822年受聘于那不勒斯新剧院，1835年任那不勒斯皇家音乐学院教授，两年后任院长。1838年移居巴黎，1847年回到故乡。他的作品约有歌剧75部，还有弥撒曲、康塔塔、弦乐四重奏、管弦乐等。他的歌剧体裁多样，如音乐滑稽剧《夜剧》，社会心理传奇剧《夏莫尼的林达》，意大利喜歌剧《爱情的灵丹》、《唐帕斯卡莱》，带对白的法国喜歌剧《军中女郎》、《里塔》，浪漫主义历史英雄歌剧《玛丽亚·斯图亚特》、《马林诺·法里埃罗》，抒情戏剧歌剧《拉美莫尔的露契亚》、《燮人》，悲剧传奇剧《吕克莱斯·波尔吉》、《安娜·博莱娜》等，都各具特色。他是意大利浪漫主义歌剧乐派的代表人物，与G.罗西尼、V.贝利尼被称为美声学派三巨头。他善于写优雅悦耳的曲调，许多歌剧演员都喜爱他的作品。

**多诺索** Donoso, José（1924-10-05～1996-12-07） 智利小说家。生于圣地亚哥，卒于圣地亚哥。圣地亚哥师范大学毕业后赴美留学。1954年发表短篇小说集《中国女人》，从此进入“五十年一代”作家群。长篇小说《加冕礼》(1957)以深刻的内涵及新奇的写作技巧得到好评。反映资产阶级颓败的巨著《淫秽的夜鸟》，历时8年，于1970年发表。其间，又写了中篇小说《这个星期天》(1966)和《没有界限的地方》(1967)，后者被认为是一部超现实主义作品。其他主要作品还有短篇小说集《消夏及其他故事》(1955)、《资产阶级的三个小故事》(1973)，长篇小说《别墅》(1978)、《失望》(1986)、《大象将死之处》(1995)、《对我家族往事的猜测》(1996)、遗作《莫却》(1997)和文学回忆录《“文学爆炸”亲历记》(1972)等。

**多普勒效应** Doppler effect 波源与观察者(接收器)间有相对运动时，观测到的波频率与波源发出的波频率不同的现象。也称多普勒频移。1842年由奥地利物理学家J.C.多普勒发现。关于多普勒效应理论有两种：

①经典的多普勒效应。以经典理论处理多普勒效应问题，适用于以弹性介质为媒体的普通机械波。设介质静止不动，波源频率为$f_0$，波在介质中的传播速度为$v$，若波源和接收器分别以速度$u_1$和$u_2$沿

两者的连线运动，则接收到的波频率为

$$f=\frac{v-u_2}{v-u_1}f_0$$

根据上式，无论是波源运动还是观测者运动，或者两者同时运动，波源和观测者接近时接收到的频率增加，远离时接收到的频率减小。

②光学多普勒效应。以相对论理论为基础处理光波(或电磁波)的多普勒效应。光波与机械波不同，不需要任何介质而能在真空中传播；根据光速不变原理(见狭义相对论)，真空中的光速在任何惯性参考系中有相同数值，光学多普勒频移只决定于光源和观测者间的相对运动速度。设静止光源所发光波频率为 $f_0$，相对运动速度的大小为 $v$，观测方向角(观测者和光源的连线与相对运动方向间的夹角)为 $\theta$，接收到的光波频率为

$$f=\frac{\sqrt{1-\beta^2}}{1-\beta\cos\theta}f_0$$

式中 $\beta=v/c$；$c$ 为真空中的光速。可以证明，经典的多普勒频移公式只是上式的一级近似。当 $\theta=\pi/2$ 时，$f_{\frac{\pi}{2}}=\sqrt{1-\beta^2}f_0$，频率改变是 $\beta$ 的二级效应，称为横向多普勒效应。

根据多普勒效应的原理可测量运动物体的速度，如车速、船速、卫星速度和流体的流速等。根据光学多普勒频移可测定天体相对地球的运动。光源中发光原子的无规热运动引起谱线增宽，称多普线增宽，根据频移公式可计算多普勒增宽与光源温度的关系。

**多鳍鱼目** Polypteriformes; bichirs 硬骨鱼纲的一目。仅1科2属(多鳍鱼属、芦鳞鱼属)11种。分布于非洲的尼罗河和刚果河中。具硬鳞、喷水孔以及其他原始性状。体长，近圆筒形，略宽。口大，颌具细齿。有较长的鼻管。眼小。鳃孔大。背鳍由5～18个分离的特殊小鳍组成。胸鳍基部具有发达的肉叶，其上被覆细小鳞片，其内为1软骨板和2骨条，向外有很多"鳍担骨"支持鳍条，向内连至肩胛骨和乌喙骨。腹鳍短；臀鳍亦短小，靠近尾鳍；尾鳍圆形。栖息于温暖的浅湾和沼泽地带。耐受力强，即使在缺氧条件下也能生存。性凶猛，成鱼主要捕食鱼类。亲鱼有护卵护仔的习性。

**多神教** polytheism 信奉众多神灵的宗教。原始社会后期开始形成。其特点是相信多种多样的神灵并存，但诸神各有其职能、作用、威力、影响和地位。众神反映出民族、地域、专长、功能、行业上的多样性。因此，崇拜者可根据自己的意愿、职业、民族、地域等不同背景，选择不同的神灵而加以膜拜祭祀。早期的多神教各神灵彼此间不存在隶属关系。但随着人类社会等级的发展，这些神灵之间逐渐有了大小之别，形成了高低尊卑明显的天阶体系。多神教崇拜的神灵包括：被神化的自然体或自然力，如日神、月神、星神、风神、雨神、雷神、山神、水神、海神等；被神化的动植物，如龙神、蛇神、鹰神、象神、牛羊马诸神，以及谷神、花神、草木和森林之神等；被神化的社会现象和行业职司，如农神、牧神、战神、爱神、酒神、丰产神、光明神、守护神、门神、土地神、城隍神等。这种多神崇拜在古埃及宗教、古希腊-罗马宗教、古代印度宗教中比较典型。在阶级社会中，多神教通常在众神灵中存有一位最高之神，如中国的帝和天、印度的梵天、日本的天照大神、希腊的宙斯、罗马的朱庇特、巴比伦的马尔杜克、琐罗亚斯德教的阿胡拉·玛兹达等。古代宗教大多属于多神教信仰，而延续至今的历史宗教中的印度教、道教和神道教等亦保留了多神教的信仰形态。

**多丝正比室** multi-wire proportional chamber; MWPC 用以探测高能粒子位置的具有多丝结构的气体探测器。1968年G.夏帕克在丝火花室和正比计数器基础上研制成功。它是高能物理实验的主要探测器。由两块作负电极的平行金属网中间夹有作正电极的平行金属丝平面构成一个单元，室中充以氩和甲烷或二氧化碳等混合气体。电极间加直流高压，电压处在正比区。当高能带电粒子穿过多丝正比室，使路径上的气体原了电离，电离产生的电子在附近某一金属丝的电场中形成雪崩式的电离增殖，其放电的总电量正比于初始电离中的电子数目，放电形成的负脉冲正比于该粒子的电离损失。利用专门的电子线路可确定入射粒子穿过室的位置，进一步由多个单元定出粒子的径迹。

多丝正比室定位精度高，时间分辨率好，允许高计数率。

**多斯·帕索斯** Dos Passos, John (1896-01-14～1970-09-28) 美国小说家。生于芝加哥，卒于巴尔的摩。1916年哈佛大学毕业后赴西班牙学习建筑，不久参加第一次世界大战。他根据亲身经历写成的《三个士兵》(1921)是他第一部有影响的小说，也是最早反映美国青年一代厌战和迷惘情绪的作品。长篇小说《美国》三部曲，包括《北纬四十二度》(1930)、《一九一九年》(1932)和《赚大钱》(1936)。这部作品时间从20世纪初直至1929年经济危机爆发，描写了资本家、知识分子、共产党员等12个不同的人物形象。这些人物各自活动，小说中没有一个贯彻始终的中心人物。作者从人物的社会地位来分析并解释他们的思想和行为，描写了他们一生的经历和归宿，力图客观地表现出不同阶层人物的经历和命运，并以他们的故事为经纬，织成纵横交错、复杂的生活画面。

其他主要作品还有《曼哈顿中转站》(1925)等。

**多胎妊娠** multiple pregnancy 一次妊娠有两个或两个以上胎儿的现象。人类双胎最常见，可分为双卵双胎(两卵分别受精，胎儿基因不尽相同，性别可能不同，容貌可不相似)和单卵双胎(一个受精卵分裂而成，胎儿基因相同，其性别相同，容貌相似)。多胎妊娠时子宫增大明显；中期后，检查时可触及多个肢体和两个乃至多个胎头，不同部位可闻多个胎儿不同心音，一分钟计数可相差10次以上。超声检查可确诊。双胎妊娠多数可经阴道分娩，产程注意预防宫缩无力、产后出血。产后检查胎盘和胎膜组成情况，可以判定为单卵双胎或双卵双胎。

**多糖** polysaccharide 由多个单糖分子缩合、去水而成的糖类(碳水化合物)。广泛分布于动物和植物界。一般10个以下单糖组成的低聚多糖也称寡糖。一些不溶性的多糖构成植物和动物的骨架，如植物的纤维素和动物的甲壳素，一般称为结构多糖。另一些在生物体内作为能量储存，如淀粉和糖原，在需要时可以通过生物体内酶系统的作用分解，释放出单糖。还有许多多糖具有更复杂多样的生理功能，如黏多糖、血型物质等，它们在生物体内起着重要的作用。多糖为带色非晶形物质，一般带甜味，大多不溶于水，有些仅能形成胶体溶液。能被水解为双糖或单糖等。多糖可分为同质多糖和杂多糖两种。

同质多糖　只由一种单糖缩合、去水组成。按照糖单元的排列，又可分为直链和支链形式。有一个固定的化学结构，各种不同来源的多糖，其分子量可以在一定范围内变化，甚至同一个来源的多糖的分子大小也不同。生物体内的大多数多糖是由酶促合成的。常见的同质多糖有纤维素、直链淀粉、甲壳素、菊粉、糖原、琼脂、葡聚糖。

杂多糖　两个或两个以上(一般不超过三个或四个单糖单元)的不同单糖组成。也可以有直链型和支链型。自然界存在的杂多糖通常只含有两种不同的单糖，并且大都与脂类或蛋白质结合，构成结构十分复杂的糖脂和糖蛋白。常见的杂多糖有：透明质酸、硫酸软骨素A和C、硫酸软骨素B、肝素、$\gamma$-球蛋白、血型物质。

**多特蒙德** Dortmund 德国莱茵-鲁尔区东部城市。位于多特蒙德-埃姆斯运河起点。

多特蒙德市中心街景

面积280平方千米。人口58.13万（2009）。990年设市。1152年成为威斯特法伦唯一参加莱茵城市联盟的城镇。1302年开始采煤。中世纪时参加汉萨同盟。1832年建钢铁厂。1847年铁路修通，1899年多特蒙德－埃姆斯运河、1914年莱茵河－黑尔讷运河通航，发展成为工业城市。主要工业部门有采煤、钢铁、重型机械、化工等，随鲁尔区煤矿北移、收缩及钢铁厂向莱茵河集中，重工业已日渐减少。是仅次于美国密尔沃基的第二大啤酒产地。第三产业发展迅速。市内有高等学校、研究所、教堂、艺术和文化史博物馆等。

**多系统器官功能衰竭** multiple system organ failure; MSOF 在严重感染、败血症、严重创伤、大手术、大面积烧伤、长时间心肺复苏术及病理产科等情况发生24小时后出现的两个或两个以上系统、器官的功能不全及衰竭的综合征。

发病原因 包括三个方面：①感染。由败血症、腹腔脓肿、肠道功能紊乱及菌群紊乱、细菌迁移等引起。②组织损伤和（或）坏死。创伤、大手术、大面积深度烧伤及病理产科等。③缺血、缺氧。休克、复苏后综合征等。

治疗 可包括以下7个方面：①去除病因是治疗的关键。②清除或拮抗内毒素。③拮抗肿瘤坏死因子。④阻止钙离子进入细胞。⑤清除或拮抗氧自由基及脂质自由基。⑥针对血栓素合成的药物。⑦支持及对症治疗。

**多项式** polynomial 若干个单项式的代数和组成的式子。多项式中每个单项式称为多项式的项，这些单项式中的最高次数，就是这个多项式的次数。不含字母的项称为常数项。只含一个变元的多项式称为一元多项式，含两个（或两个以上）变元的多项式称为多元多项式。

**多相流体力学** multiphase fluid dynamics 研究流体中含有颗粒、液滴或气泡时的运动规律、各相之间以及各相与物体壁面间的相互作用的学科。力学的一个分支。S.L.苏绍礼于1967年正式提出学科名称。这里“相”可指不同的热力学集态（如固、液、气态等），也可指同一集态下具有不同物理性质或力学状态的组分。多相介质体系的流场需采用两组或两组以上的流体力学和热力学参量（如速度、温度、压力、密度或组分浓度）来描述。只需两组参数描述的非均质混合物流动称为两相流动，常见的有气－固、气－液和液－固两相流等。

多相流体力学研究方法和流体力学一样，是基于实验或建立力学模型和控制方程并在此基础上确定多相流场参数。其特点是计及相间的质量、动量和能量交换。一般颗粒、液滴或气泡的引入会显著改变流动性态，在不同条件下可能形成不同的流型（见图），每种流型有各自的动力学和

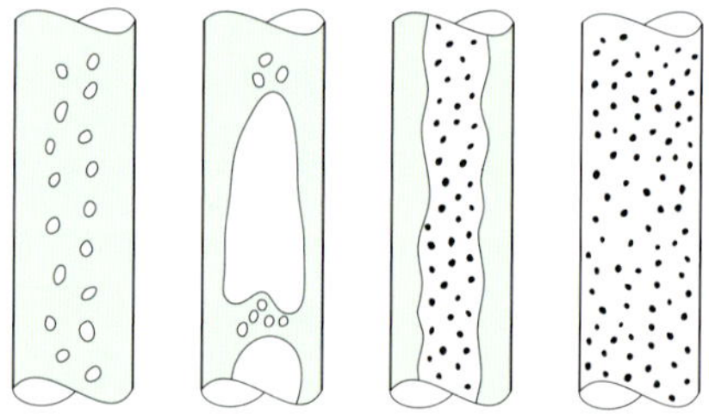

气泡状流型 气弹状流型 环状流型 雾状流型

竖管中的常见气液两相流流型

热质传递规律。多相流动广泛存在于自然界和工程设备中，如含尘大气、云雾、含沙水流、血管流、液雾冷却、粉末喷涂、除尘分离、煤粉燃烧、气力输送和流化床等，相关研究可在石油化工、冶金能源、空间技术和污染控制等领域得到应用。

**多伊奇** Deutsch, Karl Wolfgang (1912－07－21～1992－11－01) 美国政治学家。生于布拉格，卒于康桥。1938年获布拉格查尔斯大学法学博士学位。1939年到美国，1951年获哈佛大学博士学位。1953～1954年在普林斯顿大学世界政治机构研究中心工作。1956～1957年任加利福尼亚PALOATTO行为科学高级研究中心研究员。1957年起先后任耶鲁大学、哈佛大学教授。1969～1970年当选美国政治学会会长。1976～1979年担任国际政治学会副主席、主席。主要著作有《民族主义和社会沟通》(1953)、《国际层面的政治共同体》(1954)、《政府的神经：政治沟通与控制模式》(1963)、《国家发展大趋势》(1979) 等。多伊奇长期在自然科学和社会科学的交会点上致力于政治学研究，他创立和发展了政治沟通理论。他认为，所有的政治体系都是相互联系与开放的，沟通在政治生活中具有重要作用。他把政治系统比作沟通网，认为这个沟通网与获取、收集、传递、选择和储存信息的过程与机制紧密相连。政治权力的内在根源取决于沟通的工具，这一工具有助于使一个民族成为社会沟通的共同体。

**多用电表** multimeter 由磁电系电表的测量机构与整流器构成的多功能、多量程的机械式指示电表。可用以测量交流电压、直流电压、电流及电阻，又称繁用电表或万用电表。有些多用电表还具有测量电容、电感等功能。多用电表主要由磁电系电表的测量机构、测量电路和转换开关组成。转换开关是多用电表选择不同测量功能和不同量程时的切换元件。将直流数字电压表与一些转换电路结合，可组成数字式多用电表。

**多元化经营** multiple operation 企业从事跨产品和跨行业经营的活动。又称多角化经营或多样化经营。

企业的多元化经营有3种形式：①纵向多元化经营，又称垂直多元化经营。它以现有产品和市场为基础，向上游产品或下游产品扩张，从纵向扩大经营范围。一般适用于开发产品资源关联度较强的企业。②横向多元化经营，又称水平多元化经营。它以现有的产品和市场为中心，向左右横向扩大经营范围。有3种形式：ⓐ产品开发型多元化经营，即以现有市场为主开发同类产品。ⓑ市场开发型多元化经营，即以现有产品为主开发新市场。ⓒ产品和市场结合型多元化经营，即以新开拓的市场为目标来开发新产品。③多向多元化经营，又称复合多元化经营。它虽然与现有产品和市场范围有某些关联，但主要是通过开发完全异质的产品和市场，使经营范围向多元化延伸。有两种形式：ⓐ以同一技术为基础的产品多向多元化经营。ⓑ以现有的市场营销活动为基础的产品多向多元化经营。

**多元论** pluralism 在世界观上强调异质性而不是同质性，多样性而不是统一性，区别性而不是同一性的哲学观点。历史上最早的多元论，可以追溯到古希腊哲学家关于世界的本原究竟是“一”还是“多”的争论。恩培多克勒、阿那克萨戈拉，以及原子论者（见原子唯物论）留基波、德谟克利特等人，通常被视为最早的多元论者。但实际上他们都是不同形式的唯物主义一元论者。在现代，多元论是二元论的进一步引申，包含了对共同性、统一性的否定。从多元论一词派生出来的“多元化”观点张扬个体的独立性、个性、特殊性，这在

一定条件下是有意义的，如在国家关系上的政治多极化，但多元化不能与多样化混为一谈而加以广泛使用。

**多元统计分析** multivariate statistical analysis 处理多维数据的一类统计方法。简称多元分析。例如对一个人同时测量其身高$x$及体重$y$，得二维数据$(x,y)$，其分析属于多元分析的范围。多元分析按其问题性质分成许多子领域，包括多元线性回归分析、判别分析、主成分分析、聚类分析等。多元分析方法广泛应用于生物学、医学、地质学、心理学、工业、经济、工程等领域。

多元线性回归分析 特点是在诸多变量中，有一个是研究关心的主要对象，称为因变量或响应，其余的变量是为了解释因变量取值的变异，称为自变量或解释变量。线性回归分析研究的目的是建立因变量与自变量之间可能（真实的或假定的）存在的线性依赖关系。使用实际数据，通过一定方法建立的多元线性回归方程，称为经验回归方程。这种经验回归方程在多大程度上正确刻画了因变量与自变量之间的依赖关系，需要结合专业知识以及回归分析的理论和方法去分析。经验回归方程经过分析认为可用后，对给定的一组自变量值，可利用它估计或预测相应的因变量值。

在不少问题中，没有理由假定自变量与因变量之间的关系为线性的。这时需要用到更复杂形式的回归——非线性回归、非参数回归等，形式多种多样。对它们的研究是当前数理统计学研究的一个热点。

判别分析 研究判断某个体所属类型的一种统计方法。例如，医生要根据某人的化验结果判断他是健康人还是病人；考古学家从古墓中挖掘出一块尸骨，测量一些数据后，要判断尸体的年代；地质学家根据岩心标本判断地下岩层是否有石油等。判别分析的做法是根据其属类已通过确切判定的历史数据，以及一定的统计方法，去建立一个判别函数，以对新来个体的属类进行判别。研究的目的是找出最优的判别法则，即错判概率或错判损失最小的判别法则。

主成分分析 在实际问题中往往涉及很多变量，主成分分析是研究如何使用这些变量的少数几个线性组合，去取代原来的大量变量，同时使信息损失尽可能少，以达到既能简化问题，又能在基本上体现和揭示原变量之间的关系的目的。

聚类分析 将一群个体按其一些特征进行分类的方法。为此，首先要建立一个衡量个体之间相似程度的量，称为相似性度量，如常用的“距离”或“相似系数”等，然后根据相似性度量的大小，把个体聚类。先把相似性度量最大的个体归为一子类，这样得到若干个子类，接着对这些子类，按其相似程度再作聚类，以形成一些更大但为数较少的子类，依此进行下去，聚成高一级的子类，最后把一切个体都综合成一类。聚类过程也可以倒过来进行，先把所有个体看成一大类，然后根据相似性度量的大小，分成两子类，使其中一子类远离另一子类；重复这个过程，直到每一个个体都是一类为止。在聚类分析中，还有一些图示法，把多元数据表示成不同的图形。常用的是雷达图和星座图，非常直观，应用广泛。

**多元微积分** calculus of functions of several variables 关于多元函数的微积分。*微积分*的一个组成部分。

多元函数的微积分的理论是一元函数的微积分理论的推广。它与一元函数的微积分有很多类似之处，也有某些区别。

一元函数中的*导数*概念在多元函数的推广是*偏导数*。简言之，一个多元函数关于某个自变量的偏导数，就是固定其他变量（将其他变量视为常数）对该自变量的导数。

多元函数的微分称为*全微分*。

若在一点$(a,b)$函数$f(x,y)$有连续的偏导数$f_x$与$f_y$，则函数$f(x,y)$在该点可微，且其微分是：

$$\mathrm{d}f=f_x(a,b)\,\mathrm{d}x+f_y(a,b)\,\mathrm{d}y$$

多元函数的积分有多种形式：重积分、曲线积分与曲面积分。设$u=f(x,y)$是平面区域$D$上的一个二元函数。为定义$f(x,y)$在区域$D$上的积分，将区域$D$用两组相互横截的曲线分割成$m$个小的区域$\{D_j: j=1,2,\cdots,m\}$。在每个$D_j$中任意取一点

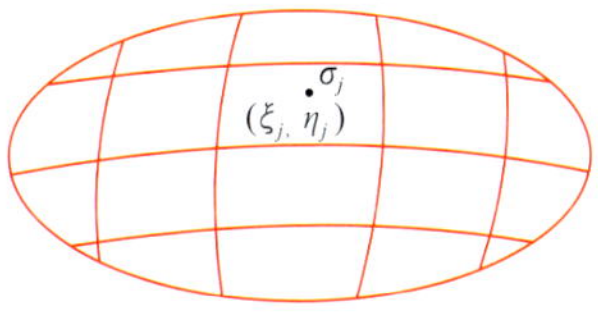


二重积分区域

$(\xi_j,\eta_j)$（见图），并将$D_j$的面积记为$\Delta\sigma_j$，$D_j$的直径记为$d_j$。令$\lambda=\max\{d_j: j=1,\cdots,n\}$，若下列极限存在：

$$I=\lim_{\lambda\to 0}\sum_{j=1}^{n} f(\xi_j,\eta_j)\Delta\sigma_j$$

则此极限$I$为函数$f(x,y)$在$D$上的二重积分，记为：

$$\iint_D f(x,y)\,\mathrm{d}\sigma \text{或} \iint_D f(x,y)\,\mathrm{d}x\mathrm{d}y$$

三重积分与上述定义方式完全类似，只不过是要将区域$D$改为空间的某个区域$\Omega$，而$\Delta\sigma_j$改为经过分割后的空间小区域的体积$\mathrm{d}V_j$。函数$f(x,y,z)$在$\Omega$上的三重积分记作：

$$\iiint_\Omega f(x,y,z)\,\mathrm{d}V$$

在已知积分区域的边界表达式时，重积分可化成累次积分计算。

**多元主义** pluralism 20世纪产生和流行于西方的一种政治思潮。狭义的多元主义否认国家是唯一的具有最高主权的机构，认为教会、工会、商会等社会团体具有与国家同样性质的权力，政治权力是多元的而非一元的。广义的多元主义反对社会政治结构的单一化，否定任何形式的对政治权力的垄断，为政治秩序的多元化、分权制度、政治竞争、多党制等辩护，维护社会、文化、宗教和伦理等广泛领域的多元化。

主要内容 多元主义者特别推崇各种社会团体保护个人，抵御国家权力的作用；他们认为国家权力的扩张是对个人自由和尊严的主要威胁。他们攻击主权学说，认为国家不是唯一具有主权的机构，社会是由各种团体组成的，它们具有与国家同样性质的权力，或国家的决策只是这些团体相互竞争、讨价还价的结果。如果赋予国家至高无上的和独占的权力，必然产生极权主义，扼杀个人自由。在他们看来，国家至高无上的主权本身就是有害的，国家主权无论掌握在君主还是人民手中，都是对个人自由和权利的威胁。

多元主义者把现代社会中的宗教、职业、经济的社会团体或地域组织等作为个人与国家的中介，极力推崇社会团体的作用，维护社会团体的权利，认为这些自愿组成的小规模的社会团体是真实的人类共同体。过于集中的国家权力应被分解，尽可能转移给各种社会团体，以实现政治权力体系的多元化。

起源与发展 多元主义最初是一种哲学思想。多元主义的发展经过了三个阶段：

第一阶段，20世纪初，特别是第一次世界大战前后，多元主义最为盛行。其影响主要在英国和法国。这一时期的多元主义强调“分散的主权”，主张各职业团体的自治，并在此基础上建立多元主义的国家。这个时期的多元主义者主要是基尔特社会主义者和费边社会主义者。

第二阶段，第二次世界大战后，多元主义影响主要集中在美国。表现为反对精英政治，认为民主社会的基础是多元化的利益集团的网络。权力中心的多元化是民主社会的前提。较少争论国家是否具有主权问题，更多地讨论在多元化的决策过程中国家的作用。

第三阶段，20世纪70年代以来，多元主义观念扩大到女权主义者、后结构主义者、后殖民主义者、多元文化理论家等。他们开始把权力视为建设性的因素，而不仅是社会团体间的零和博弈；政治包含着利益集团间界限的置换，而不仅仅是他们间的协商和竞争；利益集团的代表本身就被视为利益集团的重要组成部分，而不仅仅被视为利益集团表达自己利益的媒介。

主要流派 从理论基础和研究视角分

析，持多元主义立场的思想家大致可分为四类：①各种工团主义者、费边社会主义者、基尔特社会主义者和民主社会主义者。他们反对国家绝对权力，特别关心维护资本主义社会中工会的权力和地位，把多元主义作为他们的社会主义理想的一部分。②基督教思想家。他们从基督教信仰出发来看待国家权力，他们要求教会承担起监督国家的职能，而国家仅仅作为最高仲裁者和监督者发挥作用。③政治学家的多元主义。影响最大的是R.A.达尔的多元民主理论，认为民主依赖于多元的社会结构，在这种社会里，基于不同的价值观和经济利益而形成的各种利益集团构成相互独立的多元的权力中心，有效地防止了权力集中于任何一个集团、机构或个人手中，从而保证了民主的实现。国家的决策是社会不同利益集团通过自由竞争和妥协的产物，即政治权力由社会存在的众多自治团体分享。④法学家的多元主义。认为国家并不享有主权，它只是承担由社会分工所赋予的特定公务的组织。这种理论否认法律是国家的意志或命令，把法律置于国家之上，推崇工团或公共法人团体在社会生活中的作用。

*发展趋势* 21世纪初以来，多元主义者维护社会文化多元性的价值，强调对不同种族、宗教、习俗、生活方式的尊重。在西方，作为一种政治学说，多元主义一方面在描述和解释西方社会的政治现实；另一方面也在维护和支持一种政治价值观。

**多值逻辑** many-valued logic 一种非经典的逻辑系统。在经典逻辑中，每一个命题皆取真假二值之一为值，每一命题或真或假。但实际上，一个命题可以不是二值的，命题可以有三值、四值、五值。因此，对每一自然数$n$，有$n$值，以至于无穷多值。研究这类命题之间逻辑关系的理论，即为多值逻辑。多值逻辑于20世纪20年代初，由波兰逻辑学家J.卢卡西维茨和美国逻辑学家E.L.波斯特创建。在60年代获得了新的推广，从多值的线序域推广到多值的偏序域，建立了格值逻辑。70年代后，多值逻辑被用于计算机科学和人工智能等方面。多值逻辑和经典逻辑一样，也可以用公理方法系统化，建立演算系统。

**多址通信** multiple access communication 实现多个用户同时共享有限频谱资源的通信技术。共享频谱是为了通过同时给多个用户分配可用带宽得到高的系统容量。主要有频分多址（FDMA）、时分多址（TDMA）、扩频多址（SSMA）和空分多址（SDMA）技术。频分多址通信中每个用户分配唯一的一段频段。时分多址通信中每个用户分配唯一的一段时隙。在扩频多址通信中，一组伪随机序列将用户的窄带信号扩频变成类似噪声的宽带信号，提供了很强的抑制干扰能力和多址接入能力，扩频多址分为码分多址（CDMA）、跳频多址（HPMA）和其他混合扩频多址（如混合FDMA/CDMA和时分CDMA等）。空分多址通信是通过定点波束天线实现在空间上控制对每个用户的发射功率。还有数据包无线多址等技术。

**夺门之变** 中国明代将领石亨、太监曹吉祥等于景泰八年（1457）拥明英宗朱祁镇复位的政变。又名南宫复辟。以石亨等攻破南宫门，奉英宗升奉天殿复辟，故名。正统十四年（1449）八月，明英宗在土木之变中被俘。九月，兵部尚书于谦、吏部尚书王文等拥立英宗弟郕王朱祁钰为帝（即景帝），遥尊英宗为太上皇。次年，英宗被释归，为景帝幽禁于南宫。景泰八年正月，景帝病重，不能临朝，石亨见帝疾甚，即与都督张軏、太监曹吉祥等密谋发动政变，拥英宗复辟，以邀功赏。是月十六日夜，徐有贞、石亨等引军千余潜入长安门，急奔南宫，毁墙破门而入，掖英宗登辇，自东华门入宫，升奉天殿，并开宫门告知百官太上皇已复位。英宗复位后，下于谦、王文于狱。后又以谋逆罪杀于谦、王文，迫害于谦所荐之文武官员。论复辟功，对石亨、张軏、徐有贞等人分别晋官加爵。二月，废景帝仍为郕王，迁于西内。

**朵云轩** Duoyunxuan Studio 中国收购、经销、出版、收藏书画及其他艺术品的机构。1900年开设于上海。初期经营书画、文房四宝，并兼印笺谱小品。1960年重新改建。

朵云轩在经营上注重与国内南方书画家、篆刻家的联系，经常举办作品展览和学术交流活动，注重加强对旧书画、印章、碑帖拓片、墨迹、印谱、折扇、文房用品及古玩的收购，并对所收物品辨伪识真，抢救整理，提供珍品交国家博物馆保藏，或自行收藏、展出、出版、销售。另外，它的木版水印复制艺术独具特色，形成悉仿古制、刻意乱真、工细兼及、神形并重的风格，其中泼墨大写意画的复制，水墨淋漓，酷似原作，使其享有盛誉，与北京的荣宝斋并称南朵北荣。1992年，成立朵云轩艺术品拍卖有限公司。

**舵** rudder 用以改变和保持船舶航向的装置。由舵叶和舵杆两部分组成。船舶航行时，通过操舵装置转动舵叶，使水流在舵叶上产生横向作用力，为船舶提供回转力矩，从而使船舶保持航向或回转。舵是由桨演变而来的。早期的船是用装在船尾的桨来控制航向，后来将桨固定在船尾中线处，成为可转动的专用舵。

舵的种类很多，根据舵叶的剖面形状分为平板舵和流线型舵，根据舵杆轴线在舵叶上的位置分为平衡舵、不平衡舵和半平衡舵（见图）。根据舵的支承方式分为多

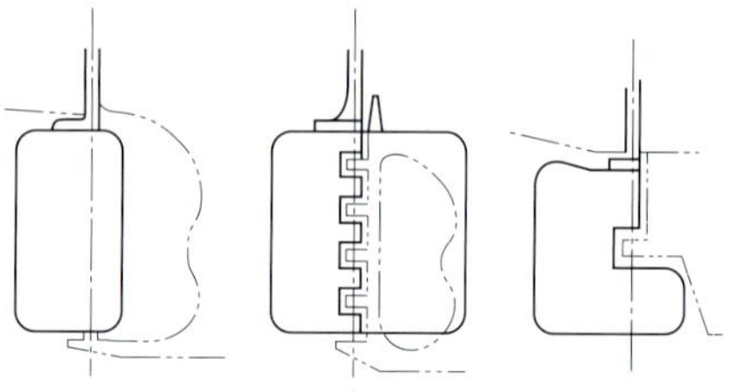
a 平衡舵　　b 不平衡舵　　c 半平衡舵

舵的类型示意图

支承舵、双支承舵、悬挂舵、半悬舵，根据舵板数量分为单板舵和双板舵。

舵通常安装在船尾螺旋桨后面，可以利用螺旋桨尾流提高舵的效率。也有装在螺旋桨前面的舵，称倒车舵。装在船首部的称首舵，用以改善船舶倒航时的操纵性。多舵船上，位于船体中纵剖面的称中舵；位于两侧的称边舵。气垫船、水翼船等离开水面航行的船，船体上部设空气舵操纵船舶。水下航行的船设水平舵控制船舶升降。

舵型的选择，取决于船舶的类型、大小、尾型和推进装置的类型。舵的数量和舵面积的大小对船舶操纵性影响很大。海船通常采用单舵，内河船则因航道弯曲而复杂常设有二三个舵。

**惰性气体** inert gas 稀有气体氦、氖、氩、氪、氙和氡的别称。

# E

**阿弥陀佛** Amitābha 佛教尊奉的西方极乐世界之教主。意译为“无量”，所以又称“无量佛”。**净土宗**的主要信仰对象。**密宗**称甘露王。能接引念佛人往生“西方净土”，故又称接引佛。据说阿弥陀佛有13个名号，即无量寿佛、无量光佛、无边光佛、无碍光佛、无对光佛、焰王光佛、清净光佛、欢喜光佛、智慧光佛、不断光佛、难思光佛、无称光佛、超日月光佛。在这些名号中，以“无量寿佛”和“无量光佛”最为著名。据说，在西方净土世界中，大地由自然七宝（金、银、琉璃、珊瑚、琥珀、车渠、玛瑙）组成，树木、房屋、衣服、器具等皆七宝庄严，这里的居民寿命无限，生活富足。中国佛教**净土宗**就是以阿弥陀佛为信仰对象，主张通过不断口念阿弥陀佛的名号，即可往生西方极乐世界。

**《阿弥陀经》** *Amitābhasūtra* 净土宗三部经之一。见**净土三经**。

**阿房宫** Epang Palace 中国秦代未建成的朝宫。始建于秦始皇三十五年（前212），秦始皇在位时仅修建了前殿。秦二世时继续修建，工程未完而秦亡。阿房宫位于渭河南岸秦上林苑内，北与秦咸阳城隔河相望。西汉时属于汉上林苑范围，北朝前秦苻坚和唐太宗曾在此驻军、屯兵。相传，阿房宫在秦末被项羽放火烧毁。遗址在今陕西省西安市西郊。1961年国务院公布为全国重点文物保护单位。2002年以来的考古勘探和发掘表明，阿房宫的前殿并未建成，只完成了夯土台基和台基上西、北、东三面宫城城墙的建筑，此即为文献中记载的“阿城”遗迹。在三面墙内的夯土台基上没有发现秦代宫殿建筑遗迹及其建筑材料，也未发现被大火烧过的痕迹，这些与文献记载一致。前殿遗址夯土台基东西长1 270米，南北宽426米，现存高度自秦代地面起12米以上。

**俄狄浦斯** Oedipus 希腊神话中的英雄。忒拜王拉伊奥斯和伊奥卡斯忒（一说是埃皮卡斯忒）之子。又译奥狄浦斯。**阿波罗**曾向拉伊奥斯预言，他将被儿子杀死。俄狄浦斯出生后，便被刺穿双脚，弃至山中。婴儿被科林斯王波吕玻斯的牧人收为己子。长大以后，神示预言他将杀父娶母，遂决意去漫游。路上与父亲拉伊奥斯相遇，因口角杀死父亲。在去忒拜途中，他遇到为害忒拜的狮身人面女妖斯芬克斯，说破她的谜底，使她羞愧而跳进深渊。忒拜人感谢他，拥他为王，并把王后伊奥卡斯忒嫁与他为妻。他们生有二子二女。后来忒拜发生饥荒和瘟疫，为了解除灾难，俄狄浦斯遵神示追查杀害拉伊奥斯的凶手，发现凶手竟是自己。预言的应验，使他震惊，弄瞎了自己的双眼。伊奥卡斯忒也悬梁自尽。晚年，他被儿子驱逐，离开忒拜时发

俄狄浦斯解斯芬克斯之谜

出诅咒，他的两个儿子因诅咒而互相残杀。根据雅典的传说，俄狄浦斯死于雅典城郊的科洛诺斯。

**《俄狄浦斯王》** *Oedipus the King* 古希腊悲剧家**索福克勒斯**的悲剧。创作于约公元前430～前426年。剧中忒拜城国王拉伊奥斯根据预言，得知他将死于儿子之手，于是在儿子**俄狄浦斯**出世后便把他抛弃，后来被科林斯国王收养成人。有一天，俄狄浦斯听到他将杀父娶母的可怕预言，便逃往忒拜，途中遇上拉伊奥斯，在争吵中将对方打死。接着，他又为忒拜人制服了人面狮身的女妖。俄狄浦斯被选为国王，并娶拉伊奥斯的寡后为妻。俄狄浦斯终于在不知不觉中犯下了杀父娶母的罪行。根据神示，他必须找到杀死拉伊奥斯的凶手才能消除天灾。俄狄浦斯最后发现自己不仅是他要捉拿的凶手，而且是娶母为妻的罪人。因此他刺瞎了双眼，自愿承受流放的惩罚。俄狄浦斯的命运是残酷的，在同命运展开搏斗的过程中，他的民主意识、自由意志、爱国思想、社会责任感以及自我牺牲精神，都表现得非常突出。剧作通过人与命运抗争的主题，充分表明了对人的肯定与赞扬。

《俄狄浦斯王》剧照（中国中央戏剧学院演出）

**俄国菜** Russian cuisine 俄罗斯兼具宫廷繁丽豪华和游牧民族特色的菜肴。俄式筵席讲究大排场。由于融合了东、西方烹调的特色，口味香醇、风格独特。多采用焗、烤、炖、煨的技艺，风格古朴，味道纯美，乳香纯净。烤小牛肩、俄式黄金鸡块等均为色香味俱佳的精致菜品。以果酱搭配红茶制成的俄式红茶颇合大众口味。

**俄国二月革命** Russian February Revolution 俄国第二次资产阶级民主革命。因发生于1917年俄历2月（公历3月）而得名。1914年第一次世界大战爆发，战争使俄国经济濒于崩溃，给人民带来深重的灾难，社会各种矛盾空前激化。V.I.**列宁**提出了变帝国主义战争为国内战争的口号。1917年初，俄国革命运动急剧发展。1917年3月3日，彼得格勒普梯洛夫工厂工人开始罢工。10日，发展成为反对饥饿、反对帝国主义战争、反对沙皇制度的政治总罢工，罢工人数达到25万人。沙皇政府下令开枪镇压参加示威和集会的群众，激起人民更强烈的反抗。11日，布尔什维克维堡区委员会决定将罢工转变为武装起义。12日（俄历2月27日），起义席卷全城。驻守彼得格勒的士兵拒绝向工人开枪，大批转到革命方面。3月15日，末代沙皇尼古拉二世被迫退位，统治俄国长达300多年的**罗曼诺夫王朝**彻底覆灭。

革命期间，彼得格勒工人和士兵建立新的政权——工兵代表苏维埃。同时，资产阶级得到**孟什维克**和社会革命党人的支持，成立**俄国临时政府**，形成了两个政权并存局面。

**俄国临时政府** Russian Provisional Government 1917年俄国二月革命后成立的资产阶级政府。1917年3月14日，国家杜马临时委员会和**孟什维克**、社会革命党人控制的彼得格勒苏维埃执行委员会，达成关于成立临时政府的协议。3月15日（俄历2日），临时政府宣告成立。临时政府成立后不久就得到美、法、英、意等国的承认。

临时政府进行了一些民主改革，但没能满足人民对和平、土地、面包、民族自治的迫切要求。它只

俄国临时政府成员

把沙皇和皇室的土地收归了国有，其他土地问题则宣称留待立宪会议解决。立宪民主党人P.N.米留科夫于5月1日向各协约国政府发出照会，声称俄国遵守沙皇政府签订的各种条约，要把世界大战进行到“最后胜利”。5月18日（俄历5日），成立第一届联合临时政府。7月1日，临时政府在前线发动进攻，遭到惨败。7月16日，彼得格勒再次爆发大规模示威游行。8月6日（俄历7月24日），第二届联合临时政府成立。社会革命党人A.F.克伦斯基任总理兼陆海军部长。1917年9月初，俄军总司令L.G.科尔尼洛夫发动叛乱。**布尔什维克**领导工人、士兵平定了叛乱。此后，各地苏维埃逐步转到布尔什维克方面来，临时政府陷入困境。10月8日（俄历9月25日），克伦斯基重新组阁，成立最后一届联合临时政府。1917年11月7日（俄历10月25日），布尔什维克党领导俄国人民举行武装起义。临时政府被推翻，全部政权转归苏维埃。见**俄国十月社会主义革命**。

**俄国农奴制度** Russian Serfdom 15世纪下半叶至19世纪上半叶，俄国在以劳役制为主要剥削形式的地主庄园经济基础上建立的经济、法律制度。早在11～12世纪，在**基辅罗斯**时代，王公、大贵族拥有大量世袭领地，强迫穷人服劳役。14～15世纪，**莫斯科大公国**的封建土地所有制度发展起来，越来越多的农民陷于被奴役的地位。1497年，封建农奴制开始在全国范围内确立。当时，农民分为地主农民、宫廷农民和国有农民3种。1649年，《法律大全》明确宣布地主有权以1626年编纂的土地财产登记簿或1646～1647年的人口调查表为依据，无限期地追捕逃亡者，所有逃亡农民不论逃亡时间多久，都要连同他们的家庭、财产一起返回并定居在原来的地主领地里。从此农民完全被束缚在地主的土地上，在人身、财产和司法上绝对受地主支配。《法律大全》的颁布标志着俄国农奴制度最后确立。

18世纪，农奴制进一步推广到顿河和东乌克兰地区。**叶卡捷琳娜二世**统治时期，农奴制发展到顶峰。农奴制的存在日益成为社会生产力进一步发展的桎梏。由于农民状况的恶化，生产率普遍下降。18世纪末至19世纪上半期，许多地主为增加商品粮食的生产，开始剥夺农民的份地，只付给农民口粮，逐渐破坏了劳役制的基础。有些地主为增加收入，把劳役租改为代役租，农民为支付代役租而去城里谋生，在一定程度上脱离了对地主的依附关系。某些富裕农民还力图用金钱赎取自由。封建农奴制日趋瓦解。

为适应资本主义关系的发展，缓和国内阶级矛盾，沙皇政府从19世纪初便着手制定各种限制和废除农奴制的法案。由于俄国资本主义的发展，**克里木战争**的失败，以及农奴制危机加深和国内革命运动的发展，沙皇政府被迫于1861年废除农奴制度，但是，农奴制残余继续保存下来，直到1917年**俄国十月社会主义革命**后才被彻底消灭。

**俄国社会民主工党** Russian Social-Democratic Labour Party **苏联共产党**的前身。1898年3月成立于明斯克。1903年第2次党代表大会发生分裂，出现多数派（布尔什维克）和少数派（**孟什维克**）。1919年，俄国社会民主工党（**布尔什维克**）改称苏维埃俄国共产党（布）。

**俄国十月社会主义革命** Russian October Socialist Revolution 俄国人民在V.I.列宁为首的**布尔什维克**党领导下从1917年11月7日（俄历10月25日）彼得格勒武装起义开始的社会主义革命。因发生在俄历10月而得名。革命胜利后，创建了世界上第一个无产阶级专政国家。

1917年3月（俄历2月），俄国第二次资产阶级民主革命（见**俄国二月革命**）推翻了沙皇制度。3月12日，彼得格勒成立了工兵代表苏维埃，**孟什维克**和社会革命党占据了主导地位。15日又成立了资产阶级的**俄国临时政府**，出现了两个政权并存的局面。

1917年4月16日，列宁回到彼得格勒。第二天，发表了著名的《四月提纲》，提出了从资产阶级民主革命向社会主义革命过渡的路线以及“全部政权归苏维埃！”的口号。5月3～4日，10万工人和士兵上街游行抗议临时政府的战争政策。7月16～17日，在彼得格勒再次爆发工人和士兵大规模示威游行。临时政府悍然出动军队屠杀示威群众，并下令通缉革命领袖列宁。布尔什维克党被迫重新转入秘密状态。从此，两个政权并存的局面结束，全部政权转到临时政府手中。

彼得格勒十月武装起义

1917年8月8～16日，布尔什维克党召开第6次全国代表大会，确定了武装起义的方针。9月中旬，列宁写信给党中央，指出武装起义的时机已经完全成熟。10月20日，列宁从芬兰秘密回到彼得格勒，直接领导武装起义。10月23日，在布尔什维克党中央委员会会议上通过发动武装起义的历史性决议。10月25日，根据党中央的指示，L.D.**托洛茨基**领导的彼得格勒苏维埃成立军事革命委员会，它成为武装起义的公开司令部。

11月7日，革命军队和工人赤卫队占领电话局、邮政局、国家银行、火车站、主要政府机关和军事据点。晚9时，“阿芙乐尔”号巡洋舰发出进攻临时政府所在地冬宫的第一炮。次日凌晨2时，起义队伍攻下冬宫，逮捕了临时政府部长。

11月7日，全俄工兵代表苏维埃第2次代表大会在斯莫尔尼宫开幕。大会通过《告工人、士兵、农民书》，宣布临时政府已被推翻，全部政权转归苏维埃手中。8日，大会通过《和平法令》和《土地法令》，批准组成第一届苏维埃政府——人民委员会。列宁任人民委员会主席。

彼得格勒武装起义的胜利有力地推动了革命在全国的展开。1917年11月至1918年2～3月，首先从城市，然后到乡村，苏维埃政权在全国各地建立起来，社会主义革命获得全面胜利。

十月革命的胜利是马克思主义基本原理和俄国革命实践相结合的产物。它推动了马列主义在世界的传播，向各国人民展示了一条新的寻求解放的道路。

**俄国－伊朗战争** Russo-Iranian Wars 19世纪初俄国入侵伊朗引起的两次战争。

格鲁吉亚原臣服伊朗，18世纪末因不满伊朗统治而转向俄国，被伊朗国王阿迦·穆罕默德汗（1779～1797年在位）出兵制止。1801年俄国兼并格鲁吉亚。1804年俄军占领冈扎，第一次俄伊战争爆发。是为1804～1813年俄伊战争。战争初期，俄军补给困难，进军缓慢；后援军抵达，占领南高加索大片地区。1812年俄军在阿拉斯河畔的阿斯兰杜兹大败伊朗军队。1813年10月12日双方签订《古利斯坦条约》。该条约标志着伊朗半殖民化的肇始。

1825年俄军占领《古利斯坦条约》中未定归属的哥卡。1826年6月伊朗军队突然出击，收复大片失地。是为1826～1828年俄伊战争之开始。后俄军大举反攻，相继攻占埃里温、大不里士等地，进入阿塞拜疆。伊朗求和。1828年2月，双方签订《土库曼查伊条约》。伊朗半殖民化加深。

**俄国征服中亚** Russian Conquest of Central Asia 19世纪下半叶，中亚的浩罕、布哈拉、希瓦3个独立汗国被俄国先后征服。

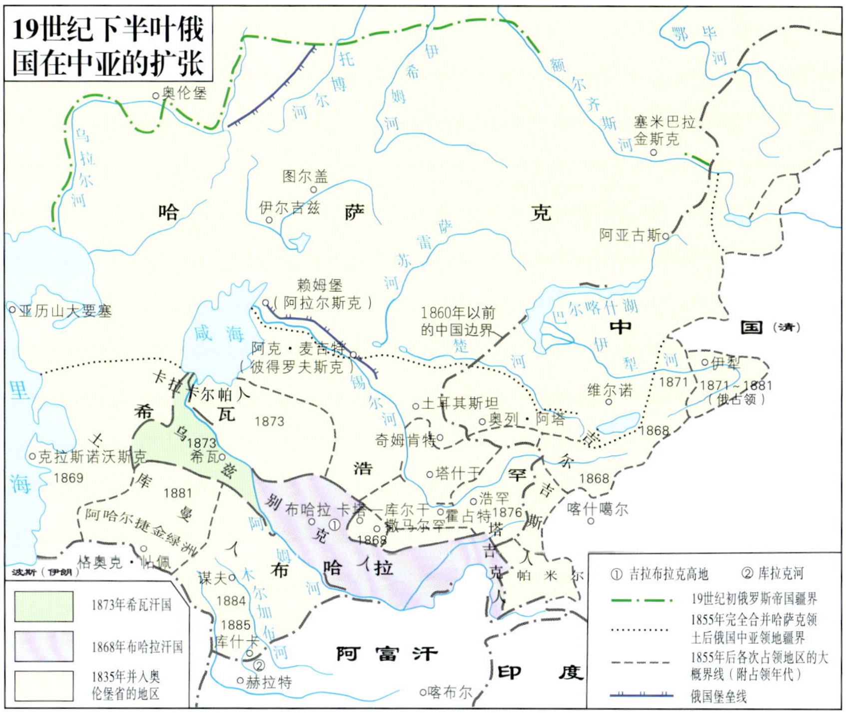


19世纪上半期，俄国随着对哈萨克斯坦的征服接近尾声，对中亚诸汗国发动新的攻势。1853年，占领浩罕要塞阿克·麦吉特（改名彼得罗夫斯克），形成锡尔河碉堡线。1854年建立维尔诺堡，形成另一条包抄哈萨克草原、进攻中亚诸汗国的碉堡线，即西伯利亚线。**克里木战争**后，俄国加紧侵略中亚。1858～1859年，沙皇政府派遣3个使团分赴中国喀什噶尔、呼罗珊、希瓦和布哈拉收集情报，标志它在中亚的扩张政策进入新的阶段。

1863年年底，沙皇**亚历山大二世**发布连接东西碉堡线以便深入中亚的动员令。1864年6月25日维列夫金上校攻占伊斯兰教圣地土耳其斯坦城，实现连接碉堡线的计划。7月底，沙皇政府决定建立“新浩罕线”，由楚河到锡尔河的阳尼·库尔干的全部堡垒组成，新晋升少将的M.G.切尔尼亚耶夫任司令。1866年5月20日俄国军队在伊尔加尔的战役中打败埃米尔穆扎法尔的军队，占领霍占特、乌拉·丘别、吉扎克等城，割断布哈拉与浩罕的联系。1867年，成立以塔什干为中心的土耳其斯坦总督区，由K.P.考夫曼任总督。对中亚诸汗国的征服进入决定性阶段。

考夫曼首先从精疲力竭的浩罕汗国下手，迫使胡德亚尔汗于1868年2月签署不平等的“通商条约”，浩罕实际上变成俄国的附庸。1868年6月14日，击败布哈拉军队，穆扎法尔投降。布哈拉沦为俄国附庸。1872年底，在对中国伊犁地区的侵略告一段落后，沙皇政府即作出征服希瓦的决定。1873年8月24日，签订俄希和约，希瓦汗国割让阿姆河右岸的全部土地，赔款220万卢布，穆罕默德·拉希姆二世成为“全俄皇帝的卑顺奴仆”。1876年，沙皇政府镇压浩罕的民族大起义后，正式吞并浩罕汗国，完成对中亚三汗国的征服。

从1877年起，俄国对土库曼地区发动进攻。1881年初，镇压浩罕起义的M.D.斯科别列夫率领大军再度侵入土库曼。1885年，英、俄矛盾极度紧张，战争一触即发。两国最后妥协，俄国得以占领土库曼，实现了对整个中亚的征服。

**俄国1812年卫国战争** Russian Patriotic War of 1812 1812年俄国人民反对拿破仑侵略的自卫战争。1812年6月24日（俄历12日），**拿破仑一世**率61万大军渡过涅曼河，对俄国不宣而战。此时俄军约24万人，采取有步骤的撤退战略，打乱了拿破仑一世的计划。

从俄国溃退的拿破仑军队（1812）

俄军的撤退，引起俄国统治集团内部的分歧。1812年8月，M.I.库图佐夫被任命为俄军总司令。他继续指挥俄军后撤。9月7日俄军退到莫斯科郊区，在博罗季诺村附近同拿破仑一世军队进行决战。俄军在无后备力量补充的情况下，为保存军队的有生力量，于9月13日撤离首都莫斯科，几乎所有莫斯科居民也随同撤离。次日，法军进入莫斯科，当晚大火烧遍全城。

俄军撤离莫斯科后，在博罗季诺村附近展开运动战，阻挡法军向南的去路，并从侧面威胁法军，切断其同后方的联系，同时补充了军队，准备反攻。法军处于四面受敌、弹尽粮绝的境地。这时严冬逼近，拿破仑一世为南下寻找粮食和温暖的住所，被迫于10月19日放弃莫斯科。撤退途中，在小雅罗斯拉维茨与俄军遭遇，转而沿斯摩棱斯克大道退却。俄军和游击队乘胜追击。12月底拿破仑一世逃回巴黎，残部离开俄国边境时只剩下3万人。

**俄国1861年改革** Russian Reform of 1861 俄国沙皇亚历山大二世于1861年进行的自上而下的废除农奴制的改革。19世纪上半叶，资本主义因素在俄国农奴制度内部逐步发展起来。在农业中，商品经济有了很大的发展，自给自足的自然经济日趋瓦解。资本主义发展要求打破农奴制的束缚。1853～1856年克里木战争的失败导致农民生活状况急剧恶化，阶级矛盾日益尖锐，农民运动风起云涌，在农民反抗运动的推动下，沙皇政府成立了农民事务总委员会，负责拟定解放农奴法令草案。

1861年3月3日（俄历2月19日），亚历山大二世签署了废除农奴制度的“宣言”和“法令”。法令包括17个文件，其中最重要的是《关于农民脱离农奴依附地位的总法令》。

1861年改革是由农奴主实行的资产阶级革命。改革后，地主土地所有制继续保留，农奴制残余大量存在。但改革使2 000多万地主农民摆脱了农奴依附地位，为俄国资本主义的发展创造了有利条件。继农奴制改革之后，沙皇政府还先后进行了地方机构、市政、司法、军事等一系列资产阶级性质的改革，推动了社会发展。1861年改革标志着俄国资本主义时期的开始。

**俄国1905年革命** Russian Revolution in 1905 1905年俄国发生的资产阶级民主革命。1905年1月16日（俄历1月3日），彼得堡普梯洛夫工厂1.2万名工人为反对厂主开除4名工人举行罢工。其他工厂工人群起响应，几天内罢工人数达到15万人。沙皇政府密令加邦牧师，诱使工人游行。1月22日（俄历1月9日，星期日），14万工人和家属前往冬宫广场，准备向沙皇呈递请愿书，其中提出言论出版自由、8小时工作制、土地归农民、人民在法律上一律平等、召开立宪会议等要求。埋伏的军警向工人们开枪，96人死难，数百人受伤，史称流血的星期日。

野蛮屠杀激起各地罢工运动蓬勃发展。1～8月，全国参加罢工人数达80万。在罢工斗争中创造了工人代表苏维埃这一组织形式。6月间，黑海舰队装甲舰“波将金号”的水兵自发举行起义，击毙反动军官，把军舰开往正在举行总罢工的敖德萨。

10月20日起斗争逐渐发展为全俄各行各业政治罢工。参加罢工的有100多万工人。沙皇被迫于10月30日（俄历10月17日）颁布《十月十七日宣言》，答应召集具有立法权的国家杜马，允诺人民有言论、集会、出版、结社等自由。

12月20日，莫斯科工人代表苏维埃在布尔什维克党领导下举行总政治罢工，成立工人义勇队。十二月武装起义是1905年革命发展的最高峰。1906～1907年，革命运动逐渐走向低潮。1907年沙皇政府发动六三政变，宣布解散第2届国家杜马，革命遂告失败。

1905年革命使俄国工人阶级受到一次深刻的教育和锻炼，他们创造性地运用了总政治罢工、武装起义等斗争方式，创立新的组织形式——苏维埃，是无产阶级革命的一次总演习。

**俄亥俄河** Ohio River 北美洲密西西比河水量最大的支流。位于美国中东部。主流由阿勒格尼河和莫农格希拉河在宾夕法尼亚州西南部匹兹堡附近汇合而成，流向西南，其流路为俄亥俄、印第安纳、伊利诺伊3州与南面西弗吉尼亚、肯塔基两州之间的边界，最后在伊利诺伊州的开罗附近注入密西西比河。全长2 108千米，流域面积52.8万平方千米。河谷较窄，河宽一般为300～500米。比降不大，总落差130米，水流平均时速不足4.8千米。主要支流有卡诺瓦河、肯塔基河、沃巴什河、坎伯兰河、田纳西河等。河口年平均流量达7 952米$^3$/秒，提供密西西比河近一半的流量。全年水位变化春涨秋落。为防治春季降水和融雪造成的洪水泛滥，改善航行条件，从20世纪30年代以来，流域内先后兴建多处堤坝、水库和船闸系统，全河保持深约3米的航道，并建有运河与伊利湖相连。流域内人口稠密，工农业发达，河运繁忙，以煤、石油产品、沙石料、钢铁产品等为大宗。沿岸主要河港有辛辛那提、路易斯维尔、匹兹堡等。

**俄亥俄州** Ohio State 美国中央东北区一州。北临伊利湖，南、东南以俄亥俄河与肯塔基州、西弗吉尼亚州为界，东、西分别邻宾夕法尼亚州和印第安纳州。面积116 096平方千米，其中陆地面积106 068平方千米。人口1 148.59万（2008），居全国第7位；其中白人占85%，黑人占11.5%。州府和最大城市哥伦布，其他主要城市有克利夫兰、辛辛那提、托莱多等。

境内地势起伏平缓，平均海拔260米。东部阿勒格尼高原是阿巴拉契亚高原的一部分，海拔一般不足400米。西部属内陆低原，土壤肥沃，为主要农业区。北部伊利湖沿岸的湖滨平原地势较低，多沼泽湿地。主要河流如迈阿密河、赛欧托河、马斯金格姆河等，均南流注入俄亥俄河。温带大陆性湿润气候。1月平均气温-4～2℃，7月23～24℃；年降水量710～1 170毫米。森林覆盖率30%。

早期居民是印第安人。1669年法国人来此考察并经营皮毛贸易。1685年起英国人也开始涉足此地。两国为此展开长期争夺，1763年英国占有该地。独立战争后，根据1783年签订的《巴黎条约》归属美国。1803年加入联邦，成为美国第17州。

南北战争后，工业兴起，经济增长，19世纪末工农业生产已居美国诸州前列。属美国玉米带农区。种植业占农业收入的62%，主要作物大豆、玉米、冬小麦、干草以及水果、蔬菜等。畜牧业以养禽和猪、牛为主，鸡蛋、乳品、猪肉、牛肉产量也在全国占重要地位。矿业生产以采煤居首，其次是石油、天然气、岩盐和建筑石料等。美国主要工业州之一。工业部门多样齐全，其中以运输设备、工业机械、金属加工、钢铁、化工、电子和电气设备、橡胶、塑料和玻璃制品、食品加工等最为重要。地处横贯东西和纵贯南北的公路、铁路干线上，且有伊利湖和俄亥俄河水运之便，航

俄亥俄州秋日景色

空业也较发达。克利夫兰、阿什特比拉、托莱多为重要湖港。有俄亥俄州立大学、俄亥俄大学、奥伯林学院、辛辛那提大学等高等院校。

**俄勒冈州** Oregon State 美国太平洋沿岸一州。东邻爱达荷州，北界华盛顿州，南与加利福尼亚州和内华达州接壤，西濒太平洋。面积254 806平方千米，其中陆地面积248 647平方千米。人口379.01万(2008)，其中白人占86.6%，亚裔占3%。州府塞勒姆。最大城市**波特兰**。

境内地形以山地、高原为主，平均海拔1 000米。西部由南北纵贯的**喀斯喀特山脉**、沿太平洋岸延伸的海岸山岭以及介于其间的威拉米特谷地构成，约占全州面积的1/3。胡德山海拔3 426米，为全州最高点。东部主要属哥伦比亚高原，包括大片起伏平缓的熔岩高原，局部分布山地、盆地和河谷平原，约占全州面积的2/3。**哥伦比亚河**流经北部州界，境内河流多属该河支流，如威拉米特河、德舒特河等，另一条大支流斯内克河流经东部州界。河流水力资源丰富。主要湖泊有上克拉马斯湖、马卢尔湖等；火山口湖深达589米，为美国最深的湖泊。喀斯喀特山脉以西地区属温带海洋性气候，温和湿润，年降水量1 500～3 000毫米，森林茂密；东部属温带大陆性半干旱气候，冬寒夏暖，年降水量250～500毫米，自然植被以草原和半荒漠为主。森林覆盖率48%。

俄勒冈州喀斯喀特山脉

最早的居民是印第安人。16～17世纪西班牙和英国航海家曾到过这一带海岸。1792年美国船长R.格雷航行到此，发现并命名了哥伦比亚河。1805年美国总统派出刘易斯和克拉克率领的探险队考察西部，抵达俄勒冈太平洋沿岸。1846年6月美、英签订《俄勒冈条约》，该地归属美国。1848年建立俄勒冈领地，其范围包括今俄勒冈、华盛顿、爱达荷3州以及蒙大拿、怀俄明两州部分地区。1853年另设华盛顿领地后，俄勒冈于1859年加入联邦，成为美国第33州。

经济长期以林业和农业以及林、农产品加工业为主。20世纪后半期以来，随着制造业、商贸、旅游和服务业的发展，经济渐趋多样化。农业收入的70%以上来自种植业，主要种植小麦、大麦、干草、水果、蔬菜等。畜牧业以养牛为主，包括肉牛和乳牛。近海渔业捕捞鲑鱼、金枪鱼等。林业资源丰富，美国最大的木材生产州，其中软木约占全国1/6。木材加工业仍是该州突出的工业部门，包括各类胶合板、纤维板生产以及纸浆、造纸、家具等。其他制造业部门有食品加工、工业机械制造、金属冶炼和加工等。以波特兰为中心的高科技产业发展较快，包括微电子、计算机及元件、生化制品等。电力工业以水电为主。威拉米特谷地是全州人口、城市和经济的集中地。交通便利，公路和铁路干线贯穿东西、南北。哥伦比亚河提供深水航道。主要机场7个。

旅游业在发展中，州内辟有许多吸引游客的国家公园、森林保护区、游览区、娱乐区等，如火山口湖国家公园、哥伦比亚河谷国家风景区、俄勒冈洞穴国家保护区等名胜。有俄勒冈州立大学、俄勒冈大学、波特兰州立大学、里德学院等高等院校。1984年9月与中国福建省建立友好州省关系。

**俄罗斯** Russia; Rossiya 世界上领土面积最大的国家。全称俄罗斯联邦。位于欧洲东部和亚洲北部。北临北冰洋，东濒太平洋，隔海与美国、日本相望；西北濒波罗的海芬兰湾。陆上自西向东分别同挪威、芬兰、波兰、立陶宛、爱沙尼亚、拉脱维亚、白俄罗斯、乌克兰、格鲁吉亚、阿塞拜疆、哈萨克斯坦、中国、蒙古、朝鲜14个国家接壤。国土面积1 707.54万平方千米，居世界第一位。人口1.419亿(2010)。俄罗斯是多民族国家，有180多个民族。其中人口在100万人以上的有：俄罗斯人、鞑靼人、乌克兰人、楚瓦什人、巴什基尔人、白俄罗斯人和莫尔多瓦人；人口在50万～100万的民族有：车臣人、德意志人、乌德穆尔特人、马里人、哈萨克人、阿瓦尔人、犹太人、亚美尼亚人。其中俄罗斯人占全国总人口的79.8%。首都**莫斯科**。

**地理** 俄罗斯幅员辽阔，横跨东欧和北亚的大部分地区，南北宽2 500～4 000千米，东西最长达9 000千米，自然条件具有明显的多样性、复杂性和纬度地带性。地形西、北部低，东部及东南部高。平原约占全国总面积的70%。乌拉尔山脉以西为平均海拔170米的波状起伏的俄罗斯平原，乌拉尔山以东、叶尼塞河以西为地势低平（海拔50～150米）的**西西伯利亚平原**。叶尼塞河与勒拿河之间为平均海拔500～700米的中西伯利亚高原，由于河流切割，地面较破碎。西南部、东南部及东部为山地。最高峰为大高加索山脉的厄尔布鲁士山，海拔5 642米。

气候 俄罗斯国土大部位于北纬50°～70°，其中约有1/5的国土在北极圈内。因而大部分属于温带和亚寒带大陆性气候，北极圈以内属寒带气候。

水系 俄罗斯长度超过10千米的河流有12万条，总长度约230万千米。可分为四大水系，其中注入北冰洋的有北德维纳河、**伯朝拉河**、**鄂毕河**、**叶尼塞河**、**勒拿**

图1 莫斯科城市风光

图2 贝加尔湖

河、因迪吉尔卡河、科雷马河等；注入太平洋的有阿穆尔河（黑龙江）和阿纳德尔河；注入里海的有伏尔加河；注入亚速海－黑海的有顿河。其中长度超过4 000千米的大河有：鄂毕河、勒拿河及叶尼塞河。伏尔加河为欧洲第一大河。约有200万个淡水湖和咸水湖，其中面积最大的为贝加尔湖，其最大深度和蓄水量均居世界第一。此外，尚有拉多加湖和奥涅加湖等。

土壤、植被与动物　俄罗斯的土壤、植被与动物等自然要素，从北到南呈现出明显的纬度地带性，自北向南依次有：①极地荒漠带。②苔原带和森林苔原带。③森林带。④温带森林草原和草原带。⑤温带半荒漠和荒漠带。此外，在外高加索山脉西侧的黑海沿岸，从图阿普谢－索契的狭长地带，属于湿润的亚热带地区。

自然资源　俄罗斯自然资源十分丰富，种类多，储量大。其中以土地资源、森林资源、水资源和矿产资源最重要。耕地面积占国土面积的13%。森林覆盖率51%，其中西伯利亚和远东地区占3/4强。森林树种构成上，针叶林覆盖面积占73.6%，软阔叶林占13.8%；硬阔叶林占2.2%。

俄罗斯是世界上淡水资源最丰富的国家之一。全国河川年平均径流量4 262立方千米，地区分布不平衡，约有65%流入北冰洋，另有1/5强流入太平洋。水能资源的潜在蕴藏量达2.5万亿千瓦·时。俄罗斯矿产资源的特点是：①种类多，储量丰富。煤、石油、天然气、铁、铜、铅、锌、镍、钒、金、铂族金属、石棉、云母、钾盐、磷矿、硫铁矿、金刚石等的探明储量均居世界前列。其中煤炭探明储量2 000亿吨，居世界第2位；石油剩余探明储量65亿吨，占世界的13%；天然气探明储量48万亿立方米，占世界的35%；铁矿石蕴藏量居世界第一位，约占世界的30%。②分布集中，大型矿和共生矿多。③在地域上结合得较好。

俄罗斯官方语言为俄语，各民族语言有130多种，其中约70种语言有文字。居民多信奉东正教、天主教、伊斯兰教、喇嘛教和犹太教，少数保持原始宗教信仰，部分人为无神论者。

历史　俄罗斯境内自远古时代就有人类居住。6世纪，东斯拉夫人逐渐向今俄罗斯的欧洲部分等地区迁徙。9世纪出现阶级社会。9世纪末，东斯拉夫人各族结成以基辅为中心的封建国家——基辅罗斯大公国。11世纪中期起，基辅罗斯开始分解为10多个独立的封建公国。13世纪罗斯诸公国曾被蒙古人征服，一度建立“金帐汗国”。14～15世纪，莫斯科大公国在东北罗斯和北部罗斯公国中崛起，先后兼并了诺夫哥罗德、普斯科夫、特维尔、斯摩棱斯克及梁赞诸公国。1547年伊凡四世（雷帝）加冕为沙皇，大力扩展版图。16～17世纪，伏尔加河流域、乌拉

图3 俄罗斯堪察加州的少女欢度民歌节

尔和西伯利亚先后加入俄罗斯。17世纪中期，乌克兰和俄罗斯合并为统一国家。彼得一世执政期间，在政治、财政经济、军事和文化等方面进行一系列改革，促进了社会经济和文化的发展，同时推行对外扩张政策，获得波罗的海出海口，将南方领土扩展到里海地区，俄罗斯从此成为欧洲强国。1721年俄罗斯改称帝国。1812年俄罗斯击退了拿破仑军队的入侵。1825年12月，圣彼得堡十二月党人起义标志着俄国革命运动的开始。1861年实行农奴制改革，资本主义迅速发展，俄国逐步成为军事封建帝国主义国家。1917年3月（俄历2月）爆发二月革命，推翻罗曼诺夫王朝，建立资产阶级临时政府。同年11月7日（俄历10月25日）V.I.列宁领导布尔什维克发动武装起义，推翻临时政府，建立世界上第一个社会主义国家——俄罗斯苏维埃联邦社会主义共和国，简称苏俄。1918～1920年，粉碎了14国武装干涉和国内武装叛乱。1921年3月起实行新经济政策，工农业生产得到恢复。1922年12月30日，俄罗斯联邦与乌克兰、白俄罗斯、南高加索联邦结成联盟，成立苏维埃社会主义共和国联盟，简称苏联。1924年，列宁逝世，J.斯大林接任苏联领导人。1928年开始实行以优先发展重工业为主体的社会主义工业化。接着又于1929年开始农业集体化运动。1936年，苏联扩展到由俄罗斯、乌克兰、白俄罗斯、哈萨克、土库曼、乌兹别克、吉尔吉斯、塔吉克、阿塞拜疆、格鲁吉亚、亚美尼亚11个加盟共和国组成。1939年9月至1940年7月，苏联边界向西推移，领土扩大47.6万平方千米，新建卡累利阿－芬兰（1956年并入俄罗斯）、摩尔达维亚、爱沙尼亚、拉脱维亚、立陶宛5个加盟共和国。1941～1942年，苏联部分领土被法西斯德国军队占领，乌拉尔、西西伯利亚和伏尔加河流域发展为重工业和军事工业基地。第二次世界大战后，佩琴加地区、东普鲁士的部分地区被并入苏联。1953年斯大林逝世后，N.S.赫鲁晓夫、L.I.勃列日涅夫、Yu.V.安德罗波夫、K.U.契尔年科、M.S.戈尔巴乔夫先后担任苏联领导人。1990年6月，俄罗斯联邦最高苏维埃宣布俄联邦在其境内拥有“绝对主权”。1991年8月19日，苏联发生八一九事件。同年9月6日，苏联国务委员会通过决议，承认波罗的海沿岸3国独立；12月8日，俄罗斯、乌克兰、白俄罗斯3个共和国领导人在别洛韦日签署《独立国家联合体协议》，宣布组成独立国家联合体；12月21日，苏联11个加盟共和国（不包括波罗的海3国和格鲁吉亚）领导人签署《阿拉木图宣言》和《独立国家联合体协议议定书》；12月26日，苏联最

图4 克里姆林宫俯瞰

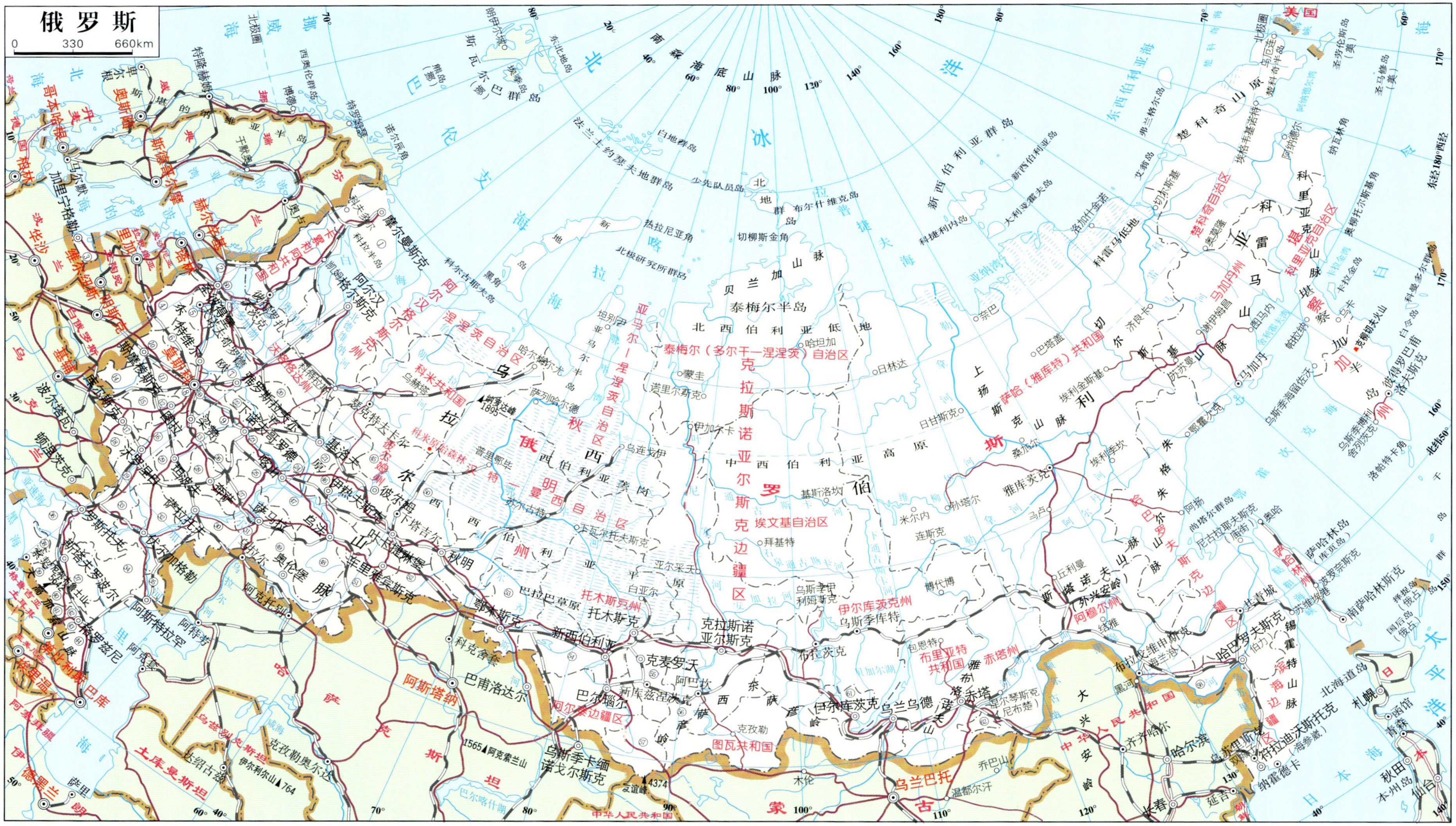


① 摩尔曼斯克州
② 列宁格勒州
③ 加里宁格勒州
④ 普斯科夫州
⑤ 诺夫哥罗德州
⑥ 特维尔州
⑦ 雅罗斯拉夫尔州
⑧ 莫斯科州
⑨ 弗拉基米尔州
⑩ 斯摩棱斯克州
⑪ 卡卢加州
⑫ 图拉州
⑬ 梁赞州
⑭ 布良斯克州
⑮ 奥廖尔州
⑯ 利佩茨克州
⑰ 库尔斯克州
⑱ 别尔哥罗德州
⑲ 沃罗涅日州
⑳ 科斯特罗马州
㉑ 基洛夫州
㉒ 伊万诺沃州
㉓ 下诺夫哥罗德州
㉔ 马里埃尔共和国
㉕ 楚瓦什共和国
㉖ 莫尔多瓦共和国
㉗ 乌里扬诺夫斯克州
㉘ 奔萨州
㉙ 坦波夫州
㉚ 萨拉托夫州
㉛ 萨马拉州
㉜ 伏尔加格勒州
㉝ 罗斯托夫州
㉞ 卡尔梅克共和国
㉟ 阿斯特拉罕州
㊱ 克拉斯诺达尔边疆区
㊲ 斯塔夫罗波尔边疆区
㊳ 阿迪格共和国
㊴ 卡拉恰伊—切尔克斯共和国
㊵ 卡巴尔达—巴尔卡尔共和国
㊶ 北奥塞梯—阿兰共和国
㊷ 印古什共和国
㊸ 车臣共和国
㊹ 达吉斯坦共和国
㊺ 科米—彼尔米亚克自治区
㊻ 乌德穆尔特共和国
㊼ 鞑靼斯坦共和国
㊽ 巴什科尔托斯坦共和国
㊾ 奥伦堡州
㊿ 斯维尔德洛夫斯克州
51 车里雅宾斯克州
52 库尔干州
53 鄂木斯克州
54 新西伯利亚州
55 克麦罗沃州
56 哈卡斯共和国
57 阿尔泰共和国
58 犹太自治州
59 莫斯科直辖市
60 圣彼得堡直辖市
61 乌斯季奥尔登斯基布里亚特自治区
62 阿加布里亚特自治区

高苏维埃举行最后一次会议，宣布苏联停止存在。至此，苏联解体，各加盟共和国独立，俄罗斯联邦成为完全独立国家。

**政治** 俄罗斯独立后沿用1977年制定的《俄罗斯苏维埃联邦社会主义共和国联盟宪法（根本法）》，后进行了重大修改。1993年12月经全民公决通过了新宪法，规定俄罗斯是由共和国、自治州、民族自治区、州、边疆区以及莫斯科和圣彼得堡市等主体组成的统一的联邦制国家，确立了总统制的国家领导体制。总统为国家元首和武装部队总司令，拥有批准、签署法令，实行总统直接统治，向议会提名政府总理人选以及解散议会等权力。俄罗斯联邦议会为国家最高立法机构，由联邦委员会（上院）和国家杜马（下院）组成，每届任期4年。俄罗斯联邦政府为国家权力最高执行机关（曾称联邦部长会议），由总理、若干名副总理以及有关部、国家委员会、联邦局、联邦署、联邦监察局等组成。

俄罗斯联邦司法机关主要有联邦宪法法院、联邦最高法院、联邦最高仲裁法院以及联邦总检察院。

截至2009年5月底，俄正式登记的政党有7个，社会团体约20多万个。其中在俄政治生活中较有影响的政党有："统一俄罗斯"党、俄罗斯联邦共产党、公正俄罗斯党、俄罗斯自由民主党等。

**军事** 苏联解体后，俄罗斯继承了苏联的大部分军事力量，为世界有影响的军事强国之一。除正规军外，俄罗斯武装力量还包括边防、内务、安全、政府通信、民防和铁道部队。军队人数不得超过全国人口总数的1%；实行义务兵与合同兵的两种兵役制度等。俄军队总人数为113.4万，其中有正规军（包括陆、海、空军）94.6万人。2009年军费开支为341.05亿美元。

**经济** 1991年苏联解体后，俄当局彻底抛弃实施70多年的计划经济体制，对内采取"休克疗法"，推行以大规模私有化和全盘自由化为核心的激进的经济改革，由于在财政、货币、私有化等领域出现一系列政策失误，导致经济连年下滑。1998年，俄爆发金融危机，经济再趋恶化。1999年，受卢布贬值和国际市场油价上升，以及政府大幅度调整经济政策、加强国家宏观调控等内外多种因素的综合影响，经济呈好转势头。2009年，国内生产总值为391 007亿卢布（约13 308亿美元），人均国内生产总值约9 108美元，已进入中等发达国家行列。

俄罗斯经济的基本特点为：①国民经济基础雄厚，部门齐全，工农业及交通运输业在世界均占有一定的地位。其中石油、天然气、发电量、钢铁、化肥、木材、牛奶、动物油、水产品等产量均居世界前列。②经济结构以工业占主导地位，农业居次要地位，第三产业总量虽较大，但仍不能满足需要。工业以重工业为主体，轻重工业比例严重失调。其中航天航空、核技术、舰艇等军工部门在世界居领先地位；制造业的规模较大但技术水平不高；轻纺、食品等部门则较落后。第三产业以传统的商贸、交通运输、公用事业为主；新兴的金融、保险、物流、信息、咨询等现代服务业发展较慢，比重亦较小。③经济分布不平衡。欧洲部分地区约占全国经济总量的3/4，亚洲部分地区仅占1/4。

**工业** 俄罗斯是世界主要能源生产大国之一。2009年主要能源产量为：煤炭29 850万吨，石油49 370万吨（包括天然气凝析油），天然气5 836亿立方米，发电量9 922亿千瓦·时。

电力工业以大机组、大电厂为主。电厂总装机容量达2 149万千瓦，其中火电占68.5%，水电占20.8%，核电占10.6%（2002）。

冶金工业包括钢铁和有色金属两大部门。钢产量5 920万吨（2009），以大型钢铁企业为主体。

主要有分布不同地区的炼铝、铜、铅、锌、镍等。有色金属冶炼铝工业由于单位产品能耗大，主要集中分布于大型水、火电站附近。炼铜工业分布于乌拉尔的克拉诺乌拉尔斯基、基洛夫格勒、列夫达、卡拉巴什、铜山。铜的精炼则集中于乌拉尔的上培什马、克什特姆及铜材的消费地。铅锌冶炼主要分布于乌拉尔的车里雅宾斯克，西西伯利亚的别洛沃（炼锌），北高加索的弗拉奇卡夫卡兹及远东区的达利涅戈尔斯克（炼铅）。炼镍工业集中于东西伯利亚北部的诺里尔斯克，科拉半岛的蒙切戈尔斯克、尼克利，以及乌拉尔的奥尔斯克－哈利洛沃、上乌法列沃和列日。

机械工业约占全国工业总产值的1/5、工业生产固定资金的近1/4和工业从业人员的1/3强。

化学工业原料以石油、天然气为主。此外还有化工矿物、煤炭和木材等。

**农业** 2009年俄罗斯农业总产值2.6万亿卢布，其中粮食产量达9 703万吨，耕地面积占国土面积13%。主要农作物有小麦、大麦、燕麦、玉米、水稻和豆类。经济作物以亚麻、向日葵和甜菜为主。

畜牧业为另一重要农业部门，主要有养牛、羊等，此外，北部苔原带的养鹿业（驯鹿）、森林带的养兽业（珍贵皮毛兽）和狩猎业也占有一定的地位。

俄罗斯可采伐的木材蓄积量达807亿立方米。在邻近采伐区的一些交通中心，发展了家具工业和制浆－造纸业。

**交通运输** 至2007年底，铁路8.5万千米，硬面公路75.5万千米，内河通航里程10.2万千米。全国货物总周转量为49 100亿吨公里。海运以远洋运输为主，主要港口有黑海沿岸的新罗西斯克，波罗的海沿岸的圣彼得堡和加里宁格勒，太平洋沿岸的符拉迪沃斯托克、纳霍德卡、东方港，巴伦支海沿岸的摩尔曼斯克和阿尔汉格尔斯克。至2007年底，全国石油、天然气输送管道总长22.4万千米。

**经济区域** 2000年，俄罗斯将全国83个联邦主体划分为中部联邦区、西北联邦区、南部联邦区、伏尔加河流域联邦区、乌拉尔联邦区、西伯利亚联邦区和远东联邦区7个联邦区。

俄货币为卢布。1997年底实行币值改革，发行新卢布（1新卢布＝1 000旧卢布），旧卢布退出流通。

2009年俄罗斯外贸进出口总额为4 690亿美元，其中进口1 674亿美元。俄与世界上约160个国家和地区有经贸关系，主要贸易国有德国、白俄罗斯、美国、乌克兰、意大利、荷兰、中国、英国、瑞士、哈萨克斯坦及日本等。主要出口商品为石油及天然气、金属及制品、机械设备、化工产品、木材及纸浆等，进口商品主要为机械及运输装备、粮食、金属、化工原料与产品及轻工产品等。

图5 *库兹涅茨克煤矿*

文化 俄罗斯教育体制分为学前教育、普通教育和高等教育。全国已基本消灭文盲。截至2008年，俄共有各类教育机构10.5万余所，在校学生人数3 572余万。主要高等院校有莫斯科大学、圣彼得堡大学、莫斯科鲍曼技术大学等。

俄出版各类报纸杂志3万多种。图书出版社约70个。主要报刊有《新闻时代报》、《俄罗斯报》、《独立报》、《劳动报》、《消息报》等。俄罗斯国家通讯社为俄通社－塔斯社。

俄罗斯电视台有第一频道电视台、俄罗斯电视台、独立电视台、莫斯科中心电视台等。

俄罗斯广播电台有"俄罗斯之声"国家广播公司、"灯塔"电台、莫斯科"回声"电台等。

俄罗斯名胜古迹众多，主要有：莫斯科的克里姆林宫、红场、瓦西里升天教堂、普希金造型艺术博物馆、大剧院、新圣母公墓；圣彼得堡的冬宫、艾尔米塔什国家博物馆；伏尔加河上游，贝加尔湖，堪察加半岛的"死亡谷"，以及黑海海滨著名疗养胜地索契等。

图6 列入《世界遗产名录》的俄罗斯新圣女修道院

对外关系 俄罗斯独立后，其外交政策处在不断调整和变化之中。独立初期，把同西方建立伙伴关系，并进而成为盟友关系置于外交首位。自1992年下半年起通过调整其外交政策，将亚太地区作为外交的另一个重点。其后，又重视加强与周边国家的睦邻友好关系，一度将与独联体国家关系置于优先地位，改善与第三世界国家关系，发展互惠互利的经济合作。1994年起，俄强调实行独立外交政策。截至2010年5月30日，已与191个国家建立外交关系。俄罗斯与中国于1991年12月27日签署会谈纪要，继承中国与苏联的外交关系。

**俄罗斯国立图书馆** Russian State Library 俄罗斯联邦国家图书馆之一。成立于1862年。位于莫斯科。该馆是欧洲最大的图书馆，也是仅次于美国国会图书馆的世界第二大图书馆。馆藏有247种语言的4 200万册（件）藏书。每年以30万～40万册（件）的速度增长。馆藏中有大量俄国及外国著名作家、诗人、艺术家、哲学家、政治家的手稿、作品和著作的最早版本等珍贵文献。

该馆是俄罗斯各民族印刷出版物、外国文献、手稿、图书和资料的国家保存库，书目推荐中心，馆际互借和国际图书交换的协调中心，图书馆学、目录学和图书史的国家科学研究机构和信息机构以及文化中心。出版物有《国外图书馆学与目录学》等。

俄罗斯国立图书馆馆舍建筑面积共12万平方米。接待18岁以上的国内外公民，每日接待读者4 600人次。

**俄罗斯科学院** Russian Academy of Science; RAS 俄罗斯最高科学和技术研究机构，兼全国科学研究主要协调机构。俄文名为Российская Академия Наук。又称俄国科学院。1724年2月9日由沙皇彼得一世在圣彼得堡创建。1725年，由彼得一世的遗孀叶卡捷琳娜一世改为俄罗斯科学与艺术研究院。以后曾称皇家科学院、俄国圣彼得堡科学院等名，1925年改名苏联科学院。1934年，院址由列宁格勒（今圣彼得堡）迁到莫斯科，此时已拥有25个研究所。1990年初下属有260多个研究所。随着苏联解体和俄罗斯联邦的成立，1992年1月复用现名。它由院士、通讯院士和外籍院士组成。第一位俄国院士是1742年当选的M.V.罗蒙诺索夫。有200多个研究所，1 200多名院士。

**俄罗斯联邦中央国家档案馆** State Archive of Russian Federation 俄罗斯联邦所有中央级国家档案馆的总称。1991年底苏联解体，俄罗斯联邦政府发布了一系列命令和决定，对苏联共产党系统的档案和档案馆以及苏联中央国家档案馆进行接管、改组和更名，从而组成了全新的俄罗斯联邦中央国家档案馆网。由俄罗斯联邦国家档案馆、俄罗斯国家古代档案馆等12个中央国家档案馆，俄罗斯现代史文件保管和研究中心、当代文件保管中心等5个文件保管中心组成。上述文件保管中心实际上也都是档案馆。与欧美国家设立的文件中心不同的是，它们不是过渡性的保管机构，而是永久性的档案保管基地。

**俄罗斯人** Russians 俄罗斯主体民族。约1.47亿人（2001）。其中1.2亿人聚居在俄罗斯联邦境内，约占全国人口83%；此外，约有2 560万人分布在俄罗斯以外的原苏联地区，形成欧亚大陆跨国界最多的民族；另外，约有130万人分布在加拿大、美国、巴西、阿根廷、澳大利亚、新西兰、波兰、罗马尼亚、斯洛伐克等国。属欧罗巴人种大西洋－波罗的海类型。操俄语，属印欧语系斯拉夫语族东斯拉夫语支。文字采用斯拉夫字母。多信东正教，部分地区仍保留传统信仰，崇拜精灵、祖先和巫术。

俄罗斯女子

俄罗斯人起源于古罗斯部落联盟，由东斯拉夫各部落在9世纪末建立基辅罗斯的过程中形成的，含有后来形成的乌克兰人和白俄罗斯人成分。11世纪中期起，基辅罗斯开始分解为10多个独立的封建公国。13世纪罗斯诸公国曾被蒙古人征服。14～15世纪莫斯科大公国崛起，于15世纪末16世纪初以莫斯科城为中心建立了俄罗斯中央集权国家，形成俄罗斯民族。16世纪中期，大公伊凡四世（雷帝）正式加冕自称"沙皇"，从此莫斯科公国被称为沙皇俄国，开始向外扩张达300年之久。俄罗斯人与大量被征服地区的居民发生广泛接触，至19世纪后半叶形成俄罗斯现代民族。

俄罗斯人主要从事农业，种植小麦、大麦、燕麦等谷物和甜菜、向日葵、亚麻、土豆、大豆等经济作物。畜牧业以饲养奶牛、猪、羊、北方鹿为主。各地传统手工业发达，以木工、制毯、陶器、毛皮等为主。工业以机械制造、燃料、电力、化工、纺织、食品工业为主。传统住房有特色：北方农村是高大的圆木架成的壁式房屋，地板高出地面，室内高且有大火炉；南方住房较矮小。传统饮食有黑麦面包、薄饼、馅饼、果子糕、酸黄瓜、鱼子酱、白菜汤、红甜菜汤等。饮料以克瓦斯和啤酒最为普及。民间艺术享有盛名，除壁画、写生画、版画外，还有木雕、陶器、金属和石器加工、珠宝、刺绣和花边工艺品等。民间口头文学丰富，以歌颂爱国英雄的壮士歌、历史叙事歌曲、喜庆抒情歌曲为主。音乐和舞蹈风格奔放，民族色彩浓郁。

**《俄罗斯人》** *Russian* 苏联作家K.M.西蒙诺夫的三幕正剧。写于1942年。苏联卫国战争时期，某个城市部分被德国军队占领。寡妇玛尔法的家成了被德军包围的红军营长、她的儿子萨方诺夫与原市委书记进行联络的地点。萨方诺夫在极其困难的条件下勇敢地组织部队坚守阵地，并得到当地居民的积极支持。在苏军大部队攻入城中后，德军狗急跳墙，疯狂屠杀，萨方诺夫救出了联络员，却发现他的母亲已经英勇牺牲。然而，他不顾悲痛，立刻又投入了消灭敌人的战斗。该剧热情歌颂了苏联人民反抗德国侵略者的英雄主义精神，苏联几乎每个剧院都曾上演。

**俄罗斯文学** Russian literature 俄国或俄罗斯民族用俄语创作的文学作品。

古代文学 俄罗斯文学和乌克兰、白俄罗斯文学同出一源，发轫于基辅罗斯988年定基督教为国教后的10世纪与11世纪之交。自此直到17世纪初，俄罗斯外患内乱不断，影响了文学的发展，曾经出现过一些作品，多为融宗教、历史于一体之作。只有12世纪末佚名作者的《伊戈尔远征记》以史诗般雄浑生动的文笔叙述1185年诺夫哥罗德谢维尔斯基大公伊戈尔孤军出征南方波洛夫人兵败被俘及最后回国的经历。

从17世纪中叶开始，由于全俄市场的形成和国际文化交流的开展，俄罗斯文学渐渐丰富起来。司祭长阿瓦库姆·彼得罗维奇的《行传》(1672～1675) 和宫廷诗人西梅翁·波洛茨基的创作，显示了宗教文学的新发展。还出现了《萨瓦·格鲁德岑的故事》、《弗罗尔·斯科别耶夫的故事》等反映社会生活、具有民主倾向的世俗传奇故事作品。

18世纪文学 18世纪的俄罗斯文学，以沙皇彼得一世的社会改革为契机，反对守旧和愚昧、宣传开明君主和启蒙思想的古典主义占了主导地位。主要代表人物有科学家兼诗人M.V.罗蒙诺索夫、悲剧作家A.P.苏马罗科夫、讽刺杂志的编辑出版家N.I.诺维科夫、在颂诗中包含讽喻的宫廷诗人G.R.杰尔查文以及著名讽刺剧《纨绔少年》(1782) 的作者D.I.冯维辛等。

图1 普希金的诗体小说《叶甫盖尼·奥涅金》插图

18世纪末，贵族作家N.M.卡拉姆津和革命家A.N.拉季舍夫打破古典主义美学禁忌，将卑贱者的形象引入文学。前者的小说描写普通青年男女的爱情悲剧，后者以《从彼得堡到莫斯科旅行记》(1790) 表现农民的苦难和愤慨。他们的格调大不相同，却均以渲染主人公哀婉的内心感受为特点，标志着俄国感伤主义文学的兴起。当时属于这个流派的，还有I.I.德米特里耶夫等。

19世纪文学 受1812年反拿破仑战争胜利引发民族意识高涨和社会动荡的影响，19世纪初的俄罗斯文学变化较快，带有新旧交接的性质。I.A.克雷洛夫的寓言和A.S.格里鲍耶陀夫的喜剧，虽然遵循古典主义的诗艺规范，但所展示的俄罗斯社会的冲突、情节、形象和生动语言，已具有鲜明的现实主义特色。感伤主义迅速为浪漫主义所取代。V.A.茹科夫斯基的诗歌脱胎于卡拉姆津，追求内心自由和谐，流露出悲观遁世情调；K.F.雷列耶夫等十二月党人的诗歌和小说更多继承拉季舍夫的传统，洋溢着反对暴政和争取自由的革命思想。

图2 托尔斯泰的作品《战争与和平》插图

大约自19世纪20年代中期开始，俄罗斯文学中的浪漫主义让位给以强调冷静客观地观察和描写生活、塑造典型环境中的典型人物为主要特征的现实主义。原来和十二月党人一起同属于浪漫主义诗人的A.S.普希金，从这时起先后创作大量现实主义的戏剧、小说和诗歌，他因此被尊为俄罗斯近代文学之父。稍后的M.Yu.莱蒙托夫首先是个浪漫主义诗人，N.V.果戈理也起步于浪漫主义并始终保持着浪漫气质，但前者的长篇小说《当代英雄》及后者的剧作和小说都是严峻的现实主义之作。他们分别从心理分析和幽默讽刺两个不同的方面进一步丰富和巩固了普希金的现实主义艺术。批评家V.G.别林斯基主要通过对这三位作家创作的分析评论，为现实主义（当时叫自然派）奠定了坚实的理论基础，使之从此成为半个多世纪里俄罗斯文学的主流。此后涌现的A.I.赫尔岑、I.A.冈察洛夫、I.S.屠格涅夫、N.A.涅克拉索夫、F.M.陀思妥耶夫斯基、A.N.奥斯特洛夫斯基、M.Ye.萨尔蒂科夫、L.N.托尔斯泰和A.P.契诃夫等，都是世界一流的小说、诗歌、戏剧巨匠。

19世纪末20世纪初，俄罗斯文学形成多个流派同时并存的局面。I.A.布宁、A.I.库普林、L.N.安德列耶夫等人的小说创作基本上沿着19世纪现实主义的道路前进，同时流露出较多的感伤情调。V.G.柯罗连科、A.S.绥拉菲莫维奇和M.高尔基等人的创作试图把现实主义和浪漫主义结合起来以反映新的现实；其中后者的小说《母亲》和剧作《仇敌》因为较好地做到了这种结合，开了后来被定名为社会主义现实主义的先河。此外还出现了不少以否定传统、大胆创新为特点的现代主义文学流派，其中影响较大的，有以D.S.梅列日科夫斯基、A.A.勃洛克和A.别雷等为代表的象征派，以N.S.古米廖夫和A.A.阿赫马托娃为代表的阿克梅派诗歌，以S.A.叶赛宁为代表的意象派和以V.V.马雅可夫斯基为代表的未来派等。

苏联俄罗斯文学 1917年十月革命胜利至1991年是苏联时代的俄罗斯文学。

苏维埃俄国初期，文学界存在许多作家团体，派别之争激烈，创作不多。代表当局主管文艺的A.V.卢纳察尔斯基为团结作家队伍做了大量工作。不久，执政的共产党和苏维埃政府加强了对文艺事业的领导，提倡以社会主义现实主义为基本创作方法。因此，除高尔基和绥拉菲莫维奇等老作家及D.A.富尔曼诺夫、A.A.法捷耶夫和M.A.肖洛霍夫等文坛新秀外，马雅可夫斯基、A.N.托尔斯泰、I.G.爱伦堡、K.A.费定和L.M.列昂诺夫等原起步于各现代主义流派的作家，都很快转向社会主义现实主义，其诗歌、小说、戏剧创作盛极一时。第二次世界大战后活跃于文坛的诗人A.T.特瓦尔多夫斯基，诗人兼戏剧、小说作家K.M.西蒙诺夫以及小说家V.A.柯切托夫、Yu.V.邦达列夫和V.G.拉斯普京等的创作，增强了对苏维埃现实中缺点错误的暴露批判，使社会主义现实主义文学具有了新的特色。苏维埃俄罗斯文学中不按照社会主义现实主义方法进行创作而产生广泛影响的，有反乌托邦小说作家Ye.I.扎米亚京、象征派诗人和小说家B.L.帕斯捷尔纳克、剧作家和讽刺小说家M.A.布尔加科夫、幽默讽刺作家M.M.左琴科、带意识流特色的乡土小说家A.P.普拉托诺夫、古风派小说家A.I.索尔仁尼琴以及现实批判派作家Yu.V.特里丰诺夫等。

苏联解体后的俄罗斯文学 1991年底

图3 1920年高尔基（后）和列宁

苏联正式宣布解体。社会主义文学在整个文学创作中已不占重要地位。自由派作家在对苏联70余年历史进行清算后，淡化了政治色彩。在艺术上，他们进行各种试验。曾一度出现后现代主义热。传统派作家把目光转向俄罗斯的过去，创作了一批历史题材小说。俗文学也得到较大发展。俄罗斯文学呈现出多元化的图景。

**俄罗斯园林** Russian gardens 有关俄罗斯园林的记载始于12世纪。中世纪时寺院的园林颇为兴盛，贵族庄园中也有幽雅的园林，多以实用为主。17世纪末至18世纪初彼得大帝统治时期，俄国同西欧国家交往频繁，俄国园林因受法国园林和意大利园林风格的影响，进入一个新的阶段。出现了气概宏伟的宫苑，严整对称的规则式布局风行一时。园林的功能由实用为主转为以娱乐、休息和美化环境为主。莫斯科的库斯科沃、阿尔汉格尔斯克庄园，圣彼得堡的夏花园、彼得宫（又称夏宫，见图）和皇村是这个时期的代表作，并且留存至今。

圣彼得堡的彼得宫喷泉

18世纪末，英国自然风致园风靡欧洲，俄国也纷纷出现自然风景园。乌克兰的索非耶夫卡为早期代表作，园中没有直线道路、行列式种植和形状规整的水池、喷泉、花坛等，出现野草丛生的废墟、隐士草庵等浪漫主义情调的景物。圣彼得堡的巴甫洛夫斯克公园始建于1777年，是在俄罗斯自然森林风景的基础上建造的。该园既有规则式的布局，也有浪漫主义的痕迹，而大片森林则是全园的主体。各具特色的艺术风格使巴甫洛夫斯克公园被誉为俄罗斯园林的典范。

**俄罗斯正教会** Russian Orthodox Church 现在世界上最大的东正教自主教会。

988年，基辅罗斯大公弗拉基米尔一世率民众在第聂伯河接受拜占廷教士施洗，全民皈信基督教，史称“罗斯受洗”。12世纪莫斯科大公国兴起之后，以东正教作为国家的象征和民族意识的根基。俄罗斯的都主教区由君士坦丁堡牧首管辖，属于希腊正教会的组成部分。1448年俄罗斯正教会自行召集主教会议，选举梁赞主教约纳为都主教，是为其对君士坦丁堡牧首显示自主性之始。1453年，君士坦丁堡陷落，正教会所在的地中海东部各国先后被信奉伊斯兰教的奥斯曼土耳其人占领，东正教会势力大减。俄罗斯正教会借助沙皇支持，进一步摆脱普世牧首，宣称俄国政权承继罗马帝国，莫斯科是“第三罗马”，有取代“新罗马”君士坦丁堡地位之势。1589年莫斯科都主教区改为“牧首区”，俄罗斯正教会正式成为自主教会。

1653年，牧首尼康开始进行礼仪改革，同时修订《圣经》俄译本。1721年，彼得大帝颁布宗教事务管理条例，废除俄国正教牧首制度，成立由沙皇控制的最高宗教事务会议来管理教会，主教公会成员须效忠于沙皇，其首脑和各教区主教的任命亦由沙皇控制，并规定正教为俄国国教。

1917年俄国二月革命后，临时政府恢复了牧首制。1918年苏维埃政府颁布了教会与国家分离的法令，废除国教制度，此后又一度废除牧首制，直至1943年恢复。十月革命前信徒有1.5亿人，教堂近8万座，教士约30万人，男女修道院共1 000余个，神学院校约60所。1992年6月，乌克兰正教会脱离了莫斯科牧首区而成为自主教会。11月俄罗斯政府宣布把全部教堂、修道院以及教会所有的财产、文物、图书等归还教会，当年教堂数目即已达到1.5万个，神学院校达38所。自1961年起，俄罗斯正教会成为基督教协进会（W.C.C.，又译世界教会联合会）成员，参加了普世合一运动。

俄罗斯正教会在信仰上一直保留古代教会最初七次公会议的信条，同时具有斯拉夫古代传统信仰的一些神秘因素。

**俄罗斯族** Russ 中国少数民族。主要分布在新疆、内蒙古和黑龙江部分地区。人口15 609人（2000）。使用俄罗斯语，属印欧语系斯拉夫语族。通用俄文。最初是在18世纪末从沙皇俄国迁入，俄国十月革命及第二次世界大战前后有更多的俄罗斯人陆续迁入新疆、内蒙古和黑龙江等地，被称为“归化族”。中华人民共和国建立后，改称俄罗斯族。多从事各种修理业、运输业和手工业，亦有人兼营农业。有些人专营园艺、饲养家畜、养蜂等。居农村者大多数十户为一村。生活习俗与俄罗斯人基本相同，但也受汉族、维吾尔族、哈萨克族、蒙古族的影响。信仰东正教。

俄罗斯族女子

**俄斯特拉发** Ostrava 捷克东北部边境城市，北摩拉维亚州首府。在奥得河、奥帕瓦河和俄斯特拉维采河汇流处。人口33.6万（2009）。1267年建城堡，为摩拉维亚北部的要塞。自1770年发现附近的俄斯特拉发－卡尔维纳煤田、1830年建立维特科维斯炼铁厂第一座鼓风炉以来，一直为重工业中心。全国采煤和钢铁工业基地，有“钢都”之称。机械制造工业亦很发达，以矿山冶金机械、化工机械为主。化学工业以煤化工为主，生产化肥、硫酸、染料等。重要的交通枢纽，市内有工业学院、矿业学院、煤炭工业科学研究院以及美术馆、博物馆等文化教育机构。有圣文采斯拉斯大教堂等古建筑。

**俄通社－塔斯社** Information Telegraph Agency of Russia-TASS; ITAR-TASS 俄罗斯国家通讯社。国际性通讯社之一。1925年7月10日成立。前身是1917年11月18日成立的俄国彼得格勒通讯社。1918年6月同全俄中央执行委员会所属的新闻局合并，同年9月命名为俄罗斯通讯社，简称罗斯塔。1925年7月10日改为全苏新闻机构——塔斯社，为苏联的国家通讯社。总社设在莫斯科。20世纪80年代，它在国内有80多

俄通社－塔斯社办公楼

个分社和记者站，向约4 000家报纸、电台和电视台供稿；在国外有120个分社和记者站，对外用俄、英、法、德、意、西班牙、葡萄牙和阿拉伯8种文字播发新闻。

1991年年底苏联解体。1992年1月22日，塔斯社和苏联新闻社合并组建成俄罗斯通讯社。从1992年1月30日起，正式以“俄通社－塔斯社”的电头发稿。1993年12月20日开始行使中央通讯社职能，直属中央政府领导。

**俄土战争** Russo-Turkish Wars 17～19世纪俄国为向黑海和巴尔干地区扩张而同土耳其发生的一系列战争。19世纪后，引起欧洲一些国家干预。俄土战争多次发生，其中最重要的有10次。

第一次（1676～1681） 根据1667年1月俄国、波兰签订的《安德鲁索沃停战协定》，俄国攫取了第聂伯河以东的乌克兰（包括基辅）。1681年1月，俄土签订《巴赫奇萨赖和约》，确定第聂伯河为两国边界。

第二次（1686～1700） 1686年俄国加入由奥地利、波兰和威尼斯组成的反土同盟后，对克里木进行了两次远征。根据1700年7月俄土《君士坦丁堡和约》，亚速划归俄国。

第三次（1710～1711） 1709年波尔塔瓦战役后，瑞典国王**卡尔十二世**逃入土耳其境内（见**北方战争**）。1710年俄土战争爆发。根据1711年7月俄土《普鲁特和约》，亚速重归土耳其。

第四次（1735～1739） 俄国在波兰王位继承战争中取胜后，于1735年向土耳其宣战，目的是夺取黑海北岸和克里木半岛。根据1739年9月俄土《贝尔格莱德和约》，亚速再次归俄国所有。

第五次（1768～1774） 由俄国武装入侵波兰而引起。俄连败土军，控制了摩尔多瓦和瓦拉几亚，占领了克里木半岛。根据1774年7月俄土《楚库克－凯那尔吉和约》，俄国获得了第聂伯河和南布格河之间的地区和刻赤海峡，打通了黑海出海口；**克里木汗国**宣告“独立”，并于1783年并入俄国版图。

第六次（1787～1791） 由俄国吞并克里木和接受对格鲁吉亚的“保护”而引起。根据1792年1月俄土《雅西和约》，俄国获得南布格河和德涅斯特河之间的地区。从此，黑海北岸全部处在俄国统治之下。

第七次（1806～1812） 俄国目的是夺取君士坦丁堡和黑海海峡。土耳其战败。根据1812年5月俄土《布加勒斯特条约》，俄国攫取了罗马尼亚的比萨拉比亚，把边界推进到普鲁特河。

第八次（1828～1829） 俄国利用**希腊独立战争**，进一步南下，直逼君士坦丁堡。根据1829年9月俄土《**亚得里亚堡条约**》，俄国获得多瑙河口及其附近岛屿和黑海东岸地区，土耳其承认格鲁吉亚、伊梅列季亚、明格列利亚并入俄国。

第九次（1853～1856） 即**克里木战争**。根据1856年《**巴黎和约**》，俄国把比萨拉比亚南部归还摩尔多瓦。土耳其实行黑海中立化，禁止外国舰队通过海峡。

第十次（1877～1878） 1877年，俄国利用巴尔干斯拉夫人的民族解放战争，打着“解放”的旗号，对土宣战。最终，有关各国在1878年6～7月召开**柏林会议**，签订《柏林条约》，俄国重新获得比萨拉比亚南部，并在亚洲获得巴统、卡尔斯、阿达罕等地。

俄军虽然在少数战争中失利，但战争最后结局是俄国扩大了疆域，在东南欧迫使土耳其人从巴尔干后撤。

**俄语** Russian language 俄罗斯的官方语言，也是联合国的工作语言之一。属印欧语系**斯拉夫语族**东支。主要使用于俄罗斯联邦及独联体其他国家，在爱沙尼亚、拉脱维亚和立陶宛等国也有使用者，中国的**俄罗斯族**也使用俄语。全世界的使用人口超过2.92亿。俄语的近亲语言是**乌克兰语**和**白俄罗斯语**。

现代俄语有两种主要的地域方言：南俄方言和北俄方言。南俄方言分布于俄罗斯联邦南部。主要语音特征：a音化，即元音字母o在非重读音节中读作a；辅音字母г读作擦音ɣ，即同x相对的浊音；动词现在时第三人称词尾т发软音。中国俄罗斯族使用的俄语属南部方言。北俄方言分布于俄罗斯欧洲部分的北部与东部，以及乌拉尔、西伯利亚大部。主要语音特征：o音化，即元音字母o在非重读音节中仍读o；辅音字母г读作浊塞音g；动词现在时第三人称词尾发硬音т。在南北方言区之间，从西北到东南有一个过渡性区域，习称中俄方言区。其语音特征是混合型的：a音化；г读作g；动词现在时第三人称词尾发硬音т。现代俄语标准音在莫斯科音的基础上形成。其发展趋势之一是读音逐渐接近拼写形式所表示的音。

俄语共有33个字母，表示42个音位：5个元音，37个辅音（一说6个元音和36个辅音）。俄语语音的主要特点：①元音少，辅音多。②大多数辅音是清、浊相对和软、硬相对。③元音在非重读音节中发生明显的弱化，音值有时含混不清。④词重音在不同的词中可以落在不同的音节上，没有固定的位置，当词发生词形变化时，重音可能移动位置。俄语语法结构的特点：词与词的语法关系和词在句中的语法功能主要通过词形变化来表示。俄语是印欧语系中保留古代词形变化较多的语言之一。名词大都有12个形式，单、复数各有6个格；形容词有20甚至30多个形式，单数阳性、中性、阴性和复数各有6个格，另有短尾、比较级；动词形式可有一二百个，包括体、时、态、式、形动词、副动词等。实词一般都可以分解为词干与词尾两部分。俄语的词汇有从原始印欧语继承下来的，也有在不同历史时期产生的。此外，俄语还在各个历史时期借入许多外来词。俄语科技领域中的外来词，18世纪初多借自德语，19世纪多借自法语，20世纪中叶以来多借自英语，主要是美国英语。自20世纪50年代以来，俄语在国际上的使用范围有明显的扩大。

**峨眉山** Emei Mountain 中国佛教四大名山之一。又称大光明山。著名风景名胜区。位于四川省峨眉山市、乐山市西部。系大峨山、二峨山、三峨山和四峨山的总称，因四山逶迤连绵如长眉，故名。四山中以大峨山海拔最高，山势最雄伟，即为现今所称峨眉山。山体由石灰岩、花岗岩、砂页岩和玄武岩等组成，经褶皱上升后形成剥蚀背斜断块山。山坡东陡西缓，主峰金顶海拔3 079.3米。山体雄峻，峰峦挺秀，多怪石古洞，银流飞瀑，故历来有“峨眉天下秀”之称。峨眉山另一特色是奇，从

峨眉山主峰金顶

山麓到山顶，一般具有亚热带到寒温带的各种气候带谱，在一年中的同一季节内，呈现不同的气候。雨多湿重，云厚雾大，形成“红椿晓雨”、“金顶云海”、“峨眉宝光”等气象奇景。峨眉山寺庙林立，著名的有报国寺、万年寺、伏虎寺、清音阁、金顶等。峨眉山共有植物3 000多种，动物2 000余种，素有“植物王国”与“天然动物园”之称。山区产茶叶、黄连、白蜡。矿产有磷、煤等。建有峨眉山客运索道。

**峨眉山市** Emeishan City 中国四川省辖县级市。位于省境南部，四川盆地西南缘，峨眉山麓。面积1 168平方千米。人口约44万（2010），以汉族为主。秦、汉先后属蜀郡、

峨眉山市大庙飞来殿

犍为郡地。隋开皇十三年（593）置峨眉县。因枕峨眉山麓而得名。隋大业十二年（616）析置绥山县。后几经更迭，至1949年年底成立峨眉县，1988年撤县设峨眉山市。由乐山市代管。境西为峨眉山，主峰金顶为全市最高点。矿产有煤、钛、磷、铜、石灰岩、石膏、芒硝等。农业主产水稻、玉米、小麦、薯类、大豆、油菜子、水果、茶叶、棕片等。以产峨眉山“竹叶青”茶、白蜡、雪魔芋和中药材（黄连、天麻、牛膝等），以及峨眉黑鸡、峨眉青石膏著名。工业以冶金、电力、煤炭、建材、机械、化工、食品、饮料、纺织等为主。名胜古迹有峨眉山、华藏寺（金顶）、万佛顶、千佛顶、报国寺、万年寺、飞来殿、洗象池、仙峰寺及峨眉山温泉等。

**锇** osmium 化学元素，元素符号Os，原子序数76，原子量190.23，属周期系第Ⅷ族，铂系元素。1803年S.坦南特在用王水溶解粗铂时发现了残留于容器底部的黑色粉末，1804年坦南特宣布这种黑色粉末由两种新元素锇和铱组成，并将锇命名为osmium，它来自希腊文osme，意为“臭味”。这是因为锇加热生成易挥发、具有臭味的黄色四氧化锇。锇在地壳中含量约为$1\times10^{-7}$%，常与其他铂系元素共存于冲积矿床和沙积矿床中，也存在于铂系元素的自然合金中，还以硫锇钌矿、含锇辉砷镍钴矿等存在于自然界中。

锇是灰蓝色有金属光泽的金属；熔点3 033℃，沸点高于5 012℃，密度22.57克/厘米$^3$。在铂系元素中，锇最重且具有最高的熔、沸点。极硬并且很脆，可以研磨成粉末，无可塑性，不易加工，能吸收氢气。锇的氧化态-2、0、+1、+2、+3、+4、+5、+6、+7、+8。块状金属锇的化学性质不活泼，与钌较相似，在空气或潮湿环境中稳定，加热至高温，易生成挥发性、有剧毒的四氧化锇。常温下，海绵状的锇或粉状锇会逐渐氧化成四氧化锇。块状锇不溶于酸和王水；锇粉可溶于发烟硝酸、热浓硫酸和王水，形成四氧化锇。在100℃以上能与氟、氯、强碱发生反应。锇在碱性氧化熔剂或碱性次氯酸钠溶液中可氧化成水溶性锇酸盐。锇能在磷、硫蒸气中燃烧生成相应的化合物。细粉状锇可吸收大量的氢气。锇易形成配位化合物。

用过氧化物烧结法或氢氧化钾和硝酸钾熔融法高温处理含锇的不溶渣或锇铱合金，再经处理得锇的硫化物，在氢气流中高温还原即得金属锇。锇可用于制造各种耐磨和耐腐蚀的硬质合金，与铱、铑、钌、铂等制成的合金可用于制作仪表、电接触点、插头和文教用品等。锇铱合金可制作笔尖、电唱机针头、指南针、仪表仪器的枢轴等。锇还可作合成氨、氢化反应的催化剂。

金属锇无毒。四氧化锇有刺激性和毒性，对皮肤、眼睛、上呼吸道造成伤害。

**鹅** *Anser domestica*; goose 雁形目鸭科雁属的一种。大型水禽。中国鹅的饲养量居世界之首。按体型鹅可分为大、中、小三种，其中中、小型居多。小型鹅产蛋量高，如东北地区的豁眼鹅和山东玉龙鹅等，年产蛋可达100～120个，而大型鹅仅产25～35个。按羽色可分为白色和灰褐色两种。前者足及喙橙黄色，体型较小；后者体型较

豁眼鹅

大；鹅趾间有蹼，善游泳。喙扁平型，周边有缺刻，便于挖草根。嗉囊不发达，但肌胃压缩力大，盲肠也很发达。对青草、谷实的消化力强，适于放牧饲养。鹅的公母配种比例不高，自然配种大型鹅为1∶3～1∶4，小型的太湖鹅为1∶6～1∶7。人工授精繁殖时，受精率为80%～84%。孵化期30～31天。鹅品种间杂交和杂种优势利用取得良好效果。鹅肉营养丰富，味道鲜美；鹅肥肝质地细嫩，风行国际食品市场；羽绒富弹性，结实耐磨，隔热吸水性能好，用于制作羽绒被服。

**鹅湖之会** Academic Debate at Ehu Temple 中国南宋时期朱熹与陆九渊进行学术辩论的一次会议。淳熙二年（1175），吕祖谦约请朱、陆二人，在信州（今江西上饶）鹅湖寺会晤，讨论为学异同，意在调和两家学术。参加这次辩论的还有陆九渊的兄长陆九龄。辩论伊始，双方学术观点尖锐对立。当朱熹问候陆九龄“别后新功”时，陆九龄赋诗：“留情传注翻榛塞，着意精微转陆沉”；陆九渊接着和诗：“易简功夫终久大，支离事业竟浮沉”。二人都在诗中讽刺了朱熹的为学之方。辩论过程中，朱、陆二人各执己见。朱熹主张“泛观博览而后归之约”，强调“格物穷理”；陆九渊主张“先发明本心，而后使之博览”，强调“发明本心”。后人也以“道问学”和“尊德性”来概括他们的学术分歧。

**鹅掌楸** *Liriodendron chinense*; Chinese tulip tree 木兰科鹅掌楸属的一种。落叶乔木。又称马褂木。分布于中国淮河以南、南岭以北、横断山脉以东、东海以西的中、北亚热带海拔900～1 700米以下山地，在湿润的溪谷中星散分布。树高达40米，胸径可达1米以上。树皮纵裂，灰色。小枝灰色和灰褐色，枝叶无毛。单叶互生，叶长4～18厘米或更大。花淡黄绿色。聚合果长7～9厘米。系喜光树种，喜温暖气候和湿润肥沃土壤。生长快。可用种子繁殖，也可扦插或嫁接繁殖。具有较强的抗二氧化硫大气污染能力，可用作绿化造林。木材是胶合板的理想原料，也是制家具、缝纫机板、收音机壳与室内装修的良材，但抗腐力弱。属中国重点保护植物。

鹅掌楸属仅存两种，除此种外，还有北美鹅掌楸，中国有引种栽培。

**蛾** Heterocera; moth 鳞翅目中与蝴蝶对应的一类昆虫。包括38总科106科。其数量占鳞翅目种类总数的90%。触角形态多样，有羽状、单栉状、双栉齿状或丝状，有的也呈锤状，曾称异角亚目。体多暗色，身体粗壮多毛，翅上的鳞片较厚密，静止时翅成屋脊状，有时平放在身体两侧。常在夜晚活动。

卵大多产在幼虫取食植物的表面，少数产在软木组织内和树皮缝中。幼虫体型一致，一般称为“毛虫”，有腹足1～4对，臀足1对。除小翅蛾和毛顶蛾为离蛹外，其余均为被蛹。幼虫多为植食性，很多为农林害虫，其中如玉米螟、棉铃虫、红铃虫、黏虫、三化螟、二化螟、地老虎、食心虫、松毛虫、尺蠖、谷蛾等都是闻名的大害虫，一些是国际或国内检疫对象。蚕蛾和天蚕蛾则为重要的资源昆虫。

**额尔德尼** Erdene, Sengiin (1929～2000) 蒙古小说家。从事短、中篇小说创作，善于通过小事情表达重要思想，通过平凡事物反映重大事件，并着力挖掘人物的内心世界。他以特有的抒情小说和心理小说，成为20世纪50～60年代以来蒙古短篇小说界的代表人物。主要作品有小说《温暖季节来到时》、《呼兰和我》、《鹅掌草》、《百万美元》、《夺回来的权利》等。

**额尔德尼召** Erdeni Dzu 蒙古国古寺庙。位于乌兰巴托以西400千米的哈拉和林。为外喀尔喀蒙古土谢图汗部阿巴岱汗皈依藏传佛教（俗称喇嘛教）后，于1586年建造，是蒙古第一座藏传佛教寺庙，现已辟为博物馆。寺坐西朝东，平面呈方形，面积约为0.16平方千米，四周筑有高墙。每面墙建有城垛25个，正中辟大门。各城垛上建喇嘛教小白塔1座，加上墙四角地面各置的大小白塔1座，共108塔。寺内主要建筑沿东西中轴线分布。东门内中轴线上第一座建筑原为阿巴岱汗召集会议的毡房，现仅存直径约为45米的圆形基址。寺内主要建筑还有拉布兰殿、3座大庙、金塔和墓塔等。拉布兰殿建于1780年，为一座宏伟的藏式建筑，原是喇嘛举行法事的场所。3座庙宇建造在砖台上，一字排列，应为建寺时期的建筑。殿内分别供奉释迦牟尼的青年、中年和老年塑像。寺内保存有15～17世纪的绘画、装饰品、刺绣品以及大量手稿、木版书籍、碑刻等珍贵文物，对于研究该寺历史及喇嘛教在蒙古的流行情况均有重要参考价值。

**额尔登特** Erdenet 蒙古新兴工矿业中心，鄂尔浑省首府。地处首都乌兰巴托西北340千米处的杭爱山脉北麓。其名蒙古语意为“宝贝”，因地下有丰富宝藏而得名。市域面积800平方千米。人口约6.9万（2001），为仅次于乌兰巴托、达尔汗的全国第三大城市。附近杭爱山区蕴藏有铜钼矿（其中铜矿储量800多万吨，钼矿24万吨），是亚洲的大型铜钼矿之一，属世界十大铜矿之列。1976年建立蒙苏合资额尔登特铜钼矿联合企业。修筑了专用铁路公路线，架设了高压输电线路，从此迅速发展成为新兴的工矿业城市。1975年定为中央直辖市。1994年改为省建制，称为鄂尔浑省，并定该市为省会所在地。主要有铜钼矿采矿厂、选矿厂、地毯厂、化工厂、建材厂和食品厂等。铜钼矿1978年投产。实际年采矿石能力2 500万吨。近年每年生产铜精粉约45万吨、钼精粉4 100多吨，全部销往俄罗斯，是蒙古最重要的出口物资。市区建有现代化的住宅、文化生活服务设施。全市有5所大学和19所中学。市郊有农牧场及其加工企业，生产牛奶、乳制品和蔬菜等。有铁路通往乌兰巴托和达尔汗，公路通至布尔干等地。1999年10月被世界卫生组织（WHO）列为健康城市。

**额尔古纳河** Ergun River 中国黑龙江南源。其上源为海拉尔河，发源于黑龙江省大兴安岭西坡，流经呼伦湖北折向东北后，穿行于中、俄边境。海拉尔河与呼伦湖水

中俄界河——额尔古纳河

系过去相通，1958年扎赉诺尔矿务局为避免海拉尔河洪水及呼伦湖高水位威胁，将湖北岸的木得那亚河堵死，隔断河湖水流。1965年在木得那亚河东侧另开新河导湖水入海拉尔河。额尔古纳河干流为中俄界河，左岸属俄罗斯，右岸属中国。全长1 542千米，流域面积17万平方千米。由于水量补给来源主要是雨水和积雪融水，故季节变化明显，5月中旬冰雪解冻，出现一次高水位；7～8月出现最高水位。流域植被覆盖率较大，水土保持良好，河水清澈，含沙量小，鱼类繁多。河流全程虽可通航，但冬季冰期（长达210天左右）不能航行。在初冻和解冻时期，每年形成两次冰坝，阻塞河水，常带来灾害。

**额尔古纳市** Ergun City 中国内蒙古自治区辖县级市。位于自治区境东北部，大兴安岭西北麓，呼伦贝尔草原北端。西北与俄罗斯相邻。面积28 000平方千米。人口8万（2010），有汉、蒙古、满、回等民族。从战国到隋唐为东胡、匈奴、鲜卑、蒙兀室韦部驻地。1920年设室韦县和奇乾设置局。1921年改为奇乾县。1933年设额尔古纳左旗和额尔古纳右旗。1948年2旗合并称额尔古纳旗。1994年改设额尔古纳市。由呼伦贝尔市代管。年平均气温-4.5℃.矿产有金、铁、铅、锌、萤石、煤等。工业有木材、建材、机械、食品、酿造等。名胜古迹有黑山头古城遗址、古淘金者遗址等。

**额尔齐斯河** Irtysh River 鄂毕河最大支流，亚洲重要的国际河流。上源由源出中国新疆境内阿尔泰山南坡的卡拉额尔齐斯河、布尔津河及哈巴河等一系列近于平行的支流汇合而成。在注入斋桑泊前又称黑额尔齐斯河。向西北流经哈萨克斯坦西部、俄罗斯西西伯利亚，注入鄂毕河干流。河长4 248千米，流域面积164.3万平方千米。中国境内河段长633千米，流域面积5.7万平方千米，是中国唯一属北冰洋水系的河流，也是新疆唯一的外流河。上游为山地河流，布尔津以下河谷展宽。自斋桑泊至厄斯克门，穿过阿尔泰山区，谷深、流急，建有一系列梯级调蓄水库。塞米巴拉金斯克以下，流经西西伯利亚平原，河谷宽广（下游可达30千米），水流平缓。由于上中游流经荒漠、半荒漠和干草原地区，支流较少。主要支流均位于中下游，如伊希姆河、托博尔河、孔达河及奥姆河等。年平均径流量约950亿立方米。汛期下游为5～9月，上游为4～10月。结冰期从11月到翌年4月。流域内铅、锌、铜、金、银、石油、天然气等矿藏和水力资源丰富。干流上建有厄斯克门（乌斯季卡缅诺戈尔斯克）、布赫塔尔马及舒利宾斯克梯级水电站。干流在中

中国境内的额尔齐斯河

国的布尔津以下均可通航。主要河港有：厄斯克门、塞米巴拉金斯克、巴甫洛达尔、鄂木斯克、托博尔斯克、汉特－曼西斯克等。从哈萨克斯坦巴甫洛达尔以南的耶尔马克建有额尔齐斯－卡拉干达运河，长458千米，1971年建成。

**厄尔尼诺** El Niño 赤道东太平洋到南美西海岸海水温度剧烈变暖事件。经常发生于圣诞节前后，所以当地人称为厄尔尼诺，意为“圣婴”。厄尔尼诺发生时，全世界天

气和气候会发生剧烈异常，南美西岸的国家由于海温异常暖，渔产减少，并且造成洪涝；南亚、印度尼西亚、澳大利亚东部以及东南非洲则引起干旱；西太平洋**台风**发生偏少。

为监测厄尔尼诺的发生和消亡，世界气象组织在太平洋赤道地区设了6个区，计算6个区的平均表面海温作为指标。其中，这四个区最为重要：尼诺1、2为南美西岸沿海区，尼诺3为东太平洋赤道区，尼诺4为中太平洋赤道区。当尼诺3、4平均表面海温为正距平时期且峰值距平≥1℃，称为厄尔尼诺时期；反之，负距平时期则称为**拉尼娜**时期。

由于厄尔尼诺-拉尼娜循环无论周期和位相几乎都和南方涛动十分一致，厄尔尼诺（拉尼娜）为南方涛动指数负（正）位相，因而经常称它们为厄尔尼诺-南方涛动循环，简称ENSO循环。在拉尼娜期间，西太平洋赤道及邻近海洋为暖水，形成暖湿上升气流，这支上升气流到高空后流向东西两侧，流向东侧的为偏西风，到赤道东太平洋冷水区下沉，再以偏东风气流（即信风）在水面上回流到赤道西太平洋，这个纬向环流圈称为沃克环流（图a）。沃克环流中近海洋的信风使得海平面西高东低，维持了赤道西太平洋暖水层。当低空信风突然减弱，或西太平洋赤道低空西风加强并东传，原来的西高东低的海平面不再维持，西太平洋暖池的暖水向东流向东太平洋。暖水向东扩展到赤道中太平洋或东太平洋西部，使该区上层海洋变暖，暖水层变厚。另外，信风减弱会产生向东传播的开尔文波，这种波到达南美西岸后会反射过来沿赤道西传，在赤道东太平洋东部发生表面暖海水中心，于是形成厄尔尼诺。厄尔尼诺形成时，太平洋赤道上的沃克环流也东移，上升支向东移到赤道东太平洋暖水区上空，而赤道西太平洋变为下沉支，高空为异常东风，低层为异常西风（或弱东风），西太平洋近赤道地区（如印度尼西亚和澳大利亚）为下沉干旱区（图b）。以上两个过程反复循环，成为ENSO循环。

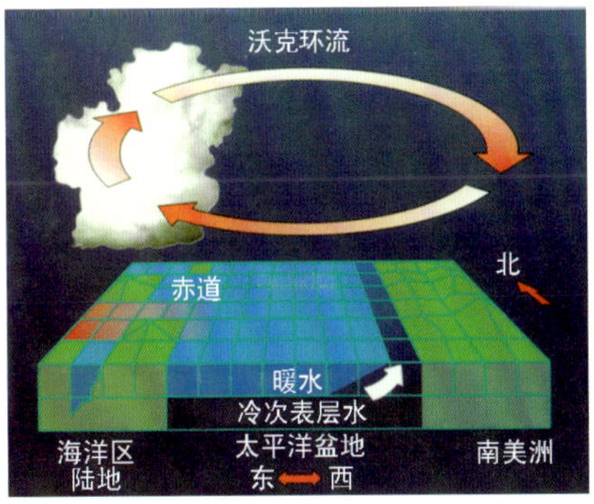


a

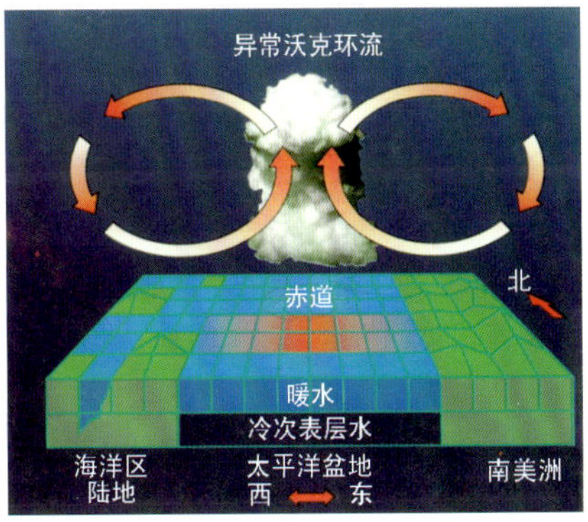


b

拉尼娜（a）和厄尔尼诺（b）期间赤道太平洋上的大气纬向环流

**厄缶** Eötvös Roland（1848-07-27～1919-04-08） 匈牙利物理学家。又译厄特沃什。生于布达佩斯，卒于布达佩斯。1865年入布达佩斯大学学习法律，1867年转入德国海德堡大学学习数理科学，1870年获博士学位。1872年任布达佩斯大学教授。

研究使用扭秤进行**重力测量**。改进了扭秤的设计，提高了扭秤的灵敏度。发展了扭秤在**地球物理勘探**方面的应用，证明了引力质量和惯性质量是相等的。研究地球物理勘探中的地磁异常问题，并首次提出在均匀磁化的条件下由**重力异常**推导磁力异常的公式。还对考古地磁和地球形状问题作过探讨。

1889～1905年任匈牙利科学院院长，1891年被选为匈牙利数学物理学会第一届理事长。为纪念厄缶，测量重力位二阶导数的单位命名为厄缶，1厄缶＝$10^{-9}$CGS单位。

**厄缶实验** Eötvös experiment 精确检验物体的引力质量与惯性质量相等的实验。引力质量取决于物体的引力性质，出现在牛顿万有引力定律中；惯性质量描述物体的惯性，出现在牛顿第二定律中。早在**I.牛顿**以前，**伽利略**已经知道任何物体的重力加速度值相同，这是物体的引力质量与惯性质量相等的结果。牛顿曾测量不同物体单摆的周期以检验两者是否相等，得到在$10^{-3}$精度范围内两者相等。1889年**厄缶**的实验证明在$10^{-9}$精度范围内两者相等。厄缶将两个不同质料、质量相等的球悬系在扭秤的两臂上使扭秤平衡，并指向东西。物体受地心引力和地球自转的惯性离心力作用。若物体的引力质量与惯性质量不等，引力和惯性离心力之和会产生转矩，此转矩可被悬丝的扭力矩所平衡。将整个实验装置转180°，使两球的位置互换，转矩取向相反，而扭力矩不变，则应观察到扭秤偏转一个角度。实验在$10^{-9}$精度内未观察到这一效应。类似的实验以后又多次为其他人更精确地做过，精度提高到$9\times10^{-13}$，表明引力质量和惯性质量精确相等。

引力质量与惯性质量相等，在牛顿力学中是一种巧合，没有重要意义；**A.爱因斯坦**挖掘其深刻的含义，提出**等效原理**，作为广义相对论的基础之一。

**厄瓜多尔** Ecuador 拉丁美洲国家。位于南美洲西北部。西濒太平洋，东北接哥伦比亚，东南界秘鲁。海岸线长930千米。赤道横穿国土的北部，有“赤道之国”之称。面积256 370平方千米。人口1 417万（2010）。其中印欧混血种人占41%，印第安人占34%，白人占15%，黑白混血种人占7%，其他人种占3%。居民94%信奉天主教，其余信奉基督教新教等。官方语言为西班牙语。印第安人讲印第安语。首都**基多**。

**地理** **安第斯山脉**纵贯中部，将国土分为三部分。①西部沿海地区，约占国土面积的13%，主要为丘陵和低地，海拔一般在200米左右。②中部山区，约占国土面积的51%。**科托帕希火山**海拔5 897米，是世界最高的活火山之一。钦博拉索山海拔6 310米，为全国最高峰。平均海拔2 000～3 000米。③东部平原地区，约占国土面积的36%，是亚马孙平原的延伸带。河流密布，自然资源较丰富，石油探明储量为49.3亿桶，天然气储量2 250亿立方米。此外还有金、银、铜、铁、锰、煤、硫磺等。森林覆盖率达68%。水力和渔业资源亦较丰富。

国境北、东、西部属热带雨林气候，中部山区盆地为热带草原气候，山区属亚热带森林气候。

**历史** 古代居住着以基图族和普鲁亚族为主的印第安部落。15世纪属印加帝国。1531年西班牙殖民者入侵。1822年获得独立，并加入“大哥伦比亚共和国”。1830年

成立厄瓜多尔共和国。

**政治** 国民议会是最高立法机构，实行一院制。总统为共和国最高元首和政府首脑，由普选产生，任期4年，不得连任。主要政党有人民民主运动、基督教社会党、罗尔多斯党、“1.21”爱国社团党。

**经济** 南美洲经济相对落后的国家，工业基础薄弱，农业发展缓慢。经济发展分为可可时期、香蕉时期、石油时期三个时期。连续多年香蕉产量和出口量居世界第一位。粮食作物主要有水稻、玉米，粮食不能自给。石油业、制造业、建筑业、采矿业在经济中占有重要地位。

政府重视发展旅游业。主要旅游点有科隆群岛、基多、瓜亚基尔、东部亚马孙河流域等。铁路全长965千米，公路总长4.32万千米。瓜亚基尔为全国最大港口，埃斯梅拉达斯为重要油港。基多和瓜亚基尔有国际机场。

对外贸易在经济中占有重要地位。石油、香蕉、虾、咖啡、可可和鱼类等传统产品占总出口的80%左右。主要面向安第斯国家。进口产品主要有工业原料、燃料、化工产品、建筑材料和机械设备。主要贸易伙伴有美国、日本、欧盟国家、秘鲁、哥伦比亚、委内瑞拉、智利和巴西。2009年

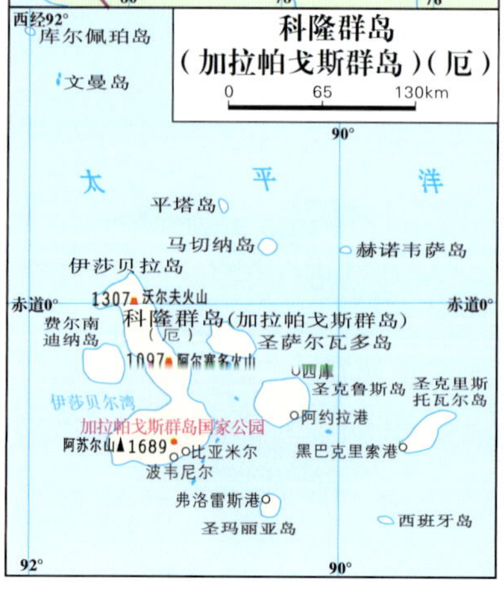


国内生产总值514亿美元。货币名称为美元。

**文化** 国立大、中、小学均实行免费教育，大学实行自治。著名大学有厄瓜多尔中央大学、天主教大学、瓜亚基尔大学和昆卡大学。主要报纸有《商报》、《今日报》、《宇宙报》和《快报》。国家通讯社是厄瓜多尔新闻社。有电台460多家，电视台19家。

**对外关系** 厄瓜多尔历来坚持独立、自主、和平的外交政策。主张各国互相尊重主权和领土完整，互不干涉内政。1980年1月2日同中国建交。与85个国家保持外交关系。

**厄立特里亚** Eritrea 非洲东北部国家。西与**苏丹**接壤，南邻**埃塞俄比亚**，东南与**吉布提**相邻，东北隔红海与**沙特阿拉伯**、**也门**相望，扼亚、非、欧三大洲咽喉——曼德海峡。海岸线（包括达赫拉克群岛和其他

100多个岛屿）长1 200千米。面积124 320平方千米（包括达赫拉克群岛）。人口约469万（2008）。首都**阿斯马拉**。居民由9个民族（部）组成，分别为提格里尼亚（约占50%）、提格雷（又译蒂格雷）和库纳马（40%）、阿法尔（4%）、萨霍（3%）、希达赖伯、比伦、纳拉、拉沙伊达。除首都外，主要城市有米齐瓦（马萨瓦）、阿萨布。信奉基督教新教和伊斯兰教的居民各占一半，只有少数人信奉天主教和传统拜物教。每个民族均有自己的语言。主要语言有提格里尼亚语、提格雷语，通用英语、阿拉伯语。官方语言未定。

位于非洲东北部**埃塞俄比亚高原**北缘，全境以高原为主，平均海拔在2 300米以上。沿海为狭长平原，海滨多珊瑚礁。大部属热带高原气候，年平均气温17℃，平均年降水量900毫米。高原地区植被以稀树草原为主，东、西部低地及沿海多为荒漠和半荒漠。最大河流是马雷布河，全长440千米，流域面积23 455平方千米。矿产资源有铜、铁、金、钾盐、硅酸盐、煤、大理石、石灰石等。地热资源丰富，红海可能有石油

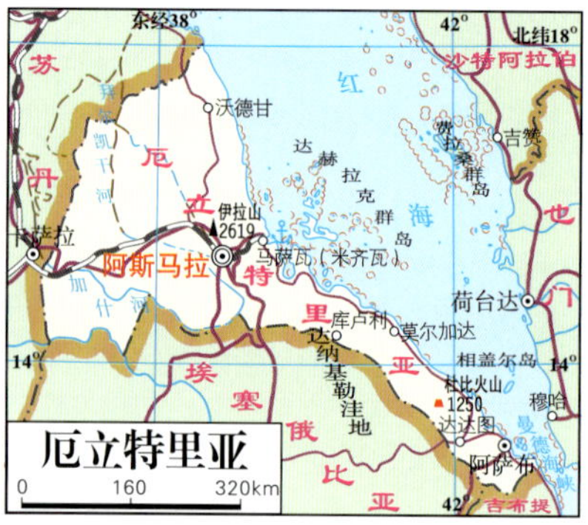


和天然气。

2世纪，厄立特里亚中央高原地区，逐渐成为**阿克苏姆王国**政治、经济、文化中心。13～16世纪属安哈拉人建立的阿比西尼亚王国的版图。1890年，沦为意大利殖民地。1941年，成为英国托管地。1950年12月，联合国通过决议，决定厄立特里亚作为一个自治体同埃塞俄比亚结成联邦。1950年联合国通过350号决议，允许厄立特里亚有自己的宪法、议会和政府。1952年，厄立特里亚组成地方政府，正式与埃塞俄比亚组成联邦。1962年，埃塞俄比亚政府通过决议，强制取消联邦制，将厄合并为埃的一个州。此后，厄立特里亚人民为独立进行了长期不懈的斗争。1993年5月24日，正式宣布独立，成立厄立特里亚国。

国家独立后，于1997年5月23日通过新宪法。宪法规定，厄立特里亚实行立法、司法、行政三权分立制。总统为国家元首、政府首脑、武装部队总司令，由国民议会选举产生，任期5年。国民议会是国家最高权力机构和立法机关。政府是国家最高行政首脑机关，不设总理，由总统直接领导内阁。政教分开，宗教平等；各族语言一律平等。厄立特里亚人民民主和正义阵线为主要政党。厄立特里亚全国力量联盟2002年10月成立。军队名称为“厄立特里亚人民军”。奉行和平、不结盟、睦邻友好的对外政策，主张在和平共处的原则基础上发展同其他国家的关系。注重发展与西方发达国家的关系，以争取经济援助和政治支持。1993年5月加入联合国，6月加入“非统”组织。与近百个国家建有外交关系。1993年5月24日与中国建交，两国关系稳定顺利发展。

农牧业国家。2009年国内生产总值18.67亿美元。农业经济是主体。全国约80%的人口从事农牧业。粮食作物主要有玉米、大麦、高粱、小麦、豆类等。粮产不能自给，2/3居民食物靠外援。经济作物主要有油菜子、芝麻、花生、亚麻、剑麻、棉花、蔬菜、水果等。主要牲畜有绵羊、山羊、牛、骆驼等。沿海渔业资源丰富，基本限于浅海捕捞，渔产品大多制成鱼粉、冻鱼和鱼干出口。工业基础薄弱，主要有纺织、食品加工、制革、制鞋、金属加工、化工、酿酒、卷烟等。交通运输以公路为主；

阿斯马拉附近的山谷

公路总长1.5万余千米，主要城市间均有公路相通。原有306千米窄轨铁路，但在战争中均遭破坏，1995年开始修复。马萨瓦和阿萨布是主要港口。机场有阿斯马拉、达赫拉克、马萨瓦、纳克法等。推行自由贸易，鼓励出口。外贸多逆差。

学制为小学6年，初中2年，高中4年。阿斯马拉大学是唯一的高等学府，学制4年。主要报刊有《新厄立特里亚报》、《形象报》和《忠诚》等。厄立特里亚通讯社为官方通讯社。"群众之声"广播电台是"厄人阵"主办的全国性广播电台。厄立特里亚电视台于1993年1月开播。

文化历史悠久，旅游资源丰富。古阿克苏姆王国尚存不少遗迹。阿萨布和达克拉赫群岛为著名旅游胜地。

**厄鲁特蒙古** Eleut Mongols 中国清代对西蒙古诸部的总称。元称斡亦剌，明称瓦剌，清称厄鲁特、额鲁特或卫拉特，皆系蒙古语oirad或oyirate之异译及音转。国外学者又往往沿袭突厥语族习惯，称之为卡尔梅克。

明末清初，瓦剌各部经过长期发展变化、迁移和战争，并融合和吸收了周围突厥语系及东蒙古诸族成分，最后归并为准噶尔、杜尔伯特、和硕特、土尔扈特四大部，及附牧于杜尔伯特的辉特部。其牧地西北不断向额尔齐斯河中游、鄂毕河以及哈萨克草原移动，西南向伊犁河流域推进，东南向青海迁徙。诸部分牧而居，互不相属。另设一松散的议事机构——"丘尔干"(蒙古语"会盟"之意)，即定期的领主代表会议，作为协调各部关系、加强封建统治以及抵御外侮的临时组织。17世纪20年代后，准噶尔部取代和硕特部，成为实际上的盟主。明崇祯十三年(1640)厄鲁特蒙古和喀尔喀蒙古封建主会盟于塔尔巴哈台，制定新察津·必扯克(法典，即1640年蒙古-卫拉特法典)，确定喇嘛教为共同信仰的宗教。厄鲁特蒙古原采用回鹘式蒙古文字，1648年后使用托忒文。

明清时期厄鲁特蒙古和硕特部首领——顾实汗像

明崇祯元年(1628)，土尔扈特部首领和鄂尔勒克率其部，联合和硕特部、杜尔伯特部的一部分，约五万帐之众，徙牧额济勒河（今俄罗斯伏尔加河）下游。崇祯十年前后，和硕特部顾实汗等也率所部迁移到青海一带，并以维护格鲁派为名，派兵占据前、后藏地区。而当时准噶尔、杜尔伯特、辉特部，以及一部分和硕特、土尔扈特属众仍留居天山南北，逐渐形成以准噶尔部为核心的强大政权。故清代史籍往往把厄鲁特也统称为准噶尔。准噶尔部地方政权与中原地区政治、经济联系甚为密切。

17世纪70年代，噶尔丹称汗后，伊犁成为准噶尔政治中心和各部会宗地。除统治天山南北外，其势力曾远及中亚的塔什干、费尔干纳、撒马尔罕等地。乾隆十年(1745)后，准噶尔统治集团汗位之争激烈，内战频仍，杜尔伯特"三车凌"(部长车凌、台吉车凌乌巴什、车凌孟克）等率众内附，乾隆二十年至二十二年清廷出兵平定达瓦齐和**阿睦尔撒纳**势力，统一西北，设置伊犁将军以治其地。乾隆三十六年，土尔扈特部首领渥巴锡率众从伏尔加河万里返归祖国故土。清廷在厄鲁特蒙古族聚居区先后实行盟旗制度，编置佐领，以札萨克领之。厄鲁特蒙古的后裔至今仍生活在新疆、青海、甘肃、内蒙古一带。

**厄普代克** Updike, John (1932-03-18～2009-01-27) 美国作家。生于宾夕法尼亚州希灵顿，卒于马萨诸塞州丹弗斯。1954年毕业于哈佛大学。曾在《纽约人》杂志社工作。两年后成为职业作家。作品主要反映人们在科学技术高度发达的社会中，因无法掌握自己的命运而感到不安和苦闷。成名作《兔子，跑吧》(1960) 描写一个外号叫"兔子"的青年哈利，因不愿继续碌碌无为地生活，几次抛别妻儿出走。《半人半马》(1963)引用希腊神话中半人半马的故事，穿插描写20世纪40年代末美国一个中学教员自杀前3天的经历。其他主要作品还有长篇小说《兔子回来了》(1971)、《同我结婚：一桩罗曼斯》(1976)，短篇小说集《同一座门》(1959)、《鸽羽》(1962)、《问题和其他故事》(1979)、《百合之美》(1996)、《村庄》(2004) 等。

厄普代克笔下的人物放纵情欲，追求性的享受，以此证明自己存在的意义。早期作品以传统的现实主义描写为主，后来大多用现代派各种手法，渲染人物在瞬间出现的感受，重视作品的气氛、色彩和节奏感。

**厄任费斯脱** Ehrenfest, Paul (1880-01-18～1933-09-22) 奥地利理论物理学家。生于维也纳，卒于荷兰阿姆斯特丹。1904年获维也纳大学博士学位。1912年由**A.爱因斯坦**推荐到莱顿大学继任退休的**H.A.洛伦兹**的职位。

厄任费斯脱在1911年和T.A.阿凡娜斯耶娃合写了著名的《力学的统计方法概念之基础》，提出这个理论的逻辑结构，阐明当时统计力学中还存在着的若干概念上的模糊和矛盾，指出各态历经假设在阐释时间平均和**系综**平均之间的关系中的作用。还列举出真正建立**热力学第二定律**的统计基础所必需的一系列有待证明的定理。在**M.普朗克**发表量子论以后，他是首先注意到量子的特殊意义的科学家之一。1911年就指出早期量子论的主要特点，严格证明了如果空腔中的黑体辐射能量是有限的话，则电磁振动的能量只能不连续地改变。他还证明对一个谐振子来说，唯一可以量子化的变量是能量与频率之比$E/\nu$。后来他发展了这个只适用于谐振子的结果，证明了每个周期运动在其参数的绝热（缓慢）变化下都具有一个不变的量——一个周期中的平均能量和频率之比。厄任费斯脱的绝热定理对旧量子论的发展起了很大的指导和推动作用。

**呃逆** hiccup 不自主的膈肌痉挛现象。俗称打嗝。它引起呼吸肌收缩，当收缩终了时，声带突然关闭而发出声音。呃逆的中枢在脊髓的颈段。正常人可在饱餐、饮酒、过度吸烟、精神紧张后发生呃逆。此种呃逆持续时间不等，短者仅几分钟，长者可达几个月。持续几周不缓解者，称为顽固性呃逆，多由于器质性疾病引起。

病因有三类：①局部因素。ⓐ腹部疾病，如胃扩张、膈下肿物、脓肿等；ⓑ胸部疾病，如食管扩张、急性心肌梗死等；ⓒ中枢神经疾病，如脑出血、脑肿瘤、帕金森氏病。②全身因素。如尿毒症、低钠血症、代谢性酸中毒、糖尿病、痛风等。③精神因素。如癔症。

一般治疗方法包括针灸，吸入5%的二氧化碳，或将口鼻对着一个纸袋反复呼吸，或屏住呼吸增加膈肌的压力。亦可采用一侧膈神经封闭。常用的药物有氯丙嗪、异丙嗪、心痛定、苯妥英钠等，但效果并不确定。

**《轭下》** *Under the Yoke* 保加利亚作家I.M.伐佐夫的长篇小说。写于1894年。它以保加利亚1876年反抗土耳其统治的四月起义为题材，表现了当时如火如荼的民族解放斗争。主人公克拉利奇被土耳其囚禁八年之后来到白拉切尔克瓦城，化名奥格涅诺夫，以教师职务为掩护，从事反对异族统治的宣传发动工作。起义军被土军包围，因寡不敌众，全部壮烈牺牲。小说通过保加利亚西部地区起义全过程的描写，歌颂了保加利亚人民不甘忍受奴役的英勇斗争精神，并以磅礴的气势、生动的情节、栩栩如生的人物形象，史诗般地展现了时代生活画卷，具有强烈的艺术感染力。

**恶性黑素瘤** malignant melanoma 由皮肤和其他器官的黑素细胞产生的肿瘤。原发性黑素瘤均由表皮内的黑素细胞增生所致，其表现为色素浓重的逐渐增大的结节，周围可绕以红晕。其发病率虽较基底细胞癌、鳞状细胞癌低，但恶性度大，转移发生早，病死率高，因此早期诊断、早期治疗很重要。除由巨大性先天性色痣续发癌变的病例多见于儿童外，恶性黑素瘤大多发生在成年后。

初起为一色素斑，棕色至黑色不等，且色泽常不均匀，深浅不一，边缘不甚规则，以后可逐渐扩大，隆起成斑块、结节或肿块，甚至溃破、出血，最后发生转移。根据临床表现，恶性黑素瘤可分为以下四型：原位黑素瘤、浅表散播性黑素瘤、结节性黑素瘤、恶性雀斑样痣黑素瘤。

一旦确诊，应及时作手术切除。对怀疑有转移的病例，术后还应配合化疗。非特异性及特异性免疫疗法也在研究中，其中对卡介苗治疗研究最多。

**恶性组织细胞病** malignant histiocytosis 一种好发于青壮年的恶性病。又称恶性组织细胞增生症，简称恶组。由异常的组织细胞（人体内一种具有吞噬功能的细胞）在肝、脾、骨髓、淋巴结等器官及组织中急性增生引起。该病罕见，散发在世界各地。可发生于任何年龄，以青壮年多见。男女之比为2:1～3:1。临床主要表现为发热、衰竭，肝、脾、淋巴结肿大和全血细胞减少，病情严重，进展迅速，半数以上患者于半年内死亡。确诊本病须靠骨髓或活组织病理检查。治疗比较困难，除对症治疗外，主要是联合化疗。

**鄂毕河** Ob River; Ob' 世界大河之一。位于俄罗斯西西伯利亚。由源出阿尔泰山的比亚河及卡通河汇合而成。自东南向西北纵贯西西伯利亚平原。注入北冰洋喀拉海的鄂毕湾。汇合点以下长3 650千米（以卡通河为源长4 338千米，以额尔齐斯河为源长5 410千米），流域面积299万平方千米。上游流经山地、丘陵及平原区，河谷及河漫滩较宽，左岸较陡，右岸平缓，水深2～6米。中游接纳丘雷姆河后，水量大增，河谷展宽至30～50千米，河漫滩宽广，河网稠密，水深4～8米。下游河床宽3～4千米，临近河口处达10千米，水深一般10米以上。因鄂毕河入海处形成了4 000平方千米的河口三角洲。河水补给主要靠春季融雪水，次为夏季融冰和降水。以春汛为主，夏有洪水。两岸沼泽、湖泊、湿地广布。年平均径流量4 050亿立方米。结冰期长，上游11月到翌年4月末，下游11月至翌年6月初。流域内石油、天然气、煤、铁、有色金属、森林资源丰富。鄂毕河中下游为著名的西西伯利亚油气区（包括秋明油田和乌连戈伊气田）所在地。干流及鄂毕湾有鱼50多种，其中一半有经济价值。鄂毕河为西西伯利亚南北间的重要运输干线，从汇合点起至河口可通航。干流主要河港有：巴尔瑙尔、卡缅、新西伯利亚、下瓦尔托夫斯克、苏尔古特、涅夫捷尤甘斯克、萨列哈尔德等。

鄂毕河景色

**鄂博** 中国古代北方游牧民族用以识别道路、区分牧地、祭祀山神及路神的封堆。又作敖包。蒙古语音译，意为堆。封堆用石块等物垒成。清代鄂博多见于蒙古、青海、西藏等地。在这些地区的盟、旗、苏木（旗下的一级组织）和寺庙等都有鄂博，有些富户还有自设的家鄂博。雍正五年（1727）签订的中俄《布连斯奇条约》规定：如附近蒙古卡伦鄂博处遇有山、山顶或河，亦以此为界。凡无山、河的荒野之地，两国应适中平分，设立鄂博，以清疆界。这种在边界上设立的鄂博，是具有界碑性质的边界标志。

**鄂尔多斯高原** Ordos Plateau 位于中国内蒙古高原的南部。历史上蒙古族鄂尔多斯部落聚居地域，其范围大致为黄河河湾的长城以北地域。面积12万余平方千米。海拔大部为1 300～1 500米，东部切割河谷部分可下降到1 000米以下，高原顶面个别地方可达1 600米以上。高原可分为5种地貌区：中西部干燥剥蚀砂质高地、东南部多湖和沙丘分布的凹地平原——毛乌素沙地、北部黄河阶地库布齐沙带、西部桌子山、东部沟谷底薄覆黄土丘陵区。高原区位于温带季风区西缘，年平均气温6～8℃，年降水量150～500毫米。

黄河阶地库布齐沙带以灌溉农业为特点，旱作农业和畜牧业也占很大比重。中西部砂质高地牧业占绝对优势，农业在其东部有较普遍分布。高原分布有大面积流沙和冲沟侵蚀地面及滩地。风沙、水土流失、灌溉滩地盐渍化，对农业生产影响较大。高原面积80%的地下埋藏煤炭，储量1 050亿吨。有东胜煤田和准格尔煤田。境内主要城市有榆林市、鄂尔多斯市和乌海市。

**鄂尔多斯市** Ordos City 中国内蒙古自治区辖地级市。位于自治区西南部的鄂尔多斯高原上。辖东胜区、达拉特旗、准格尔旗、鄂托克前旗、鄂托克旗、杭锦旗、乌审旗、伊金霍洛旗。面积86 752平方千米。人口194万（2010），有蒙古、汉、回、满、朝鲜、藏等民族。“鄂尔多斯”系蒙古语，意为“许多宫殿”。汉置朔方郡、西河郡。隋置胜州。元为安西王忙哥剌封地，称察汗淖尔。明

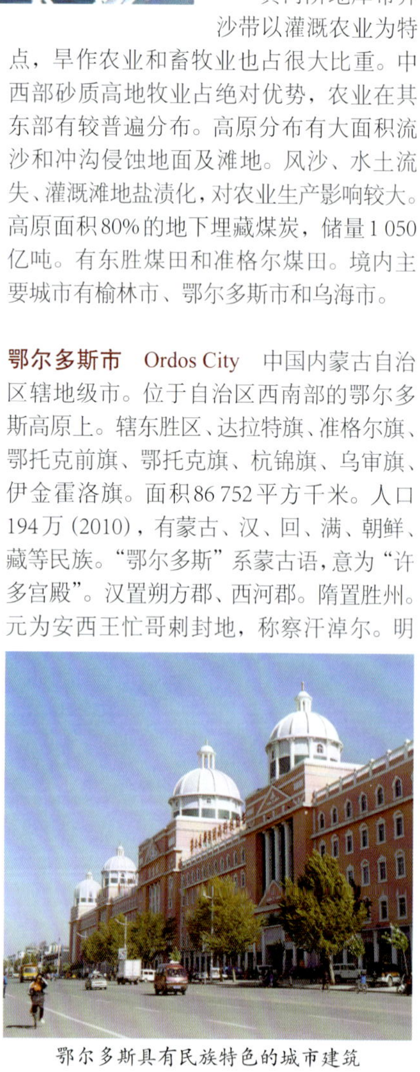

鄂尔多斯具有民族特色的城市建筑

天顺年间蒙古诸部入据。清顺治年间，鄂尔多斯6旗会盟于伊克昭，为伊克昭盟名之始。2001年伊克昭盟改为鄂尔多斯市。该市被黄河呈“几”字形三面环绕。属典型温带大陆性气候，跨越半干旱暖温、干旱温凉、干热、极干热4种类型气候。年平均气温5.3～7.8℃。东部地区年降水量300～400毫米，西部地区190～350毫米。矿产有煤、天然碱、耐火黏土等。其中煤储量1 496亿吨，占自治区总储量的46%，占全国的1/8。畜牧业是经济的主导产业。饲养蒙古牛、阿拉善双峰驼、黑白花奶牛、新疆细毛羊、鄂尔多斯细毛羊、阿尔巴斯绒山羊等。工业以毛纺为主。山羊绒产量占自治区的60%。其他支柱产业还有煤炭、化工、建材。名胜古迹有成吉思汗陵、“河套人”遗址、朱开沟文化遗址、统万城、十二连城、准格尔召、油松王和响沙湾等。

**鄂尔泰** Ortai (1680-03-10～1745-11-05) 中国清代雍正、乾隆时大臣。字毅庵。西林觉罗氏，满洲镶蓝旗人。康熙三十八年(1699)举人。雍正元年(1723)，授江苏布政使。三年，迁广西巡抚。累官云、贵、广西三省总督，任期中，积极推行改土归流政策，对统一的多民族国家的发展和西南边疆的巩固，起了一定的作用。十年二月，以功授保和殿大学士，居首辅地位，充经筵讲官，国史、实录、明史三馆总裁，兼兵部尚书，理军机事务。封一等伯。同年六月，督巡陕、甘，经略军务，征讨准噶尔部。十三年，世宗死，受顾命辅政。高宗即位后，与张廷玉等总理事务。后任军机大臣、议政大臣，加官太保。乾隆十年(1745)，病死，谥文端。

鄂尔泰画像（清人绘）

**鄂霍次克海** Sea of Okhotsk; Okhotskoye More 太平洋西北部边缘海。位于亚洲大陆和千岛群岛、萨哈林岛（库页岛）之间。南连太平洋，西和西南与日本海相通。南北最长2 460千米，东西最宽1 480千米。面积160.3万平方千米。海域北浅南深，平均深度821米，最深处3 521米（千岛海盆）。北部和西部大陆架宽广。主要海湾有：舍利霍夫、阿尼瓦、捷尔佩尼亚及萨哈林湾。有黑龙江（阿穆尔河）注入。夏季表层水温8～15℃，冬季1.8～2℃，盐度32.8～33.8。东、南部有暖流，北、西部有寒流（亲潮）。北部10月开始结冰，结冰期长达280天；堪察加半岛和千岛群岛冰期不超过3个月。4～8月多雾，冬季多暴风雪。大部海域为不规则全日潮，仅北部、西北部沿岸及尚塔尔群岛附近为不正规半日潮，潮差可达12.9米。海洋渔业资源丰富，以鲱、鲑、鳟、鲽等鱼类为主，堪察加半岛附近盛产海蟹。并有抹香鲸、海狮及海豹等海兽。主要港口有俄罗斯的马加丹、鄂霍次克、尼古拉耶夫斯克（庙街）、科尔萨科夫、北库里利斯克及日本的网走、纹别等。

**鄂君启节** Prince O' s Tallies 中国战国时代楚王颁发给鄂地（今湖北鄂州）封君启的过关免税凭证。1957年在安徽寿县城东丘家花园出土。青铜质，共5件，分为舟节、车节两组，其中车节3件、舟节2件。现分藏于中国国家博物馆和安徽省博物馆。

节形制如竹。车节长29.6厘米、宽7.3厘米，铸有内容相同的错金铭文9行148字。舟节长31厘米、宽7.3厘米，有错金铭文9行164字。从弧度推算，车节、舟节均应有5件，合在一起可分别组成完整的竹筒形。车、舟二节分载水陆两路自鄂至郢所经由的不同城邑。节铭均有“大司马昭阳败晋师于襄陵之岁”的大事纪年。据文献考知，制作于楚怀王六年（前323）。铭文详细规定了一年内允许免税运货的车舟数量、行程期限、所经城邑和运载物类等。此节是研究战国符节制度的重要文物，也为考察当时楚国境内川泽城邑的方位和名称，以及水陆交通路线和区域开发情况等提供了重要资料。

鄂君启车节为战国中期楚器

**鄂陵湖** Ngoring Lake 中国青海省第二大湖。又称鄂灵海，古称柏海。藏语意为“青蓝色长湖”。构造湖。黄河上游大淡水湖。位于玛多县西部构造凹地内，西距扎陵湖15千米。黄河切穿两湖间的巴颜朗玛山时形成峡谷，长300余米。湖面海拔4 272米，南北长约37.9千米，东西平均宽16.1千米，面积610平方千米。平均水深17.7米，湖心偏北处最深达30.7米，储水量108亿立方米。黄河上源自西南一隅流入，从东北一隅流出，因进湖泥沙少，湖水呈青蓝色。湖中盛产冷水性无鳞鱼类，其中以花斑裸鲤、扁咽齿鱼、黄河裸鲤、三眼鱼等为主。

鄂陵湖畔

湖心小岛候鸟群集，栖息着大雁、棕颈鸥、鱼鸥、青麻鸭等多种候鸟，成为青海高原上的一个鸟岛。湖滨亚高山草甸为青海重要牧场。

**鄂伦春语** Oroqen language 属阿尔泰语系满－通古斯语族通古斯语支。主要分布于中国内蒙古自治区鄂伦春自治旗、扎兰屯市和黑龙江省塔河、呼玛、逊克、嘉荫等县和黑河市。鄂伦春语有元音18个，分长短。复元音只出现在借词里。根据元音舌位和谐的特点，元音分阴性、阳性两类，元音在唇状上也保持一定的和谐。辅音有19个，能出现在词末的辅音比其他满－通古斯语言多。体词有格、人称领属、反身领属等范畴。名词的格区别动作的对象和方向是否确定。动词有人称范畴，体的附加成分丰富；句子成分的位置比较固定。反映狩猎生产活动和独特生活方式的词比较丰富。

**鄂伦春自治旗** Oroqen Autonomous Banner 中国内蒙古自治区呼伦贝尔市辖自治旗。位于自治区境东北部。面积59 800平方千

四方山

米。人口约22万（2010），有鄂伦春、汉、达斡尔等民族。“鄂伦春”意为“住在山岭的人”。古为东胡地。汉时为匈奴左地，后汉时为鲜卑所居。后魏至隋唐时为室韦地。辽属东京道，金为蒲与路辖地，元为辽阳行省所辖，明属奴尔干都司福余卫。1951年成立鄂伦春自治旗。属寒温带大陆性季风气候。年平均气温-2～3℃。矿产有煤、银、铝、金、萤石、石灰岩、玛瑙、膨润土等。经济以畜牧业为主，兼营农、林业。自治旗境西北部为原始森林区，森林茂密，活立木蓄积量2.9亿立方米，是中国木材生产主要基地之一。畜牧业以牛、羊等为主。工业以食品、粮食加工、化工等为主。名胜古迹有嘎仙洞遗址、达尔滨湖、四方山和诺敏河上游自然保护区等。

**鄂伦春族** Oroqen 中国少数民族。主要分布在内蒙古和黑龙江的部分地区。人口8 196（2000）。使用**鄂伦春语**，属阿尔泰语系满－通古斯语族通古斯语支。无文字，一般通用汉语文。过去主要从事狩猎，辅以捕鱼、采集和手工业。手工业主要有妇女制作的毛皮和桦皮制品，男子制作的骨器、木器和铁器。鄂伦春族能歌善舞，乐器主要是口弦琴等，有许多民间神话传说。服装大多是狍皮衣裤。主食逐渐由肉食转向面食。住房为“仙人柱”，俗称“撮罗子”，呈圆锥形，由30多根树杆搭成，外面夏覆桦皮，冬覆兽皮，中央终日燃火。实行一夫一妻制婚姻。过去人死后行风葬、火葬、土葬等，现在主要是土葬和火葬。普遍信萨满教，还有自然崇拜和祖先崇拜。1953年后，逐步实现定居。1951年在内蒙古建立了**鄂伦春自治旗**，并先后在内蒙古、黑龙江成立了6个民族乡。

鄂伦春族男子

**鄂木斯克** Omsk 俄罗斯西伯利亚第二大城市，鄂木斯克州首府。在**西伯利亚铁路**同**额尔齐斯河**的交会处。人口112.8万（2010）。1716年建为要塞。19世纪末期以前，曾为沙俄“草原边疆公署”和西伯利亚哥萨克司令部驻地。1895年西伯利亚大铁路通此后成为农、畜产品集散地和加工工业中心。周围地区农业发达，秋明油田有输油管通达。俄罗斯东部最大的石油加工与石油化工中心之一。机械制造为传统工业部门，主要生产农机、拖拉机零配件及仪表等，轻纺及食品工业也较发达。铁路枢纽及河港，有多条干线输油管经此通往西伯利亚及欧洲部分地区。有西伯利亚农科所等科研机构，鄂木斯克大学等10所高等学校。

**鄂温克语** Ewenki language 属阿尔泰语系满－通古斯语族通古斯语支。分布于中国内蒙古自治区鄂温克族自治旗、陈巴尔虎旗、莫力达瓦达斡尔族自治旗、阿荣旗、鄂伦春自治旗、根河市（原额尔古纳左旗）、扎兰屯市以及黑龙江省的讷河县。分3个方言：①海拉尔方言，主要通行于鄂温克族自治旗。②陈巴尔虎方言，通行于陈巴尔虎旗。③额尔古纳方言，通行于根河市。牧区的鄂温克族通用蒙古文，其他地区通用汉文。在国外，鄂温克语分布于俄罗斯，称埃文基语。蒙古国也有人使用这种语言。语音方面，有8个短元音，10个长元音。元音分阴性和阳性两类。元音和谐，以性属和谐为主，以唇状和谐为辅。有15个辅音，辅音有大量同化现象，在词中常出现长辅音。语法方面，名词、代词的格较多。动词有人称形式，居于句尾。词汇中反映畜牧生产方式的词较多。有来自**汉语**和**蒙古语**的借词。

**鄂温克族** Ewenki 中国少数民族。历史上各地曾分别称“索伦”、“通古斯”、“雅库特”等。1957年统一称鄂温克。主要分布在内蒙古自治区及黑龙江省的部分地区。人口30 505（2000）。使用**鄂温克语**，属阿尔泰语系满－通古斯语族通古斯语支。无文字。大多数人从事畜牧业生产，过游牧生活。原住“仙人柱”和蒙古包，现绝大多数住进了砖瓦房。狩猎或放牧时常骑驯鹿、马，或乘坐四轮马车、大轮牛车；冬季乘用驯鹿、马或牛拉的雪橇。现在多用现代化交通工具。婚姻行一夫一妻制。人死后一般土葬或火葬。信仰**萨满教**，相信万物有灵。有一部分人信仰佛教、东正教。1958年在内蒙古建立了**鄂温克族自治旗**，并先后成立了8个民族乡。

鄂温克族女子

**鄂温克族自治旗** Ewenki Autonomous Banner 中国内蒙古自治区呼伦贝尔市辖自治旗。位于自治区东北部，大兴安岭西麓。面积19 111平方千米。人口约13万（2010），有鄂温克、蒙古、达斡尔、汉等民族。鄂温克系鄂温克语，意为“住在大山林中的人们”。古为东胡、匈奴、鲜卑等民族游牧地，契丹人强盛后是辽国的领土。明代属海剌尔千户所管辖。清雍正十年（1732）为索伦八旗驻地。1932年置索伦旗。1958年撤销索伦旗，设立鄂温克族自治旗。属中温带半干旱大陆性气候。矿产有煤、铁、金、铜、水晶等。经济以畜牧业为主。饲养牛、马、羊、驼等。工业有毛纺、木材加工、农机修造、建材、食品加工等。旅游景点有维纳阿尔善矿泉疗养院、巴彦胡草原等。

**鄂州市** Ezhou City 中国湖北省辖地级市。位于省境东部，长江中游南岸。辖鄂城、梁子湖、华容3区。面积1 505平方千米。人口约105万（2010）。原为三国吴王孙权建都的武昌城。1913年改名寿昌县，次年改名鄂城县。1960年设鄂城市。1983年设鄂州市。有铁、铜、铅、锌矿等矿藏，其中铁矿储量丰富，品位高，是大冶铁矿的组成部分。工业以冶金、机械、建材、纺织、化工、电子等为骨干。农业以水稻、小麦、棉花、油菜子、芝麻、花生、水果、蔬菜和良种肉猪、水产养殖等为主，所产武昌鱼久负盛名。名胜古迹有西山吴王避暑宫、九曲亭、西山古刹、菩萨泉、涵息泉、滴滴泉、龙蟠矶等。

西山吴王避暑宫

**噁唑** oxazole 含有一个氧和一个氮杂原子的五元杂环化合物，分子式$C_3H_3NO$。环中的氧和氮原子，分别占1,3两位。若氧、氮原子占1,2位，则称为异噁唑。噁唑和异噁唑在自然界均不存在。噁

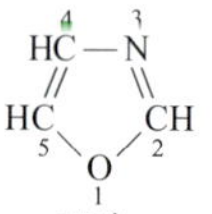

噁唑

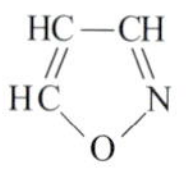

异噁唑

唑为具有吡啶气味的液体，沸点69～70℃。碱性很弱，盐类不稳定，但可与氯化汞形成络合物。噁唑对氢化非常稳定，氧化则可使环破裂，环的稳定性与环上取代基的性质有关。噁唑的芳香性很弱。噁唑可由4-噁唑羧酸失羧而制得。4-(3-苯基-5-甲基)异噁唑羧酸，是苯唑青霉素的侧链部分，具有某些杀菌的能力。异噁唑氮-氧之间的键在一定的条件下容易断裂，利用这一性质，在某些有机合成中，可作试剂。有些磺胺制剂是异噁唑的衍生物。

**鹗** *Pandion haliaetus*; osprey　鸟纲隼形目鹗科鹗属仅有的一种。又名鱼鹰。除南美洲和南极洲外，分布遍于全世界。雄鸟和雌鸟相似，全长约500毫米。头顶和颈后羽毛呈白色，有暗褐色纵纹，头后羽延长成

为矛状。上体和内翅的表面均呈暗褐色，各羽都具棕色狭端，尾羽呈淡褐色。下体除胸部有棕褐色斑纹外，其余均呈白色。幼鸟头顶羽色较暗，下体余部有明显的白色羽缘。脚趾有锐爪，趾底布满齿，外趾能前后转动，适于捕鱼。

在中国，夏季遍布于西部和北部，冬季迁徙到华南地区。常见于江河、湖沼、海滨或开阔地；在热带，经常栖息于岩石海岸、珊瑚礁或红树林沼泽。一般在高空翱翔或在水面上低飞窥伺鱼类，偶尔潜入水中。在海岸或岛屿岩礁上，或在湖沼、河流附近的乔木上营巢。2～6月产卵，一般每窝产卵2～3枚。卵椭圆形，呈灰白色，具赤褐色粗斑。雌鸟孵卵。孵化期35天。

**颚虱目** Lernaeopodoida　桡足纲一目。寄生动物，多数寄生在海鱼鳃上，或在口腔、鳍和体表。一部分种类寄生在淡水鱼鳃上。头胸部多呈长圆柱形，头端略粗，有的与躯干部在一个平面上，但有不少种向后下方弯曲，甚至紧贴在躯干部的背侧。躯干部一般背腹略扁平，后端略宽。

颚虱的第一触角小。第二触角双枝型，粗壮、位于口管的两侧。口管圆锥形，开口处有一圈刚毛。大颚位于口管内。小颚位于口管基部的腹侧。第一颚足变形，为主要吸附器官。第一颚足的下缘和躯干部的后端可能有几根突起。卵囊多呈长椭圆形，内含多列卵。雄体很小，附于雌体上。不少种类的雄体的头胸部与躯干部无明显的界限，第一颚足均不像雌体那样延长和变形，体侧扁。

**鳄** *Crocodilus porosus*; crocodile　爬行纲鳄形目鳄科的一种。又称湾鳄或海鳄。世界上现存最大的爬行动物。分布于东南亚沿海直到澳大利亚北部。常见成体3～5米，最长达10米。吻窄长，前喙较低，吻背雕蚀纹明显。外鼻孔单个，开于吻端；鼻道内无中隔。眼大，卵圆形外突。耳孔在眼后，细狭如缝。颈部与头、躯无明显区别，躯干长筒形，为头长的5倍；尾粗，侧扁，其长超过头、体的总和，可作有力袭击。四肢粗壮，后肢较长，第5趾短小，趾基有蹼，内侧3趾有爪。背深橄榄色或棕色，腹浅白色。湾鳄生活在海湾里。在淡水江河边的林荫丘陵营巢，以树叶丛枝构成，每巢有白色钙壳卵50枚左右。成鳄经常在水下，仅眼鼻露出水面。耳目灵敏，受惊立即下沉。午后多浮水晒日。常食鱼、蛙、虾、蟹，也吃小鳄、龟、鳖。咀嚼力强，能碎裂硬甲。湾鳄在中国已绝灭，在国外也属濒危种。

**鳄梨** *Persea americana*; avocado　樟科鳄梨属的一种。原产中美洲，全世界热带和亚热带地区均有种植。常绿乔木，叶互生，革质，长椭圆形、椭圆形、卵形或倒卵形。聚伞状圆锥花序。花淡绿带黄色，花被两面被毛，裂片6，长圆形，外轮3枚略小；能育雄蕊9，排成3轮，花药4室，退化雄蕊3，位于最内轮，箭头状心形。核果大，肉质，通常梨形、卵形或近球形，黄绿色或红棕色。果肉柔软似乳酪，色黄，风味独特，含多种维生素、丰富的脂肪和蛋白质，钠、钾、镁、钙等含量也高。果仁含油量8%～29%，油是一种不干性油，没有刺激性，酸度小，乳化后可以长久保存，除食用外，可作高级化妆品、机械润滑和医药上润肤用油及软膏原料。

**鳄蜥** *Shinisaurus crocodilurus*; Chinese crocodile lizard　爬行纲蜥蜴亚目鳄蜥科鳄蜥属唯一种。又称懒蛇、大睡蛇。仅见于中国广西瑶山（金秀、贺州、桂平等地）。头体长150毫米左右，尾长200毫米以上。头大而高，略呈立方锥形，两侧棱脊明显。耳孔不显，颅顶眼呈小白点状。枕部有横沟。眼睑发达，瞳孔圆形。背面被覆颗粒状鳞；腹面鳞大，略呈矩形平滑。尾侧扁，其背面两行棱脊明显，似鳄尾。四肢粗短，爪尖锐。背面棕色或暗褐色，体、尾有十几条深色宽横纹。头侧和体侧土黄色或土红色，散布黑纹；眼周有数条辐射状黑纹，眼下方者延续至下颌。腹面浅黄色，散布黑色短纹。

生活于海拔300～700米的林木茂盛、雨量充足、气候温暖湿润的山区，白天隐栖在水塘或溪流上面的树枝上，受惊即跃入水中。晨昏活动。主要以昆虫及其他幼虫为食，也食蠕虫、小鱼、幼蛙、蝌蚪。约在11月下旬至12月初开始冬眠，冬眠期3～4月。卵胎生，产仔2～7条。仔鳄全长100毫米左右，4年后性成熟。鳄蜥已被列为国家一级保护动物，与北美南部和墨西哥的异蜥科有亲缘关系，在分类地位和地理分布上很有研究价值。

**鳄形目** Crocodiliformes　爬行纲的一目。体长大，尾粗壮，侧扁，是游泳与袭击猎物或敌害的武器。现存3科7属25种。头扁平，吻长。鼻孔在吻端背面。指5，趾4(第5趾常缺)，有蹼。眼小而微突。头部皮肤紧贴头骨，躯干、四肢覆有角质盾片或骨板。颅骨坚固联结，不能活动；具顶孔。齿锥形，着生于槽中，每侧在25枚以上。舌短而平扁，不能外伸。鳄在水下，只露鼻孔于水上进行呼吸。外鼻孔和外耳孔各有一瓣膜防止水进入。心脏4室，左右心室由潘尼兹氏孔沟通。有颈肋、腹膜肋。无膀胱。阴茎单枚，肛孔内通泄殖腔，孔侧各有1个麝腺；下颌内侧也各有1个较小的麝腺。

鳄长者达10米，两栖生活，分布于热带、亚热带的大河与内地湖泊；有极少数入海。成年鳄以鱼、蛙与小型兽为食，幼鳄也吃无脊椎动物。雌鳄在自掘的窟穴中或植物茎叶堆上产硬壳卵。卵的大小因种而异。鳄类动物从三叠纪起，很少变化，所以现存的鳄类可视为活化石。野生鳄现已受到许多产地国家保护。

**恩德贝莱人** Ndebele　非洲南部津巴布韦共和国的主要民族之一。有223万人(2002)。另约有95万人分布在南非东北部与津巴布韦交界地区。属尼格罗人种班图类型。使用恩德贝莱语，属尼日尔-科尔多凡语系东南班图语群。多数信万物有灵，少数信奉基督教。原是南非祖鲁王国的一个支族，因不堪国王暴政压迫，于1838年渡过林波波河进入津巴布韦西部和西南部一带定居。19世纪末，英国殖民者侵入。

恩德贝莱人妇女与住宅

1980年，与国内各族人民一起赢得津巴布韦的独立。主要从事畜牧业和农业。社会仍保存**部落**区分，由酋长和头人进行管理。每一部落由许多一夫多妻制的大家族组成。财产的多少按拥有牲畜的头数计算。

**恩格尔** Engle, Robert Fry (1942-11-10～ ) 美国经济学家。生于纽约州的锡拉丘兹。1969年在康奈尔大学获经济学博士学位。1969～1974年任麻省理工学院助教。1975年在加利福尼亚大学圣地亚哥分校任副教授，于1977年晋升为教授，1990～1994年任经济学系主任。1999年任纽约大学斯特恩商学院教授，2003年起，任该院迈克尔·亚美利诺财经服务管理教授。2003年与C.W.J.格兰杰共获诺贝尔经济学奖。

恩格尔的研究方向主要是**利率**、**汇率**和**期权**的金融计量分析。他提出了描述经济时间序列数据时变波动性的关键概念，并发展了一系列波动性模型及统计分析方法。恩格尔提出的自回归条件异方差（ARCH）、协整、谱分析回归等创新性统计方法对经济学研究具有“重大的突破性意义”，其中ARCH理论模式已成为经济学界和金融市场分析人士用来进行研究与评估价格和风险不可或缺的工具。著有《长期经济关系：协整阅读材料》（合编）、《经济计量学手册（第四册）》（合编）、《ARCH：阅读精选》、《协整、因果关系和预测：格兰杰纪念文集》（合编）等。

**恩格尔系数** Engle coefficient 西方经济学关于家庭食品开支与家庭总收入的比例关系，用以衡量生活水平的一个重要指标。由德国统计学家E.恩格尔提出。

恩格尔系数=食品支出总额/收入。它反映了人们用于食品方面的支出在收入中所占的比例，体现了人们的**消费结构**和水平。恩格尔系数也可用来表示一个国家富裕程度与消费结构之间的关系：国家越富裕，则该国的恩格尔系数就越小；反之，国家越贫穷，则该国的恩格尔系数就越大。联合国认为，当恩格尔系数达到0.40～0.50时，即为小康生活。

**恩格斯** Engels, Friedrich (1820-11-28～1895-08-05) 马克思主义创始人之一，K.**马克思**的亲密战友，国际无产阶级的领袖。生于德国莱茵省巴门市（今乌培塔尔市）一纺织厂主家庭，卒于伦敦。骨灰罐由F.列斯纳等遵照遗嘱投葬于英国伊斯特勃恩岩崖附近海中。少年时就学于巴门市立学校，1834年转入爱北斐特理科中学。1837年其父坚持要他辍学经商，一年后到不来梅一家商行供职，同青年德意志运动发生联系。

1841年9月，恩格斯到柏林服兵役，并在柏林大学听课，研究黑格尔哲学，参加青年黑格尔派的活动。开始向唯物主义者转变。

1842年11月，恩格斯到英国曼彻斯特的棉纺厂当职员，接触到真正的产业无产阶级。1844年3月，在《德法年鉴》上发表《政治经济学批判大纲》和《英国状况——评托马斯·卡莱尔的〈过去和现在〉》两篇文章，初步论述了无产阶级的历史使命。这清楚地表明恩格斯已经完成由唯心主义向唯物主义、由民主主义向共产主义的转变。

1844年8月，恩格斯拜访侨居巴黎的马克思，两人建立了深厚的友谊。同年9月，与马克思合写《神圣家族》一书。1845～1846年间两人合著《德意志意识形态》一书，这部著作是对历史唯物主义第一次系统的阐述。1845年，恩格斯写出《英国工人阶级状况》一书，第一次明确地指出无产阶级所处的政治经济地位必然推动它去争取自身的解放；而社会主义只有成为工人阶级的政治斗争目标时才会成为一种政治力量。

恩格斯和马克思于1846年初在布鲁塞尔建立共产主义通讯委员会，同各国的社会主义团体建立联系，宣传科学社会主义。1847年马克思、恩格斯应邀加入德国工人的秘密组织正义者同盟，并积极参加它的改组工作。恩格斯出席同盟在6月召开的第一次代表大会，向大会阐述科学社会主义的基本原理，把旧的同盟改组为**共产主义者同盟**。1847年12月至1848年1月，马克思和恩格斯合著的《**共产党宣言**》，第一次公开树起共产主义运动的旗帜，是一个周详的理论和实践的党纲，标志着马克思主义的诞生。

1848年欧洲爆发资产阶级民主革命。马克思、恩格斯受共产主义者同盟中央委员会的委托，为德国无产阶级制定了行动纲领《共产党在德国的要求》。德国三月革命爆发后，他们立即回国参加革命斗争。恩格斯除协助马克思创办《新莱茵报》外，还亲身参加南德和爱北斐特地区保卫革命成果的几次激烈战斗。革命失败以后，1849年11月10日，恩格斯流亡伦敦与马克思会合，担负起重建同盟中央委员会和地方组织的工作，着手总结1848年革命的经验教训。

1850年，恩格斯重返曼彻斯特经商，以便在经济上接济马克思，使之能够完成《**资本论**》的写作。工作之余，他还研究自然科学和军事科学，就各种理论问题同马克思交换意见，写了大量军事、政治论文。

1870年9月，恩格斯从曼彻斯特迁居伦敦。10月，当选为第一国际总委员会委员。在国际的后期发表《论权威》等著作，总结了**巴黎公社**革命的经验，批判了巴枯宁派的无政府主义思潮。1877～1878年恩格斯写出《反杜林论》，该书被誉为马克思主义的百科全书。1880年，把《反杜林论》一书理论部分中最重要的内容改编成《社会主义从空想到科学的发展》小册子，在法国和其他国家的工人中广为传播，马克思称之为科学社会主义的入门。

恩格斯从1873年开始对自然辩证法的研究，写了许多札记和片断。这些手稿在恩格斯逝世后被编成《自然辩证法》一书出版。

1883年3月马克思逝世，恩格斯担负了整理和出版马克思文献遗稿工作。1885和1894年先后出版《资本论》第二卷和第三卷，完成了马克思未竟之业。1884年，恩格斯发表《家庭、私有制和国家的起源》一书。1886年，他发表《路德维希·费尔巴哈和德国古典哲学的终结》一书，系统地批判黑格尔的唯心主义和L.费尔巴哈的唯物主义的局限性及唯心史观，精辟地论述哲学的基本问题和唯物史观的基本原理。

恩格斯在从事理论工作的同时，还肩负着指导国际共产主义运动的重任。1889年7月，在他的直接领导和关怀下，各国社会主义政党建立**第二国际**，进一步团结和发展了国际无产阶级的革命力量，使社会主义运动获得广阔的发展。

**恩古吉** Ngugi wa Thiong' o (1938-01-05～) 肯尼亚小说家、剧作家、散文家。生于利穆鲁。在乌干达坎帕拉马坎雷雷大学和英国的利兹大学获文学学士学位。曾执教于内罗毕大学、美国伊利诺伊州的西北大学。创作有小说《一河之隔》（1965）、《孩子，别哭》（1964）、《一粒麦种》（1967）。他的重要作品均用母语基库尤语写成，然后再翻译成英语，如剧本《十字架上的魔鬼》

(1980)、《我想结婚时就结婚》(1980，合写)，小说《碧血花瓣》(1977)、《马蒂加里》(1986)等。他的作品反映非洲人民反殖民主义斗争和东非国家独立前后的各种社会问题，产生了很大的影响。

**恩贾梅纳** N' Djamena 乍得首都和最大城市。位于西部边境、乍得湖以南、洛贡河与沙里河汇合处右岸。建成区面积约15平方千米，人口99.3万。地处乍得湖平原，海拔290米左右，河左岸多沼泽。热带草原气候，炎热少雨。年平均最高气温36℃，极端最高气温47℃，旱季酷热，多干热的哈马丹风。平均年降水量646毫米。历史上是撒哈拉南缘沙漠队商贸贸易的重要驿站。城市始建于1900年，当时为法国殖民者的军事据点称拉密堡。1920年成为殖民地首府。1960年国家独立，定为首都。1973年改用今名。全国政治、经济、文化中心和交通枢纽。集中了全国最主要的工业部门，并处于全国植棉业、养牛和捕鱼业的中心地带，为全国最大的农产品交易和集散中心。国际公路干线东西连接苏丹和尼日利亚，是横贯非洲大陆的重要通道。恩贾梅纳机场为国际航空港。市中心为最早的市区，是现今行政中心，有总统府、国民议会大楼及省市政府机构。集中了全国主要的金融机构和大公司。有1971年创办的乍得大学(现称恩贾梅纳大学)，有1963年开办的全国行政学校以及各类技术学校。还有国立人文科学研究所等科研机构、国立博物馆、全国最大的医院、体育场、赛马场、航空基地等，也是乍得盆地委员会所在地。

**恩克鲁玛** Nkrumah, Kwame (1909-09-21～1972-04-27) 加纳政治家、独立运动领袖，加纳共和国首任总理和总统(1960～1966)。原名弗朗西斯·恩威亚·科菲伊·恩克鲁玛。生于黄金海岸恩克罗富尔一个金匠家庭，卒于布加勒斯特。1935年赴美留学，后任林肯大学讲师。1945年赴英从事法律研究，任西非学生联合会副主席。在美英学习期间，恩克鲁玛受到马克思主义、甘地主义和M.M.加维“非洲人的非洲”思想的影响，1946年，他提出“争取非洲统一和完全独立”的口号。

1947年恩克鲁玛回国。次年出任黄金海岸统一大会党总书记，大力推进民族独立运动。1957年3月6日黄金海岸宣布独立，定国名为加纳，他任总理。1960年7月1日加纳共和国成立，他当选总统。1964年宣布为终身总统。

在执政期内，他奉行和平中立和不结盟政策，积极支持非洲民族独立运动，主张非洲统一。由于经济上偏重发展重工业，忽视农业，导致国民经济比例失调。

1966年2月加纳发生政变，恩克鲁玛领导的政府被推翻。此后他寄居几内亚。

**恩里克斯·乌雷尼亚兄弟** Henríquez Ureña brothers P.恩里克斯·乌雷尼亚(Pedro Henríquez Ureña 1884～1946)，多米尼加文学评论家、文学史家。生于圣多明各，卒于阿根廷布宜诺斯艾利斯。早年在马德里求学，后到哈瓦那、墨西哥。任布宜诺斯艾利斯大学语言研究所所长、阿根廷洛萨达出版社编辑。主要著作有《探索我们自我表现的六篇论文》(1928)、《关于美洲小说的笔记》(1927)、《西班牙美洲文化史》(1947)等。他主张拉丁美洲文化的民族性和一致性。1941年在美国哈佛大学主讲《西班牙美洲文学思潮》(1941)，是探讨拉丁美洲民族文学发展道路的重要著作。他的诗具有现代主义倾向，诗集有《狄奥尼索斯的诞生》(1916)。

M.恩里克斯·乌雷尼亚(Max Henríquez Ureña 1885～1968)，多米尼加作家、文学评论家。P.恩里克斯·乌雷尼亚之弟。曾在古巴圣地亚哥任中学教员，同时从事文学创作。作品风格倾向于后期现代主义。他主要作品有诗集《希腊酒坛》(1930)、《光的爪子》(1958)，短篇小说集《多米尼加轶事》(1951)，长篇小说《短暂的独立》(1938)、《巴雷拉大主教》(1944)，论著《大帆船的归来》(1930)、《现代主义简史》(1954)和《法国对西班牙美洲诗歌的影响》(1937)、《多米尼加文学历史概貌》(1945)等。

**恩尼乌斯** Ennius, Quintus (前239～前169) 古罗马诗人、剧作家。奥斯基人。熟悉希腊文学和哲学，精通希腊语、拉丁语和奥斯基语。公元前204年到罗马从事文学活动。前184年获得罗马公民权。作品包括戏剧、史诗、哲学等类。在戏剧方面，悲剧的成就超过喜剧。以神话为题材的悲剧主要是依据欧里庇得斯的作品改编。此外，他创作过历史剧《萨比尼女子》和《安布拉基亚》等，歌颂罗马的历史和贵族的功绩。剧作现仅存一些剧目和零散片断。主要诗歌作品是《编年纪》。这是一部历史史诗性作品，共18卷，从埃涅阿斯漂泊至意大利一直叙述到作者同时代的人物和事件。作者模仿荷马史诗的风格和技巧，力图与希腊史诗媲美。现仅存600多行残诗。他的哲学著作、讽刺诗、铭辞及其他著作均已失传。

**恩平市** Enping City 中国广东省辖县级市。位于省境中南部。面积1 698平方千米。人口约49万(2010)。旅外华侨和港澳台同胞20多万。东汉建安二十四年(219)置恩平县，南朝齐改为齐安县，唐至德二载(757)复为恩平县。1994年撤县设市。由江门市代管。农作物有水稻、花生、甘蔗、玉米、大豆、木薯、龙眼、柑橘等。沿海盛产鱼、盐。矿产有金、钨、铜、锡、钼、石灰岩、白云石等。工业有纺织、皮革、塑料、化工、水泥、电子、摩托车装配等。名胜古迹有鳌峰松涛、玉带天池、江洲榕荫、石山元代石刻等。

**恩施市** Enshi City 中国湖北省恩施土家族苗族自治州辖县级市。位于省境西南部。面积3 972平方千米。人口约75万(2010)，有汉、土家、苗、侗等16个民族。隋开皇五年(585)由沙渠县改为清江县。清雍正六年(1728)改设恩施县。1982年析县城施南镇及郊区设立恩施市。硒资源丰富，有“硒都”之称。矿产还有石煤、耐火黏土、熔剂用石灰岩及白云岩、水泥用石灰岩和黏土、磁铁矿、硅石、煤等。工业以煤炭、化工、机械、轴承、皮革、造纸、烟草、食品等为主。农业以水稻、玉米、烟叶、油菜、蔬菜、茶叶、柑橘、中药材及牛猪、牛、羊、家禽等为主。山区产油桐、乌桕、油茶、生漆、五倍子等。名胜古迹有五峰山、“清江画廊”、连珠塔、大龙潭、龙洞、向月亭、旧州城遗址等。

**恩施土家族苗族自治州** Enshi Tujia-Miao Autonomous Prefecture 中国湖北省辖自治州。位于省境西南部，邻接重庆市、湖南省。辖恩施市、利川市和建始、巴东、宣恩、咸丰、来凤、鹤峰6县。面积24 111平方千米。人口329万(2010)，居住着土家、苗、汉、侗等30个民族。自治州人民政府驻恩

神农溪

施市。春秋为巴国地。秦属南郡和黔中郡。南北朝北周置施州和清江郡。元为施州。明置施州卫。清为施南府。1983年置鄂西土家族苗族自治州，1993年改现名。

气候温暖湿润，年降水量约1 400毫米，为全省暴雨中心之一。因地形高差悬殊，故气候有明显的垂直差异。低山坪坝和河谷盆地以“冬暖”著称。矿产资源有硒、铁、磷、煤、金、铜、重晶石、钒等。其中硒矿储量世界第一。森林覆盖率高，是省内重要林区之一。利川为中国水杉之乡。农业以发展水稻、小麦、玉米和油菜、烟叶、茶叶、水果、生漆、油桐、中药材及生猪、牛、羊、畜禽、水产养殖等为重点。历史上以产坝漆、金丝桐油、宜红茶、玉露茶、紫油厚朴、板党、窑归、鸡爪黄连、白肋烟等闻名中外。工业以化肥、建材、煤炭、电力、卷烟等为主。风景名胜有利川腾龙风景区，腾龙洞为世界特大的喀斯特洞穴之一。还有神农溪、黄金洞、小南海、万金洞、土王洞府、连珠塔、文昌祠等。

**恩斯特** Ernst, Max (1891-04-02～1976-04-01) 德裔法国画家、雕塑家，**超现实主义**的主要代表，拓印法的发明者。生于德国的布吕尔，卒于巴黎。1911年入波恩大学学习时，即对绘画感兴趣。1911年开始与前卫派画家交往，接近**青骑士社**。1913年参加A.马克、W.**康定斯基**组织的秋季沙龙，并到达巴黎。第一次世界大战后，积极参与**达达主义**的活动，是科隆达达社团的领导人。1919年他创作最初的拼贴画，声称用拼贴来记录“幻觉中的一种明确而固定的意象”。1922年创作油画《人们将莫知其然》，被认为是最早的超现实主义作品之一。画面充满了无理性的梦幻气氛，使人联想

《沉默之眼》(华盛顿大学美术馆藏)

到天象图、荒寂的自然景色。1925年，他发明了拓印法。1926年，出版拓印素描集《自然史》。1929年出版第一本拼贴画集《百头女子》。恩斯特常常描绘与童年印象有关的情景，画面富有诗意的幻想。油画《雨后的欧洲》(1942)、《沉默之眼》(1943～1944)是他的力作，用梦幻般的意境表达出他美好的憧憬。20世纪40～50年代，作品色彩变得繁复而又有抒情味，且有抽象的成分。

**恩西纳** Encina, Juan del (约1469～约1529) 西班牙诗人、音乐家。青年时在教堂的唱诗班当歌手。晚年在莱昂度过。作品大多收在1496年出版的《胡安·德尔·恩西纳诗歌集》中。早期的剧作继承中世纪宗教戏剧的传统，文体通俗，但又具有**维吉尔**牧歌的特色。主要有《圣诞节》、《耶稣受难》等。1519年在罗马期间曾用11音节诗体写成3部牧歌剧：《费莱诺、卡多尼奥和萨姆瓦尔多的牧歌》、《克里斯蒂诺和费贝阿的牧歌》和《普拉西达和维多利亚诺的牧歌》。牧歌剧诗句优美，接近文艺复兴时期的戏剧，为西班牙“黄金世纪”戏剧的发展开辟了道路。

**蒽** anthracene 含三个环的稠环**芳烃**，分子式$C_{14}H_{10}$。存在于煤焦油中。蒽的三个环的中心在一条直线上，是

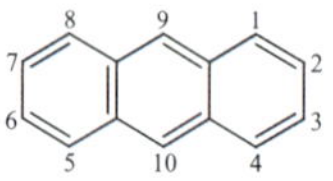

**菲**的**同分异构体**。无色片状晶体，有蓝紫色荧光。熔点216℃，沸点340℃，相对密度1.283 (25/4℃)。容易升华。不溶于水，难溶于乙醇和乙醚，易溶于热苯。蒽分子中9,10位的化学活性较高，用硝酸氧化，生成9,10-**蒽醌**，是合成蒽醌染料的重要中间体。工业上从分馏煤焦油所得蒽油馏分中用结晶法分出粗蒽，再经升华提纯。高纯度蒽可用作闪烁计数器的闪烁剂。

**蒽醌** anthraquinone 分子式$C_{14}H_8O_2$。理论上可能有10种蒽醌，只有3种已经制得，即1,2-、1,4-和9,10-蒽醌：

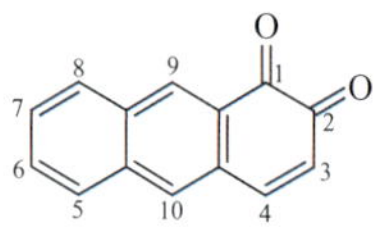

1,2-蒽醌

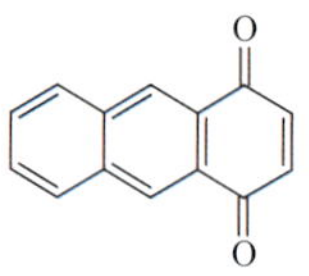

1,4-蒽醌

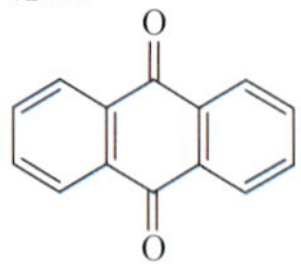

9,10-蒽醌

蒽醌通常指9,10-蒽醌。9,10-蒽醌为稍带淡黄色的单斜针状晶体；熔点286℃，沸点379.8℃，密度1.438克/厘米$^3$(4℃)；可升华；不溶于水，难溶于多数有机溶剂。工业上由**邻苯二甲酸酐**与**苯**在三氯化铝存在下反应得到邻羧二苯酮，再与硫酸作用，闭环而制得。蒽醌在染料工业上有重要用途，是生产阴丹士林系还原染料的原料。

**儿茶** *Acacia catechu*; khair-tree **豆科**金合欢属的一种。落叶乔木。热带药用植物。分布于印度、缅甸、非洲东部和中国云南南部。

植株高6～13米，有刺。二回羽状复叶，互生，叶轴基部有棘针双生，羽片10～20对，每羽片具小叶30～50对。总状花序，腋生，花黄色或白色。荚果扁而薄，含种子3～7粒。属旱生阳性树种，适应性较广。用种子繁殖，苗高50～60厘米时定植，树达15龄时可砍伐利用。由心材提炼的栲胶含儿茶鞣酸20%～50%，儿茶精2%～20%及黄色素等，有收敛、消炎、清热、化痰、生肌止泻、止血等功效，也可作为优质黄色染料，用于制革、染布。木材坚硬，纹理细致，可做家具、农具等。

**儿茶酚** catechol 即**邻苯二酚**。二元酚，分子式1,2-$C_6H_4(OH)_2$。

**儿歌** nursery rhyme 儿童口头传唱的歌谣。大多是成年人根据儿童理解能力、心理特点，以简洁明快、生动形象的韵语写成，并得到儿童传唱，也有的是儿童自己在游戏等场合随口编唱的。儿歌按其功用，大致可分为3类：游戏儿歌、教诲儿歌、训练语言能力的绕口令等。一般比较短小，句式多样，富有变化，节奏鲜明，朗朗上口，易念易记易传。表现手法有拟人、反复、重叠、对答、排叙、比喻、夸张、联想等，其中运用较多的是拟人。欧洲有文字记载的最早的儿歌产生于公元前3世纪的希腊；在古埃及和印度，一些历史著作中也提到当时流传的儿歌。中世纪以后，一些学者和作家对儿歌表现出浓厚兴趣，做了一些搜集和整理工作，其中较有名的是宗教改革的倡导者**马丁·路德**。此外，德国浪漫派作家L.A.von阿尔尼姆和C.布伦塔诺在他们编辑出版的民歌集《男童的神奇号角》中，也广泛收集了欧洲特别是德语国家18世纪以前的童谣。中国早在两千多年前的《**春秋**》、《**左传**》和《**战国策**》中就有关于童谣的记载，不少儿歌也被记录在各时代的历史典籍中。清代郑旭旦的《**天籁集**》和悟痴生的《广天籁集》则为儿歌专集。五四运动以后，特别是中华人民共和国建立以后，出版的儿歌专集有《中国儿歌选》、《古代儿歌资料》(赵景深编)、《儿歌》。

**《儿女英雄传》** *The Tale of Heroic Sons and Daughters* 中国近代小说。著者**文康**。初名《金玉缘》，又曾名《日下新书》、《正法眼藏五十三参》；后多种刻本题名《儿女英雄传评话》，又名《侠女奇缘》。著者称原稿53回，今存40回及“缘起”1回。

小说的基本情节是：南河知县安学海因不肯行贿，被河道总督陷害入狱。其子安骥千里救父，夜宿能仁寺，险遭凶僧图财害命，幸得侠女十三妹相救。又由十三

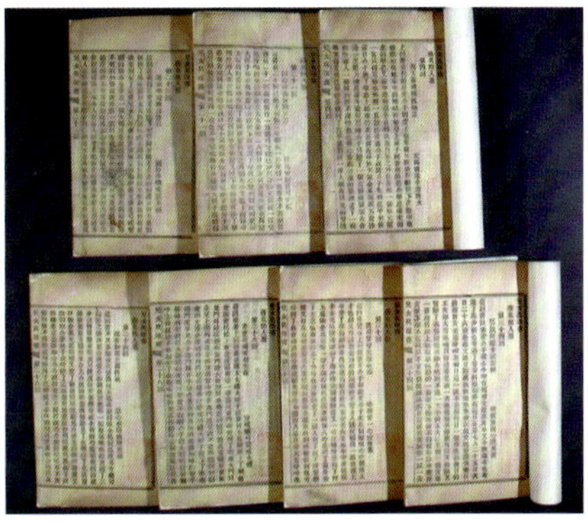

《儿女英雄传》书影

妹做媒，与同时被救出的村女张金凤结成姻缘。安学海获释后，始知十三妹名何玉凤，是将门之女；其父被大将军纪献唐害死，玉凤从侠士邓九公学武艺，誓报父仇。安、何两家本是世交，且纪献唐已因罪被朝廷所诛，于是经安学海、邓九公劝说，玉凤也嫁给安骥。最后安骥进士及第，钦点探花，累迁屡升，位极人臣，安老夫妻“寿登期颐，子贵孙荣”。

小说在思想主题上存在一些迂腐的封建伦理说教，但这并未影响作品具有其他多方面价值。小说对当时社会丑恶现状有所揭露，反映了封建社会官场政治的黑暗。同时对清代中后期科举程序、市井生计、旗人社会、婚丧嫁娶、庙会场景、餐饮娱乐等社情民俗都有准确传神的记录。小说在结构上运用了当时中国小说中不常见的留悬念、设伏笔与倒叙等技巧。在语言上，使用了流畅悦耳、幽默动人的北京话。自清末以来一直受到读者喜爱。

《儿女英雄传》现存最早刻本为清光绪四年（1878）北京聚珍堂活字本。此后翻刻甚多。1983年人民文学出版社出版校点本。

**儿童孤独症** childhood autism 婴幼儿时期因广泛发育障碍所致以孤僻、内向、难以与人交流为特征的一组综合症状。或译为“自闭症”。

儿童孤独症在男孩较女孩多见。孤独症婴儿面部表情茫然，对大人的逗引、呼唤不会回应。对生人既不认生，也无主动交往的倾向。不会要妈妈抱，也不会撒娇，表现为过分的“乖”和“安静”。

孤独症幼儿不能听从保育员和教师的引导，不与其他小朋友一起做游戏、说歌谣、听故事，而是独自活动。言语发育严重滞后，到两三岁还不会讲话，即使会讲话也很少讲。在活动方式上，孤独症幼儿可能表现出兴趣范围的狭窄，如长时间凝视某处，动作刻板重复；或表现出对某一种物品的依恋，终日手持某物，若硬让放下，则患儿出现明显的烦躁不安。

儿童孤独症是一种与神经生物学基础密切相关的行为综合征，起病早，病程长。患儿在成长过程中，症状会有所改善，但其行为特征可能贯穿终生。若能及早发现及矫治，可望提高患儿适应社会生活的能力。治疗方法仍在探索中，包括心理指导、行为矫正、言语训练、感觉统合治疗等，氯哌啶醇、舒必利等药物也有应用者。

**儿童剧** child play 以儿童为服务对象的话剧、歌剧、舞剧、歌舞剧、戏曲，以及童话剧、神话剧、木偶戏、皮影戏等不同类型剧种的统称。儿童剧除了具有戏剧一般的特征外，还要适应儿童特有的情趣、心理状态和对事物的理解、思考方式。要求通过具体、鲜明的形象与活泼、明快的情节向他们剖析严肃的主题，进行美的熏陶，培养儿童积极的创造精神，发展他们的意志和想象力，唤起他们的求知欲，尽可能使他们正确地认识现实世界与周围事物。俄罗斯、日本、罗马尼亚、澳大利亚、挪威、瑞士、德国和美国等都是儿童剧比较发达的国家。中国儿童剧的萌芽，一般认为是20世纪20年代**黎锦晖**创作的儿童歌舞剧《小小画家》等。中华人民共和国建立后，各省、市、自治区相继成立了20多个儿童戏剧院团，先后创作演出了《**马兰花**》、《草原小姐妹》等优秀剧目。

《艾丽丝漫游奇境记》剧照

**儿童品行障碍** conduct disorders in childhood 发生于年龄较大的儿童及少年的经常性行为越轨现象。常见的不良行为包括：说谎、偷窃、逃学、离家外流、嗜烟酗酒、惹是生非、聚众赌博、打架斗殴等。

**类型** 根据处理人际关系的情况，分成社会化型和社会化不足型；每型又分为攻击性与非攻击性。

社会化不足攻击型 这类儿童对别人没有感情，孤僻，特别是很少与同龄儿童交往。自私自利、冷酷无情、常占别人的便宜、毫不顾及别人的感情与愿望。对成年人持不合作态度，不是正面顶撞，就是消极违拗。无论奖惩都很难改变这类儿童的态度和行为，有相当一部分人成年后发展成反社会性人格障碍。

社会化不足非攻击型 这类儿童同样是以自我为中心、孤独、少与人交往。特点是害羞，胆怯，情绪和行为比较幼稚，好发牢骚，老是抱怨别人对他不公平，对待不如意事的习惯反应方式是退避。经过心理治疗和耐心教育，很多人能逐渐改变不良行为，但孤独内向的倾向却继续保留。

社会化攻击型 多发生于少年阶段。以自我为中心，处理人际关系没有心理困难。行为特点是拉帮结派，组织或加入少年团伙。这类少年在性格上一般并无明显异常，但一经堕入流氓团伙，往往难以摆脱，最后不得不落入法网。

社会化非攻击型 多发生在少年阶段。这类少年在人际关系处理方面没有特殊困难，但并不热衷于拉帮结派组织团伙。特点是：对任何权威和纪律均持蔑视态度，抱有明显的逆反心理。经教育，不少人能转变态度，改正缺点。

**处理** 以正面教育为主。要教导他们明辨是非，分清善恶。既要严格要求，又要耐心细致。行之有效的心理治疗，有以改变认识方法为目的的认知心理治疗和以矫正不良行为为目的的行为治疗。

**儿童情绪障碍** emotional disorders in childhood 儿童情绪反常的一种精神障碍现象。发生率很高。症状与成人的情绪障碍类似，但症状多较简单，以单一症状为主，且症状相对较轻，并随年龄增长自行改善。

临床表现 ①过分害羞，缺乏自信。②情绪不稳定，容易激惹。③过分恐惧。④过分焦虑，容易紧张不安。⑤少数年龄较大的儿童可出现较典型的**神经症**。

病因 常与精神上受到持久或强烈刺激有关，很多患儿在情绪障碍发生前曾遭遇过生活事件，如父母离异、亲人死亡等。有的患儿长期置身于恶劣的家庭与社会环境之中，心灵受到创伤。除此之外，慢性躯体疾病和某些气质、素质都可增加情绪障碍的易感性。

治疗 应注意改善环境气氛，提供正确的教育与引导，培养良好的生活习惯，鼓励儿童多与外界交往。行为治疗对克服害羞、恐惧及焦虑等都有相当疗效。对于较典型的儿童神经症也可给予**抗焦虑药**或**抗抑郁药**治疗。

**《儿童权利公约》** *Convention on the Rights of the Child* 1989年11月20日第44届联合国大会第25号决议通过的关于儿童权利的公约。1990年9月2日生效。《儿童权利公约》规定：儿童系指18岁以下的任何人，除非对其适用之法律规定成年年龄低于18岁。各缔约国应采取措施，以尊重和实现公约所载的权利。这些权利主要有儿童固有的生命权，存活与发展权，姓名权，国籍权，言论、思想、宗教信仰、结社及和平集会权。各国应保护儿童免受身心摧残、伤害或凌辱、忽视、虐待或剥削。残疾儿童有权得到特殊待遇。儿童有权享有可达到的最高标准的健康，有受教育的权利。各国应采取措施，防止诱拐、买卖或贩运儿童。为保证上述权利的有效实行，公约要求成立专门的儿童权利委员会，以审查各缔约国在履行其承担义务方面取得的进展。公约是国际社会进行儿童权利保护的基本法。中国于1992年3月3日批准加入。

**儿童文学** children's literature 为少年儿童而写或被他们所阅读的、适合其心理和生理特征、文化知识水准和审美趣味的文学作品的总称。读者年龄从能看懂图画或听懂故事，直到十四五岁。与写给成年人阅读的作品不同，它要求内容浅显易懂，形式和表现手法生动活泼，主题明确，形象鲜明具体，情节有趣，语言简单精练。体裁既包括故事、童话、寓言、童谣，又有与成人读物相同的各种形式和样式，如小说、诗歌、剧本、散文等。

儿童文学的种类繁多，主要包括以下四类：①以少年儿童为主要对象或专为他们而创作的作品。②一些同时被成年人和少年儿童广泛阅读的读物，如D.笛福的《鲁滨逊漂流记》和J.斯威夫特的《格列佛游记》，中国的《山海经》、《西游记》等。③根据成人读物改编加工而成的各类儿童读物。④图画册、卡通读物和连环画等。

在欧洲，第一本儿童读物是摩拉维亚教育家夸美纽斯编辑的画册《世界图解》，出版于1568年。不过，作为一个相对独立的文学品种，儿童文学在欧美国家是18世纪下半叶才出现的，一些作家、美术家和教育家，如英国的W.布莱克（《天真之歌》）和L.卡罗尔（《艾丽丝漫游奇境记》和《镜中世界》）、德国的格林兄弟（《儿童与家庭童话集》）、美国的马克·吐温（《汤姆·索亚历险记》、《哈克贝利·费恩历险记》）、意大利的C.科洛迪（《木偶奇遇记》）、丹麦的H.C.安徒生（《安徒生童话集》），创作了许多直到今天仍影响深远的杰出作品。进入20世纪以后，儿童文学在各国受到越来越多的重视，得到充分发展，并成为一个民族的文学中不可缺少的组成部分。

20世纪中叶以来，随着电影、电视和电脑技术（图像合成和三维动画技术）的发展和普及，儿童文学的存在方式呈现出由文字文本急剧向图像文本扩展和转移的趋势。

在中国，儿童文学作为一种文学形式，直到19世纪末20世纪初，才随着西方一些进步思潮的传入而开始出现。五四以后，随着新文化运动的开展，儿童文学得到很大发展，国外一些优秀儿童文学作品如《格林童话》、《天方夜谭》、《伊索寓言》、《安徒生童话》等，被翻译成中文，一些进步的民主主义人士创办了儿童刊物如《训蒙画报》和《孩提画报》，出版了《少年杂志》和《童话》等儿童文学丛书。鲁迅、叶圣陶、冰心、郭沫若、丰子恺、茅盾、巴金、张天翼、严文井等著名作家对中国儿童文学的繁荣作出了巨大贡献。

1949年以后，儿童文学事业受到极大的重视，许多少年儿童报刊和杂志相继创刊，一些少年儿童文艺出版社先后成立。不仅解放前从事儿童文学创作的知名作家继续为新一代少年儿童写作，而且涌现出了众多的新作者，产生了大量优秀作品。特别是20世纪90年代以后，儿童文学从教育的儿童文学、艺术的儿童文学走向本位的儿童文学，创作更加成熟，各种体裁和样式都获得全面繁荣。其间重要的儿童诗有金近的《冬天的玫瑰》、柯岩的《春天的消息》、任溶溶的《给巨人的书》、张秋生的《天上来的百兽王》，童话和小说有陈伯吹的《飞虎队和野猪队》，贺宜的《太阳鸟和秃鹰》，洪迅涛的《神笔马良》，葛翠琳的《比孙子还年轻的爷爷》，曹文轩的《草房子》，孙幼军的《小布头奇遇记》、《怪老头》，郑文光的《飞向人马座》、《神翼》，秦文君的《男生贾里》、《女生贾梅》，张之路的《霹雳贝贝》，管家琪的《口水龙》等。

**儿童心理学** child psychology 研究个体心理发展中儿童心理发展规律的学科。个体发展心理学的一个分支。儿童是指从出生到进入成熟之前（通常到17～18岁）这个阶段的个体。个体的生命发生于妊娠期，即从父母的精卵结合成合子的一刻开始。儿童出生以后的生理和心理发展，都是以出生前胚胎和胎儿的发育为基础的。为探讨心理现象的发生以及遗传、环境因素对毕生发展的影响，现代儿童心理学把产前期作为研究个体心理发展的起点。

研究内容 包括5个方面。

认知的发展 认知是指人对客观世界的认识活动，包括感觉、知觉、注意、学习、记忆、思维和言语等心理过程或认知过程，也包括想象、创造和智能等。认知发展即上述认知活动的发展。研究认知发展，就是要揭示不同年龄儿童如何获取、储存、提取和评价利用信息的，即随儿童年龄的增长，其信息加工能力是如何提高的。

情绪和意志的发展 情绪是以人的需要和主观态度为中介的心理活动。意志是一种对行为的控制和调节力量。情绪和意志都属于人的意向活动，情绪和意志的发展就是意向活动的发展，它和认知的发展都是儿童心理学的主要内容，也即研究的主要范围。它们都属于心理过程，所以总称为心理过程的发展。

个性的发展 个性是指在个体的心理活动中表现出来的一贯的、稳定的特点，即个性特征，包括气质、能力和性格的特点，总称为个性。个性的发展有先天的基础，又是个体和环境在相互作用的过程中形成的。

儿童的社会化 儿童的心理过程和个性都是在遗传素质的基础上与社会环境交互作用而形成和发展的。

个别差异 从智力发展来说，绝大多数儿童属于智力正常的儿童，但也有少数儿童表现出智力超常或智力低下。这种智力发展中的两个极端是怎样形成的，超常儿童或弱智儿童具有什么样的心理特点，如何通过一定的教育措施，对他们进行有效的干预和促进，帮助他们健康成长等，都是研究者关心的问题。从个性发展来说，绝大多数儿童能适应学校、适应社会生活，个性发展是正常的；但也有少数“问题儿童”。即使发展正常的儿童，也会存在各种社会适应性不良的行为。对心理发展个别差异的研究，正成为儿童心理学基础研究和应用研究的结合点，以及与其他相邻学科如医学、教育学、社会学和儿童犯罪学交叉合作的研究领域。

**儿童心理发展阶段** 为研究方便，通常把儿童的发展划分为5个阶段：①产前期：从受孕合子的形成到出生。②婴儿和学步儿期：出生的头两年。③童年早期（又称幼儿期）：2、3～6、7岁。④童年中期：6、7～11、12岁。⑤青少年期（或称青春期）：11、12～17、18岁，有些学者把这个阶段又细分为两个阶段，即童年晚期（又称少年期，11、12～14、15岁）和青年初期（14、15～17、18岁）。人与人之间的个体差异很大，所以每个儿童都可能以不同的年龄经历以上划分的发展阶段。

**儿童行为障碍** behavior disorders in childhood 儿童的行为偏离一般正常规律的病理现象。发生率很高。其表现可分为两类。一是儿童中常见的心理生理行为偏异，如遗尿（见遗尿症）、厌食、偏食、夜惊等。另一类是一些习惯性动作，如吮手指、咬指甲、咬衣襟等。儿童的品行不良行为、反社会行为一般归属品行障碍范畴（见儿童品行障碍），不算一般行为障碍。

病因 ①多数是发育问题，与暂时性心理生理发育延迟有关。②有些行为障碍属于习惯性质，开始时是偶然发生的，但由于不断得到强化，便逐渐固定下来，形成习惯。③有些行为障碍的发生，与环境影响不良、教养失当有关，如厌食、偏食的发生，多数与溺爱纵容、喂食不规则、饭前吃零食有关。④少数行为障碍是器质性疾病的结果，如不到10%的儿童遗尿是由于器质性病因所致，常见的病因有隐性脊柱裂、膀胱及尿道发育异常、膀胱及尿道慢性炎症等。

治疗　强调综合治理。医生、家长和教师要通力协作，对儿童应当热情关怀、耐心引导，多采取切实有效的措施，少作空头说教，更不要一味斥责或嘲笑。药物治疗有时有辅助价值，例如用丙咪嗪治疗遗尿有时有效。

**《儿子与情人》** *Sons and Lovers*　英国作家D.H.劳伦斯的半自传体小说。发表于1913年。故事发生在诺丁汉郡的一个矿工村里。保罗的父亲是井下采煤工，母亲来自体面人家。母亲对常在酒后发脾气的丈夫已不抱希望，一心盼着儿子好好读书，以后能过上中产阶级的生活。长子威廉客死伦敦后，她便把全部的爱倾注在保罗身上。保罗因为对母亲的依恋，无法对其他女性产生真正的爱情，为此他感到困惑、难过。就在保罗为母子之情所苦的时候，母亲患癌症去世。经过一番游移彷徨，保罗重新踏上生活之路。小说不仅对恋母情结进行了探讨，还对矿工生活和男女关系中灵与肉的分离有精彩的描写。

**鸸鹋** *Dromaius novaehollandiae*; emu　鹤鸵目鸸鹋科唯一的残存种。又称澳洲鸵鸟。体高可达1.8米。嘴扁平似鸵鸟。头颈皮肤灰蓝色，着生有黑色粗毛状短羽；体被松散的灰褐色羽毛，先端色暗，副羽与正羽同等发育，形成羽片；翅极小，隐于体羽下；3趾均具钝爪。

栖息于砂质草原和比较开阔的森林内。平时集成小群，繁殖期成对生活。善奔跑，会游泳。主要以植物的果实、种子、叶、芽等为食，也吃昆虫。雌雄外形相似，鸣叫时雌鸟似敲鼓声，雄鸟声音单调。

5～8月繁殖。雌鸟产卵9～12枚，暗蓝绿色。孵卵期约56天，孵卵期雄鸟很少离巢，只是蹲着或站起翻卵。雏鸟绒羽乳白色，带褐色纵条纹，头部有褐色斑点。

**尔龚语**　Ergong language　中国藏族使用的一种语言。分布在四川省甘孜藏族自治州的丹巴、道孚、炉霍、色达，以及阿坝藏族羌族自治州的金川、壤塘等县。又称道孚语。属汉藏语系藏缅语族羌语支。无文字。语言内部有较大差异，大体可划分为丹巴、道孚和壤塘（金川）3个方言，方言间交际有困难。尔龚语有238个声母，有17个单元音，其中4个为卷舌元音。有23个复元音，有鼻辅音韵尾，构成31个韵母，塞音韵尾已消失。无声调。音节结构比较复杂。有大量构词前后缀，词根复合也是构词的主要手段，基本形容词往往采用叠音形式。借词主要来源于汉语，也有一定数量藏语借词。语法以加词缀和词根屈折变化等手段为主，虚词和语序也是语法变化的辅助手段。动词的人称、数、时、态、式、趋向等用形态变化的手段表达。名词的数、动词的名物化等用助词表达。基本语序为主－宾－谓，名词、代词作修饰语时放在中心词的前面，形容词、数量词作修饰语时位于中心词后面。

**尔苏语**　Ersu language　中国自称"尔苏"的藏族使用的一种语言。分布于四川省凉山彝族自治州甘洛、越西、冕宁、木里及雅安市的石棉、汉源和甘孜藏族自治州的九龙等县。属汉藏语系藏缅语族羌语支。分东、中、西3个方言，差别很大，彼此无法用母语交际。尔苏语有74个声母，有3个复辅音，鼻冠音可以和清送气塞音、塞擦音结合成复辅音。有17个单元音，有23个复元音。有2个声调，声调区别作用不大。音节都是开音节，结构比较简单。有一定数量的构词前后缀，构词以词根复合为主。借词主要来自汉语和彝语，也有一定数量藏语借词。语法以虚词和语序为主要表达手段。动词有体、态、式、趋向等语法范畴，用形态表达。人称代词有格语法范畴。句子的基本语序为主语－宾语－谓语，名词、代词做修饰语时放在中心词前面，形容词、数量词做修饰语时放在中心词后面。

**《尔雅》** *Erya*　中国最早的一部训解词义的书。《汉书·艺文志》著录《尔雅》3卷20篇。今存19篇，分释诂、释言、释训、释亲、释宫、释器、释乐、释天、释地、释丘、释山、释水、释草、释木、释虫、释鱼、释鸟、释兽、释畜。原无作者姓名。汉代郑玄说是孔子门人所作。魏张揖以为周公著。后人多认为是秦汉间学人递相增益而成，非一人之作。"尔雅"是近正的意思。唐初陆德明在《经典释文》中说："尔，近也；

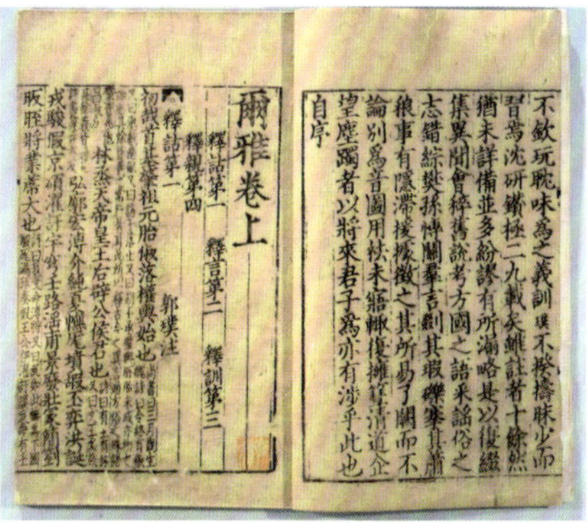
爾雅卷上
釋詁第一　釋言第二　釋訓第三
郭璞注

郭璞注本《尔雅》（元雪窗书院刻本）

雅，正也。言可近而取正也。"

《尔雅》在汉魏时就有刘歆、樊光、李巡、孙炎注，都已亡佚。现存最早的注本是晋代郭璞注，凡3卷。郭璞精究训诂，荟萃各说，又补其疏略，一直为人所重。北宋时邢昺根据郭注作《尔雅疏》10卷，疏解郭注，对《尔雅》条例又多所发明。元、明、清代，以迄近代，研究《尔雅》的不下20家。

《尔雅》保存了先秦时期大量的词汇和知识，是考证词义和中国古代名物的重要资料。唐宋时列为"十三经"之一。它与后世研究、仿作它的诸书，在中国传统训诂书中自成系统，称为雅学。

**尔朱氏之乱**　Erzhushi, Rebellion of　中国北魏末年统治集团间争夺中央政权的变乱。又称"河阴之变"。尔朱氏属契胡，北魏初年降附于鲜卑拓跋部。北魏后期，尔朱荣为契胡酋长，拥有8 000余家的部落人民，魏末各族人民起义爆发后，尔朱荣与汉族地方豪强势力相勾结，积极发展政治、军事力量。

魏孝明帝武泰元年（528）二月，胡太后毒杀孝明帝元诩，将刚出生的皇女冒充皇子，立以为帝，几天后又另立3岁的元钊。尔朱荣以给孝明帝报仇为口实，从并州领兵南下，直指洛阳。四月十一日，尔朱荣在河阴（今河南孟津东北）立元子攸为帝（孝庄帝），自为侍中、都督中外诸军事、大将军、尚书令、领军将军；同日，洛阳东北门户河桥守将降尔朱荣，京城遂无险可守，将士四散，胡太后被迫削发为尼。十二日，皇室、贵族官僚至河桥迎驾。十三日尔朱荣先派人将胡太后和元钊溺死于河阴，又以祭天为名，集合迎驾的百官，宣称天下大乱，孝明帝被害，完全由于朝臣贪婪残暴、不相辅佐造成。于是纵兵将王公卿士2 000余人全部杀害，是为历史上著名的河阴之变。尔朱荣挟孝庄帝元子攸入洛阳，自己专制朝政。

孝庄帝目睹河阴大屠杀的惨景，深知尔朱荣的政治野心，预感自己的险境。他经过一番密谋，于永安三年（530）九月，利用朝见之机杀死尔朱荣。尔朱荣侄子尔朱兆从汾州（今山西汾阳）率骑兵进入洛阳，杀孝庄帝，另立元恭为帝（节闵帝），尔朱氏继续控制北方。

**耳** ear 主管听觉和平衡觉的重要器官。人和哺乳动物的耳在解剖学上分为外耳、中耳和内耳。

外耳包括耳廓及外耳道。耳廓（又名耳郭）为不规则的漏斗形，内为软骨，借韧带、肌肉及皮肤附于两侧颞骨上。外耳道外起自耳甲窝，止于鼓膜，外2/3为软骨部，内1/3为骨部。软骨部皮肤内有毛囊、皮脂腺及耵聍腺，外耳道疖多发生于此处。外耳道是一圆形封闭管腔，主要功能是传音作用，若有耵聍栓塞、异物、耳疖等则传音受阻。

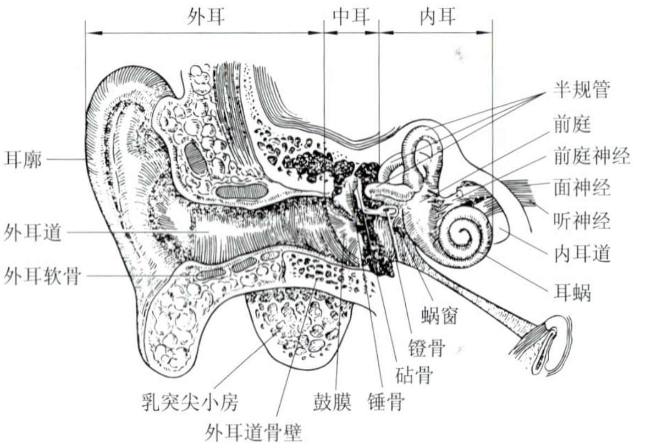


外耳和中耳

中耳包括鼓室、鼓窦、乳突及咽鼓管。鼓室是颞骨内的含气空腔，借咽鼓管与鼻咽部相通，外壁为鼓膜。鼓室内有3个听小骨：锤骨、砧骨和镫骨。3个听小骨借韧带与肌肉和骨室壁相连。鼓窦是鼓室后上方的一个含气空腔，出生时即已发育。乳突在外耳道后部，借鼓窦与鼓室相通。其外形呈乳头状故名乳突。临床上有气化、硬化及板障三型。咽鼓管是连接鼻咽部至鼓室的管道。中耳的功能主要是克服声波从空气介质到液体介质传导的阻抗。

内耳又名迷路，为听觉及平衡觉的主要器官。内耳包括前庭、耳蜗及半规管三部，各部外层为骨迷路，内层为膜迷路。骨迷路与膜迷路之间充以外淋巴，膜迷路内充以内淋巴，两者互不相通。膜迷路分椭圆囊、球囊、膜半规管及蜗管4部。迷路的动脉来自内听动脉，内听动脉进入内耳后又分前庭动脉、前庭耳蜗动脉及耳蜗动脉，这些动脉无侧支循环，因此当阻塞时多出现耳聋、耳鸣和眩晕等症状。位听神经的中枢传导径路有耳蜗传导径路和前庭传导径路。

**耳机** earphone 手持或头戴贴近人耳或塞入外耳的小扬声器。将电信号转换为声信号的元件，与大扬声器中的元件相似。常见的形式有手持式电话受话器、头戴式受话器和耳塞三种。动圈式耳机可获得最高保真度。

**耳聋** deafness 各种原因引起的听力功能减退。若听觉器官某部分发生病变，将出现不同性质和程度的听力障碍，即耳聋。耳聋轻者为无主观感觉的听力减退，重者为完全丧失听力的极度（全）聋。发生于婴幼儿学语前或学语期的耳聋，早期如果未发现并未及时进行康复治疗，可致聋哑。

耳聋根据发生的时间可分为先天性和后天性两种，根据发生机制可分为传导性、感音神经性和混合性三大类。另一种功能性聋，属于非器质性疾患，包括癔病性聋及伪聋。各类耳聋常见病因包括以下几种：①传导性聋。由外耳或中耳传音结构病变所致，如先天性外、中耳畸形，耵聍栓塞，中耳炎，鼓膜及听骨链外伤，耳硬化症，中耳肿瘤等。②感音神经聋。内耳疾患所致者为感音性聋或称耳蜗聋，如先天内耳畸形、迷路炎、**梅尼埃尔氏病**、突发性耳聋、药物中毒性耳聋、噪声聋、老年聋等。听神经中枢通路病变所致者称神经性聋或蜗后聋，见于听神经瘤以及其他脑干或听觉中枢病变、多发硬化症等。全身疾患如甲状腺功能低下、糖尿病、尿毒症、自身免疫性疾病等亦可致感音神经聋。③混合聋。指前两种致聋因素同时存在所致的耳聋。

根据病史、耳科及听力检查，以及必要的医学影像检查，可对耳聋的病因、性质、程度、病变部位作出正确详细诊断，并及时制订出治疗处理方案，包括药物治疗、手术治疗或选配助听器等。对聋儿应作早期诊断，早戴助听器，早日进行听力语言康复训练。优生优育、防止滥用抗生素、减少工业噪声等，有利于预防耳聋。

**耳鸣** tinnitus 中医病症名。患者自觉耳内鸣响。耳鸣可作为临床常见症状出现于各科的多种疾病过程中，也可单独成为一种耳科疾病。

引起耳鸣的病因不外内伤、外感两大类。外感多因风热之邪侵袭或风寒化热、蒙闭耳窍所致。内伤主要由肝火上扰清窍；痰浊壅结耳窍；肾精亏损或脾胃虚弱，耳失所养所致。

辨别虚实是耳鸣的辨证要点。突然发生的耳鸣多属实证；久鸣则多为虚证。临床常见证型有：①风寒侵袭。兼恶风寒，发热，无汗，脉浮紧，舌质淡、苔薄白，治宜辛温解表，常用清神散加减。②风热侵袭。起病较速。自感耳中憋气作胀，有阻塞感，耳鸣，听力下降，伴头痛、发热、口渴、汗出、脉数、舌质红苔薄白微黄，治宜辛凉解表，常用银翘散加减。若发热重而恶寒轻，口干渴，大便干结，脉洪大有力，为表寒里热证，治宜解表清里同施，常用防风通圣散加减。③痰火壅结。多因过食辛辣肥甘或有烟酒嗜好，滋生痰热，痰火上扰所致。证见耳如鸣蝉、有时闭塞如聋，痰多，胸闷，脉滑数，舌质红、苔黄腻，治宜清热化痰，常用黄连温胆汤加减。④肝胆火盛。证见心烦易怒，头痛面赤，口苦咽干，尿黄便秘，脉弦数，舌质红、苔黄，治宜清泻肝胆，常用龙胆泻肝汤或当归龙荟丸加减。⑤脾胃气虚。证见耳鸣，听觉失聪，倦怠乏力，食少，便溏，脉弱，舌淡，治宜健脾益气，常用益气聪明汤加减。⑥肾精亏损。耳鸣耳聋日久，兼见头晕目眩、面色黧黑、腰酸遗精、夜尿频多、脉沉细，治宜补肾填精，常用耳聋左慈丸加减。

针灸治疗耳鸣有较好疗效，可选用听宫、中渚为主穴。若湿热偏重，可加行间、足临泣；气虚，加百会、天冲；气滞，加天容、完骨；痰阻，加支沟、丰隆；阴虚，加太溪、三阴交；血瘀，加外丘、地机；实火，加翳风、行间；虚火，加太冲、大陵；若耳有朦胧不清的感觉，可加光明、中都；若有眩晕，可加风池、瞳子髎、攒竹；眩晕较重可加囟会用灸法，但一般不多灸。

**耳饰** earring 戴在耳朵上的饰物。包括耳环、耳坠等。

在古亚述，长长的耳坠是地位显赫的象征。罗马勇士在一只耳朵上戴耳环，作为标记和装饰物。希腊人发明耳罩，即用一片金叶制成小囊，上面镶珍珠，将整个耳轮遮起来。在埃及、马里等地，耳饰的形状通常是带环的小水桶或篮子，环穿过耳坠。在印度，几乎所有人都佩戴耳饰，以表明地位、财富、婚姻状况等。欧洲文艺复兴时期，意大利等地妇女戴单颗的金银或珍珠耳饰。18世纪后，欧洲女性佩戴耳饰成为时尚，耳饰多做成花形，镶嵌珠宝。当今法国和意大利的耳饰，标志着欧洲耳饰设计和制作的最高水平。

在中国，春秋以前贵族行戴冠之礼，冠之左右用绳在当耳处系一块称作瑱的玉石，有不使妄听之意。瑱在汉代演化为珥与耳珰。珥仍如瑱。耳珰则穿耳孔而戴，式样为圆柱状，中间略细，下垂小铃或珠。汉以后，耳珰渐为耳环和耳坠所代替。北魏的耳坠，有用金丝编成，挂着小金片和金珠，长达9厘米。宋元明清时期，耳饰大为风行，自皇后至平民妇女都戴耳环或耳坠。耳环和耳坠做成花果形、鸟形、人形和各种动物形。材料有金、玉、珍珠和各种宝石。平民妇女也戴铜锡制的耳环。民国初年，西方耳饰传入中国，出现带耳夹装置的耳饰，有的耳坠还镶有钻石。现代的耳饰，一种用贵金属和珠宝制成；另一种用铜、铝、塑料等材料制成，形状新奇。中国部分少数民族有戴耳饰的特殊风俗，如黎族妇女的耳环直径可大至6寸；瑶族男子戴耳环，是已婚的标志。

**耳外伤** injury of ear 各种外界因素引起的耳部（外耳、中耳、内耳）的损伤。耳廓为暴露部分，易受直接外伤。除直接暴力外，其他因素如爆炸气浪、气压变化和噪声也可引起中耳或内耳损伤。

临床表现与治疗 早期呈现血肿、出血和感染，晚期出现畸形。

早期的治疗是排除血肿、止血、止痛和预防感染，尽可能保存皮肤和软骨，早期复位缝合，恢复外貌和减少畸形。若全耳廓断离，应控制感染，再植可望成功。外耳道伤应取出污物及血块，用无菌纱条填塞，防止发生狭窄。

各种耳外伤与防治 ①外耳外伤。耳廓损伤可引起软组织及软骨支架撕裂、缺损，甚至全耳廓离断；顿挫伤常致血肿；由挖耳或用器械意外损伤可致成耳道出血、皮肤损伤，亦可并发于颞骨骨折。外耳损伤可因组织缺损过多、处理不当或继发感染可致耳廓畸形、耳道狭窄或闭锁。因此，外伤后应及时处理，清创、整复、缝合，预防感染。②中耳外伤。锐器、爆炸或气压突然改变可致中耳外伤，造成鼓膜穿孔；头部外伤如颞骨骨折等可致鼓室积血、听骨链损伤，甚至脑脊液耳漏；飞行、潜水或高压氧舱等可引起气压损伤性中耳炎，均将致成听力障碍。对不同外伤应行相应急诊处理，鼓膜愈合后听力仍未恢复者，应考虑鼓室探查听力重建术。③内耳外伤。头部外伤可直接损伤内耳，多并发于颞骨骨折；闭合损伤可致迷路震荡；强声或冲击波可致内耳毛细胞损伤。其所造成的内耳功能障碍依致伤种类及损伤的病理变化不同，部分可于数周或数月内恢复，但可致成不可逆性的内耳功能障碍，应注意预防。

**耳硬化症** otosclerosis 以听力减退、眩晕为主要症状的一种骨迷路原发性疾病。其特点是迷路骨结构中出现散在的骨质吸收区，由富于血管的疏松海绵状骨代替，以后又骨化变硬，听力逐渐减退。耳硬化症多开始于青年期，女性患者较多，病理改变为耳囊的慢性炎症反应，伴有淋巴细胞、浆细胞和巨噬细胞浸润。病因尚不明确，一般认为，发病与内分泌、遗传、代谢障碍以及自身免疫障碍等因素有关。

临床表现 主要是进行性听力减退，此外尚有眩晕。早期的听力障碍为传导性的。一般先侵犯一耳，然后波及另一耳，症状逐渐加重。听觉倒错也常出现，患者自觉在嘈杂环境中听力反倒好些，这是因为说话响度提高的结果。

诊断 镫骨活动试验为阴性，表示镫骨固定。纯音听力曲线，早期以低频气导听力下降为主，损失在25～40dB（分贝）；病变中期的听力曲线平坦，骨导曲线在25～30dB，有“V”形切迹，以2 000赫最明显，气导曲线在40～60dB水平；晚期高频气导听力损失较著，可达90dB，骨导损失在30～45dB，表明为混合性聋。颞骨CT扫描有助于镫骨固定的诊断。

治疗 镫骨切除术是恢复听力的最佳疗法，也有学者提倡激光镫骨切除术。近期效果相当满意。不能或不愿手术者，佩戴助听器也能获得较好的听力效果。

**耳针疗法** ear-acupuncture therapy 中医用针刺、艾灸及药物敷贴等方法刺激耳廓特定部位（耳穴）以防治疾病的方法。属微刺系统疗法范畴。又称耳穴疗法。

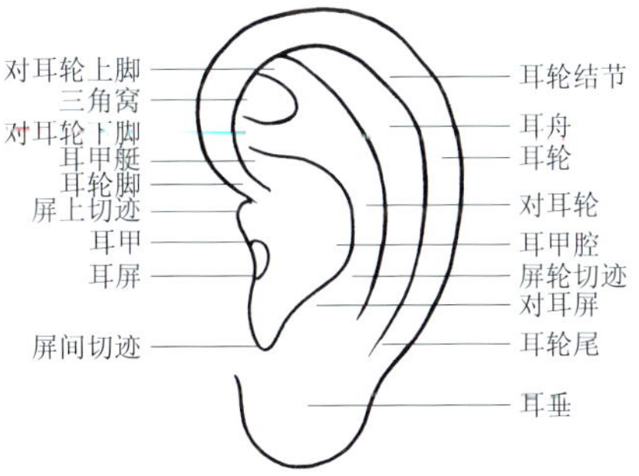


图1 耳廓前面表面解剖名称图

治疗部位 选取与内脏、躯体病相应的耳穴。耳穴是分布在耳廓表面与内脏躯干相应的特定部位，可用于诊断和治疗。耳穴的部位是以耳廓表面的解剖标志及各耳穴间的相对位置关系确定的（图1、图2）。

耳穴的分布是有规律的。一般来说，与头面部相应的耳穴位于耳垂，与上肢相应的耳穴位于耳舟，与躯干、下肢相应的耳穴位于对耳轮及其上下脚，与内脏相应的耳穴多位于耳甲艇和耳甲腔。

耳穴的具体部位及其主治范围可根据中国针灸学会1987年拟定的“耳穴国际标准化方案”

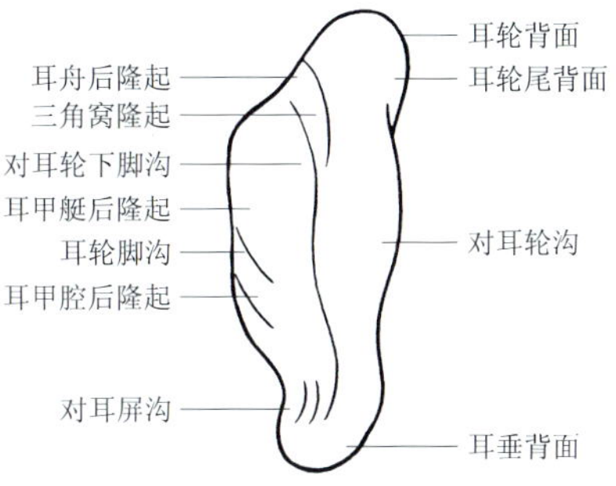


图2 耳廓背面表面解剖名称图

来取定和选用（图3）。选穴原则包括：①根据病变部位，在耳廓上选取相应的耳穴。如胃病取胃穴，膝关节痛取膝穴。②根据脏腑生理病理和经络表里关系等理论，选用相应耳穴。如肺主皮毛，皮肤病可取肺穴；脾与胃相表里，胃病可取脾穴。③根据临床经验选穴，如目赤肿痛取耳尖穴，感冒鼻塞取耳迷根穴。

治疗方法 ①毫针法。以毫针直刺（也可根据耳穴部位的特点和病情需要进行斜刺或横刺）相应耳穴，深度4～8毫米，有感觉即可。进针前须常规消毒，术者右手拇、食、中指持针，左手拇、食二指固定耳廓，取穴进针。进针后，小幅度捻转或提插，并留针，留针时间根据需要决定。最后出针，并压迫片刻，以免出血。②皮内针法。③三棱针法。④皮肤针法。⑤艾条温和灸法（见艾灸、灸法）。⑥敷贴法。一般用中药王不留行子敷贴，也可用白芥子、急性子、绿豆等，也有用磁珠（磁铁粉制成的圆珠）的。先行常规消毒，左手托住耳廓，右手用止血钳将粘有上述圆形颗粒物的胶布对准所选耳穴贴压，并用手指轻压耳穴1～2分钟。此外，还可在耳穴上进行按摩、电针、磁疗、药物注射、激光照射等。

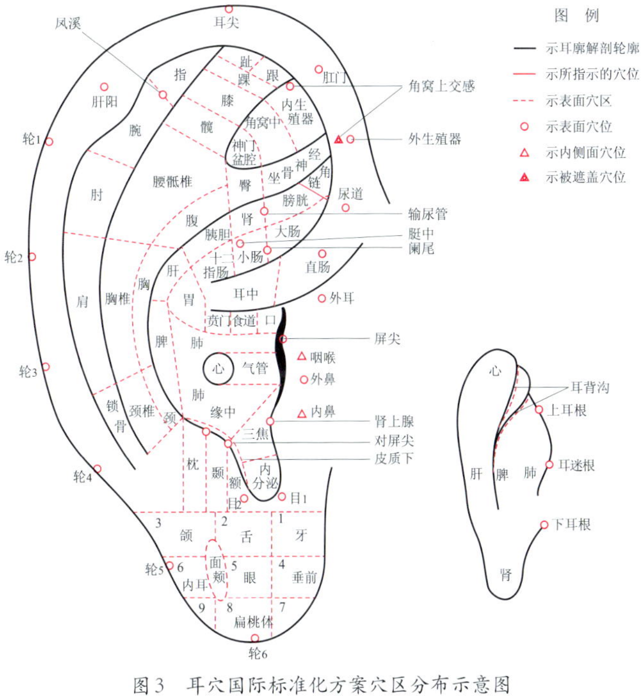


图3 耳穴国际标准化方案穴区分布示意图

适应范围 ①各种疼痛性病症，如软组织损伤、手术后疼痛、头痛、面痛、胁痛、蛇丹、腰腿痛、关节痛。②各种内脏病症，如眩晕、失眠、阳痿、遗精、月经不调、哮喘、泄泻、便秘、瘿、消渴、肥胖、小儿遗尿。③各种热病，如感冒、百日咳、丹痧、疟疾、痢疾等。④皮肤病和五官病，如风疹、湿疹、目赤肿痛、牙痛、口疮、耳内流脓、乳蛾、喉痹等。此外，还用于戒烟、戒酒、戒毒、减肥和催产、催乳等方面。其中有许多病症可单独用耳针疗法，有的则可配合其他疗法进行治疗。耳针疗法还可用于外科手术麻醉（见**针刺麻醉**）。

禁忌证 ①外耳湿疹、溃疡、冻疮溃破等情况不宜用。②严重器质性疾病，如高度贫血、心脏病等不宜用。③妇女怀孕期间须慎用，有习惯性流产史的孕妇当禁用。

**饵料** fish feed 鱼类及其他水生动物的食物。水产养殖业发展的重要物质基础。分天然饵料和人工饵料（又称**饲料**）两大类。

天然饵料 自然生长在水中的生物饵料。与水产养殖业关系密切的有浮游生物、细菌、底栖生物、周丛生物、水生维管束植物和禾本科植物等，有机碎屑一般也称天然饵料。

人工饵料 人工种植、培育的动植物或农业、牧业以及制药业、食品业等的产品和副产品经加工而成的饵料。种类繁多，大致分为谷类、油饼类、糠麸类、加工糟粕类、块根块茎类、青饲料、动物性饵料和人工培养的活饵料。

配合饵料是根据鱼类营养需要选用若干种原料和添加剂，经混合和机械加工而成的人工饵料。可提高饵料的适口性、品质和利用率、蛋白质可消化率和淀粉胶质化程度，并可破坏一些原料中的生理有害物质。根据养殖对象对蛋白质、脂肪、碳水化合物、维生素、矿物质等营养需求决定配方依据。除上述成分外，配合饵料中还加入一些特殊添加剂，如抗生素、酶制剂、防霉剂、着色剂和引诱剂等。

**洱海** Erhai Lake 中国断层陷落湖。古称叶榆泽、昆弥川、昆明池、西洱海等。位于苍山东侧，云南省**大理市**与洱源县之间。因湖南北狭长，形如人耳，风浪大如海而得名。湖水清澈而深邃，平均水深10.2米，最深处20.7米。湖面海拔1 973米，南北长42.58千米，东西宽5.8千米，面积249平方千米，储水量26亿立方米。是云南省第二大湖。注入洱海的河流，北有弥苴河、罗莳江，南有波罗江，西有苍山十八溪。由唯一出口西洱河经漾濞江汇入**澜沧江**。洱海为灌溉、养鱼、发电、防洪等提供了有利条件。鱼类较多，弓鱼为其特产，有“鱼魁”之称，但已濒

洱海风光

临灭绝。洱海中有金梭、赤文和玉儿3岛及青沙鼻、大鹳淜、鸳鸯、马帘等洲。喜洲附近有巨大沙嘴，其上建有湖心亭。洱海波光粼粼，与其西侧积雪的苍山交相辉映，景色秀丽。湖滨有**大理古城**，为全国重点风景名胜区。

**二苯醚** diphenyl ether 最简单的对称芳香醚，分子式$(C_6H_5)_2O$。

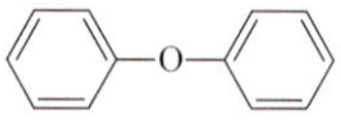

具有天竺葵香味的白色结晶或淡黄色液体；熔点28℃，沸点259℃，密度1.074 8克/厘米$^3$（20℃）；溶于醇、酸、苯、冰醋酸，不溶于水。工业上主要由氯苯和苯酚钾盐在铜催化剂存在下反应而得。二苯醚可用作有机合成原料和加热介质，是有机高温载热体的主要组分之一。

**《二程集》** *Collected Works of Cheng Hao and Cheng Yi* 中国北宋**程颢**、**程颐**全部著作的汇集，重要的**理学**著作。近代学者王孝鱼以清代涂宗瀛所校《二程全书》为底本，参照明清其他刻本，经校勘、标点，由中

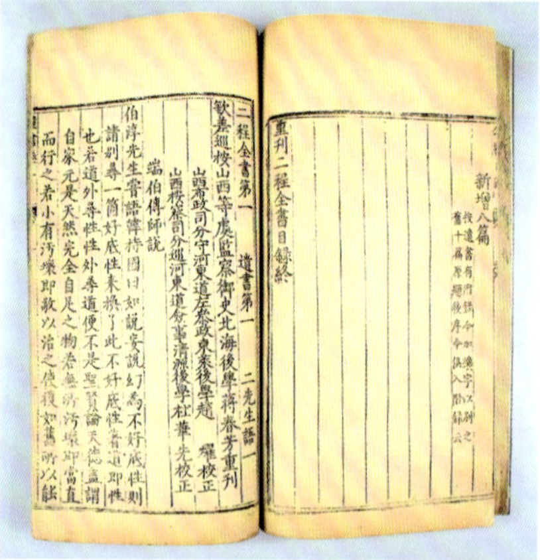

《二程集》书影（明万历二十三年刻本）

华书局于1981年出版，计87.5万字。该集包括《遗书》、《补书》、《文集》、《易传》、《经说》、《粹言》六种，其中程颐的著作居多。书中第一次把“理”作为宇宙本体，阐述天地万物生成和身心性命等问题，奠定了以“理”为最高范畴的哲学体系。其中，程颢的识仁、定性，程颐的性即理、主敬、体用一源等许多重要哲学概念和命题，是哲学史上第一次提出，为后世沿用，对宋明哲学产生了重大影响。

**二醇** glycols 分子中含有两个羟基的醇。两个羟基须分别位于相邻或相隔一个或者多个碳的碳原子上。在自然界存在极少，只在糖及其类似物的各种发酵物中得到少量低级脂肪二醇。如1,3-丙二醇、2,3-丁二醇等，但未发现乙二醇、环二醇和芳香二醇。二醇的命名用数字标明羟基的相对位置。对于简单的或泛指的二醇可用希腊字母$\alpha$、$\beta$、$\gamma$……表示相邻、相隔一个、相隔两个碳……；$\alpha$、$\omega$表示两个羟基分别位于分子的两端。链状脂肪二醇从含6个碳原子开始皆为固体，不足6个碳原子的二醇为黏稠液体。环二醇如环戊二醇或环己二醇也都是固体。最简单的二醇如**乙二醇**、丙二醇可在常压下蒸馏，其他低级二醇须减压蒸馏，否则容易失水。制备二醇的方法主要包括：二卤代烃、卤代醇、环氧化合物的直接或间接水解；二元醛、酮、酸及羰基酸的氢化；羟基醛、酮、酸、环氧化合物的还原；二烯的水合；烯烃的氧化等。用这些方法制得的二醇产物与原料的碳原子数相同。用**格利雅试剂**与二元醛、酮或酯反应，则可得到比原料碳原子数多的二醇，并能制得环二醇。用羟醛缩合，也可得到碳原子数增多的二醇。

**二次革命** Second Revolution 孙中山等中国革命党人于1913年发动的讨伐**袁世凯**的战争。又称癸丑之役、赣宁之役。1913年初，由同盟会改组而成的国民党在国会选举中赢得胜利，**宋教仁**准备组织内阁。厉行独裁的袁世凯为阻止国民党执政，派人于3月20日晚在上海沪宁车站暗杀宋教仁。不久，宋案真相大白，孙中山动员起兵讨袁。4月，袁世凯与五国银行团达成2 500万英镑的大借款（见**善后大借款**），获得了战争经费，遂准备发动内战，消灭南方革命力量。5月初，北洋第6师、第2师在**黎元洪**支持下相继入鄂，统制湖北地面，并监视江西。6月，袁世凯又下令罢免坚决反袁的赣督李烈钧、粤督**胡汉民**、皖督柏文蔚，三督被迫下野。在孙中山的动员下，李烈钧于7月8日回到江西湖口，成立讨袁军，宣布江西独立，向进驻九江的北洋第6师发动进攻，拉开了二次革命的战幕。随后江苏、安徽、上海、广东、福建、湖南，以及重庆等地也相继宣布独立，加入讨袁行列。但是，讨袁军仓促上阵，孤立无援，连国民党的多数议员都还在北京留恋议席，因此这场革命很快就遭到挫败。7月28日，**黄兴**看到大局无望，遂离宁出走，讨袁军全局动摇，各地相继取消独立。9月1日南京失守，二次革命宣告失败。孙中山、黄兴、李烈钧等逃亡日本。

**二次能源** secondary energy 将处在原始状态的**一次能源**（如原煤、原油、**天然气**、

太阳能、风能、海洋能、地热能）加工和转换成不同形态的能源。包括电能、焦炭、煤气、蒸汽、热水、石油制品（如汽油、煤油、柴油、重质油等）、氢能等。

正在研究开发的受控核聚变发电也是人类永续能源保证的二次能源。

**二次曲面** second degree surface 在三维坐标（$x$、$y$、$z$）下三元二次代数方程对应的所有图形的统称。最常见的二次曲面是球面和直圆柱面及直圆锥面。此外，二次曲面还包括椭球面（图1）、双曲面（又分为单叶双曲面（图2）和双叶双曲面（图3）和抛物面（又分为椭圆抛物面（图4）和双曲抛物面，后者又称马鞍面）。它们的大致形状，包括对称性，与各坐标面的交线，以及与坐标面平行的平面的截线如各图所示。椭球面在3个对称轴上截得的线段，称为它的轴。当三个轴长相等时即为球面。当两个轴长相等时，它是由平面上的椭圆绕其对称轴旋转而成的旋转椭球面，一般椭球面实际是一个压扁了的旋转椭球面，它是二次曲面中仅有的一类限制在有限范围内的封闭曲面。平面上的双曲线分别绕它的虚轴和实轴旋转，得到旋转单叶双曲面和旋转双叶双曲面。平面上的抛物线绕它的对称轴旋转得到旋转抛物面。它们分别是上述几类曲面的特殊情形，压扁了就得到一般的形状。探照灯的反射镜和卫星电视天线常做成旋转抛物面的形状。当表示二次曲面的一个方程，能分解为两个一次方程的乘积时，这个二次曲面就退化成两个或相交或平行或重合的平面。

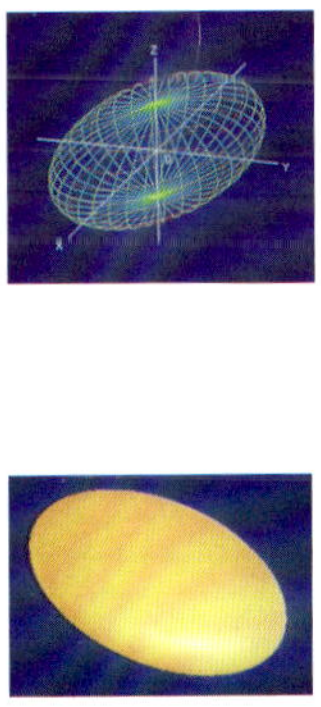

图1 椭球面

$\left(\dfrac{x^2}{a^2}+\dfrac{y^2}{b^2}+\dfrac{z^2}{c^2}=1\right)$

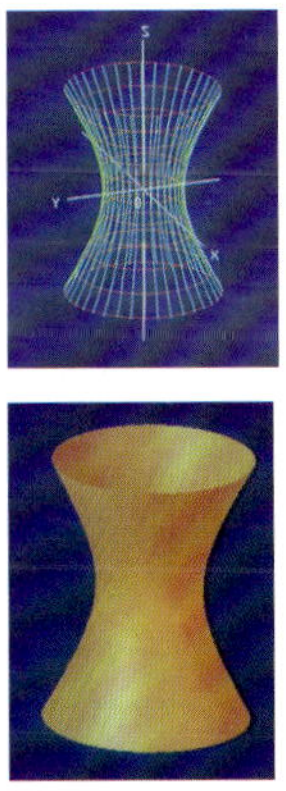

图2 单叶双曲面

$\left(\dfrac{x^2}{a^2}+\dfrac{y^2}{b^2}-\dfrac{z^2}{c^2}=1\right)$

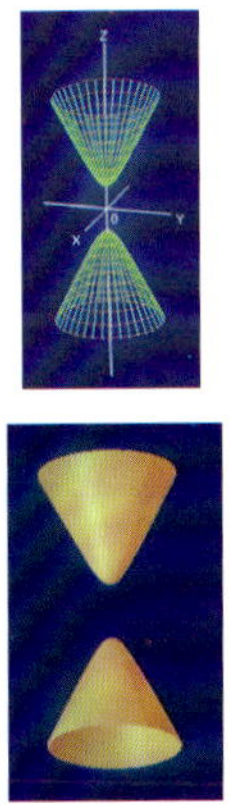

图3 双叶双曲面

$\left(-\dfrac{x^2}{a^2}-\dfrac{y^2}{b^2}+\dfrac{z^2}{c^2}=1\right)$

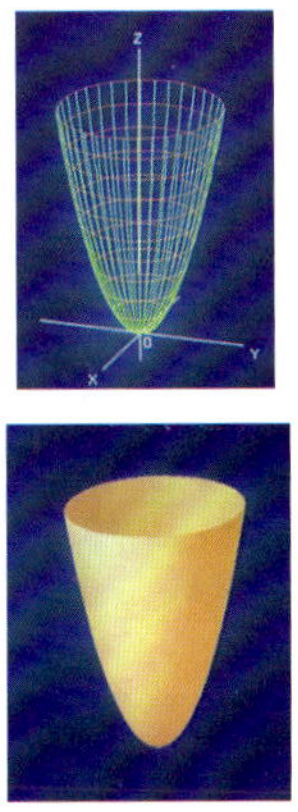

图4 椭圆抛物面

$\left(\dfrac{x^2}{a^2}+\dfrac{y^2}{b^2}=2z\right)$

**二次曲线** second degree curve 直圆锥面被平面所截而得到的曲线。又称圆锥曲线。当截面不经过锥面的顶点时，曲线可能是圆、椭圆、双曲线、抛物线。当截面经过锥面的顶点时，曲线退缩为一点、一条直线，或两条相交直线。在截面上的直角坐标系$(x,y)$之下，这些曲线的方程是$x,y$的二元二次方程$ax^2+2bxy+cy^2+2dx+2ey+f=0$。经过适当的直角坐标变换，上面的方程可以化为以下标准型之一：

$$\frac{x^2}{a^2}+\frac{y^2}{b^2}=1 \qquad （椭圆）$$

$$\frac{x^2}{a^2}-\frac{y^2}{b^2}=1 \qquad （双曲线）$$

$$y^2=2px \qquad （抛物线）$$

$$\frac{x^2}{a^2}-\frac{y^2}{b^2}=0 \qquad （两条相交直线）$$

$$y^2=a^2 \qquad （两条平行直线）$$

$$y^2=0 \qquad （两条重合直线）$$

$$\frac{x^2}{a^2}+\frac{y^2}{b^2}=1 \qquad （一个点）$$

$$\frac{x^2}{a^2}+\frac{y^2}{b^2}=-1$$

$$y^2=-a^2$$

最后两种情况的轨迹是空集。

椭圆、双曲线和抛物线还有一个共同的特征：动点到一个定点的距离与到一条定直线的距离之比是常数$e$，$e$被称为圆锥曲线的离心率；这三种曲线分别对应于$e$小于1、$e$大于1和$e$等于1。

**二次污染物** secondary pollutant 一次污染物在物理、化学因素或生物的作用下，或与大气中其他物质相互作用而生成与一次污染物性状完全不同的另一种新的污染物。如一次污染物二氧化硫在大气中被自由基和臭氧等氧化剂氧化，生成硫酸盐气溶胶；汽车排出的一氧化氮、碳氢化合物（一次污染物）在日光照射下发生光化学反应，生成臭氧、过氧乙酰硝酸酯（PAN）、醛类等二次污染物。形成二次污染物的化学过程很复杂，通常要通过现场实测、实验室模拟和模式计算来进行研究。

**二次型** quadratic form 线性代数的重要内容之一。域$F$上$n$个变元$x_1,x_2,\cdots,x_n$的二次型是$F$上这$n$个变元的二次齐次多项式

$$q(x_1,x_2,\cdots,x_n)=\sum_{i,j=1}^{n}c_{ij}x_ix_j,\ c_{ij}\in F$$

二次型理论与域$F$的特征有关。下面讨论$F$的特征不为2的情况。这时令$a_{ii}=c_{ii}$，$a_{ij}=\frac{1}{2}(c_{ij}+c_{ji})$，$i,j=1,2,\cdots,n$。再令$\boldsymbol{A}=(a_{ij})$，它是$F$上对称矩阵，则可把$q(x_1,x_2,\cdots,x_n)$写成矩阵形式

$$q(x_1,x_2,\cdots,x_n)=\sum_{i,j=1}^{n}a_{ij}x_ix_j$$

$$=(x_1,x_2,\cdots,x_n)\boldsymbol{A}(x_1,x_2,\cdots,x_n)^{\mathrm{T}} \qquad (1)$$

如果限定$\boldsymbol{A}$是对称矩阵，上述表示方法是唯一的。二次型$q(x_1,x_2,\cdots,x_n)$经变量的可逆线性替换

$$(x_1,x_2,\cdots,x_n)=(x'_1,x'_2,\cdots,x'_n)\boldsymbol{P} \qquad (2)$$

其中$\boldsymbol{P}$是$F$上$n\times n$可逆矩阵，变成

$$q'(x'_1,x'_2,\cdots,x'_n)$$
$$=(x'_1,x'_2,\cdots,x'_n)\boldsymbol{PAP}^{\mathrm{T}}(x'_1,x'_2,\cdots,x'_n)^{\mathrm{T}}$$
$$=q(x_1,x_2,\cdots,x_n)$$

称二次型$q'(x_1,x_2,\cdots,x_n)$与$q(x_1,x_2,\cdots,x_n)$是合同的，同样称$F$上对称阵$\boldsymbol{A}$与$\boldsymbol{PAP}^{\mathrm{T}}$是合同的，$F$上二次型$q(x_1,x_2,\cdots,x_n)$都合同于一个没有交叉项（即为平方项的和）的二次型。

复数域上的二次型$(x_1,x_2,\cdots,x_n)\boldsymbol{A}(x_1,x_2,\cdots,x_n)^{\mathrm{T}}$皆合同于某个二次型$x_1^2+x_2^2+\cdots+x_r^2$，其中$r$是唯一决定的，它等于$\boldsymbol{A}$的秩。实数域上的二次型$(x_1,x_2,\cdots,x_n)\boldsymbol{A}(x_1,x_2,\cdots,x_n)^{\mathrm{T}}$一定合同于某二次型

$$x_1^2+\cdots+x_p^2-x_{p+1}^2-\cdots-x_{p+q}^2 \qquad (3)$$

其中$p$，$q$称这二次型的正负惯性指数，也是唯一决定的。

若某实系数线性替换$(x_1,x_2,\cdots,x_n)=(x'_1,x'_2,\cdots,x'_n)\boldsymbol{P}$将二次型$x_1^2+x_2^2+\cdots+x_n^2$变成$x_1'^2+x_2'^2+\cdots+x_n'^2$，则称为正交的线性替换，$\boldsymbol{P}$称为$n$阶正交矩阵。这两个二次型都相应于单位矩阵$\boldsymbol{I}_n$，于是$\boldsymbol{PI}_n\boldsymbol{P}^{\mathrm{T}}=\boldsymbol{I}_n$。即正交矩阵$\boldsymbol{P}$满足$\boldsymbol{PP}^{\mathrm{T}}=\boldsymbol{I}_n$。一个重要的事实是：任意一个实系数的二次型$q(x_1,x_2,\cdots,x_n)=(x_1,x_2,\cdots,x_n)\boldsymbol{A}(x_1,x_2,\cdots,x_n)^{\mathrm{T}}$都存在正交的线性替换把它变成平方项的和。用矩阵的语言来表达为：对实对称矩阵$\boldsymbol{A}$，存在正交矩阵$\boldsymbol{P}$使$\boldsymbol{PAP}^{\mathrm{T}}$成为对角矩阵。

给定域$F$上$n$维向量空间$V$。$\varphi(\boldsymbol{x},\boldsymbol{y})$是$V$上取值于$F$的一个二元函数，若满足①$\varphi(l_1\boldsymbol{x}_1+l_2\boldsymbol{x}_2,\boldsymbol{y})=l_1\varphi(\boldsymbol{x}_1,\boldsymbol{y})+l_2\varphi(\boldsymbol{x}_2,\boldsymbol{y})$；②$\varphi(\boldsymbol{x},\boldsymbol{y})=\varphi(\boldsymbol{y},\boldsymbol{x})$，就称为$V$上的一个对称双线性函数。若$\boldsymbol{e}_1,\boldsymbol{e}_2,\cdots,\boldsymbol{e}_n$是$V$的一组基，则任意$\boldsymbol{x}\in V$，$\boldsymbol{x}=\sum\limits_{i=1}^{n}x_i\boldsymbol{e}_i$。$\boldsymbol{x}$与它的坐标$(x_1,x_2,\cdots,x_n)$一一对应，则

$$\varphi(\boldsymbol{x},\boldsymbol{x})=\sum_{i,j=1}^{n}a_{ij}x_ix_j$$
$$=(x_1,x_2,\cdots,x_n)\boldsymbol{A}(x_1,x_2,\cdots,x_n)^{\mathrm{T}}$$

是坐标$x_1,x_2,\cdots,x_n$的二次型，其中$a_{ij}=a_{ji}=\varphi(\boldsymbol{e}_i,\boldsymbol{e}_j)$，$\boldsymbol{A}=(a_{ij})$是对称矩阵，反之，给定$x_1,x_2,\cdots,x_n$的一个二次型$q(x_1,x_2,\cdots,x_n)=(x_1,x_2,\cdots,x_n)\boldsymbol{A}(x_1,x_2,\cdots,x_n)^{\mathrm{T}}$，令$q(\boldsymbol{x})=q(x_1,x_2,\cdots,x_n)$就决定了$V$上的一个函数，进一步再令$\varphi(\boldsymbol{x},\boldsymbol{y})=q(\boldsymbol{x}+\boldsymbol{y})-q(\boldsymbol{x})-q(\boldsymbol{y})$，

它就是$V$上的对称双线性函数，且满足$\varphi(\boldsymbol{x},\boldsymbol{x})=q(\boldsymbol{x})=q(x_1,x_2,\cdots,x_n)$。

以上是在$F$的特征不为2时的情形。当$F$为实数域时，若二次型$q(x_1,x_2,\cdots,x_n)=(x_1,x_2,\cdots,x_n)\boldsymbol{A}(x_1,x_2,\cdots,x_n)^{\mathrm{T}}$对所有不全为零的$x_1,x_2,\cdots,x_n$都取正值，则称它为正定的二次型，这时的实对称矩阵称为正定矩阵，实对称矩阵$\boldsymbol{A}=(a_{ij})_{n\times n}$是正定矩阵的充要条件为$\boldsymbol{A}$的下列各顺序主子式皆大于零：

$$a_{11},\begin{vmatrix}a_{11}&a_{12}\\a_{21}&a_{22}\end{vmatrix},\begin{vmatrix}a_{11}&a_{12}&a_{13}\\a_{21}&a_{22}&a_{23}\\a_{31}&a_{32}&a_{33}\end{vmatrix},\cdots,\begin{vmatrix}a_{11}&a_{12}&\cdots&a_{1n}\\a_{21}&a_{22}&\cdots&a_{2n}\\\vdots&\vdots&&\vdots\\a_{n1}&a_{n2}&\cdots&a_{nn}\end{vmatrix}$$

二次型的理论在几何学、物理学、概率论等学科中都已得到广泛的应用。二次型的算术理论的研究与代数数论、数的几何等有密切的联系。

**二叠纪** Permian Period 古生代最后一个纪（第六个纪）。约开始于2.95亿年前，结束于2.5亿年前。在这一期间形成的地层称二叠系。1841年英国地质学家R.I.莫企逊在乌拉尔山脉西坡发现一套发育完整、含有化石较多的地层，可以作为二叠纪标准剖面，并依出露地点卡玛河上游的彼尔姆（Пермь）地区命名为Permian系。英文名即源于俄文的音译。德国二叠纪地层可明显地分为两部分：下部为红色砂岩，称赤底统（陆相）；上部为镁质灰岩，称镁灰岩统（海相）。中译二叠系是根据二分性明显的德国地方性名称Dyas的意译而来。

传统二叠纪地层为二分，即分为下统和上统。近年来，国际二叠系地层委员会将二叠系划分为三个统，下统以俄罗斯乌拉尔的乌拉尔统、中统以美国西南部的瓜德鲁普统、上统以中国南部的乐平统作为标准。二叠纪以碳酸盐为主的沉积主要分布在稳定地块。以大量碎屑岩和广泛的火山岩系为特征的地层主要发育于各板块拼合带。陆相及煤系沉积多见于亚洲、中欧、印度半岛和南半球的多数陆地。冰碛岩类发育于南半球各大陆和印度半岛以及中国西藏南部的二叠纪早期地层中。

二叠纪的生物内容丰富，不论是动物或植物都显示出与石炭纪有一定的演化连续性。早期的植物群与晚石炭世相似，以真蕨和种子蕨为主。晚期植物群有较大变化，鳞木类、芦木类、种子蕨、柯达树等趋于衰微或濒于绝灭，代之以较进化或耐旱的裸子植物，松柏类数目大为增加，苏铁类开始发展。无脊椎动物以䗴类、珊瑚、腕足类、菊石为主，苔藓虫类处于衰退期。三叶虫趋于灭绝。脊椎动物的重要代表为两栖动物的迷齿类和爬行动物。爬行动物虽然发生在石炭纪，但其首次大量繁盛是发生在二叠纪，杯龙目、盘龙目和兽龙目三个主要类别在二叠纪时均有存在。它们被视为现代爬行类、鸟类和哺乳动物的先祖或其近亲。

二叠纪有丰富的矿产资源，最重要的有岩盐、钾盐、煤、石油和天然气、磷、铜、锰等。二叠纪的煤，不论质和量均居重要地位，主要产地有西伯利亚中和北部、中国、印度、澳大利亚、南非、津巴布韦和刚果。西半球在此时期无重要煤矿。

**二噁英** dioxin 两类化学结构和毒理学性质相似的三环多氯代芳香烃类化合物的简称，包括多氯代二苯并二噁英（polychlorinated dibenzo-p-dioxins, PCDDs）和多氯代二苯并呋喃（polychlorinated dibenzofurans, PCDFs），合称PCDD/F。根据取代氯原子的数目和位置不同，PCDDs和PCDFs各有8组共75个和135个同系物。

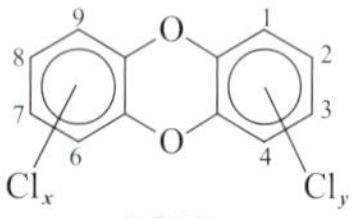
PCDDs

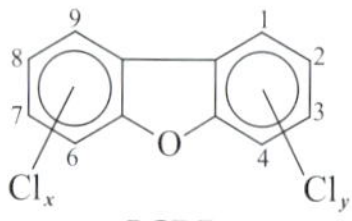
PCDFs

二噁英常态下为无色晶体，具有较高的熔点和沸点。化学性质很稳定，基本不溶于水，但溶于多数有机溶剂，有很高的亲脂性。在环境中很难降解，具有很高的持久性，可以通过食物链被生物高度富集。二噁英来源十分广泛。人类的生产活动，尤其是垃圾焚烧、化工、医药、造纸等近代工业生产，是产生二噁英的主要来源，特别是含氯化工产品或生产的副产物和城市固体废弃物焚烧中的不完全燃烧。

二噁英是致癌、致畸、致突变化合物。并且发现在致癌水平以下仍然具有慢性的内分泌干扰、繁殖力下降、神经毒性和免疫系统失调等影响。具有2,3,7,8-位氯取代的同系物毒性很高，尤其是2,3,7,8-四氯代二苯并二噁英（2,3,7,8-TCDD）被认为是已知化合物中毒性最强的化合物。但是二噁英的致毒机理还不十分清楚。

二噁英在环境中广泛存在，是一类典型的无处不在的全球污染物，也是最为关注的剧毒污染物之一。至今已发生多起二噁英污染事件。为减少二噁英对人类和环境的破坏，世界上主要的发达国家都制定了严格的措施限制二噁英的排放。

**二二八起义** February 28th Uprising 1947年2～3月，中国台湾省人民反对国民政府的武装起义。抗日战争胜利后，国民政府接管了台湾。对台湾实行政治上的绝对独裁和经济上的高度统制，使台湾人民重新陷于水深火热之中。1947年2月27日下午7时，政府专卖局武装缉私员在台北市延平

1947年2月28日台湾人民举行起义，图为当时烧毁专卖局货场的情景

路殴打女香烟贩林江迈，又开枪击毙一名围观群众，激起民愤。市民立即涌向警察局请愿，要求严惩凶手，但毫无结果。28日，市民罢市游行请愿，提出惩凶、赔偿、取消专卖等要求，国民党军对游行群众进行镇压，开枪击毙三人、伤三人。愤怒的群众立即夺取电台，呼吁全省人民支援台北人民的正义斗争。基隆、台中、台南、高雄等市及宜兰、桃园、新竹、彰化、嘉义、屏东、花莲、台东等县广大群众纷起响应，起义风暴迅速席卷整个台湾。3月1日，台北人民和国民党军队展开了斗争，并包围铁路管理委员会。2日，台南人民起义，袭击市内各处警察派出所；台中市民集会宣布成立人民政府及人民军。几天之内，全省除重兵把守的澎湖及基隆、高雄两要塞和少数军政部门外，皆被起义人民所控制。台湾人民的起义也得到了全国人民的声援和支持。3月8日，国民党军队在美国军舰、飞机护送下在基隆登陆，随后就在全省进行大逮捕和屠杀，至13日台湾人民的起义被镇压下去。

**二胡** two-Stringed Chinese fiddle;erhu 中国擦奏弦鸣乐器。因张两条弦，故名。又称胡琴、二弦、嗡子、胡胡等。其前身可能是中国唐代的奚琴，为唐末北方民族西奚的一种乐器。在宋代又称稽琴、二弦。唐宋之际，奚琴（稽琴）有拉奏和弹拨两种演奏方式。拉奏时以竹片在两弦之间摩擦发音。北宋时才出现以马尾弓拉弦的胡琴，并逐渐替代了以竹片擦弦的稽琴。经过元、明两代的发展，清代除原有的二弦胡琴外，又出现四胡、京胡和板胡。为适应民间其他地方戏曲和器乐的需要，出现了形制各异的胡琴类拉弦乐器，如广东的粤胡、湖南的大筒、河南的坠胡、壮族的马骨胡等。

二胡由琴筒、琴杆、弦轴、琴弦、千斤、弦马、弓子等部分组成。琴筒有圆形、六角形、八角形等多种，多以红木、紫檀木或乌木制作。一端蒙蛇皮或蟒皮，另一端置雕花音窗。弦轴缚内、外两弦。过去用丝弦，现用金属弦或尼龙缠弦。千斤为有效弦长的固定点，有活动的与固定的两

种。琴弓为细竹绡以马尾，弓毛夹置于两弦之间。多采用五度定弦，内弦可定为从$g \sim e^1$，外弦可定为从$d^1 \sim b^1$。

20世纪50年代以后，出现了多种二胡改革品种，如高音二胡（高胡）、中音二胡、低音二胡（大革胡）、双千斤二胡、三弦胡琴等。

**二化螟** *Chilo suppressalis*; asiatic rice borer 鳞翅目螟蛾科昆虫的一种。俗称钻心虫、蛀心虫、蛀秆虫等。分布于亚洲至太平洋岛屿一带。中国分布北达黑龙江克山县，南至海南岛。成虫翅展雄约20毫米，雌25～28毫米。头部淡灰褐色，额白色至烟色，圆形顶端尖。胸部和翅基片白色至灰白并带褐色。前翅黄褐至暗褐色，翅外缘有7个黑点；后翅白色，靠近翅外缘稍带褐色。雌虫体色比雄虫稍淡。

幼虫蛀食茎秆，造成枯心。危害禾本科植物，也取食十字花科蔬菜和各种杂草。成虫白天潜伏于稻株下部，夜间飞舞。

二化螟每年发生的代数因纬度而异，并受海拔高度影响。以幼虫越冬，主要在稻茬内。越冬期如遇浸水则易死亡。

**二甲苯** xylene 芳烃，分子式$C_8H_{10}$。存在于煤焦油和某些石油中。二甲苯有三种同分异构体，即邻、间和对二甲苯：

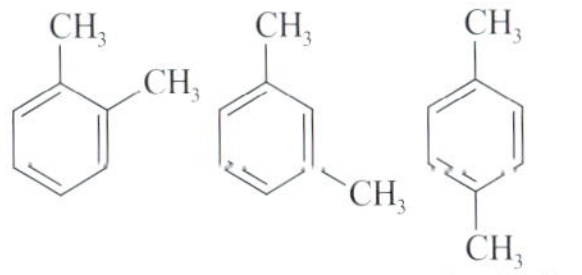

邻二甲苯　　间二甲苯　　对二甲苯

二甲苯为无色液体；邻、间和对二甲苯的熔点分别为－25.2、－47.9和13.3℃，沸点分别为144.4、139.1和138.3℃，相对密度分别为0.880 2（10/4℃）、0.864 2（20/4℃）和0.861 1（20/4℃）。不溶于水，能与乙醇、乙醚等有机溶剂混溶。对、间和邻二甲苯催化氧化，分别生成对、间苯二甲酸和邻苯二甲酸酐；间二甲苯硝化和还原后生成4,6-二甲基-1,3-苯二胺。这些产品是生产纤维和树脂的原料。工业上二甲苯主要由石脑油重整产物中的C馏分提取。工业二甲苯中含间二甲苯50%～60%（体积），邻和对二甲苯各20%～25%（体积）。邻二甲苯的沸点较高，可以用分馏法分离提纯；对二甲苯的熔点最高，可以用分步结晶法提纯；分出对二甲苯后的剩余物再经分馏，可得纯度为85%～90%的间二甲苯。二甲苯可直接用作溶剂，或加在汽油中以提高其抗爆性能。对苯二甲酸与乙二醇聚合生成聚对苯二甲酸乙二酯，为涤纶纤维的原料；邻苯二甲酸酐是制造多种染料和指示剂的原料。

**二甲醚** dimethyl ether 分子式$CH_3OCH_3$。又称甲醚。具有令人愉快气味的无色、无毒、易燃气体；熔点－138.5℃，沸点－25℃。主要由合成甲醇生产中的副产品获得。小规模生产可采用甲醇催化脱水方法。主要作为甲基化剂和生产二甲基苯胺、硫酸二甲酯等的原料，也可用于制取甲醛和合成汽油，还是极具发展潜力的新型清洁替代能源。

**《二刻拍案惊奇》** *Amazing Tales Second Series* 中国古代拟话本小说集。明末凌濛初著。

**二里头文化** Erlitou Culture 中国青铜时代文化。因河南省偃师二里头遗址而命名。年代约为公元前1800～前1550年。主要分布在河南省中西部和晋南地区，已发现遗址三百余处。包括四个发展阶段（四期），被分为二里头类型和东下冯类型。

兽面铜牌饰

在遗址中部发现两座属于第三期的建筑在夯土台基上的大型宫殿遗迹。其中，1号基址长、宽各百米，四周有廊庑，中间是庭，前面有门；主体建筑是面阔8间、进深3间的殿堂。2号基址形制大体相同，规模略小。这两座宫殿布局严谨，结构主次分明，是迄今所知中国最早的宫殿建筑，其形制开后世宫殿建筑的先河。宫殿建筑群已具有中轴线布局的理念，外围环绕着宫城城垣和纵横交错的大路，是迄今所知中国最早的宫城和城市主干道网。这表明二里头遗址是经过缜密规划、布局严整的大型都邑。已发掘的墓以小型的居多，大多为长方形土坑竖穴墓，主要随葬实用陶器，另有少量玉石饰件和货贝等。在二里头遗址有少数墓以爵、鼎、斝、牌饰等青铜器及漆器随葬。此外，一些遗址发现人骨遗骸出土于灰坑、窖穴中，大多尸骨不全，有的还有被捆缚、砍伐的痕迹，一般都无随葬品。两种不同的埋葬方式说明死者生前的社会地位有别。

二里头文化的经济生活以定居农业为主。农具有石、骨和蚌壳制的刀、铲、镰及木质的耒、耜等。居民已饲养猪、狗、鸡、马、牛、羊等畜禽。墓中多用觚、爵、盉等酒器随葬，反映出当时农业生产已能提供较多的剩余产品，存在饮酒之风。在二里头遗址发现铸铜、制骨、烧陶和琢玉（石）等手工业作坊的遗迹。青铜铸造业已初具规模，用陶范和石范铸造出礼器、工具、兵器、乐器、用具和装饰品等。所生产的铜爵胎壁较薄，没有纹饰，表现出早期青铜器的特点。铜牌饰上用绿松石碎片镶嵌出兽面图案，工艺精湛，为中国已知最早的铜镶玉工艺品。值得注意的是，在宫城以南，仅一路之隔的区域，发现用围墙围绕的铸铜和绿松石作坊，表明王宫已经控制了高等级物品的生产。从陶器上发现20多种刻画符号（记号），其中有的可能已是原始文字。出土陶埙和石磬两种乐器，有占卜用的卜骨，从侧面反映了贵族的精神生活。

二里头文化晚于河南龙山文化，早于二里岗期商文化，且分布与传说的夏人活动地域比较一致，故被列为探索夏文化的主要对象。对于二里头文化的归属，较多的学者认为是夏文化，或中晚期的夏文化；也有少数人认为它的三、四期遗存是早商文化。

**二连浩特市** Erenhot City 中国内蒙古自治区锡林郭勒盟辖市。中国北方三大沿边陆路口岸之一。位于自治区中北部集二铁路终点。与蒙古国相邻。面积450平方千米。人口约7.4万（2010），有汉、蒙古、满、回等民族。因市境东北方的二连达布斯诺尔而得名。达布斯诺尔意即盐池。20世纪50年代中期以前为荒漠草原地区，自1954年随北京—乌兰巴托—莫斯科铁路的修建而兴起。1956年设二连浩特镇，1966年改市。地处内蒙古高原中部。地表无河流水系，植被类型系干旱半荒漠草原。属中温带大陆性干旱荒漠草原气候。夏季短暂炎热，冬季漫长寒冷，常年干旱多风。矿产有石油、萤石、原盐、天然碱及石膏等。经济以工业为主，兼营农、牧业。主要工业产品有原盐、萤石、无水芒硝、服装、皮毛制品

中国二连浩特口岸国门

和塑料编织袋等。二连浩特口岸进出口运量随西部大开发和中国与俄罗斯、蒙古国进出口贸易迅速发展。恐龙化石埋藏丰富，有二连恐龙动物群遗址、恐龙博物馆等。

**二律背反** antinomies 18世纪德国古典哲学家I.康德哲学的基本概念。指双方各自依据普遍承认的原则建立起来的、公认为正确的两个命题之间的矛盾冲突。康德认为，由于人类理性认识的辩证性力图超越自己的经验界限去认识物自体，误把宇宙理念当作认识对象，用说明现象的概念、范畴去说明和规定它，这就必然产生二律背反。他在《纯粹理性批判》一书中列举了4组二律背反。①正题：世界在时间上和空间上是有限的；反题：世界在时间上和空间上是无限的。②正题：世界上的一切都是由单一的东西构成的；反题：世界上的一切都是由复合物构成的。③正题：世界上有出于自由的原因；反题：世界上一切都是依自然法则。④正题：在世界原因的系列里有某种必然的存在体；反题：在这个系列里，一切都是偶然的。康德强调，这四组二律背反不是任意捏造的，它建筑在人类理性的本性上，是不可避免的。他由此看到了理性认识的辩证性，看到了哲学史上各对立派别主张的冲突，指出独断认识的片面性，为德国唯心主义辩证法的发展奠定了理论基础。同时，对二律背反的揭露，从另一个侧面证明他自己哲学的正确性，说明人决不可能超越现象去认识物自体。他还认为，在实践理性和判断力中同样存在二律背反。在道德领域里，他认为道德的普遍法则不可避免地要进入感性经验，于是在人的身上必然发生幸福和德行的二律背反。在美学领域里，他提出兴趣和概念的二律背反。

**二氯甲烷** dichloromethane 甲烷分子中两个氢原子被氯取代而生成的卤代烃。分子式$CH_2Cl_2$。无色易挥发液体；熔点－95.1℃，沸点40℃，相对密度1.326 6（20/4℃）。微溶于水，溶于乙醇、乙醚等。难燃烧。蒸气与空气形成爆炸性混合物，爆炸极限6.2%～15.0%（体积）。二氯甲烷与氢氧化钠作用生成甲醛。工业上二氯甲烷由天然气与氯气反应制得，经过精馏得到纯品。是优良的有机溶剂，常用来代替易燃的石油醚、乙醚等，并可用作牙科局部麻醉剂、制冷剂和灭火剂等。对皮肤和黏膜的刺激性比三氯甲烷稍强，故用高浓度二氯甲烷时应注意。

**二氯乙烷** dichloroethane 乙烷分子中两个氢原子被氯取代而生成的卤代烃。有对称二氯乙烷（1,2-二氯乙烷）$ClCH_2CH_2Cl$和不对称二氯乙烷（1,1-二氯乙烷）$CH_3CHCl_2$两种同分异构体。前者较为重要，为无色易挥发液体；气味像三氯甲烷；熔点－35.3℃，沸点83.5℃，密度1.235 1克/厘米$^3$（20℃）；难溶于水，溶于乙醇、乙醚、苯等；其蒸气与空气形成爆炸性混合物，爆炸极限5.8%～15.9%（体积）。对称二氯乙烷由乙烯在三氯化铁催化下与氯气反应制得。主要用于制备氯乙烯，也可用作溶剂、萃取剂、谷仓气体消毒剂、金属表面处理剂等。其麻醉性与三氯甲烷相似。有剧毒，能引起皮肤硬结和内脏器官的脂肪性病变。

**二茂铁** ferrocene 化学式$(C_5H_5)_2Fe$。又称二环戊二烯基合铁。

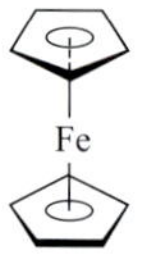

橙红色晶状固体；有类似樟脑的气味；熔点172～174℃，100℃以上升华，沸点249℃；有抗磁性，偶极矩为零；不溶于水，溶于稀硝酸、浓硫酸、苯、甲醇、乙醇、乙醚、四氢呋喃。二茂铁在空气中稳定，具有强烈吸收紫外线的作用以及较高的热稳定性，470℃高温加热不分解；在沸水和10%沸碱液和浓盐酸沸液中也不分解。二茂铁与芳香族化合物相似，能抗催化加氢而且不进行共轭双烯的典型反应，不能直接硝化和卤化，容易发生亲电取代反应，例如酰基化、烷基化、金属取代等反应。可由环戊二烯与铁粉在300℃的氮气氛中加热，或以环戊二烯基钠与无水氯化亚铁在四氢呋喃中作用而制得。可用作火箭推进剂的燃料添加剂、可代替汽油中有毒的四乙铅作为抗爆剂和橡胶及硅树脂的熟化剂，也可用作紫外线吸收剂。

**二难推理** dilemma 传统逻辑里一类有三个前提的演绎推理。其中一个前提是选言命题，另两个是假言命题。古希腊辩论中常用这类推理，原意为双重假定，并无“难”意。

二难推理有四种形式：①简单构成式。A或者B，如果A则C，如果B则C，所以，C。②简单破坏式。不B或者不C，如果A则B，如果A则C，所以，并非A。③复杂构成式。A或者B，如果A则C，如果B则D，所以，C或者D。④复杂破坏式。不C或者不D，如果A则C，如果B则D，所以，不A或者不B。这类推理很容易推广到所谓二难推理、四难推理以至多难推理。

在日常的辩论中，运用二难推理往往很有说服力。辩论的一方提出一个表明有两种可能性的选言命题，再由这两种可能性引申出对方难于接受的结论，由此组成一个推理，故这类推理汉译为“二难推理”。二难推理的形式是有效的，它的结论是否难以接受则不是思维形式方面的问题。

二难推理的假的结论总是来源于假的前提。传统逻辑里常讨论反驳结论假的二难推理的各种方法。主要有：①指出那个推理的选言前提为假。②指出那个推理的某一假言前提为假。③提出一个相反的二难推理，即提出和原推理相反的两个假言前提，并由此导致不同结论。相反的二难推理同样可能包含有假前提，因而可能导致假结论，但这与推理的有效性无关。

**二七惨案** February 7th Massacre 1923年2月7日中国直系军阀吴佩孚镇压京汉铁路工人罢工的流血事件。1923年2月1日，京汉铁路各站工会代表在郑州召开总工会成立大会。吴佩孚命令军警封闭总工会会所。总工会当即决定举行总同盟罢工，并将总工会移至武汉江岸办公。4日，总罢工开始，全线所有客货车一律停开，千余千米的京汉线陷于瘫痪。京汉铁路总工会江岸分会委员长、共产党员林祥谦，纠察队长、共产党员曾玉良，领导工人粉碎了军阀破坏罢工的阴谋。6日，湖北省工团联合会和京汉铁路总工会法律顾问、共产党员施洋，发动武汉各工团代表两千余人赴江岸慰问，并和万余铁路工人举行集会和游行示威。7日，曹锟、吴佩孚等派大批军警分别在长辛店、郑州和武汉江岸等处血腥镇压工人，死伤240多人，被捕60多人。林祥谦、施洋及京汉铁路总工会委员长、共产党员史文彬均被逮捕。林祥谦拒绝下令复工，慷慨就义。施洋也在武昌被杀害。这次惨案暴露了军阀的残暴，显示了中国工人阶级的革命坚定性和组织纪律性。

**“二七年一代”** Generation of ‘27 西班牙文学史上一个重要的诗人群体。又称二七年诗群。1927年5月23日，一部分青年诗人在塞维利亚文学协会发起并组织了纪念17世纪伟大诗人L.de贡戈拉-阿尔戈特逝世300周年的活动，影响较大。这些诗人有相近的经历（大学生、教师），常一起参加各种文学艺术活动，美学志趣也大致相同，并为同样的杂志撰稿。成员主要有彼德罗·萨利纳斯、豪尔赫·纪廉、费·加西亚·洛尔卡、拉法埃尔·阿尔维蒂等10人。其创作思想的共同点是继承西班牙文学的优秀传统，汲取民间文学的素材，同时受到欧洲先锋派文学的影响，大胆探索并努力创造自己的独特风格，追求诗歌形式的完美和语言的表现力等。

**《二泉映月》** *The Moon Reflected in Erquan Spring* 中国汉族民间器乐曲。原系民间音乐家阿炳于20世纪30年代末创作的二胡曲。开始为短小的引子，轻微的首音，把听众悄然带进深邃的乐境。《二泉映月》主题分3个乐句，以开始微微波动的音浪，沉思、倾诉般的柔板逐渐转入激动昂扬的气氛中。全曲中主题进行了5次变奏，随着乐思的陈述展开，主题的乐境和思想内容逐层深化。

**二人台** song and dance duet 中国戏曲剧种。流行于内蒙古自治区及山西、陕西、河北三省的北部地区。初名“打玩艺儿”，后来统称二人台。其形成过程有二说：一说清光绪年间，于内蒙古西部，在蒙汉民歌和丝弦坐腔的基础上，吸收汉族民间舞，创造出了一丑一旦、载歌载舞的表演唱，

二人台《闹元宵》

取名“蒙古曲”；一说清末，由山西河曲民间演唱小曲的“打坐腔”与秧歌等结合发展为歌舞表演唱，之后，流传至内蒙古西部，吸收蒙古族歌曲而进一步成长起来。内蒙古的二人台，以呼和浩特为界，分东西两路。西路始终保持着早期二人演唱的形式，遇有剧中人物超过两个角色时，则由丑角采取兼演的方式演出，俗称“抹帽戏”。东路已有所发展，遇此情况则多人分饰角色同台演出。二人台的唱腔曲调有200多种，大都专曲专用，有的已向板式发展。经过整理改编的主要剧目有《走西口》、《打金钱》、《探病》、《拉毛驴》等。

**二人转** 中国曲艺曲种。旧名“蹦蹦”。主要流行于辽宁、吉林、黑龙江三省和内蒙古自治区东部地区，用东北方言表演。一般认为由东北大秧歌与关内传来的莲花落融合而成，时间约在清代中期。发展中广泛吸收了东北民歌、太平鼓、东北大鼓等姊妹艺术的音乐唱腔和表演技巧，成为唱腔曲调丰富繁杂的曲艺唱曲形式。

表演形式不仅有主要属于小戏体裁的“单出头”和“拉场戏”，而且有构成作为曲艺曲种“二人转”主体的“双玩艺”，以及多人唱叙的“群唱”形式。唱词以七言和十言为主，兼有长短句式。表演讲究唱、说、做、舞四功的综合运用。二人转在发展中曾经形成了东路、西路、南路、北路

吉林省民间艺术团演出二人转

四个流派，表演各有侧重，民间有“南靠浪（舞），北靠唱，西讲板头，东耍棒”之说。代表性节目有《蓝桥》、《杨八姐游春》、《猪八戒拱地》、《三只鸡》、《丰收桥》等。20世纪有影响的艺人有辽宁的徐小楼、郎艳芳、小兰芝；吉林的程喜发、李青山、谷柏林；黑龙江的郭文宝、李太、胡景岐等。进入21世纪以来，二人转的影响愈益广泛。

**《二十年目睹之怪现状》** *Strange Phenomena Witnessed within Twenty Years* 中国近代长篇小说。吴沃尧著。共108回。光绪二十九年（1903）至三十一年在《新小说》上连载前45回，署我佛山人撰。光绪三十二年起由上海广智书局出版单行本，至宣统二年（1910）出齐8册。

《二十年目睹之怪现状》是清末四大谴责小说之一。全书通过“九死一生”20年的遭遇和见闻，广泛地揭露了从光绪十年（1884）中法战争前后至光绪三十一年（1905）左右的清末社会的黑暗现实。作品写了近200件“怪现状”，勾画出一个充斥着“蛇鼠”、“豺虎”、“魑魅”的鬼蜮世界。小说描写的生活面较广，以官场为主，扩展到商场、洋场，兼及医卜星相、三教九流，所以发表时标为“社会小说”。作品暴露官僚阶层的道德堕落，揭示他们卑劣龌龊的灵魂；刻画“卑污苟贱”的典型苟才（“狗才”的谐音）；反映源于官场的道德沦丧泛滥于社会，造成伦理的败坏。小说也写了几个正面人物，寄托作者改良社会的愿望。小说虽仍为单篇故事的串联结构，但较有连贯性，在同类小说中颇具匠心。作者借鉴翻译小说，试图运用第一人称叙述，并调动倒叙、插叙、转叙等多种手法。但由于转述较多，且搜奇猎异，结构显得松散。作者善用夸张手法，造成漫画式的讽刺效果。

**二十四国集团** Group of 24; G24 发展中国家关于国际货币事务的政府间合作组织。全称为“关于国际货币事务的二十四国政府间集团”。1972年1月在秘鲁首都利马成立。由参加国际货币基金组织和国际复兴开发银行的24个发展中国家组成，均为七十七国集团成员国。

其宗旨是协调非洲、拉丁美洲和加勒比地区及亚洲发展中国家在国际金融与货币领域内的立场和政策；制定发展中国家关于国际货币制度改革、债务问题与资金转移等重大问题的共同政策和方针。在国际论坛上加强七十七国集团成员国的地位。

集团机关由非洲、拉丁美洲和亚洲3个地区的24名代表（每个地区有8位代表）组成的工作机构。设有主席和第一、第二副主席，实行轮任。部长级会议由各国参加国际货币基金组织和国际复兴开发银行联合年会的理事或副理事参加。每年春秋季召开。集团不设秘书处，国际货币基金组织的秘书处为其服务。

**二十四节气** twenty-four solar terms 十二个中气和十二个节气的总称。可能起源于战国时期，是中国古代的独特创造。它告诉人们太阳移到黄道上二十四个具有时节意义的位置与日期，几千年来对中国农牧业发展起了重要作用。在《淮南子·天文训》（公元前140年左右）中，有完整的二十四

| | | | | | | | |
|---|---|---|---|---|---|---|---|
| 春季 | 节气名 | 立春（正月节） | 雨水（正月中） | 惊蛰（二月节） | 春分（二月中） | 清明（三月节） | 谷雨（三月中） |
| | 节气日期 | 2月4日或5日 | 2月19日或20日 | 3月5日或6日 | 3月20日或21日 | 4月4日或5日 | 4月20日或21日 |
| | 太阳到达黄经 | 315° | 330° | 345° | 0° | 15° | 30° |
| 夏季 | 节气名 | 立夏（四月节） | 小满（四月中） | 芒种（五月节） | 夏至（五月中） | 小暑（六月节） | 大暑（六月中） |
| | 节气日期 | 5月5日或6日 | 5月21日或22日 | 6月5日或6日 | 6月21日或22日 | 7月7日或8日 | 7月23日或24日 |
| | 太阳到达黄经 | 45° | 60° | 75° | 90° | 105° | 120° |
| 秋季 | 节气名 | 立秋（七月节） | 处暑（七月中） | 白露（八月节） | 秋分（八月中） | 寒露（九月节） | 霜降（九月中） |
| | 节气日期 | 8月7日或8日 | 8月23日或24日 | 9月7日或8日 | 9月23日或24日 | 10月8日或9日 | 10月23日或24日 |
| | 太阳到达黄经 | 135° | 150° | 165° | 180° | 195° | 210° |
| 冬季 | 节气名 | 立冬（十月节） | 小雪（十月中） | 大雪（十一月节） | 冬至（十一月中） | 小寒（十二月节） | 大寒（十二月中） |
| | 节气日期 | 11月7日或8日 | 11月22日或23日 | 12月7日或8日 | 12月21日或22日 | 1月5日或6日 | 1月20日或21日 |
| | 太阳到达黄经 | 225° | 240° | 255° | 270° | 285° | 300° |

节气记载，其名称和顺序都同现今通行的基本一致。

节气的安排取决于太阳。西周和春秋时期以圭表测日影的方法定出冬至和夏至的时日。后来，将一回归年的长度等分成24份，从冬至开始，等间隔地依次相间安排各个节气和中气。这种方法叫平气。按照平气办法，每月有一个节气，一个中气。如立春为正月节气，雨水为正月中气。

北齐（550～577）张子信发现太阳视运动不均匀现象。隋仁寿四年（604），刘焯在他的《皇极历》中根据这种不均匀现象对二十四节气提出改革，将周天等分成24份，太阳移行到每一个分点时就是某一节气的时刻。这样安排的节气间隔是不均匀的，此法称为定气。

二十四节气的名称、节气在现行公历里的大体日期和当时太阳黄经度数（指定气）如表。

二十四节气反映了太阳的周年视运动，所以节气在现行公历中的日期基本固定，上半年在6日、21日，下半年在8日、23日，前后不差一两天。

二十四节气起源于黄河流域，几千年来成了中国各地农事活动的主要依据，至今仍在农业生产中起一定的作用。为便于记忆，人们编出二十四节气歌诀：春雨惊春清谷天，夏满芒夏暑相连，秋处露秋寒霜降，冬雪雪冬小大寒。随着中国历法的外传，二十四节气流传到世界许多地方。

**《二十四诗品》** *Classified Twenty-Four Kinds of Poetry* 中国论诗著作。旧题唐司空图作。但据今多人所考，唐、宋时期的司空图传记中都没有提及此书，宋元时期的史志书目中也没有著录，其内容也不见于宋人著作的称引。明代著名诗学家如杨慎、胡应麟、许学夷、胡震亨都不认为其与司空图有关。直到明末崇祯年间，才有题作司空图作的《二十四诗品》出现。由于此书作为司空图的著作出现太晚，明末以来的刊本都没有说明文本来源，明末人举证司空图作有此书的唯一证据——苏轼《书黄子思诗集后》中“自列其诗之有得于文字之表者二十四韵”一段话，也可证定只是指司空图在《与李生论诗书》列举了符合自己论诗见解的24例诗句而言。因此，《二十四诗品》大致可确定出于元代，不是司空图的作品。

《二十四诗品》在清以后又简称为《诗品》。全书把诗歌的艺术风格和意境分为雄浑、冲淡、纤秾、沉着、高古、典雅、洗练、劲健、绮丽、自然、含蓄、豪放、精神、缜密、疏野、清奇、委曲、实境、悲慨、形容、超诣、飘逸、旷达、流动等24品类，每品用12句四言韵语来加以描述，也涉及作者的思想修养和写作手法。从总的倾向来看，作者认为诗歌应追求气象壮阔而不浮泛，意境含蓄精致而不浅率，尤其倾心于清远高妙的韵味风致。诸品中多用山林逸士的生活情趣和道家超尘出世的语言来描写诗境，一些语句说得迷离恍惚，不易作出准确的诠释，容易使人产生神秘感。

题为司空图作的《二十四诗品》在明末出现后，得到郑鄤、毛晋、钱谦益的称道，入清以后，王夫之、王士禛、袁枚都极加称赏，在清代诗学领域产生重大影响。现代人解读校注本很多，以郭绍虞《诗品集解》（1963）较为通行。重新定位后的《二十四诗品》在中国诗学史上的意义，还有待进一步探究。

**二十四史** Twenty-Four Histories 中国古代“正史”的总称。因包含24部正史而得名。唐代以前，人们称《史记》、《汉书》、《东观汉记》为三史；唐代以范晔《后汉书》代替《东观汉记》称三史，并以《史记》、《汉书》、《后汉书》、《三国志》、《晋书》、《宋书》、《南齐书》、《梁书》、《陈书》、《魏书》、《北齐书》、《周书》、《隋书》称为十三史。宋代，益以《南史》、《北史》、《新唐书》、《新五代史》，称为十七史。明代再益以《宋史》、《辽史》、《金史》、《元史》，合称二十一史。清乾隆时修成《明史》，增为二十二史；后又益以《旧唐书》、《旧五代史》，统称二十四史，诏命刊刻行于世，是为武英殿本。中华民国年间，商务印书馆又有影印百衲本二十四史流行。20世纪50～70年代，中华书局集全国学者之力，点校二十四史，陆续刊行于世，是为中华书局点校本二十四史，为海内外广泛使用。

撰写二十四史的历代史学家首尾相距有1 800余年，总卷数有3 239卷（一说3 229卷）。其中《史记》是通史，《南史》、《北史》、《旧五代史》、《新五代史》是通史体例，应视为相对意义上的通史。二十四史都是采用由《史记》首创的纪传体，一般包含纪、表、志、传四个部分，本质上是综合体史书；也有的无表、无志。传有杂传和类传，而类传往往反映出时代的风气。尤其值得重视的是，二十四史记述了四千余年中中国历史上众多人物的活动，反映出人在历史运动中的重要作用。二十四史中也存在宣扬“天命”和美化帝王的内容，是不可取的。

二十四史是中国古代最重要的历史文化遗产，它记述了自传说时代的黄帝起，中经夏、商、周、秦及历代皇朝的历史发展过程。

**二十五史** Twenty-Five Histories 1921年，徐世昌以中国北洋政府大总统的名义下令，承认柯绍忞等所著《新元史》为正史，合以旧有的二十四史，称为二十五史。

**二十一条** Twenty-One Demands 1915年1月，日本向中国政府提出的、企图把中国的领土、政治、军事及财政等都置于日本控制之下的二十一条无理要求。1915年1月18日，日本驻华公使日置益晋见袁世凯，递交了二十一条要求的文件，并要求袁政府“绝对保密，尽速答复”。二十一条共分五大项：①承认日本继承德国在山东的一切权益，山东省不得让与或租借他国。②承认日本人有在南满和内蒙古东部居住、往来、经营工商业及开矿等项特权。旅顺、大连的租借期限并南满、安奉两铁路管理期限，均延展至99年为限。③汉冶萍公司改为中日合办，附近矿山不准公司以外的人开采。④所有中国沿海港湾、岛屿概不租借或让给他国。⑤中国政府聘用日本人为政治、军事、财政等顾问。中日合办警政和兵工厂。武昌至南昌、南昌至杭州、南昌至潮州之间各铁路建筑权让与日本。日本在福建省有开矿、建筑海港和船厂及筑路的优先权等等。二十一条要求严重损害了中国的主权，袁世凯不敢立即表示接受。消息一经传开，反日舆论沸腾。欧美列强对日本损害他们在华的侵略权益也一致不满，纷纷给予抨击。正式谈判于1915年2月2日开始。日本以支持袁世凯称帝引诱于前，以武力威胁于后，企图使袁世凯政府全盘接受。中国人民反日爱国斗争日趋高涨，日本见事态严重，便一面宣布第五项为希望条件，属于劝告性质；一面提出新案，内容与原要求一至四项基本相同，仅将若干条文改用换文方式。5月7日日本发出最后通牒，限48小时内应允。袁世凯指望欧美列强干涉落空，又怕得罪日本，皇帝做不成，便以中国无力抵御外侮为理由，于5月9日递交复文表示除第五项各条容日后协商外，全部接受日本的要求。5月25日在北京签订了所谓“中日条约”和“换文”。

二十一条是日本帝国主义以吞并中国为目的而强加于中国的单方面“条约”，袁政府事后也不得不声明此项条约是由于日本最后通牒而被迫同意的。此后历届中国政府均未承认其为有效条约。

**二滩水电站** Ertan Hydropower Station 20世纪中国建成的发电量最大的水电站。是以发电为主的综合利用水利枢纽，位于四川省攀枝花市，长江支流雅砻江上。坝址下距雅砻江口33千米。大坝正常蓄水位1 200米，总库容为61.8亿立方米，装机容量330万千瓦，年发电量170亿千瓦·时。1991年9月开工，2000年工程竣工。

枢纽布置由右岸泄洪隧洞、双曲拱坝、左岸地下厂房、左岸过木机道组成。大坝采用混凝土双曲拱坝，坝高240米，是中国建成的第一座高坝。电站河谷狭窄，水头高，流量大，采用坝体7孔表孔、6孔中孔和右岸2条泄洪隧洞的三套泄洪设施泄洪，降低了解决泄洪消能问题的难度。地下厂房安装6台55万千瓦的混流式水轮发电机组，是中国建成的最大地下厂房。过木机道采用滚动机与皮带机联合运输方式，为目前世界上运输高度最大、过木量最多的木材过坝设施。

**二王八司马** Two Wangs and Eight Prefectural Commanders 中国唐朝顺宗时主张打击宦官势力、革新政治的官僚士大夫。“二王”指王伾、王叔文，“八司马”指韦执谊、韩泰、陈谏、柳宗元、刘禹锡、韩晔、凌准、程异，他们在改革失败后，俱被贬为州司马，故名。王叔文，越州山阴（今浙江绍兴）人，善棋；王伾，杭州人，善书法。唐德宗李适时，二王以其所擅侍候太子李诵。李诵对王叔文深为信任。当时一批有才能的士大夫如陆质（原名淳）、吕温、李景俭、李谅、李位等及上述10人，形成了一个以王叔文为领袖，以“二王、刘、柳”为核心的革新集团。贞元二十一年（805）正月，李诵即位，是为顺宗。在顺宗的支持下，王叔文集团掌权，以韦执谊为宰相，颁布一系列明赏罚、停苛征、除弊害的政令，其他人也都委以要职。宦官俱文珍、刘光琦等和剑南西川（治今四川成都）节度使韦皋、荆南（治今湖北荆州）节度使裴钧、河东（治今山西太原西南）节度使严绶串通起来反对王叔文集团，迫使顺宗让位给太子李淳（后改名纯）。由于顺宗预定改元永贞，史称“永贞内禅”。王伾被贬为开州司马，不久病死；王叔文被贬为渝州司户，次年赐死。永贞元年（805）八月，太子即位，是为唐宪宗李纯。韩泰等八人先后被贬为边远八州司马。王叔文集团掌权146天，后人称为“永贞革新”。他们的施政方针，主要是抑制专横的宦官集团，改革德宗时期诸弊政，具有进步意义。

**二项分布** binomial distribution 概率论中最常用的一种离散型概率分布。设随机变量$X$的取值范围是$\{0,1,\cdots,n\}$，$n$是给定的正整数。若$X$取整数值$k$的概率为：

$$P(X=k)=C_n^k p^k(1-p)^{n-k}=b(k;n,p) \quad (k=0,1,\cdots,n)$$

式中$0<p<1$，$C_n^k=n!/k!(n-k)!$是从$n$个对象中任意选取$k$个的组合数，则称$X$服从二项分布，记作$B(n,p)$。$X$的期望为$np$，方差为$np(1-p)$。二项分布的命名来源于$b(k;n,p)$恰好是$[(1-p)+p]^n$的二项展开的第$k+1$项。

从不合格品率为$p$的产品中独立地抽出$n$个（每次抽一个，抽出后又放回），其中恰有$k$个不合格品的概率就是$b(k;n,p)$；统计学由此建立检验产品质量的方案。类似的例子在生产实践和科学试验中是常见的。将这类问题模型化，假设每一次试验只有两个可能的结果：$A$以及它的对立事件$A^C$，出现$A$的概率为$p$，出现$A^C$的概率则为$1-p$。这种只有两个可能结果的随机试验称为伯努利试验，将这种试验独立地重复进行$n$次所组成的随机试验称为$n$重伯努利试验，其中$A$出现的次数$X$就是一个服从二项分布$B(n,p)$的随机变量。

**二氧化硅** silicon dioxide 化学式$SiO_2$。自然界存在的二氧化硅称为硅石，约占地壳总重量的12%。硅石常以石英、鳞石英和方石英三种变体存在。除晶体石英外，还有无定形（或微晶体）二氧化硅矿石，如蛋白石和硅藻土，它们都是含不定量结晶水的二氧化硅。

二氧化硅的化学性质不活泼。只能与单质氟、氟化氢和氢氟酸发生反应，分别生成四氟化硅和氟硅酸。高温下，二氧化硅能被碳、镁或铝还原，得到单质硅。二氧化硅能溶于热的浓强碱溶液，生成硅酸钠。

人工制备的二氧化硅产品有石英晶体、石英玻璃、胶体二氧化硅和水合二氧化硅。各类晶态二氧化硅可用以制造水玻璃、耐火材料、普通玻璃、光学玻璃、光导纤维、石英玻璃仪器等，也用来制造金刚砂及其他硅化合物。胶体二氧化硅和水合二氧化硅在石油化工、合成纤维、合成橡胶等工业中作催化剂或催化剂载体。多孔性二氧化硅也是良好的吸附剂、干燥剂和防潮剂。

**二氧化硫** sulfur dioxide 化学式$SO_2$。无色有刺鼻臭味的有毒气体。不可燃、易液化，熔点$-75.5℃$，沸点$-10.05℃$，气体密度2.619克/升。液态二氧化硫是非水溶剂，可以溶解许多无机物和有机物。二氧化硫易溶于水，生成亚硫酸，所以又称亚硫酸酐。二氧化硫兼有氧化性和还原性，还原性强于氧化性，例如被氧氧化生成$SO_3$，即催化法制硫酸的反应；作为氧化剂，二氧化硫及其水溶液能氧化硫化氢。

制取二氧化硫的方法有：燃烧硫磺；焙烧硫铁矿或有色金属硫化矿；燃烧含硫化氢的气体。二氧化硫除用于制造硫酸外，还用作漂白剂、防腐剂、消毒剂和用于造纸业。二氧化硫是大气中数量最大的有害成分，是造成全球范围内“酸雨”的主要因素，约80%是火力发电厂排放的。

**二氧化钛** titanium dioxide 化学式$TiO_2$。又称钛白。白色固体粉末；熔点1 843℃，沸点约3 000℃。自然界存在的二氧化钛有三种不同的结晶变体：金红石为四方晶体，密度4.26克/厘米$^3$；锐钛矿为四方晶体，密度3.84克/厘米$^3$；板钛矿为正交晶体，密度4.17克/厘米$^3$。其中最常见的是金红石，为红色或黄色晶体，含少量杂质。化学性质稳定，是两性氧化物，不溶于水、稀酸、有机酸和弱无机酸，但微溶于碱和热硝酸中，在煮沸的条件下溶于浓硫酸和氢氟酸，与碱熔融生成钛酸盐。二氧化钛可由四氯化钛水解制取。二氧化钛大量用作白色油漆颜料，它具有铅白的覆盖性和锌白的持久性，且无毒性。在造纸工业中用作纸张增白剂；在合成纤维工业中用作耐纶的消光剂和增白剂；与氧化铁或其他氧化物合用，可作色釉。

**二氧化碳** carbon dioxide 化学式$CO_2$。无色、略带刺鼻气味和微酸性的气体。在含碳物质的燃烧、碳水化合物的发酵，以及人和动物的呼吸过程中生成。大气中含量为0.03%（体积）的二氧化碳，能部分地阻止地球所接受的太阳辐射返回空间，为温室气体之一。在动植物生命过程中起着关键作用：大气中的氧与人体、动物体内的糖作用，产生能量并释放出二氧化碳；大气中的二氧化碳被植物的叶吸收，经光合作用产生糖。每平方米热带森林每年能吸收1～2千克的二氧化碳。海洋也能溶解大量二氧化碳。以上几个过程互相调节，使得大气中的二氧化碳含量保持在0.03%（体积）。但是由于化石燃料的大量使用，大气中的二氧化碳含量增多，加强了温室效应。

二氧化碳气体密度1.977克/升，约比空气重1.5倍。三相点为$-56.6℃$和528千帕。在水中的溶解度为0.144 9克/100克水（25℃），溶于水生成碳酸。在加压下可以将$CO_2$液化。液态二氧化碳储存在密闭的钢瓶或钢槽中运输、销售和使用。当液态二氧化碳从耐压容器中流出到大气中膨胀时变为干冰。

二氧化碳在常温下化学性质不活泼，但在高温下可以发生分解反应，也能被碳、氢或金属还原为一氧化碳。二氧化碳和氨反应生成氨基甲酸铵$NH_2COONH_4$，它失去1分子水便生成尿素$(NH_2)_2CO$。在有水条件下，二氧化碳和氨生成碳酸氢铵$NH_4HCO_3$。

煤、石油、天然气等燃烧时的烟道气中含有大量二氧化碳。在制氢和制氨工厂的生产过程中，同时可得到二氧化碳。在煅烧石灰石制取石灰或酿酒等发酵过程中也能回收二氧化碳。实验室则常用盐酸和石灰石（或碳酸钠）反应来制取二氧化碳。

世界上年产二氧化碳以千万吨计。液态和固态二氧化碳用于食品冷冻、温室蔬菜生产、油田二次采油，以及用作灭火剂。气态二氧化碳用于生产碳酸饮料和啤酒中。二氧化碳还用于生产尿素、碳酸氢铵、纯碱、小苏打、铅白等。液态二氧化碳已成为高效无污染的萃取剂，所用的工艺称为超临界萃取，多用于制药工业。见超临界流体。

二氧化碳无毒，但当空气中二氧化碳含

量达到5%，长时间会使人窒息，甚至死亡。

**二叶亭四迷** Futabatei Shimei (1864-02-28～1909-05-10) 日本小说家、翻译家。原名长谷川辰之助。生于江户（今东京）。自幼打下良好的汉学基础。1881年就读于东京外国语学校俄文科。1886年发表第一篇文学评论《小说总论》，补正了作家坪内逍遥《小说神髓》的不周之处，系统阐述了小说应通过现象反映本质，从而成为认识真理的工具等现实主义文学主张。次年，一部实践这一文学理论的长篇小说《浮云》连续刊载，被誉为日本近代现实主义文学的开山之作。此后，他当过官报局的翻译、编辑，陆军大学和东京外国语学校教师，《朝日新闻》驻东京特派记者等。20年中，翻译介绍了不少俄国文学作品。他的译文忠实原作，言文一致，颇受好评。1908年，二叶亭四迷作为《朝日新闻》特派记者被派往俄国圣彼得堡，次年因肺病死于归国途中。中国翻译出版的有《二叶亭四迷小说集》。

**二元经济** dual economy 发展中国家在工业化初期形成的、相对发达的现代经济部门和非常落后的传统经济部门相并存的、以二元化现象为特征的经济形态。荷兰经济学家J.H.鲍埃克最早提出。鲍埃克把印度尼西亚的经济和社会划分为两个部门：传统部门和现代化的资本主义部门。W.A.刘易斯于1954年提出的二元体系论也将这种组织形态上的不对称性作为二元经济的一个重要特征。之后，二元经济的概念被广泛应用在发展经济学中，成为早期发展经济学的理论基石之一。

与发达国家单一的现代经济不同，绝大多数发展中国家都存在着在生产和组织上截然不同的两个部门：位于农村的传统农业部门和位于城市且刚刚起步的现代工业部门。传统农业部门是以传统的自给自足型农业为主体的产业部门，以土地和劳动作为主要投入，运用劳动密集型的耕作技术，技术进步缓慢；组织形式主要是一家一户的小农经济，存在大量的隐性失业，劳动力的边际产量很低，甚至为零，增加或减少一个劳动力，其总产量几乎不变。现代工业部门是以现代化的工业为主体的产业部门，以资本和劳动作为投入，使用现代化的生产技术，技术进步迅速；组织形式是现代化的企业，工人受雇于工厂，按边际产品得到工资，增加或减少一个工人，总产量按边际产量发生变化。发展中国家这种传统经济与现代经济并存的经济形态，就是二元经济结构。除了传统产业部门与现代产业部门并存以外，二元经济还广泛存在于发展中国家社会、经济的各个方面。

**二元论** dualism 主张世界有精神和物质两个独立本原的哲学学说，和一元论相对应，是一种多元论。17世纪法国的R.笛卡尔是哲学史上典型的二元论者。他认为，精神和物质是两种绝对不同的实体，精神的本质在于思想，物质的本质在于广袤；物质不能思想，精神没有广袤；二者彼此完全独立，不能由一个决定或派生另一个。但他又不能否定身心之间的相互作用，于是武断地认为大脑中的松果腺是身心的交会点。有的人把任何区分主体与客体、精神与物质、自我与环境的观点都称作二元论，这显然是对“二元论”一词的滥用。

**二月二** Second Day of the Lunar February 中国汉族民间传统节日。俗称龙抬头日、青龙节、春龙节、土地神诞日等。大致形成于明代。在中国古代天文学观天模式中，东宫七宿被想象成一条南北伸展的巨龙。当作为“龙角”的角星在每年农历二月雨水节气前后出现在东方地平线时，整个龙身尚在地平线以下，故称龙抬头。此节的起源还跟古代的社日有一定联系。二月二是土地神的生日。民间称土地神为土地公公、土地爷，由社神演变而来，是具有管理地方职责的神灵。民间在这一天有很多围绕龙王信仰和土地神信仰的祭祀习俗。如用灰自门外蜿蜒布入宅内，旋绕水缸，称为引龙回；这天吃的面饼称为龙鳞饼，面条为龙须面；妇女不能动针线，担心刺伤龙目；男人要理发剃头，俗称剃龙头。一些地方要举行祭祀土地神的仪式，办土地会。二月二在北方是春节的结束日。之后，气候回暖，开始春耕生产。现代北方农村仍过此节，有的地方还有节日庙会。

# F

**发财树** *Pachira macrocarpa*; pachira aquatica 木棉科瓜栗属的一种。又称瓜栗。原产墨西哥。半常绿乔木。株高6～7米，主干直立，枝条轮生，掌状复叶，小叶互生，长椭圆形，深绿色，具较长的叶柄。花大，绿白色，果实卵圆形，种子可食。常见的观赏栽培品种有花叶马拉巴栗和几内亚栗。喜高温湿润和阳光充足环境，不耐寒，耐干旱和耐半阴，怕强光暴晒。生长适温为20～30℃。以肥沃、疏松和排水良好的砂质壤土为宜。常用扦插和播种繁殖。盆栽幼苗，适于家庭居室、书房、卧室装饰，青翠素雅，有置身自然之中的感觉。盆栽大型造型植株宜摆放宾馆、商厦、会场等公共场所，清新富有新意，又有迎宾之意。

**发达国家** developed country 生产力高度发达，资本关系得到充分发展的国家。与第三世界发展中国家相对而言的西方工业发达的富裕国家。一般公认的发达国家有：爱尔兰、西班牙、新西兰、比利时、英国、意大利、澳大利亚、荷兰、奥地利、法国、加拿大、美国、丹麦、德国、挪威、瑞典、日本、芬兰、瑞士、卢森堡、新加坡、希腊、冰岛和葡萄牙，共24个国家。其中以美国、日本、德国、英国、法国、意大利和加拿大7个国家最为发达。发达国家大都集中在北半球，与大多地处南半球的发展中国家相对应，又称作北方国家。

发达国家的特征：①较早地完成了工业化过程。②教育及科学技术发展水平很高，具有把科学技术的新成果及时地应用于生产领域并开发其市场价值的能力，能长期保持较高的劳动生产率。③产业结构层次较高，农业在国内生产总值（GDP）中所占比重很低，制造业在国民经济中所占比重也呈下降趋势，服务业成为最大的经济部门。④城市化水平较高，城市居民占全体居民的比重通常在80%以上。⑤生产国际化程度较高，与世界各国的经济往来频繁，国内市场与国际市场重叠度高。⑥人均国内生产总值较高，国家综合实力较强，国民生活富裕，是构成世界高收入国家（地区）的主体。⑦实行较为广泛的社会福利制度，建立起完备的社会基本保障制度（失业、医疗、养老保险和社会救助制度），程度不同地在教育、卫生保健和社会生活服务等领域中实行较为广泛的、非基本保障性的社会福利措施。

**发电** power generation 利用发电动力装置将水能、石化燃料（煤、油、天然气）的热能、核能以及太阳能、风能、地热能、海洋能等转换为电能的过程。发电动力装置按能源的种类分为火电动力装置、水电动力装置、核电动力装置及其他能源发电动力装置。火电动力装置由电厂锅炉、汽轮机和发电机（惯称三大主机）及其辅助装置组成。水电动力装置由水轮发电机组、调速器、油压装置及其他辅助装置组成。核电动力装置由核反应堆、蒸气发生器、汽轮发电机组及其他附属设备组成。

电能在生产、传送、使用中比其他能源更易于调控，是最理想的二次能源。发电在电力工业中处于中心地位，决定着电力工业的规模，也影响到电力系统中输电、变电、配电等各个环节的发展。主要发电形式是火力发电、水力发电和核能发电，三者的发电量占全部发电量的99%以上。

**发电机** electric generator 将机械能转变为电能的电机。通常由汽轮机、水轮机或内燃机驱动。发电机分直流发电机和交流发电机两大类，后者又可分为同步发电机和异步发电机。现代电厂中最常用的是同步发电机，它由直流电流励磁，既能提供有功功率，也能提供无功功率，可满足各种负载的需要。异步发电机没有独立的励磁绕组，结构简单，操作方便，但不能向负载提供无功功率，运行时必须与其他同步发电机并联，或并接相当数量的电容器。直流发电机有换向器，结构复杂，价格较贵，易出故障，维修困难，效率也不如交流发电机，逐渐为交流电源经功率半导体整流获得的直流电所取代。

汽轮发电机与汽轮机配套。转速通常为3 000转/分（频率为50赫）或3 600转/分（频率为60赫）。高速汽轮发电机为了减少因离心力而产生的机械应力以及降低风磨耗，转子直径一般较小，长度较大（即细长转子）。这种细长转子使大型高速汽轮发电机的转子尺寸受到限制。

水轮发电机由水轮机驱动。它的转子短粗，机组的起动、并网所需时间较短，运行调度灵活，除一般发电外，特别宜于作为调峰机组和事故备用机组。

柴油发电机由内燃机驱动。起动迅速，操作方便，但发电成本高，主要用作应急备用电源，或在大电网没有达到的地区和流动电站使用。容量多在几千瓦至几千千瓦之间。

**发动机** engine 通过能量转换而做功带动其他机械工作的装置。又译作引擎。见热力发动机、内燃机。

**发光材料** luminescent material 在各类能量激发下能产生光辐射的物质。能把从外界吸收的能量转变成光的功能材料。又称发光体。主要由基质和激活剂组成，此外还添加一些助溶剂、共激活剂和敏化剂。基质是发光材料的主要组分，约占重量的90%以上。单一或混合的化合物都可作基质。混合基质常使用具有同一晶型的物质，如ZnS·CaS、CaS·SrS等。激活剂对基质起激活作用，并形成发光中心，其重量约占基质1/1 000～1/10 000，甚至1/100 000。周期表中大多数元素都可做激活剂，常用的有Cu、Mn、Au等。助溶剂的作用是在制备发光材料时，使激活剂容易扩散到基质晶格中而形成发光中心，同时还起保护气氛作用，其掺入量约占配料的2%～5%。常用的助溶剂主要为各种盐类，如LiCl、KCl、$CaF_2$等。共激活剂用于与激活剂协同激活基质，用量与激活剂相当。敏化剂用于增强材料发光，并能把吸收的能量传递到激活剂，从而提高发光效率。

发光材料分为有机和无机两大类。通常把能在可见光和紫外光谱区发光的无机晶体称为晶态磷光体，而将粉末状的发光材料称为荧光粉。常用的发光材料按激发方式分为：①光致发光材料。在紫外光、可见光或红外光激发下发光。常以硫化物、硒化物或含氧化合物为基质，主要用于制造各类荧光灯和高压水银灯。②电致发光材料。又称场致发光材料。在电场作用下，可直接将电能转变为光辐射。有结型、粉末型和薄膜型3种。最典型的结型电致发光材料制件是发光二极管。③射线发光材料。有阴极射线（电子束轰击）、X射线和放射线激发的发光材料。用于制造电视显像装置、雷达指示管和微光夜视仪等。此外，还有通过机械压力激发的摩擦发光材料、通过化学反应激发的化学发光材料，以及通过生物过程激发的生物发光材料等。

**发酵** fermentation 泛指培养有益微生物，并利用它们制造所需要产品的过程。不管微生物代谢是否有氧参加，通称"发酵"。发酵分天然发酵与人工控制发酵，参与的微生物不论是原核的或真核的统称发酵微生物。见发酵微生物。

**发酵微生物** fermentative microorganisms 参与试验或工业生产发酵过程的微生物。

不同的微生物分解葡萄糖后产生的代谢产物也不同。发酵微生物与发酵工业密切相关。发酵工业指利用工业微生物、农业微生物、医药微生物等进行的工业化生产；它利用微生物的酶作为催化剂，对无机或有机原料进行加工获得产品，故又称为生化工程。传统发酵微生物产品包括某些食品和酒类等；现代化发酵工业是利用DNA重组技术改造过的微生物生产商业产品过程，产品包括氨基酸、新型酶制剂等。

要实现发酵过程并得到发酵产品，必须具备的条件主要有：①有适宜的微生物菌种。②具有保证或控制微生物进行代谢的各种条件，如培养基的组成、温度、溶氧、pH等。③具有相应的对发酵产物进行提取、精制的方法和设备。

**发罗拉** Vlorë 阿尔巴尼亚第二大海港，发罗拉区首府。在亚得里亚海发罗拉湾东北岸。港阔水深，曾为重要军港。人口7.77万(2001)。公元2世纪见于记载。1912年11月，捷马利在此宣告阿尔巴尼亚独立。城市四面为遍布油橄榄、葡萄园、果树的山丘环绕。交通枢纽。工业有石油加工、化学、水泥、食品、酿酒、纺织等部门。有渔场。东北塞列尼策有天然沥青矿。输出石油、沥青、橄榄油等。有独立纪念馆、古城堡。有海滨浴场，是游览、疗养胜地。

发罗拉鸟瞰

**发明权** right of invention 发明人对其发明创造性成果依法取得的权利。在西方国家，实行发明专利制度。

发明是指对现有生产技术水平的变革所取得的科学技术新成就。发明必须具备三个条件：①新颖。即必须是前所未有的最新创造。②先进。即具有世界先进水平。③应用。即能应用于生产建设。发明人在发明申请确认后，有权获得相应的人身权(获取证书等)和财产权(取得奖金、专利)。

1985年《中华人民共和国专利法》实施后，中国形成了对于发明的国家奖励与专利的双轨制，与西方国家单纯实行发明专利制度有所不同。《中华人民共和国民法通则》规定，公民对自己的发明，有权申请领取荣誉证书、奖金或者其他奖励。发明权受到剽窃、篡改、假冒等侵害的，受害人有权要求停止侵害、消除影响、赔偿损失。

**发盘** offer 交易一方欲购买或出售某种商品而向对方提出交易条件，表示愿意按此达成交易的行为。通常由卖方提出，也可由买方提出(又称作递盘)。有实盘和虚盘两种。实盘是发盘人承诺在一定期限内，受发盘内容约束，非经接盘人同意，不得撤回和变更；如接盘人在有效期限内表示接受，则交易达成，实盘内容即成为买卖合同的组成部分。一个完整的实盘应包括明确肯定的交易条件，还应有实盘的有效期限，并应明确发盘为实盘。虚盘是发盘人有保留地表示愿意按一定条件达成交易，不受发盘内容约束，不作任何承诺，通常使用“须经我最后确认方有效”等语以示保留。

**发票** bill; receipt 在商品交易中由卖方填制，交与买方，用于证明交易成立货物发出的一种原始凭证。又称发货票。按开具发票的单位类别分，有工、农业企业的发票，商业批发企业的发票，服务企业与商业零售企业的发票。商业零售企业与居民服务业发票主要作为购货单位的购货证明，通常设两联，一联交购货人，另一联留作存根。工、农业企业与商业批发企业由于要根据发票办理结算、发货，进行会计核算、统计核算和业务核算，因此通常设五至八联。按照交货方式，发票可分为供提货制使用的与供发货制使用的两种。发票不仅是企业和其他单位据以经济核算的依据，而且是国家计征产品税、营业税等的依据。中国规定，发票由国家税务部门统一管理，任何单位不能随意印制，不准在发票上弄虚作假，违者要依法追究责任。

**发热** fever 体温超过参考上限(腋窝温37.2℃、舌下温37.6℃、直肠温37.9℃)的现象。又称发烧。过量产热(如剧烈运动)或散热受阻(如脱水或中暑时的汗闭)也导致体温过高；后者另称过热，其发病机理和临床意义与一般发热不同。引起发热的原因很多，最常见的是感染，其次是结缔组织病、恶性肿瘤等。发热对人体有利也有害。一般低热以至中度发热可加速新陈代谢和提高免疫功能，某些病原体如梅毒螺旋体也不耐高热。热型除有助于诊断外，也有助于追随病程和观察治疗反应。不宜动辄给予药物退热。不过，高热有伤身体。在儿童可引起昏迷、抽搐。老年患者，特别是心肺功能不全患者，甚至低热都有可能导致全身功能衰竭。故应尽快查明病因，必要时给予物理或药物降温。

**发射药** gun propellant 用于枪炮发射弹丸的火药。这种火药在枪、炮膛内燃烧，产生高温、高压气体，推动弹丸加速运动(见图)。最早的发射药是黑火药。因其燃烧产

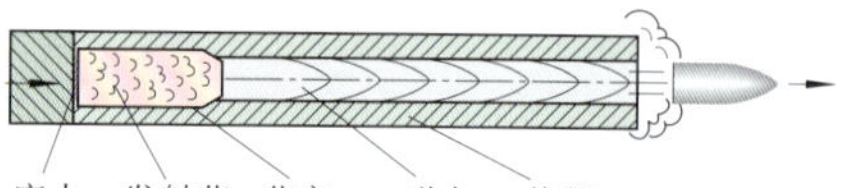


枪炮装药发射示意

物有烟，污染炮膛，到19世纪80年代便为无烟火药硝化棉替代。发射药应具有下列特性：①燃气分子量小，无腐蚀性，含固体粒子少，不污染内膛。②爆温不应过高，以免烧蚀内膛。③不产生炮口焰、炮尾焰。④燃烧有规律，弹道效果良好。⑤物理、化学安定性好。⑥成本低，资源丰富。按成分分为三种：①单基火药。只含一种高分子爆炸基剂，如硝化棉，又称硝化棉单基火药。②双基火药。含两种爆炸基剂，如硝化棉、硝化甘油(也可用其他爆炸性溶剂代替)。③三基火药。在双基火药中加入不溶解的爆炸基剂而制成的火药，旨在消除大口径榴弹炮、加农炮通常的炮管烧蚀、炮口焰、炮尾焰。现代配方为：硝化棉28.0%，硝化甘油22.5%，硝基胍47.7%，中定剂1.5%，冰晶石0.3%。

**发声器** vocal organ 动物发声的特殊结构。一般有听觉的动物都具有发声器。动物发声的方法多种多样，如果从声音所起的作用来划分，有些声音能作为信号，在同种的个体间交往，用以吸引异性、报警、警吓、避开袭击、求食等，这一类声音具有生物学意义；此外，在动物体进行其他活动时，伴随而发生的声音，没有什么生物学意义。动物听到不同声音并对之作出反应，有赖于声感受器。

动物的发声器，从形态结构和功能上看各有特点。哺乳动物的喉是气管前端膨大部，它不仅是空气的出入口，而且也是发声器。喉部除了喉盖(会厌软骨)外，由甲状软骨和环状软骨围成了喉腔(腔内有室皱襞)。在环状软骨上方有一对小形杓状软骨，杓状软骨与甲状软骨之间有黏膜皱

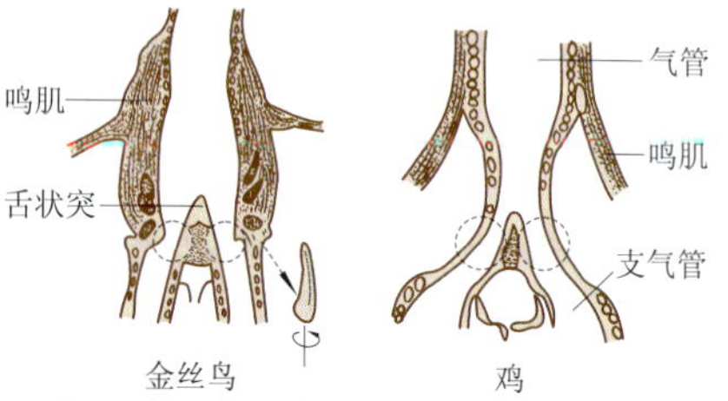


图1 金丝鸟与鸡的鸣管与鸣肌的横断面

襞构成声带。声带紧张程度的改变以及呼出气流的强弱可调节音调。

有些无脊椎动物也有发声器，但其结构、部位与脊椎动物不同，它们是通过与呼吸系统无关的其他装置发出声音的。如昆虫发出的声音就是由身体上的特殊发声器发出的，这种发声器也是在长期进化中为适应寻找配偶、自卫和报警的需要而发展起来的。各种动物的发声器的结构和机能活动都是在种属进化中发生和发展起来的。但是发声器机能的出现和消化、循环、呼吸、生殖等器官相比，还是较晚的。低等动物和高等动物的发声器在结构和机能上相比差异虽较大，但其生物学意义基本上是一致的。

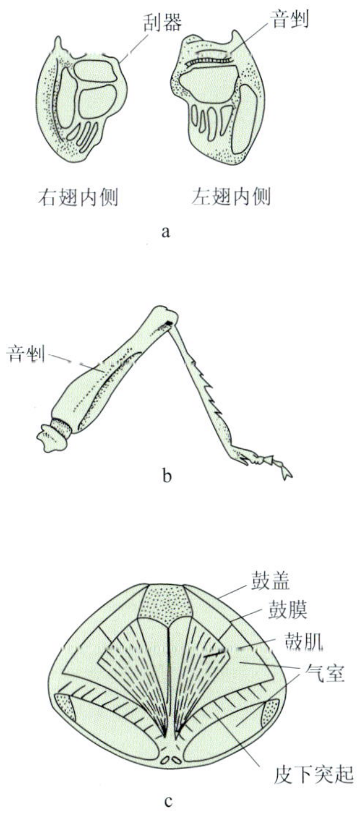


图2　昆虫的发声器官

a 蟋蟀的前翅　b 蝗虫（雄）后足的内侧

c 蝉腹节横切面

动物发声器发出的声音有许多是能为人耳所听到的（人耳能听到16～20 000赫的声波），但是也有一些动物能发出人耳听不到的超声波，如一般夜行性动物发出的声波就是超声波。超声波在途中碰到物体时，会被反射，动物能根据反射回来的超声波判断物体的距离、方位及其性质，并用来导航或捕捉食物，这种机制称作回声定位。

**《发条橘子》** *A Clockwork Orange*　英国故事片。根据英国作家A.伯吉斯的小说改编。1971年波拉里斯影片公司摄制。制片人兼编导斯坦利·库布里克，摄影J.奥尔科特，主演M.麦克道尔、P.马吉、M.贝茨。犯罪团伙头目阿列克斯选中作家夫妇作为犯罪目标。在去作家家的途中，他们暴打了老流浪汉，与另一个流氓集团进行斗殴，制造多起交通事故。进入作家屋里，他们捆住作家，当面强暴了作家妻子。回家后，阿列克斯听着贝多芬的《第九交响曲》，“完美”地结束了自己的一天。进入监狱之后，阿列克斯被选中作为“犯罪纠正法”的实验者。医疗中心每天强迫他观看各种暴力影片，同时播放贝多芬的《第九交响曲》。每到此时，阿列克斯都产生强烈的呕吐感。最后，他被“彻底”纠正过来。出狱后，他流浪街头，受尽折磨。伤愈后的阿列克斯再次强奸妇女，打架斗殴，重又复归旧我。该片由于立意新颖，寓意深刻，公映后引起强烈的争论和探讨，获1971年第44届奥斯卡金像奖最佳影片等3项提名。

**发现权**　right to scientific discovery　基于科学研究和实践中对未知的自然现象、特征或规律的阐明、揭示而享有的权利。又称科学发现权。一般由国家或有关权威机构予以确认。国际上涉及发现权保护的文件有《成立世界知识产权组织公约》、《科学发现国际登记日内瓦条约》等。中国《民法通则》、《国家科学技术奖励条例》等法律法规确认和保护发现权，以鼓励对科学规律的探寻和对自然奥秘的探索，并促进科学发现的应用。

发现权的主体是自然人，包括取得科学发现的个人和以合作关系为基础或者各自独立进行而同时取得科学发现的共同发现人。发现权的对象是发现人经过科学研究和探索而取得的、在科学技术的发展中有重大意义的科学发现成果。发现权包括发现者的人身权和财产权。其中人身权包括发现者的身份权、荣誉权等，是发现人申请和领取发现荣誉证书、奖章和其他荣誉称号的权利，体现了对发现人身份的确认和对发现人从事科学发现的精神鼓励。财产权体现为发现者有权因科学发现而获得奖金和其他物质报酬。总体上，对发现权的保护以精神奖励为主。当公民的发现权受到剽窃、篡改、假冒等侵害时，有权要求侵权人停止侵害、消除影响、赔偿损失，也可以提请有关部门予以制止和处理。

**发育**　development　生物自受精卵开始直到形成成熟个体所经历的一系列从简单到复杂的变化过程。通常指个体发育，有时也指系统发育，即某一类群（种、属、科等）生物的形成历史或泛指生物自其单细胞祖先开始逐步进化到现在的整个历史。

发育的类型　主要可归纳为三类。

最简单的生物如病毒和噬菌体，借助于受体细胞所合成的物质，经过装配形成新的病毒颗粒。这类发育是一种原料装配的过程。

大多数的单细胞生物及某些植物，以亲本的无性繁殖开始其生命史，亲本个体经过生长和复制，然后一分为二，或以出芽方式产生一个或多个与自己类似的个体。这类发育主要是细胞分化的过程。

绝大多数生物以受精卵开始其生活史。亲本不是把形态结构直接传递至子代，而是把遗传性状以密码的形式编在DNA上，并储存于细胞核中。这类发育是来自亲代双方的遗传信息，在一定的时间和空间表现出来的过程，也就是把基因型转化为表现型的过程。

个体发育的基本过程　生物多样性决定发育过程的多样性，植物和动物的胚胎发育过程有很大的差异，无脊椎动物和脊椎动物的胚胎发育也不尽相同。

脊椎动物的发育包括三个阶段。第一阶段是由受精卵通过卵裂形成许多细胞，这些细胞先组成单层上皮形成囊胚，再经过一系列复杂的原肠形成过程，成为原肠胚。第二阶段包括神经胚形成、器官原基的建成和器官发生等过程。通过这一阶段形成体内的各个器官，如肢芽、眼、心脏等。第三阶段是由上述两阶段产生的小型结构格局逐渐增长到其成体的大小，其中还包括一系列退行性变化即衰老过程。这三个阶段彼此有部分交叉与重叠，不能截然分开。

胚胎发育与胚后发育　胚胎是由受精卵发育而成的初期发育的动植物雏形个体。由受精卵发育成长为胚胎的过程，称为胚胎发育。许多动物自卵中孵出时，其形态构造、生活习性方面均与成体明显不同，称为幼虫。幼虫需经变态才能发育为成体。这一发育过程称为胚后发育。研究发育过程常需追溯到受精前的精子和卵的发生过程，因此也有人将这些过程合称胚前发育。

发育与生长　在个体生活史中，发育和生长是交织在一起而不能截然分割的。一般地说胚胎期以发育为主伴随着生长，胚胎后期则以生长为主伴随着某些器官、组织的继续分化。

发育与遗传　发育与遗传是个体发育过程的两个方面。发育的过程受遗传控制，遗传特性要通过发育展现，没有遗传便没有发育，没有发育也无所谓遗传。

个体发育与系统发育　个体发育构成系统发育长链中的一环。个体发育中变异的发生、保留和淘汰，影响着系统发育。

**发育生物学**　developmental biology　研究生物个体发育机制的学科。是由实验胚胎学发展起来的。主要研究发育中胚胎各部分间的相互关系的实质，是什么物质在起作用，它怎样使胚胎细胞定向分化，分化中细胞如何构成组织、器官，胚胎怎样生长、成熟为个体及其走向衰老的机制。

主要研究方法及常用实验材料　发育生物学利用一切有关学科的技术方法和研究成果，来研究和解释发育中的问题。研究基因的结构，转录的时刻，转译产物的性质等自然要用分子生物学的方法；研究某种超微结构在发育中的变化，就要应用电子显微镜技术。

一些遗传背景已经充分了解的生物，如果蝇、小鼠、秀丽隐杆线虫和斑马鱼是发育生物学常用的材料。实验胚胎学的传统材料——棘皮动物、两栖类、鸟类等，仍然是重要的，只是用来研究的问题不同。

主要研究内容　①精子和卵子的形成。包括精子和卵子形成中的营养物质的积累，精子和卵子的细胞核中的基因活动，精子和卵子形成的影响因素，成熟精子和卵子中核酸产生的机制等。②受精和受精卵（合子）的形成。包括受精的过程，受精的影响因素，受精后合子基因组的作用及作用时期，受精卵的发育与合子基因组转录物的关系等。③胚胎的生长发育。包括母方基因组转录物的功能，囊胚期合子基因组转录的mRNA翻译出组蛋白的组分和数量，早期囊胚和胚的表达与胚胎分节过程的关系，不同的温度敏感基因与胚胎发育的突变等。④细胞分化的分子机制。包括水晶体（含晶体蛋白）早期分化与细胞形态分化的关系，红细胞血红蛋白的肽链、氨基酸顺序及有关基因的位点，红细胞的转换和蛋白基因染色质的构型变化等。⑤组织的发生和器官的发生。包括细胞识别、细胞迁移、细胞选择性亲和不同胚层细胞间的相互作用，组织排列的控制，芽状体和管状分枝的产生等。⑥个体发育的分子机制和遗传控制。包括组织的发生和某些基因活化的关系，控制组织和器官大小的机制，基因DNA转录、翻译产生的各种调控因子（蛋白质、酶和激素等）对个体发育的调控过程等。

意义　发育生物学的研究使人们了解到，脊椎动物中，不论是低等的卵生的或高等的胎生的，发育的原则是一致的，因为形成这些胚胎的基本机制，如形成各个胚层时的细胞运动、各种器官原基的发育中的细胞间相互关系等，都是大同小异的。求同存异可以找到适用于各类动物的基本原则；存同求异则可了解到不同之处是如何产生的，为何会产生，从而了解物种进化中发育机制的演变，从个体发育了解系统发育。

凡是与发育有关的生产实践中的技术问题都是随着发育生物学工作的深入而得到解决的。如经济动物的繁育，低温长期保存精子，早期胚胎贮存，进行异体移植等。

此外，由于发育的基本原则也适用于人类，研究人类自身的发育机制，谋求人类的健康，具有很大的实际意义。如控制人口和优生、对癌和衰老的控制等，都依赖于对全部生命过程中细胞、组织以至机体生长的认识。

**发展中国家**　developing country　经济上落后和比较落后的国家。又称不发达国家或第三世界国家。相对发达国家而言。从地缘政治和经济角度看，发展中国家多位于南半球，因而也被称为南方国家。根据国际复兴开发银行1992年的统计，发展中国家和地区为133个，主要集中在亚洲、非洲和拉丁美洲，约占联合国成员国的3/4，人口42亿，约占世界总人口78%。

发展中国家可以从经济发展水平的数量上、性质上两个方面来界定。在数量规定方面，划分发展中国家存在多种标准，以国际复兴开发银行的《世界发展报告》提供的标准最具权威性。报告把发展中国家分为低收入国家、中等收入国家、上中等收入国家3个层次，其划分标准随经济发展经常进行调整。从性质上看，发展中国家有6个基本特征：生产力不发达，国民的生活水平比较低下；劳动生产率比较低下；人口增长率和赡养负担率比较高；存在比较严重的剩余劳动力问题；经济对农业和初级产品有较高的依赖度；在国际关系中相对处于依附和受支配的地位。虽然不同层次的发展中国家在上述6个特征方面存在较大差异，但在经济上比较贫困和落后，经济和政治地位比较脆弱却是发展中国家的共同特征。中国属于中等收入的发展中国家。

**发展中国家科学院**　The Academy of Sciences for the Developing World; ASDW　非政府、非政治和非营利的国际科学组织。原名第三世界科学院。由诺贝尔物理学奖获得者、巴基斯坦理论物理学家萨拉姆发起，1983年11月10日在意大利里雅斯特成立。2004年12月16日改用现名。2010年年底，有院士1 022名，来自70多个国家和地区。外籍创始院士、外籍院士、外籍通讯院士授予定居发达国家、祖籍发展中国家的科学家和研究发展中国家科学技术知名的发达、较发达国家的学者。首任院长是萨拉姆。宗旨是：致力于促进发展中各国科学研究的发展；促进发展中国家与发达国家科学家之间的交往；鼓励对发展中国家存在问题进行研究；提高发展中国家科学家的水平，为发展中国家培养未来一代有前途的科学家。该院大会每两年至少召开一次。1985年设立科学奖，授予作出杰出贡献的发展中国家科学家。经费主要来源于意大利政府、国际原子能机构和联合国教科文组织的捐助，并收受其他国家或国际组织、公共或私人、政府或非政府组织提供的捐款等。中国于1983年参加，至2010年年底已有190名中国大陆、香港、台湾的科学家被聘为该院院士。

**伐佐夫**　Vazov, Ivan Minchov (1850-06-27～1921-09-22)　保加利亚作家、诗人、戏剧家。生于索波特（今伐佐夫格勒），卒

于索非亚。自幼喜爱文学。在罗马尼亚学徒期间受到革命影响。回国后参加民族解放运动，写诗号召人民起义，失败后流亡罗马尼亚，出版了诗集《旗与琴》(1876)、《保加利亚的悲哀》(1877)和《拯救》(1878)，表达了人民宁死不屈的决心，并揭露异族统治者对起义的镇压。诗集的成功推动了保加利亚进步诗歌的发展。1878年保加利亚获得独立，他回国后曾担任地方法庭庭长。其间组织过文学团体，创办、主编过杂志和报刊，创作出版了多部诗集和小说。他的组诗《被遗忘者的史诗》及《石丘》、《扎果尔卡》(1883)等8部长诗标志着他诗歌创作的高峰。

1887年，保加利亚建立了斯坦姆波洛夫独裁政权，伐佐夫被迫流亡敖德萨，写成了著名的长篇小说《轭下》(1894)。这是一部以1876年四月起义为题材，具有自传性质的作品。作品人物个性鲜明，情节描写细腻，语言生动优美，成就卓然。

1889年，伐佐夫再次回国，当选为议员，任教育部长，同时发表了大量作品。如短篇小说集《痕与斑》(2卷，1893～1895)、《花花世界》(1902)；讽刺喜剧《升官图》(1903)；诗集《流浪歌》(1899)；长篇小说《新的大地》(1896)和《卡扎拉尔的女皇》(1903)；历史小说《斯维托斯拉夫·杰尔杰尔》(1907)，中篇小说《伊万·亚历山大》(1907)；历史剧本《鲍里斯拉夫》(1909)、《走向深渊》(1910)等。

**罚金**　criminal fine; fine　法院判处犯罪人缴纳一定数额金钱的刑罚。

中国1979年刑法典中，罚金作为附加刑，主要附加于自由刑，规定可适用罚金的罪种只有23种，不到法典全部罪种(130种)的1/6，其中可以独立适用罚金的只有14种。1997年修订的刑法典适用范围显著扩大，可适用罚金的罪增至180种，约占法典全部罪种(413种)的43.5%，其中可以独立适用罚金的罪增加到84种，为1979年刑法典规定数的6倍。就修订的刑法典的规定来看，罚金刑的适用对象主要是破坏社会主义市场经济秩序罪、侵犯财产罪、妨害社会管理秩序罪和贪污贿赂罪。此外，罚金刑也适用于危害公共安全罪，侵犯公民人身权利、民主权利罪和危害国防利益罪中的个别犯罪。

《中华人民共和国刑法》总则规定：“判处罚金，应当根据犯罪情节决定罚金数额。”人民法院在判处罚金时，应当根据犯罪情

节同时也酌情考虑犯罪人的经济状况，来决定罚金的具体数额。

罚金在判决指定的期限内一次或者分期缴纳。期满不缴纳的，强制缴纳。对于不能全部缴纳罚金的，人民法院在任何时候发现被执行人有可以执行的财产，应当随时追缴。如果由于遭遇不能抗拒的灾祸缴纳确实有困难的，可以酌情减少或者免除。

**阀门** valve 用以控制流体流量、压力和流向的装置。被控制的流体可以是液体、气体、气液混合物或固液混合物。阀门由阀体、阀盖、阀座、启闭件（闸板、塞体、阀瓣、蝶板和隔膜）、驱动机构（阀杆和带动它运动的阀门驱动装置）、密封件（填料、垫片等）和紧固件等组成。阀门的控制功能依靠驱动机构或流体，驱使启闭件升降、滑移、旋摆或回转，以改变流道过流截面积的大小来实现。

原油阀门

分类 按用途和作用分有：①截断阀。接通或截断管路中的介质。②止回阀。防止管路中的介质倒流。③分流阀。分配、分流或混合管路中的介质。④调节阀。调节管路中介质的流量、压力等参数。⑤安全阀。防止装置中的介质压力超过规定值。⑥多用阀。既起截断作用，又起止回作用和节流作用。按驱动方式分有：①手动阀。人力操作手轮、手柄、杠杆、链轮驱动阀门。②动力驱动阀。利用电动、气动、液动、电磁进行驱动。③自动阀。利用介质本身的能量驱动阀门。按公称压力$p_N$分有：①真空阀。工作压力低于标准大气压。②低压阀。$p_N \leq 1.6$兆帕。③中压阀。$p_N$ 2.5～6.4兆帕。④高压阀。$p_N$ 10～80兆帕。⑤超高压阀。$p_N > 100$兆帕。

基本参数和性能 阀门的基本参数是压力、直径、介质和工作温度等。不同种类和用途的阀门其基本性能有所不同，主要有密封性能、强度性能、调节性能、流通性能、启闭性能和使用寿命。

**筏** raft 用竹或木材等并排编扎而成的水运工具。又称桴、排筏。随着筏的应用和改进，根据地区和河流的特点，制筏材料和筏的种类也逐渐增多，除竹、木筏外，尚有皮筏、蒲束筏、苇束筏、罂筏等。其中，皮筏多采用羊皮囊组合而成，皮囊少者十几只，多者数百只。皮筏主要用于顺流运输，抵达目的地后，将筏拆散，皮囊放气，经陆路返回。皮筏是中国西部地区的一种传统水运工具，至今仍有使用，并成为水上旅游的一种承载工具。在国外，有用筏作海上长距离航行的记载。在现代船舶上，各种硬式筏或充气筏常用作救生艇的补充。充气筏也用于飞机上，以便在水上迫降时或空投给海上遇难者使用。

**筏道** raft sluice 水利枢纽工程中以水力浮运木排（筏）过坝（闸）的水槽。主要由进口段、槽身和出口段组成。进口段须适应水库水位变化，准确调整筏道的流量，以利节约水量和安全过筏。根据上游水位的变化幅度，进口段有两种基本形式，即固定式和活动式。前者多适用于上游水位变幅小于2米的枢纽，用叠梁来调节进口的水深。后者多适用于上游水位变幅大于2米的枢纽，在进口处设叠梁或扇形闸门及活动筏槽，联合运行，调节过筏流量。也可在进口设快速闸门，当停止木材浮运时，可控制泄水。有的工程将进口和槽身的上段做成上下有闸门控制的闸室，运用程序与船闸相似，引筏入室后，先关上闸门，再开放下闸门，闸室内的水流携木筏顺流而下。这种形式省水，但木材通过能力相对较低。

湖南江华涔天河水电站木筏道

**法** Dharma 佛教术语。有多种内涵。佛教意义有二：持自体或持自相，其次是轨生物解。前一意义谓其具有使自己能够存在的性质，也就是存在、事物、现象的意思；后一意义是从认识论角度来说的，谓其能够成为认知对象，能够通过它传达或唤起认识。

第一意义。就其为存在的事物现象言，传统的法可以分为三大范畴，即三科：五蕴、十二处、十八界。五蕴指色、受、想、行、识。色指物质或构成人身的物质成分；受即感觉；想即表象思维；行即意志；识指统一各种心理作用的意识或具体的观念活动。十二处是从感觉认识活动的角度来看的，它指的是六种感官（六根：眼、耳、鼻、舌、身、意），以及六种相对的感觉对象（六境：色、声、香、味、触、法）。十八界则是六根加上六境，再加上根与境各各配对产生的认识结果（眼识、耳识、鼻识、舌识、身识、意识）。三科是联系到能取（主观）与所取（客观）的认识活动来对一切存在的事物与现象所作的分类。依据这个原则，佛教中有代表性的是小乘说一切有部的"五位七十五法"的存在范畴表和大乘唯识宗在有部范畴基础上总结的"五位百法"。两者在认识特点上是相似的：都从色、心两大范畴入手。色法是联系于所知来讲的存在类别，也就是根、境二者。有部在这里补充了无表色（不显示于感官的物质）；大乘则补充了法处所摄色（从概念上承认的物质类别）。而讲到心法，大乘与小乘都划分为心法（基本的精神现象）、心所有法（依附于精神的心理活动）、心不相应法（与色法心法都有区别的一类）。此外，还有超越经验认识活动的一类存在，佛教称为"无为法"。

第二意义。"轨生物解"是法的认识论意义。包括用法来表达以下含义：真理（圣法）、规范、范畴（法界）、善行（法与非法）、佛之教说（佛教、佛法僧中的法）、佛教戒律、"心生种种法生"的法（心之活动与功能）、仪式（灌顶法、灭罪法）、正当的事物（善法不善法、黑法白法）、实体（因明中的有体法无体法）、词体（因明句子的法与有法、前陈后陈）。在这个意义上，一切能在头脑中唤起表象或意象或认识的都是"法"。

**法币** lawful money; legal money 中华民国时期国民政府发行的货币。1935年11月4日，规定以中央银行、中国银行、交通银行三家银行（后增加中国农民银行）发行的钞票为法币，禁止白银流通。各金融机关和民间储藏之白银、银元统由中央银行收兑，同时规定法币汇价为1元等于英镑1先令2.5便士，由中央、中国、交通三家银行无限制买卖外汇，是一种金汇兑本位制。抗日战争爆发后，政府实行外汇统制政策，法币成为纸币本位制货币。1948年8月19日被金圆券替代。

**法常** Fachang（? ～1108?/1282?） 中国南宋画家。僧人。号牧溪。蜀（今四川）人。

《观音图》(日本大德寺藏)

俗姓李，一说姓薛。于南宋理宗、度宗时在杭州长庆寺为僧。曾因抨击南宋奸相贾似道而被通缉。艺术活动主要在13世纪60～80年代。善画龙、虎、猿、鹤、山水、人物等。法常的绘画多用蔗渣、草结作画，随笔点墨，意思简当，不费妆缀。他画的猿、鹤、观音、罗汉等，形象颇为严谨，背景则比较纵逸，大体运用半工半写的画法。作品有些流传到日本，对日本的绘画有很大影响。现在日本仍珍藏有他的《观音图》、《猿图》、《鹤图》等。国内则有他的《写生蔬果图》、《花果翎毛图》等。

**法称** Dharmakīrti 古印度晚期大乘佛教瑜伽行派论师，佛教因明学者。约活动于7世纪。生于南印度睹梨摩罗耶国婆罗门族。博通婆罗门学说，后信佛教，入那烂陀寺从护法出家。其学说以陈那学说为基础，发展了"量"的学说。著有《大乘集菩萨学论》、《释量论》等。

**法蒂玛王朝** Fātimid Dynasty 北非封建王朝。中国史籍称为绿衣大食。西方文献又名南萨拉森帝国。以伊斯兰先知穆罕默德之女法蒂玛得名。

909年，奥贝德拉伊斯兰教什叶派首领在突尼斯以法蒂玛和阿里的后裔自居，自称哈里发，建都马赫迪亚，攻打摩洛哥的伊德里斯王朝，征服摩洛哥，并进而占领整个马格里布。969年哈里发穆伊兹派部将乔海尔征服埃及，973年迁都开罗。王朝的中心遂转到埃及。哈里发阿齐兹执政时(975～996)国势强盛。其版图东起叙利亚、巴勒斯坦、汉志和也门，西至摩洛哥，与巴格达的阿拔斯王朝和科尔多瓦的后倭马亚王朝，形成三足鼎立的局面，且是其中的首强。11世纪时，埃及城市工商业发达，为地中海区域最繁华的国家，同地中海其他国家有着频繁的贸易关系，同印度间的贸易也有发展。为传播什叶派教义，哈里发关心文化教育。972年修建的爱资哈尔清真寺成为宗教学府。

11世纪后期，法蒂玛王朝开始衰落，国家掌握的土地日趋缩小，财政收入窘迫。1096～1144年间，十字军东征，法蒂玛王朝控制下的突尼斯和阿尔及利亚地区宣告独立，西西里岛被诺曼人吞并，叙利亚被塞尔柱帝国蚕食，耶路撒冷等地也落入十字军手中。1171年法蒂玛王朝大臣萨拉丁发动政变，推翻法蒂玛王朝，建立阿尤布王朝。

**法定代表人** legal representative 法人的意思机关，是代表法人行使职权的负责人。又称法人代表。法定代表人一般是法人的正职负责人，没有正职负责人的，由主持工作的副职负责人担任法定代表人。设有董事会的法人，以董事长为法定代表人；没有董事长的法人，经董事会授权的负责人作为法人的法定代表人。中国《全民所有制工业企业法》规定厂长是企业的法定代表人。《公司法》规定董事长为有限责任公司和股份有限公司的法定代表人；有限责任公司不设董事会的，执行董事为公司的法定代表人。法人只能有一个法定代表人。

产生 法定代表人依据法定程序产生。法定代表人行使职权的行为视为法人的行为，行为的法律效果直接归属于法人。法定代表人无须经过特别授权即可以法人名义参与和法人有关的诉讼活动，行使诉讼义务，且诉讼行为的法律后果直接归属于法人。法人存续期间，如果法定代表人更换，原法定代表人行使职权的行为仍然有效。

具备的条件 法定代表人是法人最具有实质权力的负责人，其应当具备的条件是：①必须是完全民事行为能力人。②必须是具有代表法人能力的人。③必须是法人内部的工作人员。④必须没有被法律禁止担任法定代表人的情形。

不得任法定代表人的情况 中国国家工商行政管理局公布了《企业法人的法定代表人审批条件和登记管理暂行规定》，规定凡有下列情形之一的，不得担任企业法人的法定代表人：①因违法经营被吊销营业执照的企业原法定代表人，自决定吊销营业执照之日起未满3年的。②因经营管理不善被依法撤销或宣告破产的企业负有主要责任的法定代表人，自核准注销登记之日起未满3年的。③刑满释放、假释或缓刑考验期满和解除劳教人员，自刑满释放、考验期满或解除劳教之日起未满3年的。④因从事违法活动被司法机关立案调查，尚未结案的。⑤各级机关在职干部和军队在职现役军人。⑥国家法律、法规和政策规定不能担任企业领导职务的。

**法定继承** intestate succession 按照法律规定的继承人范围、继承顺序和遗产分配份额进行继承的制度。与遗嘱继承相对。

继承人的范围 《中华人民共和国继承法》规定继承人的范围是：配偶、子女、父母和兄弟姐妹、祖父母、外祖父母。兄弟姐妹包括半血缘关系的同父异母或者同母异父的兄弟姐妹。祖父母和外祖父母享有同等的继承权。子女作为法定继承人，继承权不受性别、年龄、婚生与非婚生的限制(见非婚生子女)。养子女同亲生子女一样，享有同等的继承权。但是由于"养子女和生父母间的权利和义务，因收养关系的成立而消除"(《中华人民共和国婚姻法》第26条)，从而养子女丧失对生父母的遗产继承权。继子女同继父母间的继承权，只以互有扶养关系的为限(《继承法》第10条)。丧失配偶的儿媳对公婆、丧失配偶的女婿对岳父母尽了主要赡养义务的，有继承遗产的权利并为第一顺序继承人。对遗腹子，世界各国的继承法都特别规定保留其应继份额。如果胎儿出生后存活，就取得这份遗产；如果是死婴，则为他保留的份额由其他法定继承人分配。中国《继承法》还规定："对继承人以外的依靠被继承人扶养的缺乏劳动能力又没有生活来源的人，或者继承人以外的对被继承人扶养较多的人，可以分给他们适当的遗产。"(第14条)

继承顺序 中国《继承法》规定有两个法定继承顺序：第一顺序为配偶、子女(包括非婚生子女、养子女和有扶养关系的继子女)、父母(包括养父母和有扶养关系的继父母)；第二顺序为兄弟姐妹(包括同父异母和同母异父的兄弟姐妹)、祖父母、外祖父母。中国以法定继承为主，死者遗产依法定继承的顺序进行。继承开始，先由第一顺序的继承人继承；没有第一顺序的继承人或者第一顺序的继承人全部放弃继承，或者被剥夺继承权时，第二顺序的继承人才能开始继承。如果没有第二顺序的继承人，或者他们放弃继承，或者被剥夺继承权时，遗产就成为无人继承的遗产，分别归国家或集体所有。

遗产继承份额 同一顺序的继承人各自应当继承的份额，在各国的继承法中一般规定为等量均分，但有的国家对生存配偶的应继份额规定有所不同。在中国，夫妻共有财产应先分出一半为其配偶所有，另外一半的遗产由继承人继承。同一顺序继承人分配遗产份额，一般应当均分，但对缺乏劳动能力和无生活来源的继承人应予照顾，还应考虑各继承人对被继承人生前尽扶养义务状况和各继承人的生产、生活状况。

**法定准备金** legal reserve 中央银行以法律的形式要求商业银行必须缴存的准备金。见准备金。

**法俄同盟** Franco-Russian Alliance 法国和俄国为对抗三国同盟于1891～1894年形成的秘密军事同盟。普法战争以后，法国长期陷于德国的外交包围中，急需结束这种孤立困境。1887年德、俄关系急剧恶化，沙皇政府购买军火，推销公债，都指靠法国。法国利用俄国这种财政依赖性，促成法、俄结盟。1892年8月17日，法、俄两国在彼得堡签订军事协定。主要内容：①当法国遭到德国或意大利攻击时，或俄国遭到德国或奥匈帝国攻击时，双方都以全部兵力相互支援。②如果三国同盟或其中一国动员兵力，法、俄一经得知，不需任何事先协议，应立即将兵力调到边境。③法国用于对付德国的兵力应为130万人，俄国用于对付德国的兵力应为70万或80万人。这些军队应尽速全部参加战斗，迫使德国在东西两线同时作战。④两国都不得单独媾和。协定原定有效期5年，但自1899年以后一直存在到1917年。

协定经1893年12月27日和1894年1月4日俄、法互换批准函件开始生效。法俄同盟的建立使欧洲大陆形成两个实力大致相当的对峙集团，即三国同盟与法俄同盟。

**法俄战争** Franco-Russian War 拿破仑战争期间，法国于1812年对俄国进行的侵略战争。俄国称1812年卫国战争。

1807年7月，第四次反法联盟解体，俄国与法国结盟，并参加针对英国的“大陆封锁”。但此后几年，两国在土耳其和中欧的争夺日趋激烈。为称霸欧洲大陆，拿破仑一世以俄破坏“大陆封锁”为借口，决定以武力征服俄国。战前，法国将普鲁士、奥地利等欧洲多数国家拉入反俄同盟，在波兰集结以法军为主的“大军”60余万人，企图通过一两次会战歼灭俄军主力，速战速决。部署在西部边境的俄军有3个军团22万余人，分布在绵亘600千米的战线上。

战争初期，法军凭借兵力优势，先后攻战维尔诺、斯摩棱斯克、莫斯科，但战线拉长、补给困难，非战斗减员严重，双方力量对比发生重大变化。拿破仑提议和谈，遭拒绝后被迫于10月19日下令撤退。是年冬，天气奇寒，风雪交加，法军冻饿致死及被哥萨克和游击队俘杀者不计其数。俄军多路平行追击，歼灭大量法军。11月下旬，法军撤到别列津纳河时仅剩3万余人，渡河期间又遭俄军截击，损失大半。随其参战的普军和奥军与俄军秘密议和，得以完整撤回。12月初，拿破仑在斯莫尔贡将军队指挥权交给部将J.缪拉，本人逃回巴黎。法军残部随后渡过涅曼河，撤出俄境。

此次战争是拿破仑帝国盛极而衰的转折点。不久，俄、普、英、奥等国结成第六次反法联盟，并逐渐掌握战略主动权。战争中，拿破仑在战略上求胜心切、轻敌冒进，造成战线过长，补给困难；在作战指挥上一味实施正面进攻，缺乏迂回机动。俄军以积极防御消耗法军有生力量，进退适时，攻防结合；在双方力量对比发生根本变化后果断实施反攻和追击，在机动中围歼退却之敌。

法军骑兵部队向莫斯科进军（油画）

**法尔尼斯剧场** Teatro Farnese 意大利剧场。1618年建于帕尔马。由建筑师G.B.阿里奥特设计。第二次世界大战时损毁，后重新修复。它是世界上第一座有固定镜框舞台的剧场。建筑内的立面装饰富丽堂皇。观众席的平面呈马蹄形，中央部分与舞台之间是一块没有坡度的平地，放上椅子即为观众席，还可注入0.6米深的水，用来表演模拟海战。它的镜框台口为绘画性透视布景提供了条件，并为以后沿用了近300年的透视布景学派的艺术实践开辟了道路。

**法格海** Fagih, Ahmad Ibrahim al- (1942～ ) 利比亚作家。生于的黎波里。先在联合国援建的学院学习，后赴英国进修戏剧专业。在伦敦创建阿拉伯文化事务委员会，任委员会机关刊物《艾兹尤尔》主编。回到利比亚后，先后担任音乐戏剧学院院长，文化宣传部文学艺术局局长，作家协会主席。1960年发表第一篇短篇小说《逃往城市》。短篇小说集《无水的大海》(1965) 中的作品多取材现实生活，构思新颖，描写细腻，同时具有浪漫主义色彩。其他主要作品还有短篇小说集《系上安全带》(1968)、《星星隐匿了，你在哪里？》(1976)、《光彩照人的淑女》(1985)，长篇小说《昔日恋人》(1985)、三部曲《爱丁堡之恋》，文学评论集《明天的战斗》(1978)、《短篇小说的开始》(1985) 等。

**法官** judge 对法院审判人员的通称。

西方国家的法官有的由任命产生，有的由选举产生。如美国联邦最高法院的法官由总统征得参议院同意后任命。英国的大法官、上议院法律议员、上诉法院法官由首相提名，英王任命；高等法院法官由英王根据大法官提名任命；地方法院法官则由大法官任命。美国许多州的法官是由直接选举产生的。西方国家的法官多数实行终身制，只要忠于职守，可终身任职。有些国家规定法官到一定年龄可以退休。西方国家的法官均享有高薪，待遇优厚。有些国家的法官（如日本、美国）非经弹劾，不得被免职、撤职或令其提前退休。

美国大法官举行宣誓仪式

在中国，根据1995年2月28日通过、2001年6月30日修订的《中华人民共和国法官法》，法官是依法行使国家审判权的审判人员，包括最高人民法院、地方各级人民法院和军事法院等专门人民法院的院长、副院长、审判委员会委员、庭长、副庭长、审判员和助理审判员。职责是依法参加合议庭审判或者独任审判案件，以及法律规定的其他职责。担任法官须具备一系列条件。曾因犯罪受过刑事处罚的，曾被开除公职的人员不得担任法官。最高人民法院院长由全国人民代表大会选举和罢免，副院长、审判委员会委员、庭长、副庭长和审判员由最高人民法院院长提请全国人民代表大会常务委员会任免。地方各级人民法院院长由同级人民代表大会选举和罢免，副院长、审判委员会委员、庭长、副庭长和审判员由本院院长提请同级人民代表大会常务委员会任免。助理审判员由本院院长任免。初任法官采用严格考核的办法，按照德才兼备的标准，从通过国家统一司法考试取得资格，并且具备法官条件的人员中择优选出。法官不得兼任人民代表大会常务委员会的组成人员，不得兼任行政机关、检察机关以及企业、事业单位的职务，不得兼任律师。

**法国** France　全称法兰西共和国。位于欧洲西部，包括科西嘉岛等岛屿。大陆领土呈六边形，三面临海，三面靠陆。西濒大西洋比斯开湾，西北隔英吉利海峡与英国

相望。东北和东部同比利时、卢森堡、德国、瑞士、意大利、摩纳哥接壤，东南濒地中海，西南与西班牙、安道尔相邻。面积约543 965平方千米。人口6 279万（2010）。民族以法兰西人为主体，约占总人口的90%，其他少数民族有布列塔尼人、巴斯克人、科西嘉人、佛拉芒人等。通用法语。居民多信奉天主教，此外还有伊斯兰教、基督教新教、犹太教等宗教。首都**巴黎**。

**地理**　全国地势东南高西北低，向大西洋敞开。大陆部分平均海拔342米。平原约占国土总面积的3/5，丘陵、山地各占1/5。250米等高线大致将全国分为西部平原、丘陵和东部高地、山地两大部分。中央高原面积占国土总面积近1/6。北部巴黎盆地为全国最大平原，面积约占国土1/4。西部有卢瓦尔平原，西南部有阿基坦盆地。东南和南部年轻山地。包括侏罗（汝拉）山、阿尔卑斯山和比利牛斯山。比利牛斯山是法国和西班牙的天然界线。阿尔卑斯山西段是全国地势最高的地区。法、意边境的**勃朗峰**海拔4 810米。

大部分地区属温带海洋性气候，西部大西洋沿岸尤为典型。冬温夏凉，气温年较差小，雨日多，日照少。东部内陆大陆性气候较显著。南部为地中海气候。

主要河流有**卢瓦尔河**（全国第一大河）、塞纳河、加龙河、阿杜尔河、罗讷河和奥得河等。**莱茵河**、摩泽尔河、默兹河等是流经法国的国际河流。

法国有铁、煤、铝土、钾盐、铅锌、铀等矿藏。所需铁矿石、煤依赖进口。核能是法国重要能源。水力资源和地热的开发利用比较充分。有色金属储量很少，几乎全部依赖进口。森林面积约1 600万公顷，占国土总面积近30%。

**历史**　公元前法国境内曾是高卢人长期生活的地方。公元前52年，凯撒完成了罗马人征服高卢的历程。此后500年间，高卢人在罗马统治下逐渐罗马化。5世纪西罗马帝国灭亡，法兰克人移此定居。486年，克洛维建立**法兰克王国**。843年查理曼帝国分裂成中王国和东、西法兰克王国，大致奠定了意大利、德意志和法兰西三国雏形。987年建立卡佩王朝后，改称法兰西王国。直至16世纪初，经历从封建割据到政治统一的过程，法国成为欧洲最大的中央集权国家。16～18世纪是法国从封建制度向资本主义制度过渡的时期。1789年**法国大革命**扫除了资本主义经济发展的障碍，并发表《人权宣言》，1792年废除君主制，建立法兰西第一共和国。1804年拿破仑称帝，建立**法兰西第一帝国**，并对外扩张。1848年2月建立**法兰西第二帝国**。1870年普法战争爆发，法国战败，割让了阿尔萨斯和洛林，并付出巨额赔款，成立**法兰西第三共和国**。19世纪中叶至20世纪初法国成为帝国主义国家，掠夺的殖民地面积相当于本土的20倍。第一次世界大战法国经济蒙受巨大损失，但收回了阿尔萨斯和洛林。第二次世界大战时曾被法西斯德国占领，1944年被盟军解放。1946年**法兰西第四共和国**成立。1949年成为北大西洋公约组织的成员国。1957年成为西欧六国共同市场成员国。1958年建立了**法兰西第五共和国**。

**政治**　法国实行议会共和制。第五共和国宪法最早于1958年9月28日公民投票通过，10月4日生效。2000年宪法修正案规定总统是国家元首和武装部队统帅，任期由原先7年改为5年，由选民直接选举产生。总统有权任免总理和批准总理提名的部长；主持内阁会议、最高国防会议和国防委员会；有权解散议会，但一年内不得解散两次；可不经议会将某些重要法案直接提交公民投票表决；在非常时期，拥有“根据形势需要采取必要措施”的全权。在总统不能履行职务或空缺时，由参议院议长代行总统职权。议会实行两院制，由国民议会和参议院组成，拥有制定法律、监督政府、批准宣战等权力。国民议会共有577个议席，任期5年，由选民直接选举产生。参议院共331席，任期9年（2004年起任期缩短为6年），每3年改选1/3，以省为单位，由选举团间接选举产生。总统府为**爱丽舍宫**，总理府为马提翁宫，国民议会为波旁宫。

法国实行多党制，共有30多个政党。主要有属于右翼的人民运动联盟、法兰西民主联盟，属于左翼的**法国社会党**、**法国共产党**、绿党，以及属于极右翼的国民阵线等。

**经济**　法国经济发达，国内生产总值居世界前列，2009年为21 610.97亿欧元，人均国内生产总值33 944欧元。全国国内生产总值中，农业占3.5%，工业占20.3%，服务业占76%以上（2008），是一个以现代服务业为主导、工农业都很发达的经济大国。

工业部门齐全，主要有钢铁、汽车制造、造船、机械、纺织、化学、电力、电器、日用消费品、食品加工和建筑业等。核能、石油化工、海洋开发、航空航天等新兴工业部门近年来发展较快，在工业产值中所占比重不断提高。石油和石油加工技术仅次于美国，居世界第二位；航空航天工业

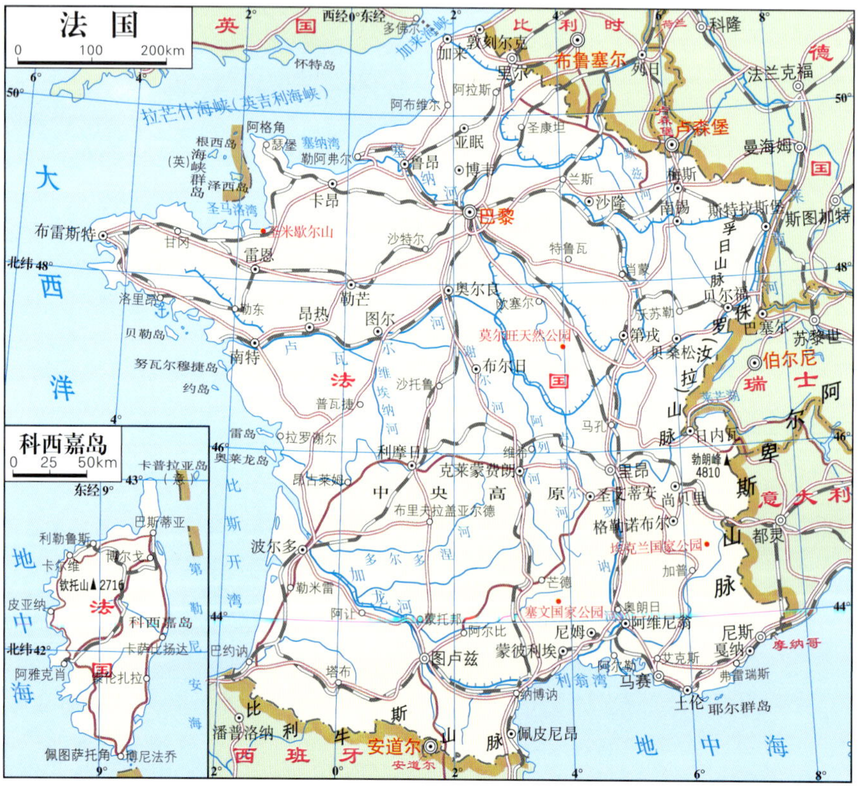

图1 巴黎协和广场

也居世界前列。工业中占主导地位的仍是传统的工业部门，其中钢铁、汽车、建筑为三大支柱。工业在本国经济中的比重有逐步下降的趋势。

法国是欧盟最大的农业生产国，为世界上仅次于美国的第二大农产品出口国。全国农业耕地面积5 491.9万公顷，其中农业用地2 955.57万公顷。农业用地的96%为家庭所有。农业结构具有以牧为主、农牧结合、多种经营的特点。农业食品加工业是法国外贸出口创汇的支柱产业之一。主要农副产品有小麦、玉米、葡萄酒。渔产品主要有鲱鱼、马鲛鱼、沙丁鱼、金枪鱼等。

服务业在法国经济中占主导地位。以商业、运输、电信、旅馆、金融、保险、娱乐业等行业为主，非商品性服务业（行政管理、教育、医疗保健、社会事务等）亦占有重要地位。

交通运输业以陆上交通为主，水运、空运也很发达。铁路总长31 939千米，其中电气化铁路14 176千米。法国在发展高速铁路方面居世界领先地位。1981年世界第一条高速铁路（巴黎—里昂）正式建成，平均时速为300千米。1990年法国高速火车创造了最高时速515.3千米的世界纪录。公路总长100.99万余千米，其中高速公路约1万千米。内河航道总长8 500千米。设有机场494个。巴黎是法国最大的公路、铁路和航空枢纽。马赛、勒阿弗尔为主要港口。

图2 圣米歇尔山全景

法国旅游业发达，首都巴黎、地中海和大西洋沿岸风景区、阿尔卑斯山区、科西嘉岛以及一些海外省均为著名旅游胜地。有许多著名博物馆收藏着世界文化的宝贵遗产。此外，法国还有不少历史名城和众多古堡。

法国对外贸易在国民经济中占有重要地位。2009年进出口总额达10 086.9亿欧元，贸易逆差771.8亿美元。主要进口能源和工业原料等，主要出口有机械、汽车、化工产品、钢铁、农产品、食品、服装、化妆品和军火等。法国对外贸易的71%在欧盟内部及欧洲国家内进行，美国是法国在欧盟之外的最大贸易伙伴。

法国为世界第二大对外投资国。法国对外投资主要集中在欧盟成员国，对美国和石油输出国组织成员国、非洲、拉美的投资额也较高，并以工业、能源、服务部门为多。

**文化** 法国实行多样化教育体制。6～16岁为义务教育。公立小学和中学免收学费，小学和初中还免费提供教材。小学学制5年，初中4年，高中3年。中等教育包括普通教育和职业技术教育两类。中等职业技术教育包括技术高中、职业高中、艺徒培训中心、就业前教育适应班4种类型和层次。全国有小学5.4万余所、中学7 919万所、大学83所。高等教育分为综合性大学、高等专业学院、高等技术学校和科研教育机构4类。公立大学一律免学费，只需支付少量注册费。著名高校有巴黎大学、格勒诺布尔第一大学、斯特拉斯堡第一大学、里尔第一大学、里昂第一大学等。

法国科研事业体系完整、技术先进，重要科研机构有法国国家科学研究中心、国家空间研究中心、原子能委员会、国家海洋开发研究院等。

电影1895年发明于法国。每年5月举办的戛纳国际电影节已成为世界五大电影节之一，最高奖为“金棕榈奖”。

法国名胜古迹众多，有凯旋门、巴黎圣母院、爱丽舍宫、凡尔赛宫、埃菲尔铁塔、卢浮宫等。

**对外关系** 法国是联合国安理会常任理事国、欧盟创始国及重要成员、北约成员（但不参加北约军事一体化机构）。基本外交政策是：欧盟为法国外交的立足之本。法国致力于欧盟成为未来多极世界中独立一极的建设，并发挥法国在其中的核心作用；积极推动多极化，加强国际合作，在各大国间争取有利地位；保持并发展与非洲国家的传统关系，推动发达国家增加对非援助；积极参与中东和平进程及有关热点事务；加强同亚洲、拉美的政治、经济关系。法国主张世界向多极化方向发展，强调维护文化和语言的多样性，反对地区冲突、武器扩散、恐怖主义、宗教极端主义、跨国犯罪等不稳定因素，呼吁建立公正、和谐的国际新秩序。至2006年已同190个国家建立了外交关系。中法于1964年1月27日建交。

**法国菜** French cuisine 法国各地具有特殊风味菜肴的统称。法国菜以烹调精致、用料讲究、味腴汁浓、色香味皆佳著称。法国人喜欢品尝略带生口的菜肴，因而十分注重原料的质地、鲜度，用料多选鲜活的。法国菜讲究烹调汤及酱汁调配，同时讲究营养的合理组成和色彩的巧妙搭配。典型的法国菜有鹅肝酱、牡蛎杯、红酒牛排、海鲜沙拉、马赛鱼汤等。

法式焗蜗牛

醇酒美食是法国饮食文化的一个组成部分。酒是法国菜中常用的调料，葡萄酒、啤酒等是法国菜单中不可缺少的。法国人用餐时饮酒十分讲究，用不同的菜，饮不同的酒。法国菜上菜程序多为开胃菜、汤、主菜、生菜沙拉、甜点及各种餐间饮用的酒类。

**法国大革命** French Revolution 1789年在法国爆发的资产阶级革命。

法国大革命是整个第三等级在资产阶级领导下发动起来的。

1789年7月，路易十六调集军队企图解散议会，激起巴黎人民的武装起义。7月14日群众攻克象征封建统治的巴士底狱。巴黎人民起义期间，全国城乡掀起革命高潮，制宪议会此时实际上成为革命领导机关和国家立法机关。在议会中君主立宪派起主要作用。8月26日通过《人权与公民权宣言》，确立人权、法制、公民自由和私有财产权等资本主义的基本原则。巴黎出现一批革命团体，其中雅各宾俱乐部、科德利埃俱乐部在革命中发挥巨大作用。

1791年6月20日路易十六乔装出逃，企图勾结外国力量扑灭革命，但中途被识破押回巴黎。1792年4月，法国抗击外来武装干涉的战争开始，7月11日立法议会宣布祖国处于危急中。8月10日巴黎人民第2次武装起义打倒**波旁王朝**，推翻立宪派的统治。

1792年8月10日巴黎人民起义后，资产阶级共和派——吉伦特派取得政权。9月20日法国军队在瓦尔米打败外国干涉军。由普选产生的**国民公会**于9月21日开幕，9月22日成立**法兰西第一共和国**。1793年1月21日，国民公会经过审判以叛国罪处死路易十六。

1792年10月10日，吉伦特派被清除出雅各宾俱乐部。从1792年秋季起，要求打击投机商人和限制物价的群众运动高涨起来。1793年2～3月，以英国为首的欧洲各国组成反法联盟，加强武装干涉；国内也发生大规模王党叛乱。在革命处于危急的时刻，巴黎人民于5月31日至6月2日发动第3次起义，推翻吉伦特派的统治，建立起雅各宾派专政。

1793年6月3日至7月17日雅各宾派专政颁布3个土地法令，废除农村中的封建特权，以有利于农民的方式拍卖没收来的封建地产，大批农民得到土地。由于以“恐怖”手段实行严禁囤积垄断、处死投机商人、武力下乡征粮等措施，革命力量加强，形势迅速好转。1793年底至1794年初，外国干涉军全部被赶出国土，国内的叛乱基本平息。

随着胜利的取得，“平民方式”的革命完成了使命。以M.-F.-M.-I.de罗伯斯比尔为首的执政派，继续扩大执行恐怖政策。

国民公会中占多数的平原派同原丹东派以及一切反罗伯斯比尔的势力联合在一起，于1794年7月27日发动**热月政变**，推翻雅各宾专政；7月28～29日处死罗伯斯比尔等90人，从而结束了法国革命的上升阶段。

热月党人一面镇压1795年4～5月两次巴黎无套裤汉的反抗运动，一面粉碎逃亡贵族的武装进犯和国内王党叛乱。10月解散国民公会，成立新的政府机构督政府。

督政府由5个督政组成，主要领导人是发动热月政变的P.-F.-J.-N.de巴拉斯。督政府一建立就宣布要稳定秩序，但收效甚微。1799年英国又组成第2次反法联盟，法国在军事上面临困难。7月雅各宾派又活跃起来，俱乐部纷纷恢复。在这种形势下，以**E.-J.西哀士**为首的资产阶级右翼势力要求借助军人力量控制局面。1799年11月9日（共和八年雾月18日）拿破仑·波拿巴将军发动政变，结束了督政府的统治，建立起临时执政府。

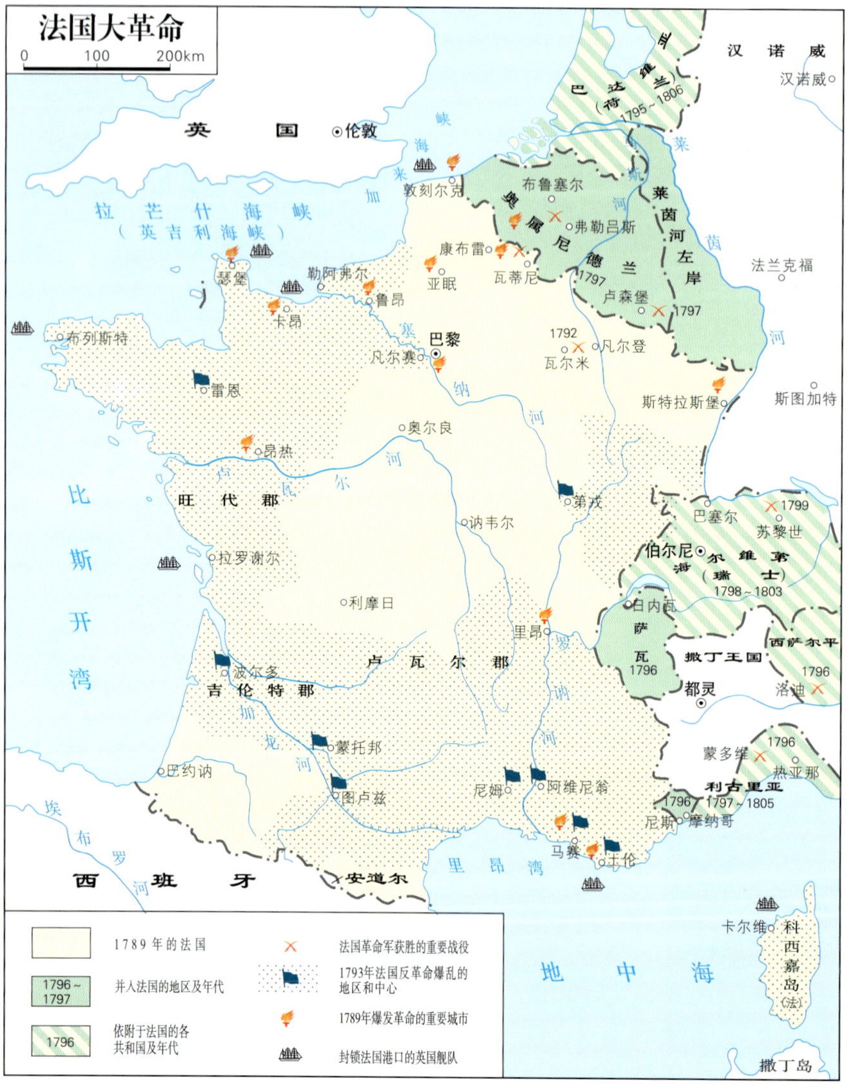


## 法国工人党

Parti Ouvrier Français 法国最早的马克思主义政党，领导人有**J.盖德**、**P.拉法格**、G.德维尔等，又称“盖德派”或“马克思派”。1879年10月在马赛工人代表大会上宣布成立，1880年盖德、拉法格共同制订党的纲领，纲领的理论部分由**K.马克思**口授。1882年9月的圣艾蒂安党代表大会上，以盖德为首的盖德派与以P.布鲁斯为首的可能派公开分裂，可能派改名为法国社会主义工人联合会。盖德派保留工人党的名称。工人党积极支持工会运动，领导罢工斗争；传播马克思主义，主张革命夺取政权；建立无产阶级专政，实行生产资料社会公有制，反对民族沙文主义和殖民扩张。后来，工人党的领导人迷恋议会斗争，丧失原则。在**布朗热事件**和**德雷福斯案件**中，采取不介入的中立态度。1901年，工人党与布朗基派等组成法兰西社会党。1905年又与**法国社会党**合并为法国统一社会党，即工人国际法国支部。

## 法国共产党

Parti Communiste Français 法国工人阶级政党。1920年12月，在图尔**法国社会党**代表大会上，由以**M.加香**为代表的社会党左翼建立。1935～1938年同社会党、激进社会党等党派达成协议，组成人民阵线。第二次世界大战中广大党员坚决反抗德国法西斯侵略，参加国内**抵抗运动**，组织自由射手和游击队。1944年，法国共产党恢复公开活动，在1944年8月巴黎人民起义中起了主要作用。法共主张和其他政党合作，以共同击败法西斯德国和开展战后复兴工作。在1946年第四共和国第一次国民议会选举中得票最多，成为议会中的第一大党。1944～1947年4次参加政府。1947年5月被逐出政府，此后一直处于反对党地位。1976年第22次代表大会宣布放弃“无产阶级专政”概念，提出建设“法国色彩的社会主义”的纲领性思想，1979年第23次代表大会正式批准。1981年加入以社会党人为核心的左翼政府，1984年7月退出政府。1982年10月，**G.马歇**访华，同中国共产党恢复关系。1994年，正式放弃民主集中制。1996年，进一步抛弃阶级斗争的口号，提出"公民干预"的理论。70年代以来，法国共产党陷于衰退之中，选民和选票在10%以内。90年代仍处于下滑的势头。2010年6月，法共召开第35届党代会。P.洛朗以80%的得票率接替M.-G.比费，当选法共新的全国书记。比费留任中央委员。法国共产党以共产主义和社会主义作为党的奋斗目标。根据2007年10月统计，约有13.4万党员。中央机关报为《人道报》，机关刊物为《共产主义手册》。

**法国共和历** French republican calendar 法国大革命中一度实行的历法。1793年10月5日国民公会决定废止基督教的格里历法（公历），采用革命历法，即共和历〔见共和历与公历对照表（共和二年）〕。共和历以法兰西第一共和国建立之日（1792-09-22）为历元，每年分四季、12个月，每月30天，每10天为一旬，每旬第10日为休息日。12个月之外余下的5天（闰年为6天，包括1796、1800、1804）作为"无套裤汉日"。法国大革命中发生的热月政变、芽月起义等事件以及牧月法令、风月法令等，就是按共和历的月份命名的。1806年元旦开始，拿破仑一世政权恢复格里历法，共和历被废止。

共和历与公历对照表（共和二年）

| | |
|---|---|
| 葡月 | 1793-09-22～10-21 |
| 雾月 | 10-22～11-20 |
| 霜月 | 11-21～12-20 |
| 雪月 | 12-21～1794-01-19 |
| 雨月 | 1794-01-20～02-18 |
| 风月 | 02-19～03-20 |
| 芽月 | 03-21～04-19 |
| 花月 | 04-20～05-19 |
| 牧月 | 05-20～06-18 |
| 获月 | 06-19～07-18 |
| 热月 | 07-19～08-17 |
| 果月 | 08-18～09-16 |
| 无套裤汉日 | 09-17～09-21 |

**法国国家档案馆** Archives Nationales de France 法国综合性档案馆。负责收藏1789年法国大革命前的历史档案和法兰西共和国各中央机关的档案。1790年成立。1959年起属法国文化部领导。馆址在巴黎苏比兹宫。馆藏档案排架长度40余万米。收藏有627年的纸草档案、古代羊皮档案、蜡版档案、国王路易十六批阅的《人权宣言》原件和大革命时期各机关的档案、拿破仑帝国及其后历届政权的档案、1871年巴黎公社档案等等。此外，还有应用现代技术产生的音像档案和机读档案等。该馆自成立之日起即对法国人开放。该馆设阅览室和展览厅供公众查阅、参观，从20世纪50年代初开始还为中学生历史教学服务。从70年代起使用电子计算机检索，建立了专题数据库。1973年该馆附设一缩微档案保管中心，1977年又增设一分馆，通称枫丹白露现代档案城。该馆实行30年的档案封闭期，但涉及国家安全与国防、司法、人事、医疗等内容档案，封闭期分别为60年、100年、120年和150年。

**法国国家图书馆** Bibliothèque Nationale de France 法国最大的图书馆，也是世界上最大的图书馆之一。位于巴黎。前身是建立于14世纪的皇家图书馆。1720年向公众开放。1789年法国大革命后改为国家图书馆。法国国家图书馆是世界上最早接受国内出版物呈缴本的图书馆（始于1537年）。现馆建成于1996年，建筑面积35万平方米。馆藏书3 557万册（件），设有14个阅览室。作为国家图书馆，承担着编制《法文出版物总目》、图书联合目录、期刊联合目录，以及建设数字图书馆和图书馆网络等任务。该馆是法国从事人文科学和社会科学研究的科研机构之一。

**法国科学院** Académie des Sciences, France 法兰西研究院的五个组成机构之一。世界上第一个国家级科学院。又称法兰西科学院。前身是1662年开始的笛卡尔等法国科学家在巴黎定期举行的科学研讨会。1666年法国国王路易十四的首相J.-B.科尔贝尔把研讨会改建为学会，取名法国皇家科学院。1699年，在法国王室的赞助下改组学会，改用现名并把会址由皇家图书馆迁到卢浮宫。科学院成员薪金由国家支付。法国大革命期间，国民公会于1793年取缔科学院和其他王室学会。1795年，由筹建中的法兰西研究院接管。1816年复用现名。它由院士、通讯院士和外籍院士组成，通常院士130名、通讯院士160名、外籍院士80名。设有数学和物理学部、化学和博物学部。学部下设几何学、力学、天文学、地理学和航海学、物理学、化学、地质学、植物学、动物学、农村经济学、医学和外科学等机构。

**法国美术** French art 法国美术的发展大致可分为原始与古代、中世纪、哥特式、文艺复兴、17世纪、18世纪、19世纪、20世纪等阶段。

原始与古代美术 法国保留下的史前艺术品和遗址很多。原始雕塑有石雕、骨雕、泥雕等。被人们称为洛塞尔的维纳斯（浮雕）是较早的作品，它是旧石器时代晚期的遗物。旧石器时代更多的作品是对动物的刻画。当时的岩洞壁画多表现狩猎题材，拉斯科岩洞保存有马格德林时期的壁画，在《三牛一马》图里可以看到最早构图意识的表现。青铜初期的布列塔尼石柱、石栅最为著名，其中有酷似人形的石柱，有的高达20.3米，柱上常刻有几何形的线条。

图1 洛塞尔的维纳斯

前6世纪初在法国南部沿海一带建立了一些希腊的殖民地，这些建筑物使用了希腊的柱式。前2～前1世纪罗马征服高卢后，开始在罗马艺术的影响下建筑城市。当时，公共设施也得到发展，如前1世纪末至1世纪建于尼姆附近的加德桥颇为壮观。更为著名的为尼姆的卡雷方形神庙（公元前1世纪末至公元1世纪）、欧坦的圣安德烈大门（3世纪）、奥朗日的凯旋门（前1世纪）等，这些建筑物在风格上既受罗马的影响，又有地方特色，因此后人把这种风格称为高卢-罗马式。高卢-罗马风格也体现在雕塑创作上，当地的雕像比较重视个性的刻画，具有淳朴、粗犷的特色。

中世纪美术 5～10世纪是中世纪的前期，蛮族入侵，使原有的高卢-罗马的建筑物和城市遭到破坏，也带来了各民族的民间艺术，与原有的高卢-罗马文化进行融合。由于基督教被承认，为宗教服务的艺术得到迅速发展。8～9世纪时，查理大帝提倡复兴古代文化艺术，于是产生了加洛林王朝文艺复兴。11～12世纪在封建势力得到进一步巩固的情况下罗马式美术发展起来。从此，法国中世纪美术进入繁荣阶段。

中世纪的雕塑大多与建筑物有密切关系。罗马式早期的雕塑还比较粗糙，一些

图2 兰斯大教堂西侧浮雕《圣母拜访》

图3 普桑作《施洗中的圣约翰》

浮雕板上的人物形态呆板，大多表现宗教题材。罗马式的绘画和雕塑相似，同样带有浓重的宗教色彩。

哥特式美术 法国哥特式建筑的发展分为早、中、晚3个时期。12世纪中叶为早期，这个时期典型的哥特式教堂是巴黎圣母院、兰斯大教堂、鲁昂大教堂。世俗方面有代表性的哥特式建筑物有圣康坦市政厅（1351～1509）、鲁昂的司法宫（1499～1509）等。由于哥特式建筑重视装饰，所以雕塑的作用更加明显。哥特式的雕像逐渐摆脱了建筑物而独立存在，人物的形体自由，常呈S状，衣纹富有变化，具有动感。题材虽然大多是宗教的，但在一定程度上反映了市民的理想，富有生活气息。工匠们常常按照自己的想法来表现宗教人物，如巴黎圣母院门上半圆形拱角板浮雕《圣母升天》(13世纪)，人物生动，并注意到构图的完整性。13世纪末哥特式雕塑更加精美、典雅，可能与当时流行的骑士文化有关。中世纪哥特式的彩色玻璃窗画十分出色。法国的沙特尔大教堂的玻璃画最有代表性，不仅有圣经题材，还有生活和劳动场面的描绘，人物生动，构图严谨，色彩艳丽。当时的湿壁画大多画在一些世俗建筑物的墙上，如在阿维尼翁教皇宫中就有精彩的壁画（1342年开始）。壁画除了宗教题材外，还有少量描绘世俗生活的场面。14世纪的细密画插图很普遍。14世纪下半叶的《大法国编年史》插图色彩明快，构图严谨，有一定的代表性。

文艺复兴美术 因为**百年战争**的关系，法国的文艺复兴开始较晚。

E.夏隆东是法国文艺复兴早期的南方画家，代表作为《圣母加冕》(1453)、《哀悼基督》(1455)。15世纪大画家J.富凯开辟了人文主义美术的道路，使艺术与现实更加紧密地结合在一起。与富凯齐名的J.克卢埃画的人物和周围环境都十分生动。15世纪最著名的雕塑家是受意大利艺术影响的M.科隆布，代表作有《圣乔治战龙》(1508～1509）等。

进入16世纪，枫丹白露画派的艺术家有来自意大利的F.普里马蒂乔、F.罗索、雕刻家B.切利尼（1500～1571）等人。枫丹白露画派主要为王室服务，因而具有华丽与歌功颂德的特色。16世纪上半期，肖像画得到进一步的发展。克卢埃父子是当时最出名的宫廷肖像画家。法国16世纪著名的雕塑家是J.古戎，在巴黎曾与著名建筑师P.莱斯科合作从事建筑装饰工作。当时，与古戎齐名的另外一位雕塑家是G.皮隆，代表作有为亨利二世夫妇作的青铜、大理石陵墓雕刻（1563～1570）。

17世纪美术 法国17世纪美术的发展基本上可以分为前后两个时期。17世纪上半叶比较有生气，不同的艺术流派并存，主要有宫廷内的古典主义，宫廷外的古典主义和写实主义。

17世纪上半期宫廷古典主义艺术的主要代表是**S.乌埃**。他的作品多取材于神话、宗教，通过象征寓意的手法歌颂王朝，风格华丽庄严。宫廷外的古典主义美术以**N.普桑**为代表。虽然他在艺术上继承了古典主义和文艺复兴艺术的传统，却师古而不泥古，是颇有独创性的画家。克洛德·洛兰是宫廷外古典主义的风景画家，他的风景画有浓郁的抒情味和传奇色彩。

17世纪下半叶是宫廷古典主义的全盛时代。官方于1648年成立了绘画与雕塑学院，这个学院于1655年又冠以皇家头衔。路易十四执政时代，不惜重资建造了凡尔赛宫。不少建筑家、雕塑家、画家曾为这座王宫出力。C.勒布伦是17世纪下半叶宫廷首席画家，也是皇家绘画与雕塑学院的院长，曾为凡尔赛宫作过大量壁画和天顶画。这一时期最著名的雕塑家是P.皮热。他的名作为大理石雕《克罗托纳的米洛》。F.吉拉尔东创作的青铜雕《路易十四骑马像》(1683～1692）曾安置在旺多姆广场上，成为路易十四王朝的象征。

图4 安格尔作《土耳其浴室》

18世纪美术 1715年路易十四（1643～1715年在位）死后，法国的艺术开始出现转折：宫廷古典主义的“伟大风格”结束，逐渐向享乐主义的洛可可风格过渡。与贵族享乐主义艺术相对立的是兴起于18世纪中叶、代表第三等级的市民艺术。它是在启蒙主义思想影响下形成的，反映了资产阶级的理想和美学观。

A.**瓦托**是18世纪最有影响的画家。他以优美的笔触和瑰丽的色彩描绘了即将崩溃的贵族享乐的世界。18世纪最典型的洛可可画家是F.**布歇**。他的画色彩艳丽，人物娇媚，有着明显的享乐主义特色形象。而J.-B.-S.**夏尔丹**的画反映了第三等级的理想和美学趣味。画面上的主角是平民百姓。夏尔丹和其他第三等级的艺术家为行将到来的资产阶级革命服务。法国18世纪的雕塑也受到洛可可风格的影响，作品大都具柔媚华丽的特色。J.-B.勒穆瓦纳是典型的洛可可式雕塑家。18世纪下半叶最著名的雕塑家是J.-A.乌东。他曾为当时一些进步的思想家、作家、哲学家、政治家作过肖像，作品不仅生动表现了对象本人，也在这些人身上反映了整个时代的风貌。

19世纪美术 1789年法国资产阶级大革命揭开了历史新的一页。画家J.-L.大卫从意大利返回，以他为代表的古典主义艺术随之兴起。大卫的弟子J.-A.-D.**安格尔**是19世纪新古典主义学院派最主要的代表者之一。

19世纪30年代兴起了写实主义美术运动。30～40年代有一批不满学院派艺术的青年画家先后来到了枫丹白露的巴比松进行写生，于是形成了**巴比松画派**，这是最早的写实主义画家群。代表画家是J.-F.**米勒**、G.**库尔贝**与H.**杜米埃**。米勒一生以描绘农民题材为己任。他的艺术真实地反映了40～60年代法国农民的生活和他们的思想情感。库尔贝同时也是革命活动家。正是他向学院派提出了有力的挑战，主张创作富有时代气息的真实的活的艺术。而杜米埃更加广泛地描绘了法国社会，在作品中带有鲜明的批判色彩。

19世纪70年代**印象主义**崛起，是法国美术史的重要转折点。早在1863年起在巴黎就日益形成一股新的反学院派的势力，一些青年艺术家由于受到官方沙龙的排挤，不得不参加落选沙龙的展出。当时，É.**马奈**的《草地上的午餐》(1863）在落选沙龙展览会上引起了极大的轰动。1874年3月举办了第一届印象主义展览。这个画派的名称是从C.**莫奈**的一幅名叫《日出·印象》

的画得来的。印象主义画派先后共举办了8次展览，1886年后它首先在美国得到承认。印象主义画家主张走出画室，面对大自然写生，最关心的是光和色的变化，光线成为绘画的主宰。由此可见，印象主义的画家不大重视题材的广泛性和作品的思想深度。马奈虽从未参加过印象主义展览，但是他是印象主义的精神领袖。莫奈有“水上拉斐尔”之称，善于画水，他以微妙的笔触描绘大自然瞬息万变的景象。P.-A.雷诺阿和E.德加善画人物，是印象主义中杰出的画家。

80年代以后，产生了后印象主义。它是反印象主义的，强调主观世界的揭示而不是仅仅停留在客观瞬间的描绘上，写意重于写形，不大重视外光，形体开始出现了夸张与变形。代表人物是V.凡高、P.高更和P.塞尚。19世纪法国雕塑界人才辈出，属于浪漫主义派的雕塑家有A.L.巴里、J.-B.卡尔波、F.吕德等人。19世纪下半期最主要的雕塑家是A.罗丹。他的作品富有哲理性地表达了人生悲欢离合的情感。

20世纪美术　1905年在巴黎出现了以H.马蒂斯为首的野兽主义。这个画派强调色彩的浓烈与形体的夸张。代表画家还有G.鲁奥、M.de弗拉曼克等人。

立体主义的产生与西班牙籍的P.毕加索有着密切的关系。1907年，毕加索创作的《亚威农少女》被看作是立体主义之滥觞。立体主义艺术的产生一般认为是与塞尚艺术、非洲黑人艺术和X射线透视的启迪有密切关系。从分析立体主义起，画家们大胆把描绘的事物分解成一些几何形体。此后还发展了综合立体与曲线立体等形式，使物象越来越变得模糊不清。这一派代表人物除毕加索外，还有G.布拉克、A.格

图5　罗丹作《吻》

莱兹、F.莱热等人。1918年由A.奥泽方和C.J.勒科尔比西埃二人联合发表了后立体主义宣言，创立了纯粹主义，这一派最大限度地简化形态，摆脱具象。

第一次世界大战期间，在瑞士苏黎世产生了达达主义。它对法国文学艺术也颇有影响。法国著名的达达主义有画家M.杜桑和画家、雕塑家J.阿尔普等。

20年代中叶，在达达主义的基础上发展了超现实主义。1924年，作家、诗人A.布雷东发表了超现实主义宣言。1925年在巴黎举办了第一届超现实主义展览会。此后，超现实主义的艺术在欧洲不断地扩大影响。法国的超现实主义画家有：J.阿尔普、A.马松、Y.唐居伊等人，当时，还有不少外籍的超现实主义艺术家在法国活动。

20世纪50年代中叶后，在法国主要有超现实主义和抽象主义。属于抽象主义的塔希主义流行于50年代，代表人物有N.de斯塔埃尔、J.迪比费等人。超现实主义的主要代表是J.福特里埃。50年代以后，法国画派纷呈，其中较有影响的画家和画派有：波普艺术的M.雷塞、奥普艺术的V.瓦萨雷利、概念和人体艺术的Y.克莱因。

法国20世纪的雕塑同样是有具象和抽象两大派。比较注重写实的代表人物有J.贝尔纳、M.吉蒙、R.弗勒里克。这3位雕塑家继承了罗丹、马约尔的传统，形象准确、生动，作品富有艺术魅力。俄国出生的A.阿尔奇彭克1908年迁居巴黎，被看作是抽象主义雕塑的创始人之一。受立体派影响的雕塑家有P.-M.-R.杜桑-维隆、H.洛朗斯、J.利普希茨等人。G.里希埃是表现主义雕塑家，他的作品如夜间噩梦，表现了人类的悲剧。表现主义雕塑家O.扎德金在鹿特丹创作了青铜纪念碑《毁灭的城》(1953)，揭露了法西斯犯下的罪行。此外还有风格独特、出生于瑞士的A.贾科梅蒂，达达主义的阿尔普以及中年一代的E.马丹、塞扎尔、F.阿尔芒等人。

中法美术交流　中法两国早在17世纪就开始在美术上的交流。18世纪交流更加频繁，中国的丝绸、家具、工艺品等曾引起宫廷和一些上层人物的好奇与爱好。有些美术史家还认为洛可可风格的形成受到中国艺术的影响。著名洛可可画家布歇曾为清朝的皇宫设计过葛布兰挂毯。在18世纪最早来华的法国籍传教士艺术家有王致诚、贺清泰等人。王致诚本名J.-D.阿蒂里，1738年（乾隆三年）来华，为清宫画了一些肖像画和一册《十骏图》。贺清泰本名L.de普瓦罗，1770年（乾隆三十五年）来华，善画风景、人物。他们把西洋画法（透视和明暗法）传入中国，为东西方的美术交流作出了贡献。20世纪20年代以后，中国赴法国学习美术的人络绎不绝，如徐悲鸿、刘海粟、林风眠、刘开渠、吴作人、吴冠中等都曾在法国得到深造。20世纪后期以来中法两国艺术交流更加频繁，相互举办艺术展览会。来华的法国19世纪风景画展览、法国250年画展、法国现代艺术展及许多艺术家的个展给中国人民留下极深刻的印象。

**《法国民法典》** *Code Civil des Français*　资产阶级国家最早的一部民法典。1789年法国资产阶级大革命的产物，于1804年公布施行。经过多次修订，现仍在法国施行。名称几次变更，曾称《拿破仑法典》。

CODE CIVIL

DES

FRANÇAIS.

ÉDITION ORIGINALE ET SEULE OFFICIELLE.



A PARIS,

DE L'IMPRIMERIE DE LA REPUBLIQUE.

AN XII.—1804.

《法国民法典》1804年第一版封面

内容　《法国民法典》除总则外，分为3编，共2 281条。第1编是人法，包含关于个人和亲属法的规定，实际上是关于民事权利主体的规定。第2编是物法，包含关于各种财产和所有权及其他物权的规定，实际上是关于在静态中的民事权利客体的规定。第3编称为“取得所有权的各种方法”编。首先规定了继承、赠与、遗嘱和夫妻财产制；其次规定了债法，附以质权和抵押权法；最后还规定了取得时效和消灭时效。实际上，该编是关于民事权利客体从一个权利主体转移于另一个权利主体的各种可能性的规定。

这部法典表达了资产阶级关于民事立法的基本原则，即自由和平等原则、所有权原则、契约自治原则。近100年来，法典经过了100多次修改，以适应法国政治、经济、社会情况的发展变化。

影响　《法国民法典》在不少资产阶级国家里有颇大的影响。在1804年原属法国因而自法典施行之日起即属于它的效力范围的一些国家中适用，比利时和卢森堡现在仍然把它作为自己的法典。法典在法国的某些前殖民地中也仍在施行。美国的路易斯安那州自1825年起采用了这一法典，不过作了若干修改和补充。有些国家以其

为蓝本制定本国的民法典。还有很多国家的民法典在编纂时或多或少地受到其影响，如1896年的《德国民法典》、1907年的《瑞士民法典》等。

**法国人民阵线** Front Populaire, France 1935～1938年法国左翼各党派和群众团体为反击法西斯势力、实行社会经济改革而组成的统一战线。20世纪30年代上半期，法国内受经济危机困扰，外受法西斯战争威胁，各派政治力量迅速向两极分化。1935年7月14日，法国社会党、法国激进社会党、法国共产党和各大工会组织全国规模的反法西斯示威，并决定起草统一左翼各党派行动的共同纲领，人民阵线遂宣告诞生。

1936年1月，公布人民阵线纲领，主要内容为：取缔法西斯组织，保障人民民主权利，将法兰西银行和军事工业收归国有，提高工人工资，设立国家失业基金，对富人增税，在国际上建立集体安全制度。5月，人民阵线在众议院选举中获胜，社会党人L.布鲁姆组织首届人民阵线政府，共产党表示支持，但未入阁。1937年2月政府迫于大资产阶级的抵制和反抗，宣布暂停实施人民阵线纲领，布鲁姆于6月辞职，激进党人C.肖当、É.达拉第先后组阁。1938年10月《慕尼黑协定》签订后，人民阵线公开分裂，此后名存实亡。

**法国社会党** Parti Socialiste, France 法国左翼政党。前身工人国际法国支部。1905年4月由J.饶勒斯的法国社会党、J.盖德的法兰西社会党和J.阿列曼的工人社会主义革命党联合组成。1920年分裂，约占3/4的左翼党员脱离政党，另组法国共产党。1935～1938年与共产党、法国激进社会党共同反对法西斯，组成法国人民阵线。第二次世界大战期间政党一度瓦解。1943年重建，参加抵抗运动。1947～1951年曾组织多届中间偏右政府。1951年转为反对党。1958年支持C.戴高乐上台，自1959年起又转持反对立场。60年代起采取和其他左翼政党接近的方针。1965年与激进社会党等组成民主和社会主义左翼联盟。1969年组成新社会党。1971年正式改名社会党，F.密特朗任第一书记。1972年再次与共产党达成协议，颁布《共同施政纲领》，结为左翼联盟。1981年密特朗竞选总统获胜，组成以社会党人为核心的政府。1986年因政绩不佳，社会党成为在野党。1988年重又上台执政。1993年再次成为在野党。1997年在议会选举中获胜，再次上台执政。在2002年、2007年的总统和议会选举中连遭失败，成为在野党。2008年1月兰斯党代会后，M.奥布里出任党的第一书记。

社会党以民主社会主义作为党的纲领，对内主张多党制和扩大地方民选机构的权力；对外谋求欧洲联合，主张保持世界力量均势，加强同第三世界的联系。2010年社会党有20万党员。社会党的最高权力机构及其下设的执行局和书记处是常设机构。社会党的基层组织是地方支部或企业支部。主要出版物有《社会主义党人周报》等。

**法国文学** French literature 法国文学通常以标志法兰西王国建立的第一份罗曼语文献，即842年的《斯特拉斯堡盟约》作为起源。它最初的形态属于中世纪文学。

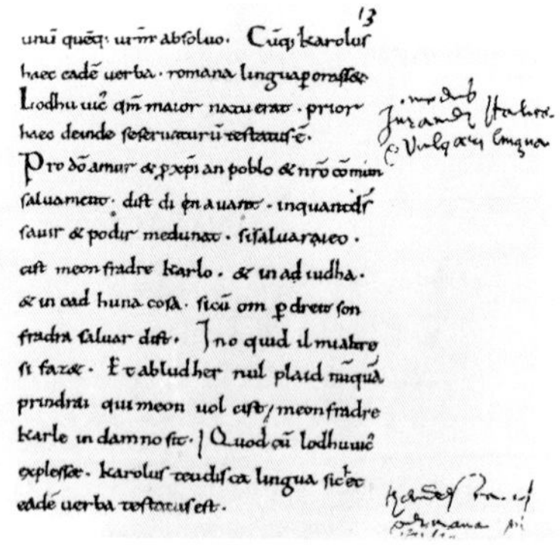
unū quoq: uirir absoluo. Cūq; karolus
haec eadē uerba. romana lingua perorasset.
Lodhuuic qm maior natu erat. prior
haec deinde se seruaturū testatus ē.
Pro dō amur & p xpian poblo & nrō cōmun
saluament. dist di en auant. in quant dī
sauir & podir me dunat. si saluarai eo.
cist meon fradre karlo. & in ad iudha.
& in cad huna cosa. sicū om p dreit son
fradra saluar dist. In o quid il mi altre
si fazet. Et ab ludher nul plaid nūquā
prindrai qui meon uol cist meon fradre
karle in damno sit. Quod cū lodhuuic
explesset. karolus teudisca lingua sic et
eadē uerba testatus est.

最早的法国文献《斯特拉斯堡盟约》

中世纪 这一时期的文学基本上都是韵文，是便于行吟诗人传诵的口头文学。按类型分有宗教文学、英雄史诗（武功歌）、宫廷文学、骑士文学、经院文学、市民文学等；按体裁分则有诗歌、戏剧、编年史和韵文故事。代表作有英雄史诗《罗兰之歌》、骑士故事《特利斯当和伊瑟》、市民文学《列那狐的故事》和《玫瑰传奇》等。市民抒情诗的代表有吕特伯夫和F.维永。最早的两个诗歌流派是修辞学派和里昂派。

文艺复兴时期 1515年弗朗索瓦一世登基，标志着法国文艺复兴时期的开始。这一时期的代表作是F.拉伯雷的长篇小说《巨人传》，集中体现了新兴资产阶级反抗封建意识和教会神权的文艺复兴精神，同时开法国长篇小说之先河；M.de蒙田的《随笔集》不仅创造了散文的体裁，而且以他的怀疑主义表现了对人性、理性和真理的尊重。以P.de龙萨为首的七星诗社提出诗歌革新运动。

古典主义时期 古典主义是17世纪法国文学的主流。30年代夏普兰提出了包括三一律在内的古典主义文艺理论体系，代表作是H.d' 于尔菲的牧歌体小说《阿丝特莱》（1607～1627）。文艺理论家N.布瓦洛1674年发表《诗的艺术》（1674）成为古典主义的美学法典。古典主义代表人物还有P.高乃依、J.拉辛、莫里哀和J.de拉封丹等。

光明世纪 18世纪是法国文学史上的光明世纪，意为启蒙运动的世纪。18世纪在戏剧方面有所创新，即P.C.N.de拉肖塞的既非悲剧又非喜剧的泪剧。D.狄德罗的戏剧理论对戏剧的发展产生了重大的影响。18世纪末P.-A.C.de博马舍的《塞维利亚的理发师》和《费加罗的婚姻》是散文体的喜剧，也是现代喜剧的先驱。小说代表作有伏尔泰的《老实人》和《天真汉》，狄德罗的《宿命论者雅克和他的主人》和《拉摩的侄儿》，J.-J.卢梭的《爱弥儿》。C.-L.de S.孟德斯鸠的《波斯人信札》（1721）和卢梭的《新爱洛绮丝》（1761）是书信体小说，尤其卢梭的《忏悔录》（1778）等是浪漫主义文学的先兆。18世纪法国启蒙运动中的百科全书派与文学有密切的关系。

19世纪 1789年法国革命后及19世纪初形成了注重描写自然景色、抒发主观感情的浪漫主义文学。代表作有F.-R.de夏多布里昂的《阿达拉》（1801）和《勒内》（1802），拉马丁的《沉思集》（1820）、《新沉思集》（1823）及《诗与宗教的和谐集》（1830），A.de维尼的《命运集》（1864）等。到20年代，资产阶级浪漫主义形成了强大的文学运动，代表作有V.雨果的《〈克伦威尔〉序言》（1827）、剧本《艾那尼》（1829）和小说《巴黎圣母院》（1830），大仲马的历史剧以及乔治·桑的小说《康素爱萝》（1842～1843）等。到40年代初走向衰落，但是它的巨大影响使法国19世纪后半叶的文坛出现了流派并列、百花争艳的繁荣局面。雨果的《惩罚集》（1853）和《悲惨世界》（1862）等在反映社会现实方面达到了新的高度。C.波德莱尔、P.魏尔兰、A.兰波的象征主义诗歌和以T.戈蒂耶为代表的帕尔纳斯派的唯美主义诗歌都因追求形式完美而各放异彩。其中有一批浪漫主义的拥护者成了现实主义文学的中坚，例如斯丹达尔写出了《红与黑》（1830），H.de巴尔扎克的《人间喜剧》（1830～1848）为批判现实主义竖立了不朽的丰碑，其中《欧也妮·葛朗台》（1833）和《高老头》（1834）等对资本主义制度下金钱万能的社会本质揭露得淋漓尽致。《包法利夫人》（1857）的作者G.福楼拜则因注重素材的准确性等特色而被É.左拉认为是自然主义的先驱。左拉、龚古尔兄弟和G.de莫泊桑等自然主义作家的作品都具有十分明显的现实主义倾向，只是由于自然科学的发展而较多地受到了生理学、遗传学等的影响。除此之外，巴黎公社时期的无产阶级文学、J.凡尔纳的科幻小说等在19世纪法国文学中也都有一席之地。

20世纪 20世纪的法国文学中现实主义继续发展，产生了罗曼·罗兰的长篇巨著《约翰·克利斯朵夫》（1904～1912）和R.马丁·杜·加尔的长篇小说《蒂博一家》（1922～1940）等。M.普鲁斯特的《追忆似水年华》（1913～1927）采用意识流手法，成为现代主义文学的一大特色。A.勃勒东、L.阿拉贡等在20年代前后先后参加达达主义和创立超现实主义，后者后来走上了社会主义现实主义的道路。以J.-P.萨特和A.加缪为代表的存在主义文学，则在30～40年代力图用传统形式的小说和戏剧揭示人们的荒诞感，而S.贝克特、E.尤内斯库的荒诞派戏剧和A.罗伯-格里耶等的新小说，则使荒诞文学发展到了顶峰。70年代之后，J.-M.勒克莱齐奥和P.莫迪亚诺等青年作家的作品，标志着现实主义和现代主义的交融。20世纪末引起轰动的畅销书作家达尼埃尔·佩纳克和M.杜拉斯则显示了法国文学越来越走向通俗化。

**法国新闻社** Agence France-Presse; AFP 法国最大的通讯社。国际性通讯社之一。简称法新社。前身是C.-L.哈瓦斯于1835年创办的哈瓦斯通讯社。1929年法国外交部通过给予资助，开始控制该社。1956年法律上不再受国家控制，但政府支付经费仍占一半以上，因而成为半官方通讯社。总社设在巴黎。在国内26个地区设分社，并在165个国家和地区派有常驻记者。电讯稿每日以英、德、法、西、葡和阿拉伯文播发，日发约300万字。1991年与英国金融时报集团联合推出英语信息专线（AFX），打破了路透社独占伦敦市场的局面。法新社与巴黎三台合作并发电视节目，于1994年开播。

**法国园林** French garden 法国的园林艺术在17世纪下半叶形成鲜明的特色，产生了成熟的作品，对欧洲各国有很大的影响。代表作是沃-勒-维贡府邸花园（1656～1671）和凡尔赛宫园林，创作者是A.勒诺特尔。这时期的园林艺术是古典主义文化的一部分，所以，法国园林艺术在欧洲被称为古典主义园林艺术，以法国的宫廷花园为代表的园林则被称为勒诺特尔式园林。

法国园林萌芽于罗马高卢时期。在中世纪，园子附属于修道院或者封建主的寨堡，以种植蔬菜、药草、果木为主。园子由水渠划分为方块的畦。水井在园子中央，上面用格栅建亭，覆满葡萄或其他攀缘植物。有用格栅构造的拱架覆在小径上，以攀缘植物形成绿廊。

沃-勒-维贡府邸花园

16世纪初，法国园林受到意大利文艺复兴时期园林风格的影响，出现了台地式花园布局、剪树植坛、岩洞、果盘式喷泉等。结合法国的条件，又有自己的特点：园林规模更宏大而华丽；在园林理水技巧上多用平静的水池、水渠，很少用瀑布、落水；在剪树植坛的边缘加上花卉镶边，以后逐步大量应用花卉，发展成为绣花式花坛。17世纪上半叶，古典主义已经在法国各个文化领域中发展起来，造园艺术也发生重大变化。1638年，J.布瓦索在著作中肯定人工美高于自然美，他主张把园林当作整幅构图，直线和方角是基本形式，都要服从比例的原则。花园里除植很矮的黄杨和紫杉等以外，不种树木，以利于一览无余地欣赏整幅图案。

17世纪下半叶，王朝专制制度达到顶峰，古典主义文化是这种制度的反映。勒诺特尔继承和发展了整体设计的布局原则，借鉴意大利园林艺术，并为适应宫廷的需要而有所创新，手法更复杂多样，使法国造园艺术摆脱了对意大利园林的模仿，成为独立的流派。勒诺特尔总是把宫殿或府邸放在高地上，居于统率地位。花园的布局、图案、尺度都和宫殿府邸的建筑构图相适应。花园里，中央主轴线控制整体，轴线和大路小径组成严谨的几何格网，轴线或路径的交叉点，用喷泉、雕像或小建筑物做装饰，用石块砌成形状规整的水池或沟渠，并设置了大量喷泉。沃-勒-维贡府邸花园是古典主义园林的第一个成熟的代表作，特点在于把中轴线装点成为全园最华丽、最丰富、最有艺术表现力的部分。

凡尔赛宫的花园在宫殿西侧，从南至北分为三部分。南北两部分都是绣花式花坛，南面绣花式花坛再向南是橘园和人工湖，北面花坛被密林包围着，景致幽雅，一条林荫路向北穿过密林，尽端是大水池和海神喷泉。中央部分有一对水池，从这里开始的中轴线长达数千米，向西穿过林园。林园分两个区域，较近的一区叫小林园，中轴线穿过小林园的一段称王家大道，中央有草地，两侧排着雕刻。王家大道东端的水池里立阿波罗母亲的雕像，西端的水池里立阿波罗雕像，表明王家大道的主题是歌颂太阳神阿波罗，也就是歌颂号称“太阳王”的路易十四。

法国古典主义文化当时领导着欧洲文化潮流，勒诺特尔的造园艺术流传到欧洲各国。许多国家的君主甚至直接模仿凡尔赛宫及其园林。18世纪上半叶，随着中央专制政权的衰落，古典主义的园林艺术也衰落了。新的潮流是重视自然的美。启蒙主义思想家J.-J.卢梭的“返回自然去”的号召对造园艺术很有影响。他们借鉴了中国的造园艺术中天然野趣的布局和风格，掇山叠石，荒岸野林，甚至仿造中国式的亭、阁、塔、桥等。1774年，在凡尔赛园林里建成的小特里阿农花园，被称为“最中国式”的。

**法海寺壁画** Murals in Fahai Temple 中国明代寺观壁画。法海寺位于北京市西郊离城20千米的翠微山南麓，原为龙泉寺，是明英宗朱祁镇的近侍太监李童主持，由工部营缮所修建。从明代正统四年（1439）到八年历经五年建成。建筑包括大雄宝殿、伽蓝、祖师两堂、四天王殿、护法金刚殿、藏经楼、密房等。寺内原有很多壁画，出自宫廷画师之手，现仅大雄宝殿一处保存较为完好。正殿南北两壁画坐佛、菩萨、飞天共6组30人，众佛赴会，上面祥云缭绕，下面花木丛生。北屏画水月观音，左右画文殊、普贤等。后殿门左右壁上绘有《帝释梵天图》，画面共描绘35位人物，气势宏大，庄严肃穆，人物相互呼应，统一而有变化。线条流畅，色彩浓丽，功力严谨。人物同真人大小，神态各异。画法采用勾线平涂，略有渲染，显得宁静、和谐、典雅，富有装饰性。《帝释梵天图》继承了唐、宋以来佛画的优秀传统，又具有明显的时代风格，是明代壁画中的典范之作。

《帝释梵天图》（局部）

**法赫德** Fahd（1923～2005-08-01） 沙特王国第五任国王兼首相（1982～2005年在位）。全名法赫德·伊本·阿卜杜勒·阿齐兹·沙特。伊本·沙特之子。生于利雅得，卒于利雅得。幼年曾在宫廷接受传统的伊斯兰教育，后在欧美接受高等教育。1975

年3月被立为王储兼第一副首相，并受命执掌朝政。1982年6月沙特第四任国王哈立德（1975～1982年在位）心脏病突发猝死，法赫德正式继位。

素有沙特王室“改革派”之称。他在实施一系列五年发展计划的同时，着力对国家机器和政府机构的管理和运行机制进行更全面的改革。在外交方面，主张加强伊斯兰国家和阿拉伯国家之间的团结与合作，努力提高沙特在中东、海湾地区及国际上的地位。同时，积极推动中东和平进程。1990年8月伊拉克入侵科威特后，法赫德要求伊拉克立即无条件从科威特撤军，并邀请美国等多国部队进驻沙特，与多国部队一道发动**海湾战争**，最终将伊拉克军队赶出科威特。法赫德重视与中国发展关系。1990年7月21日，沙特与台湾当局“断交”，同中国正式建立大使级外交关系。2005年病逝，由阿卜杜拉继承王位。

**法赫鲁丁二世** Fakhr ad-Din Ⅱ（约1572～1635-04-13） 统治黎巴嫩的埃米尔（1590～1635年在位）。生于贝鲁特南部的巴克林，卒于伊斯坦布尔。出身于曼家族。属于伊斯兰教德鲁兹派，但赢得基督教马龙派的支持。他使用各种手段，建立了一个大黎巴嫩，使之脱离土耳其而独立。1608年，与意大利托斯卡纳的美第奇大公斐迪南一世签订一个对抗奥斯曼帝国的条约。1613年法赫鲁丁二世从西顿逃往佛罗伦萨避难。1618年与土耳其政府妥协，返回黎巴嫩复位，定都于代尔·卡马尔。1622年土耳其政府为了笼络他，赐给他阿吉伦和纳布卢斯区，并于1624年授予他阿拉伯斯坦的君主的头衔。而他本人却自称山国黎巴嫩、西顿和加利利的埃米尔。

法赫鲁丁二世致力振兴黎巴嫩，从意大利招聘水利工程师和农业专家到黎巴嫩工作。在他的经营下，贝鲁特成为国内外商品荟萃的主要港口。法赫鲁丁二世对基督教采取宽容政策。他的独立倾向及其宗教政策，触怒了土耳其政府。1633年土耳其进攻黎巴嫩。1635年法赫鲁丁二世被俘，被押送到伊斯坦布尔绞死。

**《法华经》** *Saddharma-puṇḍarīka Sūtra* 大乘佛教重要经典。全称《妙法莲华经》。有汉译、藏译的全译本和部分译本十几种。汉译本中有3种今仍存世：①西晋竺法护的《正法华经》10卷。②后秦**鸠摩罗什**《妙法莲华经》7卷。③隋阇那崛多译《添品妙法莲华经》，7卷28品。至今仍广泛流行于世者为鸠摩罗什译本。藏译本为日帝觉与智军所译，题名《正法白莲华大乘经》。此经另有日、英、法等多种译本。

法华经肯定佛法有声闻乘、缘觉乘和菩萨乘三者，但声闻与缘觉是佛对钝根人说，而菩萨乘则是佛针对利根的大乘菩萨所讲。究极而论，三乘是方便、一乘是真实；一切众生皆能成佛。此经会通大乘，融三乘方便入一乘真实。又有优美的文学性，以众多的譬喻故事说明佛教的道理。

《妙法莲华经》（梵文）

《法华经》的第25品为《观世音菩萨普门品》，又名为《观音经》。《观音经》认为，无论何人只要信仰观音菩萨，念诵观音菩萨的名号，就能免除一切厄难，所求遂愿。

《法华经》在中、日、韩等东亚佛教中享有重要地位。它被称为“经中之王”。经中说，只要读诵、奉持、抄写此经都会有极大功德。

《法华经》注疏众多。主要注疏本有：南朝宋时的竺道生《法华经疏》；隋**智𫖮**《法华玄义》、《法华文句》；唐**窥基**《法华经玄赞》；明智旭《法华经会义》等。

**法家** Legalist school 中国战国时期主张以法治国的重要学派。思想先驱可追溯到春秋时的**管仲**、**子产**，实际创始者是战国前期的李悝、**吴起**、**商鞅**、**慎到**、申不害等。战国末期的**韩非**是法家思想的集大成者，他综合以前的法家思想，将前期法家人物分别主张的法、术、势理论糅合为一，从而形成了法、势、术相互依托、相互补充的君主统治之术。

法家按时间可分为前期法家和后期法家，按地域可分为晋法家和齐法家，按理论主张又分为“法”、“势”、“术”三派。前期法家是指战国初中期的法家，以商鞅为代表。后期法家是指战国后期的法家，以韩非为代表。晋法家又称秦晋法家，指产生于原晋国领域内的法家，包括后来的韩国、魏国、赵国和秦国的法家。齐法家指在齐国执政和讲学的法家。《管子》一书收集了大量齐法家的作品。齐法家与晋法家的主要不同在于，后者主张“法治”，反对道德教化，以至后来走上了“以法为教，以吏为师”的文化专制主义；前者在主张“法治”的同时，重视“礼治”和道德教化，主张德刑并用，因而属于法家中较温和的一派。法家中的“法”、“势”和“术”三派是指前期法家中重法的商鞅、重势的慎到和重术的申不害。

法家各派的观点尽管互有差异，但在基本的主张上有着共同之处：在社会历史观上，认为社会是发展的，古今不同，这是他们变法革新的理论基础；在人性论上，认为人性总是好利恶害、自利自为，这是他们主张严刑峻法的理论根据；在法律观上，一方面认为法是君臣上下行为的准绳，主张“一断于法”，另一方面又认为法是由君主制定，并为君主服务的工具；在政治理论上，主张“以法治国”和君主专制。

法家通过变法革新的政治实践活动直接推动了中国宗法制国家向郡县制国家的转变。从秦帝国的建立到清帝国的灭亡，中国两千余年的国家制度和行政建制基本上沿袭了**郡县制**。法家反对“人治”，主张“法治”，有“法律面前人人平等”的积极倾向，但由于同时又主张君主专制，他们的“法治”始终没有走出“人治”，而与现代意义上的法治有着本质的不同。秦帝国灭亡后，法家作为一个学派不复存在，但思想被后来的**儒家**吸收，成为中国传统文化的一个重要组成部分。

**法捷耶夫** Fadeyev, Aleksandr Aleksandrovich（1901-12-24～1956-05-13） 苏联作家。生于特威尔基姆雷，卒于莫斯科。1912～1919年在海参崴商业学校学习。1919年参加游击队。1921年复员进莫斯科矿业学院学习。1924年被派往高加索做党的工作。1926年回莫斯科，从事文学工作。历任作协总书记、世界保卫和平委员会副主席等职。1956年因精神抑郁自杀。20年代初开始发表作品。长篇小说《毁灭》除颂扬红军游击队光辉的战斗历程外，还突出了革命对人的改造作用。真实、深邃，语言洗练，心理描写细腻而深刻。《**青年近卫军**》（1945）以真实史料为蓝本，艺术地表现了苏联年青一代崇高的精神面貌。其他主要作品还有长篇小说《最后一个乌兑格人》、《黑色冶金》（均未完成），短篇小说《逆流》（1923），中篇小说《泛滥》（1924），特写集《在封锁日子里的列宁格勒》（1944）等。《毁灭》和《青年近卫军》均于问世不久便被译成中文出版，对中国读者影响较大。

**法界** dharmadhātu 佛教名词。音译达磨驮多。法，泛指一切事物现象，足以保持自身以成一类别；界，则有保有界限，相互区别的含义。法界可简言为范畴分类。其具体内涵随不同语境或佛教宗派学说体系而大致分3类：①狭义的法界指十八界中最后一类，即一切可以成为意识所缘的对象境界。②广义的法界可以指一切事物现象，从此意义上讲，整个十八界均在此范畴内。③在佛教诸宗派中，法界又往往成为事物现象的本源、本质或本体，这样它便等同于真如、如来藏、实际、实相等，如华严宗的一真法界等。佛教各宗对于修行次第、对众生从迷到悟各层次的存在状况又都以法界名称，各有范畴体系，如华严宗之三法界、四法界、五法界，天台宗之十法界等等，其所指需具体而论。

**《法经》** *Classic Code* 中国战国初期，魏国李悝总结春秋末期以来各诸侯国的立法后所编纂的法典。一般认为，《法经》是中国历史上第一部比较系统的封建法典，为秦汉以后律典之滥觞。《法经》共有6篇：盗法、贼法、网法（又称囚法）、捕法、杂法、具法，前5篇相当于近代法典的分则部分，具法相当于总则部分。早已失传。在现存的古代文献中，最早提到《法经》的是三国时期曹魏陈群、刘劭等作的《魏律序略》。据《晋书·刑法志》载："是时承用秦汉旧律，其文起自魏文侯师李悝。悝撰次诸国法，著《法经》。《唐律疏议·名例》"疏议"曰："周衰刑重，战国异制，魏文侯师于李悝，集诸国刑典，造《法经》六篇：一、盗法；二、贼法；三、囚法；四、捕法；五、杂法；六、具法。"《唐六典》也有类似的记载。

**法拉** farad 国际单位制中表示电容的导出单位。简称法。符号为F。是库仑每伏特（C/V）的专门名称。为纪念英国物理学家、化学家M.法拉第而命名。定义为当电容器两极板各带有1库仑异号电量，极板之间产生1伏特电势差时，此电容器的电容值。法拉作为电容单位，是L.克拉克于1867年提出的。实用上由于法拉单位太大，常使用它的分数单位微法拉（μF）和皮法拉（pF）。

**法拉比** Fārābī, al-（约870～950） 中世纪活动于阿拉伯的哲学家、数学家和音乐理论家。全名穆罕默德·伊本·穆罕默德·伊本·塔尔汗·伊本·乌扎拉格赫·法拉比，别名艾卜·纳赛尔。被尊为"第二导师"。

生于中亚锡尔河畔，卒于大马士革。父为波斯人，母为突厥人。他早年在中亚受教育，40岁时定居巴格达，70岁迁往叙利亚，在哈姆丹人赛义夫·道莱（944～967年在位）的宫廷内从事写作，950年随从外出旅行途中去世。终身未娶，俭朴一生，博学多才。他在综合与协调以前哲学家的思想、特别是柏拉图与亚里士多德哲学的基础上，创造性地建构了系统的穆斯林哲学体系。代表性论著有《哲理宝石》、《优越城居民意见书》以及《音乐全书》、《科学统计》等。

**法拉第** Faraday, Michael（1791-09-22～1867-08-25） 英国物理学家、化学家。生于萨里郡纽因顿，卒于伦敦。曾当过装订书籍的学徒，工余苦读，1813年在伦敦皇家研究所任H.戴维的助手。1821年发现载流导线能绕磁铁旋转。1823年发现了氯气和其他气体的液化方法。1825年任英国皇家研究所实验室主任。同年，发现苯，为芳香族化合物的研究和应用开辟了道路。

1831年起，法拉第进行了一系列实验，发现如果电磁铁是电路的一个组成部分，则当磁铁周围的磁场由于接通或断开电路而出现或消失时，就可在附近的孤立导体回路中测到电流，让永久磁铁在线圈中进出运动时，在线圈的导线中也会感生出电流。如果使线圈在固定的永久磁铁附近的区域运动，导线中也会产生电流。这两类电磁感应现象的发现为变压器和发电机的出现奠定了基础。为阐述这些发现，他先后提出了磁力线和电力线的概念。后来J.C.麦克斯韦在此基础上推导出一组方程，成为现代电磁理论的基础。

1832年法拉第发表了《不同来源的电的同一性》一文，用实验证明不同形式的电，如摩擦电、伽伐尼电、伏打电、感应电及温差电，其本质都是一样的。1833～1834年，他发现了两条电解定律（后来称为法拉第第一和第二电解定律）。这是电化学的开创性工作。第二定律还指明了电荷具有最小单位。法拉第创造了许多至今仍普遍采用的电学术语，并测定了电解1摩尔物质所需要的电量，后来被称为法拉第常数。从1834年起，法拉第对伏打电池、静电、电容和电介质的性质进行了大量实验研究。后来用冰桶实验证明了电荷守恒定律。为了纪念他在静电学方面的工作，电容的实用单位称为法拉。

1845年8月，法拉第发现原来没有旋光性的重玻璃在强磁场作用下产生旋光性，使偏振光的偏振面发生偏转。磁致旋光效应后来称为法拉第效应。同年发现大多数物质具有抗磁性。

法拉第热心科普工作，每年圣诞节都特别对儿童作科学演讲。他在1860～1861年间的演讲，由W.克鲁克斯汇集成科普读物《蜡烛的故事》。他不愿主持伦敦的皇家研究院和皇家学会，也谢绝封爵。他1865年退休。著有《电学实验研究》、《化学和物理学实验研究》等著作。

**法拉第电磁感应定律** Faraday's law of electromagnetic induction 电磁感应现象的定量规律。可表述为：当穿过导体回路的磁通量发生变化时，回路中产生感应电动势，感应电动势$E$与穿过回路的磁通量的变化率成正比，表示为：

$$E=-\frac{\mathrm{d}\Phi}{\mathrm{d}t}$$

式中$\Phi$为穿过以导体回路为边界的任意曲面$S$的磁感应强度的通量：

$$\Phi=\iint_S \boldsymbol{B}\cdot\mathrm{d}\boldsymbol{S}$$

在国际单位制中，$\Phi$、$E$和$t$的单位分别为韦伯、伏特和秒。如果导体回路由多匝线圈组成，则定律中的$\Phi$应计入穿过每一匝的磁通量，称为磁通匝链数或全磁通。电磁感应定律数学表达式中的负号是定律的组成部分，它用来确定感应电动势的正负。M.法拉第于1831年首次观察到电流变化时产生的感应现象，发现感应不是持续的而是短暂的。他又做了一系列实验，对电磁感应的规律有过一些具体的叙述，但没有最终用数学公式将它表达出来。电磁感应定律的数学公式是1845年F.E.诺埃曼在法拉第和H.F.E.楞次研究的基础上通过理论分析给出的。但法拉第因对电磁感应现象的丰富研究，无疑有资格赢得发现的全部荣誉。

**法拉第电解定律** Faraday's law of electrolysis 有关电化学反应中电量与反应物质的量之间关系的基本定律。1933年M.法拉第在大量细致的电解实验基础上提出。该定律可叙述为：在电解过程中，电极上析出化学物质的物质的量与通过的电量成正比。其数学表达式为$Q=znF$。式中$Q$是通过电解池的电量；$n$是在电极上析出物质的物质的量；$z$是在电极上析出1摩尔物质时电极反应的电荷数；$F$是法拉第常数，其数值为1摩尔元电荷的电量，即$F$=96 485.339 9库/摩。法拉第电解定律是一切电化学反应的基础规律。它不仅适用于电解过程，也适用于电池放电过程，在电化学工业生产中经常会用到它。根据此定律制成的电量计，可通过测量阴极上沉积的金属量，精确计算出通过电路的电量。

**法拉奇** Fallaci, Oriana（1930-06-29～2006-09-14） 意大利记者、作家。生于佛

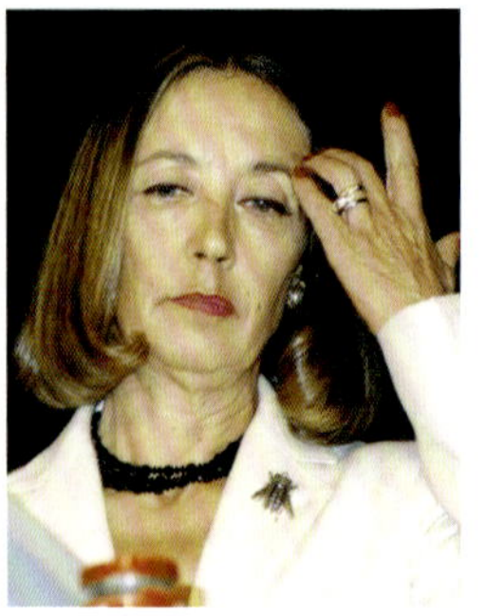

罗伦萨，卒于佛罗伦萨。曾在佛罗伦萨一所医科学校学习。1946年开始从事新闻和文学写作。1950年任《晚邮报》驻外记者。1967年以后作为《欧洲人》周刊战地记者，采访过越南战争、印度和巴基斯坦战争、中东战争和南非的动乱。1976年后为自由撰稿人。美国哥伦比亚大学曾授予她名誉文学博士学位。法拉奇以写国际著名政治人物的访问记蜚声于世。1980年8月来华访问，**邓小平**两次接受她的专访，两人就中国和国际重大问题进行了精彩对话。作品有《好莱坞的七大罪》、《采访历史》、《假如太阳死去》等。2001年美国9·11事件后撰写的《愤怒与骄傲》一书销量超过百万册。

**法兰克福(美因河畔)** Frankfurt am Main 德国最大的金融和航空中心，重要工商业城市。位于黑森州南部、莱茵河支流美因河畔。面积249平方千米。人口67.19万(2009)，外国人约占22%。属温带海洋性向温带大陆性过渡的气候。794年建居民点，定名法兰克福，意为法兰克人的渡口。843年法兰克王国分裂后成为东法兰克王国首都。1152年起为神圣罗马帝国各城邦皇帝选举地，自1562年起成为皇帝加冕之地。1806年神圣罗马帝国告终，1813年成为自由市。1816～1866年成为德意志邦联议会所在地。1866年并入普鲁士。1871年德国统一后，工商业获得迅速发展。第二次世界大战时受到严重破坏，战后重建发展为国际知名的大都市。工业以化工为主，生产染料、药品、化肥、合成纤维、合成橡胶等，有著名的赫施公司。此外，机械、电机、汽车、印刷、制革、食品业亦较发达。德国航空和对外联系中心，铁路和高速公路四通八达，内河航运和管道运输的交会点。多家银行总部所在地，还有250家中小银行、110家外国银行和德国唯一的黄金市场。世界闻名的会展业城市。市中心和内城都在美因河北岸，南岸萨克森豪森区是著名苹果酒产区。是诗人歌德的故里。有歌德大学、歌德博物馆等。主要名胜有圣巴托洛梅乌斯教堂（即多姆大教堂）、圣保罗教堂（歌德奖及书展和平奖在此颁奖）、市政厅、罗马广场。

法兰克福（美因河畔）市区的罗马广场

**法兰克福国民议会** Frankfurter Nationalversammlung 1848～1849年德国革命（见**欧洲1848年革命**）期间的全德制宪国民会议。1848年5月在法兰克福的圣保罗教堂召开，故名。1849年7月瓦解。

**《法兰克福汇报》** *Frankfurter Allgemeine Zeitung* 德国有影响的全国性德文对开日报。在法兰克福市出版。1949年11月1日创刊，由《汇报》和《法兰克福报》合并而成。由法兰克福汇报股份有限公司出版。为保证报纸政治上的独立性，不设总编辑，由出版人共同负责。版面严肃，头版不登照片，不用彩色。内容分政治、经济和艺术，广告占50%篇幅。除在国内15个城市建有分社外，还在包括中国在内的24个国家和地区派驻记者。50%～60%的国际新闻来自此报记者的报道。读者主要为中产阶级以上的知识分子，包括政府及企业的领导人。平日出20～32版，周末可达180版。

**《法兰克福条约》** *Treaty of Frankfurt* 1871年5月10日法兰西共和国与**德意志帝国**为结束**普法战争**而签订的条约。1871年1月28日，法德签订停火协定，德方提出和约草案。2月26日**A.梯也尔**和**O.von俾斯麦**在凡尔赛签订和约草案，3月1日法国议会予以批准。5月10日俾斯麦和H.von毛奇等代表德国，G.-C.-J.法弗尔等代表法国在莱茵河畔法兰克福签订和约，结束了普法战争。和约主要内容有：①法国割让阿尔萨斯（贝尔福地区除外）和洛林东部包括梅斯要塞给德国。②上述地区居民可以选择法国籍并保留不动产。③法国支持德国占领军。④赔款50亿法郎，分3年付清，赔款付清前德军留驻巴黎和法国北部诸省。和约使法国丧权辱国，使德国在政治、军事、经济上获得巨大益处。此后数十年内，法国对外政策深受对德复仇的影响。

**法兰克福图书博览会** Frankfurter Buchmesse 世界上规模最大的综合型国际图书博览会。1949年由德国图书行业的出版社、中间商和零售商等各个环节的联系纽带——德国书业协会创办，每年10月第一个星期三至第二个星期一在德国法兰克福市举行，为期6天。简称法兰克福书展。其宗旨是介绍图书，交流信息，互通出版计划，促进图书交易。参展者主要从事图书展示、洽谈版权交易、洽谈合作出版等业务活动。书展每年吸引着来自世界各地的书业界人士，有书业的奥林匹克运动会之称。据统计，在书展上达成的版权交易约占世界全年版权交易总量的75%以上。中国自1956年开始参加法兰克福书展。

法兰克福图书博览会会场外景

**法兰克王国** Frankish Kingdom 5世纪末至10世纪末由法兰克人在西欧建立的封建王国。法兰克人是日耳曼人的一支，3世纪定居于莱茵河下游地区，主要有萨利克与里普阿尔两大部族，处于原始氏族部落社会阶段。481年，克洛维继任萨利克部落酋长后，开始全力向高卢扩张，消灭了法兰克其他酋长势力。486年建立了墨洛温王朝，以巴黎为首都。部落贵族与亲兵成为封建主，一般法兰克人则成为农村公社中的自由农民。496年法兰克统治阶层皈依了基督教。

法兰克王室采取国王死后诸子平分领土的继承制度，使王国经常处于分裂、混战和再统一的反复过程中。封建主势力的强大削弱了王权，王国权力逐步落入掌握宫廷事务的宫相之手。

8世纪前半期，宫相查理·马特出于加强统治和进行征战的需要，推行军事采邑制，初步奠定了封建等级制度的基础。**加洛林王朝查理大帝**统治期间（768～814），连年征战，法兰克王国成为统治西欧大部分地区包括多种部族的大帝国。查理大帝

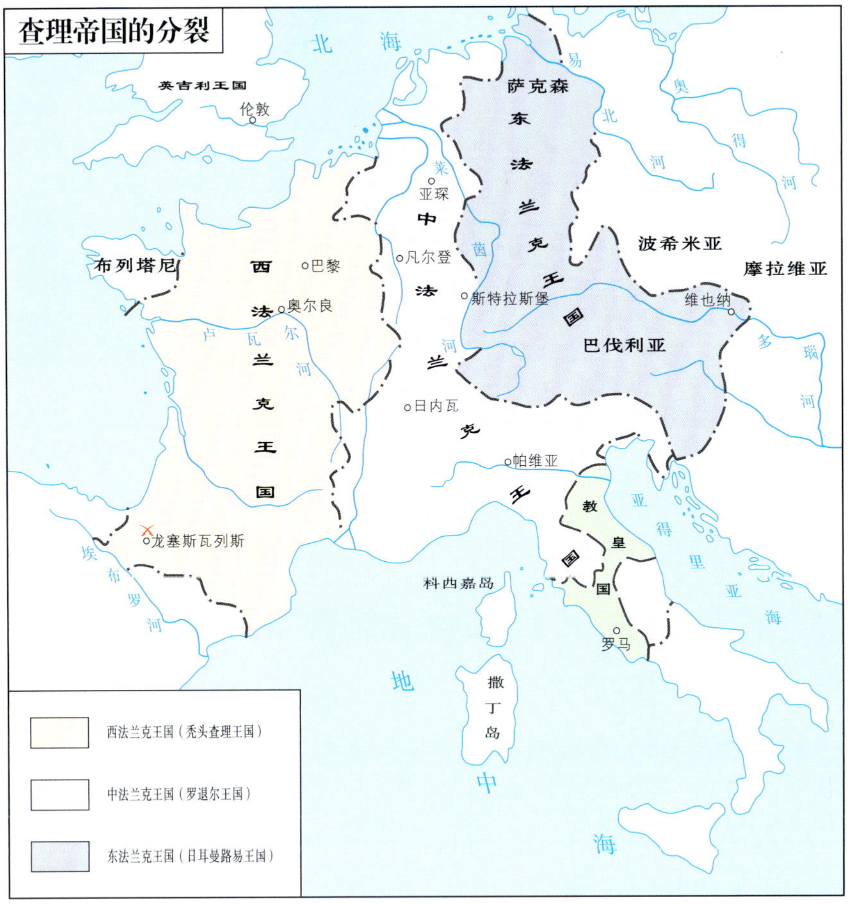


死后不久，帝国陷于混战。843年《**凡尔登条约**》签订后分裂为东、西、中三个王国。

**法兰绒** flannel 用粗梳毛纱织制的有绒面的混色夹花粗纺**毛织物**。18世纪创制于英国威尔士。中国于1933年开始生产。法兰绒用散纤维染色，再与本白纤维混纺，并掺入精梳短纤维毛、棉纤维，再配合高捻纺纱，表层羊毛纤维互相毡结卷缩，绒面细腻，质地柔软，手感丰满，呢面呈现混色夹花风格。适用于制作西裤、上衣、童装等。用细的毛纱可织制薄型高级法兰绒，用于衬衫和裙料。法兰绒通常用100～62.5特（10～16公支）粗梳毛纱作经纬，织物组织有平纹、$\frac{1}{2}$斜纹、$\frac{2}{2}$斜纹等，经缩绒、起毛整理而成。按原料分为纯毛、混纺、棉经毛纬及以精梳毛作经、粗梳毛作纬等，按色泽与花形分为素色、混色、条或格花形及印花。

**法兰西堡** Fort-de-France 法国海外省马提尼克首府和港口。旧称罗亚尔堡。位于马提尼克岛西南岸。面积约44.21平方千米。人口约为9.4万。始建于1638年，早期为军营。1680年成为首府。1681年起成为法属西印度群岛的首府。1890年被大火烧毁后重建。法属西印度群岛中最大的港口、商业和工业中心。主要工业有榨糖、酿酒、石油提炼、化肥、水果罐头加工等。港湾深入，内宽外窄。主要输出蔗糖、香蕉、菠萝、可可、咖啡和甜酒等。有飞机场。市内建筑风格兼有法国和加勒比特色。萨凡纳公园内有拿破仑妻子约瑟芬皇后的雕像，附近有温泉。法国在此建有海军基地。

**法兰西第二帝国** Second Empire of France **拿破仑三世**建立的帝国。史称第二帝国，以别于**拿破仑一世**建立的法兰西帝国。

法兰西第二共和国总统路易·拿破仑·波拿巴于1851年12月2日发动政变。12月2日元老院宣布恢复帝国，波拿巴为法兰西人皇帝，称拿破仑三世。

根据帝国宪法，皇帝是国家元首，统率军队，有宣战、媾和、结盟、任命政府与地方官员，决定是否将法案送交立法团讨论等权力。帝国立法体制分成参政院、立法团、元老院3个部分。大臣们执行皇帝命令，各自对皇帝负责。

第二帝国经历了由专制统治向自由主义、议会政治演变的过程。1870年初，奥利维埃奉命组织自由主义内阁。元老院受到削弱，议会权力有所扩大。

经济方面，帝国实行促进资本主义工商业发展的经济政策，建立了大工业，重工业中机器生产普遍代替手工劳动，交通运输业迅速发展。金融资本的发展尤为突出，巴黎成为世界金融中心之一。在G.-E.奥斯曼领导下，巴黎进行了大规模的城市建设。

为了改变1815年以来法国的孤立状态，争夺欧洲大陆优势和进行海外殖民侵略，拿破仑三世进行多次对外战争。50～60年代第二帝国还派遣军队侵略中国、叙利亚、墨西哥、印度支那和非洲，掠夺大量财富，建立了若干殖民地。

第二帝国支持罗马教皇阻挠意大利统一、武装干涉墨西哥，以及在**普奥战争**中支持奥地利等一系列失策，使法国陷入困境。为了摆脱国内危机和重夺欧陆优势，1870年7月19日法国对**普鲁士**宣战，法军战败，9月2日拿破仑三世在色当投降（见**普法战争**）。4日巴黎发生革命，宣布推翻帝国，成立共和国。

**法兰西第二共和国** French Second Republic 1848年法国二月革命建立的资产阶级共和国。1792～1804年法国曾建立共和国，史称第一共和国，故称1848年建立的共和国为第二共和国。

1848年的二月革命推翻**七月王朝**，成立临时政府。2月25日共和国宣布成立。4月23日选举制宪议会，这是法国历史上第一个由男性公民直接普选产生的议会，温和共和派占多数。5月9日成立执行委员会代替临时政府。12月10日，路易·拿破仑·波拿巴当选总统。1849年5月13日选举立法议会，以保王派和天主教教士为核心的秩序党获多数席位。波拿巴于1851年12月2日发动政变，解散议会，建立专政体制。1852年12月2日宣布成立帝国，波拿巴被封为皇帝，称拿破仑三世。第二共和国告终。

**法兰西第三共和国** French Third Republic 1870年9月4日巴黎革命推翻**法兰西第二帝国**后建立共和国。史称第三共和国。新政权开始时，由资产阶级共和派与保王派联合组成国防政府。1871年2月A.**梯也尔**被选为政府首脑，后任总统。

L.-A.梯也尔力图建立保守共和国，但遭保王派与共和派的反对。国民议会终于通过1875年宪法，以法律的形式肯定共和制，在1876年众议院选举和1879年1月参议院选举中，共和派取得稳定多数，最终确立共和派的共和国。

共和派分为温和与激进两派，从F.-P.-J.格雷维当选总统到19世纪末，为温和派执政时期。他们进行一系列改革：实行世俗的义务免费教育，宣布新闻自由与组织工会自由，以及大赦巴黎公社人员等。

1899～1914年为激进派执政时期，法国资本主义已进入帝国主义阶段，垄断组织迅速发展，金融资本高度集中。1914年前，法国资本输出仅次于英国，占世界第二位，其资本输出主要采取高利贷形式，V.I.列宁称之为高利贷帝国主义。

**第一次世界大战**开始后，法国成为西线的主要战场。1917年11月，激进派G.**克列**

蒙梭再度执政，动员一切力量进行战争。

战后，克列蒙梭政府和国民联盟右派内阁的反动政策引起广大人民的愤慨和反抗。20年代中期由社会党等组成左翼联盟内阁，执行民主主义的改良政策。但法国于1930年底陷入严重的经济危机，法西斯势力趁机抬头。1936年，由共产党、社会党、激进社会党等党派团体组成人民阵线。同年6月，L.布鲁姆组成第一届人民阵线政府，实施一系列社会改革。1938年后，达拉第政府对内执行反动政策，对外依靠英国，推行纵容德国侵略的绥靖政策。

1940年6月22日，在与德军的“奇怪战争”中法国投降，第三共和国宣告终结。

**法兰西第四共和国　French Fourth Republic**　法国在第二次世界大战后建立的资产阶级共和国。1945年10月、1946年5月选举产生的两届制宪议会于1946年10月通过新宪法，宣告第四共和国正式建立。宪法确立两院议会制，并对共和国总统的权力作了严格的限制。

第四共和国建立初期，由共产党、社会党、人民共和党组成联合政府。随着国际冷战的发展，共产党于1947年5月被逐出政府。此后，政府受到以共产党为首的左翼和以法兰西人民联盟为首的右翼的两面夹击，只能依靠被称为“第三势力”的松散多数的支持，显得软弱无力。

第四共和国在发展经济方面取得一定成就。通过实施现代化和更新设备的“莫内计划”，1950年法国的生产水平超过战前最高年份的25%。

在外交上，第四共和国在冷战、北大西洋公约组织和德国问题上追随美国，同时也着手推行欧洲一体化政策。第四共和国长期进行越南战争和阿尔及利亚战争，1956年10月入侵埃及苏伊士运河区，造成国际声望下降，财政出现严重困难，国内动乱加剧。1958年4～5月，法国发生政府危机。5月13日阿尔及尔发生暴乱，导致政府垮台。6月1日，C.戴高乐出任政府总理。9月，公民投票通过新宪法，第四共和国遂告结束。

**法兰西第五共和国　French Fifth Republic**　1958年9月以来在法国建立的资产阶级共和国。1958年6月1日，阿尔及利亚问题引发政治危机，法国议会授权C.戴高乐组织政府。9月，公民投票通过新宪法草案，产生第五共和国宪法。12月21日，戴高乐当选为第五共和国第一任总统。1959年1月8日正式就职。1965年12月，戴高乐再度当选。

戴高乐首先集中全力解决阿尔及利亚问题。在戴高乐总统任职期间，法国的经济发展较快。法国独立发展自己的国防和核力量，并改善同第三世界国家的关系，承认各殖民地独立，完成“非殖民化”。1964年1月与中国建立外交关系。1968年5月，法国发生严重的政治危机。在1969年4月，戴高乐辞去总统职务。

G.-J.-R.蓬皮杜当选总统后，基本上继续执行戴高乐的内外政策。他把重点从对外关系转到国内经济发展。在蓬皮杜任职期间，法国经济的年平均增长率达6.2%，为西欧国家之冠。

蓬皮杜逝世后，共和党人V.吉斯卡尔·德斯坦在1974年5月当选总统。由于能源危机的影响，法国的经济发展速度减缓。

1981年5月，社会党领袖F.密特朗在总统选举中获胜，成为第五共和国第4任总统。密特朗任职后实行扩大国有化政策，宣称要在不消灭私有制的基础上建设法国式的社会主义。1995年5月保卫共和联盟和法国民主同盟支持的候选人希拉克当选总统。2002年5月希拉克连选连任。在2007年5月的总统选举中，人民运动联盟主席N.萨科齐继希拉克之后当选总统。

**法兰西第一帝国　First Empire of France**　法国拿破仑一世统治时期的君主专制国家。1804年11月6日，公民投票通过《共和十二年宪法》，宣布拿破仑·波拿巴为法兰西人皇帝，法国为法兰西帝国。历史上称之为法兰西第一帝国。

1811年法兰西帝国面积达75万平方千米，人口约4 400万，全国划分为130个郡，包括荷兰9个郡，北海沿岸德意志各邦9个郡，东南瓦莱、皮埃蒙特、热那亚、帕尔马、托斯卡纳和教皇属地10个郡。此外，拿破仑一世及其家族还统治和控制了意大利王国、莱茵邦联、威斯特伐利亚王国、那不勒斯王国、西班牙王国、华沙大公国等。在帝国范围内拿破仑一世力图统一关税，统一法制，扩大交通、通信。帝国的无限制扩张导致1812年侵俄战争的惨败。英、俄、普、奥等国组成第6次反法联盟，1814年4月6日拿破仑一世被迫退位，后又复辟，但1815年6月18日在滑铁卢被第7次反法联军击溃。6月22日再次退位，第一帝国覆灭。

**法兰西第一共和国　French First Republic**　1792～1804年法国大革命时期存在的法国近代史上第一个共和国。1804年5月为法兰西第一帝国所取代。

**法兰西人　French**　西欧法兰西共和国的主体民族。约5 000万人(2001)。另有约1 000万人居住在美国、意大利、比利时、加拿大等国。属欧罗巴人种，主要有3种类型：南部大多为地中海型，中部大多为阿尔卑斯型，北部大多为大西洋波罗的海型。使用法语，属印欧语系罗曼语族，有用拉丁字母拼写的文字。大部分人信天主教，

法兰西女子

少数信基督教新教。

法兰西民族的先民主要是古代的凯尔特人。于公元前4世纪来到今法国地域，排挤或同化了利古尔人，成为当地的主要居民。罗马人把他们称为高卢人。后被罗马帝国统治。5世纪罗马帝国崩溃时，高卢人与罗马移民已共同形成罗马化的高卢人，又称高卢罗马人，是构成法兰西民族的基础。5世纪，随着罗马帝国的衰落，大批日耳曼人入侵。萨利克法兰克人于486年建立法兰克王国。9世纪初，散布在今法国土地上的西哥特人、勃艮第人、法兰克人等都被高卢罗马人所同化，放弃了日耳曼语。同时，民间拉丁语发展为罗曼语，即古法语。罗曼化的日耳曼人与高卢罗马人一起，成为形成法兰西人的主要成分。843年查理曼大帝国分裂，莱茵河以东的德语地区成为东法兰克王国，莱茵河以西的罗曼语地区大多划归西法兰克王国，开始被称为“法兰西”。南法兰西受古罗马文明影响较深，而北法兰西受法兰克人的影响较大，因此南北法兰西之间在语言、文化和经济发展上都存在明显的差别，有北法兰西人和普罗旺斯人（即南法兰西人）之分。到16世纪，法国已成为欧洲最大的中央集权国家。南北之间政治文化联系加强。1789年爆发的法国大革命是法兰西现代民族最终形成的阶段。革命的过程促进了民族的统一。

法兰西人的经济和文化发达。重要工业部门有钢铁、汽车制造、电力、煤炭开采等。农民传统种植小麦、大麦、玉米、甜菜、烟草、葡萄、蔬菜和花卉等。以葡萄酒酿制业闻名，产量居世界首位。畜牧业习惯养牛、猪、鸡、鸭、鹅等。沿海地区居民从事捕鱼业。

**法兰西喜剧院　Comédie-Française**　法国历史最悠久的国立剧院。1673年莫里哀逝世后，原莫里哀演员剧团先后与马莱剧团和盖乃古剧团合并。1680年勃艮第府剧团团长亡故，路易十四遂于10月21日颁布诏令，两剧团合并成立“法兰西喜剧院”。剧团沿袭莫里哀时代的传统，实行会员制，参与剧团的管理事务并获取红利。

18世纪，处于垄断地位的法兰西喜剧

《贵人迷》演出剧照

院相当红火，主要上演伏尔泰等人的剧作。大革命爆发后，剧团一度分裂。直到1799年5月督政府成立，两派才重归于好。拿破仑亲自为剧团制定了一整套新的管理规则，于1812年签署了著名的“莫斯科法令”（一直沿用至1946年）。1830年V.雨果的戏剧《艾那尼》上演，拥护浪漫主义和拥护古典主义的观众激烈冲突，发生了著名的“艾那尼事件”。进入20世纪后，随着导演艺术的兴起，J.科波、L.茹威、C.杜兰、G.巴蒂等一批具有现代戏剧观念的导演们相继应邀前来导戏，极大地改变了喜剧院墨守成规的形象。如今的法兰西喜剧院不仅是传统剧目的主要演出中心，还是新人新戏的创作中心之一。

**法兰西研究院** Institut de France 法国的最高学术研究机构。又译法国研究院、法兰西院士院。设于首都巴黎。根据1795年宪法于同年建立。以“收集新发现，完善科学和艺术”为宗旨。由5个学部组成：①法兰西语言文学部，1635年建立。设院士40名。每年设文学奖金约150种。②历史文物注释与古典语言学部，1663年建立，为考古学、语史学的研究机构和出版中心。设院士55名，外国客座院士20名，国内外通讯院士70名。每年设奖金约80种。③科学学部（即法国科学院），1666年建立。设院士130名，外籍院士80名，通讯院士160名。分数学和物理学部、化学和博物学部两部分。每年设科学奖金约200种。④艺术学部，1816年建立。由皇家绘画学院、皇家音乐学院和皇家建筑学院合并而成。分绘画、雕塑、建筑、雕刻、作曲、自由成员六部分。设院士55名，外国客座院士16名，国内外通讯院士55名。每年设艺术奖金约200种。⑤伦理与政治学部，1795年建立，1803年取缔，1832年重新建立。分哲学、伦理与社会学、立法、政治经济、历史地理、综合六部分。设院士50名，外国客座院士12名，国内外通讯院士60名。每年设奖金约60种。

**法朗士** France, Anatole（1844-04-16～1924-10-12） 法国作家。生于巴黎，卒于圣西尔。中学毕业后参加帕尔纳斯派，发表了诗作《金色诗篇》（1873），表达对弱小动物的怜悯和对幸福的渴望。三幕诗剧《科林斯人的婚礼》（1876）把基督刻画成毁灭人间爱情的元凶，被认为是帕尔纳斯派的杰作。

法朗士的成名作是《希尔维斯特·波纳尔的罪行》（1881），塑造了心地善良、学问渊博的老学者波纳尔的动人形象。之后创作了小说《苔依丝》（1889）、《鹅掌女王烤肉店》（1892）、《伊壁鸠鲁的花园》（1894），以及4卷本的《文学生活》（1888～1892）等。

4卷本长篇小说《现代史话》（《路旁榆树》（1897），《柳条模型》（1897），《红宝石戒指》（1899），《贝日莱先生在巴黎》（1901）），揭露了教会内部争权夺利、钩心斗角的黑幕。短篇小说《克兰比尔事件》（1901）揭露了资产阶级司法的腐败，很快被译成了多种外国文字。

历史巨著《圣女贞德生平》（1908），抹去了宗教传说加在贞德头上的灵光，把她塑造成了一个“人民的女儿”，遭到天主教徒和自由思想家们的一致攻击。

此后法朗士创作了小说《企鹅岛》和《天使的叛变》，出版了名作《诸神渴了》（1912），描写了雅各宾党人的恐怖专政及其失败而引起了许多争议，肯定了革命者的热情，也指出宗教式的狂热和偶像崇拜必然会使革命走向失败。

法朗士是公认的语言大师和讽刺天才，他的作品生动、流畅，具有高雅脱俗的风格。1921年获诺贝尔文学奖。

**法老** pharaoh 古埃及君主的尊称。法老一词是埃及语Per-'o的希伯来文音译，象形文字写作𓉐，意为“大房屋”，在古王国时代（约公元前2686～前2181）仅指王宫，并不涉及国王本身。从新王国第18王朝图特摩斯三世起，开始用于国王自身，并逐渐演变成对国王的一种尊称。第22王朝（前945～前730）以后，成为国王的正式头衔。现在，习惯上把古埃及的国王通称为法老。法老作为奴隶制专制君主，掌握全国的军政、司法、宗教大权，其意志就是法律，是古埃及的最高统治者。法老自称是太阳神阿蒙-赖神之子，是神在地上的代理人和化身，令臣民将其当作神一样来崇拜。

**法律** law 狭义的法律指拥有立法权的国家机关依照一定的立法程序制定或认可的规范性文件；广义的法律与法同义。拥有立法权的国家机关，在代议制国家为议会、国会；在中国，为全国人民代表大会及其常务委员会。法律通常规定社会、政治、经济及其他社会生活中最基本的社会关系或行为准则。一般说来，法律的效力仅低于宪法，其他一切行政法规和地方性法规不得与法律相抵触，凡有抵触，均属无效。广义的法律在成文法方面还包括宪法、行政法规、地方性法规、自治法规、国际条约，在不成文法方面还包括习惯法、判例等。

**法律规避** evasion of law 在涉外民商事法律关系中，当事人故意制造一种连结点，以避开本应适用的准据法，而使对自己有利的法律得以适用的一种行为。在法文中又称窃法舞弊。例如，甲国的法律禁止离婚，乙国的法律却允许离婚。甲国的公民二人为了达到离婚的目的，取得乙国国籍，在乙国实行离婚。如果以后因离婚问题在甲国涉讼，甲国的冲突规范是离婚依当事人本国法，但此二人已变更国籍达到离婚之目的，即发生法律规避问题。又例如，一公司营业地（甲）的法律对公司的成立规定极严，课税又重，而乙国家或地区的规定较宽，课税又少，于是当事人在乙国家或地区申请成立了公司，然后在营业地营业。这里也发生法律规避问题。

**法律效力** validity of law 包括两方面：一是指一定法律依法公布并宣告在一定时日开始施行，即法律开始生效，对所有人均有效，都有约束力；同时也使有关当事人或组织可依法享有权利或承担义务，或拥有职权、权力并承担义务、职责。二是指这种法律效力四个方面的生效范围：①对人的效力。即法律对谁有效，适用于哪些人。各国大体上有以下原则：属人主义、属地主义、保护主义以及以属地主义为主，兼顾属人主义和保护主义。②对事的效力。即法律对什么样的行为有效，适用于哪些事项。③对空间的效力。即法律在哪些地域有效力。一般说，一国法律适用于该国主权所及全部领域，包括领土、领水及其底土和领空，以及本国驻外使馆、在外船舶和飞机。④对时间的效力。即法律何时生效或终止以及法律对其生效以前事件和行为有无溯及既往的效力。中国法律的生效范围，各部门法均有规定。

**法律援助** legal aid 国家为经济困难的公民或特殊案件的当事人予以减免费用提供法律帮助，以保障其合法权益得以实现的法律制度。

外国法律援助制度，主要表现为两种

模式。一类以北欧的瑞典、挪威等高福利国家为典型，法律援助如同教育、医疗、养老等作为一项基本的社会福利由国家提供，资金投入和实际操作均采取政府包办的形式，各级政府都设有专门的法律援助机构。另一类以英美等国为代表，主要采取政府出钱、民间操作的方式。

在中国，1994年年初，司法部正式提出建立法律援助制度。1996年3月修改的《中华人民共和国刑事诉讼法》规定援助范围包括以下三类案件：①公诉人出庭的案件，被告人因经济困难或者其他原因没有委托辩护人的。②被告人是盲、聋、哑或者未成年人而没有委托辩护人的。③被告人可能被判处死刑而没有委托辩护人的。1996年5月15日颁布、2001年12月29日修订的《中华人民共和国律师法》以专章对法律援助作了规定。2003年7月，国务院颁布了《法律援助条例》，分总则、法律援助范围、法律援助申请和审查、法律援助实施、法律责任、附则，共6章31条，自2003年9月1日起施行。条例规定，公民对需要代理的法律规定的事项，因经济困难没有委托代理人的，可以向法律援助机构申请法律援助。法律援助机构可以指派律师事务所安排律师或者安排本机构的工作人员办理法律援助案件；也可以根据其他社会组织的要求，安排所属人员办理法律援助案件。律师事务所拒绝法律援助机构的指派，不安排律师办理法律援助案件，或律师无正当理由拒绝接受、擅自终止法律援助案件或者办理法律援助案件收取财物的，要受到司法行政部门的处罚。

**法律责任** legal liability 法律意义上的责任，指因非法行为等原因而导致的必须承担的法定不利后果。在日常生活中，人们往往将法律责任当作法律义务的同义语，但法律责任与法律义务虽有密切联系，却是不同的概念。例如，同是支付一笔费用，如系支付货款，则是履行买卖合同中的买方义务；如系因不履行付款义务而被处罚款，则是承担法律责任。一般地说，法律责任是指未履行法定义务，或未履行合同义务，或仅因法律规定，而承担某种不利的法律后果。法律责任可依行为的不同性质分为4种：民事责任、刑事责任、行政责任和违宪责任。在现代社会，因违法或违约所产生的法律责任一般由违法者或违约者本人承担，即实行个人负责原则。但在古代和中世纪，盛行株连制，即不仅惩罚违法或违约者，而且牵连家属、亲友以至邻居等；在债务关系中，也实行“父债子还”等制度。

**法罗赫扎德** Farrokhzād, Forūgh（1934～1967） 伊朗诗人。生于马赞德兰。幼时迁居德黑兰。16岁结婚，一年后开始发表诗作。《囚徒》(1955)收诗44首，表现穆斯林妇女炽热如火的纯情以及内心深处对幸福生活的渴望和憧憬。《围墙》(1956)收诗25首，表现作者没有摆脱“囚徒”的处境，但已具反叛精神。《叛逆》(1958)包括一首长诗和17首短诗，表现与传统的宗教道德观念彻底决裂。《重生》(1963)收诗33首，不再局限于个人内心情感的表达，而是把目光投向更加广阔的社会空间。诗风显得更加深沉和含蓄。1967年因车祸去世。

**法罗群岛** Faroe Islands 欧洲大西洋北部火山岛群。丹麦的一个自治州，丹麦语意为“羊岛”。大致在冰岛和设得兰群岛的中点。面积约1 398.9平方千米。人口4.99万（2009）。居民主要是法罗人，为斯堪的纳维亚人后裔。法罗语为官方语言，通用丹麦语。大多数人信奉基督教。首府托尔斯港。群岛由斯特勒姆岛、东岛、沃格岛、南岛、桑岛和博罗伊岛等18个居民岛和众多小岛岩礁组成。地势崎岖，上覆薄层冰碛和泥炭。海岸陡峻、曲折，多峡湾。因受北大西洋暖流影响，海洋性气候显著。岛上多草地、沼泽，少树木，岩坡上长苔藓、地衣。8世纪末，爱尔兰僧侣移此定居。9世纪末挪威海盗迁入。1035～1380年属挪威。1397年受丹麦管辖。1948年起成为丹麦的自治州，法罗人和丹麦人享有同等权利。1974年与欧共体签署自由贸易协定。1977年宣布渔区由20海里扩至200海里。1984年宣布为无核区。1985年宣布群岛对地下资源拥有主权。1998年，丹麦政府与自治政府签署新的经济关系协议，同意自治政府自行处理经济和金融事务。2003年11月，法罗群岛与欧盟签署协议，开始享有其他欧盟国家同等的内部免关税贸易权利。自治议会共有32个席位，在丹麦议会中拥有2个席位。总督由丹麦君主任命。经济以捕鱼和鱼类加工业为主。渔业资源丰富，盛产鳕、鲽、鲱等鱼类。耕地仅占土地面积的6%，主要种植马铃薯、蔬菜和牧草。养羊业占畜牧业比重较大。渔产品和羊肉可自给外，其余需进口。主要出口鱼和鱼制品。战略地位重要，是西北欧到冰岛航线的中继站。

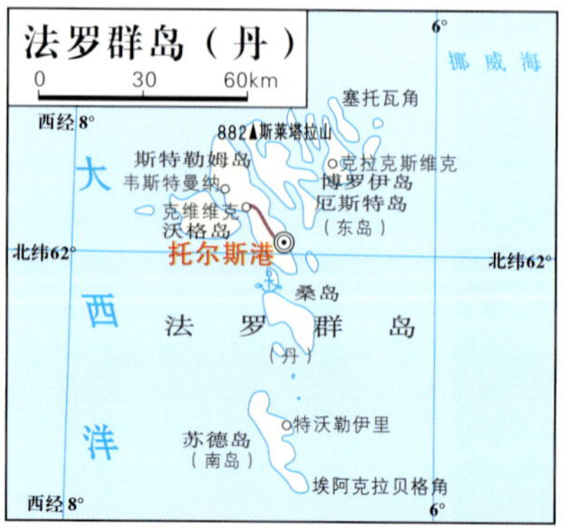


**法罗人** Faroese 北欧民族之一。主要分布在法罗群岛，系群岛的基本居民；另有6 000人分布在丹麦。属欧罗巴人种北欧类型。使用法罗语，属印欧语系日耳曼语族。文字用拉丁字母拼写。多信基督教路德宗。约在700年前后，凯尔特人迁居岛上。9世纪上半叶，挪威人侵入，凯尔特人一部分被屠杀，一部分沦为奴隶。尔后，挪威移民陆续到来，逐步同化凯尔特人，形成后来的法罗人。1035年沦为挪威的附属地。1380年后又受丹麦控制，直到1948年丹麦才允许法罗人建立自治政府，负责本岛事务，而外交、防务、治安、教会和货币等仍由丹麦政府掌管。除从事少量农牧业外，主要以捕鱼业为生。已建立起大型的现代化远洋捕鱼船队，捕鱼量增加很快。鱼类加工工业亦得到发展。人民生活比较富裕，文化水平较高，全岛已无文盲。

渔港上的法罗人

**《法美同盟条约》** *Franco-American Alliance Treaty* 北美独立战争期间美国与法国签订的双边同盟条约。独立战争开始后，美国要求法国给予公开援助并承认美国独立，随后又要求与法国结成同盟。1777年10月美国军民在萨拉托加战役中大获全胜，促使美法双方于1778年2月6日在巴黎签订法美同盟条约。包括两个条约，即《法美友好通商条约》和《法美同盟条约》。前者承认了美国的独立，并规定双方在公海贸易自由基础上进行友好贸易活动。后者规定同盟的目标是共同对英作战，以维护美国的独立；法英一旦开战，缔约双方中的任何一方没有对方的同意不得与英国单独媾和，只有在英国承认美国完全独立的条件下才能议和；法国放弃对密西西比河以东北美大陆和百慕大群岛的领土要求，美国则承认法国在西印度群岛的权益，双方同意尊重对方在上述各自拥有利益的地区所获得的领土。同年5月4日，大陆会议批准了《法美同盟条约》。法国对美国独立战争取得最后胜利起了重要的推动作用。

**法门寺地宫** Underground Structure of Famen Temple 中国法门寺唐塔塔基内的地宫。位于陕西扶风法门镇。1987年发掘。塔基地宫由踏步漫道、平台、隧道、前室、中室、后室及后室秘龛组成，总长21.12米、宽2～2.55米。地宫后室正当塔基中心处。隧道和前、中、后室均用石灰石和大理石构筑。隧道设石门，门前有封门石。隧道后部、前室门前安放两块石碑。据碑文可

银鎏金捧真身舍利菩萨像

知地宫封闭于咸通十五年（874）正月，此后未经扰动。地宫中出土金银器、瓷器、玻璃器154件，珍珠、宝石近400件（颗），铜钱数万枚，还有石、漆木、铁、骨制品和大批丝织品、衣物。地宫中有4枚佛骨舍利（2枚骨质，2枚玉质），各放于一套舍利容器内，分别安置在前、中、后三室和后室秘龛中。以后室的舍利容器最为豪华精美，是唐懿宗供奉舍利用的，由外至内共有八重。金、银等质地的宝函层层相套，最后一重是真金小塔，塔内银柱上套放佛骨舍利。在舍利容器的前面和两侧满置供奉佛舍利的物品，包括金银器、瓷器、玻璃器等，还有一尊银鎏金捧真身舍利菩萨像（见图）。后室秘龛的舍利容器包括金花银真身舍利宝函、银包角檀香木函、水晶椁、玉棺等。地宫中供奉佛骨舍利的金银器多为供给唐代皇室用器的文思院制作，精美异常，是晚唐金银手工艺的代表作。金花银茶碾等茶具是晚唐饮茶风习的实物例证。迎真身银金花十二环锡杖等是罕见的佛教用具。青瓷器据碑文可知为“秘色瓷”，其发现解决了中国陶瓷史研究中关于秘色瓷的悬案。刻花蓝玻璃盘是伊斯兰玻璃精品，为中西文化交流的物证。地宫于原址保存，建立了博物馆收藏和展出地宫出土文物。塔基上倒毁的明代砖塔也已依原貌重建。

**法名** religious name for buddhist monk or nun 宗教用语。信徒在出家当僧尼或道士后由师父另起的名字。又称法号、法讳、戒名。佛教徒一般在剃度仪式举行之后由师父代取法名，在家者则于皈依、受戒或葬仪之时授予法名，表示出家或皈依成为佛门弟子，如“释某某”之“某某”即为出家法名。在家者则在法名下附加居士（皈依佛教后在家修行的教徒）、信士（在家信仰佛教、但不懂佛理的成年男教徒）、信女（在家信仰佛教、但不懂佛理的成年女教徒）、童子（信仰佛教的男童）、童女（信仰佛教的女童）等称呼，如四空居士等。禅宗在法名之外又有所谓道号，并多附以庵、堂等字，如破庵祖先等。道士的法名又称道号，如阿炳法名华彦钧。日本室町时代一般显贵在法名上常冠有院号、院殿号等，也有的冠上庵号、斋号等。日本净土真宗单取二字法名，如女子使用“妙”字，法名如妙相、妙音、妙智等。现代社会中，僧侣一般仍取法名作为宗教用名。

**法人** legal person 具有民事权利能力和民事行为能力，依法独立享有民事权利和承担民事义务的组织。民事权利主体之一，自然人的对称。

**特征** 法人具有下列主要特征：①它是一种具有民事权利能力和民事行为能力的社会组织，有一定的组织机构、明确的职能和权限。②具有自己独立的财产。③依法独立享有民事权利、承担民事义务和民事责任。

**法人的能力** 法人具有民事权利能力、民事行为能力、民事责任能力以及刑事责任能力（见单位犯罪）。

民事权利能力 法人依法享有民事权利和承担民事义务的资格。与自然人的民事权利能力不同，法人的权利能力从成立时发生，至撤销或解散时消灭；专属于自然人的某些民事权利能力的内容，如继承权利、生命健康权利等，法人不能享有。

民事行为能力 法人以自己的意志独立进行民事活动，实施民事法律行为，取得民事权利和承担民事义务的资格。与自然人的民事权利能力相比较，它具有以下特点：①与民事权利能力一起发生和消灭。②受其目的、范围的限制。③必须由它的机关或代理人来实现。

民事责任能力 法人对于自己所为的违法行为应当承担民事责任的能力或资格。关于法人是否具有民事责任能力，理论上存在争议。通说认为，法人有民事责任能力，它是法人承担民事责任的前提。法人的责任能力和权利能力同时产生和消灭。法人的责任能力不能超越法人权利能力的范围，法人只对法人机关及其工作人员在权利能力范围内所为的职务行为承担民事责任。法人的民事责任能力包括法人的违约责任能力和法人的侵权责任能力。

**法人的成立、变更和终止** 包括以下三方面内容。

法人的成立 社会组织历经设立阶段，具备法人条件，进行成立登记，获得法人资格的行为。中国《民法通则》规定，法人应具备下列条件：①依法成立。②有必要的财产或者经费。③有自己的名称、组织机构和场所。④能够独立承担民事责任。具备上述实质条件的，法人一般还要经主管部门批准或经主管机关核准登记，方取得法人资格。

法人的变更 法人在组织上的改变以及目的、范围等方面的变化。法人在组织上的改变包括法人的合并或分立。法人合并指两个以上的法人合并为一个法人。合并的方式有两种：一是新设合并，即两个以上的法人合并为一个新法人，原来的法人消灭，新的法人产生；二是吸收合并，即一个或多个法人归并到一个现存法人中，被合并法人的主体资格消灭，存续法人的主体资格仍然存在。法人分立指一个法人分成两个或两个以上的法人。法人分立的方式也有两种：一是创设式分立，即一个法人分成两个以上的法人，原法人消灭；另一种是存续式分立，即原法人存续，但分出一部分财产设立新法人。

法人的终止 法人资格的消灭。终止的原因和方式有：依法律、命令或主管机关的行政命令撤销；完成了设立法人的目的、任务；法人活动的期限届满；违反法律或社会公共利益被撤销登记或宣告解散；依章程经成员（股东）大会决议解散；经营不善，经限期整顿仍无好转，由主管机关决定解散；因资不抵债而被宣告破产等。法人终止应对其财产进行清算。清算人应由主管机关指定专人或法人自行组成，在主管机关的监督下开展工作。清算人应查清法人的财产，核实债权债务，编制资产负债表；对清理后剩余的财产，依法律或章程分配给法人成员，移交给上级部门或有关法人；对法人债务的清偿顺序依法律规定进行。

**法人代表** legal representative 法人的意思机关，是代表法人行使职权的负责人。又称法定代表人。

**法人股** corporation share 在中国，企业法人或具有法人资格的事业单位和社会团体以法人记名，将依法可支配的资产投入股份公司所形成的非上市流通的股份。如系具有法人资格的国有企业、事业单位以其依法占有的法人财产向独立的股份公司出资形成或依法定程序取得的股份，界定为国有法人股。

**法绍达冲突** Fashoda Incident 1898年，英、法两国为争夺非洲殖民地在苏丹发生的一场战争危机。1898年7月，由J.马尔尚上尉率领的一支法军占领了尼罗河上游苏丹的法绍达（1904年改名科多克）。同年9月，H.H.基钦纳率领的英军也抵达法绍达。英国要求马尔尚撤出法军，遭拒绝，两国关系紧张，几乎导致战争。最后，法国由于没准备好同英国在海外作战，又担心德国乘机再次进攻法国，便作了让步。同年11月3日，法国政府命令马尔尚从法绍达撤退。1899年3月21日，英、法达成协议，基本上以乍得湖、刚果河和尼罗河流域为双方殖民势力范围的分界线，法国放弃对尼罗河上游地区的领土要求，承认英国在苏丹的统治权；作为补偿，法国取得乍得湖流域和瓦达依。法绍达冲突的和平解决，为后来英、法两国在1904年进一步妥协和接近、共同对付德国开辟了道路。

**《法书要录》** *Essential Account on Calligraphy* 中国唐代书学论著总集。张彦远编著。张彦远，博学有文辞，尤工书法，擅长隶书，曾书有《三祖大师碑阴记》、《山行诗》等。其著作尚有《历代名画记》。《法书要录》10卷，编辑东汉至唐元和年间（806～820）书论法理著作39种，实只34篇，余仅存目。

清《四库全书简明目录》评论说：采摭繁富，后之论书者，大抵以此为据。作者亦自评此书及另一著述《历代名画记》说：有好事者得余二书，书画之事毕矣。书中编入的赵壹《非草书》、羊欣《采古来能书人名》、王僧虔《论书》、虞龢《论书表》、梁武帝《论锺书十二意》、《与陶隐居论书启九首》、庾肩吾《书品》和李嗣真《书后品》、窦臮《述书赋》和张怀瓘《书断》等，都是古代书论中的名篇。流传甚广的传为卫铄的《笔阵图》和王羲之的《题笔阵图后》，也都收入。

**法属波利尼西亚** French Polynesia 南太平洋东部的法国领地。地处南纬7°～29°、西经131°～156°。面积4 167平方千米，其

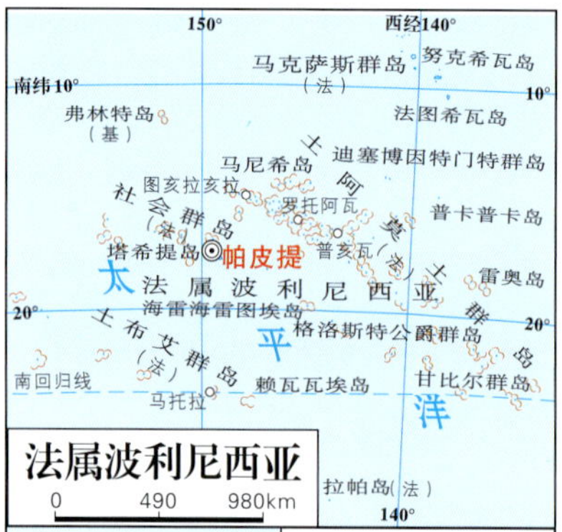


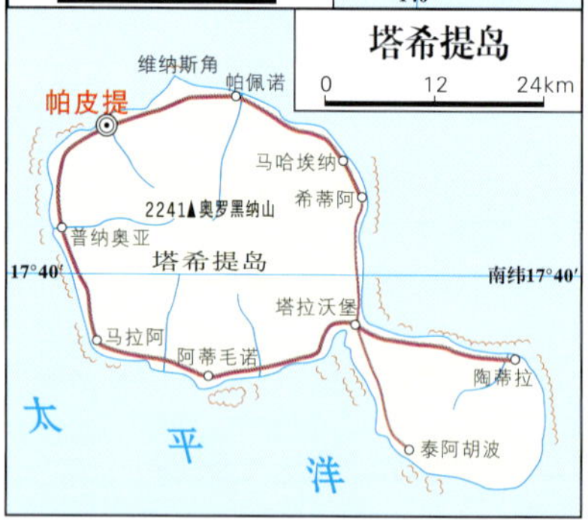


中可居住面积3 521平方千米。人口约28.70万（2009年7月估计）。其中波利尼西亚人占78%，华人占12%，其余为波-欧、波-亚混血人种，欧裔和其他亚裔人。居民多信奉基督教。官方语言为法语和塔希提语。首府帕皮提。

法属波利尼西亚主要由波利尼西亚岛群东南端的社会群岛、土阿莫土群岛、甘比尔群岛、土布艾群岛和马克萨斯群岛等5个群岛组成，共有火山岛和环礁118个。其中社会群岛的塔希提岛面积最大，岛上有火山和潟湖。属热带雨林气候，年平均气温26℃，年降水量2 500～3 000毫米。矿藏有磷酸盐和钴矿。

公元300年左右，波利尼西亚人就已航海到此。1595年，西班牙人首先登上马克萨斯群岛。18世纪末至19世纪初，塔希提岛及附近大部分岛屿由当地波马雷家族统治。1842年塔希提岛成为法国保护地，1880年正式成为法国殖民地。19世纪末附近其他岛屿亦被并入。1957年成为法国海外领地，正式改用现名。1984年实行内部自治，法国保留外交、防务、财政和司法权。1984年设部长会议取代政府委员会，主席由领地大会选出。2004年1月提升为法国海外属地，部长会议提升为自治政府。

法属波利尼西亚海滨风光

领地议会为领地权力机构，由各群岛选出的57名成员组成，任期5年。领地议会选出21名成员组成常设委员会，每年召开两次大会，下设5个地区、市政议会。政府由领地议会选出6～12名议员组成，称部长会议。主要政党有“波利尼西亚，我们的家园”党、民主联盟、共和党（人民运动联盟）。

传统经济以农业为主。渔业资源丰富，盛产金枪鱼和珍珠贝，人工养殖黑珍珠的产量曾占世界绝大部分。工业基础薄弱，主要有采矿、制造、建筑业。旅游业已成为重要的经济支柱。出口养殖珍珠、椰子产品等，主要销往中国香港、法国、日本和美国等地。进口商品以粮食、石油产品和工业制成品为主，大部分来自法国、美国、澳大利亚和新西兰等地。帕皮提港为主要港口。共有53个机场，法阿机场是唯一的国际机场。公路总长2 590千米。政府财政开支主要依靠法国援助。2005年估计国民生产总值54.9亿美元。货币名称为太平洋法郎。

实行6～14岁儿童义务教育。居民享受免费医疗。有法文日报《塔希提快报》（1964）、《塔希提新闻》（1956），另有英文刊物《塔希提海滨快报》（1980）等。塔希提新闻社用英语和法语向外发布新闻文字和图片。塔希提广播电视台每天用法语和塔希提语播放节目。有6家私人广播电台。

**法属圭亚那** French Guiana 法国在南美洲东北部的海外省。法语为Guyane Française。北濒大西洋，西界苏里南，东、南邻巴西。海岸线长378千米。面积86 504平

方千米。人口21.6万（2008年估计），以黑人和黑白混血种人等（当地统称克里奥尔人）为主，其他有白人、印度人、华人、印第安人等。77.6%的居民信奉天主教，4%信奉基督教新教。官方语言为法语，也讲克里奥尔语（方言）。首府卡宴。

境内地势南高北低。北部为沿海平原，南部是圭亚那高原向东延伸部分，多丘陵、低山和瀑布。主要河流有马罗尼河、奥亚

法属圭亚那海滨风光

波克河、马纳河等。属热带雨林气候。炎热多雨，年平均气温约27℃。东部沿海地区平均年降水量在3 000毫米以上。

原为印第安人居住地。1499年西班牙人到此。17世纪初法国开始侵入。后英国、荷兰、葡萄牙、法国反复争夺，直到1816年最后归属法国。1946年宣布为法国的海外省。1977年又同时成为法国的一个大区。

法属圭亚那有省议会和地方议会。两议会议员由普选产生，任期6年。法国委任的省长为最高行政负责人。主要政党有圭亚那社会党、圭亚那民主力量、人民运动同盟、法国民主联盟等。

经济以农、林、渔业为主。工业不发达，主要从事采矿（金）、制糖、酿酒、香精提炼以及鱼虾和木材加工等。农业生产集中在沿海地区，主要生产水稻、木薯、甘蔗、蔬菜、水果等。森林覆盖率达90%。渔业资源较丰富。矿藏主要有铝土、高岭土和黄金等。旅游业有较大的发展潜力。境内无铁路，公路总长1 817千米，内河航道3 760千米。有一国际机场，可供大型飞机起降。2006年国内生产总值35.2亿美元，货币为欧元，原为法国法郎。

经济发展主要依靠法国援助，大部分制成品、食品和能源需进口。主要进口食品、石油和石油制品、机械和交通工具、制成品等，出口鱼虾、木材、大米等。主要贸易对象为法国、美国、日本、德国、特立尼达和多巴哥等国。

教育制度与法国本土相同，对6～16岁学生实行免费义务教育。报纸为《法属圭亚那报》和《圭亚那报》。有国际圭亚那电台和圭亚那电视台。

**法术** magic 原始社会早期的一种准宗教现象。即人们试图在外界事物上实现其意愿的种种实践活动。其特点是想象能以主体本身的某种特定动作及仪式来影响或制约外在客观之对象，达到其预想的目的。其实践活动既是非理性的，又是非宗教性的。它同巫术的外在表现形式较为接近，但它以相信其实践者本身意志及力量这一特性而有别于巫术和宗教。因此，法术乃基于其实践的作用而不依靠外在神灵或超自然力量的帮助。其活动的主要表现方式是模仿外在事物或其对象的行为特征，以便实现对它们的控制。根据其惯用的方法，原始法术大体可分为接触性法术和类比性法术，前者认为可通过接触某一事物的局部而影响到其整体，后者则相信通过针对与其对象相类似之物所采取的措施而可影响到这一对象本身。由于法术强调在抵抗外力和征服自然时对自身力量及技巧的依赖，也有学者视其为前科学或前技术现象，并认为由此而萌生出人类科学技术的发展。

**法斯宾德** Fassbinder, Rainer Werner (1946-05-31～1982-06-10) 德国电影演员、导演。生于巴特沃里斯霍芬，卒于慕尼黑。1965年开始拍摄《城市流浪汉》等短片。1969年拍摄第一部长故事片《卡策马赫尔》。接着又执导了《爱比死更冷酷》(1970)、《美国大兵》(1971)、《因格什塔的工兵》(1971)等。1971年后，他的影片摆脱了话剧的影响和刻板的表现形式，把注意力集中在20世纪50年代经济奇迹时期里的社会和人的不幸与孤独，如《对一名神圣妓女的警告》和《四季商人》等。他的后期作品主要都在表现历史创伤、分析人的意识和政治历史的关系，如《玛丽娅·布劳恩的婚姻》(1979，获第29届柏林国际电影节最佳女主角与最佳技术两项奖)、《莉莉·玛莲》(1981)和《薇罗里卡·福斯的渴念》(1982，获第32届柏林国际电影节金熊奖)等。其他主要影片还有《彼得·冯·康特的痛苦眼泪》(1972)、《克雷尔——与魔鬼缔结的协定》(1982)等。

**法塔赫** Fatah, al- 巴勒斯坦解放组织所属的主要政治派别。全称“巴勒斯坦民族解放运动”。法塔赫由该名称三个阿拉伯文词首字母倒序拼写而成。1959年10月10日在科威特成立。武装部队称为“暴风”部队。最高权力机关是代表大会，大会闭会期间由革命委员会行使职权。1980年5月后，阿拉法特一直担任法塔赫中央委员会主席兼“暴风”部队总司令。法塔赫是巴勒斯坦解放组织的中坚力量。

法塔赫于1965年1月1日开始进行武装斗争，并坚持“革命暴力是解放家园的唯一手段”。目标是“消除犹太复国主义实体，在整个巴勒斯坦土地上建立一个民主的巴勒斯坦国”。1982年黎巴嫩战争后，阿拉法特主张承认以色列的存在，在“以土地换和平”的原则基础上和平解决巴以冲突。1994年5月，根据巴以达成的协议，巴在加沙、杰里科实行有限自治。同年7月，巴勒斯坦自治政府成立，法塔赫成为巴自治区内实际上的执政党。1996年1月20日，巴勒斯坦举行首届立法委员会选举，法塔赫获得88个议席中的68席。2004年11月，阿拉法特主席病逝，法塔赫中央委员会主席和巴解组织执委会主席之职分别由法鲁克·卡杜米和马哈茂德·阿巴斯接任。2005年1月，阿巴斯当选为新一任民族权力机构主席。2006年1月，法塔赫失去了在立法委员会中的第一大党地位和组阁权，成为在野党。2007年3月，法塔赫与哈马斯组成民族联合政府。2007年6月，法塔赫与哈马斯在加沙地区发生严重冲突，法塔赫被迫退出加沙地区，仅控制约旦河西岸地区。

**法庭** court 国家的审判机关、机构、场所等。有多种含义：①有些国家的法院就称法庭，如法国的初审法庭、争议法庭、警察法庭，英国的御座法庭、家事法庭等。②法院内部审理不同诉讼案件的组织机构。根据案件性质设立刑事法庭、民事法庭、经济法庭，此外，还设有专门法庭，以及根据需要设立的其他法庭等。③国家为审理特种案件而设立的临时性审判机构。如中国1956年为审判日本战犯而在沈阳、太原设立的军事法庭，1980年为审判林彪、江青反革命集团而设立的特别法庭。④中国基层人民法院根据地区、人口和案件情况设立的派出机构。⑤审判庭的别称。审判庭的组成人员往往被称为法庭组成人员，审判庭的活动被称为法庭活动，审判庭的记录被称为法庭记录。⑥法庭审判诉讼案件的场所。法院实行公开审判，允许群众进入法庭旁听（见审判公开）。

**法西斯主义** Fascism 垄断资产阶级公开实行独裁恐怖统治的政治体制、运动和政治思潮。“法西斯”一词，来源于拉丁文fasces，意为权柄，原指古代罗马时期执政官的权力标志，形状为用红带捆绑的一束棒，中间插一把斧头，象征暴力和权威。

法西斯主义代表人物希特勒（右）和墨索里尼在一起

法西斯主义鼓吹反动的民族主义、种族主义、军国主义和国家主义，强调领袖的绝对权威。对内实行专制的独裁恐怖统治，对外则推行侵略和战争政策。

法西斯主义是资本主义社会经济、政治和意识形态结构总危机的产物。20世纪20～30年代，在受总危机打击最严重，用暴力手段来解决危机的条件日趋成熟的一些资本主义国家，如意、德、日等国先后出现了法西斯运动和法西斯独裁政权。

法西斯专政的实质是金融资本的极端反动、极端沙文主义、极端帝国主义分子的公开恐怖独裁。法西斯主义就是战争。德、意、日法西斯国家结成"轴心国"侵略集团，挑起第二次世界大战，并遭到惨败。

**法显** Faxian（约337～约422） 中国东晋僧人。俗姓龚。平阳郡武阳（今山西襄丘）人。3岁出家，20岁受大戒。为求取佛律，于东晋安帝隆安三年（399）自长安出发，西渡流沙，越葱岭至天竺求法，先后于北、西、中、东天竺获《方等般泥洹经》、《摩诃僧祇律》、《萨婆多部钞律》、《杂阿毗昙心论》、《摩诃僧祇阿毗昙》等梵本；于师子国（今斯里兰卡）获《弥沙塞律》、《长阿含》、《杂阿含经》、《杂藏经》等梵本；并由海路经耶婆提国（在今印度尼西亚爪哇），于义熙八年（412）抵青州长广郡牢山（今山东青岛崂山）。历时14年，游历29国，历尽艰险。次年达建康（今江苏南京），于道场寺，与佛陀跋陀罗译6卷本《大般泥洹经》、《摩诃僧祇律》、《方等般泥洹经》、《杂藏经》、《杂阿毗昙心论》。另撰有《佛国记》，记录了他的行程及见闻。

**法相宗** Faxiang school 中国佛教宗派。唐代玄奘及窥基师徒创立。窥基常住慈恩寺，又称慈恩宗。因讲唯识无境法义，也称唯识宗。所据教理系出于印度大乘佛教瑜伽行派一系。瑜伽行派基本经典为弥勒、无著、世亲诸论，《瑜伽师地论》为本，而以《显扬圣教论》、《摄大乘论》、《辨中边论》、《唯识二十论》、《唯识三十颂》等十论为支。窥基依据玄奘口义，杂糅印度瑜伽行派十师对世亲《唯识三十颂》的注释，成《成唯识论》作该宗本据，并撰有大量有关唯识论著的疏记。该宗根据《解深密经》作三时判教，即小乘教、般若教与唯识教；其教理主张世界的一切现象都是由阿赖耶识所变现，宣扬识有境无，以三自性说统摄对世界的价值判断，说明世界依识而变现，解脱在于转依，即转识之染为净，转识为智；对宇宙人生的细密概念分析结构即五位百法；关于修行的阶次与依据，它提出六种住（种性住、解行住等）和五位说（从资粮位至究竟位五等）；其观想修持法有五重（从观所取空而观能取空，最终是双观二空）；法相宗对认识本性和生起所作的分析构成了佛教哲学中宝贵的认识论学说和相关的逻辑学。窥基之后，此宗有慧沼、智周诸人。唐代有日本来华僧人师从玄奘、窥基而将法相义学传至东瀛，道昭归日本后在元兴寺弘传法相宗，称南寺传；玄昉归国后于兴福寺传所受智周法相义，称北寺传。法相宗在8～12世纪的奈良时期和平安时期是对日本影响最大的宗派之一。智周门下的新罗僧智凤、智鸾诸人亦曾在日本弘传此宗学义。

**法新社** Agence France-Presse; AFP 法国最大通讯社法国新闻社的简称。

**法学** legal science 一门以法为研究对象的社会科学。研究对象是法（或法律）这一特定社会现象。法是一个动态的概念，即法学的研究对象不限于对一般法律规定的理解，还要研究法的产生、本质、特征、发展、作用（功能）、制定、实施和监督等方面的概念、原理和知识。法不仅指书面上的法，而且指现实生活中的法。

### 法学的历史发展

**中国历史上的法学** 最早出现的夏、商和西周三代都各有自己的"刑"，相当于后世所称的法律。西周在刑之外创立了一种极为复杂的称为"礼"的规范体系。法学则诞生于西周之后。

**春秋战国时期的法学** 中国法学起源于春秋战国时期（约前770～前221）。那时是中国文化史上极为辉煌的时期，各学派相继兴起，百家争鸣。法是各家（主要是儒墨道法四家，尤其是儒法两家）争论的问题之一。这一时期的法律思想对中国后来的思想家有深远的影响。

以孔孟为代表的儒家的法律思想是：强调主要依靠道德、礼仪教化，由圣君、贤人来治理国家，法律（刑）只能作为辅助手段，主张"德治"、"礼治"或"人治"，反对"法治"，实行"德主刑辅"。

春秋战国时期的法律思想主要是由商鞅、韩非等人为代表的法家提出的。与儒家相反，他们强调法律及其强制作用，而轻视圣贤和道德感化作用，即主张"法治"。

早在春秋时期，中国古代法律已从习惯法向成文法、从秘密法向公开法发展。到战国时期，魏国的李悝在各诸侯国法律的基础上制定了中国历史上第一部较完整的法典《法经》。这部《法经》虽早已失传，但在一些历史著作中载有其篇目。

**秦汉至清末、民国时期的法学** 公元前221年，秦始皇建立了中国历史上第一个统一的中央集权制的封建君主专制国家，推行政治上、思想上的专制主义，导致法学在中国的长期衰落。

汉武帝采纳儒家董仲舒的主张，"罢黜百家，独尊儒术"。儒家学说在法律中的统治地位，自董仲舒开始，曾发展到"经义决狱"的地步。从此，在思想领域中，儒家学说被奉为正统，儒家的法律思想垄断了长达2 000年的法学领域。中国历史上的传统法学主要就是指儒家法律思想。

在这一时期，继百家争鸣而起的是依照儒家学说，对以专制君主名义发布的成文法进行文字上、逻辑上解释的律学，即注释法学。唐代大臣长孙无忌等人于652年奉诏编写《唐律疏议》一书，对《唐律》作了权威性的解释，与唐律具有同样的法律效力。这是中国历史上第一部完整保存的法律文献。它以儒家的"德主刑辅"作为主导思想。以唐律为代表的中国封建法律以及其他国家依照唐律而制定的法律，称为中华法系或中国法系。

从三国魏明帝时起至宋，设律博士职，专门传授法学。清末法学家沈家本认为，元明清时法学已日趋衰落。1740年编成的《大清律例》是中国封建社会最后一部法典。

**近现代西方法学思想传入中国** 康有为的《大同书》、梁启超的法治思想、孙中山关于三民主义和五权宪法的思想、严复所翻译的许多西方名著，在中国传播了西方法律学方面的思想。沈家本任修订法律大臣时，主持中国历史上第一次依照西方模式改革中国传统法律的工作。在此前后，马克思主义法学思想也开始传入中国。

**西方历史上的法学** 西方法学通常指古希腊、罗马奴隶制社会和西欧封建社会以及近现代西方资产阶级的法学或法律思想。

**古希腊罗马与中世纪的法学** 在以雅典为代表的古希腊城邦，尽管成文法并不很多，也没有职业法学家，但当时哲学、政治学、伦理学、文学等著作探讨了关于法的许多基本问题。例如法是神授还是人定；法的基础是权力还是自然、正义或理性；是法治还是一人之治，以及法和民主、自由、平等的关系；法和国家、自然法和实在法之间的关系等。这些思想对后世西方法学一直具有影响。

与古希腊不同，古罗马的成文法（主要是私法）和法学极为发达。在西方历史上，正是在罗马帝国前期，第一次形成了职业法学家集团，第一次出现了法律教育和法学学派，第一次出现了法学著作。罗马五大法学家之一的盖尤斯的《法学阶梯》，是完整保存下来的最早的西方法学著作。

欧洲中世纪，法学与哲学、政治学等都是神学的附庸。12～16世纪相继出现了意大利的注释法学派、评论法学派以及法国的人文主义法学派。英国中世纪的法，主要是普通法。这种情况表明以后西方世界两大法系的历史渊源：民法法系（又称大陆法系）是在罗马法基础上发展起来的，而普通法法系（又称英美法系）是在英国普通法的基础上发展起来的。

17～19世纪的法学　17～18世纪资产阶级革命时期最为盛行的法律思想是古典自然法学派，主要代表人物有荷兰的H.格劳秀斯、英国的T.霍布斯和J.洛克、法国的C.-L.de S.孟德斯鸠和J.-J.卢梭等人。他们的学说和政治纲领是《独立宣言》和《人权宣言》以及资产阶级民主、法制的理论基础。这个学派极大地提高了法在社会中的地位，倡导了一系列新的法律原则，创立了宪法、国际法等新的法律学科，使政治学、法学摆脱了神学的束缚。典型的资本主义社会的法典《拿破仑法典》（即《法国民法典》），就是在这个学派的思想基础上制定的。

在19世纪，随着资本主义统治的确立，古典自然法学派渐趋衰落，代之而起的是历史法学派、分析法学派和德国古典唯心主义哲学家的哲理法学派。在欧洲大陆，开展了广泛的编纂法典的活动，比较法学和行政法学随之产生。民商法、刑法和诉讼法有了重大发展。随着英国和欧洲大陆一些国家从事殖民扩张，普通法法系与民法法系的影响扩展到世界其他地区，西方两大法系终于确立起在世界范围的地位。

20世纪的法学　进入20世纪，西方法律和法学的一个重大问题是所谓"法的社会化"问题，即强调法不仅应保护个人权利，而且应着重保护社会利益。第二次世界大战后，资本主义民主和法制有了不同程度的发展。它们主要体现在下列方面：①一些国家在战后通过新宪法，建立了资产阶级民主和法制；人权和公民权利有所扩大，宪法和法律监督进一步加强。②立法重点从私法转向公法，新的公法、公法化的私法、公私混合法大量出现。③在立法指导思想上，从17～19世纪的理性主义、概念论法学转向现实主义、利益多元论和折中主义。④在法律形式上，虽然也制定和修订了若干重要法典，但一般采用单行法、特别法形式。⑤对司法组织和程序进行改革，加强法官解释法律的权力，形成事实上的"法官创制法律"。⑥两大法系逐步靠拢，国际立法增多，并出现超国家组织的法律（欧洲共同体法律）。但与此同时，破坏法制的现象仍然大量存在。

在法学领域中，学派更加繁多，新自然法学（或类似的价值论法学）、新分析实证主义法学和法律社会学三大派别相互靠拢。非法学思潮对法学影响更不断扩大，出现了经济分析法学、批判法学和女权主义法学等新的法学派别。

## 当代中国的法学

1949年中华人民共和国建立迄今的法学可分为两个阶段。

**中华人民共和国的建立及其法制和法学在1978年以前的发展**　这一时期，社会主义事业曾有过健康的发展并取得辉煌的成就，但由于一系列"左"的错误，中国的法制和法学经历了曲折和不幸的过程。

《共同纲领》和1954年宪法　1949年9月29日，中国人民政治协商会议通过了《中国人民政治协商会议共同纲领》。这是一部具有临时宪法作用的文件，内容除序言外，分总纲、政权机关、军事制度、经济政策、文化教育政策、民族政策、外交政策7章共60条，有关人民基本权利和国民基本义务的条款包括在第1章总纲中。

国家在建国初期制定的法律主要有1950年的《土地改革法》、1951年的《惩治反革命条例》以及1952年的《惩治贪污条例》等。这一时期还发布了《婚姻法》和《工会法》等法律。

1954年9月第一届全国人民代表大会第一次会议在北京举行，会议通过了中华人民共和国第一部宪法（通称"五四宪法"）以及一些重要国家机关组织法。这一宪法由序言和4章（总纲、国家机构、公民的基本权利和义务，以及国旗、国徽、首都）构成，共106条。其中规定对资本主义工商业采取利用、限制和改造的政策，即实行"和平赎买"的方针。

法制的衰落　自1957年后直至1976年"文化大革命"结束，法律的作用和法律意识日益衰落。

**1978年后的法制和法学**　1978年以后，中国的法学研究和法制建设开始恢复和发展。

邓小平关于社会主义民主和法制的理论　邓小平理论系统地回答了中国社会主义发展道路、发展阶段、根本任务、发展动力、外部条件、政治保证、战略步骤、党的领导和依靠力量以及祖国统一等一系列基本问题。社会主义民主与法制也是这一理论的一个有机组成部分，表现在以下方面：①民主是解放思想的主要条件，要真正实行无产阶级的民主集中制。②为了保障人民民主，必须加强法制，必须使民主制度化、法制化，使这种制度和法律不因领导人的改变而改变，不因领导人的看法和注意力的改变而改变。③民主与法制不可分，没有民主和法制就没有社会主义。④要一手抓建设，一手抓法制。⑤要严厉打击严重刑事犯罪活动。⑥要遵循法制原则，不搞运动。⑦解决消极现象的重要手段是教育和法制；加强法制重要的是进行教育，根本问题是教育人。⑧旧中国留下的封建专制传统比较多，民主法制传统很少。⑨组织制度、工作制度方面的问题更重要。这些方面的制度好可以使坏人无法任意横行，制度不好可以使好人无法充分做好事，甚至会走向反面。⑩政治体制改革要适应经济体制改革。⑪中国不能搬用西方那一套民主等。

宪法是国家的根本法　中国的宪法变动较多，自1949年作为临时宪法的《共同纲领》后，有1954年第一个宪法，以后有1975年、1978年宪法，直到1982年即现行的宪法。根据这一宪法规定，全国人大有权监督宪法的实施，全国人大常委会有权解释宪法和监督宪法的实施。1982年宪法迄今经过了1988年、1993年、1999年、2004年四次修订。与有些国家不同，中国并没有宪法法院和司法机关对法律的违宪审查制度。

加强立法，建立有中国特色社会主义法律体系　自1978年，社会主义法制建设方面的一个首要任务是加强立法，即实现"有法可依"的要求。1979年7月，五届全国人大第二次会议通过了包括刑法、刑事诉讼法在内的7个重要法律，开始了大规模立法工作。1982年制定了宪法。特别是90年代初确立社会主义市场经济体制目标后，立法数量不断增加。

依法治国，建设社会主义法治国家　是当代中国法制建设的核心，也是中国法学研究的主题。依法治国、要法治不要人治的思想，在1978年中共十一届三中全会前后，首先来自邓小平。党的十五大报告依据邓小平的上述思想，系统地论述了依法治国的理论，并第一次将"依法治国，建设社会主义法治国家"作为党领导人民治理国家的基本方略在党的代表大会上郑重地提出。这是中国领导人和全国人民对社会主义民主与法制认识和实践不断提高与成熟的产物。

**法雅**　Falla, Manuel de（1876-11-23～1946-11-14）　西班牙作曲家。生于加的斯，卒于阿根廷的上格拉西亚。自幼从母亲学钢琴。1899年，入马德里音乐学院学习钢琴，两年后毕业。1902年起，从西班牙民族乐派的开创者F.佩德雷利学习作

曲。1907年，法雅到巴黎，从P.杜卡学作曲和配器，并进行创作和演出活动，作品深受法国听众的欢迎。第一次世界大战爆发后回国，这一时期的作品被认为是西班牙民族乐派进入成熟期的标志。1921年他移居格拉纳达。1939年应设在布宜诺斯艾利斯的西班牙文化学院之聘赴阿根廷，一直到逝世。

法雅早期作品都不自觉地带有安达卢西亚色彩。1903年，钢琴曲《音乐会快板》获技巧性钢琴作品奖；1904年皇家艺术学院设奖征求西班牙风格的独幕歌剧，他为此而写的《人生短暂》获得第一名。他到法国后写的第一部作品《三支旋律》，采用许多印象派手法，其中伴随着人声的钢琴部分尤有特色。《人生短暂》也是在按照德彪西和拉威尔的意见修改了配器后，由巴黎喜歌剧院首演。回到马德里后，法雅进入艺术上的成熟阶段，这个时期的第一部作品是带有歌唱的独幕舞剧《爱情魔法师》。《西班牙庭园之夜》是为钢琴和乐队而作的交响组曲，作者称之为“交响印象”，被看作是印象派音乐的代表作之一。二幕舞剧《三角帽》是最受欢迎的作品，在伦敦首演时P.毕加索为之设计布景。《安达卢西亚幻想曲》可以说是一首充分发挥了钢琴技巧的“深沉歌”，作者将其题献给A.鲁宾斯坦。它和后来的《羽管键琴协奏曲》具有共同特点。康塔塔《阿特兰蒂达》是他最后一部作品，由于战争的影响和多病的身体未能完成。

**法医学** forensic medicine 应用医学、生物学及其他自然科学的理论与技术，研究并解决法律实践中涉及人身伤亡问题的一门应用科学。法医学是为法律服务的，是医学与法学的交叉学科，是一门特殊的应用医学。

法医学研究的对象包括现场勘验、尸体检验、活体检验、物证检验和书证审查。法医学的任务是通过对伤亡的人体及有关物证的检验，为侦查工作提供重要线索，为揭露犯罪事实真相和正确处理民事纠纷提供科学证据；为处理重大灾害事故查明原因、鉴定罹难者的伤情以及个人识别；帮助医疗机构提高医疗服务质量，促进医学科学发展，为卫生行政机关处理医疗纠纷提供专业服务；为卫生防疫部门处理传染病和职业病提供科学支持，为保险部门处理人身伤亡赔偿问题提供科学依据；为法律的制定提供建设性意见，为有关法律条文的解释提供科学依据。

中国是世界上最早产生法医学的国家。1975年出土的《睡虎地秦简》中有与法医学关系密切的《封诊式》，其中勘验一节就介绍了活体检验、首级检验、尸体检验、现场检验等，已形成法医学的雏形。五代后晋高祖（936～942年在位）时和凝及其子和㠓编纂的《疑狱集》4卷出版，进一步论述了损伤和年龄鉴定方面的经验。宋孝宗淳熙元年（1174）印发的《验尸格目》，对尸检作了规范。宋理宗淳祐七年（1247）湖南提点刑狱官宋慈编写了《洗冤集录》5卷，内容包括检复总说、疑难杂说、初检、复检、验尸、四时变动、验骨、自缢、溺死、自刑、塌压死、服毒、杀伤、针灸死及其他各种死伤共53项检验方法和尸体改变，是现存世界上最早的系统法医学著作。20世纪初，在西方的影响下，1913年发表了中国第一个《解剖规则》，其中规定“警官及检验官对于变死体非解剖不能确知其致命者，指派医士解剖”。1915年先后在北京医学专门学校和浙江医学专门学校设立了裁判医学课，开始讲授法医学，培养法医学人才。1930年，国立北平大学医学院创立法医教研室，1932年在上海成立第一个法医研究所，并出版《法医月刊》，使法医工作走向发展成熟时期。

外国法医学的形成比中国晚，最早由医生检验尸体始于12世纪。1598年意大利巴勒莫大学教授F.费代莱出版了《医师关系论》，被公认为欧洲第一部系统的法医学著作。1868年法国法医学家M.德弗奇创办了世界上第一个法医学会——巴黎法医学会，1873年改名为法国法医学会。至此，近代法医学体系已经基本形成。

司法实践不断对法医学提出新的要求，现代科学技术的发展提供给法医学新的技术手段，促使法医学出现了新的分支学科，包括法医病理学、法医毒理学、法医毒物分析、法医临床学、法医精神病学、法医物证学、法医血液遗传学、法医人类学、法医牙科学、法医昆虫学等。

**法医学鉴定** medico-legal expertise 鉴定人运用法医学知识、技能对人或物进行检验鉴别和评定的一种活动。具有法医学专门知识和技能，接受司法机关指派或聘请，对案件中某些专门性问题进行鉴定和评定并写出鉴定结论的人称为鉴定人。法医学鉴定人是自然人，由司法机关指派或聘请，不能由当事人自己聘请。法医学鉴定人如与案件或一方当事人有利害关系，应申请回避。鉴定人对被鉴定的主体（人或物）进行检查、检验后作出的。法医学鉴定结论是一种法律证据，经过查证属实，作为定案的根据。

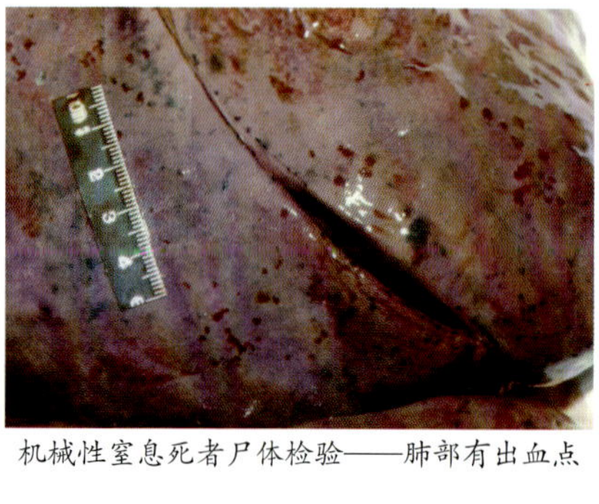

机械性窒息死者尸体检验——肺部有出血点

**法医学物证检验** forensic medical examination of material evidence 应用法医学知识和特殊的实验室方法，对与犯罪事件有关的人体组织、体液、分泌物、排泄物等生物物品，如血痕、精斑、唾液斑、毛发、骨质等进行的检验。目的是确定物证的性质、种属和型别，为侦查提供线索，为审判提供证据。寻找物证一般在现场进行，提取时应记录发现的地点、物证的名称、性状、大小等。物证检材要分别提取和包装。送检物证要严密封固，送检公函应写明送检人、日期、物证名称、检验目的和要求、有关现场情况及案情摘要。

**法印** dharma-mudrā 佛教术语。佛教徒用以鉴别佛法真伪的标准。又译法本、本末、忧檀那等。法指佛法，印喻能印证真伪的佛法之印。凡符合法印的为佛法，不符合的为非佛法。关于法印有三法印、四法印、五法印、一法印之分。①三法印。即诸行无常，诸法无我，涅槃寂静。此说形成较早，多见于小乘经、律、论和大乘经、论。②四法印。在三法印上加“一切诸行苦”。见于《增一阿含经》。③五法印。在四法印上加“一切法空”。见于《维摩经》。④一法印。即一实相印。实相即真如、法性。上述几种说法并无实质上的差异。

**法尤姆肖像** Faiyum portrait 1～4世纪间在埃及出现的为死者描绘的胸像或肖像。这些据说是出自希腊人之手的肖像于1820年被首次发现。由于这类肖像在埃及法尤姆地区发现最多，故称法尤姆肖像。肖像通常画在43厘米×23厘米的木板上，置于死者木乃伊面孔的包裹布之下，或者直接画在覆盖木乃伊的尸布之上。

法尤姆肖像出现的时期正值罗马美术对古埃及美术产生巨大影响之时。法尤姆的墓室肖像对光与影以及人物性格和神态的刻画颇具特色，画中人物的眼睛被画得大而富于表情。这种描绘的手法被认为是东方概念与西方写实主义的结合，并被认为是拜占廷圣像绘画风格的先声。

**法语** French language 属*印欧语系罗曼语族*西支。分布地区除法国外，还有比利时南部、加拿大的魁北克省、瑞士部分地区、海地、卢森堡，以及非洲的许多国家。它是上述国家的官方语言或官方语言之一，也是联合国的工作语言之一。使用人口超过1亿。

近代法语的前身是俗拉丁语演变而来的高卢-罗曼语。公元前51年罗马人征服高卢全境，形成高卢-罗曼语。5世纪，日耳曼部族法兰克人入侵高卢，推翻罗马在高卢的统治，建立法兰克王国。高卢-罗曼语受日耳曼语的影响，继续发生演变，其方言之一则演变为法语。可分为以下几个阶段。

古法语（10～13世纪） 13世纪，巴黎逐渐成为全国政治和文化中心。巴黎地区的法兰西岛方言因而广泛传播，逐渐成为民族共同语。古法语的著名文学作品是口头文学《*罗兰之歌*》(11世纪末)。古法语用于官方文书始于13世纪初。

中古法语（14～16世纪） 1337年法、英开始百年战争，法国中央集权削弱，语言变化很大，于是产生了与古法语有显著差异的中古法语。15世纪末法国又逐渐趋于统一，语言也随之趋向统一。1539年法国国王弗朗索瓦一世宣布以法语（即法兰西岛方言）为国家语言，法语在国民生活中取得优势。

近代法语（17世纪以后） 17世纪文学上古典主义盛行，许多文人学者致力于法语的规范化。18世纪启蒙运动兴起。百科全书派为了表达科学研究中出现的新概念，新创不少词语。法国革命给语言的发展也带来重大影响。从中世纪以来，第一次出现了民间语言的文献。19世纪浪漫主义等流派的作家，大量吸收生动活泼的语言，增强了法语的表达能力。

法语现状 近代法语共有36个音位，其中元音16个，辅音20个。重音落在最后一个音节上。在最近几十年中，法语语音有了较大变化。和拉丁语相比，法语的词形屈折已大大简化。名词没有格的变化，性和数主要通过名词前的冠词、限定词等来区别。动词的变位虽然书写形式不同，但其中有一些读音是相同的。只有人称代词还保留多种不同形式。修饰形容词一般放在被修饰的名词之后。词与词之间的语法关系主要以词序和虚词表示。从*拉丁语*、*希腊语*和*英语*借词较多。19世纪曾有过英语热，第二次世界大战又输入大量美国英语词语。后来法国政府出面干预，赞同努力拯救法语，防止英语的蚕食。

法语采用拉丁字母，有些字母可以附加音符或拼写符号。法语的拼写法和读音大体相符，但也有不规则的地方。

从中世纪起法语在国外就有较大影响。17、18世纪，法语是重要的国际语言，欧洲很多国家的宫廷和上层社会以使用法语为风尚。第二次世界大战后，法语的影响减弱，但仍不失为较重要的国际通用语言。

**法源寺** Fayuan Temple 中国佛教寺院。位于北京宣武门外。相传建于唐贞观十九年（645），名悯忠寺。安史之乱时，史思明改名顺天寺。明正统年间重修，改名崇福寺。清雍正十二年（1734）朝廷资助大修，赐额法源寺。寺院坐北朝南，共七进。悯忠台为寺内现存最古建筑。此外寺内尚有北齐石造像，唐石佛像、五代铁铸像、宋木雕罗汉等。*中国佛学院*设于寺内。

法源寺山门

**法院** court 行使审判权的国家机关。有的国家称*法庭*、裁判所。

**发展史** 在古代奴隶制和封建制国家，司法、行政往往不分，审判权统归行政机关行使。中国到南北朝北齐时，才在中央设立了大理寺，专事审核刑狱案件。

在西方国家，开始时也是司法、行政不分。西欧进入封建社会后，先后出现宗教法院、封建法院。资产阶级取得反对封建主义的胜利后，将司法权从行政机关分出，设置具有独立组织体系的法院，使之成为行使国家审判权的唯一机关。

**现代法院** 现代意义的法院，按管辖案件的性质，分为普通法院和专门法院。普通法院为管辖普通民事、刑事案件的法院，如中国的地方各级人民法院。专门法院为管辖特定种类的民事、刑事案件的法院，如军事法院、海关法院、税收法院、离婚和继承法院、劳动法院、社会法院等。中国的专门法院有军事法院、海事法院、铁路运输法院等。此外，有的国家还设有*宪法法院*、行政法院。

英国法院 因袭历史传统，普通法院由基层法院、最高法院和上议院组成。上议院是英国的最高审级，审理内容涉及有普遍意义的重大法律问题的上诉案件。除普通法院外，还设有行政法庭和专门法院。

美国法院 分为联邦法院和州法院两大系统，适用各自的宪法和法律，各有专属管辖范围，当双方的管辖范围发生重叠时，由联邦法院管辖。联邦法院系统由联邦地方法院、联邦上诉法院、美国最高法院以及一些由国会设立的专门法院组成。州法院一般由州基层法院、州上诉法院和州最高法院组成。

法国法院 分为普通法院与行政法院两大系统。普通法院系统包括民事法院和刑事法院。行政法院系统由最高行政法院和各省所设的27个行政法庭组成，主要任务是解释现行法律和行政法令，并提供建议和拟订草案；审理行政机关之间的纠纷和公民对行政机关的控告。在两大法院组织系统之外，还设有争议法院和特别高等法院。

德国法院 司法制度比较复杂，除联邦宪法法院外，还有5个自成系统的法院，即普通法院、劳工法院、行政法院、社会法院和财政法院。每个系统中的下级法院都属于各州，只有每一系统中的最高法院是联邦法院。为维护法律的统一性，由各个最高法院设立一个联合审判庭，协调5个法院系统的法律意见。

日本法院 审判权由最高法院和下级法院行使。下级法院包括简易法院、家庭法院、地方法院和高等法院。地方法院与家庭法院属于同一审级。家庭法院负责家庭案件的审判和调解，以及少年保护案件的审判。各级法院一律兼理民事、刑事案件，实行四级三审终审制。

中华人民共和国人民法院 行使审判权的司法机关。包括最高人民法院、地方各级人民法院和专门人民法院。地方各级人民法院又分高级人民法院、中级人民法院和基层人民法院。实行两审终审制。专门法院有军事、海事、铁路运输法院。

**法院调解** court mediation 在法院审判人员的主持下，尽量促使双方当事人就发生争议的民事权利义务自愿进行协商，达成协议，解决纠纷。中国法院处理民事案件、行政侵权赔偿案件和刑事自诉案件的一种重要方式。又称法庭调解、诉讼中调解。见*调解*。

**法约尔** Fayol, Henri (1841～1925) 法国科学管理专家、管理学先驱之一。生于土耳其伊斯坦布尔。1888～1918年任法国最大的矿冶公司总经理达30年。他在系统理论思考和经验总结的基础上提出了管理功能理论，并认为他的管理理论不仅适用于公私企业，而且也适用于军政机关和宗教组织。主要著作有《一般管理和工业管理》(1916) 等。

法约尔认为管理功能包括计划、组织、命令、协调和控制五种，管理的内容包括6项：技术、推销、财务、安全、会计和经营。管理不是专家或经理独有的特权和责任，而是企业全体成员（包括工人）的共同职责，只是职位越高、管理责任越大而已。不论公共管理还是私营管理，都必须遵循普遍的管理原则，即任何一个下属组织只应该接受一个上级的命令，这是组织统一行动、协调力量和一致努力的必要条件；从最高权力层直至低层管理人员应组成类似金字塔式的组织，使发出命令、解决争端和传递信息都经过法定的渠道；一个管理者能有效地直接领导、指挥监督的下属人数的极限一般为12个；组织自上而下地管理，最终的管理责任在上层，而不是将管理责任分散，甚至消失在下层。

法约尔界定了管理的概念，讨论了直线式组织和参谋机构的问题，提出了管理的原则，开创了组织研究领域，拓展了科学管理原理所涉及的领域，为现代组织理论奠定了基础。

**法越战争** Franco-Vietnamese War 1858～1884年，法国侵略越南的殖民战争。为使越南成为殖民地并向中国及东亚其他地区扩张，法国以保护传教士为由，与西班牙组成联合舰队，在法国海军上将R.D.热努耶（旧译黎戎）率领下，于1858年9月1日炮轰岘港，发动侵越战争。1861年2月，法西联军兵力大增，解西贡之围后，大举进攻，相继占领越南南部的嘉定、定祥、边和三省。1862年6月，法国与越南签订第一个《西贡条约》，迫使越南割让被占三省和昆仑岛，开放岘港、大叻、广安港，赔款288万两白银，并给予法国自由传教与通商的特权。1866年6月，法国以阮朝怂恿南部义军抗法为借口，发动新的进攻，占领永隆、安江、河仙三省，将越南南部变为法属交趾支那殖民地。1873年11月，法国海军少校M.J.F.加尼埃（旧译安邺）率兵侵入越南北部。法军于11月20日攻占河内，随后占领北部红河三角洲的一些省城。阮知方殉节牺牲。越南北部军民和刘永福率领的广西农民起义军黑旗军联合抗法。12月21日在河内近郊纸桥战斗中，黑旗军击毙加尼埃，迫使法军撤出越南北部。阮朝于1874年3月与法国签订第二个《西贡条约》，为法国侵占越南北部铺平了道路。1882年4月，法国海军上校H.里维埃（旧译李维业或李咸利）率兵北上，再次侵占河内。1883年，法军先后占领南定、广安和鸿基等地。越军与黑旗军联合作战，包围河内法军。5月19日在纸桥伏击战中，黑旗军击毙里维埃。1883年8月，法海军少将A.-A.-P.孤拔指挥法军进攻顺化，陆军少将A.布埃（旧译波滑）率军侵犯北部。越军在香河口失利，朝廷被迫于8月25日与法国签订《顺化条约》，承认法国在越南各地拥有驻军的权利。1884年6月，越南被迫与法国签订第二个《顺化条约》，承认法对越的"保护权"，越南从此完全沦为法国的殖民地。

**法藏** Fazang (643～712) 中国唐代僧人。华严宗三祖、实际创立人。又称贤首大师、香象大师。祖上为康居（今撒马尔罕）人，后迁居长安。曾于云华寺听智俨讲《华严经》，又参加玄奘译场。唐总章三年（670）出家受沙弥戒。万岁通天元年(696)奉诏讲《华严经》，并由京师十大高僧授满分戒。曾参与实叉难陀、义净、菩提流志等的译事。生前讲《华严经》20余遍，使华严学说体系化。从华严宗立场对古来佛教学说一一判别，立五教十宗分类。圣历二年(699)新《华严经》告成，奉武则天诏讲《华严经》，得武后赏识。又曾为唐睿宗授菩萨戒。著述有《华严经探玄记》、《华严经旨归》、《华严经文义纲目》、《华严策林》、《华严一乘教义分齐章》、《华严经问答》等，以及《大乘起信论义记》等。

**法扎巴德** Feyzābād 阿富汗东北部城市，巴达赫尚省首府，西南距首都喀布尔320千米。临科克恰河（阿姆河上源喷赤河左支流）北岸，海拔1 220米。夏季气候宜人，冬季气候严酷。居民以塔吉克族为主，人口15.3万(2003)。素为阿富汗东北部国防重镇，古来进出困难，现代条件下，交通大有改观。已有公路西连汗纳巴德、昆都士和马扎里沙里夫，西南通喀布尔，东南抵瓦罕走廊西端，东北越喷赤河入塔吉克斯坦的帕米尔地区。交通、战略意义均十分突出。附近发展有绿洲式的灌溉农业，出产小麦、稻米、豆类、油菜子、棉花等，设有碾米、面粉等厂。东北山区有煤、铁矿藏。19世纪30年代，城市在战乱中毁坏殆尽，19世纪后半期逐渐恢复；1955年又遭强烈地震，重建后获得较快发展。

**《法哲学原理》** *Grundlinien der Philosophie des Rechts* G.W.F.黑格尔政治思想的主要代表著作。全名《法哲学原理或自然法和国家学纲要》。发表于1821年。中译本由范杨、张企泰译，商务印书馆1961年出版。黑格尔在序言中申明，此书以国家学为内容。作为哲学著作，它把国家作为一种理性的东西来理解和叙述，不是要阐明国家应该怎样，而是要说明应该怎样认识国家。此外，还涉及法、权利、道德、伦理和社会等内容。

著作形式上较抽象、晦涩，但内容却是对德国近代国家和政治现实进行批判性的分析。它提出了一些有价值的见解，是一部思想深刻、影响深远的政治哲学著作。

**法正** Fa Zheng (176～220) 中国东汉末刘备的谋士。字孝直。扶风郿县（今陕西眉县东）人。东汉末，刘璋割据益州，法正任军议校尉，不得志。与益州别驾张松合谋翼戴刘备。建安十六年(211)张松以讨伐汉中张鲁，抵御曹操进攻为由，说服刘璋派法正去荆州迎接刘备大军。当时刘备正处在曹操、孙权威胁之中，进退两难。法正至荆州，为刘备出谋划策，劝他西上推翻刘璋统治，夺取益州。刘备从其议，率步兵数万人由水道入蜀，留诸葛亮、关羽驻守荆州。十九年，夺取益州，奠定了鼎峙的基础。法正任为蜀郡太守、扬武将军，外统都畿，内为谋主。诸葛亮因此深赞法正功劳巨大。建安二十二年又乘曹操内部矛盾尖锐之际，献策北上讨伐曹操大将夏侯渊。刘备纳其策，二十四年，夺取汉中，刘备自立为汉中王。法正任尚书令、护军将军。次年卒。

**法制** legal system; legality 广义指法律和制度，狭义仅指法律规定。"法制"一词大体上指以下三种含义：①静态意义上的法律和制度，或简称法律制度。②动态意义上的法律，即立法、执法、守法、对法律实施的监督等各个环节构成的一个系统，类似西方社会学法学派的法律概念。③指"依法办事"的原则，亦即有法可依，有法必依，执法必严，违法必究。德国最常用的概念是"法治国"。中华人民共和国建立初期，"法制"和"法治"二词都曾使用过。"法制"一词主要指静态意义上的法律或动态意义上的法律。依法办事或依法治国的原则或制度统称"法治"。

**法治** rule of law 依据法律治理国家。与人治相对。

**历史上对法治与人治的争论** 法治与人治是社会、政治和法律等领域中的两个重要概念，不同历史条件、不同国家或不同思想家，往往有不同理解。在中国和西方国家历史上关于法治和人治的争论，主要有以下三次：第一次是中国春秋战国时期儒法之争，儒家主张人治（或德治、礼治），法家主张法治。第二次是古希腊思想家柏拉图主张人治，亚里士多德主张法治。第三次是17～18世纪资产阶级先进思想家为反对封建专制提出的有关法治的观点。

在这三次争论中，法治论者和人治论者对"法治"和"人治"二词的词义理解的分歧大体上可概括为以下三点。

①国家治理主要依靠什么。人治论者认为国家主要应由具有高尚道德的仁君、贤人通过道德感化来进行治理。法治论者则认为主要应由掌握国家权力的人通过强制性的法律（实际上指刑法）来治理。

②对人的行为的指引主要依靠一般性的法律规则，还是依靠针对具体情况的具体指引。人治论强调具体指引，法治论强

调一般性规则。

③在政治制度上应实行民主还是专制。法治论者主张民主、共和政体（包括君主立宪），人治论者主张君主制、君主专制或寡头政治。

**依法治国，建设社会主义法治国家** 1997年9月，中国共产党第十五次全国代表大会提出要“依法治国，建设社会主义法治国家”，在中国社会主义民主与法制发展史上具有巨大意义。早在20世纪70年代末中国开始实行改革开放时，中国领导人就提出了“发展社会主义民主，加强社会主义法制”的方针，经过不到20年的时间，发展到要“依法治国，建设社会主义法治国家”，这是中国领导人和全国人民对民主与法制认识和实践不断提高与成熟的产物。从80年代初以来，随着改革开放的逐步发展，中国也进一步认识到加强民主与法制的迫切性，认识到如果法制不完善，国外与境外的技术或资金就难以进入中国内地。90年代初，中国宣告要建立社会主义市场经济，市场经济是法治经济，因而中国大踏步地加强立法，为“依法治国”创造了一个良好的前提。与此同时，为了加强社会主义精神文明建设，与腐败现象进行斗争；为加强对经济的宏观调控，维护本国经济安全；为预防和制裁违法行为，特别是严重犯罪行为等，都需要依靠法治。

**珐琅** enamel 搪瓷的旧称。现多指艺术搪瓷。珐琅一词源于隋唐时期古西域地名拂菻。当时东罗马帝国和西亚地中海沿岸诸地制造的搪瓷嵌釉工艺品称拂菻或佛郎嵌、佛郎机，简化为拂菻。中国出现景泰蓝后，转音为发蓝，后又称珐瑯。1918～1956年，珐瑯与搪瓷同义合用。1956年中国制定搪瓷制品标准，珐瑯改定为珐琅，作为艺术搪瓷的同义词。20世纪50年代以来，国际上很少再用珐琅称谓搪瓷制品，中国也仅限称北京景泰蓝制品为珐琅制品，生产厂家称珐琅厂。对于以钢板、铸铁、铝板、铜板等为坯体制造的搪瓷制品，均称搪瓷或搪玻璃制品。

**珐琅彩** porcelains with cloisonne enamel 中国清代彩绘陶瓷品种。清宫称之为“瓷胎画珐琅”。以富含硼的珐琅料在瓷胎上绘画图案，然后入窑烘烤图案。产量不高，基本是康雍乾时代烧造的御用釉上彩器物，仅少量用于赏赐，故名贵异常。多为盘、碗、杯、壶、瓶等小型器物，一般由景德镇烧制白瓷胎，在北京宫廷造办处绘画图案和烘烤，也有极少数器物以宜兴紫砂为胎。绘制者既有高手匠人，也有宫廷画师，帝王常对款式、图案、彩色等直接干预。珐琅彩本是将铜胎画珐琅的技法移植于瓷器。康熙年间，彩料来自西方，装饰题材通常为花卉，图案出现在彩色地上，犹存铜胎画珐琅的风韵。雍正时，瓷器特点已经明显，图案通常绘于白地上，胎体坚薄，釉质莹润，图案精丽工致，题材不仅有图案性的花卉，还有绘画式的花鸟、山水等，甚至诗书画印结合。最晚在雍正六年（1728），宫廷已能自制珐琅料。乾隆时的作品每与雍正时的接近，但出现了一些造型、装饰欧洲化

珐琅彩锦地双耳瓶（清）

的器物。珐琅彩瓷器的底部均书写年款，有蓝色、胭脂色堆料款及青花款，字体有楷、篆书两种，书四字者为“康熙御制”或“雍正御制”，书六字者为“大清乾隆年制”。

**帆布** canvas 用多股线织成的平纹织物。因曾用作船帆而得名。帆布的特征是紧密、厚实、强硬、耐磨、耐折、有防水性。根据所用股线粗细和织物重量分为：粗帆布又称篷盖布，用作仓库、车辆、船舶等的遮盖布；细帆布经染色后用作鞋帮、箱包的面料。制鞋帮的帆布可织成双层组织，把鞋面和鞋里合成一体。制帆布用的纤维原料主要是棉，近年来大量采用涤纶、维纶等合成纤维，以提高帆布的强度和减轻帆布制品的重量，并辅以聚氯乙烯涂层，以提高防水性、防霉性和阻燃性等。

**帆船** sailing boat 主要利用风力张帆行驶的船。其主要推进装置为帆具，以橹、桨和篙作为靠泊、起航和在无风航行时的辅助推进装置。内河帆船还有纤具，无风逆流航行时，纤工上岸背纤步行，拉船前进。

帆船是古老的水上运载工具。按挂帆的桅数区分，有单桅船、双桅船和多桅船；按用途分，有运输船、渡船、渔船和旅游船。古代还有专用于作战的战船。此外，还有专用于水上运动的帆船。

帆船类型很多。中国宋至

木帆船

清代，沿海帆船有航行于黄海的平底沙船、福建的尖底福船、广东的广船及浙江、福建、广东的一种小型快速鸟船；内河帆船有专在运河承运漕粮的平底漕船等。19世纪中叶机动船兴起后，出现了备有风帆的机帆船。它既保留帆具可以驶风，又安装了内燃机，作为无风、弱风航行时的动力。20世纪70年代以来，日本、英国、美国、巴西、挪威等国积极研究和试制新型近海和远洋机帆船（又称风帆助推船），用电子计算机控制帆，以节约能源。

**帆船运动** sailing 水上运动项目之一。依靠自然风力作用于帆面而推动船只前进，集娱乐性、观赏性、探险性、竞技性于一体。帆船活动最早出现在公元前70年。现代竞技帆船运动出现于17世纪初的荷兰。1662年英国皇室举办了第一次帆船比赛。1720年前后，各国帆船俱乐部和帆船协会纷纷建立。1857年美洲杯国际帆船赛创立。至今，这一著名赛事已持续了150多年。1896年，帆船被列为第1届现代奥林匹克运动会正式比赛项目。1900年第一次世界性的大型帆船赛举行。1906年国际帆船运动联合会（ISAF）成立。在世界上，每年都有各级别的世界和洲际帆船比赛。国际上视帆板运动为帆船运动的一个分支项目，它源于美国的加利福尼亚。1972年，在加拿大举行了第一次帆板世界锦标赛。1984年第23届奥运会的帆船比赛中增设男子帆板，第25届奥运会又增设了女子帆板。中国现代帆船运动始于1978年，1981年中国帆船帆板

帆船竞赛场面

运动协会成立。中国帆船运动起步较晚，但进步很快，特别是女子帆板曾获得过5次世界冠军，并于1992年在巴塞罗那第25届奥运会帆板比赛中获得1枚银牌。中国香港帆板运动员李丽珊获得第26届亚特兰大奥运会帆板比赛金牌。在第27届奥运会上，中国男子帆板选手进入前5名，跻身世界先进运动队行列。在第29届奥运会上，中国运动员殷剑获得女子帆板金牌。

帆船、帆板比赛以求在最短时间内到达目的地。由于风速、风向不同，每轮比赛的场地也会随时调整和改变。所以帆船、帆板比赛不存在世界纪录和最好成绩。帆船正式比赛要求在开阔的海面上进行，距海岸应有1～2千米。世界帆船锦标赛和中国帆船锦标赛都采用短距离三角绕标航程。三角绕标航程是用3个浮标布置成45°-90°-45°的等腰三角形。帆船比赛还分场地赛、拉力赛和远洋赛，各赛事都有具体的比赛规则和计分标准。帆船比赛以欧洲三大赛、美洲杯帆船赛和世界环球航海赛最负盛名。欧洲三大赛是指每年4月下旬的法国伊尔国际帆船赛，5月下旬的荷兰斯巴帆船赛及6月下旬的德国基尔周国际帆船赛。此三大赛事的规模与水平均高于奥运会。美洲杯帆船赛始创于1857年，每4年举办一届，至今已持续了近150年。世界环球航海赛是世界上规模最大、赛期最长、最具挑战性也是最富有魅力的帆船赛事。

**番红花** *Crocus sativus*; saffron crocus 鸢尾科番红花属的一种。多年生草本植物。又称藏红花、西红花。花柱和柱头供药用，亦可作芳香剂和食品的着色剂。又为观赏植物。原产西班牙、法国等地。现中国浙江、江苏、上海、北京等地均有栽培。叶线形，基生。秋末开花，花淡紫色，着生于花葶顶端，雌蕊具深红色三叉柱头。喜温暖湿润气候，耐寒。忌涝，忌连作。用球茎繁殖。栽培方法有露地和室内两种。

柱头含数种番红花苷、番红花酸二甲酯、番红花苦苷等；另含挥发油，其主要成分为番红花醛；还含异鼠李素及维生素$B_1$、$B_2$。柱头和花柱入中药，功能活血化淤、散郁开结，主治忧郁、胸闷、闭经、产后瘀血腹痛、跌打胀痛，还有兴奋及降压作用。

**《番例》** *Legislation for Mongols and Tibetan* 中国清朝适用于青海地区蒙古族、藏族的专门立法。又称《西宁青海番夷成例》、《西宁番子治罪条例》、《番律》等。雍正十一年（1733）清政府鉴于青海已经平定和统治的需要，制定适用于宁夏、青海、甘肃等地蒙古族、藏族的《番例》。

主要内容包括会盟、征派、司法以及追赶逃人、奸污、殴伤人、戏误杀人、抢夺、挟仇放火等犯罪。原拟《番例》实行五年后改用《大清律例》，但因条例收到了因俗制宜的效果，遂一再展限。至嘉庆十四年（1809）决定“不用再行修改”，直到民国初年仍被援用。

**番荔枝科** Annonaceae; custard-apple family 双子叶植物纲木兰亚纲的一科。共120属约2 100种，广布热带和亚热带。中国有24属120种，分布于西南至台湾，大部分产于华南及云南南部。乔木或灌木，有时攀缘状。单叶互生，全缘，无托叶。花两性，稀单性；通常单生，生于叶腋或腋外生，与叶对生或茎生花，下位花，辐射对称；花被由3轮组成，每轮3片，外轮形成花萼，萼片离生或在下部合生，镊合状排列，内面2轮形成花瓣，花瓣通常9，稀3或4片，镊合状排列；在花被上方，有大而隆起或稀凹陷的花托，花托上螺旋地排列着多数雄蕊，中央着生多数心皮；雄蕊较特殊，有一短而粗的花丝，花丝上方有一对外向的花药，花药上方是药隔，药隔在不同属中各异，倒生胚珠通常多数，在心皮腹缝上排成2列。果实肉质，形成分离的浆果，或与花托合生成一肉质球状浆果；种子通常具假种皮。生于气温较高而潮湿的林中。

该科的暗罗属、野独活属等，材质坚韧，南美产的矛木以坚韧而富于弹性的木材著名，用于弓柄、弹子杆等特殊用途。有些植物的花可提制高级香精油，是一种用途很广的重要的日用化工原料。番荔枝果供食用，外形酷似荔枝，为热带地区著名水果。树皮纤维可造纸，根和果实可药用。番荔枝科具有比较原始的性状，如心皮螺旋排列，离生，被达尔文称为“活化石”。该科与木兰科亲缘最近。

**番荔枝内酯** annonaceous acetogenin 结构为含有一条连在甲基取代或经重排的α-丁内酯上的长碳链，其中嵌有一两个四氢呋喃环和一些含不同构型的含氧基团或双键，碳原子数大多为35或37个。20世纪80年代后新发现的一类天然化合物。主要存在于热带和亚热带的番荔枝科植物中，较多来自该科的*Annona*、*Uvaria*、*Asimina*等属中。第一个发现的番荔枝内酯uvaricin的结构式为：

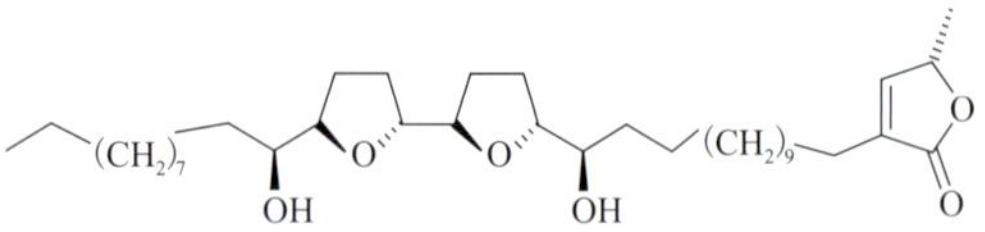


番荔枝内酯除了其独特的化学结构引起关注外，还因为它们对癌细胞有极高的毒性。不少番荔枝内酯化合物的抗癌活性显著高于紫杉醇，但对正常细胞的毒性也很高，尚无法用于治疗癌症。为降低毒性或发现其他用途，正积极探索其化学合成、结构修饰、作用机制。

**番木鳖碱** strychnine 吲哚型生物碱，分子式$C_{21}H_{22}N_2O_2$。又称士的宁。最初从吕宋豆种子中发现。现多从番木鳖种子中提取。白色菱形晶体；熔点275～285℃，比旋光度$[\alpha]_D^{18}$−139.3（氯仿）。毒性极大，味很苦，虽稀释至1∶670 000，仍有苦味。番木鳖碱能选择性地兴奋脊髓，能增强骨骼肌肉紧张度，对大脑皮层及视、听器官也有一定兴奋作用。主要用于治疗半瘫、瘫痪、弱视症。中国试用于再生障碍性贫血，取得一定疗效。小剂量番木鳖碱可用作苦味健胃剂，但其毒性较大，使用时须谨慎，口服一次剂量不能超过5毫克。

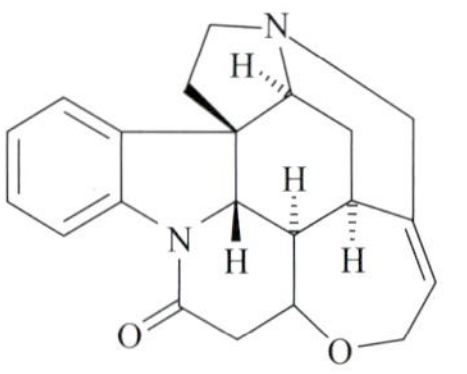


**番木瓜** *Carica papaya*; papaya / pawpaw 番木瓜科番木瓜属的一种。常绿小乔木。又称乳瓜、万寿果。为速生丰产的热带果树。原产热带美洲，以印度、巴西、墨西哥、印度尼西亚和刚果（金）产量最多。中国主要栽培于广东、台湾、广西、福建以及云南。茎干直立，高可达8～12米，顶部簇生掌状大叶。叶片具5～7个深裂。花有单性雌株、雄株，也有两性株。浆果长圆形或近圆形。果肉黄色或橙红色，厚而多汁。种子黑色，

番木瓜果实

具皱纹。性喜炎热。用种子繁殖，秋季播种，翌春定植。定植苗当年即可少量结果。果实香甜可口，富含维生素A和C，除鲜食外还可加工果汁、果脯、果酱，未成熟果实可作蔬菜和饲料，也可和叶片一起提炼番木瓜酶作医药和工业原料。

**番茄** *Lycopersicon esculentum*; tomato 茄科番茄属的一种。一年生草本植物，在热带为多年生。又称西红柿。主要以成熟果实作蔬菜或水果食用。原产南美洲的秘鲁、厄瓜多尔等地。现美国、俄罗斯、中国、日本、埃及、墨西哥、意大利、英国和西班牙等国都大量生产。

植株高60～200厘米，根系发达，茎节易生不定根。茎为蔓性或半直立。叶为不整齐羽状分裂或羽状复叶。聚伞状花序或总状花序。浆果，有圆球形、扁球形、椭圆形以及倒卵形等。栽培的番茄有普通番茄、大叶番茄、樱桃番茄、直立番茄、梨形番茄五个变种。为喜温作物，不耐霜冻。对日照长短不敏感，如温度适宜，一年四季均可栽培。对土壤的适应性较广，土壤pH以6～6.5为宜。但耐涝力弱，要求有良好的排水条件。对肥料的需要量较大，除要求充足的氮肥外，增施磷、钾肥有利于提高果实的产量和品质。

番茄是食物中维生素C的重要来源，每100克鲜果中一般含有维生素C20～30毫克，维生素A 1000国际单位。所含的糖分主要是葡萄糖和果糖，酸味主要来自柠檬酸，其次是苹果酸。果汁中的糖酸比例和芳香物质含量是决定食用风味的重要因素。果实可作蔬菜食用，可生食，或加工制成番茄酱、番茄汁等。

**番石榴** *Psidium guajava*; guava 桃金娘科番石榴属的一种。常绿灌木或小乔木。适应性很强的热带果树。原产美洲热带地区，中南美洲各国生产最多。中国主要在广东、台湾种植。树高可达5米。叶对生，革质长椭圆形或长卵形，背面有茸毛。花两性，白色，单生或二三朵聚生于叶腋。浆果卵形、梨形或球形，果肉淡黄色至淡红色。种子小而多。用实生播种或扦插、压条、嫁接繁殖均可。中国以高枝压条繁殖为主。耐寒力较差，幼树在－1～－2℃、结果树在－4℃下即冻死。果实富含维生素C，除少量鲜食外，多加工成果粉、果汁等。

**番薯** *Ipomoea batatas*; sweet potato 旋花科番薯属一种。一年生或多年生草本植物。见甘薯。

**番泻树** senna 豆科决明属矮小灌木。叶供药用，称番泻叶。有狭叶番泻树和尖叶番泻树两个种。前者主产于印度、埃及和苏丹等地，中国云南、广东也有栽培；后者主产于埃及。

狭叶番泻树，羽状复叶，小叶4～8对，披针形，全缘。总状花序，花黄色。荚果呈长肾形，扁平。尖叶番泻树，小叶4～5对，长卵形，荚果呈肾形。两种树均喜高温干燥气候，冬季气温低于0℃时影响生长。用种子繁殖。采叶植株在孕蕾期要摘蕾、摘心。宜在生长盛期选晴天采叶，并立即干燥。

番泻叶有泻下、抗菌作用。能泻热导滞。主治食积、胸腹胀、大便秘结等症。狭叶番泻树叶含番泻叶苷、芦荟大黄素双蒽酮苷、大黄酸葡萄糖苷和少量大黄酸、芦荟大黄素等。尖叶番泻树叶含蒽醌类衍生物。

**番杏科** Aizoaceae; carpet-weed famiky 双子叶植物纲石竹亚纲的一科。有130属1 200种，主要产非洲南部，也产于非洲热带、亚洲、澳大利亚、加利福尼亚及南美洲。中国有粟米草属、针晶粟属、海马齿苋属、肖海马齿苋属、番杏属等少数种。一年生或多年生草本或矮灌木。叶对生或互生，常单叶，肉质，或退化为鳞片，常无托叶。花两性，整齐，单生，或为腋生二歧聚伞花序或顶生单枝聚伞花序，花被1轮，由4～5分离或结合的革质、绿色萼片所成。雄蕊基本5数，但常分裂为多数，最外方的常不孕而为花瓣状，花丝分离或合成几束，或基部结成单体；雌蕊基本由3～5心皮结合而成，子房上位或下位，1～5室（偶达20室）。蒴果或浆果状。常见栽培的有广义的龙须海棠属植物，此属已分成100余属，其中某些种，叶极肥厚，成奇异的肉质植物，栽培于温室。龙须海棠栽植普遍，全形宛如菊科的头状花序，故又称松叶菊。番杏（又称法国菠菜）叶卵状菱形，花小，簇生叶腋，黄绿色，野生海滨，有时栽培；嫩枝富含皂苷；药用清热解毒，祛风消肿，内服治肠炎，外敷治眼赤肿。

**蕃兵** frontier tribal troops 中国宋朝西北边境由少数民族组成的地方兵种。北宋西北与西夏接壤地区，分布着大大小小的羌人部族，互相独立，各自为政。按宋人的习惯，将他们分为“生户”和“熟户”。“熟户”是指靠近宋朝，并接受宋朝统治的羌人。“生户”则指靠近西夏边境居住的羌人。自北宋中期，为了对付西夏，给羌人（主要是熟户）部族的大小首领封官，由他们分别统率本部族壮丁，组成蕃兵。宋神宗赵顼时实行将兵法，蕃兵有的单独组成“将”的编制，有的与汉兵混合编组。蕃兵虽是宋朝西北的一种地方军，但具有较强的战斗力，为宋军的精锐。

**蕃坊** 中国唐宋时来华贸易的外商、外侨在中国聚居的场所。又称蕃巷（蕃人巷）。唐代以来，中外贸易日趋发达，来华的外商、外侨逐渐增多。在唐宋王朝积极开放和优惠政策之下，蕃坊内饮食服用与宗教活动被允许“听如其俗”，有时坊内还设有“蕃市”、“蕃学”和公共墓地。宋代蕃坊置蕃坊司，选任外商、外侨中有声望者充当蕃长（都蕃长），代表当地政府管理蕃坊中的各类公事，接待贸易船只、招徕外商。蕃坊一般受当地市舶司的管辖。

**藩封** system of granting vassal states 中国古代帝王分封诸侯的制度。分封的地面称藩国。周灭商和东征后，曾分封同姓和功臣为诸侯，以为藩屏。诸侯在封国内享有世袭统治权，对周天子仅有定期朝贡和提供军赋、力役等义务，因而在全国形成分裂割据的局面。春秋战国时，适应封建中央集权的郡县制逐渐取代分封制。秦始皇统一全国，普遍推行郡县制，废除分封制。此后，历代王朝也有分封诸侯王的，但性质不尽相同，又称封藩。

**藩镇割据** separatist regime in the middle and late Tang Dynasty 中国唐朝中叶以后，一部分地方军政长官据地自雄，不服从中央命令的政治局面。唐玄宗李隆基在位（712～756）时期，为防止周边各族的进犯，大量扩充防戍军镇，共设九个节度使和一个经略使（见天宝十节度使），并赋予节度使军事统领、财政支配及监察管内州县的权力。这些节度使统掌的军镇有藩卫（即保卫）唐廷之责，故又称藩镇。安史之乱爆发后，为了抵御叛军进攻，军镇制度扩展到了内地。唐代后期，藩镇林立，所谓藩镇，又称方镇。其中一部分不受朝命，不输贡赋；还有一些倚仗自己实力对中央跋扈不驯、甚至举行叛乱的短期割据者。最后唐廷被强藩朱温所灭，演变为五代十国。后代史家把这种局面统名为“藩镇割据”。

**翻车** turning waterwheel 一种古老的方形板叶刮板式连续提水机械。又称龙骨水车。哲学家王充在《论衡》中讲到龙骨车出现于公元80年左右（实际可能更早）。而据《后汉书》记载，最初为东汉末年毕岚发明。三国时马钧加以改进，扩大了使用范围。小型翻车用手驱动曲柄转动轮轴连续提水，称为拔车；大型则用脚踏轮轴上的板棍转动轮轴连续提水，称为踏车。翻车结构除车架外，主要是一具20尺×1尺×0.7尺的木板槽。槽中架设行道板一条，由刮板逐节用木楔连接，犹如龙的骨架，由人力驱动上端的大轮轴带动刮板，将水刮到木槽上端连续不断地由低处提升到高处。驱动还有牛转、水转和风转方式。翻车沿用了一千多年，是近代的水泵发明以前世界上最先进的提水工具之一。在中世

宋代《农事图》中展示了人力抽水翻车和畜力抽水翻车

纪，翻车还用于运土和运沙，是最初的带式传送器。

**翻车鲀** *Mola mola*; ocean sunfishes 鲀形目翻车鲀科翻车鲀属的唯一种。多栖息于热带和亚热带的海洋中，也见于温带甚至寒带，在中国见于台湾到广东、广西及海南。体长可达3～5.5米，体重达1 500千克以上，体短，卵圆形，很侧扁，幼鱼为圆形，体长约为体高的1.4倍。尾部很短，无尾柄。头稍短小，吻部钝圆。眼小，侧位，稍高。口很小，端位。上下颌牙各愈合成一大板状牙，中央无齿缝。鳃孔小。无鳞，但体及鳍上均粗糙，有刺状或粒状突起，似革状。无侧线。背鳍1个，高大，呈镰刀状；臀鳍与背鳍相对，同形；无腹鳍，无腰带骨；胸鳍短小，圆形；尾鳍很宽短，边缘波曲；背鳍与臀鳍鳍条发达。背侧灰褐色，两侧为银白色，腹侧为白色；各鳍亦为灰褐色。单独或成群游泳。杂食性，以海藻、软体动物、小鱼、水母及浮游甲壳类等为食。怀卵量高达3亿粒。发育有变态现象，刚孵出时体形正常，不久体上出现强棘，之后体增高，棘缩短，渐向成鱼的形态发展。

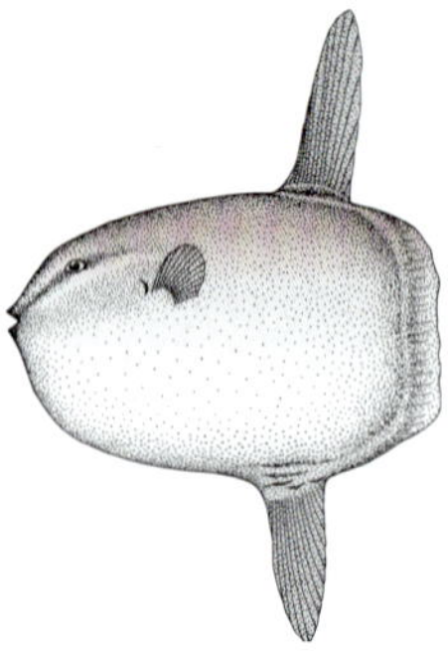

翻车鲀外形

**翻耕** ploughing 使用犁等农具将土垡铲起、松碎并翻转的一种土壤耕作方法。通称耕地、耕田或犁田。其作用是：疏松耕层，利于纳雨贮水，促进养分转化和作物根系伸展；能将地表的作物残茬、肥料、杂草、病菌孢子、害虫卵块等埋入深土层，提高整地播种质量，抑制病、虫、杂草生长繁育。

翻耕最常用农具为铧式犁。根据犁体结构不同，性能和使用方法也不同。一般铧式犁的犁壁固定，只能向右侧翻土。耕地常分内翻法和外翻法。为平整土地，常交替使用内、外翻法进行套耕，减少垄、沟数。双向犁，采取梭形耕作法，耕后不产生垄沟，常用于坡地、水田和灌溉地。耕地深度根据作物、土壤质地和气候、季节等因素而定。一般块茎作物宜深，浅根作物相对宜浅；黏土宜深，沙土宜浅；秋耕和休闲地宜深，春耕和播前耕宜浅。中国的实践证明，深耕结合增施有机肥料，增产效果更显著。

**凡·爱克兄弟** Eyck, Jan van and Hubert van 尼德兰文艺复兴时期画家。H.凡·爱克（Hubert van Eyck, 1370～1426－09－18）和J.凡·爱克（Jan van Eyck，约1395～1441－07－09）的合称。据16世纪的传说，他们出生于马斯特里赫特附近的马塞克，可能是兄弟。H.凡·爱克据说曾接受制作根特市圣巴沃教堂祭坛画的委托，但未完成。J.凡·爱克1422～1424年为荷兰伯爵巴伐利亚的约翰装饰海牙宫殿。1425年开始为勃艮第公爵菲力普工作，任宫廷画家和内廷供奉。1431年定居于布鲁日，继续H.凡·爱克未竟的工作，1432年5月6日完成《根特祭坛画》。此画取材于《圣经·启示录》，为情节连环画，画中人物众多，构图和色彩沉着安静，画面以对人和自然的肯定和赞美为内容。

J.凡·爱克继承了尼德兰细密画传统和R.康平的油画技法，在表现物体质感、色彩、光线、空间透视方面达到了当时欧洲写实油画的高峰。代表作品有《羔羊的礼赞》（1432）、

J.凡·爱克作油画《阿诺芬尼夫妇肖像》

《阿诺尔芬尼夫妇肖像》（1434，见图）等。

**凡·戴克** Van Dyck, Sir Anthony (1599－03－22～1641－12－09) 佛兰德斯画家。生于安特卫普，卒于英国伦敦近郊。1609年起从当地画家老H.van巴伦习画。1618年获得画师称号。约自1620年起，在P.P.鲁本斯的画室当主要助手，并得益于鲁本斯的指点。1620年应阿伦德尔伯爵之邀为英国宫廷工作，但几个月后即赴意大利。在意大利的7年中，他成为罗马红衣主教和其他许多名人家中的座上客。他为这些权贵所绘的多幅肖像画，采用宏伟的纪念碑式的构图和高雅而精致的表现形式，生动地刻画了因人而异的脸部表情，如《保利纳·阿尔多诺像》（约1625）等。1627年2月，回到安特卫普，为安特卫普、根特等地的礼拜堂绘制宗教画，如《圣奥古斯丁的心醉神迷》（1628）等。这类作品均为典型的巴罗克风

《穿猎装的查理一世》（卢浮宫博物馆藏）

格。同一时期，他又以佛兰德斯传统的半身肖像画程式，绘出一些写实而着重刻画人物性格的肖像画，如《安娜·瓦克》（1628）等。自1632年定居伦敦，任查理一世的宫廷画家。在宫廷的7年中，他为许多贵族绘制肖像画，技巧熟练，画风潇洒，最有名的是《穿猎装的查理一世》（1635）。凡·戴克在伦敦创建了一个画家组织。凡·戴克式的宫廷盛装肖像画对17～18世纪的欧洲肖像画有一定影响。

**凡杜拉** Ventura, Lino (1919－07－14～1987－10－22) 法国电影演员。生于意大利帕尔马。8岁移居法国。曾一度从事拳击职业，并获得过欧洲冠军。1954年，被法国导演J.贝盖尔引入影坛，同J.加本一起出演《不准动用这笔钱》。1958年，随着影片《秘密警察向你致敬》的商业成功开始成名。不过，真正使他的演技有所突破、将人物刻画得既有力度又有深度的影片则是《冒一

切风险的阶级》(1960)，他在其中饰演一个性格复杂的强盗。从此，很多导演要求与他合作。在30年的演员生涯中，他与风格各异的各国导演共同摄制了70余部影片，成为法国观众最喜欢的演员之一。他演出的主要影片有《完好的尸体》(1976)、《愤怒的人》(1979)、《侦询记》(1982)、《悲惨世界》(1982)、《在巴勒莫的100天》(1984)等。

**《凡尔登条约》** *Treaty of Verdun* 843年，**加洛林王朝**查理大帝的三个孙子：日耳曼人路易、秃头查理、罗退尔一世在凡尔登(位于今法国东北部)签订的三分**法兰克王国**的条约。日耳曼人路易领有东法兰克王国，秃头查理领有西法兰克王国，罗退尔一世领有中法兰克王国，皇帝称号由罗退尔一世继承。条约奠定了近代德意志、法国、意大利的雏形。

**凡尔登战役** Verdun, Battle of 第一次世界大战期间，法国军队在凡尔登地区抗击德国军队进攻的战役。凡尔登地处法国东部边境，是法国拱卫首都巴黎的要塞城市，为双方必争之地。1916年2～9月，德军先后投入50个师，数次向凡尔登要塞猛攻。法军累计投入68个师，凭借永备工事与野战工事相结合的纵深防御顽强抵抗，终未攻陷。10月，法军大举反攻，夺回杜奥蒙堡，收复沃堡。12月，法军以8个师的兵力再次反攻，基本上收复了马斯河东岸2月25日以来被德军攻占的阵地。此役是典型的阵地战、消耗战，双方伤亡近100万人。这次战役是第一次世界大战的转折点，德国从此逐步走向最后失败。

**凡尔纳** Verne, Jules (1828-02-08～1905-03-24) 法国科学幻想和冒险小说家。生于南特，卒于亚眠。19岁到巴黎学习法律，毕业后不愿当法官，为剧院创作剧本。1863年开始出版总名为《在已知和未知世界中奇妙的漫游》的系列科学幻想和冒险小说，所写范围从地球到宇宙空间，从地质、地理到航海、航天，包罗万象。著名的三部曲《格兰特船长的儿女》(1868)、《海底两万里》(1870)和《神秘岛》(1875)是代表作。《八十天环游地球》(1873)是凡尔纳最受欢迎的作品之一。其他重要作品还有《气球上的五星期》(1863)、《地心游记》(1864)、《环游月球》(1870)、《机器岛》(1895)等。凡尔纳的作品把现实和幻想巧妙地结合起来，不同程度地反映了一些重大社会历史事件。他在科学知识的基础上大胆地设想和预言未来，语言生动流畅，故事引人入胜。

**凡尔赛** Versailles 法国巴黎的卫星城。法兰西岛大区伊夫林省首府。曾是法兰西王朝的行政中心。位于巴黎西南约18千米，人口8.89万(2007)。中世纪时为一个小村落。1624年在此建造猎庄，1661年改建为王宫。18世纪实施新的城市规划，建造教堂，发展旅游设施，兴建学校，居民点向北发展。大革命后一度衰落。为法国的艺术城市。这里也是法国领导人会见外国元首和外交使节的地方。是巴黎郊区的商业和服务业中心，并有会议城市和卫戍部队驻军营地的特殊职能，设有军队医院和军事院校。城市北部为商业、手工业区，南部为贵族居住区。

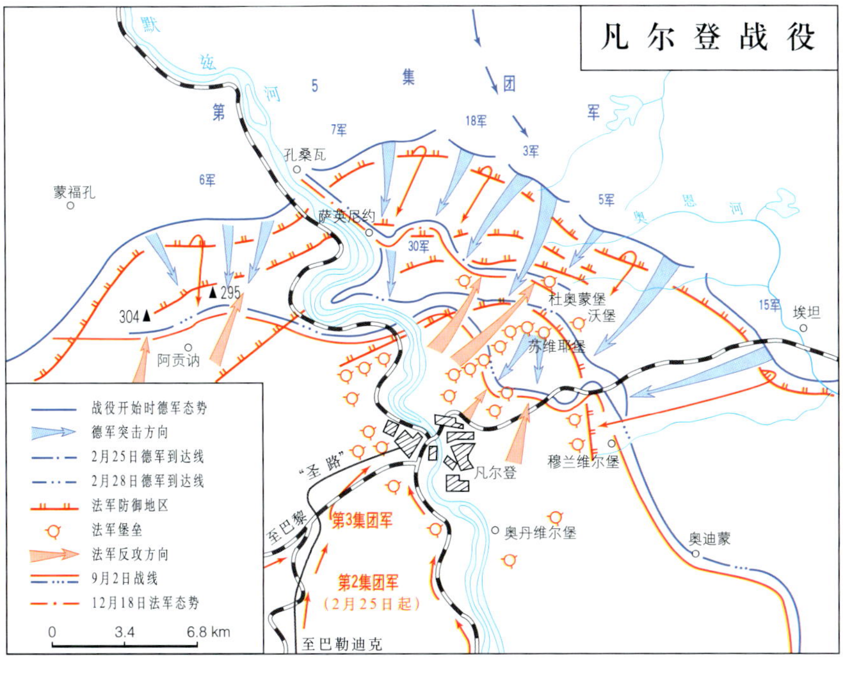


**凡尔赛宫** Palais de Versailles 位于巴黎西南18千米的**凡尔赛**，原为法国王宫，是法国**巴罗克**和古典主义建筑的代表作，以宫殿和园林建筑的艺术成就闻名于世(图1)。该地本是狩猎场，路易十三曾在此建造一座砖砌猎庄。这座三合院式的建筑即今日凡尔赛宫的核心(即以后的大理石院)。1661年路易十四决定在这里建宫，工程开始的主持人为建筑师L.勒沃。他在原有宫邸南、西、北三面扩建，又把它的

图1 凡尔赛宫外景

南北两翼延长，形成御院。东西主轴线和花园的规划由著名造园家A.勒诺特尔负责。1678年，继续扩建的重任落到学院派古典主义建筑的代表J.H.孟萨肩上。他修建了南北两翼，使建筑总长达到402米。18世纪路易十五时期，加布里埃尔又作了一些扩建。至此，工程大体完成。

宫殿广场前的检阅场为3条放射形大道的交会点，宫殿西立面朝向花园，展开长度达680米，意大利风格显著，与入口一面格调相异。石头建造的新宫南翼是王子和亲王们的住处，北翼是法国中央政府办公处所，并有教堂、剧院等。宫内有宽阔的联列厅和堂皇的大理石楼梯，饰有壁画和各种雕像。中央部分轴线上即孟萨建造的长73米的镜廊(图2)，这是宫内最重要的厅堂。朝向花园一面辟17个拱形巨窗，内墙上有17个同样形式和大小的镜窗与之对

图2 凡尔赛宫镜廊

应，可以远眺建筑东西主轴上的壮丽景色。宫殿西面花园面积约6.7平方千米，规模在世界皇家园林中首屈一指，是法国古典园林设计的典范。

凡尔赛宫是法兰西艺术的明珠。1837年改为国家博物馆。凡尔赛宫与许多重大历史事件有关。在此曾签订过多次和约，著名的有1871年普法战争的和约、1892年结束北美独立战争的和约及1919年结束第一次世界大战的《凡尔赛和约》。

**《凡尔赛和约》** *Treaty of Versailles* 结束第一次世界大战的和约之一。全称《协约和参战各国对德和约》。以英、法、美等26个战胜国为一方同战败国德国于1919年6月28日在巴黎西南郊凡尔赛宫签订。1920年1月10日生效。美国参议院未批准和约。

和约包括15章（其中第1章为《国际联盟盟约》)、440条约文和1项议定书。主要内容有：①关于德国的疆界。恢复1870年以前的德法边界，即将阿尔萨斯和洛林归还法国；萨尔区的行政管理由国际联盟负责，煤矿所有权归法国，15年后经公民投票决定其归属（1935年重归德国)；德国在莱茵河东岸50千米以内不准驻军和保留建筑工事，西岸领土15年内由协约国占领；奥伊彭、马尔梅迪划归比利时，承认比利时对莫雷内的主权；石勒苏益格举行公民投票决定归属（1920年划归丹麦)；上西里西亚南部划归捷克斯洛伐克；波兰获得上西里西亚、西普鲁士、东普鲁士各一部分和波兹南全部，以及在但泽（今格但斯克）的经济和外交特权。根据和约，德国领土共减少1/8。②关于德国的境外权利和利益。德国将海外殖民地的一切权利交与主要协约及参战各国，即德属东非大部（坦噶尼喀）让与英国，多哥和喀麦隆由英、法瓜分，卢旺达和乌隆迪归比利时，西南非洲归英自治领南非联邦；德属太平洋岛屿之马绍尔群岛、加罗林群岛、马里亚纳群岛归日本，新几内亚归英自治领澳大利亚，西萨摩亚归新西兰。和约还取消了德国在中国、埃及、利比里亚、暹罗等国的特权，但将它在中国山东的权益转让给日本。③关于德国的军事。解散德国总参谋部；其陆、海、空军员额分别不得超过10万人、1.5万人和1 000人；禁止其生产和输入坦克、装甲车等重型武器，并不得拥有飞机和潜艇；海军舰只最高限额为战列舰、轻型巡洋舰各6艘，驱逐舰、鱼雷舰各12艘。④关于德国的经济和赔偿。德国关税不得高于他国；战胜国对德国输入货物不受限制；赔偿委员会须在1921年5月1日前确定德国在30年内的赔偿总额；德国应在此日期之前先行支付价值200亿金马克的赔偿。

《凡尔赛和约》是在英、法、美等主要协约国操纵下缔结的，是帝国主义列强重新瓜分殖民地和势力范围的掠夺性和约。通过和约而建立的**凡尔赛体系**暂时调整了战胜国之间的关系，但却加深了战胜国与战败国的矛盾，为第二次世界大战埋下祸根。中国作为战胜国参加了签订和约的巴黎和会，理应收回战前德国在中国攫取的一切特权和利益。但和约却规定将中国山东省的铁路、矿山、电讯设备以及胶州湾地区的租借地等权益转让给日本，遭到中国人民的强烈反对，引发了**五四运动**，迫使中国北洋政府代表拒绝在和约上签字。

**凡尔赛体系** Versailles system 以**《凡尔赛和约》**为主的一系列和约构成的新的国际体系。**第一次世界大战**后，帝国主义各国根据新的力量对比调整彼此关系。通过**巴黎和会**（1919）签订的《凡尔赛和约》、《国联盟约》以及会后与其他战败国分别签订的和约，以条约法律形式确立了战后资本主义世界政治、经济和军事的一般关系与制度，即所谓凡尔赛体系。其使命是想把第一次世界大战所完成的重新瓜分世界的成果巩固下来，组织对第一个社会主义国家——苏维埃俄国的武装干涉、经济封锁和颠覆破坏活动，同时镇压各国人民的革命运动和民族解放运动。由于资本主义国家间的矛盾，无产阶级革命运动和民族解放运动的发展，使体系危机四伏，至20世纪30年代终于彻底崩溃。

**凡高** Van Gogh, Vincent (1853-03-30～1890-07-29) 荷兰画家。生于津德尔特。主要活跃于法国，继**印象主义**之后在画坛上产生重要影响的革新者，与**P.高更**、**P.塞尚**齐名，通常被人们称作**后印象主义**的代表。他16岁完成学业后开始经商，以后在矿区传教，继而在其兄弟泰奥的帮助下，开始学画，曾得到他的表姐夫A.莫夫的指点。早期画风写实，受荷兰传统绘画与法国现实主义画派的影响。1886年来到巴黎，结识H.de图**卢兹-洛特雷克**、E.贝尔纳、**P.西涅克**、高更和其他印象主义画家，并接触到日本的**浮世绘**作品，视野大为开阔，色调也变得明亮起来。1887年，凡高对印象主义和**新印象主义**的画风已有所怀疑。自1888年春至1889年夏，他住在阿尔勒，他写道："我发现，在巴黎学到的东西正在消失。我正在返回到我在农村时和接触印象主义以前

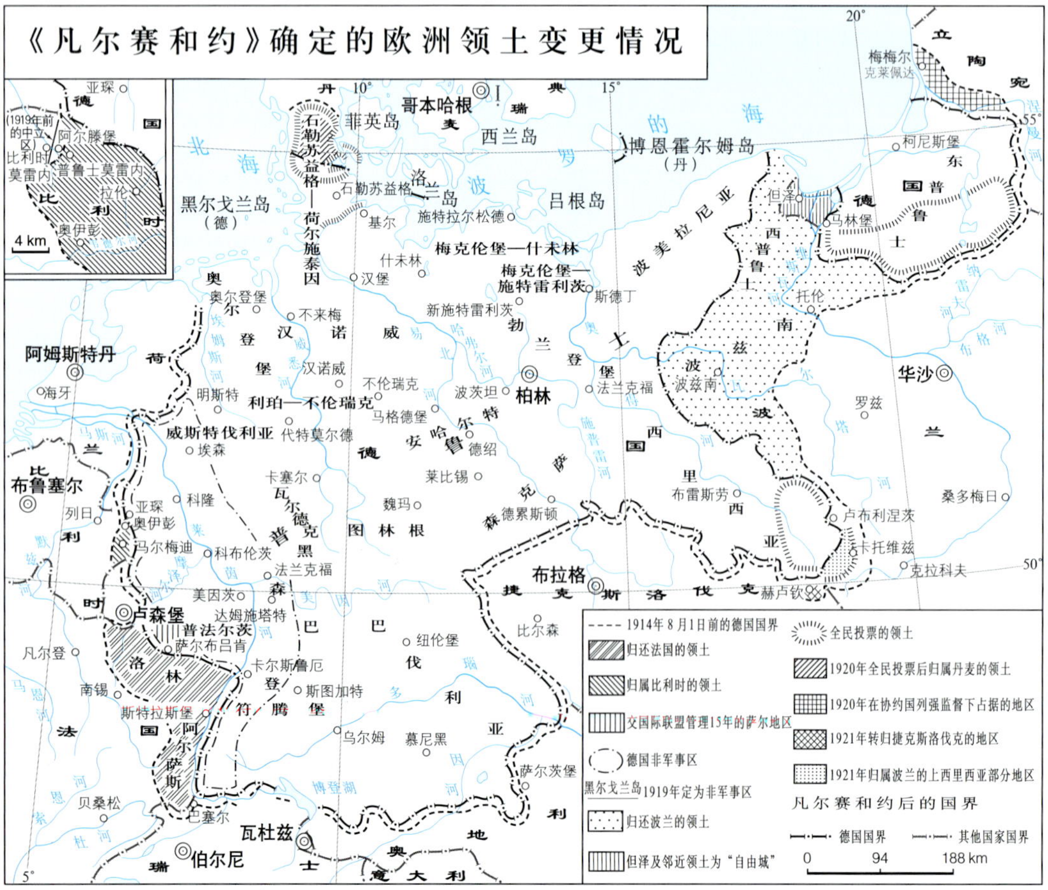

图1 《抽着烟斗、包扎着耳朵的自画像》

的思想，倘若印象主义批评我的画风，我不会感到惊奇，因为我从E.德拉克洛瓦的思想中得益的超过了他们。为了更真实地表达我见到的东西，我更自由地运用色彩，使其更具表现力”，“今天我们要求的，是一种在色彩上特别有生气、特别强烈和紧张的艺术”。他还以肖像为例，说明画家在忠实于对象的同时，要用夸张的手法，更有力地表达作者的主观感受。

凡高试图在阿尔勒组织一个与其他画家合作的社团。1888年10月，高更应邀来阿尔勒与凡高同住，可是由于性格不和与艺术追求不同，合作不欢而散。同年12月，凡高精神失常，割下自己的一只耳朵。1889年夏进圣雷米精神病院休养。1890年5月出院，7月曾去巴黎探望泰奥一家。返回后旧病复发，于7月27日开枪自杀，29日清晨离世。

凡高早期接触社会底层，对劳动阶层的生活有所体验，曾经想当农村画家，表现农民和城市的生活。1885年，他创作以贫苦的农民生活为题材的《食土豆者》，为作此画，他绘制了约50幅农民头像。他在印象主义和新印象主义影响下创作的风景画如《塞纳河滨》、《带烟斗的人》等，是转折时期的作品。凡高创作的成熟期是1888年到阿尔勒以后，受革新文艺思潮的推动和日本版画的启发，他大胆地探索自由地抒发内心感情的风格，追求线和色彩自身的表现力，追求画面的平面感、装饰性和寓意性。阿尔勒时期的名作有《向日葵》、《邮递员鲁兰》、《椅子和烟斗》、《咖啡馆夜市》、《抽着烟斗、包扎着耳朵的自画像》(1889，图1）等。雷米时期和在瓦兹河畔欧韦创作的作品，著名的有《星光灿烂》(图2)、《凡高在阿尔勒的卧室》、《加歇医生》、《欧韦的教堂》等。

凡高生前并未得到社会的真正承认。凡高作品中所包含的深刻的悲剧意识、强烈的个性和在形式上的独特追求，远远走在时代的前面，难以为世人接受。但是，他对西方20世纪的艺术具有深远的影响力。充分认识作者主体在创作过程中的作用，自由地抒发内心的感情、把握形式相对的独立价值，在油画创作中吸收和撷取东方绘画的因素，这是凡高的艺术对后人的启示。法国的**野兽主义**、德国的表现主义，以至于20世纪初出现的抒情抽象派，都曾经受益于凡高的艺术。

凡高给贝尔纳和泰奥的信件于1893年开始发表。他在这些信件中发表了许多精辟的艺术见解。荷兰的阿姆斯特丹建有凡高美术馆。

凡湖风光

**凡湖** Lake Van; Van Gölü 土耳其最大湖泊，因湖东岸凡城而得名。位于安纳托利亚高原东部山地环抱的构造盆地中，靠近伊朗边境。原与穆拉特河（东幼发拉底河）相通，1441年东北侧一火山喷发，玄武岩性熔浆向西南涌流近60千米，出口被阻断，遂变为内陆湖。湖面海拔1 646米。轮廓略呈不规则的三角形，最宽119千米，面积约3 760平方千米，是西亚第二大湖，集水面积14 995平方千米。入湖河川主要有从北岸注入的本迪马希河和齐兰河，从东南岸注入的卡拉苏河和米金盖尔河等。依靠冰雪融水和雨水补给，水位随补给的强弱发生季节性涨落，变幅在0.5米左右，面积也因此略有盈缩。表层水温也因季节而异，夏季水温高，冬季急剧下降，北部浅水区甚至会全部封冻。湖水苦咸，不宜饮用和灌溉，但所含碳酸钠为一大天然资源。有渔业与制盐业。沿湖地区土壤肥沃，水源充裕，宜于耕植。1976年11月湖区发生地震，4 000人死亡。

图2 《星光灿烂》(纽约现代艺术博物馆藏)

**《氾胜之书》** *Works of Fan Shengzhi* 中国汉代农书。作者氾胜之，今山东曹县氾水人，生卒年不详。该书原名《氾胜之》，《汉书·艺文志》著录为18篇；《隋书·经籍志》始称《氾胜之书》，为以后所通用。原书约在北宋初期亡佚，现存的《氾胜之书》是从《**齐民要术**》等古书中摘录的原文辑集而成，约3 500字。内容有耕田法、溲种法、穗选法、区田法，以及禾、黍、麦、稻、稗、大豆、小豆、枲（纤维用大麻）、麻（子实用大麻）、瓜、瓠（葫芦）、芋、桑等13种作物的栽培技术。其中耕田法，首次明确提出“凡耕之本，在于趣时，和土，务粪泽，早锄早获”，这是针对关中地区春旱多风采取以保墒为中心的技术措施，不仅在当时，也是迄今仍在沿用的原则。溲种法，是熬取家畜动物的骨汁，加粪调糊，用以拌种的种子处理技术。区田法，又称区种法，是一种抗旱保墒、集中使用肥水的丰产栽培措施，方法是不必平整土地，将地挖成小方块的“区”(即凹的意思，义同窝)，在区中施足基肥、盖土、浇水，然后下种。据书中称，用此法种植的禾、黍、麦、大豆、瓜、瓠、芋等都可比常规种植的产量高出数倍。现代在西北、陕北、山东等地采用的“窝种”及“掏缽种”技术就是区田法的遗传。该书反映了西汉时期作物栽培技术所达到的较高水平，同时也开创了中国农书中作物各论的先例。

**矾** alum 水合的硫酸复盐，通式$M^{I}_2SO_4\cdot M^{III}_2(SO_4)_3\cdot 24H_2O$或$M^{I}M^{III}(SO_4)_2\cdot 12H_2O$。其中$M^{I}$可以是$Na^+$、$K^+$、$Rb^+$、$Cs^+$、$NH_4^+$、$Tl^+$、$Ag^+$；$M^{III}$可以是$Al^{3+}$、$Fe^{3+}$、$Cr^{3+}$、$Mn^{3+}$、$Co^{3+}$、$Ga^{3+}$、$Ti^{3+}$、$V^{3+}$、$Ir^{3+}$、$Rh^{3+}$、

$In^{3+}$。最重要和常见的是钾铝矾（即铝矾）。铵明矾$NH_4Al(SO_4)_2·12H_2O$熔点94.5℃，密度1.65克/厘米$^3$，加热到120℃失10个结晶水，加热至200℃成无水的枯矾，在280℃分解为$Al_2O_3$和$SO_3$，是制氧化铝宝石的原料，也可用作净水剂、食品膨松剂、玻璃着（黄）色剂，用于纸张上浆。铵铬矾$NH_4Cr(SO_4)_2·12H_2O$和钾铬矾$KCr(SO_4)_2·12H_2O$用作鞣剂和媒染剂。铁钾矾$KFe(SO_4)_2·12H_2O$用作媒染剂。铁铵矾$NH_4Fe(SO_4)_2·12H_2O$除用作分析试剂和媒染剂外，也用于制药。

**钒** vanadium 化学元素，元素符号V，原子序数23，原子量50.941 5，属周期系ⅤB族。1801年，A.M.del里奥首先发现钒元素，当时被误认为是不纯的铬。1830年，N.G.塞夫斯特穆再次发现了钒，并以斯堪的纳维亚女神Vanadis的名字命名为vanadium，以表示钒的化合物在溶液中所呈现的丰富多彩的颜色。同年，F.维勒通过实验证实了里奥发现的就是钒。1927年，J.W.马登和M.N.里奇加热五氧化二钒、金属钙和氯化钙的混合物，制得纯度为99.7%的金属钒。地壳中钒的含量为0.02%～0.03%。钒广泛分布于多种矿藏中，重要的钒矿有钒钛磁铁矿、钒钾铀矿、绿硫钒矿、钒云母和钒铅矿。钒还常存在于磷酸盐矿、铁矿、铝矿中。

钒是银白的金属，质软且韧性好；熔点1 910℃，沸点3 407℃，密度6.11克/厘米$^3$(18.7℃)。在氢气中加热会变脆，在真空中加热能恢复韧性。钒呈弱顺磁性，是电的不良导体。钒的氧化态+2、+3、+4、+5。通常+2和+3价钒的氢氧化物呈碱性，+4和+5价钒的氢氧化物呈两性。+5价钒在不同酸度的水溶液中形成不同组成的钒酸盐。室温时，钒不与氧作用，加热下被氧化为VO、$V_2O_3$、$VO_2$、$V_2O_5$。高温下与多数非金属元素（如氮、碳、硫）发生反应。钒还能与铝、钴、铜、铁、锰、钼、镍、钯、锡、硅形成合金。钒不与稀盐酸、稀硫酸和碱溶液作用，但易溶于浓硫酸、浓硝酸和氢氟酸。钒与熔融的碱作用后，生成钒酸盐。钒的重要化合物有五氧化二钒和钒酸盐类。

钒的重要工业来源是钒钛磁铁矿，含钒1%。在炼铁及炼钢时，钒以五氧化二钒的形式富集在炼钢炉渣中，含量约为10%～16%。将此钒渣与氯化钠混合在800～850℃焙烧，用稀硫酸浸出，得$(VO_2)_2SO_4$。最后钒变为$V_2O_5$，再用碳、硅、铝等还原五氧化二钒制取金属钒。钒主要用于制造合金钢。钒钢广泛用作结构钢、弹簧钢、工具钢、装甲钢和钢轨。钒与钛、铬、钼、钨、铪、锆、钽和铌熔炼的钒基合金，可用于液态金属快中子增殖反应堆的燃料组件包装。钒与硅、镓、锗、锡、铝、锆、铪一起熔炼得到的合金具有良好的超导性，是核聚变装置和粒子加速器的高场磁体系统的合金材料。五氧化二钒和钒酸盐在化学工业中广泛用作催化剂；还可用于制造彩色玻璃和陶瓷，以及油漆和墨水的催干剂。

钒是动物必需的微量元素，在生物进化过程中，钒曾在某些生物物种中担负重要的功能。钒也是人体必需的微量元素，在正常的生物学浓度下，能促进脂质代谢、抑制胆固醇合成，对心血管功能有利。

**樊粹庭** Fan Cuiting (1905～1966) 中国豫剧作家。原名樊郁。河南遂平人。1929年毕业于河南大学。1934年，在开封创立豫声剧院，自任团长兼编剧、导演。吸取京剧、话剧之长，对豫剧的表演、音乐、服装、化装进行了改革。1935年开始编写剧本，在20多年内共创作、改编剧本58部，时人称之为“樊戏”。多数剧作的思想内容比较健康，具有一定的现实意义。所编剧本，结构严谨，情节曲折，手法新颖。这些特点在《汉江女》、《红珠女》、《劈山救母》、《王佐断臂》诸剧中尤为显著。他还是一位勤奋的戏曲导演，一生排戏60多部，以细致、深刻见长。

**反搏疗法** counterpulsation therapy 通过机械方式，使主动脉内收缩期血压降低和舒张期血压增高，以达到辅助心脏做功的治疗方法。可改善血液循环，增加心、脑、肾等器官的血流灌注。常用的反搏疗法有主动脉内气囊反搏和体外反搏两种。前者主要用于心源性休克、低心排出量、不稳定型心绞痛等情况。后者主要用于心、脑、肾及其他器官的急慢性缺血性疾病。施行反搏治疗要严格掌握适应证。

**反补贴法** anti-subsidy law 一国调整在反补贴过程中形成的经济关系的法律规范的总称。各国维护本国产业利益的重要工具。

补贴是指出口国政府或者公共机构直接或间接向某些产品的生产商、销售商和出口商提供的财政上或经济上的支持，这一支持对进口国国内产业造成实质性损害或者实质性损害之威胁。对此，进口国就可以采取贸易救济措施——反补贴。具体的法律救济包括采取征收反补贴税、要求出口国政府停止补贴或要求出口商提供价格承诺。

在国际贸易的法律实践中，一般认为，专有性补贴才可被指控。1979年，关税及贸易总协定（简称GATT）东京回合通过了部分缔约方签字的《反补贴守则》，将补贴区分为出口补贴与国内补贴，并对前者施以严厉的限制。1994年，乌拉圭回合谈判通过《补贴与反补贴措施协议》，将补贴分为禁止性补贴、不可诉补贴和可诉补贴三类，这种区分的基本依据是补贴对贸易的扭曲作用。禁止性补贴是对贸易有严重扭曲作用的补贴，因而是绝对违法的，俗称红箱补贴；不可诉补贴是没有任何扭曲作用的补贴，因而是正当的和合法的，俗称绿箱补贴；而介于两者之间的是可能造成扭曲的可诉补贴，需要证明存在损害才可以采取反补贴措施，俗称黄箱补贴。但协议将农业补贴排除在管辖范围之外。美国是使用反补贴最多的国家。

在中国，1994年通过、2004年修订的《中华人民共和国对外贸易法》对反补贴制度予以规定。1997年3月国务院颁布了《中华人民共和国反倾销和反补贴条例》。2002年1月开始实施的《中华人民共和国反补贴条例》，对补贴与损害的定义、反补贴调查程序、反补贴措施、反补贴税和承诺的期限与复审、司法审议、反规避措施和反歧视措施等予以具体化。

**反不正当竞争法** anti-unfair competition law 调整企业竞争行为的法律规范的总称。最早产生于19世纪末、20世纪初西方国家，已发展成为经济法的核心。在一些国家里，反不正当竞争法及其辅助性法和法规在维护国家的经济秩序和保护市场的公平竞争方面发挥了极其重要的作用。

最早使用不正当竞争概念的是1883年《保护工业产权巴黎公约》。该公约第10条规定：“在工业或商业中任何违反诚实习惯的竞争行为都是不正当的竞争行为。”1896年德国制定了第一个专门禁止不正当竞争行为的法律《反不正当竞争法》，这是世界上最早关于反不正当竞争的特别法。

1993年9月2日中国第八届全国人民代表大会常务委员会第三次会议通过《中华人民共和国反不正当竞争法》，并于1993年12月1日起施行。该法共分5章33条，主要内容包括：不正当竞争的概念，不正当竞争行为的法律界限，不正当竞争行为的监督检查，违法者应承担的法律责任。

**反刍动物** ruminant 偶蹄目反刍亚目动物的统称。包括叉角羚、长颈鹿、鹿、麝鹿、骆驼、羊驼、牛、羚羊、绵羊和山羊等。大多数反刍动物的胃有四室，脚具二趾。上门牙退化或缺无。骆驼和麝鹿的胃为三室，并保留四趾。反刍动物进食快，将大量植物储存在胃的第一室（瘤胃）里，使食物软化。休息时把软化了的食物返回口中作进一步咀嚼，分解难以消化的纤维素成分（反刍）。经过咀嚼的食物直接送到其他胃室（网胃、瓣胃、皱胃），食物在此处借助于生活在胃里的微生物而进一步消化。见反刍胃。

**反刍胃** ruminant stomach 脊椎动物偶蹄类的反刍动物所具有的胃。又称复胃或多室胃。包括4个相通的隔室，从前到后分别称为瘤胃、网胃、瓣胃（又称重瓣胃）、皱胃。前3个胃室合称前胃，不分泌胃液；第4个胃室即皱胃才有真正的胃腺，可分泌胃液，其消化作用和单胃动物的胃相同。

反刍动物的食物主要是草茎类，草茎含有多量的纤维素，而糖、脂肪和蛋白质等营养物质的含量较谷物类子粒少得多。因此，反刍动物必须摄取、消化大量草茎才能满足营养需要，反刍动物没有草食单胃动物（如马属动物）的容量庞大的大肠，

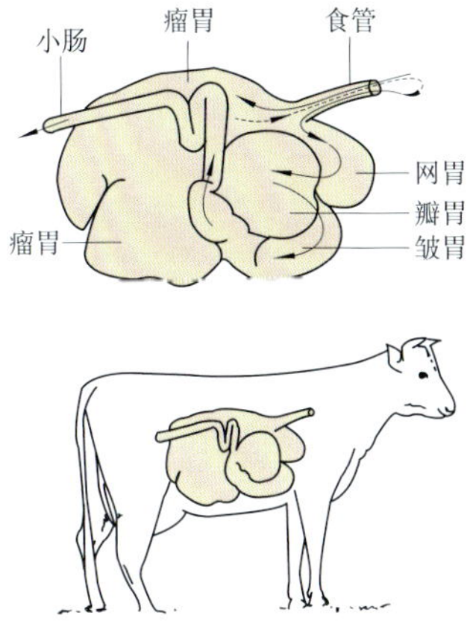

反刍动物胃的结构

但它在进化过程中发生了多室胃，在功能上发生了独特的消化模型，如反刍活动和瘤胃内的微生物发酵作用等。

反刍胃的消化特点主要是反刍。反刍动物吃草时稍加咬啃即吞入瘤胃，休息时再将这些未经充分咀嚼的食物返回口腔仔细咀嚼后，再行吞下；这种完成再咀嚼的一系列动作称为反刍。反刍活动一般是在采食后0.5～1小时开始。如果没有外界干扰，反刍活动一旦开始就能持续地进行一段时间，每一持续的反刍活动称为一个反刍周期。每一昼夜发生多少次反刍周期，每一周期持续多长时间，因动物种类、年龄、食物性质、气候和季节因素而异。

**反串** playing a reverse role in Chinese opera 中国戏曲术语。演员饰演不是本人所属行当的戏剧人物。因中国戏曲中常称演戏为“串戏”得名。戏曲演员分属生、旦、净、丑等不同的表演行当（见脚色行当），主要扮演属于本行当的人物形象。“反串”则为例外。如京剧演员言慧珠工旦脚，有时出演言（菊朋）派老生名剧《让徐州》、《卧龙吊孝》等，即是反串。演员跨越行当演出不同角色，向观众展示多方面的表演才能，也可借此招徕观众。在有些剧目中，人物按剧情发展改变形象，如京剧《谢瑶环》的女官谢瑶环奉命巡按江南，女扮男装，以小生形象出现。角色形象的转换是剧情的设定而不是演员为了展现自身行当以外的才能，就不属反串。旧时戏班或到农历年终，要暂停演出，例行“封箱”，并演出封箱戏。其中照例有一出反串戏。以京剧《虮蜡庙》为例，常由当家旦脚饰演武生黄天霸或武净费德功，武生或花脸演员则饰演黄妻孙桂兰等。见本工。

**反弹道导弹导弹** antiballistic-missile missile 拦截来袭弹道导弹的导弹。导弹防御系统的核心。通常分为高空拦截导弹和低空拦截导弹。前者用于大气层外拦截来袭导弹，后者用于大气层内拦截来袭导弹。反弹道导弹导弹一般具有极高的飞行速度和良好的命中精度；可单独部署，也可与其他防空武器系统配合使用。

采用核战斗部的反弹道导弹导弹在大气层外拦截来袭目标时，主要依靠战斗部核爆炸所释放的X射线，穿透来袭导弹弹头的烧蚀层，破坏防热层，进而烧毁内部的核装药；在大气层内拦截时，主要依靠战斗部核爆炸释放出的中子流、γ射线和冲击波等综合效应，摧毁来袭导弹弹头。采用常规装药战斗部或无装药高速飞行弹头（动能杀伤飞行器）的反弹道导弹导弹在进行拦截时，则是通过自主寻的以近炸破片或直接碰撞毁伤来袭弹头。

1964年，苏联率先在莫斯科周围部署“橡皮套鞋”反弹道导弹防御系统。1975年，美国建成有70枚“斯普林特”导弹构成的“卫兵”反导武器系统。1992年，美国公开宣布把研制和部署弹道导弹防御系统作为国家导弹防御计划的重点，加强PAC-3动能拦截弹、增程拦截弹、战区高空区域防御系统的研制，并取得了重大进展。

美国陆军ERIS拦截器

**反导弹作战** anti-missile operation 使用反导弹武器对抗敌导弹突击的防御性作战行动。高技术条件下导弹战的一种作战样式。

反导作战须在预警、跟踪系统的支持下，由指挥控制系统对来袭目标信息及时处理，并引导拦截武器或火力拦截、摧毁来袭导弹，具有作战进程短、作战时机稍纵即逝、对实时情报信息依赖大、作战体系系统性强等特点。遂行反导弹作战，必须建立完备的侦察预警系统，以提高快速反应能力；建立高、中、低和远、中、近结合的拦截火力体系，以增大拦截、摧毁来袭导弹概率；科学预测导弹来袭方向，充分做好各项作战准备；密切协调反导弹作战各系统的行动，使之成为有机、合成、高效的整体，以提高作战效率；采取各种伪装防护和欺骗措施，提高己方目标的生存能力。

**《反杜林论》** *Herrn Eugen Dühring's Umwälzung der Wissenschaft* F.恩格斯在批判德国小资产阶级社会主义者K.E.杜林的斗争中所写的论战性著作。大约写于1876年9月至1878年4月。1877年1月至1878年7月以论文形式陆续在《前进报》上发表。1878年7月在莱比锡出版单行本第一版，书名为《欧根·杜林先生在科学中实行的变革》。K.马克思支持和赞助了恩格斯批判杜林的斗争，他不仅听恩格斯念过《反杜林论》的全稿，还亲自为该书撰写了政治经济学编中的《〈批判史〉论述》一章。

著作由“引论”、“哲学”、“政治经济学”、“社会主义”几个部分组成。“引论”阐述了科学社会主义产生的历史过程。“哲学”编批判了杜林在科学分类问题上的先验主义观点。“政治经济学”编和“社会主义”编批判了杜林的庸俗经济学和小资产阶级的社会主义观点及其唯心主义暴力论，阐明了经济决定政治、历史发展中革命暴力的作用和马克思主义政治经济学、科学社会主义等基本理论。《反杜林论》科学地总结了马克思主义诞生后无产阶级革命的经验和自然科学发展的成就，第一次全面系统地阐述了马克思主义的三个组成部分，是一部马克思主义的百科全书。

**《反对本本主义》** *Combat Book Worship* 1930年5月毛泽东为反对当时红军中的教条主义思想而写的一篇马克思主义著作。原题为《调查工作》，在战争年代散失，直到1959年才重新发现。1964年5月收入《毛泽东著作选读》（甲种本）时，改题为《反对本本主义》。1991年6月收入《毛泽东选集》第1卷第2版。这篇著作揭露了教条主义的错误及其对革命事业的危害，明确提出“没有调查，没有发言权”的口号和共产党人要实行“从斗争中创造新局面的思想路线”；强调马克思主义的“本本”是要学习的，但是必须同中国的实际情况相结合，一定要纠正脱离实际情况的本本主义；

充分论述了调查研究的重要性，介绍了调查的方式方法，指出“离开实际调查就要产生唯心的阶级估量和唯心的工作指导，那末，它的结果，不是机会主义，便是盲动主义”；初步阐述了坚持独立自主和群众路线的思想，强调“中国革命斗争的胜利要靠中国同志了解中国情况”。上述思想，初步形成了**毛泽东思想**活的灵魂的三个基本方面，即**实事求是**、群众路线、独立自主的思想雏形。

**反对党** opposition party 资本主义国家议会中与**执政党**相对应的政党。在多数国家**在野党**就是反对党。但在英国等实行**两党制**的内阁制国家，反对党是指在议会竞选中获得次多数席位的政党，又称法定反对党。18世纪上半叶，英国形成了由议会下院多数党议员出任内阁大臣、领袖担任内阁首相的制度，于是议会中的**辉格党**和**托利党**为争取执政相互攻讦，开创了在野党反对执政党的先例。反对党在法律允许的范围内活动，它反对的只是执政党的具体政策和措施，并不反对国家的根本制度。它的存在是为了协调资产阶级内部不同集团、党派之间的矛盾和冲突，保障资产阶级的共同利益不受损害。“反对党”一词已为实行两党制和多党制的国家广泛采用。

**反飞机导弹** anti-airplane missile 用于拦截、毁伤飞行中飞机的**导弹**。包括地空导弹、舰空导弹、空空导弹。由于所攻击的目标是快速活动的飞机，要求导弹具有快速反应和高机动能力。这类导弹多采用寻的制导、遥控制导或复合制导系统，固体火箭发动机和杀伤战斗部。较典型的反飞机导弹有美国的霍克、爱国者，法国、德国的罗兰特等地空导弹；美国的标准，英国的海标枪等舰空导弹；美国的响尾蛇空空导弹等。

**《反分裂国家法》** *Anti-Secession Law* 中国为了反对和遏制“台独”分裂势力分裂国家，促进祖国和平统一，维护台湾海峡地区和平稳定，维护国家主权和领土完整，维护中华民族的根本利益而制定的法律。第十届全国人民代表大会第三次会议于2005年3月14日通过，并于同日公布施行。

该法规定：世界上只有一个中国，大陆和台湾同属一个中国，中国的主权和领土完整不容分割。维护国家主权和领土完整是包括台湾同胞在内的全中国人民的共同义务。台湾是中国的一部分。国家绝不允许“台独”分裂势力以任何名义、任何方式把台湾从中国分裂出去。解决台湾问题，实现祖国统一，是中国的内部事务，不受任何外国势力的干涉。国家和平统一后，台湾可以实行不同于大陆的制度，高度自治。

该法规定，国家采取下列措施，维护台湾海峡地区和平稳定，发展两岸关系：①鼓励和推动两岸人员往来，增进了解，增强互信。②鼓励和推动两岸经济交流与合作，直接通邮通航通商，密切两岸经济关系，互利互惠。③鼓励和推动两岸教育、科技、文化、卫生、体育交流，共同弘扬中华文化的优秀传统。④鼓励和推动两岸共同打击犯罪。⑤鼓励和推动有利于维护台湾海峡地区和平稳定、发展两岸关系的其他活动。国家依法保护台湾同胞的权利和利益。该法规定，国家主张通过台湾海峡两岸平等的协商和谈判，实现和平统一。还规定：“台独”分裂势力以任何名义、任何方式造成台湾从中国分裂出去的事实，或者发生将会导致台湾从中国分裂出去的重大事变，或者和平统一的可能性完全丧失，国家得采取非和平方式及其他必要措施，捍卫国家主权和领土完整。

**反辐射导弹** anti-radiation missile 利用目标的电磁辐射获取导引信息并攻击目标的导弹。反辐射导弹与探测、跟踪、发射系统等构成反辐射导弹武器系统。可分为空地、空空、舰舰反辐射导弹等类型。

“海盗”飞机翼下吊架挂的AS-37反辐射导弹（外侧）

反辐射导弹由战斗部、动力装置、制导设备和弹体等组成。战斗部通常采用常规装药，由触发或近炸引信起爆。动力装置一般采用固体火箭发动机。制导方式多采用被动式雷达寻的制导或复合制导。多数反辐射导弹的发射质量为数百千克，射程在100千米以内。

射程较远的反辐射导弹采用惯性制导加被动寻的复合制导方式，导弹可在距目标较远的距离发射，靠惯性制导作巡航飞行，到一定距离时导引头开始搜索目标，发现、识别目标后由被动寻的装置将导弹引向目标。

反辐射导弹曾在越南战争、第四次中东战争、两伊战争和海湾战争中使用，主要用于攻击地空导弹的制导雷达和高射炮的炮瞄雷达，战果明显，与其他攻击武器配合使用效果更佳。

**反函数** inverse function 与给定的函数的变量对应关系相反的**函数**。

一个函数$f$：$X\to Y$是实数集合$X$到$Y$的一种对应规则：即对$X$中的每个$x$，按照该规则$f$在集合$Y$中都有一个唯一确定的$y$与之相对应，记为$f(x)$。假如另有一个函数$g$：$Y\to X$，其对应规则恰好与上述对应相反，也即把$Y$中的每一个$y$都对应于$X$中唯一确定的$x$，使得$y=f(x)$，则称$g$是$f$的反函数，有时记为$f^{-1}$。

显然，并非所有函数都有反函数。一个函数$f$：$X\to Y$有反函数$f^{-1}$：$Y\to X$的充要条件是：$f$是$X$到$Y$的满射（即$Y$中每一点都被映到）和单射（即不将两个不同点映为同一点）。

若$f$是某区间上的一个连续函数且有反函数，则其反函数一定是连续的。

若$f$在某开区间上可微，导数处处不为零，且有反函数$f^{-1}$，则其反函数一定可微且有公式〔其中$y=f^{-1}(x)$〕：

$$(f^{-1}(x))'=1/(f'(y))$$

**反饥饿、反内战、反迫害运动** Anti-Hunger, Anti-Civil War and Anti-Persecution Movement 中国1947年5～6月“国统区”爆发的学生民主爱国运动。1947年2月，随着人民解放战争的胜利发展，“国统区”爆发严重经济危机。5月4日，上海一些院校的学生上街宣传反对内战，遭到军警镇压，引起各校学生罢课抗议。15日，南京中央大学等校3 000余人前往教育部请愿，要求解决“饥饿”问题，并得到北平学生的响应。16日，北大院系联合会首先提出“反饥饿、反内战”口号，矛头直指国民党最高统治当局。18日，**蒋介石**颁布《维持社会秩序临时办法》，严禁10人以上的请愿和一切罢工、罢课、游行示威，激起学生更大不满。20日，沪宁苏杭各校学生6 000余人在南京举行“挽救教育危机联合请愿游行”，遭到宪兵、警察、特务殴打，

1947年北平学生举行反饥饿、反内战示威游行

百余人被打伤，20多人被抓。同日，天津各校也有50余名学生在“反饥饿、反内战”的游行中被军警殴伤，造成震惊全国的“五二〇”血案。随后，全国60多个大中城市的学生在反内战、反饥饿、反迫害的口号下，纷纷举行罢课和游行示威，继而成立全国学生联合会，与工人、农民、市民的斗争汇聚成反对国民党统治的第二条战线，有力配合了人民解放战争。

**反舰导弹** anti-vessels missile 用于攻击水面舰船的导弹。对海作战的主要武器。通常包括舰舰导弹、潜舰导弹、岸舰导弹和空舰导弹。远程、大型反舰导弹采用一字形弹翼，以空气喷气式发动机为动力；中近程、小型反舰导弹采用叉形弹翼，近程反舰导弹采用两对弹翼，一般以火箭发动机为动力。多采用自控加自动寻的制导，弹道平直，一般可掠海面飞行，命中精度高。采用聚能穿甲、半穿甲、高能爆破等类型战斗部。1982年6月12日在马尔维纳斯（福克兰）群岛战争中，阿根廷发射岸基飞鱼（MM－38）反舰导弹击中英国格拉摩根号导弹驱逐舰，还用机载飞鱼反舰导弹击沉英国设菲尔德号导弹驱逐舰。

**反恐怖活动** anti-terrorism activity 军队和其他军事力量依法防范和打击恐怖活动，歼灭恐怖分子的一系列行动的统称。主要包括防止恐怖活动、打击恐怖活动和对恐怖袭击现场的救生救援等。

军事行动是反恐怖活动的主要斗争形式。反恐怖军事行动大量的经常性任务是反袭击、反劫持、反爆炸。反袭击重点防范和打击恐怖分子实施生物、化学、核袭击；反劫持重点防范和打击恐怖分子对集团目标的劫持；反爆炸主要防范和处置连环爆炸案等。当代恐怖活动，具有隐蔽突然、破坏规模大、影响广泛、犯罪手段高技术化等特点。组织实施反恐怖活动，要加强侦察，预防为先，力求把恐怖事件处理在萌芽状态。当恐怖活动升级时，军队、警察等相关力量应协同配合实施反恐怖作战，平息由恐怖组织煽动的暴乱和骚乱，必要时向恐怖组织的营地进攻，追剿和歼灭恐怖分子。

**反馈** feedback 利用系统输出反过来影响系统的功能特性。在反馈过程中，系统的输出通过环境反过来作用于系统本身并构成输入的一部分，使系统的输出受到影响，形成闭合的回路。这种回路称为反馈回路。反馈能增强系统功能作用结果的，称为正反馈；减弱系统功能作用结果的，称为负反馈。

正反馈可用以提高放大器的放大倍数和对频率的选择性，还可使系统发生自激振荡和产生有用的信号波形。负反馈可用以提高稳定性、改善输出的保真度和加宽通频带。在控制系统中，常用输出相对预期结果的偏差构成反馈来修正输入作用，以达到消除偏差的目的。由于系统中存在反馈回路，这类系统称为**反馈控制系统**或闭环控制系统。反馈控制是自动控制中广泛采用的基本控制方式。

反馈不仅对工程系统，而且对生物系统、社会经济系统也有重要意义，如在多级管理结构中，各级决策人要根据环境和其他人反应行为的信息，如传媒的评论、民意机构的批评建议等来调整自己的策略，从而形成许多层次交错的反馈回路。

**反馈放大器** feedback amplifier 把输出信号的一部分或全部送回输入端，以改变放大性能的放大电路。由输出端送回输入端的信号称为反馈信号。反馈信号在输入端与外加信号相加（或相减）组成放大器的净输入。当反馈信号使净输入增强从而使放大器增益提高时，称为正反馈。反之称为负反馈。反馈放大器由基本放大器、反馈网络、取样电路和混合电路组成。

负反馈在实际放大器中获得广泛应用。因为：①负反馈能使放大器的闭环增益趋于稳定。②放大器输入阻抗值会因信号在输入端混合的方式不同而异。③负反馈放大器的非线性失真比无反馈者小。④负反馈能使放大器的幅频特性变得比较平坦，通频带得到展宽。正反馈放大器具有较高的增益和较好的选择性，但频带变窄，稳定性差，一般很少采用。

**反馈控制系统** feedback control systems 基于反馈原理建立的**自动控制系统**。在反馈控制系统中，由输入到输出的信号前向通路和从输出端到输入端的信号反馈通路组成一个闭合的回路，又称闭环控制系统。自

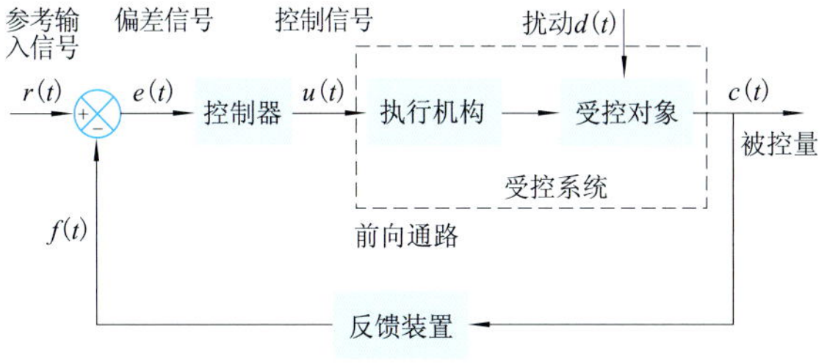


反馈控制系统框图

动控制系统多数是反馈控制系统。在工程上常把在运行中使输出量和期望值保持一致的反馈控制系统称为**自动调节系统**，而把用来精确地跟随或复现某种过程的反馈控制系统称为**伺服系统**或随动系统。反馈控制系统的组成见图。**控制器**是按设计的控制规律提供控制信号的部件。反馈控制系统就是按偏差原则控制被控量，以期望的性能跟踪参考输入信号的自动控制系统。

在反馈控制系统中，只要被控量偏离规定值，就会产生相应的控制作用去消除偏差。因此，它具有抑制扰动的能力，对元件特性变化不敏感，并能改善系统的响应特性。为提高控制精度，在扰动变量可以测量时，常同时采用按扰动的控制（即前馈控制）作为反馈控制的补充而构成复合控制系统。

**反粒子** antiparticle 与粒子的质量、平均寿命、自旋、同位旋相同，而其他内部相加性量子数均相反的粒子。一切粒子均有其相应的反粒子，如电子$e^-$的反粒子是正电子$e^+$，质子p的反粒子是反质子$\bar{p}$，中子n的反粒子是反中子$\bar{n}$。有些粒子的反粒子就是它自己，如γ光子、$\pi^0$介子和η介子。反粒子最早是1928年P.A.M.狄拉克理论上预言正电子而提出的，1932年被C.D.安德森实验发现而证实。当γ光子的能量大于某种粒子静能的两倍，在一定的条件下就可以产生正反粒子对；反之，正反粒子相遇可湮没并产生2或3个光子，遵从质量－能量守恒和动量守恒。

**反垄断法** anti-monopoly law 调整在限制、制止垄断行为过程中发生的经济关系的法律规范的总称。

**反垄断法的任务** ①禁止限制竞争协议。②控制企业合并。③禁止滥用市场支配地位，为新的竞争者开放市场。

**国外的反垄断立法** 美国于1890年颁布的《谢尔曼反托拉斯法》是世界上最早的反垄断法。日本在1947年颁布了《禁止私人垄断和确保公正交易法》，德国在1957年颁布了《反对限制竞争法》。《欧洲共同体条约》第81～86条以及欧共体理事会1989年颁布的《控制企业合并条例》，也是世界上很有影响的反垄断法规。

**中国的立法** 1993年9月颁布的《中华人民共和国反不正当竞争法》中，有不少反垄断的规定。1997年12月通过的《中华人民共和国价格法》、1999年8月通过的《中华人民共和国招标投标法》中也有反垄断的规定。2007年8月30日第十届全国人民代表大会常务委员会第二十九次会议通过了《中华人民共和国反垄断法》，2008年8月1日起施行。共8章57条。它规定了禁止垄断协议、禁止滥用市场支配地位、禁止行政机关滥用行政权力以及对涉嫌垄断行为的调查处理等内容，是预防和制止垄断行为，保护市场公平竞争，提高经济运行效率，维护消费者利益和社会公共利益的重要法律制度。

**“反冒进”** Rejection of “Rash Advance” in Economic Construction 1956～1958年中国

共产党党内关于经济建设发展速度的认识分歧和争论。1955年，国家在执行“第一个五年”计划中取得了重大的经济建设成就，同时也出现了急于求成的倾向，制定的一些经济指标过高，基建投资和财政支出开始失控。1956年1月起，在讨论1956年国民经济计划时，周恩来、陈云等强调了要反对冒进的问题，认为“决不要提出提早完成工业化的口号”。他们的主张得到中央的重视，提出了既要反对保守，又要反对冒进，坚持在综合平衡中稳步前进的方针，国务院对当年计划的经济指标进行了压缩。6月20日，《人民日报》发表社论《既要反对保守主义，也要反对急躁情绪》，冒进势头基本得到控制。1957年，中国经济建设在综合平衡的前提下，提前和超额完成了“一五”计划。毛泽东对“反冒进”一开始就有不同意见，认为当时的主要危险不是“冒进”，而是“右倾保守”。从1957年末到1958年夏季，毛泽东在各种会议上多次批评了1956年的“反冒进”，周恩来等人被迫作了检查。对“反冒进”的否定（俗称“反反冒进”），不仅促使经济建设背离了客观规律，盲目追求高指标、高速度，而且把一些工作中的不同意见指责为“右倾保守”，产生了重大决策缺乏民主论证的弊病，直接导致了“大跃进”运动的发动。

**反气旋** anticyclone 北(南)半球大气中水平气流呈顺（逆）时针旋转的大型涡旋。在等高面（等压面）上，具有闭合等压（等高）线，中心气压高于周围，故又称高气压。反气旋水平尺度一般可由1 000千米（赤道反气旋）到5 000千米以上，地面中心气压可达1 030百帕以上。

反气旋根据温压结构可分为冷性反气旋（冷高压）和暖性反气旋（暖高压），根据生成地区可分为极地反气旋、温带反气旋、副热带反气旋以及赤道缓冲带反气旋。以垂直层次分，冷性反气旋（如极地反气旋）多位于近地面，厚度浅薄；暖性反气旋（如副热带高压）厚度可从地面扩展到对流层高层；还有存在于对流层中高层的中纬度阻塞高压以及夏季南亚高空反气旋。

反气旋中心地区一般为下沉气流区，地面为辐散区，所以天气多晴好。反气旋边缘地区则经常有云雨发生。

**反潜导弹** anti-submarine missile 用于攻击潜艇的导弹。通常分为潜潜、舰潜、空潜反潜导弹，按飞行轨迹又可分为弹道式和巡航式反潜导弹。反潜导弹通常由运载助推火箭发动机、制导系统弹体和战斗部组成。战斗部携载自导鱼雷或核深水炸弹。自导鱼雷一般为常规装药，也可为核装药，其射程一般为几千米至几十千米，最远的可达数百千米。反潜导弹具有射程远、速

中国C801反潜导弹

度快、自动搜索攻击能力强等优点。

水面舰艇发射反潜导弹的弹道是“空中－水下”，空中段多为巡航式，用无线电指令制导。如战斗部为自导鱼雷，当导弹飞至预定地点后，鱼雷与弹体分离，靠降落伞减速入水，搜索、跟踪目标，并将其击毁。如战斗部为核深水炸弹，导弹到达预定地点后，核深水炸弹抛出，高速坠入水中，沉至预定深度爆炸，毁伤位于其威力半径内的潜艇。潜艇发射的反潜导弹弹道是“水下－空中－水下”，由鱼雷管将导弹推出，浮至水面后点火升空；空中段多为弹道式，用惯性制导，飞至预定地点后鱼雷与弹体分离；鱼雷再入水中，跟踪并击毁目标。飞机发射的反潜导弹的弹道是“空中－水下”，飞机距目标一定距离时投放导弹，导弹自由下降至一定高度点火，飞至目标上空后鱼雷与弹体分离；鱼雷减速入水，跟踪并击毁目标。

**反潜巡逻机** anti-submarine patrol aircraft 主要用于海上巡逻和反潜作战的飞机。有岸基、舰载、水上和两栖反潜巡逻机之分，以岸基居多。多由民航机和军用运输机、轰炸机改装而成。特点是航程远，续航时间长，低空性能好，载弹量大。第二次世界大战前，没有专用的反潜巡逻机，主要使用水上飞机进行反潜巡逻。第二次世界大战中，反潜巡逻机广泛用于反潜作战，装备声呐浮标、反潜鱼雷和深水炸弹的反潜巡逻机已经对潜艇构成很大威胁。战后，反潜巡逻机得到进一步发展，新一代反潜巡逻机配备多种搜潜设备，如雷达、微光电视、红外探测仪、磁力探潜仪、废气探测仪、水质分析仪以及声呐浮标等。机上携带反潜自导鱼雷、深水炸弹、水雷、常规炸弹和空舰导弹等多种攻潜武器，并配备高效率、多功能计算机，构成导航、探测、识别、定位和攻击自动化综合反潜武器系统，能在复杂气象条件下遂行反潜作战任务。

**反潜战** anti-submarine warfare 使用反潜兵、兵器，粉碎和反击敌方潜艇的作战。海战的作战样式之一。主要任务是运用反潜兵力、兵器，搜索和攻击敌方潜艇，设置反潜障碍和反潜封锁区，阻止和限制敌潜艇活动，组织实施护航、巡逻、警戒，防止敌潜艇袭击。目的是消灭或削弱敌潜艇兵力，防止敌方潜艇对己方海上或基地内兵力和岸上目标实施突击，粉碎敌方潜艇战的企图。进行反潜作战的兵力有反潜水面舰艇、反潜飞机和反潜潜艇等。对潜艇实施攻击的主要兵器有反潜鱼雷、反潜导弹、深水炸弹和自动跟踪水雷等。反潜战的主要战法是：袭击敌潜艇基地；在敌潜艇必经海域布设反潜水雷；对己方重要舰船组织反潜护航；在重点海区设置综合反潜设施等。

美国ASROC反潜核导弹

**反切** 中国传统的注音方法。用两个汉字相拼的方法为另一个汉字注音。又称反语、反音、反言，或单称反、切、翻。如：“同，徒红切”。用作反切的第一个字“徒”，称反切上字，简称上字；用作反切的第二个字“红”，称反切下字，简称下字。“上”、“下”指汉字直行书写时两字所在的位置。“同”是被注音字，称被反切字，简称被切字。

反切的基本原理：上字与被切字的声母相同，下字与被切字的韵母和声调相同，上下字相拼就是被切字的读音。

对反切产生的时代，历代学者的认识不一。主要有以下三种看法：①认为反切是三国魏孙炎创造的。②认为产生汉字的时候就产生了反切。③认为反切产生于后汉服虔、应劭时代。章太炎、吴承仕等力主此说。这种看法比较合乎情理。反切的产生，是为了弥补读若、直音注音方法的不足，无疑是巨大的进步，标志着汉语语音学的开始。但用反切注音有很大的局限性，虽几经改良，终未达到理想境地。

**反倾销** anti-dumping 当一国认为输入的外国产品系进行倾销时，在应征的进口税外，再课以进口附加税或特别关税以保护本国产业。见倾销与反倾销。

**反倾销法** anti-dumping law 一国在调整反倾销过程中形成的经济关系的法律规范的总称。

倾销是指一国产品以低于正常价值的出口价格进入另一国市场，使该国国内产业遭受实质性损害或者实质性损害之威胁，是一种不公平贸易行为。

1904年加拿大颁布了包含反倾销条款的法律，这是世界上最早的反倾销立法。1916年美国规定了反倾销措施。第二次世

界大战之后，各国相继进行了反倾销立法，将反倾销制度作为保护本国国内产业的一个重要手段。1967年6月，关税及贸易总协定（简称GATT）框架下的肯尼迪回合多边谈判通过了由部分缔约方签字生效的《反倾销法典》，并于1979年再次修改。真正意义上的多边反倾销协定是乌拉圭回合后的世界贸易组织"反倾销守则"，该守则的主要特点在于强化程序规则，要求成员方增加执法的透明度，并明确成本计算和价格比较的规则，强调成员方实行轻税原则以及强化争端解决中的评审标准等。

据统计，美国是世界范围内使用反倾销最多的国家，而中国现已成为世界上反倾销最大的受害国。

1997年国务院发布施行了《中华人民共和国反倾销和反补贴条例》，开始了中国真正意义上的反倾销立法实践。2001年11月26日国务院公布了《中华人民共和国反倾销条例》，改变了中国反倾销与反补贴合并立法的模式。2004年3月31日国务院对该条例进行了修订，共6章59条，内容包括总则、倾销与损害、反倾销调查、反倾销措施、反倾销税和价格承诺的期限与复审、附则。同时，中国也开始采取反倾销措施来保护国内产业，主要集中在化工、钢铁、化肥等产品方面。

**反情报** counterintelligence 一种具有对抗性、防范性的情报工作，旨在发现、抑制、防止和破坏敌方或竞争者针对己方的情报活动。主要任务是监测对手的情报活动，对威胁做出评估，控制己方的信息流动，采取措施防止对方获取信息或使对方无法从截获的信息中得到有利的情报。主要源于军事和安全领域，与反侦察、反窃听、反谍报等概念密切相关，常常针对那些进行或被怀疑进行间谍活动的个人和组织。随着市场竞争加剧和企业竞争情报活动的开展，反情报也被引入经济领域，成为企业情报工作的一部分。

**反日义兵斗争** Korean National Armed Struggle of Resistance Against Japan 李朝末年朝鲜人民武装反抗日本帝国主义侵略的爱国斗争。朝鲜义兵始于16世纪壬辰卫国战争，甲午农民起义失败后，部分农民军转入游击斗争，成为近代义兵运动的先声。1895年10月，日本策划乙未事变杀害闵妃，接着又操纵亲日派内阁强行实施剪发令，激起朝鲜人民的义愤，爱国的两班儒生（封建知识分子）倡议讨敌，传檄四方，各地义兵勃起。义兵的基本群众是农民，其中以江原道李昭应和忠清道柳麟锡等领导的队伍影响较大。朝鲜国王利用义兵运动，于1896年2月出奔俄国公使馆，发动政变，亲日派内阁垮台，日本侵朝暂时收敛。

1905年，日本通过日俄战争，确立了对朝鲜的独霸地位，并通过《乙巳保护条约》变朝鲜为"保护国"，激起朝鲜人民的强烈反抗，各地义兵再次兴起。义兵斗争席卷整个三南地区。

1907年6月，日本借口朝鲜国王李熙（高宗）派密使出席海牙和平会议控诉日本的事件，迫使高宗退位。京城侍卫队和地方镇卫队的爱国军人举行暴动，与地方义兵汇合，增强了义兵的战斗力，北起鸭绿江，南至济州岛，义兵斗争遍布全国。1908年，义兵斗争达到高潮。1910年日本吞并朝鲜后，全力镇压义兵，使义兵遭受很大损失。但义兵部队仍然坚持斗争，一部分义兵移至北部边境、中国东北和俄国沿海州一带，转为独立军运动。

**反山墓地** Fanshan Cemetery 中国新石器时代良渚文化墓地。位于浙江杭州余杭区雉山村。1986年发掘。年代为公元前2800年前后。是良渚文化中随葬品最丰富、规格最高的墓地之一，属于良渚文化贵族阶层的家族墓地。墓地建在人工堆筑的土墩上。已发现11座长方形土坑墓，共出土随葬品1 200余件（组），包括陶、石、玉、象牙器和嵌玉漆器，鲨鱼牙齿等。其中90%为玉器，种类有璧、琮、钺、璜、环、镯、带钩、梳背、三叉形器等。刻有神人兽面纹的一件大玉琮和一件玉钺，被分别称为"琮王"和"钺王"。丰富的随葬品反映出当时贵族阶层掌握财富与权力的状况，从而为良渚文化已进入或即将进入文明时代提供了佐证。

**《反社会党人非常法》** *Anti-Socialist Laws* 1878年10月，德国俾斯麦政府制定、实施的镇压工人运动的法令。全称《镇压社会民主党企图危害治安的法令》。1890年10月被废除。见《社会党人法》。

**反射** reflection 波在传播过程中到达两种介质的界面时返回原介质的现象。如光在镜面上的反射。波的反射遵循反射定律。在同类介质中，由于介质本身不均匀性而使波的传播方向发生改变甚至反向折回，也称反射。如电磁波在电离层中的反射（见光反射）。

**反思** reflexion 近代西方哲学中广泛使用的概念之一。又译为反省、反映。原意指光的反射，作为哲学概念是借用光反射的间接性意义，指不同于直接认识的间接认识。在17、18世纪的西方哲学中，这个概念只指有较高价值的内省认识活动。I.康德提出了正确规定反思概念的问题，并认为反思构成表象或概念在联结中归属何种认识能力的主观条件，特别是把审美与合目的性的认识能力明确规定为"反思的判断"，作为联结知性与理性的桥梁。G.W.F.黑格尔在客观唯心主义形式下，把反思变成一个把握发展的辩证概念，完成了规定反思概念从而使之含义更加深刻的工作。他认为反思具有不同的层次。对于本质的认识，"设定的反思"尚停留在抽象的自身同一阶段；"外在的反思"则进展到把握区别与对立；只有"规定的反思"才能从联系上把握对立面的统一。这样，黑格尔在反思的认识上达到了一个飞跃，即反思本身也有一个过程。但是，反思只是作为一种从把握外在本质到把握内在本质的过渡。

**反思文学** reflection literature 中国当代文学创作思潮。继伤痕文学之后，形成于20世纪70年代末80年代初的一种文学现象。思想内涵比"伤痕文学"明显深化，不单展示血与泪，而且探究造成伤痕的历史渊源。作品大体有如下几类：第一类是通过艺术形象反思50年代以来极左思潮的历史教训，对历史是非作出新的认识和评价，如《剪辑错了的故事》（茹志鹃）、《天云山传奇》（鲁彦周）、《犯人李铜钟的故事》（张一弓）、《李顺大造屋》（高晓声）、《被爱情遗忘的角落》（张弦）等；第二类不仅反思历史教训，也反思自我对历史应负的责任，寻找自我的位置和使命，表现出与民族共忧患的自觉意识，如《布礼》和《蝴蝶》（王蒙）、《洗礼》（韦君宜）、《随想录》（巴金）等；第三类不仅从历史角度反思，也从文化角度反思，挖掘"文化大革命"中泛滥的封建意识和极左思潮的历史和文化根源，如《古船》（张炜）。反思文学具有较大的思想容量，因其涉及社会主义时期的各种悲剧和悲剧人物，因而拓宽了文学视野，增加了作品的深度。

**反诉** cross action 诉讼中的被告向原告提起的诉。与本诉相对。原告向被告提起的诉，称本诉。本诉与反诉在同一诉讼程序中进行审理，但反诉以本诉的原告为被告，有自己独立的诉讼标的和理由，与本诉既有联系又有区别。就本诉而言，反诉是本诉被告用以反对原告的诉讼请求而进行辩驳的一种特殊形式，是被告为维护自己的合法权益的一种特殊的诉讼手段。它的直接目的是并吞、抵消对方当事人主张的权利，或者使这种权利主张失去依据和作用。反诉制度使本诉与反诉同案处理，可以防止对两个有关联的诉讼作出相互矛盾的裁判。

中国《民事诉讼法》第52条规定，被告有权提起反诉。《刑事诉讼法》规定，自诉案件的被告人在诉讼过程中，可以对自诉人提起反诉。但在公诉案件中，被告人不得向公诉人提起反诉。除要求符合起诉的基本条件外（管辖的规定除外），反诉还应具备以下条件：①向受理本诉的法院提出。②不论在第一审程序或在第二审程序中提起反诉，一般应在开庭审理前或辩论终结前提出。③由本诉的被告向原告提起。④反诉的诉讼标的不归其他法院专属管辖。⑤具有达到反诉目的的可能性和诉的合并审理的可能性。

本诉与反诉都有自己的独立请求，一诉的诉讼关系因判决、调解、撤诉等归于消灭时，并不必然引起另一诉的诉讼关系的消灭。合并审理中，法院对每一诉分别进行审查。审理后，通常用一个判决（或调解）解决两个有争议的诉，但不排除在必要的情况下就两诉分别作出裁判或以调解协议结案。

**反坦克** antitank operation 阻滞和摧毁敌坦克的作战行动。现代战争中地面作战的重要内容。防御时，纵深梯次地部署反坦克兵力、兵器，建立多层次的反坦克体系，构成远、中、近结合的反坦克火力配系和多道带、多种类的反坦克障碍物配系；充分发挥陆军航空兵和各种高技术兵器及反坦克预备队、快速障碍设置队的作用，并广泛使用小分队实施伏击、袭击和小规模的反冲击，消灭敌坦克。进攻时，以各种反坦克兵器和快速设置的障碍物，阻滞和摧毁反冲击或反突击的敌坦克。随着坦克性能的改进，许多国家更加重视研究新式反坦克兵器和新的反坦克作战方法，在大力发展中子弹和激光制导炸弹、炮弹等作为对付集群坦克武器的同时，还发展高效能动能武器、粒子束武器、激光武器、微波束武器和令坦克失效的泡沫反坦克弹、超级化学腐蚀剂反坦克弹、超级黏合剂反坦克弹、碳纤维反坦克弹、高效阻燃剂反坦克弹、乙炔反坦克弹等，以用于反坦克作战。

**反坦克导弹** antitank missile 用于攻击坦克和其他装甲目标的导弹。与反坦克火炮相比，反坦克导弹重量轻、体积小、机动性能好，可从地面、车上、直升机上和舰上发射，命中精度高，破甲威力大，射程远，是一种有效的反坦克武器。

反坦克导弹主要由战斗部、动力装置、弹上制导装置和弹体组成。采用聚能破甲战斗部，利用爆炸的聚能效应所产生的高温、高速金属射流来穿透装甲，破坏坦克内部设备，杀伤乘员。采用高能炸药和双级串联聚能战斗部，可提高金属射流的侵彻效率。有的反坦克导弹采用高速动能穿甲战斗部，以提高破甲威力。动力装置一般采用固体火箭发动机，以保证导弹相应的飞行速度和射程。弹上制导装置由弹上控制仪器、稳定装置和执行机构等组成，其作用是将导引系统传来的控制指令经综合、放大后，驱动执行机构，从而改变导弹飞行方向。采用寻的制导的反坦克导弹，其制导系统全部装在弹上。

**反坦克炮** antitank gun 主要用于毁伤坦克及其他装甲目标的火炮。旧称防坦克炮、战防炮。身管较长，初速大，弹道低伸，直射距离远，发射速度快，射角范围小，近距离首发命中率较高。轻型的可用飞机、直升机空运。按机动方式分为牵引式和自行式，按炮膛结构分为滑膛式和线膛式。反坦克炮的构造与一般火炮基本相同。为了提高射速和射击精度、便于对运动目标射击，多采用半自动炮闩、测距与瞄准合一的瞄准装置，瞄准机、发射机与瞄准装置位于火炮的同一侧。采用定装式炮弹，配有超速脱壳穿甲弹、聚能装药破甲弹和碎甲弹等多种炮弹，对不同装甲的毁伤破坏适应性好。

中国PTZ89式120毫米自行反坦克炮

反坦克炮口径从57毫米到125毫米，自行式较普遍。有的牵引式配有简易火控系统和辅助推进装置。自行式采用坦克底盘或装甲车底盘，炮塔为固定式或旋转式；有的配有火控系统、自动装弹机、三防装置和昼夜瞄准镜及夜视仪。美国研制的75毫米遥控反坦克炮身管顶部装有摄像机，炮架上装有激光测距机，目标图像和距离数据可直接传给控制台，射手在控制台控制火炮瞄准、发射，必要时一名炮手可控制数门炮同时对多个目标射击。铰接式双车体自行反坦克炮（瑞典），采用前后两节车体的特殊结构，可行圆周射击，后车体内安放发动机、油箱、自动装弹机并存放弹药，提高了战场生存能力。有的反坦克炮还可发射炮射导弹。

中国AFT09重型反坦克导弹发射

**反托拉斯法** antitrust laws 美国进入垄断资本主义阶段后，国会制定的以保护竞争、反对垄断和限制性贸易做法为目的的成文法的总称。19世纪80年代末，托拉斯的形成导致中小企业主、农场主的破产和广大劳动群众生活的恶化。为了缓和社会矛盾，1890年7月2日，美国联邦国会通过《保护贸易及商业以免非法限制及垄断法案》，简称《谢尔曼反托拉斯法》。是由参议员J.谢尔曼（1823～1900）提出而得名。该法主要为禁止限制性贸易做法及垄断贸易的行为。全文共8款。第2款规定："凡垄断或企图垄断、组织或企图组织联合企业，或同他人共谋垄断州际贸易或国外贸易者均属不法行为"。但谢尔曼法颁布后收效甚微，垄断组织继续发展。到19世纪末20世纪初，托拉斯已遍布工矿、铁路和城市公用事业的各个领域。少数财政寡头日益控制了国家的经济命脉。1914年9月26日，T.W.威尔逊政府颁布《联邦贸易委员会法》，决定由联邦贸易委员会作为在州际贸易中"监督调节托拉斯的机构"，取代反托拉斯局，负责调查私人或公司在贸易竞争中的违法行为。同年10月15日，联邦国会通过《克莱顿反托拉斯法》，用以补充《谢尔曼反托拉斯法》，因由众议员H.D.L.克莱顿（1857～1929）提出而得名。该法主要为禁止某些在实践中会削弱竞争的做法。1936年国会通过《鲁宾逊-帕特曼法》，对《克莱顿反托拉斯法》中关于价格歧视问题作了补充和修改，试图帮助小企业主抵制联号商店的竞争，被视为"反联号商店法"。

反托拉斯法的实施标志着美国政府从自由放任政策转向国家干预经济。

**反卫星导弹** anti-satellite missile 用于攻击卫星及其他航天器的导弹。按发射基点，一般分为陆基、空基和天基反卫星导弹。通常采用多级助推器和自寻的拦截器。导弹发射后，经过加速爬升到某一高度，助推器与寻的拦截器分离，拦截器开始搜索、识别目标，经再次启动拦截器上的小型火箭发动机，控制导弹飞行轨迹，自动跟踪、导向目标，直至予以摧毁。在拦截器上可装载常规战斗部或核战斗部；也可依靠拦

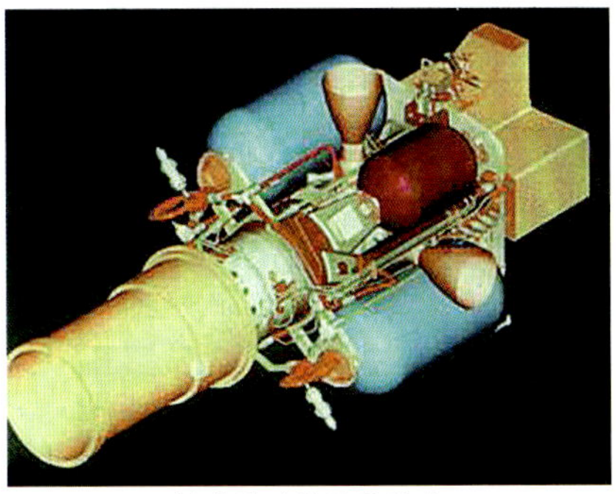

拦截弹动能杀伤弹头

截器与目标卫星间较高的相对速度，碰撞后将卫星击毁。

陆基反卫星导弹是一种红外寻的拦截导弹，由数级运载火箭和非核弹头组成。弹头上装有长波红外探测器、数据处理机及碰撞式杀伤弹头。

空基反卫星导弹是由飞机空中发射并依靠导弹的巨大动能，直接撞击并摧毁敌方卫星。这类小型反卫星武器精度高，反应快，生存能力强，对轨道低于1 000千米的航天器有较强的攻击力。

美国于1976年开始研制机载反卫星导弹。苏联从20世纪60年代初开始研制非核杀伤的反卫星导弹。从技术上看，美国、俄罗斯反卫星导弹都已具备了反低轨道卫星的能力。

**反卫星武器** anti-satellite weapon 用于攻击人造地球卫星等航天器的空间武器。主要用于干扰、破坏敌方侦察、通信、导航卫星等军用航天器，实施空间对抗。

反卫星武器按照设置场所不同分为地基和天基两种。地基反卫星武器包括陆基、海基、机载的反卫星导弹和高功率微波反

美国F-15飞机携带的反卫星导弹

卫星武器与激光反卫星武器等。天基反卫星武器包括反卫星卫星、天雷和航天器载的反卫星导弹等。反卫星武器可采用核能、动能和定向能等杀伤手段。其杀伤方式有硬杀伤和软杀伤两类。硬杀伤是指摧毁和破坏航天器的主体结构和设备；软杀伤是指干扰、破坏航天器的正常工作，如使卫星的敏感元件暂时失效或永久性失效。采用核能杀伤手段的核能反卫星武器（如反卫星导弹），通过弹头高空核爆炸产生的光辐射、核辐射和电磁脉冲摧毁航天器，作用范围可达数百千米；缺点是在摧毁目标航天器的同时，容易伤及其他航天器。采用动能反卫星武器，可从陆地、海洋、空中或空间发射至目标附近空域，然后利用自动寻的制导装置探测、跟踪目标，通过高速运动的拦截弹头直接碰撞击毁目标；也可采用装有常规高能炸药的拦截弹头，当接近目标一定距离后启动爆炸装置，通过爆炸产生的大量碎片摧毁目标。反卫星卫星就是用运载火箭把带有常规爆破装置的卫星，发射至与目标所在轨道面基本相同的轨道上，利用星上雷达或红外寻的器探测与跟踪目标，依靠小型火箭发动机进行机动飞行，接近并摧毁目标。天雷是一种秘密设置在敌方航天器轨道上，并带有某种杀伤或破坏手段的装置。需要时，可利用无线电遥控的方式使其快速接近并摧毁目标；也可以通过释放金属颗粒与碎片、气溶胶等干扰物，来破坏敌方航天器的正常工作。定向能反卫星武器能发射高功率微波射束、激光束、粒子束照射卫星，使目标毁坏或丧失工作能力。

**反胃** regurgitation 食管或胃内容物反流到口腔的病理现象。嗳气常与反胃同时出现。反胃不同于呕吐，常无迷走神经兴奋现象，如流涎、出汗、脉缓等。反胃主要是由于食管括约肌功能障碍时伴有胃及食管的逆蠕动，使胃内容物反流到口腔。反胃多为功能性，但也可能伴有器质性病变，如幽门梗阻、贲门失弛缓症、食管癌等。反胃的同时常伴有烧心、嗳气等症状。反胃时并不费力，不伴有恶心的前驱症状，常发生在饭后，反流物为酸性。诊断主要依靠病史和体检，X射线钡剂造影和内镜检查可帮助确定病变性质。

**反文化** counter culture 反对主流文化的群体文化，或与主流文化对立的群体文化。如黑社会群体、犯罪团伙以及邪教组织内部的价值观、规则、制度、语言等总合起来，成为与社会主流文化相对抗的文化，即反文化。反文化是反社会、反人类的文化，是普遍存在的一种社会现象。

**反物质** antimatter 全部由反粒子组成的物质。所有的粒子都有对应的反粒子。反质子和正电子组成的原子是反氢原子，反质子和反中子组成的原子核是反氘核。许多反质子和反中子结合组成的是各种反原子核。反原子核和正电子组成反原子。反原子可结合成反分子，进而可形成宏观的反物质，甚至可形成反物质星体。

**反训** antonymous defining 汉语训诂学术语。用反义词互相训释。如《尔雅·释诂》：“乱，治也。”这种训话方法在古书中不乏其例，这是因为有些词如“乱”在古代有相反的两义，即“治理”、“紊乱”，随着词义的发展变迁，今只存“紊乱”一义了。

**反应堆** reactor 实现可控核裂变链式反应的装置。即裂变反应堆。

**反应热** reaction, heat of 化学反应吸收或释放的热。通常指当反应物和产物的温度相同，且反应过程中没有非体积功时，一个化学反应吸收或释放的热量。一个化学反应的反应热与其反应的条件（温度、压力、反应体系的组成等）、参加反应的物质的量有关。如果反应在等压条件（即反应体系的压力保持不变）下进行，反应热$Q_p$等于该反应的焓变$\Delta H$。如果反应在等容条件（即反应体系的体积保持不变）下进行，则反应热$Q_V$等于该反应的内能变$\Delta U$。由于实际生产中大部分反应都是在等压或接近等压的条件下进行的，所以用$\Delta H$表示反应热更为普遍。

反应进度为1摩时的反应焓变称为反应的摩尔焓变，一般写作$\Delta H_m$。如果反应体系中所有的物质均处于各自的标准态，则反应的摩尔焓变称为标准摩尔焓变，表示为$\Delta H_m^\circ$。例如对反应：

$$H_2(气)+\frac{1}{2}O_2(气)\longrightarrow H_2O(液)$$

此反应的$\Delta H_m^\circ$即1摩$H_2$气和0.5摩$O_2$气生成1摩液态$H_2O$的焓变。$\Delta H_m^\circ$的单位是焦/摩或千焦/摩。

反应热可以通过量热的方法测定，也可以利用一些已知反应的焓变计算其他未知反应的焓变。①标准摩尔生成焓。在指定温度$T$及标准状态下，由最稳定的单质生成1摩指定聚集态的物质的反应焓变，通常表示为$\Delta_f H_m^\circ(T)$。某温度$T$时，任一反应的标准摩尔焓变$\Delta H_m^\circ(T)$可由下式计算：

$$\Delta H_m^\circ(T)=\sum \nu_B \Delta_f H_B^\circ(T)$$

式中$\Delta_f H_B^\circ(T)$为物质B在温度$T$时的标准摩尔生成焓；$\nu_B$为物质B的化学计量数，产物取正值，反应物取负值。上式表示任一反应的标准摩尔焓变等于反应温度下产物的标准生成焓之和减去反应物的标准生成焓之和。②标准摩尔燃烧焓。在指定温度$T$及标准状态下，1摩物质完全燃烧成指定产物的反应焓变，通常表示为$\Delta_c H_m^\circ(T)$。某温度$T$时，任一反应的标准摩尔焓变$\Delta H_m^\circ(T)$可由下式计算：

$$\Delta H_m^\circ(T)=-\sum \nu_B \Delta_c H_B^\circ(T)$$

式中$\Delta_c H_B^\circ(T)$为物质B在温度T时的标准摩尔燃烧焓。

反应热随反应体系压力的变化率很小，所以如果反应压力不是很高，通常可忽略压力对反应热数值的影响。

反应热的精确值对于化工过程所用设备的设计是十分重要的，也是计算化学反应其他热力学量（如平衡常数、反应的熵变和吉布斯自由能变等）不可缺少的数据，对于了解反应本质及微观机理也有十分重要的参考价值。

**反应时** reaction time 从感觉器官接受刺激到作出回答反应所需的时间。又称反应潜伏期。反应时包括：刺激使感受器发生兴奋，神经冲动从感受器传到大脑皮层所需的时间；中枢神经系统组织回答反应所需的时间；有机体作出回答反应的时间。反应时依刺激的种类、强度及个体的因素（适应水平、定势、动机和情绪）而有所不同。一般成人对光刺激的反应时为180毫秒，对声刺激为140毫秒；选择性的反应时要比简单的反应时长些。

**反应速率** reaction, rate of 描述化学反应进行过程快慢的物理量。通常定义为：

$$r=\frac{1}{\nu_B V}\frac{dn_B}{dt} \qquad (1)$$

式中$\nu_B$为反应计量式中物质B的化学计量数，反应产物取正值，反应物取负值；$V$为反应系统的体积，$dn_B/dt$代表在反应某一时刻物质B的物质的量随时间的变化率。若反应系统的体积在反应过程中保持不变，则上述定义可简写为：

$$r=\frac{1}{\nu_B}\frac{dc_B}{dt} \qquad (2)$$

式中$dc_B/dt$代表在反应某一时刻物质B的浓度随时间的变化率。

在一定的反应条件（温度、压力、催化剂等）下反应速率是随着反应的进行，反应物质浓度的变化而改变的。反应速率随反应物质浓度而变化的函数关系式称为反应速率方程式。元反应的速率方程式可用质量作用定律直接得到。而对非元反应，速率方程式只能通过实验确定。最常见的形式是：$r = kc_A^{\alpha}c_B^{\beta}\cdots$。式中$c_A$、$c_B$……为反应物或产物的浓度；$\alpha$、$\beta$……分别称为物质A、B……的分级数，可以是正数或负数，可以是整数也可以是分数；$n=\alpha+\beta+\cdots$称为反应的总级数，简称为反应的级数。比例常数$k$称为反应速率常数，其值与温度、催化剂及其他因素有关，但与浓度无关。

**反应性精神病** reactive psychosis 由急剧或持久的精神刺激引起的精神异常。精神刺激可以是引起悲伤、惊恐的威胁性事件，也可以是持久而沉重的内心矛盾和情感体验等。个体的易病素质以及当时机体的功能状态对该病的发生也起很大的作用。

临床表现 分为三类：

①反应性意识模糊。立即发病，几分钟至几小时即可达高峰，持续时间短。对周围事物感知不清晰。严重者对周围事物和刺激无反应，表情呆板，不语不动，这称为反应性木僵。有些患者则处于意识蒙眬状态，甚至出现与精神因素有关的幻觉。患者表情惊恐或紧张，言语不连贯，动作也缺乏目的性，有的患者可出现冲动行为，甚至出现无目的的奔跑或出走。有些患者的意识障碍较轻，而精神运动性兴奋则非常明显，这称为反应性兴奋。表现为情绪激动、言语增多，多诉说与精神因素有关的事件或本人的经验。有些患者可先表现为木僵，然后转入兴奋状态。上述几类表现也称为急性反应性精神病。急性患者多伴有植物神经症状，如面色潮红或苍白、瞳孔散大、出汗及心跳和呼吸加快等。

②反应性抑郁。多见于情绪敏感、易于悲观、反应过甚的人。患者遭受悲伤、损失和失望等急剧精神创伤后，出现比正常人严重而持久的情绪低沉，常表现愤懑，埋怨别人，通常没有显著的妄想。改变环境可以改善病情。

③反应性偏执状态。在持久的精神因素作用下，患者敏感多疑，特别注意观察周围人的言行，常认为人们在指桑骂槐地责骂他、讽刺他，甚至监视他、跟踪他和迫害他，最后发展为较牢固的被害妄想。被害内容不泛化，多与精神因素有关，且伴有情感体验。患者常向人倾诉或求援。有些患者出现错觉或幻觉，尤以幻听多见。

诊断 并非发病时可找到精神因素的精神病都是反应性精神病。诊断依据是：①有明显的精神刺激，并能使患者产生较深的情感体验。②症状的出现与精神刺激在时间上有密切的联系。③精神症状的内容反映患者的体验或处境，内容可以理解。④病程不长，适当治疗后可较快恢复正常。

治疗 去除精神刺激或脱离引起精神创伤的环境。对反应性木僵患者可用针刺治疗，也可用镇静安眠药使其入睡。对兴奋激动者可选用有明显镇静作用的抗精神病药，如氯丙嗪、氟哌啶醇等，剂量不宜过大。极端兴奋躁动者可注射给药。反应性偏执者需较长时间治疗。反应性抑郁者可服用三环抗抑郁药、如多虑平或阿米替林。对有自杀企图者应严加监护。

**反映论** reflection, theory of 确认认识的本质是主体对客体的反映并对其一般自然前提和基础作出唯物主义解释的认识学说。它的主要特征是，从物质第一性、意识第二性的原理出发，把人的感觉、表象和思维看作对客观存在的反映。辩证唯物主义反映论则明确指出，反映是物质本身固有的能力，而人类的认识则是其中最高级的反映形式，它是基于实践的能动反映，不仅反映现象，而且反映本质和规律。

**反犹太主义** anti-semitism 主要指近现代仇视、排斥、压迫和残害流落于世界各地的犹太人的社会思潮与行为。又称排犹主义。自135年犹太人起义失败后，犹太人即被逐出耶路撒冷以至整个巴勒斯坦而流落世界各地。中世纪，犹太人饱受封建主与僧侣的压迫。随着近代资本主义的发展和民族解放运动的兴起，在西欧一些国家，犹太人的地位有所改善。但在俄国、普鲁士和奥地利等国仍然存在仇视犹太人的现象。十月革命后俄国的犹太人得到了解放，但在一些资本主义国家中资产阶级仍不时挑起对散居于各国的犹太人的仇恨，以转移国内无产阶级的视线，掩盖阶级矛盾。20世纪30～40年代，法西斯德国将反犹太主义发展成极端的灭犹主义，纳粹党卫军采用枪杀、毒气窒息、饿死和活埋等手段，企图灭绝所占领的波兰、苏联及欧洲其他国家领土上的所有犹太人，在集中营及大城市犹太人隔离区和其他各地被集体屠杀、折磨和残害致死的犹太人总数约有600万人。

**反右派斗争** Anti-Rightist Struggle 中国1957～1958年开展的反对资产阶级右派的政治运动。1957年4月，中共中央开展了整风运动，发动群众和民主党派人士给中共提批评建议，有极少数人借“大鸣”、“大放”、“大民主”之机，反对中国共产党和

1957年北京新闻界举行批判右派言论的会议

社会主义制度。这引起了中共中央和人民群众的不满。5月15日，毛泽东写了《事情正在起变化》一文，标志着中共中央的指导思想开始由整风运动转向反击右派。6月8日，毛泽东为中共中央起草发布了《组织力量反击右派分子的猖狂进攻》的党内指示。同日，《人民日报》发表《这是为什么》的社论。从此，一场大规模的反右派斗争在全国展开。7月1日，毛泽东起草的《人民日报》社论《文汇报的资产阶级方向应当批判》发表，成为指导运动的纲领性文件。7月17日，中共中央召开省市委书记会议，进行部署。此后制定了一系列具体政策，包括对右派分子不宜过早作组织处理、在工人农民中不划右派分子、划分右派分子的标准等。当时，中华人民共和国建立只有7年多，反抗和敌视社会主义的势力在一定范围还存在，中国要不要走社会主义道路和坚持中国共产党领导的问题，实际上还没有完全解决。因此，对反对党的领导，

反对社会主义道路的思潮进行批判，对右派分子的进攻进行反击是必要的，也是正确的。但是，敌视社会主义的人在国内毕竟只是极少数。在实际工作中，由于中共中央和毛泽东对形势作了过于严重的估计，加上对知识分子认识上的偏差，导致这场运动被严重扩大化，把一批知识分子、爱国人士和党内干部错划为右派分子，造成了不幸的后果。到1958年6月反右派斗争基本结束时，全国共划定右派分子55万多人。反右派斗争扩大化的后果，是改变了中共八大关于中国社会主要矛盾的论断和社会阶级关系状况的分析，认为阶级矛盾、两条道路的矛盾，是当前中国社会的主要矛盾，使中国共产党的指导思想开始出现"左"的偏差，成为以后在阶级斗争问题上屡次犯扩大化错误的理论根源。1959～1964年，中共中央先后为5批右派摘掉右派分子"帽子"。1978年9月，中共中央决定进行复查，把错划右派分子的案件全部改正过来。

**反质子** antiproton 质量与质子相同，但带负电且磁矩的方向相反的粒子。它是质子的反粒子。1955年E.G.塞格雷和O.张伯伦等人在加利福尼亚大学伯克利分校用从质子同步加速器射出的高能质子轰击铜靶产生反质子，为此两人获得1959年诺贝尔物理学奖。20世纪30年代初就有人预言反质子的存在，但实际发现反质子要等到高能粒子加速器达到60吉电子伏能量才行。一个反质子与一个质子碰撞就会湮没，但是贴近掠过时就可能交换电荷而产生中子-反中子对。

**反治** retrograde treatment 中医学中从其证象而治的治疗法则。又称从治。从，指采用方药的性质顺从疾病临床表现的证象。但这种证象往往是假象，如热病表现寒象、寒病表现热象等，一般称为真热假寒、真寒假热。这种从用药性质与疾病假象相一致的治法，其实质还是在治病求本法则指导下，针对疾病本质而治疗的方法，实质上仍是治病求本。反治主要包括热因热用、寒因寒用、通因通用、塞因塞用等治法。

运用反治法的关键在于：要透过现象抓住本质，谨守病机，治病求本。

**反宗教改革** Counter-Reformation 16～17世纪天主教会为对抗宗教改革运动进行的改革。其目的是为了应付宗教改革后出现的新局面，故又称对立的宗教改革。面对16世纪在欧洲出现的宗教改革运动，罗马教廷采取了一系列措施。在历时18年(1545～1563)的特兰托公会议上，新教各宗派被宣布为异端。此外，罗马教廷重申天主教的教条和教会各项仪式完全正确无误，必须严格遵守；教皇永远无误，是教会的最高首脑，教会的教阶制必须坚持。同时重申，未经教廷或各地主教批准，不得出版任何书刊。另一方面，教廷也听取了其内部要求改革的呼声，发起了整顿教会的运动，于是许多要求恪守教规、重振虔修生活的修会纷纷成立。其中以耶稣会最为著名。此外，天主教会开始加紧向外传教，大批的耶稣会会士被派往各国并取得相当大的成效。经过反宗教改革运动，天主教会得以在宗教改革运动后生存下来并重新发展。

**犯罪** crime 违反刑法、应受刑罚惩罚的严重危害社会的行为。《中华人民共和国刑法》规定："一切危害国家主权、领土完整和安全，分裂国家、颠覆人民民主专政的政权和推翻社会主义制度，破坏社会秩序和经济秩序，侵犯国有财产或者劳动群众集体所有的财产，侵犯公民私人所有的财产，侵犯公民的人身权利、民主权利和其他权利，以及其他危害社会的行为，依照法律应当受刑罚处罚的，都是犯罪，但是情节显著轻微危害不大的，不认为是犯罪。"这个定义是认定犯罪、划分罪与非罪界限的基本依据。

犯罪的特征 从中国《刑法》规定的犯罪概念看，犯罪有以下三个特征：

严重的社会危害性 即犯罪是严重危害社会的行为。它是犯罪最基本的特征。

刑事违法性 指犯罪是触犯刑法的行为。不仅指违反刑法典，而且包括违反单行刑法、附属刑法条款和刑法的立法解释；不仅指违反刑法分则，也包括违反刑法总则。

应受刑罚惩罚性 指犯罪是应受刑罚处罚的行为。这是犯罪的必然法律后果。

犯罪构成 根据中国刑法界的通说，犯罪构成必须具有以下四个方面的要件：

犯罪客体 刑法所保护而为犯罪行为所侵害的社会关系。犯罪客体是行为构成犯罪的必备要件之一。

犯罪客观方面 刑法规定的、说明行为对刑法所保护的社会关系造成侵害的客观外在事实特征。具体表现为危害行为、危害结果，以及行为的时间、地点、方法（手段）、对象。

犯罪主体 实施危害社会的行为、依法应负刑事责任的自然人和单位。自然人主体是中国《刑法》中基本而具有普遍意义的犯罪主体。单位主体在中国《刑法》中则不具有最普遍的意义，而应以《刑法》分则有明文规定者为限（见单位犯罪）。作为自然人的犯罪主体必须具备刑事责任能力。某些犯罪主体还必须具有特殊身份，例如，贪污罪、受贿罪以及渎职罪，其犯罪主体必须是国家机关工作人员或者国家工作人员。

犯罪主观方面 犯罪主体对自己实施的危害行为及其危害社会结果所持的主观心理态度。包括犯罪的故意与过失（见故意犯罪、过失犯罪）、犯罪的目的与动机等因素。此外，还包括某些与犯罪的主观方面相关的问题，诸如意外事件和刑法上的认识错误。

**犯罪痕迹** physical traces of a crime 由犯罪行为实施引起的犯罪现场的一切物质的变化。是以案件中的物质为基础，以法庭证据作用为前提的。犯罪痕迹有广义和狭义之分。广义痕迹泛指各种物体、物品的位移和相互关系的改变，外表形象、状态的改变，物质性质的转化，物质、物品数量、种类的增减，气味、颜色的变化等。狭义痕迹仅指由造型客体人或物的作用使承受客体外表形成反映形象。它不仅反映遗留痕迹造型客体外表组织结构的形态特征，还反映与犯罪事件有关人或物自身的其他信息，如人的身高、年龄、行走姿势、使用作案工具的技能、动作习惯等。通过对各类痕迹的利用，能达到认定人身和物品同一的目的（见同一认定）。

痕迹的形成通常具有三个基本要素：①造型客体。将其自身外表组织结构形态特征反映到另一客体上的物体。如手指触摸玻璃，形成了反映手指乳突花纹形态特征的手印。又如，鞋是足迹的造型客体，螺丝刀是撬压凹陷工具痕迹的造型客体等。②承受客体。保留痕迹的客体。该客体应具备可塑性、形变性或吸附、渗透等属性。如承载手印的玻璃或其他客体表面，承载足迹的地板等均为承受客体。③作用力。两客体物相接触发生机械运动的动力。作用力的大小、方向、角度不同，所形成的痕迹形态及其痕迹形象特征也不一样。

**犯罪集团** criminal gang; criminal group 根据《中华人民共和国刑法》规定，指三人以上为共同实施犯罪而组成的较为固定的犯罪组织。共同犯罪的一种特殊形式。构成条件：①必须是在三人以上。两人共同犯罪不能称之为犯罪集团。②具有明确的犯罪目的。都是为了实施某种犯罪或者某几种犯罪而组织起来的。③具有一定的组织

2004年3月12日，广州市中级人民法院对特大走私犯罪集团的84名被告人进行一审宣判

性。内部之间具有领导与被领导的关系，有首要分子、骨干分子、一般成员的分工，首要分子组织、领导、指挥其他集团成员进行集团犯罪活动。④具有一定的稳定性。犯罪集团的成员比较固定，他们在实施一次或者多次犯罪后，其组织形式仍然存在，集团的成员并不因某次犯罪的完成而发生较大的变化。如果三人以上只是为了实行某一次犯罪而结合在一起，一旦犯罪实行完毕即自行解散的，则不能认为是犯罪集团。但只要各共同犯罪人是以多次实施共同犯罪为目的而结合起来的，即可认为具备了犯罪成员稳定性的条件，即使在实施一次犯罪后即被破获，亦不影响其犯罪集团性质的成立。集团犯罪即有组织犯罪，其危害性明显大于一般共同犯罪，因而是中国《刑法》严厉惩治的重点。对于犯罪集团的处罚，《刑法》分则有明文规定的，应当依照相应的规定处理；《刑法》分则没有规定的，应当区别主犯、从犯、胁从犯，分别予以不同的处罚。

**犯罪既遂** accomplishment of a crime 故意犯罪的完成形态。中国刑法学说较为通行的观点认为，犯罪既遂是指行为人所实施的犯罪行为具备了《中华人民共和国刑法》分则规定的该种犯罪构成的全部要件。犯罪既遂有三种类型：①行为犯。指以危害行为的完成作为犯罪客观要件齐备标准的犯罪。行为犯的既遂与未遂是以行为是否实施完成为区分标志。②结果犯。指除实施中国《刑法》分则所规定的某种犯罪行为以外，还须发生法定的犯罪结果，才能构成既遂的犯罪。结果犯以特定结果的发生，作为犯罪既遂的标志。③危险犯。指危害行为和危害行为所造成的危险状态共同构成犯罪客观方面完整性的犯罪。《刑法》分则所规定的各种犯罪的刑种、刑度，是以犯罪既遂为标准的。因此，对行为符合犯罪既遂特征的既遂犯，应当根据其所犯的罪直接按照分则有关条文的规定定罪量刑。

**犯罪未遂** attempt of crime 已经着手实行犯罪，由于犯罪分子意志以外的原因而未得逞的故意犯罪未完成的停止形态。故意犯罪的未完成形态之一。其特征是：①行为人已经着手实行犯罪。②犯罪没有得逞。③犯罪未得逞是由于行为人意志以外的原因所致。这是犯罪未遂区别于犯罪中止的本质特征。刑法理论上通常将犯罪未遂分为以下类型：①实行终了的未遂与未实行终了的未遂。②能犯未遂与不能犯未遂。对未遂犯的处罚是否应与既遂犯相等，理论上主张不一，各国立法也不相同。《中华人民共和国刑法》考虑到未遂行为的社会危害性程度一般较既遂犯为小，因而第23条规定："对于未遂犯，可以比照既遂犯从轻或者减轻处罚。"

**犯罪嫌疑人** suspected offender 在公诉案件中，因涉嫌犯罪而受到立案、侦查或审查起诉的人。如检察院向法院提起公诉，则改称被告人（见被告）。犯罪嫌疑人享有法律规定的诉讼权利，并承担相应的诉讼义务。诉讼权利主要有：申请回避，聘请律师为其提供法律帮助，对与本案无关的问题的讯问有权拒绝回答，申请取保候审、补充鉴定或重新鉴定等。诉讼义务主要有：接受侦查或审查起诉，服从依法采取的强制措施等。

**犯罪现场** crime scene 犯罪分子作案的地点和遗留有犯罪痕迹、犯罪物品的场所。

犯罪现场有多种分类。根据现场有无破坏，可分为原始现场和变动现场。前者能真实、客观地反映犯罪分子作案的过程、手段以及其他有关情况，便于发现和提取犯罪遗留的痕迹、物证，有利于正确分析案情；后者发生变化的原因可能是自然现象，也可能是人为的因素。现场的改变会给侦查工作带来不便。根据现场有无伪装，分为真实现场和伪装现场。前者能直接反映犯罪分子的犯罪动机、目的和犯罪过程，准确地收集物证，判断案情。后者指犯罪分子作案时，对其犯罪行为和目的故意加以掩饰的现场。此外，当一起案件有几个现场时，按照犯罪分子活动的先后顺序，分为第一现场、第二现场，甚至第三、第四现场。根据案件性质又可分为杀人现场、盗窃现场、强奸现场等。

一旦发现犯罪现场，应立即采取现场保护措施，具体保护措施是：划定保护范围，布置警戒，维持秩序，禁止无关人员进入保护区，对露天现场的尸体、罪犯遗留的足迹和其他物证加以覆盖，防止日晒雨淋；急救人命，排除险情，扭送和追缉人犯；访问事主、发现人和现场周围群众，了解案情等。

**犯罪学** criminology 通过对现实社会中犯罪现象的分析，探讨犯罪产生的原因和规律，进而寻求预防犯罪方略的学科。早期犯罪学侧重于分析犯罪原因，故称狭义犯罪学或犯罪原因学；现代犯罪学则强调在分析犯罪原因的基础上探寻预防犯罪的措施，也称广义犯罪学。犯罪学具有揭示犯罪规律、促进刑法科学化和刑事政策有效性、维护社会稳定的功能。

刑事古典学派 其代表人物、意大利刑法学家C.贝卡里亚1764年出版的《论犯罪与刑罚》一书，在倡导罪刑法定、罪刑相适应和刑罚人道主义的同时，对犯罪原因进行了深刻的分析，并对犯罪预防给予了特别的关注。刑事古典学派的另一个代表人物P.费尔巴哈从"心理强制说"出发，论证了刑罚在预防犯罪中的作用。

实证派犯罪学 在上述研究的基础上，C.龙勃罗梭及其学生E.菲利和R.加罗法洛提出了一个比较完整的犯罪原因理论体系，并提出了关于预防犯罪的思想，从而使犯罪学成为一门独立的学科。这一派理论的代表作有龙勃罗梭的《犯罪人论》，菲利的《实证派犯罪学》、《犯罪社会学》、《罪行研究》，以及加罗法洛的《犯罪学》。

犯罪社会学 比利时统计学者L.A.凯特莱从1835年就把犯罪行为作为一种社会现象来研究，通过对法国每年公布的犯罪统计数据的分析，论证了犯罪产生的社会原因。法国学者G.塔尔德在其《比较犯罪研究》(1886)和《刑罚哲学》(1890)中强调指出，犯罪实质上是一种社会现象。各种社会关系的变动以及各种社会因素对犯罪性质、犯罪行为方式、犯罪者的成分有着深刻影响。É.涂尔干则从社会学的角度研究犯罪原因，发现社会的都市化和工业化使社会关系发生很大变化，而这种社会变动造成了19世纪犯罪的迅速增加。德国刑法学家F.von李斯特吸收了龙勃罗梭和菲利学说中的部分内容，以及法国犯罪社会学派的部分内容，提出了社会因素和个人因素的二元犯罪原因说，并在此基础上提出了"应受惩罚的是行为者，而不是行为"的著名论断，主张刑罚的个别化，被认为是刑事政策学派的代表人物。

社会主义犯罪学 社会主义犯罪学的特点是：运用马克思主义的辩证唯物主义和历史唯物主义的基本原理研究犯罪现象；把犯罪作为一种社会现象来研究；强调区分整个犯罪产生的原因和具体犯罪产生的原因、一定社会形态下犯罪产生的根本原因和非根本原因、决定犯罪产生的原因和促进犯罪产生的条件；重视对犯罪人的研究和对犯罪人实施犯罪行为的客观因素与主观因素及其相互作用的分析；重视对犯罪的分类研究；强调犯罪学研究的目的在于建立预防犯罪、消除犯罪的各种国家措施和社会措施体系。

**犯罪预防** crime prevention 为了防止和减少犯罪的发生而采取的各种消除犯罪原因、减少犯罪机会、威慑和矫正犯罪人的措施及其运作机制。包括下面两个方面。

特殊预防 预防已经犯了罪的人重新犯罪。特殊预防的作用方式表现在：①通过对极少数罪行极其严重的犯罪人适用死刑的方法，永远剥夺其重新犯罪的能力。②通过对绝大多数犯罪人适用自由刑，使其在一定期间内与社会隔离或处于公众严格管制之下，同时在其服刑期间对其进行改造，使其不致再危害社会。③通过对某些犯罪人适用财产刑，剥夺其重新犯罪的物质条件，使其不能、不敢或不愿再次犯罪。④通过对某些犯罪人独立适用资格刑，剥夺其一定的权利或资格，从而防止他们利用这些权利或资格进行新的犯罪活动。

一般预防　预防尚未犯罪的人实施犯罪。一般预防的对象不是犯罪人，而是犯罪人之外的社会成员，这就决定了一般预防的实现方式不同于特殊预防的实现方式。具体而言，一般预防的方式主要是通过刑罚的威慑、安抚、教育和鼓励的功能来实现的：①通过制定、适用和执行刑罚，威慑社会上的危险分子和不稳定分子，抑制他们的犯罪意念，使其不敢以身试法。②通过制定、适用和执行刑罚，表明国家对犯罪的不能容忍，安抚被害人及其亲属，以防止报复性犯罪活动的发生。③通过制定、适用和执行刑罚，对广大公民进行法制教育，同时鼓励他们积极地同犯罪作斗争。

在刑罚制定阶段，侧重一般预防，兼顾特殊预防；在刑罚执行阶段，侧重特殊预防，兼顾一般预防；在刑罚裁量阶段，通常是特殊预防与一般预防并重，但也可根据犯罪人、犯罪种类、社会治安形势、犯罪地区等情况的不同而对某一方面有所侧重。

**犯罪中止**　discontinuance of crime　行为人在犯罪过程中，在没有意外障碍情况下，自动放弃犯罪行为，或者有效地防止犯罪结果发生的犯罪停止形态。故意犯罪的未完成形态之一。它具有以下4个特征：①行为人主观上有中止犯罪的决意。②行为人客观上实施了中止犯罪的行为。③犯罪中止必须发生在犯罪过程中。④犯罪中止必须是有效的。理论上一般将犯罪中止作如下分类：①预备行为的中止和实行行为的中止。②实行终了的中止和未实行终了的中止。关于中止犯的刑事责任，《中华人民共和国刑法》第24条规定："对于中止犯，没有造成损害的，应当免除处罚；造成损害的，应当减轻处罚。"

**饭豆**　*Phaseolus calcaratus*; oriental bean　豆科菜豆属的一种。一年生草本植物。粮食、绿肥和饲料兼用的豆类作物。中国主要产于云南、贵州、四川、陕西、广西、山西等地。

茎绿色或紫色，被白色短毛，有蔓生、半蔓、直立三种类型。分枝多。初生叶披针形，对生，三出复叶，小叶卵菱形或卵圆形，全缘或浅3裂。总状花序，花鲜黄色。荚果细长，圆筒形。子粒长筒形，粒色有浅黄、红、黄绿或麻斑等。自花传粉。喜温，对土壤要求不严。较抗旱，耐瘠薄，但不耐涝。为短日照作物。单作或与玉米等间作或套作。单作播种量每亩2～3千克。子叶不出土，故播种深度不宜超过4.5厘米。易裂荚，须分期采收。

子粒含蛋白质20%～22%，脂肪1.3%～2.5%，还含有钙、磷、铁、烟酸、核黄素等。可食用、入药。茎叶作饲料、绿肥和覆盖作物。

**泛阿拉伯主义**　Pan-Arabism　曾经流行于中东地区，认为讲共同语言、拥有共同文化和历史境遇的众多阿拉伯国家能够建成一个统一的国家，并最终形成单一阿拉伯民族的社会思潮。泛民族主义的一种形式，核心是泛伊斯兰主义（把信奉伊斯兰教的所有穆斯林作为一个整体的思想）。19世纪末20世纪初叶，奥斯曼土耳其帝国对各阿拉伯属国的控制力减退，泛阿拉伯主义的观念开始蔓延，它把阿拉伯世界的统一作为最终的政治目标。巴迪（曾任伊拉克和叙利亚君主）认为，泛阿拉伯主义意味着建立囊括所有阿拉伯民族的独立的阿拉伯国家。埃及的革命领袖纳赛尔则认为，泛阿拉伯主义首先应该包括阿拉伯国家之间的团结，共同抵御外来势力对阿拉伯事务的干涉。这两种理论，都强调了泛伊斯兰主义的世俗特征。在泛阿拉伯主义的影响下，阿拉伯地区出现过多次建立联合国家甚至创建统一国家的尝试，但都很快夭折。1944年9月，埃及、伊拉克、黎巴嫩等国成立了阿拉伯国家联盟，以促进阿拉伯各国在文化、技术和经济上的联系并减少内部冲突。它虽是松散的联盟，但它的创立和扩大是泛阿拉伯主义的最大政治成果。1967年，阿拉伯国家在第三次中东战争中失败，阿拉伯国家间团结的脆弱充分暴露出来。此后，此联盟的政治影响下降，泛阿拉伯主义衰落，泛伊斯兰主义反而变得更有力量和吸引力。

**泛爱主义教育**　Philanthropism, education of　18世纪后期在德国兴起的一种教育思潮和教育改革运动。因其主要代表人物J.B.巴泽多所创办的泛爱学校而得名。1768年，巴泽多在J.-J.卢梭著作《爱弥儿》的影响下，发表《为学校、学科及其对公众福利之影响，敬向志士仁人呼吁书》，要求由国家管理初等教育，强调编写出版包括各个学科基础知识和适合教学的初级课本的重要意义。呼吁书得到德国上层社会和一些知名学者如I.康德、J.W.von歌德等人的支持。1774年，巴泽多在德绍创办泛爱学校。教学上采用J.A.夸美纽斯、卢梭的直观原则以及对话、游戏和参观等方式。学校开办后引起社会的广泛注意。J.H.卡姆佩、C.G.扎尔茨曼、E.C.特拉普、F.E.von罗霍等著名教育家先后在校担任教学和管理工作。之后，卡姆佩、萨尔茨曼仿照泛爱学校的模式，开办了两所泛爱学校。泛爱主义教育宣扬泛爱思想和人道主义，认为教育的目的在于培养幸福、健康、对社会有用和能促进人类幸福的人。主张由国家管理和监督学校教育，以摆脱教会的控制和教派斗争的影响。认为智育的目的在于发展儿童的智力，主张学习广泛、实用的知识。重视启发儿童的主动性，使学习变得有趣而令人愉快。要求对儿童进行以爱国主义精神和人类互爱为基本内容的道德教育，培养儿童具有温良、谦逊的态度。强调进行军事体育训练，以促进儿童身体的发展。泛爱主义教育思想对德国初等教育的发展起到了重要的推动作用，并对J.H.裴斯泰洛齐等教育家的思想与实践给予了直接影响。

**泛非通讯社**　Pan-African News Agency; PANA　1979年7月第16届非洲统一组织首脑会议决定成立的通讯社。简称泛非社。总部设在塞内加尔首都达喀尔。宗旨是使成员国之间交换新闻，并为建立和发展非洲各国的通讯社，加强相互间的联系作出贡献。1983年5月25日开始试验通信线路，发布新闻。当时只有18个非洲国家参加，至21世纪初已增至40多个国家。消息除一小部分由总社记者采写外，主要由各成员国的通讯社提供。泛非社从1988年开始同中国新华通讯社交换新闻。

**泛非主义运动**　Pan-Africanism Movement　由西印度群岛和美国的黑人发起的争取种族平等的运动。"泛非"一词意为把非洲人作为统一的整体联合起来。泛非主义运动开始于1900年西印度群岛律师H.西尔威斯特-威廉斯在伦敦倡议召开的泛非会议，主要代表人物为美国的W.E.B.杜波依斯。

第一次世界大战结束以后，北美的黑人中不断出现争取平等权利和要求非洲各族人民实行自决的运动。杜波依斯以此为宗旨，主张召开泛非大会。1919年2月，他与塞内加尔的布莱兹·迪亚涅共同主持了在巴黎召开的第一届泛非大会。此后，杜波依斯亲自主持了历届泛非大会，被尊为泛非运动之父。1921年8～9月，第二届泛非大会先后在伦敦、布鲁塞尔和巴黎举行，会议要求使落后民族在别人监护下实行地方自治，直到实行完全自治。1923年底，第三届泛非大会在伦敦和里斯本召开。

与此同时，西印度群岛的泛非主义者也在活动，其领导人是M.M.加维。加维主张返回非洲，在非洲建立黑人国家，作为所有黑人的祖国。他组织世界黑人进步协会，追随者多达200万人。该协会于1920年在纽约召开代表大会，会议通过了《世界黑人权利宣言》。1921年宣布成立非洲共和国，提名加维为临时总统。加维还组织黑星轮船公司，把部分美洲黑人运回非洲。

第二次世界大战后，殖民地的独立运动蓬勃发展。第五届泛非大会于1945年10月在英国曼彻斯特召开。会议选举杜波依斯为大会主席，并推举K.恩克鲁玛、J.肯雅塔、彼得·亚伯拉罕斯等非洲民族主义领袖参加领导工作。

1974年6月，由美洲的泛非主义者发起，在J.K.尼雷尔的支持下，在达累斯萨拉姆召开第六届泛非大会。会议号召非洲以外的黑人的高级知识分子参加非洲的建设，反映了非洲以外的黑人后裔对非洲命运的关心。泛非主义运动反映了非洲人民要求团结统一，非洲人的问题由非洲人自己来解决的强烈愿望，是非洲各国和非洲统一组织遵循的最高原则。

**泛函分析** functional analysis 20世纪30年代形成的一个数学分支。起源于变分法和积分方程。它综合地运用几何、代数和分析的方法，研究各类空间，如线性拓扑空间、距离空间、线性赋范空间、希尔伯特空间等的结构、性质以及定义在这些空间上的算子的性质。这些空间在泛函分析中起着基础的作用，许多常用的重要的函数空间，如$C[a, b]$，$L^p[a, b]$，以及序列空间$l^2$等都是这些抽象空间的具体化。算子是函数概念的发展和拓广，算子理论在各数学分支，如微分方程、函数论、计算数学，以及在控制理论、最优化理论、量子力学等方面都有重要的应用，并在此过程中进一步丰富和发展了泛函分析的内容，形成了许多重要的分支，如算子谱理论、广义函数论、巴拿赫代数等分支等。此外，由于它研究的空间不再限于微积分中的有限维空间，而是无限维空间，因此成为研究无限个自由度系统的重要工具，它的观点和方法不仅在近代数学各分支中有着重要的应用，而且也渗透到相当多的工程技术性学科之中。

**泛美联盟** Pan-American Union 1889年以后由美国控制的一系列美洲国家会议逐渐形成的国际组织。19世纪初，美国为了独霸西半球，利用门罗主义，接过“泛美主义”旗帜，于1889年10月至1890年4月在华盛顿召开由18个国家参加的第1次美洲国家国际会议（即泛美会议）。会上成立美洲共和国国际联盟，设常设机构美洲各国商务局由美国国务卿直接领导，是为泛美联盟的前身。1901年召开第2次泛美会议，将美洲各国商务局改组为美洲各国国际事务局，使之成为一个超国家权力的政治组织，美国从而攫取了调停美洲各国争端的仲裁权。1910年第4次泛美会议把美洲共和国国际联盟改名为美洲共和国联盟，并将美洲各国国际事务局改组为泛美联盟。由于美国加紧对加勒比海地区进行侵略和干涉，1928年第6次泛美会议谴责了美国的侵略活动，宣布美洲各国一律平等。1938年召开第8次泛美会议，通过共同防卫法西斯侵略和维护不干涉原则的宣言，决议建立“泛美外交部长协商会议”以加强西半球的联防工作。1947年，美国同拉美国家签署《泛美互助条约》，建立军事同盟，确立了美国的盟主地位。1948年第9次泛美会议上建立美洲国家组织，原来的泛美联盟改组为它的秘书处。

**泛美运动会** Pan-American Games 由泛美体育组织主办、美洲地区规模最大的综合性运动会。自1951年始，每4年一届，至2007年共举行了15届。1940年在阿根廷首都布宜诺斯艾利斯召开首届泛美体育代表大会，会议通过成立泛美体育委员会的提案，同时决定从1942年起每隔4年举办一次泛美运动会。但受第二次世界大战影响，第1届泛美运动会直至1951年才举行。1955年泛美体育委员会改名泛美体育组织。泛美运动会会期基本上为16天，比赛项目80%为奥运会项目，但比奥运会略多。参加泛美运动会的国家和地区包含了泛美体育组织的全部成员。参赛国家成绩美国居首位，古巴次之。

历届泛美运动会一览表

| 届次 | 年份 | 地点 | 参加国（地区）数 | 运动员数 |
|---|---|---|---|---|
| 1 | 1951 | 布宜诺斯艾利斯（阿根廷） | 22 | 2 531 |
| 2 | 1955 | 墨西哥城（墨西哥） | 22 | 2 583 |
| 3 | 1959 | 芝加哥（美国） | 25 | 2 263 |
| 4 | 1963 | 圣保罗（巴西） | 22 | 1 665 |
| 5 | 1967 | 温尼伯（加拿大） | 29 | 2 361 |
| 6 | 1971 | 卡利（哥伦比亚） | 20 | 2 996 |
| 7 | 1975 | 墨西哥城（墨西哥） | 33 | 4 087 |
| 8 | 1979 | 圣胡安（波多黎各） | 34 | 约4 000 |
| 9 | 1983 | 加拉加斯（委内瑞拉） | 38 | 4 000 |
| 10 | 1987 | 印第安纳波利斯（美国） | 38 | 约4 000 |
| 11 | 1991 | 哈瓦那（古巴） | 39 | 4 511 |
| 12 | 1995 | 马德普拉塔（阿根廷） | 42 | 5 144 |
| 13 | 1999 | 温尼伯（加拿大） | 42 | 约5 000 |
| 14 | 2003 | 圣多明各（多米尼加） | 42 | 7 000余 |
| 15 | 2007 | 里约热内卢（巴西） | 42 | 约5 600 |

**泛日耳曼主义** Pan-Germanism 产生于19世纪末的德国容克地主和大资产阶级对外扩张的沙文主义思潮和运动。又称大日耳曼主义。19世纪初在反对拿破仑一世的解放战争中，一些德意志民族主义者主张把居住在欧洲境内的所有日耳曼血统的人统一到一个民族国家之内。普法战争使德国完成了统一。到19世纪末，德国出现了各种沙文主义和军国主义团体，最有名的是1891年成立的泛日耳曼同盟（又译泛德意志同盟）。该同盟要求把所有日耳曼人居住的地区归并于德国，还主张用武力重新瓜分世界殖民地，建立一个大日耳曼帝国。1918年德国战败投降，帝国崩溃，泛日耳曼主义受到沉重打击。20世纪30年代A.希特勒上台后，德国法西斯利用泛日耳曼主义作为对内迫害非日耳曼人、对外推行侵略政策的思想武器，挑起第二次世界大战，夺取了欧洲大部分领土，扩大了以日耳曼人为主宰的第三帝国的版图。1945年德国战败，第三帝国瓦解，泛日耳曼主义也受到致命打击。

**泛神论** pantheism 把神与整个宇宙或自然界相等同的宗教理论。1705年英国学者J.托兰德在其著述中最早使用“泛神论”一词。这一理论宣称神即自然界，神存在于自然万物之中，整个宇宙本身都具有神性，因而神并不是超自然的主宰或精神力量。其代表人物有G.布鲁诺、B.斯宾诺莎等人，而以斯宾诺莎创立的泛神论体系最为完备。泛神论大体可分为两类：一类是具有自然主义倾向的泛神论，把神融化于自然之中，认为自然界是万物之神，是神存在的方式；另一类是具有神秘主义倾向的泛神论，把自然消解于神之中，认为神包容自然和人类，神就是自然，神涵摄一切。自19世纪以来，亦有基督教思想家按照万物存在于神内，神是万物的内因等解释而发展出一种调和有神论和泛神论的“万有在神论”，即认为万物在神之中，但神超越万物的“超泛神论”。

**泛斯拉夫主义** Pan-Slavism 19世纪俄国沙文主义者鼓吹的种族主义理论。原是捷克人倡导的一种民族文化运动。19世纪初捷克语言文学家J.东布罗夫斯基、斯洛伐克诗人R.科勒、捷克历史学家F.帕拉茨基等人倡导研究斯拉夫人的历史、语言文学，主张加强斯拉夫各族人民之间的文化联系，以促进斯拉夫人在政治上的团结。但是，在奥地利帝国和奥斯曼帝国统治下的西南斯拉夫人中，有一些人却幻想依靠沙皇俄国改变本民族的被统治地位。这种思想被俄国上层人物所利用。19世纪中叶，俄国泛斯拉夫主义者鼓吹俄罗斯人负有统一全体斯拉夫人的重任，西南斯拉夫人的未来只有依靠沙皇俄国才有保障；并以泛斯拉夫主义对抗泛日耳曼主义，宣扬斯拉夫人的所谓“同一性”。因此，必须使所有的斯拉夫人“团结”一致，建立一个以俄罗斯为主体、以沙皇为首的，从易北河到中国、从亚得里亚海到北冰洋的斯拉夫君主联邦，即泛斯拉夫帝国，以对抗奥地利帝国和奥斯曼帝国。这种泛斯拉夫主义，实际上是大俄罗斯沙文主义的变种，目的是要使所有斯拉夫人都成为俄国沙皇的臣民。俄国泛斯拉夫主义的主要代表人物是M.P.波戈金、I.S.阿克萨科夫等人。

**泛伊斯兰主义** Pan-Islamism 近现代流行于伊斯兰世界的一种宗教-政治主张。19世纪中叶，西方殖民主义加紧对伊斯兰世界的侵略，西方文化及生活方式也逐渐渗入，传统的社会结构遭到破坏，封建制度发生严重危机。各地的穆斯林普遍希望团结一致驱逐侵略者，废除各种外国租借权和豁免权，恢复伊斯兰教的真正信仰，振兴伊斯兰世界。有的主张在一个哈里发领导下，所有的穆斯林结合成一个国家，共同对抗西方国家的进攻。各种不同的泛伊斯兰主义之间存在很大差异：奥斯曼苏丹阿卜杜勒·哈米德二世企图利用穆斯林的忠诚以巩固他的专制权力，镇压内部的改革派；南亚、中亚、北非等地的穆斯林希望获得政治保护和军事援助，以避免殖民主义的侵略和奴役；而现代主义者哲马鲁丁·阿富汗尼、奈米克·凯末尔等人的泛伊斯兰主义，则包含着改革和进步的内容。

泛伊斯兰主义倡导者哲马鲁丁·阿富汗尼指出，在19世纪中期，整个伊斯兰世界全都受到强大的、咄咄逼人的西方威胁。穆斯林应该不分民族和国家，拥戴一位共同的哈里发，在伊斯兰教法的基础上组成统一实体，以求伊斯兰世界的生存和复兴。为了消除西方的政治、军事和经济威胁，抵制其文化影响，穆斯林国家必须实行改革，以图自强。他认为，伊斯兰教能适应任何时代，回击一切挑战，但现在应净化宗教，用理智巩固信仰，同时要学习现代科学技术，改革传统教育制度，改变落后状态。他的主张和活动虽然成效不大，但对近现代伊斯兰教的发展产生极大影响。

20世纪60年代，泛伊斯兰主义思潮再次活跃，但在内容和形式上有所不同。其政治目标不再要求恢复哈里发制度和建立统一的伊斯兰国家，而是强调全世界穆斯林共同的宗教信仰、文化传统和历史联系，倡导伊斯兰国家在政治、经济、文化、科学和教育等领域开展合作，促进各国的繁荣和发展，并在国际事务中团结一致，维护伊斯兰世界的利益，反对外来势力的干涉和控制。泛伊斯兰主义的各种活动，主要推动力来自三个世界性泛伊斯兰组织：世界伊斯兰大会、伊斯兰世界联盟、伊斯兰会议组织。1981年1月第三次伊斯兰国家首脑会议通过的《麦加宣言》，是新的泛伊斯兰主义宣言。

**范艾伦** Van Allen, James Alfred (1914-09-07～2006-08-09) 美国空间物理学家。生于艾奥瓦州的普莱森特山，卒于艾奥瓦州。1935年毕业于艾奥瓦卫斯里学院。1939年获物理学博士学位。1951年担任艾奥瓦大学教授，指导美国第一颗卫星的基本设计和卫星上宇宙线探测器的工作。他在1958年通过分析美国"探险者"1号卫星的观测资料，确定在地球周围存在着大量的被地磁场捕获的带电粒子，从而发现地球辐射带，又称范艾伦辐射带。这是人造地球卫星发射后的第一个重大发现。1984年，空间研究委员会授予他"空间研究的杰出贡献者"荣誉奖。

**范艾伦辐射带** Van Allen radiation belt 地球磁层中高能带电粒子长时间被地磁场捕获的区域。即地球辐射带。

**范长江** Fan Changjiang (1909-10-16～1970-10-23) 中国新闻记者。原名希天。四川内江人。卒于河南确山。青少年时代受革命思潮影响，曾参加南昌起义。1932年入北京大学哲学系学习。1934年进入天津《大公报》工作。1935年7月，以该报旅行记者名义，深入中国西北地区作为期10个月的考察采访。所写旅行通讯在《大公报》上连载，第一次公开报道了红军二万五千里长征，引起轰动。后辑为《中国的西北角》一书出版。1936年12月西安事变后赴延安，受到毛泽东接见。发表通讯《陕北之行》等，第一次向人们介绍了中国共产党提出的抗日民族统一战线的主张，后辑为《塞上行》一书出版。1937年抗日战争全面爆发后，致力于抗日救亡宣传。1941年在香港与邹韬奋等创办《华商报》。1942年后到延安。先后担任新华日报社华中版社长、华中新闻专科学校校长和新华通讯社四大队队长等职。中华人民共和国建立后，历任中央人民政府新闻总署副署长、人民日报社社长等职。所写论文辑为《通讯与论文》(1981)出版。

**范长江新闻奖** Fan Changjiang Journalism Award 中华全国新闻工作者协会主办的全国中青年记者的最高荣誉奖。经中共中央宣传部批准常设的全国性新闻奖。每两年评选一次，1991～2004年已评选6届，共产生获奖者59名。

范长江新闻奖前三届每届评选获奖者10名，提名奖30名。从第四届评选开始，不再设立提名奖，采取组织推荐参评的办法。评选范围是在有正式刊号、公开发行的报纸，国家通讯社，经正式批准建立的广播电台（站）、电视台和其他新闻机构从事记者工作连续10年以上，在评选年度不超过50周岁，人品文品俱佳的现专职中青年记者（含新闻节目主持人、新闻播音员）。

2005年根据中共中央关于《全国性文艺新闻出版评奖管理方法》的精神，范长江新闻奖与韬奋新闻奖合并为长江韬奋奖。

**范成大** Fan Chengda (1126～1193) 中国南宋诗人。字致能，号石湖居士。吴郡（今江苏苏州）人。绍兴二十四年（1154）进士，历任处州知府，礼部员外郎，中书舍人，四川制置使，参知政事等职。孝宗曾命为特使，赴金国交涉改变接纳金国诏书礼仪等事，竭力维护宋廷威信，全节而归。晚年隐居石湖。

范成大的诗与陆游、杨万里等齐名，为南宋中兴四大家之一。最能代表范成大诗歌创作成就的是他反映农村社会生活图景的田园诗，为中国古代田园诗的集大成者。如表现农民疾苦、抨击官吏凶残的《大暑舟行含山道中》、《缫丝行》、《催租行》、《后催租行》、《黄罴岭》、《劳畬耕》等，揭示了贫富悬殊的现实，表现了对人民苦难的深切同情。范成大晚年创作的组诗《四时田园杂兴》是他田园诗的代表作，60首七言绝句分别描绘了春夏秋冬四季不同的田园景色，真实生动地展示出农家的生活环境、季节气候、风土民俗、耕织、收获以及痛苦与欢乐，超越了以往同类题材的诗作，对南宋以后的田园诗产生很大影响。出使金国时写的72首七绝，集中体现了他的爱国精神，其中《州桥》一诗，反映出作者关心国运，盼望收复失地的急切心情。

范成大的诗题材丰富，风格多样。他广泛学习前代诗家，受苏轼影响较大。早年反映民生疾苦的诗，多效张籍、王建，切直劲峭。徽州后期的写景诗如《番阳湖》、《回黄坦》等细密工致，已显清丽精雅之气。为官桂林和成都时，诗歌境界开阔，辞藻华美，以五言为最。晚年隐居石湖，诗风渐趋温丽秀婉，圆润优美，以七言绝句最擅长。但诗中也有喜用典、押险韵之病，晚年多病时的诗作，有消极虚无思想。

范成大的文、赋、词在当时也负盛名。政论文《论日力国力人力疏》、《论邦本疏》切中时弊，据理力陈，语言平实，在宋代奏疏中很有特色。散文《三高祠记》，为纪念范蠡、张翰、陆龟蒙3位隐士作，被称为天下奇笔，流传甚广。他的山水游记长于随物赋形，善传动态，如《泛石湖记》，深得柳宗元笔法。他的词今存近百首。其词早年多写柔情相思，如〔南柯子〕《七夕》、〔醉落魄〕情长意浓，凄清幽冷，近秦观、晏幾道。中后期〔水调歌头〕豪宕激越，更近于苏轼。〔满江红〕“柳外轻雷”，清旷悠远，又似张孝祥。《揽辔录》记述出使金国的所见所闻，具有多方面史料价值。晚年所作《菊谱》、《梅谱》，是研究自然科学史的重要资料。所著《吴郡志》50卷，是中国最早的具有正式规模的地方志之一。范成大的书法造诣也很高，“笔劲体遒，可广可狭”，与张孝祥并称为南宋前期的两大书法名家。

今存《石湖居士诗集》34卷，有清康熙顾氏及黄氏本。上海古籍出版社1981年出版校刊本《范石湖集》上下册，中华书局1983年出版《范成大佚著辑存》。

**范畴** categories 反映事物本质属性和普遍联系的基本概念，是人类理性思维的逻辑形式。各门科学都有各自的范畴体系。哲学范畴是自然、社会和思维发展过程最本质、最普遍的联系的反映。

范畴一词语出希腊文，原指表达判断的命题中的谓词。汉语“范畴”是取《洪范》中“洪范九畴”的意思。主要指分类。古希腊的亚里士多德第一次对范畴体系进行了比较系统的整理和研究，将单个的词分为10类，即他所说的10个范畴。在I.康德哲学中，范畴是知性自身先天具有的纯概念。康德把范畴分为12个，4类。G.W.F.黑格尔的《逻辑学》一书着重研究了范畴的运动和转化。唯物辩证法在对人类历史实践和认识经验的科学概括的基础上，建立起严密科学的范畴体系。这些范畴包括：一般、个别、有限、无限、绝对、相对、形式、内容、原因、结果、必然性、偶然性、可能性、现实性等。

范畴作为思维的形式是主观的；范畴的内容则是客观的。范畴是人类在一定历史时代理论思维发展水平的指示器，是帮助人们认识和掌握自然现象之网的网上纽结。任何范畴都是确定性和流动性的辩证统一。哲学范畴对各门具体科学具有普遍的方法论意义。

**范德拜尔帕克** Vanderbijlpark 南非城市、最大钢铁基地。位于南非东北部，豪滕省南部，约翰内斯堡西南，东距弗里尼欣20千米，临法尔河。建于1942年，1952年正式设镇。工业以钢铁和机械制造为主。产品有金属铸件、钢材（钢板、带钢等）、矿山机械和发电设备等。钢材年产量500万吨。有高级技术学院（1966）和波切夫斯特鲁姆基督教大学分校。

**范德比尔特** Venderbilt, Harold Stirling (1884-07-06～1970-07-04) 美国男子桥牌手。现代定约式桥牌创始人。1925年在拍卖式桥牌基础上增加了局方情况，规定了记分表只能记叫到并做成的墩分，并给叫到且做成满贯定约从高奖分等，创立了定约式桥牌，流行于世。所创范德比尔特叫牌法开虚假叫牌法的先河，也为后世效法。曾参与定约式桥牌规则的制定。因对桥牌贡献卓著，奥林匹克桥牌锦标赛冠军杯“范德比尔特杯”即以其姓命名。1910～1920年间被美国桥牌界评为全美最佳牌手。1969年世界桥牌联合会授予他世界牌联第一名誉委员称号。著有《现代草花特约叫法》等。

**范德瓦耳斯** van der Waals, Johannes Diderik (1837-11-23～1923-03-08) 荷兰物理学家。又译范德瓦尔斯，曾译范德华。生于莱顿，卒于阿姆斯特丹。1873年获莱顿大学哲学博士学位。1876年任阿姆斯特丹大学物理学教授。1910年为荷兰科学院院士。主要贡献是把气体动力理论的原理运用于气液两态，并从理论上对两态之间的连续性过渡作出定量分析。1873年他在博士论文《论气态和液态的连续性》中考虑了分子体积和分子间吸力的影响，推出了物态方程。这个方程对永久气体液化的理论起了指导作用。1880年发表另一重大发现，当时他称之为对应态定律。指出：如果压强、体积和温度分别表示成相应的临界物理量的单调函数，就可得到适用于所有物质的物态方程的普遍形式。1890年，他又发表了二元溶液理论，继而在1893年发表毛细现象热力学理论。因对气液状态方程所做的工作获1910年诺贝尔物理学奖。

**范德瓦耳斯力** van der Waals force 存在于中性分子或原子之间的一种弱的电性吸引力。有三个来源：①极性分子的永久偶极矩之间的相互作用。称为取向力。②一个极性分子使另一个分子极化，产生诱导偶极矩并相互吸引。称为诱导力。③分子中电子的运动产生瞬时偶极矩。它使邻近分子瞬时极化，后者又反过来增强原来分子的瞬时偶极矩；这种相互耦合产生净的吸引作用，称为伦敦力或色散力。对于不同的分子，这三种力的贡献不同，通常第三种作用的贡献最大。

范德瓦耳斯力通常只有10千焦/摩左右，比一般化学键能小得多，也没有方向性和饱和性，所以不算是化学键。但它影响物质的性质，中性分子和惰性气体原子就是靠范德瓦耳斯力凝聚成液体或固体的。

**范雎** Fan Ju (?～前255) 中国战国时期秦昭王相。魏国人。字叔。范雎善辩，曾从魏人须贾使齐，被诬以通齐卖魏。归国后，魏相魏齐使人笞之几死。后受郑安平之助，易名张禄，至秦，上书秦昭王，得到召见，提出了远交近攻的策略，认为韩、魏与秦接壤，在地理上有“中国之处而天下之枢”的重要战略地位，是秦向外兼并发展的首要目标。这些主张以后基本上被秦昭王采纳施行。范雎即被拜为客卿，谋兵事，深得昭王信用。他又进说秦昭王，指出太后擅权，“四贵”用事，恐致“卒无秦王”之危。昭王遂于四十一年（前266）下令废宣太后，逐穰侯、高陵君、华阳君、泾阳君于关外，并拜范雎为相，封于应（今河南平顶山西），号为应侯。长平之战，范雎用反间计，使赵以赵括代廉颇为将，秦将白起因而大破赵军。长平战后，范雎听信韩、赵的游说，因妒忌白起的军功，借秦昭王之命迫使白起自杀。秦围邯郸之役，范雎举荐为将的郑安平兵败降赵。随后他举荐的河东守王稽也因通诸侯之罪被诛。范雎内惭，并失去秦昭王的宠信，终于举蔡泽自代，谢病辞归相印。

**范宽** Fan Kuan 中国北宋画家。本名中正，字中立。华原（今陕西铜川市耀州区）人。生于五代末，宋仁宗天圣年间（1023～

《雪山萧寺图》（台北“故宫博物院”藏）

1031）犹在。范宽性情疏放，爱山水。作画初学李成、荆浩，后长期生活于陕西华山、终南山等处，对景造意，将崇山峻岭的雄强气势，老树密林的荒寒景色，生动地现于笔下。他画山石落笔雄健老硬，以短而有力的笔触（被后人称为雨点皴），画出岩石的形貌质感。画上的大山巍然矗立，浑厚壮观，具有压顶逼人的气势。范宽的绘画在宋时即已出名，《宣和画谱》著录当时宫廷收藏他的作品达58件。流传至今的代表作品有《谿山行旅图》（台北“故宫博物院”藏）、《临流独坐图》、《雪山萧寺图》、《雪景寒林图》等。范宽发展了荆浩的北方山水画派，并能独辟蹊径，因而汤垕《画鉴》认为“宋世山水超越唐世者，李成、董源、范宽三人而已”，又谓“董源得山之神气，李成得山之体貌，范宽得山之骨法，故三家照耀古今，为百代师法”。

**范蠡** Fan Li 中国春秋末期越国大夫。楚宛地（今河南南阳）人。字少伯。与文种辅佐越王勾践20余年，又称上将军。其言论事迹，主要见于《国语·越语下》及《史记·货殖列传》。据载，范蠡其人多智谋，善商贾。吴亡越，范蠡让越王用文种留守国内，自己与勾践入宦于吴。忍辱负重，取信于吴王君臣。两年后与勾践返国，助越王发愤图强，誓灭吴报仇雪恨，终得成功。后辞官泛舟五湖，浮海至齐，更名鸱夷子皮，经商治产累数千万，齐人闻其贤能，欲以为相。范蠡散其财，隐居于陶山（今山东肥城西北），复经商治产为巨户。自号陶朱公，卒于陶。《括地志》称陶山南五里有朱公冢，即其墓。《汉书·艺文志》著录有《范蠡》两篇，惜已佚。

**范托夫** van't Hoff, Jacobus Henricus（1852-08-30～1911-03-01） 荷兰化学家。生于鹿特丹，卒于柏林。1874年获荷兰乌得勒支大学博士学位。1878～1896年，任阿姆斯特丹大学化学教授，随后去柏林大学任教授，并任普鲁士科学院教授。1874年与J.-A.勒贝尔各自独立发表了碳原子具有四面体结构的概念，

指出碳原子的四个价键指向四面体的四个顶端。他提出分子内部存在不对称因素，从而解释了这类化合物能使平面偏振光旋转的道理。他发现溶解在溶液中的物质的渗透压与理想气体的压力相似，遵守同样的定律。1884年发表了《化学动力学研究》论文。他推导出反应速率的公式。提出近代化学中亲和力的概念。1886年发表了稀溶液理论，说明在稀溶液中分子的行为与气体的相似性。1887年和W.奥斯特瓦尔德共同创办了有影响的杂志《物理化学》。因发现化学动力学和渗透压的某些定律而于1901年获得第一个诺贝尔化学奖。

**范文程** Fan Wencheng（1597～1666） 中国清初大臣。字宪斗，号辉岳。辽东沈阳卫（今沈阳市）人。后隶汉军镶黄旗。出身明朝官宦之家，18岁时补秀才。后金天命三年（明万历四十六年，1618），努尔哈赤攻陷抚顺，范文程投效后金政权，为参与帷幄的主要谋士之一，深受倚赖。凡伐明的策略、争取汉官归降、进攻朝鲜、抚定蒙古、国家制度的建设等，他都参与决策。顺治元年（1644），在李自成农民军攻下北京的关键时刻，他连续上奏疏，力主清军尽早进关，并建议严肃军纪，以收人心。

清世祖福临定鼎北京，百废待举，范文程又提出一系列措施，以安人心，如宣布为崇祯帝、后发丧，各衙门官员俱照旧录用，严禁以“搜捕逆贼”为名互相告讦，废除明季三饷加派等。面对严重的经济困难，建议奖励垦殖，恢复濒于崩溃的农业生产。他特别重视开科取士，争取汉族知识分子对清王朝的支持。由于他功劳卓著，顺治九年授议政大臣，先后晋少保兼太子太保、太傅兼太子太师。范文程历事四朝，于清朝政权的建立和发展，多所贡献。卒后康熙帝亲写祭文悼念，谥文肃。

**范文澜** Fan Wenlan（1893-11-15～1969-07-29） 中国历史学家、教育家和社会活动家。字仲沄。浙江绍兴人。卒于北京。1917年毕业于北京大学。1922年起，相继在南开大学、北京大学、北京师范大学、北京女子师范大学、辅仁大学等校执教。1932年任女子文理学院国文系主任，翌年任该院院长。1934年以“共党嫌疑”被捕，经营救于次年获释。1936年任河南大学教授。卢沟桥事变后投身抗日救亡运动。1939年加入中国共产党。1940～1949年间历任延安马列学院及中央研究院副院长兼历史研究室主任、北方大学校长、华北大学副校长兼历史研究室主任。中华人民共和国建立后，任中国科学院近代史研究所所长、中国科学院哲学社会科学部常务委员、中国史学会副会长；当选为政协第三届全国委员会常委、第三届全国人大常委、中共八届中央候补委员和九届中央委员。

范文澜熟谙中国传统文化。早年醉心于国学研究。1940年后坚持以马克思主义理论为指导，潜心研究中国历史。主要著作有《诸子略义》、《文心雕龙注》、《正史考略》、《群经概论》、《中国通史简编》（远古至隋唐五代部分）和《中国近代史》上册。重要论文由近代史研究所辑为《范文澜集》，收入大型学术丛书《中国社会科学院学者文选》，于2001年出版。其绝大部分著作经他人编辑为《范文澜全集》（6卷本），由河北教育出版社于2002年出版。

**范旭东** Fan Xudong（1883-10-25～1945-10-04） 中国化工实业家。名锐，字行。生于湖南长沙，卒于重庆。1910年毕业于日本京都帝国大学化学系。1912年归国。1914年在天津塘沽创办久大精盐股份有限公司，生产简装精盐。1917年创办永利制碱公司。1920年在塘沽兴建碱厂（常称永利碱厂或永利沽厂），于1926年6月29日生产出高质量纯碱，同年8月生产的“红三角”牌纯碱获美国费城万国博览会金质奖章。1922年于塘沽创办黄海化学工业研究社。1924年于青岛创办永裕盐业公司。1934年改组永利制碱公司，并与久大精盐公司和黄海化学工业研究社合并成为永利化学工业公司。同年，在江苏省六合县卸甲甸（现南京市大厂镇）创办永利化学工业公司宁厂（常称永利宁厂或永利铔厂），于1937年建成，生产合成氨、硫酸、硫酸铵及硝酸。永利两厂的建成为中国基本化工原料工业奠定了基础。1924年当选为中华化学工业会副会长，1945年当选为中国化学会理事长。

**范晔** Fan Ye（398～445） 中国南北朝时史学家。字蔚宗。顺阳（今河南淅川东南）人。曾为刘裕之子彭城王刘义康的参军，累迁尚书吏部郎。宋文帝元嘉九年（432），因事触怒刘义康，左迁宣城太守，郁郁不得志，遂以著述为事，撰写《后汉书》。后又陷入刘义康与宋文帝刘义隆的权力之争，于元嘉二十二年遇害。

**范源濂** Fan Yuanlian（1875～1927-12） 中国教育家。又作源廉。字静生。湖南湘阴人。1898年考入长沙时务学堂，后留学日本。1905年归国任学部主事，主持筹办京师法政学堂。1906年创办殖边学堂，筹办京师优级师范学堂。1909～1910年，利用庚子赔款，选派学生赴美留学，负责建立清华

学堂；组织尚志学会，编译、出版文化科学书籍。他曾三任教育总长。1912年7月第一次任北洋政府教育总长，颁布了“注重道德教育，以实利主义教育、军国民教育辅之，更以美感教育完成其道德”的教育宗旨；颁行了《壬子学制》。1916年7月第二次任教育总长，宣布“切实实行元年所发表的教育方针”。1920年8月第三次任教育总长，设立教育资料采集委员会，颁布《修正教育调查会规程》、《国音字典》等。离任教育总长后，任中华书局编辑部部长，曾赴美考察教育，赴英交涉退还庚子赔款事宜等。1924年1月任北京师范大学董事兼校长，培养师资，提倡人格教育。1925年任中华教育文化基金董事会董事兼干事长。后兼任国立京师图书馆委员会委员。著有《说新教育之弊》、《今日世界大战中之我国教育》等。

**范增** Fan Zeng（前277～前204） 中国秦末项羽的重要谋士。居鄛（今安徽巢湖市东北）人。秦二世二年（前208），得知陈胜、吴广已死的消息后，范增前往薛，建议项梁立楚王的后裔，以增强号召力，于是项梁、刘邦等拥立楚怀王孙心，号楚怀王。范增辅佐项羽称霸诸侯，被项羽尊为“亚父”。鸿门宴上，范增劝项羽杀刘邦，项羽不忍。之后，范增与项羽将刘邦分封在偏僻的巴、蜀、汉中一带为汉王，加以抑制。汉王三年（前204），刘邦为摆脱战场上的不利形势，在荥阳向项羽请和。范增主张乘势将其消灭，急围荥阳。刘邦用陈平之计，实施反间。范增受到项羽的怀疑，愤然离去，途中发背疽而死。

**范缜** Fan Zhen（约450～约515） 中国南朝齐、梁时思想家，无神论者。字子真。南阳舞阴（今河南泌阳西北）人。曾任宁蛮主簿、尚书殿中郎、宜都太守、晋安太守。他曾同佛教有神论者进行了两次公开的论战。范缜反对佛教因果报应说，认为人生好比同一棵树上的花朵，有的花瓣被吹到厅堂，也有些花瓣飘落进粪坑中，这完全是自然现象，毫无因果可言。对于形神之辩，他认为，形神相即，不得分离。精神离开形体，不能单独存在。为了阐明形神关系，范缜提出了著名的刃利之喻的譬喻。著有《神灭论》、《答曹思文难神灭论》（即《答曹舍人》）。范缜提出形体是“质”，精神是“用”，“形”、“神”不可分离的论断，动摇了“神不灭”论的理论基础，把中国古代的无神论思想提高到一个新的水平。

**范仲淹** Fan Zhongyan（989～1052） 中国北宋政治家、文学家。字希文。苏州吴县（今属江苏）人。大中祥符八年（1015）进士及第。监泰州西溪镇盐仓，请筑捍海堤，长数百里，后人称为范公堤。景祐二年（1035），权知开封府，有敢言之名。在朝极言人主当注意用贤才，不可委臣下以用人的权力，为百官所图，以为用人应各当其才；又以为洛阳险固，应逐渐充实储备。因反对宰相吕夷简擅权，出知饶州（今江西鄱阳）、润州（今江苏镇江）、越州（今浙江绍兴）。宋西夏开战后，任陕西帅臣，曾分延州兵为六将，每将三千人，分部训练，量敌众寡出战。西夏人说他“腹中自有数万甲兵”。在陕西数年，筑青涧、大顺城，修复胡卢、细腰等砦；开营田，羌族归业者数万户，边防赖以巩固。庆历三年（1043）召为枢密副使，旋改参知政事。上疏条陈10事，建议改革吏治，裁汰冗滥，选贤任能，并论减徭役、厚农桑、修武备等事。这些建议大都被宋仁宗采纳，陆续施行。史称庆历新政。但因新政损害了官僚贵族的利益，遭到强烈反对，被诬为“朋党”。庆历五年，罢参知政事，出知邠（今陕西彬县）、邓（今河南邓县）、杭等州。皇祐四年（1052）卒，谥文正。

范仲淹所作的政论杂文趋向古文，但所为章、表、启、奏，仍杂骈俪。《岳阳楼记》抒写自己“先天下之忧而忧、后天下之乐而乐”的理想和抱负，文中多用四言，杂以排偶，铺叙藻饰，写景壮丽，为历代传诵。他也擅长辞赋，其中《渔家傲》一首，境界壮阔，风格苍凉，突破了唐末五代词的绮靡风气。有《范文正公集》传世。

**范紫东** Fan Zidong（1878～1954） 中国秦腔作家。名凝绩。陕西乾县人。卒于西安。清贡生。1902年考入陕西省第一所新式学校——三原宏道高等学堂。1910年加入同盟会。1914年袁世凯阴谋复辟帝制，范紫东为陕西护国军起草了讨袁檄文。后在易俗社任编辑、评议员、评议长等职。40年间，范紫东为易俗社编写了大、小剧本68部，成为影响较大的秦腔剧作家。主要作品有《春闺考试》、《金莲痛史》、《软玉屏》、《三滴血》、《战袍缘》、《大学衍义》、《翰墨缘》、《女儿经》等。范紫东的剧作，题材广泛，构思精巧，情节曲折，语言雅俗共赏，适合于舞台演出，也一再被其他剧种移植演出。著有《乐学通论》、《关西方言钩沉》、《关西周秦石刻摹本》等书。

**梵** brahman 印度古代吠檀多派哲学术语。最早出现在奥义书中。梵又称“大我”，作为哲学的最高本体，意指宇宙的本原，世界万物的创造主。与此概念相关的吠檀多派哲学的重要学说是“梵我同一说”，后来“梵我同一”成为印度教的最高境界。“我”指“小我”、“个我”，指人的灵魂，人的精神本质。梵通过“幻”（音译“摩耶”）显现世界各种现象。作为宇宙本质的“梵”与作为人的本质的“我”，在本质上是同一不二的。寓于人体内的“我”来源于“梵”，是“梵”的不可分的一部分。由于无明和对尘世的眷恋，人把“梵”、“我”看作是两种不同的东西。只要克服无明，抑制感官欲求，放弃世俗生活，就能够证悟到“梵”、“我”的同一性，达到解脱的最高境界。

**梵蒂冈** Vatican; Santa Sede 世界最小的国家。位于意大利首都罗马城西北角的高地上。国土略呈三角形，东南面圣彼得广

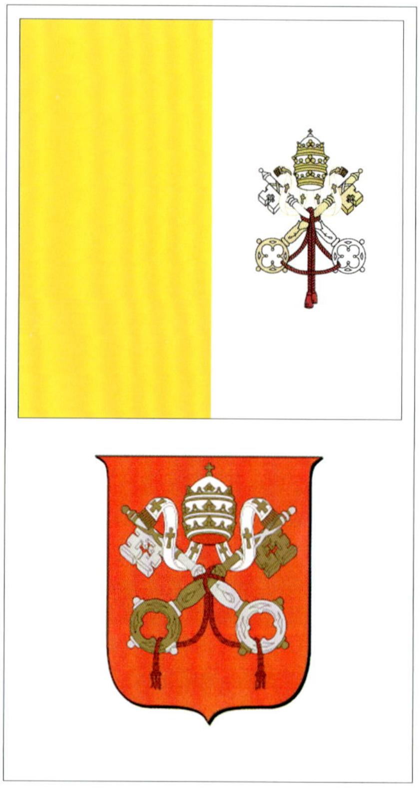

场朝向台伯河开放，其余国界以梵蒂冈城墙为标志。面积0.44平方千米。持有梵蒂冈护照的人口约1 000余人，常住人口799人（2009）。主要是意大利人，少数来自瑞士等国。官方语言为意大利语和拉丁语。信奉天主教。首都梵蒂冈城。

公元2世纪主教制产生后，罗马城主教，逐步凌驾于其他主教之上。随着西罗马帝国衰亡，罗马主教乘机掠夺土地，到6世纪已获罗马城的实际统治权，并独占“教皇”之称。756年，法兰克国王丕平将罗马

梵蒂冈圣彼得广场

城及其周围地区赠与教皇。从此在意大利中部形成以罗马城为首都的教皇国。此后，疆域屡有变迁。1870年，意大利完成统一，收复了教皇管辖的罗马城及其他领地，教皇退居梵蒂冈宫中，世俗权力结束。1929年2月11日，教皇与意大利墨索里尼政府签订《拉特兰条约》，正式宣告教皇国灭亡，另建梵蒂冈城国；意大利则承认梵蒂冈是属于教皇的主权独立国家。

梵蒂冈城国政教合一，是世界天主教的中心。教皇为国家元首，集立法、司法和行政于一身，任职终身；自称“基督在世代表”，是世界天主教徒的精神领袖。红衣主教团是教皇的咨询机构。教皇死后，由有红衣主教团80岁以下的红衣主教2/3多数选出新教皇。1965年起增设主教会议，作为红衣主教团的补充，商议教皇重大决定。1988年6月教皇实施“教廷改革”。现中央机构有国务秘书处、圣部、理事会等。国务秘书处是协助教皇行使其职权的工作机构，主管内政和外交事务，由有红衣主教衔的国务卿主持，其地位仅次于教皇。主要司法机构有最高法庭、上诉法庭和教廷赦罪院。梵蒂冈与意大利关系密切，同西欧国家、特别是天主教国家保持良好关系。1984年1月梵蒂冈与美国在断交117年之后复交。已同世界上178个国家和地区建立正式外交关系(2009)。梵蒂冈同中国未建交。

境内设有一火车站和860米铁路，与罗马城铁路相连；还有一直升机机场。

梵蒂冈无自然资源，不从事工农业生产。水、电、食品和消费品全部依赖进口。经济和财政收入主要靠房地产和金融资产、旅游业、邮票、教徒的捐赠。梵蒂冈在西欧、北美许多国家有数百亿美元的投资，尤其是在意大利，其资本渗透到许多经济部门，仅地产一项就达46万余公顷。黄金、外汇储备达100多亿美元。梵蒂冈有自己的邮政电讯机构。年接待世界各国天主教信徒和游客数以百万计。

梵蒂冈在国外设高等院校或神学院，其中在意大利罗马有14所，在法国、西班牙、比利时等其他30个国家有46所。还在世界许多国家设中、小学校和医院、文化机构等。城市核心建筑是**圣彼得大教堂**，其他还有梵蒂冈宫、政府大厦、图书馆、**梵蒂冈博物馆**、天文台、教皇科学院等。发行官方日报《罗马观察家》和官方月刊《教廷文汇》，每年出版《宗座年鉴》和《宗座活动》。国际信德通讯社为官方通讯社。设有梵蒂冈广播电台和电视台。

**梵蒂冈博物馆** Vatican Museums 收藏历代教皇艺术品的博物馆群。位于梵蒂冈城国圣彼得大教堂北面。建于5世纪末期。原为教皇宫廷，后改为博物馆。总面积5.5万平方米。分12个不同类型的陈列馆和5个艺术长廊。其中庇护-克雷芒博物馆是18世纪创建，主要收藏、陈列雕塑作品，内有著名的公元前1世纪的《拉奥伊特群雕像》以及《刮汗污的青年》等；格列高利·伊特鲁里亚博物馆于1837年创建，主要收藏1828年以来伊特鲁里亚出土的文物；格列

梵蒂冈博物馆艺术长廊

高利·埃及博物馆1839年创建，收藏有埃及第19王朝拉美西斯二世之母托亚的巨像和阿蒙·瑞的坐像，以及托勒密王朝时期的巨像等；绘画馆由庇护六世开始筹建，1932年开馆。收藏有拜占廷派、佛罗伦萨派，以及**达·芬奇**、**提香**、**卡拉瓦乔**、**拉斐尔**等的作品。此外，还有卡拉孟梯雕刻馆、异教徒考古博物馆、基督教美术馆、**西斯廷教堂**、拉斐尔大厅等。图书馆由15世纪尼古拉五世创建，藏有50余万册手稿、善本。

**梵蒂冈公会议** Vatican Councils 天主教会的两次世界性最高教务会议。因在梵蒂冈召开，故名。第一次会议于1869年12月8日由教皇庇护九世主持召开，出席代表共700多名主教。会议确定了**教皇**在信仰和伦理上“永无谬误”为天主教信条，1870年因普法战争和意大利统一运动而休会。第二次会议于1962年10月由教皇约翰二十三世召开，次年因约翰二十三世逝世而由继位的保罗六世主持。出席者2 860人。会议讨论了教会“现代化”等问题，通过了“教会宪章”等16个重要文件，后于1965年结束。此次会议反映了天主教会的改革以及与基督教各派对话的趋势。在天主教历史上，此两届会议均有重大意义。

**梵蒂冈秘密档案馆** Vatican Secret Archives 罗马教皇的档案保管机构。是欧洲教会中收藏档案最丰富、文件最古老的**档案馆**。1612年**教皇**保罗五世建立，初期与教皇图

设在西斯廷教堂内的梵蒂冈秘密档案馆

书馆设在一起，1630年分离，开始任命专职馆长。馆藏档案最早的是4世纪形成的，多数为12世纪以后所形成。全部档案分为10类，由8个保管部分别保管，其内容包括古代写在羊皮纸上的教皇训谕，历代教皇对外交往的文件，梵蒂冈城国国务院各机构、法院系统以及有关教会公共事务、财政、商业方面的档案，还有与教皇关系密切的罗马名门望族的档案等。该馆原来仅为教皇服务，从1878年起向学者开放。1980年新建一地下库房，装备有5万米长的档案架。

**梵汉对音** Sanskrit-Chinese transliteration 用**汉字**对译梵文音。佛教传入中国后，在翻译梵文佛经时，对人名、地名等专有名词和咒语往往采取音译，即用汉字记录梵文读音。梵汉对音是研究汉语音韵学的一种重要材料。最先倡导用梵汉对音研究汉语古代语音的是俄国梵文学家钢和泰。汪荣宝是第一个用梵汉对音材料研究汉语音韵学的中国学者。法国汉学家马伯乐于1920年发表《唐代长安方音》，他利用唐代不空和尚的梵汉对音材料，研究唐代长安方音。梵汉对音的研究，促使汉语音韵研究由清代学者的古韵分部转向古音音值

的拟测，并考订了个别声母、韵母的音值。罗常培《知彻澄娘音值考》一文，考证出公元6世纪末至11世纪初知彻澄3个声纽的读音。陆志韦和李荣用梵汉对音证明《切韵》的全浊音声母不送气。俞敏《后汉三国梵汉对音谱》一文，从对零星的某些声纽、韵部的考证，转向对一个时期、一个地区的整个语音系统的研究。

**梵净山** Fanjing Mountain 中国武陵山脉主峰。又称三悟山、九龙山。佛教朝圣名山，中国西南名山之一。位于贵州省东北部。面积240平方千米。山区平均年降水量2 500毫米以上，河流呈放射状，侵蚀切割成深邃的峡谷和嶂谷。保存有珙桐、长苞铁杉、银杉、贵州紫薇、黔金丝猴、大鲵、红腹锦鸡等珍贵、孑遗的动植物种属。其中，黔金丝猴是梵净山的特产，分布范围极狭窄，数量稀少，是世界公认的珍贵动物。梵净山还有贵州省保存最好的原始森林和明显的垂直分带。1978年建立国家级梵净山自然保护区。1986年加入联合国“人与生物圈计划”自然保护区网。

贵州省梵净山金顶风光

**梵天** Brahmā 印度神话中三大神之一。婆罗门教、印度教的创造之神，被认为创造了世界万物（包括神、人）。关于他的出生，有多种说法：《摩奴法典》载，他从金胎（梵卵）中破壳而出；《罗摩衍那》中称，他在太空中出现；有的往世书则说，他从毗湿奴肚脐上开放的莲花中生出。据传原有5个头，被湿婆毁掉一个。通常高坐莲花台上，4个头各面向东、南、西、北方，4臂4手中分执《吠陀》经典、弓箭、莲花、念珠或钵等物。坐骑是1只天鹅或由7只鹅拉的一辆车。妻子娑罗湿伐底，是文艺女神，从他的左手大拇指上出世。10多个儿子分别从他的精气、心脏、乳房或右手大拇指等部位生出。他的儿孙又生出天神、仙人、凡人、修道士、恶神、妖魔、禽兽及宇宙万物，因而他被称为始祖。他常满足乞求恩典者的愿望，但善恶不分，有求必应，使许多恶魔也得到许诺纵容，为非作歹，使得天神为剪除恶魔而费尽心力。他的常任工作是给诸天神出谋划策，充当“顾问”，并不亲自参与天上人间的诸多事务。后地位不及另外两位大神毗湿奴和湿婆。佛教产生后，被吸收为护法神，为释迦牟尼的右胁侍；又为色界初禅天王，称大梵天王。称号很多，最出名的是原人。印度拉贾斯坦邦的普希伽尔有崇祀他的一个庙。

**梵语** Sanskrit 属印欧语系印度-伊朗语族印度语支的一种古代语言。广义的梵语包括三种：吠陀语——印度古代四吠陀的语言；史诗梵语——两大史诗的语言；古典梵语——许多文学作品，包括迦梨陀娑等的作品，以及宗教、哲学、科学著作的语言。狭义的梵语只指古典梵语。

从梵语的原名saṃskṛtam（整理好的）看，梵语似乎是人工组成的语言。也有人认为，梵语曾经是活语言。在印度古代的戏剧中，神仙、国王、婆罗门等高贵人物说的都是梵语，而同他们对话的妇女等低级人物只允许说方言俗语，关于这个问题，尚无统一意见。

语言特征 梵语在历史上使用过一些不同的字母。现在印度流行的是天城体字母。梵语元音分简单元音、二合元音、三合元音；辅音分喉音、腭音、顶音、齿音、唇音、半元音、咝音和气音等。名词有性（阳性、阴性、中性）、数（单数、双数、复数）、格（体格、业格、具格、为格、从格、属格、依格、呼格）的变化。动词变位包括单数、双数、复数；人称有第一、第二、第三人称；时间分现在时、未完成时、完成时、不定过去时、将来时、假定时；语态有主动、中间、被动；语气分陈述式、虚拟式、命令式、祈使式（不定过去时的虚拟语气）；语尾分原始和派生两种。

梵语文献 在世界上所有的古代语言中，梵语文献的数量仅次于汉语。广义的梵语文献包括《梨俱吠陀》、《娑摩吠陀》、《夜柔吠陀》和《阿达婆吠陀》四吠陀，包括大量的梵书、经书、奥义书、《摩诃婆罗多》（见图）和《罗摩衍那》两大史诗，以及大量古事记。此外，还包括大量的语法书、寓言故事集，以及医学、自然科学、文艺理论等著作。用典型的古典梵语写成的印度古典文学作品，更是文采斐然，影响深远。佛教大乘的经典大部分也是用梵语写成的。有几部原始佛教的经典，原来用俗语写成，后来逐渐梵语化，形成了一种特殊的语言——佛教梵语或混合梵语。

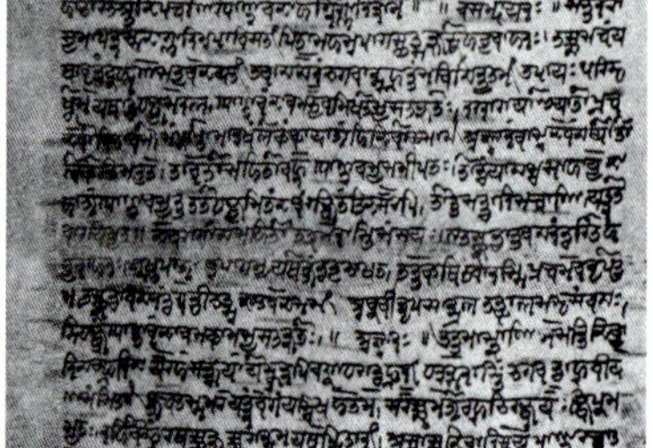
《摩诃婆罗多》梵语抄本

梵语研究 18世纪末至19世纪初，梵语文学作品引起了欧洲学者的注意，开始用近代科学方法研究梵语。从此，一方面产生了19世纪最重要的新兴学科之一：印欧语系比较语言学；另一方面又促成了德国学者称之为比较文学史的学科。由后者又衍变出现在几乎风靡世界的比较文学。

中国有1 000多年的翻译佛经的历史，非常注意梵语的语言特点，但是系统的研究却非常缺乏。既没有翻译梵语语法，也没有写出梵语语法。

**方苞** Fang Bao（1668～1749） 中国清代散文家、经学家。字凤九，一字灵皋，号望溪。安徽桐城人。康熙四十五年（1706）进士。五十年，被牵连进戴名世《南山集》案入狱。赦出后隶汉军旗籍，入直南书房。累官至内阁学士兼礼部侍郎。曾写《狱中杂记》，揭露当时司法制度的黑暗与残酷，具有现实意义。他是桐城派散文的创始人。提倡写古文要重“义法”，重“清真雅正”。他在行文时始终以此为宗旨，文章写得雅洁精练，开创清代古文的新风貌。方苞尊奉程朱理学和唐宋散文，因而发表很多文章反对黄宗羲、颜元的反程朱理学的思想，在当时影响极大。著有《望溪先生文集》18卷，《集外文》10卷，《集外文补遗》2卷。

**方便食品** convenience food 用工业化加工方式制成的、便于流通的即食或部分预制食品。一般按制品用途及制造方法分为11大类：①方便主食。如方便面、方便米饭、方便粥、面包、馒头等。②冷冻方便制品。如速冻饺子、包子、汤圆、肉丸等。③方便小食品。如膨化食品、薯条、坚果及肉干、肉松等。④早餐谷物。如速溶麦片、芝麻糊、米粉等。⑤罐头制品。如铁罐、软包装及玻璃瓶装罐头，内容物包括肉、禽、水产、果蔬等。⑥快餐食品。如汉堡包、比萨饼及各种营养配餐等。⑦微波食品。如三明治、微波系列套餐等。⑧焙烤食品。如饼干、糕点及各种焙烤点心等。⑨糖果巧克力。包括各种糖果、巧克力及其制品、口香糖等。⑩乳制品。如各种牛奶、酸奶及奶制品。⑪调味品。如色拉酱、蛋黄酱及番茄酱等。

**方差** variance 表示随机变量与它的数学期望之间的平均偏离程度的一个量。若随机变量$X$有期望$EX$，则定义$E(X-EX)^2$为$X$的方差，记作$var(X)$。为了与$X$的量纲一致，有时也用方差的平方根$\sqrt{var(X)}$来描述这种偏离程度，称为标准差或均方根差。此外，称$\sqrt{var(X)}/EX$为变异系数。

方差的重要性质有：常数看作随机变量时，其方差为零；反之，方差为零的随机变量以概率1等于某常数；对任意常数$a$，$var(aX)=a^2var(X)$；对任意常数$a$，$var(X)\leqslant E(X-a)^2$，即当$a$等于$EX$时，$E(X-a)^2$达到最小值；若$X$与$Y$独立，则$var(X+Y)=var(X)+var(Y)$。

若$Z=X+iY$为复随机变量，则定义$Z$的方差为：

$$var(Z)=E(Z-EZ)(\overline{Z-EZ})=E|Z-EZ|^2$$

其中$\bar{Z}$是$Z$的共轭复值$X-iY$。

**方城** Fangcheng Great Wall 中国春秋战国时期楚国所筑的北境长城。又名连堤。为文献记载中最早修筑的长城。东段筑于

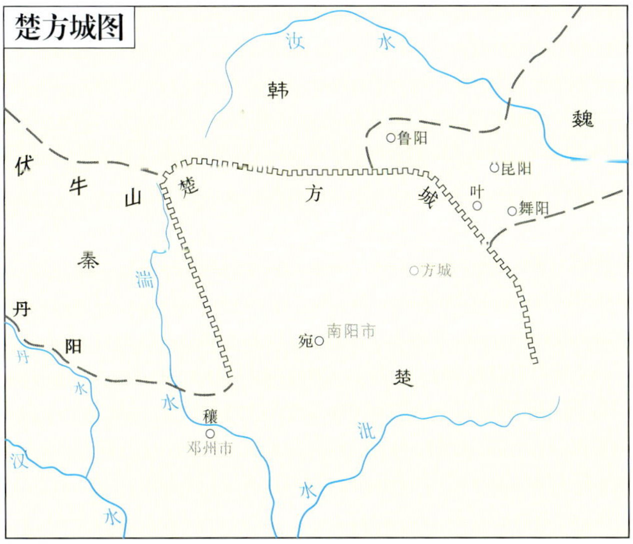


春秋前期。起于今河南鲁山县西南鲁阳关，向东经鲁山县东南到溵水，折而东南达泌阳县，成矩形。这是利用山地连接河流的堤坊修筑而成的，所以又称连堤。

西段筑于战国楚襄王时，时因西北秦国日益强大，楚怀王受骗入秦又不返。为了防秦国出兵武关（今陕西丹凤县东南40千米的涧谷间）击楚，故又扩建西北部方城。从鲁阳关向西，东北到今河南栾川县南，又南向到达邓州。

**方达** Fonda, Henry（1905-05-16～1982-08-12） 美国电影演员。全名亨利·方达。生于内布拉斯加州格兰德岛，卒于洛杉矶。从业余演剧开始舞台演出，1928年成为职业

演员。继1934年演出话剧《农夫娶妻》后，于1935年主演同名影片，开始了他的影剧两栖生涯。一生主演80余部影片。早年成功地拍过西部片如《杰西·詹姆士》（1939）、《亲爱的克莱蒙丁》（1946）等。最成功的创造当推《青年林肯》（1939）中的林肯、《怒火之花》中质朴的青年、《战争与和平》（1956）中的彼埃尔以及《十二怒汉》（1957）中的陪审员。在表演生涯的最后一部影片《金色池塘》（1981）中扮演80高龄的诺曼，1982年获得奥斯卡金像奖最佳男演员奖。其他重要影片还有《罗伯茨先生》（1955）、《最长的一天》（1962）、《最好的人》（1964）等。1978年美国电影协会授予他终身成就奖；1981年美国电影艺术与科学学院授予他奥斯卡金像奖荣誉奖。

**方大曾** Fang Dazeng（1912-07-13～1937） 中国摄影家。生于北京。1930年入北平中法大学经济系学习。平素酷爱摄影。1931年九一八事变后，加入抗日救亡运动。1936年绥远抗战爆发，赴前线采访。1937年七七事变后，作为中华新闻学社（简称中新社，后改为全民通讯社）摄影记者及《大公报》战地通讯员到前方采访，发回大量战地照片和报道。而后神秘失踪，年仅25岁。他拍摄的大量照片，真实地反映了军队和民众的生活。其妹方澄敏历尽千难万险保存下他在1936~1937年间拍摄的800多张宝贵照片及底片，内容包括抗日战争爆发前中国人民的爱国活动及军事演习；中下阶层劳工及农民生活；蒙古族的生活场景和宗教仪式。方大曾用实践阐述新闻摄影的真谛，留下了珍贵的历史资料。2006年方澄敏的晚辈将方大曾留下的照片及底片捐给国家博物馆。

1935年方大曾在前线留影

**方东树** Fang Dongshu（1772～1851） 中国清代理学家、散文家和诗论家。字植之，别署副墨子，晚号仪卫老人。安徽桐城人。乾隆时秀才。乾隆五十八年（1793）入江宁钟山书院，受业于姚鼐，后与梅曾亮、管同、刘开并称桐城派“姚门四杰”。为生计所迫，游幕、执教四方，而狷洁自好。晚归故里，卒于祁门东山书院。著述合刊为《仪卫轩全集》。他力崇程朱理学，曾撰《汉学商兑》4卷，力言孔子没后唯宋儒“得圣人之真”，责备汉学弃本贵末，“名为治经，实足乱经；名为卫道，实则畔道”。为嘉庆、道光之际抨击汉学、推尊宋学的代表著作。所撰文学著作编为《仪卫轩文集》12卷。他论文也持守“义法”，强调“道统”、“文统”，以承续桐城派统系为己任。但在鸦片战争前后时局变化情况下，更重视文的载道、救世功能。其《与魏默深书》称誉魏源所撰《海国图志》“济时切用”，为之“拍案倾倒”；《化民正俗对》、《病榻罪言》等，痛陈鸦片之祸，力斥和议，赞成抗英。《昭昧詹言》正集10卷、续录2卷、续集8卷，为论诗之作。他认为古文文法通于诗，“诗与古文一也”（《续昭昧詹言》卷一），故以古文之法论诗，论析多瑰尉。有1961年人民文学出版社出版的校点本。

**方法论** methodology 关于认识世界和改造世界的方法的理论。方法论在不同层次上有哲学方法论、一般科学方法论、具体科学方法论之分。关于认识世界、改造世界、探索实现主观世界与客观世界相一致的最一般的方法理论是哲学方法论；研究各门具体学科，带有一定普遍意义，适用于许多有关领域的方法理论是一般科学方法论；研究某一具体学科，涉及某一具体领域的方法理论是具体科学方法论。三者之间的关系是互相依存、互相影响、互相补充的对立统一关系；而哲学方法论在一定意义上说带有决定性作用，它是各门科学方法论的概括和总结，是最一般的方法论，对一般科学方法论、具体科学方法论有着指导意义。马克思主义哲学是唯一科学的哲学方法论，它不仅是认识客观世界的武器，也是改造现实的武器。

方法论思想起源很早。中国古代孔子有关于学习、认识、教育方法的思想，如学思并重、举一反三、一以贯之等方法至今仍是适用的。西方古代亚里士多德的《工具论》和《形而上学》都是哲学方法论的著作。西方近代F.培根的《新工具论》把科学实验中的方法提高到方法论的高度，提

出了经验归纳法，而R.笛卡尔的《论方法》一书则发展了演绎法。G.W.F.黑格尔的《逻辑学》既是一本本体论著作，也是一本方法论著作。由于马克思主义哲学的实践性，它始终强调世界观的方法论意义。现代西方哲学对科学方法论有非常深入细致的研究，取得了十分突出的成就。

**方国珍** Fang Guozhen (1319～1374) 中国元末割据浙东的武装首领。台州黄岩（今浙江黄岩）人。世以贩盐浮海为业。至正八年（1348），聚众数千人，在海上劫夺海运粮。元廷命江浙行省发兵征讨，方国珍受元招降。元末农民起义爆发后，又反。十三年，使人至京师贿赂权贵，元授以徽州路治中，仍横行海上。十七年，升江浙行省参政，奉命讨张士诚，败张军于昆山。士诚降元，国珍罢兵，据有庆元（今浙江宁波）、温、台等地。十八年底，朱元璋克婺州（今浙江金华），遣使招降方国珍。次年，方国珍降，朱元璋授其为福建行省平章。但方国珍又接受元朝江浙行省平章封职，并于至正二十年至二十三年，每年派海船运送张士诚所献粮食到大都。其后，仍一面讨好朱元璋，一面接受元朝加封官职，官至江浙行省左丞相，封衢国公，实际上是东南一隅的封建割据势力。二十七年，为抵抗朱元璋，北通元将扩廓帖木儿，南交福建陈友定。九月，朱元璋出兵攻方国珍。十一月，被迫投降。明洪武二年（1369），领广西行省左丞，留居京师（今南京）。

**方汉奇** Fang Hanqi (1926-12-27～ ) 中国新闻史学家。原名方汉迁。广东普宁人。1950年毕业于苏州社会教育学院，到上海新闻图书馆从事《申报》史料的整理和研究工作。1953年8月起在北京大学中文系新闻专业任教。1958年随北京大学中文系新闻专业并入中国人民大学新闻系，历任讲师、副教授、教授、新闻事业史教研室主任、新闻学博士研究生导师、校学术委员会委员、校学位评定委员会委员及中国社会科学院新闻研究所学术委员会委员、中国新闻学会联合会常务理事、首都新闻学会副会长。著有《中国古代的报纸》、《中国近代报刊史》等。

**方回** Fang Hui (1227～1307) 中国元代文学家。字万里，号虚谷，别号紫阳山人。徽州歙县（今属安徽）人。南宋理宗时登第，初以《梅花百咏》向权臣贾似道献媚，后见似道势败，又上似道十可斩之疏，得任严州（今属浙江）知府。元兵将至，他高唱死守封疆之论，及元兵至，又望风迎降，得任建德路总管。不久罢官，即徜徉于杭州、歙县一带，以至老死。方回罢官后，致力于诗。选唐、宋近体诗加以评论，取名《瀛奎律髓》，共49卷。方回的诗作有不少反映现实社会生活。他倡江西诗派一祖三宗之说，诗学黄庭坚、陈师道，而失之粗劲。晚年自谓平易，却入鄙俚。方回的散文，《四库全书总目》说："学问议论，一尊朱子，崇正辟邪，不遗余力，居然醇儒之言。"有些短小精悍的作品，如《送俞君奇入燕序》，却通畅奔放，抒发牢骚，又欲说还休，留不尽之意，颇耐人寻味。文字也简当扼要。另外如《秀亭记》、《心境记》等均写得文字清丽，说理明畅。著有《桐江诗集》。今存《桐江集》4卷、《桐江续集》36卷。其作品散失不少。

**方剂** prescription 由中药配伍组成的处方。中医运用中药防治疾病的主要形式，中医理、法、方、药的重要组成部分。方剂配伍目的是增强药效，消除某些药物的毒副作用，使其产生新的治疗作用，以适应复杂多变的病情的需要，扩大治疗范围。方剂学是研究和阐明方剂的组方原理、配伍规律并指导临床运用的一门学科，是中医学的主要基础学科之一。

组成与变化　方剂的基本结构一般由君药、臣药、佐药、使药4部分组成。君药是方剂中起主要治疗作用的药物。君药在方中是必不可少的，通常具有药力较强、药味较少，药量应用时比臣、佐、使药要大的特点。臣药有两种含义：一是辅助君药加强其治疗作用的药物；二是针对兼病或兼证起主要治疗作用的药物。一般臣药药味较君药为多，其药力与药量均较君药为小，与君药多具有特定的增效配伍关系。佐药含义有三：一是佐助药，即协助君、臣药以加强治疗作用或直接治疗次要病证的药物；二是佐制药，即消除或减弱君、臣药的毒性或能制约君、臣药峻烈之性的药物；三是反佐药，即病重邪甚、可能拒药时，配用的与君药药性相反而又能在治疗中起相成作用的药物。使药亦有两种含义：一是引经药，即引导方中药物直达病所的药物；二是调和药，即调和方中诸药作用的药物。例如：《伤寒论》的麻黄汤主治外感风寒表实证，症见恶寒发热、头疼身痛、无汗而喘、舌苔薄白、脉浮紧等。其病因为外感风寒，病机为风寒束表、卫阳被遏、营阴郁滞、肺气不宣，故治疗从发汗解表、宣肺平喘立法。方中麻黄既可发汗解表以散风寒，又可宣发肺气以平喘咳，针对主证病因、病机，故为君药。桂枝为臣，不仅解肌发表以助麻黄发汗散寒，而且温通经脉以兼治寒滞经脉的头身关节疼痛。杏仁肃肺降气，助麻黄以平喘，为佐（助）药。甘草既能调和麻黄、杏仁之宣降，又能缓和麻黄、桂枝相合峻烈之性，可使汗出不致过猛而伤耗正气，是使药而兼佐药之用。如此配伍重点突出，主次分明，层次清楚，结构严谨，切合病情。

临证遣药组方并没有固定的模式，既不是每一种意义的臣、佐、使药都必须具备，也不是每味药只任一职。每一方剂的具体药味多少，以及君、臣、佐、使是否齐备，全视具体病情及治疗要求的不同，以及所选药物的性能来决定。但是，任何方剂组成中，君药是核心部分，不可缺少。

方剂按照一定结构组成后，在临床运用过程中还必须根据病证的不同阶段，病情的轻重缓急，患者的不同年龄、性别、职业，以及气候和地理环境作相应的加减化裁，才能达到切合病情、提高疗效的目的。成方的变化运用包括药味加减、药量增减和剂型更换三种形式。药味加减变化是在主证、君药不变的情况下，随着兼证或次要症状的变化而相应地增加或减少方中次要药物（臣、佐、使药）。

分类　方剂一般分为补养、发表、涌吐、攻里、表里、和解、理气、理血、祛风、祛寒、清暑、利湿、润燥、泻火、除痰、消导、收涩、杀虫、明目、痈疡、经产、救急22类。

**方济各会** Franciscan Order 天主教托钵修会。又译弗兰西斯会。又称方济各派、小兄弟会。因其会士着灰色会袍，故被称为灰衣修士。意大利人方济各1209年获教皇英诺森三世批准创立。主张修会不置恒产，会士互称"小兄弟"，赤足麻衣，托钵行乞（故称"托钵修会"或"乞食修会"），反对异端，一度为矫正修会腐化发挥重大作用。后来会内有在城市建院置产者，引起内部反对意见，遂分裂为住院派、嘉布遣派和守规派。现有住院会、嘉布遣会和利奥会都自称方济各会。又有方济各的同乡女子克拉拉创建的女修会，实行隐修，称为"方济各第二会"或"克拉拉会"。还有为在家教徒设立的"第三会"。该会重视学术研究和文化教育，曾产生著名学者波纳文图拉、F.培根等人。元朝时（13世纪末年），该会在北京、泉州等地设立教区，建堂传教，会士孟德高维诺成为来华的第一位教廷使节、第一个中国教区的创始人和第一任主教。

**方尖碑** obelisk 古埃及的一种纪念碑。用整块方形条石制成，顶端呈方尖锥状，故名。其流行与埃及的太阳神崇拜有关，古埃及人以高耸的碑体和尖锥象征太阳的光芒。古王国时代已有方尖碑神庙的建筑，于庭院中立巨碑奉祀太阳。到新王国时期广为流行，方尖碑多成对竖立在神庙和王宫大门两侧，刻有象形文字和图画以作纪念。碑体石料重逾百吨，最大的为第十八王朝法老图特摩斯三世在底比斯阿蒙神庙所立，高32米，重230吨，被称为古代建筑工程的奇迹。罗马人统治埃及时，方尖碑多被当作战利品移运到罗马，立于城市广场以示纪念，上述图特摩斯三世方尖碑仍存罗马拉特兰宫圣约翰广场。方尖碑在欧洲古典建筑中亦作为一种装饰形式而流传。

**方解石** calcite 化学组成为$Ca[CO_3]$的碳酸盐矿物。中文名称来自晶体的菱面体解理（沿解理极易劈开成菱形方块）。三方晶系，晶形多种多样，常见复三方偏三角面体或菱面体与六方柱的聚形。聚片双晶常见。集合体常呈晶簇状、粒状、致密块状、土状、多孔状、鲕状、纤维状、钟乳状等。白色或无色，有时被铁、锰等杂质元素染

方解石晶簇

成浅黄、浅红、褐黑等各种颜色。玻璃光泽。具平行菱面体的完全解理。莫氏硬度3。密度2.6～2.9克/厘米$^3$。遇冷稀盐酸即放出二氧化碳气体而剧烈起泡。无色透明的方解石称为冰洲石。方解石是分布最广的矿物之一。在海相沉积条件下能形成巨厚的石灰岩层；或从矿泉中沉积形成石灰华；在岩浆、热液等内生作用过程中也是很常见的矿物。在风化过程中易被溶解形成重碳酸钙进入溶液；在适宜的环境下，随着二氧化碳的逸出而产生方解石的沉淀，形成石钟乳、石笋等。方解石是组成石灰岩、白云质灰岩和大理岩的主要矿物成分。

**方掬芬** Fang Jufen（1929-11-11～ ） 中国儿童剧演员。生于武汉。1948年入苏州社会教育学院学习。1949年加入中国青年艺术剧院。1954～1956年在中央戏剧学院表演干部训练班学习。1956年中国儿童艺术剧院成立后任演员，1987年任院长。先后塑造过《玛申卡》中的玛申卡、《报童》中的蛐蛐儿、《十二个月》中的大妞等40多个性格各异的儿童形象。她是中国最早专门扮演儿童角色的成年演员之一。她塑造的儿童形象活泼、热情，各具个性。

**方俊** Fang Jun（1904-10-26～1998-05-06） 中国大地测量学家、地球物理学家。生于广东广州，卒于北京。1924～1926年在唐山大学学习，由于家庭经济困难，辍学就业，曾任制图员和测量员。1931～1937年参加编制《中华民国新地图》。1937年赴德国耶拿地震研究所进修，1938年回国后历任地质调查所技正，中央大学土木系教授，中国地理研究所大地测量组副主任，同济大学测量系教授。1947～1948年接受申报馆委托，编纂《中国新地图集》。中华人民共和国建立后，任中国科学院地理研究所研究员、大地测量组主任。1958年建立测量制图研究所（后扩建为测量与地球物理研究所），任所长，至1983年改任名誉所长。曾为中国测绘学会第一、第二届副理事长，中国地球物理学会副理事长。1980年当选中国科学院学部委员（院士）。早年从事地图编纂和地图投影研究工作。后开展重力测量工作和物理大地测量学的研究。致力于人造卫星轨道的地球引力摄动和固体潮理论的研究，为中国动态大地测量的研究奠定了基础。主要著作有《适用于中国的兰勃脱圆锥投影》、《天文重力水准计算模板》、《顾及扁率一次项的地球表面形状问题》等，还撰有《地图投影学》、《重力测量与地球形状学》和《固体潮》等。

**方腊起义** Fang La Rebellion 中国北宋末农民起义。宋徽宗宣和二年（1120），歙州（今安徽歙县）农民方腊（方十三）为反抗繁重的赋役压迫，在睦州青溪县（今浙江淳安西北）万年乡帮源峒聚集贫苦农民，发动起义。青溪远近的农民闻风响应，很快发展到上万人。义军尊称方腊为圣公，改元永乐，置将帅分为六等，头扎红巾等各色头巾作为标志，建立农民政权。起义军先后攻克青溪县和睦州，占据寿昌、分水、桐庐、遂安等县。不久，向西攻下歙州，东进攻克富阳、新城，直下杭州。起义军获得广大农民热烈拥护。台州、越州、衢州的吕师囊、裘日新、郑魔王等领导当地摩尼教秘密组织起兵响应。义军切断宋王朝经济命脉，宋徽宗等惊恐万状。宣和三年正月，宋廷派童贯、谭稹分兵两路，南下镇压起义军，并在秀州击败义军，进而攻克杭州等地，最后将方腊团团围在帮源峒。义军奋起抵抗，7万多人壮烈牺牲。方腊力竭被俘，解往汴京斩杀。此后，义军余众在各地继续坚持战斗，直到宣和四年三月，才完全被宋军镇压下去。

**方略** military archive 中国封建王朝记述较大规模军事活动的纪事本末体史书。根据各地官员的奏报和皇帝的谕旨等材料，由官方汇编成册，记述用兵始末，以颂扬其武功。编纂方略不始于清代，但以清代最为重视，总计20余种。康熙二十一年（1682）八月，设立方略馆，以编纂《平定三逆方略》，记平定吴三桂、尚之信、耿精忠三藩叛乱事，为清代纂修方略之始。康熙四十七年，又编纂《平定朔漠方略》，记康熙帝3次出师征讨准噶尔叛军。书成后，该馆即撤。至乾隆十四年（1749），经军机大臣张廷玉等奏请，重开方略馆，隶属于军机处，编纂《平定金川方略》，自此即为常设机构。方略馆总裁例由军机大臣兼领。直至宣统三年（1911）四月初十“责任内阁”成立后，与军机处同时撤销。

方略收编的内容是有关用兵的条陈和建议、训练、调遣、军需供给、军事工程、粮饷弹药、进攻防守、收失城地、敌我伤亡、官员的升迁调补、奖惩抚恤等。军事活动情况几乎囊括无遗，但其编辑却失之偏颇，对皇帝的朱批或皇帝通过军机大臣字寄的谕旨几乎全部收入，而臣工的奏报则加以删节或修改，影响了对事件原貌的了解。尽管如此，方略仍不失为研究清史的重要史籍。

**方铅矿** galena 化学成分为PbS，晶体属等轴晶系的硫化物矿物。含铅量86.6%，常含有银、锌、砷、锑、铋、硒、碲等混入物。是分布最广的铅矿物，也是提炼铅或从中提取银的最重要矿物原料。中国古称“草节铅”。具有氯化钠型晶体结构（见石盐）。晶体呈立方体、八面体或立方体与八面体聚形（见图），集合体常呈粒状和致密块状。呈铅灰色。强金属光泽。莫氏硬度2.5～2.7。密度7.5～7.6克/厘米$^3$。熔点1 115℃。具完全立方体解理。主要产于岩浆期后热液型和夕卡岩型矿床，除黄铁矿、黄铜矿、闪锌矿外，是热液条件下分布最广的硫化物矿物之一；几乎都与闪锌矿共生，其他常见的共生矿物有黄铁矿、黄铜矿、磁黄铁矿、萤石、重晶石、方解石、白云石、石英等。在外生条件下，方铅矿会转变成白铅矿（$PbCO_3$）和铅矾（$PbSO_4$），或磷酸

氯铅矿、钒铅矿等铅的其他化合物。中国著名铅锌矿产地有云南金顶、广东凡口、青海锡铁山等。美国新密苏里铅锌矿仅铅的储量就达3 000万吨。澳大利亚新南威尔士州布罗肯希尔和昆士兰州的芒特艾萨、德国萨克森州弗赖贝格、英国康沃尔等地也盛产方铅矿。

**方人定** Fang Rending (1901-06-19～1975-03-12) 中国画家。生于广东香山(今中山)，卒于广州。22岁入“春睡画院”拜高剑父为师，后入广州法政学校及广东法官学校学习。曾撰文倡导现代中国画，与传统派画家激情论争。1929年东渡日本，在东京美术学校、川端美术学校等处学习西画。1935年回国，以人物画创作为主。其早期作品，融会中西，注重色调，善于表现人物细腻的情思。1938年冬，赴美国举办画展。抗日战争期间，曾在香港举办“方人定抗敌画展”。1941年在香港组织“再造社”，谋求国画改革。1949年后历任广东画院副院长、广州艺专教授、华南人民艺术学院教授等。出版有《人定画话》、《方人定画集》等。

《到田间去》(1932)

**方山永固陵** Yonggu Mausoleum at Fangshan 中国北魏文成帝文明皇后冯氏的陵墓。位于山西大同北的西寺儿梁山(古名方山)南部。始建于孝文帝太和五年(481)，经8年建成。太和十四年冯氏死，入葬，称永固陵。此陵自金代起屡遭盗掘破坏。1976年清理。2001年国务院公布为全国重点文物保护单位。

现存墓冢基底呈方形，高22.87米，前有一座周绕回廊的方形佛塔塔基遗迹。冯氏生前两度“临朝专政”，虔信佛教，墓地为其自择。墓地上墓、寺结合富有佛教色彩，可能出自冯氏本意，同时反映出北魏礼制的特殊性。这种做法影响到北朝晚期的陵墓。墓室在墓冢中心处，由墓道、前室、过道和主室构成，总长23.5米。主室平面近方形，四壁微向外弧凸，顶作四角攒尖式，顶心嵌一雕刻莲花图案的白砂石。过道前后两端各设石门，门框有莲瓣形券面及朱雀、赤足童子浮雕，是北魏石雕艺术的精品。墓内出土残石俑、铁矛、铁镞、铜簪、玻璃小杯等。

捧花蕾童子石雕

**方术** necromancy, astrology and medicine, etc, arts of 中国古代用自然的变异现象和阴阳五行之说来推测、解释个人和国家的吉凶祸福、气数命运以及医卜星相、遁甲、堪舆和神仙之术等的总称。

方术起源于原始社会的巫术。由于古代社会生产力和科学知识所限，人们相信天主宰着一切人事，人间的统治者受命于天，把自然界的日月星辰、风云雨雪、山川草木、鸟兽虫鱼等变异，视为灾异或祥瑞的征兆。

殷、周之际出现的阴阳五行思想，到战国时广泛流行。讲阴阳的《周易》和讲五行的《洪范》都在这时成书。一切医卜星相都以阴阳五行为原则而推演。齐人邹衍把五行说附会到社会历史变动上去，提出“五德终始”说，用水、火、木、金、土的相生相克和终而复始的循环变化来说明王朝的兴替。燕人宋毋忌、正伯侨、充尚、羡门高等则修方仙道，自诩能把灵魂从躯体中解脱出去，能接受鬼神。

汉武帝以后，一部分方士和儒生合流，制作图谶(见谶纬)，用阴阳五行来解释儒家的经传。王莽和汉光武帝都对此加以利用而称帝。光武帝更正式“宣布图谶于天下”，成为法定的经典，称图谶为“内学”，原来的经书称为“外学”。另一部分方士则吸取黄、老和浮屠之说，宣扬符命灾异、吉凶占应、祈福禳灾、轮回报应等，成为道教的先行者。

用自然的变异来推测人事的吉凶祸福是唯心主义的，除去它附会的迷信观念外，其观察、记录和用阴阳五行来说明自然的变异，却在一定程度上反映了自然现象及其变化规律；有的方士从事炼丹和神仙之术，也积累了不少化学和医药的知识。中国古代的天文、历数、医药、化学是和方术交织在一起，并且是从方术内部发展起来的。

**方先之** Fang Hsien Chih (1906-02-24～1968-06-29) 中国矫形外科学家。生于浙江诸暨，卒于天津。1933年毕业于北京协和医学院，后留校工作，其间曾赴美国深造。后任协和医学院骨科副教授。1944年于天津创办骨科医院。1950年参加抗美援朝医疗队，1952年任天津市人民医院骨科主任，兼天津医学院一级骨科教授。1950年采用手术清除骨关节结核病灶的新疗法获得成功。发明许多新切口，创造一系列新的操作方法，对骨关节结核的发病机理、X射线表现和病理分类分型提出独特见解。他坚持以中西医结合方法治疗骨折，并且从机理方面进行研究。主要著作有《骨关节结核病灶清除疗法》(1956)、《中西医结合治疗骨折》(1966)等。

**方孝孺** Fang Xiaoru (1357～1402) 中国明代大臣。字希直，又字希古，人称正学先生。浙江定海人。约洪武九年(1376)受业于宋濂。十五年，受明太祖朱元璋召见。二十五年授汉中教授。惠帝时为翰林侍讲。其文章在当时颇享盛名，曾总裁《明太祖实录》等书的编修。靖难之役发生后，诏檄多出其手。孝孺政治上主张复古改制，曾于建文时改定官制，更易宫殿名称；经济上主张实行井田，他认为明初处于天下丧乱之际，是实行均田最适宜之时。建文三年(1401)燕王朱棣上书请罢兵，孝孺主张不准其请，并致书燕世子朱高炽，谋用离间计瓦解燕师，未成。四年五月，燕师临江，方孝孺建议诡许割地求和，以待勤王之师。六月，燕师渡江，孝孺力主固守。南京城破后被执，后因拒绝为朱棣起草登极诏，被杀。宗戚门生被牵连诛戮谪戍者甚多，时人有诛十族之传。其著作后辑为《侯城集》、《逊志斋集》。

**《方言》** *Fang-yan* 中国第一部比较方言词汇的重要著作。全名《𬨎轩使者绝代语释别国方言》。西汉扬雄撰，今存13卷，见于东晋郭璞《方言注》(涵芬楼四部丛刊本)。扬雄以周秦时期采风资料为起点，利用各方人士来京的机会，进一步收集和整理各地方言，用了27年完成这部著作。其体例是先列举词条，然后分别说明通行情况。《方言》对所记录的词汇，往往注明“通语”、“某地语”、“某地某地之间语”、“转语”等。通语指当时通行的共同语，某地语即当时某个地方的方言，转语则是由于时间和地域上的不同而语音发生变化的词。《方言》对所记词汇大都说明通行区域，从中可大体了解汉代方言分布的轮廓。《方言》以各地的活方言作为记录对象，不受文献记载和文字形义的限制，并注意综合时间和地域的不同去研究方言，这种研究方法为后世树立了优良传统。《方言》以它突出的成就，不仅在中国方言学史上，而且在世界的方言学史上均堪称为一部不朽的著作。后代学者为《方言》作注疏的著作有多种，其中影响较大的有《方言注》、《方言疏证》和《方言笺疏》等。

**方言学** dialectology 语言学的一个分支。包括两个分支学科：一是方言地理学；二是社会方言学，即狭义的社会语言学。前者研究语言的地区性差异，后者研究语言的社会性差异。方言地理学与社会方言学虽然都研究一种语言内部的差异，但是研究方法和方向各不相同。比较明显的区别有：①方言地理学通常以一个地点的语言代表一个分区，挑选一两个为分区的样本；社会方言学则选出一组人的语言代表这个点。②方言地理学调查项目一般比较多，社会方言学调查项目通常只有少数几个。③在选择调查对象时，方言地理学专门挑选能说“纯粹”方言的人，社会方言学则用随机取样的办法来找调查对象。④调查时，方言地理学的调查项目通常脱离语境，所得到的只是正式语体的表达方式；社会方言学则将调查项目放在一定的语境中，设法获得各种语体的不同表达方式和变体。另外，在表示调查结果，解释语言差异等方面，方言地理学和社会方言学也有不同。

**方以智** Fang Yizhi (1611～1671) 中国明末清初思想家，政治家。字密之，号曼公，又号龙眠愚者、泽园主人、浮山愚者、宓山子、鹿起山人。桐城（在今安徽）人。少时参加复社活动，与陈贞慧、吴应箕、侯方域并称明季四公子。崇祯十三年（1640）进士。南明时流离岭表，改名吴石公，卖药市中。顺治三年（1646），桂王朱由榔称帝于肇庆，有推戴功，拜礼部侍郎、东阁大学士入阁，旋挂冠离去。漂泊岭南，至平乐为清军所执，不屈。听其为僧，乃更名大智。康熙十年（1671）赴吉安时卒。方以智为复社领袖之一，毕生以气节、学问自许。其学博涉多通，自负要把古今中外的知识熔于一炉，所著《东西均》中提出“一而二，二而一”的命题，概括事物的矛盾和矛盾运动，认为事物都是“相捄相胜而相成”，较为注重事物“合二而一”的方面。他又在《物理小识》中提出“天恒动，人生恒动，皆火之为也”，表明其宇宙观是火的一元论。但他的思想中也隐藏有循环论。对中国传统自然科学和由利玛窦、徐光启传入的西方科学作了记述、考辨，把整个科学技术按其对象，区分为“质测”(自然科学)、“宰理”(社会科学)和“通几”(哲学)三大类。他还立志邀集专家编译综合百科全书，但这个宏愿未得实现。他著述甚丰，主要有《东西均》、《博依集》、《浮山文集》、《通雅》、《四韵定本》、《物理小识》、《方子流寓草》等。

**方毅** Fang Yi (1916-02-26～1997-10-17) 中国无产阶级革命家，对外经济战线和科技战线的领导人，国务院副总理，全国政协副主席。又名方清吉、方静吉。福建厦门人。卒于北京。1930年加入中国共青团，1931年转入中国共产党。历任共青团厦门中心区委书记、市委宣传部长、市委书记。1934年在上海被捕，1937年经营救出狱赴湖北。历任中共湖北省委民运部部长、鄂东特委书记，新四军5支队政治部主任，中共皖东津浦路东省委书记，淮南苏皖边区行政公署主任。1945年后，历任中共中央华中分局委员，华东财政经济办事处副主任，山东省人民政府副主席。中华人民共和国建立后，历任福建省人民政府副主席、中共福建省委第二副书记，上海市人民政府副市长、市财经委员会主任，中央政府财政部副部长。1956年任中国驻越南经济代表处代表。1961年回国，历任国家计委副主任，国家对外经济联络委员会主任，国务院对外经济联络部部长、党组书记。1977年后任中国科学院副院长、院长、党组书记，国家科委主任、党组书记。1978年后任国务院副总理、中共中央书记处书记。1988年当选为全国政协第七届委员会副主席。是中共第八、九届中央候补委员，第十届中央委员，第十一、十二届中央政治局委员。

**方丈** 有三义：①佛教禅宗寺院住持的住所。又称丈室、函丈、正堂、堂头等。②佛教中掌管寺院的主僧即住持。③道教全真派称十方丛林中的最高负责人及其居住的静室为方丈。

**方志** local records; local chronicles 综合记载某一地域范围内的自然和人文的历史与现状的著作。又称地方志。内容广泛，包括一地的建置、沿革、疆域、物产、天文、气候、山川、名胜、户口、天灾、人祸、文化、艺术、医药、政绩、教育、风俗、民族、人物、宗教、科学、技术、交通、经济等。它的名称繁多，历史上常见的有地记、记、图经、图志、图记、传、录、乘、书、志等。方志之名最早见于《周礼·地官》：“诵训，掌道方志，以诏观事。”

代代相传编修志书是中国的文化传统。它萌于周代，定型于宋代，盛于明清。现存志书最早的是东汉《南阳风俗传》。历经地记阶段（1～6世纪）、图经阶段（6～12世纪），到宋代进入方志阶段（12世纪至20世纪上半叶）。宋代，它的体裁已由史、书、志、记、录、传、图、表、乘、略等逐渐综合演变而充实，体例也日趋完备和定型，志书的质量和数量都大大超过以前。明、清两代是中国方志发展的繁盛时期，这个时期的志书有以下特点：普修省志；志书数量骤增，据《中国地方志联合目录》统计，在现存8 000多种志书中，明、清两代占有7 000多种；县志类目增多，内容丰富，如记载当地的矿藏、风俗、抗倭和海上贸易情况；增修边关志和卫、所志等。中华民国编修的方志在内容和体例上较前又有进步，如突破传统的束缚，注意反映各地的工农业生产，增加各种统计图表，反映帝国主义的侵略活动和中国人民的反帝斗争。中华人民共和国建立后，修志传统得到继承和发扬，出现了两个修志高潮。20世纪50～60年代是第一个高潮。当时有530多个县开展了修志工作，其中250多个县修出了志稿，正式出版的有20余种。第二个高潮始于80年代初，截至2005年底，已完成省、市、县三级修志计划6 319部中的5 000多部。三级志书之外的乡镇志和厂矿企业志、山水志、寺庙志、学校志、海岛志等各种专业志，数量更多。截至2009年底，全国第一轮新编地方志工作已基本结束，第二轮修志工作已全面展开。中国的修志传统，在台湾地区也同样得到继承和发扬。台湾省志已经两修，市、县志普遍完成两修，还有完成三修者，如《台北市志》。

方志种类大体有：①综合全国情况的总志和一统志。②地区性方志，如省志、州志、县志、厅志、乡土志等。③专志，指山水禅林、寺庙、书院、游览胜迹、人物、风土方面的志书。

方志具有如下特征：①地域性。这是方志的基本特征。无论何种方志都有特定的地域范围，而且以地域名命名志书，其内容也具有鲜明的地方性。②连续性。方志的编修是连续的，多每隔数十年续修一次。不仅时间连续，而且记述的内容和体例也大多连续。③综合性。方志综合记载一地区的自然和人文诸方面的历史与现状，内容十分广泛。④资料性。方志是一种资料性书籍，全面反映和保存该地区的自然和社会各方面的情况及变化。方志采用的是记述性体裁，“述而不作”，是非褒贬寓于事实的记述之中，而且多是当时、当地人修志，大多如实记录。

**方志敏** Fang Zhimin (1899-08-21～1935-08-06) 中国赣东北红军和苏区创建人，军事家。江西弋阳人。1922年加入中国社会主义青年团，1924年加入中国共产党，

参与创建江西的中共党、团组织。曾任江西省农民协会秘书长、主席，领导农民运动。1927年蒋介石发动四一二政变后，潜回赣东北，恢复中共基层组织，组织农民武装。次年1月领导弋阳、横峰起义，进行游击战争，开展土地革命，组织工农政权，创建了赣东北革命根据地和中国工农红军第10军。历任中共江西省委书记，信江、赣东北省和闽浙赣省苏维埃政府主席，红10军代理政治委员，赣东北革命军事委员会主席、红11军政治委员、红10军团军政委员会主席等职。曾当选为中共第六届中央委员，中华苏维埃共和国中央执行委员、主席团委员，并获中华苏维埃第一次全国代表大会授予的红旗章。1934年红军长征前，奉命率领抗日先遣队北上，途中遭国民党军重兵围困，在突围时，因叛徒出卖，于1935年1月被捕。在狱中写下了《可爱的中国》、《清贫》、《狱中记实》、《死！——共产主义殉道者的记述》、《我从事革命斗争的略述》等著作。1935年8月于南昌就义。遗骨安葬于南昌市郊梅岭。

**方志学** local topology 研究方志的产生和发展、性质和类别、特征和功能、编纂理论以及整理和利用的学科。方志学名词最早由中国梁启超于1924年提出。

清代是中国历史上修志的极盛时期，方志学也在实践中逐步形成。明末清初，顾炎武对编修方志提出比较系统的见解，为后代修志指明了方向。乾隆、嘉庆时期，修志成风，名家辈出。探讨方志学方面的专论也应运而生，形成以戴震为代表的纂辑派（又称地学派）和以章学诚为代表的撰著派（又称史学派）。两派争论的焦点是地理沿革和地方文献孰重孰轻的问题。章学诚写出《修志十议》、《方志立三书议》、《州县请立志科议》、《方志辨体》等重要专论，对方志的性质、作用、源流、体例和编纂方法等，提出自己的见解，形成理论体系，成为清代方志学的代表。中华民国和中华人民共和国时期，方志学更加深入地探讨了方志的性质、功能和修志的内容与方法，系统地整理了古方志，出版了大量的新方志。

方志学研究的对象是方志，研究的内容是：方志的产生和发展、方志的性质和分类、方志的特征和功能、方志的编纂理论、方志的整理和利用。

**方柱石** scapolite 硅酸盐矿物，化学组成 $Na_4[AlSi_3O_8]_3(Cl,OH)-Ca_4[AlSi_3O_8]_3(CO_3,SO_4)$ 的完全类质同象系列，晶体属四方晶系。属似长石矿物。固溶体2个端员矿物是钠柱石和钙柱石。在自然界未发现纯钠柱石和钙柱石，任一端员组分含量超过80%的都甚少见。天然产出的方柱石成分，大多数在 $Ca/(Ca+Na)=0.2～0.9$ 范围内，称普通方柱石。晶体常呈四方柱状，集合体呈粒状、柱状或致密块体。无色、白、蓝灰、黄、紫、红褐等多种颜色；海蓝色者，称海蓝柱石。玻璃光泽。解理中等和不完全。莫氏硬度5～6。密度2.50～2.78克/厘米$^3$，随钙的含量增加而增大。主要产于酸性或碱性岩浆岩与石灰岩或白云岩接触交代的夕卡岩、钙质岩石的区域变质岩中。在火

山岩的气孔中常见晶簇状无色方柱石。遭风化和热液作用可转变成高岭石、绿帘石、云母。色泽美丽的方柱石可作为宝石。世界主要产地有缅甸抹谷、巴西圣埃斯皮里图、俄罗斯西伯利亚、马达加斯加、美国东部地区等。中国山西绿片岩中的方柱石呈灰黑色、粗粒，含有大量电气石、黑云母、磁铁矿包裹体。

**坊表** monumental gateway or column 中国古代具有表彰、纪念、导向或标志作用的建筑物，包括牌坊、华表等。

图1 明十三陵石牌坊

牌坊 一种只有单排立柱，起划分或控制空间作用的建筑。又称牌楼。牌坊和牌楼二词已通用，但仍有区别：在单排立柱上加额枋等构件而不加屋顶的称为牌坊。在单排立柱上加额枋、斗栱等构件，上施屋顶的称为牌楼，这种屋顶俗称为“楼”。常用楼的数目表示牌楼的规模，如一间二柱三楼，三间四柱七楼，三间四柱九楼等。立柱上端高出屋顶的称为“冲天牌楼”。

牌楼建立于离宫、苑囿、寺观、陵墓等大型建筑组群的入口处时，形制的级别较高，屋顶常用庑殿顶或歇山顶。冲天牌楼则多建立在城镇街衢的冲要处，如大路起点、十字路口、桥的两端以及商店的门面，形制的级别较低，屋顶多为悬山顶。牌楼可用木、石、琉璃等材料建造，各具特色。石牌坊以明代（图1）、琉璃坊以清代的具有代表性。

华表 为成对的立柱，起标志或纪念性作用。汉代称桓表。元代以前，华表主要为木制，多设于路口、桥头和衙署前。明以后华表多为石制，石柱上端用一雕云纹石板，称云板；柱顶上原立鹤改用蹲兽，

图2 中国国家图书馆（分馆）华表

俗称“朝天吼”。华表四周围以石栏。华表和栏杆上遍施精美浮雕。明清时的华表主要立在宫殿、陵墓前，个别有立在桥头的，如北京卢沟桥头。明永乐年间所建北京天安门前和十三陵碑亭四周的华表是现存的典型。北京文津街中国国家图书馆（分馆）的华表是从圆明园移来的（图2），也是华表佳作。

表（又称标或望柱）是华表的一种，特点是柱顶不设云板。常立于墓道的前端作为入口标志，故又称墓表。

**芳丹** Fontanne, Lynn（1892-12-06～1983-07-30） 美国演员。原籍英国。生于英国埃塞克斯，卒于美国威斯康星杰纳西迪波特。1905年在伦敦配合英国名演员E.A.泰丽作首次演出，1910年迁居美国，1921年在《达尔西》中与A.朗特同台演出，被誉为出色的喜剧女演员。

**芳人** Fang 非洲中西部跨界民族。又称帕胡因人、庞圭人、芳维人。有417万人（2002）。主要分布在喀麦隆南部、赤道几内亚、加蓬等国。属尼格罗人种班图类型。使用芳语，属尼日尔-科尔多凡语系西北班图语群。有用拉丁字母拼写的文字。多信万物有灵，崇拜祖先、土地神和水神，部分人信基督教。分为埃翁多、贝内、布卢、恩图穆、姆韦、芳6个部族共112个部落。自18世纪下半叶开始定居于目前分布地区。以父系氏族为基础，社会组织分为家庭、村庄、家族、氏族4级。酋长在长老协助下行使权力。实行一夫多妻制。主要种植木薯、芋头、玉米和芭蕉，兼事狩猎和采集。民间艺术与原始宗教信仰有密切关系，主要为造型艺术和面具雕刻等。能

芳人母子

歌善舞，常有行吟诗人演奏。住宅为长方形茅屋。自然村落中均有一座公房，供全村用于开会议事、接待客人、调解纠纷或娱乐活动。

**芳烃** aromatic hydrocarbon 分子中大多含有苯环的芳香族化合物。又称芳香烃。主要来源于石油和煤焦油。最简单和最重要的芳烃是苯及其同系物甲苯、二甲苯、乙苯等，苯乙烯是一种重要的含有不饱和取代基的芳烃。这些化合物都只含有一个苯环，称为单环芳烃。两个或两个以上苯环共有两个相邻的碳原子者，称为稠环芳烃，如萘、蒽、菲等。芳烃还有由两个或两个以上苯环以单键直接连接而成的，如联苯；又有通过碳链相连的，后者可看作是脂链

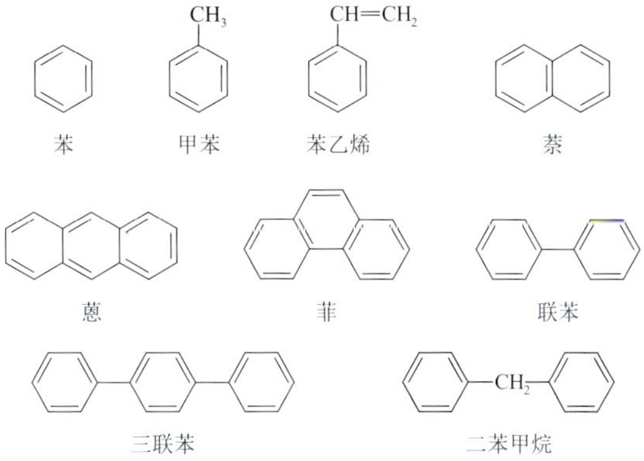


烃的多苯基取代物，如二苯甲烷。还有一类非苯芳烃，这类分子具有平面环状的共轭体系（电子数符合$4n+2$规律），有芳香性。

芳烃至少含有6个碳原子，都是液体或固体。稠环芳烃除苗外都是固体。芳烃不溶于水，能溶于有机溶剂。芳烃具有芳香性，不易起加成反应，易起取代反应，对热和氧化剂比较稳定。

石油馏分（如石脑油）中的烷烃在催化剂存在下成环去氢，生成芳烃，这是工业上生产芳烃的主要方法。芳烃也可从某些含芳烃的石油中提取。煤焦油中芳烃的含量约为25%，其中包括许多稠环芳烃。

芳烃，特别是单环芳烃，是重要的化工原料，液体芳烃还可用作溶剂，油漆、涂料等易溶于芳烃中。皮肤与液体芳烃反复或长期接触，会因脱水和脱脂而引起皮炎。芳烃蒸气对黏膜的刺激作用大于脂链烃或脂环烃。苯蒸气对造血功能有特殊的损伤作用，动物试验证明，烷基苯则没有这种作用。有些稠环芳烃，如1,2-苯并芘有致癌作用。

**芳香化湿** resolving dampness with aromatics 中医临床运用芳香性药物治疗水湿病证的治法。芳香化湿法适用于湿困脾胃、湿温初起等证，常用的芳香化湿药有藿香、佩兰、紫苏叶、白豆蔻等，并常与淡渗利湿、燥湿的药物配合组成方剂，代表方剂如香苏平胃散、藿朴夏苓汤。若湿困脾胃、运化失常，证见脘腹胀满、不思饮食、口淡无味、恶心呕吐、肢体沉重、怠惰嗜卧、大便稀溏、苔白腻而厚、脉缓等，治宜芳香化湿、理气和胃，方用香苏平胃散；若属湿温初起、湿郁卫气，证见头痛恶寒、身重疼痛、胸脘痞闷、不饥不渴、身热不扬并午后热甚、苔白腻、脉濡缓，治宜芳香化湿、宣透气机，常用藿朴夏苓汤。

临床上若湿温化燥、深入营血，则不宜使用此法。

**芳香植物** scented plants 其营养器官或生殖器官内能分泌和积累挥发性芳香物质，可作为日常生活和工业用赋香原料的一类植物。多数属种子植物。世界已发现芳香植物近100个科200个属1 500多种，大多分布在热带和亚热带地区。中国已发现芳香植物350多种，正式用于生产香料的约100种。分布地区几遍全国，有些省区已成为重要芳香植物的栽培基地。如江苏、安徽的薄荷、留兰香，广东的茉莉、岩兰草、香茅，广西的桂花、八角、肉桂，福建的白兰花、金合欢，新疆的薰衣草等。

挥发性芳香物质是植物的次生产物，存在于根、茎、叶或花、果实、种子等器官中，由腺体分泌。多数为游离状态，少数则与糖结合而构成苷类。

从芳香植物中提取的芳香产品调配成香精和其他赋香原料后，主要用于：①食品加香和调味；②日用化学品、化妆品、卫生用品加香；③配制药品；④提取单离香料；⑤作某些合成香料的原料；⑥烟草、文具用品等的加香。

**芳香族化合物** aromatic compound 有机化合物。简称芳族化合物。最初是指分子中含有苯环的芳烃的衍生物。19世纪中叶，

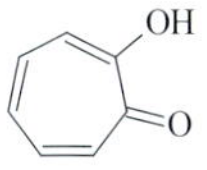


$C_7H_6O_2$
草酚酮

发现有相当多的有机化合物具有一些特别的性质——芳香性，它们的分子式中氢原子与碳原子之比往往小于1，但是它们的化学性质却不像一般的不饱和化合物。例如它们不容易起加成反应而容易起取代反应。这些化合物中许多有芳香气味，因此当时称它们为芳香族化合物。后来发现芳香族化合物是苯分子中一个或多个氢原子被其他原子或原子团取代而生成的衍生物。也可以是由苯通过两个或两个以上的碳原子并连起来的多环体系，如萘和蒽等。20世纪30年代以后，芳香族化合物的含义又有了进一步的发展。有些化合物不含苯环，但具有芳族化合物的某些性质，如草酚酮、二茂铁等属于非苯芳香族化合物。

**钫** francium 天然放射性元素，元素符号Fr，原子序数87，属周期系ⅠA族。半衰期最长的同位素是$^{223}$Fr。为纪念发现者M.佩雷的祖国法国（France）而命名。

1939年佩雷在研究铀矿中锕（$^{227}$Ac）的衰变产物时发现$^{223}$Fr（锕K）。已发现质量数为199～232的全部钫同位素，$^{223}$Fr、$^{224}$Fr天然存在，其余都是通过人工核反应合成的。$^{223}$Fr在铀矿中的含量极低，与铀的原子比约为$1:3\times10^{18}$。$^{224}$Fr是在钍矿里发现的，它是$^{228}$Ac的α分支衰变子体，含量极少。

金属钫的熔点27℃，沸点677℃，密度2.48克/厘米$^3$（20℃）。氧化态+1，化学性质活泼。所有钫盐都是水溶性的。此特性既有利于用载体使钫同其他金属离子分离，又造成难于找到沉淀钫的合适载体。仅有高氯酸铯、氯铂酸铯、硅钨酸铯、氯铋酸铯等少数化合物能以同晶共沉淀方式载带钫，也可以用纸上层析法与锕等其他元素进行分离。

**防波堤** breakwater 用于防御波浪以使港口水面平稳的水工建筑物。对于保护港池岸线不受冲蚀、防止港池淤积和北方港口防止冰凌入侵也有一定作用。防波堤的建设会改变原海岸线的动力平衡，在进行防波堤平面布置和口门选择时，要尽可能减少港池内的回淤，要力求使口门朝向与风浪、流的方向交角最小，要保证船舶方便进出港池并使船舶在港内停泊平稳和作业安全。在平面布置中，防波堤有时建成与岸相接的环抱形式，有时离岸布置、与岸平行布置或成某一角度，主要根据水文、气象等条件确定。

防波堤按断面形式可分为斜坡式、直立式和混合式三种。结构型式的选择决定于水深、波浪、潮差和地质条件，以及当地建筑材料情况和施工条件等因素。斜坡式防波堤是由块石和各种形状的混凝土块体抛筑而成，适用于水深较小和地基土质较差的堤址处采用；直立式防波堤用混凝土方块或沉箱砌筑，适用于水深较大、地基土质较好的堤址采用；混合式防波堤的下部为抛石斜坡结构，其上部为直立墙。斜坡式防波堤外层防护块体通常是由混凝土预制，其形状有数十种，常用的形状有扭工字块体和四角锥块体。

**防城港市** Fangchenggang City 中国广西壮族自治区辖地级市。开放港口城市。位于自治区境南部，北部湾畔，与越南接壤。辖港口区、防城区、上思县，代管东兴市。面积6 173平方千米。人口87万（2010），有汉、壮、瑶、京等民族。清光绪十四年（1888）置防城县。1957年析置东兴县，1958年建立东兴各族自治县。1978年与防城县合并，建立防城各族自治县。1993年改设地级防城港市。矿产有锰、钛、铁、钨、锡、铝、磷、煤、云母、水晶等。建有中国第一个金花茶保护区。水产业以海水捕捞、珍珠养殖为主。农作物有水稻、花生、甘蔗、玉米、大豆、木薯等。特产有橡胶、香茅、甜橙、香蕉、菠萝、荔枝、龙眼、木菠萝、茶叶、玉桂、八角、砂仁等。工业有水电、造船、建材、食品等。防城港是具有水深、避风、回淤少、终年不冻等特点的天然良港。名胜古迹有防城港湾、仙人山公园、潭篷运河、天堂滩、月亮湾、白龙炮台、石龟头炮台、那梭炮台遗址等。

**防弹衣** bulletproof clothing 用于保护人体躯干免受弹丸、弹片伤害的单兵防护装具。根据受防护部位不同，可分为背心式、护胸式、护颈式、护裆式等。多为背心式，故又称防弹背心。主要供军人、警察或其他执行特殊任务的人员使用。防弹衣由衣套和防弹层两部分构成。衣套常用化纤织物制作，便于穿着，并起覆盖、联结和保护防弹层的作用。防弹层分硬体、软体和软硬复合体三种，分别由金属、非金属、玻璃钢、陶瓷等硬质材料及尼龙、芳纶纤维（开夫拉）等软质材料或二者的复合体制作而成。防弹层是防弹衣的核心部件，其防弹机理是将弹片、弹头弹开或嵌住，并消释弹头冲击动能。防弹衣的优劣由防弹性能、穿着舒适度和与其他武器装备的适配性三者综合评定。

身着54式防弹背心的士兵

中国人民解放军研制的54式防弹衣，可有效挡住2米以外射出的手枪子弹。

**防风** *Saposhnikovia divaricata*; fangfeng 伞形科防风属唯一种。分布于中国东北、华北、陕西、甘肃。朝鲜半岛、蒙古、俄罗斯也有分布。多年生草本，高30～80厘米；根粗壮，茎基部密生褐色纤维状的叶柄残基；茎单生，二歧分枝。基生叶矩圆状披针形，1～2回羽状全裂，最终裂片条形至披针形，全缘；上部叶简化，具扩展的叶鞘。复伞形花序；两性花，辐射对称；萼齿5，三角状卵形；花瓣5，白色；雄蕊5，与花瓣互生；心皮2，合生，子房下位，2室。双悬果长圆状宽卵形，幼嫩时被小瘤状突起，扁平，侧棱具翅。花果期7～10月。生长在山坡、荒地和草原。根及全草可入药，能祛风镇痛、清热解毒。

**防腐蚀技术** corrosion preventive technology 为防止或减少腐蚀对材料的损害，延长材料的使用寿命而采取的各种措施。内容丰富，一般从两个方面考虑问题，一是设法提高材料的抗腐蚀能力，二是设法降低介质的腐蚀性能。具体的方法有：①合理选材。选择耐蚀性高的材料。②表面保护。对材料进行表面处理后形成表面防护层，从而将材料与腐蚀介质隔开以达到防腐目的，电镀、非金属涂层（如防锈油脂）等就是常用的方法。③介质处理。改变腐蚀介质的性质，如加入缓蚀剂，以防止或减轻腐蚀介质对材料的腐蚀。这种方法适用于介质体积有限的情况。④电化学保护。对于金属的电化学腐蚀常采用这种方法（见金属腐蚀）。

**防洪** flood control 防御洪水危害人类的战略、对策、措施和方法，或者说所有旨在减轻洪水灾害或降低洪水风险的努力。是水利科学的一个分支，主要研究对象包括洪水自然规律，河道、洪泛区状况及演变，工程措施及非工程措施。

洪水是一种自然现象，常造成江河沿岸河谷、冲积平原和河口三角洲、海岸地带的淹没。由于洪水现象的周期性和随机性特点以及自然环境的变化和人类活动的影响，这些地带被淹没的范围和时间既有一定的规律性，又是不固定的，具有随机性。防洪在中国及世界上很多国家的江河治理中被列为首要或主要任务。

**沿革** 在原始公社与奴隶社会，生产力水平低下，人们为了生存，只能适应水的特性，趋利避害。进入封建社会，随着生产力的发展，逐步采用土堤等简易工程措施防御洪水，并在一些河流上逐步建成堤防工程，发展较快的地区还开展综合性的防洪治理，如埃及、巴比伦、中国等文明古国都有悠久的防洪发展史。公元前3400年，埃及美尼斯王朝的第一位法老开始在尼罗河上筑堤防洪，保护其首府不受洪水灾害。古巴比伦公元前20世纪在幼发拉底河到底格里斯河的美索不达米亚平原筑堤防洪，并引洪灌溉。

中国具有悠久的防洪历史，相传在公元前2 000多年，发生了大洪水，禹采用了"疏川导滞"、汇流入海的治水办法。秦始皇统一中国（前221）后，实行"决通川防"，将黄河下游原各诸侯领域内分散的堤防改建成统一的堤防。江浙一带河口、海滨，秦汉时已开始筑海塘（海堤）防潮。西汉时期，郭昌在黄河下游裁减弯道3处；唐代在海河流域永济渠（即以后的京杭运河的一段）以东开挖减河，增辟新的入海水道，并在永济渠以西，利用大量的沣淀滞洪；明代潘季驯在黄河下游修建崔镇、徐升、季泰、三义等4座减水坝（即溢洪堰）分减洪水，在淮河修筑高家堰使原沼泽地形成了洪泽湖，用以调蓄淮河洪水。

中国古代的治河理论从西汉起即有较大的发展，如贾让的治河三策，张戎论黄河水沙等。南北朝北魏景明三年（502）至正始三年（506）崔楷提出置分水口以防御非常洪水。宋徽宗元年（1101）左正言、任伯雨提出用遥堤防洪的办法。金章宗泰和二年（1202）颁布《河防令》，规定黄河汛期的河防修守法规。元朝至治元年（1321）赡思编著《河防通议》，记述了河工具体技术。至正十一年（1351）贾鲁堵黄河堤防的决口时，采取疏、浚、塞并举的措施。明嘉靖年间（1522～1566）刘天和归纳黄河灾害为"善淤、善决、善徙"。明朝万历十八年（1590）潘季驯著《河防一览》，阐述了"以河治河，以水攻沙"的治河主张和加强堤防修守的制度和措施。

德国在1800年左右提出整治莱茵河报告，1807年提出城乡防洪计划，1817～1824年卡尔斯鲁厄地区建成4处河道裁弯工程。美国1863年成立陆军工程兵团，除负责军事工程外，还负责美国主要河道的防洪、航运、水力发电和河道整治工程等。奥地利1870～1875年兴建了首都维也纳的防洪系统。法国与瑞士在1885年前后，整治两国之间的莱茵河段。俄国1877年开展库班河流域的防洪工程。美国联邦政府在1879年批准在陆军工程兵团下设立密西西比河委员会，开始密西西比河的治理；20世纪初期在迈阿密河为代顿市防洪修建了5座水库。美国国会于1917年通过了第一部防洪法令。中国明代后期在黄河下游开始实行放淤固堤；清代淮河下游修归海五坝、归江十坝；1919年在河南陕县西和山东源口两处设立黄河水文站，开始用科学方法进行水文观测，并用电报传报水位、流量等。1915年李仪祉开始引进西方水利理论和河防科技，对黄河进行勘测研究，制定治黄方略，培修北金堤等。

第二次世界大战前后，进入防洪与兴利相结合的综合利用水资源的新阶段。美国田纳西河流域发展了防洪、航运与水力发电的综合治理。一些经济发达的国家加强了城市防洪，其主要江河的防洪系统基本建成，如美国的密西西比河，欧洲的多瑙河、莱茵河，埃及的尼罗河，日本的利根川、淀川。其他国家如苏联、加拿大、印度等国在二次世界大战后，也都兴建了大型防洪工程。防洪非工程措施越来越受到重视。

中国防洪自1949年开始进入了新的发展时期。20世纪50年代集中力量进行江河堤防的培修加固，制订主要江河的综合利用规划，特别是主要江河的平原区防洪规划。堤防工程从1949年的4.2万千米发展到2009年中国共兴建培修堤防约29.14万千米，疏浚整治了各级河道，开辟了淮河、海河新的排洪河道，兴建了荆江分洪工程、东平湖分洪工程等大江大河的分洪工程，修建了官厅水库、三门峡水利枢纽、丹江口水利枢纽、柘溪水电站等具有较大防洪作用的水利枢纽工程，黄河下游、长江中下游、淮河、海河等河流的工程措施与非工程措施相结合的防洪系统初步形成，对防御普通洪水、保证重点地区和城市的防洪安全有着重大的作用。

基本内容　分为以下四个方面：

防洪建设　防洪建设直接关系到人们的生命财产安全，必须慎重对待。

①防洪规划。在研究流域气象与洪水特性及历史洪灾成因的基础上，分析干支流现有的防洪能力，论证选定防护对象的防洪标准，研究蓄、滞、泄的关系，选定整体防洪方案，并阐明工程效益。防洪规划是江河流域规划中的重要组成部分，是指导防洪建设的纲要。此后再结合综合规划，通过比较或优选，编制河流防洪、城市防洪、海岸防洪等规划，并选定主体防洪工程（如堤防、河道整治、分洪工程、水库等）和防洪非工程措施（如洪水预报警报系统、洪泛区管理、行洪道清障、洪水保险、防洪调度、超标准洪水紧急措施等）。

②工程设计。根据规划选定的工程措施选择工程位置（如坝址、堤线、分洪区等），再根据工程等级标准和防护对象的要求，做好勘测、试验、计算，提出工程总体布置和主体建筑物设计。

③施工。与一般水利工程施工相同，而防洪工程中的堤防修筑和河道开挖，一般工程总量虽大，但比较分散。

工程管理　包括防洪工程的养护维修和防汛中的调度运用。要求工程完好，汛期能灵活运用；调度运用合理，既能够满足预定的防洪要求，又要保证工程安全。主要工作如下：①检查观测。及时掌握工程设施的工作状态，发现问题，迅速处理。②养护维修。对主体建筑物进行经常性的维修和定期大修，以保持工程设施的完好，保证能在正常和非常情况时灵活运用。③防守抢险。汛期对防洪设施组织防守，出现险情时，及时抢护，充分发挥已有防洪工程的作用，保障保护区的安全。④防洪调度。根据防洪调度规程，针对可能出现的洪水和防护区的实际情况，按照度汛计划和紧急措施方案，对防洪系统中的各项设施进行调度。⑤制定防洪法规。用作防洪工作的行为规范，发挥防洪系统的效益。此外，在管理中还要不断地进行技术改造和设备更新。

防汛　洪水在汛期来势迅猛，极易造成大的洪水灾害，所以，汛期都要采取严格的措施，防止洪水造成大的危害，要进行防汛。中国于1950年成立中央防汛总指挥部，1988年易名为国家防汛总指挥部，1992年又更名为国家防汛抗旱总指挥部，负责全国防汛工作的全面领导。见防汛。

科学研究　洪水给人类社会经常造成重大灾害损失，使得人们越来越重视防洪科学的研究。研究内容主要有洪水研究、河床演变研究、洪灾损失研究和防洪技术研究等方面。

**防洪非工程措施**　non-structural flood control measures　通过法令、政策、经济手段和工程以外的其他技术手段，以减少洪灾损失的措施。又称非工程防洪措施。基本内容为：①对洪泛区进行管理。按洪水危险程度和排洪要求，将不宜开发区和允许开发区严格划分开；允许开发区也根据可能淹没的概率规定一定用途，并通过政府颁布法令或条例进行管理，防止侵占行洪区。②对洪水易淹区内的建筑物及其内部财物设备的放置等方面给予规定。例如规定建筑物基础的高程、结构，规定财物存放在安全地点，或在洪水到来前移至安全地点等。③实行洪水保险。④制订居民应急撤离计划和对策。⑤制订超标准洪水防御措施。⑥建立洪水预报警报系统。⑦救灾。给受灾者以适当补偿，以安定社会秩序，恢复居民生产生活。

**防护林**　protection forest　为涵养水源、保持水土、防风固沙、调节气候及发挥其他防护功能而营造和经营的森林。根据防护林作用的不同，可分为水源涵养林、水土保持林、防风固沙林、农田防护林、牧场防护林、海岸防护林等不同类型。

在一个自然景观地带内，依据不同的防护目的和地貌类型而营造的各种人工防护林和原有的天然林，按照总体规划要求将它们有机地结合起来，形成一个完整的森林植被网络系统，即防护林体系。如中国“三北”防护林体系，沿海防护林体系以及长江中上游防护林体系等。

营造防护林的具体技术要求：①树种选择和混交类型。宜选择生长稳定、长寿、抗性强的树种，以优良的乡土树种为宜。根据当地条件，营造乔灌木混交型、阴阳树种混交型等类型的混交林。②防护林配置。根据防护目的和地貌类型，配置防护林带。水源林和水土保护林配置成片状、带状或块状，构成完整的水土保护林体系。③抚育管理。在防护林地区只能进行择伐，清除病腐木，并须及时更新。

**防火墙** firewall 建立在内外网络边界上的过滤封锁机制。内部网络被认为是安全和可信赖的，而外部网络被认为是不安全和不可信赖的。防火墙的作用是防止不希望的、未经授权的通信进出内部网络，通过边界控制强化内部网络的安全政策。

防火墙技术分为IP过滤、线路过滤和应用层代理三大类型，越来越多的防火墙混合使用这些技术，以获得最大的安全性和系统性能。防火墙系统通常由过滤路由器和代理服务器组成。过滤路由器是一个多端口的IP路由器，通过对每一个到来的IP包依据一组规则进行检查，判断是否进行转发。代理服务器是防火墙系统中的服务器进程，能够代替网络用户完成特定的TCP/IP应用。代理服务器本质上是应用层网关，为特定网络应用连接两个网络的网关。

防火墙为解决网络边界安全起了重要的作用，但不能替代内部网络的安全措施，只能解决网络安全的部分问题。

**防己科** Menispermaceae; moonseed family 双子叶植物纲木兰亚纲的一科。约65属350种。分布于热带和亚热带，温带很少。中国有19属70余种，产长江流域及其以南各地，少数属种见于华北和东北。几乎全为藤本，多木质，枝叶味苦，叶柄常盾状着生于叶片的近基部。花小而不鲜艳，单性异株，虫媒传粉，组成各式花序；花被通常分化为萼片和花瓣，常轮生，每轮3或4片居多；雄蕊3至多个，心皮1至多个，离生。核果，外果皮肉质，成熟时红色，内果皮（核）木质或骨质。

防己科植物大多富含生物碱，达百种以上，如粉防己、风龙（中药名青藤或青风藤）和青牛胆（中药名金果榄）都是常用中药。千金藤属许多种的大型块根是重要制药原料。轮胚藤属和锡生藤属含有多种可作肌松剂的生物碱。

**防空** air defense 对入侵的敌方空袭兵器进行斗争的措施和行动的统称。包括建立各种防空体系，进行反空中侦察、反空袭作战，实施对空隐蔽、伪装、防护和消除空袭后果等。现代防空主要是对敌方各型飞机、巡航导弹、弹道导弹和军用航天器进行防御，平时保卫国家领空安全，战时掩护国家转入战时体制，保卫国家重要目标，保障军队行动自由以及保卫人民群众的安全。防空对战争的进程和结局具有重大影响，在战略上有重要地位。

防空按手段不同，分为积极防空和消极防空。使用飞机、高射炮、地空导弹、拦阻气球、电子对抗装备等防空兵器和装备，直接消灭、阻滞、干扰敌方飞行器的措施和行动，称积极防空；采取构筑防空工事，疏散隐蔽人员、物资，灯火管制，伪装及消除空袭后果等的措施和行动，称消极防空。防空按组织和任务不同，又分为国土防空、野战防空和人民防空。为保卫国家领土和重要目标的安全所采取的防空措施和行动，称国土防空；在国土防空中，保卫重要地区安全的防空，称要地防空。军队在野战条件下进行有组织的防空斗争，称野战防空；动员和组织人民群众防备敌人空中袭击、消除空袭后果所采取的措施和行动，称人民防空。

**防水材料** waterproof material 防止雨水、地下水、工业和民用的给排水、腐蚀性液体以及空气中的湿气、蒸汽等侵入建筑物的材料。建筑物需要进行防水处理的部位主要是屋面、墙面、地面和地下室。防水材料按其主要原料分为4类：①沥青类防水材料。将厚纸、织物等材料浸渍在天然沥青、石油沥青或煤沥青中，制成沥青油毡、纸胎沥青油毡、溶剂型和水乳型沥青类或沥青橡胶类涂料、油膏。具有良好的黏结性、塑性、抗水性、防腐性和耐久性。②橡胶塑料类防水材料。以氯丁橡胶、丁基橡胶、三元乙丙橡胶、聚氯乙烯、聚异丁烯和聚氨酯等为原材料，制成弹性无胎防水卷材、防水薄膜、防水涂料、涂膜材料及油膏、胶泥、止水带等密封材料。具有抗拉强度高，弹性和延伸率大，黏结性、抗水性和耐气候性好等特点。③水泥类防水材料。对水泥有促凝密实作用的外加剂，如防水剂、加气剂和膨胀剂等，可增强水泥砂浆和混凝土的憎水性和抗渗性。以水泥和硅酸钠为基料配置的促凝灰浆，可用于地下工程的堵漏防水。④金属类防水材料。薄钢板、镀锌钢板、压型钢板、涂层钢板等直接作为屋面板，用以防水。薄钢板用于地下室或地下构筑物的金属防水层。薄铜板、薄铝板、不锈钢板可制成建筑物变形缝的止水带。金属防水层的连接处要焊接，并涂刷防锈保护漆。

**防伪标识** anti-counterfeiting mark 在产品上附加公众、专业方法（或公众和专业方法）可以辨识的、鲜明的标志以区别真假，且具有不易被人伪造特征的具有防伪功能的标识。这里所说的产品除一般商品外，还包括钞票、股票、债券、金融票据、彩票、邮票、信用卡等有价证券以及各种经济合同、票据、艺术品、证件等。防伪标识具有保真和辨假两项功能，防伪标识的使用与辨识的范围可分为3种：①公众防伪。即明防。在产品显要处设计上公众易于识别的鲜明标志，用肉眼即可辨别真假，如各种防伪商标、标识，便于人们随时随地辨别真假。②专业防伪。需借助仪器、设备识别产品上的暗记、密码等，故也称暗防。③特殊防伪。根据整体分离后同一认定的原理设计的一种既古老又实用的防伪措施。把信物、合同、票据从中间一分为二，双方各执一半。认定时看是否能合二为一，断茬是否能完全吻合而辨真伪。

**防卫过当** unjustifiable self-defense 正当防卫明显超过必要限度造成重大损害的应当负刑事责任的犯罪行为。防卫过当是防卫行为的强度和力度明显超过了不法侵害的强度和力度，对不法侵害人造成了重大损害，从而使合法的防卫行为变成了不法的侵害行为，也使正当性的行为转化成非正当性的行为。所以，防卫过当应当负刑事责任。由于防卫过当没有独立的罪状和法定刑，法律规定按照行为人触犯的有关条文和罪名酌情减轻或者免除处罚。《中华人民共和国刑法》第20条规定：“正当防卫明显超过必要限度造成重大损害的，应当负刑事责任，但是应当减轻或者免除处罚。”

**防汛** flood prevention 汛期各级政府组织人力物力，运用已有的防洪工程和非工程措施，对灾害性洪水进行积极防御的活动。一般可以分为汛前准备、汛期防守和汛后检查善后三个阶段。其中汛期防守是关键。

沿革 世界许多国家有专门防汛机构，有的国家指定某一部门负责指挥防汛工作。美国法定由陆军工程兵团负责全国的防洪调度和指挥。日本由建设省负责防汛。印度设中央防洪委员会。

中国古代就重视防汛。西汉设有专门机构，管理黄河防汛抢险和堵口事宜。明代潘季驯提出“河防在堤，而守堤在人”，强调人员防守的重要，还规定有报汛和防守制度。1949年中华人民共和国建立后，修建了大量防洪工程，加强了防汛工作，从中央到地方各级政府都建立了防汛指挥系统，统一指挥防汛抗洪工作。

汛前准备 ①组织沿河居民和单位从事防汛。中国大的江河防汛，除有专业人员外，沿河单位和个人都有参加抗洪的义务，军队在必要时也承担防汛抢险任务。②建立健全洪水预报警报系统。③检查各种防洪工程设施和岁修情况，了解工程防洪能力，及时解决存在问题。④对防汛骨干人员进行防汛知识和抢险技术培训，提高防守能力。⑤备足防汛料物。在汛情紧急情况下，防汛指挥机构有权在其管辖范围内调用所需物资、设备和人员。

汛期防守　①掌握水情及天气情况。及时预报可能产生的洪峰、增水、洪量等水情，必要时下达警报。②调度洪水。依据水情和工程情况，以及防汛调度方案，运用已建的各种防洪工程，进行防洪调度。在需要运用分洪、蓄洪、滞洪措施时，及时果断作出决定，下达命令，按时、按量分洪、蓄洪。③工程守护。组织防汛人员，不间断地巡查和防守堤、坝、涵闸等工程，及时发现险情，分析原因，正确判断，拟订抢护方案，组织抢护。④应急措施。调有超标准洪水，在人力不能抗御时，应请示上级同意，按批准的紧急措施方案和规定的程序，及时执行临时扒口等分洪紧急措施，以尽量减少损失，避免人员死亡。对淹没区或可能被淹区内的居民，进行转移安置。⑤抢险。多数险情，都是从小向大发展，出险前多有预兆。勤检查，早发现，险情易抢护。

汛后检查善后　对防洪工程和防汛工作，进行全面检查，总结经验教训。汛期抢险工程多系临时性措施，需要重新维修加固，当运用分洪、蓄洪或其他紧急措施后，应做好各项善后工作。

**房产税**　house property tax　中国对房产征收的一种税。1986年9月15日，国务院发布《中华人民共和国房产税暂行条例》，自当年10月1日起施行。房产税在中国境内的城市、县城、建制镇和工矿区征收。纳税人包括房屋产权的所有人和房产经营管理单位、承典人、代管人和使用人（不包括外商投资企业、外国企业和外国人）。其计税依据和税率分为两种：一种以房产原值一次减除10%～30%以后的余值为计税依据，适用税率为1.2%；另一种以房产租金收入为计税依据，适用税率为12%。

**房地产抵押贷款**　real estate mortgage loan　房地产抵押贷款是以房地产作为还款抵押担保品的一种银行信贷方式。房地产抵押贷款通常又称按揭贷款，起源于英文“mortgage”的粤语音译，这种提法最早流行于香港和澳门地区。

房地产抵押贷款主要针对房地产，借贷双方签约后，借款人定期还本付息，还清后银行归还抵押品。若借款人无力还贷，银行将处置抵押品以收回贷款。房地产抵押贷款合同一般设计有一系列风险防范措施：①贷款额度和房地产作价。房地产抵押贷款的贷款额度由贷款人根据借款人的资信程度和经营状况确定，一般不超过抵押物现行作价的70%。②分期还款比重和首付。首付越高，分期付款比重越低，贷款风险越低。如果是零首付，则是完全的分期还款方式。③还款期限。还款期限主要有3～5年的短期贷款和15～30年左右的长期贷款。如果还款期限过于集中于长期，银行将承担更大风险。④还款利率采用固定方式通常更有利于防范风险。从理论角度看，未来利率可涨可跌，浮动和固定利率方式均存在风险。不过，由于浮动利率贷款合同的推出常常建立在对未来低利率的预期基础上，可能导致对风险的低估，一旦利率趋势逆转，将加剧还款人的负担。

**房地产市场**　real estate market　房地产作为商品而进行买卖、租赁、抵押和交换等交易活动的总和。房地产市场的特性是由房地产商品特殊性决定的。由于土地位置的不动性，决定了房地产市场上流通的不是房地产商品物质本身，而是房地产的权利证书。在中国，城市土地属于国家所有，城市土地市场只是土地使用权市场；城市土地使用权与房屋所有权的结合，形成了城市房地产极其复杂的产权关系。城市土地使用权市场是由三级市场构成的。城市土地一级市场是政府向土地使用者有偿出让城市土地使用权的市场；城市土地二级市场是城市土地转让市场即取得土地使用权的开发企业与房地产使用者之间的交易市场；城市土地三级市场是已有的存量房地产交易市场。根据房屋交易的性质和产业的不同，城市房屋市场可以分为房屋买卖市场和房屋租赁市场。也有人把中国的住房市场分为增量房市场和存量房市场。增量房市场指第一次通过流通进入消费领域的新建的住房市场；存量房市场指消费领域的住房重新进入流通领域，或居民住房再次进入市场。

**房地产业**　real estate industry　从事房地产开发、经营、管理以及为房地产开发、经营、管理和使用提供各种服务的行业或部门的总称。房地产经营管理和提供的服务主要内容是：土地的开发和再开发；房屋开发建设；地产经营，主要包括土地使用权的出让、转让、租赁和抵押；房产经营，主要包括房产（含土地使用权）买卖、租赁、抵押等；房地产中介服务，包括房地产信息、咨询中介、房地产价格评估、房地产测量、房地产经纪中介、房地产公证以及房地产法律中介等；房地产物业管理和服务，包括住宅小区和大型商厦等的物业管理、房屋及其配套设施和公共场所的维修和养护，居住区等的保安、绿化、卫生，以及房屋转租、代收代付和其他经营活动；房地产金融，包括房地产信贷、保险和房地产金融资产投资等。

**房山区**　Fangshan District　中国北京市辖区。位于市境西南部。面积1 994平方千米。人口94.5万（2010）。约在50万年前，“北京人”就在周口店龙骨山一带渔猎生息。西汉置良乡、广阳2县，元置房山县，因境内有大防（房）山而得名。1958年由河北省划归北京市管辖。1986年撤销房山县和燕山区，设立房山区。山地、丘陵、平原各占1/3。房山资源丰富。土特产品有房山磨盘柿、大巴达杏、红果、大红袍花椒、中华猕猴桃、良乡板栗、御糖米、虹鳟鱼等。北京市商品粮基地之一。矿产资源主要有煤，总储量18.5亿吨，与门头沟并称“京西煤仓”。建材资源有汉白玉、艾青叶等17种。工业以炼油和化学工业为主。燕山石油化学总公司是现代化的石油化工联合企业，原油年加工能力为700万吨。以水泥为龙头的建材业发达，有北京“基本建设原料基地”之称。名胜古迹有周口店北京人遗址、琉璃河商周遗址、云居寺、石花洞、上方山、百花山、十渡等。

**房山石经**　Stone Sutras at Fangshan　中国北京房山云居寺所藏的隋至明末刊刻的佛教经书碑石，全称房山云居寺石刻佛教大藏经。由隋代僧人静琬发起刻造，后得到皇室和地方官吏的资助，历代续刻，总计14 278石，刻写佛经1 122部，3 572卷，是中国数量最大的文字铭刻，在东方文化史上具有很高价值，为国内外学者所重视。石经所在的云居寺始建于隋唐，寺及其东北石经山附近有唐、辽佛塔多座。1961年国务院公布房山云居寺塔及石经为全国重

云居寺

点文物保护单位。

房山石经唐代刻有法华经、涅槃经、金刚经、华严经、弥勒下生成佛经、妙法莲花经等。辽代刻大般若经、大宝积经、首楞严经、菩萨地持经等。金代除继续刻经外，还刻了记载刻经情况的刻石，并刻有宋辽时期新译的佛经。元、明时期刻经进入尾声。全部刻石分别藏在石经山的9座藏经洞和云居寺西南的压经塔（南塔）下。1956～1958年曾对房山石经进行全面调查发掘和整理拓印，9座藏经洞的隋唐石经拓印完毕后仍封回洞内保存；压经塔下的辽金石经则保存在云居寺内，后因腐蚀风化日益严重，又封存于一座现代化的地宫内保存，并设观察窗口供游客参观。房山石经不仅在研究中国佛教兴衰、佛教典籍等方面具有很高的价值，而且石经中保存的大量题记，也为研究北方幽州地区的政治、经济、文化、书法艺术等提供了丰富资料。

**房屋工程** building engineering 兴建房屋的勘察、规划、设计、施工和设备调试以及既有房屋的检测、鉴定、维修、加固和改造等工作的总称。最终目的是为人类生产与生活提供适宜的场所。

分类和组成 房屋按使用性质分为：①住宅。②公共建筑。如会堂、展览厅、影剧院、体育馆等。③宾馆、旅游宾馆、休养所等。④商场类建筑。⑤文教卫生建筑。如学校、医院等。⑥交通用的车站、候机楼、电信楼等。⑦各类工业建筑。⑧各类农牧业建筑。

房屋组成包括：①埋在地面以下的基础和地下室。②承挡外力并传力到基础的柱、楼板、梁、框架、墙、屋盖及支撑体系。③四周的围护结构和内部的间隔墙。④房屋内外的建筑装修。⑤控制环境的供暖、通风、空气调节、照明、防火消防、隔声和保安等系统。⑥楼梯间、电梯和自动扶梯等垂直交通运输系统。⑦有线广播、闭路电视、电话、电脑网络等通信设备。⑧电力系统如大型建筑物的备用发电设备等。⑨卫生设备和给水排水系统。⑩垃圾处理系统。

勘察 建筑场地的水文、地质等工程勘察非常重要。土壤的天然特性和地下水流量、水位深度对拟建房屋选择基础类型、埋深和尺寸起决定性的作用。低层、中等面积的房屋，一般用天然地基，造价低廉。高层房屋荷载大，多选用人工地基，如木桩、钢桩、混凝土桩等。在软弱地基上可用底面积大、整体性好的基础如浮筏基础、沉井或沉箱基础等。

规划和设计 首先要满足人们生活和生产使用功能的要求，具有足够的使用性、安全性和耐久性，符合建筑法规的要求并和环境协调一致。在地震区，须符合抗震要求。房屋是物质产品，又是艺术创作。规模较大的工业建筑要考虑专业工艺的特点；住宅建筑要求平面合理、使用方便；公共建筑具有广泛的社会性，要在体型、立面、色调、内部空间、庭院绿化等方面给人们以美的感受，建筑风格要体现时代的特点。

施工 把规划设计的图纸，依据技术规范，结合当地水文、地址、气象、资源、环境等社会条件，采取最有效的组织措施、合理的施工方法，使建筑物在建造过程中取得较好的技术经济效果。施工是综合性技术，包括施工技术和组织管理两项主要内容。

检测和鉴定 检测是根据现有的规范和标准对房屋的建筑情况、结构情况、材料性能、沉降倾斜、损伤状况、腐蚀程度、使用荷载、现有环境等进行检测，为既有房屋的性能评估提供基本数据。鉴定是根据房屋的原始技术资料、现场检测结果和房屋的使用情况对房屋的正常使用性、安全性和耐久性进行分析和评估，为房屋的维修、加固或改造提供依据。

维修、加固和改造 根据房屋的未来使用要求和现场检测结果，对不满足正常使用要求的部位进行维修，对不满足安全性和耐久性要求的部位进行加固。维修和加固工作亦包含设计和施工两个内容。当房屋的使用要求发生变化时，一般需要进行改造。改造工作的主要内容包括检测鉴定、改造方案设计和改造施工三个部分。

**房玄龄** Fang Xuanling (579～648) 中国唐初名相。名乔，字玄龄，以字行。齐州临淄（今山东淄博东北）人。玄龄博览经史，工书善文，18岁时本州举进士，授羽骑尉。隋末大乱，玄龄于渭北投李世民，屡从秦王出征，参谋划策，典管书记。他为秦王网罗人才，与谋臣猛将密相交结，使他们各尽死力。唐武德九年 (626) 他参与策划玄武门之变，与杜如晦、长孙无忌、尉迟敬德、侯君集五人并功第一。唐太宗李世民即位，玄龄为中书令。贞观三年 (629) 二月为尚书左仆射。十一年封梁国公。至十六年七月进位司空，仍综理朝政。太宗征高句丽时，他留守京师。贞观前，他协助李世民经营四方，削平群雄，夺取皇位。贞观中，辅佐太宗，总领百司，参预政务达20余年。参与典章制度的制定和政府机构的调整，并主持律令和格的修订，与魏徵同修唐礼。善于用人，也不问贵贱，随材授任。恪守职责，不自居功。唐太宗把他看作是自己的左右手，后世以他和杜如晦为良相的典范，合称“房杜”。

**鲂** *Megalobrama terminalis*; black bream 鲤形目鲤科鲌亚科鲂属的一种。又称三角鲂、三角鳊、平胸鳊、乌鳊。中型淡水经济鱼类，分布甚广。鲂体侧扁而高，菱形，腹部在腹鳍至肛门具腹棱。头短小，口小，前位，上下颌具坚硬角质。生活于水体中下层，栖息于底质为淤泥或石砾并有沉水植物生长的敞水区。生殖季节亲鱼群集于流水处繁殖，冬季则在深水石隙处越冬。幼鱼主食浮游动物。成鱼摄食水生植物。繁殖期在5～6月。3龄性成熟。鲂肉味鲜美，是深受人们喜食的佳肴。

**仿毛织物** wool-like fabric 模仿毛织物风格的化学纤维织物。早期曾用中长型和毛型化纤制造仿毛织物。20世纪70年代开始采用加捻长丝或空气变形丝、低弹网络丝来织制仿毛织物，但光泽和手感远不及纯毛织物，仿毛效果较差，且存在易起毛起球和钩丝等缺陷。仿毛效果更好的产品是差别化长丝织物。如利用涤纶、腈纶等不同性能的高聚物制得的皮芯型或并列型复合纤维，能模仿羊毛的正偏皮质结构，产生立体卷曲纤维。近年更普遍的是利用三异（异收缩、异纤度、异截面）或多异变形丝模仿毛织物的光泽、滑糯度、身骨及丰满度，并组合利用碱减量等后整理加工技术进一步改善织物的光泽与手感。90年代，优质仿毛织物的视觉风格与手感已经同毛织物相当接近，并且具有机可洗、抗霉抗蛀等合成纤维织物的优点。

**仿纱型织物** spun-like fabric 模仿短纤纱织物风格的化纤长丝织物。化纤长丝经过空气变形加工，使丝条在空气急剧冲击下产生环圈、扭结或螺旋等不规则的卷曲，呈现短纤纱的外观。用这种具有短纤纱风格的化纤长丝制成织物，可有效地改善一般合纤丝的缺点，如极光、蜡状感等，还可获得优良的蓬松性。适宜作套装、裤、门窗帘、台布、沙发布、床罩等。仿纱型织物的风格有仿棉、仿毛、仿麻等。原料可选用涤纶、锦纶、腈纶、黏胶丝、醋酸丝、丙纶丝等。工艺流程比传统纺纱短，可提高经济效益。

**仿生机械** bionic machine 模仿生物的形态、结构、信息处理、运动机能和控制原理而制造的功能更集中、效率更高并具有生物特征的机械。研究仿生机械的学科称为仿生机械学。

简史 远在有文字记载的历史以前，人类就为生存而模仿动物的行为。西汉人在京都长安进行了一次滑翔飞行表演，“取大鸟翮为两翼，头与身皆著毛”，“飞数百步”。中国的三国时期，有一种“木牛流马”的步行机构，可模仿动物行走。1948年，N.维纳发表了《控制论》，奠定了机器和生物体可以类比的理论基础。20世纪70年代初形成仿生机械学，使仿生机械获得快速的发展。进入21世纪后，随着计算机技术、信息技术、生物技术和电力电子技术的发展，使仿生机械的发展进入崭新的发展阶段。

分类　典型的仿生机械有：①仿生仪器。模仿和借鉴动物器官功能而发明的具有某种特殊功能的仪器。根据对夜行性动物原理的研究，发明了微光夜视仪、红外夜视仪、热成像仪等仪器。②仿生武器。根据生物器官的启示，人类发明了形形色色的仿生武器。现在的导弹中，有不少是从动物的某些功能受到启发而制成的仿生导弹。如飞鱼导弹、响尾蛇导弹和智能导弹。③人体仿生机械。如人工肾、人工心脏、人工心脏瓣膜、人工肌腱、人工胰腺、人造血液和假肢等。④机器人。从应用环境出发，将机器人分为工业机器人和特种机器人两大类。工业机器人是面向工业领域的多关节机械手或多自由度机器人。是一种能自动控制、可重复编程、多功能、多自由度的操作机，可以完成各种作业。制造业中代替人完成具有大批量、高质量要求的工作。中国先后研制了点焊、弧焊、装配、喷漆、切割、搬运、包装、码垛等各种用途的工业机器人，并已经投入了应用。特种机器人是用于非制造业并服务于人类的各种先进机器人。包括水下机器人、服务机器人、太空探索机器人、娱乐机器人、军用机器人和农业机器人等。

**仿生学**　bionics　研究生物系统的结构和功能以为工程技术提供新的设计思想及工作原理的学科。研究目的在于制造各种模仿生物结构和运动原理的器械。广泛地运用类比、模拟和模型方法是仿生学研究的突出特点。在仿生学研究中存在三个相关的方面：生物原型、数学模型和硬件模型。生物原型是基础，硬件模型是目的，而数学模型则是两者之间必不可少的桥梁。

仿生学的研究范围主要包括：①力学仿生。研究并模仿生物体大体结构与精细结构的静力学性质，以及生物体各组成部分在体内相对运动和生物体在环境中运动的动力学性质。例如，军事上模仿海豚皮肤的沟槽结构，把人工海豚皮包敷在船舰外壳上，可减少航行湍流，提高航速。②分子仿生。研究与模拟生物体中酶的催化作用，生物膜的选择性、通透性，生物大分子或其类似物的分析和合成等。例如，在搞清森林害虫舞毒蛾性引诱激素的化学结构后，合成了一种类似的有机化合物，在田间捕虫笼中用0.1皮克，便可诱捕雄虫。③能量仿生。研究和模仿生物电器官、生物发光、肌肉直接把化学能转换成机械能等生物体中的能量转换过程。④信息与控制仿生。又称神经仿生。研究与模拟感觉器官、神经元与神经网络、高级中枢的智能活动等方面生物体中的信息处理过程，以及体内稳态、运动控制、动物的定向和导航等中的控制过程。例如，根据象鼻虫视动反应制成的自相关测速仪可测定飞机着陆速度。

**仿丝织物**　silk-like fabric　模仿蚕丝织物风格的化学纤维织物。早期主要用再生纤维素、纤维长丝制造仿丝织物。20世纪60年代，仿真丝技术采用三角形截面化纤模仿蚕丝的光泽，另有高聚物变性和加捻变形方法改善产品蓬松度等技术。70年代，仿真丝技术用异纤度、异截面、异收缩混纤方法同时改善织物的蓬松丰满度、滑糯度和光泽；利用腐蚀性后整理加工技术（如碱减量）改善织物的悬垂性和活络度；组合利用强捻技术和碱减量加工方法提高织物的回弹性、滑爽度和悬垂性；在后整理过程中通过超喂、强调松弛等方法提高织物中纱线的屈曲率，进而改善织物的光泽与手感。80年代，涤纶仿真丝技术利用不均匀牵伸技术制造轴向细度变化的纤维，从而获得外观自然、手感松软的织物；利用Y型截面等锐利的异形截面或表面有微细沟槽、凹凸的纤维创造出化纤织物的丝鸣感；后整理过程中应用热定型起绉方法进一步强化织物的丝鸣感和自然的外观。

**仿形机床**　copying machine　按照样板或靠模控制刀具或工件的运动轨迹进行切削加工的半自动机床。配以机床上下料装置，可实现单机自动化或纳入自动生产线中。某些通用机床附装仿形装置也可实现仿形加工。仿形机床包括仿形车床、仿形铣床和仿形刨床等。还有专用仿形机床，如叶片仿形铣床、模具仿形铣床和螺旋桨仿形铣床等。仿形机床按工作原理可分为直接作用式（如机械仿形）和随动作用式（如液压仿形、电仿形、电液仿形和光电仿形等）两类。①直接作用式仿形。将仿形触头与刀具刚性相联，以弹簧力或重锤使仿形触头与样板保持接触。②随动作用式仿形。将仿形触头对样板的位移信号转换成电信号或液压信号，经功率放大后驱动机床执行部件。

仿形铣床在加工模具

**仿真**　simulation　通过对系统模型的实验来研究存在的或设计中的系统的一种技术。又称模拟。模型包括物理的和数学的，静态的和动态的，连续的和离散的。系统包括电气、机械、化工、水力、热力等系统，也包括社会、经济、生态、管理等系统。当所研究的系统造价昂贵、实验的危险性大或需要很长的时间才能了解系统参数变化所引起的后果时，仿真是一种特别有效的研究手段。仿真的重要工具是计算机。仿真过程包括建立仿真模型和进行仿真实验两个主要步骤。

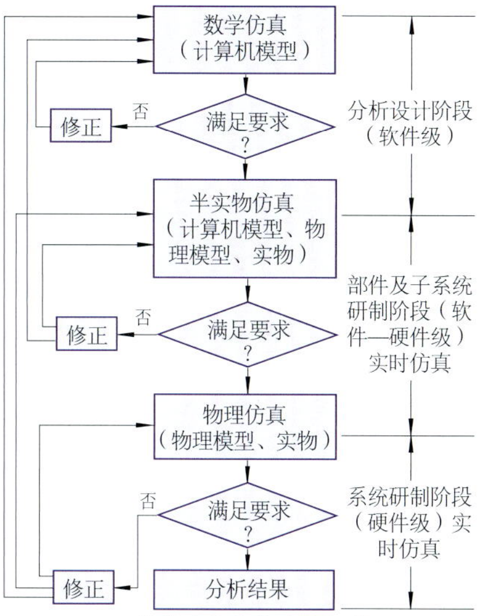


工程系统仿真实验流程图

分类　仿真可以按不同原则分类：①按所用模型的类型分为物理仿真、数学仿真、半实物仿真。②按所用计算机的类型分为模拟仿真、数字仿真和混合仿真。③按仿真对象中的信号流分为连续系统仿真和离散系统仿真。④按仿真时间与实际时间的比例关系分为实时仿真（仿真时间标尺等于自然时间标尺）、超实时仿真（仿真时间标尺小于自然时间标尺）和亚实时仿真（仿真时间标尺大于自然时间标尺）。⑤按对象的性质分为宇宙飞船仿真、化工系统仿真、经济系统仿真等。

仿真模型　被仿真对象的相似物或其结构形式。可以是物理模型或数学模型。有时先建立对象的数学模型，然后转换成适合计算机处理的形式即仿真模型。

仿真实验　通过仿真实验可观察系统模型各变量变化的全过程。如图为某工程系统仿真的流程图。系统的设计阶段大多用数学仿真。部件研制阶段，可用已研制的实际部件或子系统去代替部分计算机仿真模型进行半实物仿真实验。系统研制阶段，大多进行半实物仿真实验。个别情况下，可进行全物理的仿真实验，仿真模型全部被物理模型或实物所代替。

仿真工具　主要指仿真硬件和仿真软件。仿真硬件中最主要的是计算机，有模拟计算机、数字计算机和混合计算机。模拟计算机主要用于连续系统的仿真。数字计算机具有很高的速度，已成为仿真的主要工具。混合计算机充分发挥模拟计算机的高速度和数字计算机的高精度、逻辑运算和存储能力强的优点，但这种系统造价较高。仿真硬件还包括一些专用的物理仿真器。仿真软件包括仿真程序及程序包、仿真语言和以数据库为核心的仿真软件系统。

仿真方法　指建立仿真模型和进行仿真实验的方法，分为连续系统的仿真方法和离散事件系统的仿真方法。有时将建立数学模型的方法也列入仿真方法，因为对于连续系统虽有一套理论建模和实验建模的方法，但进行系统仿真时，常常先用经过假设获得的近似模型来检验假设是否正确，必要时修改模型，使它更接近于真实系统。对于离散事件系统，建立它的数学模型就是仿真的一部分。

应用和效益　在航空工业方面，采用仿真技术使大型客机的设计和研制周期缩短20%。采用仿真实验代替实弹试验可使实弹试验的次数减少80%。在电力工业方面采用仿真系统对核电站进行调试、维护和排除故障，一年即可收回建造仿真系统的成本。现代仿真技术不仅应用于传统的工程领域，而且日益广泛地应用于社会、经济、生物等领域，如交通控制、城市规划、资源利用、环境污染防治、生产管理、市场预测、世界经济的分析和预测、人口控制等。基于网络的分布式交互仿真及将仿真技术与人工智能结合的智能仿真是仿真系统发展的主要趋势。

**纺**　habutai　质地轻薄坚韧、表面细洁的平纹丝织物。又称纺绸。主要用于制作服装，还可用于加工制作伞面和扇面，在工业、国防等方面也有应用，如打字绸和绝缘纺等。按原料分为：①真丝纺绸，如杭纺、电力纺等；②人丝纺绸，如有光纺、无光纺；③尼龙涤纶纺绸，如尼丝纺、涤丝纺；④经纬采用不同原料交织的纺绸，如富春纺、华春纺等。

**纺车**　spinning wheel　手工纺纱工具之一。中国古时称为轩。主要结构为一大轮，径约半身高，可借人力回转，大轮用绳弦传动一细杆（古称筳、梃、铤，现称锭子），使细杆快速旋转。操作时人右手转动大轮，左手握持纤维条或纤维团，将纤维缠绕在锭子上，锭子转动，使纤维相互缠绕成纱，然后大轮反向旋转，成纱即绕在锭子上。先秦时期手摇纺车已出现。由秦至唐，手摇纺车由单锭改进为复锭（2～5锭），手摇改为脚踏。东汉画像石已出现脚踏纺车的图像。宋元时期，出现有数十个锭子的大纺车，可由人力、畜力、水力驱动。清代，民间出现张力自控式多锭纺车，它具备现代纺纱机的牵伸、加捻、卷绕三个基本功能，但没有得到推广，被从西洋引进的纺纱机所取代。只由一人操作的手摇纺车，因适合中国农村的自然经济，直到20世纪，在偏远地区尚可见到。

**纺纱**　spinning　将纺织纤维加工成细纱的工艺过程。狭义的纱指短纤维须条经牵伸、加捻成的细缕，广义上则指长丝以及短纤维与长丝、狭义纱与长丝并合加捻得到的细缕。因此，有些国家也将化纤纺丝及缫丝称为纺纱。

纺纱按天然纤维种类分为棉纺、毛纺、麻纺和绢纺等，使用的设备不尽相同。化学纤维的纯纺或混纺则根据化纤的性能分别采用棉、毛、麻、绢纺纱工艺和设备。随着工艺技术的发展，各类纺纱工艺的界限已不很明显。

纺纱工艺过程主要分为三个阶段。①原料初加工。纤维原料尤其是天然纤维原料内含多种不适合纺纱加工的杂质，必须先用机械、物理和化学方法加以初步清除。有的还需打开纤维包，进行检验及根据产品需要选配原料等。②成条。经初步加工的纤维集合体，再经开松、混合、除杂、梳理等，把块状或束状的纤维原料进一步松解，形成单纤维状的纤维网，然后将此纤维网收缩制成纤维条。若成纱质量要求较高，则纤维条还需经过精梳工艺。化学纤维长丝束可通过切断法和拉断法直接制成化纤条。③成纱。根据纤维原料的特性及产品要求，有不同的加工工艺。通常将纤维条进行合并、牵伸，使纤维条中的纤维伸直平行，然后逐步抽长拉细，再经加捻增强纤维间联系力，得到连续的细纱。也可将梳理后呈单纤状的纤维网分割成纤维组成的窄带，再搓捻成光圆紧密的粗纱，进而低倍牵伸，加捻成细纱。

**纺织**　textile　将纤维加工成纱、丝、线、绳、织物及其染整制品的生产劳动。纺织生产的劳动对象是纤维，如棉、毛、麻、丝等天然纤维，以及现代化学工业生产的化学纤维。纺织生产的最早产品是衣服。随着社会进步，纺织品已广泛应用于工农业生产、军事，以及与人类生活有关的各个方面。

纺织生产约始于新石器时代，差不多和农业同时发生。世界各地的先民，就地取材，各自摸索出一套纺织技术，然后又交流融合。地中海南岸和东岸首先利用亚麻和羊毛，古埃及在公元前4 000多年已能生产亚麻织物，同一时期两河流域有毛织物；南亚印度河流域曾出土前3000年的棉织物；中国长江、黄河流域的居民在利用麻、葛纤维的同时，创造出蚕丝的纺织工艺（现在发现的最早的丝织物距今约5 000年）。前200年左右，中国的丝织物就沿着“丝绸之路”向西传播。公元4世纪，中国蚕桑技术传到印度。6世纪，波斯派遣使者来中国学习丝绸技术。后来这种技术又传到拜占廷和阿拉伯。

纺织生产历来受到社会的关注。中国封建帝王一直把纺织生产作为立国之本，以“天子躬耕、皇后亲桑”来鼓励农业和纺织生产。从商周始，中国就有官办纺织作坊的建制。至明清，出现制丝、织绸工场集中的地区，丝和绸都已商品化。福建、广东的绸缎远销海外。同时期的西欧，纺织生产日渐繁荣，造就了一批新兴城市。到18世纪末的产业革命，纺织生产进入更迅速发展的时代。

纺织生产技术的发展，可划分为三个时期：①原始手工纺织时期。纺织工具是纺专（又称纺轮、纺锤、纺坠等）和腰机、地织机、悬挂式织机。这些工具或它们的图像可见之于出土文物，现在偏僻的农村中也可见到。这个时期使用的纤维主要是短纤维，如亚麻、毛、棉等。蚕丝只在中国使用。②手工机器纺织时期。约始于公元前500年。特点是出现手摇纺车、缫车和脚踏织机，仍以人力为动力，纺纱时的牵伸、织造时的引纬尚需人手参与，但原动机件、传动机件和工作机件开始分离，并逐步完善。秦汉时已出现多综多蹑板和线综牵吊式大提花机，可以织造多彩提花鸟、兽、汉字纹锦，工作机件十分复杂。12世纪后，中国手工纺织生产技术相对停滞。16世纪后，欧洲也陆续发明翼锭式罗拉纺纱机和走锭纺纱机、有飞梭装置的织机，以及改进中国提花机后制成的纹板提花机；同时出现的还有针织的纬编机、经编机。③大工业化生产时期。西欧纺织厂以蒸汽机为动力揭开产业革命的序幕。家庭手工业生产被工厂大规模生产所取代，这又促进纺织机械更迅速地创新，进步愈来愈快，这样的趋势一直延伸到现代。进步的总方向是优质、高产、自动化和连续化，即在不断提高单机生产水平和自动化程度的基础上，实现生产全过程的自动化、连续化。纺织技术的丰富、成熟、系统化、理论化，使它逐渐形成为一门应用科学，或称为技术科学。纺织科学的出现，是这个时期的特征。

纺织科学的研究对象是纤维和纤维集合体在制造、加工过程中的表现和所使用的物理、化学方法。集合体中的纤维以及它们的集合状态，呈离散度很大的分布，而这两者的特性往往因周围的环境条件（温湿度、加工时的介质等）而发生变化，因此纺织加工的规律就带有统计学的性质。尽管如此，纺织生产中还是存在着人们已经认识的规律体系，这些体系就构成纺织科学。

近半个世纪，纺织科学有重大发展。其核心内容是在纤维科学和高分子化学的基础上，形成纺织材料学；在力学和机械学等的基础上，形成纤维材料机械工艺学；在化学和纤维科学等的基础上，形成纤维材料化学工艺学。此外，许多基础学科还和纺织生产技术相结合形成边缘学科。

由于纺织科学的进步，新的工艺、设备、产品日新月异地涌现。棉纺织行业是纺织工业的支柱，它的技术发展突出表现在转杯纺纱、无梭织机和环锭纺纱的工艺改进三个方面。转杯纺纱是诸种新型纺纱中最成熟的一种，它在生产中所占的比重已成为衡量纺纱工艺现代化水平的标志；无梭织机正以质量和效率的优势取代有梭织机；传统的环锭纺纱工艺也进入新阶段，先进的工艺设计、电子技术和计算机的应用，使单机生产水平明显提高，而且可能实现纺纱全流程的直接连接，实现无人纺纱。化学纤维的出现，使纺织业逐步摆脱对农业的依赖，很大程度上改变纺织生产和产品的面貌。近年来掀起的环保浪潮使纺织业面临巨大冲击，首当其冲的是染整和黏胶纤维行业，要解决“三废”治理问题，还有有害人体、污染环境的染化料替代问题等。

这个时期，中国近代纺织工业也建立起来。它是在引进国外技术的基础上建立的。中华人民共和国建立后，纺织生产得到长足的发展。发展的主要动力是国内消费的增长，丰富的劳动力和原料资源保证了发展的速度。到20世纪末，中国纺织生产已形成一个庞大的体系，有棉、毛、麻、丝和化学纤维等各类纤维的纺织企业，还有化学纤维生产、印染、针织、服装和纺织机械、纺织器材等相关联的行业。纺织品、服装、化学纤维的产量和消费量稳居世界第一；出口贸易额占全国商品出口总贸易额的1/4左右，占世界纺织品交易额的1/7，也居世界首位。但在纺织科技上，中国与世界先进水平尚有较大差距。

**纺织机械** textile machinery 将天然纤维或化学纤维加工成为纺织品所需要的各种机械设备。广义的纺织机械还包括生产化学纤维的**化工机械**。纺织机械是纺织工业的生产手段和物质基础，其技术水平、质量和制造成本，直接关系到纺织工业的发展。

纺纱机械

《纺织女工》（普拉多博物馆藏）

人类最初用天然纤维作原料纺纱织布，早于文字的发明。中国在春秋时期已经使用手摇纺车纺纱。战国时期的织机已经运用了杠杆原理，以脚踏连杆带动综框完成开口动作。宋代已经发明了30多个锭子的水力大纺车。1733年，英国的J.凯发明飞梭，使织机生产率得以成倍提高。1785年，英国的E.卡特赖特发明动力织机，同年英国建成世界上第一个用蒸汽机为动力的棉纺织厂，是纺织工业由工场手工业向大工业生产过渡的一个转折点。1779年，英国的S.克朗普顿发明走锭纺纱机。1828年，美国的J.索普发明环锭纺纱机，因采用连续纺纱使生产率提高数倍。19世纪末至20世纪中期，人造纤维和合成纤维相继面世，从而拓宽了纺织机械的领域，增添了化学纤维机械一个门类。20世纪50年代以后，一些新的纺纱织布方法相继出现，部分取代了传统方法，如转杯纺纱、**非织造布**（俗称无纺布）等，相应开发了新的纺织设备。

纺织机械按生产过程分为纺纱设备（见图）、织造设备、印染设备、整理设备，另外还有化学纤维抽丝设备、缫丝设备和非织造布设备等。

**纺织娘** *Mecopoda elongata*; cane long-horned locust 直翅目**螽斯科**的一种。又称络纬、络纱婆、蔗点翅螽。广泛分布于东南亚和南太平洋众多岛屿上及中国华南和华东地区。体大，从头到翅端可达50～70毫米，单翅长39～44毫米。体色有绿色或枯黄色两种。头相对较短，头顶甚宽，颜面垂直。前胸背板前狭后宽，背面三条横沟明显。前翅宽阔，形似一片扁豆荚，前翅侧缘通常具数条深褐色斑纹，其长超过腹端，甚至超过后足股节端。后足甚长。纺织娘以植物的花和嫩叶为食，并嗜食南瓜及丝瓜的花瓣。白天常常静伏在瓜藤枝叶或灌丛下部，黄昏和夜晚爬行至上部枝叶活动。在华东一带，8～9月间可听到虫鸣。每次开叫时，先有短促的前奏曲，声如“轧织，轧织，轧织……”可达20～25声，犹如织女在试纺车，其后才是“织，织，织……”的主旋律，音高韵长，时轻时重，犹如纺车转动。如遇雌虫在附近，雄虫一面鸣叫，一面转动身子，以吸引雌虫的注意。因鸣声独特，可供笼养。

**《纺织女工》** *Las Hilanderas* 17世纪西班牙画家**D.委拉斯开兹**的作品。作于1657年。题名出自希腊神话中阿拉赫娜因为冒犯神灵而被智慧女神变成蜘蛛的典故。事实上，这则神话只是画面深处一张壁毯上织绣的故事，委拉斯开兹同时在画面的中景和前景上运用鲜明的对比手法，描绘了两个不同的阶层，一边是正在悠闲地欣赏壁毯的宫中贵妇，一边是马德里皇家织造厂繁忙而疲惫的女工。画面前景真实生动地塑造了一个朴素健美的普通纺织女的形象。真实的空间和神话的空间交织在一起，形成画面丰富有趣的多重纵深。这种对于戏剧感和空间感的可能性的探索，反映出17世纪艺术大师的精湛技巧。

**纺织品** textile 纺织工业产品。包括各类机织物、针织物、编织物及**非织造布**、线、绳类、带类等。中国湖南长沙马王堆汉墓出土的纺织品中，有一件素纱禅衣（见图），是用**蚕丝**制成的丝织品，净重仅49克，表明在2 000多年前中国纺织品已具有高超的

西汉素纱禅衣

工艺技术水平。公元前后，中国丝织品经过著名的“丝绸之路”辗转传到欧洲及世界各地，对沟通东西方经济和文化起着积极作用。纺织品按原料分为**棉织物**、**麻织物**、**丝织物**、**毛织物**、化学纤维织物等。广泛应用于服装、装饰、产业三大领域。机织物由经、纬纱交织成坯布，再经染整加工成漂白布、染色布或印花布等。针织物由纱线弯曲成线圈套结而成。编织物由若干根纱或线相互交叉编成。非织造布是由

纤维网经加工处理形成的布匹状的纺织品。线由两根以上的纱并捻而成，供织造用，也可作为成品供家用或工业用，如缝纫线、绣花线等。绳类品种规格多，用途广，如船舶用缆绳、起重装卸用吊索等。带类是狭幅或管状织物，如松紧带、水龙带、尼龙搭扣等。

**纺织纤维** textile fibre 长度达数十毫米以上，具有一定的强度和可挠曲性，能满足顺利进行纺织加工，生产符合一定性能要求的纺织品的纤维。

纺织纤维的种类很多（见表）。优良的纺织纤维须具有某些性能以适合于一定的用途。纤维须有一定长度才能制成连续的细纱，纤维越细，纺得的细纱越细、越均匀。纤维表面摩擦性能对细纱强度和纺纱加工的顺利进行有重要影响。纤维适应纺纱要求的程度称为可纺性。吸湿性是服装用纺织纤维所必备的。衣服中的纤维应能吸收人体的汗气和汗液，以解除湿闷的感觉。纤维吸湿可防止纺织加工中静电的干扰，并有利于纺织品的染色加工。纤维强度是决定纺织品使用时坚牢程度的主要因素。模量反映材料的刚柔性，它与织物手感密切相关。合成纤维强度高，在许多工业应用中已代替天然纤维加工成的纺织品。高强度高模量合成纤维已成为重要的结构材料。纤维应具有优良的弹性。由弹性优良的纤维制成的纺织品具有柔软、丰满、挺括、活络而不板硬，抗折皱性、耐磨性和耐疲劳性能较好的特点。纺织纤维要对光、热、酸、碱、有机溶剂等有一定的耐受能力，即化学稳定性要好，并能在大气中自然降解。一种纺织纤维不可能所有性能都很优越，须具有各自的特点，通过混纺交织达到互补效果。

纺织纤维分类

| | | | | | |
|---|---|---|---|---|---|
| 纺织纤维 | 天然纤维 | 植物纤维 | 种子纤维 | | 棉、木棉等 |
| | | | 韧皮纤维 | | 亚麻、苎麻、黄麻、大麻、槿麻、苘麻、罗布麻等 |
| | | | 叶纤维 | | 剑麻、蕉麻等 |
| | | 动物纤维 | 毛发纤维 | | 绵羊毛、山羊毛、山羊绒、骆驼毛、马海毛、兔毛等 |
| | | | 分泌物 | | 桑蚕丝、柞蚕丝、蓖麻蚕丝、木薯蚕丝等 |
| | | 矿物纤维 | 石棉 | | 青石棉、温石棉、蛇纹石棉等 |
| | 化学纤维（人造纤维） | 再生纤维 | 纤维素纤维 | | 黏胶纤维、铜氨纤维、绿色纤维 |
| | | | 蛋白质纤维 | | 酪素纤维、大豆蛋白纤维、花生纤维、甲壳素纤维等 |
| | | | 醋酯纤维 | | 二醋酯纤维、三醋酯纤维 |
| | | 合成纤维 | 普通合成纤维 | | 聚酰胺纤维（锦纶）、聚酯纤维（涤纶）、聚丙烯腈纤维（腈纶）、聚乙烯醇缩甲醛纤维（维纶）、聚丙烯纤维（丙纶）、聚乙烯纤维（乙纶）、聚氯乙烯纤维（氯纶）等 |
| | | | 高科技合成纤维 | 高性能纤维 | 芳纶、聚芳酯纤维、高强乙纶、高强维纶等 |
| | | | | 功能纤维 | 离子交换纤维、导电纤维、光导纤维、防辐射纤维、阻燃纤维、弹性体纤维（氨纶）、高吸湿纤维、仿真仿生纤维、医疗保健纤维、智能纤维、纳米纤维等 |
| | | | | 差别化纤维 | 异形截面纤维、超细纤维、高收缩纤维、阳离子可染纤维、复合纤维等 |
| | | 无机纤维 | 玻璃纤维、陶瓷纤维、金属纤维、碳纤维、含硼纤维、氧化铝纤维、碳化硅纤维等 | | |

**舫** simulated boat 原意为船，园林中仿照船的造型的建筑物也称舫。供游玩宴饮、观赏水景之用。舫的前半部多三面临水，处身其中宛如乘船荡漾于水泽。通常下部船体用石料，上部船舱则多用木构。舫像船而不能动，所以又名“不系舟”。中国江南水乡有一种画舫，专供游人在水面上荡漾游乐之用。江南修造园林多以水为中心，造园家创造出了一种类似画舫的建筑形象，游人身处其中，仿佛置身舟楫。

北京颐和园石舫——清宴舫

舫的基本形式同真船相似，船头做成敞棚，供赏景用。舱的两侧开长窗，坐着观赏时可有宽广的视野。尾舱一般为两层，上层状似楼阁，四面开窗以便远眺。舱顶一般做成船篷式样，首尾舱顶则多为歇山式样，成为园林中的重要景观。

在中国江南园林中，苏州拙政园的“香洲”、怡园的“画舫斋”是比较典型的实例。北方园林中的舫是从南方引来的。如北京颐和园石舫——清宴舫，全长30米，上部的舱楼原是木结构，1860年被英法联军烧毁后，重建时改成现在的西洋楼建筑式样。它的位置选得很妙，从昆明湖上看过去，很像正从后湖开过来的一条大船，为后湖景区的展开起着启示作用。

**放大器** amplifier 增加信号幅度或功率的装置。是自动化技术工具中处理信号的重要元件。放大器的放大作用是用输入信号控制能源来实现的，放大所需功耗由能源提供。对于线性放大器，输出就是输入信号的复现和增强。对于非线性放大器，输出与输入信号成一定函数关系。放大器按所处理信号物理量分为机械放大器、机电放大器、电子放大器、液动放大器和气动放大器等，其中用得最广泛的是电子放大器。随着射流技术的推广，液动或气动放大器的应用也逐渐增多。电子放大器又按所用有源器件分为真空管放大器、晶体管放大器、固体放大器和磁放大器，其中晶体管放大器应用最广。在自动化仪表中晶体管放大器常用于信号的电压放大和电流放大，主要形式有单端放大和推挽放大。此外，还常用于阻抗匹配、隔离、电流－电压转换、电荷－电压转换（如电荷放大器）以及利用放大器实现输出与输入之间的一定函数关系（如运算放大器）。

**放马滩地图** Maps Unearthed form Fangmatan 中国迄今为止出土最早的地图之一。1986年出自甘肃省天水市麦积区党川乡的第1号秦墓和第5号西汉墓中。共8幅地图：纸图（另说为帛图）1幅，出自第5号西汉墓，仅残存一小块，时代为汉文、景帝时期（前173～前141）。木板图7幅，绘在大小不完全相等的4块木板上，其中3块两面绘制，1块仅绘一面，出自第1号秦墓。这些地图无名称，绘制时间应为公元前239年以前，比马王堆地图早70多年。其中地形图4幅，绘有山脉、河流、沟溪、关隘、道路、界域等并标有地名；行政区域图2幅，绘有山脉、河流、沟溪、关隘、道路、山名、地名、寺庙以及乡里地名和住处，乡里名按不同级别用方框圈注；物产分布图和森林分布图各1幅，绘有山川地形、关隘要道、道路，并注明地名和各部分区段内各地之间的里程，同时标明了森林和物产分布。这些地图对研究中国古代地图发展有很大意义。

**放牧** grazing 家畜饲养方式之一。是使人工护下的草食动物在草原上采食牧草的饲养方式，也是最经济、最适应家畜生理学和生物学特性的一种草原利用方式。在牧草生长季节放牧，家畜可以获得营养全面而丰富的新鲜牧草，也可得到充分的日光和运动，有利于增进健康和提高其生产力。

放牧对草原的影响　家畜在草原上采食、践踏和排泄粪尿，会对草原产生多方面的影响：①草群种类。家畜对牧草的采食有选择性，当放牧次数过多或放牧时期安排不合理时，适口性好的牧草会在草层中首先减少或消失；而适口性差的牧草和毒草则相应增多。②土壤结构。家畜在草原上走动、奔跑，对草层和表土有破坏作用。长期过度践踏会使草原地面裸露，土壤通透性下降，造成水土流失。但合理放牧的适当践踏，能使地面苔藓和藻类形成的覆盖层破碎，有利于自然散落的牧草种子获得生长发育的环境条件；还能使枯死的植物倒伏、破碎、加速分解，增加土壤有机质。③土壤肥力。放牧家畜的粪尿是牧草的营养物质，放牧能使牧草和家畜相互提供营养物质，对草原生态系统的物质循环起促进作用。但如放牧的家畜密度过大，过多的粪尿排泄会污染牧草，对草原的利用产生不良影响。

放牧制度和放牧方式　放牧制度可分为无系统放牧（自由放牧）和系统放牧两类，主要放牧方式有：①连续放牧。家畜在全部放牧时期内，不受限制地放牧在一块草地上。属于自由放牧，比较原始。对草地生态和牧草生长不利。②固定放牧。在放牧时期的一个较长阶段，使一定数量的家畜不受限制地放牧在一定面积的草地上。也属自由放牧，但比前者进步。③轮流放牧。将草原划分成若干区段，按一定的时间和顺序轮回放牧和休闲。是系统放牧的主要形式，也是草原合理利用的主要方法。④混合放牧。将两种或多种采食特性不同的家畜放牧在同一草原上。有计划的混合放牧属系统放牧。⑤隔栏放牧。容许幼畜通过隔栏间隙进入某一草原地段采食，而母畜不能进入的放牧方式。也属系统放牧。中国北方和西南的一些农区，一户或几户的混合小畜群利用小片零星草地、茬地放牧或用绳索系留放牧，一般属于自由放牧。

现代以放牧为主舍饲为辅或舍饲为主放牧为辅的集约化肉用牛生产和季节性畜牧业生产，是一种高效率的放牧饲养制度。

**放射虫**　radiolarian　原生动物门辐足纲多囊虫目、稀孔虫目和等辐骨虫目的通称。因伪足和骨骼多呈辐射状而得名。多为单细胞个体。种类多，现生种和化石种已记录的7 000多种；数量大，死后沉积海底所形成的放射虫软泥约占现代海底的2%～3%。虫体分柔软和硬体两部分。柔软部分包括中央囊、伪足等，中央囊是细胞生命中心，有膜、内质和核，还有虫黄藻（共生藻）、类脂球、色素体等；伪足能伸缩运动，营摄食和运动功能。硬体部分为骨骼。放射虫是大洋漂浮的单细胞动物，淡水环境绝无生存。中国沿海现有400多种，如四门孔虫。放射虫化石发现始于19世纪初。20世纪70年代后，这类化石成为微体古生物学和地质学研究中一个重要化石门类。古生代及中生代含放射虫的深水相地层是十分优良的烃源岩。晚古生代富含放射虫化石的烃源岩分布区现在有的已成为世界上著名的大油田。

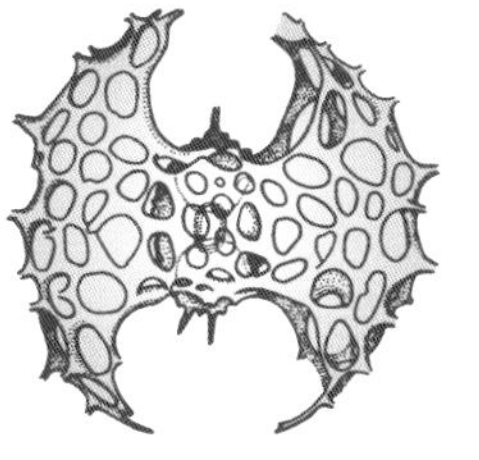
四门孔虫

**放射分析化学**　radioanalytical chemistry　通过测定对象元素的放射性活度或辐射效应进行某元素或某种分子含量分析的学科。又称核分析化学。

放射分析化学中常用的方法分为两类：①利用放射化学技术的方法。用放射性同位素作指示剂，如放射分析法、放射化学分析、放射免疫分析、放射受体分析等。②利用核辐射测量技术的方法。选择适当种类和能量的入射粒子轰击样品，探测样品中放出的各种特征辐射的性质和强度，如活化分析（中子活化分析、带电粒子活化分析、体内活化分析、离体活化分析等）、粒子激发X射线荧光分析、背散射分析、离子束分析、加速器质谱分析等。

放射分析化学与一般分析化学比较，有下列特点：基于测量放射性或特征辐射，分析灵敏度高（一般能达百万分之一），准确度高，分析速度快，方法简便可靠，取样量小，有时还可以不破坏样品结构等。

**放射化学**　radiochemistry　研究放射性物质及与原子核转变过程相关的化学问题的化学分支学科。放射化学与原子核物理学早期紧密地关联和交织在一起，后来成为核科学技术的两个基础学科。放射化学主要研究放射性核素的制备、分离、纯化、鉴定和它们在极低浓度时的化学状态、核转变产物的性质和行为，以及放射性核素在其他领域中的应用等。

发展简史　1898年居里夫妇应用化学分析分离原理结合放射性测量的工作方法，陆续发现放射性元素钋和镭，从而诞生了一门新学科——放射化学。

1934年约里奥-居里夫妇用钋的α粒子轰击铝并利用了化学原理及方法获得放射性磷-30，发现了人工放射性。这是人类首次利用外加影响引起原子核的变化而产生放射性。

1938年O.哈恩等在研究铀受中子辐照后的产物时，用化学方法发现和证明了铀核裂变现象，为人类开发利用核能开辟了道路，是放射化学对核科学技术发展的巨大贡献。1940年E.M.麦克米伦等发现超铀元素镎，同年G.T.西博格等发现钚。1942年E.费米等建成第一座核反应堆，第一次实现受控链式裂变核反应，标志着人类进入利用核能的时代，核科学技术从此迅速发展。

放射化学在中国的发展始于1934年。

从20世纪50年代中期开始，随着核武器、核电站、核舰艇以及其他核动力装置的研制成功，使核燃料的生产和回收、裂变产物的分离等放射化学工作得到巨大发展，也促进了放射性同位素的研究和生产以及在工农业、科学技术及医药卫生等领域中的广泛应用，丰富了放射化学的内容，使其发展成为一门具有独特研究目的和方法的学科。

研究内容　可分为以下几个方面：

放射性元素化学　研究放射性元素的化学性质和核性质，及其提取、制备、纯化的化学过程和工艺。重点是核燃料铀、钚、钍，超铀元素及裂片元素。

核化学　研究核性质、核结构、核反应和核衰变的规律，热原子化学，奇特原子化学等，以及这些研究成果的应用。

放射分析化学　研究放射性物质的分离、分析以及核技术在分析化学中的应用。见放射分析化学。

应用放射化学　研究放射性核素及其标记化合物和辐射源的制备，及其在工业、农业、科学研究、医学等领域中的应用。重点是用反应堆和加速器生产各种高比活度或无载体的放射性核素和辐射源。

特点　放射化学研究的对象是放射性物质，可以充分利用探测放射性的现代技术，故具有一般化学所没有的许多特点：

灵敏度极高　可达皮克，甚至小到几百个原子以至几个原子的质量。

容易鉴别　每种放射性核素除可以通过化学性质识别外，还可以其独特的发射粒子的性质、能量、半衰期以及衰变的母子关系等进行鉴别。

示踪作用　利用放射性物质与其稳定同位素的化学性质极为相似的特点，可以随时跟踪放射性物质的动向，对化学过程中的有关环节进行观察、研究。

辐射效应　放射性核衰变中发出各种射线的能量远大于环境物质的化学结合能，致使所研究的体系产生一系列辐射分解-化合、辐射氧化-还原、辐射催化、发热发光及生物化学变化等辐射效应。在强放射性体系中，辐射效应导致的化学物质变化甚为剧烈，甚至可能发生爆炸。见辐射化学。

低浓度行为　多数放射化学操作中，放射性核素的浓度极低，离子的荷电性质相应突出，容易形成放射性胶体或*气溶胶*，弥散或附着于环境中其他物质上。

安全技术　操作超过国家规定允许剂量的放射性物质时，需要采取特殊的放射化学安全技术。

**放射系**　radioactive series　重放射性核素的递次衰变系列。共有4个放射系，它们彼此独立。这些重放射性核素的电荷数$Z$都大于81。自然界存在3个天然放射系，其母核半衰期都很长，和地球年龄（约$10^9$年）相近或大于地球年龄，因而经过漫长的地质年代后还能保存下来。每一放射系中的核素主要通过*α衰变*，少数通过$\beta^-$衰变形成亲代联系，且伴随有*γ跃迁*；少数核素有分支放射衰变，但绝无$\beta^+$衰变（见*β衰变*）或轨道电子俘获；通过10余次衰变最后到达稳定的铅同位素。由于α衰变质量数改变4个单位，$\beta^-$衰变质量数不变，每一放射系核素的质量数可以用4除，余数恒定，因此系内各核素可用4乘适当整数加该系的特定恒定数来表示。钍系又称$4n$系，从$^{232}$Th开始，终止于$^{208}$Pb；铀系又称$4n+2$系，从$^{238}$U开始，终止于$^{206}$Pb；锕系又称$4n+3$系，从$^{235}$U开始，终止于$^{207}$Pb。另一个镎系又称$4n+1$系，是用核反应方法合成的人工放射系，母体是$^{241}$Pu，最后衰变到稳定的$^{209}$Bi，其中$^{237}$Np的半衰期最长，为$2.14\times10^6$年，因而以它的称谓命名。一些人工制造出的超铀元素，可衰变为各放射系的母体核素，因而可衔接在各放射系上面。

**放射性**　radioactivity　*原子核*自发地放射出各种射线的现象，如α、β、γ放射性等。1896年由法国科学家H.贝可勒尔在研究铀盐的荧光现象时发现。

放射性有天然放射性和人工放射性之分。天然放射性是指天然存在的放射性核素所具有的放射性。它们大多属于由重元素组成的3个放射系（即钍系、铀系和锕系）。人工放射性是指用核反应的方法所获得的放射性。最早是在1934年由法国科学家约里奥－居里夫妇发现的。

放出的射线类型除α、β、γ射线以外，还有*正电子*、*质子*、*中子*、*重离子*、*中微子*等其他粒子。能自发地放射出射线的核素，称为放射性核素（以前常称为放射性同位素），也叫不稳定核素。实验表明，实验条件下的温度、压力、磁场都不能显著地影响射线的发射。这是由于一般实验所能达到的温度只能引起核外电子状态的变化，而放射现象是由原子核内部变化引起的，同核外电子状态的改变关系很小。除自发裂变外，放射现象一般与衰变过程有关，主要同*α衰变*、*β衰变*过程有关。

**放射性核素检查**　radionuclide examination　利用放射性核素或其标记化合物进行临床诊断的技术。常用于判定器官功能和进行器官显影。

功能检查　例如静脉注射放射性标记化合物后，在两侧肾区分别测量放射性随时间的消长变化（由标记物经血流被肾脏摄取直到再经尿路排出），可以了解单个肾脏的功能；所得到的放射性随时间变化的曲线称肾图。

器官显影　注射能选择性聚集在待查器官的放射性核素或其标记化合物，利用显像装置探测该部位的放射性据以成像。影像的浓淡（正比于放射性的高低）反映血流量、细胞功能、细胞数量、代谢率以及排泄引流等情况，因此它不仅提供静态形态信息，还提供动态功能信息。例如注射放射性碘以检查甲状腺结节，有些结节中的细胞有功能障碍，局部摄取的放射性碘较少，与正常的部位相比显示为淡影（冷结节）；另外一些结节的细胞功能相对活跃，局部摄取放射性碘较多而显示为浓影（热结节）。

**放射性疾病**　radiation sicknesses　电离辐射照射机体所引起的一系列疾病。包括电离辐射所致的全身性疾病、器官和组织损伤及所诱发的恶性肿瘤三大类。全身性疾病有急慢性外照射放射病及内照射放射病（放射性核素进入体内引起的内照射）；器官损伤主要有皮肤损伤、甲状腺疾病（甲状腺炎或功能减退症）、放射性白内障、放射性肺硬化症、骨损伤、性腺损伤等；所致恶性肿瘤通常在受照射后几年、十几年甚至几十年才出现，包括白血病、甲状腺癌、肺癌、皮肤癌与乳腺癌等。

外照射急性放射病　人体一次或短时间内分次受到大剂量照射所致的全身性疾病。

外照射亚急性放射病　照射剂量相对较低，但时间持续数周至数月之久引起的全身性疾病。特点是逐渐出现的造血组织损伤，发展成全血细胞减少，继发性再生障碍性贫血。

外照射慢性放射病　较长时期内连续或间断受到超剂量当量限值的外照射，达到一定累积剂量时可引起以造血组织损伤为主并伴有其他系统改变的全身性疾病。

内照射放射病　放射性核素过量摄入，导致机体过量受照射而诱发的以靶器官损害为主要临床表现的全身性疾病。

放射性皮肤损伤　可为急性或慢性。急性放射性皮肤损伤是局部受到一次大剂量外照射或短时期内受几次大剂量外照射所致。慢性放射性皮肤损伤多见于有关专业的医务人员。

放射性白内障　眼部受到一次大剂量照射或短时间内受几次大剂量照射，或长期受到超剂量当量限值的外照射后晶状体可出现白内障。

遗传效应　动物实验证实，电离辐射能诱发生殖细胞基因突变和染色体畸变而导致遗传效应。但有关人类辐射遗传效应的资料极其有限，在广岛和长崎进行的遗传学和细胞遗传学研究，没有获得明显的辐射遗传效应的证据。

**放射性勘探**　radiometric prospecting　以放射性物理学、放射化学、地质学等学科为基础理论，运用相应的技术与方法，测量和研究地球介质中天然的或人工放射性核素的放射性射线的能量、活度与辐射场的变化规律，勘查矿产资源和解决有关问题的一种*地球物理勘探*方法。又称核法勘探。

原理　自然界已知有铀系、钍系和锕系三个天然放射性系列（见*放射系*）以及一个人工放射性系列（镎系）。天然放射性系列都有一个寿命相当长的起始核素，经过原子核的α衰变或β衰变，变成一个新的核素（即衰变子体）。这个元素仍是不稳定的，继续进行核衰变并放出α射线或β射线或γ射线，形成一系列新的衰变子体，直到生成稳定的铅同位素。三个天然放射性系列都有一个氡的同位素（$^{226}_{86}$Rn、$^{219}_{86}$Rn、$^{220}_{86}$Rn），统称射气。射气易于在岩石、土壤和大气中扩散、迁移，使辐射场得到扩展。天然或人工核素衰变时，不同的核素放出的射线能量和数量各不相同。如$^{40}$K、铀系、钍系放出的γ射线能谱上分别在1.46、1.76、2.62兆电子伏处有一特征谱，若分别测量其特征谱段的γ射线照射量率的强弱，可获知钾、铀、钍含量的高低（见图），从而构

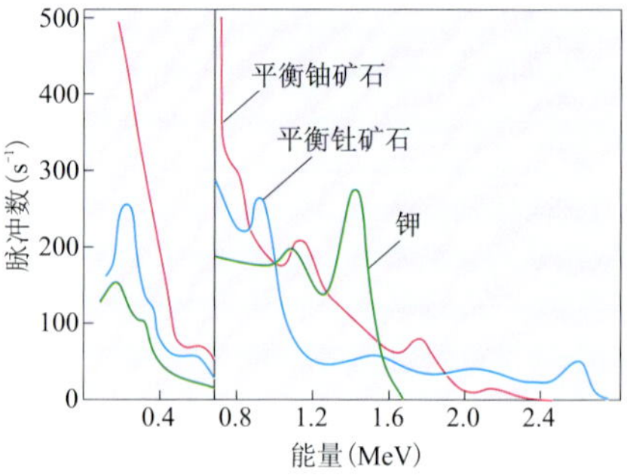


铀、钍、钾的γ射线能谱图

成了γ照射量率总量和γ射线能量谱测量方法的理论基础。在铀系中，氡及其子体的相对强度比例较大，其中α占57.1%、β占59%、γ占98%。所以大多数天然放射性勘探方法的基本原理均建立在氡及其子体的这一特性之上。

射线探测器　主要有气体探测器、闪烁探测器、半导体探测器和固体径迹探测器等。测量仪器主要有测量射线总量的辐射仪、测量射线能量和强度的能谱仪、测量射线累计能量的计量仪、测量氡浓度的

测氡仪，以及各类测井仪和航空γ能谱仪等。

方法 用于测量天然放射性核素钾、铀、镭、氡、钍等元素的方法有γ测量、α测量等，用于测量人工激发的次生放射性射线的方法有X射线荧光法、中子活化法、γ-中子法、γ-γ法、选择性γ-γ法、γ射线共振法、核磁共振法、中子寿命法、缓发裂变中子法等。

**放射性气溶胶** radioactive aerosol 放射性核素及其衰变过程产生的子体吸附在固态或液态细微颗粒上，均匀散布于大气中形成的放射性大气颗粒物。放射性气载废物的一种。大气中的天然放射性核素主要有由地表释入大气中的氡及其子体核素，铀矿山和铀水冶厂产生的含有氡、钍、锕核素及其子体的气溶胶，核反应堆产生的气体在后处理时释放的废气中所含的放射性气溶胶。

放射性气溶胶通过呼吸进入人体，母体放射性核素衰变时产生的短寿命放射性核素会沉积在支气管、肺和肾组织中。当这些短寿命放射性核素衰变时，释放出α粒子对内照射，长期的体内照射可能引起局部组织损伤。衰变同时还会放出穿透力极强的γ射线，形成外照射，对人的血液循环系统造成危害。

放射性气溶胶常使用洗涤法、过滤法、静电除尘法进行处理。一个完整的净化流程一般包括三部分，即预处理、中效过滤和高效过滤。预处理可除去气溶胶中粒径较大的固态或液态颗粒；中效过滤能除去大部分中等粒径的颗粒；高效过滤对人丁0.3微米的微粒的过滤效率高达99.97%以上，经这一级过滤，气溶胶废气可得到完全净化。中效和高效过滤使用过的滤料，应作为放射性固体废物加以处理。

**放射性同位素** radioisotope 具有放射性的同位素。

**放射性武器** radiological weapon 用非核爆炸方式散布放射性物质，以其衰变产生的核辐射作为杀伤因素的武器。又称放射性战剂。放射性物质通过炸药爆炸等方式散布，沾染地面、水域、空气和军事技术装备等，以杀伤有生力量为主要目标。它还可与化学武器、生物武器结合使用。其放射性物质可从反应堆的废料中分离，也可在反应堆中用中子照射某些化学元素制取。反应堆生产的某些核燃料也可用于放射性武器，如钴-60、钚-239等。钴-60放出的γ射线，一般对人体造成外照射伤害；钚-239进入人体内，除本身有剧毒外，所放出的α射线会造成内照射伤害。放射性武器可造成对人员的急性损伤，还可能产生不良的遗传后果等远期效应。杀伤效应的大小，取决于放射性物质的种类、用量和散布情况。

**放射性元素** radioactive element 锝、钷、钋和元素周期表中钋以后的所有元素的统称。该类元素的所有同位素都具有放射性。放射性元素分为天然放射性元素和人工放射性元素两类。

天然放射性元素 最初是从天然产物中发现的放射性元素。它们是钋、氡、钫、镭、锕、钍、镤和铀。

1789年M.H.克拉普罗特发现了铀，1828年J.J.贝采利乌斯发现了钍。在当时，铀和钍只被看作是一般的重金属元素。直到1896年H.贝可勒尔发现铀的放射性后，科学家们才利用测量放射性的方法，对所有的元素进行了普查。1898年居里夫妇在研究了各种铀矿和钍矿的放射性之后，发现有些矿物的放射性比纯铀或纯钍还强。他们用硫化物沉淀法从沥青铀矿中分离出一种放射性比铀强400倍、化学性质与铋类似的新元素——钋。接着，居里夫妇等又从沥青铀矿中分离出放射性极强的另一种新元素——镭。1899年A.-L.德比埃尔用氨水和稀土元素形成沉淀的方法，从铀矿渣中载带分离出第三种放射性元素——锕。

铀和钍具有长寿命的同位素，可在自然界中长期存在。有些天然放射性元素的半衰期相对于地球而言比较短，但是作为与铀或钍达到平衡的子体，也可在自然界中长期存在，如钋、氡、钫、镭、锕和镤。

天然放射性元素的应用范围从早期的医学和钟表工业已扩大到核动力工业和航天工业等领域。

人工放射性元素 最初通过人工核反应合成而被鉴定的放射性元素。又称人造元素。它们是锝、钷、砹、镎、钚、镅、锔、锫、锎、锿、镄、钔、锘、铹、𬬻、𬭊、𬭳、𬭛、𬭶、鿏、𫟼、𬬭、112号元素、114号元素。

1934年约里奥-居里夫妇发现了人工放射性，为人工获得放射性元素开辟了道路。1937年C.佩里埃等用回旋加速器加速的氘核轰击钼靶，通过核反应$^{98}$Mo(d, n)$^{99}$Tc合成了锝，这是人类首次用人工的方法制造出来的元素。1940年D.R.科森等用加速的α粒子轰击铋靶，合成了85号元素砹。同年，E.M.麦克米伦等发现了镎，G.T.西博格等发现了钚，开始了超铀元素的合成。此后陆续合成了20多种超铀元素，进一步发展了元素周期表。

人工放射性元素通过人工核反应合成。合成的方式有：①反应堆中子辐照合成。②从辐照过的核燃料中提取。③用加速器加速粒子轰击合成。④热核爆炸合成。

金属锝及其合金在低温下是超导体，可用于火箭、计算机和受控热核反应装置中。钷-147是理想的示踪原子，可用作纯

德国达姆施塔特重粒子直线加速器（在该加速器上合成了𬭛、𬭶、鿏、𫟼、𬬭和112号元素）

β放射源，用钷制成的荧光物可用于航标灯，钷和锕也是制作核电池的燃料之一。钚-239可用作核燃料，其他超铀元素的应用有放射性示踪剂、核热源、核电池和中子源等。

**放射治疗** radiotherapy 用放射能来治疗疾病的方法。简称放疗。主要用于治疗恶性肿瘤。

分类 分为远距离治疗（外照射）及近距离治疗。前者通过皮肤照射肿瘤。后者通过体腔及管道照射肿瘤，如通过阴道照射子宫颈癌，通过食管照射食管癌等。

远距离治疗 ①X射线机。接触治疗指用射线管直接接触到很表浅的肿瘤（如皮肤浅在的肿瘤）进行治疗。浅层治疗是用X射线治疗表浅病变。深部治疗是用X射线照射深部肿瘤。②钴-60远距离治疗机。用放射性核素钴-60产生的γ射线来治疗，其能量为1.25兆电子伏。由于其能量较高，皮肤剂量低，深部剂量高，因而皮肤反应已不再是限制照射剂量的因素。③电子直线加速器。能产生高能X射线及电子束，产生的高能X射线能量比钴-60的γ射线高。电子束表面剂量高，达到一定深度以后，剂量陡然下降，这可以保护深部组织。照射深度可通过调节能量来调节。主要照射不同深度的偏心肿瘤。

近距离治疗 将放射源置入人体组织或腔道，或制成模块贴于人体病变部位表面进行照射。特点是后装、源微型化、计算机控制以及计算机计算剂量。腔内和管腔内治疗不仅用于女性生殖系统肿瘤，还可用于鼻腔、鼻咽腔、口腔、咽、食管、气管、支气管、直肠等部位的肿瘤。

应用 恶性肿瘤的治疗应进行综合治疗。术前放射治疗然后手术，可提高患者的生存率。手术中照射（如用加速器产生的电子束治疗）的优点是可避开肿瘤附近的正常组织。术后放疗则照射肉眼或显微镜下残存的肿瘤，或根据肿瘤转移规律照射亚临床病灶。乳腺癌术后放疗降低了局

部复发率。放疗与化疗综合治疗肺小细胞癌及淋巴瘤可取得较好的疗效。

放射治疗还用于骨髓移植、肾移植以及治疗一些非恶性肿瘤等疾病。

**放生** freeing captive animals 佛教或信仰佛教的民众举行的一种宗教活动。基于众生平等的慈悲精神以及轮回生死的因果观念。典出大乘佛经，盛行于中国，流传于日本、韩国、越南等地。主要活动是赎取被捕之鱼、鸟等禽畜，放归于池沼或山野。为此而举行的法会称为放生会，供放生用的水池称为放生池。佛教放生活动最早见于南朝，即梁武帝下诏禁止杀生、废止宗庙供献牺牲制度。唐至宋及明，盛行放生，直至近现代仍可见。佛教认为放生即是遂佛心愿，“诸功德中，放生第一”。先秦时也有放生活动，如《列子·说符》中提到的放生，特指放飞禽以示国之征祥，与佛教旨归不同。

**放线菌** actinomycetes 细菌界放线杆菌纲放线菌目细菌的统称。一大类具有分枝状菌丝体的革兰氏阳性细菌。因菌落呈放射状得名。菌丝分为基内菌丝和气生菌丝，多数菌都产生气丝，并形成无性孢子，与真菌的主要区别是原核而不是真核。放线菌能降解大量不同种类的有机化合物，对有机物的矿化有重要作用。绝大多数医学上重要的天然抗生素（如链霉素、金霉素等）均由放线菌产生。极少数是人和动植物的致病菌（如麻风杆菌、结核杆菌等）。

**放线菌病** actinomycosis 因放线菌感染引发的疾病。正常情况下放线菌即存在于人体（口腔牙龈、扁桃体隐窝），为条件致病菌。于组织损伤（外伤、拔牙、炎症）后方致病。放线菌病好发于面颈部及胸腹部，以向周围组织扩展形成瘘管并排出带有硫磺样颗粒的脓液为特征。大剂量、长疗程的青霉素治疗对大多数病例有效，亦可选用四环素、红霉素、林可霉素及头孢菌素类抗生素；同时还需外科引流脓肿及手术切除瘘管。此病无传染性。注意口腔卫生可预防本病。

**飞镖** darts 一种用来投掷的器具。运动员手持飞镖投向规定距离外的镖盘，并获得相应分数的一项室内体育竞赛活动。在古代，飞镖通常指用来投掷射杀敌人的不同形态的暗器。现代飞镖运动是19世纪末在英国开展起来的，1896年英国人B.甘林发明了现代镖盘分区计分系统。20世纪70年代欧洲许多国家陆续成立飞镖协会，组织比赛。1972年，世界飞镖联合会（WDF）成立，并定期举办世界飞镖锦标赛、世界杯赛等赛事。20世纪80年代初，飞镖运动引入中国。1999年国家体育总局将飞镖运动正式列入体育运动项目。2003年，中国飞镖协会成立，并加入世界镖联。飞镖运动的主要设备有国际通用的“时针”式镖盘，直径46厘米；飞镖通常为合金、尼龙等复合材料制成，重20～40克。

**飞叉** 耍弄类杂技项目。又称开路。叉是古代狩猎和捕鱼的工具，也是作战的武器。后逐渐演变为杂技项目。明、清时期盛行“行香走会”，即朝山进香，并于行进中表演杂技等游艺节目，而围观人群往往挡住走会队伍行进，走会队伍便以表演飞叉开道，因此得名开路。杂技用的叉，叉头分三股，成“山”字形，叉头与叉杆连接处穿有活络的环形铁片，表演时手搓叉杆，发出哗啦啦的响声。表演者将飞叉在臂上、腿上、肩上、背上、腰部和胯下翻变滚动，构成种种花样。及至现代，各地杂技团表演的飞叉风格各异。中国杂技团王清源、王淑英兄妹是北派飞叉的代表，动作豪放。南京杂技团的梁风岐、毛永煌则把舞叉和民族舞蹈有机地结合起来，在“飞”上下功夫，练就了跨马连踢、前后连踢、背剑对传等双人对耍技巧。

**飞地** exclave; enclave 一国被其他国家领土包围的领土。分为两类：一类是指一个国家位于另一国家领土之中（enclave），如位于意大利境内的圣马力诺。一类是指一个国家的一部分领土位于其他国家领土之中，或一个国家的部分领土被另一国家领土隔开而不相毗邻（exclane），如面积仅10多平方千米的西班牙领土利维亚位于法国境内，属前一情况；与美国本土相分离、被加拿大领土相分隔的阿拉斯加，属后一情况。飞地还有其他形式：准飞地，指地理空间与本国主体相连，但交通不便，反而需经另一国领土才可便利到达。暂时飞地，指由于停战而占领或非军事化所形成的飞地。

**飞航式导弹** cruise missile 依靠空气喷气发动机的推力和弹翼的气动升力，以巡航状态在大气层内飞行的导弹。见巡航导弹。

**飞机** airplane 由动力装置产生前进推力，由固定机翼产生升力，在大气层中飞行的航空器。

发展 1903年12月17日，美国莱特兄弟设计制造的“飞行者”1号进行了成功的试飞，是人类首次用重于空气的航空器实现有动力、可操纵的持续飞行。以后的30年内，飞机在军事方面得到广泛应用，制造飞机的材料以木材和蒙布为主，多为双翼机。20世纪30年代以后，活塞式发动机功率增大，强度高、重量轻的硬铝合金问世和结构分析技术的完善，使得全金属的单翼机代替了双翼机。飞机改用封闭座舱，采用收放起落架，飞行速度提高到500千米/时。

第二次世界大战末期，飞机速度已接近声速。传统外形的飞机在接近声速时出现严重的操纵稳定问题，飞机碰到了声障。超越声障，一是改用涡轮喷气发动机，二是采用后掠机翼、减小机翼厚度和利用面积律设计飞机外形，降低飞行的阻力。这样，飞机实现了超声速飞行。飞机的速度范围和高度范围不断扩大，为了同时有良好的高、低速和高、低空飞行性能，出现了变后掠翼飞机。

分类 按用途分为军用飞机和民用机两大类。军用飞机包括歼击机（战斗机）、截击机、歼击轰炸机（图1）、强击机（攻击机，图2）、轰炸机、反潜机、侦察机、预警机、电子干扰飞机、军用运输机（图3）、空中加油机、舰载飞机等。民用机则泛指一切非军事用途的飞机，包括旅客机、货机、公务机、农业飞机、运动机、救护机、试验研究机等。其中旅客机、货机和客货两用飞机又统称民用运输机。

按机翼数目分为单翼机、双翼机和多翼机。双翼机结构重量轻，低速机动性比较好，但飞行阻力较大。从20世纪30年代开始，大部分飞机都采用单翼机型式。按照机翼相对机身上下位置，可分为下单翼、中单翼和上单翼飞机。按机翼平面形状可分为平直翼、后掠翼、三角翼和前掠翼飞机。

按水平尾翼的有无和前后位置，可分为正常式飞机（水平尾翼在机翼之后）、鸭式飞机（在机翼的前面有鸭翼，或称前翼）和无尾飞机（没有水平尾翼）。在正常式飞机中，水平尾翼起俯仰稳定和操纵作用。鸭式飞机的前翼起俯仰操纵或对机翼形成有利干扰的作用。无尾飞机的平衡和操纵功能由机翼后缘的升降副翼来完成。按水平尾翼相对于机翼弦平面上下位置，又可分为低平尾和高平尾布局的飞机。当水平尾翼装在垂直尾翼顶端时，称为T尾飞机。按垂直尾翼的数目，可分为单垂尾、双垂尾和多垂尾飞机。

按机身型式可分为正常机身（单机身）式和尾撑式飞机。飞机还可做成双机身式或双尾撑式。

按推进装置可分为螺旋桨飞机和喷气飞机。按发动机的数目，可分为单发动机、双发动机、三发动机和四发动机飞机。四发动机以上的多发动机飞机，现已少见。靠飞机上的太阳电池吸收太阳辐射能，用以驱动螺旋桨的飞机称太阳能飞机（图4）。在人力飞机（图5）上，驾驶员又是飞机的动力装置。

按起落架支点相对于重心的位置，分

图1　B-1轰炸机

图2　A-10攻击机

前三点式起落架飞机、后三点式起落架飞机和自行车式起落架飞机。此外，根据起落架滑行装置又有轮式、滑橇式和浮筒式飞机之分。滑橇式飞机用于冰上或雪地起降和滑行。轻型**水上飞机**多采用浮筒式。在陆地和水上都能起降的两栖（或称水陆两用）飞机兼有轮式起落架和浮筒式起落架（或船身）。

飞机还可依性能特点分类。按最大飞行速度分为亚声速飞机和超声速飞机。亚声速飞机又分为低速飞机（飞行速度在400千米/时以下）和高亚声速飞机（飞行**马赫数**为0.8～0.9）。大多数喷气式旅客机都属于高亚声速飞机，大多数战斗机都是超声速飞机。按飞行航程，远程飞机足以完成中途不着陆的洲际跨洋飞行，近程飞机的航程一般在1 000千米以下，中程飞机的航程在3 000千米左右。按飞机起飞降落距离，又分为常规起落飞机、短距起落飞机和垂直起落飞机（图6）。

组成　主要组成部件有机翼、尾翼、机身、起落架、飞机操纵系统、飞机动力装置和机载设备等。

机翼产生升力，通常在机翼上有用于横向操纵的副翼和扰流片，机翼前后缘部分还装有各种型式的襟翼，用于增加升力。

尾翼通常在飞机尾部，分为水平尾翼和垂直尾翼。个别飞机的尾翼设计成V形，称为V形尾翼。在超声速飞机上，常将水平尾翼做成一个整体，称为全动平尾。有的飞机（主要是变后掠翼飞机）上还将全动水平尾翼设计成可以差动偏转的型式，称差动平尾。在有些飞机上，水平尾翼不是装在飞机尾部，而是移到机翼的前面，称为前翼或鸭翼。

机身主要用于容纳人员、货物或其他载重和设备。

起落架是飞机起飞、着陆滑跑和在地面（或水面）停放、滑行中支持飞机的装置，一般由承力支柱、减震器、带刹车的机轮（或滑橇、浮筒）和收放机构组成。

操纵系统包括驾驶杆（盘）、脚蹬和传动系统。驾驶员通过驾驶杆（盘）控制升降舵（或全动水平尾翼）和副翼，脚蹬控制方向舵。现代飞机操纵系统中还配备有各种助力系统（液压的和电动的）、增稳装置和自动驾驶仪等。

动力装置包括发动机和保证发动机工作的附件和系统。包括发动机的启动、操纵、固定、燃油、滑油、散热、防火、灭火、进气和排气等装置或系统。

机载设备包括飞行仪表、通信、导航、环境控制、生命保障、能源供给等设备，以及与飞机用途有关的机载设备，如战斗机的武器和火控系统，旅客机的客舱生活服务设施等。

图3　C-5运输机

图4　太阳能飞机

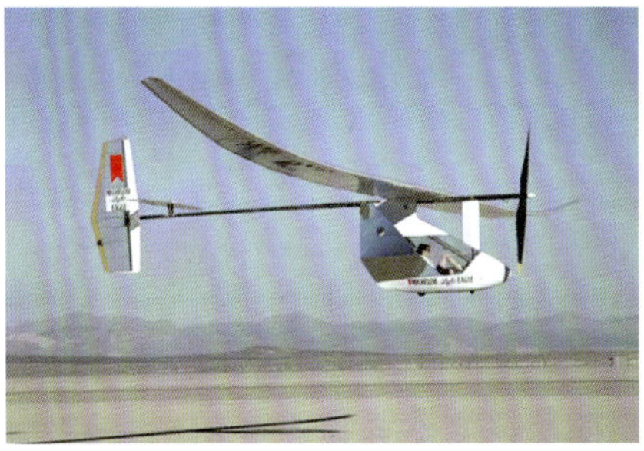

图5　人力飞机

图6　垂直和短距离起落飞机

**飞机识别标志**　aircraft insignia　在飞机的明显位置喷涂的表明飞机所属国籍或团体的标志。军用飞机以国旗或军徽为识别标志。第一次世界大战时，英国首先在作战飞机的翼底两端各涂上一面联合王国国旗。随后，各参战国也在自己的参战飞机上涂上特殊的国籍标志。中国人民解放军空军飞机的识别标志为内有金色“八一”两字的红五星军徽，两侧辅以两根红色长条。民航飞机以国际协定规定的国别代号为识别标志。1919年在巴黎签订的《关于航空管理的公约》对签约国的民航飞机规定了国别代号，1944年在芝加哥签订《国际民用航空公约》时，又作了一次修订，中国的代号为“B”，美国的为“N”，英国的为“G”，法国的为“F”，日本的为“JA”。中国的民航飞机还在垂直尾翼上涂有一面中华人民共和国国旗。除国籍识别标志外，军用飞机还有航空队标志、战功标志，甚至飞行员的专用飞机标志；民航飞机还有航空公司标志和编号标志以及应急、救护等小标记。飞机的识别标志并非一成不变，往往因所属国的需要而有更改。

**飞来峰造像**　Feilaifeng Sculptures　中国佛教造像。位于浙江杭州灵隐寺前飞来峰上。造像分布在山岩石壁上或洞中。共有窟龛102个，造像330余尊。主要为五代时吴越国到元代雕造，个别是明代作品。1982年国务院公布为全国重点文物保护单位。

五代造像不多，以青林洞内的后周广顺元年（951）造西方三圣为最早。宋代造像一般为小型，多分布在青林、玉乳两洞及其附近。其中的“卢舍那佛会”浮雕、禅宗六祖师像和玄奘取经故事别具特色。特别是南宋布袋和尚（大肚弥勒）群像最精。弥勒佛身体肥胖，右手按布袋，左手捏念珠，

第68龛南宋布袋和尚群像

依坐在山形座上，憨态可掬，周围有形态各异的罗汉群像。雕刻水平之高，居历代布袋和尚之冠。元代造像形体多较大，分布在冷泉溪两岸和青林、龙泓等洞洞口的上方，共100多尊。尚能辨识的纪年题记，年代从至元十九年（1282）至二十九年。造像中密宗题材较多，有“西天梵相”式和汉式两种不同的艺术风格。中国石窟艺术在元代处于衰落时期，飞来峰保留元代造像较多，且不乏精美作品，在中国艺术史上占有一定地位。

**飞轮** flywheel 安装在机器回转轴上具有较大转动惯量的轮状蓄能器。飞轮的作用主要为：①贮存多余的和补充欠缺的能量，以保持工作机的转速平稳，改进动力机的

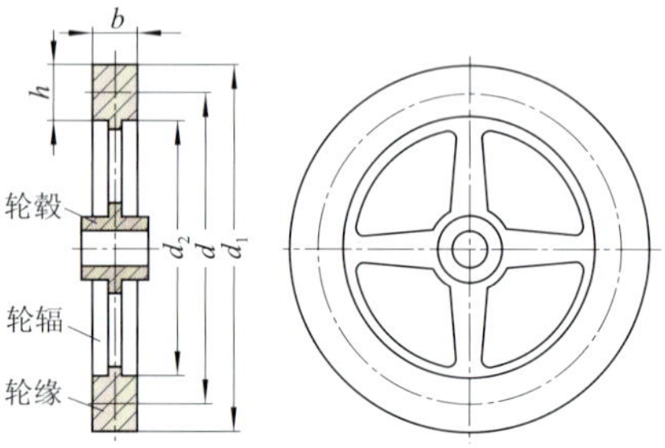


飞轮示意图

工作状况和工作质量。②通过让飞轮的转速有较大的升降来贮存和放出能量，以降低动力机所需功率。

飞轮的结构一般有板式、辐板式和辐条式3种。为减轻机械的重量，飞轮一般安装在转速较高的轴上，其质量分布远离旋转轴线。生产线中应用较广的是大轮缘的辐条式飞轮和用结构钢焊接的辐板式飞轮。飞轮旋转会产生较大的离心力，设计飞轮要限制飞轮的线速度。铸铁飞轮的周速应小于25～35米/秒，铸钢的应小于50米/秒，盘形铸钢的应小于80米/秒。

**“飞毛腿”地地导弹** Scud ground-to-ground missile 苏联研制的单级液体地对地近程战役战术弹道导弹。本国代号为P-11地地导弹，北大西洋公约组织国家称SS-1B地地导弹。20世纪50年代初期开始研制，1955年装备部队。除装备苏联陆军外，还出口华沙条约组织诸国及伊拉克、叙利亚、朝鲜、越南等国。在1991年海湾战争中，伊拉克曾多次使用。有A（基本型）、B（A型的改进型）、C（射程增大型）、D（精度试验型）4种型号。“飞毛腿”B型导弹弹体为圆柱形，弹头呈圆锥形，弹长11.16米，弹径0.88米，翼展1.81米，起飞质量5.86吨，射程50～300千米，命中精度（圆概率偏差）600米。弹头内装高能炸药，也可装化学、生物战剂或核装药。推进装置为液体火箭发动机，推力为131千牛。采用惯性制导系统。导弹头体可分离，

“飞毛腿”B型地对地战术导弹

采用车载越野机动发射方式，是一种高机动性的导弹武器系统。

**飞秒化学** femtochemistry 利用飞秒时间分辨光谱研究分子反应动力学的技术。飞秒即$10^{-15}$秒（fs），这个时标与分子中的电子或质子的运动速率大致相对应。一般的化学反应（热化学反应）过程在数秒至数小时内完成，特快反应也不过在$10^{-3}$秒（ms）的量级。研究大分子（液态）的转动和平移运动的速率一般只需要微秒（$10^{-6}$秒，μs）的时间分辨技术。但是要检测到反应过程中某些寿命极短的中间体，特别是在电子转移或质子转移初期所形成的过渡态或中间体，并获得它们的结构及能态等方面的确切信息，就必须采用皮秒（$10^{-12}$秒，ps），最好是飞秒时间分辨技术。20世纪80年代飞秒超短脉冲激光技术的问世，为实现上述研究提供了必要的手段，从而使对化学反应过程实施跟踪的梦想趋于实现。

**飞虱** Delphacidae; planthopper 同翅目飞虱科昆虫的统称。全世界有近2 000种。中国约200种。体型小，长多在5毫米以下。触角生于复眼下方的凹陷内，粗大的第2节上具有感觉孔。中胸生有翅基片。前翅两条臀脉在基部合并成“Y”字形。后足胫节末端有一能活动的大距（见图）。卵产于植

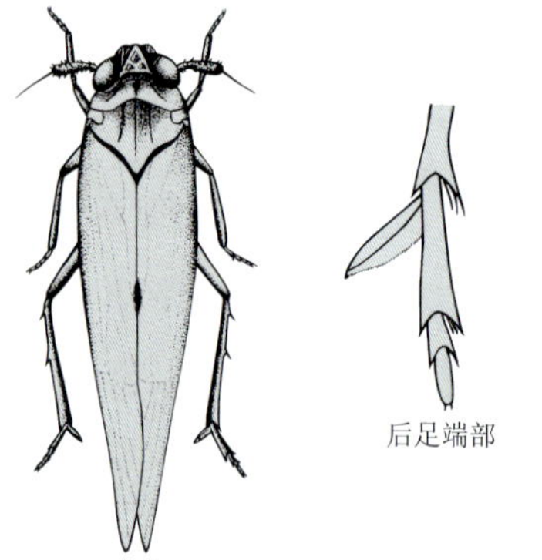


飞虱成虫

物组织中。卵期1～2周，若虫期2～3周，成虫期2～4周。一年发生3～4代以至10代以上。大多以卵或若虫越冬。已知有些种（如褐飞虱、白背飞虱等）只能在南方越冬，每年至植物生长季节，由南方向北方飞迁，侵入农田为害。成虫和若虫都刺吸植物汁液。取食禾本科植物的种类多在植株茎秆上刺吸，影响植物的生长，严重时可使叶片发黄，甚至整株干枯和倒伏。有一些种还传播植物病毒病，如稻黑条矮缩病、小麦丛矮病、玉米粗缩病等。成虫和若虫都善走能跳。成虫还可以飞迁，大多有趋光性。

**飞艇** airship 有推进装置、可控制飞行的轻于空气的航空器。飞艇由巨大的流线型艇体、艇体下面的吊舱、起稳定控制作用的尾面和推进装置组成。艇体的气囊内充以密度比空气小的浮升气体（氢气或氦气），产生浮力使飞艇升空。吊舱供人员乘坐和装载货物。尾面用来控制和保持航向、俯仰的稳定。飞艇的升降调整有多种方法，如改变浮升气体量（放气或充气）、抛掉压舱物（水或沙袋）、利用艇体或翼面的气动升力、改变推力方向等。

应用和发展 飞艇是最早的有动力载人航空器。1852年法国H.吉法尔制成一艘装有蒸汽机的飞艇，1900年德国人F.von齐伯林制造的第一艘硬式飞艇问世。德国建立了齐伯林飞艇队，用于海上巡逻、远程轰炸和空运等。在商业飞行上，1929年德国的大型商业飞艇“齐伯林伯爵”号，曾载客16人首次完成环球飞行。1936年制成的客运飞艇“兴登堡”号，长245米，最大

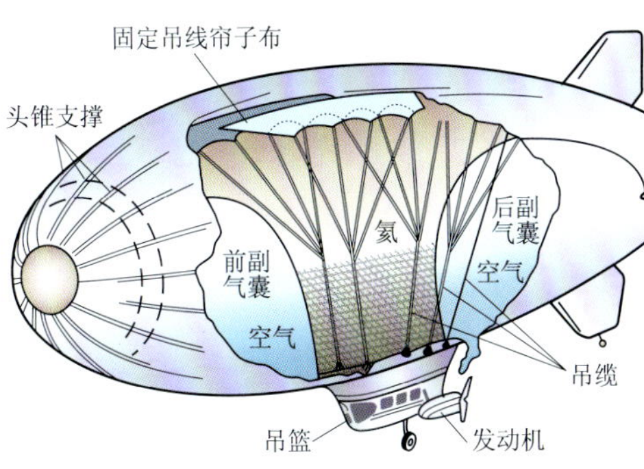

图1　软式飞艇构造图

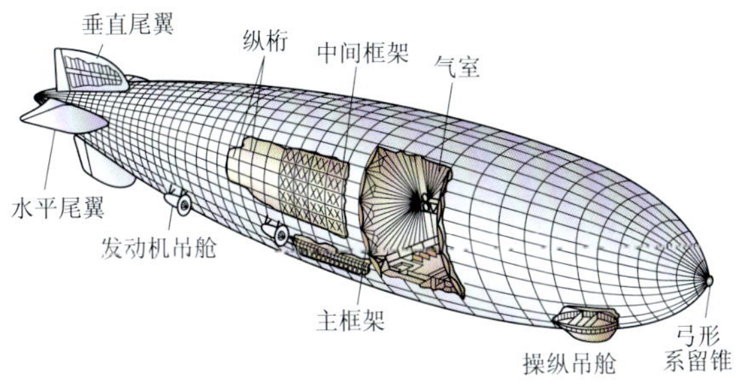

图2　硬式飞艇的构造

直径约40米，总重206吨，曾10次往返飞行于美国和德国之间，总共运送旅客1 000多人次。

构造　飞艇按结构型式分为：①软式飞艇。艇体由主气囊和前后副气囊组成（图1）。气囊要求气密，能承受一定压力，艇体形状靠气体压力维持。主气囊内充以氦气或氢气，前、后副气囊内充填空气。主要用于小型飞艇。②半硬式飞艇。气囊构造与软式飞艇相似，但在气囊下部增加刚性的龙骨梁，组成半硬式飞艇的艇体，增加了艇体的刚度。③硬式飞艇。艇体由刚性骨架外罩蒙布或薄铝皮构成。骨架主要起维持流线型和连接各部分的作用(图2)。可以制成远比软式飞艇大的飞艇。第一艘硬式飞艇是齐伯林设计的，因此常把硬式飞艇称作齐伯林飞艇。

**飞蚊症**　muscae volitantes　玻璃体内出现微细混浊小体，并投影到视网膜的现象。光线照射到视网膜前的不透明体，将它们的阴影投射到视网膜上，使患者感到有点状、线状或蛛丝状的暗影飘动，且随眼球运动而浮动，在注视白色背景或天空时尤为显著。飞蚊症是玻璃体混浊的主要症状，分为生理性与病理性两种，对生理性飞蚊症，不必作特殊处理。病理性飞蚊症常因炎症、出血、外伤及退行性病变引起，应针对病因治疗，必要时可手术。

**飞翔**　flying　鸟类依靠翅膀在空中的飞行活动。鸟类的躯体结构和功能都与飞翔有密切关系。少数鸟类不会飞，如鸵鸟、鸸鹋等。有些种类飞行能力不强，如环颈雉在逃避危险时，往往用奔跑而不用飞行，即便起飞，也是急促扑动翅膀，飞到一定高度便斜向下滑翔。但有许多海洋鸟类能在天空不停地飞行1 000千米以上。

鸟的飞翔有3种主要形式：①滑翔。鸟类最简单和最原始的飞翔方式。翅膀不动，而靠已有的速度和翅膀的浮向向前运动。②鼓翼。最普通的飞翔类型。在飞翔时，翅膀上下运动，能以最小能量达到最大速度。鼓翼飞翔与飞羽的配置有密切关系。③翱翔。一种特殊的飞行方式，即翅不挥动而能长时间停在高空。翱翔的动力来源主要是上升气流。陆地上空空气移动的性质与海洋上空空气移动的性质完全不同。一般地说，陆上最适于翱翔的鸟类大都栖居经常有上升气流的地方，如山区和接近山区的旷野。

鸟类飞翔的高度、速度因种类而异，天鹅飞翔的高度可达9千米；雨燕最快，可达190千米/时。飞翔速度与风力和风向有很大关系。在顺风时，飞翔速度可以增加1至数倍。

**飞行**　flight　物体在距地球（或天体）表面一定距离的空中或太空中的运动。航空器在大气层内飞行，飞行高度一般在30千米以下。火箭和导弹大多在大气层内飞行，而运载火箭和弹道导弹既在大气层内飞行，又在大气层外飞行。航天器是在大气层外的太空中飞行。

飞行器的飞行按动力情况分为有动力飞行和无动力飞行。有动力飞行是在发动机推力作用下实现的；无动力飞行则是在没有发动机推力的情况下进行的，这时作用在飞行器上的力有天体引力和空气动力。按控制情况分为有控飞行和无控飞行。有控飞行是在飞行中可以有意地改变飞行速度和方向（如飞机、导弹、无人驾驶侦察机的飞行），无控飞行不能有意地改变飞行速度和方向（如炮弹、非制导炸弹的飞行）。

航空器（飞机、直升机）的飞行，按飞行高度分为超低空、低空、中空、高空和超高空飞行。通常把离地面100米以下的飞行称超低空飞行，可用于农林作业、旅游、搜索和救援、强击和脱离敌区等；高度在100～1 000米的飞行称低空飞行，可用于训练、伞降、空投、侦察、强击和农林作业等；高度在1 000～7 000米的飞行称中空飞行，可用于训练、巡逻、轰炸和航线飞行等；高度在7 000～15 000米的飞行称高空飞行，可用于训练、侦察、轰炸、拦击、巡逻和航线飞行等；高度大于15 000米的飞行称超高空飞行，可用于侦察、截击等。按速度又可分为低速飞行（马赫数$Ma<0.3$）、亚声速飞行（$Ma<0.8$）、跨声速飞行（$Ma$0.8～1.2）、超声速飞行（$Ma$1.2～5.0）和超高声速飞行（$Ma$5.0以上）。火箭和导弹的飞行弹道主要取决于它们的种类、用途和控制方式等。航天器的飞行包括环绕地球的运行、飞往月球和其他行星的航行、行星际空间的航行和飞出太阳系的航行。

**飞行管制**　flight control　国家对其领空内的航空器飞行活动实施的统一管理和控制。又称航空管制。

飞行管制的目的和任务是：监督和控制国家领空内一切飞行活动，协调各部门对空域的使用，为国土防空识别空中目标提供飞行计划内的情报，防止航空器与航空器、航空器与地面障碍物或其他飞行体相撞，维持飞行秩序，保证飞行安全。飞行管制机构通常是防空体系的组成部分。

飞行管制工作分为静态管理和动态控制。①静态管理。根据国家颁布的航空法规，制定全国性、地区性和临时性的飞行管制规定，划定飞行管制区和飞行管制分区，为航空运输划定航路，为飞行训练划定各种飞行空域，在重要地区或海域上空划定禁止或限制航空器飞行的空中禁区、限制区和危险区，在飞行密集地区和国界线附近划定供航空器进出的空中走廊；规划和设置通信导航和雷达设施。②动态控制。审查批准飞行管制区内、飞行管制区间和国际间的飞行申请，实施飞行调配，监督飞行计划的执行情况，按照飞行管制规定指挥飞行活动，提供有关的飞行资料和情报，向防空部队通报本国和外国航空器的飞行动态，提供需要搜索救援的遇险航空器的情报，对军事演习地域内的飞行，专机飞行和科学试验飞行实施特殊的控制。

**飞行记录器**　flight recorder　飞行器中用以记录多种飞行信息的仪器。民航机安装供事故分析用的飞行记录器，俗称黑匣子，实际上常在表面上涂醒目的颜色（如橙色）以便于寻找。人们可以根据飞机坠毁前所记录的信息以及机内对话和飞行员与地面的通信联络，分析事故的原因。飞行记录器所记录的数据也为维修提供参考信息。飞行试验中的数据部分靠遥测装置发回到地面，部分用飞行记录器记载下来，供进一步分析研究。常见的飞行记录器有刻箔式、光学示波器式、摄影式和磁带式4种。为了保证安全回收，飞行记录器在承受坠毁冲击、穿透、挤压、着火以及液体污染物浸渍（包括海水浸泡）后，磁带记录应能复原。记录器落入大海中应能在30天内自动发出信号，便于打捞寻找。记录器一般安装在机体或弹体上不易摔毁的部位，如飞机的垂直尾翼上。

**飞行器** flight vehicle 在大气层内或大气层外空间（太空）飞行的器械。飞行器分为3类：航空器、航天器、火箭和导弹。在大气层内飞行的称为航空器，如气球、飞艇、飞机等。它们靠空气的静浮力或空气相对运动产生的空气动力升空飞行。在太空飞行的称为航天器，如人造地球卫星、载人飞船、空间探测器、航天飞机等。它们在运载火箭的推动下获得必要的速度进入太空，然后依靠惯性作与天体类似的轨道运动。装在航天器上的发动机可提供轨道修正或改变姿态所需的动力。火箭是以火箭发动机为动力的飞行器（火箭发动机也常简称火箭），可以在大气层内，也可以在大气层外飞行。导弹是装有战斗部的可控制无人飞行器。有主要在大气层外飞行的弹道导弹和装有翼面在大气层内飞行的地空导弹、巡航导弹等，有翼导弹在飞行原理和结构上与飞机颇为相似。通常火箭和导弹只能使用一次，人们往往把它们归为一类。

**飞行器推进系统** flight vehicle propulsion system 为飞行器提供推力的装置。推进系统必须有能源、工质和动力装置。化学能是飞行器最常用的能源，太阳能和核能在飞行器上的利用正处于研究开发阶段。工质有空气、燃气或其他气体。能源和工质既可由飞行器自带，也可在飞行中由飞行器自外界环境取用（如太阳能、空气）。

飞行器推进系统按工作原理的不同分为间接反作用式和喷气式两大类。间接反作用推进系统发动机只输出机械功，通过推进器（空气螺旋桨或旋翼）驱使工质（空气）加速流动，这一类的发动机有活塞式航空发动机、涡轮螺旋桨发动机、涡轮轴发动机、航空电动机。喷气式发动机工作时向飞行器外喷射工质，由于动量不灭原理产生推力，这一类的发动机有涡轮喷气发动机、涡轮风扇发动机、冲压发动机、火箭发动机、火箭-冲压发动机、涡轮-冲压发动机等。

活塞式、涡轮螺旋桨、涡轮轴、涡轮喷气、涡轮风扇和冲压发动机统称为吸空气发动机。这类发动机主要用于飞机，又称为航空发动机。

**飞行事故** aircraft accident and incident 从起飞前开车至着陆后关车的整个飞行过程中，飞机上发生的直接威胁安全操作或者造成人员伤亡、飞机损坏或失踪的事件。

国际民用航空组织将飞行事故划分为失事和事故两类。失事指造成人员伤亡、飞机受到破坏或失踪（包括处于完全不能接近的地方）等后果严重的事件，又称空难。事故指没达到失事的严重程度，但直接威胁飞机安全操作和使用的事件。

中国民航将飞行事故划分为3个等级。一等事故是：①飞机严重损坏或报废，并且造成人员在事故中或事故后10天内死亡。②飞机迫降在水面、山区、沼泽区、森林，无法接近，并且造成人员在事故中或事故后10天内死亡。③飞机失踪。二等事故是：①飞机严重损坏或报废，但在事故中或事故后10天内无人员死亡。②飞机迫降在水面、山区、沼泽区、森林，无法运出，但在事故中或事故后10天内无人员死亡。③有人在事故后10天内死亡，但飞机没有严重损坏或报废。三等事故是：飞机轻微损坏，没有造成人员重伤和死亡。

造成飞行事故的原因有恶劣的天气条件、飞机的机械故障、飞行员操作失误、地面指挥及勤务保障过失、飞鸟撞击飞机、暴力劫持飞机等。

**《飞鹰》** *Flying Eagle* 中国摄影刊物。1936年1月创刊，“以照片为主，文字为辅”，刊名取“云程万里”和“一飞冲天”之意。发起人金石声、蒋柄南等。鹰社编辑，上海冠龙照相材料行出版。至1937年7月共出19期，第20期已印就，未及装订毁于炮火。刊行多期后行销国内外。《飞鹰》针对当时中国摄影状况的落后，指出编辑出版摄影刊物之必要，提出中国摄影家要研制器材。每期都有“编者言”，并刊登艺术水平较高的黑白摄影作品20幅，根据不同题材套印不同的单色；介绍新技术新技巧；刊登漫画；报道各摄影团体和个人举办影展的消息，对相关影展著文评论。《飞鹰》拒登日本商人的任何广告，针对日本帝国主义的侵略首先提出“国防摄影”的重要性。

**飞鱼** Exocoetidae; fly-fishes 颌针鱼目飞鱼科鱼类的统称。有8属50种。为热带、暖温带水域集群性上层鱼类，以太平洋种类为最多，印度洋及大西洋次之。中国近海记录有6属38种，以南海种类为最多。常见种有飞鱼、燕鳐鱼、背斑燕鳐鱼、弓头燕鳐鱼。体型较短粗，稍侧扁；吻短钝；口端位；两颌具细齿，有些种类具犁骨、腭骨或舌上具齿；鼻孔两对，较大，紧位于眼前；鳃膜与鳃峡不相连，鳃膜条骨9～12；上咽部具齿丛；鳔大，向后延伸；无幽门盲囊；被大圆鳞，易脱落，头部多少被鳞；侧线低，近腹缘；臀鳍位于体后部，

约与背鳍相对，无鳍棘；胸鳍特别长，最长可达体长的3/4，呈翼状，一般可达或超过背鳍起点；有些种类腹鳍发达；尾鳍深叉形，下叶长于上叶；体色一般背部较暗，腹侧银白色，胸鳍色各异，有黄暗色斑点，或淡黄色，或具淡黄白色边缘，或条纹。

飞鱼由于发达的肩带和胸鳍，以及尾鳍和腹鳍的辅助，能够飞跃出水面，滑翔可达100米以上，这种机能使飞鱼可以逃避剑鱼等敌害的追逐。产浮性卵，卵膜上具突起，或长丝状突起。有些种类有季节性近海洄游习性，形成渔汛。肉可食用。

**“飞鱼”反舰导弹** Exocet 法国亚声速、掠海飞行的中近程反舰导弹。包括4种型号。

MM-38型为近程舰舰/岸舰导弹，1967年开始研制，1972年服役。该型弹装有一台固体火箭发动机，带助推固体火箭，采用惯性制导+主动雷达末制导，弹重735千克，弹长5.21米，弹径348毫米，翼展1.004米，巡航速度马赫数0.82，飞行中段平飞高度15米，末段离海面2.5～8米，最大射程42千米，战斗部为165千克半穿甲爆破型。AM-39型为空舰导弹，1972年开始研制，1980年服役，其动力装置、制导方式和战斗部的类型与MM-38相同，弹长4.69米，弹径350毫米，翼展1.1米，巡航速度马赫数0.93，最大射程70千米。SM-39型为潜舰导弹，1977年开始研制，1985年服役，其制导系统中增加了水下运行的程序，弹长缩短0.40米，翼展减少0.02米。MM-40型是在MM-38型和MM-39型基础上发展的中程舰舰/岸舰导弹，1973年开始研制，1981年服役，其动力装置、制导方式和战斗部的类型与MM-38相同，弹重855千克，弹长5.78米，弹径350毫米，翼展1.135米，巡航速度马赫数0.93，最大射程70千米。

新的“飞鱼”导弹装备了新型涡轮推进系统，射程有了长足的提高，同时对于复杂的飞行航线具有更为出色的适应能力。同时也提高了对于滨海地区的攻击能力。

**飞跃** leap 反映事物质变形式的哲学范畴。指事物从一种质态转变为另一种质态的转化形式。无论是物理现象中的“相”转变，化学现象的化合和分解，生物现象中物种的变异，社会现象中社会形态的更替，认识过程中由感性到理性的上升运动，等等，都是通过决定性的飞跃来实现的。飞跃是自然界、人类社会和人的思维发展中的普遍现象。飞跃是事物发展渐进过程的中断、存在和非存在的辩证统一，是旧事物灭亡和新事物产生的决定性环节。飞跃在人类社会发展中的重大作用尤为明显。一个事物飞跃的时间长短，因物而异。一般说来，微观世界物体质态转变的飞跃时间短暂，宏观和宇宙世界物体质态转变的

飞跃时间较长。无论在哪个物质层次上发生的飞跃，都具有时间持续长短和空间规模大小的特性。事物的性质及其所处的条件不同，飞跃的形式也不同。基本形式有两种：爆发式的飞跃和非爆发式的飞跃。爆发式的飞跃通常是解决矛盾的对抗形式，表现为剧烈的外部冲突；非爆发式的飞跃通常是解决矛盾的非对抗形式，不表现为剧烈的外部冲突，而通过新质要素的逐渐积累和旧质要素逐渐消亡的方式来实现。

**非暴力不合作运动** Non-Violent and Non-Cooperation Movements M.K.甘地领导的印度人民反抗英国殖民统治的运动。在运动中，甘地倡导以和平方式抵制政府、机关、法庭、学校以及采取总罢业、抵制英货、抗税等非暴力手段进行斗争，重要的有四次：非暴力不合作运动（1920年9月至1922年2月）、文明不服从运动（1930年3月至1934年4月）、个人文明不服从运动（1940年10月至1941年12月）"退出印度"运动（1942年8月8日至1945年5月24日）。

在第一次世界大战和俄国十月社会主义革命的影响下，印度掀起民族解放运动高潮。1919年4月13日，发生阿姆利则惨案，反英斗争迅速高涨。1920年9月，甘地提出非暴力不合作计划。在甘地号召下，人民举行罢工、罢课、罢市、集会游行，汇成一股反英洪流。1922年2月5日，联合省（今北方邦）戈勒克布尔县乔里乔拉村农民2 000人将22名警察连同警察局一起，付之一炬。运动超出非暴力斗争范围，甘地闻后急忙制止。2月12日，国大党通过巴多利决议，谴责群众"越轨"行为，决定无限期地停止非暴力不合作运动。3月10日，甘地入狱，运动遭到残酷镇压。

20年代末30年代初，资本主义世界发生经济危机，波及印度。国大党决定开展由甘地倡议的群众性的文明不服从运动（又称食盐进军）。1929年国大党拉合尔年会上，提出印度独立要求，授权甘地领导运动。1930年1月，甘地又提出十一点要求，遭总督拒绝后，甘地选定以破坏食盐专营法作为运动的开端。3月12日，他率领79名信徒，从阿默达巴德出发，前往西海岸，徒步426千米，沿途成群农民随行，4月5日，抵达丹迪海滨，亲自动手煮盐，持续3周。当局闻讯后，大肆镇压。5月4日，甘地被捕，全国抵制斗争发展成革命形势。4～6月，在吉大港、白沙瓦和绍拉普尔相继发生反英起义，结果近3万人被捕。1931年3月5日签订《甘地-欧文协定》(又称《德里协定》)，双方妥协，国大党同意停止运动。

第二次世界大战爆发后，英国印度总督V.A.J.林利思戈勋爵擅自宣布印度参战，激起印度各界不满，7省国大党政府先后辞职，以示抗议。1940年10月13日，甘地提出开展个人文明不服从运动（又称公民不服从运动）的建议。他先后指定自己的门生A.V.巴韦以及J.尼赫鲁等人，以个人身份公开发表反战演说，悉遭逮捕。11月《哈里詹》周刊被查封，被捕者近3万人，斗争再次受挫。

食盐进军——甘地率众向西海岸进发（1930）

太平洋战争爆发后，战火逼近印度，印度人民要求独立呼声甚高。为打破政治僵局，巩固统治，英国于1942年3月派遣R.S.克里普斯访印，提出宣言草案，但因没有满足国大党在战时建立国民政府和印度国人掌管国防的要求而被拒绝。国大党于8月8日通过甘地提出的要求英国退出印度的决议。9日清晨，英国殖民当局突然将甘地和国大党各级领导人全部逮捕。入狱者逾6万人，国大党遭禁。1944年5月6日，甘地因病获释。24日，甘地宣布退出印度决议作废。"退出印度"运动结束。

**非标准分析** non-standard analysis 一种在论证方法上有别于通常分析的分析学。它建立在超实数概念的基础之上，是由美国数理逻辑家A.鲁宾孙提出的。

17世纪微积分创立初期，I.牛顿与G.W.莱布尼茨在建立微积分基本概念时都使用了无穷小的概念。尤其是莱布尼茨及其追随者们，把无穷小作为一个数参与了各种运算。这种做法一方面显示了很大的优越性，但另一方面也带来了某些逻辑上的混乱。鲁宾孙继承与发扬了莱布尼茨把无穷小当成数运算的观点，用现代数理逻辑的方法，引进新的数学结构使这种运算合乎逻辑。他把无穷小与无穷大添加到实数域**R**之中，扩充**R**为$^*\mathbf{R}$，并在$^*\mathbf{R}$上定义了四则运算与大小序列。这时无穷小是$^*\mathbf{R}$中的一个数，其绝对值比一切正数都小，但又不是零。运用$^*\mathbf{R}$上这种数学结构，鲁宾孙导出了微积分的基本概念与结论，形成了一种新架构的分析学。

**非参数统计** nonparametric statistics 数理统计中的一类方法，其研究构成数理统计学的一个分支。非参数统计是相对于参数统计而言的，后者处理这样的统计问题，其总体分布形式已知（如为正态分布）而只牵涉若干（通常为数很少）个未知参数。在非参数统计问题中，总体分布不能用有限个实参数来刻画，只能对它作一些诸如分布连续、有密度等一般性的假定。例如，估计总体分布的均值，若假定总体分布为正态，则问题只涉及均值及方差两个实参数，这是参数性统计问题（见参数估计）；若只假定总体分布的均值存在，此外一无所知，则问题是非参数性的。

非参数统计方法 泛指那些主要用于非参数统计问题的统计方法。要注意的是，一个特定的方法应视为非参数的或参数的，主要看其用在什么场合。如用样本均值$\bar{x}$估计总体均值，若总体是非参数型，则是一种非参数方法。若用于估计正态总体$N(\mu, \sigma^2)$中的参数$\mu$，则是一种典型的参数方法。但也存在一些方法，它主要用于非参数问题，其中最重要的是秩方法。秩是指一个具体的样本值在全体样本中的大小位次。例如有3个样本$x_1=1.53$, $x_2=0.87$, $x_3=1.25$，则$x_1$、$x_2$、$x_3$的秩分别为3、1、2。

1945年F.威尔科克森提出的"两样本秩和检验"是一个有代表性的例子，1904年C.斯皮尔曼提出的秩相关系数则是秩方法的一个早期结果。次序统计量和U统计量在非参数统计中也有重要应用。前者可用于估计总体分布的分位数，检验两总体有相同的分布等。后者主要用于构造总体分布的数字特征的一致最小方差无偏估计及基于这种估计的假设检验。科尔莫戈罗夫检验及斯米尔诺夫检验是始于20世纪30年代的另一种非参数统计方法，其基础是样本的经验分布函数。

在非参数性估计方法方面，特别是自20世纪60年代以来，在概率密度函数和回归函数估计等方面积累了许多重要的成果。

非参数统计的特点 非参数统计有两个重要特点：①较好的稳健性，指非参数方法不致因总体分布的假定不当而导致重大失误。②大样本理论占据主导地位，即非参数统计推断主要是基于有关的统计量在样本量足够大时的渐近分布。20世纪50年代以来，非参数大样本理论有了显著的进展，尤其是关于秩统计量与U统计量的大样本理论，及基于这种理论的大样本非参数方法，近年来的主要热点则在于非参数回归。

**非处方药** over-the-counter; OTC 安全、疗效确切、质量稳定、无须医生处方可自行购买的药物。购药者参照所附说明书即可使用。由于它可在药店或商店的柜台上出售，故又称柜台药。

非处方药是从处方药转变而来，一种经过长期应用、疗效确切的处方药，经证明非医疗专业人员也能安全使用，经药政部门批准后，即可转变为非处方药。

非处方药的“应用安全”是指在正常用法和用量下，不产生不良反应，或虽有一般的副作用，但患者可自行察觉，并可忍受，且属一次性，用药过程中或停药后可迅速自行消退。此类药物应不易引起依赖性、耐药性，也不会掩盖病情的发展及贻误诊断。非处方药一般仅限于治疗伤风感冒、咳嗽、头痛、牙痛、肌肉痛、月经痛、关节痛、消化道不适等轻症。

**非典型分枝杆菌病** atypical mycobacterial diseases 除人型、牛型结核菌和麻风杆菌以外的分枝杆菌感染所致疾病。又称非结核分枝杆菌（NTM）病，多为肺部感染。临床表现为发热、咳嗽、咯痰、咯血、消瘦及乏力等症状，胸部透视可显示异常阴影，痰中可找到抗酸杆菌，故与肺结核十分相似，易误诊。

临床表现 可引起肺及肺外病变。肺病变的临床表现与结核病相似，起病缓慢隐匿，有低热、咳嗽、咯痰、咯血、消瘦等症状。但也有少数患者无明显临床症状，仅于常规X射线检查时发现。亦有少数患者表现为高热、畏寒、咳嗽、胸痛等急性肺部疾病。易误诊和漏诊。肺外病变可有淋巴结炎、皮肤软组织感染、骨关节病变及播散到全身其他器官病变，病情可危重，预后不良。

诊断和鉴别诊断 痰及分泌物的细菌学检查（包括涂片、培养及菌型鉴定）是确诊的主要依据。主要应与结核病鉴别。

治疗 经培养及菌型鉴定确定致病菌，并进行药物敏感性测定，以便选择敏感或比较敏感的药物。治疗方案以抗结核药物联合、长疗程治疗为主，疗程应持续两年以上，大部分病例可以取得较好的疗效。对长期排菌、病变进展、化学治疗难以控制者，若病变较局限，宜手术治疗；淋巴结病变久治不愈者也宜手术切除。

**非电解质** non-electrolyte 在水溶液中或熔融态下不导电的物质。非电解质是以共价键结合的化合物，除羧酸、酚、胺及其盐类等外，大多数有机化合物都是非电解质。

**非对映体** diastereomer 不是对映体的立体异构体。非对映异构体的简称。手性分子往往具有两个以上手性中心（包括轴或面）而可能有非对映体，如右旋或左旋的酒石酸与内消旋体酒石酸分子是非对映体关系。手性或手性因素并非是存在非对映体的必要因素，顺反异构体如顺式和反式1，3-二氯环丁烷、双键异构体如顺式和反式1，2-二氯乙烯分别是非对映体（旧称几何异构体）关系：

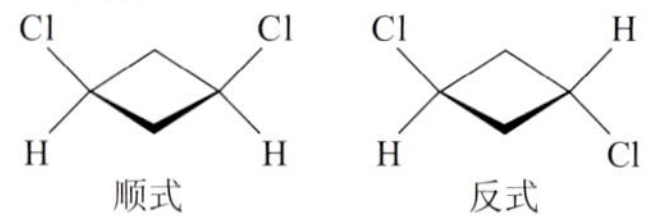


顺式　　反式

1,3-二氯环丁烷

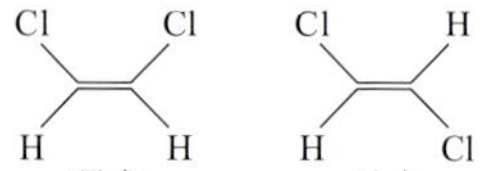


顺式　　反式

1,2-二氯乙烯

无论在手性或非手性条件下，非对映体的化学和物理性质以及生物活性都不相同。

**非法人团体** unincorporated society 设有代表人或管理人而不具备法人资格的独立社会组织。非法人团体与法人的分支机构不同。法人的分支机构虽设有代表人或管理人，但不是独立的社会组织，有的也不能以分支机构的名义起诉、应诉。而非法人团体在各国一般都被赋予诉讼当事人资格，允许它以自己的名义起诉、应诉，它的代表人或管理人为其法定代表人，在诉讼中的地位适用法人法定代表人的有关规定。在中国的现行立法中，有的将非法人团体称为非法人单位，有的称为其他组织。非法人团体主要有以下几种：①个体工商户和农村承包经营户。②个人合伙。③合伙型联营企业。④中国企业、事业单位、机关、团体的分支机构、派出机构；外国企业和组织在中国设立的分支机构、派出机构。⑤不具备法人条件，没有取得法人资格的乡镇企业和街道企业。⑥作为企业内部承包合同一方的车间或班组。

**非关税壁垒** non-tariff barriers; NTB 一国政府设置的除关税以外的一切旨在限制或阻止外国商品进入本国市场的贸易保护措施。贸易壁垒的一种。关税壁垒的对称。1989年12月联合国贸易和发展会议把非关税壁垒措施分为3类：①为保护国内生产不受外国产品的竞争而实行的商业性措施。其中，数量限制措施主要有进口配额、进口许可证、自动出口限制、禁止进口、国营垄断贸易、政府采购限制和其他混合规定；影响成本和价格的措施主要有最低限价及差别关税、进口押金、反倾销税和反补贴税、对进口竞争工业的优惠国内税、对进口竞争工业的直接或间接的补贴、歧视性的国内运输待遇和财政部门对进口的信贷限制。②除商业政策以外的用于限制进口或刺激出口的措施。其中，数量限制措施有运输工具限制和市场数量限制；影响成本和价格的措施有包装装潢和标签的规定、原产地规则、安全健康和技术标准规定、海关通关手续、海关估价和税则归类。③为促进国内替代工业而实施的措施。主要有政府对某些产品的生产、销售和贸易上的垄断，政府的结构性和地区性发展政策，国际收支平衡措施等。非关税壁垒比关税壁垒能更有效地限制进口。

**非惯性参考系** non-inertial reference frame 相对某惯性参考系作非等速直线运动的参考系。又称非惯性坐标系。简称非惯性系。非惯性系中，若将作用在物体上的力附加上牵连惯性力与科氏惯性力，则物体的运动仍可使用牛顿运动定律描述。两个力并不服从通常的力的定义，可是在非惯性系中能产生力的效果。物体相对非惯性系处于静止状态时，科氏惯性力为零，只受牵连惯性力的作用，这时，牵连惯性力就转化为通常所说的惯性力。火箭发射时惯性力与宇航员所受的重力方向一致，航天员处于超重状态；航天器在轨道上运行时惯性力与宇航员所受的重力方向相反、大小相等，航天员处于完全失重状态。

A.爱因斯坦通过对升降机问题的分析提出了等效原理：非惯性系中的惯性力与惯性系中的引力是等价的；或者说，一个均匀的引力场与一个等加速的非惯性参考系在力学上是完全等价的。以此为基础，爱因斯坦创立了广义相对论。

**非合金钢** non-alloy steel 含碳量小于2.11%的铁碳合金。过去长期称碳钢或碳素钢。除碳外还含有限量以内的常存元素（%），例如铝<0.10、铬<0.30、镍<0.30、锰<1.0、硅<0.50、钼<0.05、钨<0.10、钛<0.05、铜<0.10等。非合金钢应用最早，用量最大（占钢总产量的80%），产品有板（带）、管、丝、型材、锻件、铸件等。非合金钢种类繁多。按碳含量分为低非合金钢、中非合金钢、高非合金钢；按冶炼时脱氧程度和浇注制度分为沸腾钢、镇静钢、半镇静钢；按用途分为非合金结构钢、非合金工具钢和铸造非合金钢；按主要性能和使用特性分为以规定最低强度为主要特征的非合金钢，以限制碳含量为主要特征的非合金钢，钢中硫含量最低不小于0.07%并加入铅、铋、碲、硒或磷等元素的易切削非合金钢，具有规定磁性或电性能的非合金钢；按质量分为普通质量非合金钢、优质非合金钢和特殊质量非合金钢。非合金钢大部分采用氧气转炉冶炼。

**非婚生子女** illegitimate children 不具有合法婚姻关系的男女所生的子女。在不同的历史时期、不同的国家中，对非婚生子女法律地位的规定不尽相同。有些国家法律规定非婚生子女享有的权利与婚生子女一致；许多国家则规定非婚生子女的法律地位较婚生子女低下，例如规定非婚生子女不得为遗产继承人，或其应继份小于婚生子女。

在中国，1950、1980、2001年《中华人民共和国婚姻法》都对非婚生子女的合法权益加以保护。2001年《婚姻法》第25条规定："非婚生子女享有与婚生子女同等的权利，任何人不得加以危害和歧视。""不直接抚养非婚生子女的生父或生母，应当负担子女的生活费和教育费，直至子女能独立生活为止。"非婚生子女和生父的关系，必要时可通过生母提出的证据或其他人证、物证加以证明。如经生母同意，生父可将子女领回抚养。如抚养非婚生子女的生母与他人结婚，其夫愿意负担她的非婚生子女的生活费和教育费的一部或全部，则生父的负担可酌情减免。

**非鲫** *Tilapia*; Java tilapia 鲈形目丽鱼科非鲫属鱼类的统称。又称罗非鱼、吴郭鱼、越南鱼。重要养殖鱼类之一。原产非洲东南部，后广泛移至世界各地养殖。中国自1957年来先后引进莫桑比克非鲫等几种非鲫。

形态和种类　体长椭圆形，高而侧扁。头侧扁。吻圆钝，突出。眼中大。下颌稍突出。下咽骨愈合成一三角形骨板。头和体被圆鳞或栉鳞。侧线平直，背鳍1个，具15～17鳍棘，臀鳍具3鳍棘，胸鳍后端常伸越臀鳍起点上方，腹鳍胸位。尾鳍圆形或截形。体色变化较大，鳃盖处常具一蓝灰色暗斑。

非鲫包括亚种在内约100种，常见养殖的约20种，世界各地养殖的主要有尼罗非鲫（见图）和莫桑比克非鲫。此外尚有黑肋非鲫、大鳍非鲫和黑非鲫等。

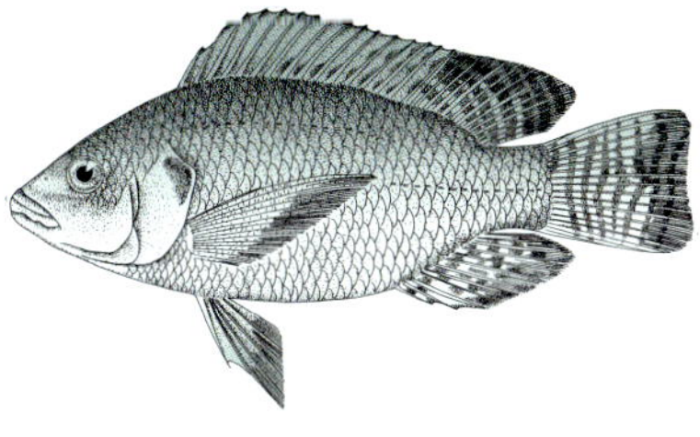

尼罗非鲫

生物学特性　非鲫为暖水广盐性鱼类。能在含氧量很低的水中生活。离水后若鳃部保持潮湿，还能存活3～5小时。适温16～37℃，抗寒能力很差。一般栖息于水体中下层。杂食性，幼鱼主要摄食浮游动物，成鱼摄食有机碎屑、浮游生物、丝状藻类、芜萍、苦草等，也摄食摇纹幼虫、昆虫、小虾等。性成熟早，繁殖快。

养殖　中国非鲫养殖分苗种培育、商品鱼养成和亲鱼越冬三个阶段。养殖有多种方式，可单养，也可与鲮、鲻、遮目鱼或对虾混养，或以青鱼、草鱼、鲢、鳙、鲮、鲤等为主套养。越冬池水温要在20℃以上。以鲜食为佳。

**非金属材料** nonmetallic material 由非金属元素或其化合物构成的材料。非金属元素是指具有非金属性质的化学元素。非金属材料包括塑料、橡胶、胶黏剂、密封剂、涂料、纺织品、木材、纸、皮革、石墨、石棉、云母、玻璃、陶瓷等。与**金属材料**相比，一般无光泽、不导电、不导热，密度较金属材料小，机械强度较常用金属低。

非金属材料按其构成可分为两大类：①无机材料（无机非金属材料）。属于无机材料的有**耐火材料**、**陶瓷**、**玻璃**、**水泥**、**搪瓷**、磨料、石墨、石棉等。以某些金属元素的氧化物、碳化物、氮化物、硼化物、硫系化合物（包括硫化物、硒化物及碲化物）和硅酸盐、钛酸盐、铝酸盐、磷酸盐等含氧酸盐为主要组分。无机材料一般不燃烧，耐热性和化学稳定性好，机械强度较有机材料高，但脆性大。②有机材料。属于有机材料的有木材、皮革、胶黏剂和高分子合成材料——**合成橡胶**、**合成树脂**、合成纤维等（见**高分子材料**）。有机材料是由天然和人工合成的有机物制成，多数易燃烧，高温时易分解，在日光和大气下性能会逐渐老化。人工合成的非金属材料，其性能与用途远超过天然非金属材料和某些金属材料。

非金属材料应用广泛，常用作：①轻质、高强度材料。常被用作手轮、手柄、支架、仪表板、整体船艇、汽车车身等。②耐磨材料。如用金刚石、碳化硅、刚玉等制作的砂轮、砂布、油石、耐磨剂、刀具等。③耐腐蚀材料。如陶瓷、搪瓷、石墨、铸石、塑料等。适于制造化工用的容器、塔器、鼓风机、泵、管、阀等机械设备和零部件。④密封材料。如橡胶、塑料、石棉和柔性石墨等适用于压缩机的活塞环、密封填料等。⑤电绝缘材料。如橡胶、塑料、陶瓷、石棉、云母等都是应用广泛的电绝缘材料。⑥耐高温、保温材料。如耐火材料、石棉、蛭石等，适用于高温窑炉如化铁炉、转炉、电炉、热处理炉、隧道窑等炉体、内衬或保温层。

**非晶态** amorphous state 固态物质原子的排列所具有的近程有序、长程无序的状态。对晶体，原子在空间按一定规律作周期性排列，是高度有序的结构，这种有序结构原则上不受空间区域的限制，故晶体的有序结构称为长程有序。具有长程有序特点的晶体，宏观上常表现为物理性质（力学的、热学的、电磁学的和光学的）随方向而变，称为各向异性，熔解时有一定的熔解温度并吸收熔解潜热。对液体，其分子在很小的范围内（线度与分子间距同一量级）和很短的时间内能像晶体一样作规则排列，但在较大范围内则是无序的，这称为近程有序。

非晶态固体与液态一样具有近程有序而远程无序的结构特征。非晶态固体宏观上表现为各向同性，熔解时无明显的熔点，只是随温度的升高而逐渐软化，黏滞性减小，并逐渐过渡到液态。非晶态固体又称玻璃态，可看成是黏滞性很大的过冷液体。晶体的长程有序结构使其内能处于最低状态，而非晶态固体由于长程无序而使其内能并不处于最低状态，故非晶态固体是属于亚稳相，向晶态转化时会放出能量。常见的非晶态固体有高分子聚合物、氧化物玻璃、**非晶态金属**和非晶态半导体等。

**非晶态金属** amorphous metal 不具有晶体点阵长程有序排列的金属。又称金属玻璃。与晶态金属相比，具有优良的磁性、耐蚀性和力学性能。非晶态金属按成分可分为金属-类金属型和金属-金属型两大类。1959年美国P.杜韦兹发明用快淬工艺制备非晶态合金，并于1967年首次制造出FePC非晶合金。

特性包括：①磁性。Co基和FeNi基非晶合金都易于形成各向异性常数和饱和磁致伸缩系数同时接近零，因此具有很高的磁导率。但材料价高，应用受限。Fe基非晶合金饱和磁感很高，但饱和磁致伸缩系数较大，应用也受限。在Fe基非晶合金基础上研究成功的纳米晶体材料，磁致伸缩系数很小，磁导率较高，且保持很高的饱和磁感值，具有广阔应用前景。②力学性能。Fe基非晶合金的屈服极限约为3 500兆帕，为钢的七八倍。维氏硬度接近1 000，且不存在高强度材料的固有脆性，是一种高韧性材料。③耐蚀性。添加8%Cr的铁磷合金，腐蚀速度为18-8不锈钢的百万分之一，同时不产生现有不锈钢难以避免的点腐蚀和晶间腐蚀现象。

非晶态磁性合金主要用于配电变压器、中频电源变压器、各种开关电源、扼流圈、磁放大器、直径变换器、中小功率脉冲变压器、电磁传感器、漏电开关、磁头、磁屏蔽等方面。

**非晶体半导体器件** amorphous semiconductor device 以非晶体半导体材料为主制成的电子器件。非晶体的原子排列不具有长距离的有序结构，但其短距离的有序结构可使用半导体相对应的能带模型，如Si和S、Se、Te系列的材料。非晶体半导体器件有：①非晶硅太阳电池。利用非晶硅薄膜的光生伏特效应的器件。非晶硅的吸收光谱更接近太阳光谱，吸收系数大，并可用薄膜工艺代替单晶生长和切割。②非晶体半导体存储器。利用如电、热、压力、光等条件，使非晶薄膜的结构发生变化，用以记录和存储信息。某些硫系材料（如Ge-Te-As-Si）可在不同的电脉冲的作用下，由非晶态转变为晶态或由晶态转变为非晶态，并且每种转变所获得的结构在作用脉冲消失后仍能长期保持不变，所以可用以制作只读存储器。某些以Te为基的非晶硫系材料，如$Te_{81}Ge_{15}As_4$，可在能量不同的激光作用下，实现非晶态和晶态之间结构的可逆相变。材料处于这两种状态时的光学特性，如折射率、光吸收系数等有很大的差别，利用这种特性可制成光存储器。③非晶体半导体还可制成高质量的感光薄膜、静电复印机的感光体、电视摄像管靶等。由于非晶体半导体不是晶体，故可使用玻璃或金属作为基底，更容易实现大面积化和产业化。

**非决定论** indeterminism 否认事物因果联系的普遍性、发展的规律性和必然性的哲学观点。它认为事物的运动不受因果关系的制约，没有任何秩序，而受自由意志支配。它在社会历史观上往往表现为*历史唯心主义*，认为社会生活是由有意志的人决定的，人的意志尤其是少数英雄人物的意志就是历史发展的决定力量，从而否定社会历史发展的客观规律性和因果制约性。

**非理性主义** irrationalism 19世纪和20世纪初一种主要的哲学思潮。主张超越理性，从更广泛的范围来丰富人对生命的理解。非理性主义或者根据形而上学，或者认为人的经验是独一无二的，强调本能、感觉和意志，认为这三者超越理性，并排斥理性。非理性主义这一术语主要由欧洲大陆的哲学家使用，他们将它看作是20世纪的强大思潮之一。非理性主义的主流，是尾随理性时代之后而来临的，而且是对理性的一种反动。非理性主义常常出现于理性的科学方法所不能处理的精神生活和人类历史中。*实用主义*、*存在主义*和活力论（或*生命哲学*）的兴起，都表现了对人的生命和思想的这种宽泛的认识。对19世纪典型的非理性主义者A.*叔本华*来说，*唯意志论*表达了实在的本质——渗入一切存在的一种盲目的、无目的的意志。F.W.J.von*谢林*和H.*柏格森*只承认人类经验的唯一性，成为“能见科学所不能见之事物”的直觉论者。F.*尼采*认为道德准则是神话、谎言和欺骗，是用来掩盖在幕后起作用的那些影响思想和行为的力量的。在存在主义方面，S.*克尔凯郭尔*、J.-P.*萨特*和A.*加缪*都认为世界是支离破碎的，对得出理智的结论感到失望。总的说来，非理性主义或者认为世界缺乏理性的结构、意义和目的（在本体论中），或者认为理性天生是有缺陷的，在认识宇宙时必然会产生歪曲（在认识论中），或者认为乞灵于客观标准是无益的（在伦理学中），或者认为人本性的主要方面是非理性的（在人类学中）。

**非淋菌性尿道(宫颈)炎** nongonococcal urethritis or cervicitis; NGU or NGC 通过性交传染的一种泌尿生殖道炎症。尿道分泌物中常查到沙眼衣原体或支原体等，而查不到淋球菌。初起常为尿道轻度痒、痛，尿道口红、有黏液。还可并发前列腺炎、附睾炎。女性症状少，可并发宫颈炎、前庭大腺炎、子宫内膜炎、输卵管炎、盆腔炎等。治疗选用大环内酯类或四环素类药物，如阿奇霉素、强力霉素等。性伴侣应同时接受治疗，治疗期间应禁止性生活，忌酒。

**非美活动调查委员会** House Committee on Un-American Activities 1938～1969年美国国会众议院设立的反共、反民主机构。1938年5月26日，美国国会众议院设立临时性的非美活动调查委员会。以反共著称的得克萨斯州参议员M.戴斯担任主席，故又称戴斯委员会。1945年该委员会成为众议院常设机构后，加紧法西斯迫害活动，非法解雇3 800名政府雇员。1946年该委员会主席、三K党员P.托马斯公开声称要通过揭发、追查手段“彻底根除共产主义”。1947年制造了好莱坞电影工作者案件，300多名文艺界人士受到株连。1948年它又参与了联邦法院非法逮捕美共12位领袖事件，并通过国会提出反共、反民主的《管制颠覆活动法案》。该法案在1950年作为《国内安全法案》的一部分被国会通过。法案公然要求共产党向美国政府登记全部党员名单。在该委员会的迫害下，许多共产党员和进步人士被解雇以至判刑和罚款。1969年2月18日，该委员会改名为国内委员会，限于调查国内共产主义活动。由于它30多年来臭名昭著的反民主历史，于1975年1月被迫撤销。

**非牛顿流体力学** non-Newtonian fluid mechanics 由*流变学*发展起来的研究非牛顿流体应力和应变关系以及非牛顿流体流动问题的学科。非牛顿流体是剪应力和剪切变形速率之间不满足线性关系的流体。自然界中存在着大量非牛顿流体，如油脂、油漆、牛奶、牙膏、动物血液、泥浆等。1976年K.沃尔特斯等人创办《非牛顿流体力学杂志》，以及70年代后期出版了非牛顿流体力学、聚合物加工、流变技术等专著表明非牛顿流体力学即发展成为一个独立的学科。非牛顿流体力学在化纤工业、塑料工业、石油工业、化学工业、轻工业、食品工业等许多部门有广泛的应用。

依本构方程的不同，非牛顿流体分为3类。①广义牛顿流体。如自然界中大多数浆糊状流体、悬浮液、塑料熔质等。②有时效的非牛顿流体。如大部分被称为触变流体的胶状液体就是其中的一种，其特性是静止时黏稠，甚至呈固态，但搅动后变稀而易于流动。③黏弹性流体。如沥青。

非牛顿流体的流动具有与牛顿流体流动截然不同的特性。对广义牛顿流体中的塑性流体在管中流动时，管轴线附近的塑性流体所受的剪应力小于它的屈服应力，因此类似固体在管中平移；管壁面附近流体则因剪应力超过屈服应力而处于流动状态。而拟塑性流体或膨胀流体在管道中流动时，流量和压差的关系是非线性的。对有时效的非牛顿流体中的触变流体，若将其装入同心圆筒式黏度计的环形缝隙中，静止一段长时间后，让任一圆筒以等速旋转，就可发现流体的黏度随时间而减小。对黏弹性流体而言，其典型流动有定常剪切流动、拉伸流动和伸缩流动。定常剪切流动中，黏弹性流体在剪切流动时有沿旋转棒向上爬的现象，称魏森贝格效应（图1）。黏弹性流体通过细管形成挤出射流时，射流束直径显著胀大（图2）。例如聚苯乙烯在175～200℃较快挤出时，直径胀达2.8倍。拉伸流动中，黏弹性流体的拉伸黏度随变形速率增加而增加，从而会产生开口虹吸现象（图3）。收缩流动中，牛顿流体在中心产生环流，黏弹性流体则会在壁面

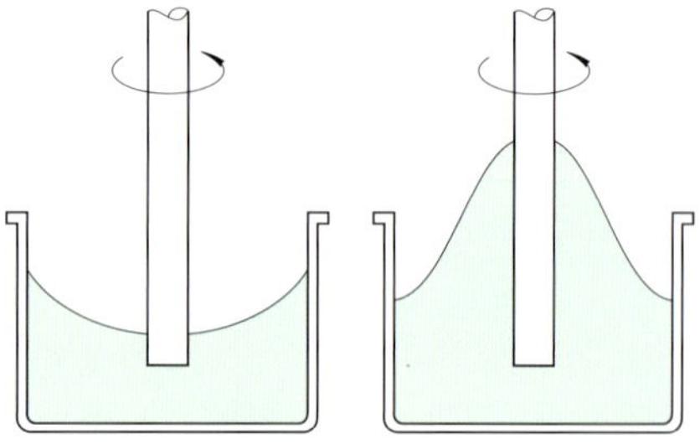
a 牛顿流体　　b 黏弹性流体

图1　魏森贝格效应

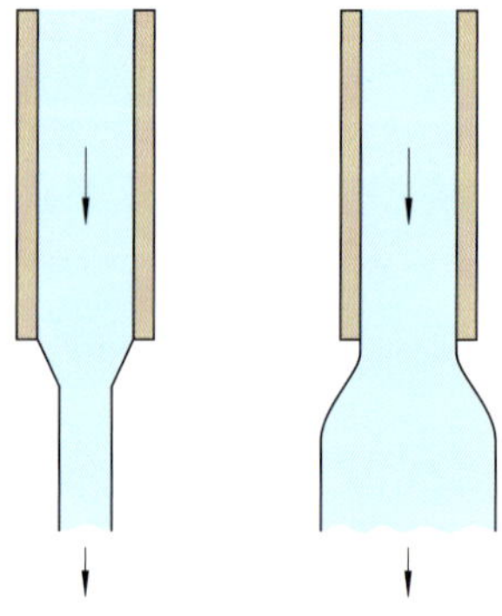
a 牛顿流体　　b 黏弹性流体

图2　挤出胀缩现象

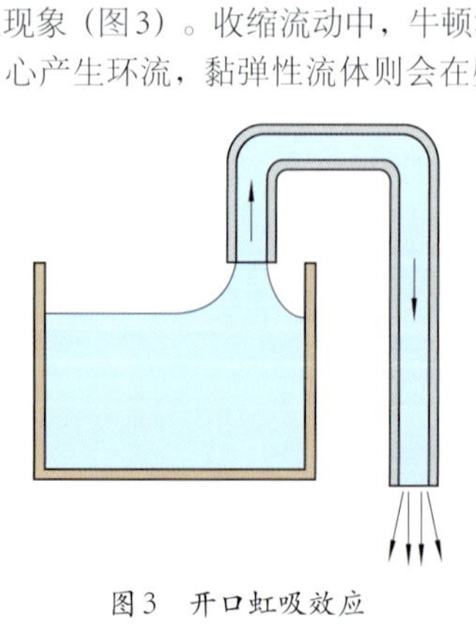

图3　开口虹吸效应

产生环流。

**非欧几里得几何学** non-Euclidean geometry 不同于欧几里得几何学的几何体系。简称非欧几何。一般是指罗巴切夫斯基几何（双曲几何），与之相对照的还有黎曼的椭圆几何。非欧几何与欧氏几何的最主要区别在于公理体系中采用了不同的平行公理。

从欧几里得的《几何原本》问世（公元前300年）到1800年，许多数学家尝试用欧几里得的其他公设去证明欧几里得平行公理，均告失败。19世纪，C.F.高斯、N.I.罗巴切夫斯基和波尔约各自独立地认识到这种证明是不可能的，即欧几里得平行公理是独立于其他公理的，并且若用另外的平行公理代替它，可建立另一个几何系统。高斯关于非欧几何的信件和笔记在他去世（1855）后才发表。罗巴切夫斯基和波尔约在1830年前后分别发表了他们关于非欧几何的理论。替代欧几里得平行公理的是罗巴切夫斯基平行公理：在平面上过已知直线外一点至少有两条直线与已知直线不相交。在这种几何里，三角形的内角和小于两直角。后人称它为罗巴切夫斯基几何学，简称罗氏几何，或双曲几何。

与罗氏几何相对照，还可以采用公理："同一平面上任何两直线必相交。"代替欧几里得平行公理。在这种几何里，三角形的内角和大于两直角。这种非欧几何称为椭圆几何。

B.黎曼在1854年的著名演讲中指出这三种空间模式分别对应于高斯曲率为零、负常数和正常数的曲面。

非欧几何是在其创造者死后才得到承认的。E.贝尔特拉米在伪球面上实现非欧几何。F.克莱因在1871年首先认识到射影几何可推导出度量几何，并建立了非欧平面几何（整体）的模型。这样，非欧几何相容性问题仍然归结为欧氏几何的相容性问题。

非欧几何的创建打破了长期以来欧氏几何学的一统天下，从根本上革新和拓广了人们对几何学观念的认识，并导致人们对几何学基础的深入研究。希尔伯特于1899年建立了欧氏几何的公理体系，并影响到算术、数理逻辑、概率论等学科相继建立起自己的公理体系，使公理化方法成为现代数学的重要方法之一。

非欧几何的创建对于20世纪初物理学关于空间、时间观念的变革也起了重大作用。按照爱因斯坦广义相对论的研究，宇宙结构更接近于非欧几何学。

另外，非欧几何学在数学的一些分支有重要的应用。例如，H.庞加莱利用复平面做出罗氏几何模型，并且证明自守函数的基本区域是一些互相合同的多边形，该结果对于建立自守函数理论有重要作用。

**非斯** Fès 摩洛哥北部历史名都和伊斯兰教圣地，非斯省首府。人口94.68万（2004）。摩洛哥最早建立的阿拉伯城市。由旧城、新城和现代化城区组成。摩洛哥四大古皇城之一。旧城麦地纳始建于790年，并很快成为摩洛哥第一个王国的都城。11世纪时，作为伊斯兰圣城，称非斯－埃尔－巴里，有北非最古老的卡拉韦因清真寺和伊德里斯二世陵寝。1276年，在旧城西另建新非斯，称非斯－埃尔－杰季德，有宫殿、商业中心和大清真寺。14世纪成为学术和商业中心，具有伊斯兰特色的古城堡、宫殿等文物古迹比比皆是，有多处博物馆和清真寺。20世纪前期，在西南高地上另建现代化新城。全市1/3人口从事手工业，所产铜器、陶器、银器、丝绸、刺绣和皮革制品享誉国内外，另有食品、建筑材料、木材加工、机械、电器、陶瓷、制革、家具等工业，已成为中等工商业中心。郊区种植谷物、蚕豆、油橄榄和葡萄，有牛羊饲养业。市内有859年建立的卡拉韦因大学和1974年建立的西迪·穆哈默德·阿卜杜勒大学。1981年，非斯老城被联合国教科文组织列入《世界遗产名录》。市区伊斯兰建筑艺术精湛，花木繁茂，多清泉。城外果树、油橄榄林葱郁，是著名旅游胜地。有铁路、公路通往丹吉尔、拉巴特、达尔贝达（卡萨布兰卡）和乌季达，是全国交通枢纽。市东南有国际机场。

俯视非斯一角

**非物质文化遗产** intangible culture heritage 各社区、族群、群体或个体世代相承的，尤其是口传心授的各种文化表达、民俗生活、本土知识和传统技能，以及与之相关的器具、技艺、象征、手工制品和文化空间。这种文化遗产，对于维系社区传统、凝聚民族认同、促进族际文化交流具有不可替代的作用，既是各自民族宝贵的精神财富，又是世界文化多样性和人类创造力的组成部分。非物质文化遗产可分为两类：①文化表现形式。包括口头传统以及作为文化表达手段的语言，民俗生活、仪式礼仪、节日庆典，传统表演艺术，有关自然界和宇宙的民间传统知识和实践，传统的手工技艺和诀窍等。②文化空间。即集中开展周期性的传统民众文化活动的空间和时间，如庙会、歌圩等。世代相传的文化空间是非物质文化赖以存在和传承的重要条件，它总与一定的文化渊源、与在其中展现并赖以传承的文化息息相关。"文化空间"不仅具备历史性、人文性、地域性、民族性等特征，同时在现实的时空中仍然具备生命活力，并呈现出社区民众生活的实际状态。

**非线性光学** nonlinear optics 现代光学的一个分支，研究介质在强相干光作用下产生的非线性现象及其应用。激光问世之前，基本上是研究弱光束在介质中的传播，确定介质光学性质的折射率或极化率是与光强无关的常量，介质的极化强度与光波的电场强度成正比，光波叠加时遵守线性叠加原理。在上述条件下研究光学问题称为线性光学。对很强的激光，例如当光波的电场强度可与原子内部的库仑场相比拟时，光与介质的相互作用会产生非线性效应，反映介质性质的物理量（如极化强度等）不仅与场强$E$的一次方有关，而且还决定于$E$的更高幂次项，从而导致产生线性光学中不明显的许多新现象。介质极化率$P$与场强的关系可写成：

$$P = a_1E + a_2E^2 + a_3E^3 + \cdots$$

非线性效应是比$E$项更高幂次项起作用的结果。常见非线性光学现象有：①光学整流。$E^2$项的存在会引起介质的恒定极化项，产生恒定的极化电荷和相应的电势差，电势差与光强成正比而与频率无关，类似于交流电经整流管整流后得到直流电压。②产生高次谐波。弱光进入介质后频率保持不变。强光进入介质后，由于介质的非线性效应，除原来的频率$\omega$外，还将出现$2\omega$、$3\omega$……等的高次谐波。1961年美国的P.A.弗兰肯和他的同事们首次在实验上观察到二次谐波。他们把红宝石激光器发出的3千瓦红色（694.3纳米）激光脉冲聚焦到石英晶片上，观察到了波长为347.15纳米的紫外二次谐波。若把一块铌酸钡钠晶体放在1瓦、1.06微米波长的激光器腔内，可得到连续的1瓦二次谐波激光，波长为532.3纳米。非线性介质的这种倍频效应在激光技术中有重要应用。③光学混频。当两束频率为$\omega_1$和$\omega_2$（$\omega_1>\omega_2$）的激光同时射入介质时，如果只考虑极化强度$P$的二次项，会产生频率为$\omega_1+\omega_2$的和频项和频率为$\omega_1-\omega_2$的差频项。利用光学混频效应可制作光学参量振荡器，这是一种可在很宽范围内调谐的类似激光器的光源，可发射从红外到紫外的相干辐射。④受激拉曼散射。普通光源产生的拉曼散射是自发拉曼散射，散射光是不相干的。当入射光采用很强的激光时，由于激光辐射与物质分子的强烈作用，使散射过程具有受激辐射的性质，称受激拉曼散射。所产生的拉曼散射光具有很高的相干性，其强度也比自发拉曼散射光强得多。利用受激拉曼散射可获得多种新波长的相干辐射，并为深入研究强光与物质相互作用的规律提供手段。⑤自聚焦。介质在强光作用下折射率会随光强的增加而增大。激光束的强度具有高斯分布，光强在中轴处最大，并向外围递减，于是激光束的轴线附近有较大的折射率，像凸透镜一样光束会向轴线自动会聚，直到光束达到一细丝极限（直径约$5\times10^{-6}$米），并可在这细丝范围内产生**全反射**，犹如光在**光学纤维**内传播一样。⑥光致透明。弱光下介质的吸收系数（见**光的吸收**）与光强无关，但对很强的激光，介质的吸收系数与光强有依赖关系，某些本来不透明的介质在强光作用下吸收系数会变为零。

研究非线性光学对激光技术、光谱学的发展以及物质结构分析等都有重要意义。常用的二阶非线性光学晶体有磷酸二氢钾（KDP）、磷酸二氢铵（ADP）、磷酸二氘钾（KD*P）、铌酸钡钠等。此外还发现了许多三阶非线性光学材料。

**非线性规划** nonlinear programming 目标函数是非线性函数或约束条件不全是线性等式（不等式）的一类数学规划。在科学管理和其他领域中，很多实际问题可以归结为线性规划，但还有另一些问题属于非线性规划。由于非线性规划含有深刻的背景和丰富的内容，已发展为**运筹学**的重要分支，并且在最优设计、管理科学、系统控制等领域得到越来越广泛的应用。

非线性规划的研究始于1939年，是由W.卡鲁什首次进行的，40年代后期进入系统研究，1951年H.W.库恩和A.W.塔克尔提出最优化的判别条件，从而奠定了非线性规划的理论基础，后来在理论研究和实用算法方面都有很大的发展。

非线性规划求解方法可分为无约束问题和约束问题来讨论，前者实际上就是多元函数的极值问题，是后一问题的基础。无约束问题的求解方法有最速下降法、共轭梯度法、变尺度法和鲍威尔直接法等。关于约束问题情况比较复杂，因为在迭代过程中除了要使目标函数下降外，还要考虑近似解的可行性。总的原则是设法将约束问题化为无约束问题；把非线性问题化为线性问题从而使复杂问题简单化。求解方法有可行方向法、制约函数法、简约梯度法、约束变尺度法、二次规划法和约束集法等。虽然这些方法都有较好的效果，但是尚未找到可以用于解决所有非线性规划的统一算法。

**非线性科学** nonlinear science 研究各类系统中非线性现象的共同规律的一门交叉科学。线性指两个变量之间可用直角坐标中一段直线表示的一种关系，例如正比关系。由线性关系描述的系统满足叠加原理，通过研究其对简单输入的响应，叠加起来就可导出和描述其他输入的响应。线性系统的整体性态通常可由各局部性态叠加或放大得到，从而比较容易分析，但也限制了它的适用范围。在自然科学和工程技术里，不少现象不能采用线性模型描述，如摆的大幅度摆动，继电器二极管的特性，自激振荡电路的机理等。从逻辑上说，非线性就是不满足线性叠加原理的性质。但人们真正关注的，是仅用线性理论所不能解释的那些现象，统称为非线性现象。

每一门科学有它自己的非线性问题，并形成各自的非线性学科分支。非线性科学不是各门非线性学科的简单综合，它研究出现于各种具体的非线性现象中的那些共性。这些共性有的已可以用适当的数学工具描述，表现为一些数学定律，但有的还难找到相应的数学描述，没有严格的数学理论。非线性科学着眼于定量的规律，主要用于自然科学和工程技术，对社会科学的应用一般还局限在类比和猜测，难以有实质性的定量结果。

非线性科学中较成熟的部分是非线性动力学，19世纪末法国H.庞加莱的两项工作——常微分方程的定性理论和天体运动中定量计算使他成为非线性科学最早的代表人物。20世纪前叶，无线电技术促使非线性振动理论的诞生，继承和发展了庞加莱的成果。20世纪60年代后，大气科学和流体力学中利用计算机进行的数值研究，分析力学中数学理论的进展，以及统计物理中远离平衡态系统性态的研究等，促进了在横向联系上发现并研究各类不同系统由于非线性而导致的共性，即非线性科学。

一般认为非线性科学应包括以下3个主要部分：①孤立波。在传播中形状不变的单波，有些孤立波在彼此碰撞后仍能保持原形，带有粒子的性质，称为孤立子，它们在不少自然现象和工程问题中遇到，如光导纤维通信技术的改进需要对光学孤立子性质有进一步的了解。②混沌。一种由确定性规律支配却貌似无规的运动过程。近几十年通过数值实验、物理观测和数学分析得到确认并在自然和工程系统里找到许多有趣的例子。③分形。一个几何概念，它由像云彩、海岸线、树枝、闪电等不规整但具有某种无穷嵌套自相似性的几何图形抽象概括得出。按照这种理论可测出某一段海岸线可能是1.32维的分形。上述三项内容在一个具体的非线性课题里又往往是联系着的。如耗散系统的混沌过程往往可用相空间里一个分形描述。又如近代前沿课题图型动力学里，某一系统的整体空间图型可能是分形，而局部的时间动态又要用混沌过程刻画。再如在分岔理论里，要考虑系统怎样由于其参量改变而导致性态发生定性的变化，它除了引用传统的平衡、振动、稳定性等概念外，也考虑涉及混沌动态和分形图型的分岔问题。

由于学科的交叉性，非线性科学和一些新学术如突变论、协同论、耗散结构论有相通处，并从中吸取有用的概念理论。但非线性现象很多，实证的非线性科学只考虑那些机制比较清楚，现象可以观测、实验，且通常还有适当的数学描述和分析工具的研究领域。随着科学技术的发展，这个范围将不断扩大。

**非线性控制系统** nonlinear control system 状态变量相对于输入变量，和/或输出变量相对于状态变量及输入变量的运动特性不能用线性关系描述的控制系统。非线性系统中必包含非线性元件，但逆命题不一定成立。非线性系统的数学模型，按变量是连续的或离散的，分别是非线性微分方程组或非线性差分方程组。非线性控制系统的形成基于两类原因：一是被控系统中包含有不能忽略的非线性因素，二是为提高控制性能或简化控制系统结构而人为地采用非线性元件。

非线性控制系统中会出现一些线性控制系统中不可能出现的复杂性态：①非线性系统的稳定性和其他动态行为，不仅与系统的结构和参数有关，还与系统的初始条件和输入信号大小有关。②非线性系统的稳态行为除了平衡态外，还可能有周期轨道，或者非周期的混沌态等。③非线性系统控制的目的和方式千差万别，例如，产生有一定振幅和频率的自激振荡，用非线性改善控制系统的品质，利用非线性特性实现最速控制，消除混沌、产生混沌和严格控制混沌同步等。非线性控制系统在许多领域都有广泛的应用。除一般工程系统外，在机器人、生态系统和经济系统的控制中也具有重要意义。

**非营利组织** non-profit organization; NPO 原指个人为实现某种非经济性愿望或目标

而发起的各类社会机构或组织。泛指从事社会公益性或互益互助性生产与服务的既非政府又非企业的社会组织。既有公益类，如基金会、公众筹款组织；又有互益类，如社交联谊会、互助合作社、业主协会和专业协会；还有服务类，如某些私人创设的学校、医院、社会福利服务机构、艺术团体、博物馆、研究机构等。主要特征是志愿性和非营利性。后者指不以营利为目的，经营所得不得分红，不得以任何形式将组织资产转为私人资产。

**非甾体抗炎药** non-steroid anti-inflammatory drug; NSAID 除甾体（固醇激素）以外的、抑制机体炎症反应的药物。其原型药物为阿司匹林，长期用于抑制风湿性疾病中的炎性过程。阿司匹林及其类似药物能抑制促炎症激素即前列腺素的合成。前列腺素促进胃黏膜血运、增加黏液和重碳酸盐的分泌，有助保护胃黏膜免于发生溃疡，故阿司匹林抑制它，就带来诱发胃肠道出血的副作用。

**非战争军事行动** military operations other than war 为达成国家安全利益而使用军事力量进行的不直接构成战争的军事活动。一般包括国际维持和平行动、反恐怖、反走私、缉毒、武装戒严、防暴平暴、抢险救灾等。是一种兼顾国家平时与战时、近期与远期安全利益的军事行动方式。

美军特种作战分队在伊拉克实施搜捕行动

冷战结束后国际安全形势总体趋于缓和，以经济发展为核心的综合国力较量已成世界性趋势。在世界政治多极化和经济全球化趋势不断加强的情况下，用非战争军事行动配合国家政治、经济、外交领域的斗争，以实现国家意志、维护国家安全利益，成为许多国家的一种战略选择。

**非政府组织** non-governmental organizations; NGO 泛指致力于社会公益事业的非营利性民间组织。又称“第三部门”组织等。

广义的非政府组织早已有之。从19世纪末到第一次世界大战期间，非政府组织虽然开始向世界范围扩展，但主要同上流社会相联系，并大都由城市的精英阶层所掌握。第二次世界大战以后，一些旨在促进第三世界发展的组织被包括进来。20世纪末，一些非政府组织的活动范围已经跨越国界，发展成为全球性的国际组织。

非政府组织按照其功能的不同，可以分为服务型、互助型、中介型和影响公共决策的压力型组织四类；按其所在的国别不同，可分为设在发达国家的北方非政府组织（如拯救儿童组织、大地之友等）和南方非政府组织（如地区性或者全国性的社区协会、工会、互助社等）；按照其工作内容不同，可以分成诸如环保类、人权类、福利类、经济类、军事类等组织类型。另外，根据非政府组织的工作基层性情况，此类组织还被称为草根组织，如各种“草根援助组织”等。

非政府组织的基本特征主要有非强制性、非政治性、活动领域的特定性和专业性、价值观和意识形态有明显的倾向性等。

**非织造布** non-woven fabric 定向或随机排列的纤维网通过摩擦、抱合或黏合的方法或者通过这些方法的组合进行固结制成的片状或絮填类产品。俗称无纺布。非织造布的生产包括成网和固结两个过程。成网方法主要有梳理成网、纺丝成网、浆粕气流成网、湿法成网、组合成网等。固结方法主要有化学黏合法、热黏合法、针刺法、水刺法等。

非织造布分薄型和厚型两大类。薄型的用作服装衬里、装饰布、手帕、妇女卫生用品等；厚型的用作絮片、地毯、过滤材料、土工布（路基布）等，还可用于制作隔热、透气、耐热、耐磨、隔声、防震、防毒、防辐射等特殊用途的材料。近年非织造布加工工艺发展迅速，产品日益多样化。

**非致命弹药** non-lethal ammunition 可使有生目标暂时失去战斗能力，并使武器装备等效能降低乃至失效的全新弹药。又称软杀伤弹药或失能弹药。主要供军队、警察和保安人员等使用。其特点是不仅能使被攻击目标出现功能失调或失效，同时又能最大限度地减少附带损伤。

按所攻击的目标，可分为：①对有生目标的非致命弹药。包括：刺激弹药，如催泪弹、催吐弹、臭味弹等，通常以刺激剂为主要装填物，用以刺激人的眼、鼻、喉及皮肤的感觉神经末梢，使人迅速出现流泪、喷嚏、恶心、奇痒、头疼、灼疼等症状；动能非致命弹药，如痛球弹、痛块弹、木质短棍弹等，通常以弹丸或弹丸破片、子母弹丸等杀伤元件的终点动能打击有生目标，使人肌体红肿、皮肉损伤或被击倒；特种非致命弹药，如次声波或超声波弹、闪光弹、爆振弹、激光弹和化学黏剂弹等，主要采用高新技术，以声、光、电能、特种物质等一种或多种，或与刺激弹药、动能非致命弹药等结合产生综合效应，使有生目标暂时丧失活动能力而又不丧失生命。②对非有生目标的非致命弹药。包括：用于反电子和光电传感器的电磁干扰弹、非核电磁脉冲弹、高功率微波弹、低能和高能激光弹、烟幕弹、γ射线弹、光学涂料弹等，用于反车辆、机场跑道等目标的胶黏剂弹、乙炔弹、粉末润滑弹、燃料改性添加剂/增稠剂弹及轮胎腐蚀剂弹等，用于反基础设施的碳纤维弹、腐蚀性细菌弹及脆化剂弹等。

**非洲** Africa 全称阿非利加洲。位于欧亚大陆的西南面。东濒印度洋，西临大西洋，北隔地中海与欧洲相望，东北以红海和苏伊士运河与亚洲分界。面积3 029万平方千米（包括亚洲境内的埃及领土西奈半岛），约占世界陆地总面积的1/5，是仅次于亚洲的世界第二大洲。非洲人口约10亿（2009），约占世界总人口的14.7%，次于亚、欧两洲。全洲人口密度平均每平方千米33人，低于欧、亚两洲，但自然增长率高于发展中国家平均水平。平均预期寿命只有53岁。

非洲居民的种族、民族和部族构成非常复杂，尼格罗人种占全洲人口2/3以上，其余属欧罗巴人种和蒙古人种。还有一部分过渡型和混血人种。尼格罗人种分布在撒哈拉以南非洲广大地区。欧罗巴人种以阿拉伯人为主，集中分布在北非地区。蒙古人种集中分布在马达加斯加岛。东非北部居住的埃塞俄比亚人种，是介于欧罗巴人与尼格罗人之间的过渡型人种。此外，还有晚期的外来移民及其后裔，包括印度人、巴基斯坦人、叙利亚人、黎巴嫩人和华人。来自欧洲的移民有400多万，绝大部分居住在南非。

大陆北宽南窄。赤道横贯中部，大致

图1　非洲第一高山——乞力马扎罗山

非洲地形
0 450 900km
欧 洲
亚
非 洲
大 西 洋
印 度 洋
地 中 海
红 海
几内亚湾
几内亚海盆
中大西洋海岭
安哥拉海盆
开普海盆
沃尔维斯海岭（鲸海岭）
巴西海盆
加那利海盆
马达加斯加海岭
纳塔尔海盆
索马里海盆
莫桑比克海峡
亚丁湾
波斯湾
直布罗陀海峡
北回归线
南回归线
赤道 0°
里斯本
马德里
阿尔及尔
突尼斯
的黎波里
开罗
雅典
地拉那
安卡拉
巴库
德黑兰
巴格达
贝鲁特
大马士革
利雅得
萨那
拉巴特
努瓦克肖特
达喀尔
巴马科
尼亚美
恩贾梅纳
喀土穆
亚的斯亚贝巴
摩加迪沙
内罗毕
达累斯萨拉姆
科纳克里
弗里敦
蒙罗维亚
亚穆苏克罗
阿克拉
洛美
阿布贾
雅温得
班吉
利伯维尔
圣多美
布拉柴维尔
金沙萨
罗安达
卢萨卡
哈拉雷
温得和克
哈博罗内
比勒陀利亚
马普托
塔那那利佛
普拉亚
拉各斯
阿特拉斯山脉
撒哈拉沙漠
西部大沙漠
东部大沙漠
伊吉迪沙漠
塔代迈特高原
舍什沙漠
阿哈加尔高原
迈尔祖格沙漠
利比亚沙漠
利比亚高原
库夫拉绿洲
提贝斯提高原
贾多高原
朱夫沙漠
伊福拉斯高原
比尔马大沙漠
阿瓦纳沙漠
恩内迪高原
努比亚沙漠
拜尤达高原
乍得盆地
尼日尔
蛇谷
富塔贾隆高原
几内亚高原
约鲁巴高原
比乌高原
阿赞德高原
尼罗河上游盆地
科尔多凡高原
埃塞俄比亚高原
索马里半岛
豪德高原
东非高原
东非大裂谷
刚果盆地
米通巴山脉
加丹加高原
比耶高原
卡拉哈迪盆地
纳米布沙漠
卡拉哈迪沙漠
德拉肯斯山脉
朗尼山
阿拉伯半岛
内夫得沙漠
代赫纳沙漠
鲁卜哈利沙漠
汉志山
小亚细亚半岛
托罗斯山脉
扎格罗斯山脉
大高加索山脉
巴尔干半岛
东部沙漠
阿拉伯沙漠
苏尔特湾
3478▲穆拉森山
2328▲谢利亚山
3340▲埃特纳火山
维苏威火山▲1277
872▲绿山
2918▲塔哈特山
图西德火山▲3265
▲库西山 3415
1988▲塔辫加克山
3088▲迈拉山
4620▲达尚峰
杜比火山 1250
喀麦隆火山▲4070
▲1420
玛格丽塔峰▲5109
5199▲基里尼亚加峰
5895▲乞力马扎罗山
2620▲莫科山
布兰德山 2606
戈龙戈萨山 1868
塔巴纳恩特莱尼亚纳山▲3482
2499▲小卡鲁山
马鲁穆库特鲁山▲2876
▲2637
▲2865
▲1524
•580
科西嘉岛
撒丁岛
巴利阿里群岛
西西里岛
马耳他岛
克里特岛
塞浦路斯岛
马德拉群岛
加那利群岛
佛得角群岛
佛得角
帕尔马斯角
比奥科岛
普林西比岛
阿森松岛
圣赫勒拿岛
马尔卡角
好望角
开普敦
厄加勒斯角
奔巴岛
桑给巴尔岛
马菲亚岛
阿尔达布拉群岛
科摩罗群岛
科摩罗群岛
马达加斯加岛
圣玛丽角
哈丰角
本·塞卡角
高度表 (m)
5000 3000 2000 1000 500 200 0 200 1000 2000 3000 5000
塞舌尔
0 200 400km
塞舌尔群岛
阿非利加群岛
维多利亚
马埃岛
阿米兰特群岛
普瓦夫尔群岛
阿方斯岛
圣蒂维岛
阿尔达布拉群岛
科斯莫莱多群岛
圣皮埃尔岛
普罗维登斯群岛
塞尔夫岛
法夸尔群岛
印 度 洋
亚速尔群岛
0 200 400km
科尔武岛
弗洛雷斯岛
法亚尔岛
特塞拉岛
圣米格尔岛
圣玛丽亚岛
大 西 洋
佛 得 角
0 200 400km
圣安唐岛
圣尼古拉岛
萨尔岛
博阿维斯塔岛
佛得角群岛
圣地亚哥岛
福戈火山 2829
普拉亚
背风群岛
向风群岛
马斯克林群岛
0 200 400km
路易港
圣但尼
留尼汪岛
留尼汪（法）
富尔奈斯火山 2631
马斯克林群岛

非洲政区
0 450 900km
欧
洲
亚
洲
非
洲
里斯本
马德里
罗马
索非亚
地拉那
伊斯坦布尔
安卡拉
巴库
克拉斯诺沃茨克
里海
黑海
科西嘉岛
撒丁岛
巴利阿里群岛
西西里岛
巴勒莫
阿尔及尔
突尼斯
马耳他岛
雅典
克里特岛
尼科西亚
直布罗陀海峡
直布罗陀(英占)
马德拉群岛(葡)
拉巴特
乌季达
君士坦丁
杰勒法
摩洛哥
萨菲
贝沙尔
图古尔特
的黎波里
苏尔特湾
贝达
塞卢姆
塞得港
大马士革
巴格达
德黑兰
安曼
巴士拉
阿巴丹
加那利群岛(西)
迈斯欧德堡
开罗
苏伊士
马安
科威特
塔尔法亚
阿尤恩
斯马拉
阿尔及利亚
利比亚
埃及
锡瓦
比尔莫格兰
舍纳尚
坦凯纳
塞卜哈
艾斯尤特
辛赫兰
利雅得
北回归线
达赫拉
西撒哈拉
舍加
加特
迈季杜勒
弗德里克
陶代尼
焦夫
阿斯旺
红海
努瓦迪布
塔曼拉塞特
基里纳
吉达
瓦迪哈勒法
毛里塔尼亚
泰萨利特
兹瓦尔
苏丹港
努瓦克肖特
马里
尼日尔
第三瀑布
第二瀑布
佛得角
佛得角群岛
基法
马达迪
乍得
第六瀑布
塞内加尔
巴西库努
达喀尔
卡伊
阿贝歇
法希尔
喀土穆
阿斯马拉
萨那
普拉亚
冈比亚
巴马科
尼亚美
津德尔
欧拜伊德
亚丁
比绍
几内亚比绍
瓦加杜古
恩古鲁
恩贾梅纳
沃赫尼
吉布提
亚丁湾
考拉纳莫达
迈杜古里
尼亚拉
塔纳湖
几内亚
康康
博博迪乌拉索
布基纳法索
尼日利亚
塔卡劳
德雷达瓦
柏培拉
科纳克里
布瓦凯
帕拉库
阿布贾
比劳
亚的斯亚贝巴
埃塞俄比亚
库尔米斯
弗里敦
塞拉利昂
利比里亚
科特迪瓦
加纳
多哥
贝宁
米亚梅雷
恩冈代雷
瓦乌
托里
哈尔格萨
摩罗维亚
亚穆苏克罗
阿克拉
洛美
波多诺伏
萨纳格
几内亚湾
塔科拉迪
哈科特港
喀麦隆
中非
班吉
班巴里
奥博
梅加
索马里
比奥科岛
杜阿拉
恩康桑巴
雅温得
洛基唐
图尔卡纳湖
阿拉马
摩加迪沙
赤道
圣多美和普林西比
圣多美
利伯维尔
加蓬
埃莱
刚果
卢旺达
乌干达
肯尼亚
刚果(金)
蒙贝雷
卡塞塞
坎帕拉
基德尼亚加峰
内罗毕
安诺本岛(赤)
布拉柴维尔
(布)
金沙萨
金杜
伊莱博
布隆迪
维多利亚湖
姆万扎
乞力马扎罗山
阿鲁沙
蒙巴萨
黑角
马塔迪
卡南加
卡巴洛
坦桑尼亚
达累斯萨拉姆
桑给巴尔岛
坦噶尼喀湖
温古贾岛
大
西
洋
阿森松岛(英)
马科拉
罗安达
卡米纳
马兰热
塔波拉
阿尔达布拉群岛(塞)
姆特瓦拉
科摩罗
科摩罗群岛(塞)
曼萨
卢本巴希
安哥拉
马孔多
莫罗尼
安齐拉纳纳
赞比亚
马拉维
利隆圭
利欣加
卢班戈
卢萨卡
梅农盖
卡塔巴
莫桑比克
穆图阿利
马任加
圣赫勒拿(英)
詹姆斯敦
纳米贝
莫桑比克海峡
宽加尔
卡里巴水库
哈拉雷
津巴布韦
马达加斯加
埃坦加
楚梅布
马翁
塔那那利佛
赫鲁特方丹
托拉拜
纳米比亚
博茨瓦纳
马达加斯加岛
鲸湾港
温得和克
马纳卡拉
马布尔普洛特
哈博罗内
比勒陀利亚
南回归线
察邦
马普托
吕德里茨
塞海姆
约翰内斯堡
斯威士兰
金伯利
南非
莱索托
德班
印
度
洋
东伦敦
开普敦
伊丽莎白港
塞舌尔
0 200 400km
塞舌尔群岛
阿非利加群岛
阿米兰特群岛
维多利亚
马埃岛
普瓦夫尔群岛
南纬5°
阿方斯岛
奎蒂维岛
阿尔达布拉群岛
普罗维登斯群岛
圣皮埃尔岛
科斯莫莱多群岛
塞尔夫岛
法夸尔群岛
亚速尔群岛
科尔武岛
弗洛雷斯岛
法亚尔岛
特塞拉岛
亚速尔群岛(葡)
圣米格尔岛
圣玛丽亚岛
北纬40°
西经30°
佛得角
圣安唐岛
圣维森特岛
萨尔岛
圣尼古拉岛
佛得角群岛
博阿维斯塔岛
圣地亚哥岛
福古岛
马尤岛
布拉瓦岛
普拉亚
北纬15°
西经25°
马斯克林群岛
毛里求斯
路易港
南纬20°
圣但尼
留尼汪岛
留尼汪(法)
马斯克林群岛
东经56°

图2　非洲大草原上的角马群

平分全洲为南北两部分，全洲3/4以上面积位于南、北回归线之间，热带、亚热带地区占95%以上。大陆轮廓完整而单调。除西部的几内亚湾、北部的苏尔特湾和东部的索马里半岛外，缺少深入内陆的海湾和突出的半岛；沿海岛屿也较少，除马达加斯加岛外，其余均为小岛，且多数远离大陆。海岸平直，大陆海岸线全长30 500千米。地理上习惯把非洲分为**北非**、**东非**、**西非**、**中非**和**南非**。

**地理**　非洲地形的主要特点是高原面积广大，大体呈现为一个由东南向西北倾斜的大高原，有“高原大陆”之称。海拔200～2 000米的台地和高原占全洲面积86.6%，东部**乞力马扎罗山**的基博峰海拔5 895米，为非洲最高峰。大致以刚果河河口至埃塞俄比亚高原北部边缘一线为界，东南半部较高，多为海拔1 000米以上的高原，称“高非洲”；西北半部较低，多为海拔500米左右的低高原和台地，称“低非洲”。**东非大裂谷**纵贯“高非洲”南北，地表起伏较大，高差悬殊，这里有称为“非洲屋脊”的埃塞俄比亚高原、谷深崖陡的东非高原和面积广大的南非高原。

根据构造基础、地形特点和主要地貌类型，非洲大致分为以下几个地形区：①阿特拉斯褶皱山地区，由大陆西北部的阿特拉斯山系组成，为中生代末和第三纪褶皱形成的一系列平行山脉（见**阿特拉斯山脉**）。②撒哈拉沙漠台地区，又称北非台地。指阿特拉斯山地和地中海岸以南，大致在北纬14°以北，西起大西洋，东到红海之滨的广大地区（见**撒哈拉沙漠**）。③上几内亚-刚果台地区，包括撒哈拉沙漠以南、东非大裂谷以西、刚果河与赞比西河分水岭以北的地区。④东非裂谷高原区，包括赞比西河以北、红海西岸卡萨尔角以南、刚果盆地和尼罗河上游盆地以东的大陆部分，是非洲地势最高、地表高差最悬殊、地貌类型最复杂的地区。东非大裂谷与两侧高地之间，相对高差可达600～1 000米，此区北部的**埃塞俄比亚高原**是非洲大陆最高的高原；中部是东非湖群高原，南部为马拉维高地。⑤南非高原区，指刚果河与赞比西河分水岭以南的大陆部分，是全洲面积最大的高原。中西部和西部沿岸有著名的**卡拉哈迪沙漠**、**纳米布沙漠**，多巨大的流动沙丘。⑥沿海岛屿，马达加斯加岛是非洲最大的岛屿，地势东高西低，许多河流向西注入莫桑比克海峡。非洲所属其他岛屿多为火山岛，面积不大，散布在西印度洋和大西洋。

在非洲的地质演变过程中，生成多种丰富的矿藏。白垩纪喷发的金伯利岩筒，是金刚石的原生矿体，广泛分布在南部非洲地区。沉积矿床有南非的煤、锰矿，北非的磷酸盐矿，西非的铝土矿，北非、西非和几内亚湾往南沿海的石油等。铬铁矿主要分布在南非和津巴布韦境内，共占世界铬铁矿总储量的92.3%。铁矿主要分布于利比里亚、几内亚、科特迪瓦、塞拉利昂、毛里塔尼亚和南非境内。金矿储量约占世界一半，主要分布在南非、津巴布韦和加纳。铀矿主要分布在南非、尼日尔和加蓬，储量约占世界的30%。刚果（金）和赞比亚境内分布着世界著名的中非铜矿带，也是世界钴矿储量最多的两个国家。金刚石储量占世界86%以上，主要分布在南非、刚果（金）、博茨瓦纳、安哥拉、纳米比亚、加纳等国。磷酸盐储量约占世界一半，主要分布在北非和西非，以摩洛哥和西撒哈拉境内储量最大。几内亚的铝土矿储量居世界第一。石油储量约占世界8%，天然气占5.5%，主要分布于利比亚、尼日利亚、阿尔及利亚、安哥拉、埃及、加蓬等国。南非、博茨瓦纳、斯威士兰、津巴布韦等国有以硬煤为主的煤炭资源。

非洲有“热带大陆”之称。是气候纬度地带性表现最明显的大陆，各气候类型区东西延伸，呈带状分布，南北更替，并对称于赤道。大致赤道地区为热带雨林气候，由此向南北，渐次更替为热带草原气候和热带干旱气候，大陆南北两端则为亚热带地中海气候。气温很高，除南、北两端和局部高山区外，约占全洲面积95%的地区，年平均气温在20℃以上。撒哈拉沙漠为全球炎热中心，7月平均气温达30～40℃以上。大部地区降水稀少，加之日照强烈，蒸发旺盛，形成广大的干旱与半干旱区。平均年降水量在250毫米以下的干旱沙漠区约占全洲面积的2/5，其中撒哈拉沙漠广大地区不足50毫米，甚至多年无雨。

非洲大陆地势由东南向西北倾斜的特征，决定了其水系多流入大西洋（包括地中海）；干旱地区广大和大陆边缘多山，形成了大陆内流区和无流区面积广大及沿海河流短小的特点。外流区面积2 030万平方千米，占全洲面积67%。其中，印度洋流域占外流区面积的26.6%，大河较少；大西洋流域占73.4%，全洲大河多分布于此。内流区和无流区面积900多万平方千米，约占全洲面积的33%。全洲流域面积超过100万平方千米的大河有**尼罗河**、**刚果河**、**尼日尔河**和**赞比西河**，4条河的流域总面积占全洲外流区面积的1/2。非洲的湖泊较多，面积大小悬殊，湖水深浅各异。较大的湖泊多为断层湖，集中分布在东非裂谷带内，一般湖形狭长，湖底深陷。如**坦噶尼喀湖**、**马拉维湖**等。

与气候带一样，土壤、植被和动物界也具有明显的纬度地带性和南北对称的特征。热带雨林气候区，发育着砖红壤、红壤土。热带雨林植被繁茂，高大乔木占绝对优势。动物主要有以大猩猩、黑猩猩为代表的猿猴类，以森林羚羊、野猪、水牛、小河马为代表的有蹄类。森林边缘地带有长颈鹿、狮、豹、灵猫、非洲象等。热带草原气候区，发育着热带红棕色土和棕色土。是世界热带稀树草原的最大分布区，植物群落中主要是大型的禾本科草类。有蹄类动物种类、数量均居世界各洲之冠。优势种有羚羊、斑马、犀牛、河马、长颈鹿等。典型食肉动物有狮、猎豹、豹、鬣狗、

图3　非洲马里的大清真寺

豺以及各种小型食肉类。热带草原区的南北两侧，广泛分布着漠境土，植物种类贫乏，以各种禾草和灌木为主。动物主要是有蹄类动物，如北非的单峰驼、野驴、瞪羚、斑马等。非洲大陆南北两端，发育着地中海型红色土、棕色土和栗钙土。植被多为亚热带常绿硬叶林和灌丛。动物具有适应森林灌丛的特征。阿特拉斯山地的代表动物是北非蛮羊和无尾猿，其他哺乳动物有北非鹿、熊、狐、跳鼠、鼹鼠等。鸟类以鹰为代表。

历史　非洲是人类起源地之一，具有悠久的历史和丰富的文化遗产。距今600万年前，现知最早的人类——千禧人出现在非洲。之后还有地猿、扁脸肯尼亚人、南方古猿等早期人类在非洲生活。公元前5000年前后，埃及的古代居民已利用定期泛滥的尼罗河水发展农业。约在前3100年，美尼斯统一上埃及、下埃及，成为埃及第1王朝的第1位国王。公元初，在埃塞俄比亚境内和尼日尔河、塞内加尔河流域，也分别建立起阿克苏姆、加纳等王国。

7世纪，西亚的阿拉伯人开始向非洲迁移，抵达大西洋岸，使阿拉伯文化和伊斯兰教在北非得到广泛传播，并陆续建立起一些阿拉伯人的国家。与此同时，基督教传到红海地区，出现几个繁盛的基督教国家。中世纪后半期，非洲中南部广大地区也陆续建立起许多王国。

从15世纪起，葡、西、荷、英、法等国殖民者相继入侵，到1876年，非洲10.8%的土地沦为殖民地。15～19世纪，非洲大陆因西方殖民者向美洲贩卖奴隶而损失的人口达6 000万以上。第二次世界大战前，非洲绝大部分土地沦为殖民地，仅剩下埃塞俄比亚、利比里亚和埃及3个独立国家。第二次世界大战后，非洲民族解放运动风起云涌，至2010年，非洲独立国家是53个。

非洲各国绝大多数属发展中国家，奉行独立自主、不结盟的对外政策，广泛发展非洲国家之间、非洲国家与世界发展中国家和西方发达国家的关系。非洲国家重视发展与中国的关系。非洲国家的区域合作广泛发展。1963年5月25日成立的非洲统一组织（简称非统），是全非洲的政治合作组织。2002年7月非洲联盟（简称非盟）正式成立，旨在取代非统，扩大合作领域，向一体化的方向发展。非洲的地区组织有：阿拉伯马格里布联盟、西非国家经济共同体、西非经济货币联盟、中非国家经济共同体、东非共同体、东南非共同市场、东南非共同市场自由贸易区、南部非洲关税同盟、南部非洲发展共同体等。

经济　长期的殖民统治，使非洲成为世界上经济发展水平最低的一洲。经济结构畸形，过度发展供出口的农、矿产品生产，粮食一般不能自给，制造业薄弱。洲内生产力分布差异很大，经济发展水平较高的国家一般位于沿海，最不发达的国家多在内陆；商品性农业基本上都分布在沿海狭长地带，制造业则高度集中于少数海港城市。

农业是非洲绝大多数国家重要的经济部门。种植业包括粮食作物和经济作物两大部门。非洲粮食作物共有20多种，除麦、稻、玉米、高粱等，还有非洲特产的粟类（御谷）、木薯、大蕉、椰枣、薯芋、芭蕉等。其中以玉米、高粱、粟类、木薯、大麦等粗粮为主，合占粮食总产量的70%以上，细粮小麦和稻谷仅占20%左右。经济作物在非洲种植业中占重要地位。非洲是世界经济作物特别是热带经济作物的重要产地和主要出口地之一。种植有棉花、剑麻、花生、油棕、腰果、咖啡、可可、茶叶、甘蔗等，还生产烟叶、橡胶、除虫菊、丁香、椰子、香蕉以及非洲特有的乳香、没药、阿拉伯树胶、卡里特果、柯拉果、阿尔法草等。畜牧业在非洲特别是撒哈拉以南各国国民经济中占重要地位。但生产率和商品率较低。其地理分布大致分为4个地区：东非地区是非洲重要的牧业地区，大约集中了全洲1/3的牛、1/4的羊和1/2的骆驼；苏丹草原地区（包括中非北部和西非中部）是仅次于东非的牧业地区，主要牲畜为牛、绵羊、山羊和骆驼；南非地区主要饲养牛和绵羊；北非地区主要牲畜是绵羊、山羊、骆驼、牛和役畜马、驴、骡。渔业以海洋捕捞为主，淡水捕捞次之。主要海洋渔业生产国有尼日利亚、纳米比亚、塞内加尔、摩洛哥、坦桑尼亚、加纳和安哥拉等。主要淡水渔业生产国有乍得、马里、刚果（金）、尼日利亚、埃及、喀麦隆和坦桑尼亚等。

非洲是世界热带木材的重要产区之一。主要包括尼日利亚、科特迪瓦、刚果（金）、刚果（布）、喀麦隆、加蓬和苏丹等国。这些国家的森林覆盖率大多在50%以上。以采伐为主，木材消费结构中，薪炭林比重较大。南非不属热带林区，但工业原木产量居非洲首位。

拥有发展工业的丰富资源，民族工业有较快发展。但工业基础还十分薄弱，全洲的工业产值仅占世界工业总产值的2%左右，且各国之间发展水平相差很大。第二次世界大战后，随着石油、天然气、铁、铀、铝土等矿的大规模开发，采矿业获得巨大发展。尼日利亚、利比亚、南非、阿尔及利亚和刚果（金）是非洲五大矿业国。制造业一般以轻工业为主，纺织和食品为其两大部门。重工业以矿冶为主，较发达的是炼油及炼铜、炼铝等有色冶金工业。

全洲远未形成完整的交通运输系统。交通运输线路多数从沿海港口伸向内地农矿区。各国独立后，发展较快，但仍落后于经济社会发展的需要。全洲铁路约1/4的线路集中在南非。南非、几内亚湾沿岸国家、西北非诸国的公路网最为密集。海运在运输业中也占重要地位，担负着各国进出口货物的绝大部分运输任务。第二次世界大战后，港口建设和海运事业发展较快。绝大多数沿海国家都有现代化港口，许多国家建立了自己的船队。

旅游收入是非洲许多国家重要的经济来源。旅游设施比较完善的国家有突尼斯、摩洛哥、埃及、南非、博茨瓦纳、肯尼亚、津巴布韦、阿尔及利亚、科特迪瓦、坦桑尼亚、毛里求斯、塞舌尔等。

**非洲联盟**　African Union　非洲独立国家的全非性政治经济组织。至2010年，共有53个成员国。前身是非洲统一组织（简称非统组织）。2001年7月9～11日，非统组织第37届首脑会议宣布，非洲联盟正式启动并取代非统；非统组织将在一年过渡期内完成历史使命，融入非洲联盟。2002年7月9日非洲联盟正式成立。随之相应地成立了联盟大会、联盟执行理事会、泛非大会、非洲最高法院、非洲中央银行等一系列下属机构。非洲联盟的宪章规定其宗旨是：进一步加强非洲国家和人民之间的团结、统一；维护成员国的主权、领土完整和独立以及本大陆的和平、安全和稳定；在大力促进经济、社会和文化可持续发展的同时，加快非洲经济的一体化，最终建立经济共同体；在事关非洲大陆及其人民利益的问题上，坚持和维护共同立场；鼓励国际合作，遵守联合国宪章和人权普遍宣言。此外还规定，要遵循民主原则，扩大民众参与，改善和维护人权，提高人民生活水平等。非洲联盟的成立，标志着非统组织在胜利完成历史使命之后，向更高程度的一体化方向迈进。

**非洲民主联盟**　Ressemblement Democratique Africaine　第二次世界大战后法属西非和法属赤道非洲的民族主义组织。1946年10月成立于法属苏丹（今马里）的巴马科。

联盟纲领提出实现非洲政治、经济和社会解放，非洲人与法国人享有完全平等的权利，实行法兰西联邦宪法规定的政治权利和公民权利以及扩大自治权利等要求。1949年底和1950年初，遭到法国殖民当局的镇压，组织受到严重破坏，引起联盟内部的分裂。1956年1月，该联盟主席F.乌弗埃-博瓦尼以及A.S.杜尔等8人当选为法国国民议会议员。1957年3月，在法属各领地议会选举中，该联盟获得476个议席中的236席，并在乍得、象牙海岸（科特迪瓦）、几内亚等领地政府中取得半数以上的职位。1957年9月，在巴马科召开第三次代表大会，会议决议要求实现法属非洲各殖民地的独立，但主要领导人仍宣布坚持同法国结盟。1958年9月28日，几内亚在对戴高乐宪法的公民投票中投反对票，使联盟公开分裂，最终于1960年停止活动。

**非洲木雕** African wood carving 非洲黑人原始部落传统的雕刻艺术。流行于热带非洲特别是西非诸国马里、科特迪瓦、几内亚、尼日利亚、加蓬、刚果（布）、刚果（金）等地的黑人部落之中。主要包括人物、动物雕像和各种仪式面具。

《酋长的凳子》（巴卢巴人木雕）

班巴拉人木雕 班巴拉人是马里最大的黑人部落，固守本族的传统宗教和风俗。他们的木雕像特征是脸面凸起，唇部方尖，发饰下坠，姿态生硬而有力。班巴拉人的祖先“塞古”的雕像，其鹰钩鼻从头越额而下，身躯细长呈圆柱形，有突出的蛙嘴。班巴拉人的图腾动物羚羊之神契瓦拉面具顶饰，戴在仪式舞蹈者头顶。羚羊的造型简略、夸张、奇异而优美，有的比较写实，有的相当抽象，类似现代的几何形构成。

多贡人木雕 多贡人是马里沃尔特河流域的黑人部落。最早（200多年前）的多贡人祖先木雕像叫特勒姆，往往高举双臂，脐带突出，有的雕像兼有男女两性的特征。越晚近的多贡人木雕越趋向几何形构成。多贡人面具多达80余种，都用于仪式舞蹈，造型细长、洗练而概括，有时人面与动物形象混合。

塞努福人木雕 塞努福人是主要定居在科特迪瓦的黑人部落。塞努福人木雕有举行祭祀仪式的德布勒雕像，也有用于夜间葬礼的德格勒头盔式面具，还有一种造型奇特的喷火兽面具，面具中部刻有各种动物形象。

巴加人木雕 巴加人是几内亚的黑人部落。巴加人木雕风格与班巴拉人木雕有些类似。巴加人崇拜的丰饶女神尼姆巴的大型肩荷面具，高约1.2米，重60多千克，下半部有4个支撑物放在舞蹈者肩上。尼姆巴女神头部有如秃鹰，上半身胸前乳房下垂，下半部系着植物根须编织的裙子。

约鲁巴人木雕 约鲁巴人是非洲较大的黑人部落之一，大多定居在尼日利亚。木雕有国王、贵族、酋长和妇女雕像，雕花祭坛上的神像以及人与动物结合的形象等。雕像色彩鲜艳，多采用象征手法。约鲁巴人的社会成员几乎每个人都有自己的面具。面具发饰复杂，表情夸张，有的被雕成双面头像。

巴库巴人木雕 巴库巴人是居住在刚果（金）的黑人部落，曾建立王国。现存的19尊巴库巴国王雕像，每尊都有王权标志和个性特征。其木雕肖像造型虽有写实倾向，但仍然夸张变形，头部与躯干几乎同样大小。

巴卢巴人木雕 巴卢巴人是居住在刚果（金）东南部的黑人部落。他们的木雕像常见的有男性的部落英雄和酋长、女性的地神等，造型特征是发饰复杂，与前额分界明显，眼睛半闭呈小杏核状，鼻子和嘴尖突，饰有文身，肌肤光亮。

**非洲奴隶贸易** slave trade in Africa 15世纪中叶至19世纪末叶，西方殖民主义国家为了向美洲殖民地种植园和矿山提供劳动力，从非洲掳走大批黑人，将其远程贩运到美洲等地，这就是血腥的非洲奴隶贸易。奴隶贸易延续4个世纪之久，为西欧资本家带来巨额利润，成为资本原始积累的重要来源。惨无人道的奴隶贸易使数千万非洲人丧失生命，给非洲政治、经济和文化的

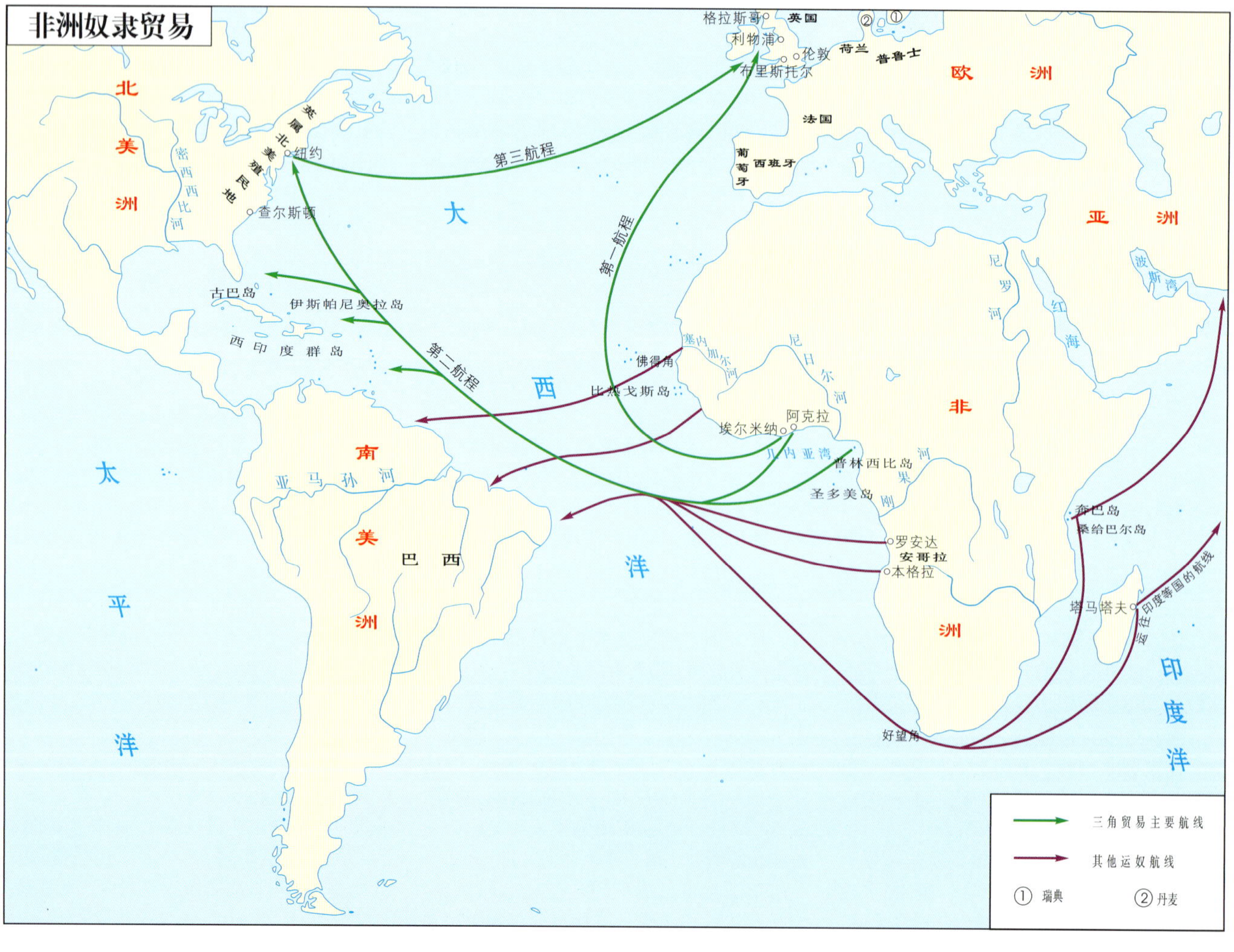

发展造成极其严重的影响，是非洲历史上一段最黑暗的时期。

在大西洋两岸间进行的奴隶贸易，大体上经过了3个发展阶段：

①15世纪中叶至17世纪中叶，奴隶贸易主要被葡萄牙、西班牙等国垄断。15世纪末C.哥伦布发现美洲后，奴隶贸易急剧地发展起来。西班牙在征服新大陆期间，杀害了大批印第安人，迫切需要廉价的劳动力来开发殖民地，于是公开鼓励从非洲输入奴隶。1518年，最早的一批非洲黑人（约250人）被带到西印度群岛的伊斯帕尼奥拉岛。此后，贩卖黑奴的规模越来越大。奴隶贸易为西班牙和葡萄牙带来了巨额财富，因此欧洲其他国家也竞相插手。英国、荷兰和法国力图打破西、葡的垄断，用武力打开了同西非几内亚湾各国进行贸易的道路。到17世纪中叶，荷兰几乎垄断了海上的奴隶贸易。

②17世纪中叶至18世纪下半叶，是大西洋奴隶贸易的高潮时期。参加奴隶贩运的国家，除葡萄牙、西班牙和荷兰外，还有英国、法国、普鲁士、丹麦、瑞典以及美国、巴西等。他们不仅在西非海岸，还在非洲内地和东非海岸大量猎捕黑奴。到18世纪80年代中叶，从非洲运出的黑奴平均每年近10万人。

奴隶贸易的急剧扩大同美洲种植园经济的发展有关。为向欧洲市场出口原料，迫切需要进口更多的奴隶以提供劳动力。于是，英国、法国以及欧洲其他海运发达的国家蜂拥到非洲西部海岸，成立了众多的奴隶专卖公司，建立起组织严密的贩奴系统，同时有正规军队参加，以保障其垄断贸易的权利。欧洲殖民者把非洲、欧洲和美洲之间的贸易有机地串联起来，于是形成当时盛行的三角贸易。

③18世纪下半叶至19世纪下半叶，大西洋奴隶贸易逐步走向衰落。18世纪末，欧洲废奴运动蓬勃兴起。英国于1807年通过了禁止奴隶贸易的法令，其他国家也相继宣布禁令，但追求暴利的欲望使奴隶贸易实际上并未终止，走私贸易随之猖獗起来。19世纪上半叶起，美国南部棉花种植园迅猛发展，需要更多的劳动力，美国成为主要贩运黑奴的国家。在非洲东海岸，阿拉伯商人经营的奴隶贸易，这时也特别活跃。贸易中心主要在桑给巴尔和本巴岛一带。大批非洲黑人从那里被贩卖到红海、波斯湾沿岸国家，并长途贩运到西印度群岛和美洲大陆。19世纪下半叶，奴隶贸易基本被刹住了，但并没有最后绝迹。在1885年柏林会议和1890年布鲁塞尔国际会议上，西方国家通过了反对奴隶贸易的总协议，长达4个世纪之久的奴隶贸易终被废止。

美国黑人历史学家W.E.B.杜波依斯认为16～19世纪总共约有1500万黑人被运往美洲。杜波依斯根据这个估计判断，至少有1 000万黑人被运到美洲，同时认为，每运到美洲1个黑人，至少会有5个黑人死于捕捉和陆海运送途中。这样，非洲丧失的黑人就要在6 000万人左右。1978年，联合国教科文组织在海地召开了非洲奴隶贸易讨论会。会上一些学者认为，16～19世纪，从黑非洲运往各地区的奴隶总数应在1 500万～3 000万人之间；另一些学者主张计算时要考虑到捕捉中、陆上运送和海上航行中的死亡数字，他们估计，非洲在400年大西洋奴隶贸易中总共损失了2.1亿人。

非洲奴隶贸易从开始便受到非洲人民的反抗。15世纪中叶，当葡萄牙人在西非海岸开始贩卖黑奴的时候，居住在佛得角和几内亚附近岛屿上的比萨吉奇人就用毒箭射击他们，并烧毁葡萄牙商队的住所。

随着奴隶贸易规模的不断扩大，非洲人的反抗也更加激烈。16世纪初，刚果、安哥拉地区出现了人民群众组织的武装团体，其中比较著名的是雅加人的反抗。他们经常对一些从事贩奴活动的村庄发动突然袭击，摧毁那些效忠欧洲人的王国和酋长国，把被俘的奴隶释放出来。

奴隶在海上反抗最激烈。在非洲至美洲的贩奴船上，为挣脱非人的遭遇，奴隶不断暴动。他们宁死不肯当奴隶，在赤手空拳、无可奈何的情况下，往往选择了跳海自杀的道路，或展开绝食斗争。

出席非洲统一组织第19届首脑会议的各国首脑

**非洲统一组织** Organization of African Unity; OAU 非洲独立国家的全非性政治组织。简称非统组织。成立于1963年5月25日。总部设在埃塞俄比亚首都亚的斯亚贝巴。

1963年5月22～26日，经埃塞俄比亚皇帝海尔·塞拉西一世的倡议，在亚的斯亚贝巴举行了非洲独立国家首脑会议，有30个独立国家的元首、政府首脑或代表参加，一些未独立国家的民族解放运动领导人也作为观察员出席会议。会议签署《非洲统一组织宪章》，宣告非洲统一组织正式成立。

非洲统一组织的组织机构有：①国家和政府首脑会议，是非统组织的最高机构。②部长理事会。由成员国的外交部长或其他部长参加，向首脑会议负责，执行首脑会议的决定。③秘书处。常设机构，负责执行会议决议。秘书长由首脑会议选举产生。此外还有调解、和解与仲裁委员会，解放委员会以及一些专门的委员会。

2002年7月9日非洲联盟成立后，非统组织完成其历史使命，融入非洲联盟。自成立以来，非统组织为实现非洲大陆的完全解放，为振兴和促进非洲经济的发展，维护非洲地区和平与国家的团结作出了重大贡献。

**非洲象** *Elephas africanus*; African elephant 长鼻目象科非洲象属唯一种。广泛分布于非洲大陆。主要外部特征为柔韧而肌肉发达的长鼻，具缠卷的功能，是象自卫和取食的有力工具。象肩高约2米，体重3～7吨。头大，耳大如扇。四肢粗大如圆柱，支持巨大身体，膝关节不能自由屈曲。鼻长几与体长相等，呈圆筒状，伸屈自如；鼻孔开口在末端，鼻尖部有指状突起，能捡拾细物。上颌具1对发达门齿，终生生长；上、下颌每侧均具6个颊齿，自前向后依次生长，具高齿冠，结构复杂。每足5趾，但第1、第5趾发育不全。被毛稀疏，体色浅灰褐色。雄象睾丸隐于腹腔内。雌象前腿后有2个乳头，妊娠期长达600多天，一般每胎1仔。象栖息于多种生境，尤喜丛林、草原和河谷地带。群居，雄兽偶有独栖。以植物为食，食量极大，每日食量225千克以上。寿命约80年。除博茨瓦纳、纳米比亚、南非和津巴布韦的种群被列为《濒危野生动植物种国际贸易公约》（CITES）附录Ⅱ，其他所有种群都被列入附录Ⅰ。

非洲象长鼻末端有2个指状突起，亚洲象仅具1个；非洲象门齿可长达3.3米，亚洲象雌性长牙不外露；非洲象耳大、体型较大，亚洲象耳小、身体较小和较轻。

**非洲岩画** African rock-paintings 非洲黑人民族在原始社会阶段创作的岩画。在撒哈拉沙漠和南部非洲各地发现较多，东非也有一些发现。最早的岩画出现于旧石器时代末期。以后的新石器时代、农耕与畜牧阶段均有岩画，有些处在原始游猎经济阶段的南非居民，直到数百年前仍有岩画创作。撒哈拉地区的岩画于1932年被发现。遗迹比较集中的地区是阿尔及利亚与利比亚之间的阿杰尔高原。其岩画分古风时期、牛时期、马时期和骆驼时期4个阶段，从公元前9000年延续至公元5世纪，其中以牛时期的牛群和村落生活表现得最为精彩。非洲南部各地的黑人岩画主要是布须曼人创作的，尤以刻画象、犀、羚羊、鸵鸟等形象最为生动有趣。

塔西里岩画《放牧》(约前5000～前1200)

也有表现狩猎、舞蹈和休憩的。从公元前2000年起，出现多色岩画，场面宏伟，构图意境深远，被列入世界岩画艺术杰作之林。

**菲** phenanthrene 含三个环的稠环芳烃，分子式$C_{14}H_{10}$。存在于煤焦油中。菲的三个环的中心不在一条直线上，是蒽的同分异构体。无色片状晶体；熔点101℃，沸点340℃，密度0.980克/厘米$^3$。容易升华。不溶于水，稍溶于乙醇，溶于乙醚、氯仿、冰醋酸和苯，它的苯溶液呈蓝色荧光。菲分子中9,10位的化学活性较高，在不同条件下氧化，可生成9,10-菲醌或2,2′-联苯二甲酸；催化加氢生成9,10-二氢菲。工业上从蒸馏煤焦油所得的蒽油馏分中提取菲。很多重要的天然产物含有这个环系。用于制造染料、农药等，也用作无烟火药的稳定剂。

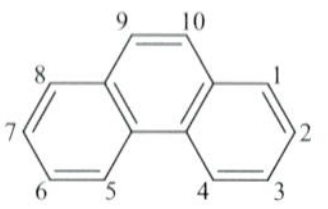


**菲茨杰拉尔德** Fitzgerald, Francis Scott (1896-09-24～1940-12-21) 美国小说家。生于明尼苏达州圣保罗，卒于好莱坞。曾在普林斯顿大学学习。他的创作倾向与“迷惘的一代”相似，表现第一次世界大战后年青的一代对美国所抱的理想的幻灭。1920年因发表第一部长篇小说《人间天堂》而一举成名。

后出版两部短篇小说集《姑娘们与哲学家们》(1921) 和《爵士时代的故事》(1922)。1925年《了不起的盖茨比》出版，确立了他在文学史上的地位。这部长篇小说通过巨富盖茨比为昔日情人黛西顶罪而死的故事，表现了“美国梦”的幻灭。另一部长篇小说《夜色温柔》(1934)，描写一个年轻有为的医生狄克娶患有精神病的尼柯尔为妻，为她医好病后却被她抛弃。这部小说对主人公的沉沦满怀同情，是他最动人的作品。

**菲尔德** Field, Sally (1946-11-06～ ) 美国影视演员。生于加利福尼亚帕萨迪纳的一个演员家庭。18岁成为电视剧演员，主演过多部连续剧。20世纪70年代中期菲尔德以电视长片《西碧尔》获艾美奖。1979年主演了影片《诺玛·雷》，成功地塑造了一个女工形象，获得法国戛纳电影节最佳女演员奖，并

在美国获第52届奥斯卡金像奖最佳女演员奖、纽约影评协会奖、洛杉矶影评协会奖、全国影评协会奖和全球最佳女演员奖。1984年，在影片《心田》中成功地扮演了20世纪30年代经济大萧条时期美国农村的一位寡妇，再次获得奥斯卡金像奖最佳女演员奖。90年代后直至进入21世纪以来，主演的主要影片有《肥妈先生》(1993)、《阿甘正传》(1994)、《心在何处》(2000)、《美利坚向英雄致敬》(2001)、《律政俏佳人》(2003) 等。

**菲尔丁** Fielding, Henry (1707-04-22～1754-10-08) 英国小说家、剧作家。生于萨默塞特格拉斯顿伯里，卒于葡萄牙里斯本。曾在伊顿公学和荷兰莱顿大学求学。1728年去伦敦以写剧本为生。创作了20余部社会和政治讽刺喜剧。因触怒了当权的辉格党首领被迫停止戏剧创作。1739～1741年，主编《战士》杂志。1740年成为律师。1748年任伦敦首任警察厅长，同时继续文学创作。长篇小说《汤姆·琼斯》(1749) 深刻地表现了18世纪英国社会的半封建、半资本主义性质。在《汤姆·琼斯》各卷首，菲尔丁都要插入文学论述，明确提出他的写实主义创作主张。长篇小说《大伟人江奈生·魏尔德传》(1743) 是政治讽刺小说；《阿米丽亚》(1751) 是现实主义社会批判小说；1754年到葡萄牙旅行，写了《里斯本航海日记》(1755)。

**菲尔多西** Ferdausī, Abū al-Qāsem Mansūr (940～1020) 波斯诗人。生于呼罗珊图斯，卒于图斯。自幼受过良好教育，通晓阿拉伯语和巴列维语（中古波斯语）。约于980年左右开始，花费30余年的时间，完成长达10万余行的“玛斯纳维”体民族史诗《王书》(又译《列王纪》)。开始创作时，他是萨曼王朝的臣民，史诗完成时，其家乡已纳入伽色尼王朝。按照惯例，诗人将《王书》献给伽色尼国王马赫穆德。但不仅没有得到封赏，反而遭到追捕和迫害，不得不四处流浪。卒后遗体不得葬入公墓。

史诗《王书》结构宏伟，人物众多，几乎囊括了前伊斯兰时期和伊斯兰初期伊朗民间流行的神话、传说和历史故事。从开天辟地写起，直至伊朗萨珊王朝倾覆，上下四千年，历经50位国王的统治。包括神话传说（公元前3223～前782，约万余行诗）、英雄传奇（前782～前50，约6万余行诗）和历史故事（公元前50～公元651，约3万余行诗）三部分。其中英雄传奇是史诗的精华和核心部分。《王书》是古波斯神话传说和历史故事的总集，弘扬了琐罗亚斯德教的文化传统，对波斯人的审美意识、道德观念和政治信仰都产生了深远影响。

**菲尔普斯** Phelps, Michael (1985-06-30～ ) 美国游泳运动员。生于巴尔的摩。15岁时作为美国68年以来最年轻的奥运会游泳选手参加第27届奥运会并获得200米蝶泳第5名。2004年第28届奥运会获得200米、400米个人混合泳，100米、200米蝶泳，4×200米自由泳和4×100米混合泳接力金牌，200米自由泳和4×100米自由泳接力铜牌；平苏联体操运动员A.季佳京在1980年第22届奥运会上创造的一届奥运会获8枚奖牌的纪录。2008年第29届奥运会获得200米自由泳，100米、200米蝶泳，200米、400米个人混合泳，4×100米、4×200米自由泳接力，4×100米混合泳接力共8枚金牌，打破M.施皮茨在1972年第20届奥运会获7金的纪录。第29届奥运会之后，菲尔普斯已经拥有14枚奥运会金牌，成为夏季奥运会获得金牌总数最多的运动员。在2001～2009年5次世界锦标赛的自由泳、蝶泳、混合泳和接力赛中共获22

项冠军，并13次打破世界纪录。

**菲尔肖** Virchow, Rudolf (Ludwig Karl) (1821-10-13～1902-09-05) 德国医学家、政治家、人类学家，细胞病理学的奠基人，现代医学科学在发展初期的主要代言人。生于希费尔拜因（在今波兰西北部），卒于柏林。1839年入柏林腓特烈－威廉学院学医。1843年毕业后进柏林慈爱医院从事病理学研究。1847年与友人共创《病理解剖学、病理生理学和临床医学》杂志。1848年初参与调查普鲁士上西里西亚省流行的斑疹伤寒。1849年11月赴维尔茨堡大学担任新设的病理解剖教席。此后7年，出版了6卷本《特殊病理学及治疗学手册》。1856年返柏林任教并主持新建的病理研究所。1858年出版演讲集《细胞病理学》。1853年发表论肿瘤的专著《异常肿物》。1859年进入柏林市政会，1861年当选为普鲁士下院议员。1870年后积极参与建立德国人类学会和柏林人类学、民族学及史前研究学会。

**菲律宾** Philippines; Pilipinas 亚洲东南部的群岛国家。北隔巴士海峡与中国台湾省相望，南和西南隔苏拉威西海、巴拉巴克海峡与印度尼西亚、马来西亚相对，东临太平洋，西濒南海。面积29.97万平方千米。由7 100多个岛屿组成，有居民居住的岛屿有1 000多个。其中吕宋岛、棉兰老岛、萨马岛、宿务岛等11个主要岛屿占总面积的96%。全国人口8 857万（2007）。民族主要是马来族，占人口的85%以上，其中包括比萨扬人、他加禄人、伊洛克人和比科尔人等。少数民族有印尼人、华人、印度人、阿拉伯人、西班牙人和美国人等。还有原住部族内格里托人。国语为菲律宾语。官方语言为英语。居民大多信奉天主教，其余信奉伊斯兰教、佛教、基督教新教和原始宗教。首都**马尼拉**。

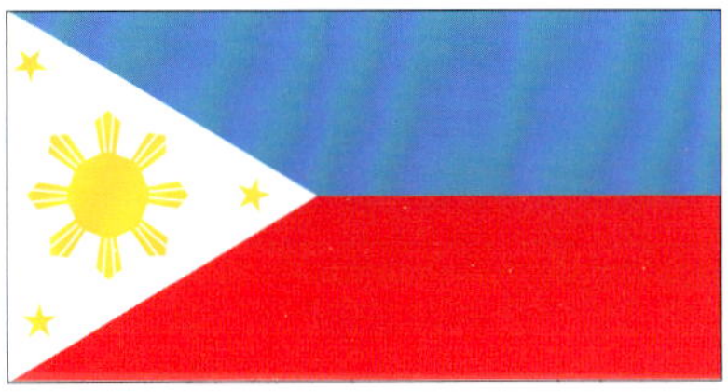

**地理** 大多数岛屿是岩礁或珊瑚礁。全部岛屿大致分成4群，即北部的吕宋岛，中部的米沙鄢群岛，南部的棉兰老岛，西南部的巴拉望岛和苏禄群岛。各岛地势起伏，海拔一般在500～2 000米之间，2/3以上的地面是丘陵、山地和高原，山脉主要呈南北走向，影响群岛东、西两部分的降雨量。全国有52座火山，其中11座是活火山。棉兰老岛南部的阿波火山，海拔2 954米，是全国最高峰。吕宋岛东南部的马荣火山，海拔2 421米，山体面积广大，是菲律宾最大的活火山。吕宋岛西南部的塔阿尔火山，矗立在老火山口塔阿尔湖之上，形成山中有湖、湖中有山的复式火山。火山喷出的基性火山灰，发育成肥沃的土壤，适宜种植各种热带经济作物。群岛上众多的小平原，是重要的经济活动中心。矿藏丰富，主要有金、铁、铬、锰、铜等金属矿藏，而煤、石油等非金属矿相对较少。森林资源丰富，盛产桃花心木、乌木、檀木等。内格罗斯岛是世界上热带红木产地之一。

全国绝大部分地区属海洋性热带季风气候，年平均气温27℃。年降水量2 000～3 000毫米。5～10月，台风频繁出现，多出现在北纬16°以北。台风带来丰沛的雨水，尤以吕宋岛和米沙鄢群岛最多。2～4月还

图1 菲律宾马荣火山

有少量对流性的雷雨。河流短小，多急流，不利航行，但富水力资源。

**历史** 古代马来人进入菲律宾后，利用灌溉种植水稻；此外，还有淡水养鱼以及酿造、采金、伐木、造船、织布和金属铸造等工业。14～15世纪在苏禄岛、棉兰老岛、吕宋岛曾建立过国家。1565年起受西班牙殖民统治，殖民者强行种植烟草、蕉麻（马尼拉麻）、甘蔗和可可等经济作物，使菲律宾出现了单一经济的地区和种植园。至19世纪中叶，马尼拉成为菲律宾内外贸易中心。1898年4月爆发争夺殖民地的**美西战争**，西班牙失败。美国占领菲律宾后，大量发展椰子、甘蔗、蕉麻和烟草等经济作物。1942年被日本侵占。第二次世界大战后，美国复占菲律宾。1946年7月4日宣布独立，成立菲律宾共和国。

**政治** 国家政体为共和制，实行三权分立。总统为国家元首，有行政权。议会为参众两院。主要政党有基督教穆斯林民主力量党、民族主义人民联盟、摩洛民族解放阵线等。

**经济** 经济原以农业为主。独立后，特别是20世纪70年代以后，积极发展民族经济，产业结构发生很大变化。农业产值（包括渔业和林业）在国内生产总值中的比重，已从1946年的45.3%降到20世纪末的17.5%。同期工矿业产值所占比重提高到33%。2009年国内生产总值为1 610亿美元，人均1 746美元。

全国有可耕地1 400万公顷，已耕地1 200多万公顷。主要种植粮食作物和经济作物，粮食作物以稻米、玉米为主。稻田遍布全国。菲律宾是世界上最大的椰子生产国和主要的椰产品出口国，从业人口约占全国的1/3。蔗糖年产量数百万吨，其中60%出口，大部分输往美国。其他重要出口产品还有蕉麻和烟草。20世纪70年代起香蕉产量成倍增长，出口量占亚洲香蕉总出口量的90%以上，大部分输往日本。其他还出产橡胶、棉花、菠萝和各种热带水果。

渔业资源丰富，海洋渔业一般以近海捕捞为主。已开发的海水、淡水渔场面积达2 080平方千米。

工业以采矿、电子产品、制糖、椰油、烟草等加工业为主，纺织、钢铁和森林工业也具规模。工业产值（2008年）约为468亿美元。

菲律宾与150个国家有贸易关系。近年来大力发展对外贸易，促进出口商品多元化和外贸市场多元化。主要出口电子零配件、香蕉、蔗糖、蕉麻和烟草以及服装等，进口原油及燃料油、电动机械及配件、通信设备等。主要贸易伙伴是美国、日本、荷兰、新加坡、英国、中国台湾及香港等。

全国绝大部分客、货运依靠公路。铁路主要分布在吕宋岛和班乃岛上。境内水运主要以沿海和岛际航运为主。马尼拉是全国最重要的港口。空运发展迅速，有机场163个。

旅游资源相当丰富，全国有许多风景秀丽的旅游胜地。主要旅游景点有百胜滩、碧瑶市、马荣火山、塔阿尔火山、巴纳韦梯田等。旅游是外汇收入的重要来源之一。

**文化** 政府重视教育，中小学实行义务教育。全国有高等院校1 400多所，著名大学有菲律宾大学、阿特尼奥大学、东方大学等。官方通讯社为菲律宾通讯社。主要报刊有《马尼拉公报》、《马尼拉时报》、《自由报》、《菲律宾询问日报》等。

**对外关系** 宣称奉行独立的外交政策，在平衡、平等、互利、互敬的基础上发展同所有国家的政治经济关系。系美国在东南亚的盟国，重视发展同中国和日本的关系，积极推动东盟内部合作，发展同伊斯兰国家的友好关系。大力推行经济外交，积极参与国际和地区事务。已同126个国家建交。1975年6月9日与中国建交。

图2 菲律宾避暑胜地碧瑶市

**菲律宾群岛** Philippine Islands 亚洲南部**马来群岛**的组成部分。西滨南海，东临太平洋。群岛由7 100多个岛屿组成，是菲律宾国土。

**菲律宾人民抗日军** Philippine People's Anti-Japanese Army 菲律宾共产党领导的抗日军队。他加禄语为胡克巴拉赫普，简称胡克。总司令为L.塔鲁克。1942年3月29日正式成立于中吕宋山区。

人民抗日军主要由农民组成。经过3年苦战，人民抗日军扩大到2万人。其中有一支完全由华侨组成的华侨抗日支队，简称华支，又称四八支队。人民抗日军解放了拥有100多万人口的广大地区，在中吕宋的省区建立革命民主政权。在抗日根据地，实行了民主改革：没收菲奸大地主的土地分配给农民，普遍减租，废除高利贷和封建剥削，改善农民的社会政治地位。人民抗日军先后同日伪军作战1 200次，共歼敌2.5万人。日本投降后人民抗日军复员，组成人民抗日军同志会。1948年正式成立菲律宾人民解放军，继续坚持武装斗争。1969年，重组改建为新人民军，开展武装斗争。

**菲美战争** Filipino-American War 1899～1901年美国侵略菲律宾第一共和国的战争。美西战争结束后，美国力图将菲律宾变为自己的殖民地。1898年巴黎美西和会上，西班牙把菲律宾“转让”给美国。1899年1月4日，美国发表在菲律宾领有主权的《开明同化宣言》。菲律宾革命政府于1月5日和8日先后两次发表宣言，强烈抗议美国粗暴践踏菲律宾主权。

1899年2月4日晚，菲美战争爆发。2月5日，菲律宾第一共和国正式向美国侵略军宣战。美国以优势兵力，先后占领菲律宾南部岛屿。3月31日攻陷共和国首都马洛洛，后又占领共和国政府迁驻地圣费尔南多。11月，美国侵略军已增加到7万人，在菲岛展开全面的军事行动。11月12日，共和国政府宣布转入游击战争。美国侵略军进行血腥的屠杀和镇压。同时，发动“和平运动”攻势，进一步收买菲律宾地主资产阶级与殖民政府合作。1901年3月23日，菲律宾第一共和国总统E.阿奎纳多在帕拉南镇（怡萨贝拉省）被美军俘获后，公开宣誓效忠美国；4月19日，又发表宣言，劝告菲律宾人民停止对美军的抵抗。菲律宾第一共和国瓦解。个别地区抗美武装斗争坚持到1906年。

**菲尼克斯** Phoenix 美国主要大城市之一，亚利桑那州首府。位于州中南部索尔特河（希拉河支流）北岸。市区面积1 230平方千米，人口156.79万（2008）；菲尼克斯-梅萨大都市区人口428.19万（2008），约占全州人口的2/3。

1867年在古印第安人遗址（史前霍霍坎文化）上始建。1881年设市。1891年铁路通达。1911年在索尔特河上建成罗斯福水坝和水库。

新兴的工业城市，主要生产电子和宇航设备、飞机零件、计算机、机械设备、电器、铝制品、农药、服装等。大批高科技企业在此投资设厂，从事研究开发，如英特尔、摩托罗拉、通用电气、休斯飞机公司等。城市周围农业区盛产棉花、柑橘、蔬菜和各类肉乳产品。旅游业发达，优越的气候和环境条件吸引大批来此避寒度假的游客和定居的退休老人；也是重要国际会议中心。有3条铁路干线和2条州际公路在此交会，国际机场设在东南郊。

城市街道宽阔笔直，呈方格状。市中心的菲尼克斯市民广场是文化活动和会议中心，附近有州议会大厦、州矿业大楼和银行大楼等著名建筑，以及收藏大量印第安历史文物的赫德博物馆。南郊的南山公园占地6 900公顷，堪称全国最大的城市公园；东郊帕帕戈公园内的沙漠植物园，以品种齐全的仙人掌著称；西北郊退休人员集聚的社区“太阳城”，号称全球最大的“老人城”。市内有大峡谷学院（1949）、西南学院（1960）、菲尼克斯大学（1976）等高等院校，全州最大的亚利桑那州立大学（1885）位于大都市区内的坦佩。一年一度的亚利桑那州博览会、农产品交易会和世界马术锦标赛在此举行。

**菲涅耳** Fresnel, Augustin-Jean（1788-05-10～1827-07-14） 法国物理学家。生于布罗利耶，卒于阿夫赖城。先后毕业于巴黎工艺学院和巴黎桥梁与公路学校。一直在法国政府部门当工程师。1823年当选为法国科学院院士，1825年为英国皇家学会会员。

1815年菲涅耳做了一些重要的衍射实验。重新发现干涉原理，对已知的惠更斯原理作了补充。1816年引进波的相干性和干涉的基本概念，建立了惠更斯-菲涅耳原理，还观察到圆孔边缘的衍射现象，提出了衍射理论中被称为菲涅耳波带理论，获得了1818年法国科学院悬赏征求解决衍射问题的奖金。对光的偏振作了许多研究。与D.-F.-J.阿拉戈一起于1816年研究了偏振光的干涉，肯定了光是横波（1821）；发现了圆偏振光和椭圆偏振光（1823），用波动说解释了偏振面的旋转；推出了反射定律和折射定律的定量规律，即菲涅耳公式；解释了É.-L.马吕斯的反射光偏振现象和双折射现象，从而建立了晶体光学的基础。他的实验具有很强的直观性、明锐性，很多现仍通行的实验和光学元件都冠有菲涅耳的姓氏，如双面镜干涉、波带片、菲涅耳透镜、圆孔衍射等。菲涅耳还提出了地球运动时部分地曳引以太的观点并给出相应的曳引系数，在以太问题的讨论中曾产生影响。

**菲奇** Fitch, Val Logsdon（1923-03-10～ ） 美国核物理学家。生于内布拉斯加州梅里曼。1954年获哥伦比亚大学哲学博士学位。后在普林斯顿大学历任讲师、副教授、教授。1966年当选美国国家科学院院士。1953年发现$\mu$子。精确测定了大多数元素的原子核半径。1956年以实验证实$\tau$介子和$\theta$介子的寿命相等，对确认这两种粒子为同一粒子起了推动作用。发现中性K介子，并在1964年，与J.W.克罗宁等人观测到中性K介子罕见的衰变，从而证明弱相互作用中CP不守恒。为此，菲奇和克罗宁获1980年诺贝尔物理学奖。

**菲亚特汽车公司** FIAT Corporation 意大利汽车制造跨国公司。全称意大利都灵汽车制造厂。世界上第一个生产微型车的汽车生产厂家，属菲亚特旗下最大的经营公司。所属菲亚特集团是意大利最大的综合工商金融企业集团，几乎垄断了汽车、拖拉机、工程机械、飞机制造、土木工程等许多技术生产领域。总部设在意大利都灵市，在100多个国家有子公司和销售机构。

公司创建于1899年7月，创始人G.阿涅利。1908年进入美国市场。1978年，菲亚特汽车公司从集团业务中独立。公司以轿车和轻型商用车产品著称，拥有菲亚特、法拉利、阿尔法·罗密欧和蓝旗亚等品牌。工程车辆公司有依维柯公司。

菲亚特实施的全球化战略，在波兰、俄罗斯、巴西、阿根廷、埃及、摩洛哥、南非、土耳其、印度和中国等新兴市场积极投资，其全球化进程主要是以菲亚特178系列“世界车型”的生产为基础：菲亚特派力欧、菲亚特西耶那、菲亚特派力欧周末款和皮卡车型。在中国，先后与南京汽车集团公司和上海拖拉机厂合作生产汽车和拖拉机。

鸟瞰位于意大利都灵的菲亚特汽车公司

菲亚特汽车公司的产品除汽车、拖拉机、船用和航空用发动机、飞机、钢铁外，也生产机床、铁路车辆、工程机械、汽轮机、润滑剂、橡胶制品、涂料、印刷设备等。

**肥城市** Feicheng City 中国山东省辖县级市。位于省境中部偏西，泰山西麓。面积1 277平方千米。人口94.66万（2010），有汉、回等民族。西周肥族人散居此地，称“肥子国”，得名肥城。西汉初置肥城县。后几经省入、复置变动，元至元十二年（1275）复置肥城县。1992年撤县设市。由泰安市代管。矿产有煤、钾长石、岩盐、石膏、花岗岩、石油、硫酸钾、石灰岩等。农作物有小麦、玉米、棉花、花生、麻类等；特产肥城桃，被国家命名为“中国佛桃之乡”。工业有煤炭、电力、冶金、建材、机械、化工、纺织、食品等。名胜古迹有朝阳洞石佛造像、玉都观、齐长城、穆阁寨、牛山森林公园等。

**肥大性骨关节病** hypertrophic osteoarthropathy 表现为四肢长骨肿大、杵状指（趾）、骨关节炎的临床综合征，有时伴植物神经功能紊乱（四肢潮红、发白、多汗）。多侵犯肘、腕、踝等关节及前臂、股骨长骨，骨膜因新骨基质沉积随后钙化而增厚。多继发于肺癌、肺脓肿、肺气肿、支气管扩张、慢性间质性肺炎、间皮瘤等疾病。单纯的杵状指（趾）可见于青紫型心脏病、囊性纤维变性、细菌性心内膜炎、胆汁性肝硬化、溃疡性结肠炎、节段性回肠炎、甲状腺疾病等。表现为指（趾）端膨大如鼓槌，呈青紫色，指（趾）甲高度弯曲并隆起，因局部血液循环障碍、水肿、浸润、血管增多、甲床结缔组织增生所致。除治疗基础疾病外无有效的疗法。水杨酸制剂、其他镇痛药及肾上腺皮质激素可用于对症治疗。

**肥料** fertilizers 以提供植物营养元素为功能的物料。农业生产的重要物质基础之一。人们最早开始施用的肥料是有机肥料。在中国，有文字记载和实物为证的有机肥料的施用历史，可追溯到三四千年前的殷商和西周。随着近代化学工业的兴起和发展，各种化学肥料相继问世。随后，复合肥料、微量元素肥料和长效肥也先后出售。由于化肥数量和品种的增多及质量的提高，农业生产中的肥料总投入量日益增大，作物产量也相应提高。

肥料品种繁多，根据肥料提供植物养分的特性和营养成分，分为无机肥料、有机肥料和有机无机肥料三类。无机肥料分大量元素肥料（N、P、K），中量元素肥料（Ca、Mg、Na、S）和微量元素肥料（Fe、Mn、Zn、Cu、Mo、B、Cl）。大量元素肥料又按其养分元素的多寡，分为单元肥料（仅含一种养分元素）和复合肥料（含两种或两种以上养分元素）。有机肥料包括有机氮肥、合成有机氮肥等，中国习惯使用的有人畜禽粪尿、绿肥、厩肥、堆肥、沤肥和沼气肥等。有机无机肥料即半有机肥料，是有机肥料与无机肥料通过机械混合或化学反应而成的肥料。由于一种肥料常有多种属性，除上述分类外，还有常见的其他分类方法：①按肥料物理状态可分为固体和流体肥料。固体肥料又分为粉状和粒状肥料。流体肥料是常温常压下呈液体状态的肥料。②按肥料的化学性质，可分为化学酸性、化学碱性和化学中性肥料。③按肥料被植物选择吸收后对土壤反应的影响，可分为生理中性、生理碱性和生理酸性肥料。④按肥料中养分对植物的有效性，可分为速效、迟效和长效肥料。

为适应农业现代化发展的需要，化学肥料生产除继续增加产量外，正朝着高效复合化，并结合施肥机械化、运肥管道化、水肥喷灌仪表化方向发展。但是，长期大量地施用化学肥料，常导致环境污染。为了保持农业生态平衡，应提倡有机肥与化肥配合使用，以便在满足作物对养分需要的同时避免土壤性质恶化和环境污染。

**肥胖症** obesity 因过量的脂肪储存使体重超过正常20%以上的营养过剩性疾病。有单纯性和继发性两类。单纯性肥胖指无明显内分泌代谢疾病，继发性肥胖主要为神经内分泌疾病所致。

原因 绝大多数是由于摄入的热能超过了消耗的热能，超出部分的热能以脂肪的形式储存于皮下及内脏器官的周围，这种肥胖是渐进性的。看电视时间过长，活动量减少，也是造成肥胖的原因。此外，遗传和内分泌疾病及其他原因也可引起肥胖。

并发症 肥胖症患者高血压的发生率比正常体重的人高3倍。有些国家肥胖者的高血压发病率常达50%左右。肥胖症患者中高胆固醇血症、糖尿病，胆道结石、关节炎、静脉血栓形成、慢性支气管炎等的发病率也较高。

防治 控制热能摄入和积极从事体力或体育活动，要持之以恒。以消耗摄入多余的热量，避免过多的脂肪在体内积存。

**肥皂** soap 脂肪酸金属盐的总称。日用肥皂中的脂肪酸中的碳数一般为10～18，金属主要是钠或钾等碱金属，也有用氨及某些有机碱如乙醇胺、三乙醇胺等制成特殊用途肥皂的。

制皂的主要原料有动物油脂（主要指牛羊油和猪油）、植物油脂（如椰子油、棕榈油、棉子油等）、硬化油、松香等。基本化学反应是油脂和碱相互作用生成肥皂和甘油。反应所得的皂经盐析、洗涤、碱析、整理后，称为皂基，再继续加工而成为不同商品形式的肥皂。

肥皂包括下列品种：①洗衣皂。肥皂的主要品种。分为Ⅰ型（干皂含量≥54%）和Ⅱ型（干皂含量43%～54%）。有些洗衣皂为增强洗涤能力还加入少量其他种类的表面活性剂，称为复合皂。②香皂。分为皂基型（Ⅰ型，干皂含量≥83%）和复合型（Ⅱ型，含脂肪酸钠和其他表面活性剂、功能性添加剂、助剂，含量不低于53%）。③金属皂。即多价金属皂，包括硬脂酸锂、硬脂酸钡、硬脂酸镉、硬脂酸镍、硬脂酸铝等。一般不溶于水，在洗涤制品中极少应用，分别用于润滑脂、金属加工、聚合物的脱模剂、纤维偶色剂、涂料中颜料悬浮分散剂等。④液体皂。主要有浴液中的Ⅱ型（以脂肪酸钠为主，其含量≥18%）和洗手液。

**淝水之战** Feishui, Battle of 中国东晋在淝水（今安徽瓦埠湖一段）击败前秦进攻的作战。东晋太元八年（383），前秦苻坚在统一北方后组成90万大军挥师南下，企图一举灭晋。面对前秦的强大攻势，东晋宰相谢安沉着指挥，令谢石、谢玄等率8万北府兵开赴淮水一线抗击。十一月，谢玄首战告捷，晋军士气大振，于是水陆兼程，直逼淝水东岸。苻坚登寿阳城，见晋军严整，又望八公山（在今安徽淮南西）上草木，以为皆是晋兵，始有惧色。谢玄针对秦军上下离心、各族士兵厌战的情况，及苻坚恃众轻敌又急于决战的心理，遣使要求秦军略向后撤，以便晋军渡河决战。苻坚则想待晋军半渡时用骑兵冲杀，于是下令稍退。然而秦军一退不止，加以在襄阳被俘的晋将朱序趁机大喊秦兵败了，致秦军大乱。晋军乘机抢渡淝水猛烈进攻，大败秦军。谢玄乘胜收复洛阳、彭城等地。此战是中国战争史上以少胜多的战例之一。

**腓力二世** Philip Ⅱ（前382～前336） 古代马其顿国王（前359～前336年在位）。绰号马其顿的腓力。在位期间统一上、下马其顿，在军事、行政、财政等方面推行一系列改革，成为希腊诸联邦的主宰。其子即为亚历山大大帝。

**腓力二世** Philippe Ⅱ（1165-08-21～1223-07-14） 法国卡佩王朝国王（1180～1223）。路易七世之子。生于巴黎，卒于芒特。在位期间，为争夺领土，同英国进行了不间断的战争。自1202年起先后收复英王在法国境内占据的领地诺曼底、曼恩、安茹、图棱以及普瓦都的大部分领土。军事上的胜利巩固了王权的地位，使法王的领地扩大了3倍，经济收入显著增加。为加强王权，他同封建割据势力作了不懈的斗争。国王从此定居巴黎，在巴黎铺设道路，修筑城墙，兴建卢浮宫，修建哥特式教堂，使巴黎初具首都风貌。在军事上，开始使用雇佣军，减少对封建附庸武装的依赖。他的文治武功使他获得“奥古斯都”尊号，王室开始使用“法国国王”以替代旧称“法兰西人国王”。

**腓力二世** Felipe Ⅱ（1527-05-27～1598-09-13） 西班牙国王（1556～1598）。查理一世之子。生于巴利亚多利德，卒于埃尔埃斯科利亚尔寺院。1556年登基时，西班牙是欧洲第一强国和最大的殖民帝国，统治着西班牙、美洲、菲律宾的一部分、米兰、那不勒斯、西西里和撒丁、尼德兰、加那利群岛。1494～1559年对意大利战争中，西班牙军队多次打败参战的法国军队。1571年5月，与威尼斯等结盟对土耳其开战，导致土耳其惨败。1562～1594年法国胡格诺战争期间，派军到法国支援天主教联盟（见胡格诺派与胡格诺战争）。1580年葡萄牙国王塞巴斯蒂安死后，兼并葡萄牙及其所属殖民地，统一了伊比利亚半岛。

1566年以后，尼德兰掀起反对西班牙统治的革命斗争（见尼德兰资产阶级革命）。1586年西班牙准备远征英国。1588年5月腓力二世派无敌舰队讨伐英国，7月19日舰队在英吉利海峡遭惨败。此后，海上霸权逐渐丧失。在国内，只设国务会议，自任议长。利用宗教裁判所迫害异端，加强独裁统治。统治期间，国家经济濒临崩溃，国力日衰，民不聊生。

**腓尼基** Phoenicia 古代地中海东岸地区一系列小城邦的总称。位于利万特海岸中部狭长地带，北起阿拉杜斯，南到多尔，长约320千米。城邦有推罗、西顿、比布鲁斯、乌加里特等，居民自称迦南人。

公元前2000年左右，腓尼基沿海已出现一批贵族统治的城市小国。臣服于埃及新王国。前1000多年，腓尼基城邦才从其他迦南人国家中脱颖而出。居民以海上贸易为主。前12世纪初，腓尼基达到极盛时期。前10世纪起，各邦开始大批向海外殖民，殖民地遍布地中海沿岸各地，其中迦太基最强大，腓尼基成为仅次于希腊人的殖民民族。前9～前7世纪，腓尼基各城邦多次参加叙利亚各国反对亚述的同盟，均

向波斯帝国进贡的腓尼基人

告失败。前6～前4世纪，腓尼基各城邦先后被新巴比伦王国征服，后又成为波斯帝国的第五行省。前332年，马其顿王**亚历山大大帝**东征，在推罗遇到顽强抵抗。此后，腓尼基人先后处于希腊人、罗马人的长期统治下，逐渐与其他民族融合。

在母邦丧失独立时，腓尼基的殖民地却正在西部地中海称霸（前7～前2世纪），先与希腊人争雄，后又成为罗马人的劲敌。罗马人称其为布匿人。迦太基在第一次**布匿战争**中失败。在第二次布匿战争中，迦太基大军几乎攻入罗马，但最后罗马人仍取得胜利。在第三次布匿战争中，迦太基被罗马灭亡。

腓尼基人以经商、航海和殖民著称，也进行海盗活动，掳掠人口并从事奴隶买卖。各城市手工业、商业发达，葡萄酒、橄榄油、玻璃制品、优质木材和紫红染料等行销地中海沿岸各地。腓尼基人对世界文明的最大贡献是字母文字。腓尼基人发明由22个辅音字母组成的文字系统。这种文字直接影响古希腊字母，由希腊字母又衍生出拉丁字母和斯拉夫字母。在东方，对阿拉伯、印度、亚美尼亚等地字母文字的产生也有重大影响。

**腓尼基字母** Phoenician alphabet 公元前15世纪腓尼基使用的字母。见**比布鲁斯字母**。

**腓特烈二世** Friedrich Ⅱ（1712-01-24～1786） 普鲁士王国第三代国王（1740～1786年在位）。史称“腓特烈大帝”。生于柏林，卒于波茨坦。在位期间，通过加强容克军国主义和推行侵略性的外交政策，奠定普鲁士在欧洲的强国地位。1740年即位后循“强权即公理”的原则，在1740～1744年和1744～1745年两次西里西亚战争中击败奥地利，几乎把整个西里西亚据为己有。在1756～1763年的**七年战争**中，普与英国结盟。1757年6月普奥在科林交战，普军惨败。翌年夏，普军击败法、奥、俄三国联军。通过1763年的《胡贝图斯堡条约》，普鲁士保住了西里西亚，并确定了普鲁士在中欧的强国地位，形成普奥二元制争霸的局面。腓特烈二世则被奉为“大王”。1772年参加第一次瓜分波兰，掠得埃尔姆德和西普鲁士等地，使普鲁士领土得以扩大并连成一片。1778年参加巴伐利亚王位继承战争，1785年联合德意志北部和中部各邦君主，组成反奥的“诸侯同盟”，扩大了普鲁士的影响。著有《当代史》和《七年战争史》等。

**腓特烈一世** Friedrich Ⅰ（1657-07-11～1713-02-25） 普鲁士王国第一代国王（1701～1713年在位）。原为勃兰登堡选侯（1688～1701年在位），称腓特烈三世。生于柯尼斯堡（今俄罗斯加里宁格勒），为勃兰登堡大选侯腓特烈·威廉之子，1688年即选侯位，在宰相E.唐克尔曼帮助下，使领地摆脱**神圣罗马帝国**的控制，并继续推行其父的领土扩张政策，建立起比较稳固的中央集权专制政体和庞大的军队。对外联合奥地利、英国和荷兰反对法国，并通过贿赂和“允诺”在**西班牙王位继承战争**中帮助**哈布斯堡家族**的办法，换得**奥地利帝国**皇帝利奥波德一世的承认，使普鲁士公国升为普鲁士王国。1701年1月18日在柯尼斯堡自己加冕为普鲁士国王，称腓特烈一世。腓特烈一世崇拜法国的宫廷文化和生活方式，穷奢极欲，宫廷开支惊人，死前国家财政已濒崩溃。

**腓特烈一世（红胡子）** Frederick Ⅰ Barbarossa（约1123～1190-06-10） 士瓦本公爵（1147～1190，称腓特烈三世）、德意志国王和神圣罗马帝国皇帝（1152～1190）。绰号（红胡子）腓特烈。据资料称，生于德国阿尔特多夫，卒于亚美尼亚王国。他是士瓦本公爵腓特烈二世之子。父亲死后继承士瓦本公爵爵位。1152年3月在法兰克福当选为德意志国王。向教皇的权威挑战，力图建立德意志在西欧的统治地位。1154～1186年，6次远征意大利北部。与此同时，腓特烈在帝国内进行改革。1180年降服萨克森公爵亨利（狮子），剥夺其大部分领地。他企图控制诸侯越来越大的势力，并在诸侯的地区之间建设自己的帝国领地。1184年腓特烈在美因茨五旬节上封诸皇子为骑士。1189年参加第3次十字军东征。1190年在渡萨勒夫河时溺死。

**斐波那契** Fibonacci, Leonardo（约1170～约1250） 意大利数学家，12～13世纪欧洲数学界的代表人物。生于比萨，卒于比萨。早年跟随经商的父亲到北非的布日伊（今阿尔及利亚东部的小港口贝贾亚），在那里接受教育。以后到埃及、叙利亚、希腊、西西里岛、法国等地游历，熟习了不同国度在商业上的算术体系，他认为使用印度-阿拉伯数字最方便。1200年左右回到比萨，潜心写作。

他的书保存下来的共有5种。最重要的是《算盘书》（1202年完成，1228年修订），算盘并不单指罗马算盘或沙盘，实际是指一般的计算。全书共15章，1～7章系统介绍了印度数字与记数制度，以及整数、分数的各种计算方法，结果用弃九法来验算。还列有乘法表、素数表和因子表等若干数表。8～11章是商业上的计算题，如物价、利润、利息、货币换算等，反映了中世纪地中海地区的广泛商业交往。有一题和中国的百鸡术类似：100个钱币买100只鸟，各种鸟的价格不同。《算盘书》的其余部分是各种类型的问题。

耐人寻味的是，这本书出现了中国《孙子算经》中的不定方程解法（见**孙子定理**）。题目是一个不超过105的数分别被3、5、7除，余数是2、3、4，求这个数。解法和《孙子算经》一样。另一个“兔子问题”也引起了后人的极大兴趣。题目假定一对大兔子每一个月可以生一对小兔子，而小兔子出生后两个月就有生殖能力，问从一对大兔子开始，一年后能繁殖成多少对兔子？这可得到斐波那契数列（见**斐波那契数**）。此数列同后来的“优选法”有密切关系。

斐波那契的另外几本著作是《几何实用》（1220）、《平方数书》、《精华》（1225）和《通信录》。这些书记载了他在宫廷中进行竞赛时所解出的几个难题，包括对三次方程$x^3+2x^2+10x=20$准确到10位数字的近似解。

**斐波那契数** Fibonacci numbers 由下列关系式定义的数列$u_n(n\geqslant1)$：$u_1=u_2=1$，$u_{n+1}=u_n+u_{n-1}(n\geqslant2)$。由此可得斐波那契数列：1，1，2，3，5，8，13，21，34，55，89，144，233，377，610，987，1 597，… 它还可用展开式：

$$\frac{1}{1-x-x^2}=\sum_{n=0}^{\infty}u_{n+1}x^n$$

来定义，由此可得表达式：

$$u_n=\frac{1}{\sqrt{5}}\left[\left(\frac{1+\sqrt{5}}{2}\right)^n-\left(\frac{1-\sqrt{5}}{2}\right)^n\right],\quad n\geqslant1$$

斐波那契数列有许多有趣的性质，例如：①对于任何正整数$m$，$n$，有$u_{m+n}=u_{m-1}u_n+$

$u_m u_{n+1}(m>1)$。②如果正整数$m,n$的最大公因数为$d$，那么$u_m,u_n$的最大公因数为$u_d$；特别，若$m$整除$n$，则$u_m$整除$u_n$。③$u_{n+1}/u_n$有连分数展开[1, 1, 1, …, 1]，其中有$n$个1。斐波那契数是13世纪意大利L.斐波那契开始研究的，现在已成为广泛应用于许多数学分支，特别是数论、组合数学中十分重要的特殊数列。

**斐济群岛** Fiji Islands 南太平洋西部岛国。位于美拉尼西亚岛群东南部，南纬15°～22°、东经175°～西经177°之间。跨东

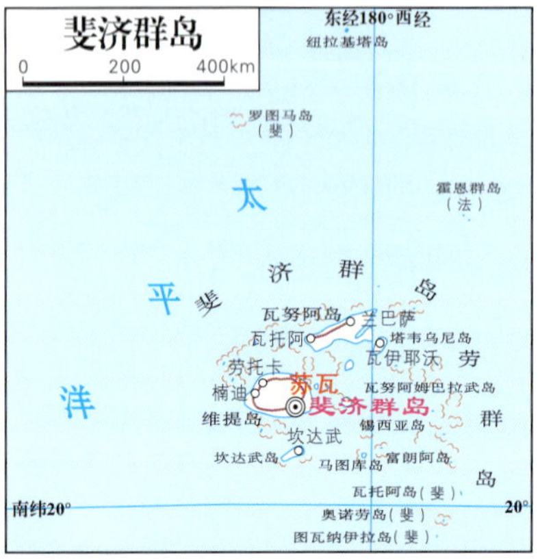


西半球，采用东12区时间。地处美拉尼西亚岛群与波利尼西亚岛群交接处和北美到澳大利亚、新西兰的海、空交通要冲，有南太平洋的十字路口之称。陆地面积18 333平方千米，水域面积129万平方千米。人口83.7万（2007）。其中56.8%为斐济人，37.5%为印度人，其他为华人、欧洲人等。53%的人信奉基督教，38%的人信奉印度教，8%的人信奉伊斯兰教。官方语言为英语，通用斐济语和印地语。全国分4个区，下设2个直辖市、14个省。首都苏瓦。

斐济群岛由330多个岛屿组成，多属珊瑚礁环绕的火山岛。其中1/3的岛屿有人居住。面积较大的有维提岛、瓦努阿岛等。属热带海洋性气候，雨量充沛。年平均气温22～30℃，气温年较差小。常受飓风袭击。森林和渔业资源丰富。

斐济群岛3 500年前就有人类居住。在欧洲人到达之前，由美拉尼西亚人和波利尼西亚人混合形成的斐济人有自己的社会组织。1643年荷兰探险家曾航行到此。1789年英国船长威廉·布莱发现斐济群岛并留下记录。19世纪上半叶，一些传教士到达斐济，使当地居民皈依基督教。1874年成为英国殖民地。1879～1915年，大批印度劳工被招募到此种植甘蔗并定居下来。1970年10月10日宣告独立，为英联邦成员。1987年发生军事政变后，改称斐济共和国，并脱离英联邦。1997年9月30日恢复英联邦成员资格。1998年7月27日实施新宪法后，改国名为斐济群岛共和国。

议会设众议院和参议院，任期均为5年。总统由酋长院选举产生，任期5年。总理由总统任命。主要政党有团结的斐济党、斐济工党、联合人民党、民族联盟党、民族联合党。

斐济群岛是南太平洋岛国中经济较发达的国家。制糖业和旅游业是国民经济两大支柱。服装加工业是继旅游业之后第二大外汇来源。农业主要种植甘蔗、椰子、香蕉等。出口服装、糖、黄金、鱼类，进口燃料油、工业制成品、食品等。贸易伙伴主要为澳大利亚、美国、新西兰、英国，外贸逆差严重。斐济群岛为南太平洋地区交通枢纽，水陆空交通发达。苏瓦港可停靠万吨轮。楠迪国际机场有来往悉尼、奥克兰等地的定期航班。公路总长5 300千米，用于运送甘蔗的窄轨铁路820千米。货币名称为斐济元。2007年国内生产总值28.71亿斐济元。财政长期赤字，外国援助主要来自澳大利亚、日本、新西兰、欧盟和联合国开发计划署。外国资本控制了斐济的经济命脉。

斐济海岛风光

实行小学免费教育，学龄儿童入学率达98%以上。创刊于1869年的《斐济时报》是斐济发行量最大的报纸。主要刊物有《太平洋岛屿》等。有斐济广播有限公司、斐济电视台。

1993年11月加入关贸总协定。已同70个国家建交，是联合国、太平洋岛国论坛、太平洋共同体、美拉尼西亚先锋集团等国际和地区组织成员。斐济与中国于1975年11月5日建交。

**斐济语** Fijian language 斐济群岛的民族语言。属南岛语系美拉尼西亚语族。方言可分为东、西两支，东支的巴乌方言使用范围最广，为标准语的基础。自19世纪30年代开始有了斐济语出版物，还用斐济语广播。采用拉丁字母为基础的文字。基本语序为动-主-宾型或主-动-宾型。

**斐索** Fizeau, Armand Hippolyte Louis (1819-09-23～1896-09-18) 法国实验物理学家。生于巴黎，卒于楠特伊勒欧杜安。早年在法国斯塔尼斯拉学院攻读医学，后转入法兰西学院学习光学。1863年任巴黎综合工科学校教授。1860年被选为法国科学院院士，1878年任物理学科的副主席。1866年英国皇家学会授予他伦福德奖章。1875年任英国皇家学会的国外会员。

1849年9月利用旋转齿轮机构，在实验室中测定了光速，这是第一次在地球上测得较准确的光速数值（$3.15\times10^8$米/秒）。1850年5月他又以实验证实了光在水中比在空气中传播的速度小，这是光的微粒说与波动说之间相争决定胜负的判决性实验之一。1851年他测定了运动介质中的光速，证实光要部分地被运动介质曳引，肯定了A.-J.菲涅耳的光被其传播介质部分曳引的说法。和J.-B.-L.傅科合作改善了达盖尔照相术，开创了天文照相术。1845年他们第一次摄得清晰的太阳表面像。他独立地发现光波的多普勒效应。根据这一效应可测定天体的视向速度，故又称为多普勒-斐索效应。1845～1849年和傅科发现太阳光中的红外线和可见光服从同一干涉规律。还测定过星体的运动速度和星体的直径。

**斐扬派** Feuillants 法国大革命中的资产阶级君主立宪派。1791年7月16日君主立

宪派从雅各宾俱乐部分裂出去，因在斐扬修道院举行集会而得名。主要代表人物有E.-J.**西哀士**、M.-J.拉法耶特、J.S.巴伊、A.-P.-J.-M.巴纳夫、拉默特兄弟等。他们主张君主立宪，反对民主共和。大革命初期一度当政，制定君主立宪制的宪法，通过《人权与公民权宣言》。1792年8月10日巴黎人民起义推翻君主制度，斐扬派随之消亡。

**蜚蠊目** Blattaria 昆虫纲的一目。中型有**翅昆虫**。包括蜚蠊和地鳖（分别俗称为蟑螂和土鳖）。约4 500种。中国约240种。体较扁平，长椭圆形；前胸背板大，盾形，盖住头部。各足相似，基节宽大，跗节由5小节组成。有的种类（如德国小蠊）雄虫背面具驱拒腺开口，可分泌臭气。无鸣器和听器。渐变态。多数卵生。多数种类性喜黑暗，为夜行性昆虫，行走迅速。不善跳跃。杂食性。家居蜚蠊常见于室内，多数四翅发达，稍能飞；有的种类翅短，或全无翅，如地鳖雌虫。在热带、亚热带或北方室温高的地方终年繁殖活动。但在无取暖设备的温带（如中国的长江流域），则冬季停止活动，隐藏于室内阴暗而温暖的角落以及器具的隙缝中。野生蜚蠊多生活在草丛间、砖石下、树皮下或树洞里，有的种类如穴蠊栖居于山洞、窑洞中，以动物尸体为食。

蜚蠊与人类有密切关系。①室内害虫。它们是厨房、食堂、仓库等处的重要害虫。不少种类传播痢疾、伤寒、蛔虫、蛲虫等疾病。②药用。地鳖可入中药，有破血逐瘀散结作用，用于妇女闭经、跌打损伤等症。③农业害虫。主要是温室害虫，特别危害幼苗，严重时能使被害植物死亡。

**翡翠** *Halcyon*; kingfisher **佛法僧目**翠鸟科翡翠属鸟类的统称。因具有宝石般辉亮的羽衣得名。有11种，中国有赤翡翠、白胸翡翠、蓝翡翠和白领翡翠4种。其中，蓝翡翠是中国最常见种类，分布最广。4种翡翠头顶羽色不同，极易区分。蓝翡翠头顶呈黑色，颈有白圈，上体呈辉深蓝色；头顶呈绿色羽的为白领翡翠；另两种头顶均呈赤栗色，但赤翡翠全身呈棕红色，腹面色较淡；而白胸翡翠背面呈蓝绿色，胸呈白色。嘴不侧扁，嘴峰两侧亦无鼻沟。

蓝翡翠

翡翠喜栖息于河岸，有时也在远离水域的树洞或山地、土崖、墓地、隧道等处凿穴为巢。主要以昆虫为食。

在中国，4～5月间繁殖；在印度，雨季结束后开始营巢。繁殖期常频频高鸣，叫声洪亮如笛声。每窝产卵4～7枚。卵近圆形，呈纯白色。

**翡翠** jadeite 最珍贵的玉石品种，被誉为“玉石之冠”。与**钻石**、**红宝石**、**祖母绿**并列为四大名宝石。因主要产于缅甸，并深受东方民族喜爱，又被称为“东方宝石”。中文名称源于其色泽艳丽如翡翠鸟羽。

**特征** 翡翠是以辉石族矿物硬玉（$NaAlSi_2O_6$）为主的细小矿物集合体（见**辉石**）。在其矿物组成中，除硬玉外还可以出现其他辉石族矿物（如透辉石、钙铁辉石、霓石、钠铬辉石等）、透闪石、钠长石以及Ca、Mg、Fe、Ti、Cr的氧化物。其中Cr离子的存在是翡翠呈现翠绿色的主要原因。

图1 绿色翡翠佛

翡翠一般为隐晶质致密块状。其中的矿物常呈细小的粒状或纤维状。纤维交织排列，形成交织结构，从而使翡翠具有较强的韧性。颗粒愈细，其质地愈致密细腻，透明度愈好，光泽愈强。硬玉具完全解理，在翡翠表面表现为点状、线状或片状闪光，这被称为翡翠的翠性，是翡翠的一种鉴定特征。但矿物颗粒愈细，翠性愈不明显。翡翠的莫氏硬度为6.5～7，密度为3.3～3.4克/厘米$^3$。

**颜色** 鉴定和评价翡翠的重要依据。大体上可分为白、绿、红、黄、紫、黑诸色。其中以绿色最为常见。各种颜色又有色调、浓淡的不同和不同颜色的搭配共存。

①纯净的应为白色。但自然界产出的白翡翠，常因杂质的存在而略带灰、黄或褐色。一般多用来做雕件。

②绿色是翡翠主要的和常见的颜色。对翡翠颜色的品评，常从浓、艳、正、匀几个方面着眼。浓指颜色的浓（深）淡。尽管人们对深色（浓）或淡色（淡）翡翠爱好各异，但一般讲来，高档翡翠的绿色必须有一定深（浓）度，但也不是越深越好。艳（或称“阳”、“鲜”）指颜色以鲜艳明亮不暗为佳。正指颜色纯正。绿色纯正者称正色，若混有绿色以外的颜色则称为偏色。属于正色的绿色包括祖母绿、翠绿（这是两种纯正艳丽的绿色，前者颜色更浓一些）、苹果绿、秧苗绿（这两种明亮的浓绿中略带一点黄绿，但仍不失为正色，前者色的浓度更高一些）。属于偏色的有偏黄的绿色，如黄杨绿、葱心绿、鹦哥绿、豆青绿（青豆色是翡翠中常见的一种颜色，有“十绿九豆”之说）。此外还有偏蓝的绿色及偏灰的绿色，它们属颜色较差的品级。匀指颜色的分布与均匀的程度：“满绿”指通体为均匀的绿色，“雾状绿”是深浅不均匀的全绿色，“梅花绿”是指绿色呈斑点状分布，“带子绿”是指绿色呈带状分布，“金丝绿”是指绿色呈丝状断续平行排列，“花青绿”是指绿色呈不规则形状分布，“疙瘩绿”是指绿色呈团块状分布，等等。

③红色和黄色。红色为“翡”，绿色为“翠”。但红色翡翠甚少，远不及绿色翡翠常见。红色多因在次生作用中，翡翠中的$Fe^{2+}$转变为$Fe^{3+}$所致。亮红色（如“鸡冠红”）为红色中的上品，但很罕见。常见者多为棕红或暗红色。黄色亦多为在表生作用中有褐铁矿的浸染所致，常较混浊或带褐色。优质橘黄色（金翡翠）者为上品，罕见。

④紫色。按色调又可分为紫罗兰色（色纯正、较透明者为上品）粉色（紫中微带粉色，或称为藕粉色）茄紫色（紫色中带有茄子般的绛色）、蓝紫色（紫中带蓝）。

⑤黑色。墨绿色，纯净者为佳品；深灰至灰黑色者常含暗色矿物杂质，多为低档翡翠。

**透明度** 评价翡翠的重要标志。翡翠一般为半透明到不透明，非常透明者极少。颗粒的粗细、颜色的深浅、包裹体的存在、厚薄的程度，都会对透明度产生影响。

图2 红色翡翠观音

在翡翠行业中，称透明度为“水头”。水头足，即透明度好，使翡翠显得晶莹，颜色滋润，活而有动感，看上去有水汪汪的感觉，令爱好者陶醉。水头差，即透明度不好，称之为“乾”，使颜色表现呆板。用宝石鉴定专用的聚光手电筒观察，根据光线照入翡翠深度来衡量翡翠的水头，3毫米深为一分水，6毫米深为二分水，9毫米深为三分水。达到三分水，说明透明度够好的了。

翡翠行业中，还把透明度与“种”联系起来。透明度好即“种”好，透明度差即“种”差。达到二三分水者称“玻璃种”，其次为“冰种”，无水分者称“粉地”。评价翡翠时，对“种”的优劣是十分重视的，因而有“外行看色，内行看种”和“种好遮三丑”的说法，即“种”好可以使翡翠显得晶莹漂亮些，使质地不够细的缺点表现得不太明显。对翡翠原料，特别是手镯，“种”尤其重要，有“不怕没有色，就怕没有种”之说。传统上，对翡翠还有所谓“老种”、“新种”（或称“老坑种”与“新坑种”）之分。老种是指那些结构致密细腻、绿色纯正、颜色均匀、透明度好的一类翡翠，而新种则是指质地疏松、颗粒较粗、透明度较差的一类翡翠。

**净度** 翡翠若存在瑕疵或裂纹（亦称绺）会影响质量。瑕疵的多少称为净度。本身颜色不均匀，某些共生或次生矿物包裹体的存在，都是影响净度的因素。翡翠中的瑕疵就形态而言有斑点状（如黑斑）、云雾状（称“棉”或“石花”）、筋柳状（状如烟丝，称“石筋”或“石纹”）、薄膜状等。裂纹的存在，不仅有损翡翠的完美，也影响翡翠的坚固耐久性。一些雕件可以通过切割或雕刻工艺将裂纹避开或进行遮掩。但对于素身翡翠，如手镯等，则裂纹影响最大，不能被隐蔽。

**产地** 自然界中，翡翠具有一定的稀有性。已知缅甸、危地马拉、俄罗斯、美国、新西兰和日本等国有翡翠产出，但除缅甸外，其他地方产出的翡翠或质量低，或产量少，很难达到商业开采要求。当今世界95%以上的翡翠产于缅甸。其翡翠矿藏位于其北部克钦邦孟拱（又译莫冈）、雾露河（又称乌尤河）流域，地质构造上处于印度板块与欧亚板块碰撞部位，有原生和外生两类矿床。原生矿围岩为超镁铁质岩，属低温变质带，矿体由后期充填交代而成，呈脉状、透镜状或岩烁状。外生矿床包括沉积矿和残积、坡积矿床。翡翠漂砾、卵石是宝石级翡翠的重要来源。

**人工合成翡翠** 天然翡翠原料及成品，不论其优劣，只要未经过人工处理改造，商业上则称其为“A货”。这里所谓的人工处理，不包括由原料到成品必要的合理加工，如切割、打磨、去除表面污渍，以至浸蜡、浸油以充填粒间空隙、隐蔽裂纹、增加光亮等。因为这种加工不破坏其内部结构，保持了其天然本质。为改造“净化”质量较差的翡翠，溶去铁、锰等杂色物质，使用强酸长时间浸泡，并注入一些聚合物以固结结构、增加翡翠的透明度和映衬鲜艳的色泽，经过这样处理的翡翠，商业上称为“B货”。B货翡翠经过一段时间后，可能发生颜色变化，光泽、透明度降低，产生龟裂。用化学或辐射的方法对翡翠进行染色，或在向其注入聚合物时加入颜色，经过这样处理的翡翠，商业上称为“C货”。C货的颜色经久也会变化。

**吠檀多派** Vedanta 印度古代哲学派别，婆罗门教六大哲学派别之一。名称的原意为“吠陀的终末”或“吠陀的最后部分”。又称后弥曼差派。

吠檀多派的许多基本理论直接由奥义书发展而来。一般认为此派的创始人是跋达罗衍那（约1世纪）。他所著的《梵经》是此派最早的系统经典。奥义书中讨论较多的问题是梵我关系问题。吠檀多派兴起时，也面临着这样的问题。对梵与小我（现象界）的关系问题的不同回答，形成了吠檀多派的众多分支。这些分支在理论上的主要类型有不一不异论、不二论、限定不二论、二元论、二而不二论、纯净不二论、性力限定不二论、不可思议差别无差别论等。在这些理论中，影响较大的是跋达罗衍那的不一不异论、商羯罗的不二论、罗摩奴阇的限定不二论及摩陀婆（约13世纪）的二元论。

商羯罗是吠檀多派中最有影响的哲学家，他有代表性的著作是《梵经注》、《千说》、《五分法》、《我之觉知》等。商羯罗继承和发展了此派中较早明确提出“不二论”的乔荼波陀（约7世纪）的学说，认为真实存在的仅是梵，梵是一切的根本，现象界是梵的一种幻变。由于人们对梵的理解不同而表现出有两种梵：一种是下梵，它是有限制的，有属性的；另一种是上梵，它是摆脱一切条件因素的，无差别的，无属性的。获得真解脱主要依靠修行者直接证语“梵我同一”。在商羯罗看来，人的本性是纯净的，真解脱仅在于消除无明，认识真我。

罗摩奴阇的主要著作有《梵经注》、《薄伽梵歌注》等。他虽然与商羯罗同样承认奥义书中提出的梵是最高实在的观点，但不赞成把现象界看作是虚幻或无明的产物。他认为小我（现象界）与最高我（梵）之间的关系是属性与实体或部分与整体之间的关系。摩陀婆的主要著作是他的《梵经注》。在梵我关系问题上，他主张“二元论”的观点，认为梵（神）虽是根本，但梵与小我（现象界）不同一，二者是分离的。

吠檀多派自产生以后，在印度历史上一直保持着广泛和持久的影响。印度近现代的许多著名哲学家和社会政治活动家都把此派的理论作为他们的思想基础。

**吠陀** Veda 印度最古老文献的总称。主要是指4部吠陀本集：《梨俱吠陀本集》、《娑摩吠陀本集》、《夜柔吠陀本集》和《阿达婆吠陀本集》。产生于公元前1500～前1000年，主要是诗体，使用吠陀语。它们是吠陀时代婆罗门祭司为了适应祭祀仪式的需要而加以编订的。在一些重大的祭祀仪式中，劝请者祭司念诵《梨俱吠陀》中的颂诗，赞美诸神，邀请诸神出席祭祀仪式；咏歌者祭司高唱《娑摩吠陀》中的颂诗，向诸神供奉祭品；行祭者祭司低诵《夜柔吠陀》中的祷词和祭祀规则，执行祭祀仪式；《阿达婆吠陀》则为祭司提供咒语。

《梨俱吠陀》是印度最古老的诗歌总集。“梨俱”的意思是诗节，“吠陀”的意思是知识。主要是颂神诗，还有少量世俗诗、格言诗等。诗律通过音量体现，有谐音、双关、拟人、夸张和比喻等艺术手法。《娑摩吠陀》几乎全部选自《梨俱吠陀》，“娑摩”的意思是曲调，是配曲演唱的歌词选集。《夜柔吠陀》分“黑”和“白”两种。《白夜柔吠陀》只包括祷词，《黑夜柔吠陀》还有关于祭祀仪式的讨论。诗歌部分大多见于《梨俱吠陀》，代表夜柔吠陀特点的主要是散文部分。“夜柔”的意思是祭祀或祭祀用语，指的就是这些散文祷词。《阿达婆吠陀》是一部巫术诗歌集。“阿达婆”原意是拜火祭司，可理解为巫师。这些巫术诗歌表达了印度上古初民征服自然和社会的强烈愿望。

通常所说的吠陀文献，除了这4部吠陀外，还包括阐述这4部吠陀的各种梵书、森林书和奥义书。产生于前1000～前400年，主要是散文体，使用由吠陀语演变而成的古梵语。梵书现存十几种，分属4部吠陀。介绍各种祭祀仪式，阐述它们的起源和意义，指导各种吠陀颂诗的用法。森林书是梵书的结尾部分，现存8种。探讨祭祀的神秘意义，强调内在的或精神的祭祀，以区别于外在的或形式的祭祀。

还有一类与吠陀文献密切相关的著作，统称“吠陀支”，分为礼仪学、语音学、语法学、词源学、诗律学和天文学等6支。

自19世纪起，西方学者和印度学者运用近代科学方法，对吠陀文献进行了大量研究，促进了比较语言学、神话学、宗教学和文化人类学等学科的发展。

**肺** lung 呼吸的重要器官。主要见于陆生脊椎动物，也见于少数水生动物。某些陆生无脊椎动物如蜗牛、蜘蛛等也有简单的肺。肺呈海绵状，富有弹性，表面有胸膜包被，光滑圆润，透过胸膜可见许多多边形的小区，即肺小叶的轮廓。幼年肺呈淡红色，随着年龄的增长，颜色逐渐变为暗灰色，并出现许多蓝黑色斑点。肺位于纵隔的两侧，膈以上，左右各一。它的外形近似圆锥形。左肺为2叶，右肺为3叶。肺的关键结构是气体交换膜，其面积大致反映了机体对氧的需求大小。在哺乳动物，肺体积占身体总体积的6%，其中主要由气道占据。由通气部分来看，肺可视为是由气道多次分支组成的树状结构。先分支的较粗气道内衬的全是黏膜，这些部分只起输送气体的作用。随着气道的重复分支变细，在细支气管壁上逐渐出现一些向外凸出的半球形小囊泡，这些小囊泡的内衬层是气体弥散的薄膜，膜外组织含有丰富的毛细血管，它们才是气体交换的结构单位，称肺泡。再往下，肺泡逐渐增多加密，以致最后的细支气管壁上黏膜消失，全为紧密排列的肺泡开口所占据。气道的终端是盲端，略呈囊状，称肺泡囊。肺不仅是个呼吸器官，它还具有防御功能以及肺泡壁制造表面活性物质的功能。此外，肺循环还可清除或转化多种血中物质。

**肺癌** carcinoma of lung 原发于支气管和肺的癌。又称支气管肺癌。是常见的恶性肿瘤之一，发病率和病死率在多数国家都有明显增高的趋向。吸入致癌物（特别是吸烟）、免疫抑制和慢性肺疾患是发病的重要因素。

病理 肺癌绝大部分来源于各级支气管树上皮，故又称为支气管癌。可分为鳞状上皮癌（鳞癌）、腺癌、大细胞癌和小细胞癌四类。临床上从治疗角度出发分为小细胞肺癌和非小细胞肺癌。

播散途径 通过4种途径播散：①直接蔓延，肿瘤侵犯邻近的器官或组织，如纵隔、心包、膈肌和胸膜等。②淋巴道转移，是肺癌转移的主要途径。③血行转移，肿瘤通过淋巴管进入胸导管或直接侵犯肺静脉即可进入体循环而形成血行播散。组织切片可见血管内瘤栓。④种植，在肺内沿自然腔道或胸腔、心包转移；手术后发生皮肤切口或肌肉、皮下种植。

部位分布 发生于总支气管、叶支气管或段支气管，已侵犯叶支气管的肺癌称为中心型；发生于段和段以下支气管的肺癌称为周边型。

临床表现 症状和体征与肿瘤的部位、大小、病理类型、病程长短、有无转移和有无并发症有关。常见刺激性干咳，或有咯血，胸痛。肿瘤转移后可引起不同的症状。

诊断 长期咳嗽，特别是呛咳或阵咳、痰中带血、40岁以上的患者尤应警惕。X射线检查在确定肺癌的诊断和普查中占有重要的地位。痰反复送检阳性率可达80%以上。纤维支气管镜检查可看到病变并可取活组织检查。病理学检查对肺癌的确诊和分型具有决定性意义。

治疗和预后 对小细胞肺癌可在局限期先作化学治疗和放射治疗。对效果良好的病例可有选择地进行手术（辅助手术），然后再作内科治疗。非小细胞肺癌应首选手术，根据情况再加用其他治疗。

**肺孢子虫病** pneumocystosis 卡氏肺孢子虫寄生于人体肺部所致急性病变。又称肺孢子虫肺炎。常伴发于艾滋病患者。以发热、咳嗽、呼吸困难等为主要临床表现，病情发展迅速，病死率甚高。此病在各国（包括中国）均有病例报告。治疗首选复方新诺明，亦可用氨苯砜。戊烷脒疗效亦佳。

**肺不张** atelectasis 一侧、一叶或一段肺的含气量减少和体积缩小的病理现象。是多种胸部疾病引起的一种并发症。根据肺不张的原因和发病机理，可分为气道阻塞性肺不张、压缩性肺不张、纤维性肺不张，其中阻塞性肺不张最常见。当肺不张缓慢发生时，即使是一叶肺不张也可以无症状，仅在检查时发现。急性肺不张多由于异物、黏稠痰、血块堵塞气道引起，面积大者常有气短、胸闷、发绀及心动过速等症状。X射线胸部检查，包括胸片、CT检查，是诊断肺不张的可靠方法。纤维支气管镜检查不仅能看到气道阻塞病变，还可取活体标本作病理检查，而且也有一定的治疗作用。对肺不张的治疗，主要治疗引起肺不张的原发病。因痰液阻塞而发生的肺不张，应及时吸痰，必要时需通过纤维支气管镜吸出痰液。

**肺大泡** bulla 肺泡壁破坏所致的肺实质内直径超过1厘米的含气空腔。可以单个或多个发生，大的可占据半侧胸腔。是肺气肿的一种变异形式，多无临床症状，仅在X射线胸片检查时发现。若巨大肺大泡压迫周围肺组织则可出现气短症状。X射线胸片是诊断肺大泡的主要方法，在胸片上表现为局限的圆形或类圆形透亮度增加，壁纤细如发丝样，内无肺纹理。无症状者不需治疗。若巨大肺大泡占据一侧胸腔70%～100%并有症状或出现并发症者，可考虑手术治疗。

**肺功能检查** pulmonary function tests 用以了解呼吸生理功能的检测技术。临床常用的肺功能检查包括肺容量、通气功能、弥散功能和动脉血气分析等项测定。必要时还可增加有关死腔通气、肺泡气体分布、小气道通气功能、肺顺应性、运动负荷耐受程度、气道反应性和呼吸中枢调节功能以及睡眠呼吸障碍检测等多方面的检查。肺功能检查能够提示呼吸系统生理和病理生理的变化，这些常是其他临床资料所不能提供的，在疾病的诊断，病情程度的判定上起着不可或缺的作用。

肺容量测定包括潮气容积、补吸气容积、补呼气容积、残气容积、深吸气量、肺活量、功能残气量、肺总量8项指标；肺通气功能测定包括每分钟静息通气量、肺泡通气量、最大通气量、用力肺活量、呼气高峰流量等内容。

肺功能测定结果有助于判断有无通气功能障碍，以及障碍的性质和程度，可作为某些肺疾患诊断的辅助手段。肺功能检查也可作为重要的疗效判断指标以指导和评价临床治疗；胸外科术前肺功能测定有助于判断手术安全性；在劳动卫生和职业病领域中可用于了解工作环境对肺功能的影响及劳动力鉴定。

动脉血气分析是检测肺换气功能的重要项目，主要指标包括：动脉血氧分压、动脉血二氧化碳分压、pH值、标准碱、缓冲碱、剩余碱。根据上述指标可判断出有无缺氧及其程度，有无酸碱失衡及其失衡的类型、程度等，可为手术、麻醉、危重症的监护及抢救提供重要的依据。

**肺活量** vital capacity; VC 最大吸气后能呼出的最大气量。为测定人体肺通气功能的常见指标。代表肺一次呼吸的最大通气量，是人体生长发育水平的重要指标之一。由潮气容积（平静呼吸时每次吸入或呼出的气量）、补吸气容积（平静呼气后能继续呼出的最大气量）和补呼气容积（平静呼气后能继续呼出的最大气量）组成。肺活量与身高、体重、胸围和体格强弱有一定关系，也因性别和年龄而异。一般男性为2.5～5升，平均为3升；女性为1.7～3升，平均为2升。肺活量减低见于胸廓、肺扩张受限，肺组织损害（如肺结核、肺纤维化、肺不张或肺叶切除），气道阻塞。体育锻炼和正确的呼吸方法可以提升肺活量。

**肺结核** pulmonary tuberculosis 由结核分枝杆菌引起的传染病。人体许多脏器可以发生结核病，以肺结核病最为常见。

临床分类 中华医学会结核病学分会2001年公布的分类法为原发性肺结核、血行播散性肺结核、继发性肺结核、结核性胸膜炎及其他肺外结核五型。

诊断 肺结核的临床症状轻重缓急不一，缺乏特征性表现，且有约20%的患者无症状或症状轻微而被忽略。常见的症状有：咳嗽且常超过三周，咳痰中带血、胸痛；长期低热伴盗汗、乏力、消瘦，女性患者可有月经不调等症状。在结核病易感人群（如糖尿病，艾滋病患者或长期使用皮质激素和免疫抑制剂者）中出现上述症状时应当注意。胸部X射线影像学和痰结核菌检查是确立诊断所必需的。结核菌素试验和血清学检查可以辅助诊断。必要时还需要进行纤维支气管镜或活体组织检查方能确诊。同时还需要和许多可以引起相似临床表现的其他疾病，如恶性淋巴瘤、肺癌、结节病，以及可以导致慢性发热的感染性疾病等相鉴别。此外，有时还要注意与非结核分枝杆菌病的鉴别。

治疗 肺结核的化学治疗是治疗和控制疾病的有力手段，也是结核病防治规划的重要组成部分。化疗的目标是治愈疾病，达到杀菌灭菌的目的，中断传播，防止复发和防止耐药性的产生。通用的抗结核病药有十多种，分为基本抗结核病药（即一线药物）和次要抗结核病药（即二线抗结核病药，复治用药）两大类。前类有异烟肼、利福平、吡嗪酰胺、链霉素和乙胺丁醇等，后者包括丁胺卡那霉素、对氨柳酸等。根据化疗的早期、联合、规律、全程、适量五大原则，坚持合理的化疗方案治疗常能达到预期治疗目标。1995年世界卫生组织推荐“直接督导下的短程化疗（DOTS）战略”。萎陷疗法、肺切除等外科手术治疗仅在必要时根据适应证进行。

预 防　结核病控制的任务包括控制传染源，减少发病、死亡和传播。预防十分重要。卡介苗接种在高疫情国家中仍须纳入计划免疫范围。并须关注新疫苗的研究与开发。

**肺痨** pulmonary tuberculosis　以咳嗽、咯血、潮热、盗汗、消瘦为主要临床表现的中医肺系疾病。又称痨瘵。见**肺结核**。

**肺脓肿** lung abscess　肺实质的化脓性病变。早期为化脓性炎症，继而坏死形成脓肿（见图）。急性起病，表现为高热、畏寒、咳嗽、咯痰以及胸痛、气促。起病后经7～14天，肺脓肿形成并破溃至支气管后，即有大量脓性痰咯出，痰带有臭味，系厌氧菌感染表现。有些患者可咯血。咯出脓痰后，体温可明显下降。若治疗不及时，可转为慢性肺脓肿，表现为不规则发热、咳脓痰、反复咯血，并有消瘦、贫血症状。胸部X片呈大片浓密影，脓肿破溃至支气管后出现空腔及液平面，此为肺脓肿X射线典型表现。针对病原菌给予敏感的抗生素是肺脓肿主要治疗方法；其次为对症治疗，应注意排痰。部分慢性肺脓肿患者需考虑手术治疗。

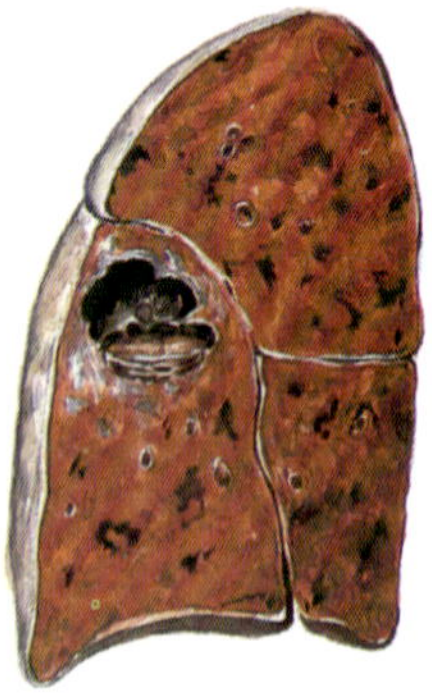
肺脓肿病灶

**肺气虚证** syndrome of deficiency of lung qi　因肺气虚弱，卫外、宣降功能减退所引起的中医学证候。常见于咳嗽、哮喘、自汗、虚劳等疾病中。临床表现为咳喘无力，少气不足以息，动则益甚，痰液清稀；声音低怯，语言断续无力，面色㿠白，神疲体倦，或有自汗，畏风，易于感冒；舌淡苔白，脉虚。肺气虚证，一般以咳喘无力，少气不足以息与气虚证共见为辨证要点。肺主气，司呼吸，肺气虚故咳喘无力，气短懒言声低，动则尤甚。肺合皮毛，主宣发卫气，肺气虚则卫外不固，故自汗，易感冒。气虚血不上荣，故面色㿠白。神疲体倦、舌淡、脉虚弱，均属气虚之征象。治宜补肺益气，方用补肺汤、保元汤等。

**肺气肿** emphysema　肺部终末细支气管远端气腔异常持久的扩张，并伴有肺泡壁和细支气管破坏，且无明显肺纤维化的病变。呼吸性气腔扩大且形态不均匀一致，肺泡及其组成部分的正常形态被破坏和丧失是肺泡壁和细支气管破坏的主要特征。吸烟、空气污染和呼吸系统感染在肺气肿的发病中占重要地位。

呼吸困难是肺气肿患者最突出的症状。最初仅在劳动、上楼时发生，甚至发展至平地活动，静息时也发生气促。体格检查胸廓呈桶状，呼吸音减低、肺下界下移。肺气肿往往与慢性支气管炎合并存在，此时多伴有慢性咳嗽、咳痰症状。胸部X射线检查可发现胸廓扩张，横膈低且变平，两肺透亮度增加，肺纹理稀疏等征象。严重合并感染者可引起呼吸衰竭。

肺功能检查多有肺残气量增加、残气量占肺总量百分比增加（往往超过40%）。部分患者第一秒钟用力呼气容积与最大呼气量的比值（$FEV_1$/FVE）<70%及$FEV_1$%预计值下降。表明存在气流受限。具有此种改变的肺气肿，属于**慢性阻塞性肺疾病**。

肺气肿的治疗较困难，应避免吸烟并加强呼吸肌锻炼。防止呼吸系统继发感染，使用支气管舒张药有一定效果，重症患者可每天给予15小时以上吸氧。肺减容手术可能缓解症状。

**肺栓塞症** pulmonary embolism; PE　因静脉系统（或右心腔内）的栓子流入肺循环系统，堵塞肺动脉所致的一种常见的肺血管病变。在欧美西方国家病死率很高。

病 因　常见的原因是深静脉血栓，以下肢深静脉血栓最多，其次为生殖腺静脉、子宫静脉、盆腔静脉内的血栓。右心房或右心室附壁血栓或心内膜炎、下肢静脉炎等感染病灶也可引起肺栓塞。

临床表现　因栓子的大小、数目和过去的心肺功能状况而异。较小的肺血管受累时可能只有短暂的呼吸困难并未引起患者注意。巨大肺栓塞患者可猝死，或发病后数小时内死亡。

常见症状有呼吸困难、胸痛、咯血、晕厥等。胸痛因胸膜受累所致，随呼吸加重。咯血表示有肺梗死存在。晕厥提示栓子巨大，引起脑供血不足，另伴有冷汗、焦虑等。有的患者可出现四肢厥冷、血压下降等休克现象。

体检可发现呼吸频数、紫绀。可闻湿性啰音、哮鸣音和胸膜摩擦音，也可有心动过速、奔马律和肺动脉瓣第二心音亢进等心血管体征。肺栓塞后常有发热。发生右心衰竭时可有浮肿、颈静脉怒张、肝大等。

诊 断　由于肺栓塞所引起的症状和体征均非特异，确诊肺栓塞并非易事。当具有发生肺栓塞的潜在病因如下肢静脉炎等，临床又有上述症状与体征时则应高度怀疑此病。为了确诊应进行有关实验室检查，如血清酶、胆红素、动脉血气分析、心电图、X射线胸片，但其结果均无特异性。肺灌注扫描对肺栓塞诊断敏感性较高，但特异性不强；将肺通气扫描与灌注扫描结合起来对判断诊断有帮助；最可靠的检查是肺血管造影。

治 疗　抗凝治疗提高了患者的存活率，溶栓治疗挽救了一些重症患者的生命。少数重症患者可进行心血管外科治疗。

**肺水肿** pulmonary edema　肺部血管外腔隙中过量积聚液体的现象。液体的积聚影响换气，是导致呼吸衰竭甚至死亡的一个重要机制。一般肺水肿可分为以下两种类型。①心源性肺水肿。例如左心衰竭时，肺静脉回流受阻，血管内流体静力压升高，促使液体外渗。这时，血管内皮和肺泡上皮基本完整，表现为渗出液内蛋白质含量较低。病变可缓起，只是逐渐加重的呼吸困难。但也可骤发，如**心肌梗死**造成的急性心力衰竭时。②非心源性肺水肿。最常见的病情就是**急性呼吸窘迫综合征**。例如在革兰氏阴性杆菌败血症中，在免疫活性细胞和免疫活性分子的作用下，毛细血管内皮和肺泡上皮受到损伤，导致高蛋白质含量的液体外渗至毛细血管周围间隙和肺泡中，造成严重的肺水肿。

**肺炎** pneumonia　肺实质（终末气道、肺泡腔及肺间质）炎症，病变可涉及全肺或肺的一部分。引起肺炎的原因有各种致病微生物、理化因素以及免疫损伤、变态反应等。

分 类　肺炎有很多种分类方法。根据发病部位分为大叶性肺炎、小叶性肺炎、间质性肺炎等，感染性肺炎可根据致病源分为细菌性肺炎、病毒性肺炎、真菌性肺炎等。细菌性肺炎常根据其发病背景不同，分为社区获得性肺炎和医院获得性肺炎两大类。

临床表现与诊断　主要症状为发热、咳嗽、胸痛。大叶性肺炎时叩诊呈浊音。听诊可闻湿性啰音等。血常规常有白细胞增加，嗜中性粒细胞比例增高。胸部X射线片出现模糊的片状、斑片状，甚至大叶性阴影。

治 疗　对感染性肺炎，应针对不同病原体给予治疗。对多数患者而言，发病后不易立即获得病原菌培养结果，因此首先应进行经验性治疗，即按估计可能的致病菌给药。如考虑为肺炎链球菌感染，应给予青霉素静脉滴注或肌内注射；考虑为肺炎支原体肺炎应给予红霉素、阿奇霉素等大环内酯类药物等。

重症肺炎，即合并呼吸衰竭、休克或肾功能衰竭肺炎，病情凶险、病死率高、治疗困难。除积极予以强有力的抗生素外应行加强监护、给予辅助呼吸、抗休克或透析治疗等相应抢救措施。

**肺阴虚证** syndrome of deficiency of lung yin 因肺阴不足，虚热内生所表现的中医学证候。多由久咳伤阴，痨虫袭肺，或热病后期阴津损伤所致。临床表现为咳嗽无痰或痰少而黏、口咽干燥、形体消瘦、午后潮热、五心烦热、盗汗，颧红，甚则痰中带血、声音嘶哑、舌红少津、脉细数。肺阴虚证以肺病常见症状和阴虚内热证共见为诊断依据。肺主清肃，性喜柔润，肺阴不足，失其清润之性，气机上逆而为咳嗽。阴虚生内热，津为热灼，炼液成痰，量少质黏、难以咯出；热伤肺络，见痰中带血；阴津不足，则口咽干燥；金破不鸣，见声音嘶哑。潮热，五心烦热，盗汗、颧红，舌红少苔，脉细数，均为阴虚内热之征象。治宜滋养肺阴，方用百合固金汤。

**肺源性心脏病** cor pulmonale 由于肺功能或肺结构改变所引起的肺循环障碍病变。可表现为肺动脉高压、右心室肥厚或扩大和右心功能不全。简称肺心病。根据发病的急缓和病程的长短分为急性和慢性两种肺心病。

急性肺心病 最常见的病因是肺栓塞，少数急性呼吸窘迫综合征或慢性胸肺疾病急性加重时也可引起肺循环阻力和肺动脉压力急剧增高，表现为急性肺源性心脏病。其临床表现除基础疾病的症状、体征外，并于短期内出现严重呼吸困难，烦躁不安，紫绀，呼吸浅速，脉搏细数，肢体湿冷，血压下降等重症表现，当右心功能衰竭时可见颈静脉充盈，肝脏肿大，下肢浮肿等。胸部X射线片、心电图和超声心动图都可显示肺动脉压力增高和右心衰竭的征象。同时要与急性心肌梗死，夹层动脉瘤，急性心包炎和心包填塞，急性胸膜炎和自发性气胸等急重症相鉴别。

一旦考虑有急性肺心病的可能时，就需要对患者进行紧急救治，如吸氧、镇静、止痛、控制感染等一般性治疗，并要不失时机地给以强心利尿，抗休克和机械通气等。而诱发急性肺心病病因的发现与去除也是提高患者存活的重要措施，如溶栓、抗凝和对呼吸衰竭的机械支持等。

慢性肺心病 是常见病，需要积极进行防治以降低其晚期的病死率。有许多肺和肺以外的疾病可以引起慢性肺心病，其中最常见的病因是慢性阻塞性肺病，约占中国慢性肺心病患者病因的82%。当基础疾病逐渐发展，如慢性阻塞性肺疾病患者咳嗽、咯痰、呼吸困难等症状逐年加重，并渐出现活动受限、紫绀等呼吸功能不全和/或呼吸衰竭的临床表现，同时有心悸，心动过速或心律不齐，并有颈静脉充盈，肝大和下肢浮肿等右心功能不全、衰竭时，应当考虑慢性肺心病的诊断。应当进行X射线胸片、心电图和超声心动图等检查以确定肺心病的诊断并判断其严重程度。也需与其他可引起类似临床表现的心血管疾病如肺栓塞症、某些先天性心脏病、缩窄性心包炎等相鉴别。

治疗则主要针对基础疾病和诱发右心功能恶化，基础疾病急性加重的原因。对肺心病本身则仍是强心、利尿和改善心功能等。慢性肺心病缓解期的康复治疗十分重要。基础疾病病情控制和改善，有利于心功能的恢复和改善。但是因为引起肺心病的慢性肺部疾病多难根治，一旦心脏受累，预后较差。

**肺燥证** Dryness of Lung 因秋令感受燥邪，侵犯肺卫所表现的中医学证候。肺燥证多见于中医学秋季。临床表现为干咳无痰，或痰少而黏不易咯出，唇、舌、咽、鼻干燥欠润，或身热恶寒、头痛，或胸痛咯血，舌边尖红、苔薄白少津、脉浮细而数。肺燥证以肺系症状表现干燥少津为辨证要点。燥伤肺津，肺失濡润，清肃失职，故干咳无痰，或痰少而黏不易咯出。津液亏损，故唇、舌、咽、鼻均见干燥现象。若燥邪化火，灼伤肺络，或顿咳咳伤肺络，可见胸痛咯血。燥邪外袭，故见发热恶寒头痛的表现，燥邪为秋令主气，初秋感之者多为温燥，近似风热；深秋感之者多为凉燥，近似风寒。一般根据发热与恶寒的孰轻孰重区别温燥与凉燥，发热重者为温燥，恶寒重者为凉燥。肺燥证治法：温燥者，清肺润燥，方用桑杏汤；凉燥者，轻宣凉燥，方用杏苏散。

**狒狒** *Papio*; baboon 灵长目猿猴亚目猴科狒狒属动物的统称。主要分布于非洲，个别种类也见于阿拉伯半岛。共5种。灵长类中仅次于猩猩的大型猴类。体长50～110厘米，尾长32～84厘米，体重11～38千克；头部粗长，吻部突出，耳小，眉弓突出，眼深陷，犬齿长而尖，具颊囊；体型粗壮，四肢等长，短而粗，适应于地面活动；臀部有色彩鲜艳的胼胝；毛黄、黄褐、绿褐至褐色，一般尾部毛色较深；毛粗糙，颜面部和耳上生有短毛，雄性的颜面周围、颈部、肩部有长毛，雌性则较短。

阿拉伯狒狒

栖息于热带雨林、稀树草原、半荒漠草原和高原山地，更喜生活于较开阔多岩石的低山丘陵、平原或峡谷峭壁中。主要在地面活动，也爬到树上睡觉或寻找食物。善游泳。叫声很大。白天活动，夜间栖于大树枝或岩洞中。食物包括蜥蜴、昆虫、蝎子、鸟蛋、小型脊椎动物及植物。通常中午饮水。结群生活，每群十几只至百余只，也有二三百只的大群。主要天敌是豹。无固定繁殖季节，5～6月为高峰，孕期165～193天，每胎产1仔。寿命30～45年。

**废除治外法权** abolition of extraterritoriality 中国抗日战争时期美、英两国放弃在中国的治外法权的事件。1941年太平洋战争爆发后，中国正式对日本及德、意宣战，同美、英、苏诸国结成盟邦，而中国与英、美等国的不平等条约的存在，不仅与《大西洋宪章》和《联合国家宣言》精神不符，而且由于中国沿海地区被日军占领，不平等条约已失去实际意义，因此，中国再次向美、英两国提出取消不平等条约。美国鉴于中国是抗击日本侵略的主要力量，在国内外舆论压力下，于1942年8月决定即时放弃在华特权，并将此意及美方拟就的简明条约草案通知英国。9月8日，英国正式复告美国，亦认为废除在华治外法权之时机已到。于是，10月9日美、英两国政府分别通知中国政府，声明愿即时放弃在华治外法权及其他有关权益。

经过两个多月的谈判，《中美关于取消美国在华治外法权及处理有关问题之条约》、《中英关于取消英国在华治外法权及有关特权条约》1943年1月11日分别在华盛顿和重庆签字。中美条约八条；中英条约九条，并有附件四条。根据中美、中英条约，取消美、英两国在中国的特权如下：①领事裁判权。②使馆界及驻兵区域。③租界。④特别法庭。⑤外籍引水人等特权。⑥军舰行驶之特权。⑦英籍海关总税务司之特权。⑧沿海贸易与内河航行权。⑨影响中国主权的其他问题。

**废水处理方法** wastewater treatment method 对废水采取的物理法、化学法、物理化学法和生物法四类处理方法。废水中的污染物多种多样，往往需要通过几种方法或处理单元的组合进行处理才能达到排放要求。

物理处理法 通过直接的物理作用分离、回收废水中的粗大物体、悬浮固体、漂浮固体以及油脂类等物质的方法。单元操作有截留过滤、沉淀、上浮（气浮）、离心等。用于截留过滤的处理设备有格栅、筛网、各式污泥脱水机、砂滤池、膜分离（微滤、超滤）等。沉淀、上浮（气浮）都是利用重力进行固液分离的方法，相应使用的处理设备包括沉砂池、沉淀池、隔油池、气浮池等。离心分离法使用的处理装置有离心分离机和旋流分离器等。

化学处理法 通过化学反应分离、去除或回收废水中呈溶解、胶体状态的污染物的方法。以投加药剂产生化学反应为基础的处理单元包括中和、混凝、氧化还原等。

物理化学法 通过传质作用以及相的变化去除或回收废水中呈溶解、胶体状态的污染物的方法。以传质作用为基础的处理单元有萃取、汽提、吹脱、吸附、离子交换以及电渗析和反渗透等。后两种处理单元属于膜分离技术领域。膜分离技术中的超滤、微滤也可以归类到物理化学法。以相转变为基础的处理单元有蒸发、结晶等。

生物处理法 废水中各种形态的有机污染物（包括部分无机污染物如氮化物、重金属等）通过微生物的代谢作用转化为稳定、无害的物质的方法。根据微生物对氧需求的不同，可分为三种类型：①需氧生物处理法。在供氧的条件下微生物将有机物降解为二氧化碳和水。应用范围最广。按反应器中微生物的存在形态，可分为悬浮式和生物膜式两种。悬浮式处理法包括最经典的以一个生物处理池和一个沉淀池为基本单元的活性污泥法、氧化沟法以及序批式等；生物膜法是指微生物黏附在特定的介质上的一种方法，主要包括生物滤池、生物转盘、生物接触氧化池以及生物流化床等。②厌氧生物处理法。在厌氧的条件下微生物将有机物转化为甲烷和二氧化碳等。主要用于处理高浓度有机废水和污泥。20世纪80年代上流式厌氧污泥床（UASB）的出现极大地提高了厌氧处理的效率。③缺氧处理法。主要用于处理含有硝酸盐及一些金属氧化物的废水。在缺氧以及有机物存在的条件下，微生物利用这些氧化物作为电子受体进行呼吸，使硝酸转换成氮气，而高价态的金属氧化物则转换成低价态的物质。

废水处理的分级 按处理程度一般分为三级。

一级处理是从废水中去除呈悬浮状态的固体污染物。多采用物理处理法中的各种处理单元。一般经过一级处理后，悬浮固体的去除率为70%～80%，而生化需氧量（BOD）的去除率只有25%～40%，废水的净化程度不高。

二级处理的主要目的是去除废水中的有机污染物。包括城市污水处理在内的一般废水处理大多数是二级处理。经过二级处理后，废水中的BOD一般可去除80%～90%，城市污水中的BOD含量可低于30毫克/升。好氧生物处理的各种处理单元大多能够达到这种要求。

三级处理又称深度处理，主要去除污水中的氮、磷化合物，防止水体富营养化，或去除残余颗粒物、有机物等，以处理水回用为目的。去除氮、磷化合物时，主要采用A-O（厌氧-好氧）、A-A-O（厌氧-缺氧-好氧）等生物处理法。20世纪90年代在中国得到比较广泛应用的氧化沟法也能达到比较良好的脱氮效果。以废水回用为目的时，主要采用混凝沉淀、砂滤、膜过滤、活性炭吸附等物理化学方法。

**沸点** boiling point 液体开始沸腾的温度。当蒸汽压为一个大气压时的沸点称为该液体的正常沸点，其他压力下的沸点则应注明外界压力的大小。见汽化。

**沸石** zeolites 碱或碱土金属的一族含水铝硅酸盐矿物的总称。一般化学式为$R_m(Al, Si)_pO_{2p}\cdot nH_2O$，其中R是一价或二价碱或碱土金属元素，主要是Ca和Na，其次是K、Ba等。其成分除含水分子外，与长石相似，也具有长石的类质同象替代类型。在自然界已发现40余种沸石矿物，通常是依据氧化铝与二氧化硅比值及水的含量对其分类。常见沸石矿物有方沸石、菱沸石（图1）、钙沸石、片沸石、钠沸石（图2）、丝光沸石、辉沸石等。沸石矿物晶体对称程度较低，以单斜、斜方对称为主，其形态随晶体结构类型和生成环境不同而异，多呈纤维状、柱状、板状和粒状。完整晶体少见，晶粒一般都很小。纯者呈无色或白色，常被染成各种浅色调。莫氏硬度3.5～5.5。密度2.0～2.3克/厘米$^3$，含钡沸石达2.7～2.8克/厘米$^3$。较低的折光率1.47～1.52和重折率0～0.05。加热失水剧烈。

图1 菱沸石

图2 钠沸石

沸石晶体结构是由$[AlO_4]$和$[SiO_4]$四面体以角顶相连构成三维骨架，骨架中存在宽阔的空腔及不同直径的空穴和孔道，碱金属、碱土金属和水分子分布在空腔和孔道中，金属阳离子与骨架的联系力弱。当加热或减压时，部分或全部水分子可从孔道里逸出，然后又重新吸水或吸附其他液体。吸附能力与被吸附物质的极性、结构、大小等有关。结构中的金属阳离子可与其他阳离子交换，交换有选择性，受沸石自身结构（通道孔径尺寸、阳离子位置）、交换阳离子性质（离子半径、水合度、电荷数）及交换条件的影响。沸石比表面积很大，硅（铝）氧骨架上存在局部高电场和酸性位置，使沸石具有作为固体催化剂的固体酸性质。又由于沸石的表面95%以上是内表面，使其具有选择催化的特点。沸石矿物的这些特性，已在建材工业、造纸工业、环境保护、农牧渔业及石油化工等领域得到广泛应用。天然沸石矿物具有分布广、储量大、成本低等优点，但也存在纯度不高等不足之处。人们已人工合成100多种沸石用于工业。

沸石是沉积岩中最丰富、分布最广的自生矿物之一，也是火山凝灰岩和火山碎屑沉积物的主要组分。海洋沉积物中有丰富沸石存在。沸石也常见于与晚期低温热液作用有关的蚀变火山岩中。变质岩中的沸石可作为变质程度的标型矿物。多数沸石是火山玻璃在碱性环境里与水反应的产物。日本、美国是世界沸石资源大国，著名产地有日本的意大亚、土库曼斯坦、外高加索地区、美国加利福尼亚州和亚利桑那州。中国主要产地有浙江缙云、河北赤城、山东潍坊等。

**沸腾** boiling 液体体内形成的剧烈汽化现象。此时在液体内形成的气泡迅速增长、升腾并冲破液面而出。见汽化。

**费奥多罗夫** Fiodorov, Yevgraf Stepanovich（1853-12-22～1919-05-21） 俄国地质学家，现代结晶构造学的奠基人。生于奥伦堡，卒于彼得格勒。1872年毕业于军事工程学校。1883年毕业于圣彼得堡矿业学院。曾任乌拉尔图林斯克矿区矿业工程师、莫斯科农学院教授、圣彼得堡科学院副院长、

圣彼得堡矿业学院院长。1896年当选为巴瓦尔斯克科学院院士，1919年当选为俄罗斯科学院院士。1885年完成《图形学基础》，其中提出的平行面体学说，成为研究晶体结构理论的基础。1890年在《等轴晶系图形的对称性》中首次推导出晶体结构对称可能有的形式，即230个空间群，并且发现了结晶学极限定律，为晶体化学的诞生奠定了基础。1889年发明双圈反射测角仪，方便了晶体测角。1891年又发明万能旋转台（或称费氏旋转台），可以在不同方向上对晶体作光学性质的研究。还提出用费氏化学四面体图示法来表示某些岩石和复杂矿物的化学成分。主要著作还有《结晶学教程》和《晶体的对称和结构论文精选》等。

**费边社** Fabian Society 英国社会改良主义团体。1884年1月由一些激进资产阶级知识分子成立于伦敦。前期的主要领导人有**萧伯纳**和韦伯夫妇等人。其名称来源于以善于使用缓进待机策略著称的古罗马统帅费边的名字。表明他们主张采取缓慢渐进的策略来达到改革社会的目的。

费边社最初反对建立独立的工人阶级政党，后来由于工人群众要求开展独立的政治行动的呼声日益强烈，改而支持建立独立的工人政党，并在1900年以集体成员身份加入了劳工代表委员会。

1931年由牛津大学教授、费边社活动家G.D.H.科尔发起，成立新费边研究社。1939年该社与处于停顿状态的费边社合并为新费边社，科尔为领导人。

费边社始终是个规模不大的社会改良主义研究和宣传团体，社员通常只有几百人，1947年一度有社员8 000人，地方分社120多个。第一次世界大战前后，费边社会主义逐渐成为工党的理论和政策基础。费边社人数虽少，但影响较大。下院的工党议员以及许多工党领导人都是费边社成员。

**费城** Philadelphia 美国主要大城市之一，宾夕法尼亚州最大城市。全称费拉德尔菲亚。位于该州东南缘，特拉华河与斯库尔基尔河的交汇处。市区面积350平方千米，人口144.74万（2008）；费城-威尔明顿-大西洋城大都市区，包括宾夕法尼亚州5县和新泽西州4县，并扩及特拉华州和马里兰州，人口599.53万（2008）。

费城市区主要在两河之间伸展，地势平坦，平均海拔30米。气候温和湿润，1月平均气温1℃，7月25℃，平均年降水量1 050毫米。

费城一角

美国历史名城。1638年和1654年先后是瑞典人和荷兰人的移居地。1682年由英国贵格会信徒W.佩恩始建，城名“费拉德尔菲亚”取自希腊语，意为“兄弟友爱之城”。1701年设市。到18世纪中叶，已发展为英国美洲殖民地中最大的城市。美国独立战争时期地位重要，有“美国诞生地”之称。1683～1799年为州首府。1790～1800年曾是美国首都。

美国东部主要经济中心之一。工业部门多样，重化工业和轻工业均发达，包括炼油、钢铁、造船、汽车、化工、纺织、服装、食品加工等。20世纪50年代以来，随着商贸和各类服务业的迅速发展，工业地位相对下降。高科技产业逐步兴起，生物制药等领域在全国居领先地位。美国第一家银行、证券交易所、铸币厂的诞生地，现仍为重要金融业之都。商业和旅游业发达。沿特拉华河的费城港是世界最大河口港之一，设施优良。有3条铁路干线和稠密的公路网与港口相接，水陆联运便捷。国际机场距市中心不足11千米，客、货运量居国内前列。市内有地铁和高架铁路。

费城享有“美洲雅典”之誉。美国第一所图书馆、第一家医院和医学院、第一个学术团体美国哲学学会、第一座博物馆、第一家日报等，均出于费城，其中多数是文化名人和政治家B.**富兰克林**创办。全市共有高等院校29所，包括著名的坦普尔大学（1884）、宾夕法尼亚大学（1740）、德雷克塞尔大学（1891）等，医学教育和科研领先全国。1946年世界第一台通用电子计算机ENIAC在宾夕法尼亚大学莫尔电气工程学院试制成功。设有大学城科研中心、自然科学院等研究机构。博物馆众多，尤以费城艺术博物馆闻名于世，还有富兰克林学会科学博物馆、自然史博物馆、罗丹博物馆等。费城交响乐团在国际上享有盛名。

**费城交响乐团** Philadelphia Orchestra 美国专业音乐表演团体。由德国小提琴家兼指挥F.谢尔创建于1900年，并担任首任常任指挥至1907年。1907～1912年由K.波利格担任第二任常任指挥。1912～1938年由L.**斯托科夫斯基**担任第三任常任指挥，在他任职20多年间，乐团演奏水平大为提高，并以辉煌的音响闻名于世，被誉为“费城音响”。1938年由奥曼迪担任第四任常任指挥，1973年他曾率乐团访问中国。1979后，R.穆蒂成为第五任常任指挥。1993年由W.萨瓦利施任第六任常任指挥，1996年和2001年他曾二次率乐团访问中国。2003年由C.埃森巴赫任第七任常任指挥。2008年C.迪图瓦任首席指挥。

费城交响乐团演出剧照

**费德鲁斯** Phaedrus（公元前1世纪末至公元1世纪中叶） 古罗马寓言作家。希腊北部皮埃里亚人。曾在罗马宫廷为奴，后被奥古斯都释放。著有《寓言集》5卷，现存130余篇。他的寓言主要是动物故事，有不少是借用伊索寓言的题材，同时也注意从现实生活中取材，或利用神话传说、民间故事、历史笑话和流行的哲学格言等进行创作。他站在受压迫者的立场，反对专制，抨击权奸，嘲讽贵人，赞美劳动，歌颂自由，讽刺吝啬鬼、骗人的庸医等，有时也嘲笑奴隶无赖，劝告奴隶忍受现状，反映了作者的调和矛盾的思想。他曾因写作寓言得罪朝廷，受到迫害。晚期的寓言不如早期尖锐有力。

**费定** Fedin, Konstantin Aleksandrovich（1892-02-24～1977-07-15） 苏联作家。生于萨拉托夫，卒于莫斯科。1914年毕业于莫斯科商学院。曾做过翻译、编辑、作协书记等。两部曲长篇小说《早年的欢乐》（1945）和《不平凡的夏天》（1947～1948），写一个青年知识分子成长为无产阶级革命家的故事。画面广阔，情节曲折，描写细

腻，语言优美。其他主要作品还有短篇小说《基谢尔叔叔》（1919）、《果园》（1920），中篇小说《脱兰士瓦》（1926），特写集《纽伦堡的审判》（1946）等。

**费尔巴哈** Feuerbach, Ludwig (Andreas)（1804-07-28～1872-04-13） 德国哲学家。生于巴伐利亚的兰茨胡特，卒于纽伦堡。早年入海德堡大学神学系，后转入柏林大学学习哲学，1826年转入埃尔兰根大学学习植物学、解剖学和心理学，后获博士学位，并在该校任教。后因发表反对神学的著作被辞退，隐居乡间。在逝世前不久曾参加德国社会民主工党（爱森纳赫派）。他的功绩是在唯心主义统治德国哲学界达数十年之久后，恢复了唯物主义的权威。他曾属青年黑格尔派，后批判了G.W.F.黑格尔的思维和存在同一说，提出了以人和自然为哲学唯一对象的人本学。他肯定自然是物质的客观实在，空间、时间和机械运动是物质的存在形式，人是自然的产物，是灵魂和肉体的统一，唯物地阐述了思维和存在的关系。他认为人是认识的主体，主体和客体通过感觉直接联系达到统一，自然是可以被认识的，主张直观的反映论。在批判黑格尔的唯心主义时，抛弃了黑格尔的辩证法。他的人本学对人的理解是抽象的自然人，而不是具体的社会的人。他论证了宗教和唯心主义在本质上的联系，提出唯心主义只是用理性改造了的神学。费尔巴哈指出，宗教的本质是人的本质的对象化。在否定了过去的宗教之后，他试图建立一种无神的宗教来宣扬超阶级的爱。K.马克思和F.恩格斯批判地吸取了费尔巴哈哲学的"基本内核"，建立了科学的、革命的辩证唯物主义，因此费尔巴哈哲学是马克思主义哲学的来源之一。著有《黑格尔哲学批判》、《基督教的本质》、《未来哲学原理》等。

**费尔南德斯·德·利萨尔迪** Fernández de Lizardi, José Joaquín（1776-11-15～1827-06-21） 墨西哥报刊撰稿人、小说家、诗人、戏剧家。生于墨西哥城，卒于墨西哥城。靠自学成才。曾受到资产阶级启蒙思想的影响，思想激进，参加过莫雷罗斯领导的独立运动。1812～1814年，为《墨西哥思想家》写了36篇文章，引来麻烦，被捕入狱7个月。后放弃为报刊撰稿，致力于小说创作。为拉丁美洲小说的创始人。从1815年开始分章节发表的长篇小说《癞皮鹦鹉》，通过一个绰号叫"癞皮鹦鹉"的流浪汉的见闻和遭遇揭露墨西哥殖民地社会的黑暗，表达了人民要求变革的愿望。其他作品有《寓言集》（1817），小说《悲伤的夜晚和欢乐的白天》（1818）、《堂·卡特林·德·拉·法骞达》（1832），剧本《敏感的黑人》、《火枪手的独角戏》，诗集《欢乐的时刻》等。

**费尔南德斯·德·莫拉廷父子** Fernández de Moratín, Nicolás and Leandro 西班牙戏剧新古典主义流派的两位代表人物。

父尼古拉斯（1737～1780），生于马德里，卒于马德里。在戏剧创作方面主张遵循古典主义规范，严格区分喜剧和悲剧等。作品有《卢克雷西亚》（1763）、《奥尔梅辛达》（1770）和《好人古斯曼》（1777）等，均为诗体悲剧。

子莱昂德罗（1760-03-10～1828-06-21），生于马德里，卒于法国巴黎。曾任某贵族秘书，后任马德里皇家图书馆馆长。著有剧本《老人和女孩》（1786）、《新喜剧，或名咖啡馆》（1791）、《伪善的女人》（1804）、《女孩子们的允诺》（1806）等。作品结构严谨，语言朴素，讽刺深刻，然而缺乏想象。他主张遵守古典规律，剧本大都申述一种道德主张，在新古典主义的严格规则下，透露出浪漫主义的色彩。

**费尔普斯** Phelps, Edmund S.（1933-07-26～ ） 美国经济学家，当代西方就业与经济增长理论的代表人物，新凯恩斯主义奠基者之一。生于伊利诺伊州埃文斯顿。1959年获耶鲁大学哲学博士学位。1959～1960年被聘为兰德公司经济学家。1960～1966年任耶鲁大学经济学助理教授、副教授和考尔斯基金会工作人员。1962～1963年任麻省理工学院经济学客座副教授。1966～1971年任宾夕法尼亚大学经济学教授。1971年起任哥伦比亚大学经济学教授，1982年起任该校麦克维卡政治经济学讲座教授。曾任欧洲复兴与开发银行常驻顾问、美联储学术会议专家、美国财政部和参议院金融委员会顾问等。2006年获诺贝尔经济学奖。

费尔普斯的研究方向几乎涵盖了宏观经济学的各个领域。由于他在经济增长理论方面取得了卓越成就，被誉为现代宏观经济学的缔造者和影响经济学进程最重要的人物之一。

费尔普斯最重要的贡献在于经济增长理论。他继R.M.索洛之后，对经济增长的动态最优化路径进行了分析，提出著名的"经济增长黄金律"。即资本积累存在一个最优水平，如果一个社会储蓄率过高，便会导致经济动态失效现象，降低人们的长期福利水平。

费尔普斯另一个重要贡献是对失业问题的研究。他率先引入以预期为基础的"均衡失业率"这一重要概念，认为通货膨胀不仅取决于失业率，而且还取决于人们的通货膨胀预期。此外，在人力资本与经济增长的关系问题上有开创性的研究。

费尔普斯的研究成果增进了人们对经济政策长期和短期影响关系的理解，一定程度上对经济学研究和经济政策产生了决定性的影响。著有《经济增长的财政中性》、《经济增长的黄金律》、《通货膨胀政策与失业理论》、《个人预测和总产出：理性预期的考察》（合编）、《宏观经济学的新发展》、《结构性萧条：失业、利息和资产的现代均衡理论》等。

**费尔斯曼** Fersman, Aleksandr Yevgenyevich（1883-11-08～1945-05-20） 苏联矿物学家，地球化学奠基人之一。生于圣彼得堡，卒于索契。1907年毕业于莫斯科大学。历任莫斯科沙尼亚夫斯基人民大学教授、罗蒙诺索夫学院院长、苏联科学院数学自然科学部秘书和副院长。1919年当选为苏联科学院院士。与V.I.维尔纳茨基一起缔造了苏联的地球化学学派。把引起化学元素运移的因素分为两类——与原子本身性质有关的内部因素和由周围环境产生的外部因素。简化了晶体化学第二定律，提出了能量系数、价能量系数、共生序数等概念。致力于矿产研究，为在苏联发现硫、磷、铜、铁、镍等重要矿产作出了贡献。开创了区域地球化学、矿床地球化学研究领域。对伟晶岩的成因和分类提出了创见。主要著作有《俄罗斯地球化学》、《伟晶岩》和《地球化学》等。

**费尔兹奖** Fields Medal 国际数学界的最高奖赏之一。又译菲尔兹奖。由加拿大数学家J.C.费尔兹捐献的部分资金和1924年国际数学家大会的经费结余建立的这项基金，在1932年国际数学家大会上通过并决定从1936年起在每届大会上颁发。1952年国际数学联盟成立之后，每届执行委员会都指定一个评奖委员会，在大会之前通过广泛征求意见，从候选人当中评定获奖者名单，并在大会开幕式上颁发。

费尔兹奖主要是颁赠给年轻的、已有一定成就的数学家，以资鼓励，至今尚未有超过40岁的人获奖。获奖者一般是在当届数学家大会之前几年间作出突出成绩并且以确定的形式发表出来的数学家，一般能够反映当时数学的重大成就。另外，费尔兹奖只颁赠给纯粹数学方面的工作者。因此，费尔兹奖对于获得者是很高的荣誉，但也并不完全是数学家最高水平的恰当评价。

**费改税** transforming administrative fees into taxes 中国把农村中名目繁多的对农民的各种收费、集资、罚款和摊派方式改为规范的税制，体现农民应承担义务的改革。又称农村税费改革。自2000年开始进行农村税费改革试点，2002年进一步扩大试点范围，已占全国农村人口3/4以上。

过去农村中对农民的收费办法极不规范，农民负担沉重，实施农村税费改革，就是用法治的办法，从制度上规范国家、集体与农民的分配关系，从根本上减轻农民负担，充分保障农民的经营自主权和财产所有权，巩固家庭联产承包责任制，带动和促进其他各项改革。

农村税费改革主要涉及以下几方面：①改革和精简乡村行政机构、压缩人员、节减开支，转变乡镇政府职能。②加大中央和省两级财政转移支付力度，为农村税费改革提供必要的财力保证。③严格规范农业税征收管理，促进农业税收征管的法制化。④建立健全村级"一事一议"的筹资筹劳管理制度。⑤切实执行中央减轻农民负担政策，建立有效的农民负担监督管理机制。⑥妥善处理乡村不良债务。

2005年12月29日，十届全国人大常委会第十九次会议通过《关于废止〈中华人民共和国农业税条例〉的决定》并于2006年1月1日起正式实施，农业税被取消。

**费格尔** Feigl, Herbert (1903-12-14～1988-06-01) 美国哲学家。逻辑实证主义维也纳学派的主要成员之一。生于奥地利，卒于美国明尼阿波利斯。就学于慕尼黑大学、维也纳大学，在维也纳学派的核心人物M.石里克的指导下研究哲学，1927年获博士学位。

1930年赴美国定居，先后在哈佛、纽约、艾奥瓦、明尼苏达等大学任教或从事研究工作，1953年起任明尼苏达科学哲学研究中心主任，1962～1963年任美国哲学协会西部分会主席。费格尔自称是一个"顽固不化"的逻辑实证主义者，在美国致力于传播和阐述逻辑实证主义理论。他坚信逻辑实证主义关于意义的标准是有用的和必要的，认为知识的经验基础不能否定，强调归纳是一切事实科学的必要基础，并坚持分析命题与综合命题的区分。著有《探讨与挑衅》。

**《费加罗报》** *Le Figaro* 法国历史最久的法文对开日报。1826年由H.de威尔梅桑在巴黎创刊。原名《油灯》，周刊。1866年11月改为日报，改称今名。从19世纪末到20世纪初，形成保守倾向，反映资产阶级右翼观点。1975年埃尔桑报业集团购得该报。1982年将《震旦报》并入。该报与政坛的戴高乐派较接近，社会党执政后成为反对派主要喉舌。国际社论有深度，科技、文化版有特色。报纸每期约32版，读者多为商人和高级职员。随报赠送《费加罗》杂志、《费加罗妇女》，是巴黎最便宜的日报。2007年日发行量32.75万份。

**《费加罗的婚姻》** *The Marriage of Figaro* 法国剧作家P.-A.C.de博马舍的五幕正剧。法文*La Folle Journée*。1778年写成。1784年正式上演。后被改编成四幕歌剧于1786年在维也纳首演。

18世纪演出《费加罗的婚姻》的一个场景

《费加罗的婚姻》是《费加罗三部曲》中的第二部，也是最重要的一部。剧情承接第一部《塞维利亚的理发师》继续发展，描写阿勒玛维伯爵与仆人费加罗之间的冲突与斗争。在前一部戏里，伯爵由于费加罗的帮助，如愿以偿地娶得老医生霸尔多洛的养女罗茜娜，费加罗则重新回到伯爵府邸当仆人。在那里，费加罗爱上了伯爵夫人的年轻使女苏珊娜。本剧开始时，一对年轻人已在谈婚论嫁。而伯爵也对美貌的苏珊娜垂涎三尺，费加罗获悉之后愤怒至极，决定凭着自己的智慧来挫败伯爵的阴谋。最后，伯爵夫人的一番言语使伯爵羞愧难当，不仅原谅了费加罗，而且给了新人们一笔可观的彩礼。

剧本从各个方面揭露了封建统治的黑暗，博马舍结合自己的遭遇，通过费加罗的嘴历数封建政权与特权阶级的罪恶，言语中充满了火药味。也正因为如此，它在写成之后长期遭到禁演，直到5年之后才获解禁。在艺术手法上，博马舍继承了法国民间戏剧的传统，吸收了西班牙喜剧的特点，使全剧节奏快捷、气氛热烈，在很大程度上恢复了法国喜剧原有的欢快特点。

**费开扬** Fei Kaiyang (1925-03-05～ ) 中国中医学家。祖籍浙江慈溪，生于上海。1945年毕业于上海中华国医专门学校，次年获首届全国中医师考试优等第六名。1952年考入北京大学医学院。1957年毕业后分配到中国中医研究院西苑医院从事临床工作。20世纪60年代任《中医杂志》编委。1983年任中国中医研究院广安门医院院长。曾任中华中医药学会常务理事、中华医学会理事、国家《药典》委员会委员、全国中医期刊学会主任委员、中国中医研究院学术委员暨研究生学位评定委员、《中国大百科全书》第二版中医学科主编。1992年起享受政府特殊津贴。

费开扬学贯中西，对历代中医各家学说及流派进行过精研和探讨，尤推崇张仲景、张景岳、叶天士等医家的学术思想。临证除"八纲辨证"之外更着眼于脏腑、气血、经络辨证，对张景岳"穷必及肾"及叶天士"久病入络入血"学说有着独特的理解和认识，继承和发扬了"通补奇经"法；临证注重疗效，主张中医辨证与西医辨病相结合而关键在于中医辨证，认为"证"的动态变化最能体现中医的诊治特色，如习惯性便秘辨证属脾不能为胃行其津液之虚秘者，宜用大剂健脾止泻的白术以通便；又如哮喘、肺气肿等见安坐不喘、动则气喘辨证属肾不纳气之虚喘者，重用熟地、五味子等补肾纳气，多可平喘。所谓"塞因塞用，通因通用"，"证"变，治法方药亦变，通常达变，凸显了辨证论治是中医学之精华。在六十余年的杏林生涯中，费开扬以精湛的医术和高尚的医德赢得了社会各界的敬重。

**费利尼** Fellini, Federico (1920-01-20～1993-10-31) 意大利电影导演。生于里米尼，卒于罗马。参与编写了新现实主义电影第一部作品《罗马，不设防的城市》的剧本。此后为R.罗西里尼写了《游击队》

等剧本。独立执导的第一部影片是《白酋长》(1952)，接着拍摄了《娇生惯养的孩子们》(1953)。使他成为世界知名导演的影片是《道路》(1954，获第19届威尼斯电影节大奖，1956年第29届奥斯卡金像奖最佳外语片奖)。1957年拍摄的《卡比利亚之夜》获第39届奥斯卡金像奖最佳外语片奖。20世纪60年代开始从新现实主义转向现代主义。作品有《甜蜜的生活》(1960)、《八部半》(1963)、《费里尼萨华里康》(1969)、《我的回忆》(1974，获第47届奥斯卡金像奖最佳外语片奖)、《琴逑和弗莱德》(1986)等。1993年获奥斯卡金像奖终身成就特别奖。费利尼从精神分析学说和意识流文学中获得灵感，将摄影机直接对准人物的心理，描绘人在现代社会中的孤独、疏离、异化等。

**费马** Fermat, Pierre de (1601-08-17～1665-01-12) 法国数学家。生于博蒙－德洛马涅，卒于卡斯特尔。他利用公务之余钻研数学，在数论、解析几何学、微积分、概率论、变分原理等方面都有重大贡献。

费马最初学习法律，但后来却以图卢兹议会的议员终其一生。他博览群书，精通数国文字，掌握多门自然科学。虽然年近三十才认真注意数学，但成果累累。去世后，很多论述遗留在旧纸堆里，或书页的空白处，或在给朋友的书信中。他的儿子S.费马将这些汇集成书，共两卷，在图卢兹出版（1679）。

费马特别爱好数论，他证明或提出许多命题，如费马小定理。最有名的是“费马大定理”：不可能有满足$x^n+y^n=z^n$, $n>2$的正整数$x$、$y$、$z$、$n$存在。这一命题他写在丢番图《算术》(拉丁文译本，1621）第2卷的空白处：“……将一个高于二次的幂分为两个同次的幂，这是不可能的。关于此，我确信已发现一种美妙的证法，可惜这里空白的地方太小，写不下。”由于后来找不到费马的证明，激发起历代数学家的兴趣，至20世纪90年代才为A.维尔斯及其合作者证明。

与R.笛卡尔同时或较早得到解析几何的要旨。他在《平面与立体轨迹引论》中明确指出方程可以描述曲线，并通过方程的研究推断曲线的性质。

费马是微积分学的先驱。他在给G.P.de罗贝瓦尔和笛卡尔的信（1636, 1638）中提出求极大、极小的步骤，实际已相当于令导数为零，求出极点的方法。他曾讨论曲线$x^my^n=k$（$m$, $n$是正整数）下的面积，这是积分学的前期工作。费马还是17世纪兴起的概率论的探索者之一。他提出的光学费马原理，给后来变分法的研究以极大的启示。

**费马大定理** Fermat's last theorem 设$n$为大于2的整数，则方程$x^n+y^n=z^n$没有$x,y,z$全不为0的整数解。又称费马最后定理。大约在1630年，法国数学家P.de费马在丢番图的《算术》的书边的空白处写下了这个著名的定理，并说他找到了一个真正妙不可言的证明，由于空白的地方太小而未写下。然而他的证明未被发现。300多年中，不少数学家试图证明或否定这个定理。1908年，德国佛尔夫斯克甚至宣布以10万马克作为奖金奖给第一个证明该定理的人。这一定理尽管长期未被证明，但数学家们的有关工作丰富了数论的内容，推动了数论的发展。要证该定理成立，只需证明：①$x^4+y^4=z^4$，$(x、y)=1$〔这里$(x, y)$表示$x$，$y$的最大公约数〕无正整数解；②对奇素数$p$, $x^p+y^p=z^p$, $(x,y)=(x,z)=(y,z)=1$无正整数解。①已被费马、L.欧拉所证明，对于②，$p=3$, 5, 7先后被费马、A.-M.勒让德、G.拉梅证明。19世纪中期，E.E.库默尔做了突破性工作，证明了对100以内奇素数②成立。1983年G.法尔廷斯证明了莫德尔猜想，从而证明了当$n\geqslant4$时$x^n+y^n=z^n$至多有有限多个解。1993年6月英国数学家A.维尔斯在英国剑桥的牛顿数学研究所宣布，他证明了费马大定理。不久N.卡茨发现维尔斯的证明中有一个漏洞。1995年，R.泰勒和维尔斯合作填补了这个漏洞。至此，历时长达300多年的马费大定理的证明终于得以彻底解决。

**费马数** Fermat numbers 形如$F_n=2^{2^n}+1$的数（$n$为非负整数），因法国数学家P.de费马首先研究而得名。前五个费马数是$F_0=3$、$F_1=5$、$F_2=17$、$F_3=257$及$F_4=65\,537$，均为素数。1640年费马曾猜想$F_n$都是素数，但1732年L.欧拉证明了$F_5=641\times6\,700\,417$，因而这个猜想被否定。现在知道当$5\leqslant n\leqslant27$及许多更大的$n$，$F_n$都是合数。有的费马数已知是合数，但是不知道它们的任何真因数。在费马数中是否有无穷多个素数，或者是否有无穷多个合数，都是未解决的问题。G.H.哈代和E.M.赖特猜测仅有有限个费马数是素数。还有人猜测费马数不能被大于1的正整数的平方整除。

费马数有许多有趣的性质，例如：①对任何正整数$k$，$F_n$与$F_{n+k}$互素。②$F_n(n>0)$是素数的充分必要条件是$F_n$整除$3^{(F_n-1)/2}+1$。③$F_n(n>1)$的每个素因子都有$t\times2^{n+2}+1$（$t$为正整数）的形式。

费马数与初等几何尺规作图及完全数关系密切，近十数年来还在数字信号处理等实际问题中得到应用。

**费马原理** Fermat's principle 光在任意介质中从一点传播到另一点时，沿所需时间最短的路径传播。又称最小时间原理或极短光程原理，法国数学家P.de费马于1657年首先提出。设介质折射率$n$在空间作连续变化，光传播路程$ds$所需时间为

$$d\tau=\frac{ds}{c/n}=\frac{nds}{c}$$

式中$c$为真空中的光速。光沿$ACB$曲线从$A$点传播到$B$点所需时间为

$$\tau=\frac{1}{c}\int_{ABC}nds$$

费马原理指出了光传播的实际路径，这是一条所需时间$\tau$为极小值的路径。实际上$\tau$除取极小值外，还可取极大值或稳定值，总之，$\tau$应取极值。

光在介质中传播时，光传播的几何路程与介质折射率之乘积称为光程。上式中的积分就是光沿$ACB$曲线从$A$点传到$B$点的总光程。故费马原理也可表述为：光传播的实际路径是使光程取极值（极小值、极大值或稳定值）。光程取极值的条件为光程的一级变分等于零，即

$$\delta\int_{ABC}nds=0$$

此即费马原理的数学表达式。

费马原理是几何光学中的一条重要原理，由此原理可证明光在均匀介质中传播时遵从的直线传播定律、反射和折射定律，以及傍轴条件下透镜的等光程性等。光的可逆性原理是几何光学中的一条普遍原理，该原理说，若光线在介质中沿某一路径传播，当光线反向时，必沿同一路径逆向传播。费马原理规定了光线传播的唯一可实现的路径，不论光线正向传播还是逆向传播，必沿同一路径。因而借助于费马原理可说明光的可逆性原理的正确性。

**费米** Fermi, Enrico (1901-09-29～1954-11-28) 美籍意大利物理学家。生于意大利罗马，卒于美国芝加哥。1922年获比萨大学博士学位。不久到德国格丁根大学随M.玻恩工作。1926年任罗马大学理论物理学教授。1926年，根据泡利不相容原理，提出电子应服从的统计规律(后称费米－狄拉克统计)。1933年提出β衰变的理论，成功地解释了β衰变的许多特点。

当中子被发现和人工产生放射性物质后，费米想到可以用中子轰击原子核产生人工放射性元素。他利用放射性铍发出的中子使之通过石蜡而减速，发现慢中子引起放射性粒子发射特别有效。他将这一方法成功地用于许多元素。由于他鉴别用中子轰击而产生出许多新放射性元素以及发现用慢中子实现核反应，获1938年诺贝尔物理学奖。他趁出国领奖的机会，离开意大利，全家迁往美国，先在纽约哥伦比亚大学后在芝加哥大学任教。在他的领导下，1942年芝加哥大学建成世界上第一座可控原子核裂变链式反应堆，这一成就是原子能时代的一个重要里程碑。随后费米参加了原子弹的研制工作，到美国新墨西哥州的洛斯阿拉莫斯实验室任理事会委员。第二次世界大战后费米又转向粒子物理的研究，成绩非凡。费米对理论物理和实验物理都做出了重要的贡献。费米还是一位好导师，杨振宁、李政道、M.盖耳-曼和O.张伯伦等物理学家都是他的学生。

费米于1929年任意大利皇家学会会员，1950年任英国皇家学会的外籍会员。为了纪念他，原子序数为100的元素以他的姓氏命名为镄。美国原子能委员会还专门设立了费米奖金，1954年他荣获了首次颁发的费米奖。

**费米-狄拉克统计** Fermi-Dirac statistics 近独立粒子费米系统必须遵循泡利不相容原理，每个量子态上至多只能有一个粒子，这种粒子遵循的统计规律。又称费米统计。这是E.费米和P.A.M.狄拉克在1926年先后提出的（见量子统计）。

对于费米系统，$N_i$个不可分辨的全同粒子分布在$g_i$个状态上（每个态上至多只能有一个粒子）的可能方式数，就是从$g_i$个元素中选取$N_i$个元素的组合数，应该等于：

$$\frac{g_i!}{N_i!(g_i-N_i)!}$$

则对应粒子数分布$\{N_i\}$的系统微观状态数为

$$W_{\mathrm{F,D}}=\prod_i\frac{g_i!}{N_i!(g_i-N_i)!}$$

**费米子** fermion 遵从费米-狄拉克统计的微观粒子。费米子的自旋为半奇数1/2，3/2，…，例如电子、质子、中子等。由奇数个费米子组成的复合粒子的自旋也是半奇数，因而它们也是费米子，如一切具有奇数个核子的原子核（$^3$He、$^{235}$U等原子核）。由相同费米子组成的系统的波函数，对于其中任意两个粒子坐标置换，是反对称的，由此可得出费米子还遵从泡利不相容原理。

**费穆** Fei Mu (1906-10-10～1951-01-31) 中国电影导演。字敬庐，原籍江苏吴县（今属苏州市）。生于上海，卒于香港。童年迁北京。先后任《真光影讯》影评人、华北电影公司编译主任、联华影业公司导演。执导《城市之光》、《人生》、《香雪海》、《天伦》、《春归梦里人》、《前台与后台》和《斩经堂》等影片。

1936年导演寓言式影片《狼山喋血记》。1938年创办民华影业公司，导演了《孔夫子》、《洪宣娇》、《国色天香》、《世界儿女》等片。1941年创办上海艺术剧社，拍摄了《杨贵妃》、《浮生六记》等舞台片。抗日战争结束后，导演故事片《小城之春》和中国第一部彩色戏曲片《生死恨》。1949年在香港创立龙马影片公司，编写了《江湖儿女》和《月儿弯弯照九州》等电影剧本。费穆的作品富于哲理性内涵，具有清淡、典雅、朴素、自然和意境幽深的风格。

**费萨尔** Faysal, ibn ‘Abd al- Aziz ibn ‘Abd ar-Rahman as-Sa ‘ūd (1906～1975-03-25) 沙特阿拉伯国王（1964～1975）。生于利雅得，卒于利雅得。老王伊本·沙特之子，国王沙特之弟。1926年任外交大臣和汉志总督。1934年指挥军队战胜也门。1945年出席联合国会议。1953年沙特即位后，立他为王储，并任命他为外交大臣。1958年费萨尔受国王委托主持政府工作。1960年辞职。1962年任首相。1964年3月为摄政王。同年11月沙特被废黜以后，由他接替王位。他积极发展国家的经济和教育。1967年阿以战争中，他站在阿拉伯国家一边参战。1975年遇刺身亡。

**费森登** Fessenden, Reginald Aubrey (1866-10-06～1932-07-22) 美国无线电技术专家，无线电调幅（AM）广播发明人。生于加拿大魁北克，卒于百慕大。费森登未受过专门教育，曾在T.A.爱迪生的实验室工作，1887年为爱迪生实验室首席化学家。1900年，当费森登在美国气象局进行无线电实验时，产生用无线电波传送人的声音的想法。经过几年努力，费森登创造了利用声音信号对高频连续波进行调幅而后发射，在收信侧进行解调以实现无线电通话的方式。1902年他发现了外差原理，1906年底，用外差方式自马萨诸塞州海岸成功地进行了语言和音乐的无线电广播实验。1907年又将通信距离延长到320千米，送到了纽约。费森登还发明了声波探测器、海底信号装置和战舰的涡轮机电气传动等。

**费图里** Elfitory, Mohammed Moftahh (1930～) 苏丹作家。生于埃及亚历山大城。毕业于开罗爱资哈尔大学。20世纪60年代中期返回苏丹，在喀土穆定居。50年代初期开始写诗。他的不少诗作以反帝反殖和民族解放运动为题材，揭示出黑人和非洲的悲剧，反映了非洲蓬勃兴起的民族民主运动思潮，歌颂非洲美好的明天。他同时用古典格律诗体和自由诗体进行创作。主要有诗集《非洲之歌》(1955)、《英雄、革命和绞刑架》、《证人之词》，剧本《苏拉拉》和《尤素福·本·塔什芬的夜晚》，研究专著《苏丹现代诗歌概论》(1967) 和《现代利比亚诗歌的发展》(1968) 等。

**费雯丽** Vivien Leigh (1913-11-05～1967-07-08) 英国电影演员。生于印度大吉岭，卒于伦敦。原名费雯·玛丽·哈特莱。少女时代接受教会教育。后在法国喜剧院和英国皇家艺术学院学艺。

1934年进入电影界，1935年初次登台。1939年因在《乱世佳人》中扮演郝思嘉，获1940年第12届奥斯卡金像奖最佳女主角奖。1951年又因在《欲望号街车》中扮演布兰奇·杜博依斯，第2次获奥斯卡金像奖最佳女主角奖。英国电影学院、纽约影评协会和威尼斯电影节也都授予她最佳女演员奖。她主演的影片不超过20部，和丈夫L.奥立弗合演过《英伦战火》(1937)、《鸳鸯劫》(即《二十一天》，1939)、《忠魂鹃血》(即《汉密尔顿夫人》，1941)；和好莱坞明星R.泰勒合演过《留英外史》(1938)、《魂断蓝桥》(1940)。主演的其他影片如《璇宫艳后》(1945)、《安娜·卡列尼娜》(1948)、《愚人船》(1965) 等也获好评。

**费希尔** Fisher, Ronald Aylmer (1890-02-17～1962-07-29) 英国统计学家和遗传学

家。生于伦敦，卒于澳大利亚阿德莱德。1912年毕业于剑桥大学数学系，1933年被聘为伦敦大学优生学教授。1943年任剑桥大学遗传学教授。

他的主要贡献有：①用亲属间的相关说明了连续变异的性状可以用孟德尔定律来解释，从而解决了遗传学中孟德尔学派和生物统计学派的论争。②论证了方差分析的原理和方法，并应用于试验设计。③提出的一些数学原理和方法对人类遗传学、进化论和数量遗传学的基本概念及农业、医学方面的试验均有很大影响。著有《自然选择的遗传理论》、《试验设计》、《近交的理论》及《统计方法和科学推理》等。在进化遗传学上他是一个极端的选择论者，认为中立性状很难存在。

**费希纳** Fechner, Gustav Theodor (1801-04-19～1887-11-18) 德国心理学家。生于下路萨提亚，卒于莱比锡。1817年入莱比锡大学学医。1834年任莱比锡大学物理学教授。晚年，在莱比锡从事心理物理学的研究和写作，并开展实验美学的工作。

费希纳在德国生理学家E.H.韦伯的研究基础上，假设最小可觉差是感觉的单位，经过许多实验，最后得出一个经验公式，即感觉与刺激的对数成正比：$S=K\log R$（式中$S$为感觉；$R$为刺激；$K$为常数），称为费希纳定律。

1860年出版《心理物理学纲要》一书，引起争议。经多年研究，1882年出版《心理物理学要义》一书，为其心理物理学进行辩护。

费希纳把物理学的数量化测量方法带到心理学中，为后来的心理学实验研究提供了工具，并为W.冯特的实验心理学的建立奠定了基础，成为现代西方心理学的主要缔造者之一。

**费希特** Fichte, Johann Gottlieb (1762-05-19～1814-01-27) 德国古典哲学的重要代表，唯心主义哲学家。生于拉梅诺，卒于柏林。父亲是织带子的手工业者，家境贫寒，得邻人资助上学，曾入耶拿大学，后转入莱比锡大学，为生活所迫弃学担任

家庭教师。后在耶拿大学任教，担任柏林大学第一任校长。他受I.康德批判哲学影响，主张哲学应阐明科学知识发生、发展的原则和方法。他提出“自我”作为他的哲学的起点，否定康德的“物自体”。认为自我作为纯粹的精神性活动，首先是使自己具有实在性，即“自我设定自我本身”；然后“自我设定非我”，给自我创造一个对立面。自我是绝对的、能动的，在克服了非我，并形成对自我本身和外在的非我的认识后，达到自我与非我的统一，即绝对自我。这种主客体双方的矛盾构成了经济世界的全部内容。著有《全部知识学基础》、《论学者的使命》等。

**费孝通** Fei Xiaotong (1910-11-02～2005-04-24) 中国社会学家、人类学家和社会活动家，全国人大常委会副委员长，全国政协副主席。生于江苏吴江，卒于北京。

1933年毕业于燕京大学。1935年毕业于清华大学研究院，1936年底入英国伦敦政治经济学院。1938年获伦敦大学博士学位。同年夏回国，任教于云南大学，随后主持云南大学和燕京大学合办的社会学研究室工作。1940～1945年任云南大学教授。1945～1952年任清华大学副教务长、教授。1952～1957年任中央民族学院副院长、教授。1957年以后主要从事边界和世界民族问题研究。1978～1982年任中国社会科学院民族研究所副所长。1979年任中国社会学研究会会长，后任中国社会学会会长。1980～1985年任中国社会科学院社会学研究所所长、名誉所长。1985年起任北京大学社会学研究所所长。作为社会活动家，曾历任国务院专家局副局长，国家民族事务委员会副主任，民盟中央主席，全国政协第六届副主席，第七、八届全国人大常委会副委员长等职。

费孝通长期从事社会学、社会人类学研究。他在社会学和人类学的研究中创造性地将两种学科的多种方法相互结合，形成了社会学“中国学派”的独特方法；在实地研究中，将参与观察、类型比较和微型（社区）研究有机地结合起来。所著《江村经济》被认为是社会人类学实地调查的一个里程碑。20世纪90年代中后期，费孝通在继续进行实地调查的同时，开始进行一生学术工作的总结。

1980年3月获国际应用人类学会的马利诺夫斯基名誉奖，1981年获英国皇家人类学会的赫胥黎奖章，1982年12月被英国伦敦政治经济学院授予荣誉院士称号，1988年获美国不列颠奖，1993年被授予日本福冈亚洲文化大奖，1994年获得拉蒙·麦格赛赛奖，1998年获霍英东奖金最高奖项“霍英东杰出奖”。

著有《江村经济》(英文版)、《禄村农田》、《生育制度》、《乡土中国》、《从事社会学五十年》、《费孝通社会学文集》、《记小城镇及其他》、《边区开发与社会调查》、《费孝通民族研究文集》等。

**费歇尔** Fischer, Emil (Hermann) (1852-10-09～1919-07-15) 德国有机化学家。又译菲舍尔。生于莱茵河畔的奥伊斯基兴，卒于柏林。曾在波恩大学学习。1872年在斯特拉斯堡与A.von拜耳一起做研究工作，

1874年获博士学位。1879年任慕尼黑大学教授，1882年任埃朗根大学教授，1885年任维尔茨堡大学教授，1892～1919年任柏林大学教授。1875年发现了苯肼，1884年发现用苯肼鉴定糖类的重要方法。还合成了多种单糖。他和他的助手们合成了一系列嘌呤衍生物，包括核酸的成分腺嘌呤及鸟嘌呤。1894年他认为酶与糖苷化合物能否作用取决于它们在几何结构上的类似性，并且形象地比喻为锁和钥匙的关系，后称锁钥学说。在此基础上后来又发展出了受体和药物的相互作用、超分子体系中的主-客体相互作用和化学与生物学中的分子识别等新的概念。他还合成了含18个氨基酸的多肽。他因合成糖类和嘌呤衍生物而获得1902年诺贝尔化学奖。

**费歇尔** Fischer, Ernst Otto (1918-11-10～2007-07-23) 德国无机化学家。又译菲舍尔。生于慕尼黑，卒于慕尼黑。曾在慕尼黑工业大学攻读化学和其他自然科学，1949年毕业，1952年获博士学位。1957年在慕尼黑大学任副教授，1959年任教授。1964年入选巴伐利亚科学院。1951年他研究了二茂铁的结构，提出了一种新的成键

形式，即夹心结构，并用X射线晶体分析法予以证实，1953年研究报告发表。还预测了二苯铬夹心化合物的存在，于1954年合成了二苯铬。1964年最先合成了卡宾的络合物，后来发展到过渡金属夹心化合物等。先后发表了50多篇研究报告。费歇尔因研究有机金属化学而和G.威尔金森共获1973年诺贝尔化学奖。他还获得格丁根科学院化学奖（1957）和德国化学家协会斯托克纪念奖（1959）。

**费耶尔阿本德** Feyerabend, Paul Karl (1924-01-13～1994-02-11) 美国科学哲学家。生于奥地利，卒于瑞士热诺利埃。就学于维也纳大学，1951年获哲学博士学位，并在该校任教，50年代中期以后任教于英国布里斯托尔大学、美国伯加利福尼亚大学伯克利分校、伦敦大学、柏林自由大学、耶鲁大学等校。他在科学哲学上的观点是，“科学是一种无政府主义事业；理论上的无政府主义比合乎法律与秩序更为符合人性，更容易鼓励进步”。他强调科学是一个历史传统，它并不需要假定归纳逻辑或知识与经验之间任何其他形式的以及可形式化的关系。著有《反对方法：无政府主义知识理论纲要》等。

**费彝民** Fei Yimin (1908-12-22～1988-05-18) 中国新闻工作者。笔名执中、夷明。江苏苏州人。生于上海，卒于香港。1925年毕业于北京高等法文学堂。1930年到天津《大公报》工作，1931年九一八事变时，任《大公报》驻沈阳通讯员。1937年日本侵略军在上海发动八一三事变后，任《大公报》上海分馆社评委员。1945年日本投降后，任上海《大公报》副经理兼社评委员。1948年8月任香港《大公报》经理，1949年一度兼任上海《大公报》经理。1952～1988年，任香港《大公报》社长。还担任中华全国新闻工作者协会副主席，香港特别行政区基本法起草委员会副主任委员等职。从事新闻工作近60年，主持香港《大公报》工作近40年，对香港新闻事业的发展作出了贡献。

**费因曼** Feynman, Richard Phillips (1918-05-11～1988-02-15) 美国物理学家。生于纽约，卒于洛杉矶。1939年毕业于麻省理工学院，1942年获普林斯顿大学博士学位。在第二次世界大战时参与美国发展核武器的工作。1945年在康奈尔大学任教。1951年任加利福尼亚理工学院教授。

他提出费因曼图、费因曼规则和重正化的计算方法，是研究量子电动力学和粒子物理学不可缺少的工具。1948年完成了对量子电动力学的改造，解决了旧量子电动力学理论中的发散困难。为此，他与朝永振一郎、J.S.施温格共获1965年诺贝尔物理学奖。1958年和M.盖耳-曼合作，提出了亚原子粒子弱相互作用的唯象理论。这一理论为以后建立电磁相互作用和弱相互作用的统一理论（见电弱统一理论）开辟了道路。费因曼对低温物理学、粒子物理学均有重大贡献。著有《量子电动力学》、《费因曼物理学讲义》等。

**费用效益分析** cost-benefit analysis 一种对经济项目的社会预期价值进行评价、比较，以供合理决策的经济数量模型。经济项目可以是一种投资活动、一种新商品的采用，也可以是一种政策的改变。

最早始于法国工程师J.杜比特的“消费者剩余”。荷兰经济学家J.丁伯根是第一个提出“核算价格”用途的具有影响的经济学家，后来常用“影子价格”来评估投资项目的社会价值。

有两种主要的费用效益分析方法得到较广泛的推广：①英国经济学家A.马歇尔的剩余分析法，它假定“货币的边际效用恒定”。②规划法。它把费用效益分析看作是分散的计划程序的一部分，与在各种约束条件下的全社会福利函数的最大化相联系。

费用效益分析避免微观层次上的资源浪费，设计协调的宏观经济政策；对于项目的相关资料的收集以协调结构的方式进行；可以从社会角度来区分“强生命力”的项目，有助于提高中央计划层和较低决策层之间的对话质量。

**费兹** Faiz, Faiz Ahmad (1911-01-07～1984-11-19) 巴基斯坦乌尔都语诗人。生于旁遮普锡亚尔科特，卒于拉合尔。曾在拉合尔公立学院学习，获文科硕士学位。印巴分治后，在《巴基斯坦时报》等报刊任编辑、主编。20世纪50年代曾当选为巴基斯坦工人联合会副主席。因政治活动两度入狱。诗歌格律谨严，用词顺畅、凝练、辛辣。早期以抒情诗为主，用传统意象抒发个人的烦恼，追求虚幻的美境，汇编在诗集《诉怨》(1941)中。后用多种诗体反映时代和社会，如诗集《风之手》(1953)充分反映了人民的心声，《狱中诗抄》(1956)是铁窗生活的写照。还著有散文、广播剧、演讲集和回忆录等。

**痱子** miliaria 高温环境中出汗过多，汗孔（或汗腺导管）堵塞，汗液渗入周围组织引起的炎症。又称汗疹。分白痱、红痱、脓痱和深在性痱。

白痱，又称晶形粟丘疹。汗管堵塞比较表浅，在表皮的最上层。为针帽至粟粒大小表浅水疱，疱壁非常薄，疱液清，周围皮肤正常，极易擦破并很快干瘪。常见于高热，大量出汗，长期卧床的患者。好发于颈、胸及背部。

红痱，又称红色粟粒疹。汗管堵塞在表皮较深部位。为针头至粟粒大小的丘疹或丘疱疹，周围皮肤发红，常成批出现，可有轻微瘙痒或刺痛感。常见躯干及四肢尤其皮肤皱褶处。

脓痱，痱子顶端有针头大小浅表的脓疱。脓疱一般是无菌性的。常见于皮肤皱褶区，如头部、乳房下及外阴部。

深在性痱，汗管堵塞在真皮层。可见红色丘疹，损害的位置较深，不易擦破，出汗时增大，不出汗时缩小，常在红痱的基础上发生，由于出汗少或无汗，可同时伴有中暑症状。

治疗方法为注意通风降温，勤换洗衣服，清洗后扑痱子粉。外用炉甘石洗剂，深部脓痱必要时需内服抗生素。

**分** minute 可与国际单位制（SI）单位并用的非国际单位制时间单位，符号为min。中国法定计量单位。1分（min）=60秒（s），60分（min）=1[小]时（h）。时间单位“分”与平面角单位分（′）是60进制的巴比伦工作制的产物，使其十进制化的努力至今还没有获得实际成效。

**分贝** decibel 级差的非国际单位制单位。符号为dB。1分贝=0.1贝尔。为纪念美国发明家A.G.贝尔而命名。中国选定为与国际单位制单位并用的法定计量单位。定义为两个同类功率量（或可与功率类比的量）比值的常用对数，乘以10后等于1时的级差。例如分贝可表示两个电功率或声功率之间的比率，也用作量度声的相对响度。分贝数等于功率比的常用对数的10倍。90分贝的声，比勉强能探测到的声要强$10^9$倍。分贝用于表示两个电压或电流的量值之比，分贝数则等于比值的常用对数的20倍。分贝是对数的量的单位，而比值的对数能使电压、电流、功率的指数特性与人的听觉鉴别灵敏度在很大程度上相一致，因此它有很大的实用性。

**分布函数** distribution function 表述随机变量取值的累积概率的函数。

设$X$是一个随机变量，$x$是任一实数，事件$\{X \leqslant x\}$的概率$P(X \leqslant x)=F(x), x \in \mathbf{R}$，称为$X$的分布函数。用分布函数可以表示$X$落入某个区间的概率，例如当$a<b$时，

$$P(a<X \leqslant b)=F(b)-F(a)$$

$$P(a \leqslant X \leqslant b)=F(b)-\lim_{x \to a-} F(x)=F(b)-F(a-)$$

如果存在一非负实函数$p(x)$，使$X$的分布函数$F(x)$可以表示成：

$$F(x)=\int_{-\infty}^{x} p(y)\,\mathrm{d}y \qquad (x \in \mathbf{R})$$

则称$X$为连续型随机变量，$p(x)$称为$X$的密度函数；如果$F(x)$是阶梯函数，并用$x_k, p_k, k=1,2,\cdots$分别表示它的跳跃点和相应的跳跃度全体，则称$X$为离散型随机变量，$\{(x_k, p_k), k=1,2,\cdots\}$称为$X$的分布列，这时

$$F(x)=\sum_{x_k \leqslant x} p_k \qquad (x \in \mathbf{R})$$

分布函数的定义也容易推广到随机向量的情形。设$X=(X_1, X_2, \cdots, X_m)$是一个$m$维随机向量，$x=(x_1, x_2, \cdots, x_m)$是任一$m$维实向量，令

$$F(x)=F(x_1, x_2, \cdots, x_m)=P(X_1 \leqslant x_1, X_2 \leqslant x_2, \cdots, X_m \leqslant x_m)=P\left(\bigcap_{j=1}^{m}\{X_j \leqslant x_j\}\right)$$

则函数$F(x_1, x_2, \cdots x_m)$称为$X$的分布函数，或称为$m$个随机变量$X_1, X_2, \cdots, X_m$的联合分布函数。

**分洪工程** flood diversion project 洪水位将超过保证水位或流量将超过安全泄量时，为保障保护区安全而采取的分泄超额洪水的措施。是河流防洪系统中重要的组成部分。分洪工程一般由进洪设施与分洪道、滞洪区、避洪设施、泄洪排水设施等部分组成，至少应有进洪设施和分洪道或蓄洪区。以分洪道为主的有时称分洪道工程，在中国又称减河。以蓄滞洪区为主的，又称分洪区或蓄洪区。

**分解** decomposition 一种化合物分裂成两种或两种以上成分较简单的化合物或单质的化学反应。例如，氧化汞加热时分解为金属汞和氧气，碱式碳酸铜分解为氧化铜、二氧化碳和水。物质的分解多半是吸热反应，需从外部供给能量。例如，加热到一定温度物质发生的热分解；在辐射能作用下物质发生的光化学分解（见光解）；在直流电的作用下熔融电解质的电解；机械力的作用，如撞击、摩擦等也可以引起物质的分解。使用催化剂可以使物质的分解反应定向进行，生成所希望的产物。

**分类学** taxonomy 研究生物分类方法和原理的生物学分支学科。全称生物分类学。曾称系统分类学。分类就是遵循分类学原理和方法，对生物的各种类群进行命名和等级划分。分类学的目的在于阐明了种类之间的历史渊源，使建立的分类系统反映出生物进化的历史。

18世纪诞生了近代分类学，其奠基人是C.von林奈。林奈为分类学解决了两个关键问题：①建立了双名法。每一个种都有一个学名，由两个拉丁化名词组成，第一个代表属名，第二个代表种名。②确立了阶元系统。林奈把自然界分为植物、动物和矿物三界，在动植物界下，又设有纲、目、属、种四个级别，从而确立了分类的阶元系统。

物种概念和物种标准　物种是指一个生物群。其所有成员在形态上极为相似，以至可以认为它们是一些变异很小的相同有机体，它们中的各个成员间可以正常交配并繁育出有生殖能力的后代。物种是生物分类的基本单元，也是生物繁殖的基本单元。林奈时代的物种概念包含两个基本内容：客观存在和不变；而达尔文的物种概念基本内容是人为单元和变。随着"新系统学"的发展，强调了物种的群体概念，物种是"种群"集团，种群是种内的繁殖单元。根据外部形态的异同程度作为划分物种依据而划分的称为形态种，而强调染色体数目作为分种依据而将外部形态作为次要依据的称为生物学种。

系统原理和分类方法　研究系统发育就是探索种类之间的历史渊源，以阐明亲缘关系，为分类提供理论依据。系统分类的要求是：①共同起源。每一个物种都有一个起源的问题，要求同一系统内的物种必须是起源于共同的祖先，这样才能反映自然系谱，称为建立单系系统。②分支发展。一个新物类的产生最初总是少数，理论上该是一个物种。从这个最初的祖种，通过分支发展，从少到多，形成许多不同支系（图1）。系统发展是分支发展的过程，分支关系反映亲缘关系。图1是简化的"系统树"，从A到H代表8个物种，A和B的共同祖先在Ⅰ处，A和C的在Ⅱ处，A和F的在Ⅲ处。共同祖先的远近，决定亲缘关系的远近。③级进发展（或级序发展）。分支是横的分化，级进是纵的上升，是生物从低级到高级的发展。分支与级进是相辅相成的。分支中有级进，级进后再分支，系统发育是分支与级进的统一发展过程。

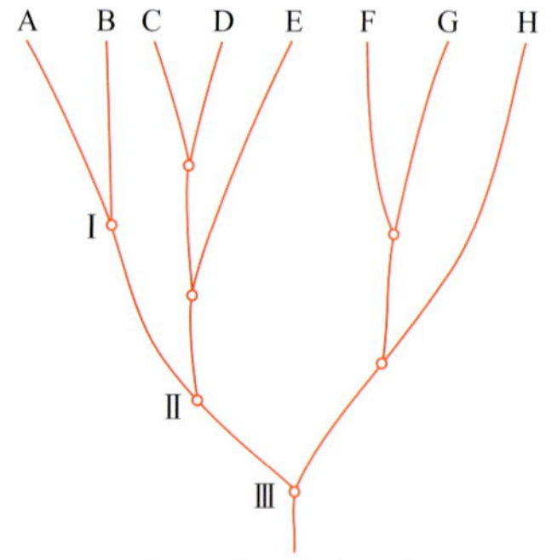


图1 系统发育示意

特征对比是分类的基本方法。所谓对比是生物分类性状异同的对比：差异性是区分种类的根据，相似性是合并种类的根据。分析分类特征，首先要考虑反映共同起源的共同特征。但有同源和非同源的不同。系统分类采用同源特征。生命现象的各个方面都可为分类提供特征，最常用的是形态，尤其是外部形态。但现在愈来愈重视生理、生化、遗传等方面的特征，如DNA（脱氧核糖核酸）的含量比较、蛋白质成分比较、染色体组型对比、动物交配行为等。

分类阶元　生物分类系统是阶元系统，通常包括7个主级别：种、属、科、目、纲、门、界。种（物种）是基本单元，近缘的种归合为属，近缘的属归合为科，科隶于目，目隶于纲，纲隶于门，门隶于界。随着研究的进展，分类层次不断增加，单元上下可以附加次生单元，如总纲（超纲）、亚纲、次纲、总目（超目）、亚目、次目、总科（超科）、亚科、亚种等。此外，还可增加新的单元，如群、族、组等，其中最常设的是族，介于亚科和属之间。通常种下分类，植物设亚种、变种、变形等单元，动物只设亚种单元，细

**表1 阶元系统中的主要单元及举例**

| 阶元 | 动物 | 植物 |
|---|---|---|
| 界 | Animalia 动物界 | Plantae 植物界 |
| 门 | Arthropoda 节肢动物门 | Tracheophyta 维管植物门 |
| 纲 | Insecta 昆虫纲 | Pteropsida 蕨纲 |
| 目 | Lepidoptera 鳞翅目 | Coniferales 松柏目 |
| 科 | Bombycidae 蚕蛾科 | Pinaceae 松科 |
| 属 | *Bombyx* 蚕蛾属 | *Pinus* L. 松属 |
| 种 | *Bombyx mori* L. 家蚕 | *Pinus massoniana* Lamb. 马尾松 |

菌设品系、菌株等单元。

列入阶元系统中的各级单元都有一个科学名称，表1是两个简化的例子。命名的单元——表上从家蚕到动物界，从马尾松到植物界，不再是抽象的单元，而是含有实际种类的物类单元。

种和属的学名后常附命名人姓氏，以标明来源，便于查找文献。亚种命名采取三名制，即属名、种名后再加亚种名。变种学名也采取三名制，只是在种名与变种名之间加上拉丁文varietas（变种）的缩写var.。分类名称要求稳定，一个属或种只有一个学名。凡发表新种（包括新属和新亚种），必须指定一个标本作为命名的模式标本。

界级分类　林奈把生物分为两大类群：固着的植物和行动的动物。19世纪60年代，有人建议建立一个由低等生物组成的第三界，取名为原生生物界，包括细菌、藻类、真菌和原生动物。当前最流行的分界是一种五界系统（表2）。五界系统反映

表2　生物的界级分类

| 五界系统 | 六界系统 |
|---|---|
| Ⅰ.原核阶段 | Ⅰ.非细胞生物 |
| 1.原核生物界 | 1.病毒界 |
| Ⅱ.真核单细胞阶段 | Ⅱ.原核生物 |
| 2.原生生物界 | 2.细菌界 |
| Ⅲ.真核多细胞阶段 | 3.蓝藻界 |
| 3.植物界 | Ⅲ.真核生物 |
| 4.真菌界 | 4.植物界 |
| 5.动物界 | 5.真菌界 |
| | 6.动物界 |

了生物进化的3个阶段和多细胞阶段的3个分支，是有纵有横的分类。它没有包括非细胞形态的病毒在内。现在有的人采用六界系统（图2），因为任何生物系统都应把

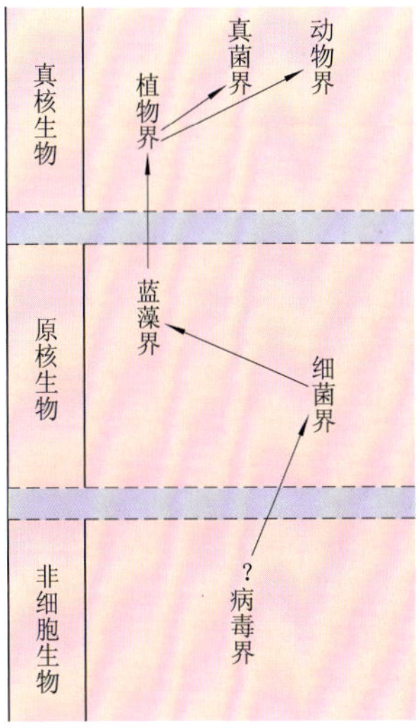


图2　六界系谱图

病毒（连同类病毒）包括在内。六界分类系统在病毒界和细菌界之间还加有问号，尚有待深入研究。

**分离工程**　separation engineering　将一种多组分混合物分离成为至少两种具有不同组成产品的**化学工程**分支。其中属于物理法分离的有沉降、离心、**过滤**等；属于传质分离的有吸附、**蒸馏**、**精馏**、浸取、**萃取**、**离子交换**、结晶等。20世纪60年代以来又出现了超临界流体分离、膜分离、反应精馏、超重力场分离、双水相分离等新技术。1971年，C.J.金《分离过程》一书出版，总结了传质分离过程几十年来的研究成果和规律，确立了分离工程在化学工程中的地位。

在涉及物质转化的各种工业生产中，分离工程几乎无所不在。一些具有代表性的大型工业，如石油炼制、乙烯生产、合成氨生产、制药工业等，都需要精馏、吸收、萃取等传质分离操作。这些操作的分离原理都是基于各个被分离物质在两个物相（汽-液，气-液，液-液）间分配平衡的浓度差异。这种差异愈小或产品纯度要求愈高，则分离设备（如精馏塔、吸收塔、萃取塔等）的高度就需要更高（有时甚至需要多塔串联），分离流程也会更加复杂。分离工程在这类工业中的投资很大，一般达总投资的1/3，在炼油工业中高达70%。分离工程的能耗也很高。

分离工程和**化学反应工程**是化学工程的两大分支，在很多场合下又相互渗透。各种分离操作之间的结合应用、反应与分离的耦合技术，以及增加外场（电场、超声、微波、磁场）以强化传统的分离过程，都是发展新的分离工程的有效途径。

**分泌**　secretion　细胞从血液或其他细胞外液中摄取原料，在细胞内合成某些物质并将其释放出细胞的过程。分泌方式可分为两大类：①分泌物经导管排入与外界相通的体腔内或体表称为外分泌，如唾液腺将唾液排入口腔，胃腺将胃液排入胃腔以及汗腺将汗液排至皮肤表面等。②细胞将其分泌物仅释放到血液或细胞外液称为内分泌，各内分泌腺分泌激素入血液就是内分泌。细胞释放的分泌物，有些在体内发挥生理作用（如消化液消化食物，激素起体液调节某些组织器官活动的作用），另一些分泌物则作为代谢产物或体内多余的物质而排出体外（如汗液中的水分、无机盐、尿素等）。分泌是细胞主动做功的耗能过程，细胞内的一些微细结构都直接或间接地参与这种活动。

**分娩**　parturition　胎儿及其附属物从母体娩出的过程。人类妊娠28周至37周前分娩称为早产；妊娠满37周至不满42周间分娩为足月产；达到和超过42周分娩为过期产。

决定分娩的三个因素　包括产力、产道和胎儿。产力指将胎儿及其附属物从子宫内排出的力量，以子宫收缩为主，能迫使宫颈口扩张，胎先露下降和胎盘娩出；

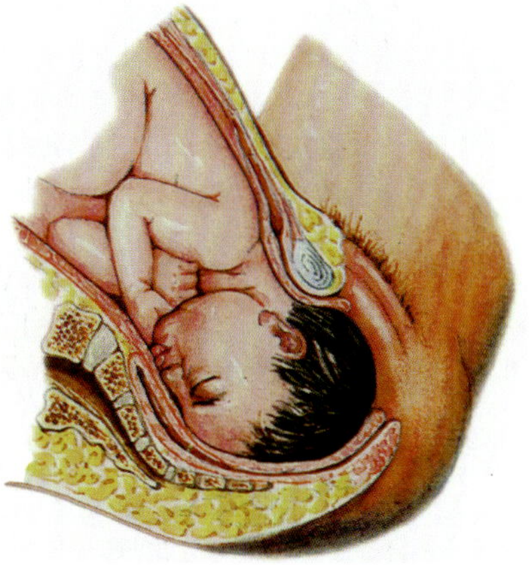

分娩（1）

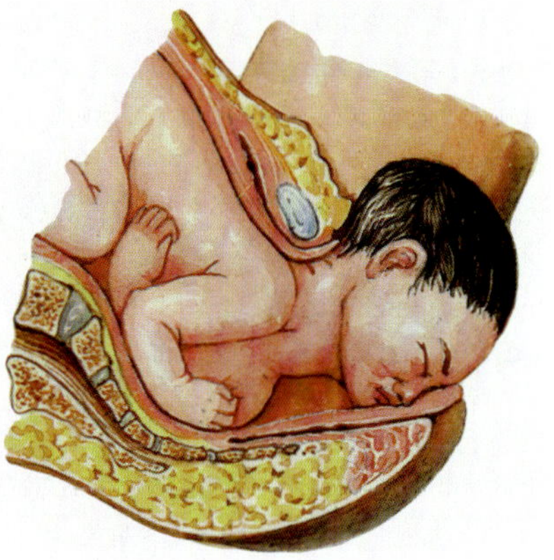

分娩（2）

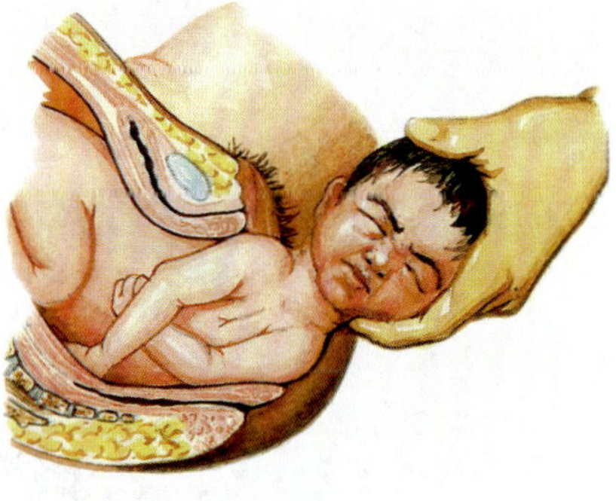

分娩（3）

胎儿的娩出

产道是胎儿娩出的通道，分为骨产道和软产道部分。骨产道即骨盆，其形状和径线都直接影响胎儿娩出。软产道是指由子宫下段、子宫颈、阴道和盆底软组织组成的弯曲通道；胎儿的因素包括胎儿大小、胎位和有无畸形。上述三因素均正常且能相互适应，则胎儿顺利由阴道娩出，为正常分娩（顺产）。

分娩机转　胎儿先露部通过产道时，为适应产道的形状、大小而被动地进行一系列动作，以其最小径线通过产道的全过程。以左枕前为例，经过衔接、下降、俯屈、内旋转、仰伸、复位和外旋转，胎儿便可顺利娩出。

临产和分娩过程　分娩发动前，往往有不规律宫缩、阴道见红等分娩先兆现象。宫缩规律，同时伴进行性宫颈口扩张，胎

先露下降才是临产的开始。分娩过程共分三阶段：第一产程指从规律性宫缩到子宫颈口开全，特点是宫缩规律，宫颈口扩张，胎先露下降，近宫颈口开全时胎膜破裂；第二产程从宫口开全到胎儿娩出，此阶段宫缩强且频，产妇不自主地向下屏气，随产程进展，胎头拨露于会阴并娩出，胎体随之娩出；第三产程从胎儿娩出到胎盘娩出。至此，分娩全过程结束。

**分配** distribution 把社会产品分给社会或国家、社会集团和社会成员的过程。主要包括作为生产条件的**生产资料**和**劳动力**的分配以及作为生产结果的产品的分配。

生产资料和劳动力的分配属于直接生产过程，它先于**生产**而存在，又作为生产的前提包含在生产之中。这一分配方式决定了生产的性质；同时，作为生产结果的产品的分配性质也取决于生产资料和劳动力的分配的性质。因此，没有生产资料和劳动力的分配，就没有生产，也就没有作为生产结果的产品的分配。作为生产结果的产品的分配是达到**消费**的必要环节，它是由生产决定的。没有产品的生产，就没有可供分配的产品；可供分配的产品的数量，也取决于生产出来的该种产品的数量。社会成员在生产过程中的地位决定了他们在分配中所处的地位；社会成员参与生产的方式也决定了他们参与分配的方式。分配对生产也具有反作用，它会促进或阻碍生产的发展。

**分频器** frequency divider 使输出信号频率为输入信号频率整数分之一的电子电路。在许多电子设备中如电子钟、频率合成器等，需要各种不同频率的信号协同工作，常用的方法是以稳定度高的晶体振荡器为主振源，通过变换得到所需要的各种频率成分，分频器是一种主要变换手段。早期的分频器多为正弦分频器，随着数字集成电路的发展，逐渐被脉冲分频器（又称数字分频器）取代，即使在输入输出信号均为正弦波时也往往采用模数转换－数字分频－数模转换的方法来实现分频。正弦分频器除在输入信噪比低和频率极高的场合已很少使用。对于任何一个$N$次分频器，在输入信号不变的情况下，输出信号可以有$N$种间隔为$2\pi/N$的相位。这种现象是分频作用所固有的，与分频器的具体电路无关，称为分频器输出相位多值性。脉冲分频器有很宽的工作频带，低频端实际上没有限制，高端极限频率主要决定于使用的器件，但也与电路有关系。

**分期付款** installment plan 购买**商品**和劳务的一种付款方式。买卖双方在成交时签订契约，买方对所购买的商品和劳务在一定时期内分期向卖方交付货款。每次交付货款的日期和金额均事先在契约中写明。

分期付款实际上是卖方向买方提供的一种**贷款**，卖方是**债权人**，买方是**债务人**。买方在只支付一小部分货款后就可以获得所需的商品或劳务，但是，因为以后的分期付款中包括利息，所以用分期付款方式购买同一商品或劳务，所支付的金额要比一次性支付的货款多一些。

**分水岭** waterdivide 分隔相邻两个流域的山岭或高地。河水从这里流向两个相反的方向。在自然界中，分水岭较多的是山岭、高原，但也可以是微缓起伏的平原或湖泊，甚至有的河流成为两个流域的分水岭，如中国黄河下游（地上河）已成为淮河与海河

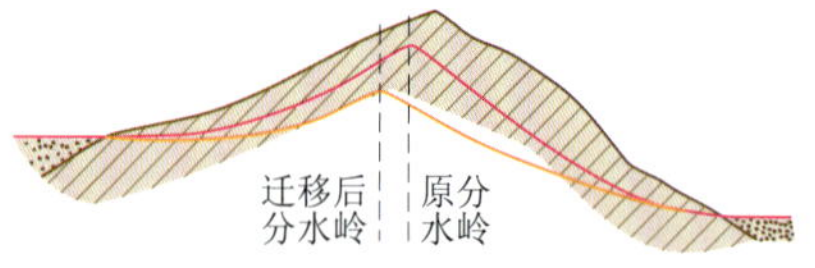


分水岭迁移示意图

两水系之间的分水岭的组成部分。分水岭的脊线称分水线。它是相邻流域的界线，一般为分水岭最高点的连线。由于流域内的水流包括地面水和地下水，分水线有地面分水线和地下分水线之分。按形态分为对称和不对称分水岭，在自然界中，对称分水岭极为罕见，广泛发育的是不对称分水岭。分水岭由侵蚀后退快的一侧移向侵蚀后退较缓的一侧的现象，称为分水岭迁移。

**分税制** tax assignment system 一种财政管理体制模式。将国家的全部税种在中央政府和地方政府之间进行划分，从而确定中央政府和地方政府的收入范围。其实质是根据中央政府和地方政府的事权确定其相应的财权，通过税种的划分形成中央和地方的收入体系。

实行分税制必须配合以中央对地方、上级政府对下级政府的转移支付制度（见**财政转移支付**），以此来调节不同地区预算财力的差距，实现公平分配的原则要求和财权与事权的最后统一。

分税制包括分事、分税、分管三个方面：①分事是按照一定时期政治体制和经济体制的要求，在各级政府间划分社会管理和经济管理权，并以此来确定各级政府的预算支出范围。②分税是在划分事权和支出范围的基础上，按照财权与事权相统一的原则，在中央和地方之间划分税种，即将税种划分为中央税、地方税和中央地方共享税，以划定中央和地方的收入来源。③分管是在分事和分税的基础上实行分级财政管理，建立中央和地方两级税收征管机构和金库体系，设置中央和地方两套税收征管机构和金库机构，分别负责中央税和地方税的征收管理和收入入库工作。

中国从1994年1月1日起实行分税制财政管理体制。

**分析** analysis 在物理学、化学中，指测定某一物质样品的物理性质或化学组成的步骤；在现代物理学中，特指测定核反应中所产生亚原子粒子的能量及其他性质。自物理科学（physical science）的其他分支创始起，与其发展紧密地相配合，已不断地提出了大批的系统的分析方法。特别是化学分析，到今日已发展成高度多样化的学科，且有许多分支用以分别解决特种问题。单一化合物的样品，可借分析以确定其元素组成或分子结构。研究组成通常采用包含会破坏样品的化学反应方法，但是研究结构时却更常用非破坏性的物理方法，例如利用光谱分析的技术，确定物质所吸收或发射的电磁波的波长。混合物的分析，通常借助分离、检验，以鉴别其中所含的各项成分。所用的方法大都依靠各物质的物理性质之间的差别，如挥发性、在电场或重力场中的活动性或在两种不互溶溶剂之间的分配等。

**分析化学** analytical chemistry 获得化学组成和结构信息的化学分支学科。主要研究：①物质的元素和（或）基团组成（定性分析）。②组成比和纯度（定量分析）。③分子结构。分析化学以化学基本理论和实验技术为基础，广泛应用物理学、电子学、生物学、统计学、计算机科学、自动化等方面的知识与技术，是化学中涉及学科范围最广的一个分支。分析化学有极高的实用价值，广泛用于地质普查、矿产勘探、冶金、化学工业、能源、农业、医药、临床化验、环境保护、商品检验等领域。

历史的回顾 分析化学这一名称是**R.玻意耳**在1680年前后提出的，但其实践可追溯至古代**炼金术**时期。公元前3000年，埃及人已知称量的技术。公元前4世纪已知使用**试金石**以鉴定金的成色。公元60年左右，普林尼（老）将五倍子浸液涂在莎草纸上，用以检出硫酸铜的掺杂物铁（Ⅲ），这是最早使用的有机试剂，也是最早的试纸。**火试金法**更是很古老但迄今尚在使用的一种分析贵金属的方法。T.O.贝格曼可称为定性分析和定量分析的奠基人，18世纪80年代他首先提出，金属元素除金属形态外，也可用其他形式离析和称量，特别是水中难溶的形式，此即为**重量分析**中湿法的起源。19世纪中叶C.R.弗雷泽纽斯创立一所分析化学专业学校，并于1862年创办德文的《分析化学》杂志。他编写的《定性分析》、《定量分析》两书曾译为多种文字，晚清时代的中译本，分别名为《化学考质》和《化学求数》。早期容量分析的发展应归功于**J.-L.盖－吕萨克**，1824年他用

磺化靛青作指示剂测定了漂白粉中有效氯。后来又用硫酸滴定草木灰，用氯化钠滴定硝酸银。这三项工作分别代表氧化还原滴定法、酸碱滴定法及沉淀滴定法。配位滴定创自J.von**李比希**，他用银（I）滴定氰离子。德国K.F.莫尔设计了可盛强碱的滴定管，此外还推荐草酸作碱量法的基准物质、硫酸亚铁盐（莫尔盐）作氧化还原的基准物质等。

分析化学的其他各个分支技术亦都经历了漫长的历史发展过程。通常认为，近代分析化学的发展经历了三次历史性的变革。第一次在20世纪初，由于物理化学溶液理论的发展，为分析化学提供了理论基础，建立了四大平衡（酸碱平衡、沉淀平衡、氧化还原平衡、络合平衡）理论，使分析化学从一门技术发展成为一门科学。第二次变革发生在第二次世界大战前后，物理学和电子学的发展，促进了分析化学中物理方法的发展，分析化学从以化学分析为主的经典分析化学发展到以仪器分析为主的现代分析化学。第三次变革是从20世纪70年代末至今，以计算机应用为主要标志的信息时代来临，由于生产和现代科学技术的发展，特别是新材料科学、生命科学和环境科学的发展，对分析化学的要求不再局限于“有什么”和“有多少”，而是要求提供更多、更全面的信息。从常量到微量及微粒分析，从组成到形态分析，从总体到微区表面、分布及逐层分析，从宏观组分到微观结构分析，从静态到快速追踪分析，从破坏试样到无损分析，从离线到在线分析等。分析化学吸取了当代科学技术的最新成就，利用物质一切可利用的性质，建立表征测量的新方法、新技术，开拓新领域。

**分析方法** 分类 ①按所依据的原理可分为化学分析和仪器分析。凡以化学反应为基础进行分析的方法，称为化学分析法；而主要利用物理学原理进行分析的方法则称为仪器分析法。②按样品性质可粗分为无机分析和有机分析两大类。③按样品数量可分为常量、半微量、微量、痕量、超痕量、微粒、单分子、单原子等分析。痕量分析是指样品中含量极为微少组分的分析。在样品中，含量在万分之一（0.01%）以下者为痕量或超痕量。

分析过程 通常包含取样、试样分解、分离和富集、测定和结果分析等步骤。首先取样必须具有代表性，即所取的试样应能代表待分析物质体系的全体。均匀或容易混匀的物质（如气态或液态样品）的取样较易解决，不均匀的固态物质（如矿石、煤炭等）则应按规定程序取样，否则分析结果不能反映原物质的状况。试样分解包括溶解或熔融（有机化合物和生物样品事前还需进行灰化），使试样转变为便于检测的状态。在检出或测定之前，常常还需要使待分析物质与干扰物质彼此分离，如果欲测组分的浓度接近或低于方法的测定下限，则需要进行富集。重要的分离和富集方法有挥发、蒸馏、沉淀、溶剂萃取、色谱法、吸附、离子交换、浮选、电渗析、电泳等。在有些情况下，也可利用某种化学反应降低干扰物质的浓度以消除干扰，称为隐蔽（或掩蔽）。在被隐蔽后的物质溶液中，加入一种试剂，使被隐蔽的物质释放出来的方法，则称为解蔽。分离和富集后，所得试液再用所选定的分析方法测定。亦有某些分析方法无需进行试样的分解等步骤，而是直接用试样进行测定。

评价 理想分析方法应是：①选择性高，以至具有专一性，即干扰少，可减少或省略分离步骤。②精密度和准确度高。③灵敏度高，可检测少量或痕量组分。④测定范围宽，大量和痕量组分均可测定。⑤改变条件能测定的元素种类和物种最多，即方法的适应性较宽。⑥方法简便，易操作。⑦经济实用，费用少而获得信息量大。

**发展现状** 分析化学的飞跃发展，使分析化学的定义、原理、方法、技术及仪器等各方面都发生了根本性的变化。分析化学的各个分支，光谱分析、电化学分析、色谱、质谱及波谱等领域都取得了重大的发展。

光谱分析 光谱化学分析一直是分析化学中最富有活力的领域之一。分为原子光谱分析、分子光谱分析、激光光谱分析和利用光导纤维化学传感器的分析。20世纪80年代始，固态阵列检测器，尤其是电荷转移器件，例如**电荷耦合器件**（CCD）和电荷注入器件（CID）的应用是光谱领域一次革新性的进展。此类检测器不仅能够克服扫描法难以解决的信息不同步问题，而且灵敏度高，动态范围宽。

①原子光谱分析。利用原子或其离在发生能级跃迁时发射或吸收的有特定频率的电磁波谱（**原子光谱**）进行分析。包括**原子发射光谱法**、**原子吸收光谱法**、**原子荧光光谱法**、**X射线荧光分析**。

②分子光谱分析。利用分子在发生能级之间跃迁时发射或吸收的有特定频率的电磁波谱（**分子光谱**）进行分析。包括**紫外－可见分光光度法**、**红外光谱法**、拉曼光谱法、分子荧光光谱（**荧光分析**）、**化学发光分析**及生物发光分析。

③激光光谱分析。激光的高强度、单色性、定向性等优异性能，已在光谱分析中应用，各种**激光光谱法**相继建立。

④光导纤维化学传感器，又称光极。由激光器、光导纤维、探头（含固定试剂相）及半导体探测器组成。光导纤维化学传感器是分析化学在80年代的一项重大发展。已有很多种传感器探头用于临床分析、环境监测、生物分析及生命科学等领域。

电化学分析 20世纪60年代**离子选择性电极**及酶固定化制作电极相继问世；70年代发展了不限于酶体系的各种生物传感器，**微电极**伏安法扩展了电分析化学研究的时空范围，适应了生物分析及生命科学发展的需要；80年代发展的化学修饰电极和光谱电化学使电分析化学从宏观深入到微观，实现了新功能电极体系的分子设计及分子工程学研究，从分子水平探讨化学界面区组成、状态及结构。见**电化学分析法**。

色谱分析 现代色谱分析将分离与连续测定相结合，是复杂体系中组分、元素形态、化学性质相近的元素或化合物分析的重要技术。20世纪50～90年代先后发展了**气相色谱法**、色质联用技术（GC-MS）、高效液相色谱法、超临界流体色谱法及毛细管电泳。见**色谱法**。

质谱分析 可以测定无机和有机组分的含量，测定分子量，能给出分子式及其结构信息，还可测定元素的同位素比。无机元素和有机化合物的分析有各自专用的质谱仪。见**质谱法**。

分析无机元素的质谱法中，辉光放电质谱法（GD-MS）可直接分析导电性固体样品，灵敏度很高。二次离子质谱及离子探针（见**探针技术**）主要用于固体表面微区分析。1980年以来兴起的等离子体质谱法（ICP-MS）检出限可达纳克/升至皮克/升级，远优于等离子体原子发射光谱和原子吸收光谱。ICP-MS常用溶液雾化进样方式，但固体样品激光烧蚀进样技术的应用迅速增加，尤其是在地质分析方面。高效液相色谱和毛细管电泳等分离技术与ICP-MS联用是痕量元素形态分析的重要手段，受到特别重视。四极杆等离子体质谱仪已广泛应用；电磁扇面双聚焦等离子体质谱仪价格虽较高，但由于其高分辨率，质谱干扰大为减少，灵敏度也较高，应用正日趋增多。20世纪末，等离子体飞行时间质谱的研究及应用发展迅速。

在有机物的质谱分析方面，气相色谱与质谱联用在环境、药物及复杂有机化合物分析方面得到广泛应用。串联质谱、液相色谱-质谱联用及软电离技术的发展，使质谱应用范围扩大到生物大分子，在生命科学中发挥重要作用。应用最广泛的一种软电离技术是1987年提出的原子轰击（FAB），它可安装于任一种质谱仪上，且有信号持续时间长和重现性好的特点。其他如场解吸、等离子体解吸、二次离子质谱和激光解吸等软电离技术各有特色和局限性。飞行时间质谱和傅里叶变换质谱等新技术、新方法的应用也受到重视。

核磁共振（NMR）波谱分析 脉冲傅里叶变换方法的诞生，开辟了脉冲NMR的新纪元。核磁波谱技术的应用已逐渐扩展到药物学、医学和生物学等。研究对象结构复杂性的增加，导致NMR谱峰的重叠愈益严重，于是采用了高磁场技术和双共振技术，以及后来的多维NMR技术。核磁波谱仪也由100、200兆赫等迅速地发展到900兆赫。20世纪80年代以来，核磁共振技术已成为生理学、生物化学、药理学和神经化学研究中的重要手段。见核磁共振波谱学。

流动注射分析（FIA） 自20世纪70年代提出以来，发展很快，已经得到广泛应用。与建立在平衡和均匀体系基础上的传统分析化学实验技术不同，FIA是非均匀、非平衡状态下的溶液处理技术。FIA作为一种高效率的溶液处理技术，须与其他检测手段结合（如与分光光度法、火焰原子吸收光谱、等离子体原子发射光谱及等离子体质谱法等）以及与一些分离富集方法（如离子交换）相结合才能形成完整的分析方法。见流动注射分析。

分析化学计量学 化学计量学是将数学、统计学和计算机应用于化学的边缘学科。分析化学中的化学计量学，涉及统计学、最优化、信号处理、分解（又称分辨）、校正、参数测定、模式识别、定量结构-活性/性质相关性（QSAR/QSPR）研究、数据库检索、人工智能等。

**分析力学** analytical mechanics 以广义坐标描述质点系的变量，以虚位移原理和达朗贝尔原理为基础，运用数学分析方法研究宏观现象中的力学问题的学科。是一般力学的一个分支。与I.牛顿与L.欧拉的矢量力学共同构成一般力学的学科基础，也是经典物理学的基础之一。1788年出版的J.-L.拉格朗日的《分析力学》为这门学科奠定了基础。1834年和1843年W.R.哈密顿建立了哈密顿原理和正则方程，把分析力学推进一步。1894年H.R.赫兹提出将约束和系统分成完整的和非完整的两大类，从此开始非完整系统分析力学的研究。分析力学的基本内容是阐述力学的普遍原理，由这些原理出发导出质点系的基本运动微分方程，并研究这些方程本身以及它们的积分方法。20世纪中叶以后又发展出用近代微分几何的观点来研究分析力学的原理和方法。分析力学，广泛用于结构分析、机器动力学与振动、航天力学、多刚体系统和机器人动力学以及各种工程技术领域，也可推广应用于连续介质力学和相对论力学。

**分析学** analysis 17世纪以来在微积分基础上发展起来的数学的一大分支。人们曾把它与几何学、代数学并列为纯数学的三大分支。

分析学的发展始终与力学、物理学和几何学紧密相关。其研究内容也随着时代发展而不断变化。17～18世纪的分析学，是以无穷小分析为主。当时人们主要是围绕着I.牛顿和G.W.莱布尼茨所创立的微积分理论与方法，以及无穷级数中的问题，进行研究。此外，当时人们把微积分的理论与方法广泛应用于天文、航海、机械制造、力学与物理学等方面。因此，当时的分析学还包括许多与应用有关的数学问题，如变分法、微分方程、积分方程等。19世纪，A.-L.柯西与K.外尔斯特拉斯等人发展了完善的极限理论，澄清了微积分概念中的某些问题，使得分析学的基础，特别是微积分和级数理论的基础，得到了严密化。在此基础上，变分法、微分方程得到了进一步发展。在这一时期，柯西、B.黎曼和外尔斯特拉斯从不同的角度研究了复变量的解析函数。这种研究不但有重要的理论价值，而且在许多方面有重要的应用价值。解析函数论的研究在19世纪的分析学中占有独特的地位，并取得了辉煌的成就。黎曼对解析函数和黎曼曲面的研究，以及黎曼的许多其他研究，为20世纪现代数学的进一步发展产生了深远影响。

20世纪初，É.波莱尔与H.L.勒贝格研究了集合测度的概念。勒贝格在他的测度理论的基础上建立了一种新的积分理论，突破了原来黎曼积分概念的某些限制。测度论与勒贝格积分使分析学中的许多研究，如傅里叶级数的研究，出现了新的面貌。此外，它们还为公理化概率论的建立奠定了基础。

由于研究变分法和积分方程的一般理论和其他方面的需求，产生并发展了泛函分析的理论。它使分析学的研究从有限维空间扩大到无限维空间。勒贝格积分在泛函分析中扮演着重要角色。泛函分析的发展又促进了近代微分方程理论、近代计算数学理论、概率论和数理统计的发展。

此外，电子计算机的发明与广泛使用促使计算数学迅速兴起，并形成了一个单独的数学分支。原本属于分析学中的数值分析后来发展成为一个单独的重要学科。这时，在分析学中只保留了其中的函数逼近论及其相关理论。

在20世纪中叶和下半叶，分析学的面貌发生了巨大变化，出现了许多新的分支或研究领域，如多复变函数论、群上的调和分析（见调和分析）、非线性泛函分析、大范围变分法、动力系统、位势论、流形上的分析等。这些研究领域虽然仍可划归为分析学，但其研究内容与研究方法与经典的分析学已大相径庭；它们是经典的分析学与近代数学的其他分支相互交叉、相互渗透的结果。

**分析哲学** analytic philosophy 一种以语言分析作为哲学方法的现代哲学流派或思潮。主要包括逻辑实证主义和日常语言学派，也包括批判理性主义以及20世纪60年代以后出现的不属于这些支派的分析哲学家。分析哲学的基本思想最初见于19世纪末德国哲学家G.弗雷格的著作中，正式形成于20世纪初的英国。创始人除弗雷格外，主要有B.A.W.罗素、G.E.摩尔、L.维特根斯坦等。其共同特征是：①重视语言在哲学中的作用，把语言分析当作哲学的首要任务，甚至当作唯一任务。②普遍重视分析方法。③反对建立庞大的哲学体系，主张在解决哲学问题时要从小问题着手，由小到大地逐一解决。分析哲学是20世纪西方哲学中影响最大的哲学思潮之一，在30年代以后的英美哲学中居于主导地位。

**分形** fractal 具有一定内在规律的支离破碎、参差不齐的极端复杂的几何图形。最重要的特征是它具有无穷层次的自相似性，即分形的任一局部区域放大之后仍具有分形整体上相似的复杂性和不规则性。这种自相似性表明图形满足标度不变性，不存在特征长度。某些理想的数学模型，自相似性是严格的，称为有规分形。例如柯赫曲线，一个边长为1英尺的正三角形，将每边（见图）3等分，在中间一段凸造出一个正三角形，成为一个六角形；然后重复将此六角形的12条边每边3等分，在中间一段再凸造出一个小的正三角形成为一个48边形；于是又可将每一小边3等分并在中间一段凸造一个更小的正三角形，如此无限重复，构成的曲线中自相似是严格的。再例如谢尔宾斯基海绵，它是一个立方体，将每一面正方形中央的1/9剜去，然后再剜去剩下的8个小正方形中央的1/9，如此无限继续下去所形成的形体，其自相似性是明显的。在物理学或自然界存在的分形，自相似是近似的或统计的，称为无规分形。

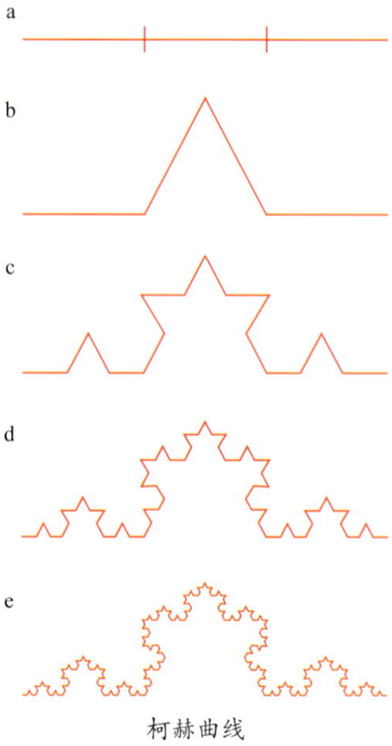

柯赫曲线

例如实际的海岸线、闪电放电通道、胶体气溶胶聚合体的有限扩散凝聚等。分形无论从局部或整体上看，都是极其不规则的，一般不能用传统的几何语言来描述。分形具有独特的几何属性，其空间维数是分数。

分形是一类非线性的复杂系统的共性，其数学理论还需从头建立，传统数学，比如微积分里的导数，是和光滑曲线的斜率联系在一起，对于弯曲的海岸线那样的曲线传统数学无能为力。此外，对于闪电放电，有限扩散凝聚那样复杂结构生成的物理规律也尚不清楚。分形的数学理论以及分形的物理机制是**非线性科学**研究中的重大课程。

**分至点** equinoxes and solstices 黄道和天赤道在天球上相距180°的两个交点，称为二分点。太阳沿黄道由南向北通过天赤道的那一点，称为春分点（♈）；与春分点相

河南登封周公测景台（通过日影测得冬至、立春、夏至、立秋的分至点）

对的另一点，称为秋分点（♎）。黄道上与二分点相距90°的两点，称为二至点。位于赤道以北的那一点，称为夏至点（♋）；与夏至点相对的另一点称为冬至点（♑）。二分点和二至点通常合称为分至点。从北黄极向黄道看去，按逆时针方向依次为春分点、夏至点、秋分点和冬至点。太阳在每年的春分（3月21日左右）、夏至（6月22日左右）、秋分（9月23日左右）、冬至（12月22日左右）依次通过**天球**上的♈、♎、♋、♑四点。在天球上通过天极和二分点的大圆称为二分圈，通过天极和二至点的大圆称为二至圈。

**分子** molecule 物质中能独立存在而保持其组成和化学特性的最小微粒。单质分子可由1个原子组成，如稀有气体氦He、氖Ne、氩Ar、氪Kr、氙Xe等。也可以由1种元素的2个原子或几个原子组成，如氧分子$O_2$是由2个氧原子结合而成的双原子分子。化合物分子是由几种不同元素的原子组成，如水$H_2O$、甲烷$CH_4$、乙醇$C_2H_5OH$等都是多原子分子。分子中所含原子数目可以是几个、几十个或几百个，如葡萄糖分子是由碳、氢、氧3种元素24个原子所组成，分子式为$C_6H_{12}O_6$。还有一类物质称**高分子化合物**，其**分子量**上万，甚至是几十万、几百万，它们是由成千上万个相同的结构单元重复联结而成的。例如日常生活常见的**聚氯乙烯**，它的分子式是$\text{-(}CH_2\text{—}CHCl\text{)-}_n$，是将氯乙烯$CH_2\text{=}CHCl$双键打开，经聚合而成的，式中$n$是聚合度，其数值以万计。并非所有物质都由分子微粒构成，如离子化合物氯化钠NaCl，是由$Na^+$和$Cl^-$离子在三维空间有序而无限地排列，很难划分出1个NaCl分子。随着现代化学键理论的发展，**自由基**和准分子（即基态不稳定，但激发态时稳定的分子）也都可以称为分子。

分子的形成　分子的形成基于原子间的作用力，原子间这种强烈的作用力称为**化学键**，它是原子结合成分子的内因。可以分为**共价键**（含配位键）、**离子键**、**金属键**。非金属与非金属原子之间容易形成共价键，金属与非金属原子之间容易形成离子键，金属与金属原子之间形成金属键。

分子间力　分子由原子借助化学键结合而成，化学键随原子对电子吸引能力差别而有极性与非极性之分，分子也有极性与非极性之分。分子间的作用力源于分子的极性。对双原子分子而言，非极性键形成非极性分子，极性键形成极性分子。多原子分子是否有极性，还要看分子的结构。如二氧化碳$CO_2$分子中，2个氧原子和碳原子呈对称的直线结构O=C=O，尽管C=O键是极性键，但分子中的正负电荷重心重叠，位于分子的中心，所以$CO_2$是非极性分子；而水分子中的2个氢原子以104.5°夹角与氧原子成键，氧对电子吸引力比氢强，所以氧端为负性，氢端为正性，水分子为极性分子。

分子间力比原子间的化学键弱得多，大约要小一二个数量级。分子间作用力总称**范德瓦耳斯力**。分子间作用力还有一种特殊情况称**氢键**，它比化学键弱，但比范德瓦耳斯力强。物质熔点、沸点的高低，是气态还是液态或固态，都取决于分子间作用力的强弱。

分子结构　分子中原子之间有相对固定的位置，即分子都有各自的结构。如甲烷$CH_4$分子中4个H原子和C原子间的化学键以正四面体顶角方向排列，C—H键之间夹角为109.5°，分子为正四面体形。而氨分子$NH_3$分子中3个N—H键夹角为107.3°，分子为三角锥形，N原子为负端，并有一对未成键电子，容易和其他原子形成配位键。有些物质尽管分子式相同，但因原子排列方式（即分子结构）不同而形成两种性质完全不同的物质，例如组成为$C_2H_6O$的分子可以形成两种结构式不同的化合物，一种是乙醇$CH_3CH_2OH$，另一种是二甲醚$CH_3OCH_3$，两者互为同分异构体。分子结构是由多种实验方法配合研究而确定的。

**分子伴侣** molecular chaperone 帮助其他蛋白质折叠的蛋白质。“分子伴侣”概念的建立使蛋白质折叠的研究由经典的“自发组装”发展成为“有帮助的组装”的新学说。

已经鉴定有分子伴侣活性的生物大分子主要是**蛋白质**，如热激蛋白类、信号识别颗粒（SRP）等，还有折叠酶以及一些依赖ATP的蛋白水解酶。此外发现核糖体、RNA、甚至一些磷脂也具有分子伴侣的活性。分子伴侣的功能是识别折叠中间物的非天然结构（如错误的疏水表面），与折叠中间物结合而生成复合物，防止这些表面之间过早地或错误地相互作用，从而阻止不正确的无效的折叠途径，抑制不可逆的聚合物的产生。然后，分子伴侣又必须与折叠中间物解离，使其有机会继续正确折叠，从而提高蛋白质生物合成的效率或变性蛋白的复性效率。分子伴侣帮助的对象不局限于蛋白质，也可帮助其他生物大分子的折叠。

一些与人类健康和安全密切相关的疾病，如**疯牛病**、老年痴呆症、亨廷顿氏症、帕金森氏症等神经退行性疾病，可能是因为这些蛋白逃逸了组成质量控制机器的分子伴侣和蛋白水解酶的监控而造成“质量

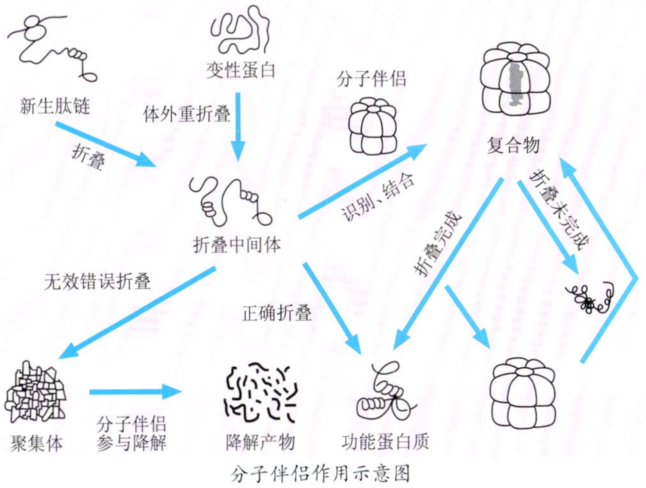


分子伴侣作用示意图

失控”的结果。

**分子电子器件** molecular electronic device 以操纵电子为基础的将分子识别事件转换为电信号的分子器件（分子部件的组合）。例如，其氧化还原性质可以通过与结构相关的连接方式的不同加以调节。当某些分

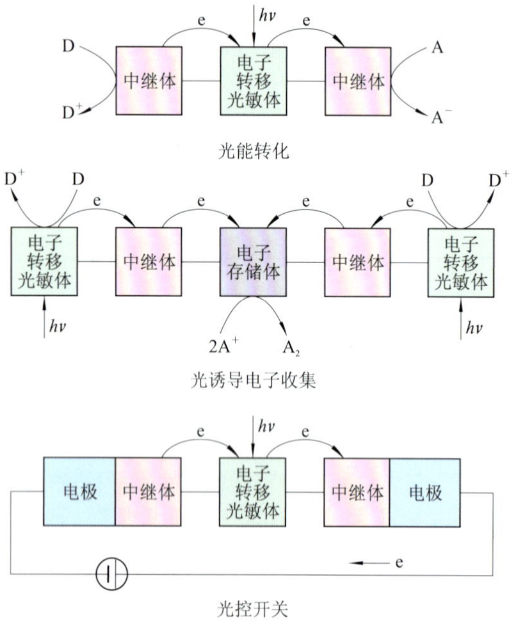


以光诱导电子转移为基础的分子电子器件原理框图
D电子给体 A电子受体

子所具有的某种特定功能为已知时，这类器件的组成和组合方式均可以事先进行设计。分子电子器件通常由信号接收组元、电子转移光敏体、中继体和信号输出组元四部分分子部件通过分子导线连接而成，信号接收组元的作用类似于天线，信号的输入可以通过光化学或电化学过程来实现。电子转移光敏体可以由光直接激发或由能量转移而间接被激发，并可在激发态时进行氧化（或还原）反应返回到基态。中继体为能够传递电子的分子组元，由能够进行氧化还原反应具有可逆性的分子组成。信号的输出可以有发光、引发环境中化学物质的构象变化或发生氧化还原反应等方式。分子电子器件工作时所需能量可以来自连续的光辐照、外电源，也可以来自环境中化学物质的化学反应。在后一种情况下，光辐照对器件的激励可视为类似于开关的作用（见图）。比较典型的是以光敏化氧化还原反应体系为特点的分子电子器件的工作原理。

**分子反应动力学** molecular reaction dynamics 从分子层次阐明和揭示化学反应过程实质的物理化学分支学科。又称化学动态学、微观反应动力学、分子反应动态学。一个化学反应过程，实际包含着许多元反应。在元反应中，处于特定量子态（能态和方位）的反应物分子，通过碰撞或散射转变为特定量子态的产物，称为态－态反应。分子反应动力学就是从微观角度对元反应过程进行研究。它可研究个别分子间的单次碰撞及反应行为，获知态－态反应的动力学特征，包括分子的碰撞、能量的交换、电荷的转移、中间体构型及寿命、旧键的破坏、新键的生成、产物分子的能态及其分布等微观动态信息，依次可揭示化学反应的微观机理，获得反应的微观动力学参量，进而可得到宏观反应的有关动力学参量。

分子反应动力学从理论和实验两个方面对元反应体系进行研究。在理论方面主要使用量子化学方法计算反应体系的势能面，从理论上阐明态－态反应的概率率、反应截面、分子在能级间的跃迁过程以及过渡态的行为等。在实验方面，研究化学动力学的实验设备主要是分子束和激光，如交叉分子束装置、分子束与激光交叉分子光解谱仪、分子束－表面散射实验装置、脉冲分子束和超声射流实验装置等。

分子反应动力学的发展进一步加深了人们对化学反应本质的了解和认识。分子反应动力学的发展有赖于现代实验技术的发展，同时反过来，它又为化学激光、气体激光、激光分离同位素、分子催化、化学沉积和化学刻蚀等高新技术发展提供了理论和实验依据。

**分子工程学** molecular engineering 研究和阐明在分子水平上贯通物质性能、结构和制备之间关系的规律和原理以及实现各种分子工程的设计、工艺和技术的学科。分子工程依据大量分子结构与性能的信息，在分子水平上实现物质多层次结构的设计和施工，制备、合成或组装满足人类指定功能要求的新型分子及其组成的新物质、新材料、新器件。“分子水平”应包括原子、保持化学特性的分子、生物大分子、超分子和物质凝聚态五个层次。“结构”不仅涉及原子在空间相互结合成分子，还要考虑电子结构和晶体缺陷等其他层次和类型以及有关结构原理。分子工程学的思路和做法是以功能为导向，进行结构的设计和施工，其对象重点放在功能体系（聚集体）上。功能体系的功能不再限于化学功能，与高科技密切相关的光、电、声、磁功能以及生物功能都是研究范围。

分子工程学研究内容丰富，涉及体系广泛。从分子科学基本原理和方法的创新性思维，直至以功能材料、分子器件、新型能源、药物设计、蛋白质和基因工程等领域为背景的若干功能体系的分子工程的成功探索，都会有效地促进分子工程学科的形成和发展。同时，分子工程学成为联系分子科学理论与生物、材料、环境、能源、电子以及医药等相关学科及其应用开发的桥梁，带动相关学科的发展。

**分子光谱** molecular spectra 分子能级之间跃迁形成的发射光谱和吸收光谱。可分为纯转动光谱、振动－转动光谱带和电子光谱带。分子的纯转动光谱由分子转动能级之间的跃迁产生，分布在远红外波段，通常主要观测吸收光谱；振动－转动光谱带由不同振动能级上的各转动能级之间跃迁产生，是一些密集的谱线，分布在近红外波段，通常也主要观测吸收光谱；电子光谱带由不同电子态上不同振动和不同转动能级之间的跃迁产生，可分成许多带，分布在可见或紫外波段，可观测发射光谱。非极性分子由于不存在电偶极矩，没有转动光谱和振动－转动光谱带，只有极性分子才有这类光谱带。

分子光谱是提供分子内部信息的主要途径，根据分子光谱可以确定分子的转动惯量、分子的键长和键强度以及分子离解能等许多性质，从而可推测分子的结构。

**分子轨道理论** molecular orbital theory 以单电子近似为基础的化学键理论。该理论的基本要点为：①在分子中，电子不再属于某个特定的原子，而是在遍及整个分子的范围内运动。和单个原子的电子运动可用原子轨道波函数描述类似，分子中电子的运动状态可用分子轨道波函数来描述。②分子轨道是由组成分子的原子的原子轨道线性组合而成。分子轨道的数目和组合前的原子轨道的数目相同。③原子轨道组合成分子轨道后，若能量低于原来的原子轨道，则称为成键分子轨道，反之则称为反键分子轨道。④原子轨道能有效地组成分子轨道必须满足下列3个原则：ⓐ对称性匹配原则，组合的原子轨道相对于键轴应有相同的对称性；ⓑ能量近似原则，只有能量相近的原子轨道才能组成有效的分子轨道；ⓒ最大重叠原则，原子轨道的重叠程度越大，成键分子轨道能量降低得越多，形成的化学键也越稳固。上述诸原则中，对称性是首要的，它决定是否能组成有效的分子轨道。⑤分子轨道的能量决定于组成原子轨道的类型和原子轨道的重叠程度。⑥电子在分子轨道上的排布也遵从原子轨道同样的原则，即遵从能量最低原理、泡利不相容原理和洪特规则。

以上基于单电子薛定谔方程近似解的轨道概念和方法，可自然地向复杂的多原子分子推广，但不能精确求解。建立在单电子能级和轨道近似基础上的理论计算方法已发展起来，如自由电子分子轨道法、休克尔分子轨道法及推广的休克尔分子轨

道法等。

**分子机器** molecular machine 由确定数量的分子部件组装而成的、能够在外界某种特定的激励（指令）下完成类似于机器动作（功能）的工作系统。和宏观机器相比，设计分子机器时，通常要考虑以下几个方面的问题：①工作时所需提供能量的种类。②其组成部件的运动特征。③对机器运作的监测和控制的方式。④机器能够以循环方式进行重复运作的可能性。⑤完成一个全循环所需的时间。⑥机器运作的目的。分子机器工作时所需的能量以光子或电子最为理想。由于分子机器处于分子水平，因此在分子环境中工作时，其精度应当达到分子水平。从这个意义上看，酶也是一种分子机器。

**分子计算机** molecular computer 由具有各种电子电路功能的分子电子器件通过化学键连接而成的具备计算功能的“分子”体系。与预期的更加微小的硅晶体管（120纳米）相比，分子电子器件的尺寸大约相当于1/60 000的水平。分子计算机的实现，将有利于解决硅晶体管进一步超集成化时难以避免的技术难题和因此带来的制造成本的急剧提高。由于在分子电子器件中，自由电子所占据的能级是连续的，而在原子和分子中，电子所处的能级却是量子化的，因此类似于硅芯片在超小型化后所带来的电流泄漏问题将不复存在。合成和寻找分别具有导线、整流、放大和存储等功能的分子，以及由这些器件分子组装而成的计算机的整个过程，都属于分子水平上的化学合成过程，它强烈地依赖分子电子学的发展，以及微电子学家和化学家的通力合作。分子计算机的真正问世，尚有待时日。研究具有计算机功能的生物分子体系是该领域工作的另一方面，后者又称为生物计算机。

**分子结构** molecular structure 原子在分子中的成键方式与空间排列。分子结构对物质的物理性质与化学性质有决定性影响，在生产实践中也有重要指导意义。最简单的分子是氢分子，1克氢含$10^{23}$个以上的氢分子。水分子中两个氢原子都连接到一个中心氧原子上，所成键角是104.5°。分子中原子的空间关系不是固定的，除分子本身在气体和液体中的平动外，分子结构中的各部分也都处于不停的运动中，因此分子结构与温度有关。分子所处的状态（固态、液态、气态、溶解在溶液中或吸附在表面上）不同，分子的精度尺寸也不同。

因尚无真正适用的分子结构理论，复杂分子的细致结构不能预言，只能从实验测得。量子力学认为，原子中的轨道电子具有波动性，用数学方法处理电子驻波就能确定原子间或原子团间键的形成方式。原子中电子轨道在空间重叠越多，形成的键越稳定。量子力学方法只有对简单的体系才是精确的。

分子的键有三种极限类型，即离子键、共价键和金属键。定位于两个原子间的键称为定域键。由多个原子的共有电子形成的多中心键称为离域键。此外，还有过渡类型的键：键电子偏向一方的共价键称为极性键；由一方提供成键电子的键称为配位键。通过这些类型的键把原子按一定的空间排列结合成分子，形成分子的结构和构型。

**分子量** molecular weight 分子中各原子的原子量总和。按已知的分子式和原子量就可算出分子量，分子量和原子量一样，也是相对比值，没有单位。

有些物质不以分子形式存在，如氯化钠由许多钠离子和氯离子组成，NaCl并不是它的分子式，而是化学式。所以1个Na原子量和1个氯原子量之和22.99+35.45=58.44准确地说是氯化钠的式量。

当物质的分子式尚未确定时，分子量可由实验直接测定。高分子化合物（也称高聚物）的分子量可高达几千甚至几百万，实验测定的结果是统计的平均分子量。

**分子模拟** molecular simulation 利用计算机以原子水平的分子模型来模拟分子的结构与行为，进而模拟分子体系的各种物理、化学性质的方法。它是在实验基础上，构筑起一套模型和算法，从而计算出合理的分子结构与行为。分子模拟不仅可以模拟分子的静态结构，也可以模拟分子体系的动态行为（如氢键的缔合与解离，分子在固体表面的吸附、分子的扩散等）。

分子模拟是研究分子微观结构的强有力手段，一方面，它可以用来模拟、研究现代物理实验方法还无法考察的物理现象和物理过程，从而发展新的理论，另一方面，对于利用分子设计方法设计出的新分子，可以利用分子模拟的方法预报其结构和物理化学性质，有利于筛选，缩短研制周期。分子模拟应用范围非常广，可由孤立分子到液体分子、药物分子、高分子、生物大分子和固体等。分子模拟已被广泛应用于分子筛催化剂、高分子材料、药物合成、生物大分子结构预测等许多研究开发领域。

**分子平均自由程** molecular mean free path 气体分子在相继两次与其他分子碰撞之间通过的路径的平均值。采用刚球分子模型，利用麦克斯韦分布，得出平均自由程为

$$\bar{l}=\frac{1}{\sqrt{2}\,\pi d^2 n}$$

式中$d$是分子刚球的直径；$n$是分子数密度。把理想气体状态方程$p=nkT$代入，得

$$\bar{l}=\frac{kT}{\sqrt{2}\,\pi d^2 p}$$

表明$\bar{l}$与气体绝对温度$T$成正比，与压强$p$成反比。$\bar{l}$与气体分子平均速率$\bar{v}$，平均碰撞频率$\bar{z}$的关系是$\bar{l}=\bar{v}/\bar{z}$。在常温常压下，$\bar{l}$、$\bar{v}$、$\bar{z}$的数量级分别是$10^{-8}$米、$10^{2}$米/秒、$10^{10}$秒$^{-1}$。上述概念、公式、数据的建立和得出，标志着对气体分子热运动及分子间碰撞的确切描述和定量认识，为气体动理论特别是气体输运现象微观理论的建立奠定了基础。

**分子人类学** molecular anthropology 利用现代分子生物学的技术、方法和手段对人类和高等灵长类的生物大分子（核酸和蛋白质）进行比较分析，以揭示人类起源、发展过程和规律的学科。是分子生物学和人类学交叉产生的人类学分支学科。利用生物大分子的异同进行物种亲缘关系的研究可以追溯到1904年，1962年首次使用分子人类学术语。

基本方法是比较两个群体或物种（灵长类）的某些特定的脱氧核糖核酸（DNA）或蛋白质的异同，通过分子变化速率来推算这两个群体或物种在进化过程中共有一个祖先的最后时间，或两者分离时的时间。通过研究，人们得出人类和大猿类分离的时间应是在500万～400万年以前。还有研究表明，非洲是最古老的人类居住地，其他洲的人类都是非洲的移民。

随着人类基因组项目的完成和分子生物学技术的进一步发展，用DNA数据重建的人类起源、进化和发展的“过程图”将会越来越“细”，对某些地区或群体的遗传特征的认识也会更全面。而且，新的生物技术的发展同时也会扩大分子生物学技术在人类学上的应用，如古代DNA技术可以用来鉴定古代人类骨骼的性别，确认祖先和家庭关系，以及诊断人类遗传和传染疾病等。

**分子筛** molecular sieve 天然或人工合成的、具有规则孔道的多孔材料。按多孔材料的直径来区分，主要包括微孔（<2纳米）和介孔（2～50纳米）材料。分子筛的初始概念是指天然或人工合成的沸石型水合硅铝酸盐（沸石分子筛），它们具有多孔骨架结构，在结构中有许多孔径均匀的通道和排列整齐、内表面相当大的空穴。这些材料只能让直径比孔道小的分子进入空穴，从而可使不同大小的分子分离，起到筛分分子的作用。在这些微孔硅铝酸盐分子筛中，最常用的有A型、X型、Y型、BEA型和ZSM-5型等。其化学式为：

$$M_{x/n}[Al_xSi_yO_{2(x+y)}]\cdot mH_2O$$

式中M为中和骨架电性、正电价为$n$的金属离子，通常是钠$Na^+$、钾$K^+$和钙$Ca^{2+}$等，这些离子可以部分或全部被半径小、电荷多的金属离子取代，这时骨架结构不变，但对分子筛的性能有很大影响；$m$为分子筛结构中水分子的摩尔数，这些水分子可以加热除去，使分子筛内表面增大；$x$和$y$的总和为$Al^{3+}$和$Si^{4+}$数目的总和，也即晶胞中四面体结构单元$AlO_4$和$SiO_4$的总数。在硅铝酸根中，$Al^{3+}$和$Si^{4+}$数目的总和与$O^{2-}$数目之比为1∶2，四面体都是共用角顶氧原子连接而成多元环，最常见的有四元环、五元环和六元环。在这些硅铝酸盐中，Si/Al的比值一般都大于或等于1.0，硅铝比值高的分子筛强度大、耐酸、耐热。如果其他原子取代了Al原子而进入分子筛的骨架中，则形成了杂原子分子筛。

分子筛广泛应用于**离子交换**、**吸附与分离**以及用作催化剂等，如石油加工业中的大部分催化材料为分子筛催化剂。

**分子设计** molecular design 按照指定目标寻找、设计和优化具有某种特殊结构和性质的新分子。随着计算机技术的发展，分子设计已由传统经验方法（通过大量实验筛选）逐步迈向计算机辅助分子设计。计算机辅助分子设计技术是基于分子模拟技术及数理统计方法，其中包括量子力学方法、分子力学方法、蒙特卡罗法及分子动力学方法、数值和非数值优化技术等。

分子设计首先建立研究对象的结构模型，在此基础上进行结构和功能关系分析，找出所要改造的目标，然后提出设计方案，最后通过实验验证并进一步修整模型。分子设计的一般的方法是：①基于目标分子改造，在原有分子结构基础上通过基团和碎片的替换，从而改善和提高分子的性质和功能。②全新结构类型的分子设计——从头设计，设计过程中不受原有化合物的限制，设计的结果是全新的。

由于分子设计的对象不同，可以是简单分子，也可以是复杂分子（如药物分子、蛋白质分子和材料分子等），因此对具体分子设计的基点、目标、方法和过程不尽相同。例如，药物分子设计是基于与疾病有关的靶标（即蛋白质受体）设计小分子，因此受体的三维结构以及药物与受体的作用模式是药物分子设计的基础。一种方法是在原有药物分子结构基础上进行改造；另一种方法是基于受体蛋白质的三维结构进行分子从头设计（即从受体的三维结构反推出药物的形状及化学式）。由于药物分子设计的最终目标是找到一个活性高、毒性小和选择性好的新化合物，所以仅考虑小分子配体设计是不够的，还需对药理学和毒性进行实验和结果的评估。蛋白质分子设计的目的是改善蛋白质本身的物理和化学性质（如提高蛋白质的热稳定性、酸稳定性和酶的专一性等），使之具有更优越的性能。设计方法按照改造部位的大小可分成三类：①小改，目的是通过改变几个氨基酸残基，以致改善蛋白质的性质和功能。②中改，指在蛋白质中替换1个肽段或1个结构域。③大改，是从氨基酸的一级序列出发，设计、制备自然界中不存在的全新蛋白质。对于材料分子、高聚物分子和分子筛分子，设计也都各具特点。

**分子生物学** molecular biology 从分子水平上研究生物大分子的结构与功能从而阐明生命现象本质的学科。

**基本内容** 包括蛋白质、蛋白质－核酸体系（中心是**分子遗传学**）和蛋白质－脂质体系（即生物膜）。

蛋白质体系 研究蛋白质的分子结构，其组织形式可分为4个主要层次，即一～四级结构。一级结构（化学结构）是分子中氨基酸的排列顺序。肽链主链原子的局部空间排列为二级结构。二级结构在空间的各种盘绕和卷曲为三级结构。有些蛋白质分子是由相同的或不同的亚单位组装成的，亚单位间的相互关系称为四级结构。

在蛋白质的二级结构和三级结构之间，存在功能上相对独立的结构区域——蛋白质域或结构域。蛋白质域可以作为一个独立的构建单元出现在不同的蛋白质中，在进化上具有很强的保守性。结构域的重新组合可以产生全新功能的蛋白质，这为揭示不同生命形式的功能进化提供了重要的研究线索。

蛋白质－核酸体系 研究基因表达的过程中，核酸与蛋白质的相互作用。基因表达的调节控制是通过生物大分子的相互作用而实现的。如大肠杆菌乳糖操纵子上的操纵基因通过与阻遏蛋白的相互作用控制基因的开关。核酸与蛋白质的互作同样控制着多细胞复杂生物的生长与发育。

生物体常常能迅速对外界的刺激作出反应，这一过程是通过细胞的信号传导来实现的。信号传导既涉及蛋白质之间的互作，又涉及蛋白质与DNA之间的互作。

蛋白质－脂质体系 研究生物膜的结构、化学组成、基本特征和生理功能，以及其他各种涉及蛋白质与脂类分子的作用关系。**生物膜**是由脂质和蛋白质通过非共价键构成的体系。很多膜还含少量糖类，以糖蛋白或糖脂形式存在。对生物膜能量转换的深入了解和模拟将会对人类更有效地利用能量提供有益的启示。

对细胞表面性质的研究带动了糖类的研究。糖蛋白、蛋白聚糖和糖脂等生物大分子结构与功能的研究越来越受到重视。寡糖与蛋白质或脂质形成的体系已成为分子生物学研究的一个新的重要的领域。

**理论意义** 分子生物学的成就说明：生命活动的根本规律在形形色色的生物体中都是统一的。例如，不论在何种生物体中，都由同样的氨基酸和核苷酸分别组成其蛋白质和核酸。遗传物质，除某些病毒外，都是DNA，并且在所有的细胞中都以同样的生化机制进行复制。分子遗传学的中心法则和遗传密码，除个别例外，在绝大多数情况下也都是通用的。

**分子识别** molecular recognition 通过主体分子与特定客体分子选择性结合产生的某种特定功能来识别客体分子的过程。通过信号转换将过程中有用信息检测出来便完成了分子识别的全过程。一分子将另一分子包结形成复合体时，一般将包结一方称为主体或受体，被包结一方称为客体。主客体包结物又称为主客体络合物。分子识别研究的重要目标是利用分子彼此间的识别、结合特征，发掘高效、高选择性的分子功能。进而，模拟天然生物功能主体，如酶等在人体内的识别过程。

分子识别一般基于主客体分子间依靠**氢键**、π-π相互作用、电荷转移、配位作用等分子间相互作用，形成主客体间几何尺寸、形状上的互补而互相结合。一般主客体分子的接触面积越大，分子间的相互作用点越多，就越容易实现对客体分子结构的精确识别。人工合成的主体分子同时具有精确识别位点和信号转换功能（如光谱特性的变化）。如图所示，接有发光基团的氮杂冠醚本身由于分子内电子转移不发光，但结合钾离子后电子转移受到抑制，荧光增强。这是典型的利用光开关原理设计人工主体而进行分子识别的例子。

能进行分子识别的人工合成的主体分子有多种。**冠醚**以及氮杂冠醚、大环多胺、穴醚等冠醚类似物可以对特定金属阳离子、铵盐等进行选择性结合。**环糊精**、**环芳烃**、

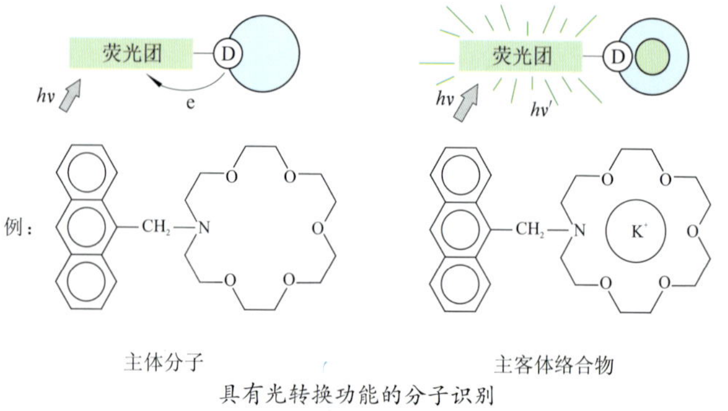


具有光转换功能的分子识别

杯芳烃、球状冠醚等具有固定孔穴，可以包结与其内腔空间尺寸匹配的客体分子。此外，已设计合成了种类繁多的具有多个结合位点和预组织结构的人工主体，如分子关节、分子胶囊等。利用**超分子**主体，或利用模板合成原理合成的**分子印迹**高聚物也是实现对特定客体分子识别的重要途径。分子识别的研究已不再限于主客体一一对应的关系，而更多涉及超分子以及与其密切相关的“纳米”分子（如树枝状高分子、富勒烯、纳米管）、液晶、分子膜等。

**分子束光谱　molecular beam spectra**　与分子束技术相结合的**分子光谱**。分子束是具有相同运动方向的一束彼此无碰撞的分子，通常是在几百帕的压力下，让分子穿过一个比分子平均自由程还窄的小缝，再通过一组准直孔后射入压力很低（约$10^{-4}$帕）的容器中，这样便形成一束方向性很好、速度分布的半宽≤10%、束中无碰撞的分子束。在分子束中利用激光光解某些分子，可得到自由基碎片。由于分子束内无碰撞，这些自由基的振动和转动的分布能够保持较长时间。利用激光诱导荧光方法来探测，可得到自由基各内部自由度的能量分布。此外，还可用激光诱导荧光方法来探测分子束中不同振转能量分子的速度分布。

利用超声速分子束可制备出极低内能的孤立气体分子。利用激光诱导荧光方法可获得这些分子的结构、振动预解离寿命和光解产物态分布等许多新的信息。多光子电离、相干反斯托克斯拉曼光谱等方法和超声速分子束相结合，已成为研究孤立分子结构和性质的有力工具。

**分子梭　molecular shuttle**　由包含运动和静止的两类独立部分（分子或离子）组成的**超分子**体系。根据形状还可有分子陀螺、分子列车等。分子梭的研制是设计并实现**分子机器**的一个步骤。由于在此体系中运动部分在静止的分子链上所处的位点和出现的频率可以用作存储器所需要的基本信号，因此这类超分子的有序集合，有可能成为**分子计算机**所不能缺少的分子存储器。图a是20世纪90年代问世的第一个分子梭的分子结构。在聚醚链为主的线型分子链中，连有两个带有电极性的组元（相同或不相同），分子链上套有一个与其带有相反电极性的环状分子。后者可以在热、光、电或化学物质的激励下自动地进行往复运动，类似于纺织机中的梭的运动方式，故称为分子梭。当分子链中的两种组元的电极性不同时，环状分子在不同组元处时体系的状态不同，可以分别指定为0或1，从而体现出用作分子存储器的可能性。

**分子物理学　molecular physics**　研究分子的结构、分子的物理性质、分子间的相互作用，并以此为基础研究气体、液体、固体的物理性质，特别是同热有关的物理性质的物理学分支学科。分子是物质中能够独立存在的相对稳定并保持该物质化学特性的最小单元。分子由原子组成，原子通过一定的相互作用力，以一定的次序和排列方式结合成分子，这种相互作用力称为分子的键合，常见的键合有**离子键**和**共价键**。分子结构及其性质取决于分子的键合。1930年以来，**量子力学**对这些问题作出圆满的理论解释，形成了一门重要的理论性分支学科——**量子化学**，从分子中的电子和核的运动研究分子的结构和化学反应中的微观过程，发展了分子轨道理论、配位场理论等多种计算方法，配合电子计算机技术，已取得丰硕的成果。

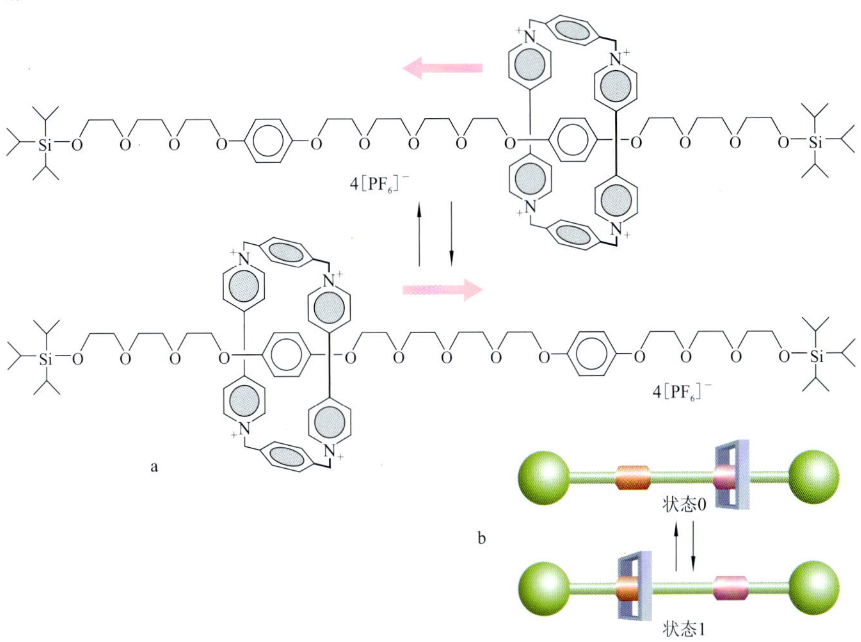

分子梭的实例（a）和示意图（b）

分子物理从多方面研究分子的物理性质。它研究分子中的振动、转动和电子运动以及分子间力所产生的种种现象。**分子光谱**和拉曼光谱学是研究分子结构的重要手段，它提供大量关于分子结构和分子动力学的知识。**微波波谱学**对于分子结构也做了大量准确测定。用X射线的衍射、中子衍射等技术可直接确定分子结构。已发展起来的光电子能谱（见**表面分析技术**）等也是研究分子物理性质的有力实验手段。

分子物理学还从研究物质的分子结构和分子间相互作用出发，研究物质的热学性质和聚集状态，包括状态方程、各种热力学函数、液体和固体的表面层现象、表面吸附、相平衡和相变以及扩散、热传导和黏滞性等输运现象等。这些现象和性质都同大量分子的整体运动状态有关，因而热力学定律和统计物理学是其理论基础。

分子物理学研究具有非常强的学科交叉特性，与化学、**天文学**、**环境科学**、生命科学和材料科学都有密切的联系。化学研究领域内，对化学反应的认识已从宏观现象发展到微观机理，基于分子的水平来认识和理解化学反应的过程。分子物理学和分子光谱学的研究结果给化学反应动力学过程和光化学过程研究提供了重要的参数和科学依据。人们力图做到选择特定能态的分子进行化学反应，深入理解分子间的碰撞和能量转移过程，直至实现对分子的设计和剪裁。天文学和分子物理学也有密切的联系：许多重要的自由基分子、离子分子最初就是通过天文观测发现的；分子物理学的研究又给天文观测提供了精确的测量参数。这些研究对人类探索宇宙演化和生命起源都起着重要的作用。在生命科学和材料科学研究领域内，许多研究已进入分子级的水平，如对生物分子结构的研究、生物分子间的能量和信息传递过程的研究、功能高分子材料的研究等，都与分子物理学紧密相关。

**分子信标　molecular beacon**　基于荧光共振能量转移现象设计的含有发卡型寡聚核苷酸的核酸探针。S.泰亚吉和F.R.克雷默1996年提出分子信标的概念。

分子信标由具有茎-环结构的发卡型单链寡聚核苷酸和荧光共振能量转移对（包括荧光基团和猝灭基团）组成（见图）。其中环的部分有15～25个核苷酸，组成探针分子，能探测特异性互补核酸；茎部各有5～7个核苷酸，形成互补碱基对——茎杂交体，能控制分子信标的开关；荧光基团和猝灭基团通过长度为7～9个原子的臂分别连接在茎的两端。在一般状态下，发卡型的茎使荧光基团与猝灭基团相互靠近，致使荧光基团发出的荧光经共振能量转移而被猝灭，即分子信标处在关闭状态。但

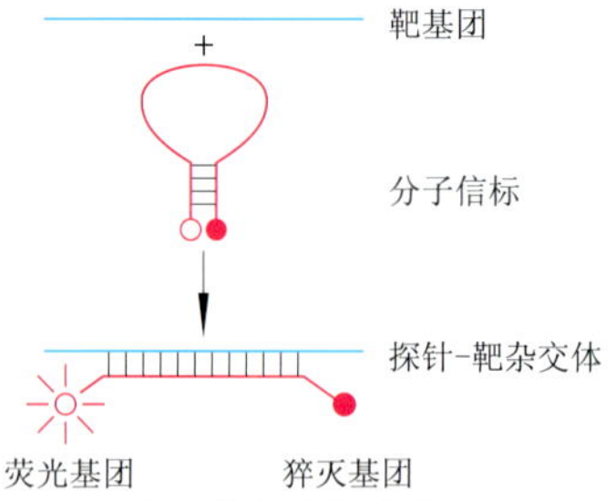

分子信标的作用原理

当探针分子与靶基因分子相遇时，其环部探针序列与靶基因分子相互作用形成探针-靶杂交体。探针-靶杂交体更高的稳定性及其刚性双螺旋结构导致了茎杂交体的解链，使荧光基团与猝灭基团远离，体系发出荧光，这时分子信标处于开启状态。分子信标在开启前后的信号/背景比非常大，据此可以判断靶基因片段是否存在。改变环部序列及其大小、选择不同的荧光基团和猝灭基团，可设计出各种分子信标。

分子信标是基于生物识别分析的专一性试剂，可用于遗传学、基因组学、蛋白质组学、致病机理、疾病诊断和药物开发的研究。例如，基于分子信标的**分子识别**高度专一性，可将其应用于复杂体系中特定靶基因的测定，而不受其他组分的干扰。在核酸的研究中，用固定化分子信标制备的DNA（脱氧核糖核酸）光纤传感器具有灵敏、稳定、重现、可再生和可进行遥测的特点。利用生物素衍生分子信标固定化方法，进一步在硅胶表面上制备分子信标探针阵列，即可制得多目标分析物的传感器。改进固定和定位技术，可制作有特定环序列的许多分子信标探针阵列的分子信标生物芯片，一次分析可同时获得含多种DNA靶样品的杂交信息。

**分子学说** molecular theory　关于物质结构的学说。分子学说是对J.**道尔顿**的**原子论**的重大补充和发展。

1808年法国化学家J.-L.盖-吕萨克发现：各种气体在相互发生**化学反应**时，常以简单的体积比相作用；而且当反应产物也是气体时，则反应产物的体积与反应物的体积间也存在简单比关系。他想到，道尔顿的原子论中所包含的"化学反应中各种原子以简单数目相化合"的概念与之必有内在的联系。经过综合推理得出：①在同温同压下，同体积中的不同气体物质（无论是元素还是化合物）所含的原子数（简单原子或复杂原子）应成简单整数比。②相同体积的不同气体元素的重量比与原子量比之间也当是简单比关系。他的上述论证是合理的，但他最后有些武断地提出一个假说：在同温同压下，相同体积的不同气体（无论是元素还是化合物）中含有相同数目的原子，即数目比为1。

然而盖氏的以上论述却遭到道尔顿本人的拒绝和反对，他的理由主要是：①不同物质的原子形状、大小必定不同，因此在相同体积内，不同气体物质不可能含有相同数目的原子。②如果同体积中不同气体物质的原子数目相等，那么根据气体反应的体积比，每一个水原子、煤气原子中只含有半个氧原子；每一个氨原子中就应只含半个氮原子与2/3个氢原子，这与"原子的不可分割性"是势不两立的。

盖-吕萨克定律有充分的实验事实为据，而一个复杂原子中又不允许存在半个某种原子。意大利物理学家A.阿伏伽德罗看出：①只要将道尔顿的原子论稍加发展，就可以使二者顺利地统一起来，即在宏观物体和原子这两种物质层次之间再引进一个新的关节点、一个新的分割层次——**分子**。②对盖-吕萨克的气体化合体积定律的解释，只要认为在同温、同压下，同体积的任何气体都含有相同数目的分子，便仍然可以得到圆满的回答。他认为过去各气体实验中的氢、氧、氮都是双原子分子，就不致发生反应产物化合物分子中出现半个或一个半原子的困境了。他于1811年和1814年两次发表了上述分子学说，即阿伏伽德罗假说，但当时没有得到科学界的重视。

1855年意大利化学家S.坎尼扎罗鉴于当时化学理论上的混乱以及原子论的危机，在重读了阿伏伽德罗的文章后，认为只有分子学说才能澄清这种情况，于是写成《化学哲学教程概要》的小册子，全面阐述、剖析了分子学说的合理性。这本小册子1860年在德国卡尔斯鲁厄国际化学会议上散发。从此分子学说得到了化学界的普遍承认。

**分子遗传学** molecular genetics　在分子水平上研究生物遗传和变异机制的**遗传学**分支学科。经典遗传学的研究课题主要是**基因**在亲代和子代之间的传递问题；分子遗传学则主要研究基因的本质（包括基因的化学性质、结构和组织）、基因的功能以及基因的变化等问题。分子遗传学的早期研究都用微生物为材料，它的形成和发展与微生物遗传学和**生物化学**有密切关系。

遗传的物质基础　1953年美国分子遗传学家J.D.**沃森**和英国分子生物学家F.H.C.**克里克**提出了**脱氧核糖核酸**（DNA）分子结构的双螺旋模型。这一发现常被认为是分子遗传学的真正开端。1966年生物化学家M.W.尼伦伯格和H.G.霍拉纳破译了由64个密码子组成的遗传密码字典，在分子水平揭示了生命世界的统一性。遗传密码的破译表明，DNA分子与蛋白质之间存在信息的转移，储存在DNA分子中的遗传信息通过DNA→mRNA→蛋白质的途径逐步展示，最终通过蛋白质的生物活性转变为宏观的可见表型（见**中心法则**），这一过程又称为遗传信息流。从此生命科学的研究逐步进入以基因结构和功能、基因表达和调控为核心的新时代——分子生物学时代。

基因的结构和功能　基因结构和功能的研究最初主要以微生物为实验材料，以突变型分析为研究手段。

从分子遗传学角度来看，真核生物和原核生物有许多相同之处，包括以DNA作为遗传物质（RNA病毒以RNA为遗传物质）、基本相同的遗传密码、蛋白质合成的过程以及基因突变的机制等。但是它们之间也有一些显著的区别。在结构方面，绝大多数原核生物的基因编码顺序是连续的，中间没有间隔。真核生物特别是多细胞真核生物基因，除少数成员外大部分的编码顺序是不连续的，中间插入许多非编码顺序，因此又称为断裂基因。这类基因内部的编码顺序称为外显子，非编码顺序称为内含子（见**基因调控**）。真核生物和原核生物基因的另一个显著差别，是表达的方式不同。

所有的生命活动，如生长与发育、免疫与疾病均与基因的表达有关。多细胞生物特别是高等生物每个个体所有细胞均有相同的基因组成，在**细胞分化**过程中，基因组按设定的程序打开某些基因、关闭另一些基因，从而赋予特定细胞类型指定的功能。基因组表达程序的设定最终是由DNA分子中核苷酸排列顺序所决定的，因此研究细胞的分裂与分化，胚胎的形成与发育，包括学习与记忆等高级神经活动的分子基础就成为分子遗传学探讨的重要课题。

突变与进化　所有基因的**突变**均同DNA分子的顺序组成和结构改变有关。突变可在四种水平上发生：①单核苷酸的改变，如碱基C→A或T→G，这类突变又称为核苷酸代换。②DNA排列顺序的变化，如缺失、插入和重复。③**染色体**结构的变异，如染色体区段的倒位、移位、断裂与缺失。④染色体数目的变化，如增加或缺失一条或几条染色体，或整个染色体组的加倍。不同类型的突变虽然在机制上有很大差别，但均涉及DNA的顺序组成和含量的变化。另一类引起突变的因素为基因组中的可动成分，它们有两种类型：DNA转座子和RNA转座子。

生物进化的基本源泉是突变（基因突变、染色体畸变和基因重组）。并非所有的基因突变都是有害的，有些基因的突变可以产生功能略有变异的蛋白质，可使生物适应新的生存环境。例如胎儿体内表达的可与氧气结合的血红蛋白基因与婴幼儿和成年期表达的血红蛋白基因虽然来自同一个祖先，但在顺序组成上已经发生变异，使其编码的血红蛋白具有更强的与氧气结合的能力。在自然选择中，这种变异的基因使物种具有更强的竞争力。

意义　通过物种间同源基因结构、功能与变异的研究，可以构建基因系统发生树，并依此追踪生命进化的轨迹。分子遗传学与古生物学相结合，不仅为传统的进化理论提供了确凿的实验依据，而且深化了对生命进化的认识。

**分子印迹**　molecular imprinting　人工合成具有**分子识别**功能聚合物（分子印迹聚合物，MIP）的技术。所制备的MIP具有固定大小和形状的孔穴，对模板分子（待分离、识别物质的分子）的立体结构具有“记忆”效应，可用于识别模板分子或与其结构相近的化合物。

MIP的制备是将模板分子同具有功能团的单体以共价键或非共价键的方式结合或预组装，在交联剂和引发剂的存在下进行热或光聚合反应，形成具有大孔和网状结构的聚合物。通过溶剂洗脱或在一定条件下水解除去模板分子，聚合物中就留下了与模板分子在大小、形状和功能基性质方面互补的作用位点和空穴。

分子印迹在生物、医学和化学等领域用途广泛。MIP作为一种分离材料与传统的高效液相色谱或毛细管电泳结合可用于药物、氨基酸、单糖、多肽及各种有机分子类似物的分离，也可用于手性化合物的分离。MIP在特定的条件下可以作为模拟抗体用于类似于免疫分析的体系。利用分子印迹技术可以制备具有催化功能的MIP等。存在问题是：绝大多数分子印迹只能在非极性有机溶剂中进行，许多化合物由于溶解度低而无法获得相应的MIP。另外，MIP与模板分子间的结合速度慢、结合位点的均匀度差、结合容量小，作为高效液相色谱固定相用于分离时分离度和分离效率都还有待提高。

**分子育种**　molecular breeding　利用分子技术对性状的遗传组成或**基因**作定向改变，以培育符合生产要求的、在遗传上相对稳定一致的新品种。其主要内容是按照预先制定的目标，广泛采用包括**转基因**和分子标记等多种生物技术对性状基因作定位、分离克隆和转化，并利用相应的育种策略、方法和程序，得到目标基因（DNA序列）的有利重组、稳定遗传，筛选鉴定出符合社会生产和生活需要的生物体和产品。杂交试验和遗传物质本质、结构的研究奠定了遗传育种的基础，基因工程技术催生了分子育种，分子标记技术实现了重要性状基因的定位、分离、克隆，并对目标基因进行辅助选择、转移和整合。随着许多模式生物的全基因组大规模测序工作的完成，越来越多的功能基因被分离克隆，利用生物技术等手段把已知功能基因有目的地转入目标生物体（如作物），并稳定表达出来。

**分子云**　molecular cloud　星际介质中有利于原子结合为分子的低温致密区。主要由氢分子（$H_2$）组成，密度约300～2 000个/米$^3$，也有质量约占1%的宇宙尘混合物。

欧南台（ESO/VLT）8.2米望远镜拍摄的分子云巴纳德68

气体的温度在10～20K之间。分子云是在20世纪70年代进行的CO（一氧化碳）射电巡天中发现的。CO分子的数量虽仅为氢分子的万分之一，但由于CO分子的结构使其在1.3毫米和2.6毫米波长有很强的转动跃迁谱线，仍然是描绘和研究分子云的主要工具。

一个分子云中可找到几个密度约$10^5$个/厘米$^3$氢分子、质量约100～1 000倍太阳的致密核。这些致密核含红外源、电离氢区和脉泽源，表明这些区域是大质量恒星形成的场所。

质量范围在50万～1 000万倍太阳，直径约100光年的分子云称为巨分子云（GMC），主要分布于银道面上。

**分子杂交**　molecular hybridization　利用核酸（DNA和RNA）或**蛋白质**的分子之间由于结构互补而形成杂种分子的原理，从而检测不同来源或亲缘关系分子的一类技术。

核酸分子杂交技术的原理是：互补的单链DNA或RNA片段，在溶液或载体上可以通过非共价键结合形成双链杂交分子。能够形成杂交双链的核酸分子有较大的同源性，反之则同源性低。按杂交介质的不同可以分为液相、固相和原位杂交。其他杂交技术包括微阵列杂交技术（又称基因芯片）、蛋白质分子杂交、核酸与蛋白质的分子杂交、酵母单杂交技术。

**芬迪湾**　Fundy, Bay of　世界潮差最大的海域。位于加拿大东南岸，新斯科舍半岛与新不伦瑞克省之间。西南—东北走向。湾长约250千米，面积1.6万平方千米。平均水深75米，最深214米。湾口宽约90千米，向湾内收缩，水深减小；至东北端分为两条狭窄小湾：希格内克托湾和米纳斯湾。潮水自大洋涌入，两湾处分别形成14米和16米的潮差，在米纳劳动保护湾曾观测到21米的世界最大潮差记录。潮汐发电潜力很大。1948年在新不伦瑞克省滨芬迪湾岸建成芬迪国家公园，以观测浪高流急的海潮著称。沿岸主要港口城市有圣约翰等。

**芬兰**　Finland; Suomi　欧洲北部国家。南临芬兰湾，西濒波的尼亚湾。海岸线长1 100千米。陆地疆界线总长2 534千米，分别与瑞典、挪威、俄罗斯接壤。面积338 417平方千米。人口535.2万（2009）。芬兰人占91.9%，瑞典人约占5.5%，萨米人和其他少数民族合计约占2.6%。芬兰语和瑞典语均为官方语言。84.9%的居民信奉基督教路德宗，少数信奉东正教。首都**赫尔辛基**。

**地理**　地势低平，北高南低。平均海拔152米，仅及欧洲平均数之半，最高点哈尔蒂山，海拔1 328米，位于芬兰与挪威边

界上。第四纪时形成各类冰川地形和大量湖泊。著名的萨尔堡冰碛岭长达460千米，是芬兰湖高原的南界。全国内陆水域约占国土的1/10。湖泊众多，有“千湖之国”之称。最大的塞马湖位于东南部，面积约4 400平方千米。此外还有伊纳里湖、派延奈湖等。除沿海地区外，芬兰许多河流均流入湖泊。最长的是北部的凯米河（552千米），注入波的尼亚湾。海岸曲折，岛屿众多，以西南部海域的奥兰群岛（又称阿赫韦南马群岛，有岛屿约6 500个）最为重要。

全国1/3的土地在北极圈内，大部分地区属亚寒带针叶林气候，北部为苔原气候。最冷月（2月）平均气温－14～－6℃，最热月（7月）平均气温13～18℃。年均降水量由南向北逐渐减少。

森林资源丰富，全国森林覆盖率高达66.7%，约2 030.6万公顷，木材蓄积量20.48亿立方米。矿产资源中铜较多。还有少量的铁、镍、钒、钴等。煤和石油等沉积矿贫乏。泥炭资源丰富。

**历史** 公元前8000年就有人类定居。前1300年，居住在东方和芬兰湾南岸的芬兰－乌戈尔人迁移至此，成为今日芬兰人的祖先。12世纪后半期起瑞典与俄罗斯争夺在芬兰的政治宗教统治权。1323年芬兰大部地区为瑞典统治。1634年并入瑞典王国。1721年北方战争结束时俄罗斯割占部分芬兰领土，1809年俄瑞战争后芬兰正式割让给俄国。1917年12月6日宣布独立，1919年成立共和国。1939～1940年芬苏战争中芬兰战败，被迫同苏联签订割让领土的芬苏和约。1941年纳粹德国进攻苏联，芬兰参与对苏战争，收回失去的领土。1944年2月，芬兰作为战败国签订和平协议，再次通过割让部分领土以保持国家独立。

**政治** 多党制的共和国。总统是国家元首，由全民直选产生，任期6年，拥有任命政府、掌管外交、统帅三军等实权。议会为一院制，是国家最高立法机关。由选民直接选举的200名议员组成，任期4年。主要职能是立法、监督政府、监督财政。主要政党是中间党、社民党、联合党。总统为军队最高统帅。总理负责领导民政方面的国防活动。国防军总司令负责军事方面的国防活动。实行普遍义务兵役制。

**经济** 属发达的自由市场经济。已形成以服务和信息为导向的经济体系，成为欧洲乃至全世界最富有的国家之一。2002年1月欧元取代芬兰马克正式流通。2009年国内生产总值1 710亿欧元。人均国内生产总值3.2万欧元。

2008年工业产值约占国内生产总值的30%。20世纪90年代从劳动、资金密集型转变为技术密集型。建立在森林基础上的木材加工、造纸和林业机械制造业为经济支柱，并具有世界先进水平，整个森林工业产量占世界总产量的5%。是世界第二大纸张、纸板出口国，占世界出口量的25%；还是世界第四大纸浆出口国。近年来，化工、电子工业部门迅速发展，信息产业尤其突出，对本国经济发展起到极大的促进作用。制造业也较发达，可生产精炼石油产品、钢、水泥、粗糖、化肥、纺织品、农业机械、建筑机械、电视机及收音机、破冰船、油轮、客轮、柴油机车和铁路客车车厢等。有2座核电站（4个核反应堆）。

农林密切结合，几乎所有的农户都经营一定数量的林地。伐木业地位重要，其生产规模居欧洲最大之列。海洋和湖泊渔业也很发达，海洋渔业以大西洋鲱鱼为主，湖泊渔业以欧洲鲈鱼为主。

服务业发达，2008年服务业产值占国内生产总值的48.8%。旅游业兴旺，2008年旅游业收入占国内生产总值的1.2%。

芬兰建有良好的公路网，2008年公路总长105 621千米。铁路总长5 769千米。内河航运系统完善，但冬季不能通航，航线长9 541千米。港口主要有赫尔辛基、图尔库、科特卡和波里。国际机场有赫尔辛基、图尔库和坦佩雷等。有天然气管道580千米。

外贸地位重要，2008年出口额为655.1亿欧元。芬兰出口商品主要有机械设备、化工产品、金属、纸张纸板等；进口商品主要有食品、石油及石油产品、钢铁、纺织品、饲料等。主要贸易对象为欧洲联盟国家。有贸易关系的国家约50个。

芬兰直接投资国主要为瑞典、荷兰、美国等国家。对外援助主要受援国为坦桑尼亚、赞比亚、莫桑比克、肯尼亚、越南、埃及、尼加拉瓜、埃塞俄比亚和尼泊尔等。

**文化** 教育事业发达。1980年起实行9年一贯制义务教育。著名高等学校有赫尔辛基大学、赫尔辛基技术大学、坦佩雷大学等。主要报刊有《赫尔辛基新闻》、《晚间新闻》、《晨报》等。通讯社有5家，最大的是半官方的芬兰通讯社，简称芬通社，1915年成立。芬兰广播公司（YLE）成立于1926年，1934年改为国营。1958年正式开播电视。此外还有私营广告电视台。

**对外关系** 截至2009年3月，与186个国家有外交关系。1950年10月28日与中国建交。战后长期奉行同苏联保持睦邻友好关系、不介入大国冲突、同各国发展友好关系的“积极的和平中立政策”。冷战结束、苏联解体后，芬兰对其外交政策进行了重大调整，将发展同欧盟的关系作为外交重点。1995年1月1日起成为欧盟正式成员。芬兰仍坚持奉行军事不结盟和独立可靠的防务政策，密切与北约的合作，同时继续与俄罗斯保持睦邻关系。

**芬兰人** Finns 北欧民族之一。约560万人，其中约480万人分布在芬兰共和国，其余约80万人分布在瑞典、挪威、俄罗斯、立陶宛、爱沙尼亚、拉脱维亚、德国、美国和加拿大。属蒙古人种和欧罗巴人种的混合类型。使用芬兰语，属乌拉尔语系芬兰－乌戈尔语族。文字用拉丁字母拼写。多信基督教路德宗，少数信东正教。现代芬兰人的直接祖先在公元初期从波罗的海南岸和拉多加湖一带进入芬兰境内。至8世纪已分布到芬兰大部分地区，与原来的居民发生混合，形成三大部落联盟，即西南地区的苏奥米人、中部地区的哈梅人和东南地区的卡累利阿人。在此基础上，于14世纪发展为统一的芬兰民族。1581年起，芬兰成为瑞典统治下的一个公国；1809年俄瑞战争后，又成为俄国统治下的大公国，由沙皇兼任芬兰大公。1917年12月独立。因长期受瑞典和俄国统治，经济文化多受两国影响，但在许多方面仍保持本民族特点。原为农牧业国，第二次世界大战后，工业迅速发展，现已成为世界上纸张、纸浆、造纸机械、船舶和林业机械的主要出口国之一。人均收入居世界前列。

芬兰人为驯鹿做记号

**芬兰－乌戈尔语族** Finno-Ugric group 乌拉尔语系的两个语族之一（另一为萨莫耶德语族）。

**芬兰语** Finnish language 芬兰的两种官方语言之一（另一种是瑞典语）。属乌拉尔语系芬兰－乌戈尔语族芬兰语支。与爱沙尼亚语很相近。此外，俄罗斯西北部和瑞典的一些地方也有使用者。

芬兰语书面语始于16世纪，1809年成为官方语言之一。民族史诗《卡勒瓦拉》（又译《英雄国》，1835）的出版标志着芬兰语标准语的形成。

芬兰语的书写与读音基本一致。有21个音位，其中8个元音，13个辅音。元音与辅音均有长短之分。词重音均落在第一个音节上。在语音上的特点是元音和谐，辅音有强弱式的交替。有一定语法意义的附加成分接在词根或词干上，以表示各种语法意义。没有冠词。名词没有性的范畴，有数、人称和格，共15个格。动词现在时以在动词词干后接固定的人称后缀表示，有过去时，没有将来时，现在时兼表将来时。芬兰语采用拉丁字母书写。语序为主－动－宾型。

**芬尼运动** Fenian Movement 19世纪50～70年代爱尔兰人民反对英国统治、争取民族独立的运动。J.斯蒂芬斯于1858年3月17日在都柏林建立爱尔兰革命兄弟会，后改称爱尔兰共和兄弟会。同日，J.奥马奥尼在纽约建立芬尼兄弟会，以爱尔兰传说中的盖尔人芬恩·麦库尔统帅的民团命名其组织。这两个组织统称芬尼。其成员在爱尔兰大多是城市小资产阶级及知识分子，在美国主要是爱尔兰裔的移民。爱尔兰共和兄弟会是芬尼的核心，并以爱尔兰共和国的名义行使权力。芬尼在南非、澳大利亚、加拿大和英国的一些城市也有组织。其武装力量称爱尔兰共和军。其纲领明确提出反对英国殖民统治，建立共和国，支持旨在发展爱尔兰民族事业和争取独立的一切运动。芬尼的斗争策略是秘密谋划，打入军政机关，适时武装暴动，策动爱尔兰军队哗变。1867年芬尼在爱尔兰一些城市起义，同年在曼彻斯特袭击囚车，相继失败。先后有169人被捕受审。大部分领导人被判处无期徒刑或长期徒刑，3人因袭击囚车被处死，人称曼彻斯特三烈士。19世纪70年代后，芬尼运动迅速衰落。

**芬斯特瓦尔德** Finsterwalder, Sebastian (1862-10-04～1951-12-04) 德国地理学家、数学家。生于罗森海姆，卒于慕尼黑。在**大地测量学**方面作出贡献，是摄影测量学最早的探索者和权威之一。1888年承担测量阿尔卑斯山冰川的工作时，应用自己设计的山地轻便摄影经纬仪。1903年首次利用系留气球在空中进行摄影，并用投影几何原理解析地处理空间后方交会，根据三个地面控制点解算空间摄影站点的坐标。还提出像片核线的定义和像对的相对定向和绝对定向概念，并预示可用辐射三角测量法加密平面点，以及把摄影测量方法应用于天文大地测量的可能性。这些设想在他去世前都已得到证实。著作甚多，如《摄影测量学的几何基础》(1899)、《空间后方交会》(1903)、《摄影测量学的主要课题》(1932)等。

**酚** phenol 苯环上的一个或多个氢原子为羟基取代而生成的化合物。有时专指苯酚。在自然界中酚以游离的形式，更多的是以衍生物的形式广泛存在，例如植物香精或香精油中，以及煤和木材的干馏产物中。根据取代羟基的数目，分别称为一元酚、二元酚及多元酚。一元酚中**苯酚**是最简单的酚；二元酚有**邻苯二酚**、**对苯二酚**、**间苯二酚**等；多元酚有苯三酚等。有许多酚用俗名，如邻苯二酚又叫儿茶酚。多数酚在室温是固体，有些是液体。大多数酚有不好闻的气味，有些有香味。酚类化合物皆有杀菌作用，杀菌能力随羟基数的增加而增大。苯酚常作评定杀菌能力的标准。苯酚和**萘酚**类皆有腐蚀性和毒性。酚可以进行酚羟基上的和芳核上的两大类反应。酚羟基的氢容易离解为氢离子，具有明显的酸性。酚钠与醇钠相似，与卤代烃反应生成相应的醚。酚与酰卤或酸酐反应生成酯。酚的芳核上可发生卤化、磺化、硝化、亚硝基化、烷基化、酰基化、羧化及与重氮盐的偶联等**取代反应**，反应主要发生在羟基的邻、对位上。煤焦油是合成酚类的主要来源，工业上生产酚皆以芳烃为原料；实验室常用水解重氮盐或格利雅试剂 硼酸酯法制备。酚类化合物是重要的化工原料。烷基酚用于合成洗涤剂，氯酚用于生产防霉剂、杀虫剂和除草剂等。

汾河风光

**酚醛树脂** phenolic resin 酚与醛经聚合制得的**合成树脂**的统称。其中以苯酚－甲醛树脂最重要，英文缩写PF，其塑料俗称“电木”。酚醛树脂有热塑性和热固性两类。前者具有可溶（溶于乙醇、丙酮等溶剂）、可熔性，仅在六亚甲基四胺或聚甲醛等交联剂存在下才固化。主要用于制压塑粉、层压塑料、清漆和胶黏剂。热固性酚醛树脂可制成固体、液体和乳液，均可在热或酸作用下不用交联剂而交联固化，可用于制各种层压塑料、模压塑料、清漆、耐腐蚀塑料、胶黏剂和改性其他高聚物。常用的原料为苯酚、间苯二酚、间甲酚、二甲酚、对叔丁基或对苯基酚和甲醛、糠醛等。生产过程包括缩聚和脱水两步。

**汾河** Fenhe River 中国**黄河**第二大支流。自北向南纵贯山西省中部。发源于山西省宁武县东寨镇西雷鸣寺泉，流经静乐、太原、临汾三盆地，至万荣县汇入黄河。全长695千米，流域面积39 471平方千米。主要支流有东碾河、岚河、潇河、昌源河、惠济河、龙凤河、文峪河、涝河、浍河等。由河源到太原市上兰村为上游，上兰村到洪洞县石滩村为中游，石滩村至河口为下游。上游穿行于山地和黄土丘陵中，中下游流在汾河地堑内。汾河地堑与陕西渭河地堑相接，合称汾渭地堑。1949年以来，于汾河干支流上修建汾河、文峪河、张家庄、浍河、三股泉等水库，保证了太原等城市生活和工业用水，扩大了太原、临汾两盆地内的灌溉。因干支各河上游皆流经黄土地区，水土流失面积达2万平方千米，故河流含沙量大，平均年输入黄河的泥沙达5 800多万吨。

**汾阳市** Fenyang City 中国山西省辖县级市。位于省境中部偏西，吕梁山东麓，太原盆地西南缘。面积1 176平方千米。人口42万（2010）。汾阳建县于秦，初为兹氏县。西晋改为隰城县，唐改为西河县，明万历二十三年（1595）设汾州府。因县境濒临汾河之阳（西），且宋金两代皆于西河县设置汾阳军，故易名为汾阳县。1996年改设市。由**吕梁市**代管。农业较发达，有耕地面积72.95万亩，林业用地49.5万亩，作物以高粱、小麦为主，次为玉米、谷子、棉花、薯类、大豆、葵花等。果树有核桃、沙果、槟果、苹果等。山地森林中以白杨、白桦、油松最多。矿产以煤、铁、石膏、石灰岩、石英、铅锌矿较重要。工业以酿酒最为著名，杏花村汾酒已有1 400年历史。此外，有机械、化工、纺织、煤炭等工业。名胜古迹有太符观、南薰楼、文峰塔、圣母庙壁画、马刨神泉以及仰韶文化遗址、古井亭、杏花村等。

**焚风** foehn 沿山脉背风坡向下吹的干暖风。原专指越过欧洲阿尔卑斯山地后，在德国、奥地利谷地变得干而暖的气流。后指由于下沉运动使空气温度升高、湿度降低而形成的干暖风。高加索山、中亚细亚山地和落基山等均是著名的焚风发生区。在中纬度相对高度不低于800～1 000米的山地，均有可能出现焚风现象。在环境条件有利时，甚至更低的山地也会有焚风发生。冬季，焚风可引起和加速积雪融化，甚至导致雪崩；暖季的焚风能使谷物或果实早熟，严重时可导致作物枯萎，甚至引发森林大火和干旱加剧等自然灾害。

焚风的形成是由于暖湿气流在山脉迎风坡上升过程中，水汽凝结成云致雨，释放热量，使空气变暖、变干。到了山的背风坡，已经变得暖而干的空气在下沉过程中按干绝热递减率（1℃/100米）增温，最后导致山前和山后同高度上的空气背风坡较迎风坡干而暖，极端情况下温度可增高10℃以上。

**焚书坑儒** Burning of Books and Burying of Scholars 中国秦代秦始皇统一六国后为统制思想文化而采取的两项重大措施。秦王朝确立了专制主义中央集权的封建行政体制后，一些儒生和游士针对时政，引证《诗》、《书》和百家语，以古非今。三十四年（前213），博士淳于越又建议依据古制封子弟功臣以为枝辅。丞相李斯因此提出“焚书”的建议，得到秦始皇的认可。当时所焚之书包括两部分：一是统一前的列国史记，二是百姓私藏的《诗》、《书》和百家语；至于秦国的史书、博士官收藏的图书和百姓家藏的医药、卜筮、种树等技艺之书，则不在此列。所禁书籍都必须在30天之内上交地方官府焚毁。为此还制定了一系列法律，如偶语《诗》、《书》者弃市，以古非今者族，吏见知不举者与同罪，令下30日不烧，黥为城旦等。焚书对于古代文化典籍是一个极大的破坏。次年，又发生了坑儒事件。秦始皇晚年为求长生不老，寄希望于方士寻觅仙药。但因方士侯生、卢生等行骗后逃亡，秦始皇大怒，认为儒生多以妖言惑乱黔首，于是下令御史案问诸生。受株连的儒生达460余人，最后都被活埋于咸阳。焚书坑儒暴露了秦政的暴虐以及当时社会矛盾的日益加剧和统治阶级内部的离心离德，其结果加速了秦朝的灭亡。

**粉笔画** pastel 用特制的色粉笔在附着力较强的纸上绘成的画。又称粉画、色粉画。特点是不透明、无光泽，并易于掌握，通过勾擦揉抹，可以产生清新明丽、丰富细腻的色彩效果，能表现复杂的环境气氛，也可以精细入微地刻画形象的质地肌理。粉笔画在欧洲有悠久的历史。16世纪意大利的达·芬奇、米开朗琪罗等就开始运用。17世纪时更推广到欧洲各国并成为独立画种。18世纪时呈现出空前繁荣的局面，许多著名画家，如法国的J.-B.-S.夏尔丹、F.布歇，瑞士的J.-É.利奥塔尔等都有精美的粉笔画肖像画或风俗画传世。19世纪的E.德拉克洛瓦、J.-F.米勒等人都兼长粉笔画创作。印象主义画家们更把粉笔画推向新的阶段，充分发挥了粉笔画的艺术表现力，其中以É.马奈、E.德加和M.卡隆特的成就最为卓著。粉笔画于1919年经由李超士引进中国，颜文樑、卢鸿基、刘汝醴、潘玉良等都是粉笔画最初的传播者和实践者。

德加的《梳发女子》

**粉彩** famille rose porcelain 中国清代以来的彩绘瓷品种。创始于康熙朝，雍正、乾隆时极盛，精美的清代作品多出自景德镇御器厂，属釉上彩。图案绘制采用渲染法，注重表现题材的阴阳向背。康熙朝粉彩数量极少，色料较厚，花纹微微突起。到雍正朝，粉彩大得帝王及社会上层人士青睐，成为烧造数量最多的釉上彩品种。特别是官窑作品，图案题材丰富，绘制精细考究，最受推崇的是花卉和花鸟题材，柔婉多姿，清绮优雅，显示出很高的艺术造诣，而胎体的洁白细腻更烘托了器物的柔秀。乾隆粉彩虽仍保持较高水平，但装饰逐渐表现出繁缛琐细的趋向，造型也妄求奇异。乾隆以后，产量虽然很高，但艺术逐渐衰落。景德镇等窑现仍大量生产粉彩瓷器，作品不仅有日用瓷，还有相当数量的艺术瓷和仿古瓷。

粉彩牡丹盘口瓶（清雍正）

**粉刺** acne 中医称发生于面部、胸背部等处毛囊和皮脂腺的一种常见外科疾病。西医称痤疮。因所生丘疹如刺，能挤出白色碎米样粉汁，故名。好发于青春期男女，成年男子也可发病，有一定自愈倾向。治疗以养阴清热通腑为原则。

粉刺多因肺经风热熏蒸皮肤而成；或由于过食辛辣油腻之品，生湿生热、阻于皮肤所致；或脾失健运，水湿内停，日久化痰，湿郁化热，湿热挟痰，凝滞皮肤而生。粉刺的临床辨证有三种证型：①肺经风热。证见皮疹潮红、发热、肿痛或有脓疱，苔薄黄、舌质红，脉细数等。治宜疏风宣肺清热，用枇杷清肺饮加减。②肠胃湿热。证见皮疹红肿疼痛，伴有便秘溲赤，纳呆腹胀，苔黄腻，脉细数等。治宜清热化湿通腑，用茵陈蒿汤加减。③脾失健运。皮疹以结节、囊肿为主，或伴有纳呆，便溏，神疲乏力，苔薄白，脉濡滑等症状。治宜健脾化湿、化痰软坚，用参苓白术散合海藻玉壶汤加减。外治：可用颠倒散洗剂或痤疮洗剂外搽，每日3～5次。护理应注意：①经常用温水、硼酸肥皂洗涤。②禁止用手挤压皮疹。③少食油腻、辛辣食物，多吃新鲜蔬菜、水果。

**粉蝶** Pieridae; yellow-white butterfly 鳞翅目粉蝶科昆虫的统称。有1 200多种，分布广泛。中国有130种左右。体中或小型，最大的种类翅展达90毫米。色彩较素淡，一般为白、黄和橙色，并常有黑色或红色斑纹。前翅三角形，后翅卵圆形，无尾突。前足发育正常，有二分叉的两爪。不少种类呈性二型。不同属的雄蝶的发香鳞位于不同的部位：前翅肘脉基部、后翅基角、中室基部或腹部末端。有些种类有季节型。幼虫圆柱形、细长、胸部和腹部每一节都有皱环。蛹为带蛹。寄主为十字花科、豆科、白花菜科、蔷薇科等，有的危害蔬菜或果树。菜粉蝶是世界性的蔬菜害虫，严重威胁蔬菜生产。

红角大粉蝶

**粉蚧** Pseudococcidae; mealybug 同翅目粉蚧科昆虫的统称。体柔软，体节较明显，体表被白色或乳黄色蜡质覆盖物。全世界已知1 720余种，其中有很多是热带和亚热带经济作物的重要害虫，在温带也常危害温室栽培植物。中国已知160余种，分布广泛，西南及南部沿海诸省种类和数量最多。

雌成虫卵圆形，少数长形、圆球形或不对称型。体壁柔软。头、胸部无明显分界，腹部体节明显。足短小或已退化。肛门发达，具孔，生有肛环刺6～10根。泌蜡工作主要由虫体背面体缘分布的刺孔群担负，通常有18对。少数雌体完全无蜡被而裸露。雄虫成体纤细，头、胸和腹分明。翅1对，膜质。有的缺膜质前翅和平衡棒。足细长。

腹部两个管状腺分泌出两条白色细长并较坚韧的蜡丝。生殖方式为孤雌生殖和有性生殖。

重要害虫有糖粉蚧、橘鳞粉蚧、橘腺刺粉蚧、橘小粉蚧和康氏粉蚧等。主要防治方法有检疫法、生物防治、化学药剂防治等，主要的化学药剂如乐果、松脂合剂、石硫合剂等。

**粉螨** Acaridae; acarids mites 蜱螨亚纲无气门目粉螨科昆虫的统称。世界性分布，有15属150余种，中国有15属49种。体软，呈卵圆形，螯肢钳状，具齿，躯体背面有

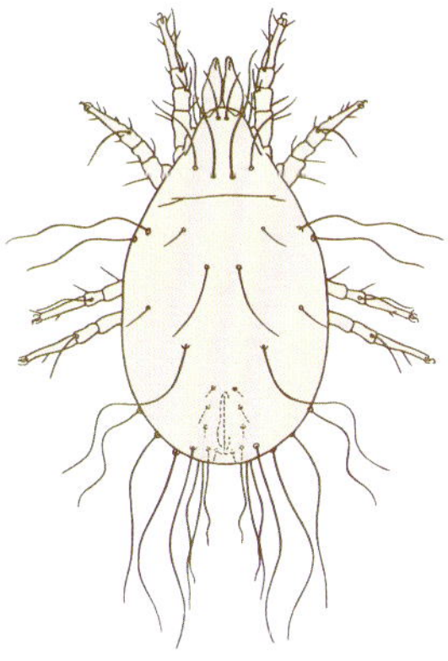

腐食酪螨

一横沟将躯体分为前足体和后半体，背面刚毛光滑或稍具栉齿；前跗节有爪和爪垫，爪常发达。雌螨生殖孔为一纵向倒“Y”形的裂缝，生殖感觉器2对；雄螨肛门外侧有1对肛吸盘，足Ⅳ跗节背面有2个吸盘。粉螨生活史经卵、幼螨、第一若螨、第二若螨（休眠体）、第三若螨和成螨等时期。在适宜温度25℃、相对湿度90%以上，完成一代为10～30天；当遇不良环境时，则形成休眠体。粉螨广泛发生在贮粮等贮藏食品中，也危害蘑菇、球茎和中药材等，还能引起人类的疾病。

**粉末冶金** powder metallurgy 制取金属粉末和以金属粉末（或添加有非金属粉末）为原料通过成形和烧结制取金属材料、金属基复合材料和制品的工艺技术。粉末冶金法与陶瓷生产工艺有相似之处，德国早期粉末冶金文献曾有“金属陶制术”的术语。粉末冶金作为一门新材料技术，成为开发具有特殊性能和高性能结构材料、功能材料和工具材料的重要手段。是一种近终形和终形成形工艺，适宜大批量生产。

历史沿革 最古老的粉末冶金制品是块炼铁，大约在公元前2500年以前出现。块炼铁技术先于铸铁技术，对人类铁器时代的到来起到促进的作用。1909年美国W.D.库利吉成功制取延性钨，为T.A.爱迪生发明的电灯最后解决了灯丝问题，使其得以实用化。20世纪初逐步形成整套粉末冶金技术。50年代以后，粉末冶金工业和科学技术发展迅速，成为现代工业的重要组成。

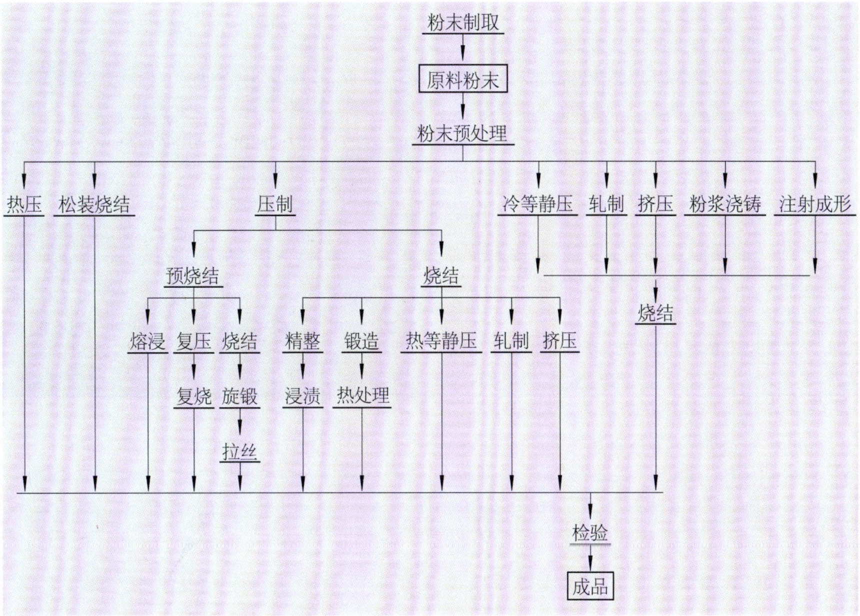


图1 粉末冶金工艺流程示意图

基本工艺 包括粉末制取、成形和烧结等流程（图1）。

粉末冶金材料和制品 粉末冶金材料按组元成分和组织结构可以归为金属基材料、金属陶瓷材料和金属基复合材料。按功能和应用可归纳为七类材料和制品：①机械零件。分为减摩零件、摩擦零件和结构零件（图2）。②多孔材料。由金属粉

图2 汽车用粉末冶金机械零件

末、金属纤维或金属丝网烧结而成。主要包括5类：粉末烧结多孔材料、金属纤维多孔材料、烧结复合丝网材料、泡沫金属材料和微孔金属膜材料。③工具材料。分为硬质合金、超硬材料、粉末冶金高速钢、金属陶瓷和钢结硬质合金。④功能材料。主要有磁性材料（分为金属磁性材料和铁氧体磁性材料两类）、电触头材料、滑动电触头材料、记忆合金、超导材料和储氢材料。⑤难熔金属及其合金。以钨、钼、钽、铌等难熔金属为基本组元，可制成丝、棒、板、带、管等型材。⑥耐热材料和耐腐蚀材料。包括粉末冶金高温合金、粉末冶金不锈钢、金属陶瓷、弥散强化材料、纤维强化材料。⑦原子能工程材料。包括铀、钍、钚、铍及其复合材料。另外，金属粉末作为一种工程材料，有广泛的直接应用领域。

**粉虱** Aleyrodidae; white fly 同翅目粉虱科昆虫的统称。粉白色，体脆弱。小型，体长1～3毫米。喙3节，复眼的小眼群常分为上、下两部分。翅2对，翅展约3毫米，翅脉简单。腹部第1节常柄状，第8节常背板狭，膜质。腹部第9节背面有管状孔，孔外是第10节背板（称为盖瓣）和一管状的肛下板（称为舌状器）。此构造是粉虱幼虫与成虫的最大特点。

渐变态。卵具柄，柄插在植物的组织里，使卵附着在植物上，并能给卵输送水分。若虫期4龄，但也有某些种类只经3龄就完成发育。其中许多种类是农、林、果树、观赏植物和蔬菜的重要害虫。为害比较严重的有烟粉虱、樟粉虱、黑刺粉虱、橘黑粉虱、橘绿粉虱和白粉虱等。

**粉碎机械** comminution machinery 应用机械力，把大块固体物料变成小块、细粒或粉末的设备。破碎机械与粉磨机械的总称。工程上把排料中粒度大于3毫米且占总排量50%以上者称为破碎机械，把排料粒度小于3毫米且占总排量50%以上者称为粉磨机械。

粉碎方法 用机械力粉碎固体物料的方法主要有挤压、劈裂、弯曲、研磨、冲

粉碎段的划分 (mm)

| 粉碎阶段 | 给料粒度 | 排料粒度 |
|---|---|---|
| 粗碎 | 2 000～300 | 350～100 |
| 中碎 | 350～100 | 100～20 |
| 细碎 | 100～20 | 20～5 |
| 粉磨 | 19～5 | 0.4～0.074 |

击粉碎5种。在绝大多数粉碎机械中，物料常在两种以上方法的作用下被粉碎。

粉碎比、粉碎段和粉碎系统　粉碎比系指物料在粉碎前后的平均粒度比。工程上把物料每经过一台粉碎机，称一个粉碎段，把第一次破碎使用的破碎机称为粗碎机，用于第二、第三次破碎的机器分别称为中碎机和细碎机。表为物料的四个粉碎段及其对应的粒度范围。

每一种粉碎机械的破碎比都有一定限度，当要求物料的破碎比大时，就需多台粉碎机串联起来应用。粉碎机及其辅助设备（如筛分机）组成的系统，称粉碎系统。

分类　分类方法很多，可按其结构型式、工作介质的种类、受力形式、物料细化程度、操作工艺特点、卸料型式与部位、传动形式或物料运动的载体等分类。常用破碎机械有旋回破碎机、颚式破碎机、反击式破碎机、锤式破碎机、链式破碎机、辊式破碎机、圆锥破碎机、笼式破碎机、轮碾机。粉磨机械有自磨机、棒磨机、球磨机、管磨机、砾磨机、立式冲击破碎机、摆式磨（悬辊磨、雷蒙磨）、风扇磨煤机（风选锤式粉碎机）、辊碗磨煤机、球环磨煤机、涡轮粉碎机、振动磨、砂磨机、气流粉碎机、液流式粉碎机、胶体磨。

**粉碎“四人帮”**　Smash the “Gang of Four”　1976年10月，华国锋、叶剑英代表中共中央政治局，执行人民的意志，果断隔离审查江青集团。“四人帮”即江青、张春桥、姚文元、王洪文四人。四个人都是靠“文化大革命”中得到毛泽东的信任而爬到中央高层领导位置上的。在1973年中共十大上，四个人都进入了中共中央政治局，结成了以江青为实际核心的“四人帮”。毛泽东一方面为了发动和坚持“文化大革命”，支持和肯定他们的许多活动，一方面也看出他们有野心，从1974年起多次批评“四人帮”。1976年9月9日毛泽东逝世后，“四人帮”加紧了争夺中国共产党和国家最高领导权的活动。王洪文背着中央通知各省、市、自治区党委，重大问题要及时向他请示报告。张春桥对上海的亲信作了许多布置，嘱咐他们“上海有大考验”，“要准备打仗”。江青多次在中央政治局会议上要求按她的意见进行人事安排。他们还指使人给江青写“效忠信”，并且四处游说，进行煽动，大肆宣传“按既定方针办”的所谓毛泽东临终嘱咐，把攻击矛头对准主持中央工作的华国锋等人。“四人帮”的阴谋活动，早已使叶剑英、李先念、陈云、徐向前、聂荣臻、王震、陈锡联、苏振华、耿飚、杨成武等老同志深感忧虑。他们密切关注着局势的发展，通过各种渠道互通信息，提出扭转危局的建议，酝酿解决“四人帮”问题的办法。中共中央第一副主席华国锋在“四人帮”咄咄逼人的攻势面前，

1976年10月24日首都军民在天安门广场集会庆祝粉碎“四人帮”

决心消除党和国家身上的这个祸患，并得到了叶剑英、李先念等人的支持。他和叶剑英、李先念、汪东兴反复研究后，决定对“四人帮”采取断然措施。汪东兴、吴德等人受命进行了安排。10月6日晚，华国锋、叶剑英在中南海怀仁堂分别对张春桥、王洪文、姚文元宣布实行隔离审查，同时派人到中南海江青的住所宣布执行同样决定。对“四人帮”在北京的其他帮派骨干，也实施了隔离审查。中共中央还派人控制了新华社、广播电台和人民日报社等重要舆论机关。当晚10时，中共中央政治局在玉泉山召开会议，与会者一致拥护华国锋、叶剑英代表中央政治局采取的果断措施，并决定了一些粉碎“四人帮”后党和国家对面临的重大问题应采取的必要的措施。10月8～15日，中共中央采取有力措施，控制上海的局势，使“四人帮”在上海的余党策划武装叛乱的阴谋未能得逞。10月14日，中共中央公布了粉碎“四人帮”的消息，得到全国人民的拥护和支持。粉碎“四人帮”是中共中央在非常形势下采取特殊方式进行的一场斗争。此举从危难中挽救了中国共产党，挽救了社会主义事业，为中国实现伟大的历史转折创造了前提。

**忿激派**　Enragés　法国大革命中代表贫苦劳动群众利益的激进派别。领导人有J.鲁、J.F.瓦尔莱等。在1792年底限价运动高潮中出现。他们要求政治平等、公民权平等与社会平等，主张全面限制生活必需品的价格，征购粮食，统一管理供应，救济贫苦人和义勇军家属，严厉惩办投机商人，以恐怖手段打击反革命分子等。忿激派还支持雅各宾派推翻吉伦特派的斗争。但是雅各宾派专政建立后忿激派因抨击雅各宾宪法而遭到镇压，其领导人鲁被捕自杀。

**粪便检查**　fecal examination　间接了解消化系统病理现象和功能状态的临床常用化验方法。包括肉眼观察、显微镜观察、潜血试验、细菌学检查。①肉眼检查。观察粪便的量、颜色、气味和性状等，正常人粪便为黄褐色，成形，若为稀水样、米泔样、黏液样、胶冻样、脓性及脓血便、鲜血或柏油样、白陶土样便等均属异常。此外，还应注意分辨有无寄生虫体。②显微镜检查。观察有无红细胞、白细胞、肠上皮细胞、肿瘤细胞、脂肪球、寄生虫卵与阿米巴滋养体等。③潜血试验。消化道出血量少时，粪便外观无明显异常，肉眼和显微镜下观察不能辨认，须化学方法检测。④细菌学检查。临床拟诊细菌性痢疾、沙门氏菌肠炎或其他细菌所致的肠道感染时，应作粪便细菌培养，这对诊断和治疗有很大意义。

**粪类圆线虫病**　strongyloidiasis stercoralis　粪类圆线虫寄生于人体小肠而引起的寄生虫病。成虫主要寄生在十二指肠和空肠上部的黏膜内，引起类似溃疡病的疼痛，也可有腹泻及腹痛；虫卵在黏膜内孵出幼虫，进入肠腔随宿主粪便排出体外，并在土壤中发育为感染期幼虫，俟机钻入人体皮肤，此时局部皮肤有痒感及红疹；幼虫经血液循环至肺脏，可引起肺炎，痰中偶可找到幼虫；又经咽部而进入小肠上部，侵入黏膜内发育成熟、产卵；有时幼虫也可在肠腔内发育为感染期幼虫，引起自身感染；在免疫低下的患者则可因自身感染而引起暴发性重症感染，在肠道引起溃疡、坏死甚至穿孔，肺部病变也较严重，可出现呼吸困难、咳血、青紫等现象，甚至可侵犯中枢神经系统而引起昏迷或死亡。从患者粪便或十二指肠液中检出杆状蚴或虫卵时即可确诊。阿苯哒唑或甲苯咪唑治疗有效。

**愤怒**　anger　愿望不能实现或为达到目的的行动受到挫折时引起的一种紧张而不愉快的情绪。愤怒被认为是一种原始的情绪，在动物身上同求生、争夺食物和配偶等行为联系在一起。愤怒在人的成长过程中出现较早。据观察，出生3个月的婴儿就有愤怒的表现。幼儿的目的性行动受到阻挠或威胁时，也能唤起愤怒情绪。幼儿愤怒的表现形式有哭、手足舞动等。随着年龄的增长，由于愿望不能达到或与同伴争吵常引起愤怒。在成人身上，愤怒依赖于人已形成的道德准则，常属于道德感的范畴。愤怒有程度的不同，从轻微不满、怒、激愤到大怒等。愤怒的强度和表现与人的修养有密切关系。

**“愤怒的青年”**　Angry Young Men　20世纪50年代英国的文学运动。英国人民特别是青年人对推行“福利国家”政策的统治集团及教会等产生不满，通过文学作品表达愤怒。首先表现出“愤怒”与不满的是J.韦恩的小说《每况愈下》(1954)和K.艾米斯的小说《幸运儿吉姆》(1954)。1956年J.J.奥

斯本的剧本《愤怒的回顾》上演，剧中主角对社会进行全面攻击。奥斯本被人称作“愤怒的青年”，这个称号也被用来指这一新兴的文学运动。怀有这种“愤怒”的作家还有：小说家J.布莱恩、A.西利托；剧作家B.科普斯、A.威斯克等。

**丰臣秀吉** Toyotomi Hideyoshi (1537～1598-08-18) 日本战国时代末期封建领主，继织田信长之后日本统一大业的完成者。生于尾张中村（在今名古屋）的一个下级武士家庭，卒于京都的伏见。幼名日吉丸。1558年为织田信长仆从，称木下藤吉郎，深得信长的信任。屡立战功，为信长部下大将。1573年改名羽柴秀吉。1582年本能寺之变后，秀吉诛灭明智光秀，成为信长的后继者。1584年与德川家康结盟。在击灭信长部下诸将之后，相继征服四国、九州和奥羽等地的领主。1585年由天皇授予关白之职，翌年兼太政大臣，并赐姓丰臣，居大阪城号令全国。后逐步平定九州。1590年灭关东北条氏，统一全国。

秀吉在全国初步统一完成之后，于1592年和1597年两次入侵朝鲜，虽连陷釜山、汉城（今首尔）、平壤等要地，但因朝鲜军民的抵抗和中国明朝派军应援，均告失败。1598年，因侵朝战争未达目的，在焦虑不安中死去。

**丰城市** Fengcheng City 中国江西省辖县级市。位于省境中部，赣江中下游地区。面积2 845平方千米，人口134万(2010)。东汉建安十五年(210)划南昌县南境置富城县，晋太康元年(280)改称丰城县，别称剑邑。1988年撤县设丰城市，由宜春市代管。农业主产水稻、棉花、芝麻、油菜子、花生、苎麻等，水产养殖发达。矿产有煤、钨、花岗岩、石灰岩、陶土等。特产罗山云雾茶、豆腐乳、孙渡板鸭、杜市冻米糖等。名胜古迹有玉华山、升华山、罗山、株山、剑匣亭、洪州窑遗址、孔庙等。

**丰都县** Fengdu County 中国重庆市辖县。位于市境中部偏东，地跨长江两岸。面积2 896平方千米，人口65万(2010)。古为“巴国别都”，东汉和帝永元二年（公元90）从枳县（今涪陵区）析置平都县，隋大业十四年(618)更名酆都县，1958年改为丰都县。矿产资源有天然气、石灰岩、黄铁矿、石英砂、钾岩石等。农业以发展粮食、油料、烤烟、榨菜、蚕桑、蔬菜、水果、生猪、牛、羊、中药材、水产养殖等为主。山区产马尾松、杉木、油桐、生漆、油茶和茶叶等。工业以电力、农机、化工、建材、食品、饮料、陶瓷、轻纺和农副产品加工等为主。丰都有鬼城之称。名胜古迹有名山（平都山）、鹿鸣寺、王家渡、杜家坝汉墓群等。

**丰镐** Feng and Hao 即丰邑及镐京，均为中国西周都城。丰，汉许慎《说文》作“酆”。周文王伐崇侯虎自岐迁此。经考古调查，在今西安市长安区西北沣河中游西岸的客省庄、张家坡、马王村一带。镐，周原卜辞及西周金文作“蒿”。周武王从丰迁都于此，也称“宗周”，简称“周”。经考古调查，应在今西安市长安区西北沣河中游东岸，北及洛水村，南至斗门镇，东到昆明池故址，西至鄗水故道，面积约4平方千米。

丰邑、镐京二都中间仅隔沣水，相去约10千米。自武王建都镐京后，丰邑继续使用。西周早、中期，诸王及大臣常居丰邑处理国家大事。而镐京为西周都城，自武王至周幽王被犬戎攻杀、平王东迁洛邑，凡十二王，历时三百余年。

丰镐遗址发现于1933年，1951年起发掘。遗址内涵丰富，其中以周文化遗存为主，可分为六期：第一期，约相当于文王迁丰至武王伐纣时期的先周文化晚期；第二期，约相当于西周初期成王前后；第三期，约相当于西周康王、昭王时期；第四期，约相当于穆王、恭王时期；第五期，约相当于懿王、孝王、夷王时期；第六期，约相当于厉王、宣王、幽王时期。这一分期体系的建立为西周考古提供了比较准确的年代标尺。沣西地区先周遗存丰富，发现有宫殿区、居民区、制骨作坊、陶窑址、墓葬区等。墓葬为聚族而葬，时间跨度从先周晚期直至西周晚期，形制分土坑竖穴墓和偏洞室墓两种，以土坑竖穴墓最为常见。夫妇并穴而葬的现象较普遍，如井叔家族墓地。历年来在沣西地区还发现过多批西周青铜器窖藏。沣东地区周文化遗存相对较少，主要有夯土基址、居住址、墓葬、窖藏等。

**丰吉苏丹国** Funj, Sultanate of 1504～1821年存在于今苏丹共和国境内、尼罗河中上游地区的封建苏丹国。15世纪末，丰吉人在吉齐拉地区游牧。后其领袖奥玛尔·冬卡与北部阿拉伯人首领阿卜杜拉·詹马联合，于1504年灭了以索巴为中心的阿尔瓦国，建立丰吉苏丹国，设首都于森纳尔，其领土北抵尼罗河第三瀑布。17世纪中叶，苏丹巴迪二世（1645～1680）越过白尼罗河将西部疆域扩展到科尔多凡东部。苏丹巴迪四世(1724～1762)时期，与阿比西尼亚国王和科尔多凡部族作战，疆域向东、西方大大扩展。1762年，科尔多凡总督、哈马杰人阿布·利凯立克起兵反叛，废黜国王，立国王之子纳西尔(1762～1769)为傀儡。王权落入哈马杰人大臣手中。国家长期内乱，最后于1821年为埃及所灭。

**丰台区** Fengtai District 中国北京市辖区。位于北京城南和西南。面积306平方千米。人口211.2万(2010)。汉、唐时为蓟县地。

丰台区宛平城

后属宛平县地，1950年为北京市第十二区，1952年更名为丰台区。农业粮菜并重，以供应首都蔬菜、副食品及鲜花为主。丰台区工业以航天、机械等为主。丰台镇是著名交通枢纽，京广、京沪、京原、丰沙等铁路干线交会于此，有全国性铁路编组站。丰台站、丰台西站是以货运为主的铁路枢纽，北京西站在丰台区。南苑飞机场是距市中心最近的航空港，辟有近50条航线。名胜古迹有卢沟桥、长辛店工人俱乐部旧址、世界公园、鹰山森林公园等。

**丰田** Toyota 日本汽车工业城。属爱知县。西北距名古屋约25千米。面积290.11平方千米。人口约34.46万(2003)。1604年筑城。20世纪以来，为附近丘陵地区的三河木棉与蚕茧集散地、制丝和棉纺中心。1933年自动纺织机发明者丰田家族购地始建汽车厂，占地约191.4万平方米。1938年投入生产。1951年设举母市。1959年改今名。第二次世界大战前，以生产军用卡车为主。战后以生产轿车为主。汽车工业高度专业化城市，为日本最大的汽车工业中心，居世界前列。位于名古屋工业带外缘，交通方便。汽车厂分布在市区西部丘陵上，在各大厂之间，聚集有上百个中小规模的零部件厂和协作厂，建有橡胶轮胎厂和机械厂等。东部丘陵地为住宅区。名古屋长久手高速公路第一出口旁有建于1989年的丰田汽车博物馆。

**丰田汽车公司** Toyota Motor Corporation 日本最大的汽车工业公司，世界汽车跨国公司。1926年，丰田佐吉创办了丰田自动织机制作所，成为丰田集团的发祥地。1937年，汽车部——“丰田汽车工业株式会社”从丰田自动织机制作所独立出来。第二次世界大战期间，丰田汽车供不应求。日本政府指令，迅速扩大卡车生产，正式成立了丰田汽车公司。战后，丰田公司以生产小型汽车为主，同时生产卡车、公共汽车和店铺用住宅、活动装置等。1958年，丰田正式成立了自己的研究所，并建立日本第一家专门生产轿车的工厂。1962年，丰田研制出适合美国道路条件的新一代丰田日冕轿车，打入美国汽车市场。1966年，上市的花冠轿车作为家用轿车深受消费者

丰田汽车公司的新型车间

青睐。1990年，丰田汽车公司开始了向船舶、航空器、航天器、信息通讯等新领域的全面进军。1992年，设立了丰田环境委员会，提出“制造亲近人类与地球的汽车”。21世纪初，在日本，丰田拥有9个专业工厂、2个研究所和众多的汽车品牌，如皇冠、花冠等。

**丰镇市** Fengzhen City 中国内蒙古自治区辖县级市。位于自治区中南部。面积2 703平方千米。人口34万(2008)，有蒙古、汉、回、满、壮、土家等民族。曾为北魏京城地，辽金陪都；清雍正十三年(1735)前为察哈尔蒙古部正黄旗、正红旗、太仆寺牧场；同年置丰川卫、镇宁所；乾隆十五年(1750)改设丰镇厅；民国改为丰镇县。1990年撤县设丰镇市。由乌兰察布市代管。山地丘陵占总面积的77%。属大陆性气候。矿产有云母、墨玉、磷石、玄武岩等。农作物主要有小麦、莜麦、谷子、马铃薯、胡麻、油菜等。畜牧业以饲养牛、马、绵羊为主。工业有电力、建材、塑料、食品、机械、采矿、冶金、地毯等。名胜古迹有薛岗山风景区、长城等。

**丰子恺** Feng Tzu-kai (1898-11-09～1975-09-15) 中国散文家、漫画家、翻译家。名仁，又名婴行，以子恺之名行世。浙江崇德(今桐乡西南)人。卒于上海。1914年入浙江省立第一师范学校，从李叔同学习绘画和音乐，并深受其佛学思想影响。五四运动后，开始进行漫画创作。1920年任教于上海专科师范学校。1921年东渡日本，入川端洋画学校及二科会学习油画。翌年归国，担任浙江上虞春晖中学教职。同时进行绘画、文学创作和文学、艺术方面的编译工作。1925年与友人创办立达学园。1928年参与改组开明书店。1929年，与弘一大师(李叔同)合作完成《护生画

《邻人》

《交换看报》

集》，他作画，弘一题诗。抗日战争爆发后，由杭州经江西、湖南、广西、贵州，入重庆。弘一在福建泉州，他在广西时，作《续护生画集》，仍由弘一题诗，然后印行。1949年，他在厦门绘《护生画集》第三集，由叶恭绰题诗。他的漫画风格简易朴实，意境隽永含蓄。散文作品在中国新文学史上有较大影响。中华人民共和国建立后历任上海美术协会副主席、上海对外文化协会副会长、上海国画院院长等职。主要著作有：《西洋美术史》、《子恺小品集》、《绘画与文学》、《世界大作家绘画》、《子恺漫画全集》、《缘缘堂随笔》、《随笔二十篇》等。

**风** wind 空气相对于地表面的水平运动。常用风向和风速表示。气象上风向指风的来向。地面风向常以16个方位或360°来表示(见图)，每方位占有22.5°；高空风向用

蒲福风力等级表

| 风力等级 | 名称 | 海面风浪 | 海面浪高(m) | | 海面和渔船征象 | 陆地地物征象 | 相当于平地10米高处的风速 | |
|---|---|---|---|---|---|---|---|---|
| | | | 一般 | 最高 | | | m/s | km/h |
| 0 | 无风 | 平稳 | — | — | 海面平静如镜 | 静，烟直上 | 0.0～0.2 | <1 |
| 1 | 软风 | 涟漪 | 0.1 | 0.1 | 微波如鳞，波峰无沫；渔船正好使舵 | 烟能表示风向，但风向标不能转动 | 0.3～1.5 | 1～5 |
| 2 | 轻风 | 微波 | 0.2 | 0.3 | 波小而短，较明显，波峰呈玻璃色，未破裂；渔船张帆，每小时可随风移行1～2海里(约2～4千米) | 人面感觉有风，树叶微响，风向标能转动 | 1.6～3.3 | 6～11 |
| 3 | 微风 | | 0.6 | 1.0 | 小波加大，波峰开始破裂，沫呈玻璃色，偶有白沫波峰；渔船开始簸动，张帆时每小时可顺风移行3～4海里(约6～7千米) | 树叶及微枝摇动不息，旌旗展开 | 3.4～5.4 | 12～19 |
| 4 | 和风 | 轻波 | 1.0 | 1.5 | 小浪渐长，白沫波峰较多；渔船最适于作业，满帆时船身侧于一方 | 能吹起地面灰尘和纸张，树的小枝摇动 | 5.5～7.9 | 20～28 |
| 5 | 清劲风 | 中波 | 2.0 | 2.5 | 中浪，浪形较长，白沫波峰成群出现，偶有飞沫；渔船需收一部分帆 | 有叶的小树摇摆，内陆的水面有小波 | 8.0～10.7 | 29～38 |
| 6 | 强风 | 大浪 | 3.0 | 4.0 | 大浪开始形成，白沫波峰到处伸展，常有飞沫；渔船需加倍缩帆，捕鱼时需小心从事 | 大树枝摇动，电线呼呼有声，撑伞困难 | 10.8～13.8 | 39～49 |
| 7 | 疾风 | 巨浪 | 4.0 | 5.5 | 海面堆叠，碎浪的白沫开始风吹成条；渔船留于港内，在海者抛锚 | 全树摇动，迎风步行感觉困难 | 13.9～17.1 | 50～61 |
| 8 | 大风 | 猛浪 | 5.5 | 7.5 | 浪长而较高，浪峰边缘多破裂成飞舞浪花，风吹浪沫成明显条纹；一切渔船返港 | 折毁树枝，迎风步行感觉阻力甚大 | 17.2～20.7 | 62～74 |
| 9 | 烈风 | | 7.0 | 10.0 | 浪已高，浪沫沿风密布，浪峰开始有高耸、下塌、翻卷现象，浪花偶或减低视程 | 建筑物有小损(烟囱顶盖及平瓦移动) | 20.8～24.4 | 75～88 |
| 10 | 狂风 | 狂浪 | 9.0 | 12.5 | 浪很高，具有长而高悬的浪峰，所成大片浪沫沿风密集成白条纹，海浪翻滚，击拍加强，视程减低 | 陆上少见，见时可使树木拔起，建筑物损坏较重 | 24.5～28.4 | 89～102 |
| 11 | 暴风 | 暴涛 | 11.5 | 16.0 | 浪涛特高，足以暂时掩蔽浪后中小船只，全部海面为沿风伸展的长条白浪沫所掩盖，涛峰边缘到处破裂起泡沫，视程大减 | 陆上很少见，有则地物必有广泛损坏 | 28.5～32.6 | 103～117 |
| 12 | 飓风 | | 14.0 | — | 空中充满浪花及飞沫，海面全白如沸，视程严重减弱 | 陆上绝少见，摧毁力极大 | ≥32.7 | ≥118 |

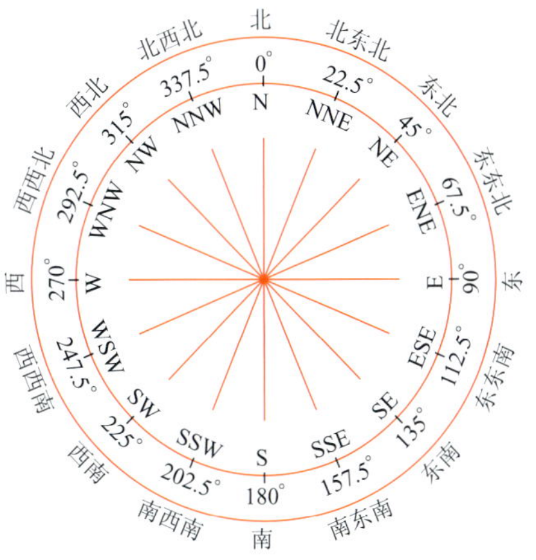

风向的16个方位

角度表示，以正北为基准（0°），按顺时针方向旋转，依次为东风（90°）、南风（180°）、西风（270°）。航空中的航行风向，用风向袋测量风向，指的是风的去向，与上述风向正好相反（差180°）。

风速指单位时间内空气移动的水平距离，常以米/秒、千米/时和海里/时为单位。风速大小常用风力等级表示，最早由英国人F.蒲福提出，目前国际上仍采用由蒲福当年按近海岸海面和渔船征象和陆地地物征象划分风力等级演变而来的风力等级分级标准（见表）。根据陆地地物征象目测风力等级，并可按表确定相应风速范围。

**《风》** *Folk Songs of States* 中国先秦诗歌总集《**诗经**》的组成部分。见《**国风**》。

**风暴潮** storm surge 由于强烈大气扰动（强风和气压骤变）引起的海面异常升高现象。又称风暴增水或风暴海啸。风暴潮、天文潮和具有数秒或十几秒周期的**风浪**、**涌浪**的叠加，往往引起沿岸水位暴涨，其者海水漫溢上陆、堤岸决口、农田淹没、房屋摧毁，吞噬码头、工厂、城镇和村庄，使财物不得转移、人畜不得逃生，酿成巨大灾害，通常称此为风暴潮灾害。

风暴潮通常分为热带风暴潮和温带风暴潮两类。热带风暴潮是由热带气旋（包括台风、飓风、强热带风暴和热带风暴）引起，主要发生在北太平洋西部（东海、南海），北大西洋西部（墨西哥湾），印度洋的孟加拉湾、阿拉伯海和南印度洋西部，南太平洋西部等沿岸地区和岛屿。这类风暴潮以发生在夏秋季节（北半球）居多，频率高、强度大。温带风暴潮则是由温带气旋（温带风暴）或与之相关的冷锋类天气系统所致，主要出现在中纬度沿海地区，如中国渤海、黄海及日本沿岸，北大西洋东岸和北海、波罗的海，北大西洋西岸的美国东海岸等处，通常发生在秋至冬、冬至春等过渡时期，强度一般比热带风暴潮弱。

风暴潮灾害居海洋灾害之首，世界上绝大多数因暴风引起的特大海岸灾害都是由风暴潮造成的。孟加拉湾1970年11月13日发生的一次强热带风暴潮，最大增水7.2米，夺去了恒河三角洲一带30万人的生命，100多万人无家可归。日本、美国、荷兰、波罗的海芬兰湾的俄罗斯沿岸、英国、墨西哥、越南、菲律宾海岸也都是风暴潮灾害比较严重的区域。中国沿海位于太平洋西北岸，发生热带气旋的季节长、频数多、强度大，秋冬、冬春过渡时期又是冷气团和暖气团在北部海区频繁交汇的区域，加上中国海域拥有十分有利于风暴潮发展的广阔的大陆架，使中国成为世界风暴潮灾害最严重的国家之一。

**风车** windmill 用于磨碎谷物或提水灌溉的早期**风力机**。中古时代起，已用风车产生机械动力，进行谷物磨碎或提水灌溉。公元10世纪已在波斯使用。欧洲最早出现在12世纪末，15世纪得到广泛应用。欧洲大陆至今仍可见到建于19世纪前木质结构的柱式风车和具有1座石塔及1个木质顶部的塔式风车。中国始于12世纪初，曾建造各种形式的简易风车碾米磨面、提水灌溉和制盐，直到20世纪50年代仍可见到走马灯式风车。

**风笛** bagpipe 簧振气鸣乐器。流行于欧洲各国的民间乐器。由一个或几个簧管组成，簧管安装在一个为其提供气的皮制风袋上，由演奏者将风袋的气流送到装在风袋上的簧管而发音。演奏时，由系在演奏者腋下的特制小鼓风器鼓风进入风袋。风笛有各种变体，其主要部分指管（也称曲调管），有单簧的圆柱形和双簧的圆锥形两种，用于演奏旋律。低音持续音管通常奏调性的主音或属音，在指管演奏时同时鸣响。风笛的音域都限制在1个八度以内，少数能演奏2个八度。它的样式众多，名称各异。路易十四、路易十五时宫廷中所用风笛称之为"缪塞特"。风笛音色淳朴，穿透力强，在露天演奏也能够听得很清楚，特别是它的持续低音最富特色，它是苏格兰最有代表性的民间乐器，广泛用于民间婚丧喜庆等节日活动。

**风洞** wind tunnel 产生人工气流并能观测气流或气流与物体之间相互作用的管道装置。风洞是**空气动力学**研究和实验中最广泛使用的工具，主要用途是：模拟飞行器、高速列车、汽车、炮弹和降落伞等物体在空气中运动时的受力情况。通过风洞实验来确定飞行器的气动布局和评估其气动性能。现代飞行器的设计对风洞的依赖性很大。例如20世纪50年代美国B-52型轰炸机的研制，曾进行了约10 000小时的风洞实验，而80年代第一架**航天飞机**的研制则进行了约100 000小时的风洞实验。

图1 巨型低速风洞

设计新的飞行器必须经过风洞实验。风洞中的气流需要有不同的流速和不同的密度，甚至不同的温度，才能模拟各种飞行器的真实飞行状态。**雷诺数**也是风洞实验的重要相似参数之一。风洞中的气流速度一般用实验气流的**马赫数**（*Ma*数）来衡量。根据流速分类：$Ma<0.3$的称为低速风洞，这时气流中的空气密度几乎无变化；$0.3<Ma<0.8$的称为亚声速风洞，这时气流的密度在流动中已有所变化；$0.8<Ma<1.2$的称为跨声速风洞；$1.2<Ma<5$的称为超声速风洞；$Ma>5$的称为高超声速风洞。风洞也可按用途、结构型式、实验时间等分类。

为了满足特殊实验的需要，还可采用各种专用风洞。冰风洞供研究飞机穿过云雾飞行时飞机表面局部结冰现象；尾旋风洞供研究飞机尾旋飞行特性之用，其实验段垂直放置，气流上吹呈碟形速度分布，而且风速可以迅速改变，能托住尾旋模型使其不致下坠。

全世界的风洞总数已达千余座，最大的低速风洞是美国国家航空航天局艾姆斯中心的国家全尺寸设备（NFSF），实验段尺寸为24.4米×36.6米，足以实验一架完整的真飞机；雷诺数最高的大型跨声速风洞是美国兰利中心的国家跨声速设备（NTF），它是一座实验段尺寸为2.5米×2.5米的低温风洞，采用了喷注液氮的技术，用以降低实验气体温度，从而使风洞实验的雷诺数达到或接近飞行器的实际飞行值。现代最大的高马赫数、高雷诺数气体活塞式风洞还配有先进的测量显示仪器

图2 亚声速、跨声速、超声速风洞

和数据采集处理系统。风洞的发展趋势是进一步增加风洞的模拟能力和提高流场品质，消除跨声速下的洞壁干扰，发展自修正风洞。计算机在风洞中的广泛使用和计算空气动力学的发展将大大提高风洞的实验能力。

**风格学** stylistics 研究语言风格的学科。可分广义、狭义两种，且有古今之别。

狭义的风格学古已有之，即修辞学。在中国，对于语言运用之术早就有人注意，所以孔子说："辞达而已矣"，"言之无文，行之不远"。春秋战国诸子百家各逞雄辩的时候，更是讲究说话作文的本领。研究这些问题，而在理论上加以总结的是5世纪的刘勰。

在西欧，古希腊的哲人亚里士多德专门写了《修辞学》一书来探讨运用语言的艺术，其重点在于研究如何能打动听众，因此为作政治演说与法庭辩护的人所必读。古罗马时期，西塞罗、昆体良等人又进一步研究各种修辞手段的运用，从此修辞学成为西欧各国学校中的必修课，与文法、逻辑并列。

广义的风格学以F.de索绪尔以来的现代语言学为基础，着重当代语言实例的收集、记录与审辨，以别于传统修辞学之重古文范例与喜作规定。所谓广义，是指：①研究的范围不限于书面语言，也包括口语。②研究的学派众多。风格学视野较广（看到整个语言，注意社会文化），立论较有根据（从语言事实出发，而不是纯凭印象）。经过几十年的努力，已有一定的基本理论和成套的研究方法，使初学者有阶可循，使语言学家注意"变异"与"突出"，使文艺学家注意过去易于忽略的语言事实，确立了语言的运用必须适合具体场合这一对全社会有用的原则，应该说是已经另辟了一个学术领域，成为兼有语言学与文艺学之长的综合学科了。

**风寒束肺证** syndrome of wind-cold attacking lung 因风寒外邪侵袭于肺而致肺气失于宣降所引起的中医学证候。常见于感冒、咳嗽、哮喘、失音等疾病。

肺主气、司呼吸，开窍于鼻，外合皮毛，易受外邪侵袭而发病。如风寒外邪侵袭肺卫皮毛，影响肺主宣发、肃降的生理功能，即可形成风寒束肺证。临床表现以鼻塞流涕、咳嗽气喘、咯痰稀白、喉痒不适等为主，兼见微恶寒发热、身痛无汗、舌苔薄白、脉浮紧等风寒表证。临证以咳嗽气喘、咯痰稀白兼见风寒表证为辨证要点。

风寒束肺证的治疗以疏风散寒、宣肺解表为法，轻者宜用杏苏散，重者用麻黄汤。

**风化矿床** mineral deposit by weathering 地壳表层岩石或矿石经风化作用而形成的矿床。深度一般距地面不超过数十米，特殊情况下达100～200米，个别可达1 500～2 000米。规模以中小型为主，个别大型或超大型矿床面积达数千平方千米，储量几亿吨甚至超过100亿吨。矿石疏松，便于开采加工。风化矿床中最多的是铁矿和铝土矿，其次是镍、锰、铀、铜、稀土元素、黏土、磷灰石、菱锰矿。其中镍矿床和铝土矿床在世界镍和铝的生产中占有重要地位。

影响成矿的因素 主要有：①原岩成分。风化的原岩是成矿物质来源。基性和超基性岩中铁、镍的含量较高，又易于风化，有利于形成铁、镍的风化矿床。②气候条件。对风化成矿作用有决定性影响。热带亚热带地区最有利于风化矿床的形成。③地形因素。中低山脉和丘陵地带最有利于风化矿床的发育。④潜水面。潜水面的深度适中，岩石的分解和淋失相适应，有利于风化矿床的形成。⑤地质构造。规模大的裂隙带和破碎带，决定了风化矿床的位置和延伸方向，同时也控制了风化矿床的深度。构造运动造成的微弱沉降的地区，风化矿床能被覆盖而保存。⑥时间因素。形成规模和质量都好的风化矿床，需要很长时间。已知的风化矿床多数是在第三纪、第四纪或中生代形成的。

类型 按矿床的形态可以分为沿地表发育的面型矿床、沿岩石破碎带发育的线型矿床和沿两种岩石的接触面发育的接触型矿床。按风化剖面的分带性及其形成机理可以分为风化壳顶部的残积砂矿床、潜水面上的残余矿床及潜水面以下的淋积矿床。因为残积砂矿是物理风化产物，其成矿规律和矿床特点与其他成因的砂矿床（见沉积矿床）类似，因而也可归为砂矿床。

①残余矿床。地表岩石风化后，一部分活动组分被淋滤，而另一部分较稳定组分残留在风化壳中相对富集而形成的矿床。又称残留矿床。重要的残余矿床有红土型铁矿床、红土型铝土矿矿床、红土型镍矿床、残余黏土矿床、残余稀土元素矿床五种。

②淋积矿床。原岩中化学活动性较大的有用物质，被水淋滤到地下水面附近与原生矿石或围岩发生新的化学作用而富集形成的矿床。如淋积铀矿、铜矿等。

**风化壳** weathering crust 地表岩石经长期风化作用后，残留于原地的松散堆积物呈不连续地覆盖于基岩上的薄壳。厚度从几厘米到几十米乃至几百米，影响因素有岩石组成成分、气候条件、风化时间、地形及大地构造等。不同的基岩所形成的风化壳厚薄不一：石灰岩的风化主要是方解石的化学淋失，风化速度快，残留物少，形成的风化壳较浅薄；花岗岩中长石和石英的晶格能大，虽难于风化，但由于花岗岩有强烈的崩解作用，水分可广泛渗入，形成深厚的风化壳。风化壳的发育受生物、气候和海拔高度的影响，因而具有水平地带性和垂直地带性。研究自然环境的演变和土壤的形成等有密切关系。

**风化作用** weathering 地表和近地表的岩石在日光、空气、水和生物等外力作用下所发生的物理或化学变化。被风化了的岩石圈疏松表层称风化壳。风化作用使岩石（层）发生崩解和分解，所能达到的深度为风化壳的厚度，可以从几十厘米至几百米。在寒冷地区风化壳的厚度较小，在湿热的热带地区可以达到100～200米，在断裂带发育区风化壳可以达到更大深度。风化碎屑物和淋溶物被搬运外输，地面被低夷，残遗的风化物质在不同地理条件下发育成不同类型的土壤。风化作用为地表各种外营力（块体运动、流水、冰川、波浪及风等）的剥蚀和侵蚀作用创造了条件，没有风化作用为先导，剥蚀和侵蚀作用就难以进行。风化作用通常分为物理风化作用和化学风化作用。物理风化作用又称崩解作用，指岩石在外力作用下所发生的物理疏松、结构崩解的机械破坏过程，一般不引起化学成分的变化。引起物理风化的原因，有压力释放、温度变化、冰冻、新晶体生长和生物活动等方面。包括开裂作用、胀缩作用、挤压作用、生物物理风化作用。化学风化作用又称分解作用，指在水、水溶液、空气和生物等影响下岩石发生化学成分变化的过程。包括水化作用和水解作用、溶解作用、碳酸化作用、氧化作用、生物化学风化作用。

**风积地貌** wind-deposition landform 风力搬运的沙物质，在一定条件下堆积所形成的各种地貌形态。包括沙丘、平沙地、砾浪、砾丘以及沙波纹等。由风成沙堆积成的沙丘，构成了沙漠的最基本形态。广阔而平坦的沙地称为平沙地，又称小沙原。在一些山隘、峡谷风口地带的特大风区，可以形成少见的砾浪——风积砾石堆积地貌。高堆的砾石形成砾丘，常沿河分布。风积地貌的大小差异很大。沙波纹是风力堆积的微地貌形态，高度大都在0.5～1.0厘米之间；而巨大的复合型沙丘相对高度可能超过200米。

**风景画** landscape painting 以风景为题材的绘画。有时在其中也添画人物和动物作为点景。风景画一词约20世纪初传入中国，仅使用于从西方传入的画种，如油画、水粉画、水彩画等。中国画中的山水画实际上也是风景画，但在美学追求和艺术形式上自成体系，不使用风景画这一概念。

风景最早只是作为人物画的背景，以后才逐步发展为独立的画科。14世纪前半叶的意大利壁画如锡耶纳市政厅的《善政图》，和15世纪初期尼德兰的抄本装饰画上，已经出现了风景在画面上占很大比重的作品。

列维坦作《金色的秋天》(1895，特列恰科夫画廊藏)

纯粹的风景画最早以素描等小画面形式出现。15世纪起，风景成为独立画科。在德国画家A.丢勒的水彩画和A.阿尔特多费尔的油画中，出现可确定画家立足点的地志性风景画。风景画在艺术上成熟于17世纪的荷兰。J.van雷斯达尔、J.维米尔、M.霍贝玛对风景画的发展有较大贡献。这时，从风景画中又产生海景画、夜景画、街景画等分科。意大利的A.卡拉奇等人还发展了“理想风景画”，呈现牧歌式的田园风光。法国的N.普桑、克洛德·洛兰在风景画中配置古代神话人物作为点景，被称为英雄风景画。西班牙的E.格列柯、D.委拉斯开兹均留下风景画名作。18世纪，英国画家J.康斯特布尔，使风景画取得决定性发展。他学习荷兰画家的风景画，直接描绘自然的写生态度，不久影响到法国印象主义画家。J.M.W.泰纳最初受荷兰画家的影响，后被克洛德·洛兰的画风吸引。以C.柯罗、J.-F.米勒为首的法国巴比松画派采取自然主义的态度来表现风景。19世纪后期，通过印象主义画家的努力，风景画获得明暗和色彩的微妙谐调，并成为绘画中的重要门类。俄国画家I.I.希什金一生为万树写照，被视为俄罗斯风景画派的奠基人。I.I.列维坦的风景画（见图）被称为俄国历史风景画。西方绘画传入中国后，中国油画家多用油画、水粉画、水彩画媒材表现风景。颜文樑作为早期的风景画家而知名。吴冠中在风景油画中注入中国传统审美情趣，使其作品富有民族情调。

**风浪** wind wave 在风直接作用下产生

暴风浪

的水面波动。风浪中同时出现许多高低长短不等的波，波面较陡，波峰附近通常有浪花或大片泡沫，此起彼伏，瞬息万变。将波高、波长和周期等量视为随机量，就能用统计学的观点研究风浪的运动规律，并根据风来计算一些特征量，如部分大波或各种波的平均波高和平均周期等。这些代表风浪强度的特征量，决定于风速、风作用区域（风区）的大小和风作用时间（风时）的长短。

在一定风速下，风浪随风区的扩展和风时的增加而成长。在离风区上侧边界很远的地方，风浪只随时间成长，处于过渡状态；在风区上侧边界附近，风浪只随至此边界的距离的增大而成长，处于定常状态。如果风速一定，则风浪成长至一定的大小时，内部消耗的能量和从风摄取的能量达到平衡，风浪便不再成长，而处于充分成长的状态。

**风力电站** wind power station 利用风能驱动风轮机以带动发电机生产电能的电厂。始于20世纪30年代，以荷兰、丹麦应用最早。单机组容量从几十瓦到5000千瓦。风力电站主要由能量转换装置、蓄能装置、控制系统等构成。风能属可再生能源，无污染，具有广阔的应用前景。风能是一种随机性能源，且有间歇性，因此必须和一定的蓄能方式（如蓄电池蓄能）结合才能实现连续供电。控制系统（如调速系统、励磁调节系统）控制风轮机和发电机以保证供电质量（频率和电压恒定）。

**风力机** wind machine 利用风产生动力的一种机器。早期风力机又称风车。现代风力机多指发电用风力机，也有用于提水灌溉的（图1）。丹麦于1890年制成作为电力

图1 风力提水机

来源使用的第一座风车。1925年法国人G.J.M.达里厄发明了垂直轴Φ型风力机。以后，几百瓦至几千瓦的小型风力发电机便

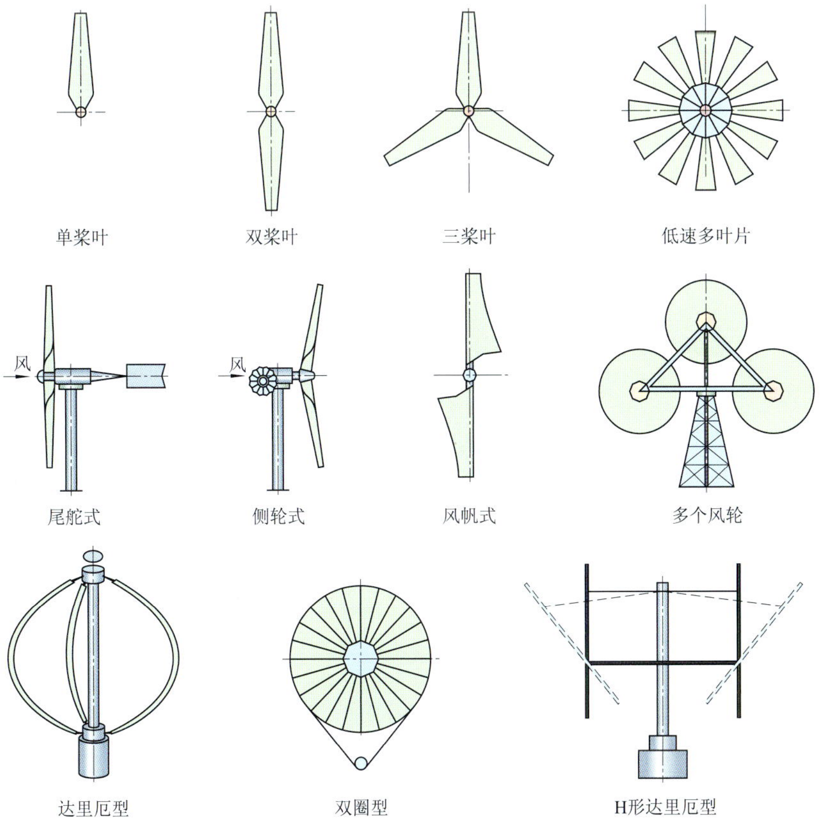


图2 各种型式的风力机

成为电网不能通达的边远地区的电力来源。风力机是由风驱动的转动机构。结构型式有多种（图2）。

按旋转轴的方向可分成水平轴风力机和垂直轴风力机两大类。垂直轴风力机是风力机的先驱，如波斯风车、达里厄转子式和萨沃尼尔转子式风力机。当今世界上水平轴螺旋桨式风力机占主导地位。水平轴风力机风轮必须调整方向对准风向以获得最大动力，而垂直轴风力机工作时与风向无关。风力机设计和操作取决于风的特性，如风速及其变化、风向及其变化、紊流和风离地面的高度。风撞击风力机所做的功与风速的立方、风轮旋转直径的平方以及空气密度成正比，其输出功率还取决于机械和空气动力因素（对于螺旋桨式风力机，包括桨叶角度、桨叶扭转度、桨叶表面积与桨叶扫掠过的面积比、风向与螺旋桨叶转动平面的夹角及桨叶尖速度与风速之比等）。风力机叶片吸收的风能低于通过风轮横掠面积风能的59.3%。螺旋桨式风力机能获得的最大效率约为45%。

**风陵渡** Fenglingdu 中国晋、陕、豫3省交通要冲。位于山西省芮城县西南端，黄河北岸，同蒲铁路线上。相传风后葬此，故名风陵。唐于风陵堆南置关，称风陵关。风陵渡北匼河村发现更新世中期文化遗址，西侯度村发现更新世早期文化遗址，是华北已发现最早的旧石器文化遗址。

**风能** wind energy 空气流动产生的动能。太阳能的一种转化形式。由于太阳辐射造成地球表面各部分受热不均匀，引起大气层中压力分布不平衡，在水平气压梯度的作用下，空气沿水平方向运动形成风。风能是可再生的清洁能源，储量大、分布广，但它的能量密度低（只有水能的1/800），并且不稳定。在一定的技术经济条件下，风能可作为一种重要的能源得到开发利用。风能利用是综合性的工程技术，通过风力机将风的动能转换成机械能、电能和热能等。人类利用风能已有数千年历史，在蒸汽机发明以前曾经作为重要的动力用于船舶航行、提水饮用或灌溉、排水造田、磨面和锯木等，19世纪末开始探索风力发电。20世纪80年代起得到快速发展。风力发电机组的单机容量由几十千瓦发展到几千千瓦。全世界并入电网的风电装机容量2000年底为1 730万千瓦，到2008年已超过1亿千瓦，风电的电量占1%，并有加速增长的趋势。世界上风能利用技术比较先进的国家是美国、德国、西班牙和丹麦。丹麦的风力发电已占总电力的20%左右。

中国风能资源较丰富的地区为新疆、广东、海南、内蒙古、辽宁、山东、福建和浙江，适于发展风力发电和风力提水。

**风琴** harmonium 自由簧气鸣乐器。又称簧风琴。广泛流传于世界各国。常见为一排键盘，琴键排列与钢琴相同，规格甚多，一般有39～61键，音域达3～5个八度。风源来自双足踏板鼓动风箱。键盘上方设有变换音色的音栓，大型风琴音栓多至数十个。琴身下侧设有增音器，用右膝推动可控制发音强弱。1810年，巴黎乐器师G.J.格勒尼埃制造出最早的簧风琴，由于这种乐器能控制音响的渐强与渐弱，故命名为“表情风琴”。此后，1840年，法国乐器师A.F.德班又加以改进，加用各种音栓以获得不同音色的变化，并定名为风琴。当时风琴皆为打气式风箱，在小教堂及家庭中甚为流行。1854年在美国出现一种美国式风琴，其特点是改风箱鼓气为吸气式。

**风热犯肺证** syndrome of wind-heat invading lung 因风热侵袭于肺，影响肺主宣肃功能所引起的中医学证候。

肺主气、司呼吸，开窍于鼻，外合于皮毛，通过口鼻与外界相通，且肺叶娇嫩，不耐寒热，易受外邪侵袭。风热之邪由口鼻上受或从皮毛而入，影响肺主宣肃功能，即形成风热犯肺证。临床表现以咳嗽、咯痰黄稠、鼻塞流浊涕、口微渴、咽痛为主，伴见发热微恶寒、舌尖红苔薄黄、脉浮数等风热表证。临证以咳嗽、咯痰黄稠伴见风热表证为辨证要点。

风热犯肺证为邪在肺卫，治疗以疏风清热、肃肺止咳为法，常用桑菊饮等方加减。

**风沙土** aeolian soil 发育于风成沙母质土的初育土壤。分布于内陆沙漠地带、风蚀沙化严重地区、河湖沿岸及滨海滩地。中国的风沙土主要分布在塔克拉玛干、古尔班通古特、库姆达格等沙区，柴达木盆地，松辽平原，黄河等河流的河漫滩或故道区，东南沿海滨海滩地。以新疆和内蒙古两自治区面积最大。

风沙土通体沙质，腐殖质层不明显，有机质含量低。在发育上通常分为流动、半固定和固定三个阶段。随着植被的增加，土壤趋于固定，剖面开始分化，有机质含量增加，土壤颗粒中细沙和物理性黏粒含量也逐步增加，土壤养分含量和物理性状均得到一定提高。风沙土利用难度大，利用不当会对生态环境带来恶劣影响。

**风湿热** rheumatic fever 上呼吸道A族乙型溶血性链球菌（简称乙链）感染引起的非化脓性合并症。全身结缔组织出现炎性病变，以心脏炎、关节炎、环形红斑、皮下结节及舞蹈样动作为主要表现，常伴有发热。风湿热反复发作者，可形成慢性风湿性心脏病。

临床表现 发病前1～3周，约半数患者有咽峡炎或扁桃体炎等上呼吸道感染史，起病时周身乏力、食欲减退、烦躁。典型表现有：不规则的轻、中度发热，偶为弛张型高热或持续低热，常伴有与体温不成正比的脉率明显加快及大量出汗。关节局部有红、肿、热、痛，但不化脓，常对称地累及膝、踝、肩、腕、肘、髋等大关节，并呈游走性，急性炎症消退后，关节不遗留强直和畸形。心脏炎为临床上最重要的表现，儿童患者中65%～80%有心脏病变，可有心前区不适或疼痛、心悸、呼吸困难、面色苍白、肝脾大、浮肿等心功能衰竭的症状。皮肤病变以环形红斑较多见，且有诊断意义，常见于四肢内侧及躯干，为淡红色环状红晕，边缘略起。也有的为结节性红斑、多形性红斑；有的可出现皮下小结，如豌豆大小，数目不等，较硬，触之不痛，与皮肤不粘连，消退较环形红斑慢，存在数日至数月，常发生于肘、膝、枕、前额、棘突等骨质隆起或肌腱附着处。舞蹈样动作（西德纳姆氏舞蹈病）多见于5～12岁女孩，起病缓慢，常先有感情冲动、易怒，继而有不自主的无意识动作。此类患者常有肌肉张力减低，四肢腱反射减弱或消失；也可不伴有关节及心脏损害，实验室检查均可正常（见舞蹈病）。病理改变主要累及心瓣膜、心肌间质小动脉及浆膜腔，浆膜腔以渗出为主，其他组织还有增生及瘢痕改变，风湿热反复发作者，心瓣膜瘢痕增多，可形成慢性风湿热心瓣膜病。

诊断 大都采用1965年修订的琼斯氏标准，即以心脏炎、多发性关节炎、舞蹈病、环形红斑及皮下结节作为主要表现，以既往风湿热史或风湿性心脏病证据、关节痛、发热、血沉快、C反应蛋白阳性、心电图P-R间期延长作为次要表现；有两项主要表现，或一项主要表现加两项次要表现，并最近有溶血性链球菌感染的证据，可以诊断为风湿热。但对具体患者的诊断，必须全面考虑病情，做好鉴别诊断，不可生搬硬套上述标准，以免发生误诊。

治疗 注意保暖，卧床休息，症状消失、血沉正常两周后可逐渐增加活动。治疗重点在于控制尚存的咽部乙链感染及消除变态反应性炎症。给予青霉素治疗，以消除乙链，对青霉素过敏者可用红霉素。抗风湿药物有助于消除症状及渗出性炎症，常用阿司匹林、水杨酸钠、抗风湿灵、泼尼松等。肾上腺皮质激素及水杨酸制剂对舞蹈病症状无疗效，其治疗主要应用巴比妥类及其他安定镇静药。

**风湿性关节炎** rheumatic arthritis 急性风湿热的一个类型。典型表现为游走性多关节炎，多对称性地累及膝、踝、肩、腕、肘、髋等大关节，关节局部红、肿、热、痛，症状在关节间游移不定，亦可同时累及几个关节。受累关节不化脓，有时可波及手、足小关节及脊柱关节。急性炎症消退后，关节功能可完全恢复，不遗留强直和畸形，常反复发作。风湿性关节炎为琼斯氏诊断风湿热的主要标准之一。水杨酸制剂治疗有效。关节炎的程度与心脏炎或心瓣膜病间无明显的关系。

**风湿性心脏病** rheumatic heart disease 由风湿热所致的心脏病。简称风心病。较常见。包括风湿性心肌炎、风湿性心包炎和风湿性心内膜炎。

病因和病理 风湿热的发病可能是由A族乙型溶血性链球菌（简称乙链）引起，心脏是其主要侵犯的器官，皮肤、关节及中枢神经系统也可受累。风湿性心脏病的主要病理改变是心瓣膜、心肌间质小动脉及浆膜腔的非化脓性炎症；病理过程有渗出期、增殖期及瘢痕期。风湿热反复发作，使心脏瘢痕增多，导致慢性心脏瓣膜病。

临床表现 发病前1～4周有咽部或扁桃体感染病史，发病时有发热、多汗、乏力等全身症状，伴有关节炎、环形红斑、皮下结节及舞蹈病，但心脏炎是最主要表现：与体温不成比例的窦性心动过速、第一心音减弱、胎心律、舒张期奔马律。心脏可以扩大，心尖部及主动脉瓣区可有Ⅱ级以上收缩期杂音。可有心律失常，过早搏动及Ⅰ度房室传导阻滞多见。心包炎见于重症患者，心力衰竭多见于儿童及青少年。

辅助检查 反映乙链感染的指标：①咽拭培养。②链球菌溶血素O抗体>500单位。③抗链球菌透明质酸酶>1024单位。反映结缔组织炎症的指标：①血沉加快。②C反应蛋白阳性。③血清黏蛋白高于40毫克/升。④血清糖蛋白增多。

诊断 符合琼斯氏标准诊断为风湿热的患者又有心肌炎、心包炎、心内膜炎的表现即可诊断为风湿性心脏病。风湿性心肌炎应与病毒性心肌炎和感染性心内膜炎相鉴别。

治疗 ①卧床休息，注意营养，补充维生素；②控制乙链感染，青霉素为首选，其次为红霉素、头孢类抗生素；③抗风湿治疗，目的是消除症状及渗出性炎症，主要药物是非甾体制剂（阿司匹林、苯乐来、抗风湿灵等）及肾上腺皮质激素（强的松、地塞米松）。有心力衰竭者应予以治疗。

预防 改善居住条件，加强锻炼及预防上呼吸道感染是风湿性心脏病的基本手段。一级预防是给乙链感染者肌注苄星青霉素一次或青霉素水剂10天；二级预防是针对风湿热或风湿性心脏病患者，尽可能避免形成慢性心脏瓣膜病。每月肌注苄星青霉素一次，定期复查，儿童初发风湿热用药5年以上，明显心肌炎或瓣膜损害者需用至成年。

**风蚀地貌** wind-erosion landform 风力吹蚀和风沙流磨蚀地表物质所形成的地表形态。主要类型有：①风蚀戈壁。风吹地表堆积物，吹走细粒物质，遗留下不能被吹动的粗颗粒物质而形成的砾漠。②风蚀石窝。陡峭的迎风岩壁上风蚀形成的圆形或不规则椭圆形的小洞穴和凹坑。大的石窝称为风蚀壁龛。③风蚀蘑菇。孤立突起的岩石经风蚀作用而成的蘑菇状岩体，又称石蘑菇、风蘑菇。④雅丹地形。河湖相土状堆积物地区发育的风蚀土墩和风蚀凹地相间的地貌形态。见**雅丹**。⑤风蚀城堡。水平岩层经风蚀形成的城堡式山丘，又称为风城。多见于岩性软硬不一（如砂岩与泥岩互层）的地层。⑥风蚀垅岗。软硬互层的岩层中经风蚀形成的垅岗状细长形态，一般发育在泥岩、粉砂岩和砂岩地区。⑦风蚀谷。风蚀加宽加深冲沟所成的谷地。谷无一定的形状。风蚀谷不断扩大，原始地不断缩小，最后仅残留下一些孤立的小丘，即风蚀残丘。⑧风蚀洼地。松散物质组成的地面经风蚀所形成椭圆形的成排分布的洼地。较深的风蚀洼地如以后有地下水溢出或存储雨水即可成为干燥区的湖泊。

新疆哈密魔鬼城风蚀地貌

**风水说** geomantic omen 中国古代关于环境吉凶意识的解释体系。基本思想是：如生者的居室与死者坟墓置于不适当的地方，各种灾害将祸及居者与墓中死者的子孙；反之，吉地将带来禄寿与福祉。局部地势制约着各种自然之气，人们根据当地的地势，调节和选择位置，获得所向往的和谐。风水说中山岳形态、水流方向，是最重要的；建筑的高度与形态、道路和桥梁的方向，也是有一定意义的因素。此外，不可见的气的力量和性质，时时为天体的位置所左右，所以从当地观察的天体方位也必须考虑在内。位置是极其重要的，对于不吉的位置，可以通过挖穴、堆丘或其他措施来变化、改善风水。

风水说很古老，至少可追溯到公元前4世纪。《管子·水地》认为，地气犹如人和动物的脉络，是流通的。汉代代表人物青乌子著有《葬经》一书。魏晋时出现管辂、郭璞这样的风水大师。郭璞著有《葬书》。随后出现的风水师中影响最大的是唐代的杨筠松。明清时期，风水说盛行。

风水说是中国古代“天人合一”哲学思想的具体体现，然而由于受到古代科学技术发展水平的限制，在技术与解释层次上迷信与科学的成分混杂。

**风俗** social custom 人类社会相沿积淀而形成的社会风尚、礼仪和习俗。“风俗”一词在先秦时期已出现。《诗经·周南·关雎序》中有“美教化，移风俗”的记载。古人认为风和俗有差别，且不同学者对二者的解释不尽一致。据《周礼》可知，“风”为上层社会倡导、下层社会仿效的社会风尚，“俗”则为普通民众所遵从的习惯。而东汉班固认为，风俗源于自然条件与社会条件，风是因自然条件不同而形成的禀赋性格，俗是因社会条件不同而形成的习尚。古代风俗还与歌唱有关，特指民风民谣。如今，风俗指在某一社会中，世代传承的思维模式、价值观念、宗教信仰、生产、生活方式和行为习惯。可分为：生产风俗、生活风俗、礼俗、岁时风俗、信仰风俗和社会风俗。生活风俗主要指在衣食住行、文娱、游戏、卫生、器用和行旅等方面的风俗习惯。生产风俗主要指在生产和劳动过程中形成的各种习惯，如农耕习俗、渔猎习俗、采集习俗、技艺习俗等。礼俗指围绕着人生礼仪和社会交往而形成的风俗习惯，如婚、丧、寿、诞、社会交往等。岁时风俗主要包括各种节日习俗，如春节、清明节、端午节、乞巧节、中元节、中秋节、重阳节等。信仰风俗包括人们在求神拜佛、趋吉避邪、占卜祈愿和驱鬼除妖等活动中形成的仪式、禁忌等习惯性的行为和观念。社会风俗指人们在社会交往等方面所遵循的一系列准则和模式。

**风俗画** genre painting 以题材划分的绘画类别名称，指以人物为中心展现世俗风物为题材的绘画门类。风俗画产生的时期较早，埃及古墓壁画中和印度石窟壁画中已出现风俗性题材的绘画。15～16世纪欧洲文艺复兴时期，风俗画作为独立的绘画门类确立，产生了如尼德兰的**P.勃鲁盖尔**等许多长于描绘社会生活的画家。17世纪，荷兰画派的风俗画得到突出发展；日本江户

苏汉臣作《货郎图》

时代的浮世绘作为一种风俗画派，对现代欧洲绘画产生深远影响。中国的风俗画萌始于汉代，一些墓室壁画以及画像砖、画像石出现了风俗性内容的描写，五代北宋时期得到发展，北宋张择端的《清明上河图》、苏汉臣的《货郎图》都是风俗性绘画的代表作品。清末，吴友如主绘的《点石斋画报》将传统风俗画推向现代，使人物画创作得到发展。

**《风俗通义》** *Annotation of Customs* 中国东汉民俗学著作。又名《风俗通》。作者应劭。《风俗通义》原书32卷，共130篇。今存10卷。清严可均辑有佚文6卷（《全后汉文》卷三十六至四十一），钱大昕、张澍等辑有其中的《姓氏篇》。主要内容为考证物类名号，议论解释时俗，对当时的社会习俗和迷信思想有所批评。行文通俗浅近。

**风速表** anemometer 测量气流运行速度的仪器。常用的如下。

风杯风速计 风速传感器常采用三杯或四杯式感应元件，杯形多为抛物锥形或半球形的空心杯壳，固定在互成120°或90°的支架上，杯的凹面顺着一个方向排列，整个横臂架固定在一根垂直的旋转架上。在稳定的风向作用下，风杯受到扭力矩作用而开始旋转，它的转速与风速成正比关系。

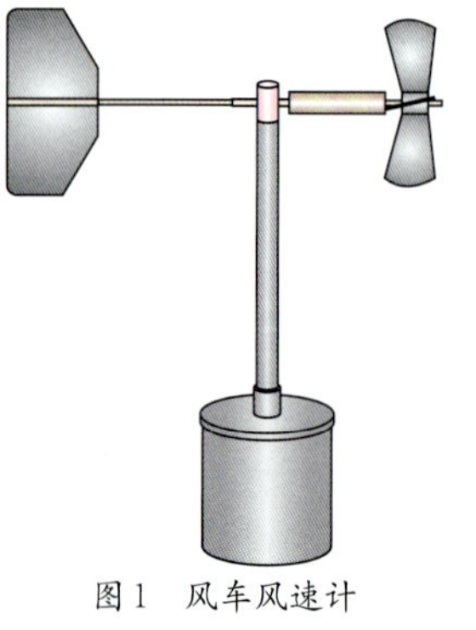

图1 风车风速计

风车风速计 风车风速计的感应元件是一个由三到四块螺旋桨叶片组成的风扇。风扇安装在风向标系统的前端，使其不断对准风的来向并绕水平轴旋转（图1）。它的转速也与风速成正比关系。

超声风速计 利用声波传播速度受气流影响而变化的原理，测量气流运行速度的仪器。超声风速计的三对探头分别固定在

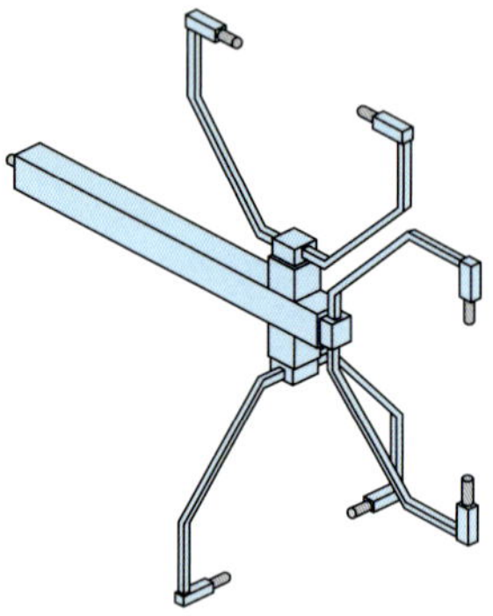

图2 超声风速计

一个xyz三个坐标轴向支架上，分别测出xyz三个方向的风速分量（图2）。

**风险分析** risk analysis 用概率研究预测不确定性因素影响投资或经营决策的一种分析方法。又称概率分析。

风险包括危险和不确定性二重因素，通常指由于当事者主观上不能控制的一些因素，使工程建设项目投资或企业生产经营决策与当事者事先估计的有较大偏差而带来的损失。风险分析就是要找出投资或经营方案的不确定性因素，分析其环境状况对方案的敏感程度；估计在不同情况下投资或经营方案的费用、收益以及不确定性因素的概率，计算各种风险情况下的经济效果；作出正确的判断和决策。

风险分析有助于提高投资和经营决策的可靠性，提高项目的风险防范能力，因此在投资决策中发挥着重要作用。

**风险投资** risk investment 对新兴的高技术和新的具有很大发展潜力的生产的投资。它是高技术产业群发展的最主要的动力。风险投资要参与并承担产品项目在开发全过程中的风险，即除向投资项目投入资金外，还要对企业从发展方向、生产规模和人、财、物的经营管理，直到企业产品投入市场获得成功（或失败）为止承担风险。据统计，由风险投资公司所支持的风险企业，20%～30%完全失败，约60%受到挫折，只有5%～20%的风险企业可能获得成功。尽管新技术领域投资风险很大，但仍有两个因素吸引着投资者：①没有风险投资，新的科学技术就难以转到生产领域。②风险投资一旦成功，其利润之高是投资于传统企业所无法比拟的。

风险投资是一种科学技术与金融相结合的投资机制，兴办风险投资业有利于使一个国家发展成为国际竞争中的强者。

**风险投资基金** risk investment fund 资金主要投资于那些不具备上市资格的小型企业、高科技企业、新兴企业甚至仅处于构思中的企业的投资基金。见创业投资基金。

**风向标** wind vane 指示风向的测量仪器。其构造主要分为四部分。①风尾。感受风力的部件。在风力的作用下产生旋转力矩，使指向杆——风尾轴线不断调整取向，与风向保持一致。②指向杆。指向风的来向。③平衡重锤。装置在指向杆上，使整个风向标对支点（旋转主轴）保持重力矩平衡。④旋转主轴。是风向标的转动中心，并通过它带动一些传感元件，把风向标指示的度数传送到室内的指示仪表上。

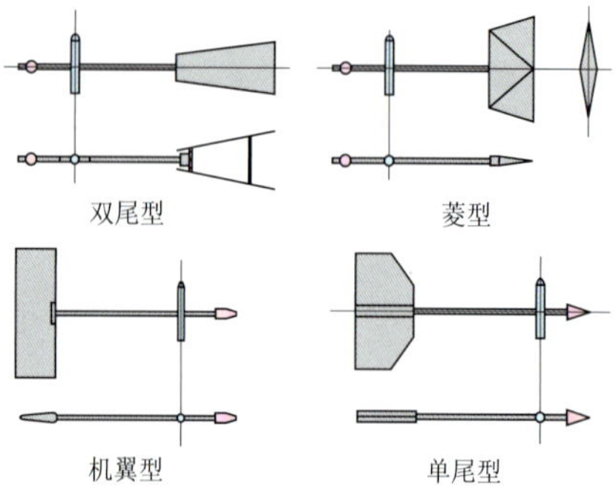


四种常见的风向标

为使风向标能准确地反映不断变化的风向，以及各地气象站风向资料间具有可比性，世界气象组织要求风向标有如下特性：①在风速为5米/秒时，其时间常数为1秒。②阻尼比大于0.3，小于1.0。③风速范围为0.5～60米/秒。④分辨率为±3°。

**风邪** wind pathogen 中医病因学概念。风邪致病因外因和内因的不同而有外、内风之分。外风本指自然界中因空气流动而形成的一种气候或环境状态，为春季的主气，属六气之一。但这种气候或环境状态能使正气虚弱或体质易感的人发生疾病，对这些人来说，外风便成为致病因素，属六淫之一。内风则指由多种原因引致的体内阳气亢逆变动所形成的病理状态的性质，与肝的病变密切相关。外风与内风虽有区别，但在临床上都有发病迅速、变化多端的特点。

风虽属春季之主气，但四季皆有，故外风致病无季节性，所以外风常为外邪致病的先导，是六淫病邪中的主要致病因素。外风属阳邪，其性轻扬开泄，具有升发、向上、向外的特点，故常伤及人体的上部（头面）、阳经和肌表，使皮毛腠理开泄，出现头痛、出汗、恶风等症状。外风还具有善行数变的特性，故致病后病位游移、行

无定处，如风痹（行痹）呈游走性关节疼痛；皮肤风疹来势急剧，其痒难忍，但有时去也迅速，消退后常不留痕迹。对外风所致病证的治疗总以祛风为主，同时兼治其他邪气，如风寒感冒用辛温解表的方法，风热感冒用辛凉解表的方法。

内风大多由肝脏功能失调所致，故又称肝风内动。与外风所致病证不同，内风致病的病理状态在临床上可出现眩晕、抽搐、痉挛、颤抖、蠕动、口眼㖞斜，甚至角弓反张、颈项强直等肢体异常运动的症状，古人因此而类比为风。内风证的产生有多种原因，主要有肝阳化风、热极生风、阴虚风动和血虚生风等，引致体内阳气亢逆变动而形成。肝阳化风多由于情志不遂或饮食不节、恣酒纵欲等，致肝气不能疏泄、肝阳上亢、阴不制阳、亢盛而化风、上冲巅顶或横窜脉络，从而导致卒倒，昏不知人，又称为中风。热极生风多在急性热病的极期，由于热邪炽盛、燔灼肝经、阳热亢盛而化为内风，出现神昏、抽搐等症。阴虚风动多见于热性病的后期或严重的汗、吐、泄泻之后，此时阴液枯竭，肝所主的筋脉无以濡养，临床可见筋挛肉、手足蠕动等症。血虚生风多由于生血不足或失血过多，肝藏血不足，筋脉失养，虚风内动。临床可见肢体麻木不仁，筋肉跳动，甚至手足拘挛不伸等症。治疗应针对各自的病因，如肝阳化风者宜平肝熄风，热极生风者宜清热熄风，阴虚风动者宜育阴熄风，血虚生风者宜养血熄风。

**风雨桥** wind-rain bridge 中国富有民族特色的长廊式桥梁。主要分布于侗族地区。因可避风雨，故名。风雨桥因建造地点不同而各有专名，如“回龙桥”、“泰安桥”、“程阳桥”等。均系木石结构。桥墩以青石垒砌，桥梁、桥柱及桥面建筑全用杉木凿榫衔接，不用一钉。整座桥梁结构精密，坚固耐久。最大的是广西三江侗族自治县的程阳风雨桥（又名永济桥）。建于1916年，长64.6米，宽3.4米，高10.6米，五墩四孔。桥上建有层次不等的多角形亭阁5座，气势雄伟，工艺精湛，集亭、塔、楼、阁建筑特点于一身。

程阳风雨桥

**“风云”号卫星** Wind-Cloud satellite 中国气象卫星系列。包括“风云”1号、3号太阳同步轨道气象卫星和“风云”2号地球静止轨道气象卫星。“风云”1号气象卫星（图1）于1988年和1990年先后发射了A、B两

图1 “风云”1号气象卫星

颗试验星。1999年发射的C星是业务应用卫星，2000年8月被世界气象组织列为全球气象业务应用卫星。2002年又发射了D星。1997～2008年中国先后发射了五颗“风云”2号气象卫星（图2）。

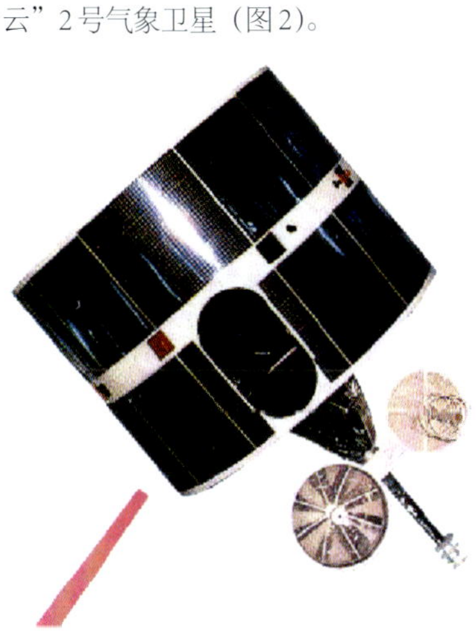

图2 “风云”2号气象卫星

“风云”1号C星主要任务是获取地面和稠密大气层可见光与红外辐射资料，向世界各地和国内接收站实时发送数字云图资料；记录全球或全球任一区域延时图像资料，向国内接收站回放；监测全球环境。C星每天2次向全世界各地气象卫星接收站实时发送10通道、星下点分辨率1.1千米的数字云图资料；每天2次经过中国北京、广州和乌鲁木齐3个地面站，向中国气象部门提供中国境内和周边地区实时的10通道气象观测资料；每天提供一次设定的4个通道、星下点分辨率3.1千米的延时全球气象和环境图像资料，或提供10通道、星下点分辨率1.1千米的全球任一选定地区的区域延时图像资料。2002年5月，“风云”1号D星接替C星工作。

“风云”2号气象卫星是中国自行研制的第一颗静止轨道气象卫星。基本任务是：利用星载多通道扫描辐射计获取可见光、红外和水汽波段的数字遥感图像资料；利用数据收集系统收集和转发气象、海洋、水文和其他环境数据；向国内外利用站广播云图、遥感产品和天气传真图信息；利用空间环境监测器获取空间环境资料。

2008年5月27日在太原卫星发射中心成功发射“风云”3号A气象卫星。A星的星载遥感仪器数量从“风云”1号的2个增加到11个，其中9个为首次装载升空，整星探测通道多达99个，为北京奥运会提供了高质量气象服务。此外，空间环境监测产品为中国“神舟”号飞船发射及航天员出舱活动提供了重要气象保障。2010年11月5日“风云”3号B星发射成功。B星安装有可见光红外扫描辐射仪、红外分光计等10余种有效载荷，探测性能有显著提高，可在全球范围内实施三维、全天候、多光谱、定量探测，获取地表、海洋及空间环境等参数，实现中期数值预报。“风云”3号A、B气象卫星组网运行，将进一步提高我国气象观测能力和中期天气预报能力。

**风灾** wind damage 对人类及其生存环境具有破坏性的空气对流现象。风灾以其发生频率高、影响范围广、危害程度大，对经济建设、社会发展、大气环境、交通运输及人民生命财产和健康带来严重不利影响。风是风灾的主导因子和动力条件，在一定的下垫面条件下，风力演化为风灾。根据不同风的特点，可分为热带气旋、雷暴大风、龙卷风（见龙卷）、风雹灾害、寒潮大风、沙尘暴和黑风暴（见沙尘天气）、干热风、焚风等。①雷暴大风。强雷暴云的产物。强雷暴云又称强风暴云，主要指伴有大风、冰雹、龙卷风等灾害天气的雷暴。强雷暴云体的前部是上升气流，后部是下沉气流。由于后部下降的雨、雹等降水物强烈蒸发，使下沉气流比周围空气冷。这种急速下沉的冷空气在云底形成一个冷空气堆，称雷暴高压，使气流迅速向四周散开。当强雷暴云来临时，风向突变，风力猛增，往往由静风突然狂风大作，暴雨、冰雹俱下。这种雷暴大风突发性强，持续时间甚短，一般风力达8～12级，破坏力大。中国气象学规定：风力8级以上、风速大于17米/秒的，称为大风；风力11级或以上、风速为28.5～32.6米/秒的，称为暴风。②风雹灾害。雷暴大风的产物。中国主要气象灾害之一。③寒潮大风。由强寒潮南下引起，几乎遍及中国冬春季节。北方地区常出现偏北大风，春季最多，冬季次之，常导致海上和湖上大风大浪而不利于航行。

**风葬** air-dried burial 葬式之一。把死者安放在野外的树枝上、特制的木架上或悬崖上，任其自然风化、腐朽。风葬包括把尸体捆在或挂在树上的树葬、把棺材放在悬崖上的崖葬等。有些地区风葬之后若干年还要重捡尸骨埋葬。曾流行于世界许多地区，如中国南北朝的室韦国人、奚人和

契丹人都实行风葬，澳大利亚西部和北部一些部落把死者葬入树中或葬在伸入高空的架子上，中国清代都匀府的黑苗人、新几内亚岛土著居民则实行树葬。现代只有少数地区尚存风葬习俗。关于风葬习俗的产生，有的学者认为与游猎经济有关，因其活动主要在森林中，生产工具简单不宜土葬；有的学者则认为风葬直接来源于远古时代的巢居风俗，让死者依然享受与生前相近的生活。

**风疹** rubella 由风疹病毒引起的急性发疹性传染病。1866年由德国医生首先命名，故又称德国麻疹。风疹病毒为RNA病毒，属披盖病毒科。经空气飞沫传播。多见于1～5岁儿童。潜伏期为2～3周。有低热、咽痛、咳嗽、打喷嚏、流鼻涕、全身不适及食欲减退等，并有耳后、枕后和颈部淋巴结肿大及压痛。发热1～2天内出现皮疹，呈充血性丘疹和斑丘疹，由面、颈部迅速蔓延至躯干和四肢，消退后不留色素沉着。妊娠3个月以内的孕妇感染风疹后，胎儿可发生先天性风疹而致畸形。诊断根据接触史和典型临床表现。确诊应作分离病毒及血清学检查，可检测特异性IgM抗体。本病能自愈，以对症治疗为主。可注射风疹疫苗进行预防。

**风筝** kite 一种人工制作、借助风力放飞空中、用绳线控制的飞行装置。通常是娱乐性器具。俗称鹞子。中国古代的重要发明之一，被誉为世界上最早的人造飞行器。据《墨经》载，春秋时期，鲁班用竹木做出了能在空中飞翔的木鸢。汉代开始以竹篾扎骨架，上糊以纸，称纸鸢。宋代起始称风筝。风筝在古代可传递军事情报，旧时民俗，清明节和重阳节踏青和登高时要

串式风筝

放风筝，民间还有放风筝祈福禳灾之俗。中国风筝约自唐代传至海外，东至朝鲜半岛、日本、太平洋群岛，西至中近东，13世纪传入欧洲。在欧洲，风筝曾作为气候观测、科学实验和军事侦察，以及提载人的工具使用。

制作 分为扎作骨架、裱糊、彩绘三个步骤。中国风筝大多以竹篾、丝线扎成骨架。竹篾应选取竹节均匀而长且经过自然干燥的，否则会因竹篾弯翘风筝变形而致放飞时失去平衡。裱糊的材料除绫、绢、纱外，一般宜选用坚韧、受风力强的棉纸。彩绘时，也可在颜料中加入适量的桃胶（阿拉伯树胶）、冰糖，使风筝既能防潮，又色泽光亮，增强艺术效果。近年已出现以铝合金等轻质材料制成骨架，上粘以塑料薄膜的风筝。

种类 风筝根据形制的特点大体可分为：①平面风筝，又称板子风筝，骨架不弯翘，制作简单；②硬翅风筝，一般有两个固定的翅翼，中间略凹，翼端略微隆起，形成通风道，能吃大风，飞得高；③软翅风筝，双翅只在上沿有骨架，下沿不用骨架固定，放飞时，翅翼活动而飘逸，飞得远，但飞不高；④立体风筝，又称桶形风筝、箱形风筝，系仿照宫灯、花篮等实物造型扎制成三维空间的立体结构风筝；⑤串式风筝，将多个风筝单元用绳线串连在一起，形成一个整体风筝。风筝也可依体积大小分为微型、小型、中型、大型、巨型。

放飞 一般选在野外，风速以12～32千米/时为好。中国北方放风筝多在清明前后，南方则在重阳前后，此时的风有力而向上。放飞风筝时要善于辨风向、识风力，手执引线，运用抽、拉、提、拽、摆等动作，使风筝稳定上升、下降或飞翔。比赛时则以扎、糊、绘、放为评比要素，以飞得高远、动作灵活、造型优美为最佳。

中国风筝已成为重要的民间工艺品类之一。其主要产区，北方有北京、天津、山东潍坊等地，南方有广东、福建、江苏南通等地。放风筝在中国极为普遍，已是民间体育的一种；欧美及亚洲许多国家也很流行，成为群众性的文化娱乐活动。自1984年起，每年在中国山东潍坊举行一次国际风筝节。1989年4月，国际风筝联合会正式成立，总部设在潍坊。

**枫丹白露画派** Fontainebleau school 16世纪活跃于法国宫廷的美术流派。1530年前后，法国国王弗朗索瓦一世在巴黎近郊的枫丹白露扩建行宫，来自意大利的样式主义艺术家F.罗索、F.普里马蒂乔和B.切利尼等人参加了装饰布置。他们在法国画家J.古尚、A.卡隆等人的合作下，融汇当地的哥特式传统，在宫廷内外形成很强的艺术潮流。特点是注重线条韵味，追求技

《狄安娜行猎》（卢浮宫博物馆藏）

艺的精巧完美，具有浓厚的贵族化气息，如佚名的代表作《狄安娜行猎》（约1550，见图）。在样式主义雄伟风格的影响下，表现出不同于意大利盛期文艺复兴艺术理想的风尚，对北欧诸国的美术发展有一定的影响。亨利四世执政时，曾一度中断的画派活动有所恢复。它同荷兰、佛兰德斯的浪漫主义美术会合为一个画派，艺术风格基本因袭前人，被称作第二枫丹白露画派。

**枫香树** *Liquidambar formosana*; beautiful sweetgum 金缕梅科枫香树属的一种。分布于中国黄河以南，西至四川、贵州，南至海南，东至台湾。落叶乔木。单叶，互生，宽卵形，掌状3裂，边缘有锯齿；有长叶柄；托叶条形，红色。花单性，雌雄同株；雄花成柔荑花序，无花被，雄蕊多数，花丝和花药近等长；雌花25～40，排列成头状花序；萼齿5，钻形；无花瓣；

退化雄蕊4；心皮2，合生，子房半下位，2室；花期3～4月。聚花果圆球形，直径2.5～4.5厘米，宿存花柱和萼齿针刺状；果期9～10月。生长在平原或丘陵地区。树脂可入药，能解毒止痛，止血生肌；根、叶、果有祛风除湿、通经活络之效。多栽培为荫蔽树及风景树，其叶秋季变红，为著名的红叶树。

**枫杨** *Pterocarya stenoptera*; Chinese wing-nut 胡桃科枫杨属的一种。落叶乔木。又称麻柳、水麻柳、柜柳、榉、榉柳、元宝树。产于北温带。在中国华中、华东、华南和华北南部及西南均有分布，以长江、淮河流域最常见。

枫杨枝叶形态

树高可达30米，胸径约2米。小枝髓心片状分隔，裸芽。复叶具9～23片小叶，小叶长圆形或窄椭圆形。花单性，雌雄同株，雄柔荑花序腋生，雌柔荑花序顶生。果序下垂，坚果具翅，呈元宝状。喜光，较耐寒。喜肥沃土壤。结实较早，40～60年衰老。深根性。寿命较短。为平原湖区、低山河谷及河流沿岸的重要造林树种，也是城市绿化树种。

木材轻软，纹理细，供家具、建筑、农具、茶叶箱、木屐、假肢、火柴等用材。茎皮可作造纸原料。树皮煎水，可用于洗治皮肤病。叶含水杨酸，可杀虫灭钉螺。种子含油量约28.8%。树皮可提制栲胶。为紫胶虫寄主树之一。

**封建社会** feudal society 人类社会发展必经的一个独立的社会形态。几乎世界上所有的国家、民族都经历过。它在世界史上的时间，一般认为起自公元5世纪左右，到公元17世纪中叶结束。但由于人类历史发展的不平衡性，许多国家的封建社会比这要长得多。中国约在春秋（前770～前476）、战国（前475～前221）之际进入封建社会，至20世纪初封建社会方结束。

世界各国封建社会的产生，经历了很不相同的道路。有些地方（如中国、印度、中近东地区、西欧）是从奴隶社会过渡到封建社会的，有些地方（东、西斯拉夫人、斯堪的纳维亚、英国）是从原始社会直接进入封建社会的，也有些民族（阿拉伯人、日耳曼人）是通过征服先进地区，受其影响而由原始社会直接进入封建社会的。奴隶社会晚期，在其内部产生的封建经济萌芽和已呈腐朽的上层建筑发生矛盾，于是激发各种不同形式的激烈的阶级斗争，为新社会的诞生开辟道路。

封建土地所有制是封建社会的基础。封建土地所有制的本质是封建主对大部分土地的垄断占有和对直接生产者的不完全占有。大致在封建社会初期，实物或劳役地租较多，而晚期则货币地租渐占优势。

封建农业的生产规模是小生产，大都由个体农户独立进行。这些农业劳动者虽有独立经济，但在人身上依附于**封建主**。封建经济主要是一种自然经济。随着生产力的提高，工商业在封建社会中发挥着越来越大的作用，它促进城乡交流，把更多经济部门卷入流通领域，不断瓦解着自然经济，促成封建经济的繁荣，也为它的灭亡准备条件。

农民和封建主是封建社会两大对立的阶级，此外还有手工业者、城市贫民等劳动人民和各种中间阶层。封建农民阶级经济状况和法律身份也各不相同，但在受封建剥削压迫上是一致的。为了反抗封建剥削压迫，农民和其他劳动人民进行了广泛的各种形式的斗争，而以大规模的农民战争为其最高形式。这在中国表现得较为突出。

封建政权的形式大体上都是君主制，但中央集权的程度，则因时间、地点的不同而异。在封建君主下面，还有官僚机构及军队，执行各种国家职能。

封建社会占统治地位的意识形态以各种宗教为主要表现形式，其他的意识形态往往要服从宗教教义的规定。**伊斯兰教**、**基督教**和**佛教**是封建时代最主要的宗教。在中国和一些东亚国家，封建时代占统治地位的思想不是宗教而是**儒家**学说，它宣传的是一系列适应封建统治需要的政治伦理教条。

封建社会后期，随着资本主义经济的产生，资产阶级也在西欧出现。新兴的资产阶级发动了文艺复兴、宗教改革等伟大运动，和人民群众一道，为冲破封建统治，过渡到资本主义而斗争。17世纪中叶爆发了**英国资产阶级革命**，标志着世界范围内资本主义时代的开始。但世界上其他国家的封建社会还有一长段路要走。

**封建主** feudal lord 封建社会的统治者。占有土地、生产资料和不完全占有农奴，并享有各种封建特权。他们通过劳役对农奴或农民进行残酷的经济剥削和政治压迫。封建主内部因实行土地分封而形成层层的封建等级。在中世纪的欧洲，国王（皇帝）是最大的封建主和最高的统治者。他把土地分封或赏赐给子弟、功臣，受封者再把土地进行分封，从而形成宗主和附庸的隶属关系，构成公、侯、伯、子、男的爵位和骑士等级。在中国则是天子（皇帝）、诸侯、王公、卿、大夫、士的等级，他们之间具有隶属关系。

**封泥** clay seal 中国古代封缄**简牍**并加盖印章的泥块。又称泥封、芝泥。春秋末出现玺印，封泥随之产生。秦、汉、魏、晋封泥盛行，唐以后消失。中国古代的公文、书信多写在简牍上，为防止私拆，封发时

"齐铁官印"封泥（西汉，残长2.5厘米，"齐铁官印"四字为篆书）

加一检木，用绳索捆缚，在检木处系结并封以泥块，盖上印文。封发物件时也往往用此办法。

汉以后纸张逐渐代替简牍，用封泥封文书、杂物的办法逐渐消失。唐代的封泥与战国秦汉的不同，仅在白垩泥上钤盖红色的印文。封泥的发现是近代考古学和金石学的重要成果之一。孙慰祖的《古封泥集成》共收录封泥2 670方，是研究封泥的重要资料总集。封泥文字涉及职官和历史地理材料，是研究历代官制、地理沿革的重要史料。封泥本身亦具有重要的艺术价值。

**《封泥考略》** *Investigation on Clay Seals* 中国清代**金石学**著作。吴式芬、**陈介祺**合撰。10卷。光绪三十年（1904）刊行。著录四川、西安、山东临淄出土的秦汉及少量战国封泥，共849方。编排以官印、私印、闲印为序，每种都有原大的拓片，后附文字考释，是最早编集的封泥资料专书，对研究古代的官制有重要价值。

**封禅** sacrifices to heaven and earth 中国帝王到泰山筑坛祭祀的活动。登泰山祀天称封，在山南梁父山上辟基祭地称禅。战国

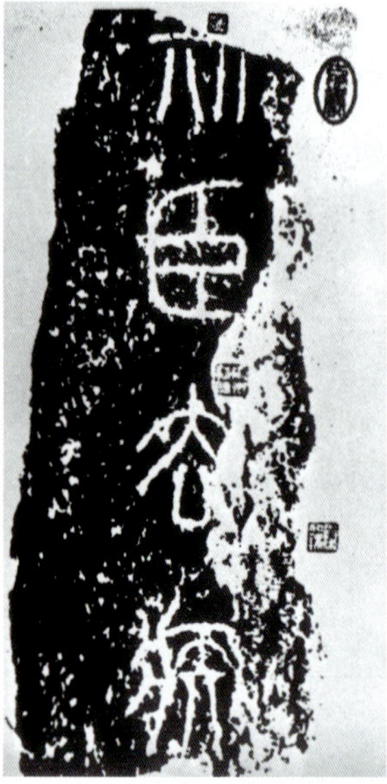

公元前219年秦始皇在泰山行封礼时所立刻石的残字拓片

时齐鲁有些儒士认为五岳中泰山为最高，帝王应到泰山祭祀。秦始皇、汉武帝等都曾举行过封禅大典。《五经通义》云："易姓而王，致太平，必封泰山，禅梁父，天命以为王，使理群生，告太平于天，报群神之功。"所以封禅活动实质上是强调君权神授的手段。

**《封神演义》** *Creation of the Gods* 中国明代长篇小说。100回。作者许仲琳，一说陆西星。成书年代不可确考。作者以宋元讲史话本《武王伐纣平话》为基础，博采民间传说演绎而成长篇神魔小说。小说通过周武王伐纣灭商的故事，肯定文王、武王的仁政，鞭挞商纣王的荒淫残暴，表现了作者称扬王道、仁政，反对暴君、暴政的思想倾向；说明了人心向背的重要性；同时，托古讽今，曲折地反映了明代的社会现实。另一方面通过神魔斗法的描写，宣扬了宿命论和儒释道三教合一的思想。书中神佛杂出，助周者为阐教，助商者为截教，前者是道教的正统而且得到了西方佛教的支持。周武王、姜子牙推行仁政，儒、释、道三教完全合流了。作品描写商周双方战场上的斗士，不分善恶、正邪一样进入封神榜，以姜子牙封诸神和周武王分封诸侯作结，双方皆大欢喜，宿命论主宰一切。所有这些都损害了作品的现实意义。《封神演义》艺术上很有特色，想象丰富，富于神奇色彩，描绘的艺术形象也较为鲜明生动。但多数人物缺乏个性，情节有不少雷同、不够严谨处。为明清以后影响较大的神魔小说，在民间流传广泛。近年有人民文学出版社标点通行本。

**封氏墓群** Tombs of Feng Family 中国北魏至隋的封氏家族墓地。位于河北景县城东南。旧称"十八乱冢"。1948年曾被挖掘破坏。1955年调查，收集出土文物300余件。封氏为北朝大族，此发现为研究北朝大族墓葬提供了重要资料。1961年国务院公布封氏墓群为全国重点文物保护单位。

墓群中出土的五合墓志说明，当时存在大族归葬原籍家族旧茔的习俗。还出土

仰覆莲六系青瓷尊

陶瓷器、陶俑、铜印和玻璃碗等。其中的4件仰覆莲六系青瓷尊，纹饰华美，釉层厚而均匀，最高的达40厘米，是当时北方青瓷的代表产品。陶俑的服饰兼有鲜卑族和汉族服饰的特点，反映出北魏拓跋鲜卑汉化后服饰制度的变化。

**封印木** *Sigillaria* 石松类已绝灭的鳞木目的一属。出现较鳞木稍晚，石炭、二叠纪热带沼泽森林中常与鳞木及芦木等共生的一种乔木。树干粗，一般高20米，个别可达30米，直径约1米。茎干似不分叉的圆柱，簇生于茎干顶端的矛状叶很长，达1米者较普遍。每片叶子有一条叶脉，少数种类也有两条平行脉的。叶子脱落后在茎面留下位于直行的或呈"之"字形的凸脊之间的叶痕。叶痕较大，一般与叶座大小、形态相近，里面有中央维管束痕和侧痕，叶舌痕位于顶端之上，常不明显。

封印木的内部结构通常已不见原生中柱，大多以管状中柱为特征。茎基部作多次横展的二歧分枝，形成根座。

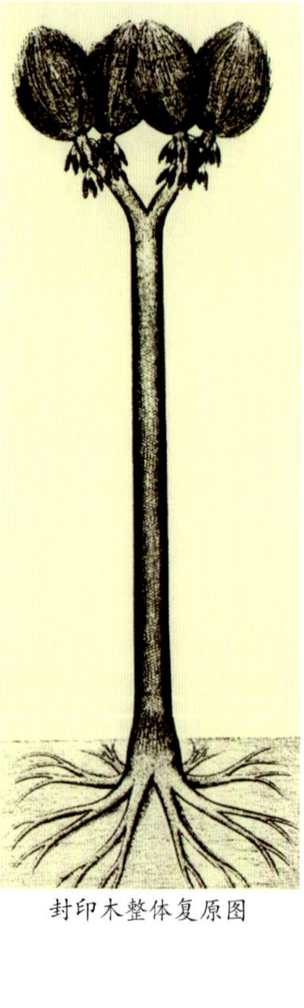

封印木整体复原图

封印木的孢囊穗以长柄着生于茎顶的叶簇下面，悬垂地成轮状排列。孢子叶螺旋斜生于穗轴上。每个孢子叶的腋部发育一孢子囊。成熟时，孢子叶及其上的孢子囊一起脱落下来。可能孢子只有等孢子囊腐烂后才得逸出。

封印木某些种类叶片较厚，成肉质或被有绒毛，表明有较好的耐旱机能。但其躯干高大，在中柱、根系等结构上有弱点，到二叠纪末全部灭亡。

**疯牛病** bovine spongiform encephalopathy; mad cow disease 由病原体引起的牛中枢神经系统病变。又称牛海绵状脑病（BSE）。是一种潜伏期很长的牛慢性传染病。主要症状是：由牛大脑发生海绵状病变引起病牛（多见于成年牛）四肢伸展，触觉视觉过敏，体重减轻，产奶量下降，或惊恐不安，冲撞围栏，攻击人和牲畜，以至发疯而死亡。这种病还对人产生危害。

预防措施包括：发现病牛立即焚毁，并妥善处理焚化炉灰；严禁感染疯牛病的动物肉制品进入市场；严禁利用感染疯牛病的动物肉、血、骨骼等制作饲料；严格海关检疫，禁止从发现有疯牛病的国家或地区进口活牛和牛、羊胚胎以及牛肉制品。

**锋** front 两个温度或密度不同的气团间狭窄的过渡界面。在此界面上温度、湿度和风等水平梯度最大。锋面长度从数百千米至数千千米，宽度在近地面约数十千米。锋面向上是倾斜的，坡度一般为1/100，向上向冷气团方向倾斜（亦即冷气团在下，暖气团在上），锋的厚度约1千米（见图），可延伸到对流层顶。锋面与一个水平面或垂直剖面的相交区域，气象要素梯度最大，称为锋区，在地面则称为锋线。

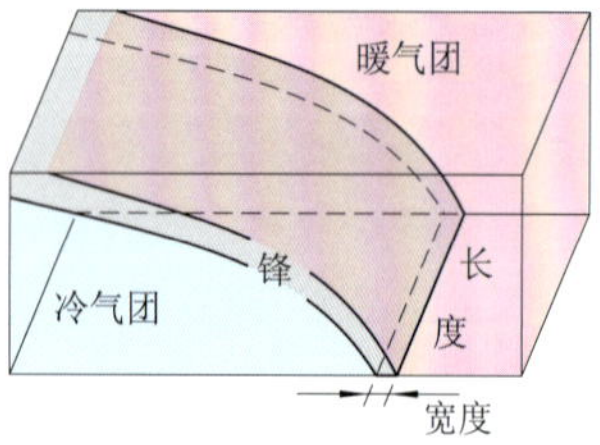


锋的空间状态示意

锋有各种分类。根据锋在移动过程中冷暖气团到达的先后顺序可分为暖锋和冷锋，静止不动或少动的锋可称为静止锋或准静止锋。也可由冷暖气团的性质来定名，如冷气团为冰洋气团则称为冰洋锋，为极地气团则称为极锋，为副热带气团则称为副热带锋。一般冷锋比暖锋移动快，当冷锋赶上暖锋时，两锋之间暖空气被迫向上抬升，冷锋后的冷气团与暖锋前的冷气团相接而形成的锋称为锢囚锋。此外，暖空气沿锋面上滑或下滑称为上滑锋或下滑锋。

锋面为冷暖气团交界面，在此区域内经常产生降水或强烈天气。影响中国的冷锋可分为两种类型：第一类冷锋为先出现对流云，雨区在锋面和其后的300千米范围内，可出现连续的大范围降水；第二类冷锋坡度较大，地面锋前就出现对流性天气，有时伴有飑线、龙卷和冷雹等剧烈天气。暖锋来临时经常先出现高云，地面锋线经

过前后常出现连续性降水。静止锋天气和第一类冷锋相似。

**蜂毒** bee venom 蜜蜂毒腺和副腺分泌出的具有芳香气味的毒液。贮存于毒囊中，刺螫时由螫针排出。蜂毒为透明液体，味苦，呈酸性反应，pH值5.0～5.5，比重1.131 3，在常温下很快挥发干燥至原液重的30%～40%，溶于酸和水，不溶于酒精，易染杂菌和变质，可被消化酶类和氧化物破坏。其化学成分相当复杂，已知主要是蜂毒多肽类、蜂毒酶类和生物胺类。蜂毒的毒性很大。现代生物化学及医药研究表明：蜂毒有明显镇痛功效，对神经节有阻断作用，对呼吸系统和心血管系统有显著影响，在体内外都能抗凝血，有一定的抗辐射疗效，对动物肿瘤也有一定的抑制作用，并可抑制杀灭多种革兰氏阳性菌和阴性菌，在医药中的开发利用前景广阔。

**蜂猴** *Nycticebus coucang*; slow loris 灵长目原猴亚目懒猴科蜂猴属的一种。白天蜷缩睡觉，行动缓慢，而且只能爬行，不会跳跃，因而又称懒猴。可分为9个亚种，分布于东南亚。中国有2种，分布于云南和广西。体型小，体长31～34.5厘米，体重680～1 000克；尾长22～25厘米；牙齿36枚；头圆，吻短，眼大而向前，眼间距很窄，耳廓半圆而朝前；前后肢粗短，等长，手的大拇指和其他4指相距的角度甚大，第2指、趾极短或退化，除第2趾是爪形外，其他指、趾的末端有厚的肉垫和扁指甲；体毛短密，颜色变异很大，背部棕、棕红或灰色，背中央有1条褐色纵纹，至尾基部逐渐变窄，色泽变浅，至头顶分成两岔延到耳端及眼周围，腹面棕色。栖息在热带或亚热带的密林中，吃野果、昆虫，善于在夜间捕食熟睡的小鸟，喜食鸟蛋。很少到地面活动。无一定发情期，怀孕期约4个月，一般冬季产仔，每胎产1仔，多在夜间分娩。蜂猴在中国数量稀少，濒临绝灭，已被划为国家一类保护动物。

**蜂虎** Meropidae; bee-eaters 佛法僧目蜂虎科鸟类的统称。又称食蜂鸟。世界有26种，分布几乎遍及东半球的热带和温带地区，常见于非洲、欧洲南部、东南亚和大洋洲。中国有2属6种。嘴细长而尖，稍向下弯；尾脂腺裸出；羽色艳丽，上背呈紫栗色，下背至尾上淡蓝色，肩与翅呈辉深绿色；胸辉绿色，向后渐淡而近白。

蜂虎飞行敏捷，善于在飞行中捕食；嗜食蜂类，也捕食象甲、榆毒蛾、虻、蜻蜓、白蚁、蝴蝶等昆虫以及甲壳类动物。集群繁殖，一般在堤坝的高处挖洞为巢，也常营巢于山地坟墓的隧道中。每窝产卵5～6枚，卵呈白色略带粉红。孵化期20天。

**蜂胶** propolis 蜜蜂从新枝芽或树干上采集的树脂并混入蜂蜡等分泌物而形成的一种具有芳香气味的胶状固体物。味微苦略带辛辣，颜色与蜜蜂采集的季节和树种有关，呈棕绿至棕红色，比重约为1.127，不溶于水，部分溶于酒精，极易溶于乙醚和氯仿。蜂胶的成分极其复杂，化学家从中分离出20多种黄酮类化合物、多种氨基酸、酶、多糖、维生素以及10余种矿物质、20多种微量元素。研究表明，蜂胶具有抗菌、消炎、止痒、麻醉和促进组织再生等作用。

**蜂蜡** beeswax 工蜂腹部蜡腺分泌的一种物质。用以筑造巢脾。蜂蜡常温下呈固态，通常为淡黄、黄色或棕黄色。熔点62～67℃。20℃时比重为0.95～0.97，不溶于水，微溶于乙醇，能溶于苯、甲苯和氯仿等有机溶剂，有绝缘、防水等特性。常用于化妆品作膏剂，食品医药工业用作密封、涂层和包衣材料，机电光学仪表用作抛光蜡，纺织上用作蜡染材料，农业上用作杀虫药物黏着剂等。蜂蜡提取物三十烷醇可用作植物生长调节剂。

**蜂蜜** honey 蜜蜂采集植物的花蜜或分泌物并经充分酿造而成的甜性物质。来源于一种蜜源植物的蜂蜜称单花蜜，如刺槐蜜、荆条蜜、油菜蜜等；来源于多种蜜源植物的混合蜜叫杂花蜜或百花蜜。按生产季节可分为春蜜、夏蜜、秋蜜等。新鲜蜂蜜是透明或半透明的黏稠状液体，比重1.401～1.443。色泽因蜜源植物种类不同差异较大，从水白色到深琥珀色分为7个不同色度。多数蜂蜜在13～14℃的较低温度下出现结晶态固体。蜂蜜的pH为4～5。

蜂蜜是一种高度复杂的糖类饱和溶液。其中，糖分占3/4，以单糖即葡萄糖和果糖为主，占总糖分的85%～95%；其次是双糖即蔗糖和麦芽糖，还有少量多糖。此外还有蛋白质、氨基酸、维生素、矿物质、激素、胶质物、花粉、有机酸、色素等，已经鉴定出的物质有180多种。蜂蜜是一种营养丰富的天然食品，易消化，尤其适于老人、儿童和病弱者食用，药用价值亦高。

**蜂鸟** Trochilidae; hummingbird 雨燕目蜂鸟科鸟类的统称。因飞行时两翅振动发出嗡嗡声而得名。有103属329种，分布于拉丁美洲，北至北美洲南部，并沿太平洋东岸达阿拉斯加。体型最小，羽色鲜艳且有金属光泽；嘴细长而直，有的下曲，个别种类向上弯曲；舌伸缩自如；翅形狭长；尾尖，呈叉形或球拍形；脚短，趾细小而弱。飞翔时，两翅急速拍动，快速有力而持久；最小的种类每秒可拍动50次以上。善于持久地在花丛中徘徊“停飞”，有时还能倒飞。“停飞”在花间时，常将嘴伸入花瓣中吮食花蜜，同时也捕捉花丛间的小昆虫为食。巢呈杯状，置于稠密的枝叶间。营巢、孵卵、育雏等均由雌鸟承担。每窝产卵2枚。雏鸟为晚成性。

紫冕蜂鸟　金喉红顶蜂鸟

红玉喉北蜂鸟　刀嘴蜂鸟

**蜂王浆** royal jelly 工蜂上颚腺和舌腺分泌的浆状物质。又称蜂乳。是蜂王（幼虫和成虫）以及3日龄以内的工蜂和雄蜂幼虫的食物，由人工从王台基中取出后作为保健营养品。新鲜蜂王浆呈乳白至淡黄色，味酸涩略带辛辣，呈酸性，pH值3.9～4.1，在常温下经6小时活性物质即分解，－2℃保存一年不变质，－18℃可保存数年。

蜂王浆的化学成分极为复杂，一般含水分64.5%～68.5%，蛋白质12%～14%，碳水化合物13%，脂类6%，灰分0.4%～2%，未确定物质2.84%～3%。此外还含氨基酸、矿物质、B族维生素为主的多种维生素，以及酶和激素等。因此王浆素有天然保健品之称，国内外以蜂王浆为主要原料研制出多种保健滋补品、护肤美容品等。

**蜂窝组织炎** cellulites 一种由溶血性链球菌（或金黄色葡萄球菌）所致急性、亚急性或慢性疏松结缔组织（蜂窝组织）炎症。炎症可向四周扩散，若经及时有效治疗，预后良好。发生败血症者，预后严重。常发生于四肢或其他部位，发生于手指者，称瘭疽，应及时给予足量的抗生素治疗，补充维生素和对症处理。发生于颈部、前胸者，可引起喉头水肿，压迫气管，应及时抢救。

**蜂箱** beehive 饲养蜜蜂的基本设备，是蜂群栖息和生产蜂产品的固定场所。较优良的蜂箱是巢框悬挂在箱内可以移动自如的活框蜂箱。活框蜂箱有十框蜂箱（又称朗氏蜂箱）、达旦式蜂箱、十二框蜂箱、十六框卧式蜂箱以及饲养中华蜜蜂的十框标准蜂箱等多种类型。其结构由箱盖、副盖、箱体、箱底和巢门等部分组成。用坚固、质轻、不变形、无特殊气味的木材制成，外表涂刷防护剂以延长使用期。以十框蜂箱（见图）使用较广。产蜜盛期，通常把巢

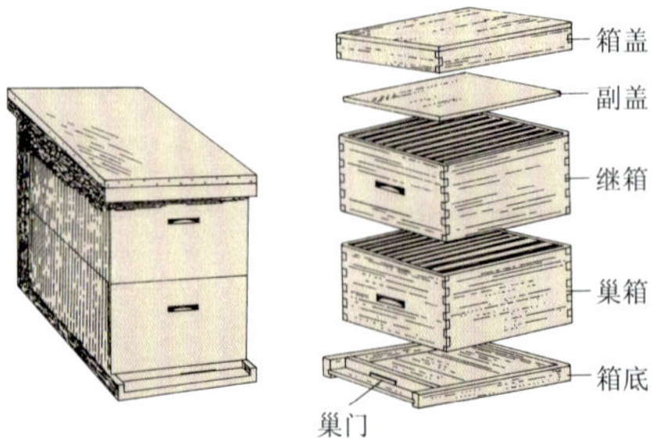

a 蜂箱外貌　b 蜂箱结构

十框蜂箱

箱作为繁殖箱，把继箱的巢脾作为贮蜜脾，以满足蜂群产蜜量多的需要。每张巢脾的四周都留有适于蜜蜂活动的蜂路。

**冯白驹** Feng Baiju (1903－06－07～1973－07－19) 中国琼崖革命武装和根据地创建人。原名冯裕球，又名冯继周、布文。生于海南琼山，卒于北京。1926年9月加入中国共产党。1927年任中共琼山县委书记兼琼崖讨逆革命军第6路党代表，组织农民武装参加琼崖起义。1928年3月任中共澄迈县委书记。1929年中共琼崖特委机关遭破坏后，发起重建琼崖特委。1930年4月任中共琼崖特委书记，组织“五月攻势”，领导建立琼崖工农红军第1独立师（后改称第2独立师）。1939年2月日军入侵海南岛，在琼山县潭口指挥了阻击日军的战斗。不久部队扩编为广东省琼崖抗日游击队独立总队，任总队长，率部开展独立自主的敌后抗日游击战争，先后开辟琼文、美合、白沙等根据地，挫败了日伪军的多次“扫荡”和蚕食。1940年9月任中共琼崖特委书记兼独立总队队长和政治委员。1941年2月任中共琼崖军事委员会主席。1944年秋任琼崖人民抗日游击队独立纵队司令员兼政治委员。抗日战争胜利后，曾任中共琼崖区委书记、琼崖临时人民政府主席。领导军民进行反国民党军“清剿”战，建立以五指山为中心的根据地，所部发展到万余人。1947年11月所部编为中国人民解放军琼崖纵队，任司令员兼政治委员。1948年秋起，组织部队对国民党军连续发动3次攻势，解放海南岛大部地区。1949年秋配合第四野战军主力一部解放全岛。1950年起先后任中共海南区委第一书记，海南军区司令员兼政治委员，海南军政委员会副主席，海南行署主任，中共广东省委书记处书记，广东省、浙江省副省长等职。是第一、第二届国防委员会委员。1955年被授予一级八一勋章、一级独立自由勋章、一级解放勋章。1956年被选为中共八届中央候补委员。

**冯秉铨** Feng Bingquan (1910－10－20～1980－03－06) 中国无线电和电子学家、教育家。生于河北安新，卒于广州。1930年毕业于清华大学物理系，1934年获燕京大学理学硕士学位。1940年赴美国哈佛大学深造，1943年获哲学博士学位，并在该校任教和研究。1946年回国后，历任岭南大学物理系、电机系教授，理工学院主任兼电机系主任、教务长兼物理系主任，华南工学院教授、教务长、副院长。冯秉铨在无线电电子学、振荡理论、电声学和水声学方面均有研究，尤长无线电发送技术。1949～1954年间，最早提出相角补偿理论，得出相角补偿电路参数计算公式。1975～1977年间，研究了脉宽调制式调幅广播发射机的理论与设计。同时，进行射频削波语音加工器的理论与设计研究，高效率高频放大器研制，这些研究曾获得1978年科学大会奖。冯秉铨创建了华南工学院无线电系。他曾任中国电子学会、中国声学学会副理事长。著作有《电声学基础》、《无线电发送设备》、《振荡理论》、《无线电广播发送设备近年来的发展》。

**冯道** Feng Dao (882～954) 中国古代大规模官刻儒家经籍的创始人。字可道，自号“长乐老”。五代瀛州景城（今河北沧县西）人。后唐、后晋时任宰相，契丹灭后晋，又附契丹任太傅，后汉时任太师，后周时又任太师、中书令。曾著《长乐老自叙》。后世因其历事五姓，多有非议。后唐长兴三年（932），在冯道倡议下，经奏准开始编印标准文本“九经”，同时雇刻印工匠，开刻于国子监。至后周广顺三年（953），历时22年，刻印成《易》、《书》、《诗》、《春秋左氏传》、《春秋公羊传》、《春秋穀梁传》、《周礼》和《礼记》等9种儒家经典。因刻印工作由国子监主持，故史称“五代监本九经”，首创官方及国子监刻印书籍之始。今五代监本已失传。

**冯德尔** Vondel, Joost van den (1587－11－17～1679－02－05) 荷兰诗人、剧作家。生于克仑，卒于阿姆斯特丹。1610年开始文学创作。善于把抒情诗和悲剧结合起来创作诗剧，题材大多数取自《圣经》和民族史。一生共创作诗剧24部、诗集7部。重要的诗体悲剧有《琉西发》(1654) 和《流放中的亚当》(1664)，诗作有《航海赞美歌》(1613)、《可怜的孩子》(1632)、《圣坛的圣餐礼》(1645) 等，还著有散文《荷兰诗歌艺术导言》(1650) 等。

**冯德培** Feng Depei (1907－02－20～1995－04－10) 中国生理学家。生于浙江临海，卒于上海。1926年毕业于上海复旦大学生物系。1927年到北京协和医学院生理系读研究生。1930年在美国芝加哥大学生理系获硕士学位。1933年在英国伦敦大学学院获博士学位。回国后先后担任北京协和医学院生理系讲师、副教授，上海医学院生理系教授，国立中央研究院医学研究所筹备处研究员兼代主任。1948年当选为中央研究院院士。1950年以后历任中国科学院生理生化研究所研究员兼所长，中国科学院生理研究所研究员兼所长、名誉所长，中国科学院华东分院及上海分院副院长，中国科学院副院长、生物学部主任等职。1955年当选为中国科学院学部委员（院士）。曾任中国生理学会理事长和《生理学报》主编等职务。1986年当选为美国国家科学院外籍院士、第三世界科学院院士。1988年当选为印度国家科学院外籍院士。

他留英期间，发现肌肉被拉长引起的放热现象，被称为“冯氏效应”。在协和医学院任教期间，开辟了神经肌肉接头的研究。20世纪60年代初发现鸡慢肌纤维去神经后的肥大现象。后来又首次证明，运动神经元决定肌纤维类型的途径，除通过神经冲动的活动外，还有特殊的营养性因素的作用。

**冯定** Feng Ding (1902－09－25～1983－10－15) 中国马克思主义哲学家、思想家、教育家。生于浙江宁波慈溪，卒于北京。1926年在上海商务印书馆任编辑时加入中国共产党。1927年到莫斯科中山大学学习，并与王明宗派主义、教条主义作过斗争。从30年代起开始从事马克思主义哲学中国化、大众化、通俗化、系统化的理论研究工作，并在新四军从事政治思想与宣传工作。1947年任中共中央华东局宣传部部长。1948年发表《平凡的真理》，试图探索以广义认识

论、真理论、实践论为主线的马克思主义哲学新体系。1956年出版《共产主义人生观》一书。1957任北京大学哲学系教授，后任党委副书记。从1964年起，受到错误批判。改革开放后平反，任北京大学哲学系主任，积极倡导真理的实践标准和“科学无禁区”等主张。

**冯桂芬** Feng Guifen (1809～1874) 中国晚清思想家。字林一，号景亭。江苏吴县(今属苏州市)人。1840年(道光二十年)进士。翰林院编修。1853年(咸丰三年)，太平军攻占南京，奉诏于苏州举办团练，后擢詹事府右中允。1860年，太平军克苏州，遁居上海。时既愤于英法联军攻陷北京，又主张借洋兵助剿太平军，并联络江浙官绅，在外国势力支持下组成“会防局”。李鸿章率淮军到上海后，为解上海之围及进复苏州多次献策。后又助李办上海广方言馆。早年讲究经世致用，注意研究西学。第二次鸦片战争后，呼吁自强之道不可以须臾缓，认为中国之所以受欺凌即在于缺少西方所具有的长处，提出“以中国之伦常名教为原本，辅以诸国富强之术”，采西学，制洋器，发展军事工业及其他事业。对清朝统治不满，要求革新内政，并且重视农业生产，倡议在生产中采用机器，以节省人力而提高劳动生产率；建议改革科举考试内容，给予掌握西方技艺者科举待遇。这些主张对洋务派曾产生很大影响，对维新派也有所启迪。晚年讲学于苏州、扬州，从事著述。所著《校邠庐抗议》一书，戊戌变法时曾被光绪帝印发群臣阅读。主要著作还有《显志堂稿》、《说文解字段注考证》等。

**冯国璋** Feng Guozhang (1859-01-07～1919-12-28) 中国直系军阀首领。字华甫。生于河北河间，卒于北京。1893年入淮军聂士成幕。中日甲午战争期间随军转战东北前线。后由聂推荐任中国驻日本使臣裕庚的军事随员。回国后，以在日考察所得编成兵书呈送袁世凯，由此成为袁编练新军的得力助手。先后任军政司教练处总办、练兵处军学司司长等职，为北洋新军培养、输送了一大批骨干力量。1911年武昌起义后，以第1军总统身份率部南下攻陷汉口、汉阳，获二等男爵嘉奖。是年12月回京充禁卫军总统，为袁掌握了一支历来由满族亲贵直接控制的重要武力。1912年依次任总统府军事处处长、直隶都督兼民政长。1913年7月，参加镇压南京讨袁起义，并改任江苏都督。袁世凯称帝时，对袁心存疑虑，拒不进京就任参谋总长。护国战争爆发后，与赣浙等省联名电袁速行取消帝制，主张未独立各省另树一帜。1916年10月被国会选举为副总统，成为直系军阀首领。张勋复辟失败后任代理大总统，与国务总理段祺瑞的权力之争日益加剧。1918年10月，被段控制的安福国会以代理总统期满为由赶下台。次年春退归河间故里。

**冯骥才** Feng Jicai (1942-02-09～ ) 中国作家。浙江宁波人。生于天津。1961年高中毕业后为天津市男子篮球队员。1962～1978年先后从事绘画和美术教师工作。1978年开始专业创作。先后当选为天津市作家协会副主席，天津市文学艺术界联合会副主席、主席，中国文学艺术界联合会副主席，中国民间文艺家协会主席，中国小说学会会长，天津大学冯骥才文学艺术院院长，中国民主促进会中央副主席等。

他的主要作品有：小说集《雕花烟斗》、《啊！》、《高女人和她的矮丈夫》、《怪事奇谈》，散文集《珍珠鸟》，文化随笔《人类的敦煌》，纪实文学《一百个人的十年》等十几个集子和《神灯》等三部长篇小说。短篇小说《雕花烟斗》及中篇小说《啊！》、《神鞭》，曾分别获得全国优秀短篇小说奖和全国优秀中篇小说奖。散文集《珍珠鸟》曾获新时期全国优秀散文(集)奖。法、德文版的《感谢生活》分获法国和瑞士的重要奖项。他的文学作品题材广泛，人物形形色色，并随着题材与人物的不同而采取截然不同的艺术手法。其中以“文化大革命”生活和天津卫市井生活的描写最具代表性。

他还擅长绘画，曾在中国各大城市和美国、奥地利、日本等国举办个人画展，并出版中外文版本画集。

**冯景兰** Feng Jinglan (1898-03-09～1976-09-29) 中国地质学家。字淮西(怀西)。生于河南唐河，卒于北京。1921年毕业于美国科罗拉多矿业学院，1923年获哥伦比亚大学地质学硕士学位。回国后，历任两广地质调查所技正，中州大学、北洋大学、清华大学、西南联合大学、云南大学和北京地质学院教授，以及全国地质工作计划指导委员会委员。1957年当选中国科学院学部委员(院士)。1927～1929年，对两广的地层及矿产资源进行了系统调查，并以“丹霞地貌”命名粤北第三纪红色砂砾岩系所构成的独特景观。1942年完成的专著《川康滇铜矿纪要》，对西南三省铜矿的成因、成矿时代及分布规律等作了系统的归纳和分析。1950～1951年，偕张伯声等对豫西进行了较全面的矿产地质考察和研究，发现了平顶山煤田和巩县(今巩义市)铝土矿。50年代曾先后考察了黄河和黑龙江的地质、地貌和新构造运动，提出了黄河水土保持和兴修水利水电的综合治理设想及黑龙江流域沼泽地改良和治理的理论依据。60年代，对矿床成因、封闭成矿、矿床共生及成矿规律等的见解在当时具有开创作用；主编《金属矿床类型》及《矿床学原理》教科书。主要著作有《两广地质若干问题》、《豫西地质矿产调查报告》(合著)、《黄河的特点和问题》、《黑龙江水系地区新构造运动的迹象及现代湿地形成的原因》、《关于成矿控制及成矿规律的几个重要问题的初步探讨》等。

**冯兰洲** Feng Lanzhou (1903-08-24～1972-01-29) 中国寄生虫学家，医学昆虫学奠基人。生于山东临朐，卒于北京。1929年毕业于山东齐鲁大学，后在北平协和医学院工作。1933年在英国利物浦热带病与热带卫生学院进修。1942～1948年曾任北平大学医学院寄生物学系主任、教授，1948年协和医学院复校后任该院寄生物学系副教授，1957年当选中国科学院生物学部委员(院士)。1958年兼中国医学科学院寄生虫病研究所所长。最早确定中国疟疾的传播媒介是微小按蚊(1932)；马来丝虫的主要虫媒是中华按蚊(1934)；并在中华白蛉传播黑热病(1941)和虱、蜱传播回归热螺旋体(1936)的机理方面有新的发现。著有寄生虫方面论文多篇。主编《中国蚊虫描述汇编》、《寄生虫病学》及《医学昆虫学》。

**冯梦龙** Feng Menglong (1574～1646) 中国明代通俗文学家，戏曲家。字犹龙，又字子犹，自号姑苏词奴，又号顾曲散人、墨憨斋主人，别署龙子犹。长洲（今江苏苏州）人。兄弟3人皆有才名，并称吴下三冯。冯梦龙少年时即有才情，博学多识，为同辈所钦服。但他自早年进学以后，屡试不中，久困诸生间，落魄奔走。万历末，他曾应邀到湖北麻城田氏家讲授《春秋》。天启元年(1621)，冯梦龙宦游在外，次年因言论得罪上司，归居乡里。天启六年，阉党逮捕周顺昌，冯梦龙也在被迫害之列。就在阉党横行时，他发愤著书，完成三言（《喻世明言》、《警世通言》、《醒世恒言》）的编纂工作和《古今谭概》、《太平广记钞》、《智囊》、《情史》、《太霞新奏》等书的评纂工作。冯梦龙关心政治，崇祯三年(1630)取得贡生资格，任丹徒县训导。五年参加复社，被尊为同社长兄。七年升福建寿宁知县。福建《寿宁府志》列他为循吏，说他“政简刑清，首尚文学，遇民以恩，待士以礼”。秩满离任后归隐乡里。晚年仍孜孜不倦，继续从事小说创作和戏剧整理研究工作。清兵南下，他怀念故国，清顺治三年(1646)春忧愤而死，另一种说法是被清兵所杀。

冯梦龙是一个有多方面文学才能而又多产的通俗文学作家。他重视通俗文学的社会功能，奠定了这类通俗文学在中国文学史上的地位。

**冯尼格特** Vonnegut, Kurt, Jr. (1922-11-11～2007-04-11) 美国小说家。生于印第安纳波利斯，卒于纽约。在康奈尔大学读书时大部分时间在为报社写稿。1944年应征入伍，被派往欧洲战场，被俘，直至战争结束。后入芝加哥大学读研究生，未获学位。其间的经历成为他的《自动钢琴》(1952)、《泰坦的海妖》(1959)、《挑绷绷》(1963)等作品的素材。1950年开始专业写作生涯。在最初的十余年中，主要以创作短篇小说为主，到1963年共创作45篇短篇小说。冯尼格特认为人往往要靠制造一些自以为是幸福的小谎言来生活，因而他的作品中的讽刺不失同情和关爱。20世纪60年代以后，他的创作发生巨大变化，形成了一种被称为黑色幽默的独创风格。最具代表性的作品是《五号屠场》(1969)、《上帝保佑你，罗斯瓦特先生》(1965)、《老囚犯》(1979)等。1997年，冯尼格特在出版了最后一部长篇小说《时震》后，宣布封笔。

**冯·诺伊曼** von Neumann, John (1903-12-28～1957-02-08) 美籍匈牙利数学家，计算机科学的先驱。生于布达佩斯一个犹太人家庭，卒于华盛顿。在布达佩斯大学、柏林大学和瑞士苏黎世联邦理工学院学习，1926年获布达佩斯大学数学博士学位。1933年任

美国普林斯顿高级研究院数学教授。1940年前，主要进行纯粹数学的研究。1930年起，他证明平均遍历定理。1933年，对于紧致群解决了希尔伯特第5问题。1936～1943年和F.J.默里合作，创造了算子环理论，即现在所谓的冯·诺伊曼代数。1940年后转向应用数学。研究可压缩气体运动，建立冲击波理论和湍流理论。1942年起，同O.莫根施特恩合作，写出《博弈论与经济行为》一书，成为数理经济学的奠基人之一。1945年6月，冯·诺伊曼发表了《关于埃德伐克(EDVAC)设计方案的初步报告》。报告中描述的计算机基本结构一直沿用至今，采用这种结构的计算机被称为冯·诺伊曼式计算机。

冯·诺伊曼曾获得自由奖章（美国总统奖）、爱因斯坦奖、费米奖。他是美国艺术和科学院院士。美国电气和电子工程师学会(IEEE)1990年设立了冯·诺伊曼奖章，奖励对计算机科学技术发展有重大贡献的人。

**冯契** Feng Qi (1915-11-04～1995-03-01) 中国哲学家、哲学史家。浙江诸暨人。卒于上海。1941年毕业于清华大学哲学系，1944年清华大学哲学系研究生毕业。从

1944年起先后在云南大学、同济大学、复旦大学、华东师范大学等校任教。1984年后任上海社会科学院哲学所副所长、上海社科院副院长。著有《怎样认识世界》、《中国古代哲学的逻辑发展》等。他以智慧的探索为中心，哲学思考涉及中国哲学史、认识论、价值论、伦理学、美学、逻辑学等各领域。哲学史与哲学的统一，是体现于其哲学研究过程中的一个基本原则。

**冯如** Feng Ru (1883-12-15～1912-08-25) 中国最早的飞机设计师和飞行家。生于广东恩平，卒于广州。幼时赴美，在旧金山和纽约做工，刻苦钻研机械工艺技术。莱特兄弟飞机飞行成功后，冯如深受影响，立志从事飞机制造。1907年在旧金山以东的奥克兰设场制造飞机，1909年9月21日在奥克兰附近的派德蒙特山丘试飞，9月23日《旧金山观察者报》以头版报道了这次试飞的消息。

冯如于1910年又制成一架双翼飞机，10～12月间在奥克兰进行飞行表演获得成功，受到孙中山和旅美华侨的赞许，并获得美国国际航空学会颁发的甲等飞行员证书，美国各地争相聘他任教。冯如决心报效祖国，于1911年2月偕同助手朱竹泉、朱兆槐等人携带两架飞机回国。辛亥革命后，广东革命军政府组织飞行队，委任冯如为队长。1912年，冯如在广州燕塘飞行表演中因飞机失事牺牲，遗体安葬在广州黄花岗烈士陵园。为表彰冯如的功绩，他被追授陆军少将军衔，并立碑纪念，被尊为“中国始创飞行大家”。

**冯塔纳** Fontane, Theodor (1819-12-30～1898-09-20) 德国小说家。生于新鲁平，卒于柏林。参加过1848年革命。曾以战地记者身份经历普法战争，1870年被法军俘虏。曾任编辑、艺术院秘书等。冯塔纳的6部“柏林小说”中，《私通》(1882)写一个银行家的家庭丑闻。《沙赫·封·乌特诺》(1883)通过爱情婚姻问题揭露普鲁士贵族虚伪的道德观念。《埃菲·布利斯特》(1895)集中反映了他创作的思想深度和艺术特色。其他主要作品还有《叙事谣曲集》(1861)，散文集《勃兰登堡漫游记》(4卷，1866～1882)，小说《迷惘、混乱》(1888)、《施蒂娜》(1890)、《施泰希林》(1899)、《风暴之前》(1878)以及回忆录等。小说大多以普鲁士现实生活为题材，展示了19世纪下半叶德国上层社会的生活画面。

**冯特** Wundt, Wilhelm (1832-08-16～1920-08-31) 德国心理学家，现代心理学创始人。生于曼海姆，卒于莱比锡。冯特从1851年起攻读医学，1856年获医学博士学位。

1858年任H.von亥姆霍兹的助手，从此转入精神科学领域。1874年任苏黎世大学哲学教授。1875年任莱比锡大学哲学教授，并于1889年任校长。1879年冯特在莱比锡大学建立了世界上第一个心理学实验室。1905年出版《心理学研究》杂志。著有《对感官知觉理论的贡献》(1859～1862)、《论人类和动物的

心理学讲演录》(1863)、《人体生理学教程》(1865)、《生理心理学纲要》(1874)、《哲学的体系》(1889)、《心理学大纲》(1896)、《民族心理学》(10卷，1900～1919)、《心理学引论》(1911)、《民族心理学原理》(1912)及自传《经历与认识》(1920)。

冯特把直接经验的研究规定为心理学的任务，1862年率先提出“实验心理学”的名称。他把过去所有关于心理实验的结果加以收集并组织成一个系统，使心理学的面目大为改观，从哲学中独立出来成为一门科学。他主张用客观的方法研究心理问题，认为心理元素、简单的心理过程只有两类：一类是感觉和意象；另一类是情感，包括愉快和不愉快、兴奋和沉静、紧张和松弛，此即冯特的情感三维学说。在复杂的心理过程中，他尤其重视统觉，认为统觉表现了心的意志性、主动性和统一性的作用。冯特还认为心理作用的基本问题是意志，意志的最初表现是反射动作，有意识的意志是由反射逐步发展而来的。他在莱比锡心理学实验室的基础上，创立了构造心理学。冯特的心理学体系到20世纪初逐渐遭到了行为主义的反对，失去了在心理学界的主导地位。

**冯惟敏** Feng Weimin (1511～约1580) 中国明代散曲、戏曲作家。字汝行，号海浮。山东临朐人。24岁以前随父宦游南北。嘉靖十六年(1537)秋，乡试中举；次年春，会试落第，家居20余年。四十一年进京谒选，授直隶涞水知县，不久被劾解官。后又做过镇江教授和保定通判，但都不很得意。隆庆六年(1572)退居故乡海浮山下。著有诗文集《冯海浮集》、《石门集》，散曲集《海浮山堂词稿》4卷，以及杂剧《不伏老》、《僧尼共犯》。《不伏老》是冯惟敏自况之作，宣泄了满腔不平之气；而《僧尼共犯》则写僧人明进与女尼惠朗无视佛教清规，私相结合，表现出反对宗教禁欲主义的进步思想。此剧以主人公尽情抒发思想感情取胜，语言明快泼辣，气势连贯。

**冯维辛** Fonvizin, Denis Ivanovich (1744/1745-04-14～1792-12-12) 俄国戏剧家、作家。生于莫斯科，卒于圣彼得堡。社会讽刺喜剧《旅长》(1770)，嘲笑外省官僚地主的粗暴愚昧、爱慕虚荣和对法国文化的盲目崇拜。

讽刺喜剧《纨绔少年》(1782)描写农奴主家庭生活对青年个性形成的恶劣影响，指出农奴制是社会不幸的根源。还发表了一系列讽刺作品，有《某些能引起聪明和正直的人们特别注意的问题》(1783)、《宫廷通用文法》(1783)等，揭露时代弊病，嘲讽显贵弄臣。

**冯小刚** Feng Xiaogang (1958-03-18～ ) 中国电影导演。北京人。高中毕业后进入北京军区文工团，担任舞美设计。转业后进入北京城市建设开发总公司担任工会文体干事。1985年调入北京电视艺术中心成为美工师，先后在《凯旋在子夜》、《便衣警察》等电视剧中担任美术设计。他与王朔联合编剧的电视系列剧《编辑部的故事》使他成为家喻户晓的人物。早期作品《甲方乙方》、《不见不散》、《没完没了》、《大腕》、《手机》、《天下无贼》等以京味儿喜剧著称，善于运用游戏调侃的京味语言，讲求平民策略和都市小人物的欲望表达，在假定式的游戏情节中透露出对生存、生命的反思，成为名副其实的中国贺岁片之父。2007年开始转型，拍摄了战争反思题材的主旋律影片《集结号》，在改写中国战争题材影片版图的同时，把自己的导演水平提高到了一个新境界。2010年导演《唐山大地震》，票房突破6亿元人民币。

**冯雪峰** Feng Xuefeng (1903-06-02～1976-01-31) 中国文艺理论家、诗人、作家。原名福寿，笔名画室、洛扬、成文英、何丹仁、O.V.、吕克玉等。浙江义乌人。卒

于北京。1921年加入文学团体晨光社。1922年与友人组成**湖畔诗社**。1925年春到北京，在北京大学旁听。自20年代末起译介马克思主义文艺理论和苏联文艺状况。1929年参加**中国左翼作家联盟**的筹备工作，并成为30年代左翼文艺的重要领导人之一。这一时期，主编或参与编辑《萌芽月刊》、《巴尔底山》、《前哨·文学导报》、《十字街头》等左联机关刊物。继续编译《科学的艺术论丛书》，参与了当时一些不同观点的文学团体、文学主张的论战。1933年起，离开上海去中央革命根据地，随后参加长征。先后任中央苏区党校教务长、副校长，红军大学政治教员等职。1936年，以中共中央特派员身份到上海兼管文艺工作，参加了“两个口号”的论争。1937年底回故乡从事创作。1941年被国民党逮捕并囚于江西上饶集中营。1942年出狱后，在重庆、上海等地从事统战和文化工作，继续从事理论研究和文学创作。中华人民共和国建立后，先后担任上海市文学工作者协会主席和市文联副主席、中国文联常务委员、作协副主席和党组书记、人民文学出版社社长兼总编辑、《文艺报》主编等，主持第二版《鲁迅全集》的出版工作。1957年被错划为“右派”。1972年参与《鲁迅日记》的校订。1979年4月中共中央为他的错案作出改正决定，恢复党籍和政治名誉。

冯雪峰的文艺成就是多方面的。作为诗人，他是新文学运动初期湖畔诗社成员，诗作表现了五四时期青年一代挣脱封建枷锁的精神风貌。40年代以后，作为革命者和诗人，《雪的歌》、《灵山歌》等长篇抒情诗是他的代表作，他还是中国现代寓言的开拓者。他的主要成就是对现实主义理论的建树，他着重强调文艺应忠实地反映人民变革现实的生活。作为鲁迅研究专家，从20年代末开始的近半个世纪里，一直致力于这一工作，最早较为全面地论证了鲁迅作为伟大文学家、思想家和革命家的崇高地位和杰出成就。

著作有诗集《湖畔》、《春的歌集》(两本均与人合著)、《雪峰的诗》，杂文集《乡风与市风》，寓言集《雪峰寓言》、《雪峰寓言续编》，电影文学剧本《上饶集中营》，论文集《鲁迅论及其他》、《论民主革命的文艺运动》，鲁迅研究著作《回忆鲁迅》、《论〈野草〉》、《鲁迅的文学道路》等。

**冯延巳** Feng Yansi (903～960) 中国五代词人。一作延嗣，字正中。广陵(今江苏扬州)人。南唐开国时，任秘书郎。中主李璟即位后，官至宰相，深得李璟的信任。冯延巳多才多艺，学问渊博，诙谐幽默。善辩说，能文章，工书法，尤长于词。所作名句“风乍起，吹皱一池春水”(〔谒金门〕)，为李璟激赏，传诵一时。他常常把愁苦与欢乐结合着写，表现出人的心理、情绪的丰富性和多样性。他还善于用清新雅丽的语言，表现人生不确定性的愁思，境界迷茫朦胧，含而不露。冯延巳词对北宋词人影响较大。刘熙载《艺概·词概》说：“冯延巳词，晏同叔(殊)得其俊，欧阳永叔(修)得其深。”冯延巳的词集名《阳春集》，北宋时有传本，但早已失传。现存最早的是明吴讷的《**唐宋名贤百家词**》抄本。中华书局1999年版《全唐五代词》，收录冯延巳词112首，较可靠。冯延巳另有小说《墨昆仑传》，见《唐代丛书》。

**冯友兰** Feng Youlan (1895-12-04～1990-11-26) 中国哲学家、哲学史家。字芝生。河南唐河人。卒于北京。1918年毕业于北京大学文科哲学门。1923年获美国哥伦比亚大学哲学博士学位。回国后，历任中州大学、

广东大学、燕京大学哲学系教授，清华大学文学院院长兼哲学系主任、教授等职。1930～1946年任西南联合大学哲学系教授兼文学院院长。1946年曾赴美国宾夕法尼亚大学任客座教授。1948年末至1949年初任清华大学校务会议主席。1952年起任北京大学哲学系教授。曾任中国科学院哲学社会科学部学部委员、常务委员，第二、三、四、五、六、七届全国政治协商会议委员，第四届全国人民代表大会代表。冯友兰的主要著作有《人生哲学》、《中国哲学史》、《新理学》、《新事论》、《新世训》、《新原人》、《新原道》、《新知言》、《中国哲学简史》、《中国哲学史新编》、《中国哲学史史料学初稿》、《三松堂学术文集》等。论著已编为《三松堂全集》，由河南人民出版社出版。冯友兰运用逻辑分析方法对中国传统哲学进行了分析，把新实在主义与程朱理学结合起来，创立了新理学，提出了以“觉解”为中心的“四境界说”，建构了自己的思想体系。

**冯玉祥** Feng Yuxiang (1882-11-06～1948-09-01) 中国民主爱国将领。原名基善，字焕章。安徽巢县（今巢湖市）人。生于直隶青县（今属河北），卒于黑海。早年入淮军，

后投北洋军，历任旅长、师长、河南督军、西北边防督办等职。1924年发动北京政变，推翻曹锟政权，电请孙中山北上主持国家大计。1926年秋在绥远五原誓师，就任国民军联军总司令，宣布所部集体加入国民党，参加北伐战争。1927年一度参与蒋介石、汪精卫“清共”活动。次年出任南京国民政府行政院副院长兼军政部长。1930年5月联合阎锡山、李宗仁举兵反蒋，9月兵败，宣布下野。九一八事变后，主张“停止内战，一致抗日”。1933年5月，组织察哈尔民众抗日同盟军，收复察东北多伦等四县。1937年2月，与宋庆龄等向国民党提出《恢复孙中山先生手订联俄、联共、扶助农工三大政策》提案。抗日战争爆发后，相继任第三、第六战区司令长官，但不久即在蒋介石排挤下离职。1946年以水利考察专使名义出访美国。次年5月发表《告全国同胞书》，要求立即停止内战，组织真正联合政府。1948年1月，当选为国民党革命委员会中央常委兼政治委员会主席。7月应中国共产党邀请回国参加政治协商会议筹备工作，因所乘轮船失火，于黑海不幸遇难。

**冯沅君** Feng Yuanjun (1900-09-04～1974-06-17) 中国文学史家、戏曲史家、作家。河南唐河人。卒于山东济南。曾以笔名“淦女士”发表短篇小说多篇。1925年于北京大学研究院毕业后，从事中国古典文学教

学和研究。1932年留学法国，获巴黎大学研究院文学博士学位。曾先后任教于金陵女子大学、复旦大学、中山大学、武汉大学、东北大学。中华人民共和国建立后，在山东大学任教。著有《中国诗史》、《南戏拾遗》、《中国文学史简编》(以上均与陆侃如合著)、《张玉田年谱》、《古剧说汇》、《冯沅君古典文学论文集》，以及小说集《卷葹》、《劫灰》、《春痕》等。其中戏曲理论著作《南戏拾遗》与《古剧说汇》、《冯沅君古曲文学论文集》，对研究宋、金、元戏曲和中国戏曲的历史，有重要的参考价值。

**冯泽芳** Feng Zefang (1899-02-20～1959-09-22) 中国农学家、棉花遗传育种专家。生于浙江义乌，卒于河南安阳。1925年毕业于东南大学农科，1933年获美国康奈尔

大学研究院博士学位。曾任中央棉产改进所副所长、中央农业实验所技正兼棉作系主任、中央大学教授兼农学院院长。1949年后任南京大学、南京农学院教授，中国农业科学院棉花研究所研究员、所长。1955年当选中国科学院学部委员（院士）。毕生致力于棉花科研和农业教育工作。对中棉的形态、分类和遗传，以及亚洲棉与美洲棉杂种的遗传学和细胞学均有深入研究。最早在中国从事植棉区划和棉工业区域的系统研究，提出将全国分为五大棉区，至今仍为科技界所沿用。其主要论文已汇编成《冯泽芳先生棉业论文选集》(1948)。著有《中等棉作学》(1925)、《中国的棉花》(1956)等。

**冯至** Feng Zhi (1905-09-17～1993-02-22) 中国诗人、外国文学研究家。原名冯

承植，字君培。河北涿县人。1921年考入北京大学预科，同年开始写诗。1923年就读北京大学德文系。同年参加文学团体浅草社。1925年浅草社停止活动，与杨晦、陈翔鹤、陈炜谟另组沉钟社，出版《沉钟》周刊、半月刊等。1927年出版诗集《昨日之歌》。同年在北京大学毕业，秋后去哈尔滨第一中学任教。次年返回北京，先后在孔德学校、第二师范学院任教。1929年第二部诗集《北游及其他》出版。这一时期的创作多为抒情短诗，风格幽婉，意象新颖，诗句生动活泼，被鲁迅誉为中国最为杰出的抒情诗人。1930～1935年，留学德国。先后在柏林与海德堡学习文学和哲学，以极大兴趣诵读后期印象派诗人R.M.里尔克的作品。回国后在上海任教。1939年到昆明，任西南联合大学外文系教授。1942年出版诗集《十四行集》。作品虽采用西方十四行诗形式，却没有严格遵守这种诗体的传统格律，利用十四行结构上的特点保持语调的自然。诗作的思想更加深沉，艺术亦更趋成熟。抗日战争胜利后返任北京大学西语系教授。同年出版中篇历史小说《伍子胥》。1958年出版诗集《西郊集》，次年出版《十年诗抄》。1964年任中国社会科学院外国文学研究所所长，从事外国文学研究工作。著有《论歌德》、《冯至学术精华录》，译有《德国，一个冬天的童话》等。

冯至又是研究杜甫的专家。除《杜甫传》外，1962年为纪念杜甫诞生1250周年撰写的论文和一篇以杜甫为题材的小说《白发生黑丝》均是颇具功力之作。还有散文集《山水》、《东欧杂记》，论文集《诗与遗产》，诗集《冯至诗选》。1999年，河北教育出版社出版了《冯至全集》。

**冯子材** Feng Zicai (1818-07-29～1903-09-18) 中国晚清名将。字南干，号萃亭。广东钦州（今属广西）人。行伍出身。咸丰

元年(1851)，参加刘八领导的天地会起义军，旋降清军，补千总。随向荣、张国梁尾追太平军，围困天京，擢副将、总兵。同治元年(1862)升广西提督。光

绪元年（1875）调任贵州提督。1881年回任广西，次年“称疾”回家。1883年12月，法国挑起**中法战争**，滇桂边境紧张。应两广总督张树声之邀督办广东高、雷、钦、廉四府团练，参加抗法战争。1885年初，督办广东军务大臣彭玉麟、新任两广总督**张之洞**荐他为广西关外军务帮办，任前敌统帅。亲率士兵于镇南关（今友谊关）内十里的关前修筑长墙，在东、西两岭设置炮台，严加防守。派王孝祺、王德榜、苏元春所部驻各要地，成纵深梯队阵势。3月23、24日，指挥将士击溃来犯法军，歼敌两千余。乘胜克复谅山，伤法军司令尼格里，取得“镇南关-谅山大捷”。法国茹费理内阁因此倒台。清廷下诏停战，冯被迫撤军回国，会办广西边防。1886年授云南提督，以疾未到任。1894年赏加书衔。中日甲午战争爆发后，奉调驻守镇江，战后仍回广西。1899年任云南提督。两年后又调为贵州提督。1903年，为会办广西军务大臣，不久病逝。谥勇毅。

**冯子和** Feng Zihe（1888～1941） 中国京剧演员。工青衣、花旦。本名旭初，字春航。江苏吴县（今苏州）人。9岁在上海拜夏月珊为师。12岁正式登台演出。因声音笑貌与常子和相肖，被誉为“小子和”，后改名为冯子和。除长期在上海演出外，还到杭州、苏州、南京、汉口等地献艺，在江南一带负有盛誉。冯子和具有爱国、民主思想。在其师夏月珊支持下，边演戏边在育才公学学习，研习英语、西洋歌曲和钢琴等。

冯子和戏装照

又经**柳亚子**介绍，加入**南社**，并举办“春航义务学校”，动员同行免费入学读书。

冯子和主张戏剧应以改良社会和进行通俗教育为己任，因而他所演的剧目除部分**传统戏**如《三娘教子》、《花田错》、《贵妃醉酒》、《儿女英雄传》外，多为新编的清装或古装戏，如《玫瑰花》、《新茶花》、《黑籍冤魂》、《冯小青》、《杜十娘》（一名《百宝箱》）等，时称“醒世新剧”。冯子和在艺术上富于创新精神。他改进了贴片子的部位，并试用加深眼圈的手法，进一步美化了旦脚的面部化妆。他还曾参考仕女画装束，试制新式头套和头饰。中年后因嗓音喑哑脱离舞台，悉心授徒。晚年从事编剧，《姊妹花》（金素琴主演）、《温如玉》（周信芳主演）是其成功之作。

**缝纫机** sewing machine 用机针和缝线将缝料（两层或多层衣料、皮革、纸张等）缝合，或在缝料上缝缀装饰线迹的机器。

简史 1790年，英国的圣托马斯发明世界上第一台单线链式线迹手摇缝纫机。1841年，法国的B.蒂莫尼埃创制实用的双线链式线迹缝纫机。1846年，美国人小埃利阿斯·豪制造出第一台双线锁式线迹缝纫机。1851年，美国人I.M.胜家在独立设计和制造出锁式线迹缝纫机后，立即建立胜家公司，组织生产。1860年胜家公司生产出脚踏式缝纫机，1889年创制电动缝纫机。1975年，美国出现微型计算机控制的家用多功能缝纫机。专业性工业缝纫机发展更为广泛，缝纫速度越来越高。1928年中国上海协昌缝纫机厂生产出第一台工业用缝纫机。1982年后，中国成为世界上家用缝纫机的主要生产国。现在，中国缝纫机的生产正逐步转向以工业缝纫机为主，产品结构向高速化、系列化、机电一体化方向发展。

结构 缝纫机由机头、台板、机架、电机和控制系统五大部分组成。其中机头是主体，由动力输送、刺料机构、钩线机构、送料机构、挑线机构、润滑机构和控制机构等部分组成，各机构的运动形成缝纫线迹。刺料机构将带有缝线（面线）的机针刺进缝料；钩线机构（梭子或弯针）在缝料下部把机针上的缝线钩住，使面线与面线或梭线（底线）自连或互连交织；再由挑线机构将面线上提，收紧缝线；由送料机构将缝料移位，继续下一个周期的缝合。

类型 按用途可分为家用、工业用和服务用，按驱动方式可分为手摇式、脚踏式和电动式，按外形形式可分为平板式、平台式、悬筒式、高台式（立柱式）、肘形筒式和箱体式，按缝制线迹可分为仿手缝线迹、锁式线迹、链式线迹、复合线迹、装饰线迹和暗缝线迹，按功能可分为单一功能和多功能，按速度可分为低速、中速、高速和超高速，按缝纫线数可分为单线、双线至五线及多线。

线迹形式 在缝纫过程中，缝纫机机针每两次穿过缝料的间距上由缝线构成的单元称作线迹。连续形成的线迹构成线缝。中国国家标准规定，线迹分为6大类共88种，100类为单线链式线迹，计有7种；200类为仿手缝线迹，计有13种；300类为双线或多线锁式线迹（图1），计有27种；

图1 301号线迹

400类为双线或多线链式线迹（图2），计有17种；500类为单线或多线包边链式线迹，

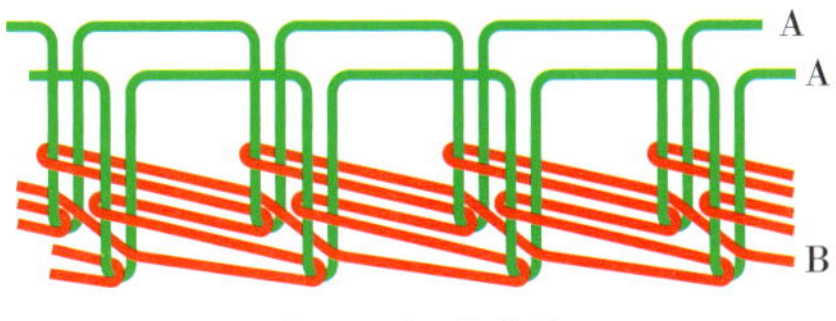


图2 406号线迹

计有15种；600类为多线装饰链式线迹，计有9种。

**讽喻诗** allegory poems 中国古代政治诗的一种。指反映社会现实生活、陈述时弊，以向执政当权者进行委婉劝诫的诗。“讽喻”之称，源于东汉班固的《两都赋》：“或以抒下情而通讽喻，或以宣上德而尽忠孝。”汉代人多认为汉赋继承了古诗的美刺传统，在政治上可以起讽喻作用。唐代诗人**白居易**曾对自己的诗歌进行分类，称“自拾遗来，凡所适、所感，关于美刺兴比者”为“讽喻诗”（《与元九书》）。讽喻诗的名称虽始于唐代白居易，但关于讽喻性质和题材的诗歌作品，早在《**诗经**》中就已出现。中国古代一向有作诗以讽谏的传统，在历代诗人的创作中多有这类作品，虽未必皆冠以“讽喻诗”的名称，但性质却属于“讽喻诗”类。

**凤** phoenix 中国古代传说中的神鸟。以赤色著名。传说凤鸟出于“丹穴之山”，故称丹凤，又称朱凤、朱雀。四灵（麟、凤、龟、龙）之一。在四方中属于代表南方的动物。被尊为百鸟之王。雄性称凤，雌性称凰，全称凤凰。据说其形为鸡头、蛇项、龟背、鱼尾，羽毛为五彩之色。首、翼、背、胸、腹五个部位的纹饰分别代表德、义、礼、仁、信五种不同的德性。因此在古代被附会为仁鸟，作为祥瑞的象征，只要凤凰出现，就昭示着天下的安宁与太平。

明祖陵出土的凤冠

新石器时代已出现凤鸟的雏形，**河姆渡文化**的凤鸟形象牙匕状器显示出较高的圆雕技艺。在春秋战国时的楚文化中，崇凤信仰突出，凤鸟图像常出现在锦帛上，还有不少生动的凤鸟漆器造型。中国凤的定型和规范化是在辽、金、元以后，原以鸡、雀为基本形态的凤发生了很大的变化，

尤其是翅膀，鹰姿突出。现在艺术品上常见的凤，集雉尾、鸡身、鸡冠、鹰目、鹰爪、鹰颈、孔雀翎、鸳鸯羽于一身，实为清代以后的形象。凤与**龙**在古代常并称，并与王权相关联：龙标志帝王，凤标志帝后。后来凤形象的使用逐渐突破皇家限制，扩大到一般官员与民间。如在明代，凤冠霞帔是九品以上命妇的例服；清代以后的民间婚仪中，新娘的嫁衣多用凤冠霞帔。除汉族外，许多民族都有关于凤凰的信仰。如畲族在婚娶喜庆之日要张贴“凤凰到此”的字句，给新郎新娘跳《取凤凰蛋》舞。以凤凰形象为中心的图案在中国也流传很广，如丹凤朝阳、凤戏牡丹、鸾凤和鸣等是工艺美术作品中常见的吉祥图案。

国外也有凤凰。古埃及的神话传说中，凤凰是阿拉伯沙漠中的不死鸟或长生鸟，可以浴火重生；在古罗马，凤凰象征帝国长久的生命力，因而将它的形象铸在钱币上。

**凤城市** Fengcheng City 中国辽宁省辖县级市。位于省境东南部。面积5 518平方千米。人口59万（2008），有汉、满、回、蒙古、朝鲜等17个民族。战国时属辽东郡。唐属安东都护府。明成化十七年（1481）筑城于凤凰山北，称凤凰城。1913年改凤城县。1985年改为凤城满族自治县，1994年撤自治县设凤城市。由**丹东市**代管。矿产主要有煤、铁、金、铅、锌、硼、菱镁矿、红柱石等。硼矿储量占全国固体硼矿总储量63%，红柱石储量居世界第三位。农业主产玉米、高粱、水稻、大豆等。森林覆盖率67%。土特产品有柞蚕、烟叶、山楂、板栗、黄牛、绒山羊、林蛙等，被列为国家和省重点山野菜加工基地之一。烟叶产量居全省首位，柞蚕产量居全省第二位。工业以机械、冶金、煤炭、化工、建材、纺织、酿造、服装等为主。名胜古迹有玉龙湖、东汤温泉、凤凰山、高句丽山城等。

**凤蝶** Papilionidae; swallowtail butterfly **鳞翅目**凤蝶科昆虫的统称。约600种，中国已记载98种。体多大型，较少中型。色彩鲜艳，底色多黑、黄或白，有蓝、绿、红等颜色的斑纹。下唇须前伸或上举。多数种类后翅有一条尾突，也有的种类有两条

宽尾凤蝶

以上的尾突或无尾突。卵多产在寄主植物上，如芸香科、樟科、伞形花科、马兜铃科等。幼虫前胸前缘中央有红色或黄色的臭角。蛹为带蛹。

凤蝶在昆虫中是最有收藏价值的，因为凤蝶多数为美丽的大型种类，包括很多珍稀名贵的蝴蝶，如翼凤蝶属、燕凤蝶、金斑喙凤蝶和珠光裳凤蝶等。

**凤蛾** Epicopeiidae; pug moth/oriental swallowtail moth **鳞翅目**凤蛾科昆虫的统称。主要分布于东南亚一带，不到10种，大部分种中国都有。体大型。触角双栉状。喙发达。前翅中室有一叉状脉，横贯中央；后翅有一尾状突起，像飘带，体翅黑色，有红、白色斑纹，很美丽。成虫受到干扰时，头部后方能分泌出一种黄色黏液，以资保护。幼虫体壁密布蜡腺，能分泌白色粉状物。中国常见的种类为榆凤蛾。

**凤凰卫视控股有限公司** Phoenix Satellite Television Holdings Ltd. 中国香港地区电视广播机构。简称凤凰卫视。由香港的今日亚洲公司、香港卫星电视公司以及华颖国际公司3家合资成立。1996年3月31日开播，总部设在香港，主要服务对象是香港

2005年4月2日凤凰卫视在北京大学举办九周年台庆活动

以外的亚太地区。原为对中国内地的中文台，改组为凤凰卫视中文台不久，又开办了电影台。2000年6月30日上市，变为控股有限公司。又开办了资讯台、北美台以及欧洲台，现有5个频道。卫视中文台的节目主要有新闻资讯、音乐、体育、电视剧、时事讲评及名人访谈等。

**凤凰县** Fenghuang County 中国湖南省湘西土家族苗族自治州辖县。位于省境西部。西与贵州省毗邻。面积1 751平方千米。人口40万（2008），有汉、苗、土家等民族。汉为辰阳县地。唐置渭阳县。清乾隆时置凤凰厅，嘉庆初升为直隶厅。1913年改为凤凰县，因境内有凤凰山得名。矿产有汞、煤、铅、锌等。汞储量居全省前列。农作物有水稻、玉米、甘薯、苎麻、烟叶等。“凤凰晒烟”为名烟，清代时被列为贡品，畅销国内和东南亚国家。林地占全县总面积的67%。用材林有杉、松、樟等，经济林有油桐、油茶、漆、乌桕等。工业有机械、化工、建材、食品和民族工艺品等。丝帕、银首饰、织锦被面和刺梨酒享有盛名。名胜古迹有凤凰古城、武侯祠、奇梁洞、沱江古镇、黄丝桥古城、南长城及南华山国家级森林公园等。凤凰为国家历史文化名城。

**凤梨科** Bromeliaceae; bromelia family 单子叶植物纲姜亚纲的一科。有45属2 000余种，主要分布于热带南美洲。多为短茎附生草本，但有时也为陆生耐旱植物。叶互生，在短茎上形成叶丛，或有时散生于稍长茎上，狭而具平行脉，时具刺齿，表皮极厚。通常近直立或弯展而表面凹入，以致宽叶鞘形成集水器，基部有时红色或其他艳色。花两性或有时单性，规则或微不规则，3基数，下位，至部分或全部上位，形成简单或复合的穗状、总状或头状花序，通常具艳色苞片或稀为单花；萼片与花瓣各3，花瓣分离或微联合，常在基部边缘具一对鳞片状蜜腺；雄蕊6，2轮，分离或偶连合，或附于分离的花被片上，雌蕊由3心皮合生组成，子房上位或下位，3室，具一顶生3裂花柱；胚乳丰富，粉状；中轴胎座。果为浆果、蒴果，稀为肉质多花果（凤梨），种子有时具翅或羽状冠毛。

凤梨（又称菠萝）为著名热带水果之一，于19世纪传入中国，已成为台湾、广西、广东和云南热带的习见栽培植物。此科还有许多种供室内盆栽观赏。

**凤仙花** *Impatiens balsamina*; garden balsam 凤仙花科凤仙花属的一种。一年生草本植物。又称指甲花。原产中国、印度、马来西亚。同属植物约600种，中国约180种。常见栽培的除凤仙花外还有包氏凤仙、何氏凤仙、水凤仙、紫凤仙、苏丹凤仙等。植株高60～100厘米。茎肉质，下部节部膨大，青绿色或红褐色至深褐色。叶互生，狭或阔披针形。花大，腋生，单朵或数朵，花色不一。植株健壮，生长迅速，喜炎热，畏寒冷，耐瘠薄土壤。通常用播种方法繁殖。栽培品种有平顶凤仙。凤仙花是花坛、篱旁、花境、庭前常见的草花，矮生重瓣品种适于盆栽。红色花瓣加明矾捣碎可染指甲，种子入药名为急性子，茎入药称“凤仙透骨草”。

**凤阳县** Fengyang County 中国安徽省滁州市辖县。位于省境东北部。面积1 950平方千米。人口64万（2010）。明洪武七年（1374）析临淮县置凤阳县。因府治迁于凤凰山之阳（南），故名。属北亚热带季风气候。粮食作物以小麦、水稻为主，经济作物以烤烟、花生为大宗。工业主要有建材、机械、粮油加工等。京沪、淮南铁路和京沪高速铁路贯穿东西、南北，合徐、蚌宁高速公

路穿境而过。是明太祖朱元璋的故乡和明中都所在地。名胜古迹有龙兴寺、明皇陵、明中都城遗址、钟离古城遗址及韭山洞等。

**奉化市** Fenghua City 中国浙江省辖县级市。位于省境东部，东南濒象山港。面积1 253平方千米。人口49万（2010）。秦置鄞县。唐开元二十六年（738）置奉化县。1988年撤县设市。由宁波市代管。工业有服装、食品、机械、化工、丝绸、建材、造纸、印刷、皮革、陶瓷等，以服装工业发达，被誉为“服装之乡”。主要农作物为水稻、大小麦、豆类、油菜。山区盛产毛竹、茶叶、水果。近海产黄鱼、带鱼、墨鱼、海带、蚶子、牡蛎。特产水蜜桃、芋艿、蚶子。境内有溪口－雪窦山风景名胜区，由溪口镇、雪窦山、亭下湖3个景区组成。

**奉节县** Fengjie County 中国重庆市辖县。位于四川盆地东部，长江三峡西口。面积4 087平方千米。人口83万（2010）。周赧王元年（前314）置鱼复县，三国蜀汉章武

白帝城

二年（222）改为永安县，唐贞观二十三年（649）更名奉节县，取“奉皇节度”之意。矿产资源有煤、铁、硫磺矿、铝土矿、铅锌矿、大理石等。农业以发展优质米、优质豆、高油玉米、油菜、烟叶、蚕桑、脐橙、速生杨林、瘦肉型猪、水产养殖等为重点。工业以化工、建材、农产品加工、环保设备等为主。名胜古迹有白帝城、古栈道、杜甫故居草堂等遗址。

**奉天** Fengtian 中国清代东北政区名。顺治元年（1644）以盛京（今辽宁沈阳）为留都，置内大臣统辖东北全境。后屡有变更，康熙四年（1665）改镇守辽东等处地方将军为镇守奉天等处将军。至乾隆十二年（1747）定名盛京将军，主要负责当地军政事务，并兼管奉天府尹事务大臣，监督府尹。康熙后盛京将军辖境，东至兴京边280千米吉林乌拉界，西至山海关800千米山海卫界，南至金州（今辽宁大连）南境730千米海界，北至开原边260千米。奉天府设于顺治十四年，治盛京，设府尹，专管盛京地方民人事务。光绪三十三年（1907）裁盛京将军，改设奉天省，置巡抚。至宣统三年（1911）奉天省共领4道、8府、5直隶厅、3散厅、6州、32县。光绪末年，随着南满铁路支线（1903）、京奉（1907）、安奉（1910）等铁路建成，奉天省的交通和地理面貌发生了很大变化。大连以其优越的地理位置和天然的港湾条件，取代营口而跃居东北第一大港。昔日的辽河、松花江、鸭绿江水运日趋衰落，旧时驿站交通被取代；一些新的经济和交通中心很快向铁路沿线集中。1929年改为辽宁省。

**奉系军阀** Fengtian Warlords 中华民国时期军阀中以张作霖为首的北洋军阀派系。因张作霖为奉天（今辽宁省）人而得名。主要成员有吴俊陞、张作相、孙烈臣、张景惠、杨宇霆、张宗昌等。民国初年，奉系借助日本的支持，逐渐控制了奉天、吉林、黑龙江三省。1920年7月，乘直皖战争之机，助直系打败皖系，首次与直系共掌北京政权。但不到两年，又被直系逐回关外。1924年10月，依靠直系将领冯玉祥的倒戈，再次控制北京政权，势力范围一度扩张到热河、直隶、山东、安徽、江苏等省。1925年11月，为孙传芳等五省联军所败，失去江苏、安徽及淞沪地区。12月，在日本支持下，取得讨伐郭松龄倒戈战事的胜利。1926年初，与直系重新联合，夹击冯玉祥国民联军。翌年6月，在北京正式成立以张作霖为陆海军大元帅的安国军政府，声势达到顶峰。1928年4月，南京国民政府再次遣师北伐。6月2日，张作霖被迫发表出关通电，4日晨在皇姑屯被日军炸毙。12月29日，其子张学良宣布东北易帜，服从南京国民政府，所辖军队改编为东北边防军，奉系军阀历史结束。

**奉贤区** Fengxian District 中国上海市辖区。位于市境南部，北靠黄浦江，南临杭州湾。面积687平方千米。人口108万（2010）。清雍正四年（1726）置奉贤县，隶属松江府。1958年由江苏省划归上海市。2001年撤县设区。农作物以水稻、棉花、油菜、麦类为主。南部沿海养殖业发达。盛产黄桃、草莓、西瓜等优质瓜果，以及东方对虾、罗氏沼虾等水产品。工业以机械、纺织、化肥、电子电器为重点。境内辟有上海市工业综合开发区，主要发展机电、食品、建材、医药等。古迹有柘林文化遗址、三女岗遗址、奉城古城墙、万佛阁以及赵天鹏烈士纪念碑、庄行农民暴动烈士纪念碑、北宋抗日烈士纪念碑等纪念地。

**佛** Buddha 全称译作佛陀、佛驮、浮屠、浮图等。意译为觉者、知者、觉。“觉”有三重含义：即自觉、觉他（使众生觉悟）和觉行圆满。是佛教修行的最高果位，通常指释迦牟尼。自觉、觉他和觉行圆满三者，世俗之人（凡夫）均不具备，声闻和缘觉只具备第一项，缺后二项，菩萨具备前二项，但不能达到觉行圆满，只有佛才三者俱全。

小乘佛教所说的“佛”，一般专指佛教的创始人释迦牟尼。大乘佛教则泛指一切觉行圆满者，认为三世十方，有无量无数的佛存在，即所谓十方恒沙诸佛。如过去世出现的佛，即过去七佛、燃灯佛；未来将出现于娑婆世界的佛，即弥勒佛；东方有阿閦佛、药师佛；西方有阿弥陀佛等。从佛身上说，又有法身佛、报身佛、应身佛等。大乘佛教以“至佛果”为终极目标。称赞佛的功德有种种异名，如佛的十大名号，即如来、应供（音译“阿罗汉”）、正遍知、明行足、善逝、世间解、无上士、调御丈夫、天人师、世尊。在这十大名号中，以“如来”和“世尊”最为常用。佛具备种种特有的殊胜德性，如佛生来具有的不同凡俗的三十二个显著特征称为“三十二相”，还有八十种微细特征称为“八十种好”，合称“相好”，以及十力、四无畏、十八不共法等殊胜能力。佛又有七种超越常人的殊胜功德，称为七胜事，即身胜、如法住胜、智胜、具足胜、行处胜、不可思议胜、解脱胜等。佛的定、智、悲均为最胜，故亦称大定、大智、大悲，配于断德、智德、恩德三德，合称为大定智悲。

**《佛本生故事》** *Jātaka* 印度古代佛教寓言故事集，收在巴利语经藏《小尼迦耶》中。佛本生故事讲述佛陀释迦牟尼前生的故事。按照佛教的说法，释迦牟尼成佛以前，只是一个菩萨，还跳不出轮回。他经过无数次转生，有时转生为人、神，有时转生为动物，在每次转生中行善积德，最后才成佛。共收有547个故事，绝大部分是长期流传于印度民间的寓言和故事，佛教徒加以采集。这类佛本生故事至今仍在亚洲一些信奉佛教的国家广为流传。在中国古代汉译佛经中，有关佛本生故事的经籍有十几部之多，对中国古代叙事文学的发展产生了一定的影响。

**佛得角** Cape Verde; Cabo Verde 非洲西部北大西洋岛国。全称佛得角共和国。东距非洲大陆最西点500多千米，地当大西洋航道要冲。陆地面积4 033平方千米。人口约51.6万（2009）。首都普拉亚。大部分为克里奥尔人（黑白混血种人），欧洲人约占3%。98%以上居民信奉天主教。境内通用克里奥尔语，官方语言为葡萄牙语。

国土主要由南北两列火山岛群共15个岛屿组成，以首都所在的圣地亚哥岛最大（面积991平方千米）。地形以山地为多，最高峰福古火山海拔2 829米。热带干旱气候，年平均气温20～27℃。年降水量100～300毫米，集中于8～9月，旱季盛吹干旱的东北信风。河流稀少，水源不足。

佛得角群岛原无常住居民。1462年葡萄牙殖民者渗入，建立种植园，输入大量

黑人奴隶。1495年沦为葡殖民地，15～19世纪为重要的奴隶贸易转运站。1951年成为葡海外省。1975年7月5日独立。

按1992年8月通过的宪法规定，为民主法制主权国家，实行多元民主和温和议会制；议会任期5年。主要政党有佛得角非洲独立党（执政党）和争取民主运动。历届政府均实行和平中立与不结盟外交政策，反对外来干涉，要求建立公正合理的新秩序，致力于非洲团结和地区合作。已同110个国家有外交关系。1976年4月25日与中国建交。

佛得角资源匮乏，经济以农、渔业为主。人均国内生产总值3 603美元（2009）。农产品有玉米、豆类、甘蔗、咖啡、花生、香蕉等。矿产资源主要有石灰岩、白榴火山灰、浮石和岩盐等。工业主要有农渔产品加工、制盐、采石、水泥等小厂。各岛内部运输靠公路，各岛之间运输依靠海运和空运。主要港口共8个，其中最大的明德卢港可停靠10万吨级货轮和30万吨级油轮；普拉亚港年吞吐量55万吨。国际机场设于萨尔岛帕尔梅拉，可起降大型飞机。20世纪90年代后，政府改革经济体制，调整经济结构，

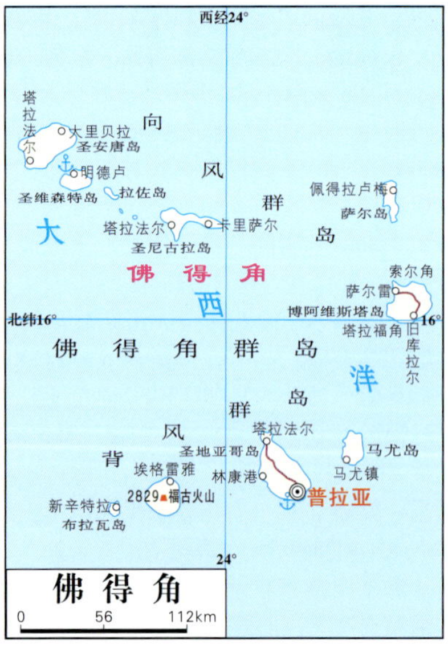


实行自由化市场经济和开放引资政策，经济获得缓慢发展。

岛国热带风光独特，旅游业是重点开发产业和主要外汇收入来源之一，2004年旅游收入占国内生产总值11.2%。前来各岛观光度假的游客主要来自意大利、葡萄牙、德国等欧洲国家。

政府重视发展教育事业，已实行中小学义务教育。重视成人教育，设有各类培训中心。2006年成立第一所公立大学。主要报刊有官方的《政府报》、《地平线》以及民办的《消息报》、《周报》等。建有佛得角广播电视台，广播、电视基本覆盖全国。

**佛法僧目** Coraciiformes; kingfishers/bee eaters / rollers 鸟纲的一目。世界有7科142种。中国有翠鸟科、蜂虎科、佛法僧科、戴胜科、犀鸟科5科，共87种。

脚短小，趾前3后1，并趾型。体型及嘴型多样，嘴短阔或强直，或细而稍曲。多数羽色艳丽，有时具金属辉亮，或是黑白斑驳状；雌雄相似，或差异极少。多数种类喜栖息在近水域的林区。善于攀木。大部分种类吃昆虫；小部分（例如鱼狗、翠鸟等）以小鱼为食；少数种类为杂食性，觅食小型无脊椎动物、两栖爬行类、昆虫或果实、种子。雌雄共同筑巢，用嘴在河岸、堤坝等处啄成隧道状洞穴；也有的利用树洞、墙洞、断崖和天然洞穴。雏为晚成性。

**佛光山** Foguang Shan 中国台湾地区佛教组织，因位于高雄县大树乡的佛光山寺而得名。佛光山寺系台湾重要佛寺，1967年5月16日由开山宗长星云法师创办。佛光山提倡“人间佛教”，传承中国佛教临济宗法脉，属大乘佛教，设有数十个分院，遍及世界各大洲。

佛光山强调以教育及服务来弘法，主要活动包括：①创办育幼院、老人之家、高级中学，报纸以及电视台。在监狱及工厂提供佛教书籍以供取阅，在电视及广播开设弘法节目，在台湾及海外举办大型佛学讲座，并且每年于佛光山举办传授在家五戒、菩萨戒戒会。②为偏远地区居民提供巡回式义诊服务，每年冬天为需要的人提供御寒衣物及食物补给。③开办“僧伽教育”及“社会教育”，僧伽教育的代表学校为佛光山丛林学院，而社会教育则包括幼儿园、普门中学、均头初中和小学、南华大学、佛光大学以及美国洛杉矶的西来大学等。

**佛光寺** Foguang Temple 在中国山西省五台县豆村东北，相传创于北魏孝文帝时代（471～499）。唐会昌五年（845）“灭法”时，

佛光寺大殿

佛光寺受到破坏，唐大中时“复法”后陆续重建。现存重要建筑有北朝建造的祖师塔，唐大中十一年（857）建造的大殿，与大殿同时建的经幢和金天会十五年（1137）建的文殊殿等。大殿荟萃唐代建筑、雕塑、书法、绘画四种艺术于一堂，历史和艺术价值极高。1937年为中国营造学社**梁思成**率领的调查队所发现。1961年定为全国重点文物保护单位。

**《佛国记》** *Record of Buddhist Kingdoms* 中国佛教典籍。属游记札记。又称《高僧法显传》、《历游天竺记》。**法显**撰。1卷。该书为法显及同学游历印度30余国的记录。法显于东晋隆安三年（399）自长安出发，经西域至印度，义熙八年（412）从海路返回。该书文字古雅、内容丰富、记载翔实，是现存最早的中国西行求法僧人游记，对研究古代印度社会、当时印度的佛教流行情况和中西交通极为宝贵。有多种文字译本。

**佛教** Buddhism 与**基督教**、**伊斯兰教**并列的世界三大宗教之一。公元前6世纪时释迦牟尼创建于古印度。就其传播的路线而言，它可以分为**北传佛教**和**南传佛教**；就其在不同发展阶段形成的教理和仪轨的不同

图1 释迦牟尼坐像（8世纪左右，印度比哈尔邦出土）

强调重心和特征而言，可以分出小乘佛教、大乘佛教和密乘佛教。佛教在传播至亚洲各地之后，很快地融合了各民族文化，形成了既有其世界性大宗教的同一特性又不失各民族自身差异性的宗教文化体系。

佛陀及教义　释迦牟尼，意为释迦族的圣人。其本名是悉达多·乔答摩。他在获得证悟之后，被人们称为佛陀，简称为佛，即觉者的意思。通常又被称为世尊——为一切天人所尊崇。乔答摩生活的时代，占统治地位的思想是吠陀宗教文化，而社会结构则是种姓等级制的。中下层种姓酝酿着对婆罗门传统宗教的批判思潮。佛教当中的法、业、轮回和解脱等宗教观念都直接来自婆罗门教。但乔答摩根本拒绝天神和灵魂自我的观念，对于人生的现实状况及价值目标作了完全不同的解释。他认为人生是痛苦的，痛苦的根源在于恶业，而恶业又是人内在的缺陷，如贪欲、瞋惑和愚痴造成的。要摆脱这不合理的一切只有修道。修道的根本点在于端正认识，保证善的伦理动机。人的解脱，最终在于进入涅槃，而这取决于自身，既不是神意，也不是宿命可以造就。乔答摩29岁时放弃王子的优裕生活，弃家求道，经历了6年的艰苦探索，在35岁时才获得正觉，并在之后的45年间跋涉于恒河中下游，宣说他的教义。

佛陀教说可以认为是原始佛教的核心和后来大乘佛教理论发展的基础，它包括四谛、八正道和缘起、无常、无我等。佛教认为，世界充满了痛苦，人生是痛苦经验的集合；痛苦有其必然性的原因。它源于贪欲一类的根本烦恼；痛苦得到消除，要靠能证得入涅槃的真理；存在着一条依据个人修行而趋向涅槃脱离轮回痛苦的道路即八正道。八正道强调了修习佛教的人，从内心到行动，从修行手段到生活方式都不能失去道德性和正当性。可以认为缘起论是佛教学说的核心，由缘起而生出的相待性可以说明佛教关于无常无我的教义；由对缘起的分析和解释，可以引出大乘空宗关于中道、实相和二谛的一套理论；由对缘起本质的探究，可以看到大乘有宗关于如来藏和阿赖耶识缘起的教义；大乘密宗佛教也遵循了缘起性空的说法。它的特征表现在更多地以象征手法和灌顶之类的密仪咒法来追求即身成佛。佛教教理在各地区各宗派中逐步形成了自己的特色，但它的解脱理论，它对于世界和人生的基本价值判断是一贯的。

分裂及传播　佛教是一个包括创教人佛陀、宗教理论和教团组织在内的体系。佛陀最终只是作为理想的人格或神圣的偶像存在于世，而作为理论的佛法只有依赖僧伽教团才得以保存和发展。僧团组织的初衷是逃避世俗社会，其成员最初是一批具有共同誓愿准备实践佛陀言教的弟子。但僧团仍得由社会供养，僧伽成员仍然曲折反映出社会的要求。佛陀在世之时，僧团便存在种种歧见。佛陀去世之后，关于他的教说，关于他给僧团制订的纪律，内部的成员们自然更会有不同的理解。佛陀涅槃百年，围绕戒律的适合性和修行者的精神特征，爆发了一场争论，结果佛教分为上座部与大众部两个根本部派。之后的又一个百年，两大部派中又就戒律问题或与修行解脱有关的哲学问题一再争论，一再分裂，最终形成了十八部派或二十部派。到了公元前后，佛教中具有菩萨信仰的一部分人逐步分化出来，他们在所宗的经典、理想和修持实践上都不同于以往的佛教信徒，他们自称为大乘而将以前的佛教徒称为小乘。这一时期的印度佛教中出现了以般若经类为中心的许多大乘经典。依据这些经典而阐发出来的“空”和“中道”的思想，成为新出现的大乘空宗的核心观念。思想家龙树和弟子提婆系统地发挥了般若学说，创造了中观派。这一时期小乘佛教中的说一切有部、经量部等继续构造完善他们的理论。公元4世纪之后，从说有部中出来的无著和世亲批判了说有部学说，也批判了空宗学说，创造了瑜伽行派。它又称大乘有宗。有宗的基本命题是唯识无境。理论核心是赖耶缘起和三性三无性。7世纪之后，佛教日益转向了秘密乘的途径。密教在9世纪盛极一时。其后在印度逐渐衰微。佛教在公元前3世纪传入斯里兰卡。4～6世纪，传到了缅甸、扶南、马来半岛和印尼的爪哇、苏门答腊等地。14世纪时，以锡兰大寺为宗依的上座部佛教终于确立了它在中南半岛各国的统治地位。后来斯里兰卡和东南亚广大地区一直信奉南传佛教。从印度西北部经中亚沿丝绸之路东进的佛教称北传佛教。佛教进入中国在公元之初，7世纪之后达到极盛。4世纪晚期，佛教传至朝鲜半岛。6世纪由朝鲜半岛传入日本。朝鲜和日本各佛教宗派的形成深受中国佛教的影响。19世纪以后，随着东西方文化的交流加强和东方民族主义的觉醒，佛教又随亚洲移民和传教团体传至欧美各地。

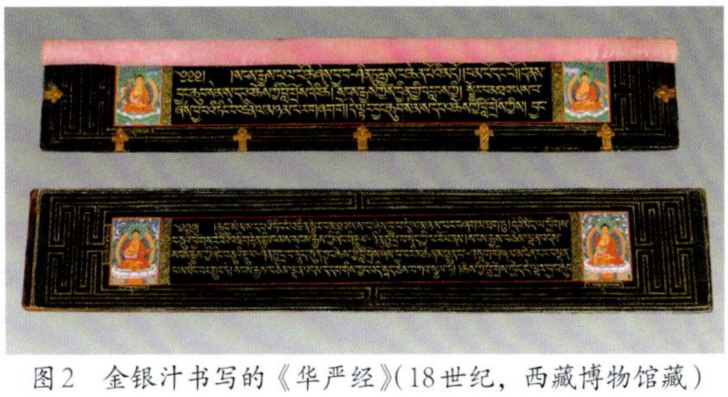
图2　金银汁书写的《华严经》(18世纪，西藏博物馆藏)

佛教的经典　佛教的经典统称三藏。藏，本意为筐箧等容纳物件的用具。三藏，指佛经中的经、律、论三个部分。经是佛陀本人的言教；律是佛陀针对僧团集体因时因地所作的纪律规定；论则是就经、律中要点进行的阐释解说。佛陀去世后立即组织的佛陀遗教会诵称第一次结集，但当时只有经藏与律藏两个部分。论藏则是部派分裂后逐步形成的。各佛教部派大约都有自己的三藏经典。早期佛经三藏因各地区各部派不同而采用不同语言。公元2～3世纪逐步采用了梵语。大约公元前1世纪，佛经才以文字形式写定。随着佛教在亚洲各地传播，也就有了不同语系的三藏。大致说来可以分为南传巴利文系和北传的汉文及藏文两系。三藏在南北朝时称为一切经，隋代以后又称为大藏经。此外还有据汉、藏大藏经译出的满文、西夏文的大藏经；也有据南传巴利文大藏经译出或转写的缅文、僧伽罗文、泰文和日文的大藏经。

僧伽制度及仪式　佛教僧团称僧伽。早在佛陀时代甚而之前，东北印度便有许多修道沙门团体。一群弃家修行者追随某位导师并在每年7、8月份雨季时会聚到一起。佛教的雨安居便同这种情形一样。当时在安居地，佛弟子们各自结茅为屋分别居住，但却有共同的归属感，每逢月圆和新月的时候便聚集背诵戒经，相互忏悔，这是布萨日的来由。佛陀去世后百年，固定寺院建立起来，雨安居也逐渐放弃了。到了阿育王时代，具有寺产固定收入的大寺增加了不少。到5世纪甚至有了那烂陀这样的寺院学术中心。中国汉地和藏地的许多大寺庙也都具有相同的讲学和传教的功能。相同的寺院制度也随来往僧人传到了东南亚、日本和朝鲜，但有了稍微的改变。如寺院塑像中吸收了各地的神祇作护法神；寺院布局中随僧伽需要建了禅堂、弥陀堂等。在中国，以往寺院分十方丛林和子孙庙两种，前者是规模较大的讲学中心，后者则是分布在农村的村庄文化中心。僧伽内的仪式有沙弥戒和比丘戒，这是大小乘佛教共有的。大乘中还有菩萨戒，适于发心学佛求三皈依的在家佛教徒。密乘佛教中则有灌顶仪式。此外，僧伽也以宗教仪式为社会提供服务，中国汉地有忏法、水陆法会、瑜伽、焰口、盂兰盆会；藏地也有转经说法等；南传佛教诸国俗信众常有延请比丘至家中念诵护咒经以禳灾避祸的。

佛教伦理与文化　佛教伦理从一开始就遵循了不走极端的中道原则。佛教徒以公开宣称皈依三宝进而实践佛陀指出的生活方式。佛教将慈悲和乐善好施视为必要的品行。“诸恶莫作，众善奉行，自净其意，是诸佛教”被认为是佛陀所说佛教的基本宗旨。佛教认为人除了领悟能力的差异，在善良和最终能觉悟（见佛性）这点上是完全平等的。佛教对生命的敬畏感极强，这表现于不可杀生的信条。它主张慈悲应该泽及一切众生，爱心的显示不仅在于施舍物质，更在于以佛法教导人（法施），以功德分享于人（回向）。

作为意识形态的佛教深刻地影响了佛教徒和非佛教徒的人生理想、生活情趣、行为方式。同时佛教借以表达和宣扬其观念思想、神话传说所借助的不同艺术手段，在人类文明史上产生了重要影响。佛教美术包括绘画、雕刻、塑像等，精彩地体现于亚洲各地的佛教石窟、寺庙和佛塔之中；佛教的寺院建筑群和各种佛塔，随着不同国家民族的艺术风格和气派表现出迥异的特色；许多佛教经典本身就是优美的文学作品，佛经直接影响了各国文学创作中的文体、意境和词汇。总之，当佛教完全渗透到亚洲各国人民生活的精神层面时，它便不再只是宗教，而是民族精神和民族文化的有机组成部分了。

**佛教美术** Buddhist art 诠释佛教活动的美术。它根据佛教的思想信仰，服从佛教特有的偶像崇拜和礼仪上的要求，应教化活动或集团生活的需要而产生。它具有佛教的意义、内容、用途、职能，涉及美术的各门类。在建筑上主要是塔和伽蓝；在雕塑上主要是佛、菩萨、罗汉及诸天像；在绘画上主要是佛、菩萨等单个形象和说法图及各种佛传、本生、变相、曼荼罗、故事画；在工艺美术上主要是各种佛具。佛教最早是不关心造型艺术的实践性宗教。佛祖释迦牟尼涅槃（公元前486或前473）后，在俗信者中盛行对释迦遗物的崇拜，特别是对收藏佛的舍利的窣堵波（佛塔）的崇拜，以至佛教徒以佛塔的营建和装饰美化为中心，开始了造型活动。佛教建筑初期为木构，不久开始使用石构，永久性的佛教石窟从公元前2世纪普遍化。初期的雕塑和绘画以法座、法轮、佛足印作为释迦佛事迹的象征，并且只采取本生图、佛传图的形式。佛像的出现始见于1世纪末叶的犍陀罗（见犍陀罗美术）或马图拉。以后造像急速发展，佛像以外，还大量制作菩萨以下诸尊像，以至确立佛教的偶像崇拜性格。另一方面依然还盛行佛塔崇拜。

由于佛教重视造像，所以在中国又称为像教，在世界三大宗教（包括基督教和伊斯兰教）的美术中，佛教美术的历史最长，在雕塑和绘画方面的成就最大。

体系　佛教美术大致上可以分为3个体系：①早期以佛塔的营建和崇拜为主体。佛像还仅集中于释迦佛，佛教题材以本生图、佛传图为主，一般在内容上比较简单。传往斯里兰卡、东南亚所谓南传佛教诸国及中国傣族地区的美术，大体属于这一体系。即使在北传佛教系统的中亚、中国、朝鲜半岛、日本，这种以佛塔和释迦像为主的美术，在早期仍占主流，只是以后才与第二体系并行发展。②以佛像为主体、以诸佛以下诸尊形象的制作和崇拜为中心而展开的大乘美术。它除了在北传佛教诸国取得充分发展外，还传播到印度支那和印度尼西亚。③密教美术。从7世纪开始在印度出现，其中一支迅速从中国传到日本，又扩展到印度尼西亚；另一支从尼泊尔进入中国西藏后，与当地原始宗教本教（又称本波教）融合，发展为独特的藏传佛教美术，又传播到中国北部和东北部。伴随佛教而传播的佛教美术，遂成为东方古代美术的主流。

分类　佛教美术如按照内容粗略分类，有显教美术和密教美术、大乘美术和小乘美术之区别。显教美术用于统称除密教美术外的全部佛教美术。小乘美术大体相当前述的第一体系，指斯里兰卡以东的南传佛教诸国的美术及北传佛教诸国的前期美术。南传佛教诸国的小乘美术，大多分别融入印度教及各国原始宗教的因素。对此，大乘美术与大乘思想的发展相呼应，主要属于第二体系，特别盛行于中国和日本，到后期还分化为净土教美术、法华经美术、禅宗美术。在日本还与神道思想融合，发展为本地垂迹美术。密教美术在思想上是大乘美术的一种。密教中在咒术式修法时，不可缺少作为本尊的诸尊图像、曼荼罗，因此增加诸尊的种类，并大量制作以多面多臂的异样尊形、怒发、手持武器的忿怒相等密教特有的图像，无论内容与形式更加复杂化。同系统的喇嘛教美术，作为强调变态形式的特异美术受到注目。

佛教起源于印度，佛教美术也发生于印度，以后由北路发展到中亚、中国、朝鲜半岛及日本，由南路遍及东南亚，出现各不相同的发展状况。

印度佛教美术　印度现存最早的佛教美术遗品，是孔雀王朝阿育王狮子柱头。它受到希腊、波斯的强烈影响，制作于前3世纪。早期佛教美术的另一遗物是桑奇大塔。桑奇大塔塔门上以本生故事和佛传雕刻为中心，表现出华丽的装饰纹样。大约制作于公元前3～前2世纪。

公元1世纪末2世纪初，佛像既在当时印度北方的犍陀罗地区制作，也在中部的马图拉地区制作。随着佛教造像活动不断扩大，佛教美术越发盛行。在德干高原中心，阿旃陀石窟和埃洛拉石窟出现的宏大规模的佛教题材壁画，堪称代表性作品（见印度美术）。

图1　缅甸帕亚顿兹寺院东室壁画密宗菩萨图

犍陀罗佛教美术　犍陀罗位于今天的巴基斯坦和阿富汗两国之间，曾为贵霜王朝政治中心，也是古代印度文化和西方文化的接触点。1世纪起，这里曾繁荣过希腊、罗马风格的佛教美术，因而有希腊式佛教美术或罗马式佛教美术之称。它的影响甚至波及中国和日本。犍陀罗佛教美术的鼎盛期至5世纪末，以后，由于贵霜帝国的瓦解而衰亡（见犍陀罗美术）。

中国佛教美术　中国汉地佛教造像活动东汉时已开始了。佛教和佛教美术传入中国的路线可能有4条，其中，丝绸之路应是主要途径。中国的佛教美术以石窟艺术为代表。中国是世界上佛教石窟艺术最为发达的国家。它持续时间之长、分布之广、数量之多，超过任何受佛教影响的国家。新疆的三仙洞和克孜尔石窟开凿于3世纪或更早，为中国最早的石窟，但早期实物已无存。能够保存到现在的比较完整的大型石窟，以甘肃的莫高窟为典型代表。其他重要石窟有炳灵寺石窟、麦积山石窟、云冈石窟、龙门石窟、巩县石窟、天龙山石窟、响堂山石窟、大足石刻、石钟山石窟等。

图2　龙门石窟奉先寺的天王和力士雕像

石窟艺术虽起源于印度，但传到中国后在长期发展中逐步脱离印度和犍陀罗的影响，创立了中国石窟艺术的独立体系，呈现形式和内容丰富多彩的景象。中国的佛教美术，还包括除石窟以外的其他佛教建筑、雕塑、绘画等。它们共同构成中国三国两晋南北朝美术和隋唐美术的主要内容，并对朝鲜和日本产生巨大影响。

佛教美术的题材　从中国的佛教美术看，其题材可分为佛像、菩萨像、明王像、罗汉像、高僧像、天龙八部像、佛传图、本生图、佛经变相、佛教故事图、水陆画、杂画、供养人像等。

**佛拉芒人** Flamands 西欧民族之一。又称佛兰德人或佛来米人。约有720万人(2001)。主要分布在比利时、荷兰和法国等国。部分分布在美国、意大利、加拿大等国。属欧罗巴人种。使用佛拉芒语，属印欧语系日耳曼语族。信奉天主教。族源与荷兰人基本相同，主要由弗里西亚人、法兰克人、撒克逊人等古代日耳曼部落和凯尔特人结合而成。为中世纪尼德兰南部的居民。16世纪尼德兰资产阶级革命中，北部居民由天主教改宗基督教加尔文派，脱离西班牙，建立荷兰共和国，发展成为荷兰人。尼德兰南部居民仍处于西班牙统治下，继续信奉天主教，逐渐发展为佛拉芒人。后相继遭受奥地利、法国的统治。1815年归属荷兰。1830年，大部分佛拉芒人与瓦隆人共同建立了比利时王国，部分留在荷兰和法国境内。佛拉芒人经济发达，历史上以生产呢绒、麻纺、陶瓷著称，现代工业主要有造船、炼油、冶金、采煤、热带产品加工、机械和电气设备等。文化发达，尤以文艺复兴时期的绘画艺术驰名于世。居住在荷兰的佛拉芒人日趋与荷兰人融合。

**佛拉芒语** Flemish language 荷兰语在比利时的传统称谓，比利时的两种官方语言之一（另一种是法语）。属印欧语系日耳曼语族西支。又译弗兰芒语。通行于比利时北部，使用人口约600万。佛拉芒语原是比利时北部佛兰德地区的方言。从13世纪开始，该地区出现了繁荣的商业城市，佛拉芒语的地位逐渐确定。比利时北部同荷兰南部相连，历史上荷兰和比利时曾是一个国家，但由于两地文化和宗教不同，习惯上使用不同的名称来称呼同一种语言。从比利时西部的科特赖克至东部的奥伊彭以北，可以划一条语言分界线，把比利时分为两半，以北为佛拉芒语区，使用佛拉芒语；以南为法语区，使用法语方言瓦隆语。首都布鲁塞尔地区为佛拉芒语和法语混合使用区。现代的频繁交往使佛拉芒语和荷兰语的差别日益缩小。1980年荷兰、比利时两国签约成立“荷兰语联盟”。条约规定两国将共同促进荷兰与比利时北部荷语区之间在语言和文学方面的一体化。现在荷兰、比利时两国在官方文件中及正式场合均不再使用佛拉芒语一词，而统一改用荷兰语。最早的文献始见于10世纪。采用拉丁文字。

**佛兰德** Flanders 比利时北部行政大区，包括西佛兰德、东佛兰德、安特卫普、林堡和布拉班特5省。面积13 522平方千米。人口543.54万(2007)。西临北海并与法国交界，北、东与荷兰接壤。地形分为沿海平原和高原两部分，平原高度接近海平面，高原海拔约200米。居民主要为操佛拉芒语的佛拉芒人。历史上曾是欧洲重要经济中心。20世纪后期在安特卫普和布鲁塞尔之间发展起高科技产业走廊，遂成为比利时现代经济中心。石油加工、食品工业、化学工业和电子工业为主要工业部门。农业发达，主要生产谷物、甜菜、马铃薯、水果、花卉等。旅游业非常发达。著名城市有布鲁塞尔、安特卫普、根特。

**佛兰德斯美术** Flemish art 佛兰德斯为西欧历史地名，泛指古代尼德兰南部地区，大体上包括现在的比利时、卢森堡以及法国东北的部分地区。其美术的历史范畴包括15～18世纪，它曾对整个欧洲美术的发展有重要影响。

绘画 12～13世纪，在尼德兰南部的佛兰德斯出现过用铜和珐琅制造工艺品的雕塑家和工艺师。14世纪起手抄本细密画流行，因此在绘画中有追求精确地描绘细节的传统，培育出画家凡·爱克兄弟和R. van der 韦登。他们的绘画不仅独立于同时代意大利绘画之外，而且对意大利美术有直接而重要的影响。16世纪许多佛兰德斯画家前往意大利深造，回国后，力求把意大利样式主义同这里中世纪的绘画传统融合起来。可惜这种融合略显生硬，艺术成就不大。只有勃鲁盖尔家族始终保持着民族绘画传统的精华部分，并加以发展，从而其艺术成就能与15世纪的画家凡·爱克兄弟等衔接起来。

17世纪为佛兰德斯美术的黄金时代。这时期的美术与同期荷兰独立后为新兴资产阶级服务的美术不同，它仍受西班牙封建专制和天主教会势力的控制，主要为宫廷贵族、富商和耶稣会服务，追求富丽堂皇的装饰风格。同时也存在着反封建和民族意识的因素，并往往采取曲折的、寓喻的形式表现出来。17世纪的佛兰德斯美术主流带有明显的贵族性和宗教性，属巴罗克美术运动的重要组成部分，但仍不失人民性。1608年，P.P.鲁本斯自意大利回到安特卫普，使佛兰德斯美术，包括宗教历史画等获得新的生命力。鲁本斯的艺术对当时佛兰德斯绘画影响很大。

图1 约尔丹斯作《老人唱歌，青年吹笛》

图2 海姆作《大团花》(1650)

佛兰德斯的风俗画和风景画均起源于16世纪尼德兰画家P.勃鲁盖尔绘画的传统。J.约尔丹斯受到鲁本斯的影响（图1），其艺术成就被认为相当于荷兰风俗画家J.斯滕。A.布鲁韦尔可能曾从荷兰画家F.哈尔斯习画，他那些表现农民贫困潦倒生活的油画，在技法上有革新精神，构图单纯，造型概括而厚重，很注意画面气氛和整体感的表现。当时佛兰德斯流行的风俗画家还有A.扬森斯、G.科克斯等。

风景画作为独立画种不如在荷兰那样发达。鲁本斯的风景画以其宏伟的气势和生动性，在这一体裁的佛兰德斯绘画中最为突出。此外，较有名的风景画家还有L.van 丁登。

在静物画和动物画方面，小勃鲁盖尔为最优秀的花卉画家。仅次于他的花卉画家为A.博萨尔特。O.贝尔特和C.佩特斯擅长于画牡蛎之类食品，J.van 许尔斯东克则喜爱画水果。F.斯尼德斯是画带有动物的静物画和狩猎图的能手。他深受鲁本斯的影响，作品不仅幅面大，而且气势宏伟，富有节奏感。其弟子J.菲特喜欢画已死的猎获物。这类油画一直流行到18世纪，甚至影响了后来英国和法国的动物画。

J.D.de海姆在佛兰德斯静物画家中对后人影响最大（图2）。他有许多学生，他们形成了安特卫普静物画派。这个画派所绘的数百幅风格类同的静物画一直留传至今。海姆首创了一种样式豪华的静物画，其中水果、花卉、容器和玻璃杯等相互组合，画面气氛相当热烈。

建筑 17世纪耶

稣会的巴罗克式天主教堂和世俗建筑均很发达。18世纪起，佛兰德斯建筑受到外来影响，在建筑样式方面发生过变化。1900年左右，比利时的实用建筑和现代建筑成为现代建筑的先锋派，其建筑师有H.van de韦尔德、亨克、V.奥太等。这类建筑对德国、荷兰、法国的现代派建筑有相当影响。

雕塑　佛兰德斯雕塑有自身的传统。14～15世纪时法兰西－佛兰德斯雕塑家C.斯吕特把晚期哥特式传统与文艺复兴样式的萌芽结合起来，形成自己的风格，创建了勃艮第雕刻学派。其代表作品为著名雕塑《摩西井》，其中6个等身大的雕像在造型上具有纪念性艺术的概括性，并显示出世俗人物的坚强意志。他的雕刻对法国、尼德兰、德国文艺复兴雕塑产生重大影响。

**佛郎机**　Frangi　中国明代对葡萄牙和西班牙的称谓。本是近代以前土耳其人、阿拉伯人以及其他东方民族泛指欧洲人所用的名称。中国人称葡萄牙为佛郎机是从东南亚的伊斯兰教徒口中传来的。15世纪末，西方殖民主义者纷纷东来。明正德九年（1514），葡萄牙人乘船来到中国广东沿海，当时人即称之为佛郎机。嘉靖元年（1522），葡萄牙殖民者寇犯广东新会之西草湾，被中国舰队驱逐出境。此后，葡萄牙人肆掠东南沿海多年。三十二年，葡萄牙殖民者贿买海道副使汪柏，盘踞澳门，并招收倭奴，建筑防御工事，杀害官军，违禁偷税走私，终明之世，未尝为变。明隆庆五年（1571）西班牙人东来侵占吕宋（今菲律宾），并向中国扩展侵略势力。明人也把在吕宋的西班牙人称为佛郎机。另外，佛郎机又是佛郎机炮的简称，清代还有把法兰西也称为佛郎机的。

**佛朗哥**　Franco, Francisco（1892－12－04～1975－11－20）　西班牙国家元首（1939～1975），西班牙长枪党首领，法西斯军人独裁者。生于埃尔费罗尔一军官家庭，卒于马德里。1912年赴摩洛哥参加西班牙殖民战争。1926年晋升为准将。在M.普里莫·德·里维拉军事独裁时期，任萨拉戈萨军事学院院长。1935年任陆军参谋总长。1936年7月18日从摩洛哥回国，发动反对人民阵线政府的武装叛乱。10月1日，任陆、海、空三军大元帅。经过近3年内战，1939年3月21日，佛朗哥军队占领马德里，推翻共和政府，建立独裁统治，佛朗哥自任国家元首，取消其他一切政党，法西斯政党长枪党为唯一合法政党，对共产党以及进步人士进行逮捕、枪杀。第二次世界大战期间，派遣“蓝色师团”配合德国进攻苏联。1947年宣布西班牙为君主国，佛朗哥为终身摄政王。1969年7月，宣布西班牙前国王阿方索十三世之孙胡安·卡洛斯一世在他死后继承王位。

**佛罗里达州**　Florida State　美国大西洋沿岸南部区一州。以佛罗里达半岛为主体，介于大西洋和墨西哥湾之间，北接亚拉巴马州和佐治亚州，南隔佛罗里达海峡与古巴相望。

迈阿密市鸟瞰

半岛南端的塞布尔角是美国本土的最南端。面积170 305平方千米，其中陆地面积139 697平方千米。人口1 832.83万（2008），其中白人占78%，黑人占14.6%。州府塔拉哈西。主要城市有杰克逊维尔、迈阿密、坦帕等。

海岸线长达2 173千米，居美国本土各州之首。地势低平，大部分地区属大西洋和墨西哥湾沿岸平原，平均海拔仅30米，与路易斯安那州并列为美国第二低州。岩溶地貌广泛发育，溶蚀湖泊星罗棋布。奥基乔比湖面积1 717平方千米，为全州最大湖泊。南部的埃弗格莱兹大沼泽地，面积广达1.3万平方千米。亚热带湿润气候，1月平均气温11～13℃，7月27℃。年降水量1 000～1 500毫米，以夏雨为主。夏秋易受飓风侵袭。森林覆盖率47%，多松、柏、栎和棕榈。

原为印第安人聚居地。1513年西班牙探险家到此。1564年法国人在东北部圣约翰河口建立加罗林堡，次年遭西班牙人驱赶和屠杀，并在现圣奥古斯丁附近建立美国境内第一个永久性白人定居地。19世纪以前，除1763～1783年被英国占领外，一直为西班牙殖民地。1819年归属美国。1845年加入联邦，成为美国第27州。1861年南北战争时退出联邦，1868年重新加入。

农业收入的4/5来自种植业。以种植果树、蔬菜著名，是美国主要果园和园艺州之一。畜牧业以饲养肉牛、奶牛、禽类和良种马为主。沿海及河湖渔业盛产虾、蟹、贝类和鲭、鲻、鮨、鲷等鱼类。矿业以磷酸盐开采为主，产量居全国之首。制造业中，电子设备、运输设备和仪器仪表制造居领先地位；其次是食品加工、机械、金属加工、服装、化工、木材加工等。宇航事业带动了高科技产业发展。陆海空交通便捷。著名的基韦斯特跨海公路，串联佛罗里达群岛，直通迈阿密，全长250千米，是世界上最长的跨海公路。有19个机场，其中迈阿密国际机场属全国最繁忙机场之列，是通往拉丁美洲的门户。主要海港有坦帕、杰克逊维尔等，迈阿密则为游船停泊港。旅游业发达，为本州最大的支柱产业。

有3个国家公园，其中大沼泽地国家公园被列入《世界遗产名录》；有3个国家森林保护区，6个野生动植物保护区，110个州立公园，以及众多历史遗址和纪念地。沃尔特·迪斯尼世界是当今规模最大的现代化游乐场。大西洋沿岸卡纳维拉尔角的肯尼迪航天中心举世瞩目，1969年第一艘登月飞船在此发射。美军最重要的指挥机构——中央司令部设在坦帕。文化教育发达。有佛罗里达大学、佛罗里达州立大学、迈阿密大学等高等院校。

**佛罗伦萨**　Florence; Firenze　意大利托斯卡纳大区首府，佛罗伦萨省首府，文化名城。曾译翡冷翠。位于国土中北部，亚平宁山脉西麓的山间盆地中，阿尔诺河穿城而过。面积104平方千米。人口36.9万（2010）。气候宜人。始建于公元前59年，称为佛罗伦蒂亚，公元3世纪发展成为罗马帝国的行省首府和贸易中心。5世纪末被东哥特人占领，6世纪中叶属拜占廷帝国，后又被伦巴德人占领。8世纪末并入法兰克王国。962年起隶属神圣罗马帝国。12世纪成为城邦国家，商业繁荣，手工业发达。文艺复兴时期，产生了但丁、F.彼特拉克、G.薄伽丘、达·芬奇、米开朗琪罗、伽利略、N.马基雅维利等具有世界影

韦基奥宫（始建于1299年，为市政厅）

响的名人，商业、金融、科学、艺术均达到很高水平。后因受英国、荷兰等国的竞争，商业日趋衰落。1569年，美第奇家族依靠西班牙支持，建托斯卡纳大公国，佛罗伦萨为首府。1739年起为奥地利所统治。1860年并入撒丁王国，后成为意大利王国的一部分。1865～1871年为意大利临时首都。工业主要有纺织和纺织器材、汽车、化学、玻璃、陶瓷、精密仪器制造等；金银细工、刺绣、高级服装、草帽编织等传统产业亦很有名。工业主要分布在郊区。市郊周围丘陵地盛产葡萄、橄榄等。地当意大利南北陆上交通要冲，是联系南北各主要城市的铁路、公路交通枢纽。文化艺术古城和胜地。旅游业是支柱产业。历史中心区保留着文艺复兴时期的城市风貌，有40多个博物馆和艺术画廊，以及60多座宫殿和大小教堂，如韦基奥宫、**佛罗伦萨大教堂**。意大利重要文化中心，有全国最大的图书馆和佛罗伦萨大学。

**佛罗伦萨大教堂** Florence Cathedral 位于意大利佛罗伦萨市中心。1296年由处于全盛时期的市政当局决定建造，设计人阿诺

佛罗伦萨大教堂的穹顶

尔福·迪坎比奥。1302年阿诺尔福死后，教堂停工。1334年**乔托**等人修改部分设计，继续建造，但因技术困难，没有建屋顶。直到1420年才由F.布鲁内莱斯基动工建造大穹顶。1434年穹顶完成，1462年其上又建了一个八角采光亭。西部大理石饰面始建于13世纪，中间一度停工，直到19世纪才最后完成。

高106米的中央穹顶为意大利早期文艺复兴建筑的第一个作品。基部八边形，直径42.2米，各面带圆窗的鼓座高10余米。设计者成功地把一个文艺复兴式的屋顶形式和一个哥特式建筑结合起来，并通过鼓座，使穹顶在建筑外部的构图作用得以充分显现，成为城市轮廓的重要组成部分。这是自古罗马时代以来，穹顶建筑的一个巨大进步。

**佛罗伦萨共和国** Republic of Florence 意大利中部城市国家。成立于1187年，1569年被托斯卡纳大公国取代。欧洲**文艺复兴运动**的中心，在意大利发展史上占有重要地位。

佛罗伦萨原为罗马帝国殖民点。公元5世纪末臣服于**东哥特王国**。6世纪中叶为**拜占廷帝国**统治。6世纪下半叶被伦巴德王国征服。8世纪末并入**法兰克王国**。962年起隶属**神圣罗马帝国**。1115年成为独立的城市公社。12世纪下半叶建立市政领导机构。1187年击败神圣罗马帝国皇帝亨利六世，获自治权，成为独立的城市共和国。14世纪开始对外扩张，先后征服皮斯托亚、沃尔泰拉和阿雷佐。15世纪初又征服比萨，获得经阿诺河到地中海的出海口，成为托斯卡纳地区霸主。1434年**美第奇家族**夺取政权，建立僭主政治。1494年法国侵入佛罗伦萨，美第奇家族被逐。1569年美第奇家族依靠西班牙支持，建托斯卡纳大公国，以佛罗伦萨为首府，共和国历史结束。1739年起被奥地利统治。1860年并入撒丁王国，1861年成为意大利王国的一部分。1865～1871年曾是意大利临时首都。

佛罗伦萨是欧洲文艺复兴的发源地和中心，诗歌、绘画、雕刻、建筑、音乐均有突出成就。产生过诗人**但丁**、F.**彼特拉克**，作家G.**薄伽丘**，画家**达·芬奇**，雕刻家**米开朗琪罗**，历史与政治理论家N.**马基雅维利**、L.瓦拉以及天文学家**伽利略**等历史巨人。

**佛罗伦萨画派** Florence school 意大利文艺复兴时代最大的美术流派。13世纪末已逐渐形成，其先驱人物是**奇马布埃**，真正奠基人是**乔托**。因其成员主要为乔托门生，故又称乔托画派。15世纪初，佛罗伦萨艺术首先在建筑和雕塑方面出现了进一步学习古典、彻底抛弃中世纪传统的高潮。建筑师F.布鲁内莱斯基发现了科学的透视画法。雕塑家**多纳太罗**则潜心研究人体结构，开始创作完美的裸体形象。在他们的影响下，画家马萨乔第一次以合乎科学原理的写实手法表现人物和景物。马萨乔之后，佛罗伦萨画派达到繁荣的高峰。15世纪后期，佛罗伦萨画派画家S.**博蒂切利**在写实的基础上，充分发挥了佛罗伦萨画派善用线条的传统，表现秀丽婉约的女性美极为出色（见图）。16世纪盛期文艺复兴的三位伟大代表中，**达·芬奇**和**米开朗琪罗**属佛罗伦萨画派，**拉斐尔**也主要在佛罗伦萨完成其学业。和他们同时的A.del萨尔托，成为佛罗伦萨古典主义的代表。

15世纪中期以后，佛罗伦萨画派呈衰退之势，**样式主义**倾向

博蒂切利作《圣母子与施洗者约翰》（卢浮宫博物馆藏）

产生于佛罗伦萨，后波及全意大利，它的流行实际上标志着佛罗伦萨人文主义盛期美术的结束。

**佛山市** Foshan City 中国广东省辖地级市。位于省境中南部，珠江三角洲北缘。辖禅城、南海、顺德、高明、三水5区。面积3 868平方千米。人口719万（2010）。著名侨乡。海外华侨和港澳同胞100多万人。唐贞观二年（628）在城内的塔坡岗上挖掘出三尊佛像，“佛山”（又称禅城）因此得名。唐宋年间为岭南重镇，商品集散中心。明、清曾与汉口、景德、朱仙合称四大名镇。1925年设佛山市，1958年属佛山专区（1970年更名为佛山地区），1983年撤地区设地级佛山市。市境以平原为主。属亚热带季风性湿润气候。农业主产水稻、甘蔗、蔬菜、香蕉、荔枝、龙眼、花卉等，桑基塘鱼、蔗基塘鱼和果基塘鱼是最具特色的传统农业。矿产有陶土、岩石、玻璃砂、稀有金属等，工业除了传统的陶瓷、建材、纺织、丝绸、工艺美术外，主要有新兴的电子、机械、化工、塑料、化纤等。名胜有佛山祖庙、梁园、仁寿寺、西樵山、清晖园、西山庙、文塔、灵龟塔等。佛山是国家历史文化名城。

佛山祖庙

**佛图澄** Fotucheng (232～348) 中国西晋、后赵僧人。本姓帛。西域龟兹人。卒于邺宫寺。曾到罽宾受学，晋怀帝永嘉四年 (310) 到洛阳。据称他能诵经数十万言，善解文义，且辩才无碍；重视戒学，持戒精严，对于古来相传的戒律多有考究，并以此教授徒众。

佛图澄学识渊博，天竺、康居名僧竺佛调、须菩提等皆不远万里前来从其学习，汉地名僧道安、法雅等也纷纷拜师受教。据《高僧传》载，其门下受业弟子众多，身边常有数百，前后门徒近万人。著名的有法首、法祚、法常、法佐、僧慧、道进、道安、僧朗、竺法汰、竺法和、竺法雅、比丘尼安令首等。

**佛性** Buddhatva; Buddhatā 佛教术语。佛陀（即释迦牟尼）之本性，也指可成为佛的潜在可能性，即成佛的因性、种子。此性质等同于如来藏。小乘佛教并不认为众生可以成佛；大乘佛教将成佛的可能推及一切众生。但在不同时期不同宗派，对佛性理论并无一律的说法。最初，印度佛教并不以为菩萨之外的有情可以成佛。一般人并没有先天的佛性，但可以修行而得佛性。以后逐步承认，人皆有佛性，但由于烦恼无明覆障，所以得通过修行而显发佛性。为调和各宗派关于佛性的争论，一般认为无所不在的作为宇宙本体的是理佛性，而众生要通过见闻思修才能开发的是行佛性。

关于佛性的主张甚多。说一切有部认为佛性是后天的，并且在众生中存在有、无及不定3种情况；世亲《佛性论》讲有3种佛性：自性住（先天本有），引出（靠修持引发），至得（得佛果后，佛性圆满显示）；天台宗说3种佛性：本具之正因，照理之了因，修持之缘因；法相宗说5种性：菩萨、独觉、声闻3种成佛，另有成佛不定及无种姓不能成佛者；真言宗说众生悉有佛性；净土宗说依据阿弥陀佛本愿的信心可有佛性。

**否定之否定规律** negation of negation, law of 唯物辩证法的基本规律之一。它表明事物自身发展的整个过程是由肯定、否定和否定之否定诸环节构成的。其中否定之否定是过程的核心，是事物自身矛盾的解决形式。“否定之否定”的概念和理论，是德国哲学家G.W.F.黑格尔第一次明确提出来的。他分析了概念自身的矛盾，认为任何概念都可以归结为肯定和否定两方面的对立统一。肯定就是概念自身，是概念的抽象状态。否定是和概念自身性质相反的规定。概念由肯定转化为否定，即由抽象转化为具体。概念的本性是抽象与具体的统一。因此，否定必须再次被否定，重新回到肯定，使否定和肯定，即具体和抽象结合起来，这就是否定之否定。否定之否定是对原来概念的扬弃，使它具有更丰富的内容。经过否定之否定的过程，原来的概念获得了新的发展。由于这个过程开端的概念和最后的概念是重合的，因此，黑格尔把否定之否定比喻为圆圈式的发展。马克思主义哲学对黑格尔的否定之否定规律进行了革命的改造，使这一规律获得了唯物主义的科学内容。马克思主义哲学的否定之否定规律，不是从概念、思维中逻辑地推演出来的，而是从客观事物和现实的发展中抽取出来的，是对自然界、社会历史中事物发展普遍规律的反映。否定之否定是指同一事物的同一矛盾的发展和解决过程。

**否决权** veto power 某些国家元首所享有的推翻已被议会通过的法案或使其延缓生效的权力。是行政干预立法的方法之一。如不丹国王对法案有绝对否决权。美国总统可以否决国会通过的法案，退还国会复议，如该法案再经国会两院以2/3的多数通过，则即行生效；在法案送交总统签署的10天内（不包括星期天）未被退回国会，就被认为总统已经批准；如国会在规定期限届满之前休会，总统就可以把法案搁置不理，使法案自行无效，此即所谓的搁置否决权。另指国际法上的否决权。《联合国宪章》规定，安全理事会对于程序事项以外的一切事项的决议，必须以包括中、美、英、法、俄5个常任理事国在内的9个理事国的全部赞成票，才能通过成立。即任何一个常任理事国都可以否决非程序议案的通过。

**夫差** Fuchai (?～前473) 中国春秋时期吴国君主（前496～前473）。阖闾次子。为遵从败于越王勾践的父王阖闾的遗训，即位当年就以伯嚭为太宰，与老将伍子胥操演军队，以图复仇。次年在夫椒大败越国，攻破越都（今浙江绍兴），使越屈服。公元前486年，开邗沟，连接长江和淮水，开辟出一条通向宋、鲁的水道，进逼中原。此后，又在艾陵（今山东泰安）打败齐国。公元前482年，在黄池（今河南封丘西南）大会诸侯，与晋争霸，适逢晋室内乱，夫差一度夺得霸主地位。连年的兴师动众造成国力空虚。越王勾践不忘会稽之耻，国力逐渐恢复。趁夫差率精锐赴黄池之会、只有太子与老弱留守之机，越军乘虚而入，并杀死吴太子。夫差匆匆赶回与越议和。吴长期穷兵黩武，民力凋敝，难以与越抗衡。公元前473年，越再次兴兵，终灭吴国，夫差自杀。

吴王夫差矛

**夫兰克** Frank, Frederick Charles (1911－03－06～1998－04－05) 英国物理学家。长期在布里斯托尔大学任教。研究领域为晶体物理学，在位错理论、晶体生长理论、液晶和高分子理论等方面都有重要贡献。1949年首先提出螺型位错在晶面露头处的台阶可以促进晶体生长这一独创性的想法，随即得到实验的证实。1951年他与W.伯顿和N.卡夫雷拉联合署名发表的《晶体生长与表面平衡结构》长篇论文，已成为晶体生长理论的经典著作。他提出用参考晶体和实际晶体中对应回路法来定义位错，并对位错增殖、不全位错、运动位错和位错网络等理论都有所发展。他根据对金刚石的研究来探讨地壳形成的机制，对地学也有贡献。

**夫兰克** Franck, James (1882－08－26～1964－05－21) 德国物理学家。生于汉堡，卒于格丁根。1906年获柏林大学博士学位。历任威廉皇帝物理化学研究所分部主任，格丁根大学教授。1934年移居美国后，任约翰·霍普金斯大学物理系教授，芝加哥大学物理化学教授。主要贡献是最早通过研究电子和原子碰撞实验直接证实了N.玻尔1913年提出的有关原子定态假设的正确性。1914年夫兰克和G.L.赫兹利用电场加速由热阴极发出的电子，使电子获得能量并与管中汞蒸气原子发生碰撞。实验发现，当电子能量未达到某一临界值时，电子与汞原子发生弹性碰撞，电子不损失能量；当电子能量达到某一临界值时，就发生非弹性碰撞，电子的定量能量传递给汞原子，后者被激发，可以观察到汞原子跃迁的发射谱线。夫兰克－赫兹实验的结果表明电子失去的能量只能等于一系列分立值，说明原子的能级是分立的。这对原子

的量子理论的建立有重要意义。由于这一研究成果，夫兰克和赫兹同获1925年诺贝尔物理学奖。他还研究了电子和原子与分子的碰撞，阐明分子间力与分子光谱的关系，提出分子中的电子跃迁远比分子振动迅速，由此导出夫兰克-康登原理。

**夫琅禾费** Fraunhofer, Joseph von（1787-03-06～1826-06-07） 德国物理学家。生于斯特劳宾，卒于慕尼黑。幼年当学徒，自学数学和光学。1806年在一家光学工厂当工匠，1823年任慕尼黑科学院物理陈列馆馆长和慕尼黑大学教授。对光学和光谱学作出了重要贡献。1814年用自己改进的分光系统，发现并仔细研究了太阳光谱中若干条暗线（称夫琅禾费线）。利用衍射原理测出它们波长，将576条暗线编制成表。还在星光中发现了某些暗线。他用这些谱线测量了各种光学玻璃的折射率，达到前所未有的精度，解决了大块高质量光学玻璃制造的难题。他首次用几何光学理论设计制造了消色差透镜，还首创了用牛顿环方法检测光学表面加工精度及透镜形状。他所制造的大型折射望远镜等光学仪器，负有盛名。1821年，他发表了平行光单缝衍射的研究结果（后人称为夫琅禾费衍射），做了光谱分辨率的试验，第一个定量地研究了衍射光栅，制成260条平行线组成的光栅，用它测了光的波长。1823年他又用金刚石刀刻制了玻璃光栅，给出了光栅方程，今仍通用。

**夫妻财产制** matrimonial regime 规定夫妻财产关系的法律制度。又称婚姻财产制。包括夫妻婚前财产和婚后所得财产的归属、管理、使用、收益、处分，债务的清偿，共同生活费用的负担，以及婚姻解除时的财产清算等问题。

当代各国立法中的夫妻财产制，从法律效力和适用范围看，可分为两类：①约定财产制，即婚姻当事人得以契约选定财产制。②法定财产制，即法律对夫妻财产关系所作的一般的、标准化的规定。从内容和特点来看，夫妻财产制可分为：①统一财产制。即妻子将其原有财产的所有权移转于丈夫，本人仅保留返还请求权，在婚姻终止时，丈夫应将此项财产返还给妻子或妻子的继承人。②共同财产制。即将双方财产的全部或一部分合并为共同财产，归夫妻共有，婚姻终止时才依法分割。③联合财产制。即婚姻成立后，夫妻的财产仍归各自所有，但将其联合在一起由丈夫管理，丈夫对妻子的原有财产有使用权、收益权、孳息的所有权，甚至可不经妻子同意，进行管理上所必要的处分。④分别财产制。即夫妻的婚前财产和婚后所得的财产均归各自所有。

2001年修订的《中华人民共和国婚姻法》规定夫妻财产制为共同财产制。其中第17条规定，夫妻在婚姻关系存续期间所得的财产归夫妻共同所有的是：工资、奖金；生产、经营的收益；知识产权的收益；继承或赠与所得的财产；以及其他应归共同所有的财产。

**夫兄弟婚** levirate 婚姻习俗的一种。即一个女子当其丈夫死后必须转嫁给亡夫的兄弟，而亡夫的兄弟也有娶她的权利和义务。这种婚俗出现于原始社会母系氏族制后期，在古今许多民族中广泛流行。它是原始社会群婚的残余形式。私有制产生后，赋予这种婚俗以不同的意义，妻子被当作夫家财产，寡妇须留在夫家转嫁，由族内继承，以免财产外溢。中华人民共和国建立前，哈萨克、柯尔克孜、达斡尔、鄂温克、独龙、怒、景颇、佤、傈僳、彝、毛南、赫哲、哈尼、苗、壮、布依、黎等族行此婚俗。

**夫子庙** Confucius Temple 中国南京供奉和祭祀孔子的庙宇。又称文庙。位于江苏省南京市秦淮区。北宋景祐年间在此兴建文宣王庙。南宋初毁于兵火，绍兴年间重建，为建康府学。元、明、清都是府学所在地。夫子庙以秦淮河为泮池，筑堤环抱，南岸有照壁、月牙池。庙前东西有聚星亭，后有大成殿、尊经阁等建筑。1937年大部分建筑被日军焚毁。1949年以后得到整治改造，已辟为贸易集市，以小商品、风味食品见长。夫子庙已成为南京市重要旅游景点。

**呋喃** furan 含有一个氧杂原子的五元杂环化合物，分子式$C_4H_4O$。存在于少数的精油和松木焦油内。有些糖类以分子内半缩醛的形式形成取代的呋喃环系，称为呋喃型糖。呋喃的重要衍生物糠醛（呋喃2位上的氢原子被醛基取代）是一种农副产品，苯并呋喃和二苯并呋喃存在于某些天然产物内。呋喃为无色液体；熔点-85.6℃，沸点31.4℃，相对密度0.951 4（20/4℃）；微溶于水，溶于乙醇、乙醚等有机溶剂。它与浸有盐酸的松木片反应呈现绿色，这是鉴定呋喃的一种方法，称为松片反应。呋喃可以发生环加成反应。也可以水解成1,4-二羰基化合物。它比苯活泼得多，硝化或卤化时，除得到取代产物外，还有加成产物。呋喃可由糠醛大量生产。呋喃的同系物可由1,4-二羰基化合物失水制取。呋喃经催化氢化反应可制成四氢呋喃，它是重要的非质子极性溶剂，凝固点-108℃，沸点67℃，相对密度0.889 2（20/4℃）；可与水以任何比例混溶；与乙醚类似，也容易形成易爆炸的过氧化合物。四氢呋喃也容易水解开环，利用此反应可以制取1,4-二羟基化合物、二卤化合物等。

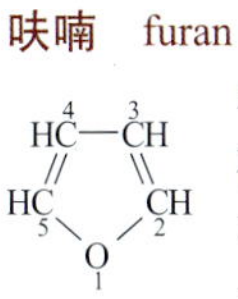


**呋喃丹** carbofuran 氨基甲酸酯类杀虫剂和杀螨、杀线虫剂。学名2,3-二氢-2,2-二甲基-7-苯并呋喃基-N-甲基氨基甲酸酯。商品名克百威。又称虫螨威。纯品为白色结晶，没有腐蚀性，不易燃。在中性和酸性条件下较稳定，在碱性介质中不稳定，水解速度随pH值和温度的升高而加快。在水田中半衰期为1～2天，土壤中为30～60天。呋喃丹是内吸剂，兼有触杀作用，能被植物根、茎、叶吸收，并在体内传导。多施于土壤防治害虫。杀虫谱广，对稻、棉、玉米、高粱、甜菜、花生等作物以及林木、花卉上的多种害虫和线虫有效，但对稻纵卷叶螟效果差。持效期长，一般可达30～40天。剂型主要是颗粒剂。防治地上害虫亩用有效成分35～60克，防治地下害虫和线虫亩用200～250克。稻田多用土壤或水面施药法；防治旱田作物害虫和地下害虫、线虫时随种子播入土中；作物生长期可条施或沟施入土中。颗粒剂不能浸水后喷雾。

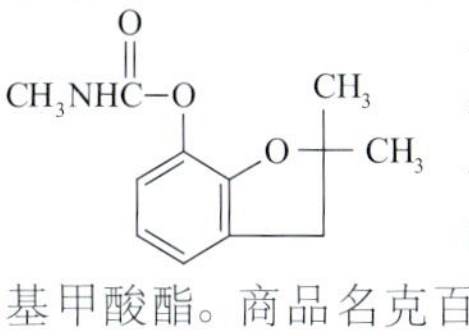


**肤觉** cutaneous sensation 皮肤受到物理或化学刺激所产生的触觉、温度觉和痛觉等皮肤感觉的总称。研究结果表明，不同的皮肤点产生不同性质的感觉，同一皮肤点只产生同一性质的感觉，因而确定触、温、冷、痛为四种基本的肤觉。这些相应的皮肤点称为触点、温点、冷点和痛点。这几种感觉点在一定部位的皮肤上的数目是不同的，其中以痛点和触点较多、温点和冷点较少。并且同一种感觉点的数目在皮肤的不同部位也是不同的。实验研究还发现，刺激强度的增大可以导致相应的皮肤感觉点数目的增加；局部麻醉可以使肤觉按照触觉、痛觉、温觉、冷觉的顺序消失，而恢复时的顺序则相反。

**弗格森** Ferguson, Harry George（1884-11-04～1960-10-25） 英国工业家、机械设计师。生于爱尔兰阿尔斯特德罗莫尔，卒于格罗斯特郡斯托昂泽沃尔德。1935年创制了使拖拉机和配套农机具成为一个整体的三点悬挂系统，被称为弗格森系统。1936～1946年，他先后与英国的戴维·勃朗公司和美国的福特摩托公司合作生产弗格森拖拉机。1948年，弗格森公司在美国的底特律拖拉机厂建成投产。以后又在英国、澳大利亚等国设厂生产拖拉机和农机具。1953年，弗格森公司与加拿大的马西·哈利斯公司合并成为马西·哈利斯·弗格森公司，1958年以后改名为马西·弗格森公司，成为拖拉机和农机具行业的跨国大公司。弗格森还对汽车底盘传动的技术发展作出过贡献。

**弗吉尼亚比奇** Virginia Beach 美国弗吉尼亚州最大城市。位于该州东南部，濒临大西洋切萨皮克湾，滨海区长61千米。市区面积643平方千米，人口43.38万（2008）。隶属诺福克大都市区。1887年始建，1906年设镇，1953年设市。长期处于诺福克的卫星城镇地位。1970～2000年城市人口增长1.5倍，成为全州人口最多的城市。美国东海岸防御体系的重要一环，有欧舍那海军航空兵站、利特尔克里克海军两栖作战基地、达姆尼克海军训练中心、斯托里陆军要塞等军事设施，雇用全市约1/6的就业人口。旅游业为城市经济的主业。宜人的气候、45千米长的细软沙滩、占地1 093公顷的州立海滨公园、良好的游乐设施和以牡蛎出名的鲜美海味，每年吸引游客逾200万人次。主要工业部门有造船、电子等。市内的弗吉尼亚海洋科学博物馆享有盛名。有亚当·瑟罗古德房宅（1680）、老亨利角灯塔（1790）和海军将领格拉斯伯爵塑像等历史胜迹。

**弗吉尼亚州** Virginia State 美国大西洋沿岸南部区一州。西和西北分别与肯塔基州、西弗吉尼亚州交界，南与田纳西州、北卡罗来纳州接壤，东北与马里兰州、哥伦比亚特区相邻；东临大西洋切萨皮克湾，包括湾东特拉华半岛南部。面积110 784平方千米，其中陆地面积102 559平方千米。人口776.91万（2008），其中白人占72.3%，黑人占19.6%。州府里士满。主要城市有弗吉尼亚比奇、诺福克、纽波特纽斯等。

全州呈三角形，地势西高东低。西部属阿巴拉契亚高地区，其4个次一级地形单元阿巴拉契亚高原、岭谷区、兰岭和山麓台地（皮德蒙特高原）自西向东依次排列，最高点罗杰斯山海拔1 746米。东部属大西洋沿岸平原区，海拔不足90米。境内4条主要河流波托马克河、拉帕汉诺克河、约克河、詹姆斯河顺地势向东注入切萨皮克湾。亚热带湿润气候。自西向东，1月平均气温0～6℃，7月20～26℃；年降水量900～1 300毫米。森林覆盖率63%。

原为印第安人聚居地。1607年英国移民在詹姆斯河口建立起在北美的第一个永久定居地，即詹姆斯敦。1624年成为英国在美洲的第一个皇家殖民地。1788年加入联邦，成为美国第10州。1861年南北战争时退出联邦，1870年重新加入联邦。

经济发展速度高于全国平均水平，生产总值和人均收入居各州前列。烟草为本州传统经济作物，产量居各州前列；其他主要农作物有玉米、干草、花生、大豆、蔬菜、水果等。农业收入2/3来自畜牧业，以饲养家禽为主，其次是肉牛、乳牛和猪，火鸡和史密斯菲尔德火腿享誉全国。近海渔业盛产蓝蟹、扇贝、牡蛎及比目鱼、鲈鱼、美洲鳗等。矿业以采煤为主。制造业发达。化学工业为首要部门，包括塑料、合成材料、制药、化肥等；其次是食品工业和以造船、汽车零件和装配为主的运输设备制造业；还有制烟、电子和电气设备、纺织、造纸、木材加工等。里士满、诺福克、纽波特纽斯是主要工业中心。高科技产业已具相当规模，电信、计算机等许多公司主要集中在北弗吉尼亚。交通发达，公路、铁路网稠密。詹姆士河口附近多深水良港，著名的汉普顿罗兹港区包括诺福克、纽波特纽斯、朴次茅斯等港。

州内风景秀丽，历史古迹众多，旅游资源丰富。是8位美国总统的诞生地，素称“总统之乡”。有谢南多厄国家公园和28个州立公园。著名的“历史三角”威廉斯堡、约克敦、詹姆斯敦辟为科洛尼尔国家历史公园。美国第三任总统T.杰斐逊在夏洛茨维尔的故居蒙蒂塞洛及其创建的弗吉尼亚大学（1819）被列入《世界遗产名录》。威廉与玛丽学院（1693）是美国第二所最古老的高等院校，还有弗吉尼亚军事学院、华盛顿－李大学、弗吉尼亚工学院等著名学府。

**弗拉戈纳尔** Fragonard, Jean-Honoré（1732-04-05～1806-08-22） 法国画家。生于格拉斯一商人家庭，卒于巴黎。他曾从J.-B.-S.夏尔丹和F.布歇学画。1752年以《热罗博昂祭神》获罗马大奖。1756～1761年在罗马法兰西学院学习，其间完成的一些油画和素描风景表现出生机勃勃的特点。回国后以历史画《科雷佐斯和卡利洛厄》（1765）被接纳为皇家学院院士。木板油画《秋千》是他的代表作品，可说是A.瓦托、F.布歇、洛可可绘画的进一步发展，表现了新兴资产阶级上层的审美情趣。他还在1770～1773年间画过一组木板油画《少女爱情的升华》，这些迎合上层社会口味的轻佻的沙龙作品，受到启蒙派的批评。但他的大多数作品都带有浓郁的生活气息，激情洋溢，专于渲染心理气氛，在色彩和笔触运用上灵活奔放、富于想象力，如《洗衣妇》、《圣农神父像》、《偷吻》等。他在18世纪80年代创作的古典题材的作品，如《爱之泉》等已具有新古典主义倾向。

《秋千》（1766，伦敦华莱士博物馆藏）

**弗拉门科** flamenco 西班牙安达卢西亚吉普赛人（又称弗拉门科人）的音乐和舞蹈。又译弗拉明戈。常常用吉他伴奏，表演即兴的动作。这种音乐和舞蹈分为三种类型：①深沉的或严肃的，非常忧郁，多为描写死亡、痛苦、绝望或类似的宗教色彩的情绪；②轻松的，描写爱情、乡村生活或狂欢等；③介乎中间的，虽不很深沉，但同样动人，往往带有东方色彩。男子的脚下动作非常复杂，用脚的各个部位——脚掌、脚跟、脚尖按照不同的节奏组合击地踏响，是一种功力深厚的独特技巧；女子的舞蹈则侧重在以手、腕、手臂和躯干的动作显示优雅，尤其是在深沉的舞蹈中，手、臂、脚的动作与印度古典舞蹈的动作有些近似。传统的弗拉门科舞具有强烈的即兴性和丰富的表现力，舞者常常是情不自禁地一面用脚踏击，一面捻动手指发出响声，节奏多变，舞者的情绪随着节奏的变化而变化。一位伴舞者用拍手、捻响手指、歌声和鼓励的喊叫声与舞者的动作节奏交错应和，是弗拉门科舞的显著特色。

当代西班牙的弗拉门科

**弗拉舍里** Frasheri, Naim（1846-05-25～1900-10-20） 阿尔巴尼亚诗人。生于帕尔

梅特附近，卒于土耳其伊斯坦布尔。中学时随家人移居雅尼纳，受到希腊文学、哲学的影响。回国后曾以波斯语创作诗歌，有诗集《梦想》(1885)出版。他参加“普里兹伦同盟”的民族爱国活动后，基本运用阿尔巴尼亚语写作。主要有长诗《阿尔巴尼亚》(1897)、抒情长诗《畜牧与农事》(1886)等。另外还有希腊文长诗《阿尔巴尼亚人的真正愿望》(1886)、抒情长诗《夏季繁花》(1890)、叙事长诗《斯堪德培的一生》(1898)等。

弗拉舍里的作品表现了阿尔巴尼亚民族复兴的强烈愿望，对于阿尔巴尼亚诗歌的民族化和诗歌形式的革新及诗歌语言的发展都发挥了重要作用，被誉为阿尔巴尼亚民族复兴文学的奠基人。

**弗拉维王朝** Flavian Dynasty 罗马帝国前期继克劳狄王朝之后的第二个王朝（公元69～96)。由韦斯巴芗（69～79年在位）所创建。以后皇位由其亲属提图拉（79～81年在位）和图密善（81～96年在位）继承。公元96年为安东尼王朝替代。

**弗莱** Frye, Northrop (1912-07-14～1991-01-23) 加拿大文艺理论家。生于魁北克，卒于多伦多。1933年毕业于多伦多大学，1940年获牛津大学硕士学位，后任教于多伦多大学。完成多部文艺论著。其中《批评的解剖》(1957)把自古希腊以来欧美文学的几百部作品置于一个从喜剧转向传奇，再转向悲剧，最后变成讽刺（喜剧）的规模庞大的循环模式中，系统阐述了神话原型理论，拓展了文学研究的视野。其他影响较大的论著有《可怖的对称：威廉·布莱克研究》(1947)、《同一性的寓言：诗的神话研究》(1963)、《顽强的结构：文学批评与社会研究》(1970)、《世俗圣经：传奇结构研究》(1976)等。

**弗莱明** Fleming, John Ambrose (1849-11-29～1945-04-18) 英国物理学家和工程师。生于兰开斯特，卒于希德默斯。毕业于伦敦大学和皇家化学院，1870年获理学士学位。1877年入剑桥大学卡文迪什实验室，在J.C.麦克斯韦指导下研究电学和高等数学。1881年任诺丁汉大学学院物理学和数学教授。1882～1898年先后任伦敦电灯等工业企业的工程师和顾问。1885～1926年任大学学院电气工程教授。1899～1926年任马可尼无线电报公司科学顾问。1930年后任电视学会会长。弗莱明在变压器设计、白炽灯、光度学、电气测量、低温下材料性能的研究等方面均有贡献。共发表论文100多篇。1904年根据爱迪生效应制成检波二极管，取代了原来用于无线电报机中的金属粉末检波器，这是最早出现的真空电子管。1929年因科学成就获爵士称号。

**弗赖堡学派** Freiburg school 当代新自由主义的一个重要分支。又称德国新自由主义、社会市场学派。形成于20世纪30年代，第二次世界大战以后又有进一步发展。该学派创始人W.欧肯时任弗赖堡大学教授，其他主要追随者也大多任教于该所大学，故名弗赖堡学派。该学派另一主要代表人物是曾任联邦德国总理的L.艾哈德。该学派的基本理论是社会市场经济理论，该理论成为战后联邦德国经济重建的理论基础。社会市场经济理论主张建立一种将市场自由原则和社会平等原则结合起来的经济秩序，认为这种秩序由于坚持市场机制而不同于计划经济，由于主张国家应为市场机制正常运行创造良好环境而区别于所谓纯粹的市场经济；认为只有在这种制度下才可实现生产率和产量大幅增长、名义工资大幅增长以及低而稳定的物价水平，增进大众福利等基本目标，因而是最好的经济制度。其基本政策方针包括：防止垄断，保障自由经营；稳定通货；劳资合作，“共同决策”；社会保障和全民福利。

**弗赖利格拉特** Freiligrath, Ferdinand (1810-06-17～1876-03-18) 德国诗人。生于代特莫尔德，卒于孔施塔特。曾当过学徒、会计、编辑、银行代理人等。因政治信仰几度流亡国外。曾因《死者致生者》诗以“煽动颠覆”罪被捕入狱。1838年因第一部《诗集》而成名。1870年普法战争爆发后，写作了一些具有沙文主义色彩的战歌，收在《新诗集》(1876)中。1848年写的诗歌达到创作的顶峰，如《死者致生者》、《革命》等。

**弗兰科** Franko, Ivan Yakovlevich (1856-08-27～1916-05-28) 乌克兰作家、诗人。生于加利西亚，卒于利沃夫。1875年考入利沃夫大学。其间出版了诗集《歌谣和故事》(1876)和以石油工人生活为题材的《鲍里斯拉夫短篇小说集》(1877)。1877～1899年因参加政治活动三次被捕入狱。1908年四肢瘫痪，但仍然继续写作和从事文学史的研究。弗兰科一生坚守创作为人民的信念，笔耕不辍，写有近5 000篇作品。主要有长篇小说《鲍里斯拉夫在笑》(1880～1881)，中篇小说《查哈尔·别尔库特》(1883)，诗集《高峰和低地》(1887)、《落叶》(1896)，长诗《摩西》(1905)，剧本《被窃取的幸福》(1891)等。

**弗兰克** Frank, Jerome New (1889-09-10～1957-01-13) 美国法官，现实主义法学派主要代表之一。生于纽约，卒于纽黑文。曾任律师、美国第二巡回上诉法院法官，并曾在耶鲁大学法学院任教。主要著作有《法和现代精神》、《初审法院：美国司法的神话和现实》和《无罪》。

美国现实主义法学派以反对传统法学，主张采取现实主义立场而得名。弗兰克开始倾向于该派的“规则怀疑论”支派，即对法律规则能指引法官判决的传统观点表示怀疑；以后明确转向“事实怀疑论”支派，即对初审法院能准确地确定事实表示怀疑。主要著作《法和现代精神》代表了他的早期观点，认为法律确定性只是一个“基本法律神话”，法所处理的对象是变化莫测的人生和最为复杂的人类关系。尤其对现代社会来说，更不可能有一套包罗万象和永恒不移的规则。他认为，法的不确定性具有巨大社会价值，现代文明要求具有变革的现代精神，要求成为实用主义者。

弗兰克认为，根据传统观点，只有立法机关才有权规定和改变法律，法官只适用法律，他们的职能是消极的，但这种观点同样是主张法的确定性的神话。就每一案件而论，法只不过是法院的判决或对判决的预测。法官的判决是从他的“预感”出发的。法律规则固然是产生这种“预感”的一个因素，但还有许多复杂的因素，即法官的特征、品性、偏见和习惯等，或泛称为法官的“个性”。由于法官个性是司法的核心，法律就可能取决于碰巧负责处理某一具体案件的法官的个性。

弗兰克在担任多年法官后，上述观点有了很大改变。他在1949年写的《初审法院：美国司法的神话和现实》中，承认许多法律是确定的，判例法制度是有价值的，法律规则应成为判决的指针，法律规则体现了政策和道德理想。但另一方面，他又认为由于证人、证据、律师、陪审官和法官等各方面的原因，初审法院所确定的案件事实有很多错误，从而使法律无从确定。他建议赋予法官以更大的自由裁量权。

**弗兰克** Frank, Robert (1924-11-09～ ) 美国摄影家。生于瑞士苏黎世。1947年移居美国之前，曾任电影摄影师。到美国后，在拍摄时尚照片的同时对纪实摄影产生兴趣。1954年，获古根海姆基金会赞助，得以在1955～1956年遍游美国，自由拍摄。1958、1959年先后在巴黎和纽约出版的摄影集《美国人》就是这次拍摄的结晶。影集虽然从28 000幅底片中仅选收了83幅黑白照片，却对其后的美国摄影产生了深远

《游行》(1955，新泽西州)

影响。《美国人》被认为与W.克莱因的摄影集《纽约》(1956年巴黎出版）共同开创了美国纪实摄影的新风格。摄影集中不少照片色调灰暗、焦点不实、构图不平衡、制作也显粗糙，与当时“好照片”的标准相去甚远，却显示出弗兰克在客观记录中成功融入了个人意识，使平凡的细节产生了意义。1969年，他移居加拿大从事纪录片拍摄和电影教育，在20世纪70年代末恢复图片摄影，1994年出版收录新作品的摄影集《移位》。

**弗朗克** Franck, César-Auguste (1822-12-10～1890-11-08) 法国作曲家、管风琴家。生于比利时列日，卒于巴黎。幼年入列日的音乐学院学钢琴，1833年毕业。随即以

钢琴家的身份在比利时各地巡回演出。1837～1942年就读于巴黎国立高等音乐学院。1842年回到比利时，继续演奏活动。1844年起定居巴黎。从事私人教学，并在各教堂演奏管风琴，因其杰出的即兴演奏才能而闻名遐迩，同时进行创作。1853年任圣克洛蒂尔德教堂合唱指挥，1858年起任管风琴师。1872年兼任巴黎国立高等音乐学院管风琴教授。1885年由于他的管风琴演奏艺术获荣誉勋章。1886年被选为民族音乐协会主席。

弗朗克的创作包括清唱剧、宗教音乐、交响音乐、室内乐及钢琴、管风琴曲等，为数众多，最初听众反应冷淡，后来逐渐受到欢迎。如《d小调交响曲》、钢琴与乐队的《交响变奏曲》、《D大调弦乐四重奏》、《小提琴奏鸣曲》、钢琴曲《前奏曲，众赞歌与赋格》等都是知名之作。他的创作富于哲理性，趣味高雅，思路清晰，鲜明地表现出拉丁民族文化的特色。其创作对当时和后世的法国作曲家P.杜卡、C.德彪西、A.奥涅格等产生了深刻影响。

**弗雷** Fry, Christopher (1907-12-18～2005-06-30) 英国翻译家、戏剧家。原名克利斯托夫·哈蒙德。生于布里斯托尔，卒于奇切斯特。从事过多种职业，包括教师、

演员和导演。1937年写出第一部剧本《推车少年》。1946年诗体喜剧《凤凰常来》在伦敦的艺术剧社首演。1948年写出的《这位少妇烧不得》，1950年在纽约上演获成功。弗雷潜心于诗体剧的实验与探索，是英国诗歌复兴代表作家之一。

**弗雷德罗** Fredro, Aleksander (1793-06-20～1876-07-15) 波兰剧作家。生于加里西亚苏乔罗夫，卒于利沃夫。1809～1815年曾在波兰军队服役。后定居利沃夫，担

任地方议员多年。弗雷德罗早年从事诗歌创作，后转向喜剧创作。他继承了18世纪的喜剧传统，采用现实主义方法反映风俗人情和社会道德问题，其中有嘲笑地主、资产阶级自私和势利眼的《哥德哈布先生》(1818)，揭露贵族阶级道德沦丧和虚伪的《夫妻》(1822)，追求外国时髦的《外国化》(1824)，抨击高利贷者贪婪的《终身使用权》(1835)，还有以心理描写见长的《少女的誓言》(1832) 和反映仇家最后结成亲家的《报复》(1834)。弗雷德罗由于思想倾向于保守而受到当时爱国民主派的批评，曾搁笔20年。19世纪50年代中期又开始了喜剧创作，但内容和艺术性都较前期作品逊色。

**弗雷格** Frege, Gottlob (1848-11-08～1925-07-26) 德国数学家、逻辑学家和哲学家。生于维斯马，卒于巴德克莱茵。1869～1871年先后在耶拿大学、格丁根大学学习，1873年获博士学位，1874年起在耶拿大学任教，直到1918年退休。他对数理逻辑、数理哲学以及语言哲学的发展产

生了重要的影响，被誉为现代数理逻辑和分析哲学的创始人或奠基者。弗雷格的主要著作有《概念演算——一种按算术语言构成的纯思维的符号语言》(1879)、《算术的基础——对数概念的逻辑数学研究》(1884)、《算术的基本规律》(第1卷，1893；第2卷，1903)；重要的论文有《函项和概念》(1891)、《论概念和对象》(1892)、《论意义和指称》(1892)。

谓词理论 弗雷格把数学中的函数引入哲学，提出新的谓词理论，解决了传统哲学中关于“共相”、“存在”等问题的长期争论。他以数学中的主目——函数与逻辑中的对象——概念作类比，用对象与概念的区别代替传统逻辑中主词与谓词的区别，并使对象与主目相对应、概念与函数相对应。数学中的函数是不饱和、不完整的，概念也具有函数的这种性质，它也是不饱和、不完整的。他指出，在语句中起谓词作用的概念如同数学中的函数，并不指称确定的对象，因而传统哲学讨论共相是否“真实”的问题是没有意义的。他反对哲学史上关于上帝存在的本体论证明，认为这种证明预设了“存在”是一个实体的性质。他的谓词理论揭示了逻辑和本体论问题之间的内在联系，为现代本体论研究奠定了基础。

语言哲学 弗雷格的量词、变项理论极大地启发了他对于语言的形式及其本质的研究。在《算术的基础》一书中，他提出了关于语言哲学研究的三条基本原则：①在研究语言的过程中应该把心理的东西与逻辑的东西区别开来。②决不能孤立地询问一个词的意义是什么，词只有在语言的实际运用中，在语句的语境中才能获得意义。③强调对象与概念的区别，把语句作为基本的意义单位并分析其内部结构，从而区分出专名和概念词。这三条基本原则构成弗雷格语言哲学的主要内容。他在后期对此作了重要补充，提出意义和指称的区别。

逻辑演算系统 弗雷格在逻辑史上第一次提出了一个包含量词、变元、否定、蕴涵、同一等概念的初步自足的新逻辑演算系统，即完备的命题演算和一阶谓词演算。弗雷格提出从逻辑可以推出算术。为了实现这一目标，他在把算术化归为逻辑时，首先定义了数（实际上是集合的基数）和自然数。接着，他从逻辑推导出若干算术定理。但是，他从逻辑推出算术的目标并未实现。

**弗雷歇** Fréchet, Maurice-René (1878-09-02～1973-06-04) 法国数学家。生于马利尼，卒于巴黎。他首次提出抽象空间的定义，奠定了抽象空间理论的基础，是泛函分析研究的先驱。

1910～1919年曾任普瓦捷大学力学教授，1920年曾任斯特拉斯堡大学高等微积分学教授。1928年开始执教于巴黎大学，先后任概率论讲师、一般数学教授、微积分学教授和概率论教授。

1906年，弗雷歇把欧几里得空间中的距离概念抽象化，定义了度量空间，并运用柯西收敛准则提出完备化思想，后来人们常把具有完备不变度量的局部凸空间称为弗雷歇空间。以收敛概念为基础定义拓扑，也是由他首创的。1907年，他与里斯同时认识到平方可积函数组成的空间具有与平方可和数列组成的空间类似的“几何”。他在解决实数列组成的空间的可度量化问题时，设计了一种后来被广泛应用的距离。他对于紧性也有研究。

弗雷歇对数学分析和概率论也作出了贡献，例如关于连续曲线长度的研究，关于矩收敛问题的解（与J.A.肖哈特合作），关于非独立非互斥复合事件的概率公式等。

**弗雷歇特** Fréchette, Louis-Honoré (1839-11-16～1908-05-31) 加拿大法语作家、政治活动家。生于魁北克莱维，卒于蒙特利尔。肄业于拉瓦尔大学，后为律师。大学期间开始诗歌创作，早年的诗作有诗集《悠闲集》(1863)。

曾创办《莱维的旗帜报》和《莱维论坛报》，主张共和制，反对教会。移居美国芝加哥期间，著有诗集《流亡者之声》(1868)。1871年回到家乡，成为自由党议员，从事政治活动，并继续文学创作。诗集有《杂诗》(1879)、《北国之花》(1879)、《人民传说》(1887)和《诗的残骸》(1908)。《人民传说》以加拿大的历史为线索，描述北美的开发和魁北克历史中的重要事件，歌颂各个历史时期的英雄人物。另有剧本《柏比诺》(1880)、《费利克斯·普特雷》(1871)，故事集《奇特的人和受损害的人》(1892)和《加拿大圣诞节》(1900)等。

**弗雷泽** Frazer, James George (1854-01-01～1941-05-07) 英国人类学家、民族学家、宗教史学家。生于格拉斯哥，卒于剑桥。曾任利物浦大学和剑桥大学教授。早年以研究古代文化史为主，因受E.B.泰勒《原始文化》一书的影响而转向人类学和民俗学研究，尤其重视从民俗学角度来搜集、整理涉及各地土著民族和远古原始民族的宗教资料，以对法术、禁忌、图腾等原始宗教现象的研究而享誉宗教学界。他受英国唯理论和进化论的影响，持宗教进化观，认为人类在形成宗教之前已曾处于一种“法术”阶段，人类的理智即经历了从法术到宗教，由宗教到科学的发展。他指出这种法术揭示了一种原始理性，是原始社会曾经流行的“准科学”，此后法术活动在其认识自然的发展过程中或因求诸超自然的神灵力量而走向宗教，或因依靠人的经验观察而走向科学。他强调从文化整合上来看待远古灵性领域、从人类思维进化上来分析宗教的诞生。其基本观点虽然受到某些批评或否定，但多数学者承认他在汇集宗教史资料上贡献突出。著有《金枝》、《图腾与族外婚》、《对永生的信仰与对死者的崇拜》等。

**弗雷泽河** Fraser River 加拿大不列颠哥伦比亚省主要河流。以1806～1808年来此探险的苏格兰人S.弗雷泽的姓氏命名。源出不列颠哥伦比亚和艾伯塔两省边界附近落基山区的耶洛黑德湖。在温哥华附近注入太平洋的佐治亚海峡，河口形成三角洲。全长1 368千米，流域面积23.3万平方千米。主要支流有尼查科河、汤普森河等。河口年平均流量3 880米$^3$/秒，每年5～7月为洪水期。流域内大部分为海拔900米以上的高原，覆盖茂密针叶林。干支流是各类鲑鱼夏季产卵地，河口地区则为鲑鱼捕捞地。三角洲是全省人口最集中、农业最发达地区。由河口上溯130千米可通航。

**弗里德里希** Friedrich, Caspar David (1774-09-05～1840-05-07) 德国画家，浪漫主义风景画大师。生于格赖夫斯瓦尔德，卒于德累斯顿。1794～1798年就读于丹麦哥本哈根学院，主攻建筑素描。1805年，参加由诗人J.W.von歌德等人举办的魏玛艺术之友有奖作品竞赛，他的两幅棕色素描风景画获奖。1807年开始创作油画风景，同年完成杰钦城小礼拜堂祭坛画《山上的十字架》。这幅作品预示着他后来风景画的基本倾向。他认为风景画应是写实的风格与象征意义的结合物，自然景致与宗教感情的结晶，天地万物与心灵世界的交融。《哈尔茨山脉》和《格赖夫斯瓦尔德城的草坪》等作品隐含着人的力量和神的意志。

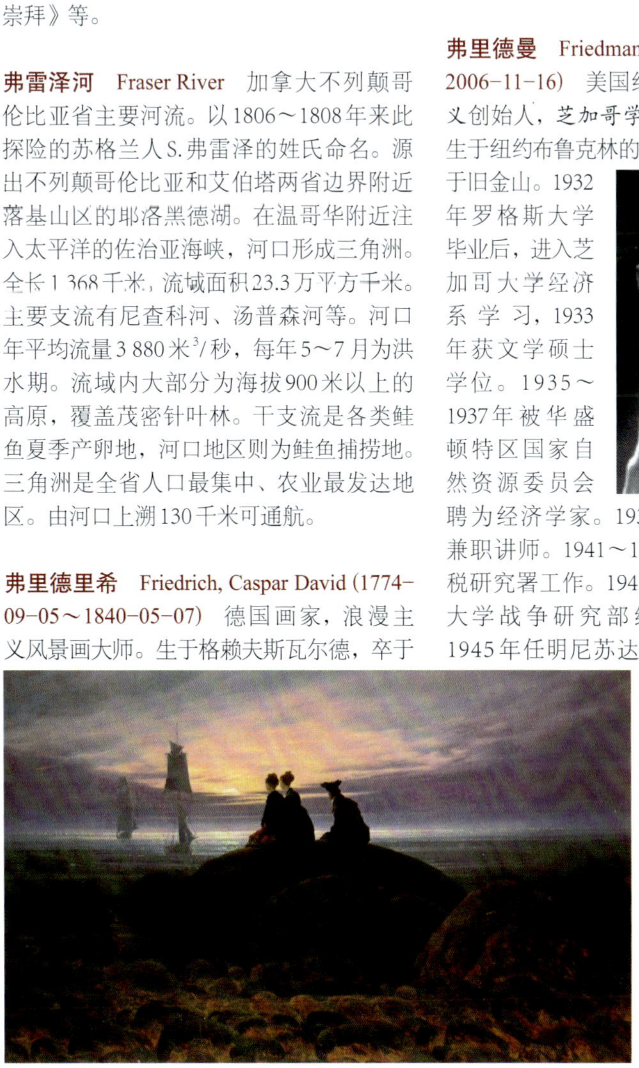

《海上升明月》

弗里德里希很少作人物画，他常将人物置于风景之中，起到点题的作用。人物形象更多地处理成背面或半侧面。这类作品用色丰富，笔法绵密细腻，画面忧郁、抒情如诗。代表作有《海边修道士》(1808～1809)、《山中观月的两个男人》和《海上升明月》(1822)。他的荣誉来得很晚，1816年才被聘为德累斯顿美术学院油画教师，1824年晋升为副教授。1834年后，受精神病的折磨，失去创作和教学的能力。他的大部分作品由德累斯顿国家艺术收藏馆和学院收藏。

**弗里德曼** Friedman, Milton (1912-07-31～2006-11-16) 美国经济学家，现代货币主义创始人，芝加哥学派主要代表人物之一。生于纽约布鲁克林的一个中欧犹太之家，卒于旧金山。1932年罗格斯大学毕业后，进入芝加哥大学经济系学习，1933年获文学硕士学位。1935～1937年被华盛顿特区国家自然资源委员会聘为经济学家。

1937年任哥伦比亚大学兼职讲师。1941～1943年在美国财政部赋税研究署工作。1943～1945年任哥伦比亚大学战争研究部统计研究组副组长。1945年任明尼苏达大学副教授。1946年获哥伦比亚大学哲学博士学位。1948年起任芝加哥大学教授，直至1977年退休。他曾于1951年获美国经济学联合会约翰·贝茨·克拉克奖章。1976年获诺贝尔经济学奖。

弗里德曼强调经济科学的实证性质，认为一个经济理论是否正确和有用，并不在于据以推导出结论的前提或假设是否完全符合现实，而在于它对于某项措施将会产生的后果所作的预测，能否与观察到的事实协调一致。在消费理论方面，弗里德曼提出“恒久性收入假说”，认为消费函数主要依赖于长期永久性收入，在长期中消费倾向是上升的。

弗里德曼在论述**通货膨胀**问题时提出“自然失业率”概念和自然率假说，他认为假如货币当局为了把失业率压低到自然失业率以下而扩大货币供应量，短期内虽然可能取得增加就业的效果，但同时将引起加速度的通货膨胀。一旦人们预计的通货膨胀率赶上事实上的通货膨胀率，货币工资增长率将赶上物价上涨率，失业率将回升到自然失业率。弗里德曼极端强调经济生活中的个人自由，即消费者的自由选择和生产者的自由竞争，强烈反对国家干预经济和政策决策人的个人专断。他提出用所谓“单一规则”的货币政策即把货币供应量作为唯一的政策工具，即可保证经济的稳定增长又能消除通货膨胀。著有《美国的消费者支出》、《实证经济学论文集》、《货币数量论研究》、《消费函数理论》、《资本主义与自由》、《最优货币量和其他论文》、《自由选择：个人声明》、《货币主义经济学》等。

**弗里敦** Freetown 塞拉利昂首都和最大港口城市。位于大西洋沿岸塞拉利昂半岛北岸罗克尔河河口。人口100万(2007)。三面连陆，外有沙洲屏障，港湾优良，水深11米。热带季风气候，年平均气温25.5℃，平均年降水量3 100毫米，雨季（5～11月）始末有8级大风，影响航运。17世纪，荷、法、英等殖民者竟相至此贩运奴隶，掠取木材、象牙、皮革、黄金资源。1787～1792年，英国分批移来被释放奴隶即“自由”黑人，1792年建定居点，命名弗里敦（英语意为“自由城”）。1821年成为英国西非领地行政中心，1893年设市。1961年国家独立后成为首都。全国政治、经济、文教中心。建有炼油、金刚石磨研、化工、食品、修船等工业，东郊和东南郊为工业区。公路连通全国城镇。城市以北的隆吉建有国际机场，城东南有黑斯廷斯国内机场。港区面积3平方千米，可泊万吨级海轮，年吞吐量125万吨。输出金刚石、黄金、铁矿、铝土矿、棕仁、棕油、可可、咖啡、生姜等，输入机械、车辆、钢材、水泥、粮食、食品、纺织品。文教设施主要有福拉湾学院、恩加拉大学、国家历史博物馆，后者以收藏历史文物和传统木石雕刻闻名。

弗里敦市容

**弗里施** Frisch, Karl von (1886-11-20～1982-06-12) 奥地利动物学家。生于维也纳，卒于联邦德国慕尼黑。1910年在慕尼黑大学获哲学博士学位。1946年到奥地利格拉茨大学任教授，1950年回慕尼黑大学任教授。早在1910年他就通过实验观察，证明鱼类具有辨别颜色和亮度的能力，而且辨声能力超过人类，成为研究鱼类色觉和听觉功能的先驱。以后研究蜜蜂的行为。1919年他首次发现了蜜蜂用“圆圈舞”和“摆尾舞”传递食物信息的秘密；1944年进一步发现“圆圈舞”是回巢的采蜜蜂向同伴指出附近有蜜源的信号，而“摆尾舞”则是向同伴暗示远处有蜜源的信号。1949年他发现蜜蜂能感知偏振光，并能利用太阳的位置和地磁场等确定空间的方位，提出了“地磁的日周期性波动是蜜蜂‘时钟’的外界因素”的论断。他还发现蜜蜂能感知声波及其他波动，并用以传递有关的信息。他的主要著作有《蜜蜂的生活》、《蜜蜂的舞蹈语言和方位确定》。他在1962～1964年任“蜜蜂研究协会”主席（1962年以前曾连续18年任该会的副主席）。1973年因研究蜜蜂行为有卓越贡献而与奥地利的K.洛伦茨和英国的N.廷伯根共获诺贝尔生理学或医学奖。他是英国皇家学会的外籍会员、美国国家科学院和瑞典科学院的外籍院士。

**弗里施** Frisch, Max (1911-03-15～1991-04-04) 瑞士德语戏剧家、小说家。生于苏黎世，卒于苏黎世。1931～1933年在苏黎世大学学习，后辍学，并创作了第一部小说《于尔格·莱因哈特》(1934)。第二次世界大战时应征入伍。1941年工学院毕业，从事建筑业务，同时进行文学创作。1955年在苏黎世专事写作。1960～1965年侨居意大利罗马，后回瑞士定居。弗里施第一部剧作《圣·克鲁兹》(1944)是一部倾向于**象征主义**的作品，《他们又在唱了》(1945)反映了作者对现实的一种悲观看法。1946年写成、1947年上演的《中国长城》是一出闹剧，表现了技术进步与人类境况的不一致。《比得曼和纵火犯》(1958)与《安多拉》(1961)是两出最纯正的布莱希特式叙述剧。前者采用古希腊悲剧常用的合唱队形式，随着剧情的进展进行说明、评论。长篇小说《施蒂勒》(1954)被认为是一部语言优美、想象力丰富的杰作。其他主要作品还有剧本《三联画》(1978)、小说《认为技术决定一切的人》(1957)、《蒙陶克》(1975)及《戏剧散论》(1969)等。

**弗里西亚人** Frisians 西欧民族之一。约42万人(2001)。主要分布在荷兰北部的弗里斯兰、格罗宁根以及西弗里西亚群岛，一部分分布在德国的西北部（包括东弗里西亚群岛和黑尔戈兰岛）和丹麦西部的北弗里西亚群岛。属欧罗巴人种。使用**弗里西亚语**，与英语相近，同属印欧语系日耳曼语族西支。有文字。多信奉基督教加尔文教派。古代弗里西亚人属于日耳曼部落群的西支，与盎格鲁人和撒克逊人为邻，公元初分布在北海的东南岸和东岸，从事沿海贸易。是构成**荷兰人**、**佛拉芒人**、**英格兰人**和**丹麦人**的成分之一。现今弗里西亚人正处于被周围民族同化的过程中，仍保留明显的民族意识。多从事农业和畜牧业，种植亚麻、甜菜、牧草，饲养乳牛、羊、猪等，兼事渔业。

**弗里西亚语** Frisian 荷兰弗里斯兰等地的语言，具有地区官方语言的地位。此外，在德国的石勒苏益格西部沿海地区和附近岛屿，以及奥耳登堡西部还有2万余人使用。属印欧语系日耳曼语族西支。方言主要分为三种：西部方言（分布于荷兰）、东部方言和北部方言（均分布于德国）。方言间差别较大，互通有困难。弗里西亚语由低地德语方言演变而来，大体介于荷兰语和英语之间。通常认为，它比其他语言更接近英语。

**弗里希** Frisch, Ragnar (Anton Kittil) (1895-03-03～1973-01-31) 挪威经济学家，经济计量学的奠基人。生于奥斯陆，卒于奥斯陆。1919年获奥斯陆大学文学士学位。后到法国、德国、英国、美国和意大利留学。1923年起在奥斯陆大学任教授。1926年获奥斯陆大学哲学博士学位。1930年和其他经济学家创建经济计量学会，并任会长。1932年建立奥斯陆大学经济研究所，任所长。1933年创办《经济计量学》杂志，任主编。第二次世界大战后，曾任联合国经济顾问、经济与就业委员会主席。曾在印度和埃及工作多年。1969年，和荷兰经济学家J.丁伯根共获第一届诺贝尔经济学奖。

弗里希1926年首先提出经济计量学一词，并把经济计量学定义为数学、统计学和经济理论的结合。他第一个应用经济计量学方法分析资本主义周期性经济波动。他提出用等量法来衡量货币的边际效用，研究了多重共线性等问题。他主张利用现代化的经济计划方法推动战后经济的重建。他的计划化并不取消市场机制，而是要对市场机制进行有效的测量，作为经济政策的反馈信息。他强调专家治国，使经济学家和政治家在政治优先的基础上进行合作，建立强有力的国家协调机构。著有《衡量边际效用的新方法》、《统计上建立需求与供给曲线的陷阱》、《运用完全回归系统的统计合流分析》、《生产理论》、《经济计划研究论文集》等。

**弗罗姆** Fromm, Erich (1900-03-23～1980-03-18) 德国哲学家，新精神分析学家，法兰克福学派重要成员。又译弗洛姆。生于法兰克福一个犹太商人家庭，卒于瑞士。1922年获海德堡大学哲学博士学位。次年入慕尼黑大学研究精神分析，并在柏林精神分析学院接受训练。1929年在法兰克福精神分析学院和法兰克福大学任教。1934年移居美国。先后任教于哥伦比亚大学、耶鲁大学、密歇根州立大学。弗罗姆十分重视人与社会的关系的研究。他承认人的生物性，但更强调人的社会性，认为人的本质是由文化的或社会的因素而不是生物的因素决定的。人在现代社会中普遍具有孤独感，这是人在社会中达到个性化的必然结果。为了医治病态社会，他提出通过改善人的心理，解决有关人们的劳动组织与社会的相互关系的问题，建立一个友爱、互助、没有孤独感的理想社会。著有《逃避自由》、《精神分析与宗教》、《论健全的社会》、《人类破坏性的分析》等。

**弗罗斯特** Frost, Robert (1874-03-26～1963-01-29) 美国诗人。生于旧金山，卒于波士顿。在哈佛大学学习两年。曾做过纺织工人、教员，经营过农场。弗罗斯特的诗歌最初未引起注意，1912年举家迁往英国定居后，继续写诗，出版了诗集《少年的意志》(1913)与《波士顿以北》(1914)，得到好评。1915年回到美国，诗名日盛。他的诗歌在形式上与传统诗歌相近，不追求外在美，往往以描写新英格兰的自然景色或风俗人情开始，渐渐进入哲理的境界。朴实无华，细致含蓄，耐人寻味。《白桦树》写一般人总想逃避现实，但终究要回到现实中来。《修墙》写人世间有许多毫无存在必要的有形的和无形的墙。除了短篇抒情诗外，他有一些富于戏剧性的长篇叙事诗，刻画了新英格兰乡间人物的精神面貌，调子低沉，颇有特色。著名诗集还有《山间》(1916)、《西去的溪流》(1928)、《又一片牧场》(1936)等。

**弗洛里** Florey, Howard Walter (1898-09-24～1968-02-21) 澳大利亚裔英国病理学家。生于澳大利亚阿德莱德，卒于英国牛津。1922年毕业于阿德莱德大学医学院后，至牛津高等生理学院和剑桥大学深造。1931～1934年任设菲尔德大学病理学教授，1935～1962年任牛津大学病理学教授，其后任牛津王后学院院长。1941年当选英国皇家学会会员，1960～1965年任此会会长。他将生理学和生物化学的方法引进病理学研究，研究细胞与组织结构的病理变化，研究天然抗生物质如溶菌酶、青霉素、头孢霉素等，尤其是对青霉素进行了系统研究，使之得以用于临床。1945年与弗莱明、钱恩共获诺贝尔生理学或医学奖。主要论著有《化学治疗剂青霉素》、《对青霉素的进一步观察》，编有《普通病理学》等。

**弗洛里** Flory, Paul John (1910-06-19～1985-09-09) 美国高分子科学家。生于伊利诺伊州斯特灵，卒于加利福尼亚州大瑟尔。1934年在俄亥俄州立大学获物理化学博士学位，后任职于杜邦公司。1948年在康奈尔大学任教授。1957年任梅隆科学研究所执行所长。1961年任斯坦福大学化学系教授。1953年当选美国国家科学院院士。高分子科学理论的主要开拓者和奠基人之一。1936年用概率方法得到缩聚产物的分子量分布，现称弗洛里分布。1942年针对柔性链高分子溶液的热力学性质，提出混合熵公式，即著名的弗洛里－哈金斯晶格理论。1949年找到了溶液中高分子形态符合高斯链形态、溶液热力学性质符合理想溶液性质的温度－溶剂条件。此温度现称弗洛里温度或$\theta$－温度，此溶剂通称$\theta$－溶剂。由于对高分子的研究成果，1974年获诺贝尔化学奖。著有《高分了化学原理》和《长链分于的统计力学》等。

**弗洛伊德** Freud, Sigmund (1856-05-06～1939-09-23) 奥地利精神病医生、心理学家，精神分析学派的创始人。生于摩拉维亚弗赖堡（今捷克普莱波），卒于英国伦敦。1873年考入维也纳大学医学院。1881年获医学博士学位。大学期间他在著名神经生理学教授E.W.von布吕克的指导下，任布吕克生理学研究院助理研究员。在研究院发明了神经组织黄金染色法。实习期间从事可卡因研究，并首先发现可卡因可用于眼科手术。

弗洛伊德于1885年来到法国巴黎萨尔佩特里埃尔医院，跟随院长J.M.沙尔科学习。沙尔科是法国南锡学派的著名神经生理学家，擅长使用催眠术治疗癔病。南锡学派认为，在催眠状态中意识将失去其平常对知觉和行为的控制，并潜意识地导致行动或幻觉。沙尔科的方法和理论给了弗洛伊德很大的启示，弗洛伊德因此又赴南锡观察A.-A.利埃博尔和H.伯恩海姆的催眠疗法，更深信神经病可以通过心理治疗而奏效。

尽管催眠术一直被当作骗术，不为正统科学家所承认，但是弗洛伊德仍尝试用催眠方法治疗患者，在催眠状态下患者的思想会发生分裂，与现实大不一样，而且患者的这些想法常常有悖于高尚的伦理道德。以后，又发现让患者在放松状态下自由联想，也能获得与催眠状态下同样的效果。经过一段时间的资料收集、整理和思索，弗洛伊德认为症状背后的驱力是**本能**。为了让人们认可被压抑的欲望绝大部分是属于性的，性的扰乱是精神病的根本原因，弗洛伊德试图解剖自己的内在心灵，用自由联想的方法分析自己，留下了大量自我分析笔记。

1895年弗洛伊德发表了《癔病的研究》，这本书被视为精神分析的正式起点。同年与J.布罗伊尔共同发表了一份个案报告，即心理分析学第一份个案报告。

1895～1900年弗洛伊德发明了新的心理疗法，并形成了若干有关人类心理学的革命性理论，主要内容如下：①动力无意识。弗洛伊德提出意识有三种功能层次——有意识、**前意识**和无意识。无意识是最大也是最有影响的一部分，并极为活跃，是非常有力的原始驱动力和被禁止的欲求之所在，对有意识的思维不断造成压力，其形式是隐蔽的或者变形的，促成和决定了人们大部分的行为。②原初过程及二级过程。弗洛伊德把发生在**无意识**内部的心理过程称为“原初过程”，原初过程遵循快乐原则。随着我们的成长，渐渐知道了哪些行为和想法可以被现实世界接受或可以取得成功，这就构成了有意识心理过程，即二级过程。③俄狄浦斯情结。也称**恋母情结**。弗洛伊德认为，神经症的根源不仅是性，还有儿童期的性欲——原初过程导向对异性父母的性驱力，伴随对同性父母情敌似的仇视，这种愿望与恐惧之间的冲突导致不可忍受的焦虑。④释梦。继催眠术、自由联想之后，弗洛伊德又将他的心理分析手段扩展到对梦的解释。⑤衡定原则。弗洛伊德提出：当某一精神活动过分激发（如愤怒），就会以另外一种形式将它消解（泄愤），以保持相对平衡；当某一精神活动受到削减（如颓丧），就会有另一精神活动填补（打人、酗酒）。

1900年弗洛伊德发表了他的得意之作《梦的解析》，宣称他发现了三大真理：梦是无意识欲望和儿童时欲望的伪装的满足；俄狄浦斯情结是人类普遍的心理情结；儿童具有性爱意识和动机。1902年弗洛伊德任维也纳大学特命教授，并在学校成立了“星期三心理学会”。1905年发表《性学三论》，探讨儿童性心理的发展与精神变态机制的联系。

弗洛伊德的追随者有O.兰克、A.阿德勒、C.G.**荣格**等。1908年，在纽伦堡成立了由弗洛伊德发起并领导的国际心理分析协会，标志着弗洛伊德主义的诞生。

弗洛伊德的著作还有《日常生活的精神分析》(1901)、《图腾与禁忌》(1913)、《精神分析引论》(1917)、《自我与本我》(1923)、《文明及其不满》(1930)。

**弗斯** Firth, John Rupert (1890-06-17～1960-12-14) 英国语言学家，现代语言学伦敦学派的创始人。生于约克郡基斯利。早年曾在利兹大学攻读历史。1920～1928年在印度旁遮普大学任英语教授。1928～1938年，在伦敦大学语音学系任高级讲师，受D.琼斯、马林诺夫斯基的学术思想影响很深。1941年任语音学系主任。1944年伦敦大学首次设普通语言学讲座，他是第一任教授，直至1956年退休。

弗斯指出，语言学发展史与知识发展史、文化发展史有密切关系。他尊重印度古代**波你尼**的语言研究传统，不承认欧洲的**语言学**由19世纪的德国新语法学派或者20世纪的瑞士索绪尔学派开始。他认为，古代希腊、罗马学者，中世纪的烦琐哲学家，文艺复兴时代及其后的词典编者和正音学家对语言研究都有其贡献。

弗斯在语言学上有两项独特见解：一是根据语境来寻求意义，二是用一套新方法来描写语言“节律”。他坚持谈语言不能不谈人生和文化，分析语言不能撇开意义。他的创见主要发表在一些论文中，后来编成《1934～1951年论文集》(1957)和《1952～1959年论文集》(1968)。

**伏** Dog Days 中国节令名，一年中最热的时段。又称伏天、伏日。分初伏（头伏）、中伏（二伏）、末伏（三伏），统称三伏。以夏至后第三个庚日为入伏，初伏10天；夏至后的第四个庚日起为二伏；立秋后第一个庚日起为末伏，10天后出伏。伏大体处在公历7月12日至8月18日的时间范围内，与中国绝大部分地区一年中气温最高的时期基本一致，故有“热在三伏”或“热在中伏”之说。在长江中下游地区，伏天主要出现在梅雨带北移后西太平洋副热带高压控制的时期。这时天气晴朗、高温、少雨、干燥，为喜温作物的生长发育提供了有利的条件。但高温和伏旱也给一些农作物带来不利影响。

中国很久以来就以伏为农时，指导农业生产。现中国北方还流行“头伏萝卜、二伏菜、三伏种荞麦”的农谚。

**伏安法** voltammetry 通过测定电解过程中所得的电流－电势（或电势－时间）曲线来确定溶液中被测成分浓度的电化学分析法。见**极谱法和伏安法**。

**伏打** Volta, Alessandro (Giuseppe Antonio Anastasio) (1745-02-18～1827-03-05) 意大利物理学家。生于科莫，卒于科莫。历任科莫大学预科物理学教授，帕维亚大学

实验物理学教授，帕多瓦大学哲学系主任。1791年英国皇家学会聘请他为国外会员，3年后又因创立伽伐尼电的接触学说被授予科普利奖章。1801年拿破仑一世召他到巴黎表演电堆实验并授予他金质奖章和伯爵称号。1769年发表《论电的吸引》。1775年发明起电盘。1778年建立导体的电容$C$、电荷$Q$及其张力$T$（即电位差）之间的关系式：$Q=CT$。1787年发明灵敏的麦秸静电计。1776年发现沼气。他还发明了气体燃化计（可研究气体燃烧时容积变化）等。1793年他否定了L.伽伐尼关于动物电的看法，断言伽伐尼电是由两种不同金属的接触而生。1799年他发明并制成了伏打电堆和第一个伏打电池组，这种化学电池在此后一段时间中成为产生电流的唯一手段，并开拓了电学的研究领域。后人为了纪念伏打在电学上的贡献，将电动势和电位差的单位以他的姓氏命名为伏特。

**伏尔加格勒** Volgograd 俄罗斯历史名城，伏尔加格勒州首府。1925年前称察里津，1925～1961年称斯大林格勒。位于伏尔加河下游河湾处。人口98万(2010)。建于1589年。18世纪起为军事要塞。19世纪后期铁路建成后，成为水陆交通要冲和贸易中心。1918～1919年在此进行了著名的察里津保卫战；1942～1943年，苏军与德军进行了历时200多天的斯大林格勒会战，对扭转战局起了重要作用。20世纪50年代，随着伏尔加－顿河运河的通航和伏尔加格勒水电站及干线输油、输气管的建成，成为伏尔加河流域最主要的工业中心之一。工业以机械制造（拖拉机、造船、石油机械等）为主，电力、石油加工与石油化工、冶金（炼钢、炼铝）也较发达。俄罗斯欧洲地区东南部的水陆交通枢纽。城市沿伏尔加河西岸延伸长约70千米。市区分为7个区。有7所高等学校。

**伏尔加河** Volga 欧洲第一大河。古称拉河，中世纪时称伊季尔河。位于俄罗斯欧洲部分。源出瓦尔代高地，河流曲折东流，至喀山附近折向南流，到伏尔加格勒转向东南，最后注入里海。全长3 530千米，流域面积136万平方千米。为平原型河流，比降较小，河道弯曲，多沙洲浅滩，河漫滩上多牛轭湖，上游流经冰碛区，连接一系列小湖，河网发育差。奥卡河汇入后为中游，流经伏尔加丘陵北缘，右岸接纳苏拉河、斯维亚加河，左岸汇入韦特卢加河，河谷变宽，水量大增。左岸大支流卡马河注入后，水量骤增一倍以上。沿伏尔加丘陵东缘南流，右岸陡峻，左岸低缓。从卡梅申附近至河口的800千米河段内无支流，形成典型的树枝状水系。伏尔加格勒以下为下游，分出一条汊河——阿赫图巴河，与干流近于平行流到河口地区，然后分成80余条汊河注入里海。河水挟有大量泥沙，形成面积1.9万平方千米的河口三角洲。

河水补给来源主要是雪水，其次是地下水和雨水。上游和中游雪水补给占年径流量的55%～65%，地下水占25%～30%，雨水只占10%～15%。下游雪水补给更为主要，雨水补给减少，地下水补给意义增大。从11月底至翌年4月为结冰期，下游3月中旬开始解冻。多年平均径流量2 380亿立方米。

沿河建有多座大型水利枢纽工程，其中主要有雷宾斯克、下诺夫哥罗德、切博克萨雷、萨马拉、萨拉托夫、伏尔加格勒、卡马（彼尔姆）、沃特金斯克及下卡姆斯克水库和水电站等。

俄罗斯运量最大的内河航道，干支流航道水深3.6米，里程6 600千米，能通行千吨驳船。货运量约占全国内河货运总量的2/3，客运量占一半以上。主要货流有石油、建材、木材、煤炭、粮食、机械、盐类、石油制品等。通过伏尔加-波罗的海运河、白海-波罗的海运河和伏尔加-顿河运河，组成了白海、波罗的海、黑海、亚速海和里海的五海通航。

伏尔加河一景

**《伏尔加河上的纤夫》** *Volga Bargemen* 19世纪后期俄罗斯批判现实主义绘画的代表作之一。作者I.Ye.列宾。作品展出于1873年。画面描绘的是伏尔加河上壮观的劳动行列，一群拉着货船的纤夫，在炎夏午后闷热的空气中，拖着沉重的脚步走着没有尽头的路。在11个不同年龄、不同个性的人物组成的队伍中，除了穿红衣服的少年以外，其余的人都有共同的特征：破旧的衣衫，黝黑的脸庞，艰难的步履。走在最前面、头上包着破头巾的领队名叫卡宁，曾是一位神父，他宽厚善良的形象宛若受过考验的圣徒。行列中最年轻的少年拉里卡是唯一的新手，他托住胸前的纤绳，以减轻重负。在构图上，列宾利用河湾转折处沙滩的地形，使画中人物犹如一组群像雕塑，被放置在黄色的、隆起的底座上，使这幅尺寸不很大的画面具有宏大雄伟的效果。

《伏尔加河上的纤夫》（圣彼得堡俄罗斯国家博物馆藏）

**伏尔泰** Voltaire（1694-11-21～1778-05-30） 法国资产阶级启蒙思想家、哲学家、史学家、文学家。

生平和著述 伏尔泰原名F.M.阿鲁埃，生于巴黎一个富裕的资产阶级家庭，卒于巴黎。伏尔泰在求学时期受到自由主义思潮特别是P.贝勒反对宗教狂热著作的影响，中学毕业后致力于文学创作，发表揭露宫廷腐败和教会专横的讽刺诗，于1717年和1725年两次被投入巴士底狱，并从1726年起被迫流亡英国。在英国，伏尔泰努力学习英国资产阶级的先进思想，成为I.牛顿和J.洛克的信徒。他热情支持百科全书派的启蒙运动。反对封建专制制度，主张由开明的君主执政，强调资产阶级的自由和平等，批判天主教会的黑暗和腐朽。

伏尔泰于1729年回到法国，积极开展启蒙宣传活动。他在1730～1732年，连续发表了悲剧《布鲁杜斯》、历史著作《查理十二史》，对宗教偏执和封建专制主义作了尖锐的揭露和抨击。1734年发表了《哲学通信》，全面论述了他的哲学和政治思想。这一重要著作出版后，立即遭到查禁，伏尔泰被迫逃亡到洛兰省边境的西雷城堡。在那里住了15年，完成了大量著述。主要哲学专著有：《形而上学论》、《牛顿哲学原理》等。1750年，伏尔泰应弗里德里希二世之邀，怀着劝说这位普鲁士王推行开明政治的幻想来到柏林，在德国逗留了四五年。这期间他出版了重要史学专著《路易十四朝纪事》，系统地论述了关于实行开明君主制度的政治主张。但是，当伏尔泰终于认识到自己被这位伪善的专制君主欺骗和利用以后，便于1755年不辞而别，到法国和瑞士边境一个偏僻地方凡尔那购置地产定居下来。从此开始了反封建战斗生活的新阶段。他加强了与国内外著名学者的联系，热情支持百科全书派D.狄德罗等新一代启蒙学者，利用各种斗争形式抨击宗教狂热和封建王朝的罪行，推动了为

民主自由而进行的斗争。这一时期他除继续创作一系列戏剧作品外，还完成了历史著作《彼得大帝治下的俄罗斯》、《议会史》，哲理诗《里斯本的灾难》，哲理小说《老实人》、《天真汉》等。

随着启蒙运动的深入发展，伏尔泰的声望愈来愈高。1778年为出席他的悲剧《伊雷娜》的首次公演而重返巴黎，受到人民群众盛大欢迎，最终确立了他在18世纪法国启蒙运动中的崇高地位。

哲学思想 伏尔泰所坚持的哲学观点，是自然神论形态的唯物主义。这种哲学的基本内容，是从洛克那里接受的经验论，承认外部世界的客观存在，承认外物作用于感官所产生的经验是认识的来源。伏尔泰虽然对于洛克的学说没有多少推进，但是

他在克服洛克"内省经验"的唯物主义不彻底性的同时，发挥了这个学说的战斗性。一方面，他批判了G.W.**莱布尼茨**为宗教神学张目的"**前定和谐**"论和R.**笛卡尔**的"**天赋观念**"论，又反对G.**贝克莱**"存在即被感知"的主观唯心论。另一方面，他从唯物主义经验论出发，否定了宗教神学关于灵魂不灭并可脱离肉体而存在的教义。他在接受牛顿关于自然界都受引力定律统一支配时，没有陷入宿命论，反而批评宿命论和绝对机械决定论，从而为政治上争取个人自由确立了理论根据。根据这种哲学观点无情地揭露和抨击了教会的黑暗和反动。

伏尔泰认为宗教迷误和教会统治是人类理性的主要敌人，一切社会罪恶都源于教会散布的蒙昧主义，是它造成了社会上普遍的愚昧和宗教狂热。他指出，基督耶稣不过是一个凡人，《圣经》不过是一些荒诞透顶的神话故事，而一部教会史就是充满迫害、抢劫、谋杀的罪恶史。因而，他针对教会提出了著名的战斗口号："打倒丑类"，在团结反宗教力量方面起了重要作用。

文学成就　伏尔泰的文学观点和趣味，基本上承袭了17世纪古典主义的余风，主要表现在诗歌和悲剧创作上。其文学作品中最有价值的是哲理小说。这是他开创的一种新体裁，用戏谑的笔调讲述荒诞不经的故事，影射和讽刺现实，阐明深刻的哲理。在《查第格或命运》中，伏尔泰借助查第格的不幸遭遇揭露专制统治的黑暗，又以查第格的命运展示人类经历的各种苦难最终会得到报偿。在《老实人或乐观主义》中，老实人及其意中人和他的老师在遭遇一系列无妄之灾后，终于认识到这个世界并不完善，唯有"工作可以使我们免除烦闷、纵欲和饥寒三大害处"。小说还写了一个政治清明、黄金遍地的奇异国土，寄托了伏尔泰的政治理想。伏尔泰写了50多部剧本，其中大部分是悲剧。他推崇中国文明。根据元人纪君祥的杂剧《赵氏孤儿》的法译本，写有悲剧《中国孤儿》。

在伏尔泰的主要活动时期，封建势力很强大，法国资产阶级处于相对劣势，这决定了其思想的时代局限性。在哲学上，他始终没有摆脱神，还没有达到公开的唯物论和无神论；在历史观方面，他宣传抽象的民主、自由、平等，以救世主自居，蔑视群众，没有摆脱历史唯心论；在政治方面，他在揭露封建专制制度时，对共和思想持暧昧态度，长期幻想依靠开明君主实行自上而下的改革。

**伏龙芝**　Frunze, Mikhail Vasilyevich (1885-02-02～1925-10-31)　苏联红军统帅，军事理论家。生于皮什佩克市，卒于莫斯科。

1904年加入俄国社会民主工党，成为职业革命家。参加过1905年革命，多次被捕并遭流放。1915年逃离流放地，化名潜入俄军，从事兵运工作。十月革命时期，参与组织白俄罗斯武装起义和创建工农红军。苏俄内战和外国武装干涉时期，指挥过一系列重要战役。其中解放克里木半岛的作战行动被V.I.列宁誉为"红军史上最光辉的一页"。1924年任苏联革命军事委员会副主席和陆海军副人民委员，兼工农红军参谋长和军事学院院长。1925年任苏联革命军事委员会主席和陆海军人民委员。其间，主持苏联军事改革，创立精干常备军和地方民兵相结合的武装力量体制，将红军由550万人裁减至56万余人，推动了军队的正规化建设。同时，他研究和解决了苏联早期军事思想和国防建设的一系列重大理论问题，论述了未来战争的性质和特点，为发展马克思主义军事理论、建立苏联军事科学体系作出重大贡献。《统一的军事学说与红军》、《未来战争的前线与后方》等军事著述200多篇汇编为《伏龙芝选集》。

**伏明霞**　Fu Mingxia (1978-08-16～　)　中国女子跳水运动员。湖北武汉人。7岁开始学跳水。1987年入湖北省跳水队。1988年入选国家跳水队。1990年获第2届友好运动

会跳台跳水冠军，此时年仅12岁。后又获第11届**亚洲运动会**跳台跳水季军，为女子团体冠军队员。1991年获第6届世界游泳锦标赛跳台跳水冠军。1992年第25届**奥林匹克运动会**跳水比赛获跳台跳水冠军。1993年获第8届世界杯跳水比赛3米板季军，为女子团体、混合团体冠军队员。1994年获第7届世界游泳锦标赛跳台跳水冠军和第12届亚洲运动会3米板跳水亚军。1995年获第9届世界杯跳水比赛3米板跳水冠军、跳台跳水亚军，为女子团体、混合团体冠军队员。1996年第26届奥运会跳水比赛获3米板跳水和跳台跳水两项冠军。2000年获第27届奥运会3米板跳水冠军，与**郭晶晶**合作获得女子3米板双人跳水亚军。

**伏尼契**　Voynich, Ethel Lilian (1864-05-11～1960-07-27)　英国作家。生于爱尔兰科克，卒于美国纽约。不满周岁时丧父。1885年毕业于德国柏林音乐学院。曾侨居俄国两年。参加过《自由俄罗斯》杂志的编辑工作。小说《牛虻》(1897)在中国和苏联拥有广大的读者，但在英国和西方世界却受到冷落。还写过自传性长篇小说《奥丽维亚·拉塔姆》(1904)，叙述"牛虻"出走后经历的《中断了的友谊》(1910)等。晚年移居美国。

**伏牛山**　Funiu Mountain　中国**秦岭**东段重要山脉。**黄河**、**淮河**、**长江**三大水系的分水岭，主脊又为中国暖温带与北亚热带的分界线。西北端起于河南省界，东南止于方城缺口，长约250千米，宽40～70千米。2006年被联合国教科文组织评为世界地质公园。西北段山体宽阔完整，山势高峻雄伟，由此向东南分支解体，山势也逐渐低缓。位于其西北的鸡角尖海拔2 212.5米，是伏牛山最高峰。山地森林覆盖率15%以上，草坡广布，垂直分带现象明显。山地出产桐油、生漆等，所产山茱萸、辛夷等中药著名。矿产有铜、铅锌和铬等。

**伏契克**　Fučik, Julius (1903-02-23～1943-09-08)　捷克文艺评论家、作家。生于布拉格，卒于德国柏林。当过短工和街头广告员。曾任捷共党刊《创造》等报刊的总编、编辑、记者等。

撰写了大量政论、报道，同法西斯进行斗争。1942年被捕。在监狱里用铅笔头在碎纸片上写成了长篇特写《绞刑架下的报告》。1943年被杀害。他的《绞刑架下的报告》已被译成包括中文在内的90多种文字。

**伏生**　Fu Sheng　中国西汉经学家。又称伏胜。字子贱。济南（今山东章丘西）人。秦博士，专治《**尚书**》，是西汉今文《尚书》最早的讲授者，今本今文《尚书》28篇即由他保存，流传至今。秦始皇焚书时，他将《尚书》藏匿于壁中。汉初取出，在齐、鲁之间讲授。一说他并没有《尚书》，只是凭记忆口授。汉文帝时欲诏其至京讲授《尚书》，他年已九十余，不能应诏赴京，于是朝廷派太常掌故**晁错**前去受业。

但是，把《尚书》传授下来的还是他的学生张生和欧阳生。伏生所藏的《尚书》原本是用秦朝通行的小篆写的，他传授时改用了汉代通行的隶书，因此，等到用“古文”写定的经书出现以后，便被称为“今文”。相传伏生还作《尚书大传》，其实是他去世后张生、欧阳生或后来的博士们辑录所闻而成。

**伏特** volt 国际单位制中表示电动势、电位差、电压的导出单位。简称伏。符号为V。是瓦特每安培（W/A）的专门名称。为纪念意大利物理学家A.伏打而命名。若通过导线的恒定电流为1安，在导线某两点间消耗的功率为1瓦，则该两点间的电势差（电压）定义为1伏。即1伏＝1瓦/安。基于约瑟夫森效应的量子电压标准，可使伏特单位的复现和保存不确定度达到$10^{-8}$量级。国际计量局批准自1990年1月1日起，采用约瑟夫森电压标准来复现和保存伏特单位。

**伏特加** vodka 以谷物、薯类或糖蜜为原料，经发酵、蒸馏制成食用酒精，再经特殊工艺精制加工而成的酒精度为38%～40%（体积分数）的蒸馏酒。伏特加是俄文водка的译音，又称俄得克。是一种极纯净的酒精饮料，其中对人体有害的物质的含量极低，除直接饮用外，常用作调配鸡尾酒的基础酒，也可兑入果汁、汽水和冰块后饮用。优质伏特加酒是无色晶亮的液体，具有柔润的酒精香气，入口有甜感而不辛辣，咽后腹暖，饮后无上头之感，品质独树一格。

第二次世界大战前，只有俄国、波兰、爱沙尼亚、拉脱维亚等波罗的海国家生产伏特加。战后，伏特加的生产发展迅速，遍及世界各地。现除俄罗斯和东欧各国外，生产和消费较多的还有美国、加拿大、芬兰、英国和法国等。

**伏羲氏** Fuxishi 中国神话传说中的人类始祖。又作宓羲、包牺、庖牺、伏戏，也有人称太昊伏羲。古书上称伏羲人头蛇身。

西汉卜千秋墓壁画中的伏羲形象（河南洛阳）

传说与女娲是兄妹。中国古文化中的发明创造多数与他有关。传说上古之时，有龙马负图出于河，伏羲降服龙马，观察龙马身上的图纹，画出乾、坤、震、巽、坎、离、艮、兑八种悬卦符号，叫做八卦，以示天地万物之种种变化。他模仿蜘蛛结网，制作捕鱼网，并教给劳动人民。他制作琴瑟，创作《驾辩》之曲。还传说伏羲制嫁娶之礼，教人狩猎。这些都反映出中国原始时代开始渔猎畜牧的情况。伏羲的神话在中国民间流传十分广泛，影响深远。又传伏羲、女娲为婚，繁衍人类，被奉为人类始祖。

**扶风县** Fufeng County 中国陕西省宝鸡市辖县。位于省境中部。面积719平方千米。人口42万（2010）。唐贞观八年（634）设扶风县，宋、元、明、清沿袭。1958年并入兴平县，1961年8月从兴平县分出复置。1971年属宝鸡市。矿产有石灰岩、大理石。农业以种植小麦、玉米为主。盛产苹果、辣椒。畜牧业以养猪、禽、羊为主。工业以水泥、造纸、机电、化工、食品为主。名胜古迹有法门寺、周原遗址、马援墓、班固墓等。

**扶南** Funan 柬埔寨古代国家。又称夫南、跋南，意为圣山。扶南国即山国的意思。旧说扶南乃中国命名，意为扶掖南方。本土在湄公河中下游。其领土包括今柬埔寨以及越南南部、泰国东南部一带，鼎盛时达老挝南部、泰国西部乃至马来半岛南端。最初的都城名谷特洛，意为特洛大陆，即中国古书译称的特牧城，位于今柬埔寨波萝勉省的巴普农县。

公元1世纪，女王柳叶治理扶南，后与来自印度建志（今康志维南）的混填结婚。混填与柳叶生子分王七邑，建立父子相承的家天下。约4世纪末，有一印度婆罗门，名憍陈如二世，假托神语“应王扶南”。他登上扶南王位之后，“复改制度，用天竺法”。倡导婆罗门教，把都城谷特洛改用梵名毗耶陀普拉。憍陈如二世之后，继位的是持梨陀跋摩和憍陈如·阇耶跋摩。514年憍陈如·阇耶跋摩“庶子律陀罗跋摩杀其嫡弟自立”，国内纷争内讧，扶南逐渐衰微，各属国纷纷脱离羁绊，中国唐贞观年间真腊完全吞并扶南。柬埔寨历史由此进入了真腊时代。

扶南人把来自印度的文化同本国的传统相结合，形成了扶南文化。扶南的佛教、婆罗门教、塞迦历、文字等都源于印度。

225年（中国三国吴黄武四年），扶南首次遣使访问中国的孙吴政权。243年（吴赤乌六年），范旃又遣使聘问。吴大帝孙权也遣朱应、康泰到扶南访问。504年（中国梁天监三年），梁武帝授扶南国王憍陈如·阇耶跋摩以安南将军、扶南王之号。扶南乐在三国时传入中国，隋代和唐初被列为九部乐之一。南北朝时期，扶南僧人来华在扶南馆等处译经，番禺的佛寺中曾供有扶南国所造石像。6世纪下半期，真腊崛起，扶南的都城南徙，与中国的来往渐稀。

**扶桑** *Hibiscus rosa-sinensis*; Chinese hibiscus 锦葵科木槿属的一种。落叶或常绿观花灌木。又称朱槿、佛桑。原产中国南部，福建、台湾、云南、四川等地均有分布，现在温带及亚热带地区均有栽培。茎直立，高1～3米，多分枝。叶互生，广卵形或狭卵形。花大，径10～17厘米，有红、粉、黄、白等色。单瓣者漏斗形，花蕊伸出花冠之外；重瓣者花形略似牡丹，故有朱槿牡丹之名。蒴果卵圆形，重瓣品种多不结果。常见有单瓣、复瓣及重瓣3种类型，常见的品种有：金叶扶桑、深红扶桑、彩瓣扶桑、橙色扶桑、大花扶桑等。扶桑喜光，为强阳性植物。喜温暖湿润气候，不耐寒。通常采用扦插繁殖。除盆栽观赏外，也常用于道路两侧、分车带及庭院、水边的绿化，可单植、丛植、群植，又可作花篱和花墙。对花枝略微编织造型，可以编成镂空的花窗，扎成狮子、老虎、花墙等形，妙趣横生。

**扶养** maintenance 特定亲属间一方须对他方承担生活供养责任的法律关系。前者称为扶养义务人，后者称为扶养权利人。各国法律一般都把因亲属关系而发生的经济义务统称为扶养。

2001年的《中华人民共和国婚姻法》对扶养一词采取狭义解释，专指夫妻双方、兄弟姐妹间在生活上互相供养的责任。第20条规定：“夫妻有互相扶养的义务”，“一方不履行扶养义务时，需要扶养的一方，有要求对方付给扶养费的权利”。第29条规定：“有负担能力的兄、姐，对于父母已经死亡或父母无力抚养的未成年的弟、妹，有扶养的义务。由兄、姐扶养长大的有负担能力的弟、妹，对于缺乏劳动能力又缺乏生活来源的兄、姐，有扶养的义务。”关于父母对子女，祖父母、外祖父母对孙子女、外孙子女的供养责任，《婚姻法》中称为抚养。子女对父母，孙子女、外孙子女对祖父母、外祖父母的供养责任，《婚姻法》中称为赡养。该法第20、21、28、29条分别规定了亲属间扶养、抚养、赡养的权利和义务。许多国家的亲属法中没有这种区别。

1997年修订的《中华人民共和国刑法》对扶养一词则采取广义解释，包括抚养和赡养，并且规定，对于年老、年幼、患病或者其他没有独立生活能力的人，负有扶养义务而拒绝扶养，情节恶劣的，应依法追究刑事责任。

**扶正祛邪** strengthening vital qi to eliminate pathogenic factor 中医临床治疗法则之一。

即扶助人体正气，祛除病邪。从某种意义上讲，疾病过程就是正气与邪气相互斗争、彼此消长的过程。因此治疗时须扶助正气，祛除邪气，促进疾病痊愈。《内经》中说：“虚则补之、实则泻之。”正气不足的疾病为虚证，虚证须用补法，所以补法即有扶正的作用。邪气偏盛的疾病为实证，实证须用泻法，所以泻法即有祛邪的作用。

根据机体内正邪两方消长盛衰的情况，扶正祛邪法则分别有扶正、祛邪、扶正与祛邪并用、先祛邪后扶正、先扶正后祛邪等多种。总之，做到扶正祛邪，祛邪又不伤正。

**孚兹** Wurtz, Charles-Adolphe (1817-11-26～1884-05-12) 法国有机化学家。生于斯特拉斯堡附近的伍尔菲思海姆，卒于巴黎。1843年毕业于斯特拉斯堡大学，取得医生资格。后到吉森大学学习，1849年任有机化学讲师，1852年任有机化学教授，1866～1875年任医学院院长。1875年任索邦大学有机化学教授。他是法国化学会发起人之一并任第一任会长。1867年选入法国科学院，1883年任院长。1847年发现三氯氧磷 ($POCl_3$)。1849年制得甲胺和乙胺，并指出甲胺和乙胺可以表示为“一当量氢为甲基或乙基所取代的氨”。1855年由钠和卤代烃合成烃，在有机化学中称为孚兹反应。1856年用钠还原醛，得到醇。1867年和F.A.凯库勒共同合成酚。著有《化学原理的历史》、《化学哲学讲义》、《原子学说》。

**拂菻国** Byzantine Empire 中国中古史籍中对东罗马帝国（见拜占廷帝国）的称谓。古代又称大秦、海西国。随历史时期之不同，此名有时也指苫国（今叙利亚）等地中海东岸地区。宋、元时代又用以称呼塞尔柱突厥人统治的小亚细亚。杜环《经行记》和两唐书西域传对拂菻国的物产、建筑、民俗等情况有详细记载，但两唐书中的记载据认为有一部分系从唐代长安情况类推而来。在唐代，长安与拂菻之间，西突厥汗廷与拂菻之间都有频繁的使节和商旅交往，特别是西突厥曾与它联合对抗萨珊朝波斯，争夺丝绸转运贸易的控制权。景教（基督教聂斯脱利派）当自该地传来。

**苻坚** Fu Jian (338～385) 中国古代十六国时期前秦国君。字永固，一名文玉。氐族人。在位29年。原籍略阳临渭（今甘肃天水东北），生于邺城。祖父洪，氐族酋长；伯父健，前秦创建者。苻坚汉文化修养较深，博学多才艺，有政治抱负。初封东海王。357年发动政变，杀死国主苻生（苻健子），自称为大秦天王。即位后励精图治，用人唯贤，先后启用一批有文武之才的新人。对于汉族士人王猛更是信任有加，支持王猛大力剪除不法豪强，强化中央集权。重视统治阶层的人才培养和选拔。下令地方荐举孝悌、廉直和长于文学、政事者，进行考核。对于被征服地区的上层分子一概采取优容政策，录用不少他族或投降的人为文官武将。推崇儒学，广置学官，令公卿以下子孙入学，并多次亲临太学主持考试。一再“劝课农桑”，使关陇地区的经济得到恢复和发展。

经过多年经营，前秦国势渐强。370年攻灭前燕，次年灭仇池杨氏政权，373年夺取东晋梁、益两州，376年灭前凉和代。382年派吕光进军西域。成为十六国中最强大的政权，其疆域东极沧海，西并龟兹，南包襄阳，北尽沙漠。又与新罗、大宛、康居、天竺等62国遣使通好。苻坚统一北方后，不顾群臣劝阻，倾前秦之力，以图一举消灭东晋。383年大败于淝水（见淝水之战）。此后，前秦分裂，下属慕容垂和姚苌先后背叛，分别建立后燕和后秦。长安长期被叛军围困。385年苻坚出走为姚苌所俘，遭缢杀。

**服气辟谷** 道教方术。服气指服食气体，辟谷指不食谷物杂粮。服气辟谷法指道士在修炼服气法中，从减食、节食开始，逐渐断绝谷物，以服气为主。在练功同时，特别强调要添加辅助食品，如大枣、花生、核桃、胡麻、山药、莲子、茯苓、黄精等中草药，把这些物品通过九蒸九晒的中药制剂方法，制成水丸、蜜丸，或煎制成膏状，随时服用。练功期间，即使不食五谷，亦能补充高蛋白、高营养，充实生命元素。道士们修炼服气法中，尽可少吃粮食，但不以饮水服药为辅助是不可能生存下来的。

**服饰文化** costume culture 人类的物质生产和思想文化在服饰发展演变过程中的综合反映。服饰是指人们的服装、鞋、帽和服饰件。随着人类的发展进步，服饰不仅成为人类生活的需要，还代表一定时期人类文化的积淀，成为人类文明的标志。服饰的材料与制作记载科学技术和艺术的进步轨迹。从中国的服饰发展来看，从旧石器时代的部件式衣着到商代的上衣下裳，从春秋战国时的深衣到富丽多彩的唐代服装，从各民族服饰的几次交流融合到清代的易服改俗，以及由此产生的众多习俗与礼仪，使中国的服饰文化具有深厚的历史性、科学性和艺术性。近现代，随着各种职业的需要和工程技术的特殊要求，服饰被赋予许多新的功能和作用，如职业服、军用服、学生服、矿工服、炼钢服、宗教服、舞台服、运动服等，把服饰的功能提高到一个新的水平。

服饰的产生与演变与政治、经济、思想、文化、地理、历史以及宗教信仰、生活习俗、心理心态、观念、民族特色等密切相关。正是基于存在着不同的历史条件和文化背景，才形成不同时代不同民族各不相同的服饰文化类型和风格。东方服饰与西方服饰代表着各不相同的服饰文化传统。也正是历史条件与文化背景的差异，才构成世界服饰文明的多元化。随着潮流的不断演进和国际交融，服饰文化越来越表现出商品化特征，市场需求、消费心理、追逐商业利润等诸多因素给服饰文化以新的强烈的刺激。同时，服饰文化也不断朝着国际化与民族化协调的方向发展。

**服务器** server 在计算机环境中提供服务的设备或系统。服务接受者称为客户机或终端机。服务器和客户机的地位是相对的，服务器可以接受服务，客户机也可以提供服务。服务的种类很多，如计算服务、数据服务、文件服务、信息服务、打印服务，网络环境中的域名服务、邮件 (E-mail) 服务等。服务提供者按服务种类称作计算服务器、数据服务器、文件服务器等。服务器与PC机及计算机工作站的主要区别：除了高速计算能力和数据处理能力外，还有大容量数据存储能力、高速且可扩展的输入输出 (I/O) 能力，对外的高速通信能力以及丰富的中间件或工具软件。

按照体系结构，服务器可分为个人计算机 (PC) 服务器、UNIX服务器或小型机、机群服务器。通常，机群服务器和处理机数目较多的UNIX服务器称为高性能服务器，其中，规模特别大的服务器称为超级服务器。服务器的工作模式有四种：①主机/终端模式。②客户机/服务器模式。③服务器聚集模式。④网络计算模式。

**服制** mourning apparel system 中国封建社会以丧服规定亲属的范围、指示亲等，即亲属关系亲疏远近的制度。它是封建统治阶级用以调整民事法律关系并用以作为刑事法律上判罪定刑的一个标准。

**五服** 中国封建社会是由父系家族组成的社会，以父宗为重。其亲属范围包括自高祖以下的男系后裔及其配偶，即自高祖至玄孙的九个世代，通常称为本宗九族。在此范围内的亲属，包括直系亲属和旁系亲属，为有服亲属，死为服丧。亲者服重，疏者服轻，依次递减。服制按服丧期限及丧服粗细的不同，分为五种，即所谓五服：①斩衰三年。用极粗生麻布为丧服，不缝衣旁及下边。

②齐衰。用次等粗生麻布，缝衣旁及下边。按服丧期限长短，齐衰又分齐衰三年、齐衰杖期（一年）、齐衰不杖期（不执杖，一年）、齐衰五月和齐衰三月五等。③大功九月。用粗熟布为丧服。④小功五月。用稍粗熟布为丧服。⑤缌麻三月。用稍细熟布为丧服。缌麻是最轻的服，表示边缘亲属。五服之外，同五世祖的亲属为袒免亲，袒是露左臂，免是用布从项中向前交于额上，又后绕于髻。同六世祖的亲属便是无服亲了。

《仪礼·丧服》章所载亲属间各种服制被后世奉为权威性的准则，历代遵行，但也有所变通。

斩衰三年 古礼为父斩衰三年，父在，为母齐衰杖期，父卒，为母齐衰三年。唐高宗上元元年（674），武后请父在为母终三年服，虽下诏依行，当时并未实行。武后即帝位后，垂拱（685～688）中始著为定格。玄宗开元七年（719）经群臣集议，恢复旧制。开元二十年（732）改修五礼，又依上元敕为母齐衰三年。宋、元沿用。明太祖以父母之恩相同，而低昂如此，甚为不情，洪武七年（1374）立为定制，子为父母皆斩衰三年。清制同。古礼媳为舅姑齐衰不杖期，后唐明宗长兴（930～933）中改为为舅斩衰三年，为姑齐衰三年。宋、元沿用。明洪武七年改定媳为舅姑皆斩衰三年。清沿用。此外，妻为夫，妾为君（家长）皆斩衰三年。

齐衰 明以后无齐衰三年服。夫为妻（父母在不杖），子为出母、嫁母，齐衰杖期。古礼为庶母缌麻三月，明洪武七年改定嫡子、众子为庶母齐衰杖期，庶子为生母斩衰三年。清制同。为祖父母，伯叔父母，在室的姑、姊妹、兄弟、侄等齐衰不杖期。为曾祖父母齐衰五月。为高祖父母等齐衰三月。

大功九月 为堂兄弟、在室的堂姊妹、侄妇等。

小功五月 为伯叔祖父母、堂伯叔父母、再从兄弟、堂侄、侄孙、兄弟之妻、夫之兄弟等。按古礼兄弟之妻及夫之兄弟无服。唐魏徵请为兄弟妻及夫之兄弟服小功五月。宋以后沿用。

缌麻三月 为曾伯叔祖父母、堂伯叔祖父母、族伯叔父母、族兄弟、再从侄，在室的曾祖姑、堂姐姑及族姑等。

女子在室与男子同服，出嫁则为本宗降服，除祖父母及曾祖父母不降外，为其他亲属皆降服一等。如为父母降为期服，为伯叔父母、兄弟及侄降为大功，为堂兄弟降为小功，为堂伯叔父母及堂侄降为缌麻。原为缌麻的亲属，如族兄弟、堂侄孙等，便无服了。为姑、姊妹、侄女等在室者降一等，出嫁者又降一等。本宗为出嫁之女亦降服一等。母系的亲属为外亲，关系疏薄，仅推及一世，即上推至外祖父母，旁推至母之兄弟（舅父）、母之姊妹（姨母），下推至母舅之子（舅表兄弟）及两姨之子（姨表兄弟），过此即无服，且服制极轻。姑母虽属于本宗，但女子出嫁便加入夫宗，为本宗降服，本宗亦为出嫁之女降服，所以为姑在室不杖期，出嫁大功。姑之子（姑表兄弟）亦属外亲，服只缌麻。妻亲之中有服者仅限于岳父母及婿，皆服缌麻。妻之其他亲属均无服。

服制与法制 服制原属于礼的范围，详载于《仪礼》及后代的官私礼书和会典等中，但在中国古代习惯法和成文法上占有极为重要的地位。

服制与民法 服制是调整亲属间民事法律关系的依据。无子立嗣习惯上是择立同宗有服近亲。清条例对于应继次序有明确的规定。民间习惯和历代法律都承认直系尊亲属对子女的主婚权，子女不得违抗，而其余亲属则无绝对支配权。唐、宋、明、清律禁娶同宗亲属的妻子，违者离异，并按服制定罪，关系愈亲则处分愈重，娶大功以上亲属的妻子便以奸论。

服制与刑法 在儒家思想影响下，中国法律以纲常名教为重，极端重视名分，关于亲属间的侵犯、伤害行为，处分不同常人，不适用一般条文，而是根据亲疏和尊卑长幼之序，制定了一系列特殊规定。尊长杀伤卑幼，关系愈亲则定罪愈轻；反之，卑幼杀伤尊长，关系愈亲则处分愈重。奸非罪不论尊卑长幼，关系愈亲则处分愈重。亲属间的盗窃罪亦不同凡人，减等治罪，关系愈亲则罪刑愈轻，关系愈疏则罪刑愈重。治罪轻重既以亲疏尊卑长幼为准，服制就成为裁定罪刑的标准之一。早在晋代即按服制定罪。唐、宋、元、明、清各代法律皆沿用此原则，按祖父母、父母、子孙、期亲、大功亲、小功亲、缌麻亲种种不同身份，区别罪刑，详细规定于条文中，反映出法律极端重视服制（见图）。

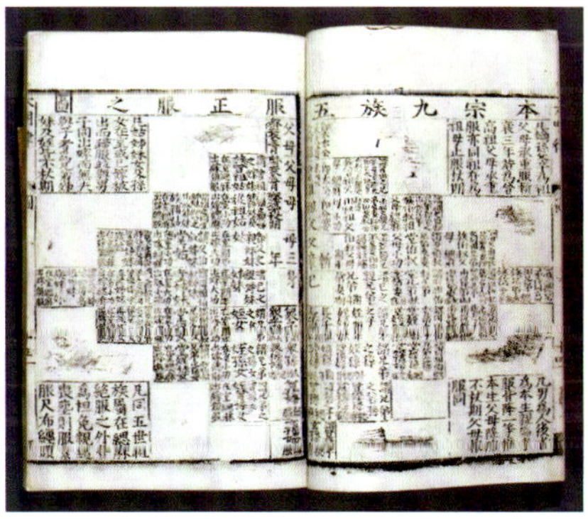

《大明律》中的“服制图”

礼与法 服制在中国古代法律上的重要性不仅说明古代法律极端重视家族、重视伦常，也可看出礼、法二者关系密切，即以法律制裁来维系礼教。

**服装号型系列** apparel size and style series 按人体体型规律设置分档号型系列的标准。依据这一标准设计、生产的服装称号型服装。标志方法是：号/型。号表示人体总高度，型表示净体胸围或腰围，均取厘米数。服装号型系列为服装设计提供科学依据，有利于成衣的生产和销售。

体型分类

| 代号 | Y | A | B | C |
|---|---|---|---|---|
| 胸围与腰围之差（cm） | 22～17 | 16～12 | 11～7 | 6～2 |

1981年7月列为国家标准（GB/T1335－1981），自1982年1月正式实施。服装号型系列中的系列设置，包括两类：①成人服装系列。以中间标准体（男子总体高165厘米，胸围88厘米，腰围76厘米；女子总体高155厘米，胸围84厘米，腰围72厘米）为中心，按规定的分档距离（号档：5和3厘米；型档：上衣4和3厘米，下衣4、3和2厘米）向上、下推档，形成5.4、5.3、5.2、3.2等四个系列。②童装系列。按儿童发育特点，高度从81厘米、胸围从50厘米起，依档距递增，形成7.2和5.3系列。1981年标准经过修订，形成1991年标准与1997年标准。1991年标准（GB/T1335－1991）以胸围和腰围的落差作为体型分类的基本依据，将成人分为Y、A、B、C四种体型（见表）。1997年标准（GB/T1335－1997）增加0～2岁的婴儿装系列，使标准内容更加完整。

**服装设计** apparel design 以人体为对象，构思服装并加以形态化的创作过程。属于工业造型设计范畴，涉及科学、技术、艺术等领域和物质、精神诸方面。除必须具有一般工业产品设计的实用性、审美性和经济性外，还应适应人的生理、心理需要，使人、服装、环境协调统一。

沿革 据文献记载和出土文物反映，1.8万年前中国原始的服装就用骨针简单缝制并运用色彩，6 000年前尼罗河、印度河、黄河、幼发拉底河和底格里斯河诸流域的服装采用麻、棉、丝、毛等材料。中国商

服装韵律示意图

代有着装的等级差别，周代完善冠服制度，并规定十二章纹的用法，服装设计自此有了等级、礼仪、标识等内容。4 000年前，在克里特岛和希腊陆地有关于服装设计人员的记载。16世纪末至18世纪中叶，欧洲的服装设计先后受巴罗克艺术、洛可可艺术的影响，突出艺术风格的内容。1672年在巴黎出现第一本定期介绍服装式样的刊物《靓妆信使》(*Mercure Galant*)。19世纪末，法国人玛丽穿着她丈夫C.F.沃思设计的服装进行表演，成为世界上第一位服装模特。19世纪中叶，西方服装设计的立体造型法传入中国。20世纪上半叶，服装心理学、服装卫生学相继形成，使服装设计的内容更趋于完善。70年代后期，运用计算机进行服装辅助设计，开辟服装设计的新途径。

**设计原则** 服装设计所遵循的基本规范，泛指实用、美观、经济三个基本原则。

实用 最大限度地发挥服装的功能以满足人的穿着需要。通常反映在服装设计目标和服装人机效果等方面。①服装设计目标。又称服装设计条件“5W1H”。即：何时穿着(When to Wear)，何地穿着(Where to Wear)，何人穿着(Who to Wear)，为何穿着(Why to Wear)，穿何服装(What to Wear)，如何穿着(How to Wear)。②服装人机效果。服装着于人体后所具有的和体现出的“人-服装”的综合功能。可概括为保护身体、美化形象、遮羞掩丑、表现个性和有益社交。

美观 服装的综合美。可概括为个性美、流行美、内在美、外在美。

经济 泛指节约。主要内容是：①用较少的人力、物力、财力、时间、空间等设计生产出量多、质好的服装；②把一切影响产品和效益的问题尽可能在设计中予以解决，获得最佳设计效果；③使服装的成本、售价适应购买力水平，符合消费者价值心理，提高产品信誉和竞争能力。

**设计原理** 美学的比例、平衡、韵律、加强和协调统一形式法则在服装设计中的运用。

比例 服装的整体或部分间的分割、比较及其形成的尺度。三原形（正方形、三角形、圆形)、黄金率矩形和平方根矩形是公认的具有美的比例关系的形式，在设计中广为运用。

平衡 服装的整体或部分在量感和动感作用下产生的稳定形式。又称均衡。分对称平衡和不对称平衡。

韵律 有规律地重复出现的线条、色彩、装饰等变化的美学法则。又称节奏、旋律。分反复、阶层、流线、放射等四类（见图)，有连续、渐变、交错、起伏等表现形式。

加强 又称强调。主要方法有线条加强、色彩加强、材料加强、工艺加强和装饰加强。

协调统一 协调指服装的部分与整体、部分与部分的和谐一致；统一指在协调的基础上集中化一，体现美感。

**设计要素** 主要指线条、色彩和材料三要素。

线条 服装的轮廓、衣襟、额道、接缝，以及排扣、拉链、花边等都给人线条概念。线条按形态可分为直线和曲线两类。直线给人简练、庄重之感，适用于男装、运动服；曲线给人圆满、活泼之感，适用于女装和童装。服装设计应根据各种线条的特性，适当选用，以一种为主，其他为辅，形成理想的款式。

色彩 服装设计注重色彩的流行、感觉、感情和象征、吸热和散热，以及服装配色。①色彩的流行。色彩的变化和循环是视觉生理和心理作用的结果，受政治、经济、意识形态、地理、气候等因素的影响，具有周期性。②色彩的感觉。色彩给人视觉、心理和精神上的感受。主要有四种感受。一是冷暖感。蓝色、青色产生冷感，称为冷色；红、橙、黄色产生热感，称为暖色；绿色和紫色称为中性色。二是轻重感。明度高的色使人产生轻感，明度低的色使人产生重感。三是进退和胀缩感。明度、纯度高的色和暖色有前进感和膨胀感，白色最强；明度、纯度低的色和冷色有后退感和收缩感，黑色最强。四是软硬感。明度高的色和中等纯度的色有柔软、温和感，明度低的色、高或低纯度的色有刚硬、严肃感。此外，色彩还有厚薄感、明暗感和强弱感等。③色彩的感情和象征。色彩使人产生的感情和人赋予色彩的象征意义，因国家、地区、民族、文化等不同而有差异。④色彩的吸热和散热。明度低的色吸收光热的能力强，黑色最强；明度高的色反射光热的能力强，白色最强。⑤服装配色。对服装的色彩进行组合。通常采用同一色（单色)、类似色（邻色)、间色、补色（对比色）的配色方法。此外还采用无彩色和层次配色、统一配色、分割配色等。服装与鞋、帽、手套、袜、带等的色彩组合也属配色内容。组合方法有统一法、呼应法、衔接法、点缀法、缓冲法、分割法和衬托对比法，宜灵活选用。

材料 构成服装的物质素材。根据设计的目的、需要和条件选用材料。即以料定式或以式定料，根据现有的材料设计适宜的服装或根据服装的要求选择适宜的材料。

**服装造型** 塑造服装在三维空间的整体轮廓及外貌形态。服装造型是服装设计的核心。服装设计的原则、原理、要素贯串于服装造型的全过程。服装造型涉及人体体型、量体、视错、服装构成及服装设计图等问题。

人体体型及量体 人体体型是服装造型的依据。可从规律体型和廓型体型加以研究。①规律体型。通过调查和测量大量的人体，分析出人体部位的变化规律加以分类，分类中规定的人体体型即规律体型。按规律体型设计出的服装适于批量生产，便于经销和消费。②廓型体型。人站立时的体型外部轮廓。多取正视体型和侧视体型进行分析研究。服装要适应和美化体型。服装造型须按服装设计目标和服装人机效果而定。千变万化的服装可归纳划分为五种基本廓型：上窄下宽的A型，上宽下窄的V型，上下及腰部近乎等宽窄的H型，关领紧下摆或收下摆而不收腰的O型，强调腰身线条的X型。

为了制图准确和制作的服装适身可体，须量体，即测量人体某些重要控制部位尺寸作为服装造型的根据。

视错 人的视觉对造型中的点、线、面、体及色彩等所产生的与事实不符的错觉。又称错视。视错可分为线段视错、角度视错、面积视错、透视视错、分割视错、位移视错、重叠视错、对比视错、高低视错、变形视错、立体视错等。服装造型中对于视错，或利用，或矫正。

服装构成 将服装各部分组合成服装的过程。又称服装结构。服装构成必须符合人体工程学的要求。通常是将根据人体着装部位而定的领、袖、衣身、裤腰裤管、裙腰裙片等组合成服装。服装构成的创作方法，是充分运用组成各部位的形态要素（点、线、面、体、肌理、色彩等）进行艺术造型，具体的服装造型方法主要有立体法、比例分配法、短寸法和原型法。

服装设计图 服装设计制图的总称。最常用的有意向图、款式图、效果图和裁剪图。

**服装工艺设计** 制订服装生产过程中关于原辅材料、半成品加工、缝制服装产品的方法、质量要求和采用加工设备的技术文件的过程。是服装加工的前提和服装工艺准备工作的主要部分。分工艺规程设计和工艺装备设计。

工艺规程设计 制订服装生产中加工、缝制方法的技术文件的过程。制订的加工、缝制方法要力求先进、科学、合理。

工艺装备设计 制订服装加工、缝制中采用和配备的工、卡器具的技术文件的过程。选配的工、卡器具要确保实用、高效，主要内容分标准工艺装备和专用工艺装备。

**茯苓** *Poria cocos*; tuckahoe cocos poria 多孔菌科卧孔菌属的一种。腐生真菌。又称松木薯、伏灵。中国西南、西北、中南、华东等地都有野生或栽培。日本、朝鲜半岛等也有种植。茯苓是由该菌丝体组成的菌核，为球形或不规则块状，大小不一，外皮薄，深褐色，多皱纹，内部白色，近外皮处淡红色，粉粒状。多生于马尾松、赤松等植物根上。也可人工栽培。人工栽培多用段木栽培法。

茯苓形态

菌核中间的白色部分称白茯苓，能利尿、健脾、和胃、安神，主治小便不利、痰饮、咳逆、脘闷吐泻、心悸失眠。菌核近外皮的淡红色部分称赤茯苓，多用于利湿热。菌核的外皮称茯苓皮，多用于利水消肿。菌核中间抱有松根的白色部分称茯神，多用于宁心安神。

**氟** fluorine *化学元素*，元素符号F，原子序数9，原子量18.998 403 2，属周期系ⅦA，*卤素*。1886年，法国化学家*H.穆瓦桑*将氟化钾溶解在无水氢氟酸中进行电解，制得单质氟。元素英文名来源于其主要矿物*萤石*的英文名fluorite。自然界不存在游离状态的氟。氟在地壳中的含量为0.072%，重要的矿物有萤石（$CaF_2$）、冰晶石（$3NaF·AlF_3$）、氟磷酸钙〔$Ca_5(PO_4)_3F$〕。

常温下，氟为淡黄色气体，有刺激性臭味；熔点－219.66℃，沸点－188.11℃。在氟的化合物中，氟总是呈－1氧化态。氟离子体积小，容易与许多正离子形成稳定的*配位化合物*。氟是电负性最高的元素，因此氟的反应能力很强。氟的化学性质最活泼，除氦、氖、氩外，氟能同所有的元素化合，生成相应的氟化物。氟甚至可以和稀有气体氪、氙、氡发生反应，生成$XeF_2$、$XeF_4$、$XeF_6$和$XeOF_4$等。在低温下，单质氟能与溴、碘、硫、磷、砷、碳、硅剧烈反应。氟还能与水、氨以及许多有机化合物反应。氟与水反应时，水被氟氧化，生成氧、臭氧、过氧化氢和二氟化氧等。氟能从氯化物、溴化物、碘化物中置换出氯、溴、碘，也能把溴酸盐氧化为高溴酸盐。氟与烃类发生难以控制的快速反应，氢被氟取代可形成含氟烃和氟化氢。

通常用电解无水氟化氢－氟化钾体系制备氟。单质氟以压缩气态或以液态（用液氮冷却）储存在镍合金的容器中。单质氟主要用作氟化剂，以制取各种有用的氟化物；制备氯氟烃类化合物；在原子能工业中，利用$^{235}UF_6$和$^{238}UF_6$扩散速度的不同来分离同位素铀－235和铀－238；制备高稳定性的*聚四氟乙烯*工程塑料；能作火箭燃料的添加剂，使其燃烧时放出的能量更高。

单质氟具有刺激性，能强烈刺激眼、鼻、口腔、气管等的黏膜。若吸入较多，则会严重氟中毒，甚至死亡。

**氟利昂** freon 有机氟化合物氟氯代甲烷和氟氯代乙烷的总称。又称氟氯烷。氟利昂的命名法是于“氟利昂”或F之后加一数字，以表示其组成，规定如下：右起第一位（个位）数为氟原子的数目，第二位（十位）数减1为氢原子的数目，第三位（百位）数加1为碳原子的数目，如化合物只含一个碳原子，则只有两位数字。分子中应有的其余原子则均为氯，如化合物含溴，则在上述数字之后加上“B”字和一个数目，表示溴原子的数目。例如，$CCl_3F$（氟利昂－11或F－11）、$CCl_2F_2$（F－12）、$CClF_3$（F－13）、$CHCl_2F$（F－21）、$CHClF_2$（F－22）、$FCl_2C—CClF_2$（F－113）、$F_2ClC—CClF_2$（F－114）$CBrF_3$（F-13B1）。在常温下，氟利昂都是无色气体或易挥发液体，略有香味，无毒性，具有较高的化学稳定性。其中最重要的是二氟二氯甲烷$CCl_2F_2$（F－12）。在常温常压下，$CCl_2F_2$为无色气体；熔点－155℃，沸点－29.8℃，密度1.486克/厘米$^3$（－30℃）、5.44克/升（0℃）；稍溶于水，易溶于乙醇和乙醚；与酸、碱不反应。$CCl_2F_2$可由*四氯化碳*与无水氟化氢在催化剂存在下反应制得。氟利昂主要用作制冷剂、喷雾剂和干洗剂。由于含氯的氟利昂（氟氯烷烃，CFC）能破坏*大气臭氧层*，国际上逐步禁止此类氟利昂的使用，应开发氟利昂代替品，采用不含氯的氟碳化合物，例如HFC－134a（$CF_3CFH_2$）、HFC－32（$CF_2H_2$）等代替氟氯烷烃型的氟利昂。

**氟纶** fluorofiber 聚四氟乙烯纤维的中国商品名。以*聚四氟乙烯*（PTFE）为原料经纺丝制成的合成纤维。1954年美国首先将聚四氟乙烯制成纤维，并实现工业化生产。由于此种纤维具有独特的优良性能，许多国家相继开发。

氟纶主要用于制作飞行器的结构材料、宇航服、耐腐蚀和耐高温的密封函、电气绝缘材料、腐蚀性气体和液体的过滤材料、腐蚀性物料的传送带等。在医疗上有独特用途，可用于制作各种人造血管、人造气管及修补内脏器官等。

**浮雕** relief *雕塑*的形式之一。指在一个平面（观赏面）的雕塑形式，通常是指有一块底板为依托，占有一定空间的被压缩的实体所构成的雕塑个体或群体。

**浮动汇率** floating exchange rate 根据市场供求关系而自由涨跌，货币当局不进行干涉的*汇率*。浮动汇率分为单独浮动和联合浮动。单独浮动是一国货币的汇率自行浮动，其汇率变动与其他货币的汇率无关。联合浮动是在若干国家实行某种经济联合的条件下，对汇率波动所作的内外有别的安排。除上述两种浮动方式外，还有一种钉住浮动，指有些国家由于历史上的原因或其进出口贸易结构的需要，将本国货币的汇率与某一种或几种关键货币挂钩，然后随该货币汇率浮动。如果政府对汇率波动不加干预，完全听任供求关系决定汇率，称为自由浮动或清洁浮动；如果政府或多或少地对汇率的波动采取干预措施，则称为管理浮动或肮脏浮动。

**浮力** buoyancy 物体浸入或浸没静止流体时，受到流体给它的垂直向上的作用力，大小等于该物体所排开流体的重量（见*阿基米德原理*）。物体所受的浮力与物体的重量相等时，物体就会漂浮或浸没于流体中悬浮。应用这一原理可建造能在水和空气中航行的工具，如舰船和飞艇。

浮力的作用线通过被排开流体体积的形心，也称为浮力中心或浮心。静止浮体平衡时重心和浮心在同一垂线上。浮体受扰动倾斜时，浮心偏移到新的被排开流体的形心上，浮力与重力就会形成转动力矩。若转动力矩能使浮体恢复到原来的平衡位置，则称浮体是转动稳定的；反之，称浮体是转动不稳定的。浮力作用线与重心－原浮心连线的交点称为定倾中心（见图）。如果定倾中心在重心之上，浮体将转回原

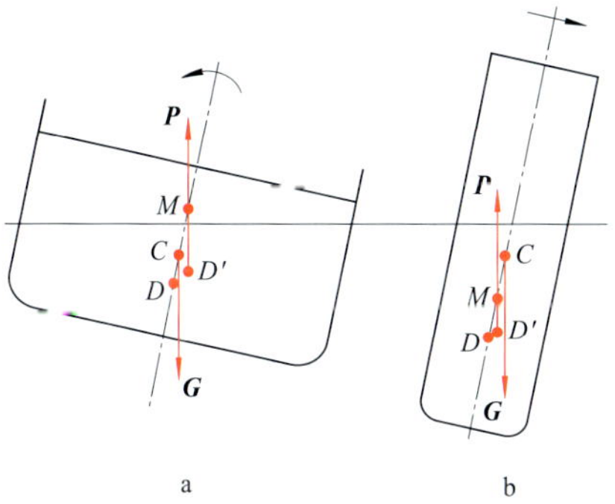


转动稳定和转动不稳定

*G*重力 *P*浮力 *C*重心 *D*浮心 *M*定倾中心

来的平衡位置，则转动稳定（图a）；如果定倾中心在重心之下则浮体会倾翻，则转动不稳定（图b）。从重心到定倾中心的距离称为定倾中心高度（定倾中心高于重心时计为正；反之计为负），它是浮体稳定性的直接量度。要浮体稳定，定倾高度必须为正，且数值越大，稳定性越好。

**浮萍科** Lemnaceae; duckweed family 单子叶植物纲槟榔亚纲的一科。有6属约30种，分布几遍世界。中国有3属7种，南北均产。漂浮或沉水的小形或微细的一年生植物。常雌雄同株（稀异株），植物体为未分化的扁平体，形状不一，有1或数根或无根。扁平体具有2个生殖袋，有时每侧近基部各有1个，有时1个在边缘，1个在上面，通常以出芽法繁殖；花序（稀见）生于2个边缘袋之一的内面，或生于上表面袋内，前者由2（3）雄花及1雌花生于短轴上，

为1小形、退化、膜质的佛焰苞，共同包围，后者由雌花、雄花各1个组成，无佛焰苞，雄花无花被。雌花有1雌蕊，子房单室。果为胞果。浮萍叶状体倒卵形、椭圆形或近圆形，长1.5～6毫米，两面平滑，绿色，根1条；紫萍又称紫背浮萍，叶状体倒卵状圆形，长4～10毫米，单个，或2～5个簇生，下面紫色，根6～11条；此两种全草供药用，发汗、利水、消肿、散湿，也为良好的猪、鸭饲料和稻田肥料。无根萍是已知种子植物中最小的，叶状体长仅1.2～1.5毫米，宽不及1毫米，漂浮水面，无根，生长最盛时，每一平方米面积，可有植物体100万个，在静水池沼中往往密盖于水面，是养育鱼苗的好饲料。

**浮桥** floating bridge 用船或浮箱代替桥墩，浮在水面的桥梁。军队采用制式器材拼组的军用浮桥，称作舟桥。浮桥可用于人行、公路、铁路。平时可用以应急救

建于南宋年间的江西赣州贡江上的建春门浮桥

灾或作为临时性交通设施，战时可用以保障军队迅速通过江河。为增加军用的制式舟桥的机动性，常用轻金属制成自行式的。

浮桥的结构形式有两种：①传统的形式是在船或浮箱上架设、铺桥面。②舟梁合一的形式，或船只首尾相连，成纵列式，或将舟体紧密排列成带式。为保持浮桥轴线位置不致偏移，在上下游须设缆索锚碇。为与两岸接通，在两岸须设置过渡梁或跳板。为适应水位涨落，两岸还应设置升降码头或升降栈桥。

世界上已建成的大型浮桥有10座之多。著名的有西雅图华盛顿湖浮桥，长2 000米；塔斯马尼亚的德文特河桥，长965米；伊斯坦布尔金角湾桥，长460米。2005年6月俄罗斯试验成功世界首座可通过10节火车车厢的大型浮桥。中国的民用浮桥大都采用既有战备储备浮桥器材，如东营黄河浮桥采用济南双体承压舟组拼，齐河黄河浮桥采用六七式铁路浮桥组拼，舟山大榭岛浮桥采用多用途浮箱组拼而成。

**浮山堰** Fushan Weir 中国淮河上最早修筑的拦河大坝。南北朝时南北政权对立，南朝梁天监十三年（514），北魏投降者王足建议，在淮河上筑坝，以河水来淹北魏控制的军事重镇寿阳（今安徽寿县），当时负责水工的官员陈承伯等考察地形后认为，淮河一带土质不够坚实，提出反对意见，梁武帝不听。于是命祖籍西域康居的蓝田人康绚，在浮山（今安徽明光市东北浮山）和巉石山（今江苏泗洪西南潼河山）之间的淮河上修筑拦河大坝，称为浮山堰。用工三十万人，冶铁数千万斤，沿淮河百里以内木石不论大小，全部用尽，夏天疾疫，冬季冻饿，劳工死亡者相继。天监十五年春合龙。大坝全长九里，底广一百四十丈（约合346米），蓄水深度十九丈五尺（约合48米），回水周围几百里。同年九月，淮河暴涨，大坝溃决，洪水直泻而下，声闻三百里外，漂没沿淮下游城戍村落，死伤十多万人，这一巨大工程，结果以失败告终。据调查今浮山、潼河山之间，南北长1 580米，峡内淮河宽180米，整个山脉海拔约40余米，正合上述大坝高二十丈的记载，同时今浮山山脉峰面南北连绵数十里，平齐完整，应是当时人工开凿的结果。

**《浮士德》** *Faust* 德国诗体悲剧。诗人J. W.von 歌德著。创作于1772～1831年之间。浮士德是16世纪德国民间传说人物，与魔鬼打赌定约：如感到满足就让魔鬼取走生命。魔鬼给他青春，他为知识、爱情、事业、理想、美而创造了很多奇迹，最后他双目失明，听到人们为他掘墓的声音，以为人人都在劳动改造自然的理想社会来临，感到满足，灵魂为魔鬼夺走。歌德把他塑造

《浮士德》插图

成一个为探索真理，追求人类最高理想而奋斗不息的人物。他从个人生活小世界进入社会生活大世界，历经书斋、爱情、宫廷、美的幻梦、改造大自然等阶段，最后悟出生活的智慧。《浮士德》作为剧本没有严密的戏剧结构，是一部熔戏剧、诗歌、小说于一炉的剧作。

**浮世绘** ukiyo-e 日本江户时代以描绘市民生活为主的风俗画。它以美人、歌舞伎演员、风景等为主要内容。浮世，指瞬息即逝的尘世、现世之意。浮世绘包括画家亲笔画和水印木版画两种，最初以墨色印刷，后发展为丹绘、锦绘等多色样式，一般以色彩鲜艳、线条简练为特点。因具有鲜明的民族风格，在日本曾得到广泛的流传和发展。被公认为浮世绘第一位画家的是单幅风俗画创始人菱川师宣。师宣应约不断为出版商鳞形屋、山形屋创作版画稿，名声大振。此外，从画广告开始，创作版画稿获得成功的还有鸟居清信及其子清倍。他们致力于美人风俗画，并以木版印刷后，再加以笔彩烘晕，与这种技法初期的黑白或丹红、土黄等单色版画相比大大前进了一步，日本的彩色版画从此开始。怀月堂安度在江户开店，专以工笔描绘美人画出售，《风前美人画》、《花下美人图》为其代表作。这类工笔重彩美人画又被人们称为怀月堂派。

怀月堂安度作《风前美人画》

丹绘创始者奥村政信，从画到印制由一人完成。这是一种以鲜艳红色为主调的版画，到1745年左右，出现了墨、红、绿等三色套印的版画，并开始采用西洋的透视画法绘制。西村重长、石川丰信也致力于美人画、戏剧画、风景画的创作。丰信的《花下美人图》在袖子和束带的描绘上，采用了以胶混黑、混彩的画法，成为有漆画效果的彩色版画，被称为漆画。另外，在京都，西川佑信的工笔美人画，以不能复制为版画显示出其独自的风格。

铃木春信的多色套版印刷的东锦版画，

使浮世绘更加光彩焕发。**喜多川歌麿**以画半身美人为新创，他的《妇人十态——妖娆之姿》是驰名之作。

19世纪后期，浮世绘传到西方，对**印象主义**和**后印象主义**产生过影响，也使各国认识到**日本美术**的美学价值，提高了日本美术在世界上的地位。

**《浮云》** *Ukigumo* 日本作家**二叶亭四迷**的长篇小说。发表于1887～1889年。主人公内海文三从学校毕业后，被政府录用为下级官吏，因为不肯对上司卑躬屈膝而失去工作，寄居在叔父家。他与叔父的女儿阿势自幼青梅竹马，失业前婶母阿政也赞成他们结合，现在却想让阿势嫁给文三的同事本田升。阿势倾心于文三，却对本田也有好感。文三以为阿势受过现代教育，是个具有新思想的女子，不料她骨子里依然是个平庸的人，于是他们之间渐渐产生龃龉。本田升为升职对上司极尽阿谀奉迎，为了讨好阿势、阿政，又提出要为文三斡旋复职。文三憎恶本田，严词拒绝，他要按照自己的意志生活下去，绝不乞求。阿政对文三更加冷淡。文三则越发耿介和焦虑，但仍对阿势存有幻想，尽管处境日益尴尬，却不愿离开这个家，悲剧的结局已可预见。《浮云》是日本近代文学第一部采用**现实主义**手法创作的作品，被誉为日本近代文学的里程碑。

**符节** tally 中国古代朝廷传达命令、征调军队及用于其他事务的一种凭证。有金、铜、玉、角、竹、木、铅等不同材质。用时双方各执一半，合之以验真假，如兵符、

西汉南越王墓出土的错金铜虎节

**虎符**等。迄今所见最早的符节是战国时期的。

先秦符节种类甚多，有的用以征免税收，如竹节状的**鄂君启节**；有的用以发兵作战，如虎形的辟大夫虎节、杜虎符；有的用以驿传邮递，如马形的骑传马节；有的用以供给食宿，如龙首形的楚铜龙节等。此外还有作牛、鸾、燕、凫等形者。现存战国符节，除秦器如杜虎符、新郪虎符等称“符”外，其他大都称“节”。故“符”可能是当时秦国的称法，与齐、楚等国称“节”有所区别。秦汉以后则多称“符”；汉至隋代符节以兵符为主，统称“虎符”。汉符形制大体沿袭秦制。唐代符制发生变化，改用可以系佩的鱼符和龟符。宋以后所谓虎符实为**腰牌**。历代的符节铭文对当时的政治、经济、军事制度皆有反映，具有重要的史料价值。

**符拉迪沃斯托克** Vladivostok 俄罗斯远东区太平洋沿岸最大港口城市。滨海边疆区首府。中国传统名为海参崴。当地人称崴子（港湾），因盛产海参而得名。位于穆拉维耶夫－阿穆尔半岛南端，南濒日本海的彼得大帝湾。人口57.8万（2010）。港口城市东、西、北三面环山，丘陵环抱，背山面海。城市及港区位于半岛顶端的金角湾沿岸。温带季风气候，1月平均气温－15℃，8月20℃。原属中国领土。1860年被沙俄割占，改称现名，意为“控制东方”。1872年建军港。1880年建市。1903年成为西伯利亚大铁路的终点，此后迅速发展成为远东大港。

俄罗斯太平洋沿岸最大军港，北冰洋航线的终点和远东区近海口岸的补给与转运中心。俄远东区海洋渔业基地。拥有拖网渔船队、冷藏运输和渔产品加工船队及捕鲸船队。工业以修船、鱼类加工、机械（生产采矿机械及鱼类加工设备）和木材加工为主。为俄远东区主要教育及科研中心之一。设有俄罗斯科学院远东科学中心，有8所大学及5个博物馆。

**符箓** Taoist talisman 中国**道教**方术之一。西汉以前符只是作为君臣之间、人与人之间表示征信的器物。西汉时期，符逐渐具有预测事变的神秘色彩。汉平帝时，**王莽**首先利用谶纬符瑞，预言天命要他做皇帝。在早期道教中，符是一种画在纸上的象形会意的文字图形，道教把它看作是人与鬼神交际沟通的媒介，是天神给予的信物。符文的驱邪治病说始于**五斗米道**创始人**张陵**时期，魏晋南北朝以后，符文被道教各派采用。

箓，是道教用以记录有关天官功曹、十方神仙名属，召役神吏，施行法术的牒文。它是道教教法中的重要部分，因此，又称作法箓。法箓牒文中一般必有相关的符图，道教经典中有时又统称符箓。道教法师们认为箓文是由道气演衍而成的文字，因此，箓图的绘制采用象征云霞烟雾的篆体。道教箓文开创于张陵所创五斗米道的二十四品正一盟威箓，魏晋南北朝以后，又发展成金箓斋、黄箓斋、玉箓斋等某些**斋醮**仪式的定称。隋唐之际，道士仍推崇符箓。符箓的传授也成为道教三洞各部的重要内容。

**符山石** vesuvianite 硅酸盐矿物，化学组成为$Ca_{10}(Mg,Fe)_2Al_4[Si_2O_7]_2[SiO_4]_5(OH,F)_4$，晶体属四方晶系。类质同象置换普遍，化学成分复杂。有铍符山石、铬符山石、青

符山石（含铜）等变种。晶体呈柱状，柱面纵纹发育；集合体呈粒状、柱状、放射状或致密块状。常呈褐色和绿色。含铬者呈翠绿色，含钛和锰者呈褐红或粉红色，含铜的变种呈蓝绿色或蓝色。玻璃光泽。莫氏硬度6.5～7.0。密度3.33～3.43克/厘米$^3$。解理不完全。主要产于接触交代的夕卡岩中，常与透辉石、石榴子石、硅灰石等共生。色泽艳丽者，可作为宝石材料。巴基斯坦产有绿色透明优质符山石，挪威产有蓝色的青符山石，美国加利福尼亚州产有绿色、黄绿色致密块状的符山石，质地细腻，称为加州玉。中国河北邯郸有粗大的符山石晶体产出。

**符咒** Taoist exorcism 中国**道教**方术之一。为符和咒语的合称。“符”指以法术为目的，用朱笔或墨笔所画的笔画屈曲变形、似字非字的神秘性图形，一般画在纸、绢、木、石等特定物品上。“咒”指为了达到法术目的，口中或诵或歌，内容带有神秘性的口诀套语。一说指符箓与咒语的合称。“箓”指记录道教中的天曹、官属、诸神、众鬼之名的秘文，通常有诸符错杂其间且常将符、箓合用。符咒源于巫觋，因中国道教推崇而盛行。东汉时五斗米道和太平道始用，以后变成道教中天师道、正一派等教派的主要方术。道教认为天地万物俱有精气，道士能以道的精气会合物的精气化成符箓，通过声音与鬼神感应以驱使鬼神，消灾祛病，因而在道教中咒语与符箓常在施符仪式中结合使用。符的种类繁多，用

途极广，如护身符、制水符、招魂符等。外用法有佩戴、沉水、埋地、贴挂、点涂、洗拭等，内用法则有烧灰服用、吞服等。咒语的内容大多为向鬼神祈求或命令，多有韵脚，可以反复诵唱，有时还加入肢体动作以增加咒语效果。现仍流传于民间。

**符兹堡学派** Würzburg school 对思维、判断和意志等高级心理现象进行实验研究的学派。20世纪初在德国维尔茨堡（曾译符兹堡）大学心理学实验室O.屈尔佩领导下进行，故又称屈尔佩学派。关于重量比较判断的研究是符兹堡学派第一项重要的贡献。研究发现，在进行重量判断时感觉和意象是存在的，但是在判断过程中感觉和意象就不起作用了。实验证明，不存在这些感觉和意象的比较，判断的过程是难以捉摸的，感觉或意象是非直观的意识内容。这样，在学派中就产生了无意象思维问题的研究。符兹堡学派的第二个重要贡献是在联想实验研究中发现了一种“决定倾向”的现象。实验证明，意识经验不能简化为W.冯特的感觉和意象。意识之外的预先倾向性能够控制意识的活动。1909年屈尔佩到波恩大学任教后，符兹堡学派解体。

**涪陵区** Fuling District 中国重庆市辖区。位于市境中部，长江与其支流乌江交汇处。面积2 946平方千米，人口107万（2010），有汉、回、满等民族。古为巴国国都。隋开皇十三年（593）始置涪陵县，唐武德元年（618）置涪州，1913年改州为县，1983年设涪陵市。1998年设立涪陵区。矿产资源有天然气、石灰岩、大理石、煤、铝土、砂金等。农业以发展粮食、油料、蔬菜、蚕桑、柑橘、生猪、苎麻、中药材等为重点，以产世界四大名腌菜之一的“涪陵榨菜”著称。工业以食品、医药、化工、卷烟、建材、机械、有色冶金、纺织（麻纺和丝织）及农副产品加工等为支柱产业。区内建有亚洲最大的大豆加工企业。名胜古迹有古代巴王故里小田溪、长江北岸理学圣地点易洞、国家一级保护文物涪陵白鹤梁“水下碑林”、小溪天生桥、黑龙洞地下艺术宫殿等。

**辐射度学和光度学** radiometry and photometry 对电磁辐射能量进行客观计量的学科称辐射度学；在可见光波段内，考虑到人眼的主观因素后的相应计量学科称为光度学。通常引进一系列物理量来定量评估辐射能的发射、传递和接收（见表）。

波长在一定范围的电磁辐射作用于人眼会引起视觉效应。光视觉不仅取决于辐射的客观强弱，还与人眼的主观因素有关。考虑后一因素可定义与辐射度学各量相应的光度学各量。前者用下标e表示，后者用下标v表示。如光谱辐射通量和对应的光通量分别用$\Phi_e(\lambda)$和$\Phi_v(\lambda)$表示，两者间的关系为：

$$\Phi_e(\lambda)=K(\lambda)\Phi_v(\lambda)$$

比例系数$K(\lambda)$称光谱光视效能，它只在可见光波段才不为零，并在$\lambda$=555纳米处有一峰值，记作$K_m$，$K_m$=683流/瓦。定义光谱光视效率（或称视见函数）：

$$V(\lambda)=K(\lambda)/K_m$$

国际照明委员会（CIE）公布的光视效率标准曲线如图所示。图中分别画出了亮适条件和暗适条件下的曲线。

**光及有关电磁辐射的量和单位（部分）**

| 辐射度学 | | | 光度学 | | |
|---|---|---|---|---|---|
| 名称 | 符号（单位） | 定义 | 名称 | 符号（单位） | 定义 |
| 辐射通量 | $\Phi_e$ (W) | 单位时间通过某截面的辐射能 | 光通量 | $\Phi_v$ (lm) | $\Phi_v(\lambda)=K_mV(\lambda)\Phi_e(\lambda)$ |
| 辐射强度（点辐射源） | $I_e$ (W/sr) | $I_e=\frac{d\Phi_e}{d\Omega}$（$d\Omega$为立体角元） | 发光强度 | $I_v$ (cd) | $I_v=\frac{d\Phi_v}{d\Omega}$ |
| 辐射亮度（面辐射源） | $L_e$ [W/(sr·m$^2$)] | $L_e=\frac{dI_e}{dS\cos\theta}$（$dS$为面积元，$\theta$为观察方向与面法线间的夹角） | 光亮度 | $L_v$ (cd/m$^2$) | $L_v=\frac{dI_v}{dS\cos\theta}$ |
| 辐射出射度（面辐射源） | $M_e$ (W/m$^2$) | $M_e=\frac{d\Phi_e}{dS}$ | 光出射度 | $M_v$ (1m/m$^2$) | $M_v=\frac{d\Phi_v}{dS}$ |
| 辐射照度（对接收面） | $E_e$ (W/m$^2$) | $E_e=\frac{d\Phi_e}{dS}$ | 光照度 | $E_v$ (lx) | $E_v=\frac{d\Phi_v}{dS}$ |

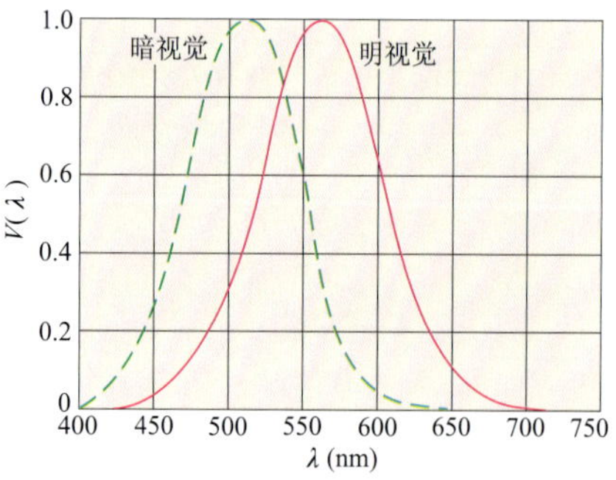


光视效率曲线

对各种光源进行光度和辐射度特性的测量，已广泛应用于照明工业、遥感技术、色度学和大气光学等领域。对各种光敏和热敏探测元件，亦需要应用相关测量技术来确定其灵敏度及响应特性。

**辐射化学** radiation chemistry 研究电离辐射与物质相互作用所产生的化学效应的学科。电离辐射作用于物质，导致原子或分子的电离和激发，产生的离子和激发分子在化学上是不稳定的，迅速转变为自由基和中性分子并引起复杂的化学变化。已知的辐射化学变化主要有辐射分解、辐射合成、辐射氧化还原、辐射聚合、辐射交联、辐射接枝、辐射降解以及辐射改性等。

辐射化学研究始自H.贝可勒尔，1896年他发现铀化合物能发射穿透性辐射，使照相底片感光变黑。居里夫妇发现镭以后，分离出较大量的镭对镭进行研究，并开展早期的辐射化学研究，发现镭盐能引起水的分解、玻璃仪器的变色等。1942年以后，核科学技术迅速发展，各种粒子加速器和核反应堆相继建立，为辐射化学研究提供了强大辐射源。20世纪60年代以来，脉冲技术的发展为研究短寿命中间产物的吸收光谱或发射光谱和衰变动力学创造了条件，使人们能观察到在纳秒或更短的时间内所进行的过程。70年代，由于电子束装置每千瓦小时价格的降低和钴-60辐照装置的优良设计和安全运转，又发展了一种新兴的产业——辐射加工工艺。

辐射化学与光化学有密切的关系，这两门学科之间存在着许多共同点，例如两者有类似的反应机理，辐射化学的许多理论建立在光化学的研究基础上。因此从某种意义上讲，可以把辐射化学看作是光化学的延伸和分支。辐射化学还和核化学、热原子化学及奇特原子化学等紧密关联。

常用的辐射源可分为3类：①同位素源，有α、β、γ放射源。②加速器源，产生e、p、d、α等粒子以及X射线等。③反应堆和中子源。使用最多的同位素源为钴-60γ源，其次为铯-137源；常用的β源为锶-90源。电子加速器常用于辐射加工工艺和辐射化学研究。

辐射化学的研究领域可分为气体辐射化学、水和水溶液辐射化学、有机物辐射化学、固体辐射化学、剂量学、有机化合物的辐射合成、高分子辐射化学和辐射加工工艺学。与生物物质有关的辐射化学研究，从糖到酶，几乎涉及整个生物物质领域。辐射敏化和保护的研究，直接与阐明辐射损伤机理、肿瘤放射治疗有关。如辐射引起的生命物质合成、模拟细胞膜的胶束分界面，辐射水溶液化学和化学与辐射相结合的生物效应。应用领域包括辐射在消毒、食品保藏、环境保护、生物医学工程中的应用，辐射能的化学储存和辐射在考古学中的应用等。

**辐射剂量** radiation dose 处于辐射场中的介质吸收辐射的能量值。用于定量描述辐射对人体健康的危害程度。通常用下列物理量测量。

吸收剂量 电离辐射与物质相互作用时，单位质量的物质中吸收电离辐射的能量值。单位是焦耳/千克，称为戈[瑞](Gy)。吸收剂量适用于各种类型的辐射，也适用于内、外照射。

剂量当量 $H$，定义为$H=DQN$，$D$为吸收剂量、$Q$为不同类型辐射的品质因数、$N$为其他修正系数。单位命名为希［沃特］(英文名Sievert，缩写Sv)。1希=1焦/千克。单位时间的剂量当量称为剂量当量率。

当量剂量 1990年11月国际辐射防护委员会通过新的建议书，提出以当量剂量取代上述剂量当量。定义为$H_{T.R}=W_R \cdot D_{T.R}$，式中$H_{T.R}$为R类型辐射在组织或器官T中所产生的当量剂量；$D_{T.R}$为组织或器官T对R类型辐射的平均吸收剂量；$W_R$为R类型辐射的辐射权重因子。表中列出了各类辐射的权重因子$W_R$。

辐射权重因子$W_R$

| 辐射类型 | 能量范围(keV) | $W_R$ |
|---|---|---|
| γ光子 | 所有能量 | 1 |
| 电子和介子 | 所有能量 | 1 |
| 中子 | <10 | 5 |
| | 10～100 | 10 |
| | 100～2 000 | 20 |
| | $(2\sim20)\times10^3$ | 10 |
| | $>20\times10^3$ | 5 |
| 质子（反冲质子除外） | $>20\times10^3$ | 5 |
| α粒子、裂变碎片、重核 | | 20 |

有效剂量当量 人体全身均匀或不均匀受辐照的剂量的加权平均值：

$$H_R=\sum W_T \cdot H_T$$

式中$H_R$为有效剂量当量；$W_T$为权重因子，表示人体组织T的随机性效应危险度与全身受均匀辐照的总危险度之比值；$H_T$为组织T所受的剂量当量。1990年11月国际辐射防护委员会用有效剂量$E$取代有效剂量当量，省略了当量两字，但无实质性差别。

**辐射加工** radiation processing 利用γ射线和加速器产生的电子束辐照被加工物体，使其品质或性能得以改善的过程。辐射加工可以获得优质的化工材料，储存和保鲜食品，消毒医疗器材，处理环境污染物等。又称辐射工艺。

辐射加工技术具有下列特点：①辐照过程不受温度影响，可以在低温下或室温下进行，因此辐照对象可以是气态、液态或固态。②γ射线或能量高的电子束穿透力强，可以在已包装或封装的情况下进行加工处理。③容易控制，适于连续操作。④不必加其他化学试剂和催化剂，保证产品纯度。⑤反应速率快，形成高效生产线。

由于辐射加工的独特优点，辐射化学工业产品的品种和数量不断增加，在高分子辐照交联、辐射裂解、辐射接枝、辐射聚合以及有机物的辐射合成等方面已有几十种产品。

用辐照处理食品以防止虫蛀、霉烂和发芽等，达到延长食品寿命和减少贮存中损失的目的，是辐射加工的重要方面。

医疗用品的辐射消毒优点主要为：①辐射消毒是冷消毒法，特别适用于热敏性材料和塑料制品的消毒灭菌。②穿透力强，可深入内部消毒，包括封装在玻璃、金属容器内的物品的消毒。③封装后消毒，便于控制污染。④大批量连续生产。

利用辐射对环境污染物进行处理，是环境保护新技术。特别对于生化方法难以处理的污染物更有实用意义。

利用辐射对消化污泥进行辐照，能杀灭细菌和病毒，杀死寄生虫卵，抑制杂草种子发芽，破坏胶体，提高脱水速率。

**蜉蝣目** Ephemeroptera 昆虫纲的一目。中、小型有翅昆虫。统称蜉蝣。属古生翅类。全世界已知约2 500种。中国已知约250种。成虫体长20～40毫米，细长。触角刚毛状。复眼发达。口器咀嚼式。成虫不取食，上颚退化或消失；下颚也退化，但常有下颚须。胸部以中胸最大。两对膜质翅多前翅大、后翅小，少数类群缺后翅；翅脉极多，闰脉丰富，翅表面呈折扇状。足细弱。

春夏两季，从午后至傍晚，常有成群的雄虫进行“婚飞”，雌虫独自飞入群中与雄虫配对，产卵于水中。幼期（稚虫）水生，生活在淡水湖或溪流中。成熟稚虫两侧或背面有成对的气管鳃。取食高等水生植物和藻类，秋、冬两季有些种类以水底碎屑为食。稚虫充分成长后，或浮升到水面，或爬到水边石块或植物茎上，日落后羽化为亚成虫。亚成虫与成虫相似，一般经24小时左右蜕皮为成虫。这种在个体发育中出现成虫体态后继续蜕皮的现象在有翅昆虫中为蜉蝣目所仅有。这种变态类型称为原变态。成虫不食，寿命短，一般只活几小时至数天，所以有“朝生暮死”的说法。

蜉蝣的稚虫和成虫是许多淡水鱼类的重要食料。不同种类的蜉蝣稚虫喜欢在含氧量高的水域中生活，因此，它们是测定水质污染程度的指示生物。

**福** Fo, Dario (1926-03-24～ ) 意大利剧作家、演员。生于瓦雷塞。1952年进入戏剧界，集编剧、导演、演员和舞美设计于一身，尤其擅长演滑稽独角戏。1977年意大利电视台播放他的七部戏剧录像，使他成为家喻户晓的戏剧艺术家。

主要创作政治性极强的讽刺喜剧，《一个无政府主义者的意外死亡》(1970)以1969年米兰爆炸惨案的调查经过为素材，采用怪诞闹剧的形式，揭露司法丑闻。作品真实而尖锐，锋芒直指资产阶级国家机器。在米兰上演时震动全社会。系列单人独白戏《滑稽神秘剧》(1969)是福最具原创性的喜剧小品。其他主要剧作还有《总是魔鬼的错》(1965)、《智利人民的战争》(1973)等，理论著述有《演员手册》(1987)。1997年获诺贝尔文学奖。

**福安市** Fu'an City 中国福建省辖县级市。位于省境东北部，北毗浙江省。面积1 795平方千米。人口56万(2010)，有汉、畲、回、藏、苗、壮、满、瑶、高山等民族。宋淳祐五年(1245)置福安县。1989年撤县建市。由宁德市代管。属中亚热带海洋性季风气候。多台风、暴雨、干旱。农业主产水稻、甘薯、大小麦、马铃薯、芝麻、黄麻、苎麻、茶、油茶、油桐等。矿产有钼矿、高岭土、花岗岩等。工业以采矿、电机、酿酒、造纸、造船等为主。名胜有唐龙泉寺、鲤鱼溪、三十六石房七十二洞、狮峰禅寺、白云山、湖山八宝寺、廉村（古文化村）等。

**福布斯** Forbes, Edward (1815-02-12～1854-11-18) 英国博物学家，海洋生态学的开拓者。生于马恩岛的道格拉斯，卒于爱丁堡附近。曾在爱丁堡大学学医，后转向自然科学。

1842年任伦敦地质学会博物馆馆长、伦敦国王学院植物学教授，1844年为英国地质勘探队的古生物教授，1851年任皇家矿业学院博物学教授，1853年任英国地质学会会长，1854年成为爱丁堡大学博物学教授。

福布斯大半生从事软体动物和海星研究，先后在爱尔兰海、法国、瑞士、德国、阿尔及利亚、奥地利和地中海从事生物学考察；指出生物的种类有随海洋深度增加而减少的趋势，发现海洋生物垂直分布的分带现象，按深度将爱琴海的生物划分为8个带；将欧洲海域划分为若干个生物地理省，于1850年发表《英国海洋生物分布图》，开创海洋生物地理学的研究领域；和R.戈德温－奥斯汀合著的《欧洲海的自然史》(1859)，被公认为海洋生态学的第一部论著。他提出海深550米以下是无生命带，后来被证实是错误的。主要著作还有《不列颠海星类生活史》、《不列颠软体动物生活史》等。

**福岛核电站** Fukushima Nuclear Power Plant 世界最大的核电站之一。位于日本福岛工业区。由福岛一站、福岛二站组成。共10台机组（一站6台，二站4台），均为沸水堆。总输出功率净/毛值为8 814/9 096兆瓦。福岛一站1号机组于1967年9月动工，1970年11月并网。2002～2006年平均年发电量21.436吉瓦·时。福岛二站4号机组于1987年投运。受2011年3月11日日本大地震影响，福岛一站损毁极为严重。大量放射性物质外泄，6台机组全部报废。

**福鼎市** Fuding City 中国福建省辖县级市。位于省境东北部，东南临东海，北与浙江省接壤。面积1 526平方千米。人口53万(2010)。清乾隆四年(1739)设县，1995年撤县设市（县级）。由宁德市代管。属中亚热带海洋性气候。经济林主要有毛竹、油茶、油桐、乌桕、茶叶、黑松、楠木、花榈木、红花油茶、三尖杉等。水稻是最主要的粮食作物，其次是甘薯和马铃薯。矿产有铅、锌、银、铬、石灰岩、叶蜡石、玄武岩、石英石等。特产有白毫银针、太姥绿雪芽、莲心茶、茉莉花茶、双孢蘑菇、大黄鱼、对虾、青蟹、四季柚等。工业有机电、化工、食品等。名胜古迹有太姥山、昭明塔、端云寺、灵峰寺等。

**福尔马林** formalin 甲醛的水溶液。通常含40%（质量）甲醛和少量稳定剂甲醇，是甲醛单体、甲二醇、聚氧甲二醇以及它们的半缩醛的平衡混合物。用作消毒剂、防腐剂、杀菌剂。

**福费廷** forfaiting 出口信贷的一种类型。英语forfaiting的音译。通常指在延期付款的大型设备交易中，出口商把经进口商承兑的、期限在半年以上至五六年的远期票据，无追索权地出售给出口商所在地的银行或大型金融公司，以提前取得现款的一种资金融通形式。又称买断。其特点是：①对出口商无追索权；②固定利率融资；③由银行或其他金融机构担保；④对汇票或者期票进行贴现；⑤没有官方出口信贷机构或者私人保险公司的保险。由于业务手续复杂，承担的风险较大，因此福费廷费用通常较高。

**福冈** Fukuoka 日本九州地方政治、经济、文化中心，福冈县首府。位于九州岛北部，西临博多湾。面积340平方千米。人口约

福冈电视塔

140.13万(2005)。历史悠久的港口城市。天然良港博多港与中国大陆和朝鲜半岛交往密切。日本弥生文化（前3世纪到3世纪）的主要发祥地之一。1871年设福冈县时定为首府。1899年设市。有许多大企业的分支机构及金融等行业，会展、情报、时尚设计等新产业日渐兴起。工业以食品为主，其次为纺织、印刷、电机、电器、一般机械等，多为中小型企业。传统手工业以丝绸最为著名，称“博多织”，是在13世纪由中国广东传入的丝绸技术基础上发展起来的。九州最大的商业中心，以批发业为主。博多湾港口历史悠久，1929年扩建后可泊万吨巨轮。沿岸渔业资源丰富。交通发达，可通达东京及本州、九州各地。有大学11所，其中以九州大学(1911)最为著名。

**福格尔** Fogel, Robert William (1926-07-01～ ) 美国经济学家，新经济史学或经济计量学史的代表人物和先驱者。生于纽约。1963年获约翰斯·霍普金斯大学哲学博士学位。1958～1959年任教于约翰斯·霍普金斯大学。1960～1964年任罗切斯特大学助理教授、副教授，1968～1975年任教授，1965～1975年任芝加哥大学教授。1975～1981年任哈佛大学教授。从1981年起，一直担任芝加哥大学沃尔格林基金会和人口经济学研究中心主任。1993年与D.C.诺思共获诺贝尔经济学奖。

福格尔与诺思把经济理论、定量方法、假设检验、反向因素替代和经济史学的传统技巧结合在一起，来解释经济增长和衰退。他们的工作在研究如何、为何以及何时发生经济变化的基本领域中，大大加深了人们的认识。福格尔关于铁路在美国经济中的作用，美国黑人奴隶制度等方面的研究结果，与多数经济学家不同，改变了早年公认的结论。著有《美国太平洋铁路：早熟企业实例》、《铁路与美国经济增长：经济计量学史论文集》、《美国经济史的重新解释》(合著)、《艰难岁月：美国黑人奴隶制经济学》(合著)、《“科学”史与传统史》(合著)、《无需协议或契约：美国奴隶制的兴衰》等。

**福加扎罗** Fogazzaro, Antonio (1842-03-25～1911-03-07) 意大利小说家。生于维琴察，卒于维琴察。1864年毕业于都灵大学。早期的长篇叙事诗《米兰达》(1873)、抒情诗集《瓦尔索达》(1876)，具有浪漫主义和神秘主义色彩。1881年发表第一部小说《马隆布拉》，一举成名。作品采用侦探小说凶杀案的框架，通过衰败的旧家族以怪诞方式走向死亡的故事，刻画出一种没落阶级的悲观绝望情怀和疯狂的自我毁灭感。长篇小说《古老的小世界》(1895)描写贵族青年弗兰科在尴尬的生存状态和矛盾的心理状态之中度过一生。小说带有自传色彩，以人物心理的深度刻画见长，景物描写起到了渲染气氛和烘托人物心理的作用。小说出版后很快被译成几种欧洲文字，广为流传。1899年发表研究成果《人类的升天》，一度成为宗教界议论的中心人物。他还创作了《现代的小世界》(1901)、《圣人》(1905)和《莱伊拉》(1910)三部系列小说，描写无所适从的精神困惑和道德彷徨。

**福建柏** *Fokienia hodginsii*; Fujian cypress 柏科福建柏属唯一种。又称建柏。常绿乔木。分布于中国福建、江西、浙江南部、湖南南部、广东北部、四川东南部、广西北部、贵州东南部，以及云南的中部和东南部，以福建中部最多。此外，在越南北部也有少量分布。

树高可达20米，胸径80厘米左右。有鳞叶小枝扁平，上面绿色，下面有白粉。鳞叶交互对生。雌雄同株，球花单生枝顶。球果球形，熟时红褐色，种鳞6～8对，木质、盾形。种子卵形。

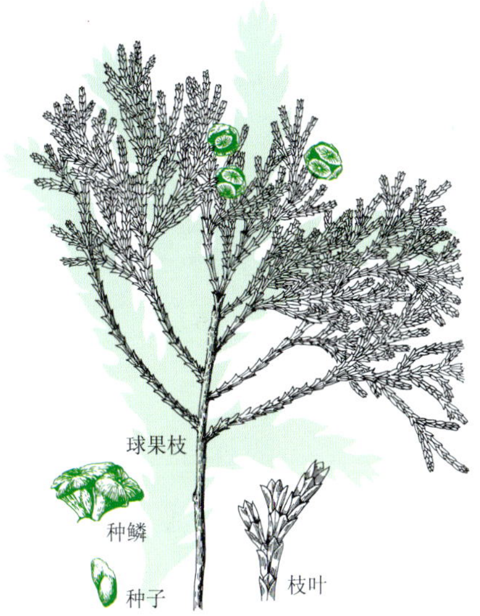


福建柏形态

喜光性中等，幼年耐庇荫。要求温凉润湿以至潮湿的山地气候。适生于微酸性至酸性的黄壤和黄棕壤，在有机质较多的疏松壤土上生长良好。浅根性，侧根较发达，穿透力较强。种子繁殖或扦插繁殖。

木材轻，质地略软，纹理匀直，是建筑、家具、细木工、雕刻的良好用材。属中国重点保护植物。

**福建菜** Fujian cuisine　中国**八大菜系**之一。简称闽菜。起源于福建闽侯县，由福州、泉州、厦门等地的地方菜发展而成。福州菜清鲜、淡爽，偏于甜酸，尤其讲究调汤，还有善用红糟作配料制作的各式风味特色菜。闽南菜以讲究作料，善用甜辣著称。闽西菜则偏咸辣，有浓厚的山区风味特色。从总体上说，闽菜以烹制山珍海味而著称，其风味特点是清鲜、和醇、荤香、不腻，注重色美味鲜。烹调擅长于炒、熘、煎、煨、蒸、炸等。口味则偏重于甜、酸、淡，特别讲究汤的制作，素有"一汤十变"之称。主要名菜有醉糟鸡、糟汁川海蚌、橘味加力鱼、佛跳墙、炒西施舌、东壁龙珠、爆炒地猴等数百种。

**福建省** Fujian Province　简称闽。位于中国东南沿海。地处东海之滨。东隔台湾海峡与台湾省相望，东北与浙江省毗邻，西北横贯武夷山脉与江西省交界，西南与广东省相连。辖地级市9个、市辖区26个、县级市14个、县45个（见表）。面积约12万平方千米。人口3 689万（2010）。共有54个民族。以汉族人口居多，少数民族有畲、回、土家、苗、壮等。是主要侨乡。省会**福州市**。

建制沿革　"闽"最早出现于周朝，距今已有2 000多年。公元前221年，秦始皇统一中国后，设闽中郡。秦末汉初，勾践的后代无诸因佐汉灭秦伐楚有功，被汉高祖刘邦封为闽王，建立闽越国。唐开元

福建省行政区划表（2010）

| 市 | 区、县（市） |
|---|---|
| 福州市 | 鼓楼区　台江区　仓山区　马尾区　晋安区　福清市　长乐市　闽侯县　连江县　罗源县　闽清县　永泰县　平潭县 |
| 南平市 | 延平区　邵武市　武夷山市　建瓯市　建阳市　顺昌县　浦城县　光泽县　松溪县　政和县 |
| 三明市 | 梅列区　三元区　永安市　明溪县　清流县　宁化县　大田县　尤溪县　沙县　将乐县　泰宁县　建宁县 |
| 莆田市 | 城厢区　涵江区　荔城区　秀屿区　仙游县 |
| 泉州市 | 丰泽区　鲤城区　洛江区　泉港区　石狮市　晋江市　南安市　惠安县　安溪县　永春县　德化县　金门县 |
| 厦门市 | 思明区　海沧区　湖里区　集美区　同安区　翔安区 |
| 漳州市 | 芗城区　龙文区　龙海市　云霄县　漳浦县　诏安县　长泰县　东山县　南靖县　平和县　华安县 |
| 龙岩市 | 新罗区　漳平市　长汀县　永定县　上杭县　武平县　连城县 |
| 宁德市 | 蕉城区　福安市　福鼎市　寿宁县　霞浦县　柘荣县　屏南县　古田县　周宁县 |

二十一年（733）设福建经略使，"福建"之称由此始。北宋称福建路，行政区划为福、建、泉、漳、汀、南剑6州和邵武、兴化2军。南宋后升建州为建宁府，1府5州2军，共计8个，故福建别称"八闽"。宋后基本沿袭旧制。清康熙二十三年（1684）增设台湾府，光绪十二年（1886）台湾单独设省。1913年废府设省。

自然条件　在大地构造上，福建属华南褶皱系和东南沿海褶皱系组成部分。境内多山，山地主体由并列的两大山带构成：①闽西大山带。由**武夷山**和**仙霞岭**、杉岭等山脉组成，蜿蜒于闽、浙、赣边境，是闽赣两省的天然分水岭。②闽中大山带。斜贯省境中部，由鹫峰山脉、戴云山和博平岭等山脉组成。两大山带均呈北东—南西走向，并与沿海大致平行。

属湿润的亚热带海洋性季风气候，西北有山脉阻挡寒风，东南有海风调节，年平均气温15～22℃，年降水量1 400～2 000毫米。夏秋之交常受台风的影响。省内江河都是外流河，大多发源于省内山地。较大的河流有**闽江**、**九龙江**、汀江、**晋江**等。湖泊较少。

森林覆盖率62.96%，居全国各省之首。树种资源丰富，全省木本植物达1 943种，用材树种约400种，竹类约140种。森林多为天然次生林和人工林，森林植物品种繁多，有许多珍奇树种和名贵药材。林种以用材林为主，其次是竹林、经济林、防护林、薪炭林和特种用材林等。

福建海区地处亚热带海洋的寒暖流交汇处，并有大量江河水注入，水质肥沃，水产资源丰富。海岸线曲折，有大小岛屿1 400多个，多天然良港。浅海、滩涂、海湾可养殖面积较大，盛产鱼、虾、贝、藻等多种海产品，水产品总量居全国第三位。

矿产资源丰富，主要有煤、金、银、铅、锌、钼、锰、石墨、高岭土、水泥石灰岩、花岗石材、明矾石、叶蜡石、硫等。清流的钨矿是世界大型斑岩型钨矿之一。沿海产海盐。

在中国综合自然区划中，福建隶属于两个自然地理区。①南亚热带岭南丘陵常绿阔叶林区。省境南部属此区的一部分。区内以丘陵、山地为主。②中亚热带浙闽沿海山地常绿阔叶林区。省境北部属此区的一部分。以低山为主，山地中有许多盆地，气温较前区低，但降水较丰，台风影响小。省内河流多发源于此，支流多，河网密度、河床比降和水量均较大，水力资源蕴藏丰富。地带性植被为常绿阔叶林，人工营造的有大面积马尾松林、杉木林和毛竹林，是全国重要木材产地。

经济概况　自20世纪80年代以来，福建先后建立厦门经济特区、马尾经济技术开发区、沿海开放地区和台商投资区，经济发展较快，初步形成一个由食品、纺织、

图1　福建省厦门经济特区

造纸、服装、家用电器、冶金、电力、煤炭、造船、电子、化学、建材及森工等组成的工业体系。

农副产品主要有稻、甘薯、花生、甘蔗、茶叶、莲子、甘草、油菜、花生，以及热带、亚热带水果桂圆、荔枝、柑橘、香蕉、菠萝、柚子等，莆田的兴化桂圆、福州蜜橘、莆田枇杷、安溪的乌龙茶、漳州的水仙花、天宝香蕉、永春芦柑、平和蜜柚、龙海荔枝、同安龙眼、建阳和建宁的莲子等特产在国内外享有盛誉。武夷山产武夷岩茶为中国名茶之一，兼有绿茶清韵和红茶浓郁的特点。平潭是中国著名紫菜产地。福建海域地处寒暖流交汇处，是中国主要渔场之一，鱼类500多种，其中文昌鱼、石斑鱼、鲍鱼、扇贝等为珍品。

全省已初步形成了经济特区、沿海开放城市、经济技术开发区、台商投资区、保税区、高科技园区等多层次、多方位的对外开放格局，培育和发展了适应市场经济、符合国际惯例的商品和要素市场。在区域发展布局上，以厦门经济特区为龙头，加快闽东南开放与开发，建成海峡西岸经济繁荣带。进一步加快经济增长方式的转变，努力培植石油化工、机械电子、建筑建材、林产业、水产业5个支柱产业和纺织、旅游2个重点产业以及高新技术产业，提高国民经济的整体素质。

福州、厦门两港已跻身全国十大集装箱港行列。航线发展到通全国（包括港、澳、台）主要城市和40多个国家的60多个港口，还与160多个国家和地区建立了商务关系。

名胜古迹　福建省是中国南方文物大省，共有19处全国重点文物保护单位，167处省级重点文物保护单位，有以昙石山文化为代表的史前遗址，以武夷山城村汉城为代表的闽越族文化遗存，以海外交通史和宗教交往史为中心的宋元文物，以郑成功、林则徐、严复、林觉民等历史名人遗迹遗物为代表的近现代文物，以闽西南土楼为代表的民居文物，体现海峡两岸亲缘关系的妈祖信仰等民俗文物，以闽西为重点遍布全省的现代革命文物。名胜古迹有武夷山、湄洲岛、太姥山、鼓浪屿、桃源洞、玉华洞，以及雪峰寺、涌泉寺、万福寺等，其中武夷山和湄洲岛已列为国家级旅游度假区。有国家历史文化名城福州、泉州、漳州、长汀。

图2　福建厦门鼓浪屿

**福建事变**　Fujian Incident　中国爱国民主人士李济深等人在福建发动的抗日反蒋事件。九一八事变后，李济深等人因抗日问题与蒋介石的矛盾日益激化。1933年6月1日，蒋光鼐、蔡廷锴在福州发表通电，反对蒋介石对日妥协，出卖华北。10月26日，又与中国工农红军签订《反日反蒋的初步协定》。11月20日，李济深等在福州召开中国人民临时代表大会，发表《人民权利宣言》。次日，通电脱离国民党，发起成立以陈铭枢为总书记的生产人民党。22日，宣告成立中华共和国人民革命政府，外求民族解放，排除帝国主义在华势力；内求打倒军阀，推翻国民党统治，实现人民民主自由，发展国民经济，解放工农劳苦群众。12月下旬，蒋介石抽调嫡系部队10余万人，由赣东和浙江分路进攻延平、古田等地，先后于1934年1月上、中旬占领延平、古田、福州，人民革命政府和蒋、蔡19路军总部分别迁往漳州和泉州。21日，泉州、漳州相继失守，福建事变失败。李济深等人逃往香港，第19路军番号被取消，军队被蒋介石改编。

**福金**　Fokin, Mikhail Mikhailovich (1880-05-05～1942-08-22)　俄国芭蕾表演家和编导。生于圣彼得堡，卒于美国纽约。自学校毕业后入马林斯基剧院任独舞演员，

1904年向剧院提出芭蕾改革的主张，并以独幕芭蕾舞剧《阿尔米达之宫》奠定编导的地位。1907年创作女子独舞《天鹅之死》。1909年以首席编导身份随S.P.佳吉列夫赴巴黎参加“俄罗斯演出季”，先后推出17部新编芭蕾作品，其中的《仙女们》作为芭蕾史上第一部无情节芭蕾舞剧，被舞蹈史家誉为现代芭蕾的处女作。《火鸟》、《玫瑰精》和《彼得鲁什卡》是现代芭蕾的早期代表作。1914年发表《给〈泰晤士报〉主笔的公开信》，抨击古典芭蕾后期的弊端，提出未来芭蕾的五项原则，被誉为“现代芭蕾宣言”。

**福井谦一**　Fukui Kenichi (1918-10-04～1998-01-09)　日本量子化学家。生于奈良，卒于京都。1948年获京都大学博士学位，1951年起任京都大学物理化学教授。1952年他提出前线轨道理论，并用以解释多种化学反应规律。

这一理论的基本观点是分子的许多性质主要由最高已占分子轨道和最低未占分子轨道决定，对于分子的化学反应具有重要意义。由于这些轨道处于化学反应的前沿，所以称为前线轨道。1965年R.霍夫曼和R.B.伍德沃德首先用前线轨道的观点讨论了周环反应的立体化学选择定则，引起化学家们的重视。1969年霍夫曼和伍德沃德又以分子轨道对称守恒原理来概括他们在1965年提出的理论解释。前线轨道理论不但解释了在此理论提出之前的有关经验规律，而且预言和解释了其后的许多化学反应。因此，福井谦一和霍夫曼共获1981年诺贝尔化学奖。

**福康安**　Fu kangan (?～1796)　中国清代乾隆时将领。满洲镶黄旗人。字瑶林。富察氏。傅恒子，高宗孝贤皇后侄。以贵戚为侍卫。大小金川之役为领队大臣，始带兵。金川平，封三等嘉勇男，擢都统。历吉林、盛京将军，云贵、四川总督，工、兵两部尚书。四十九年（1784），甘肃回民田五起义，佐将军阿桂进攻回民起义军据点石峰堡，杀戮甚多。五十一年，台湾林爽文起义，福建提督柴大纪被围于诸罗（今台湾嘉义）。五十二年，命福康安为将军，率兵渡台，次年俘林爽文。以功晋封一等嘉勇公。五十五年，廓尔喀（今尼泊尔）侵扰西藏，入日喀则。次年廓尔喀兵又入藏索贿，福康安率兵入藏，败廓尔喀兵，追入廓境，廓尔喀请和。五十八年，奏西藏善后十八条，提高驻藏大臣权力，以加强中央对西藏的管理，为该年颁布的《钦定西藏章程》之蓝本。同年，以功加嘉勇忠锐公封号，晋大学士。五十九年，调云贵总督。六十年，贵州、湖南苗民大规模起义爆发，复率兵前往镇压，所至烧毁苗寨，多所杀戮。因功晋封贝子。死后追封郡王。清代非宗室而封王者，唯福康安一人。高宗死后，仁宗屡斥其骄横自恣，勒索地方，擅立赏号，军营奢侈，令停其封袭。

**福柯**　Foucault, Michel (1926-10-15～1984-06-25)　法国哲学家、历史学家。结

构主义的主要代表。生于普瓦捷，卒于巴黎。早年就学于巴黎高等师范学校，曾任教于克莱蒙-菲兰特文学院、巴黎大学文森学院，1970年起任法兰西学院教授。福柯的结构主义哲学的特点是，把结构主义方法用于研究思想史，提出了所谓"知识型"的理论，认为认识的发展由知识型决定，社会的发展由社会的形式决定。因此，人在知识的发展与社会的发展中都不起作用，在这种意义上，人"消亡"了。著有《癫狂与文明》、《词与物》、《知识考古学》、《规训与惩罚》、《性史》等。

**福克纳** Faulkner, William (1897-09-25～1962-07-06) 美国小说家。生于新奥尔巴尼，卒于牛津附近。第一次世界大战时，在加拿大军中服役。战后曾在大学学习一年。

1929年出版的《萨托里斯》是以虚构的约克纳帕塔法县为背景的第一部小说。他一共写了19部长篇小说和70多篇短篇小说，其中绝大多数以约克纳帕塔法县作为故事发生的地点，人们称他的作品为"约克纳帕塔法世系"。这部世系主要写这个县及杰斐逊镇属于不同社会阶层的若干家族的几代人的故事，时间从美国独立之前直到第二次世界大战以后，出场的人物有600多人。1929年出版的《喧哗与骚动》是福克纳最有代表性的作品。1929～1936年是福克纳创作力最为旺盛的时期，创作了长篇小说《我弥留之际》(1930)、《八月之光》(1932)、《押沙龙，押沙龙！》(1936)。后期最重要的作品是《村子》(1940)、《小镇》(1957)与《大宅》(1959)。这三部小说都写弗莱姆·斯诺普斯及其周围的人的故事，主题与情节有连贯性，因此合称为"斯诺普斯三部曲"。《寓言》(1954)是福克纳晚年的一部重要长篇小说，主题是反对战争。福克纳还写了许多中、短篇小说，如《老人》(1939)与《熊》(1942)。1946年《袖珍本福克纳选集》出版之后，其作品逐渐受到推崇。1949年获诺贝尔文学奖。

**《福乐智慧》** *Kudadku Bilik* 中国维吾尔族古典长诗。11世纪维吾尔族诗人、思想家、政治家优素甫·哈斯·哈吉甫创作。作者生卒年不详。约于11世纪初生于喀喇汗王朝的都城巴拉沙衮（又称虎思斡鲁朵，遗址在今吉尔吉斯共和国楚河南岸），后生活和创作于喀喇汗王朝的又一政治文化中心喀什噶尔（今新疆喀什）。1069～1070年，他50岁左右时完成长诗《福乐智慧》的写作，并献给当时喀喇汗王朝的君主桃花石·博格拉汗，受到赏识，被赐以"哈斯·哈吉甫"(御前侍臣）称号，让他供职宫廷。

《福乐智慧》是汉译名，原文名意为"导向幸福的知识"，主要阐述知识与幸福的关系，以及人生的价值和意义。采用双行诗对话体形式，用回鹘文写成，总计13 000多行。

优素甫·哈斯·哈吉甫生活的时代充满了政治危机，统治者欲壑难填，频繁的宫廷内讧，使喀喇汗王朝江河日下，一蹶不振。面对这一现实，诗人忧国忧民，希望通过自己的诗歌，唤醒统治者的良知，推行公正的治国安邦方略。作者用讲故事的方法勾勒出一个理智文明的理想社会轮廓。作品中虚构的四个人物国王日出、大臣月圆、大臣之子贤明及其宗亲觉醒，是四种观念的化身：日出象征公正和法度，月圆象征福乐和幸运，贤明象征知识和智慧，觉醒象征来世和知足。作者利用他们之间的关系和对话，表达自己的政治哲学思想：国家的基石建立在公正法度之上，公正法度的目的是达于幸福，对幸福的认识与把握基于智慧与知识，智慧与知识使人醒悟今生与来世的关系，从而抛弃欲念，求得善德而进入无欲的知足世界。

《福乐智慧》结构完整，语言丰富、流畅，音调铿锵，具有形式美和音乐美。它有叙事，有说理，有哲言警句，又有生动形象的景物描写。对后世维吾尔诗歌的发展有深刻的影响。

《福乐智慧》流传至今有三个抄本，土耳其学者阿拉特对三种抄本进行汇校，于1947年出版的拉丁字母标音转写本，最为完整。此外，国外又有乌兹别克文、俄文、英文、哈萨克文、吉尔吉斯文译本。19世纪中叶，福乐智慧学研究体系在国外形成。中国在20世纪80年代以后开始研究，1984年和1986年先后出版现代维吾尔文本和汉文译本。

**福勒** Fowler, William Alfred (1911-08-09～1995-03-14) 美国天体物理学家。生于宾夕法尼亚州匹兹堡，卒于加利福尼亚州帕萨迪纳。1936年获加州理工学院哲学博士学位。1946年任该校教授，1956年当选美国国家科学院院士。曾用质子和氘核轰击从锂到氟的轻元素，对所有轻核的激发态作了全面研究。他在核反应截面实验上的成就，为恒星内部重元素合成理论奠

定了基础。1957年，与G.伯比奇夫妇、F.霍伊尔等人共同提出所有的元素及其同位素都是由氢通过恒星上的8个过程逐步合成的，先合成轻元素，然后再合成重元素。它们合成后，由恒星抛射到宇宙空间，形成元素丰度分布。这一理论后来用4人姓氏的第一字母表示，称$B^2FH$理论。为此，他获1983年诺贝尔物理学奖（与美国天体物理学家S.钱德拉塞卡分享)。

**福雷** Fauré, Gabriel (1845-05-12～1924-11-04) 法国作曲家。生于阿里埃日的帕米耶，卒于巴黎。童年时在小礼堂演奏小风琴，显示出了不凡的音乐才华。1854～1865年入巴黎的尼德迈耶学校，师从尼德迈耶、C.圣桑学习教堂音乐。这一时期，福雷根据雨果的短诗为人声和钢琴创作了一些浪漫曲，如《蝴蝶与花朵》、《五月》等作品。毕业时以宗教性作品获得作曲一等奖。1866年开始在法国西北部布列塔尼和雷恩的教堂里担任管风琴师并创作了一些钢琴小品、教堂音乐及第一批艺术歌曲。1870年3月返回巴黎。1872年，回到母校尼德迈耶学校任教。此后的20多年中，创作了大量的音乐作品，涉及不同的领域和不同的音乐体裁，包括艺术歌曲《五首威尼斯之歌》和声乐套曲《美好的歌》。1896年被聘为巴黎国立高等音乐学院作曲教授，1905年任院长。1909年被选为"法兰西研究院"院士。同年，与其他作曲家建立"法国独立音乐协会"。在最后的20年中，他创作了大量的歌曲，有声乐套曲《夏娃之歌》、《关闭的花园》及各包括4首歌的《幻境》、《幻想的天际》。他创作了100余首艺术歌曲，对19世纪法国艺术歌曲乃至整个欧洲艺术歌曲的发展作出了贡献。在钢琴音乐领域，作有前奏曲、夜曲、船歌、即兴曲等小型体裁作品。戏剧音乐和管弦乐曲以《佩里亚斯与梅丽桑德》组曲和钢琴与乐队的《叙事曲》最为知名。合唱《安魂曲》亦是优秀之作。

**福利国家** welfare state 为降低个人的经济风险和人身风险以及提高全体公民生活水平和质量，有意识地运用政治权力和组织管理能力，使社会福利达到很高水平的发达国家。

标准和现状 最具权威的是国际劳工组织颁布的标准，它包括国家对个人和家庭的所有现金津贴（社会保险、社会救助和一般津贴）以及公共卫生服务。实际上

大多数福利国家向公民及家庭提供的社会福利，已远远超出了国际劳工组织的标准，把公共教育、非商品的福利住房，以及其他范围广泛的各种社会服务都包括进来。

除个别国家外，绝大多数**经济合作与发展组织**国家的社会支出占整个公共支出的比重已超出了50%，占**国内生产总值**(GDP)的比重在30%以上。在这些国家的社会福利之间也存在较大差异，规模最大的国家是北欧诸国和荷兰等国，瑞典最为突出，通常被视为“福利国家样板”；规模较小的国家是日本和美国；其他西欧、北美和大洋洲发达国家处于中等水平。

形成和发展　近代由国家法律规定的社会保险始见于17世纪初的英国。现代社会保险制度产生于19世纪80年代的德国，俾斯麦政府时期的帝国议会先后通过了《疾病保险法》(1883)、《工伤事故保险法》(1884)、《老年和残障保险法》(1889)三个法案。

现代福利国家的雏形是在20世纪开始形成的。30年代的经济大萧条造成的严重社会问题促成了福利国家思想和立法的进展：北欧诸国代表工人和农民利益的“红-绿”政府通过了一系列关于建立福利国家的法案；美国于1935年通过了《社会保障法》；1942年英国发表了W.H.贝弗里奇领导的社会保险和联合事业部际委员会《社会保险和有关的福利问题》的报告，即贝弗里奇报告(1942)，提出社会保障人人享有免于贫困、疾病、愚昧、污染和**失业**的自由权利。这个报告通常被认为是第二次世界大战后福利国家的主要蓝本。1948年，英国宣布建成了福利国家。其后，瑞典、挪威和丹麦等国家先后建成了程度更高的福利国家。

第二次世界大战后，这些福利国家的思想和立法得以实施。战后西方发达国家经济的迅速发展和恢复，为“福利国家”的形成提供了物质基础。同时，凯恩斯主义关于国家干预经济思潮的盛行，直接加速了福利国家的形成。到了20世纪50～70年代，发达国家先后实现了建立福利国家的目标。

危机和改革　战后社会福利的过度发展，致使福利国家都程度不同地患上“福利病”。主要表现在：①政府负担过重，**财政赤字**扩大，福利国家程度不同地出现了财政危机。②企业负担过重，导致企业成本增加、利润减少，投资积极性和竞争力下降。③公营部门规模过大，既缩小了**市场机制**的调节范围，降低整个社会的资源配置效率；又造成社会福利服务质量下降、效率低下、浪费严重；还造成政府及福利机构的官僚化，消耗大量应提供给公民的社会福利资源。④削弱了公民自我负责意识，普遍降低了人们劳动和储蓄投资的积极性，并造就了一批依附于政府和社会福利生存的人。而随着发达国家人口老龄化进程，社会福利的贡献者与供养者之间的比例不断下降，原有的社会福利制度还存在一种自行扩大和加深“福利病”的机制。

20世纪80年代以来，西方发达国家纷纷对福利制度进行改革。采取的主要措施是：控制政府公共支出，削减福利项目，冻结或封顶援助标准，严格受助条件；鼓励福利供应机构之间的竞争，将部分公营项目转给民间组织或企业经营，广泛推行服务收费制度等。

**福利国家制度**　welfare state system　国家以立法形式，实行普遍的完善的社会福利的制度。第二次世界大战后，这一制度广泛流行，各发达资本主义国家纷纷宣称本国已经成为“福利国家”。

社会福利的内容　社会福利，包括由私人、企业、团体和国家举办的各种福利。第二次世界大战后，各发达资本主义国家实施的社会福利大体上可以归为社会保障和社会服务两大方面。

①社会保障。国家通过雇主和职工投保、国家资助等办法，对生活水平达不到最低标准者实行救助，使一时或永远失去劳动能力的人得以维持基本生活。由社会保险、社会补贴和社会救济三部分组成。社会保险是国家通过立法强制规定的一种保障形式。主要资本主义国家实行的是投保型社会保障制度，即要求有劳动收入的公民按其收入的一定比例缴纳社会保障税或者由雇主全部或部分缴纳。一旦投保者失业、患病、年老、残废等发生经济困难，国家便给予相应的保险津贴。其内容有**养老保险**、**医疗保险**、**工伤保险**、**失业保险**等。社会补贴主要是家庭补贴，包括多子女家庭、单亲家庭、孤儿抚育、分娩、产假、儿童入学、住房补贴等。经费来源是雇主按工资总额的统一比例交纳的家庭补贴税，不足部分由国家财政补贴。社会救助是社会保险和社会补贴以外的一种补充形式，是国家为救助贫困者维持最低生活水平而设立的社会福利项目。救助的对象是没有收入而无力交纳保险税，因而无权领取社会保险津贴者；可以领取保险津贴但津贴数额不足以维持最低生活水平者以及由于一些意外情况造成的生活困难者。救助的项目有失业救济、战争受害者救济和其他公共救济。社会救济金全部是政府的财政拨款。

②社会服务。由国家进行的公共事业，主要有教育、医疗保健等。社会服务与社会保障的区别：一是受惠原则和资金来源不同。社会服务的显著特点是它的受益不以公民的经济状况为根据，资金的来源主要是国家财政拨款。二是目标（目的）不同。社会服务只是起着一定的改善劳动者生活状况的作用，而并非以保证劳动者维持最低生活水平为目标。三是表现形式不同。社会服务不像在社会保障方式下劳动者直接收到国家转移支付的现金津贴，而只表现为接受国家提供的各种服务。

形成与发展　社会福利的萌芽形式，在资本主义历史上早已产生。“福利主义”作为一种思潮，在19世纪末期就开始流行。20世纪30年代资本主义经济大危机曾导致深刻的政治和社会动荡，迫使一些国家进一步采取了若干社会福利措施。但是，直到第二次世界大战结束以前，各国政府所实施的社会福利制度，尚未形成完整的体系。福利国家制度的最终形成是在第二次世界大战以后。半个多世纪以来，发达资本主义国家各级政府所实施的社会福利项目日益增多，范围已涉及生、老、病、死、伤、残、孤、寡、失业和教育等各个方面，政府的社会福利开支及其在政府总开支中所占的比重越来越大。到20世纪70年代末80年代初，许多发达资本主义国家的社会福利开支（包括公共教育开支），有的已占本国政府总开支的1/2至2/3，占本国**国内生产总值**的1/5以上。

战后福利国家制度发展的原因主要有三方面：①要求国家保证社会劳动力再生产正常进行所必要的条件。其中包括维持在劳动者新陈代谢过程中退出生产的老工人的生存，为那些处于**失业**、生病、工伤状态的工人和贫困线以下的工人及其家庭提供必要的生存条件，教育和培训出适合现代化生产所要求的劳动力等。②要求国家调节社会资本扩大再生产的实现过程。第二次世界大战后，由于工人工资的增长落后于生产的迅速增长，个人消费的实现遇到越来越大的困难，从而使社会资本扩大再生产的实现条件更加频繁地遭到破坏。这就要求国家通过增加社会福利开支来加强对社会总产品实现过程的调节。③要求国家维护社会资本再生产所必需的共同的外部条件。

资金来源　国家支出的社会福利费用的来源：①大部分来自各种社会保险税，而社会保险税一般是由工人和企业主共同负担的。由工人缴纳的那部分社会保险税，是对工人工资收入的直接扣除。社会福利越多，社会保险的税率和税额就越高，对工资的扣除也就越多。由企业主缴纳的那部分社会保险税，实际上也是由工人阶级负担的。因此，工人阶级是用自己的必要劳动来保障自己生存的。②一部分来自社会保险税以外的国家财政资金。国家财政资金的主要来源是**税收**，税收的重要部分是**个人所得税**，还有各种各样的间接税。这些税的很大一部分也是由工人缴纳的。

**福利经济学**　welfare economics　西方经济学从福利观点或最大化原则出发对经济体

系的运行予以社会评价的经济学。属于规范经济学，即对经济体系的运行作出社会评价，回答“好”或是“不好”的问题。

1920年，英国经济学家A.C.庇古出版《福利经济学》一书，标志福利经济学的产生。30年代资本主义世界经济危机以后，英美经济学家对福利经济学进行修改和补充，形成新福利经济学。第二次世界大战以后，福利经济学又经历新的发展和变化。

福利经济学以J.边沁的功利主义原则为福利经济学的哲学基础，V.帕雷托的“最优状态”和A.马歇尔的“消费者剩余”概念是福利经济学的重要分析工具，帕雷托的最优状态指，任何改变都不可能使任何一个人的境况变好而不使别人的境况变坏，一项改革使每个人的福利都增进了，或一些人福利增进而其他人福利不减少，这种改变就是有利的。马歇尔的消费者剩余是指，消费者愿意支付的商品价格超过他实际支付的商品价格的差额，这个差额使消费者得到额外的满足。庇古在这些概念基础上提出两个基本福利命题：①国民收入总量愈大，社会经济福利就愈大。②国民收入分配愈均等化，社会福利就愈大。他主张在自由竞争下，使边际社会纯产品等于边际私人纯产品，从而使社会经济福利最大化；通过累进所得税把向富人征得的税款用来举办社会福利，实现收入均等化，使社会经济福利最大化。

N.卡尔多、J.R.希克斯、A.P.勒纳等人建立新福利经济学，运用序数效用论提出新的福利命题：①个人是他本人的福利的最好判断者。②社会福利取决于组成社会的所有个人福利。③如果至少有一个人的境况好起来了，而没有一个人的境况坏下去，那么整个社会的境况就算好起来了。他们反对将高收入阶层的货币收入转移一部分给穷人，认为经济效率是最大福利的内容。他们研究福利标准和补偿原则，认为如果任何改变使一些人的福利增加而使另一些人的福利减少，那么，只要增加的福利超过减少的福利，就可以认为这种改变增加了社会福利。

A.伯格森、P.A.萨缪尔森先后对社会福利函数进行了论述，形成社会福利函数论派。他们认为，经济效率是最大福利的必要条件，合理分配是最大福利的充分条件，社会无差异曲线和效用可能性曲线的切点代表受到限制的社会福利的最大值。

此外，西方还讨论了外部经济理论、次优理论、相对福利学说、公平和效率交替学说、宏观福利理论等。

**福隆德运动** Fronde, the 17世纪中叶在法国发生的反对专制王权的政治运动。“福隆德”是一种投石器的音译，故又称投石党运动。运动可分两个时期：前期为1648～1649年“高等法院福隆德运动”；后期为1650～1653年“亲王福隆德运动”。法国国王路易十四统治时期，民不聊生。1648年巴黎高等法院提出的27条建议被拒绝后，8月26日巴黎民众举行暴动，史称“街垒日”。1649年1月宰相J.马扎然与王室逃离巴黎。后派遣孔代亲王路易二世围攻巴黎。高等法院的显贵决定与宫廷妥协。从而结束了“高等法院福隆德运动”。孔代亲王路易二世因谋取马扎然的职位未成，便联合对宫廷不满的孔蒂、P.de贡迪、隆格维尔夫人等亲王显贵，密谋推翻马扎然政府。亲王福隆德运动因缺乏民众的支持，后起内讧争权夺利，被马扎然分化瓦解。1653年运动被平息。此后专制王权在法国日趋巩固。

**福楼拜** Flaubert, Gustave (1821-12-12～1880-05-08) 法国作家。生于鲁昂，卒于克鲁瓦塞特。中学时对戏剧感兴趣，开始文学创作，写出了小说《圣安东的诱惑》。1857年发表第一部小说《包法利夫人》，讲述一个农村少女如何在不良的社会环境里日益堕落，最后不得不自尽的故事。小说发表后引起轰动，使他一举成名。历史小说《萨朗波》(1862)，生动地再现了古代迦太基人的内战历史。1869年发表修改后的旧作《情感教育》，塑造了各种类型的人物，生动地反映了当时一些青年消极庸俗的处世态度和淫靡享乐的社会风气。

福楼拜还发表了《三故事》(1877)短篇小说集，最后的作品是未完成的小说《布瓦尔和白居谢》(1880)，讽刺了布瓦尔和白居谢这两个学来学去一事无成的蠢货，他们几乎学习了所有的学科，结果却大吃苦头、洋相百出。

福楼拜是现实主义的大师，他遵循真实和美的准则，通过不动感情的白描手法再现环境和人物，用词准确明晰、一字千金，因此他的作品成为法语的典范。

**福禄贝尔** Froebel, Friedrich Wilhelm August (1782-04-21～1852-06-21) 德国教育家。生于图林根，卒于图林根。自幼深受家庭和学校的宗教教育影响。1799年进入耶拿大学学习数学、物理学及博物学等，后因家贫而失学。1805年和1808年两次访问瑞士J.H.裴斯泰洛齐的伊韦尔东学院，自此奠定了他毕生从事幼儿教育事业的志向。1817年在卡伊尔霍创办小学，实施裴氏教育原则。1837年在布兰肯堡开办学前儿童教育机构，招收3～7岁幼儿，1840年该机构命名为“幼儿园”。

在论述人的发展和教育问题上，福禄贝尔接受裴斯泰洛齐的观点，认为人具有天赋的力量，对儿童进行教育，就是通过各种活动使这种内在的力量得到发展。他把儿童的年龄分为三期：哺乳期，教育的主要任务是发展儿童的外部感觉；童年期，是家庭教育、游戏、言语发展的时期；少年期，是学前教育期。他还提出了儿童教育的4个基本原则：①适应自然的原则，谨慎地遵循本性。②发展的原则，教育的目的在于帮助儿童发展自己的天赋。③自动的原则，他认为儿童创造力的发展只在他们的游戏、劳动及智力活动等自动的过程中反映出来。④发展儿童的内部力量，必须有外部的影响。学前教育的内容则包括发展儿童的感觉器官，扩大儿童对周围生活的认识，发展儿童的创造力和语言，养成儿童在同伴中过集体生活的习惯。他把游戏作为幼儿教育的基础，创造了多种游戏的方法，并为幼儿创制名为“恩物”的一套教育玩具。著有《人的教育》和《幼儿园教育学》。

**福禄寿** 中国民间崇拜的福神、禄星、寿翁的合称。又称福禄寿三星。据传福神原为岁星，即木星，后逐渐人格化。一说源于太平道所祀三官中的天官，演化为天官赐福之说；一说福神为唐道州刺史阳城，因其有抵制进贡侏儒的善政，遂被尊为福神。禄星原为文昌宫的第六星，后被赋予人格，附会为张仙。一说张仙为五代时在清城山得道的张远霄，一说为后蜀皇帝孟昶，即送子张仙。寿翁亦始于星宿崇拜，即角、亢二宿，是二十八宿中东方七宿中的头二宿，为列宿之长，故曰寿。另一说为南极星，在船底座，故寿星亦名南极仙翁。明清以后民间常将福禄寿三星一并奉祀，三星典型的形象为福星执如意居中；右为禄星，作员外郎打扮，怀抱婴孩；寿星在左，广额白须，捧桃执杖。

**福清市** Fuqing City 中国福建省辖县级市。地处省境东南部，与台湾岛一水之隔，东濒海坛湾与平潭县相望。面积1 932平方千米。人口124万(2010)。五代闽龙启元年(933)置福清县。1990年撤县设市（县级市）。由福州市代管。海岸线长348千米，有大小岛礁866个。属南亚热带海洋性季风气候，年平均气温19.7℃，平均年降水量1 331毫米。农业主产水稻、大麦、小麦、甘薯、花生、大米等。盛产荔枝、龙眼、枇杷、柑橘、葡萄等。浅海、滩涂盛产蛤、蛎、紫菜等贝藻类和对虾、石斑鱼等海珍品。淡水主要养殖甲鱼、鳗鱼、鲢鱼、鲤鱼、草鱼、罗非鱼等，是福州地区水产品的主要产地。矿藏主要有叶蜡石、高岭土、花岗岩、银、石英砂等，其中叶蜡石储量居全国第一。工业以电子、纺织、服装、玻璃、铝制品为主。名胜古迹有东张南少林寺遗址、灵石寺、石竹山、万福寺、瑞云塔、祝圣塔、龙江桥、东瀚盘石山等。

**福泉市** Fuquan City 中国贵州省黔南布依族苗族自治州辖市。位于黔中腹地。面积1 691平方千米。人口32万 (2008)，有苗、布依、汉、彝、水、侗等25个民族。1914年置平越县。1953年改为福泉县。1996年撤县，设立福泉市。属中亚热带高原季风型气候。矿产资源有磷、煤、重晶石、铁、大理石、石灰岩、高岭土等。以磷矿储量大、质量佳，易开采。工业以磷化工、磷矿肥、建材、煤炭、农机、酿造、印刷、粮食加

福泉洒金谷风光

工等为主。名胜古迹有洒金谷风景区、仙桥石林、福泉古城垣、竹王城遗址、葛镜桥等。

**福斯特** Forster, Edward Morgan (1879-01-01～1970-06-07) 英国作家。生于伦敦，卒于考文垂。曾入剑桥大学学习。第一次世界大战期间在部队中任文职。1946年被剑桥大学聘为荣誉研究员。主要文学成就是五部小说和一部演说集。《霍华德别业》(1910) 写英国中产阶级上层和下层之间的复杂关系，表现精神与物质、文化与商业之间的对立。《印度之行》(1924) 揭示了英国统治者和被统治民族间的矛盾，探讨了两个民族和解与理解的可能性。

其他主要作品还有长篇小说《一间可以看到风景的房间》(1908)、《天使不敢涉足的地方》(1905)，演讲集《小说面面观》(1927) 等。善于描写人与人之间的微妙关系，文字优美精练，耐人寻味。

**福斯特** Foster, Stephen Collins (1826-07-04～1864-01-13) 美国作曲家。生于宾夕法尼亚州劳伦斯维尔，卒于纽约。1844年，福斯特发表第一首歌曲《打开你的窗户，亲爱的》。1846～1850年，在辛辛那提为经商的哥哥当簿记员。在此期间，他写了几首歌曲，获得成功。他共创作了189首歌曲，大部分由自己作词。有些歌曲不仅在美国家喻户晓，也在世界各国广为流传。如《噢！苏珊娜》、《内德大叔》、《故乡的亲人》、《我的肯塔基老家，晚安！》、《老伏特雷》、《金发的珍妮》、《老黑奴》、《美丽的梦神》等。福斯特歌曲音域不宽，材料精练，感情真挚，曲调朴素，善于运用民间音调，他以黑人民歌为素材的歌曲，最为人们所喜爱。

**福塔莱萨** Fortaleza 巴西东北部重要海港，塞阿拉州首府。位于大西洋岸，横跨帕热乌河河口两岸。地势平坦，沿海地带有沙丘和可可林。海拔16米。年平均气温26.7℃，平均年降水量1 256毫米。面积336平方千米，人口约243.14万 (2007)；大福塔莱萨面积3 483平方千米。始建于1609年，原为葡萄牙人与荷兰人为争夺东北部甘蔗种植园而修建的城堡。1637～1654年被荷兰人占领。1823年设市，并成为塞阿拉省的首府。近海贸易繁盛，远洋航线通欧、美诸港。输出棉花、蔗糖、咖啡、热带水果、橡胶、巴西棕蜡、食油、谷物和皮革等。工业发达，有纺织、制糖、制革、面粉、榨油、肉类加工等轻工业，还有石油化工、钢铁、船舶修造、建筑材料等重工业。有塞阿拉联邦大学、福塔莱萨大学及博物馆、大教堂等。海滨风景优美。

**福特** Ford, Gerald Rudolph, Jr. (1913-07-14～2006-12-26) 美国总统 (1974～1976)。原名列斯里·林奇·金。生于内布拉斯加州奥马哈，卒于加利福尼亚州兰乔米拉日。他在密歇根大学求学时是个足球明星。1941年在耶鲁大学获得法学士学位。1948年选入美国众议院，1965年成为少数党领袖。1973年S.A.阿格纽辞职后出任副总统，1974年R.M.尼克松辞职后继任总统。同年9月8日，他完全赦免尼克松在职时可能"对合众国犯下的一切罪行"。就职后曾向国会提出消除通货膨胀计划，但没有引起热烈响应。1975年4月，在越南战争最后几小时，他下令空运难民，总数达23.7万人，大都运至美国。1976年11月大选中败于J.卡特。次年定居加利福尼亚州棕榈泉。他在密歇根州建立福特图书馆，在家乡内布拉斯加州修建大型博物馆。1975年12月访问中国，并拜会毛泽东主席和邓小平副总理。

**福特** Ford, Henry (1863-07-30～1947-04-07) 美国汽车制造家、管理学家，福特汽车公司创始人。生于密歇根州迪尔伯恩，卒于密歇根州迪尔伯恩。少年时家境贫寒，1879年去底特律学徒，做过多年的钟表和汽车修理工。1893年，受聘爱迪生照明公司的总工程师，工作之余钻研汽车。同年，制成双缸汽油机卡车。1899年福特组建底特律汽车公司。一年后公司破产，开始试制竞赛汽车，于1901年10月的竞赛中以时速63千米取胜。1903年又建立福特汽车公司，1903～1907年先后生产A、C、N和R型汽车。1906年福特取得公司的大部分股份并任经理。福特以降低成本为原则，全面推行标准化、专业化和生产协作等生产组织方法和管理措施，并采用当时最先进的技术。1908年制成4缸20马力的T型汽车。这种汽车因性能优良，安全可靠，成本低廉，受到顾客欢迎。他采用泰勒制管理办法并于1913年建立了汽车装配流水线，使汽车价格降低，销售量剧增。至1927年共售出1 500万辆，控制了美国和世界汽车市场。1928年对T型汽车进行改型，又生产具有安全玻璃、四轮制动和液压减震装置的新A型汽车。福特开创的标准化、专业化生产协作和大量生产管理经验，对20世纪早期的世界工业发展产生了重大影响。

**福特** Ford, John (1895-02-01～1973-08-31) 美国电影导演。原名塞恩·阿洛伊修斯·奥费尼。生于缅因州伊丽莎白角，卒于加利福尼亚州帕姆德瑟特。1915年成为助理导演。1917年成为导演。1924年摄制的《铁骑》使他一举成名。一生拍了100多部影片，6次获奥斯卡金像奖最佳导演奖的影

片是《告密者》(1935)、《怒火之花》(1940，又名《愤怒的葡萄》)、《青山翠谷》(1941)、《沉默的人》(1952)和纪录片《中途岛战役》(1942)、《十二月七日》(1943)。除上述影片外，还导演了《关山飞渡》(1939)、《青年林肯》(1939)、《亲爱的克莱蒙丁》(1946)、《搜索者》(1956)、《征服西部》(1962)等。

**福特基金会** Ford Foundation 美国汽车制造家、慈善家H.福特和其子E.B.福特于1936年创设。开始为地方慈善组织，主要资助密歇根州的慈善和教育事业。1950年发展成为全国性和国际性基金会，并与福特汽车公司分离。总部在纽约，有十多个海外办事处。中国办事处设立于1988年。宗旨是消除贫穷和不公正，加强国际合作，促进人类进步。任务是为世界范围内有创造性的人和组织提供资助。主要资助领域：环境与发展、生育健康、公共政策与政府治理、法律与人权、国际关系、教育和经济发展等。

**福特汽车公司** Ford Motor Company 美国工业垄断组织，世界巨型跨国公司。创始人H.福特。总部设在密歇根州的里尔本。公司成立于1903年，由底特律一家马车制造厂改组而成。1908年，公司生产出世界上第一辆4缸20马力的T型车，每辆售价

1914年美国密歇根州福特汽车厂的自动装配线

850美元。1913年，福特汽车公司建成了世界上第一条流水作业生产线，这一创举使T型车产量大增，到1927年共售出1 500万辆，创造了一个保持多年的世界纪录，直到20世纪80年代才被德国大众公司的“甲壳虫”打破。1917年开始生产卡车和拖拉机，在20年代和30年代，又相继将生产领域扩大到中、高档汽车产品。1942年，公司的生产全部转入战时轨道。第二次世界大战后，它进一步扩大在国内外的投资，终于发展成为美国汽车业中的大型跨国垄断企业。

福特汽车公司实行生产联合，分布于世界30多个国家的福特汽车制造装配企业中所需的原材料和零部件，约有60%由公司所属企业内部供应。公司在21世纪初拥有的汽车品牌包括福特、林肯、水星、美洲豹、马自达、沃尔沃等。除主营汽车制造外，还是世界著名的拖拉机制造商。此外，福特汽车公司还生产电子、电器、通信、飞机、宇航及军工等方面的产品，拥有各种矿山、炼焦厂、钢铁厂、化工厂、水泥厂、玻璃厂、造纸厂、发电站、运输船队等生产设施。福特还积极向第三产业扩张，拥有资金融通、保险、零部件维修等服务部门。

**福特制** Fordism 一种由美国汽车制造家和管理学家H.福特首创、采用流水线大量生产的生产管理制度。其基本内容和主要特点是，把科学管理原理应用于生产，在生产标准化即生产自动化、产品标准化、作业标准化的基础上，利用高速传送装置，使生产过程流水线化，使流水线上各道工序的工人的各种作业在时间上协调起来，并由传送装置的速度决定工人每天所完成的作业和产品数量，最大限度地提高工人的劳动强度。

**福煦** Foch, Ferdinand (1851-10-02～1929-03-20) 法国元帅。生于塔布公务员家庭，卒于巴黎。1885年进入高等军事学院学习，后任教官。1908年以准将衔任高等军事学院院长。1914年升为中将，指挥第20兵团防卫南锡以北洛林阵线。第一次世界大战初期，在马恩河战役中发挥重要作用。1914年秋任北部集团军司令。1915～1916年指挥阿图瓦战役和索姆河战役。1917年5月任总参谋长和政府军事顾问，协调西线协约国军行动。1918年4月出任协约国联军总司令，8月晋升法国元帅，指挥协约国联军彻底击败德军在西线的攻势。11月11日在贡比涅森林与德国代表签订停战协定，接受德国投降。1919年任国家高级军事委员会主席和巴黎和会法国代表团首席军事顾问，主张以莱茵河为法、德边界，并支持武装干涉苏俄。晚年不介入政治生活，撰写战争回忆录。战后曾接受英国和波兰授予的元帅称号，当选法国科学院院士。

**福伊希特万格** Feuchtwanger, Lion (1884-07-07～1958-12-21) 德国作家。生于慕尼黑，卒于美国洛杉矶。青年时期在柏林和慕尼黑学习文学、哲学和人类学。曾创办杂志、任周报剧评。1933年纳粹统治时期被褫夺公民权，流亡国外。历史小说《丑陋的女公爵马格雷特·毛尔塔施》(1923)、《犹太人徐斯》(1925)和《约瑟夫斯》三部曲都借古喻今，影射希特勒必将灭亡。现实题材小说《候车室》三部曲，包括《成功》(1930)、《奥倍曼兄妹》(1933)和《流亡》(1942)。《成功》通过德国20世纪20

年代初期发生的一件冤案和不同的人对这一案件的态度，展现了法西斯上台前夕德国社会复杂的关系和政治形势，及时指出法西斯势力崛起的危险。其他主要作品还有《劳腾萨克兄弟》(1944)、《西蒙》(1944)、《葡萄园里的狐狸》(1947)、《戈雅》(1951)、《愚人的智慧》(1952)等。

**福音派** evangelicals 现代基督教新教中强调基督福音之传播、个人信主而得救，以《圣经》为信仰之唯一基础的派别、教会和个人的总称。又称新福音派。它并不与传统宗教相并列，而是体现在不同宗派、不同教会中的一种广泛倾向。16世纪宗教改革时期的路德宗教会被称为福音派，18世纪欧洲和北美福音奋兴运动的参加者和浸礼宗、循道宗等亦被称为福音派。现代欧洲不少新教教会仍然称为福音派教会。新福音派主要与19世纪的千禧年运动和20世纪初期的基要主义思潮有某种渊源关系。基要主义主张持守“基本要道”，严格遵行《圣经》教导，反对与腐化的世俗文化妥协，基要派亦自称福音派。1948年，美国富勒神学院创办人之一奥肯加呼吁放弃“基要派”之名，改称“新福音派”。福音派创办了神学杂志《今日基督教》，并从美国西海岸传布到北美和欧洲以至亚洲各地。

**福音书** Gospels 《新约圣经》的首要部分，包括《马太福音》、《马可福音》、《路加福音》、《约翰福音》四卷。也可指此四卷书中的任何一卷。2世纪下半叶起，基督

《马太福音》羊皮纸抄本（不列颠博物馆藏）

使徒及其弟子叙述耶稣生平的书籍被泛称为福音书。而其中传为马太、马可、路加、约翰四人所述者，被认为是同一福音的四种形式，后来得到了教会的普遍承认。

四福音书记述耶稣基督如何在地上完成救赎人类的计划，其中前三本又称“同观福音”或“符类福音”，记述的内容、次序的安排和用语、观点都很相似，只是重点和写作的对象有分别。

《马太福音》向犹太人解释耶稣基督即《旧约圣经》所应许的犹太人的君王。全书用的是传记体，但未严格依时间的先后来写，而是把主题与材料编织在一起作报道。五篇相当长的耶稣讲道就是用此法所写，其中一篇为著名的“登山宝训”，包括每个基督徒须熟记的“主祷文”。

《马可福音》向罗马人讲明耶稣基督即神的仆人，其使命是完成神的救赎计划。一般认为《马可福音》是四福音书中最早的一本，也是最短的一本。共16章。着重记述耶稣的传教活动，用几乎1/3的篇幅记录了耶稣在世上最后七天的活动。

《路加福音》向希腊人证明耶稣基督是神的儿子道成肉身成为人来拯救罪人。共24章，有“最优美作品”的美誉，所记故事处处透露出耶稣对世上贫苦、病患、苦难、伤心者的无比同情，以及对骄傲之徒和倚财恃势以为可进天国之人的严厉责备。作者特别强调耶稣的教训和救恩的普世性，突出祈祷与圣灵在耶稣事工上的重要作用。

《约翰福音》向人类证明耶稣基督是神的儿子、人类的救主。共21章，成于2世纪后半叶，与前三卷同观福音风格迥异。前三卷皆以人的立场看基督，约翰则深入探求耶稣神性的一面，更多地论述了耶稣事迹的宗教意义。《约翰福音》的文体简单淳朴，言简意赅，有“神学福音”之称。

**福泽谕吉** Fukuzawa Yukichi (1835-01-10～1901-02-03) 日本明治时代资产阶级启蒙思想家和教育家，庆应义塾创始人。生于大阪，卒于东京。出身于中津藩（在今大分县）下级武士家庭。自幼学习汉学，受儒家思想熏陶。1858年在筑地开藩属兰学塾。1860年，随幕府遣美使节团赴美访问，深受西方资产阶级近代文明影响，痛感日本必须开国进取。1868年明治新政府成立后，他将兰学塾迁往东京芝新钱座，称庆应义塾，从此专心从事教育和著述。1871年又把义塾迁至三田。积极倡导文明开化，宣扬“爱国”、“报国”思想，主张民族独立和国家富强，反对西方列强的压迫。1873年，他和森有礼等人创立明六社，出版《明六杂志》，从事启蒙活动。他的著述和活动，影响了知识界，对日本的文明开化起了重要的启蒙作用。1885年，福泽谕吉在他创办的《时事新报》上发表《脱亚论》，主张日本与欧美列强一起瓜分、宰割中国和朝鲜，进而争霸亚洲与世界。他一生未入仕途，著书100余种。晚年著有《福翁自传》。

19世纪后期位于马尾的福州船政局

**福州伬艺** 中国曲艺曲种。原名“伬唱”。自1943年从业艺人成立“福州市伬艺乐唱联谊会”始，定名为福州伬艺。流行于福建省的福州市及闽侯、长乐、连江、福清等县，并传播到台湾省及港澳地区；在缅甸、新加坡、印度尼西亚等国的福州籍华侨聚居区，也有伬艺的演唱活动。相传由民间卖唱艺人在民歌小调的基础上，借着民间社火活动创造发展而来，约形成于明代嘉靖年间。清代出现不少以表演伬艺为主的民间班社及其场所，称为“伬社”，著名的有达云霄、驾云天、雅乐天、同乐轩等。抗日战争后伬艺表演渐趋衰落。中华人民共和国建立之初，成立了福州市伬艺工作者联谊会，1960年又成立了以表演伬艺为主的福州市曲艺团，使这门传统艺术得以复兴。

福州伬艺使用福州方音说唱，表演形式通常为一至二人自操二胡或三弦说唱表演，以唱为主，间有说表，另有人以三弦、月琴、低胡等伴奏。其中说唱表演的长篇节目称之为“评话伬”；多人各操二胡、三弦、月琴等自行伴奏围唱或轮递演唱的方式，称为“全堂伬”。唱腔曲牌分“逗腔”、“江湖”、“飏歌”和“小调”四类，另有“采莲鼓”、“贺年歌”、“螃蟹歌”、“数落”等民间小调。传统节目按照使用的唱腔曲牌，分为“江湖伬本”、“飏歌伬本”、“逗腔伬本”和“小调唱篇”四类。此外尚有各种曲调综合运用的“平讲伬本”。

**福州船政局** Fuzhou Shipping Bureau 中国晚清政府经营的制造兵船、炮舰的新式造船企业。又称马尾船政局。1866年左宗棠任闽浙总督时创建，稍后由沈葆桢主持。船政局主要由铁厂、船厂和船政学堂三部分组成。1869年6月10日，船局制造的第一艘轮船“万年清”号下水。船政学堂（求是堂艺局）设制造、航海两班，要求学员分别达到能按图造船和任船长的能力；并派员留学英、法，学习驾驶和造船技术。

1884年中法战争中，福州船政局遭法军严重破坏。战后虽力图恢复，但生产能力大不如前。1894年中日甲午战争后更见衰敝。总计从1866～1907年，船局共造成各种船舶41艘。辛亥革命后，船政局归海军部管辖。中华民国初期政局动荡，经费不继，船局主持人屡易，制造业务无所建树。1928年改称海军造船所。抗日战争期间，船厂屡遭日机轰炸，损失严重。1949年，国民党政府逃离大陆时，又拆迁走大部分机器。中华人民共和国建立后，由人民政府接管。

**福州大学** Fuzhou University 中国以工科为主的多科性大学。校址在福州。1958年建校。设有20多个学院，有培养学士、硕士和博士的教学体系；有国家重点学科和国家基础学科研究和教学基地等。图书馆藏书191万册。校园面积296万平方米。出版物有《福州大学学报》。

**福州评话** 中国曲艺曲种。以福州方音进行讲述并有徒歌体唱调穿插吟唱的独特说书形式。流行于福建省的福州、闽侯、永泰、长乐、连江、福清、闽清等十几个县市，以及台湾省和东南亚的福州籍华侨聚居地。约形成于明末清初，相传是柳敬亭的大弟子居辅臣到福州双门楼授徒传艺而流传下来的。清雍正、乾隆年间的福州评话刻本《七星白纸马》等的存世，证明当时福州评话已很盛行。福州评话的唱调分为序头、吟唱和诉牌三类。“序头”用以演述正书之前的短篇书赞，“吟唱”是基本唱腔，可用于表唱，也可表现人物的内心独白和人物之间的对话。诉牌的音乐性较强，用于人物表白身世和倾诉冤情，唱时以筷子敲铜铙钹来间奏。节目繁多，按题材可分为长解书、短解书、半长短书、公案书和家庭书5种。长解书都是历史故事；短解书是武侠故事；半长短书有《水浒》等；公案书专讲清官为民请命和平冤决狱的故事；家庭书多反映家庭伦理与悲欢离合的故事。